COMENTARIO
DEL CONTEXTO
CULTURAL
BÍBLICO
BAKER
ILUSTRADO

COMENTARIO DEL CONTEXTO CULTURAL BÍBLICO BAKER ILUSTRADO

Editado por

J. Scott Duvall y J. Daniel Hays

MONSGO®

Comentario del Contexto Cultural Bíblico Baker Ilustrado por Monsgo® 2024
Una división de Vidatrading Company LLC

1218 Interstate Blvd.
Florence, SC 29501
Tlf. 843-319-4718
www.monsgo.com
ISBN: 978-1-949206-67-8

Las citas bíblicas marcadas con BHTI, han sido tomadas de Biblia Hispanoamericana, Traducción Interconfesional.
Las citas bíblicas marcadas con BLP, han sido tomadas de La Palabra (España).
Las citas bíblicas marcadas con BLPH, han sido tomadas de La Palabra (Hispanoamérica).
Las citas bíblicas marcadas con CSB, han sido tomadas de Christian Standard Bible.
Las citas bíblicas marcadas con CST, han sido tomadas de Nueva Versión Internacional (Castilian).
Las citas bíblicas marcadas con DHH, han sido tomadas de Dios Habla Hoy.
Las citas bíblicas marcadas con DHHED, han sido tomadas de Dios Habla Hoy con Deuterocanónicos Versión Española.
Las citas bíblicas marcadas con ESV, han sido tomadas de English Standard Version.
Las citas bíblicas marcadas con JBS, han sido tomadas de Biblia del Jubileo.
Las citas bíblicas marcadas con LBLA, han sido tomadas de La Biblia de las Américas.
Las citas bíblicas marcadas con NASB, han sido tomadas de New American Standard Bible.
Las citas bíblicas marcadas con NBLA, han sido tomadas de Nueva Biblia de las Américas.
Las citas bíblicas marcadas con NBV, han sido tomadas de Nueva Biblia Viva.
Las citas bíblicas marcadas con NRSV, han sido tomadas de New Revised Standard Version.
Las citas bíblicas marcadas con NTV, han sido tomadas de Nueva Traducción Viviente.
Las citas bíblicas marcadas con NVI, han sido tomadas de Nueva Versión Internacional.
Las citas bíblicas marcadas con PDT, han sido tomadas de Palabra de Dios para Todos.
Las citas bíblicas marcadas con RVA, han sido tomadas de Reina Valera Antigua.
Las citas bíblicas marcadas con RVA-2015, han sido tomadas de Reina Valera Actualizada.
Las citas bíblicas marcadas con RVC, han sido tomadas de Reina Valera Contemporánea.
Las citas bíblicas marcadas con RVR1995, han sido tomadas de Reina Valera 1995.
Las citas bíblicas marcadas con TLA, han sido tomadas de Traducción en Lenguaje Actual.

Traducción por: World Connect Lima SAC

Impreso en India

Dedicamos este libro a nuestras esposas, Judy Duvall y Donna Hays, por su amor y apoyo incondicionales.

Contenido

Reconocimientos xi
Colaboradores xii
Introducción *J. Scott Duvall y J. Daniel Hays* xxiv

Antiguo Testamento

Introducción al Antiguo Testamento *J. Daniel Hays* 3

Artículos de antecedentes generales

Los asirios *Gary V. Smith* 15
Los babilonios *Douglas J. E. Nykolaishen* 20
Los cananeos y la religión cananea *Catherine L. McDowell* 26
Los cusitas *J. Daniel Hays* 31
La vida cotidiana en el antiguo Israel *H. H. Hardy II* 36
Los egipcios *Safwat Marzouk* 41
Instrumentos musicales en Israel y el antiguo Cercano Oriente *J. Daniel Hays* 47
Los persas *Mark J. Boda* 51
Los filisteos Catherine *L. McDowell* 59
Los profetas en el mundo del Antiguo Testamento *Samuel A. Meier* 62
La guerra en el Antiguo Testamento *Boyd Seevers* 65
Las mujeres en el mundo del Antiguo Testamento *Mark W. Chavalas* 69
La moda de las mujeres en el mundo del Antiguo Testamento *Marcella Barbosa* 74

Comentarios

Génesis *Tremper Longman III* 81
Éxodo *Eric Alan Mitchell* 121

Levítico *R. Dennis Cole* 149
Números *Roy E. Gane* 169
Deuteronomio *Michael A. Grisanti* 187
Josué *Boyd Seevers* 207
Jueces *Boyd Seevers* 227
Rut *J. Andrew Dearman* 251
1-2 Samuel *Robert B. Chisholm Jr.* 259
1-2 Reyes *Catherine L. McDowell* 293
1-2 Crónicas *Samuel A. Meier* 329
Esdras-Nehemías *Gregory Goswell* 371
Ester Constance E. *Clark Gane* 391
Job *John E. Hartley* 401
Salmos *Christine Brown Jones* 423
Proverbios *Richard L. Schultz* 459
Eclesiastés *Richard L. Schultz* 475
Cantar de los Cantares *Gordon H. Johnston* 485
Isaías *Gary V. Smith* 495
Jeremías *Gary E. Yates* 535
Lamentacions *Gary E. Yates* 571
Ezequiel *Mark F. Rooker* 579
Daniel *William B. Nelson* 607
Oseas *J. Andrew Dearman* 623
Joel *Mark W. Chavalas* 633
Amos *M. Daniel Carroll R.* 637
Abdías *M. Daniel Carroll R.* 650
Jonás *M. Daniel Carroll R.* 653
Miqueas *Stephen G.* Dempster 659
Nahum *Gordon H.* Johnston 667
Habacuc *James K.* Bruckner 671
Sofonías *Jason S.* DeRouchie 676
Hageo *George Athas* 680
Zacarías *George Athas* 685
Malaquías *William B. Nelson* 694

Período intertestamentario *Larry R. Helyer* 699

Nuevo Testamento

Introducción al Nuevo Testamento *J. Scott Duvall* 705

Artículos de antecedentes generales

Escritura de cartas en la antigüedad E. Randolph Richards 716
El atletismo en el mundo del Nuevo Testamento Bernie A. Cueto 718
Banquetes y comidas en el mundo grecorromano E. Randolph Richards 720

El bautismo en el mundo del Nuevo Testamento *Rodney Reeves* 722
La ciudad de la Antigua Roma *Alan S. Bandy* 724
La ciudad de Corinto Mariam *Kamell-Kovalishyn y Josiah McDermott* 727
La ciudad de Éfeso *Mark Wilson* 729
La crucifixión Joseph *R. Dodson* 731
La demonización y el exorcismo en el mundo Greco-Romano *Bernie A. Cueto* 733
La familia de Jesús *Andreas J. Köstenberger* 735
El honor y la vergüenza en el mundo del Nuevo Testamento *Rodney Reeves* 736
La hospitalidad en el mundo del Nuevo Testamento *Dana M. Harris* 738
Jerusalén en los tiempos de Jesús *Mark L. Strauss* 740
El Templo de Jerusalén *Mark L. Strauss* 744
Fiestas judías Andreas *J. Köstenberger* 747
Costumbres matrimoniales judías *Alan S. Bandy* 749
El rito judío de la circuncisión Roy *E. Ciampa* 751
La sinagoga judía *Mark L. Strauss* 753
La magia en el mundo del Nuevo Testamento *Dana M. Harris* 756
Expectativas mesiánicas en la época de Jesús *Dana M. Harris* 758
El dinero en el mundo del Nuevo Testamento *E. Randolph Richards* 761
Códigos domésticos del Nuevo Testamento *Dana M. Harris* 763
Fariseos y saduceos *Andreas J. Köstenberger* 765
Poncio Pilato *Andreas J. Köstenberger* 767
La ciudadanía romana *Alan S. Bandy* 769
El ejército romano *Alan S. Bandy* 771
Vías romanas y viajes *Mark Wilson* 773
El gobierno romano de Judea *Mariam Kamell-Kovalishyn y Josiah McDermott* 775
El Shabbat *Andreas J. Köstenberger* 778
Los samaritanos *Andreas J. Köstenberger* 780
El Sanedrín *Rodney Reeves* 782
Los escribas y los maestros de la ley *Rodney Reeves* 784
El mar de Galilea y la pesca en el primer siglo *Dana M. Harris* 786
Prácticas de navegación en el primer siglo *E. Randolph Richards* 788
La esclavitud en el mundo del Nuevo Testamento *Dana M. Harris* 790
Dioses griegos y romanos tradicionales *Mariam Kamell-Kovalishyn y Josiah McDermott* 792

Comentarios

Mateo *Rodney Reeves* 795
Marcos *James R. Edwards* 857
Lucas *Craig A. Evans* 899
Juan *Andreas J. Köstenberger* 953
Hechos de los Apóstoles *Mark L. Strauss* 1003

Romanos C. *Marvin Pate* 1067
1 Corintios *Mark E. Taylor* 1093
2 Corintios *George H. Guthrie* 1127
Gálatas Roy *E. Ciampa* 1151
Efesios *Osvaldo Padilla* 1167
Filipenses *Osvaldo Padilla* 1177
Colosenses *Osvaldo Padilla* 1185
1-2 Tesalonicenses *Joseph R. Dodson* 1191
1-2 Timoteo,Tito *Ray Van Neste* 1205
Filemón *Osvaldo Padilla* 1222
La epístola a los Hebreos *Dana M. Harris* 1227
Santiago Mariam *Kamell-Kovalishyn and Josiah McDermott* 1255
1-2 Pedro *Kelly D. Liebengood* 1265
1-3 Juan, Judas *David L. Turner* 1281
Apocalipsis *Mark Wilson* 1299

Abreviaturas 1339
Referencias y Notas 1348
Créditos de las imágenes 1444

Reconocimientos

Deseamos expresar nuestro agradecimiento al gran equipo editorial de Baker por su extraordinario trabajo en este volumen. Asimismo, agradecemos a los cincuenta y cinco expertos que han sacado tiempo de sus apretadas agendas para escribir los artículos de este proyecto. Un agradecimiento especial a Russell Meek por ayudar a localizar y adquirir muchas de las fotografías tan hermosas y útiles que ilustran este volumen. Por último, queremos reconocer y agradecer a nuestra estudiante y trabajadora de pregrado, Caroline (Poole) Winkler, por su valiosísima ayuda en la edición de este libro.

Colaboradores

George Athas. University of Sydney (BA); Moore Theological College (DipMin, BD); University of Sydney (PhD); director de estudios de posgrado y profesor titular de Antiguo Testamento en el Moore Theological College, Sidney. George ha escrito/coeditado cinco libros, entre ellos *The Tel Dan Inscription: A Reappraisal and a New Interpretation; Biblia Hebraica Stuttgartensia: A Reader's Edition; Elementary Biblical Hebrew: An Introductory Grammar; y Deuteronomy* (Reading the Bible Today). (**Hageo; Zacarías**)

Alan S. Bandy. Clear Creek Baptist Bible College (BA); Mid-America Baptist Theological Seminary (MDiv); Southeastern Baptist Theological Seminary (PhD); profesor asociado de Nuevo Testamento y Griego Rowena R. Strickland en el Oklahoma Baptist University. Alan ha escrito varios libros, entre ellos *The Prophetic Lawsuit in the Book of Revelation* (NTM) y *Understanding Prophecy: A Biblical-Theological Approach.* Alan también ha dirigido varios viajes de estudio a Turquía, Grecia e Italia. (**La ciudad de la Antigua Roma; Costumbres matrimoniales judías; La ciudadanía romana; El ejército romano**)

Marcella Barbosa. Lycoming College (BA); Southwestern Baptist Theological Seminary (MA). Marcella es responsable de las colecciones y es coordinadora educativa del *Tandy Archaeological Museum en Fort Worth.* Ha participado en excavaciones arqueológicas en Sanisera (Roman City and Necropolis Dig, Menorca, España) y ha sido supervisora de plaza por varios años en el Tel Gezer Excavation Project. **(La moda de las mujeres en el mundo del Antiguo Testamento)**

Mark J. Boda. Canadian Bible College (BTh); Westminster Theological Seminary (MDiv); University of Cambridge (PhD); profesor de Antiguo Testamento en el McMaster Divinity College. Mark es autor/coautor/editor/coeditor de treinta libros, entre ellos *The Book of Zechariah* (NICOT); *1–2*

Chronicles (CBC); *A Severe Mercy; The Prophets Speak on Forced Migration; y Haggai, Zechariah* (NIVAC). Ha dirigido muchos viajes de estudiantes a Israel y Jordania. (**Los persas**)

James K. Bruckner. North Park College (BA); North Park Theological Seminary (MATS); Luther Northwestern Theological Seminary (MDiv); Luther Seminary (PhD); profesor de Interpretación Bíblica Paul W. Brandel en el *North Park Theological Seminary.* Jim ha escrito/coeditado varios libros, entre ellos Exodus (Understanding the Bible Commentary); *Living Faith: Reflections on Covenant Affirmations; Healthy Human Life: A Biblical Perspective; Jonah, Nahum, Habakkuk, Zephaniah* (NIVAC); y Implied Law in the Abraham Narrative. (**Habacuc**)

M. Daniel Carroll R. (Rodas). Rice University (BA); Dallas Theological Seminary (ThM); University of Sheffield (PhD); profesor de Antiguo Testamento Blanchard en el Wheaton College. Danny es autor/coautor/coeditor de trece libros, entre ellos *Family in the Bible: Exploring the Customs, Culture, and Context; Amos* (NICOT); Amos—*The Prophet and His Oracles: Research on the Book of Amos; Wrestling with the Violence of God: Soundings in the Old Testament Texts; y Christians at the Border: Immigration, the Church, and the Bible.* (**Amós; Abdías; Jonás**)

Mark W. Chavalas. California State University, Northridge (BA); University of California, Los Angeles (MA, PhD); profesor de Historia en la University of Wisconsin, La Crosse. Mark es autor/coautor/coeditor de muchos libros, entre ellos *New Horizons in the Study of Ancient Syria; Emar: The History, Religion, and Culture of a Syrian Town in the Late Bronze Age; Women in the Ancient Near East; Mesopotamia and the Bible; The IVP Bible Background Commentary; y The Ancient Near East: Historical Sources in Translation.* Ha trabajado como director de campo, supervisor de campo o epigrafista de campo en varios yacimientos arqueológicos, como Tel Ashara/Terqa, Tel Qraya y Tel Mozan/Urkesh. (**Las mujeres en el mundo del Antiguo Testamento; Joel**)

Robert B. Chisholm Jr. Syracuse University (BA); Grace Theological Seminary (MDiv, ThM); Dallas Theological Seminary (PhD); presidente y profesor titular de Estudios del Antiguo Testamento en el Dallas Theological Seminary. Bob es autor de muchos libros, entre ellos *1 & 2 Samuel* (TTCS); *A Commentary on Judges and Ruth* (KEL); *Interpreting the Historical Books: An Exegetical Handbook* (HOTE); *Handbook on the Prophets; y Interpreting the Minor Prophets.* (**1-2 Samuel**)

Roy E. Ciampa. Gordon College (BA); Denver Seminary (MDiv); University of Aberdeen (PhD); profesor de Religión S. Louis y Ann W. Armstrong y presidente del Departamento de Religión en la Samford University. Roy ha escrito dos libros: *The Presence and Function of Scripture in Galatians 1 and 2* (WUNT) y *The First Letter to the Corinthians* (PNTC), en coautoría con Brian S. Rosner. (**El rito judío de la circuncisión; Gálatas**)

R. Dennis Cole. University of Florida (BA); Western Conservative Baptist Seminary (MDiv, ThM); New Orleans Baptist Theological Seminary (PhD); profesor de Hebreo y Arqueología del Antiguo Testamento y de la cátedra Mcfarland de Arqueología en el New Orleans Baptist Theological Seminary. Dennis ha escrito *Numbers* (NAC) y *"Numbers"* (ZIBBCOT). Ha participado en excavaciones arqueológicas en Beerseba, Tel Batash-Timnah, Tel Qasile, Tel Beit She'an, Tel Rehob y Tel Gezer. (**Levítico**)

Bernie A. Cueto. Florida International University (BA); Dallas Theological Seminary (ThM, PhD); pastor del campus y profesor asociado de Estudios Bíblicos y Teológicos en la Palm Beach Atlantic University. (**El atletismo en el mundo del Nuevo Testamento; La demonización y el exorcismo en el mundo grecorromano**)

J. Andrew Dearman. University of North Carolina (BA); Princeton Theological Seminary (MDiv); Emory University (PhD); profesor de Antiguo Testamento en el Fuller Theological Seminary. Andy ha escrito muchos libros, entre ellos Hosea (NICOT); *Jeremiah and Lamentations* (NIVAC); *Studies in the Mesha Inscription and Moab; Religion and Culture in Ancient Israel; y Property Rights in the Eighth-Century Prophets: The Conflict and Its Background.* Ha sido supervisor de campo, miembro del personal o director de estudios en Khirbet Iskander, Khirbet al Mudaynah, y también para el Central Moab Survey y Northern Moab Survey. (**Rut; Oseas**)

Stephen G. Dempster. University of Western Ontario (BA); Westminster Theological Seminary (MAR); University of Toronto (MA, PhD); profesor de Estudios Religiosos en la Crandall University. Stephen ha escrito varios libros, entre ellos *Dominion and Dynasty: A Biblical Theology of the Hebrew Bible and Micah: A Commentary* (THOTC). (**Miqueas**)

Jason S. DeRouchie. Taylor University (BA); Gordon-Conwell Theological Seminary (MDiv); Southern Baptist Theological Seminary (PhD); profesor de investigación de Antiguo Testamento y Teología Bíblica en el *Midwestern Baptist Theological Seminary*. Jason es autor/coautor/editor de muchos libros y artículos, entre ellos *A Modern Grammar for Biblical Hebrew; What the Old Testament Authors Really Cared About; "Zephaniah"* (ESVEC); y *Zephaniah* (ZECOT). (**Sofonías**)

Joseph R. Dodson. Ouachita Baptist University (BA); Southwestern Baptist Theological Seminary (MDiv); University of Aberdeen (PhD); profesor asociado de Nuevo Testamento en el Denver Seminary. Joey es autor/editor/

coeditor de muchos libros, entre ellos *The "Powers" of Personification; Paul and the Second Century; Paul and the Greco-Roman Philosophical Tradition; y Paul and Seneca in Dialogue.* (**La crucifixión; 1-2 Tesalonicenses**)

J. Scott Duvall. Ouachita Baptist University (BA); Southwestern Baptist Theological Seminary (MDiv, PhD); presidente de Estudios Bíblicos y profesor de Nuevo Testamento Fuller en la Ouachita Baptist University. Scott es autor/coautor de más de una docena de libros, entre ellos Revelation (TTCS); *The Heart of Revelation; The Baker Illustrated Bible Handbook; Grasping God's Word; Living God's Word; Experiencing God's Story of Life and Hope; y Biblical Greek Exegesis.* Ha dirigido muchos viajes de estudio a Turquía e Israel. (**El Nuevo Testamento, editor general**)

James R. Edwards. Whitworth University (BA); Princeton Theological Seminary (MDiv); New Testament Studies, University of Zurich, Switzerland; Fuller Theological Seminary (PhD); profesor Emérito de Teología Bruner-Welch en la Whitworth University. *James ha escrito doce libros, entre ellos The Gospel According to Mark* (PNTC); *Is Jesus the Only Savior?; The Hebrew Gospel and the Development of the Synoptic Tradition; y The Gospel According to Luke* (PNTC). James también ha dirigido muchos viajes de estudio a Israel y Turquía, y ha publicado varios artículos sobre la epigrafía griega en Turquía. (**Marcos**)

Craig A. Evans. Claremont McKenna College (BA); Western Seminary (MDiv); Claremont Graduate University (MA); Claremont Graduate University (PhD); Károli Gáspár Református University, Budapest (DHabil); John Bisagno profesor distinguido de Orígenes Cristianos en la Houston Baptist University. Craig ha escrito ochenta libros, entre ellos *Jesus and the Remains of His Day; God Speaks: What He Says, What He Means; Matthew* (NCamBC); *Jesus and His World; y Ancient Texts for New Testament Studies.* Ha participado en excavaciones arqueológicas en el monte Sión (Jerusalén) y Curio (Chipre) y ha dirigido varios viajes de estudio a Israel. También es asesor del Museo de la Biblia. (**Lucas**)

Constance E. Clark Gane. Pacific Union College (BS); University of California, Berkeley (MA, PhD); profesor adjunto de Arqueología y Antiguo Testamento, conservador del Horn Archaeological Museum y director adjunto del Institute of Archaeology en el Seventh-day Adventist Theological Seminary en la Andrews University. Connie ha escrito *Composite Beings in Neo-Babylonian Art and Esther* (SDAIBC). Ha participado en excavaciones arqueológicas en Tel Dor, Tel Dan y Nínive (Irak). Ha trabajado como arqueóloga de campo en Tel Gezer, San Miceli (Sicilia) y Curio (Chipre), y como supervisora de campo o codirectora en Tall Jalul (Jordania), en el Madaba Plains Project. Ha dirigido viajes de estudio a Egipto, Israel y Jordania.

(**Ester**)

Roy E. Gane. Pacific Union College (BA, BMus); University of California, Berkeley (MA, PhD); profesor de Biblia Hebrea y Lenguas del Antiguo Cercano Oriente en el Seventh-day Adventist Theological Seminary en la Andrews University. Roy ha escrito/coeditado nueve libros, entre ellos *Leviticus, Numbers* (NIVAC); *Cult and Character: Purification Offerings, Day of Atonement, and Theodicy; In the Shadow of Shekinah: God's Journey with Us; y Ritual Dynamic Structure.* Ha trabajado como epígrafo acadio y supervisor de zona en los trabajos arqueológicos de Nínive (Irak) y como supervisor de plaza y epígrafo semítico del noroeste en las excavaciones de Tall Jalul (Jordania), como parte del *Madaba Plains Project.* (**Números**)

Gregory Goswell. University of Sydney (BSc[Med]); University of London (BD); Australian College of Theology (MTh); University of Sydney (PhD); decano académico y profesor de Antiguo Testamento en el Christ College, Sydney. Greg ha escrito *Ezra-Nehemiah* (EPSC) y coauthored *Unceasing Kindness: A Biblical Theology of Ruth* (NSBT). (**Esdras-Nehemías**)

Michael A. Grisanti. Pillsbury Baptist Bible College (BA); Central Baptist Theological Seminary (MDiv, ThM); Dallas Theological Seminary (PhD); profesor de Antiguo Testamento, presidente del Departamento de Antiguo Testamento, director del TMS Israel Study Trip y profesor investigador distinguido de Antiguo Testamento en el *The Master's Seminary*. Michael es autor/coautor de muchos artículos y libros, entre ellos "*Deuteronomy*" (EBC); The World and the Word: An Introduction to the Old Testament; y Giving the Sense: Understanding and Using Old Testament Historical Texts. Ha dirigido muchos viajes a Tierra Santa. (**Deuteronomio**)

George H. Guthrie. Union University (BA); Southwestern Baptist Theological Seminary (MDiv); Trinity Evangelical Divinity School (ThM); Southwestern Baptist Theological Seminary (PhD); profesor de Nuevo Testamento en el Regent College. George ha escrito muchos libros, entre ellos Hebrews (NIVAC); 2 Corinthians (BECNT); "Hebrews" (CNTUOT); and "Hebrews" (ZIBBCNT). George ha impartido cursos a estudiantes de posgrado o a pastores israelíes en cuatro ocasiones en Israel. (**2 Corintios**)

H. H. Hardy II. University of Oklahoma (BA); Southern Baptist Theological Seminary (MDiv); University of Chicago (MA, PhD); profesor asistente de Antiguo Testamento y Lenguas Semíticas en el Southeastern Baptist Theological Seminary. Chip ha colaborado con Semitic Inscriptions: Analyzed Texts and English Translations; Complete Biblical Hebrew and Aramaic Glossary; Studies in Semitic Language Contact; y Linguistic Methods in Biblical Hebrew. Ha participado en las excavaciones de Zincirli (Turquía).

(**La vida cotidiana en el antiguo Israel**)

Dana M. Harris. Stanford University (BA); Trinity Evangelical Divinity School (MA, PhD); profesor adjunto de Nuevo Testamento en el Trinity Evangelical Divinity School. Dana ha escrito muchos artículos y libros, entre ellos *The Eternal Inheritance in Hebrews: The Appropriation of the Old Testament Inheritance Theme by the Author of Hebrews; Hebrews* (EGGNT); *Revelation* (KEL); y Introduction to the Book of Revelation. Ha participado en excavaciones arqueológicas en Qeiyafa y Abel Beth Maacah, y ha dirigido viajes de estudio de estudiantes a Turquía e Israel. (**La hospitalidad en el mundo del Nuevo Testamento; La magia en el mundo del Nuevo Testamento; Expectativas mesiánicas en la época de Jesús; Códigos domésticos del Nuevo Testamento; El mar de Galilea y la pesca en el primer siglo; La esclavitud en el mundo del Nuevo Testamento; Hebreos**)

John E. Hartley. Greenville College (BA); Asbury Theological Seminary (BD); Brandeis University (MA, PhD); profesor emérito en el Azusa Pacific Seminary. John es autor/editor/coeditor de muchos artículos y libros, entre ellos The Book of Job (NICOT); *"From Lament to Oath: A Study of Progression in the Speeches of Job," en The Book of Job* (BETL); *The Book of Leviticus* (WBC); *Genesis* (UBCS); *The Semantics of Ancient Hebrew Colour Lexemes; y Proverbs* (NBBC). (**Job**)

J. Daniel Hays. New Mexico State University (BS); Dallas Theological Seminary (ThM); Southwestern Baptist Theological Seminary (PhD); decano y profesor de Estudios Bíblicos en la Ouachita Baptist University. Danny es autor/coautor de más de una docena de libros, entre ellos *The Message of the Prophets; From Every People and Nation; Jeremiah, Lamentations* (TTCS); *The Temple and the Tabernacle; y Grasping God's Word.* Ha dirigido muchos viajes de estudio a Tierra Santa. (**Antiguo Testamento, editor general; Los cusitas; Instrumentos musicales en Israel y el antiguo Cercano Oriente**)

Larry R. Helyer. Biola University (BA); Western Seminary (MDiv); Fuller Theological Seminary (PhD); profesor emérito de Estudios Bíblicos en la Taylor University. Larry ha escrito muchos libros, entre ellos *Exploring Jewish Literature of the Second Temple Period; Yesterday, Today, and Forever: The Continuing Relevance of the Old Testament; The Witness of Jesus, Paul, and John: An Exploration in Biblical Theology; The Life and Witness of Peter; y Mountaintop Theology: Panoramic Perspectives of Redemptive History.* Ha dirigido muchos viajes a Tierra Santa. (**Período intertestamentario**)

Gordon H. Johnston. University of Nebraska (BA); Dallas Theological Seminary (ThM, ThD); profesor de Estudios del Antiguo Testamento en el Dallas Theological Seminary. Gordon ha publicado más de cincuenta artículos y ensayos. Es coautor de *Jesus the Messiah: Tracing the Promises, Expectations, and Coming of Israel's Kingdom,* y está escribiendo comentarios sobre Cantares y Eclesiastés. Ha participado en varias excavaciones arqueológicas en Israel como supervisor de plaza (Tel Malhata, Khirbet Makater) y ha dirigido muchos viajes de estudio a Tierra Santa. (**Cantares; Nahúm**)

Christine Brown Jones. Ouachita Baptist University (BA); George W. Truett Theological Seminary (MDiv); Baylor University (PhD); profesor adjunto de Religión en la Carson-Newman University. (**Salmos**)

Mariam Kamell-Kovalishyn. Davidson College (BA); Denver Seminary (MA); University of St. Andrews (PhD); profesor asistente de Nuevo Testamento en el Regent College. Mariam es coautora de *James* (ZECNT). Vivió en Grecia por seis meses, estudiando el arte y la arquitectura de la Grecia clásica, ocasión en la que también pasó por sitios en Atenas, Corinto y Roma. También codirigió un viaje de estudios a Grecia y Turquía. (**La ciudad de Corinto; El gobierno romano de Judea; Dioses griegos y romanos tradicionales; Santiago**)

Andreas J. Köstenberger. Vienna University of Economics (Mag. rer. soc. oec.); Columbia International University (MDiv); Vienna University of Economics (Dr. rer. soc. oec.); Trinity International University (PhD); profesor de investigación de Nuevo Testamento y Teología Bíblica y director del Centro de Estudios Bíblicos en el *Midwestern Baptist Theological Seminary.* Andreas es autor o editor de más de cincuenta libros, entre ellos John (BECNT); *A Theology of John's Gospel and Letters* (BTNT); *Encountering John; The Missions of Jesus and the Disciples in the Fourth Gospel;* y *"John"* (CNTUOT). (**La familia de Jesús; Fiestas judías; Fariseos y saduceos; Poncio Pilato; El Shabbat; Los samaritanos; Juan**)

Kelly D. Liebengood. San José State University (BS); University of Kansas (MA); Midwestern Baptist Theological Seminary (MDiv); University of St. Andrews (PhD); profesor adjunto de Estudios Bíblicos y Teología, decano de la Escuela de Teología y Vocación, y director de la Honors College en la LeTourneau University. Kelly ha escrito o coeditado varios libros, entre ellos *The Eschatology of 1 Peter: Considering the Influence of Zechariah 9–14* (SNTSMS) y Engaging Economics: New Testament Scenarios and Early Christian Reception. Kelly también imparte regularmente una clase en Israel, Grecia y Turquía que explora el escenario físico de la Biblia. (**1-2 Pedro, Judías**)

Tremper Longman III. Ohio Wesleyan University (BA); Westminster Theological Seminary (MDiv); Yale University (PhD); distinguido académico de Estudios Bíblicos en el Westmont College. Tremper es autor/coautor de más de treinta libros, entre ellos Genesis (Story of God Commentary); *How to Read Genesis; Psalms* (TOTC); *Ecclesiastes* (NICOT); Daniel (NIVAC); *A Biblical History of Israel*; y *The Fear of the Lord Is Wisdom: A Theological Introduction to Wisdom in Israel.* (**Génesis**)

Safwat Marzouk. Evangelical Theological Seminary in Cairo (MTh, MATS); Union Theological Seminary (STM); Princeton Theological Seminary (PhD); profesor adjunto de Biblia Hebrea/Antiguo Testamento en el Anabaptist Mennonite Biblical Seminary. *Safwat ha escrito Egypt as a Monster in the Book of Ezekiel*, y dirige viajes de estudio a Egipto. (**Los egipcios**)

Josiah McDermott nació de padres taiwaneses-canadienses y creció en Asia Oriental. Obtuvo un BComm en Finanzas por la University of British Columbia y un MA en Estudios Bíblicos por el Regent College. Actualmente vive con su esposa y su hijo en Vancouver, Columbia Británica. (**La ciudad de Corinto; El gobierno romano de Judea; Dioses griegos y romanos tradicionales; Santiago**)

Catherine L. McDowell. University of North Carolina, Chapel Hill (BA); Gordon-Conwell Theological Seminary (MA); Harvard University (MA, PhD); profesor adjunto de Antiguo Testamento en el Gordon-Conwell Theological Seminary. Catherine ha escrito T*he Image of God in the Garden of Eden: The Creation of Humankind in Genesis 2:5–3:24 in Light of mīs pî pīt pî and wpt-r Rituals of Mesopotamia and Ancient Egypt.* Ha trabajado como voluntaria, miembro del personal, registradora de objetos y material culturales, o supervisora de plaza en muchos sitios y proyectos arqueológicos, incluyendo Ascalón, Tel Mikné-Ecrón, Tel Beit She'an, Cesarea Marítima, y el Deep Sea Archaeology Project. Ha sido conservadora de la *Cooley Collection of the Robert C. Cooley Center for the Study of Early Christianity* (Charlotte, Carolina del Norte), y fue investigadora adjunta en el W. F. Albright Institute of Archaeological Research (Jerusalén), donde investigó el material de Tel Dothan. (**Los cananeos y la religión cananea; Los filisteos; 1-2 Reyes**)

Samuel A. Meier. University of California, Los Angeles (BA); Dallas Theological Seminary (ThM); Harvard University (PhD); profesor del Melton Center de Estudios Judíos en la Ohio State University. Sam ha escrito varios libros, entre ellos *The Messenger in the Ancient Semitic World; Speaking of Speaking: Marking Direct Discourse in Biblical Hebrew; y Themes and Transformations in Old Testament Prophecy.* (**Los profetas en el mundo del Antiguo Testamento; 1-2 Crónicas**)

Eric Alan Mitchell. Baylor University (BBA); Mid-America Baptist Theological Seminary (MDiv); Southern Baptist Theological Seminary (PhD); profesor adjunto de Antiguo Testamento y Arqueología en el

Southwestern Baptist Theological Seminary. Eric es autor/coautor/coeditor de muchos libros, entre ellos *The Holman Illustrated Bible Dictionary*; Old Testament Survey; A Literary Examination of the Function of Satire in the Mišpaṭ Hammeleḵ of 1 Samuel 8; y *Old Testament Survey: A Student's Guide.* Ha participado en excavaciones arqueológicas en Tel Hazor y Tel Megido y, desde 2007, ha sido el codirector del proyecto y el investigador principal del Tel Gezer Regional Survey Project. Ha sido becario adjunto en el W. F. Albright Institute of Archaeological Research de Jerusalén y ha dirigido más de veinte viajes de estudio a Israel, Jordania, Egipto, Turquía y Chipre. (**Éxodo**)

William B. Nelson. Westmont College (BA); Jerusalem University College (MA); Princeton Theological Seminary (MDiv); Harvard University (MA, PhD); profesor de Antiguo Testamento en el Westmont College. Bill ha escrito *Daniel* (UBCS). (**Daniel; Malaquías**)

Douglas J. E. Nykolaishen. University of Saskatchewan (BA); Trinity Evangelical Divinity School (MDiv, MA); University of Edinburgh (PhD); profesor adjunto de Estudios Bíblicos en el Ouachita Baptist University. Doug ha sido coautor de Ezra-Nehemiah y Esther (TTCS). (**Los babilonios**)

Osvaldo Padilla. Moody Bible Institute (BA); Trinity Evangelical Divinity School (MA); University of Aberdeen (PhD); profesor adjunto de Divinidad en el Beeson Divinity School. Osvaldo ha escrito dos libros, *The Speeches of Outsiders in Acts: Poetics, Theology, and Historiography* y *The Acts of the Apostles: Interpretation, History, and Theology*. (**Efesios; Filipenses; Colosenses; Filemón**)

C. Marvin Pate. Moody Bible Institute (Diploma); University of Illinois (BA); Wheaton Graduate School (MA); Marquette University (PhD); profesor de Teología Cristiana en la Ouachita Baptist University. Marvin es autor o coautor de más de quince libros, entre ellos Romans (TTCS); *The Writings of John; Interpreting Revelation; Deliverance Now and Not Yet: The New Testament and the Great Tribulation;* y *Apostle of the Last Days.* (**Romanos**)

Rodney Reeves. Southwest Baptist University (BA); Southwestern Baptist Theological Seminary (MDiv, PhD); decano y profesor Redford de Estudios Bíblicos en la Southwest Baptist University. Rodney es autor o coautor de seis libros, entre ellos Matthew (SGBC); *Rediscovering Paul: An Introduction to His World, Letters, and Theology; Rediscovering Jesus: An Introduction to Biblical, Religious, and Cultural Perspectives on Christ; Spirituality according to Paul: Imitating the Apostle of Christ;* y *A Genuine Faith: How to Follow Jesus Today*. (**El bautismo en el mundo del Nuevo Testamento; El honor y la vergüenza en el mundo del Nuevo Testamento; El Sanedrín; Los escribas y los maestros de la ley; Mateo**)

E. Randolph Richards. Texas Wesleyan College (BS); Southwestern Baptist Theological Seminary (MDiv, PhD); rector y jefe ejecutivo académico en la Palm Beach Atlantic University. Randy ha escrito muchos libros, entre ellos *A Little Book for New Biblical Scholars; Paul Behaving Badly; Misreading Scripture with Western Eyes; Rediscovering Paul; y Paul and First-Century Letter Writing.* Randy ha dirigido muchos viajes de estudio de estudiantes a Israel, Turquía y Grecia y ha trabajado con la Scholars Initiative del Museo de la Biblia. (**Escritura de cartas antiguas; Banquetes y comidas en el mundo grecorromano; El dinero en el mundo del Nuevo Testamento; Prácticas de navegación en el primer siglo**)

Mark F. Rooker. Rice University (BA); Dallas Theological Seminary (ThM); Brandeis University (MA, PhD); profesor titular de Antiguo Testamento y Hebreo en el *Southeastern Baptist Theological Seminary.* Mark es autor/coautor de muchos libros, entre ellos *Leviticus* (NAC); *Ezekiel* (HOTC); *Biblical Hebrew in Translation: The Language of the Book of Ezekiel; y The Ten Commandments: Ethics for the Twenty-First Century.* En dos ocasiones ha sido estudiante visitante en la Hebrew University de Jerusalén. (**Ezequiel**)

Richard L. Schultz. Michigan State University (BA); Trinity Evangelical Divinity School (MDiv); Yale University (MA, PhD); profesor de Antiguo Testamento Blanchard en el Wheaton College. Richard es autor/coautor de varios libros, entre ellos *Search for Quotation: Verbal Parallels in the Prophets; Bind Up the Testimony: Explorations in the Genesis of the Book of Isaiah; y Out of Context: How to Avoid Misinterpreting the Bible.* (**Proverbios; Eclesiastés**)

Boyd Seevers. Wheaton College (BA); Dallas Theological Seminary (ThM); Trinity Evangelical Divinity School (PhD); profesor de Estudios del Antiguo Testamento en la University of Northwestern. Boyd ha escrito varios libros, entre ellos *Warfare in the Old Testament: The Organization, Weapons, and Tactics of Ancient Near Eastern Armies; Hidden in Plain Sight: Finding Wisdom and Meaning in the Parts of the Bible That Most People Skip; y The Quick-Start Guide to the Bible.* En los últimos treinta años ha trabajado en muchos yacimientos arqueológicos (Khirbet el-Maqatir, Silo, Betsaida, Tiberíades, Har Tuv) como voluntario, jefe de grupo, supervisor de plaza o supervisor de excavación arqueológica. (**La guerra en el Antiguo Testamento; Josué; Jueces**)

Gary V. Smith. Wheaton College (BA); Trinity Evangelical Divinity School (MA); Dropsie College for Hebrew and Cognate Learning (PhD); profesor de Estudios Cristianos (jubilado) en la *Union University.* Gary es autor/coautor de trece libros, entre ellos *Isaiah* (NAC); Hosea, Amos, Micah (NIVAC); *The Prophets as Preachers: An Introduction to the Hebrew Prophets; Ezra, Nehemiah, Esther* (CBC); y *Old Testament Survey: Broadening Your Biblical Horizons.* Ha dirigido varios viajes a Tierra Santa. (**Los asirios; Isaías**)

Mark L. Strauss. Westmont College (BA); Talbot School of Theology (MDiv; ThM); University of Aberdeen (PhD); profesor universitario de Nuevo Testamento en el Bethel Seminary, San Diego. Mark es autor/coautor de quince libros y editor/coeditor de cuarenta. Sus libros incluyen comentarios sobre los Evangelios de Marcos (ZECNT; EBC) y Lucas (ZIBBCNT); *How to Read the Bible in Changing Times; Four Portraits, One Jesus; y The Davidic Messiah in Luke-Acts.* También es vicepresidente del Comité de Traducción de la Biblia para la NIV. (**Jerusalén en los tiempos de Jesús; El Templo de Jerusalén; La sinagoga judía; Hechos**)

Mark E. Taylor. Mississippi State University (BBA); Mid-America Baptist Theological Seminary (MDiv); Southwestern Baptist Theological Seminary (PhD); profesor de Nuevo Testamento y decano adjunto de los programas de máster en el Southwestern Baptist Theological Seminary. Mark ha escrito dos libros, *A Text-Linguistic Investigation into the Discourse Structure of James y 1 Corinthians* (NAC). (**1 Corintios**)

David L. Turner. Cedarville University (BA); Grace Theological Seminary (MDiv, ThM); Hebrew Union College-Jewish Institute of Religion (MPhil); Grace Theological Seminary (ThD); Hebrew Union College-Jewish Institute of Religion (PhD); profesor emérito de Nuevo Testamento en el *Grand Rapids Theological Seminary.* David ha escrito muchos libros, entre ellos *Matthew* (BECNT); *Matthew* (CBC); *Israel's Last Prophet: Jesus and the Jewish Leaders in Matthew 23; y The Gospels and Acts* (KHNTE). David también estudió en el Jerusalem University College y ha enseñado en dos ocasiones a grupos de estudio en Israel. (**1-3 Juan**)

Ray Van Neste. Union University (BA); Trinity Evangelical Divinity School (MA); University of Aberdeen (PhD); profesor de Estudios Bíblicos y director del Ryan Center de Estudios Bíblicos en la Union University. Ray ha escrito o colaborado en ocho libros, entre ellos *Cohesion and Structure in the Pastoral Epistles* (JSNTSup). (**1-2 Timoteo, Tito**)

Mark Wilson. Trinity Bible College (BA); Regent University (MA); University of South Africa (D.Litt. et Phil.); profesor adjunto extraordinario de Nuevo Testamento en la Stellenbosch University. Mark es autor o editor de quince libros, entre ellos *The Victor Sayings in the Book of Revelation; Charts on the Book of Revelation: Literary, Historical, and Theological Perspectives; Revelation: Illustrated Bible Backgrounds Commentary; Victory through the Lamb: A Guide to Revelation in Plain Language; y Biblical Turkey: A Guide to the Jewish and Christian Sites of Asia Minor.* Sirvió de cofacilitador en la excavación de la sinagoga de Priene, Turquía. Es el editor en inglés de las publicaciones arqueológicas del Mediterranean Civilizations Research Center (AKMED) en Antalya, Turquía. Ha dirigido muchos viajes de estudio a Turquía, Grecia,

Chipre, Malta, Italia, Macedonia y Albania. (**La ciudad de Éfeso; Vías romanas y viajes; Apocalipsis**)

Gary E. Yates. Washington Bible College (BA); Dallas Theological Seminary (ThM, PhD); profesor de Estudios del Antiguo Testamento en el Liberty University School of Divinity. Gary es autor/coautor/coeditor de varios libros, entre ellos *The Message of the Twelve: Hearing the Voice of the Minor Prophets* y *The Essence of the Old Testament: A Survey.* (**Jeremías; Lamentaciones**)

Introducción

J. Scott Du Vall y J. Daniel Hays

Le damos la bienvenida a *Comentario del contexto cultural de la Biblia ilustrada Baker*, ¡y al mundo de las Biblias de trasfondo! Oramos para que este libro le ayude en su estudio de las Escrituras y enriquezca su entendimiento de las mismas. Este es un tipo de comentario muy diferente. Normalmente, los comentarios sobre la Biblia tratan de explicar el significado teológico del texto y, tal vez, cómo se aplica a usted. Esa es una tarea muy importante, y le animamos a seguir utilizando los comentarios habituales, junto con su estudio personal de la Palabra de Dios. Pero a menudo, al estar tan alejados del mundo bíblico por el tiempo y la cultura, nuestra falta de conocimiento de esos contextos culturales e históricos puede limitar nuestra comprensión. La misión de este libro es proporcionar información sobre el trasfondo cultural e histórico del texto bíblico que le permitirá apreciar y comprender mejor el texto.

Por lo tanto, en este libro no intentamos explicarle el significado teológico de la Biblia, sino que proporcionamos información de fondo relevante que puede combinar con su propio estudio personal y con el aporte de otros comentarios habituales para llegar a la interpretación y aplicación correctas de los pasajes bíblicos. Además, consideramos que el material de trasfondo útil y relevante a menudo ayuda a que los textos bíblicos sean más "coloridos", es decir, les da vida y nos ayuda a relacionarnos con ellos. Queremos entrar en el mundo de los personajes bíblicos, y nos preguntaremos: "¿Cómo eran las cosas en aquel entonces?". Este libro trata de ayudar a visualizar y conectar con los tiempos bíblicos.

La cantidad de material de trasfondo histórico y cultural de cada capítulo de la Biblia es abrumadora, y nos resulta imposible ofrecer en un solo volumen todo el material disponible sobre cada pasaje. Lo que hemos hecho en este volumen es seleccionar a destacados eruditos bíblicos para que escriban los artículos sobre cada libro de la Biblia. Dentro del límite de páginas de este volumen, hemos pedido a estos biblistas que incluyan el material que consideren más relevante, útil y/o interesante. Por lo tanto, para cada libro de la Biblia no presentamos una exposición exhaustiva del material de trasfondo, sino que ofrecemos la información que nosotros (los autores de los artículos) consideramos más esclarecedora.

Además, como es cierto que una imagen vale más que mil palabras, hemos incluido cientos de imágenes y otros materiales ilustrativos que le ayudarán a visualizar y comprender el mundo bíblico. Consideramos que las imágenes son tan importantes como el comentario escrito.

Este comentario de trasfondo está escrito para personas de la iglesia, y no está dirigido a eruditos. No obstante, está escrito por eruditos bíblicos extraordinarios que entienden y pueden acceder al mundo académico en el que se encuentra gran parte de este material. Sin embargo, hemos tratado de minimizar el lenguaje técnico que normalmente utilizan los eruditos y de ser lo más claros y comprensibles posible. Asimismo, hemos tratado de minimizar la documentación extensa, y hemos colocado ese tipo de material como notas finales en la parte posterior del libro.

Diferencias entre los Testamentos. Es importante señalar que el contexto histórico y las prácticas culturales-religiosas cambian con el tiempo. La Biblia abarca casi dos mil años de historia. Cultural, histórica y tecnológicamente, las cosas cambian. No existe un "mundo bíblico" monolítico, inmutable o común. Por ejemplo, el mundo cultural, histórico y tecnológico del rey David (ca. 1.000 a. C.) es muy diferente al del apóstol Pablo (ca. 50 d. C.). Además, en nuestro estudio del A. T. nos fijaremos en las prácticas religiosas de los antiguos egipcios, cananeos y mesopotámicos, mientras que en el N. T. nos ocuparemos de los antecedentes o las prácticas religiosas grecorromanas o judías. Sin duda, la información histórica y cultural del año 700 a. C. puede inducir a error o ser irrelevante para entender el N. T. en el siglo I d. C. (y viceversa). Debido a esto, el tipo de material bíblico de trasfondo que analizamos en el A. T. y en el N.T. suele ser bastante diferente, y hay pocas referencias cruzadas entre ambos.

Referencias cruzadas. Dado que tenemos tanto material útil y relevante para presentar en un solo volumen, hemos tratado de minimizar las discusiones repetidas sobre el mismo tema. Así, por ejemplo, puesto que los babilonios aparecen en muchas ocasiones en el A.T., hemos decidido presentar un artículo principal, "Los babilonios", en la sección del A.T., y luego hacer una referencia cruzada a este artículo cada vez que necesitemos una discusión sobre los babilonios. La lista de estos artículos especiales, tanto para el A.T. como para el N.T., figura en la sección "Contenido". Además, a veces, dentro de la discusión sobre un tema de trasfondo específico de un texto bíblico, tenemos una discusión buena y exhaustiva que también es relevante para el mismo tema en otros textos. En lugar de repetir esa misma discusión, haremos referencias cruzadas. Por ejemplo, si hay una buena discusión sobre un tema relevante en 2 Reyes 17:16, haremos una referencia cruzada de esta forma: Ver los comentarios sobre 2 Reyes 17:16. Sin embargo, en muchas ocasiones solo querremos referirnos a la Biblia e indicarle otros pasajes bíblicos en vez de nuestra discusión. En esos casos, simplemente proporcionaremos citas bíblicas (p. ej., 1 Co 16:19).

Citas del Antiguo Testamento en el Nuevo Testamento. La versión de la Reina-Valera 1960, a la que se ajusta este libro de comentario, pone en negrita las citas del A. T. en el N. T. Dado que este libro utiliza la negrita para los versículos de la Reina-Valera 1960 en las secciones del comentario, hemos puesto dichas citas en cursiva además de en negrita.

Abreviaturas. La lista de abreviaturas de los diccionarios, revistas y fuentes antiguas utilizadas en las notas al pie de página se presenta al final del libro con las notas al pie de página. Sin embargo, aquí se enumeran las abreviaturas utilizadas en los artículos de este libro.

arc.	arameo
ca.	con respecto a las épocas históricas, esto significa "alrededor de"
cf.	compara
cap(s).	capítulo(s)
p. ej.	por ejemplo
esp.	especialmente
ingl. trad.	traducción al inglés
etc.	etcétera
gr.	griego
hebr.	hebreo
lat.	latín
LXX	Biblia Septuaginta o Biblia de los Setenta
N°	número
N. del T.	Nota del traductor
N. T.	Nuevo Testamento
A. T.	Antiguo Testamento
s. v.	sub voce, "bajo la voz, bajo la palabra"
v(v).	versículo(s)

El ANTIGUO TESTAMENTO

Introducción al Antiguo Testamento

J. Daniel Hays

El marco histórico y geográfico. Como ya se mencionó en la introducción, es importante recordar que los acontecimientos y la redacción del N.T. y del A.T. transcurren en momentos muy distintos y con escenarios y antecedentes culturales muy diferentes. El A.T. se escribió a lo largo de casi mil años, aproximadamente desde mediados del segundo milenio a. C. hasta mediados del primero. Este periodo de tiempo, y los tumultuosos cambios que se produjeron en todo el mundo bíblico durante el mismo, constituyen el principal contexto histórico y cultural para explorar los antecedentes del A.T.

En todo este libro utilizaremos el término "antiguo Cercano Oriente". Geográficamente, este término se refiere principalmente a la región de Oriente Medio que hoy comprende los países de Egipto, Sudán, Israel, los territorios palestinos, Jordania, Líbano, Siria, Irán, Irak y Turquía. Cronológicamente, la expresión "antiguo Cercano Oriente" comienza aproximadamente con el surgimiento de las civilizaciones en Sumeria (en Mesopotamia) y en Egipto alrededor del 3300 a. C. y continúa hasta Alejandro Magno (ca. 330 a. C.), quien conquistó la mayor parte de esta zona y difundió la cultura griega por toda la región.

La historia del A.T. se desarrolla en gran parte de esta región y de esta época. En Gn 11:27-32, cuando se nos presenta a Abraham y a su familia, estos viven en Mesopotamia (los actuales Irak y Siria). Dios lo llama desde allí y lo conduce a la tierra de Canaán, donde él y su familia interactúan con los habitantes de esa región. Al término de Génesis, los descendientes de Abraham se trasladan a Egipto, donde residen por cuatrocientos años, y donde sin duda absorben una fuerte influencia cultural egipcia. En Éxodo, Dios libera de Egipto a los descendientes de Abraham, ahora llamados los "hijos de Israel" (i. e., los israelitas), y los conduce de vuelta a Canaán, donde por los siguientes mil años, más o menos, tendrán que interactuar militar y culturalmente tanto con los habitantes de su tierra (los cananeos y varios otros pueblos estrechamente relacionados) como con sus vecinos cercanos (filisteos, edomitas, moabitas, amonitas, arameos). A finales del siglo VIII a. C. (i. e., en el año 700 a. C.), los asirios (procedentes de Mesopotamia, en la zona que hoy es el actual Irak) conquistan la mayor parte de la región y establecen el Imperio asirio (ver el artículo "Los asirios"). Posteriormente, a finales del siglo VII a. C., los babilonios (también de Mesopotamia) derrotan a los asirios y los sustituyen como principal potencia y gobernante de la mayor parte del antiguo Cercano Oriente. Son los babilonios quienes conquistan y destruyen Jerusalén (586 a. C.), exiliando a gran parte de la población de Judea a Babilonia (ver el artículo "Los babilonios"). En el año 539 a. C., los babilonios son entonces derrotados y reemplazados por los persas (de lo que hoy es Irán), quienes igualmente establecieron un imperio que abarcaba la mayor parte del antiguo Cercano Oriente, incluyendo Judá, la patria de los judíos, así como todas las regiones a las que los judíos habían sido exiliados (ver el artículo "Los persas"). El Imperio persa dura hasta que Alejandro Magno lo invade en el 331 a. C.

El material de antecedentes bíblicos que se debatirá. Examinar la historia y la cultura de este antiguo y complejo Oriente Cercano nos ayudará a comprender y apreciar el A.T. En los artículos sobre el A.T., presentaremos información de antecedentes útil e ilustraciones visuales que se clasifican en las siguientes categorías:

1. **Personajes históricos y acontecimientos geopolíticos.** Identificaremos muchas de las naciones extranjeras y sus reyes (y generales, etc.) que los israelitas encontrarán, así como las interacciones que los israelitas tienen con estas naciones. Cuando esté disponible, compartiremos información relevante de los registros o informes históricos escritos que estos reyes extranjeros hicieron, los cuales presentan su lado de la historia (¡a menudo bastante propagandístico!). Habrá grandes acontecimientos geopolíticos que tendrán lugar en el antiguo Cercano Oriente, donde Israel puede no ser uno de los actores principales, pero cuyos resultados les impactan profundamente (p. ej., el conflicto entre Babilonia y la alianza Asiria/Egipto en el 612-605 a. C.). Así pues, trataremos de explicar el "panorama general" de los acontecimientos y movimientos que ocurrieron en el mundo que rodeaba a Israel y la forma en que estos acontecimientos afectaron a Israel.

2700 a. C | 2600 a. C | 2500 a. C | 2400 a. C | 2300 a. C | 2200 a. C | 2100 a. C

PERSONAJES CLAVES

Abraham 2166–1991 a.C.

Isaac 2066–1886 a.C.

ACONTECIMIENTOS CLAVE

- **Pacto con Abraham** 2091 a. C.

PERSONAJES/ACONTECIMIENTOS DEL MUNDO DEL ANTIGUO ORIENTE CERCANO

- **Inicio del antiguo reino egipcio** 2700 a. C.
- **Inicio del Imperio acadio bajo el mando de Sargón** 2334 a. C.
- **Inicio de la dinastía Xia en China** 2070 a. C.
- **Construcción de la pirámide de Giza** 2589–2504 a. C.

2700 a. C. | 2600 a. C. | 2500 a. C. | 2400 a. C. | 2300 a. C. | 2200 a. C. | 2100 a. C.

2000 a. C. | 1900 a. C. | 1800 a. C. | 1700 a. C. | 1600 a. C. | 1500 a. C. | 1400 a. C.

PERSONAJES CLAVES

(Postrero a los patriarcas 1950-1650 a. C.)

Moisés 1526–1406 a. C.

Isaac 2066–1886 a.C.

Jacob (Israel) 2006–1859 a.C.

José 1915–1805 a.C.

ACONTECIMIENTOS CLAVE

- Familia de Jacob a Egipto (Fecha tardía a 1650 a. C.)
- **Familia de Jacob a Egipto** 1876 a. C.
- **Jacob en Paddan Aram** 1929–1909 a. C.
- **José llega al poder en Egipto** 1885 a. C.
- **Comienzo de la opresión en Egipto** 1570 a. C.

PERSONAJES/ACONTECIMIENTOS DEL MUNDO DEL ANTIGUO ORIENTE CERCANO

- **Código de leyes de Hammurabi** 1775 a. C.
- **Comienzo de la dinastía Shang en China** 1600 a. C.
- **Stonehenge en Inglaterra** 2000 a. C.
- **El antiguo reino asirio se levanta** 2000 a. C.
- **Cae el reino asirio** 1750 BC
- **Sesostris II** 1897–1878 a. C. (se ha utilizado la antigua cronología egipcia)
- **Sesostris III** 1878–1843 a. C.
- **Ammenemes III** 1842–1797 a. C.
- **Comienzo del nuevo reino en Egipto** 1570 a. C.
- **Amosis I** 1570–1546 a. C.
- **Amenofis I** 1546–1526 a. C.
- **Tutmosis I** 1526–1512 a. C.
- **Tutmosis II** 1512–1504 a. C.
- **Hatshepsut** 1503–1483 a. C.

2000 a. C. | 1900 a. C. | 1800 a. C. | 1700 a. C. | 1600 a. C. | 1500 a. C. | 1400 a. C.

1500 a.C. | 1400 a.C. | 1300 a.C. | 1200 a.C. | 1100 a.C. | 1000 a.C. | 900 a.C.

- Samuel como juez 1085–1051 a.C.
- Saúl gobierna Israel 1050–1011 a.C.
- Josué 1466–1356 a.C.
- (Postrero a Moisés 1347–1227 a.C.)
- David gobierna Israel 1011–971 a.C.
- Salomón gobierna Israel 971–931 a.C.
- Roboam 931–913 a.C.
- Jeroboam 931–910 a.C.
- Omri 885–874 a.C.
- Acab and Jezabel 874–853 a.C.
- Elías 865–852 a.C.

- El arca del pacto se traslada a Jerusalén 977 a. C.
- Comienza el templo de Salomón 966 a. C.
- Comienza el reino dividido 931 a. C.
- Éxodo de Egipto
  —Entrega de los diez mandamientos y de la ley
  —Construcción del tabernáculo
  1446 BC
- Éxodo de Egipto (A finales de 1266 a. C.)
- Becerros de oro en Betel/Dan 930 a. C.
- Conquista de Canaán (A finales de 1230–1223 a. C.)
- Sisac ataca Jerusalén 926 a. C.
- Años en el desierto (A finales de 1267–1227 a. C.)
- Años en el desierto 1446–1406 a. C.
- Jehú paga tributo a Asiria 841 a. C.
- Conquista de Canaán 1406–1399 a. C.
- Los jueces gobiernan Israel 1356–1050 a. C.
- Reino unificado 1050–931 a.C.
- Omrí funda Samaria 880 a. C.
- Los jueces gobiernan Israel (Late date 1223–1025 a. C.)
- Comienza la purga de Jehú 841 a. C.

- Tiglat-Pileser I 1115–1076 a. C.
- Declive del poder egipcio 1070 a. C.
- Hiram gobierna Tiro 980–947 a. C.
- Siamón gobierna en Egipto 978–959 a. C.
- Tutmosis III 1504–1450 a. C.
- Estela de Merneptah 1210
- Sisac (Sheshonq) en Egipto 945–924 a. C.
- Amenhotep II 1450–1425 a. C.
- Los filisteos llegan al suroeste de Canaán 1200 a. C.
- Tutmosis IV 1425–1417 a. C.
- Dinastía Zhou en China 1046 a. C.
- Amenhotep II 1417–1379 a. C.
- Tutankamón (Rey Tut) 1361–1352 a. C.
- Rezon 940–915 a. C.
- Ramsés I 1320–1318 a. C.
- Seti I 1318–1304 a. C.
- Ben-Hadad II 860–841 a. C.
- Ramsés II 1304–1236 a. C.
- Batalla de Qarqar 853 a. C.

1500 a.C. | 1400 a.C. | 1300 a.C. | 1200 a.C. | 1100 a.C. | 1000 a.C. | 900 a.C.

800 a.C. | 700 a.C. | 600 a.C. | 500 a.C. | 400 a.C. | 300 a.C. | 200 a.C.

PERSONAJES CLAVE

- Jeroboam II 793–753 a.C.
- Acaz 735–716 a.C.
- Oseas 732–722 a.C.
- Ezequías 716–687 a.C.
- Josías 641–609 a.C.
- Sedecías 597–586 a.C.
- Eliseo 852–790 a.C.
- Jehú 841–814 a.C.
- Joás 835–796 a.C.

ACONTECIMIENTOS CLAVE

- Destrucción de Jerusalén y del templo 586 a.C.
- Tercera deportación a Babilonia 586 a.C.
- Comienza la reconstrucción del templo 536 a.C.
- Se detiene la reconstrucción del templo 530–520 a.C.
- Dedicación del templo 516 a.C.
- Segundo regreso del exilio babilónico dirigido por Esdras 458 a.C.
- Comienzan las reformas de Ezequías 705 a.C.
- Asiria ataca Jerusalén 701 a.C.
- Tercer regreso del exilio babilónico dirigido por Nehemías 445 a.C.
- Reformas de Josías 623 a.C.
- Josías muere en Megido 609 a.C.
- Primer regreso del exilio babilónico dirigido por Zorobabel 538 a.C.
- Primera deportación a Babilonia 605 a.C.
- Segunda deportación a Babilonia 597 a.C.
- Primera deportación asiria 732 a.C.
- Reconstrucción de las murallas de Jerusalén 445 a.C.
- Samaria cae en manos de Asiria 722 a.C.
- Ester se convierte en reina en Persia 478 a.C.
- Segunda deportación asiria 722 a.C.

PERSONAJES/ACONTECIMIENTOS DEL MUNDO DEL ANTIGUO ORIENTE CERCANO

- Babilonia cae en manos de Persia 539 a. C.
- Senaquerib 705–681 a. C.
- Jerjes I (Ahaseuro) 486–465 a. C.
- Fundación de Roma 753 a. C.
- Ciro el Grande 559–530 a. C.
- Esar-hadón 681–669 a. C.
- Batalla de Maratón 490 a. C.
- Asurbanipal 668–633 a. C.
- Artajerjes I 465–424 a. C.
- Tebas cae en manos de Asiria 663 a. C.
- Los Galos atacan Roma 390 a. C.
- Auge del Imperio neobabilónico 625 a. C.
- Auge del Imperio neoasirio 744 a. C.
- Heródoto 485–425 a. C.
- Nabopolasar 625–605 a. C.
- Plato 428–348 a. C.
- Salmanasar III 858–824 a. C.
- Nínive cae en manos de los babilonios 612 a. C.
- Hazael 841–806 a. C.
- Harán cae en manos de los babilonios 610 a. C.
- Ben-Hadad III 806–770 a. C.
- Cambises 530–522 a. C.
- Rezín 750–732 a. C.
- Nabucodonosor 605–562 a. C.
- Evilmerodac 562–560 a. C.
- Aristóteles 384–322 a. C.
- Adad-Nirari III 810–782 a. C.
- Asiria cae ante Babilonia en Carquemis 605 a. C.
- Tiglath-Pileser III 744–727 a. C.
- Se establece la república romana 509 a. C.
- Damasco cae en manos de Asiria 732 a. C.
- Sócrates 470–399 a. C.
- Salmanasar V 727–722 a. C.
- Darío I 522–486 a. C.
- Sargon II 721–705 a. C.
- Nabónido 556–539 a. C.

800 a.C. | 700 a.C. | 600 a.C. | 500 a.C. | 400 a.C. | 300 a.C. | 200 a.C.

2. **Material de antecedentes religiosos.** Entre los importantes restos arqueológicos y el descubrimiento de miles de documentos literarios antiguos tenemos un conocimiento bastante amplio de muchas creencias y prácticas religiosas de los pueblos de gran parte del antiguo Cercano Oriente. En el A.T., los israelitas luchan frecuentemente contra la fuerte influencia de las religiones paganas y las prácticas religiosas asociadas y la mentalidad de las naciones vecinas. A lo largo de los artículos del A.T., intentaremos explicar estas influencias. Además, afirmamos firmemente que el Dios de Abraham, Isaac, Jacob y Moisés es el único y verdadero Dios y el creador del universo. En este sentido, es completamente único. Sin embargo, Dios se comunica y se revela a su pueblo en el A.T. dentro del contexto de su mundo, es decir, el mundo del antiguo Cercano Oriente. Por lo tanto, aunque hay diferencias críticas entre las creencias y prácticas religiosas de Israel y sus vecinos paganos (y las señalaremos), también hay muchas similitudes en las prácticas, especialmente en el mundo conceptual básico. Algunos ejemplos que representan esto son los siguientes: (1) la disposición arquitectónica fundamental del templo que construye Salomón en Jerusalén es similar a la que se encuentra en los templos paganos de los vecinos de Israel en la región; (2) se han hallado cientos de descripciones de seres divinos de nivel inferior que son de naturaleza compuesta, con alas, cuerpos y cabezas humanas, de buey o de león, que son muy similares a los querubines descritos en el A.T.; y (3) en las excavaciones arqueológicas se han descubierto múltiples altares e incensarios similares a los utilizados en Israel. Esta abundante información sobre las naciones que rodean a Israel puede en muchos casos ayudarnos a comprender mejor las prácticas y creencias religiosas de Israel, tanto por comparación como por contraste.

El templo de Ain Dara, cerca de Alepo (Siria), tenía la misma estructura de base que el templo de Salomón en Jerusalén. Aquí se muestran las ruinas de la entrada, guiada por una criatura parecida a un querubín con cabeza de hombre, cuerpo de león y alas de ave.

3. **La vida cotidiana y los avances tecnológicos.** Aunque no cabe duda de que existían variaciones y diferencias regionales, especialmente con el paso del tiempo, por lo general había muchos puntos en común en todo el antiguo Cercano Oriente durante el período del A.T. en lo que respecta a la agricultura, la ganadería, la preparación de alimentos, el comercio, la manufactura (cerámica, fabricación de vidrio, metalurgia, etc.), los viajes, la construcción de edificios, el transporte marítimo, los métodos y equipos

de guerra y la escritura, entre otros. Así pues, el conocimiento que tenemos de estas actividades y prácticas del antiguo Cercano Oriente puede servir para esclarecer cómo era la vida cotidiana de los habitantes del antiguo Israel.

4. **Literatura.** Como se explica a continuación, se han encontrado y traducido miles y miles de documentos literarios del antiguo Cercano Oriente. En muchas partes del A.T., existen similitudes literarias entre secciones del A.T. y documentos literarios del antiguo Cercano Oriente. Por ejemplo, la estructura y el formato del libro del Deuteronomio (el gran código de la ley dado por Dios a Israel) es muy similar a la estructura vista en varios tratados hititas antiguos. Por lo tanto, parece que cuando Dios entró en su gran relación de pacto con Israel y la definió por escrito a través del libro del Deuteronomio, empleó un estilo de literatura que la gente del mundo antiguo (especialmente gente educada como Moisés) reconocería como un estilo de escritura de tratado legal. Asimismo, algunas de las leyes del Pentateuco son similares a las que aparecen en los antiguos códigos de leyes, como el del rey babilónico Hammurabi. Del antiguo Egipto, se han recogido composiciones escritas de la literatura sapiencial que guardan grandes similitudes con partes de los Proverbios. También figuran diversas composiciones literarias antiguas de los pueblos vecinos de Israel, que aparentemente eran bien conocidas en toda la región, y en las cuales se describe cómo fue creado el mundo por los dioses paganos. La narración de Gn 1-2 refuta explícitamente gran parte de estos relatos paganos, pero, no obstante, parece que los conoce bien y sigue el lenguaje general (o literario) de estos otros relatos al interactuar con ellos. Así pues, desde el punto de vista de la literatura, resulta útil explorar otras obras literarias que presentan similitudes de estilo o de contenido con el texto bíblico, aunque la orientación principal (el Señor creó el mundo y es un Dios) sea diferente.

Las fuentes. En los últimos 150 años, se han realizado extensas excavaciones arqueológicas en muchas regiones del antiguo Cercano Oriente.

Antigua tablilla de arcilla con escritura cuneiforme que contiene la historia de Gilgamesh.

Por lo tanto, se dispone de una gran cantidad de datos arqueológicos procedentes de la región más amplia y del mismo período de tiempo base que el A. T.. Son de especial ayuda los cientos de miles de documentos literarios (inscripciones de monumentos, documentos papiros, inscripciones de tumbas y bibliotecas enteras llenas de miles de tablillas de arcilla, etc.) que se han descubierto, muchos de los cuales se han traducido al inglés. Por ejemplo, en la antigua ciudad de Mari, situada al norte de Siria, cerca del río Éufrates, se descubrieron más de 25 000 tablillas de arcilla, la mayoría de ellas de entre 1800 y 1750 a. C. (cercana a la época de Abraham). Estas tablillas están escritas con el estilo cuneiforme de la lengua acadia. Dentro de esta abundante colección literaria se encuentran textos administrativos sobre las raciones y la distribución de alimentos, informes de gastos, textos relacionados con el harén real, textos sobre la administración de palacio, textos sobre la administración provincial, tratados, poemas y otras composiciones literarias, textos de gastos relacionados con los templos reales, textos rituales de "presagio" y más de tres mil cartas. Aquí contamos con una enorme cantidad de información referente a cómo vivían y qué creían los habitantes de esta antigua ciudad durante el periodo patriarcal del A.T. También encontramos grandes archivos de textos procedentes de otros lugares del antiguo Cercano Oriente, siendo los más famosos varios yacimientos de la región de Sumeria; las ciudades de Ebla, Ugarit y Nuzi; diversos sitios del Imperio hitita (en la actual Turquía/Siria); la isla de Elefantina (en Egipto); la región de Amarna (en Egipto); otras innumerables ciudades de Egipto; y otros. Así pues, a lo largo de los artículos sobre el A. T. nos referiremos a estos "documentos antiguos", "archivos" o "comentarios reales" del antiguo Cercano Oriente que iluminan nuestra comprensión de la religión, la cultura y la historia del periodo del A.T. Muchos de los documentos más relevantes han sido traducidos al inglés y se han publicado en múltiples volúmenes de gran utilidad y accesibilidad, como The Context of Scripture, 3 vols. (Brill, 2000-2003); Ancient Near Eastern Texts Relating to the Old Testament (Princeton University Press, 1969); y *Ancient Egyptian Literature*, 3 vols., 2.ª ed. (University of California Press, 2006).

¿Cómo sabemos de qué año fue? A lo largo de los artículos sobre el A.T., frecuentemente proporcionaremos fechas históricas de personajes y acontecimientos. Pero ¿cómo saben los estudiosos qué año fue para estos reyes y batallas? Uno de los documentos descubiertos de la antigua Asiria se llama la lista real asiria. Este documento enumera en orden a los reyes asirios. Asimismo, en esta lista los asirios asignan un nombre personal, llamado epónimo, a cada año consecutivo. Así, cada año de la historia asiria en la lista real se identifica con uno de estos epónimos. De este modo, estos epónimos pueden utilizarse dentro de la lista real para establecer una cronología interna bastante ajustada, es decir, el período de tiempo del gobierno de cada rey y el período de tiempo de un rey a otro. Una de las entradas de esta lista señala que durante un año epónimo concreto del reinado del rey asirio Ashur-dan III, se produjo un eclipse solar. Los astrónomos actuales pueden identificar la fecha exacta de ese eclipse (15 de junio del 763 a. C.).

Gracias a esta fecha exacta y a la estricta cronología interna de la lista real asiria, los expertos pueden datar con precisión la mayor parte de la historia asiria (reinados de los reyes, campañas, asedios de ciudades extranjeras, etc.). Del mismo modo, los babilonios disponían de listas de sus reyes que se interconectaban con la lista de los reyes asirios, y la historia persa también podía conectarse y, por ende, datarse con precisión. En repetidas ocasiones en la Biblia, especialmente en 1-2 Reyes, la historia asiria (reyes, invasiones, batallas, etc.) se cruza con la historia israelita, por lo que los investigadores pueden determinar la fecha de esos acontecimientos con cierta seguridad. Posteriormente, en los libros de 1-2 Reyes, 1-2 Crónicas y 1-2 Samuel, la cronología de los reinados de los reyes israelitas y judaítas, así como las fechas de los acontecimientos clave, se pueden elaborar internamente. Los libros posexílicos como Esdras y Nehemías, al igual que Hageo y Zacarías, ofrecen estrechas conexiones cronológicas con los reinados de los reyes persas, por lo que también pueden datarse con bastante precisión.

Artículos de antecedentes generales

Los Asirios

Gary V. Smith

Geografía. El territorio central de la nación de Asiria coincidía con la parte norte del actual Irak. Asiria estaba situada al norte de Babilonia, al este de Siria, al sur de los montes Urartu y al oeste de Medopersia. El río Éufrates recorría la parte sur y oeste del país, mientras que el río Tigris fluía por la parte oriental. Durante los siglos VIII a VII a. C., Asiria se convirtió en una de las naciones más poderosas y expansionistas del antiguo Cercano Oriente. En el apogeo de su poder, el Imperio neoasirio comprendía Babilonia, Siria, Palestina, partes de Asia Menor, Elam y Egipto.

Historia temprana. Según Génesis 10:22, se identifica a los pueblos originarios de esta zona como descendientes de Asur, el segundo hijo de Sem. Las pruebas arqueológicas indican que la gente vivía en esta zona desde el año 5000 a. C. Algunos reyes del sur de Babilonia (Sargón de Acad, que reinó aprox. entre 2340-2284 a. C.) construyeron edificios en este territorio antes de que se convirtiera en una nación independiente, pero los primeros intentos organizados de establecer el control político de toda la zona parecen haber sido realizados por Shamshi-adad I (1813-1781 a. C.),[1] no mucho después de que Abram pasara por esta zona de camino a Harán (Gn 11:31). Poco después, las invasiones de los hititas, los hurritas y los casitas dieron lugar a una época de caos que duró casi cuatrocientos años.

Periodo asirio medio (1364-934 a. C.). Asiria se convirtió en un estado político bajo el liderazgo de Ashur-uballit I (1364-1329 a. C.) y su hijo Salmanasar I. Derrotaron a los hititas, a los arameos, a los hurritas y a los babilonios, por lo que pudieron expandir considerablemente el poder y la influencia de la nación. Tras un periodo de decadencia (unos cien años), se produjo un resurgimiento del poder asirio, principalmente gracias a los esfuerzos del po-

El Imperio Asirio

deroso rey asirio Tiglat-Pileser I (1115-1077 a. C.), quien consiguió el control de Babilonia durante un corto periodo de tiempo y también conquistó otras cuarenta y dos ciudades-estado (incluso Biblos, Tiro y Sidón, en el mar Mediterráneo).[2] Una vez muerto Tiglat-Pileser, los asirios fueron incapaces de mantener el control sobre la amplia zona que habían conquistado, y se vieron aún más debilitados por una invasión de arameos procedentes de Siria. Este periodo de debilidad asiria coincidió con la expansión hacia el norte de Israel bajo los reinados de David y Salomón.

Período neoasirio (934-612 a. C.). Con el ascenso del rey asirio Ashur-dan II (934-912 a. C.) y sus descendientes se dio inicio a una nueva era de potencia. Estos líderes militares eran fuertes y ganaron varias campañas militares y fueron capaces de completar un gran número de proyectos de construcción en Asiria (p. ej., la construcción de una ciudadela, un palacio y templos en la ciudad de Calah). Un ejemplo de esta expansión militar fue la guerra que Salmanasar III (859-824 a. C.) libró contra Damasco y otras entidades del oeste.[3]

Para detener esta agresión asiria, el rey Hadadezer de Damasco y el rey Irhuleni de Hamat formaron una coalición de doce naciones (incluido el rey Ajab de Israel, quien aportó un gran número de tropas y carros), y se enfrentaron a los asirios en una batalla importante en Qarqar en el año 853 a. C. En sus registros reales escritos, los asirios se atribuyen una victoria, aunque no está nada claro. Pero no mucho después (en el 841 a. C.) Tiro, Sidón e Israel (bajo el rey Jehú)[4] se vieron obligados a someterse a los asirios y a pagarles tributo. Sin embargo, después de esto, los conflictos internos condujeron al declive de la potencia asiria. Fue durante esta época de debilidad asiria cuando el profeta Jonás llegó a la capital asiria de Nínive advirtiéndoles del juicio. La continua debilidad asiria durante el reinado de Ashur-dan III (772-755 a. C.) permitió al rey israelita Jeroboam II expandir su influencia en la región (2 Reyes 14:24-26; Amós 1) y convertir a Israel en una nación poderosa y rica (Amós 3:15; 6:4-6, 8).

El ascenso del rey asirio Tiglat-Pileser III (745-727 a. C.) supuso grandes cambios en la potencia asiria. En los primeros años de su reinado, sometió a varias naciones que se habían rebelado contra él, incluida una coalición entre Rezín, rey de Aram (Siria), y Peka, rey de Israel. Estos dos reyes querían que Acaz, rey de Judá, se uniera a su coalición contra Asiria, pero Acaz se negó. En consecuencia, en el año 734 a. C., los ejércitos arameo (sirio) e israelita atacaron a Judá para obligarlo a cooperar, lo que supuso un momento de crisis en Judá que constituye el trasfondo de Is 7-8. Desesperado, Acaz envió mensajeros y oro al rey asirio Tiglat-Pileser III, suplicando su ayuda (2 R 16:7; 2 Cr 28:16). En respuesta a esta petición, Tiglat-Pileser III derrotó tanto a las fuerzas sirias como a las israelitas (2 R 16:9). Sin embargo, más adelante también hizo a Acaz su siervo vasallo (2 Cr 28:20). Posteriormente, Tiglat-pileser III derrotó a los babilonios y se instaló como rey de Babilonia.

Unos años más tarde, el rey asirio Salmanasar V (726-722 a. C.) determinó que el rey Oseas de Israel retenía el tributo y además conspiraba con los egipcios, por lo que invadió Israel y atacó la capital israelita de Samaria (2 Reyes 17:1-5).

Salmanasar V murió en ese momento, pero el siguiente rey asirio, Sargón II (722-705 a. C.), terminó la conquista de Israel, y en el 722 a. C. exilió a mucha gente (según los informes reales asirios, Sargón afirmó haber exiliado a 27 900 personas)[5] a varias partes del Imperio asirio (2 Reyes 17:6). También reubicó a muchos extranjeros en la tierra de Israel (2 Reyes 17:24). En los

El rey asirio Tiglat-Pileser III (reinó entre 745 y 727 a. C.).

El Relieve mural del palacio del rey asirio Senaquerib (que reinó entre 705-681 a. C.) donde se observa cómo se tortura a los prisioneros judaítas de la ciudad capturada de Laquis.

años 715-711 a. C., Sargón atacó las ciudades filisteas de Gat y Asdod por conspirar con Egipto (ver Is 20). Esta campaña puede reflejarse en el lamento de Miqueas en Miq 1:8-16. Senaquerib (705-681 a. C.), el siguiente rey asirio, se enfrentó a las rebeliones de Merodac-baladán en Babilonia y de Ezequías en Judá (2 Reyes 18:7-9, 13; Is 39:1-8). Senaquerib se dedicó primero a restablecer el orden en Babilonia (702 a. C.) y luego se ocupó de Ezequías en Judá (701 a. C.) (Is 36-37). En sus crónicas, Senaquerib afirma haber derrotado en Elteke a Judá, aliada de los egipcios (2 Reyes 18:9), y luego haber destruido cuarenta y seis ciudades amuralladas de Judá, incluida la ciudad de Laquis (2 Reyes 18:14, 17).[6] Ezequías pagó rápidamente sus impuestos atrasados (2 Reyes 18:14-16), pero esto no impidió que un gran ejército asirio viniera a atacar Jerusalén. En ese momento, Ezequías oró pidiendo a Dios por su liberación (2 Reyes 19:14-19), y Dios envió un ángel para matar a 185 000 soldados asirios (Is 37:36). Los soldados asirios que sobrevivieron huyeron a casa (2 Reyes 19:36). A causa de otra rebelión en la ciudad de Babilonia, Senaquerib arrasó esa ciudad en el 689 a. C., cumpliendo quizás la profecía de Is 46-47. Unos años más tarde (681 a. C.), Senaquerib fue asesinado por sus propios hijos mientras rendía culto en un templo de Nínive, tal como había profetizado Isaías (Is 37:38).

El siguiente rey asirio, Esar-hadón (681-669 a. C.), siguió exigiendo tributos a sus numerosos vasallos de toda la región. Manasés, rey de Judá, pagaba tributo a Esar-hadón, pero al parecer Manasés también estaba involucrado en algunas conspiraciones rebeldes contra Asiria. En consecuencia, los asirios encarcelaron a Manasés en Babilonia (2 Cr 33:11).[7] Manasés se arrepintió de sus pecados, y Dios le devolvió por gracia su trono en Jerusalén (2 Cr 33:12-13). Poco antes de que el rey Esar-hadón muriera, nombró a uno de sus hijos (Asurbanipal) para gobernar Asiria y a su otro hijo (Shamash-shum-ukin) para gobernar Babilonia. Esto dio lugar a una guerra civil entre los hermanos y preparó el terreno para la caída de Nínive, tal como profetizó el profeta Nahúm (ca. 630 a. C.).

Al comienzo del reinado de Josías en Judá (640-609 a. C.), Judá seguía bajo el control de los asirios, pero con la muerte de Asurbanipal (627 a. C.), Josías pudo declarar su independencia del dominio asirio y llevar a cabo las reformas religiosas necesarias (2 Cr 34:1-8; Sof 1:4). Mientras tanto, en Babilonia, Nabopolaser (626-605 a. C.) ascendía al poder y, con la ayuda de los medos, derrotó a Asiria en el 612 a. C. El último frente de resistencia asirio fue finalmente eliminado por los babilonios en el 605 a. C. (ver el artículo "Los babilonios").

Cultura y religión. Los habitantes de Mesopotamia creían que la realeza descendía del cielo por los dioses, y que el rey (a menudo llamado sacerdote) era elegido por los dioses. Sin embargo, sabían que el verdadero gobernante que controlaba el mundo era su dios. Por debajo del rey había altos funcionarios militares, los consejeros del rey y luego los gobernadores provinciales. El deber del gobierno era garantizar la seguridad, mantener las religiones del estado y los templos asociados, y establecer un orden justo y una prosperidad económica para sus ciudadanos. Tanto los relatos bíblicos como los informes reales asirios atestiguan que Asiria estaba involucrada en actividades militares expansionistas casi continuamente. De hecho, la literatura y las inscripciones asirias se jactan de sus victorias y de los saqueos que realizaban. Exigían elevados impuestos y tributos a los estados vasallos que habían conquistado, utilizándolos para financiar los proyectos de construcción de sus reyes.

El arte de los sellos cilíndricos, las estatuillas, las placas, los modelos en forma de juguete, la cerámica y los tallados murales revelan una amplia gama de la religión y la cultura asirias. Su cultura también era rica en literatura. El rey Asurbanipal creó una gran biblioteca de textos cuneiformes en Nínive que contenía himnos, leyes, tratados, presagios, interpretaciones de adivinación, cartas, mitos, oraciones, listas reales y crónicas históricas.

La religión de los asirios era politeísta, y sus dioses estaban organizados en un orden jerárquico. El dios más importante era Assur, pero también se adoraba comúnmente a los dioses Ishtar, Ninurta, Shamash, Adad, Dagan, Nergal y Sin, junto con algunos dioses babilónicos, además de cientos de dioses menores. Los asirios creían que los poderes divinos controlaban el crecimiento y la fertilidad de las plantas y los animales, producían la lluvia de las nubes, determinaban el resultado de las guerras y comunicaban el futuro a la humanidad a través del movimiento de la luna y las estrellas (astrología).

Dado que los dioses lo controlaban todo, era esencial que todos conocieran la voluntad de los dioses y tuvieran cuidado de no ofenderlos. Se practicaba la adivinación para determinar la voluntad de los dioses mediante la examinación de las entrañas de los animales, el movimiento del aceite sobre el agua y la interpretación de los sueños. El miedo al futuro dio lugar al uso generalizado de la brujería y la magia para influenciar el comportamiento de los dioses. La literatura religiosa asiria incluía mitos, himnos, profecías,oraciones y lamentos a diversos dioses.

El rey asirio Asurbanipal (reinó entre 668 y 627 a. C.).

Los Babilonios

Douglas J. E. Nykolaishen

Introducción. Los babilonios, por dos razones principales, son uno de los grupos más importantes para comprender los antecedentes del A. T. La primera es que quince de los treinta y nueve libros del canon del A. T. contienen referencias directas a Babilonia (287 referencias en total a Babilonia o a los babilonios; 82 referencias a los caldeos, que se mencionan a continuación). La segunda razón, más sutil, aunque posiblemente más importante, es que la cultura y la religión babilónica tuvieron una amplia influencia en el mundo del pensamiento del A. T. El hecho de que, aunque los asirios dominaron Babilonia política y militarmente durante gran parte del período comprendido entre el 729 y el 626 a. C., y que los asirios estaban mucho más influenciados por la cultura babilónica, y no al revés, demuestra hasta qué punto la sociedad del antiguo Cercano Oriente fue moldeada por las ideas babilónicas. En muchas ocasiones, los escritores de las Escrituras, especialmente los profetas, intentan revisitar o refutar la "cosmovisión" del antiguo Cercano Oriente, cuya forma de pensar estaba profundamente influenciada por los babilonios.

El imperio neobabilónico. El nombre de Babilonia se utiliza en la Biblia para referirse a una ciudad, una región y un imperio. La ciudad estaba situada en el río Éufrates, a unas cincuenta millas al sur de la actual Bagdad. Asimismo, era la capital del imperio que se desarrolló entre los siglos VII y VI a. C. Aunque hubo otros imperios prominentes anteriores asociados a Babilonia, es este, comúnmente denominado Imperio neobabilónico, el que protagoniza la mayor parte de este artículo. La región geográfica de Babilonia (también llamada Babilonia) incluía varias ciudades a lo largo del Éufrates y la llanura entre los ríos Éufrates y Tigris, desde el golfo Pérsico hasta el norte de las ciudades de Mari y Ashur.

El Imperio Babilónico

Por lo general, los babilonios fueron un pueblo fervientemente independiente a lo largo de su historia. Esto dio lugar a siglos de lucha con los asirios, quienes frecuentemente trataban de controlar el territorio babilónico. El imperio neoasirio consiguió dominar Babilonia durante gran parte de los siglos IX al VII a. C., pero en el año 626 a. C. el rey babilónico Nabopolasar tomó el control de Babilonia. Aliado con los medos, su ejército logró entonces conquistar la capital asiria de Nínive en el 612 a. C. Una vez que el Imperio asirio quedó prácticamente destruido, Nabopolasar puso al príncipe heredero, Nabucodonosor, al mando del ejército y lo envió a tomar el control de Siria-Palestina. Los egipcios intentaron apoyar lo que quedaba del ejército asirio, pero en el 605 a. C. los babilonios los derrotaron en la batalla de Carquemis (Jer 46:2). Posteriormente, los babilonios se convirtieron en los herederos de la mayoría de las tierras que había controlado Asiria. Como resultado, el reino de Judá también quedó sometido a Babilonia.

Antes de tomar el control de Babilonia, Nabopolasar era el gobernador de Caldea, un distrito al sur de Babilonia. Después de que condujera al ejército babilónico a la supremacía sobre gran parte del antiguo Cercano Oriente, Caldea se convirtió en un nombre alternativo para Babilonia. Algo similar ocurrió también antes, cuando el rey caldeo Merodac-baladán gobernó Babilonia durante catorce años en el siglo VIII a. C. En aquella época, también se empleaban indistintamente los nombres de Caldea y Babilonia (p. ej., Is 13:19; 47:1; algunas traducciones inglesas lo ocultan utilizando "Babilonia" cuando el texto hebreo dice "Caldea").

Nabopolasar murió en el 604 a. C., y Nabucodonosor se convirtió en rey. Cuando Judá rindió su lealtad a los egipcios, Nabucodonosor capturó Jerusalén en el año 597 a. C., tomó los objetos de valor del templo y del palacio real, y regresó a Babilonia con el rey Joaquín de Judá y miles de personas, incluyendo muchos funcionarios como cautivos (2 Reyes 24:10-17). Posteriormente, bajo el rey Sedequías, Judá se rebeló de nuevo, y Nabucodonosor marchó hacia el sur y sitió Jerusalén. En el año 586 a. C., Jerusalén cayó, y esta vez la ciudad y el templo fueron destruidos, el resto de los objetos de valor fueron tomados del templo, y muchos más cautivos fueron llevados a Babilonia (2 Reyes 25:1-12).

La grandeza del Imperio neobabilónico no duró. Nabucodonosor murió en el 562 a. C., y los tres reyes siguientes reinaron durante un total de seis años. El sostenimiento de este magnífico reino exigía impuestos muy elevados, por lo que acabaron apareciendo la hambruna y las luchas internas. Mientras Babilonia se debilitaba, el Imperio persa al este se fortalecía. En el año 556 a. C., Nabónido desempeñó un papel importante en el asesinato del nieto de Nabucodonosor y usurpó el trono. Su madre era una devota adoradora del dios de la luna Sin, y Nabónido también parece haber dado prioridad a esta deidad. Durante la mayor parte de un periodo de diez años que comenzó alrededor del 553 a. C., vivió en Teima, un oasis del desierto en Arabia, posiblemente para evitar enfrentarse a los influyentes sacerdotes de Marduk* en Babilonia, mientras su hijo Belsasar actuaba como regente. En consecuencia, estuvo ausente en el festival de Akitu en todo este tiempo, lo que le hizo muy impopular entre el pueblo babilónico. Nabónido regresó a Babilonia poco antes de que fuera atacada por Ciro el Grande de Persia en el año 539 a. C., pero los persas capturaron la ciudad, y por tanto el imperio. La región de Babilonia se convirtió en una provincia del Imperio persa.

La ciudad de Babilonia. El rey Nabucodonosor utilizó los recursos de sus tierras subyuga-

* Marduk, también conocido como Merodac según la RVR60 (N. del T.).

La espectacular Puerta de Ishtar de la antigua ciudad de Babilonia ha sido excavada, transportada y reconstruida en el Museo de Pérgamo en Berlín, Alemania.

das para decorar su capital con una arquitectura impresionante. De hecho, aunque los registros babilónicos documentan muchos de los esfuerzos militares de Nabucodonosor, es más conocido en las crónicas por su expansión y restauración de Babilonia, que llegó a ser la más grande de todas las ciudades conocidas en la antigüedad.

Dos enormes murallas rodeaban la ciudad, una de más de doce pies de grosor y la otra de más de veinte. También había un foso fuera de la muralla exterior que tenía doscientos pies de ancho en algunas partes. Ocho puertas conducían a la ciudad, pero la más espectacular era la Puerta de Ishtar. Tenía una puerta doble de cuarenta pies de altura cubierta con relieves de dragones y bueyes en ladrillo esmaltado de colores brillantes. El ancho e impresionante camino que atravesaba la puerta conducía a *Esagila*, el templo de Marduk, profusamente decorado con oro, y al cercano zigurat de siete metros de altura (llamado *Etemenanki* en acadio, la lengua babilónica, que significa "casa de los cimientos del cielo y la tierra"), que podía tener trescientos pies de altura.

Dada la notable, incluso extravagante, apariencia de Babilonia, no es de extrañar que Nabucodonosor se jactara diciendo: "¿No es esta la gran Babilonia que yo edifiqué para casa real con la fuerza de mi poder, y para gloria de mi majestad?" (Dn 4:30). Para los que venían de fuera, como los exiliados de Judea, el evidente lujo y el ambiente cosmopolita, junto con la predominante idolatría, hacían que la ciudad pareciera al mismo tiempo sofisticada e inmoral.

Religión. Marduk era el dios patrón de la ciudad de Babilonia y de la familia real y era adorado por los babilonios como el rey de los dioses. Se decía que era hijo de Ea, el dios del agua dulce bajo la tierra, así como el dios de la sabiduría y la magia. El panteón babilónico contaba con cientos de dioses, la mayoría de ellos relacionados con los fenómenos naturales. Estas deidades eran seres sexuales que se casaban y formaban familias, pero tenían un poder limitado y podían incluso sufrir lesiones. Muchas deidades tenían un templo en la ciudad que se consideraba su hogar. La propia ciudad de Babilonia disponía de al menos cincuenta templos.

En la epopeya babilónica de la creación (conocida como Enuma Elish), Marduk derrotó a Tiamat, la diosa del caos, en una lucha cósmica. Gracias a ello, los otros dioses establecieron su templo en Babilonia y le dieron el cetro de la autoridad y las tablas del destino. Con la sangre de otro dios que había sido asesinado, Ea y Marduk crearon a los seres humanos y también les enseñaron a utilizar la adivinación para descubrir la voluntad de los dioses. La última parte de la epopeya enumera cincuenta nombres de Marduk. Uno de ellos, Bel (similar al Baal cananeo), que significa "señor", se convirtió en una designación alternativa popular que se observa, por ejemplo, en el texto apócrifo Bel y el Dragón. Su hijo Nabu (también conocido como Nebo) era el dios de la escritura y la ciencia.

Al principio de cada año nuevo, los babilonios celebraban un festival llamado Akitu, en el que se conmemoraba el ascenso de Marduk a la cabeza del panteón y su entronización en su templo de la ciudad de Babilonia. Durante los doce días que duraba el festival, las estatuas de otros dioses eran traídas desde las ciudades donde normalmente se guardaban para visitar a Marduk en Babilonia, y se recitaba el Enuma Elish. El sacerdote despojó al rey de sus símbolos de autoridad y lo golpeó. A continuación, el rey se inclinaba ante Marduk y le pedía perdón y se comprometía a cumplir con sus deberes sagrados. Finalmente, "tomaba la mano de Bel" en una procesión que salía de la ciudad. Todo esto era para reafirmar la lealtad del rey a Marduk y para garantizar la fertilidad de la tierra.

Los babilonios creían que la función principal de los seres humanos era servir a los dioses. Esto incluía vestir a las estatuas de los dioses y llevarles comida cada día en sus templos. Aunque la gente corriente llevaba objetos al templo, no tenía acceso directo a los dioses, y eran los sacerdotes y otros especialistas en rituales quienes realizaban las formalidades. Entre el personal del templo también había músicos, cantantes, profetas, adivinos y prostitutas. Se han descubierto textos de esta época que documentan conjuros que se creía que ahuyentaban a los espíritus malignos o a los demonios. La adivinación implicaba la interpretación de los sueños y también la observación de determinados fenómenos naturales y de las entrañas de los animales sacrificados.

Literatura y cultura. El Imperio neobabilónico heredó y desarrolló muchos rasgos culturales prominentes de los períodos anteriores de la historia de Babilonia. Uno de los más influyentes en todo el antiguo Cercano Oriente fue la escritura cuneiforme. Según este sistema, un signo representaba una sílaba en lugar de un sonido, como en el alfabeto romano moderno. Los hablantes de varias lenguas del antiguo Cercano Oriente adaptaron el sistema cuneiforme para escribir sus documentos.

Estela babilónica con el rey Nabónido y símbolos religiosos astrológicos (la estrella de Ishtar-Venus, el disco con alas del dios solar Shamash y la media luna del dios lunar Sin).

Así pues, no es de extrañar que los primeros babilonios fueran de los primeros en producir una gran cantidad de literatura de diversos tipos. El derecho fue también una institución importante a lo largo de su historia, y se han descubierto varias recopilaciones de leyes babilónicas, como el famoso Código de Hammurabi, que data de 1754 a. C. Sus 282 párrafos reflejan las normas existentes en la época, en lugar de introducir una nueva legislación, y evidencian una preocupación por la justicia y el bienestar humano. Tratan sobre la propiedad, el robo, el matrimonio, el divorcio, la adopción, la herencia, el comercio, la agricultura, los procedimientos judiciales y el castigo por los delitos.

Los neobabilonios también desarrollaron las tradiciones científicas que habían heredado. Se han encontrado muchas listas cuneiformes sobre plantas, animales y minerales, así como informes muy precisos sobre investigaciones astronómicas. Esto se sumó a su creencia en los presagios para dar lugar a lo que hoy llamamos astrología.

Asimismo, existen textos matemáticos que describen la multiplicación, la división, el cálculo de las raíces cuadradas y cúbicas, las funciones exponenciales, el álgebra y la geometría. Los eruditos babilónicos utilizaban un sistema numérico de base diez, como es común hoy en día, pero también un sistema de base sesenta, que sigue vigente en nuestra hora de sesenta minutos y en el círculo de 360 grados.

Además del Enuma Elish, los babilonios produjeron muchos otros poemas religiosos, oraciones e himnos, así como epopeyas, proverbios y diversos tipos de literatura sapiencial. Por ejemplo, en "el poema del justo sufriente", el protagonista se ve enfrentado al rey, aprovechado por los demás, afectado por enfermedades, despreciado como paria social y abandonado por los dioses. No puede entender por qué han sucedido estas cosas, ya que ha sido fiel en el cumplimiento de los rituales prescritos. Con el tiempo, descubre que el propio Marduk es responsable de su situación, aunque no sabe por qué. Y en última instancia, tiene una serie de sueños y descubre que la ira de Marduk ha sido satisfecha, y su condición comienza a mejorar. Termina el poema pidiendo a todo el mundo que alabe a Marduk.

Los Cananeos y la Religión Cananea

Catherine L. McDowell

Etimología. Se desconoce el origen de los términos "Canaán" y "cananeo". Es posible que los términos estén asociados a palabras acadias y ugaríticas que designan un color púrpura-azulado, o a una palabra hurrita que hace referencia a la tela azul. Los cananeos que posteriormente se conocieron como fenicios eran famosos por sus costosos tejidos y prendas teñidas de varios tonos de azul, rojo y púrpura con el tinte natural extraído de la concha de murex originaria de Fenicia. Sin embargo, este punto de vista ha sido ampliamente desacreditado en los últimos años. Por el contrario, es probable que los términos deriven de la raíz semítica occidental kn', que significa "doblar, humillar, someter, hundir, estar por debajo".[1] Sea cual sea el origen, el término "cananeos" designaba a los habitantes de la tierra de Canaán desde al menos los siglos XVIII al XIII a. C.

Fuentes extrabíblicas alusivas a los cananeos. La referencia más antigua e indiscutible a los cananeos aparece en una carta de la ciudad de Mari (siglo XVIII a. C.), la cual menciona a los "cananeos" junto con los "ladrones" que vivían en la ciudad mesopotámica de Rahisum.[2] La frase propiamente dicha "tierra de Canaán" aparece en una inscripción del siglo XV a. C. (o de finales del siglo XIII a. C.) en una estatua de Idrimi, rey de Alalakh, de la ciudad de Ammia (cerca de Trípoli, al sur del Líbano), de la cual se dice que está en "la tierra de Canaán".[3] Sin embargo, la ciudad de Ugarit, al norte de Ammia, parece estar fuera de Canaán, como indica un texto legal ugarítico que distingue entre "los hijos [ciudadanos] de Ugarit" y "los hijos [ciudadanos] de Canaán".[4] Además, un texto administrativo ugarítico incluye a "Ya'ilu, un cananeo" en una lista de comerciantes extranjeros.[5] Estos textos indican que en Ugarit, y quizás de forma más amplia, el término "cananeo" hacía referencia a los habitantes indígenas o asimilados de la entidad geopolítica conocida en la antigüedad como "Canaán/la tierra de Canaán" y no a una persona de un origen étnico concreto.[6]

"Canaán" y "cananeo" también están atestiguados en las fuentes egipcias. En una estela de la victoria (monumento de piedra) descubierta en Menfis, Amenhotep III se jacta de haber capturado a "640 cananeos" durante su primera campaña a finales del siglo XV a. C.[7] Dos siglos más tarde, el faraón Merenptah afirma en una estela de la victoria que conquistó un territorio en Siria-Palestina que incluía a Canaán. Además de estas inscripciones, se descubrieron en Amarna (Egipto) varios cientos de cartas en tablillas de arcilla, que fueron escritas en su mayoría por gobernantes de ciudades cananeas a sus señores egipcios, el faraón Amenofis III (1386-1349 a. C.) y el faraón Akenatón (Amenofis IV, 1350-1334 a. C.). Estas tablillas describen a Canaán en el siglo XIV a. C. como un conglomerado de ciudades-estado independientes bajo control egipcio cuyos reyes a menudo estaban enfrentados entre sí. Sus cartas registran denuncias y acusaciones contra los reyes vecinos, así como peticiones de apoyo militar contra sus enemigos locales.[8]

En Amarna (Egipto) se descubrieron varios cientos de tablillas de arcilla como esta. En su mayoría contienen las correspondencias entre los gobernantes cananeos de las ciudades cananeas y sus señores egipcios, el faraón Amenofis III (1386-1349 a. C.) y el faraón Akenatón (1350-1334 a. C.).

Los cananeos en el Antiguo Testamento. Los cananeos son más conocidos en los libros del A. T. de Génesis, Éxodo, Números, Deuteronomio, Josué y Jueces. Se les describe como uno de los varios grupos que vivían en la tierra de Canaán, cuyas fronteras se extendían desde el actual Líbano hacia el sur a lo largo de la costa mediterránea hasta Gaza, hacia el oeste hasta el río Jordán y hacia el norte hasta el sur de Siria (cf. Gn 10:19; Nm 34:1-12; Jos 15:2-4; Ez 47:15-19). Los libros de Números, Deuteronomio y Josué sitúan a los cananeos específicamente sobre la llanura costera (Nm 13:29; Dt 1:7; Jos 5:1), en los valles (Nm 14:25), en la región montañosa (Nm 14:45) y en partes del Néguev (la región árida del sur) (Nm 21:1; 33:40). Bajo el mando de Josué, los israelitas derrotan ampliamente a los cananeos y conquistan gran parte de su territorio, pero no logran expulsar completamente a todos los cananeos de la tierra, como Dios había ordenado. Algunos de los cananeos restantes son sometidos a trabajos forzados (Jos 16:10; 17:13; Jue 1:28, 30, 33). Muchos cananeos persisten en bandos dispersos por todo Israel (Jue 1:27-33). Según Jue 3:1-4, Dios utilizó a los cananeos, así como a otros grupos nativos y asimilados que vivían en la tierra, para poner a prueba la fidelidad de Israel tal y como se especificaba en el pacto mosaico.

Religión cananea. Entre las miles de tablillas descubiertas en la antigua ciudad de Ugarit (la actual Ras Shamra, situada en la costa de Siria) del periodo comprendido entre 1450-1200 a. C., los textos mitológicos representan las fuentes textuales más importantes para el estudio de la religión cananea. Aunque Ugarit está ubicada ligeramente más allá de la frontera norte de Canaán propiamente dicha, se halla dentro de la misma corriente histórica y dentro de la proximidad geográfica, cronológica y cultural de Canaán. Por lo tanto, sus textos mitológicos constituyen una fuente de información fiable sobre el panteón de dioses cananeo, a pesar de que puedan existir algunas diferencias regionales.[9]

Una de las tablillas de arcilla descubiertas en Ras Shamra (Ugarit).

El dios principal del panteón era El ("dios"), una deidad masculina anciana y sabia que presidía la asamblea divina. Era el creador de la tierra y el progenitor de los demás dioses ("los hijos de El") y de la humanidad. Se le conocía como "Rey", "Toro", "benéfico El, el benigno" y "Anciano de los días". Su consorte y cocreadora de los dioses, Astarot, era llamada "señora del Mar". A menudo se la representaba como un árbol vivificador rodeado de animales que comían de sus ramas. En el A.T., se la conoce con el nombre de *Asherah*, y su símbolo, el asherah, probablemente era un árbol estilizado.

Otros tres dioses ocupaban un lugar destacado en la religión cananea: Baal ("señor"), cuyo dominio es el cielo; Yam ("mar"), señor del mar; y Mot ("muerte"), el dios del inframundo. Estos tres luchaban entre sí por la supremacía sobre los dioses, la humanidad y la tierra. De los tres, Baal predominaba. Era el dios de la tormenta y el que controlaba la lluvia y, por tanto, la fertilidad. Se le representa en estatuas y en relieves tallados en posición de zancada, portando una maza o un rayo en la mano levantada. Sus epítetos incluyen "Príncipe Baal de la Tierra", "Poderoso Baal", "El más poderoso de los guerreros", "Jinete de las nubes" y "Altísimo".

Baal tenía dos consortes mujeres. Astarté, la bíblica Astoret, desempeñaba un papel menor. Su principal compañera era la diosa guerrera Anat, de temperamento fuerte, vengativa y sedienta de sangre, descrita en la literatura ugarítica como una mujer que se pegaba a su cuerpo las cabezas decapitadas y las manos

El dios cananeo de la tormenta, Baal, empuña un garrote y desencadena una tormenta. Conocido también como el dios de la fertilidad, con su otra mano clava una lanza en la tierra haciendo brotar la vegetación.

Una vista aérea de la antigua ciudad de Megido.

cortadas de sus enemigos y se sumergía hasta las rodillas en su sangre y hasta el cuello en sus restos. En su celo por su amado Baal y con amenazas despiadadas contra El, Anat consigue el permiso de El para que Baal construya un palacio tras su victoria sobre Yam. Sin embargo, una vez terminado el palacio, Baal es asesinado por Mot. Dolida y furiosa, Anat busca vengarse de Mot, destruyéndolo por completo. Es entonces cuando Baal resucita y vuelve a ocupar el trono. No obstante, Mot reaparece milagrosamente y se enfrenta de nuevo a Baal en un feroz combate. El acude en ayuda de Baal y la historia concluye con la victoria de Baal sobre Mot.

Además de la gran cantidad de textos mitológicos, también se descubrieron los restos del templo de Baal en Ugarit.[10] El templo fue construido en la acrópolis, el punto más alto de la ciudad. Una escalera conducía a una antecámara de forma cuadrada que se abría a una gran sala rectangular (probablemente la cella o santuario). En el lado este de la segunda sala, había una escalera monumental de piedra, lo que indica que esta sección del templo tenía varios pisos con una altura estimada de entre 50 y 65 pies. Otros hallazgos fueron un altar de piedra al aire libre, diecisiete anclas de piedra para barcos que habían sido incorporadas al edificio o dejadas como ofrendas a Baal por marineros devotos. También se encontró una gran estela de piedra que representaba a Baal en posición de zancada, con una maza y un rayo en la mano. Dada la ubicación del templo en la acrópolis y la altura de la torre del templo, puede haber funcionado como un faro para guiar a los marineros hacia el puerto. De ser así, las anclas pudieron ser ofrendas de gratitud por un viaje seguro o como una plegaria pidiendo seguridad en el mar.

Se han excavado otros templos cananeos de este periodo en lo que es propiamente Canaán. Estas edificaciones reflejan una gran variedad de planos y dimensiones. Los más grandes son los templos monumentales, como los encontrados en Hazor y Megido. El templo de Hazor se construyó en algún momento entre el 2000 y el 1550 a. C., y siguió en uso hasta el 1200 a. C. aproximadamente. Esta gran construcción rectangular estaba dividida en su interior en tres áreas rectangulares: una entrada, una sala central y una sala trasera con un nicho para la imagen del dios o la diosa. Al parecer, este estilo particular tuvo sus orígenes en Siria, y los equivalentes más cercanos se hallan en el templo más o menos contemporáneo de Alalakh.

El templo monumental de Megido también tenía forma rectangular, pero solo constaba de dos salas: una entrada con columnas y una gran sala interior con un nicho para la imagen del dios o la diosa en la pared trasera. Se parecía al templo con estilo de fortaleza conocido en Siquem. El templo cananeo descubierto en la ciudad de Laquis constaba de una sala rectangular más pequeña con un punto de entrada en la pared norte, y una segunda sala más grande que disponía de varias bancas, cuatro bases de columnas y una plataforma elevada o estrado para la imagen/ídolo de la deidad.[11]

La prominencia de la religión cananea en la vida de los habitantes de Canaán se extendió hasta la Edad de Hierro (ca. 1200-586 a. C.) y, por medio de los descendientes de los cananeos conocidos como fenicios, tuvo un impacto significativo y devastador en el antiguo Israel, como dejan claro los profetas del A.T. y los libros de 1-2 Reyes. Por ejemplo, en la década de 1970, los arqueólogos descubrieron un santuario, que data del siglo IX al siglo VIII a. C., en Kuntillet Ajrud, situado en una antigua ruta comercial a unas treinta millas al sur de Kadesh Barnea, al norte del desierto del Sinaí.[12] En el santuario, se encontraron muchas jarras grandes decoradas con tinta roja en las que se apreciaban diversas imágenes religiosas dibujadas muy toscamente, entre ellas un árbol de la vida estilizado, un grupo de adoradores humanos y lo que parecen ser los dioses egipcios Bes y Bastet. En una inscripción escrita sobre este último, pero aparentemente sin relación con él, se lee: "Te he bendecido por Yahveh de Samaria y su A/asherah". "Yahveh" es el nombre específico del Dios de Israel en el A. T., que suele traducirse al inglés como "Señor". Otra bendición u oración, esta vez a "Yahveh de Temán y su A/asherah", fue hallada en uno de los muros enlucidos del santuario. Cerca de Jerusalén, se descubrió una inscripción similar y contemporánea.[13] En ella se lee: "¡Bendito sea Uriyahu por Yahveh y por su A/asherah; de sus enemigos lo salvó!" Estas inscripciones con la referencia a "su A/asherah" pueden aludir a la diosa cananea, pero sería inusual que el nombre de la diosa apareciera con el pronombre posesivo "suyo". Es más probable que este término corresponda al símbolo de culto de Asherah, un poste de madera (el *asherah*). Sea cual sea la intención, estas inscripciones aportan un testimonio extrabíblico de la amplia influencia de la religión cananea (y fenicia) en el antiguo Israel, tal y como se relata en el A.T.

Los Cusitas

J. DANIEL HAYS

Introducción. Cus era un reino africano situado a lo largo del río Nilo, al sur de Egipto, en la región que ahora forma parte del país de Sudán. Las palabras hebreas "Cus" o "cusita" aparecen más de cincuenta veces en el A. T. Dado que los griegos utilizaban el término "Etiopía" en un sentido genérico para referirse a todo lo que estaba al sur de Egipto, incluyendo a Cus, y debido a que algunos historiadores ocasionalmente designan al reino cusita como Nubia, las traducciones bíblicas al inglés interpretan en algunas partes la palabra hebrea "Cus" como "Etiopía" o "Nubia". Asimismo, el personaje del N. T. al que se hace referencia como el "eunuco etíope" (Hechos 8:27) no es de la región que ahora ocupa la actual Etiopía, sino que procede de este mismo reino del Nilo, al sur de Egipto, llamado Cus en todo el A. T. y en gran parte de la literatura del antiguo Cercano Oriente.

Historia. Cus era una entidad identificable en el río Nilo, al sur de Egipto, en una época tan temprana como el 2500 a. C. En poco tiempo, Cus se convirtió en una región muy importante porque albergaba algunas de las minas de oro más productivas del antiguo Cercano Oriente. Durante las dinastías IX y X de Egipto (2160-2040 a. C.), los egipcios llevaron a cabo un gran número de campañas mili-

Los cusitas trayendo sus tributos, entre ellos el oro, al faraón egipcio.

tares en Cus para intentar hacerse con el control de las minas de oro. Hacia el año 1800 a. C., Cus ya estaba prácticamente bajo el control egipcio.

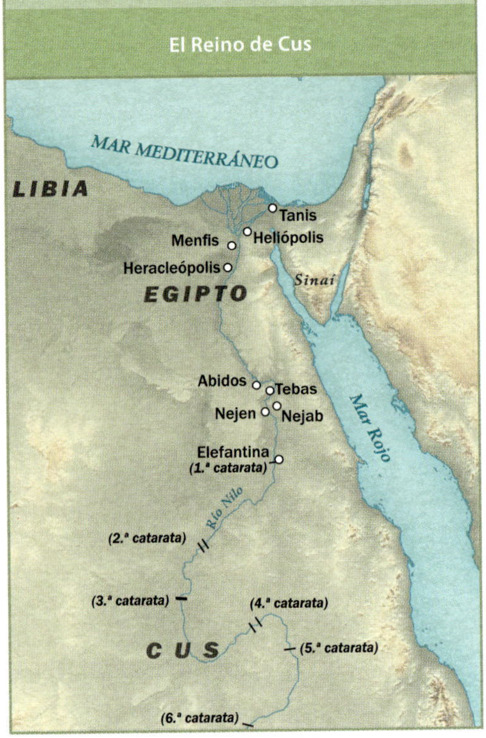

Sin embargo, durante las dinastías XVIII, XIX y XX de Egipto (1570-1090 a. C.), Cus estaba totalmente sometida al control egipcio y formaba prácticamente parte de Egipto. El comercio se desarrolló entre las dos regiones. Un gran número de cusitas aparecen en las obras de arte egipcias de este periodo, representados como sirvientes, trabajadores, soldados y policías, incluidos los guardaespaldas de élite del faraón. No obstante, algunos eran ricos y de un nivel social elevado, y adoptaban la cultura y la religión egipcias.[1]

Pero después, Egipto quedó bajo el dominio de varias dinastías relacionadas con Libia y su poder decayó. A medida que el poder de Egipto disminuía, crecía el de Cus. En el año 720 a. C., el rey cusita Piye conquistó Egipto, y en el 715 a. C. ya había una dinastía cusita (la vigésima quinta) bien establecida en Egipto.[2] Los cusitas gobernaron Egipto desde el 715 hasta el 663 a. C., y se involucraron continuamente en los asuntos de Judá y sus vecinos.[3] Durante este tiempo, hubo un marcado aumento de las relaciones comerciales y políticas entre Judá y el Egipto gobernado por los cusitas.[4] Según las inscripciones asirias, el rey Ezequías de Judá envió a Senaquerib una gran variedad de tributos valiosos, incluyendo diversos artículos cuyo origen era probablemente africano: pieles de elefante, marfil, muebles con incrustaciones de marfil y ébano.[5] Los elefantes sirios se habían extinguido para entonces, por lo que el marfil que se menciona en estas inscripciones procedía casi con toda seguridad de Cus.[6] Seguramente por aquella época abundaban los soldados, diplomáticos y mercaderes cusitas en Judá, así como los mercaderes y diplomáticos judaítas en el Egipto gobernado por los cusitas.

En un principio, los cusitas también establecían relaciones militares y económicas de cooperación con los asirios, una relación que probablemente comenzó incluso antes de que Piye conquistara Egipto. Algunos textos cuneiformes asirios de la época, denominados "listas de caballos", se refieren a los caballos de los carros asirios como *kusaya* ("de Cus"). Stephanie Dalley escribe: "A partir de esta evidencia, existe una fuerte posibilidad de que muchos de los caballos de carroza utilizados en el Levante durante los siglos IX y VIII fueran importados de Nubia [Cus] pasando por Egipto".[7] Los asirios nunca controlaron Cus directamente, así que dependían del comercio para adquirir los caballos especializados de Cus. La tecnología bélica estaba cambiando, y los caballos eran un componente fundamental. De hecho, Tiglat-Pileser III abrió una estación comercial en Egipto, evidentemente con el propósito principal de adquirir caballos cusitas para sus carros.

En las primeras etapas de la historia cusita, los egipcios controlaban Cus. En este cofre pintado, se muestra al rey egipcio Tutankamón (que reinó entre 1332-1323 a. C.) derrotando a los cusitas. Esta pintura nos ofrece una representación de cómo los egipcios retrataban a los soldados cusitas en aquella época.

En las listas de vinos de Tiglat-Pileser III, también se menciona a algunos cusitas con el nombre de *Kusaya* ("el cusita"). En un texto, el hombre *Kusaya* entregó veinte fardos de paja y quince gavillas de cebada, presuntamente para los caballos. Dalley relaciona la referencia a los caballos cusitas en las listas de caballos con los administradores cusitas en las listas de vinos, y concluye que algunos de los cusitas en las listas de vinos de Tiglat-Pileser III fueron utilizados como expertos en equitación dentro del ejército asirio. Según Dalley, esta práctica continuó hasta el reinado de Asurbanipal.[8] Esto es una prueba más de que Cus mantenía relaciones comerciales y militares con naciones de todo el antiguo Cercano Oriente, y probablemente envió un gran número de representantes de ida y vuelta a estas naciones. Cus no era una entidad aislada y rezagada durante los siglos VIII y VII a. C., sino que era un importante actor geopolítico y económico mundial.

Aunque es probable que los cusitas hayan mantenido relaciones estrechas con los asirios durante los reinados de Tiglat-Pileser III (745-727 a. C.) y Salmanasar V (726-722 a. C.), durante el reinado de Sargón II (721-705 a. C.) los cusitas, quienes para entonces tenían el control total de Egipto, comenzaron a luchar directamente contra Asiria, que ya había conquistado y despoblado el reino del norte de Israel (722 a. C.). Así, los cusitas comenzaron a formar alianzas con los enemigos de Asiria en esta región. Uno de los principales aliados de los cusitas fue Judá.

El arte asirio de esta época da a entender que los cusitas colaboraban activamente con los judaítas y sus vecinos en sus intentos por detener el avance del gigante asirio hacia el sur. Los relieves de las paredes del palacio de Sargón en Jorsabad muestran a soldados de a pie extranjeros, entre los que se encuentra lo que parece ser un soldado cusita, luchando contra el ejército asirio durante la campaña de Sargón contra Palestina en el año 720 a. C..[9] Esta conclusión se correlaciona bien con Is 20.

El rey asirio Sargón muere en el año 705 a. C., y Senaquerib (704-681 a. C.) se convierte en el nuevo rey asirio. Al poco tiempo, los cusitas entran en guerra abierta con los asirios. La muerte de Sargón fomenta las conspiraciones e intrigas entre los estados vasallos asirios, especialmente en la región sur de Palestina. Mientras tanto, un nuevo rey cusita, Shabitko, se convierte en faraón. Senaquerib intenta consolidar el control asirio de Palestina, mientras que los pequeños gobernantes de estos diversos estados palestinos conspiran para derrocar el dominio asirio. Uno de los protagonistas de esta coalición es Ezequías de Judá (2 Reyes 18-20; Is 36-39). Según parece, Ezequías y su coalición unen sus fuerzas con el faraón cusita Shabitko en un intento por deshacerse del control asirio.[10]

En el año 701 a. C., Senaquerib envía a un ejército para invadir Fenicia, Filistea y Judá. En respuesta, Shabitko manda un ejército bajo el mando de su hermano Tirhaca (Taharqa en las fuentes egipcias/cusitas), quien se convertirá en faraón después de Shabitko en el 690 a. C. (aunque hay bastante debate sobre quién dirige exactamente esta expedición).[11] La fuerza cusita-egipcia, junto con los diversos aliados de la coalición, se enfrenta primero a los asirios en Eltekeh (en Palestina), donde son derrotados pero no destruidos.[12] Se retiran mientras los asirios atacan la fortaleza judía de Laquis (2 Reyes 18:13-16).[13]

Los relieves asirios que representan el asedio de Senaquerib a Laquis (701 a. C.) reflejan soldados enemigos capturados que parecen ser cusitas.[14] Esto sugiere que, además de desafiar a Senaquerib en batalla abierta, los cusitas también habían prestado su apoyo a la defensa de las fortalezas judaítas. La fuerte implicación de esta observación es que las tropas cusitas negras y las judías luchaban codo con codo en un intento por defender la ciudad de Laquis.

Tras la caída de Laquis, Ezequías paga un tributo a los asirios, pero estos avanzan de todos modos sobre Jerusalén. El comandante asirio pronuncia un discurso ante los defensores de Jerusalén (2 Reyes 18:19-25; Is 36:4-10), burlándose de su confianza tanto en el faraón de Egipto (i. e., el rey cusita Shabitko) como en su dios. Sin embargo, y mientras tanto, Tirhaca el cusita se reagrupa y avanza de nuevo contra los asirios (Is 37:9). Estos se retiran del asedio a Jerusalén para enfrentarse a Tirhaca. Senaquerib derrota a Tirhaca,

Soldados cusitas en el ejército egipcio.

quien entonces se retira a Egipto.[15]

En los anales de Senaquerib, no se menciona a Tirhaca por su nombre, como sí lo hacen las crónicas asirias posteriores, pero sí se menciona este acontecimiento. Según el relato de Senaquerib, Ezequías pide ayuda a Egipto y a Cus (ambos bajo el dominio cusita) contra el asedio asirio, y el rey cusita responde con un ejército. Al parecer, Senaquerib abandona su asedio a Jerusalén para derrotar a esta expedición de rescate egipcia/cusita, y luego vuelve a su asedio, el cual no tiene éxito (2 Reyes 19:14-37). Asimismo, es interesante observar que los asirios no se aventuran a enfrentarse a los cusitas hasta dentro de veintiséis años.

Después de la retirada de Senaquerib, Tirhaca y los cusitas continúan involucrándose en Palestina, especialmente por las zonas costeras (Fenicia) que controlaban las rutas comerciales.[16] El siguiente rey asirio, Esar-hadón, ataca a Tirhaca en el año 674 a. C., pero es derrotado y se retira de nuevo a Asiria. Sin embargo, el poder asirio resultó ser demasiado para los cusitas. Esar-hadón regresa en el 671 a. C. y expulsa a Tirhaca por completo de Palestina y Egipto. Los cusitas se retiran por el río Nilo hacia Cus, tras la protección natural de las cataratas del Nilo. Durante los siguientes ocho años, los cusitas juegan al gato y al ratón con los asirios. Cuando el ejército asirio entra en Egipto, los cusitas se retiran a la zona segura de Cus. Cuando el ejército asirio se retira, los cusitas vuelven a bajar por el valle del Nilo, destruyen los pequeños contingentes asirios que han quedado atrás junto con las estructuras del gobierno títere, y restablecen el control sobre Egipto. Cuando el ejército asirio regresa para sofocar la rebelión, los cusitas huyen de nuevo río arriba hacia Cus. Finalmente, en el año 664 a. C., el rey asirio Asurbanipal, tras expulsar a los cusitas de Egipto una vez más, destruye la ciudad templo de Tebas, la base del poder cusita en Egipto.[17] Así, los cusitas no vuelven a controlar Egipto ni a construir un imperio, pero sí continúan comerciando con Egipto y con otras naciones del antiguo Cercano Oriente.

La Vida Cotidiana en el Antiguo Israel

H. H. Hardy II

Introducción. El día a día en el antiguo Israel se centraba en actividades que brindaban sustento y seguridad. La institución social fundamental era la unidad familiar, cuyo objetivo era proveer alimento y refugio. Todas las demás actividades comunitarias servían para cubrir tanto las necesidades de las familias como las de la sociedad en general.

Vida familiar. Israel era patriarcal y tribal (Jue 21:24). La descendencia familiar se basaba en el linaje del padre (patrilineal). La tierra se heredaba dentro del clan paterno (patrimonio). La unidad familiar básica se designaba como "familia paterna" (literalmente, "casa de sus padres"; Nm 1:2) o simplemente "familia" (literalmente, "casa"; "hogar" (NRSV, versión en inglés); Josué 7:18). Esta estructura abarcaba tres o cuatro generaciones, por lo general encabezadas por un abuelo con muchos hijos, los cuales vivían en estrecha cercanía o incluso en la misma casa. Dos relaciones de parentesco fundamentales definían el hogar: las relaciones entre hermanos y entre padres e hijos. El hogar también constituía un modelo para el clan, la tribu y la nación. Asimismo, en cada uno de estos niveles, la organización social era equivalente a la unidad familiar.[1] Un abuelo, padrastro o anciano podía llamarse madre o padre; el cónyuge de un niño, un nieto o un joven se llamaba hija o hijo; y un primo o compañero israelita era una hermana o un hermano.

El hogar también estaba compuesto por personas no consanguíneas. Entre ellos se encontraban los esclavos y los trabajadores contratados. Los términos recíprocos "amo" y "ama" se extendían a otras relaciones: esposa con esposo (1 Reyes 1:17), hija con padre (Gn 31:35), hermano con hermano (Gn 32:5), esposa con forastero (Jue 4:18), rey con profeta (2 Reyes 8:12) y hogar con esposa (1 Reyes 17:17). El estatus familiar y la protección debían extenderse a los trabajadores contratados (Dt 24:14) y a los refugiados (Lv 25:35).

La responsabilidad y el poder dentro de estas relaciones estaban entretejidos en el tapiz cultural. Las personas tenían un propósito en la unidad familiar (Rut 1:11-13, 20-21). Las convenciones sociales, como la dote (1 Reyes 9:16) y el decreto de divorcio (Dt 24:1-4), protegían a los individuos vulnerables de perder su estatus. La herencia patrilineal (Nm 36:1-9; Pr 19:14) garantizaba el equilibrio de los recursos (Gn 31:14; 1 R 21:3-4) necesarios para las provisiones y la seguridad (Lv 25:23-34). Esto se modificaba únicamente en circunstancias excepcionales en ausencia de un heredero varón (Nm 27:1-11; Jos 17:3-6) o debido a una gran riqueza (Job 42:15).

Las costumbres como el matrimonio, la adopción, la esclavitud y la propiedad facilitaban el parentesco entre las personas más allá de la línea de sangre. Una esposa se convertía en una hermana para su esposo (Cantares 4:9-10, 12; ver también Gn 20:12) y en una hija para su familia política (Jue 12:9; Rut 1:11, 13). La adopción ampliaba la relación padre-hijo (Rut 1:16-17; Sal 2:7). Ambos requerían un acuerdo, o pacto, para establecer la relación de parentesco.[2] En dichos pactos, el hogar de una persona se transfería a otra (Gn 2:24), pero un pariente consanguíneo no podía ser destituido, como, por ejemplo, a un esclavo (Ex 21:16; Dt 24:7).

Una vida basada en el sustento. La mayoría de los antiguos israelitas pasaban sus días abasteciendo a su hogar cuidando el ganado (pastoreo) y cultivando pequeñas parcelas de tierra (agricultura). Aunque existía la especialización dentro de uno de estos medios de vida (Gn 4:2) o fuera de estas ocupaciones (cocineros y panaderos, 1 S 8:13; comerciantes y mercaderes, 1 R 10:15; metalúrgicos, Jue 17:4; músicos 1R10:12; escribas-tesoreros, 2 S 8:17), las actividades de un hogar consistían, por lo general, en el rebaño y el campo.

Así como en el antiguo Israel, los pastores y las ovejas pueden verse hoy en día en todo el Oriente Medio.

Ganado y pastores egipcios, extraídos de una pintura de una tumba egipcia (1350 a. C.). Esto nos da una buena idea del tipo de ganado que había en Egipto en tiempos del Antiguo Testamento.

La forma en que Israel criaba el ganado ha ido cambiando a lo largo de la historia del A. T. Durante los primeros años de la historia de Israel, los patriarcas (como Abraham, Isaac y Jacob) se dedicaban al pastoreo nómada, caracterizado por las migraciones itinerantes. Tras el asentamiento de las tribus israelitas en la tierra (i. e., en los tiempos de Josué), la cría de animales se concentró en gran medida a nivel de las villas.[3] Tanto las mujeres (Gn 29:9; Ex 2:16-17) como los hombres (Gn 46:31-34) se dedicaban al pastoreo. El pastor guiaba a los animales pequeños, que solían ser ovejas y cabras (Jue 5:16; 1 S 16:11; Is 40:11), y cuidaba de los animales más grandes, como el ganado vacuno (Is 7:25). No era muy común que hubiera caballos.[4] Las tareas de pastoreo incluían suministrar pastos o rebaños (1 Cr 4:39-40; 2 Cr 32:28), abastecer de alimento y agua (Ex 2:17; 1 S 17:15), contar ovejas (Jer 33:13), buscar animales perdidos (Ez 34:12), protegerlos de los depredadores (1 S 17:34; Amós 3:15), criar (Gn 30:25 43; 2 R 3:4; Amós 1:1), cuidar de las crías (Pr 27:23; Is 40:11), esquilar (Dt 18:4; 1 S 25:2; 2 S 13:23), seleccionar los sacrificios (Lv 27:32), sacrificar (Is 53:7) y asegurar los derechos de agua (Gn 26:18-22; 29:7). El equipamiento típico de un pastor incluía un saco o bolsa (1 S 17:40), un bastón (1 S 17:40-43; Miq 7:14) y una carpa (Cantares 1:8; Is 38:12). Además de la lana, las pieles y el abono como combustible y fertilizante, los rebaños proporcionaban varios tipos de alimentos (productos lácteos y carne).

Sin embargo, el cultivo de la tierra se convirtió en el principal medio de producción de alimentos. Como toda la creación (Dt 10:14), la tierra era de Dios (Lv 25:23). De hecho, la tierra se arrendaba para que la administraran las familias y se transmitiera de generación en generación (Dt 21:16). Si la gestión era deficiente, la tierra podía ser arrendada a otro por un período de, como máximo, cincuenta años (Lv 27:24). Después, se devolvía a los arrendatarios originales (Lv 25:8-55). La tierra de las colinas se cultivaba primero despejando las piedras (Is 5:2) y los árboles (Jos 17:18), y luego construyendo terrazas (2 Cr 26:10; Is 5:2-5). El riego se lograba gracias a la lluvia (Dt 11:14; Jer 5:24), a las cisternas (Jer 2:13) y a los sistemas de riego (Sal 1:3). Las langostas eran plagas temidas (Amós 7:1; Joel 1:4). Los aperos de labranza, como los yugos (1 S 6:7) y los arneses (Jer 27:2) para bueyes y asnos (Dt 22:10; 1 R 19:19), los utensilios para trillar y labrar (Is 28:24; Oseas 10:11), las aguijadas para el ganado (1 S 13:21), azadas (Is 7:25), rejas de arado, azadones, hachas y hoces (1 S 13:20), se hacían de madera y a veces se reforzaban con bronce o hierro, aunque todos los metales eran caros.

Los cultivos se realizaban en campos, huertos y plantaciones siguiendo un ciclo anual. Los granos incluían el trigo, la cebada, el mijo y la escanda (2 S 17:28; Ez 4:9). La temporada de cultivo comenzaba entre los meses de octubre a noviembre con el arado y la siembra después de la temporada de lluvias (Cantares 2:11; Is 45:8). La cebada se recogía a principios de la primavera (Pascua; Ex 12), y el trigo entre abril y mayo (Fiesta de las Semanas; Ex 34:22). En los pequeños huertos plantados entre finales de diciembre y febrero, se cultivaban legumbres como lentejas, garbanzos, guisantes y habas (2 S 23:11) junto con otras plantas comestibles, como el sésamo, el lino, el eneldo, el comino y el cilantro (Is 28:25). Los árboles producían olivos, higos, granadas, dátiles, algarrobas, moras de los sicomoros, pistachos, almendras y nueces (Dt 8:8; Ec 2:5; Cantares 6:11; Amós 4:9).[5] Los viñedos de uva también eran comunes. Las uvas se recogían durante el periodo de junio a julio. Los frutos de verano se recogían a finales de julio y en agosto (Miq 7:1). Los olivos se batían (Is 24:13) y sus frutos se recogían a finales de septiembre (Fiesta de los Tabernáculos; Lv 23:33-43).

El almacenamiento de alimentos era esencial para mantener la vida (Pr 21:20), especialmente en las estaciones sin productos (Gn 41:47-49). La cosecha incluía el procesamiento y el almacenamiento en recipientes (Jer 40:10). El grano necesitaba ser recogido (Miq 4:12) en montones (Jer 50:26), trillado (Lv 26:5; Rut 3:2), aventado (Is 30:24, 28), molido (Ec 12:3-4; Is 47:2; Jer 25:10; Lm 5:13) y almacenado (Jer 41:8). Las uvas se prensaban o trillaban (Amós 9:13). El vino se recogía en cubas (Is 5:2; Joel 2:24) o en odres (Jos 9:4, 13). En la recolección, el diezmo se recogía repartiendo los productos (Dt 14:22-29; Neh 12:44; 13:15).

La preparación de los alimentos implicaba la elaboración de diversos panes (Ex 29:2; Nm 6:15; 1 Cr 16:3) con harina molida y aceite (Nm 11:7-8) y, en ocasiones, con miel (Ez 16:19) en parrillas (Lv 6:21) o en hornos (Lv 26:26).[6] La carne de animales salvajes y domésticos (excepto la de los animales declarados impuros; Dt 14:1-21) se consumía sobre todo durante las celebraciones religiosas y civiles (1 Reyes 4:22-23). Los productos lácteos eran la leche y la cuajada (Gn 18:8), el queso (1 S 17:18), el yogur y la mantequilla. Los edulcorantes y jarabes se elaboraban con panales de miel (Sal 19:10) y frutas dulces como los dátiles (2 Reyes 18:32).

Los productos para la vida cotidiana se fabricaban en el hogar o se obtenían a través del comercio en el mercado. Esto incluía la ropa (Ex 25:3-5), los cosméticos (Ester 2:12), los perfumes (Ex 30:22-32; 37:29), los utensilios de metal para la agricultura (Dt 8:9), la medicina (Is 1:6), los productos de limpieza (Dt. 33:24) y la cerámica (Jer 19:11).

El ciclo de trabajo incluía el cese regular del trabajo en el Shabbat (Lv 23:3).

Concepción artística de una casa israelita de cuatro habitaciones.

La rotación de trabajo y descanso de seis más uno debía aplicarse a los días y años que se extendían a los amos, los esclavos, los trabajadores contratados, los refugiados e incluso las bestias de carga (Ex 20:9-10). Esto daba lugar a un tiempo de descanso y de asamblea (Lv 23:3 NTV).

Proteger la vida. La vida urbana facilitaba una población consolidada para la protección y el sustento. Las ciudades estaban formadas por casas conectadas entre sí por medio de calles (Is 15:3) dentro de murallas defensivas (Dt 3:5). La casa tradicional de cuatro habitaciones se construía normalmente con ladrillos de barro sobre cimientos de piedra, y era lo suficientemente grande como para albergar a una familia y a los animales (Jue 19:21). En esta casa típica de cuatro habitaciones habría un salón principal o patio en el primer piso, rodeado en tres lados por otras habitaciones para el almacenamiento y la vivienda.[7] En ocasiones, un segundo piso disponía de una zona abierta para las actividades familiares y el alojamiento (1 Reyes 17:19; 2 Reyes 4:10). Asimismo, la mayoría de las casas tenían un techo plano accesible, el cual servía de lugar fresco para dormir (1 S 9:25).

Las ciudades y las localidades circundantes ("hijas" [Is 16:2]) eran centros estratégicos, económicos, religiosos y políticos. Servían para defenderse de los animales salvajes (Sal 22:21), los merodeadores (Oseas 6:9) y los fenómenos atmosféricos (Is 32:2). Las labores públicas se llevaban a cabo en las plazas, los lugares religiosos y las puertas de la ciudad.[8] Las estructuras gubernamentales (1 Cr 27:25-34), los impuestos (2 Reyes 23:35) y los almacenes (2 Reyes 20:13) se organizaban en estos centros de población.

Otras prácticas sustentaban la vida y atendían a las necesidades de la sociedad. Las prácticas religiosas incluían diversos sacrificios (primicias, Nm 18:12; ofrendas, 2 Cr 31:5), diezmos (Neh 10:37-39; 13:5, 12), festivales en los lugares de adoración (Ex 23:14-16), la circuncisión (Lv 12) y los ritos funerarios (Gn 23:1-9). Se llevaba a cabo el comercio (1 Reyes 5:11; Pr 31:31) y la producción de bienes (2 Cr 2:7-10). En las puertas de la ciudad, los ancianos se encargaban de arbitrar las disputas legales y de aplicar los castigos (Dt 21:18-20). La protección frente a los ejércitos extranjeros requería personal y acciones militares, que abarcaban el engrase de los escudos (2 S 1:21; Is 21:5), los preparativos para el asedio (2 Cr 11:11) y la colecta de suministros (1 Cr 12:38-40). Los traslados entre ciudades se hacían normalmente a pie o en asno (Jue 19:3).

Los Egipcios

Safwat Marzouk

Antiguo Egipto. La historia del antiguo Egipto suele dividirse en épocas de estabilidad y otras de inestabilidad: Reino Antiguo (2686-2125 a. C.), Primer Período Intermedio (2160-2055 a. C.), Reino Medio (2055-1650 a. C.), Segundo Período Intermedio (1650-1550 a. C.), Nuevo Reino (1550-1069 a. C.), Tercer Período Intermedio (1069-664 a. C.) y Período Tardío (664-332 a. C.). El nombre de Egipto procede del griego *Aigyptos*, que es una apropiación de una antigua frase egipcia que se utilizaba para referirse a la tierra de Egipto como *hwt-ka-ptah* ("la casa del ka [fuerza vital] de Ptah"). Los antiguos egipcios llamaban a su país *kemet* ("tierra negra") en referencia a la tierra fértil del valle del Nilo, y utilizaban el término *dešret* ("tierra roja") como referencia al desierto que rodea el valle, el cual constituye la mayor parte del territorio. Los egipcios contemporáneos utilizan el nombre *Miṣr* para aludir a su país, término que se relaciona con la palabra hebrea *Mitsrayim*.

La religión egipcia. La religión del antiguo Egipto duró más de tres mil años, desde el periodo predinástico hasta la época grecorromana. A pesar de los muchos cambios que se produjeron en

La cobra simbolizaba el Bajo Egipto. Los faraones egipcios solían colocar imágenes de cobras en sus coronas, lo cual significaba que gobernaban el Bajo Egipto.

la expresión de las antiguas creencias religiosas egipcias, algunas de las creencias fundamentales continuaron durante este largo periodo de tiempo. "Entre ellas, el énfasis en la necesidad de mantener el orden por encima del caos: un equilibrio conocido como *ma'at*, la creencia en la naturaleza numinosa del mundo y la esperanza de vivir eternamente después de la muerte".[1]

En las paredes de una tumba egipcia están pintadas estas escenas del más allá en la religión egipcia. Se representa al difunto participando en la agricultura y adorando a los dioses.

La creencia de los antiguos egipcios en la vida después de la muerte impregnaba los distintos aspectos de su vida. Esta creencia central se inspiró en el conocido mito de la muerte de Osiris a manos de su hermano Seth y su momificación y resurrección con la ayuda de su esposa, Isis. En esencia, para los antiguos egipcios, la muerte no era el fin de la vida, sino una interrupción de la misma. El cuidado del cuerpo del difunto mediante la momificación, así como el equipamiento de las tumbas con la comida, la bebida, las figurillas, la cerámica y otras necesidades del difunto, atestiguan la creencia de que la vida continuaba más allá de la muerte. Y lo que es más importante, las tumbas contenían textos y pinturas que pretendían ayudar al difunto en su viaje por el inframundo. Los textos de las pirámides del Reino Antiguo contenían instrucciones para el rey sobre cómo ascender al firmamento de forma segura, los textos de los ataúdes del Reino Medio presentaban conjuros breves para ayudar a los difuntos a navegar por el mundo celeste y el inframundo, y los textos funerarios del Reino Nuevo, como el Amduat (el mundo de las tinieblas) y el libro de las puertas, se centraban en el viaje de doce horas del dios del sol Re por el inframundo. Este viaje se realizaba cada noche entre la puesta y la salida del sol. Acompañado de otros dioses y del rey difunto, Re se encontraba con el monstruo Apofis, quien intentaba sumir al mundo en el caos obstruyendo la salida del sol. El rejuvenecimiento del sol en el horizonte oriental cada día significaba que Re se reunía con Osiris, el dios de los muertos, y derrotaba al monstruo del caos, garantizando así el orden de la creación y la estabilidad de la sociedad.[2]

En sus análisis de la antigua religión egipcia, Jan Assmann destaca dos conceptos. El punto de partida de sus análisis es el siguiente texto: "Ra ha colocado al rey en la tierra de los vivos, por siempre y para siempre, para juzgar a la humanidad y satisfacer a los dioses, materializar a Maat y destruir a Isfet, Él [el rey] da ofrendas a los dioses y ofrendas mortuorias a los difuntos".

Aunque el texto se centra en el papel del rey, el pasaje subraya dos facetas esenciales de la religión egipcia: "(1) la ética y la aplicación de la justicia (la

Un antiguo templo egipcio en Tebas (Luxor).

creación de la solidaridad y la abundancia en la esfera social al impartir justicia, cuidados y provisiones), y (2) la pacificación de los dioses y el mantener un contacto apropiado con ellos, así como el suministro a los muertos".[3] Por lo tanto, la conexión con los dioses por medio de las ofrendas no estaba separada de la realización de la justicia en el ámbito humano. Este último aspecto de la antigua religión egipcia se expresaba de forma positiva, ya que "materializar a *ma'at*" hacía referencia a una distribución justa de las bendiciones que los dioses habían otorgado al pueblo. Esta visión equilibrada y justa del mundo estaba constantemente amenazada por el Isfet ("la carencia"). "La enfermedad, la muerte, la escasez, la injusticia, la falsedad, el robo, la violencia, la guerra, la enemistad, son manifestaciones de la carencia en un mundo que ha caído en el desorden debido a la pérdida de su plenitud original de significado".[4] Los antiguos egipcios tenían una creencia inquebrantable en la presencia de lo divino en todos los aspectos del ciclo de la vida, lo que les llevaba a considerar que todas las actividades de la vida eran numinosas. Así, la antigua religión egipcia creó múltiples estratos para la interacción entre los seres humanos y lo divino. Aunque el acceso a las salas interiores de los templos estaba restringido a los altos sacerdotes, había festivales que permitían al pueblo vislumbrar a las deidades y participar en rituales religiosos comunitarios. Además, los antiguos egipcios utilizaban "capillas locales" para ofrecer sus oraciones a los dioses.[5]

Egipto en la Biblia. La palabra hebrea *Mitsrayim* ("Egipto, egipcios") aparece más de seiscientas veces en la Biblia hebrea. Aparece por primera vez como parte de la tabla de las naciones en Gn 10, donde los egipcios se consideran parte de los hijos de Cam, el segundo hijo de Noé (vv. 6, 13). Egipto desempeña un papel central en la Biblia y figura de forma destacada en los relatos ancestrales, en la narración del éxodo y en los oráculos proféticos que condenan las alianzas políticas entre Israel/Judá y Egipto. La descripción bíblica sobre Egipto resulta difícil de clasificar, puesto que en algunos casos se presenta a Egipto como una amenaza para el bienestar de los israelitas, mientras que en otros se le considera un lugar de refugio para los israelitas durante los periodos de hambruna y guerra.

Una de las características más permanentes sobre Egipto en la Biblia es la de la casa de la esclavitud. En trece oportunidades, la Biblia hebrea utiliza la frase "casa de servidumbre" junto a la palabra "Egipto" (p. ej., Ex 13:3, 14; Dt 5:6; Jos 24:17; Miq 6:4).

Una piedra angular en la memoria colectiva de los israelitas es la historia de la liberación divina y milagrosa de sus antepasados de la esclavitud egipcia. La liberación de los israelitas de la esclavitud egipcia se consideraba una parte esencial del cumplimiento de las promesas divinas a los antepasados (Ex 2:24-25): era la base sobre la que el Dios de Israel estableció su pacto con ellos en el desierto (Ex 20:1-2); era la base teológica de su ética de compasión hacia los oprimidos y los marginados (p. ej., Dt 24:10-22); y fue la explicación del juicio divino (Amós 3:1-2) y el fundamento de la esperanza en un nuevo futuro, expresado como un nuevo éxodo (Is 51:9-16; Jer 31:31-34; Ez 20). En otras palabras, Egipto y el éxodo de Egipto constituyen un papel central en la formación de la identidad de Israel y su relación con Dios.

Si bien la representación de Egipto que prevalece en la Biblia hebrea es la de una casa de esclavitud, esta concepción se desestabiliza cuando consideramos la contraparte que se produce en la historia de Agar, la sierva egipcia, quien fue oprimida por Sara, la matriarca de los israelitas. La Biblia hebrea utiliza el mismo verbo para describir la opresión que sufrieron Agar la egipcia y los israelitas (ʻnh en Gn 16:6; Dt 26:6), y los mismos verbos para describir su "éxodo" o "huida" (*brh* en Gn 16:6; Ex 14:5; grsh en Gn 21:10; Ex 10:11; 11:1; 12:39). Además, mientras los israelitas peregrinaban por el desierto, también lo hacía Agar la egipcia (*tʻh* en Gn 21:14; Sal 95:10; 107:4), y en ambos casos Dios proveyó benévolamente de agua a los sedientos israelitas y a Agar. Con la preservación de las historias de Agar e Ismael, la Biblia hebrea enfatiza la providencia de Dios para los egipcios y los israelitas.

La Biblia también describe a Egipto como un lugar de refugio para quienes escapaban del hambre y la violencia. Abraham y Sara se desplazaron a Egipto durante una época de hambruna (Gn 12), y Jacob y su familia descendieron a Egipto para reunirse con José, escapando de una grave hambruna en Canaán (Gn 42-50). En 1 Reyes 11:14-12:24, dos personajes, Hadad y Jeroboam, se refugian en Egipto para huir de un peligro inminente que amenaza su vida. Hadad de Edom consigue escapar de la masacre que Joab, el comandante del ejército de David, lleva a cabo contra los hombres edomitas (1 Reyes 11:14-22). Jeroboam escapa a Egipto, huyendo de Salomón, quien buscaba su vida porque a Jeroboam se le había prometido un reino. Jeremías 36-45, donde se narra la caída de Jerusalén en manos de los babilonios y la huida de algunos judaítas a Egipto, reprende a los judaítas que se refugian en Egipto, hace énfasis en que la historia de Israel "termina donde se originó: en Egipto" y, por último, indica que "la historia personal de Jeremías termina en la tierra donde empezó Moisés".[6] Estos incidentes sobre la búsqueda de refugio en Egipto cobran mayor importancia si se tienen en cuenta las otras ocasiones en las que Dios ordena a las personas y al pueblo de Israel que no busquen ayuda en Egipto (Gn 26:1-3; Dt 17:16). En el Evangelio de Mateo, Egipto funciona como lugar de refugio para Jesús y la sagrada familia, que escapan de la violencia del rey Herodes. En este relato, encontramos una contraposición a la narración del éxodo, según la cual Egipto no es una amenaza para la vida del héroe de la historia, sino un lugar de protección.

La interacción entre Egipto e Israel/Judá durante la monarquía queda reflejada en la historia deuteronomista y en la literatura profética, con especial énfasis en castigar las alianzas políticas entre Egipto e Israel/Judá. Los tratados políticos entre Egipto e Israel se iniciaron a principios del reinado de Salomón, quien se casó con la hija del faraón y cuya dote fue la ciudad de Gezer (1 Reyes 9:16). Sheshonq I (945-924 a. C.) dirigió una campaña contra Filistea, Israel y Judá que tuvo como resultado la imposición de un fuerte tributo a Jerusalén (1 Reyes 14:25-26). Durante el control imperial neoasirio del Levante, la relación de Egipto con Israel y Judá era cambiante. Por ejemplo, Oseas, rey de Israel, buscó una alianza con So, rey de Egipto (726 a. C.) (2 Reyes 17:4), y Ezequías, rey de Judá, buscó un apoyo militar egipcio frente a los asirios en el 701 a. C. (ver el artículo "Los cusitas"). El faraón Neco intentó prestar ayuda a los asirios contra los babilonios, y cuando se encaminaba a la batalla de Carquemis, batalla que la coalición egipcio-asiria perdió frente a los babilonios, fue obstaculizado por el rey Josías de Judá, quien murió como resultado de su batalla contra Necao en Megido (609 a. C.) (2 Reyes 23:29). Durante la última década del reino de Judá, los faraones egipcios Psamético II (595-589 a. C.) y Apries (589-570 a. C.) no ayudaron al rey Sedequías en su rebelión contra los babilonios, lo que provocó el catastrófico exilio de los judíos a Babilonia y la destrucción de Jerusalén y su templo en 586 a. C.

Los libros de los profetas Oseas (8-11), Isaías (19-20; 29-30), Jeremías (46) y Ezequiel (29-32) contemplaban la alianza política de Israel/Judá con Egipto no solo como una rebelión política contra los asirios o los babilonios, sino también como una rebelión contra el Dios de Israel.[7] La crítica profética a la confianza de Judá en Egipto se centraba en dos temas: la deconstrucción de la propaganda política del faraón y la visualización de la poca profundidad del poder económico de Egipto en caso de que las aguas del Nilo se secaran (Is 19:1-15; Ez 29:1-16). Aunque estos oráculos se escribieron para un público judaíta, está claro que el público estaba familiarizado con la cosmovisión egipcia, en la que el estatus del faraón como representante de la deidad estaba estrechamente ligado al orden político y a la prosperidad económica que dependía de la estabilidad del ciclo de las crecidas del Nilo.[8] A pesar de la actitud negativa de los profetas israelitas hacia Egipto, existe una marcada excepción en Is 19:18-25, donde el profeta describe un escenario utópico en el que la historia de enemistad entre los israelitas, los asirios y los egipcios es sustituida por una bendición divina para estos países vecinos. La frase "bendito el pueblo mío Egipto" y la profecía de construir un templo para el Señor en medio de Egipto han sido fundamentales en la formación de una identidad de la comunidad cristiana egipcia frente a su continua marginación política.

La relación entre Egipto e Israel va más allá del ámbito político y se extiende a las esferas de la cultura y la religión. Los estudiosos han señalado las innumerables similitudes que comparten el Salmo 104 y el gran himno a Atón. Tanto el salmo como el himno hablan del orden natural con patrones similares (Sal 104:20), de las actividades humanas (Sal 104:23) y de la dependencia del mundo natural respecto a la providencia de la deidad (Sal 104:27-29). Estas similitudes no indican necesariamente dependencia, sino que reflejan una cosmovisión compartida y unas perspectivas teológicas utilizadas por cada tradición textual para alabar a su deidad. Sin embargo, el caso de la dependencia ha sido argumentado por muchos estudiosos en lo que concierne a los dichos del sabio que se recogen en Pr 22:17-23:11, lo cual parece ser una apropiación de las enseñanzas del sabio egipcio Amenemope. Ambas tradiciones de sabiduría mencionan en la introducción que los dichos son treinta en número (Pr 22:20; Amenemope 30.1); Pr 22:18 emplea un modismo egipcio único para recordar las instrucciones: "Guarda [mis palabras] en el cofre de tu vientre" (Amenemope 1.13); ambas tradiciones exhortan al oyente a no robar a los de condición humilde ni oprimir a los pobres (Pr 22:22; Amenemope 2.4-5); ambos conjuntos de enseñanzas comparan la riqueza obtenida de forma deshonesta con un pájaro que huye volando. El autor de Pr 22-23 utilizó la sabiduría de Amenemope y refleja así el carácter internacional de la literatura sapiencial, pero al mismo tiempo el autor se apropió de estas enseñanzas para sí mismo y les ha dado un toque israelita de piedad personal cuando expresa: "para que tu confianza sea en Jehová" (Pr 22:19).[9]

Instrumentos Musicales en Israel y el Antiguo Cercano Oriente

J. Daniel Hays

Introducción. La música tocada con instrumentos, junto con el canto y la danza, ha formado parte de la vida cotidiana y la cultura a lo largo de la historia de Israel y de todo el Cercano Oriente. En los registros arqueológicos y en la literatura del antiguo Cercano Oriente aparecen con frecuencia indicios de instrumentos y músicos desde el año 3000 a. C. Asimismo, muy tempranamente en la Biblia se señalan los orígenes de tres ocupaciones principales: el pastoreo, la metalurgia y la música (Gn 4:20-22).[1]
En Israel, como en todo el Cercano Oriente, los instrumentos musicales estaban asociados a las ceremonias religiosas (tanto la adoración en el templo como los grandes festivales comunales), a las funciones de la corte real (incluidos los banquetes, las fiestas y el entretenimiento personal del rey), a las actividades militares (la comunicación entre las tropas, la celebración de las victorias), a la actividad profética y al uso personal. Los instrumentos musicales se mencionan constantemente en todo el libro de los Salmos, lo que subraya el importante papel que desempeñaba la música en la adoración de Israel.

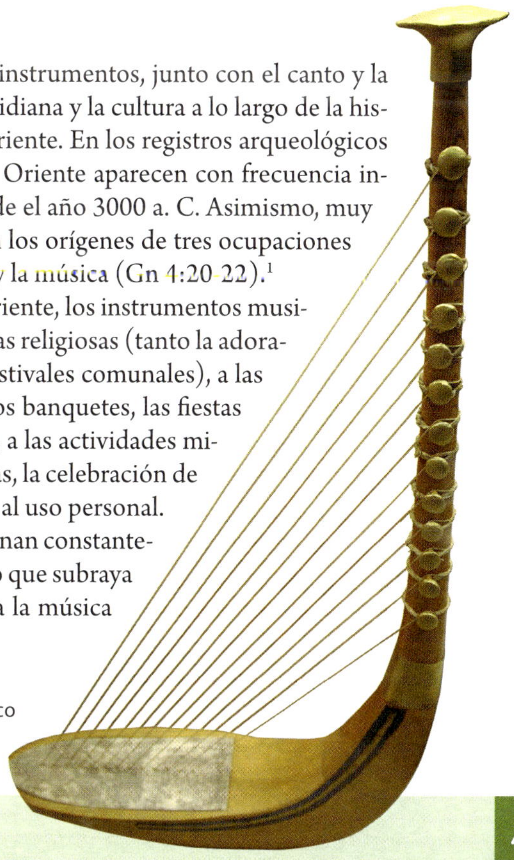

Una antigua arpa sumeria con forma de barco que ha sido reformada y reencordada.

Sin embargo, resulta interesante que, aunque las referencias a los instrumentos musicales (junto con los cantantes) están estrechamente relacionadas con la adoración en el templo, tanto en Israel como en todo el antiguo Cercano Oriente, no se hace mención a la música interpretada en las instrucciones y directrices que Dios dio a Moisés en los libros del Éxodo y de los Números con respecto al tabernáculo. Había trompetas que los sacerdotes utilizaban para los anuncios y las señales (ver los comentarios sobre Nm 10:2) y que se tocaban al momento de las ofrendas, los sacrificios y las fiestas (Nm 10:10), pero parece que se trata más de un "soplo" de trompeta que de una actuación musical (cf. Nm 10:9). Posteriormente, el rey David es quien introduce la música, junto con los instrumentos y los cantantes, a gran escala en la práctica de la adoración de Israel (ver los comentarios sobre 1 Cr 6:31).

Terminología. En los restos arqueológicos del antiguo Cercano Oriente, se dispone de una gran cantidad de información sobre el aspecto de los antiguos instrumentos musicales. Estas pruebas incluyen dibujos/bocetos en las paredes, figurillas de músicos de arcilla y metal, impresiones de sellos personales, representaciones decorativas en utensilios como ollas e incensarios, tallas en los paneles de piedra de las paredes que recubrían los palacios de los reyes mesopotámicos, pinturas rigurosamente detalladas en las paredes de las tumbas egipcias y los restos de los propios instrumentos. El reto consiste en determinar a cuál de estos instrumentos se refieren las innumerables palabras hebreas utilizadas en el A.T. para aludir a los instrumentos musicales. El A.T. emplea veintidós términos diferentes para designar los instrumentos musicales[2]. Los principales pasajes bíblicos que mencionan dos o más instrumentos musicales son Gn 4:21; 1 S 10:5; 18:6; 2 S 6:5; 1 Reyes 10:12; 1 Cr 13:8; 15:16, 28; 16:5, 42; 25:1, 6; 2 Cr 5:12-13; 9:11; 15:14; 20:28; 29:25, 27; Neh 12:27; Job 21:12; Sal 33:2; 57:8; 71:22; 81:2; 92:3; 108:2; 149:3; 150:3-5; Is 5:12; 30:32; Dn 3:5-15. La mayoría de los términos utilizados en estos pasajes pueden identificarse con cierta seguridad, pero la determinación exacta de cada término es difícil, y los estudiosos no están de acuerdo en algunas de las designaciones. Además, algunos de los términos que aparecen en las listas de instrumentos pueden referirse a grupos más amplios de instrumentos (p. ej., "cuerdas" en Sal 150:4; "toda clase de música" en Dn 3:5 LBLA). Sin embargo, y básicamente, los instrumentos musicales utilizados en el antiguo Cercano Oriente y en Israel se dividen en tres categorías principales: cuerdas, viento y percusión.

Instrumentos de cuerda. En el antiguo Israel, se utilizaban dos instrumentos de cuerda muy populares, el *nebel* (que suele traducirse como "arpa") y el *kinnor* (que suele traducirse como "lira"). En el A. T., el término nebel aparece veintisiete veces y el término *kinnor* cuarenta y dos veces, y frecuentemente aparecen juntos (p. ej., Sal 108:2). Eran instrumentos similares, que se distinguían principalmente por el número de cuerdas y el tamaño. Ambos tenían una caja de resonancia de forma rectangular y una especie de soporte para las

Esta pintura de una tumba mural egipcia del siglo XV a.C. ofrece una buena representación del aspecto de varios instrumentos utilizados en Israel. De derecha a izquierda, los instrumentos retratados son el arpa (nebel), el laúd y la flauta o flauta doble (halil).

cuerdas. Sin embargo, el *kinnor* era de menor tamaño y por lo general tenía de cuatro a ocho cuerdas.

Las cuerdas se tocaban con un "plectro" (un objeto duro que se sostiene con la mano, similar a una púa de guitarra).[3] En la mayoría de las descripciones, este instrumento parece tener entre doce y quince pulgadas de altura. Se transportaba fácilmente y permitía al intérprete caminar, bailar y/o cantar durante la actuación, pese a que las ilustraciones muestran a los intérpretes en diferentes posiciones: sentados, de pie y caminando. El *nebel* era más grande, normalmente con diez o doce cuerdas, y estas se rasgueaban o punteaban con los dedos. En las ilustraciones de este instrumento en el antiguo Cercano Oriente, el tamaño varía enormemente (desde unas veinticuatro pulgadas de altura hasta más de cinco pies de altura).[4] Si bien era más grande que la lira, algunas arpas eran lo suficientemente pequeñas como para ser transportadas mientras se tocaban. Sin embargo, algunas se apoyaban en el suelo mientras se tocaban. Existen múltiples imágenes en los restos arqueológicos del antiguo Cercano Oriente que muestran pequeños grupos de músicos (como un "combo" o "banda"), algunos tocando arpas y otros liras, lo cual indica que estos dos instrumentos se utilizaban a menudo juntos.

En varias regiones del antiguo Cercano Oriente, se han encontrado descripciones de laúdes. Un laúd era un instrumento parecido a una guitarra, con una caja de resonancia rectangular y un único brazo largo y delgado al que se le fijaban las cuerdas. Una referencia aparente a este tipo de instrumento en el A. T. se encuentra en Dn 3:5-15, aunque esta escena tiene lugar en Babilonia y no en Israel. El término hebreo utilizado aquí es en realidad un "préstamo" lingüístico del griego derivado de la palabra griega para ese instrumento. En Dn 3:5-15, suele traducirse como "cítara" (ver los comentarios sobre Dn 3:5). Otra posible referencia a un laúd, aunque utilizando un término diferente, se halla en 1 S 18:6. El nombre del instrumento en ese texto está relacionado con el número tres, sugiriendo quizás tres cuerdas, pero esto no está nada claro, y las traducciones de este término varían mucho (versión en inglés CSB: "instrumentos de tres cuerdas"; NVI: "liras"; RVC, RVA-2015, NBLA: "instrumentos musicales"; NTV: "címbalos").

Instrumentos de viento. El instrumento de viento más mencionado en el A. T. es el *shophar* ("cuerno de carnero"), que aparece setenta y dos veces. Sin embargo, dado que el cuerno de carnero solo tenía un tono alto (o "soplo"), resulta discutible que deba considerarse un instrumento musical, y la traducción común como "trompeta" es un poco engañosa.

No obstante, el *shophar* se utilizaba habitualmente en los servicios de adoración o religiosos, en las ceremonias y proclamaciones reales y en las operaciones militares. Otro término, *yobel,* parece utilizarse como sinónimo de *shophar* (Jos 6:4-8). Un instrumento más parecido a la trompeta es el *hatsotserah* (Nm 10:1-10) (ver comentarios sobre Nm 10:2). Este término aparece veintinueve veces en el A. T. y hace referencia a un instrumento metálico largo y tubular con un extremo acampanado. Las trompetas de los sacerdotes en Nm 10:2 estaban hechas de plata. Sin embargo, incluso estas "trompetas" no tenían válvulas como las trompetas modernas, por lo que eran más parecidas a las cornetas de hoy en día.[5]

La palabra hebrea *halil,* que aparece seis veces, se refiere a un instrumento de doble flauta hecho con dos tubos finos de caña, metal o marfil. A veces se traduce como "flauta" o "tubo", pero quizá sea mejor traducirla como "flauta doble" (1 S 10:5; 1 Reyes 1:40; Is 5:12; 30:29; Jer 48:36). Otro término, ugab, que aparece solo en cuatro ocasiones, puede referirse también a algún tipo de flauta o instrumento de tubo (Gn 4:21; Job 21:12; 30:31; Sal 150:4), a lo mejor como flauta de un solo tubo en contraste con la flauta doble (*halil*). Sin embargo, algunos sostienen que este término alude a un instrumento de cuerda o quizá a un término colectivo para los instrumentos de viento en general (Sal 150:4).[6]

Instrumentos de percusión. La palabra hebrea top aparece diecisiete veces y al parecer se refiere a una serie de pequeños tambores de mano o panderetas. Aunque suele traducirse como "pandereta" o como "timbal", lo que la evidencia arqueológica del antiguo Cercano Oriente describe parece ser más bien un tambor pequeño y delgado, del mismo tamaño que una pandereta, pero sin ningún círculo de metal tintineante.[7]

Se han descubierto innumerables címbalos de bronce en todo el antiguo Cercano Oriente y se mencionan en el Sal 150:5 y en 2 S 6:5 (*tseltselim*). Suelen ser de dos tamaños, la versión más pequeña de unas tres pulgadas de diámetro y la más grande de unas seis pulgadas.[8] Normalmente, estos címbalos tenían pequeños cables en el centro que se sujetaban a los dedos del músico. En el A.T., también existen posibles referencias a algún tipo de "badajos de madera" y/o "cascabeles" (*menaanim*), tal vez mejor traducidos como "sistros" (2 S 6:5). Asimismo, se mencionan "campanas" (*paamonim*) en relación con los sacerdotes que servían en el tabernáculo, pero la relación entre estas campanas y la "música" no está clara (Ex 28:33-35; 39:25-26).[9]

Aunque aparecen grandes tambores en el antiguo Cercano Oriente, no se hace mención de ellos en el A.T.

Ejemplos de flautas egipcias antiguas de doble tubo y de un solo tubo.

Los Persas

Mark J. Boda

Introducción. Situados en gran parte de la región que hoy se conoce como Irán, los persas se convirtieron en una de las naciones más poderosas del antiguo Cercano Oriente a finales del siglo VI a. C. Dominaron gran parte del antiguo Cercano Oriente hasta finales del siglo IV a. C., con un imperio que en su apogeo se extendía desde Asia Menor (la actual Turquía) en el oeste hasta la India en el este, y desde el mar Negro y el mar Caspio en el norte hasta Egipto y Cus en el sur.

Ciro. El Imperio Persa (aqueménida) tiene sus raíces en un grupo de pequeñas tribus del lado norte del golfo Pérsico. Fue Ciro, rey de Anshan, quien llevó a los persas a la escena mundial. Su madre era una princesa meda y su padre el último rey medo, Astiages, quien gobernaba desde su fortaleza montañosa en Ecbatana. El nieto de Astiages, Ciro, se rebeló contra su abuelo en el año 553 a. C., derrotando a los medos cerca de la ciudad de Pasargada, lugar en el que Ciro construiría su capital y donde sería enterrado. Al derrotar a Astiages, Ciro asumió el control de un pequeño imperio, pero pronto lo amplió entre 547-546 a. C. cuando cruzó el río Halis y conquistó el reino lidio del rey Creso. Más adelante, Ciro se desplazó hacia el este, extendiendo sus posesiones hacia el noreste hasta el río Jaxartes (Syrdar'ya).

El éxito de Ciro en el territorio que rodea al Imperio babilónico y, sobre todo, su derrota del aliado babilónico Creso, suscitaron la preocupación en el profundamente conflictivo Imperio babilónico de Nabónido y su hijo Belsasar.

La tumba del rey Ciro de Persia.

El Imperio Persa

En un principio, Nabónido se había sentido reconfortado por el ascenso de Ciro contra Astiages, pensando que esto significaba la debilidad de su principal némesis (los medos), pero los ataques agresivos de Ciro en los años que siguieron a su conquista de Media provocaron el regreso de Nabónido a la capital de Babilonia, que había abandonado durante casi una década para invertir sus energías en la construcción de un templo en Teima, situada en Arabia. Nabónido no era muy querido en el centro del imperio, especialmente entre los sacerdotes, quienes se sentían ofendidos por su falta de asistencia a la fiesta anual del Año Nuevo y su ofensa a varios cultos de la región sur de Mesopotamia cuyos dioses había transportado a Babilonia. En el año 539 a. C., Ciro cruzó los montes Zagros, atravesó el río Tigris y conquistó la ciudad de Babilonia. Ciro parece haber sido recibido como liberador de Babilonia, ya que incorporó el reino babilónico, ahora mucho más pequeño, a su enorme imperio. La política de Ciro consistió en ganarse a la población mediante políticas religiosas liberales vinculadas al retorno de la parafernalia del templo y de la gente a su tierra natal, así como mediante cambios mínimos en la burocracia política y administrativa. El cilindro de Ciro, en el cual Ciro concede permiso para que se restituyan las imágenes divinas y se reconstruyan sus santuarios, ejemplifica una de sus políticas religiosas clave.[1] Con la parte occidental de su imperio bajo control, Ciro dirigió su atención hacia el este, donde en una expedición militar en el año 530 a. C. fue asesinado.

El reinado de Ciro tuvo un gran impacto en la comunidad judía. No solo se anunció su aparición en el libro de Isaías (44:28; 45:1, 13), sino que sus políticas religiosas beneficiaron a la comunidad judía, como se evidencia en Esdras 1:1-4 (cf. 2 Cr 36:22-23) y 6:1-5. Los utensilios del templo saqueados y el pueblo judío exiliado pudieron volver a casa a principios del reinado de Ciro (Esdras 1:9-11; 5:13-14), y se permitió un primer intento de reconstruir el templo de Jerusalén (Esdras 5:15-16). La comunidad judía estuvo dirigida durante este periodo por un gobernador, Sesbasar (Esdras 1:8; 5:14). Los archivos TAYN, una colección de casi cien textos de asentamientos judíos en Mesopotamia, evidencian la función de la comunidad judía en los asuntos financieros y legales (los textos reflejan una serie de transacciones financieras) en el centro del imperio.[2]

Cambises. El hijo de Ciro, Cambises (530-522 a. C.), asumió el gobierno del imperio de manos de su padre sin ninguna interrupción, lo que permitió a Cambises cumplir uno de los sueños de Ciro para la parte suroccidental del imperio: la conquista de Egipto, lograda con la ayuda naval de griegos y fenicios. En el año 525 a. C., Cambises fue coronado faraón de Egipto, aconsejado por su visir egipcio Uzahor-Resenet. Con Cambises en Egipto y lejos de su hogar en la frontera occidental de su enorme imperio, en marzo del 522 a. C. surgió un retador en el centro del imperio. Un cierto mago (combinación de astrólogo, intelectual y hechicero), de nombre Bardija, afirmó ser el hermano de Cambises, Esmerdis, a quien Cambises había eliminado discretamente antes de partir hacia Egipto. La población central del imperio apoyó a Bardija, probablemente debido a que facilitaba la tributación. Cambises respondió a este desafío emprendiendo un viaje hacia Persia con su ejército, pero se hirió a sí mismo con su cuchillo en el camino y murió en Siria.

Darío. Precisamente sería Darío (522-486 a. C.), uno de los generales de Cambises, quien asumiría el control del ejército persa y acabaría derrotando al usurpador de Bardija en septiembre del 522 a. C. Las rebeliones continuaron durante los cuatro años siguientes (522-518 a. C.), registradas con detalle en la inscripción de Behistún,[3] pero una vez estabilizada la situación, Darío sentaría las bases de un imperio que perduraría bajo su línea dinástica durante casi dos siglos. Darío extendió el imperio persa hacia el este, hasta el valle del Indo en la India, y así, por primera vez en la historia, los valles de los ríos Nilo, Tigris y Éufrates y el Indo quedaron sometidos a una única jurisdicción política. Un imperio de esta envergadura exigía reformas administrativas efectivas, y Darío se puso a trabajar en la cuidadosa delimitación de las regiones políticas como satrapías, subsatrapías, provincias y subprovincias, las cuales eran administradas por funcionarios imperiales y por dinastías nativas.

Darío administraba su imperio a través de estas burocracias administrativas satrapales, pero también mantenía el control mediante la presentación de informes directos por medio del mando militar, así como por medio de funcionarios reales (ojos y oídos del rey) que servían en todo el imperio, proporcionando información de "inteligencia" para el emperador con respecto a quién era leal y quién no. Aunque las capitales de los antiguos reinos que se incorporaban al Imperio persa seguían funcionando como centros clave de la administración (la ciudad de Babilonia del Imperio babilónico, la ciudad de Susa del Imperio elamita y la ciudad de Ecbatana del Imperio medo), Darío también gastó mucha energía en la construcción de una nueva capital de escaparate que era de origen persa, la ciudad que los griegos llamaron Persépolis ("ciudad persa"). La anterior capital de Ciro, Pasargada, carecía de recursos hídricos adecuados y probablemente estaba demasiado vinculada a las hazañas de Ciro, además de estar bastante alejada del territorio central persa. Así que Darío construyó una gran ciudad a cincuenta millas al oeste de Pasagarda, una ciudad sin murallas, testimonio de la grandeza de los logros persas así como de su confianza en las condiciones "pacíficas" que habían creado. Darío también amplió la red de carreteras reales en todo el imperio, así como las rutas marítimas, y en particular un canal que conectaba el mar Rojo con el delta del Nilo. Sin embargo, fue el deseo que tenía Darío de extender su imperio hacia el noroeste, atravesando el Helesponto (i. e., el estrecho de los Dardanelos, entre Asia Menor y Europa) hacia Europa, lo que estropeó las últimas décadas de su gobierno. Su derrota ante los griegos en Maratón (490 a. C.) refleja sus tropiezos durante esta fase final y puede haber provocado una rebelión en el suroeste (Egipto) en el 486 a. C., poco después de la cual Darío murió.

Darío también tuvo un impacto significativo en la comunidad judía.

El palacio del rey Darío en Persépolis.

En el palacio del rey persa Darío I en Susa, estos capiteles con dos bueyes se asentaban sobre columnas de piedra y sostenían las vigas del techo.

Durante su reinado, los judíos continuaron regresando a su tierra natal en la provincia de Yehud (antigua Judá), construyendo un altar, restableciendo los sacrificios y las fiestas, y reconstruyendo el templo, todo ello hacia el año 516 a. C. (Esdras 2-6).

Los libros de Hageo y Zacarías (cf. Esdras 5:1-2) están situados en la fase inicial del reinado de Darío y revelan el resurgimiento de las familias de liderazgo preexílicas, con el Zorobabel real (descendiente de David; Hg 1:1, 14; Zac 4:6-10) y el Josué sacerdotal (descendiente del sacerdote Zadok de David; Hg 1:1, 14; Zac 3; 6:9-15) supervisando los esfuerzos de reconstrucción (Esdras 3). El castigo de Darío a Babilonia al comienzo de su reinado es clave para la visión de la restauración en el libro de Zacarías, poniendo a Darío al mismo nivel que Ciro como el que puso fin a los setenta años de abuso babilónico sobre la comunidad judía. Una vez más, los archivos de TAYN revelan cómo la comunidad judía seguía desempeñando su función en los asuntos económicos en el centro del imperio, incluso cuando algunos judíos regresaron a la tierra.[4] Los sellos oficiales de la hija de Zorobabel, Selomit, y de su esposo, el gobernador Elnatán, descubiertos por los arqueólogos, atestiguan las conexiones finales entre la línea davídica y el gobierno del antiguo reino de Judá.[5] Yehoʿezer, otro gobernador de la provincia persa de Yehud, también aparece registrado en la impresión de una jarra, muy probablemente durante el período de Darío.

Jerjes. El hijo de Darío, Jerjes (486-465 a. C.), asumió el mando del trono persa y estabilizó rápidamente el imperio, acabando con la rebelión en Egipto y con otras en Babilonia. Sin embargo, este comienzo positivo no se tradujo en un mayor éxito contra los griegos que el de su padre, ya que incluso después de su gran "derrota" ante los espartanos en las Termópilas y su "saqueo" de una Atenas vacía (480 a. C.), su formidable ejército fue derrotado en Salamina, Platea y Mícala. A pesar de ello, Jerjes continuó con el desarrollo de Persépolis como capital de escaparate del Imperio persa. Una reforma política clave durante esta época fue la división de la antigua satrapía babilónica más allá del río en dos regiones separadas. En el año 465 a. C., Jerjes fue asesinado mientras dormía por dos ayudantes cercanos.

La influencia de Jerjes sobre la comunidad judía puede apreciarse en el hallazgo de una serie de fortalezas en la provincia de Yehud y sus alrededores, prueba de los esfuerzos persas por consolidar sus posesiones en la parte occidental del imperio, especialmente a la luz de las revueltas egipcias. En Esdras 4:6, se hace referencia a una carta que se opone a los esfuerzos de reconstrucción por parte de los judíos. El libro de Ester está ambientado en la corte de Jerjes, y el libro de Malaquías posiblemente surge durante su reinado. La impresión de una jarra con el nombre de un gobernador de Yehud, Ahazai, se relaciona muy probablemente con el reinado de Jerjes.

Artajerjes I. Con el asesinato de su padre y de su hermano mayor (el príncipe heredero), Artajerjes I (465-424 a. C.) asumió el trono de Persia. Los griegos le llamaban Longimanus ("de brazos largos"), entendido ya sea literalmente porque tenía un brazo más largo que el otro (Plutarco) o simbólicamente por su poder de largo alcance (Pólux). Artajerjes se enfrentó a varias revueltas tempranas en Bactria (Asia central), así como en Egipto (460-454 a. C.), esta última provocada por la intervención griega. Pero fue capaz de frenar estas rebeliones, principalmente con la ayuda de su cuñado Megabizo. Sin embargo, este mismo cuñado se rebelaría más tarde contra Artajerjes, y la paz entre ambos solo se consiguió gracias a la intervención de la madre de Artajerjes y su hermana (la esposa de Megabizo). Tras los ataques griegos a Chipre en el 450 a. C., Artajerjes aceptó la Paz de Calias, un acuerdo entre Atenas, Argos y Persia que aseguraba el control persa de Egipto, Chipre y las ciudades costeras de Anatolia (la actual Turquía). El gran logro arquitectónico de Artajerjes fue el salón del trono de cien columnas en Persépolis. Murió por causas naturales en el año 424 a. C.

La gran mayoría de los documentos de los archivos de Murashu son del reinado de Artajerjes I, entre los cuales algunos hacen énfasis en la función de los judíos dentro de la economía.[6] Mientras que las cartas registradas en Esdras 4:7 y 4:8-23 presentan una influencia bastante negativa vinculada a Artajerjes

Arqueros persas del palacio de Darío I.

I, en otras partes del A. T. se presenta a Artajerjes de manera más positiva, como se muestra claramente en Esdras 7-10 y Nehemías 1-13 (Esdras 7:7-8; Neh 2:1; 5:14; 13:6), donde encarga a Esdras y Nehemías el liderazgo dentro de la provincia de Yehud (Esdras 6:14). Nehemías es identificado dos veces como gobernador de la provincia de Yehud (Neh 5:14; 12:26). A Esdras se le da una comisión más limitada para promover la ley (Esdras 7:11-26).

Jerjes II y Darío II. A Artajerjes I le sucedió su hijo Jerjes II (424-423 a. C.), quien duró en el trono tan solo cuarenta y cinco días. A su asesinato le siguió una intensa guerra civil de la que salió victorioso su hermano Darío II (423-404 a. C.). Mientras Esparta y Atenas se disputaban el control de su propia región, Darío II entabló una relación con los espartanos, quienes finalmente salieron victoriosos.

Documentos de gran importancia procedentes de una colonia militar judía en el sur de Egipto, en la isla de Elefantina (en el río Nilo), revelan cómo era la vida de los judíos fuera de su tierra natal y su orientación hacia la comunidad de Jerusalén.[7] La Carta de la Pascua (419 a. C.) manifiesta el deseo de la comunidad de celebrar adecuadamente las fiestas judías, y la Petición a Bagoas, gobernador de Yehud (407 a. C.), solicita ayuda para la construcción de un templo judío en Elefantina, con mención a Sanbalat I, gobernador de la provincia de Samaria y némesis de Nehemías (ver los comentarios sobre Neh 2:10). Estos dos documentos evidencian la conexión entre las comunidades judías exiliadas y su lugar de origen.

Los últimos años del Imperio persa. Los últimos setenta y cinco años de hegemonía persa (aqueménida) en el mundo antiguo no se recogen explícitamente en el A. T., pero es muy probable que el libro de las Crónicas haya finalizado durante este periodo, como se aprecia en las genealogías de la casa davídica en 1 Cr 3.

La rebelión en la parte occidental del imperio caracterizó el reinado de Artajerjes II (404-359 a. C.), hijo de Darío II. La rebelión de Egipto al comienzo de su reinado supuso una gran preocupación (404-400 a. C.), pero aún más preocupante fue el desafío del hermano de Artajerjes, Ciro, respaldado por diez mil mercenarios griegos en el 401 a. C. Ambas rebeliones fueron frenadas por Artajerjes II. El primer cuarto del siglo IV a. C. conllevó negociaciones de paz muy importantes entre Esparta, Atenas, Corinto, Argos y Persia, siendo Egipto una fuente constante de rebeliones, ya que en ocasiones se aliaba con Esparta. La Paz del Rey de 386 a. C. entre Esparta y Persia aseguró el dominio persa de Asia Menor y permitió a Artajerjes II enfocar su atención en Egipto. Sin embargo, las rebeliones siguieron asolando a Artajerjes II en sus últimos años, sobre todo por parte de los sátrapas en Asia Menor. Las condiciones no fueron mucho mejores bajo el mando del hijo de Artajerjes II, Artajerjes III (359-338 a. C.), quien también tuvo que hacer frente a rebeliones en el noroeste y el suroeste. Las revueltas de Teos y luego del egipcio Nectanebo II entre 360-359 a. C. fueron muy problemáticas para el rey persa.

Artajerjes III fracasó en la reconquista de Egipto en 354 y 351 a. C., lo que reforzó la confianza de las ciudades fenicias, por lo que Tenes, rey de Sidón, se rebeló con el apoyo de Nectanebo II en el 345/344 a. C. Esta rebelión fenicia fue sofocada por los fieles sátrapas (gobernadores regionales) de Artajerjes, y finalmente el rey egipcio Nectanebo II fue derrotado por el propio Artajerjes en el 342 a. C. Con Egipto bajo su dominio, Artajerjes focalizó su atención en Macedonia, con la misión principal de frenar la ambición de su rey, Filipo. Artajerjes III duraría menos que Filipo, y moriría en el 338 a. C., posiblemente en un golpe de palacio (según las fuentes griegas), aunque esto no es totalmente seguro (según una fuente babilónica). Su hijo Artajerjes IV (338-336 a. C.) duraría solamente dos años, y moriría el mismo año que Filipo de Macedonia. Así, el primo de Artajerjes IV, Darío III (336-330 a. C.), subiría al trono de Persia el mismo año que Alejandro de Macedonia, a quien se le conocía como "el Grande", y que sería el responsable de la desaparición definitiva de la casa real persa y del imperio que había durado más de dos siglos.

Los Filisteos

Catherine L. McDowell

Uno de los primeros registros extrabíblicos de los filisteos se conserva en una inscripción en la pared norte del templo mortuorio del faraón Ramsés III en Medinet Habu, en Tebas, Egipto. El texto describe las feroces batallas de Ramsés III alrededor del año 1190 a. C. contra los llamados pueblos del mar. Esta confederación de grupos, entre los que se encontraban los sherden, los tjeker, los denyen, los weshesh y los filisteos, al parecer navegaron desde las islas del Egeo (posiblemente Caftor/Creta, que tanto Amós 9:7 como Jer 47:4 identifican como la tierra natal de los filisteos) hasta las orillas de Egipto y el Levante (la zona oriental del Mediterráneo) en busca de un nuevo hogar. Las batallas se libraron por tierra y por mar, y ambas están vívidamente representadas en los relieves grabados en la pared del templo. La guerra terrestre, que según parece se llevó a cabo al norte de Egipto, en la costa fenicia, muestra una masa caótica de soldados egipcios y pueblos del mar en un combate cuerpo a cuerpo. Varias mujeres jóvenes o muchachas en un carro arrastrado por bueyes levantan las manos en un gesto de sumisión ante los soldados egipcios, mientras los cadáveres yacen postrados a su alrededor. La batalla naval, librada en la desembocadura del Nilo, retrata a los soldados egipcios luchando con arcos y flechas, lanceros, palos y escudos rectangulares, mientras que los pueblos del mar luchan con lanzas, espadas y escudos redondos. Los filisteos, junto con otros pueblos del mar, se distinguían de los egipcios por sus cascos con plumas, sus faldas cortas con borlas y sus corazas acanaladas.[1] Ramsés derrotó definitivamente a los emigrantes invasores y se jactó de que "aquellos que se aventuraron juntos en el mar, la llama completa estaba frente a ellos en las desembocaduras de los ríos, mientras que una barrera de lanceros los rodeaba en la orilla. Fueron arrastrados, encerrados y postrados en la playa, asesinados y convertidos en montones desde la cola hasta la cabeza. Sus barcos y sus bienes quedaron como si hubiesen caído al agua".[2]

En el templo mortuorio del faraón egipcio Ramsés III hay representaciones de su victoria sobre los pueblos del mar (filisteos). En la imagen aparecen varios soldados filisteos capturados, reconocibles sobre todo por sus cascos emplumados.

Los cautivos, muchos de los cuales figuran en los relieves de Medinet Habu con los brazos encadenados, fueron recluidos en el ejército egipcio o se les dio el permiso para establecerse en las zonas de Canaán donde los egipcios mantenían una fuerte presencia militar. Esto incluía la costa cananea del sur (más o menos lo que hoy se conoce como la Franja de Gaza más unas doce millas al norte), donde los filisteos desplazaron a la población cananea indígena y se establecieron como potencia rival. Hacia el 1175/1150 a. C., los filisteos se habían independizado de un Egipto debilitado y habían fundado las cinco principales ciudades conocidas como la pentápolis filistea: Asdod, Ascalón, Ecrón (Tel Mikné), Gaza y Gat, cada una con su propio gobernante.

Durante los siguientes cien años (ca. 1150-1050 a. C.), los filisteos se expandieron hacia el norte hasta Tell Qasile (Tel Aviv), hacia el sur hasta Rafia pasando por la costa hacia Egipto, hacia el sureste hasta el Néguev (la región árida al sur de Judá), hacia el este hasta Megido y Bet-sán y hacia las estribaciones de Judea (Sefelá). Su expansión hacia el este los puso en contacto directo con Israel, pueblo que aparentemente dominaban alrededor de 1050/1000 a. C. (Jue 14:4; 15:11). Las batallas frecuentes y feroces entre Israel y los filisteos se registran en Jueces y 1 Samuel, e incluyen las famosas historias de Sansón (Jue 13-16), la captura del arca del pacto (1 S 4-6) y la batalla entre David y Goliat (1 S 17). Aunque Saúl (1 S 13-31) tuvo un éxito militar en un principio contra los filisteos, estos consiguieron establecer guarniciones en la región de las colinas y lucharon contra Israel cerca de Jerusalén. No fue hasta el año 975 a. C., cuando David se convirtió en rey, cuando los filisteos fueron expulsados finalmente a su territorio original de establecimiento situado cerca de la costa cananea. A partir de ahí, los filisteos se involucraron periódicamente en refriegas con Israel y Judá por el control de la región montañosa (1 Reyes 15:27; 16:15; 2 Cr 17:11; 21:16-17; 26:6; 28:18; Amós 1:6-8) hasta finales del siglo VIII a. C., cuando el rey asirio Tiglat-Pileser III (745-727 a. C.) y sus sucesores Salmanasar V (727-722 a. C.) y Sargón II (722-705 a. C.) se hicieron con el control de Siria y Palestina, incluyendo Filistea, y sometieron a sus habitantes (ver el artículo "Los asirios"). Entre las muchas ciudades que fueron tomadas se encuentran Ecrón, Gaza, Gat y Asdod. El asedio de Ecrón (712 a. C.) figura en los relieves del palacio de Sargón en Jorsabad.

Los filisteos siguieron siendo vasallos asirios bajo Senaquerib y sus sucesores. Esar-hadón exigió a los filisteos que suministraran mano de obra forzada para los proyectos de construcción en Nínive. Asurbanipal reclutó a los filisteos para el servicio militar en su guerra contra Egipto. Asurbanipal salió victorioso, pero al cabo de una década Egipto se independizó de un Imperio asirio sumamente desplegado y debilitado, por lo que volvió a tomar el control de Filistea. La presencia egipcia está muy bien documentada en Ascalón, donde los excavadores descubrieron vasijas de arcilla del Nilo, un joyero egipcio, veintiséis estatuillas egipcias de bronce, un alijo de botellas de bronce decoradas con motivos egipcios y más de una docena de otros artefactos egipcios de bronce.[3] Sin embargo, el dominio egipcio sobre Filistea duró poco. En el año 605 a. C., el poderoso ejército babilónico derrotó a Egipto en Carquemis, en el oeste de Siria (cf. Jer 25:8-11; 46:2-8, 22-26) y luego se dirigió hacia el sur. Ecrón, situada en la llanura costera interior, y Ascalón, un puerto marítimo internacional y cosmopolita, fueron conquistadas en el año 604 a. C., y su destrucción está bien atestiguada en el registro arqueológico de ambos lugares.[4] Según la crónica babilónica,"(Nabucodonosor) se dirigió a la ciudad de Ascalón y la capturó en el mes de Kislev (noviembre/diciembre). Capturó a su rey y la saqueó, y se llevó (despojos de ella [...]). Convirtió la ciudad en un relato y en un montón de ruinas"[5] (cf. Jer 47:1-7; Ez 25:15; Sof 2:5). Así se cumplieron las palabras del profeta Amós: "Y destruiré a los moradores de Asdod, y a los gobernadores de Ascalón; y volveré mi mano contra Ecrón, y el resto de los filisteos perecerá, ha dicho Jehová el Señor" (Amós 1:8).

Los registros babilónicos que datan de principios del siglo VI a. C. conservan las últimas referencias históricas acerca de los filisteos. Los nombres de los hijos de Aga, el último rey de Ascalón, junto con varios nombres de marineros, funcionarios y músicos deportados de Ascalón, figuran en una lista de raciones babilónica datada hacia el 592 a. C.[6] Los reyes de Gaza y Asdod se mencionan en un documento de la corte babilónica de más o menos el 570 a. C. por su participación en la dedicación del nuevo palacio de Nabucodonosor. Por último, una lista de los archivos de Murashu (mediados del siglo V a. C.) en la ciudad de Nippur mantiene los nombres de los establecimientos, entre los que se encuentran Ascalón y Gaza,[7] lo cual indica que los descendientes de los filisteos exiliados habían establecido sus propias comunidades en la región de Nippur y las habían denominado siguiendo el nombre de sus ciudades originales de la pentápolis en Filistea. Estas referencias a Ascalón y Gaza aportan el último atisbo respecto a los filisteos, quienes luego desaparecen del registro histórico, dejando únicamente su nombre (Palestina) sobre la región donde una vez vivieron.

Los Profetas en el Mundo del Antiguo Testamento

Samuel A. Meier

La creencia en el antiguo Cercano Oriente era que ciertos individuos podían tener un acceso regular, aunque no necesariamente predecible, a información proporcionada por los dioses que no estaba al alcance de la mayoría de los humanos. Estos "profetas" obtenían esta información a través de un encuentro personal con los dioses y, en consecuencia, eran capaces de comunicar sus extraordinarias realidades a sus oyentes como mensajes de los dioses. A diferencia de quienes intentaban acceder a esa información por medios técnicos (p. ej., inspeccionando las vísceras de los animales, interpretando los presagios, la astrología, consultando a los muertos; cf. Dt 18:10-12), un profeta afirmaba tener un encuentro personal con un dios, que solía producirse mediante una comunicación verbal o visual, o mediante la personificación del dios en el profeta.

Tanto en el A. T. como en el mundo antiguo se podían utilizar diversos términos para designar a estas personas. Al igual que en hebreo, donde los términos *hozeh* y roeh identifican a alguien con la capacidad de ver ("vidente"), sugiriendo dimensiones más visuales de la visión, este mismo término, "vidente" (*hozeh*), se encuentra atestiguado fuera de la Biblia en textos arameos y transjordanos del primer milenio a. C. (Estela de Zakkur; Deir Alla). La palabra hebrea *nabi* ("profeta"), cuyo origen es incierto y que se utiliza como término general en el A.T. para referirse a alguien llamado por Dios para transmitir mensajes especiales a los humanos, aparece también en textos del norte de Mesopotamia en el segundo milenio a. C.

La terminología que no se encuentra en la Biblia para identificar a los profetas incluye el término acadio *muḫḫû* ("extático"), cuyo significado era el de alguien asociado a un comportamiento frenético o extraño, tal vez espontáneo, mientras que el *āpilu* ("el que responde") podría haber sido la persona que comunicaba las respuestas de los dioses a preguntas humanas específicas de una manera más deliberada. Es posible que los dos últimos se distinguieran por el lugar donde desarrollaban su actividad, siendo el primero más itinerante y no confinado a un lugar sagrado específico. En la Asiria del primer milenio a. C., el *raggimu* ("el que proclama") era el término más utilizado para designar a los profetas. Tanto los profetas como las profetisas aparecen en la Biblia y en otros lugares del antiguo Cercano Oriente.

La actividad profética está especialmente bien documentada en dos grupos de escritos del norte de Mesopotamia. Decenas de textos del palacio de Mari, una ciudad-reino del siglo XVIII a. C. situada a orillas del río Éufrates, conservan encuentros con profetas cuyos mensajes se referían al rey y al bienestar del reino. Mil años más tarde, vuelven a aparecer muchas pruebas sobre profetas durante los reinados de Esar-hadón y Asurbanipal, dos reyes asirios del siglo VII a. C. que mostraron un gran interés por determinar la voluntad de los dioses.

Los oráculos proféticos, particularmente asociados a la diosa Ishtar, venerada en la ciudad de Arbel, eran recogidos y archivados por el palacio asirio. En el reino de Mari, los oráculos proféticos se registraban por lo general en cartas destinadas al rey. Por lo tanto, no disponemos de ninguna actividad profética fuera de los asuntos reales. En todos estos casos, los oráculos proféticos eran de origen oral, a veces incluso claramente dramatizados por los profetas con actos que reforzaban el mensaje, narrados por humanos que hablaban como si fueran el dios en cuestión. Los oráculos podían ser cortos (una o dos frases) o largos (varios párrafos). Los mensajes podían ser imperiosos y coercitivos, sin permitir ningún tipo de compromiso y amenazando con graves consecuencias si el rey no obedecía. Los mensajes también podían ser alentadores, incluso afectuosos, para el rey que

En esta estela, un rey llamado Zakkur describe cómo su dios Ba'al-shamayn le habló a través de videntes y adivinos, asegurándole la ayuda del dios y, por lo tanto, la próxima victoria.

cumplía la voluntad del dios.

En los textos mesopotámicos, sobre todo en el segundo milenio a. C., también aflora en las fuentes una clara sospecha sobre los profetas. Es característico que se exija algún tipo de autentificación para sus oráculos, y se confiaba más en la interpretación de las entrañas de los animales. Por esta razón, los nombres específicos de los profetas se vinculan normalmente con oráculos específicos a fin de rastrear su fiabilidad.

La Guerra en el Antiguo Testamento

Boyd Seevers

Introducción. Las guerras, las batallas y las imágenes militares aparecen en todo el A. T., en su historia, en las profecías, en la poesía e incluso en las leyes. Para algunos lectores, todo este derramamiento de sangre plantea cuestiones éticas: ¿Por qué tanta lucha? ¿Cómo puede un Dios bueno ordenar tanta violencia, incluso el genocidio? Otros se plantean cuestiones más prácticas: ¿Cómo luchaban las personas de la antigüedad? ¿Qué armas y tácticas utilizaban?

¿Por qué tanta lucha? El A. T. incluye una gran cantidad de referencias a la guerra porque los antiguos israelitas luchaban a menudo, al igual que otros pueblos contemporáneos del antiguo Cercano Oriente. La tierra buena y otros recursos eran bastante limitados, así que las naciones frecuentemente batallaban para defender sus intereses, tomar lo que necesitaban o tomar lo que querían. En todo el antiguo Cercano Oriente durante la época del A.T., los pueblos y las naciones combatían mucho entre sí.

La Biblia también muestra que el Dios de Israel estaba muy involucrado en las guerras de su pueblo, al igual que se pensaba que los supuestos dioses de los pueblos cercanos estaban involucrados en las suyas. Los textos antiguos de muchas naciones incluyen declaraciones de cómo sus dioses mandaban, acompañaban y luchaban por sus ejércitos nacionales. Los antiguos relieves tallados muestran en muchas ocasiones símbolos de esos dioses suspendidos sobre su rey y sus ejércitos. Todas las naciones suponían que sus dioses les ayudaban en sus combates, e Israel no era una excepción.

¿Por qué las aparentes atrocidades? Aunque las actividades militares de los israelitas pueden parecer duras al lector moderno, eran típicas de la época. Por ejemplo, así como el ejército israelita mató a miles de cananeos en Jericó y Hai porque Dios lo había ordenado (Jos 6-8), el rey de Moab mató a miles de israelitas en dos ciudades porque su dios, Quemos, lo había ordenado. El lector moderno también debe recordar que Dios empleaba de vez en cuando a los militares de Israel como su instrumento de juicio un tanto estricto, al igual que Dios posteriormente utilizaría a los ejércitos asirio y babilónico en el severo juicio contra los israelitas idólatras.

¿Cómo llevaban a cabo la guerra los israelitas? El ejército de Israel fue cambiando de forma significativa a lo largo de los siglos de la historia del A. T. Desde la época de Israel en el desierto hasta el período de los jueces, su ejército aparentemente estaba organizado por clanes y tribus, con líderes de esos grupos (1 Cr 27:1, 16-22) que respondían a un líder general como Josué o uno de los jueces. Los soldados probablemente disponían únicamente de armas sencillas y poco o ningún entrenamiento formal. Las tropas habrían servido como una milicia, convocada durante las emergencias y luego liberada para volver a casa cuando la lucha terminaba (Jue 7:7-8). Las debilidades de este tipo de sistema contribuyeron al deseo de la nación de tener un rey con un ejército permanente (1 S 8:19-20).

El ejército de Israel experimentó un tremendo cambio y expansión durante la monarquía. Saúl, el primer rey, formó el núcleo de un ejército permanente (1 S 14:50, 52). Cuando David y Salomón elevaron la nación al dominio regional, el cuerpo militar tuvo que ampliarse para apoyar el crecimiento de la nación (1 Cr 27:1-24), requiriendo una gran parte de los recursos de la nación para mantenerlo (1 Reyes 4:7-19).

Este fragmento de un mural asirio retrata a los soldados asirios en el asedio de Laquis, una ciudad de Judá. En él se observan las filas de arqueros con arcos y luego las filas de soldados con hondas.

Durante este periodo, Israel también desarrolló una gran fuerza de carros de combate para complementar su infantería (2 S 8:4; 1 Reyes 10:26). Antiguamente, cuando Israel era una nación débil confinada en la región montañosa, carecía tanto de la necesidad como de la capacidad de adquirir y utilizar carros de guerra. En aquella época, este tipo de carrocería eran las armas militares más poderosas, pero su construcción y mantenimiento eran costosos y resultaban mucho más eficaces en las regiones bajas, llanas y abiertas. David y Salomón iniciaron el uso de estos carros en Israel, una práctica que continuó también a lo largo del reino dividido.

Las fuerzas de Israel estaban dirigidas por un cuerpo de funcionarios y por su Dios. El rey o un general designado actuaba como líder general, a menudo encabezando físicamente a las tropas en la batalla (1 S 31:1-7; 2 S 20:23; 21:15-17). Los funcionarios de menor rango comandaban unidades más pequeñas cuyo número y tamaño en muchos casos no estaban claros y podían cambiar con bastante frecuencia. En los periodos de tiempo en los que Israel era obediente y fiel, el Dios de Israel dirigía su ejército, dándole algunas veces instrucciones específicas así como victorias. A diferencia de los ejércitos de sus enemigos, el de Israel no poseía un símbolo visible de su Dios, como un ídolo para que los sacerdotes lo llevaran al frente del ejército, excepto cuando el arca del pacto servía para ese propósito (Jos 6:6-7).

¿Qué armas utilizaban los israelitas? Al igual que sus naciones vecinas, las tropas de Israel utilizaban diferentes armas ofensivas para la lucha a corta, media o larga distancia. La mayor parte de los combates se realizaban cuerpo a cuerpo, por lo que los soldados solían llevar espadas o lanzas de corto alcance en una mano y escudos en la otra. Algunos soldados utilizaban jabalinas de medio alcance, que podían lanzarse a una distancia moderada. La honda y el arco eran armas eficaces de largo alcance que podían disparar numerosas balas con gran precisión. Las hondas eran baratas, fáciles de fabricar e increíblemente eficaces, como demostró la victoria de David sobre Goliat. Los arcos podían ser relativamente baratos y sencillos si se fabricaban con una sola pieza de madera, mientras que los arcos compuestos, más caros pero más potentes, se hacían pegando varias piezas de madera y cuerno de animal.

Los soldados atacaban con este tipo de armas y se defendían con escudos

Los carros eran el arma más poderosa de la época, pero eran de construcción y mantenimiento costosos y se limitaban a terrenos relativamente planos.

Este fragmento de un mural asirio retrata el asedio de Laquis, una ciudad de Judá. En él se observan las rampas de asedio y el ariete de asedio.

de diferentes tamaños, además de llevar una armadura de cuerpo si era posible. Los soldados de los ejércitos pobres podían contar con simples prendas de cuero o no llevar armadura alguna. Si la nación disponía de dinero y habilidad, fabricaba armaduras con escamas de metal o placas más grandes, especialmente para los funcionarios de mayor rango y los cocheros (1 S 17:38; 1 Reyes 22:34; 2 Cr 26:14).

¿Qué tácticas utilizaban los israelitas? Los ejércitos como el de Israel utilizaban diferentes tácticas dependiendo de sus recursos, de su oponente y de las circunstancias y el terreno del momento. Los ejércitos en desventaja, como en los inicios de Israel, solían utilizar tácticas de guerrilla. Practicaban el sigilo, moviendo las tropas y emprendiendo ataques de noche (Jos 8:3; 10:9; Jue 7:19) o por medio de emboscadas (Jos 8:4-23). Los ejércitos grandes y capaces, como el de Israel bajo el mando de David (2 S 10:7-14; 1 Cr 19:17), acostumbraban a organizar a sus soldados en líneas de batalla y a enfrentarse a sus oponentes en campo abierto.

Para proteger sus ciudades de los invasores, Israel y otras naciones generalmente construían muros altos y gruesos de piedra y/o adobe, con puertas de madera sólidas que podían cerrarse cuando el ataque era inminente. Los atacantes podían intentar penetrar las murallas con arietes, trepar por ellas con escaleras, hacer un túnel bajo las murallas o abrirse paso mediante amenazas o subversión (Jue 1:22-25). Por otra parte, los atacantes podían rodear la ciudad con tropas y obras de asedio, como vallas y torres de vigilancia, como preparación para un ataque directo (2 S 11:1, 14-25; 12:26-31; 20:15-22) o para hacer que los habitantes se rindieran por hambre (2 Reyes 6:24-30).

Conclusión. El A. T. está lleno de guerras porque describe con precisión una época violenta. La organización militar, las armas y las tácticas de Israel eran en gran medida como las de las demás naciones de la época. El Israel más antiguo, con menos capacidad, utilizaba tropas mal entrenadas y mal armadas, organizadas por familias, y solo en casos de emergencia. El Israel más maduro y rico tenía un ejército de infantería y carros de guerra mucho más grande, mejor entrenado y equipado, que utilizaba armas y tácticas comunes a la época. La Biblia señala que el Dios de Israel participaba con frecuencia en la actividad militar de la nación, dando la dirección y la victoria como mejor supiera, basándose en gran medida en la obediencia y la lealtad pactada de su pueblo.

Las Mujeres en el Mundo del Antiguo Testamento

Mark. W. Chavalas

Antecedentes a partir de fuentes mesopotámicas. Para comprender la naturaleza y el estatus de las mujeres en el A. T., es necesario conocer el mundo del antiguo Cercano Oriente, especialmente Mesopotamia. Desde mediados del siglo XIX, se han descubierto y traducido miles de textos cuneiformes (el estilo de escritura de Mesopotamia), lo que ha brindado al mundo académico la oportunidad de estudiar a las mujeres mesopotámicas partiendo de fuentes mesopotámicas (en lugar de basarse en las opiniones de alguien de fuera, como el historiador griego Heródoto). Esto también ha servido de contexto para entender a las mujeres en el A. T., ya que está claro que los escritores bíblicos reivindicaron los orígenes mesopotámicos de sus antepasadas. Además, la naturaleza de los textos cuneiformes constituye un excelente recurso para entender a las mujeres en el mundo antiguo. Los documentos, redactados a lo largo de un periodo de tres mil años (ca. 3100 a. C. hasta ca. 100 d. C.), están escritos principalmente en sumerio (la primera lengua escrita que se conoce en el mundo; no está relacionada con ninguna otra lengua conocida) y en acadio (un pariente lingüístico del hebreo bíblico). Son de índole fundamentalmente administrativa (recibos, contratos, declaraciones legales, transacciones económicas) y, por lo tanto, se refieren tanto a individuos masculinos como femeninos. Además, hay una serie de códigos legales que suelen aludir a temas relacionados con las mujeres (p. ej., el matrimonio, el divorcio y el secuestro), así como algunas cartas personales que revelan mucho sobre las mujeres.

Las mujeres en los códigos legales antiguos. Los arqueólogos han descubierto solo una pequeña muestra de códigos legales en las excavaciones.[1] Entre ellos se encuentran dos códigos sumerios, el código Ur-Nammu (de Ur, ca. 2100 a. C.) y el código Lipit-Ishtar (de Isin, ca. 1930 a. C.), y cuatro códigos acadios: Dadusha de Eshnunna (ca. 1770 a. C.), Hammurabi de Babilonia (ca. 1750 a. C.), leyes asirias medias (ca. 1100 a. C.) y leyes neobabilónicas (ca. 700 a. C.). De hecho, los códigos hititas (ca. 1400-1200 a. C.) e incluso las leyes mosaicas (del Éxodo al Deuteronomio) parecen proceder del mismo entorno jurídico y social. Sin embargo, estas leyes del antiguo Cercano Oriente no deben tomarse al pie de la letra. Son creaciones literarias que tal vez describen los ideales de la élite respecto a las situaciones legales. Curiosamente, los veredictos de los códigos nunca se citan en las abundantes decisiones legales de Mesopotamia, lo cual hace que uno se pregunte sobre su propósito.

Aunque algunos están muy fragmentados, la mayoría de los códigos de leyes parecen constar de tres partes principales: un prólogo y un epílogo, que recogen los atributos reales y los hechos del monarca, y una colección de disposiciones de jurisprudencia que contienen cláusulas "si-entonces", que abordan una variedad de cuestiones penales (p. ej., asesinato, robo, agresión, lesiones corporales) y civiles (p. ej., herencia, adopción, matrimonio, bienes inmuebles, alquiler). Si bien no son iguales en todos los casos, los códigos legales parecen diferenciar entre la clase alta, una clase media amorfa (probablemente campesinos y trabajadores semiindependientes que dependían de alguna manera del rey) y los esclavos. Los códigos legales afectan a las mujeres de todas las clases; por ejemplo, figuran leyes relativas a las sacerdotisas, a los trabajadores y a los esclavos. Todo apunta a que muchas mujeres libres solían estar empleadas, pero probablemente no cumplían ningún destino vocacional. Una mujer que trabajaba fuera del ámbito doméstico o bien no tenía un tutor hombre que protegiera sus intereses o bien tenía un tutor hombre que no pudiera mantenerla económicamente.

Existen diversas leyes interesantes sobre las mujeres sacerdotisas. La ley 110 del código de Hammurabi aclara que a ciertas sacerdotisas célibes se les prohibía entrar en las tabernas, bajo pena de muerte en la hoguera. Tal vez esto se deba a que las posadas y tabernas eran lugares de esparcimiento para los hombres, y las sacerdotisas no debían ser mancilladas. Un tipo de sacerdotisa mesopotámica se llamaba *naditum*. La sacerdotisa *naditum* era una célibe que aparente-

Tablilla que contiene el código legal sumerio de Ur-Nammu (2111-2095 a. C.).

mente era elegida por sorteo divino entre las familias de clase alta. En algunas ciudades se les permitía casarse, pero seguían siendo célibes. Las sacerdotisas *naditum* casadas estaban obligadas a proveer a sus esposos de hijos (presuntamente a través de la adopción). Las sacerdotisas naditum solteras recibían una herencia de sus familias, que utilizaban para sus necesidades diarias. Sin embargo, una *naditum*, Erishti-Aya, la hija enclaustrada del rey Zimri-Lim de Mari (ca. 1770 a. C.), presentó una queja de forma hiperbólica ante sus padres por la falta de apoyo que le daban.[2]

El matrimonio y el divorcio en los códigos legales antiguos. El matrimonio era un acuerdo contractual entre familias. El proceso podía ser largo, y la entrega de regalos y las negociaciones podían durar años. El proceso se completaba cuando el futuro esposo venía a llevar a su futura esposa a la cámara nupcial, de forma similar a como Jacob pidió llevarse a Raquel (Gn 29:21). Hasta entonces, la doncella se consideraba una novia virgen (i. e., prometida, semejante a la historia de María en Mt 1). Si un hombre tomaba una esposa sin contrato, la mujer no era legalmente su esposa, y por lo tanto era legalmente vulnerable. Si una mujer era acusada por su esposo de adulterio, tenía que prestar un juramento divino de inocencia (similar a la ley de Nm 5). Sin embargo, si otra persona la acusaba de adulterio, debía someterse a la divina ordalía del agua, un tipo de juicio divino en el agua que, según parece, se imponía de forma algo diferente en toda la región.

El divorcio no era una práctica poco común, a pesar de que las mujeres parecen haber sido protegidas económicamente. El esposo debía devolver el equivalente monetario del doble de la riqueza de la novia. Si una mujer, por cualquier motivo, se negaba a acompañar a su esposo a la cámara nupcial, los vecinos determinaban si estaba "en buenas condiciones". En caso afirmativo, se le permitía salir de la casa con la riqueza de la novia; en caso contrario, se la condenaba a muerte. Si la mujer era incapaz de cumplir con sus deberes maritales (p. ej., por enfermedad), el esposo no podía divorciarse de ella. A menudo se casaba con una segunda esposa, que era contratada para cuidar de la primera. Aunque las mujeres podían divorciarse de sus esposos, el costo era muy alto. Si había hijos, normalmente se quedaban en la familia del esposo, ya que las mujeres dejaban su familia de origen para entrar en la del esposo.

Los códigos legales describen generalmente a las mujeres con un carácter pasivo (i. e., mujeres sujetas a las leyes y que no

Estatua de un alto funcionario egipcio, Meryre, con su esposa, Inyuia, sentada a su lado.

son legalmente proactivas). Sin embargo, los legisladores concebían a las mujeres que "hacían un contrato" con sus esposos. Curiosamente, en un juicio por asesinato se declaró inocente a una mujer porque a los jueces les resultaba difícil creer que una mujer participara activamente en la muerte de su esposo.[3]

Gracias a la gran cantidad de documentos administrativos de Mesopotamia, se puede suponer que las mujeres tenían un grado relativo de libertad económica. Muchos contratos muestran a las mujeres comprando y vendiendo propiedades, arreglando matrimonios, reclamando herencias y participando en juicios.

Mujeres, alfabetización y negocios en el mundo del Antiguo Testamento. En cierto modo, la colección de cartas personales antiguas de Mesopotamia es la representación más auténtica de la naturaleza y la condición de la mujer en el antiguo Cercano Oriente. Algunas mujeres de la ciudad asiria de Ashur durante el periodo de las cartas mercantiles asirias (ca. 2000-1750 a. C.) podían componer sus propias cartas a sus esposos. De hecho, es posible que un buen porcentaje de las mujeres supiera leer y escribir, al menos parcialmente. Los mercaderes asirios viajaban regularmente de Ashur a Kanesh, una colonia comercial en el centro de Anatolia (la actual Turquía). En Kanesh se han encontrado más de veinticinco mil textos que documentan esta actividad comercial. La mayoría de estas mujeres se quedaban en casa y eran las cabezas funcionales de sus hogares, representando a sus esposos en las transacciones comerciales, el comercio y realizando tareas domésticas, como el tejido de textiles.[4] De hecho, el dinero que recibían por los textiles se utilizaba para abastecer a la familia de las necesidades diarias. Algunas de ellas llegaron a quejarse amargamente a sus distantes esposos por la falta de apoyo monetario

Una de las personas más poderosas de Egipto era una sacerdotisa de Tebas con el título de "esposa del dios Amón". Una de las mujeres que ostentaba este título está representada en este relieve.

que recibían.

Son abundantes los ejemplos sobre las mujeres de la realeza en la antigua ciudad siria de Mari, situada a lo largo del río Éufrates (ca. 1770 a. C.). De las miles de cartas encontradas allí, más de trescientas fueron compuestas por mujeres o dirigidas a ellas. El monarca Zimri-Lim recibió un gran número de cartas de su esposa, Shibtu, quien claramente se encargaba del palacio real mientras su esposo estaba ausente. Resulta de especial interés su inclinación a elevar oraciones por el bienestar de su esposo y advertirle de los malos presagios o profecías que afectaban a la corona. Incluso comentaba cuestiones de relaciones internacionales; irónicamente, informaba a su esposo sobre los designios malignos de Hammurabi de Babilonia, quien acabó destruyendo el reino de Mar.[5] Zimri-Lim también recibía cartas de su hermana y de sus muchas hijas. De hecho, envió a dos de sus hijas, Kiru y Shimatum, a casarse con el mismo aliado. Kiru permaneció fiel a su padre, pero se quejó amargamente de que su nuevo esposo la odiaba, por lo que quiso volver a casa. Evidentemente, Shimatum se distanció de su hermana.

Muchas de las casi trescientas cartas procedentes de Tell al Rimah (probablemente la antigua Qattara), en el norte de Irak (ca. 1750 a. C.), estaban relacionadas con la reina Iltani, que al parecer dirigía su finca palaciega de forma similar a la de Shibtu en Mari. Sin embargo, su esposo, Aqba-hammu, manifestaba tener problemas para controlar su ira, ¡ya que amenazaba con cortar a su esposa en doce pedazos! Además, la reina recibió innumerables peticiones de individuos que esperaban aprovecharse de su posición elevada. Un individuo había conocido a Iltani cuando vivía en Eshnunna y esperaba sacar provecho de su relación anterior.[6]

Conclusiones. Aunque se pueden hacer pocas generalizaciones sobre las mujeres a partir del estudio de la miríada de textos del antiguo Cercano Oriente, la riqueza de información que contienen estos documentos proporciona un contexto útil para estudiar a las mujeres del A.T. Por ejemplo, las abundantes leyes sobre la mujer que aparecen en Éxodo, Levítico, Números y Deuteronomio se entienden ahora mejor bajo el contexto más amplio del ámbito jurídico del antiguo Cercano Oriente. Igualmente importante es el hecho de que la forma en que se representa a las mujeres en los textos narrativos (especialmente en Génesis) refleja un entorno sociocultural y unas costumbres que, en general, son coherentes con lo que se encuentra en los contratos de la antigua Babilonia y en los textos de Nuzi, en el norte de Irak (ca. 1600-1350 a. C.), sobre todo los relacionados con la adopción y la herencia.[7]

La Moda de las Mujeres en el Mundo del Antiguo Testamento

Marcela Barbosa

Introducción. La moda de la mujer en el mundo del A. T. incluía muchas de las cosas de la moda actual: ropa, peinados, zapatos, joyas, maquillaje y perfume. Al igual que en la actualidad, la moda en el mundo del antiguo Cercano Oriente evolucionaba con el tiempo y también variaba según la región y en función del mensaje que la persona que la llevaba esperaba transmitir. En ocasiones, ese mensaje se refería a un acontecimiento específico o a un propósito especial, como la celebración de una boda o un momento de luto. La ropa, tanto si se usaba para una ocasión especial como si no, siempre transmitía un mensaje, algunas veces de forma consciente y otras de forma inconsciente, sobre todo en lo que respecta al estatus social, ya que había ropa específica para el género, la edad, el estado civil, la riqueza, el rango, la modestia, el lugar de origen o la ocupación.[1] Desafortunadamente, no disponemos de suficiente información sobre la moda femenina del mundo del A. T. para hacernos una idea completa, en gran parte debido a la razón totalmente previsible de que no todo sobrevive mucho tiempo. Nuestra falta de información se debe a la naturaleza deteriorable de las prendas de vestir y los artículos asociados, junto con el hecho de que muchas de las tierras que producen los escenarios de la Biblia no cuentan con ambientes propicios para preservar un material tan perecible. Aun así, existen algunas zonas que reúnen las condiciones adecuadas, y de ellas han salido algunos ejemplares raros de ropa o, al menos, fragmentos de ella. Los objetos más duraderos, como las joyas y los recipientes para el maquillaje y el perfume, tienen muchas más probabilidades de conservarse a lo largo del tiempo y, de hecho, se han encontrado muchos en los yacimientos bíblicos. Por último, para ampliar nuestra comprensión de la moda femenil de esta época, disponemos de abundantes referencias en los textos, así como de representaciones en el arte de la época. Las dos principales fuentes artísticas de la moda de las mujeres cananeas, israelitas y de Judea son la pintura de la tumba de Beni Hasan en Egipto, la cual data de la época de los patriarcas (siglo XIX a. C.)[2] y el relieve asirio del asedio de Senaquerib a Laquis, perteneciente a la época del reino dividido (701 a. C.).[3]

Fragmento de un mural asirio que retrata la caída de la ciudad judaíta de Laquis. Estas dos mujeres de Judea son llevadas al cautiverio. Llevan ropas sencillas y sin adornos, como un manto que les llega hasta el tobillo y con mangas cortas.

Vestimenta de la mujer. La principal prenda que llevaban las mujeres del antiguo Cercano Oriente consistía de una sola pieza de tela grande y rectangular que cubría el cuerpo hasta los tobillos, dejando el brazo derecho y el hombro al descubierto.[4] Este estilo de indumentaria se puede apreciar en la pintura de Beni Hasan, donde también se observa que estas prendas tal vez hayan sido confeccionadas con materiales de colores brillantes y estampados. Asimismo, permitía abrigarse o refrescarse en un contexto en el que la temperatura podía variar mucho.[5] Posteriormente, en el relieve de Laquis, las mujeres van vestidas con ropas sencillas y sin adornos, parecidas a un manto que les llegaba hasta los tobillos y con mangas cortas; también vestían mantos que les cubrían la cabeza.[6] En los textos bíblicos, la prenda principal de las mujeres se denomina ketonet.[7] Este término se traduce habitualmente como "túnica", y puede usarse para referirse a la ropa de un hombre (Gn 37:31; Ex 28:39) o a la de una mujer (2 S 13:18; Cantares 5:3). Para la mayoría de los israelitas y judaítas, su ropa era probablemente de lana, ya que era fácil de conseguir en esa región. En otras zonas, como Egipto, se solía utilizar el lino para vestirse.[8]

El estilo de la vestimenta variaba rotundamente en otras tierras, aunque tal vez solo fuera mínimo, y en ocasiones los israelitas y judaítas ricos adoptaban el estilo de estas culturas vecinas.[9] En Siria, al norte, la vestimenta básica era similar, en el sentido de que se envolvía, caía sobre un hombro, dejaba los brazos al descubierto y tenía una variedad de diseños brillantes, pero colgaba hasta la mitad de la pantorrilla.[10] El estilo también era similar en Mesopotamia, con prendas sencillas de lino que envolvían el cuerpo desde el hombro hasta el tobillo y dejaban el brazo derecho y el hombro descubiertos, aunque también se usaban a veces faldas y capas en forma de copete.[11] Sin embargo, en Egipto las mujeres llevaban prendas de lino blanco liso, tubulares y hasta los tobillos, que se colocaban por encima o por debajo de los senos, y de vez en cuando se sostenían con tiras en los hombros.[12] Las versiones más elegantes, usadas por los ricos, podían ser plisadas.[13] Las mujeres egipcias también podían llevar vestidos sofisticados de red con pedrería sobre estas prendas de lino.[14]

Esta antigua pintura egipcia retrata a mujeres extranjeras, similares a las israelitas. Observemos el vestido hasta los tobillos, el diseño de colores brillantes, el hombro descubierto y los zapatos. Puede ser una de las mejores representaciones del aspecto de las mujeres israelitas.

Tocados y peinados. Era un estilo común, tanto en hombres como en mujeres, llevar una diadema que sujetara el cabello. Sin embargo, también se han descubierto horquillas para el cabello.[15] Otros estilos incluyen un adorno para la cabeza similar a un turbante[16] y tocados de colores brillantes o con diseños que también podían usarse para sostener el transporte de un objeto.[17] Los velos parecían utilizarse únicamente para celebrar ocasiones especiales, como las bodas (Gn 24:65), o para identificar el estatus social de una dama de élite o incluso de una prostituta (Gn 38).[18] En los marfiles de Megido, piezas bellamente talladas que datan de antes del 1200 a. C., se representa a las mujeres con casquetes rígidos con tela que cuelga detrás de la cabeza como un velo corto en la espalda.[19] En cuanto al cabello, aunque la información es limitada, lo que sí se deduce es que el cabello largo era el estilo preferido. Era una marca de belleza tanto para los hombres como para las mujeres.[20] En el yacimiento de Laquis, los arqueólogos descubrieron lo que sorprendentemente parece ser un rizador de pelo que data de alrededor del año 1400 a. C.[21]

En Egipto existen múltiples representaciones artísticas de los elaborados peinados, pelucas y tocados del pueblo egipcio. Asimismo, se han encontrado ejemplares de cada uno de ellos en las tumbas egipcias.[22] En Mesopotamia hay algunos ejemplos en piezas de arte (como estatuas) que plasman los grandes tocados que llevaban las mujeres.[23] Pero quizá el ejemplo más fantástico sea el del entierro de la reina Shubad de Ur, donde se hallaron los tocados propiamente dichos.[24] La reina llevaba un elaborado tocado sobre una peluca bouffant, mientras que sus damas de compañía, que fueron asesinadas y enterradas con ella, tenían cada una su propio tocado ornamentado de plata y oro.[25]

Calzado. Una vez más, no se conserva mucho sobre el calzado de la mujer, y la mayor parte de nuestra información procede de fuentes textuales y artísticas. El calzado más antiguo parecía cubrir todo el pie, llegando hasta el tobillo, con un borde blanco en la parte superior, como se observa en la pintura de Beni Hasan.[26] Más tarde, parecería que era más común entre los israelitas y los judaítas, así como entre otros pueblos contemporáneos, llevar sandalias de cuero.[27] Los pobres eran más propensos a ir descalzos todo el tiempo, mientras que todo el mundo probablemente iba descalzo cuando se encontraba dentro de casa.[28]

Cosméticos y perfumes. Los cosméticos y los perfumes tampoco suelen conservarse en el tiempo. Sin embargo, se han encontrado muchos de los envases que los contenían, los cuales en ocasiones guardan rastros detectables de los cosméticos o perfumes que albergaban. También se han encontrado aplicadores de maquillaje. Sin embargo, una vez más, nos basamos principalmente en los textos y el arte para hacernos una idea del tipo de maquillaje y perfumes que se utilizaban y, sobre todo, de cómo se aplicaban. Irónicamente, no se sabe casi nada sobre la aplicación del maquillaje entre las mujeres israelitas y de Judea, pero sí sabemos que seguramente se utilizaba, porque se han hallado recipientes y aplicadores en varios yacimientos.[29] El maquillaje cumplía el doble propósito de embellecer y asearse. Asimismo, según parece, se utilizaba en contextos de carácter cúltico (i. e., religioso), donde se aplicaba a las estatuas de los dioses y a sus asistentes.[30]

Algunos de los accesorios cosméticos que se han conservado y encontrado en tierras bíblicas son recipientes, aplicadores, espátulas, palos de kohl, cucharas para ungüentos, pinzas, espejos, incensarios para cosméticos, peines y paletas cosméticas.[31] Estos artículos se fabricaban con diversos materiales, como madera, hueso o metal.[32] Aunque no se sabe mucho sobre el uso del maquillaje en Israel, un cosmético cuyo uso se conoce es el maquillaje de ojos. No solo se han hallado recipientes y aplicadores, sino que también se encuentran muchas referencias al maquillaje de ojos en la Biblia (2 Reyes 9:30; Jer 4:30; Ez 23:40), aunque estos ejemplos tienen malas connotaciones[33]. El kohl o manganeso se utilizaba para delinear los ojos, y el color para los párpados se conseguía mezclando polvos secos de diferentes minerales y materiales con agua o goma.[34]

Aunque el uso del maquillaje parecía estar muy difundido en Egipto, la aristocracia egipcia se preocupaba especialmente por la higiene personal, así como por la estética. Así, Egipto aporta gran parte de la información disponible sobre los cosméticos.[35] Tanto los hombres como las mujeres de Egipto utilizaban cosméticos. Algunos de los artículos imprescindibles eran los ungüentos para suavizar la piel, que ayudaban con la piel que se secaba debido al polvo o al calor o al lavado, y la pintura para los ojos, que prevenía las infecciones oculares, mataba los parásitos (debido a los materiales que se utilizaban) y realzaba la belleza de los ojos.[36] Las mujeres egipcias preferían

Ejemplares cananeos de espejos, peines, recipientes para perfumes y recipientes para el maquillaje de ojos con kohl.

pintar sus párpados superiores de color negro y los inferiores de color verde, mientras que las mujeres mesopotámicas preferían los rojos y amarillos para sus párpados.[37] También se utilizaba el ocre rojo para colorear los labios.[38]

Los perfumes, así como otros ungüentos y cremas, servían también para diversos fines: para proteger la piel, para curar, para disimular los olores e incluso como símbolo sagrado.[39] Los perfumes se creaban a partir de diferentes plantas, y el A. T. menciona varios tipos de perfumes y ungüentos: aloe, bálsamo, canela, olíbano y mirra.[40]

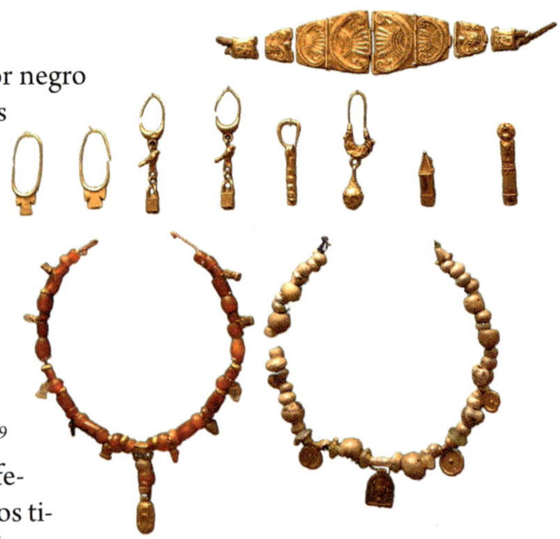

Joyas cananeas

Joyas y adornos. Tanto los hombres como las mujeres portaban joyas, y estas cumplían diversas funciones. Podían utilizarse como adorno, como moneda, como símbolo de estatus o con fines religiosos.[41] Aunque no es exactamente un hallazgo común, la joyería es igualmente algo que se encuentra en muchas tumbas y sitios bíblicos. Estas joyas suelen dividirse en dos categorías. El grupo uno incluye las joyas fabricadas por expertos, elaboradas con metales preciosos como el oro y la plata, y que generalmente se encuentran en acervos ocultos, tesoros o en las tumbas de los ricos. El segundo grupo se encuentra en lugares más comunes y cotidianos, y consiste en joyas hechas con materiales más comunes como el bronce y el hierro. Se atribuye al ciudadano ordinario.[42]

Algunos de los tipos de joyas más comunes que vestían las mujeres son los anillos, las argollas para la nariz, los brazaletes, las joyas y los collares.[43] Por supuesto, había otras piezas de joyería además de estas, pero a veces solo quedan fragmentos de joyas para que los excavadores las encuentren. Por ejemplo, los abalorios, que pueden estar hechos de muchos materiales diferentes, son las joyas más comunes que se hallan, aunque raramente se encuentran en su lugar original.[44] Otros tipos de joyas son las pulseras, las tobilleras, los colgantes, los pendientes, los amuletos y los anillos de sello.[45] Los amuletos se lucían con fines religiosos, ya sea por protección divina o por benevolencia dotada.[46] Los anillos de sello eran símbolos de estatus, ya que se utilizaban para autentificar y sellar documentos. Rara vez pertenecían a mujeres, aunque existen algunos ejemplos, como el reciente hallazgo en las excavaciones de Jerusalén de un anillo de sello perteneciente a Elihana, la hija de Gael (que data aproximadamente del siglo VII a. C.).[47] Por último, otros adornos incluyen horquillas para el cabello y diferentes tipos de broches que permitían mantener la ropa en su sitio.[48]

Comentario

- Génesis
- Éxodo
- Levítico
- Números
- Deuteronomio
- Josué
- Jueces
- Rut
- 1 Samuel
- 2 Samuel
- 1 Reyes
- 2 Reyes
- 1 Crónicas
- 2 Crónicas
- Esdras
- Nehemías
- Ester
- Job
- Salmos
- Proverbios
- Eclesiastés
- Cantares
- Isaías
- Jeremías
- Lamentaciones
- Ezequiel
- Daniel
- Oseas
- Joel
- Amós
- Abdías
- Jonás
- Miqueas
- Nahúm
- Habacuc
- Sofonías
- Hageo
- Zacarías
- Malaquías

Génesis

GARY V. SMITH

Introducción. Génesis significa "comienzos", un nombre muy adecuado para el contenido del libro. En esta primera parte de la Torá (Pentateuco), compuesta por cinco partes, se relata el comienzo del cosmos, el comienzo de la humanidad, el comienzo del pecado y la muerte, y el comienzo de la redención.

El libro del Génesis tiene tres partes principales. El libro comienza con lo que a menudo se llama la historia primitiva (Gn 1-11). Estos capítulos narran la historia del pasado más lejano, empezando por la creación (Gn 1-2) y siguiendo por la rebelión humana contra Dios (Gn 3). El resto de la sección (Gn 4-11) relata otros episodios (Caín y Abel, el diluvio y la torre de Babel) del pecado humano. Aunque Dios juzga a la humanidad pecadora, también le extiende la gracia y busca apasionadamente la reconciliación. Las genealogías conectan estas historias entre sí.

Al final de Génesis 11 sigue sin haber una resolución aparente entre Dios y sus criaturas humanas pecadoras. Por ello, Dios llama a Abraham para que abandone su tierra y vaya a un nuevo lugar para fundar un nuevo pueblo. Promete hacer de los descendientes de Abraham una "gran nación" y bendecirlos. Además, promete que, a través de ellos, llevará la bendición a las naciones (12:1-3). Así comienza la segunda parte del libro (Gn 12-36), comúnmente conocida como los relatos patriarcales porque sigue la historia de los tres "padres" de Israel: Abraham, su hijo Isaac y el hijo de Isaac, Jacob.

Tablilla que contiene una parte del Enuma Elish, la epopeya babilónica de la creación.

La última parte de Génesis (Gn 37-50) narra la historia de los doce hijos de Jacob, principalmente la de José. La historia de José sirve de puente con el libro de Éxodo porque cuenta al lector cómo la familia llamada por Dios a un servicio especial acabó en Egipto. La historia de José muestra cómo Dios guió a esta familia a través de su providencia, incluso utilizando a personas malvadas con fines redentores (50:19-20).

El libro de Génesis no nombra a un autor, pero los textos bíblicos posteriores y la tradición asocian el libro con la imponente figura de Moisés (Jos 1:7, 8; 2 Cr 25:4; Esdras 6:18; Neh 13:1; MT 19:7; 22:24; Marcos 7:10; 12:26; Juan 1:17; 5:46; 7:23). Moisés, que vivió en la segunda mitad del segundo milenio a. C., fue el líder de los israelitas en la época del éxodo y del camino por el desierto hacia la tierra prometida. Aunque nunca se le nombra específicamente como autor del libro, se le describe como autor de escritos durante su vida (ver Ex 24:4; 34:27; Nm 33:2; Dt 31:22). Por supuesto, los acontecimientos del Génesis tuvieron lugar mucho antes de que él viviera, pero hay indicios de que utilizó fuentes para escribir el libro que le fueron transmitidas (ver los comentarios sobre Gn 2:4). Ahora bien, también hay una gran cantidad de pasajes en la Torá que se refieren a algunos sitios con nombres que dichos lugares no adquirieron hasta después de la muerte de Moisés o a sucesos que ocurrieron después de la muerte de Moisés (p. ej., Gn 11:28; 14:14; Dt 34). Estos contenidos, denominados posmosaicos, implican que en la composición final de la Torá, tal y como la conocemos, participaron redactores anónimos posteriores.

El Primer relato de la Creación (1:1–2:3)

Creó Dios (1:1). Así comienza el primero de los dos relatos de la creación al inicio del primer libro de la Biblia. Es probable que no solo el autor sino también los lectores originales del Génesis conocieran otras composiciones literarias del antiguo Cercano Oriente que pretendían describir el origen del cosmos y de la humanidad. Se trataba de afirmaciones rivales según las cuales otros dioses, y no el Dios de los hebreos, lo habían creado todo. Uno de los propósitos del Génesis es contrarrestar estas afirmaciones rivales. Tres de estos relatos tienen una relevancia particular respecto al relato bíblico de la creación.

El primero es el Enuma Elish, un relato babilónico de la creación que describe la creación como el resultado de un conflicto entre los dioses.1Tiamat y Apsu eran dioses que representaban las aguas y que se encontraban justo ahí en el principio. Sus aguas entremezcladas provocaron el nacimiento de los dioses más jóvenes, quienes perturbaron su tranquila existencia. Apsu decidió matar a su descendencia divina, pero Ea, el dios de la sabiduría, se enteró de sus intenciones y lo mató primero. En ese momento, Tiamat se enfureció y asumió el cometido de Apsu, consiguiendo el apoyo de Kingu y su horda demoníaca. Es consciente de que no era rival para la poderosa Tiamat, reclutó a su hijo Marduk, el cual aceptó luchar contra Tiamat con la condición de que, si salía victorioso, se convertiría en rey del panteón de dioses. Después de una intensa batalla, Marduk derrotó a Tiamat, y con el cuerpo de esta creó el cosmos. Colocó su mitad superior en lo alto y con esto creó el cielo. Colocó allí a los dioses como cuerpos celestes: el sol, la luna y las estrellas. Con su mitad inferior creó la tierra al apartar las aguas para crear la tierra. En este punto, ya había ejecutado al dios demonio Kingu y, con la mezcla de su sangre con la arcilla de la tierra, creó a los seres humanos.

El segundo relato es la epopeya de Atrahasis, también babilónica, que combina un relato de la creación seguido de la descripción de un diluvio (ver los comentarios sobre Gn 6:7).[2] El interés se centra en la creación de los seres humanos, que fueron creados para reemplazar a los dioses menores, quienes hasta ese momento se habían encargado de cavar las zanjas de riego. Los dioses más poderosos crearon a los humanos a partir de la arcilla de la tierra, la sangre de un dios menor y la saliva de los dioses. Fueron creados para realizar las tareas serviles que los dioses menores se negaban a hacer.

En tercer lugar, en 1929 se descubrieron en el norte de Siria una serie de textos cuneiformes escritos en una lengua que ahora se conoce como ugarítico, entre los que se encuentran textos que describen lo que parece ser un relato de la creación muy similar al Enuma Elish.3 El pueblo ugarítico estaba más estrechamente relacionado por la geografía y la lengua con los antiguos hebreos y puede representar la cultura cananea. Al igual que el Enuma Elish, el relato se centra en un conflicto entre el dios creador, en este caso Baal, y el dios de las aguas, Yam. Baal consigue derrotar a Yam, por lo que la mayoría de los estudiosos consideran que la parte de la tablilla, ahora rota, la cual sucede al relato de esta lucha, era un texto sobre la creación similar al relato que se encuentra en el Enuma Elish.

Y dijo Dios (1:3). El relato bíblico de la creación suele contrastarse con los antiguos textos de la creación del Cercano Oriente, ya que en ellos se plasma a Dios creando el mundo con el poder de su palabra. Esta afirmación es ciertamente verdadera, pero conviene tener en cuenta que existe un mito egipcio que describe la creación como el resultado de la palabra del dios Ptah. Este relato, conocido como la piedra de Shabaka, se halla en una losa de granito negro que data del siglo VIII a. C., pero la historia en sí se remonta al período del Antiguo Reino de Egipto (ca. 2700-2200 a. C.) y describe a Ptah dando vida a la creación por medio de la palabra.

Expansión (1:6). En el segundo día de la creación, Dios separa las aguas con una "expansión" (raqia). La expansión se denomina "cielo", por lo que las aguas situadas por encima de la expansión son la fuente de la lluvia. En el cuarto día Dios coloca el sol, la luna y las estrellas en la expansión (1:14-19), y en el quinto día hace las aves que vuelan por la expansión (1:20).

El sustantivo hebreo raqia deriva de un verbo que se refiere a martillar el metal en láminas; por ello, la mayoría de los estudiosos consideran que los antiguos hebreos pensaban que había una cúpula dura por encima de la Tierra en la que se asentaban los planetas y de la que procedía la lluvia. El Génesis no nos da una explicación científica de la cosmología, sino una que habría sido familiar para su antigua audiencia.

Género (1:11,12,21,24,25). Aunque el lenguaje de los diferentes tipos de criaturas evoca el término técnico moderno "especie", es importante interpretar el texto a la luz del pensamiento antiguo, no de la ciencia moderna. El término bíblico "género" (min) se basa en características visuales similares y se utiliza para categorías amplias como las aves y los peces.

Haya lumbreras [...] sirvan de señales para las estaciones (1:14). En los relatos babilónicos de la creación, el sol, la luna y las estrellas eran dioses y diosas. En cambio, en el relato bíblico Dios crea estos cuerpos celestes en el cuarto día. No son deidades, sino que forman parte de la creación.

Hagamos (1:26). Dios anuncia su intención de crear al ser humano al afirmar: "Hagamos al hombre a nuestra imagen". Algunos lectores cristianos sugieren que "nuestra imagen" es una referencia a las diferentes personas de la Trinidad: el Padre, el Hijo y el Espíritu Santo. Sin embargo, dado que Dios decidió esperar hasta el período del N. T. para revelar su naturaleza trinitaria, eso tendría poco sentido para el autor o el lector original. La lectura de este pasaje en su contexto del antiguo Cercano Oriente nos lleva a concluir que la referencia aquí es al consejo divino. En el antiguo Israel, Dios era el rey divino, y le asistían otros seres celestiales que en otras partes se denominan ángeles. Así, Dios anuncia aquí a sus servidores angélicos su intención de crear a los seres humanos.

Imagen de Dios (1:26-27). Por medio del relato de la creación, el autor destaca el estatus exaltado del ser humano entre las criaturas de Dios. El significado exacto de "a imagen de Dios" es incierto, pero la interpretación del texto en su contexto del antiguo Cercano Oriente nos lleva a entender la idea como algo similar a la forma en que las imágenes (estatuas) de los reyes proyectan y representan el poder y la autoridad de los reyes en sus reinos. Esta idea se apoya en una inscripción arameo-acadia del siglo IX a. C. descubierta recientemente en Siria. En ella se indica que una estatua es la "semejanza" e "imagen" del rey reinante.[4] Los seres humanos son los representantes de Dios en la creación, y asumen un estatus real en el que deben "señoread en los peces del mar, en las aves de los cielos, y en todas las bestias que se mueven sobre la tierra" (1:28).

Dios al día séptimo, y lo santificó (2:3). En ninguna otra parte del antiguo Cercano Oriente se calcula el tiempo basándose en un ciclo de siete días con un día de descanso en el séptimo. Sin embargo, la idea de que la deidad descansa después de la creación se encuentra en el relato egipcio de la creación en la piedra de Shabaka (ver los comentarios sobre Gn 1:3). El descanso de Dios indica que la obra de la creación se ha completado y que ahora Dios se dedica a sostener y mantener su obra.

El Segundo relato de la creación (2:4–25)

Estos son los orígenes de (2:4). La expresión "estos son los registros de" o, de forma similar, "estos son los registros de la familia de", aparece once veces en el libro de Génesis (2:4; 5:1; 6:9; 10:1; 11:10, 27; 25:12, 19; 36:1, 9; 37:2) y por lo general va acompañada de un nombre personal, aunque aquí en su primera aparición los "registros" son los de "los cielos y de la tierra". En todos los casos, excepto en su primera aparición aquí, está claro que la frase introduce el material que le sigue. Los "registros familiares de la persona X" son en realidad la historia de los hijos de esa persona. Así, por ejemplo, los "registros familiares de Taré" (11:27) son un relato de la descendencia de Taré, sobre todo de Abraham (11:26-25:11). Estos "registros familiares" no solo proporcionan una estructura del libro de Génesis, sino que también evidencian el uso de fuentes orales y/o escritas anteriores en la redacción del libro (ver los comentarios sobre Gn 5:1).

Formó al hombre del polvo de la tierra, y sopló en su nariz aliento de vida (2:7). El Génesis describe la creación del hombre a partir del polvo de la tierra, lo cual representa su condición de criatura, y con el aliento de Dios, lo cual indica su relación especial con el Creador. Los relatos mesopotámicos hablan de que el dios creador creó a los humanos a partir de un componente terrenal (arcilla) y un elemento divino (la sangre de un dios demonio [en el *Enuma Elish*] o la sangre de un dios menor y la saliva de los dioses [en la epopeya de Atrahasis]). Las similitudes y diferencias son sorprendentes. La figura de la creación del hombre a partir del aliento de Dios indica el estatus digno de la humanidad y la inocencia primigenia en comparación con la imagen degradante que ofrece la tradición mesopotámica.

Árbol de la vida (2:9). Los árboles solían simbolizar la vida y la fertilidad. Dado que a Adán y Eva se les permite comer de todos los árboles del huerto, excepto del árbol del conocimiento del bien y del mal, es probable que también hayan comido del árbol de la vida (ver los comentarios sobre Gn 3:22). En la leyenda babilónica de Adapa, a este se le ofrece "comida" y el "agua de la vida", pero por consejo de Ea, el dios de la sabiduría, se niega, perdiendo así la posibilidad de la vida eterna.[5]

Edén [...] Pisón [...] Javilá [...] Guijón [...] Cus [...] Tigris [...] Asiria [...] Éufrates (2:10–14 NVI). Edén es el nombre del territorio en el que Dios sitúa el huerto en el que viven Adán y Eva. El nombre Edén significa "abundancia" o "lujo". Un río, que se divide en cuatro cabeceras, abastece de agua al huerto. Dos de estos ríos eran bien conocidos, el Tigris y el Éufrates, y fluían por la llanura aluvial mesopotámica (actual Irak). Las otras referencias son desconcertantes. El Guijón era un pequeño curso de agua en las cercanías de Jerusalén, y el Pisón, por lo demás desconocido, solo se menciona aquí en este pasaje. Asiria (Heb *ashur*; cf. NVI) era conocida en tiempos posteriores como una región al norte de Mesopotamia. En el resto del A. T., Cus generalmente designa la región al sur de Egipto (ver el artículo "Los cusitas"), pero aquí parece sugerir un lugar en Mesopotamia. La ubicación de Javilá es desconocida.

Para que lo labrara y lo guardase (2:15). Dios crea a los humanos para que se ocupen del huerto. Esto contrasta con la epopeya de Atrahasis (ver los comentarios sobre Gn 1:1), donde los humanos fueron creados para realizar trabajos serviles en las zanjas de riego. La Biblia presenta una imagen más digna de los humanos creados a imagen de Dios para cuidar el huerto, en lugar de ser creados a partir de la sangre de un dios demonio y de la saliva de los dioses para realizar la tarea servil de cavar las zanjas de riego que los dioses menores se negaban a cavar.

Le haré ayuda idónea para él (2:18). La palabra hebrea traducida como "ayuda" (*ezer*) no denota subordinación. Se utiliza en otras partes para referirse a Dios, quien es el ayudante de Israel (Dt 33:29; Sal 33:20; 89:18). Tal vez "aliado" sea una mejor traducción en este contexto, ya que tanto Adán como Eva trabajaron juntos en el huerto para cuidarlo y preservarlo.

El hombre (2:20 NVI). La palabra hebrea *adam* significa "humano" u "hombre" en un sentido genérico. De hecho, no se utiliza abiertamente como nombre personal hasta el versículo 4:25. La palabra también está relacionada con la palabra para "tierra" (*adamah*), lo que quizás destaque la condición de la humanidad como criatura en contraste con el Creador.

Dios hizo [...] una mujer (2:22). Ningún otro relato de la creación del antiguo Cercano Oriente contiene un relato independiente de la creación de una mujer. A lo largo de los relatos bíblicos de la creación, tanto las mujeres como los hombres son presentados como la cúspide de la creación de Dios.

Rebelión y Castigo (3:1–24)

La serpiente (3:1). La serpiente aparece de la nada y actúa en contra de los propósitos de Dios al tentar a Adán y Eva a comer del árbol prohibido. Los lectores del antiguo Cercano Oriente habrían reconocido inmediatamente que una serpiente andante representaba el mal, ya que las serpientes, especialmente las andantes, desempeñaban habitualmente funciones negativas en los antiguos relatos mesopotámicos y egipcios. En la epopeya de Gilgamesh, una serpiente roba la "planta de la vida", negando a Gilgamesh la posibilidad de vivir. En el Enuma Elish (ver los comentarios sobre Gn 1:1), Tiamat aparece como una serpiente que camina.

Esta te herirá en la cabeza (3:15). Esto refleja una figura del antiguo Cercano Oriente de dominio y victoria total.

El hombre llamó Eva a su mujer (3:20 NVI). El nombre de Eva está relacionado con el verbo hebreo "vivir", por lo que la explicación de su nombre es "la madre de todos los vivientes" o "hacedora de parientes".

Tome también del árbol de la vida [...] y viva para siempre (3:22). El árbol de la vida (ver los comentarios sobre Gn 2:9) no produce un fruto mágico que, si se come una vez, convierte a alguien en eterno de forma permanente.

Adán y Eva han estado comiendo de este fruto, y ahora su expulsión del huerto les alejará de él, lo cual simboliza la entrada del envejecimiento y la muerte en la condición humana.

Querubines (3:24). Los querubines son poderosas criaturas angélicas (Ez 1:4-21; 10:1-22) que sirven como protectores de la santidad de Dios, como indica el hecho de que estén situados cerca de la presencia de Dios en el tabernáculo (Ex 26:1, 31) y en el templo (1 Reyes 6:23-29; 7:29, 36; 8:6-7; 2 Cr 3:14) (ver los comentarios sobre 1 Reyes 6:23-28; Ez 10:1).

Las criaturas con alas, de aspecto complejo, parecidas a los querubines, como la representada en esta talla de marfil, eran comunes en el arte y la religión del antiguo Cercano Oriente.

Caín y Abel (4:1–16)

Abel fue pastor de ovejas, y Caín fue labrador de la tierra (4:2). El pastoreo y la agricultura son las dos primeras ocupaciones que se mencionan en la Biblia, y dado que compiten por la misma tierra, a lo largo de la historia ha habido frecuentemente tensiones entre ambas. De hecho, en la composición sumeria de Dumuzid y Enkimdu se presentan como entidades que compiten entre sí, ya que un pastor y un agricultor intentan conquistar a la misma mujer.[6]

Tierra de Nod (4:16). Aunque no conocemos la ubicación de Nod, es de gran importancia que provenga de un verbo hebreo que significa "vagar".

La Genealogía Cainita (4:17–26)

Dio a luz a Enoc (4:17). Aquí comienza la primera genealogía extensa del Génesis. Los pueblos antiguos construían y utilizaban las genealogías de forma diferente a la actual. El estudio de las genealogías bíblicas a la luz de las antiguas genealogías del Cercano Oriente muestra que, aunque no están completamente desconectadas de la historia real, se elaboran principalmente con fines teológicos. Por ejemplo, aquí el autor quiere destacar que la civilización (creación de ciudades, tecnología, música) tiene un origen presumible en la línea de Caín. Si comparamos las genealogías que cubren

La lista real sumeria.

el mismo periodo de tiempo en la Biblia, vemos que son de carácter dinámico y pueden saltarse generaciones enteras.

Caín [...] llamó el nombre de la ciudad del nombre de su hijo, Enoc (4:17). Las primeras ciudades del antiguo Cercano Oriente surgen a mediados del cuarto milenio a. C., mucho después de la aparición de los primeros seres humanos. Según la lista real sumeria[7], la primera ciudad fue Eridu, un nombre que se asemeja de un modo tentador al del nieto de Caín, Irad (4:18).

Tomó para sí dos mujeres (4:19). Aunque la poligamia era una realidad en el antiguo Cercano Oriente y también en el posterior Israel (Ex 21:7-11), el ideal establecido por Dios en el Edén era la monogamia (Gn 2:20-25).

Padre de todos los que tocan arpa y flauta (4:21). Las primeras evidencias no bíblicas que tenemos de instrumentos musicales proceden del cuarto y tercer milenio antes de Cristo. Los textos mesopotámicos describen los instrumentos como procedentes del reino divino, pero aquí la música se explica como un desarrollo humano (ver el artículo "Instrumentos musicales en Israel y el antiguo Cercano Oriente").

La Genealogía Setita (5:1-32)

Este es el libro de las generaciones de (5:1). Aquí cabe destacar que los "registros familiares" llegaron al autor de forma escrita (ver los comentarios sobre Gn 2:4).

A semejanza de Dios (5:1). Ver los comentarios sobre Gn 1:26-27.

Engendró un hijo (5:3). Tras la genealogía de Caín, tenemos ahora la genealogía de Set (4:25), el tercer hijo de Adán y Eva (para las genealogías en general, ver los comentarios sobre Gn 4:17). Esta genealogía tiene similitudes con la lista real sumeria, la cual enumera a los reyes antes y después del diluvio, así como sus reinados inmensamente largos (¡el rey Alagar vive treinta y seis mil años!), y hace que la vida de Matusalén, de 969 años, parece pequeña. La disminución de la duración de la vida a medida que pasamos de Set a Noé pretende mostrar los efectos del pecado en la humanidad.

Los hijos de Dios y las hijas de la humanidad (6:1–4)

Los hijos de Dios [...] las hijas de los hombres (6:2). Esta extraña (al menos para los lectores modernos) historia ha desafiado a los comentaristas durante siglos. Sin embargo, en el A. T. "hijos de Dios" es una frase que alude a los ángeles (Sal 29:1; 89:5-7). Asimismo, tanto la interpretación judía más antigua (1 Enoc 6-36) como la cristiana (2 P 2:4; Judas 6) parecen haber entendido este pasaje como una referencia a los ángeles que cohabitan con mujeres humanas. El relato es un ejemplo del tipo de pecado horrible que condujo al juicio del diluvio venidero.

Nefilitas (6:4 NTV). La descendencia de la unión entre los hijos de Dios y las hijas de los humanos se llaman nefilitas. El nombre significa "los caídos", pero no conocemos el significado completo del nombre. El hecho de que fueran "héroes de la antigüedad" puede significar que inspiraron relatos como la epopeya de Gilgamesh. Nefilitas es el nombre de una tribu guerrera que más tarde encontraron los israelitas en Canaán (Nm 13:33 BLP). Sin embargo, esos nefilitas no eran los descendientes de los nefilitas del Génesis, y probablemente se les dio ese nombre porque eran guerreros temibles.

El Diluvio (6:5–9:17)

Maldad de los hombres (6:5). En los relatos de Atrahasis y Gilgamesh (ver los comentarios sobre Gn 6:7), el dios principal decide destruir a la humanidad porque hace demasiado ruido. Sin embargo, en la Biblia, la decisión de Dios se basa en el fracaso moral de la humanidad.

Raeré de sobre la faz de la tierra a los hombres (6:7). Dios traerá su juicio sobre la humanidad en forma de un diluvio devastador. En la literatura sumeria y acadia abundan las referencias a un diluvio que aniquila a la humanidad salvo a unos pocos supervivientes. En la literatura sumeria, el diluvio se menciona en la lista real sumeria (ver los comentarios sobre Gn 5:3), así como en el Génesis de Eridu (ca. 1600 a. C.). Enki, el dios de la sabiduría, le dice a un hombre llamado Ziusudra que construya un arca antes del diluvio. Este sobrevive y ofrece un sacrificio después. En la literatura acadia, la epopeya de Atrahasis, cuyo título proviene del nombre del héroe del diluvio, tras describir la creación (ver los comentarios sobre Gn 1:1), narra el diluvio enviado por el dios Enlil, a quien le molesta el ruido que hacían los humanos. Enki informa a su devoto Atrahasis sobre la llegada del diluvio, y este construye un arca y sobrevive a la inundación.

El relato más detallado sobre el diluvio se encuentra en la conclusión de la epopeya de Gilgamesh. En su búsqueda de una larga vida, Gilgamesh acude a Utnapishtim para averiguar por qué fue el único humano al que se le concedió la vida eterna. Utnapishtim responde contándole a Gilgamesh la historia del diluvio, cuyos detalles son por lo general muy similares a la historia bíblica

El monte Ararat, lugar donde el arca de Noé se detuvo (Gn 8:4).

del diluvio. Las similitudes y diferencias se citarán en las notas más adelante.

Un arca (6:14). Noé, su familia y los animales sobreviven al diluvio a bordo de una gran embarcación conocida como arca. Los relatos sobre el diluvio en Mesopotamia (ver los comentarios sobre Gn 6:7) también presentan arcas en las que el héroe, los animales y muchas otras personas logran sobrevivir al devastador diluvio. El arca bíblica es un barco de madera enorme (450 pies de largo, 75 pies de ancho y 45 pies de alto) según los estándares antiguos e incluso modernos, pero sus dimensiones son similares a las de un bote. Para la mayoría de los estudiosos, la descripción del arca en la epopeya de Gilgamesh es la de un cubo (que no sería apto para el mar), aunque hoy en día algunos interpretan las medidas como si se tratara de una embarcación circular, como un coracle.[8]

Estableceré mi pacto contigo (6:18). Por primera vez, la Biblia menciona un pacto, en este caso un pacto entre Dios y Noé. Los estudios realizados a mediados del siglo XX demostraron que el pacto bíblico es similar a los antiguos tratados del Cercano Oriente entre un gran rey y un rey vasallo. Disponemos de dos colecciones de tratados de este tipo, de los hititas (mediados del segundo milenio a. C.) y de los asirios (siglo VII a. C.).

Sobre los montes de Ararat (8:4). El monte Ararat (conocido hoy como Agri Dagh), situado en la frontera de Turquía e Irán, cerca del lago de Van, en la región de Kurdistán, tiene diecisiete mil pies de altura y es la montaña más alta de la región. En la epopeya de Gilgamesh, el arca también termina su viaje alojada en una alta montaña, el monte Nisir.

Cuervo [...] paloma [...] paloma (8:6–12). Para comprobar hasta dónde se habían retirado las aguas, Noé envió una sucesión de tres pájaros. En lo que quizá sea la similitud más llamativa con la epopeya de Gilgamesh, Utnapishtim cuenta a Gilgamesh cómo envió pájaros con el mismo propósito, salvo que lo hizo en orden inverso (paloma, paloma, cuervo).

Edificó [...] un altar [...] y ofreció holocausto (8:20). Se han encontrado altares, lugares de sacrificio, en todo el antiguo Cercano Oriente. Curiosamente, el primer acto de Utnapishtim tras desembarcar fue ofrecer sacrificios. Dado que en la antigua Mesopotamia los dioses dependían de los sacrificios de sus adeptos para alimentarse, el relato muestra un retrato poco complaciente de los dioses al juntarse "como moscas" rodeando la ofrenda de Utnapishtim.

A imagen de Dios es hecho el hombre (9:6). Ver los comentarios sobre Gn 1:26-27.

Establezco mi pacto con vosotros (9:9). Ver los comentarios sobre Gn 6:18.

La Embriaguez de Noé (9:18–28)

Vio la desnudez de su padre (9:22–23). El culpable de esta historia es Cam, el hijo de Noé, quien ve a su padre en un estado de vulnerabilidad y, sin embargo,

Antiguos egipcios recogiendo uvas y haciendo vino (de la tumba de Nakht).

no hace nada para ayudarlo. Por el contrario, Sem y Jafet actúan como buenos hijos con su padre. El texto ugarítico Aqhat alerta al lector moderno sobre el contexto antiguo porque describe al hijo ideal como aquel que toma "la mano (de su padre) cuando (está) borracho, para sostenerlo [cuando] (está) lleno de vino".[9]

De los hijos de Noé a Abram (10:1–11:26)

Estas son las generaciones de (10:1). Ver los comentarios sobre Gn 2:4.

A quienes nacieron hijos (10:1). Ver los comentarios sobre Gn 4:17.

Cada cual según su lengua (10:5). Esta genealogía funciona como un antiguo mapa político y lingüístico. Las genealogías en el antiguo Cercano Oriente solían utilizar el lenguaje del parentesco para reflejar las relaciones políticas y, en este caso, lingüísticas. La relación entre lenguas expresada en Gn 10 no refleja la comprensión moderna, sino que se basa en conexiones fenomenológicas. Una explicación de la variación de las lenguas entre los humanos viene después de este mapa que supone múltiples lenguas en el episodio de la torre de Babel (11:1-9).

Nimrod (10:8). Nimrod, cuyo nombre puede estar relacionado con la palabra hebrea que significa "rebelión", se asocia primero con las ciudades del sur de Mesopotamia (Babilonia, Uruk, Acad y Calné) y se dice que estableció ciudades en el norte de Mesopotamia (Nínive, Rehoboth Ir, Cala y Resén). Se ha intentado identificar a Nimrod con gobernantes mesopotámicos concretos (Sargón el Grande, Shulgi o Hammurabi), pero es más probable que se trate de un tipo que representa a varios de esos gobernantes y no a un individuo en concreto.

Sinar (10:10). Otro nombre para Mesopotamia, la región entre el Tigris y el Éufrates en el lugar que ocupa actualmente Irak.

Por sus familias, por sus lenguas (10:20,31). Ver los comentarios sobre Gn 10:5.

Una sola lengua y unas mismas palabras (11:1). El relato se remonta a una época previa a la situación descrita en Gn 10, ya que en el capítulo anterior

Un zigurat parcialmente reconstruido en Ur.

se nombran muchas lenguas diferentes. La rebelión humana provocará dificultades en la comunicación humana. Aunque algunos estudiosos consideran que el mito sumerio de Enmerkar y el señor de Aratta es comparable con su descripción de una época en la que no había "más que una sola lengua", no es del todo seguro que este mito sirva para describir el pasado lejano o el futuro.

Sinar (11:2). Ver los comentarios sobre Gn 10:10.

El ladrillo en lugar de piedra, y el asfalto en lugar de mezcla (11:3). Los ladrillos de barro con alquitrán asfáltico, en lugar de piedra y mortero, eran los materiales de construcción habituales de la antigua Mesopotamia.

Una ciudad y una torre, cuya cúspide llegue al cielo (11:4). Dios había dispersado a los humanos rebeldes no solo como castigo sino también por su propio bien. Cuando los impíos se reúnen, su maldad no hace más que aumentar. La descripción de esta torre indica que estaban construyendo un zigurat, una pirámide escalonada. Los zigurats se construían en las ciudades y se pensaba que conectaban el cielo y la tierra. De hecho, el zigurat edificado en la ciudad de Babilonia, tal vez el que se tiene en mente para este relato, tenía el nombre de *E-temen-an-ki*, que significa "casa de los cimientos del cielo y la tierra". La construcción de una estructura de este tipo habría sido vista como un ataque al propio cielo.

Por esto fue llamado el nombre de ella Babel (11:9). El narrador desprende una etimología negativa para la ciudad de Babilonia. En acadio, la lengua de los babilonios, el nombre significa "puerta de los dioses" (*bab ili*), pero aquí el nombre está relacionado con el verbo hebreo balal, que significa "confundir".

Estas son las generaciones de (11:10). Ver los comentarios sobre Gn 2:4.

Engendró (11:10-26). Ver los comentarios sobre Gn 4:17.

Las promesas de Dios a Abraham (11:27–12:9)

Estas son las generaciones de (11:27). Ver los comentarios sobre Gn 2:4.

Ur de los caldeos (11:28). Ur fue una ciudad antigua que data desde principios del cuarto milenio a. C., situada en el sur de Mesopotamia, cerca del lugar donde el río Éufrates desemboca en el golfo Pérsico. La época de Abraham no puede datarse con precisión, pero es probable que se sitúe en el primer cuarto del segundo milenio a. C. La referencia a los caldeos aclara para un público posterior que se trata de la Ur de Mesopotamia y no de otra Ur en algún otro lugar. Dado que los caldeos eran una tribu de habla aramea que ocupó el sur de Mesopotamia siglos después de Abraham e incluso después de Moisés, esta referencia suele considerarse una adición posterior (una tal denominada pos-

Los viajes de Abraham

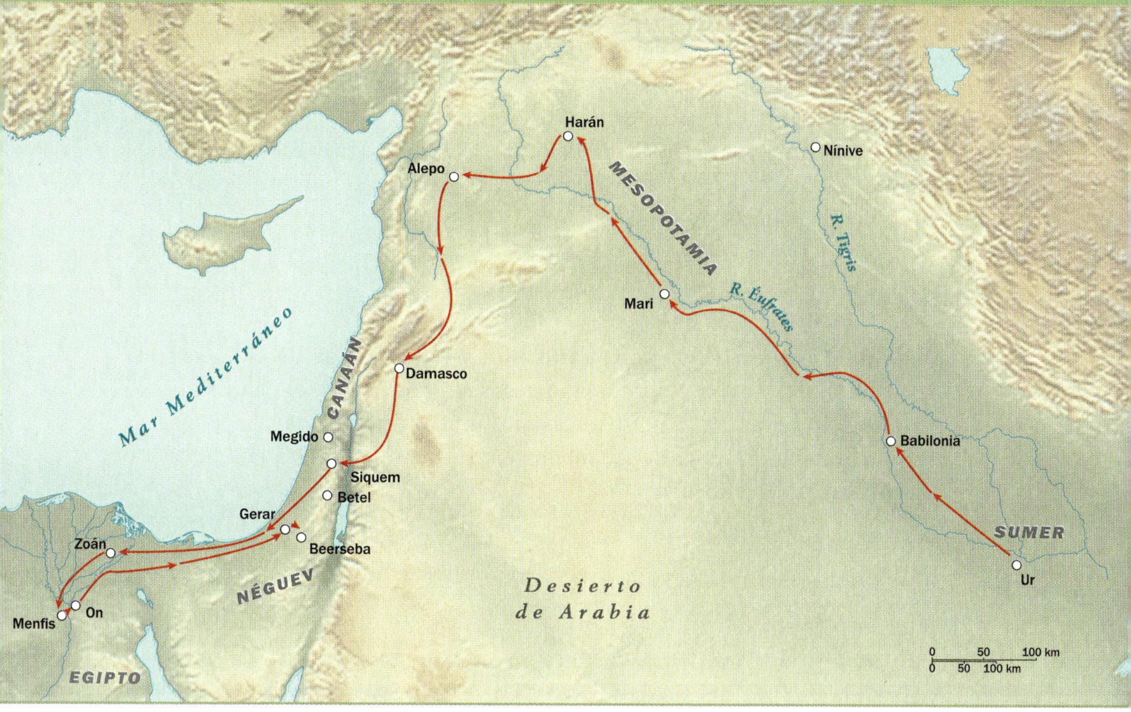

mosaica), que actualiza el nombre de la región para audiencias posteriores.

Sarai era estéril (11:30). Quedarse sin hijos en el antiguo Cercano Oriente era devastador porque una pareja no tendría a nadie que cuidara de ellos en su vejez. La ausencia de hijos de Abraham y Sara sería un asunto especialmente difícil para ellos, sobre todo a la luz de las promesas divinas de los versículos 12:1-3.

Terá [...] murió en Harán (11:32). Harán estaba situado en lo que hoy es el sureste de Turquía, cerca de Siria, a unas sesenta millas al norte de la confluencia del río Éufrates y el río Balikh. Era conocido como un centro de adoración de la luna, lo cual es relevante ya que el nombre de Taré significa "luna", y era conocido como pagano (Jos 24:2).

El encino de More (12:6). Moré estaba cerca de la conocida ciudad de Siquem, en la región de las colinas, a unas cuarenta millas al norte de Jerusalén. Tell Balata, entre el monte Ebal y el monte Gerizim, ha sido identificado como las ruinas de la antigua ciudad de Siquem. La mención del árbol no es probablemente una característica accidental del relato. El hecho de asociar un árbol con el lugar donde Dios da a conocer su presencia a sus criaturas humanas probablemente pretende hacer recordar el huerto del Edén.

Altar (12:7–8). Ver los comentarios sobre Gn 8:20.

Teniendo a Bet-el al occidente y Hai al oriente (12:8). Betel también se encontraba en la región central de las colinas, al sur de Siquem (a unas diez millas al norte de Jerusalén). Betel (la actual Beitin) estaba estratégicamente situada en la intersección del camino principal norte-sur, así como de un importante camino que iba al oeste de Jericó. Hai (Et-Tell) estaba situada al este de Betel, a unas pocas millas de distancia.

Caminando y yendo hacia el Neguev (12:9). El Néguev era una región al sur de Judá que se extendía hasta el golfo de Áqaba. Su nombre significa "el sur", y era una zona muy seca.

Hambre en la tierra (12:10-20)

Descendió Abram a Egipto (12:10). Como se desprende de la historia de José (Gn 37-50), así como de documentos antiguos como el papiro egipcio Anastasi VI y las antiguas pinturas de las tumbas egipcias, no era raro que los pueblos semitas como el de Abraham se refugiaran en Egipto en épocas de crisis, como una hambruna.

Abraham y Lot se separan (13:1-18)

Hacia el Néguev (13:1). Ver los comentarios sobre Gn 12:9.

Entre Bet-el y Hai (13:3). Ver los comentarios sobre Gn 12:8.

Toda la llanura del Jordán hasta Zoar estaba bien regada (13:10). Lot pone sus ojos en la lujosa región que rodea el río Jordán, con especial atención a la región que rodea el mar Muerto. La descripción de la región como un

El mar Muerto.

huerto del Señor (ver los comentarios sobre Gn 2:10-14) y como Egipto (con el Nilo y la extensa irrigación) ofrece un gran contraste con la zona después del juicio de Dios (Gn 18-19). Sodoma y Gomorra y el sitio menos conocido de Zoar se encontraban en esta región, aunque hoy no conocemos su ubicación exacta.

El encinar de Mamre, que está en Hebrón (13:18). Mamré es el nombre de una localidad cercana a la importante ciudad de Hebrón, que estaba a dieciocho millas al sur (y un poco al este) de Jerusalén, en la zona montañosa central (identificada con Tell Hebrón [Jebel er-Rumeidah]) (ver los comentarios sobre Gn 12:6).

Los cuatro reyes del este (14:1–24)

Amrafel rey de Sinar, Arioc rey de Elasar, Quedorlaomer rey de Elam, y Tidal rey de Goim (14:1). Cuatro reyes vienen del este para saquear Canaán. Su identidad es difícil de precisar, pero algunas cosas son ciertas. Sinar es Mesopotamia, concretamente Babilonia (ver los comentarios sobre Gn 10:8). Elam es el nombre de una antigua nación-estado que estaba situada en lo que hoy es el suroeste de Irán, y *goyim* (Goiim) es un término hebreo que significa "naciones", que suele usarse para designar a los no semitas (en este caso quizá los hititas o los Umman-manda). Quedorlaomer es un nombre real elamita que suena auténtico. Elasar es el lugar más difícil de identificar, pero puede ser una referencia a la ciudad-estado Larsa en el sur de Mesopotamia. A pesar de los grandes esfuerzos realizados, no se ha podido determinar la identidad de estos reyes en concreto, aunque lo más probable es que dicha coalición se produjera antes del periodo de la antigua Babilonia (es decir, antes del siglo XVIII a. C.), que es la época en la que la Biblia sitúa a Abraham.

Bera rey de Sodoma [...] Semeber rey de Zeboim, y contra el rey de Bela (14:2). Para Sodoma y Gomorra, ver los comentarios sobre Gn 13:10. Los otros sitios y reyes no se conocen fuera de este relato.

Los refaítas [...] los zuzitas [...] los emitas [...] los horeos [...] los amalecitas [...] el amorreo (14:5–7). Los reyes invasores derrotan a una cantidad de tribus que figuran con sus ubicaciones. Los refaítas, situados en una ciudad de Galaad (Astarot Karnaim), también son conocidos como los anakim, una tribu de gigantes (Nm 13:33; Dt 2:11; 3:11; Jos 12:4). Los zuzitas, o zomzomeos (Dt 2:20), y los emitas (Dt 2:10-11) también eran conocidos por su altura. Los primeros vivían en Cam (que a veces es una referencia a Egipto, pero aquí es un lugar desconocido en Canaán), y los segundos en Shaveh ("llanura de") Quiriataim, situada en el lado este del río Jordán. Los horeos (también conocidos como hurritas) habitaban en la región montañosa de Seir (al sur del mar Muerto) hasta El-parán (probablemente Elat en la orilla norte del mar Rojo/de los juncos). En-mispat era un nombre primitivo de Cades, abreviatura de Cades Barnea, un lugar al norte de la península del Sinaí. Los amalecitas

Una antigua puerta de adobe en Dan (Laish) que data cerca de la época de Abraham.

eran temibles guerreros que vivían en el Néguev (ver los comentarios sobre Gn 12:9). El término amorreo suele utilizarse como otro término para referirse al cananeo.

Valle de Sidim (14:8). Esta zona, la orilla norte del mar Muerto (cf. 14:3), estaba a unas dieciocho millas al este de Jerusalén.

El encinar de Mamre (14:13). Ver los comentarios sobre Gn 13:18.

Hasta Dan (14:14). Dan se refiere a una ciudad situada en el extremo norte del futuro Israel. Dado que la ciudad no recibió este nombre hasta el periodo de los Jueces (Jue 18), referirse a la ciudad de esta manera muestra claros signos de una actualización posterior a la muerte de Moisés. La antigua ciudad se llamaba Laish.

Hasta Hoba al norte de Damasco (14:15). Damasco era una importante ciudad antigua (y es la capital moderna) de Siria, situada a cincuenta millas del Mediterráneo, al noreste del monte Hermón, el punto más septentrional de la futura tierra de Israel. Por lo demás, Hoba es desconocida.

Al valle de Save, que es el Valle del Rey (14:17). La referencia al valle del Rey en 2 S 18:18 indica que este valle estaba al sur de Jerusalén.

Melquisedec, rey de Salem (14:18). Sorprendentemente, Abraham reconoce que Melquisedec (cuyo nombre significa "rey de la justicia"), el rey sacerdote cananeo de Salem (el antiguo nombre de Jerusalén), comparte su creencia en el mismo Dios.

La reafirmación de las promesas (15:1–21)

El mayordomo de mi casa es ese damasceno Eliezer (15:2). Unas tablillas encontradas en la ciudad de Nuzi (en el actual Irak) explican la antigua costumbre según la cual una pareja sin hijos podía adoptar un sirviente doméstico que cuidara de ellos en su vejez a cambio de heredar sus propiedades. De este modo, Abraham recurre a las convenciones humanas para hacerse con un heredero, en lugar de esperar a que Dios actúe.

Ur de los caldeos (15:7). Ver los comentarios sobre Gn 11:28.

Tráeme una becerra de tres años (15:9–21). Para asegurar a Abraham que se cumpliría su promesa de una descendencia, Dios le ordena que corte una cierta cantidad de animales en dos partes y las ponga en fila. Entonces, Dios, en forma de "horno humeando, y una antorcha" (15:17), pasa por las partes divididas. Este ritual lo conocemos gracias a los textos encontrados en las antiguas Alalakh, Mari y Hatti. Al pasar por las partes, Dios está asumiendo una automaldición: "Si rompo mi promesa, que me convierta en estos animales".

En los textos del antiguo Cercano Oriente, dos personas que establecen un acuerdo pasaban por las partes mutuamente asegurando que no romperán la promesa que se han hecho el uno al otro bajo pena de muerte. Aquí es solo Dios quien atraviesa las partes. Por supuesto, Dios no puede morir, pero tampoco puede romper sus promesas.

Hizo un pacto con Abram (15:18 NVI). Ver los comentarios sobre Gn 6:18. El núcleo del significado del pacto que aquí se reafirma lo encontramos en los versículos 12:1-3, donde Dios promete que los descendientes de Abram serán una gran nación que Dios bendecirá y que a través de ellos Dios bendecirá a las naciones.

Desde el río de Egipto hasta el río grande, el río Éufrates (15:18). Por primera vez se describe la extensión de la tierra prometida. El Éufrates era el principal río que fluía desde Armenia atravesando Siria y luego pasaba por Mesopotamia hasta el golfo Pérsico. Desde luego, el tramo norte del Éufrates era el que estaba en mente. El wadi ("arroyo") de Egipto probablemente estaba en el noreste del Sinaí.

La tierra de los ceneos [...] jebuseos (15:19-21). Los habitantes de la tierra prometida son enumerados como diez tribus, pero no podemos estar seguros en todos los casos de dónde estaban ubicados exactamente dentro de Canaán.

Abraham toma una concubina (16:1–16)

Quizá tendré hijos de ella (16:2). En el capítulo anterior, Abram había pensado en hacerse con un heredero mediante la adopción de una criada de su hogar (ver los comentarios sobre Gn 15:2). Dios le había asegurado una vez más su intención de darle un heredero por medios naturales, pero ahora Abram acepta seguir las instrucciones de Sarai para hacerse con un heredero utilizando otra antigua costumbre del Cercano Oriente: tomar una esposa secundaria (una concubina). Los contratos matrimoniales de Nuzi y del período neoasirio contienen disposiciones según las cuales el hombre no tomará una esposa secundaria a menos que la primera no pueda concebir hijos.

El camino de Shu (16:7). Esta es la ruta más meridional hacia Egipto desde Canaán. Shur significa en hebreo "muro" y puede referirse a una muralla erigida por los egipcios o a una cresta caliza en forma de muro cerca de Gebel Halal y Gebel Maghara.

Ese pozo fue llamado Beer-lajai-roi [...] entre Cades y Bered (16:14 NTV). El pozo, cuyo nombre significa "el pozo del Viviente que me ve", estaba situado en el Néguev, la zona árida al sur de Judá (ver los comentarios sobre Gn 14:5-7).

La reafirmación de las promesas (17:1–27)

Pondré mi pacto entre mí y ti (17:2). Ver los comentarios sobre Gn 6:18;

15:18.

Abram [...] Abraham (17:5). Abram significa en hebreo "padre exaltado", mientras que Abraham significa "padre de una multitud", apropiado para el que será "padre de muchas naciones" (17:4 DHH).

Será circuncidado (17:10). Hay evidencia de que la circuncisión era practicada por un gran número de naciones (Jer 9:25-26) y por los sirios y los egipcios incluso antes del tiempo de Abraham. Por lo tanto, Dios no introduce una nueva práctica en el mundo, pero le da un nuevo significado. Como símbolo del pacto abrahámico, sirve como recordatorio de las promesas de Dios y de las obligaciones para con su pueblo. Dado que las promesas se centran en la descendencia, es apropiado que la señal de este pacto se asocie con el órgano reproductor masculino.

Sarai [...] Sara (17:15). La esposa de Abraham también recibe un cambio de nombre, pero es un cambio sutil. Tanto Sarai como Sara significan "princesa", pero la primera es como se pronuncia la palabra en Mesopotamia y la segunda como se pronuncia en la tierra prometida. Tal vez el cambio de nombre esté relacionado con el traslado de Mesopotamia a su nuevo hogar en Canaán.

Sodoma y Gomorra (18:1–19:38)

El encinar de Mamre (18:1). Ver los comentarios sobre Gn 13:18

Que se traiga ahora un poco de agua (18:3-8). En el antiguo Cercano Oriente, la calidad de la hospitalidad ofrecida a un extranjero indicaba la calidad del carácter de la persona. En esta parte, Abraham muestra una hospitalidad impecable hacia sus visitantes, proveyéndoles de agua para que puedan lavarse los pies (polvorientos por el camino) y ofreciéndoles una comida abundante ("tres medidas" de grano, ¡lo que serían treinta y seis libras!).

Sodoma (18:16). Ver los comentarios sobre Gn 13:10

La puerta de Sodoma (19:1). La puerta de una ciudad antigua era una zona pública donde se reunían los líderes. La presencia de Lot en la puerta puede indicar que es un líder en la ciudad de Sodoma.

Lavaréis vuestros pies (19:2). Lot también se muestra hospitalario con los forasteros (ver los comentarios sobre Gn 18:3-8). Aunque Abraham es retratado como un anfitrión más entusiasta, las acciones de Lot lo diferencian de los demás habitantes de la ciudad.

Para que podamos tener sexo con ellos (19:5 NTV). El deseo de mantener relaciones sexuales con los hombres no significa necesariamente que sean homosexuales. En el antiguo Cercano Oriente se pensaba que el acto en el que los hombres forzaban a otros hombres era un símbolo de poder que avergonzaba a quienes eran violados por la fuerza.

Os las sacaré fuera (19:8). La oferta de Lot de dar a los hombres de Sodoma sus dos hijas en lugar de los forasteros visitantes es una perversión de la antigua práctica de hospitalidad del Cercano Oriente. Su sugerencia muestra que él ha sido cambiado de forma negativa al vivir en una ciudad tan corrupta.

Zoar (19:22). No conocemos la ubicación exacta de Zoar (ver los comentarios sobre Gn 13:10), pero el nombre de la ciudad en sí es "Pequeño/a".

Llamó su nombre Moab [...] llamó su nombre Ben-ammi, el cual es padre de los amonitas (19:37-38). Amón y Moab se convirtieron más tarde en enemigos de Israel. Moab estaba directamente al este de Israel, en la orilla oriental del mar Muerto; Amón se encontraba al norte de Moab, al este del río Jordán y se extendía hasta el desierto en su frontera oriental. Al destacar los orígenes cuestionables de los hombres que fundaron esas naciones, el libro del Génesis despierta sospechas sobre esos enemigos futuros.

Los viajes de Abraham

Abraham en la tierra de los filisteos (20:1–18)

Néguev [...] entre Cades y Shur (20:1). Ver los comentarios sobre Gn 12:9; 14:5-7; 16:7.

Abimelec [...] de Gerar (20:2). Gerar, una ciudad filistea (21:32, 34), estaba situada entre Beerseba, una ciudad del Néguev, y Gaza, una ciudad al sur de Canaán, en la costa mediterránea. El origen de los filisteos, sobre todo de estos primeros ejemplos dentro del relato bíblico, es difícil de determinar, pero se cree que son originarios de la zona del mar Egeo (ver el artículo "Los filisteos"). El nombre Abimelec ("mi padre es rey") puede tratarse del nombre de un trono (ver los comentarios sobre Gn 26:1).

Una culpa tan grande (20:9 TLA). El término "culpa tan grande" podría referirse específicamente al delito del adulterio. Un texto ugarítico acusa a la esposa del rey Ammishtamru de cometer el "gran pecado" del adulterio. Este lenguaje también se encuentra en los contratos matrimoniales egipcios.

Mil monedas de plata (20:16). Esto ascendió a veinticinco libras de plata.

El Nacimiento Prometido (21:1–7)

Abraham lo circuncidó (21:4 NVI). Ver los comentarios sobre Gn 17:10.

Este pozo antiguo se encuentra junto al sitio arqueológico de Beerseba, que recibió su nombre del juramento que Abraham hizo allí.

Agar se fue (21:8-21)

Hizo Abraham gran banquete el día que fue destetado Isaac (21:8). Esto ocurre probablemente alrededor del tercer año de Isaac. Debido a la alta tasa de mortalidad infantil, el hecho de que haya alcanzado esa edad fue motivo de celebración.

Abraham [...] le entregó el muchacho, y la despidió (21:14). La palabra hebrea utilizada aquí (*shalah*) implica que se trataba de un divorcio (cf. Dt 22:19, 29; 24:1, 3; Jer 3:1; Mal 2:16).

El desierto de Beerseba (21:14). La ciudad de Beerseba se encontraba en el extremo sur de Canaán, rodeada de zonas en las que llovía poco.

El desierto de Parán (21:21). El desierto de Parán se situaba en el Néguev, al sur de Beerseba, no muy al norte de la península del Sinaí, es decir, en el camino hacia Egipto.

Abraham y Abimelec (21:22–33)

Júrame aquí por Dios (21:23). Abimelec, el rey de la ciudad filistea de Gerar (ver los comentarios sobre Gn 20:2), pide a Abraham que suscriba un tratado formal con él. Se conservan unos cuarenta tratados del antiguo Cercano Oriente. La mayoría de ellos son tratados hititas (escritos en acadio) de mediados del segundo milenio a. C., mientras que algunos son del periodo neoasirio (también escritos en acadio) del siglo VII a. C. Se trata de acuerdos políticos entre dos naciones en los que las dos partes acordaron ciertas regulaciones entre ellas.

A causa de un pozo de agua (21:25). El agua era un bien escaso en gran parte del antiguo Cercano Oriente. Las negociaciones entre Abimelec y Abraham a este respecto guardan analogía con la discusión sobre los derechos de agua presente en la correspondencia entre el rey Rim-Sin de Larsa y el rey de una ciudad llamada Eshnunna del período de la antigua Babilonia en el siglo XVIII a. C.

Que me sirvan de testimonio (21:30). Como acuerdo legal, un tratado (ver los comentarios sobre Gn 21:23) requería testigos que sirvieran como terceros para recordar el acuerdo.

Ese lugar se llamó Beerseba (21:31). El nombre Beerseba (ver los comentarios sobre Gn 21:14) se explica como una frase hebrea que significa "pozo del juramento", aunque también puede significar "pozo de los siete" o "siete pozos".

Un árbol tamarisco [...] e invocó allí el nombre de Jehová (21:33). Ver los comentarios sobre Gn 2:9; 12:6; 13:18.

El atamiento de Isaac (22:1–19)

Tierra de Moriah (22:2). Moriah figura únicamente aquí y en 2 Cr 3:1, donde se nombra como el lugar del templo de Salomón. Por lo tanto, el lugar estaba cerca o en Jerusalén, y puede haber sido otro nombre para Sión o tal vez el nombre de la cordillera en la que Sión era un pico.

Ofrécelo allí en holocausto (22:2). Sobre los sacrificios de niños, ver los comentarios sobre 2 Reyes 3:27.

Edificó allí Abraham un altar (22:9). Ver los comentarios sobre Gn 8:20.

Beerseba (22:19). Ver los comentarios sobre Gn 21:14.

La muerte y el entierro de Sara (22:20–23:20)

También Milca ha dado a luz hijos (22:20). Esta genealogía (ver los comentarios sobre Gn 4:17) presenta a los parientes orientales de Abraham que viven en Padan-aram, o el noroeste de Mesopotamia (ver los comentarios sobre Gn 25:20), como una forma de presentar a Rebeca, la cual se casará con Isaac.

Kemuel padre de Aram (22:21). A Kemuel, conocido en otras ocasiones como Betuel el arameo (25:20; 28:5), se le llama padre de Aram, un grupo de tribus semíticas situadas en el noroeste de Mesopotamia y dentro de Siria que tendrán una interacción frecuente con el Israel posterior.

Su concubina (22:24). Ver los comentarios sobre Gn 16:2.

Quiriat-arba, que es Hebrón (23:2). Hebrón fue el nombre posterior de esta ciudad, situada en las tierras altas de Judea, a unas dieciocho millas al sur-suroeste de Jerusalén.

La zona árida conocida como el Néguev, al sur de Beerseba.

Los heteos (23:3 PDT). Los hetitas eran un grupo tribal cananeo indígena (15:18-21; Ex 3:8) al que Dios expulsaría posteriormente de la tierra (Ex 23:28). Israel debía destruirlos por completo (Dt 7:1-2; 20:17). No hay que confundirlos con los hititas, los habitantes indoeuropeos más conocidos de Anatolia, bien al norte, desde 1800 hasta 1200 a. C.

La cueva de Macpela (23:9). Las cuevas se utilizaban a menudo como lugares de enterramiento. Esta cueva estaba situada cerca de Mamré, que se encuentra cerca de Hebrón (13:18; 23:19). Las cuevas se utilizaban no solo para los entierros individuales, sino también para los entierros familiares a lo largo de las generaciones (49:31).

Yo le regalo el campo (23:11 NVI). Efrón el hetita y Abraham hacen un trueque por el lugar de enterramiento de una manera típica de las prácticas del antiguo Cercano Oriente. Se habría esperado que Abraham hiciera una contraoferta con un precio. En cualquier caso, era importante que fuera claramente dueño de esta tierra, que es el primer pedazo de la tierra prometida que entra en su posesión real.

Cuatrocientos siclos de plata, de buena ley entre mercaderes (23:16). Aunque no podemos estar seguros del valor exacto en este momento, cuatrocientos siclos equivaldrían a más de siete libras de plata. Efrón cita esta cifra previamente como la cantidad que valía la tierra (23:15).

Negociaciones matrimoniales (24:1–67)

Aram-naharaim [...] la ciudad donde se había establecido Nacor (24:10 NTV). Aram-naharaim se refería al noroeste de Mesopotamia, la zona de transición entre Mesopotamia propiamente dicha y Siria. Najor era una ciudad que llevaba el nombre del hermano de Abraham (11:27).

Fuera de la ciudad, junto a un pozo de agua (24:11). El pozo era una fuente de agua compartida y un lugar público en una comunidad como esta. Es interesante que haya varias ocasiones en las que los matrimonios comienzan con encuentros en un pozo público (29:1-14; Ex 2:15-25). En esta historia, el criado mayor de Abraham es un sustituto de Isaac.

Sea, pues, que la doncella a quien yo dijere (24:14). El siervo de Abraham establece lo que podría llamarse un "oráculo de palabras", una característica que se observa en otras partes de la Biblia, así como en la literatura del antiguo Cercano Oriente. Es similar a plantear una pregunta y luego echarla a suertes (ver los comentarios sobre 1 S 14:41-42). El siervo pide a Dios que guíe sus decisiones en función de la respuesta que recibirá de una joven. La palabra oráculo también sirve para calibrar su carácter.

Brazaletes de oro del antiguo Egipto.

Un anillo de oro [...] dos brazaletes que pesaban diez siclos de oro (24:22). Los matrimonios de esta época en el antiguo

Cercano Oriente implican un intercambio de regalos entre las dos familias implicadas. El anillo para la nariz, que pesa alrededor de un quinto de onza, y los dos brazaletes de oro, que pesan alrededor de cuatro onzas, probablemente funcionaban como un pago inicial del precio del matrimonio, el precio que el novio pagaría a su futura novia.

Lugar para posar (24:25). En el antiguo Cercano Oriente la hospitalidad era esencial y habitual, y Rebeca se muestra como una anfitriona ejemplar para este visitante de fuera.

También dio cosas preciosas a su hermano y a su madre (24:53). Ver los comentarios sobre Gn 24:22.

Del pozo del Viviente-que-me-ve; porque él habitaba en el Neguev. (24:62). Ver los comentarios sobre Gn 16:14.

La muerte de Abraham (25:1–11)

Otra mujer, cuyo nombre era Cetura (25:1). Abraham tuvo otra esposa, en realidad una concubina (ver los comentarios sobre Gn 16:2), Cetura, quien es presentada al final del relato de la vida de Abraham, aunque debió estar casado con ella durante algún tiempo para concebir tantos hijos. Estos hijos son los antepasados de muchas naciones futuras, mostrando así que Abraham era realmente "el padre de muchas naciones" (17:4 DHH).

Todo cuanto Abraham poseía se lo dio a Isaac (25:5). Isaac, como primogénito y único hijo de Abraham y su esposa principal, Sara, recibe la herencia de su padre.

Unido a su pueblo (25:8). Cuando Abraham muere, su cuerpo es colocado en la cueva donde Sara había sido enterrada (25:9). Así, en un sentido literal, al colocar sus huesos en la cueva, es unido con su pueblo.

La cueva de Macpela [...] enfrente de Mamré (25:9). Ver los comentarios sobre Gn 23:9.

Beer-lajai-roi (25:11 NTV). Ver los comentarios sobre Gn 16:14.

El relato de la familia de Isaac (25:12–18)

Estos son los descendientes de Ismael hijo de Abraham (25:12). Ver los comentarios sobre Gn 2:4. Resulta interesante que se ofrezca un breve registro familiar del hijo no elegido, Ismael, antes del registro familiar más largo de Isaac. No se ignora al hijo no elegido, pero tampoco es aquel por medio del cual las promesas del pacto pasarán a través de la historia.

Desde Havila hasta Shur, que está enfrente de Egipto viniendo a Asiria (25:18). Se trataba de una región extensa, como correspondería a las tribus nómadas ismaelitas. La palabra Havila puede referirse aquí a la península arábiga, mientras que Shur estaba relacionada con la península del Sinaí. Asur se situaba en el norte de Mesopotamia.

El nacimiento de Jacob y Esaú (25:19–34)

Estos son los descendientes de Isaac hijo de Abraham (25:19). Ver los comentarios sobre Gn 2:4.

Arameo de Padan-aram (25:20). Al igual que Aram-naharaim (24:10), Padan-aram se refería al noroeste de Mesopotamia, una zona de transición entre Mesopotamia propiamente dicha y Siria-Palestina. Esta era la patria ancestral de la familia de Abraham, que procedía de la estirpe aramea (22:21). Los arameos estaban estrechamente relacionados con las posteriores tribus hebreas.

Llamaron su nombre Esaú [...] fue llamado su nombre Jacob (25:25-26). Esaú significa "velludo", y Jacob puede significar tanto "el que toma del talón" como "el que engaña", ambos apropiados para sus acciones en la historia.

Por tanto fue llamado su nombre Edom (25:30). Edom significa "rojo", y Esaú/Edom fue el padre de los edomitas, un pueblo que posteriormente entraría frecuentemente en conflicto con Israel (Nm 20:14-21; 2 S 8:14; 2 Reyes 8:20). Edom estaba situado al sureste del mar Muerto, debajo de Moab.

Véndeme [...] tu primogenitura (25:31). Esaú es el primero en nacer y, por tanto, le corresponde la mayor parte de la futura herencia de su padre. Jacob exige a Esaú que le venda su primogenitura a cambio de un plato de guiso. El hecho de que Esaú esté dispuesto a hacerlo demuestra que estima ligeramente su primogenitura. Sin embargo, no hay razón para pensar que la venta se considere vinculante en ningún sentido formal y legal.

Otra vez hay hambre en la tierra (26:1–35)

Hubo hambre en la tierra (26:1). Ver los comentarios sobre Gn 12:10.

Abimelec rey de los filisteos, en Gerar (26:1). Ver los comentarios sobre Gn 20:2. Dado que Abimelec ("mi padre es rey") puede ser un nombre para referirse a un trono, este Abimelec puede ser un sucesor/hijo del Abimelec de la época de Abraham (Gn 20-21).

Traído culpa sobre nosotros (26:10 LBLA). Ver los comentarios sobre Gn 20:9.

Los pozos (26:15). Ver los comentarios sobre Gn 21:25.

Esek [...] Sitna [...] Rehobot (26:20-22). Los derechos de agua (ver los comentarios sobre Gn 21:25) eran a menudo motivo de discusiones en las zonas que tenían poca lluvia. Los siervos de Isaac cavan nuevos pozos. Los pastores filisteos se riñen por los derechos de los dos primeros pozos, cuyos nombres significan "disputa" y "oposición". El tercer pozo debía proporcionar agua suficiente para todos, así que lo llaman "habitación".

Beerseba (26:23). Ver los comentarios sobre Gn 21:14.

Altar (26:25). Ver los comentarios sobre Gn 8:20.

Haremos pacto contigo (26:28). Ver los comentarios sobre Gn 21:23.

Les hizo banquete (26:30). La formación de un tratado entre dos grupos políticos a menudo se concretaba con un banquete compartido. El acto de comer juntos significaba el reconocimiento de la relación formal entre los dos grupos.

Seba (26:33). Seba puede significar "siete" o "juramento". Cualquiera de los dos sería relevante para el contexto. El pozo también dio su nombre a la ciudad de Beerseba, que puede significar "el pozo de los siete" o "el pozo del juramento".

Heteo (26:34). Ver los comentarios sobre Gn 23:3.

Jacob engaña a Isaac y recibe la bendición (27:1-28:9)

Yo te bendigo (27:4). Isaac, el patriarca de la familia, anuncia ahora su intención de conferir su bendición a Esaú, el hijo mayor. En el antiguo Cercano Oriente era típico que el hijo mayor recibiera la mayor parte de la herencia. En esta familia en particular, la herencia está ligada a las promesas hechas a Abraham (12:1-3). La cuestión aquí es quién llevará adelante las promesas del pacto que incluye la tierra, muchos descendientes y la bendición a la siguiente generación. La bendición determina quién será el que administre la riqueza de la familia en la siguiente generación. También es un anuncio del destino futuro de cada uno. El hecho de que Isaac vaya a conferir esta bendición a Esaú y no a Jacob demuestra que el hecho de que Esaú vendiera antes su primogenitura no tiene ningún valor legal para Isaac (ver los comentarios sobre Gn 25:31).

Bendíceme también a mí, padre mío (27:34). La bendición no es mágica, pero tiene detrás el peso de la autoridad patriarcal. Una vez anunciada, no puede ser retirada ni revertida.

Se apoderó de mi primogenitura (27:36). Ver los comentarios sobre Gn 25:31.

Esas mujeres heteos (27:46 PDT). Ver los comentarios sobre Gn 23:3.

Mujer de las hijas de Canaán (28:1). Cananeo es un término general que designa a los habitantes preisraelitas de la tierra prometida.

Padan-aram (28:2). Ver los comentarios sobre Gn 25:20.

Arameo (28:5). Ver los comentarios sobre Gn 22:21.

Una escalera al cielo (28:10-22)

Beerseba [...] Harán (28:10). Ver los comentarios sobre Gn 11:32; 21:14.

Una escalera [...] y su extremo tocaba en el cielo (28:12). Jacob observa un portal que conecta la tierra y el cielo con ángeles que vienen a la tierra a realizar tareas para Dios y luego regresan al cielo. Se trata de una escalera, no de una escalinata. La idea era similar

Una pirámide escalonada del antiguo Egipto.

a la de un zigurat mesopotámico, o pirámide escalonada, que se pensaba que era la escalera utilizada por los dioses para descender a la tierra.

Casa de Dios, y puerta del cielo (28:17). El lenguaje, de nuevo (ver los comentarios sobre Gn 28:12), sugiere que Jacob observa un portal entre el cielo y la tierra como una escalera entre los dos. "Casa de Dios" es un lenguaje que denota un templo. A menudo se construían templos en esos lugares sagrados. Una puerta era la entrada y la salida de un lugar, por lo que la frase "puerta del cielo" es apropiada para este lugar.

Jacob tomó la piedra [...] y la alzó por señal, y derramó aceite encima de ella (28:18). Tales "piedras erguidas (que había puesto de cabecera)" marcaban los lugares sagrados en los que Dios hacía notar su presencia. En la actualidad, todavía se pueden observar en Israel las piedras erguidas que han sobrevivido desde la antigüedad. El vertido de aceite sobre la piedra era una forma de consagración.

Betel [...] Luz (28:19). Luz era el nombre de la ciudad hasta ese momento, pero debido a la experiencia de Jacob con la presencia de Dios, la ciudad pasa a llamarse Betel, "la casa de Dios" (ver los comentarios sobre Gn 28:17).

Jacob, sus esposas y sus hijos (29:1-30:24)

La tierra de los orientales (29:1). Esta era otra forma de referirse a Padan-aram (25:20) o Aram-naharaim (24:10). Situada en el noroeste de Mesopotamia, esta región estaba al noreste de la tierra prometida.

Miró, y vio un pozo (29:2). Ver los comentarios sobre Gn 24:11.

No podemos (29:8). Los pastores le dicen a Jacob que no pueden quitar la piedra del pozo hasta que todos los rebaños se hayan reunido. La falta de voluntad que muestran es probablemente el resultado de un acuerdo del tipo que era común para los derechos de agua en el antiguo mundo del Cercano Oriente entre diferentes pastores para asegurar una distribución equitativa del agua del pozo. Es probable que Jacob no se haya sometido a un acuerdo de este tipo.

Yo te serviré siete años (29:18). En el antiguo Cercano Oriente, el novio y su familia pagaban a la familia de la novia una suma como precio de la misma. Jacob no trajo consigo ninguna riqueza, por lo que saldó su deuda con la familia de Labán de esta manera.

La semana de celebración de bodas (29:27 PDT). Los matrimonios se llevaban a cabo en la primera noche, pero las celebraciones podían durar una semana.

Y llamó su nombre (29:32). Los nombres tenían un gran significado en el antiguo Cercano Oriente y a menudo tenían que ver con las circunstancias que rodeaban el nacimiento, pero en ocasiones también presagiaban el futuro de alguna manera. Empezando por Rubén, el significado de los nombres de los hijos de Jacob, sus esposas y sus concubinas se explica conforme se desarrolla la historia en los siguientes versículos.

No daba hijos a Jacob (30:1). La esterilidad no solo era decepcionante, sino también una amenaza para el bienestar de la mujer. Si no tenía hijos, su esposo podía perder el interés por ella y, en cualquier caso, no tendría a nadie que la protegiera y cuidara cuando envejeciera.

Un modelo de hígado utilizado para la adivinación.

Mandrágoras en el campo (30:14). Se creía que la mandrágora era un afrodisíaco que también ayudaba a las mujeres a concebir hijos. La palabra "mandrágora" en hebreo también suena similar a la palabra que se refiere al amor físico o al amante (ver los comentarios sobre Cantares 7:13).

Jacob regresa a la tierra prometida (30:25-31:55)

He sabido por adivinación (30:27NVI). La adivinación se refiere a las acciones rituales mediante las cuales los seres humanos intentan responder a una pregunta, encontrar orientación o determinar el futuro. En el antiguo Cercano Oriente, la adivinación adoptaba muchas formas diferentes, como la astrología, la interpretación de los sueños, el arúspice (lectura del hígado de una oveja), el echar suertes, etc. No sabemos qué tipo de adivinación utiliza Labán para saber sobre la bendición de la presencia de Jacob, pero sí sabemos que los textos posteriores del A. T. prohíben tajantemente tales prácticas (Dt 18:9-13).

Tomó luego Jacob varas verdes de álamo, de avellano y de castaño (30:37). No está claro por qué dos corderos o cabras blancas producirían una descendencia con motas, rayas o color oscuro simplemente porque se aparearon frente a las varas de Jacob. No hay ningún antecedente del antiguo Cercano Oriente ni ninguna razón científica para este resultado. Lo que se presume es simplemente que Dios lo hizo para que Jacob pudiera finalmente cobrar por su trabajo para Labán.

Ídolos mesopotámicos en forma de figurilla.

El Dios de Bet-el, donde tú ungiste la piedra (31:13). Ver los comentarios sobre Gn 28:18.

Los ídolos domésticos que eran de su padre (31:19 LBLA). Estos dioses domésticos (*terafines*) probablemente eran estatuillas que representaban a los antepasados difuntos de Labán. Se veneraban como parte de la adoración a los antepasados. Según algunos textos del antiguo yacimiento de Nuzi, se puede deducir que la posesión de dioses domésticos también puede estar re-

El río Jaboc. Cerca de este río Jacob luchó con un ángel de Dios (Gn 32:22-37).

lacionada con los derechos de la herencia, ya que normalmente se transmitían al heredero principal.

Hagamos pacto tú y yo (31:44). Jacob y Labán establecen entonces un pacto (i. e., un tratado) entre ellos (ver los comentarios sobre Gn 6:18; 21:23). Jacob es el patriarca de los posteriores israelitas y Labán de los arameos.

Jacob tomó una piedra, y la levantó por señal (31:45-47). Jacob levanta un pilar y luego encarga a sus parientes que amontonen un montón de piedras (sobre tales pilares o piedras erguidas, ver los comentarios sobre Gn 28:18). Los nombres dados al montón ("Jegar Sahaduta" y "Galeed") significan ambos "montón de testigos". Los tratados necesitaban testigos para afirmar que se había establecido un acuerdo formal y legal. Los testigos también servirían como acusadores si una de las partes rompía el acuerdo. Los pilares/piedras erguidas funcionaban como tales testigos.

Un banquete (31:54 NTV). Ver los comentarios sobre Gn 26:30

Jacob amenazado por Dios y los humanos (32:1-33:20)

Mahanaim (32:2). Mahanaim significa "dos campamentos", y en el versículo 32:2 supuestamente los dos campamentos son el de la familia de Jacob y el "campamento de Dios", aunque en el 32:10 Jacob se referirá a su propio grupo como "dos campamentos". Más adelante, Mahanaim hacía referencia a una ciudad levítica situada en la frontera de Gad y Manasés (Jos 13:26, 30; 21:38), y desempeñó un papel importante en la historia israelita posterior (2 S 2:8, 12, 29; 17:24, 27; 19:32).

Seir, campo de Edom (32:3). Edom era otro nombre para Esaú y hacía referencia a la región al sureste del mar Muerto, justo al sur de Moab (25:30). Seir significa "velludo", un término que también se asocia con Esaú (25:25). En este caso, Seir puede ser otro nombre para Edom, o podría referirse a un lugar dentro de Edom.

El vado de Jaboc (32:22). Jaboc era un río que desembocaba en el río Jordán desde el este, a unas veinte millas al norte del mar Muerto. En hebreo, el nombre del río era *yabboq*, quizá un juego de palabras con el nombre de Jacob (*yaaqob*) y el verbo "luchado/luchó" (*yeabeq*).

Peniel (32:30). Debido a su encuentro con Dios, Jacob nombra el lugar Peniel, que significa "el rostro de Dios". Peniel estaba situado en el río Jaboc (32:22).

El tendón que está en la coyuntura de la cadera (32:32). La costumbre de no comer el tendón de la cavidad de la cadera no se menciona en ninguna otra parte de las Escrituras, pero se da una explicación para ello: Dios había tocado la cadera de Jacob y así hizo que esa articulación fuera sagrada.

Se inclinó a tierra siete veces (33:3). El siete era un número de culminación o totalidad, e inclinarse siete veces significaba mostrar el máximo respeto y subordinación. Un interesante paralelismo con la acción de Jacob puede apreciarse en las frases iniciales de las cartas que los líderes subordinados de varias ciudades cananeas enviaban al faraón egipcio durante el periodo de Amarna, en las que se afirmaba: "A los pies del rey, mi señor, y mi dios Sol, siete veces y siete veces caigo".[10]

Aceptó (33:11 NVI). Al principio Esaú rechaza la oferta de un regalo que le hace Jacob, pero luego la acepta. Este tipo de intercambio de regalos era típico del antiguo y moderno trueque en el Cercano Oriente. Es probable que tanto Jacob como Esaú supieran que Esaú acabaría aceptando este regalo (ver los comentarios sobre Gn 23:11).

Seir (33:16). Ver los comentarios sobre Gn 32:3.

Sucot (33:17). En lugar de ir a Seir, como le dijo a Esaú, Jacob establece un campamento en Sucot, situado cerca de donde confluyen el Jaboc y el Jordán (ver los comentarios sobre Gn 32:22). El nombre Sucot significa "refugios", por los refugios que Jacob construyó para su familia y sus animales. Sucot se menciona posteriormente en las Escrituras (Jos 13:27; Jue 8:5-9, 13-17).

Siquem [...] Padan-aram (33:18). Jacob se instala fuera de la ciudad porque es pastor y necesita habitaciones para sus rebaños. Siquem, una ciudad muy conocida y bulliciosa en la época de los patriarcas, se ha identificado con Tell Balata, y estaba situada en un valle entre el monte Gerizim y el monte Ebal, en el camino de la colina central a poco más de sesenta millas al norte de Jerusalén.

Cien monedas de plata (33:19 NVI). Jacob compró tierras a los habitantes del lugar, la segunda parcela de bienes raíces adquirida por Abraham y sus descendientes (23:16), por cien qesitah. Como no conocemos el valor exacto de una *qesitah,* muchas traducciones al inglés lo traducen muy vagamente como "monedas" de plata.do formal y legal. Los testigos también servirían como acusadores si una de las partes rompía el acuerdo. Los pilares/piedras erguidas funcionaban como tales testigos.

Jacob en Siquem (34:1-31)

Unas jóvenes que vivían en la región (34:1). Las mujeres de la tierra son cananeas que vivían en la ciudad de Siquem (ver los comentarios sobre Gn 33:18), en cuyas afueras se instalaron Jacob y su familia.

Heveo (34:2). Los heveos eran los descendientes de Cam a través de Canaán (10:17). Más allá del hecho de que se les contaba entre los habitantes preisraelitas de la tierra prometida, poco se sabe de ellos. Dios no quería que su pueblo tuviera relaciones íntimas con los habitantes de la tierra, sino que se mantuviera separado de ellos.

Se enojaron mucho (34:7). Ya sea consensuada o, como es probable en este caso, forzada, las relaciones sexuales fuera del matrimonio eran una gran afrenta no solo para la mujer, que entonces tendría menos posibilidades de casarse, sino también contra la familia. Leví y Simeón son hermanos de pleno derecho de Dina por tener la misma madre (Lea). En el antiguo Cercano Oriente los hermanos participaban en las negociaciones matrimoniales de su hermana.

Una compensación más alta de lo acostumbrado y muchos regalos (34:12 DHH). Los matrimonios requieren transacciones económicas entre familias. En este caso, el padre del novio ofrece un gran pago tanto a la novia como a la familia de esta.

Hombre incircunciso (34:14). Ver los comentarios sobre Gn 17:10.

La puerta de su ciudad (34:20). Ver los comentarios sobre Gn 19:1. Los arqueólogos han descubierto una puerta en Siquem que data de la Edad del Bronce Medio (2200-1550 a. C.), la época de los patriarcas.

Los cananeos y los ferezeos (34:30). Estos eran algunos de los habitantes preisraelitas de la tierra prometida. El cananeo se utilizaba a menudo como término general para referirse a los habitantes de la tierra, mientras que el ferezeo era un subconjunto, probablemente una tribu que vivía en los alrededores de Siquem. Están en la coalición norte de los cananeos que luchan contra Josué en el momento de la conquista (Jos 11:3).

Jacob regresa a Betel (35:1-15)

Quitad los dioses ajenos (35:2). Los dioses ajenos probablemente aluden a los ídolos personales que guardaban consigo diversos miembros del séquito de Jacob. Si bien podríamos pensar, con toda razón, que estos dioses ajenos eran conservados en su mayoría por personas de fuera que se habían incorporado a la familia, ya hemos leído que Raquel había robado los ídolos domésticos de Labán (31:32), aunque probablemente se trate de imágenes de antepasados difuntos. Sin embargo, la presencia de estos ídolos ha contaminado ritualmente a la familia de Dios, que ahora necesita purificarse después de que los ídolos sean retirados de su campamento. También tienen que cambiarse de ropa, un ritual que simboliza la transición al reino de lo sagrado, ya que están llegando a la presencia de Dios en Betel.

Los zarcillos (35:4). El hecho de que estos aretes deban ser enterrados junto con los dioses ajenos indica que tienen algún tipo de significado religioso, pese a que la naturaleza precisa de este no resulte clara. Es posible que estos aretes pertenecieran a los ídolos o que tuvieran representacio-

Un ídolo doméstico (terafin) como el que Raquel robó a su padre, Labán.

nes de deidades ajenas.

Una encina que estaba junto a Siquem (35:4). Tal vez se trate del mismo árbol mencionado en el versículo 12:6 (ver los comentarios sobre Gn 12:6). Si es así, el árbol se asociaba con la presencia de Dios, y el entierro allí puede verse como una forma de entregar estos ídolos blasfemos a Dios.

Piedras erguidas en la antigua ciudad de Gezer.

Luz [...] (esta es Bet-el) (35:6). Ver los comentarios sobre Gn 28:19.

El-bet-el (35:7). El nombre del altar significa "El Dios de Betel".

Fue llamada Alón-bacut (35:8). El nombre de la encina que marca el lugar de enterramiento significa "encina del llanto".

Padan-aram (35:9). Ver los comentarios sobre Gn 25:20.

Jacob erigió una señal [...] una señal de piedra (35:14). Jacob levanta ahora una segunda "piedra erguida" en Betel (ver los comentarios sobre Gn 28:18). Las piedras erguidas solían representar a deidades, pero a menudo, como en este caso, eran piedras conmemorativas de un acontecimiento, concretamente el encuentro con Dios, que reafirmaba las promesas del pacto con Jacob. Para consagrar la piedra, Jacob vierte aceite y presenta una ofrenda de bebida. Respecto a esto último, el adorador normalmente vertía un líquido, por lo general vino o alguna otra bebida alcohólica (Nm 28:7), como ofrenda.

La muerte de Raquel (35:16-29)

Betel [...] Efrata (35:16). Jacob y su familia viajan desde Betel (ver los comentarios sobre Gn 12:8) en dirección a Mamré, cerca de Hebrón (35:27). Cuando se acercan a Efrata (una ciudad asociada a Belén [Miq 5:2], a seis kilómetros al sur de Jerusalén), Raquel muere mientras da a luz a Benjamín.

Benoni [...] Benjamín (35:18). Raquel llama a su bebé "hijo de mi aflicción", pero Jacob lo llama "hijo de mi mano derecha", siendo la mano derecha un lugar de honor y poder.

Levantó [...] la señal (35:20). Ver los comentarios sobre Gn 35:14.

Torre de Éder (35:21 DHH). Este lugar, cuyo nombre significa "torre de vigilancia del rebaño", se asoció con la "fortaleza de la hija de Sion" en Miq 4:8 y, por lo tanto, es probable que esté cerca de Jerusalén.

La concubina de su padre (35:22). Una concubina era una esposa secundaria (ver los comentarios sobre Gn 16:2).

Padan-aram (35:26). Noroeste de Mesopotamia (ver los comentarios sobre Gn 25:20).

Mamré, cerca de Quiriat Arbá, es decir, Hebrón (35:27). Ver los comentarios sobre Gn 13:18. Quiriat Arbá, que significa "la ciudad de Arba" (un

Una escena que representa a soldados asirios luchando contra árabes montados en camellos, extraída de un fragmento de un mural asirio.

hombre descrito en Jos 14:15 como el mayor de los anakim, los habitantes originarios), era su nombre antiguo.

El Relato de la Familia de Esaú (36:1-37:1)

Estas son las generaciones de (36:1). Ver los comentarios sobre Gn 2:4; 5:1. Al igual que Ismael, Esaú, aunque no es el hijo elegido, tiene sus propios "registros familiares" antes de los "registros familiares" de su hermano Jacob (ver los comentarios sobre Gn 25:12).

Edom (36:1). Ver los comentarios sobre Gn 25:30.

Heteo [...] heveo (36:2). Los heteos(ver los comentarios sobre Gn 23:3) y los heveos (ver los comentarios sobre Gn 34:2) eran miembros tribales de entre los habitantes preisraelitas de la tierra prometida.

El monte de Seir (36:8). Ver los comentarios sobre Gn 32:3.

José vendido como esclavo (37:2-36)

Esta es la historia de la familia de (37:2). Esta es la última vez en que se mencionan los "registros familiares" en el libro de Génesis (ver los comentarios sobre Gn 2:4; 5:1).

Una túnica de diversos colores (37:3). No se sabe qué hizo que esta túnica fuera especial, pero el regalo de la ropa distintiva es una señal de que José es el hijo favorito de su padre.

Soñó José un sueño (37:5). En el antiguo Cercano Oriente, los sueños se consideraban simbólicos y que provenían del reino divino, por lo que a menudo informaban al soñador sobre el futuro. En el antiguo Egipto y Mesopotamia los sueños eran interpretados por especialistas que realizaban comentarios sobre el significado de los distintos elementos de los sueños. Aquí José se muestra como un intérprete de sueños experto.

En Siquem (37:13). Ver los comentarios sobre Gn 12:6. Los hermanos han recorrido unas ochenta millas por la ruta de la colina central pasando por Jerusalén en el camino.

Valle de Hebrón (37:14). Ver los comentarios sobre Gn 23:2; 35:27.

Dotán (37:17). Una ciudad a otras trece millas al oeste de Siquem en el extremo sur de la cordillera del monte Carmelo.

A uno de los pozos (37:20 LBLA). Una cisterna era un pozo excavado en el suelo para recoger el agua de lluvia y proporcionar agua a personas y animales.

Ismaelitas que venía de Galaad (37:25). Dotán se encontraba en una concurrida carretera internacional que recorría la costa que conectaba Egipto con Siria-Palestina y más allá. Los ismaelitas eran un pueblo nómada que descendía de Ismael, el hermanastro de Isaac (25:12-16; Jue 8:24; Sal 83:6).

Sus camellos (37:25). Los camellos eran muy adecuados para este tipo de comercio internacional. En un tiempo, debido a la falta de evidencias tempranas, se pensaba que los camellos no se habían domesticado hasta el siglo XII a. C., mucho después de la época de José y los demás patriarcas. Pero ahora, aunque no está exento de controversia por la falta de pruebas extrabíblicas claras, "puede ser que los camellos domesticados hayan estado en uso [...] en algún momento a mediados del segundo milenio a. C. entre los pueblos pastores con los que los israelitas tenían alguna relación".[11]

Madianitas mercaderes (37:28). Aquí los ismaelitas son llamados madianitas. Los madianitas eran otro pueblo que también descendía de Abraham, pero por medio de su concubina (ver los comentarios sobre Gn 16:2) Cetura (25:1-2). Podría ser que aquí se utilice la palabra ismaelita como término general para referirse a los nómadas, mientras que madianita es un nombre más específico (Jue 8:22-24). O tal vez parecían ismaelitas cuando estaban lejos, pero luego, de cerca, quedaba claro que eran madianitas.[12]

Veinte monedas de plata (37:28 NVI). Los precios de los esclavos han cambiado a lo largo del período del A. T. Según fuentes extrabíblicas, el precio habitual de un esclavo varón adulto en la primera mitad del segundo milenio era de veinte siclos, lo cual apoya la idea de que la historia de José refleja correctamente ese período de tiempo.[13]

Judá y Tamar (38:1-30)

Un adulamita que se llamaba Hira (38:1). Adulam era una ciudad cananea a unas diez millas al noroeste de Hebrón y a unas quince millas al suroeste de Jerusalén. No se sabe nada más sobre Hira, salvo que era cananeo y amigo de Judá.

Cumple con tu deber de cuñado (38:8 NVI). Más adelante, la ley mosaica prescribe que es deber de un hombre el casarse con la esposa sin hijos de su hermano fallecido para que ella pueda tener un hijo que la cuide y continúe la línea familiar (Dt 25:5-6). Esta ley posterior aparentemente institucionaliza una costumbre anterior que también aparece en otras fuentes del antiguo Cercano Oriente, incluidas las leyes asirias e hititas.[14]

Timnat (38:12). Esta ciudad no era la misma que la más conocida Timnah que aparece en la historia de Sansón (Jue 14). Timnah estaba situada al sureste de Hebrón.

Se cubrió con un velo (38:14). En sí mismo, el velo no designaba a una mujer como prostituta. Por ejemplo, la mujer del Cantar de los Cantares es descrita con un velo (4:1, 3; 6:7). Sin embargo, parece que las prostitutas sí llevaban velo, y el narrador del Génesis nos indica que Judá piensa que es una

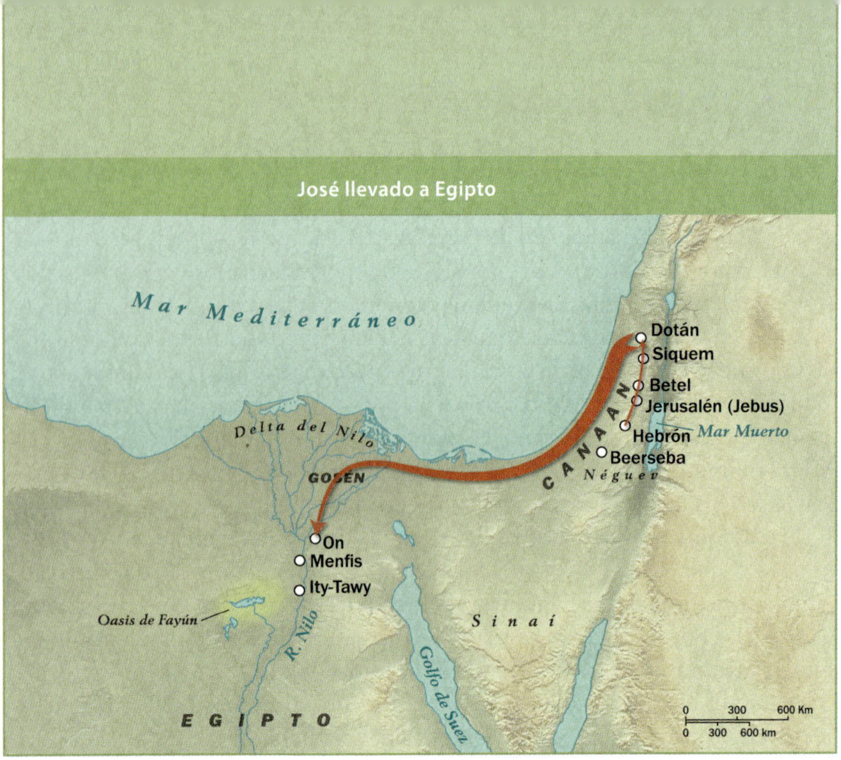

prostituta porque "había cubierto su rostro" (38:15).

Tu sello, tu cordón, y tu báculo que tienes en tu mano (38:18). Eran objetos que servían como indicadores de identidad. Un anillo de sello tenía rasgos distintivos que, al ser presionados en arcilla blanda, marcaban un artículo como propiedad del dueño del anillo de sello, quien lo llevaría en un cordón alrededor de su cuello. El báculo era un bastón que también tenía marcas que revelaban la identidad de una persona.

Prostituta del templo (38:21NTV). La palabra para "prostituta" aquí es diferente del término general utilizado anteriormente en el capítulo y viene de un verbo que significa "ser santo" o "consagrado". No está claro si Judá pensaba realmente que se trataba de una prostituta relacionada con un lugar sagrado o si su amigo estaba tratando de hacer que la situación parezca mejor que simplemente acostarse con una mujer para tener sexo. Este tipo de mujeres se mencionan en los textos ugaríticos, pero su función exacta no está clara.

José en la casa de Potifar (39:1-23)

Capitán de la guardia (39:1). Las palabras hebreas utilizadas para el cargo de Potifar son literalmente "capitán de los carniceros" o "capitán de los verdugos", lo que indica que Potifar ocupa un cargo que utiliza la violencia. Por lo tanto, el hecho de que José no sea ejecutado por la acusación de haber violado a la esposa de Potifar sugiere que probablemente Potifar no cree la acusación de su esposa.

José se encuentra con el Faraón (40:1-41:57)

El Río Nilo

Copero y panadero (40:1). Eran algo más que sirvientes menores en el palacio. Puede que entregaran la comida y la bebida al rey, pero el envenenamiento era un peligro tan presente que solo los consejeros de confianza ocupaban esos puestos.

En la casa del capitán de la guardia (40:3). La prisión en la que fue encarcelado José es la misma que la casa de Potifar, capitán de la guardia (ver los comentarios sobre Gn 39:1). Esto también es un indicio de que Potifar es consciente de que la acusación de su mujer no es cierta.

Tuvieron un sueño (40:5). Ver los comentarios sobre Gn 37:5.

¿No son de Dios las interpretaciones? (40:8). Los egipcios creían que los sueños podían ser portadores de un mensaje de los dioses. Normalmente, estos mensajes oníricos se determinaban a partir de la investigación del contenido de los sueños en comentarios escritos, los Libros de los sueños. Por su parte, José confiaba en que Dios le daría la interpretación de los sueños sin necesidad de consultar los comentarios (ver los comentarios sobre Gn 37:5).

Cumpleaños de Faraón (40:20). No existen pruebas egipcias de la celebración del cumpleaños del faraón para esta época tan temprana de la historia, por lo que algunos consideran que este día no celebra su cumpleaños, sino el día en que el faraón ascendió al trono, una celebración de la que sí existen evidencias.[15]

Tuvo Faraón un sueño [...] junto al río Nilo (41:1). Ver los comentarios sobre Gn 37:5; 40:8. El Nilo era el principal río que atravesaba el corazón de Egipto. Cada año el Nilo se desbordaba, depositando un suelo rico y fértil que era esencial para la agricultura y, por lo tanto, para la prosperidad de Egipto.

Todos los magos de Egipto, y a todos sus sabios (41:8). La palabra hebrea para "mago" deriva de un título egipcio que significa "sacerdote lector principal", y muy probablemente se refería a los sacerdotes relacionados con la Casa de la vida, el lugar donde se estudiaban los textos rituales, como los comentarios de los sueños.[16]

Siete años serán de hambre (41:27). Durante el reinado del faraón Djoser (siglo XXVII a. C., aunque el texto es de los siglos III a I a. C.) se hace mención a una hambruna de siete años en un texto egipcio conocido como la estela del hambre de la isla de Sehel. Aunque esta hambruna no es de la que se habla en la historia de José, indica que "siete" podría ser simbólico de un tiempo largo y que esas largas hambrunas no eran algo sin precedentes en Egipto.

Anillo [...] ropas de lino finísimo [...] collar de oro (41:42). Las pruebas egipcias indican que una ceremonia de este tipo que incluyera estos regalos podría ser una recompensa por la interpretación de los sueños de José o un nombramiento por su nuevo estatus como segundo después del faraón.[17] Debido a la falta de documentación que se conserva de este periodo, no hay ninguna evidencia egipcia directa de la alta posición de José. Sin embargo, sabemos que hubo otras personas no egipcias e incluso semitas que en distintos momentos de la historia egipcia ascendieron a posiciones altas similares. Por ejemplo, un sirio llamado Bay fue la segunda persona más importante durante el reinado de Seti II en el año 1194 a. C.[18]

Asenat, hija de Potifera sacerdote de On (41:50). On era una importante ciudad también conocida como Heliópolis, a siete millas al noreste de El Cairo. Los nombres de la esposa de José y de su padre son claramente egipcios y presentan una forma apropiada para el primer cuarto del segundo milenio a. C., el escenario temporal de la historia de José.[19]

El primer viaje de los hermanos de José (42:1–38)

Espías sois (42:9). En general, los egipcios desconfiaban de los semitas, como la familia de Jacob (ver los comentarios sobre Gn 43:32). Por lo tanto, no

La estela del hambre
en la isla de Sehel.

sería raro que sospecharan que los semitas que viajaban estuvieran planeando un asalto del grano almacenado. Este temor dio a la acusación de José cierto fundamento, aunque por supuesto José sabía que no eran espías.

El segundo viaje de los hermanos de José (43:1-44:34)

Los egipcios no pueden comer pan con los hebreos (43:32). En general, los egipcios parecían detestar a "los asiáticos", término que utilizaban para referirse a los diversos grupos semíticos (incluidos los hebreos) que vivían al este y al noreste de ellos. Esto estaba relacionado con el hecho de que los egipcios tenían una sociedad urbana avanzada y rica, mientras que los semitas vivían típicamente como nómadas. Esta actitud queda bien ilustrada por el libro sapiencial egipcio conocido como las instrucciones de Merikare, un documento del Reino Medio (ca. 2133-1786 a. C.) en el que el orador principal advierte al lector que tenga cuidado con "el odiado asiático".[20]

La copa que usa mi señor [...] para adivinar (44:5 NVI). En el contexto del antiguo Cercano Oriente, había varias formas de utilizar una copa con fines de adivinación. En Mesopotamia los adivinos vertían aceite en agua y luego observaban las formas que se generaban con el aceite. Tales prácticas se condenan en Dt 18:9-13, ya que la adivinación no da lugar a que Dios decida no responder a la pregunta del adivino. No está claro por qué José está en posesión de una copa de adivino, pero es interesante que la utilice para poner a prueba el carácter de sus hermanos.

Reconciliación familiar (45:1-47:31)

Padre de Faraón (45:8). Tanto en la literatura egipcia como en la posterior israelita (Proverbios) los padres eran los que aconsejaban a sus hijos, y así José cuenta a sus hermanos que ha sido consejero del faraón.

Tierra de Gosén (45:10). Localidad situada en la parte oriental con respecto al delta del Nilo, al norte de Egipto.

Beerseba (46:1). Ver los comentarios sobre Gn 21:14.

Padan-aram (46:15). Ver los comentarios sobre Gn 25:20.

Para los egipcios es abominación todo pastor de ovejas (46:34). Ver los comentarios sobre Gn 43:32.

La tierra de Ramesés (47:11). Probablemente se trata de un nombre (posmosaico) para Gosén (45:10). Es el nombre de la ciudad que más tarde construirán los esclavos israelitas en tiempos de Moisés (Ex 1:11) y el lugar desde el que los israelitas salen de Egipto en el momento del éxodo (Ex 12:37).

Mirando hacia el futuro (48:1-49:28)

Luz (48:3). Otro nombre para Betel (ver los comentarios sobre Gn 28:19).

Padan (48:7). Noroeste de Mesopotamia (ver los comentarios sobre Gn 25:20).

Efrata [...] Belén (48:7). Ver los comentarios sobre Gn 35:16.

Efraín a su derecha (48:13). En este contexto, la imposición de manos significa la elevación a un estatus. Jacob eleva a estos dos muchachos, sus nietos, a la categoría de hijos con todo lo que ello conlleva en términos de herencia. La mano derecha es la mano del poder y el prestigio, probablemente porque la mayoría de las personas son diestras. Normalmente, el mayor recibía una posición preferente, pero aquí el más joven es elegido en contra de lo esperado.

No será quitado el cetro de Judá (49:10). El cetro era una maza ornamental y era un símbolo de realeza en el antiguo Cercano Oriente. Así, Jacob anticipa el surgimiento de la realeza en la tribu de Judá, expectativa que se hace realidad cuando David se convierte en el segundo rey de Israel y Dios le concede una dinastía (2 S 7).

Las muertes de Jacob y José (49:29-50:26)

La cueva del campo de Macpela, cerca de Mamré (49:30 NTV). Ver los comentarios sobre Gn 23:9.

Reunido con mi pueblo (49:29). Ver los comentarios sobre Gn 25:8.

Que embalsamasen a su padre (50:2). El embalsamamiento y la momificación eran prácticas funerarias bien conocidas en Egipto. Los órganos del cuerpo se extraían y se guardaban en frascos. Se utilizaba natrón para secar el

Estatuilla de un féretro funerario para el príncipe egipcio Tutmosis (ca. 1360 a. C.).

cuerpo, que luego se lavaba y se ungía con diversos aceites y resinas. A continuación, los embalsamadores envolvían el cuerpo en lino. Este procedimiento conservaba el cuerpo. El embalsamamiento en Egipto estaba relacionado con las peculiares creencias egipcias sobre la vida después de la muerte, de las cuales no existe evidencia de que José compartiera. El propósito del embalsamamiento aquí podría ser simplemente preservar el cuerpo para ser transportado a la tierra prometida para su entierro.

Abel-mizraim (50:11). El nombre significa "luto de Egipto".

Lo embalsamaron, y fue puesto en un ataúd (50:26). Ver los comentarios sobre Gn 50:2.

- Génesis
- **Éxodo**
- Levítico
- Números
- Deuteronomio
- Josué
- Jueces
- Rut
- 1 Samuel
- 2 Samuel
- 1 Reyes
- 2 Reyes
- 1 Crónicas
- 2 Crónicas
- Esdras
- Nehemías
- Ester
- Job
- Salmos
- Proverbios
- Eclesiastés
- Cantares
- Isaías
- Jeremías
- Lamentaciones
- Ezequiel
- Daniel
- Oseas
- Joel
- Amós
- Abdías
- Jonás
- Miqueas
- Nahúm
- Habacuc
- Sofonías
- Hageo
- Zacarías
- Malaquías

Éxodo

ERICK ALAN MITCHELL

Introducción. Aunque los versículos iniciales de Éxodo no abordan la cuestión de la autoría, hay múltiples referencias a lo largo del libro que aluden a la participación de Moisés en la redacción de Éxodo. Por ejemplo, en el versículo 24:4 se afirma que "Moisés escribió todas las palabras de Jehová" (i. e., las leyes del pacto conocidas hasta el versículo 23:30). En otras dos ocasiones, Dios ordena a Moisés que "escriba" algo (17:14, la maldición de Dios contra Amalec; 34:27, todas las leyes del pacto que contiene Éxodo). Así, los textos bíblicos posteriores y la tradición atribuyen el libro de Éxodo a Moisés (ver la introducción en el comentario sobre Génesis). Asimismo, hay que tener en cuenta que hay diversas referencias al hecho de que Dios mismo "escribió" los diez mandamientos (primer conjunto de tablas: 31:18; 32:16; segundo conjunto de tablas: 34:1, 28).

Los temas principales de Éxodo son la liberación de la esclavitud, la redención del juicio y la revelación de Dios como el Dios del pacto de Israel (tanto como continuación del pacto que hizo con Abraham como respecto al nuevo pacto nacional que está haciendo con Israel).

Un esquema de Éxodo

1:1-2:25	Dios levanta un libertador
3:1-4:31	Dios llama a Moisés para liberar a Israel
5:1-7:7	Dios reafirma a Moisés sobre su llamado; el plan de Dios de que Israel y Egipto lo conozcan
7:8-11:10	Dios golpea a Egipto con juicios milagrosos
12:1-13:16	Dios pasa por alto a Israel y lo redime del juicio

La pintura de Beni Hasan, del Alto Egipto, muestra a las familias semitas entrando en Egipto.

13:17-15:21	Dios conduce a Israel fuera de Egipto atravesando el mar
15:22-18:27	Dios provee y protege a Moisés/Israel a pesar de sus quejas
19:1-31:18	Dios hace su pacto con Israel en el monte Sinaí
32:1-34:35	Israel rompe el pacto; Dios reafirma su voluntad de permanecer con Israel
35:1-39:43	Dios pasa por alto a Israel y lo redime del juicio
40:1-38	Moisés instala el tabernáculo; la gloria de Dios permanece en medio de Israel

El libro de Éxodo comienza con los descendientes de Abraham residiendo en Egipto. Han dejado Canaán, la tierra prometida, y han emigrado a Egipto con la esperanza de sobrevivir a una hambruna. En esta época era común que los comerciantes y los inmigrantes trataran de entrar en Egipto, especialmente en tiempos de sequía. Egipto disponía de un suministro constante de agua y de tierras bien fertilizadas gracias a las inundaciones anuales del Nilo. De hecho, en algunos momentos los faraones mantuvieron una serie de fortalezas a lo largo de su frontera oriental y en el camino hacia Canaán por toda la costa mediterránea con el fin de limitar la inmigración. Sin duda, también hubo otros grupos de personas que descendieron para migrar a Egipto. La pintura de Beni Hasan, procedente del Alto Egipto, representa a una familia de semitas (similares a los hebreos) entrando en Egipto con esposas, hijos y ganado, todos ellos vestidos con un estilo de ropa multicolor aparentemente similar al mencionado en el relato de la túnica de José (Gn 37:3).

Si bien Egipto disponía de abundante agua, los inmigrantes se enfrentaron a innumerables dificultades. La cultura y la religión egipcias diferían mucho de las suyas. Dentro de la sociedad egipcia, los “hijos de Israel” eran forasteros y se les consideraba parte de una casta inferior, sobre todo por

Inscripción egipcia que representa a una mujer egipcia dando a luz en una "piedra de parto"

su rostro sin afeitar y su trabajo con los animales (Gn 41:14; 43:32; 46:33-34) (ver los comentarios sobre Gn 43:32).

Israel en esclavitud (cap.1)

Estos son los nombres (1:1). Esta primera frase refleja el nombre del libro en hebreo (*Shemot*), así como la conexión y la continuación de la historia de los hijos de Israel que se encuentra en el Génesis (ver la introducción en el comentario sobre Génesis).

Se levantó sobre Egipto un nuevo rey que no conocía a José (1:8-11). El nombre de este faraón no se menciona en Éxodo. Hay dos fechas que compiten entre sí en cuanto al acontecimiento del éxodo (denominadas fecha temprana y fecha tardía), y la identificación de los faraones que aparecen en la historia viene determinada por la fecha que se utilice. Respecto a la fecha temprana (ca. 1446 a. C.), este nuevo faraón que oprimiría y esclavizaría a Israel podría haber pertenecido a la dinastía semita de los hicsos (que entró en el norte de Egipto alrededor del 1650 a. C. y gobernó allí durante más de un siglo) o a la posterior decimoctava dinastía egipcia que expulsó a los hicsos de Egipto. El faraón Amosis I estableció la decimoctava dinastía cuando expulsó a los hicsos en torno al 1550 a. C. Así, Amosis I pudo haber expulsado a la dinastía semita de los hicsos y luego esclavizó a todos los hebreos (también un grupo étnico semita) en la tierra de Gosén. Respecto a la fecha más tardía de Éxodo (ca. 1250 a. C.), el faraón de la opresión podría ser cualquier faraón desde el faraón Ay (ca. 1330 a. C.)[1] hasta el faraón Ramesés II (ca. 1290 a. C.).

Pitón y Ramesés (1:11). Los nombres y la ubicación de estas dos ciudades no están claros y forman parte del debate sobre la fecha del éxodo. La ciudad de Pitón (probablemente una traducción hebrea del "templo de Atum" egipcio) se ha relacionado con dos lugares: el más antiguo es Tell Retabeh (ca. 1300-700 a. C.), ciudad que posteriormente se trasladó a otro sitio, Tell el-Maskhuta (ca. 700 a. C.-400 d. C.).[2] La ciudad de Ramesés (Pi-Ramesés) se ha identificado con el yacimiento de Qantir (que estuvo en uso entre el 1270 y el 1120 a. C., antes de que el cercano cauce del río Nilo se sedimentara).[3] Si Qantir es la ciudad de Ramesés, la fecha temprana del éxodo es poco probable. Mientras que la decimonovena dinastía tenía un complejo real en el emplazamiento de Qantir/Pi-Ramesés, la decimoctava dinastía (fecha temprana) únicamente revela un centro fortaleza/militar allí y, en general, no tiene ningún recinto llamado (Pi-)Ramesés.[4] El faraón Ramesés II sí construyó una ciudad-almacén (quizás una capital regional) con este nombre (*Pi-Ramesés Aa-nakhtu*, "dominio de Ramesés II, grande en victoria"), que estuvo en uso desde el 1270 hasta el 1130 a. C.[5] Es difícil determinar si estas ciudades tuvieron una presencia israelita, puesto que la etnicidad es una cuestión complicada de establecer con gran exactitud cuando solo hay datos arqueológicos a partir de cosas como la cerámica. Es probable que los israelitas utilizaran la cultura material egipcia (cerámica, construcción de casas, etc.) en su vida cotidiana, por lo que el registro arqueológico que dejaron sería dificultoso de distinguir al de los egipcios.

Sin embargo, el uso del nombre Ramesés podría ser una actualización editorial para explicar el nombre posterior de la ciudad que los israelitas habían construido, o tal vez el nombre eventual de la construcción en el área de Tell el-Daba/Qantir (que comenzó bajo el faraón Horemheb [1323-1295 a.C.] y continuó bajo el faraón Seti I [1294-1279 a. C.]).[6] También es posible que el nombre Ramesés no estuviera vinculado a un faraón gobernante.

Los primeros años de Moisés (cap. 2)

Una arquilla de juncos [...] la calafateó con asfalto y brea (2:3). Dios orquesta los acontecimientos del nacimiento de Moisés en un relato de nacimiento de héroes que no es desconocida para los pueblos del antiguo Cercano Oriente. Moisés no es el único niño de la literatura antigua que fue arrojado a un río en una cesta cubierta de brea. Por ejemplo, una historia de este tipo en la literatura antigua es "La leyenda del nacimiento de Sargón de Acad". Escrita hacia el año 700 a. C., durante el reinado de Sargón II, el relato narra el nacimiento del homónimo del rey, un rey anterior, Sargón (hacia el 2300 a. C.). La leyenda de Sargón se ajusta al antiguo modelo de relatos sobre el "nacimiento de un héroe", según el cual el niño/héroe es abandonado o expuesto en un cesto al nacer (a veces sobre el agua) y, de forma fortuita, es rescatado del peligro para alcanzar grandes logros.[7] "La leyenda del nacimiento de Sargón de Acad" dice así:

> Me colocó en un cesto de caña, selló mi escotilla con brea.
> Me dejó en el río, de donde no pude salir.[8]

Le puso por nombre Moisés (2:10). La hija del faraón da al bebé un nombre egipcio. El nombre Moisés significa "sacado de" o "nacido de". Es en parte el mismo nombre que figura en los faraones llamados Ramesés. El nombre egipcio Ramesés en realidad se pronunciaba *meses-ra*, que significa "nacido de (el dios-sol) Ra". Sin embargo, los egipcios siempre escribían primero el elemento "dios". Así que cuando se escribe, se convierte en Ra-meses. Es posible que la hija del faraón le haya puesto originalmente el nombre de Moisés-Hapi (por el dios egipcio ídolo de las inundaciones anuales del Nilo), o que haya utilizado uno de los muchos otros nombres de dioses relacionados con

Una cesta de papiro del antiguo Egipto, similar a la cesta utilizada por la madre de Moisés.

el Nilo. Si ese es el caso, parece que Moisés abandonó posteriormente el nombre del otro dios, por razones teológicas obvias.

Moisés huyó [...] y habitó en la tierra de Madián (2:15). Los madianitas eran un grupo de personas emparentadas con Israel, descendientes de Abraham y su segunda esposa, Cetura (Gn 25:4). Madián estaba situado en lo que ahora es el sur de Jordania y el noroeste de la península arábiga.

Moisés se reúne con Dios (cap. 3)

Monte de Dios (3:1). Moisés está pastoreando el rebaño de Jetro, su suegro, detrás o al extremo del desierto de Sinaí. Desde una perspectiva en Madián, esto sería el lado opuesto de la península del Sinaí desde Madián (i. e., el sur o el oeste del Sinaí). Sin embargo, si Moisés está escribiendo desde la perspectiva de estar en Egipto, entonces esto sería al este o al sur del Sinaí. Cuando Moisés habla por primera vez de ir a Egipto, probablemente relatando su experiencia de la "zarza ardiente", es a Jetro en Madián (4:18). Sin embargo, el lado más lejano del Sinaí puede suponer que Moisés narra el relato a Aarón en el desierto y habla de su perspectiva egipcia (y la de Israel) (4:28-31). Por lo general, los pastores invernaban sus rebaños cerca de casa, y luego se quedaban cerca de su base en la primavera, cuando el forraje estaba cerca. Más tarde, en el verano, viajaban más lejos para encontrar forraje para sus rebaños. Cuando Jetro visita más tarde a Moisés en el monte Sinaí/Horeb (cap. 18), sale de allí para ir a su propia tierra, por lo que el Sinaí no se encuentra en la tierra de Madián (como algunos han conjeturado recientemente). El desierto del Sinaí era más bien una región desértica montañosa que una región salvaje boscosa. Aunque era una zona desértica y seca, todavía habría sido posible apacentar

La región del Sinaí.

un rebaño en las elevaciones montañosas de Horeb. Esta sería la razón por la que Moisés llevó allí el rebaño de Jetro.

A la tierra que fluye leche y miel (3:8,17). Dios había prometido a Abram que su descendencia regresaría triunfante a la tierra prometida (Gn 15:14). Al principio de Éxodo, el pueblo de Israel se encuentra principalmente en la tierra de Gosén, situada en el delta del Nilo, al noreste de Egipto. Gosén era una buena tierra para el cultivo y el pastoreo de animales, pero el pueblo se vería acorralado por los afluentes del Nilo y no podría expandirse ni extenderse. Por eso, cuando Dios habla de la tierra a la que los llevará, la describe como una tierra buena y espaciosa. Es una tierra con hierba para las ovejas y el ganado (i. e., leche), y una tierra llena del verdor de los cultivos productivos (de ahí la miel de las abejas). Aunque la tierra prometida tenía regiones que eran áridas, también había regiones que eran muy productivas en la antigüedad. La miel fácilmente disponible en el suelo se menciona más tarde en los relatos de Sansón (Jue 14:8) y Jonatán (1 S 14:26). También hay pruebas arqueológicas de alrededor del año 850 a. C. de la apicultura industrial en Tel Rehov, una ciudad densamente poblada en el norte del valle del Jordán. También es posible que la miel mencionada aquí en Éxodo 3 haga referencia a un producto elaborado a partir del fruto de las palmeras datileras. Si este es el caso, la referencia a una tierra que fluye con leche y miel está declarando que el producto de los animales (leche) y las plantas (miel de dátiles) en la tierra será abundante y satisfará a los israelitas.

Moisés convencido de volver a Egipto (cap. 4)

La vara se convirtió en una serpiente (4:3NVI). Moisés recibe tres señales para convencer al pueblo de que habla en nombre del Señor. En la primera, su vara se convierte en una serpiente. Para los israelitas, la referencia a la serpiente tenía connotaciones del animal del huerto del Edén que engañó a Eva. El control de Moisés sobre la serpiente puede haber revelado a los israelitas una clara figura de la semilla de Eva volviendo a tomar el dominio sobre la serpiente y la creación, algo que solo Dios podía hacer que sucediera. Por otro lado, las serpientes desempeñaban un importante papel simbólico en Egipto. Los egipcios tenían un dios ídolo serpiente gigante, Apofis, que era el maestro del caos y enemigo del dios del sol Ra, la deidad patrona de la mayoría de los faraones.

Los faraones egipcios solían ser representados con un mayal y un cayado de pastor, como se ve en este shabti (estatuilla funeraria) del rey Tutankamón.

Según el entendimiento egipcio, esta serpiente gigante, Apofis, intentaba tragarse el sol cada día. Por ello, los egipcios adoraban a Ra y lanzaban hechizos contra Apofis. El hecho de que Moisés controlara a este dios o a su imagen (vara de serpiente) significaba que Dios y su portavoz Moisés eran más poderosos que el dios Apofis y, por lo tanto, representaban una amenaza muy seria para el faraón. Además, la vara de Moisés es probablemente un cayado de pastor. Los faraones de Egipto llevaban cetros con forma de pequeño cayado de pastor como señal de su dominio. Cuando la vara de Moisés se traga todas las varas de los magos del faraón, demuestra que el Dios de Moisés gobierna sobre todo, incluso sobre Egipto.

Colección de antiguas varas egipcias.

La mano [...] estaba infectada (4:6 PDT). El segundo signo es similar al primero, ya que muestra que Dios tiene control sobre el ámbito físico de la enfermedad. El término hebreo traducido a menudo como "lepra" (*tsara*) se refiere a una serie de enfermedades cutáneas antiestéticas para las que no se conocía cura.

Aquellas aguas que tomarás del río y se harán sangre (4:9). Esta señal revelaría el poder de Dios sobre la fuente de vida de Egipto y al mismo tiempo mostraría el poder de Dios sobre Hapi, el dios egipcio del Nilo, así como sobre varios dioses menores representados por animales dentro del Nilo (cocodrilos, hipopótamos, ranas, etc.). Esta señal/plaga también recuerda el anterior derramamiento de sangre egipcia contra Israel, cuando el faraón ordenó que todos los bebés hebreos fueran arrojados al río Nilo (1:22).

Un esposo de sangre (4:25). Moisés se dirige a Egipto. A pesar de haber sido comisionado para liberar a Israel, nunca había circuncidado a su hijo Gersón tal y como lo establecía el pacto de Dios con Abraham (Gn 17:10). La razón de esta laxitud se desconoce, pero Moisés parece ser el culpable responsable. Quizás Moisés había cedido a la reticencia de Séfora cuando llegó el momento (al octavo día después del nacimiento) de circuncidar a Gersón. Así pues, ahora quizá sea Séfora la que consiente y (para salvar a Moisés de la ira de Dios) circuncida de mala gana a su hijo, convirtiéndolo (e indicando que ella también lo está) en el pueblo del pacto de Dios (ver los comentarios sobre Gn 17:10). Aunque no era obligatoria, la circuncisión se practicaba entre los egipcios, especialmente entre las clases altas. En épocas posteriores, en Egipto estaba restringida a la clase sacerdotal.

El dios egipcio Amón-Re (izquierda). La diosa egipcia Ma'at (derecha).

Israel oprimido (cap. 5)

Faraón respondió: ¿Quién es Jehová? [...] Yo no conozco a

Escena de esclavos haciendo ladrillos de barro en Egipto, de una pintura mural en la tumba de Rekhmire, el visir bajo Tutmosis III (1479-1425 a. C.)

Jehová, ni tampoco dejaré ir a Israel (5:2). Los egipcios tenían más de dos mil dioses, cada uno con su propia esfera de influencia o poder. Había dioses creadores (Ptah, Ra/Re), dioses de las características físicas del cosmos (Amón-Re, el dios del sol; Nut, la diosa del cielo; Jonsu, el dios de la luna), dioses de las características físicas de la tierra (Hapi, el dios del río Nilo), dioses representados como animales (Bastet [gato], que apoyaba a Amón-Re; Hathor, la diosa de la vaca), dioses del parto (Bes), y un dios de la muerte, el desorden, las tormentas y la violencia (Seth). El faraón era visto como una manifestación tanto del dios Horus (que ataca a la muerte/desorden/enemigos) como de Amón-Re, el dios del sol (padre de Ma'at). En su calidad de diosa del orden y la justicia divina, Ma'at mantenía el orden social (llamado *ma'at*). Para complacerla, uno mantenía su lugar en ese orden. Para tener éxito en la vida y en la otra vida, había que complacer a los dioses mediante el sacrificio, la adoración, las acciones correctas y la preparación funeraria adecuada. El faraón estaba encargado de mantener el *ma'at* (orden divino) y destruir a Isfet (el dios del caos). Cuando el faraón dice que "no conoce" a Jehová, quizá quiera decir que no le reconoce ningún poder o influencia sobre él porque Jehová no es un dios egipcio. En respuesta, Dios afirma en los versículos 7:3-5 que traerá sobre Egipto muchas señales y maravillas, y entonces "sabrán" que él es el Señor. Al hacerlo, Dios se revela como el gobernante del orden divino/creativo. También muestra que el faraón es impotente e incapaz de mantener el *ma'at* (orden), ya que en la cosmovisión egipcia las plagas serían el Isfet (caos) personificado.

No daréis paja al pueblo para hacer ladrillo (5:7). Los ladrillos de barro eran un material de construcción habitual en Egipto. Aunque algunas estructuras (templos, palacios, pirámides, etc.) se construían con piedra, los bloques de piedra debían extraerse y trasladarse a grandes distancias, lo que solía ser muy costoso. Por ello, la mayoría de las estructuras se construían con ladrillos de barro, menos costosos y más fáciles de conseguir. Al igual que el adobe moderno, los ladrillos de barro en el mundo antiguo se fabricaban mezclando agua, arcilla, arena y paja (como material aglutinante). El proceso de mezcla era muy laborioso y se llevaba a cabo en un hoyo poco profundo, golpeando y mezclando los ingredientes con los pies. A continuación, la mezcla se prensaba en moldes de madera y se dejaba secar al sol durante días. Cuando se apilaban con un mortero a base de barro, estos ladrillos formaban una estructura sólida y bien aislada. Si se enyesaban con regularidad en el exterior, las estructuras hechas de ladrillos de barro podían durar bastante tiempo. Cuando se ordena a los israelitas que recojan su propia paja, esto supone una gran dificultad para ellos, ya que aumenta su carga de trabajo y pone a prueba su productividad.

Cumplimiento del pacto (cap. 6)

Con mano fuerte (6:1). La "mano fuerte" o "mano poderosa" de Dios (cf. 13:3, 9, 14, 16) se yuxtapone a menudo con la frase "brazo extendido" (p. ej., Dt 4:34). La pose clásica en las pinturas y estatuas egipcias de todos los faraones, desde el primero, Narmer (ca. 3000 a. C.), hasta Ramesés III (ca. 1153 a. C.), era la de un faraón más grande que la vida, de pie sobre sus pequeños enemigos, listo para golpearlos hasta la muerte. Por lo general, en estas imágenes el faraón agarra a sus enemigos del cabello con la mano izquierda, mientras que la mano derecha se levanta y se extiende por encima de la cabeza sosteniendo una maza o un garrote listo para golpearlos en la frente. Los extranjeros de esta iconografía clásica eran vistos por los egipcios como agentes de Isfet/caos a los que el faraón somete para cumplir la ma'at (orden). Esta ilustración del faraón puede reflejar la creencia egipcia en la batalla mitológica entre Horus y Seth por el trono de Egipto. En la representación del faraón Narmer se observa cómo este decapita a diez enemigos. Mucho después, en una imagen del templo de Edfu (ca. 110 a. C.) el dios Horus arponea diez veces al dios Seth.

Un faraón con el "brazo extendido" listo para golpear a un grupo multiétnico de sus enemigos.

Aquí, en Éxodo, el Señor, el Dios de Israel, adopta una imagen similar para sí mismo, contrarrestando de forma polémica la creencia egipcia, y afirmando esencialmente que solo él es quien ordena el universo (no la diosa Ma'at). Además, es el único gobernante todopoderoso capaz de liberar a su pueblo (no el faraón). Asimismo, estas representaciones implican que está a punto de golpear a Egipto diez veces y, de hecho, esto ocurre en las diez plagas. Estas ilustraciones religiosas iconográficas mezcladas a lo largo del relato del éxodo habrían sido bien comprendidas tanto por los israelitas como por los egipcios.

Siendo yo torpe de labios (6:12). Literalmente, Moisés declara aquí que es un hombre de "labios incircuncisos". Esta afirmación puede reflejar no que Moisés tartamudea, sino que es reticente a hablar en presencia del faraón. Sin duda, Moisés en su juventud hablaba egipcio con fluidez en la corte faraónica (2:9-10; Hechos 7:20-22). Sin embargo, ahora, décadas después, quizá se sienta incapaz. Los egipcios valoraban mucho la elocuencia en el habla. Era uno de los distintivos de la sabiduría y la retórica egipcias. Una persona que podía componerse y hablar con elocuencia era considerada veraz y podía prevalecer ante la corte del faraón. Esto se observa en la literatura egipcia, especialmente en la historia titulada "El cuento del campesino elocuente". En esta historia, un campesino oprimido por un hombre rico cautiva tanto al faraón por su elocuencia hasta tal punto que su encarcelamiento se prolonga solo para que el faraón pueda escucharle todos los días. Al final, este campesino elocuente gana su caso.

La vara en serpiente, el agua en sangre (cap. 7)

Las aguas de Egipto [...] se conviertan en sangre (7:19). La mayoría de las plagas enviadas a los egipcios son de duración indeterminada, aunque la primera, la novena y la décima plagas duran siete días, tres días y un día, respectivamente. Es posible suponer que la mayoría de las plagas duraron varios días. Tampoco se sabe cuánto tiempo transcurre entre la mayoría de las plagas (a excepción de los siete días mencionados en el versículo 7:25 entre la primera y la segunda plaga). Hay una fecha de finalización razonable (la Pascua), además de algunos marcadores clave entre ambas (las plagas de granizo y langostas). Las plagas probablemente comienzan en agosto/septiembre, en el momento álgido de la inundación anual del Nilo, y se extienden a lo largo de seis meses, terminando con la décima plaga (muerte de los primogénitos) en marzo/abril.[9]

En la cosmovisión egipcia, la crecida del río Nilo estaba relacionada con la resurrección del dios Osiris, quien traía el renacimiento, la renovación y la fertilidad. Así, los egipcios podían considerar que el agua del Nilo se convertía en sangre para indicar la muerte de Osiris.[10] Además, según la mitología egipcia, el Nilo fluía con sangre humana cuando la diosa Sekhmet había sido creada por Re para matar a la humanidad. Sin embargo, Re cambió de opinión y, al derramar cerveza de color rojo sobre el suelo, engañó a Sekhmet haciéndole creer que toda la humanidad había muerto. Para los egipcios, la primera plaga podría haberse tomado como un presagio del juicio de Re y Sekhmet sobre ellos. Quizás los magos del faraón utilizaron este mismo truco de la cerveza de cebada coloreada con ocre rojo para imitar que el agua del Nilo se convertía en sangre.[11] La sangre también puede recordar la sangre de los niños hebreos arrojados al Nilo por el faraón de la opresión (1:22). Aunque algunos quisieran atribuir las primeras nueve plagas únicamente a causas naturales, tanto la inmediatez como la extensión dominante del agua que se convierte en sangre remarcan que se trata de un acontecimiento sobrenatural.

Ranas, piojos y moscas (cap. 8)

Yo castigaré con ranas todos tus territorios [...] piojos [...] moscas (8:1-32). Cuando Dios golpea a Egipto con las plagas, comienza atacando las aguas que dan vida del río Nilo, demostrando su control tanto sobre las aguas como sobre las criaturas del Nilo. Desde luego, las aguas contaminadas alteran el *ma'at*/orden de la tierra, haciendo que las aves y la fauna salgan de sus moradas habituales en busca de agua. A continuación, Dios juzga a Egipto con piojos (insectos que pican, quizás mosquitos), insectos voladores que se mueven en el espacio sobre las aguas del Nilo. Después, Moisés vuelve a encontrarse con el faraón junto al Nilo, y Dios juzga a Egipto enviando moscas, cuya área de movimiento es el espacio sobre el suelo, pero que se extiende por todo Egipto. En la mitología egipcia, el dios Uatchit, representado por una mosca, protegía contra la desgracia y la enfermedad, pero en este caso no pudo hacer ninguna de las dos cosas. En cada caso, el momento milagroso en que se inicia y se detiene la plaga, la espectacular sobreabundancia (que evidencia tanto el desequilibrio de la naturaleza como, para los egipcios, la incapacidad de sus dioses) y la expansión del ámbito de influencia de cada plaga demuestran cada vez más que el Señor tiene poder sobre la creación, el espacio y los poderes atribuidos a los dioses de los egipcios, y el espacio y los poderes atribuidos al faraón y a sus servidores.

Los egipcios detestan los sacrificios que ofrecemos (8:26 NTV). Debido a que trabajaban como pastores, los israelitas en general eran detestables para los egipcios (ver los comentarios sobre Gn 43:32). Sin embargo, los egipcios también sacrificaban animales a sus dioses (principalmente cabras, toros, antílopes y gansos, aunque aparentemente también se utilizaban gatos, aves y cocodrilos). En Egipto se han encontrado millones de estos animales momificados. Probablemente se compraban y se donaban como sacrificio. El historiador griego Heródoto indica que los egipcios en general realizaban los sacrificios de forma similar a Israel. Si bien sacrificaban toros, las normas eran estrictas, y si uno sacrificaba un toro que un sacerdote egipcio no había marcado correctamente, la pena era la muerte. Los egipcios no sacrificaban vacas (hembras) porque eran sagradas para Isis.[12] Pero los israelitas sacrificaban tanto toros como vacas, lo que quizá ofendía a los egipcios.

Otro aspecto interesante es que Moisés e Israel, extranjeros en Egipto, pedían ir al desierto (o a los páramos) para realizar sacrificios. Los egipcios consideraban que el desierto/páramo era la morada del dios egipcio Seth, el dios del desierto, los extranjeros y los usurpadores, así como el dios del caos y la confusión. Así, Seth era un dios algo hostil para los egipcios. Probablemente habrían considerado que sacrificar a un dios del desierto era sacrificar a Seth, su dios "enemigo".

Plagas en Bestia, Hombre, Cosechas (cap. 9)

La mano de Jehová estará sobre tus ganados [...] con plaga gravísima (9:3). La plaga sobre el ganado crea tanto una carga económica para Egipto como una ventaja para Israel (inflando de forma instantánea el valor de sus rebaños). Parte del ganado de Egipto se encontraba en la región del delta cerca del ganado hebreo, y sin embargo el ganado hebreo no enfermó ni murió como el egipcio. Esta puede ser la razón por la que el faraón "investigó" el asunto para ver si era así. Esta plaga también juzga a los dioses ídolos de los egipcios que estaban representados en forma animal o en una forma híbrida humana-animal. Cuando llegaba el tiempo de arar (octubre/noviembre), la escasez de bueyes que arasen los campos para la siguiente cosecha sería desastrosa. Muchos animales, como carneros, gatos, perros, caballos, vacas y toros, eran sagrados para los egipcios. Uno de los animales más importantes que se habría visto afectado por esta plaga era el toro egipcio Apis, considerado como el dios Apis encarnado. El Apis era un toro especialmente seleccionado por sus marcas, y era adorado como representante del poder del faraón y de la fertilidad de la tierra. Esta plaga habría matado al toro Apis no por causas naturales, como ocurría ocasionalmente, sino por orden de Dios, lo que provocó un largo período de luto en Egipto y la necesaria búsqueda de un nuevo toro Apis. No obstante, como todo el ganado de los egipcios habría muerto, tendrían que buscar un sustituto fuera de Egipto, irónicamente quizás del ganado de los hebreos.

Vendrá a ser polvo [...] producirá sarpullido con úlceras en los hombres (9:9). Esta plaga ataca a los dioses de Egipto que tenían poder sobre la humanidad, la salud y la curación. Una vez más, la adoración en todos los templos de Egipto sería interrumpida. Cabe destacar que cada una de las plagas anteriores (el agua que se convierte en sangre, las ranas muertas, las picaduras de los piojos/mosquitos, el ganado muerto) tendían a llevar sangre o animales muertos a los recintos del templo egipcio, lo que provocaba la profanación del templo y, por tanto, la interrupción de la adoración. Ahora, con la infección de la piel/los forúnculos en todo el mundo, incluidos los sacerdotes, su adoración en el templo se vería una vez más gravemente perturbada. Los sacerdotes egipcios, que normalmente se afeitaban todo el cuerpo, estaban extremadamente preocupados por mantener la pureza de sus cuerpos físicos. La presencia de los forúnculos descalificaba a un sacerdote para el servicio. Más adelante se anuncia que estos mismos tipos de forúnculos caerán sobre los hebreos si no cumplen su pacto con Dios (Dt 28:27).

La peor granizada (9:18 NVI). Esta plaga menosprecia a los dioses egipcios

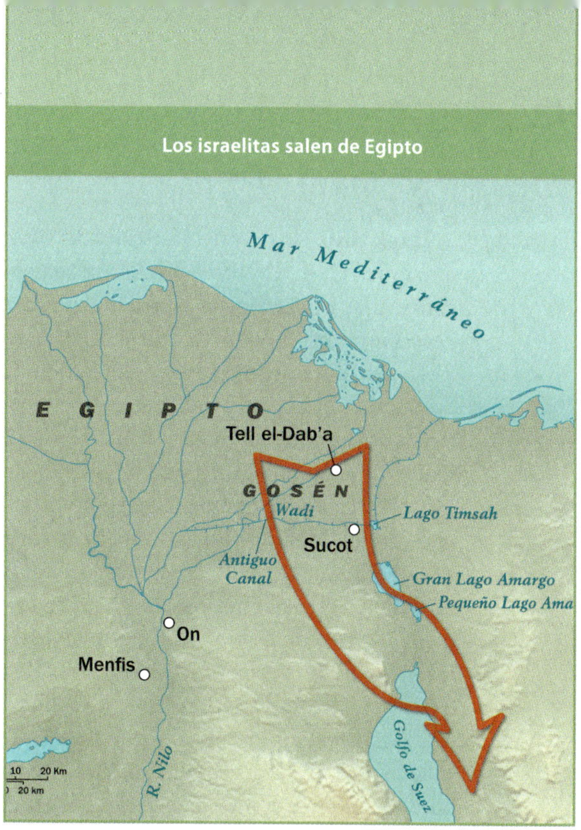

Los israelitas salen de Egipto

que supuestamente gobernaban el cielo, la tierra, las cosechas y la fertilidad. Los egipcios tenían tres estaciones: lluvia/inundación, siembra/cultivo y cosecha. Cultivaban una gran variedad de cosechas (cf. Nm 11:5), incluyendo cereales (trigo, espelta, cebada), verduras (puerros/cebollas, pepinos, ajos, lechugas/coles, judías/lentejas, rábanos/nabos), frutas (higos, uvas, melones), lino (para hacer ropa de lino y cuerdas) y papiro (para escribir textos y para artículos utilitarios). La temporada de lluvias/inundaciones iba de junio a septiembre, la de siembra/crecimiento de octubre a febrero y la de cosecha de marzo a mayo. La plaga de granizo se produjo en plena temporada de cultivo, después de que el lino y la cebada estuvieran en plena floración, pero antes de que el trigo y la espelta hubieran madurado. Probablemente fue en febrero.

Langostas y oscuridad (cap.10)

Mañana yo traeré sobre tu territorio la langosta (10:4). La plaga de las langostas revela que los dioses egipcios que estaban relacionados con el cielo, las plantas, la cosecha y la protección general del pueblo son incapaces ante el Señor. Aunque el desplazamiento en grandes enjambres no es el comportamiento normal de las langostas, se sabe que estas enjambran ocasionalmente después de largos períodos de sequía seguidos de un nuevo crecimiento de la vegetación alimentado por la lluvia. Sin embargo, se necesita un entorno adecuado, así como varias generaciones de números crecientes en estrecho contacto con enjambres cada vez más grandes para que su número alcance las proporciones de una plaga. Con la dirección pasiva de los vientos dominantes, los enjambres vuelan hasta que las temperaturas se enfrían. Entonces descansan, comen y siguen adelante. De este modo, pueden devorar casi toda la vegetación a su paso. Un enjambre de la variedad de langostas del desierto puede cubrir cerca de 500 millas cuadradas, con hasta 200 millones de langostas por milla cuadrada, y puede comer más de 400 millones de libras de plantas por día.[13] El enjambre descrito en los versículos 10:1-20 está programado, dirigido y dimensionado de manera sobrenatural, por lo que su escala es devastadora para Egipto.

Haya tinieblas sobre la tierra de Egipto (10:21). A mediados del tercer milenio a. C., el dios creador Amón se había unido al dios del sol Ra/Re para convertirse en Amón-Re, el jefe del panteón egipcio (en una inscripción se le describe como "rey de los dioses"). El faraón era visto como el hijo de Amón-Re y servía como su representante en la tierra. Amón-Re era el dios del estado durante el periodo del Reino Nuevo y por ello fue adorado por todos los faraones durante las dinastías XVIII y XIX de Egipto (lo cual cubre todo el rango de fechas posibles para los eventos del éxodo). Durante el día, Amón-Re viajaba en su bote (llamado barca) por el cielo. Durante la noche viajaba en una barca por el mundo de los muertos. Para poder resucitar, Amón-Re tenía que derrotar a su malvado enemigo, el dios serpiente Apofis, con la ayuda de otro dios, Seth. El faraón realizaba rituales para ayudarle en esta lucha. Por lo tanto, la plaga de las tinieblas era un ataque directo al poder de Amón-Re, con lo cual se demostraba que tanto Amón-Re como el faraón eran inútiles ante el Señor, el Dios todopoderoso de Israel. Para los egipcios, la oscuridad que se producía en el día significaba que Amón-Re había perdido o estaba perdiendo su lucha, y que el faraón, obviamente, no podía ayudarle, con lo cual tampoco podía mantener el orden en el mundo (*ma'at*). Para empeorar aún más las cosas para los egipcios, mientras la oscuridad cubría todo Egipto por tres días, el sol seguía brillando sobre los israelitas. Según la opinión de los egipcios, esto implicaría que el sol (o el dios principal Amón-Re) no era más que un siervo del Señor, el Dios de los israelitas, el cual brillaba donde y cuando él quería. En cuanto al poder humano, esto también elevaría a Moisés, el representante del Señor, por encima del faraón a los ojos de los egipcios. Además, cada una de las tres plagas finales contiene una referencia a la oscuridad o a la noche (10:5, 15; 10:22-23; 11:4; 12:12, 29, 31), lo que implica quizás que este ataque a Amón-Re se extendió a través de estas tres plagas finales.[14]

Las maravillas de Dios se multiplican (cap.11)

A la medianoche [...] morirá todo primogénito en tierra de Egipto (11:4-5). En gran parte del antiguo Cercano Oriente, a la muerte de su padre, el primogénito recibía una doble porción de los bienes de su padre y se convertía en la autoridad y el líder espiritual sobre los demás miembros de la familia.

Este carro de madera fue un regalo del faraón Amenhotep III.

Así, el hijo primogénito tenía un estatus especial. Volviendo a los versículos 1:15-22, el faraón ya había matado a muchos hijos de Israel. Por lo tanto, las acciones de Dios ahora al matar a todos los primogénitos de Egipto, incluso al hijo primogénito del propio faraón, es una "justicia poética" oportuna. El dios egipcio que proporcionaba protección durante la noche era el dios de la luna Jonsu (también conocido como Jons). También era la deidad patrona del hijo primogénito del faraón. El punto álgido del poder de Jonsu era la noche de luna llena. La Pascua debía celebrarse el decimocuarto día del mes lunar, la noche de luna llena (12:6). De este modo, en el apogeo del poder de Jonsu, el dios encargado de proteger a los egipcios durante la noche, sobre todo a los primogénitos del faraón, el Dios de Israel viene y mata a todos los primogénitos de Egipto.

Egipto juzgado (cap. 12)

Yo [...] heriré a todo primogénito [...] ejecutaré mis juicios en todos los dioses de Egipto (12:12). Egipto quedó devastado. En lo económico, las alteraciones y las pérdidas fueron catastróficas: los alimentos escaseaban, los animales habían desaparecido (incluso los animales salvajes habrían tenido que huir en busca de comida). Los templos de Egipto estaban sin ofrendas, y la corte del faraón carecía de impuestos e ingresos. Cada una de las plagas trajo consigo más desorden, pestilencia, sufrimiento y muerte, todo lo cual perturbó y/o destruyó el *ma'at* (orden y equilibrio en el mundo), algo que estaba en el centro mismo de la cosmovisión y la mitología egipcias. Este desorden era una afrenta para la diosa egipcia Ma'at (hija de Re y diosa del orden) y para el faraón, encargado de mantener el orden. Ma'at se representaba a menudo

Una escena extraída del "Libro de los muertos" egipcio, en la que se representa la ceremonia del "juicio de los muertos". Cabe destacar la pluma de Ma'at en un lado de la báscula y el corazón del difunto en la otra. Anubis, dios de los muertos, maneja la báscula mientras Ammit, dios del inframundo con cabeza de cocodrilo, mira expectante y el dios Thoth anota los resultados. El dios Osiris está sentado a la derecha.

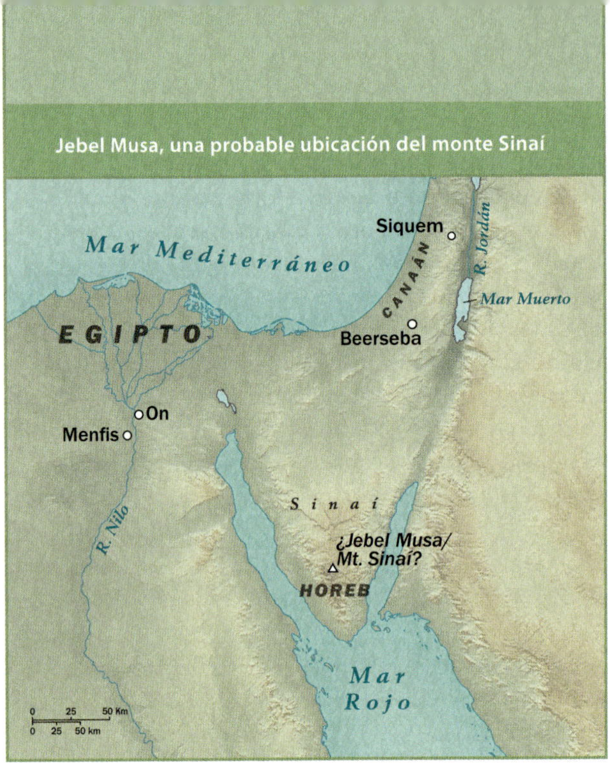

como una mujer sentada con una pluma en la cabeza.

El "Libro de los muertos" egipcio describe una ceremonia del "juicio de los muertos" que se celebraba la noche en que una persona pasaba a la otra vida. En esta ceremonia, el corazón del difunto se pesaba en la balanza de la diosa Ma'at, equilibrándose con la pluma de la diosa en el otro lado de la báscula. Si el corazón estaba fuera de orden, en desequilibrio con ma'at, sería devorado por el dios Ammit (un grifo león/hipopótamo con cabeza de cocodrilo). Por medio de las plagas que el Señor hace caer sobre los egipcios, destruye cualquier noción de orden o equilibrio (*ma'at*) que les quede en su mundo. Luego, en la última plaga, por orden del Señor, todos los primogénitos mueren en todo Egipto. Esto ocurre "a la medianoche" (11:4), lo que sugiere una posible alusión a la ceremonia egipcia del "juicio de los muertos". No queda ma'at en Egipto, tan solo un terrible juicio. Los egipcios probablemente percibirían esto como un juicio directo sobre ellos, su faraón y sus dioses, como el propio Señor declara en el versículo 12:12.

Conmemoración de la Pascua (cap. 13)

Por eso los condujo (13:18 NBV). Israel salió de Egipto en dirección al monte Sinaí (3:12) por una ruta hacia el sureste a través del wadi Tumilat pasando por Sucot (una ciudad de carros del faraón). Se dirigieron hacia el desierto de Shur, situado en el norte del Sinaí central (15:22; 1 S 15:7).[15]

Cruzando el mar (cap. 14)

Pi-hahirot, delante de Baal-zefón (14:9). Tradicionalmente se ha situado el cruce del mar en los lagos amargos o más al sur, en la costa del golfo de Suez. Los israelitas salían de Egipto por una ruta hacia el sureste cuando Dios hizo que Moisés les dijera que "se volvieran" (i. e., hacia el norte). Hacerlo podría haber "encerrado" (14:3) a Israel en la región noreste del delta del Nilo, con un canal y fortalezas egipcias que se extendían hacia el desierto costero al este.

Otros proponen que este cruce tuvo lugar en el extremo norte del sistema de lagos de el-Ballah y cerca del extremo sur de una antigua laguna cercana (i. e., la ubicación propuesta de la fortaleza fronteriza de Migdol).[16] Esto no significa que fuera la intención de Dios conducir a Israel a Canaán por la ruta costera ("el camino a través del país filisteo"), sino que pretendía mostrar su poder sobre el faraón (13:17; 14:4). El relato señala que la travesía tuvo lugar en Migdol (un topónimo que significa "torre")[17], que también estaba cerca de *Pi-hahirot* ("boca del canal" o "el/los canal/es"; había un canal fronterizo que conectaba lagos en el noreste)[18], y que se enfrentaba a Baal-zefón ("señor del norte", en referencia a un dios ídolo que protegía a los marineros en el mar).[19] El nombre de Baal se menciona en un texto egipcio que alude a una masa de agua en esta región, y está cerca de una antigua laguna costera para el mar Mediterráneo.[20] Este canal fronterizo "recorría el norte del lago Timsah hasta el lago el-Ballah, y luego seguía en dirección noreste desde el lado norte de ese lago hasta la costa mediterránea, justo al oeste de Tell Farama". [21] El término en la Biblia para designar la masa de agua atravesada es "Yam Suph", que literalmente significa "mar de los juncos" (conviene destacar que el lago el-Ballah tenía muchas cañas y juncos). En la mitología egipcia, el término Yam Suph representaba un lugar donde el difunto "pasaba por el lago o pantano y se purificaba en sus aguas antes de ascender a una nueva vida" en el reino espiritual.[22]

Dios conduce milagrosamente a los israelitas a través del mar y destruye el ejército egipcio dirigido por el faraón, justo después de que este derrote a los dioses de Egipto, destruya a los primogénitos de este país y saquee a su pueblo. Dios lleva a cabo este juicio final en el mar, frente al templo de Baal-zefón (que, en la mitología egipcia, quizás debería haber protegido a los egipcios en medio del mar). Asimismo, la imagen de Dios guiando a Israel por las aguas purificadoras no habría pasado desapercibida para los israelitas y los que viajaban con ellos.

Las aguas amargas (cap. 15)

No pudieron beber las aguas de Mara, porque eran amargas (15:23-25). El Sinaí es en su mayor parte un desierto vacío y árido que recibe muy pocas precipitaciones. El agua es escasa y únicamente se encuentra en unos pocos oasis. Encontrar un pozo con agua no potable podría haber sido trágico. El trozo de madera que Moisés arroja al agua para purificarla puede ser de la *Moringa oleifera* (árbol de rábano picante), un árbol originario de la India pero que también se cultiva en el norte de África. En algunos casos, las semillas molidas de este árbol pueden tener un efecto purificador sobre el agua. Sin embargo, los árboles de cualquier tipo son escasos en el centro del Sinaí. Así que, incluso teniendo en cuenta la posibilidad de un remedio natural, tanto el momento como la gran escala de este proceso de purificación revelan el poder, la provisión y el cuidado curativo de Dios para Israel.

Maná y codornices (cap. 16)

Venida la tarde, subieron codornices que cubrieron el campamento (16:13). Millones de codornices migran anualmente hacia el norte desde África hasta Europa en primavera y vuelven al sur en otoño. Por lo general, las codornices vuelan al atardecer y se posan en el suelo agotadas por las mañanas para descansar, aunque las migraciones hacia el norte pueden invertir este proceso y descansar por la noche. Algunas de las migraciones hacia el este pasan por el Sinaí en su viaje hacia el norte. Sin embargo, el momento de la llegada de las codornices y el hecho de que lleguen en número suficiente para alimentar a todos los israelitas suponen un milagro.

Los amalecitas (cap. 17)

Amalec (17:8). Amalec, hijo de Elifaz, era nieto de Esaú y jefe de su propia tribu (Gn 36:12, 16). Los amalecitas vivían en el norte del Sinaí y en el Néguev, la zona árida al sur de Judá.

Jetro y los jueces (cap. 18)

Jetro [...] suegro de Moisés (18:1-12). Después de la muerte de Sara, Abraham tomó por esposa a una concubina, Cetura. Ella dio a Abraham seis hijos, el cuarto de los cuales fue Madián (Gn 25:1-6). Esta tribu se estableció en el noroeste de la península arábiga. Madián mantenía una relación amistosa tanto con Amalec (al oeste) como con Moab (al norte) y oprimió a Israel en ocasiones (Nm 22:7; Jue 6-8). Tras matar al egipcio, Moisés huye a Madián y se casa con Séfora, hija de Reuel. Si bien Reuel vivía en Madián, y era sacerdote de la misma, era ceneo (Ex 2:16; Jue 1:16). Los ceneos eran una tribu de metalúrgicos que más tarde vivieron entre Israel y fueron sus leales aliados (1 S 15:6). Reuel es identificado como el padre de Séfora (Ex 2:18). Por lo tanto, se convertiría en el "suegro" de Moisés después del matrimonio. Posteriormente, Hobab, hijo de Reuel, también es llamado "suegro" de Moisés (Nm 10:29; Jue 1:16; 4:11). Sin embargo, el término traducido como "suegro" (*hatan*) probablemente sea más bien un término genérico que significa simplemente "pariente político", un pariente cercano por matrimonio (i. e., el padre, tío, hermano o pariente de sangre cercano de Séfora). Por lo que Reuel podría ser el suegro de Moisés y Hobab su cuñado. Jetro podría ser otro nombre utilizado por Reuel. Pero Jetro también podría ser una persona distinta. Jetro, también llamado "suegro", podría ser el líder de la tribu sacerdotal madianita en cuya familia se casó Reuel (el ceneo). En este caso, Jetro, como "pariente político", quizás después de la muerte de Reuel, lleva a Séfora y a sus hijos a Moisés (junto con Hobab, hijo/nieto de Reuel) en el Sinaí (Ex 18). En cualquier caso, Jetro (o Jetro/Reuel) llega a la fe en el Señor (Ex 18:11) y hace un pacto de paz con los líderes de Israel compartiendo una comida con ellos. Luego abandona el Sinaí y se va a casa (Ex 18:27), mientras que Hobab, hijo/nieto de Reuel, se une a Israel y habita con ellos (Nm 10:29; Jue 4:11).

Sinaí (cap. 19)

Llegaron al desierto de Sinaí [...] acamparon allí delante del monte (19:1-2). Las montañas sagradas eran bien conocidas en la mayoría de las culturas del antiguo Cercano Oriente, y se pensaba que los dioses vivían en ellas. En el Pentateuco hay dos nombres diferentes asociados a esta montaña (Horeb y Sinaí). En el versículo 3:1 se menciona a Horeb como el "monte de Dios". Sin embargo, el significado del término "Horeb" es "desierto", lo que sugiere un matiz más regional del término. La palabra "Sinaí" también se utiliza como término regional (p. ej., "páramo/desierto de Sinaí") tres veces en Éxodo, diez veces en Números y una vez en Levítico. No obstante, "Sinaí" también se emplea diez veces en Éxodo para referirse específicamente al monte Sinaí, la montaña donde Moisés se reúne con Dios. Asimismo, mientras que "Horeb" se aplica a este monte en los versículos 3:1 y 33:6, así como nueve veces en Deuteronomio, la palabra Horeb en Éxodo 17:1-7 parece referirse a una región más amplia que solo el monte Sinaí. La relación entre los dos términos puede entenderse mejor si se considera que Sinaí es el nombre propio de la montaña específica, mientras que Horeb es la región en la que se encuentra la montaña. El desierto del Sinaí sería la región que rodea al monte.[23]

La meseta central de lo que ahora se llama la península del Sinaí abarca una desolada extensión de 13 200 millas cuadradas de mesetas calcáreas, escarpes de piedra caliza y montañas de granito, con amplios valles entre ellas.[24] No se sabe con certeza cuál de las muchas montañas de esta región fue el bíblico monte Sinaí, y se han sugerido varias montañas diferentes como posibilidades. Cabe destacar que los israelitas tardaron seis semanas en viajar desde Egipto hasta el monte Sinaí. Las seis semanas que siguen a la Pascua (entre mediados de abril y el 1 de junio, aproximadamente) son la mejor época del año para viajar por esta región, ya que hace entre 46 y 57 grados (°F) por las noches y unos tolerables 73-84 grados (°F) durante el día. Pero incluso entonces, viajando bajo el caluroso sol con niños, ancianos y animales, los israelitas probablemente no recorrían más de unas quince millas por día y quizás menos. Sin embargo, incluso este ritmo lento permitiría a Israel llegar a gran parte de las montañas que se han propuesto, incluido el sitio tradicional más al sur de Jebel Musa (165-220 millas).[25]

La ley (cap. 20-22)

El pacto (20:1-26). En el antiguo Cercano Oriente, un señor o rey conquistador hacía (o imponía) un tratado o pacto a un rey o pueblo menor para apoyarse y beneficiarse mutuamente. El rey poderoso (a menudo llamado suzerano) ponía sus condiciones, y el rey menor y su pueblo las aceptaban voluntariamente y se convertían en sus vasallos. A mediados y finales del segundo milenio a. C., los tratados y pactos internacionales de soberanía adoptaron una modalidad literaria que contenía ciertos elementos. En este marco temporal, la estructura de los tratados hititas, propia del periodo 1400-1200 a. C., es la que más se asemeja a la de Éxodo y Deuteronomio.[26] Los elementos de un tratado hitita son: (1) preámbulo, (2) prólogo histórico, (3) cláusulas del pacto, (4) bendiciones o maldiciones del pacto, y (5) testigos. La composición del libro de Deuteronomio es muy similar a esta forma de tratado hitita (ver los comentarios sobre Dt 4:2). Estos componentes del pacto de Dios como suzerano e Israel como su vasallo también están presentes en Éxodo, pero en un orden ligeramente diferente.[27]

Estas son las leyes que les propondrás (21:1). En el antiguo Cercano Oriente existían varios códigos jurídicos con leyes similares a las de Éxodo: Shulgi/Ur-Nammu (2100 a. C.), Lipit-Ishtar (1900 a. C.) y el más famoso código de Hammurabi (1700 a. C.). La mayoría de estos códigos de leyes son descriptivos de casos civiles o criminales ("Si un hombre hace X, entonces Y debe ser el resultado/castigo") más que declaraciones prescriptivas y absolutas que limitan el comportamiento ("No debes X"). Así pues, las leyes del antiguo Cercano Oriente se referían más a la función del rey de mantener el orden a posteriori y no a una legislación sistemática que rigiera las normas de comportamiento.[28] En Egipto, el derecho penal y civil era dictado por los gobernadores regionales, los funcionarios del faraón y, en última instancia, el propio faraón. No se conserva ningún código de leyes de los egipcios, pero hay pruebas de castigos severos para ciertos delitos, como el robo de tumbas, y hay evidencias de que el sistema legal era bastante arbitrario. Por ejemplo, el "cuento del campesino elocuente" egipcio revela cómo los ricos oprimían a los pobres y cómo, aunque la justicia podía llegar, era arbitraria, caprichosa y dependía de lo bien que el demandante pudiera presentar su caso.[29] Si bien las formas legales son similares, la ley bíblica difiere de otros códigos legales del antiguo Cercano Oriente en el enfoque. Las leyes bíblicas resaltan la relación de Israel con el Señor, y de hecho, su relación de pacto con él era la base de la ley. Los diez mandamientos, como núcleo de la exigencia del pacto, son declaraciones absolutas que prescriben un comportamiento e incluyen elementos religiosos, morales, civiles y penales.[30]

Las fiestas (cap. 23)

No guisarás el cabrito en la leche de su madre (23:19). El contexto aquí es el de llevar sacrificios a las fiestas anuales. Los corderos solían destetarse entre los sesenta y los noventa días de edad, aunque podían hacerlo a los catorce días o a los seis meses. Los "corderos de un año" se mencionan 268 veces como sacrificios obligatorios en el A. T. Por lo tanto, un cordero que es demasiado joven (menos de un año), y que necesita la leche de su madre, es demasiado joven para ser sacrificado. La proscripción se establece de nuevo en el versículo 34:26 en un contexto de prohibición contra la unión de lo que es sagrado y lo que es común o impuro. La proscripción también consta en Dt 14:21 en el contexto de la prohibición de comer animales que hayan muerto por sí mismos (lo que implica que son impuros). En última instancia, puede tratarse de evitar la conjunción de los opuestos de la vida y la muerte, es decir, que un cordero sacrificado se cocine en la leche vital de su madre (ver los comentarios sobre Dt 14:21).

Confirmación del pacto (cap. 24)

Un altar y doce columnas [...] y comieron y bebieron (24:1-11). En el antiguo Cercano Oriente, en ocasiones se colocaban piedras en el contexto de un templo (como en Arad) para representar a un dios, pero también podían colocarse para representar a los antepasados o, como en este caso, a los testigos de un pacto o tratado. Después de leer las leyes del pacto a Israel (20:1-23:33), el pueblo aceptó estar vinculado al pacto. Así, Moisés roció la sangre del sacrificio sobre ellos y sobre el altar. Esta rociada vinculó al pueblo con la sangre del sacrificio a Dios (representado por el altar en el que se realizó el sacrificio del pacto). Moisés y los principales ancianos de Israel subieron a la ladera del monte Sinaí y comieron una comida de comunión del pacto, con Dios realmente de pie junto a ellos y participando así en la comida.

El tabernáculo (cap. 25-27)

Harán también un arca de madera de acacia [...] y la cubrirás de oro puro (25:10-22). El arca del testimonio (o arca del pacto) consistía en una caja de madera (45 pulgadas de largo por 27 de ancho y 27 de alto) y varas largas para transportarla, todo ello recubierto de oro, así como una tapa de oro macizo que tenía dos querubines en la parte superior enfrentados e inclinados con las alas extendidas cubriendo sus rostros. La tapa se llamaba cubierta de la expiación (o propiciatorio), y era allí donde la presencia de Dios aparecía en una nube entre las alas de los querubines (Lv 16:2). Fue desde aquí que Dios habló con Moisés (Nm 7:89). David llamó al arca el estrado de Dios (1 Cr 28:2).

El profeta Isaías cita al Señor: "El cielo es mi trono, y la tierra estrado de mis pies" (Is 66:1), por lo que el arca puede ser similar a la imagen que ofrece Isaías, con la presencia de Dios por encima de la tapa del arca indicando el cielo y la caja por debajo denotando la tierra. Las dos tablas con los diez mandamientos se guardaban dentro del arca junto con una vasija de maná y el bastón de Aarón que brotaba. En el día de la expiación, el sumo sacerdote entraba en el lugar santísimo y rociaba la sangre del sacrificio sobre la cubierta de la expiación (Lv 16:14-15). Así, la sangre del sacrificio se interponía entre la ley del pacto (los diez mandamientos) y la presencia de Dios en lo alto, cubriendo literalmente la ley. En la mentalidad de los israelitas, el arca puede haber sido similar a la corteza sagrada egipcia. En Egipto, los dioses solían ir en la corteza, una embarcación sagrada que llevaban los sacerdotes en bastones. [31] Sin embargo, mientras que la corteza llevaba una imagen de ídolo, el arca del testimonio era anicónica (sin imagen), es decir que Dios estaba realmente allí, y no era necesaria ninguna imagen. Una descripción de la tienda del faraón Ramesés II muestra su cartucho (nombre inscrito) dentro de su tienda en medio de su campamento, y el cartucho está flanqueado por dos criaturas con alas, lo que es similar a la figura del propiciatorio descrita en el arca.[32]

Y pondrás en el arca el testimonio que yo te daré (25:16). Los diez mandamientos no estaban repartidos en dos tablas. Había dos copias de los diez mandamientos, cada una de las cuales contenía los diez (también llamados "el testimonio" [25:21]). En el antiguo Cercano Oriente, si dos reyes/nobles hacían un pacto, una copia de ese pacto se colocaba en el templo (entre los pies) del dios ídolo de una de las partes, y otra copia se colocaba en el templo (entre los pies) del dios ídolo de la otra parte. En el caso de los israelitas, el tabernáculo y el arca como estrado de Dios (1 Cr 28:2) pertenecían a Dios como soberano y a Israel como vasallo. Por lo tanto, ambas copias de los diez mandamientos se colocaron en el mismo lugar: el arca del testimonio/pacto.[33]

Harás asimismo una mesa de madera de acacia (25:23). La mesa del pan de la presencia estaba recubierta de oro, con una moldura en el borde para mantener sus platos, jarras, fuentes y cuencos en la mesa mientras se llevaba de un lugar a otro. Los doce panes de la presencia, que representaban a las doce tribus, eran literalmente el "pan del rostro" o el "pan en presencia del" Señor y ante él continuamente. El pan de la presencia era sagrado y se reemplazaba cada Shabbat. A diferencia de las ofrendas de comida que se hacían a los ídolos de los templos del antiguo Cercano Oriente por parte de los vecinos de Israel, el pan de la presencia no era para alimentar a Dios. Sin embargo, de manera similar a los antiguos templos del Cercano Oriente, el pan retirado era comido por el sumo sacerdote y sus hijos (Lv 24:7-9).

Harás un candeelero (25:31). El candelero (o menorah) era un elaborado candelabro con siete lámparas de aceite para iluminar el lugar santo. La descripción del candelero sugiere que se parecía a un árbol de almendras estilizado, por lo que probablemente representaba el árbol de la vida en el huerto del Edén, la zarza ardiente que encontró Moisés, o ambos.

Harás un altar [...] le harás cuernos en sus cuatro esquinas [...] lo cubrirás de bronce (27:1-2). La naturaleza de los cuernos para el altar no se comprendía bien hasta que los arqueólogos descubrieron un altar de piedra con cuernos en la antigua ciudad de Beerseba. Ese altar tiene cuatro apéndices en forma de cuerno que se proyectan hacia arriba desde sus esquinas y que aparentemente servían para mantener la madera y el sacrificio en su lugar en el altar. El altar de bronce del tabernáculo también tenía una rejilla por la que caían las cenizas del fuego/sacrificio. Estas cenizas se retiraban periódicamente (Lv 6:10), pero esta imagen del sacrificio consumido bajo el altar puede ser la que se utilizó posteriormente en el libro del Apocalipsis del N. T., donde las almas de los que fueron sacrificados por su fe estaban bajo el altar en el cielo ante Dios (Ap 6:9).

Vestimenta sacerdotal y de consagración (cap. 28-29)

Harás vestiduras sagradas (28:2). En todo el Cercano Oriente, los sacerdotes y los trabajadores de los templos solían utilizar vestimentas sagradas en su servicio diario.[34]En Egipto, los sacerdotes debían tener cuerpos y vestimentas limpias/puras.[35] Cuando el faraón participaba en las ceremonias del templo, había una ceremonia de vestimenta que incluía un ritual de limpieza que implicaba el uso de incienso.[36] En Mesopotamia se cuenta que el rey de Babilonia regaló un año de vestimenta (diez tipos diferentes de prendas) de lino fino y lana, incluyendo prendas de color rojo y púrpura, a un sumo sacerdote del templo en la ciudad de Sippar para apoyarlo en su trabajo (ca. 839 a. C.).[37] Las prendas sacerdotales distinguían al sumo sacerdote como santo ante Dios. Los componentes de la vestimenta sacerdotal eran simbólicos (i. e., llevaban los nombres de las tribus en el hombro y el pecho). El Urim (luces) y el Tumim (perfecciones) se colocaban en el pectoral de decisión (efod) para que el sacerdote lo utilizara con el fin de consultar al Señor (Nm 27:21), probablemente echando suertes (cf. 1 S 14:41). Es posible que estas piezas tuvieran un lado claro y otro oscuro (de esta manera, dos colores claros podrían ser un sí, y dos oscuros un no, y un conjunto mixto sería una no respuesta [cf. 1 S 28:6]). A menudo se echaba a suertes para determinar la parte culpable en una situación (1 S 14:41; cf. Jos 7:14), así que tal vez dos Urim seleccionaron a la persona culpable (ya que el término *urim* puede estar basado en una palabra de raíz que significa "maldición"). Si es así, los dos términos pueden ser "maldiciones" e "inocentes". En otros casos se utilizaban para obtener un "sí" o un "no" como respuesta de Dios, y luego el sacerdote podía añadir otra palabra del Señor (1 S 23:9-12) (ver los comentarios sobre 1 S 14:41-42).

Un altar de cuernos reconstruido en Beerseba.

Aceite e incienso (cap. 30)

Harás un altar para quemar el incienso; de madera de acacia lo harás (30:1-10, 34-38). El incienso se utilizaba ampliamente en los templos del antiguo Cercano Oriente como ofrenda a los dioses. Normalmente se ofrecía en incensarios en manos de los fieles, se colocaba en los altares junto con los sacrificios de animales y las ofrendas de grano o, como en este caso, en un altar separado utilizado únicamente para el incienso. El incienso que se permitía utilizar en el tabernáculo estaba hecho de resina transparente tomada de almendras inmaduras, conchas marinas en espiral molidas, resina de goma aromática (proveniente de una planta de la familia del perejil y utilizada en Egipto para el incienso), franquincienso y otras especias (30:34-38). Cuando se quemaba, desprendía un perfume agradable, además de humo. Cada día (por la mañana y al anochecer) el sumo sacerdote (y nadie más) debía colocar el incienso sobre este altar dentro del lugar santo, justo delante del velo que cubría la entrada al lugar santísimo (30:1-10). El salmista compara sus oraciones con este incienso ardiente, por lo que el incienso puede representar figurativamente las oraciones del pueblo que se elevan a Dios como un aroma agradable (Sal 141:1-2; ver también Lucas 1:10; Ap 5:8; 8:3-4). Sin embargo, en el día de la expiación, al entrar en el lugar santísimo, el sumo sacerdote debía ofrecer dos puñados de incienso finamente molido utilizando un incensario lleno de carbones del altar. El humo del incienso le impediría así "ver a Dios" sentado por encima del arca y le protegería de la muerte (Lv 16:12-13). Los hijos de Aarón, Nadab y Abiú, fueron asesinados cuando ofrecieron incienso de manera contraria al mandato de Dios, mostrando así una falta de respeto hacia Dios (Lv 10:1-2).

Será el aceite de la unción santa (30:25). Este aceite de la unción se utilizaba para santificar, o apartar como santo, el tabernáculo y todos sus artículos de servicio y su mobiliario (tienda, arca, altares, utensilios, lavamanos, etc.). Elaborado con mirra, canela, especias en grano, clavo de canela y aceite de oliva, debía ser rociado incluso sobre Aarón y sus hijos, consagrándolos como sacerdotes. Las especias secas se hervían, se destilaban y se infundían en el aceite de oliva a la manera de un perfumista (30:25). Cualquiera que copiara su fórmula y la hiciera de uso común debía ser excomulgado del pueblo de Israel. El verbo hebreo para "ungir" (*mashah*) puede usarse para cosas comunes (Is 21:5; Jer 22:14; Amós 6:6) o para fines más elevados (como aquí, para ungir objetos religiosos y sacerdotes; o como en 1 Reyes 19:16, profetas y reyes). Como reyes, tanto Saúl como David fueron llamados "el *ungido* del Señor" (*mashiah*, 1 S 26:11; 2 S 19:21). Este es el término transliterado como "Mesías" en el A. T. (cf. Dn 9:25-26); en el N. T. el término griego equivalente (*christos*) se translitera como "Cristo" (MT 1:1; cf. Is 61:1, citado por Jesús en Lucas 4:18; y Hechos 10:38).

La señal del pacto (cap. 31)

En verdad vosotros guardaréis mis días de reposos (31:13). Los orígenes del Shabbat (una palabra que significa "cesar, descansar") se encuentran en Gn 2:2-3 (Dios descansa, bendice, lo santifica), Ex 20:8-11 (guardar el Shabbat porque Dios descansó el séptimo día, lo bendijo y lo santificó) y Dt 5:12-15 (guardar el Shabbat, recordando la liberación de Israel de Egipto por parte de Dios). Esto parece reflejar un cambio de enfoque respecto al cumplimiento del pacto, desde la creación por parte de Dios hasta la liberación a manos de Dios.

El becerro de oro (cap. 32)

Hizo de ello un becerro de fundición (32:4). En el panteón cananeo de dioses, tanto el dios padre El como, frecuentemente, el dios de la fertilidad/tormenta Baal/Haddad son representados sobre el lomo de un toro. Por lo tanto, la obra de Aarón podría ser un trono para el Señor, que estaría presente por encima del toro. Sin embargo, para cuando la imagen estaba completa, el pueblo expresó: "Israel, estos son tus dioses", rompiendo así el segundo mandamiento antes de que la ley fuera entregada por Moisés. Durante varios siglos, Israel había estado impregnado de la cultura egipcia en cuanto a idolatría e ídolos/iconos deificados. Por lo tanto, la imagen del toro puede haber sido influenciada por la adoración del toro Apis, que era de gran importancia en Egipto. Sin embargo, lo más probable es que esta figura de "toro joven" que Aarón formó con los pendientes de oro del pueblo tuviera la intención de ser una imagen del Señor, ya que hacían una fiesta al Señor (32:5-6). Mucho más tarde, en el período del reino dividido, Jeroboam I, rey de las tribus israelitas del norte (ca. 930 a. C.), probablemente se remontó a este acontecimiento cuando erigió dos ídolos de oro, llevando así a Israel, una vez más, a la idolatría.

Ráeme ahora de tu libro que has escrito (32:32). El término traducido como "libro" se refiere sin duda a un pergamino enrollado (los libros con hojas, o códices, como los llaman los estudiosos, no son de uso común hasta unos mil quinientos años después del éxodo). Los rollos de cuero o pergaminos se escribían en la antigüedad con tinta hecha de una mezcla de hollín, agua y goma arábiga. Para reutilizar un pergamino de cuero, el escriba tenía que raspar la escritura y luego lijar la superficie para eliminar la tinta que había penetrado en la piel. A veces, la escritura original de un pergamino reutilizado todavía puede verse de forma parcial en el pergamino.

Un pergamino de este tipo se llama palimpsesto, pero en la imagen utilizada aquí, el "borrado" de un nombre del pergamino de Dios es permanente y completo. Este mismo término se aplica al juicio sobre los amalecitas en el versículo 17:14 por su ataque a Israel. Cuarenta años más tarde, al final del peregrinaje, Dios afirma que si alguien comete idolatría y sirve a otros dioses, lo maldecirá y "borrará" su nombre de debajo del cielo (Dt 29:20). El entorno conceptual de un "libro de la vida" proviene de la práctica de crear una lista de nombres en un pueblo o ciudad de los clanes, familias e individuos que viven allí.[38] El salmista habla de un "libro de la vida" en el que se enumeran los nombres de los justos, pero del que podrían ser borrados sus adversarios impíos (Sal 69:28; ver también Dn 12:1; Mal 3:16; Flp 4:3; Ap 13:8; 17:8; 20:15).

Moisés trae el pacto (cap. 34-39)

Sube al monte de Sinaí [...] no suba hombre contigo (34:2-3). El espacio sagrado era bien entendido entre los pueblos del antiguo Cercano Oriente. Los templos se consideraban representaciones ideales de los espacios sagrados donde vivían los dioses en sus montañas sagradas. Dios vuelve a advertir a Moisés sobre la prohibición de que Israel se acerque a la montaña sagrada. Sin embargo, Moisés es llamado a la cima, donde Dios volverá a escribir los diez mandamientos en dos nuevas tablas de piedra (34:1). En muchas ocasiones, cuando Dios revela su presencia, el lugar se considera sagrado, y se añaden estipulaciones especiales sobre cómo acercarse a él (el huerto del Edén, "del árbol no comerás" [Gn 2:17]; la zarza ardiente, "quita tu calzado" [Ex 3:5]; la guardia del tabernáculo [Nm 1:53]; el comandante angélico, "quita el calzado" [Jos 5:15]). Al llegar a la cima, Moisés se postra en la hendidura de la roca ante Dios a su paso, declarando su nombre a Moisés (34:5-8; cf. 33:19-22). En el canto de Moisés después de cruzar el mar, declara: "Tú los harás entrar, y los plantarás, en el monte que te pertenece; en el lugar donde tú, Señor, habitas; en el santuario que tú, Señor, te hiciste" (15:17). Aunque ahora Israel se muestra reticente, temeroso y reprimido de acercarse a Dios, su destino es habitar en el monte de Dios con él.

Cortaréis sus imágenes de Asera (34:13). Ver los comentarios sobre 1 Reyes 15:13.

Hará todas las cosas que Jehová ha mandado (35:10). Gran parte del material de los capítulos 35-39 es similar al presentado en los capítulos 25-29 sobre la construcción del tabernáculo y los utensilios asociados. Algunos estudiosos han argumentado que la repetición del contenido en estas dos secciones se debe al uso de múltiples fuentes en la composición que fueron editadas juntas. Sin embargo, las dos secciones forman parte de la misma historia. La diferencia entre las dos secciones es que en los capítulos 25-29 Dios instruye a Moisés y a los israelitas sobre cómo construir el tabernáculo y los utensilios asociados, y en los capítulos 35-39 Israel lleva a cabo la construcción de forma obediente. Además, hay que tener en cuenta que a mediados y finales del segundo milenio a. C. es común en los documentos del antiguo Cercano Oriente encontrar textos/temas repetidos, mandatos o relatos que varían de esta manera, con diferentes secciones que se centran en distintos aspectos específicos. Así pues, esta repetición refuerza el mensaje: la soberanía de Dios, y también la obediencia de Moisés y del pueblo al enfatizar que su palabra se cumplió exactamente como Dios le indicó a Moisés.

La Gloria del Señor llena el tabernáculo (cap. 40)

La gloria de Jehová llenó el tabernáculo (40:34). Dios había declarado: "Y harán un santuario para mí, y habitaré en medio de ellos" (25:8). La representación de una tienda especial habitada por un dios era una imagen con la que tanto los egipcios como los israelitas estaban familiarizados. El faraón, considerado por los egipcios como un rey divino, salía ocasionalmente en campañas contra los países y pueblos vecinos (p. ej., Libia, Cus, Canaán, los hititas, Asiria). En el relieve mural egipcio de una de estas campañas (la batalla de Cades) se describe al faraón en medio de su ejército, acampando en una tienda de campaña con una distribución muy similar a la del tabernáculo (un patio rectangular orientado de este a oeste con la entrada al este, una tienda de recepción/lugar sagrado, una tienda de trono cuadrada/santísima).[39]

Esta estela contiene el código de leyes del rey babilónico Hammurabi (1792-1750 a. C.) y aborda una amplia gama de leyes civiles (agrícolas, domésticas, comerciales, etc.).

— Génesis
— Éxodo

Levítico

— Números
— Deuteronomio
— Josué
— Jueces
— Rut
— 1 Samuel
— 2 Samuel
— 1 Reyes
— 2 Reyes
— 1 Crónicas
— 2 Crónicas
— Esdras
— Nehemías
— Ester
— Job
— Salmos
— Proverbios
— Eclesiastés
— Cantares
— Isaías
— Jeremías
— Lamentaciones
— Ezequiel
— Daniel
— Oseas
— Joel
— Amós
— Abdías
— Jonás
— Miqueas
— Nahúm
— Habacuc
— Sofonías
— Hageo
— Zacarías
— Malaquías

Levítico

R. Dennis Cole

Introducción. El libro de Levítico se sitúa en el centro del Pentateuco con su tema clave de la "santidad" como atributo central de Dios y como necesidad esencial para el pueblo de Dios. El pueblo israelita debía ser un pueblo santo que viviera una vida santa distintiva ante un Dios santo. El título del libro de Levítico deriva del latín y refleja la función de la tribu de los levitas y del sacerdocio aarónico. Levítico contiene instrucciones divinas para el pueblo de Israel, tanto a nivel colectivo como individual, estableciendo los parámetros para mantener una relación santa con Dios a través de una serie de sacrificios, leyes y celebraciones.

En el antiguo Cercano Oriente abundan los testimonios literarios y arqueológicos de prácticas cúlticas (i. e., religiosas) que incluyen rituales de sacrificio, personal sacerdotal, oraciones y recitaciones hímnicas, y leyes. Desde las primeras civilizaciones del antiguo Cercano Oriente y del mundo mediterráneo, los rituales que sacrificaban animales, las libaciones líquidas de aceite, agua y vino, las presentaciones de productos de grano y la utilización de incienso eran medios por los que la gente intentaba interactuar con sus deidades. Muchas de estas prácticas guardan un estrecho paralelismo con las instrucciones bíblicas, lo cual refleja un vibrante mundo internacional de interacción sociorreligiosa y un deseo común de relacionarse con lo divino a través de procesos rituales.

Entre los textos más conocidos se encuentran las "Instrucciones a los sacerdotes y funcionarios del templo" hititas, las leyes de Eshnunna, Ur-Nammu y Lipit-Ishtar, el código de Hammurabi y los posteriores códigos legales asirios y babilónicos que datan de entre el 2500 y el 500 a. C., intervalo de tiempo del A. T. Estos textos de Mesopotamia, Egipto, Siria y Anatolia (Turquía) reflejan

Un relieve de pared de piedra que representa a Ashurbanipal derramando una ofrenda de libación en una mesa de ofrendas.

un trasfondo de magia, adivinación y hechicería mediante el cual las fuerzas divinas y demoníacas podían ser contratadas para obtener resultados positivos o negativos, bendiciones o maldiciones a individuos, familias o naciones.

El marco histórico del Levítico dentro de la estructura del Pentateuco es el año siguiente al éxodo de Israel en Egipto. El marco temporal bíblico es la segunda mitad del segundo milenio a. C. (1500-1200 a. C.) (ver los comentarios sobre Ex 1:8-11; 1:11), durante la época de los imperios de los egipcios y los hititas, el pueblo marinero de Ugarit y el mundo de los cananeos, amorreos, arameos y otros. Las instrucciones que figuran en Levítico se compararán con otras similares de aquellos pueblos del segundo milenio.

Geográficamente, los israelitas acampan en el monte Sinaí (Lv 25:1; 26:46; 27:34) en la región del desierto del Sinaí, situada generalmente en la mitad sur de lo que hoy se conoce como la península del Sinaí.

Rituales de sacrificio (1:1-3:17)

El Señor llamó a Moisés y le habló (1:1). La formulación del discurso divino aparece más de veinte veces en Levítico. Las expresiones del lenguaje divino en varios contextos literarios del antiguo Cercano Oriente establecen el concepto de que el orden de la civilización fue instruido y ordenado por la deidad. Los textos reflejaban una relación simbiótica entre los seres humanos y lo divino, por la que se podía invocar a la deidad, satisfacerla, aplacarla o manipularla para obtener los resultados deseados. Por ejemplo, la estela del código de Hammurabi refleja al sabio dios del sol Shamash dando la ley al rey de Babilonia.

De ganado vacuno u ovejuno (1:2). Las pruebas de los rituales que sacrificaban animales en el contexto sociorreligioso del antiguo Cercano Oriente se remontan al menos al año 8000 a. C., y esta práctica continuó en la época del N. T. de Grecia y Roma. El propósito de estas ofrendas se consideraba de diversas maneras como un medio para satisfacer las necesidades de la deidad, aplacar el descontento de la deidad con la gente y obtener los resultados deseados para el beneficio humano. Los sacrificios israelitas se limitaban a "el ganado vacuno u ovejuno" y se designaban como animales "limpios". Otras civilizaciones sacrificaban animales salvajes, así como asnos, cerdos y otros animales que no estaban permitidos en la práctica israelita.

Holocausto (1:3-17). El holocausto era uno de los sacrificios más comunes entre los israelitas y los pueblos vecinos. En Ugarit (una antigua ciudad de Siria) había una "ofrenda completa" que era similar en tipo y función. El "holocausto" aparece por primera vez en Gn 8:20, cuando Noé honró a Dios ofreciendo animales limpios después de la liberación del juicio del diluvio (ver los comentarios sobre Gn 8:20).

Macho sin defecto (1:3). Otras ofrendas de animales, como la ofrenda de paz (3:1), podían proceder de la población femenina. Las instrucciones religiosas israelitas enfatizaban la alta calidad de todas las ofrendas, y solo las mejores podían ser presentadas ante Dios.

Pondrá su mano sobre la cabeza del holocausto (1:4). Práctica conocida entre los rituales hititas, que consiste en la imposición de la mano como un ritual de identificación que confiere la identidad personal del oferente a la víctima del sacrificio. El efecto era un ritual de sustitución por el que el sacrificio de la vida del animal equivalía a la entrega de la vida del oferente.

Será aceptado para expiación suya (1:4). Los dos conceptos "aceptabilidad" y "expiación" denotan el proceso de reconciliación humano-divina por el que Dios se complace al eliminar la impureza. El término paralelo en acadio, la lengua de los asirios (ver el artículo "Los asirios"), denota una eliminación del mal o la impureza, y se efectúa así un ritual de purificación (cf. 16:19, 30; Nm 8:21).

Los sacerdotes hijos de Aarón (1:5-9). La supervisión sacerdotal de la actividad ritual está bien documentada en la mayoría de las culturas del antiguo Cercano Oriente de la época del A. T. Los sacerdotes tenían varias responsabilidades: mantener la separación entre lo sagrado y lo profano, entre la humanidad impura y lo divino sagrado, llevar a cabo los actos rituales correctamente y servir de mediadores de la respuesta divina a través de la adivinación, el encantamiento y otros medios.

Ofrecerán la sangre, y la rociarán alrededor sobre el altar (1:5, 11, 15). El uso de la sangre para el ritual de purificación era practicado por los israelitas y los hititas, aunque era desconocido en Ugarit y Mesopotamia. Sin embargo, el significado especial de la sangre como fuente de vida, con prácticas muy restrictivas que garantizaban su correcta extracción y distribución, era exclusivo del antiguo Israel. Aunque los hititas creían que la sangre era portadora de vida (o, a la inversa, de muerte) y de fuerza, en sus sacrificios de sangre del ritual *zurki*, "no se exigen precauciones especiales contra la contaminación en el manejo de la sangre en los sacrificios, y [...] su consumo por parte de los humanos nunca se ordena ni siquiera se restringe".[1]

Ofrenda encendida de olor grato (1:9, 13, 17). Ver los comentarios sobre Lv 3:11, 16.

Oblación (2:1-16). La harina más fina combinada con aceite e incienso se ofrecía sola o acompañada de ofrendas de animales y/o libaciones. Normalmente, el aceite era el de oliva, que se extraía picando y machacando las olivas en una prensa. Los ejemplos de estas prensas abundan en las excavaciones de todo el antiguo Cercano Oriente. Las ofrendas de grano hititas formaban parte de sus festivales estacionales, tal y como se recoge en las "Instrucciones a los sacerdotes y funcionarios del templo", donde se puede leer: "Debe celebrar con ganado, ovejas, pan y cerveza el festival. No puede omitir (ni siquiera) el pan fino. Quien lo descuide [...] que sea un gran pecado para él".[2]

Para memorial (2:2). La porción conmemorativa se ofrecía a Dios y el resto lo comían los sacerdotes. Hay un texto hitita que menciona la provisión de ciertas porciones de pan para las familias sacerdotales, aunque la cerveza y el vino no debían llevarse fuera del templo. El inventario de un festival para el dios de la tormenta de la ciudad de Wattarwa incluía un toro, una oveja, dos tipos de harina y dos grados de cerveza.

Cocida en horno [...] sin levadura (2:4). El horno se fabricaba con arcilla a mano y se le daba forma de cúpula. Probablemente cada familia tenía uno. La restricción contra la levadura en la ofrenda de grano puede haber derivado de la connotación de que la levadura simbolizaba la fermentación, el deterioro y la muerte, y por lo tanto era un tabú en el altar de las bendiciones y la vida.[3]

Ninguna cosa leuda, ni de ninguna miel, se ha de quemar (2:11). Aunque algunas ofrendas podían incluir levadura, miel, vino o cerveza, no debían quemarse en el altar como ofrenda de aroma sabroso para Dios. Como se mencionó anteriormente, la levadura tenía una connotación de muerte e impureza y, por lo tanto, no debía ser transportada por medio del humo al reino del Dios santo y vivificante. La miel se obtenía de los dátiles, que eran vulnerables a la fermentación.

Sal del pacto de tu Dios (2:13). Los pueblos del antiguo Cercano Oriente (al igual que Grecia) compartían la sal cuando celebraban tratados y alianzas. La sal, que era un medio de intercambio, denotaba la conservación, el apoyo mutuo y la mejora de las relaciones. Cabe destacar que la lealtad al rey persa Artajerjes se simboliza a través de la frase "comemos la sal del palacio" (que suele traducirse como algo relacionado con un juramento de lealtad) (ver los comentarios sobre Esdras 4:14). La sal, como producto de preservación, inhibía la fermentación y el deterioro.

Sacrificio de paz (3:1). El sacrificio de confraterni-

Lo más probable es que las ofrendas de grano o el incienso se quemaran en un soporte de ofrendas como este, descubierto en la antigua ciudad de Megido.

dad (o de paz) era un animal macho o hembra de la categoría del ganado vacuno, ovino o caprino. Esta ofrenda de bienestar también se practicaba regularmente en la ciudad de Ugarit (en Siria), donde el rey ofrecía en secuencia un holocausto y una ofrenda de paz en el techo del templo de Baal.

Ofrenda encendida [...] grosura [...] riñones (3:3-4, 9-10,14-15). Estas porciones se dedicaban siempre al Señor, mientras que otras podían ser consumidas por el oferente y los sacerdotes (5:11-36). Todas las porciones de grasa debajo de la piel y alrededor y entre los órganos internos se consideraban las porciones más selectas para ser rendidas al fuego en un altar a Dios.

Hará arder esto sobre el altar; vianda es de ofrenda encendida (3:11, 16). La mayoría de las culturas del antiguo Cercano Oriente consideraban que sus deidades necesitaban sustento como los seres humanos, y concebían el sacrificio como un medio para alimentarlas. En los rituales hititas, la alimentación de los dioses incluía porciones "divinas" del corazón y el hígado. La comida para las deidades podía complementarse con productos horneados, dulces y bebidas. Un texto de la ciudad de Ugarit (en Siria) describe que el dios 'Ilu (El) organizaba un banquete para los dioses sacrificando animales e invitándolos a comer carne y beber vino nuevo hasta la embriaguez. La religión israelita no consideraba que Dios necesitara sustento, aunque la ofrenda de "comida" se preparaba de la misma manera que para el consumo humano, pero a través del humo sabroso la ofrenda ingresaba en las fosas nasales simbólicas de Dios.

Ofrendas por el pecado (4:1-6:7)

Alguna persona pecare por yerro (4:2,22,27). La violación involuntaria o ignorante de la voluntad de los dioses se refleja en la oración egipcia de perdón a Re-Horajty: "No visites mis muchas ofensas sobre mí, soy un ignorante de él mismo; soy un descerebrado que todo el día sigue su boca como un buey tras la hierba".[4] De forma similar, el "poema del justo sufriente" babilónico refleja: "¡Ojalá supiera las cosas que son agradables a los dioses! ¡Lo que parece bueno para uno mismo puede ser una ofensa para su dios! ¿Quién podría aprender el razonamiento de los dioses en el cielo?".[5]

Rociará [...] siete veces (4:5-7). La rociada séptuple refleja el concepto de totalidad o plenitud, similar al del día de la expiación, moviéndose hacia afuera en un proceso de tres pasos desde una posición frente al velo, luego hacia el altar del incienso y, finalmente, el resto se vierte frente al altar, justo dentro de la entrada (cf. cap. 17). Se conocen recitaciones sépticas sobre actos sacrificiales para invocar a la deidad en otros lugares como la ciudad de Ugarit (en Siria).

Cuernos del altar del incienso aromático (4:7,18). Ver los comentarios sobre Ex 27:1-2; 30:1-10, 34-38. Se han descubierto altares de incienso en excavaciones realizadas en todo el antiguo Cercano Oriente. Estos altares, a menudo hechos de piedra, bronce u otros materiales, eran estructuras relativamente pequeñas. En las excavaciones de Ecrón (una ciudad filistea) se encontraron innumerables altares pequeños de piedra con cuernos.

Un altar con cuernos de la antigua ciudad de Megido.

Fuera del campamento (4:12,21). La eliminación de las fuentes de impureza, como los restos de los sacrificios, a un lugar fuera de la asamblea sagrada se da con frecuencia en la ley israelita y en la del antiguo Cercano Oriente. Los hititas se deshacían de los restos rituales en montones de basura que se quemaban fuera de la ciudad.

Tendrá perdón (4:26,31,35). El concepto de perdón (*nislach*) encuentra su paralelo en un texto ugarítico que enumera los sacrificios en el contexto de una persona que busca el perdón (*slch nepesh*).

Su culpa [...] en ofrenda (5:14-6:7). La ofrenda de culpa hebrea (*asham*) encuentra su equivalente semántico en el atam de Ugarit (una antigua ciudad de Siria). Esta "ofrenda de reparación" remediaba una variedad de ofensas tanto contra Dios como contra el pueblo. El castigo de la culpa era una de las formas más comunes de la jurisprudencia del antiguo Cercano Oriente. Uno de estos casos es el de la negligencia al prestar testimonio como testigo en un asunto legal tras ser confrontado públicamente. En el código de Hammurabi (un antiguo rey babilónico), al igual que en la ley israelita, el observador de un delito debía dar un paso al frente y testificar.

Dos tórtolas (5:7). Se menciona una variedad de aves entre las ofrendas en el templo de Baal-zefón, incluyendo un grupo de sacrificios que podían ser ofrecidos por una persona pobre, como sucede aquí en el versículo 5:7.

Cosas santas (5:14). La restitución por el sacrilegio contra el santuario o sus cosas sagradas encuentra su paralelo entre los hititas, quienes en una situación particular temían que una plaga hubiera llegado por no haber realizado los rituales adecuados.

Añadirá a ello la quinta parte (5:16). La ofrenda del animal podía convertirse en moneda, con una quinta parte de "pena". Un paralelo de la antigua ciudad mesopotámica de Nuzi especifica ciertos animales para la restauración en los que unas multas fijas de moneda podían sustituir al animal.

Negare a su prójimo (6:2). El fraude, la extorsión y el incumplimiento de un juramento contra otra persona en materia de propiedad y financiera eran un sacrilegio contra Dios. La reparación expiatoria requería la restitución de una quinta parte de la pena a la parte ofendida, más un sacrificio animal de un cordero sin mancha. El documento egipcio "instrucción de Amenemope" (caps. 5-7) contiene múltiples advertencias contra la codicia y la defraudación hacia los demás, incluido el santuario. Muchas amonestaciones se aplican al abuso y la opresión contra los pobres y los débiles, advirtiendo que el infractor puede obtener el juicio de los dioses. El código de leyes del antiguo rey babilónico Hammurabi imponía severos castigos para los casos de robo y fraude, que solían ser la muerte.

Funciones y provisiones sacerdotales en las ofrendas (6:8-7:38)

El fuego del altar arderá (6:9). El fuego perpetuo en el tabernáculo es diferente a las regulaciones sacerdotales hititas, las cuales requerían que los fuegos de los sacrificios se extinguieran durante la noche para que no causaran un incendio en el templo.

Todos los hijos de Aarón comerán de ella (6:18, 26; 7:6). La provisión para el sacerdocio a través del consumo de porciones de ofrendas sacrificiales era común entre los rituales del antiguo Cercano Oriente. En el festival de Zukru en Emar (una antigua ciudad de Siria), el sacerdote adivinador recibía porciones de sacrificios de animales, incluyendo el pecho derecho, la piel y la cabeza. Según los textos asirios, se proporcionaba el muslo derecho y otros cortes a los distintos sacerdotes asistentes.

Sacerdocio (8:1-10:20)

Las santificó (8:1-36). El festival babilónico Akitu del Año Nuevo y la "instalación de la alta sacerdotisa del dios de la tormenta" de Emar (una ciudad de la antigua Siria) aportan paralelos del antiguo Cercano Oriente respecto a la instalación ritual del personal sacerdotal.

Toma a Aarón [...] el aceite de la unción (8:2). En el primer día de la dedicación de siete días en Emar (una antigua ciudad de Siria), se colocaba aceite perfumado del palacio y del templo de Ninkur sobre la cabeza de la gran sacerdotisa, a lo que seguían muchos sacrificios. Entre los egipcios y los hititas, la unción con aceite se consideraba un medio para protegerse de los dioses del inframundo. En Israel, el aceite de la unción también consagraba el tabernáculo y sus instalaciones, una práctica paralela en las antiguas culturas del Cercano Oriente.

Urim y Tumim (8:8). Ver los comentarios sobre Ex 28:2; 1 S 14:41-42; 23:6. Una práctica paralela en Asiria para la adivinación ritual utilizaba piedras blancas y negras con encantamientos que evocaban al dios del sol Shamash. También se echaba a suertes la elección de una nueva gran sacerdotisa en Emar (una antigua ciudad de Siria).

La oreja derecha [...] el dedo pulgar de su mano derecha [...] el dedo pulgar de su pie derecho (8:23). El triple ritual de purificación con sangre se hace eco de un cumplimiento más de la ordenación del sacerdocio: la totalidad del oficiante había sido santificada y limpiada. El ritual de embadurnamiento está ampliamente atestiguado en la literatura del antiguo Cercano Oriente. Acompañado normalmente de encantamientos, el untamiento de una variedad de líquidos y pociones era un medio para purificar personas, deidades, objetos y edificaciones.

Aarón y a sus hijos [...] acércate al altar, y haz tu expiación (9:1-24). Tras los siete días de consagración y ordenación del sacerdocio, se inauguraron las ofrendas rituales prescritas. La secuencia de las ofrendas seguía la secuencia ritual estándar de la ofrenda por el pecado (9:2, 8, 15), el holocausto (9:2, 12, 16) y luego la ofrenda de paz (comunión) (9:18). La elevación de las manos (9:22) era un gesto común para invocar la bendición de la deidad, un símbolo de humildad, como cuando el rey Kirta (un héroe mitológico cananeo) "se lavó y desbastó", sacrificó un cabrito y un pájaro, y luego levantó las manos hacia el cielo para invocar a 'Ilu (El) para que Ba'lu (Baal) descendiera y proveyera al pueblo en preparación para defender la ciudad. Más que la ocasional referencia del antiguo Cercano Oriente a la depuración del agua, el lavado ceremonial era una parte esencial de innumerables textos sobre rituales en la Biblia.

Incensario [...] fuego indebido (10:1-4 BLP). Se utilizaban incensarios de oro con el candelabro de oro (Ex 25:38), y de bronce con el altar de bronce (Ex 27:3). Varios aspectos indican la naturaleza impropia del acto ritual realizado por Nadab y Abiú: cada sacerdote tomó su propio incensario, ambos quemaron un fuego "extraño", el acto no fue ordenado por Dios, y no honraron a Dios como santo. En Mesopotamia, Anatolia y Egipto se observan reglas estrictas para las prácticas cúlticas. La adoración de Amón-Re en Karnak implicaba una secuencia ritual precisa para las ofrendas de incienso. Cada etapa del proceso iba precedida de encantamientos especiales, que concluían varias veces con una proclamación de pureza.

No descubráis vuestras cabezas, ni rasguéis vuestros vestidos (10:6). Los sacerdotes consagrados no debían realizar rituales de duelo por el muerto, como exponer la cabeza quitándose el turbante o mostrar remordimiento rasgando las vestiduras. Estos y otros aspectos del duelo sacerdotal se reflejan en los textos duales de Mesopotamia, "El descenso de Inanna" y "El descenso de Ishtar al inframundo".

Tú [...] no beberéis vino ni sidra cuando entréis en el tabernáculo (10:9). En el documento hitita "Instrucciones a los sacerdotes y funcionarios del templo" se permitía a los sacerdotes hititas beber alcohol, pero se les advertía sobre el comportamiento descuidado que podría derivarse de su consumo, que podría resultar en una grave paliza. Los sacerdotes israelitas tenían restringido cualquier consumo de bebidas fermentadas mientras realizaban el servicio sagrado en el tabernáculo, y el castigo por violar esto era la muerte.

Leyes sobre la pureza y las purificaciones (11:1-15:33)

Comeréis [...] no comeréis (11:1-47). La estricta delimitación de los animales limpios e impuros para el consumo en Israel no tiene parangón en la literatura del antiguo Cercano Oriente. La mayoría de las culturas limitaban el consumo de algunos animales (como el ganado, los asnos, los animales salvajes, las aves) o su uso en sus sistemas de sacrificio, pero ninguna se compara con los extensos detalles de la ley israelita. Los egipcios no consumían vacas porque la vaca era un símbolo asociado a la diosa vaca Hathor o a la diosa vaca afín Bat. Los seguidores del dios egipcio Horus consideraban al cerdo una abominación para los dioses, basándose en un conflicto mitológico entre Horus y Seth (el dios del caos, quien en este incidente tomó la forma de un cerdo) en el que Horus perdió un ojo.[6] La dieta de los hititas incluía cerdos, jabalíes, animales salvajes, pescado, tiburones, tejones, comadrejas y osos, entre otros. Más adelante en la historia, entre los griegos y los romanos, los cerdos eran aceptables para el sacrificio.

Insecto alado (11:20-23). Algunos insectos alados, como las langostas y los grillos, eran consumibles tanto en Israel como en otras regiones del antiguo Cercano Oriente, como demuestran los textos dietéticos de Mesopotamia.

La mujer cuando [...] dé a luz [...] será inmunda (12:2). En el antiguo Cercano Oriente, las secreciones genitales de hombres y mujeres se consideraban contaminantes religiosos, y hacían que una persona quedara impura durante determinados periodos de tiempo. Entre los hititas se exigía un ritual de purificación a las mujeres después de dar a luz. Asimismo, si las heces se rompían durante el parto, se consideraban impuras y se promulgaba un ritual de purificación de la sangre. La impureza menstrual derivada de la sangre también era una impureza común entre las antiguas culturas del Cercano Oriente. En el antiguo Cercano Oriente estaba muy extendido el temor de que la sangre menstrual fuera el origen de fuerzas demoníacas. En Israel, el período de impureza para la nueva madre duraba cuarenta días para el nacimiento de un hijo y ochenta días para el nacimiento de una hija (12:2-5). Del mismo modo, las mujeres persas y griegas tenían restringido el acceso a las zonas sagradas durante cuarenta días después de dar a luz. De igual forma, entre los hititas el periodo de impureza para un hijo varón era de tres meses, y para una mujer de cuatro meses.

Hará expiación por ella (12:7). La expiación aquí se refiere a la impureza ritual, no al pecado moral o ético.

Llaga de lepra (13:2). La enfermedad popularmente conocida como lepra es más técnicamente conocida en el mundo médico actual como enfermedad de Hansen. Es poco probable que la enfermedad descrita en Lv 13 sea específicamente la enfermedad de Hansen porque la descripción de los síntomas en ese capítulo no coincide con los efectos conocidos de la enfermedad de Hansen. En cambio, Lv 13 probablemente se refiere a una amplia variedad de enfermedades de la piel, que van desde la psoriasis y el eczema hasta el favid o la seborrea, o incluso los forúnculos y los abscesos. En Mesopotamia se utilizaba una serie de presagios para tratar el problema de las enfermedades físicas y los problemas de la piel, como un lunar que se vuelve blanco. Estas infecciones

Aunque existe cierta incertidumbre, probablemente se trate de la planta llamada "hisopo" en el Antiguo Testamento.

se consideraban un castigo de los dioses.

Habitará solo; fuera del campamento (13:46). Muchas culturas del antiguo Cercano Oriente imponían restricciones a las personas impuras cuya enfermedad, según creían, había sido provocada por los dioses. Asimismo, los sacerdotes que se volvían impuros (por diversas razones) a menudo debían someterse a rituales de purificación antes de entrar en las zonas del templo. Por ejemplo, los sacerdotes mesopotámicos que quedaban impuros por su purificación en los santuarios de los dioses mesopotámicos Nabu, Bel o Beltiya no podían volver a entrar en el santuario hasta que se purificaban. Sin embargo, en general la práctica sacerdotal israelita era mucho más restrictiva con respecto a numerosas impurezas.

Dos avecillas vivas, limpias (14:4). Después de que la persona enferma fuera curada, se utilizaban dos pájaros "limpios", además de cedro, un poco de hilo escarlata, una planta de hisopo y agua, para llevar a cabo una purificación ritual, tras la cual el baño y el afeitado permitían volver al campamento como limpio (14:1-9). El uso de pájaros para eliminar la impureza también aparece en los textos sobre rituales de los hititas y los mesopotámicos, aunque en el ritual hitita se utilizaba un halcón y un águila, aves que se consideraban impuras en Israel.

Aguas corrientes (14:5-6,50-52). Esta frase hebrea significa literalmente "agua viva" y se refiere al agua en movimiento, como la de un arroyo o un río. Los rituales mesopotámicos utilizaban el agua de los ríos Tigris y/o Éufrates para la limpieza de la fiesta anual de Año Nuevo.

Durante el periodo del Segundo Templo, se solía realizar un baño con fines rituales de pureza (según lo prescrito en Lv 15) en una mikvah, un baño ritual. La mikvah que se muestra aquí fue excavada cerca del muro sur del monte del Templo en Jerusalén.

Plaga de lepra en alguna casa (14:34-53). Aquí se utiliza el mismo término para referirse a los hongos domésticos, el moho o la podredumbre, que es empleado a lo largo de Lv 13-14 para aludir a la "enfermedad de la piel", lo que subraya aún más la diferencia conceptual entre el mundo moderno y el antiguo en lo que respecta a las enfermedades y la terminología. El proceso del ritual de limpieza es muy parecido tanto para la persona como para la casa. En los textos de presagio mesopotámicos, la aparición de hongos negros o moho podía presagiar el éxito de los negocios, pero el moho rojo y verde podía presagiar el mal o la muerte (cf. 14:37).

Cualquier varón, cuando tuviere flujo (15:2). Ver los comentarios sobre el versículo 12:1. Los sacerdotes hititas tenían prohibido mantener relaciones sexuales durante su servicio en el templo. Si lo hacían, y no se purificaban adecuadamente, era un delito capital.

Emisión de semen (15:16). Los fluidos seminales se consideraban una impureza menor, que requería un baño y un estado de impureza hasta la noche, es decir, el comienzo del día siguiente. En los textos de presagio mesopotámicos, una emisión nocturna se consideraba un signo de prosperidad.

Expiación y sangre, vida y muerte (16:1-17:16)

En este día se hará expiación por vosotros (16:1-34). El día de la expiación era la culminación anual del sistema de sacrificios y purificación israelita. En este día se limpiaba el santuario de los pecados descarados de los israelitas. En Babilonia, los ritos de penitencia marcaban la fiesta primaveral del Año Nuevo, en los días dos a cinco del mes de Nisan (primavera). El sacerdote se bañaba, se ponía ropas especiales, entraba en el templo con un incienso aromático y limpiaba el santuario con agua de los ríos Tigris y Éufrates. La purgación se realizaba con el cuerpo de un carnero decapitado, tras lo cual se arrojaba el carnero al río que fluía hacia fuera de la ciudad. Lo mismo se hacía con la cabeza del carnero, tras lo cual el sacerdote y el matarife debían salir de la ciudad a campo abierto y permanecer allí durante una semana. Después, el rey/sacerdote se sometía a un ritual de confesión y penitencia.

Detrás del velo (16:2). La palabra hebrea *paroket* hace referencia a la cortina interior que separaba el espacio sacro santísimo de la sala central. La palabra acadia parakku estaba relacionada y denotaba el espacio sagrado que rodeaba la estatua de un dios o el pedestal sobre el que se asentaba la estatua.

El macho cabrío [...] para enviarlo al desierto [...] llevará sobre sí todas las iniquidades (16:10, 22). El "chivo expiatorio", que simbólicamente cargaba con los pecados e iniquidades de los israelitas, encuentra un paralelo en varios textos del antiguo Cercano Oriente. Los rituales hititas de Huwarlu y Ambazzi utilizaban un perro y un ratón, respectivamente, para llevarse el mal de la corte real o de la ciudad.

Así purificará el santuario (16:16). Incluso el espacio más sagrado, que albergaba el arca del pacto como centro de la presencia divina, aparentemente se contaminaría al residir en medio de una comunidad impía (16:16). El concepto de entrar en el interior para purificarse y luego salir al exterior para reflejar la expiación tiene su paralelo en los rituales de purificación de los templos mesopotámicos e hititas. En esos textos rituales, los templos y sus utensilios se untaban con líquidos o se limpiaban con diversos materiales, como aceite, panes o incluso el cadáver de un carnero o una oveja. Por ejemplo, en el ritual hitita de Ulippi, un nuevo templo se purificaba untando de sangre la estatua de la deidad, así como las paredes y los utensilios de servicio del templo.

Afligiréis vuestras almas, y ninguna obra haréis (16:29). La participación individual en el día de la expiación requería el cese del trabajo, la abnegación, la humildad del alma y el posterior ayuno. Del mismo modo, en la "Autobiografía de Adad-Guppi", la madre del rey babilónico Nabónido demostró su humilde devoción a varias deidades que se creía que habían traído el juicio sobre Babilonia, negándose a sí misma los placeres de las ropas finas, la plata y el oro, los perfumes y los aceites, y vistiéndose, en cambio, con sacos rasgados.

Y nunca más sacrificarán sus sacrificios a los demonios (17:7). Este texto implica que existía un culto de adoración a los demonios-cabra. Un gran número de rituales hititas y mesopotámicos de erradicación tenían por objeto expulsar a las fuerzas demoníacas de las moradas humanas, desde los hogares hasta las ciudades y los palacios reales, fuerzas que se creía que causaban plagas, infertilidad y diversas enfermedades.

Los extranjeros que moran entre vosotros (17:8). A diferencia de otras culturas del antiguo Cercano Oriente que tenían leyes en las que la adjudicación de la ley se diferenciaba según el estatus de la persona en la sociedad, la ley israelita era explícita en el sentido de que existía un único código legal tanto para los israelitas como para los extranjeros residentes (Ex 12:48-49; Lv 16:29; 17:8-16; Nm 9:14; 15:14-16). Por ejemplo, el código de Hammurabi proporciona múltiples ejemplos de cómo la ley babilónica diferenciaba entre los ricos y los pobres.

Ninguna persona de vosotros comerá sangre (17:12). Ver los comentarios sobre Dt 12:16, 20. Tanto en Israel como en el antiguo Cercano Oriente se pensaba que la sangre tenía propiedades tanto puras como impuras. En Israel la sangre era un símbolo tanto de la vida como de la muerte. Los ritos de purificación de la sangre se practicaban entre los hititas y otras culturas del antiguo Cercano Oriente, pero la intensidad religiosa de Israel, el nivel de restricciones y las delineaciones detalladas con respecto a la recolección y utilización de la sangre eran insuperables. El concepto central del antiguo Israel era que la sangre, como símbolo de vida, debía devolverse siempre a Dios, la fuente de la vida. Por lo tanto, el consumo de sangre estaba prohibido para los israelitas. Por el contrario, en un texto de ataúd egipcio, el consumo de sangre era uno de los secretos de la longevidad en la otra vida.

Leyes sobre la pureza (18:1-30)

No haréis como hacen en la tierra de Egipto (18:3). El siguiente pasaje (18:6-30) implica que las prácticas de Egipto a las que se hace referencia aquí eran de naturaleza sexual, y en particular estaban relacionadas con la impropiedad sexual dentro de la familia. El incesto era común en el antiguo Egipto dentro de las familias reales de los faraones, ya que los faraones egipcios a menudo se casaban con sus hermanas. Recientes pruebas de ADN realizadas por la Universidad de Zúrich han demostrado que existían relaciones incestuosas entre faraones como Tutankamón, cuyos padres eran hermanos.

Ningún varón se llegue a parienta próxima alguna, para descubrir su desnudez. (18:6-23). La ley hitita prohibía a un hombre mantener relaciones sexuales con su hija o hijo, hermana o prima. Entre los textos de presagio de Mesopotamia figuran diversos resultados anunciados por los hombres que tienen relaciones sexuales con su sobrina, sobrina nieta u otro pariente, o incluso actos homosexuales con otros hombres.

Y no des hijo tuyo para ofrecerlo por fuego a Moloc (18:21). En cuanto al sacrificio de niños, ver los comentarios sobre 2 Reyes 3:27. Moloc (también conocido como Milcom, Malkam, Moloch) era una deidad adorada por los amonitas y los fenicios (ver los comentarios sobre 1 Reyes 11:5).

No te echarás con varón como con mujer (18:22). La práctica de la homosexualidad masculina era un tabú en el antiguo Israel y se castigaba con la muerte (20:13). Sin embargo, en algunas otras culturas del antiguo Cercano Oriente la práctica era aceptable.

Ni con ningún animal tendrás ayuntamiento (18:23). El bestialismo estaba estrictamente prohibido en Israel. Las restricciones variaban entre otras culturas del antiguo Cercano Oriente. En muchos textos mitológicos, los dioses y las diosas adoptan la forma de toros, vacas, burros u otros animales para copular, proveyendo así de fertilidad. Sin embargo, en la ley hitita, el bestialismo con ciertos animales podía ser castigado con la muerte, a menos que el rey tuviera misericordia.

Idolatría y otras delimitaciones (19:1-37)

Santos seréis, porque santo soy yo Jehová vuestro Dios (19:2). En el himno mesopotámico a la diosa Nanshe, se esperaba que los sacerdotes estuvieran a la altura de las normas éticas de la pureza y la fidelidad de la diosa. Por el contrario, en Lv 19:2 se insta a toda la comunidad israelita a llevar una vida santa.

No os volveréis a los ídolos, ni haréis para vosotros dioses de fundición (19:4). La adoración de los dioses y diosas utilizando imágenes antropomórficas y zoomórficas era una obligación para todas las naciones del antiguo Cercano Oriente, excepto para Israel (Ex 20:3-4).

No oprimirás a tu prójimo, ni le robarás (19:13-18). Todas las formas de injusticia, opresión y abuso de los demás estaban condenadas en la ley israelita. Asimismo, los códigos legales de otras naciones del antiguo Cercano Oriente se centraban en el tema de establecer la justicia en la tierra. Una de las declaraciones finales del código de leyes del rey babilónico Hammurabi establece: “Yo soy Hammurabi, rey de la justicia, a quien el dios Shamash ha concedido la verdad".

Si un hombre yaciere con una mujer que fuere sierva (19:20). Las leyes hititas y mesopotámicas también abordan la cuestión de las relaciones sexuales entre un hombre y una esclava, para lo cual ofrecen una variedad de respuestas de pagos o castigos, dependiendo de la propiedad de la esclava y del estatus social de los implicados.

No seréis agoreros, ni adivinos [...] encantadores [...] adivinos (19:26,31). Ver los comentarios sobre Dt 18:10-11. Prohibido en Israel, pero común en la literatura del antiguo Cercano Oriente, figuran diversas variedades de hechicería, adivinación, brujería y el uso de médiums para invocar a la deidad con el fin de atraer bendiciones y maldiciones sobre otros. El uso de la magia apotropaica (formas simbólicas para alejar el mal), la extispicina (lectura de patrones en los órganos internos de los animales), la nigromancia (consulta a los muertos; ver los comentarios sobre 1 S 28:3, 9) y otros rituales especiales de sacrificio, acompañados de encantamientos y fórmulas de juramento, eran comunes en toda Sumeria, Babilonia, Asiria, Hatti, Egipto y Ugarit.

Figurilla de placa de terracota de Sumer, finales del tercer milenio antes de Cristo. Representa a Narishe, la diosa sumeria de los peces, las aves acuáticas y la justicia social, responsable de la precisión de los pesos y medidas. Ella está retratada aquí con dos pelícanos.

No haréis rasguños en vuestro cuerpo por un muerto (19:28). Al igual que los profetas de Baal, que intentaron despertar a su dios para que respondiera (ver los comentarios sobre 1 Reyes 18:28), los textos de Ugarit (una antigua ciudad de Siria) describen el ritual del dios El en preparación para rescatar a Baal del inframundo. Desciende de su trono, amontona polvo sobre su cabeza, se viste con ropas de luto y se corta el cuerpo y la cara con utensilios de piedra y una navaja.

Balanzas justas, pesas justas tendréis (19:35-36). La justicia económica está delineada en varios géneros de textos del antiguo Cercano Oriente, tanto en los códigos de leyes como el de Hammurabi (el antiguo rey babilónico), como en la literatura sapiencial egipcia, así como en las enseñanzas de Amenemope, y en las confesiones del "Libro de los muertos" egipcio.

Idolatría y otras delimitaciones (21:1-22:32)

No se contaminen por un muerto (21:1-24). A los sacerdotes de otras naciones también se les ordenaba mantener la pureza ritual para poder llevar a cabo sus deberes prescritos. En el antiguo Cercano Oriente, las impurezas debidas a la proximidad de la muerte, la adulteración del matrimonio, la deformidad física o el fracaso moral eran cuestiones por las que los sacerdotes podían ser descalificados para realizar sus deberes rituales.

Todo varón [...] que se acercare a las cosas sagradas [...] teniendo inmundicia sobre sí (22:3). Cualquier forma de impureza física o ritual incapacitaba a un sacerdote israelita para el servicio sagrado. Del mismo modo, los hititas discapacitados no podían prestar servicio en el templo. En el "Libro de los muertos" egipcio, un peticionario, tras enumerar decenas de formas en las que no ha ofendido a Osiris, declara: "¡Soy puro, soy puro, soy puro, soy puro! Mi pureza es la pureza de ese gran fénix de Heracleópolis".

Días festivos y redención (23:1-24:21)

Las fiestas solemnes [...] serán estas (23:1-44). El calendario ritual anual de Israel se basaba en el ciclo agrícola, que reflejaba la provisión benéfica de Dios para las necesidades de su pueblo, y el ciclo redentor de la obra de Dios y su trabajo revelador en la historia. Levítico 23 se centra en el aspecto de la creación natural, desde el descanso del Shabbat hasta la cosecha del grano en primavera.

Estas son las fiestas solemnes de Jehová, las convocaciones santas (23:4). Los ritos diarios, mensuales y anuales de las antiguas culturas del Cercano Oriente estaban marcados por sacrificios especiales, oraciones, comidas

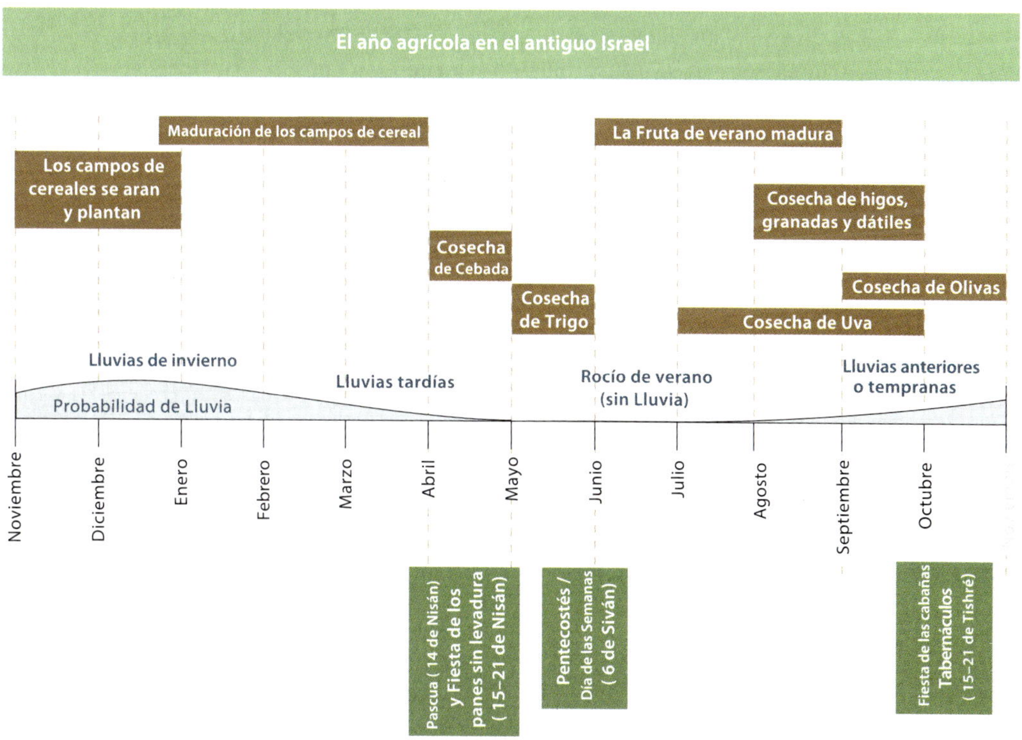

festivas y otras prácticas. Por ejemplo, los sacerdotes de Ugarit ofrecían holocaustos, ofrendas de paz y otras ofrendas según los horarios diarios, mensuales (lunares) y anuales establecidos. La fiesta de Zukru en Emar (una ciudad de Siria) tiene algunos paralelismos con los antecedentes agrícolas de la Pascua israelita. La fiesta se celebraba cada siete años (sabáticos) con sacrificios de corderos, panes, aceite y vino para los setenta dioses de Emar, como Dagón y Ninurta.

En el mes séptimo [...] al primer día [...] al son de trompetas (23:24). Es posible que los israelitas posteriores hayan adoptado el nombre de Rosh Hashaná para distinguirlo del festival babilónico de primavera Akitu del Año Nuevo, una celebración de doce días de la reentronización del rey de Babilonia y del ciclo de vida-muerte-renacimiento del dios patrón Marduk.

La fiesta solemne de los tabernáculos a Jehová (23:33-36, 39-43). La caseta/refugio debía construirse como refugio temporal durante una semana cada año para conmemorar la provisión de Dios de las necesidades del pueblo durante su experiencia en el desierto después del éxodo. Las ramas de varios árboles frondosos como palmeras, sauces, cidras, mirtos y otros formaban el dosel de la cabaña (23:40).

Cocerás de ella doce tortas [...] Aarón y de sus hijos, los cuales lo comerán (24:5-9). En la mayoría de las regiones del antiguo Cercano Oriente, las donaciones de panes horneados, o incluso de masa sin hornear, eran habituales para satisfacer las necesidades de los dioses. En este caso, los doce panes que reflejaban la nación de las doce tribus se ofrecían para celebrar la fiel provisión de Dios para su pueblo y luego eran consumidos por los sacerdotes.

Blasfemó el Nombre, y maldijo (24:11). La blasfemia contra el nombre de Dios se castigaba con la muerte, como ocurría en varias culturas del antiguo Cercano Oriente, donde hablar mal o pronunciar una maldición contra una deidad, un templo o incluso un rey podía acarrear un severo castigo, incluso la muerte. Los textos asirios describen cómo a los blasfemos se les podía cortar la lengua o desollar la carne.

Animal por animal [...] ojo por ojo, diente por diente (24:17-21). Ver los comentarios sobre Dt 19:21. La justicia taliónica era una forma común de la ley del antiguo Cercano Oriente, en la que la pena o adjudicación era compensatoria con el delito. Muchas de las leyes del código del rey babilónico Hammurabi contienen este tipo de sanciones, y los

robos de sacrificios y tesoros del templo debían ser indemnizados hasta diez veces.

Año sabático y jubileo; leyes sobre la redención de la tierra y el Pueblo (25:1-26:46)

Santificaréis el año cincuenta [...] ese año os será de jubileo (25:8-35). La tierra pertenecía a Dios, y los israelitas eran meros arrendatarios que compartían la propiedad comunal de sus territorios tribales y de clan. La tierra podía intercambiarse o venderse, pero solo temporalmente. En el año del jubileo (el quincuagésimo año) la propiedad debía volver a su hogar original. Asimismo, los documentos sobre la propiedad y los códigos legales de Ugarit (una ciudad de Siria), Anatolia (Turquía) y Mesopotamia contenían disposiciones sobre la posible devolución de la tierra a sus propietarios originales. El código de leyes del rey babilónico Hammurabi preveía la redención de tierras en diversos casos, como el servicio militar o los negocios del Estado.

No tomarás de él usura ni ganancia (25:36). En un documento arameo de Elefantina, una colonia judía en el río Nilo, el interés de un pequeño préstamo de cuatro siclos de plata a una mujer se situaba en el 5 por ciento mensual, y

La isla de Elefantina, en el río Nilo

si no se pagaba el interés conllevaba una acumulación. Se podía reclamar una garantía contra la mujer o su familia en términos de su propiedad. Los tipos de interés anuales en Mesopotamia solían oscilar entre el 20 y el 33 por ciento.

No haréis ídolos (26:1). A diferencia de los pueblos y naciones del antiguo Cercano Oriente, Israel tenía prohibido hacer cualquier tipo de imagen icónica de la deidad para su adoración (Ex 20:3-4). Se podían erigir piedras conmemorativas, como las colocadas por Jacob en Betel (Gn 28:18-22) y en Galeed/Mizpa (Gn 31:45-49), como recordatorios de las relaciones con Dios y con el pueblo, pero no para la adoración (ver los comentarios sobre Jos 4:7).

Si anduviereis en mis decretos [...] pero si no me oyereis (26:3,14). Las bendiciones de los pactos por la obediencia fiel y las maldiciones por la desobediencia rebelde eran una parte esencial de la elaboración de tratados y pactos en el antiguo Cercano Oriente. Los ejemplos recogidos en la literatura sumeria, babilónica, asiria, hitita y egipcia del 2000 al 586 a. C. son abundantes.

Yo daré vuestra lluvia en su tiempo (26:4). Las bendiciones por la obediencia al pacto incluían abundantes precipitaciones en una región donde la lluvia caía únicamente la mitad del año. Dado que la lluvia era tan importante en el antiguo Cercano Oriente, se asociaba a diversos dioses con las tormentas y las precipitaciones. El ciclo de Baal procedente de Ugarit presenta a su dios como el proveedor de las lluvias. El desafío de Elías contra los profetas de Baal y Asera en el monte Carmelo giraba en torno a qué dios era el que realmente suministraba la lluvia (ver los comentarios sobre 1 Reyes 17:1).

Pondré mi rostro contra vosotros (26:17-20). En contraste con la bendición sacerdotal de Nm 6:24-26, en la que el rostro resplandeciente de Dios trae gracia, paz y bendiciones a los fieles, los que se rebelan contra su pacto presenciarán la derrota, la destrucción, la enfermedad y la sequía. Esta representación de la ira de los dioses a causa de la infidelidad del pueblo figura en innumerables textos de presagio y adivinación, oraciones e himnos del antiguo Cercano Oriente.

Haré vuestro cielo como hierro, y vuestra tierra como bronce (26:19). Esta metáfora aparece en el "Tratado de sucesión de Esar-hadón", donde se insta a los dioses a maldecir a los rebeldes con una tierra de hierro que no brote y con unos cielos de bronce que no traigan lluvia.

Comeréis la carne de vuestros hijos [...] de vuestras hijas (26:29). En los tratados de sucesión/vasallaje del rey asirio Esar-hadón, el canibalismo era uno de los resultados potenciales del incumplimiento de las estipulaciones del pacto.

Votos y valoraciones (27:1-34)

Cuando alguno hiciere especial voto a Jehová, según la estimación de las personas (27:2). Los votos en el antiguo Cercano Oriente relativos a los esclavos, sirvientes o personal doméstico no eran infrecuentes. En Egipto, el "Juicio sobre una esclava siria" describe un caso en el que una joven fue valorada en términos de múltiples prendas de lino fino, artículos de cobre y plata, y otros objetos de valor. Al final del juicio se realizaron votos.

El diezmo [...] será consagrado a Jehová (27:30,32). La práctica del diezmo figura en textos del templo y de la realeza de Ugarit (una antigua ciudad de Siria) y de Mesopotamia. En el contexto de las donaciones a los templos, se entregaban diezmos a diferentes dioses, incluyendo una serie de artículos como prendas de vestir, granos, plata y dátiles.

— Génesis
— Éxodo
— Levítico

Números

— Deuteronomio
— Josué
— Jueces
— Rut
— 1 Samuel
— 2 Samuel
— 1 Reyes
— 2 Reyes
— 1 Crónicas
— 2 Crónicas
— Esdras
— Nehemías
— Ester
— Job
— Salmos
— Proverbios
— Eclesiastés
— Cantares
— Isaías
— Jeremías
— Lamentaciones
— Ezequiel
— Daniel
— Oseas
— Joel
— Amós
— Abdías
— Jonás
— Miqueas
— Nahúm
— Habacuc
— Sofonías
— Hageo
— Zacarías
— Malaquías

Números

Roy E. Gane

Introducción. Cuando termina el libro de Éxodo, los israelitas siguen en el monte Sinaí, habiendo entrado en una relación de pacto con Dios y habiendo construido el tabernáculo según sus instrucciones. Al final de Éxodo, Dios viene a morar en el tabernáculo. Levítico establece una comunidad santa centrada en Dios a partir de los israelitas, explicando cuidadosamente cómo debían vivir con el Dios santo y asombroso que vivía en medio de ellos. Números retoma la historia del pueblo israelita elegido por el Señor justamente después de esto, mientras todavía están en el monte Sinaí. El nombre hebreo del libro se traduce como "En el desierto", tomado de las palabras iniciales del primer verso. Esto describe perfectamente el escenario de los acontecimientos que se relatan aquí, los cuales comienzan en el Sinaí y continúan durante la reanudación del camino de los israelitas hacia Canaán, seguida de décadas de peregrinaje en el desierto debido a la rebelión infiel de los israelitas contra el Señor. El título inglés Numbers [Números] deriva del título latino Numeri, que se basaba en el título griego anterior de la Septuaginta del libro, Arithmoi. Esto refleja la importancia de los censos en el libro de Números. De hecho, el censo de la generación adulta (posteriormente rebelde) que salió de Egipto en el capítulo 1 y el censo de la siguiente generación en el capítulo 26 constituyen los indicadores estructurales básicos del libro, que puede dividirse en dos partes: los capítulos 1-25 (la generación desobediente del primer censo) y los capítulos 26-36 (la generación obediente del segundo censo).[1] El libro de Números contiene fascinantes elementos culturales, históricos y geográficos y utiliza una mayor variedad de géneros literarios que cualquier otro libro de la Biblia.[2]

Los viajes de Israel en el libro de Números

Censo limitar (1:1-46)

Todos [...] los hijos de Israel [...] de veinte años arriba, todos los que podían salir a la guerra (1:45-46). Este censo militar ordenado por Dios es una preparación para movilizar a los israelitas para que puedan cooperar con el Señor en la conquista de la tierra de Canaán. Compárense las instrucciones para el inicio de una campaña militar que el dios 'Ilu dio al rey Kirta en un sueño, según se relata en una epopeya ugarítica (de Tell Ras Shamra en Siria): "Se aprovisionará un tropel y marchará, se aprovisionará un poderoso tropel, un tropel saldrá de verdad. Tu ejército será una hueste numerosa, trescientas miríadas, soldados sin número, arqueros sin cuenta".[3]

Extensión del censo e introducción a las funciones de los levitas (1:47-54)

Pero los levitas, según la tribu de sus padres, no fueron contados entre ellos (1:47). Los levitas no están incluidos en el censo militar porque su función permanente es cuidar el santuario (i. e., el tabernáculo) (1:50). Del mismo modo, varios faraones egipcios concedieron la exención de trabajos forzados al personal relacionado con el templo como un regalo a los dioses para que estos no se vieran privados de su servicio.[4]

Y el extraño que se acercare morirá [...] pero los levitas acamparán alrededor del tabernáculo (1:51-53). En todo el mundo del antiguo Cercano Oriente los santuarios/templos eran tratados como palacios y residencias de deidades poderosas, por lo que el acceso a los santuarios y templos era limitado y fuertemente controlado. Dado que Dios mismo habita y gobierna en el tabernáculo israelita, la situación es similar. Los guardias levíticos son responsables de detener (i. e., matar) a cualquier persona no autorizada que intente entrar en el tabernáculo. Si no lo hacían, la ira divina se desataría contra los israelitas (3:10, 38; 18:1-7). La importancia a vida o muerte de vigilar la residencia divina también aparece, por ejemplo, en las "Instrucciones a los sacerdotes y funcionarios del templo" hititas (segundo milenio a. C.), que ordena al personal del templo lo siguiente "Vigilad los templos con mucho cuidado, y que no haya sueño para vosotros. Además, que la guardia se reparta entre vosotros. En la guardia de quien cometa un pecado, morirá. Que no se le perdone".[5]

Campamento militar (2:1-34)

Los hijos de Israel acamparán cada uno junto a su bandera (2:2). El campamento israelita es un campamento militar móvil en el camino de la conquista de Canaán, como indica el hecho de que el censo de Nm 1 contabiliza a los varones israelitas en edad de combatir. El campamento de guerra está configurado en un cuadrado hueco, con cuatro grupos de tres tribus cada uno dispuestos en cuatro lados alrededor de un patio rectangular que contiene el tabernáculo de dos habitaciones (lugar santísimo y lugar santo) del rey divino y comandante en el centro (cf. 23:21). Esto es sorprendentemente similar al campamento de guerra del faraón egipcio Ramesés II (1279-1213 a. C.) en la batalla de Cades (ca. 1275 a. C.) en Siria, como se representa en un diagrama tallado en el interior de piedra de un templo en Abu Simbel, en el sur de Egipto. En el diagrama, la tienda de dos habitaciones del dios-rey es un palacio-santuario móvil en el centro del campamento rectangular (similar al patio del tabernáculo israelita), rodeado y protegido por divisiones del ejército en los cuatro lados. El nombre del faraón, enmarcado por halcones divinos enfrentados (como los querubines alados que cubrían la tapa del arca, donde estaba entronizado el Dios de Israel [Ex 25:10-22; 1 S 4:4; 2 S 6:2]), está colocado en la sala más pequeña que equivale al lugar santísimo en el tabernáculo israelita (cf. Ex 26:34).[6] Pero el faraón egipcio era humano, muy inferior al monarca que estaba en el centro del campamento israelita: Dios mismo.

Personal del santuario (3:1-4:49)

Desarmarán el velo de la tienda [...] y le pondrán sus varas (4:5-6). Cuando había que trasladar el tabernáculo (ver los comentarios sobre Nm 4:31), los sacerdotes debían preparar los objetos santísimos para que los levitas pudieran transportarlos (4:15). Debían llevar el arca a cierta distancia de ellos en dos varas sobre sus hombros (7:9). Las varas pasaban por dos anillos a cada lado del cofre sagrado. En la famosa tumba del joven faraón Tutankamón (siglo XIV a. C.) se encontró una caja con tales anillos y varas.[7] Este medio de transporte era más seguro para los objetos de valor que un carro (cf. 2 Sam. 6:3-7).

Las tablas del tabernáculo, sus barras, sus columnas y sus basas (4:31). El pequeño tabernáculo israelita era un santuario móvil. Consistía en un armazón rígido formado por tablas de madera cubiertas de oro, colocadas sobre bases, que se mantenían en su lugar mediante travesaños horizontales cubiertos de oro que pasaban por anillos en las tablas (Ex 26:15-29). Sobre este armazón se colocaban varias capas de cortinas (Ex 26:1-14). Todos estos componentes eran desmontados y transportados por los levitas cuando el campamento israelita se trasladaba. Los arqueólogos han descubierto partes de armazones de estructuras similares en Egipto que datan del tercer milenio a. C., más de mil años antes de que los israelitas construyeran el tabernáculo del Señor, lo que confirma que esa tecnología estaba a su disposición. Se han encontrado partes de varas en una tumba de Saqqara (ca. 2900 a. C.) y en los almacenes de la pirámide escalonada (ca. 2700 a. C.). Mejor conservadas están las partes desmontadas de una estructura de tabernáculo que había envuelto el dormitorio de la reina Hetepheres, que fueron descubiertas en su tumba de Giza (ca. 2600 a. C.). Cerca se encontraron los restos de un tabernáculo religioso. Diversas capillas de tumbas egipcias que datan de mediados del tercer milenio a. C. contienen ilustraciones de pabellones con cortinas sostenidas por varas verticales unidas por varillas horizontales. Asimismo, algunos textos de Mari, en Siria, que datan aproximadamente del siglo XVIII a. C., hablan de grandes tiendas

Una réplica del tabernáculo. Obsérvese el altar en primer plano

públicas sostenidas por armazones de madera sobre bases. Uno de estos textos menciona que se necesitaban cuarenta y tres hombres para transportar las piezas de una estructura de este tipo.[8]

Pureza, santidad y bendición de la comunidad (5:1-6:27)

Manda a los hijos de Israel que echen del campamento a todo leproso [...] y a todo contaminado (5:2). Una persona que tenga una impureza ritual física grave (Lv 12-15; Nm 19) debe permanecer fuera del campamento de guerra para no manchar la santidad del campamento en el que Dios habita entre su pueblo (Lv 15:31; Nm 5:3). Otros pueblos del antiguo Cercano Oriente también se preocupaban por eliminar las impurezas de sus moradas. Tanto en Mesopotamia como entre los hititas se utilizaba una amplia variedad de métodos rituales para expulsar las impurezas, que consideraban originarias y pertenecientes al inframundo.[9] Para los mesopotámicos, las impurezas eran males perjudiciales causados por los demonios, pero para los hititas, generalmente eran males no demoníacos.[10] Sin embargo, según la Biblia, las impurezas que afectaban a los israelitas no eran demoníacas ni procedían del inframundo,[11] sino que eran causadas por el propio pueblo y representaban el ciclo de mortalidad de nacimiento a muerte resultante del pecado (Gn 3; Ro 6:23). Por eso tales impurezas no podían asociarse con la presencia del Dios puro, inmortal y santo.[12]

Si viniere sobre él espíritu de celos (5:14). La sospecha de una infidelidad conyugal es un problema antiguo. Una composición mesopotámica de alrededor de 1900-1800 a. C. (con una versión anterior que data de 2600-2500 a. C.) presenta enseñanzas sabias, como proverbios, en forma de palabras dirigidas por el gobernante Shuruppak antes del diluvio a su hijo Ziusudra, el héroe de su historia del diluvio (como Noé). Se incluyen dos advertencias atemporales de Shuruppak sobre este tema: "No te rías con una chica que está casada; la calumnia es fuerte. Hijo mío, no te sientes (a solas) en una habitación con una mujer que esté casada".[13]

Y el sacerdote la conjurará (5:19). Del mismo modo, en el código de Hammurabi (rey de Babilonia) hay una ley que exige a la esposa un juramento para hacer frente a la sospecha no probada de su esposo de que ha cometido adulterio. Dice así: "Si su esposo acusa a su propia mujer (de adulterio), aunque no haya sido sorprendida yaciendo con otro varón, ella deberá jurar (su inocencia) por el dios, y volver a su casa".[14] Como en el procedimiento bíblico, el juramento entregaba el caso a la deidad omnisciente, que podía responsabilizar a la mujer si estaba mintiendo. Sin embargo, mientras que la mujer babilónica debía simplemente jurar su inocencia (cf. Ex 22:11), el juramento israelita es una auto maldición condicional en el sentido de que si la mujer es inocente, no sufrirá ningún daño, pero si es culpable, experimentará graves daños ginecológicos (5:19-22).

Y dará a beber a la mujer las aguas amargas (5:24). Esto lleva simbólicamente el efecto de la auto maldición condicional a su cuerpo, con Dios controlando el resultado según su conocimiento. No hay ningún peligro físico inherente en beber el líquido, por lo que una mujer inocente está a salvo. Compárese esto con la ordalía fluvial babilónica descrita en el código de Hammurabi (ley 132),[15] en donde la mujer acusada debía entrar en un río para ser juzgada (se creía que el río era divino). Si la mujer sobrevivía, se la consideraba inocente, pero si se ahogaba, se la consideraba culpable.

El hombre o la mujer que se apartare haciendo voto de nazareo,[a] para dedicarse a Jehová (6:2). La religión del templo egipcio consistía principalmente en las funciones de unos pocos miembros de la élite.[16] Por el contrario, los hombres y mujeres israelitas comunes eran bienvenidos a llevar sus ofrendas al santuario (Lv 1-7), aunque todavía no se les permitía oficiar como sacerdotes y no tenían acceso al interior del tabernáculo (Nm 3:10, 38; 18:7). Los israelitas comunes también podían participar en un alto grado de santidad haciendo el voto nazareo, que les obligaba temporalmente a algunas restricciones de estilo de vida similares a las practicadas por los sacerdotes, como evitar la contaminación de cadáveres (Nm 6:6-7; cf. Lv 21:1-4, 11) y las bebidas alcohólicas (Nm 6:3; cf. Lv 10:9).

Jehová te bendiga, y te guarde; Jehová haga resplandecer su rostro sobre ti (6:22-27). Los israelitas apreciaban mucho esta bendición del pueblo por parte de los sacerdotes, como demuestra el descubrimiento en 1979 de dos pequeños pergaminos de plata (de unas tres pulgadas y dos pulgadas de largo, respectivamente) en los que están inscritas dos versiones de esta bendición, junto con otras expresiones que se encuentran en otros versículos bíblicos. Los pergaminos, diseñados para ser utilizados como amuletos, se hallaron en una cámara funeraria de Ketef Hinnom, a las afueras de la antigua Jerusalén. Datan de finales del siglo VII o principios del VI a. C. y, por lo tanto, se encuentran entre los textos escritos más antiguos que se conocen de cualquier pasaje bíblico.[17] En otras partes, algunas inscripciones de Mesopotamia y Kuntillet Ajrud, en la península del alto Sinaí, contienen una redacción que se asemeja a partes de esta bendición sacerdotal.[18]

Este amuleto de plata del siglo VII a. C. lleva inscrita la bendición sacerdotal de Nm 6:24-26. Es el texto bíblico escrito más antiguo descubierto hasta la fecha.

Suministros y servicios para el santuario (7:1-8:26)

Los príncipes de Israel [...] trajeron sus ofrendas delante de Jehová, seis carros cubiertos y doce bueyes (7:1-11). Una vez terminada la construcción del tabernáculo y después de que Moisés lo consagre junto con todo su mobiliario, los jefes de las tribus israelitas traen regalos al Señor. Para el transporte del tabernáculo, traen carros y bueyes. Para el servicio en el altar, también traen recipientes de plata y oro, alimentos, incienso y animales para el sacrificio (7:10-88). Del mismo modo, Gudea, gobernante de la ciudad mesopotámica de Lagash (ca. 2100 a. C.), hizo regalos al dios Ningirsu y a su esposa Baba cuando se instalaron en un nuevo templo que Gudea había construido para ellos. Los regalos incluían un carro de guerra con sus armas, junto con utensilios y muebles para comer y dormir.[19]

Rocía sobre ellos el agua de la expiación, y haz pasar la navaja sobre todo su cuerpo, y lavarán sus vestidos (8:7). Antes de que los levitas pudieran asistir a los sacerdotes en el santuario sagrado, debían ser purificados ritualmente. El "agua de purificación" debía purificarlos de la contaminación de los cadáveres (cf. 19:9, 11-20). En cuanto al requisito de afeitarse como parte del proceso de consagración, un antiguo documento en acadio de la ciudad de Emar (en la actual Siria) ofrece una extensa descripción del largo proceso de consagración de nueve días que suponía la instalación de una nueva sumo sacerdotisa, que incluía afeitarla a la entrada del templo el segundo día.[20]

Retomando el viaje (9:1-10:36)

Hazte dos trompetas de plata; de obra de martillo (10:2). En la tumba egipcia de Tutankamón se encontraron dos trompetas de señalización de este tipo, con tubos largos y estrechos y acampanados en el extremo. Una era de plata y la otra de cobre o bronce recubierto de oro. En Nm 10 las trompetas debían tocarse de diversas maneras para enviar mensajes a todo el campamento de personas, señalando la hora de la asamblea, la reunión de los líderes, el inicio de la jornada, etc. Trompetas como estas, que producían fuertes y punzantes toques, se utilizaban de forma similar en Egipto para reunir a la gente, llamarla a la batalla o celebrar fiestas religiosas.[21]

Problemas en el desierto (11:1-12:16)

El Señor desató un viento que trajo codornices del mar (11:31). Ver los comentarios sobre Ex 16:13. Desde la antigüedad hasta tiempos recientes, millones de codornices migran cada primavera a través de la península del Sinaí desde África hasta Europa y Asia.[22]

María y Aarón hablaron contra Moisés a causa de la mujer cusita que había tomado (12:1). Cus (denominada por los historiadores como Nubia y por los antiguos griegos como Etiopía) era un reino a lo largo del río Nilo en el

En esta pintura mural de una tumba egipcia, los cusitas (también llamados nubios) están trayendo tributo al faraón. Esta pintura proporciona una imagen muy detallada de los cusitas.

sur de Egipto y el norte de Sudán que estaba habitado por gente de piel oscura (ver el artículo "Los cusitas"). La esposa de Moisés, Séfora, era de Madián (Ex 2:15-21), por lo que la esposa cusita del versículo 12:1 puede ser otra mujer con la que se casó tras la muerte de Séfora. Curiosamente, el historiador judío Josefo, quien escribió mucho más tarde (a finales del siglo I d. C.), también describe a Moisés como casado con una cusita (Josefo escribe en griego, por lo que utiliza el término griego "etíope" para referirse a los habitantes de la antigua Cus). Josefo suele seguir la historia del A.T. con bastante cuidado, pero en este caso su relato es muy diferente. Retrata a Moisés como un joven que dirige un ejército de egipcios y hebreos contra Cus. Durante el asedio a la capital cusita, Tarbis, la hija del rey cusita, ve a Moisés, se enamora y le propone matrimonio, lo cual él acepta, sellando la paz entre Egipto y Cus.[23] Aunque este relato es probablemente más leyenda que historia, y muchos de los detalles históricos del texto de Josefo son cuestionables, el hecho de que muestre a Moisés casándose con una mujer africana de Cus/Etiopía se correlaciona bien con el relato de Números.

Rebelión en Cades (13:1-14:45)

Yo [el Señor] los heriré de mortandad [...] Moisés respondió a Jehová (14:12-13). Se conocen casos de pueblos del antiguo Cercano Oriente que intentaban aplacar a sus dioses, quienes, según se creía, eran los causantes de las plagas. Por ejemplo, durante el reinado del rey hitita Muršili II hubo una terrible plaga que duró años y causó la muerte de muchos de sus habitantes. Él (o sus escribas) compuso varias oraciones para intentar persuadir a los dioses de que pusieran fin a la epidemia. En estas oraciones él se confesaba culpable, se refería a la restitución y señalaba que más muertes solo reducirían el servicio a los dioses: "Estos pocos panaderos de ofrendas y portadores de libaciones que [aún están aquí], si perecen, nadie les dará ya pan de ofrendas ni libaciones".[24] Sin embargo, cuando Moisés intercede por los israelitas rebeldes, apela a la preservación de la reputación del Señor y a su carácter misericordioso (14:13-19; cf. Ex 34:6-7).

Lealtad versus deslealtad (15:1-41)

Ofrenda [...] libación (15:4-5). Conceptualmente, las ofrendas de grano y bebida que acompañan a los sacrificios de animales hacen que las "comidas" sean completas para Dios. Compárese la comida de hospitalidad que Abraham ofreció a tres visitantes celestiales, incluido el Señor, que incluía un ternero, tortas de harina fina y cuajada y leche (Gn 18:6-8). Otros pueblos del antiguo Cercano Oriente también daban comidas a sus deidades que incluían carne, productos de grano y bebida. Por ejemplo, en el quinto día de la fiesta del Año Nuevo babilónico de primavera, el sumo sacerdote debía servir la comida habitual de la tarde a Bēl (Marduk), el dios de la ciudad de Babilonia:

> [[...] horas [...]] del día, el sumo sacerdote [entra en la presencia de B]ēl, y [...] Él [realiza la ceremonia de] la mesa de oro: coloca sobre ella las carnes asadas, coloca [...] [sobre ella]t, coloca los doce (panes) habituales sobre ella, llena un [oro] en [...] con sal y lo coloca sobre ella, llena un [oro] en [...] con miel y lo coloca sobre ella, coloca [...] sobre ella, cuatro recipientes de oro [...] coloca [arriba] sobre la mesa, un incensario de oro [...] coloca [delante] de la mesa, material aromático y una sustancia aromática del enebro [que se mezcla por encima (del incensario)], vierte una libación de vino.[25]

Esta placa representa a un dragón *mush-hushshu*, el animal de la regla de marduk. el principal dios babilónico, probablemente fue utilizado como amuleto protector.

Si una persona pecare por yerro [...] será perdonado (15:27-28). El Señor comunicaba su voluntad a los israelitas en forma de mandamientos, y si los violaban inadvertidamente, les proveía de remedios sacrificiales mediante los cuales podían recibir el perdón cuando se dieran cuenta de sus errores (compárese con Lv 4). Esto eliminaba el estrés, el miedo y la incertidumbre que experimentaban otros pueblos del antiguo Cercano Oriente, cuyas vidas se complicaban por la necesidad de descifrar los deseos poco claros y a veces temperamentales de múltiples dioses.[26] Una elocuente oración babilónica al dios Marduk, que también apela a otras deidades, refleja esta sensación de incertidumbre:

> Me siento angustiado por las palabras desatendidas,
> Mis esperanzas se ven frustradas por los gritos sin respuesta,
> Que han minado mi valor

Y me han encorvado como un anciano.
¡Oh gran señor Marduk, señor misericordioso!
Los hombres, cualquiera que sea su nombre,
¿Qué pueden entender por sus propios esfuerzos?
¿Quién no ha sido negligente, quién no ha cometido un pecado?
¿Quién puede entender el comportamiento de un dios? [...]
Seguramente soy responsable de alguna negligencia tuya,
Seguramente he traspasado los límites establecidos por el dios.[27]

Rebelión de Coré y consecuencias (16:1-17:11)

Abrió la tierra su boca, y los tragó a ellos [...] descendieron vivos al Seol (16:32-33). Ver los comentarios sobre Sal 6:5. Compárese con Is 5:14, donde el reino de los muertos (*Seol* en hebreo; i. e., la tumba, vista como un inframundo) se personifica como un monstruo que abre sus fauces para tragarse a los malvados. En el mito ugarítico del dios Ba'lu (Baal), el dios Môtu (Muerte), quien posee unas fauces aplastantes y una enorme garganta, se traga a Ba'lu.[28]

La vara de Aarón [...] había echado flores, y arrojado renuevos, y producido (17:8). Recordemos que las copas del candelabro del tabernáculo tenían "forma de flor de almendro en un brazo, una manzana y una flor" (Ex 25:33-34). La palabra hebrea para "almendro" se deriva de una raíz hebrea que se refiere a la vigilancia (cf. Jer 1:11-12), porque los almendros florecen en la primavera antes que otros árboles. Las lámparas del santuario debían arder toda la noche (Ex 27:20-21), mostrando que el Señor siempre estaba atento y vigilante (Sal 121:4). Así pues, las flores de almendro en la vara de Aarón implican que Dios vigilaba la oposición hacia el sacerdote (Aarón) que había elegido (Nm 17:5, 10).

Un almendro en floración.

Los báculos y las varas se utilizaban como bastones y como símbolos de autoridad.

El peligro que corren los sacerdotes y levitas y su remuneración (17:12-18:32)

Todas las cosas consagradas de los hijos de Israel te he dado por razón de la unción (18:8). Al igual que los siervos de un rey humano reciben de él un apoyo que incluye comer de su comida, de igual manera el Señor provee a sus sacerdotes y levitas asignándoles porciones de las ofrendas sagradas y regalos que los israelitas le traían. Estos beneficios también compensaban la naturaleza sensible y potencialmente peligrosa del servicio en la proximidad de la imponente deidad. Los sacerdotes de otros sistemas religiosos del antiguo Cercano Oriente también recibían una remuneración por sus altas responsabilidades. Por ejemplo, el documento hitita "Instrucciones a los sacerdotes y funcionarios del templo" exigía que los sacerdotes sirvieran primero al dios su comida y su bebida, pero que después, cuando este hubiera terminado de comer en cierto modo, pudieran consumir lo que quedara.[29] Un texto de Emar (en la actual Siria) del segundo milenio a. C. enumera una serie de artículos incluidos en el salario anual de la gran sacerdotisa del dios de la tormenta.[30]

Purificación de la impureza de los cadáveres (19:1-22)

El que tocare cadáver de cualquier persona será inmundo siete días (19:11). En Israel, los cadáveres y las tumbas son impuros (19:14-16), por lo que las personas que se contaminan al entrar en contacto con ellos deben someterse a la purificación para no contaminar el santuario del Señor, incluso a distancia (19:12-13, 17-20). Las tumbas descubiertas en los alrededores de Jerusalén, que datan del período de la monarquía israelita, están situadas fuera de la zona habitada de la ciudad para evitar que la gente se vuelva impura. Cuando Jerusalén se expandió, algunas tumbas se vaciaron para que los cadáveres que había en ellas dejaran de estar dentro de la ciudad.[31] La visión israelita de la muerte era que se trataba de un intruso maligno que no formaba parte del plan divino (ver Gn 1-3). Por lo tanto, es algo impuro y que entra en conflicto con la santidad. Esto contrasta fuertemente con la perspectiva de la muerte en Egipto, donde la muerte se consideraba sagrada y era el comienzo de la próxima vida. En Egipto las tumbas eran tratadas como templos.

Fracasos y victorias (20:1-21:35)

Golpeó la peña con su vara dos veces; y salieron muchas aguas (20:11). Se sabe que existen acuíferos bajo la superficie de las capas de roca sedimentaria en algunas partes de la península del Sinaí. Sin embargo, aunque un golpe físico pudiera desalojar el tapón natural de dicha fuente de agua, normalmente apenas habría agua suficiente para abastecer a toda la comunidad israelita.[32]

Edom (20:14). Ver los comentarios sobre Ez 25:12; Abd 1. Edom era el reino al sureste de Israel, al otro lado del mar Muerto.

El camino real (20:17). Esta ruta internacional, utilizada principalmente para el comercio, unía Damasco en el norte (en Siria) con Elat, en la costa norte del golfo de Áqaba, desde donde otras rutas conectaban con Egipto y Arabia. El hecho de que la autopista del rey atravesara Transjordania (al este del río Jordán) incrementó la importancia política de esta zona.[33]

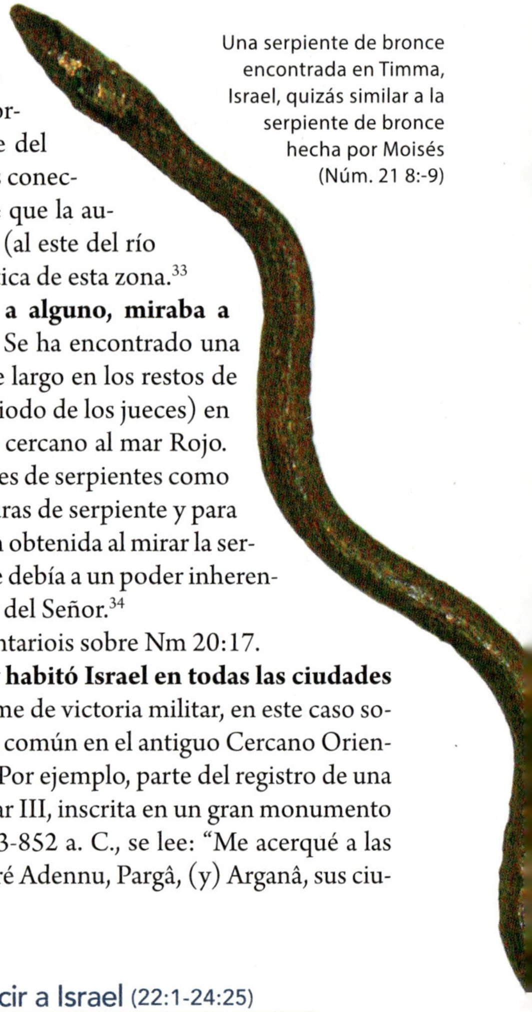

Una serpiente de bronce encontrada en Timma, Israel, quizás similar a la serpiente de bronce hecha por Moisés (Núm. 21 8:-9)

Cuando alguna serpiente mordía a alguno, miraba a la serpiente de bronce, y vivía (21:9). Se ha encontrado una serpiente de cobre de cinco pulgadas de largo en los restos de un santuario (ocupación madianita; periodo de los jueces) en Timna, un yacimiento minero de cobre cercano al mar Rojo. Los antiguos egipcios utilizaban imágenes de serpientes como magia simpática para evitar las mordeduras de serpiente y para curarse de ellas. Sin embargo, la curación obtenida al mirar la serpiente de bronce hecha por Moisés no se debía a un poder inherente a la imagen, sino a un efecto de poder del Señor.[34]

El camino real (21:22). Ver los comentariois sobre Nm 20:17.

Tomó Israel todas estas ciudades, y habitó Israel en todas las ciudades del amorreo (21:25). Este tipo de informe de victoria militar, en este caso sobre el país del rey Sehón (21:21-24), era común en el antiguo Cercano Oriente, sobre todo en los anales de los reyes. Por ejemplo, parte del registro de una campaña militar del rey asirio Salmanasar III, inscrita en un gran monumento de piedra en Kurkh de alrededor de 853-852 a. C., se lee: "Me acerqué a las ciudades de Irḫulēni, el hamateo. Capturé Adennu, Pargâ, (y) Arganâ, sus ciudades reales".[35]

Los intentos de Balaam de maldecir a Israel (22:1-24:25)

Los campos de Moab (22:1). Ver los comentarios sobre Dt 34:8.

Ven pues, ahora, te ruego, maldíceme este pueblo, porque es más fuerte que yo (22:6). Una maldición de este tipo es una especie de arma que apela a un ser sobrehumano para infligir daño, sobre todo cuando el poder humano es incapaz. Algunas inscripciones del antiguo Cercano Oriente en estatuas de gobernantes pedían a los dioses que maldijeran a cualquiera que les molestara.[36] Una maldición también podía apelar a que uno o varios dioses ataquen a una entidad mayor, como en una maldición sobre la ciudad mesopotámica de Uruk, parte de un himno sumerio a la diosa Inanna.[37]

Y vino Dios a Balaam de noche, y le dijo (22:20). Curiosamente, Balaam, hijo de Beor, aparece en algunas inscripciones no bíblicas. En Deir Alla, a unas cinco millas al este del río Jordán, los arqueólogos descubrieron escritura con tinta en fragmentos de yeso, datados en torno al año 800 a. C., que se habían desprendido de las paredes interiores de un asentamiento en el que había inscripciones. Los textos están escritos en un dialecto probablemente relacionado con el hebreo. Presentan a Balaam, hijo de Beor, como un adivino y vidente/profeta de los dioses, que se comunicó con él en una visión nocturna, trayendo un mensaje de perdición proveniente del alto dios El. La visión mostraba a Balaam que un consejo de dioses, en rebelión contra El, había ordenado a la diosa Agar e Ishtar que cosiera los cielos, produciendo así la oscuridad. Balaam interpretó la visión mitológica como un presagio de un desastre en la tierra, y evitó con éxito la catástrofe utilizando la magia para liberar a la diosa del decreto del consejo divino. Aunque los escritos de Deir Alla pueden haber sido redactados por israelitas, reflejan una visión pagana del mundo que incluye el politeísmo y la aceptación de la adivinación, la magia y, al parecer, también el exorcismo.[38]

Entonces Jehová abrió la boca al asna (22:28). El burro de Balaam le salva de ser asesinado por el ángel del Señor (22:33). En "La historia de dos hermanos", una leyenda egipcia que data alrededor del año 1225 a. C., las vacas parlantes salvan la vida de un hombre cuyo hermano mayor estaba a punto de matarlo porque la esposa de este último acusaba falsamente al primero de proponerle adulterio.[39]

Apostasía con Baal-peor (25:1-18)

Baal-peor (25:3). Los israelitas acampan bajo el monte Peor (23:28), cerca de Bet-peor (Dt 3:29), y comienzan a adorar a Baal, el dios local de Peor. Otros lugares asociados de forma similar con Baal son Baal-meón (Nm 32:38) y Baal-zefón (Nm 33:7). Baal, cuyo nombre significa "señor/propietario", era el dios cananeo de la fertilidad que cobró importancia en la segunda mitad del segundo milenio a. C. (ver el artículo "Los cananeos y la religión cananea"). Baal-peor probablemente representaba un aspecto de Baal en el mundo de las tinieblas, como indican dos factores. En primer lugar, el nombre Peor proviene de la misma raíz hebrea que el verbo del versículo Is 5:14 que se refiere al Seol (la tumba/el inframundo) como "abriendo completamente" su boca. En segundo lugar, en Sal 106:28 los que se unieron a Baal-peor comieron "sacrificios de los muertos". Asimismo, en el mito ugarítico de Ba'lu (Baal), este dios sufrió una derrota temporal, fue tragado por Môtu, el dios de la muerte (ver los comentarios sobre Nm 16:32-33), y descendió al inframundo para morar entre los muertos. Se pensaba que este acontecimiento mitológico coincidía con la disminución de la fertilidad natural en otoño e invierno. Parece que los ritos sexuales que se practicaban en el culto a Baal-peor tenían como objetivo ayudar al resurgimiento de la fertilidad de Baal.[40]

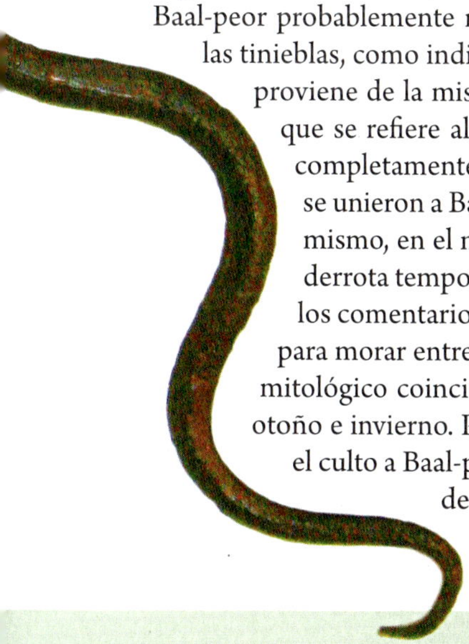

Traspasos a la siguiente generación (26:1-27:23)

Cuando alguno muriere sin hijos, traspasaréis su herencia a su hija (27:8). Se han descubierto leyes y estipulaciones similares en todo el antiguo Cercano Oriente. Por ejemplo, los documentos de la ciudad mesopotámica de Nuzi muestran que un hombre que no tuviera hijos varones podía designar a su hija como única heredera de sus posesiones. Sin embargo, si moría sin haber llegado a ese acuerdo, sus bienes pasaban a manos de sus parientes varones, en cuyo caso su hija soltera se quedaba sin dote.[41] Según una inscripción de la ciudad mesopotámica de Lagash (ca. 2100 a. C.), Gudea, el gobernante de la ciudad, intentó hacer justicia en esa situación: "En la casa que no había heredero varón, instaló a su hija como heredera".[42] Las leyes del rey mesopotámico Lipit-Ishtar (que gobernó entre 1934 y 1924 a. C.) incluyen una disposición similar: "Si un hombre muere sin descendencia masculina, una hija no casada será su heredera".[43]

Calendario de sacrificios comunales (28:1-29:40)

Dos corderos sin tacha de un año, cada día, será el holocausto continuo (28:3). Como creador-proveedor (Sal 145:15-16), el Dios de Israel no necesita comida diaria como sustento ni ninguna otra forma de cuidado (Sal 50:12-13).[44] En cambio, en otros lugares del antiguo Cercano Oriente los sacerdotes se encargaban regularmente del cuidado y la alimentación a diario de sus dioses, que estaban representados por sus ídolos. Por lo general, los ídolos recibían comida y bebida, que podían servirse con incienso, cada mañana y tarde/noche (ver los comentarios sobre Nm 15:4-5). Una elaborada liturgia matutina regular en un templo egipcio debía incluir "hechizos de postración, alabanza y ofrendas, después de lo cual la estatua de culto se retira, se salva, se viste, se adorna y se provee de ungüento y pintura para los ojos [...] se esparce arena fresca en el suelo de la capilla, y se purifica al dios con agua y natrón".[45]

Así, los antiguos dioses del Cercano Oriente eran tratados como monarcas humanos de varias maneras. Además, a diferencia del Dios de Israel, se creía que necesitaban comida

Estatua de gudea, gobernante de la ciudad mesopotamia de lagash (ca. 2100 a. C.)

humana. Por ejemplo, en la antigua epopeya babilónica Atrahasis, una gran inundación aniquiló a la población humana. Sin nadie que los mantuviera, los dioses sufrieron hambre y sed hasta que Atrahasis ofreció un sacrificio después del diluvio. Cuando los dioses olieron el sacrificio, se agolparon como moscas para consumirlo.[46]

Y a los quince días de este mes, la fiesta solemne (28:17). Los pueblos del antiguo Cercano Oriente celebraban muchos festivales religiosos a diversos dioses en determinadas épocas del año.[47] Algunos de estos festivales eran excesivamente elaborados. Por ejemplo, el festival babilónico de Año Nuevo en primavera duraba once o doce días, incluía grandes procesiones de ídolos presenciadas por todo el pueblo y contaba con la participación directa del rey.[48] Uno de los festivales hititas, aparentemente un recorrido religioso del rey (y a menudo de la reina), duraba treinta y ocho días cada primavera y contaba con varios festivales menores.[49] En comparación, los festivales israelitas son bastante sencillos (cf. Lv 23).

Instrucciones sobre los votos (30:1-16)

Cuando una joven, que todavía viva en casa de su padre, haga un voto al Señor (30:3). Muchos pueblos del antiguo Cercano Oriente hacían votos a los seres divinos y los tomaban muy en serio, con el fin de no ofender a sus deidades. Tanto las mujeres como los hombres podían hacer votos (ver los comentarios sobre Nm 6:2). Por ejemplo, en un registro hitita de votos hechos por la familia real, la reina hizo el siguiente voto: "Si tú, oh diosa, mi señora, preservas la vida de Su Majestad, i. e., no permites que sufra ningún daño, haré para Ḫebat una estatuilla de oro".[50] En este ejemplo hitita el voto promete dar algo de valor a la deidad, lo que no sería un problema para una reina. Números 30 aborda la situación a la que se enfrentaría una mujer israelita común si hiciera un voto promisorio vinculante de dar un animal como sacrificio al Señor sin obtener la aprobación previa de su padre o esposo (quien administraba la propiedad familiar).

Castigo a los madianitas (31:1-54)

Y trajeron a Moisés [...] los cautivos y el botín y los despojos al campamento (31:12). Este era el procedimiento habitual tras una victoria militar en el antiguo Cercano Oriente. Compárese un texto hallado en una estatua del rey Idrimi de la ciudad mesopotámica de Alalaḫ (probablemente hacia el año 1500 a. C.): "Los tomé como cautivos; tomé sus bienes, sus posesiones y sus objetos de valor y los dividí entre mis auxiliares. Tomé a mis hermanos y a mis camaradas junto con ellos y regresé a Mukiš. Entré en mi ciudad Alalaḫ con los cautivos".[51]

Camino culminado y tierra que heredar (32:1-34:29)

Estas son las jornadas de los hijos de Israel, que salieron de la tierra de Egipto (33:1). Tallado en las paredes del templo de Karnak en Egipto, el registro de una campaña asiática de Tutmosis III (ca. 1490-1436 a. C.) enumera de forma similar las etapas de un itinerario, en este caso del faraón y su ejército conquistador.[52]

Cuando hayáis entrado en la tierra de Canaán, esto es, la tierra que os ha de caer en herencia [...] según sus límites (34:2). Estos límites delimitan el territorio de Canaán, una zona dominada anteriormente por Egipto, como muestran varios textos egipcios.[53]En esta descripción (34:12) Canaán no incluye los territorios de Transjordania (i. e., la región al este del Jordán) que los israelitas conquistaron, y en los que se asentaron las tribus de Rubén, Gad y la mitad de la tribu de Manasés (Nm 32).

Ciudades de levita y asilo para los homicidas involucrados (35:1-34)

Señalaréis [...] ciudades de refugio tendréis, donde huya el homicida que hiriere a alguno de muerte sin intención (35:11). El asesinato intencionado conlleva necesariamente la pena de muerte (35:31), pero una persona que comete un homicidio accidental debe recibir protección contra la sentencia de muerte, sobre todo contra la administrada por un pariente de la persona asesinada. No hay pruebas directas de la existencia de ciudades de refugio como esta en otras sociedades del antiguo Cercano Oriente, pero en las leyes hititas figuran penas menores para el homicidio accidental.[54]

Sangre amancillará la tierra (35:33). Una oración del rey hitita Muršili II reconoció que el asesinato de Tudḫaliya durante el reinado de su padre afectó a toda la tierra de los hititas, haciéndola sufrir una plaga devastadora (ver los comentarios sobre Nm 14:12-13).[55]

Mantener la tierra en la familia extendida (36:1-13)

Cásense como a ellas les plazca, pero en la familia de la tribu de su padre se casarán (36:6). Esto resuelve un posible problema derivado de la herencia de bienes inmuebles por parte de las hijas (27:8). La herencia de una mujer se trataría como una dote, que entraría en el patrimonio de su esposo. El matrimonio con un pariente garantizaría que la propiedad permaneciera dentro de la familia extensa.[56]

Deuteronomio

Michael A. Grisanti

Introducción. Si aceptamos a Moisés como autor de Deuteronomio y asumimos una fecha temprana para el éxodo de Egipto (1446 a. C.), Moisés habría completado el libro de Deuteronomio (en su forma casi final) en 1407/1406 a. C., justo antes de que Israel cruzara el río Jordán. Entre otras cosas, este libro sienta las bases para el cumplimiento inicial de la promesa del Señor de convertir a Israel en una nación y proveerle de una tierra. Deuteronomio contiene la exhortación de Moisés a una generación relativamente nueva de israelitas justo antes de poseer esa tierra prometida, recordándoles la exigencia de Dios de su lealtad incondicional y su obediencia sincera a las condiciones de su pacto.

En Deuteronomio, Moisés presenta una visión general del trato del Señor con su pueblo elegido, desde su encuentro con ellos en el monte Sinaí hasta su campamento en las llanuras de Moab (caps. 1-3), demostrando que el Señor es su proveedor, protector y redentor. En consecuencia, el pueblo de Dios no debe adorar a ningún otro dios ni intentar hacer una imagen de su Dios incomparable (cap. 4). En los capítulos 5-26, Moisés recuerda a su pueblo lo que el Señor espera de ellos. Moisés presenta esas exigencias en dos secciones: la expectativa general del Señor de lealtad absoluta (caps. 5-11) y las exigencias legislativas específicas del Señor (caps. 12-26). Estas expectativas alcanzan un crescendo al final del capítulo 26, donde Moisés recuerda a Israel su llamado divino: representar el carácter del Señor ante las naciones paganas circundantes (26:16-19). El Señor promete bendecir a los israelitas si le obedecen y maldecirlos si se rebelan contra él (27:1-29:1). La nación debe renovar su compromiso de todo corazón respecto a su relación de pacto con el

Señor (29:2-30:20). Un intento casual y ritualista de ajustarse a las exigencias de Dios es incompatible con una relación genuina para con el Señor. Moisés termina el libro abordando cuestiones relacionadas con el traspaso del liderazgo nacional a Josué, así como planteando los últimos desafíos a la nación (caps. 31-34).

Introducción general (preámbulo) (1:1-5)

A este lado del Jordán en el desierto (1:1). Los acontecimientos de Deuteronomio transcurren durante el recorrido de Israel por el lado este del valle del Jordán.

Sehón rey [...] **Og rey** (1:4). Ambos reyes eran amorreos. Sijón gobernaba la zona entre Amón y Moab. Og gobernaba la parte norte de Transjordania (en las cercanías de los actuales altos del Golán). Fueron los primeros "cananeos" conquistados como parte de la entrega por parte de Dios de la tierra prometida en manos de Israel.

Amorreos (1:4). Los amorreos emigraron de Siria a Canaán alrededor del año 2500 a. C. Parece que los amorreos desplazaron a los cananeos en la región de las colinas (Nm 13:29; Jos 10:6) e incluso expulsaron a los moabitas de algunas de sus tierras (Nm 21:26).

Los asuntos pasados del Señor con Israel (desde Horeb hasta el río Jordán (1:6-3:39)

Los hijos de Anac (1:28). Entre los temibles defensores de la tierra de Canaán estaban los anakim, descritos como fuertes y altos (cf. Nm 13:28, 33; Dt 1:28; 2:10-11, 21; 9:2). Descendían de un tal Anak, cuyo mismo antepasado Arba fundó la ciudad de Quiriat-arba, es decir, Hebrón (Jos 21:11). Aunque los anakim están asociados con los nefilitas (la descendencia de la unión de los hijos de Dios y las hijas de los hombres en Gn 6 [cf. Nm 13:33]), todos esos nefilitas (y su código genético) habrían perecido en el diluvio de Noé (Gn 6-9).[1] Lo más probable es que esta asociación de los anakim con los nefilitas hubiera servido para infundir miedo en los corazones de cualquier pueblo que pretendiera enfrentarse a ellos en la batalla. Finalmente, los israelitas expulsaron a todos los anakim de la tierra prometida, y los supervivientes se establecieron en Filistea (Gaza, Gat y Asdod [Jos 11:22]). Esto sugiere que Goliat, quien era de Gat, era un anaquita (1 S 17:4; cf. 2 S 21:16-22; 1 Cr 20:4-8).

Caftoreos (2:23). Aunque los estudiosos debaten sobre el origen exacto de los filisteos, parece que Caftor, una isla o país costero en la zona del mar Egeo, fue el lugar de origen de los filisteos (Gn 10:14; 1 Cr 1:12; Amós 9:7; Jer 47:4; cf. Sof 2:5) (ver el artículo "Los filisteos").[2]

Og, rey de Basán, fue el último sobreviviente de los gigantes refaítas

(3:11 NTV). El término "refaíta" puede referirse a un grupo de personas que Deuteronomio relaciona con los emim (2:10-11). Los refaítas eran altos como los anakim (2:20-21; cf. Nm 13:33). Og fue el último superviviente de los refaítas. Debió ser un hombre muy alto, ya que en el versículo 3:11 se dice que su cama (o sarcófago) tenía trece pies de largo y seis pies de ancho. Compárese esto con la altura media de los hombres israelitas (y de otros en el antiguo Cercano Oriente) en esta época, que era de tan solo unos cinco pies y seis pulgadas.

Tratado de vasallaje entre el rey hitita Mursili II y Talmi-sharruma de Alepo (ca. 1300 a. C.) escrito en escritura cuneiforme

Moisés exhorta al pueblo del Dios a obedecer la ley de Dios (4:1-40)

No añadiréis a la palabra que yo os mando (4:2). Esta expresión encaja en el contexto del pacto que sugiere la estructura del tratado de Deuteronomio. En los tratados entre suzeranos y vasallos del antiguo Cercano Oriente, que son el modelo seguido por la mayor parte de Deuteronomio, únicamente el suzerano establece los términos del pacto. El vasallo no podía alterar o ajustar esas exigencias. Esta cláusula de "no manipulación" se encuentra en varios tratados del antiguo Cercano Oriente con ese mismo significado.[3]

Baal-peor (4:3). Ver los comentarios sobre Nm 25:3. Deuteronomio 3:29 hace referencia al lugar Bet-peor, probablemente refiriéndose al lugar cerca de Pisga donde Balaam intentó maldecir a la nación de Israel (Nm 23:28). Deuteronomio 4:3 destaca el hecho de que los moabitas también adoraban a Baal allí con el nombre de "Baal [de] Peor".

Dos tablas de piedra (4:13). Ver los comentarios sobre Ex 25:16. Estas dos tablillas eran probablemente dos copias de los diez mandamientos. En los antiguos tratados del Cercano Oriente era habitual que el suzerano y el vasallo recibieran cada uno una copia del acuerdo del pacto, la cual depositaban en sus templos.[4] Ambas copias de los diez mandamientos se depositaban en el arca del pacto, alojada en el lugar santísimo (Ex 25:16, 21; 40:20; Dt 10:2).

No sea que [...] te inclines a [...] el sol y la luna y las estrellas (4:19). Ver los comentarios sobre Dt 17:3.

Horno de hierro (4:20). Este tipo de horno no se utilizaba como fuente de calor doméstico, sino para el refinamiento de metales preciosos, diluyendo dichos metales y eliminando sus impurezas.

Yo pongo hoy por testigos al cielo y a la tierra (4:26). Dado que los procesos de los tribunales requerían el testimonio de testigos, el Señor convoca al cielo y a la tierra para que den testimonio de su fidelidad, de la desobediencia de Israel y de la amenaza de juicio. Estos "testigos" ofrecían un testimonio duradero e inmutable, a diferencia de la inclinación de la humanidad por la rebelión (Dt 30:19; 31:28; Is 1:2; 3:13; Jer 2:9).

Los diez mandamientos (5:1-6:3)

El Señor nuestro Dios hizo un pacto con nosotros en el monte Horeb (5:2). La idea de que un dios haga un pacto con sus súbditos es, por lo general, algo inaudito en el antiguo mundo del Cercano Oriente. Los "dioses" de las demás naciones esperaban que sus súbditos satisficieran sus necesidades. En la Biblia, el único Dios verdadero establece una relación de pacto con sus súbditos.

Dijo (5:5). A diferencia de lo que ocurría en todo el mundo del antiguo Cercano Oriente, donde era el rey quien creaba los códigos de leyes para establecer la justicia en su reino con el objetivo de satisfacer a sus dioses, en el caso de Israel es el Señor quien establece los requisitos del pacto para su pueblo elegido.

No tendrás dioses ajenos delante de mí (5:7). La exigencia de Dios de que Israel lo adore exclusivamente contrasta directamente con la práctica del politeísmo entre las naciones que rodeaban a Israel. En todo el antiguo Cercano Oriente, la gente adoraba a muchos dioses, intentando contentarlos y evitar

Esta escena del "Libro de los muertos" egipcio representa a varios de los muchos dioses adorados en Egipto.

así su ira. Sin embargo, esos dioses nunca exigieron una adoración exclusiva. La exigencia del Señor de la lealtad total de Israel es muy distinta de esa mentalidad, al igual que sus celos por el afecto de Israel.

Yo, el Señor tu Dios, soy un Dios celoso (5:9 NVI). Como Dios celoso, el Señor exigía una relación exclusiva con su pueblo pactado. Este tipo de exclusividad no solo era inaudito en otros sistemas religiosos del antiguo Cercano Oriente, sino que además no debe compararse con los celos mezquinos y la ira que suelen caracterizar las relaciones humanas. Dios tiene derecho al monopolio de la lealtad de sus seguidores, y actuará para proteger esa relación especial (como en una relación esposo-esposa).

Guardarás el día de reposo (5:12). Dios exigía que Israel celebrara sus grandes logros en la creación, así como su redención de Israel de Egipto, reservando un día a la semana para adorarle y centrar la atención en su carácter y actividad en su favor. Otras religiones antiguas del Cercano Oriente no practicaban nada parecido.

No cometerás adulterio (5:18). Aunque el adulterio era un delito grave en todo el antiguo Cercano Oriente, la ley mosaica lo considera el colmo de la traición. Al igual que el Señor exige una lealtad absoluta a sus súbditos, también demanda que los cónyuges mantengan una lealtad absoluta entre sí. El adulterio representaba una ofensa tanto para el cónyuge como para el Señor.

Moisés exhorta Israel a manifestar de forma tangible su amor por el Señor (6:4-25)

Tierra que fluye leche y miel (6:3). Ver los comentarios sobre Ex 3:8, 17. Esta expresión aparece dieciocho veces en el A. T., incluyendo cinco veces en Deuteronomio (6:3; 11:9; 26:9, 15; 27:3). Describe la tierra de Canaán como una tierra de abundancia y fertilidad. Además de significar la abundancia agrícola potencial y comparativa, esta expresión probablemente también sirve como crítica polémica a lo que intentaba hacer Baal (el dios de la fertilidad, que moría y volvía a la vida cada año). En contraste absoluto, el Señor, el Dios vivo, hará mucho más de lo que Baal intentó hacer pero no pudo.

Jehová uno es (6:4). Aunque muchas traducciones al inglés interpretan esta expresión con la idea de "uno", el término hebreo designa el concepto de "solo" o "solamente" en varios otros pasajes (Jos 22:20; 1 Cr 29:1; Zac 14:9). El énfasis contextual de que el Señor es el único Dios para Israel, así como el Dios incomparable, ofrece una evidencia convincente de que la frase se traduciría mejor como "el único Señor", como sucede en la DHH y en la nota a pie de página de la NVI. A diferencia de la mayoría de las religiones del antiguo Cercano Oriente, en las que los súbditos adoraban a diversos dioses responsables de varias áreas de su existencia, el Señor era el único Dios de Israel y el Dios que exigía su lealtad exclusiva ("solo").

Pues el Señor tu Dios [...] es un Dios celoso (6:15). Ver los comentarios sobre Dt 5:9.

La bendiciones y los requisitos ocasionados por la elección de Israel por parte del Señor (7:1-26)

Sus altares destruiréis (7:5). En el ámbito religioso, los israelitas debían destruir cualquier elemento relacionado con la adoración cananea: altares, piedras sagradas, varas de Asera e ídolos (ver el artículo "Los cananeos y la religión cananea"). Si no lo hacían, los israelitas tendrían la tentación de apartarse de la lealtad total al Señor, como efectivamente ocurrió más tarde en el período de los jueces (Jue 2:3; 3:6-7; 8:34).

Destruiréis sus imágenes de Asera (7:5). Ver los comentarios sobre 1 Reyes 15:13.

La necesidad de que Israel dependa totalmente del Señor (8:1-20)

Tierra de olivos, de aceite y de miel (8:8). Ver los comentarios sobre Ex 3:8, 17; Zac 4:3.

Moisés advierte a Israel contra la justicia propia y la rebelión (9:1-10:11)

Los hijos de Anac (9:2). Ver los comentarios sobre Dt 1:28.

Las quebré delante de vuestros ojos (9:17). Moisés arrojó intencionadamente las dos tablas de piedra al suelo, haciéndolas añicos, como símbolo o emblema de la ruptura del pacto. El acto de romper una tabla en las antiguas tradiciones legales y de pacto del Cercano Oriente significaba la anulación de la validez de un documento.[5]

Dos tablas de piedra (10:1). Ver los comentarios sobre Dt 4:13.

El Señor merece y exige la lealtad sin reservas de Israel (10:12-11:32)

Circuncidad [...] vuestro corazón (10:16). La circuncisión era practicada por muchos pueblos del antiguo Cercano Oriente. La práctica israelita de la circuncisión difería de la egipcia al menos en dos aspectos. Los egipcios no circuncidaban a los niños, sino que circuncidaban al varón antes de la edad adulta o del matrimonio. Además, solo cortaban el prepucio para dejarlo libre en lugar de extirparlo.[6]

Ni toma cohecho (10:17). Ver los comentarios sobre Dt 16:19.

Tierra que fluye leche y miel (11:9). Ver los comentarios sobre Ex 3:8, 17; Dt 6:3.

Desde el desierto [...] hasta el mar Mediterráneo (11:24). Moisés indica los límites de la tierra prometida en términos generales de dirección: el desierto (páramo) al sur, el Líbano al norte, el río Éufrates al este y el mar Mediterráneo al oeste (cf. Gn 15:18-20; Ex 23:31).

Monte Gerizim [...] monte Ebal (11:29). El monte Ebal (3 080 pies de altura, al norte de Siquem) y el monte Gerizim (2 849 pies de altura, al sur de Siquem) están situados justo al lado de la carretera principal norte-sur, así como por encima del valle que hay entre ambos, por el que pasa una ruta principal que se dirige a la costa. Las maldiciones y las bendiciones del pacto fueron recitadas antifonalmente por los participantes, situados en la parte más estrecha del valle, uno frente al otro (27:13-26; cf. Jos 8:30-35). Los arqueólogos han encontrado una estructura en el monte Ebal que podría ser un altar, pero su fecha y función exactas son objeto de debate.[7] La ciudad de Siquem, de gran importancia para la historia patriarcal (Gn 12:6-7; 33:19-20; cf. Juan 4:5-6; Hechos 7:16), se encuentra en la base de las dos montañas mencionadas.

Dios exige que Israel sea totalmente distinto en su objeto, lugar y forma de adoración (12:1-13:18)

Los estatutos y decretos (12:1). Muchos estudiosos han señalado varias similitudes entre la ley mosaica (jurisprudencia) y los códigos legales del antiguo Cercano Oriente, sobre todo el código de Hammurabi (de Babilonia). Por un lado, el género de ley que aparece en el Pentateuco y en los códigos legales del antiguo Cercano Oriente (jurisprudencia: "Si ocurre esto, haz esto") es bastante similar. Más allá de eso, el tipo de cuestiones sobre la vida que se abordan en la ley mosaica y en estos códigos legales del antiguo Cercano Oriente también son bastante similares. Por otro lado, hay diferencias significativas entre estas dos categorías de códigos legales. A diferencia de los códigos legales del antiguo Cercano Oriente, la ley mosaica casi nunca describe la ley que debe seguirse de acuerdo con alguna "escala social". Bajo la ley mosaica, las leyes y las penas asociadas son generalmente las mismas para la parte superior como para la parte inferior de la sociedad. Además, en la ley mosaica Dios procura una relación con su pueblo elegido, y su obediencia se presenta como una parte esencial de esa relación. El concepto de que los dioses del antiguo Cercano Oriente tuvieran una relación con sus súbditos está ausente en los códigos legales del antiguo Cercano Oriente. Por último, Dios es el

Figurilla de El, jefe de los dioses cananeos, al que los israelitas fueron advertidos de no adorar

autor de las leyes en el A.T., mientras que en otros lugares del antiguo Cercano Oriente es el rey quien redacta las leyes en su código legal.

Sobre los montes altos, y sobre los collados, y debajo de todo árbol frondoso (12:2). En todo el antiguo Cercano Oriente, las montañas y colinas eran reconocidas como lugares privilegiados para la adoración y otros rituales religiosos.[8] Diversos pasajes del A. T. describen o condenan la falsa adoración que se realizaba en las colinas altas (p. ej., Dt 12:2; 1 Reyes 14:23; 2 Reyes 16:4; 17:10; Is 65:7; Jer 2:20; 17:2).

Derribaréis sus altares [...] sus imágenes de Asera consumiréis con fuego (12:3). Ver los comentarios sobre Dt 7:5; 1 Reyes 15:13.

Raeréis su nombre de aquel lugar (12:3). Al igual que ocurre con el Señor (ver los comentarios sobre Dt 12:5), el nombre de una persona refleja la suma total de su identidad y carácter. En Egipto, los nombres se utilizaban en textos de execración en los que los nombres de ciertos gobernantes o ciudades se inscribían en objetos de arcilla y luego se destrozaban, lo cual destacaba la esperanza de Egipto de eliminarlos de la existencia.[9] Dios exigió a Israel que expulsara a los cananeos de la tierra prometida (en cuanto al concepto de anular/borrar un nombre, ver Dt 7:24; 9:14; 29:20).

No haréis así a Jehová vuestro Dios (12:4). El Señor llamó a los israelitas a adorarle como su único Dios, el incomparable gran Dios del universo. Su adoración debía surgir de la genuina gratitud por lo que había hecho por ellos y a la luz de la relación que esperaba que tuvieran con él. En claro contraste con esa mentalidad, la adoración cananea del dios Baal implicaba la adoración de la fertilidad. Mantener relaciones sexuales con una prostituta del templo en el santuario de Baal tenía como objetivo provocar a Baal para que diera fertilidad a su familia, a las cosechas y a los rebaños, una forma de magia simpática. En cambio, el Señor se presenta como el soberano de Israel, no como un dios para que Israel lo manipule para sus propios fines.

El lugar que Jehová vuestro Dios escogiere [...] para poner allí su nombre para su habitación (12:5). Para empezar, el "lugar" al que se hace referencia aquí contrasta claramente con los muchos lugares donde los cananeos adoraban a sus dioses (12:2-4). En segundo lugar, los nombres de los dioses paganos estaban vinculados a los lugares donde aparecían o estaban conectados a un lugar determinado, sobre todo a un lugar cúltico o santuario. De forma similar, Dios instruyó a Israel para que pusiera su nombre en aquellos lugares en los que eligiera ser reconocido y adorado. El nombre de una deidad en la Biblia y, por lo general, en todo el antiguo Cercano Oriente, definía de manera esencial el carácter, la naturaleza y la función de esa

Textos/fragmentos de execración egipcios.

deidad. Por lo tanto, cuando el nombre de un dios era "colocado" en algún lugar (p. ej., Baal [de/en] Peor), el dios supuestamente estaba allí.

Sangre no comeréis [...] la sangre es la vida (12:16, 23). Aunque varios textos no israelitas del antiguo Cercano Oriente emplean "sangre" y "vida" como pares de palabras (mostrando una conciencia de la conexión entre los dos términos), muchos textos se refieren a la bebida de sangre como parte de la victoria de un dios o un rey sobre sus enemigos. El énfasis en la sangre como significado de la vida y el papel central de la sangre en el sistema de sacrificios de Israel no tienen parangón en el antiguo mundo del Cercano Oriente.

Aun a sus hijos y a sus hijas quemaban en el fuego a sus dioses (12:31). Ver los comentarios sobre 2 Reyes 3:27. Las evidencias arqueológicas y varios textos literarios del antiguo Cercano Oriente ofrecen pruebas de sacrificios humanos y de niños en varias partes del antiguo Cercano Oriente.[10]

Cuando se levantare en medio de ti profeta, o soñador de sueños (13:1). Aunque el Señor se sirvió ocasionalmente de los sueños para comunicar su voluntad (Gn 28:12; 37:5-11; Dn 2; 4), las referencias a los sueños como medio de comunicación de los dioses figuran muy a menudo en el antiguo Cercano Oriente.[11] Lo que Moisés quiere decir es que cualquiera que invoque a los israelitas para que adoren a otros dioses, incluso una persona que sueña algo que se hace realidad, debe ser condenado a muerte.

Destruyéndola con todo (13:15). La amenaza de convertir una ciudad en una ruina era una maldición habitual en los antiguos tratados del Cercano Oriente.[12]

Implicaciones diarias de llevar el nombre del Señor (14:1-21)

No os sajaréis [...] a causa de muerto (14:1). Ver los comentarios sobre 1 Reyes 18:28. Moisés prohíbe a los israelitas imitar las prácticas paganas relacionadas con el luto por los muertos (cf. Lv 21:5; Jer 16:5). En un texto de Ugarit (una antigua ciudad de Siria) el dios El se lacera con una piedra y se corta el pelo mientras llora la muerte de Baal. Según otros textos ugaríticos, miembros profesionales del duelo se cortaban la piel o se laceraban en nombre de una persona justa que estaba muriendo.[13]

Un pueblo único (14:2). Una forma relacionada del mismo sustantivo hebreo que se utiliza aquí aparece en varios textos del antiguo Cercano Oriente para referirse a los "bienes acumulados". Sin embargo, también puede utilizarse para describir a las personas. Por ejemplo, un rey se identificaba a sí mismo como la "posesión atesorada del dios Hadad". En otro texto este término se utiliza para significar el estatus de favor del rey de Ugarit ante su señor hitita.[14]

Nada abominable comerás (14:3). Aunque varios textos mesopotámicos indican que ciertos alimentos pueden haber sido prohibidos durante periodos cortos, no hay ningún indicio de un sistema imperativo de alimentos limpios/impuros en la religión mesopotámica como el que el Señor exigió a Israel.[15]

No cocerás el cabrito en la leche de su madre (14:21). Ver los comentarios sobre Ex 23:19. Los estudiosos no están seguros de la razón de esta prohibición (cf. Ex 23:19; 34:26). Algunos eruditos consideraron en el pasado que esta ley se refería a una práctica religiosa pagana que el Señor prohibía, pero esa interpretación ha sido abandonada por muchos académicos en los últimos años. Entre las diversas sugerencias que se han ofrecido, la opción más plausible parece ser que a los israelitas se les advierte que no deben usar lo que da vida para quitarla.[16]

Tributo para el Señor, el Señor del pacto (14:22-16:17)

Diezmarás [...] cada año (14:22). Los reinos del antiguo Cercano Oriente contaban con varios sistemas de impuestos para cubrir las necesidades de sus burocracias e instituciones religiosas. También recibían tributos de las naciones sometidas. Sin embargo, en la mayoría de estos casos, el diezmo/impuesto y el tributo se entregaban al gobierno y no tenían ninguna relación con sus dioses. Por lo tanto, el sistema de diezmos del A. T. era muy distinto del sistema de impuestos de las naciones circundantes, ya que se destinaba directamente a apoyar las necesidades del sistema de adoración y sus asistentes (sacerdotes y levitas), y estaba anclado en la relación de Israel con su soberano, el Señor.

Cada siete años harás remisión (15:1). Las naciones y los pueblos del antiguo Cercano Oriente recurrían regularmente a los préstamos y las deudas. Aunque puede haber habido decretos periódicos que exigían la condonación de la deuda durante un año, por lo general en todo el antiguo Cercano Oriente no existía una práctica sistemática o regular de cancelación de deudas. Así, la cancelación cíclica de la deuda en Israel y su conexión con el año sabático era única en el antiguo Cercano Oriente.

No endurecerás tu corazón, ni cerrarás tu mano contra tu hermano pobre (15:7). Varios himnos de la literatura del antiguo Cercano Oriente hacen referencia a una diosa que cuida de las viudas y los pobres. Del mismo modo, los prólogos y epílogos de los antiguos códigos de leyes de Mesopotamia a menudo manifiestan su preocupación por los pobres.[17] Sin embargo, a diferencia de estos antiguos códigos de leyes, que contenían declaraciones elevadas sobre esta cuestión en sus prólogos y epílogos, la ley mosaica contiene una legislación clara que exigía al pueblo de Dios que cuidara de los necesitados (cf. Ex 23:6, 11; Dt 15:9, 11; 24:14). Este requerimiento a los israelitas es un aspecto de su lealtad al pacto y está modelado según la forma en que Dios defiende la causa del huérfano, la viuda y el extranjero residente (Dt 10:18).

Si se vendiere a ti tu hermano hebreo o hebrea (15:12). En Israel y en las naciones circundantes del antiguo Cercano Oriente, la esclavitud o la servidumbre eran a menudo el resultado de la calamidad económica de una familia. Mientras que la ley 117 del código de Hammurabi (de Babilonia) limitaba el plazo de servidumbre para el pago de la deuda a tres años[18], la ley mosaica establecía un plazo de seis años para el pago de la deuda por parte de un israelita (cf. Ex 21:2-6; Lv 25:39 46). La ley permitía a los israelitas tener esclavos de por vida si eran de un pueblo conquistado (Nm 31:7-12; Dt 21:10-14). Desafortunadamente, parece que Israel no siempre se sometía a la obligación de liberar a los esclavos una vez cumplido el tiempo requerido (Jer 34:8-16).

Solamente que no comas su sangre (15:23). Ver los comentarios sobre Dt 12:16, 20.

Abib (16:1). El mes de Abib (marzo-abril) se consideraba el primer mes del calendario religioso israelita. La Pascua y la fiesta de los panes sin levadura y el éxodo de Egipto se celebraban en este mes (Ex 12:2; 13:4; 23:15). Posteriormente, durante los periodos exílico y posexílico, la palabra babilónica para designar este mes, Nisan, sustituyó al anterior término hebreo Abib (Neh 2:1; Ester 3:7).

Funcionarios del reino (16:18-18:22)

No tuerzas el derecho; no hagas acepción de personas (16:19). A través de diversos códigos legales, los reyes del antiguo Cercano Oriente declaraban a menudo su misión de establecer la justicia y liberar a los oprimidos. En ocasiones, pusieron en marcha diversas reformas sociales para tratar de hacer justicia por los débiles de la sociedad. Sin embargo, esta justicia era elusiva y casi inaccesible para las clases bajas. En contraste directo con la ley mosaica, muchas de las leyes del código de Hammurabi (de Babilonia) tenían penas reducidas para los delitos cometidos contra los pobres o los esclavos.[19]

Ni tomes soborno (16:19). El A. T. prohíbe sistemáticamente aceptar sobornos porque corrompe la justicia (Ex 23:8). La ley 6 del código de Hammurabi (de Babilonia) puede referirse a un soborno cuando acusa a un juez que emite una decisión judicial y luego la cambia abruptamente sin causa aparente.[20] Además de ese ejemplo, no hay ejemplos claros en los que se condene el soborno en el antiguo Cercano Oriente.

No plantarás ningún árbol para Asera (16:21). Ver los comentarios sobre 1 Reyes 15:13.

Inclinado [...] al sol, o a la luna, o a todo el ejército del cielo (17:3). Ver los comentarios sobre 2 Reyes 17:16. La adoración de los cuerpos celestes (sol, luna, planetas, estrellas) era común en todo el antiguo Cercano Oriente. En Mesopotamia, Shamash era un dios del sol y Sin un dios de la luna (Thoth en Egipto y Yarah en Canaán). En cambio, además de condenar la adoración de cualquier dios que no

Este perímetro del rey Meli-Shipak muestra los símbolos de tres deltas astrales adorados en mesopotamia

fuera el Señor (Dt 5:7; cf. Jos 23:16), el Señor prohibió explícitamente a Israel hacer una imagen suya comparable a cualquier cuerpo celeste (Dt 4:19).

A tus puertas (17:5). A lo largo de la historia de Israel, al igual que en el antiguo Cercano Oriente, las puertas de las ciudades eran lugares importantes para el comercio y la defensa, así como para dirimir las disputas entre las personas (Dt 21:19; Rut 4:1-12; Amós 5:15). En el antiguo Cercano Oriente, los líderes de las ciudades solían resolver las disputas en la zona de las puertas, por lo que estas tenían una connotación judicial.[21]

Por dicho de dos o de tres testigos (17:6). Los testigos eran una parte fundamental del proceso judicial en Israel (Ex 20:16; Nm 35:30; Dt 19:16-19; Jer 32:44) y en todo el antiguo Cercano Oriente. Algunas leyes de la Asiria Media exigían un mínimo de dos testigos, mientras que otras necesitaban cinco o seis.[22]

Al rey que el Señor tu Dios escoja (17:15). La lista real sumeria comienza con la afirmación "Cuando la realeza fue bajada del cielo". Asimismo, en el prólogo de su código de leyes, Hammurabi (1792-1750 a. C.) se refiere a los dioses Anum y Enlil como los que le eligieron para gobernar al pueblo. A diferencia de los reyes de Mesopotamia, los faraones egipcios (sobre todo en el Reino Antiguo) eran considerados dioses.[23] Sin embargo, en el A. T., aunque el rey israelita debe ser elegido por el Señor y rendir cuentas a las instrucciones explícitas del Señor en la ley mosaica, no se le otorga un estatus divino.

No aumentará para sí caballos [...] muchas mujeres [...] ni plata ni oro en abundancia (17:16-17). En el primer milenio a. C., los soldados montados a caballo (la caballería) y los carros de guerra se utilizaban ampliamente en todo el Cercano Oriente y formaban la principal fuerza de los ejércitos de la región. Asimismo, los reyes solían contraer matrimonio con princesas de otras naciones precisamente con el fin de establecer tratados con ellas. Por supuesto, la acumulación de grandes riquezas dominaba la clase dirigente de todas las naciones en torno a Israel.

Los sacerdotes levitas (18:1). Ver los comentarios sobre Lv 1:5-9. A diferencia de Israel, en Egipto y entre los hititas el rey era el sumo sacerdote y a menudo ejercía funciones sacerdotales. Varias naciones del antiguo Cercano Oriente también tenían sacerdotisas y se referían a algunas de ellas como madre, sacerdotisa o esposa o concubina del dios. En algunas de las naciones el rey y la reina comían de los sacrificios ofrecidos a sus dioses.[24]

No sea hallado en ti quien haga pasar a su hijo o a su hija por el fuego (18:10). Ver los comentarios sobre 2 Reyes 3:27.

Practique adivinación [...] ni hechicero [...] ni quien consulte a los muertos (18:10-11). Ver los comentarios sobre Lv 19:26, 31; 2 Reyes 16:14; 17:17. En el antiguo Cercano Oriente existía una amplia gama de prácticas de adivinación utilizadas para determinar la voluntad de los dioses y predecir el futuro. Entre ellas se incluía la examinación de las vísceras de los animales sacrificados (aruspicina), el análisis de presagios de varios tipos, la lectura del futuro en los fenómenos naturales y no naturales (ver Gn 44:5), y la interpretación de los sueños (hay textos babilónicos específicos que contienen listas de sueños y lo que auguran: accidentes, muertes, derrotas o victorias militares; ver Dn 2:9).[25]

El Señor tu Dios levantará de entre tus hermanos un profeta (18:15). Las personas con funciones proféticas eran habituales en todo el antiguo Cercano Oriente, sobre todo en las cortes reales. Los textos de Mesopotamia, Siria y Anatolia (la actual Turquía) recogen una gran cantidad de expresiones proféticas de distintos periodos de la historia del Cercano Oriente. Muchas de estas expresiones se referían a hombres o mujeres que afirmaban haber recibido un mensaje de un dios, a menudo a través de sueños o presagios.[26]

Si [...] no se cumpliere lo que dijo (18:22). El principio general de comprobar la veracidad de una predicción fue reconocido en Mari (una ciudad de la antigua Siria donde se descubrieron más de veinte mil textos literarios antiguos), donde se ponía a prueba una profecía recabando otra opinión. A menudo se llevaban registros escritos reales para verificar el cumplimiento o incumplimiento de una predicción.[27]

Leyes que delimitan la verdadera administrador de Justicia (19:1-22:8)

No reducirás los límites de la propiedad de tu prójimo (19:14). En el mundo antiguo, los terratenientes solían delimitar sus propiedades con mojones. El hecho de quitar estos mojones se consideraba una forma grave de robo. En todas las regiones importantes del antiguo Cercano Oriente existían leyes que prohibían el desplazamiento de los mojones ajenos.

El testimonio de dos o tres testigos (19:15). Ver los comentarios sobre Dt 17:6.

Cuando se levantare testigo falso (19:16). Varios códigos legales del antiguo Cercano Oriente abordan la cuestión de los falsos testigos y exigen un castigo por ello, ya sea una multa, la muerte del falso testigo o, como exige aquí Deuteronomio, que el falso testigo reciba la misma pena que habría recibido la persona acusada si fuera declarada culpable (19:19).

Ojo por ojo, diente por diente (19:21). El principio jurídico de la *lex talionis* o "ley del talión" aparece en la ley mosaica (cf. Ex 21:23-25; Lv 24:19-20), así como en varios códigos legales del antiguo Cercano Oriente. Por lo general, este principio dicta que la parte culpable reciba el daño equivalente exacto que infligió a la víctima. Sin embargo, entre las naciones

Antiguo mojón babilónico (*kudurru*) que registra una donación de tierra con sus límites cuidadosamente definidos.

no israelitas del antiguo Cercano Oriente, la pena también variaba en función del estatus social de la parte perjudicada y del acusado. Así, en esas regiones la *lex talionis* se aplicaba únicamente si la parte acusada y la perjudicada tenían la misma posición social. Sin embargo, si la parte perjudicada pertenecía a una clase inferior, se exigía un castigo menos exigente para el culpable. Por el contrario, en la ley mosaica la posición social de una persona no tenía nada que ver con el tipo de pena aplicada, aunque sí permitía algún tipo de compensación en determinados casos.

Todo su botín tomarás para ti (20:14). La práctica de saquear e incendiar las ciudades conquistadas era común en todo el antiguo Cercano Oriente. Sin embargo, generalmente el saqueo era selectivo. De hecho, no se tomaban todos los objetos, ni se mataba a todas las personas, ni se destruía todo lo de valor. A menudo se imponían tributos a los pueblos conquistados.[28]

Los destruirás completamente (20:17). En el antiguo Cercano Oriente, solo en raras ocasiones los reyes destruían totalmente una ciudad conquistada. Sin embargo, los asirios eran conocidos por causar más destrucción de lo normal a una ciudad derrotada.

No destruirás sus árboles metiendo hacha en ellos (20:19). A diferencia de esta orden a los israelitas, generalmente los egipcios y los asirios cortaban todos los árboles frutales después de conquistar una zona.[29]

Si un hombre tuviere dos mujeres (21:15). La poligamia era muy común en el antiguo Cercano Oriente. La mayoría de los códigos legales del antiguo Cercano Oriente delineaban claramente la parte de la herencia para la primera esposa, así como para las esposas posteriores. La poligamia estuvo permitida durante un breve periodo de tiempo en Israel, pero esta práctica representaba una desviación del ideal de Dios (Gn 2:22-25) y nunca se fomentó. Por lo general, los detalles de las prácticas de herencia del antiguo Cercano Oriente son bastante variados, aunque una característica común era que la primera esposa y el hijo primogénito recibían una parte mayor que los demás.[30]

Si alguno tuviere un hijo contumaz y rebelde [...] todos los hombres de su ciudad lo apedrearán, y morirá (21:18,21). En el antiguo Cercano Oriente el fenómeno de los niños rebeldes era básicamente una cuestión social, pero aun así se consideraba una ofensa grave. Las penas previstas en varios códigos legales del antiguo Cercano Oriente para los niños delictivos incluían la esclavitud, la mutilación o la desheredación.[31]

No dejaréis que su cuerpo pase la noche sobre el madero (21:23). Este versículo no describe el medio de ejecución (mediante la horca), sino la exhibición del cuerpo de un criminal muerto colgado de un árbol para avergonzar al criminal (cf. Jos 8:29; 10:26-27; 1 S 31:11-13; 2 S 4:12). La exposición pública de los cuerpos de los criminales ejecutados, lo cual permitía que diversas aves y animales se comieran sus cuerpos, también era común en el antiguo Cercano Oriente. Senaquerib, rey de Nínive (704-681 a. C.), desplegó en los relieves de varias paredes de su palacio unas ilustraciones de israelitas empalados para celebrar su victoria sobre la ciudad israelita de Laquis.[32]

No vestirá la mujer traje de hombre, ni el hombre vestirá ropa de mujer (22:5). Aunque el significado de este pasaje no está del todo claro, parece referirse al travestismo. En todo el antiguo Cercano Oriente el travestismo parece estar estrictamente prohibido, excepto cuando se utiliza como castigo. Por ejemplo, los hititas obligaban a los soldados conquistados a llevar pañuelos femeninos para avergonzarlos. Algunos estudiosos han argumentado que el travestismo también formaba parte de la adoración pagana.[33]

Varias leyes sobre el carácter distintivo/la pureza (22:9-23:18)

Con una mujer casada con marido (22:22). Ver los comentarios sobre Dt 5:18.

Y se acostare con ella (22:23). Deuteronomio 22:23-29 presenta cuatro escenarios relacionados con el sexo prematrimonial: (1) el sexo consentido entre un hombre y una mujer comprometida; (2) un hombre que viola a una mujer comprometida en la ciudad; (3) un hombre que viola a una mujer comprometida en el campo; y (4) un hombre que viola a una mujer sin compromiso en el campo. Los códigos legales de las naciones no israelitas del antiguo Cercano Oriente también consideran punibles varias de estas acciones, pero varían en su castigo con respecto al prescrito aquí. Estos códigos legales antiguos son bastante unánimes en cuanto a que el hombre del escenario 3 habría de ser ejecutado.[34] La pena en esos códigos legales para el hombre y la mujer en el escenario 2 es bastante variada.[35] Los escenarios 1 y 4 no se abordan claramente en los códigos legales del antiguo Cercano Oriente. Estas diferencias sugieren que la Biblia daba más valor a la intimidad sexual como algo apropiado solo para el matrimonio que las naciones circundantes, e igualmente se preocupaba por proteger el bienestar de la mujer no comprometida (y de los hijos que pudieran ser concebidos a través de la violación).

Dará al padre de la joven cincuenta piezas de plata (22:29). Este sería el "dote" que se menciona en otros tres pasajes del A. T. (Gn 34:12; Ex 22:16; 1 S 18:25). La práctica que consistía en ofrecer un precio por la novia a la familia del novio era común en todo el antiguo Cercano Oriente. La cantidad del precio por la novia probablemente variaba a lo largo del tiempo y en función de las diferentes circunstancias familiares.

No entregarás a su señor el siervo que se huyere (23:15). Muy al contrario de esta ley bíblica, albergar a un esclavo fugado era un delito grave en la mayoría de los códigos legales del antiguo Cercano Oriente. De hecho, algunos tratados incluían cláusulas que exigían la extradición de los esclavos fugados a sus legítimos propietarios.

No habrá ramera de las hijas de Israel (23:17-18). Por lo general, la prostitución era legal y socialmente permitida en todo el antiguo Cercano Oriente.[36] Lo que no está tan claro es hasta qué punto la prostitución estaba relacionada con los centros de adoración paganos (i. e., con la prostitución de culto) y formaba parte de las prácticas de adoración de la fertilidad. Aunque recientemente algunos estudiosos han puesto en duda que la prostitución de culto estuviera muy extendida en el antiguo Cercano Oriente, textos como Dt 23:17-18, junto con Gn 38, parecen sugerir que alguna versión de la prostitución religiosa existía en Israel por momentos y probablemente estaba ligada a la práctica religiosa pagana de la fertilidad.

Leyes sobre las relaciones interpersonales (23:19-25:19)

No exigirás de tu hermano interés (23:19). El cobro de intereses elevados era habitual y generalizado en el antiguo Cercano Oriente. Sin embargo, los israelitas podían cobrar intereses a los extranjeros (23:20), pero no a sus compatriotas.

Le escribirá carta de divorcio (24:1). En todo el antiguo Cercano Oriente, fuera de Israel, un esposo podía divorciarse de su esposa por diversas razones (a menudo en detrimento de la esposa). Una vez que nacían los hijos, el divorcio era más complicado, pero seguía siendo posible. Una esposa no podía divorciarse de su esposo.[37]

Está mal tomar un conjunto de piedras de molino [...] como garantía por un préstamo (24:6 NTV). Aunque un prestamista israelita no podía cobrar intereses a un compatriota, la persona que pedía dinero prestado podía ofrecer algún tipo de garantía para expresar su compromiso de pagar la deuda. Este pasaje prohíbe a un israelita tomar la piedra de molino de una persona como garantía, puesto que eso impediría a su propietario atender las necesidades diarias importantes, como la provisión de alimentos para la familia. Una piedra de molino consistía en dos piedras, que solían estar hechas de una piedra dura como el basalto. El grano o el maíz se colocaba entre las dos piedras. La presión ejercida por la piedra superior trituraba el grano o el maíz hasta convertirlo en harina o sémola. Cada familia poseía una pequeña piedra de molino para moler diariamente el trigo y convertirlo en harina para las comidas de ese día.

Los padres no morirán por los hijos, ni los hijos por los padres (24:16). En el antiguo mundo del Cercano Oriente, algunos códigos legales impedían que se castigara a quienes no habían cometido el delito conjuntamente con el culpable.[38] Sin embargo, otros exigían que se castigara a los familiares del culpable junto a este.[39]

No torcerás el derecho del extranjero ni del huérfano, ni tomarás en prenda la ropa de la viuda (24:17). El cuidado de las viudas y los huérfanos recibe atención en muchos códigos legales del antiguo Cercano Oriente. Esta literatura suele presentar a los dioses como interesados en velar por los intereses de estos necesitados.[40]

Su cuñado se llegará a ella (25:5). Cuando un hombre casado moría antes de tener un heredero, uno de sus hermanos era responsable de tomar a su viuda como esposa y tener un hijo de ella que serviría como heredero del hermano fallecido. Esta práctica se conocía como matrimonio de levirato (ver Gn 38:6-10, 26; cf. Rut 2:8; 3:12; 4:6). Entre otras cosas, esto permitiría que la tierra asignada por el Señor permaneciera con la familia. Existía un modelo de esta práctica en diferentes partes del antiguo Cercano Oriente. Aunque el motivo o la razón de ser de la práctica del antiguo Cercano Oriente variaba, la preocupación general era mantener la semilla y la herencia de la familia. La idea de la tierra asignada por su dios nunca se abordó en las leyes no israelitas del antiguo Cercano Oriente.[41]

Cumplimiento ceremonial de la Ley (26:1-15)

Un arameo a punto de perecer (26:5). Aram era una región al norte de Israel, correspondiente a la ocupada por la Siria bíblica en el apogeo de su poder. Tanto Isaac como Jacob se casaron con mujeres de la familia de Abraham que vivían en esa región. Dado que el propio Jacob dejó Canaán y vivió en esa región durante veinte años, esta expresión lo describe (Gn 28:5).

Tierra que fluye leche y miel (26:9). Ver los comentarios sobre Ex 3:8, 17; Dt 6:3.

El diezmo de tus frutos [...] al huérfano y a la viuda (26:12). Ver los comentarios sobre Dt 14:22. Aunque los impuestos se utilizaban para mantener los templos y los sacerdotes en el antiguo Cercano Oriente, no hay pruebas de que el diezmo se utilizara para ayudar a los desfavorecidos de la sociedad.

No he [...] ofrecido a los muertos (26:14). Estas palabras se refieren a la confesión anticipada de una viuda israelita piadosa, un huérfano o un extranjero residente (26:12-13) que no comía nada de lo que se le proporcionaba como parte de este diezmo mientras participaba en un ritual pagano de fertilidad o de luto.

Compromisos mutuos sobre la renovación de los pactos (26:16-19)

Su exclusiva posesión (26:18). Ver los comentarios sobre Dt 14:2.

Bendiciones y maldiciones del pacto (27:1-29:1)

Levantarás piedras grandes, y las revocarás con cal (27:2). Debido a que la inscripción de textos en piedra era muy difícil, un método alternativo para escribir en monumentos de piedra era recubrir la superficie de la piedra con yeso y luego escribir en el yeso blando. Se han descubierto varios ejemplos de este método en la región de Palestina, entre ellos las inscripciones de Deir Alla y Kuntillet Ajrud.[42]

Tierra que fluye leche y miel (27:3). Ver los comentarios sobre Ex 3:8, 17;

Dt 6:3.

Monte Ebal (27:4). Ver los comentarios sobre Dt 11:29.

Para bendecir al pueblo [...] para pronunciar la maldición (27:12-13). La conducta ofensiva condenada en 27:15-26, así como las bendiciones y maldiciones presentadas en el capítulo 28, resuenan ampliamente con las bendiciones y maldiciones que se encuentran en muchos tratados del antiguo Cercano Oriente. Algunos de estos puntos de similitud tienen que ver con varias categorías de enfermedad, sequía y hambre, venta de miembros de la familia como esclavos, derrota y canibalismo.[43] Una de las principales diferencias es la amenaza de desalojo de la tierra prometida en las maldiciones del pacto mosaico.

Te confirmará Jehová por pueblo santo suyo [...] todos los pueblos de la tierra [...] te temerán (28:9-10). Aunque típicamente los antiguos tratados del Cercano Oriente prometían bendiciones por la obediencia, e incluso bendiciones que serían entregadas por sus dioses, el concepto de que el Señor desea exaltar a su pueblo elegido por encima de las otras naciones para traer gloria a sí mismo se halla únicamente en el A. T.

Y los cielos que están sobre tu cabeza serán de bronce, y la tierra que está debajo de ti, de hierro (28:23). Al menos dos tratados del antiguo Cercano Oriente amenazan con cielos de bronce y tierras duras como el hierro a la nación que viole el pacto, especificando la ausencia de lluvia y rocío, así como la sequedad de la tierra (ver los comentarios sobre Lv 26:19).[44]

Los motivos y la necesidad de renovar el pacto (29:2-30:20)

Sodoma y Gomorra (29:23). Ver los comentarios sobre Dt 32:32.

Circuncidará [...] tu corazón (30:6). Ver los comentarios sobre Dt 10:16.

Porque este mandamiento que yo te ordeno hoy no es demasiado difícil (30:11). En la epopeya de Gilgamesh, tras la muerte de su amigo, Gilgamesh emprende un viaje para descubrir el secreto de la vida, algo inalcanzable.[45] En la literatura sapiencial babilónica, una persona que experimenta el sufrimiento o persigue la sabiduría puede confesar que es incapaz de comprender ninguno de los propósitos de los dioses.[46] En contraste directo con esa imposibilidad de entender ninguna de las intenciones de la deidad, Moisés afirma que su Dios ha revelado claramente sus intenciones a su pueblo del pacto.

A los cielos y a la tierra llamo por testigos (30:19). Ver los comentarios sobre Dt 4:26

La continuidad del pacto desde Moisés hasta Josué (31:1-34:12)

Sehón y Og [...] los amorreos (31:4). Ver los comentarios sobre Dt 1:4.

Tú vas a dormir con tus padres (31:16). La expresión "dormir con tus padres" era un modismo común en el A. T. para referirse a la muerte (basado en un verbo que significa "acostarse en sueño") (Gn 47:30; 1 Reyes 1:21; 2:10; 11:21, 43; 14:20). Probablemente se relacione con la práctica de enterrar a las personas en la tumba familiar en el A. T. y que luego sus huesos se pusieran en un depósito de huesos con los de sus antepasados.

Una vista desde la cima del monte Nebo, contemplando el mar Muerto hacia la tierra de Israel.

Tierra [...] la cual fluye leche y miel (31:20). Ver los comentarios sobre Ex 3:8, 17; Dt 6:3.

Cielos [...] tierra (32:1). Ver los comentarios sobre Dt 4:26.

Carneros de Basán (32:14). Ver los comentarios sobre Amós 4:1. La región de Basán, una zona fértil al este del río Jordán, era famosa por sus impresionantes bosques de robles (Is 2:13; Ez 27:6), sus abundantes tierras de pastoreo (Jer 50:19) y, sobre todo, su ganado bien alimentado (Sal 22:12; Ez 39:18).[47]

De la vid de Sodoma [...] y de los campos de Gomorra (32:32). Sodoma y Gomorra se mencionan metafóricamente para ejemplificar el terreno de la perversión que produce el fruto que Moisés condena aquí (cf. Gn 18:20; 19:4-28), y tal vez para advertir de un juicio como el que cayó sobre esas ciudades (ver los comentarios sobre Sof 2:9).

Sube a este monte de Abarim, al monte Nebo, situado en la tierra de Moab (32:49). La cordillera de Abarim se encuentra al noreste del mar Muerto, cerca de las llanuras de Moab. El monte Nebo, desde el que el Señor permitió a Moisés ver la tierra prometida, forma parte de esta cordillera (Nm 27:12; 33:47-48; Dt 34:1; Jer 22:20).[48]

Jehová vino de Sinaí [...] de Seir [...] desde el monte Parán (33:2). Se trata de montañas y regiones en la zona del desierto donde Israel pasó casi cuarenta años en su viaje a la tierra prometida, zonas donde Dios se reveló como el que cuidaba de su pueblo (Jue 5:4-5; Sal 68:7-8; Hab 3:3-4).

Tumim y tu Urim (33:8). Ver los comentarios sobre Ex 28:2.

Desde Basán (33:22). Ver los comentarios sobre Dt 32:14.

Al monte Nebo, a la cumbre del Pisga (34:1). Ver los comentarios sobre Dt 32:49.

Enfrente de Bet-peor (34:6). Ver los comentarios sobre Dt 4:3.

Campos de Moab (34:8). Se refiere a la amplia llanura situada inmediatamente al norte del mar Muerto, en la base del monte Nebo, y al este del río Jordán, justo enfrente de las "llanuras de Jericó" (Jos 4:13). Su ubicación sirvió de punto de partida para la conquista de Canaán por parte de Israel (cf. Nm 22:1; 26:3, 63; 31:12; 33:48-50; 35:1; 36:13; Jos 13:32).

— Génesis
— Éxodo
— Levítico
— Números
— Deuteronomio

— Josué

— Jueces
— Rut
— 1 Samuel
— 2 Samuel
— 1 Reyes
— 2 Reyes
— 1 Crónicas
— 2 Crónicas
— Esdras
— Nehemías
— Ester
— Job
— Salmos
— Proverbios
— Eclesiastés
— Cantares
— Isaías
— Jeremías
— Lamentaciones
— Ezequiel
— Daniel
— Oseas
— Joel
— Amós
— Abdías
— Jonás
— Miqueas
— Nahúm
— Habacuc
— Sofonías
— Hageo
— Zacarías
— Malaquías

Josué

Boyd Seevers

Introducción. El libro de Josué lleva el nombre del hombre que llevó a Israel a conquistar Canaán. De hecho, parte del libro parece haber sido escrito por el propio Josué (24:26). Josué había sido ayudante de Moisés (1:1; Ex 24:13-14), había dirigido a Israel en la batalla (Ex 17:8-13) y era uno de los dos espías fieles que habían explorado Canaán (Nm 13-14). Tras la muerte de Moisés, Josué recibe la responsabilidad de liderar a Israel para conquistar y tomar posesión de la tierra que le fue prometida en tiempos de Abraham (Gn 12:7) siglos antes.

El relato de Josué comienza cuarenta años después del éxodo de Egipto, que aparentemente ocurrió ya sea en 1446 a. C. o alrededor de 1260 a. C. (ver los comentarios sobre Ex 1:8-11; 1:11). Independientemente de la fecha exacta, gran parte de la región central de Canaán era vulnerable a la conquista. Muchas de las anteriores ciudades poderosas de la región habían sido abandonadas o estaban muy debilitadas, y Egipto ya no mantenía la región bajo un estricto control. La región central de las colinas estaba escasamente poblada, con la mayor parte de la población localizada en unas pocas ciudades gobernadas por líderes llamados "reyes" que también controlaban aldeas más pequeñas y cercanas. La derrota de los ejércitos relativamente pequeños de estas ciudades-estado cananeas permitiría a los israelitas invasores asentarse en la tierra y establecer pequeñas aldeas agrícolas en las colinas.

El libro de Josué describe cómo Dios lleva a Josué a utilizar una estrategia clásica de "divide y vencerás" para someter la región central de Canaán. Tras haber cruzado milagrosamente el río Jordán inundado (1:1-5:15), los israelitas atraviesan Canaán de este a oeste con victorias en Jericó, en el valle del Jordán, en Hai y Gabaón, en la parte central de las colinas, y luego descien-

El comienzo de la conquista

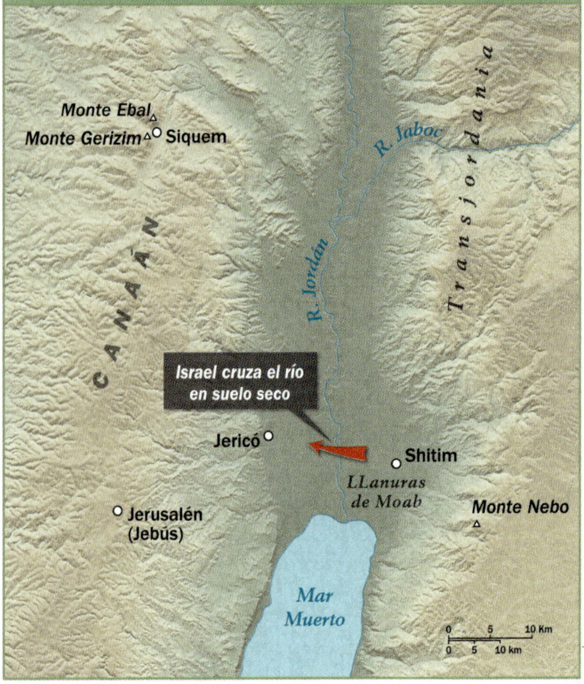

den a las tierras bajas del oeste (6:1-10:27). Posteriormente, recorren la parte sur de Canaán (10:28-43) y luego el norte (11:1-15), derrotando a los ejércitos de las principales ciudades de esas regiones. Tras resumir la conquista (11:16-12:24), el resto del libro describe la división de la tierra entre las tribus israelitas (13:1-21:45) y los acontecimientos finales que cerraron este periodo de conquista, generalmente positivo y exitoso (22:1-24:33).

Preparativos para la conquista (1:1-5:15)

Mi siervo Moisés ha muerto (1:2). En los versículos 1:1-9 Dios encarga a Josué que asuma el liderazgo de Israel tras la muerte de Moisés, el líder, juez, general y profeta de Israel durante los últimos cuarenta años. La transición de liderazgo solía ser difícil en el antiguo Cercano Oriente, donde el poder tendía a concentrarse en la cúspide y a permanecer dentro de las familias. Muchos relatos de campañas militares del antiguo Cercano Oriente comenzaban con el rey recibiendo ánimos y garantías de victoria por parte de sus dioses. Por ejemplo, en el año 1392 a. C. en Egipto, el faraón Tutmosis IV se preparó para hacer campaña en Nubia consultando al dios Amón en Tebas, quien le ofreció ánimos.

A la tierra que yo les doy a los hijos de Israel (1:2). Dios entrega la tierra de Canaán a Israel, cumpliendo una promesa que se remonta a Abraham (Gn 12:7). Las concesiones de tierras otorgadas por los grupos más grandes a los más pequeños figuran con frecuencia en el antiguo Cercano Oriente. Por ejemplo, una concesión de tierras del siglo XVIII a. C. en Alalakh (una ciudad-estado a lo largo de la actual frontera sirio-turca) describía el regalo del lugar por parte de un poderoso rey al hombre que iniciaría una dinastía allí. Este documento de concesión de tierras incluía dos secciones, una en la que se relataba la historia que condujo a la concesión (cf. Jos 1-11), y otra que contenía una lista de ciudades (cf. Jos 12). Esta concesión de tierras presentaba al rey mayor como personaje principal (como Dios en el libro de Josué), quien prometía la tierra al receptor fiel que había participado en su conquista (como Israel en el libro de Josué).

Esfuérzate y sé muy valiente, para cuidar de hacer conforme a toda la

ley que mi siervo Moisés te mandó (1:7). Al igual que los nuevos faraones egipcios exigían obediencia a los reyes súbditos haciéndoles prestar un juramento de lealtad, Dios desafía a Josué a permanecer fiel, y el resto de los israelitas juran su obediencia.

Josué [...] envió dos espías secretamente (2:1). Ver los comentarios sobre Jos 9:4. Los textos de Mari, una ciudad de Siria, indican que el uso de espías era ya conocido en el siglo XVIII a. C.

El rey de Jericó envió a decir a Rahab: Saca a los hombres que han venido a ti [...] porque han venido para espiar (2:3). Hay pruebas de que en algunas zonas del antiguo Cercano Oriente los gobernantes exigían a los taberneros que les informaran sobre individuos sospechosos. Por ejemplo, la ley 109 del código de Hammurabi (un antiguo rey babilónico) estipula: "Si los conspiradores se reúnen en la casa de una vendedora de vino, y estos conspiradores no son capturados y entregados a la corte, la vendedora de vino será condenada a muerte".[1]

No sé a dónde han ido (2:5). Para salvar a los espías, y probablemente a ella misma, Rahab miente sobre la ubicación de ellos. Para los habitantes del antiguo Cercano Oriente, probablemente decir la verdad por regla general era menos importante que en las culturas occidentales modernas. Cabe destacar que incluso los personajes bíblicos piadosos como Abraham (Gn 12:11-13; 20:2) y David (1 S 27:10-12) mintieron. Dios parece pasar por alto la mentira de Rahab en aras de honrar su creencia y su fidelidad a los israelitas.

Mas ella los había hecho subir al terrado (2:6). Las casas construidas en la muralla de una ciudad no eran poco comunes en este periodo. A veces, las casas se construían formando un gran anillo alrededor de un asentamiento, de modo que sus muros traseros adyacentes funcionaban como la muralla de la ciudad; otras veces, las murallas de la ciudad se construían con cámaras huecas llamadas "casamatas" que los propietarios podían utilizar como espacio habitable. Sea cual sea el estilo de Jericó en aquella época, las casas de esta región solían edificarse con tejados planos que podían utilizarse para actividades complementarias, como el secado de productos agrícolas como el lino.

Marchaos al monte, para que los que fueron tras vosotros no os encuentren (2:16). Jericó estaba situada aproximadamente a media milla al este de los acantilados del valle del Rift, donde las múltiples cuevas ofrecerían una excelente cobertura para los espías, sobre todo cuando sus perseguidores estuvieran buscando más al este, hacia el río Jordán.

Arboleda de Acacias [...] Jordán [...] Gilgal (3:1; 4:19 NTV). Para cruzar el Jordán y llegar al sitio de su nuevo campamento base en Canaán, los israelitas habrían marchado unas ocho millas desde la arboleda de Acacia (traducida como "Sitim" en algunas versiones en inglés) hasta el río Jordán, y luego otras seis millas hasta su siguiente campamento en Gilgal, cerca de Jericó.

A los sacerdotes, diciendo: Tomad el arca del pacto, y pasad delante del pueblo (3:6). Al igual que los antiguos reyes tenían guardaespaldas que les acompañaban en la marcha, la caja cubierta de oro que simboliza al Dios de Israel está acompañada por sacerdotes. El documento hitita "Instrucción para la guardia real" especificaba incluso la distancia que los guardias del rey debían mantener con su soberano (cf. con el versículo 3:4).

Las aguas que venían de arriba se detuvieron como en un montón [...] bien lejos de la ciudad de Adam, que está al lado de Saretán (3:16). Durante la primavera, el Jordán, en su fase de crecida, podía tener una profundidad de 10 a 12 pies y un ancho de 140 pies. A dieciséis millas río arriba de Jericó, en Adam, el Jordán fluye por debajo de un acantilado en su orilla oriental. Periódicamente, la ribera se derrumba y detiene el flujo de agua durante un breve periodo de tiempo hasta que el agua vuelve a atravesar la obstrucción. Esto ocurrió en 1160, 1267 (por 16 horas), 1546, 1834, 1906, y más recientemente en 1927 durante un terremoto (por 21 horas). Tal colapso, aunque esta vez orquestado por la intervención de Dios, probablemente causó la interrupción descrita en Jos 3. Los ejércitos del antiguo Cercano Oriente solían iniciar sus campañas en la primavera (2 S 11:1), cuando los ríos se desbordaban, por lo que se enfrentaban a este mismo problema de cruzar los ríos desbordados. Sargón II de Asiria se jactó de que su ejército cruzó los ríos Tigris y Éufrates "en la mayor crecida, con las aguas altas de la primavera del año".[2]

Estas piedras servirán de monumento conmemorativo (4:7). Dado que en la mayor parte de Israel es fácil encontrar piedras grandes, los habitantes de este país las han utilizado a menudo como marcadores conmemorativos para señalar fronteras (Pr 22:28), lugares de adoración (Gn 28:18-22; cf. Ex 24:4) o acontecimientos trascendentales, como en este caso. Los reyes del antiguo Cercano Oriente eran conocidos por erigir piedras conmemorativas, muchas veces talladas con imágenes e inscripciones, para marcar la frontera de un territorio conquistado. Por ejemplo, Tutmosis II de Egipto erigió una piedra de este tipo junto a la de su abuelo en la parte este del río Éufrates, así como dos en la parte oeste y una en Niy, al norte de Siria. Del mismo modo, el monumento de piedra aquí en el versículo 4:1-24 puede representar (el comienzo de) la conquista de Canaán en manos de Dios.

Porque Jehová vuestro Dios secó las aguas del Jordán (4:23). En Egipto y Mesopotamia los ríos se consideraban dioses o estaban bajo el control de los dioses. Cuando el Dios de Israel manipula el río Jordán para su pueblo (como lo hizo con el mar Rojo), está demostrando su soberanía de una manera que incluso los lugareños probablemente entendían y temían.

Cuchillos afilados (5:2). El sílex es una piedra dura (cf. Ez 3:9) que la gente ha moldeado en forma de cuchillas y otras herramientas durante miles de años. Se puede encontrar fácilmente en la región de Jericó y constituye una excelente herramienta de corte como la necesaria para la circuncisión (Ex 4:25).

Tierra que fluye leche y miel (5:6). Ver los comentarios sobre Ex 3:8, 17; Dt 6:3. Del mismo modo, un funcionario egipcio llamado Sinuhé de la época de Abraham describió Canaán como "una buena tierra [...] abundante era su miel [...] y platos de leche de todo tipo".[3]

Se quedaron en el mismo lugar en el campamento, hasta que sanaron (5:8). Si los israelitas se hubieran circuncidado en su campamento al otro lado del Jordán, habrían podido curarse con relativa seguridad. Aquí, en Gilgal, están quizás a solo una milla del enemigo en Jericó y son muy vulnerables (cf. Gn 34:24-29).

Del fruto de la tierra (5:11). Dios interrumpe el suministro milagroso de maná, obligando a los invasores de Israel a buscar comida. Los antiguos invasores militares solían hacer lo mismo. Los registros egipcios indican que cuando el faraón Tutmosis III invadió Canaán en el siglo XV a. C., sus tropas cosecharon 207 300 sacos de trigo de los campos cercanos a Megido.

El Príncipe del ejército de Jehová (5:15). Al igual que Dios se había aparecido a Jacob en los límites de Canaán (Gn 32:22-30) y a Moisés en la zarza ardiente (Ex 3:5-6), también se le aparece a Josué en Jericó. En la víspera de la primera batalla en Canaán, Dios le asegura a Josué su presencia y que la misión de Josué tendrá éxito.

Conquista de Canaán (6:1-12:24)

Los israelitas comienzan su conquista de la tierra prometida atacando el centro de Canaán desde el este (6:1-10:27). Sus primeras victorias atraviesan Canaán de este a oeste con las batallas de Jericó, Hai y Gabaón (y la secuencia de batallas asociadas a la defensa de Gabaón).

La toma de Jericó (6:1-27)

Rodearéis la ciudad [...] durante seis días (6:3). Se conocen las tácticas utilizadas en varias batallas antiguas, pero ninguna se parece a la estrategia de Dios para Israel en Jericó. Desfilar frente al enemigo repetidamente llama a la obediencia, pero tiene poco sentido estratégico, ya que elimina todo elemento de sorpresa.

Siete sacerdotes llevarán siete bocinas de cuernos de carnero delante del arca (6:4). Ver los comentarios sobre Jos 3:6.

Y el muro de la ciudad caerá (6:5). Los restos arqueológicos no concluyentes de Jericó han generado un gran debate, e incluso algunos investigadores

Un antiguo cuchillo de sílex.

Vista aérea de las excavaciones de la antigua Jericó.

sostienen que el lugar no tenía una ciudad significativa que conquistar en la época de Josué. Las fortificaciones de la ciudad podrían haber sido tan sencillas como un asentamiento en forma de anillo (ver los comentarios sobre Jos 2:6), o bien la ciudad podría haber utilizado murallas construidas mucho antes. La antigua Jericó tenía una muralla interior que databa de antes del 2200 a. C. y una muralla exterior que databa de alrededor del 1550 a. C. Ambas podrían haber estado en uso hasta la época de Josué.

Dieron vuelta a la ciudad de la misma manera siete veces (6:15). La marcha personal de este autor alrededor del sitio relativamente pequeño de Jericó duró unos quince minutos. Si las antiguas tropas israelitas rodeaban Jericó al menos a una distancia de un tiro de arco (hasta doscientas yardas) de las murallas, una vuelta podría durar aproximadamente cuarenta y cinco minutos. Por lo tanto, siete vueltas en el séptimo día llevarían varias horas, lo cual sugiere que los israelitas marcharon desde el amanecer hasta el mediodía en un clima cálido, cansándose mientras los defensores descansaban, lo que constituía un acto adicional de obediencia a Dios que no tenía mucho sentido desde el punto de vista militar.

El pueblo [...] gritó con gran vocerío, y el muro se derrumbó (6:20). Dios orquestó el derrumbe de las murallas de Jericó, quizá mediante un terremoto. La ciudad está situada a lo largo de una importante falla geológica y ha experimentado muchos terremotos en toda su historia, incluido uno de magnitud 5,3 en febrero de 2004 y otro de 4,5 en noviembre de 2007.

Destruyeron a filo de espada todo lo que en la ciudad había (6:21). Los israelitas mataron a los habitantes de Jericó y destruyeron el botín de la ciudad (excepto los bienes metálicos) como Dios había ordenado (cf. Dt 20:16-18).

Esta práctica era común en todo el antiguo Cercano Oriente y era una forma habitual de que los ejércitos dieran a su dios una parte de lo que les había dado mediante la victoria militar. Del mismo modo, en el siglo IX a. C. un rey moabita mató a los siete mil israelitas en una ciudad conquistada que había dedicado a su dios Quemos.

Maldito delante de Jehová el hombre que se levantare y reedificare esta ciudad de Jericó (6:26). Para preservar la ciudad en ruinas de Jericó como un regalo a Dios, Josué maldice a cualquier posible reconstructor del lugar (cf. 1 Reyes 16:34). Maldecir y/o sembrar de sal una ciudad capturada y destruida no eran prácticas inusuales en el mundo antiguo. Los israelitas echaron sal a Siquem (Jue 9:45), y en el 146 a. C. Roma supuestamente echó sal a Cartago después de destruir esa ciudad. Dada la buena fuente de agua de Jericó, así como su ubicación clave que protegía el acceso al centro de Canaán, abandonar el sitio de Jericó habría sido un gran sacrificio para Israel mientras se asentaba en Canaán.

Fracaso en Hai (7:1-26)

Una prevaricación en cuanto al anatema (7:1). Ver los comentarios sobre Jos 6:21.

Ellos subieron y reconocieron a Hai (7:2). Los comentarios de Josué ("subid") y de los espías ("no agotéis a toda nuestra gente") aluden a la difícil subida desde Gilgal, situada en el valle del Jordán, hasta Hai, en la región central de las colinas, una ascensión de trescientos cincuenta pies sobre doce millas.

Hasta Sebarim [...] en la bajada (7:5). El valle que conduce al este de Hai hacia Jericó tiene algunas fisuras profundas inusuales aproximadamente a tres millas al este de Hai cuando la tierra se inclina hacia el valle del Jordán y Jericó.

Han tomado del anatema [...] Por esto los hijos de Israel no podrán hacer frente a sus enemigos (7:11-12). Dado que los antiguos pueblos del Cercano Oriente suponían que sus dioses les ordenaban y ayudaban en la conquista de sus enemigos, la derrota en el campo de batalla se interpretaba generalmente como una ira divina por alguna violación que debían corregir. Por ejemplo, los antiguos hititas aplacaban a su dios ofendido y purificaban a sus tropas mediante una ceremonia ritual llamada "El lado lejano del río". En la ribera opuesta de un río cercano, el ejército construía una puerta de espino. A cada lado de la puerta se colgaban las mitades cortadas de una cabra, un cachorro, un cerdito

Tablilla cuneiforme de arcilla mesopotámica con presagios astrológicos.

y un prisionero sacrificado, con fuego también a cada lado. Cuando las tropas atravesaban la puerta y llegaban al río, se les rociaba con agua del río para completar la limpieza.

El que fuere sorprendido en el anatema, será quemado (7:15). Una tablilla de presagio hepático de la antigua Babilonia ordenaba que una alta sacerdotisa que robara repetidamente ofrendas consagradas a los dioses fuera apresada y quemada. Otro texto mesopotámico especificaba igualmente que los culpables de tal ofensa debían ser apresados y condenados a muerte. El robo de objetos consagrados significaba que la persona había robado al dios, lo que constituía una ofensa grave.

Fue tomado Acán (7:18). Josué probablemente está echando suertes para determinar el culpable. Las suertes eran objetos de forma desconocida hechos de piedra o madera que se agitaban y se lanzaban sobre una superficie para revelar un patrón (muy parecido a los dados modernos) del cual se entendía que indicaba la elección de un dios. Muchos pueblos de todo el antiguo Cercano Oriente practicaban el echar suertes. A través de las suertes Dios podía designar a un culpable, como cuando Jonatán comió y rompió el juramento de Saúl (1 S 14:41-42) o cuando Jonás desobedeció y las suertes de los marineros paganos le señalaron a él (Jon 1:7).

Da gloria al Señor [...] confiesa (7:19). Josué puso a Acán bajo juramento ante Dios para obligarle a confesar lo que había hecho. Los juramentos eran comunes en todo el mundo antiguo y por lo general se hacían en nombre del dios del hablante para impulsar una confesión o para apoyar la verdad de una declaración.

Un manto babilónico muy bueno (7:21). Los babilonios exportaron prendas al norte, a Asiria, y al oeste, a Siria y Asia Menor, a partir del siglo XVIII a. C. Los mercaderes babilónicos viajaban a Egipto ya en el siglo XIV a. C., por lo que una valiosa túnica babilónica bien podría haber acabado en Jericó, en Canaán.

Josué [...] tomaron a Acán [...] sus hijos, sus hijas, sus bueyes [...] su tienda y todo cuanto tenía (7:24-25). Al contrario que el pensamiento individualista y la práctica jurídica de Occidente, los antiguos pueblos del Cercano Oriente pensaban y actuaban principalmente como familias y/o tribus. Solían vivir y tomar decisiones juntos y, posteriormente, se beneficiaban o sufrían juntos los resultados de lo que el grupo o incluso un miembro había hecho. Así como la familia de Acán muere con él, también lo hacen las familias de los israelitas culpables en Nm 16:25-33 y los babilonios culpables en Dn 6:24.

Levantaron sobre él un gran montón de piedras (7:26). Los cairns o pilas de piedras sobre los lugares de enterramiento se han utilizado durante mucho tiempo en Oriente Medio. Normalmente se utilizaban para cubrir a los reyes y otros dignatarios. Asimismo, las piedras protegían el cadáver y servían de recordatorio visible del difunto. Es posible que grandes túmulos al oeste de Jerusalén sigan marcando las tumbas de los reyes de Judá. Las piedras sobre la tumba de Acán recuerdan a los israelitas las consecuencias de la desobediencia, del mismo modo que lo hacen las pilas de piedras del Jordán (ver los comentarios sobre Jos 4:7) que conmemoran el fruto de la obediencia.

Victoria en Hai (8:1-29)

Sus despojos y sus bestias tomaréis para vosotros (8:2). Dios prohibió a Israel tomar cualquier botín de Jericó, pero ahora permite a los israelitas tomar el botín de Hai, una recompensa típica para los soldados y ejércitos antiguos. Los soldados del antiguo Cercano Oriente estaban motivados para luchar en parte por la posibilidad de adquirir posesiones (Dt 20:14; 2 Reyes 3:23: "¡Al botín!"), y los reyes buscaban enriquecer sus naciones adquiriendo grandes cantidades de bienes. La lista del botín de guerra que se llevó Tutmosis III tras la victoria de Egipto sobre una coalición cananea en Megido en el siglo XV a. C. incluye 3 400 prisioneros, 83 manos (cortadas de los cuerpos de los soldados enemigos), 2 238 caballos, 892 carros de guerra, incluido uno decorado con oro, 22 cotas de malla, 502 arcos, 1 929 vacas, 2 000 cabras y 20 500 ovejas.

El Tratado de Cades, producto de la derrota del ejército egipcio a manos de los carros de guerra hititas.

Emboscadas a la ciudad detrás de ella (8:2). Si bien es cierto que todavía proviene de Dios y sigue requiriendo obediencia, la estrategia militar de Israel pasó de ser un desfile muy inusual acompañado de ruidos de trompetas en Jericó a una táctica mucho más lógica que consiste en tender una emboscada en Hai. Muchos ejércitos antiguos, incluidos los de Egipto, Asiria e Israel (Jue 9:43-45; 20:29-45), utilizaban emboscadas. Asimismo, cuando los egipcios y los hititas lucharon en Cades en 1274 a. C., los hititas utilizaron la táctica de la emboscada con gran éxito. Con la ayuda de espías falsos y de información errónea (ver los comentarios sobre Jos 2:1), los carros de guerra hititas tendieron una emboscada y casi aniquilaron a una de las cuatro divisiones egipcias (cinco mil tropas) que llegaban a la batalla, lo que casi selló una victoria decisiva.

Y escogió Josué treinta mil hombres fuertes (8:3). Los números de las tropas israelitas que se mencionan en la Biblia suelen parecer bastante grandes, incluidos los de este pasaje. Sin embargo, cabe destacar que la misma palabra hebrea traducida aquí como "mil" también puede significar "clan", "unidad" o, con una pequeña modificación, incluso "campeón". Tal vez el autor del libro de Josué se refería a treinta unidades de soldados reunidos por clanes o incluso, aunque es menos probable, a treinta tropas de élite.

Pondréis emboscada a la ciudad detrás de ella (8:4). Entre Betel y Hai hay un gran valle donde un número significativo de tropas podría esconderse fácilmente de los defensores de Hai. El experimento personal de este autor mostró que una carrera de cinco minutos llevaría a las tropas desde el borde del valle hasta la puerta de Hai (asumiendo la ubicación propuesta más recientemente de Hai en Khirbet el-Maqatir).

Llegaron delante de la ciudad, y acamparon al norte de Hai (8:11). Cuando la fuerza israelita más pequeña se acerca y ataca por primera vez a Hai (7:4-5), los soldados probablemente ascienden por la cresta que se aproxima a Hai directamente desde el este antes de ser derrotados. Cuando Josué trae a todo el ejército, acampan al norte de Hai. Esto sugiere que suben la siguiente cresta al norte, dejando un profundo valle entre ellos y Hai para protegerse. Cuando las dos fuerzas opuestas se enfrentan al día siguiente, los israelitas vuelven a retroceder hacia el este, alejando a los defensores de Hai de la ciudad y de las tropas que esperan emboscadas al oeste.

Lanza (8:18,26). La palabra traducida como "lanza" podría traducirse mejor como "espada" o "cimitarra" y entenderse como una espada de hoz curvada común de la época. En cualquier caso, Josué levanta un arma como señal visible para sus tropas, de forma similar a como Moisés había utilizado su vara durante una batalla en el desierto (Ex 17:8-13).

Josué quemó a Hai (8:28). Los ejércitos antiguos solían quemar las ciudades conquistadas, sobre todo las que querían castigar. Curiosamente, el libro de Josué registra que los israelitas únicamente quemaron las ciudades de Jericó, Hai y Hazor, tal vez porque los israelitas deseaban habitar la mayoría de las ciudades tras la conquista (cf. Dt 6:10-12).

Al rey de Hai lo colgó de un madero (8:29). Aunque a veces se traduce como "colgado en un árbol", la frase probablemente se entienda mejor como "empalado en un palo" o algún otro elemento de madera, ya que el empalamiento se practicaba en gran parte del antiguo Cercano Oriente, incluyendo Egipto, la antigua Babilonia, Asiria y Persia. La ley 153 del código de Hammurabi (un antiguo rey babilónico) estipula: "Si una mujer ha procurado la muerte de su esposo por causa de otro hombre, empalarán a esa mujer".[4] Un relieve asirio que describe la conquista de la ciudad de Laquis, en Judá, muestra a tres judíos empalados y colocados frente a esa ciudad.

Un gran montón de piedras (8:29). Ver los comentarios sobre Jo 4:7; 7:26.

Renovación del pacto en el monte Ebal (8:30-35)

Entonces Josué edificó un altar a Jehová Dios de Israel en el monte Ebal (8:30). Los arqueólogos han descubierto una estructura en el monte Ebal de la época del establecimiento israelita que algunos identifican como un altar de sacrificios. Si bien hay quienes discuten esta interpretación, la estructura estaba hecha de piedras sin cortar (ver 8:31; cf. Dt 27:5-7), daba a una zona abierta donde podía reunirse una multitud, y se encontró junto con muchos huesos descuartizados y quemados de animales aptos para el sacrificio (ganado vacuno, ovejas, cabras y ciervos, pero no cerdos, perros o asnos), todo lo cual sugiere que podría haber sido un altar de sacrificios.

Escribió allí sobre las piedras una copia de la ley de Moisés (8:32). Josué cumple el mandato anterior de Dios (Dt 27:4-8) de escribir la ley de Dios en piedras. La escritura en piedras recubiertas de yeso también se conoce en lugares del desierto del Sinaí y en el valle del Jordán, donde una inscripción de los siglos IX a VIII a. C. relata las visiones del vidente Balaam, aparentemente el mismo que aparece en Nm 22-24.

Todo Israel [...] estaba de pie a uno y otro lado [...] del arca del pacto de Jehová (8:33). En obediencia al mandato anterior de Dios (Dt 27), los israelitas realizan una ceremonia formal con Dios que parece reflejar una ceremonia divina de concesión de tierras. Conocida por los textos babilónicos, sirios y asirios, dicha ceremonia producía un documento legal (cf. 8:32) que registraba la transferencia de la propiedad en presencia de testigos (cf. 8:32-33) bajo la protección de los dioses locales, que maldecirían a quienes violaran el acuerdo (cf. 8:34).

La mitad de ellos estaba hacia el monte Gerizim, y la otra mitad hacia el monte Ebal (8:33). Estas dos montañas enmarcan el emplazamiento de la ciudad bíblica de Siquem y forman un anfiteatro natural muy adecuado para una ceremonia pública de este tipo.

Tratado y victoria gabaonita (9:1-10:27)

Heteos [...] jebuseos (9:1). Se trata de una lista general de los diversos grupos humanos que habitaban Canaán en esta época, a veces denominados genéricamente "cananeos" (cf. 3:10; Dt 7:1).

Cuando oyeron estas cosas todos los reyes [...] se concertaron (9:1-2). La mayoría de los reyes mencionados en Josué no gobernaban grandes reinos, sino más bien ciudades-estado, que incluían las ciudades principales y las tierras y aldeas cercanas conectadas a esas ciudades política y económicamente. Durante ese periodo, Canaán tenía numerosas ciudades-estado con reyes (que quizá eran más parecidos a los alcaldes que a los reyes en el sentido moderno de la palabra). En las cartas de Amarna (siglo XIV a. C.), los reyes cananeos mantenían correspondencia con el faraón de Egipto (su señor) sobre diversos asuntos de gobierno, incluidos los grupos de personas desplazadas (muy parecidos a los israelitas del libro de Josué) que intentaban asaltar o tomar el control de las ciudades cananeas, en ocasiones matando a los reyes o quemando sus ciudades. Los reyes temían que otras ciudades se unieran a los merodeadores (como hizo Gabaón con Israel en Jos 9), o a veces se agrupaban contra un enemigo común (como en Jos 10-11).

Gabaón (9:3). Esta importante y próspera ciudad cananea estaba situada a unas pocas millas al norte de Jerusalén, en las tierras altas de la región central. Gabaón se encontraba en un cruce clave de caminos de norte a sur y de este a oeste (ver los comentarios sobre Jos 10:2).

Usaron de astucia (9:4). El engaño y la desinformación han sido elementos importantes de la guerra a lo largo de la historia, incluso en el antiguo Cercano Oriente (ver los comentarios sobre Jos 2:1). Por ejemplo, antes de que los hititas se enfrentaran a los egipcios en Cades, en Siria, en el año 1274 a. C., el rey hitita había enviado a dos exploradores como señuelo para que los atraparan y dieran información falsa a los egipcios sobre la ubicación del ejército hitita. La treta funcionó, atrayendo a los egipcios para que avanzaran a toda prisa sobre Cades y estuvieran a punto de sufrir una desastrosa derrota. Ante el temor a la destrucción y a la muerte, los habitantes de Gabaón también recurren al engaño para conseguir un tratado que les salve la vida.

Vinieron a Josué al campamento en Gilgal (9:6). Los israelitas mantienen su campamento base en Gilgal, cerca de Jericó, por lo que los gabaonitas deben viajar solo unas diecisiete millas para llegar a ellos, y no, como ellos afirmaban, desde "una tierra lejana".

Heveos (9:7). Ver los comentarios sobre Gn 34:2; Jos 9:17.

Josué hizo paz con ellos, y celebró con ellos alianza (9:15). Los gabaonitas piden a los israelitas que firmen un tratado con ellos, probablemente un tratado entre suzerano y vasallo común en el segundo milenio a. C. En este tipo de tratados, el suzerano reivindicaba su dominio y exigía un servicio leal por parte del vasallo, que a su vez esperaba la protección del suzerano. Por ejemplo, un rey hitita contemporáneo llamado Mursili hizo tratados de suzeranía y vasallaje con un rey llamado Manapa-Datta, gobernante de la región del río Seha, así como con el pueblo azzí, en el oeste de Asia Menor. Manapa-Datta se asustó cuando Mursili se acercó con su ejército, por lo que envió emisarios sin ánimos de intimidación, entre ellos ancianos y mujeres, para que se reunieran con Mursili. Tal y como esperaba Manapa-Datta, Mursili se abstuvo de atacar y aceptó un tratado que sometía al pueblo de Manapa-Datta a la servidumbre. En un acontecimiento similar, Mursili había luchado con éxito contra el pueblo azzí, que estaba gobernado por ancianos en lugar de un rey (cf. los ancianos de Gabaón en el versículo 9:11). Una delegación azzí se presentó ante Mursili, se inclinó y pidió un tratado de paz en el que servirían a los hititas. Mursili escribió: "Entonces yo [...] no los destruí. Los tomé en servidumbre; y los hice esclavos".[5]

Gabaón, Cafira, Beerot y Quiriat-jearim (9:17). Estas cuatro ciudades de la región montañosa central y occidental se situaban en un radio de cinco millas y media de Gabaón. Todas ellas estaban habitadas por el mismo grupo étnico, los heveos, quienes aparentemente se habían originado en Asia Menor y eran uno de los muchos grupos que habitaban Canaán en esa época (ver los comentarios sobre Jos 9:1).

No los mataron los hijos de Israel, por cuanto los príncipes de la congregación les habían jurado (9:18). En el mundo antiguo, las dos partes de un tratado solían prestar juramento por sus respectivos dioses, dando por sentado que estos velarían por ellos y les pedirían cuentas. En uno de sus tratados, el rey babilónico Hammurabi desafió a su socio del pacto: "¡Jura por Shamash (dios) del cielo! ¡Jura por Addu del cielo! Estos son los dioses que invocó Hammurabi, hijo de Sin-muballiṭ, rey de Babilonia".[6] Aunque su tratado con los gabaonitas se había basado en el engaño, los líderes israelitas habían hecho un juramento en nombre del Señor. Por lo tanto, están obligados a cumplir el tratado, ya que romperlo significaría arriesgarse a la ira de Dios (9:20; Ex 20:7).

Leñadores y aguadores (9:21). Los israelitas someten a los gabaonitas a trabajos forzados. Esta era una costumbre ampliamente practicada en el antiguo Cercano Oriente en la que un poder superior obligaba a la gente a servir con trabajos no remunerados. Los israelitas habían sido sometidos a trabajos forzados durante su estancia en Egipto (Ex 1:11), e impusieron trabajos forzados a los gabaonitas, así como a otros cananeos después de la conquista (Jue 1:28). Durante la época de la monarquía, los reyes israelitas utilizaban los trabajos forzados para llevar a cabo grandes proyectos de construcción, como el templo (1 Reyes 4:6; 5:13-18).

Para la casa de mi Dios (9:23). Los antiguos lugares de adoración a menudo requerían grandes cantidades de madera para quemar incienso y sacrificios, así como abundante agua para limpiar el lugar. Cabe destacar la gran cantidad de sacrificios que realizó Salomón durante su adoración en Gabaón (1 Reyes 3:4).

Como una de las ciudades reales (10:2). Una ciudad real era el centro de una ciudad-estado y estaba gobernada por un rey (ver los comentarios a Jos 9:1-2). Si bien Gabaón era gobernada por ancianos (9:11) y no por un rey, la importancia de la ciudad rivalizaba con la de las ciudades reales (ver los comentarios sobre Jos 9:3).

Cinco reyes de los amorreos, el rey de Jerusalén, el rey de Hebrón, el rey de Jarmut, el rey de Laquis y el rey de Eglón (10:5). El rey de Jerusalén dirigía una coalición de cinco ciudades en el centro y sur de la región montañosa y en las estribaciones del oeste. Los habitantes de estas ciudades son amorreos, muy parecidos a los heveos que habitaban Gabaón y las ciudades vecinas (ver los comentarios sobre Jos 9:17). Los amorreos habían sido un pueblo importante en muchas partes del antiguo Cercano Oriente durante siglos, y la región montañosa del sur de Canaán era uno de los lugares en los que se habían asentado (ver los comentarios sobre Dt 1:4). Las cinco ciudades amorreas en Jos 10 unen sus fuerzas para actuar militarmente contra Gabaón por desertar al lado de los israelitas invasores. Esto es paralelo a la forma en que los reyes de las ciudades-estado cananeas también atacaban a las ciudades que se ponían del lado de los atacantes, como se refleja en las cartas de Amarna (ver los comentarios sobre Jos 9:1-2).

No niegues ayuda a tus siervos (10:6). Como es natural, los gabaonitas recurren a los israelitas, quienes estaban obligados a ayudar a sus socios gabaonitas por medio de un tratado (ver los comentarios sobre Jos 9:15).

Habiendo subido toda la noche (10:9). Aunque las batallas en el antiguo Cercano Oriente se libraban normalmente durante el día, no eran infrecuentes las maniobras e incluso los ataques nocturnos. El rey hitita Mursili II registró varias marchas y ataques nocturnos. En una carta de Ugarit, en el norte de Siria, de la misma época, un general escribió: "Mis hombres fueron atacados (repetidamente) en medio de la noche, y se libró una batalla".[7]

Antes de atacar Gabaón, Josué y los israelitas habrían marchado durante la noche, lo que significaba ascender unos trescientos pies en una distancia de unas diecisiete millas. Tras aparecer repentinamente de madrugada, sorprendieron a los soldados amorreos desprevenidos para la batalla. Si bien los israelitas habían perdido el sueño de la noche y estaban cansados por la marcha y la subida, el éxito al acercarse les dio una clara ventaja táctica.

Bet-horón [...] Azeca y Maceda (10:10). El camino principal que se dirigía hacia el oeste de la zona montañosa central, hacia el mar Mediterráneo, descendía desde Gabaón hasta la ciudad de Bet-horón. Desde allí, otro camino iba hacia el suroeste a través de las estribaciones del oeste hasta la ciudad de Azeca. La ciudad de Makkedah se situaba más al sur en la misma dirección general.

Jehová arrojó [...] grandes piedras sobre ellos (10:11). Los habitantes del antiguo Cercano Oriente habrían entendido que una tormenta de este tipo durante una batalla era orquestada por un dios que luchaba por su pueblo. El rey asirio Sargón, del siglo VIII a. C., hizo una descripción similar de una de sus batallas: "El resto del pueblo, que había huido para salvar su vida, al que [el rey enemigo] había abandonado para que el glorioso poder de Asur [el dios asirio], mi señor, se magnificara [...] y con la nube de la inundación y las piedras de granizo, él aniquiló totalmente a los remanentes".[8]

Sol [...] en Gabaón [...] luna, en [...] Ajalón (10:12). Para los lectores modernos, los versículos 10:12-14 se interpretan como si Dios alargara el día para dar a Israel tiempo extra a fin de ganar una batalla decisiva. Aunque no cabe duda de que Dios podría hacer esto, la literatura antigua puede sugerir un significado diferente. Muchos pueblos antiguos solían entender los acontecimientos celestes como presagios divinos. Cuando el sol aparecía en el horizonte oriental (sobre Gabaón) al mismo tiempo que la luna en el horizonte occidental (sobre el valle de Aijalón, al oeste de Bet-horón), los seguidores de tales presagios habrían pensado en ello como una señal divina para bien o para mal, según el día en que ocurriera. Pese a que Josué no tenía por qué creer en los presagios, es posible que haya pedido a Dios que dispusiera los cuerpos celestes de una manera y en un momento tal que desalentaran a sus enemigos cananeos. Un antiguo presagio del Cercano Oriente expresa: "Cuando la luna y el sol se vean el uno al otro en el decimoquinto día (del mes lunar), un poderoso enemigo levantará sus armas contra la tierra. El enemigo destruirá la puerta de mi ciudad".[9]

Libro de Jaser (10:13). Según parece, se trata de una colección de poemas nacionales de la historia temprana de Israel (también mencionados en 2 S 1:18), que ya no está disponible para nosotros.

Casi un día entero (10:13). Los reyes victoriosos del antiguo Cercano Oriente a veces utilizaban la hipérbole para describir grandes hazañas militares como si se hubieran llevado a cabo en un día, a pesar de que los acontecimientos no podrían haber ocurrido en un período de veinticuatro horas. Por ejemplo, el rey asirio Tiglat-Pileser I afirmaba haber obtenido muchas victorias sobre una distancia de unas 250 millas "en un solo día".[10] Un gobernador de Susa, en Elam, se jactaba de haber conquistado setenta ciudades "en un día".[11] Si Dios no alargó literalmente el día (ver los comentarios sobre Jos 10:12), esta sección del libro de Josué también puede estar utilizando una hipérbole para describir una gran victoria lograda con la ayuda de Dios.

Poned vuestros pies sobre los cuellos de estos reyes (10:24). Los reyes victoriosos del antiguo Cercano Oriente a veces mataban a los gobernantes enemigos de forma ceremonial para demostrar su superioridad e inspirar a sus propias tropas. También podían poner literalmente sus pies sobre el cuello de sus oponentes, como en este caso, o describir dicho sometimiento como el uso de los enemigos como escabel (ver Sal 110:1).

Los hizo colgar en cinco maderos (10:26). Ver los comentarios sobre Jo 8:29.

Conquista del sur de Canaán (10:28-43)

Los largos y detallados relatos que describen la exitosa entrada de Israel en Canaán (1:1-5:15) y la campaña central (6:1-10:27) dan paso ahora a resúmenes drásticamente más breves de las campañas en el sur (10:28-43) y el norte (11:1-15) de Canaán. Este estilo de informar sobre los resultados militares, pasando de los relatos detallados a los informes generales, presenta un claro paralelo con los registros egipcios de las hazañas militares de Tutmosis III en el siglo XV a. C. Tutmosis III llevó a cabo diecisiete campañas durante veinte años y conquistó el territorio desde el río Éufrates en el norte hasta Cus en el sur, tal y como está inscrito en el templo de Amón en Karnak. Estos registros comienzan con un relato muy detallado de la primera campaña, incluida la victoria decisiva en Megido (ver los comentarios sobre Jos

Del templo egipcio de Karnak, una talla en piedra de Tutmosis III golpeando a sus enemigos.

Distribución de la tierra prometida

5:11; 8:2). Las dieciséis campañas siguientes fueron tratadas en resúmenes escuetos y estilizados, con un lenguaje repetitivo y estereotipado. Del mismo modo, los anales del rey hitita Mursili II en el siglo XIV a. C. comienzan con un largo prefacio en el que se describe la hostilidad de los gobernantes vecinos, antes de dar cuenta de sus campañas militares con una fórmula bastante breve.

Por completo los destruyó (10:28). Ver los comentarios sobre Jos 6:21.

Maceda [...] Debir (10:28-39). Los israelitas atacan y conquistan otras seis ciudades del sur de Canaán. Prosiguen el éxito de la campaña central atacando ciudades en la zona montañosa del sur y las estribaciones del oeste, lo que elimina la capacidad militar de los lugareños para resistir el asentamiento israelí en la región.

Acampó cerca de ella, y la combatió (10:31). Los israelitas organizan las tropas para atacar un lugar asentado, quizás uno con murallas. La mayoría de las ciudades cananeas estaban débilmente fortificadas en esta época, ya que algunas probablemente tenían murallas centenarias y otras no tenían ninguna fortificación efectiva (ver la introducción en el comentario sobre Josué).

Hebrón [...] sus ciudades (10:36-37). Ver los comentarios sobre Jos 9:1-2.

Hirió, pues, Josué toda la región [...] todo lo que tenía vida lo mató (10:40). Los israelitas conquistan la región montañosa del sur con sus acercamientos al oeste, y el relato describe ese éxito aparentemente utilizando el lenguaje hiperbólico habitual en la época. El faraón Merenptah informó hacia el año 1209 a. C. que "Israel se ha consumido, pero su semilla (progenie) no".[12] Asimismo, el rey Mesha de Moab escribió hacia el año 830 a. C. que "Israel se ha arruinado, sí, se ha arruinado para siempre".[13] Ambos reyes utilizaron obviamente la hipérbole para describir las victorias sobre Israel.

Conquista del norte de Canaán (11:1-12:24)

Jabín rey de Hazor, envió mensaje (11:1). Al igual que había hecho el rey de Jerusalén (ver los comentarios sobre Jos 9:1-2; 10:5), el rey de Hazor invocó a aliados de varios lugares del norte de Canaán para luchar contra los israelitas (ver los comentarios sobre Jos 11:10).

Escultura mural de Ramesés II en un carro de guerra egipcio luchando contra los hititas.

Desjarretarás sus caballos, y sus carros quemarás (11:6). Cortar un tendón de la corva hacía que un caballo no pudiera galopar y, por lo tanto, no tuviera ningún valor militar. Dios no quería que los israelitas confiaran en sus habilidades militares (Dt 17:16), por lo que debían renunciar a la posibilidad de adquirir caballos y carros de guerra, es decir, los recursos militares más valiosos de la época.

Hazor [...] cabeza (11:10). Hazor era la ciudad más grande (175 acres) del norte de Canaán. Textos del segundo milenio a. C. de Hazor, del siglo XVIII a. C. de Mari, en el norte de Siria, y del siglo XIV a. C. de Amarna, en Egipto, atestiguan la importancia internacional de Hazor. Hazor fue destruida en un incendio masivo en el siglo XIII a. C., que muchos atribuyen a los acontecimientos registrados en Jos 11.

Las ciudades [...] no las quemó Israel; únicamente a Hazor (11:13). El libro registra que los israelitas solo quemaron Hazor en el norte y solo Jericó y Hai en el centro de Canaán, generalmente llevándose el botín, pero dejando intactas la mayoría de las ciudades conquistadas. Según parece, los israelitas trataron de matar a los líderes cananeos y reducir o eliminar la mano de obra cananea para que Israel pudiera habitar posteriormente las ciudades (cf. Dt 6:10-12) o establecerse en nuevos pueblos en esas regiones. Del mismo modo, los registros egipcios indican que, tras sus exitosas campañas, los egipcios preferían evitar quemar las ciudades conquistadas para que fueran fuentes rentables de ingresos fiscales continuos.

Tomó, pues, Josué toda aquella tierra (11:16). El libro de Josué destaca el éxito y la obediencia de Israel (11:12, 15) durante la conquista, pero también reconoce que la misma fue incompleta (13:1-5). Estas afirmaciones tan disímiles pueden parecer incoherentes al lector moderno, pero no eran infrecuentes para la época (ver los comentarios sobre Jos 10:40).

Anaceos (11:21). Estos grandes y poderosos guerreros habían hecho que Israel temiera invadir Canaán (Nm 13:33). Los textos egipcios del segundo milenio a. C. mencionan a unos gobernantes llamados anakim, así como a otros cananeos que eran extremadamente altos.

Estos son los reyes de la tierra que los hijos de Israel derrotaron (12:1). Josué 12 resume las victorias de Israel tanto al este (vv. 1-6) como al oeste (vv. 7-24) del río Jordán. Este último es un equivalente verbal a los resúmenes semipictóricos egipcios de las campañas militares inscritos en los templos de los siglos XV, XII y X a. C. Estos relatos egipcios consisten principalmente en óvalos verticales que representan sitios fortificados conquistados con el nombre del sitio dentro del óvalo. Encima del óvalo se muestra la cabeza de un hombre, cuyos rasgos son los típicos de la gente de esa región.

División de Canaán (13:1-21:45)

Queda aún mucha tierra por poseer (13:1). Ver los comentarios sobre Jos 10:40; 11:16.

Repartirás [...] el país a los israelitas por heredad (13:6). Los israelitas dividen la tierra de Canaán según las tribus: primero a las dos tribus y media que se asentaron al este del Jordán (13:8-33), luego a las tribus más grandes al oeste del Jordán (14:1-17:18), y por último a las restantes siete tribus más pequeñas también al oeste del Jordán (18:1-19:51). La tierra se asignaba por sorteo (ver los comentarios sobre Jos 7:18). Las asignaciones suelen comenzar con una introducción, seguida de secuencias de límites y/o grupos de ciudades dentro de la región, y terminan con observaciones finales. Se conocen descripciones de límites y/o listas de ciudades similares ya en el año 2100 a. C. y fueron particularmente comunes entre 1400-1200 a. C., procedentes de Ur, Asia Menor y Siria.

Las asignaciones tribales israelitas son un tanto presuntas, ya que incluyen tierras que Israel aún no había tomado. Además, se dan asignaciones especiales a Caleb (14:6-14; 15:13-19) y Josué (19:49-50), quienes eran los fieles exploradores de la misión de espionaje de Israel desde Cades-barnea (Nm 13-14).

Yo era de edad de cuarenta años cuando Moisés siervo de Jehová me envió [...] he aquí, hoy soy de edad de ochenta y cinco años (14:7, 10). Las referencias que hace Caleb a sus edades en Cades-barnea y ahora en la división de la tierra sugieren que la conquista duró aproximadamente siete años (85 - 40 [edad en Cades-barnea] - 38 [años desde Cades-barnea hasta el comienzo de la conquista = 7]).

Carros herrados (17:16). La superioridad militar de los cananeos que vivían en la llanura costera se ejemplificaba con sus carros de guerra. En esta época, los carros solían estar hechos casi por completo de madera y cuero, con algunos accesorios de metal. La referencia al hierro podría referirse a los accesorios, como los pasadores que sujetaban las ruedas al eje, o bien a las finas placas metálicas utilizadas como adornos. Cuando Tutmosis III condujo a Egipto a la victoria en Megido (ver los comentarios sobre Jos 5:11; 8:2), montó en un carro decorado con electro (una aleación de oro y plata) y capturó un carro enemigo decorado con oro. Cuando se empezó a utilizar el hierro, este era raro, valioso y a veces se utilizaba para la joyería y la decoración. Por otra parte, el término "hierro" podría ser una figura retórica que significa "fuerte" (cf. Jer 1:18 NTV).

Es bosque, tú lo desmontarás (17:18). Cuando los israelitas se establecen en las colinas centrales de Canaán, gran parte de esa región no había sido cultivada durante siglos. Por lo tanto, tendrían que volver a desbrozar la vegetación autóctona para poder utilizar la tierra con fines agrícolas.

Entregaron por suerte en posesión a las tribus de los hijos de Israel (19:51). Ver los comentarios sobre Jos 7:18.

Ciudades de refugio (20:1). Los israelitas practicaban un sistema de justicia familiar y tribal común a la región en la que los parientes cercanos vengaban los agravios causados a una persona o familia. Para regular esta práctica cultural, Dios designó seis ciudades a las cuales una persona que había matado a alguien podía huir y ser juzgada por asesinato.

Los hijos de Israel dieron de su propia herencia a los levitas, conforme al mandato de Jehová (21:3). Para cumplir con Nm 35:1-8, Dios provee a los levitas, quienes no recibieron una asignación tribal. Los antiguos sacerdotes del Cercano Oriente a menudo recibían tierras como parte de su sustento. Todos los templos egipcios contaban con tierras dotadas para ese uso. En la época de Ramesés III, el templo de Amón en Tebas poseía cincuenta y seis ciudades en Egipto.

Cierre de la conquista (22:1-24:33)

Volved a vuestras tiendas con grandes riquezas (22:8). Ver los comentarios sobre Jos 8:2.

Josué, siendo ya viejo y avanzado en años, llamó a todo Israel (23:1-2). Los capítulos finales del libro incluyen secciones que se asemejan a partes de antiguos tratados del Cercano Oriente, sobre todo de los siglos XIV y XIII a. C. La revisión que hace Josué sobre los éxitos de Israel en la tierra prometida (23:3-14) se asemeja a las bendiciones del pacto, y la advertencia de los versículos 23:15-16 tiene similitudes con las maldiciones del pacto. La introducción (24:2a), la revisión histórica (24:2b-13), las estipulaciones (24:14-21), los testigos (24:22, 27) y la maldición (24:19-20) guardan mucha semejanza con lo que se utilizaba en los tratados contemporáneos entre suzeranos y vasallos (ver los comentarios sobre Jos 9:15).

Murió Josué [...] siendo de ciento diez años (24:29). Al igual que José antes que él (Gn 50:22), Josué vivió hasta los 110 años, lo que era considerado por los egipcios como la duración ideal de la vida. Una oración egipcia expresa: "Que yo llegue a los 110 años en la tierra como todo hombre justo".[14]

— Génesis
— Éxodo
— Levítico
— Números
— Deuteronomio
— Josué

Jueces

— Rut
— 1 Samuel
— 2 Samuel
— 1 Reyes
— 2 Reyes
— 1 Crónicas
— 2 Crónicas
— Esdras
— Nehemías
— Ester
— Job
— Salmos
— Proverbios
— Eclesiastés
— Cantares
— Isaías
— Jeremías
— Lamentaciones
— Ezequiel
— Daniel
— Oseas
— Joel
— Amós
— Abdías
— Jonás
— Miqueas
— Nahúm
— Habacuc
— Sofonías
— Hageo
— Zacarías
— Malaquías

Jueces

Boyd Seevers

Introducción. El libro de Jueces recibe el nombre de los hombres (y mujeres) que dirigieron Israel después de la muerte de Josué hasta el comienzo de la monarquía israelí. Más que autoridades que decidían asuntos legales, eran líderes militares que liberaron a los israelitas de los pueblos vecinos que los asaltaban y saqueaban. Aunque muchos de los jueces tenían un carácter defectuoso, Dios los utilizó para sus propósitos. El libro de Jueces incluye doce jueces (seis mayores y seis menores), el mismo número que las tribus israelitas, quizás para representar una historia completa.

A lo largo de los varios siglos que abarca el libro, toda la región que engloba a Israel y a sus vecinos experimentó cambios geopolíticos importantes, y a menudo caóticos. Egipto, que había gobernado Canaán por siglos, se debilitaba y perdía su control sobre la región. Otras naciones de la región, anteriormente fuertes, también fueron debilitándose o desapareciendo por completo. En el antiguo Cercano Oriente se producían importantes migraciones de grupos enteros de personas, y estos recién llegados luchaban con los pueblos establecidos, así como entre sí, por nuevos territorios y nuevas tierras natales en las que establecerse. Los israelitas y los filisteos fueron parte de estas reubicaciones masivas.

Además de registrar la historia de Israel durante este período caótico, el libro de Jueces también destaca la repetida infidelidad hacia Dios. La historia de la infidelidad de Israel sigue un ciclo repetido: desobediencia, opresión, arrepentimiento y liberación. Jueces también enfatiza la necesidad de una monarquía. Observe la frase que se repite al final del libro: "En aquellos días no había rey en Israel; cada uno hacía lo que bien le parecía" (17:6; 21:25 [ver también

18:1; 19:1]). El libro de Jueces también supone una preferencia por los reyes que descenderían del segundo rey de Israel, David. La descripción positiva de Judá 1:1-20; 3:7-11; 20:18) y la imagen negativa de Benjamín (1:21; 19:1-21:24), especialmente de Gabaa en Benjamín (19:14-20:48), sugieren que Jueces se escribió en la época de David para apoyar su línea de Judá, en lugar de la línea de Saúl de Gabaa en Benjamín.

Las victorias de Josué, descritas en el libro de Josué, habían eliminado la capacidad militar de los habitantes del centro de Canaán de impedir que los israelitas se establecieran ahí. Sin embargo, muchos grupos de personas permanecieron en varias partes de la tierra, así que los israelitas tuvieron que seguir luchando para expulsar al resto de estas personas. La parte inicial del libro de Jueces (1:1-3:6) muestra los fracasos de los israelitas en estos esfuerzos.

Fracasos militares (1:1-2:9)

Después de la muerte de Josué (1:1). Jueces comienza alrededor de los años 1400 o 1210 a. C., dependiendo de la fecha del éxodo (ver comentarios en Ex 1:8-11; 1:11) y concluye antes del nacimiento de Samuel (ca. 1050 a. C.). Durante este periodo de tiempo, Israel no tenía un líder fuerte y central como lo habían sido Moisés y Josué en el pasado, o como lo serían Samuel y los reyes de la monarquía en el futuro. La falta de liderazgo efectivo y el caos geopolítico general de la época se combinaron para producir un periodo generalmente oscuro en la historia de la nación.

Esta época de debilidad entre periodos de fortaleza es similar a la de otros reinos del antiguo Cercano Oriente. Egipto experimentó la debilidad y la división entre sus Imperios Antiguo y Medio y entre los Imperios Medio y Nuevo. Asimismo, en Mesopotamia el antiguo Imperio babilónico tuvo un periodo intermedio durante principios del segundo milenio. La lista de reyes de ambas regiones incluye reyes que gobernaron en diferentes sitios al mismo tiempo. Estos reinados superpuestos se enumeran en sucesión, al igual que Jueces parece describir jueces secuenciales cuyas carreras deben haberse superpuesto en diferentes partes de Israel.

Los hijos de Israel consultaron a Jehová (1:1). Los ejércitos antiguos solían buscar dirección de su(s) dios(es) antes de campañas o batallas (cf. 1 S 30:8). Por ejemplo, en el año 1392 a. C., el Faraón Tutmosis IV se preparó para hacer una campaña en Kush (Nubia) consultando al dios egipcio Amón, quien, según los relatos egipcios, respondió con garantías de éxito.

Primero a pelear (1:1). La palabra hebrea traducida como "pelear" literalmente significa "subir". Ya que las ciudades y fortalezas solían estar construidas en lo alto de las colinas, la frase "subir" en este contexto significa "atacar" o "pelear".

Judá (1:2). Ver la introducción en el comentario sobre Jueces. Judá es la primera tribu que continúa la conquista de Israel, y en general tiene éxito.

Yo he entregado la tierra en sus manos (1:2). El Dios de Israel era el verdadero dueño de Canaán y se la dio a la nación que escogió. Del mismo modo, otras naciones pensaron que sus dioses les dieron tierras mediante victorias. En el año 539 a. C., el rey persa Ciro declaró que Marduk, dios patrono de Babilonia, "ordenó (a Ciro) marchar a la ciudad de Babilonia (de Marduk) [...] (y) [...] fue a su lado" hasta que Ciro "entró a su ciudad (en victoria)".[1]

Judá... Simeón (1:3). La pequeña tribu de Simeón heredó tierras dentro de la gran parcela de Judá, por lo que las dos tribus tienen intereses comunes y se unen.

El cananeo (1:3). Ver el artículo "Los cananeos y la religión cananea".

Hirieron a diez mil hombres (1:4). Los números de tropas dados en la Biblia a menudo parecen bastante grandes, como en este caso. La palabra hebrea traducida como "mil" (*eleph*) también puede significar "unidad", "clan" o "familia" (cf. 6:15: "mi familia [*eleph*] es pobre"), que posiblemente signifique la *unidad* de soldados reunidos de un clan o familia. Quizás este pasaje significa diez unidades de soldados (como términos militares modernos como "pelotón", "compañía", "batallón"). La evidencia arqueológica también apoya los pequeños números que podrían venir de traducir esta palabra como "unidades" en lugar de "mil". Aunque no son del todo precisos, los estudios arqueológicos estiman que la población de Israel era probablemente solo de unos 21 000 habitantes en la época de los Jueces y solo de unos 51 000 en la época de David.

Le cortaron los pulgares de las manos y de los pies (1:6). Los soldados antiguos a menudo cortaban partes del cuerpo de un enemigo derrotado, a veces como prueba de asesinato (Jue 7:25; 8:6; 1 S 18:25-27). Otras veces, como en este caso, los vencedores desfiguraban a quienes vencían para incapacitarlos y humillarlos (1 S 11:2).

Setenta reyes (1:7). El siete y el diez eran considerados números completos en el antiguo Cercano Oriente, y sus múltiplos significaban números muy completos.

Así me ha pagado Dios (1:7). Los pueblos antiguos asumieron que los dioses observaban las acciones humanas e intervenían para administrar justicia. Este rey interpreta su muerte como un castigo divino.

Yo le daré a mi hija Acsa por mujer (1:12). A menudo, los matrimonios eran arreglados para traer honor a la familia de uno. Casarse en la familia de un rey (1 S 18:17-27) o de una persona importante, como en este caso, traía honor.

La ciudad de las palmeras (1:16). Esta es una referencia a Jericó (cf. Dt 34:3) en el río Jordán, famoso por sus grandes plantaciones de palmeras datileras.

La asolaron (1:17). Los ejércitos victoriosos del antiguo Cercano Oriente a veces destruían totalmente un sitio y mataban a todos sus habitantes para entregar el sitio a su(s) dios(es). Israel hizo esto en Jericó (Jos 6). El Rey Mesa (siglo IX a. C.) de Moab hizo lo mismo en una ciudad israelita, declarando: "Maté a toda su población, siete mil ciudadanos varones y extranjeros, y mujeres ciudadanas y extranjeras [...] porque la sometí a la prohibición por Ashtar-Kemosh".[2]

Gaza . . . Ascalón . . . Ecrón (1:18). Al igual que en el caso de Jebús (ver comentarios en Jue 1:21), las conquistas de estas grandes ciudades costeras fueron aparentemente efímeras (cf. 1:19). Los filisteos las conquistarían más tarde y las utilizarían como fortalezas (ver el artículo "Los filisteos").

Judá . . . no pudo arrojar a los que habitaban en los llanos (1:19). Ni siquiera Judá no pudo expulsar a los cananeos de las ciudades de las llanuras costeras. La mayoría de las tribus experimentó resultados similares, asentándose en las colinas centrales escasamente pobladas, pero no en la llanura costera ni en los valles principales. Los resultados arqueológicos modernos apoyan esta imagen. Las principales ciudades de las tierras bajas siguen reflejando su cultura cananea incluso después de la llegada de los israelitas, mientras que las tierras altas parecen sufrir un cambio, poblándose con cientos de pequeños asentamientos rurales cuya cultura es notablemente diferente a la de los cananeos. Las casas simples en las montañas suelen reflejar un estilo de cuatro habitaciones, que se convierte en el estilo típico de los hogares israelitas. Los grupos de casas a menudo están organizadas en un patrón circular por defensa con un patio central para los animales.

Carros herrados (1:19). Ver comentarios en Jos 17:16.

Jebuseo . . . en Jerusalén (1:21). Luego de que los judíos capturaran esta ciudad, al parecer los jebuseos la recapturaron posteriormente.

Casa de José (1:22). José el patriarca tuvo dos hijos, Efraín y Manasés (Gn 41:50-52), así que estas dos tribus son las "tribus de José" que heredaron la región montañosa al norte de Jerusalén.

Espías (1:23-24). Ver comentarios en Jos 2:1.

Muéstranos ahora la entrada de la ciudad (1:24). Quizás preguntan sobre los puntos débiles de la defensa, o quizás cómo escabullirse a través del sistema de agua (cf. 2 S 5:8).

La hirieron a filo de espada (1:25). Las espadas eran una de las armas más comunes (ver comentarios en Jos 8:18, 26). En este caso, la palabra se usa como una figura retórica para la acción militar.

La tierra de los heteos (1:26). El Imperio hitita había dominado la mayor parte de Asia Menor a mediados del siglo XIV a. C. En la época de Jueces se había desintegrado, pero los restos del pueblo hitita continuaban en ciudades-estado tanto al sur como al norte de Canaán.

Manasés no tomó posesión (1:27 (LBLA)). Ver comentarios en Jue 1:19.

El cananeo (1:27). Ver artículo "Los cananeos y la religión cananea".

Cuando Israel se sintió fuerte (1:28). Esta es una referencia al futuro, durante el tiempo de David y Salomón (1 Reyes 9:20-21).

Trabajos forzados (1:28 (NVI)). Ver comentarios en Jos 9:21.

Cananeo . . . en medio de él (1:30). La parcela de Zabulón incluía el codiciado Valle de Jezreel, pero la tribu no logró expulsar o subyugar a los cananeos hasta la época de David (ver comentarios en Jue 1:28).

Moró Aser entre los cananeos (1:32). Las ciudades cananeas a lo largo de la costa mediterránea se dedicaban a la pesca y al comercio marítimo, así que necesitaban agricultores cercanos para que les suministraran alimentos. En las cartas de Amarna procedentes de Biblos, un importante puerto situado más al norte, el rey se preocupa repetidamente por la fidelidad de sus agricultores. Tal vez los asheritas eran similares, acogidos por los cananeos para asentarse en las partes interiores de su región y proporcionar a los marineros cananeos apoyo agrícola (ver comentarios en Jos 9:1-2).

(Una de las tablillas de Amarna).

El ángel de Jehová (2:1). Esta es una referencia al mismo Dios, un ángel, o incluso quizás un humano mensajero como un profeta. Contraste el "ángel de Jehová" y su mensaje aquí con el "Príncipe del ejército de Jehová" y su mensaje en Josué 5:13-15.

Cuyos altares habéis de derribar (2:2). Los altares en el antiguo Cercano Oriente a menudo se hacían con piedras o barro en una gran gama de tamaños. En ellos se quemaba incienso, sacrificios de animales o alimentos como ofrenda. Los ejércitos vencedores solían destruir los altares y otros símbolos religiosos de un enemigo derrotado para mostrar dominio. En este caso, el hecho de que los israelitas no destruyeran los altares cananeos demostró su desobediencia (Dt 12:3) y dejó trampas religiosas para las generaciones futuras.

Siervo de Jehová (2:8). La palabra traducida como "siervo" puede referirse ya sea una posición baja o alta, dependiendo de a qué persona servía. Un "siervo del rey" podía ser un alto ministro gubernamental. Se han descubierto numerosos sellos oficiales o impresiones de sellos que aparentemente pertenecían a funcionarios de alto rango con el título de "siervo del rey tal", según el rey al que sirvieran.

Ciento diez años. (2:8). Ver comentarios en Jos 24:29.

Fracaso religioso (2:10-3:6)

Reunida a sus padres (2:10). En el antiguo Cercano Oriente, los difuntos solían enterrarse en cuevas que servían como tumbas familiares (ver comentarios en Gn 25:8). Mientras los años pasaban, a veces los huesos de los difuntos se juntaban y se colocaban a un lado para hacer espacio para los difuntos más recientes.

Los hijos de Israel hicieron lo malo . . . Jehová levantó jueces (2:11-19). El patrón de desobediencia, opresión, arrepentimiento y liberación se repetirá varias veces en Jueces. Los israelitas desobedecen a Dios; Dios trae un enemigo para saquear a Israel; Israel se arrepiente y clama por su liberación; Dios libera a Israel a través de un juez. Después de la muerte del juez, Israel vuelve a desobedecer y el ciclo se repite. El concepto de un dios ofendido castigando a seguidores desobedientes hasta que se arrepientan no era extraño en la región. Durante los siglos XIII y XII a. C., los obreros que cortaban las tumbas reales en el Valle de los Reyes de Egipto dejaban inscripciones dirigidas a sus dioses. Un trabajador escribió que su hijo había sido castigado "por su mala conducta" ante Amón y que estaba "enfermo y a punto de morir. (Después) de las súplicas (a Amón), lo libró (al hijo)".[3]

Baales (2:11). *Ba'al* (normalmente traducido como "Baal") significa "señor" o "amo", pero también se usa a menudo como un nombre propio para el dios cananeo principal de las tormentas y la guerra (ver el artículo "Los cananeos y la religión cananea"). Muchos otros pueblos a parte de los cananeos también adoraban a Baal, incluyendo a los babilonios, que lo conocían como Bel (variante de *ba'al*) o Marduk. Como el dios de la tormenta, Baal enviaba lluvia que hacía la tierra fértil, lo que era importante para los pueblos agrícolas como los israelitas. El plural "Baales" se refiere a varias manifestaciones locales del mismo dios (2:12).

Astarot (2:13). Este es otro plural para una diosa popular en el antiguo Cercano Oriente, también conocida como Astarté en Ugarit, Ashtar en Ebla e Ishtar en Mesopotamia. Era la diosa de la fertilidad, el amor y la guerra, y la consorte de Baal (ver el artículo "Los cananeos y la religión cananea").

Robadores (2:14). Se trataba de pueblos enemigos vecinos que atacaban a los israelitas más débiles para apoderarse de sus productos agrícolas u otros bienes.

Jehová estaba contra ellos (2:15). Todos los pueblos del antiguo Cercano Oriente creían que las batallas eran determinadas por los dioses. Si el Señor estaba molesto, la derrota de Israel era certera. El rey moabita Mesa interpretó la desgracia de su nación de la misma manera, declarando: "Omrí era el rey de Israel, y oprimió a Moab durante muchos días, porque Kemosh [el dios moabita] estaba enojado con su tierra".[4]

Jueces (2:16). Sobre el significado de "jueces", ver la introducción en el comentario sobre Jueces. Ninguno de los jueces de los que se habla aquí se conoce a través de fuentes ajenas a la Biblia, pero su estilo de liderazgo se ajusta a la imagen general de este periodo, en el que hombres fuertes y carismáticos podían establecer pequeños "reinos" para ellos y su pueblo. Por ejemplo, en las cartas de Amarna (ver los comentarios en Jos 9:1-2) varios reyes cananeos se quejan de los movimientos agresivos de un individuo llamado Labaya, el "gobernante" de Siquem. Las cartas de Amarna también reflejan el éxito de Abdi-ashirta y su hijo (cf. Gedeón y su hijo Abimelec), que crearon un pequeño reino en las montañas del norte del Líbano.

Fueron tras dioses ajenos, a los cuales adoraron (2:17). La idolatría fue la mayor tentación y perdición de los israelitas desde la época de los jueces hasta su exilio en el siglo VI a. C.

Cinco príncipes de los filisteos (3:3). Los filisteos eran una de las varias tribus de los llamados pueblos del mar, procedentes de Creta y de la región del mar Egeo, que emigraron por el Mediterráneo oriental y se asentaron en la costa de Canaán (ver el artículo "Los filisteos"). Ocupaban las cinco ciudades importantes de la llanura costera de Canaán (Asdod, Ascalón, Ecrón, Gaza y Gat), cada una con su propio gobernante. Siguieron siendo la mayor amenaza militar de Israel hasta la época de David.

Sidonios (3:3). Procedente de la ciudad de Sidón, este es un término general para los pueblos fenicios que habitaban la costa al norte de Israel.

Heveos (3:3). Este pueblo de Asia Menor se asentó al norte de Israel (ver comentarios en Gn 34:2; Jos 9:17).

Cananeos . . . Jebuseos (3:5). Este versículo enumera varios pueblos que habitaban en Canaán, algunas veces llamados colectivamente cananeos (ver comentarios en Jos 9:1; ver el artículo "Los cananeos y la religión cananea").

Tomaron de sus hijas por mujeres . . . y sirvieron a sus dioses (3:6). Dios prohibió a los israelitas casarse con personas extranjeras (Ex 34:16) porque el mestizaje con ellos conducía naturalmente a la adoración de dioses extranjeros.

Otoniel de Judá - Juez mayor #1 (3:7-11)

Asera (3:7). Una diosa diferente a Astoret (mencionada en 2:13), Asera era otra diosa de la fertilidad adorada ampliamente en la región, a menudo representada por un poste o árbol de madera (Dt 7:5; Jue 6:25-30). Asera era la consorte de El, padre de Baal, y madre de setenta dioses (ver comentarios en 1 Reyes 15:13; ver el artículo "Los cananeos y la religión cananea").

Jehová levantó a Otoniel (3:9). Así como el narrador en 1:1-11 abordó primero la tribu de Judá de manera positiva, aquí, al comenzar la historia de los jueces, el escritor aborda primero a Othniel (de la tribu de Judá) y de forma positiva.

Cusan-risataim rey de Siria (3:10). Cusan estableció un reino en el centro de Aram (la actual Siria). Extendió su control hacia el sur hasta que fue rechazado por Othniel.

Aod benjamita - Juez mayor #2 (3:12-30)

Moab (3:12). Moab era una de las naciones fronterizas al este de Israel. Aunque estaban relacionados (ver comentarios en Gn 19:37-38), los israelitas y los moabitas tradicionalmente eran enemigos, a menudo oprimiendo uno al otro. Los moabitas adoraban a Quemos y a Astarté (ver comentarios en Jue 2:13; 2 Reyes 1:1).

Hijos de Amón (3:13). Al igual que los moabitas, los amonitas limitaban con Israel al este y estaban relacionados con los israelitas (ver comentarios en Gn 19:37-38). Los amonitas habitaban una región al norte de Moab.

Hijos de Amalec (3:13). Esta era una tribu nómada que a menudo luchaba contra Israel (Ex 17:8-16; 1 S 30:13-20).

Este juntó consigo a los hijos de Amón y de Amalec (3:13). Estos pueblos de la región más seca de Transjordania (i.e., al este del río Jordán) forman una coalición para atacar y someter a Israel, probablemente con el objetivo principal de obtener comida.

Ciudad de las palmeras (3:13). Se refiere a la ciudad de Jericó (ver comentarios en Jue 1:16), ubicada cerca del vado principal que cruza el río Jordán. Eglon establece su puesto de mando al oeste del Jordán en Jericó, un lugar importante para el tráfico este-oeste entre las regiones al este del río Jordán e Israel. Recientemente, los arqueólogos descubrieron en Jericó un edificio aislado que refleja la riqueza y las actividades administrativas y que podría haber servido como palacio de Eglón.

Sirvieron los hijos de Israel a Eglón rey (3:14). Los reyes vencedores a menudo sometían a los pueblos conquistados a acuerdos que requerían que les enviaran bienes anualmente. Tal tributo solía consistir en metales preciosos o productos agrícolas (2 Reyes 3:4)

Levantó [Jehová] a Aod . . . benjamita, el cual era zurdo (3:15). El término "zurdo" hace ironía del nombre tribal "Benjamin", que significa literalmente "hijo de la mano derecha". El hecho que Aod fuera zurdo le facilita ocultar un puñal en su lado derecho (3:21), opuesto al lado normal de atar un arma.

Un puñal de dos filos, de un codo de largo (3:16). Este puñal de dos filos corto y recto era inusual para la época.

Ídolos (3:19). A menudo, los reyes vencedores solían erigir piedras grabadas con textos e imágenes en las fronteras de sus conquistas o donde habían ganado una batalla decisiva (ver comentarios en Jos 4:7). Quizás Eglón había derrotado a Israel cerca de Guilgal.

Sala (3:20). A veces, se construían salas adicionales en los techos de los edificios (ver comentarios en 1 Reyes 17:19).

Tomaron la llave y abrieron (3:25). Las antiguas cerraduras de tambor se construían en el interior de una puerta (o de un par de puertas) con un orificio para que alguien pudiera desbloquearla desde el exterior. Estas puertas se cerraban deslizando un cerrojo en su lugar, de nuevo en el interior, si era necesario metiendo la mano por el agujero. La cerradura solo se abría con una

Un cuerno (shofar)

llave grande, de nuevo, desde el interior o por el orificio.

El cuerno (3:27). Estos cuernos estaban hechos de un cuerno de animal (a menudo de un carnero) y se usaban para varios tipos de señalización (Jos 6:4-20).

Los vados del Jordán (3:28). Un afluente que desembocaba en el río Jordán, cerca de Jericó, depositó suficientes sedimentos para crear un vado natural de solo tres o cuatro pies de profundidad (cuando no estaba en grado de inundación) por el que se podía vadear. Dominar el vado significaba cortar la huida de los moabitas.

Diez mil (3:29). Ver comentarios en Jue 1:4.

No escapó ninguno (3:29). Las obras literarias del antiguo Cercano Oriente a menudo utilizaban la hipérbole para describir las victorias. Ver comentarios en Jos 10:40.

Samgar hijo de Anat - Juez menor #1 (3:31)

Después de Aod fue juez Samgar, hijo de Anat (3:31 (NBV)). El nombre no hebreo Samgar supone que es un extranjero, así como su linaje como "hijo de Anat". Anat era una diosa de la guerra y consorte de Baal adorada en Canaán, Egipto y Siria (ver el artículo "Los cananeos y la religión cananea"). En el siglo XII a. C., Egipto luchó contra una unidad de soldados llamados "la tropa de Anat", nombrados por su diosa patrona. Quizás Samgar pertenece a este grupo. Puede haberse unido a los israelitas o simplemente haberlos ayudado a vencer a un enemigo común: los filisteos.

Aguijada (3:31). Una aguijada (picana) era un palo largo y puntiagudo, a menudo con una punta de metal afilada (1 S 13:21), utilizada por los agricultores para aguijar a los bueyes para que se mantuvieran en movimiento al arar. Estas aguijadas (y otros utensilios agrícolas) también podían utilizarse como armas en tiempos de guerra.

Débora - Jueza mayor #3 (4:1-5:31)

Jabín rey... en Hazor (4:2). Este es un rey Jabín diferente (y posterior) que el que se menciona en Jos 11:1-11. Los nombres de gobernadores previos eran tomados por gobernadores posteriores. Por ejemplo, hubo once diferentes faraones que se llamaban Ramsés. Al parecer, los cananeos se habían restablecido en Hazor después de que Josué los derrotara en Jos 11.

Haroset-goim (4:2). Aparentemente, esta es una referencia a la llanura al este de Meguido en donde solían reunirse los ejércitos.

Novecientos carros herrados (4:3). En el siglo XV a. C., el Faraón Tutmosis III capturó 924 carros de una colación de reyes en Meguido (ver comentarios en Jos 17:16).

Toma contigo diez mil hombres (4:6). Ver comentarios en Jue 1:4.

Monte de Tabor

Junta a tu gente en el monte de Tabor, y toma. . . hombres de la tribu de Neftalí y de la tribu de Zabulón (4:6). Las parcelas de estas dos tribus incluían parte del valle de Jezreel, donde tendría lugar la batalla. El monte de Tabor estaba en el extremo noreste del valle, junto a la principal carretera norte-sur que atravesaba el país entre las fortalezas cananeas de Meguido, al sur, y Hazor, más al norte.

Cisón (4:7). Este pequeño río drenaba al valle de Jezreel, pero a menudo se inundaba, lo que dificultaba los viajes.

No será tuya la gloria . . . porque en mano de mujer venderá Jehová a Sísara (4:9). Las sociedades del antiguo Cercano Oriente eran dominadas por hombres, y la gloria, especialmente de la victoria en batalla, era sumamente importante.

Ceneos (4:11). Esta era una tribu de nómadas relacionada con Moisés (Jue 1:16)

Zaanaim, que está junto a Cedes (4:11). Estos dos sitios estaban a nueve millas al este del monte de Tabor, al sur del mar de Galilea.

Jehová quebrantó a Sísara, a todos sus carros . . . a filo de espada (4:15). Los carros cananeos avanzaban por el llano valle de Jezreel mientras los soldados israelitas de a pie descendían por las laderas del monte de Tabor. Sin embargo, los israelitas, aparentemente superados, derrotan a los cananeos y los persiguen de vuelta a su campamento a través del valle. La clave de la victoria israelita se explica en el capítulo 5.

Cayó a filo de espada (4:16). Ver comentarios en Jue 1:25.

Hasta no quedar ni uno (4:16). Ver comentarios en Jue 3:29.

Una estaca de la tienda. . . un mazo (4:21). Estos eran artículos comunes para los nómadas que vivían en tiendas de campaña (4:11).

Le metió la estaca por las sienes. . . y así murió (4:21). Jael es elogiada por acabar con la vida del comandante enemigo. Para hacerlo, debe desafiar la alianza de su familia (4:17), traicionar su seguridad ante Jabín (4:18) y violar la fuerte tradición vigente que exigía a los anfitriones proteger a sus invitados a toda costa (cf. Gn 19:8). Jabín sufre entonces la humillación de morir a manos de una mujer (ver los comentarios en Jue 4:9).

Cantó Débora con Barac (5:1). La narración del capítulo 4 se amplía con el canto del capítulo 5, al igual que la narración en Ex 14 se amplía con el canto en Ex 15. Se conocen himnos triunfales de esta época en Egipto y Asiria.

Seir . . . Sinaí (5:4-5). El Señor es descrito como un guerrero que viene de las alturas de Seir/Edom y del Sinaí para luchar por Israel.

Las nubes gotearon aguas (5:4). Al parecer, una repentina tormenta convirtió el valle oriental de Jezreel en un pozo inundado y lleno de barro. Los carros se hundieron en el lodo, dando clara ventaja a los soldados israelitas de a pie.

Samgar (5:6). Así como Jael, Samgar era un extranjero que ganó una gran victoria por Israel (ver comentarios en Jue 3:31).

Quedaron abandonados los caminos (5:6). La opresión extranjera hizo que los israelitas fueran incapaces de viajar de manera segura por las rutas centrales y tuvieran que recurrir a los caminos laterales, más seguros pero más difíciles.

Asnas blancas . . . tapices (5:10(NVI)). Los asnos de color claro y los tapices ornamentados eran símbolos de prestigio para los cananeos adinerados.

Cisón (5:21). Este es uno de los ríos del valle de Jezreel que se inundó (ver comentarios en Jue 5:4).

Madre de Sísara (5:28–30). La victoria de Jael contrasta con el anhelo inútil de la madre de Sísara. Ella espera que el retraso de su hijo se deba al tiempo que se toma para el reparto del botín (mujeres, vestidos) que suele seguir a las victorias militares, pero no es el caso esta vez.

Gedeón - Juez mayor #4 (6:1-9:57)

Madián (6:1). Ver comentarios en Ex 2:15. Los madianitas ya habían sido derrotados una vez por Moisés (Nm 31).

Hasta llegar a Gaza (6:4). Ya que los invasores del desierto oriental podían saquear hasta Gaza en la costa mediterránea, los israelitas establecidos estaban en apuros.

En grande multitud como langostas (6:5). Ver comentarios en Ex 10:4; Joel 1:4. Los daños causados por los saqueadores se comparan con los de las plagas de langostas que periódicamente llegaban a Israel desde el norte de África.

Agricultor actual trillando trigo

Camellos (6:5). Los camellos se adaptaban bien a la vida nómada en el desierto oriental, proveyendo leche, carne y transporte, e incluso eran usados para la guerra.

Amorreos (6:10). Ver comentarios en Jos 10:5.

La encina que está en Ofra (6:11). Este era un punto de referencia en una ciudad aparentemente en el centro-este del Valle de Jezreel.

Abiezerita (6:11). Este nombre indica a un miembro de un clan de Manasés que descendió de un ancestro llamado Abiezer (cf. 6:34).

Sacudiendo el trigo (6:11). La trilla es el proceso de separar los granos de trigo de sus cáscaras y tallos, normalmente realizado en una gran era en una zona expuesta donde el viento podía ayudar a separar el grano de la paja.

Lagar (6:11). Un lagar era una estructura parecida a una vasija para prensar el zumo de la uva, a menudo mediante el pisoteo directo de las uvas con los pies. A veces, los lagares se cincelaban en las rocas. Un lagar solía ser más pequeño y estar más protegido que una era, reflejando la necesidad de Gedeón de esconderse de los saqueadores.

Derrotarás a los madianitas como a un solo hombre (6:16). Ver comentarios en Jue 1:4.

Un cabrito . . . un efa de harina (6:19). Gedeón prepara un cabrito entero además de pan hecho con una efa de harina (una "efa", alrededor de seis galones), lo que quizás reflejaba la riqueza de su familia.

Derriba el altar de Baal . . . corta también la imagen de Asera (6:25). Ver comentarios en Jue 2:11; 3:7; 1 Reyes 15:13; ver el artículo "Los cananeos y la religión cananea". El hecho de que el padre del libertador elegido tuviera tales símbolos paganos refleja la profunda idolatría de la época.

Si es un dios, contienda por sí mismo (6:31). Las personas en el antiguo Cercano Oriente suponían que los dioses entraban en las estatuas u otros símbolos hechos para representarlos, así que atacar el símbolo de un dios debía provocar naturalmente su respuesta. Probablemente, el padre de Gedeón refleja ese pensamiento, pero habla de una manera que también protege a su hijo de los aldeanos.

El Espíritu . . . vino (6:34). El Espíritu de Dios tomó posesión de (literalmente, "vistió") Gedeón para fortalecerlo. Un texto babilónico declara que un cierto demonio "se puso mi cuerpo como si fuera vestimenta".[5]

Cuerno de carnero (6:34 (DHH)). Ver comentarios en Jue 3:27.

Manasés . . . Neftalí (6:35). Gedeón llama a su propia tribu así como a otras tribus cercanas para luchar contra los invasores.

Vellón . . . rocío (6:36-40). En dos ocasiones, Gedeón pide que se le garantice el éxito futuro, muy similar a como los adivinos de otras culturas buscaban la confirmación mediante alguna señal divina. Gedeón utiliza un vellón (la lana esquilada de una oveja) y el rocío, común en la región. En el Valle de Jezreel, la humedad que sopla desde el cercano mar Mediterráneo crea abundante rocío la mayoría de las mañanas.

La fuente de Harod (7:1). Esta fuente copiosa está ubicada en la base del Monte Gilboa en el extremo sureste del Valle de Jezreel.

Veintidós mil (7:3). Ver comentarios en Jue 1:4.

Tenía el campamento de Madián abajo (7:8). Los israelitas acampan en el Monte Gilboa, un brazo de las colinas centrales que se extiende hacia el

Valle de Jezreel. Los madianitas acampan en la base del Monte More, que se encuentra al otro lado del estrecho cuello de Jezreel.

Langostas en multitud (7:12). Ver comentarios en Ex 10:4; Jue 6:5; Joel 1:4.

Un hombre estaba contando a su compañero un sueño (7:13). En el antiguo Cercano Oriente, la gente entendía que los sueños eran mensajes de los dioses ya sea con información inequívoca o símbolos que necesitaban interpretación. Los egipcios y babilonios utilizaban libros de sueño con listas de símbolos para ayudar con la interpretación. En este caso, uno de los soldados madianitas sueña y su compañero interpreta correctamente, dándole a Gedeón una tercera confirmación de éxito.

Cántaros vacíos . . . con teas ardiendo dentro (7:16). Las teas probablemente están construidas con trozos de madera o paños combustibles empapados en aceite y atados alrededor de palos. Una jarra de cerámica de tamaño medio ocultaría la mayor parte de la luz y restringiría el flujo de aire hacia la llama, amortiguándola. Una vez que la jarra se rompe, el oxígeno adicional haría que la tea se encienda.

Abel-mehola (7:22). Este sitio está aproximadamente a veinte millas al sureste del lugar de la batalla y de la ubicación de un vado a través del río Jordán.

Efraín (7:24). Esta gran e importante tribu israelita reside al sur del lugar de la batalla, pero cerca a la ruta tomada por los madianitas que huían.

Tomaron los vados (7:24). Los israelitas se apresuran a cortar el paso a los madianitas mientras huyen al sureste, hacia uno de los vados que cruzan el río Jordán (cf. 3:28).

Trajeron las cabezas de Oreb y de Zeeb a Gedeón (7:25). Ver comentarios en Jue 1:6.

Los hombres de Efraín (8:1). Esta tribu israelita, estrechamente relacionada con Manasés en la "casa de José" (1:22), está molesta porque no fue llamada para ayudar en la batalla.

El rebusco . . . la vendimia (8:2). El rebusco era el resto de una cosecha, como las uvas, que dejaban los cosechadores (Dt 24:21). Gedeón aplaca a los ofendidos efraimitas destacando su grandeza.

Sucot (8:5). Esta ciudad está justo al este del río Jordán y a más de treinta millas del campo de batalla. Luego de atacar en medio de la noche y viajar más de treinta millas, los hombres deben haber estado cansados.

Peniel (8:8). Esta es una ciudad israelita en la región de Transjordania (i. e., al este del río Jordán), a cinco millas al este de Sucot.

Carcor (8:10). Ver comentarios en Jue 8:11.

Ciento veinte mil hombres (8:10). Ver comentarios en Jue 1:4.

El camino de los que habitaban en tiendas (8:11). Gedeón ataca a los madianitas en Karkor, 120 millas al sureste de Peniel, junto al camino de los que habitaban en tiendas hacia el desierto de Arabia.

El joven le anotó los nombres (8:14 (NVI)). El hecho de que este joven pudiera escribir es una señal de que al menos había una alfabetización moderada durante esta época.

Setenta y siete (8:14). Ver comentarios en Jue 1:7.

Tomó los adornos de lunetas que sus camellos traían al cuello (8:21). Los vencedores comúnmente tomaban las cabezas de sus conquistas (1 S 17:54), que a veces representaban a los dioses derrotados de sus enemigos. Estos adornos de los camellos probablemente tenían forma de media luna, representando el dios de luna adorado en Arabia.

No seré señor sobre vosotros (8:23). Al parecer, Gedeón rechaza la oferta, pero luego actúa como un rey: se lleva la mayor parte del botín (8:24-26), hace un centro de adoración (8:27) y toma un harén (8:30-31).

Efod (8:27). Era una vestimenta o coraza para un sacerdote o un ídolo (Ex 28:6-14; Jue 17:5), que aquí quizá se utiliza para un ídolo y su ornamentación.

Setenta hijos (8:30). Este número de hijos quizás representa una familia real completa (ver comentarios en Jue 1:7).

Su concubina (8:31). Una concubina era una esposa secundaria tomada para placer sexual o para producir descendencia, o ambas cosas. Gedeón se casa con una familia importante de Siquem, tal vez para ampliar su poder en esa ciudad.

Escogieron por dios a Baal-berit. (8:33). El nombre de este dios significa "Baal/Señor del pacto", una clara señal de grave idolatría (ver comentarios en Jue 2:11).

Abimelec . . . fue a Siquem, a los hermanos de su madre, y habló con ellos (9:1). Abimilec usa la diplomacia y la violencia para tomar control de la ciudad de su madre.

Contrata maleantes (9:4 (NVI)), así como Labaya de Siquem utilizó a los habiru anteriormente, como está registrado en las cartas de Amarna (ver comentarios en Jos 9:1-2; Jue 2:16).

Asesinó a sus setenta hermanos (9:5 (NVI)). A veces, los usurpadores eliminaban líneas reales enteras para tomar el poder (2 Reyes 11:1-3; 10:1-11 [también setenta]). Un texto del siglo VIII a. C. de Asia Menor describe a un usurpador que "mató a su padre [...] y mató a setenta hermanos de su padre".[6]

Monte de Gerizim (9:7). Esta es una alta colina que flanquea Siquem por el sur, un excelente punto para hablar con los siquemitas (ver comentarios en Jos 8:33).

Olivo . . . higuera . . . vid . . . zarza (9:8-15). La parábola de Jotán utiliza una sucesión de plantas comunes presentadas en orden, de la más a la menos valiosa, comparando a Abimelec con los espinos casi sin valor.

Habéis matado a sus hijos, setenta varones (9:18). Al aceptar a Abimelec como rey, los siquemitas participan en su brutal toma de poder.

Huyó, y se fue a Beer (9:21). La palabra hebrea "Beer" significa "pozo", quizás refiriéndose al nombre de un lugar o a algún pozo donde se escondió Jotán.

Gaal hijo de Ebed (9:26). Esta persona, hasta ahora desconocida, lidera una rebelión que ocasiona que Abimelec luche contra Siquem (9:45)

Asoló la ciudad, y la sembró de sal (9:45). Ver comentarios en Jos 6:26.

Torre de Siquem (9:46). En Siquem, los arqueólogos descubrieron la base de una torre con muros de casi trece pies de grosor.

Tebes (9:50). Al parecer, esta ciudad desconocida estaba cerca de Siquem, la cual también tenía una torre.

Un pedazo de una rueda de molino (9:53). Esta era una piedra con forma de pan que se frotaba sobre una piedra inferior con forma de silla de montar para moler el grano.

Para que no se diga de mí: Una mujer lo mató. (9:54). Ver comentarios en Jue 4:9; 4:21.

Tola de Isacar - Juez menor #2 (10:1-2)

Shamir (10:1). La ubicación de esta ciudad es desconocida.

Jair de Galaad - Juez menor #3 (10:3-5)

Galaad (10:4). Galaad es la zona al este del río Jordán, entre el río Yarmuk y el Mar Muerto, que había sido asignada en gran parte a la tribu de Gad.

Tuvo treinta hijos, que cabalgaban sobre treinta asnos (10:4). Al parecer, Jair tenía un harén y, a través de sus numerosos hijos, controlaba una región en Galaad. El hecho de que todos sus hijos montaran sobre asnos es un reflejo de la riqueza de Jair.

Jefté de Galaad - Juez mayor #5 (10:6-12:7)

Sirvieron a los baales y a Astarot . . . a los dioses de los hijos de Amón y a los dioses de los filisteos (10:6). Ver comentarios en Jue 2:11; 2:13; ver los artículos "Los cananeos y la religión cananea"; "Los filisteos". El texto enumera siete grupos de dioses, implicando un énfasis en la plenitud o totalidad de la idolatría de Israel.

Los filisteos y a los amonitas (10:7 (NVI)). Los filisteos eran los enemigos del oeste de los israelitas y los amonitas eran los enemigos del este de los israelitas.

Los egipcios . . . y los madianitas los oprimían (10:11-12 (NVI)). Se citan siete enemigos de Israel, lo que sugiere una plenitud o finalización de los enemigos (cf. 10:6)

Mizpa (10:17). Esta palabra hebrea significa "torre de vigilancia". No se trata de la Mizpa del centro de Israel (1 Reyes 15:22), sino de un lugar desconocido en Galaad.

Galaad (10:18). Ver comentarios en Jue 10:4.

Ramera (11:1). Las mujeres del antiguo Cercano Oriente podían verse obligadas a prostituirse si no tenían otros medios de apoyo (Amós 7:17).

Herencia (11:2 (NVI)). A los hijos de prostitutas o esposas secundarias a menudo se les negaba la herencia y la aceptación social (Gn 21:9-10).

Tob (11:3). Esta región, hogar de los "hombres ociosos" que se juntaron con Jefté, estaba al norte de Galaad.

Jefté habló todas sus palabras delante de Jehová (11:11). Aparentemente, Jefté hizo un juramento ante Dios (ver comentarios en Jue 11:30).

Envió Jefté mensajeros (11:12). Jefté abordó a los amonitas usando la diplomacia formal, negociando a través de mensajeros.

Se apoderó de mi tierra . . . consideramos nuestro lo que el Señor nuestro Dios nos ha dado (11:13-27 (NVI)). El rey amonita afirma que la región al este del río Jordán es suya por derecho histórico, pero Israel la reclama por concesión divina.

Quédate con todo lo que te dé tu dios Quemos (11:24 (NTV)). Los amonitas adoraban a Milcom (1 Reyes 11:5); los moabitas adoraban a Quemos (Nm 21:29). Tal vez Jefté se equivoque, quizás se burla de los amonitas, o tal vez la adoración de los amonitas y moabitas que eran vecinos y estaban relacionados entre sí coincida.

Jefté hizo voto (11:30). Utilizado ampliamente en el mundo antiguo, un voto era una promesa formal y vinculante hecha por una persona para dar algo a la deidad a cambio de ser ayudado como la persona pedía.

Cualquiera que saliere de las puertas . . . lo ofreceré en holocausto (11:31). A menudo, los israelitas tenían casas en donde también vivían los animales (1 S 28:24), así que Jefté habría esperado un animal.

Panderos (11:34). Eran pequeños tambores de mano, planos, que podían haber tenido campanas o piezas metálicas alrededor de la parte exterior, y que se utilizaban con frecuencia en las danzas de los festivales (ver el artículo "Instrumentos musicales en Israel y el antiguo Cercano Oriente").

Le he dado palabra a Jehová, y no podré retractarme (11:35). Muchos en el antiguo Cercano Oriente pensaban que incluso los votos tontos debían cumplirse para que la deidad no se enfadara (cf. 1 S 14:39, 44).

Las historias griegas incluyen relatos de niños ase-

Una escultura antigua de una mujer fenicia con un pandero

sinados al cumplir votos, y la colonia fenicia/cananea de Cartago, en el norte de África, tenía un cementerio con quizás veinte mil niños sacrificados a Baal y a su consorte Tanit-Ashtart por el cumplimiento de votos paternos.

Vados (12:5). Ver comentarios en Jue 3:28; 7:24.

Shibolet (12:6). Esta palabra significa "espigas de trigo" (Gn 41:5 (NVI)), pero los efraimitas la pronunciaban con una "s" en lugar de "sh".

Cuarenta y dos mil (12:6). Ver comentarios en Jue 1:4.

Ibzán de Belén y Elón de Zabulón- Jueces menores #4 y #5 (12:8-12)

Belén (12:8). Probablemente se trata de la Belén de Galilea (Jos 19:15), no de la de Judá.

Tuvo treinta hijos (12:9). Ver comentarios en Jue 10:4.

Abdón de Piratón - Juez menor #6 (12:13-15)

Cuarenta hijos . . . setenta asnos (12:14). Ver comentarios en Jue 10:4.

En el monte de Amalec (12:15). Referirse a esta región como "de los amalecitas" implica que los nómadas amalecitas reconquistaron esta zona y ahora la controlan.

Sansón de Dan - Juez mayor #6 (13:1-16:31)

Filisteos (13:1). Ver comentarios en Jue 3:3; ver el artículo "Los filisteos".

Zora (13:2). Esta ciudad estaba cerca de Bet Shemesh en Dan, no muy lejos de la frontera con Filistea.

Ángel de Jehová (13:3). Ver comentarios en Jue 2:1.

Eres estéril (13:3). En la antigüedad, las personas suponían que una mujer estéril estaba maldita por Dios (Dt 28:18), pero una mujer que antes era estéril y daba a luz (Gn 21:2-7) estaba evidentemente bendecida.

Nazareo (13:5). El voto nazareo se describe en Nm 6:1-8 (ver comentarios en Nm 6:2).

Campamentos de Dan (13:25). Tal vez esta frase se refiera a un lugar donde la tribu de Dan había acampado en algún momento cuando se estableció por primera vez en Canaán.

Timnat (14:1). Timnat es una ciudad filistea situada a unas cuatro millas y media al oes-

Una jarra filistea decorada, probablemente utilizada para servir cerveza

te de Zora. Las excavaciones arqueológicas revelaron un asentamiento bien planificado con casas de adobe y cerámica típica filistea.

Que me la toméis por mujer (14:2). Sansón hace caso omiso de los claros mandatos divinos (Dt 7:3), de los deseos de los padres y de las normas culturales al exigir una esposa filistea.

Los filisteos incircuncisos (14:3). Los egipcios, los hebreos y la mayoría de los otros pueblos del antiguo Cercano Oriente practicaban la circuncisión, pero no estos inmigrantes del mar Egeo (ver comentarios en Jue 3:3). El término "incircunciso" se utiliza aquí como un insulto religioso y social.

Un león joven que venía rugiendo hacia él (14:5). Los leones asiáticos no eran inusuales en Israel (1 S 17:36-37; 1 Reyes 13:24) o en toda la región en aquella época.

Había un enjambre de abejas, y un panal de miel (14:8). La miel era un dulce deseable que se encontraba ocasionalmente en la naturaleza (1 S 14:26-29).

Había tomado aquella miel del cuerpo del león (14:9). Sansón viola gravemente el voto nazareo de evadir cadáveres (Nm 6:1-8).

Treinta vestidos de lino (14:12). Dado que muchas personas en el mundo antiguo solo tenían un juego de ropa, otro juego era valioso. La ropa era un botín de guerra común (5:30; Jos 7:21), y el lino era caro.

Ascalón (14:19). Esta es una importante ciudad filistea a veintitrés millas al suroeste de Timnat.

Sansón . . . visitó a su mujer (15:1). En el antiguo Cercano Oriente, el novio y la novia podían separarse después de la boda durante varios meses mientras el novio terminaba de preparar su hogar. Durante la separación, él, que a menudo traía regalos (i. e., una cabra joven), podía volver para hacer visitas conyugales.

Quemó . . . las mieses amontonadas . . . viñas . . . olivares (15:5). Las mieses, junto con las uvas y los olivos, formaban la base de la dieta mediterránea del antiguo Cercano Oriente (cf. Dt 11:14).

Vinieron los filisteos y la quemaron a ella y a su padre (15:6). La ejecución en la hoguera no era inusual en el antiguo Cercano Oriente. En Dn 3, la muerte por fuego es el castigo por un acto de deslealtad. La ley 110 del Código de Hammurabi prescribe el mismo castigo para una sacerdotisa que entre en una taberna.

Los filisteos dominan sobre nosotros (15:11). Esta es una señal de la dominación filistea en la época (ver comentarios en Jue 3:3; ver el artículo "Los filisteos").

Le ataron con dos cuerdas nuevas (15:13). Estas cuerdas estaban hechas de lino (15:14), una de las fibras naturales más fuertes. "Nuevas" indica que estas cuerdas se hacían con la cosecha del año en curso y, por tanto, eran excepcionalmente fuertes.

Lehi (15:14). Esta es la palabra hebrea para "mandíbula", llamada así por la batalla que tiene lugar aquí.

Mató con ella a mil hombres (15:15). Ver comentarios en Jue 1:4.

Por esto llamó el nombre de aquel lugar, En-hacore (15:19). La tierra de Israel incluye numerosos manantiales donde un estrato de roca acuífera se cruza con el nivel del suelo. El hebreo En-*hakkore* significa "manantial del que llama".

Gaza (16:1). Gaza era una de las cinco ciudades principales de los filisteos (ver el artículo "Los filisteos").

Las puertas de la ciudad . . . pilares . . . cerrojo (16:3). Las puertas de las ciudades fortificadas consistían en un par de pesadas puertas de madera sujetas a postes giratorios. Se cerraban con una viga horizontal colocada entre soportes en el interior. Las excavaciones de la puerta de Asdod de esta misma época indican que el par de puertas tendría una anchura de trece pies y medio..

La cumbre del monte que está delante de Hebrón (16:3). No está cerca de Hebrón, que está a treinta y ocho millas al este, sino en la cima de la colina cerca de Gaza en dirección a Hebrón.

En el valle de Sorec (16:4). En el valle de Sorec están ubicadas las ciudades de Timnat, Zora y Bet Shemesh (ver comentarios en Jue. 13:2; 14:1).

Telar vertical reconstruido

Cada uno de nosotros te dará mil cien siclos de plata (16:5). Esto representa más del triple del peso del oro recogido por Gedeón en 8:26. Mil cien siclos pesaban unas 28 libras, por lo que el total de cinco reyes sería de unas 140 libras, una pequeña fortuna para ser intercambiada por información para neutralizar una gran amenaza.

Siete cuerdas de arco (16:7 (NVI)). La palabra hebrea traducida como "cuerdas de arco" se utiliza no solo para las cuerdas de los arcos (Sal 11:2), sino también para los tendones de los animales y las estacas de las tiendas (Job 4:21 (NVI)). "Siete" (ver comentarios en Jue 1:7) connota un número completo, quizás incluso considerado mágico.

Cuerdas nuevas (16:11). Ver comentarios en Jue 15:13.

La tela del telar (16:13 (NVI)). Un telar se usaba para tejer telas, normalmente de lana. Casi todos los hogares tenían un telar.

Nunca a mi cabeza llegó navaja (16:17). El largo cabello de Sansón es el resultado del voto nazareno (13:5; cf. Nm 6:5) y está conectado con el don de Dios de la fuerza sobrenatural.

Los filisteos . . . le arrancaron los ojos . . . lo pusieron [a él] a moler en la cárcel (16:21 NVI). Este destino no era inusual para los cautivos de guerra.

Un gran sacrificio a Dagón, su dios (16:23 NVI). Dragón era un dios del antiguo Cercano Oriente asociado con el grano, la guerra y la lluvia que era adorado por los filisteos (ver el artículo "Los filisteos").

Las dos columnas centrales que sostenían el templo (16:29 NVI). Un templo excavado en una ciudad filistea del norte (nombre antiguo desconocido) tenía dos columnas centrales que sostenían el techo.

Israel se vuelve como los cananeos (17:1-18:31)

Un hombre del monte de Efraín, que se llamaba Micaía . . . Dan buscaba posesión para sí donde habitar (17:1-18:31). Dos historias que al parecer ocurrieron anteriormente (ver comentarios en Jue 18:30; 20:28) se colocan al final de Jueces por propósitos retóricos, enfatizando el completo caos de la época.

Los mil cien siclos de plata (17:2). Ver comentarios en Jue 16:5.

Bendito seas de Jehová, hijo mío (17:2). Los pueblos antiguos suponían que los dioses ejecutaban las maldiciones pronunciadas, así que esta madre bendice a su hijo para contrarrestar su maldición anterior.

En verdad he dedicado el dinero (17:3). Esto indica que la madre de Micaía presenta formalmente su dinero como una ofrenda divina.

Una imagen de talla y una de fundición (17:3). A menudo, se hacían pequeñas estatuas de madera o bronce y luego se cubrían con plata u oro.

Micaía tuvo casa de dioses (17:5). Esta casa de dioses es quizás un pequeño edificio o sección de la casa que albergaba el objeto o los objetos divinos

Efod (17:5). Ver comentarios en Ex 28:2; Jue 8:27. Al parecer, esta prenda sacerdotal estaba estrechamente relacionada con los ídolos domésticos (18:14, 17-20).

Consagró a uno de sus hijos para que fuera su sacerdote . . . Quédate en mi casa, y serás para mí padre y sacerdote (17:5-13). Micaía recurre primero a uno de sus hijos y luego a un levita como sacerdote de la familia, probablemente en busca de ayuda divina para la maternidad, la fertilidad de las cosechas y los rebaños, y la seguridad.

Diez siclos de plata por año (17:10). Este era el salario común para un trabajador.

Cinco de sus hombres más valientes . . . para que espiaran la tierra (18:2 (NVI)). En este caso, hay un fuerte e irónico paralelismo con los doce espías que habían representado a todas las tribus al espiar la tierra en Nm 13.

Lais (18:7). Esta ciudad es un lugar fértil en el extremo norte de Israel, demasiado lejos (veinticinco millas) para que los aliados de la ciudad de Sidón puedan prestar ayuda.

Seiscientos hombres de la familia de Dan (18:11). Este es el tamaño típico de una fuerza de combate (cf. 1 S 13:15; 27:2).

Campamento de Dan (18:12). Este sitio está más al noreste que el mencionado en 13:25.

Es mejor . . . ser sacerdote de toda una tribu (18:19-20). La apostasía religiosa, el abuso de la fuerza y el oportunismo personal se combinan para proporcionar a los danitas un sacerdote y un centro religioso.

Los hombres que habitaban en las casas cercanas (18:22-23). Quizás estos eran aliados formales (cf. Gn 14:13-14) o vecinos serviciales dispuestos a asistir en batalla.

Los hirieron a filo de espada, y quemaron la ciudad (18:27). Las excavaciones arqueológicas revelaron las ruinas de una próspera ciudad cananea en este lugar que fue destruido alrededor del año 1200 a. C. La próspera ciudad fue sustituida por un campamento pobre con pozos de almacenamiento y ce-

Excavaciones de la puerta de la antigua ciudad de Dan.

rámica sencilla, que aparentemente coincide con esta historia.

Reedificaron la ciudad, y habitaron en ella (18:28). El pobre campamento que construyeron los danitas en un principio fue reemplazado por una ciudad propiamente dicha con una cultura en desarrollo.

Jonatán hijo de Gersón, hijo de Moisés (18:30). Si Moisés murió a la edad de 120 años, justo antes de la conquista (Dt 34:7), su nieto habría sido un adulto a principios del tiempo de Jueces (ver comentarios en Jue 17:1-18:31).

Hasta el día del cautiverio de la tierra (18:30). Esta es una referencia a la captura del arca por parte de los filisteos (a mediados del siglo XI a. C.; 1 S 4-6) o a la conquista y exilio de los danitas a manos de los asirios (734 a. C.; 2 Reyes 15:29).

Caos militar - Guerra civil (19:1-21:25)

Concubina (19:1). Ver comentarios en Jue 8:31.

Se quedó en su casa tres días (19:4). Esta sería la duración clásica de la hospitalidad.

Paséis aquí la noche (19:9). El anfitrión intenta convencer al invitado de que se quede más tiempo, probablemente para retrasar la salida de su hija (cf. Gn 24:55).

Jebús . . . Gabaa . . . Ramá (19:10-13). De Belén (19:2) a Jebús (Jerusalén) eran alrededor de seis millas; hasta Gabaa y Ramá eran otras tres o cinco millas.

Se sentaron en la plaza de la ciudad (19:15). Como muchas ciudades no tenían posadas, los viajeros podían ir a la zona pública de una ciudad y esperar que un lugareño los invitara a entrar (cf. Gn 19:1-3).

Para que podamos tener sexo con él (19:22 (NTV)). Los hombres de Gabaa son huéspedes muy pobres, tan malvados como los sodomitas (ver comentarios en Gn 19:5).

Mizpa (20:1). Esta era un sitio central en donde Samuel también reuniría a la nación (1 S 7:5-6).

Tiraban una piedra con la honda a un cabello, y no erraban (20:16). Esta es una descripción hiperbólica de su gran precisión. Sobre el uso de hondas en el antiguo Cercano Oriente, ver comentarios en 1 S 17:49.

Judá será el primero (20:18). Ver la introducción en el comentario sobre Jueces; ver comentarios en Jue 1:2. Judá va primero de nuevo, pero esta vez ataca a una tribu israelita y no a los cananeos.

Finees hijo de Eleazar, hijo de Aarón (20:28). Finees era el sobrino nieto de Moisés (Nm 25:7-11) y es un personaje principal en el libro de Números, lo que implica que esta historia ocurrió a principios de la época de Jueces (ver comentarios en Jue 17:1-18:31; 18:30).

Los hijos de Benjamín . . . alejándose de la ciudad (20:31-48). Lo que Josué le hizo a los cananeos en Hai (Jos 8), Israel ahora se lo hace a los hijos de Benjamín, una de las propias tribus de Israel.

Los varones de Israel habían jurado (21:1). Ver comentarios en Jue 11:11; 11:35.

Tenga Benjamín herencia en los que han escapado (21:17). El término de una línea familiar era una maldición terrible para los pueblos en el antiguo Cercano Oriente.

Rut

Rut

J. Andrew Dearman

Introducción. El libro de Rut es una breve historia que proporciona información fascinante sobre la tribu de Judá durante la época entre el antepasado Judá y el rey David. Rut, una mujer moabita, se casa dos veces con una familia de Belén de Judá, aceptando la fe y las costumbres de Israel, y luego se convierte en la bisabuela de David, el más grande rey de Israel. Rut y su esposo Booz vivieron durante el período de los jueces (1:1), y su historia funciona como un puente entre ese período y el surgimiento de la monarquía israelita en 1-2 Samuel. Rut y Booz se comprometieron entre sí y con la continuación de la línea familiar siguiendo las costumbres matrimoniales y de herencia de su época.

Introducción (1:1-5)

Moab (1:1). Moab era una región y un país al este del Mar Muerto. Algunos de los habitantes que vivían allí estaban relacionados con los judíos a través de una conexión ancestral con Lot (ver comentarios en Gn 19:37-38). Salomón se casó con una princesa moabita y estableció un templo para la principal deidad moabita cerca del templo en Jerusalén (1 Reyes 11:7). Debido a la enemistad entre Israel y Moab, no se permitió a ningún moabita entrar en la asamblea sagrada de Israel (Dt 23:3-8).

Belén (1:1). Belén era una ciudad de tamaño modesto, aunque poseía una muralla y una puerta (4:1). Llegó a ser muy conocida por ser la casa de David, el futuro rey de Israel (Lucas 2:11).

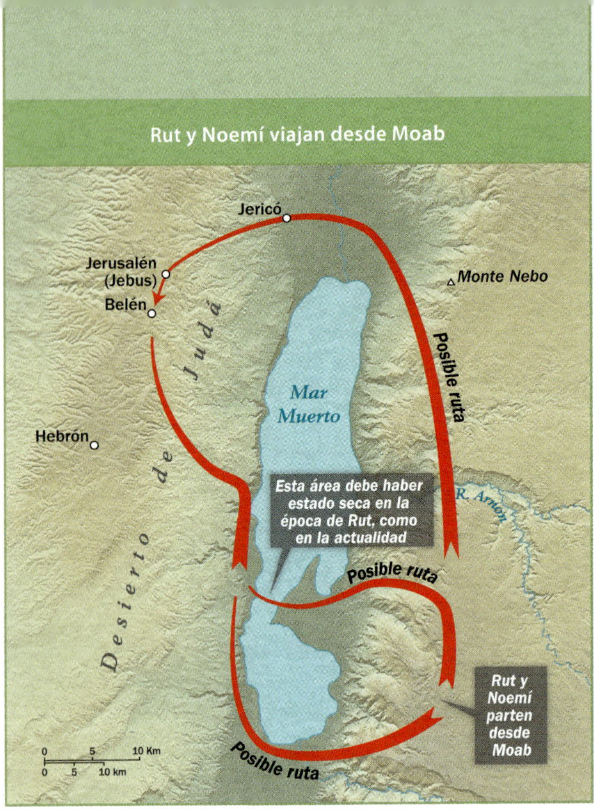

Efrateos (1:2). Tanto Elimelec como Isaí, el padre de David, son descritos como efrateos de Belén (1 S 17:12). Efrata es un antiguo nombre de clan asociado a la zona (Miq 5:2). El narrador supone que, debido a la hambruna, Elimelec había agotado sus recursos antes de salir de Belén y que otra persona había hecho uso de sus propiedades. Este asunto entra en juego más adelante en el relato durante las negociaciones de la puerta de la propiedad de Elimelec (4:1-12).

De camino a Belén (1:6-18)

El camino que las llevaría hasta la tierra de Judá (1:7 (NVI)). No se especifica la ruta que Rut y Noemí toman hacia Belén, pero lo más probable es que fuera alrededor del extremo norte del Mar Muerto.

Andad, volveos cada una (1:8). No había costumbres de la región que ataran a una viuda a su suegra cuando su suegro había fallecido. Es comprensible que Orfa se quedara en Moab cuando Noemí se fue.

Iré adonde tú vayas (1:16-17 (NIV)). El voto de Rut de permanecer con Noemí es una elección libre y tiene un juramento de juicio ("que me castigue el Señor con toda severidad" (NVI)) si algo la separa de Noemí, incluso la muerte. Se compromete a ser enterrada con Noemí como parte de la familia de Elimelec. Las parcelas de enterramiento familiares mantenían a la familia unida en la vida y en la muerte (cf. Gn 49:29-32). Su posterior petición de que Booz la tome en matrimonio (3:9) también tiene su origen en su compromiso con la continuidad de la familia de Elimelec y Mahlón.

Amargura en la época de cosecha (1:19-22)

Mara (1:20). Mara significa "amargo" y es un juego de palabras con el nombre de Noemí, que significa "agradable". Los juegos de palabras eran una práctica cultural importante en el mundo antiguo, y los nombres podían ser medios para expresar la identidad de una persona.

La siega de la cebada (1:22). La siega de la cebada habría comenzado a fines de marzo o comienzos de abril. La cebada y el trigo se sembraban después de las lluvias otoñales que comenzaban en octubre, y la cosecha de trigo se realizaba en mayo. La línea 5 del famoso Calendario de Gézer, que data de alrededor del año 925 a. C., se refiere a un período de cosecha de cebada, utilizando una frase similar a la del versículo 1:22. Los acontecimientos de 2:1-4:12 se sitúan durante la cosecha y posterior elaboración de estos dos cereales (cf. 2:23).

Cosechar para comer (2:1-7)

Ella me rogó que la dejara recoger espigas (2:7 NVI). Al parecer, Rut no conocía la relación familiar con Booz cuando le preguntó al capataz de los segadores de un campo si podía ir detrás de ellos y espigar los tallos de cebada sobrantes. Los segadores de Booz habrían trabajado en equipo y habrían recibido un salario fijo, posiblemente del producto del propio campo. Primero habrían cortado los tallos de grano con una hoz y los habrían atado en gavillas. Una persona pobre como Rut buscaría la oportunidad de recoger los tallos sobrantes (cf. Lv 19:9-10; 23:22; Dt 24:19). Las gavillas recogidas en un campo se llevarían a una era, donde se llevaría a cabo el proceso de separar y asegurar la semilla del grano.

Booz ayuda a Rut (2:8-16)

He mandado a los criados que no te molesten (2:9). Ruth se encontraba en una posición precaria cuando espigaba. Como mujer soltera y extranjera, carecía de la protección de una familia extensa, y no existía una fuerza policial para el orden público. Booz dice a los segadores que no la toquen, extendiendo implícitamente su protección.

Come del pan, y moja tu bocado en el vinagre (2:14). Booz también ofrece a Rut la comida y la bebida que proporcionaba a los segadores que trabajaban para él. Incluía pan (probablemente grano asado) y salsa de vinagre. El grano quizás fue golpeado por algunos tallos y asado en el lugar.

Escena de una pintura de una tumba egipcia que representa el más allá. Aquí un hombre corta el trigo mientras su esposa recoge los manojos

Trilla y conversación (2:17-23)

Un efa de cebada (2:17). La larga jornada de trabajo de Rut no terminó con la recolección de los tallos de cebada.

También trilló o golpeó las cabezas de los granos con un palo, separando las semillas de la paja que las cubría, y recogió casi un efa de cebada para llevársela a Noemí. Esto sería casi cinco galones de grano, una gran cantidad para un día de espigar.

Pariente redentor (2:20 [CBS trad. lit.]). El término traducido como "pariente redentor" se refiere a un pariente masculino que podía actuar en nombre de otros miembros de la familia cuando se encontraban en diversos tipos de dificultades. Esta persona podía pagar la deuda de la propiedad familiar utilizada como garantía o comprarla directamente a los miembros de la familia, ayudando así a los parientes necesitados (cf. Jer 32:6-15). Los bienes familiares heredados no debían venderse fuera del clan, porque, al igual que los miembros de la familia, ayudaban a definir el clan. Noemí sabe que Booz es pariente de Elimelec, lo que lo convierte en un potencial pariente redentor para ella y Rut.

Noemí aconseja a Rut a que vaya a la era (3:1-5)

Era (3:2). Las eras podían ser espacios abiertos comunales o de propiedad privada. Las pezuñas de los animales, y a menudo un trineo tirado por ellos,

La región cerca a Belén

rompían primero las cabezas de los granos para ayudar a liberar la semilla de la paja que la cubría. Cuando venía el viento, se utilizaban horquillas de madera para lanzar los tallos aplastados al aire, donde las cabezas de grano más pesadas caían al suelo y la paja más ligera era arrastrada por el viento. Finalmente, el grano se pasaba por un tamiz, bien en la era o en las casas de los que lo recogían. El trabajo en la era debió ser intenso, ya que Booz y sus trabajadores procesaban las gavillas de cebada para recoger el grano. El hecho de que durmiera allí por la noche puede haber sido por comodidad, pero también proporcionaba una medida de seguridad contra los ladrones. Las instrucciones de Noemí a Rut tenían por objeto dar a Booz la oportunidad de servir de "pariente redentor" (2:20) para su nuera. No estaba obligado legalmente a hacerlo.

Compromisos (3:6-13)

Extiende tus alas sobre tu sierva (3:9 RVA-2015). La palabra hebrea traducida como "ala" es la misma que se utiliza para el borde de una prenda, por lo que esta frase también puede traducirse como "extiende el borde/esquina de tu manto sobre mí". Extender su manto sobre ella significa que Booz tomaría a Rut en matrimonio (cf. Ez 16:8) y así serviría de pariente redentor para ella, Noemí y la propiedad de su difunto marido.

Pariente más cercano que yo (3:12). Al tiempo que elogia su compromiso familiar, Booz indica que hay alguien relacionado con Elimelec más estrechamente que él, alguien que tendría la primera opción de actuar en nombre de la familia mayor. Nunca se les dice a los lectores con exactitud qué parentesco tenían Booz y el pariente anónimo con Elimelec.

Anticipación (3:14-18)

Aquel hombre no descansará hasta que concluya el asunto hoy (3:18). Rut y Noemí serían observadoras hasta que Booz resolviera los asuntos de la ley y las costumbres. Como pariente masculino de Elimelec, Booz podía tomar medidas en ciertos asuntos familiares, pero solo de acuerdo con las costumbres de la comunidad en cuanto a matrimonio y herencia. La conexión entre estas costumbres puede ser difícil de entender para los lectores occidentales modernos. Observe cómo la “casa” (= familia) de un hombre se define sucintamente como personas y posesiones en Ex 20:17.

Comprar y construir (4:1-12)

Puerta (4:1). La puerta de una ciudad era el mejor lugar para encontrarse con los habitantes, ya que todos los que entraban o salían de la ciudad tenían que pasar por ella. Booz se encuentra allí temprano para alcanzar a los parientes más cercanos que salen de la ciudad para realizar las actividades diarias. Las puertas también solían ser el lugar de las audiencias judiciales y las decisiones legales (ver comentarios en Gn 19:1; Dt 17:5).

Vosotros sois testigos hoy (4:9-10). Como pocos sabían leer o escribir, el testimonio de los testigos sería crucial si más tarde surgía una disputa sobre esta cuestión.

He adquirido de mano de Noemí todo . . . también tomo por mi mujer a Rut la moabita, mujer de Mahlón (4:9-10). En términos modernos, la propiedad que pertenecía a Elimelec tendría un gravamen, casi seguramente por la manutención que había recibido de un acreedor antes de partir hacia Moab. Como propiedad familiar, solo se puede vender a perpetuidad dentro del clan. La opción de adquirir la propiedad de Noemí atraería al pariente anónimo, que tenía el primer derecho de adquisición entre los parientes, ya que Noemí no tenía ni dinero ni heredero varón. Sin embargo, Rut es un factor que complica la situación, ya que es la viuda de Mahlón y todavía está en edad de tener hijos. Si se casara con Booz o con el pariente anónimo y diera a luz a un niño, éste sería el heredero de Elimelec. Esto aparentemente está detrás de la frase “para que restaures el nombre [del muerto] sobre su posesión” (4:5). La ley en Dt 25:5-10 contempla una situación similar en la que un hombre se casa con la viuda sin hijos de su hermano fallecido con el objetivo de producir un heredero para el difunto. Esta concepción amplia de lo que constituye una familia se ve también en la bendición que el pueblo extendió a Rut para que diera a luz hijos que edificaran la familia de Israel (4:11).

Rut y Noemí tienen un hijo (4:13-17)

Lo llamaron Obed (4:17). La familia de Elimelec y Mahlón continúa a través del hijo nacido de Booz y Rut. En ese sentido, Obed es tanto un pariente redentor como un hijo de Noemí (4:17). Además, la propiedad adquirida por Booz al casarse con Rut pertenecería a Obed.

Genealogía de David (4:18-22)

Los antecedentes familiares de Fares (4:18-22). La genealogía conecta a Booz con su antepasado Judá (a través de su hijo Fares; cf. 4:12 y Gn 38:24-

30) y con su bisnieto David.

No se nombran todas las personas de esta línea, por lo que Booz puede ser el séptimo y David el décimo. En el antiguo Cercano Oriente, las genealogías funcionaban como mapas sociales y como ganchos de memoria para relatos históricos importantes. Como tales, son comunes en el A.T. En el N.T. se conservan cuarenta y dos generaciones de esta misma familia (Mt 1:2-17).

— Génesis
— Éxodo
— Levítico
— Números
— Deuteronomio
— Josué
— Jueces
— Rut

1 Samuel
2 Samuel

— 1 Reyes
— 2 Reyes
— 1 Crónicas
— 2 Crónicas
— Esdras
— Nehemías
— Ester
— Job
— Salmos
— Proverbios
— Eclesiastés
— Cantares
— Isaías
— Jeremías
— Lamentaciones
— Ezequiel
— Daniel
— Oseas
— Joel
— Amós
— Abdías
— Jonás
— Miqueas
— Nahúm
— Habacuc
— Sofonías
— Hageo
— Zacarías
— Malaquías

1–2 Samuel

ROBERT B. CHISHOLM JR.

Introducción. Los libros 1 y 2 Samuel son centrales para el relato bíblico de la historia de Israel. Cubren un periodo de aproximadamente 140 años (1110-970 a. C.), comenzando con el nacimiento del gran profeta Samuel en la última parte de la carrera de Elí (se desconoce la fecha exacta) y terminando justo antes de la muerte de David (registrada en 1 Reyes 1-2).

Los acontecimientos principales en 1-2 Samuel se pueden datar de la siguiente manera:

1130-1090 a. C.	El liderazgo de Elí (1 S 4:18)
1090	Los filisteos capturan el arca del pacto (1 S 4:11; 6:1)
1090	El arca llega a Quiriat-Jearim (1 S. 7:2)
1070	La victoria de Samuel sobre los filisteos (1 S. 7:2-12)
1070-1050	Israel se libra de la opresión filistea (1 S 7:13-14)
1050	Samuel elige a Saúl como rey (1 S 9-12)
1050-1010	Reino de Saúl
1010-1003	Reino de David sobre Judá
1003-970	Reino de David sobre Israel y Judá

Este periodo fue particularmente importante en la historia de Israel. Desde la época del éxodo (1446 a. C.) y la conquista (1406-1399 a. C.), los jueces lideraron Israel. Sin embargo, finalmente el pueblo demandó tener un rey como el resto de las naciones, un líder militar con un ejército permanente que les

Principales ubicaciones de los eventos en 1-2 Samuel

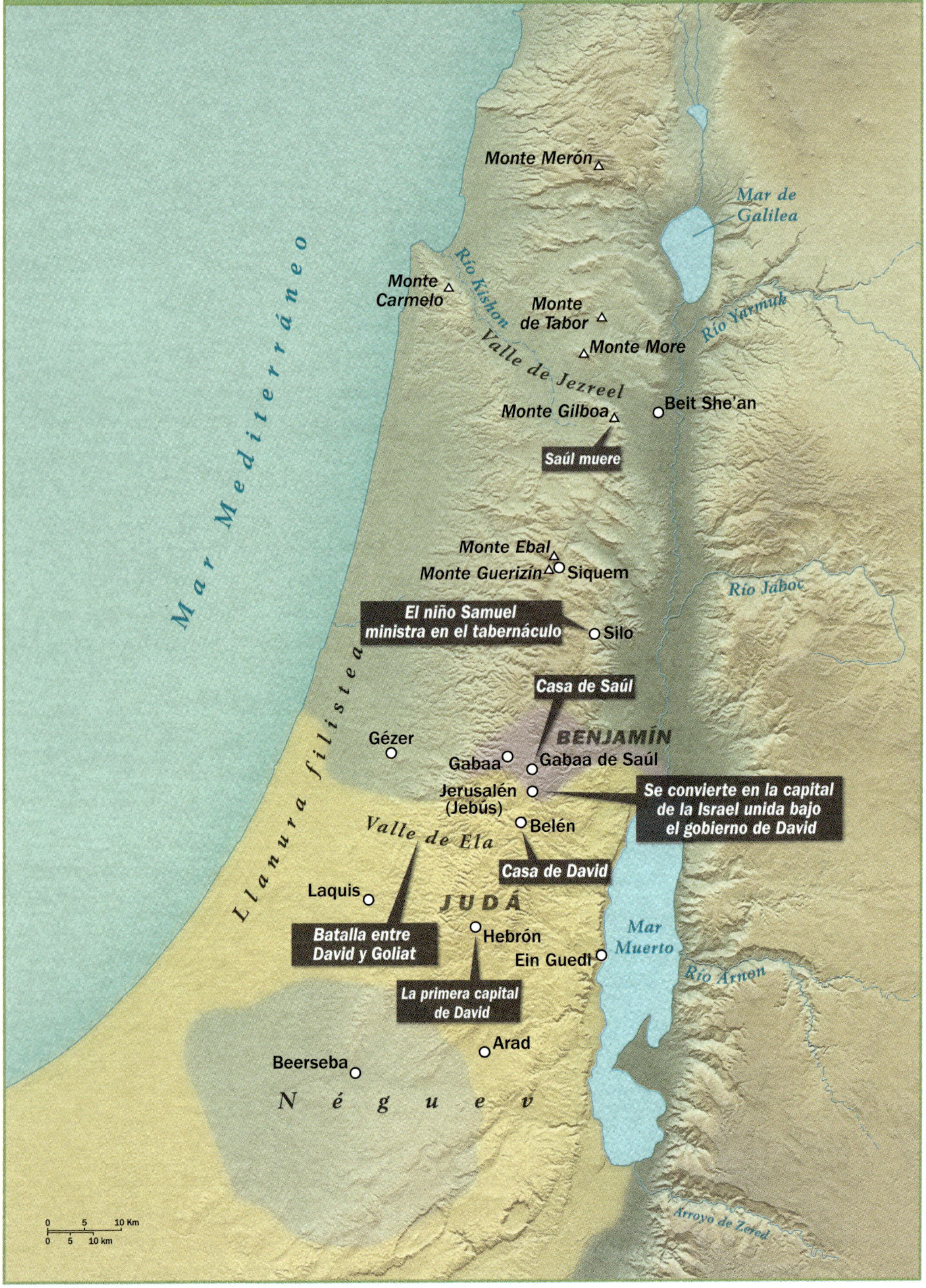

proporcionara seguridad. El Señor, sin duda, era plenamente capaz de proteger a su pueblo, con o sin un rey.

A pesar de sentirse ofendido por la solicitud del pueblo, que era un rechazo a su autoridad, el Señor les dio un rey, aunque dejó en claro que el rey sería un gobernador bajo su régimen.

Los libros de Samuel se centran en tres personajes importantes: Samuel, Saúl y David. Sus trayectorias se superponen: Samuel (1 S 1-16), Saúl (1 S 9-31) y David (1 S 16-2 S 24). Sin embargo, David es el personaje principal de la historia. Como el profeta escogido por el Señor, Samuel ungió tanto a Saúl como a David. El profeta aclaró que el Señor había rechazado a Saúl y escogió a David como su reemplazo. El autor de 1-2 Samuel demuestra la superioridad de David sobre Saúl. Aunque David tiene defectos y fracasa trágicamente de muchas maneras, al final el Señor preserva su gobierno, en comparación con Saúl, a quien el Señor rechaza y abandona.

1 Samuel

Elcana . . . tenía él dos mujeres (1:1-2). Salvo por personas de la realeza, la monogamia era la norma en el antiguo Israel. De hecho, Elcana es el único ejemplo en Samuel-Reyes de una persona común (no de la realeza) que tuvo dos esposas.[1] Su motivación para hacerlo fue probablemente la condición de esterilidad de Ana. Para un hombre era importante tener descendencia, por lo que aparentemente un esposo podía tomar una segunda esposa o concubina cuando su primera esposa no le daba un hijo. Esta práctica está atestiguada anteriormente en los relatos patriarcales, aunque en estos casos la esposa secundaria es vista como una sustituta de la esposa principal (Gn 16:1-2; 30:1-3, 9).

E hizo voto, diciendo, "Jehová de los ejércitos, si . . ." (1:11). Para los adoradores del antiguo Cercano Oriente y del antiguo Israel era común, al buscar ayuda de una deidad en medio de una crisis, prometer algo de valor a cambio. Por ejemplo, en una oración de la antigua ciudad de Ugarit, los adoradores prometían a la deidad Baal toda una lista de regalos si solo expulsaba a un ejército enemigo fuera de la ciudad.[2] En Nm 21:2, los israelitas prometen consagrar las ciudades derrotadas al Señor si les da la victoria en la batalla. Varios salmos hablan del pago de los votos hechos al Señor.[3] Aunque esto pueda parecer una negociación con Dios, era una forma aceptada de orar en esta cultura y, desde la perspectiva del adorador, una expresión de gratitud.

No pasará navaja sobre su cabeza (1:11). Aunque la palabra "nazareo" no aparece en el versículo 11, el voto de Ana de que no pasará navaja sobre la cabeza de su hijo a lo largo de su vida sugiere que, en efecto, Samuel era nazareo (cf. Nm 6:5; Jue 13:5). Los votos nazareos se hacían comúnmente de manera voluntaria y por un periodo limitado de tiempo, pero la madre de Samuel lo dedicó al Señor como un nazareo de por vida.

Mi cuerno es ensalzado en Jehová (2:1(RVA)). Ana, quien había triunfado en su lucha con Penina, hablaba de sí misma como de un toro o buey con un poderoso cuerno (cf. Dt 33:17; 1 Reyes 22:11; Sal 92:10). En otro lugar "ensalzarás nuestro cuerno" se usa para una victoria militar (Sal 89:17 (RVA), 24; 92:10; Lm 2:17). En el antiguo Cercano Oriente, los poderosos reyes guerreros se comparaban a veces con un toro corneado que utilizaba sus cuernos para derrotar a sus enemigos. Por ejemplo, Ramsés III se llamaba a sí mismo "un toro ... que se apoya en sus cuernos".[4] Hammurabi se refería a sí mismo como un "toro feroz y salvaje, que cornea a los enemigos".[5]

No hay santo como Jehová (2:2). En su canto de agradecimiento, Ana declara que el Señor es incomparable. Cuando se ve en su contexto histórico, esta declaración atestigua la fuerte fe de Ana. Muchos en Israel adoran al dios cananeo de la fertilidad Baal con la esperanza de que les dé hijos (ver comentarios en Jue 2:11; 1 S 7:4; ver el artículo "Los cananeos y la religión cananea"). Pero Ana busca al Señor para que le dé un hijo. Cuando Él responde su oración, ella afirma que no hay santo como el Señor. En los mitos ugaríticos, Baal ocupa un lugar destacado entre el grupo de dioses, que son llamados "hijos del Santo" (una referencia al dios El, que era considerado el padre de los dioses). La diosa Anat afirma: "Baal es nuestro rey, nuestro juez, sobre el que no hay ninguno".[6] En contra de la afirmación de Anat de que Baal era incomparable, Ana declara que solo el Señor merece tal alabanza.

Jehová mata, y él da vida (2:6). En los mitos ugaríticos, Baal lucha con Mot, el dios de la muerte, e incluso es derrotado y obligado a descender temporalmente al mundo subterráneo de los muertos. Ana afirma que el Señor, en contraste con Baal, es absolutamente soberano sobre la vida y la muerte (ver el artículo "Los cananeos y la religión cananea").

Y sobre ellos tronará desde los cielos (2:10). La deidad de la fertilidad Baal era también el dios de la tormenta. Sus adoradores confiaban en él para que proporcionara la lluvia necesaria para el crecimiento de las cosechas. Cuando oían los truenos, creían que era la voz de Baal. Como dios de la tormenta, Baal podía hacer sonar su grito de guerra (el trueno) y atacar a sus enemigos con un rayo. Sin embargo, Ana sabía que el Señor, y no Baal, controlaba la tormenta. Él truena contra sus enemigos. Ana incluso aplicó uno de los títulos de Baal ("Altísimo")[7] al Señor, para enfatizar su superioridad sobre la deidad cananea. Poco después, el Señor demuestra la verdad de las palabras de Ana cuando derrota al ejér-

Estatua del dios cananeo El

cito filisteo tronando contra ellos (7:10).

Los hijos de Elí eran hombres impíos (2:12). Los hijos de Elí, Ofni y Finees, violan las reglas de los sacrificios prescritas por el Señor de dos maneras: (1) según la ley (Lv 7:33-34; 10:14-15; Dt 18:3), los sacerdotes debían recibir porciones específicas del animal sacrificado, pero los hijos de Elí metían un tenedor de tres puntas en la olla mientras la carne hervía y tomaban lo que salía, sin duda una cantidad considerable;[8] (2) la ley también especificaba que la grasa del animal sacrificado debía presentarse al Señor y quemarse primero (Lv 3:16; 7:31), pero los hijos de Elí exigían una porción de la carne antes de ofrecer la grasa.

Una antigua lámpara de aceite

La lámpara de Dios (3:3). Según Ex 27:20, las lámparas se prendían en el tabernáculo durante la noche. Estas eran lámparas pequeñas de barro que se llenaban con aceite.

Filisteos (4:1). Ver el artículo "Los filisteos".

Al arca del pacto de Jehová (4:3). Ver comentarios en Ex 25:10-22.

Un dios ha venido al campamento (4:7(NBV)). Cuando los filisteos se enteran de que el arca ha entrado en el campamento israelita, se asustan y declaran: "Un dios [o quizás "Dios"] ha venido al campamento". Pero luego hablan de múltiples dioses (4:8: "estos dioses poderosos"). En la literatura del antiguo Cercano Oriente, un dios principal puede venir a ejecutar un juicio y/o participar en una batalla, pero a veces otros dioses acompañan a este dios. En la Epopeya de Gilgamesh del diluvio, Adad es el juez principal, pero está acompañado de otras figuras divinas.[9] En su relato poético de la batalla contra los hititas en Qadesh, Ramsés II atribuye su éxito a Amón, pero también alaba a la diosa Sekhmet por su intervención[10]. En los anales asirios los reyes a veces alaban a más de una deidad para que les ayude en la batalla. Del mismo modo, en Jue 5 el Señor viene en la tormenta con las estrellas (i. e., su ejército de ángeles) para luchar por Israel contra el enemigo (vv. 3-4, 20). Así que los filisteos reconocen que el Dios de Israel estaba dirigiendo el ejército de Israel en la batalla, pero al mismo tiempo, al ser politeístas, suponen que otros dioses también están involucrados.

De Israel treinta mil hombres de a pie (4:10). Ver comentarios en Jos 8:3; Jue 1:4.

Dagón (5:2-5). Se describe a Dagón como si estuviera personalmente presente en su templo. Como indica el versículo 4, "Dagón" se refiere aquí a una imagen de la deidad. Los adoradores del antiguo Cercano Oriente creían que un dios estaba presente en su imagen, lo que les proporcionaba un objeto tangible de adoración.[11] Dagón era la deidad principal de los filisteos (ver el artículo "Los filisteos"). Una interpretación más antigua lo entendía como un dios de los peces (el hebreo dag significa "pez"), pero es más probable que fuera una deidad de la fertilidad climática responsable de las cosechas. Los estudiosos debaten si era fundamentalmente un dios de la tormenta o un dios de la vegetación, pero en cualquier caso estaba asociado a la fertilidad. El hebreo *dagan* significa "grano", al igual que el ugarítico *daganu*. En algunos relatos, el dios de la tormenta Baal es hijo de Dagón, lo que sugiere que este último es una deidad de la fertilidad.[12]

La cabeza de Dagón y las dos palmas de sus manos estaban cortadas (5:4). La decapitación de Dagón sería vista como una derrota militar. Los guerreros victoriosos a veces cortaban las cabezas y las manos de sus enemigos derrotados (17:51; 31:9). En un mito ugarítico, la diosa guerrera Anat ata las cabezas decapitadas de sus enemigos derrotados en un collar y adhiere sus manos sin cuerpo a su cinturón.[13]

Tumores (5:6). La palabra hebrea traducida como "tumores" significa literalmente "colinas, montículos" y probablemente se refiere a algún tipo de hinchazón. Una teoría es que el Señor golpeó a los filisteos con la peste bubónica, uno de cuyos síntomas es la inflamación de los ganglios linfáticos en la axila y la ingle. En respuesta a esta aflicción, los filisteos hicieron ratas (o ratones) de oro y tumores como ofrenda de culpa al Señor (6:4). Las ratas son portadoras de la peste bubónica, un hecho reconocido en el mundo antiguo. Otra teoría es que la hinchazón se refiere a úlceras anales o hemorroides provocadas por la disentería.

Adivinos (6:2). En el antiguo Cercano Oriente, la adivinación era un medio muy utilizado para descubrir la voluntad de los dioses (ver comentarios en Dt 18:10-11). Según John Walton, había dos tipos principales de adivinación en el mundo antiguo: (1) la "adivinación inspirada", que tomaba la forma de profecías y sueños, se "iniciaba en el ámbito divino" y utilizaba "un intermediario humano"; (2) la "adivinación deductiva" también se originaba en los dioses, "pero su revelación" se "comunicaba a través de sucesos y fenómenos observables".[14] La ley del A. T. prohibía este tipo de adivinación (Dt 18:10).[15] La adivinación deductiva implicaba la interpretación de presagios, que podían ser activos (provocados) o pasivos (no provocados). Los presagios activos consistían en examinar los órganos internos de los animales y echar suertes, entre otros métodos. Los presagios pasivos se presentaban en forma celeste, terrestre y fisionómica.[16]

La magia también desempeñó un papel importante en la religión del antiguo Cercano Oriente. Walton explica su relación con la adivinación: "Mientras que la adivinación se ocupa de obtener conocimientos, la magia implica el ejercicio del poder". La magia implicaba el uso de conjuros y rituales diseñados "para mani-

La diosa filistea Asera sentada (en forma de silla).

pular las fuerzas cósmicas en pos del interés propio" y para alejar el peligro asociado a los malos presagios.[17] Los sacerdotes y adivinos filisteos utilizaban tanto la adivinación como la magia. Su sugerencia sobre las dos vacas y el carro es una forma de adivinación "ad hoc" diseñada para determinar si el Dios de Israel es realmente la fuente de la calamidad que han sufrido.[18]

La ofrenda de reparación, en forma de tumores de oro y ratas, es un tipo de magia agradable diseñada para alejar la plaga y apaciguar al Dios de Israel (cf. Nm 21:8-9).[19]

Los baales y a Astarot (7:4). Ver el artículo "Los cananeos y la religión cananea". Las formas plurales se refieren probablemente a los ídolos presentes en varios santuarios locales dedicados a las deidades cananeas Baal y Astarté, respectivamente.[20] La forma "Ashtoreth" es una distorsión deliberada del nombre de Astarté que vocaliza las dos últimas sílabas del nombre para reflejar la palabra hebrea para "vergüenza" (*bosheth*).[21] Astarté es una de las consortes femeninas de Baal en los mitos de Ugarit.

Jehová tronó (7:10). Ver comentarios en 1 S 2:10. No es casualidad que el Señor haya revelado su poderosa presencia de esta manera. El pueblo acababa de rechazar a Baal, el dios cananeo de la tormenta (7:4). Así que era apropiado que el Señor viniera en la tormenta para luchar contra sus enemigos, demostrando a Israel que Él, y no Baal, controla la lluvia y, con ella, el poder de conceder la fertilidad.[22] En la autorrevelación del Señor como guerrero, el trueno fue su grito de guerra. El poder de su voz atronadora aterrorizó al ejército filisteo y lo hizo entrar en pánico. La imagen de un enemigo que huye al oír el grito de guerra del gran rey es un motivo militar en los textos del antiguo Cercano Oriente. Por ejemplo, Amón-Ra, al recordar cómo había concedido victorias a Tutmosis III, afirma lo siguiente: "Al oír tu grito de guerra, [los enemigos] se escondieron en agujeros". [23] En la mitología ugarítica, cuando "Baal truena en las nubes [...] Los enemigos de Baal se refugian en los bosques".[24]

Un rey que nos juzgue, como tienen todas las naciones (8:5). Israel quiere un rey como tienen todas las naciones (8:4-5, 19). Los reyes del antiguo Cercano Oriente eran responsables de garantizar la justicia social y la seguridad nacional. Esto sonaba bien en teoría, pero en realidad las burocracias reales solían ser opresivas porque los reyes necesitaban un ejército permanente que debía estar armado y alimentado. La evidencia del segundo milenio a. C. procedente de Siria-Palestina, sobre todo de los yacimientos de Alalakh, Mari y Ugarit, apoya la descripción de Samuel de lo que haría este tipo de rey.[25] El rey típico acumulaba guerreros de carros, artesanos y personal de apoyo de palacio. Reclutaba a los hombres para el servicio militar y agrícola, confiscaba la tierra y los productos, y gravaba las cosechas y el ganado.

Saúl, joven y hermoso . . . de hombros arriba sobrepasaba a cualquiera (9:2). Reflejando la perspectiva y los valores del pueblo, el texto se centra en los atributos físicos de Saúl, especialmente su altura (cf. 10:23-24). Los atributos físicos ocupaban un lugar destacado en el antiguo ideal de realeza

La momia de Amenofis II

del Cercano Oriente.[26] Uno de los ejemplos más claros es el de Amenofis II, que, según una inscripción egipcia, era "un joven hermoso y bien desarrollado" y "fuerte de brazos".[27]

Hábil en la equitación, el remo y el tiro con arco, podía superar a todos los demás, y supuestamente lanzó una flecha a través de un grueso escudo de cobre.[28] Miriam Lichtheim señala que "su momia es la de un hombre excepcionalmente alto y de constitución fuerte".[29]

Salterio, pandero, flauta y arpa (10:5). Ver el artículo "Instrumentos musicales en Israel y el antiguo Cercano Oriente".

Profetizarás con ellos (10:6). Samuel le da a Saúl una triple señal para verificar que el Señor lo ha elegido como rey de Israel. Las dos primeras señales demuestran la presencia providencial de Dios (10:2-4); la tercera muestra que Dios tiene la intención de fortalecer a Saúl con su Espíritu divino para la tarea que tiene entre manos (10:5-6). De acuerdo con la tercera señal, Saúl se encuentra con un grupo de profetas que tocan música y profetizan. El Espíritu se apodera de él y también comienza a profetizar, como si se transformara en una persona diferente (10:9-11). Al parecer, los profetas utilizaban a veces la música para inducir un estado de trance, en el que recibían la revelación profética (cf. 2 Reyes 3:15-16). En ocasiones, el Espíritu exhibía su presencia induciendo al profeta a un comportamiento eufórico. Posteriormente, Saúl fue dominado por el Espíritu de Dios por segunda vez, induciéndolo a tener un comportamiento profético (19:23-24). En esta ocasión se quitó la ropa y se quedó desnudo en el suelo durante todo un día. Este tipo de comportamiento eufórico no se limita a la Biblia. En Mesopotamia había cierta clase de profetas que exhibían un comportamiento de trance cuando profetizaban.[30] Este comportamiento también está atestiguado en la ciudad fenicia de Biblos. En un informe egipcio que data del año 1100 a. C., Unamón, un mensajero enviado por el faraón, cuenta que un dios "se apoderó de un joven" y lo "puso en trance". El joven transmitió entonces un mensaje profético de la deidad.[31]

Amonita (11:1). Ver comentarios en Gn 19:37-38.

Que a cada uno de todos vosotros saque el ojo derecho (11:2). Mutilar a los enemigos derrotados era algo habitual en el antiguo Cercano Oriente y se representa vívidamente en el arte asirio.[32] Hay ejemplos en el A. T. de un vencedor que ciega a un enemigo derrotado. Los filisteos le sacaron los ojos a Sansón (Jue 16:21), y los babilonios cegaron a Sedecías tras la conquista de Jerusalén (2 Reyes 25:7). En este caso, Nahas estaba dispuesto a perdonar la vida a los hombres de Jabes de Galaad, pero sólo si accedían a que les quitara el ojo derecho. Además de humillarlos, esto los incapacitaría para luchar eficazmente en la batalla, pero les permitiría cultivar y cosechar como tributo a Nahas.[33]

Yo clamaré a Jehová, y él dará truenos y lluvias (12:17). El trigo se sembraba de noviembre a diciembre y se cosechaba en mayo, después de la temporada de las lluvias, que duraba de octubre hasta marzo.[34] Las lluvias torrenciales en la época de la cosecha del trigo habrían sido poco frecuentes (Pr 26:1) y, por consiguiente, servían como señal vívida del desagrado del Señor. La referencia de Samuel al éxodo (12:6-8) habría llevado al pueblo a recordar las plagas egipcias, la séptima de las cuales fue el granizo, acompañado de truenos y lluvia (los términos hebreos utilizados en Ex 9:23, 33, aparecen juntos en otro lugar solo en 1 S 12:18). El granizo destruyó la cebada y el lino de los egipcios (Ex 9:23-26, 31). En el caso de Israel, los truenos y la lluvia son ominosos, pero Samuel no pide granizo. El Señor salva las cosechas, pero la señal deja en claro que Israel debe volver a comprometerse a servir al Señor.

Treinta mil carros (13:5). Según el texto hebreo, los filisteos tienen 30 000 carros. El número es exagerado para dar énfasis o es el resultado de una corrupción textual. Algunos testigos antiguos infieren que fueron 3 000 (la interpretación que sigue la CSB y la NVI). Esta cifra, aunque sigue siendo elevada, tiene más sentido a la luz de la referencia a 6 000 conductores (o quizá caballos de carro) que sigue inmediatamente. Otras referencias a fuerzas imponentes de carros en el A.T. dan cifras de 900 (Jue 4:3) y 1 400 (1 Reyes 10:26). En el Mar Rojo, el faraón tenía 600 carros selectos, además de otros (Ex 14:7). Estas cifras coinciden con las encontradas en los textos del antiguo Cercano Oriente. Por ejemplo, Tutmosis III dice que capturó 924 carros en la batalla de Meguido, y Salmanasar III informa de que la coalición occidental a la que se enfrentó contaba con más de 4 000 carros, de los que Acab de Israel aportó 2 000.[35]

Jehová se ha buscado un varón conforme a su corazón (13:14). Apelando a textos del antiguo Cercano Oriente, algunos apoyan el argumento de Kyle McCarter de que este pasaje se refiere a "un hombre elegido por Dios". McCarter afirma que la expresión "no tiene nada que ver con ninguna gran afición de Yahveh [el Señor] por David ni con ninguna cualidad especial de David".[36] Pero ésta es una conclusión incorrecta. Sin duda, el Señor no elegiría a alguien al azar. Elegiría a alguien que tuviera la misma manera de pensar. De hecho, el uso de la expresión en 14:7 favorece esto: El paje de armas de Jonatán le asegura: "pues aquí estoy contigo a tu voluntad" (es decir, afín).[37] El paralelo babilónico citado por Philips Long, en el que Nabucodonosor nombra un "rey según su corazón" (i. e., según su elección) sobre la derrotada Jerusalén, puede interpretarse de forma similar.[38] El rey (gobernador) elegido sería uno que apoyara a Nabucodonosor, en contraste con el rey destituído de Judá.

No se hallaba herrero. . . porque los filisteos (13:19-22). Antes del año 1000 a. C., el bronce se usaba más que el hierro para fabricar armas y herramientas. Los hornos antiguos no eran capaces de derretir el hierro puro. Los utensilios de hierro tenían que ser calentados y luego martilleados. Este hierro forjado, aunque era más blando que el bronce, podía mantener el filo y la punta, por lo que se utilizaba para fabricar herramientas, puntas de arado y espadas. La escasez de cobre y estaño (utilizados para fabricar bronce) y la gran eficiencia en la fabricación de hierro (requería mucha menos madera) hicieron que se prefiriera el hierro.[39] Ya en la época de Samuel y Saúl (ca. 1050 a. C.) los filisteos tenían el monopolio de la fabricación de hierro. No permiten que Israel tenga armas de hierro y les cobran por afilar las herramientas agrícolas.

Dos tercios de siclo (13:21 (DHH)). Los filisteos cobran dos tercios de siclo para afilar puntas de arado y otras herramientas de corte. La palabra hebrea utilizada para "dos tercios de ciclo" solo aparece aquí en el A. T., pero los arqueólogos han descubierto pesas de piedra inscritas con esta palabra. Su peso medio es de 0.268 de onza.[40]

Urim . . . Tumim (14:41-42 (DHH)). Ver comentarios en Ex 28:2. La Septuaginta (una antigua traducción griega del A. T.) preserva el texto original en 14:41, que se refleja en las traducciones al inglés más modernas (p. ej., CBS, NIV, ESV). La traducción de la CBS [trad. lit.] dice lo siguiente: "Así que Saúl le dijo al Señor: 'Dios de Israel, ¿por qué no le has respondido a tu siervo hoy? Si la injusticia está en mí o en mi hijo Jonatán, Señor Dios de Israel, saldrá el Urim; pero si la culpa está en tu pueblo Israel, saldrá el Tumim'. Jonatán y Saúl fueron seleccionados, y las tropas quedaron libres de culpa".

El Urim (simbolizando la condena) y el Tumim (simbolizando la inocencia y la absolución) pueden haber sido suertes marcadas, u objetos, uno probablemente con un aleph inscrito (la primera letra del nombre Urim en hebreo y del alfabeto hebreo), y el otro con un taw inscrito (la primera letra del nombre Tumim en hebreo y la última letra del alfabeto hebreo). [41] Uno formularía una pregunta y entonces los Urim/Tumim proporcionarían un "sí" o un "no" como respuesta. O, como en este caso, el Urim podía designar a una parte y el Tumim a la otra.

La medida de peso "pim" (dos tercios de siclo

Hiere a Amalec, y destruye todo (15:3). Ver comentarios en Gn 14:5-7; Ex 17:8; 1 S 30:17. El Señor intenta castigar a los amalecitas por "lo que hizo Amalec a Israel al oponérsele en el camino cuando subía de Egipto" (15:2; cf. Ex 17:8-16). En esa ocasión, Moisés anuncia que el Señor "tendrá guerra con Amalec de generación en generación" (Ex 17:16). Posteriormente, Moisés ordena a Israel: "borrarás la memoria de Amalec de debajo del cielo", y les instó diciendo: "no lo olvides" (Dt 25:19).[42]

El verbo hebreo traducido como "destruye todo" (*haram*) en 15:3, indica que este es un caso de "prohibición" (*herem*, la forma sustantiva). Anteriormente, los cananeos habían sido sometidos a la prohibición (Dt 7:1-6) y debían ser "destinados" al Señor para su destrucción (Jos 6:17, 21), quizá como ofrenda de gratitud por la ayuda del Señor (Nm 21:2-3). Este concepto de prohibición no era exclusivo de Israel. También está atestiguado en la piedra moabita (Estela de Mesa), donde el rey Mesa de Moab se jacta de haber consagrado a su dios siete mil cautivos israelitas. Afirma que los había puesto "en la prohibición para Ashtar Kemosh", su dios.[43]

Ceneos (15:6). Ver comentarios en Jue 4:11.

Idolatría (15:23). Ver comentarios en 1 S 19:13.

Si Saúl lo supiera, me mataría (16:2). Cuando le encargan ir a Belén para ungir a un nuevo rey, Samuel expresa su preocupación por que Saúl se entere y lo mate. Samuel vive en Ramá, ubicada a unas diez millas al norte de Belén. Su viaje lo llevaría a través de la ciudad natal de Saúl, Gabaa (15:34), y probablemente provocaría preguntas del rey.

Pero Jehová mira el corazón (16:7). Los lectores modernos tienden a asociar el corazón con las emociones, pero los antiguos hebreos entendían el corazón como la sede de la voluntad, la conciencia y los motivos, además de las emociones.[44] El corazón era visto de forma similar en la antigua Mesopotamia y Egipto.[45]

El arpa (16:16,18,23). Ver el artículo "Instrumentos musicales en Israel y el antiguo Cercano Oriente".

Vigoroso y hombre de guerra (16:18). Esto puede parecer confuso al principio, ya que en la escena anterior se describe a David como un pastor joven (16:11). Sin embargo, David es lo suficientemente mayor como para matar animales salvajes (17:36). Los pastores debían ser valientes y hábiles luchadores que pudieran proteger a sus rebaños de los depredadores y los ladrones. El arte del antiguo Cercano Oriente representa a un pastor que lleva un garrote y retrata a hombres individuales que protegen a un ciervo de un león utilizando una espada curva.[46]

David se probó a sí mismo este sentido (17:34-36). Es espe-

Las arpas eran pequeños instrumentos de mano con cuerdas. Aquí se muestran prisioneros tocando arpas (del palacio del rey asirio Senaquerib

cialmente hábil con la honda, un arma particularmente mortal (ver comentarios en 1 S 17:49). Aún no está claro si David participa realmente en una batalla, pero se puede disculpar al siervo de Saúl si incurre en un poco de hipérbole. Conociendo las hazañas de David como pastor, se da cuenta de que David tenía sin duda la capacidad de un guerrero, aunque carezca de experiencia real en la batalla.

Tenía de altura seis codos y un palmo (17:4). Según el texto hebreo, la altura de Goliat es de 6 codos (un codo es la longitud de un antebrazo, aproximadamente 18 pulgadas) y un palmo (la distancia desde la punta del pulgar a la punta del dedo meñique cuando se abre la mano, aproximadamente 9 pulgadas). Así que la altura de Goliat sería aproximadamente 6 × 18 pulgadas + 9 pulgadas = 117 pulgadas, o 9 pies y 9 pulgadas. Sin embargo, algunos de los primeros manuscritos griegos (la Septuaginta), Josefo (un historiador judío del siglo I) y el rollo de Qumrán de la cueva 4 (i.e. , los Rollos del Mar Muerto) señalan "cuatro codos y un palmo", que serían 6 pies y 9 pulgadas. Si estos testigos textuales anteriores conservan la lectura correcta, entonces el texto hebreo o bien refleja una tradición posterior que exageró la altura de Goliat o bien preserva un error textual accidental, quizás influenciado por la lectura "seiscientos" en 17:7. En hebreo, "seis codos" y "seiscientos" son muy similares. Si el texto hebreo conserva la lectura original, entonces la lectura "cuatro codos" puede ser un intento de suavizar la historia y darle más credibilidad.[47]

Escoged de entre vosotros un hombre que venga contra mí (17:8). Goliat desafía a Israel a una prueba de juicio divino a través de un combate singular.[48] Hay otros ejemplos de combate singular en la literatura del antiguo Cercano Oriente. Un texto del Imperio Medio de Egipto (hacia el año 1800 a. C.) cuenta cómo el héroe Sinuhé se enfrentó en un combate singular a un "héroe de Retenu", que luchaba en nombre de su tribu. Este atacó a Sinuhé con un hacha de combate y un arco, pero Sinuhé lo derribó con una flecha y luego terminó el trabajo con el hacha de su propio enemigo.[49] De forma similar, David derriba al campeón filisteo con una honda y luego le corta la cabeza con la propia espada de Goliat (17:49-51). El rey hitita Hattusili (ca. 1250 a. C.) derrotó al comandante de un ejército enemigo y luego derrotó al ejército, a pesar de estar ampliamente superado en número. Tras la victoria, dedicó el arma de su enemigo a su diosa.[50] Cuando Goliat cae, los israelitas derrotan al ejército filisteo (17:51-53) y David acaba dedicando la espada de su enemigo al Señor, ya que aparece posteriormente tarde en el santuario de Nob (21:8-9).

Y metiendo David su mano en la bolsa, tomó de allí una piedra (17:49). Parece que Goliat esperaba luchar de cerca: (1) Saúl intenta equipar a David con su armadura y su espada, como si asumiera que habría un conflicto cuerpo a cuerpo; (2) la referencia de David sobre la lucha contra animales salvajes a corta distancia sugiere que lucharía contra Goliat de la misma manera; (3) los movimientos de Goliat (17:41) y la frase desafiante "ven a mí" (17:44) indican que esperaba un conflicto a corta distancia. Pero David hace algo inusual. Lucha a distancia y utiliza una honda para derribar a Goliat. Las piedras de honda utilizadas en una antigua batalla en Laquis (una ciudad de Judá al sur de Jerusalén) son lisas y redondas, y están hechas de pedernal; cada una tiene de dos a tres pulgadas de diámetro y pesa aproximadamente nueve onzas. Philip King y Lawrence Stager estiman que se podría propulsar una piedra de honda a una velocidad de 100-150 millas por hora.[51] David escoge su munición de las piedras del arroyo, pero probablemente elige piedras que se aproximan al tamaño estándar utilizado en las batallas. En manos de un guerrero bien entrenado, la honda podía ser mortalmente precisa (Jue 20:16) (ver comentarios en 2 Reyes 3:25).

Jonatán ... todo Israel y Judá amaba a David (18:1,16). El versículo 1 afirma que Jonatán "amaba" a David tanto como a su propia vida. Aquí la palabra "amaba" no expresa tanto un sentimiento emocional, sino más bien devoción y lealtad (cf. 20:16-17). Asimismo, toda la nación, Israel y Judá, "amaba" a David (18:16), en el sentido de que le eran leales. En las cartas de Amarna (siglo XIV a. C.) se dice que las ciudades "aman" a un líder; el término se refiere a la lealtad. Por ejemplo, en una carta el rey de Biblos, escribiendo al faraón de Egipto, dice: "¡Contempla la ciudad! La mitad de ella ama a los hijos de Abdi-Ashirta [un rebelde] y la otra mitad ama a mi Señor [el faraón]".[52]

Al son de liras y panderetas, cantaban y bailaban (18:6 (NVI)). Ver el artículo "Instrumentos musicales en Israel y el antiguo Cercano Oriente".

Tenía Saúl la lanza en la mano. Y arrojó Saúl la lanza (18:10-11). Hay ejemplos en el antiguo Cercano Oriente donde los profetas eufóricos a veces ejercían la violencia junto con su actividad profética. En un texto de Ugarit, un hombre se queja de la siguiente manera: "Mis hermanos se bañan en su propia sangre como eufóricos" (cf. 1 Reyes 18:28-29).[53] Según el mito de la creación mesopotámica, Enuma Elish, la diosa Tiamat estaba "fuera de sí" como eufórica y "se convirtió en una maníaca".[54]

El profetismo de Saúl habría sido una señal, para los que lo rodeaban, de que el espíritu maligno lo estaba atormentando una vez más.

La dote (18:25). La dote era una cantidad de dinero que el novio pagaba al pa-

Soldados asirios con hondas

dre de la novia como compensación por la pérdida de su hija.[55] A veces la dote podía adoptar una forma diferente, como cuando Labán aceptó el trabajo de Jacob a cambio de sus hijas (Gn 29:15-30) o cuando Caleb aceptó la captura de una ciudad por parte de Otoniel a cambio de su hija Acsa (Jue 1:12). La exigencia de Saúl de cien prepucios filisteos está motivada por su deseo de poner a David en peligro para que lo maten. Era más común que los guerreros cortaran las cabezas y las manos de los enemigos derrotados, pero una inscripción egipcia del faraón Merneptah cuenta cómo su ejército cortó los falos incircuncisos de sus víctimas libias.[56]

El arpa (19:9 (NVI)). Ver el artículo "Instrumentos musicales en Israel y el antiguo Cercano Oriente".

Tomó luego Mical una estatua (19:13). El hecho de que un ídolo esté en la casa de Mical, o al menos sea fácilmente accesible para ella, es alarmante. En el texto hebreo, este "ídolo" se llama teraphim. Este tipo de ídolo se menciona en algunos otros pasajes: (1) Raquel robó los *teraphim* de Labán cuando se fue con Jacob (Gn 31:19, 34-35); (2) Miqueas tenía unos *teraphim* y los usaba en su santuario privado, y los danitas los robaron (Jue 17:5; 18:14, 17-18, 20); (3) Samuel le dijo a Saúl que la desobediencia a Dios es tan mala a los ojos de Dios como adorar a los *teraphim* (1 S 15: 23); (4) Josías prohibió los *teraphim* y los ídolos de la tierra, tal como lo exigía la ley (2 Reyes 23:24); (5) el rey de Babilonia utilizó *teraphim* para la adivinación antes de una batalla (Ez 21:21); (6) Oseas advirtió a Israel que el Señor eliminaría a los *teraphim* de la tierra como parte de su juicio (Oseas 3:4); (7) Zacarías declaró que los *teraphim,* al igual que los adivinos, engañan a quienes los consultan (Zac 10:2).[57] Los *teraphim* pueden haber sido estatuas (Gn 31:19; 1 S 19:13, 16) utilizadas para la adivinación (Ez 21:21). Patrick Miller sugiere que los *teraphim* eran "figuras de los antepasados" utilizados por aquellos que deseaban comunicarse con los muertos (ver comentarios en Gn 31:19).[58] En cualquier caso, el Señor prohibió su uso (1 S 15:23; 2 Reyes 23:24).

Se despojó de sus vestidos, y profetizó igualmente (19:24). Ver comentarios en 1 S 10:6.

Y besándose el uno al otro, lloraron el uno con el otro (20:41). Los besos entre personas del mismo sexo pueden significar varias cosas. Un beso puede ser una expresión de respeto y afecto, como cuando un hijo besa a su padre (Gn 27:26-27; 50:1), un nieto besa a su abuelo (Gn 48:10) o un yerno besa a su suegro (Ex 18:7). También puede expresar alegría, como cuando los parientes o hermanos se encuentran, especialmente después de una larga separación (Gn 29:13; 33:4; 45:15; Ex 4:27). Un beso también era una expresión apropiada de afecto cuando las personas partían (Rut 1:9;14). A veces, un beso era una señal de honor, ya que Samuel besó al rey recién ungido, Saúl (1 S 10:1), o una muestra de aceptación, como cuando David besó a Absalón (2 S 14:33). En el caso de David y Jonatán, su beso de despedida (cf. Rut 1:9, 14) es una muestra de su afecto mutuo, así como su compromiso vinculante entre sí (1 S 20:42).

Se le unieron muchos otros que estaban en apuros, cargados de deudas o amargados (22:2(NVI)). Grupos de mercenarios como este aparecen en otro lugar en la historia de Israel (Jue 9:4; 11:3-11; 1 Reyes 11:23-25). Estos grupos son similares a los *habiru,* mercenarios mencionados en las cartas de Amarna que perturbaron Canaán a principios del siglo XIV a. C. Los *habiru* se organizaban en pequeños grupos, probablemente de cincuenta a cien personas, aunque una carta de Amarna menciona un grupo de cuatrocientos.[59]

La historia del exilio de David parece verdadera en su contexto del antiguo Cercano Oriente. Una historia similar se encuentra en una inscripción de Alalakh que data de alrededor del año 1500 a. C. Idrimi acabó convirtiéndose en rey de Alalakh, pero antes tuvo que huir de su hogar ancestral en Alepo debido a un "acto de hostilidad" que amenazaba su vida. Finalmente emigró a la tierra de Canaán, donde vivió entre los guerreros *habiru* durante siete años.[60]

Los *habiru* se mencionan en las antiguas tablillas de Amarna, una de las cuales se muestra aquí.

Mató en aquel día a ochenta y cinco varones que vestían efod de lino (22:18). Los textos hititas demuestran que los sacerdotes estaban obligados a prestar juramento de lealtad a su rey. La violación de tal juramento era castigada severamente. El culpable era castigado junto con toda su familia. Al parecer, Saúl ve su relación con los sacerdotes de Nob de esta manera.[61] Esto explica la rápida "justicia" que desata contra todos los sacerdotes de Nob. Sin embargo, los servidores de Saúl no están convencidos de la justicia de la decisión del rey y se niegan a llevar a cabo la ejecución, probablemente porque la defensa de Ahimelec, en la que asegura al rey su lealtad, es convincente. Asimismo, estos son los sacerdotes del Señor, como Saúl reconoce (22:17) y el narrador lo enfatiza mediante la repetición (22:17, 21). En el material hitita, la lealtad al dios se expresa a través de su representante, el rey. Pero en el caso de Saúl, el Señor lo rechazó como rey en favor de David, así que el Señor no habría considerado a *sus* sacerdotes vinculados a Saúl.[62]

El efod (23:6). David pregunta al Señor mientras está en Keila mediante un efod en posesión del sacerdote Abiatar (cf. 23:9-12). En Ex 28,4-6 y en otros textos, el efod parece ser una prenda sacerdotal o de culto. En algunos casos, como aquí, se utilizaba un efod para obtener un oráculo divino (ver también 1 S 30:7-8). McCarter teoriza que el efod tenía un bolsillo que contenía el Urim y el Tumim (ver comentarios en 1 S 14:41-42; Ex 28:2).[63]

Padre mío (24:11). Saúl es el suegro de David, pero su uso de "padre mío" puede indicar más que este sentido literal. David puede estar dirigiéndose a Saúl como su benefactor y protector (ver el uso del término "padre" en Job 29:16; 31:18; Is 9:6; 22:21) para recordarle su dependencia de él. En su función de protectores de su pueblo, los gobernantes a veces se veían a sí mismos como padres o madres. En una inscripción fenicia del siglo IX a. C., el gobernante Kilamuwa dice: "Para algunos fui un padre; para otros, una madre; y para algunos, un hermano".[64] Asimismo, en una inscripción fenicia de alrededor del año 700 a. C., el gobernante Azitawada dice que su dios Baal "me hizo padre y madre de los denyen".[65]

Un perro muerto (24:14). En el antiguo Israel, los perros no eran mascotas domésticas amistosas, sino carroñeros que viajaban en manada (ver 1 Reyes 22:38; 2 Reyes 9:35-36).[66] El perro se utiliza como metáfora despectiva en textos de todo el mundo del antiguo Cercano Oriente, como Mari, Amarna, Asiria y Laquis.[67]

Tres mil ovejas y mil cabras (25:2). Las ovejas y las cabras eran los animales domésticos más importantes que se criaban en el antiguo Israel. Aunque a menudo las ovejas se asocian con los sacrificios de animales, se criaban principalmente por su lana. El esquileo de las ovejas, que se realizaba durante la primavera, era un acontecimiento festivo. Las cabras se criaban por su leche y también por sus pieles, que se utilizaban para hacer ropa y tiendas.[68]

Uvas pasas . . . higos (25:18). Las uvas pasas y los higos eran particularmente nutritivos y buenas fuentes de energía. En el versículo 30:12, un egipcio famélico que no había comido ni bebido por tres días es revivido al darle agua, parte de un pastel de higo y dos racimos de uvas pasas.[69] Los higos y las uvas pasas habrían sido especialmente valiosas para David y sus hombres, quienes pasaban mucho tiempo viajando.

Ve y sirve a dioses ajenos (26:19). Básicamente, estos hombres le decían a David que fuera a un país extranjero y adorara a otros dioses, lo cual estaba estrictamente prohibido (Dt 11:16; 13:6-18; 17:2-7; Jos 23:16). El supuesto implícito en su actitud era que los dioses tenían jurisdicción sobre áreas geográficas específicas, un punto de vista que caracterizaba al antiguo mundo del Cercano Oriente. El Señor, el Dios de Israel, gobernaba en Israel y Judá, pero Quemos era la deidad patrona de Moab, Dagón gobernaba en el territorio filisteo, etc. David, por supuesto, siempre mantiene su lealtad a Yahveh dondequiera que vaya, pero, cuando es exiliado, no puede participar en la adoración formal al Dios de Israel.[70]

Encantadores y adivinos (28:3,9). La ley mosaica prohibía la nigromancia (Dt 18:9-13), que consistía en conjurar a los espíritus de los muertos para conocer el futuro. En su haber, Saúl había intentado eliminar a los nigromantes (llamados aquí encantadores y adivinos) del país. El primer término que se usa para los nigromantes en 28:3 (*obot*, "encantadores"), cuando se usa en forma singular, se refiere a un pozo utilizado por un encantador para conjurar a los espíritus de los muertos.[71] Saúl pide a sus sirvientes que encuentren a "un dueño de un *ob*" (28:7, traducción literal); le dijo al encantador: "conjura para mí mediante (el uso de) un *ob*" (28:8, traducción literal), y se describe a Samuel como ascendiendo desde el suelo (28:13; cf. 28:8, 14-15). Por extensión, la palabra puede referirse al espíritu que se conjura mediante el uso del pozo (cf. Lv 20:27, que se lee literalmente: "un hombre o una mujer que tiene en su interior un ob", e Is 29:4, que se lee literalmente: "y tu voz será como un ob de la tierra"). Sin embargo, en varios otros textos el término se refiere al encantador, especialmente cuando está en plural y emparejado con "adivinadores", como aquí en 28:3 (ver también 28:9). Como en el caso de la adivinadora de Endor, estos adivinadores intentaban conjurar a los espíritus de los muertos, que hablaban en voz baja desde el pozo (Is. 29:4), quizás incluso a través del aparato vocal del conjurador (Lv 20:27 puede implicar esto).

El segundo término utilizado para los nigromantes en 28:3 (*yiddeonim*, "adivinos") significa literalmente "conocedor(es)". Esto puede significar que el así designado tenía conocimiento de cómo conjurar a los muertos o, habiendo contactado a un espíritu, poseía conocimiento del futuro. En Is 8:19 se describe a estos encantadores/adivinos susurrando y murmurando, sonidos que se asocian en otros lugares con el canto y el arrullo de los pájaros (Is 10:14; 38:14; 59:11). Es probable que se trate del murmullo de los conjuros, utilizados para conjurar a los muertos.

Jehová no le respondió ni por sueños, ni por Urim, ni por profetas (28:6). Como se señaló anteriormente (ver comentarios en 1 S 14:41-42), el Urim, junto con el Tumim, pueden haber sido lotes marcados, u objetos, uno probablemente con un *aleph* inscrito (la primera letra del nombre Urim y del alfabeto hebreo), el otro con un *taw* inscrito (la primera letra del nombre Tumim y la última letra del alfabeto hebreo).[72] Alguien formulaba una pregunta y el Urim/Tumim respondía con un "sí" o un "no". Dado que este dispositivo daría una respuesta directa, es confuso que Saúl no recibiera ninguna. Sin embargo, un ritual similar atestiguado en la antigua Asiria sugiere que uno tenía que recibir la misma respuesta varias veces para que fuera legítima. El ritual asirio consistía en sacar piedras de una bolsa: una piedra blanca significaba "sí", mientras que una piedra negra significaba "no". Kenton Sparks escribe lo siguiente: "Para que el presagio fuera válido, el procedimiento debía repetirse tres veces con el mismo resultado; los resultados mixtos indicaban que no había respuesta de los dioses".[73]

Al parecer, Saúl nunca pudo conseguir que el Urim diera un mensaje congruente.

¿Por qué me has inquietado? (28:15). La respuesta de Samuel sugiere que ha estado descansando o durmiendo. Este mismo verbo hebreo para "inquietar" (*ragaz*) aparece en Is 14:9, donde la llegada del rey destronado de Babilonia "espantó" al Seol, la tierra de los muertos. Los espíritus de los reyes difuntos que ya duermen allí se levantan de sus tronos y se burlan del recién llegado gobernante babilónico. La palabra también aparece en una inscripción de una tumba fenicia del siglo V a. C., en la que se advierte al lector no "inquietar" al que yace en el ataúd (Tabnit, un antiguo rey de la ciudad de Sidón).[74] Isaías 14:9 describe la tierra de los muertos como un lugar en el que los espíritus difuntos están inactivos, reflejando el cadáver en la tumba. Sin embargo, también ocupan posiciones que reflejan su estatus en vida. Esto es coherente con la respuesta de Samuel a Saúl. Se queja de ser inquietado, pero aun así viste su manto profético (28:14). Por supuesto, Jesús aclara posteriormente la naturaleza de la vida después de la muerte (ver Lucas 16:22-26). La descripción de la vida después de la muerte en Is 14:9 y la respuesta de Samuel a Saúl se acomodan a la comprensión del antiguo Israel, esperando una aclaración en el progreso de la revelación.

Montaron sobre los camellos y huyeron (30:17). El arte asirio representa a soldados árabes huyendo en camello de los guerreros asirios. Un jinete controla el camello con un bastón, mientras un segundo jinete dispara flechas a sus perseguidores. Se conocen dos tipos de camellos en el antiguo Cercano Oriente: el dromedario o camello árabe de una joroba y el bactriano de dos jorobas. No se sabe con certeza de qué tipo se trata en cada referencia del A. T. No es extraño que los amalecitas usaran camellos (cf. Jue 6:3-5; 7:12; 1 S 15:3), ya que vivían en la región seca del sur de Israel. Los camellos habrían sido ideales para el transporte en esa zona, ya que pueden beber hasta veintiocho galones de agua y son capaces de viajar aproximadamente de sesenta a setenta y cinco millas en un día.[75]

Saca tu espada, y traspásame (31:4). En el antiguo Cercano Oriente, los reyes capturados a menudo eran tratados con gran crueldad (cf. Jue 1:6-7; 2 Reyes 25:7). El arte asirio lo representa vívidamente, donde los reyes capturados a veces son atravesados con estacas. En este caso, el trato que los filisteos le dan al cadáver de Saúl (31:9-10) demuestra que sus temores de ser torturado están bien fundados.

Le cortaron la cabeza a Saúl (31:9 (NTV)). Era habitual que los guerreros vencedores cortaran las cabezas de sus enemigos derrotados. Hay abundantes pruebas de esta práctica en la literatura y el arte del antiguo Cercano Oriente, así como en la Biblia. En un mito ugarítico, la diosa guerrera Anat ata las cabezas decapitadas de sus enemigos derrotados en un collar.[76] Una escultura asiria muestra al rey Asurbanipal cenando en su sofá mientras la cabeza de un rey elamita derrotado cuelga de un árbol cercano.[77] David cortó la cabeza de Goliat y la conservó como trofeo (1 S17:51, 54).

Los habitantes de la asediada ciudad de Abel arrojaron la cabeza del rebelde Seba desde el muro a Joab (2 S 20:21-22). Cuando Jehú derrocó a Acab, exigió a los habitantes de Samaria que le enviaran las cabezas de los hijos del rey, que luego apiló en dos montones (2 Reyes 10:6-8).

Colgaron su cuerpo en el muro de Bet-sán (31:10). Un texto egipcio que describe las hazañas de Amenofis II (1450-1425 a. C.) señala cómo colgó los

El rey asirio Asurbanipal se sienta en el jardín con la reina mientras la cabeza de su enemigo cuelga de uno de los árboles cercanos

cuerpos de sus enemigos en un muro como prueba tangible de su victoria.[78]

Tomaron los cuerpos . . . los incineraron . . . los enterraron (31:12-13 (NIV)). La cremación no era común en el antiguo Israel, aunque la incineración se menciona como una forma de ejecución (Lv 20:14; 21:9; Jos 7:25). En el caso de Saúl y sus hijos, los cuerpos en descomposición fueron quemados y luego los huesos fueron enterrados. Esto probablemente era un esfuerzo de purificar los cuerpos porque habían sido gravemente profanados.[79]

2 Samuel

Las hijas de los filisteos se alegrarán (1:20 (NTV)). Hay varios ejemplos en la Biblia de mujeres jóvenes celebrando las hazañas de los guerreros (Jue 11:34; 1 S 18:6-7).

Montes de Gilboa, Ni rocío ni lluvia caiga sobre vosotros (1:21). Ya que Gilboa fue el lugar de la violenta muerte de Saúl, David maldice a las montañas. En el pensamiento de David, la tierra ha sido profanada por la sangre derramada en ella (cf. Is 24:4-11; 26:21). Según Nm 35:33-34, la sangre derramada contamina la tierra. Del mismo modo, en la historia ugarítica de Aqhat, su muerte injusta a manos de la diosa Anat hace que el padre de Aqhat pronuncie una maldición. "Pronunció un conjuro sobre las nubes en el calor de la estación, sobre la lluvia que las nubes vierten sobre los frutos del verano, sobre el rocío que cae sobre las uvas". Esto hace que Baal retire la fertilidad, de modo que "no hay rocío, ni lluvias, ni surgimiento (de agua) de las profundidades,

Montañas de Gilboa

ni la buena voz de Ba'alu".[80]

El escudo de Saúl, como si no hubiera sido ungido con aceite (1:21). Los escudos solían ser de madera recubierta de cuero, que había que tratar con aceite para mantenerlos listos para la batalla.[81] La referencia al escudo sin aceite de Saúl es una forma poética de decir que ya no luchaba en las guerras de Israel.

Más maravilloso me fue tu amor (1:26). Como se señaló anteriormente (ver comentarios en 1 S 18:1, 16), el amor entre David y Jonatán era una lealtad mutua sellada por un pacto entre ellos (cf. 1 S 20:16-17).[82] Cuando David menciona que el amor de Jonatán era mayor que el de las mujeres, no sugiere que era de naturaleza sexual. Por el contrario, solo declara que el amor (lealtad) de Jonatán era más fuerte y más duradero que el amor (en el sentido romántico) que recibía de las mujeres.[83]

Que se levanten ahora los jóvenes y compitan (2:14 (LBLA)). La descripción de Abner de este encuentro sugiere que esto era para el entretenimiento. El verbo traducido como "competir" (NTV: "enfrenten aquí cuerpo a cuerpo"), en realidad significa "hacer deporte, entretener". Es posible que Abner hablara de forma eufemística, ya que se trataba de un "entretenimiento" mortal que precipita una batalla (2:17). Es probable que este concurso de campeones sea una variante de la práctica del combate individual (ver comentarios en 1 S 17:8). Tal vez este encuentro entre representantes de los ejércitos enfrentados tenía por objeto resolver un conflicto sin que se librara una batalla sangrienta. En este caso, el resultado fue un empate; los veinticuatro combatientes murieron.[84]

Abner le clavó la parte trasera de su lanza en el estómago (2:23 (NTV)). Como atestigua la arqueología, las lanzas tenían una cubierta metálica puntiaguda al final de la parte trasera que le daba a la lanza el equilibrio adecuado para lanzarla y también permitía clavarla en el suelo. Asael no chocó con una culata de madera sin filo, sino con una punta de metal puntiaguda, que lo atravesó por la fuerza del impulso.[85]

Ahinoam . . . Abigail . . . Maaca (3:2-3). Como era típico de los reyes del antiguo Cercano Oriente, David comienza a construir un harén. Una de sus esposas es Maaca, la hija del rey Talmai de Gesur, ubicado al este del río Jordán, al norte del mar de Galilea.

El rival de David por el trono de Israel, el hijo de Saúl, Isbaal, reclamaba la jurisdicción sobre Gesur (2:9). Es probable que el matrimonio de David con

Maaca tenga una motivación política, diseñada para promover sus intereses reales en Gesur y contrarrestar la influencia de Isbaal allí. En el antiguo Cercano Oriente, los reyes solían concertar este tipo de matrimonios con las hijas de los reyes vecinos en un esfuerzo por consolidar las alianzas.[86]

¿Por qué te acostaste con la concubina de mi padre? (3:7 (DHH)). En este primer periodo de la historia de Israel, las concubinas de un rey eran entregadas a su sucesor (2 S 12:8; 16:21-22; 1 Reyes 2:13-25). Así que Isbaal acusa a Abner de conspirar para derrocarlo como rey.

Restitúyeme mi mujer Mical (3:14). En el contexto de la ley del antiguo Cercano Oriente, David estaba dentro de sus derechos.[87] Las Leyes de Ešnunna le permitían a un hombre reclamar a su esposa si había abandonado su país involuntariamente como cautivo.[88] Del mismo modo, el Código de Hammurabi permitía a un hombre, si abandonaba su país involuntariamente, reclamar a su esposa una vez que regresara, incluso si se había vuelto a casar y tenía hijos de su segundo esposo. Sin embargo, si abandonaba voluntariamente su ciudad, no podía reclamar a su esposa a su regreso.[89] Se podría decir que David se fue voluntariamente, pero en realidad fue obligado por Saúl.

Por esta razón, la ley de las segundas nupcias en Dt 24:1-4 no aplica en el caso de David. Esta ley contempla una situación en la que un hombre se divorcia de una mujer que luego se casa con un segundo esposo. Si el segundo esposo se divorcia de ella o muere, el primer esposo no puede volver a casarse con la mujer. La ley no se aplica en el caso de David porque aparentemente él nunca aceptó el divorcio de Mical; Saúl simplemente se la quitó mientras estaba fugitivo y se la dio a otro hombre.[90]

Quienes manejen el huso (3:29 (BLP)). Como es típico en las maldiciones del antiguo Cercano Oriente, David hace recaer un severo juicio sobre Joab por su crimen de asesinato. La declaración en 3:29 traducida en la NTV como "que camine con muletas" se traduce mejor como "quienes manejen el huso" (BLP, BLPH). La palabra hebrea (*pelek*) se refiere a un huso utilizado para tejer (Pr 31:19). El término también se utiliza para referirse a un huso en las lenguas afines fenicia y ugarítica.[91]

Aparentemente, dado que típicamente las mujeres tejían, David ora para que al menos algunos de los descendientes de Joab no sean aptos para el trabajo típicamente masculino, ya sea por su disposición

Una mujer de la realeza con un huso (de Susa)

o por una discapacidad.[92] Philips Long compara la maldición de David con un juramento de un soldado hitita que data del segundo milenio a. C. Si un soldado rompe su juramento de lealtad al rey, la maldición que lo acompaña hace que sus tropas se conviertan en mujeres cuyas armas son sustituidas por "la rueca y el huso". [93]

Los colgaron sobre el estanque en Hebrón (4:12). David ordenó ejecutar a los asesinos Recab y Baana y cortarles las manos y los pies. El texto hebreo dice en este punto: "y les cortaron las manos y los pies y los colgaron cerca del estanque de Hebrón". No hay un objeto indicado para el verbo "colgaron", por lo que no estamos seguros de si se exhibieron las manos/pies o los cadáveres mutilados. En cualquier caso, esta exhibición pública duró probablemente solo unas horas, ya que Dt 21:22-23 prohíbe colgar un cadáver en público durante la noche.[94]

Tú apacentarás a mi pueblo (5:2). A lo largo del mundo del antiguo Cercano Oriente, los reyes eran considerados pastores de sus pueblos designados divinamente.[95] Por ejemplo, un texto sumerio cuenta cómo el dios Enlil eligió a Shulgi (2094-2047 a. C.) como rey-pastor: "Enlil eligió a Shulgi en (su) corazón puro, le confió el pueblo. Colgó en su brazo la cuerda de plomo y el bastón: él es (en adelante) el pastor de todas las tierras".[96] Según un texto babilónico, el dios Ea permitió al rey Ammi-ditana (1683-1647 a. C.) pastorear a su pueblo. El rey los condujo a "buenos pastos y abrevaderos" e hizo que "se acostaran en pastos (seguros)".[97] La metáfora real de un pastor era adecuada, ya que un rey, como un pastor, era responsable de la seguridad de los que le habían sido confiados.

Jebuseos (5:6). Ver comentarios en Jos 9:1; Jue 1:21; ver el artículo "Los cananeos y la religión cananea". Los jebuseos eran uno de los grupos que ya habitaban en Canaán cuando comenzó la conquista. Usualmente son incluídos en el término colectivo y más general "cananeos".

Consultó David a Jehová (5:19,23). Este tipo de oráculos, pronunciados por una deidad a un rey, eran comunes en el antiguo Cercano Oriente. Por ejemplo, la diosa Ishtar aseguró al rey asirio Asarhaddón: "¡No temas, oh rey! Porque te he hablado (en un oráculo), no te abandonaré. Porque te he animado, no dejaré que te avergüences. Te ayudaré a cruzar el río con seguridad. [...] Con mis propias manos, aniquilaré a tus enemigos. [...] Oh Asarhaddón, en Arbela, soy tu buen escudo". [98] El rey Zakkur de Hamath, cuando fue asediado por sus enemigos, apeló a su dios Ba'lshamayn, quien le respondió, a través de "videntes y adivinos": "¡No temas! Ya que te he hecho [rey, estaré] a tu lado. Te salvaré de todos [estos reyes que] te han asediado". Informa que su dios le "respondió". [99] El rey egipcio Ramsés III, tras una victoria, alabó a su dios: "He vuelto con valor, mis brazos (cargados) de cautivos [...] por el decreto que salió de tu boca. Lo que has prometido se ha cumplido".[100]

Jehová saldrá delante de ti (5:24). El concepto de una deidad que marcha delante del líder designado también aparece en la estela de Tel Dan, en donde el autor declara que su dios Hadad fue delante de él a la batalla.[101]

Las ruinas de una puerta de una ciudad en Nínive.

Metieron, pues, el arca de Jehová . . . sacrificó David holocaustos . . . a cada uno ... una torta de pasas (6:16-19). Este protocolo está atestiguado en las inscripciones asirias. Cuando Asurnasirpal II (883-859 a. C.) dedicó su palacio en su nueva capital, Calah, invitó a Assur y a los demás dioses a la ciudad y les ofreció abundantes sacrificios. También invitó a miles de invitados a un banquete. Cuando Sargón II (721-705 a. C.) completó su ciudad real, al igual que Asurnasirpal antes que él, invitó a Assur y al resto de los dioses de Asiria a la ciudad, les ofreció sacrificios y celebró un banquete real. Senaquerib (740-681 a. C.) siguió el mismo protocolo cuando dedicó Nínive como su ciudad real, al igual que Esar-hadón (680-669 a. C.) cuando restauró el palacio de Nínive. Tal vez el paralelismo más sorprendente con 2 S 6 es el relato de cómo Asurnasirpal (668-627 a. C.) trajo a Marduk, la deidad patrona de Babilonia, de vuelta a su ciudad tras un exilio de once años en Asiria. Hubo un gran regocijo a lo largo de la ruta de la procesión, y se ofrecieron sacrificios a distancias prescritas a lo largo del camino.[102]

Jehová te hace saber que él te hará casa . . . Y será afirmada tu casa y tu reino para siempre delante de tu rostro (7:11,16). Algunos han comparado la promesa del pacto de Dios a David con las concesiones reales atestiguadas en el antiguo Cercano Oriente, especialmente en los textos hititas. En estas concesiones, un rey otorgaba a un súbdito una dinastía y/o una tierra. Moshe Weinfeld propuso que la promesa davídica sigue el modelo de las concesiones promisorias, que, aunque típicamente condicionales, podían ser incondicionales en casos especiales.[103] Por otro lado, Gary Knoppers sostiene que el pacto davídico difiere de las concesiones en su estructura, forma y contenido.[104] Aunque las concesiones son, en su mayor parte, condicionales, Knoppers reconoce que existen paralelismos entre la formulación del pacto davídico en 2 S 7 (y Sal 89) y el tratado hitita de Tudhaliya IV con Ulmi-Teshup.

En ambos casos, se asegura la continuidad de la dinastía, incluso si un hijo es desobediente y debe ser severamente disciplinado.[105] Del mismo modo, en el tratado de Tudhaliya con Kurunta, éste asegura a Kurunta que "no echará a su hijo", aunque éste peque y sea sometido a una severa disciplina. El hijo desobediente no perderá su "casa" (dinastía) ni sus tierras; éstas deberán ser entregadas a su descendiente directo.[106] No obstante, hay que señalar que este tratado prevé la destrucción de Kurunta y su posteridad si se rebela contra Tudhaliya o sus descendientes que le sucedan en el trono.[107]

Desjarretó David los caballos de todos los carros, pero dejó suficientes para cien carros (8:4). Los carros tirados por caballos eran una parte esencial de los ejércitos del Cercano Oriente y eran muy valorados por los reyes. Por ejemplo, en la epopeya ugarítica de Kirta, el rey Pabil ofrece a Kirta plata, oro, esclavos, caballos y carros de combate si pone fin al asedio de la ciudad de Pabil. El A. T. describe con frecuencia a los ejércitos poderosos, incluidos los de Egipto, Asiria y Babilonia, con caballos *y* carros. El caballo era un símbolo de poderío militar, y su propio aspecto y sus ademanes infundían temor en el corazón de los atacados (Jer 8:16; Hab 1:8). Debido a su importancia militar, el caballo se consideraba una garantía de seguridad (Is 30:16) y un objeto de confianza (Sal 20:7). En la inscripción fenicia de Karatepe, Azitawaddu se jacta de haber "adquirido caballo sobre caballo" con la ayuda de Baal y los dioses.[108] Sin embargo, el Señor quería que su pueblo confiara en su capacidad de protección y liberación, no en los caballos y carros. Moisés instó a Israel a no temer a los caballos ni a los carros y les aseguró que el Señor les daría la victoria en la batalla (Dt 20:1). La ley de Moisés prohibía explícitamente al rey de Israel acumular caballos y desarrollar una fuerza de carros (Dt 17:16). David fue fiel en este respecto. En lugar de quedarse con los caballos del enemigo derrotado y crear una fuerza de carros propia, inutilizó todos los caballos menos cien, que quizá utilizó para fines no militares.

Hanún . . . les rapó la mitad de la barba, les cortó los vestidos (10:4). El trato de Hanún a los siervos de David es particularmente humillante en una cultura en donde las barbas eran una fuente de identidad masculina y la desnudez pública era considerada vergonzosa (Is 20:4).

Pero lo que hacía la acción especialmente insultante era que los mensajeros representaban a quien los enviaba y debían ser tratados con el mismo respeto que su señor. Por eso el ángel del Señor habla a veces como Dios (Gn 31:11-13; Jue 2:1-3), y los humanos que se encuentran con el ángel reaccionan a veces como si hubieran visto al propio Dios (Gn 16:13; Jue 6:22; 13:22). En el mito ugarítico de Baal, los mensajeros del dios Yam entran en la asamblea divina, se niegan a inclinarse ante El e informan las palabras de su señor. El dios El se dirige a ellos como

Un mural de bajorrelieve de Asiria que representa a un rey en su carro.

Yam y les habla como si estuviera hablando directamente con Yam.[109] Cuando Hanún humilla a los mensajeros de David, insulta al propio David y a la nación que gobierna. Esto explica por qué David considera el insulto como un acto de agresión y responde militarmente.

Una estatuilla de arcilla de una mujer bañándose).

David . . . se paseaba sobre el terrado (11:2). El terrado del palacio de David, como el terrado de una típica casa israelita, era plano, lo que permitía que alguien caminara sobre él. Durante el clima cálido, a veces la gente dormía en el terrado.[110]

Vio a una mujer que se estaba bañando (11:2 (NVI)). Puede que Betsabé estuviera sentada en una bañera. Una estatuilla de arcilla encontrada en Aczib que data del siglo VIII o VII a. C. muestra a una mujer bañándose sentada en una bañera ovalada.[111] Probablemente, Betsabé se purifica de su impureza menstrual. Según Lv 15:19-24, una mujer con la menstruación era ritualmente impura durante siete días. Quizás es justo después de esto que David tiene relaciones con ella.

Pasado el luto (11:27). El periodo de luto probablemente duraba 7 días (Gn 50:10; 1 S 31:13 = 1 Cr 10:12).[112]

Debe pagar la cordera con cuatro tantos (12:6). Éxodo 22:1 provee el contexto legal de la decisión de David: "Si alguien roba un toro o una oveja, y lo mata o lo vende, deberá devolver cinco cabezas de ganado por el toro, y cuatro ovejas por la oveja" (NVI). El cumplimiento del castigo autoproclamado por David llega en los capítulos siguientes, ya que pierde cuatro hijos: el hijo anónimo al que da a luz Betsabé, Amnón, Absalón y Adonías.

Te di . . . las mujeres de tu señor en tu seno (12:8). En el antiguo Cercano Oriente era habitual que un rey heredara el harén de su predecesor.[113] En el marco del contexto cultural de la época, el Señor no está avalando la poligamia, sino que simplemente le recuerda a David todo lo que le ha dado.

Yo voy a él, mas él no volverá a mí (12:23). La declaración de David refleja la visión típica de la vida después de la muerte de esta cultura en esta época. David comprendió que nadie regresa de la tierra de los muertos. El paso entre los reinos de los vivos y de los muertos es estrictamente unidireccional.

En los antiguos textos mesopotámicos, el mundo subterráneo de los muertos se llama "la tierra sin retorno". Siete puertas se cierran detrás del que entra en esta tierra, impidiendo el regreso a la tierra de los vivos.[114]

Rabá de los hijos de Amón (12:26). El sitio está ubicado en la ciudad moderna de Amán, la capital de Jordania. Sobre los amonitas, ver comentarios en Gn 19:37-38.

Joab . . . tomó las fortificaciones reales (12:26 (NTV)). A veces las ciudades tenían una fortaleza real altamente fortificada y situada en un terreno escarpado sobre la ciudad propiamente dicha. En este caso, Joab tomó la fortaleza, pero dejó el resto de la ciudad para que David la conquistara (12:28).[115]

No sea que tome yo la ciudad y sea llamada de mi nombre (12:28). Los conquistadores a veces cambiaban el nombre de una ciudad, indicando que ahora les pertenecía (Nm 32:42). Puede que Joab tenga eso en mente, o puede referirse a algún tipo de ceremonia en la que se invoca el nombre del conquistador sobre la ciudad derrotada para señalar que ahora la posee oficialmente.[116] El texto hebreo dice aquí literalmente: "De lo contrario, tomaré la ciudad y mi nombre será invocado sobre ella". En cualquier caso, a Joab le preocupaba que él, el general del ejército, fuera visto como el conquistador de la ciudad, en lugar del rey David.

Te ruego pues, ahora, que hables al rey, que él no me negará a ti (13:13). La propuesta de Tamar es difícil de armonizar con la ley mosaica, que prohibía a un hombre tener relaciones sexuales con su hermana o hermanastra. La violación de esta ley era un delito grave, quizá incluso capital (Lv 18:9, 11; 20:17; Dt 27:22; cf. Ez 22:11). Es posible que esta ley no se cumpliera en esta época.

Mayor mal es este de arrojarme (13:16). La petición de Tamar parece reflejar Dt 22:28-29, que dice que la violación de una virgen, aunque no es un crimen capital, requiere que el culpable pague una multa y se case con la víctima. Esta ley parece extraña e incluso cruel para los lectores modernos. Aunque no refleja la norma moral perfecta de Dios, proporciona cierta protección a la mujer en esta sociedad dominada por los hombres con sus tabúes. Después de ser violada, la mujer sería vista como un bien dañado y no podría encontrar un marido. Esta ley aseguraba que una mujer en tales circunstancias estuviera al menos protegida económicamente. Sabiendo esto, Tamar se da cuenta de que el matrimonio con Amnón sería su única oportunidad de salvar su futuro. Por supuesto, su propuesta parece suponer que tal matrimonio no violaría las prohibiciones de tener relaciones sexuales con la hermana de uno (ver comentarios en 2 S 13:13).

Tamar se puso ceniza sobre la cabeza, rasgó el vestido de manga larga que llevaba puesto (13:19 (NBLA)). Tamar, en su desesperación, se pone ceniza en la cabeza, se rasga el vestido largo que simboliza su virginidad (13:18) y se coloca la mano (el texto hebreo tiene "mano", en singular, en 13:19) en la cabeza mientras camina lamentándose.

Ponerse ceniza en la cabeza y rasgarse la ropa eran ritos típicos de duelo (1 S 4:12; 2 S. 1:11), y la vestidura rasgada simbolizaba además la violación de su virginidad. Poner la mano en la cabeza mientras se camina también simbolizaba el dolor del duelo. En el relato egipcio "Los dos hermanos", que data de alrededor del año 1225 a. C., el hermano mayor se lamenta de la separación de su hermano menor embadurnándose de tierra y poniéndose la mano en la cabeza al volver a su casa.[117]

El rey es como un ángel de Dios para discernir entre lo bueno y lo malo

(14:17). La mujer de Tecoa compara a David con un ángel que posee sabiduría y puede discernir entre el bien y el mal. Se trata de una cualidad que posee intrínsecamente Dios como creador y que ha concedido a su séquito de ángeles (cf. Gn 3,5.22). En Pr 30:2-4, Agur admite que es un mero ser humano y que no posee la sabiduría sobrenatural que caracteriza a "los santos" (la forma es plural en hebreo) que rodean el trono celestial de Dios (cf. Job 15:15; Sal 89:5-7; Dn 8:13; Zac 14:5). Del mismo modo, en la antigua epopeya mesopotámica de Gilgamesh, Enkidu, como Tarzán, ha adquirido una nueva sabiduría que lo convierte en divino a los ojos de los demás. La mujer responsable de ayudarlo a alcanzar este estatus le dice: "¡Eres sabio, Enkidu, te has vuelto como un dios!".[118]

Ojalá me pusieran por juez en el país (15:4 (NVI)). Absalón se presenta ante el pueblo como un campeón de la justicia, en contraste, enfatiza, con la fallida administración de su padre. En el antiguo mundo del Cercano Oriente, una de las principales responsabilidades de un rey era promover y ejecutar la justicia en su reino.[119] Si un rey no lo hacía, se le consideraba incapaz de gobernar. Una buena ilustración de esto puede verse en la epopeya ugarítica de Kirta, que cuenta cómo el hijo del rey Kirta acusa a su padre enfermo de descuidar la justicia y declara su intención de ocupar el trono: "Dejas que tus manos se aflojen; no juzgas el caso de la viuda, no tomas una decisión respecto a los oprimidos y no expulsas a los que se aprovechan de los pobres. Ante ti no alimentas al huérfano, a tus espaldas a la viuda. [...] Así que desciende de tu realeza, yo reinaré".[120]

Simei . . . y salía maldiciendo (16:5-13). Esto no se refiere a gritar obscenidades o usar un lenguaje profano, como en el inglés moderno. Una "maldición" era una apelación formal a Dios para que hiciera caer el juicio sobre el que era maldecido, cuya culpa se asumía. Por ejemplo, en 2 Reyes 2:24, Eliseo "maldijo" "en el nombre del Señor" a los muchachos que lo insultaban, e inmediatamente aparecieron dos osos que los mutilaron. Simei está convencido de que David es culpable de asesinar a miembros de la casa real de Saúl, por lo que invoca a Dios para que juzgue a David.

Husai arquita, amigo de David (16:16). Aunque algunas traducciones se refieren a Husai como "amigo de David", la expresión no se refiere simplemente a la amistad tal y como se piensa hoy en día. La expresión utilizada aquí es probablemente un título oficial para el "confidente" o "consejero privado" del rey. Un título similar aparece en los textos egipcios, y tal cargo aparece en 1 Reyes 4:5, donde el sacerdote Zabud, el consejero cercano del rey, es llamado "amigo del rey".[121]

Absalón . . . se llegó Absalón a las concubinas de su padre, ante los ojos de todo Israel (16:21-22). Para demostrar que es el nuevo rey, Absalón toma a las concubinas de David como propias y se acuesta con ellas. Esta práctica está atestiguada en otros lugares del antiguo Cercano Oriente. Por ejemplo, el rey asirio Senaquerib (704-681 a. C.) tomó como botín de guerra a las concubinas (literalmente, "mujeres del palacio") tanto de Ezequías, rey de Judá, como de Merodac-Baladán, gobernante babilónico.[122]

Todos los de Israel llevarán sogas a aquella ciudad, y la arrastraremos (17:13). La referencia a las cuerdas puede aludir al uso de "garfios unidos a cuerdas " para derribar las murallas de la ciudad.[123] Era una práctica común arrasar una ciudad y reducirla a escombros después de una batalla, especialmente si la ciudad era considerada rebelde (cf. Jue 9:45; 20:48; 1 Reyes 20:10; 2 Reyes 3:25; 8:12; 25:10).[124]

Absalón quedó suspendido entre el cielo y la tierra; y el mulo en que iba pasó delante (18:9). Mientras Absalón huye de los hombres de David, su cabeza queda atrapada en un árbol. La tradición dice que su cabello se enredó en las ramas. La mula de Absalón se escapa por debajo de él, dejándolo colgado en el aire. La mula es una montura real (13:29), por lo que este incidente tiene un significado simbólico. Al igual que Absalón pierde su mula, está a punto de perder el trono que le robó a su padre.[125]

Levantaron sobre él un montón muy grande de piedras (18:17). Esta puede haber sido una forma de entierro para los enemigos malditos. Tanto Acán como el rey de Hai fueron enterrados de esta manera (Jos 7:26; 8:29). Estos son los únicos otros casos de esta forma de entierro en el A. T. Un incidente similar se describe en Jos 10:27, donde Josué enterró a cinco reyes enemigos en una cueva y luego cubrió la entrada con grandes piedras.[126]

Aborreciendo a los que te aman (19:6). Joab utiliza "amor" y "odio" en su sentido pactado de lealtad/deslealtad. La respuesta de David sugiere que es más leal al desleal Absalón que a sus fieles soldados. Una buena ilustración del uso de la terminología amor/odio en este sentido puede verse en las cartas de Amarna, donde Abdi-Heba de Jerusalén pregunta al comisario del faraón: "¿Por qué amas a los apiru pero odias a los alcaldes?".[127]

Trabajo forzado (20:24 (NVI)). A lo largo del mundo del antiguo Cercano Oriente, los reyes utilizaban cuadrillas de trabajo forzado para proyectos de construcción. Normalmente, estas cuadrillas estaban formadas por prisioneros de guerra y delincuentes. No se especifica la composición exacta de las cuadrillas de trabajos forzados de David, pero posteriormente su hijo Salomón utilizó a los descendientes de los cananeos que Israel no había exterminado (1 Reyes 9:20-21). Según 1 Reyes 9:22, no asignó israelitas a estas cuadrillas de trabajo, pero 1 Reyes 5:13-18 indica que se utilizaron israelitas como canteros para tareas especiales.[128]

Hubo hambre en los días de David por tres años consecutivos (21:1). El tratado gabaonita, que Saúl violó, estaba protegido por un juramento y las "maldiciones" que lo acompañaban (ver comentarios en Jos 9:18; 9:21). El crimen de Saúl trajo el hambre a la tierra, que era una maldición típica en los tratados semíticos occidentales.[129] Hay un paralelo a esta hambruna en la literatura hitita del siglo XIV a. C.[130] Los hititas sufrieron una plaga durante varios años. Cuando el rey consultó al dios de la tormenta, se le informó de que su padre había violado un tratado de paz con los egipcios. El rey hitita confesó este pecado a su dios, presentó sacrificios y se ofreció a compensar la transgresión.

Dénsenos siete varones de sus hijos, para que los ahorquemos (21:6-9). Cuando David pregunta a los gabaonitas cómo pueden apaciguarse, éstos exigen que se les entreguen siete descendientes de Saúl. Los gabaonitas los ejecutan y luego dejan sus cadáveres expuestos. En violación del antiguo tratado de Israel con los gabaonitas, Saúl había intentado exterminarlos. La continuación de su linaje estaba en peligro, hasta el punto de que su posición en Israel estaba amenazada. Así que, desde la perspectiva de los gabaonitas, solo era justo que el castigo disminuyera a su vez el linaje de Saúl.[131] Esto podría parecer una violación de Dt 24:16, que establece que los hijos no deben ser castigados por los pecados de sus padres. Sin embargo, el Señor advirtió a sus enemigos que su pecado tendría consecuencias negativas en sus familias durante toda su vida (Ex 20:5; 34:7; Nm 14:18).

Hay varios incidentes en los que el castigo de Dios incluyó a los hijos del pecador. Por ejemplo, la tierra se tragó a los hijos de Datán y Abirán cuando Dios juzgó a sus padres rebeldes (Nm 16:27, 32). Los hijos de Acán fueron ejecutados junto con su padre desobediente (Jos 7:24-26). De acuerdo con el castigo autoimpuesto por David, el Señor quitó la vida a cuatro de sus hijos por su pecado contra Urías (2 S 12:5-6, 10; cf. 12:14-15; 13:28-29; 18:15; 1 Reyes 2:25). En cada caso el pecador se rebeló descaradamente contra Dios. Lo mismo ocurre en 2 S 21, pues el Señor fue el garante del tratado con los gabaonitas. Cuando Saúl pecó contra los gabaonitas, se rebeló contra Dios. Aparentemente, en estos casos en los que se trataba de una rebelión flagrante contra Dios, el Señor, como fuente de toda vida y el que concede los hijos como bendición, estaba justificado para castigar a los hijos del pecador y quitarle su bendición.

Hay un precedente de esto en las leyes hititas relativas al sacrilegio. Jacob Milgrom explica que en las leyes hititas, que tratan de la "apropiación indebida de los santuarios", hay tres formas de castigo: (1) "muerte por los dioses (colectiva: la familia)", (2) "muerte por los humanos (colectiva)" y (3) "muerte por los humanos (solo criminal)".[132] Explica que "si los dioses hititas son los que castigan, no solo se mata al infractor sino también a su familia".

Por el contrario, si "las autoridades jurídicas condenan al delincuente, ejecutarán solo al criminal y no incluirán a su familia". Sin embargo, existe una excepción a esto último: "las autoridades pueden ejecutar a un delincuente junto con su familia, solo si el culpable ha sido *condenado* por los dioses (por ordalía o por oráculo)".[133] El crimen de Saúl encaja en la segunda categoría de Milgrom, ya que Dios condenó a Saúl a través de un oráculo dado a David (2 S 21:1). Según las categorías de Milgrom, el juicio sobre Datán y Abirán, así como el castigo de David, corresponderían a la categoría 1, y el castigo de Acán y Saúl a la categoría 2 (observe el reparto de la suerte en el caso de Acán

[Jos 7:16-18] y el oráculo en el caso de Saúl [2 S 21:1], ¡sin mencionar la hambruna!) Milgrom afirma que "la ley israelita opera con dos postulados: (1) los pecados contra Dios no son castigados por los seres humanos; y (2) el castigo colectivo es un derecho divino que no puede ser usurpado por los seres humanos".[134]

E inclinó los cielos, y descendió; Y había tinieblas debajo de sus pies. . . se encendieron carbones ardientes (22:10,13). La descripción del Señor tronando en las nubes de tormenta y lanzando rayos (22:8-16) tiene numerosos paralelos en la literatura del antiguo Cercano Oriente. Este tipo de imágenes se utilizan para las deidades de las tormentas y también aparecen en los anales reales, donde los reyes guerreros utilizan este tipo de lenguaje para describir sus proezas y hazañas en la batalla.[135] Los mitos ugaríticos describen al dios cananeo de la tormenta Baal sacudiendo la tierra con sus truenos. Se le llama "jinete de las nubes" y lanza rayos a sus enemigos.[136]

Y cabalgó sobre un querubín, y voló (22:11). La imagen del Señor montando querubines (en este caso, un querubín) y elevándose sobre las alas del viento puede parecernos extraña, pero es similar a la forma en que se representaba a las deidades de la tormenta en la cultura. En otras partes de la Biblia se describe a los querubines como criaturas con alas que poseen características tanto humanas como animales (Ex 25:20; 37:9; 1 Reyes 6:24-27; Ez 10:8, 19). Aquí, en 22:11, el paralelismo poético sugiere que el querubín es una personificación del viento, que lleva al Señor como un carro (Sal 104:3). Hay numerosos casos en la literatura y el arte del antiguo Cercano Oriente de deidades que montan tanto bestias como el viento. Por ejemplo, el dios sumerio Ishkur cabalga sobre la tormenta y un gran león, y domina los siete vientos como si fueran un grupo de animales.[137]

En la epopeya de Atrahasis, la historia babilónica del diluvio, el dios de la tormenta monta un carro que es arrastrado por los cuatro vientos.[138]

Jehová me ha premiado conforme a mi justicia (22:21-25). En estos versículos David afirma su lealtad al Señor como la base de su liberación. Esta noción de que las deidades premiaban a los siervos fieles se atestigua a lo

Una escultura fenicia de marfil de un ser parecido a un querubín

largo de la literatura del antiguo Cercano Oriente. Por ejemplo, en la carta de Sargón II a Assur, él afirma que es leal a los dioses. Él "observa cuidadosamente la ley de Shamash" (el dios del sol que promueve la justicia) y espera "con reverencia la palabra de los grandes dioses, sin violar nunca sus ordenanzas". Su compromiso con la justicia hace que los dioses lo apoyen.[139]

Contigo desbarataré ejércitos . . . Perseguiré a mis enemigos, y los destruiré (22:30-46). David cuenta cómo el Señor lo entrenó para la batalla, le aseguró la victoria y le permitió abatir a sus enemigos en el campo de batalla. Este relato de la victoria del rey con ayuda divina en la batalla tiene numerosos paralelos en textos del antiguo Cercano Oriente de diversos períodos cronológicos y ubicaciones geográficas. Entre ellos se encuentran el gobernante sumerio Shulgi (2094-2047 a. C.), el faraón egipcio Ramsés II (1290-1224 a. C.), el rey asirio Asurnasirpal II (883-859 a. C.), el rey moabita Mesa (830 a. C.) y el gobernante asirio Sargón (721-705 a. C.).[140]

Con mi Dios asaltaré muros (22:30). El verbo hebreo utilizado aquí significa "asaltar, saltar". Para enfatizar la autorización de Dios, David se describe a sí mismo saltando sobre el muro de la ciudad enemiga. Descripciones hiperbólicas similares aparecen en los anales asirios de Asurnasirpal II y de Sargón.[141] Asurnasirpal afirmó que sus guerreros "volaron" como un pájaro contra una poderosa ciudadela que "tenía la forma de un pico de montaña" y "se cernía como una nube en el cielo". Sargón informó que su ejército saltó a través del río Pequeño Zab como si fuera una simple "zanja".

Adiestra mis manos para la batalla (22:35). David enfatiza que el Señor es responsable de su éxito. Dos bajorrelieves egipcios lo ilustran muy bien.[142] En uno, el dios Seth está de pie detrás del joven Tutmosis III con sus manos en el hombro y el brazo mientras le enseña al rey a disparar un arco. La segunda muestra al dios Month ayudando a Tutmosis IV a disparar su arco desde su carro.

Me diste asimismo el escudo de tu salvación (22:36). La imagen de un rey recibiendo un arma de su Dios es común en el antiguo Cercano Oriente y se usaba para enfatizar el papel de la deidad en la victoria del rey.[143] En un bajorrelieve de Medinet Habu, Ramsés III recibe una hoz-espada del dios Amón. En la inscripción que lo acompaña, Amón le dice al rey: "Toma la espada, hijo mío, mi amado, para que puedas herir las cabezas de los países rebeldes".[144] En otra inscripción Amón le dice a Ramsés III: "Te doy mi espada como un escudo para tu pecho, mientras sigo siendo la protección (mágica) de (tu) cuerpo en cada pelea". [145]

Los reyes asirios reciben arcos y jabalinas de sus dioses antes de la batalla. Senaquerib describe sus preparativos de batalla de la siguiente manera: "El poderoso arco que me había dado Asur, lo tomé en mis manos; la jabalina, que atraviesa la vida, la agarré". En otro texto recuerda: "Assur e Ishtar me han dado un arma invencible y han abierto mi mano para la destrucción de los enemigos de Asiria". Asarhaddón afirma: "Ishtar, reina de la batalla y de la guerra, un arco poderoso, una jabalina monstruosa, me dio como regalo".[146]

Mis enemigos . . . Caerán debajo de mis pies (22:38-39). Los enemigos derrotados de David se arrastran a sus pies al reconocer su soberanía. Los paralelos abundan en los relatos de batallas del antiguo Cercano Oriente. Por ejemplo, el dios egipcio Amón le dice a Tutmosis III: "Hago que tus enemigos caigan bajo tus sandalias".[147] Se dice de Ramsés III lo siguiente: "En cuanto a los rebeldes que nunca conocieron Egipto, oyen hablar de su fuerza, vienen con alabanzas, estremeciendo su cuerpo ante la (mera) mención de él, saludan con el corazón por el terror que les produce". El rey asirio Sargón, después de una campaña victoriosa, se jacta de que los príncipes sometidos fueron vencidos por su "imponente esplendor", cayeron ante él, le "rogaron" que les "perdonara la vida" y le besaron los pies.[148]

Como la luz de la mañana al amanecer (23:4 (NTV)). David cita al Señor diciendo que un gobernante justo que teme a Dios es "como la luz de la mañana al amanecer". La luz puede significar la liberación divina y la bendición renovada (Is 9:2) asociada a la presencia de Dios (Is 60:1-3). La comparación de un rey justo con la luz del sol trae a la mente Sal 84:11, donde el Señor, en su papel de rey justo que protege a su pueblo, es llamado "sol y escudo". La comparación de un rey con el sol es común en la literatura del antiguo Cercano Oriente, donde abundan los ejemplos de la ciudad de Ugarit (en cartas al señor hitita) y de Amarna (en cartas al faraón). Los reyes asirios Salmanasar III, Asurnasirpal II y Asarhaddón utilizan el epíteto "sol" para referirse a sí mismos.[149]

Soldados de David (23:8 (DHH)). Es posible que los poderosos guerreros enumerados aquí hayan servido como guardaespaldas reales de David. La lista incluye algunos extranjeros, como Selec el amonita y Urías heteo (23:37, 39). Los mercenarios extranjeros eran comunes en los ejércitos de la época. Durante el tiempo en que David huía de Saúl, él mismo, junto con sus hombres, sirvieron como mercenarios al rey filisteo Aquis (1 S 27). Más tarde, cuando se convirtió en rey, David contrató mercenarios de los cereteos, peleteos y filisteos (2 S 8:18; 15:18).[150]

Benaía . . . mató a un león (23:20). La literatura y el arte del antiguo Cercano Oriente muestran a poderosos reyes guerreros cazando leones para demostrar su destreza.[151] Dado que los pastores a veces tenían que proteger sus rebaños de los leones y otros depredadores (cf. 1 S 17:34-35), tal demostración quizás simbolizaba su capacidad para pastorear a las personas puestas bajo su cuidado.

Ve, haz un censo (24:1). Hay abundantes pruebas de la realización de censos en el antiguo mundo del Cercano Oriente. Normalmente, los censos se llevaban a cabo para recaudar impuestos, organizar la mano de obra estatal o evaluar la fuerza militar de un estado.[152] El censo de David estaba motivado por preocupaciones militares (24:2). No está del todo claro por qué este censo fue erróneo. Quizá reflejaba falta de fe (nótese la objeción de Joab en 24:3) o no fue realizado de acuerdo con las normas que rigen la pureza ritual (Ex 30:11-16).[153]

— Génesis
— Éxodo
— Levítico
— Números
— Deuteronomio
— Josué
— Jueces
— Rut
— 1 Samuel
— 2 Samuel

— 1 Reyes
— 2 Reyes

— 1 Crónicas
— 2 Crónicas
— Esdras
— Nehemías
— Ester
— Job
— Salmos
— Proverbios
— Eclesiastés
— Cantares
— Isaías
— Jeremías
— Lamentaciones
— Ezequiel
— Daniel
— Oseas
— Joel
— Amós
— Abdías
— Jonás
— Miqueas
— Nahúm
— Habacuc
— Sofonías
— Hageo
— Zacarías
— Malaquías

1-2 Reyes

Catherine L. McDowell

Introducción. La mayoría de eruditos coinciden en que los libros de 1-2 Reyes, que abarcan el periodo desde el término del reino de David (ca. 970 a. C.) hasta la destrucción del templo de Salomón en el año 586 a. C., fueron en gran parte escritos y compilados durante el exilio babilónico en el siglo VI a. C. por un judío o un grupo de judíos anónimos, para proporcionar una explicación histórica y teológica de la desaparición de Israel. Es posible que hayan existido ediciones parciales anteriores en el periodo del pre-exilio, pero dado que los eventos finales registrados en 2 Reyes 25:27-30 ocurrieron durante 562/561 a. C., la forma final debe ser posterior a este evento. Al parecer, el autor(es) tenía acceso a muchas fuentes históricas, incluyendo el libro de los anales de Salomón (1 Reyes 11:41), los analaes de los reyes de Israel (1 Reyes 14:19), los anales de los reyes de Judá (1 Reyes 14:29) y quizás algunos de los libros proféticos pre-exilio y otros registros oficiales. El autor(es) también estaba muy familiarizado con Deuteronomio, indicado no solo por el uso del lenguaje deuteronómico (p. ej., Dt 4:29; 6:2; 8:6; 11:1), sino también por el énfasis en el pacto mosaico y el análisis de los reyes de Israel a la luz de sus estipulaciones.

1 Reyes

La contradicción de Salomón: esplendor y apostasía (1 Reyes 1-11)

El rey David era viejo (1:1). Según las cifras en 2 Samuel 5:4 y 1 Reyes 2:11, David hubiera tenido aproximadamente setenta años en este punto, lo que era bueno entre la longevidad masculina promedio en el primer milenio a. C.

Y se hizo de carros y de gente de a caballo, y de cincuenta hombres que corriesen delante de él (1:5). Los carros eran usados a lo largo del antiguo Cercano Oriente para desfiles ceremoniales, viajes, cacerías y batallas. Un típico carro egipcio consistía en una carroza ligera de madera y cuero que sostenía al conductor y a un arquero o lanzador de jabalina. Los carros hititas eran más grandes y soportaban un conductor, un lanzador de jabalina y un portador de escudo. Los corredores eran un grupo de jóvenes que corrían delante del carro del rey como escolta en los desfiles y las ceremonias reales.

Duerma con sus padres (1:21). La expresión hebrea puede traducirse literalmente como "acostarse con los padres/ancestros". Una tumba familiar israelita del siglo VII a. C. descubierta en Ketef Hinnom, justo al sur del Monte del Templo en Jerusalén, ilustra este concepto. La tumba contenía varias cámaras funerarias, cada una de las cuales era lo suficientemente grande como para albergar varios cuerpos. Esto permitía a los miembros de la familia "acostarse" o "descansar" literalmente con sus antepasados.

Montad a Salomón mi hijo en mi mula (1:33). En el antiguo Cercano Oriente, las mulas eran consideradas como transporte para la realeza (cf. 2 S 13:29; 18:9; Zac 9:9; MT 21:1-11). Esto se afirma explícitamente en una carta escrita al rey Zimri-Lim (siglo XVIII a. C.) de Mari, en Siria occidental: "[Si] eres el rey de los haneos, eres, además, un 'rey de los acadios'. [Mi señor] no debe montar a caballo [i. e., a la manera tribal]. Que mi señor conduzca en carro y mulas [i. e., a la manera "civilizada"], y que [así] haga honor a su realeza".[1]

Los cereteos. . . los peleteos (1:38). Los soldados extranjeros a menudo servían en los ejércitos del antiguo Cercano Oriente. Los cereteos y los peleteos probablemente eran mercenarios de Creta y Filistea, como sus nombres implican.

La puerta principal hacia Meguido

Tomó el cuerno de aceite . . . y ungió a Salomón (1:39 (NVI)). En el antiguo Israel, ungir con aceite era parte de la ceremonia de coronación del rey (cf. 1 S 10:1; 16:3; 2 Reyes 9:6; 2 Reyes 11:12). Al parecer, esto también se practicaba entre los hititas. Hattusili III, en una carta al rey de Asiria, se queja de que el rey rechazó enviarle el aceite de la realeza que necesitaba para su coronación. No hay pruebas contundentes en Egipto de que los faraones fueran ungidos con aceite en el momento de su llegada. Sin embargo, una de las cartas de Amarna (siglo XIV a. C.) se refiere a la instalación del vasallo egipcio Taku con aceite: "Cuando Tutmosis III, el rey de Egipto, tu antepasado hizo rey a [T]a[ku], mi antepasado, en Nuhasse, le puso aceite en la cabeza y [d]ijo lo siguiente: 'a quien el rey de Egipto ha hecho rey, [y en cuya cabeza] ha puesto [aceite], [nadie] [deberá...]'.[2]

Las ruinas de una gran construcción en Meguido, probablemente los establos de Salomón

Durmió David con sus padres (2:10). Ver comentarios en 1 Reyes 1:21.

Salomón entró en alianza con el faraón, rey de Egipto, casándose con su hija (3:1 (NVI)). El matrimonio entre familias reales era un medio común de establecer alianzas políticas, formalizar tratados y asegurar la lealtad de sus vasallos. La práctica está bien atestiguada en la correspondencia diplomática de los archivos Mari de Siria y en las cartas egipcias de Amarna. Al casar a su hija con Salomón, el faraón, probablemente Siamón (979-960 a. C.), se aseguró un formidable aliado en su frontera norte.

La ciudad de David (3:1). David conquistó la ciudad jebusea conocida como la fortaleza de Sión (2 S 5:7) y la reclamó. Esta área, conocida desde entonces como "la ciudad de David", estaba ubicada en un pedazo de tierra situado entre los valles de Tiropeón y Cedrón en Jerusalén, justo al sureste de lo que más tarde se convertiría en el Monte del Templo.

Los lugares altos (3:2-3). En 1980 se descubrieron en el monte Ebal los restos de lo que podría haber sido un antiguo lugar alto israelita (entre finales del siglo XIII y principios del XII a. C.). Las excavaciones revelaron una estructura grande y rectangular (24 pies de largo por 29 pies de ancho y 9 pies de alto) hecha de piedras sin labrar y llena de tierra, cenizas y huesos de animales sacrificados.

A cargo del trabajo forzado (4:6 (NTV)). Ver comentarios en 2 Cr 2:2. Salomón recurrió en gran medida a los trabajos forzados para la construcción de su palacio real, la muralla que rodeaba Jerusalén y sus numerosos proyectos de construcción en Hazor, Meguido y Gézer (cf. 9:15). Se ha descubierto una referencia al uso de trabajos forzados en Jerusalén durante la Edad del Hierro II en un sello verde de cuarzo en forma de escarabajo que data del siglo VII a.

C. La inscripción dice: "Pertenece a Pela'yahu, que está sobre [a cargo de] los trabajos forzados".[3]

Caballos en sus caballerizas para sus carros (4:26). Se han descubierto grandes edificios tripartitos con pilares del periodo monárquico en las ciudades de Meguido, Hazor y Bet-shemesh. Cada unidad consta de una sala central con pasillos a ambos lados, divididos del pasillo por hileras de pilares. Estos edificios pueden haber sido establos para caballos, aunque algunos sostienen que eran almacenes.

Toda la sabiduría de los egipcios (4:30). Egipto era muy conocido en la antigüedad por su literatura sapiencial, que abordaba temas como la justicia, el falso testimonio, la evitación del mal, la codicia, el perdón de las deudas, la crianza de los hijos, la humildad, la moralidad y la amistad. Dada la gracia común de Dios y la universalidad de la experiencia humana, no es de extrañar que algunos proverbios egipcios y bíblicos sean sorprendentemente similares. Sin embargo, la sabiduría bíblica se distingue por afirmar que la fuente de toda sabiduría es el Señor, el Dios de Israel (ver la introducción en el comentario sobre Proverbios).

Hiram rey de Tiro (5:1). La antigua ciudad de Tiro se encontraba en una pequeña isla situada al sur de la costa fenicia de Líbano. Durante el largo reinado de Hiram (969-936 a. C. o 980-950 a. C.), Fenicia se enriqueció enormemente gracias al comercio marítimo internacional, como demuestran las columnas doradas y tachonadas de esmeraldas de la entrada del templo de Melqart. El famoso templo es descrito por Heródoto (*Historias* 2.44) y representado en un bajorrelieve asirio de Khorsabad que data de finales del siglo VIII o principios del VII a. C.

Jehová puso sus enemigos bajo las plantas de sus pies (5:3). Esta expresión se refiere a la derrota y el sometimiento de los enemigos (cf. Mal 4:3). El monumento de Behistún, en Persia, representa esta acción. En este monumento, el rey Darío I de Persia (522-486 a. C.) está de pie con su pie izquierdo sobre el pecho de su enemigo derrotado.

El monumento de Behistún en Persia. Obsérvese que el rey Darío I (tercero de la izquierda) está de pie con el pie sobre el pecho de su enemigo.

Tu hijo . . . construirá el templo (5:5 (NVI)). Aunque no sobrevivió nada del templo salomónico, los restos arqueológicos de un templo neohitita en Ain Dara (Siria), en uso entre el 1300 y el 740 a. C. aproximadamente, ofrecen un excelente paralelismo con la descripción del templo salomónico en 1 Reyes 6-7 y 2 Cr 2-4.

Ruinas del templo de Ain Dara (en Siria)

Aunque era más grande que el templo que construiría Salomón, el templo de Ain Dara tenía una planta similar de tres partes, que incluía una entrada con dos columnas, una sala principal y una sala más pequeña (santuario) en la parte trasera del edificio. Al igual que el templo salomónico, el templo hitita estaba rodeado en tres lados por salas de varios pisos para el almacenamiento, y sus paredes estaban decoradas con leones, esfinges con alas (similares a los querubines bíblicos), imágenes florales y patrones geométricos (cf. 1 Reyes 6:29, 32, 35). Estos paralelismos no deberían ser sorprendentes. Por el contrario, atestiguan una tradición arquitectónica e iconográfica común del antiguo Cercano Oriente que Dios utilizó para revelarse.

Cedros del Líbano . . . ninguno hay entre nosotros que sepa labrar madera como los sidonios . . . la enviaré en balsas por mar (5:6-9). La palabra "sidonios" deriva del nombre de la ciudad de Sidón en la costa fenicia (al sur de la moderna ciudad de Beirut), es un término general para "fenicio". Un bajorrelieve del palacio del rey asirio Sargón II en Dur Sharrukin (actual Khorsabad) representa diez barcos fenicios, identificados por sus proas con cabeza de caballo y cola de pez, que transportan troncos de cedro.

Querubines (6:23-28). Los asistentes divinos del Señor denominados "querubines" se describen como criaturas con rasgos animales y humanos, muy parecidos a los seres sobrenaturales representados en numerosas esculturas de marfil encontradas en el Fuerte Salmanasar de Nimrud (antigua Kalhu), así como a las dos criaturas neohititas que flanquean la entrada del templo de Ain Dara (ca. 1300-740 a. C.) en el norte de Siria. Las similitudes demuestran que la naturaleza compuesta de las criaturas celestiales identificadas en la Biblia como querubines era conocida por los no israelitas.

Palmeras... botones de flores (6:29, 31, 35). La imaginería floral era común en el arte y la arquitectura sagrados de todo el antiguo Cercano Oriente porque representaba la abundancia y la fertilidad asociadas a la presencia de los dioses. En un bajorrelieve de Nínive se muestra al rey asirio Asurbanipal (668-627 a. C.) adorando en un pequeño templo o santuario. Hay un altar situado fuera del templo en el camino que conduce al santuario. El edificio sagrado está rodeado por todos lados por un hermoso jardín con una variedad de árboles, arbustos y huertos, por el que fluyen canales de riego.

Una fuente circular de metal fundido (7:23 (NVI)). Este gran tanque de bronce fundido puede haber representado las fuerzas del caos acuático a las que se alude a lo largo de las Escrituras (Job 26:12; Sal 29:3; 93:3-4; 107:25, 29; Is 51:9-10; Zac 10:11) y personificadas por Egipto en el Cántico de Moisés y de María (Ex 15). En los patios de los templos babilónicos y asirios se instalaron fuentes similares conocidas como tanques apsu/abzu. Simbolizaban el océano de agua dulce que se creía situado bajo la tierra en el absu, o "profundidad acuática". Un ejemplo de principios del siglo VII a. C. fue descubierto en el templo del dios Assur en la ciudad asiria de Assur. Sus elaboradas esculturas muestran a los sacerdotes con sus tradicionales mantos en forma de pez realizando diversos rituales.

Diez basas de bronce (7:27-39). En Chipre se descubrió un soporte de bronce con ruedas bien conservado de finales del siglo XIII al XII a. C. Su construcción y decoración son sorprendentemente similares a la descripción de 7:28-36.

El arca del pacto de Jehová (8:1). El arca se identifica en otras partes de la Escritura como el estrado real de Yahvé (el Señor) (Ex 25:22; 1 Cr 28:2; Sal 99:5; 132:7; Lm 2:1), sobre el que Dios se sentaba, flanqueado por querubines, en su trono real. Una iconografía real similar se conserva en un sarcófago del siglo X a. C. procedente de Biblos. En ese sarcófago, el rey fenicio Ahiram aparece entronizado entre dos esfinges con alas mientras apoya sus pies en un pequeño estrado en forma de caja. Estos paralelos demuestran que Dios contextualizó su autorrevelación. Es decir, se reveló como rey soberano en formas culturalmente inteligibles.

El rey fenicio Ahiram sentado en su trono entre dos esfinges aladas en forma de querubines, con los pies sobre un estrado.

Las alas de los querubines (8:6-7). Ver comentarios en 1 Reyes 6:23-28.

Los terraplenes (9:15 (NVI)).

El término traducido como "terraplenes" (*Milo* [cf. RVR1960, NBLA]) deriva de un verbo hebreo que significa "llenar, colmar", y aparece aquí y en 1 Reyes 9:15, 24; 11:27; 1 Cr 11:8; 2 Cr 32:5. Algunos arqueólogos han identificado estos terraplenes con una estructura escalonada de varios pisos situada en la ladera oriental de la ciudad de David. Las excavaciones han confirmado que esta estructura de piedra es anterior a las casas del siglo VIII a. C. construidas sobre ella.

Hazor, Meguido y Gezer (9:15). Las excavaciones en estos tres lugares han revelado sistemas de fortificación similares que datan del reinado de Salomón. En cada uno de los sitios, los arqueólogos descubrieron una puerta de seis cámaras flanqueada por grandes torres de piedra y conectada a una muralla en forma de casamata (una amplia muralla construida con dos muros paralelos más pequeños de bloques de piedra apilados, con el espacio entre ellos relleno de piedra y escombros de tierra).

Ezión-geber (9:26). Ezión-geber probablemente se identifique con la Isla del Faraón, una pequeña isla frente al Golfo de Eilat/Aqaba.

La reina de Sabá (10:1). Ver comentarios en 2 Cr 9:1.

Arpas y liras (10:12 (NVI)). Ver el artículo "Instrumentos musicales en Israel y el antiguo Cercano Oriente".

Un gran trono de marfil . . . junto a los cuales estaban colocados dos leones (10:18-20). Ver comentarios en 1 Reyes 8:1; 2 Cr 9:17. Esta descripción del trono de Salomón evoca a un trono cananeo anterior representado en una placa de marfil de Meguido. Tiene un respaldo redondeado, reposabrazos y leones alados a ambos lados del trono, tal como se describe aquí en 10:19. En el sarcófago del rey fenicio Ahiram (siglo X a. C.) se representa un trono sorprendentemente similar.

Setecientas mujeres . . . trescientas concubinas (11:3). Ver comentarios en 1 Reyes 3:1. Aunque el tamaño del harén de Salomón escandaliza a los lectores modernos, no era inusual en aquella época que un monarca poderoso tuviera un harén tan grande. Sin embargo, al casarse con extranjeros y tener tantas esposas, Salomón violaba directamente la ley mosaica (Dt 7:3-4; 17:17).

Astoret, diosa de los sidonios (11:5). Ver el artículo "Los cananeos y la religión cananea". Astoret, también conocida como Astarté, era la diosa cananea de la fertilidad y la esposa del dios Baal. Es mencionada en los textos mitológicos ugaríticos y es probable que esté representada en las llamadas placas de Astarté como una figura femenina desnuda.

Milcom (11:5). Probablemente se trata del mismo dios conocido en otras partes de la Biblia como Moloc, un dios asociado con los amonitas aquí en 11:5, 7, 33. Este dios se menciona en una inscripción de una construcción o un oráculo del siglo IX a. C. descubierta en Rabbath-Ammon (actual Amán, Jordania), capital del antiguo reino amonita. Es posible que sea el dios al que los padres de Cartago (una colonia fenicia en la costa del norte de África) sacrificaban a sus hijos, pero el término *mlk* en esas inscripciones puede referirse a un sacrificio *mulk* (una ofrenda de fuego), más que al propio dios. En Amán se han encontrado varias esculturas del siglo VIII a. C. de una figura masculina coronada que podrían ser imágenes de este dios.

Edificó Salomón un lugar alto a Quemos . . . y a Moloc (11:7). Sobre "lugares altos" ver comentarios en 1 Reyes 3:2-3. Se encontró un lugar alto perteneciente al período israelita en las colinas del norte de Samaria. Consta de un gran círculo de piedras que miden aproximadamente sesenta y cinco pies de diámetro, un pavimento de piedra con restos de varias ofrendas, una posible piedra sagrada y un pequeño toro de bronce. El toro puede haber representado al dios cananeo de las tormentas Baal o al Señor, aunque este último estaba prohibido por la ley mosaica (cf. Ex 32:4, 8; 1 Reyes 12:28). Los santuarios que Salomón construyó cerca de Jerusalén para Quemos y Moloc (Milcom) eran para sus esposas moabita y amonita y su pueblo.

Quemos (11:7). Quemos, el dios principal de los moabitas, se menciona ocho veces en el A. T. y más de doce veces en la Estela de Mesa, una inscripción moabita de finales del siglo IX a. C. Según ese texto, el rey Mesa de Moab recibió dirección militar del dios Quemos, quien liberó a su pueblo y restauró su tierra. Mesa respondió construyendo un lugar alto para Quemos en la ciudad de Qarcho.

Moloc (11:7). Ver comentarios en 1 Reyes 11:5.

Astoret . . . Quemos . . . y a Moloc (11:33). Ver comentarios en 1 Reyes 11:5.

Huyó a Egipto, a Sisac rey (11:40). Ver comentarios en 2 Cr 12:2. Sisac I, también conocido como Sheshonk, Sheshonq y Shoshenq, gobernó Egipto del 945 al 925 a. C. Sus exitosas campañas militares en Palestina se conmemoran en un bajorrelieve triunfal de seis pies de altura grabado en la cara sur de la puerta bubástida, la puerta de entrada al primer patio con columnas del gran templo de Amón en Karnak. Entre las ciudades del reino del norte de Israel que figuran en esta inscripción se encuentran Ayalón, Gabaón, Beit She'an, Rehov, Sunem, Taanac y Meguido. La mayoría de los nombres de las ciudades judías son ilegibles. Además, durante las primeras excavaciones en Meguido, en Israel, se encontró un fragmento de piedra de una estela de victoria. Esta inscripción dice: "Brillante es la forma de (el dios-sol) Re, el amado de Amón, Sisac".[4]

Inviertiendo la conquista y desmantelado el imperio
(1 Reyes 12-16)

Y puso uno en Bet-el, y el otro en Dan (12:29). Durante las excavaciones en Dan, los arqueólogos descubrieron un área sagrada que incluía una gran plataforma al aire libre, un considerable altar de piedra con restos de escaleras a ambos lados y un altar más pequeño con cuernos. Asimismo, en el complejo se encontró un tercer altar con palas de incienso de bronce, cenizas y huesos de animales. Se cree que la estructura es el santuario israelita construído por Jeroboam I y que continuó en uso durante el siglo VIII a. C.

Lugares altos (12:31-32). Ver comentarios en 1 Reyes 3:2-3; 11:7.

Sisac (14:25-26). Ver 1 Reyes 11:40; 2 Cr 12:2.

Asera (15:13). El término *asera* se refiere a menudo a algún tipo de objeto, tal vez un símbolo o estatua de madera, que fue construido, montado, servido, cortado, troceado, tallado, quemado, aplastado, golpeado o eliminado. Deuteronomio 16:21, en el que se prohibió a Israel plantar cualquier tipo de árbol como una asera, indica que el término también podía referirse a un árbol vivo. Ya sea fabricado o natural, una asera aparentemente era un símbolo religioso cananeo que representaba a la diosa *Asera* y las fuerzas de fertilidad y reproducción asociadas a ella. En la década de 1970 se descubrieron pruebas arqueológicas del culto a *Asera* en Kuntillet Ajrud, un santuario que data de los siglos IX a VIII a. C., situado en una antigua ruta comercial a unas treinta millas al sur de Kadesh Barnea, en el norte del Sinaí. Varias jarras grandes encontradas en el santuario estaban decoradas con una variedad de imágenes religiosas burdamente dibujadas y la siguiente inscripción: "Te he bendecido por Yahveh de Samaria y su A/asera".[5] En uno de los muros del santuario se descubrió una bendición u oración similar, dirigida a "Yahveh de Temán y su A/asera". Estas inscripciones pueden referirse a la diosa cananea, pero sería inusual que el nombre de la diosa apareciera con el pronombre posesivo "su". Es más probable que este término se refiera al símbolo de culto de Asera, un poste de madera, que podía cortarse y quemarse, como se dice que hizo Asa con la imagen mencionada aquí en 15:13.

Reina madre (15:13). El cargo de reina madre está atestiguado en los textos hititas y en los registros reales de Ugarit (una ciudad en Siria), Asiria, Babilonia y Persia. Algunas reinas madre tenían un cargo religioso, como en el caso del rey hitita Hattusili I. Esto ha llevado a algunos a preguntarse si el culto de Maaca a Asera en Judá estaba sancionado por el Estado. Independientemente de que tuviera o no un cargo religio-

El Obelisco Negro de Salmanasar, que menciona al rey Jehú, "el hijo de Omri"

so o político formal (cf. Jer 13:18), las reinas madre de Israel y Judá ejercían un poder importante en cuestiones de sucesión real (1 Reyes 1:11-31; 2 Reyes 11).

Los lugares altos (15:14). Ver comentarios en 1 Reyes 3:2-3; 11:7.

Comerán los perros . . . comerán las aves (16:4). Ver comentarios en 1 Reyes 21:23-24.

Tirsa (16:6). Al rey Jeroboam probablemente se le atribuye el traslado de la capital del reino al norte de Israel desde Siquem, a unas tres millas al norte, hasta Tirsa (Tell el-Farah Norte), en donde permaneció aproximadamente por cuarenta años hasta que el rey Omri la reubicó a Samaria (16:24)

Omri (16:16-28). Omri, rey de Israel (ca. 884-874 a. C.), movió la capital de Tirsa a Samaria, en donde él y su hijo Acab construyeron su palacio real. Omri se menciona en la Estela de Mesa por su ocupación de Moab durante cuarenta años y de nuevo en el Obelisco Negro de Salmanasar III (rey de Asiria, 858-824 a. C.), que se refiere al posterior rey israelita Jehú como "hijo [sucesor dinástico] de Omri".

Acab hijo de Omri (16:29). Acab, rey de Israel (ca. 873-852 a. C.), extendió la acrópolis en la ciudad de Samaria añadiendo edificios administrativos y ampliando el palacio real. Además, reconstruyó las ciudades de Meguido y Hazor, expandiendo sus centros administrativos y defensas y construyendo un sistema de suministro de agua en Hazor.

Jezabel (16:31). Un sello de estilo egipcio con el nombre "Jezabel" (*yzbl*) fue donado en la década de 1960 por un coleccionista privado al Departamento de Antigüedades de Israel. Por la forma de sus letras, los estudiosos lo han fechado en el siglo IX a. C., cuando la Jezabel de 1-2 Reyes vivía como reina de Israel en Samaria.

Hizo altar a Baal, en el templo de Baal . . . en Samaria (16:32). Aunque no se ha descubierto el templo de Baal en Samaria, los excavadores descubrieron los restos de un anterior templo de Baal en la ciudad de Ugarit, ubicado en lo que ahora es la costa norte de Siria. Una escalera conducía a un gran santuario rectangular. Una escalera monumental de piedra en el lado este indicaba que esta sección del templo tenía originalmente varios pisos y una altura estimada de 52 a 65 pies. Los excavadores también encontraron un altar de piedra al aire libre y una gran estela en la que se muestra a Baal avanzando a grandes zancadas con un rayo en la mano.

Asera (16:33). Ver comentarios en 1 Reyes 15:13.

El sello de la reina Jezabel

Dios envía profetas para confrontar la monarquía corrupta

(1 Reyes 17:1-2 Reyes 8:15)

No habrá lluvia ni rocío . . . sino por mi palabra (17:1). En la religión cananea se creía que Baal, el dios de la tormenta, controlaba la lluvia. Su ausencia trajo sequía, como se señala en este lamento ugarítico del "Cuento de Aqhat": "Siete años fallará Baal, ocho el Jinete de las Nubes. No habrá rocío, ni lluvia, ni brotará de lo profundo, ni la dulzura de la voz de Baal".[6] Que el Señor retuviera el rocío y la lluvia, excepto por su palabra, era un desafío directo al poder y quizás incluso a la existencia de Baal.

Al cuarto de arriba (17:19 (NVI)). Las casas típicas de esta época constaban de un patio central rodeado de habitaciones en tres lados. La cocina y otras actividades domésticas se realizaban en el piso de tierra del patio, mientras que las habitaciones laterales funcionaban como establos para los animales de la familia. En las casas de dos pisos, la segunda planta se utilizaba probablemente para las actividades domésticas y para dormir. Se podía acceder una cámara superior por una escalera o por un conjunto de escaleras exteriores, como las descubiertas en una casa de la Edad de Hierro en Hazor.

Acab (18:1). Ver comentarios en 1 Reyes 16:29.

Los baales (18:18). Ver comentarios en 1 Reyes 16:32; ver el artículo "Los cananeos y la religión cananea". El plural "baales" supuestamente se refiere a las varias manifestaciones locales del dios cananeo Baal, que se identifica en los textos ugaríticos (Ras Shamra) como el dios de la lluvia, las nubes y la tormenta. Según los mitos ugaríticos de Baal, los cambios de estación eran el resultado de una batalla recurrente entre Baal y Mot, el dios cananeo de la muerte, que estaba asociado con el clima seco y la esterilidad. La falta de lluvia indicaba la victoria de Mot sobre Baal, pero el regreso de la lluvia significaba el resurgimiento de Baal.

Monte Carmelo (18:19). Se encuentra en el extremo noroeste de la cordillera del Carmelo, al sur de la actual ciudad israelí de Haifa. En los primeros textos egipcios se le conoce como "Cabeza Sagrada" y el rey asirio Salmanasar

La cordillera del Carmelo

III (siglo IX a. C.) se refiere a ella como "Baal de las Cabeceras", lo que sugiere que puede haber tenido una larga historia como montaña sagrada.

Profetas de Baal . . . profetas de Asera (18:19). Ver comentarios en 1 Reyes 15:13; 16:32; 18:18.

Quizá está meditando, o tiene algún trabajo, o va de camino (18:27). Se creía que los dioses del antiguo Cercano Oriente compartían algunas funciones con los humanos, incluyendo comer, beber, miccionar, defecar y dormir. Así que la idea de que Baal estaba ocupado o de viaje no habría ofendido a sus seguidores. Parece que el punto del autor es que un verdadero dios trasciende las limitaciones humanas. El salmista declara que el Dios de Israel no se adormecerá ni dormirá (Sal 121:4).

Se sajaban con cuchillos y con lancetas (18:28). En el antiguo Cercano Oriente, la automutilación estaba asociada al duelo (Lv 19:28; Dt 14:1; Jer 16:6; 41:5; 47:5), pero también era característico de ciertos comportamientos proféticos, como se señala en un texto sapiencial acadio del período babilónico antiguo o de principios de la época casita (ca. 1300 a. C.) encontrado en Ugarit: "Mis hermanos se bañaban en su propia sangre, como extáticos".[7]

Monte Carmelo (18:42). Ver comentarios en 1 Reyes 18:19.

Carro (18:44). Ver comentarios en 1 Reyes 1:5.

Jezreel (18:45). Ver comentarios en 1 Reyes 21:1.

Beerseba, que está en Judá (19:3). Beerseba ("pozo del juramento" o "pozo de los siete") se encuentra al sur del desierto judío, a unas 120 millas del Monte Carmelo, en una distancia segura de Acab y Jezabel.

Un grande y poderoso viento . . . un terremoto . . . un fuego (19:11-13). En el antiguo Cercano Oriente, los vientos, las tormentas, los rayos, los terremotos y el fuego a menudo acompañaban la presencia de los dioses, incluyendo al Dios de Israel (p. ej., Ex 19:16, 18; Jue 5:4-5; Sal 18:8-10; Hab 3:3-6). En los textos ugaríticos, la llegada de Baal se describe de esta manera: "Lanza siete rayos, ocho cargas de truenos; blande una lanza de rayos. [...] Ha tronado en las nubes de la tormenta, ha lanzado su rayo a la tierra [...] su voz sagrada destroza la tierra [...] a su rugido las montañas tiemblan [...] los lugares altos de la tierra tiemblan [...] toda la tierra tiembla a su grito".[8] Sin embargo, en este encuentro con Dios en 1 Reyes 19, los elementos naturales *preceden* a la autorrevelación de Dios, que a su vez va acompañada de un suave susurro.

Hazael para que sea rey de Aram (19:15 (NTV)). Aram era el reino del norte de Israel y lo que actualmente es la Siria moderna. Hazael se convirtió en rey de Aram en el año 842 a. C. tras el asesinato de Ben-adad II. Su vasallaje al rey asirio Salmanasar III se menciona en varias inscripciones reales asirias, como el Obelisco Negro y una inscripción de Calah (la actual Nimrud) en la que Salmanasar se jacta: Luché con él y le infligí una derrota, matando con la espada a 16 000 de sus experimentados soldados.

Le quité 1121 carros, 470 caballos de montar y su campamento. Desapareció para salvar su vida (pero) lo seguí y lo asedié en Damasco, su residencia real. (Allí) corté sus jardines (fuera de la ciudad, y me marché). Marché hasta las montañas de Haurán, destruyendo, derribando e incendiando innumerables ciudades, llevándome un botín incontable. También marché hasta las montañas de Ba'li-ra'si, que es un promontorio (lit.: al lado del mar), y allí erigí una estela con mi imagen como rey.[9]

Jehú hijo de Nimsi (19:16). Ver comentarios en 2 Reyes 9:2.

Cuyas rodillas no se doblaron ante Baal, y cuyas bocas no lo besaron (19:18). Este acto universal de sumisión es mencionado por Asurbanipal, rey de Asiria (668-633 a. C.), quien dice de sus enemigos: "Trajeron el botín sano y salvo a Nínive, la ciudad donde ejerzo mi gobierno, y me besaron los pies".[10] En el Obelisco Negro de Salmanasar III, rey de Asiria (858-824 a.C.), Jehú, rey de Israel, aparece de rodillas inclinándose ante su soberano asirio. Es la única imagen que se conserva de un rey de Israel o Judea.

Ben-adad, rey de Aram (20:1 (NTV)). Este es probablemente Ben-adad II (860-841 a. C.), también conocido como Hadadezer, el hijo o sucesor de Ben-adad (I) mencionado en 15:18

Carros (20:1). Ver comentarios en 1 Reyes 1:5.

Pongamos, pues, ahora cilicio en nuestros lomos, y sogas en nuestros cuellos (20:31). El cilicio estaba hecho de pelo áspero de animal y era irritante para la piel. Se usaba para significar dolor, arrepentimiento, sumisión y/o rendición. En un bajorrelieve del templo mortuorio del faraón egipcio Ramsés II (1279-1213 a. C.) en Abu Simbel, los prisioneros aparecen ante el rey de rodillas con los brazos fuertemente atados a la espalda. La cuerda atada a cada cuello funcionaba como una correa con la que se dirigía y controlaba a los prisioneros.

Mi hermano es (20:32). En el antiguo Cercano Oriente, los acuerdos políticos se expresaban normalmente en términos de parentesco, aunque las partes no estuvieran relacionadas por sangre. Los tratados entre iguales utilizaban el lenguaje de la hermandad, mientras que los tratados entre un soberano y un vasallo empleaban una metáfora de padre-hijo. Al referirse a Ben-adad como su hermano, el rey Acab honra la condición real de Ben-adad como rey de Siria.

Del templo mortuorio egipcio de Abu Simbel, una escena que representa a prisioneros con sogas en sus cuellos

Jezreel (21:1). La ciudad de Jezreel estaba situada entre quince y veinte millas al sureste del Monte Carmelo, en el extremo oriental del valle de Jezreel. A principios del siglo IX a. C., la ciudad fue fortificada por los reyes Omri y Acab con una muralla, un terraplén de tierra, un foso seco y una puerta. Los sillares reales encontrados cerca de la puerta pueden ser los restos del palacio de invierno de Acab y Jezabel. El lugar fue probablemente destruido por Hazael, rey de Aram, a finales del siglo IX a. C.

Huerto de legumbres (21:2). La frase hebrea traducida como "huerto de legumbres" puede referirse a un jardín real, similar a los jardines reales neoasirios mencionados en varias fuentes antiguas. Estos jardines incluían plantas y árboles no autóctonos de las tierras que el rey había visitado o conquistado. El rey asirio Senaquerib se jactó de la siguiente manera: "Un gran parque, como el Monte Amanus, en el que se colocaron toda clase de hierbas y árboles frutales; árboles, como los que crecen en las montañas y en Caldea, los planté a su lado (del palacio)."[11] En un bajorrelieve asirio del palacio norte del rey Ashurbanipal en Nínive, la pareja real disfruta de una comida en los jardines del palacio.

Las selló con su sello (21:8 (NBLA)). Ver comentarios en 1 Reyes 16:31. En el antiguo Cercano Oriente, los documentos de papiro o cuero se sellaban normalmente con un pequeño trozo de arcilla húmeda. El sello oficial del remitente se imprimía en la arcilla, dejando su firma única. Se han descubierto impresiones de sellos (bullae) de varios personajes bíblicos, como una bulla del rey Acaz y seis bullae de sellos pertenecientes a su hijo Ezequías, rey de Judá.

Los perros comerán a Jezabel . . . El que de Acab fuere . . . lo comerán las aves (21:23-24). En el antiguo Cercano Oriente, no recibir una sepultura adecuada era una maldición. Además, que el cadáver de una persona fuera devorado por los animales era tanto una maldición como una señal de juicio divino (Dt 28:26; cf. Gn 40:19; Ez 39:17). Cuando una Babilonia rebelde cayó en manos del rey asirio Asurbanipal, éste informa que destruyó a los supervivientes de la siguiente manera: "Sus cuerpos desmembrados los di de comer a los perros, a los cerdos, a los lobos, a las águilas, a las aves del cielo y a los peces de la profundidad".[12]

Ramot de Galaad (22:3). Esta ciudad se encuentra al norte de Amán (Jordania), en el territorio que había pertenecido a la tribu de Gad. Había sido tomada por los arameos a mediados del siglo IX a. C., pero era codiciada por Israel y Judá porque daba acceso a lucrativas rutas comerciales de este a oeste.

Piezas de marfil encontradas en las excavaciones del palacio de Acab en Samaria

Te ruego que consultes hoy la palabra de Jehová (22:5-8). En el antiguo Cercano Oriente, a menudo los reyes consultaban a los dioses antes de comenzar una batalla (cf. 2 Cr 20:1-30; Is 7:4-9). Se pensaba que una respuesta favorable, determinada por los sacerdotes, aseguraba la victoria. Hammurabi, rey de Babilonia, relata: "Ahora solicité [un oráculo sobre tener una guerra con Larsa a los dioses] Shamash y Marduk y me respondieron con un sí. No me habría levantado a esta ofensiva [contra Larsa] sin consultar a un dios [primero]". Entonces ordenó a sus tropas: "Vayan [a Larsa], ¡que el dios vaya delante de ustedes [a la batalla]!".[13]

Sentados en sus respectivos tronos . . . a la entrada de Samaria (22:10 (NVI)). Las puertas de las ciudades y sus plazas adyacentes funcionaban como mercados, tribunales (Dt 22:15; Jos 20:4; Rut 4:1, 11), salas de reunión (2 Cr 32:6), puntos de información (Sal 69:12) y como lugares de consulta profética.

La casa de marfil que construyó (22:39). En las excavaciones del palacio de Acab en Samaria se encontraron varios cientos de fragmentos de paneles de marfil y de incrustaciones de muebles. Sus temas y diseños, que incluyen el faraón que castiga, deidades egipcias, esfinges aladas y la palmeta y el loto, demuestran una fuerte influencia egipcia y fenicia.

Los lugares altos (22:43). Ver comentarios en 1 Reyes 3:2-3; 11:7.

Los prostitutos del culto pagano (22:46 (JBS)). El término hebreo *qadesh*, traducido aquí como "prostitutos del culto pagano", se refiere a una clase de sacerdotes no levíticos que aparentemente se dedicaban a la prostitución literal en varios lugares altos y templos. Aunque no hay pruebas concluyentes de que esto sea así, puede sugerirse por el hecho de que la forma femenina de la palabra, *qedeshah*, aparece en el A.T como sinónimo de *zonah* ("prostituta").

Ezión-geber (22:48). Ezión-geber puede identificarse con la pequeña isla situada frente a la costa del Golfo de Eilat/Áqaba conocida hoy como Isla del Faraón.

Baal (22:53). Ver comentarios en 1 Reyes 16:32; 18:18; 18:19; ver el artículo "Los cananeos y la religión cananea".

2 Reyes

Se rebeló Moab contra Israel (1:1). La Estela de Mesa, también conocida como la Piedra Moabita (ca. 850 a. C.), se refiere a esta misma rebelión pero desde la perspectiva de Mesa, el rey de Moab. Mesa había sido un vasallo israelita, obligado a suministrar a Acab productos agrícolas y grandes cantidades de ovejas.

Se rebeló tras la muerte de Acab, obteniendo su libertad. En la inscripción de Mesa le atribuye la victoria a su dios Quemos: "me salvó de todos los reyes e hizo que triunfara sobre todos mis adversarios".[14]

Samaria (1:2). Samaria era la capital del reino del norte de Israel desde la época de Omri (1 Reyes 16:24) hasta la caída del reino del norte a manos de Oseas (2 Reyes 17).

Baal-zebub (1:2). Literalmente "señor de las moscas", probablemente es una corrupción de "Baal-Zebul" que significa "Baal el exaltado", "Baal el príncipe" o "Señor de la casa celestial" (cf. Beelzebú en MT 10:25; 12:24, 27; Marcos 3:22; Lucas 11:15, 18-19), con la intención de expresar el desprecio del autor a esta presunta deidad. No hay ninguna referencia a "Baal de las moscas" en los textos míticos ugaríticos, pero el título "Baal-Zebul" ("príncipe Baal") aparece cuatro veces y también se usa para describir a varias otras deidades en Ugarit (una antigua ciudad en Siria).

Ecrón (1:2). Ver el artículo "Los filisteos". Ecrón (Tel Mikné) era una de las ciudades filisteas de la Pentápolis, situada en el borde occidental de la llanura costera, cerca de la frontera con Judá. Fue colonizada por los filisteos a principios del siglo XII a. C.

Un hombre velludo y tenía un cinto de cuero en la cintura (1:8 (NTV)). Es posible que se trate de una vestimenta profética estándar (cf. Zac 13:4; MT 3:4). Una carta de la antigua Babilonia, procedente de la ciudad de Mari, informa del regalo de una prenda *laharum* a una profetisa a cambio de su profecía. Esta es la única aparición conocida del término *laharum,* pero si está relacionado con el acadio *lahru* ("oveja"), como sugieren los estudiosos, puede denotar una prenda de lana, de piel de oveja.

De Gilgal . . . a Bet-el (2:1-2). Fue en Bet-el, la actual Beitin, a diez millas al norte de Jerusalén, donde Jeroboam estableció el santuario israelita del sur para adorar uno de los dos becerros de oro (1 Reyes 12:28-29). Todavía no se ha identificado con seguridad el lugar de la antigua Gilgal, pero podría ser la moderna Jiljulieh, a unas siete millas al norte de Bet-el. Fue en Gilgal donde Saúl fue nombrado rey (1 S11:15), y fue en Gilgal donde su reinado fue rechazado posteriormente. Luego, tanto Gilgal como Bet-el fueron reconocidas por Amós (4:4; 5:5) y Oseas (4:15; 9:15; 12:11) como lugares de culto ilegítimos.

Jericó (2:4). Jericó está ubicado en el valle del Jordán a unas diez millas al noroeste del Mar Muerto. Fue la primera ciudad que los

La piedra moabita (Estela de Mesa)

israelitas capturaron en su conquista de Canaán (Jos 2:1).

Doble porción (2:9). Eliseo pide lo que un hijo mayor esperaría de un padre en el antiguo Israel: una doble porción de la herencia (Gn 25:31-34; 27:1-46; 48:8-22; Dt 21:15-17). Sin embargo, en este caso la herencia no es de tierra sino de poder espiritual. La herencia de una doble porción para el primogénito está bien atestiguada en textos legales de Asiria, Nuzi, Mari y Ugarit, incluso en el caso de la adopción. Un contrato de adopción de Mari indica lo siguiente: "Si Hillalum y Alitum adquieren (por adopción) muchos más hijos, solo Iahatti-Il es heredero (principal). De la herencia de Hillalum, su padre, él tomará dos (porciones). Sus hermanos menores se dividirán (el resto de la herencia) hermano con hermano (i.e., en porciones iguales)".[15]

Un carro de fuego con caballos de fuego (2:11-12). En la tradición bíblica, los carros y el fuego están estrechamente relacionados con la automanifestación de Dios. La nube de tormenta representa el carro o el trono divino (Ez 1; Hab 3:8) y los relámpagos de fuego representan las armas divinas (Sal 18:14; Hab 3:11). En los textos mitológicos de la ciudad de Ugarit, es Baal, el dios de la tormenta, quien cabalga en un carro de nubes, armado de truenos y rayos. Dada la prevalencia del culto a Baal en Israel durante este período, la manifestación de Dios como auriga de fuego que llega en una tormenta (torbellino) es especialmente apropiada, ya que desafía directamente la afirmación de que Baal es el dios de la tormenta.

Alzó luego el manto de Elías que se le había caído (2:13). En un contexto legal, ponerse un manto era un acto simbólico que significaba la herencia, al igual que quitárselo significaba la desheredación (cf. Gn 37:23; Ex 22:26; Ez 16:8-16). Aquí se reafirma el llamado de Eliseo al ministerio profético, expresado simbólicamente cuando Elías le puso su manto (1 Reyes 19:19). Al tomar el manto de Elías, Eliseo reconoce que se le ha concedido la herencia del primogénito, es decir, una doble porción del espíritu de Elías. Por lo tanto, es el sucesor legítimo de Elías y es reconocido como tal por los profetas de Jericó (2:15).

Monte Carmelo (2:25). Ver comentarios en 1 Reyes 18:19. Eliseo regresa a Samaria, el centro de culto de Baal en Israel, para continuar su ministerio profético.

Joram (3:1). Joram, hijo del rey Acab, reinó desde el año 849 hasta 843 a. C. Es mencionado en la estela de Tel Dan (finales del siglo IX a. C.), un monumento erigido por Hazael, rey de Aram-Damasco, para conmemorar su victoria sobre Israel. El texto dice: "[Y maté a Jo]ram, hijo de A[cab], rey de Israel, y [yo] maté a Ocozías, hijo de [Joram, rey] de la Casa de David; y puse [sus ciudades ¿en ruinas? [...] las ciu]/dades de su tierra ¿en de[solación? [...]]. [...] y para dominar todas sus ciudades [...] y Jehú] [go]/bernó sobre Is[rael...]".[16] En Segunda de Reyes 9 se afirma que Jehú (843-815 a. C.) mató a Joram, pero en la estela de Tel Dan, Hazael se atribuye el mérito. Una alianza previa entre Hazael y Jehú (1 Reyes 19:17) explica cómo ambos hombres podían afirmar

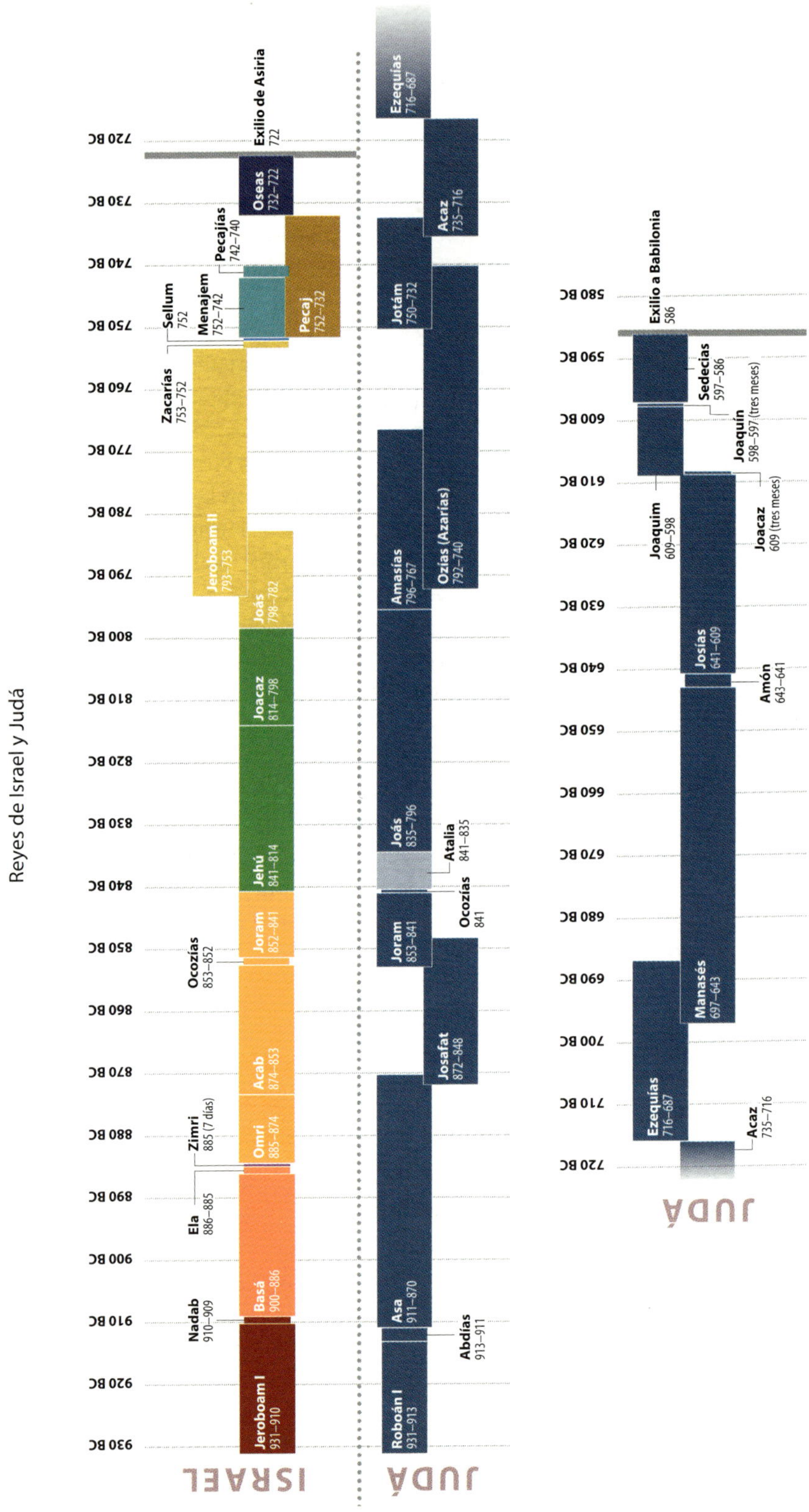
Reyes de Israel y Judá
ISRAEL
JUDÁ
Jeroboam I 931–910
Nadab 910–909
Basá 900–886
Ela 886–885
Zimri 885 (7 días)
Omri 885–874
Acab 874–853
Ocozías 853–852
Joram 852–841
Jehú 841–814
Joacaz 814–798
Joás 798–782
Jeroboam II 793–753
Zacarías 753–752
Sellum 752
Menajem 752–742
Pecajías 742–740
Pecaj 752–732
Oseas 732–722
Exilio de Asiria 722
Roboán I 931–913
Abdías 913–911
Asa 911–870
Josafat 872–848
Joram 853–841
Ocozías 841
Atalia 841–835
Joás 835–796
Amasías 796–767
Ozías (Azarías) 792–740
Jotám 750–732
Acaz 735–716
Ezequías 716–687
Manasés 697–643
Amón 643–641
Josías 641–609
Joacaz 609 (tres meses)
Joaquim 609–598
Joaquín 598–597 (tres meses)
Sedecías 597–586
Exilio a Babilonia 586
930 BC
920 BC
910 BC
900 BC
890 BC
880 BC
870 BC
860 BC
850 BC
840 BC
830 BC
820 BC
810 BC
800 BC
790 BC
780 BC
770 BC
760 BC
750 BC
740 BC
730 BC
720 BC
710 BC
700 BC
690 BC
680 BC
670 BC
660 BC
650 BC
640 BC
630 BC
620 BC
610 BC
600 BC
590 BC
580 BC

haber matado al rey de Israel.

Samaria (3:1). Ver comentarios en 2 Reyes 1:2.

La columna sagrada de Baal (3:2 (NTV)). Se descubrieron piedras similares en un templo cananeo de Hazor que data de los siglos XV a XIII a. C., incluida una piedra grabada con dos brazos levantados en oración o adoración. Otro ejemplo se encontró en la puerta de la ciudad de Geshur (Betsaida en el N. T.). La piedra tenía grabada la imagen de Baal y había sido colocada sobre una plataforma para facilitar su visualización. Aunque la ley mosaica lo prohibía (Ex 34:13; Lv 26:1; Dt 7:5), las piedras sagradas se utilizaban en el culto israelita, como lo atestiguan las piedras que se encontraron en el templo israelita en Arad.

Mesa rey de Moab (3:4-5). Ver comentarios en 2 Reyes 1:1.

Talaréis todo buen árbol (3:19). Deuteronomio 20:19-20 prohíbe la destrucción de los árboles frutales en la mayoría de los casos, pero aparentemente los moabitas deben ser entregados a la desolación en lugar de ser simplemente sometidos. Por lo tanto, su suministro de alimentos debe ser cortado, dejando la tierra desolada e inhabitable. Esta acción se representa en un bajorrelieve asirio del palacio suroeste de Senaquerib. Tras la destrucción de la ciudad de Dilbat (la moderna Tell ed-Duleim o Tell al-Deylam en Irak), los soldados asirios trabajan en parejas para cortar las palmeras datileras.

Los honderos rodearon esa ciudad (3:25 (RVC)). Ver comentarios en 1 S 17:49. En las excavaciones de Laquis se descubrieron docenas de piedras de honda de la invasión asiria de Judá del siglo VIII a. C. Las piedras tienen el tamaño de una pelota de tenis y pesan al menos nueve onzas cada una. La honda consistía en una bolsa de cuero poco profunda con una o dos cuerdas atadas en el extremo. El combatiente colocaba la piedra en la bolsa y luego balanceaba el dispositivo sobre su cabeza varias veces para aumentar la velocidad. Luego lanzaba la piedra soltando la(s) cuerda(s). En los bajorrelieves de piedra del palacio de Senaquerib se representa a los soldados asirios lanzando piedras contra las murallas de Laquis y sus ciudadanos.

Tomó entonces a su hijo primogénito . . . y lo ofreció en holocausto (3:27(NVI)). Aunque nos resulte aborrecible, los rituales religiosos que implicaban el sacrificio de niños no eran infrecuentes entre los cananeos y los fenicios, así como entre los moabitas. En la ciudad fenicia de Cartago (cerca de la actual Túnez, la capital de Túnez), los arqueólogos descubrieron un enorme *tofet* ("lugar de incineración") donde cientos de niños habían sido sacrificados como ofrendas quemadas al dios Baal Hammon y a la diosa Tanit durante el período de seiscientos años que va del siglo VIII al II a. C. Sus tumbas estaban marcadas por monumentos de piedra erguidos, algunos de los cuales llevaban inscritos dedicatorias que indicaban que los niños fueron sacrificados en cumplimiento de los votos religiosos hechos por sus padres (cf. 2 Reyes 23:10; Jer 7:31; Miq 6:7). En la tradición israelita, los primogénitos pertenecían a Dios (Ex 13:2, 12-15; 34:19-20), pero esos niños debían ser redimidos mediante el

Ruinas de Cartago Tophet con marcadores de piedra verticales

sacrificio de animales (Gn 22:13; Ex 34:20) en lugar de ser sacrificados ellos mismos.

Cabe destacar que algunas de las vasijas funerarias del *tofet* de Cartago contenían huesos de animales en lugar de restos humanos. Esto sugiere que la redención por un sustituto animal era conocida entre los fenicios de esta época, aunque rara vez se utilizaba.

Ha venido el acreedor para tomarse dos hijos míos por esclavos (4:1 (JBS)). En el antiguo Cercano Oriente, las leyes de esclavitud por deudas permitían a los acreedores arrebatarles los hijos a sus padres como forma de pago. En el antiguo Israel, sin embargo, era responsabilidad del pariente redentor liberar a la persona o a los dependientes de un pariente endeudado (Lv 25:35-55). Aquí, en la aparente ausencia de un verdadero pariente, Eliseo asume esencialmente este papel para la viuda. La ganancia de la venta del aceite le permitirá pagar sus deudas, liberar a sus hijos y tener suficiente dinero para sobrevivir.

Monte Carmelo (4:25). Ver comentarios en 1 Reyes 18:19.

Gilgal (4:38). Ver comentarios en 2 Reyes 2:1.

Aram (5:1 (NTV)). Esta región al sur de Siria, con su capital en Damasco, alcanzó su cénit político durante el siglo IX a. C.

El Señor había dado la victoria a Aram (5:1(NBLA)). En el antiguo Cercano Oriente, la victoria militar se interpretaba como un acto favorable de los dioses. Mesa, el rey de Moab, inscribió en su estela de victoria lo siguiente: "Hice este lugar alto para Quemos en Qarhoh [...] porque me salvó de todos los reyes y me hizo triunfar sobre todos mis adversarios".[17] Asimismo, Zakkur, el rey de Hamath (siglo IX a. C.), dice de Baal: "Ba'alshamayn [me levantó] y se puso a mi lado, y Ba'alshamayn me hizo rey sobre Hazrach".[18] Aquí se le atribuye al Señor, el Dios de Israel, el mérito de dar la victoria al enemigo de Israel, Aram (cf. Dn 1,1-2; Jer 20,4; 21,7; 32,3, donde el Señor entrega a su pueblo en manos de sus enemigos, y Jer 44,30, donde el Dios de Israel entrega al faraón egipcio a los babilonios).

Llevando consigo . . . plata . . . oro . . . vestidos (5:5). Cuando se pedía un favor, se acostumbraba enviar regalos de lujo, que a menudo incluían dinero y tejidos costosos. En una carta, un rey hitita se queja con el rey de Asiria: "¿No te envió [mi hermano?] regalos de bienvenida apropiados? Pero cuando asumí la realeza, no me enviaste ningún mensajero. Es costumbre que cuando los reyes asumen la realeza, los reyes que son sus iguales en rango, le envíen regalos de bienvenida apropiados, ropas apropiadas para la realeza y aceite fino para su unción. Pero tú aún no lo has hecho".[19]

Rimón (5:18). Rimón, también conocido como Hadadrimón (Zac 12:11), es otro nombre para la deidad cananea de Baal, o Baal Hadad. "Rimón" puede ser un error ortográfico deliberado de "Ramman", que significa "retumbar, rugir, gruñir, aullar, bramar, gemir, tronar", un término utilizado para describir a Baal Hadad en varios textos acadios. Al cambiar las vocales, el autor bíblico transformó el nombre Hadad-ramman ("Hadad el tronador") en el peyorativo Hadadrimón ("Hadad la granada").

Dotán (6:13). Dotán, identificada con Tel Dotán, se encuentra a solo diez millas al norte de la ciudad de Samaria. Las excavaciones han confirmado la existencia de un gran asentamiento en Dotán entre los siglos X y VIII a. C., que incluía restos de edificios domésticos y administrativos, estos últimos con más de cien grandes depósitos.

Samaria (6:20). Ver comentarios en 2 Reyes 1:2.

Ben Adad, rey de Aram (6:24 (NBLA)). Varios reyes de Aram del siglo IX a. C. se llamaban Ben Adad. Probablemente este es Ben Adad II (860-841 a. C.), también conocido como Hadadezer, el sucesor de Ben Adad (I) mencionado en 1 Reyes 15:18-20.

La cabeza de un asno se vendía por ochenta piezas de plata . . . estiércol de palomas por cinco piezas de plata (6:25). Para evitar el hambre, la gente de Samaria fue obligada a pagar precios exorbitantes por cualquier cosa comestible, incluyendo partes indeseables de un animal. El precio que se menciona aquí para el estiércol de una paloma era aproximadamente el equivalente a seis meses de sueldo.

Da acá tu hijo, y comámoslo hoy (6:28). El hecho de que las víctimas del hambre recurrieran al canibalismo se menciona en Lm 2:20; 4:10; Ez 5:10. Durante el asedio asirio a Babilonia (650-648 a. C.), el rey Asurbanipal informa lo siguiente: "El hambre se desató entre ellos, y para calmar su hambre comieron la carne de sus hijos".[20] Un bajorrelieve de piedra tallada de la calzada de la pirámide de UnIs (mediados del siglo XIV a. C.) en Saqqara (Egipto) ofrece una rara visión de las antiguas víctimas del hambre.

Rasgó sus vestidos (6:30). Rasgarse las vestiduras era un signo común de conmoción, dolor o luto en todo el antiguo Cercano Oriente. En los textos mitológicos ugaríticos, el dios El se rasga las vestiduras en señal de dolor al enterarse de la muerte de Baal.

A la puerta de Samaria (7:1). Ver comentarios en 1 Reyes 22:10. El Señor promete ponerle fin a la hambruna y, por ende, al aumento excesivo de los precios.

Tierra de los filisteos (8:2). Ver el artículo "Los filisteos". La tierra de los filisteos estaba ubicada en la costa sur cananea, al norte de Egipto. Incluía las ciudades pentápolis de Ascalón, Asdod, Ecrón, Gaza y Gat. Ascalón, Asdod y Ecrón han sido identificadas y excavadas con seguridad. La antigua Gaza se encuentra debajo de la ciudad moderna del mismo nombre, pero es inaccesible debido a la situación política actual. Gat puede ser Tell es-Safi, a medio camino entre Ascalón y Jerusalén, aunque esta identificación es incierta.

Para implorar al rey por su casa y por sus tierras (8:3). Los reyes del antiguo Cercano Oriente eran los responsables principales de establecer la equidad, hacer cumplir la ley, mantener la paz y administrar la justicia. El Código de Hammurabi, rey de Babilonia, incluye entre los deberes del rey, "hacer prevalecer la justicia en la tierra, destruir a los malvados y a los perversos y que el fuerte no oprima al débil".[21]

Damasco (8:7). Damasco fue la capital del reino arameo. El rey nombrado aquí es Ben Adad II, también conocido como Hadadezer.

Hazael (8:8). Ver comentarios en 1 Reyes 19:15; 2 Reyes 3:1. Hazael se convirtió en rey de Aram en el año 842 a. C. tras la muerte de Ben Adad II, y fue uno de los enemigos acérrimos de Israel durante su largo reinado (cf. 8:28; 13:22).

Este perro (8:13). Esta misma frase aparece en las cartas de Amarna (siglo XIV a. C.) en un discurso de un vasallo al faraón de Egipto, y varias veces en las cartas de Laquis (principios del siglo VI a. C.) en las que Hoshaiah, un soldado de Judea, se dirige a su oficial al mando, Yaush/Yaosh. Es un ejemplo del típico lenguaje autodespectivo que se utilizaba con frecuencia en el antiguo Cercano Oriente cuando uno se dirigía a un superior.

Apostasía y los últimos días de Israel (2 Reyes 8:16-17:41)

Joram hijo de Acab, rey de Israel (8:16). Este rey también era conocido como Jorán (cf. 3:1 NVI). Otro rey con el mismo nombre, distinguido por su ascendencia como hijo de Josafat, reinó en Judá.

Acab (8:27). Ver comentarios en 1 Reyes 16:29.

Hazael, rey de Aram (8:28-29 (NBLA)). Ver comentarios en 2 Reyes 8:8.

Jehú hijo de Josafat hijo de Nimsi (9:2). Jehú es el único rey israelita cuya representación ha sobrevivido a la antigüedad. En el Obelisco Negro de Salmanasar III se muestra a este rey de Israel inclinándose ante su gobernante supremo asirio. La inscripción que lo acompaña dice: "Recibí el tributo de Jehú de Bıˆt-Ḫumrî [la casa de Omri]: plata, oro, un tazón de oro, una copa de oro, copas de oro, cubos de oro, estaño, un bastón de mano del rey, (y) jabalinas" (ver comentarios en 2 Reyes 3:1).[22]

Ramot de Galaad (9:4). Ver comentarios en 1 Reyes 22:3.

A Jezabel la comerán los perros . . . no habrá quien la sepulte (9:10). Ver comentarios en 1 Reyes 21:23-24.

Jehú (9:14). Ver comentarios en 2 Reyes 9:2.

Joram (9:14). Ver comentarios en 2 Reyes 8:16.

Ramot de Galaad (9:14). Ver comentarios en 1 Reyes 22:3.

Rey Hazael de Aram (9:14 (NTV)). Ver comentarios en 2 Reyes 8:8.

Se sombreó los ojos, se arregló el cabello y se asomó a la ventana (9:30 (NVI)). Ver el artículo "La moda de las mujeres en el mundo del Antiguo Testamento". El uso del maquillaje de ojos en la antigüedad se menciona en una pintura de una tumba del siglo XIX a. C. encontrada en Beni Hasan (Egipto). En ella aparecen mercaderes asiáticos que traen una serie de productos para vender. El epígrafe de la pintura dice: "Llegando y trayendo pintura negra de ojos, que le trajeron 37 asiáticos".[23]

Apílenlas en dos montones a la entrada de la puerta de la ciudad (10:8 (NTV)). El apilamiento de las partes del cuerpo del enemigo en un lugar público era una forma de guerra psicológica, destinada a desmoralizar y aterrorizar al enemigo. En un bajorrelieve de piedra que conmemora la caída de Babilonia en manos de Asiria a mediados del siglo VII a. C. aparece una pila de cabezas enemigas en el centro del registro superior.

Samaria (10:12). Ver comentarios en 2 Reyes 1:2.

Baal (10:18-27). Ver comentarios en 1 Reyes 16:32; 18:18; ver el artículo "Los cananeos y la religión cananea".

Las estatuas del templo de Baal (10:26). Ver comentarios en 2 Reyes 3:2.

Hazael (10:32-33). Ver comentarios en 2 Reyes 8:8.

El templo de Baal (11:18). Ver comentarios en 1 Reyes 16:32.

Los lugares altos (12:3). Ver comentarios en 1 Reyes 3:2-3.

Rey Hazael de Aram (13:3 (NTV)). Ver comentarios en 2 Reyes 8:8.

Su hijo Ben Adad (13:3 (NVI)). Este es Ben Adad III (8:7), quien se convirtió en rey de Aram en el año 806 a. C.

Dio Jehová salvador a Israel (13:5). El salvador mencionado aquí fue probablemente Adad-nirari III, rey de Asiria, que derrotó a los arameos en 802 a. C. Un registro asirio de la campaña menciona a "Joás el Samaritano" como vasallo asirio.

La imagen de Asera permaneció en Samaria (13:6). Ver comentarios en 1 Reyes 15:13.

Samaria (13:10). Ver comentarios en 2 Reyes 1:2.

Y le dijo Eliseo: Toma un arco y unas saetas (13:15). Ver comentarios en Ez 21:21.

Rey Hazael de Aram (13:22 (NTV)). Ver comentarios en 2 Reyes 8:8.

Ben-adad (13:24). Ver comentarios en 2 Reyes 13:3. Joás pudo retomar las ciudades israelitas conquistadas por el ejército sirio durante el reinado de su padre, Joacaz, porque Ben-adad III estaba preocupado por la amenaza asiria en su frontera norte.

Joás (13:25). Joás figura como vasallo asirio en una inscripción del rey asirio Adad-nirari III (ver comentarios en 2 Reyes 13:5).

Los lugares altos (14:4). Ver comentarios en 1 Reyes 3:2-3.

Samaria (14:14). Ver comentarios en 2 Reyes 1:2.

Jeroboam hijo de Joás (14:23). Jeroboam II gobernó el reino del norte de Israel por cuarenta años. Durante este tiempo, Aram se vio debilitada por los asirios, que a su vez estaban preocupados por defender su frontera norte contra Urartu (la actual Armenia). El vacío de poder resultante permitió a Israel expandirse y prosperar. En las excavaciones de Samaria se descubrieron más de un centenar de ostracas (cartas, recibos y registros escritos en tinta sobre vasijas) que datan del reinado de Jeroboam II. En ellos se registran envíos de vino y aceite de oliva desde varios distritos administrativos de Israel a personas específicas de Samaria. Los recibos incluyen la fecha, el nombre del distrito, el nombre del destinatario y la identidad del artículo en sí. Uno de los recibos dice: "En el noveno año de Qosah a (crédito de) Gaddiyaw, una jarra de vino viejo".[24] Los bienes podrían haber sido una forma de impuesto o tributo, pero también pueden ser contribuciones para la casa real, cultivadas en tierras concedidas por el rey.

Samaria (14:23). Ver comentarios en 2 Reyes 1:2.

Azarías hijo de Amasías (15:1). Azarías también conocido como Uzías (15:13, 30, 32, 34).

Los lugares altos (15:4). Ver comentarios en 1 Reyes 3:2-3.

Tirsa (15:14). Ver comentarios en 1 Reyes 16:6. Tirsa fue la capital del reino del norte de Israel durante los reinados de Basá, Ela, Zimri y Omri (1 Reyes 15:33; 16:8, 23) antes de que Omri la reubicara a Samaria.

Manahem saqueó a Tifsa (15:16-20). La ciudad de Tifsa estaba ubicada a unas setenta millas al sur de Carchemish, en el río Éufrates. "Pul" ("Pulu" en acadio) es otro nombre del rey asirio Tiglath-Pileser III, que subyugó a Menahem y le obligó a pagar un tributo excesivo, como se registra en una de sus inscripciones: "Recibí el tributo de [...] Rezon de Damasco, Menahem de Samaria, Hiram de Tiro" (ver el artículo "Los asirios").[25]

Peka . . . reinó (15:27–31). Israel siguió siendo un vasallo asirio durante el reinado de Peka e incluso perdió gran parte de su territorio a manos de Tiglath-Pileser III, que informó en sus anales:

> [En cuanto a Menahem, lo ab]rumé [como una tormenta de nieve] y él... huyó como un pájaro, solo, [y se inclinó a mis pies (¿?)]. Lo devolví a su lugar [y le impuse un tributo, a saber:] oro, plata, vestidos de lino con adornos multicolores [...] grandes [...] [yo re]cibí de él. Israel (lit. "Casa de Omri") [...] todos sus habitantes (y) sus posesiones los llevé a Asiria. Derrocaron a su rey Peka y puse a Oseas como rey sobre ellos. Recibí de ellos 10 talentos de oro, 1000 (¿?) talentos de plata como su [tri]buto y

los llevé a Asiria.[26]

Los lugares altos (15:35). Ver comentarios en 1 Reyes 3:2-3.

El Señor comenzó a enviar contra Judá al rey Rezín de Aram y al rey Peka de Israel (15:37 (NTV)). Este es el comienzo de la guerra siro-efraimita (cf. Is 7-9), en la que Israel y Aram atacaron a Judá, que luego pidió ayuda a Asiria. Rezín, rey de Aram, es nombrado en los anales asirios como uno de los varios reyes derrotados por Tiglath-Pileser III, quien afirma: "Asedié y conquisté la ciudad de Hadara, propiedad heredada de Rezín de Damasco, [lugar donde] había nacido. Traje como prisioneros a 800 (de sus) habitantes con sus posesiones [...] su ganado mayor (y menor)". [27]

Acaz hijo de Jotán comenzó a reinar en Judá (16:1 (PDT)). Un sello encontrado en una colección privada lleva el nombre de Acaz. Dice lo siguiente: "Perteneciente a Acaz, (hijo de) Yehotam (Jotán), rey de Judá".[28] También se le menciona en los anales de Tiglath-Pileser III como vasallo asirio. Una forma más larga de su nombre, Yeho-ahaz, aparece en los anales de Tiglath-Pileser III como alguien que pagaba tributo a Asiria. El prefijo "Yeho" se refiere a Yahveh ("el Señor").

Sacrificó en el fuego a su hijo (16:3 (NVI)). Ver comentarios en 2 Reyes 3:27.

Los lugares altos (16:4). Ver comentarios en 1 Reyes 3:2–3.

Rezín . . . Peka . . . Acaz (16:5-9). Ver comentarios en 2 Reyes 15:37; 16:1.

Yo soy tu siervo y tu hijo (16:7). Acaz se somete a Asiria y solicita la ayuda de Tiglath-Pileser III en lugar de acudir al Señor. Los asirios derrotan por completo a las fuerzas unificadas de Peka y Rezín, y este último es ejecutado. Al identificarse como "hijo" de Tiglath-Pileser, Acaz emplea la terminología estándar del pacto, derivada del ámbito del parentesco, para denotar su condición de vasallo (ver comentarios en 1 Reyes 20:32).

Vio el altar que estaba en Damasco (16:10 (RVA-2015)). El texto no proporciona detalles sobre el diseño del altar, pero los altares de este periodo descubiertos en excavaciones en Siria tenían forma rectangular con esquinas elevadas y puntiagudas (se encontró un buen ejemplo en Pella). Esta forma puede haber sido el prototipo de los altares de cuatro cuernos del siglo X hasta principios del siglo VI a. C. descubiertos en Dan, Meguido, Siquem, Laquis, Arad, Berseba, Gezer y en las ciudades filisteas de Ascalón y Ecrón. Damasco era la capital y ciudad central de Aram (Siria).

El altar de bronce que estaba delante de Jehová (16:14). Acaz utilizará ahora el altar de bronce para "buscar orientación". Esto probablemente significa que recurrió a la aruspicina, la inspección de las entrañas de los animales para determinar la voluntad de los dioses, que se practicaba con frecuencia entre los reyes de Asiria y Babilonia. Los sacerdotes eran entrenados para "leer" los hígados utilizando modelos de arcilla.

Uno de estos modelos de arcilla se descubrió en el sur de Irak y data de alrededor de 1900-1600 a. C. Cada cuadrado de su superficie contiene una interpretación para una mancha o marca correspondiente encontrada en el hígado del animal. Un texto de presagio de Mesopotamia señala: "Si hay un signo *Hal* en la base 'del bienestar' [es decir, en el surco del hígado que discurre entre la fisura umbilical y la vesícula biliar] el reinado de Acad ha terminado. Si todo el hígado es anómalo: presagio del rey de Acad en cuanto a la catástrofe. Presagio de Ibbi-Sin cuando Elam redujo a Ur a escombros. Si la 'elevación de la cabeza del pájaro' es oscura a la izquierda y a la derecha habrá *pitrusta* [una anormalidad que puede hacer que el sacerdote revierta su decisión]".[29] También se han encontrado modelos de hígado en Meguido y Hazor, aunque la aruspicina estaba prohibida en Israel (Dt 18:10).

Oseas (17:1). Oseas, que gobernó del 732 al 722 a. C., fue el último rey del reino del norte de Israel antes de la invasión asiria del 722/721 a. C. Su nombre aparece en un sello de estilo egipcio que data del siglo VIII a. C. con una inscripción que dice: "Perteneciente a Abdi siervo de Oseas".[30]

Salmanasar rey de los asirios (17:3). Salmanasar es identificado aquí y en la Crónica Babilónica como el conquistador de Samaria en el 722 a. C. Sin embargo, en el Prisma de Nimrud el asirio Sargón II (722-705 a. C.), sucesor de Salmanasar, reclama la victoria para sí mismo, declarando lo siguiente:

> [A los habitantes de Sa]maria, que se pusieron de acuerdo [y conspiraron] con un rey [hostil contra] mí, para no prestar servicio ni traer tributo [a Asur] y que dieron batalla, los combatí con el poder de los grandes dioses, mis señores. Conté como botín 27 280 personas, junto con sus carros, y los dioses en los que confiaban. Formé una unidad con 200 de [sus] carros para mi fuerza real. El resto lo asenté en medio de Asiria. Repoblé Samaria más que antes. Traje a ella gente de los países conquistados por mis manos. Nombré a mi eunuco como gobernador sobre ellos. Y los conté como asirios.[31]

Como usurpador del trono, Sargón II quizá se atribuya el mérito como forma de legitimar su reinado.

Lugares altos (17:9). Ver comentarios en 1 Reyes 3:2-3.

Levantaron estatuas e imágenes de Asera (17:10). Ver comentarios en 1 Reyes 15:13; 2 Reyes 3:2.

Imágenes de Asera . . . y sirvieron a Baal (17:16). Ver comentarios en 1 Reyes 15:13; 16:32; 18:18; ver el artículo "Los cananeos y la religión cananea".

Se postraron ante todos los astros del cielo (17:16 (NVI)). El culto astral era popular en Judá, como atestigua el profeta Jeremías (Jer 7:18; 44:17, 25) y en el registro arqueológico. Las impresiones de sellos (bullae) de este periodo en Judá incluyen símbolos del sol y la luna ante los cuales se veneran figuras humanas.

Sacrificaron en el fuego a sus hijos e hijas (17:17(NVI)). Ver comentarios en 2 Reyes 3:27.

Practicaron la adivinación y la hechicería (17:17 (NVI)). El arte o la "ciencia" de la adivinación, que incluía la interpretación de los sueños, echar suertes, la inspección de los hígados de los animales, la consulta a los muertos y las observaciones astrológicas, se practicaba en Israel y en el antiguo Cercano Oriente como una forma de determinar el futuro y/o la voluntad de los dioses (ver comentarios en 2 Reyes 16:14). La adivinación estaba prohibida en Israel (Dt 18:10), aunque los sacerdotes podían consultar a Dios mediante el Urim y el Tumim (cf. Nm 27:21; 1 S 14:41).

Los de Babilonia hicieron a Sucot-benot, los de Cuta hicieron a Nergal, y los de Hamat hicieron a Asima . . . los de Sefarvaim quemaban sus hijos en el fuego para adorar a Adramelec y a Anamelec (17:30-31). Sobre la quema de hijos como sacrificio, ver comentarios en 2 Reyes 3:27. Sucot-benot era la diosa creadora Banitu, conocida por los textos neoasirios y neobabilónicos y adorada de diversas formas desde Mesopotamia hasta Egipto. Esta deidad también puede identificarse con Sakkut/Ninurta, un dios de la fertilidad particularmente asociado con la agricultura y los animales y que a menudo es representado y descrito como un cazador heroico. Nergal era el dios del inframundo en Mesopotamia y estaba asociado con la sequía y la muerte. Su centro de culto estaba en Kuta/Cuta (la actual Tell Ibrahim), que es nombrado como el hogar de algunos de los exiliados trasladados a Samaria. Ashima es un dios semítico occidental mencionado en varias inscripciones arameas, pero se sabe relativamente poco de él. La identidad de los demás dioses de la lista es incierta.

La lucha contra la apostasía y los últimos días de Judá (18:1-25:30)

Ezequías hijo de Acaz (18:1). El nombre de Ezequías aparece en dos sellos de arcilla (bullae) de colecciones privadas. El primer ejemplo está decorado con un escarabajo alado (un escarabajo sagrado egipcio) y un ankh (un signo jeroglífico egipcio que significa "vida") con una inscripción que dice: "Perteneciente a Ezequías [hijo de] Acaz, rey de Judá".[32] El diseño y la inscripción de la segunda bulla son casi idénticos a los de la primera, aunque le falta el nombre "Acaz".

Los lugares altos (18:4). Ver comentarios en 1 Reyes 3:2-3.

Las imágenes . . . los símbolos de Asera (18:4). Ver comentarios en 1 Reyes 15:13; 2 Reyes 3:2.

La serpiente de bronce (18:4). Los arqueólogos descubrieron un altar israelita con cuernos de finales del siglo VIII a. C. en Beerseba. Había una serpiente incisa en una de las piedras con las que se construyó.

Filisteos (18:8). Ver el artículo "Los filisteos". Los filisteos llegaron a costa sur de Canaán en el siglo XIII a. C. como uno de los varios grupos de los pueblos del mar en busca de un nuevo hogar. Ellos, junto con otros grupos de los pueblos del mar, invadieron Egipto, pero fueron derrotados contundentemente por Ramsés III. Los cautivos fueron reclutados en el ejército egipcio o se les permitió asentarse en la costa sur cananea. Los filisteos llegaron a Canaán, desplazando a la población local e impidiendo que la tribu de Dan reclamara su territorio asignado. Permanecieron en esta región hasta que fueron derrotados y asesinados o exiliados por los babilonios a finales del siglo VII a. C.

Hasta Gaza (18:8). La antigua Gaza está enterrada bajo la ciudad moderna del mismo nombre. Era la más meridional de las ciudades filisteas de la Pentápolis y estaba situada en la costa mediterránea, a unas nueve o diez millas al sur de Ascalón. Su importancia derivaba en gran medida de su ubicación a lo largo de la gran carretera costera que conectaba Egipto en el sur con Siria-Palestina y Mesopotamia más al norte y al este.

Salmanasar rey de los asirios (18:9). Ver comentarios en 2 Reyes 17:3; ver el artículo "Los asirios".

Senaquerib, rey de Asiria, atacó y tomó todas las ciudades fortificadas de Judá (18:13 (NVI)). Senaquerib fue rey de Asiria del 704 al 681 a.C. Los bajorrelieves descubiertos por los excavadores británicos en la sala del trono del palacio de Senaquerib en Nínive describen con notable detalle el ataque asirio a Laquis, una de las ciudades de Judea destruidas en la campaña del sur de Senaquerib. Las escenas, organizadas en orden cronológico alrededor de la sala, describen el asalto de los arqueros, honderos y arietes asirios; el vano intento de los ciudadanos de Laquis de defender su ciudad con arcos y flechas, antorchas encendidas y piedras; la muerte o el exilio de la población; el saqueo de la ciudad; la tortura de los prisioneros de guerra; y el campamento militar asirio vecino donde Senaquerib recibía información de su general. En las excavaciones de Laquis se han descubierto las rampas de asedio asirias, junto con puntas de flecha de hierro, piedras de honda, armaduras de bronce y los restos físicos de los judíos que perdieron la vida en la batalla. Los relatos escritos de la batalla se conservan aquí en 2 Reyes 18, en Is 36-37 y en el Oriental Institute Prism of Sennacherib [Prisma del Instituto Oriental de Senaquerib], que declara lo siguiente:

> En cuanto a Ezequías, el judío, asedié cuarenta y seis de sus ciudades amuralladas fortificadas y los pueblos pequeños circundantes, que eran innumerables. Utilizando rampas de derribo y aplicando arietes, ataques

Prisma del Instituto Oriental de Senaquerib

> de infantería con minas, brechas y máquinas de asedio, las conquisté. Saqué a 200, 150 personas, jóvenes y ancianos, hombres y mujeres, caballos, mulas, asnos, camellos, ganado y ovejas, sin número, y los conté como botín. A él mismo lo encerré dentro de Jerusalén, su ciudad real, como una ave en una jaula. Lo rodeé con terraplenes e hice que fuera impensable salir por la puerta de la ciudad. Sus ciudades que había despojado las corté de su tierra y se las di a Mitinti, rey de Asdod, a Padi, rey de Ecrón y a Ṣilli-bel, rey de Gaza, y así disminuí su tierra. Le impuse cuotas y regalos para mi señorío, además del tributo anterior, su pago anual. Él, Ezequías, se conmocionó por el impre sionante esplendor de mi señorío, y me envió después de mi partida a Nínive, mi ciudad real, sus tropas de élite (y) sus mejores soldados, que había traído como refuerzos para fortalecer Jerusalén, con 30 talentos de oro, 800 talentos de plata, antimonio selecto, grandes bloques de cornalina, camas (con incrustaciones) de marfil, sillones (con incrustaciones) de marfil, pieles de elefante, marfil, madera de ébano, madera de boj, vestidos multicolores, vestidos de lino, lana (teñida) de rojo-morado y azul-morado, recipientes de cobre, hierro, bronce y estaño, carros, escudos de asedio, lanzas, armaduras, puñales para el cinturón, arcos y flechas, innumerables adornos y utensilios de guerra, junto con sus hijas, sus mujeres de palacio, sus cantantes masculinos y femeninos. Él (también) envió a su mensajero para entregar el tributo y rendir pleitesía.[33]

Cabe señalar que Senaquerib no declara haber capturado Jerusalén, sino solo haber encarcelado a su rey dentro de la misma ciudad.

El rey de Asiria envió a su virrey . . . con el rey Ezequías en Jerusalén (18:17-19:37 (NVI)). Sobre el relato asirio de esta campaña, ver comentarios en 2 Reyes 18:13.

Eliaquín . . . que era el administrador del palacio (18:18 (NVI)). El título real "sobre la casa" (traducido aquí como "administrador del palacio") fue descubierto en el dintel de una tumba real del siglo VIII a. C. en Jerusalén. La inscripción identifica a la persona enterrada en la tumba como "[] yahu que está sobre la casa".[34] El mismo título se encontró también en una impresión de sello del siglo VI a. C. en Laquis, que identifica al propietario del sello como "Gedalyahu 'Super(visor) de la casa (real)'".[35]

Lugares altos (18:22). Ver comentarios en 1 Reyes 3:2-3.

Te rogamos que hables a tus siervos en arameo (18:26). Los funcionarios de Judea piden que los emisarios asirios utilicen el arameo, la lengua utilizada por el Imperio Asirio en la correspondencia internacional, para que la gente común que estaba en el muro de la ciudad no los entendiera. Sin embargo, los asirios siguen hablando en hebreo, la lengua de Judá, precisamente porque intentan persuadir al pueblo para que se rinda.

Rasgó sus vestidos y se cubrió de cilicio (19:1). Ver comentarios en 2 Reyes 6:30.

Eliaquín, administrador del palacio (19:2 (NVI)). Ver comentarios en 2

Reyes 18:18.

Tiracá, rey de Cus (19:9 (NVI)). Ver el artículo "Los cusitas". Tiracá era el comandante cusita del ejército egipcio que invadió Judá en el año 701 a. C. Gobernó Egipto como faraón desde 690 a 664 a. C.

Esar-hadón (19:37). Ver el artículo "Los asirios". Esar-hadón, hijo de Senaquerib, fue el rey de Asiria desde 681 hasta 669 a. C.

Merodac-baladán (20:12). "Merodac-baladán" (o en algunos manuscritos "Berodach-baladan") era el nombre hebreo de Marduk-apla-iddina II, que se convirtió en rey de Babilonia en el año 722 a. C. Su viaje a Jerusalén ocurrió en algún momento de los primeros doce años de su reinado, antes de ser exiliado por el rey asirio Sargón II.

Ezequías . . . construyó un estanque y cavó un túnel para llevar agua (20:20 (NTV)). El manantial de Gihón, situado en el valle de Cedrón, justo al sur del templo de Jerusalén, era la principal fuente de agua de la ciudad. El agua debía ser accesible desde dentro de la ciudad, especialmente en tiempos de guerra, por lo que Ezequías encargó la construcción de un túnel para llevar el agua desde el manantial hasta la Piscina de Siloé, donde los residentes podían acceder al agua desde dentro de las murallas de la ciudad. Conocido como el Túnel de Ezequías, fue una notable obra de ingeniería. Dos grupos trabajaron desde extremos opuestos para excavar a través del lecho de roca. El momento en que los dos grupos se encontraron fue conmemorado en la antigüedad por la siguiente inscripción, conocida como la Inscripción de Siloé, tallada en la pared del túnel:

> [El día de] la brecha. Este es el registro de cómo se abrió el túnel. Mientras [los excavadores estaban blandiendo] sus picos, cada hombre hacia su compañero, y cuando aún quedaban tres codos para la bre[cha,] [se oy]ó una voz que llamaba a su compañero; porque había una cavidad en la roca (que se extendía) desde el sur hasta [el norte]. Así que el día de la brecha, los excavadores comenzaron a trabajar, cada uno frente a su compañero de trabajo, pico contra [p]ico. Entonces el agua fluyó desde el manantial hasta la piscina, una distancia de mil doscientos codos. Cien codos era la altura de la roca sobre las cabezas de los excavad[ores].[36]

Tiracá, el faraón cusita

Además de proporcionar un suministro de agua seguro antes de la invasión asiria, Ezequías fortificó la ciudad construyendo una muralla defensiva mucho más gruesa y fuerte, conocida como la Muralla Ancha (cf. Is 22:10). Los restos parciales de esta muralla fueron descubiertos en el barrio judío de la ciudad vieja de Jerusalén. La preparación adicional puede haber incluido el abastecimiento de varios centros administrativos y militares en Judá con alimentos y suministros. Así lo sugieren más de mil asas de tinajas *lamelek* de finales del siglo VIII a. C. encontradas en Judá. Cada asa lleva el sello de un escarabajo de cuatro alas o un disco solar de dos alas o un pergamino con la palabra hebrea *lamelek* ("perteneciente al rey") impreso en la arcilla, junto con el nombre de una de cuatro ciudades: Hebrón, Zif, Soco y la *mmsht* no identificada. Es posible que estas tinajas se utilizaran para transportar suministros para el ejército de Judea en preparación del inminente ataque asirio.

Túnel de Ezequías

Los lugares altos (21:3). Ver comentarios en 1 Reyes 3:2-3.

Altares a Baal . . . Asera (21:3). Ver comentarios en 1 Reyes 15:13; 16:32; 18:18; ver el artículo "Los cananeos y la religión cananea".

Todos los astros del cielo (21:3 (NVI)). Ver comentarios en 2 Reyes 17:16.

Sacrificó en el fuego a su propio hijo (21:6 (NVI)). Ver comentarios en 2 Reyes 3:27.

Practicó la brujería y la adivinación, y consultó a espiritistas y a adivinos (21:6 (NBV)). Ver comentarios en 2 Reyes 16:14. La práctica de la adivinación, la búsqueda de presagios y la consulta a adivinos y espiritistas (o nigromantes, los que consultan a los muertos) están bien atestiguadas entre los hititas, los cananeos, en Mesopotamia y, en menor medida, en el antiguo Egipto. En un encantamiento babilónico tardío del primer milenio a. C., el adivino prepara un ungüento especial hecho de varias partes de animales, vino, agua y leche. Luego lo aplica en los ojos de un hombre que quiere consultar a los muertos. El sacerdote instruye: "Recitas el encantamiento tres veces y unges tus ojos (con él) y verás al fantasma; él hablará contigo. Puedes mirar al fantasma, él hablará contigo".[37] Las prohibiciones y condenas de consultar a adivinos y espiritistas en 1 S 28; Lv 20:6, 27; Dt 18:10-11; 2 Reyes 21:6; e Is 8:19 indican que estos métodos, aunque prohibidos, eran empleados por los judíos para intentar determinar la voluntad del Señor o conocer el futuro.

Manasés rey de Judá (21:10). El nombre de Manasés aparece en los registros de campaña de Esar-hadón, rey de Asiria del año 681 al 669 a. C. Como vasallo asirio, se le exigió que proporcionara y enviara suministros a Nínive para la construcción del palacio real de Esar-hadón. Manasés también es mencionado en los registros de las campañas del sucesor de Esar-hadón, Asurbanipal (668-630 a. C.), quien exigió un fuerte tributo y requirió que algunos de los hombres de Judá sirvieran en el ejército asirio.

Rasgó sus vestidos (22:11). Ver comentarios en 2 Reyes 6:30.

Baal, a Aserá y a todos los astros del cielo (23:4 (NVI)). Ver comentarios en 1 Reyes 15:13; 16:32; 18:18; 2 Reyes 17:16; ver el artículo "Los cananeos y la religión cananea".

Los lugares altos... quemaban incienso en honor a Baal, el sol, la luna, las constelaciones y todas las estrellas del cielo (23:5 (PDT)). Ver comentarios en 1 Reyes 3:2–3; 16:32; 18:18; 2 Reyes 17:16; ver el artículo "Los cananeos y la religión cananea".

La imagen de Asera (23:6). Ver comentarios en 1 Reyes 15:13; 2 Reyes 3:2.

Tofet... sacrificara en el fuego a su hijo o hija en honor de Moloc (23:10 (NVI)). Ver comentarios en 1 Reyes 11:5; 2 Reyes 3:27.

Los caballos que los reyes de Judá habían dedicado al sol (23:11). Más de mil vasijas y objetos religiosos de los siglos VIII al VII a. C. fueron hallados en una cueva de la ladera oriental del Ophel en Jerusalén, cerca del Monte del Templo. Entre los objetos se encontraban pequeñas estatuas de cerámica de caballos, varias de las cuales tenían un disco, quizá representando al sol, en la frente, entre las orejas. De ser el caso, podrían ser modelos de los caballos dedicados al sol que se encontraban en la entrada del templo. Otra posibilidad es que estos discos representen parte de una brida.

Los altares . . . sobre la azotea (23:12). Las azoteas eran un lugar natural para adorar a los astros del cielo. Un altar de incienso de la destrucción babilónica del 604 a. C. fue encontrado sobre una azotea derrumbada en Ascalón.

Los lugares altos (23:13). Ver comentarios en 1 Reyes 3:2-3.

Astoret... Quemos... Milcom (23:13). Ver comentarios en 1 Reyes 11:5; 11:7.

Estatuas . . . imágenes de Asera (23:14). Ver comentarios en 1 Reyes 15:13; 2 Reyes 3:2.

El lugar alto (23:15). Ver comentarios en 1 Reyes 3:2-3.

Adivinos y a los espiritistas, los ídolos domésticos y los otros ídolos (23:24 (NBLA)). Ver comentarios en 2 Reyes 21:6. Aunque estaban prohibidos por la ley mosaica, los dioses domésticos se utilizaban en la adivinación (Ez 21:21; Zac 10:2), y en el espiritismo en particular.

El culto de estas deidades domésticas puede haber estado relacionado al cuidado y veneración de los ancestros muertos. Los rituales en Mesopotamia implicaban estos tipos de esculturas que a menudo representaban a un pariente fallecido, que se creía que hablaba a través de la escultura.

Faraón Necao . . . en Meguido, en cuanto Necao lo vio, lo mató (23:29 (DHH)). El faraón Necao II (610-595 a. C.) marchó al norte con un ejército desde Egipto para que, junto con sus aliados asirios, pudiera atacar a las fuerzas unidas de los babilonios y los medos. La Crónica de Babilonia registra lo siguiente: "Año decimoséptimo [609 a. C.]: En el mes de Dumuzi, Ashur-uballit, rey de Asiria, y un gran ejército egipcio [...] cruzaron el río [Éufrates] y marcharon sobre Harrán para tomar pose[sión] de ella. Masacraron a la guarnición que el rey de Acad había establecido allí. Una vez vencedores, acamparon frente a Harrán. Hasta el mes de Elul, se unieron a la batalla en la ciudad sin ce[sar], pero no se logró nada".[38] El intento de Josías de impedir que los refuerzos de Egipto llegaran al ejército asirio le costó la vida.

La crónica babilónica

Joacim (23:36-24:7). El faraón egipcio Neco, con Judá bajo su estricto control, destituye a Joacaz como rey de Judá y lo reemplaza por el hermano de Joacaz, Joacim, quien ocupará un lugar destacado a lo largo del libro de Jeremías como uno de los principales oponentes del profeta. Desde el punto de vista político, Joacim estaba atrapado entre los poderosos babilonios al norte y los poderosos egipcios al sur. En el año 605 a. C., el rey babilónico Nabucodonosor derrota a la alianza asirio-egipcia. En el 604 a. C., Joacim cambia de bando y promete lealtad a los babilonios. Sin embargo, tres años más tarde, después de que Nabucodonosor fuera incapaz de tomar el control de Egipto, Joacim vuelve a cambiar de bando, rebelándose contra su gobernante babilónico y acudiendo a Egipto en busca de ayuda (cf. Jer 46:14-28)

Subió en campaña Nabucodonosor rey de Babilonia. Joacim . . . volvió y se rebeló contra él (24:1). En diciembre de 598 a. C., Nabucodonosor y el ejército babilónico iniciaron una campaña militar hacia el oeste para erradicar la revuelta de Joacim, una campaña que se menciona en la Crónica de Babilonia (ver comentarios en 2 Reyes 24:10).

Joaquín (24:8). Cuando Nabucodonosor llega a Jerusalén para destronar a su vasallo rebelde, Joacim muere (quizás asesinado) y Joaquín, de dieciocho años, lo sustituye como rey. Joaquín se rinde rápidamente ante Nabucodonosor, y muchos judíos, especialmente los de la clase alta, son llevados al exilio en ese momento, incluido el profeta Ezequiel.

Subieron contra Jerusalén los siervos de Nabucodonosor rey de Babilonia, y la ciudad fue sitiada (24:10). Los registros babilónicos (la Crónica de Babilonia) informan de que Nabucodonosor "sitió Jerusalén y se apoderó de ella el segundo día del mes de Adar. Luego capturó a su rey y nombró a un rey de su propia elección, habiendo recibido fuertes tributos de la ciudad, que envió de vuelta a Babilonia".[39]

Joaquín rey de Judá (24:12-16). El rey exiliado Joaquín y sus hijos se mencionan específicamente por nombre en dos documentos administrativos encontrados en Babilonia (ver comentarios en 2 Reyes 25:29-30)

Sedequías se rebeló contra el rey de Babilonia (24:20). Los babilonios nombran al hermano de Joacim, Sedequías, como nuevo rey títere de Judá. También se rebela tontamente contra los babilonios, y esta rebelión provoca una dura respuesta militar. Nabucodonosor y el ejército babilónico destruyen gran parte de Judá y Filistea, un acontecimiento bien documentado en el registro arqueológico de Laquis, Hazor, Meguido, Acco, Asdod y Ascalón, entre otras ciudades. En Jerusalén, las murallas son destruidas y los edificios son quemados por el fuego, como atestiguan las excavaciones realizadas en Jerusalén (la Ciudadela, el Barrio Judío y en la ladera oriental de la ciudad de David). La mayoría de la población fue asesinada o exiliada (ver comentarios en 2 Reyes 25:8-10).

Nabuzaradán, capitán de la guardia . . . vino a Jerusalén (25:8-10). Las pruebas arqueológicas de la invasión babilónica están bien atestiguadas en muchos lugares de Judá y Filistea. Las excavaciones en la ciudad portuaria filistea de Ascalón revelaron capas de restos quemados y cerámica destrozada en todas las zonas excavadas, junto con materiales de barro vitrificado y arcilla. Se descubrieron los restos óseos de una mujer de mediana edad en una habitación llena de jarras de almacenamiento, donde aparentemente estaba escondida. Un antropólogo físico determinó que había muerto por un traumatismo craneal. En la ciudad judía de Laquis, los excavadores encontraron veintiún ostracas (vasijas con letras escritas en tinta) de principios del siglo VII a.C. que parecen haber sido escritas durante la invasión babilónica. La carta 3 fue enviada por un hombre llamado Hoshaiah a su comandante, Yaosh, en Laquis. Escribe lo siguiente: "Ahora tu siervo ha recibido la siguiente información: El general Konyahu, hijo de Elnatan, se fue al sur para entrar a Egipto. Él ha enviado (mensajeros) para buscar a Hodavyahu, hijo de Ahiyahu y a sus hombres de allá", lo que indica que Judá buscaba ayuda de Egipto.[40]

En la carta 4, Hoshaiah informa a Yaosh: "se sabrá que estamos vigilando las señales (de fuego) de Laquis según el código que nos dio mi señor, pues no podemos ver a Azeqah".[41] Hoshaiah no se refería a la ciudad de Azekah en sí, sino a las señales de humo utilizadas como medio de comunicación. El hecho de que no viera señales de Azekah sugiere que ésta ya había caído en manos del ejército babilónico, que ahora marcharía hacia Laquis.

Evil-merodac ascendió al trono (25:27 (NTV)). Evil-merodac (a veces traducido como Awel-Marduk [p. ej., NIV]), conocido como Amel-Marduk en acadio, era el hijo y sucesor de Nabucodonosor. Fue el rey de Babilonia solo por dos años, de 562 a 560 a. C.

Joaquín . . . comía en la presencia del rey siempre (25:29-30 (RVA-2015)). Joaquín y sus hijos se mencionan por nombre en dos documentos administrativos encontrados en Babilonia de principios del siglo VI a. C. Uno de los documentos registra raciones de aceite dadas al rey y a su familia: "10 (sila) a Ia-ku-u-ki-nu, el hijo del rey de Judá, 2½ sila para los cincos hijos del rey de Judá".[42]

— Génesis
— Éxodo
— Levítico
— Números
— Deuteronomio
— Josué
— Jueces
— Rut
— 1 Samuel
— 2 Samuel
— 1 Reyes
— 2 Reyes

— 1 Crónicas
— 2 Crónicas

— Esdras
— Nehemías
— Ester
— Job
— Salmos
— Proverbios
— Eclesiastés
— Cantares
— Isaías
— Jeremías
— Lamentaciones
— Ezequiel
— Daniel
— Oseas
— Joel
— Amós
— Abdías
— Jonás
— Miqueas
— Nahúm
— Habacuc
— Sofonías
— Hageo
— Zacarías
— Malaquías

1-2 Crónicas

SAMUEL A. MEIER

Introducción. El libro de las Crónicas se presenta ahora en las Biblias como dos libros separados, ya que toda la obra se escribió originalmente en dos pergaminos. Fue uno de los últimos libros del A. T. en escribirse, alrededor del siglo IV a. C. Crónicas utiliza como material fuente, y a menudo cita ampliamente, varios de los libros anteriores de la Biblia, como Génesis, Josué, 1-2 Samuel y 1-2 Reyes.

La obra se centra en la monarquía davídica desde sus inicios tras la muerte de Saúl alrededor del año 1000 a. C. (1 Cr 10) hasta Sedequías, el último "hijo" (descendiente) de David que se sentó en el trono de Jerusalén antes de su destrucción en el año 586 a. C. (2 Cr 36). Este tema central de la monarquía davídica se sitúa en el marco más amplio de las preocupaciones internacionales y panisraelíes (1 Cr 1-9) y de las realidades posteriores del Imperio Persa (2 Cr 36:22-23), que sustituyó a los babilonios como la principal potencia de la región.

La historia de la monarquía davídica se cuenta con referencia a sus fracasos y éxitos, que resultan del grado de obediencia que los herederos de David mostraron a las instrucciones que Dios dio a Moisés y a David. Estas instrucciones se centran especialmente en los levitas y en la correcta realización del culto en el templo. A diferencia de 1-2 Reyes, que subraya que tanto la gracia como el castigo pueden transferirse de una generación a otra, 1-2 Crónicas hace hincapié en que las consecuencias de la obediencia y el pecado repercuten en los propios individuos.

1 Crónicas

Registros históricos desde Adán hasta Abraham (1 Cr 1:1-27)

Adán, Set, Enós (1:1). El escritor asume que el lector tiene algún conocimiento previo, ya que no hay ninguna narración que introduzca la lista de nombres. Ni siquiera se menciona una sucesión de generaciones. En la literatura babilónica, la lista con los veintiocho nombres en la genealogía de la dinastía Hammurapi (popularmente conocida como Hammurabi, un antiguo rey de Babilonia) comienza de manera similar: "Arammadara, Tubtiyamuta, Yamquzzuhalamma, Heana [...]".

Sem, Cam y Jafet (1:4). La descendencia de Jafet se asocia con Asia Menor y los mares Egeo y Mediterráneo. Cam se asocia con el noreste de África y Canaán. Sem se asocia con Siria, Mesopotamia y la Península Arábiga. En otros lugares del antiguo Cercano Oriente, el interés por los pueblos lejanos queda atestiguado en el "Onomasticon de Amenemipet", una extensa lista recopilada en Egipto de pueblos, lugares, objetos, ciudades y otros hechos del mundo antiguo.

Los hijos de Jafet (1:5). El vínculo padre-hijo se hace ahora explícito en contraste con los cuatro primeros versos. Un cambio similar aparece en la lista de reyes asirios, donde los diecisiete primeros antepasados se enumeran simplemente en contraste con los nombres posteriores que se identifican como explícitamente relacionados.

La lista real de Abidos registra setenta y seis reyes (faraones) del antiguo Egipto

Gomer, Magog, Madai, Javán, Tubal (1:5). Estos nombres son principalmente lugares que reflejan la geografía comprensible a mediados del primer milenio a. C. En este caso, como en otro lado en la Biblia, los lugares (ciudades, regiones, etc.) a menudo son personificados como individuos que están relacionados entre sí. Por ejemplo, la Biblia habla de ciudades como madres que tienen ciudades satélite identificadas como hijas (2 S 20:19; cf. 1 Cr 18:1). Además, en Ez 16:3 Jerusalén es representada como la hija de un amorreo y una hetea.

Sidón su primogénito (1:13). El primogénito tenía privilegios legales especiales (Dt 21:15-17). Esta práctica también se encuentra fuera de Israel (p. ej., Leyes Asirias Medias B.1).

Ofir, Havila (1:23). Hasta donde se sabe, fuera de Cus (ver el artículo "Los cusitas") estas dos locaciones al sur de Israel fueron las únicas fuentes de oro en el antiguo Cercano Oriente (Gn 2:11; 2 Cr 8:18).

La familia de Abraham (1 Cr 1:28-34)

Los hijos de Cetura (1:32 (NVI)). Los escritores antigüos normalmente no citaban sus fuentes. Génesis es la fuente de este capítulo. El escritor asume la familiaridad del lector con él, ya que no hay ninguna referencia a Sara o Agar, o al hecho de que Ismael e Isaac tienen madres diferentes.

Hijos de Esaú (1 Cr 1:35-54)

Los reyes que reinaron en la tierra de Edom, antes que reinase rey sobre los hijos de Israel (1:43). La referencia a ambos reyes y líderes de Edom (1:51) refleja una transición de un estado tribal a uno monárquico similar a la transición de ocurrió en Israel (1 S 8-12), así como también en los reinos arameos.

Hijos de Israel: Judá (1 Cr 2:1-4:23)

Er, primogénito de Judá, fue malo delante de Jehová (2:3). Esta primera aparición de la moral en estas genealogías es simplemente una cita de Gn 38:7.

El cuarto, Adonías hijo de Haguit (3:2). La enumeración secuencial de los hijos con números ordinales es inusual, pero se da, como aquí, en las genealogías de las familias reales, donde el orden puede ser importante para la sucesión (1 Cr 2:13-15; 3:15; 8:1-2, 39).

El cuarto Salum (3:15). También conocido como Joacaz, fue en realidad el primero de los hijos de Josías en sentarse en el trono (Jer 22:11).

Los hijos de Elioenai . . . Acub (3:24). Estos dos nombres aparecen en una inscripción aramea ("Akabiah hijo de Elioenai") encontrada en una lápida de

Alejandría, Egipto, que data del siglo III a. C., una inscripción que quizás sí se refiera a estos descendientes de la línea davídica.[1]

Su madre le puso ese nombre (4:9 (CST)). Al parecer, el nombramiento de los hijos era realizado con mayor frecuencia por la madre del niño que por su padre, aunque el padre podía en ocasiones anular la elección de la madre (Gn 29:32-30:24; 35:18; Ex 2:10; 1 S 1:20; Lucas 1:60-63).

Simeón (1 Cr 4:24-43)

Quinientos hombres . . . fueron . . . al monte de Seir . . . y habitaron allí hasta hoy (4:42). Este relato subraya la condición móvil y seminómada de las tribus, similar al relato en Jue 18:11-29 sobre los seiscientos hombres de la tribu de Dan que invadieron la región norte de Galilea y se asentaron lejos de su ubicación original.

Rubén (1 Cr 5:1-10)

Tiglat-pileser (5:6). Este es Tiglat-pileser III, rey de Asiria (745-727 a. C.) (ver comentarios en 2 Reyes 15:27-31; 2 Cr 28:20; ver el artículo "Los asirios", en particular la sección del periodo neoasirio).

Pues sus ganados aumentaron (5:9 (NVI)). El perfil nómada de esta tribu definía el lugar donde se asentaban. Números 32:1 destaca el gran tamaño del ganado y los rebaños de los rubenitas.

Agarenos (5:10). La conexión entre estos enemigos de Israel (5:19-22; Sal 83:6) que vivían al este del río Jordán con la mujer Agar (Gn 16) es posible pero no está clara.

Gad (1 Cr 5:11-22)

Los hijos de Gad (5:11). El rey moabita Mesa, en el siglo IX a. C., indica cómo había atacado a Gad en esta región a pesar de que Gad se había asentado allí "desde tiempos antiguos".[2]

La media tribu de Manasés (1 Cr 5:23-26)

Media tribu (5:23). Esta designación única para una tribu israelita refleja el hecho de que media tribu se asentó al este del río Jordán, atraída allí por sus ricas tierras de pastoreo (Nm 32).

Tiglat-pileser . . . los llevó . . . al río Gozán (5:26). Sobre Tiglat-pileser, ver el artículo "Los asirios", en particular la sección del periodo neoasirio. Los nombres personales israelitas, probablemente derivados de los exiliados israelitas y sus descendientes, se conservan en textos desenterrados en la ciudad de Gozán, en el río Habur, en el norte de Mesopotamia.

Leví (1 Cr 6:1-81)

Tiglat-pileser III, con su pie en el cuello de un rey derrotado).

Estos son á los que David dió cargo de las cosas de la música (6:31 (RVA)). Los cantantes y los instrumentos eran una parte fundamental parte de los servicios del templo en el antiguo Cercano Oriente, en contraste con la ausencia total de cualquier referencia divina a cualquiera de ellos en las instrucciones detalladas para el tabernáculo y sus servicios en el Pentateuco. David cambia el servicio silencioso del tabernáculo, preparando el camino para las liturgias del templo, muchas de las cuales se conservan en el libro de los Salmos.

Los territorios donde vivían (6:54 (NVI)). Los sacerdotes del antiguo Cercano Oriente solían tener propiedades especiales en el templo asignadas para su sustento. Las asignaciones de tierras para la tribu de Leví eran igualmente distintas y de naturaleza diferente a las de las otras tribus israelitas.

Isacar, Benjamín, Neftalí, Manasés, Efraín, Aser (1 Cr 7:1-40)

Muchas mujeres e hijos (7:4). La numerosa descendencia era entendida universalmente en el mundo antiguo como un signo de bendición divina. Isacar reúne más hombres para la batalla que cualquier otra tribu excepto Judá.

Concubina aramea (7:14 (NTV)). El propio Manasés tenía una madre egipcia (Gn 41:50-51). La disposición de los israelitas preexílicos a tener descendencia con cónyuges ajenos de las doce tribus (1 Cr. 2:3, 17; 4:18) contrasta con el exclusivismo postexílico (Esdras 9-10).

La genealogía de Saúl el benjamita (1 Cr 8:1-9:1)

Es-baal (8:33). Al principio de la historia de Israel, los que tenían un pacto con el Dios de Israel podían tener nombres que contenían la palabra *baal* (1 Cr 5:5; 8:30, 34), ya que esta palabra significaba simplemente "señor" y solo se refería secundariamente a un dios cananeo específico. Solo más tarde los israelitas evitaron su presencia en sus nombres (Oseas 2:16-17).

El pueblo en Jerusalén (1 Cr 9:2-34)

Los primeros en ocupar nuevamente sus posesiones y ciudades (9:2 (NVI)). El desplazamiento y el reasentamiento de poblaciones eran realidades

Un mural de bajorrelieve asirio que muestra a los cautivos de Judea (de Laquis) que van al exilio

comunes en el mundo antiguo. El rey babilónico Hammurabi se enorgullece en el prólogo de su colección de leyes como alguien "que reúne a los pueblos dispersos". Las numerosas correspondencias de esta lista en 9:2-21 con Neh 11:3-19 indican que este asentamiento se produce durante la época persa, después del exilio a Babilonia

La genealogía de Saúl (1 Cr 9:35-44)

Cis engendró a Saúl (9:39). Esta lista, que repite 1 Cr 8:29-38, inicia adecuadamente la narración de 1-2 Crónicas del mismo modo que la historia de Abraham comienza con su genealogía (Gn 11,27-32), o que la narración de la vida de Jesús en el Evangelio de Mateo comienza con una genealogía específica de Jesús.

Saúl toma su vida (1 Cr 10:1-14)

Los filisteos (10:1). Ver el artículo "Los filisteos".

Estos incircuncisos (10:4). La circuncisión se practicaba ampliamente en el antiguo Cercano Oriente, pero no en Egeo, de donde proceden los filisteos, por lo que se distinguen claramente por este rasgo físico.

Se echó sobre su espada (10:5). Los suicidios de Saúl y de su escudero son de los pocos registrados en la Biblia, ya que el suicidio se consideraba generalmente reprobable en el antiguo Cercano Oriente.

David se convierte en rey de Israel en Jerusalén (1 Cr 11:1-9)

Hebrón (11:1-3). Hebrón tiene antiguos vínculos con los patriarcas (Gn 23:19; 49:29-32). La confirmación de un nuevo rey en un lugar tradicional está atestiguada también para otros monarcas del antiguo Cercano Oriente, como en Egipto, donde los faraones iban a Menfis para su coronación aunque el palacio principal desde el que gobernaban estuviera en otro lugar.

Guiabas a Israel en la batalla (11:2 (NBV)). Dado que los reyes, por definición, eran guerreros, e Israel había pedido un rey que luchara en sus guerras (1 S 8:20), las credenciales de David como buen guerrero lo convierten en una elección lógica para rey.

Los terraplenes (11:8 (NTV)). Se refiere a la zona en la que posteriormente

Salomón construiría terraplenes (1 Reyes 9:15) para transformar las empinadas laderas del Monte Sión en una plataforma nivelada para construir su palacio.

Los poderosos guerreros de David (1 Cr 11:10-12:40)

Lo mató con su misma lanza (11:23). La muerte por arma propia (p. ej., Goliat en 1 S 17:51; Saúl en 1 S31:4) ilustra la sabiduría proverbial (Pr 26:27).

Todos . . . usaban su mano izquierda y derecha con la misma agilidad (12:2 (NBV)). En el antigüo Cercano Oriente, la izquierda se consideraba como algo siniestro, pero estos benjaminitas (irónicamente, el nombre de Benjamín significa "hijo de la mano derecha") superaron esa percepción de desventaja.

Regresando el arca (1 Cr 13:1-14)

Si es la voluntad de Jehová nuestro Dios (13:2). El traslado de objetos sagrados en Mesopotamia requería una confirmación a través de presagios favorables, al igual que los israelitas sabían cuándo trasladar el arca durante los años en el desierto porque la nube se movía sobre el tabernáculo (Ex 40:36-37).

El arca de Dios en una carreta nueva (13:7 (NVI)). Ver comentarios en 2 S 6:16-19. En el mundo antiguo, el traslado de objetos sagrados requería métodos y técnicas específicas. Mover el arca en carro siempre resultaba catastrófico, ya que solo podían llevarla los levitas (Nm 7:6-9; 1 S 6:11-21; 1 Cr 15:13).

Arpas, salterios, tamboriles, címbalos y trompetas (13:8). Ver comentarios en 1 Cr 15:24; ver el artículo "Instrumentos musicales en Israel y el antiguo Cercano Oriente".

Casa y familia de David (1 Cr 14:1-7)

Madera de cedro (14:1). El cedro, el tipo de madera más importante que los reyes utilizaban para construir sus palacios, es una madera aromática y de gran calidad que era rara y difícil de adquirir, ya que solo crecía en las montañas del Líbano y normalmente solo podía obtenerse a través de la cercana ciudad portuaria de Tiro.

David tomó más mujeres (14:3 (RVA-2015)). En los edictos del palacio del Imperio Asirio Medio se describe claramente una compleja jerarquía de autoridad y comportamiento en el antiguo harén, lo que aclara una de las razones por las que Dt 17:17 especificaba que los reyes israelitas no debían tener muchas esposas.

David vence a los filisteos (1 Cr 14:8-17)

Los filisteos . . . subieron todos en busca de David (14:8 (RVR1995)). Ver el artículo "Los filisteos". Los filisteos ocupaban la costa y, en su mayor parte, solo ejercían una autoridad significativa en las tierras bajas, normalmente no más de veinte millas al interior, por lo que estos ataques en las montañas hasta Jerusalén eran muy inusuales.

El arca llevada a Jerusalén (1 Cr 15:1-29)

Levantó una tienda (15:1). David no devuelve el arca al tabernáculo de Gabaón (16:39), sino que erige una nueva tienda cerca de él para beneficiarse de la bendición del arca (2 S 6:11-12). El hecho de no devolver los objetos sagrados a sus lugares designados por razones egoístas era una tentación común en el antiguo Cercano Oriente. Por ejemplo, la estela egipcia de Bentresh cuenta la historia de cómo Ramsés II envió la estatua de un dios al príncipe de Bakhtan para que curara a su hija. El príncipe intenta quedarse con la estatua, pero ésta se transforma en un halcón y vuela de vuelta a Egipto.

Jehová nuestro Dios nos quebrantó . . . por cuanto no le buscamos (15:13). Ver comentarios en 1 Cr 13:2.

Designasen de sus hermanos a cantores (15:16). Ver comentarios en 1 Cr 6:31.

Tocaban las trompetas delante del arca (15:24). Ver comentarios en 1 Cr 6:31; ver el artículo "Instrumentos musicales en Israel y el antiguo Cercano Oriente". En todo el antiguo Cercano Oriente se designaban instrumentos musicales específicos para su uso en determinados rituales. Las dos trompetas de plata para llamar a la asamblea y a la marcha son los únicos instrumentos especificados para el ritual israelita en el Pentateuco (Nm 10:1-10). La lista de siete hombres supone aquí siete cuernos, teniendo un precedente en las siete trompetas de cuerno de carnero que acompañaban el traslado del arca en Jericó (Jos 6:4). Por otro lado, los instrumentos enumerados en 15:16, 28, se presentan como innovaciones davídicas.

Ministrando ante el arca (1 Cr 16:1-43)

Holocaustos y sacrificios de paz (16:1). Debido a que el arca está en una tienda ordinaria, y no en el área sagrada del tabernáculo (16:39), David omite cualquier ofrenda de pecado (purificación) que el tabernáculo hubiera requerido para la purificación (contraste con Ezequías en 2 Cr 29:21, 27, 31).

Jeiel, con sus instrumentos de salterios y arpas (16:5). Ver el artículo "Instrumentos musicales en Israel y el antiguo Cercano Oriente".

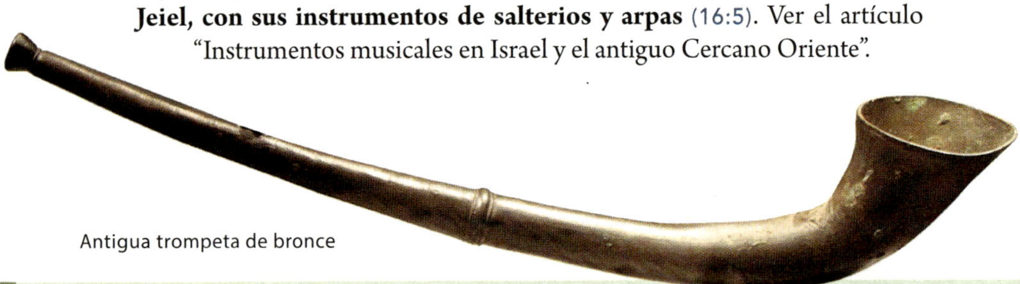

Antigua trompeta de bronce

David ordenó . . . acción de gracias (16:7 (RVA-2015)). Los rituales verbales en los templos, a menudo cantados, tienen una larga tradición en el antiguo Cercano Oriente, pero el Pentateuco guarda un silencio rotundo sobre cualquier liturgia del tabernáculo. Es David quien inicia la tradición hímnica con el arca cuando ésta se separa del tabernáculo, aquí con un salmo cuyas palabras se encuentran en su totalidad en porciones de los Salmos 96, 105 y 106.

Él es bueno; Porque su misericordia es eterna (16:34). Este es el estribillo que más se repite en los himnos de Israel (2 Cr 5:13; 7:3; Esdras 3:11; Sal 100:5; 106:1; 107:1; 118:1; 118:29; 136:1; Jer 33:11).

La promesa de Dios a David (1 Cr 17:1-27)

Casa de cedro (17:1). Ver comentarios en 1 Cr 14:1.

Estuve de tienda en tienda (17:5). El principio de establecer la propiedad caminando sobre el terreno (Jos 1:3; 14:9) está detrás de la movilidad del arca como trono o estrado de pies portátil de Dios (1 Cr 28:2) para establecer su reino y autoridad sobre la tierra. La construcción de un templo detendrá este proceso, la única razón que Dios da aquí (17:5-6) para no querer el templo.

Yo le seré por padre, y él me será por hijo (17:13; también 28:6). La relación única entre el rey y el dios no era compartida por nadie más, una relación que comenzaba con la unción del rey (Sal 2:6-7). Algunas regiones del antiguo Cercano Oriente creían en la deificación del rey (p. ej., Egipto y los faraones), o en cierta participación del rey en la naturaleza divina (p. ej., Eannatum en la Estela de los buitres), pero Israel lo veía solo como una metáfora.

Jehová, no hay semejante a ti, ni hay Dios sino tú . . . tú, Dios mío, revelaste (17:20,25). Aquí, en el antiguo Cercano Oriente politeísta, David ha elegido deliberadamente al Señor como su Dios en medio de una variedad de dioses competidores (cf. Jos 24:20-23).

La Estela de los buitres

Administración y victorias de David (1 Cr 18:1-17)

Un jinete asirio con caballos

Hadad-ezer (18:3). Este nombre se repite entre los nombres reales arameos. Aram era una región de Siria, justo al norte de Israel.

Soba (18:3). Este territorio se extendía desde el norte de Dan, la ciudad más septentrional de Israel, hasta el sur de Hamat.

Hamat (18:3). Esta importante ciudad a orillas del río Orontes (en la actual Siria), a noventa millas del Éufrates y a 250 millas al norte de Jerusalén, dio su nombre al reino arameo del que era el corazón.

Desjarretó los caballos de tiro, aunque dejó los caballos suficientes para cien carros (18:4 (NVI)). Ver comentarios en 2 S 8:4. Este texto da a entender que David desjarretó la mayoría de los caballos de los carros que capturó, pero que también conservó algunos caballos para los cien carros. Se trata de un compromiso con respecto a Dt 17:16, que prohibía estrictamente al rey acumular un gran número de caballos. Anteriormente en la historia, Josué, aunque no era rey, desjarretó todos los caballos de los carros que capturó (Jos 11:6, 9). El hijo de David, Salomón, ignorará por completo la directriz de Dt 17:16 para los reyes y construirá un gran ejército de carros (2 Cr 1:14).

Los arameos de Damasco (18:5 (NTV)). Muchos reinos arameos, al igual que Israel, comenzaron a existir a principios del primer milenio a. C., como los reinos de Soba (18:3), Hamat (18:9) y Aram-naharaim (19:6 (NTV)) al norte de Damasco, y Aram-maaca (19:6 (NTV)) al sur de Damasco.

Administraba justicia y derecho a todo su pueblo (18:14 (NBLA)). El rey babilónico Hammurabi insistió al principio de su colección de leyes que desde que fue instalado como rey "para hacer prevalecer la justicia en la tierra... establecí la verdad y la justicia como declaración de la tierra, mejoré el bienestar del pueblo".

Los cereteos y peleteos (18:17). No solo la escolta de David estaba compuesta por estos guerreros egeos (en este caso de la isla de Creta y de origen filisteo), sino que también los faraones egipcios alistaron a estos y otros pueblos del mar en sus esfuerzos militares (ver el artículo "Los filisteos").

David derrota a los amonitas (1 Cr 19:1-20:3)

Amonitas (19:1). Ver comentarios en Gn 19:37-38. Israel no debía mostrarse agresivo contra el reino de Amón, ubicado al este del río Jordán (Dt 2:19). Dado que para los reyes del mundo antiguo era importante tener razones públicamente defendibles para ir a la guerra, esta narración demuestra que fue Amón quien provocó a Israel a entrar en guerra.

Aram-naharaim (19:6 (NTV)). "Naharaim" significa "dos ríos", una referencia a los ríos Balikh y Hubur, que desembocan en la parte superior del río Éufrates y proporcionan límites claros para este reino arameo.

En la primavera, cuando los reyes suelen salir a la guerra (20:1 (NTV)). En muchas regiones del antiguo Cercano Oriente, las lluvias y nevadas de octubre hasta marzo aumentaban los arroyos y los ríos y no permitían reunir ni transportar fácilmente a las tropas.

Guerra con los filisteos (1 Cr 20:4-8)

Los refaítas (20:4 (RVA-2015)). Cuando se hace referencia a ellos en textos bíblicos narrativos como éste, los "refaítas" son siempre habitantes primitivos de Canaán (típicamente de tamaño inusual), pero en los textos poéticos bíblicos (Sal 88:10; Pr 2:18; 9:18; Is 14:9; 26:14) así como en otras lenguas cananeas son casi siempre (una excepción es Is 17:5) habitantes del inframundo (NTV: "espíritus difuntos").

Asta . . . como un rodillo de telar (20:5). Esta jabalina de estilo egeo tenía un anillo con una correa unida a la mitad del asta (por lo que se asemejaba a la varilla y los anillos que levantaban el lizo en un telar) que permitía al lanzador lanzarla con más velocidad y fuerza.

David cuenta a los soldados (1 Cr 21:1-22:1)

Censo de Israel (21:1). En Éxodo 30:12-16 se enfatiza la necesidad de la autorización divina y un procedimiento muy cuidadoso al realizar un censo para evitar que se produzca una plaga. Al igual que en este relato, en muchos textos de la ciudad de Mari de principios del segundo milenio a. C. se refleja una gran preocupación y cautela con respecto a la reunión de los soldados.

¿Para qué procura mi señor esto? (21:3). Los consejeros de un rey suelen ser presentados como menos perspicaces que su rey en los textos del antiguo Cercano Oriente, pero la Biblia, al igual que aquí, presenta con regularidad y de forma realista a los reyes como seres humanos defectuosos que pueden ignorar a sus súbditos más sabios.

Gad, vidente de David (21:9). Esta designación problemática para un profeta es contraria a la identificación característica de los profetas como individuos que son "profetas del Señor" (1 Reyes 18:22 (NVI)). Un profeta bajo la autoridad de un rey era sospechoso (1 Reyes 22:23; 2 Reyes 3:13).

Escoge . . . hambre. . . derrota . . . peste (21:11 (DHH)). En el mito babilónico de la creación llamado la Epopeya de Atrahasis (ver comentarios en Gn 1:1) los dioses envían a la humanidad tres calamidades comparables: la peste, la sequía con hambruna y la inundación, ya que cada una fracasa en su secuencia para lograr los fines deseados previstos por los dioses.

La era (21:18). Ver comentarios en 2 Cr 3:1.

Fuego desde los cielos (21:26). Ver comentarios en 2 Cr 7:1.

Preparaciones para el templo (1 Cr 22:2-19)

Mucho bronce sin peso, y madera de cedro sin cuenta (22:3-4; también 22:14,16). En todo el antiguo Cercano Oriente, la expresión retórica era común para describir los esfuerzos reales superlativos. El rey asirio Senaquerib, por ejemplo, se jactó de la siguiente manera: "Asedié [...] las ciudades menores circundantes, que eran innumerables".[3]

Madera de cedro (22:4). Ver comentarios en 1 Cr 14:1.

Joven e inexperto (22:5 (NVI)). Ver comentarios en 1 Cr 29:1.

Tú has derramado mucha sangre (22:8). Los reyes de todo el antiguo Cercano Oriente alcanzaron renombre por dos actividades: luchar en guerras y construir templos. No hay ningún paralelo a esta objeción en ninguna parte de la literatura del antiguo Cercano Oriente. Aún más desconcertante, esta razón no aparece en el oráculo de Dios a través de Natán, ni David cita la razón que Dios dio allí (17:4-6). Si se trataba de un asunto de impureza religiosa, había medios para purificar a los guerreros (Ex 32:27–29; Nm 31:19). Si era una cuestión moral, a Moisés se le habría prohibido construir el tabernáculo (Ex. 2:12).

3400 toneladas de oro, 34.000 toneladas de plata (22:14 (NTV)). Esto se lee literalmente, "cien mil talentos de oro y un millón de talentos de plata". El Cronista registra con frecuencia grandes cantidades de oro y plata que parecen exorbitantes, pero a menudo son bastante apropiadas a la luz de los monopolios reales sobre el comercio de metales preciosos en el mundo antiguo. Por ejemplo, en un lapso de treinta y un años 444 toneladas de oro y 735 toneladas de plata fueron donadas por Ramsés III solo a los templos (Papiro Harris). Antíoco III tuvo que pagar 450 toneladas de plata a Roma (Tratado de Apamea, 188 a. C.). Sin embargo, la cantidad registrada en este verso es tan vaga y extravagante, más de 3000 toneladas de oro y 30 000 toneladas de plata, que claramente pretende ser una expresión hiperbólica.

Mandó David a todos los principales de Israel que ayudasen a Salomón su hijo (22:17). Obligar a los súbditos a someterse al siguiente rey era una estrategia real común para confirmar una transición estable hacia un nuevo gobernante. El rey asirio del siglo VII a. C., Esar-hadón, por ejemplo, obligó a sus súbditos mediante estrictos juramentos a apoyar a su hijo Asurbanipal como próximo rey.

Los Levitas (1 Cr 23:1-32)

Hizo a Salomón su hijo rey (23:1). Esta corregencia, en la que tanto el padre como el hijo fueron reconocidos como reyes, sienta un precedente que a veces siguieron los herederos davídicos (p. ej., 2 Reyes 8:16), siguiendo el ejemplo de otros reinos para asegurar una transición suave para el sucesor (cf. 1 Reyes 1:5-52).

Treinta años arriba (23:3). Esta edad inusualmente avanzada (dada la corta duración de la vida en la antigüedad) para comenzar el servicio corresponde a las regulaciones del Pentateuco (Nm 4:35, 39, 43). Se rebaja en 23:27 probablemente para que haya suficientes hombres para cumplir con las varias tareas nuevas asociadas a la nueva y más compleja administración del templo.

Porteros (23:5). Ver comentarios en 1 Cr 26:1. El complejo del templo, con múltiples entradas, requería numerosos porteros, a diferencia del tabernáculo que era más pequeño y tenía su única entrada en el este.

Su función (23:28 (NVI)). Los deberes prescritos para los sacerdotes corresponden estrechamente con las responsabilidades de mantenimiento del personal del templo atestiguadas desde Egipto hasta Mesopotamia.

Las divisiones de los sacerdotes (1 Cr 24:1-19)

Los repartieron, pues, por suerte (24:5; también 24:31). Este método para determinar la secuencia en el ejercicio de los cargos o el reparto de la herencia entre los hermanos, ambos aplicables en este contexto, era también una característica habitual de la cultura neoasiria, donde la suerte (*puru*) se echaba ante el dios que controla su movimiento (cf. Pr 16:33).

El resto de los levitas (1 Cr 24:20-31)

El principal de los padres igualmente que el menor de sus hermanos (24:31). El uso de suertes en este contexto contrarresta el privilegio legal especial concedido al primogénito en Israel (cf. Dt 21:15-17) y en Mesopotamia (Leyes Asirias Medias B.1).

Los músicos (1 Cr 25:1-31)

Los hijos de Asaf, de Hemán y de Jedutún (25:1). En el antiguo Cercano Oriente existía una amplia tradición de gremios compuestos por padres que transmitían sus habilidades y profesiones a sus hijos.

Flautista egipcio

Arpas, salterios y címbalos (25:1,6). Ver el artículo "Instrumentos musicales en Israel y el antiguo Cercano Oriente". Una gran variedad de géneros e instrumentos musicales era un componente esencial de los rituales en los templos del antiguo Cercano Oriente, desde Egipto hasta Mesopotamia, con especialistas que desarrollaban habilidades que requerían especialización y división del trabajo, como en este caso.

Y echaron suertes para servir por turnos, entrando el pequeño con el grande (25:8). Ver comentarios en 1 Cr 24:5.

Los porteros (1 Cr 26:1-19)

Porteros (26:1). Ver comentarios en 1 Cr 23:5. La regulación del flujo de tráfico al espacio restringido en la vida urbana se convirtió en un motivo y elemento argumental común en numerosas obras literarias del antiguo Cercano Oriente (los porteros de Enlil en la Epopeya de Atrahasis, el portero del alcalde en "El pobre hombre de Nippur", el portero del inframundo en "El descenso de Ishtar", el portero del reino de los dioses de arriba en "Ea y Ereshkigal").

La puerta del este (26:14 (NVI)). En el antiguo Cercano Oriente se solía mirar hacia el este para orientarse (literalmente "mirar al este") hacia el cosmos (con la excepción de Egipto, donde se miraba al sur, hacia la fuente del Nilo). Por lo tanto, aquí la puerta del este aparece en primer lugar y la del oeste en último lugar, ya que se encuentra a la espalda.

Los tesoreros y otros oficiales (1 Cr 26:20-32)

Los tesoros de la casa de Dios (26:20). Se requería una supervisión especialmente cuidadosa a la luz de los enormes depósitos de riqueza donados por los fieles, ya sea de los diezmos obligatorios o de las ofrendas voluntarias. El robo de los bienes del templo era uno de los delitos más graves en el antiguo Cercano Oriente.

Divisiones del ejército (1 Cr 27:1-15)

Las divisiones militares (27:1 (NVI)). Los nombres de los que estaban a cargo son, apropiadamente, hombres experimentados en la batalla (2 S 23:8-9, 20, 24-30).

Primer mes (27:2). Como el mantenimiento de un ejército permanente era muy costoso, un rey podía poner a los soldados a trabajar en labores no militares cuando no había crisis militares. La rotación mensual en Israel era otra solución que buscaba solucionar el gasto de mantener un ejército permanente.

Líderes de las tribus (1 Cr 27:16-24)

A cargo de las tribus (27:16 (NBLA)). Muchos de los reinos de esta zona (p. ej., los arameos y los amonitas) que, al igual que Israel, surgieron entre los siglos XI y X a. C., conservaron algunas de sus antiguas tradiciones tribales mientras se convertían en estados monárquicos. David utiliza pero domina las antiguas estructuras tribales. Cuando Salomón sucedió a David como rey, borró esta administración tribal y reestructuró la burocracia para debilitar las lealtades tribales que David había mantenido (1 Reyes 4:7-19).

Los supervisores del rey (1 Cr 27:25-34)

Los tesoros del rey (27:25). Decenas de trozos de vasijas rotas (ostraca) del palacio de Samaria (capital del reino septentrional de Israel) de principios del siglo VIII a. C. conservan los registros administrativos de los escribas reales al registrar las transferencias de aceite y vino entre el palacio y los distritos periféricos.

El plano de David para el templo (1 Cr 28:1-21)

El estrado de los pies de nuestro Dios (28:2). A diferencia de otros dioses del mundo antiguo, que eran visibles y se representaban sentados en tronos con estrados de pies, el Dios invisible de Israel se sentaba como rey en un trono invisible con solo un estrado de pies visible para identificar el lugar de su entronización.

Eres hombre de guerra, y has derramado mucha sangre(28:3). Ver comentarios en 1 Cr 22:8.

Jehová . . . me eligió . . . eligió a mi hijo Salomón (28:4-5). En el antiguo Cercano Oriente se combinaban diversos factores para determinar quién se sentaría en el trono de un reino, pero se reconocía universalmente que era una deidad la que, en última instancia, hacía posible la sucesión de un individuo concreto al que la deidad seleccionaba. Por lo tanto, el antiguo rey babilónico Hammurabi afirma en el prefacio de su co-

Gudea, gobernador de Lagash en Mesopotamia

lección de leyes: "Los dioses Anu y Enlil [...] ¡llamaron mi nombre!".

El plano (28:12; también 28:19). En la descripción de los planos del tabernáculo era importante que el diseño viniera de Dios (Ex 25:9). Los planos del templo en el mundo antiguo requerían la aprobación divina. Gudea, gobernante de Lagash en el sur de Mesopotamia a finales del tercer milenio a. C., hizo tallar estatuas de piedra de sí mismo que lo mostraban sentado con un tablero en el que estaba inscrito el plano de un templo que construyó. También dejó constancia en un cilindro de piedra de cómo en un sueño un dios le dijo que construyera un templo y otro dios le dibujó el diseño.

El *dárico*, una moneda de oro acuñada por el Imperio Persa

Regalos para construir el templo (1 Cr 29:1-9)

Joven y sin experiencia (29:1 (NTV); también 22:5). Estas desventajas en una cultura que valora la sabiduría que debería venir con la edad (Job 32:4-7) no son insuperables cuando un individuo está especialmente dotado por Dios. La palabra traducida aquí como "joven" (*naar*, "muchacho, juventud") es la misma que utiliza Jeremías cuando intenta sin éxito rechazar el llamado de Dios para convertirse en profeta (Jer 1:6-7).

La casa no es para hombre, sino para Jehová Dios (29:1). Los templos no eran estructuras a las que la mayoría de la gente tuviera fácil acceso, sino que eran lugares donde los dioses residían y se revelaban.

Ofir (29:4). Ver comentarios en 2 Cr 8:18.

Diez mil monedas de oro (29:7 (NTV)). La moneda de oro a la que se hace referencia aquí es el *dárico* (cf. NRSV), acuñado durante el Imperio Persa y que pesaba 0.3 onzas. Dado que el libro de las Crónicas fue escrito en la época del Imperio Persa, el escritor convirtió la cantidad de oro en una unidad con la que los contemporáneos estaban familiarizados.

La oración de David (1 Cr 29:10-20)

Sin esperanza (29:15 (NVI)). Esta es una referencia a la conciencia de todas las culturas del mundo antiguo de que no se puede escapar de la muerte. Por ejemplo, la Epopeya de Gilgamesh señala: "Cuando los dioses crearon a la humanidad, le asignaron la muerte".

Inclinándose adoraron delante de Jehová y del rey (29:20). El acto físico de inclinarse era tanto una forma de saludo como un medio de afirmar una jerarquía social, indicando sumisión. Inclinarse ante un rey no era un acto de adoración sino de sumisión. Por lo tanto, inclinarse ante otros dioses era un problema para los israelitas, que habían jurado lealtad solo al Señor, pero inclinarse ante los seres humanos era una forma perfectamente aceptable de mostrar respeto a su superior social.

Reconocimiento de Salomón como rey y muerte de David (1Cr 29:10-20)

Mil becerros (29:21). Ver comentarios en 2 Cr 7:5.

Prestaron homenaje al rey Salomón (29:24). Ver comentarios en 1 Cr 22:17.

Un reinado glorioso, como jamás lo tuvo ninguno de los reyes de Israel (29:25 (NVI)). Esta comparación podría parecer débil porque solo dos reyes anteriores habían reinado sobre Israel (Saúl y David). Sin embargo, la afirmación es una hipérbole cuya semejanza se repite miles de veces en las inscripciones reales desde Egipto hasta Mesopotamia cada vez que un rey identifica algo grande de su reinado (cf. 2 Cr 1:12; 9:9, 11, 19, 22).

2 Crónicas

Salomón pide sabiduría (2 Cr 1:1-17)

Gabaón (1:3). Los filisteos destruyeron Silo después de capturar el arca (1 S 4; Jer 26:6-9). Sin embargo, el tabernáculo, que había estado en Silo, había sido trasladado antes de la destrucción de Silo y finalmente había sido erigido en Gabaón.

Sabiduría y ciencia te son dadas (1:12). En todo el antiguo Cercano Oriente, los monarcas insistían repetidamente que poseían estas características esenciales de la realeza. Por ejemplo, el rey babilónico Hammurabi afirma en la introducción de su colección de leyes que él es el "sabio [...] el que domina toda la sabiduría".

Como nunca tuvieron los reyes que han sido antes de ti (1:12). Ver comentarios en 1 Cr 29:25.

Juntó Salomón carros y gente de a caballo; y tuvo mil cuatrocientos carros y doce mil jinetes (1:14). Cuando el carro tirado por caballos se introdujo en el antiguo Cercano Oriente en el segundo milenio a. C., se convirtió en un componente esencial del ejército de un rey y en un símbolo de un rey poderoso. Sin embargo, a diferencia de otros reinos, el Señor exigió que los caballos y los carros no formaran parte de los ejércitos de Israel (Dt 17:16; Jos 11:6, 9). El vigoroso comercio de Salomón de caballos y carros abrió la puerta a que sus sucesores siguieran abusando del perfeccionamiento de esta tecnología, de modo que en el siglo IX a. C. ningún otro reino del Levante podía presentar tantos carros en la batalla como el rey Acab (según las inscripciones del rey asirio Salmanasar III). Esta falta de obediencia real al Señor irritó a los profetas (Is 2:7-8; 31:1; Miq 1:13).

Plata y oro en Jerusalén como piedras (1:15). Esta descripción de la hiperinflación es el resultado de la rápida introducción de grandes cantidades de oro y plata, prohibidas explícitamente a los reyes israelitas (Dt 17:17). Salomón se comporta como los demás reyes del antiguo Cercano Oriente, que se escribían: "¡Mándame mucho oro!".[4]

De Egipto y de Coa (1:16 (RVA-2015)). Es decir, del sur (Egipto) y del norte (Coa es Cilicia en el sureste de Asia Menor).

Preparaciones para construir el templo (2 Cr 2:1-18)

Designó Salomón setenta mil hombres (2:2). Ver comentarios en 1 Reyes 4:6. El trabajo forzado, conocido por la esclavitud egipcia de los israelitas, era un abuso sobre el que Samuel había advertido anteriormente cuando los israelitas pidieron un rey (1 S 8:16-18). Este trabajo forzado bajo Salomón será una de las causas principales de la guerra civil que divide a Israel tras la muerte de Salomón (2 Cr 10:14, 18-19). Incluso en el mito mesopotámico de Atrahasis se critica la institución del trabajo forzado cuando se obliga a los dioses a trabajar, lo que da lugar a la rebelión contra Enlil como dios encargado.

Dios nuestro es grande sobre todos los dioses (2:5). Ver comentarios en 2 Cr 6:14.

Envíame, pues, ahora un hombre hábil que sepa trabajar en oro (2:7). Los monarcas del antiguo Cercano Oriente con necesidades especiales eran conocidos por pedir ayuda a otros monarcas. El rey hitita Hattusili, por ejemplo, preocupado por la incapacidad de su hermana para dar a luz, escribió al faraón Ramsés II en el siglo XIII a. C. lo siguiente: "Que mi hermano envíe a un hombre para que le prepare medicinas, para que pueda dar a luz".

Madera del Líbano: cedro, ciprés y sándalo (2:8; también 9:10). Una antigua necesidad de materiales de construcción básicos de los extremos del Creciente fértil (Babilonia y Egipto), empobrecidos por los bosques, hace que, ya en el tercer milenio a. C., la tradición real busque no solo madera del Líbano, sino también madera exótica y de la mejor calidad. Los tres tipos de árboles enumerados aquí son los mismos que el rey asirio Senaquerib utilizó posteriormente para construir su palacio a principios del siglo VII a. C.

Balsas por el mar (2:16). Los reyes mesopotámicos plasmaron en los muros de sus palacios este método de transporte de troncos (en su caso, por los ríos Tigris y Éufrates) como una hazaña de ingeniería especialmente loable.

Jope (2:16). Jope era el gran puerto más cercano a Jerusalén, que estaba a treinta y cinco millas tierra adentro del Mar Mediterráneo.

Salomón construye el templo (2 Cr 3:1-17)

La era (3:1). Las eras se asociaban con la cosecha, la fertilidad y la prosperidad, y eran lugares donde se podía esperar que Dios se revelara (Jue 6:37; 2 S 24:18; 1 Reyes 22:10).

La longitud, de sesenta codos, y la anchura de veinte codos (3:3). El tamaño (90 pies por 30 pies) del templo corresponde aproximadamente al de otros dos templos de la región de esta época que fueron excavados al norte de Israel en Ain Dara (98 pies por 66 pies) y Tell Tainat (83 pies por 39 pies).

Palmeras (3:5). La palmera datilera era un símbolo de fertilidad y prosperidad que solía adornar las paredes de palacios y templos. En la decoración del tabernáculo propiamente dicho no aparecen estos adornos, lo que quizá indique la influencia fenicia en la decoración del templo.

Oro de Parvaim (3:6). Esta fuente exótica de oro, que solo se menciona aquí, puede referirse a la región productora de oro del sur de la Península Arábiga, donde está atestiguada una localidad productora de oro llamada Farwa.

La longitud de las alas . . . veinte codos (3:11). El tamaño gigantesco refleja la conciencia de que los seres sobrenaturales asociados a los templos en el mundo antiguo eran mucho más grandes que los humanos, como demuestran los enormes genios guardianes de piedra que flanqueaban las puertas de los palacios y templos mesopotámicos, o las huellas de 3 pies de largo que se tallaron en los adoquines de piedra del templo de Ain Dara para representar las huellas de la deidad.

Dos columnas (3:15). Esta innovación, no encontrada en el tabernáculo, era una característica de los templos fenicios.

Jaquín . . . Boaz (3:17). Los elementos arquitectónicos solían tener inscripciones. Al igual que el nombre hebreo de cada uno de los cinco primeros libros de la Biblia es una palabra inicial que da comienzo al libro, el "nombre" de cada pilar deriva de una palabra inicial de cada inscripción que habría hecho referencia a la forma en que Dios o Salomón establecieron (*yakin*) algún aspecto del templo con fuerza (*boez*).

El equipamiento del templo (2Cr 4:1-5:1)

Diez codos de altura (4:1). Más del doble de la altura de un hombre requiere un medio de acceso que no se especifica. Todos los indicios apuntan a una rampa, no a unos escalones (cf. Ex 20:26).

Fuente circular de metal fundido (4:2 (NVI)). La palabra traducida como "fuente" es literalmente "mar" (cf. RVR1960).

Huellas de tres pies de largo en el templo de Ain Dara (en Siria).

El agua fresca en esta fuente era para la limpieza (4:6), pero su nombre recordaba a los israelitas el control de Dios sobre el elemento más rebelde del cosmos, transformando las amenazantes aguas saladas del mar en un medio de vida (Sal 93:3-4).

Los reyes neoasirios purificaban sus armas lavándolas en el mar Mediterráneo. En los templos mesopotámicos, una fuente de agua se llamaba *apsu*, nombre acadio del mar y de las aguas cósmicas profundas.

Un panel de muebles de marfil de Nimrud mostrando un alado grifo y motivos florales.

Flor de lis (4:5). Los diseños de plantas y árboles con flores, como símbolos de la vida, caracterizaban la arquitectura de los templos en todas partes, desde el complejo trabajo en marfil de los artesanos fenicios hasta las enormes salas hipóstilas de Egipto, con sus columnas que reproducían la flora de un pantano a gran escala.

En número tan grande . . . no pudo saberse (4:18). La afirmación de que la beneficencia de un rey es incalculable es un motivo común en las inscripciones reales, que aparece con frecuencia en los legados de David y Salomón en favor del templo (2 Cr 5:6).

El arca llevada al templo (2 Cr 5:2-6:11)

Trajesen el arca del pacto de Jehová de la ciudad de David (5:2). El templo fue construído en la ciudad de David en un nivel alto de la montaña, a diferencia del palacio del rey (cf. 2 Reyes 20:8).

Mes séptimo (5:3). La Fiesta de los Tabernáculos, en la que Israel acampaba durante siete días en refugios temporales (Lv 23:42), era un momento propicio y adecuado para la transición del arca de su refugio temporal a la estructura permanente construida por Salomón.

Los querubines extendían las alas sobre el lugar del arca (5:8). Los querubines, criaturas aladas sobrenaturales con cuerpos compuestos, formaban parte habitual de la decoración de los templos con dos funciones principales en Israel, como en otros lugares: proteger y sostener el trono divino. Los querubines pequeños del arca (estrado de pies de Dios) sostenían el trono divino (1 Cr 28:2), mientras que los querubines grandes (de quince pies de altura [1 Reyes 6:23]) servían de protectores y guardianes (cf. Gn. 3:24).

Estaban con címbalos y salterios y arpas (5:12). Ver el artículo "Instrumentos musicales en Israel y el antiguo Cercano Oriente".

Porque él es bueno, porque su misericordia es para siempre (5:13). Ver comentarios en 1 Cr 16:34.

Oración de dedicación de Salomón (2 Cr 6:12-42)

Extendió sus manos (6:12). Este gesto se utilizaba en Israel y en otros lugares del antiguo Cercano Oriente para dirigirse o hacer una petición a un superior social, ya sea divino o humano (cf. 6:29).

Jehová Dios de Israel (6:14). Esta identificación reconoce que, aunque Israel ha elegido al Señor como su Dios (Jos 24:22), el Señor no es el dios que han elegido otras naciones (cf. 6:33).

No hay Dios semejante a ti (6:14). Esta afirmación del carácter superlativo de Dios (cf. 2:5) es una declaración que se hacía a menudo en nombre de varios dioses en el mundo antiguo. Por ejemplo, se dice que el dios egipcio Amón es el "único",[5] que Atón es el "único dios junto al cual no hay ninguno"[6] y que Osiris es "el jefe de todos los dioses".[7] Asimismo, los babilonios afirman, con respecto al dios Shamash, que no hay "ninguno que sea supremo como tú en todo el panteón de dioses".[8]

Guardas el pacto y la misericordia con tus siervos (6:14). No se conoce ningún otro dios del mundo antiguo que haya tenido un pacto con alguna entidad nacional.

Derrotado delante del enemigo . . . no hubiere lluvias . . . hambre en la tierra. . . tizoncillo o añublo, langosta o pulgón (6:24-28). Esta lista no solo responde a las maldiciones específicas por desobediencia al pacto hecho en el monte Sinaí (Dt 28:22-25, 38, 42, 52, 59), sino que también reproduce las maldiciones que se encuentran en los tratados internacionales para quienes no los cumplen.

Extendiere sus manos hacia esta casa (6:29). Ver comentarios en 2 Cr 6:12.

Para que todos los pueblos de la tierra conozcan tu nombre, y te teman así como tu pueblo Israel (6:33). Ninguna otra entidad nacional del mundo antiguo reconocía la necesidad de que su dios fuera reconocido por todos los demás grupos, una perspectiva fundamental en el antiguo Israel (Sal 100:1; 117:1).

Bajo relieve mural asirio con un ser alado en forma de querubín

La dedicación del templo (2 Cr 7:1-10)

Descendió fuego de los cielos (7:1). El fuego enviado por el Señor también confirmó su aceptación del tabernáculo (Lv 9:23-24), Gedeón (Jue 6:21), el altar de David (1 Cr 21:26) y Elías (1 Reyes 18:38).

Veintidós mil cabezas de ganado y ciento veinte mil ovejas y cabras (7:5 (NTV)). Asurnasirpal II, rey de Asiria, patrocinó festividades a una escala similar en su palacio y en las celebraciones de dedicación del templo alrededor del año 879 a. C. Su lista incluye "1000 bueyes alimentados con cebada, 1000 vacas y ovejas jóvenes de los establos, 14 000 ovejas comunes pertenecientes a Ishtar mi señora, 200 bueyes de los rebaños pertenecientes a Ishtar mi señora, 1000 ovejas cebadas, 1000 corderos, 500 ciervos, 500 gacelas [...] [la lista continúa]".

Habían celebrado la fiesta solemne por siete días (7:8). A finales del tercer milenio a. C., Gudea de Lagash, en el sur de Mesopotamia, celebraba un festival de siete días para la dedicación de un templo que había construido. La duración de estas celebraciones probablemente estaba relacionada con la santidad del número siete.

El Señor aparece ante Salomón (2 Cr 7:11-22)

Apareció Jehová a Salomón de noche (7:12). En varias ocasiones, la noche aparece como un momento apropiado para las revelaciones de Dios a los reyes, especialmente a través de los sueños. Asimismo, en Babilonia, el rey Nabonido registra cómo la diosa Ishtar "me reveló un sueño en medio de la noche para la construcción del templo Eulmash".

Todo el que pase frente a él quedará asombrado y preguntará (7:21 (NVI)). En la cultura orientada a la vergüenza que imperaba en el mundo antiguo, lo que los demás pensaban de Israel era un poderoso incentivo para un comportamiento adecuado.

Otras actividades de Salomón (2 Cr 8:1-18)

Después vino Salomón a Hamat de Soba, y la tomó (8:3). Aunque Salomón se caracteriza como un rey asociado a la paz (1 Cr 22:9), su reinado estuvo marcado por algunas hostilidades militares a las que tuvo que enfrentar (1 Reyes 11:14-25).

Trabajos forzados (8:8 (NVI)). Ver comentarios en 1 Reyes 4:6; 2 Cr 2:2.

Mi mujer no morará en la casa de David (8:11). La regulación de las esposas de un rey era un asunto de máxima prioridad (cf. 1 Cr 14:3), pero la razón de Salomón aquí para reubicar a esta esposa no tiene ningún paralelo en el antiguo Cercano Oriente.

Porteros (8:14). Ver comentarios en 1 Cr 23:5; 26:1.

Hiram le había enviado naves (8:18). Ver comentarios en 1 Reyes 5:1; 2 Cr 20:36.

Ofir (8:18). Este lugar, ya sea en el sur de Arabia Saudí o en el este de África (1 Cr 1:23), se menciona en una inscripción hebrea del siglo VIII a. C. de Tell Qasile para especificar un tipo concreto de oro.

La reina de Sabá (2 Cr 9:1-12)

Sabá (9:1). Este reino corresponde al Yemen moderno, donde miles de inscripciones en un variedad de dialectos acompañan a un sofisticado conjunto de obras de arte y arquitectura que se remonta a principios del primer milenio a. C. En Jerusalén se ha encontrado cerámica del periodo de la monarquía israelita que conserva ejemplos de dicha escritura, lo que indica una red comercial entre Sabá y Jerusalén.

Camellos cargados de especias aromáticas, oro en abundancia (9:1). Estos productos corresponden a lo que los reyes asirios recibieron de los árabes entre los años VIII y VII a. C.[9]

Se quedó asombrada (9:4). Esta reina anónima de una tierra que se encuentra literalmente en el extremo sur del antiguo Cercano Oriente destaca los logros de Salomón: el más exótico de los reinos de los territorios más lejanos reconoce la superioridad de Salomón.

Arpas y salterios (9:11). Ver el artículo "Instrumentos musicales en Israel y el antiguo Cercano Oriente".

Esplendor de Salomón (2 Cr 9:13-28)

Doscientos escudos grandes de oro batido (9:15(NVI)). Completamente inútiles como artículos militares, tales escudos se atestiguan en otros lugares en grandes cantidades como ofrendas votivas, incluso en el santuario sagrado de un dios, como se atestigua en la inscripción asiria titulada "Carta de Sargón a Asur".

La casa del bosque del Líbano (9:16). Esta armería con vigas distintivas (1 Reyes 7:2) parece haber tenido la apariencia de un bosque, al igual que las columnas de los templos egipcios fueron diseñadas para parecerse a las plantas de papiro en un pantano.

Un gran trono de marfil (9:17). Ver comentarios en 1 Reyes 10:18-20. Fenicia fue un centro de producción artística de marfiles tallados para una clientela de élite, entre la que se encontraba el reino del norte de Israel (1 Reyes 22:39; Amós 3:15; 6:4), de los que se han encontrado cientos de ejemplares en la antigua capital asiria de Calah, donde eran recogidos por los reyes asirios. El marfil tuvo que importarse cada vez más de África (ver el artículo "Los cusitas") (cf. 9:21), puesto que los hipopótamos ya no se encontraban en el antiguo Cercano Oriente después del segundo milenio a. C., y las manadas de elefantes disminuyeron y desaparecieron después de la mitad del primer milenio a. C.

Dos leones que estaban junto a los brazos (9:18). Ver comentarios en 1 Reyes 10:18-20. La imagen de los leones era un complemento habitual de los tronos, ya sea de reyes o de dioses.

Monos y pavos (9:21). Los monarcas, como Hatshepsut y Salmanasar III,

Los monarcas del antiguo Cercano Oriente se enorgullecían de sus colecciones de animales exóticos. En este bajo relieve mural egipcio, dos cusitas llevan una jirafa y un mono al faraón como tributo

se enorgullecían de poder coleccionar estos animales exóticos, no autóctonos de Oriente Medio.[10]

Muerte de Salomón (2 Cr 9:29-31)

Lo sepultaron en la ciudad de David su padre (9:31). Los israelitas enterraban constantemente a sus difuntos lejos de las viviendas. Esta desviación, seguida por la mayoría de los sucesores reales de Salomón, provocó críticas en Israel (Ez 43:7-9), pero tenía su contrapartida en Mesopotamia, donde la realeza podía ser enterrada bajo el palacio.

Israel se rebela contra Roboam (2 Cr 10:1-11:4)

Roboam fue a Siquem (10:1). Siquem tiene antiguos vínculos con Abraham, José, Josué y la realeza (Gn 12:6; Jos 24:25, 32; Jue 9:1-2). La confirmación de un nuevo rey en un lugar tradicional está atestiguada para otros monarcas, como en Egipto, donde los faraones iban a Menfis para su coronación aunque el palacio principal desde el que gobernaban pudiera estar en otro lugar.

Roboam tomó consejo con los ancianos (10:6). Cuando los reyes consultaban sus asuntos con consejeros, normalmente se les describía como más sabios que sus consejeros. La Biblia adopta una postura inusual en su persistente crítica a la realeza en general y a determinados reyes en particular, como aquí, cuando Roboam sigue los insensatos consejos de los jóvenes.

Le apedrearon los hijos de Israel, y murió (10:18). Este castigo no era inusual en el antiguo Cercano Oriente. Por ejemplo, en una inscripción del siglo VIII a. C. procedente de Siria, si uno traiciona a la dinastía real, el rey llama a lapidar tanto al rebelde como a todos sus parientes varones.[11]

Movilizó a las familias de Judá (11:1 (NVI)). Para obligar a los rebeldes a someterse, la guerra era la respuesta habitual de los nuevos reyes, que a menudo encontraban sus primeros años problemáticos con rebeliones que ponían a prueba su capacidad para mantener su autoridad. El rey asirio Senaquerib, por ejemplo, tuvo que sofocar rebeliones en todo el Imperio asirio cuando se convirtió en rey en el año 705 a. C., siendo el propio Judá uno de los reinos que se rebelaron.

Roboam fortifica Judá (2 Cr 11:5-17)

Edificó ciudades (11:5). No se trata de ciudades en el perímetro del reino para protegerlo de una invasión extranjera. Todos estos quince lugares están a menos de treinta millas de Jerusalén, y muchos mucho más cerca, lo que sugiere no tanto una defensa estratégica del reino sino un perímetro de protección principalmente para Jerusalén.

Los sacerdotes y levitas. . . se aliaron con Roboam (11:13 (NTV)). Los reyes que no contaban con el apoyo de los sacerdotes de un reino podían ver sus políticas gravemente comprometidas. Los sacerdotes que fueron ignorados por el faraón Akenatón en el Egipto del siglo XIV a. C. revirtieron por completo sus políticas e innovaciones tras su muerte.

Familia de Roboam (2 Cr 11:18-23)

Después de ella tomó a Maaca (11:20). El siguiente rey, Abías, no es ni el primogénito ni un hijo de la primera esposa. Deuteronomio 21:15-17 indica que alguien como Abías no podía heredar como primogénito. Sin embargo, en otros lugares del antiguo Cercano Oriente el primogénito no siempre seguía a su padre como rey. Dos de los tres primeros sucesores de David no eran los hijos mayores (cf. Salomón [1 Reyes 2:22]), aunque se podía elegir al primogénito (2 Cr 21:3).

Les consiguió muchas esposas (11:23 (NVI)). Ver comentarios en 1 Cr 14:3.

Sicac ataca Jerusalén (2 Cr 12:1-16)

Subió Sisac rey de Egipto contra Jerusalén (12:2). Ver comentarios en 1 Reyes 11:40. Sisac fundó la Dinastía XXII, de gobernantes libios, sobre Egipto, uniendo un Egipto que había estado dividido durante dos siglos. Como parte de este renacimiento egipcio, la invasión de Sisac marcó la primera presencia egipcia importante en esta zona desde el siglo XII a. C., lo que justifica su orgullo al grabar, en las paredes del templo de Amón en Karnak, en Tebas, los nombres de decenas de ciudades de Judá e Israel que conquistó.

Libios, suquíes y cusitas (12:3(NVI)). La composición multiétnica de las fuerzas egipcias refleja el propio origen libio de Sisac: los suquíes eran un grupo libio mencionado como adjunto a las fuerzas egipcias en los

La caja canópica del rey egipcio Sisac. Durante la momificación, los órganos internos del rey se colocaban en esta caja

siglos XII a XIII a. C., y los cusitas eran de la región del sur de Egipto (ver el artículo "Los cusitas").

Tomó las ciudades fortificadas de Judá (12:4). Ver comentarios en 1 Reyes 11:40. Una lista detallada de estas ciudades aparece en el registro de la campaña de Sisac. También registró los lugares conquistados en el norte del reino de Israel, incluyendo a Meguido, donde se han encontrado fragmentos de la estela de la victoria que erigió allí.

Tesoros de la casa de Jehová . . . todo lo llevó (12:9). De acuerdo con las políticas de conquista y saqueo del mundo antiguo, las tierras conquistadas debían entregar lo mejor y el conquistador podía tomar lo que quisiera.

Abías, rey de Judá (2 Cr 13:1-14:1)

Pacto de sal (13:5). Ver comentarios en Lv 2:13; Esdras 4:14. Dado que toda ofrenda de carne requería sal (Lv 2:13), todo pacto ratificado por una comida sacrificial incluía la ingestión de sal (un conservante y un símbolo de permanencia), enfatizando la inviolabilidad de un pacto (Nm 18:19).

Jeroboán . . . se rebeló (13:6 (NVI)). Los reyes justifican cualquier acción militar, y aquí Abías solo cuenta la mitad de la historia para justificar su agresión contra Israel. En realidad, Jeroboán se parece en muchos aspectos a David. Ambos fueron ungidos en privado para ser rey por un profeta de Silo con una prenda rasgada mientras todavía había un rey reinante en el trono (1 S 15:27-28; 1 Reyes 11:29-38; 2 Cr 10:15).

La mesa limpia . . . el candelero de oro (13:11). Se trata de sustituciones inferiores (cf. 2 Cr 12:9-10), aunque no se ha dicho nada sobre cómo o cuándo se sustituyeron estos artículos después de que el padre de Abías los perdiera a manos de Sisac (faraón de Egipto), o por qué los diez candeleros y las diez mesas de Salomón para el pan sagrado en el templo (1 Reyes 7:49; 2 Cr 4:8, 19) se redujeron a la única mesa y candelero originales prescritos para el tabernáculo.

Tocaron las trompetas (13:14). Hasta este momento en 1-2 Crónicas, las trompetas se habían limitado a su uso con el arca o en el templo, pero ahora aparecen en el campo de batalla. Estas trompetas utilizadas por los sacerdotes de Judá pueden haber sido similares a las dos trompetas con núcleo de madera y revestimiento de plata y oro descubiertas en la tumba del faraón Tutankamón.

Asa, rey de Judá (2 Cr 14:2-15)

Destruyó las columnas sagradas y derribó los postes dedicados a la diosa Asera (14:3 (NTV)). Ver comentarios en 1 Reyes 15:13; ver el artículo "Los cananeos y la religión cananea". Asera era una diosa madre asociada a la fertilidad, que se manifestaba físicamente como un árbol o un objeto de madera al que las columnas de piedra erguidas proporcionaban la contrapartida masculina.

Zera el cusita (14:9 (NVI)). Cus es el reino situado a lo largo del río Nilo al sur de Egipto (ver el artículo "Los cusitas"). A Zera no se le llama "faraón" y, por ende, no se le puede asociar con la posterior Dinastía XXV cusita que gobernó Egipto del 710 al 663 a. C. Las tropas cusitas fueron empleadas por los faraones de la Dinastía XXII libia, contemporánea del rey Asa (cf. 2 Cr 12:2-3). Por lo tanto, Zera es probablemente un comandante cusita al servicio del faraón Osorkon I.

Hasta Maresa (14:9). Esta ciudad custodia el acceso a Judá en las estribaciones meridionales del reino de Judá, a treinta y cinco millas al suroeste de Jerusalén.

No prevalezca contra ti el hombre (14:11). Esta petición supone que la derrota del ejército de Judá representa una derrota para el dios al que el ejército sigue. Como observó David antes de su encuentro con Goliat, "de Jehová es la batalla" (1 S 17:47). Uno de los temas más comunes en las inscripciones reales del antiguo Cercano Oriente es la ayuda que los dioses proporcionan para proteger, armar y dar la victoria en el campo de batalla al rey victorioso que han elegido.

Los persiguieron hasta Gerar (14:13). Esta ciudad, a unas treinta millas al suroeste de Maresa, estaría en la dirección que tomarían las tropas en retirada de Egipto.

El terror de Jehová cayó sobre ellas (14:14). Este momento decisivo siempre da lugar a que no haya más oposición, un tema que se repite a menudo en las inscripciones reales del antiguo Cercano Oriente. Por ejemplo, en una inscripción asiria encontrada en Nimrud, al describir su éxito contra el rey de Damasco, el rey de Asiria proclama: "El temible esplendor de Assur, mi señor, lo abrumó".[12]

Reforma de Asa (2 Cr 15:1-19)

No hubo paz, ni para el que entraba ni para el que salía (15:5). La imposibilidad de viajar libremente aparece regularmente como uno de los rasgos distintivos de la descomposición de la sociedad (Jue 5:6), como se expresa en el antiguo relato mesopotámico "La maldición de Agadé": "Los mensajeros ya no recorren las carreteras, el barco del mensajero ya no llega a los ríos".[13]

El mes tercero (15:10). La fiesta de las semanas (Pentecostés) es una ocasión apropiada para entrar en un pacto con Dios porque conmemora el pacto hecho en el Monte Sinaí (no se señala ningún día específico del tercer mes porque la fiesta no cae en un día predecible; su celebración se cuenta siete semanas desde la Pascua).

Setecientos bueyes y siete mil ovejas (15:11). Una contabilidad muy estricta del botín de las victorias militares (14:14-15) incluía a Dios recibiendo su parte (Gn 14:14-20). Del mismo modo, al final de la carta del rey asirio Esar-hadón a los dioses tras una de sus campañas, concluye con su descripción de la distribución del botín a varios dioses y templos de Asiria.

Los últimos años de Asa (2 Cr 16:1-14)

Sacó Asa la plata y el oro de los tesoros de la casa de Jehová (16:2). Este acto impío de sacrilegio en el templo borra la cuidadosa distinción hecha entre los ingresos que iban a los líderes políticos y los ingresos que iban a Dios (cf. Nm 31:36-54).

Rey Ben-adad de Aram (16:2 (NTV)). Aram era un reino situado al norte de Israel, con su capital en Damasco (situada en la actual Siria). El nombre Ben-adad (en arameo, Bar-hadad) está atestiguado para más de un rey arameo (cf. 2 Reyes 8:9; 13:3). Es posible que el rey arameo Ben-adad, que dedicó una estela del siglo IX a. C. al dios Melkart, sea este rey.

Deshagas la alianza que tienes con Baasa rey de Israel (16:3). Semejante petición, que alentaba un acto impío de ruptura del juramento, nunca era defendible. Todos los tratados en los que se invocaba a los dioses como testigos eran inviolables. Por esta razón, Josué no puede ni siquiera romper un tratado que fue ratificado bajo falsos pretextos (Jos 9:3-21; 10:5-7).

Un gran fuego en su honor (16:14). Ver comentarios en 2 Cr 21:19.

Josafat, rey de Judá (2 Cr 17:1-19)

No buscó a los baales (17:3). Ver el artículo "Los cananeos y la religión cananea". Esta actividad se asocia con este dios solo aquí en Crónicas, pero se supone que es común por esta declaración negativa en preparación de la acción en el siguiente capítulo. Los reyes tenían muchas opciones para intentar descubrir lo que les deparaba el futuro a la hora de tomar decisiones: la interpretación de los sueños, los oráculos proféticos, la consulta a

La estela de Melkart

los muertos y la interpretación de los presagios a partir de las vísceras de los animales, los movimientos de las estrellas, el comportamiento de los animales y cosas similares. Muchas de estas prácticas estaban prohibidas para los israelitas (Dt 18:10-14).

Enseñaron en Judá (17:9). Esta actividad no está atestiguada en otras culturas de esta época, cuando los escribas profesionales requerían años de formación y tenían el monopolio del aprendizaje. El sencillo alfabeto que utilizaba Israel, con su puñado de caracteres, hizo que la alfabetización fuera fácilmente alcanzable para una mayor parte de la población que en Mesopotamia (que utilizaba escritura cuneiforme) o en Egipto (que utilizaba jeroglíficos).

El libro de la ley de Jehová (17:9). Este documento era en realidad un pergamino, ya que el libro como serie de páginas encuadernadas (conocido como códice) no se inventaría hasta dentro de varios cientos de años.

Micaías profetiza contra Acab (2 Cr 18:1-27)

Ramot de Galaad (18:2). Las alturas de Galaad eran una zona estratégica y muy disputada al este del mar de Galilea, que daba acceso a las regiones fértiles de Transjordania (lado este del río Jordán) que tanto Israel como los sirios reclamaban como propias.

Bulla (impresión de un sello) de Jerusalén que dice "Gobernador de la ciudad"

Mi pueblo como tu pueblo (18:3). Este sentimiento encapsula la esencia de las relaciones de los tratados entre reinos, como escribe el rey de Mitani al faraón sobre Mitanni: "Este país es el país de mi hermano, y esta casa es la casa de mi hermano".[14]

Consulta la voluntad del Señor (18:4 (DHH)). Consultar a los dioses en el antiguo Cercano Oriente era un procedimiento habitual antes de ir a la batalla (cf. 1 S 23:2; Ez 21:21-22).

La era (18:9 (NBLA)). Ver comentarios en Rut 3:2; 2 Cr 3:1.

Como ovejas sin pastor (18:16). Esta imagen anticipa adecuadamente la muerte del rey Acab, ya que los reyes se entendían metafóricamente como pastores de su pueblo. "Yo soy el pastor Hammurabi" es la afirmación que introduce la colección de leyes del famoso rey babilónico.

Gobernador de la ciudad (18:25). Se han descubierto impresiones de sellos oficiales en arcilla (bullae) con este mismo título "gobernador de la ciudad" para un administrador.[15]

Acab mata a Ramot de Galaad (2 Cr 18:28-19:3)

No luchen contra nadie . . . salvo contra el rey de Israel (18:30 (NVI)). La estrategia de eliminar al líder de un ejército se utilizaba a menudo para terminar una batalla, con ejemplos notables como las muertes de Josías (35:23-24) y Ciro el Joven (como se describe en la obra griega *Anábasis*).

¿Amas a los que aborrecen a Jehová? (19:2). Esta pregunta retórica asume con el resto del antiguo Cercano Oriente que el amor a los enemigos es un absurdo, y se hace hincapié en el lenguaje de los tratados entre reyes, como se ve en un tratado hitita que dice: "Quien sea enemigo de mi majestad será tu enemigo, y quien sea amigo de mi majestad será tu amigo".[16]

Josafat puso jueces (2 Cr 19:4-11)

Puso jueces (19:5). Hay pocas pruebas para determinar cómo se constituían los jueces y los tribunales, más allá de la función que desempeñaban los ancianos y las comunidades locales. La distribución de la autoridad judicial que se observa aquí se corresponde con el hecho de que el rey era visto en todas partes como el principal pilar humano de la justicia en el mundo antiguo.

Vuestros hermanos que habitan en las ciudades (19:10). El contexto claramente urbano de esta reforma judicial (cf. 19:5) sugiere que la justicia rural siguió siendo mantenida por los ancianos locales (cf. Dt 21:1-9).

Josafat vence a Moab y Amón (2 Cr 20:1-30)

Hijos de Moab y de Amón (20:1). Ver comentarios en Gn 19:37-38.

Y con ellos algunos de los meunitas (20:1 (LBLA). Los meunitas eran un pueblo nómada asociado epigráficamente con regiones al sur y al este de Judá (cf. 1 Cr 4:41) y en el resto de este pasaje (vv. 10, 22-23) asociado con el monte de Seir (i.e., Edom).

Hizo pregonar ayuno a todo Judá (20:3). Este es el único ayuno que se menciona explícitamente en 1-2 Crónicas durante el período de la dinastía davídica, y tiene un propósito comparable al de otros ayunos comunales: obtener la atención de Dios para evitar un desastre anticipado (cf. el ayuno de los ninivitas en Jon 3:5-10; el ayuno de Ester en Ester 4:16).

No permitiste que Israel invadiera (20:10 (NBLA)). Amón, Moab y Edom eran parientes de Abraham (y, por ende, de Israel) a los que Dios había dado tierras, al igual que a Israel (20:11), como parte de la bendición a Abraham (Dt 2:5, 9, 19) (ver comentarios en Gn 19:37-38). En el mundo antiguo, las fronteras entre las entidades nacionales se reconocían como inviolables, a menos que los dioses permitieran o exigieran su infracción.

No es vuestra la guerra, sino de Dios (20:15). Ver comentarios en 2 Cr 14:11.

Desierto de Tecoa (20:20). Estaba ubicado a diez millas al sur de Jerusalén.

Porque su misericordia es para siempre (20:21). Ver comentarios en 1 Cr 16:34.

No los podían llevar (20:25). Ver comentarios en 1 Cr 22:3-4.

Salterios, arpas y trompetas (20:28). Ver el artículo "Instrumentos musicales en Israel y el antiguo Cercano Oriente".

El fin del reino de Josafat (2 Cr 20:31-21:3)

Construir naves que fuesen a Tarsis (20:36). Los fenicios se convirtieron en la principal potencia marítima del antiguo Cercano Oriente. Cuando Salomón comerciaba por mar, utilizaba naves fenicias (8:18; 9:10, 21), un precedente que aquí se ignora con resultados nada sorprendentes.

Él era el primogénito (21:3). Ver comentarios en 2 Cr 11:20.

Joram, rey de Judá (2 Cr 21:4-20)

Mató a espada a todos sus hermanos (21:4). Escribiendo mucho más tarde, el historiador griego Plutarco señala: "Que los hermanos maten a los hermanos se asumía como el postulado de las matemáticas como el primer principio de seguridad real común y reconocido" (*Life of Demetrio* [Vida de Demetrio]). Una situación así podría haber motivado al rey asirio Esar-hadón, que antes de su muerte hizo jurar a sus súbditos que protegerían tanto al hijo elegido para sucederlo como a sus hermanos.

Y no encendieron fuego en su honor (21:19). Realizado para el rey Asa (16:14), este rito no tiene nada que ver con la cremación, que no era una forma normal y respetuosa de tratar a los muertos en el antiguo Cercano Oriente. Sin embargo, los rituales con fuego asociados a los muertos no están claramente atestiguados en ningún otro lugar del antiguo Cercano Oriente.

Ocozías, rey de Judá (2 Cr 22:1-9)

Nieta de Omrí (22:2 (NVI)). Su hijo es el resultado de un intento de diplomacia internacional al unir los dos reinos de Israel (casa de Omrí) y Judá (casa de David).

Rey Hazael de Aram (22:5 (NTV)). Aram era el reino situado al norte de Israel, en la actual Siria. Hazael era un usurpador (como dirían los asirios, "un hijo de un don nadie") que había matado a su predecesor y se convertiría en uno de los más poderosos de todos los reyes arameos y una gran amenaza para Israel a finales del siglo IX a. C. (2 Reyes 8:7-15).

Ramot de Galaad (22:5). Ver comentarios en 2 Cr 18:2.

Rey Ocozías de Judá fue a visitarlo a Jezreel (22:6 (NVT)). El descenso fue significativo, desde la elevación de Jerusalén de doscientos cincuenta pies sobre el nivel del mar hasta los escasos trescientos pies sobre el nivel del mar de Jezreel.

Joram estaba herido (22:6 (NTV)). La salud real era vigilada de cerca por los demás monarcas (2 Reyes 20:12). Así, por ejemplo, el rey de Babilonia escribe al faraón: "Como no estaba bien y mi hermano no me mostraba ninguna preocupación, por mi parte me enfadé con mi hermano, diciendo: '¿No ha oído mi hermano que estoy enfermo?'".[17]

Jehú mandó a buscar a Ocozías (22:9 (PDT)). Jehú quería erradicar toda la dinastía de Omri y Acab, incluyendo a su descendiente Ocozías, sin importar que ahora gobernara sobre Judá.

Atalía y Joás (2 Cr 22:10-23:21)

Exterminó toda la descendencia real (22:10). Esta princesa extranjera (22:2) es vulnerable ahora que su hijo gobernante ha sido asesinado (22:9). La política de poder del harén aparece en las palabras de Natán a Betsabé cuando Adonías, hijo de otra esposa del harén de David (Haggith), intentó convertirse en rey: "permíteme darte un consejo para que salves tu vida y la de tu hijo Salomón" (1 Reyes 1:12 (PDT)). En el siglo XII a. C., la reina egipcia Tiy conspiró para asesinar a su esposo, Ramsés III, con el fin de colocar a su hijo en el trono. Asimismo, en el siglo VII a. C., la reina asiria Zakutu sometió a juramento a otros hijos de la realeza para proteger a su propia descendencia.

Atalía reinaba en el país (22:12). Por lo general, el gobierno en solitario de una reina se remediaba rápidamente con un nuevo matrimonio o con el ascenso al trono de un miembro masculino de la familia.

Las reinas que siguieron gobernando sin un consorte masculino eran menos comunes, como Hatshepsut en Egipto (siglo XV a. C.) y Atalía aquí.

Rodearán al rey por todas partes, y cada uno tendrá sus armas en la mano (23:7). La espada era una parte importante de la historia de los levitas (Gn 34:25-

Esfinge de la reina egipcia Hatshepsut.

26; Ex 32:26-28) y para su función como guardianes del recinto templo (cf. 23.19).

Sentaron al rey sobre el trono del reino (23:20). Este capítulo contiene una de las descripciones más detalladas de la coronación de un heredero davídico (cf. 1 Reyes 1:32-40).

Joás repara el templo (2 Cr 24:1-16)

Restaurar el templo del Señor (24:4 (NTV)). Los templos de todo el mundo antiguo necesitaban un mantenimiento constante por el desgaste normal y su restauración física se convertía en una cuestión de orgullo para los reyes como medio de expresar su piedad.

Recoged dinero de todo Israel . . . cada año (24:5). Salomón construyó el templo en su totalidad mediante los ingresos reales. Normalmente, los reyes en el antiguo Cercano Oriente financiaban las restauraciones, pero el mantenimiento del templo de Jerusalén debía ser financiado por el pueblo, con la institución de una colecta anual basada sobre un precedente mosaico (Ex 30:12-16).

De ciento treinta años era cuando murió (24:15). Las vidas inusualmente largas se registraron como una marca de bendición especial. En el siglo VI a. C. se registra la edad de 104 años de Adda-Guppi, sacerdotisa del dios de la luna y madre del rey babilónico Nabonido.

La maldad de Joás (2 Cr 24:17-27)

Ellos . . . por mandato del rey lo apedrearon (24:21). Ver comentarios en 2 Cr 10:18.

En el patio de la casa de Jehová (24:21). Esta profanación de la zona sagrada se evita cuidadosamente en otras ocasiones (23:14).

Poca gente . . . un ejército muy numeroso (24:24). Dicha inversión se consagró como consecuencia de la violación de un tratado (Dt 28:25).

Amonita . . . moabita (24:26). Los asesinatos reales nunca estaban justificados (cf. 33:24), pero la culpa se desvía aquí de los judíos a los conspiradores extranjeros.

Amasías, rey de Judá (2 Cr 25:1-28)

Se enojaron grandemente (25:10). Cada soldado recibe aproximadamente cuatro siclos por no hacer nada, aparentemente un buen trato. Sin embargo, su enfado se debe a la pérdida de las expectativas de saqueo de una campaña que, de todos modos, toman en 25:13.

Valle de la Sal (25:11). Esta región en las cercanías del Mar de la sal, o Mar Muerto (Gn 14:3), está en el camino hacia Edom (o Seir) (sobre Edom, ver comentarios en Abd 1).

Cumbre de un peñasco (25:12). Las montañas y los peñascos, elementos distintivos de Edom, son estereotipados como su principal medio de defensa (ver comentarios en Abd 3). Irónicamente, aquí se convierten en los medios de destrucción de su pueblo.

Allí los despeñaron (25:12). Esta reprobable conducta militar debe contrastarse con 2 Reyes 6:21-23. Aunque no había reglas en la guerra, este tipo de crueldad es lo que más se espera del ejército asirio, que utilizaba la crueldad en la guerra como arma calculada para desmoralizar a sus enemigos.

Obed-edom (25:24). El arca había estado brevemente bajo su cuidado durante el reinado de David (2 S 6:10-12), siendo su nombre una alusión irónica al anterior y exitoso ataque de Amasías a Edom.

Laquis (25:27). Ver comentarios en 2 Cr 32:9.

Uzías, rey de Judá (2 Cr 26:1-28)

Edificó a Elot (26:2). Esta ciudad portuaria del Mar Rojo utilizada por Salomón (8:17) estaba en territorio edomita, que los israelitas tenían prohibido ocupar (Dt 2:5, 8; 2 Cr 20:10), y el nieto de Uzías la perderá (2 Reyes 16:6).

Zacarías (26:5). No se sabe nada más de este hombre; no hay que confundirlo con el Zacarías apedreado durante el reinado de Joás (24:20-21) ni con el profeta literario postexílico Zacarías.

Meunitas (26:7 (NVI)). Ver comentarios en 2 Cr 20:1.

Tuvo cargo de la casa real (26:21). Ver comentarios en 2 Reyes 18:18. Esta posición administrativa (literalmente "sobre la casa") está atestiguada en las impresiones de sellos hebreos.[18]

Joam, rey de Judá (2 Cr 27:1-9)

Tuvo él guerra con el rey de los hijos de Amón . . . a los cuales venció (27:5). A los israelitas se les prohibió conquistar Amón, un pueblo relacionado con ellos como pariente de Abraham (Dt 2:19; 2 Cr 20:10).

Acaz, rey de Judá (2 Cr 28:1-27)

El valle de los hijos de Hinom (28:3). Este valle de media milla de largo corre de este a oeste inmediatamente al sur de Jerusalén.

Hizo pasar a sus hijos por fuego (28:3). Ver comentarios en 2 Reyes 3:27. Los extensos cementerios de niños pequeños encontrados en los yacimientos fenicios, especialmente en Cartago, parecen estar relacionados con este mismo fenómeno.

Rey de Aram (28:5 (NTV)). Este rey es Rezín (2 Reyes 16:5), quien, aliado con Israel, invadió Judá (Is 7:1-9), pero finalmente fue derrotado por el rey asirio Tiglat-pileser III, que destruyó su reino en el 732 a. C.

Tiglat-pileser (28:20). Este rey asirio (también identificado por una forma abreviada de su nombre, Pul), que gobernó entre el 745 y el 727 a. C., marcó el inicio del ascenso de Asiria a su mayor extensión como imperio y redujo el reino del norte de Israel a un estado vasallo (cf. 1 Cr 5:6, 26; 2 Reyes 15:19) (ver el artículo "Los asirios" en particular la sección del periodo neoasirio).

Ezequías purifica el templo (2 Cr 29:1-36)

En el primer año de su reinado, en el mes primero (29:3). Las modificaciones de Acaz en 2 Cr 28 requieren la purificación del templo. La Pascua debe celebrarse el decimoquinto día del primer mes, pero la purificación no se completará a tiempo.

Torrente de Cedrón (29:16). Este valle situado al este de Jerusalén, con un arroyo perenne, era propicio para los ritos de purificación.

Ofrenda por el pecado (29:21 (NVI)). Esta ofrenda de purificación debe realizarse primero para limpiar el altar que el rey Acaz había ensuciado. Solo así pueden ofrecerse los holocaustos (29:27) en preparación para los sacrificios comunales que los adoradores podrían comer (29:31).

Címbalos, salterios y arpas (29:25). Ver el artículo "Instrumentos musicales en Israel y el antiguo Cercano Oriente".

No pudieron desollar todos los holocaustos (29:34 (NBLA)). La piel era una parte del holocausto que no se consumía en el altar y pertenecía al sacerdote (Lv 7:8).

Ezequías celebra la Pascua (2 Cr 30:1-31:1)

Acudir al templo del Señor . . . a celebrar la Pascua (30:1 (DHH)). La celebración de la Pascua en el primer mes del año, una celebración anterior al Sinaí en los hogares israelitas que no requería un santuario, no se ha mencionado en ninguna parte desde la entrada en Canaán (Jos 5:10-11), pero ahora Ezequías transforma la fiesta en una celebración centrada en el templo.

Mes segundo (30:2). Celebrar la Pascua un mes después tiene un precedente (Nm 9:1-14).

Hijos de Israel (30:6). Las tribus del norte, a las que nos referimos aquí, fueron conquistadas por Asiria en 722 a. C.

No estaban santificados (30:17). La primera Pascua en Egipto no requería pureza ceremonial, ya que se trataba de una situación de vida o muerte sin proximidad a un tabernáculo o templo que pudiera requerir pureza. Este nuevo problema surge cuando la celebración se lleva al templo.

Mil novillos y siete mil ovejas (30:24). Ver comentarios en 2 Cr 7:5.

Las estatuas . . . imágenes de Asera (31:1). Ver comentarios en 1 Reyes 15:13; 2 Cr 14:3.

Contribuciones para la adoración (2 Cr 31:2-21)

La contribución que les correspondía (31:4 (DHH)). Es evidente aquí que el diezmo no se ha recogido durante un tiempo. Dado que el diezmo es una institución ampliamente atestiguada incluso fuera de Israel, la cuestión en este pasaje es que los diezmos se han ido a otra parte, a otras deidades, mientras que los servicios del templo del Señor han perecido bajo Manasés y Amón.

Ofrendas voluntarias (31:14). Esto se refiere a las contribuciones voluntarias además de los diezmos obligatorios.

Anotados por sus linajes (31:16). Los registros de los desembolsos para las provisiones de los palacios y los templos de todo el antiguo Cercano Oriente dejan claro que se llevaba una contabilidad muy ajustada de quién podía, o no, beneficiarse.

Senaquerib amenaza a Jerusalén (2 Cr 32:1-23)

Senaquerib (32:1). Su reinado como rey de Asiria comenzó (705 a. C.) con rebeliones contra el nuevo rey en varias partes del imperio, incluyendo Judá (ver comentarios en 2 Reyes 18:13; ver el artículo "Los asirios", en particular la sección del periodo neoasirio).

Cegar las fuentes de agua (32:3). Ver comentarios en 2 Cr 32:30.

Reparar todas las secciones caídas de la muralla (32:5 (NTV)). Ver comentarios en 2 Reyes 20:20. Esta muralla de veinte pies de grosor, que aún se conserva hasta diez pies de altura, ha quedado al descubierto a lo largo de más de doscientos pies en Jerusalén (cf. Is 22:9-11).

Más hay con nosotros que con él (32:7). Los reyes asirios afirmaban con regularidad que sus enemigos confiaban en fuentes de poder alternativas que resultaban inadecuadas y provocaban su derrota.

Sitiaba a Laquis (32:9). Ver comentarios en 2 Reyes 18:13. Laquis, una de las principales fortalezas de Judá, a treinta millas al suroeste de Jerusalén, cayó finalmente en manos de Senaquerib, convirtiéndose en el objeto de múltiples paneles de piedra en su palacio de Nínive para conmemorar su conquista. Senaquerib indica que capturó cuarenta y seis ciudades fortificadas de Judea y muchas otras no fortificadas para contarlas, llevándose al exilio a 200 150 judíos.[19]

Envió sus siervos a Jerusalén (32:9). Estos "siervos" se definen con más detalle en 2 Reyes 18:17. Los títulos asirios que allí se dan son *tartan* ("general"), *rab-saris* ("jefe de los eunucos") y rab-shaqeh ("jefe de los coperos"), funcionarios asirios de alto rango que acompañaban al rey en las campañas militares, e incluso las dirigían.

Sitiados en Jerusalén (32:10 (RVA-2015)). Ver comentarios en 2 Reyes 18:13. Senaquerib describió el evento: "Ezequías [...] encerré dentro de Jerusalén, su ciudad real, como un pájaro en una jaula. Lo rodeé con terraplenes, e hice impensable que saliera por la puerta de la ciudad".[20]

Lo que yo y mis padres hemos hecho a todos los pueblos (32:13). Esto incluía la mutilación, el desollamiento vivo, las primeras formas de crucifixión y la tortura, utilizadas deliberadamente como propaganda para aterrorizar a los oponentes asirios.

Y clamaron . . . para espantarles y atemorizarles (32:18). Esta acción está atestiguada en otros asedios del antiguo Cercano Oriente en los que el asediador intenta poner fin al asedio.

El rey de Asiria regresó avergonzado a su país (32:21 (RVC)). Senaquerib pone fin al asedio de Jerusalén con muchos aspectos sin resolver si se compara con otras campañas asirias, aparte de decir: "Ezequías quedó abrumado por el impresionante esplendor de mi señorío y me envió después de mi partida a Nínive [...] 30 talentos de oro, 800 talentos de plata".[21]

Algunos de sus propios hijos lo mataron (32:21 (NTV)). El instigador más probable fue su hijo mayor vivo, Arad-Mulissi (llamado Adramelec en 2 Reyes 19:37), que había sido omitido en favor de un hijo menor, Esar-hadón, que finalmente se convirtió en rey.

El orgullo, el éxito y la muerte de Ezequías (2 Cr 32:24-33)

Hizo depósitos para las rentas del grano (32:28). En todo Judá se han encontrado cientos de asas de jarras de almacenaje estampadas con la marca de propiedad "para el rey" (lmlk), asociada específicamente al reinado de Ezequías.

Cegó la salida superior de las aguas (32:30 (NVI)). Ver comentarios en 2 Reyes 20:20. El término hebreo para "salida" aparece en la inscripción del siglo VIII a. C. encontrada en el túnel de Siloé que conmemora la construcción del túnel de 583 yardas de largo.[22]

La inscripción de Siloé, que conmemora la construcción del túnel de agua de Ezequías).

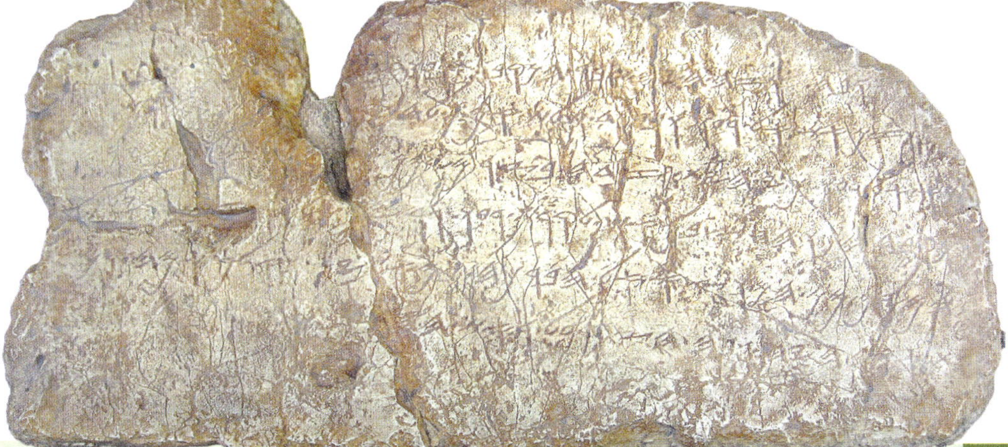

Gihón la de arriba (32:30). Ver comentarios en 2 Reyes 20:20. El pequeño arroyo perenne al este de Jerusalén corre hacia el sur por el Valle de Cedrón. Ezequías excavó un túnel a través de la roca sólida para llevar este manantial al interior de las murallas de la ciudad para prepararse para un asedio de Asiria (701 a. C.). "Gihón" hace referencia a las aguas principales asociadas al Edén (Gn 2:13), apropiadas para el templo (Ez 47:1).

Los príncipes de Babilonia enviaron una embajada (32:31(NVI)). El príncipe caldeo Merodac-baladán (Is 39:1) tomó el control de Babilonia de manos de Asiria a finales del siglo VIII a. C. La rebelión de Ezequías contra Asiria hizo que Judá y Babilonia compartieran objetivos políticos similares. Los asirios finalmente lo expulsaron de Babilonia, y murió en el exilio.

Manasés, rey de Judá (2 Cr 33:1-20)

Manasés... reinó cincuenta y cinco años (33:1 (RVA-2015)). El rey Manasés murió en el año 642 a. C., teniendo el reinado más largo de todos los reyes israelitas o de Judea, en paralelo con su contemporáneo el faraón Psammetichus, que reinó entre el 664 y el 610 a. C.

Baales... imágenes de Asera (33:3). Ver comentarios en 1 Reyes 15:13; 2 Cr 14:3; ver el artículo "Los cananeos y la religión cananea".

Valle del hijo de Hinom (33:5). Ver comentarios en 2 Cr 28:3.

Cadenas de bronce (33:11 (NVI)). Ver comentarios en 2 Cr 36:6.

Aprisionaron con grillos a Manasés (33:11). Los reyes asirios Esar-hadón y Asurbanipal dejaron constancia de la ayuda de Manasés en dos ocasiones al proporcionarles tributos y materiales de construcción. Esar-hadón representó a sus enemigos conquistados con garfios en la nariz atados a cuerdas que él sostenía.

Amón, rey de Judá (2 Cr 33:21-25)

Lo mataron (33:24). David nunca vio el asesinato de Saúl como una opción para reclamar el trono al que había sido ungido (1 S 26:8-11), estableciendo un patrón que pone en duda todos los asesinatos posteriores y hace que la ejecución de los asesinos de Amón (33:25) sea totalmente apropiada.

Reformas de Josías (2 Cr 34:1-13)

Esparció el polvo sobre los sepulcros... Quemó además los huesos (34:4-5). El castigo a los criminales no terminaba con su muerte, por lo que maltratar sus cadáveres era habitual en el antiguo Cercano Oriente.

Gobernador de la ciudad (34:8). Ver comentarios en 2 Cr 18:25.

Safán (34:8). Este funcionario fundó una influyente familia que más tarde ayudará al profeta Jeremías y guiará a Judá brevemente tras la destrucción de

Jerusalén (Jer 26:24; 36:10-11; 40:5). Uno de los muchos sellos de arcilla que se conservan de esta época lleva el nombre de "Gedalías, supervisor de la casa real", probablemente el nieto de Safán (Jer 40:5).[23]

Los edificios que habían destruido los reyes de Judá (34:11). Los templos de todo el mundo antiguo necesitaban un mantenimiento constante debido al desgaste normal. La reconstrucción de un templo se percibía como un acto tan piadoso como la construcción original.

El libro de la ley fue encontrado (2 Cr 34:14-33)

Halló el libro de la ley (34:14). Los faraones Shabaka y Amenofis II registraron el hallazgo de textos sagrados perdidos que copiaron de nuevo y revivieron.

Rasgó sus vestidos (34:19). Josías es el único rey que hace esto en el libro de Crónicas, una expresión del mayor dolor.

Hulda profetisa (34:22). Las mujeres profetas aparecen regularmente en Israel (Ex 15:20; Jue 4:4; Neh 6:14; Isa 8:3) y en otros lugares del antiguo Cercano Oriente.

Leyó a oídos de ellos todas las palabras del libro del pacto (34:30). Esta lectura pública era a menudo obligatoria para los pactos realizados en el antiguo Cercano Oriente (Dt 31:10-12).

Josías celebra la pascua (2 Cr 35:1-19)

Pascua (35:1). Josías es el segundo de los dos únicos reyes de los que se dice que celebran la Pascua (30:1).

No la carguéis más sobre los hombros (35:3). Las imágenes sagradas y los santuarios de los dioses en otros lugares del antiguo Cercano Oriente se llevaban en excursiones regulares desde sus templos. El arca fue diseñada para ser portátil, pero Ezequías pasa aquí a una nueva fase completamente inmóvil para el arca.

Conforme al mandamiento del rey Josías (35:16). De acuerdo con la centralización de la celebración de la Pascua iniciada bajo Ezequías (30:1), no se menciona la sangre aplicada a los postes de la puerta de la casa, como algunos samaritanos son capaces de hacer hasta hoy.

La muerte de Josías (2 Cr 35:20-36:1)

Necao rey de Egipto (35:20). Ver comentarios en 2 Reyes 23:29. En el año 609 a. C., Josías intentó impedir que este faraón recién coronado llevara sus fuerzas para ayudar al debilitado Imperio Asirio, que estaba siendo atacado por Babilonia.

Campo de Meguido (35:22). La única manera de que las fuerzas egipcias continuaran hacia el norte era atravesar las montañas por medio del estrecho paso custodiado por la ciudad de Meguido.

Joacaz hijo de Josías (36:1). No era el hijo mayor, pues el hermano que le sucedió era mayor (36:2, 5).

Joacaz, rey de Judá (2 Cr 36:2-4)

Tres meses (36:2). Este es el tiempo necesario para que el faraón Necao, después de matar a Josías en la batalla de Meguido, viajara hacia el norte, se uniera a Asiria para luchar (sin éxito) contra los babilonios, y luego regresara al sur, pasando por Judá en su camino de regreso a Egipto.

Le cambió el nombre (36:4 (NTV)). Cambiar el nombre de una persona significaba la completa soberanía de Necao sobre el rey de Judá.

Joacim, rey de Judá (2 Cr 36:5-8)

Cadenas de bronce (36:6 (NVI)). El hecho de que tres reyes de Judá fueran tratados de esta manera por los asirios (Manasés, 2 Cr 33:11) y los babilonios (Joacim, 2 Cr 36:6; Sedequías, 2 Reyes 25:7) refleja la humillación que los reyes conquistadores solían presumir de infligir a los reyes derrotados, atándoles las manos y los pies con grilletes tanto de bronce como de hierro.

Vista aérea de las excavaciones en la ciudad de Meguido, con la llanura de Meguido al fondo

Joaquín, rey de Judá (2 Cr 36:9-10)

En la primavera de aquel año, el rey Nabucodonosor mandó que lo llevaran (36:10 (DHH)). La Crónica de Babilonia registra que Nabucodonosor "acampó contra la ciudad de Judá y el segundo día del mes de Adar [16 de marzo de 597 a. C.], capturó la ciudad y apresó a su rey; nombró un rey de su elección en la ciudad y tomando el vasto tributo lo llevó a Babilonia".[24]

Sedequías, rey de Judá (2 Cr 36:11-14)

Sedequías . . . Se rebeló asimismo contra Nabucodonosor, al cual había jurado por Dios (36:13). Una relación similar se refleja en un tratado hitita, en el que el rey hitita recuerda a su vasallo: "Te he hecho jurar al rey. [...] Guarda el juramento del rey. . . y yo, Mi Majestad, te protegeré".[25]

La caída de Jerusalén (2 Cr 36:15-23)

Los que escaparon de la espada (36:20). Tras la destrucción de Jerusalén en el verano de 586 a. C., de acuerdo con la política babilónica, solo unos pocos de los más influyentes entre los conquistados fueron deportados a Babilonia, dejando a un gran número de ellos en una tierra devastada (2 Reyes 25:11-12, 22).

Primer año de Ciro (36:22). Ciro fue recibido en Babilonia en el otoño de 539 a. C., proclamándose "rey de Babilonia, rey de los cuatro rincones del mundo" (ver el artículo "Los persas", en particular la sección sobre Ciro).

Él me ha mandado que le edifique casa en Jerusalén (36:23). Según el Cilindro de Ciro, el rey Ciro decretó que se reconstruyeran los templos destruidos en muchos lugares (ver el artículo "Los persas", en particular la sección sobre Ciro). Los judíos fueron uno de los numerosos grupos cuyos templos destruidos cayeron bajo este decreto.[26]

— Génesis
— Éxodo
— Levítico
— Números
— Deuteronomio
— Josué
— Jueces
— Rut
— 1 Samuel
— 2 Samuel
— 1 Reyes
— 2 Reyes
— 1 Crónicas
— 2 Crónicas

— Esdras
— Nehemías

— Ester
— Job
— Salmos
— Proverbios
— Eclesiastés
— Cantares
— Isaías
— Jeremías
— Lamentaciones
— Ezequiel
— Daniel
— Oseas
— Joel
— Amós
— Abdías
— Jonás
— Miqueas
— Nahúm
— Habacuc
— Sofonías
— Hageo
— Zacarías
— Malaquías

Esdras - Nehemías

GREORY GOSWELL

Introducción. Los libros de Esdras y Nehemías se desarrollan durante el período postexílico, cuando el Imperio Persa dominaba el antiguo Cercano Oriente (ver el artículo "Los persas"). El relato de los dos libros abarca algo más de cien años, desde el primer año del reinado de Ciro, en el año 539 a. C. (Esdras 1:1), hasta algún momento posterior al trigésimo segundo año del rey Artajerjes I (Neh 13:6). La última fecha posible para el regreso de Nehemías a Jerusalén sería el año de la muerte de Artajerjes, en el 423 a. C.

Hay notables lagunas cronológicas entre Esdras 6 y 7, entre Esdras 10 y Neh 1, y entre Neh 13:3 y 13:4. Asimismo, estos dos libros no pretenden ofrecer una historia completa y detallada de este período de más de cien años, sino que se centran en unos pocos años muy significativos: los esfuerzos por reconstruir el templo en tiempos de Zorobabel, el ministerio de Esdras en el séptimo año del rey Artajerjes I y los esfuerzos de Nehemías por restablecer Jerusalén en el vigésimo año del mismo reinado.

Al principio de su historia, Esdras-Nehemías probablemente se consideraba un solo libro. El libro incorpora lo que parecen ser las memorias de Esdras y Nehemías. La división en dos partes se encuentra por primera vez en la época de Orígenes (185-253 d. C.), y una posible razón es que Neh 1:1 (NVI) podría entenderse como un nuevo comienzo ("Estas son las palabras de Nehemías hijo de Jacalías"). Esta división influyó posteriormente en la Biblia en español (mediante la Vulgata).

Esdras

Introducción (1:1)

En el primer año de Ciro rey (1:1). El rey Ciro (el Grande), que reinó del 559 al 530 a. C., fue el fundador del Imperio Persa y de la dinastía aqueménida de reyes persas (ver el artículo "Los persas"). Su tumba aún puede verse en Pasargada, la primera capital de la dinastía aqueménida, en la patria de los persas, situada en una llanura al noreste de Persépolis, en el suroeste de Irán.

Era el año 538 a. C., el primer año de gobierno de Ciro, después de su toma de Babilonia en octubre de 539 a. C., que lo convirtió en el señor de Mesopotamia, en efecto, "rey del mundo". Era rey de Anshan desde el 559 a. C. y antes había conquistado Lidia y Jonia (en el oeste de Turquía) en el 547-546 a. C. La extensión del imperio fue ampliada por reyes posteriores. En su apogeo, el Imperio Persa se extendía desde la India hasta Cus (Ester 1:1 (NVI)) y duró hasta las conquistas de Alejandro Magno (323 a. C.) (ver el artículo "Los persas").

Por escrito (1:1). Esta es una indicación de la importancia de los documentos escritos en general en Esdras-Nehemías y en la época persa (cf. el libro de Ester).

El decreto de Ciro (1:2-4)

Así ha dicho Ciro rey de Persia (1:2). Este texto (1:2-4) y un paralelo parcial en 2 Cr 36:23 son el único registro del decreto real, pero su historicidad está respaldada por el Cilindro de Ciro, encontrado en la zona del templo de Marduk en Babilonia y que ahora se encuentra en el Museo Británico. Este texto acadio describe la entrada de Ciro en Babilonia y su acto de devolver las imágenes de los dioses a los templos en ruinas más allá del Tigris y de repatriar a grupos de personas. También se pueden ver pruebas implícitas del decreto de Ciro en la inscrip-

La tumba del rey Ciro (el Grande)

ción trilingüe de Janto (en griego, licio y arameo) en una estela de la ciudad de Janto, en el suroeste de Turquía. Fechada entre el 388 y el 358 a. C., menciona la ayuda persa para el mantenimiento de un templo licio.

El cilindro de Ciro

Dios de los cielos (1:2). Este título divino también se encuentra en los documentos dirigidos a los persas desde la colonia de Elefantina, habitada por judíos, en el sur de Egipto, a orillas del río Nilo.

La respuesta al decreto (1:5-11)

Los jefes de las familias . . . se prepararon para ir a Jerusalén y reconstruir el templo del Señor (1:5 (DHH)). La ruta de esta caravana sería viajar hacia el norte desde Babilonia a lo largo del río Éufrates y luego hacia el sur a lo largo del valle de Orontes en Siria hasta llegar a Palestina.

Sesbasar príncipe de Judá (1:8). La designación de "príncipe" (*nasi*) no tiene por qué significar más que líder tribal (como en Nm 1:16). Más adelante se le identifica como "gobernador" (5:14), el administrador nombrado por los persas. No se menciona ninguna posible conexión davídica que pudiera tener Sesbasar. Algunos han sugerido que debe identificarse con Senazar, cuarto hijo de Joaquín y tío de Zorobabel (1 Cr 3:18). Sin embargo, la identificación de los nombres es improbable, ya que Senazar deriva de un nombre acadio que se refiere al dios de la luna (Sin), mientras que Sesbasar proviene de un nombre que se refiere al dios del sol (Shamash).

La primera gran caravana (2:1-70)

El número de hombres del pueblo de Israel (2:2-67(NBLA)). La lista de personas se repite (con pequeñas variaciones) en Neh 7:6-73. La lista de lugares repoblados (2:21-35) muestra los estrechos límites geográficos de Yehud (Judá), en su mayoría confinados a las zonas tribales de Benjamín y Judá.

Todos los sirvientes del templo, e hijos de los siervos de Salomón (2:58). La palabra hebrea traducida como "sirvientes del templo" significa "aquellos designados" para ayudar a los levitas en el servicio del santuario (8:20). Pueden haber sido descendientes de los gabaonitas (Jos 9:23, 27) o descendientes de cautivos de guerra (Nm 31:25-47). Los descendientes de los siervos de Salomón eran un grupo estrechamente relacionado, ya que solo se proporciona un recuento conjunto. El nombre sugiere que eran descendientes de extranjeros esclavizados por Salomón (1 Reyes 9:20-21). En ambos grupos hay nombres que suenan extranjeros (p. ej., Rezín, Sísara) y nombres con terminaciones de aspecto arameo (p. ej., Hasupha, Hakupha).

Monedas de oro (2:69 (NTV)). La palabra que se usa aquí es una referencia al dárico persa, una moneda de oro nombrada en honor a Darío I. También se menciona en 8:27 y en 1 Cr 29:7.

Reanudación del culto (3:1-6)

Cuando llegó el mes séptimo (3:1). Es un periodo litúrgico clave en el calendario judío.

El comienzo de la restauración del templo (3:7-13)

Madera de cedro desde el Líbano por mar a Jope (3:7). El Líbano era famoso por su madera de cedro, que aquí flotaban en forma de balsas por la costa, como se había hecho para la construcción del templo de Salomón (1 Reyes 5:9; 2 Cr 2:15-16).

Surge oposición al proyecto (4:1-5)

Esar-hadón rey de Asiria (4:2). Este rey asirio, sucesor de Senaquerib (2 Reyes 19:37), reinó del 680 al 669 a. C. (ver el artículo "Los asirios").

Ejemplos posteriores de oposición (4:6-24)

El reinado de Asuero (4:6). Esta es una referencia a Jerjes, el mismo rey que aparece en el libro de Ester. La línea de reyes persas es Ciro, Cambises, Darío, Jerjes y Artajerjes. Cambyses no se menciona en la Biblia. Esdras 6:14 muestra que el autor conoce su orden de sucesión. Jerjes (llamado Asuero aquí y en Ester) era el hijo de Darío. Cuando Darío murió en el año 486 a. C., Egipto se rebeló, pero Jerjes reprimió la revuelta. Es especialmente conocido por invadir Grecia, relatada por Heródoto, pero sufrió una derrota naval en la bahía de Salamina (480 a. C.) y perdió una batalla terrestre crucial cerca de Platea (479 a. C.) (ver el artículo "Los persas").

En días de Artajerjes (4:7). Se refiere al rey Artajerjes I, que tuvo un reinado de cuarenta años (464-424 a. C.). Las misiones de Esdras y Nehemías acontecen durante su reinado.

Moneda que muestra a Jerjes, rey de Persia

La carta estaba escrita en arameo y traducida (4:7 (PDT)). Hay partes de Esdras y Nehemías que están escritas en arameo. El libro de Esdras está en arameo desde 4:8 hasta 6:18 y hay una parte más pequeña en 7:12-26. El arameo era la lengua franca del antiguo Cercano Oriente en esta época y se llama arameo imperial. Pertenece al grupo de lenguas semíticas del noroeste y está relacionado con el hebreo. Tiene un alfabeto consonántico derivado del fenicio y, por lo tanto, es mucho más fácil de dominar que la escritura silábica cuneiforme acadia con sus numerosos caracteres (que se había utilizado anteriormente en Mesopotamia como lengua literaria y diplomática "oficial"). Los documentos arameos incorporados a Esdras-Nehemías incluyen una carta al rey Artajerjes (4:8-16), cartas del rey Artajerjes (4:17-22; 7:12-26), una carta del rey Darío (5:6-17) y una carta del rey Darío que cita un memorando arameo relacionado con el decreto de Ciro (6:3-12).

La inscripción de Behistún, que describe cómo el rey Darío llegó al poder

Que . . . Asurbanipal había deportado (4:10 (NTV)). Asurbanipal fue el último rey asirio exitoso (669-633 a. C.), que puede ser el rey asirio sin nombre que deportó a grupos de personas a Samaria en 2 Reyes 17:24.

La región que está al occidente del río Éufrates (4:10 (NBV)). El nombre de esta región en arameo significa literalmente "al otro lado del río", refiriéndose a la zona al oeste del río Éufrates y abarcando Siria, Fenicia y Palestina (1 Reyes 4:24). Se convirtió en el título oficial de la quinta satrapía (un distrito administrativo del Imperio Persa).

Tributo, impuesto y rentas (4:13). Alude al tributo que se pagaba anualmente a los reyes persas, que acumularon un gran almacén de lingotes de oro y plata al despojar al imperio de estos metales preciosos.

Estamos al servicio de Su Majestad (4:14 (DHH)). Literalmente se lee: "comemos la sal del palacio", lo que significa que estaban en la nómina del rey y tenían la obligación de ser leales. Comer la comida del rey equivalía a un juramento de lealtad total (cf. Dn 1:8, 16; 11:26).

Hasta que por mí sea dada nueva orden (4:21). Esta era una advertencia o cláusula de escape, una sabia precaución dada la naturaleza irrevocable de los decretos reales persas (Dn 6:8, 12, 15; Ester 8:8).

Hasta el año segundo del reinado de Darío rey (4:24). La referencia a su "año segundo" es significativa porque, durante los dos años siguientes a la muerte del rey Cambises (su predecesor), Darío luchó y derrotó a ocho aspirantes para obtener el trono. Esto se relata en la famosa inscripción de Behistún, escrita en persa antiguo, acadio y elamita y tallada en lo alto de un acantilado en el año 518 a. C. Darío organizó el imperio en regiones administrativas llamadas satrapías, introdujo la moneda, construyó la famosa carretera de Susa a Sardis y estableció un sistema de correos a caballo (ver el artículo "Los persas").

La construcción del templo se reanuda y finaliza (5:1-6:22)

Zorobabel hijo de Salatiel (5:2). Zorobabel era nieto de Joaquín, el último rey legítimo de Judá (1 Cr 3:17). Sus credenciales davídicas pueden haberle ayudado a conseguir el gobierno bajo los persas (Hag 1:1; 2:1, 21).

Tatnai gobernador (5:3). El nombre Tatnai (5:6; 6:6, 13) aparece en tablillas que datan del año 502 a. C. Se le denomina gobernador del oeste del río Éufrates y probablemente residía en Damasco (en Siria).

Acmeta (6:2). Situada en Media, esta importante ciudad era una de las tres principales capitales persas, junto con Babilonia (5:17) y Susa (Neh 1:1). Los monarcas persas invernaban en Babilonia y pasaban el verano en Susa o Acmeta.

Se encontró un rollo que contenía la siguiente memoria (6:2). En los papiros arameos de Elefantina (una isla del río Nilo en el sur de Egipto) se encontró un memorándum similar, que trata de la aprobación persa para reconstruir un templo judío en ese asentamiento.

Tres hileras de piedras grandes, y una de madera nueva (6:4). Se lee literalmente "piedras rodantes", es decir, piedras tan pesadas que solo podían rodarse, no levantarse (también 5:8). El método de construcción con vigas de madera y mampostería recuerda el original salomónico (1 Reyes 6:36; 7:12) y tiene paralelos con otros sitios antiguos.

Lo que fuere necesario (6:9). Las pruebas del interés de los gobernantes persas por el culto religioso/templos extranjeros se observan en las ordenanzas de Cambises y Darío I, en las que regulan los templos y los sacerdotes de Egipto, y en una carta bajo la autoridad de Darío II (423-404 a. C.) relativa a la celebración de la Fiesta de los Panes sin Levadura en Elefantina (419 a. C.).

Oren por la vida del rey y por sus hijos (6:10). Asimismo, los judíos de Elefantina (una colonia de judíos en una isla del río Nilo, que originalmente protegía la frontera sur de Egipto) prometen a Bagoas, el gobernador persa de Judá, orar por él y por sus hijos si les ayuda a construir su templo.

Sea empalado (6:11 (BLP)). Los persas practicaban formas espantosas de ejecución (7:26) que incluían formas de mutilación como el corte de orejas y narices, así como el empalamiento.

El cordero pascual (6:20 (NVI)). Una carta del asentamiento judío en la isla de Elefantina (en el Nilo, al sur de Egipto) dirigida al rey persa en el quinto año de Darío II también trata de las normas de la Pascua.

Esdras viene a Jerusalén (7:1-8:36)

En el reinado de Artajerjes rey de Persia . . . el séptimo año (7:1, 7, 8). Artajerjes I reinó del 465 al 424 a. C., por lo que Esdras llegó a Jerusalén en el año 458 a. C.

Hijo de Seraías (7:1). El largo linaje sacerdotal de Esdras, de dieciséis generaciones (7:1-5), indica un enfoque en el templo (ver también la oración de Esdras en 7:27).

Era escriba diligente en la ley de Moisés (7:6). Esdras sabía leer y escribir (ver también 7:11) y era un experto religioso. La frase "la ley de Moisés" quizá se refiera al Pentateuco completo, aunque es incierto.

Al primero del mes quinto (7:9). Desde la primavera hasta el verano era la mejor época para viajar, así que Esdras parte en abril. El viaje de novecientas millas duró cuatro meses.

El rey y sus siete consejeros (7:14 (NVI)). Se refiere a una estructura ejecutiva de siete aristócratas, mencionada también en Ester 1:14 y por los historiadores griegos Heródoto y Jenofonte.

Hasta tres mil trescientos kilos de plata (7:22 (NVI)). Literalmente se lee: "cien talentos". Un talento en el sistema sexagesimal babilónico era sesenta minas, y una mina era sesenta siclos. Esto equivale al enorme peso de 3.75 toneladas (7,500 libras).

Nadie está autorizado a imponerles tributo (7:24 (RVA-2015)). De forma similar, el rey Darío ordenó a Gadatas en una carta que eximiera a los jardineros sagrados del santuario de Apolo en Aulai, en la provincia jónica de Magnesia, del pago de tributos o de trabajos forzados.

La ley de tu Dios (7:26). A Esdras se le concedió una amplia autoridad. El rey Cambises y el rey Darío concedieron un favor similar a Udjahorresnet, un sacerdote y erudito egipcio.

Al río que viene a Ahava (8:15). Este era un canal central (también 8:21, 31).

Casifia (8:17). Casifia se llama literalmente "el lugar" (omitido en la mayoría de las traducciones al español), lo que sugiere su condición de santuario, como el que existía en la colonia judía de Elefantina.

Bajorrelieve de la pared de piedra que representa soldados persas

La crisis del matrimonio mixto (9:1-10:44)

Cananeos, heteos, ferezeos, jebuseos (9:1). En la época de Esdras, la mayoría de estos grupos étnicos ya no existían. El uso de una lista tan (a propósito) arcaica de grupos de personas extranjeras que ya no existían probablemente destaca y enfatiza que el matrimonio exógeno (matrimonio fuera de la fe) era un pecado grave.

Todas las mujeres y los nacidos de ellas (10:3). Las mujeres suelen llevarse a sus hijos cuando se disuelven los matrimonios.

Excluido de la congregación (10:8). El destierro del propio grupo como castigo se conoce también en otros lugares del antiguo Cercano Oriente, mencionado, por ejemplo, en el Documento de Damasco en Qumrán.

La intensa lluvia . . . es la temporada de lluvia (10:9,13 (NBLA)). El noveno mes, Kislev (noviembre-diciembre), es el período de invierno húmedo (y fresco) en Palestina.

Los ancianos de cada ciudad, y los jueces de ellas (10:14). Eran personas que gobernaban los pueblos del campo y ejercían de magistrados locales (Dt 19:12; 21:3, 19).

Nehemías

La crisis en Jerusalén (1:1-11)

Introducción. Esdras y Nehemías se analizan juntos en la previa introducción de Esdras.

Ayuné y oré (1:4). El ayuno en esta situación es una expresión de dolor por las fallas del pueblo de Dios y su angustia resultante (ver también Esdras 10:6; Neh 9:1).

Aquel varón (1:11). La referencia "aquel varón" es una alusión peyorativa e irrespetuosa a su señor real (en contraste con el Señor).

Copero al rey (1:11). Se trata de un cargo de gran confianza y responsabilidad (2:1), como ilustra Ahikar en el libro judío no bíblico de Tobit (1:21-22), de quien se dice que guardaba el anillo de sello y administraba las cuentas de Esar-hadón, rey de Asiria.

Nehemías regresa a Jerusalén (2:1-20)

El mes de Nisán (2:1). Ver comentarios en Dt 16:1.

A Judá, a la ciudad de los sepulcros de mis padres, y la reedificaré (2:5). A pesar de la referencia posterior a "los sepulcros de David" dentro de la ciudad (3:16), esto no implica el linaje real de Nehemías. Solo significa que sus antepasados estaban enterrados cerca de la ciudad.

Agradó al rey enviarme (2:6). Aunque el relato bíblico no dice nada al respecto, es posible que parte de la motivación real fuera fortificar Jerusalén en respuesta a la amenaza de agresión ateniense, que incluía a la ciudad costera de Dor (en la costa norte de Palestina) en su Liga Délica.

Bosque del rey (2:8). El bosque del rey podría haber estado en el Líbano, pero hay posibilidades geográficamente más cercanas.

Sanbalat horonita (2:10). El epíteto de Sanbalat (el horonita) indica probablemente que procedía de la parte alta o baja de Bet-horón, ciudades gemelas situadas a doce millas al noroeste de Jerusalén (Jos 10:10; 16:3, 5). Dio a sus hijos buenos nombres (Delaías y Selemías) judíos (yahvista) y se les menciona en un papiro de Elefantina que también se refiere a él como gobernador de Samaria. Los papiros encontrados en una cueva de Wadi ed-Daliyeh, al norte de Jericó (375-335 a. C.), indican que el nombre fue utilizado por varias generaciones de funcionarios de esta familia.

Panel mural del palacio de Darío I con grifos alados en forma de querubines

Tobías, el oficial amonita (2:10 (NTV)). El nombre de Tobías significa "El Señor [Yahveh] es bueno". Es posible que formara parte de una familia aristocrática con haciendas al este del río Jordán, donde se encontraba Amón. La palabra traducida como "oficial" (*ebed*) puede significar "esclavo", y su uso puede tener una intención burlona. Es posible que fuera el gobernador nombrado por los persas de la zona este del río Jordán. En la ciudad de Araq el-Emir, situada a once millas al oeste de la moderna ciudad de Amán, se encuentran las ruinas de un gran edificio llamado Qasr al-Abd ("castillo del esclavo"), una estructura probablemente construida por uno de los descendientes de Tobías.

La puerta del Valle (2:13). El viaje nocturno de Nehemías proporciona una indicación del estado de las murallas y las puertas de Jerusalén en aquella época (2:12-15). Nehemías salió por la puerta del Valle, llamada así porque conducía al valle de Ben Hinón (Jer 19:2 (NVI)). Esta puerta estaba en la muralla occidental.

La fuente del Dragón (2:13). Probablemente sea la misma que Ein Roguel, situada en la confluencia de los valles de Ben Hinón y Cedrón (2 S 17:17; 1 Reyes 1:9).

La puerta del Muladar (2:13). También se llamaba la puerta de los Tiestos (Neh 3:13-14; 12:31; 2 Reyes 23:10; Jer 19:2 (RVA-2015)). Era la salida más meridional, por la que salía la basura de la ciudad.

La puerta de la Fuente (2:14). En esta puerta, los escombros de las terrazas derrumbadas de la ladera oriental del Ofel, la cresta original de "la ciudad de David", justo al sur del Monte del Templo, obligaron a Nehemías a desmontar y subir a pie por "el valle", es decir, el valle de Cedrón, en el lado oriental de la ciudad. El hecho de que no se mencione ninguna otra puerta sugiere que la traducción "di la vuelta" (NVI: "regresé") es correcta (2:15a). Nehemías volvió sobre sus pasos (sin dar una vuelta completa a la ciudad) y volvió a entrar a la ciudad por la puerta por la que salió.

Estanque del Rey (2:14). Probablemente se trate del estanque de Siloé.

Gesem el árabe (2:19). Este es el tercer adversario peligroso de Nehemías. En 6:6 se le llama "Gasmu", una variante que refleja el nombre árabe original inscrito en las monedas de plata encontradas en Tell el-Maskhuta. Era el jefe de una confederación árabe qedarita que controlaba el sur de Transjordania (tras haber desplazado a los edomitas hacia el sur de Judá) y que respetaba de boquilla la autoridad persa. El hecho de etiquetarlo como "el árabe" pone de manifiesto que era un extranjero sin derecho alguno sobre Jerusalén.

La lista de constructores de muros (3:1-32)

Puerta de las Ovejas (3:1). La lista de los que participaron en la reconstrucción de la muralla sigue un circuito en sentido contrario a las agujas del reloj, desde la puerta de las Ovejas en el norte (3:1) hasta la puerta de las Ovejas (3:32). Esta sección noroeste de la muralla estaba cerca del templo, y la puerta de las Ovejas era la entrada por la que los animales de sacrificio entraban en la ciudad para ser sacrificados en el templo. No por casualidad, el primer grupo de construcción que se menciona es "el sumo sacerdote Eliasib con sus hermanos los sacerdotes" (3:1), lo que destaca la importancia religiosa de la tarea. Eliasib (cf. Esdras 10:6; Neh 13:4) era el nieto de Jesúa (Neh 12:10).

La torre de los Cien (3:1 (NVI)). Esta torre solo se conoce por este texto y por 12:39. En ambos textos es posible que se equipare con la más conocida torre de Hananeel en el extremo norte de la ciudad (Jer 31:38; Zac 14:10). El "cien" puede referirse a la unidad militar asociada a su defensa (p. ej., 2 Reyes 11:4, 9, 19); por tanto, probablemente era un puesto de guarnición. La torre protegía el vulnerable acceso al noroeste de la ciudad.

La puerta de los Pescados . . . Colocaron las vigas. . . la puerta en su lugar, con sus cerrojos y barras (3:3 (NVI)). A través de esta puerta los mercaderes de Tiro traían el pescado para su venta (13:16; 2 Cr 33:14). La colocación de "vigas" era para una estructura de techo sobre la puerta, y los "cerrojos y barras" eran el mecanismo para cerrar la puerta.

La puerta Vieja (3:6). Literalmente se lee "vieja", con el término "puerta" quizás implícito, pero no claramente establecido. Tal vez podría ser la vieja "ciudad" o la vieja "muralla", pero lo más probable es que sea la vieja "puerta". Esta puerta de la antigua muralla occidental conducía a la parte antigua de la ciudad (en la cresta oriental), a diferencia de los nuevos suburbios que a finales de la época preexílica se habían expandido hacia el oeste y habían sido cercados por una nueva muralla. Esa expansión se abandonó debido a la población mucho menor de la Jerusalén postexílica. La frase de 3:8 que se traduce como "dejaron reparada a Jerusalén" también podría traducirse como "Omitieron una sección de Jerusalén" (cf. NTV), que probablemente sea preferible. Esto implicaría que la ciudad en tiempos de los persas se limitaba a la antigua ciudad de David y al Monte del Templo, y no incluía la anterior expansión "suburbana".

Varones de. . . Mizpa (3:7). Se especifica que la residencia oficial del gobernador estaba situada en la ciudad de Mizpa, que también sirvió como centro administrativo de Gedalías, a quien los babilonios nombraron gobernador en la época del exilio (2 Reyes 25:23) (ver comentarios en Jer 40:6). Nehemías 3 menciona solo unos pocos nombres de lugares, pero sugiere que la provincia de Judá estaba dividida en cinco distritos: Jerusalén (vv. 9, 12), Bet-haquerem (v. 14), Mizpa (v. 15), Bet-sur (v. 16) y Keila (vv. 17-18). La ciudad de Jerusalén y el área (aparentemente grande) de Keila consistían en dos medios distritos.

Muro ancho (3:8). Es posible que se refiera a la muralla preexílica tardía, que fue fuertemente reforzada y se unió a la antigua muralla occidental en un punto al norte de la puerta del Valle (12:38). Había cerrado una gran extensión de la ciudad requerida por la afluencia de refugiados tras la caída de Samaria (722 a. C.).

Torre de los Hornos (3:11). Esta torre estaba en el muro occidental, situada cerca de los hornos utilizados por los panaderos o quizás por los alfareros.

La puerta del Valle (3:13). Ver comentarios en Neh 2:13.

La puerta de la Fuente (3:15). Esta puerta fue reconstruida y retechada. Proporcionaba acceso a los habitantes de la ciudad a la fuente (manantial) que alimentaba el estanque mencionado, que podría ser el mismo que se denomina estanque del rey en 2:14. Puede que sus aguas se utilizaran para regar el jardín del rey.

Estanque de Siloé (3:15). Este estanque tiene un nombre similar pero no idéntico en Is 8:6 ("las aguas de Siloé"). Este era el mismo estanque que el estanque de Siloé en el N. T. (Juan 9:7, 11).

El huerto del rey (3:15). El huerto del rey también se menciona en 2 Reyes 25:4; Jer 39:4; 52:7 como una salida privada de la ciudad (por la que el rey Sedequías huyó de los babilonios al caer Jerusalén).

La ciudad de David (3:15). La zona a la que se hace referencia como "la ciudad de David" era la rebautizada fortaleza jebusea que formaba la ciudadela interior de la (por aquel entonces) ampliada ciudad.

Los sepulcros de David (3:16). Este era el cementerio real de la ciudad de David, donde David y los reyes que le sucedieron fueron enterrados (1 Reyes 2:10; 11:43; 14:31; 2 Cr 21:20; 32:33). Para más menciones arquitectónicas de David, ver 12:37.

La casa de los Valientes (3:16). Esta estructura pudo haber sido un cuartel militar, una barraca o una armería, y tal vez recibió el nombre de los héroes (hombres poderosos) que sirvieron a David (2 S 23:8-39).

La esquina (3:19). Se refiere a una curva pronunciada en la pared (cf. 3:24; 2 Cr 26:9).

El patio de la cárcel (3:25). Esto aparentemente era el patio de la cárcel.

Los sirvientes del templo que habitaban en Ofel (3:26). "Ofel" se refiere a las alturas sobre las que se levantaba el templo.

Hasta el muro de Ofel (3:27). Se trataba de un muro interno que separaba la ciudad de David (3:15) del Monte del Templo, al norte. Los sirvientes del templo repararon esta sección de la muralla cerca de donde vivían.

La puerta de los Caballos (3:28). La puerta de los Caballos puede ser la misma que se menciona en 2 Reyes 11:16, por la cual se llevaban los caballos al palacio real. Al estar también cerca del templo, las casas de los sacerdotes estaban en esta zona.

La puerta Oriental (3:29). Esta puerta era la entrada oriental del patio del templo (cf. Ez 40:6, 10). De este modo, la lista de los constructores con sus secciones comienza y termina en una parte de la muralla muy próxima al templo, lo que hace que la ciudad en su conjunto sea una extensión del templo.

Enfrente de su cámara (3:30). Esto se refiere a una cámara en el complejo del templo (12:44; 13:7).

La casa de los sirvientes del templo (3:31). Probablemente se refiera a una estructura utilizada por los sirvientes del templo cuando estaban de servicio, en contraposición al distrito en el que vivían cuando no estaban de servicio (3:26).

Y [la casa] de los comerciantes (3:31 [CSB trad.lit.)). Probablemente se refiere a un lugar de negocios o de alojamiento convenientemente situado cerca del templo. Con la mención de la puerta de las Ovejas, el circuito de la muralla se ha completado (3:32; cf. 3:1).

Oposición a la construcción del muro (4:1-23)

Una zorra (4:3). Tobías utilizó la exageración para hacer su punto, eligiendo una zorra como su ilustración, ya que este animal era un habitante proverbial de las ruinas (Ez 13:4 RVA-2015) y de pies ligeros. Llamar a su construcción "muro de piedra" (literalmente, "el muro de tus piedras") implicaba su falta de cohesión.

Los de Asdod (4:7). Asdod era, en esta etapa, una de las principales ciudades del interior de la región de la antigua Filistea.

El clamor (5:1-19)

El tributo del rey (5:4). Los reyes persas cobraban fuertes impuestos a sus súbditos. Este impuesto imperial persa fue mencionado en Esdras 4:13, 20. Los campesinos pobres pedían dinero prestado (plata pesada o moneda) para pagar este impuesto. Esto hizo que los funcionarios judíos fueran parte de la opresión extranjera.

Estamos obligando a nuestros hijos y a nuestras hijas a que sean esclavos (5:5 (LBLA)). Este capítulo describe una crisis económica y social y hace referencia a la antigua institución de la esclavitud por deudas, en la que una persona servía a un deudor para saldar un préstamo (Lv 25:47-48).

¿Exigís interés cada uno a vuestros hermanos? (5:7). Nehemías acusa a los nobles no tanto de cobrar intereses (a pesar de la mayoría de las traducciones en español), sino más bien de prestar dinero para confiscar hijos e hijas, campos, viñedos y casas cuando el capital del préstamo no podía ser devuelto por los campesinos pobres, y luego imponer despiadadamente la entrega de lo prometido (Ex 22:26-27; Dt 24:10). Los acreedores acordaron devolver lo pedido y no exigirlo más (5:12; cf. 10:31b).

Vendéis aun a vuestros hermanos (5:8). La venta de hermanos hebreos a los extranjeros estaba prohibida (Ex 21:8).

La centésima parte del dinero (5:11). Literalmente se lee: "cien piezas de plata". Podría referirse a los intereses (el uno por ciento), pero lo más probable es que se trate de un número grande, indicando que incluso las grandes promesas deben ser devueltas.

Convoqué a los sacerdotes (5:12). Nehemías convocó a los sacerdotes para que realizaran el juramento, como era su función según la ley (Nm 5:19, 21).

Una moneda Yehud (Judá)

Sacudí mi vestido (5:13). Esta es una maldición por desobediencia. El pliegue de una prenda se utilizaba como una especie de bolsillo para llevar objetos personales (Pr 21:14). La amenaza era que Dios despojaría a los que rompieran su juramento de cualquier posesión que tuvieran.

Gobernador . . . desde el año veinte del rey Artajerjes hasta el año treinta y dos (5:14). El hecho de que Nehemías fuera nombrado gobernador estaba implícito en 2:9, pero aquí su posición oficial se hace explícita (cf. 10:1, donde se utiliza una palabra hebrea diferente; 12:26). Ya que Nehemías contrasta sus acciones con las de los gobernadores anteriores supone que estaba comparando aspectos similares, es decir, su propio comportamiento con el de los gobernadores *judíos* anteriores. Era gobernador de Judá, cuyas fronteras provinciales eran muy estrechas. Nehemías menciona "gobernadores que fueron antes de mí" (5:15). Esto sugiere que Judá como distrito adquirió independencia administrativa de Samaria antes de la llegada de Nehemías. Esta implicación se confirma por las pruebas de las monedas Yehud (Judá), las impresiones de jarras y las bullae (impresiones de sellos) descubiertas de esta época.

Acuérdate de mí para bien (5:19). El uso de tales expresiones (cf. 13:14, 22, 31) ha llevado a la teoría de que las memorias de Nehemías fueron inscritas como un memorial y colocadas en el templo, por analogía con la inscripción autobiográfica que recuerda los hechos meritorios del notable egipcio Udjahorresnet escrita en una estatua en el templo de Osiris que data de los primeros años del reinado de Darío I (la estatua está ahora en los Museos Vaticanos).

El muro está terminado (6:1-19)

El campo de Ono (6:2). Ono estaba a veintisiete millas al noroeste de Jerusalén, cerca de Lod (Lydda), y era un lugar de reasentamiento (1 Cr 8:12; Esdras 2:33; Neh 7:37; 11:35). Podría considerarse como un territorio neutral entre las provincias de Judá (Yehud) y Samaria.

Una carta abierta (6:5). Las cartas antiguas solían escribirse en un rollo de papiro o de cuero, se enrollaban y ataban con una cuerda y se sellaban con una huella de arcilla (llamada bulla). Al utilizar una carta abierta, Sanbalat estaba difundiendo el rumor aún más.

El veinticinco del mes de Elul (6:15). Se trata del sexto mes, cuya fecha es el 27 de octubre de 445 a.C.

Vigilando la ciudad (7:1-4)

Jefe de la fortaleza (7:2). En 2:8 (NTV) se denomina "la fortaleza del templo," posiblemente sea la torre de Hananeel en el Monte del Templo (3:1).

Hasta que caliente el sol (7:3). Durante las horas centrales del día, especialmente cuando hacía calor, mucha gente descansaba o dormía. Las puertas de la ciudad no debían dejarse abiertas durante este tiempo porque los guardias probablemente estaban fuera de servicio.

La genealogía repetida (7:5-73)

El libro de la genealogía (7:5). Este capítulo repite (con variaciones) las listas de Esdras 2. Solo aquellos que pudieran trazar su ascendencia a los retornados incluidos en la lista serían considerados israelitas auténticos.

El mes séptimo (7:73). Este mes era un punto cumbre del calendario religioso judío.

El gran encuentro comunitario (8:1-12)

En la plaza que está delante de la puerta de las Aguas (8:1). Tal vez se hubiera esperado que esta reunión tuviera lugar en el patio del templo (cf. 3:26; 12:37). Esta puerta estaba en el lado este de la ciudad.

Todos los que podían entender (8:2). Se refiere a los niños con suficiente madurez para comprender las lecturas. Una expresión algo similar califica a los hijos e hijas mencionados en 10:28.

Un púlpito de madera (8:4). El hebreo dice literalmente "una torre de madera".

Abrió, pues, Esdras el libro (8:5). Este libro era un pergamino que se abría desenrollándolo. Todavía no se habían inventado los códices (libros de forma rectangular con las páginas cosidas).

Traduciéndolo y dándole el sentido (8:8 (LBLA)). La expresión probablemente significa "sección por sección". La terminología no implica el proceso de traducción del hebreo al arameo. La necesidad de una traducción al arameo en el período postexílico temprano es una hipótesis no probada. Lo único que se quiere decir es que la ley se leía sección por sección, con explicaciones intercaladas.

Día santo es (8:9). La Fiesta de las Trompetas en el primer día del séptimo mes se llama "una santa convocación" en Lv 23:24 y Nm 29:1, aunque en esta narración no se dice nada sobre la fiesta. Los días de fiesta debían celebrarse con alegría (p. ej., Dt 12:12; 16:11). No se menciona el sacrificio, aunque la invitación a la fiesta (8:10) supone que se han hecho sacrificios.

Enviad porciones a los que no tienen nada preparado (8:10). De este modo, los pobres pudieron participar en la alegre ocasión (cf. Dt 14:29; 26:12).

Fiesta de los tabernáculos (8:13-18)

Que habitasen los hijos de Israel en tabernáculos en la fiesta solemne (8:14). Esta fiesta (la fiesta de los tabernáculos) comenzaba el decimoquinto día del mes y continuaba durante ocho días (i.e., hasta el vigésimo segundo) (8:18), por lo que solo había un día de descanso antes de la siguiente reunión (9:1). El intervalo de trece días se llenó con los preparativos descritos en 8:16.

Ramas de olivo, de olivo silvestre, de arrayán, de palmeras y de todo árbol frondoso (8:15). Los tipos de árboles mencionados no coinciden exactamente con Lv 23:40, pero eran especies autóctonas del clima mediterráneo.

Cada uno sobre su terrado (8:16). Las casas típicas de Palestina tenían tejados planos y accesibles (Jos 2:6; 1 S 9:25-26; 2 S 11:2).

La puerta de Efraín (8:16). Esta puerta no aparece en el capítulo 3, pero se menciona en 12:39. Probablemente estaba situada en la parte norte de la muralla occidental de la ciudad.

La oración de los levitas (9:1-38)

En ayuno, y con cilicio y tierra sobre sí (9:1). Ver comentarios en Lm 2:10. Estos eran signos externos de luto por el pecado (cf. 1 S 4:12; 2 S 1:2; Esdras 9:3-5; 10:1, 6; Neh 1:4; Job 2:12). Además, el pueblo ayunaba (cf. Joel 2:12) y se vestía de cilicio en señal de arrepentimiento (cf. Dn 9:3; 1 Cr 21:16).

Se enseñorean sobre nuestros cuerpos (9:37). Se refiere a la imposición persa de trabajos forzados para cosas como el mantenimiento de carreteras o el servicio militar.

Nosotros hacemos fiel promesa (9:38). El hecho de que esto esté escrito y sellado enfatiza la seriedad de las promesas hechas. La palabra hebrea traducida como "fiel promesa" es un término fuerte que significa una "provisión fija". Este término se utiliza para los decretos reales, como en 11:23. Aquí, en 9:38, tiene el matiz de una provisión fija para el mantenimiento regular del templo.

Un antiguo sarcófago con mujeres de luto vestidas con cilicio, algunas de ellas con las manos en la cabeza

La promesa comunitaria (10:1-39)

La siguiente es una lista de las personas que ratificaron el documento sellado (10:1 (NTV)). Esta lista formaba parte del documento legal que vinculaba a cada una de estas personas al acuerdo.

Excavaciones que muestran parte del muro de Nehemías.

Poblando Jerusalén (11:1-36)

Uno de cada diez (11:1). La forma en que estas personas fueron seleccionadas para venir a vivir a Jerusalén, la ciudad santa, fue una forma de diezmo de toda la comunidad, al igual que en los versículos anteriores prometieron traer un diezmo de los productos agrícolas a los almacenes (10:37-39).

El prefecto de ellos (11:9). El benjaminita Joel, hijo de Zicri, era supervisor de la ciudad, un nombramiento apropiado, ya que Jerusalén estaba justo dentro del territorio benjaminita.

Valle de Hinom (11:30). Este valle corría a lo largo del muro occidental de Jerusalén, lo que indica que Jerusalén servía de línea divisoria. El valle de Hinom también se da como el límite norte de Judá en Jos 15:8; 18:16.

Valle de los artífices (11:35). Los benjaminitas se asentaron en dieciséis ciudades, aunque las siete últimas de la lista están situadas en el valle de Ono-Lod (que aquí recibe otro nombre) y no en Benjamín propiamente dicho.

Genealogías sacerdotales y levíticas (12:1-26)

Estos son los sacerdotes y levitas (12:1-26). En lo que respecta a la línea del sumo sacerdote (12:10-11, 22, 26), la sucesión de sumos sacerdotes (sin utilizar explícitamente el título) comienza con Jesúa, que era el sumo sacerdote en el momento del regreso (Esdras 3:2; Hag 1:1), y la lista abarca todo el período persa. Eliasib (12:10) fue sumo sacerdote durante el gobierno de Nehemías (3:1, 20-21; 13:4, 7, 28). Dado que se trata de unos ochenta años después del primer regreso de Babilonia, la expresión "engendró" puede abarcar más de una generación.

Es poco probable (aunque no imposible) que una sola generación, la de Joiacim, llenara ese vacío. La lista no está necesariamente completa. Joiada se menciona en 13:28, aunque no está claro que fuera el sumo sacerdote en ese momento. Nehemías 12:22 suministra el nombre adicional de Johanán, que tal vez era otro "hijo de Eliasib" (cf. Johanán de Esdras 10:6), y por lo tanto el hermano de Joiada (que lo sucedió) y tío de Jonatán. La correspondencia de Elefantina (de la colonia judía de la isla de Elefantina, en el río Nilo, al sur de Egipto), en una carta que data el decimoséptimo año de Darío II (407 a. C.), se refiere al "sumo sacerdote Johanán y a sus colegas los sacerdotes de Jerusalén".[1] Según el historiador judío del siglo I d. C. Josefo, Jadúa vivió en tiempos de Alejandro Magno (hacia el 333 a. C.), pero la antigua prevalencia de la paponimia (nombrar a los hijos según los padres o abuelos) significa que probablemente se trate de un Jadúa posterior, por lo que el Jadúa que se encuentra en esta lista puede datarse en tiempos de Darío II (424-405 a. C.) (ver el artículo "Los persas").

Darío el persa (12:22). Los sacerdotes se enumeraron solo para la primera generación (12:1-7), por lo que probablemente se trate de Darío I (el Grande), el rey en la época de la reconstrucción del templo en los días de Zorobabel y Jesúa (Esdras 5-6).

La dedicación del muro (12:27-43)

Címbalos, salterios y cítaras (12:27). Ver el artículo "Instrumentos musicales en Israel y el antiguo Cercano Oriente".

La puerta de la Cárcel (12:39). Esta puerta solo se menciona aquí, pero su asociación con la puerta de las Ovejas significa que estaba cerca del templo (3:1; Jer 32:2). Quizá deba identificarse con la puerta de la Inspección (3:31 (NVI)).

Las cámaras (12:44-47)

Las cámaras de los tesoros (12:44). Se refiere a los almacenes que estaban en los muros exteriores del edificio del templo.

La prohibición de los extranjeros (13:1-3)

Se leyó ante el pueblo el libro de Moisés (13:1(NVI)). La expresión "libro de Moisés" suele referirse al Pentateuco (los cinco primeros libros del A. T). La ley en cuestión es de Dt 23:3-6.

Segundo gobierno de Nehemías (13:4-31)

Artajerjes rey de Babilonia (13:6). Este título ("rey de Babilonia") implica que el rey persa Artajerjes residía en Babilonia en esta época. Sobre Artajerjes, ver el artículo "Los persas".

Tirios (13:16). La ciudad de Tiro era famosa en el antiguo Cercano Oriente por sus mercaderes (p. ej., Ez 27:12-36; 28:16), con una gran flota de barcos que dominaba el comercio del Mar Mediterráneo.

— Génesis
— Éxodo
— Levítico
— Números
— Deuteronomio
— Josué
— Jueces
— Rut
— 1 Samuel
— 2 Samuel
— 1 Reyes
— 2 Reyes
— 1 Crónicas
— 2 Crónicas
— Esdras
— Nehemías

— Ester

— Job
— Salmos
— Proverbios
— Eclesiastés
— Cantares
— Isaías
— Jeremías
— Lamentaciones
— Ezequiel
— Daniel
— Oseas
— Joel
— Amós
— Abdías
— Jonás
— Miqueas
— Nahúm
— Habacuc
— Sofonías
— Hageo
— Zacarías
— Malaquías

Ester

Constance E. Clark Gane

Introducción. En el año 539 a. C., Ciro unió a medos y persas, fundando uno de los más grandes imperios de todos los tiempos, el Imperio Persa (ver el artículo "Los persas"). La dinastía de reyes que gobernaba el Imperio Persa era conocida como la dinastía aqueménida, por lo que a veces se hace referencia al imperio como Imperio Aqueménida (sinónimo de Imperio Persa). El imperio alcanzó su apogeo durante los reinados de Darío I (el Grande) (522-486 a. C.), Jerjes I (486-465 a. C.) y Artajerjes I (465-425 a. C.). Tanto Darío I como su hijo Jerjes I orquestaron ataques a gran escala contra Grecia. El libro de Ester se sitúa en el contexto histórico de estas brutales guerras persas, pero nunca las menciona.

Destitución de la reina Vasti (1:1-22)

Aconteció en los días de (1:1). El libro comienza con una fórmula narrativa hebrea que indica que el autor pretende que el lector entienda que el relato es histórico.[1]

Asuero (1:1). El rey persa se conoce con el nombre hebreo de Asuero. Se acepta ampliamente que su identidad es Jerjes I (486-465 a. C.), hijo de Darío I. El griego *Xerxēs* deriva del persa antiguo *Khšayāršan*, que significa "gobernar sobre héroes". El autor aclara que el Jerjes del texto es el que gobernó sobre 127 provincias, dando a entender que hubo otro rey con ese nombre (i. e., Jerjes II).[2]

Ciento veintisiete provincias (1:1). El texto bíblico divide el Imperio Persa en 127 provincias, mientras que los textos cuneiformes del Persa Antiguo

Un Rey Persa
en su Trono

dividen el imperio en varias "satrapías" que se cuentan por veinte. La cantidad dada aquí puede indicar una subdivisión de las satrapías persas.[3]

India hasta Cus (1:1 (NVI)). Este imperio se extendía desde el actual Pakistán hasta Sudán. La inscripción Daiva de la época de Jerjes I corresponde a esta descripción del imperio4.

El tercer año de su reinado (1:3). Es el año 483 a. C.; Jerjes I tiene treinta y cinco años. El autor opta por presentar la historia desde la perspectiva de los días de gloria de Jerjes I y no luego de su derrota ante los griegos cuatro años después.

Ofreció un banquete para todos sus príncipes y servidores, estando en su presencia los oficiales del ejército . . . nobles y los príncipes (1:3 (LBLA)). Aunque el propósito de esta reunión no se indica en el texto bíblico, está claro por las fuentes persas y griegas que este fue el período de tiempo en el que Jerjes I convocó a los líderes críticos y al personal militar para comenzar a planificar su invasión de Grecia.

Banquete por siete días . . . desde el mayor hasta el menor (1:5). La fiesta se celebraba en Susa y era para los habitantes de la ciudadela.[5] Las intrigas y traiciones del palacio alcanzaban proporciones sin precedentes en el Imperio Persa y el rey vivía en constante peligro. En esta fiesta de siete días, el rey puede haber estado tratando de ganarse el favor de sus más allegados, que habían experimentado recientemente la tensión de organizar el banquete del consejo de guerra descrito en 1:3-4.

El patio del huerto (1:5). Los jardines eran un elemento importante en las ciudades reales asirias, babilónicas y aqueménidas. Los terrenos del palacio expresaban una declaración política abierta de dominio real sobre el imperio del rey.[6]

Vasos de oro (1:7). Los persas elaboraron recipientes para beber llamados "ritones". Estos recipientes solían ser de oro o plata y a menudo tenían forma de cabeza de animal.[7] Cuando los soldados de Alejandro Magno conquistaron Persia, muchos de estos famosos recipientes fueron llevados como botín a Grecia, donde se convirtieron en la inspiración de las vasijas griegas.

Reina Vasti (1:9). El nombre de la reina Vasti solo se encuentra en el texto bíblico de Ester. El historiador griego Heródoto identifica a Amestris, hija de Otanes, comandante de la rama persa del ejército de Jerjes, como la principal reina de Jerjes y reina madre de Artajerjes I, el heredero de Jerjes I.[8] Es posible que Vasti fuera Amestris y que en el momento de la fiesta estuviera embarazada del heredero, Artajerjes I. Amestris era una mujer cruel y poderosa, como lo demuestra la mutilación de su cuñada tras descubrir que Jerjes tenía una aventura con su sobrina. Como madre de Artajerjes I, no habría sido ejecutada, pero podría haber sido desterrada de la presencia del rey.[9]

La reina Vasti hizo banquete para las mujeres (1:9). En contraste con la cultura griega, las mujeres persas participaban en los asuntos sociales de la corte.[10] Las mujeres de la realeza de Persia viajaban, a menudo controlaban grandes unidades de mano de obra que requerían organización y estructura, participaban en la administración de los asuntos económicos y contrataban a los mismos funcionarios que el rey. En la cultura persa no era raro que hombres y mujeres asistieran juntos a los banquetes.[11] Durante los eventos en donde los hombres celebraban por separado, la bebida era abundante y el entretenimiento se volvía más erótico.

Estaba muy alegre a causa del vino (1:10 (NTV)). Los persas eran conocidos por su consumo excesivo de alcohol.

El rey quería que todos contemplaran su belleza (1:11 (NBV)). El propio Jerjes era conocido por ser alto y hermoso. Se decía de él: "De todas esas decenas de miles de hombres, por su bondad y estatura no había ninguno más digno que el propio Jerjes para ostentar ese mando".[12]

Se enojó mucho, y se encendió en ira (1:12). Jerjes I era famoso por su temperamento exaltado e irracional.[13]

Consultó a los sabios (1:13 (NVI)). Muchos monarcas del antiguo Cercano Oriente eran analfabetos y no podían leer las leyes de sus propias tierras. Dependían de los consejeros que tenían acceso a las leyes escritas.[14]

Siete príncipes de Persia y de Media (1:14). Esto refleja una tradición iniciada por Deyoces (700-647 a. C.), el primer rey medo,[15] que estableció la norma de que sus siete amigos más cercanos podían acceder a su presencia sin ser invitados ni anunciados.[16]

Las leyes de Persia y de Media (1:19). El concepto de ley irrevocable es desconocido en los textos persas y en los escritos de Heródoto. Sin embargo, Plutarco (45-120 d. C.) escribe que el rey persa se veía limitado por la ley, pero encontraba formas de evitarla.[17]

Cada pueblo conforme a su lenguaje (1:22). Según los textos del Persa Antiguo que datan del reinado de Darío I, había sesenta y siete grupos nacionales en el Imperio Persa.[18]

Ester se convierte en reina (2:1-18)

Estaría bien buscar (2:2 (BLP)). Esta sugerencia es muy inusual porque un rey persa normal-

Un ritón persa de oro, una copa especial para beber en banquetes

mente seleccionaba a su esposa entre la nobleza[19]. El historiador griego Plutarco, sin embargo, describe que los reyes persas a veces van en contra de la ley en la selección de una consorte.[20]

Jóvenes vírgenes (2:2). No era raro que la corte persa tomara por la fuerza a chicos y chicas jóvenes para el servicio de la corte real. Cuando los comandantes persas bajo el mando de Darío I capturaron asentamientos jónicos, "escogieron a los chicos más hermosos y los castraron, cortándoles los testículos y convirtiéndolos en eunucos; también tomaron a las chicas más atractivas y las enviaron al rey como esclavas". [21]

Harén (2:3 (NVI)). Literalmente se lee: "la casa de las mujeres". En 2:3, 9, 11, el término hebreo es *bet hannashim* ("casa de las mujeres"), que se refiere a la casa de las vírgenes, mientras que en 2:14 el texto tiene *bet hannashim* sheni ("segunda casa de las mujeres", i.e., de las concubinas y esposas).[22]

Hegai eunuco del rey (2:3). El acceso de los hombres a las mujeres del harén se limitaba a los eunucos para proteger la progenie del rey.

Un varón judío (2:5). Mediante esta única palabra hebrea, *yehudi*, traducida aquí como "un varón judío", el relato se sitúa con seguridad en el contexto de la historia judía. Esta designación es especialmente significativa porque el libro de Ester nunca menciona al Señor, el Dios de Israel.

Mardoqueo (2:5). Dos individuos en el A. T. son conocidos por el nombre de Mardoqueo. Uno regresó de Babilonia a Jerusalén con Zorobabel (Esdras 2:2; Neh 7:7). El nombre Mardoqueo es una variante del nombre Marduk, el dios nacional de Babilonia.[23]

Hijo de Simei, hijo de Cis, del linaje de Benjamín (2:5). Nótese la similitud entre esta identificación familiar y la del rey Saúl (1 S 9:1-2; 2 S 16:5) de cientos de años antes.

Él había sido deportado (2:6 (NBLA)). El ancestro de Mardoqueo, Cis, fue uno de los que fueron llevados a Babilonia junto con el rey de Judá, como se describe en Jer 24:1, pero no se sabe cómo se trasladó la familia a Susa.

Hadasa (2:7). Este es el único libro bíblico que menciona el nombre *Hadasa,* que en hebreo significa "mirto". [24] Sin embargo, el nombre puede derivar del nombre acadio *ḫadaššatu,* que significa "novia, recién casada, epíteto de Ishtar".[25]

Ester (2:7). El origen de este nombre es incierto. Puede derivar del acadio *Ištar,* la

La diosa babilónica Ishtar montada sobre un león

diosa babilónica del sexo y la guerra, o también puede estar relacionado con la palabra persa *stāreh* ("estrella").[26] Dado que la etimología del nombre de Mardoqueo es una forma variante de Marduk, del mismo modo, el nombre de Ester probablemente derive del nombre de la diosa babilónica Ishtar. El escenario de la narración es Persia, pero los nombres son de deidades babilónicas.

Ester también fue llevada (2:8). El hebreo utiliza un verbo pasivo, indicando que, queriendo o no, fue llevada.

Tratamiento de belleza . . . y cosméticos (2:12 (NVI)). Los tratamientos de belleza y los cosméticos tienen una larga tradición en la historia de Persia, y muchas de esas costumbres continúan hasta hoy. La realeza persa, tanto hombres como mujeres, seguía los rituales de belleza con extremo cuidado, aplicando aceites perfumados a su cabello y piel y utilizando polvos faciales, delineador de ojos kohl y colorete.[27] Ver el artículo "La moda de las mujeres en el mundo del Antiguo Testamento".

Ella venía por la tarde, y a la mañana siguiente volvía (2:14). La terminología hebrea utilizada aquí deja claro que la noche con el rey implicó una relación sexual e inició el "matrimonio" de la joven con el rey como concubina.

Las concubinas (2:14). Una concubina se consideraba casada y no amante, aunque tenía menos derechos que las esposas.[28] Los hijos concebidos con una concubina podían llegar a ser altos funcionarios, pero no eran herederos legítimos del trono.

El mes de Tebet, en el año séptimo de su reinado (2:16). Este mes corresponde a diciembre-enero y proviene del calendario babilónico, que los judíos adoptaron durante el exilio y que todavía utilizan como calendario religioso.[29] El séptimo año del reinado de Jerjes fue el año 479 a. C., cuatro años después de la destitución de Vasti. Jerjes, que ahora tiene treinta y nueve años, se ha visto envuelto en varias batallas históricamente significativas con los griegos en los últimos dos años (Termópilas, Salamina).

Mardoqueo descubre una conspiración (2:19-23)

La puerta del rey (2:19). Solo los que ocupaban altos cargos en la corte se sentaban en la puerta del rey, donde realizaban transacciones legales, civiles y comerciales.

Fueron colgados en una horca (2:23). Ser colgado por el cuello no está atestiguado en el antiguo Cercano Oriente. Por lo tanto, la frase utilizada aquí probablemente describe el empalamiento de estos hombres en el extremo de postes de madera, una práctica común tanto en Babilonia como en Asiria. También es posible que fueran clavados a una tabla, un destino que sufrió el gobernador de Jerjes en Sestos.[30]

Fue debidamente anotado en los registros reales (2:23 (CST)). Estos son los registros oficiales de los eventos durante la vida del rey persa. Esdras 4:15 menciona "libro de las memorias" similares del rey durante el reinado del rey persa Artajerjes. Tal y como registra Heródoto, los actos de lealtad a los reyes persas eran inmediatamente recompensados con generosos regalos de tierras o posiciones.[31]

El complot de Amán para destruir a los judíos (3:1-15)

Agagueo (3:1). Primera de Samuel 15:8 identifica a Agag como rey de los amalecitas. La designación de Amán como "agagueo" conecta aquí al lector con la antigua animosidad entre los israelitas y los amalecitas, descendientes de Esaú cuyo brutal ataque a los rezagados israelitas en el desierto obligó a Dios a ordenar su completa aniquilación (Ex 17:18-19; Dt 25:17-19).[32] Estas conexiones irónicas son complejas, porque en 2:5 se conectó el linaje de Mardoqueo con el del rey Saúl, cuyo último acto de desobediencia ocurrió en 1 S 15, cuando no logró matar al rey Agag de los amalecitas.

Mardoqueo ni se arrodillaba ni se humillaba (3:2). No se da ninguna razón para el comportamiento de Mardoqueo. Ninguno de los dos actos está prohibido en el texto bíblico, y ambos están atestiguados en situaciones comparables.[33] Heródoto explica que el protocolo persa para el intercambio de saludos se realizaba en función de la posición social: la parte inferior debe caer al suelo y postrarse ante la de mayor rango.[34]

Porque ya él les había declarado que era judío (3:4). Esto sugiere una continuación de la disputa entre judíos y amalecitas, así como un claro antisemitismo (ver comentarios en Ester 3:1).

Buscó la manera de exterminar a todo el pueblo de Mardoqueo, es decir, a los judíos (3:6 (NVI)). Como se refleja en el código de la ley del antiguo rey babilónico Hammurabi, así como en el A. T (Lv 24:17-22), se esperaría que la ley persa apoyara el castigo de quien había violado la ley, no una aniquilación total de todo su pueblo. El designio de exterminar a toda la raza judía tal vez sea una reacción a la orden dada por Dios de exterminar a los amalecitas (ver comentarios en Ester 3:1).

Nisán (3:7). Esto corresponde a marzo-abril, el primer mes del año del calendario babilónico.

Año duodécimo (3:7). Estamos en el año 474 a. C. Ester es reina desde hace cinco años.

Pur (3:7). La palabra *pur* es una palabra acadia utilizada tanto en Asiria como en Babilonia para designar la selección por sorteo o lotería mediante la adivinación.[35]

Adar (3:7). Esto es en febrero-marzo.

Sus leyes son diferentes (3:8). A los súbditos del Imperio Persa normalmente se les permitía mantener su autonomía religiosa y cultural. Sin embargo, Amán afirma que este grupo étnico (los judíos) no cumple las leyes del rey. Jerjes ya ha sofocado recientemente las revueltas de Egipto (485 a. C.) y Babilonia (484 y 482 a. C.); no necesita otra.

Decrete que sean destruidos (3:9). La destrucción total de grupos humanos enteros no era un fenómeno generalizado en el antiguo Cercano Oriente. Sin embargo, el homicidio en razón del género, en el que se destruía a los varones conquistados y se tomaba a las jóvenes vírgenes como botín, no era infrecuente a lo largo del segundo y primer milenio a. C. Del mismo modo, en la guerra santa los conquistados solían ser dedicados al dios(es) para su destrucción. Por ejemplo, el rey de Ur III Iddin-Sin (ca. 2028-2004 a. C.) destruyó la ciudad de Kullunum y la consagró a los dioses.[36] Mesa, rey de Moab, se jactó de la destrucción de Nebo, en la que mató a todos los habitantes porque "lo había dedicado a Astar-Quemos".[37] Tras la toma de posesión del trono persa en el año 522 a. C. por parte de Darío el Grande, los magos fueron prácticamente eliminados en una purga.[38]

330 000 kilos de plata (3:9 (PDT)). Literalmente se lee: "10 000 talentos de plata". Compárese con el total de ingresos anuales de 14 560 talentos bajo Darío.[39] La corrupción y el soborno siempre fueron problemas importantes en la corte persa.[40]

El anillo que llevaba su sello (3:10 (NVI)). Ver comentarios en Hag 2:23. Los anillos de dedo, aunque no son comunes, están atestiguados durante este período junto con los sellos de cilindro y de sello.[41] Todos fueron utilizados por una variedad de individuos.[42] El sellado confería validez a los artículos sellados e identificaba al sellador.[43]

En el mes primero, al día trece del mismo (3:12). El trece de Nisán es la víspera de la Pascua.

Mardoqueo persuade a Ester para ayudar (4:1-17)

Rasgó sus vestidos, se vistió de cilicio y de ceniza (4:1). Es un antiguo signo de angustia del Cercano Oriente muy conocido por los persas, que rasgaron sus propias túnicas cuando fueron derrotados por los griegos en la batalla de Salamina.[44]

Extendiere el cetro de oro (4:11). Un relieve del tesoro de Persépolis (una de las capitales del Imperio Persa) representa al rey sentado sosteniendo su cetro, mientras un guardia blande un hacha de guerra cerca de él.[45]

De alguna otra parte (4:14). Probablemente se trata de una referencia oculta a Dios. La Septuaginta (una temprana traducción griega de las Escrituras hebreas) sustituye esta frase por el nombre de Dios.

El pedido de Ester al rey (5:1-8)

Al banquete (5:4). Según la etiqueta del antiguo Cercano Oriente, la demora en hacer una petición indicaba su importancia. La comida y, sobre todo, el vino eran importantes precursores de una petición importante. La invitación a un segundo banquete aumentaba la seriedad de la situación.

La ira de Amán contra Mardoqueo (5:9-14)

Una horca de veintidós metros y medio de alto (5:14 (NBV)). Literalmente son cincuenta codos, es decir, la misma altura de un edificio de seis pisos.

Mardoqueo fue honrado (6:1-14)

Honor o reconocimiento (6:3). Según Heródoto, los honrados por ayudar o salvar al rey eran llamados "benefactores del rey" y eran recompensados con regalos como gobernar una provincia.[46]

El vestido real de que el rey se viste, y el caballo en que el rey cabalga (6:8). Se creía que las vestimentas del rey poseían poderes sobrenaturales[47] y el esplendor de estas vestiduras aún puede verse en los relieves de Persépolis, la capital persa.[48] El otorgamiento de este privilegio por parte de Jerjes a Mardoqueo es el más alto de los honores.[49] Montar un caballo real también elevaba el estatus de uno.[50] Los caballos con el escudo real pueden verse en los relieves de Persépolis.[51]

Amán fue empalado (7:1-10)

Se quedó Amán (7:7). Ningún hombre, excepto el rey, podía estar solo en presencia de la reina. Si un hombre se acercaba a una mujer del harén del rey, debía mantener siempre una distancia de siete pasos.[52]

El edicto del rey (8:1-14)

La casa de Amán (8:1). Oroetes, el gobernador persa de Sardes, se rebeló contra el rey asesinando a otro gobernador. A su vez, Oroetes fue ejecutado por orden de Darío y todos sus bienes (incluyendo a los esclavos) revirtieron al rey.[53]

Se quitó el rey el anillo . . . y lo dio a Mardoqueo (8:2). Varios hombres llamados Marduka, una forma variante de Mardoqueo, aparecen en los registros persas de este periodo. Uno de ellos es un contador que realizó una visita de inspección a Susa durante los últimos años de Darío I o los primeros de Jerjes I. Además, cuatro individuos diferentes con este nombre se mencionan en algunas tablillas elamitas que datan de 505-499 a. C. Sin embargo, no es seguro que alguno de estos hombres llamados Marduka sea realmente el Mardoqueo del libro de Ester.[54]

Un anillo de sello egipcio

Triunfo de los judíos (8:15-9:19)

Con vestido real de azul y blanco, y una gran corona de oro (8:15). La descripción de las prendas adjudicadas a Mardoqueo corresponde con el vestuario conocido de los reyes persas.[55] La entrega de una corona a un individuo era poco frecuente, pero se sabe que Jerjes regaló a un timonel una guirnalda de oro por salvar la vida del rey durante una tormenta en el mar (aunque luego lo hizo decapitar por las vidas que se perdieron).[56]

Diez hijos de Amán (9:7-10). Haya paralelos de sus nombres en las fuentes persas, incluidos los textos de Persépolis que datan lingüísticamente el relato de Ester en la época de Jerjes.[57]

Purim se estableció (9:20-32)

Purim (9:26). La fiesta de Purim se añadió a las cinco fiestas ordenadas por Moisés. Purim se celebraba el catorce de Adar y, según 2 Mac 15:36, se conoció como el "Día de Mardoqueo" en el periodo asmoneo (el periodo intertestamentario). Como los judíos de Susa lucharon un día más, no lo celebraron hasta el 15 de Adar, que pasó a conocerse como "Shushan Purim". Hoy en día, Purim se celebra el día catorce en las zonas "rurales", pero el quince en Jerusalén, como se hacía en Susa.[58]

La reina Ester. . . escribieron esta segunda carta (9:29 (NBV)). El verbo hebreo para "escribieron" está en tercera persona del plural. Ester escribe una carta, presumiblemente utilizando un escriba, dando autoridad a la carta de Mardoqueo y estableciendo una fiesta religiosa que todavía se practica hoy en día. Ninguna otra mujer en la historia bíblica comparte el logro de salvar a toda una nación e instituir una fiesta nacional.[59]

Escena de un asedio asirio que representa el empalamiento de algunos de los defensores

— Job

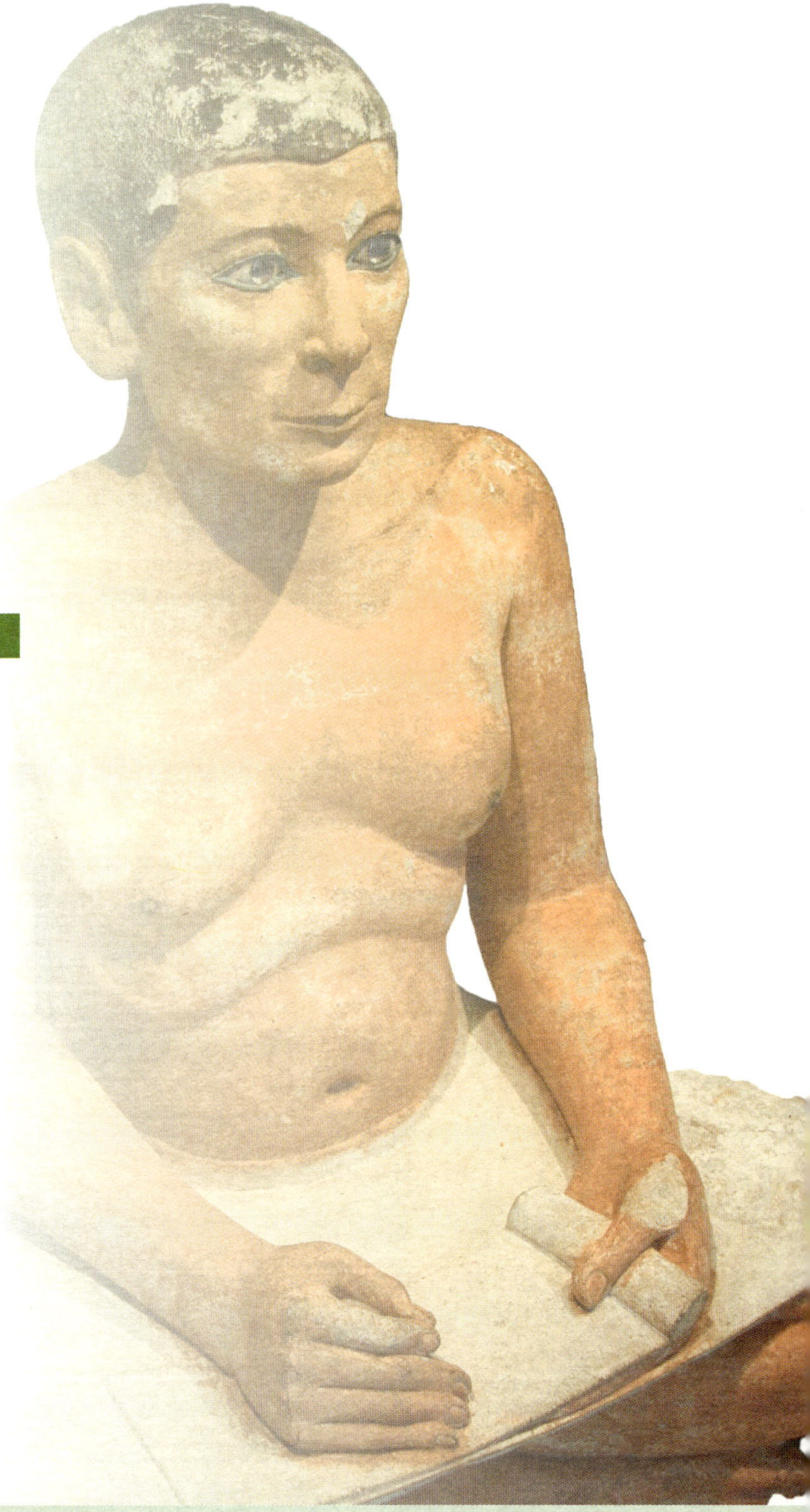

Job

John E. Hartley

Introducción. El libro de Job no menciona a ningún rey ni ningún acontecimiento histórico concreto que pueda ayudar a datar la composición del libro con alguna certeza. Basándose en una aparente interacción entre los textos de Job y otros textos del A. T., especialmente Isaías, uno de los argumentos más sólidos apoya la datación de la composición del libro de Job en el siglo VII a. C., pero esto está lejos de ser seguro y no hay consenso entre los estudiosos.

El libro de Job forma parte de la literatura sapiencial de la Biblia. En general, existen numerosos paralelismos entre la literatura sapiencial israelita y la del antiguo Cercano Oriente. Aunque no conocemos ninguna literatura que sea exactamente igual a la de Job, hay varios ejemplos de literatura sapiencial en el antiguo Cercano Oriente que tratan los temas del sufrimiento y la aparente injusticia. Los textos de Egipto se titulan "Las protestas del campesino elocuente"[1] y "Una disputa sobre el suicidio".[2] Entre los textos mesopotámicos que tratan estos temas se encuentra "El poema del justo sufriente"[3] y "Un diálogo sobre la miseria humana".[4]

En el comienzo del libro, Dios ha bendecido abundantemente a Job, una persona recta (1:1-2:13). En una sesión del consejo celestial, Dios alaba a Job ante "el Satán" (el texto hebreo contiene el artículo definido), cuya función es recorrer el mundo para descubrir la oposición oculta a Dios. Satán replica afirmando que Job es

Tabla que contiene el texto babilónico del "Poema del justo sufriente"

fiel a Dios sobre todo por la abundancia que éste le proporciona.

Entonces, Satanás somete a Job a dos pruebas: (1) una serie de tragedias destruyen su riqueza y sus hijos, y (2) se ve afectado por una horrible enfermedad. Esta narración prepara el escenario para el diálogo, que dura tres rondas, entre Job y sus tres amigos, Elifaz, Bildad y Zofar, que han venido a consolarlo.

Cuando Job habla, maldice el día de su nacimiento y anhela la muerte (cap. 3). Los tres amigos tratan de convencerlo de que su sufrimiento es una prueba de que ha pecado gravemente (caps. 4-27). Por lo tanto, le instan a arrepentirse para recuperar la salud. Pero si Job sigue su consejo, se confirmaría la afirmación de Satanás de que Job sirve a Dios para obtener beneficios. En sus discursos, Job se convence de que tiene un defensor (redentor) en el cielo que testificará a su favor. Job pone fin al diálogo con el juramento de que nunca tramará una confesión como le han aconsejado sus amigos ni dirá que tienen razón (27:1-6). Luego, hace un complejo juramento en el que pide a Dios que le proporcione una lista de sus pecados por los que está sufriendo (caps. 29-31).

Como los tres amigos de Job guardan silencio, entra Eliú, un joven espectador, y pronuncia cuatro discursos seguidos (caps. 32-37). Anima a Job señalando que Dios le ha estado hablando en sueños y con dolor. Además, Dios manda un ángel para anunciar que se ha encontrado un rescate para liberar a quien está cerca de la muerte. Elihú también le hace saber a Job que cuando Dios aparezca tendrá que renunciar a su orgullo y retirar su demanda.

En el clímax del libro, Dios aparece en un torbellino (caps. 38-41) y confronta a Job con una serie de preguntas sobre la forma en que ha creado el mundo y cómo lo gobierna. En respuesta, Job retira su demanda (42:1-7). Aceptando la concesión de Job, Dios lo bendice, restaurando el doble (simbolizando la plenitud) de todo lo que Job había perdido (42:8-17).

La región de Edom, posible ubicación de la patria de Job, Uz

Prólogo (1:1-2:13)

Una escena de un banquete egipcio

Job . . . Tenía siete hijos y tres hijas . . . siete mil ovejas, tres mil camellos (1:1-3 (NVI)). Job, un patriarca recto y adinerado, vivía en Uz, probablemente un pueblo de Edom. Dios le había bendecido con grandes riquezas: siete mil ovejas y cabras, tres mil camellos, quinientas yuntas de bueyes y quinientas asnas. Tenía siete hijos y tres hijas, la familia ideal en el antiguo Cercano Oriente. Los números simbólicos tres, siete y diez atestiguan que su riqueza era el resultado de la bendición de Dios (ver cap. 29).

Sus hijos . . . banquetes . . . sus tres hermanas (1:4). La solidaridad de la familia de Job y su felicidad se manifiesta en la celebración de banquetes de varios días por parte de sus hijos, a los que invitaban a sus hermanas. Grandes y elaborados festines y banquetes como éstos (que incluían tanto a hombres como a mujeres) están bien atestiguados en el antiguo Cercano Oriente.

Ofrecía holocaustos conforme al número de todos ellos (1:5). Antes del establecimiento de la adoración formal en la tienda de reunión (Ex 25-40), los patriarcas ofrecían sus propios sacrificios (ver Gn 15:8-10). La escrupulosa devoción de Job queda atestiguada al ofrecer sacrificios por sus hijos después de cada celebración. Lo hacía para expiar la posibilidad de que uno de ellos hubiera denunciado a Dios en un pensamiento. Este detalle pone de relieve el punto crucial de la prueba de Job: ¿La pérdida o el sufrimiento harán que Job maldiga a Dios?

Vinieron a presentarse delante de Jehová los hijos de Dios (1:6). Algunos textos del A. T. muestran a Dios presidiendo un consejo de agentes celestiales, es decir, "los hijos de Dios" (ver 1 Reyes 22:19-22; Sal 82:1).

Con ellos se presentó también Satanás (1:6 (NVI)). En esta sesión está presente "Satanás", un agente itinerante que funciona como fiscal. En hebreo el término satanás, al estar modificado por el artículo definido, es un título o una función más que un nombre. La palabra raíz hebrea significa "acusar", "oponerse (legalmente)" o "ser un adversario". En los textos preexílicos del A. T., la palabra satanás se utiliza sin el artículo definido para los adversarios humanos; por ejemplo, los adversarios de Salomón que vivían en las naciones vecinas (1 Reyes 11:14, 23, 25). No fue hasta la época postexílica que esta palabra se convirtió en el nombre del ser espiritual que se oponía a Dios (ver Zac 3:1-2). El papel de Satanás en Job es el de servir de ojo errante de Dios, recorriendo la tierra para descubrir cualquier actividad ilegítima. Los reyes persas del Imperio Aqueménida (ca. 553-330 a. C.) eran conocidos por enviar espías a recorrer todo el imperio para averiguar quién era leal al rey y quién no. Heródoto, un historiador griego, señala que estos espías eran llamados "los ojos y los oídos del rey"

En esta sesión, Dios hace notar a Satanás que Job es una persona que verdaderamente teme a Dios y que vive irreprochablemente. Respondiendo como un abogado acusador, Satanás contraataca afirmando que Job sirve a Dios solo por los grandes beneficios que recibe. Dios propone entonces una prueba para demostrar que la integridad de Job es genuina.

Estaban arando los bueyes (1:14). El arado en el antiguo Cercano Oriente se realizaba normalmente en otoño, tras el comienzo de las primeras lluvias. Con arados de arrastre, los trabajadores hacían surcos de unas cuatro pulgadas de profundidad.[5] Las semillas se plantaron en las zanjas. Luego se volvía a arar el campo en un ángulo de 90 grados, cubriendo así las semillas con tierra. El arado era de madera dura; si el agricultor podía permitírselo, el arado tenía una hoja de bronce o de hierro. El armazón se construía de manera que los bueyes hicieran la mayor parte del trabajo.[6]

Acometieron los sabeos (1:15). Estos sabeos son probablemente de la parte norte del desierto de Arabia.

Los caldeos . . . arremetieron (1:17). Al principio de su historia, los caldeos eran una tribu seminómada que vagaba por la región situada entre el sur de Babilonia y el noreste del desierto de Arabia. Más adelante en su historia producen la dinastía que gobierna el imperio neobabilónico (ver comentarios en Jer 38:2; ver el artículo "Los babilonios").

Fuego de Dios cayó del cielo (1:16). El "fuego de Dios" se refiere probablemente a un rayo. Este rayo fue tan espectacular que se consideró un acto de Dios. El uso del rayo y del fuego del cielo como juicio divino está atestiguado tanto en el A. T. como en la literatura del antiguo Cercano Oriente.

Job . . . rasgó su manto, y rasuró su cabeza (1:20). Era costumbre que una persona expresara su profundo dolor rasgando su prenda exterior. La palabra traducida como "manto" denota una prenda elegante.[7] Afeitarse no era habitual, pero rasgarse el manto y rasurarse la cabeza se conocían como signos de dolor tanto en el A. T. (2 S 1:1-2; Amós 8:10) como en el antiguo Cercano Oriente.

Estaba sentado en medio de ceniza (2:8). Debido a que su enfermedad apartó a Job de la vida comunitaria, se sentó sobre cenizas en la puerta donde la gente se deshacía de ellas. Las cenizas representan su luto.

Cada uno de ellos rasgó su manto, y los tres esparcieron polvo sobre sus cabezas hacia el cielo (2:12). Rasgarse las vestiduras y ponerse polvo o ceniza en la cabeza eran actos típicos de luto en el antiguo Cercano Oriente (ver comentarios en 2 S 13:19).

El lamento-maldición de Job (3:1-26)

Perezca el día en que yo nací (3:3). Deseando no haber nacido nunca, Job maldice el día de su nacimiento. Suplica al mago más hábil (3:8), uno que podría despertar a Leviatán (ver comentarios en Job 41:1-34), que pronuncie un hechizo que elimine ese día del calendario. Si eso se lograra, todo lo que ocurriera en ese día en particular dejaría de existir.

Leviatán (3:8). Ver comentarios en Job 41:1-34.

Me recibieron las rodillas (3:12). Los miembros de la familia dieron la bienvenida a un recién nacido sosteniendo al niño sobre sus rodillas (Gn 50:23).

Entonces tendría descanso (3:13-19). Job describe poéticamente la muerte de una manera que también es paralela a algunos textos del antiguo Cercano Oriente. Según este punto de vista, la muerte es un lugar donde descansan los cansados y donde los esclavos ya no tienen que obedecer a sus capataces.

El primer ciclo del diálogo (4:1-14:22)

¿No es tu temor a Dios tu confianza? (4:6). Puesto que Job ha expresado su temor a Dios ayudando a los pobres y cuidando de los débiles (ver 29:12-17), su piedad (literalmente, "su temor a Dios") debería ser ahora su confianza. Entonces no anhelaría tan intensamente la muerte.

Los dientes de los leoncillos son quebrantados (4:10-11). Incluso el más poderoso de los animales salvajes, que aquí simboliza a los malvados, puede experimentar un duro destino. Varias referencias a los leones en el A. T. atestiguan su presencia en toda Palestina. En el antiguo Cercano Oriente, los leones también se utilizaban con frecuencia como símbolos del poder y la agresividad de los monarcas.

En lo secreto me llegó un mensaje (4:12 (NVI)). En el A. T., normalmente solo los patriarcas y, sobre todo, los profetas reciben visiones (p. ej., Gn 15:12-16; Amós 7:1-9). Este es el único relato del A. T. en el que un sabio (persona que transmite sabiduría) recibe una visión.

Casas de barro (4:19). Esto se refiere a las pequeñas viviendas de adobe o (quizás como metáfora) a los cuerpos humanos, basándose en que Dios formó al primer ser humano del polvo de la tierra (Gn 2:7).

¿Y a cuál de los santos te volverás? (5:1). "Los santos" es una referencia a los ángeles (p. ej., Oseas 11:12; Zac 14:5).

Al necio . . . Sus hijos . . . no habrá quién los libre (5:3-4). En el interior de la puerta principal de la mayoría de las ciudades del antiguo Cercano Oriente, la gente se reunía para conversar y vender bienes, y los ancianos resolvían las disputas. En este ejemplo, los hijos del necio, al carecer de defensor, reciben un duro castigo, lo que permite a los vagabundos consumir la cosecha de su padre. Basándose en la retribución, sufren las consecuencias de la locura de su padre.

Como las chispas se levantan para volar por el aire (5:7). Cuando se utiliza para afilar una herramienta de metal, la piedra de afilar suele levantar chispas por el aire. Con esta analogía, Elifaz muestra que todo aquel que ha hecho un mal sufre de alguna manera. Argumenta que las dificultades nunca le ocurren a una persona por casualidad, ya que esa persona cometió un mal.

En seis tribulaciones te librará, Y en la séptima no te tocará el mal (5:19). Mediante un refrán numérico (seis... séptima) en el que el número de la segunda línea se eleva en uno (cf. Amós 1:3-2:6), Elifaz afirma que Dios aflige a los seres humanos de múltiples maneras para que se den cuenta de que han obrado mal. La progresión de seis a siete transmite que Dios rescatará a los devotos de todos los problemas.

Como la gavilla de trigo (5:26). Los tallos de grano maduro se cortaban y apilaban en la era. Una gran pila de una cosecha abundante es una metáfora de una tumba prominente, en honor a una persona virtuosa que murió apropiadamente en la vejez.

Si se pudiera pesar mi sufrimiento (6:2-3). Las balanzas en el antiguo Cercano Oriente consistían en dos bandejas suspendidas por cuerdas de los brazos de un travesaño equilibrado en el centro. En la analogía de Job, si sus sufrimientos se colocaran en una bandeja de la balanza y en el otro toda la arena de los mares, su sufrimiento pesaría más.

Las saetas del Todopoderoso (6:4). Job describe a Dios como un guerrero (ver comentarios en Job 16:12-14), que a veces disciplina a los suyos disparándoles flechas con veneno (Sal 7:12-13; 38:2). La representación de las deidades en el antiguo Cercano Oriente como guerreros era común. Asimismo, las flechas envenenadas eran bien conocidas en todo el antiguo Cercano Oriente.

¿Acaso gime el asno montés junto a la hierba? (6:5). Los asnos salvajes tenían que buscar con diligencia la comida, especialmente en las zonas áridas que solían habitar (24:5; 39:5-8). Sin embargo, mientras se alimenta de hierba, un asno salvaje no rebuzna con fuerza. Job está demostrando que sus cáusticas afirmaciones tienen una base sólida.

Un desesperado debe contar con la lealtad de su amigo (6:14 (RVA-2015)). El término que Job utiliza y que se traduce como "lealtad" indica que él y sus amigos tienen una relación de pacto. Por lo tanto, sus amigos están obligados a ayudarlo a afrontar sus dificultades. Su afirmación de que le están fallando es una acusación grave.

Pero mis hermanos me traicionaron como un torrente (6:15-20). A menudo, el lecho de un arroyo (llamado torrente) en el sur de Palestina tenía agua solo después de que la nieve de la montaña se derritiera en la primavera o justo después de una lluvia. La mayor parte del tiempo los torrentes estaban secos. Lo que Job quiere decir es que el fracaso de sus amigos es

Una escena del Libro de los muertos egipcio que representa una elaborada balanza en la que se pesa el corazón del difunto

tan grave como la conmoción que experimenta una caravana que cruza el desierto y llega a un arroyo esperando encontrar agua, pero descubre que está seco. El torrente seco (arroyo que fluye estacionalmente) representa el fracaso de los amigos al proporcionar alivio a Job.

Las caravanas de Temá . . . los mercaderes de Sabá (6:19 (NVI)). Estas caravanas se identifican con dos famosos centros comerciales del desierto de Arabia. Temá (hoy Taima) está en el noroeste de Arabia, en la intersección de tres rutas comerciales, y Saba está en el suroeste de Arabia.[8]

Pagad por mí (6:22). Job afirma que si hubiera sido secuestrado, sus amigos habrían estado obligados a rescatarlo pagando un gran rescate o arriesgando sus vidas para liberarlo de sus captores. Pero inmediatamente le fallan.

¿Soy yo el mar, o un monstruo marino? (7:12). La palabra hebrea para "mar" era la misma que los cananeos utilizaban para el dios del mar (Yam). En el antiguo Cercano Oriente eran comunes las tradiciones que asociaban el mar y los monstruos marinos con fuerzas del caos que se oponían al dios o dioses principales y que debían ser vencidas para establecer el orden en el mundo (ver comentarios en Gn 1:1; ver el artículo "Los cananeos y la religión cananea"). Job siente que Dios lo trata como si fuera el enemigo más formidable de Dios, el mar o el monstruo serpentino que vivía en las profundidades y se oponía a Dios.

Me asustas con sueños (7:13-14). Los sueños desempeñan un papel importante en el libro de Job (4:12-16; 33:15-20). En la literatura del antiguo Cercano Oriente, las pesadillas o los malos sueños provienen de los demonios, pero aquí es Dios quien aterroriza a Job con sueños salvajes y aterradores.

¿Qué es el hombre? (7:17-18). Job expresa la profundidad de su desesperación con una parodia de las líneas del Sal 8 que alaban la forma en que Dios hizo a los seres humanos, coronándolos con honor y encomendándoles el cuidado de la tierra y los animales. Job convierte estos elogios en una acusación contra Dios por ponerlo a prueba con tanta dureza. Job considera que la vigilancia de Dios es opresiva. Al cuestionar el valor del ser humano, Job llega al punto más bajo de desesperación en su prueba.

Pregunta ahora a las generaciones pasadas (8:8-10). Bildad basa su juicio en la enseñanza de los padres, probablemente una alusión a una tradición de sabiduría transmitida. En el antiguo Cercano Oriente, la sabiduría transmitida por los antepasados se consideraba mucho más autorizada que la experiencia de un individuo.

¿Puede crecer el papiro donde no hay pantano? (8:11-13 (NVI)). El papiro, una planta exuberante, crece abundantemente en los pantanos bien regados, como los que se encuentran en el Delta del Nilo y en los pantanos de Hula, en la Alta Galilea. Cuando el papiro carece de agua, se marchita. Esta imagen indica que Bildad admite que los malvados pueden prosperar durante un tiempo, pero al enfrentarse a las dificultades, se marchitan.

¿Y cómo se justificará el hombre con Dios? (9:2-6). Job reflexiona sobre

Antiguo boceto de una barca egipcia de papiro

los dos métodos que existían en el mundo antiguo para que una persona ofendida pudiera recuperar el honor: una disputa legal (9:3) o un combate de lucha (9:4). En la disputa legal gana la parte que reduce a la otra al silencio. Asimismo, ganar un combate de lucha demuestra la posición del ganador (de manera similar, la expresión en 38:3, "Ciñe ahora tus lomos como un hombre" [NBLA], es un llamado a prepararse para un combate de lucha). Job se da cuenta de que su desafío a Dios, que es a la vez sabio y poderoso, no es muy prometedor, ya que en una disputa legal Dios puede refutar fácilmente sus argumentos, y en un combate de lucha libre Dios puede derrotarlo indudablemente.

Él remueve la tierra de su lugar (9:6). A menudo un terremoto ocurre cuando Dios se presenta (Jue 5:4-5; Sal 18:7, 15; 46:2-3; 68:7-8).

Él manda al sol, y no sale (9:7). El poder de Dios es evidente cada vez que oscurece el sol y las estrellas ocultándolos, por ejemplo, con nubes, tormentas de polvo o eclipses.

Anda sobre las olas del mar (9:8). Andar sobre la espalda de alguien o de algo era una demostración de poder o de sometimiento. En varios mitos del antiguo Cercano Oriente, el dios gobernante muestra su poder andando sobre las crestas de las olas del mar.[9]

Él hizo la Osa, el Orión (9:9). Los pueblos del antiguo Cercano Oriente solían considerar a las constelaciones como dioses y su estudio era también un componente importante de la adivinación para tratar de predecir el futuro. Los babilonios, en particular, interpretaban los movimientos de las constelaciones como presagios de los acontecimientos terrestres (Is 47:12-13). En cambio, los israelitas consideraban que los movimientos de los cuerpos celestes estaban dirigidos por Dios. Job menciona cuatro constelaciones: (1) la Osa (tal vez la Osa Mayor o la Osa Menor) o el cúmulo de estrellas conocido como Híades; (2) Orión, basándose en la referencia a su vinculación con la esfera celeste en 38:31; (3) las Pléyades (38:31; Amós 5:8); y (4) las constelaciones del cielo austral (ver 38:32). Es probable que los israelitas conocieran las estrellas del sur como resultado de sus expediciones comerciales al oeste de Arabia y a la costa oriental de África (1 Reyes 9:26-28).

Rahab y sus secuaces se postran a sus pies (9:13 (NVI)). En el A. T., el término "Rahab" se utiliza a menudo para referirse a una criatura marina serpentina hostil que Dios sometió (mató) antes de la creación (ver 26:12-13; Sal 89:10). En la literatura del antiguo Cercano Oriente los dioses paganos a menudo luchan contra el dios del mar y los monstruos marinos asociados (como Leviatán), pero no se utiliza el término "Rahab". En otros textos del A. T. (Sal 87:4; Is 30:7) Rahab se utiliza simbólicamente para representar a Egipto.

Transcurren mis días con más rapidez que un corredor... como barcas

de papiro . . . como veloces águilas (9:25-26 (NVI)). Con tres metáforas, Job lamenta el rápido paso de su vida: (1) un corredor veloz, es decir, una persona empleada para entregar mensajes urgentes (ver 2 S 18:19-23); (2) los esquifes egipcios (pequeñas barcas) hechos de papiro, que, al ser ligeros, parecen rozar el agua (ver Is 18:1-2); (3) un águila, que se abalanza sobre su presa a una velocidad excesiva (ver 39:27-30).

Aunque me lave con aguas de nieve (9:30). En muchas culturas del antiguo Cercano Oriente se utilizaban a veces pruebas específicas para determinar si una persona era culpable de una actividad prohibida (ver comentarios en Nm 5:24). Para demostrar su inocencia, Job considera realizar una prueba de este tipo. Se lavará el cuerpo con jabón y agua de nieve (por su pureza) y las manos con un limpiador fuerte, probablemente lejía[10] (cf. Dt 21:6-7; Sal 26:6). El ejemplo clásico es el de Pilato lavándose las manos en el juicio de Jesús para demostrar a la multitud que era inocente de la muerte de Jesús (MT 27:24).

No hay entre nosotros árbitro (9:33). Los mediadores desempeñaban un papel importante en el complejo sistema jurídico de Mesopotamia. Asimismo, en algunas creencias religiosas del antiguo Cercano Oriente la gente tenía sus dioses individuales y personales (menores) que abogaban en su nombre en el consejo de los grandes dioses. Al darse cuenta de que no hay forma de desafiar a Dios, Job suplica con deseo que alguien sirva de mediador o árbitro. Esa persona haría que Dios quitara la vara que está usando para castigar a Job, aliviando así su dolor. Job, entonces, tendría la compostura para persuadir a Dios de que realmente es inocente.

Tus manos me hicieron . . . como a barro me diste forma (10:8-9). Ver comentarios en Jer 18:3. Job compara la forma en que Dios lo creó con la forma en que un alfarero forma una vasija de arcilla (Gn 2:7; Is 64:8).

Como queso me cuajaste . . . me tejiste con huesos y nervios (10:10-12). Utilizando la analogía de la fabricación de queso, Job describe el modo en que Dios forma un bebé en el vientre de la madre. Es como un pastor que vierte la nata en una piel y la agita enérgicamente. Poco a poco, la nata empieza a solidificarse, formando un pequeño bulto, es decir, un embrión. A medida que el embrión crece, Dios lo cubre con piel y carne, y finalmente le añade huesos y nervios. Cuando sale del vientre, Dios le insufla el aliento de vida.

Relieve del panel mural del palacio del rey asirio Asurbanipal que representa sus cacerías de león

No puedo mantener mi cabeza en alto (10:15-16 (NTV)). Una cabeza inclinada indica humillación; una cabeza levantada expresa confianza, y a veces orgullo.

Si mi cabeza se alzare, cual león tú

me cazas (10:16). Este texto no es claro. O bien Dios es como un león en la forma en que caza a Job debido al orgullo de éste, o bien Job es como un león orgulloso que es cazado por Dios. Numerosos relieves de paneles murales descubiertos en el palacio del rey asirio Asurbanipal (ca. 645 a. C.) representan las cacerías de leones del rey.

¿Acaso no comprueba el oído las palabras? (12:11 (NVI)). Para los israelitas, los oídos desempeñan un papel fundamental en la obtención de la comprensión (13:1). Una persona con los oídos abiertos escucha con atención y aprende bien (Dt 4:5-8). Los que tienen los oídos cerrados rechazan el consejo de Dios (Zac 7:11).

Defenderé mis caminos delante de Él... he preparado mi causa (13:15-18 (NBLA)). Job sigue utilizando el típico lenguaje jurídico y los conceptos de los tribunales. Para obligar a Dios a dejar de tratarlo con tanta agresividad, Job decide demostrar su inocencia llevando a Dios a los tribunales. Habiendo preparado una sólida defensa, confía en obtener un veredicto favorable.

¿Cuántas iniquidades y pecados tengo yo? (13:23). Cuando Job se prepara para ir a los tribunales contra Dios, su petición inicial es que Dios le proporcione lista de datos.

En saco sellado guardarás mis transgresiones (14:17 (NVI)). Job se imagina a Dios colocando una lista de sus pecados o piedras que representan sus pecados en una bolsa. Entonces, ata la bolsa con una cuerda y la sella para que nunca se revele su contenido.[11]

El segundo ciclo del diálogo (15:1-21:34)

Viento solano (15:2). En Palestina el viento solano, el siroco, sopla a mediados o finales de la primavera y a principios del otoño, produciendo altas temperaturas. La vegetación se marchita y la gente se vuelve irritable. Elifaz se queja de que las palabras de Job son tan irritantes como el viento solano.

¿Eres acaso el primer hombre que ha nacido? (15:7-10 (NVI)). Elifaz no se refiere a Adán (que fue creado, no nació), sino a una leyenda común en el antiguo Cercano Oriente asociada a la tradición sapiencial sobre el primer humano que existió antes de la creación del mundo. En esa leyenda, este sabio transmitió el conocimiento de la civilización (p. ej., la escritura) a los humanos que le siguieron. Aunque este relato no está en el A. T., hay un eco de él en la descripción del origen de la sabiduría en Pr 8:22-31 (cf. Ez 28:12-19). Por lo tanto, esa persona tiene una sabiduría superior por haber observado a Dios creando el mundo. Como Job no es esa persona y los amigos son mayores, Elifaz rechaza las supuestas afirmaciones de Job de que sabe más que ellos (cf. 12:3; 13:1-2).

Su cintura se hincha de grasa (15:27 (NTV)). Al ser rico, esta persona despiadada está bien alimentada. Él construye su cuerpo para que pueda desafiar a Dios e intimidar a la gente (cf. Sal 73:4-12).

Tú me has llenado de arrugas . . . testigo (16:8). En la antigüedad, las enfermedades se consideraban a menudo un castigo por el pecado. Por ende, Job se siente muy afligido por el hecho de que las llagas de su cuerpo atestiguan que ha pecado gravemente, refutando sus declaraciones de inocencia.

Me puso por blanco suyo (16:12-14). En el antiguo Cercano Oriente era común la comparación de las deidades con grandes guerreros. Job compara a Dios con un guerrero en repetidas ocasiones. En este texto, Dios está perfeccionando su destreza en el tiro con arco al convertir a Job en su objetivo (cf. 30:11-15). Las flechas de Dios han atravesado los riñones de Job, órganos vitales que se consideraban el lugar de las emociones profundas. Entonces, como un guerrero que hace repetidas cargas hasta que rompe la fortaleza de un enemigo, Dios sigue abalanzándose sobre Job, infligiéndole un gran dolor, como lo demuestran su cara roja y las sombras oscuras alrededor de sus ojos (16:16).

He hundido en el polvo mi poder (16:15 (NBLA)). La palabra traducida como "poder" es literalmente "cuerno". El cuerno de un animal representa su capacidad (poder) para infligir un daño mortal. Enterrar un cuerno es un gesto de profunda humillación como resultado de haber sido derrotado.

¡Oh tierra! no cubras mi sangre (16:18). Existía un concepto común, un tanto poético, según el cual, si una persona ha sido asesinada y su cuerpo no ha sido enterrado, la sangre descubierta gritaría, pidiendo a Dios que vengara su muerte (cf. Gn 4:10; Is 26:21). Basándose en esta norma, Job suplica a la tierra que impida el entierro de su cuerpo para que su sangre pueda gritar, lo que le llevará a su eventual vindicación.

En los cielos está mi testigo (16:19). Siguiendo con el lenguaje jurídico de los tribunales, en la fe Job declara que hay un abogado en el cielo que dará testimonio de su integridad. El papel del abogado es contrario al de Satanás (el acusador) en el prólogo. La identidad del abogado es la misma que la del redentor en 19:25.

Conviértete tú en mi garantía (17:3 (BLP). Un compromiso implica poner un objeto de valor como garantía de que uno cumplirá lo que se ha prometido. Dado que nadie hará esa promesa por él, Job parece estar pidiendo a Dios que sea su garante. Entonces Dios, al estar seguro de que Job resistirá el juicio, podrá dejar de afligirlo.

Lámpara (18:6). En el antiguo Cercano Oriente la lámpara más común era sencilla, un pequeño recipiente de arcilla en forma de plato de unas dos o tres pulgadas de diámetro que tenía dos lados ligeramente doblados para formar un espacio en forma de pico para la mecha. Se vertía aceite de oliva en el plato y se colocaba una mecha con un extremo en el aceite y el otro a través del pico. La luz de la lámpara que se apagaba simbolizaba la muerte.

Red . . . mallas . . . Lazo . . . trampa . . . cuerda . . . trampa (18:8-10). El peligroso camino de los malvados se compara con numerosas trampas comunes en el antiguo Cercano oriente. (1) Una red para atrapar aves se extendía entre dos arcos colocados en medio círculo. Cuando un pájaro picoteaba el cebo, los arcos se soltaban, haciendo que la red rodeara al pájaro. Otro uso de las redes era colocarlas de manera que las patas de un animal se enredaran en la red (Sal 9:15). (2) Se colocaba una malla, formada por una red de palos, sobre un pozo para ocultarlo.

Cuando un animal atravesaba la malla, caía en el hoyo. (3) Un lazo, utilizado para capturar aves, tenía un mecanismo de resorte que agarraba lo que activaba el dispositivo: una pata u otra extremidad (Sal 91:3). (4) Una trampa con puerta estaba configurada de manera que cuando un animal mordía el cebo, la puerta se cerraba, impidiendo la huida del animal. (5) Una trampa o cuerda se colgaba de un árbol o se escondía en un camino, y se cerraba sobre la extremidad de un animal que quedaba atrapado en ella. (6) Otro tipo de trampa, que se oculta en un camino, retiene al animal que la pisa. Los cazadores solían atrapar a los animales haciéndolos caer en una trampa.

Lo asombrarán temores. . . Su confianza será arrancada de su tienda (18:11-14). "Temores" es probablemente una referencia a una amplia gama de cosas aterradoras como malos sueños, premoniciones, enfermedades que consumen y demonios. Incorporando imágenes sobre la muerte y la tumba que eran comunes en la literatura del antiguo Cercano Oriente, esta descripción culmina con una imagen gráfica y poética de la muerte. Cuando una persona malvada muere, el cuerpo es sacado de la tienda y puesto ante el rey de los temores, el gobernante del Seol (el mundo subterráneo), para recibir el juicio.

El primogénito de la muerte (18:13). Este puede ser un epíteto para la enfermedad más mortífera.[12] Al ser un poder demoníaco, consume la piel y las extremidades de una persona.

Piedra de azufre será esparcida sobre su morada (18:15). Para evitar que los pueblos derrotados se recuperaran rápidamente, los ejércitos conquistadores a veces esparcían azufre o sal sobre las tierras de cultivo para hacerlas infértiles durante años (cf. Dt 29:23).

Yo grito: "¡Violencia!" (19:7 (NBLA)). Según la ley mosaica, una mujer que fuera atacada en el campo y pidiera ayuda a gritos era inocente y no tenía ninguna complicidad en la agresión (Dt 22:25-27). Basándose en este principio jurídico, Job grita: "¡Violencia!" y trata de eximirse de toda responsabilidad por su sufrimiento (cf. Hab 1:2-3).

Se atrincheraron en mí, Y acamparon en derredor de mi tienda (19:12). Job compara los ataques de Dios contra él con un ejército que asedia una ciudad. Cuando se enfrentaban a una ciudad fuertemente amurallada, los ejércitos invasores solían construir rampas de asedio y plataformas de asedio móviles que podían ser empujadas hasta las murallas para que los guerreros pudieran disparar flechas y lanzar piedras a la fortaleza. El hecho de que Job no viva en una fuerte ciudad amurallada, sino en una tienda de campaña, convierte esta descripción en un oxímoron humorístico pero sombrío.

Mis palabras . . . Fuesen esculpidas en piedra para siempre (19:23-24).

Una práctica común en la antigüedad consistía en erigir una piedra, normalmente grabada con imágenes o un texto, para conservar información valiosa para la posteridad. Este tipo de piedra se conoce como estela. Se conservan varias estelas del antiguo Cercano Oriente. Una de las más famosas es la gran estela, de más de siete pies de altura, del código legal de Hammurabi. En la parte superior hay una representación del rey recibiendo el código legal de manos de Shamash, el dios del sol. El código de la ley está inscrito debajo, cubriendo todos los lados. Job desea que su lamento se inscriba en una estela de piedra para que las generaciones venideras conozcan sus afirmaciones de inocencia. Quiere que las letras estén revestidas de plomo, probablemente para que brillen bajo la luz del sol o quizás para preservar la escritura. La inscripción de Behistún que relata las victorias del rey persa Darío tiene letras inscritas rellenas de plomo.

Mi Redentor vive . . . he de ver a Dios (19:25-26). En Israel, un redentor era una persona que acudía en ayuda de un pariente cercano que enfrentaba una dificultad, como por ejemplo haber tenido que venderse a la esclavitud a causa de una fuerte deuda (Lv 25:35-54). Este redentor servirá como abogado defensor de Job ante el tribunal celestial (ver Sal 119:154; Pr 23:10-11). Sin embargo, el redentor parece ser el propio Dios. Esto es evidente dado que el término "redentor" es un título muy querido para Dios, basado en su liberación de Israel de la esclavitud egipcia (ver Ex 15:13; frecuente en Is 40-55). Como Job ha sufrido públicamente, declara que verá a Dios con sus propios ojos. Ver a Dios es necesario para que experimente plenamente la restauración de su honor, ya que durante su calvario Dios ha permanecido oculto.

Terrores (20:25). Ver comentarios en Job 18:11-14.

Poned la mano sobre la boca (21:5). Este era un gesto de silencio, especialmente cuando uno

Estela del código de la ley de Hammurabi

se asombraba (cf. 29:9; 40:4).[13]

Tamboril y de cítara . . . flauta (21:12). Ver el artículo "Instrumentos musicales en Israel y el antiguo Cercano Oriente".

Un hito fronterizo babilónico

El tercer ciclo del diálogo (22:1-27:23)

Tus maldades no tienen fin (22:5). Perturbado por la decisión de Job de entablar un pleito contra Dios, Elifaz presenta una lista de datos, enumerando los pecados comúnmente cometidos como la razón del sufrimiento de Job (22:5-9). Si Job acepta esta lista, debe arrepentirse de los pecados y abandonar su deseo de pleito. Entonces su salud será restaurada y podrá reconstruir su hogar.

El circuito del cielo (22:14). En el A.T., los cielos se consideraban una bóveda en la que Dios se movía observando los asuntos de la tierra (Gn 1:7). Pero los malvados piensan que una pesada capa de nubes impide que Dios vea las actividades en la tierra y emita juicios.

Oro de Ofir (22:24). Ofir es probablemente una región del suroeste de Arabia famosa por su oro de alta calidad (28:16; 1 Reyes 9:28; 2 Cr 8:18).

Linderos (24:2). Para evitar la invasión de su propiedad, una familia ponía linderos de piedra alrededor del límite. Estaba estrictamente prohibido mover estos linderos (Dt 19:14; 27:17). A menudo, estas piedras no solo servían de linderos, sino que también contenían descripciones legales de la propiedad.

Seol . . . Abadón (26:6). Reflejando la visión común del más allá, Job describe la sombría existencia de los muertos en el Seol, un reino bajo los océanos, también llamado Abadón, que significa "destrucción" (cf. 28:22; 31:12). Aunque está oculto a la vista humana, es visible para Dios.

Descuartizó a Rahab . . . la serpiente escurridiza (26:12-13 (NVI)). Ver comentarios en Job 7:12; 9:13; Gn 1:1; ver el artículo "Los cananeos y la religión cananea". Varios mitos del antiguo Cercano Oriente relatan la victoria primordial del dios recto sobre el dios malévolo, a menudo identificado como un monstruo marino serpentino. Por ejemplo, en el mito cananeo Baal derrota a Yam, el dios del mar, lo que lo lleva a ser entronizado como rey. Varios textos del A. T. se refieren a que Yahveh demuestra su supremacía diezmando al enemigo primitivo, a menudo representado como el mar o el monstruo marino. Ese enemigo tiene varios nombres en el A. T.: el mar (Yam), Rahab (Sal 89:10; Is 51:9), Leviatán (Job 41:1; Is 27:1) y el monstruo marino (7:12).

Batirán las manos sobre él (27:23). Este es un gesto de desprecio.

Himno a la Sabiduría (28:1-28)

Los mineros, balanceándose con sogas (28:4 (RVC)). En el antiguo Cercano

Oriente se extraían metales (oro, plata, cobre, estaño, plomo, hierro), así como piedras preciosas (p. ej., zafiro [v. 6], perlas [v. 18], topacio [v. 19]). En 28:1-11, Job se maravilla de la sabiduría y la habilidad necesarias para extraer estos metales de las profundidades de la tierra. Para llegar a estas joyas enterradas en las profundidades de la tierra, los mineros entran en las minas descendiendo en cuerdas o, posiblemente, en cestas atadas a cuerdas.

¿Dónde se hallará la sabiduría? (28:12). Este majestuoso poema (28:1-28) aclama las habilidades técnicas humanas que producen resultados notables. El principal ejemplo, como se ha señalado anteriormente, es la capacidad de penetrar en las profundidades de la tierra y sacar a la luz metales y piedras preciosas. Sin embargo, las habilidades técnicas humanas no alcanzan la grandeza de la sabiduría de Dios.

La declaración de inocencia de Job (29:1-31:40)

¡Si tan solo alguien me escuchara! . . . Que el Todopoderoso me responda (29:1-31:40 (NTV)). Inspirándose en el proceso legal del antiguo Cercano Oriente, y tratando de obligar a Dios a que lo reivindique presentando una demanda contra él, Job apoya sus afirmaciones de inocencia de cualquier delito prestando un complejo juramento de inocencia. Consta de tres partes distintas: (1) Job relata su vida anterior, haciendo hincapié en sus actos de compasión (cap. 29); (2) describe sus sufrimientos a detalle (cap. 30); y (3) hace un juramento de limpieza nombrando pecados que nunca ha cometido (cap. 31).

Su lámpara. . . cuya luz (29:3). Ver comentarios en Job 18:6. Antes de su prueba, Job experimentó la presencia de Dios como una lámpara que ilumina la oscuridad, proporcionándole guía y protección (cf. 2 S 22:29).

Lavaba yo mis pasos con leche . . . la piedra me derramaba ríos de aceite (29:6). Al ser muy próspero, Job tenía abundancia de "leche" (productos lácteos) y aceite de oliva, sustancias que refrescan y nutren la vida (Dt 32:13-14). La referencia a la roca alude a la capacidad de los olivos de crecer en zonas muy pedregosas, incluso en laderas rocosas.

Los jóvenes . . . se escondían; Y los ancianos se levantaban, y estaban de pie (29:8-10). Son formas culturales de mostrar respeto (cf. Lv 19:32).

Mi arco (29:20). El arco era un símbolo de fuerza.

La lluvia . . . lluvia tardía (29:23). Las fuertes lluvias del otoño permitían a los agricultores romper la tierra para plantar las semillas. Las ligeras lluvias de marzo y abril eran necesarias para que el grano madurara.

Un sello cilíndrico asirio que probablemente representa a los dioses luchando contra el monstruo marino del caos

Chacales . . . avestruces (30:29). Los gritos tristes de estos habitantes de tierras desoladas representan el dolor agónico y el desamparo de Job.

Mi arpa. . . mi flauta (30:31). Ver el artículo "Instrumentos musicales en Israel y el antiguo Cercano Oriente".

En balanzas de justicia (31:6). Ver comentarios en Job 6:2-3.

Lanzarles besos (31:27 (NTV)). Besar la mano y extenderla hacia arriba era una forma de expresar devoción a una deidad (cf. Oseas 13:2). Job declara que nunca había mostrado tal homenaje al sol o a la luna en su esplendor (cf. Dt 17:2-5; 2 Reyes 23:5).

Si mi tierra clama contra mí (31:38-40). La preocupación de Job por la tierra está de acuerdo con el objetivo de las leyes sabáticas que exigían dejar que la tierra descanse cada siete años (Lv 25:2-7).

Los discursos de Eliú (32:1-37:24)

Eliú hijo de Baraquel buzita (32:2). Eliú ("él es mi Dios") se presenta junto con su linaje, en estilo patriarcal. De hecho, su linaje puede remontarse a Abraham, ya que incluye a Buz, el sobrino de Abraham (Gn 22:20-21).

Se rompe como odres nuevos (32:19). El vino nuevo se vierte en odres nuevos para que éstos puedan expandirse mientras el vino fermenta.

De barro fui yo también formado (33:6). Elihú se describe a sí mismo como una vasija de barro hecha por Dios (ver 4:19; 10:9). Con esta imagen expresa su solidaridad con Job.

Del sepulcro (33:24). Un gran agujero cavado para recibir al difunto.[14]

Bate palmas contra nosotros (34:37). Ver comentarios en Job 27:23.

He aquí que sobre él extiende su luz (36:30). Para ilustrar el vasto poder de Dios, Elihú describe una poderosa tormenta en el mar (36:27-37:24). Cuando pasa, hay un gran despliegue de colores en el despejado cielo del norte, que refleja la gloria de Dios (37:21-22).

Cubre sus manos con el relámpago (36:32 (LBLA)). Baal, el dios cananeo de las tormentas (y de la fertilidad), se

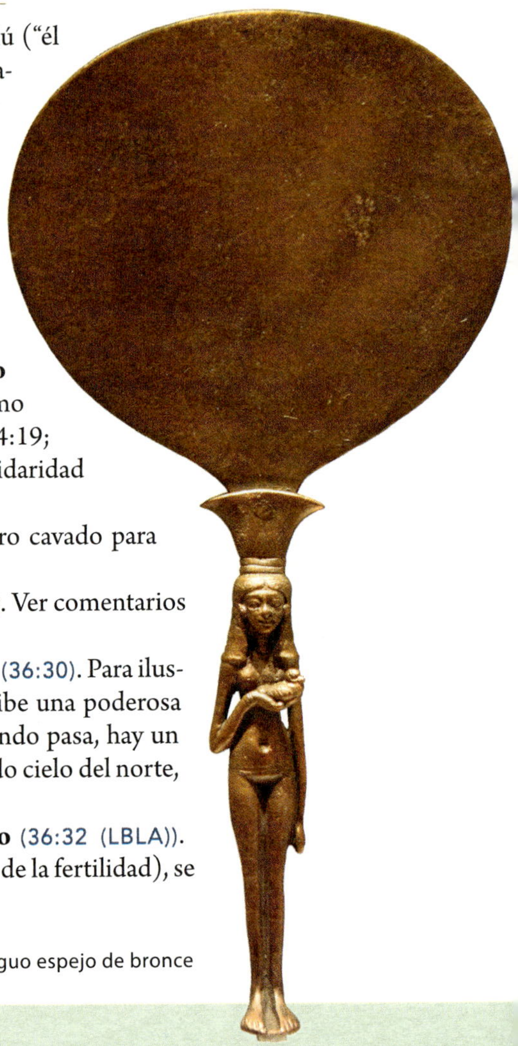

Un antiguo espejo de bronce

representa a menudo con un rayo en la mano (ver el artículo "Los cananeos y la religión cananea").

Un espejo fundido (37:18). Los espejos antiguos eran primitivos; los mejores eran de bronce pulido.

Los discursos de Yahveh ("el Señor") (38:1-42:6)

Respondió Jehová a Job desde un torbellino (38:1). La aparición de Dios suele ir acompañada de un gran despliegue de la naturaleza, lo que confirma que Dios es el que habla.

Ciñe ahora tus lomos como un hombre (38:3 (NBLA)). La palabra hebrea traducida como "hombre" implica un hombre fuerte en edad de luchar militarmente. Por lo tanto, el Señor se dirige a Job no como a un discapacitado, sino como a un hombre fuerte, desafiándolo así a un combate, uno de palabras (ver comentarios en Job 9:2-6).

Cuando yo fundaba la tierra . . . ordenó sus medidas (38:4-7). Con sabiduría, Dios hizo "planos" para el mundo. Siguiéndolos mientras creaba, proporcionó a la tierra una base segura. Hubo una gran celebración en la colocación de la piedra angular;[15] las estrellas de la mañana (i. e. Venus y Mercurio) cantaron y los ángeles gritaron con alegría.

El mar . . . brotó del vientre (38:8 (NTV)). Del vientre celestial Dios sacó el turbulento mar. Dado su enorme poder, Dios puso puertas y rejas para evitar que inundara la tierra. Para cuidar al recién nacido, Dios lo envolvió en nubes. Esta imagen nos transmite que, en su origen, el mar no era un dios maligno, como se cuenta en varios mitos del antiguo Cercano Oriente (ver comentarios en Gn 1:1), sino que fue creado por el Señor y, por lo tanto, sometido a él.

Al alba . . . Para que ocupe los fines de la tierra . . . sean sacudidos de ella los impíos (38:12-15). En sentido figurado, cada mañana los rayos del sol se apoderan de los rincones de la tierra, como si fuera un mantel, y sacuden las migajas, es decir, hacen que los malvados se escondan.

Las fuentes del mar . . . las puertas de la sombra de muerte . . . la habitación de la luz (38:16-24). La implicación aquí es que quien conoce o ha visitado las extremidades del mundo, los manantiales profundos de la tierra que alimentan los mares, las puertas de la muerte (el Seol), la morada de la luz y las fuentes del viento en el este y de la oscuridad en el oeste, tiene un poder especial sobre el universo.

Los depósitos de nieve y de granizo (38:22 (NVI)). En el antiguo Cercano Oriente se creía que detrás de la cúpula o extensión del cielo había almacenes para la nieve, el granizo, el rayo y el viento solano (ver comentarios en Gn 1:6). Estos elementos están disponibles para que Dios los utilice como armas contra los enemigos terrestres. Al igual que los agricultores hacen zanjas para regar sus campos,[16] Dios ha puesto en marcha canales para transportar el agua desde el depósito celestial para que caiga en forma de lluvia en las zonas desoladas, permitiendo que crezca la hierba como alimento para los animales salvajes (38:25-27).

La tierra deshabitada . . . tierra desierta (38:26-27). Esta imagen y los retratos de animales (38:38-39:30) muestran a Dios como el creador que cuida de las tierras más allá de la habitación humana. En el antiguo Cercano Oriente se consideraba que la tierra constaba de dos regiones: (1) la tierra sembrada, en la que los seres humanos se mantienen mediante la agricultura y el pastoreo, y (2) el desierto, donde los animales salvajes vagan libres de control humano. Dios administra ambas regiones en beneficio de sus habitantes.

¿Tiene la lluvia padre? . . . el hielo . . . la escarcha? (38:28-30). En contraste con las opiniones expresadas en varios mitos de la creación del antiguo Cercano Oriente, las diversas formas de agua (i. e., la lluvia, el rocío, la escarcha, el hielo) no se producen por procreación de los dioses, sino por los ciclos que Dios ha incrustado en el mundo.

¿Sacarás tú a su tiempo las constelaciones? (38:32). Ver comentarios en Job 9:9.

El león . . . cabras monteses . . . asno montés . . . el águila (38:39-39:30). Los animales de esta lista son salvajes, excepto el caballo. Al ser indomables, no están al servicio de los humanos. Todos ellos, desde el más pequeño hasta el más majestuoso, dependen de Dios, que ha dado a cada uno los rasgos específicos necesarios para la supervivencia.

El hambre de los leoncillos . . . al cuervo su alimento (38:39-41). La hembra del león, la más hábil cazadora, era la que proporcionaba alimento a sus cachorros. Del mismo modo, los cuervos, que se alimentaban de granos, frutas, pequeños animales, insectos y huevos,[17] buscaban comida para sus crías.

Cabras monteses (39:1-4). Palestina contaba con diversas variedades de cabras salvajes, desde las pequeñas cabras de la península arábiga hasta la gran cabra montés siria.[18] Su capacidad para trepar por terrenos escarpados y rocosos les permitía pastar en zonas fuera del alcance de los animales carnívoros.

Asno montés (39:5-8). El onagro marrón rojizo, un corredor rápido, vivía principalmente en las zonas más áridas y alejadas de los centros poblados (cf. Jer 2:24). Su libertad tenía el precio de sobrevivir con una dieta escasa. Los relieves asirios muestran partidas de caza reales que cazaban asnos monteses.

El búfalo (39:9-12). Probablemente se trata de una referencia a los ya extintos uros. Con un peso aproximado de una tonelada y dos cuernos curvados de hasta diez pies de largo, eran animales muy peligrosos. Eran herbívoros y vagaban en pequeños grupos (Dt 33:17; Sal 22:21; 92:10).[19]

Avestruz (39:13-18 (NVI)). El avestruz es un ave de aspecto extraño. Aunque no puede volar, es un veloz corredor, más rápido que el caballo, solo superado por el guepardo. Normalmente, varias gallinas comparten un nido situado en la hierba espesa.[20] La hembra dominante pone unos diez huevos, cada uno de los cuales pesa alrededor de 3 libras. Coloca los huevos en el centro. El macho y la hembra dominante se turnan para sentarse en el nido durante unas seis

Una partida de caza real egipcia cazando hipopótamos

semanas, principalmente para protegerlos del calor del sol.[21] A veces, la gallina abandona el nido, sin tener en cuenta que los huevos pueden ser pisados (cf. Lm 4:3).

El gavilán . . . el águila (39:26-30). La palabra hebrea traducida como "águila" se refiere probablemente al buitre leonado.[22] Los halcones y buitres leonados migraban entre el sur de Europa y la zona de Palestina-Siria, así como al noreste de África.

Behemot (40:15-24). El animal al que se hace referencia aquí es probablemente el hipopótamo. El macho de esta especie puede pesar más de tres mil quinientas libras. Su enorme boca, que se abre hasta cuatro pies de ancho,[23] puede cerrarse con una fuerza tremenda. Los hipopótamos consumen grandes cantidades de vegetación cada día. Para evitar que su piel se reseque, pasa gran parte del día en pantanos o bajo árboles como el loto y el sauce (o álamo) (40:22). Los lotos son originarios de Siria y de gran parte de África. Tienen racimos de flores vivas. Los álamos (o sauces) crecen a menudo en las orillas de los ríos.[24] Los dibujos de Egipto muestran a un grupo real cazando un hipopótamo; como armas utilizan anzuelos, arpones y lanzas. El hipopótamo era apreciado por su piel, grasa, dientes, colmillos y carne.[25] Los faraones los cazaban para autentificar su derecho a gobernar y su capacidad de proteger a su pueblo. También se han encontrado huesos de hipopótamo en Tell Qasile, situado al norte de Tel Aviv.[26]

Leviatán (41:1-34). El término "leviatán" en este texto suele identificarse como un cocodrilo. Los cocodrilos son comunes a lo largo del Nilo. En la antigüedad también vivían en zonas de Palestina, por ejemplo, a lo largo de la costa desde la actual Tel Aviv hasta Cesarea. En 41:1-12 se describe a Leviatán como un animal feroz y en 41:13-34 se describe a Leviatán como una criatura mítica. Dado el miedo que inspiran, los faraones cazaban a los cocodrilos para demostrar su condición divina y su capacidad de proteger a su pueblo. Algo comparable son las referencias del A. T. que exaltan al Señor como supremo sobre todas las fuerzas cósmicas al aplastar a Leviatán en la división del mar para que Israel pudiera escapar de Egipto (Sal 74:14; cf. Is 51:9-11). Esta victoria demostró que no hay rival para el dominio del Señor. Los textos escatológicos describen la victoria completa del Señor sobre Leviatán, la fuerza del mal, en la batalla final (p. ej., Is 27:1). En la literatura de los pueblos circundantes de Israel en el antiguo Cercano Oriente, Leviatán se utiliza para denotar el monstruo marino primitivo del caos que fue derrotado en la creación.

Piedra de molino (41:24). Para hacer harina, el grano se molía entre dos piedras de molino. La piedra inferior era grande y fija. Luego, una persona frotaba con una piedra de mano las cabezas de los granos en la piedra de molino inferior, moliéndolos hasta convertirlos en harina.

Un trillo (41:30 (RVR1977)). Se trataba de una pesada tabla con varios agujeros circulares simétricos en los que se colocaban piedras de sílex o basalto que sobresalían por la parte inferior. Se arrastraba sobre el grano cosechado para quitarle las cáscaras y sobre la paja para hacer el tamo.[27]

Epílogo (42:7-17)

Tomaos siete becerros y siete carneros (42:8). Dios ordenó a los tres amigos de Job que presentaran el mayor sacrificio, siete becerros y siete carneros (cf. Nm 23:1; 1 Cr 15:26), para reparar el error de haber aconsejado a Job que se arrepintiera.

El Señor lo hizo prosperar de nuevo y le dio dos veces más de lo que

antes tenía (42:10 (NVI)). La duplicación simboliza que Dios restauró completamente a su siervo fiel (cf. Is 40:2).

Llamó el nombre de la primera, Jemima (42:14). En el A. T., los nombres de las mujeres normalmente solo aparecen en una narración junto con otros personajes. Pero aquí se dan los nombres de las hijas de Job. Sus nombres son de artículos apreciados por las mujeres: Jemima, probablemente "tórtola"; Cesia, "casia, canela"; y Keren-hapuc, "cuerno de antimonio", un pequeño recipiente de minerales oscuros pulverizados que se utilizaba como sombra de ojos (2 Reyes 9:30; Jer 4:30). Sus nombres están relacionados con los sentidos: oído, olfato y vista.[28] Job también rompe la tradición al darles una herencia (ver comentarios en Nm 27:8).

Lleno de días (42:17). Dios concedió a Job una vida plena y larga; esta frase se utiliza para honrar a los patriarcas, por ejemplo, Abraham e Isaac (Gn 25:8; 35:29).

— Génesis
— Éxodo
— Levítico
— Números
— Deuteronomio
— Josué
— Jueces
— Rut
— 1 Samuel
— 2 Samuel
— 1 Reyes
— 2 Reyes
— 1 Crónicas
— 2 Crónicas
— Esdras
— Nehemías
— Ester
— Job

— Salmos

— Proverbios
— Eclesiastés
— Cantares
— Isaías
— Jeremías
— Lamentaciones
— Ezequiel
— Daniel
— Oseas
— Joel
— Amós
— Abdías
— Jonás
— Miqueas
— Nahúm
— Habacuc
— Sofonías
— Hageo
— Zacarías
— Malaquías

Salmos

CHRISTINE BROWN JONES

Introducción. Algunos de los salmos se atribuyen a varios individuos (o grupos) y la vida de estos individuos/grupos abarca más de ochocientos años. Por lo tanto, es evidente que ¡el libro de los Salmos no se produjo de la noche a la mañana!. El libro de los Salmos contiene varias colecciones más pequeñas reunidas según el título/autoría o contenido. Con el tiempo, Israel reunió estas colecciones más pequeñas en otras más grandes y finalmente reunió la colección completa de 150. Dividieron el libro completo en cinco libros más pequeños: Libro I (Sal 1-41), Libro II (Sal 42-72), Libro III (Sal 73-89), Libro IV (Sal 90-106) y Libro V (Sal 107-150). Algunos estudiosos sugieren que esta quíntuple división puede reflejar los cinco libros de la Torá/Pentateuco.

Encabezados y títulos. De los 150 salmos, 116 contienen algún tipo de título o encabezado. En el texto hebreo, estos encabezados y títulos constituyen el verso 1 en el sistema de numeración de los versos, pero en nuestras traducciones al español se han adelantado y apartado como encabezados o títulos y no se utilizan en absoluto como parte del sistema de numeración de los versos. Los títulos sirven para varios propósitos, como asignar la autoría o el título de una colección, identificar el estilo, señalar las instrucciones musicales o de adoración y proporcionar un posible contexto histórico para entender el salmo (p. ej., varios salmos de David se refieren a acontecimientos históricos de su vida). Muchos títulos de los salmos mencionan nombres de personas o grupos y a menudo se asume que la persona o personas nombradas deben haber sido autoras directas del salmo. Sin embargo, este no es necesariamente el caso. La construcción gramatical hebrea de estos títulos permite una gama mucho más amplia de posibilidades. Los salmos asignados a una persona (o grupo)

Una pequeña estatua de un egipcio tocando un arpa

en particular pueden haber sido escritos por esa persona, encargados por esa persona, escritos en honor a esa persona o escritos en el mismo estilo que esa persona. La designación también puede indicar la responsabilidad durante la adoración. David y los levitas nombraron a familias específicas (Hemán, Asaf, Etán y otros) como músicos del templo (1 Cr 15:16-21). Independientemente del propósito de anotar los nombres, no podemos negar la importancia de esos individuos/grupos en el desarrollo y liderazgo de la adoración en Israel. Dada la incertidumbre sobre la autoría, me referiré al escritor de los salmos simplemente como el salmista, aunque reconozco la influencia de numerosos salmistas a lo largo del libro.

Muchos aspectos de los títulos siguen sin estar claros, especialmente las anotaciones musicales y de estilo. Algunos títulos hacen referencia a la instrumentación y a la melodía (p. ej., Sal 5 (NVI): "con flautas"; Sal 22 (NVI): "Sígase la tonada de «La cierva de la aurora»"). Otros términos señalan información literaria sobre la forma. Algunos de los términos frecuentes, como "oración" y "salmo", se entienden fácilmente, pero hay otros términos frecuentes, como *miktam* y *maskil*, que son ambiguos y no se entienden claramente ni siquiera por los estudiosos.

Libro I: Salmos 1-41

Introducción. Con pocas excepciones (sobre todo Sal 1 y 2), los salmos del Libro I se asocian a David por la mención de éste en los títulos.

Feliz el hombre que (1:1(DHH)). El salmo comienza con una palabra hebrea traducida como "feliz" (en otras traducciones se lee "bienaventurado"), que el público antiguo entendía como bienestar general o una sensación de que la vida estaba bien o en equilibrio. No entendían que "feliz/bienaventurado" significara perfección o ausencia de realidades negativas.

Su delicia... la ley de Jehová (1:2). La palabra hebrea traducida como "ley" es *torá*. La enseñanza de la vida correcta y ordenada preocupaba mucho a los maestros de sabiduría de la época. Creían que Dios había creado un mundo ordenado y que los seres humanos tenían la responsabilidad de vivir correctamente dentro de ese orden.[1] Mientras que los primeros maestros de la sabiduría encontraron ese orden principalmente en el mundo natural, los maestros posteriores añadieron la *torá* como una fuente igualmente importante. Estos maestros entendían que la torá era algo más que los cinco primeros libros del A.T., cuyo título en hebreo es *Torah*. Para ellos, todas las leyes de Dios representan la *torá*, y por lo tanto la *torá* podía encontrarse en otras Escrituras, incluyendo los salmos.[2]

Como el tamo (1:4). El tamo es el resultado del proceso de aventado, que los agricultores israelitas conocían bien (ver comentarios en Rut 3:2). Para separar el grano aprovechable de su cáscara, utilizaban una herramienta con forma de horquilla para lanzar el grano al aire. Con la brisa, el grano más pesado caía en la era y el tamo inservible era arrastrado por el viento.

Con la brisa, el grano más pesado caía a la era y el tamo inservible era arrastrada por el viento.

¿Por qué se amotinan las gentes? (2:1). La zona de Israel/Judá y sus alrededores representa la patria tradicional de muchos grupos étnicos, como los cananeos, edomitas, moabitas y amonitas, entre otros. Los escritores bíblicos registraron algunas de las antiguas enemistades entre estos grupos, especialmente en los libros de Josué a 2 Reyes. Otros enemigos externos amenazantes incluían grandes imperios como Egipto, Asiria y Babilonia. A menudo, estas naciones amenazaban la seguridad y la estabilidad de Israel/Judá mediante batallas o invasiones y, al hacerlo, asumían la superioridad de sus propios dioses.

Yo he puesto mi rey (2:6). En el antiguo Cercano Oriente existían varias ideologías respecto a la monarquía. Algunas naciones creían que su rey era un dios, mientras que otras entendían que su rey era un representante de su dios/dioses entre el pueblo, pero que era elegido y nombrado por los dioses. Muchos consideraban que la principal tarea del rey era proporcionar orden, estabilidad y seguridad a la nación. Una tarea secundaria era extender el dominio de su dios mediante la expansión del reino. Los israelitas ciertamente no consideraban a su rey como un dios, pero reconocían a su rey como representante de Dios con poder y libertad limitados (Dt 17:14-20). En Israel, Dios elegía y ungía a los reyes a través de los profetas, y los reyes, a su vez, eran responsables ante Dios, no ante el pueblo. Como se detalla en 1-2 Samuel y 1-2 Reyes, Israel y Judá tuvieron experiencias dispares con la monarquía. Sus reyes a menudo pecaban mucho e incluso a veces llevaban a su pueblo a adorar a otros dioses. Sin embargo,

Una imagen de 1940 de Oriente Medio, agricultores aventando grano.

a veces sus reyes también extendían el reino, protegían al pueblo en situaciones difíciles y ocasionalmente traían prosperidad económica.

Sion, mi santo monte (2:6). Los salmos utilizan a veces como sinónimos "monte Sión", "Jerusalén", "tabernáculo de reunión", "templo" y "santo monte" para representar el lugar donde Dios habitaba en la tierra. Esta morada estaba simbolizada por el arca del pacto en el lugar santísimo del tabernáculo y posteriormente en el templo.

Tú eres mi hijo. Hoy he llegado a ser tu Padre (2:7(NTV)). Basado en el pacto davídico, el rey ungido se convirtió en hijo adoptivo de Dios. Este pacto, que se encuentra en 2 S 7, comenzó cuando Dios estableció una dinastía duradera a través de David y sus descendientes. Como hijo adoptivo y ungido de Dios, el rey tenía acceso al poder de Dios en nombre de la nación. Es difícil sobrestimar la importancia de este pacto en la vida de Israel/Judá, ya que se menciona como factor motivador de varias acciones en los libros históricos, los profetas y los Salmos. En muchas regiones del antiguo Cercano Oriente la relación entre el rey y su dios principal se describía en términos de una relación padre-hijo.

Cuando huía de delante de Absalón su hijo (título de Sal 3). Este título hace referencia a un escenario histórico (2 S 15-18) que recoge el relato del conflicto de David con Absalón, pero no se menciona nada más en el cuerpo del salmo que haga alusión directa a este acontecimiento. David, y por extensión la nación, tenía numerosos enemigos, tanto internos como externos. Absalón puede representar poéticamente a los enemigos en general, y el debate sobre los enemigos no tiene por qué limitarse a él.

Escudo alrededor de mí (3:3). Ver el artículo "La guerra en el Antiguo Testamento". El salmista menciona un escudo como metáfora de la protección de Dios. El arma defensiva a la que se refiere es un escudo redondo, fácilmente maniobrable, que se lleva en el antebrazo para proteger el pecho y los brazos. La terminología de este salmo implica una batalla cuerpo a cuerpo, que era común en aquella época. El salmista también menciona los golpes en la mejilla y la rotura de dientes, que se producían en esas batallas cuerpo a cuerpo (3:7).

Buscaréis la mentira (4:2). Aunque la ley ordenaba adorar solo al Señor, el pueblo vivía con la constante tentación de adorar a otros dioses y diosas. Aunque no entendamos del todo su tentación, dada nuestra antigua creencia en el monoteísmo, tenemos que darnos cuenta de que la mayoría de la gente en general en el antiguo Cercano Oriente probablemente apenas podía concebir algo como el monoteísmo. Los israelitas solían seguir desobedientemente al dios cananeo Baal o a la diosa Asera (ver el artículo "Los cananeos y la religión cananea"). Numerosos textos bíblicos culpan a los líderes, especialmente a los reyes, de llevar al pueblo a la apostasía. A lo largo de los salmos, los lectores encuentran términos y frases que aluden a este complejo contexto religioso.

Castígalos, oh Dios (5:10). El pueblo reconoció a Dios como un juez justo y verdadero de todas las personas (tanto de su pueblo del pacto como de las naciones). El carácter recto de Dios garantizaba un juicio perfecto. La justicia de Dios no se limitaba a respuestas punitivas. Puede ser útil considerar la imagen de una balanza. En su concepto de justicia Dios mantenía la balanza nivelada o "correcta". Las acciones positivas recibían recompensas mientras que las negativas recibían algún tipo de castigo.

Una talla mural asiria que representa al dios Asur con el arco tensado, volando hacia la batalla por encima del rey asirio.

En el Seol, ¿quién te alabará? (6:5). El pueblo de Israel/Judá, a lo largo de gran parte del A. T., creía que todas las personas, justas e injustas, acababan en el Seol (la NVI a menudo lo traduce como "sepulcro"), que era el inframundo o el lugar de los muertos (ver comentarios en Is 38:10). La gente temía al Seol por varias razones. Obviamente, la presencia en el Seol significaba la muerte. Además, significaba perder el acceso a Dios, incluyendo la capacidad de alabar a Dios o de invocar su justicia o su misericordia. Incluso los fieles en esta etapa de la revelación bíblica tenían poco o ningún concepto de la resurrección. El salmista a menudo trataba de motivar la sanación de Dios mencionando que la muerte afectaba a la relación entre Dios y el salmista.

Jehová juzgará a los pueblos (7:8). Ver comentarios en Sal 5:10.

Mi escudo (7:10). Ver comentarios en Sal 3:3.

Ha preparado armas de muerte (7:13). En todo el antiguo Cercano Oriente hay numerosas representaciones, tanto en la literatura como en las obras de arte, de los dioses paganos blandiendo diversas armas mortales (espadas, arcos, mazas, garrotes, etc.).

Ha labrado saetas ardientes (7:13). Esto puede ser una alusión a la práctica de sumergir las puntas de las flechas en brea y luego encenderlas justo antes de que el arquero dispare las flechas. Sin embargo, a menudo en el A. T., cuando Dios utiliza un arco y una flecha, las flechas son rayos (ver comentarios en Sal 18:14).

Cuando veo tus cielos. . . La luna y las estrellas (8:3). Aquí el salmista alaba el poder creador del Señor y al hacerlo establece la capacidad única del Señor para gobernar la tierra. El hecho de que solo Dios es el creador que gobierna desde los cielos estableció para el pueblo una base fundamental para confiar en Dios. En todo el antiguo Cercano Oriente, la gente solía creer que la luna y las estrellas eran dioses y diosas. Aquí, como en toda la Escritura, la luna y las estrellas se presentan como parte de la gran creación del Señor (ver comentarios en Gn 1:14; Dt 17:3; 2 Reyes 17:16).

Le hiciste señorear sobre las obras de tus manos (8:6). Este salmo declara un aspecto importante del orden de Dios en la tierra: el ser humano ocupa un lugar de honor dentro del orden creado y es responsable de las criaturas terrestres. Este honor y esta responsabilidad coinciden con Gn 1, especialmente con el mandato de Dios en 1:28 para los seres humanos "llenad la tierra, y sojuzgadla".

Te has sentado en el trono juzgando con justicia (9:4). Como un monarca terrenal, Dios gobierna y juzga la tierra. A diferencia del monarca terrenal, Dios lo hace con perfecta justicia y rectitud (ver comentarios en Sal 5:10). El concepto de que los dioses se sentaban en tronos era común en todo el antiguo Cercano Oriente.

El Señor es refugio de los oprimidos (9:9 (NVI)). A lo largo del A. T. se incluyen a menudo varios grupos de personas en la categoría de oprimidos (p. ej., indefensos, vulnerables, perseguidos). Se trata de los pobres, las viudas, los huérfanos, los extranjeros, las víctimas de la desgracia, los inocentes, los débiles y los desvalidos. La ley establece una serie de concesiones para esta clase, incluyendo protecciones legales y económicas especiales y otras ayudas. Los justos son responsables de cuidar a las personas en estas situaciones; en cambio, los que explotan a estas personas están fuera de lugar o son injustos.

Las puertas de la muerte (9:13). Ver comentarios en Sal 6:5; Is 38:10.

Hija de Sion (9:14). Ver comentarios en Sal 2:6.

Jehová es Rey eternamente y para siempre (10:16). Aunque el pueblo tiene un rey terrenal, el salmista les recuerda que el Señor es el rey definitivo, que gobierna y defiende al pueblo oprimido.

Jehová está en su santo templo . . . tiene en el cielo su trono (11:4). La morada terrenal de Dios era el templo de Jerusalén, donde el pueblo albergaba el arca de la alianza. Sin embargo, esta morada terrenal no limitaba a Dios a la tierra o a las limitaciones terrenales.

¿Hasta cuándo, Jehová? (13:1). El Salmo 13 comienza con una serie de preguntas del

Estela del dios egipcio con cabeza de halcón Ra-Horajty, sentado en un trono

salmista. Este cuestionamiento a Dios se inscribe en una larga tradición de personajes del A.T. que lo hacen, como Abraham, Moisés y Job, y se fundamenta en los valores de la relación de pacto. En el caso del Sal 13, cuanto más tiempo pasa Dios sin actuar, más argumentos tienen los enemigos del salmista para creer que van a triunfar.

De Sion (14:7). Ver comentarios en Sal 2:6.

En tu tabernáculo. . . en tu monte santo (15:1). La primera morada terrenal de Dios fue el tabernáculo, una tienda portátil que albergaba el arca del pacto y podía trasladarse cuando era necesario (ver comentarios en Ex 25:10-22). Después de que Salomón construyera el templo (1 Reyes 6-8), la tienda sagrada de Dios (el tabernáculo) se convirtió en sinónimo de templo. El Salmo 15 implica que solo los justos tienen acceso al templo y, por lo tanto, a Dios.

Aquellos que sirven diligentes a otro dios (16:4). Ver comentarios en Sal 4:2.

Jehová es la porción de mi herencia y de mi copa (16:5). El salmista expresa su satisfacción por su "porción". Los términos de los versículos 5-6 reflejan la distribución de la tierra descrita en el libro de Josué. Es el Señor quien repartió la tierra y, por ello, el salmista adorará al Señor en vez de a las deidades de los habitantes anteriores.

La diosa egipcia Isis con las alas protectoras extendidas

A tu diestra (17:7). La mano derecha (cf. 17:14) representa un lugar de apoyo y protección.

Sombra de tus alas (17:8). Aunque esto puede referirse a la seguridad de una madre pájaro, los antiguos israelitas probablemente también consideraban a los querubines, las criaturas aladas representadas en el arca y en el templo (ver comentarios en 1 Reyes 6:23-28; Ez 10:1).

El día que le libró Jehová . . . de mano de Saúl (título del Sal 18). El Salmo 18 establece el contexto histórico del salmo como el momento en que Dios liberó a David de sus enemigos y de Saúl. El mismo salmo se incluye en 2 S 22:1-51 hacia el final del reinado de David y después de otra batalla con los filisteos (ver comentarios en 2 S 22:10, 13; 22:11).

El Señor es mi roca . . . mi Dios es mi roca (18:2 (NTV)). Una de las palabras hebreas utilizadas en este versículo representa la imagen de una pared rocosa escarpada en la que se puede refugiar y esconder. A la luz de la geografía de Israel, los riscos del monte Arbel, cerca del mar de Galilea, o las colinas rocosas cerca del mar Muerto serían buenas representaciones de dicha roca.

Mi escudo (18:2). Ver comentarios en Sal 3:3.

La tierra fue conmovida y tembló (18:7). El Salmo 18:7-16 también describe una teofanía, una aparición de Dios. En el A. T., fenómenos naturales como terremotos, tormentas eléctricas y humo acompañaban a menudo estas apariciones. La relación entre el creador y el mundo creado es tal que el mundo responde cuando Dios aparece. En este caso, Dios aparece para rescatar a David de sus enemigos.

Cabalgó sobre un querubín (18:10). Ver comentarios en 2 S 22:11.

Envió sus saetas . . . Lanzó relámpagos (18:14). En el antiguo Cercano Oriente, los dioses son representados frecuentemente como guerreros, a veces armados con arco y flechas. Asimismo, el rayo suele ser una de sus temibles armas (ver comentarios en 2 S 22:10, 13).

Me ha recompensado Jehová (18:24). Ver comentarios en Sal 5:10.

Escudo es (18:30). Ver comentarios en 2 S 22:36.

Grandes triunfos da a su rey (18:50). La intercesión extrema del Salmo 18 se relaciona con la relación de pacto de Dios con David (ver comentarios en Sal 2:7).

Los cielos cuentan la gloria de Dios (19:1). Los seis primeros versos del Salmo 19 abordan la relación entre Dios y la creación. La creación de Dios da testimonio de su actividad creadora (sin necesidad de palabras o sonidos, 19:3).

La ley de Jehová es perfecta (19:7). El salmista utiliza varios sinónimos de ley, como estatutos, preceptos, mandatos y decretos (vv. 7-9). Nuestra comprensión de esta ley no debe limitarse únicamente a las enseñanzas de la Torá/ Pentateuco (ver comentarios en Sal 1:2).

Dulces más que miel (19:10). Ver comentarios en Ex 3:8, 17; Dt 6:3.

Te envíe ayuda desde el santuario (20:2). Ver comentarios en Sal 2:6.

Haga memoria de todas tus ofrendas . . . tu holocausto (20:3). Ver los numerosos comentarios en Lv 1:1-7:38. El Salmo 20 enfatiza momentáneamente los sacrificios y las ofrendas (este enfoque se renueva en el Libro II). La adoración israelita incluía una serie de sacrificios y ofrendas por el pecado conocido, el pecado desconocido, la acción de gracias y la comunión. Los israelitas sacrificaban animales (toros, ovejas, cabras, palomas o pichones sin mancha) y grano. Su sistema de sacrificios constituyó una parte importante de la adoración hasta la destrucción del segundo templo en el año 70 d. C.

Jehová da la victoria a su ungido (20:6 (RVR1977)). Ver comentarios en 2 S 22:21-25; Sal 2:7.

El rey se alegra en tu poder, oh Jehová (21:1). Ver comentarios en Sal 2:6; 2:7.

Como horno de fuego (21:9). Ver comentarios en Mal 4:1.

Dios mío, Dios mío, ¿por qué me has desamparado? (22:1). Sobre la base de cuestionar a Dios, ver comentarios en Sal 13:1.

Pero tú eres santo, Tú que habitas entre las alabanzas de Israel (22:3). Ver comentarios en Sal 10:16.

En ti esperaron nuestros padres (22:4). Aquí "padres" (i.e., los antepasados) incluyen cualquiera de las personas del pacto desde Abraham hasta la época actual.

Del vientre . . . el vientre de mi madre (22:9-10). La fe y la relación del salmista con Dios comenzaron al principio de su vida. Aquí el salmista da crédito a la fidelidad de su madre por la suya. Las madres proporcionaban la primera fuente de enseñanza, lo cual es probablemente una de las razones por las que la ley prohibía casarse con mujeres extranjeras. Si estas mujeres enseñaban a sus hijos sobre otros dioses, la nación no tardaría en alejarse del Señor.

Muchos toros . . . Fuertes toros de Basán . . . león rapaz y rugiente . . . perros . . . cuernos de los búfalos (22:12-21). Los animales ocupan un lugar destacado en Sal 22. Los toros, los búfalos y los leones representaban la fuerza; de hecho, los adoradores de otros dioses utilizaban a menudo el toro como imagen de su dios (Baal es el más destacado) (ver al artículo "Los cananeos y la religión cananea"). Basán era una región al este del Mar de Galilea, famosa por su ganado (ver comentarios en Amós 4:1).

La congregación (22:22). Cuando el pueblo se reunía para el culto y/o la instrucción, se les llamaba "la congregación". En diferentes momentos se reunían fuera del tabernáculo, en el templo y, mucho más tarde, en las sinagogas.

Jehová es mi pastor (23:1). Los pastores eran una visión frecuente para los que vivían en el sur de Israel, y en varios lugares la Biblia menciona el pastoreo. Los reyes del antiguo Cercano Oriente a menudo se referían a sí mismos como "pastores" (ver comentarios en Jer 23:1; Ez 34:2). Asimismo, la imagen del pastor se aplicaba con frecuencia a las deidades.

Aderezas mesa delante de mí (23:5). Esto retrata a Dios como el anfitrión acogedor, incorporando las expectativas típicas de la hospitalidad comunes en la época. La hospitalidad en el antiguo Cercano Oriente implicaba abrir la casa a los transeúntes, ofreciendo comida y seguridad.

Unges mi cabeza con aceite (23:5). Dadas las condiciones de suciedad del viaje, era apropiado ofrecer la unción de la cabeza y también de los pies como medio de limpieza. Esta unción también recordaba al pueblo la unción de los reyes. En la investidura, la cabeza del rey era ungida con aceite (ver comentarios en 1 Reyes 1:39).

Colección de báculos del antiguo Egipto

La fundó sobre los mares . . . sobre los ríos (24:2). El Salmo 24 comienza con una declaración de Dios como creador. Dios fundó y estableció la tierra sobre los mares. Los lectores deben recordar Gn 1:2 y a Dios moviéndose sobre las aguas antes de crear.

Monte de Jehová . . . su lugar santo (24:3). Ver comentarios en Sal 2:6.

Ni jurado con engaño (24:4). Ver comentarios en Sal 4:2.

Alzad, oh puertas, vuestras cabezas. Y alzaos vosotras, puertas eternas (24:7). Las murallas rodeaban Jerusalén, como la mayoría de las ciudades importantes de la región. A la llegada del rey, se abrieron las puertas y el pueblo celebró su llegada.

Este Rey de gloria (24:8,10). Este salmo identifica al Señor creador como el verdadero y digno rey de Israel. Sobre el Señor como rey, ver comentarios en Sal 10:16.

No sea yo avergonzado (25:2). Los pueblos del antiguo Cercano Oriente vivían en una cultura de honor y vergüenza. La gente valoraba el honor y podía conseguirlo a través de varios medios, como la victoria, la riqueza, la salud y el tener muchos hijos (sobre todo hijos varones). La vergüenza se manifestaba en la pérdida, la enfermedad, la esterilidad y otras situaciones negativas. Teniendo en cuenta la comprensión que tenía Israel de la justicia de Dios (ver comentarios en Sal 5:10), a menudo equiparaban la vergüenza con la injusticia o la infidelidad. Por lo tanto, los justos querían evitar la vergüenza y se ofendían cuando los enemigos los avergonzaban de alguna manera. Buscaban a Dios para que corrigiera el historial y restaurara su honor. Además, a menudo deseaban que Dios avergonzara legítimamente al enemigo.

Enséñame . . . Encamíname (25:4-5). Sobre la ley de Dios, ver comentarios en Sal 1:2.

A ellos hará conocer su pacto (25:14). Ver comentarios en 2 S 7:11, 16.

En mi integridad he andado (26:1). Es importante entender que los israelitas no equiparaban el ser irreprochable (o justo) con la ausencia de pecado. Un deseo consistente de permanecer dentro del orden de Dios y seguir las leyes de Dios resultó en la rectitud.

Lavaré en inocencia mis manos, Y así andaré alrededor de tu altar (26:6). La rectitud personal permite entrar en el templo y unirse a la congregación para alabar al Señor.

La habitación de tu casa. . . la morada de tu gloria (26:8). Ver comentarios en Sal 2:6.

En las congregaciones (26:12). Ver comentarios en Sal 22:22.

Mis adversarios y mis enemigos, tropezaron y cayeron (27:2 (NBLA)). Los enemigos a menudo no se nombran, por lo que son difíciles de identificar con precisión. Los salmos suelen describir a estos enemigos como injustos, infieles, malvados y arrogantes. Amenazaban física y emocionalmente a los justos y podían llevar a los fieles a dudar de la justicia de Dios, de ahí las frecuentes llamadas a la acción de Dios en los salmos.

Él me esconderá en su tabernáculo (27:5). Además de ser un lugar de adoración, el templo proporciona seguridad y protección. Los criminales podían buscar asilo en los santuarios o templos de su nación (cf. Joab y Adonías en 1 Reyes 1-2). En los salmos, los justos buscan ese asilo.

En su santuario ofreceré sacrificios con gritos de alegría (27:6 (NTV)). Ver comentarios en Sal 20:3.

Enséñame, oh Jehová, tu camino (27:11). Ver comentarios en Sal 1:2.

Alzo mis manos hacia tu santo templo (28:2). Aunque no se pudiera llegar al templo, una persona justa podía orar en esa dirección y ser escuchada.

Dales conforme a su obra (28:4). Ver comentarios en Sal 5:10.

Tributad a Jehová, oh hijos de los poderosos (29:1). La frase hebrea traducida como "hijos de los poderosos" puede traducirse literalmente como "hijos de los dioses", lo que reconoce una época en la que el pueblo creía que existían otras deidades (al menos poéticamente), pero que el Señor era su Dios y el Dios altísimo (ver comentarios en Sal 4:2). En este caso, los otros dioses están reconociendo lo mismo al atribuir el esplendor al Señor.

Voz de Jehová (29:3-9). Salmos 29 describe una teofanía (ver comentarios en Sal 18:7).

Cedros del Líbano (29:5). El Líbano estaba situado al norte de Israel y era famoso por su madera, especialmente por su fuerte y hermoso cedro (ver comentarios en Ez 27:5).

Sirión (29:6). Sirión es otro nombre del monte Hermón y está situado en la región norte de Israel.

El desierto de Cades (29:8). Este desierto está ubicado en el sur de Israel/Judá.

Monte Hermón (Sirión) con nieve

El Señor tiene su trono (29:10 (NVI)). Ver comentarios en Sal 10:16.

En el diluvio (29:10). La mención del diluvio recuerda a los lectores el diluvio de Gn 6-9 (ver comentarios en Gn 6:7). La misma palabra hebrea se utiliza en ambas partes.

Seol . . . la sepultura (30:3). El Seol y la sepultura son nombres que se refieren al reino de los muertos (ver comentarios en Sal 6:5; Is 38:10).

Desataste mi cilicio (30:11). Los habitantes del antiguo Cercano Oriente solían vestirse con cilicio para representar el luto, la desesperación y/o el arrepentimiento (ver comentarios en 1 Reyes 20:31).

Jamás permitas que me avergüencen (31:1 (NVI)). Ver comentarios en Sal 25:2.

Ídolos vanos (31:6 (NVI)). Ver comentarios en Sal 4:2.

Estoy en angustia (31:9). En este caso, la angustia del salmista es una dolencia o enfermedad física. Dada la brevedad de la descripción, es difícil determinar la naturaleza exacta de las dolencias. A veces la gente consideraba la enfermedad como una consecuencia justa del pecado (como los amigos de Job), y otras veces como una aflicción que Dios sanaría. Las enfermedades relacionadas con el pecado de la persona requerían el arrepentimiento para que se produjera la sanidad. En cualquier caso, la enfermedad solía provocar la vergüenza de la persona afligida. La enfermedad no solo era difícil en cuanto a soportar el dolor, realizar las tareas cotidianas o participar en situaciones sociales, sino que también podía afectar la limpieza para la adoración. Si la enfermedad conllevaba algún tipo de secreción (p. ej., de infección o lepra), no se permitía al individuo entrar en el templo. La enfermedad aislaba a los individuos del resto de la sociedad (ver comentarios en Lv 13:46).

Todos mis enemigos me desprecian (31:11 (NTV)). Tal vez la enfermedad provocó una distorsión física o los enemigos utilizaron la enfermedad como motivo para burlarse del salmista, o ambas cosas.

Se envejecieron mis huesos . . . Se volvió mi verdor (32:3-4). Estas frases también implican una enfermedad de algún tipo (ver comentarios en Sal 31:9).

Te haré entender, y te enseñaré (32:8). Ver comentarios en Sal 1:2.

Arpa . . . decacordio (33:2). Ver el artículo "Instrumentos musicales en Israel y el antiguo Cercano Oriente"; ver comentarios en 1 Cr 6:31.

Por el soplo de su boca, las estrellas (33:6 (NVI)). Ver comentarios en Gn 1:14.

Él junta como montón las aguas del mar (33:7). La actividad creadora de Dios está ligada a las aguas (ver comentarios en Gn 1:1; Sal 24:2).

Porque él dijo, y fue hecho (33:9). Esto es una referencia a la creación de Dios a través de la palabra (ver comentarios en Gn 1:3).

Cuando fingió . . . ante Abimélec (título de Sal 34 (NVI)). La anotación histórica hace referencia a un acontecimiento de la época premonárquica de David, cuando huyó de Saúl y buscó protección en Filistea (ver el artículo

Músico de Ur tocando una pequeña arpa de diez cuerdas que tiene una caja de resonancia en forma de toro

"Los filisteos"). El registro bíblico más completo de este relato se encuentra en 1 S 21:10-15.

En 1 Samuel, sin embargo, el rey filisteo es identificado como Aquis, rey de Gat. Génesis 26:1 se refiere a un rey Abimelec de Filistea, pero esa narración recuerda la vida de Isaac, mucho antes de la época de David. Independientemente del nombre del rey, David fingió locura porque temía al rey. Como ocurre con otras referencias históricas en los títulos, la interpretación del salmo no debe limitarse a esta única referencia.

El ángel de Jehová (34:7). Esta frase aparece unas cincuenta veces en el A. T., sobre todo en los libros narrativos e históricos. En los salmos, la frase aparece tres veces (34:7; 35:5, 6). Este mensajero, que a menudo aparece en forma humana, actuaba en nombre de Dios para comunicarse o actuar en el mundo. A veces los textos narrativos equiparan al ángel con Dios, y otras veces parecen distinguirlos.[3]

Echa mano al escudo (35:2). Ver comentarios en 2 S 22:36; Sal 3:3.

Levanta tu lanza y tu jabalina (35:3 (NTV)). A diferencia del escudo, estas eran armas ofensivas y no defensivas (ver el artículo "La guerra en el Antiguo Testamento"; ver comentarios en 2 S 22:36; 22:38-39).

Sean avergonzados y confundidos (35:4). Ver comentarios en Sal 25:2.

Me vestí de cilicio (35:13). El duelo por la enfermedad (propia o ajena) era una práctica habitual (ver comentarios en 1 Reyes 20:31; Sal 30:11).

Mis enemigos traicioneros (35:19 (NVI)). Ver comentarios en Sal 27:2.

Sean avergonzados y confundidos . . . Vístanse de vergüenza (35:26). Ver comentarios en Sal 25:2.

Sombra de tus alas (36:7). Ver comentarios en Sal 17:8.

Por causa de tu indignación no hay nada sano en mi cuerpo (38:3 (NVI)). Sobre una discusión acerca de la enfermedad, ver comentarios en Sal 31:9. En este caso, el salmista entiende su enfermedad como consecuencia del pecado.

A los que se desvían tras la mentira (40:4). Ver comentarios en Sal 4:2.

Sean avergonzados y confundidos (40:14). Ver comentarios en Sal 25:2.

Bienaventurado el que piensa en el pobre (41:1). Ver comentarios en Sal 9:9.

Jehová lo sustentará sobre el lecho del dolor (41:3). Ver comentarios en Sal 31:9.

Libro II: Salmos 42-72

Introducción. Como en el Libro I, muchos de los salmos del Libro II incluyen la frase "de David" en sus títulos (encabezados). Sin embargo, un grupo de salmos titulado "Hijos de Coré" (Sal 42-49) aparece al principio del Libro II. El nombre Coré aparece en una genealogía de Leví en Ex 6:21, 24 (dos personas diferentes), y también en 1 Cr 6:22. En Nm 16 un hombre llamado Coré lidera una rebelión drásticamente fallida contra Moisés. No está claro cómo se relaciona el Coré de los Salmos con los mencionados en Éxodo, Números y 1 Crónicas. Por lo tanto, no está claro quién escribió exactamente las colecciones de los "Hijos de Coré". Algunos salmos del Libro II no incluyen ningún nombre en sus títulos (Sal 43, 66, 67, 71), y uno se atribuye a Asaf (Sal 50).

De cómo yo fui con la multitud, y la conduje hasta la casa de Dios (42:4). El salmo no da una razón por la que el salmista ya no va al templo a adorar. La "casa de Dios" probablemente se refiere al templo. Las posibilidades para la exclusión de la adoración incluyen la impureza ceremonial, la distancia geográfica del templo, o potencialmente un momento en que el templo fue destruido (después de 586 a. C.).

Desde la tierra del Jordán, Y de los hermonitas, desde el monte de Mizar (42:6). La cabecera del río Jordán procede de los arroyos del monte Hermón, en el norte de Israel, a través del mar de Galilea y hacia el sur hasta el mar Muerto. El monte Mizar está asociado al monte Hermón.

Tu santo monte . . . tus moradas (43:3). Ver comentarios en Sal 2:6.

Tú con tu mano echaste las naciones, y los plantaste a ellos (44:2). Este salmo se refiere a la actuación de Dios en la conquista de Canaán (descrita en el libro de Josué), la tierra que Dios prometió a los antepasados mediante el pacto con Abraham. Aquí todo el éxito se atribuye a Dios, no a los líderes humanos.

Tú, oh Dios, eres mi rey (44:4). Ver comentarios en Sal 10:16.

No sales con nuestros ejércitos (44:9). En este sentido, el éxito militar dependía de la fuerza y la presencia de Dios, no del poder del ejército humano. Si Dios no estaba presente, la derrota era segura.

Nos entregas (44:11). Hay muchos casos en donde Israel/Judá fue oprimido por otras naciones desde la época de los jueces hasta el exilio y más allá.

Mi vergüenza está delante de mí . . . confusión (44:15). Ver comentarios en Sal 25:2.

No nos hemos olvidado de ti, Y no hemos faltado a tu pacto (44:17). La realidad de ser derrotados de tal manera desafió su comprensión de su relación de pacto con Dios. Si hubieran sido falsos, su derrota estaría justificada, pero no creen que sea así.

Despierta; ¿por qué duermes, Señor? (44:23). Muchas veces el pueblo siente que debe despertar a Dios para provocar la acción de Dios en su favor. Esta acción parecía necesaria cuando no creían que Dios estaba cumpliendo su responsabilidad en el pacto.

La cabecera del río Jordán

Redímenos por causa de tu misericordia (44:26). Su petición de ayuda y de la acción de Dios se basa en la relación de pacto de Dios (amor inagotable).

Canción de amores (título de Sal 45). Único en el salterio, este salmo representa a una princesa que agasaja a su novio real y pide a Dios que esté con el novio. Se desconoce el escenario específico de este salmo, pero una comprensión general de la búsqueda de pareja real puede ayudar a entender el salmo. Los reyes de los reinos grandes y pequeños se relacionaban regularmente entre sí mediante acuerdos de comercio, protección u otras acciones beneficiosas. A menudo, las familias reales fomentaban estas relaciones arreglando matrimonios entre ellos o sus hijos (ver comentarios en Cnt 6:9). Sin duda, Salomón adquirió a muchas de sus esposas de esta manera (ver comentarios en 1 Reyes 3:1), pero no fue el único que adquirió esposas de esta forma. Mientras que políticamente estos arreglos fomentaban los reinos, en Israel tales matrimonios rompían las leyes del pacto respecto a casarse con mujeres extranjeras.

Sobre palabra de verdad, de humildad y de justicia (45:4). Todos estos son rasgos de un monarca ideal (ver comentarios en Sal 2:6).

Tu trono, oh Dios, es eterno y para siempre (45:6). No está claro a quién se dirige este pasaje ni cómo funciona la palabra "Dios". Si la novia está dirigiendo estas palabras al rey, puede reflejar el antiguo entendimiento del Cercano Oriente de que los reyes eran divinos, a pesar del hecho de que los israelitas no sostenían tal opinión (ver comentarios en Sal 2:6). Si la novia se dirige a Dios, entonces puede reflejar un entendimiento de que Dios es el verdadero rey (ver comentarios en Sal 10:16).

Olvida tu pueblo, y la casa de tu padre (45:10). Se anima a la novia a olvidarse de su pueblo, lo que puede implicar que no era israelita, y de la casa de su padre, lo que probablemente incluía a los dioses de su padre.

Las hijas de Tiro (45:12). Tiro era una importante ciudad portuaria situada en Fenicia, al norte de Israel (ver comentarios en Ez 26:2).

El santuario de las moradas del Altísimo (46:4). Ver comentarios en Sal 2:6.

Rey grande sobre toda la tierra (47:2). Ver comentarios en Sal 10:16.

Él someterá a los pueblos . . . nos elegirá nuestras heredades (47:3-4). Ver comentarios en Sal 44:2.

Reinó Dios sobre las naciones (47:8). En el antiguo Cercano Oriente la mayoría de la gente creía que las deidades eran regionales y estaban asociadas a naciones específicas. En este versículo los israelitas afirman que el poder de Dios se extiende más allá de Israel a otras naciones.

Pues todos los reyes de la tierra pertenecen a Dios (47:9 (NTV)). De nuevo, los israelitas extienden el control de Dios más allá de sus fronteras. Sobre la comprensión de la monarquía en el antiguo Cercano Oriente, ver comentarios en Sal 2:6.

En la ciudad de nuestro Dios, en su monte santo (48:1). Ver comentarios en Sal 2:6.

El monte Sión, la cumbre de Zafón (48:2 [CSB trad. lit.]). Zafón es una montaña al norte y al este de Jerusalén y al este del río Jordán. "Zafón" también significa "norte". Zafón se menciona en Jos 13:27; Jue 12:1.

Las naves de Tarsis (48:7). Ver comentarios en Jon 1:3. La ubicación exacta de esta ciudad sigue siendo incierta. Sin embargo, Tarsis se menciona varias veces en el A. T. y suele asociarse con barcos y tormentas. Muchos estudiosos creen que Tarsis era un puerto en el Mar Mediterráneo, quizás tan al oeste como España.

Se gozarán las hijas de Judá por tus juicios (48:11). Ver comentarios en Sal 5:10.

Inclinaré al proverbio mi oído; declararé con el arpa mi enigma (49:4). Tanto los proverbios como los enigmas fueron utilizados por los maestros de la tradición sapiencial. Los proverbios son afirmaciones breves que comunican una verdad o una lección importante. Se utilizaban en parte porque los estudiantes podían recordarlos fácilmente. Los enigmas ponían a prueba la capacidad de pensamiento y los conocimientos de los estudiantes, que se esforzaban por comprender los conceptos que se les comunicaba.

Salmo de Asaf (título del Sal 50). El Salmo 50 divide las colecciones de Coré y David. El nombre Asaf aparece por primera vez en el Sal 50. Ver la introducción del Libro III.

De Sion (50:2). Ver comentarios en Sal 2:6.

Vendrá nuestro Dios, y no callará (50:3). El salmo describe una teofanía (ver comentarios en Sal 18:7).

Juzgar a su pueblo (50:4). Ver comentarios en Sal 5:10.

Israel, voy a testificar contra ti (50:7 (NVI)). El "juicio del pacto" descrito aquí es similar a los juicios en otras partes del A. T., especialmente en los profetas. Dios presenta cargos contra el pueblo basados en sus responsabilidades incumplidas del pacto.

Tus sacrificios . . . tus holocaustos (50:8). Ver los numerosos comentarios en Lv 1:1-7:38; ver comentarios en Sal 20:3.

No tomaré de tu casa becerros (50:9). Ver comentarios en Lv 3:11, 16. En otras culturas del antiguo Cercano Oriente, la finalidad de los sacrificios era complacer a la deidad proporcionándole la comida y la bebida necesarias para su sustento. Dios deja claro que los sacrificios no son necesarios para su bienestar.

Cuando después que se llegó a Betsabé, vino a él Natán el profeta (título del Sal 51). El escenario histórico que ofrece el título sitúa el salmo después de que Natán se enfrentara a David en relación con el abuso de poder de éste con Betsabé y la muerte de su esposo (2 S 11-12). Como ocurre con otras referencias históricas en los títulos, no hay una mención específica de este acontecimiento en el cuerpo del salmo, aunque la confesión de pecado de David parece encajar bien.

Tu sentencia es justa (51:4 (NVI)). Ver comentarios en Sal 5:10.

Cuando vino Doeg edomita y dio cuenta a Saúl (título del Sal 52). Este título recuerda a 1 S 22:9-10, que relata cuando Doeg informó a Saúl de las acciones pasadas de David. Cuando David huyó por primera vez de Saúl, buscó la ayuda del sacerdote Ahimelec. Saúl responde a la acción del sacerdote haciendo que Doeg mate a Ahimelec y a su familia.

Que de Sión venga (53:6 (NVI)). Ver comentarios en Sal 2:6.

Cuando vinieron los zifeos y dijeron a Saúl (título del Sal 54). Esta referencia histórica conecta el salmo con la persecución de Saúl a David en 1 S 23:19-29.

Voluntariamente sacrificaré a ti (54:6). Las ofrendas voluntarias solían estar asociadas a los votos y a menudo tenían el propósito de celebrar.

Dios, que reina para siempre (55:19 (NVI)). Ver comentarios en Sal 10:16.

Cuando los filisteos le prendieron en Gat (título del Sal 56). Ver comenta-

Los egipcios ofreciendo diversos alimentos a sus dioses

rios en el título del Sal 34; ver el artículo "Los filisteos".

Te presentaré mis ofrendas de gratitud (56:12). Las ofrendas de agradecimiento, un tipo de ofrenda de confraternidad, pueden ser de pan o de carne (cf. Lv 7:12-15).

Cuando huyó de delante de Saúl a la cueva (título del Sal 57). Esto se refiere a 1 S 24:1-3, que describe a David escondiéndose de Saúl en Ein Guedi, un oasis cerca del mar Muerto.

Sombra de tus alas (57:1). Ver comentarios en Sal 17:8.

Despierta, salterio y arpa (57:8). Ver el artículo "Instrumentos musicales en Israel y el antiguo Cercano Oriente".

Dios que juzga en la tierra (58:11). Ver comentarios en Sal 5:10.

Cuando Saúl ordenó que vigilaran la casa de David para matarlo (título del Sal 59). La información histórica aquí probablemente hace referencia a 1 S 19:11, cuando Saúl envía hombres a vigilar la casa que David comparte con su esposa Mical, hija de Saúl.

Cuando tuvo guerra contra Aram-Naharaim (título del Sal 60). Ver comentarios en 1 Cr 18:5. Curiosamente, el marcador histórico del título sitúa los salmos en las victorias militares de David y Joab (2 S 8; 1 Cr 18), lo que no parece encajar con el contenido o la geografía del propio salmo.

Dios ha dicho en su santuario (60:6). Ver comentarios en Sal 2:6.

Repartiré a Siquem . . . el valle de Sucot (60:6). Siquem era una ciudad importante al norte de Jerusalén, situada entre los montes Ebal y Gerizim. Siquem aparece varias veces en las historias de los patriarcas (Gn 33-37) y fue el lugar de la renovación del pacto en Jos 24. El valle de Sucot se encuentra al este de Siquem, al otro lado del Jordán.

Galaad . . . Manasés . . . Efraín . . . Judá . . . Moab . . . Edom . . . Filistea (60:7-8). Ver comentarios en Gn 19:37-38; Abd 1; ver el artículo "Los filisteos". Galaad, Manasés, Moab y Edom se encuentran al este del Jordán. Efraín y Judá se encuentran al sur de Siquem, y Filistea se encuentra a lo largo de la costa del Mediterráneo al oeste de Judá. Todos estos lugares recuerdan la conquista y el asentamiento de la tierra en Josué y Jueces.

La cubierta de tus alas (61:4). Ver comentarios en Sal 17:8.

La vida del rey . . . Que reine bajo la protección de Dios para siempre (61:6-7 (NTV)). Ver comentarios en Sal 2:6.

Te he mirado en el santuario (63:2). Ver comentarios en Sal 2:6.

Sombra de tus alas (63:7). Ver comentarios en Sal 17:8.

En Sion (65:1). Ver comentarios en Sal 2:6.

Tú, el que afirma los montes . . . El que sosiega el estruendo de los mares (65:6-7). Estos versos hacen referencia a la actividad creadora de Dios (ver comentarios en Gn 1:1).

Volvió el mar en seco (66:6). El salmista recuerda la separación del mar durante el éxodo de Egipto (Ex 14). Este acontecimiento llegó a simbolizar el poder y la protección de Dios para su pueblo (ver comentarios en Ex 14:9).

Los cusitas llevando el tributo al faraón egipcio

Entraré en tu casa con holocaustos . . . ofreceré en sacrificio (66:13-15). Ver comentarios en Sal 20:3.

Había gran multitud de mujeres que transmitían las buenas nuevas ... las que se quedaban en casa repartían los despojos (68:11-12 (RVR1977)). Las mujeres solían responder a las noticias de la victoria con cantos y danzas, como se ve en el canto de María y la danza de las mujeres en Ex 15:20-21 y en la respuesta de las mujeres al regreso de David en 1 S 18:6-7. Las mujeres también participaban en el reparto del botín de la batalla.

Salmón (68:14). Esta montaña se encuentra cerca de la ciudad de Siquem (ver comentarios en Sal 60:6).

Monte de Basán (68:15). El monte de Basán se encuentra al este del mar de Galilea, que en la actualidad son los Altos del Golán (ver comentarios en Amós 4:1).

¿Por qué miran con envidia. . . Al monte que Dios ha deseado para morada? (68:16 (NBLA)). A los ojos de Israel, ni el monte de Basán ni de Salmón se comparan con el monte Sión.

El Señor viene del Sinaí a su santuario (68:17). Ver comentarios en Sal 2:6.

Los caminos de mi Dios, de mi Rey, en el santuario (68:24). Sobre Dios como rey, ver comentarios en Sal 10:16.

Benjamín . . . príncipes de Judá . . . príncipes de Zabulón . . . príncipes de Neftalí (68:27). Benjamín, Judá, Zabulón y Neftalí son tribus de Israel. El rey Saúl era de la tribu de Benjamín, mientras que el rey David era de la tribu de Judá.

Cus se someterá a Dios (68:31 (NVI)). Cus es una región a lo largo del río Nilo, al sur de Egipto (ver el artículo “Los cusitas”).

No sean humillados por mí los que te buscan (69:6 (NBLA)). Ver comentarios en Sal 25:2.

Puse además cilicio por mi vestido (69:11). Ver comentarios en 1 Reyes 20:31; Sal 30:11.

Los que se sentaban a la puerta (69:12). Ver comentarios en Dt 17:5.

Sean raídos del libro de los vivientes (69:28). Ver comentarios en Ex 32:32; Mal 3:16.

Sean avergonzados (70:2). Ver comentarios en Sal 25:2.

No sea yo avergonzado jamás (71:1). Ver comentarios en Sal 25:2.

De ti he dependido desde que nací . . . del vientre materno (71:6 (NVI)). Ver comentarios en Sal 22:9-10.

Te alabaré con instrumento de salterio . . . arpa (71:22). Ver el artículo "Instrumentos musicales en Israel y el antiguo Cercano Oriente".

Para Salomón (título del Sal 72). Este es el primero de los dos salmos atribuidos al rey Salomón (también Sal 127).

Da tus juicios al rey (72:1). Ver comentarios en Sal 2:6; 2:7.

Los reyes de Tarsis . . . Sabá y de Seba . . . se postrarán delante de él (72:10-11). El salmista menciona varios lugares para enfatizar la expansión del reino. El salmista espera tener renombre desde Tarsis, en el Mediterráneo occidental (ver comentarios en Jon 1:3), hasta Sabá y Seba (probablemente en el desierto de Arabia, pero posiblemente se trate de una referencia a Cus) (ver comentarios en 2 Cr 9:1).

Benditas serán en él todas las naciones (72:17). El propósito de la expansión y el renombre es que todos sean bendecidos a través del rey, y por extensión del Señor, un concepto que también se encuentra en el pacto de Dios con Abraham (Gn 12:3). Históricamente, la monarquía de Israel nunca alcanzó tanto renombre en el mundo antes de su caída (cf. 1-2 Reyes). El público posterior trasladó esas expectativas al futuro Mesías (ungido).

Libro III: Salmos 73-89

Introducción. El Libro III contiene una colección de salmos de Asaf (Sal 73-83), una segunda colección de "hijos de Coré" (Sal 84-85; 87-88), un salmo de David (Sal 86) y un salmo de Etán ezraíta (Sal 89). Asaf (junto con Hemán y Jedutún) era considerado el principal cantor y músico levítico (1 Cr 25:1, 6; 2 Cr 5:12) y el principal ministro ante el arca (1 Cr 16:4-5). Sin duda, Asaf no escribió todos los salmos que se le atribuyen, ya que muchos reflejan claramente acontecimientos que ocurrieron mucho después de su vida. Lo mismo sucede con otros salmos que tienen atribuciones de nombre, es probable que personas posteriores que siguieron a Asaf en sus puestos escribieran muchos de estos salmos (ver comentarios en 1 Cr 6:31). A Etán ezraíta se le asocia con un solo salmo, el Sal 89, y solo se le menciona una vez más en el A. T. (1 Reyes 4:31), donde se le considera uno de los hombres más sabios del lugar (excepto Salomón). El músico (levita) Etán se menciona en 1 Cr 6:44; 15:17, 19. Primera de Crónicas asocia a menudo a Etán con Hemán y Asaf. Probablemente todas estas referencias se refieran al mismo Etán de Sal 89.

El santuario de Dios (73:17). Ver comentarios en Sal 2:6.

¿Por qué, oh Dios, nos has desechado para siempre? (74:1). Ver comentarios en Sal 13:1.

Acuérdate de tu congregación, la que adquiriste . . . donde has habita-

do (74:2). Ver comentarios en Sal 44:2.

Dirige tus pasos a los asolamientos eternos (74:3). El escenario probable de esta catástrofe nacional es la destrucción de Jerusalén en el año 586 a. C., cuando los babilonios destruyeron la ciudad y el templo y eliminaron al rey davídico (ver comentarios en 2 Reyes 24:20; 25:8-10).

Han quebrado todas sus entalladuras . . . Han puesto a fuego tu santuario (74:6-7). El templo se construyó con diversos materiales, incluyendo madera de cedro, pino y olivo en el interior, un exterior de piedra y objetos recubiertos de oro (altar, querubines). Era un edificio de varios pisos lleno de paneles intrincadamente tallados (ver 1 Reyes 6-7). El uso de hachas, los destrozos y el incendio registrados en el Salmos 74 encajan con lo que se sabe del templo y de su destrucción (ver comentarios en 2 Reyes 24:20; 25:8-10).

Han quemado todas las sinagogas de Dios en la tierra (74:8). Aunque el templo era el lugar oficial de adoración (ver Dt 12), el pueblo a menudo adoraba a Dios en otros lugares, generalmente en desobediencia (ver comentarios en 1 Reyes 3:2-3; 11:7; 12:29; 2 Reyes 3:2).

¿Hasta cuándo, oh Dios, nos afrentará el angustiador? (74:10). La destrucción de Jerusalén no solo perjudicó a los habitantes, sino también, desde su punto de vista, a Dios y a la capacidad de Dios de proteger a su pueblo. Los habitantes de Jerusalén habían llegado a creer que Jerusalén era indestructible porque Dios la había establecido y habitaba allí.[4] En la mente de los babilonios su dios Marduk era seguramente más poderoso que el Dios de Israel, de ahí la victoria de Babilonia.

¿Por qué retraes tu mano? (74:11). ¿No era Dios lo suficientemente poderoso como para mantener los pactos? ¿Los había abandonado Dios? Además de los traumas básicos de la guerra, el pueblo perdió a su rey, su templo (incluyendo el arca) y su tierra. Todas las promesas de los pactos parecían de repente nulas. Sobre el significado de la mano derecha, ver comentarios en Sal 17:7.

Dios es mi rey (74:12). Ver comentarios en Sal 10:16.

Dividiste el mar (74:13). Esta frase podría ser una referencia a la actividad creadora de Dios o a la separación del mar durante el éxodo.

Quebrantaste cabezas de monstruos en las aguas . . . las cabezas del leviatán . . . Abriste la fuente y el río (74:13-15). El salmista ofrece un relato poético de la creación de la tierra, en el que Dios puso orden en las aguas caóticas por la fuerza (matando al monstruo marino y al Leviatán [ver comentarios en Job 41:1-34]) y luego estableció los días, las estaciones y los límites de la tierra. Este relato es una de las varias descripciones de la creación en el A. T. (ver comentarios en Gn 1:1).

Yo juzgaré rectamente (75:2). Ver comentarios en Sal 5:10.

No levantéis en alto vuestro cuerno (75:5 (RVA)). En el antiguo Cercano Oriente, el cuerno era un símbolo de poder, un concepto probablemente derivado del poder de los animales con cuernos. Levantar el cuerno significaba reclamar el poder u obtenerlo victoriosamente, mientras que quebrar el cuerno

(75:10) significaba quitarle el poder (ver comentarios en 1 S 2:1).[5]

En Salem está su tabernáculo (76:2). Ver comentarios en Sal 2:6. "Salem" es otro término para Jerusalén.

Cuando te levantaste, oh Dios, para juzgar (76:9). Ver comentarios en Sal 5:10.

Te vieron las aguas . . . Condujiste a tu pueblo como ovejas (77:16-20). Ver comentarios en Sal 66:6. El lenguaje de estos versos también refleja una teofanía (ver comentarios en Sal 18:7).

Con sentencias sabias hablaré (78:2 (BLP)). Ver comentarios en Sal 49:4.

Él estableció testimonio . . . Y puso ley (78:5). Los estatutos y las leyes son una referencia al pacto, quizás con Abraham (Gn 12, 15, 17) y ciertamente con el pueblo de Israel en el monte Sinaí (Ex 19-24).

Los hijos de Efraín, arqueros (78:9). Efraín era una de las más influyentes de las doce tribus israelitas y era un nombre que a menudo se utilizaba de forma representativa para referirse a todo el reino del norte durante la época de la nación dividida. En este versículo, sin embargo, la referencia describe un acontecimiento durante el tiempo de peregrinación después del éxodo.

No guardaron el pacto de Dios (78:10). El salmista no hace referencia a la desobediencia específica. El pacto al que se refiere es el del monte Sinaí. Es importante recordar que este pacto es el único en el que el pueblo tiene una responsabilidad significativa en su cumplimiento.

Hizo maravillas (78:12-31). A partir del versículo 12 y hasta el 31, el salmista hace referencia a muchos acontecimientos de la provisión de Dios durante el éxodo y la peregrinación, que se pueden encontrar en los relatos de Éxodo y Números.

Cuando puso en Egipto sus señales . . . en el campo de Zoán (78:43-51). Zoán era una capital en el Delta del Nilo del norte de Egipto y a veces se utiliza como sinónimo de Egipto, como parece ser aquí en 78:43. Los versículos que siguen describen las plagas que Dios envió a Egipto. El orden y el número de las plagas difieren aquí del relato que se encuentra en Ex 7-11, pero el salmo tiene las mismas categorías generales de plagas, que incluyen desde agua en sangre, insectos de varios tipos, ranas, ganado, clima y muerte.

Las tiendas de Cam (78:51). Los egipcios se consideran descendientes de Cam, el hijo de Noé (Gn 10:6).

Echó las naciones (78:55). Ver comentarios en Sal 44:2.

Lugares altos (78:58). La única desobediencia específica mencionada en este salmo es la adoración de ídolos (ver comentarios en Sal 4:2). A menudo esta adoración ocurría en "lugares altos" (ver comentarios en 1 Reyes 3:2-3; 11:7).

El tabernáculo de Silo (78:60). Ver comentarios en Jer 7:12, 14. Durante la época de los jueces, el pueblo instaló el tabernáculo en Silo, una ciudad del centro-norte de Israel (Jos 18:1), donde permaneció durante gran parte de Jueces (Jue 18:31; 1 S 1:3).

Y entregó a cautiverio su poderío (78:61). Durante un breve tiempo, los filisteos tuvieron la posesión del arca del pacto (1 S 4-6).

Sino que escogió la tribu de Judá, El monte de Sion (78:68). Ver comentarios en Sal 2:6. David era de la tribu de Judá y Jerusalén estaba situada en Judá.

Las naciones a tu heredad; Han profanado tu santo templo; Redujeron a Jerusalén a escombros (79:1). Ver comentarios en Sal 74:3.

¿Hasta cuándo, oh Jehová? (79:5). Ver comentarios en Sal 13:1; 74:11.

Por la gloria de tu nombre (79:9). Ver comentarios en Sal 74:10.

Entronizado por encima de los querubines (80:1 (NTV)). Ver comentarios en Sal 10:16; 11:4. Dos imágenes de querubines estaban sentadas encima del arca del pacto representando el trono terrenal de Dios (ver comentarios en 1 Reyes 6:23-28; Ez 10:1).

Despierta tu poder (80:2). Ver comentarios en Sal 44:23.

Haz resplandecer tu rostro (80:3, 7, 19). El resplandor del rostro de Dios sugiere una teofanía o una aparición de Dios. Por lo tanto, pedir a Dios "que resplandezca" representa su petición de otra intervención personal.

Tañed el pandero . . . arpa . . . salterio (81:2). Ver al artículo "Instrumentos musicales en Israel y el antiguo Cercano Oriente".

Toquen el cuerno de carnero en [...] día de nuestra fiesta (81:3 (NVI)). El salmista menciona dos fiestas (o festivales) que tienen que ver con la luna: una para la luna nueva y otra para la luna llena. Estas fiestas no formaban parte de las principales fiestas prescritas (Pascua,

Excavaciones en un yacimiento israelita de adoración de ídolos en Dan

Semanas, Tabernáculos), sino que parecen reflejar un tiempo de celebración. Números 10:10 registra unas breves leyes sobre las fiestas de la luna nueva en las que se indica el sonido de los cuernos de carnero y la entrega de holocaustos y ofrendas de confraternidad (ver comentarios en Nm 10:2).

Las aguas de Meriba (81:7). La ubicación de Meriba es incierta. Se menciona dos veces, lo que implica dos regiones diferentes, cerca de Rephidim en la península del Sinaí y de Kadesh-barnea en el sur de Israel (cf. Ex 17:7; Nm 20:13).

Ni te inclinarás a dios extraño (81:9). Ver comentarios en Sal 4:2.

Dios está en la reunión de los dioses (82:1). Este salmo tiene un doble escenario: un consejo celestial y una escena de juicio. El escenario del consejo celestial se entiende mejor a la luz del contexto religioso del antiguo Israel. En su concepción henoteísta, el Señor, su Dios, era el Dios supremo, al que adoraban, pero reconocían la existencia de otros dioses. En este salmo, Dios entra en la reunión de los dioses y celebra un juicio, procediendo a juzgarlos. Curiosamente, en este salmo Dios condena a todos los demás dioses a la muerte y los convierte en mortales. En el proceso, Dios, el verdadero y justo, reclama todas las naciones como herencia.

Al afligido y al menesteroso (82:3). Ver comentarios en Sal 9:9.

Tú heredarás todas las naciones (82:8). Ver comentarios en Sal 47:8.

Las tiendas de los edomitas . . . ismaelitas . . . Moab . . . agarenos, Gebal, Amón y Amalec, Los filisteos . . . Tiro . . . el asirio (83:6-8). Estas naciones y pueblos representan a muchos de los enemigos comunes de Israel, especialmente durante la época de los jueces y la monarquía dividida. Edom estaba situado al sureste del mar Muerto (ver comentarios en Jer 49:7; Abd 1; Mal 1:4). Se cree que los ismaelitas procedían de Arabia (ver comentarios en Gn 37:25), mientras que Moab, los agarenos y Amón estaban al este y al sureste de Israel, al otro lado del río Jordán (ver comentarios en Gn 19:37-38). Los amalecitas vivían en las zonas áridas al sur de Judá (ver comentarios en Ex 17:8). Biblos y Tiro estaban a lo largo de la costa mediterránea en Fenicia (ver comentarios en Ez 26:2), y Filistea estaba en la costa al sur de Judá (ver el artículo "Los filisteos"). Asiria estaba ubicada en Mesopotamia (ver el artículo "Los asirios").

Madián . . . Sísara, Jabín . . . Oreb y a Zeeb . . . Zeba y a Zalmuna (83:9-12). Madián estaba situado al este de la península del Sinaí; Oreb y Zeeb eran capitanes o príncipes madianitas derrotados por Gedeón (Jue 7), y Zeba y Zalmuna eran reyes madianitas a los que Gedeón también derrotó (Jue 8). Sísara y Jabín fueron cananeos derrotados durante el gobierno de la jueza Débora (Jue 4-5).

Tus moradas . . . los atrios de Jehová (84:1-2). Ver comentarios en Sal 2:6.

Los que desean peregrinar (84:5 (DHH)). En un sistema de adoración centralizado se hizo necesario realizar viajes periódicos al templo con fines de adoración o sacrificio. Muchos lo hacían durante los tres festivales principales, pero se podía emprender una peregrinación por diversos motivos. Debido a la distancia que muchos recorrían, el viaje podía ser largo y peligroso en ocasiones, pero los fieles seguían yendo.

Valle de Baca (84:6 (NBLA)). Llamado también Valle del Llanto, se desconoce la ubicación exacta de este valle. Presuntamente muchos peregrinos pasaban por él de camino a Jerusalén.

El Señor es sol (84:11 (NVI)). Ver comentarios en Mal 4:2.

Escudo (84:11). Ver comentarios en Sal 3:3.

Volviste la cautividad de Jacob (85:1). Hubo muchas ocasiones durante el gobierno de los jueces y la monarquía dividida en las que Dios restauró al pueblo, como cuando los asirios amenazaron a Jerusalén durante el reinado de Ezequías y el ángel del Señor mató a miles de ellos (2 Reyes 18:13-19:36).

Las puertas de Sion (87:2). Ver comentarios en Sal 2:6.

Rahab y a Babilonia, a Filistea y a Tiro, lo mismo que a Cus (87:4 (NVI)). Los cinco lugares representan enemigos tradicionales de Israel. Rahab se refiere a Egipto (ver comentarios en Is 30:7; 51:9), no a la Rahab de la historia de Josué (Jericó) ni a Rahab el monstruo del mar (ver comentarios en Job 9:13; Sal 89:10). Babilonia, una nación mesopotámica, fue responsable de la destrucción de Jerusalén (ver el artículo "Los babilonios"). Sobre Filistea, ver el artículo "Los filisteos"; sobre Tiro, ver comentarios en Ez 26:2; sobre Cus, ver el artículo "Los cusitas"

Inscribir a los pueblos (87:6). Ver comentarios en Dn 7:10; Mal 3:16. Mientras que muchas culturas antiguas creían en un libro de la vida o del destino, este salmista probablemente pretende una lista de ciudadanos o de congregaciones del templo.[6]

Descienden al sepulcro (88:4). "Sepulcro" es un sinónimo de Seol, el lugar de los muertos (ver comentarios en Sal 6:5).

Yo he sufrido desde mi juventud (88:15 (NVI)). Esta frase probablemente se refiere a una enfermedad de algún tipo (ver comentarios en Sal 31:9).

Hice pacto con . . . David mi siervo (89:3). Ver comentarios en Sal 2:6; 2:7.

Asamblea de los santos . . . consejo de los santos (89:5-7 (NBLA)). Ver comentarios en Sal 82:1.

Tú quebrantaste a Rahab (89:10). Aquí Rahab es una referencia al monstruo del caos primitivo que Dios mata en la creación (ver comentarios en Job 9:13; 26:12-13; Sal 74:13-15; Is 51:9).

Cuerno (89:17, 24 (RVA)). Ver comentarios en 1 S 2:1; Sal 75:5.

No violaré mi pacto (89:34 (NVI)). El pacto davídico, al que nos referimos aquí, era un pacto incondicional y eterno (ver comentarios en 2 S 7:11, 16; Sal 2:7).

Mas tú desechaste y menospreciaste. . . Rompiste el pacto (89:38-39). Este cambio abrupto expresa un sentimiento de rechazo por parte de Dios. Con la abolición de la monarquía davídica en el año 586 a. C., parecía que Dios había roto el pacto davídico, aunque se suponía que era un pacto eterno.

Libro IV: Salmos 90-106

Introducción. A diferencia de la mayoría de los salmos de los libros I-III, menos de la mitad de los salmos del libro IV tienen título. De los que tienen título, uno se atribuye a Moisés (Sal 90, el único título de salmo que hace referencia a Moisés) y dos a David (Sal 101, 103).

Todos nuestros días declinan a causa de tu ira (90:9). Tras la destrucción de Jerusalén en el año 586 a. C., los babilonios deportaron a la gente de la clase dirigente, incluyendo a los funcionarios del gobierno, los funcionarios religiosos y los ciudadanos adinerados. Sin embargo, muchos de los habitantes de Judá se quedaron y tuvieron que hacer frente a la destrucción de Jerusalén y de otras ciudades de la región (ver la introducción en el comentario de Lamentaciones). Durante este tiempo, algunos abandonaron voluntariamente la zona para establecerse en Egipto y otros sitios. A partir de este momento los judíos se dispersaron por muchos lugares. Se quedaron sin rey, sin su tierra y sin su templo, y a veces consideraban esas pérdidas como un castigo.

Y debajo de sus alas estarás seguro (91:4). Ver comentarios en Sal 17:8.

Su fidelidad te protegerá como un escudo (91:4 (DHH)). Ver comentarios en Sal 3:3.

El decacordio y . . . el salterio (92:3). Ver el artículo "Instrumentos musicales en Israel y el antiguo Cercano Oriente".

Una mujer egipcia tocando un gran arpa de trece cuerdas

Tú ensalzaste mi cuerno (92:10 (JBS)). Ver comentarios en 1 S 2:1; Sal 75:5.

Cedro en el Líbano (92:12). Ver comentarios en Sal 29:5; Ez 27:5.

Jehová reina (93:1). Ver comentarios en Sal 10:16.

Muéstrate (94:1). Ver comentarios en Sal 80:3, 7, 19.

Mi Dios por roca de mi confianza (94:22). Ver comentarios en Sal 18:2.

Rey grande sobre todos los dioses (95:3). Sobre Dios como rey, ver comentarios en Sal 10:16.

Meriba . . . Masah (95:8). Ver comentarios en Sal 81:7.

Cuarenta años estuve disgustado con la nación (95:10). Aquí el salmista hace referencia a los años de peregrinación que se produjeron por la falta de fe del pueblo (Nm 14).

Temible sobre todos los dioses. Porque todos los dioses de los pueblos son ídolos (96:4-5). Ver comentarios en Sal 4:2.

Jehová reina (96:10). Ver comentarios en Sal 10:16.

Juzgará a los pueblos en justicia . . . al mundo con justicia (96:10-13). Ver comentarios en Sal 5:10.

Jehová reina (97:1). Ver comentarios en Sal 10:16.

Nubes y oscuridad . . . Los montes se derritieron como cera (97:2-5). Ver comentarios en Sal 18:7.

Los que sirven a las imágenes de talla . . . Póstrense a él todos los dioses (97:7). Ver comentarios en Sal 4:2.

Vino a juzgar la tierra . . . al mundo con justicia (98:9). Ver comentarios en Sal 5:10.

Jehová reina (99:1). Ver comentarios en Sal 10:16.

Él está sentado sobre los querubines (99:1). Ver comentarios en 1 Reyes 6:23-28; Sal 80:1; Ez 10:1.

Tú has establecido la equidad (99:4(NVI)). Ver comentarios en Sal 5:10.

Moisés . . . Aarón . . . Samuel (99:6). El salmo recuerda a Moisés, Aarón y Samuel como modelos de personas que invocaron a Dios y obedecieron. Además, estos hombres representan a los líderes de Israel antes de la institución de la monarquía.

Mas tú, Jehová, permanecerás para siempre (102:12). Ver comentarios en Sal 10:16.

Por cuanto Jehová habrá edificado a Sion (102:16). El exilio terminó en el año 538 a. C. por el decreto del rey persa Ciro (ver el artículo "Los persas"). Todos los exiliados tenían ahora permiso para regresar a sus tierras natales. Para los judíos, esto se convirtió en un proceso lento e incompleto. Judea (como se llamaba ahora) seguía en gran parte en ruinas, mientras que la vida en Babilonia o Persia continuaba para muchos de los judíos con estabilidad y comodidad. Los que regresaron lo hicieron en oleadas, sobre todo con la intención de restaurar Jerusalén, el templo y, con suerte, la monarquía davídica. La restauración se llevó a cabo lentamente y en medio de mucha resistencia. Finalmente, en el año 515 a. C., completaron el templo, pero el producto final no alcanzó el esplendor del templo de Salomón. Véanse las introducciones en el comentario sobre Hageo y Zacarías.

Él es quien perdona todas tus iniquidades, El que sana todas tus dolencias (103:3). Ver comentarios en Sal 31:9.

Del hoyo (103:4). "Hoyo" es un sinónimo de Seol, el lugar de los muertos (ver comentarios en Sal 6:5).

Los que guardan su pacto (103:18). Aquí el salmista se refiere al pacto hecho en el monte Sinaí (Ex 19-24).

Él fundó la tierra sobre sus cimientos (104:5). En la antigua concepción del Cercano Oriente sobre el mundo creado, la tierra descansaba sobre una base de cuatro pilares (ver comentarios en Job 38:4-7).

A tu reprensión huyeron las aguas (104:7(NVI)). Ver comentarios en Sal 24:2.

Este leviatán que hiciste (104:26). A veces se considera al Leviatán como una creación de Dios y otras veces como un monstruo caótico que Dios conquistó durante la creación (ver comentarios en Job 41:1-34; Sal 74:13-15).

Envió tinieblas . . . Hirió de muerte a todos los primogénitos (105:28-36). Ver comentarios en Ex 10:21; Sal 78:43-51.

En el campamento tuvieron envidia . . . Datán . . . Abirán (106:16-17 (NVI)). La desobediencia de Datán y Abirán se registra en Nm 16.

Hicieron becerro en Horeb (106:19). Horeb y Sinaí son nombres que se refieren a la misma montaña (ver comentarios en Ex 19:1-2). Esta desobediencia se registra en Ex 32 (ver comentarios en Ex 32:4).

Se unieron asimismo a Baal-peor. . . los sacrificios de los muertos (106:28). Ver comentarios en Nm 25:3. Los cananeos a menudo adoraban a Baal, un dios de las tormentas y la agricultura (ver el artículo "Los cananeos y la religión cananea").

Finees (106:30). Números 25 registra las acciones fieles de Finees, nieto de Aarón.

En las aguas de Meriba (106:32). Ver comentarios en Sal 81:7.

No destruyeron a los pueblos (106:34). Se trata de una referencia al fracaso de los israelitas al expulsar por completo a los cananeos, como se describe en los libros de Josué y Jueces.

Sacrificaron sus hijos y sus hijas a los demonios . . . a los ídolos de Canaán (106:37-38). Ver comentarios en 2 Reyes 3:27; ver el artículo "Los cananeos y la religión cananea".

Los entregó en poder de las naciones (106:41). Durante la época de los jueces, otras naciones como Canaán, Moab y Amón oprimían a Israel.

Libro V: Salmos 107-150

Introducción. El Libro V contiene una variedad de colecciones de salmos más pequeños; algunos están agrupados por contenido común, otros por título. Tres salmos del Libro V se consideran salmos de acción de gracias (Sal 107; 118; 136). Cada uno de estos salmos comienza y/o repite la frase "Alabad a Jehová, porque él es bueno; Porque para siempre es su misericordia". También hay numerosos salmos de David, que mencionan a David en su título (Sal 108-110; 124; 131; 133; 138-145). Los salmos de ascenso gradual (Sal 120-134) comparten ese título y pueden representar cantos de peregrinación cantados cuando los peregrinos subían a las puertas de Jerusalén. Los salmos de ale-

Estatua de bronce de un toro de Samaria (siglo XII a. C.)

luya (Sal 111-113, 115-117(NTV), 135, 146-150) comienzan y/o terminan con la frase "¡Alabado sea el Señor!" (hebreo: *hallelu yah*).

Los ha congregado de las tierras (107:3). Después de la destrucción de Jerusalén en el año 586 a. C., el pueblo de Judá se dispersó por muchos lugares (ver comentarios en Sal 90:9). Sobre el regreso de los exiliados, ver comentarios en Sal 102:16; ver las instrucciones en los comentarios de Esdras-Nehemías, Hageo y Zacarías.

Sacrificios de alabanza (107:22). Ver comentarios en Sal 56:12.

En la congregación del pueblo (107:32). Ver comentarios en Sal 22:22.

Despiértate, salterio y arpa (108:2). Ver el artículo "Instrumentos musicales en Israel y el antiguo Cercano Oriente".

Repartiré a Siquem . . . Me regocijaré sobre Filistea (108:7-9). Ver comentarios en Sal 60:6; 60:7-8.

Sean avergonzados (109:28). Ver comentarios en Sal 25:2.

Tú eres sacerdote para siempre Según el orden de Melquisedec (110:4). El salmista vincula al rey y al sacerdote como funciones duales del monarca. En esta vinculación, Melquisedec, y no Aarón, se convirtió en el arquetipo de sacerdote porque también era rey. La historia de Melquisedec, que se encuentra en Gn 14:18-20, lo recuerda como rey de Salem (otro nombre de Jerusalén). Este rey y sacerdote justo bendice a Abraham y a Dios. Los reyes davídicos que posteriormente gobernaron la ciudad de Melquisedec mantuvieron su doble función.

En la compañía y congregación de los rectos (111:1). Ver comentarios en Sal 22:22.

Dándole la heredad de las naciones (111:6). Ver comentarios en Sal 44:2.

Mandamientos (111:7,10). "Mandamientos" o "preceptos" son sinónimos de las leyes que Dios dio a Israel como parte del pacto en el monte Sinaí (Ex 19-24).

Su cuerno será ensalzado (112:9 (RVA)). Ver comentarios en 1 S 2:1; Sal 75:5.

Que se sienta en las alturas (113:5). Ver comentarios en Sal 10:16.

El mar lo vio, y huyó; El Jordán se volvió atrás (114:3). El salmista recuerda los dos episodios en los que Dios divide las aguas: en el mar (Ex 14) y en el río Jordán (Jos 4).

Los ídolos de ellos son plata y oro, Obra de manos de hombres . . . Tienen boca . . . ojos . . . orejas . . . narices . . . manos . . . pies (115:4-7). El salmista explica lo absurdo de adorar a los ídolos. Los ídolos fueron creados por manos de hombres y, aunque tenían las partes del cuerpo necesarias, seguían siendo mudos, ciegos y sordos.

Del mismo modo, los profetas del A. T. ridiculizan regularmente a los que adoran lo que sus propias manos han construido con metal, madera o piedra (ver comentarios en Is 40:19-20; 44:10; 44:15; Jer 10:3).

Casa de Aarón (115:10,12). En lugar de un líder davídico, los sacerdotes ascendieron a la prominencia, particularmente la familia sacerdotal de Aarón.

El silencio de la tumba (115:17(NTV)). Este es un sinónimo para el Seol (ver comentarios en Sal 6:5).

Te ofreceré sacrificio de alabanza (116:17). Ver comentarios en Sal 56:12.

La casa de Jehová (116:19). Ver comentarios en Sal 2:6.

Casa de Aarón (118:3). Ver comentarios en Sal 115:10, 12.

Casa de Jehová (118:26). Ver comentarios en Sal 2:6.

Aten el sacrificio de la fiesta (118:27 (NBLA)). Sobre fiestas, ver comentarios en Lv 23:1-44; 23:4, 37; Sal 81:3.

Bienaventurados . . . la ley de Jehová (119:1). El Salmo 119 es un salmo acróstico (estructurado alfabéticamente) (para más información sobre el acróstico, ver la introducción en el comentario de Lamentaciones). Exalta la ley y la instrucción de Dios. La forma y el contenido de este salmo parecen estar relacionados con las tradiciones sapienciales de la época. Los estudiosos no saben específicamente cómo funcionaban las "escuelas" de la sabiduría del judaísmo, pero produjeron activamente literatura, incluyendo varios salmos, Proverbios, Job, Eclesiastés y probablemente otras obras fuera del A. T. Después del exilio, al menos en algunos círculos de sabiduría, la última se relacionó estrechamente con la obediencia a la ley. Con el liderazgo sacerdotal aumentó la atención sobre la tradición y la Torá (ley/enseñanzas). Los que observaban, meditaban y seguían los decretos de Dios eran los justos y los bendecidos. El extenso acróstico del Sal 119 celebra tal actividad. Además de ley, palabras como "decretos", "estatutos", "caminos (de Dios)", "mandatos" y "preceptos" se refieren a la ley. A menudo estas leyes están vinculadas al pacto del monte Sinaí. Asimismo, cumplir la ley permitía a los judíos, especialmente a los que vivían fuera de la tierra de Israel, diferenciarse de los demás. Su comportamiento común los ayudaba a mantenerse distintos.

Avergonzado (119:6, 46,116). Ver comentarios en Sal 25:2.

Cántico gradual (título del Sal 120-134). Aunque un puñado de estos salmos también contienen atribuciones de nombres (David en Sal 124, 131, 133; Salomón en Sal 127), la mayoría solo contienen el título "Cántico gradual". Los estudiosos debaten la finalidad exacta de la colección. Algunos creen que los sacerdotes recitaban estos salmos mientras subían las escaleras del templo, mientras que otros proponen que los peregrinos los recitaban mientras caminaban cuesta arriba hacia las puertas de Jerusalén y entraban en la ciudad (sobre la peregrinación, ver comentarios en Sal 84:5).

Moro en Mesec . . . entre las tiendas de Cedar (120:5). Los estudiosos asocian a Mesec con tierras situadas muy al norte de Israel, quizás tan al norte como el mar Negro (ver comentarios en Ez 38:2). Los habitantes de esa tierra estaban asociados a Jafet, hijo de Noé (Gn 10:2). Cedar se encuentra en el desierto de Arabia. Los eruditos saben poco sobre estos lugares.

A ti que habitas en los cielos (123:1). Ver comentarios en Sal 10:16.

Cuando nos atacaron (124:2 (NTV)). A lo largo de su historia, Israel y Judá se vieron amenazados por numerosas naciones. El ataque de los babilonios, que acabó con la destrucción de Jerusalén y el templo en el año 586 a. C., fue el que más impacto tuvo, y sin embargo los judaítas sobrevivieron y acabaron regresando del exilio.

Monte de Sion (125:1). Ver comentarios en Sal 2:6.

Jerusalén tiene montes alrededor (125:2). Jerusalén está situada en las colinas centrales de Israel y su topografía serviría para protegerla un poco de los enemigos.

Cuando Jehová hiciere volver la cautividad (126:1). El restablecimiento de la cautividad que se menciona aquí probablemente se refiera al regreso del exilio babilónico (ver comentarios en Sal 102:16).

Israel no era la única nación del antiguo Cercano Oriente que producía oraciones/canciones acrósticas. Aquí se muestra una oración acróstica del rey asirio Asurbanipal (en idioma acadio)

Sion (126:1). Ver comentarios en Sal 2:6.

Entonces dirán entre las naciones (126:2). Debido a la suposición cultural del antiguo Cercano Oriente de que el éxito o el fracaso de una nación estaba relacionado con la deidad patrona de esa nación, otras naciones atribuyeron el éxito de Judá al Señor. El fracaso de una nación también se reflejaba en la deidad (ver comentarios en Sal 74:10).

Neguev (126:4). El Neguev es la tierra seca y desértica del sur de Israel.

La guardia (127:1). Ver comentarios en Ez 33:2.

Los hijos son una herencia . . . una recompensa (127:3 (NVI)). En el antiguo Cercano Oriente, tener hijos, sobre todo varones, significaba la continuación de la familia, por lo que la gente consideraba que los hijos eran una bendición de Dios. Los pueblos de aquella época experimentaban una alta tasa de mortalidad infantil y de muerte durante el parto, así que no se podía dar por sentado la persistencia desde la infancia hasta la niñez. Por ello, deseaban tener muchos hijos, prefiriendo de nuevo a los varones. Por otro lado, la gente solía asociar la falta de hijos, incluso las parejas sin hijos (como los padres de Sansón en Jueces y Elisabet y Zacarías en el Evangelio de Lucas) o las mujeres sin hijos (como Sara, Rebeca y Raquel en Génesis, y Ana en 1 Samuel), con la vergüenza (ver comentarios en Sal 25:2). De ahí que la Biblia contenga muchas oraciones por los niños.

En la puerta (127:5). Ver comentarios en Sal 17:5.

Tu mujer será como vid que lleva fruto (128:3). Ver comentarios en Sal 127:3.

Sion (128:5). Ver comentarios en Sal 2:6.

Sion (129:5). Ver comentarios en Sal 2:6.

Serán avergonzados y vueltos atrás (129:5). Ver comentarios en Sal 25:2.

Más de lo que los centinelas anhelan el amanecer (130:6 (NTV)). Ver comentarios en Ez 33:2. Para los que vigilaban los campamentos, pueblos o ciudades, la oscuridad de la noche dificultaba su trabajo. Con la mañana llegaba la luz necesaria para ver el peligro que se acercaba.

Acuérdate de David (132:1 (NVI)). Ver comentarios en Sal 2:7.

Hizo votos al Poderoso (132:2 (NBV)). El salmista se refiere al compromiso de David de trasladar el arca a Jerusalén, la capital de David (2 S 6), y a su deseo de construir una morada permanente para el arca (2 S 7).

En Efrata . . . en los campos de Jáar (132:6 (DHH)). Efrata es una ciudad de Judá, quizás cerca de Belén. Jáar es otro nombre de Quiriat-Jearim, una ciudad al noroeste de Jerusalén. Después de que los filisteos devolvieran el arca del pacto, ésta permaneció en Quiriat-Jearim (1 S 6:21) hasta que David la trasladó a Jerusalén (ver 1 S 7).

Por amor de David tu siervo (132:10). Ver comentarios en Sal 2:7.

Juró Jehová a David. . . para siempre (132:11-12). Ver comentarios en Sal 2:7. Curiosamente, en este recuerdo el pacto davídico parece condicional, a diferencia del relato de 2 S 7. El Salmos 132 parece estar más vinculado a la promesa condicional de Dios a Salomón en 1 Reyes 9:1-9.

Porque Jehová ha elegido a Sion (132:13). Ver comentarios en Sal 2:6.

Aquí habitaré (132:14). Esto es una referencia a la entronización del Señor (ver comentarios en Sal 10:16).

Es como el buen óleo sobre la cabeza . . . desciende sobre la barba [...] **Y baja hasta el borde de sus vestiduras** (133:2). Ver comentarios en Ex 30:25; 1 Reyes 1:39. En Éxodo 30:22-33 se describe la consagración del sacerdote Aarón y sus hijos sacerdotes con aceite. Sin embargo, a menudo en Israel, así como en todo el antiguo Cercano Oriente, los reyes también eran ungidos con aceite. La unción que se menciona aquí probablemente traiga a la mente ambos tipos de unción para el pueblo que vive después del exilio.

Hermón (133:3). El monte Hermón, el pico más alto de la región, está situado en el norte de Israel, en lo que hoy son los Altos del Golán.

Montes de Sion (133:3). Ver comentarios en Sal 2:6.

Sion (134:3). Ver comentarios en Sal 2:6.

El Señor escogió a Jacob (135:4 (NVI)). El fundamento de la alabanza a Dios es la relación de pacto de Dios con el pueblo.

El Señor nuestro, mayor que todos los dioses (135:5). Sobre el contexto religioso de Israel, ver comentarios en Sal 4:2.

Él es quien hizo morir a los primogénitos . . . Contra Faraón, y contra todos sus siervos (135:8-9). El salmista hace alusión a las plagas de Egipto (Ex 7-11) (ver comentarios en Sal 78:43-51).

Destruyó a muchas naciones . . . Sehón . . . Og . . . dio la tierra de ellos en heredad . . . a Israel su pueblo (135:10-12). Ver comentarios en Dt 1:4; 3:11. El salmista recuerda la conquista de Canaán, durante la cual los israelitas, con el poder de Dios, expulsaron a las naciones que habitaban la tierra (ver comentarios en Sal 44:2). Específicamente, el salmista menciona a dos reyes de los amorreos: Sehón y Og. Estos reyes independientes gobernaban la zona

En este antiguo bajorrelieve mural egipcio, el faraón es ungido por los dioses egipcios Thot y Horus

al oeste del río Jordán, desde el norte del mar Muerto hasta cerca del mar de Galilea: Sehón en Hesbón y Og en Basán. Sehón no permitió que los israelitas pasaran por su región en el camino a la tierra prometida, así que los israelitas lo derrotaron y tomaron su tierra (Nm 21:21-26). Del mismo modo, Og se resistió a los israelitas con el mismo resultado (Nm 21:33). Estas derrotas destacaron el poder de Dios y su capacidad para proteger a su pueblo.

Los ídolos de las naciones . . . Tampoco hay aliento en sus bocas (135:15-17). Ver comentarios en Sal 115:4-7; Is 40:19-20; 44:10; 44:15; Jer 10:3.

Casa de Aarón (135:19). Ver comentarios en Sal 115:10, 12.

Casa de Leví (135:20). Los levitas eran la tribu sacerdotal de Israel.

Sion (135:21). Ver comentarios en Sal 2:6.

Hizo los cielos con entendimiento . . . La luna y las estrellas para que señoreasen en la noche (136:5-9). Ver comentarios en Gn 1:14; Sal 8:3.

Sehón. . . Og (136:19-20). Ver comentarios en Dt 1:4; 3:11; Sal 135:10-12.

Junto a los ríos de Babilonia . . . los que nos habían llevado cautivos nos pedían que cantásemos (137:1-3). Los exiliados de los años 597 y 586 a. C. probablemente vivieron el resto de su vida en Babilonia (ver comentarios en Jer 29:5-6; ver el artículo "Los babilonios"). Al principio su libertad puede haber sido restringida, pero no probablemente de forma brutal. Algunos con habilidades o conocimientos importantes incluso obtuvieron puestos en el gobierno y las empresas babilónicas (p. ej., Daniel). A pesar de la opción de adaptarse, muchos de los exiliados anhelaban mucho Sión (ver comentarios en Sal 2:6).

Los hijos de Edom (137:7). Ver comentarios en Sal 83:6-8; Jer 49:7; Abd 1; Mal 1:2-3; 1:4. Los edomitas eran los vecinos de Israel/Judá al sureste. Fueron un enemigo común desde la época de los jueces. Aunque los estudiosos no están seguros de su papel exacto en la destrucción de Jerusalén en el año 586 a. C., varios textos hacen referencia a su participación.

Bienaventurado el que te dé la paga. . . el que tome a tus pequeños (137:8-9 (RVA-2015)). Los exiliados anhelaban vengarse de los actos atroces cometidos contra Judá. Hay que tener en cuenta que Jerusalén cayó en manos de un ejército brutal que probablemente mató a niños, así como a mujeres y ancianos. Cuando el pueblo clamó a Dios por venganza, mostró confianza en la justicia de Dios y reconoció su poder.

Delante de los dioses te cantaré salmos (138:1). Ver comentarios en Sal 4:2; 29:1; 82:1.

Jehová tomará a su cargo la causa (140:12). Ver comentarios en Sal 5:10.

No entres en juicio con tu siervo (143:2). Ver comentarios en Sal 5:10.

Descienden a la sepultura (143:7). Ver comentarios en Sal 6:5.

Inclina tus cielos . . . Toca los montes (144:5). Ver comentarios en Sal 18:7.

Despide relámpagos . . . Envía tus saetas (144:6). Ver comentarios en 2 S 22:10, 13; Sal 18:14.

Decacordio (144:9). Ver el artículo "Instrumentos musicales en Israel y el antiguo Cercano Oriente".

Dios, mi Rey (145:1). Ver comentarios en Sal 10:16.

Reinará Jehová para siempre (146:10). Ver comentarios en Sal 10:16.

Sion (146:10). Ver comentarios en Sal 2:6.

Los desterrados de Israel (147:2). Ver comentarios en Sal 90:9.

Ensalzó el cuerno (148:14 (RVA)). Ver comentarios en 1 S 2:1; Sal 75:5.

la congregación (149:1). Ver comentarios en Sal 22:22.

Sion (149:2). Ver comentarios en Sal 2:6.

Este antiguo bajo relieve mural representa a los cautivos tocando sus liras para sus captores asirios

A son de bocina... salterio y arpa... pandero... cuerdas y flautas... címbalos (150:3-5). Ver el artículo "Instrumentos musicales en Israel y el antiguo Cercano Oriente".

— Génesis
— Éxodo
— Levítico
— Números
— Deuteronomio
— Josué
— Jueces
— Rut
— 1 Samuel
— 2 Samuel
— 1 Reyes
— 2 Reyes
— 1 Crónicas
— 2 Crónicas
— Esdras
— Nehemías
— Ester
— Job
— Salmos
— **Proverbios**
— Eclesiastés
— Cantares
— Isaías
— Jeremías
— Lamentaciones
— Ezequiel
— Daniel
— Oseas
— Joel
— Amós
— Abdías
— Jonás
— Miqueas
— Nahúm
— Habacuc
— Sofonías
— Hageo
— Zacarías
— Malaquías

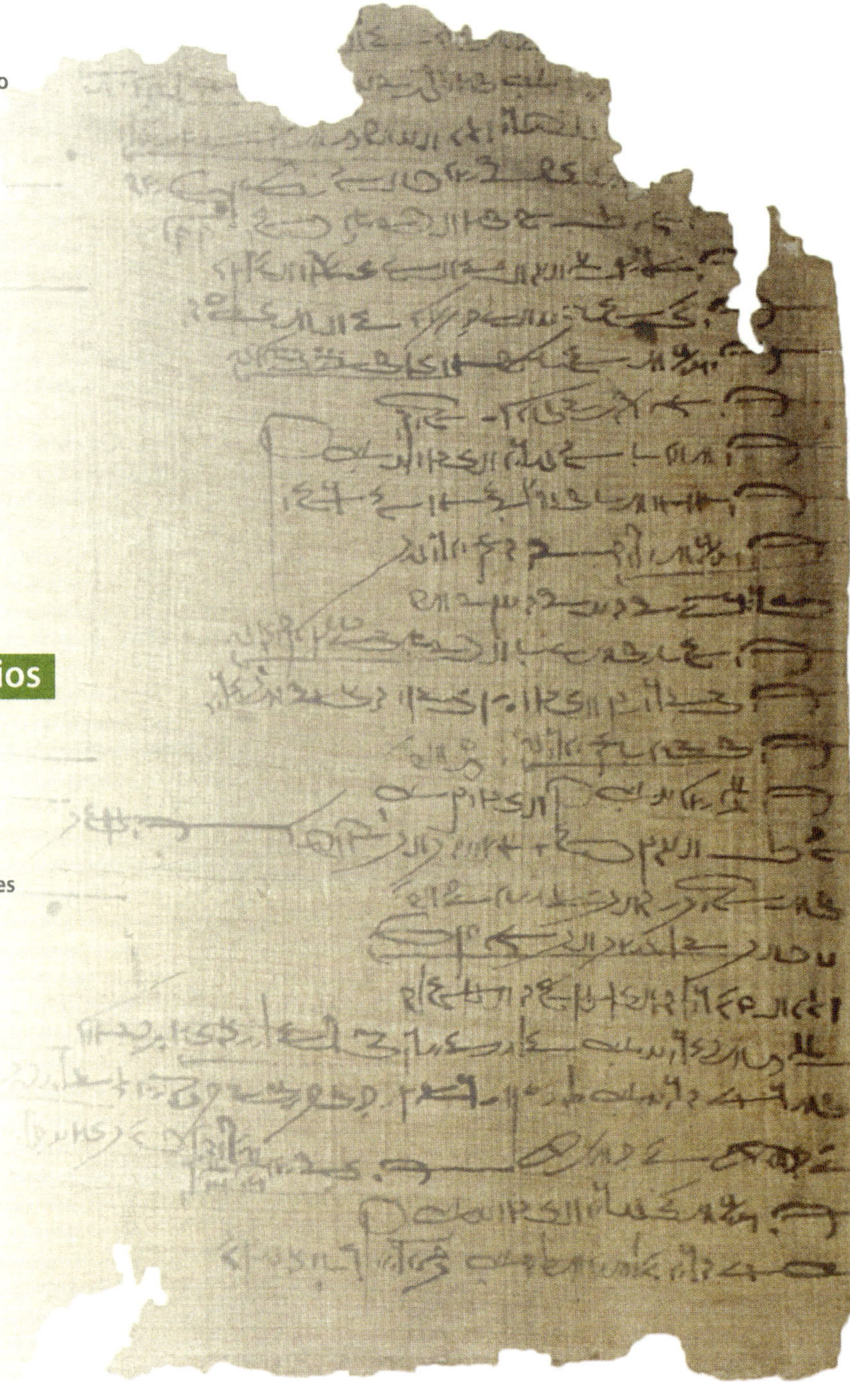

Proverbios

Richard L. Schultz

Introducción. El carácter intemporal y universal de los proverbios bíblicos puede confirmarse por la existencia de expresiones similares o incluso casi idénticas no solo en las colecciones proverbiales del antiguo Cercano Oriente, sino también, por ejemplo, en el África moderna. Asimismo, de todas las formas literarias que se encuentran en el A. T., ninguna similitud es mayor que la que existe entre el libro de los Proverbios y los materiales instructivos del antiguo Egipto. A menudo, esto ha llevado a denigrar los Proverbios como una simple recopilación de reflexiones de sentido común sobre la vida cotidiana (i.e., la razón) o la observación cuidadosa de la naturaleza (i.e., la revelación natural, como en 6:6: "Ve a la hormiga, oh perezoso"), lo cual no es correcto. Aunque se puede afirmar que la obra providencial de Dios en el mundo permite a los individuos de otras culturas descubrir cosas verdaderas sobre la vida y la ética, esto no hace más que superponerse a la revelación más completa de "la buena vida" que se orienta en torno a Dios. No solo Yahveh ("el Señor"), el nombre pactado del Dios de Israel, aparece 133 veces en el libro, sino que varios proverbios reflejan las normas morales, los valores culturales y las prácticas religiosas del antiguo Israel que se ven en otras partes del A. T.

Muchos estudiosos sostienen que la historia de la composición del libro de los Proverbios es larga y compleja. Un comentarista, por ejemplo, distingue tres tipos de proverbios, cada uno de ellos supuestamente originado en un período diferente de la historia israelita: (1) los que se refieren a la educación del individuo, (2) los que hacen alusión a la vida de la comunidad, y (3) los que contienen "lenguaje de Dios". Con mayor frecuencia, los capítulos 1-9 se consideran la adición más reciente (i.e., postexílica) al libro, debido a su estilo "instructivo" más cohesionado, su mención más frecuente de Dios, su orientación teológica general y la personificación de la "Señora Sabiduría". Estas características se presentan a menudo como originarias de un periodo posterior a las colecciones de proverbios que se encuentran en los capítulos 10-31. Sin embargo, todas estas características pueden encontrarse también en la literatura instructiva egipcia del período de la monarquía israelita o incluso anterior. Por lo tanto, no hay ninguna razón convincente para concluir que las colecciones de proverbios de los capítulos 10-31 hayan circulado alguna vez en el antiguo Israel independientemente de los capítulos 1-9 o que los diferentes tipos de proverbios del libro correspondan a la evolución social y religiosa en el curso de la historia israelita.

Una tablilla cuneiforme que contiene antiguos proverbios sumerios

Se han conservado y traducido más de dos docenas de documentos de "instrucciones" procedentes del antiguo Egipto a lo largo de tres milenios, así como varias colecciones de proverbios de la antigua Mesopotamia y Canaán.[1] Estos textos presentan algunos paralelismos en cuanto a estructura, contenido, estilo y práctica editorial con el libro de Proverbios. Esto no es sorprendente, ya que el rey Salomón, el principal autor/compilador de sabiduría proverbial, ciertamente habría estado familiarizado con la sabiduría del antiguo Cercano Oriente. Esta familiaridad está implícita en 1 Reyes 4:30, que caracteriza la sabiduría de Salomón como mayor que la de todos los pueblos de Oriente, e incluso mayor que toda la sabiduría de Egipto.

Prólogo: Un fundamento en el temor del Señor (1:1-7)

Los proverbios de Salomón (1:1). La dotación divina, la demostración judicial, la producción literaria y la amplia reputación de "sabiduría" del rey Salomón se describen detalladamente en 1 Reyes 3:5-15; 4:29-34; 5:12; 10:1-9; 11:41 (parcialmente paralela en 2 Cr 1:1-12; 9:1-8, 22-33; cf. Mt 12:42; Lucas 11:31). Si Salomón es el "Maestro" en el libro del Eclesiastés, también nos enteramos de sus actividades como sabio en Ec 12:9-10 (ver la introducción en el comentario de Eclesiastés).

Para entender sabiduría y doctrina (1:2). Varios textos egipcios, sobre todo "Instrucciones de Amenemope" (compuesto probablemente durante el siglo XII a. C.), comienzan con una serie de declaraciones de propósito similares en su forma a Pr 1:1-7, pero con un énfasis algo diferente. Por ejemplo:

Para enderezar a uno en los caminos de la vida,
Y hacerlo prosperar en la tierra;
Para que su corazón se asiente en su capilla,

Como quien lo aleja del mal;
Para salvarlo de las habladurías de los demás,
Como alguien que es respetado en el discurso de los hombres.[2]

"Sabiduría" (hebreo: *hokmah*) es el más amplio de los términos relacionados que se utilizan en estos versículos introductorios. En el A. T., la "sabiduría" puede designar varias habilidades intelectuales y prácticas, incluso artísticas, pero en Pr 1-9 siempre tiene una dimensión moral.

El principio de la sabiduría es el temor de Jehová (1:7). Los textos instructivos no israelitas de todo el antiguo Cercano Oriente también señalan con frecuencia el valor de venerar a los dioses, pero solo la sabiduría israelita atribuye al "temor de Jehová" un papel central para adquirir sabiduría y lograr un comportamiento agradable a Dios.

Prólogo: Sabiduría 101 (1:8-9:18)

Basándose en algunos modelos literarios egipcios, algunos estudiosos sugieren que el extenso prólogo de 1:8-9:18 debería dividirse en diez o más "lecciones" originalmente independientes. Sin embargo, esta teoría compositiva requiere que los estudiosos etiqueten algunos versos como "interludios" entre las "lecciones" individuales. Tal como está ahora, el prólogo de Proverbios (1:8-9:18) presenta una introducción teológica cuidadosamente compuesta y unificada a la sabiduría proverbial.

El llamado de los padres cariñosos y de la Señora Sabiduría (1:8-33)

Oye, hijo mío . . . no desprecies la dirección de tu madre (1:8). Los textos sapienciales del antiguo Cercano Oriente suelen presentar a un padre dirigiéndose a su hijo, aunque como las escuelas de escribas eran comunes fuera de Israel, algunos intérpretes consideran que se trata simplemente de una designación metafórica de una relación maestro-alumno. Sin embargo, la única mención en 1:8 y 6:20 (cf. 31:1) de la participación de una madre en la instrucción de su hijo, apunta más bien a un contexto familiar. Al igual que los vecinos de Israel, es posible que se tratara de formar a los hijos para que siguieran la profesión de su padre, pero Proverbios hace menos hincapié en las habilidades laborales y más en la formación moral que otros textos de instrucción no israelitas de todo el antiguo Cercano Oriente.

Los tragaremos vivos como el Seol (1:12). Este versículo puede ser una alusión al voraz apetito de la Muerte representado en la mitología cananea (cf. 27:20; 30:16)3. Sobre el Seol, ver comentarios en Sal 6:5.

La sabiduría clama (1:20). En esta sección de Proverbios la "sabiduría" se personifica como una mujer, a la que los estudiosos se refieren como "Señora

Sabiduría". Algunos intérpretes han sugerido que la Señora Sabiduría fue modelada a partir de una antigua diosa del Cercano Oriente, más frecuentemente la diosa egipcia Ma'at.

La palabra egipcia *ma'at* designa el concepto de verdad y justicia, y la diosa Ma'at personifica estos rasgos (sobre Ma'at, ver comentarios en Ex 5:2; ver la sección sobre la religión egipcia en el artículo "Los egipcios"). Sin embargo, la Señora Sabiduría en Proverbios no muestra claramente rasgos o acciones divinas, y la palabra hebrea *hokmah* ("sabiduría") no es sinónimo de la palabra egipcia *ma'at*.

El encomio de los caminos de la sabiduría (Caps. 2-4)

Te librará de la mujer ajena (2:16 (NVI)). El significado de la palabra hebrea traducida como "ajena" es discutido. Esta mujer puede ser una extranjera (i.e., una forastera) y, por tanto, probablemente adoradora de un Dios "extraño", o simplemente infiel a su esposo (i.e., separada de). Los textos sapienciales egipcios también advierten contra la promiscuidad sexual y la infidelidad matrimonial debido a sus consecuencias negativas. Las "Instrucciones de Ani" egipcias, por ejemplo, contienen una descripción sorprendentemente similar a la que se encuentra en 2:16-19 y en los capítulos 5-7:

> Cuidado con una mujer que es una extraña,
> Una que no es conocida en su pueblo;
> No la mires cuando pase,
> No la conozcas carnalmente.
> Un agua profunda cuyo curso es desconocido,
> Así es una mujer alejada de su esposo.
> "Soy bonita", te dice a diario,
> Cuando no tiene testigos;
> Está lista para atraparte,
> Un gran crimen mortal cuando se oye.[4]

Las "Instrucciones de Ptahhotep" egipcias concluyen de forma aún más ominosa:

> Uno puede ser engañado por un cuerpo exquisito,
> Pero entonces (de repente) se convierte en miseria.
> (Todo lo que se necesita es) un momento insignificante como un sueño,
> Y uno llega a la destrucción por haberlos conocido.[5]

Largura de días y años de vida y paz te aumentarán (3:2). Las obras literarias de todo el antiguo Cercano Oriente también invocan o prometen la concesión de una deidad de larga vida, prosperidad y salud. Por ejemplo, un texto fenicio dice: "Que Ba'al KRNTRYŠ y todos los dioses de la ciudad den a

Azatiwada duración de días y multitud de años y buena prosperidad, y fuerza poderosa sobre todo rey".[6]

Un amuleto egipcio, en forma de corazón

Esta bendición solía estar supeditada a la fidelidad ritual al dios.

Átalas a tu cuello (3:3). Deuteronomio 6:8 también menciona el uso de amuletos como recordatorio de instrucciones importantes (cf. Pr 6:21; 7:3).

Ella es árbol de vida (3:18). Metafóricamente, la sabiduría es un árbol que da vida (cf. 11:30; 13:12; 15:4), aludiendo al "árbol de vida" del huerto del Edén (Gn 2:9; 3:22, 24; cf. Ap 2:7; 22:2, 14, 19). Un himno egipcio de alabanza al dios Amón-Re utiliza esta misma metáfora, refiriéndose igualmente al "árbol de vida".[7]

Oíd, hijos (4:1; también 4:10, 20). Los textos sapienciales de todo el Cercano Oriente contienen con frecuencia repetidos llamados a prestar atención a las palabras de una figura de autoridad, como el rey, el sabio o incluso la propia "alma", a menudo acompañados de una descripción de los beneficios de dicha atención. Obsérvese la exhortación similar en un antiguo texto egipcio: "¡Escúchame! He aquí que es bueno que la gente escuche".[8]

La senda de los justos es . . . El camino de los impíos es (4:18-19; también 4:11, 14-15). Los "dos caminos" es una metáfora bíblica favorita, especialmente dentro de los textos sapienciales, para contrastar dos formas de vida y sus respectivos "destinos" (cf. Dt 11:28; Jos 1:8; Sal 1:1, 6; 139:24; Is 26:7-8).

Las advertencias de la Sabiduría contra el adulterio y otras locuras (Caps. 5-7)

Agudo como espada de dos filos (5:4). Los textos sapienciales del antiguo Cercano Oriente ensalzan el valor de una buena esposa y advierten sobre las consecuencias del adulterio, aunque algunos de ellos muestran una visión menos equilibrada de la mujer que Proverbios, como en este texto asirio: "La mujer es un pozo, la mujer es una daga de hierro, ¡una afilada!, que corta el cuello del hombre".[9]

Si salieres fiador por tu amigo (6:1). Una nota de deuda asiria de Tel Hadid (ca. 664 a. C.) es paralela a la severa advertencia en 6:1-5 y de otras partes del libro (11:15; 17:18; 20:16; 22:26; 27:13) contra la garantía de la deuda de otro. Según esa nota, la esposa y la hermana del deudor trabajan para el prestamista a expensas del deudor mientras dure el préstamo, y si el capital no se devuelve en la fecha fijada (en unos tres meses), el tipo de interés pasa a ser del 33.33 %.[10] Asimismo, un proverbio sumerio advierte lo siguiente: "No respondas por alguien; ese hombre se apoderará de ti".[11] La prenda de abrigo de una persona podría servir como depósito de seguridad.

Perezoso, ¿hasta cuándo has de dormir? (6:9). Debido a que la litera-

Algunas mujeres egipcias vestidas exquisitamente en un banquete.

tura sapiencial alaba el comportamiento decidido, trabajador y diligente, la pereza se considera un comportamiento insensato y se describe regularmente como un grave defecto de carácter (cf. 6:6-11; 10:26; 13:4; 15:19; 19:24; 20:4; 21:25; 22:13; 24:30-34; 26:13-16). Las "Instrucciones de Ani" egipcias ofrecen una valoración similar: "El que es flojo no llega a nada. Honrado es el hombre que es activo".[12]

Colchas . . . con coloridas sábanas de lino egipcio . . . he perfumado . . . con mirra, áloes y canela (7:16-17 (NTV)). Aunque el lino (con el que se fabricaba el lino) se cultivaba en Palestina, el lino más fino y caro procedía de Egipto (Ez 27:7), y las especias nombradas (cf. Cnt 4:14) se importaban de la India y Arabia, lo que sugiere que la mujer seductora descrita aquí es muy adinerada.

Los últimos llamados de la Señora Sabiduría (Caps. 8-9)

Por mí reinan los reyes (8:15). La personificación más extensa de la sabiduría en Proverbios se encuentra en el capítulo 8, donde la Señora Sabiduría es comúnmente vista como una diosa o como una cualidad abstracta divinizada. El paralelismo más cercano en el Cercano Oriente se encuentra en el texto sapiencial arameo "Ahiqar":

> Del cielo los pueblos reciben el favor.
> La sabiduría viene de los dioses.
> Además, ella es preciosa para los dioses.
> El gobierno es suyo para s[iempr]e.
> Ella/ ha sido colocada en el cielo
> Porque el señor del santo la ha exaltado.[13]

Labró sus siete columnas (9:1). Se han encontrado casas (y templos) con siete pilares en el antiguo Israel (y en el antiguo Cercano Oriente), pero el número siete utilizado aquí probablemente simboliza la perfección y también indica que se trata de una casa espaciosa y lujosa.

Instrucciones avanzadas de sabiduría (Caps. 10-29)

Hay dos formas básicas de textos instructivos del antiguo Cercano Oriente: aquellos en los que un prólogo precede a la colección de proverbios y los que solo tienen un título precedente. Tras el largo prólogo de los capítulos 1-9, se pueden distinguir varias colecciones de proverbios o unidades compositivas distintas dentro del libro de los Proverbios: salomónicos (10:1-22:16); palabras de los sabios (22:17-24:22); otras palabras de los sabios (24:23-34); salomónicos, editados por los hombres de Ezequías (25:1-29:27); palabras de Agur (30:1-9); proverbios numéricos, quizá también de Agur (30:10-33); palabras de la madre de Lemuel (31:1-9); y una alabanza final a la mujer sabia (31:10-31). Sin embargo, las composiciones sapienciales no israelitas del antiguo Cercano Oriente no suelen contener múltiples colecciones de proverbios como ésta, como indican los títulos introductorios. Actualmente se discute si los proverbios individuales dentro de las respectivas colecciones están cuidadosamente ordenados (su orden, por lo tanto, tiene importancia interpretativa), o en gran medida al azar, cada proverbio, por ende, se interpreta adecuadamente como una unidad independiente. Varios textos egipcios agrupan claramente algunos de sus proverbios de forma temática; el ejemplo más claro es "Instrucciones de Onchsheshonqy".[14]

La rectitud y la maldad como máximo contraste (Caps. 10-15)

El que propaga calumnia es necio. En las muchas palabras no falta pecado; Mas el que refrena sus labios es prudente (10:18-19). Dios detesta los vicios relacionados con la palabra (p. ej., la mentira, la calumnia, el falso testimonio) porque denigran a los individuos que él ha creado y perturban y destruyen la vida dentro de la comunidad del pacto. Otros textos sapienciales del Cercano Oriente comparten esta perspectiva. Por lo tanto, los "Consejos de sabiduría" acadios declaran: "Quien calumnia (o) habla mal, como retribución el dios Shamash perseguirá su cabeza. No abras tu boca, guarda tus labios".[15]

Los templos antiguos, como este templo egipcio de la ciudad de Tebas, solían tener columnas en filas de siete

El temor de Jehová aumentará los días (10:27). Los textos sapienciales no israelitas también afirman los beneficios del favor divino, pero son más propensos a especificar las acciones cultuales que deben realizarse correctamente para garantizarlo: "La reverencia (a la deidad) produce bienestar, el sacrificio prolonga la vida y la oración expía el pecado. Un hombre temeroso de Dios no es despreciado por [su dios]".[16]

El Señor detesta el uso de las balanzas adulteradas (11:1 (NTV)). En el antiguo Israel, un peso estandarizado (pero fácilmente falsificable) en un plato se equilibraba con un metal precioso como medio de intercambio (cf. 16:11; 20:10, 23). Este proverbio es uno de los muchos que tienen estrechos paralelos en la legislación mosaica (cf. Dt 25:13-16), expresando incluso el desagrado divino de forma similar (la palabra traducida como "detestable", tradicionalmente traducida como "una abominación", aparece en este contexto veintidós veces en Proverbios y diecisiete veces en Deuteronomio). Este valor también lo comparten los textos sapienciales del antiguo Cercano Oriente, uno de los cuales advierte de forma similar: "No inclines la balanza ni falsees el peso".[17]

Ciertamente el justo será recompensado en la tierra; ¡Cuánto más el impío y el pecador! (11:31). Este proverbio afirma una perspectiva que destaca en los libros sapienciales del A. T.: el castigo y la recompensa divinos se esperan en el mundo presente. Este punto de vista se contrasta a menudo con la perspectiva del N. T. que enfatiza la justicia futura (postmortem). Sin embargo, esta interpretación no tiene por qué implicar que el sabio de Proverbios no tenga esperanza en una prolongación postmortem de la vida (ver comentarios en Pr 12:28).

Los labios mentirosos son abominación a Jehová (12:22). La mentira es uno de los vicios del habla más destructivos en todo el antiguo Cercano Oriente. Por ejemplo, un antiguo texto egipcio afirma lo siguiente: "No converses en falso con un hombre, porque es la abominación de Dios".[18]

En el camino de la justicia está la vida; Y en sus caminos no hay muerte (12:28). La NIV traduce la frase final ("no hay muerte") como "inmortalidad", lo que implica que el horizonte del sabio se extiende más allá de la existencia terrenal actual, una perspectiva que quizá se refleje también en 15:24; 23:18; 24:14. La mayoría de los intérpretes, sin embargo, entienden que 12:28 se refiere simplemente a evitar una muerte prematura mediante una vida sabia. Pero hay que tener en cuenta que los vecinos del antiguo Israel generalmente compartían una fuerte creencia en la vida después de la muerte, y sus preparativos y procedimientos funerarios reflejaban esa convicción (ver la sección

Un antiguo juego de balanzas

En esta escena habitual del Libro de los muertos egipcio, se pesa el corazón del difunto con la diosa Ma'at sentada (nótese la pluma que lleva en la cabeza). El dios Toth anota los resultados

sobre religión egipcia en el artículo "Los egipcios").

El que detiene el castigo, a su hijo aborrece (13:24). La disciplina corporal con un bastón rígido (también mencionada en 19:25, 29; 20:30; 22:15; 23:13-14; 26:3; 29:15) se consideraba en el antiguo Cercano Oriente no como un maltrato infantil, sino como una demostración protectora del amor paterno.

Por ejemplo, un antiguo texto arameo hace una afirmación similar: "No alejes a tu hijo de la vara. Si no eres capaz de salvarlo [de la maldad]. Si te golpeo, hijo mío, no morirás" (cf. 19:18).[19] La transmisión de los valores culturales tenía lugar principalmente en el hogar y, por lo tanto, era responsabilidad de los padres.

El que oprime al pobre afrenta a su Hacedor; Mas el que tiene misericordia del pobre, lo honra (14:31). La protección y la provisión de los necesitados también se afirman en el texto acadio titulado "Consejos de sabiduría", que dice: "El humilde, apiádate de él. No desprecies al miserable. [...] Da comida para comer, sidra para beber. Presenta lo que se pida, provee y honra. El dios de uno será feliz con él por eso".[20]

Los ojos de Jehová están en todo lugar, Mirando a los malos y a los buenos (15:3). Comparativamente, un texto egipcio describe al faraón como "percepción", cuyos "ojos buscan a todo el mundo".[21]

El sacrificio de los impíos es abominación a Jehová (15:8). Otros textos del A. T., como 1 S 15:22 e Is 1:11-**17**, confirman que las prácticas religiosas rituales al margen de la obediencia a la ley de Dios y la práctica de la justicia social son inaceptables para Dios (cf. Pr 21:3, 27).

El Seol y el Abadón (15:11; también 27:20). Se trata de una personificación de la tumba y del inframundo. En la mitología cananea la "Muerte" (*Mot*) es en realidad un dios (ver comentarios en Sal 6:5; ver el artículo "Los cananeos y la religión cananea").

El hombre iracundo (15:18; también 19:19; 22:24; 29:22). Esta descripción encuentra un estrecho paralelismo en las frecuentes referencias de la literatura sapiencial egipcia al "hombre de cabeza caliente".[22]

Sabios consejos para los gobernantes y la vida cotidiana (16:1-22:16)

Jehová pesa los espíritus (16:2; también 21:2; 24:12). Esta afirmación es similar a las representaciones del dios egipcio Toth, que pesa el corazón del difunto con la pluma de la verdad para determinar si se le permitirá entrar en la otra vida.

La suerte se echa (16:33; también 18:18). En Israel, el sumo sacerdote lanzaba las piedras "cargadas de divinidad" (i.e., el Urim y el Tumim) para determinar la dirección de Dios en un asunto público (ver comentarios Ex 28:2; 1 S 14:41-42).

Aun el necio, cuando calla, es contado por sabio; El que cierra sus labios es entendido (17:28). La moderación al hablar es un valor común en los textos de instrucción/sabiduría del antiguo Cercano Oriente. Por ejemplo: "No reveles tu corazón a un extraño. [...] Elige el bueno y dilo, mientras el malo está encerrado en tu vientre".[23]

El que halla esposa halla el bien, y alcanza la benevolencia de Jehová (18:22). Los Proverbios hacen hincapié en el carácter de una buena esposa (12:4; 19:14; 31:30), mientras que los textos antiguos del Cercano Oriente destacan más a menudo su capacidad reproductiva. Por ejemplo, un antiguo texto egipcio aconseja lo siguiente: "Sé amable con tu esposa. [...] Alegra su corazón todos los días de tu vida, porque ella es un campo provechoso para su señor".[24]

El vino es escarnecedor, la sidra alborotadora (20:1; también 23:20-21, 29-35; 31:4-7). Aparte del agua, el vino era la bebida más consumida en el antiguo Israel. La sidra, elaborada con cebada y trigo, era la bebida preferida en Egipto y Mesopotamia.[25] Las "Instrucciones de Ani" egipcias también advierte contra la embriaguez: "No te entregues a la bebida, no sea que pronuncies palabras malvadas y no sepas lo que dices [...] Uno te encuentre tirado en el suelo".[26]

Sobre ellos hace rodar la rueda (20:26). "Dos o más ruedas pesadas estaban unidas a un armazón, que era arrastrado por animales sobre el grano para romper la cáscara".[27]

Como los repartimientos de las aguas, Así está el corazón del rey en la mano de Jehová (21:1). En el antiguo Cercano Oriente, las acequias construidas y controladas dirigían el agua de los manantiales, ríos o lagos hacia los campos de cultivo y los jardines (cf. Sal 1:3; 65:10).

Tomó el sabio la ciudad de los fuertes, Y derribó la fuerza en que ella confiaba (21:22; también 24:5-6). Los relatos históricos del A. T. (p. ej., 2 S 20:15-22), así como también Eclesiastés (p. ej., 7:19; 9:13-18), describen la ventaja estratégica que proporcionan los consejeros y líderes militares sabios.

Advertencias para las relaciones sociales (22:17-24:22)

Oye las palabras de los sabios (22:17). Desde que, a principios del siglo XX, se publicó una edición académica de las "Instrucciones de Amenemope", se ha examinado detenidamente la relación entre este texto sapiencial egipcio y Pr 22:17-24:22. La afirmación habitual es que los numerosos y sorprendentes paralelismos verbales entre los dos textos indican que el autor del segundo tomó mucho prestado del primero, basándose tanto en las fechas de composición propuestas para estos dos textos como en un cuidadoso análisis de la redacción divergente entre los proverbios individuales.

A su vez, esta afirmación se ha utilizado teológicamente para argumentar que la verdad divina puede encontrarse fácilmente en textos extrabíblicos. De hecho, los dos textos comparten varios temas y proverbios específicos, además de dos notables características retóricas: (1) una mayor frecuencia de formas verbales imperativas, que solo se encuentran en los capítulos 1-9 de Proverbios; y (2) pequeños grupos de proverbios relacionados con un tema específico, que rara vez se encuentran en otras partes de las colecciones proverbiales de Proverbios (pero que se encuentran más comúnmente en las instrucciones egipcias).

Sin embargo, hay problemas con la afirmación de la dependencia literaria del sabio israelita de Amenemope. Entre ellos se encuentran los siguientes: (1) algunos de los paralelos se han creado únicamente modificando el texto hebreo para ajustarlo a la redacción de su supuesta fuente egipcia. (2) Los paralelos egipcios se limitan a ocho de los treinta capítulos del texto de Amenemope. Proverbios no recurre a varios capítulos de Amenemope que abordan temas que también aparecen habitualmente en Proverbios. (3) Los paralelos solo se encuentran en Pr 22:17-23:11. (4) Los paralelos de Proverbios se producen en un orden desconcertante si se toman directamente del texto egipcio. (5) Los versos comúnmente citados como prestados son similares en su contenido a otros textos del A.T. y del antiguo Cercano Oriente, y con la misma facilidad podrían haber sido "tomados prestados" en su lugar. Independientemente de la naturaleza de la relación entre los dos textos (algunos estudiosos incluso sostienen que Amenemope tomó prestado de Proverbios), este último mantiene su distintivo énfasis israelita.

Para que tu confianza sea en Jehová (22:19). Si hay un préstamo directo por parte del autor/editor de esta sección de Proverbios, esto afirma que los individuos sabios de todo el mundo pueden discernir la verdad a través de la observación y la razón. Lo incompleto, pero no falso, de estas "verdades" se pone de manifiesto por la forma en que Proverbios fija la sabiduría en la relación de uno con el Señor.

¿Acaso no te he escrito treinta dichos? (22:20). El texto hebreo no es claro y los estudiosos no se ponen de acuerdo sobre cómo traducir este versículo. El hebreo parece decir "hace tres días", lo que significa "anteriormente". Sin embargo, esta misma palabra hebrea es similar a la palabra que significa "treinta", y la mayoría de las traducciones al español han concluido que la palabra debe ser emendada a "treinta", basándose en la suposición de que esta sección está estructurada como "Las Instrucciones de Amenemope", que está subdividida en treinta "capítulos/secciones".

No traspases los linderos antiguos (22:28; también 23:10). Aunque se

La apicultura y la producción de miel se practicaban ampliamente en Egipto. Esta pintura muestra a los antiguos egipcios horneando pasteles de miel

encuentra en el capítulo 6 de "Las Instrucciones de Amenemope", los paralelos más cercanos se dan en Dt 19:14; 27:17.

Y pon cuchillo a tu garganta, Si tienes gran apetito (23:2). La advertencia contra la gula aquí, especialmente en presencia de un gobernante, tiene su paralelo en el capítulo 23 de "Las Instrucciones de Amenemope".

La indispensabilidad de la integridad y la diligencia (24:23-34)

También estos son dichos de los sabios (24:23). Esta superinscripción apoya la afirmación de que existía un grupo profesional de sabios en el antiguo Israel, tal vez sirviendo principalmente como funcionarios de la corte y asesores en Jerusalén (cf. Jer 18:18).

Relacionarse sabiamente con diversos grupos sociales: gobernantes, vecinos, familia y amenazas sociales (25:1-27:27)

También estos son proverbios de Salomón, los cuales copiaron los varones de Ezequías, rey de Judá (25:1). La segunda colección salomónica de Proverbios, que comienza aquí, fue compilada y editada dos siglos después de su reinado sobre la nación unida de Israel. Según el Talmud de Babilonia, Baba Batra 14b-15a (compilado ca. 500 d. C.), "Ezequías y su compañía escribieron Isaías, Proverbios y Cantar de los Cantares, (y) Eclesiastés", presumiblemente refiriéndose también a su papel editorial más que autoral (sobre el rey Ezequías, ver comentarios en 2 Reyes 18:1).

¿Hallaste miel? Come lo que te basta (25:16; también 25:27). Ver comentarios en Ex 3:8, 17. La miel se utilizaba principalmente como edulcorante y podía obtenerse de las uvas, los dátiles, los higos y las abejas (Jue 14:8).[28] La referencia a "hallaste" miel en 25:16 sugiere que es producida por las abejas (también 24:13; 27:7).

O el que sobre el jabón echa vinagre (25:20). El sentido exacto de este símil no está claro. Es de suponer que, como el vinagre hace "chisporrotear" al carbonato de sodio, suena a enemistad entre ambas sustancias.[29]

Ascuas amontonarás sobre su cabeza (25:22). Se ha sugerido que este pasaje se refiere a un ritual del Egipto ptolemaico por el que se exonera a un ladrón, pero no hay pruebas de que se haya practicado en Israel.[30] Lo más probable es que se refiera metafóricamente a infligir dolor psicológico a un enemigo tratándolo con amabilidad.

Como nieve en el verano y lluvia en la siega (26:1 (RVA-2015)). En Israel no nieva en verano, y rara vez llueve durante las temporadas de cosecha de primavera o verano.

Como escoria de plata echada sobre el tiesto (26:23). La plata adulterada proporciona un esmalte barato y frágil, aunque superficialmente atractivo, que sirve para cubrir los defectos de una vasija de cerámica.[31]

Sé diligente en conocer el estado de tus ovejas (27:23). Resulta algo sorprendente que esta subsección concluya con una instrucción más larga sobre el cuidado de los rebaños y las manadas (27:23-27). Sin embargo, esto refleja simplemente la sabiduría práctica y la diligencia aplicada a una tarea cotidiana.

La justicia y la salud de una nación (28:1-29:27)

El que aumenta sus riquezas con usura y crecido interés (28:8). Según la ley mosaica, era ilegal cobrar intereses a un compatriota israelita, pero estaba permitido a los extranjeros (Ex 22:25; Lv 25:35-37; Dt 23:19-20). Sin embargo, aparentemente esto ocurría a veces (Neh 5:9-11; Ez 18:13; 22:11).

Rey que juzga con verdad a los pobres (29:14; también 31:8-9). Se esperaba que los gobernantes del antiguo Cercano Oriente establecieran y mantuvieran la justicia en su reino, especialmente en favor de los fácilmente oprimidos y explotados. No es de extrañar que la promesa profética de un futuro gobernante davídico ideal enfatizara también esta responsabilidad (Is 9:7; 11:3-5; 32:1).

Sin profecía el pueblo se desenfrena (29:18). Aquí se destaca el papel crucial de la guía divina y la obediencia a la ley revelada. El mismo verbo traducido aquí como "desenfrena" aparece en Ex 32:25 para describir el jolgorio idolátrico de los israelitas ante el becerro de oro.

Epílogo (30:1-31:33)

Las palabras de Agur llamando a confiar humildemente en la obra y la palabra de Dios (30:1-33)

Declaración (30:1 (NBLA); también 31:1). La palabra hebrea traducida como "declaración" (masa) normalmente designa oráculos proféticos (Is 13:1; Ez 12:10), pero aquí puede referirse a una región de la península arábiga que lleva el nombre de un descendiente de Ismael (Gn 25:13-14; 1 Cr 1:29-30), lo que haría que Agur y el rey Lemuel no fueran israelitas.

A Itiel y a Ucal (30:1). Itiel y Ucal son lugares desconocidos, aparentemente no israelitas. Sin embargo, estas palabras hebreas se traducen mejor no como nombres sino como verbos: "Estoy cansado, Dios, pero puedo prevalecer" (NIV trad. lit.).

Toda palabra de Dios es limpia . . . No añadas a sus palabras (30:5-6). Aquí Agur cita Sal 18:30 (cf. 2 S 22:31) y Dt 4:2; 12:32, afirmando así el carácter impecable de su oratoria.

Tres cosas me son ocultas; Aun tampoco sé la cuarta (30:18). En 30:10-33 este refrán numérico es la forma dominante, un proverbio a menudo parecido a un acertijo en el que se enfatiza el punto final.

La mujer odiada (30:23). Esta expresión se utiliza para referirse a Lea en Gn 29:31 y en la legislación matrimonial en Dt 21:15-17; 22:13-21; 24:1-4.

Las palabras de la madre de Lemuel llamando al rey a la justicia (31:1-9)

La profecía con que le enseñó su madre (31:1). La "instrucción real" es un género literario bien establecido en el antiguo Cercano Oriente en el que un monarca de edad (o fallecido) prepara a su sucesor para gobernar con eficacia. Sin embargo, atribuir estos consejos a una reina madre no tiene paralelo en el antiguo Cercano Oriente.

La Señora Sabiduría encarnada como esposa y madre temerosa de Dios (31:10-33)

Mujer virtuosa, ¿quién la hallará? (31:10). Proverbios 31:10-31, que también puede tener su origen en la madre del rey Lemuel, concluye el libro utilizando un acróstico: cada verso siguiente comienza con la siguiente letra del alfabeto hebreo, una técnica de estructuración que también se encuentra en Nah 1:2-8, Lm 1-4 y nueve salmos, así como en varios textos acadios (mesopotámicos). Lo más probable es que esto indique que la mujer descrita encarna todos los aspectos de la sabiduría piadosa (i.e., "de la A a la Z") que se han presentado a lo largo del libro de Proverbios. Aunque algunas instrucciones egipcias exaltan las virtudes individuales de las mujeres, especialmente de las esposas, este texto es único en el antiguo Cercano Oriente tanto por su extensión como por la gama de fortalezas y actividades femeninas descritas. El retrato que se ofrece aquí es algo idealizado, ya que los derechos y privilegios legales de las mujeres israelitas estaban limitados fuera del hogar, lo que hacía que algunas de las actividades comerciales menciona-

Procedente de la antigua ciudad de Susa, este bajorrelieve mural representa a una mujer elamita adinerada trabajando un huso).

das fueran difíciles de llevar a cabo.

Lino fino y púrpura (31:22; también 7:16-17). Se trata de artículos muy caros que normalmente solo poseen las personas adineradas, lo que indica el grado de prosperidad que esta mujer proporciona a su familia.

En las puertas (31:31; también1:21; 8:3; 22:22; 24:7,31:23). La puerta principal de entrada a las ciudades es donde los ancianos se reunían para realizar negocios legales y comerciales (ver comentarios en Dt 17:5; Rut 4:1).

— Génesis
— Éxodo
— Levítico
— Números
— Deuteronomio
— Josué
— Jueces
— Rut
— 1 Samuel
— 2 Samuel
— 1 Reyes
— 2 Reyes
— 1 Crónicas
— 2 Crónicas
— Esdras
— Nehemías
— Ester
— Job
— Salmos
— Proverbios

— Eclesiastés

— Cantares
— Isaías
— Jeremías
— Lamentaciones
— Ezequiel
— Daniel
— Oseas
— Joel
— Amós
— Abdías
— Jonás
— Miqueas
— Nahúm
— Habacuc
— Sofonías
— Hageo
— Zacarías
— Malaquías

Eclesiastés

Richard L. Schultz

Introducción. El libro de Eclesiastés presenta las palabras del "Predicador" (hebreo: qohelet; ver 1:1, 2, 12; 7:27; 12:8-10). Aunque nunca se menciona a Salomón por su nombre en el libro, la descripción más detallada del Predicador como el hijo de David y rey de Israel (1:1, 12), su gran sabiduría (1:16) y sus posesiones reales (2:4-10) indican que Salomón pretende que se le entienda como el orador principal del libro. Las enseñanzas se dan principalmente en primera persona: "Volví yo a mirar [...] he visto [...] entendí [...] dije" (2:12-15). Sin embargo, una parte final (12:9-11) contiene referencias en tercera persona al Predicador y es posible que estas indiquen las palabras de un editor.

Si Salomón es la fuente principal de las enseñanzas en el libro, entonces su fecha se puede remontar a mediados del siglo X a. C., y se puede entender en el contexto dual de la floreciente monarquía unida en Israel, cuando la gente estaba "comiendo, bebiendo y alegrándose" (1 Reyes 4:20), y la reputación que tenía Salomón por tener una sabiduría muy grande (1 Reyes 4:29-34). Sin embargo, muchos intérpretes consideran que la figura de Salomón es solo un personaje literario que un autor utilizó mucho tiempo después en el período posexílico (siglo V a. C.) o incluso en el período helenístico (siglo III a. C.) para observar el mundo desde la perspectiva de Salomón. Para sustentar estas fechas posteriores de composición, los estudiosos citan palabras específicas que indican la influencia persa, los indicios de un contexto posexílico y las similitudes con la filosofía griega posterior (p. ej., el estoicismo y epicureísmo).

El género literario o el estilo literario del libro es único dentro del A. T., y su género, así como sus antecedentes en el antiguo Cercano Oriente, siguen siendo controversiales. El discurso en primera persona ha provocado que algunos intérpretes comparen Eclesiastés con las enseñanzas autobiográficas egipcias del rey Merikare o el rey Amenemhat o con las autobiografías asirias ficticias de la realeza en el Imperio acadio de Naram-Sin o Senaquerib. Otros se centran en las quejas del Predicador con respecto a las limitaciones humanas y la injusticia divina, y comparan el libro con la literatura sobre el pesimismo y disputas del antiguo Cercano Oriente, como la obra egipcia "Admonitions of an Egyptian Sage" [Admoniciones de un sabio egipcio] y "The Man Who Was Weary of Life" [El hombre que estaba cansado de la vida] (i. e., el alma) o "Dialogue of Pessimism" [Diálogo del pesimismo] en acadio y "The Babylonian Theodicy" [La teodicea babilónica]. A pesar de algunas similitudes sorprendentes entre estos textos en cuanto al estilo y contenido, Eclesiastés no tiene ninguna comparación debido a sus estados de ánimo cambiantes entre la celebración y la resignación.

Observaciones introductorias (1:1-11)

Dijo el Predicador (1:2). La palabra hebrea traducida como "Predicador" se refiere a alguien que reúne a las personas, por ejemplo, para instruirlos (ver el 12:9), o a un sabio que reúne (i. e., edita) dichos recopilados en una antología (ver el 12:9-11). Eclesiastés empieza (1:1-11) y termina (12:8-14) con un texto narrativo en tercera persona ("el Predicador"), mientras que todo el texto interior está en primera persona ("yo"). Otros textos antiguos del Cercano Oriente, como "The Maxims of Ptahhotep" [Las máximas de Ptahhotep], también utilizan un contexto narrativo en tercera persona para presentar las enseñanzas en primera persona.

Todo es vanidad (1:2). El versículo temático del libro aparece aquí y se repite en el 12:8. La palabra hebrea traducida aquí como "vanidad" (hebel) aparece treinta y ocho veces en el libro. Describe los logros (y la existencia) del ser humano como de corta duración e insustancial, es decir, "vapor" (cf. Sal 144:4). Con frecuencia se relaciona con "correr tras el viento" (1:14, 17; 2:11, 17, 26; 4:4, 6, 16; 6:9, NVI). En la epopeya mesopotámica de Gilgamesh, el personaje principal afirma de una manera similar: "La humanidad tiene sus días contados, todo cuanto hace es viento".[1]

Las pirámides (tumbas funerarias) para reyes cusitas y miembros de la familia real en la ciudad cusita de Meroe.

¿Qué ganancia tiene el hombre de todo su trabajo... debajo del sol? (1:3 CBS trad. lit.). Este versículo expresa la búsqueda del Predicador en todo el libro. La palabra hebrea traducida como "ganancia" es un término comercial, que a veces se utiliza para referirse a un "excedente" de plata. La frase "debajo el sol" (veintinueve veces en el libro) también aparece en algunos textos sobre maldiciones del antiguo Cercano Oriente, refiriéndose al reino de los vivos en comparación con el reino de los dioses.

A sus giros vuelve el viento de nuevo (1:6). La descripción en el 1:4-7 del movimiento constante dentro del mundo natural se ha considerado como un reflejo de una cosmovisión cíclica, con "nada hay nuevo debajo del sol" (1:9) refutando la perspectiva profética de que Dios está dirigiendo la historia hacia un mundo futuro que es nuevo y mejor (Is 65:17). Sin embargo, el primero (1:6) solo refleja la falta de "ganancia" en la esfera humana, mientras que el segundo (1:9) se refiere a las limitaciones humanas, no divinas. Según las palabras de la obra egipcia "Complaints of Khakheperre-sonb" [Las quejas de Khakheperre-sonb]: "Desde la primera generación hasta los que vienen después, imitan lo que es pasado".[2]

No hay memoria de lo que precedió (1:11). Los antiguos monarcas del Cercano Oriente estaban obsesionados con preservar un registro de su existencia a través de monumentos e inscripciones públicas, pero eso fue en vano. La antigua canción egipcia llamada "The Song of the Harper" [El canto del arpista] señala, irónicamente, que "los nobles espíritus [...] están sepultados en sus tumbas [...] Cuyos emplazamientos ya no existen. ¿Qué ha sido de ellos?"[3]

Se analiza todo lo que hay debajo del sol (1:12-5:9)

Logros y sabiduría del ser humano (1:12-2:26)

Me dediqué de lleno a explorar (1:13 NVI). En hebreo, la frase "me dediqué de lleno" es traducida literalmente a "puse mi corazón". De manera similar, un sabio egipcio afirmó presentar "la recopilación de máximas, la búsqueda de frases con un corazón escrutador".[4]

Y buscar con sabiduría sobre todo lo que se hace debajo del cielo (1:13). La epopeya mesopotámica de Gilgamesh presenta a su héroe como "quien vio el abismo fundamento de la tierra, fue quien todo lo supo, comprendió todo [...] Investigó lo oculto, abrió el conducto de las profundidades ignoradas".[5]

He crecido en sabiduría... Engrandecí mis obras (1:16-2:4). La sabiduría y las obras de Salomón, como se describen en esta parte, se entienden mejor en el contexto del relato histórico de su reinado en 1 Reyes 3-10. Era común que los monarcas del antiguo Cercano Oriente presumieran sus obras (cf. 2 Reyes 18:28-35; Dn 4:30). En las inscripciones reales propagandísticas del antiguo Cercano Oriente se encuentran afirmaciones similares de que un rey específico poseía un conocimiento y una sabiduría superior, incluso integral. Por ejemplo, un rey fenicio declaró: "Cada rey me respetó como un padre por mi justicia, mi sabiduría y mi buen corazón".[6]

Y fui engrandecido y aumentado más que todos los que fueron antes de mí en Jerusalén (2:9). Esta afirmación es sorprendente para algunos porque solo el padre de Salomón, David, gobernó desde Jerusalén antes que él, aunque también se podrían considerar aquí a los gobernantes jebuseos (ver Jue 1:21; 2 S 5:6; también Gn 14:8). Sin embargo, una descripción similar de Salomón se da en 1 Cr 29:25, y esto puede reflejar la práctica del antiguo Cercano Oriente al usar una frase como "todos los que fueron antes de mí" de una manera casi aficionada para destacar los éxitos notables del rey.

Un mismo suceso acontecerá al uno como al otro (2:14). La muerte es el gran final para todos (ver también 9:2), como también lo expresa un antiguo documento acadio llamado "The Dialogue of Pessimism", donde un sirviente dice: "Mira los cráneos de nobles y plebeyos. ¿Cuál es el de un malhechor y cuál el de un bienhechor?".[7]

No hay cosa mejor para el hombre sino que coma y beba, y que su alma se alegre en su trabajo (2:24). Esta afirmación destacada, en forma de estribillo, sobre los regalos que Dios da a los seres humanos se repite en varias formulaciones en el 3:12-13, 22; 5:18-19; 8:15; 9:7-9. No se debe confundir con la diversión autocomplaciente y que ignoraba a Dios que se describe en Is 22:13 y que se cita en 1 Co 15:32 (cf. Lucas 12:19). Los textos del antiguo Cercano Oriente que tienen una función similar de disfrutar de la vida frente a la muerte inevitable (p. ej., "¡Ten un día feliz y olvídate de la preocupación!")[8] no cuenta con la afirmación del Predicador en 2:24-26 de que estos placeres cotidianos son un regalo de Dios (también el 3:13; 5:19).

Tiempo y Eternidad (3:1-22)

Tiempo de esparcir piedras, y tiempo de juntar piedras (3:5). Esta es la más confusa de las catorce diferentes actividades en este llamado Orden de los tiempos (3:1-8).

No está claro cuál tema es negativo y cuál es positivo, y cómo se relaciona el versículo 5a con el 5b. Las sugerencias incluyen piedras para construir, para destruir el campo de un enemigo, o para ejecutar a un criminal, o como un eufemismo para la actividad sexual (i. e, en relación al versículo 5b). Algunos intérpretes ven en esta lista poética un determinismo estricto, pero la afirmación en el 3:11 ("Dios lo hizo todo hermoso para el momento apropiado", NTV) sugiere más bien que los individuos deben tratar de identificar los momentos "apropiados" para acciones específicas.

Hay maldad en el lugar del juicio (3:16). Una de las principales responsabilidades de los monarcas del antiguo Cercano Oriente era mantener la justicia dentro de su reino. Sin embargo, muchas veces no pasaba eso, como lo indica esta cita en el documento egipcio llamado "The Eloquent Peasant" [El campesino elocuente]: "¿Es qué, ciertamente, no es un delito que la balanza se haya inclinado, la plomada haya errado? [...] Mira, la justicia escapa por debajo de ti, expulsada de su lugar".[9]

Todo es hecho del polvo, y todo volverá al mismo polvo (3:20). El Predicador hace alusión aquí (ver también el 12:7) al relato de la creación del A. T. (Gn 2:7; 3:19). De manera similar, el mito mesopotámico de la creación, Atrahasis, también describe a los seres humanos como formados a partir de la arcilla.

Relaciones sociales (4:1-16)

Un cordón de tres dobleces (4:12). La epopeya mesopotámica de Gilgamesh también se refiere a la resistencia de un cordón tejido de tres hilos.

Mejor es el muchacho pobre y sabio, que el rey viejo y necio (4:13). Los intérpretes han sugerido algunos posibles gobernantes históricos a los que se puede aludir aquí (p. ej., el faraón y José, Saúl y David, Nabucodonosor y Daniel o, al suponer una fecha de composición posterior, varios gobernantes helenísticos como Ptolomeo IV y Ptolomeo V en el siglo III a. C.), pero no está claro si el Predicador tiene en mente a algún rey específico. Ninguno de estos reyes que se sugieren se ajusta de una manera adecuada a los detalles que aparecen en el 4:13-16.

Cuerda de tres hilos del antiguo Egipto (ca. 1550-1295 a. C.).

Advertencias contra actitudes erróneas hacia Dios y el gobierno (5:1-9)

Cuando a Dios haces promesa (5:4). Eclesiastés 5:4-6 retoma la redacción específica de la legislación de Moisés con respecto al cumplimiento de promesas (Dt 23:21-23), al hacer una advertencia en contra de tratar de impresionar a Dios haciendo falsas promesas. En todo el antiguo Cercano Oriente, la ejecución adecuada del ritual era esencial si los dioses iban a estar a favor de un rey o una nación, pero, a diferencia del A. T., las personas se dieron cuenta de la dificultad de discernir realmente los deseos de los dioses, como bromeó un sabio babilónico: "Incluso si uno trata de aprehender la intención divina, las personas no pueden entenderla".[10]

El rey mismo está sujeto a los campos (5:9) Eclesiastés 5:7-8 es uno de los versículos más difíciles de interpretar en el libro. ¿El rey explota el campo, como se afirma en la obra egipcia "Prophecies of Neferti" [La profecía de Neferti] ("La tierra disminuye, pero hay bastantes gobernantes")[11], o es esencial que exista un gobierno estable para que la agricultura prospere ("Después de todo, un rey que cultiva el campo es una ventaja para la tierra"), como lo indica la NASB (cf. ESV)?

Riqueza (5:10-6:9)

He visto... He visto... He visto (5:13,18; 6:1). En esta parte se dan tres situaciones con respecto a las posesiones. Proverbios comparte la perspectiva del Predicador de que la pobreza puede tener diversas causas: opresión (5:8), pereza (4:5), malas inversiones (5:14) o un "mal" que vendrá sobre la tierra (11:2)."The Maxims of Ptahhotep", un antiguo documento egipcio de sabiduría práctica, también reconoce que la riqueza proviene de Dios ("Si te dedicas a la agricultura y [tu] campo prospera, y Dios hace que crezca bajo tu mano"), y que la riqueza no es siempre beneficiosa para su dueño ("Porque la riqueza no trae ninguna ventaja cuando es una carga").[12]

Como salió del vientre de su madre, desnudo, así vuelve, yéndose tal como vino (5:15). La declaración es casi idéntica a Job 1:21.

Un abortivo es mejor que él (6:3). Esta comparación negativa se refiere a la persona que "lo tiene todo", pero Dios no le da facultad de disfrutar de ello (v. 2). En los momentos difíciles de sus vidas, tanto Jeremías (Jer 20:18) como Job (Job 3:10) también expresaron el deseo de no haber nacido nunca.

Actitudes positivas ante la justicia y la incertidumbre (6:10-10:20)

Respecto de lo que es (6:10). En el texto hebreo, los copistas rabínicos marcaron este versículo como la mitad del libro, y los versículos del 10 al 12 brindan un resumen provisional de lo que el Predicador ha aprendido (y compartido) hasta ahora.

Los días malos pueden traer buenos tiempos (7:1-14)

Mejor es la buena fama que el buen ungüento (7:1). Aunque se afirma claramente la superioridad del carácter sobre la riqueza (como en Pr 22:1; cf. Cantar 1:3), la relación de esta declaración con los versículos 1b-4 sugiere que es la reputación en la muerte lo que se compara aquí con el aceite aromático que se usa cuando se prepara un cadáver para enterrarlo.

Mejor es oír la reprensión del sabio (7:5). Esto concuerda con la perspectiva de Pr 13:1; 17:10.

Las dádivas corrompen el corazón (7:7). Esto es cierto sobre todo para los funcionarios del gobierno: "Será parcial con el que es generoso con él e imparcial con el que le paga".[13]

¿Quién podrá enderezar lo que él torció? (7:13). Aquí el Predicador toma el proverbio del 1:15 y atribuye esta acción de "torsión", es decir, "el día de la adversidad" (7:14), a Dios. El antiguo Cercano Oriente era un reino "saturado de dios" en donde casi todo lo malo que sucedía se atribuía a la acción divina, ya sea un castigo merecido o aparentemente arbitrario. Este es el fundamento para que los amigos consejeros de Job atribuyeran (de una manera errónea) su sufrimiento a sus supuestos actos malvados.

La rectitud y la sabiduría solo brindan una protección limitada (7:15-29)

No seas demasiado justo, ni seas sabio con exceso (7:16). Los intérpretes con frecuencia ven aquí la influencia del énfasis en la moderación (el "medio dorado" para evitar los extremos) en la filosofía griega, especialmente por Teognis y Aristóteles. Sin embargo, estaría fuera de lugar que el Predicador abogara por cualquier acción malvada o tonta, como si un individuo evitaría las consecuencias negativas solo si permanece "moderado".

Diez poderosos en una ciudad (7:19). Los intérpretes han visto una referencia aquí a los "diez hombres principales" que gobernaron algunas ciudades helenísticas, incluida Tiberias.[14] Esto requeriría una fecha bastante posterior para el libro. Además, la palabra hebrea usada aquí (*shallit*) también se le atribuye a José en Génesis 42:6 y no se refiere necesariamente a un cargo político; el número diez puede ser un número exacto e hiperbólico.

La mujer que es una trampa (7:26 NVI). El siervo en "The Dialogue of Pessimism" da una descripción igualmente negativa de las mujeres: "Una mujer es una trampa [...] un agujero, una zanja",[15] pero es poco probable que el 7:26 tenga la intención de ser una descripción general de las mujeres (cf. Pr 7:21-23).

Uno debe someterse al gobierno a pesar de la injusticia (8:1-17)

Te aconsejo que guardes el mandamiento del rey... porque él hará todo lo que quiere (8:2-3). La crítica al rey o a los funcionarios gobernantes en este capítulo y en otras partes (3:16; 4:13; 5:8; 10:5-7, 16) se ha citado como una razón para negar la autoría salomónica del libro, pero ningún gobernante, nación o período histórico específico se describe claramente aquí. Las advertencias contra la rebelión son comunes en los textos del antiguo Cercano Oriente: "Cuando se te da una orden real, es un fuego ardiente. Ejecútala de una vez, para que no se encienda contra ti".[16]

Aunque el pecador haga mal cien veces, y prolongue sus días (8:12). La expectativa común en el antiguo Cercano Oriente, incluido el A. T., es que la maldad sea castigada y el comportamiento justo sea recompensado durante la vida de cada uno. El Predicador se centra varias veces en las excepciones a este principio, que se expresa en una inscripción de tumba en arameo: "Debido a mi justicia en su presencia, él [Sahar, el dios lunar arameo] me dio un buen nombre y prolongó mis días".[17]

A la luz de la muerte, uno debe redimir el tiempo (9:1-12)

A todos les espera el mismo destino, sean justos o malvados (9:2 NTV). Ese "destino" que se comparte es la muerte, el gran final para todos (ver los comentarios sobre 2:14).

Los muertos nada saben (9:5). Este texto no debe entenderse como una negación de la vida después de la muerte (ver 12:7), en comparación con otros textos del A. T. que la afirman (p. ej., Dn 12:1-2; también Sal 73:24; Is 26:19). La creencia en alguna forma de existencia post mortem era muy difundida en el antiguo Cercano Oriente (p. ej., fue la razón para momificar a los faraones fallecidos). Más bien, de una manera similar al Sal 6:5; 115:17, el Predicador aquí está comparando las actividades en las que los individuos "debajo del sol" pueden participar con su final después de la muerte.

En todo tiempo sean blancos tus vestidos, y nunca falte ungüento sobre tu cabeza. Goza de la vida con la mujer que amas (9:8-9). Debido a que se suelen ensuciar con facilidad, las prendas blancas se usaban solo en ocasiones festivas. Como la vida es corta e incierta, el Predicador, así como la canción "The Song of the Harper" ("Unge tu frente con mirra, vístete con lino fino"),[18] exhorta a un estado de ánimo festivo. A Gilgamesh también se le recuerda por lo inevitable de la muerte y luego dijo: "Día y noche vive alegre [...] Tus vestidos sean inmaculados [i. e., blancos]. Que tu esposa goce siempre en tu seno".[19]

Se debe acoger la sabiduría y evitar la locura (9:13-10:20)

Y levanta contra ella grandes baluartes (9:14). Aquí se hace referencia a las torres móviles de asalto, como las que utilizaban los asirios para romper las murallas de las ciudades fortificadas (cf. Dt 20:20; Is 29:3). La historia didáctica en el 9:14-15 probablemente no tiene individuos específicos en mente, sino que tiene la intención de enseñar una lección (9:16), similar a las parábolas de Jesús.

Vi siervos a caballo, y príncipes que andaban como siervos sobre la tierra (10:7). El tipo de caos social que causaron los gobernantes incompetentes se describe en "The Prophecies of Neferti" como una "tierra en tumulto" donde ahora hay "hombres humildes en posiciones exaltadas", mientras que la "mujer noble (se esforzará) para poder subsistir".[20] Un pensamiento similar se expresa en Pr 19:10.

El que hiciere hoyo caerá en él (10:8). Este dicho popular aparece en varias formas en Sal 7:15; 9:15; 35:7-8; 57:6; Pr 26:27.

Aliento final para ser audaz, alegre y reverente (11:1-12:7)

Echa tu pan sobre las aguas... porque no sabes el mal que vendrá sobre la tierra (11:1-2). No está claro si el proverbio en el 11:1 está elogiando los actos de caridad o las inversiones sabias, pero un dicho en "The Instructions of Onchsheshonqy" [Las instrucciones de Onchsheshonqy] ("Haz una buena obra y tírala al diluvio. Cuando disminuya, la encontrarás")[21] sustenta la primera opción. También lo hace el siguiente versículo (11:2), que tiene una similitud en "The Maxims of Ptahhotep": "Gratifica a tus amigos con lo que ha llegado a ser tu posesión [...] Nadie sabe lo que sucederá cuando considere el mañana".[22]

Deja que tu corazón disfrute... Aleja de tu corazón el enojo (11:9-10 NVI). La brevedad de la juventud y de la vida misma es una motivación para disfrutarla mientras se pueda, un sentimiento que se encuentra también en varios textos egipcios: "¡Alegra tu corazón! La falta de cuidados es buena para ti; sigue a tu corazón mientras vivas".[23]

Antes que se oscurezca el sol, y la luz, y la luna y las estrellas, y vuelvan las nubes tras la lluvia (12:2). Se ha sugerido para este versículo un contexto con representaciones proféticas del "fin de los tiempos", como se encuentra en Is 34:4; Joel 2:10, 31; Marcos 13:24-25. Sin embargo, las palabras "oscuridad" y "nubes" aquí se anticipa en el 11:3-4, 8.

Se oscurecerán los que miran por las ventanas (12:3). La mayoría de los intérpretes ven en el 12:3-5(6) una descripción en parte literal y en parte alegórica del proceso debilitante del envejecimiento, un problema universal también descrito por Ptahhotep: "La vejez ha llegado [...] los ojos están borrosos, los oídos sordos y el vigor disminuye".[24]

Observaciones finales (12:8-14)

Ponderó, investigó y ordenó muchísimos proverbios (12:9 NVI). Un proceso editorial similar se expone en las primeras líneas de un texto egipcio: "La colección de palabras, la recopilación de máximas, la búsqueda de frases".[25]

Teme a Dios, y guarda sus mandamientos (12:13). La amonestación final del Predicador aparece varias veces en Deuteronomio (ver Dt 6:2; 8:6; 13:4; 17:19).

— Génesis
— Éxodo
— Levítico
— Números
— Deuteronomio
— Josué
— Jueces
— Rut
— 1 Samuel
— 2 Samuel
— 1 Reyes
— 2 Reyes
— 1 Crónicas
— 2 Crónicas
— Esdras
— Nehemías
— Ester
— Job
— Salmos
— Proverbios
— Eclesiastés

— Cantares

— Isaías
— Jeremías
— Lamentaciones
— Ezequiel
— Daniel
— Oseas
— Joel
— Amós
— Abdías
— Jonás
— Miqueas
— Nahúm
— Habacuc
— Sofonías
— Hageo
— Zacarías
— Malaquías

Cantar de los Cantares

Gordon H. Johnston

Introducción. Son pocos los libros bíblicos que presentan a los lectores modernos más desafíos interpretativos que Cantar de los Cantares (Cantar de Salomón). Aunque algunos intérpretes aún siguen enfoques alegóricos y tipológicos, la mayoría de los estudiosos en la actualidad consideran al Cantar de los Cantares como si fuera una celebración del amor romántico entre un hombre y una mujer como uno de los mayores regalos de Dios para la humanidad (cf. Gn 2:21-25). Como su título y sus características poéticas sugieren, este libro refleja una recopilación unificada de antiguas letras de amor hebreas. De hecho, muchos enigmas interpretativos se pueden resolver cuando se lee Cantar de los Cantares en el contexto de la antigua cultura israelita y la poesía de amor del antiguo Cercano Oriente.

Ciclo #1 de los poemas de amor (1:1-2:7)

Porque mejores son tus amores que el vino (1:2). La poesía antigua sobre el amor solía comparar el deleite del amor romántico con el efecto embriagador del vino. Por ejemplo, en una canción de amor egipcia, una doncella le dice a su amado: "Tu amor es deseable [...] como dátiles mezclados en cerveza", y luego él responde: "La besaré, sus labios están separados, soy feliz sin tomar cerveza".[1] En una línea similar, el sabio hebreo aconseja a su hijo que se embriague con el amor de su esposa (Pr 5:19-20).

Tiendas de Cedar (1:5). Los nómadas de Cedar que habitaban en tiendas eran bien conocidos en el A. T. (Sal 120:5) y también se mencionan en otros textos del antiguo Cercano Oriente. La doncella compara su tez morena con las rústicas tiendas de las tribus beduinas que habitaban en el desierto del norte de Arabia, al sureste de Israel. Tejidas con lana de cabras negras, estas resistentes tiendas eran muy adecuadas para el desierto abrasado por el sol.

Hazme saber... dónde apacientas los rebaños (1:7-8). En la literatura del antiguo Cercano Oriente, el pastor era el arquetipo del amante ideal. Los poemas sumerios que celebran la boda del rey Amaushumgalanna lo retratan metafóricamente como un pastor y representan la cámara nupcial como el lugar de una cita romántica en el campo. Debido a que las ovejas pastaban en varios lugares impredecibles, encontrar el paradero de un pastor solía ser un desafío. Así, la doncella en un poema de cortejo sumerio reflexiona: "¡Oh, si pudiera saber el camino al redil de mi novio!". El poema de amor en el 1:7-8 refleja un sentimiento similar: la doncella expresa su deseo de tener una cita romántica con su amado, preguntando dónde podría encontrarlo.

Yegua de los carros de Faraón (1:9). Las letras antiguas de amor solían comparar a las mujeres hermosas con yeguas elegantes y los pretendientes masculinos con sementales emocionados. O tal vez el 1:9 refleja un famoso incidente alrededor del año 1450 a. C. durante el asedio de Cades por el faraón Tutmosis III. Mientras los carros egipcios se apresuraban a la batalla, el príncipe de Cades soltó una yegua en celo, lo que provocó un frenesí y caos entre los sementales del faraón. Sin embargo, debido a que el 1:10 describe su cuello y sus mejillas adornadas, también es posible que el 1:9-10 evoque la imagen común de los caballos de los carros egipcios decorados con exquisitos arneses y adornos ceremoniales, quizás mejor ilustrados por los famosos caballos de los carros del faraón egipcio Tutankamón.

Mientras el rey estaba en su reclinatorio (1:12). En la estructura social del mundo antiguo, la imagen de un rey reclinado en su sofá del banquete real personificaba al aristócrata ideal. Hay muchos ejemplos en el arte antiguo que representan escenas de banquetes de reyes que comen o toman mientras están reclinados en sus sofás de banquete, con frecuencia están acompañados por una mujer recostada (reina o consorte). Las escenas de banquetes resaltaron los temas del prestigio real y el placer, lo que representa el arquetipo de la buena vida.

Soy la rosa de Sarón (2:1). Con frecuencia traducido como "rosa", se refiere al azafrán de la pradera, una flor silvestre autóctona de Sarón, una región que abarca la mitad norte de la llanura costera del antiguo Israel. La comparación de la belleza de una doncella con las flores era un tema convencional en la poesía antigua sobre el amor.

Sala del banquete (2:4 NVI). La doncella representa metafóricamente la cámara nupcial donde ella y su novio consumían su amor como una sala del banquete (literalmente, una "casa de vino" [cf. Ester 7:8]). En el antiguo Cercano Oriente, la realeza celebraba los esponsales y el matrimonio con fastuosos banquetes. Los palacios antiguos solían incluir salas de banquetes. Los relieves de las paredes del palacio de Asiria presentan escenas de banquetes que representan al rey y la reina tomando vino y comiendo fruta.

Ciclo #2 de poemas de amor (2:8-3:5)

Por colinas escarpadas (2:17, NVI). Como sugieren los versículos paralelos (4:6; 8:14), esta referencia geográfica es una metáfora de los pechos de la doncella. El hebreo también se puede traducir como "los montes de Beter" (pie de página de CSB trad. lit.). Beter (del verbo relacionado batar, que significa "cortar en dos pedazos") era un antiguo pueblo ubicado a unas siete millas al suroeste de Jerusalén en un espolón montañoso, encima del valle de Soreq. La expresión en plural no se refiere a picos iguales, sino a dos partes redondeadas del lado sur de la colina. El poeta compara estos dos montículos redondos con la hermosa figura de la doncella, una metáfora sutil pero visualmente adecuada. Los versículos paralelos comparan sus pechos con las colinas perfumadas (4:6; 8:14).

Sirvientes egipcios portando un palanquín que sostiene al faraón.

Ciclo #3 de los poemas de amor (3:6-5:1)

La litera de Salomón (3:7). Esto probablemente no es una cama estable, sino más bien un trono real portátil (NVI: "carruaje"). Era el elemento central de la litera real, la solían utilizar los reyes cuando viajaban grandes distancias. Se han encontrado varios ejemplos de tronos portátiles en el antiguo Egipto (alrededor de los años 2600-1050 a. C.). No está claro si el trono portátil en el 3:7 y el palanquín (es decir, una "litera transportada") en el 3:9 se refieren a dos vehículos separados (uno para el rey, otro para su novia) o si son partes de la misma estructura móvil. En los textos egipcios, por ejemplo, los dos términos solían ser intercambiables: el primero para el trono portátil, el segundo para el conjunto.

Carroza (3:9). Esto se refiere a un palanquín o una litera real, que por lo general consiste en un trono fijado en una plataforma cubierta por un dosel que el personal de carga transportaba levantando las columnas sobre sus hombros. Usado casi exclusivamente en Egipto, la presencia de un palanquín aquí puede sugerir que fue importado de Egipto y transportó a la hija del faraón a Jerusalén como la novia real de Salomón (1 Reyes 3:1; 9:16). Reservado casi de manera exclusiva para la realeza durante este período, el palanquín mostraba la riqueza y el estatus del rey, que efectivamente aumentaba y se hacía más visible. El arte y la literatura de Egipto cuenta con decenas de ejemplos de palanquines.

Los marcos de los palanquines egipcios solían estar hechos de cedro del Líbano, cubierto con láminas de oro, y con incrustaciones de piedras preciosas (cf. 3:9-10). En el arte egipcio, el número de los cargadores que llevaban los palanquines variaban de cuatro hasta veinticuatro. De esta manera, en comparación, los sesenta guerreros alrededor del palanquín en el 3:7 es sorprendente. Lo más probable es que el 3:6-11 muestre un séquito real que transporta al rey y a su novia real a Jerusalén para una boda real.

Tú eres hermosa... tus ojos... tus cabellos... dientes... Toda tú eres hermosa (4:1-7). Las letras antiguas de amor solían presentar elogios poéticos de la belleza de una doncella mediante la comparación metafórica de partes de su cuerpo con objetos del mundo natural. Aparecen ejemplos sorprendentes en la antigua poesía de amor sumeria, acadia, asiria, ugarítica y egipcia. De manera similar, el elogio lírico de la anatomía que hace el novio a la doncella desempeñó un rol importante en las festividades tradicionales de las bodas sirias. Mientras se celebraba la fiesta de bodas, la novia realizaba un baile mientras el novio elogiaba su belleza de pies a cabeza usando metáforas de color: cuanto más creativo y divertido, era mejor. Esta forma convencional de letras de amor aparece en Cantar de los Cantares en contextos que evocan estos orígenes antiguos (4:1-7; 5:10-16; 6:4-7; 7:1-7).

Hermana y novia mía (4:9,10,12; 5:1NVI). Mientras que los reyes del antiguo Cercano Oriente a veces se casaban con hermanastras, el matrimonio entre hermanos (consanguinidad) estaba prohibido en Israel (Lv 18:9). Como el 8:1 deja en claro, la doncella en Cantar de los Cantares no es hermana de su amado. En el antiguo Cercano Oriente, los epítetos "mi hermana" y "mi hermano" se solían usar como frases de cariño para la esposa y el esposo. Este tema aparece con frecuencia en la poesía de amor del antiguo Cercano Oriente, donde los pretendientes masculinos y femeninos se suelen referir el uno al otro como "mi hermana" y "mi hermano". En la poesía egipcia de amor, los términos de hermana y hermano aparece en contextos de cortejo, pero en la poesía de amor sumeria aparece en contextos de cortejo y nupciales. En varios poemas sumerios, por ejemplo, el novio se dirige con ternura a su novia como "mi hermana" en el contexto de la cámara nupcial. Por lo tanto, la expresión "hermana y novia mía" en Cantar de los Cantares probablemente refleja esta antigua convención poética de un tierno afecto.

Jardín cerrado eres tú (4:12-5:1 NVI). El regalo de la novia al novio se transmite a través de la metáfora del jardín real. Los reyes con frecuencia construían jardines reales como fuente de placer y una exhibición de su riqueza (p. ej., 1 Reyes 21:1; 2 Reyes 21:18, 26; 25:4; Neh 3:15; Ester 1:5; 7:7; Ec 2:5). Los objetos literarios y materiales del antiguo Cercano Oriente revelan muchos ejemplos de jardines reales en el antiguo Egipto, Ugarit (una antigua ciudad en Siria), Asiria, Persia e Israel. Encerrada en el palacio para garantizar su privacidad e inviolabilidad, este paisaje ideal era de dominio exclusivo del rey. Regado por medios artificiales (piscinas, acueductos, embalses), el jardín real presentaba árboles exóticos, plantas exuberantes y flores importadas.

Como una imagen simbólica de esplendor, el jardín real funciona como una metáfora romántica en el 4:12-5:1. La belleza natural del jardín expresa la belleza física de la novia; el placer sensorial del jardín refleja el placer que la pareja encuentra en su amor recíproco. Las exuberantes imágenes hablan del deleite que los novios encuentran el uno por el otro; la naturaleza cerrada del jardín refleja la privacidad, la intimidad y la seguridad que sienten en su amor; el jardín amurallado también funciona como un símbolo de la castidad de la novia.

Ciclo #4 de los poemas de amor (5:2-6:3)

La abertura del cerrojo (5:4 NVI). En el antiguo Cercano Oriente, las mujeres del palacio (incluida la esposa principal del rey) residían en cuartos separados, típicamente ubicados en lo profundo del complejo real. Los cuartos de las mujeres presentaban una serie de puertas cerradas para mantener a las mujeres en el interior y a los hombres afuera. Guardias castrados vigilaban fuera de las puertas cerradas, impidiendo que otros hombres entraran en el área. El derecho a un acceso ilimitado a los cuartos de las mujeres pertenecía solo al rey. La representación de la puerta cerrada de la doncella también era un tema recurrente en la poesía de amor del antiguo Cercano Oriente. En la poesía egipcia de amor, por ejemplo, el símbolo transmitía la inaccesibilidad de la virgen; la puerta cerrada de su dormitorio frustraba los avances del joven impaciente. Algunos poemas personificaban su anatomía como una puerta atornillada que solo ella tenía derecho a abrir. Del mismo modo, en un poema de amor asirio que comparte temas en común con el 5:3-6, la novia se retira a la cámara nupcial, cierra la puerta y atornilla el pestillo antes de bañarse y subirse a la cama para esperar la llegada de su novio.

Mirra, que corría sobre la manecilla del cerrojo (5:5). En el mundo bíblico, los pestillos de las puertas de los palacios, templos y puertas de las ciudades se solían ungir con aceites aromáticos para celebrar la apertura inicial de la entrada. Por ejemplo, llenar un templo con olores aromáticos aparentemente estaba destinado a atraer al dios hacia él. Llenar una habitación con fragancia tenía la intención de realzar su ambiente, impartir una santidad que contagie y crear una entrada acogedora para el huésped. Por ejemplo, un texto de dedicación a un templo acadio dice: "Prodigo riquezas a tu templo, hago que el cerrojo de tu puerta gotee aceite".[2] El rey Nabonido de Babilonia describió la dedicación del templo de Ebabbar de la siguiente manera: "Empapé con aceite perfumado los postes de las puertas, las cerraduras, los cerrojos y las hojas de las puertas; llené el contenido del templo con una dulce fragancia para la entrada de su exaltada divinidad".[3]

Me hallaron los guardas que rondan la ciudad. Me golpearon, me hirieron (5:7). Los vigilantes identificaron de una manera errónea a la doncella, quien buscaba a su amado en la ciudad a altas horas de la noche, como una mujer sexualmente promiscua, y la castigaron como si fuera una prostituta. Muchas sociedades del antiguo Cercano Oriente sancionaron la violencia física contra las mujeres que eran sexualmente promiscuas. Por ejemplo, las leyes asirias medias exigían que cualquier prostituta que usara velo en público fuera arrestada, que la llevaran al palacio, la desnudaran y la golpearan.

Ciclo #5 de los poemas de amor (6:4-7:11)

Sesenta son las reinas, y ochenta las concubinas (6:8-9). Aunque la sociedad israelita antigua toleraba la poligamia, la posesión de un harén era un lujo que pocos podían permitirse. Por lo tanto, este normalmente era el privilegio de los reyes. La cultura antigua consideraba que un gran harén era un indicio de poder real y prestigio internacional. El gobernante del antiguo Cercano Oriente por lo general poseía (1) una esposa principal de un estatus de élite o de un linaje noble para consolidar su posición política, (2) esposas secundarias para asegurar el éxito reproductivo, (3) esposas extranjeras para asegurar alianzas internacionales y (4) concubinas para un placer personal. Reflejando la antigua costumbre, los reyes hebreos solían tener múltiples esposas y concubinas. Aunque las setecientas esposas y trescientas concubinas de Salomón pueden parecer extremas, los historiadores del período helenístico relatan que Artajerjes II y Darío III tenían cada uno 360 concubinas, una para cada día del calendario persa. Por lo tanto, las sesenta reinas y ochenta concubinas (aproximaciones poéticas) en el 6:8 parece una cantidad reducida en comparación con lo anterior. Si esto en realidad representa el séquito de Salomón, este reflejaba sus primeros años, después de heredar el harén de David, pero antes de caer en la poligamia desenfrenada. Moisés advirtió contra este tipo de exceso real (Dt 17:14-17), y las setecientas esposas de Salomón al final apartaron su corazón de Dios (1 Reyes 11:1-7).

Mas una es la paloma mía... Es la única (6:9). En el mundo de la realeza del antiguo Cercano Oriente, pocas veces el amor era el fundamento inicial del matrimonio. Casi siempre, los matrimonios de la realeza se organizaban para conseguir ventajas políticas. Sin embargo, había algunas excepciones, reyes que parecían casarse por amor. Por ejemplo, el príncipe hitita Hattusili fue herido por Puduhepa la primera vez que la vio. Además, la posesión de un harén no impedía que un rey se enamorara de su esposa principal. Aunque el faraón egipcio Ramsés II tenía seis esposas menores y doscientos concubinas, su poesía de amor exaltaba a Nefertari (la novia de su juventud y su principal esposa real) por encima de todas las demás, afirmando: "Para la única por la cual mi amor brilla: Mi amor es único, nadie puede ser rival de ella porque es la mujer más hermosa del mundo. Con solo pasar, me ha robado el corazón".[4] Aunque el rey Roboam tenía diecisiete esposas secundarias y sesenta concubinas, amaba a su esposa principal, Maaca, más que a todas las demás (2 Cr 11:18-21). Salomón tuvo muchas esposas (1 Reyes 11:1, 3), sin embargo, su esposa principal fue la célebre hija del faraón, a quien honró más que a todas los demás (1 Reyes 3:1; 7:8; 9:24). Probablemente, se trata de la novia real

La reina egipcia Nefertari, la principal esposa real del faraón Ramsés II y la novia de su juventud.

cuya procesión a Jerusalén es alabada en el 3:6-11, la doncella extranjera morena que se menciona en el 1:5-6, y la hija de un noble nacimiento que se alaba en el 7:1. La comparación metafórica de ella con una yegua entre los los carros del faraón (1:9) quizás también sugieran un contexto egipcio de esta imagen, así como un origen egipcio de esta mujer.

Torre de marfil (7:4). La comparación del cuello de la doncella con una torre de marfil representaba su silueta bien formada, su tonalidad rosada y su elegante estatura. Los artistas antiguos solían representar a las mujeres en relieve de marfil debido a la belleza de su color y la calidez de su textura. Los arqueólogos han encontrado talleres de marfil y colecciones de estatuas de marfil en ambientes aristocráticos y reales en Egipto, Fenicia y Asiria, así como en Israel. Los objetos de marfil incluyen obras de arte (estatuillas, placas), implementos (cucharas y peines decorativos, manijas de abanico y espejo, cajas de cosméticos), objetos reales (dagas y cuchillos decorativos, escarabajos y focas, tableros de juego y piezas de juego), muebles con incrustaciones (tronos, sillas, camas) y murales con incrustaciones (palacios, templos). Debido a que el marfil se cosechaba de colmillos de elefante, difícilmente se podría haber construido una torre de una ciudad real de un tamaño completo con marfil. Por lo tanto, esta referencia es quizás una metáfora.

Estanques de Hesbón (7:4). La antigua ciudad de Hesbón se ubicaba en el

El faraón egipcio Tutankamón en un jardín real con su reina, quien lleva un cono de perfume en la cabeza y le ofrece dos ramos de plantas especiales. Las imágenes representadas aquí son similares a las que se describen en Cantar de los Cantares.

camino real, en una de las cumbres de los montes de Moab, a unas veinte millas al este del río Jordán y a doce millas al suroeste de Amán.

Las excavaciones en el sitio (Tell Hesban) descubrieron un enorme depósito de agua al aire libre en la ladera sur de la acrópolis, que los excavadores identificaron como los "estanques de Hesbón". El embalse se alimentaba con aguas de lluvia de escorrentía que eran canalizadas a través de varios canales cortados en el lecho rocoso contiguo en su lado este. Con 57 pies de largo, 57 pies de ancho y 23 pies de profundidad y una capacidad de 566 385 galones, probablemente fue el embalse más grande de su época. La construcción del embalse se remonta a la época de Salomón, pero siguió funcionando durante cuatro siglos. Cuando Hesbón fue destruida (siglo VI a. C.), el embalse fue enterrado bajo una capa de ceniza. Cuando la ciudad fue reconstruida siglos después, los escombros de la ciudad abandonada fueron retirados en el embalse (siglo II a. C.). La nitidez de la metáfora en el 7:4 sugiere que los "estanques de Hesbón" aún existían cuando se compuso Cantar de los Cantares.

Ciclo #6 de los poemas de amor (7:12-8:4)

Las mandrágoras (7:13). La mandrágora es una planta herbácea perenne que tiene un lento crecimiento y hojas aromáticas en forma de roseta que rodean una corona de flores moradas sobre grandes raíces en forma de una horquilla. La especie autóctona del antiguo Israel prosperaba en bosques claros, donde brotaba a principios del otoño y florecía a principios de la primavera. Las raíces contienen alcaloides que, cuando se digieren, alivian el dolor, producen excitación sexual y alucinaciones. En el antiguo Cercano Oriente, se usaba tanto como anestésico y como afrodisíaco. La tradición popular consideraba que podía promover la concepción. Sin embargo, en el 7:13 la doncella no destaca el efecto legendario de consumir mandrágoras, sino más bien su fragancia seductora.

Ciclo #7 de los poemas de amor (8:5-14)

Ponme como un sello (8:6). Los sellos circulares se hacían de piedras semipreciosas en las que se grababan diseños e inscripciones únicas que se podían aplicar sobre superficies de arcilla para dejar huellas que identificaran a los objetos como propiedad del dueño del sello. Como era tan valioso, los dueños sabios lo mantenían muy cerca.

El sello circular típico tenía una pulgada de largo con un orificio que atravesaba de manera longitudinal su centro. Se usaba en un collar alrededor del cuello o en un brazalete en la muñeca. De esta manera, los pedidos poéticos de la doncella son dos: mantenerse cerca de su corazón en una relación comprometida que nunca se perdería, y ser la única mujer cuyo nombre, por así decirlo, estaría grabado indeleblemente en su corazón.

Fuerte llama. Las muchas aguas (8:6-7). En el mundo antiguo, los poderes del caos solían representar la fuerza amenazadora de las olas del mar caótico. Este tema recurrente se manifiesta en la imagen de las "muchas aguas" (Sal 18:16; 144:7; Is 17:13; Jer 51:55; Ez 31:15). Aunque el agua apaga el fuego, el amor verdadero es como una llama poderosa que no puede apagarse por las calamidades y los desafíos de la vida.

— Génesis
— Éxodo
— Levítico
— Números
— Deuteronomio
— Josué
— Jueces
— Rut
— 1 Samuel
— 2 Samuel
— 1 Reyes
— 2 Reyes
— 1 Crónicas
— 2 Crónicas
— Esdras
— Nehemías
— Ester
— Job
— Salmos
— Proverbios
— Eclesiastés
— Cantares

— Isaías

— Jeremías
— Lamentaciones
— Ezequiel
— Daniel
— Oseas
— Joel
— Amós
— Abdías
— Jonás
— Miqueas
— Nahúm
— Habacuc
— Sofonías
— Hageo
— Zacarías
— Malaquías

Isaías

Gary V. Smith

Introducción Isaías profetizó en la nación del sur de Judá desde alrededor de los años 750 al 685 a. C. Isaías comenzó a proclamar el mensaje de Dios durante el reinado de Uzías (y Jotam) alrededor de los años 750-740 a. C (caps. 2-5). 2 Crónicas 26:1-27:9 relata que Uzías era un rey muy poderoso pero orgulloso. Ignorando la oposición de ochenta sacerdotes, insistió en entrar al templo y quemar incienso él mismo, una función que solo los sacerdotes podían realizar. En consecuencia, Dios hirió a Uzías con lepra, por lo que ya no podía gobernar como rey. Su hijo Jotam, un rey justo, lo reemplazó y gobernó durante los siguientes años (2 Cr 27:1-9).

Isaías 6-12 describe acontecimientos que ocurrieron durante el reinado del malvado rey Acaz (2 Reyes 16; 2 Cr 28), rey de Judá, pero adorador de Baal (sobre Acaz, ver los comentarios sobre 2 Reyes 16:1). Isaías desafió a Acaz a confiar en Dios cuando Judá fue atacada por una coalición militar de Siria e Israel (la Guerra sirio-efraimita), pero en cambio Acaz acudió hacia los asirios para liberarlo (ver la sección sobre el período neoasirio en el artículo "Los asirios").

En Isaías la mayoría de las profecías contra las naciones extranjeras (caps. 13-23), las profecías de aflicción (caps. 28-33), y los próximos capítulos (más el cap. 1) provienen del período en que el justo rey Ezequías (2 Reyes 18-20; 2 Cr 29-32) fue atacado por el gran ejército asirio dirigido por el rey Senaquerib (caps. 36-39) (sobre Ezequías, ver los comentarios sobre 2 Reyes 18:1). Isaías desafió a Ezequías a confiar en Dios en lugar de en alianzas con otras naciones. Ezequías escuchó a Isaías y oró para que Dios liberara a Jerusalén de los asirios. En respuesta, Dios destruyó el ejército asirio (37:36) (ver la sección sobre el período neoasirio en el artículo "Los asirios").

Hay pocas referencias históricas en los capítulos 40 al 66, por lo que el contexto histórico es controversial. Hay tres principales puntos de vista. Muchos comentaristas críticos consideran que estos mensajes provienen de los discípulos de Isaías durante el período del exilio (caps. 40-55) y el período posexílico (caps. 56-66). Sin embargo, muchos eruditos tradicionales creen que el mismo Isaías estaba escribiendo a las generaciones futuras que vivirían en las eras exílica y posexílica. El tercer punto de vista sostiene que las referencias a la guerra y a la derrota de un enemigo (41:10-14; 42:22-25) se refieren al conflicto de Judá con el rey asirio Senaquerib descrito en los capítulos 36-37, por lo que creen que en los capítulos 40 al 66 Isaías estaba motivando al pueblo de Judá a confiar en Dios durante el conflicto asirio.[1]

Dios amenaza con llevar a Judá a los tribunales (1:1-31)

Uzías, Jotam, Acaz y Ezequías (1:1). Se brindan los detalles sobre cada rey en la introducción anterior. La derrota en la guerra (1:5-9) indica que el capítulo 1 es de la época de Ezequías.

Cielos... tierra (1:2). La creación fue testigo de la pecaminosidad del pueblo de Judá, ya que fue testigo del pecado de Caín (Gn 4:10) y de la promesa de Israel de mantener el pacto con Dios (Dt 4:26; 30:19).

Toda la cabeza está enferma (1:5). La metáfora de un soldado herido describe cómo la nación sufrió gravemente cuando el rey asirio Senaquerib conquistó todo Judá, excepto Jerusalén.

Suavizadas con aceite (1:6). En el antiguo Cercano Oriente, los aceites se vertían sobre las heridas limpias para ayudar a curarlas y evitar que las heridas se sequen.

Vuestra tierra está destruida... por extranjeros (1:7). Los extranjeros que se mencionan aquí son del ejército asirio. Cuando los ejércitos invadían una nación, por lo general alimentaban a sus soldados y caballos con los cultivos de la población local.

Mural del palacio que representa filas de arqueros asirios y portadores de escudos en el asedio de la ciudad judaíta de Laquis.

Como cobertizo en un viñedo (1:8 NVI). En la época de la cosecha, los trabajadores solían construir refugios temporales en sus campos para poder proteger su cosecha de los ladrones.

Un antiguo altar de incienso.

El incienso me es abominación (1:13). El incienso estaba hecho de especias aromáticas molidas (resina de goma, onycha y gálbano) y olíbano. Se quemaba dentro del templo todos los días (ver los comentarios sobre Ex 30:1-10, 34-38). La palabra traducida como "abominable" (a veces como "detestable") se suele referir a las prácticas paganas (cf. 2 Reyes 21:2, 11).

Lunas nuevas y fiestas solemnes (1:14). El comienzo de cada mes lunar estaba marcado por ofrendas y banquetes especiales (ver los comentarios sobre Nm 28:17) para dedicar las actividades del mes a Dios.

Amparad a la viuda (1:17). En el antiguo Cercano Oriente, muchos hombres murieron en la guerra, y cuando las viudas vulnerables se endeudaron, los acreedores deshonestos a veces las estafaban con sus tierras sobornando a los jueces.

Tu plata se ha convertido en escorias (1:22). El proceso de fundición requería el calentamiento de las rocas a unos novecientos grados Fahrenheit para separar los desechos (escoria). El propósito de la fundición no servía si se agregaba escoria a la plata pura.

Los robles sagrados... jardines consagrados (1:29 NTV). Los frondosos jardines y bosques sagrados de árboles solían ser los lugares sagrados del culto a la fertilidad de Canaán (57:5; 65:3; 66:17; Ez 6:13). Algunos árboles fueron tallados con la imagen de la diosa Asera (2 Cr 15:16).

Enaltece a Dios porque Él humillará a los soberbios (2:1-22)

El monte de la casa de Jehová (2:2). Este era el monte de Sion, en Jerusalén.

Volverán sus espadas en rejas de arado (2:4). El hierro era bastante raro y muy caro. La mayoría de los campesinos no podían permitirse las puntas de arado de hierro. Si un soldado campesino tenía la suerte de tomar una espada de hierro y traerla de regreso a la granja, podía volver a trabajarla en un punto (navaja) para un arado, aumentando la eficiencia y la durabilidad de su herramienta.

Costumbres traídas del oriente, y de agoreros, como los filisteos (2:6). Ver el artículo "Los filisteos". La brujería o adivinación en el antiguo Cercano Oriente se solía practicar examinando los órganos de los animales, observando el movimiento de las estrellas y los planetas, estudiando la dirección del humo ascendente o los patrones del aceite en el agua, o hablando con los muertos.

Deuteronomio 18:10-11 prohíbe toda brujería y adivinación pagana.

Llena de caballos y sus carros son innumerables (2:7). Uzías tenía un ejército muy fuerte (2 Cr 26:11-14).

Cedros del Líbano... encinas de Basán (2:13-16). Basán era la tierra fértil al norte y al este del mar de Galilea. El Líbano estaba al norte de Galilea y era conocido por sus altos cedros.

Arrojará el hombre a los topos y murciélagos sus ídolos de plata y sus ídolos de oro (2:20). Los topos y los murciélagos eran animales impuros.

Juicio sobre Jerusalén (3:1-4:1)

Retira de Jerusalén y de Judá todo apoyo y sustento (3:1 NVI). Un asedio militar bloqueó la ciudad e impidió que cualquier suministro de agua, granos y carne ingresara a la ciudad.

El valiente y el hombre de guerra, el juez y el profeta (3:2). Por medio de la muerte y las deportaciones, el apoyo de los líderes militares, civiles, políticos, religiosos y económicos desapareció.

Muchachos serán sus señores (3:4). En el antiguo Cercano Oriente, los hombres mayores eran honrados como líderes sabios, pero después de la derrota en la guerra, el orden social se solía degenerar en caos. Tener hijos inmaduros (o adultos infantiles) como gobernantes agravaba la inestabilidad.

Sé nuestro líder, pues tienes un manto (3:6 NVI). Un manto significaba estatus o un rol (para un rey o sacerdote), pero el liderazgo involucraba más que solo ropa bonita.

El Señor raerá la cabeza de las hijas de Sion (3:17). El cabello hermoso era un símbolo de estatus de las mujeres ricas. La calvicie era un símbolo de esclavitud.

El atavío del calzado, las redecillas, las lunetas... el lino fino, las gasas y los tocados (3:18-23). Las pinturas murales y los descubrimientos arqueológicos en las tumbas del antiguo Cercano Oriente indican que las mujeres ricas de clase alta solían tener una amplia gama de ropa y joyas hermosas (ver el artículo “La moda de las mujeres en el mundo del Antiguo Testamento”).

Echarán mano de un hombre siete mujeres, diciendo... quita nuestro oprobio (4:1). Muchos hombres murieron en esta guerra (3:25), por lo que las viudas renunciaron a la expectativa normal de tener un esposo (que provea alimentos y ropa [cf. Ex 21:10]) y compartieron un esposo con otras seis mujeres para sobrevivir y restaurar su estatus de casadas.

La transformación de Sion (4:2-6)

El renuevo de Jehová (4:2). Un “renuevo, brote” puede referirse a la vida vegetal (Gn 41:6, 23; Ez 17:6), pero aquí en un sentido figurado se refiere a un gobernante que “renacerá, saldrá” de David (Sal 132:17). Un documento fenicio de Chipre utiliza este término para referirse a un heredero en el trono. El "retoño del SEÑOR" es el Mesías (cf. Jer 23:5; 33:15; Zac 3:8; 6:12).

Nube y oscuridad de día, y de noche resplandor de fuego que eche llamas (4:5). La nube y el fuego significaban la presencia de la gloria de Dios con los israelitas en el desierto (Ex 13:21-22; 14:24).

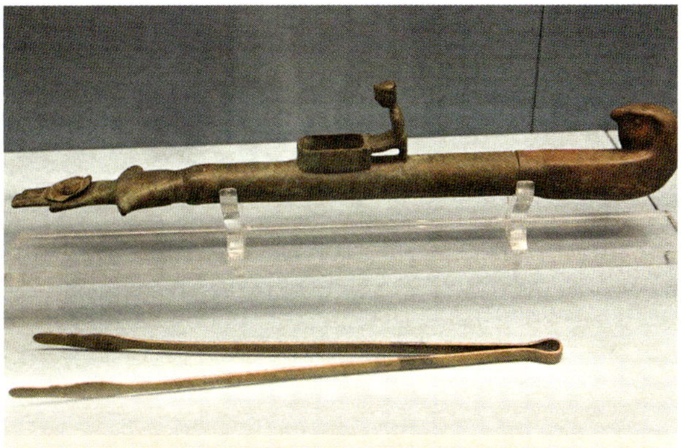

Un conjunto antiguo de pinzas de bronce y una pala de incienso ("Teniendo en su mano un carbón encendido, tomado del altar con unas tenazas" [Is 6:6]).

Judá será destruida
(5:1-30)

La había cercado y despedregado (5:2). Las colinas de Israel eran rocosas, por lo que los agricultores solían quitar las piedras de sus campos, usándolas para construir cercas protectoras.

Ay de los que juntan casa a casa, y añaden heredad a heredad (5:8). Cuando los pobres se endeudaban, sus acreedores ricos con frecuencia los engañaban y les quitaban sus propiedades (casas y campos). Al parecer, estos terratenientes no devolvieron esta propiedad en el año del jubileo (Lv 25).

Arpas, vihuelas, tamboriles, flautas (5:12). Ver el artículo "Instrumentos musicales en Israel y el antiguo Cercano Oriente".

Ensanchó su interior el Seol (5:14). El lugar de la muerte (Seol) se representa aquí como un monstruo que devora a muchas víctimas.

A ninguno se le desatará el cinto de los lomos, ni se le romperá la correa de sus sandalias (5:27). El ejército que se acerca está completamente listo para luchar, sin que el más mínimo problema (una correa de sandalia rota) interrumpa su progreso.

Su rugido será como de león (5:29-30). A medida que el ejército se dirige a la batalla para el combate cuerpo a cuerpo, el grito de los soldados se asemeja al rugido de un león o a la brama de las olas del mar (5:30).

La luz quedará oscurecida por las nubes (5:30 NTV). La quema de ciudades oscurecerá el cielo con nubes de humo.

Dios llama a Isaías a servir en un nuevo ambiente (6:1-13)

En el año que murió el rey Uzías (6:1). Sobre Uzías, ver la introducción anterior. Isaías también profetizó durante la vida de Uzías (2:1-5:30), por lo que quizás este no sea el llamado original de Isaías, sino más bien un nuevo llamado para prepararlo para la era pecaminosa de Acaz.

Por encima de él había serafines; cada uno tenía seis alas (6:2). Los serafines (literalmente, "los que arden") volaban encima del trono cantando alabanzas. Ezequiel describe seres similares (llamados querubines) debajo del trono, que se movían de un lado a otro (Ez 1; 10).

Así será el tronco, la simiente santa (6:13). Se consideraba que la vida estaba en el tronco de un árbol, por lo que la analogía implica que había algunas personas justas (un remanente santo) incluso después de que la nación fuera destruida y exiliada.

Acaz no confiaba en Dios en la guerra (7:1-25)

Acaz, hijo de Jotam (7:1). Sobre Acaz, ver los comentarios sobre 2 Reyes 16:1.

Rezín, rey de Aram, y Peka... rey de Israel, salieron para atacar a Jerusalén (7:1 NTV). Sobre Rezín de Aram, ver los comentarios sobre 2 Reyes 15:37; sobre Peka de Israel, ver los comentarios sobre 2 Reyes 15:27-31. Aram era el reino justo en el norte de Israel en lo que hoy es la Siria moderna. Algunas traducciones al español traducen el término "Aram" como "Siria". Debido a que Asiria estaba amenazada, Rezín, rey de Aram, quería formar una coalición con Israel (que se unió) y Judá (que no se unió) para detener los avances occidentales de Asiria. En el 7:1, Aram e Israel trataron de obligar a Judá a unirse a su coalición contra Asiria (ver la sección sobre el período neoasirio en el artículo "Los asirios").

Sal ahora al encuentro de Acaz... al extremo del acueducto del estanque de arriba (7:3). Militarmente, era sabio negar a un ejército enemigo el acceso fácil al agua, por lo que el rey Acaz hizo que sus tropas transfirieran agua de un estanque que se encontraba fuera de los muros del norte de Jerusalén a un estanque que se encontraba dentro de la ciudad.

No temas, ni se turbe tu corazón a causa de estos dos cabos de tizón que humean (7:4). Las antorchas encendidas eran peligrosas, pero las antorchas humeantes (que representan al rey Rezín de Aram y al rey Peka de Israel) a punto de apagarse no eran motivo de preocupación.

Una señal del SEÑOR, tu Dios, puede ser tan profunda como el Seol o tan alta como el cielo (7:10, CSB trad. lit.). Las señales podían ser conmemorativas (el arco iris en Gn 9:12-13), simbólicas (la circuncisión en Gn 17) o señales que se

En todo el antiguo Cercano Oriente, los seres compuestos alados similares a los serafines o querubines eran comunes. Esta pieza de marfil de Samaria representa a un ser compuesto con el cuerpo de un león, la cabeza de un hombre y las alas de un pájaro.

daban para producir fe (la zarza ardiente en Ex 3:12). El Seol se refería al inframundo, el lugar de los muertos.

Comerá mantequilla y miel (7:15). Esta frase puede referirse a la prosperidad (Dt 32:13-14), pero en el contexto del 7:22-23 parece más bien referirse a una época de escasez y de poca producción agrícola.

Antes que el niño sepa... la tierra de los dos reyes que tú temes será abandonada (7:16). Este es el corto tiempo antes de que el "niño" (probablemente Sear-jasub en el 7:3, no un "hijo" en el 7:14) pueda hacer juicios morales. Los dos reyes son Rezín de Aram y Peka de Israel (7:1).

El rey de Asiria (7:17). El rey asirio Tiglat-Pileser III derrotó a Aram y a Israel (2 Reyes 16:9) y luego atacó a Acaz (2 Cr 28:20) (ver la sección sobre el periodo neoasirio en el artículo "Los asirios").

Raerá... cabeza y pelo (7:20). Los asirios tratarán a los israelitas como prisioneros, humillándolos al raparles el cabello.

Teme a Dios, no a los ejércitos humanos (8:1-22)

Una tabla grande... Maher-salal-hasbaz (8:1). Este objeto es una gran superficie pulida (no un pergamino). El nombre significa "el despojo se apresura, la presa se precipita" y predijo el desastre.

Desechó este pueblo las aguas de Siloé, que corren mansamente, y se regocijó con Rezín (8:6). Dios es representado como las aguas de Siloé (los manantiales de Gihón en el valle del Cedrón). Rezín era el rey de Aram que atacó a Judá.

Aguas de ríos, impetuosas y muchas... llegará hasta la garganta (8:7-8). El ejército asirio es representado como una inundación que casi ahoga al pueblo de Judá con agua hasta la garganta.

Sella la ley entre mis discípulos (8:16). Los mensajes escritos en pergaminos en el antiguo Cercano Oriente se solían sellar con una cuerda y una masa de arcilla con una impresión de un sello.

Preguntad a los encantadores y a los adivinos (8:19). La consulta a los consejeros espirituales paganos que afirmaban hablar con los espíritus de los muertos estaba estrictamente prohibida (Dt 18:9-11). Sobre los médiums y los espiritistas, ver los comentarios de 1 S 28:3, 9.

El reino eterno de un rey davídico piadoso (9:1-7)

Humilló a la tierra de Zabulón (9:1 NVI). Zabulón y Neftalí, dos de las doce tribus de Israel, se encontraban en el norte de Galilea. Fueron invadidas (i. e., "humilladas") por Asiria en los años 732 y 722 a. C.

Tú quebraste su pesado yugo... como en el día de Madián (9:4). Sobre Madián, ver los comentarios sobre Jue 6:1; Ex 2:15. Gedeón y un pequeño ejército de trescientos hombres derrotaron milagrosamente a Madián (Jue

Este relieve mural del palacio del rey asirio Asurbanipal representa el asalto asirio a una ciudad elamita. Algunos de los elamitas trataron de escapar huyendo al río y nadando.

6-7) para liberarse del yugo opresivo de Judá.

Admirable, Consejero, Dios Fuerte, Padre Eterno, Príncipe de Paz (9:6). Se usaron términos similares para los reyes en el antiguo Cercano Oriente que querían ser conocidos por su sabiduría, poder, destreza militar y capacidad para proporcionar paz y estabilidad. Los faraones egipcios incluso afirmaron ser el hijo de un dios (ver los comentarios sobre Ex 5:2). El nacimiento de un niño real en el antiguo Cercano Oriente fue un acontecimiento muy significativo, y hay varios casos de proclamaciones reales con respecto a los nacimientos reales.

El soberbio Israel será juzgado (9:8-10:4)

Los ladrillos cayeron, pero edificaremos (9:10). La caída de ladrillos describe la destrucción de las murallas de la ciudad de Samaria, la capital de Israel, destruida por los asirios en el año 722 a. C.

El SEÑOR traerá a los enemigos de Rezín... Los arameos... los filisteos... devorarán a Israel (9:11-12 NTV). El rey asirio Tiglat-Pileser III (745-727 a. C.) derrotó y ejecutó a Rezín, rey de Aram, en los años 734-732 a. C. (2

Reyes 16:9) (ver la sección sobre el periodo neoasirio en el artículo "Los asirios"). Filistea se encontraba al oeste de Israel (ver el artículo "Los filisteos").

Manasés a Efraín... ambos contra Judá (9:21). Los asesinatos por compañeros israelitas de tribus vecinas provocaron un caos interno en Israel, y las diez tribus del norte fueron a la guerra contra Judá cuando Acaz era rey (2 Reyes 15-16).

La soberbia Asiria será juzgada (10:5-34)

Asiria, vara de mi furor (10:5). Un padre típico podía castigar a un hijo desobediente con un palo. Dios declara que disciplinará a sus hijos enviando el ejército asirio (su vara) contra ellos (10:6).

¿No es Calno como Carquemis? (10:9-11). Se representa al rey de Asiria cuando habla aquí. Su lógica humana concluyó que, debido a que conquistó las grandes ciudades fortificadas en los países del norte de Israel, también podía conquistar las capitales de Israel (Samaria) y Judá (Jerusalén).

Castigará el fruto de la soberbia del corazón del rey de Asiria (10:12). El rey asirio Senaquerib atacó Jerusalén y habló con mucha soberbia (36:1-20; 37:23-29, 37), pero un ángel diezmó a su ejército matando a 185 000 soldados asirios (37:36). Sobre el asedio de Senaquerib a Jerusalén, ver los comentarios sobre 2 Reyes 18:13; ver la sección sobre el período neoasirio en el artículo "Los asirios".

¿Se gloriará el hacha contra el que con ella corta? (10:15). Una herramienta de hierro no puede hacer nada por sí misma; es la persona que la usa la que logra algo. Esta metáfora (el hacha de hierro) se refiere a Asiria.

Los asirios están ahora en Ajat... Nob (10:28-32 NTV). Las doce ciudades a las que se hace referencia en estos versículos estaban bastante cerca y al norte de Jerusalén. Esta lista de ciudades refleja el camino del ejército asirio invasor que llegó a Jerusalén.

Señor, Jehová de los ejércitos, desgajará el ramaje (10:33). El ejército asirio es comparado con un gran bosque de árboles altos, pero que Dios puede talar con facilidad.

Un rey davídico reinará y reunirá a las naciones (11:1-16)

Saldrá una vara del tronco de Isaí (11:1). Las representaciones que se usan aquí simbolizan el tronco de un árbol cortado que parece estar muerto, pero del cual crece una nueva vara, que produce un nuevo árbol. Así como el tronco de Israel (6:13), el tronco del padre de David, Isaí, producirá un fruto (cf. 4:2), el Mesías del 9:6-7 (cf. Jer 23:5-6). La representación de una vara en referencia a los descendientes también se encuentran en la literatura del antiguo Cercano Oriente.[2]

Morará el lobo con el cordero (11:6).

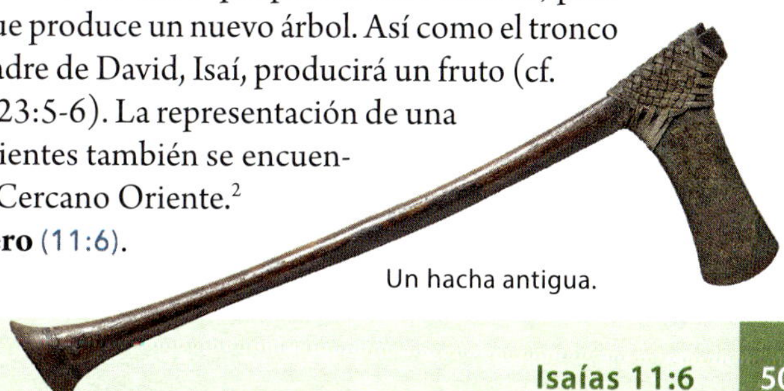

Un hacha antigua.

La maldición del pecado generó violencia entre los animales en la Tierra, por lo que el final del pecado producirá el período mesiánico ideal, sin violencia ni miedo.

Los peligrosos animales carnívoros presentes en todo el antiguo Cercano Oriente también eran una amenaza constante para las personas, por lo que en la literatura de los vecinos de Israel también aparecen representaciones similares sobre depredadores que se vuelven inofensivos en los tiempos idílicos futuros.[3]

Asiria, Egipto... y en las costas del mar (11:11). Esta lista incluye países del norte, sur, este y oeste de Israel, destacando así a pueblos de todas partes. Esto incluye Asiria al norte, Egipto, Patros (un término que también se utiliza para Egipto), Cus (la región sur de Egipto) al sur; Elam (la zona al oriente de Babilonia) al este; Sinar (un nombre antiguo de Babilonia) al noreste; Hamat (en Siria) hacia el norte; y las islas (probablemente Chipre y Creta) al oeste.

Hombros de los filisteos... Edom, Moab y los hijos de Amón (11:14). Filistea estaba en el suroeste de Palestina a lo largo del mar Mediterráneo (ver el artículo "Los filisteos"), Edom estaba al sureste del mar Muerto, Moab estaba al este del mar Muerto y Amón estaba al norte de Moab.

El Señor abrirá un camino seco a través del golfo del mar Rojo. Moverá su mano sobre el río Éufrates (11:15 NTV). La frase traducida como el "golfo del mar Rojo" significa literalmente el "mar de Egipto" y probablemente alude a la separación del éxodo del mar Rojo. El cuerpo de agua que impedía el viaje desde Egipto era el mar Rojo, y desde Babilonia era el río Éufrates.

Un cántico de confianza en Dios (12:1-6)

Sacaréis con gozo aguas de las fuentes de la salvación (12:3). El gozo producido por la salvación será como el gozo de sacar agua fría de un pozo profundo en un día caluroso.

Antiguos egipcios portando banderas/estandartes.

Levantad bandera... Jehová de los ejércitos pasa revista a las tropas (13:2-4). La palabra traducida como "bandera" se refiere a la banderola o estandarte que los ejércitos usaban en el antiguo Cercano Oriente para identificarse y organizarse. Los guerreros de muchas naciones (13:4) y de los cielos (13:5) se reunían en el estandarte, en la bandera o banderola para prepararse para la guerra.

El sol se oscurecerá al nacer, y la luna no dará su resplandor (13:10). El significado cósmico del día del Señor se afirma en muchas profecías escatológicas (Is 13:13; 24:18-23; 34:1-4; Ez 32:6-8; Joel 2:10, 31; MT 24:29; Ap 6:12-14). Las representaciones consisten en un humo denso que se eleva desde ciudades en llamas e impide la luz del sol y la luna.

Los medos (13:17). Los medos vivían en la región que ahora es el norte de Irán. Desempeñaron un papel importante en el Imperio persa (ver el artículo "Los persas"). El rey persa Ciro guió a los medos y persas a derrotar Babilonia en el año 539 a. C. (Esdras 1; Dn 5; el Cilindro de Ciro).[4]

Dormirán allí las fieras del desierto (13:21). La guerra, la destrucción y el exilio dejarán las tierras de cultivo abandonadas y las casas en ruinas para los animales salvajes.

Se regocijaron los cedros del Líbano (14:8). El Líbano (la región al norte de Israel) era famoso por sus cedros. Los árboles se regocijaron porque un rey muerto no podía cortar cedros para un nuevo proyecto de construcción.

El sonido de tus arpas (14:11). Ver el artículo "Instrumentos musicales en Israel y el antiguo Cercano Oriente".

¡Cómo caíste del cielo, oh Lucero, hijo de la mañana! (14:12). Este texto se refiere a la caída del rey de Babilonia. Esto fue paralelo a un mito del antiguo Cercano Oriente en el que un dios menor intentó, pero fracasó, convertirse en el dios más grande. El brillante "lucero" se refiere a Venus, que está muy relacionado con la mitología de la diosa Ishtar.

En el monte del testimonio me sentaré, a los lados del norte (14:13). La palabra traducida como "norte" también se puede entender como un monte (Safón). En la mitología cananea, el dios El gobernaba en la asamblea de dioses en el monte Safón, en el norte (ver el artículo "Los cananeos y la religión cananea").

Pero tú echado eres de tu sepulcro (14:19). Las fastuosas tumbas reales permitieron el legado de los reyes en el antiguo Cercano Oriente para que duren muchos años, pero este rey se avergonzará por no tener un entierro real en la tumba.

Quebrantaré al asirio en mi tierra (14:25). Esto predijo lo que sucedería en el año 701 a. C. cuando el ejército asirio llegó a Jerusalén, y un ángel mató a 185 000 soldados asirios (37:36) (ver la sección sobre el período neoasirio en el artículo "Los asirios").

Los planes de Dios para Filistea (14:28-32)

Por haberse quebrado la vara del que te hería; porque de la raíz de la culebra saldrá áspid (14:29). Los filisteos fueron golpeados por la vara del rey asirio Tiglat-Pileser III (el áspid), pero una culebra venenosa (el rey asirio Sargón II) los morderá peor (ver la sección sobre el período neoasirio en el artículo "Los filisteos").

Humo vendrá del norte (14:31). El humo de las ciudades que se quemaron reveló la ruta y la ubicación de un ejército enemigo.

Los planes de Dios para el soberbio Moab (15:1-16:14)

Profecía sobre Moab: Ar... fue destruida Kir de Moab (15:1). Moab estaba al este de Israel, al otro lado del mar Muerto (ver los comentarios sobre Gn 19:37-38). Ar y Kir eran dos de las principales ciudades de Moab.

Subió a Dibón, lugares altos, a llorar... toda cabeza de ella será rapada (15:2-3). Dibón era una de las principales ciudades de Moab. El pueblo en el antiguo Cercano Oriente lloraba, se rapaba el cabello y suplicaba ayuda a sus dioses en tiempos de guerra.

Sus fugitivos huirán hasta Zoar (15:5). Zoar probablemente se encuentra en el extremo sur del mar Muerto. Estos refugiados huían a la frontera sur de Moab para escapar de los invasores asirios.

Se secará la hierba, se marchitarán los retoños (15:6). La supervivencia es cuestionable, ya que los que huyen por el desierto no tienen agua para beber ni comida para sus animales.

Las aguas de Dimón se llenarán de sangre (15:9). Dimón era una de las principales ciudades de Moab. La sangre de los soldados heridos contaminó su agua.

Enviad cordero al señor de la tierra, desde Sela del desierto (16:1). Sela (que significa "roca") era la ciudad capital de Edom, por lo que estos moabitas que estaban al sur de Moab probablemente estaban huyendo de los asirios invasores. La práctica de enviar tributos en sumisión a una nación más poderosa para buscar protección era común.

Tortas de uvas (16:7). Este manjar, hecho de uvas secas prensadas, se comía en las fiestas (2 S 6:19).

Los planes de Dios para Damasco, Israel y Cus (17:1-18:7)

Y cesará el socorro de Efraín, y el reino de Damasco (17:3). Como la tribu más grande de Israel, se solía usar el nombre de Efraín para representar al propio Israel. Damasco era la capital de Aram. Ambas fueron derrotadas por los asirios en el año 734 a. C., e Israel finalmente fue exiliado en el año 722 a. C.

Y quedarán en él rebuscos, como cuando sacuden el olivo (17:6). Para recolectar aceitunas de un olivo, los recolectores golpeaban las ramas, haciendo que las aceitunas cayeran. Por lo general, algunas aceitunas verdes permanecían en las ramas.

Los altares... los símbolos de Asera (17:8). Los lugares de culto cananeos con frecuencia tenían postes de madera tallados para representar a la diosa Asera (ver el artículo "Los cananeos y la religión cananea"; ver los comentarios sobre 1 Reyes 15:13).

Harán ruido como estruendo del mar (17:12). Cuando el ejército asirio se preparaba para la batalla, los gritos de las tropas sonaban como el estruendo del mar.

Tierra de zumbantes langostas más allá de los ríos de Cus (18:1 NVI). Cus era un reino africano al sur de Egipto junto al Nilo en lo que hoy es el país de Sudán. Gobernaron Egipto desde el año 710 hasta el año 663 a. C., cuando los asirios finalmente los expulsaron de Egipto (ver el artículo "Los cusitas"). Los "ríos de Cus" se refieren quizás al Nilo Azul y al Nilo Blanco, o quizás a las cataratas en el Nilo que delimitaban los límites del norte de Cus. La mosca tsetsé o los escarabajos alados prosperaban en los ríos de África.

A la nación de elevada estatura y tez brillante (18:2). Los cusitas, un pueblo africano, eran conocidos por su altura inusual. "Tez brillante" probablemente se refiere al hecho de que casi nunca tenían barba.

Cuando se levante bandera... cuando se toque trompeta (18:3). Estas acciones indican que se avecina una guerra.

Los planes de Dios para destruir y restaurar Egipto (19:1-20:6)

Jehová monta sobre una ligera nube (19:1). Esto simbolizaba el movimiento rápido de Dios a través de los cielos para controlar soberanamente la Tierra y era una comparación con los ídolos, que no podían moverse.

Levantaré egipcios contra egipcios (19:2). La guerra civil estalló entre el Alto y el Bajo Egipto, que duró alrededor del año 720 al 710 a. C., y terminó cuando los cusitas gobernaron Egipto (ver el artículo "Los cusitas").

Entregaré Egipto en manos de un señor duro (19:4). Alrededor del año 720 a. C., el rey cusita Piye invadió Egipto y estableció la Dinastía XXV de faraones que gobernaron Egipto. Su hijo Shabaka finalizó la consolidación de Egipto alrededor del año 710 a. C. Los cusitas gobernaron Egipto hasta el año 663 a. C., cuando los asirios los expulsaron.

Príncipes de Zoan (19:11). Zoan era una capital egipcia en el Delta del Nilo.

Príncipes de Menfis (19:13). Menfis, ubicada al sur del Delta del Nilo, fue una antigua capital de Egipto.

Habrá en Egipto cinco ciudades que hablarán el idioma de Canaán... Ciudad del Sol (19:18 NVI). Hablar el idioma de otra nación indicaba un pensamiento y una relación similar. La adoración al sol en la ciudad egipcia de Heliópolis ("ciudad del sol") se convirtió en la adoración al Dios de Israel.

Rey Sargón de Asiria.

Habrá altar para Jehová en medio de la tierra de Egipto, y monumento a Jehová (19:19). Los altares significan adoración, mientras que los monumentos en la frontera significan el control soberano de un territorio.

Calzada de Egipto a Asiria... Los egipcios servirán con los asirios (19:23). Egipto estaba al sur de Israel y Asiria al norte. Una calzada simboliza las relaciones de amistad que permiten que dos antiguos enemigos cooperen.

Lo envió Sargón rey de Asiria, y peleó contra Asdod y la tomó (20:1). Asdod, una ciudad filistea en la costa mediterránea, fue conquistada por los asirios en el año 711 a. C. (ver el artículo "Los filisteos"). Esta campaña se describe en los anales del rey Sargón.[5]

Ve y quita el cilicio de tus lomos, y descalza las sandalias de tus pies (20:2). Cuando un desastre militar se acercaba, la gente se lamentaba y se vestía de cilicio, pero cuando la guerra finalmente se perdía, se convertían en prisioneros de guerra sin ropa ni sandalias.

Los que hicieron de Cus su esperanza y de Egipto su orgullo se avergonzarán (20:5, CBS trad. lit.). Cus y Egipto estaban estrechamente relacionados, con faraones cusitas que gobernaban Egipto en ese momento. Judá se alió con Cus/Egipto contra Asiria, el enemigo común. Al principio, Ezequías confió en la ayuda de Cus/Egipto (cf. 31:1-5a) para una defensa contra Asiria en el año 701 a. C., pero los egipcios/cusitas no pudieron rescatar a los israelitas de Asiria (37:9). Ver los artículos "Los cusitas" y "Los egipcios".

Los planes de Dios para derrotar a Babilonia (21:1-10)

Desierto del mar (21:1). Las fuentes asirias se refieren al sur de Babilonia como el "País del mar", y existen desiertos en ambos lados de esta zona pantanosa.

Como torbellino del Neguev (21:1). El Neguev era la zona desértica al sur de Judá. El poder imparable y la destrucción de Asiria se comparan con una poderosa tormenta de polvo en el desierto.

Me agobié oyendo (21:3). La noticia de la derrota de la poderosa nación de Babilonia fue tan mala que asombró incluso al profeta Isaías.

Ponen la mesa... príncipes, ungid el escudo (21:5). Los escudos en el antiguo Cercano Oriente se solían hacer de madera cubierta de cuero, y al parecer se ungían cuando se preparaban para ir a la batalla (2 S 1:21). En este versículo, una comida es abruptamente interrumpida por un llamado urgente para ir a luchar en una batalla.

Pon centinela (21:6). Los jinetes de reconocimiento estaban estacionados en las altas colinas para observar la batalla e informar el resultado de la lucha por Babilonia.

Cayó Babilonia; y todos los ídolos de sus dioses quebrantó en tierra (21:9). Esta conquista probablemente se refiere a la destrucción de Babilonia en el año 689 a. C. por el rey asirio Senaquerib (cf. 46:1-47:15) (ver la sección sobre el período neoasirio en el artículo "Los asirios").

Los planes de Dios para Duma (21:11-12)

Duma (21:11). Así se llamaba una ciudad en un oasis en el desierto de Arabia en Edom. Sobre Edom, ver los comentarios sobre Abías 1.

Seir (21:11). Este era otro nombre para Edom y la cordillera al sur del mar Muerto.

Guarda, ¿qué de la noche? (21:11). Las ciudades amuralladas tenían guardias nocturnos en las paredes para alertar sobre los peligros inminentes. La palabra "noche" probablemente se refiere a un tiempo de oscuridad política.

Los planes de Dios para Arabia (21:13-17)

Caminantes de Dedán... Moradores de tierra de Tema (21:13-14). Las ciudades de Dedán y Tema eran ciudades importantes en la parte noreste del desierto de Arabia.

Salid a encontrar al sediento. Porque ante la espada huye (21:14-15). Los refugiados de la guerra huyeron al desierto para escapar de la batalla, pero ahora necesitaban que otros les trajeran agua y comida.

Toda la gloria de Cedar será deshecha (21:16). Cedar era una ciudad al norte de Tema, en el desierto de Arabia.

Inscripción en el dintel de una antigua tumba descubierta en Jerusalén. Aunque el texto con el nombre del habitante ha sido dañado y no se puede leer, su título "el mayordomo real" es claro. Este título, junto con la fecha de la tumba, sugiere que esta fue la tumba construida para el mayordomo real de Ezequías, Sebna.

Los planes de Dios para Jerusalén (22:1-25)

Valle de la visión (22:1). El valle era un lugar que el profeta vio en esta visión, probablemente un valle alrededor de Jerusalén (el Cedrón o el Hinom).

Tus muertos no son muertos a espada (22:2). El hambre y las enfermedades solían causar la muerte de muchos habitantes dentro de una ciudad durante un asedio militar.

La casa de armas del bosque (22:8). Desde la época de Salomón, las armas se almacenaban en un edificio en Jerusalén que se llamaba la gran Casa (o Palacio) del bosque (1 Reyes 7:2-5).

Recogisteis las aguas del estanque de abajo (22:9). Esto se refiere a un proyecto de construcción de túneles de Ezequías (ver los comentarios sobre 2 Reyes 20:20).

A Sebna el mayordomo (22:15). Sebna era un alto funcionario administrativo en la corte de Ezequías antes del ataque asirio a Jerusalén en el año 701 a. C (ver los comentarios sobre 2 Reyes 18:18).

Jehová te transportará en duro cautiverio... Te echará a rodar... por tierra extensa (22:17-18). Sebna será enterrado en otra tierra (probablemente Asiria), no en la gran tumba que estaba preparando.

Los planes de Dios para el soberbio Tiro (23:1-18)

Profecía sobre Tiro: ... Avergüénzate, Sidón (23:1-4). Tiro y Sidón eran poderosas ciudades fenicias en la costa mediterránea al norte de Israel. Eran famosas por sus barcos, marineros y comercio marítimo. Sobre Tiro, ver los comentarios sobre Ez 26:2.

Aullad, naves de Tarsis (23:1). Esto se refiere a los grandes buques de carga construidos en Tarsis, probablemente en España (ver los comentarios sobre Jon 1:3).

Chipre (23:1 NVI). Esta gran isla, de aproximadamente 140 millas de largo, se encuentra en el mar Mediterráneo, a 60 millas al oeste de Siria.

Moradores de la costa (23:2). Tiro incluía una ciudad a orillas del mar Mediterráneo, así como una ciudad insular segura con un excelente puerto justo al lado de la península.

El grano de Sijor (23:3 NVI). Los fenicios transportaban granos egipcios cultivados cerca del canal del Delta del Nilo conocido como Sijor.

Tiro, la que repartía coronas (23:8). A través de su extenso comercio marítimo, Tiro tenía el poder de hacer rico a un comerciante o poderoso a un gobernante.

Mira la tierra de los caldeos. Este pueblo no existía (23:13). Caldea es otro nombre para Babilonia. Tiro no podía buscar ayuda en Babilonia porque los asirios destruyeron Babilonia en el año 689 a. C.

Volverá a comerciar, y otra vez fornicará... Pero sus negocios y ganancias serán consagrados a Jehová (23:17-18). El comercio marítimo de Tiro se compara con la prostitución. Se desconoce qué ganancias le llegaron a Dios, a menos que Tiro haya ayudado a Josías a reparar el templo en el año 621 a. C. (2 Reyes 22).

El juicio final de Dios sobre los cielos y la Tierra (24:1-23)

Traspasaron las leyes, quebrantaron el pacto sempiterno (24:5). Estas personas violaron el pacto de Moisés (los estatutos) y el pacto eterno con Noé (Gn 9:8-17).

Como olivo sacudido (24:13). En el momento de la cosecha, los trabajadores golpeaban las ramas de los olivos para que todos los olivos cayeran al suelo, excepto algunos olivos verdes.

De lo alto se abrirán ventanas, y temblarán los cimientos de la tierra (24:18-19). Esto se refiere a las inundaciones y los terremotos violentos.

Acción de Gracias, banquete y alabanza en el futuro (25:1-26:6)

Y destruirá en este monte la cubierta (25:7). La cubierta era un velo funerario que los dolientes llevaban sobre sus cabezas. Estos ya no serán necesarios porque ya no habrá muerte.

Pero Moab será hollado en su mismo sitio (25:10). Moab era una nación al este de Israel (ver los comentarios sobre Gn 19:37-38; Is 15:1-16:14). Parece que aquí se usa a Moab como un símbolo de la destrucción de todas los pueblos soberbios que no confiaban en Dios.

El pueblo se lamenta y Dios contesta su oración (26:7-27:1)

Otros señores fuera de ti se han enseñoreado de nosotros (26:13). Esto probablemente se refiere al gobierno de Egipto sobre Israel antes del éxodo, el dominio de las naciones vecinas durante la época de los jueces y el dominio asirio durante la época de Isaías.

Concebimos, tuvimos dolores de parto (26:18). En esta oración, el pueblo de la nación se encuentra en una situación dolorosa (el dolor del parto está relacionado con el ataque del rey asirio Senaquerib a Jerusalén en el 37:3) y no puede salvarse del ataque asirio.

Escóndete por un momento, hasta que pase la ira (26:20 NVI). La ira de Dios envió al rey asirio Senaquerib contra ellos, pero el pueblo podía esconderse detrás de los muros de Jerusalén por un tiempo hasta que Dios los liberara.

Jehová castigará... al leviatán (27:1). En la literatura del antiguo Cercano Oriente, el leviatán (también conocido como Lotán) era un monstruo marino feroz (cf. Job 41:1-3). En este contexto, el leviatán probablemente se usa como una metáfora para Asiria, la nación monstruosa que se opuso a Judá y que Dios derrotó en el asedio de Jerusalén en el año 701 a. C. (cf. 37:36).

Dios traerá la salvación (27:2-13)

¿Acaso ha sido herido como quien lo hirió? Él los remueve con su recio viento (27:7-8). Esto probablemente hace alusión a varios juicios pasados sobre Jerusalén y Judá que provocaron el exilio del pueblo: Joás, rey de Israel, derrotó a Jerusalén y tomó cautivos (2 Cr 25:21-24); Peka, rey de Israel, tomó 200 000 cautivos (2 Cr 28:5-18); y Senaquerib, rey de Asiria, tomó a 200 150 cautivos.[6]

Símbolos de Asera (27:9). Ver el artículo “Los cananeos y la religión cananea”; ver los comentarios sobre 1 Reyes 15:13.

Primer lamento: Efraín fue juzgado, y Judá será juzgado (28:1-29)

Ay de la corona de soberbia de los ebrios de Efraín (28:1). Esto compara la gran ciudad de Samaria, la capital de Efraín (Israel), la joya de la corona de la nación, con un ebrio que llevaba una corona de celebración que se estaba desvaneciendo.

Esa flor marchita... será como un higo maduro... apenas alguien lo ve y lo tiene en la mano, se lo traga (28:4 NVI). Todo lo que era glorioso en Samaria ahora es como las flores marchitas en una corona, y desaparecerá rápido, tan rápido como desaparecen los higos frescos cuando la gente hambrienta se los come.

A los arrancados de los pechos (28:9). Los sacerdotes y profetas ebrios pronunciaban sonidos de un niño de dos años. En el antiguo Cercano Oriente, se solía dar de lactar a los niños durante dos años.

Renglón tras renglón, línea sobre línea (28:10). Esto podría referirse a la tartamudez o quizás a los sonidos sin sentido de un niño pequeño, pero en cualquier caso, no es una oración comprensible.

En lengua de tartamudos, y en extraña lengua (28:11). Esto se refiere al idioma de Asiria.

Mandato sobre mandato... línea sobre línea (28:13). Esto se repite en el 28:10, pero ahora, al parecer, son los asirios los que les están diciendo esto. En el 28:12, los israelitas se niegan a escuchar a Dios, por lo que aquí parece que Dios está diciendo que, por lo tanto, ellos estarán obligados a escuchar a los amos asirios, una predicción que es muy amenazante.

Habéis dicho: Pacto tenemos hecho con la muerte (28:15). Los soberbios gobernantes de Jerusalén habían puesto una falsa garantía en un acuerdo con el ejército egipcio/cusita que pensaban que les permitiría evitar la muerte cuando Asiria los atacara (cf. 30:1-17; 31:1-3).

He puesto en Sion por fundamento una piedra... una piedra angular, preciosa (28:16). "Sion" se usa como otro término para Jerusalén, con frecuencia con un especial énfasis en la zona del templo. La piedra angular del fundamento no solo fue esencial para alinear un nuevo edificio y proporcionar soporte, sino que también en Mesopotamia hay muchos casos en los que la piedra angular contenía (o cubría) inscripciones que dedicaban al edificio (con frecuencia en los templos). Al usar esta práctica como analogía, Dios está diciendo que él, y no los egipcios, es el cimiento seguro que se necesita en la crisis asiria que se avecina.

Los probaré con la cuerda de medir de la justicia y con la plomada de la rectitud (28:17 NTV). Continuando con la analogía de la construcción del 28:16, Dios declara que la justicia será su "cuerda de medir", un cordel o una soga flexible que se usa para medir la distancia horizontal, y la rectitud será su "plomada", un peso atado a una cuerda que se usa para determinar la alineación vertical, como una pesa de plomo. Los dos mismos términos se usan exactamente en el mismo orden en 2 Reyes 21:13.

Jehová se levantará como en el monte Perazim... en el valle de Gabaón (28:21). Dios derrotó a los filisteos en Perazim (2 S 5:20) y los amorreos en Gabaón (Jos 10:10-12).

Comino (28:25). El comino es una hierba de la familia del perejil.

Trillo (28:27). Este era un tablero de madera que los bueyes jalaban y se utilizaba para trillar trigo.

Segundo lamento: Jerusalén (29:1-14)

Ariel, ciudad donde habitó David (29:1). El nombre Ariel significa "hogar para el altar de Dios".

Acamparé contra ti alrededor (29:3). Esto se refiere al asedio asirio de Jerusalén en el año 701 a. C.

Será como sueño... la multitud de todas las naciones que pelean contra Ariel (29:7). La derrota de los asirios en el año 701 a. C. fue de hecho un sueño

(37:36-37; 2 Reyes 19:35-36). Por la noche, los asirios acampaban alrededor de Jerusalén, pero por la mañana la mayoría de ellos estaban muertos o corriendo de regreso a Nínive.

Tercer lamento: El rebelde (29:15-24)

¡Ay de los que se esconden de Jehová! (29:15). Judá trató de ocultar su tratado con Egipto (30:1-2).

Los sordos oirán las palabras del libro (29:18). Dios abrirá sus oídos para que puedan entender el mensaje de Dios, todo lo opuesto al 29:9-12.

Cuarto lamento: Confiar en Egipto (30:1-33)

Hacen alianzas (30:1 NVI). Esto se refiere al acuerdo militar (el "pacto con la muerte" en el 28:15) de Judá con Egipto/Cus para ayudar en contra de los asirios.

Poner su esperanza en la sombra de Egipto (30:2). Confiar en los egipcios para protegerse de los asirios se compara con intentar protegerse del sol al pararse bajo la sombra de un árbol.

Cuando estén sus príncipes en Zoán... a Hanes (30:4). Los enviados de Judá fueron a la ciudad de Zoán (probablemente la ciudad de Tanis, la capital egipcia en la parte norte de Egipto) y Hanes (probablemente Heracleópolis, una capital regional más al sur) para reunirse con funcionarios egipcios sobre este acuerdo militar.

El Neguev (30:6). El nombre de la región desértica al sur de Judá, y por lo tanto, se extiende entre Judá y Egipto.

Rahab, la inmóvil (30:7 NVI). Ver los comentarios sobre Job 9:13. Rahab se usa aquí como una metáfora para referirse de una manera negativa a Egipto. Isaías predice que Egipto no hará nada para derrotar a los asirios.

Entre los pedazos no se halla tiesto para... sacar agua del pozo (30:14). Normalmente, las piezas rotas de cerámica eran tan grandes que aún servían para mover carbones calientes en un fuego o para recoger agua para tomar.

Pan de congoja y agua de angustia (30:20). Una parte importante de las tácticas de asedio era matar de hambre a la ciudad sitiada. El asedio de Asiria a Jerusalén la dejó con poca agua o comida.

Asiria, con la voz de Jehová será quebrantada (30:31). Como se describe en el 37:36 y en 2 Reyes 19:35, Dios interviene dramáticamente en el asedio de Jerusalén al enviar un ángel para matar a 185,000 tropas asirias.

Con panderos y con arpas (30:32). Ver el artículo "Instrumentos musicales en Israel y el antiguo Cercano Oriente".

Tofet ya de tiempo está dispuesto... cuya pira es de fuego, y mucha leña (30:33). Este era un lugar en el valle de Ben Hinom, al sur de Jerusalén, donde se quemaba basura. Después, como se describe en Jer 7:30-34, el pueblo de

Jerusalén se dedicaba al sacrificio de niños al dios Moloc en este valle (probablemente al que se hace alusión en Is 57:5).

Quinto lamento: No confíes en Egipto (31:1-9)

Como las aves que vuelan (31:5). Las aves son bien conocidas por proteger a sus crías en el nido.

Caerá Asiria por espada no de varón (31:8). Un ángel matará a las tropas asirias que asediaban Jerusalén en el año 701 a. C. (37:36).

Y de miedo pasará su fortaleza (31:9). Cuando los comandantes asirios se dieron cuenta de que 185,000 de sus soldados habían muerto, la pequeña fuerza restante huyó de regreso a Nínive (37:37).

Su horno en Jerusalén (31:9). Ver los comentarios sobre Mal 4:1.

Enaltece el gobierno de Dios, no seas indolente (32:1-20)

Mujeres indolentes (32:9). Las mujeres ricas creían que el problema asirio se resolvería a su favor, por lo que tontamente no se preocupaban por ello.

De aquí a algo más de un año... la vendimia faltará (32:10). Faltará esta cosecha porque el ejército asirio se la comerá mientras asedian a Jerusalén.

Subirán espinos y cardos (32:13). Los asirios invasores arruinarán los campos agrícolas, por lo que la maleza crecerá en los campos.

Sexto lamento: Dios derrotará a Asiria y reinará en Sion (33:1-24)

Ay de ti, que saqueas (33:1). Asiria es el destructor, pero un ángel la destruirá pronto (37:36).

Sus despojos serán recogidos... como langostas (33:4). Las langostas (como las tropas asirias) vienen en grandes enjambres de miles y comen ferozmente todo lo que está disponible (ver los comentarios sobre Joel 1:4).

Las calzadas están deshechas... ha anulado el pacto (33:8). Egipto/Cus no cumplió su tratado con Judá y detuvo a Asiria, por lo que ahora los asirios controlan todos los caminos alrededor de Jerusalén.

Sarón se ha vuelto como desierto, y Basán y el Carmelo fueron sacudidos (33:9). Estas son áreas en Israel que eran famosas por su agricultura fértil. A medida que los soldados del ejército asirio avanzan hacia el sur a través de cada una de estas regiones, destruyen todo, dejando solo la desolación detrás de ellos.

Y los pueblos serán como cal quemada (33:12). En el año 701 a. C., un ángel de Dios mató a 185 000 soldados asirios ("los pueblos"). Sus cuerpos serán quemados, ya que son bastantes para que todos fueran enterrados.

Lugar de ríos, de arroyos muy anchos (33:21). Jerusalén será muy segura como la ciudad de Nínive, donde el ancho Éufrates la protege del ataque enemigo.

Tus cuerdas se aflojaron... se repartirá entonces botín de muchos despojos (33:23). Después de que los asirios huyen (37:36-37), los israelitas recogerán el botín de guerra de las tiendas abandonadas de los asirios.

La ira de Dios sobre las naciones (34:1-17)

Descenderá sobre Edom en juicio (34:5). Ver los comentarios sobre Abd 1; Mal 1:2-3; 1:4. Edom, una nación justo al este de Judá, también sirvió como símbolo de las naciones. En hebreo las palabras para "humanidad" (*adam*) y "Edom" son iguales excepto por las vocales.

Bosra (34:6). Una capital de Edom.

Dios transformará el mundo (35:1-10)

La gloria del Líbano le será dada, la hermosura del Carmelo y de Sarón (35:2). El Líbano era famoso por sus altos cedros (destruidos en el 2:13; 10:34; 33:9). El monte Carmelo y la llanura de Sarón eran famosos por su abundante agricultura. Después de ser destruido por el ejército asirio invasor (2:13; 10:34; 33:9), volvieron a ser ricos y productivos.

Senaquerib cuestiona la confianza de Ezequías en Dios (36:1-22)

Aconteció en el año catorce del rey Ezequías, que Senaquerib rey de Asiria subió (36:1). Ver los comentarios sobre 2 Reyes 18:1; 18:13; ver la sección sobre el período neoasirio en el artículo "Los asirios". Senaquerib atacó a Judá y conquistó cuarenta y seis ciudades fortificadas en el año 701 a. C. porque Ezequías se negó a pagar su tributo (2 Reyes 18:7).[7]

Laquis (36:2). Laquis era una gran ciudad fortificada en el suroeste de Judá que Asiria conquistó. Un gran y detallado mural que representa este asedio y victoria fue descubierto en el palacio de Senaquerib durante las excavaciones arqueológicas de Nínive (ver los comentarios sobre 2 Reyes 18:13).

El rey de Asiria... acampó junto al acueducto del estanque de arriba, en el camino de la heredad del Lavador (36:2). Esta es un área plana en el lado norte de Jerusalén, el mismo lugar donde Isaías desafió a Acaz a confiar en Dios (cf. 7:3).

Te rogamos que hables a tus siervos en arameo... No hables con nosotros en lengua de Judá (36:11). El idioma internacional en el antiguo Cercano Oriente en está epoca era el arameo, que la mayoría de los hebreos no podía entender. Si los asirios hubieran hablado en hebreo, entonces la gente común hubiera podido entender la amenaza y rendirse.

Comer su estiércol y beber su orina (36:12). Un largo asedio ocasionó la inanición, haciendo que la gente comiera y bebiera cualquier cosa para mantenerse con vida.

Haced conmigo paz (36:16). Los asirios querían que Jerusalén se rinda (literalmente, "salir"), y prometían que todo sería maravilloso. Esto no era verdad porque los asirios generalmente mataban, violaban y esclavizaban a las personas que se habían rebelado contra ellos.

¿Dónde está el dios de Hamat y de Arfad? (36:19). Estas son ciudades al norte de Jerusalén que los asirios ya habían derrotado, por lo que los asirios creen que sus dioses deben ser más fuertes que los dioses de los conquistados.

Dios promete derrotar a Asiria cuando Ezequías confíe en Él (37:1-38)

Me han blasfemado los siervos del rey de Asiria (37:6). Desafiar y burlarse de Dios, como si fuera impotente, blasfemó su reputación.

Volverá a su tierra; y haré que en su tierra perezca a espada (37:7). Después de la muerte de 185 000 de sus soldados (37:36), Senaquerib regresó a Nínive, donde en el año 681 a. C. fue asesinado por sus hijos (37:37-38).

Combatía contra Libna (37:8). Libna era una ciudad fortificada a pocos kilómetros al norte de Laquis.

Tirhaca, rey de Cus (37:9 CSB trad. lit.). Ver el artículo "Los cusitas". El rey cusita Tirhaca no se convirtió en rey (faraón) de Egipto hasta el año 690 a. C. En ese momento era el príncipe heredero, un general militar y un corsario con su hermano, el faraón Shabitko.

¿Acaso libraron sus dioses a las naciones que destruyeron mis antepasados, a Gozán, Harán, Resef y a los hijos de Edén que moraban en Telasar? (37:12-13). Los reyes asirios derrotaron a estas importantes ciudades fortificadas en el Líbano, Siria y Mesopotamia. La lógica asiria dedujo que, debido a que sus dioses eran más fuertes que los dioses de estas ciudades, seguramente también eran más fuertes que el Dios hebreo.

Detrás de ti mueve su cabeza la hija de Jerusalén (37:22). El pueblo de Jerusalén sacudirá la cabeza como señal de desprecio y burla mientras los pocos asirios sobrevivientes huirán.

Pondré, pues, mi garfio en tu nariz, y mi freno en tus labios (37:29). A veces los asirios usaban garfios y otros instrumentos en los cuerpos de sus cautivos para evitar que intentaran escapar. Ahora esto les sucederá a los mismos asirios.

Por el camino que vino, volverá, y no entrará en esta ciudad (37:34). Después de que el ángel de Dios mató a 185,000 de sus soldados, Senaquerib huyó a su hogar en Nínive y nunca conquistó Jerusalén (37:36-37). Sobre el relato de Senaquerib de este asedio, ver los comentarios sobre 2 Reyes 18:13.

En el templo de Nisroc su dios, sus hijos Adramelec y Sarezer le mataron a espada (37:38). Nisroc era un dios mesopotámico de la agricultura. Los registros asirios confirman que Senaquerib fue asesinado por sus hijos.[8]

Ezequías es liberado de una muerte segura (38:1-22)

En aquellos días Ezequías enfermó de muerte (38:1). En el 38:6, Dios promete liberar a Jerusalén de Asiria. Por ello, la enfermedad de Ezequías debe haber ocurrido antes de que Senaquerib y los asirios vinieran (caps. 36-37) y también antes de que los visitantes lleguen de Babilonia (39:1).

Las puertas del Seol (38:10). El Seol era el lugar de los muertos. La literatura del antiguo Cercano Oriente suele representar el lugar de los muertos, el inframundo, con puertas.

Como un tejedor... del telar (38:12 NVI). La muerte de Ezequías se compara con un tejedor que termina su tejido enrollando la tela y cortándola del telar.

Tomen masa de higos, y pónganla en la llaga, y sanará (38:21). Debido a que tener un problema en la piel era un impedimento para ir al templo (Lv 13:18-23), el forúnculo de Ezequías es tratado con un ungüento medicinal de higos para ayudar a que se sane rápido.

¿Debería Ezequías confiar en Babilonia o en Dios? (39:1-8)

Merodac-baladán... rey de Babilonia (39:1). Merodoc-baladán, rey de Babilonia, se rebeló contra Asiria en el este (704-703 a. C.), y quería que Ezequías se uniera a él rebelándose contra Asiria en el oeste.

Les mostró la casa de su tesoro... toda su casa de armas (39:2). Ezequías demostró a los babilonios que tenía los recursos financieros y militares para unirse a esta coalición contra los asirios.

Vienen días en que será llevado a Babilonia todo lo que hay en tu casa (39:6). En los años 605, 597 y 587 a. C., Babilonia saqueó a Judá y exilió a miles de hebreos a Babilonia.

Consuélense porque Dios viene a pastorear a su pueblo (40:1-11)

Ya ha cumplido su tiempo de servicio (40:2 NVI). El "tiempo de servicio" se suele referir a la guerra. Por lo tanto, cuando Dios venga, la guerra terminará (cf. 2:4).

Enderezad calzada en la soledad a nuestro Dios (40:3). Cuando se preparaban para la visita de un rey, sus súbditos solían reparar los caminos y los allanaban.

Como pastor apacentará su rebaño (40:11). Un buen pastor usaba su poder para proteger a sus ovejas y su ternura para mostrar su amor (ver los comentarios sobre Jer 23:1; Ez 34:2).

El poder incomparable de Dios fortalece a los débiles (40:12-31)

Las naciones... como menudo polvo en las balanzas (40:15). Las balanzas en el antiguo Cercano Oriente generalmente consistían en dos platillos poco profundos que eran colgados por una cuerda a cada lado de una viga central equilibrada. Se colocaba un peso conocido en un lado y se colocaba el objeto para pesar en el otro lado. Una pequeña cantidad de polvo no afectaba en absoluto la medición.

El artífice prepara la imagen de talla, el platero le extiende el oro (40:19-20). Los ídolos en el antiguo Cercano Oriente podían estar hechos de piedra, madera o metal. Solían estar tallados en madera y revestidos con un metal precioso como el oro.[9] Cualquiera que fuera el material, los ídolos debían tener una base firme y plana o, de lo contrario, tenían que estar sostenidos de ambos lados para evitar que se cayeran.

El que ordena la multitud de estrellas una por una (40:26 NVI). En todo el antiguo Cercano Oriente, las estrellas y los planetas se solían relacionar con varios dioses (ver los comentarios sobre Dt 17:3; 2 Reyes 17:16). En contraste, este texto enfatiza que son parte de la creación de Dios, lo cual él sostiene.

Levantarán alas como las águilas (40:31). La palabra hebrea traducida como "águila" se usa para una amplia variedad de aves grandes y no solo de manera específica para las águilas. La cuestión es que estas grandes aves pueden atrapar corrientes de aire caliente y, por lo tanto, pueden volar durante largos períodos de tiempo sin batir las alas.

No temas porque Dios es más grande que las naciones y sus dioses (41:1-29)

¿Quién despertó del oriente al justo? (41:2). La soberanía de Dios sobre el mundo dirigirá a los líderes, dándoles la victoria para cumplir su plan. Aquí no se identifica a ningún gran rey, pero podría referirse al rey asirio Senaquerib (caps. 36-37; ver el 41:10-12) o al rey persa Ciro (44:28).

Los que tienen contienda contigo serán como nada (41:12). Aunque no está claro, esto quizás se refiera a la derrota del ejército de Senaquerib por parte del ángel de Dios en Jerusalén (37:36).

He aquí que yo te he puesto por trillo, trillo nuevo, lleno de dientes (41:15). En el proceso de aventar el trigo, a veces un pesado trineo de madera (trillo), que solía tener dientes sobresalientes de piedra, hierro o madera, era jalado por bueyes de los tallos para separar el grano de los tallos y la paja. El enemigo puede parecer una montaña increíblemente grande, pero un trillo con dientes afilados debajo puede aplastar casi cualquier cosa.

Los aventarás (41:16). Por lo general, el aventado de trigo se realizaba en las cimas de las colinas, donde el viento era más constante. Se colocaban tallos de grano en el suelo, y luego los bueyes jalaban el trillo para soltar el grano de los tallos y quitar la paja. Luego, el granjero arrojaba una cantidad de grano al aire para permitir que el viento se llevara la paja más ligera.

El siervo de Dios traerá justicia y luz a todos (42:1-12)

No quebrará la caña cascada (42:3). En un texto acadio, el rey asirio Esar-hadón se jacta de quebrantar a los reyes que se opusieron a él "como una caña de pantano".[10] Una caña cascada era como una persona débil, enferma e inútil, pero a diferencia de Esar-hadón, el siervo que viene ayudará a los débiles, no los aplastará.

Alcen la voz el desierto y sus ciudades, las aldeas donde habita Cedar (42:11). Cedar, el segundo hijo de Ismael (Gn 25:13), se convirtió en una de las tribus ismaelitas más grandes del norte de Arabia.

Canten los moradores de Sela (42:11). Sela era la capital de Edom, el reino al sureste de Judá (ver los comentarios sobre Is 16:1; Abd 1).

Un rey asirio pisoteando a los soldados derrotados con su carro.

No temas porque Dios librará a sus siervos ciego (42:13-43:7)

Jehová saldrá como hombre de guerra (42:13). La representación de una deidad como un gran guerrero era un tema recurrente en el antiguo Cercano Oriente (ver los comentarios sobre Is 59:17).

Convertiré en soledad montes (42:15). Los montes simbolizaban un gran enemigo (cf. 41:15).

Mas este es pueblo saqueado y pisoteado, todos ellos atrapados en cavernas (42:22). Por lo general, uno se escondería en un hoyo para evitar al enemigo en tiempos de guerra (Jos 10:16; 1 S 13:6). No hubo una guerra contra Israel en el exilio babilónico, por lo que esto debe referirse a un evento preexílico, ya sea de los asirios (701 a. C.) o de los babilonios (586/596 a. C.).

Yo he entregado a Egipto como precio por tu rescate, a Cus y a Seba en tu lugar (43:3 NVI). Cus era el Imperio africano ubicado al sur de Egipto a lo largo del río Nilo (ver el artículo "Los cusitas"). Aunque Seba está estrechamente relacionado con Cus, se discute su ubicación exacta (quizás en el sur de Arabia o en el norte de África). Si estos capítulos hacen referencia a la crisis asiria, es probable que se refiera al saqueo de estos ejércitos africanos por parte de Senaquerib (caps. 30-31; 37:9) en lugar de Jerusalén. Si estos capítulos se refieren al tiempo del exilio babilónico/persa, entonces esto hace referencia a la invasión persa de Egipto por el rey Cambises (ver la sección sobre Cambises en el artículo "Los persas").

No temas porque los ciegos serán liberados (43:8-44:5)

Por vosotros envié a Babilonia... aun a los caldeos en las naves (43:14). Los términos "caldeo" y "babilonio" se solían usar indistintamente (ver el artículo "Los babilonios"). La ciudad de Babilonia confiaba en el río Éufrates como parte fundamental de su defensa, pero aquí, cuando una nación desconocida atacó a Babilonia (probablemente, Ciro el persa), los babilonios intentaron escapar en barcos en el Éufrates, pero aun así fueron capturados y se convirtieron en fugitivos.

El que abre camino en el mar... caen juntamente para no levantarse (43:16-17). Dios liberó a Israel a través del mar Rojo, pero el ejército egipcio murió en el mar (Ex 14).

He aquí que yo hago cosa nueva (43:18-19). Una gran redención de Egipto, el éxodo (43:16-17), ocurrió en una época anterior, pero una redención más grande ocurrirá en el futuro.

Yo profané los príncipes del santuario (43:28). El texto hebreo dice que Dios "deshonrará" a los dignatarios del templo, profecía que se cumplió en el año 586 a. C, cuando el templo de Jerusalén fue destruido por los babilonios (Jer 52).

Siervo mío, Jesurún (44:2). El nombre Jesurún significa "el recto", lo cual implica un cambio futuro en el carácter de Israel (cf. Dt 32:15).

Otro escribirá con su mano: A Jehová (44:5). En todo el antiguo Cercano Oriente, era común que los dueños de esclavos escribieran sus nombres (ya sea con tatuajes o marcas) en las manos de sus esclavos para proporcionar un signo indiscutible de propiedad.

No temas a los ídolos, teme a Dios (44:6-23)

No hay otra roca (44:8 NVI). Una roca simbolizaba un cimiento sólido y una fuente confiable de seguridad (cf. Dt 32:4; Sal 18:31).

Quién formó un dios, o quién fundió una imagen (44:10). En el antiguo Cercano Oriente, algunos ídolos fueron hechos de metal por herreros (cf. 44:12), mientras que otros fueron tallados en madera por carpinteros (cf. 44:13-14) (ver los comentarios sobre Is 40:19-20).

De él se sirve luego el hombre para quemar... hace además un dios, y lo adora (44:15). Debido a que se solían hacer ídolos de madera, este texto resalta de una manera sarcástica la realidad ilógica de que el adorador de ídolos, utilizando el mismo árbol, podía dar forma a un dios y cocinar pan.

Dios restaurará Jerusalén y eliminará todas las dudas (44:24-45:13)

Dice de Ciro... al decir a Jerusalén: Serás edificada (44:28). Esdras 1:1-4 y el Cilindro de Ciro[11] indican que el rey persa Ciro permitió que todos los exiliados regresaran a su tierra y reconstruyeran sus templos en el año 538 a. C. (ver el artículo "Los persas").

Aunque no me conociste (45:4). El rey persa Ciro probablemente era politeísta y adoptó al dios babilónico Merodac como su dios principal, pero aún reconocía y adoraba a muchos otros. Posteriormente, Persia se convirtió en un centro de adoración a Zoroastro, y Ciro pudo también haber adorado al dios Zoroastro, Ahura Mazda.

Él edificará mi ciudad, y soltará mis cautivos (45:13). La persona de la que se habla aquí es el rey persa Ciro, quien en el año 538 a. C decretó que los hebreos exiliados podían regresar a casa.

Todas las naciones se inclinarán ante Dios (45:14-25)

Por mí mismo hice juramento (45:23). En todo el antiguo Cercano Oriente, era común que la gente hiciera juramentos en nombre de sus dioses. Sin embargo, no hay registros que indiquen que los dioses paganos alguna vez juraron en su propio nombre, como lo hace el Señor aquí.[12]

Dios es superior a los ídolos de Babilonia (46:1-13)

Se postró Bel, se abatió Nebo; sus imágenes fueron puestas sobre bestias, sobre animales de carga (46:1). Ver la sección sobre religión en el artículo "Los babilonios". Bel (Marduk) ascendió a ser el dios principal de Babilonia a partir de su derrota de la diosa Tiamat, como se registra en el Enuma Elish. Su hijo Nebo, dios principal de Borsippa, estaba a cargo de las "tablillas de los destinos".

Llamo desde el oriente al ave, y de tierra lejana al varón de mi consejo (46:11). Esto podría referirse al rey persa Ciro (45:1-3) o al rey asirio Senaquerib (41:2, 11-12, 25).

La caída de Babilonia (47:1-15)

Desciende y siéntate en el polvo, virgen hija de Babilonia (47:1). La ciudad capital de Babilonia fue personificada como una mujer que no tenía poder ni realeza.

Toma el molino y muele harina (47:2). En todo el antiguo Cercano Oriente, el grano se solía moler en harina mediante el uso de dos piedras pesadas. La piedra inferior no se movía y la piedra superior giraba sobre la inferior. La cuestión aquí es que Babilonio, el antiguo gobernante de la región, hacía el trabajo común, posiblemente como cautivo.

A pesar de la multitud de tus hechizos y... encantamientos (47:9-11). Babilonia era famosa en todo el antiguo Cercano Oriente por su hechicería y adivinación. Las excavaciones arqueológicas han descubierto miles de textos con encantamientos mágicos.

Comparezcan ahora y te defiendan los contempladores de los cielos (47:13). La astrología estaba estrechamente relacionada con la hechicería y la adivinación, y Babilonia también era conocida por su astrología. Los astrólogos de Babilonia intentaron predecir el futuro siguiendo el movimiento de la luna y varios planetas. Aproximadamente, en el año 500 a. C., los astrólogos babilónicos desarrollaron los doce signos del zodíaco.[13]

El obstinado Israel necesita confiar en Dios (48:1-22)

Los que juran en el nombre de Jehová (48:1). Israel hizo juramentos de obediencia en el Sinaí (Dt 5:22-27) y en el monte Gerizim (Dt 27-28).

Te he escogido en horno de aflicción (48:10). Los arqueólogos han descubierto varios hornos de fundición de metales en el antiguo Cercano Oriente. Algunos de estos hornos tienen tubos que funcionan como fuelles para inyectar aire en el horno y aumentar la temperatura que se necesita para fundir el metal.

Un antiguo horno de fundición de metales.

Aquel a quien Jehová amó ejecutará su voluntad en Babilonia (48:14). Un rey desconocido (probablemente el que aparece en el 47:1-15, el rey asirio Senaquerib; o quizás Ciro el rey persa) derrotó a Babilonia.

Salid de Babilonia, huid de entre los caldeos (48:20). Los términos "caldeo" y "babilonia" se suelen usar indistintamente (ver el artículo "Los babilonios"). Esto podría referirse a huir de la influencia y la teología de Babilonia (como en los capítulos 46 y 47) o de un lugar de Babilonia.

El siervo de Dios traerá la salvación a todos (49:1-13)

Hizo que mis palabras de juicio fueran tan filosas como una espada (49:2 NTV). El término traducido como "palabras" significa literalmente "boca". La comparación de la boca (o lengua) con una espada era común en todo el antiguo Cercano Oriente. Por ejemplo, un texto egipcio dice: "La lengua es la espada [del rey]; hablar es más fuerte que pelear".[14]

Dios no se ha olvidado de su pueblo (49:14-50:3)

He aquí que en las palmas de las manos te tengo esculpida (49:16). Ver los comentarios sobre Is 44:5. Un esclavo podía tener una marca permanente para identificar al dueño. En contraste, la marca de Dios lo hacía incapaz de olvidar a su pueblo.

Carta de repudio de vuestra madre (50:1). Deuteronomio 24:1-4 requería que el esposo le diera un documento escrito a la esposa de la que se estaba divorciando.

Quiénes son mis acreedores, a quienes yo os he vendido (50:1). En el antiguo Cercano Oriente, los padres podían usar a sus hijos como garantía para obtener un préstamo. De esta manera, si no pagaban el préstamo, sus hijos se convertían en esclavos del acreedor.

El ejemplo del Siervo del Señor (50:4-11)

Lengua de sabios (50:4). La boca decía lo que la mente había aprendido, por lo que el acceso a la educación superior era esencial.

A los heridores... a los que me mesaban la barba (50:6). Esto probablemente se refiere a una vergüenza simbólica formal y pública.

Puse mi rostro como un pedernal (50:7). La palabra traducida como "pedernal" es una referencia a una roca muy dura. Una palabra relacionada en acadio se usa para diamantes y otras gemas duras. Por lo tanto, la determinación de este siervo era inquebrantable o inalterable.

Certeza de la salvación futura de Dios y el final de su ira (51:1-23)

Mirad a la piedra de donde fuisteis cortados, y al hueco de la cantera (51:12). Los enormes proyectos de construcción de los reyes en el antiguo Cercano Oriente requerían enormes canteras de piedra de las que se cortaban grandes bloques de piedra.

¿No eres tú el que cortó a Rahab? (51:9). Ver los comentarios sobre Is 30:7. Al parecer, Rahab es similar al monstruo marino del caos, el leviatán (ver los comentarios sobre Job 26:12-13), pero también se usa simbólicamente para representar a Egipto (30:7). Aquí se hace referencia a la derrota de Egipto durante el éxodo.

El preso agobiado será libertado pronto; no morirá en la mazmorra (51:14). Esto describía a los prisioneros de guerra, no a la condición de las personas que vivían en el exilio babilónico. Las mazmorras se solían usar como prisiones en el antiguo Cercano Oriente. La palabra traducida aquí como "mazmorra" puede significar un pozo en la tierra (i. e., una prisión) o muerte (i. e., la tumba).

Alégrate porque la salvación de Dios está aquí (52:1-12)

Mi pueblo descendió a Egipto en tiempo pasado... y el asirio lo cautivó (52:4). Israel tuvo dos períodos de opresión: hace años en Egipto y después por Asiria.

Prisioneros de guerra egipcios.

La mitad superior de esta pintura mural del antiguo Egipto muestra a los orfebres trabajando. La mitad inferior muestra a los trabajadores haciendo ladrillos de barro secados al sol.

Porque no saldréis apresurados... os congregará el Dios de Israel (52:12). En comparación con el éxodo (Ex 12:11, 33), el pueblo aquí no tiene que apresurarse, pero así como en el éxodo (Ex 13:21-22), Dios los protegerá de los enemigos.

El sufrimiento y la exaltación del siervo de Dios (52:13-53:12)

Subirá cual renuevo delante de él (53:2). Sobre la comparación de personas con plantas frágiles, ver los comentarios sobre Is 11:1; 42:3.

Llevó él nuestras enfermedades... él herido fue por nuestras rebeliones (53:4-5). El acto de sacrificio que implicaba una "expiación sustitutiva" era conocido tanto por Israel como por sus vecinos, pero por lo general el sacrificio era un animal o grano de algún tipo. La sustitución humana no era usual.[15]

Como cordero fue llevado al matadero (53:7). Se sacrificaban ovejas en todo el antiguo Cercano Oriente, a veces simplemente para proporcionar comida y, a veces, para proporcionar un sacrificio ritual a los dioses.

Como oveja delante de sus trasquiladores, enmudeció (53:7). Debido a que la lana desempeñaba un papel tan importante en el antiguo Cercano Oriente (el componente principal en la ropa de muchas personas), la esquila anual de ovejas era un acontecimiento festivo muy significativo. Por lo general, se hacía en la primavera. Las tijeras de metal para esquilar ovejas ya se habían inventado en el año 1000 a. C.[16]

Por compasión, Dios multiplicará la nación (54:1-17)

Regocíjate, oh estéril (54:1). En el antiguo Cercano Oriente, que una mujer fuera estéril era un desastre socioeconómico y, por lo tanto, normalmente era motivo de duelo.

Ensancha el sitio de tu tienda (54:2). Esta es una metáfora que se remonta a la época en que los patriarcas vivían en tiendas. Se solían hacer esas tiendas con pelo de cabra, y se construían con tiras de tres pies de ancho que se cosían juntas. Una expresión popular para el crecimiento familiar era "ensachar tu tienda" (i. e., agregar otra tira), lo cual también generó la necesidad de alargar las cuerdas que la sujetaban y aumentar la fuerza de las estacas de la tienda.

He aquí que yo hice al herrero... Ninguna arma forjada contra ti prosperará (54:16-17). La palabra traducida como "herrero" puede referirse a alguien que trabaja con una amplia variedad de materiales. La referencia al fuego de carbón en las siguientes líneas implica que esta persona es un herrero, que forja armas en un horno (fragua) con fuelles de aire. Debido a que Dios le dio al herrero la habilidad para hacer armas, él le puede quitar esa habilidad para que no se fabriquen armas.

Busca a Dios y observa cómo cumplirá sus promesas (55:1-13)

A todos los sedientos: Venid a las aguas; y los que no tienen dinero, venid (55:1). Con palabras que expresan una generosa invitación de la hospitalidad del antiguo Cercano Oriente, este versículo invita a cualquiera a venir a comer y celebrar la ofrenda de una nueva relación del pacto con Dios (55:3).

Leche (55:1). La leche y otros productos lácteos (queso, yogur, etc.) eran productos alimenticios importantes en todo el antiguo Cercano Oriente (ver la sección sobre una vida basada en el sustento en el artículo "La vida cotidiana en el antiguo Israel"). Probablemente, la leche de cabra era más común que la leche de vaca.

Haré con vosotros pacto eterno, las misericordias firmes a David (55:3). Un pacto era un acuerdo contractual legal. En comparación con los pactos humanos, que se solían romper, Dios declara que su pacto con David (2 S 7:12-16) no tenía final.

Diso acepta la adoración a todos los que mantienen el pacto (56:1-8)

Y el extranjero que sigue a Jehová no hable diciendo: Me apartará totalmente Jehová de su pueblo (56:3). Aunque ciertos extranjeros y eunucos castrados fueron excluidos del templo (Dt 23:1-3), extranjeros como Rut la moabita (Rut 2:10), Rahab la cananea (Jos 2:8-12), Urías el hitita (2 S 11:11), y muchos otros pueblos (Ex 12:38) se unieron a los israelitas. Todos podrán adorar juntos en un futuro.

A los eunucos que guarden mis días de reposo... yo les daré lugar en mi casa y dentro de mis muros, y nombre (56:4-5). Los eunucos fueron utilizados como administradores de la corte y solían ser guardianes del harén del rey. Los eunucos normalmente no podían tener hijos para continuar con su nombre y, por lo general, estaban excluidos del templo (Dt 23:1).

El rechazo de los líderes impíos y el avivamiento de los humildes (56:9-57:21)

Todas las bestias del campo, todas las fieras del bosque, venid a devorar (56:9). Los reyes en la guerra en el antiguo Cercano Oriente se solían comparar con leones devastadores y otros depredadores peligrosos. Este versículo probablemente es una metáfora que invita a las naciones enemigas (las bestias) a atacar y destruir.

Sus atalayas son ciegos... Todos ellos perros mudos... aman el dormir (56:10-11). Las ciudades del antiguo Cercano Oriente solían tener guardianes en las murallas para alertar cuando los ejércitos se acercaban. Los perros en las calles también tendían a ladrar por la noche si alguien se acercaba a la casa con intenciones hostiles. El guardían ciego y los perros mudos no servirían de mucho. Además, en Israel era bastante ofensivo llamar perro a alguien. Aquí es aún peor porque estos vigilantes de Israel son comparados con perros que ni siquiera pueden ladrar cuando es necesario.

Descansarán en sus lechos todos los que andan delante de Dios (57:2). La palabra hebrea traducida como "lechos" se suele usar como un eufemismo para referirse a la banca dentro de una tumba donde se colocan los muertos (cf. 2 Cr 16:14; Ez 32:25).

Hijos de la hechicera, generación del adúltero y de la fornicaria (57:3). Estos términos despectivos se referían a las prácticas paganas de adivinación, magia y hechicería que se utilizaban para determinar la voluntad de los dioses, prácticas que eran estrictamente prohibidas en Dt 18:10. Los profetas del A. T. mencionan con frecuencia la prostitución y el adulterio como referencias figurativas a la idolatría. Estos dos elementos se combinan en 2 Reyes 9:22, donde Jehú se refiere a la "prostitución y hechicería" (i. e., idolatría y hechicería) de Jezabel.

Que os enfervorizáis con los ídolos debajo de todo árbol frondoso (57:5). En las religiones paganas de los vecinos de Israel, los árboles grandes e impresionantes con frecuencia tenían un significado religioso y, a veces, también servían como lugares de adoración. Asimismo, muchos de los dioses que eran adorados (p. ej., Baal) eran dioses de la fertilidad, y los actos sexuales perversos solían estar relacionados con ellos.

Que sacrificáis los hijos en los valles (57:5). El sacrificio de niños estaba relacionado con la adoración del dios amonita Moloc, una práctica terrible llevada a cabo por los israelitas fuera de los muros de Jerusalén en el valle de Ben Hinom (ver los comentarios sobre 2 Reyes 3:27; Jer 7:31).

En las piedras lisas del valle está tu parte (57:6). El trasfondo de "las piedras lisas" es incierto. A veces se erigían piedras lisas para representar a los dioses. Sin embargo, la frase puede referirse simplemente a las piedras lisas en el lecho del arroyo. Otros han sugerido que la referencia puede ser a las tumbas excavadas en la roca del valle de Ben Hinom.

Sobre el monte alto y empinado pusiste tu cama (57:7). Esto probablemente se refiere a la perversión sexual que ocurria con las prostitutas del templo en los "altares" cananeos (lugares de adoración).

Y fuiste al rey con ungüento... y te abatiste hasta la profundidad del Seol (57:9). La palabra hebrea traducida como "rey" (raíz hebrea: *mlk*) podría ser una referencia a Moloc (cf. NSRV; NVI), un dios pagano de la región relacionado con el sacrificio de niños (2 Reyes 23:10) (ver los comentarios sobre Is 57:5).

Dios acepta el ayuno de quienes le complacen (58:1-14)

¿Por qué, dicen, ayunamos, y no hiciste caso? (58:3). Aunque es una práctica común en Israel, el ayuno no era común en las religiones del antiguo Cercano Oriente y, cuando se practicaba, se relacionaba con el luto. En Israel, con frecuencia se relacionaba con hacer un pedido. Al parecer, aquí se pensaba que Dios les daría alguna recompensa por su ayuno.

¿No es que partas tu pan con el hambriento... y a los pobres errantes albergues en casa? (58:6-7). La virtud y la "rectitud" moral de cuidar a los pobres y hambrientos (con frecuencia agrupados como "huérfanos, viudas, extranjeros") se repite con enfásis a lo largo del A. T. y también se destacó en todo el antiguo Cercano Oriente pero, así como pasó en Israel, no siempre se practicó.

Y la gloria de Jehová será tu retaguardia (58:8). Esta es una referencia a la historia del éxodo. El ejército egipcio había atrapado a Israel frente al mar Rojo, por lo que la presencia de Dios (una columna de fuego y una nube) se convirtió en la retaguardia que protegía a los israelitas.

Las acusaciones de injusticia producen la confesión de los pecados y el establecimiento de la justicia (59 1:21)

De justicia se vistió como de una coraza, con yelmo de salvación en su cabeza (59:17). La práctica de representar a la deidad de cada uno como un gran guerrero era común en el antiguo Cercano Oriente. Por ejemplo, en el Enuma Elish, la epopeya babilónica de la creación, se describe al dios Marduk como un gran guerrero que sale a luchar contra la diosa Tiamat: "Campeón de su padre, sutil en la batalla, Marduk, el héroek [...] construyó un arco, lo marcó como arma suya [...] Levantó su maza [...] habíase envuelto en una armadura de terror".[17]

Muchos vendrán a adorar a Dios en Sion (60:1-22)

He aquí que tinieblas cubrirán la tierra (60:2). La oscuridad representaba la desesperanza y los resultados devastadores de la maldición de Dios sobre la tierra, como se describe en Is 24, 34.

Multitud de camellos (60:6). Los camellos podían transportar cargamentos a través de los formidables desiertos del antiguo Cercano Oriente y, por lo tanto, eran bastante valiosos. Están incluidos en las listas de los tributos que se daban a los reyes asirios.

Madián y de Efa... Sabá... Cedar... Nebaiot (60:6-7). Incluso las tribus beduinas más pequeñas del Sinaí (Madián) y el desierto de Arabia (Cedar y Nabaiot) adoraban a Dios en esos días. La ubicación de Sabá es incierta, pero probablemente fue un reino en el sur de Arabia.

Las naves de Tarsis (60:8-9). Tarsis probablemente era una ciudad en el extremo occidental del mar Mediterráneo, quizás una colonia comercial fundada por los fenicios (cananeos). Las velas de los barcos en el mar Mediterráneo parecían nubes o palomas veloces.

La gloria del Líbano vendrá a ti: cipreses, pinos y bojes juntamente (60:13). El Líbano era famoso por sus bosques y especialmente por su cedro, pero aquí también se destacan otros tipos de madera.

Y mamarás la leche de las naciones, el pecho de los reyes mamarás (60:16). Los niños de una familia real disfrutaban bastante de lo mejor que el rey y las naciones vasallas podían proporcionar.

El ungido de Dios anuncia el favor de Dios (61:1-11)

A predicar buenas nuevas a los abatidos y a los presos apertura de la cárcel (61:1). En el antiguo Cercano Oriente, a veces durante su primer o segundo año, un nuevo rey anunciaba la liberación de los prisioneros.

A ordenar que a los afligidos de Sion... óleo de gozo en lugar de luto (61:3). La unción con aceite servía como señal de consagración, pero también se usaba para celebrar una buena noticia o un buen acontecimiento.

Y extranjeros apacentarán vuestras ovejas, y los extraños serán vuestros labradores y vuestros viñadores (61:5). En el pasado, los ejércitos extranjeros se habían apoderado de los animales y los cultivos de Israel, pero en el futuro serán los extranjeros los que cuidarán de los animales y los cultivos de Israel.

Como a novio me atavió, y como a novia adornada con sus joyas (61:10).

Los sacerdotes solían usar turbantes/tocados elaborados y hermosos.

Asimismo, las novias en el antiguo Cercano Oriente se vestían con ropa hermosa y joyas caras (cf. Jer 2:32).

La transformación de Sion (62:1-12)

Y serás [Jerusalén] corona de gloria en la mano de Jehová, y diadema de reino (62:3). Los reyes (y las deidades) del antiguo Cercano Oriente se representaban regularmente con coronas elaboradas. Una corona real era un tesoro precioso, costoso y único del rey. Un texto mesopotámico incluso se refiere a una ciudad (Borsippa) como la corona de Merodac.

El día de la venganza de Dios sobre los malvados (63:1-6)

¿Quién es este que viene de Edom, de Bosra? (63:1). Edom era el reino al sureste de Judá, pero también se usaba para representar a todas las naciones que se oponían a Dios. Bosra era una de las principales ciudades de Edom (34:6) (ver los comentarios sobre Amós 1:12; Abd 1).

¿Por qué es rojo tu vestido, y tus ropas como del que ha pisado en lagar? (63:2). Cuando la gente en el mundo antiguo pisoteaba las uvas para hacer vino, su ropa se manchaba con el jugo rojo.

Un lamento al recordar el pasado (63:7-64:12)

En toda angustia de ellos él fue angustiado, y el ángel de su faz los salvó (63:9). Cuando Israel fue esclavizado en Egipto, Dios sintió su agonía, por lo que reveló su gloria en una columna de fuego o nube para sacarlos de Egipto (Ex 14:19-25).

Por poco tiempo lo poseyó tu santo pueblo; nuestros enemigos han hollado tu santuario (63:18). Algunos relacionan esto con la profanación del santo templo durante la época de Atalía (2 Cr 23), Acaz (2 Cr 28), Manasés (2 Cr 33) o los babilonios (2 Reyes 25).

Descendiste, fluyeron los montes delante de ti (64:3). En Sinaí, la gloria de Dios apareció en la cima de la montaña (Ex 19:16-20).

Dios responde al lamento: Algunos recibirán la ira, pero mi siervo recibirá la salvación (65:1-25)

Sacrificando en huertos, y quemando incienso sobre ladrillos; que se quedan en los sepulcros... que comen carne de cerdo (65:3-4). Esto describía la adoración pagana en los templos al aire libre (probablemente jardines o arboledas sagradas asociadas con un templo [cf. 66:17]) donde la gente participaba en muchas prácticas prohibidas (Lv 11:7; 20:27). La palabra traducida como "ladrillo" también se puede usar para referirse a altares de incienso.

Como si alguno hallase mosto en un racimo, y dijese: No lo desperdicies (65:8). Por lo general, al podar sus uvas, si un agricultor encontraba un racimo con solo unas pocas uvas o con uvas secas, asumía que el racimo era inútil. En este caso, un agricultor quería salvar todas las uvas.

Y será Sarón para habitación de ovejas, y el valle de Acor para majada de vacas (65:10). La llanura de Sarón era un área fértil en el oeste de Judá entre la llanura costera y la región montañosa. El valle de Acor era un valle angosto junto al río Jordán, el lugar donde Acán fue castigado por robar lo que pertenecía a Dios (Jos 7).

Que ponéis mesa para la Fortuna, y suministráis libaciones para el Destino (65:11). Las palabras traducidas como "Fortuna" y "Destino" son nombres de dioses paganos, el dios de la "buena fortuna" y el dios del "destino". Esto probablemente hace referencia a la práctica pagana de buscar el conocimiento del futuro basado en las "tablillas de los destinos", que estos dioses controlaban.

No habrá más allí niño que muera de pocos días, ni viejo que sus días no cumpla (65:20). En el antiguo Cercano Oriente, la tasa de mortalidad infantil era bastante alta; muchos bebés morían al nacer o poco después. Asimismo, la esperanza de vida de los adultos era baja.

Dios honrará a los humildes de todas las naciones pero juzgará a los malvados (66:1-24)

El que sacrifica buey es como si matase a un hombre... el que hace ofrenda, como si ofreciese sangre de cerdo (66:3). Este texto alterna entre los sacrificios legítimos (buey, cordero, grano, incienso) y las ofrendas ilegítimas (ser humano, perro, sangre de cerdo, alabanza a un ídolo). En el antiguo Cercano Oriente, el uso de cerdos y perros como sacrificios solia estar relacionado con la adoración de dioses asociados con el inframundo.

Sus carros como torbellinos (66:15). La representación de una deidad montada en un carro, a veces asociada con nubes, era común en el antiguo Cercano Oriente.

Los que comen carne de cerdo y abominación y ratón (66:17). Esto describe a aquellos que seguían prácticas paganas (cf. 1:29; 65:3-5), haciendo lo que estaba estrictamente prohibido en Lv 11:7, 29.

Tarsis, a Fut y Lud... a Tubal y a Javán, a las costas lejanas (66:19). Tarsis probablemente estaba ubicada en España y representaba las áreas conocidas más lejanas. Fut se refiere al área en el norte de África al oeste de Egipto (actual Libia). Lud y Tubal se refieren a las áreas en Asia Menor (actual Turquía). Javán probablemente se refiere a los asentamientos griegos en el mar Egeo y a lo largo de la costa occidental de Turquía. "Las costas lejanas" probablemente se refiere a las islas del mar Egeo, además de islas más grandes como Chipre y Creta.

— Génesis
— Éxodo
— Levítico
— Números
— Deuteronomio
— Josué
— Jueces
— Rut
— 1 Samuel
— 2 Samuel
— 1 Reyes
— 2 Reyes
— 1 Crónicas
— 2 Crónicas
— Esdras
— Nehemías
— Ester
— Job
— Salmos
— Proverbios
— Eclesiastés
— Cantares
— Isaías

— Jeremías

— Lamentaciones
— Ezequiel
— Daniel
— Oseas
— Joel
— Amós
— Abdías
— Jonás
— Miqueas
— Nahúm
— Habacuc
— Sofonías
— Hageo
— Zacarías
— Malaquías

Jeremías

Gary E. Yates

Introducción. Jeremías profetizó en los últimos días de Judá como nación. El llamado de Jeremías ocurrió en el año 627 a. C., y su ministerio abarcó los reinados de los últimos cinco reyes de Judá y se extendió hasta después de la época de la caída de Jerusalén en el año 586 a. C. Josías fue el último rey piadoso de Judá y reinó hasta su muerte en una batalla con los egipcios en Meguido (609 a. C.). Sus sucesores fueron Joacaz (609 a. C.), Joacim (609-598 a. C.), Joaquín (598-597 a. C.) y Sedequías (597-586 a. C.). Después de la caída de Jerusalén ante los babilonios, Jeremías permaneció en la tierra de Judá hasta que fue secuestrado y llevado a Egipto, donde probablemente murió alrededor del año 580 a. C.

El ministerio de Jeremías coincidió con el surgimiento del Imperio neobabilónico bajo el poderoso gobernante Nabucodonosor (ver el artículo "Los babilonios"). Jeremías llamó a Judá para que se arrepienta, pero cuando el arrepentimiento no se produjo, anunció que el Señor usaría a Babilonia como su instrumento de juicio contra su pueblo desobediente. El rey babilónico Nabucodonosor conquistó Jerusalén en el año 597 a. C. y destruyó la ciudad en el año 586 a. C. Nabucodonosor se exilió de Judá en cuatro ocasiones diferentes y deportó a los dos últimos reyes de Judá. Jeremías también ofreció esperanza para el futuro de Israel, prometiendo que el Señor restauraría la dinastía de David, traería a su pueblo de regreso a su tierra y los bendeciría con paz y prosperidad. El Señor hizo un nuevo pacto con Israel, perdonando los pecados del pasado y haciendo posible que sean obedientes en el futuro.

El libro de Jeremías está ordenado de una manera más temática que cronológica. Los capítulos 1-25 registran las profecías y los sermones de juicio de Jeremías contra Judá. Los capítulos 26-45 contienen principalmente relatos de la vida de Jeremías que destacan las respuestas incrédulas de Judá a la palabra

Los viajes de Abraham

profética. El Libro de la consolación en los capítulos 30-33 brinda un mensaje detallado sobre la futura restauración de Israel. Los capítulos 46-51 registran las profecías de Jeremías contra las naciones, que culminan con el juicio de Babilonia en los capítulos 50 y 51. El apéndice del capítulo 52 proporciona un relato de la caída de Jerusalén.

El llamado de Jeremías (1:1-19)

Hilcías... Anatot (1:1). El padre de Jeremías era sacerdote en Anatot, un pueblo a tres millas al noreste de Jerusalén en el territorio de Benjamín. Jeremías pudo haber sido descendiente de Abiatar, el sacerdote a quien Salomón desterró a Anatot por su apoyo a Adonías como sucesor de David (1 Reyes 1:7; 2:26-27).

En el año decimotercero... Josías... Sedequías... cautividad (1:2-3). Para la cronología del ministerio de Jeremías, ver la introducción anterior de Jeremías.

Vara de almendro (1:11). La visión del almendro (*shaqed*) reflejaba un juego de palabras que significaba que Dios estaba "mirando" (*shoqed*) para ver que su palabra se cumpliera. El almendro también era uno de los primeros árboles en florecer en la primavera, y el Señor pronto cumpliría las palabras del juicio de Jeremías.

Una olla que hierve.... hacia el norte (1:13). La olla hirviendo representaba una nación enemiga que atacaría a Judá desde el norte, la dirección habitual desde la cual los ejércitos extranjeros invadían (1:14-15; 4:6; 6:1, 22; 10:22). Luego se identifica a Babilonia como la nación específica que llevaría a cabo esta invasión (cf. 20:4-6; 21:2-4; 25:9, 26).

Una rama de un almendro

El Señor pide que su esposa infiel regrese (2:1-4:4)

Profetizaron en nombre de Baal (2:8). Ver el artículo "Los cananeos y la religión cananea". Baal, cuyo nombre significa "señor" o "esposo", era el dios cananeo de las tormentas. La adoración al dios de la fertilidad, Baal, con sus promesas de lluvia, abundancia y licencia moral, era una tentación común en Israel, y las formas sincréticas de adoración que combinaban a Baal con el Dios de Israel eran comunes en Israel y Judá (cf. 7:9, 11, 13, 17; 12:16; 19:15; 23:13, 27; 32:29, 35).

Chipre... Cedar... ¿Hay alguna nación que haya cambiado de dioses (2:10-11 NVI). El uso de Chipre y las islas griegas, junto con Cedar en el sur de Arabia, transmite la idea de "desde el este al oeste". Las culturas politeístas del antiguo Cercano Oriente no tenían que intercambiar dioses, sino que simplemente añadían otros dioses a sus panteones. Hubiera sido inconcebible que se rechazara deidades nacionalistas específicas.

Cisternas rotas que no retienen agua (2:13). Una cisterna era un pozo excavado con piedras y con una abertura estrecha en la parte superior, que se usaba para almacenar agua de lluvia. Se necesitaban cisternas para proporcionar una fuente de agua durante la estación seca a finales de la primavera y del verano. Las cisternas solían estar revestidas con yeso para evitar fugas.[1]

Los hijos de Menfis y de Tafnes te quebrantaron la coronilla (2:16). Menfis y Tafnes son ciudades egipcias, que se usan aquí como una metáfora para representar a los egipcios, quienes habían matado al rey Josías y derrotado a Judá en una batalla cerca de la ciudad de Meguido en el año 609 a. C. (2 Reyes 23:29-30; 2 Cr 35:20-24). Posteriormente, los egipcios deportaron a Joacaz a Egipto, instalaron a Joacim en el trono en su lugar y exigieron un fuerte tributo a Judá (2 Reyes 24:33-35; 2 Cr 36:3-4).

¿Qué tienes tú en el camino de Egipto... de Asiria? (2:18). Las alianzas militares con otras naciones no solucionaron los problemas de Judá. Las alianzas con Egipto no habían ayudado durante la crisis asiria (cf. Is 30:1-5; 31:1-3), y tampoco salvaron a Judá en sus luchas con Babilonia (cf. 37:5-9; Ez 29:6-

9). Acaz había buscado la ayuda de Asiria en lugar que confiar en el Señor durante la guerra siro-efraimita (734-732 a. C.) (cf. 2 Reyes 16:5-18; Is 7-8).

Sobre todo collado alto... árbol frondoso te echabas como ramera (2:20). Los ritos paganos relacionados con actos sexuales que se creía que traían fertilidad y bendiciones de los dioses se llevaban a cabo en las cimas de las colinas o en sitios con bosques de árboles sagrados.[2] La adoración de estos dioses por parte de Israel se representa como adulterio o prostitución porque Israel debía dedicarse exclusivamente al Señor (Nm 25:1; Jer 3:8-9; Ez 16; 23; Oseas 2:1; 4:13-14).

Un hombre se divorcia de su mujer (3:1 NVI). Jeremías hizo referencia a la ley del divorcio en Dt 24:1-4, la cual establecía que el esposo debía proporcionar un certificado de divorcio y no podía volver a casarse con su esposa divorciada una vez que ella se casara con otro hombre. Aunque el matrimonio del Señor con Israel/Judá estaba más roto de lo previsto en esta ley, el Señor aún estaba dispuesto a permitir que su pueblo regresara a él (3:12, 14, 22; 4:1). El requisito de un certificado de divorcio está documentado en el Código de Hammurabi y en otras partes en el antiguo Cercano Oriente.

Lluvia tardía (3:3). Las lluvias de otoño o tempranas (octubre-febrero) preparaban el suelo para la siembra, mientras que las lluvias de primavera o tardías (marzo-abril) proporcionaban la humedad necesaria para que los cultivos maduren.

Circuncidaos a Jehová (4:4). Todos los hombres debían ser circuncidados como una señal del pacto entre el Señor y los descendientes de Abraham (Gn 17:9-14), pero aquí se usa como una metáfora para referirse a la conformidad interior y el compromiso con Dios y sus mandamientos (cf. Dt 10:16).

Preparación para la guerra cuando el Señor envíe un invasor
(4:5-6:30)

Tocad el cuerno de carnero (4:5 CSB trad. lit.). Se solía tocar el cuerno de carnero (*shofar*) para advertir cuando un enemigo se acercaba, para llamar al pueblo a la batalla (Jue 3:27), o para reunir al pueblo en el santuario (cf. Lv 25:9; Sal 150:3).

Entrémonos en las ciudades fortificadas (4:5). En tiempos de ataque militar, las personas que vivían fuera de las ciudades iban a refugiarse dentro de las murallas de la ciudad. Judá había reconstruido muchas de las murallas y fortificaciones de su ciudad después de que los asirios conquistaron cuarenta y seis de sus ciudades a fines del siglo VIII a. C.

Vestíos de cilicio (4:8). Esta tela gruesa y negra hecha de pelo de cabra se usaba con cenizas como una señal de luto y dolor (Gn 37:34; 2 S 3:31; Ester 4:1-3) o arrepentimiento (1 Reyes 21:27) .

Lluvia temprana y tardía (5:24). Ver los comentarios sobre Jer 3:3. El pueblo atribuyó las lluvias a Baal y no al Señor (cf. Oseas 2:8-9).

Un mural de un palacio asirio que representa un ariete asirio.

Toquen el cuerno de carnero (6:1 CSB trad. lit.). Ver los comentarios sobre Jer 4:5.

Alzad por señal humo (6:1). Las señales de fuego se usaban para la comunicación entre los pueblos, sobre todo en tiempos de guerra o crisis. Las cartas de Laquis mencionan el uso de señales de fuego entre las ciudades de Jerusalén, Laquis y Azeca (cf. 34:7).

Levantad vallado (6:6). Como parte de sus técnicas de asedio, los babilonios construyeron rampas de asedio con el fin de usar arietes para romper los muros de la ciudad que era atacada (cf. 2 Reyes 25:3-4; Jer 32:24; Ez 4:1-2).

Puse también sobre vosotros atalayas (6:17). La función de las atalayas que se colocaban en las murallas de la ciudad era advertir cuando los ejércitos se aproximaban (2 S 18:24-27; 2 Reyes 9:17-20; Is 21:6-9), y los profetas cumplían esta función al advertir al pueblo del juicio venidero (cf. Ez 3:17; 33:2-7).[3]

Cilicio… ceniza (6:26). Ver los comentarios sobre Jer 4:8. El acto de revolcarse en las cenizas parece ser una expresión específica e intensa de dolor (cf. Miq 1:10).

Por fortaleza te he puesto en mi pueblo (6:27). Como profeta, Jeremías actuaba como refinador de metales para quitar las impurezas de la casa rebelde de Judá. El proceso de fundición implicaba refinar el mineral a una temperatura extremadamente alta para eliminar las impurezas y extraer el metal puro (cf. 9:7; 11:4).[4]

El sermón del templo de Jeremías y la rebelión de Judá (7:1-10:25)

No fiéis en palabras de mentira, diciendo: Templo de Jehová (7:4). El pueblo había llegado a creer que Jerusalén era intocable y nunca caería en manos de los ejércitos enemigos. Sin dudas, esta confianza presumida estaba enraizada en las tradiciones de Sion con respecto a la protección de la ciudad por el Señor (Sal 46; 48:76; 132:13-16) y la liberación milagrosa de Jerusalén de los asirios en el año 701 a. C.

Cueva de ladrones (7:11). Jeremías comparó el templo con las cuevas donde los bandidos se solían esconder después de cometer sus crímenes porque la gente creía que podía incumplir los mandamientos de Dios y seguir disfrutando de su protección.

Silo (7:12,14). El profeta recordó el ejemplo de Silo para mostrar la gravedad de las amenazas sobre Jerusalén. Después de la conquista en el libro de Josué, Silo había sido el lugar del tabernáculo y el arca del pacto (Jos 18:1, 9), pero el Señor abandonó el tabernáculo (Sal 78:60) y permitió que los filisteos tomen el arca (1 S 4:4-11).

No ores por este pueblo (7:16). A lo largo de la historia de Israel, la intercesión profética había liberado al pueblo del juicio divino en varias ocasiones (cf. Ex 32:9-14; Nm 14:11-20; 1 S 12:16-23; Amós 7:1-6). Prohibir a Jeremías que intercediera significaba que el Señor había entregado a Judá al juicio.

Para hacer tortas a la reina del cielo (7:18). La diosa pagana de la fertilidad que se considera aquí es probablemente la mesopotámica Ishtar o las diosas cananeas Astarté o Asera, o quizás alguna combinación sincrética de todas ellas. Estas tortas se hacían con la imagen de una diosa desnuda, y las mujeres desempeñaron un rol principal en estas prácticas de adoración.[5]

Corta tu cabello (7:29). Afeitarse la cabeza o la cara solía ser un acto de duelo (Job 1:20; Miq 1:16). El hecho de que estas prácticas estuvieran prohibidas en la ley de Moisés (cf. Lv 19:27-28; Dt 14:1) puede reflejar que el profeta está condenando de manera sarcástica al pueblo aquí por sus prácticas paganas.

Los lugares altos de Tofet, que está en el valle del hijo de Hinom (7:31). Este lugar al suroeste de Jerusalén era el sitio de prácticas paganas de adoración, incluido el sacrificio de niños. Tofet ("hogar") era el nombre del lugar donde ocurrían los sacrificios y donde se guardaban las urnas que contenían los restos de los niños sacrificados (ver los comentarios sobre 2 Reyes 3:27).[6] Este lugar se conoció como el Valle de la Matanza por todos los cadáveres enterrados allí después de la invasión babilónica (7:32).

Y serán los cuerpos muertos... comida... huesos... fuera de sus sepulcros (7:33-8:1). Una de las maldiciones del pacto que Moisés había advertido fue la exposición a los elementos y el consumo por parte de los animales salvajes de los cadáveres de quienes murieron en la batalla (Dt 28:26). En algunos casos, la exposición provenía del desenterramiento de los huesos de los muertos. Se consideraba muy vergonzoso en esta cultura que alguien no recibiera un entierro adecuado (2 Reyes 9:7-10; Sal 79:1-5), y la extensión de esta maldición incluso a los reyes, quienes solían ser enterrados con una gran ceremonia en tumbas elaboradas, fue especialmente significativa (cf. 22:18-19).[7]

No hay bálsamo en Galaad (8:22). En Galaad, en el norte de Galilea, se producía un ungüento medicinal hecho de resina y aceite de oliva. No había otra solución para la crisis de Judá que regresar hacia el Señor.

Ajenjo (9:15). El ajenjo aquí se refiere a un arbusto con hojas que tienen un sabor demasiado amargo. Se usa aquí como una representación vívida de la amargura del juicio divino (cf. Pr 5:4; Amós 5:7).

Plañideras (9:17). Las costumbres de duelo en el antiguo Cercano Oriente implicaban expresiones demostrativas de dolor, que incluían rasgarse la ropa y gemir en voz alta. Los dolientes profesionales solían acompañar a la familia para expresar su dolor (cf. Ec 12:5; Jer 9:20; Ez 27:32; Amós 5:16).

La muerte ha subido por nuestras ventanas (9:21). La palabra hebrea para la muerte (*mot*) y el nombre del dios cananeo de la muerte (*Mot*) son lo mismo, por lo que personificar la muerte, como se hace aquí, suele conllevar un juego de palabras sugerido con respecto al dios (ver el artículo "Los cananeos y la religión cananea"). Mot, el dios de la muerte y el inframundo, tenía un apetito voraz por la carne humana (cf. Job 18:13; Pr 1:12; 27:20; 30:15-16; Is 5:14; Hab 2:5).

Los hombres muertos caerán como estiércol (9:22). Ver los comentarios sobre Jer 7:33-8:1.

Las naciones son incircuncisas (9:26). La circuncisión se practicaba en todo el antiguo Cercano Oriente, incluso por las naciones que se mencionan aquí, pero no tenía el mismo significado del pacto que en Israel. A los ojos del Señor, Judá no era diferente de una manera espiritual o moral que estas naciones paganas porque eran "incircuncisos de corazón".

Leño del bosque cortaron (10:3). El profeta parodia la fabricación y adoración de ídolos con un mordaz sarcasmo (cf. Sal 115:1-8; 135:15-18; Is 44:9-20). El profeta se burlaba de los idólatras por su devoción a los objetos sin vida que habían hecho con sus propias manos. Los adoradores de ídolos en el antiguo Cercano Oriente sabían que la deidad y su ídolo eran distintos entre sí, e incluso tenían una ceremonia especial llamada "apertura de la boca", donde la presencia de la deidad habitaba dentro de la imagen.[8]

Hace los relámpagos con la lluvia (10:13). El control del Señor sobre las lluvias demostraba su superioridad sobre los dioses paganos de las tormentas, como el cananeo Baal y el babilonio Marduk (ver el artículo "Los cananeos y la religión cananea").

El pacto roto (11:1-17)

Las palabras de este pacto (11:2). El Señor pidió a Jeremías que recordara al pueblo los términos del pacto del Sinaí con sus promesas de bendición por la obediencia y advertencias de maldición por la desobediencia (Lv 26; Dt 28).

Se han vuelto a las maldades de sus primeros padres (11:10). Las reformas religiosas del rey Josías y la renovación del pacto (cf. 2 Reyes 22-23; 2 Cr 34-35) solo tuvieron un efecto a corto plazo.

No ores por este pueblo (11:14). Ver los comentarios sobre Jer 7:16.

Quejas de Jeremías (11:18-12:17)

Yo era como cordero inocente (11:19). Los versículos 18-20 contienen la primera de las "confesiones" u oraciones de lamento de Jeremías respecto a las dificultades y la persecución que experimentó como profeta. Otras se encuentran en el 12:1-17; 15:10-21; 17:14-18; 20:7-18. El lamento era una forma común de oración en Israel y en todo el antiguo Cercano Oriente, y las oraciones de Jeremías contienen muchos de los elementos que se encuentran en los lamentos de los salmos (p. ej., Sal 3, 6, 13, 22, 88): una descripción vívida del sufrimiento del adorador (Jer 15:16-17; 20:8-11, 14-18), expresiones de acusación y preguntas hacia Dios (Jer 12:1; 15:18; 20:7), oraciones por la retribución divina contra los impíos (Jer 12:3; 15:15; 17:18; 18:21; 20:12), y un cambio de la queja a la alabanza y la confianza (Jer 20:13).

Arrebátalos como a ovejas para el degolladero (12:3). Las oraciones de los justos en el A. T. suelen contener imprecaciones o maldiciones contra los impíos (cf. Sal 58:6-8; 69:22-28; 109:6-15; 137:8-9). Estas maldiciones se parecen a las que se encuentran en los tratados políticos del antiguo Cercano Oriente. A pesar de las expresiones ofensivas, Jeremías oró para que el Señor hiciera justicia de acuerdo con las normas del *lex talionis* ("ojo por ojo") establecidas en la ley de Moisés (Ex 21:24; Lv 24:20). Además, Jeremías dejó la venganza en manos del Señor en lugar de buscarla por su cuenta.

Enseñaron a mi pueblo a jurar por Baal (12:16). Dios originalmente había ordenado a Israel que destruyera por completo a los cananeos para que los israelitas no reciban la influencia de adorar a sus dioses (Dt 7:1-4; 20:16-18). Rahab y otros demostraron que no se ejecutó la sentencia cuando los cananeos acudieron al Señor (cf. Jos 2; 6:22-25), y aquí a los adoradores de Baal que creen en el Señor se les da la misma promesa de ser "plantados" en su tierra que se extendió a Israel (24:6; 31:28; 32:41).

Judá más allá del punto de no retorno (13:1-17:27)

Cinto de lino (13:1). Este cinturón era una prenda interior que envolvía el cuerpo desde la cintura hasta las rodillas. El lino era un material caro que se usaba para las vestiduras sacerdotales (Lv 16:4). El cinturón, como parte del acto de la señal de Jeremías, simbolizaba la intimidad de Judá con el Señor y su condición de sacerdote.

Éufrates (13:4). En el A.T., este nombre normalmente significa el río Éufrates, pero aquí lo más probable es que se refiera a un pueblo con un nombre que suena similar (cf. NVI, "Perat") cerca de la ciudad natal de Jeremías, Anatot, que se usa simbólicamente para representar el río Éufrates. Jeremías había tenido que viajar más de setecientas millas dos veces para hacer dos viajes de ida y vuelta al río Éufrates. Jeremías enterró el cinturón en su primer viaje, y luego lo recuperó en su segunda visita y descubrió que se había "podrido; para ninguna cosa era bueno" (13:7). El pueblo estaba tan arruinado y no servía, así como el cinto debido a que adoraban a sus ídolos (13:10).

Rey... reina madre (13:18 NVI). Lo más probable es que se refiera a Joaquín y su madre, Nehusta, quienes fueron llevados al exilio en el año 598 a. C. (cf. 2 Reyes 24:8-17; Jer 22:26; 29:2). La reina madre ejercía un poder importante en el antiguo Israel (ver los comentarios sobre 1 Reyes 15:13).

Descubriré también tus faldas delante de tu rostro (13:26). Debido al adulterio espiritual de Judá, el Señor, como esposo agraviado, avergonzaba públicamente a su esposa promiscua al exponer al público su desnudez (cf. Ez 16:37; Oseas 2:3). Estas representaciones que se usan como metáforas deben equilibrarse con las declaraciones del A. T. sobre la preocupación especial de Dios por las mujeres oprimidas (cf. Gn 21:14-19; Dt 10:18; Sal 146:9).

No ruegues por este pueblo (14:11). Ver los comentarios sobre Jer 7:16.

No habrá quien los entierre a ellos (14:16). Ver los comentarios sobre Jer 7:33-8:1.

Los ídolos de las naciones quien haga llover (14:22). Ver el artículo "Los cananeos y la religión cananea". Israel había recurrido sobre todo a la adoración de Baal debido a su creencia de que este dios cananeo les traería lluvia y cosechas abundantes (cf. 1 Reyes 18; Oseas 2:5, 8).

Si Moisés y Samuel se pusieran delante de mí (15:1). Moisés y Samuel eran recordados como los más grandes intercesores proféticos de Israel (cf. Ex 32:9-14; Nm 14:11-20; 1 S 7:8-9; 12:16-23).

Manasés hijo de Ezequías (15:4). Ver los comentarios sobre 2 Reyes 21:10. Este rey malvado (697-642 a. C.) revocó las reformas que hizo su padre, Ezequías, y sus pecados incluían la injusticia, el derramamiento de sangre inocente, la idolatría e incluso el sacrificio de sus hijos a los dioses (2 Reyes 21:1-16). El Señor había declarado que exterminaría a Jerusalén debido a los muchos pecados de Manasés (2 Reyes 21:12-14).

Aguas que no son estables (15:18). Jeremías se queja de que no se puede confiar en Dios y lo compara con arroyos o valles que se llenan de agua después de las lluvias, pero que en otros momentos eran cauces vacíos (cf. Job 6:15-20).

Un cauce seco (valle).

No tomarás para ti mujer, ni tendrás hijos ni hijas (16:2). El estado de soltería de Jeremías había sido bastante inusual. El celibato era raro porque los matrimonios eran arreglados por las familias y los hombres se casaban a una edad temprana. La falta de familia de Jeremías significó la posterior pérdida de miembros de la familia a través de la guerra y el exilio.

No serán plañidos ni enterrados (16:4). Ver los comentarios sobre Jer 7:33-8:1.

Casa de luto (16:5). Según la importancia de los ritos de duelo adecuados, la prohibición de visitar las casas de luto o participar en los funerales había hecho que Jeremías pareciera particularmente insensible con sus amigos y seres queridos.

Ni se rasgarán ni se raerán los cabellos por ellos (16:6). Ver los comentarios sobre Jer 7:29.

No entres en casa de banquete (16:8). Las bodas en el antiguo Israel eran momentos de gran celebración que podían durar varios días. Jeremías no asistía, y esto significaba que las celebraciones del matrimonio cesarían debido a la guerra y el asedio que se acercaban.

Escrito está con cincel de hierro (17:1). Para tallar inscripciones en metal o piedra se usaba un cincel de grabado con una punta hecha de pedernal o incluso de diamante (cf. Job 19:24). La pecaminosidad del pueblo estaba indeleblemente grabada en su carácter. El Señor prometió que el nuevo pacto traería transformación al escribir su ley en el corazón del pueblo (31:33).

Altares de Asera (17:2). Ver los comentarios sobre 1 Reyes 15:13. Estos altares o árboles hechos de madera representaban a la diosa cananea Asera y estaban relacionados con ritos de fertilidad que se llevaban a cabo en colinas altas y en bosques sagrados (cf. 2:20, 27). Las inscripciones de Kuntillet Ajrud en el sur de Judá demuestran la adoración sincrética de "Yahveh y su asera" (cf. Ex 34:13; Dt 7:5; 12:3; 1 Reyes 14:15, 23). Josías había destruido antes los objetos de adoración paganos como parte de sus reformas (2 Reyes 23:4-7).

Las dos visitas de Jeremías al alfarero (18:1-19:15)

Levántate y vete a casa del alfarero (18:2). Los alfareros hábiles fabricaban tazas, tazones, jarras y artículos artesanales de barro que se usaban para producir y servir alimentos, para el almacenamiento y el transporte, así como para la decoración y el servicio religioso. La disponibilidad y flexibilidad de la arcilla y luego su durabilidad cuando se endurecía fueron las razones del uso extendido de estos objetos.[9]

He aquí que él trabajaba sobre la rueda (18:3). La palabra hebrea para "rueda" aquí es "dos piedras". El torno del alfarero consistía en una rueda más grande en la parte inferior conectada a un disco más pequeño en la parte superior, en donde el alfarero moldeaba la arcilla. El alfarero hacía girar la rueda de abajo con su pie, haciendo que la rueda superior conectada por un eje también girara. El giro de la rueda permitía al alfarero dar forma y moldear la arcilla como quería

Las "dos piedras" de un antiguo torno de un alfarero cananeo.

La vasija de barro que él hacía se echó a perder en su mano (18:4). Si el objeto que el alfarero estaba haciendo estaba dañado o manchado, el alfarero comenzaba de nuevo transformando la arcilla húmeda en el objeto deseado. El barro dañado representaba la condición pecaminosa de Judá, pero el Señor estaba dispuesto a transformarlos en el pueblo que deseaba, y aún había tiempo para arrepentirse y evitar su juicio (18:5-6).

Me arrepentiré (18:8). Las profecías del juicio y de la salvación estaban condicionadas de una manera implícita. Los ejemplos históricos dónde Dios se arrepintió de enviar un castigo debido al arrepentimiento incluyen a Nínive cuando Jonás predicó allí (Jon 3) y Jerusalén en el año 701 a. C. (Jer 26:17-19; cf. Joel 2:12-17). El Señor se arrepintió de enviar un castigo en otros momentos debido a la intercesión profética (cf. Ex 32:11-14; Nm 14:13-20; Amós 7:1-6).

Ve y compra una vasija de barro del alfarero (19:1). Este acontecimiento puede haber ocurrido meses o incluso años después de la primera visita al alfarero en el capítulo 18 y parece que refleja un momento en el que había pasado la oportunidad de evitar el castigo a través del arrepentimiento. La vasija está terminada, a diferencia del barro en el torno del alfarero que aún podía remodelarse (18:4).

Valle del hijo de Hinom (19:2). Ver los comentarios sobre Jer 7:31.

Para quemar con fuego a sus hijos (19:5). Esto se refiere a la práctica pagana del sacrificio de niños, que aquí está relacionada con la adoración del dios cananeo Baal (cf. 7:31) (ver los comentarios sobre 2 Reyes 3:27).

Tofet (19:6). Ver los comentarios sobre Jer 7:31.

Les haré comer la carne de sus hijos y la carne de sus hijas (19:9). Moisés había advertido de este destino como una de las posibles maldiciones del pacto contra un Israel desobediente (Lv 26:29; Dt 28:53-57). El asedio de las ciudades solía producir condiciones de hambruna extrema que incluso conducían a la horrible práctica de que los padres se comieran a sus hijos (2 Reyes 6:28-29; Lm 2:20; 4:10).

Quebrarás la vasija (19:10). Romper la vasija frente a los líderes era una enseñanza que simbolizaba la inminente destrucción de Judá y Jerusalén. Desde las primeras épocas en Egipto, los sacerdotes inscribían los nombres de los enemigos en vasijas de cerámica y luego las rompían como parte de un ritual de maldición.

Ofrecieron incienso a todo el ejército del cielo (19:13). Ver los comentarios sobre Dt 17:3; 2 Reyes 17:16.

Jeremías azotado y encarcelado (20:1-18)

El sacerdote Pasur hijo de Imer (20:1). Las funciones que desempeñaba Pasur probablemente eran similares a las del sumo sacerdote en autoridad y consistía en mantener el orden en los recintos del templo (cf. 2 Reyes 25:18). Las autoridades consideraban que Jeremías era un problemático que necesitaba ser disciplinado debido a su mensaje controversial.

Y azotó Pasur al profeta Jeremías (20:2). Deuteronomio 25:2-3 establece que si a una persona la condenan a ser azotada, no puede recibir más de cuarenta azotes.

Cepo (20:2). La palabra hebrea (relacionada con un verbo que significa "voltear" o "revertir") aparece solo aquí, en el 29:26 y en 2 Cr 16:10. Puede referirse a un instrumento de confinamiento que mantenía el cuerpo en una posición encorvada o tal vez a un calabozo pequeño y estrecho.[10] Otro incidente en el que Jeremías es azotado y encarcelado en un calabozo improvisado en la casa de un oficial real se encuentra en el 37:15-16. Hay referencias recurrentes a un confinamiento más permanente de Jeremías en el "patio de la cárcel" (32:2, 8, 12; 33:1; 37:21; 38:6, 13, 28; 39:14) durante el reinado de Sedequías.

Rey de Babilonia (20:4). Esta es la primera mención específica de Babilonia, el enemigo del norte que no fue identificado antes; este rey sería Nabucodonosor (ver el artículo "Los babilonios").

El Señor rechaza el pedido de Sedequías (21:1-14)

Consulta ahora acerca de nosotros a Jehová (21:2). El rey Sedequías hizo este pedido cuando los babilonios estaban asediando a Jerusalén en los últimos días de su gobierno. Los babilonios asediaron a Jerusalén durante dieciocho meses (desde el año 588 al 586 a. C.) antes de destruir la ciudad. Sedequías buscaba con frecuencia la ayuda y el consejo de Jeremías (cf. 37; 38:14-28), pero no tenía el valor para seguir su consejo. Sedequías esperaba que el Señor pudiera intervenir milagrosamente y salvar a su pueblo como lo había hecho cuando liberó a Jerusalén del asedio asirio en el año 701 a. C.

Nabucodonosor (21:2). Esta es la primera mención por su nombre en Jeremías del rey babilónico que reinó desde el año 605 al 562 a. C., cuando el Imperio neobabilónico estaba en el apogeo de su poder (ver el artículo "Los babilonios").

Con mano alzada y con brazo fuerte (21:5). Jeremías invierte las tradiciones de la guerra santa de Israel (cf. Ex 6:6; Dt 4:34; 11:2) de modo que el Señor ahora está peleando contra su pueblo con los babilonios, una idea que se enfatiza debido a la frase de Dios "yo haré" que se repite en las declaraciones de los versículos 3-7.

El que quedare en esta ciudad morirá (21:9). Jeremías abogó por la rendición ante los babilonios como la única manera de salvar a Jerusalén, porque el Señor había entregado la ciudad a Babilonia como castigo por la apostasía de Judá (cf. 34:2-3; 37:6-10, 17; 38:1-3, 17-18, 20-23). Sedequías no siguió el consejo de Jeremías porque temía a sus oficiales quienes favorecían la resistencia militar permanente contra los babilonios y veían a Jeremías como un traidor.

Haré encender fuego en su bosque (21:14). El "bosque" aquí se refiere al palacio en Jerusalén, que fue llamado la "casa del bosque del Líbano" debido a la gran cantidad de cedro que se usó en su construcción (1 Reyes 7:2).

Juicio de los reyes injustos de Judá (22:1-30)

No lloréis al muerto (22:10). Josías murió en Meguido en el año 609 a. C en una batalla con Necao II de Egipto, y Jeremías compuso lamentos después de su muerte (2 Cr 35:25).

Porque no volverá jamás... Salum hijo de Josías (22:10-12). Salum, cuyo nombre en el trono era Joacaz, fue el sucesor de su padre, Josías, como rey, pero fue llevado a Egipto tres meses después por Necao II (2 Reyes 23:31-33; 2 Cr 36:2-3).

Edifica su casa sin justicia (22:13). Necao II de Egipto instaló a Joacim como rey de Judá en lugar de su hermano menor Joacaz. A pesar de la crisis nacional de Judá, Joaquín se comprometió en realizar una lujosa remodelación de su palacio o tal vez en la construcción de otra residencia real (cf. 36:22), utilizando a su propio pueblo como mano de obra esclava.

Casa espaciosa, y salas airosas... ventanas, y la cubre de cedro, y la pinta de bermellón (22:14). Las cámaras del techo con habitaciones grandes expandieron el espacio interior del palacio y propiciaban que las temperaturas fueran más frescas. El panel de cedro era la madera más cara y un lujo reservado para palacios y templos (1 Reyes 7:2, 3, 7, 12; 9:11). La pintura roja provenía de un tinte costoso (cf. Ez 23:14).[11]

No lo llorarán... En sepultura de asno será enterrado (22:18-19). Joacim murió sin los honores de un funeral oficial (cf. 36:30) (ver los comentarios sobre Jer 7:33-8:1). Las circunstancias

Árboles de cedro del Líbano.

exactas de la muerte de Joacim son inciertas, pero parece que murió durante el asedio babilónico de Jerusalén en el año 598 a. C.

Hijo de Joacim... anillo de sellar (22:24 CSB trad. lit.). Joaquín (Conías) se convirtió en rey después de la muerte de su padre, Joacim, pero fue llevado prisionero a Babilonia tres meses después (2 Reyes 24:8-16; 2 Cr 36:9-10). Un anillo de sellar llevaba el sello personal del propietario y el rey lo usaba para sellar documentos oficiales. Los reyes davídicos reinaron como vicerregentes del Señor (2 S 7:13-14), pero el Señor ahora estaba rechazando a Joaquín como su representante. Lo opuesto a esta profecía aparece en Hg 2:20-23.

Escribid lo que sucederá a este hombre privado de descendencia... ninguno de su descendencia logrará sentarse sobre el trono (22:30). Joaquín (también conocido como Conías o Jeconías) tuvo al menos siete hijos (1 Cr 3:17-19; MT 1:12), pero ninguno de ellos fue su sucesor como rey. Los persas nombraron a su nieto Zorobabel gobernador de Judá en el período posterior al exilio (Hg 1:1).

Pastores corruptos y el renuevo futuro (23:1-8)

Ay de los pastores (23:1). El pastor era una ocupación común y una metáfora para los gobernantes en todo el antiguo Cercano Oriente (cf. Sal 78:71-72). Esta representación hablaba del cuidado y la protección que estos líderes debían brindar a su pueblo, pero los líderes de Israel y Judá habían fracasado de una manera lamentable respecto al cumplimiento de este ideal (cf. Is 56:11; Jer 10:21; 12:10; Ez 34:1-10; Zac 10:3).

Renuevo justo (23:5). Este título se refiere al futuro gobernante davídico ideal a través del cual Dios cumpliría sus promesas del pacto con David (cf. 30:9; 33:15). El juicio de Dios haría que el linaje de David fuera como un árbol que fue cortado y reducido a nada más que un tronco. El "renuevo" representa la nueva vida que emergería cuando Dios restaurara el trono de David (Zac 3:8; 6:12; cf. Is 11:1). El título "renuevo justo [*tsaddiq*]" y el nombre "El Señor es nuestra justicia [*tsedeq*]" para este futuro rey son juegos de palabras con el nombre de Sedequías (que significa "justicia del Señor"), quien no representaba el personaje reflejado en su nombre.

Condena de los falsos profetas (23:9-40)

Profetas de Samaria... profetizaban en nombre de Baal (23:13). Ver los comentarios sobre Jer 2:8. Acab y Jezabel habían brindado apoyo a los profetas de Baal (1 Reyes 18:19), pero Elías los mandó matar después de la contienda en el monte Carmelo (1 Reyes 18:40). Jehú también había matado a los profetas de Baal cuando eliminó la adoración a Baal de la tierra (2 Reyes 10:18-28).

Ha estado en el consejo del SEÑOR (23:18, 22 NVI). El consejo es el lugar de reunión del Señor y sus huestes celestiales donde el Señor anuncia sus planes y comisiona a los miembros del consejo para lograr sus propósitos. Se considera que los verdaderos profetas tenían acceso a estas reuniones del ejército celestial (cf. 1 Reyes 22:19-23; Is 6:8). Los falsos profetas anunciaban solo sus propios sueños, y su fracaso en llamar al pueblo al arrepentimiento fue prueba de la falta de autenticidad de su mensaje.

Soñé, soñé (23:25). Los sueños eran una forma común de comunicación divina en el A. T. y en el antiguo Cercano Oriente en general (cf. Gn 37; 41; Dn 2; 7). Los arqueólogos han descubierto bastantes relatos de sueños y manuales sobre cómo interpretar los sueños en las culturas alrededor del antiguo Israel.

Higos buenos e higos malos (24:1-10)

Dos cestas de higos (24:1). Los higos eran una parte importante en la dieta de los israelitas y se comían frescos, secos, en tortas o en conserva. Se cosechaban dos veces al año, en mayo-junio y luego nuevamente en agosto.

Higos buenos (24:2,4). Los higos buenos representaban a los exiliados que vivían en Babilonia después del año 597 a. C. No eran buenos en el sentido de justicia personal, sino en que el Señor tenía buenas intenciones para los exiliados para salvarlos y restaurarlos (24:6-7).

Higos malos (24:2,8). Los higos malos representan a Sedequías y a los judíos que permanecieron en la tierra después del año 597 a. C. y que se consideraban favorecidos por Dios porque no habían sido desterrados a una tierra extranjera. El destino que les esperaba a los que permanecían en la tierra era un juicio adicional.

Babilonia y la copa de la ira de Dios (25:1-38)

El año cuarto de Joacim (25:1). El año 605 a. C. fue crítico en la historia de Judá (cf. 36:1; 45:1; 46:2). Los acontecimientos importantes de este año incluyen (1) la derrota de Egipto y Asiria por parte de Babilonia en la batalla de Carquemis (ver los comentarios sobre Jeremías 46:2); (2) la deportación de la primera ola de

"Porque así me dijo Jehová Dios de Israel: Toma de mi mano la copa del vino de este furor, y da a beber de él a todas las naciones a las cuales yo te envío" (Jer 25:15). Un rey asirio es representado con una copa en la mano.

exiliados judíos, incluido Daniel; y (3) la composición del pergamino de Jeremías que fue destruido por Joacim (cap. 36).

Nabucodonosor, mi siervo (25:9). Ver el artículo "Los babilonios". El Señor usó a los babilonios como su instrumento de juicio contra Judá y las naciones, tal como usó a otros reyes extranjeros para lograr sus propósitos (cf. Is 10:5; 44:28-45:1).

Setenta años (25:12). El dominio de Babilonia sobre las naciones duró desde la derrota de Asiria en el año 609 a. C. hasta el ascenso de los persas en el año 539 a. C. "Setenta" es un número exacto que indica un período largo y se usa en un sentido figurado en otras partes del A. T. para expresar integridad (cf. Sal 90:10; Is 23:15). Una inscripción del rey asirio Esar-hadón hace referencia a que Babilonia estuvo desolada durante setenta años.[12]

El rey de Sesac (25:26 NVI). Sesac es un nombre en clave para Babilonia, que usa una técnica llamada *atbash*, que lee las letras del alfabeto en orden inverso. Con esta técnica, en hebreo las consonantes b-b-l de Babilonia se convierten en s-s-c de Sesac (ver también 51:1). Es posible que Jeremías haya usado a veces estas referencias codificadas durante su predicación

Jeremías en juicio (26:1-24)

En el principio del reinado de Joacim (26:1). Joacim ascendió al trono en el año 609 a. C. Este mensaje parece ser el mismo que el sermón del templo de Jeremías en el capítulo 7 (o al menos un mensaje similar).

Yo pondré esta casa como Silo (26:6). Ver los comentarios sobre Jer 7:12, 14.

De cierto morirás (26:8). La pena por una profecía falsa era la muerte (Dt 18:20). Aquellos que exigían una sentencia de muerte para Jeremías probablemente lo vieron como un falso profeta por sugerir que el Señor podría destruir su propia casa.

Miqueas... profetizó en tiempo de Ezequías rey de Judá (26:18). Los ancianos apoyaron la defensa de Jeremías al recordar la respuesta positiva de Ezequías a la advertencia anterior de Miqueas de que Jerusalén sería destruida (cf. Miq 3:9-12). Debido a que Ezequías buscó el favor del Señor, el Señor se arrepintió de enviar el juicio que lo amenazaba.

Urías... profetizó... oyeron sus palabras el rey Joacim (26:20-21). Ver también la respuesta de Joacim al rollo de Jeremías en el 36:20-26.

Sacaron a Urías de Egipto (26:23). Los egipcios habían instalado a Joacim en el trono (2 Reyes 23:24-25) y cooperaron con él aquí en la extradición de Urías. Las cartas de Laquis también mencionan el envío de un comandante judío a Egipto.

Ahicam hijo de Safán (26:24). El apoyo de este influyente oficial protegió a Jeremías del mismo destino que sufrió Urías. El nombre de Ahicam se ha descubierto en la impresión de un sello que data de la época de Jeremías. La familia de Safán había apoyado las reformas de Josías (2 Reyes 22:8-14) y también simpatizaba con el mensaje de Jeremías (cf. 29:3; 36:10-14; 40:7-10). Probablemente pertenecían al grupo de oficiales judíos que estaban a favor de la sumisión a Babilonia como el mejor plan de acción.

El yugo de Babilonia y el conflicto de Jeremías con Hananías (27:1-28:17)

Al comienzo del reinado de Sedequías (27:1 NVI). La mayoría de los manuscritos hebreos dicen aquí "en el reinado de Joacim", pero los versículos 3, 12, 20 y 28:1 indican claramente que "Sedequías" debe mencionarse aquí (como en algunos manuscritos hebreos y el siríaco). Este era el año 594 a. C. (cf. 28:1).

Hazte coyundas y yugos (27:2). El yugo era un travesaño de madera que se colocaba sobre el cuello de dos bueyes, se sujetaba al cuello con correas de cuero y se usaba para arar o trillar el grano.[13] Jeremías llevó el yugo pesado como otro de sus actos como una señal, transmitiendo a través de esta enseñanza inusual la necesidad de someterse a Babilonia.

Por mano de los mensajeros que vienen a Jerusalén a Sedequías (27:3). Es probable que los representantes de las cinco naciones vecinas hayan venido a Jerusalén para discutir la posibilidad de una rebelión contra Babilonia. La crónica babilónica indica que Nabucodonosor también estaba lidiando con una rebelión interna en su hogar en ese momento.

Edom... Moab... hijos de Amón (27:3). Ver los comentarios sobre Ez 25:2; 25:9; 25:12.

Tiro... Sidón (27:3). Ver los comentarios sobre Ez 28:21.

Nabucodonosor, mi siervo (27:6). Ver los comentarios sobre Jer 25:9; ver el artículo "Los babilonios".

Utensilios de la casa de Jehová (27:16). Nabucodonosor había tomado tesoros y objetos valiosos del templo cuando conquistó Jerusalén en el año 597 a. C. (2 Reyes 24:13).

Sedequías... el año cuarto (28:1). Los acontecimientos de este capítulo ocurrieron en el año 594 a. C.

Profeta Hananías (28:1). En el 27:14-17, Jeremías había advertido en contra de este representante de los profetas; Hananías estaba ofreciendo garantías de paz y prosperidad que el pueblo quería escuchar (6:14; 8:11). También prometió que los artículos del templo serían llevados a Babilonia en el año 597 a. C., e incluso el rey Joaquín regresaría a Jerusalén dentro de dos años.

Los profetas... profetizaron guerra, aflicción y pestilencia (28:8). El pueblo no podía predecir el futuro para determinar si los profetas de juicio o de salvación decían la verdad (cf. Dt 18:22-23), pero las profecías de juicio eran las únicas que tenían sentido, teniendo en cuenta la desobediencia del pueblo y la gravedad de la crisis de Babilonia. Solo se podía confiar en los profetas que prometían paz si había una confirmación dramática de su mensaje (28:9).

Carta de Jeremías a los exiliados (29:1-32)

La carta que el profeta Jeremías envió (29:1). Este capítulo se centra en tres cartas de Jeremías a los exiliados en Babilonia que fueron escritas después de la deportación en el año 597 a. C. (29:1-23, 24-28, 29-32). También se menciona una carta de Semaías en Babilonia a Jerusalén, a la que responde Jeremías (29:24-25). Estas cartas fueron enviadas por oficiales que viajaban entre Judá y Babilonia (29:3).

Elasa hijo de Safán (29:3). Ver los comentarios sobre Jer 26:24.

Edificad casas... plantad huertos... Casaos, y engendrad hijos e hijas (29:5-6). Jeremías tuvo que contrarrestar las expectativas de un exilio breve que fue promovido por los falsos profetas entre los judíos de Babilonia (29:21-23, 29-32). Los exiliados necesitaban planificar una estadía larga en Babilonia y adaptarse a las condiciones de la vida normal. El mejor plan de acción para estos exiliados fue aceptar su destino y apoyar al imperio. Ezequiel testificó cómo a los judíos en el exilio se les permitía vivir en sus propias comunidades e incluso se les permitía tener casas propias (Ez 3:15; 8:1; 11:17-21).[14] Asimismo, los archivos TAYN (una recopilación de casi cien textos) indican que algunas comunidades judías florecían en el posterior Imperio persa (ver el artículo "Los persas").[15]

Setenta años (29:10). Ver los comentarios sobre Jer 25:12.

Al sacerdote Sofonías (29:25). Como sumo sacerdote, Sofonías desempeñaba la función de censurar y castigar a los profetas que ejercían sus funciones de manera ilegítima (cf. 36:5).

Calabozo y en el cepo (29:26). Ver los comentarios sobre Jer 20:2.

La promesa de la restauración de Israel (30:1-31:40)

Escríbete en un libro (30:2). Este documento había tenido la forma de un rollo que probablemente estaba hecho de pergamino o papiro (cf. 36:2; 51:61-63).

La paleta de escritura de madera de un escriba antiguo.

Samaria... Efraín (31:5-6). Los que regresaron del exilio incluían a los que fueron llevados en cautiverio al reino del norte en el año 722 a. C., e Israel volvió a ser una nación unificada (31:27).

Ramá... llanto y lloro amargo (31:15). Este pueblo estaba ubicado a unas cinco millas al norte de Jerusalén y era el área de escala por donde pasaban muchos de los exiliados judíos en su camino a Babilonia (cf. 40:1).

Raquel que lamenta (31:15). En la época de los patriarcas, Raquel sufría mientras moría dando a luz a Benjamín (Gn 35:16-18), y su dolor ahora representaba el sufrimiento de todas las mujeres de Israel por el exilio. Raquel también fue la abuela de Efraín y Manasés (Gn 30:22-24; 48:1), lo que refleja aún más el énfasis en el reino del norte en este pasaje. El lugar de sepultura de Raquel estaba ubicado cerca de Ramá (cf. 1 S 10:2). Jeremías quizás había pronunciado estas profecías de salvación al principio de su ministerio, y se volvieron a aplicar al exilio de Judá en un momento posterior.

Los padres comieron las uvas agrias y los dientes de los hijos tienen la dentera (31:29). Esta declaración como proverbio representó el reclamo de una generación presente que estaba sufriendo por los pecados de las generaciones anteriores (cf. Ez 18:2).

Jeremías compra un campo (32:1-33:28)

El año décimo de Sedequías... el año decimoctavo de Nabucodonosor (32:1). Estos acontecimientos ocurrieron en el año 587 a. C. cuando los babilonios comenzaron el asedio final de Jerusalén.

Preso en el patio de la cárcel (32:2). Jeremías había sido encarcelado en un momento anterior cuando intentó salir de Jerusalén durante una pausa en el asedio (cf. 37:11-16). Este lugar fue el principal lugar de confinamiento de Jeremías hasta que los babilonios lo liberaron después de la toma de la ciudad (cf. 37:21; 38:13, 28; 39:14-15).

Mi heredad que está en Anatot... tú tienes derecho a ella para comprarla (32:7). Cuando un familiar se veía obligado a vender una propiedad debido a una deuda, el familiar más cercano u otro familiar cercano debía redimir la propiedad para que la tierra permaneciera en la familia extensa (Lv 25:35-38). La compra que Jeremías hizo de la propiedad de su primo Hanamel transmitió la certeza de la promesa del Señor de traer a su pueblo de regreso a la tierra (32:14). Esta transacción puede o no ser la misma que se menciona en el 37:11-16. Si es la misma, Jeremías finalizó aquí la transacción que no pudo terminar cuando fue arrestado en el capítulo 37.

Diecisiete siclos de plata (32:9). La plata se usaba comúnmente como moneda en esa época, y esa cantidad era aproximadamente siete onzas. El valor o el costo de esta compra no está claro, pero el dinero necesario para comprar alimentos había sido un bien preciado en una ciudad asediada. Es probable que los precios de la tierra hayan bajado como una consecuencia de la invasión babilónica.

Baruc hijo de Nerías (32:12). Baruc, el fiel escriba de Jeremías, se menciona aquí por primera vez en el libro. A Baruc se le llama "escriba" en el 36:26, el título de un alto funcionario del gobierno. Él y su hermano Seraías, un "intendente" del rey (51:59), pertenecían a una familia importante en Judá. Baruc había registrado antes los mensajes de juicio de Jeremías y luego leyó el pergamino en el templo (36:1-19). Después, Baruc fue acusado de incitar como traidor a Jeremías contra su propio pueblo (43:3) y fue secuestrado junto con Jeremías y llevado a Egipto (43:6-7). Baruc probablemente desempeñó un papel importante en la composición del libro de Jeremías. Se han descubierto dos impresiones de sellos que llevan el nombre de "Baruc hijo de Nerías el escriba", aunque se desconoce su procedencia.[16]

Estos siclos de plata son de la era del Nuevo Testamento, mucho después que Jeremías, pero probablemente son similares a los de su época.

Con arietes han acometido la ciudad (32:24). Ver los comentarios sobre Jer 6:6.

Valle del hijo de Hinom, para hacer pasar por el fuego... a Moloc (32:35). Ver los comentarios sobre 2 Reyes 3:27; Jer 7:31.

Casas de esta ciudad... derribadas (33:4). En las ciudades asediadas, solía ser necesario demoler casas con el fin de proporcionar materiales para reparar las transgresiones en las murallas de la ciudad como defensa contra las rampas de asedio construidas por el ejército atacante. Por ejemplo, las excavaciones en la ciudad judía de Laquis han descubierto una contrarampa dentro de esa ciudad que se levantó durante el asedio asirio.[17]

Asoladas, sin hombre y sin morador y sin animal (33:10). Los tratados o relatos de las batallas del antiguo Cercano Oriente solían usar expresiones hiperbólicas para describir las derrotas infligidas a los enemigos derrotados (cf. Jos 10:40; 11:8, 11, 20). Los profetas emplearon este mismo tipo de expresiones extremas para inculcar al pueblo la gravedad del juicio venidero (cf. 44:12-14, 27-28).

Haré brotar a David un Renuevo de justicia (33:15). Ver los comentarios sobre Jer 23:5.

Esta impresión de sello (bula) lleva el nombre de "Baruc hijo de Nerías el escriba", aunque algunos estudiosos han cuestionado su autenticidad.

Juicio sobre Judá por romper una promesa (34:1-22)

Nabucodonosor... peleaban contra Jerusalén (34:1). La invasión de Judá por el rey babilónico Nabucodonosor, que condujo a la caída de Jerusalén, comenzó en el año 588 a. C.

No escaparás (34:3). Ver los comentarios sobre Jer 21:9.

En paz morirás... las quemarán por ti (34:5). La consecuencia positiva de permanecer en la tierra y ser honrado en la muerte de Sedequías parece haber dependido de la obediencia del rey al consejo de Jeremías de rendirse ante los babilonios. El fuego funerario consistía en la quema de incienso y especias, y era parte de los honores que se otorgaban a la realeza en la muerte (cf. 2 Cr 16:14; 21:19), y eso está demostrado arqueológicamente en otros lugares.

Laquis y Azeca (34:7). Las cartas de Laquis, una serie de dieciocho cartas inscritas en tablillas de arcilla (óstraco) demuestran las condiciones desesperadas que enfrentaban los militares judíos durante la invasión babilónica.[18] En la Carta 4, el comandante en Jerusalén afirma que está buscando las señales de fuego en Laquis y que las de Azeca ya no son visibles, lo cual indica un tiempo poco después del que se describe aquí. Laquis estaba ubicada a veinticinco millas del suroeste de Jerusalén. Azeca era una ciudad fortaleza ubicada al norte de Laquis y a unas dieciocho millas al suroeste de Jerusalén.

Una de las cartas de Laquis que fue escrita mientras la ciudad de Laquis era asediada por los babilonios.

Para promulgarles libertad (34:8). Mientras el ejército babilónico amenazaba a Jerusalén, Sedequías y la gente de la ciudad hicieron un pacto para liberar a sus esclavos hebreos en un intento desesperado por ganarse el favor del Señor. La ley de Moisés establecía que los esclavos hebreos debían ser liberados después de seis años de servicio (34:14; cf. Ex 21:1-11; Lv 25:39-46; Dt 15:12-18), pero el pueblo había ignorado estas leyes.

Los habéis sujetado para que os sean siervos y siervas (34:16). El rey y el pueblo rompieron su promesa de liberar a sus esclavos al llevárselos de nuevo. El retiro de Babilonia de Jerusalén cuando Egipto se marchó para ayudar a Judá (37:11) es la explicación más probable de por qué el rey y el pueblo no cumplieron su promesa.

Dividiendo en dos partes... pasando por medio de ellas (34:18). Un ritual para hacer un pacto consistía en cortar un animal y los pedazos se pasaban entre las partes del cuerpo como una forma de simbolizar lo que le sucedería a cualquiera que rompiera el pacto (cf. Gn 15:7-21).

La fidelidad de los recabitas (35:1-19)

Días de Joacim (35:1). El relato vuelve a la época del rey Joacim (609-598 a. C.) para brindar un ejemplo de fidelidad en Judá que se compara con el ejemplo de infidelidad nacional del capítulo 34.

Los recabitas (35:2). Estos fueron los descendientes de Jonadab, hijo de Recab, que vivieron durante el reinado de Jehú en Israel en el siglo IX a. C. (2 Reyes 10:15-17). Jonadab había apoyado la sangrienta purga de Jehú de la adoración a Baal en Israel (2 Reyes 10:18-27).

No beberemos vino… ni edificaréis casa, ni sembraréis sementera, ni plantaréis viña (35:6-7). Durante más de dos siglos, el clan había seguido las instrucciones de su antepasado al vivir en tiendas, no beber vino y no plantar campos ni viñedos. Los recabitas afirmaron su lealtad a sus tradiciones familiares al negarse a beber el vino que Jeremías colocó frente a ellos. Se habían mudado a Jerusalén solo como una adaptación a la crisis de Babilonia (35:11). Lo importante del mensaje de Jeremías no era que los recabitas habían sido más fieles al Señor que el pueblo en general, sino que habían sido fieles a su antepasado en la forma en que la nación debería haber sido fiel a los mandamientos de Dios (35:14-16).

No faltará… un varón que esté en mi presencia todos los días (35:19). La misma promesa se le da a la casa de David en el 33:18. El clan recabita continuó hasta el período posterior al exilio (1 Cr 2:55).

acer pasar por el fuego… a Moloc (32:35). Ver los comentarios sobre 2 Reyes 3:27; Jer 7:31.

Joacim destruye el pergamino de Jeremías (36:1-32)

Cuarto año de Joacim (36:1). Este era el año 605 a. C., el mismo año en que Nabucodonosor, rey de Babilonia, derrotó a Egipto y Asiria en la batalla de Carquemis y tomó el control de Siria-Palestina.

Toma un rollo de libro, y escribe en él todas las palabras que te he hablado (36:2). Muchas veces, los profetas transmitían sus mensajes oralmente, pero hubo momentos en que Dios les ordenó que escribieran sus palabras (Is 8:1; 30:8; Jer 30:2; Hab 2:2).[19] Jeremías comenzó su ministerio en el año 627 a. C (1:1-3) y había estado predicando durante más de dos décadas. Este rollo resumió las advertencias de juicio de Jeremías.

Baruc hijo de Nerías (36:4). Ver los comentarios sobre Jer 32:12.

A mí se me ha prohibido (36:5). Jeremías pudo haber sido expulsado del templo debido a su sermón anterior que profetizó la destrucción del templo (caps. 7, 26).

El día del ayuno (36:6). El único día de ayuno que se ordenó en la ley de Moisés era el Día de Expiación (Lv 16:29, 31), pero el ayuno y la oración comunitaria en tiempos de crisis eran comunes (1 S 7:5-6; Esdras 8:21-23; Neh

9:1-3; Joel 1:13-14; 2:12-17).

En el año quinto... en el mes noveno (36:9). Baruc leyó el rollo en el templo en noviembre-diciembre del año 604 a. C. El tiempo que transcurrió desde la orden de escribir el rollo hasta su lectura pública fue de al menos nueve meses. Nabucodonosor destruyó la ciudad filistea de Ascalón en ese mismo mes, y la amenaza inminente que su campaña presentaba para Judá probablemente fue la razón de esta asamblea.[20]

En el aposento de Gemarías hijo de Safán (36:10). Baruc leyó el rollo al pueblo desde ese lugar, que tenía una ventana que daba al atrio del templo. Gemarías era el secretario real y pertenecía a la familia de Safán, quien apoyaba a Jeremías (ver los comentarios sobre Jer 26:24). El hijo de Gemarías, Micaías, relató el contenido del rollo de Jeremías a un grupo selecto de funcionarios, quienes luego solicitaron una lectura privada.

Tres o cuatro planas, lo rasgó el rey... y lo echó en el fuego (36:23). Debido a su tamaño, los rollos se extendían solo de tres a cuatro planas al mismo tiempo cuando se leían. Joacim cortaba el rollo con su cuchillo después de leer cada sección y luego lo arrojaba al fuego. La reacción de Joacim ante este rollo se compara con la reacción de arrepentimiento de su padre, Josías, ante el rollo recién descubierto que contenía el libro de la ley en el año 622 a. C. (2 Reyes 22:10-13).

Jeremías encarcelado durante el reinado de Sedequías (37:1-21)

Reinó el rey Sedequías (37:1). El relato ahora se traslada a la época de Sedequías (597-586 a. C.). Los capítulos 37-44 brindan un relato cronológico de los últimos días de Judá como nación y los acontecimientos que ocurrieron después de la destrucción de Jerusalén.

Ruega ahora por nosotros a Jehová nuestro Dios (37:3). Ver los comentarios sobre Jer 21:2.

El ejército de Faraón había salido de Egipto (37:5). Durante el asedio babilónico de Jerusalén que comenzó en el año 588 a. C., los ejércitos del faraón Hofra (589-570 a. C.) se dirigieron hacia el norte en respuesta al pedido de ayuda de Judá (cf. Ez 17:11-18). La presencia del ejército egipcio hizo que los babilonios se retiraran temporalmente de Jerusalén (cf. 34:21) para enfrentarse a los egipcios.

Cuando el ejército de los caldeos se retiró... salía Jeremías de Jerusalén (37:11-12). Jeremías intentó aprovechar el retiro del asedio saliendo de Jerusalén para tomar posesión de alguna propiedad familiar alrededor de Anatot. Es posible que esta propiedad sea la misma que el campo de Hanameel que Jeremías compra en el capítulo 32 (ver los comentarios sobre Jer 32:6).

Le azotaron y le pusieron en prisión en la casa del escriba Jonatán porque la habían convertido en cárcel (37:15-16). Jeremías se mantuvo en una celda improvisada en la casa de este oficial real. El hebreo en el 37:16 describe su celda como "una casa de la cisterna" y "las bóvedas". Jeremías probablemente estuvo encerrado en un sótano subterráneo que pudo haber sido usado para almacenar granos y que era estrecho e incómodo (cf. Gn 40:15; 41:14).

Dio orden el rey Sedequías... en el patio de la cárcel (37:21). Sedequías trasladó a Jeremías a un lugar más favorable y le proporcionó comida, pero se negó a soltarlo o seguir su consejo por temor a sus oficiales.

Jeremías arrojado a una cisterna (38:1-28)

Oyeron... las palabras que Jeremías hablaba a todo el pueblo (38:1). La relación cronológica de los capítulos 37 y 38 no está clara. Jeremías parece que predica entre el pueblo, lo que significa que este acontecimiento ocurrió antes de su encarcelamiento en el capítulo anterior. Si este incidente ocurrió después de los acontecimientos del capítulo 37, entonces el mensaje de Jeremías fue relatado al pueblo por Baruc y otros mientras aún estaba en prisión.

El que se pasare a los caldeos vivirá (38:2). Ver los comentarios sobre Jer 21:9. El término "Caldea" se refiere a una región al sur de Babilonia. Cuando los asirios comenzaron a declinar, una dinastía caldea consolidó el poder en Caldea y Babilonia. Esta dinastía, que incluía a Nabucodonosor, gobernó en Babilonia durante la época del Imperio neobabilónico (ver el artículo "Los babilonios"). En varios lugares de la Biblia, el término "caldeo" se usa como sinónimo de "babilónico".

Desmoralizará (38:4 NTV). Esto se traduce literalmente como "desmayar las manos". En otras palabras, el mensaje de Jeremías estaba desmoralizando a los soldados que intentaban defender a Jerusalén. Esta misma expresión aparece en las cartas de Laquis con referencias a cómo algunos príncipes estaban desanimando al militar Joás (ver los comentarios sobre Jer 34:7).

Lo hicieron echar en la cisterna (38:6). Los oficiales bajaron a Jeremías a una cisterna (ver los comentarios sobre Jer 2:13) que estaba vacía pero tenía una capa de lodo en el fondo. Jeremías no podía escapar de ninguna manera, y al final habría muerto de hambre si lo hubieran dejado allí. Los enemigos de Jeremías pueden haber pensado que si lo dejaban morir, podían evitar la culpa de derramar la sangre inocente de alguien reconocido como profeta (ver el 26:15; cf. Dt 19:10, 13; Jon 1:12).

Ebed-melec, un oficial de la corte cusita (38:7 CBS trad. lit.). Este oficial real era del reino africano de Cus, al sur de Egipto (ver el artículo "Los cusitas"), y su nombre (quizás un título) significa "siervo del rey". Los extranjeros solían servir en la corte real. El término saris probablemente significa "eunuco", pero podría significar "oficial" (cf. Gn 39:1).

Su rol en esta historia sugiere que era un consejero de confianza del rey. Los procedimientos legales y comerciales solían llevarse a cabo en la entrada de la ciudad, y es probable que el rey estuviera escuchando casos cuando Ebed-melec hizo un llamado para salvar a Jeremías (cf. Rut 4:1-12; 2 S 15:2-6). En el 39:15-18, el Señor le promete a Ebed-melec que lo protegerá por la forma en que actuó para salvar la vida de Jeremías.

Quedó Jeremías en el patio de la cárcel (38:13). Jeremías fue devuelto a prisión después de su rescate de la cisterna y permaneció allí hasta que los babilonios lo liberaron cuando tomaron Jerusalén (38:28; 39:13-14).

Tengo temor de los judíos que se han pasado a los caldeos (38:19). Además de su miedo a los oficiales, Sedequías expresó su miedo a los judíos que ya habían desertado al ejército babilónico. Temía el maltrato porque había continuado la resistencia que había ocasionado las condiciones miserables en Jerusalén.

Todas las mujeres que han quedado en casa del rey (38:22). Por lo general, en el antiguo Cercano Oriente, el rey conquistador tomaba el harén del rey derrotado y su familia, con la posibilidad de realizar actos de violación, tortura, deportación o ejecución (cf. 39:6).

La caída de Jerusalén (39:1-10)

En el noveno año de Sedequías... en el mes décimo (39:1). El asedio de Nabucodonosor a Jerusalén comenzó el 15 de enero de 588 a. C.

En el undécimo año de Sedequías, en el mes cuarto, a los nueve días del mes (39:2). El ejército de Nabucodonosor tomó la ciudad de Jerusalén el 18 de julio de 586 a. C. El asedio de Jerusalén duró dieciocho meses. Un segundo relato de la caída de Jerusalén que se parece mucho a 2 Reyes 25:1-12 se encuentra en el 52:1-16.

Sedequías... y todos los hombres de guerra, huyeron (39:4). Sedequías y sus tropas restantes escaparon de Jerusalén y huyeron hacia el valle del Jordán, quizás con la esperanza de cruzar a Moab. El ejército babilónico capturó a Sedequías en las llanuras de Jericó y lo llevó a comparecer ante Nabucodonosor en Ribla en Siria, donde el rey tenía su base de operaciones.

Le sentenció (39:5). El castigo de Nabucodonosor a Sedequías fue severo, lo que lo obligó a presenciar la ejecución de sus nobles e hijos y luego le sacaron los ojos. Producir la ceguera de los enemigos conquistados era una práctica común en el antiguo Cercano Oriente.[21] Sedequías fue luego encadenado y llevado a Babilonia como prisionero. No existen más relatos de lo que le sucedió en el exilio.

Pusieron a fuego la casa del rey... y derribaron los muros (39:8). Los babilonios también quemaron el templo (52:13; cf. 2 Reyes 25:9). Los restos arqueológicos demuestran la destrucción y el incendio de Jerusalén en todas las partes de la ciudad de esa época.

El resto del pueblo... los transportó a Babilonia (39:9). Muchos de los sobrevivientes del asedio de Jerusalén fueron llevados al exilio. Una gran población entre los pobres que no tenían tierras ni recursos que los convirtieran en amenazas para los babilonios permaneció en la tierra (cf. 2 Reyes 25:22-26). Los babilonios les dieron "viñas y heredades" para que pudieran cobrar tributo de ellos (39:10).

Liberación de Jeremías por los babilonios (39:11-41:10)

Tómale y vela por él (39:12). Nabucodonosor ordenó que liberaran a Jeremías de la prisión y probablemente trató al profeta de una manera favorable debido a su mensaje de que los babilonios eran el instrumento de juicio del Señor.

Lo entregaron a Gedalías hijo de Ahicam, hijo de Safán (39:14). Los babilonios nombraron a Gedalías gobernador para administrar la provincia de Judá. Gedalías era de la familia de Safán, que había apoyado a Jeremías (ver los comentarios sobre Jer 26:24). Es probable que los babilonios nombraron a Gedalías gobernador porque su familia era parte de la facción "probabilónica" en Judá que estaba a favor de la rendición ante los babilonios.

Ve y habla a Ebed-melec... yo te libraré (39:16-17). El Señor había prometido proteger y liberar a este oficial que había intervenido para salvar a Jeremías de la cisterna (38:1-13).

Nabuzaradán... le envió desde Ramá (40:1). Después de la liberación inicial de Jeremías a Gedalías en Jerusalén, los soldados babilónicos lo llevaron a Ramá (cf. 31:15), el área de preparación para la deportación a Babilonia. Nabuzaradán, el comandante babilónico, encontró a Jeremías en Ramá y luego le dio la opción de quedarse en la tierra o ir a Babilonia.

Mizpa (40:6). Mizpa era una ciudad fortificada en el territorio de Benjamín, aproximadamente de cinco a siete millas al norte de Jerusalén, donde Gedalías se instaló y estableció la nueva capital de Judá (cf. 2 Reyes 25:23) porque Jerusalén estaba en ruinas. Las excavaciones de Mizpa no han demostrado indicios de destrucción de esa época. Saúl fue ungido como el primer rey de Israel en Mizpa (1 S 10:17-24), y durante el tiempo posterior al exilio de Nehemías, Mizpa volvió a funcionar como un centro administrativo (Neh 3:7, 15, 19) (ver los comentarios sobre Neh 3:7).

Todos los jefes del ejército... vinieron luego a Gedalías (40:7-8). El gobernador que fue nombrado por Babilonia, Gedalías, tuvo éxito al principio cuando reunió al resto de los oficiales y las tropas del ejército judío que habían escapado de los babilonios y estaban escondidos, quizás para seguir resistiéndose a los babilonios como guerrilleros e insurgentes. Gedalías ofreció garantías de que Babilonia no tomaría represalias contra ellos y que él representaría sus intereses ante los babilonios (40:9-10).

Baalis rey de los hijos de Amón ha enviado a Ismael (40:14). Amón era la nación justo al este de Judá (en la actual Jordania) (ver los comentarios sobre Gn 19:37-38; Jer 49:1). Una inscripción de sello encontrada en Jordania que lleva el nombre de Baal-yisha puede referirse a este rey. Baalis tal vez conspiró para matar a Gedalías debido a su odio hacia los babilonios y sus seguidores, ya que los amonitas habían participado en conversaciones sobre una coalición antibabilónica en el año 594 a. C. (27:3), o simplemente pudo haber deseado que Judá se debilitara por su propia expansión territorial. Nabucodonosor derrotó a los amonitas en el año 582 a. C., quizás en respuesta a esta conspiración.

Ismael... para matarte (40:14). Como miembro de la familia de David y uno de los oficiales del rey Sedequías (41:1), Ismael pudo haber buscado venganza por la colaboración de Gedalías con los babilonios, o incluso pudo haber tenido la esperanza de restaurar el control davídico sobre Judá. Se han descubierto dos sellos que dicen "Ismael hijo del rey" y es posible que se refieran a este acontecimiento.

En el mes séptimo (41:1). Este acontecimiento ocurrió en Tishrei (septiembre-octubre), lo que indica que el asesinato de Gedalías ocurrió solo tres meses después de la caída de Jerusalén en el año 586 a. C. Los acontecimientos que suceden en el capítulo 40 parecen sugerir un período de tiempo más largo. Algunos estudiosos señalan que la fecha del asesinato de Gedalías fue en el año 582 a. C. debido a la referencia de otra deportación judía por parte de Nabucodonosor en ese año (52:30).

Hirieron a espada a Gedalías (41:2). El asesinato de Gedalías se conmemoró después con un día judío de ayuno (cf. Zac 7:5; 8:19). Ismael también mató a "todos los judíos" en Mizpa (ver los comentarios sobre Jer 40:6), es probable que esta sea una referencia a los miembros del personal administrativo de Gedalías y al contingente de soldados babilónicos que estaban allí también.

Ochenta hombres... traían en sus manos ofrenda e incienso (41:5). Estos peregrinos del territorio del norte de Israel venían a Jerusalén para la fiesta de los tabernáculos. Sus cabezas rapadas, ropa rasgada y laceraciones sugerían que estaban de luto por la destrucción del templo. Se hubieran seguido haciendo ofrendas de granos e incienso en las ruinas del templo, incluso sin los sacrificios de animales. Las razones por las que Ismael mató a estos peregrinos, más allá de su propia brutalidad, no están claras.

Llevó Ismael cautivo a todo el resto del pueblo (41:10). Ismael también tomó rehenes de Mizpa, que pueden haber incluido a Jeremías y Baruc (ver los comentarios sobre Jer 40:6). La captura de las hijas del rey puede haber representado un intento de hacer reclamos reales para sí mismo o para el rey Baalis en Amón (ver los comentarios sobre Jer 40:14). Es probable que haya tenido la intención de vender a los otros cautivos como esclavos.

Jeremías fue llevado a Egipto (41:11-43:13)

A causa de los caldeos (41:18). Sobre los caldeos, ver los comentarios sobre Jer 38:2. Johanán y su contingente hicieron planes para huir a Egipto porque temían represalias de Babilonia debido a los brutales asesinatos de Gedalías y las tropas babilónicas con él.

Voy a orar a Jehová vuestro Dios (42:4). El pueblo de Judá ya no estaba sometido a una sentencia de un juicio inalterable como lo había estado antes de la caída de Jerusalén, cuando el Señor había ordenado al profeta que no orara por el pueblo (cf. 7:16; 11:14; 14:11; 15:1).

Entraremos en la tierra de Egipto (42:14). Johanán y su contingente creían que huir a Egipto los pondría fuera del alcance de las represalias de Babilonia por la muerte de Gedalías, pero Jeremías les advirtió que rechazar su consejo de permanecer en Judá traería sobre ellos las maldiciones del pacto de "espada, de hambre y de pestilencia" (42:17, 22).

Baruc... te incita contra nosotros (43:3). Ver también el 32:12-13; 36:4-19, 26; 45:1-5. La acusación de que Baruc fue quien advirtió de no ir a Egipto fue quizás para evitar el hecho de que habían optado por rechazar el mensaje de un verdadero profeta. Se acusó a Jeremías otra vez por ser un traidor que se pasó al bando de los babilonios (cf. 37:13-14; 38:4).

Entraron en tierra de Egipto (43:7). Johanán y sus seguidores fueron a Egipto, desobedeciendo directamente al Señor y se llevaron con ellos a Jeremías y Baruc. Una gran población judía surgió en Egipto después de la caída de Jerusalén. Una importante colonia judía se estableció en la isla de Elefantina, en el sur de Egipto. Muchos documentos y cartas demuestran la presencia judía en este puesto militar, y los judíos incluso construyeron un pequeño templo a Yahveh ("el Señor") en Elefantina que fue destruido alrededor del año 410 a. C..[22]

Toma con tu mano piedras grandes, y cúbrelas de barro (43:9). El acto de Jeremías de enterrar piedras grandes en el pavimento fuera del palacio del faraón representó cómo Nabucodonosor y los babilonios tomarían el control de Egipto. Las piedras marcaban el lugar donde Nabucodonosor establecería su trono.

Casa de Faraón en Tafnes (43:9). Probablemente, este edificio fue un edificio administrativo que también pudo haber servido como residencia del faraón cuando visitó la ciudad. Un gran edificio rectangular descubierto en Tel Defeneh data de esta época y puede tratarse del edificio que se menciona aquí.[23]

Vendrá y asolará la tierra de Egipto (43:11). Nabucodonosor invadió Egipto durante los años 568-567 a. C., aunque los babilonios no pudieron provocar una derrota total y la subyugación de Egipto prevista en el 43:11-14. Según las expresiones típicas de juicio que usaba el profeta, se cumplió esta profecía de una manera fundamental, pero no de una manera literal y exacta.

Juicio de los judíos en Egipto (44:1-30)

Los judíos que moraban en la tierra de Egipto (44:1). Con el tiempo, los judíos se establecieron en todo Egipto. Este mensaje parece ser cronológicamente el último mensaje que se registra de Jeremías en el libro. Jeremías anunció que el Señor juzgaría a la comunidad judía por su idolatría.

Desde que dejamos de ofrecer incienso a la reina del cielo (44:18). Ver los comentarios sobre Jer 7:18. En su pensamiento pagano, los judíos en Egipto creían que la purificación que Josías hizo de la idolatría en la tierra de Judá fue lo que produjo su desgracia (cf. 2 Reyes 23:3-40) en lugar de ser la causa de que el Señor se adelantara al juicio amenazado en la época del malvado rey Manasés (cf. 2 Reyes 21:12-15).

Hofra rey de Egipto (44:30). Este gobernante (llamado Apries fuera de la Biblia) de la Dinastía XXVI gobernó Egipto desde el año 589 hasta el 570 a. C. Las tropas de Hofra ayudaron a Judá en el asedio de Jerusalén e hicieron que el ejército babilónico se retirara por un corto tiempo del asedio. Sin embargo, al igual que Sedequías, Hofra fue entregado "en manos" de sus enemigos. Como parte de una revuelta militar en el año 570 a. C., Amasis se convirtió en gobernante de Egipto y Hofra fue ejecutado.

Una promesa a Baruc (45:1-5)

Baruc (45:1). Ver los comentarios sobre Jer 32:12.

Escribía en el libro estas palabras... año cuarto de Joacim (45:1). Baruc registró el rollo de las profecías de Jeremías en el año 605 a. C., el mismo año en que Nabucodonosor y los babilonios tomaron el control de Siria-Palestina con su victoria sobre Egipto y Asiria en la batalla de Carquemis en Siria.

A ti te daré tu vida (45:5). Baruc enfrentó un grave peligro al asociarse con un profeta subversivo de juicio como Jeremías, pero el Señor le aseguró a Baruc que protegería y preservaría su vida como una recompensa por su fidelidad (cf. 39:18).

La cabeza esculpida dañada del faraón Hofra (también conocido como Apries)

La profecías de Jeremias contra las naciones (46:1-51:64)

Los capítulos 46-51 contienen el mensaje de Jeremías sobre las diez naciones extranjeras alrededor de Judá, incluidos los poderes de Egipto y Babilonia al principio y al final de esta sección..

Las profecías a las naciones extranjeras eran una parte importante del mensaje profético (Is 13-23; Ez 25-32; Amós 1:3-2:3; Abd; Nah 1-3; Hab 2:6-20; Sof 2:14-15).

Profecías acerca de Egipto (46:1-28)

Egipto (46:2). Ver el artículo "Los egipcios". Egipto compitió por el control de Siria-Palestina mientras el Imperio asirio decaía. Judá recurrió a Egipto como un aliado en las crisis de Asiria y Babilonia.

Faraón Necao (46:2). Necao gobernó Egipto como miembro de la Dinastía XXVI desde el año 610 hasta el 594 a. C. Sus ejércitos fueron responsables de la muerte de Josías en una batalla cerca de la ciudad de Meguido en el año 609 a. C., cuando se dirigían hacia el norte para ayudar a los asirios en su conflicto con Babilonia.

Carquemis, a quien destruyó (46:2). Carquemis era una ciudad ubicada en el norte de Siria sobre el río Éufrates. Nabucodonosor, rey de Babilonia, derrotó a los egipcios allí en el año 605 a. C. Nabucodonosor luego persiguió a las tropas del faraón Necao hacia Egipto, tomando el control de Siria-Palestina y deportando a la primera ola de exiliados de Judá. Nabucodonosor se vio obligado a regresar a casa tras la muerte de su padre, Nabopolasar, para tomar el control del trono. En esta profecía anterior a la batalla de Carquemis, Jeremías se burló de los egipcios mientras se preparaban para una guerra en la que fueron derrotados por completo.

Galaad... bálsamo (46:11). Ver los comentarios sobre Jer 8:22.

Migdol... Menfis... Tafnes (46:14). Los babilonios finalmente invadieron Egipto entre el año 568 y 567 a. C., y los judíos que huyeron a estas ciudades egipcias (44:1) no escaparon del juicio del Señor. Migdol y Tafnes eran ciudades fronterizas en Egipto. El mismo Jeremías estuvo en Tafnes (43:7-8). Menfis fue la capital del Bajo Egipto.

Profecía sobre los filisteos (47:1-7)

Los filisteos (47:1). Ver el artículo "Los filisteos". Los filisteos ocuparon un reino de cinco ciudades a lo largo de la costa suroeste de Palestina y habían sido enemigos de Israel desde los días de los jueces (cf. Jue 3:31; 13:1).

Antes que Faraón destruyese a Gaza (47:1). Necao, faraón de Egipto, pudo haber atacado Gaza en el año 609 o 605 a. C. cuando se dirigía hacia el norte para ayudar a los asirios en su lucha contra Babilonia, o pudo haber tomado Gaza después de la batalla de Carquemis (ver los comentarios sobre Jer 46:2) para establecer fortificaciones como una protección contra los babilonios.[24]

Suben aguas del norte (47:2). El rey Nabucodonosor y su ejército babilónico infligieron una derrota más grave a los filisteos cuando capturaron a Ascalón en el año 604 a. C. y

El faraón egipcio Necao.

llevaron cautivos a muchos de sus habitantes. La crónica babilónica relata la destrucción total de la ciudad, y las excavaciones de Ascalón reflejan que la ciudad fue incendiada en ese momento (ver el artículo "Los filisteos").

La costa de Caftor (47:4). Ver el artículo "Los filisteos". Caftor fue el lugar de origen de los filisteos y con más frecuencia se le relaciona con la isla de Creta. La mayor parte de la población filistea en Siria-Palestina había venido de Creta como parte de la migración más grande de los pueblos del mar hacia esa zona alrededor del año 1300 a. C.

Profecía sobre Moab (48:1-47)

Moab (48:1). Moab estaba ubicado en una meseta alta en la costa este del mar Muerto. Los moabitas eran descendientes de Lot (ver los comentarios sobre Gn 19:37-38) y tenían una larga historia de conflicto con Israel. Los mensajes de juicio contra Moab se encuentran en otras partes de Jeremías (9:26; 25:21) y también en otros libros proféticos (Is 15-16; Ez 25:8-11; Amós 2:1-3; Sof 2:8-11).

Nebo (48:1). Este pueblo moabita estaba ubicado cerca de la montaña desde la cual el Señor le mostró a Moisés la tierra prometida y donde murió Moisés (Dt 34:1-8). Este capítulo menciona veinticinco pueblos en Moab, lo que refleja la severidad de la destrucción venidera.

Quemos (48:7, 13, 46). Este dios era la deidad nacional de los moabitas (cf. Nm 21:29; Jue 11:24; 1 Reyes 11:7, 33; 2 Reyes 23:13). La representación de Quemos en la piedra moabita sugiere que era un dios guerrero. Moab se "avergonzaría" por su confianza en Quemos, al igual que Israel por su confianza en los dioses en forma de becerro en Bet-el (48:13; cf. 1 Reyes 13:26-33; Amós 7:13).

Haz de Moab un pántano con sal (48:9 CSB trad. lit.). Este acto simbolizó una maldición de que la ciudad derrotada no sería reconstruida y también se hizo para impedir que la tierra produjera cultivos (cf. Jos 6:26; Jue 9:45). Al parecer, esta acción era común en el antiguo Cercano Oriente, ya que los registros asirios señalan que Tiglat-pileser I de Asiria (ca. 1100 a. C.) también saló las ruinas de una ciudad derrotada.

Sobre su sedimento ha estado reposado, y no fue vaciado de vasija en vasija (48:11). Moab era famoso por su producción de uvas y vino (Is 16:8-10; Jer 48:32-33). En la elaboración del vino, el jugo de uva se vertía en una vasija de barro y los restos o sedimentos de las uvas servían para el proceso de fermentación. El vino que se dejaba reposar demasiado tiempo no tenía buen sabor ni aroma. Las representaciones reflejan cómo la soberbia y la complacencia excesiva de Moab provocaron su destrucción.

Cercano está el quebrantamiento de Moab (48:16). Los babilonios invadieron y destruyeron Moab, aunque no existe una documentación real de este acontecimiento de esa época. Josefo, un historiador judío del siglo I d. C., ubica la caída de Moab en el año 582/581 a. C.

Haré volver a los cautivos de Moab (48:47). La misma promesa de la futura restauración que se le dio a Israel ahora se le da a Moab y después a Amón (49:6) y Elam (49:39). La razón por la cual el Señor prometió restaurar estas naciones específicas no está clara, pero tal vez el destino de estas naciones específicas simplemente refleja la promesa más general de que los gentiles compartirían las bendiciones de la futura salvación de Israel (cf. Is 2:2-4; 49:6; 60:1-3; Sof 3:9; Zac 14:16).

Profecía sobre los amonitas (49:1-6)

Hijos de Amón (49:1). Estas personas eran descendientes de Lot (ver los comentarios sobre Gn 19:37-38) que vivían al noreste de Moab. Amón fue una de las naciones que envió emisarios a Jerusalén para discutir una coalición antibabilónica (27:3). El rey amonita Baalis participó en la conspiración para asesinar a Gedalías de Judá (40:14; 41:15), lo que quizás condujo a su subyugación ante Babilonia en el año 582 a. C.

Milcom (49:1). Milcom era el principal dios amonita (1 Reyes 11:5, 33; 2 Reyes 13:23). El nombre significa "rey", y al parecer esta es la misma deidad que Moloc, el dios que suele estar relacionado con el sacrificio de niños en el A. T. (Lv 18:21; 20:2-5; 2 Reyes 23:10; Jer 32: 35) (ver los comentarios sobre 2 Reyes 3:27).

Rabá (49:2). Esta era la ciudad capital de Amón, la ubicación de la ciudad actual de Amán, la capital de Jordania en la actualidad.

Haré volver a los cautivos (49:6). Ver los comentarios sobre Jer 48:47.

Profecía sobre los edomitas (49:7-22)

Edom (49:7). Ver los comentarios sobre Abd 1; Mal 1:2-3; 1:4. Los edomitas eran descendientes de Esaú (Gn 25:29-30; 36:1). Edom era un pequeño reino al sureste de Judá que se encontraba entre el mar Muerto y el golfo de Áqaba. El nombre Edom significa "rojo" y hace referencia a la arenisca de la zona. Israel y Edom eran rivales acérrimos, y la falta de fronteras naturales entre Israel/Judá y Edom fue quizás una razón fundamental de su conflicto perpetuo.[25]

En el tiempo en que lo castigue (49:8). El Señor castigó a los edomitas porque se aliaron con Babilonia en su asalto a Jerusalén durante los años 588-586 a. C. (cf. Sal 137:7; Lm 4:21-22). Edom usó la invasión babilónica como una oportunidad para apoderarse del territorio de Judá, y los restos arqueológicos, incluidos los despachos militares, de la ciudad fortaleza de Arad en el sur de Judá corroboran este conflicto entre Judá y Edom. En el A. T., se encuentran varias profecías sobre Edom (Is 63:1-6; Ez 25:12-14; 35:1-15; Joel 3:18; Amós 1:11-12; 9:12; Abdías; Mal 1:2-5). La información que se encuentra en el 49:9, 14-16, es muy similar a la que se encuentra en Abd 1-6 (ver el comentario sobre Abdías).[26]

Bosra (49:13). Esta era la ciudad capital de Edom, ubicada a veinticinco millas al sureste del mar Muerto. La ciudad fortificada tenía un muro alrededor y fue construida en un sitio elevado.

Tú que habitas en cavernas de peñas (49:16). Los edomitas pensaban que eran intocables al ataque enemigo debido a su terreno rocoso y montañoso (ver los comentarios sobre Abd 3).

Profecía sobre Damasco, Cedar y Hazor, y Elam (49:23-39)

Acerca de Damasco. Se confundieron Hamat y Arfad (49:23). Damasco fue la capital de Aram (Siria). Fue conquistada por los asirios en el año 732 a. C. después de que Aram e Israel formaron una coalición contra ellos, y luego también pasó a estar bajo el control de Babilonia. Hamat y Arfad también fueron ciudades sirias importantes. Hamat estaba ubicada a 110 millas al norte de Damasco, y Arfad se encontraba a 95 millas al norte de Hamat.

Cedar... Hazor (49:28). El nombre Hazor en este versículo no se refiere a la ciudad de Hazor en Galilea, sino a una tribu árabe. Hazor y Cedar eran tribus que vivían en el desierto de Arabia y probablemente fueron atacadas por Nabucodonosor durante sus ataques en Arabia en el año 599 a. C.

Elam (49:34). Elam estaba ubicado al este de Babilonia, y esta profecía que se centra en un pueblo tan distante demostraba el alcance de la soberanía del Señor sobre las naciones. Los asirios habían destruido Elam en el siglo VII a. C., y Nabucodonosor pudo haber hecho una campaña contra ellos en el año 596 a. C., poco después de que se pronunciara esta profecía.

Profecía sobre Babilonia (50:1-51:64)

Bel... Merodac (50:2). El nombre Bel (relacionado con el cananeo Baal) significa "señor" o "maestro" y era un título que se atribuía a Merodac, el dios principal de Babilonia. En el relato babilónico de la creación, Enuma Elish, Merodac es el creador al derrotar a la diosa Tiamat y las fuerzas del caos (ver el artículo "Los babilonios"; ver los comentarios sobre Gn 1:1).

Una nación del norte (50:3). El Imperio neobabilónico cayó ante los medos y los persas, que venían del norte (cf. 50:9, 41) (ver el artículo "Los persas"). El Señor había usado a Babilonia como el enemigo del norte para castigar a Judá (1:14-15; 4:6; 6:1, 22; 10:22). El mismo juicio vendría ahora sobre Babilonia.

No habrá ni hombre ni animal que en ella more (50:3). El mismo tipo de expresiones hiperbólicas que se usó para describir la destrucción de Jerusalén se utiliza aquí para Babilonia (cf. 50:12-13, 21, 26, 29-30, 39-40; 51:25-26, 37-39, 42, 55-57) (ver los comentarios sobre Jer 33:10). La profecía habla sobre la caída de Babilonia en términos de destrucción y aniquilación total.

Como castigué al rey de Asiria (50:18). Los medos y los babilonios se aliaron para tomar las capitales asirias de Asur (614 a. C.) y Nínive (612 a. C.), y luego los babilonios infligieron una derrota final a Asiria en Harán (609 a. C.).

Leb Camay (51:1 NVI). Este título es un nombre en clave para Babilonia, usando una técnica llamada *atbash*, que lee las letras del alfabeto en el orden inverso (ver los comentarios sobre Jer 25:26). Las letras aquí son el equivalente hebreo de "caldeo" (ver los comentarios sobre Jer 38:2) y también significan "el corazón de los que se levantan contra mí", expresando la rebelión de Babilonia contra el Señor.

Los reyes de Media (51:11). El reino de Media estaba ubicado al noroeste de Babilonia. Los medos se habían aliado con Babilonia para derrotar a los asirios, pero había una rivalidad constante entre los dos reinos. Los medos atacaron a Babilonia como aliados del Imperio persa después de que Ciro, el rey persa, subyugó a Media alrededor del año 550 a. C. (cf. 51:28).

Muros de Babilonia (51:12). Ver el artículo "Los babilonios". La ciudad de Babilonia estaba rodeada por dos muros paralelos de ladrillo que estaban separados por un foso grande y profundo. El muro exterior tenía doce pies de espesor, y el muro interior tenía veintiún pies de espesor. Nabucodonosor expandió los muros y fortificaciones de Babilonia, pero estos muros no protegerían a la ciudad contra el juicio que vendría del Señor (51:44, 53, 58).

Sesac (51:41 NVI). Ver los comentarios sobre Jer 25:26.

Seraías hijo de Nerías (51:59). Seraías era hermano de Baruc, el escriba de Jeremías, y viajó a Babilonia con Sedequías durante los años 594/593 a. C. en una misión diplomática. Los babilonios pueden haber convocado a Sedequías para que rindiera cuentas de las reuniones en Jerusalén que habían tramado una revuelta contra Babilonia (cf. 27:3).

Veas y leas todas estas cosas... le atarás una piedra, y lo echarás en medio del Éufrates (51:61-63). Cuando Seraías leyó el rollo y luego lo arrojó al río, esto proporcionó una enseñanza junto con la palabra profética (cf. 13:1-11; 18-19; 27:2; 43:8-13).

La caída de Jerusalén (52:1-34)

Era Sedequías de edad de veintiún años (52:1). Los versículos 1-11 casi repiten lo que se menciona en 2 Reyes 24:18-25:7, y los versículos 4-11 corresponden de manera similar a Jer 39:1-7.

Vino a Jerusalén Nabuzaradán (52:12). Ver los comentarios sobre 2 Reyes 25:8-10. Nabuzaradán, comandante del ejército babilónico ("capitán de la guardia"), entró en Jerusalén en agosto del 586 a. C. para finalizar la destrucción de la ciudad. Posteriormente, los judíos recordaron este acontecimiento con un día de ayuno (Zac 7:3-5; 8:19). La destrucción de la ciudad se menciona en el 39:8; los versículos 12 al 23 aquí enfatizan la destrucción del templo.

Seraías... Sofonías... oficial... sesenta hombres (52:24-27). Los babilonios hicieron que el sumo sacerdote Seraías, su principal asociado, y varios otros líderes militares y cívicos de Judá fueran llevados a Ribla y fueran ejecutados (cf. 2 Reyes 25:18-21).

Nabucodonosor llevó cautivo (52:28-30). El pequeño grupo de exiliados que fueron llevados cuando Nabucodonosor llegó por primera vez a la ciudad en el año 605 a. C. (Dn 1:1-3) no se menciona aquí. La cantidad de exiliados que fueron tomados en el séptimo año de Nabucodonosor (597 a. C.) fue de 3 023. Es posible que estas cantidades solo representen a los hombres que se llevaron, porque la cantidad mayor en 2 Reyes 24:14-16 es de 18 000 (los 10 000 en el 24:14 también pueden representar una aproximación de los 8 000 soldados y obreros en el 24:16, más las 3 000 personas que se mencionan aquí). La cantidad de exiliados en su año dieciocho (586 a. C.) fue de 832. La deportación en su año veintitrés (582 a. C.) quizás fue en respuesta al asesinato de Gedalías y fueron un total de 745 personas (cf. 41:1-3).[27]

Año treinta y siete del cautiverio... Evil-merodac rey de Babilonia (52:31). El sucesor de Nabucodonosor, Evil-merodac, reinó desde el año 562 hasta el 560 a. C. La palabra "Evil" (hebreo: *ewil*) de su nombre aquí puede reflejar una palabra hebrea para "tonto" o "estúpido" como una expresión de burla (cf. 2 Reyes 25:27-30).

Alzó la cabeza de Joaquín... lo sacó de la cárcel (52:31). Es probable que el nuevo rey haya concedido una amnistía a Joaquín como una expresión de buena voluntad. Una lista de raciones que se descubrió en Babilonia confirma que Joaquín recibió alimentos del rey de Babilonia (ver los comentarios sobre 2 Reyes 25:29-30).

— Génesis
— Éxodo
— Levítico
— Números
— Deuteronomio
— Josué
— Jueces
— Rut
— 1 Samuel
— 2 Samuel
— 1 Reyes
— 2 Reyes
— 1 Crónicas
— 2 Crónicas
— Esdras
— Nehemías
— Ester
— Job
— Salmos
— Proverbios
— Eclesiastés
— Cantares
— Isaías
— Jeremías

Lamentaciones

— Ezequiel
— Daniel
— Oseas
— Joel
— Amós
— Abdías
— Jonás
— Miqueas
— Nahúm
— Habacuc
— Sofonías
— Hageo
— Zacarías
— Malaquías

Lamentaciones

Gary E. Yates

Introducción. Lamentaciones consta de cinco poemas distintos que reflexionan con tristeza sobre la destrucción de Jerusalén por los babilonios durante los años 587/586 a. C. Estos lamentos retratan claramente el intenso sufrimiento y dolor de los habitantes de Jerusalén mientras lidian con la crisis teológica creada por esta tragedia nacional. La intensidad de la poesía, junto con la ausencia de cualquier referencia al regreso a la tierra, sugiere que el libro fue compuesto poco después de los hechos que se narran. El libro en sí es anónimo, aunque la tradición judía identifica a Jeremías como el autor del libro (Lm 1:1 en la Septuaginta; cf. 2 Cr 35:25; Jer 9:1-2). Los judíos realizaban varios ayunos y ritos de luto debido a varios acontecimientos alrededor de la caída de Jerusalén durante el período del exilio (Jer 41:5; Zac 7:3-5; 8:19), y los judíos también han utilizado Lamentaciones durante mucho tiempo en el cumplimiento del Tisha b'Av, que conmemora la posterior destrucción de Jerusalén en el año 70 d. C. Los lamentos por la destrucción de Jerusalén también aparecen varias veces en los Salmos (Sal 74, 79, 80, 83).

La característica más destacada de la poesía de Lamentaciones es el uso de los acrósticos, donde los versículos se ordenan según un criterio alfabético. Los capítulos 1, 2 y 4 tienen cada uno veintidós versículos que corresponden al número de letras del alfabeto hebreo, y cada versículo comienza con las letras sucesivas del alfabeto. El capítulo 3 tiene sesenta y seis versículos en los que cada letra del alfabeto comienza tres versículos secuenciales. El capítulo 5 también tiene veintidós versículos, pero no aparecen en un acróstico. Los acrósticos alfabéticos aparecen en otras partes de la poesía del A. T. (Sal 9, 10, 25, 34, 37, 111, 112, 119, 145; Pr 31:10-31) y también están documentados en otra literatura del antiguo Cercano Oriente (p. ej., "La teodicea babilónica"). Los acrósticos quizás reflejan que Lamentaciones muestra una expresión completa del dolor del pueblo o sugiere la plenitud del sufrimiento que habían soportado.

Lamento por la destrucción de Jerusalén (1:1-22)

Se ha vuelto como viuda (1:1). Las ciudades reales o las ciudades del templo se solían personificar como mujeres en el antiguo Cercano Oriente (cf. Is 47). En contextos paganos, estas ciudades estaban muy relacionadas con sus diosas patronas. Sin embargo, Jerusalén se retrata aquí como una viuda porque no tiene habitantes (hijos). Los poemas de Lamentaciones se parecen mucho a los antiguos cantos fúnebres con sus expresiones profundas y detalladas de dolor para honrar a los muertos (2 S 1:17-27; 3:33-34). Las mujeres en el antiguo Cercano Oriente lamentaban la pérdida de sus esposos e hijos en tiempos de guerra, y algunas veces incluso servían como dolientes profesionales (Jer 9:17; Ez 32:16).

La señora de provincias (1:1). La condición de Jerusalén exaltado era tanto política como religiosa. David había escogido a Jerusalén para que fuera su ciudad real, pero el Señor también había escogido a Sion (la cima de la colina en Jerusalén sobre la cual se construyó el templo, se usa aquí como sinónimo de la ciudad de Jerusalén) como su morada en la tierra (Sal 132:13; cf. Dt 12:5-7). El Señor gobernó como un rey en el templo (2 Reyes 19:15; Sal 48:2; 80:1; 99:1), y el templo y el arca del pacto también servían como estrado del

Una escena de una tumba egipcia que representa a personas llorando y lamentándose.

trono celestial del Señor (1 Cr 28:2; Sal 99:5; 132:7; Lm 2:1; cf. Is 66:1).

De todos sus amantes (1:2). Israel y Judá adoraban tanto a los dioses falsos como a las alianzas extranjeras para su protección y seguridad (4:17; 5:6). Esto era considerado por el Señor (y proclamado por los profetas) como una forma de adulterio espiritual, ya que se esperaba que ellos confiaran en el Señor (Ez 23:20-22; Oseas 2:5-7; 5:13-14; 8:9-10).

Las calzadas de Sion tienen luto (1:4). Los peregrinos llegaban a Jerusalén para las tres fiestas principales: Pascua, Pentecostés y Tabernáculos (Ex 23:14-17; Dt 16:16; cf. Sal 120-134), pero estos tiempos de celebración gozosa habían llegado a su final, ya que la ciudad y el templo estaban en ruinas.

Han visto su desnudez (1:8-9 NVI). Un esposo podía avergonzar a una esposa infiel al exponer su desnudez (Ez 16:37; 23:29; Oseas 2:3). Se solía desnudar a los cautivos cuando se los llevaban como prisioneros (Is 20:2-3; Amós 2:16).

Extendió su mano el enemigo a todas sus cosas preciosas (1:10). Era común en el antiguo Cercano Oriente que los ejércitos victoriosos saquearan los templos de los pueblos derrotados y colocaran estos artículos en sus propios templos como una forma de afirmar la superioridad de sus dioses (cf. 1 S 5:1-5; 2 Reyes 24:13; 25:13-17; Dn 1:2; 5:2).

Como lagar (1:15). Un lagar era un pozo de piedra donde los pies pisaban las uvas. El jugo se vertía a una tina más pequeña o a vasijas de piedra para la fermentación. El lagar aquí representa el efecto devastador del juicio divino (cf. Is 63:1-6).

Los restos de un antiguo lagar.

La ira del Señor se derramó sobre su pueblo (2:1-22)

Estrado de sus pies (2:1). Ver los comentarios sobre Lm 1:1.

El Señor llegó a ser como enemigo (2:5). En toda la historia de Israel, el Señor había luchado por su pueblo (Ex 15:3; Jos 10:10-11; Jue 5:4-5; 2 S 5:22-25; 2 Cr 20:1-30; Sal 47:3), pero aquí el poeta menciona lo contrario a las tradiciones de guerra santa de Israel para retratar a Dios mismo luchando contra su pueblo en el juicio. Se consideró a la guerra humana como una extensión de los conflictos cósmicos entre los dioses.

Extendió el cordel (2:8). Después de conquistar una ciudad, se usaba una plomada para determinar qué partes de los muros de la ciudad eran inestables y necesitaban ser demolidas (cf. 2 Reyes 21:13; Is 34:11). Los ejércitos usaban rampas de asedio y arietes como instrumentos para romper los muros defensivos de una ciudad.

El antemuro y el muro (2:8). El antemuro era un montículo que protegía el muro de la ciudad del ariete.[1] El muro ancho de Jerusalén, que data de la época de Ezequías, tenía más de veinte pies de espesor. En la actualidad, se puede ver una pequeña parte de este muro en Jerusalén.

Echaron polvo sobre sus cabezas, se ciñeron de cilicio (2:10). El uso de cilicio, una tela negra y gruesa hecha de pelo de cabra, combinado con cenizas, simbolizaba el duelo (Ester 4:1, 3; Jer 6:26) o arrepentimiento (Is 58:5; Jon 3:5-6).

¿Dónde está el trigo y el vino?... ¿Han de comer las mujeres el fruto de sus entrañas? (2:12, 20). El asedio de una ciudad solía cortar por completo el suministro de alimentos, lo que por lo general producía una hambruna extrema (cf. 2 Reyes 6:24-31; 25:1-3). Los padres hambrientos podrían incluso verse obligados a canibalizar a sus propios hijos. Moisés había advertido de la maldición del pacto de la hambruna que conducía al canibalismo antes de que el pueblo entrara en la tierra (Dt 28:53-57).

El sufrimiento de Jerusalén y una súplica por la misericordia (3:1-66)

Mi porción es Jehová (3:24). La palabra traducida como "porción" suele denotar una distribución de tierra (cf. Dt 33:21; Jos 15:13; 18:10). Como consecuencia del exilio, todos los judíos se habían vuelto como los levitas que tenían al Señor como su "porción" especial en lugar de un territorio tribal designado (Nm 18:20; Dt 12:12; Jos 14:4).

Desmenuzar bajo los pies a todos los encarcelados de la tierra (3:34). A los reyes victoriosos del antiguo Cercano Oriente se les solía representar pisoteando a sus enemigos o aplastándoles la cabeza (cf. Nm 24:17; Sal 44:5; 60:12; 68:21; 108:13). El arte egipcio representa al faraón triunfante usando a sus enemigos derrotados como el estrado de sus pies cuando está sentado en su trono (cf. Sal 110:1).[2]

Dales el pago... tu maldición caiga sobre ellos... quebrántalos (3:64-66). Las oraciones de los justos en el A.T. suelen contener imprecaciones o maldiciones, parecidas a las que se encuentran en los antiguos tratados del Cercano Oriente (Sal 58:6-8; 109:6-15; 137:8-9; Jer 11:20; 12:3; 18:20-23). Estas oraciones buscan la justicia para que los castigos divinos contra los malvados correspondan a sus crímenes (cf. Lm 1:22; 3:59-63). El Señor había prometido en el pacto de Abraham que maldeciría a los que maldijeran a Abraham y a sus descendientes (Gn 12:3; 27:29).

La humillación de Jerusalén debido al juicio de Dios (4:1-22)

Aun los chacales dan la teta... cruel como los avestruces (4:3). La escasez de alimentos había hecho que el pueblo se volviera egoísta y cruel, tratando a sus propios hijos peor que a los animales. Por el contrario, incluso los chacales carroñeros amamantaban a sus crías. Sin embargo, estas personas se parecen más a los avestruces, se creía que abandonaban a sus crías porque enterraban sus huevos y dejaban el nido (cf. Job 39:13-18).

Los muertos por el hambre... cocieron a sus hijos (4:9-10). Ver los comentarios sobre Lm 2:12, 20.

Que el enemigo y el adversario entrara por las puertas de Jerusalén (4:12). La presencia del Señor trajo bendición a Sion, y el Señor había prometido proteger la ciudad de sus enemigos (Sal 46, 48,

Un rey asirio parado con el pie sobre la cabeza de un enemigo derrotado.

76). La liberación de Jerusalén de los asirios en el año 701 a. C. contribuyó a la idea errónea de que el Señor liberaría la ciudad sin importar el comportamiento del pueblo (cf. Jer 7:4-14). Sin embargo, el Señor finalmente retiró su presencia protectora, partió del templo y de Jerusalén, y permitió que los babilonios tomaran la ciudad (Ez 10:18-19; 11:23-24).

El ungido de Jehová... fue apresado en sus lazos (4:20). Los dos últimos reyes davídicos, Joaquín en el año 597 a. C. y Sedequías en el año 586 a. C., fueron deportados a Babilonia y permanecieron allí por el resto de sus vidas.

Castigará tu iniquidad, oh hija de Edom (4:22). Ver los comentarios sobre Abd 1; Mal 1:2-3; 1:4. Edom estaba ubicado al sur y al este del mar Muerto. Los edomitas eran descendientes de Esaú y rivales acérrimos de Israel y Judá. El Señor castigó a los edomitas porque se aliaron con Babilonia en su asalto a Jerusalén durante los años 588-586 a. C. y habían usado la invasión babilónica como una oportunidad para apoderarse del territorio de Judá (cf. Sal 137:7).

El pueblo pide a Dios que lo recuerde y lo restaure (5:1-22)

Al egipcio y al asirio extendimos la mano (5:6). En los tiempos de crisis nacional, los líderes de Judá con frecuencia recurrieron a alianzas militares extranjeras para buscar protección en lugar de confiar en el Señor (Is 30:1-5; 31:1-3; Jer 2:16-18, 36-37). El rey Acaz, por ejemplo, recurrió a Asiria en busca de ayuda durante la guerra siro-efraimita durante los años 734-732 a. C. (2 Reyes 16:6-18; Is 8:5-8). La ayuda militar de Egipto no había logrado liberar a Jerusalén ni de los asirios ni de los babilonios (Is 36:6-9; Jer 37:5-7).

A los príncipes colgaron de las manos (5:12). En el antiguo Cercano Oriente, los líderes de un pueblo derrotado solían ser deportados o ejecutados. Los babilonios mataron a los hijos de Sedequías después de que intentaron escapar (2 Reyes 25:6-7; Jer 39:5-6). Los cadáveres de los ejecutados a veces se colgaban a la vista del público como una forma de humillación y vergüenza (cf. Jos 10:26; 2 S 21:12).

Llevaron a los jóvenes a moler (5:13). Los hombres cautivos solían realizar tareas domésticas que normalmente se asignaban a los esclavos o a las mujeres (cf. Jue 16:21). Se vertía el grano sobre una piedra grande y se movía una piedra más pequeña sobre el grano para molerlo y convertirlo en harina. A veces se usaba al ganado para utilizar ruedas de molino más grandes.

Vuélvenos, oh Jehová, a ti, y nos volveremos (5:21). Se suele comparar a Lamentaciones con los "lamentos de la ciudad" sumerios, compuestos inicialmente después de la derrota del Imperio Ur III (ca. 2000 a. C.).[3] Estas composiciones atribuyen la destrucción de las distintas ciudades y sus templos a la ira de los dioses, que decretaron su caída por un ejército humano. La diosa patrona de la ciudad lamenta con frecuencia la caída de la ciudad, similar al papel que personifica la Hija de Sion en Lamentaciones.

Estos lamentos formaban parte de las ceremonias de restauración de los santuarios reconstruidos y alababan a los dioses por regresar a las ciudades. Lamentaciones no promete la reconstrucción del santuario o el regreso del Señor a Jerusalén, pero concluye con una súplica para que el Señor restaure a su pueblo.

— Génesis
— Éxodo
— Levítico
— Números
— Deuteronomio
— Josué
— Jueces
— Rut
— 1 Samuel
— 2 Samuel
— 1 Reyes
— 2 Reyes
— 1 Crónicas
— 2 Crónicas
— Esdras
— Nehemías
— Ester
— Job
— Salmos
— Proverbios
— Eclesiastés
— Cantares
— Isaías
— Jeremías
— Lamentaciones

Ezequiel

— Daniel
— Oseas
— Joel
— Amós
— Abdías
— Jonás
— Miqueas
— Nahúm
— Habacuc
— Sofonías
— Hageo
— Zacarías
— Malaquías

Ezequiel

Mark E. Rooker

Introducción. Ezequiel fue uno de los ocho mil ciudadanos de Jerusalén deportados a Babilonia cuando el rey Nabucodonosor conquistó Jerusalén durante los años 598/597 a. C. (2 Reyes 24:10-17). Cinco años después, en el año 593 a. C., Ezequiel fue llamado a ser profeta (este también fue el quinto año del exilio del rey Joaquín) mientras vivía en Babilonia. Ezequiel ministró hasta el año veintisiete del rey Joaquín (Ez 29:17), dándole así a Ezequiel un ministerio de veintidós a veintitrés años.

Ezequiel vivió la mayor crisis en la historia de Israel: la destrucción final de Jerusalén y el templo durante los años 587/586 a. C. Los capítulos 1 al 24 están llenos de profecías de juicio y castigo para Judá y Jerusalén, pero una vez que llega el anuncio de que Jerusalén ha caído (33:21), el libro avanza para abordar la restauración de Israel (33:21-39:29) y el templo (caps. 40-48). Muchas de las profecías de restauración anuncian lo contrario a las representaciones anteriores de devastación y ruina.

Dios se revela a sí mismo a Ezequiel (1:1-28)

En el año treinta (1:1). La referencia de esta frase inicial no está clara. La explicación editorial en los siguientes versículos (1:2-3) toma "el año treinta" como equivalente al quinto año del exilio de Joaquín. Algunos sostienen que el "año treinta" se refiere a la edad de Ezequiel (NTV: "mis treinta años de vida"). Según Nm 4:30, a los treinta años los sacerdotes son aptos para la inducción a su oficio.

En el quinto año de la deportación del rey Joaquín (1:2). Joaquín reinó solo tres meses y diez días (ver los comentarios sobre 2 Reyes 24:8). Irónicamente, Ezequiel usa el retiro de Joaquín del trono y su exilio como el punto de referencia para sus profecías, en lugar de usar la ascensión al trono de un rey como una referencia, como se suelen ubicar a estas profecías bíblicas (2 Reyes 25:27; Jer 52:31). El nombre Joaquín aparece en las listas de raciones de Babilonia que datan del décimo al trigésimo quinto año del reinado de Nabucodonosor II (595-569 a. C.).[1]

Tierra de los caldeos (1:3). El término "caldeo" se suele intercambiar con "Babilonia" en el libro de Ezequiel (12:13; 23:15, 23). Ver el artículo "Los babilonios".

Me postré sobre mi rostro (1:28). Esta es la postura que uno asumiría ante un monarca gobernante en la antigüedad. Cuando ocurre una visión o manifestación de Dios en el A.T., existe un peligro inmanente que se relaciona con esa manifestación. La Biblia enseña que un ser humano no puede ver a Dios y vivir (Ex 33:18, 20), por lo que, en realidad, Ezequiel ve una visión de Dios, una representación, no a la verdadera persona de Dios. Como consecuencia, las palabras como "semejanza" y "apariencia" transmiten la descripción de Dios a lo largo del capítulo. De manera similar, en Ap 1:17-18, Juan da la única respuesta apropiada a la aparición de Dios: "Caí como muerto a sus pies".

Dios llama a Ezequiel a confrontar a los israelitas rebeldes (2:1-3:15)

Entró el Espíritu en mí (2:2). Así como el primer Adán recibió el aliento de vida de Dios (Gn 2:7), Ezequiel como "hijo del Hombre/Adán" recibió una infusión del Espíritu divino, que le permitió llevar a cabo la tarea que Dios le encomendó.

Así ha dicho Jehová el Señor (2:4). Esta es una adaptación de la denominada fórmula del mensajero. Muchas cartas que se encontraron en los sitios antiguos de Mari y Amarna, así como de otros sitios en el antiguo Cercano Oriente, comienzan con las palabras "Así dice el Señor: Así dice X"

Y en ella había un rollo de libro (2:9). A veces, los rollos en el mundo antiguo eran bastante largos. Uno de los famosos Rollos del mar Muerto, por ejemplo, medía casi veinticuatro pies de largo. Muchas veces, los rollos se escribían en un solo lado del material de escritura. A veces, sin embargo, los rollos de papiro en el antiguo Egipto, así como en el período grecorromano, se escribían en los dos lados.

Lamentaciones (2:10). Siguiendo la costumbre de esa época, el contenido del rollo se resumía en la parte exterior

Una de las más de quince mil tablillas que fueron descubiertas en la antigua ciudad de Mari.

del documento enrollado con tres ominosas palabras ("lamentación, luto y aflicción"), cada una de las cuales significa desastre. Uno de los Rollos del mar Muerto, el "*Manual of Discipline*" [Manual de Disciplina], tiene precisamente ese título escrito en el exterior (aunque solo quedan unas pocas letras).[2]

Tel-abib (3:15). En acadio, esta frase significa literalmente "montículo de la inundación", lo que indica que el lugar era bien conocido como un sitio en ruinas como consecuencia de estar en el extremo receptor de las invasiones extranjeras. En hebreo, la segunda letra del alfabeto puede significar el sonido de la letra b o v. Por eso, algunas traducciones traducen esto como "Tel Aviv" (NVI). Sin embargo, este lugar se encuentra en Babilonia, por lo que no se trata del mismo lugar que la ciudad moderna de Tel Aviv en Israel.

La comisión de Ezequiel para advertir a los israelitas y retratar el juicio venidero (3:16–5:17)

Atalaya (3:17). Ver los comentarios sobre Is 56:10-11; Ez 33:2. Con la finalidad de proporcionar una advertencia oportuna del peligro que se acercaba, se colocaban centinelas, que servían como atalayas, en los techos de las puertas de entrada (2 S 18:24) o torres (2 Reyes 9:17). Estas posiciones elevadas les permitían ver a los enemigos que se acercaban desde lejos. La comparación de los profetas del Señor con los atalayas también se encuentra en Jer 6:17; Hab 2:1.

Diseña sobre él la ciudad de Jerusalén (4:1). Dibujar planos de las ciudades en ladrillos de arcilla era una práctica común en el antiguo Cercano Oriente. En la excavación de la antigua ciudad mesopotámica de Nippur (donde en realidad vivía Ezequiel), se descubrió un ladrillo de arcilla en el que estaba inscrito un plano de la ciudad de Nippur, que incluía puertas, canales y santuarios.[3]

Y pondrás contra ella sitio (4:2). El objetivo principal de la guerra de asedio era detener el flujo de alimentos y otros suministros y, por lo tanto, matar de hambre al enemigo.

Colocarás contra ella arietes (4:2). Se empujaban arietes por las rampas de asedio para atacar los muros de la ciudad y así crear una entrada a la ciudad. Un relieve en la pared del palacio del rey asirio Senaquerib en Nínive representa una rampa muy grande construida durante el asedio de la ciudad israelita de Laquis. Los arqueólogos estiman que se necesitaron aproximadamente veinticinco mil toneladas de tierra y piedras para construir la rampa.[4] Los arietes se representan con frecuencia en los relieves asirios.[5] Ver los comentarios sobre Jer 6:6.

Es señal (4:3). La función de advertencia de la señal se ilustra en una carta de Laquis escrita en paleohebreo que data de la época de la inminente invasión de Jerusalén por parte de Nabucodonosor durante los años 588/587 a.

C. En ella se usa el mismo término hebreo para "señal". El comandante de una fortaleza de Judá le escribió al oficial del ejército en Laquis: "Estamos atentos a las señales de fuego de Laquis de acuerdo con todas las señales que mi señor ha dado".[6]

Trigo, cebada, habas, lentejas, millo y avena (4:9). La estrategia principal de un asedio solía ser matar de hambre a los habitantes (2 Reyes 25:3; Jer 38:2, 9). Todos estos productos alimenticios estaban disponibles en Babilonia y es probable que hayan representado una dieta de asedio.

La comida que comerás (4:10). La cantidad de comida que se menciona es literalmente "veinte siclos". Esto es alrededor de ocho onzas de alimentos por día, alrededor de ocho a diez veces menos que el consumo diario normal de alimentos. La distribución del agua también se redujo de una manera severa.[7]

Para cocer tu pan (4:15). Ver los comentarios sobre Mal 4:1.

Para raparte la cabeza (5:1 NVI). Raparse la cabeza podía relacionarse con ritos de duelo y sufrimiento (ver los comentarios sobre Job 1:20; Jer 7:29), pero aquí raparse la cabeza señala un cambio en la condición de los israelitas de ser individuos libres a cautivos sometidos a sus conquistadores babilónicos.[8]

Los padres comerán a los hijos (5:10). Trágicamente, durante el tiempo del asedio y la posterior caída ante Babilonia durante los años 588-586 a. C., los israelitas se vieron obligados a recurrir al canibalismo en Jerusalén (ver los comentarios sobre Lm 2:12, 20). El canibalismo se menciona en los anales del rey asirio Asurbanipal (668-627 a. C.)[9], así como en la epopeya Atrahasis del siglo XVIII a. C.[10]

El juicio de Dios por el pecado será rápido y extenso (6:1-7:27)

Montes de Israel (6:2). En el mundo antiguo, los montes solían ser centros de adoración idólatra. Referirse a Israel como "los montes de Israel" denota la apostasía de Israel (cf. 6:13; 18:6, 11; 22:9). Los santuarios dedicados a las deidades cananeas se solían construir en los bosques en las colinas y montañas, y la idolatría se practicaba con frecuencia en los santuarios en las cimas de las colinas en Canaán (1 Reyes 14:23). Elías (1 Reyes 18:1-40), Oseas (Oseas 4:12-13) y Amós (Amós 7:9) reconocieron que los israelitas sincretizaron elementos de la adoración cananea con la adoración del Dios verdadero.

Vuestros lugares altos (6:3). Ver los comentarios sobre 1 Reyes 3:2-3; 11:7. Los lugares altos eran construidos de manera artificial, eran plataformas elevadas donde se realizaban los sacrificios. Se suponía que estos lugares altos habían sido completamente destruidos cuando los israelitas se establecieron en la tierra (Nm 33:52). Sin embargo, siguen apareciendo muchas veces a lo largo de la historia de Israel, a pesar de que varios reyes como Josías intentaron eliminarlos (2 Reyes 23:8, 15, 19).

Delante de vuestros ídolos (6:4). La palabra hebrea traducida como "ídolos" aparece cuarenta y ocho veces en el A.T., treinta y nueve de las cuales están en Ezequiel, quien parece que prefería esta palabra inusual como su designación para los ídolos. A través del juego de palabras, esta palabra tiene connotaciones muy fuertes y burlonas sobre excremento, lo que indica que cuando Ezequiel usaba esta palabra, estaba comparando a los ídolos con estiércol o excremento.

Sabréis que yo soy Jehová (6:7). Esta frase, que aparece casi sesenta veces en Ezequiel, se suele usar como una declaración final para las profecías o partes dentro de las profecías, y expresa el resultado esperado cuando el acontecimiento predicho en la profecía no se hizo realidad. La frase también se usó con frecuencia en el contexto del éxodo de Egipto (Ex 7:5; 14:4, 18). La frase solo aparece cuatro veces en este capítulo (6:7, 10, 13, 14).

Sobre todo collado alto, en todas las cumbres de los montes, debajo de todo árbol frondoso y debajo de toda encina espesa (6:13). Estas frases repiten lo que se menciona en Dt 12:2 e ilustran hasta qué punto las prácticas de adoración cananeas se habían incorporado en Judá (ver los comentarios sobre Jer 2:20; ver el artículo "Los cananeos y la religión cananea").

La idolatría trae juicio y separación de Dios (8:1-11:25)

La imagen del celo, la que provoca a celos (8:3). El término traducido como "imagen del celo" (*semel*) aparece en otros dos libros del A. T. (Dt 4:16; 2 Cr 33:7, 15). Se ha sugerido que este término es una palabra extranjera y, por lo tanto, está relacionado con la adoración a un dios extranjero. Es posible que este ídolo haya sido una de las Asera que se colocaron en el templo por Manasés (2 Reyes 21:7; 2 Cr 33:7, 15), o esta "imagen del celo" tal vez se refiera al dios de la vegetación Tamuz (Ez 8:14-17).

Endechando a Tamuz (8:14). Llorar por Tamuz era parte de un ritual babilónico que recordaba la muerte y el descenso al inframundo del dios sumerio Dumuzi. En el ritual pagano, se pensaba que el transcurso de la muerte y el regreso de Dumuzi (Tamuz) era similar al ritmo que sigue la naturaleza todos los años (verano-otoño-invierno-primavera).

Sus espaldas vueltas al templo de Jehová... adoraban al sol, postrándose hacia el oriente (8:16). Ver los comentarios sobre 2 Reyes 23:11. Dar la

Un sello cilíndrico y su impresión en arcilla que representan al dios Dumuzi.

El dios sol mesopotámico Shamash.

espalda al Señor en el templo indica un rechazo ofensivo hacia él en favor del dios sol al que adoraban. Parece que la adoración del dios sol de Mesopotamia (Shamash) obtuvo la aprobación real durante el reinado de Manasés (sugerido quizás por 2 Reyes 21:5), una práctica que persistió incluso después de que Josías lo sacara del templo.

Seis varones venían... había un varón (9:2). Al parecer, hay siete hombres en esta visión. En el "Poem of Erra" [El Poema de Erra] de Babilonia, siete verdugos estaban disponibles para el dios de la peste y la guerra. Asimismo, en un tratado del siglo VIII a. C. se hace referencia a un grupo de siete dioses ("Los siete divinos") que castigaban a las personas que no cumplían los pactos y tratados.[11]

Traía a su cintura un tintero de escribano (9:2). Muchos comentaristas identifican el personaje que sostiene un tintero con el dios babilónico Nabu, el dios de la escritura que también estaba a cargo de escribir los destinos humanos. El símbolo divino de Nabu es un lápiz hecho de una caña que esculpía signos cuneiformes en tablillas de arcilla.[12]

Ponles una señal en la frente (9:4). La señal es un signo taw, que en el alfabeto paleohebreo se representa por dos líneas diagonales que se cruzan, la forma de una X, y se asemeja a una cruz.

Los querubines (10:1). Ver los comentarios sobre Gn 3:24; 1 Reyes 6:23-28. Las cortinas interiores, así como el velo que separaba el lugar santísimo en el tabernáculo, estaban decorados con querubines (Ex 26:1, 31; 36:8, 35). Dos querubines de oro con las alas extendidas formaban una sola pieza con la cubierta del arca dentro del lugar santísimo del tabernáculo (Ex 25:18-22; 37:7-9). De manera similar, en el templo de Jerusalén se esculpieron querubines cubiertos de oro en las paredes del templo (1 Reyes 6:29; 2 Cr 3:7; Ez 41:18-20), y querubines de dos alas que miraban hacia el propiciatorio del arca (1 Reyes 6:23). Tanto en el tabernáculo como en el templo, se entendía que los querubines eran el trono de Dios (2 Reyes 19:15 [=Is 37:16]; 1 S 4:4; 2 S 6:2; Sal 18:10; 80:1; 99:1).[13]

La estrecha relación que tiene Dios con los querubines también se señala por la presencia de los querubines para proteger el jardín del Edén cuando Adán y Eva son expulsados (Gn 3:24). En el capítulo 1, Ezequiel simplemente llamó "criaturas" a estos seres. Ahora, en una relación estrecha con el templo, reconoce que estas criaturas son querubines.

Los estudiosos modernos han comparado a estas criaturas con las esfinges aladas y otros cuadrúpedos compuestos representados como soporte de los tronos de los reyes del antiguo Cercano Oriente o protegiendo las entradas a los palacios o templos. Sin embargo, muchas criaturas compuestas con alas también se representan con dos piernas, que se parecen a los seres humanos de los hombros para abajo, pero que tienen la cabeza de un animal o un ave. Estos seres también se suelen relacionar con los templos, tronos y árboles sagrados.

Una escultura de marfil de un cuadrúpedo compuesto alado.

Demostración del exilio (12:1-20)

Enseres de cautiverio (12:4). Muchos relieves asirios representan a personas derrotadas que van al cautiverio con pequeñas mochilas. Según una fuente talmúdica (comentario/explicación judía posterior), lo que llevaba el exiliado consistía en una pequeña lámpara de arcilla, una alfombra para dormir y un recipiente para comer y beber.

Te abrirás paso por entre la pared, y saldrás por ella (12:5). Los lectores entendían que atravesar un muro significaba una derrota y un posible exilio, ya que los ejércitos conquistadores atravesaron los muros en las áreas vulnerables para conquistar la ciudad (Amós 4:3).

Por la maldad de todos los que en ella moran (12:19). Es probable que esta frase haga alusión a Gn 6:11-13, donde la violencia fue la razón que se declaró para el juicio de la tierra mediante el diluvio.

Los falsos líderes (12:21-14:11)

Han puesto sus ídolos en su corazón (14:3). Esta expresión es una metáfora que transmite la noción del compromiso al servicio de un ídolo, aunque algunos piensan que en realidad se refiere a los amuletos colgados alrededor del cuello en el corazón. Sobre la palabra traducida como "ídolos", ver los comentarios sobre Ez 6:4.

Me sean por pueblo, y yo les sea por Dios (14:11). Esta fórmula aparece por primera vez en Ex 6:7 con referencia al establecimiento de la relación de pacto entre Dios y su pueblo. También se repite en la descripción de las bendiciones del pacto de Lv 26:12. Las prácticas de matrimonio y adopción pueden haber originado esta fórmula.

Juicios contra Jerusalén (14:12-15:8)

Noé, Daniel y Job (14:14). En los textos de la antigua ciudad de Ugarit (en

Siria) se menciona un personaje mitológico con el nombre de Dan'el. Muchos estudiosos han argumentado que se trata del personaje que Ezequiel se refiere aquí en relación con Job y Noé.

Sin embargo, la evidencia limitada y escasa de este personaje hace que sea poco probable que haya sido conocido por la audiencia de Ezequiel.[14] El Daniel bíblico fue exiliado a Babilonia en el año 605 a. C. (Dn 1:1) y se ganó rápido la reputación de un hombre sabio y justo (ver Dn 1:17-21; 2:14, 48; 5:12). Estos tres hombres (Noé, Daniel y Job) fueron reconocidos por su comportamiento justo, aunque los tres vivieron en tiempos de decadencia.

La madera de la vid (15:6). El uso de la vid como una representación de Israel se remonta a Nm 13:23, donde la vid simboliza la riqueza de Canaán. La vid se usa con frecuencia en todo el A.T. como un símbolo de la nación de Israel (Dt 32:32; Jer 2:21; Oseas 10:1).

La historia espiritual de Israel (16:1-63)

Tu origen, tu nacimiento, es de la tierra de Canaán; tu padre fue amorreo, y tu madre hetea (16:3). Los cananeos, los amorreos y los hititas están estrechamente relacionados en la etnografía bíblica, ya que eran habitantes de Palestina antes de la conquista israelita (ver los comentarios sobre Gn 23:3; Dt 1:4; Jos 9:1). Asimismo, solían simbolizar a los enemigos de Israel. Al volver al origen del pueblo (Oseas 2:5 puede haber sugerido esto), el profeta enfatiza la cuestión de que el pueblo siempre ha sido desobediente, incluso desde sus antepasados. Una predisposición inicial hacia el paganismo ya estaba presente en la naturaleza del pueblo elegido, lo cual fue recibido como un defecto familiar heredado y del que solo se podía esperar que produzca malos resultados.

Ni fuiste lavada... con sal, ni fuiste envuelta con fajas (16:4). La exposición de bebés no deseados, sobre todo niñas, no era poco común en el mundo antiguo. Aquí se describía al bebé abandonado como aún unido a la placenta y abandonado para que se muriera. En la actualidad, en algunas culturas del Medio Oriente, después de cortar el cordón umbilical, las parteras suelen aplicar una mezcla de sal y aceite al cuerpo del recién nacido.

Te dije, cuando estabas en tus sangres: ¡Vive! (16:6). Es posible que esta expresión se refiera al deseo fundamental de Dios de que todas las personas vivan (ver el 18:23, 32). Otros citan una antigua costumbre del Cercano Oriente en la que esta expresión anuncia una declaración formal de adopción.

Extendí mi manto sobre ti (16:8). Este gesto simbólico constituía una propuesta de matrimonio. En la Arabia primitiva, arrojar una prenda sobre una mujer simbolizaba adquirirla, ya que se entendía que a partir de ese entonces la mujer estaría cubierta para todos, menos para su esposo. Es posible que Deuteronomio 22:30 exprese la ilegalidad de que un hombre tenga relaciones con la esposa de su padre como "para que no descubra la vestidura de su padre" (LBLA). El gesto de extender la esquina de una prenda de vestir como un símbolo de una propuesta de matrimonio se ilustra en Rut 3:9.

Fuiste mía (16:8). La representación de Israel como la esposa del Señor deriva del primer mandamiento de adorar solo a Dios. En relación a esa exigencia de una fidelidad exclusiva, la obligación de una esposa con su esposo muestra un paralelismo. Algunos usos en la Torá ya reflejan esta representación. En el Decálogo y el Código del Pacto (Ex 21-23) se llama al Señor "fuerte" o "celoso" hacia aquellos que le fueron infieles (Ex 20:5; 34:14). En Nm 5:14, 30, los términos hebreos relacionados describen a un esposo alterado que sospecha de la fidelidad de su esposa (cf. Pr 6:34). En Ex 34:14-15 y Nm 15:39, la apostasía se expresaba con una palabra hebrea que significaba "practicar la prostitución" (cf. Ez 6:9). El desarrollo de la profecía sobre esta representación se construye sobre este fundamento inicial. La infidelidad sexual se utilizó como una metáfora no solo de la adopción de la religión cananea por parte de Israel (Oseas 1:2; 2:5-13; 3:1; Jer 2:20), sino también de las alianzas políticas con potencias extranjeras (Oseas 8:9; Jer 2:33, 36).

Te lavé con agua... te ungí con aceite (16:9). El baño y la unción formaban parte de las ceremonias nupciales descritas en los textos de la antigua Babilonia (2000-1600 a. C.) y de la Asiria media (1364-934 a. C.).[15]

Te prostituiste a causa de tu renombre (16:15). La acusación de prostitución se refería a un alejamiento espiritual del Señor, que solía estar acompañado de una participación física en los ritos de fertilidad que acompañaban al paganismo cananeo (Jer 3:1-5; Oseas 4:13-14; 9:1; cf. Gn 38:14-16) (ver el artículo "Los cananeos y la religión cananea"). La infidelidad de Jerusalén comenzó con la introducción de la adoración de ídolos por parte de Salomón y su construcción de muchos santuarios paganos donde los idólatras podían adorar (ver los comentarios sobre 1 Reyes 11:3; 11:5; 11:7). Jerusalén fue infiel al cometer el pecado de la idolatría.

Tomaste tus hijos y tus hijas que habías dado a luz para mí, y los sacrificaste a ellas para que fuesen consumidos (16:20). Sobre el sacrificio de niños en el antiguo Cercano Oriente, ver los comentarios sobre 2 Reyes 3:27. El sacrificio de niños se practicaba en Israel durante los reinados de Acaz (2 Reyes 16:3) y Manasés (2 Reyes 21:6), pero al parecer estaba aún más extendido durante la época de Jeremías (Jer 7:31; 19:5; 32:35). Ezequiel también menciona el sacrificio de niños (Ez 5:10; 23:37; 20:26). Al sacrificar a su descendencia, Jerusalén demostró claramente que era un descendiente moral de antepasados cananeos paganos. La ley de Moisés regula esta práctica claramente (Lv 18:21; 20:2; Dt 12:31; 18:10).

Tú das la paga, en lugar de recibirla (16:34). Las expresiones metafóricas aquí comparan a Jerusalén con una prostituta que paga dinero en lugar de cobrar dinero por su prostitución. Muchos reyes israelitas y judaitas hicieron alianzas con reyes extranjeros y luego les pagaron tributo también.

Te despojarán de tus ropas (16:39). En el antiguo Cercano Oriente, si un hombre desnudaba a su esposa en público, eso significaba un divorcio oficial.

Los contratos descubiertos en Nuzi (siglo XV a. C., norte de Irak) especifican que si una esposa se divorciaba de su esposo, lo dejaba sin ropa.

Vuestra madre fue hetea, y vuestro padre amorreo (16:45). Ezequiel acusa a Jerusalén (en un sentido figurado) de ser como su madre "la hetea" que estaba casada con un amorreo (ver los comentarios sobre Gn 23:3; Dt 1:4), el grupo de personas que los israelitas sacaron de Canaán porque sus pecados habían llegado a un nivel intolerable ante Dios (Gn 15:16). La consecuencia de esto es que la justicia de Dios ahora parece requerir que los israelitas que quedaron en su tierra sean retirados.

El rey infiel (17:1-24)

Una gran águila, de grandes alas (17:3). Por lo general, las águilas en el antiguo Cercano Oriente representaban el esplendor y el poder de los monarcas, solían estar relacionadas con el monarca en la guerra. Es probable que el águila que se menciona aquí se refiera a Nabucodonosor, rey de Babilonia, el que conquistó y destruyó Jerusalén.

Había también otra gran águila (17:7). Mientras que la primera águila representa al rey de Babilonia, la segunda águila representa al faraón egipcio, ya sea Psamético II (595-589 a. C.) o Hofra (589-570 a. C.). El rey Sedequías de Judá había buscado la ayuda de Egipto para liberarse de la hegemonía babilónica (2 Cr 36:13; Jer 35:5-7; 44:30; 52:11). De manera similar, Ezequías había buscado ayuda en Egipto contra los asirios unos cien años antes (cf. Is 28-30).

¿No arrancará sus raíces? (17:9). Arrancar las raíces significa el fin de la existencia nacional (Amós 2:9). Aquí, de una manera específica, se refería a la deportación y el exilio del pueblo de Judá a Babilonia.

Cuando el viento solano la toque (17:10). El viento solano es el viento caliente y seco de Israel conocido como el chamsin. A lo largo del A. T., se le suele representar como un instrumento de la voluntad de Dios (Ex 10:13; 14:21; Sal 78:26; Jon 4:8; Oseas 13:15).

Extenderé sobre él mi red (17:20). Los dioses en el antiguo Cercano Oriente con frecuencia son representados usando redes en sus actos de juicio contra el pueblo.

Lo plantaré sobre el monte alto y sublime (17:22). Otros profetas también emplearon una variedad de expresiones sobre cultivos para señalar al heredero mesiánico del linaje de David (Is 4:2; 11:1; 53:2; Jer 23:5; 33:15; Zac 3:8; 6:12).

Habitarán debajo de él todas las aves de toda especie (17:23). La representación de aves anidando bajo la protección de un líder competente es un símbolo frecuente en la Biblia (Dn 4:20-22; Ez 17:23). La expresión "aves de toda especie" es la que aparece en la historia del diluvio (Gn 7:14).

Abatí el árbol sublime (17:24). Ver los comentarios sobre Dn 4:14.

Responsabilidad individual (18:1-32)

Que no comiere sobre los montes (18:6). Los templos y santuarios paganos se solían construir en las cimas de las montañas. En el A.T., las montañas se citan con frecuencia como el lugar de los sacrificios idólatras (Is 57:7; Ez 20:28; 34:6; Oseas 4:13). La expresión aquí era una forma de afirmar que la persona justa evitaba participar en prácticas idólatras.

Lamento por los príncipes de Israel (19:1-14)

Lo llevaron con grillos (19:4). La expresión "lo llevaron con grillos" se encuentra en una inscripción asiria donde los cautivos son llevados durante el reinado del rey Esar-hadón (680-669 a. C.). Ver también Hab 1:15.

Vino a ser leoncillo... fue tomado en la trampa de ellas (19:3-4). Muchos de los reyes del antiguo Cercano Oriente fueron a la caza del león.

El fin está por llegar (20:1-24:27)

Les juré (20:5). Aquí la palabra hebrea para "juré" es literalmente "alcé mi

Las ruinas de un templo de la época romana construido sobre las ruinas de la ciudadela en la antigua ciudad de Rabá, la capital de los amonitas (ubicada en la ciudad actual de Amán, Jordania).

mano". El método para hacer un compromiso bajo un juramento fue expresado por el gesto físico de levantar la mano hacia el cielo. De las once apariciones de esta frase en el A. T., ocho se encuentran en Ezequiel (Ez 20:5 [dos veces], 15, 23, 42; 36:7; 44:12; 47:14; ver también Ex 6:8; Neh 9:15; Sal 106:26). Dios se había comprometido mediante una solemne promesa divina a elegir a su pueblo, a rescatarlo de la esclavitud en Egipto y a establecerlo en la tierra de Canaán.

Y los contaminé en sus ofrendas cuando hacían pasar por el fuego a todo primogénito (20:26). Este acto se refiere al sacrificio de niños, con frecuencia relacionado con la adoración al dios pagano Moloc (ver los comentarios sobre 1 Reyes 11:5; 2 Reyes 3:27). Según la percepción pagana, cuando se hacía un sacrificio a un dios, eso ponía a ese dios en deuda, ya que se manipulaba al dios para que actúe de una manera favorable hacia quien hizo el sacrificio.

Sirven al palo y a la piedra (20:32). La denominación despectiva de los dioses paganos como el palo y la piedra debió haber sido suficiente para oponerse a la extraña noción de que estos dioses paganos realmente existían. Ver también Dt 4:28; 28:36.

Como incienso agradable os aceptaré (20:41). Normalmente, la frase "incienso agradable" se usa con respecto a la aceptación de Dios de un sacrificio adecuado de cosas como animales, grano, harina, aceite e incienso. Solo aquí en el A. T., la expresión se atribuye a las personas para señalar que Dios está complacido con ellas.

Duplíquese y triplíquese el furor (21:14). La mención de los tres furores de la espada puede referirse a los tres ataques y deportaciones posteriores que los babilonios llevaron a cabo contra Jerusalén durante los años 605, 597 y 588-586 a. C.

Rabá de los hijos de Amón (21:20). Amón era el reino extranjero al este de Judá y el río Jordán, ahora el país actual de Jordania. Rabá, que fue la capital de Amón, es la ubicación de la ciudad capital moderna de Amán, Jordania. La conspiración conjunta de Judá y Amón contra Babilonia en el año 589 a. C. provocó la invasión del ejército babilónico (Jer 27:3).

Ha sacudido las saetas, consultó a sus ídolos, miró el hígado (21:21). La práctica de la belomancia consistía en sacudir flechas hasta que cayeran al suelo, o simplemente lanzar flechas o dispararlas hasta que cayeran al suelo. La formación de estas flechas caídas debía transmitir una interpretación especial con respecto a los acontecimientos futuros. Esto era como una práctica común en el antiguo Cercano Oriente (ver la función similar de las flechas en 2 Reyes 13:15-19). Puede haber sido similar a la práctica actual de sacar pajas. Si las flechas estaban inscritas con nombres de personas o lugares, como algunos sostienen, la práctica era una forma de echar la suerte. Parece que los "ídolos" (*teraphim*) eran dioses domésticos en miniatura (Gn 31:19; Oseas 3:4; Zac 10:2). La hepatoscopia, el análisis del hígado extraído de un animal sacrificado como una forma de adivinación, era una práctica extendida en la antigua Mesopotamia, aunque solo se menciona aquí en el A. T.

Se acuestan con la esposa de su padre (22:10 NTV). La "esposa" a la que se hace referencia aquí quizás sea una madrastra, pero esto es una ofensa muy grave (Lv 20:11).

Samaria, Ahola; y Jerusalén, Aholiba (23:4). Samaria y Jerusalén eran las capitales de los reinos del norte y del sur, respectivamente.

Los nombres Ahola y Aholiba se relacionan con la palabra hebrea para "tienda". Corresponden a las dos capitales según el número de sílabas de cada palabra. Es decir, "Ahola" tiene el mismo número de sílabas que la palabra hebrea para "Samaria", y "Aholiba" tiene el mismo número de sílabas que la palabra hebrea para "Jerusalén". Los nombres recuerdan el período en que Israel vivía en tiendas en el desierto, lo que refuerza la noción de la prostitución desde hace mucho tiempo. La traducción de "Aholiba" (Jerusalén) es "mi tienda está en ella", lo que indica el hecho de que el templo residía en Jerusalén (2 S 6:17; 1 Reyes 8:4; Sal 48:1-14). Samaria y Jerusalén también fueron denominadas como hermanas en Jer 3:6-12. La mención de la madre de las hermanas enfatizaba su origen común de la nación unida de Israel que existió desde los tiempos del éxodo hasta Salomón.

Se enamoró de sus amantes los asirios (23:5). La lealtad del reino del norte de Israel (Samaria) a Asiria durante el reinado de Jehú se puede ver en el Obelisco negro del rey asirio Salmanasar III (que data de ca. 841 a. C.), que menciona a "Jehú hijo de Omri" y muestra al rey israelita Jehú inclinándose ante el monarca asirio, rindiéndole homenaje.[16] Esta "historia de amor" que Israel tiene con los asirios puede estar haciendo alusión a esta sumisión de Jehú o quizás al tributo pagado a los asirios por el rey Manahem (ver los comentarios sobre 2 Reyes 15:16-20) y Oseas (ver los comentarios sobre 2 Reyes 17:1).

Todos los caldeos, los de Pecod, Soa y Coa (23:23). Al principio, la palabra "caldeo", que se usa indistintamente con la palabra "babilónico", se refería a las personas que ocupaban la región al norte del golfo Pérsico. Pecod, Soa y Coa eran tribus arameas al este del río Tigris y estaban aliadas con Babilonia. Es posible que Ezequiel mencionara a pueblos tan ocultos para transmitir a Israel la idea de que "todo el mundo" está o estará en contra del pueblo de Israel (cf. caps. 38-39).

Sus hijos... hicieron pasar por el fuego (23:37). Ver los comentarios sobre 2 Reyes 3:27.

Borrachos (23:42 NTV). La palabra traducida como "borrachos" puede traducirse de una manera alternativa como los "sabeos". Sabá estaba ubicada en el extremo suroeste de la península Arábiga (actual Yemen) y era conocida por ser comercial (ver Job 6:19; también 1 Reyes 10:1-10; Ez 27:22; 38:13).

Pon tu rostro hacia los hijos de Amón, y profetiza contra ellos (25:2). Amón (25:2-7), Moab (25:8-11) y Edom (25:12-14) eran las tres naciones justo al este de Israel y Judá. Los amonitas eran descendientes de Lot (el sobrino de Abraham), quien fue padre y abuelo de los hijos de Amón (ver los comentarios sobre Gn 19:37-38). Amón e Israel tuvieron conflictos frecuentes que se remontan a los días de Jefté en la época de los jueces (Jue 10:6-11:33; 1 S 11:1-11; 2 Reyes 24:1-2; 1 Cr 19:1-20:3; Jer 49:1-6). Amón participó en una conspiración secreta para rebelarse contra Babilonia en el año 593 a. C. (cf. Jer 27:1-7), pero luego se alió con los babilonios contra Judá (2 Reyes 24:1-2). Amón se jactó de una manera malvada de la caída de Judá (Lm 2:15-16). Los amonitas tenían reputación por su idolatría extravagante (1 Reyes 11:7, 33), brutalidad cruel (Amós 1:13), soberbia (Sof 2:9-10) y hostilidad infinita hacia el pueblo de Dios (Dt 23:3-4; Jue 3:13; 1 S 11:1-3; 2 S 10:1-14; 2 Reyes 24:2; Neh 4:3, 7-8). Según Josefo, historiador judío del siglo I d. C., Nabucodonosor, rey de Babilonia, hizo campaña contra Amón y Moab en su año veintitrés, que fue el año 582 a. C.[17] Después, los beduinos del este saquearon a los amonitas.

Seir (25:8). El término "Seir" se usa como sinónimo de Edom. Ver los comentarios sobre Ez 35:2.

He aquí yo abro el lado de Moab (25:9). Al igual que los amonitas, los moabitas eran descendientes de Lot y de una de sus hijas (ver los comentarios sobre Gn 19:37-38). Poco tiempo después de que los israelitas fueran liberados del cautiverio egipcio, los moabitas introdujeron a los israelitas en la adoración de Baal (Nm 21:1-25; 31:16). Después, durante la época del reino dividido, Judá pasó a dominar Moab durante gran parte de su historia restante. Durante la época de Ezequiel, en el tiempo de la destrucción y el exilio, las tropas moabitas unieron fuerzas con Nabucodonosor y atacaron al rey Joacim (2 Reyes 24:2). Cuando Judá fue derrotada, los moabitas se regocijaron (Jer 48:29; Sof 2:8-9). Según Josefo, Nabucodonosor invadió Moab cinco años después de la caída de Jerusalén.[18]

Edom, tomando venganza de la casa de Judá (25:12). La lucha entre Edom y Judá comenzó en el mismo momento de su nacimiento cuando Jacob, el padre de los israelitas, agarró el calcañar de Esaú, el padre de los edomitas, cuando salían del vientre de Rebeca (Gn 25:21-34). En la época de Moisés, cuando los israelitas partieron de Egipto, Edom se negó a dejarlos pasar por su tierra rumbo a Canaán (Nm 20:14-21), a pesar de que el pedido de consideración especial de Moisés se basaba en el reconocimiento de su "hermandad" (Nm 20:14-17).

Este fue el comienzo de una relación de confrontación entre Israel y Edom a lo largo de gran parte de sus historias que compartieron. Hubo conflictos entre Israel y Edom durante los reinados de Saúl (1 S 14:47), Salomón (1 Reyes 11:14-22), Josafat (2 Cr 20:1-23), Joram (2 Reyes 8:21), y Acaz (2 Cr 28:17).

Al parecer, incluso Edom desempeñó una función en la destrucción del templo de Jerusalén (Sal 137:7; Lm 4:21-22; Abd 1-14). Al igual que los moabitas y los amonitas, los edomitas tenían una relación ancestral con los israelitas y, aún así, eran combatientes (Gn 27:40), idólatras (2 Cr 25:14, 20) y crueles (Amós 1:11-12).[19] Sin embargo, a diferencia de Moab y Amón, Edom parece haber asumido un rol especial como "el archienemigo de Israel".

Ruinas de la ciudad de Petra, construida por los nabateos, quienes desplazaron a los edomitas.

No obstante, los profetas declaran que Israel algún día poseerá Edom en el tiempo del fin (Is 11:14; Ez 35:1-36:15; Dn 11:41; Amós 9:12; Abd 18-19) (ver los comentarios sobre Ez 35:2). Durante los siglos IV y III a. C., los edomitas fueron reemplazados poco a poco por los nabateos, quienes luego se convirtieron en la población dominante en esa área hasta la era del N. T. (ver los comentarios sobre Abd 1; Mal 1:2-3; 1:4).

Por lo que hicieron los filisteos con venganza, cuando se vengaron con despecho de ánimo (25:15). Ver el artículo "Los filisteos". Los filisteos emigraron a la costa de Canaán desde Grecia y las islas del mar Egeo (Amós 9:7; Sof 2:5; Jer 47:4). Desde la época de la historia de Israel como en la época de los jueces, estos eran adversarios constantes de Israel (Jue 3:31; 10:7; 13-16; 1 S 4; 13; 31; 2 S 5; 2 Reyes 18:8; 2 Cr 21:16-17; 28:18). La subyugación final de los filisteos no ocurrió hasta la época del reinado de David (2 S 5:17-25). No existen registros de la existencia de los filisteos después de la época de los macabeos (siglo II a. C.). Sin embargo, el nombre posterior de la región de Canaán, "Palestina", se tomó del nombre "filisteo".

Cortaré a los cereteos (25:16). Se entiende que los cereteos (quizás cretenses) son un grupo de personas de origen egeo que se asentaron a lo largo de la costa suroeste de Canaán. Vivieron entre los israelitas de una manera limitada, pero luego David escogió a varios cereteos para que fueran parte de su guardia personal (1 S 30:14; 2 S 8:18). Se les suele mencionar junto con los peleteos con los que formaron una unidad mercenaria durante la época de David (2 S 8:18; 20:23; ver también 2 S 15:18).

Dijo Tiro contra Jerusalén: Ea, bien; quebrantada está la que era puerta de las naciones (26:2). Tiro era una ciudad a lo largo de la costa mediterránea, al norte de Israel, que abarcaba una isla fortificada junto con un asentamiento en la península. Los habitantes de la ciudad de Tiro (los fenicios) eran parte

Una colorida pintura mural del palacio de Cnosos en la isla de Creta.

de la población original que vivía en Canaán antes de que llegaran los israelitas bajo el liderazgo de Josué. Tiro dominó las otras ciudades costeras de Fenicia, pero gran parte del interior de Fenicia también estaba bajo su influencia. Asimismo, con colonias en la costa del norte de África y una poderosa flota de barcos, Tiro ejerció una enorme influencia en toda la región mediterránea.

El nombre hebreo de Tiro es tsor, que significa "roca". Desde una perspectiva militar, la isla fortificada de Tiro, respaldada por su flota dominante, era prácticamente imposible de conquistar. Por ejemplo, aunque los poderosos asirios pudieron conquistar el reino del norte de Israel (722 a. C.), se vieron obligados a abandonar su asedio de cinco años de Tiro que fracasó. Luego, cuando el dominio asirio de la región comenzó a decaer, Tiro ejerció su completa independencia. Joel 3:6 señala que Tiro y Sidón se habían convertido en las principales naciones comerciantes de esclavos en el Mediterráneo, comprando grandes cantidades de esclavos capturados en el ataque babilónico y vendiéndolos de nuevo lejos de casa en lugares como Grecia.

Después de ser derrotados por los babilonios en la batalla de Carquemis (605 a. C.), la influencia de los egipcios disminuyó en la región y Tiro llenó ese vacío, convirtiéndose en una de las potencias importantes que se oponían a Babilonia. Tiro, que en ese momento tenía el poder marítimo predominante del mundo antiguo, se alió con Judá en una rebelión contra el Imperio babilónico (Jer 27:3). Después de que Nabucodonosor derrotó a Jerusalén y destruyó el templo, asedió a Tiro durante trece largos años (585-572 a. C.). Finalmente, no tuvo éxito en su campaña para conquistar la fortaleza de roca ubicada en alta mar, aunque destruyó los territorios peninsulares de Tiro. Fue Alejandro Magno en el año 332 a.C. quien conquistó Tiro. Alejandro construyó una calzada de media milla de largo y doscientos pies de ancho desde la península para permitir que su ejército llegara a la fortaleza y la destruyera, cumpliendo gran parte de la profecía de Ezequiel contra Tiro (cf. 26:14; 27:36). En la actualidad, aún se puede ver esta calzada.

El son de tus cítaras (26:13). Ver el artículo "Instrumentos musicales en Israel y el antiguo Cercano Oriente".

Te pondré como una peña lisa; tendedero de redes serás (26:14). Ver los comentarios sobre Ez 26:2.

Haré subir sobre ti el abismo, y las muchas aguas te cubrirán (26:19). Con estas palabras, el Señor amenaza a Tiro con las mismas expresiones que usó para describir el diluvio de Génesis (Gn 6-8).

Te fabricaron todo el maderaje... mástil... bancos... vela (27:3-7). La ciudad de Tiro era famosa por su flota de barcos. Ezequiel retrata a Tiro como un barco bien construido para simbolizar la forma en que Tiro logró la riqueza.

Cedros del Líbano (27:5). El cedro del Líbano se distinguía por su altura y fuerza (1 Reyes 4:33; 5:6; 1 Cr 17:1-6; Esdras 3:7; Is 2:13), y con frecuencia Israel lo importaba del Líbano para importantes proyectos de construcción.

Tarsis comerciaba contigo (27:12). Se ha debatido la ubicación exacta de Tarsis. La ubicación se ha relacionado frecuentemente con Tartessos de las fuentes clásicas, una colonia fenicia en el oeste de España en el río Guadalquivir y, por lo tanto, en el extremo opuesto del mar Mediterráneo desde Tiro.

Tubal y Mesec (27:13). Ver los comentarios sobre Ez 32:26; 38:2.

Púrpura, vestidos bordados (27:16). Fenicia era famosa por el comercio del tinte púrpura muy caro que se obtenía de los moluscos (ver el artículo "Los cananeos y la religión cananea").

Edén (27:23). En la literatura del antiguo Cercano Oriente, Edén estaba al sur de Harán, y se menciona con Harán en 2 Reyes 19:12. Sobre el término similar "Bet-edén", ver los comentarios sobre Amós 1:5.

Di al príncipe de Tiro (28:2). Los dos candidatos más probables para este rey de Tiro que gobernó en la época de Ezequiel son Itobaal II y Et-baal III. También es posible que las expresiones acerca de este rey fueran intencionalmente poco claras para ocultar su identidad, de modo que cualquier rey de Tiro pudiera ha-

Relieve mural asirio que representa el transporte de troncos de cedro por mar, probablemente enviados desde Tiro.

ber sido su objetivo. Al igual que los habitantes de Tiro, el gobernante de Tiro era culpable por ser soberbio y arrogante (ver 27:1-9; cf. Pr 6:17; 8:13; 16:18).

Tú eres más sabio que Daniel (28:3). La fama de Daniel se había extendido en el exilio, incluso más allá de los límites de su propia nación (ver Ez 14:14, 20; Dn 1:20; 2:48; 4:18; 5:11-12; 6:3). El carácter de Daniel es lo contrario a la soberbia y la arrogancia egocéntrica del rey de Tiro.

Pon tu rostro hacia Sidón, y profetiza contra ella (28:21). Sidón, al igual que Tiro, era una ciudad portuaria fenicia muy importante, ubicada a veinticinco millas del norte de Tiro. Sidón y Tiro se suelen mencionar juntas (Jer 27:3; 47:4; Joel 3:4; Zac 9:2). Durante los tiempos en que Tiro experimentó debilidad, la importancia de Sidón aumentó. Por ejemplo, en el período persa, Sidón se consideraba la principal ciudad fenicia. Es posible que la abrupta y breve inclusión de Sidón en esta recopilación de profecías fuera para que la cantidad total de naciones que se trataron fuera igual a siete. El apoyo a esta interpretación proviene del hecho de que los capítulos 29-32 contienen siete profecías contra Egipto. En cambio, esta profecía puede haber sido originada (como muchas otras) por la participación de Sidón en la rebelión contra Babilonia durante el reinado de Sedequías en Jerusalén (Jer 27:3).

Pon tu rostro contra Faraón rey de Egipto, y profetiza contra él (29:2). Egipto también fue un enemigo constante de Israel, habiendo mantenido a la nación en cautiverio durante cuatrocientos años de su historia inicial. Sin embargo, algo único en esta profecía contra Egipto es la promesa de una restauración de la nación a su tierra después de un período de cuarenta años. Si Egipto cayó ante los babilonios alrededor del año 568 a. C., como se da a entender en las crónicas de los reyes babilónicos, un "cautiverio" de cuarenta años de Egipto hubiera terminado bajo los persas, quienes alentaron a los pueblos exiliados a regresar a sus países de origen (2 Cr 36:22-23). Sin embargo, Egipto nunca volvió a su antigua posición de supremacía en el ámbito internacional.

Gran monstruo que yaces en el cauce de tus ríos (29:3 NVI). En la literatura del antiguo Cercano Oriente, este término "monstruo" (*tannin*) se suele referir al mítico monstruo marino relacionado con el caos, conocido en otros lugares con los nombres de Rahab y Leviatán. Aquí, debido a que el término está estrechamente relacionado con el río Nilo, algunos argumentan que se refiere a un cocodrilo. En la literatura egipcia, a veces se compara al faraón con un cocodrilo. Ya sea que este texto se refiera o no a un cocodrilo, Ezequiel habla del rey de Egipto como el gran monstruo que, como el gobernante de Tiro en el capítulo 28, se atreve a desafiar al Señor. En otros textos del A.T., también se compara a Egipto con un tipo de organismo como un monstruo marino (Job 9:13; 26:12-13; Sal 89:9-10; Is 30:7; 51:9-10).

Cuando te tomaron con la mano, te quebraste (29:7). Ver el artículo "Los egipcios". En 2 Reyes 18:21 e Is 36:6 los asirios declaran que confiar en el faraón es como apoyarse en un bastón que es tan débil como una caña. La caña se rompe y lastima la mano que la sostiene. La declaración aquí se remonta específicamente al posterior intento sin éxito que hizo el faraón egipcio Hofra de apoyar a Jerusalén durante el asedio militar. Su ataque contra el rey babilónico Nabucodonosor en la primavera del año 588 a. C. no logró liberar a Jerusalén (Jer 37:5-10).

El dios cocodrilo egipcio Sobek.

Las ciudades destruidas estarán desoladas por cuarenta años (29:12). "Cuarenta años" es una expresión frecuente en la Biblia para señalar un período de tiempo completo y extenso (Nm 14:33; Jue 3:11; 1 Reyes 2:11). Si Egipto cayó ante los babilonios en el año 568 a. C., como sugieren la mayoría de los registros del antiguo Cercano Oriente, entonces este "cautiverio" de cuarenta años de Egipto terminó bajo los persas.

Y no será ya más para la casa de Israel apoyo de confianza (29:16). Después de la derrota de Babilonia y el ascenso al poder de los persas, Egipto nunca volvió a ser una potencia mundial como lo fue antes.

Nabucodonosor... hizo a su ejército prestar un arduo servicio contra Tiro (29:18). Ver los comentarios sobre Ez 26:2. El asedio de Tiro por Nabucodonosor, que fracasó, duró trece largos años.[20]

Menfis... Zoán... Tebas... Sin (30:13-15). Todas estas eran ciudades importantes en Egipto.

En el año undécimo, en el mes primero, a los siete días del mes (30:20). Esta fórmula de fecha puede indicar que esta profecía fue anunciada poco antes de la caída de Jerusalén ante los babilonios. Es posible que haga alusión al intento del faraón Hofra de rescatar a Judá de la crisis (Jer 37:5).

He quebrado el brazo de Faraón rey de Egipto (30:21). Esta expresión como metáfora se refiere a la derrota del faraón Hofra por el rey babilónico Nabucodonosor, quien intentó ayudar a Jerusalén en el año 588 a. C. (2 Reyes 24:7; Jer 37:5).

He aquí era el asirio cedro en el Líbano (31:3). El Líbano era conocido por sus cedros (Jue 9:15; 1 Reyes 4:33; 5:6; 2 Reyes 14:9; Esdras 3:7; Sal 29:5; 92:12; 104:16; Ez 31:15-18). En el antiguo Cercano Oriente, el cedro

Un dragón en la puerta de Ishtar de Babilonia durante la época de Ezequiel.

solía ser un símbolo de realeza y majestad, y en la Biblia el cedro se menciona con frecuencia en relación con la construcción de edificios lujosos como palacios y templos. En este texto, la caída de Asiria se compara con un cedro alto y magnífico que, aún así, es cortado (31:12), y esta analogía se convierte en la ilustración de la caída de Egipto.

Derribado serás con los árboles de Edén en lo profundo de la tierra (31:18). El árbol moría de una manera vergonzosa como un extranjero incircunciso sin un entierro respetable. Esta realidad era, en especial, dolorosa para la realeza egipcia, ya que el propósito de las pirámides era hacer que los reyes se sintieran cómodos en el más allá.

A leoncillo de naciones eres semejante (32:2). La literatura egipcia demuestra el hecho de que los antiguos faraones se solían comparar con leones feroces. Por ejemplo, un texto inscrito en las paredes de un templo en la ciudad egipcia de Karnak que describe una de las campañas militares del faraón Seti I (1318 1301 a. C.) dice: "Su majestad prevaleció sobre ellos como un león feroz".[21]

Eres como el dragón en los mares (32:2). Muchos estudiosos ven en esta representación de la derrota del faraón por Dios una alusión a las tradiciones mitológicas de la derrota de Dios del dragón marino Leviatán en la creación (Job 38:8-11; Sal 74:12-17; 104:7-9; Is 11:15; 27:1). Se puede ver una buena representación de la combinación de leones y dragones en un contexto real en los paneles de cerámica azul que bordeaban la calle que conducía a la Puerta de Ishtar de Babilonia. Tanto los leones como los dragones se representaban en estos paneles.[22]

Desciende, y yace con los incircuncisos (32:19). Como en gran parte del antiguo Cercano Oriente, la circuncisión se practicaba en Egipto, aunque no se sabe con certeza en qué medida. Algunos han sugerido que solo los faraones y sacerdotes practicaban la circuncisión en Egipto, quienes veían a los demás pueblos incircuncisos con desprecio como si fueran "impuros".[23] Por lo tanto, la referencia a este acto debe considerarse como una metáfora para transmitir la noción de impureza y maldad. De esta manera, se trata de un análisis teológico en lugar que un análisis literal. La frase "los incircuncisos" se usa diez veces en el capítulo 32 (vv. 19, 21, 24-30, 32) para enfatizar la cuestión de que la muerte del faraón es una completa vergüenza y derrota. Egipto se une a otras seis naciones (Asiria, Elam, Mesec, Tubal, Edom, Sidón) en el inframundo, convirtiéndose así en la nación destacada y en la séptima nación que ocupa el inframundo.

Allí Mesec y Tubal (32:26). Mesec y Tubal (cf. 27:13) probablemente estaban ubicados en la frontera norte de la moderna Turquía oriental y central. En los capítulos 38 y 39, se los representa como aliados de Gog (ver los comentarios sobre Ez 38:2).

El atalaya recomisionado (33:1-33)

Lo pusiere por atalaya (33:2). En el antiguo Cercano Oriente, los principales pueblos solían tener atalayas que se colocaban en un puesto de vigilancia más alto, ya sea en la puerta de la ciudad (2 S 18:24) o en una torre construida específicamente para este propósito (2 Reyes 9:17). Las cartas de Laquis (una recopilación de breves comunicados escritos en fragmentos de cerámica entre los comandantes de las fortalezas de Judá durante la invasión babilónica de Judá) indican que se usaron señales de humo para comunicarse entre las ciudades fortificadas. Por lo tanto, los atalayas probablemente eran los responsables de alertar no solo a su propio pueblo de los invasores que se acercaban, sino también a todos los demás pueblos que estaban dentro del alcance de las señales de humo. Aquí el atalaya debía hacer sonar la alarma con una trompeta (33:3-5). Los atalayas (o, a veces, "centinelas") y torres de vigilancia se mencionan muchas veces en el A. T. (2 S 18:24-25; 2 Reyes 9:17; Is 21:6-12; Jer 4:5; 6:1,17; Oseas 8:1; Amós 3:6; Hab 2:1). El atalaya no era responsable del destino del pueblo si él les advertía, pero era el único responsable si no lo hacía.

En el mes décimo... vino a mí un fugitivo de Jerusalén (33:21). El tiempo que le tomó a un mensajero llegar a Ezequiel fue de cinco a seis meses. En Esdras 7:9, este viaje, yendo desde Babilonia hasta Jerusalén, también tomó cinco meses.

Abraham era uno (33:24). Esta frase hace alusión a los relatos de Abraham en Génesis 12-22.

Los pastores de Israel (34:1-31)

Profetiza contra los pastores de Israel (34:2). La frase "pastores de Israel" era una metáfora que se usaba para referirse a los líderes políticos de Israel, quizás sobre todo a los reyes. Esta representación del pastor se usa con frecuencia en todo el A. T. (2 S 7:7; Sal 78:70-72; Is 44:28; 63:11; Jer 10:21; 23:1-6; 25:34-38; Miq 5:4-5; Zac 11:4-17). Esta también era una metáfora común para los reyes y otros líderes en todo el antiguo Cercano Oriente. Ya en el siglo XVIII a. C., por ejemplo, el rey babilónico Hammurabi era llamado pastor.

Cuando rompa las coyundas de su yugo (34:27). Ver los comentarios sobre Jer 27:2. El término "yugo" aparece más de cincuenta veces en la Biblia. El yugo era la barra o el marco de madera que se usaba para unir a los animales, lo cual les permitía jalar una carga pesada; las barras del yugo consistían en estacas de madera que se insertaban a través de los agujeros en el yugo y se ataban debajo del cuello del animal con cuerdas, formando un collar (Lv 26:13; Is 58:6; Jer 27:2; 28:10-13; Ez 30:18). El yugo podía ser un símbolo de esclavitud o de unión, pero muchas veces en el A. T., como aquí en el capítulo 34, la representación es de la esclavitud de la dominación extranjera (ver Dt 28:48; Jer 27:8-12).

La Tierra (35:1-36:15)

Pon tu rostro hacia el monte de Seir (35:2). El monte de Seir es el nombre antiguo de las regiones montañosas al sur del mar Muerto a ambos lados del Valle del Rift que se extiende al sur hasta el golfo de Áqaba, una región habitada durante la era del A.T. por los edomitas (Gn 32:3; 36:8-9; Dt 2:1-29). En Ezequiel, tanto aquí como en el 25:8, el término "Seir" o "monte de Seir" se usa como sinónimo de Edom. Referirse a Edom como el "monte de Seir" aquí probablemente sirva para relacionarlo como una comparación con "los montes de Israel" en el capítulo 36. Según Is 34:5 y 63:1-4, hay evidencias que señalan el hecho de que Edom a veces se usaba como el representante de los enemigos de Israel en general. Lo más probable es que Edom se haya mencionado aquí para representar el juicio que Dios infligió sobre todas las naciones que se opusieron a Israel. La destrucción de Edom señalaba el inicio del juicio de Dios sobre todos aquellos que se habían opuesto a la nación de Israel (ver los comentarios sobre Ez 25:12).

Yo haré conforme a tu ira, y conforme a tu celo con que procediste, a causa de tus enemistades con ellos (35:11). Esta expresión ("Yo haré conforme"), la cual señala que un castigo debe ser proporcional a una acción o un delito, pasó a conocerse como el lex talionis. El concepto se puede ver en principio en Gn 9:6 ("El que derramare sangre de hombre, por el hombre su sangre será derramada") y de una manera más clara en la información sobre las leyes que se encuentra en Ex 21:23-25 ("vida por vida", "ojo por ojo", etc.) y Lv 24:19-20 ("rotura por rotura", "ojo por ojo", etc.). Estas leyes señalan que la ejecución de la justicia debe ser imparcial y que el castigo debe ajustarse al delito. El principio descartaba el castigo excesivo por cualquier delito cometido o violación ilícita. Al contrario de la mala interpretación común en nuestra cultura moderna, esta ley no autoriza la venganza personal. La cuestión es que el castigo de Edom se ajustará a su crimen.

La reputación de Dios (36:16-38)

Esparciré sobre vosotros agua limpia (36:25). El agua se usaba para la limpieza ritual tanto en Israel como en todo el antiguo Cercano Oriente. Aunque las acciones y el propósito no están claramente definidos, lo más probable es que el agua se usaba en las limpiezas rituales, así como en la limpieza práctica, en relación con el templo. Esto se logró de una manera significativa por el gran mar de bronce y las diez cuencas de agua que se desplazaban justo afuera del edificio principal del templo (1 Reyes 7:23-39) (ver los comentarios sobre 1 Reyes 7:23; 7:27-39).

Pueblo revivido y unido (37:1-28)

Entró espíritu en ellos, y vivieron (37:10). El proceso de dos etapas de formar el cuerpo físico y después llenarlo con el aliento de vida sigue el modelo de la creación del primer hombre, Adán, en Gn 2:7, como lo señala el uso del mismo verbo hebreo (nafah) en ambos casos ("sopla sobre estos muertos" [Ez 37:9]; "sopló... en su nariz" [Gn 2:7]). En ambos casos, los cuerpos no vivieron hasta que recibieron una infusión del Espíritu.

Juicio y protección escatológica (38:1-39:29)

Pon tu rostro contra Gog en tierra de Magog (38:2). Ha existido una amplia variedad de puntos de vista con respecto a la identidad de Gog y Magog. Con respecto a Gog, una teoría es que se trata de una referencia a un hombre llamado Giges, que fue rey de Lidia en el siglo VII a. C.

Sin embargo, incluso si este fuera el caso, este mismo Gog al parecer ha sido rediseñado metafóricamente desde su contexto histórico en el siglo VII para referirse a un líder que se opondrá a Israel en el futuro escatológico. Aparte de la breve mención de una persona que no está relacionada llamada Gog en la genealogía de 1 Cr 5:4, la única otra aparición de ese nombre en la Biblia es en Ap 20:8, donde Gog parece trascender las categorías históricas y convertirse en un símbolo del anticristo. Si esto es correcto, entonces la identidad original de Gog importa poco porque Gog se convierte en un símbolo transnacional del mal, muy parecido a Edom y Egipto (p. ej., Ex 15; Is 34; 63:1-6; Mal 1:2-5).

Príncipe soberano de Mesec y Tubal (38:2). Los dos nombres, Mesec y Tubal, se mencionaron antes (27:13) como las naciones con las que comerciaba la ciudad de Tiro ("negociaban contigo, y a cambio de tus mercancías te ofrecían esclavos y objetos de bronce" NVI) y, junto con Asiria, Elam, Edom, Sidón y Egipto, como habitantes del Seol, el inframundo (32:26). Se mencionan en los registros de los asirios (conquistados por Sargón II) y los persas. El antiguo historiador griego Heródoto también los menciona. Estas referencias sitúan su ubicación en el centro y este de Turquía. Los asirios se referían a Mesec como "Mushku", y en el siglo VIII a. C. el rey de Mushku era Mita, conocido en la literatura griega como Midas, el rey legendario del toque de oro.[24]

Debido a que la palabra hebrea para "soberano" (rosh) tiene un sonido similar al nombre nacional "Rusia", algunos escritores han intentado identificar a Rusia con la palabra traducida como "soberano" en el 38:2 ("el príncipe soberano"). Aunque la Septuaginta translitera la palabra hebrea al griego (Rōs), esta es prácticamente la extensión posible de la evidencia para esa suposición. La documentación más antigua del nombre Rus (Rusia) data del siglo IX d.C., un nombre probablemente traído por los vikingos a la zona alrededor de Kiev. La identificación popular de Rosh con Rusia se basa en una etimología errónea, las similitudes en el sonido entre "Rusia" y "Rosh" son solo coincidencias. Rosh nunca aparece como una nación en ninguna otra lista bíblica (o no bíblica) de nombres de lugares, mientras que todos los demás nombres que se mencionan en este pasaje están bien documentados (cf. Gn 10:1-7; 1 Cr 1:5-7; Ez 27:13-24; 32:26). Aquellos que identifican "Meshech" con Moscú y "Tubal" con Tobolsk también lo hacen con evidencias etimológicas erróneas y demasiado especulativas.

Yo daré a Gog lugar para sepultura allí en Israel, el valle de los que pasan al oriente del mar (39:11). Este proyecto de entierro será tan masivo que bloqueará el paso normal de las personas. El nombre del valle será renombrado como el valle de Hamon Gog ("Valle de la horda de Gog").

El único valle que fluye en dirección este-oeste en Israel es el valle de Jezreel. El valle de Jezreel se extendía hacia el oeste desde la ciudad de Jezreel hasta la llanura de Aco, al sur de Ibleam. El valle de Jezreel era un punto estratégico fundamental en la ruta de Egipto a Damasco en los tiempos bíblicos. Otra posibilidad es considerar "Hamon Gog" como un juego de palabras sobre el "valle de Hinom", el valle junto a Jerusalén donde se practicaba el sacrificio de niños (Jer 2:23; 7:31-32), ubicando así a este valle justo al lado de Jerusalén.[25]

Di a las aves de toda especie, y a toda fiera del campo: Juntaos… sacrifico para vosotros (39:17). En el antiguo Cercano Oriente, la práctica de arrojar los cadáveres sacrificados al campo abierto para que se los comieran las aves y los animales salvajes no solo se consideraba un castigo humillante, sino también una maldición. Esta práctica está muy documentada en los textos del antiguo Cercano Oriente y, con frecuencia, aparece como un castigo (y una maldición) por las violaciones de los tratados.[26]

Templo nuevo (40:1-43:12)

Un varón… tenía un cordel de lino en su mano, y una caña de medir (40:3). Hay muchos casos en el antiguo Cercano Oriente, tanto en documentos literarios como en la iconografía (pinturas, estatuas, grabados, etc.), donde la construcción de un templo se anticipa con actividades topográficas, con frecuencia con un cordel y una caña de medir.[27]

La caña de medir… seis codos de a codo (40:5). Las cañas de medir eran herramientas comunes que se utilizaban en la topografía y en la construcción de edi-

La Puerta Oriental (Dorada) al monte del Templo en Jerusalén en la actualidad. Esta puerta fue sellada durante la época de las Cruzadas. La mayor parte del muro y la puerta que se pueden ver en la actualidad se construyeron durante la ocupación musulmana de Jerusalén entre los años 969 y 1541 d. C. Sin embargo, algunos de los bloques de piedra más bajos y los bloques subterráneos pueden datar del Primer Templo.

ficios. Varias cañas de medir egipcias han sobrevivido desde la antigüedad. La unidad de medida común en la Biblia (así como en todo el antiguo Cercano Oriente) era el codo, aproximadamente la distancia desde el codo hasta la punta de los dedos (17 a 18 pulgadas). La inscripción de Siloé (siglo VIII a. C.) señala que el túnel de Ezequías tenía 1200 codos de largo. La medida actual del túnel, dividida por 1200, produce una longitud de codo de 17,6 pulgadas. Este término se usa con mucha frecuencia en la Biblia (más de doscientas veces), sobre todo cuando el texto trata de las dimensiones del tabernáculo (Ex 25-38) o del templo (1 Reyes 6-7; 2 Cr 3-4). Sin embargo, tanto los egipcios como los babilonios al parecer tenían dos medidas de codo oficiales, un "codo corto" (17 a 18 pulgadas) y un "codo largo" o "codo real", que era más largo (21 a 24 pulgadas). No obstante, aunque estas medidas eran precisas a nivel local, se puede decir a partir de los rangos citados anteriormente que variaron un poco a lo largo del antiguo Cercano Oriente. Por lo tanto, en la actualidad, es difícil para nosotros decir con precisión exacta cuánto mide un codo. Al parecer, 2 Crónicas 3:3 explica que el templo de Salomón había sido construido según el codo antiguo y más corto. El texto hebreo en Ez 40:5, menciona que la caña de medir tenía seis codos de largo, cada uno de un codo y un palmo (el ancho de una mano), probablemente aclarando que el topógrafo en Ezequiel estaba usando la longitud de codo más larga y más reciente en su medición.[28]

Vino a la puerta... cada cámara tenía seis codos por un lado, y seis codos por el otro... tres cámaras a cada lado (40:6-16). La puerta y su vestíbulo que se describen en este pasaje son similares (aunque más grandes que la mayoría) a muchas puertas más antiguas que se han excavado en Israel (p. ej., las ciudades de Gezer, Hazor, Meguido). Los cuartos de guardia también formaban parte del templo de Salomón (1 Reyes 14:28; 2 Cr 12:11).

Me llevó luego a la puerta, a la puerta que mira hacia el oriente (43:1). Ezequiel menciona varias veces la orientación hacia el oriente de la puerta principal (p. ej., 40:6-10, 22; 42:15; 43:1-4; 44:1). Tanto el tabernáculo como el templo de Salomón estaban orientados con dirección de este al oeste con la entrada principal que mira hacia el este (al igual que muchos templos del antiguo Cercano Oriente). Así como Ezequiel fue testigo de la partida del Señor por la puerta este del templo de Salomón (10:18-19), aquí el Señor regresa por la misma puerta.

Reglas para la adoración (43:13-46:24)

La puerta exterior del santuario, la cual mira hacia el oriente... estaba cerrada (44:1). En aquel momento, la puerta del oriente estaba cerrada, al parecer ahora destinada para ser utilizada solo por el Señor (44:2). La ciudad de Babilonia tenía una "Puerta sagrada", que estaba cerrada en todo momento para los humanos, pero se abría en ocasiones especiales para permitir la entrada de Marduk (el dios principal de la ciudad) y otras deidades.[29]

Tierra de bendición (47:1-48:35)

Las aguas descendían de debajo… del altar (47:1). A lo largo del antiguo Cercano Oriente existe una estrecha relación entre los templos y el agua que fluye. A veces, los templos se construían sobre manantiales para permitir que el agua fluya hacia arriba y a través del templo.[30] De manera similar, hay varias representaciones en el antiguo Cercano Oriente de agua en los templos que fluyen de los jarrones. Algunos estudiosos proponen que los términos hebreos que se usan aquí sugieren la representación y el contexto del jarrón.[31]

- Génesis
- Éxodo
- Levítico
- Números
- Deuteronomio
- Josué
- Jueces
- Rut
- 1 Samuel
- 2 Samuel
- 1 Reyes
- 2 Reyes
- 1 Crónicas
- 2 Crónicas
- Esdras
- Nehemías
- Ester
- Job
- Salmos
- Proverbios
- Eclesiastés
- Cantares
- Isaías
- Jeremías
- Lamentaciones
- Ezequiel

Daniel

- Oseas
- Joel
- Amós
- Abdías
- Jonás
- Miqueas
- Nahúm
- Habacuc
- Sofonías
- Hageo
- Zacarías
- Malaquías

Daniel

William B. Nelson

Introducción. El género (estilo literario) de Daniel es apocalíptico, el cual es una forma tardía de la profecía que se caracteriza por tener visiones crípticas bastante simbólicas, periodización de la historia, mediadores celestiales, con frecuencia una batalla en los últimos tiempos y la venida del reino eterno de Dios. El libro está escrito en dos idiomas: hebreo y arameo. Comienza en hebreo (1:1-2:4a), cambia al arameo (2:4b-7:28) y luego vuelve al hebreo en los últimos cuatro capítulos (caps. 8-12). Además, la sección aramea está muy organizada en una estructura quiástica; es decir, los seis capítulos forman una estructura A B C C' B' A' de la siguiente manera:

- A Sueño de los cuatro reinos después del reino de Dios (cap. 2)
  - B Liberación milagrosa (de un horno de fuego ardiente) (cap. 3)
    - C Juicio a un rey (Nabucodonosor) (cap. 4)
    - C' Juicio a un rey (Belsasar) (cap. 5)
  - B' Liberación milagrosa (de un foso de leones) (cap. 6)
- A' Visión de los cuatro reinos después del reino de Dios (cap. 7)

Elamitas siendo deportados al cautiverio por los asirios.

Tradicionalmente, este libro se atribuye al profeta Daniel, quien fue llevado a Babilonia durante el exilio. Sin embargo, muchos estudiosos creen que el libro fue compuesto por un autor anónimo en el siglo II a. C.

Sin embargo, ya sea que haya sido escrito antes o después, parece que este libro aborda el contexto de los judíos que vivían en el siglo II a. C. y que sufrían persecución bajo el malvado tirano Antíoco IV Epífanes, un rey seléucida. Su propósito es animarlos a que sigan siendo fieles, incluso si son martirizados, porque serán resucitados "para vida eterna" (12:2).

Daniel y sus amigos exiliados en Babilonia (1:1-21)

En el año tercero del reinado de Joacim (1:1). Joacim fue rey de Judá y reinó en Jerusalén desde el año 609 hasta el 598 a. C. (ver los comentarios sobre 2 Reyes 23:36-24:7). Debido a que el reinado de Joacim comenzó en el año 609 a. C., el asedio y la primera deportación que se menciona aquí en el 1:1 datarían alrededor del año 606 a. C. y consistiría en tres deportaciones diferentes. Sin embargo, basándose en 2 Reyes 24 y 2 Cr 36:5-9, muchos estudiosos consideran solo dos deportaciones y sitúan la primera deportación en el año 597 a. C..[1]

Nabucodonosor (1:1). Nabucodonosor II fue rey de Babilonia desde el año 605 hasta el 562 a. C. (ver el artículo "Los babilonios").

Los trajo a tierra de Sinar, a la casa de su dios (1:2). El dios principal de los babilonios y líder de su panteón era Marduk (ver la sección sobre la religión de Babilonia en el artículo "Los babilonios"). A lo largo del antiguo Cercano Oriente, los templos se solían usar para exhibir trofeos de guerra. Por ejemplo, los filisteos tomaron el arca del pacto y la colocaron en su templo de Dagón (1 S 5:1-7). Después de matar a Saúl, los filisteos pusieron sus armas en el templo de Astarté (1 S 31:10).

Babilonia (1:2 NVI). Aquí el texto hebreo menciona "Sinar", como lo registra la nota al pie de página de la CSB. Probablemente, Sinar hace referencia a la región más general en la que se encontraba la ciudad de Babilonia (Gn 11:2; 14:1, 9), a veces se usa para referirse específicamente a Babilonia (Zac 5:11), y por lo tanto, muchas versiones en español lo traducen como "Babilonia".

Les enseñase las letras y la lengua de los caldeos (1:4). Se denomina "caldeo" a un grupo de personas en el 5:30 y 9:1.

La Puerta de Ishtar de la ciudad de Babilonia, reconstruida en un museo de Berlín.

Sin embargo, aquí y en el 2:2 5, 10; 3:8; 4:7; 5:7, 11, este término se refiere a los consejeros reales: astrólogos, magos, adivinos, intérpretes de sueños y videntes.

Su idioma era el acadio, y su literatura incluía leyendas y mitos babilónicos, textos sobre la interpretación de sueños, textos sobre cómo leer los hígados de animales para hacer presagios (ver los comentarios sobre Ez 21:21), y textos sobre prácticas mágicas y rituales religiosos (ver la sección sobre literatura y cultura en el artículo "Los babilonios"). Sin embargo, aunque Daniel y sus amigos dominaron el plan de estudios "diez veces mejores que todos los magos y astrólogos" (1:20), cuando Daniel interpretó los sueños, lo hizo con la ayuda de Dios, no con la sabiduría babilónica (1:17; 2:19, 27-28; 4:9, 18; 5:11, 14).

Propuso en su corazón no contaminarse con la porción de la comida del rey, ni con el vino (1:8). No se menciona la causa de esta contaminación que Daniel estaba evitando. Quizás la comida real contenía cosas prohibidas por la ley de Moisés (p. ej., sangre, cerdo), pero es desconcertante por qué se menciona el vino, ya que el vino no estaba prohibido. Tal vez había algunos rituales religiosos profanos o, dado que el libro de Daniel se usó para predicar a los judíos en la era helenística posterior, quizás les advertía que no participen en el culto de Dionisio, el dios del vino.

Rey Ciro (1:21). Ciro era el rey de Persia (ver la sección sobre Ciro en el artículo "Los persas").

Visión de una estatua de Nabucodonosor (2:1-49)

Esta imagen, que era muy grande, y cuya gloria era muy sublime, estaba en pie delante de ti (2:31). Hay referencias a imágenes muy grandes en el antiguo Cercano Oriente. Por ejemplo, el historiador griego Heródoto habla de una estatua de oro en el templo de Bel en Babilonia que tenía doce codos (unos 17,5 pies) de altura.[2] Los arqueólogos han encontrado muchas estatuas cubiertas de metales (oro, plata, bronce). Además, existen paralelismos con este sueño: Gudea de Sumer vio a un hombre gigantesco en su sueño; el faraón Merneptah fue testigo de una gran aparición del dios Ptah.[3]

Oro fino… plata… bronce… hierro… en parte de hierro y en parte de barro cocido (2:32-33). El antiguo escritor griego Hesíodo (siglo VIII a. C.) mencionó cinco períodos históricos caracterizados por metales que reducían su valor: oro, plata, bronce, una era de semidioses (sin un metal) y hierro.[4] El poeta latino Ovidio (finales del siglo I a. C. hasta principios del siglo I d. C.) dividió la historia en períodos similares: oro, plata, bronce y hierro.[5]

El cuarto reino (2:40). El tema de los tres reinos sucesivos se remonta a la era persa y se señalan como Asiria, Media y Persia. El antiguo historiador griego Heródoto también relató este esquema.[6] Después de que Alejandro Magno conquistó gran parte del mundo conocido, esta ubicación creció a cuatro reinos, siendo Grecia el último. Con el paso del tiempo, se agregó a Roma como el quinto reino.[7] El autor de Daniel adaptó este criterio para su uso. No estaba preocupado por Asiria, así que la sustituyó por Babilonia, porque los babilonios habían destruido Jerusalén y el santo templo. El cuarto reino, tanto aquí como en el capítulo 7, probablemente sea Grecia, que es importante debido a las persecuciones que los judíos soportaron bajo el malvado rey seléucida Antíoco IV, un descendiente cultural y político de Alejandro Magno. Sin embargo, debido a que el reino de Dios no llegó en la era helenística, algunos interpretan los cuatro reinos como Babilonia, Medo-Persia, Grecia y Roma. No obstante, esto en realidad no es útil, porque la plenitud del reino de Dios, con la apariencia de alguien con aspecto humano que viene en las nubes (7:13), tampoco ocurrió en el período romano.

El horno de fuego (3:1-30)

Una estatua de oro (3:1). Ver los comentarios sobre Dn 2:31.

Sesenta codos, y su anchura de seis codos (3:1). El texto dice "sesenta codos de alto y seis codos de ancho". Un codo medía aproximadamente dieciocho pulgadas, aunque esto variaba y un codo pudo haber sido más largo en esa época (ver los comentarios sobre Ez 40:5). Aunque es muy alta, esta estatua no es única. El coloso de Rodas tenía setenta codos de alto (aproximadamente 105 pies). Sin embargo, estas dimensiones brindan una proporción muy inusual de la altura y anchura para una estatua (10:1); esta era demasiado delgada. Se han hecho diferentes sugerencias para explicar esto. Tal vez el autor usó dimensiones cómicas para ridiculizar al ídolo. Quizás tenga la intención de mostrar la inclinación de Babilonia por el sistema numérico sexagesimal (basado en el número sesenta). O tal vez la estatua era un obelisco o un pilar con una imagen más pequeña y con una proporción más humana en la parte superior.

Trompetas, flautas, cítaras, liras, arpas, zampoñas y otros instrumentos musicales (3:5 NVI). Es probable que el primer término se refiera a un cuerno de carnero o shofar. El segundo término proviene de una raíz que significa "silbar" o "sisear", por lo que se suele traducir como "flauta" o "pipa". El tercero es un préstamo del griego kitharas o kithara, del cual proviene la palabra "guitarra" y "cítara". La CSB y la NVI mencionan "cítara", pero otras versiones mencionan "arpa" o "lira". El cuarto instrumento no es tan exacto; puede indicar un instrumento de cuerda con forma de un triángulo, conocido como "trígono" (NRSV). La DHH y la NVI optan por la "lira". La mayoría está de acuerdo en que el quinto es un "arpa". El sexto sustantivo puede referirse a un instrumento (tal vez "tambor" o "tamboril"), pero dado que es la palabra de la cual procede "sinfonía", podría sugerir la hermosa armonía que se produce por el conjunto, por ello se menciona "otros instrumentos musicales" (NVI). El tercero, quinto y sexto término son de origen griego, lo que sugiere una fecha posterior para el libro de Daniel o la presencia de griegos (o músicos griegos) en la corte de Nabucodonosor. Ver el artículo "Instrumentos musicales en Israel y el antiguo Cercano Oriente".

Un horno de fuego ardiendo (3:6). Algunas leyes en el antiguo Código Hammurabi de Babilonia establecen la quema como el castigo por algunas ofensas, y este castigo aparece en los registros del antiguo Cercano Oriente.[8] La Biblia también parece que permite el castigo con fuego en ciertos casos (Gn 38:24; Lv 21:9; Jos 7:15, 25; Jer 29:21-22).

El aspecto del cuarto es semejante a hijo de los dioses (3:25). Dentro de la Biblia, los hijos de Dios suelen ser seres celestiales o ángeles que son miembros del consejo divino o de la corte de Dios (Gn 6:2, 4; Dt 32:8 [pie de página de la LXX y NVI]; 1 Reyes 22:19; Job 1:6; 2:1; 38:7; Sal 29:1; 82:6). Aunque algunos escritores han argumentado que esta cuarta persona es el Jesús preencarnado (basándose con frecuencia en la versión JBS: "El cuarto es semejante al hijo de Dios"), el 3:28 parece identificar de una manera clara al cuarto como un ángel.

Juicio y restauración para Nabucodonosor (4:1-37)

En medio de la tierra un árbol (4:10). En todo el antiguo Cercano Oriente, la representación de un gran "árbol cósmico" que une el cielo y la tierra aparece con bastante frecuencia en el arte, la iconografía y la literatura; aquí refleja al árbol de la vida (Gn 2:9). El árbol se encuentra en medio de la Tierra (no

El rey asirio Asurnasirpal de pie junto a un árbol sagrado acompañado con genios protectores alados.

"tierra" como si estuviera limitado a una región); es bastante alto con sus ramas que se elevan hacia el cielo; proporciona bastantes alimentos y refugio protector para todos. En la antigüedad, el pueblo creía que el rey podía ayudar a preservar el orden cósmico participando en ritos religiosos. Por lo tanto, no es sorprendente que Nabucodonosor sea representado como este árbol y que a veces los reyes fueran representados como árboles en las ilustraciones.

He aquí un vigilante y santo descendía del cielo (4:13). La palabra "vigilante" y los conceptos relacionados aparecen con frecuencia en textos judíos no bíblicos de la era griega y romana. Los primeros treinta y seis capítulos de 1 Enoc, por ejemplo, se titulan "El Libro de los Vigilantes", que data de alrededor del siglo III a. C. Este término también aparece en los Rollos del mar Muerto. Aunque el término "vigilante" puede usarse para denominar a los ángeles caídos (sobre todo en la literatura posterior), también puede referirse a los ángeles fieles.[9]

Derribad el árbol (4:14). Sobre el "árbol cósmico", ver los comentarios sobre Dn 4:10. Las representaciones de un árbol cósmico similares al del 4:10-12 también se encuentran en Ez 17; 31. Los árboles son altos con ramas fructíferas, ofreciendo sustento y hogar a todas las criaturas. Incluso se dice que el árbol en Ez 31 es más grande que todos los árboles del Edén, el jardín de Dios (vv. 8-9). Dios trae juicio como consecuencia del orgullo, un tema común en los tres textos.

Siete tiempos (4:16). "Siete tiempos" también aparece en el 4:23, 25, 32. Muchos estudiosos están convencidos de que existe alguna relación entre esta historia en el capítulo 4 y una historia que aparece en los Rollos del mar Muerto sobre el rey de Babilonia Nabonido, titulada "La oración de Nabonido". En esa historia, Nabonido sufre una aflicción de siete años, pero luego ora y confiesa su pecado, y después un exorcista judío lo sana.[10]

Su pelo creció como plumas de águila, y sus uñas como las de las aves (4:33). Se usa expresiones similares sobre Ahiqar en la antigua historia popular conocida como "Las palabras de Ahiqar" (siglo VII al VI a. C.). El héroe de la historia, Ahiqar, era un próspero visir del rey asirio. Después de ser acusado injustamente, es condenado, pero un siervo lo rescata y le da refugio. Durante su escondite, su cabello crece largo como el de un animal y sus uñas se vuelven "como las garras de un águila".[11] Al final, Ahiqar es absuelto de los cargos y, como Nabucodonosor en el capítulo 4, es reincorporado.

La escritura en la pared (5:1-31)

Rey Belsasar (5:1). Nabonido fue el último rey de Babi-

Estela de granito rota del rey de Babilonia Nabonido, cubierta con inscripciones.

lonia. Aunque Belsasar era el príncipe heredero y regente, y cumplía con algunos deberes reales mientras su padre, el rey Nabonido, estaba fuera, Belsasar nunca fue llamado realmente "rey" en los registros antiguos; tampoco pudo celebrar el festival de Akitu (o Año Nuevo) durante la ausencia de su padre, ya que esto era algo que solo el rey podía hacer.

Hizo un gran banquete a mil de sus príncipes, y en presencia de los mil bebía vino (5:1). Tanto Heródoto como Jenofonte, historiadores de la Grecia antigua, también señalan que se estaba llevando a cabo un festival babilónico la noche en que el rey persa Ciro tomó Babilonia. Jenofonte relató que la fiesta consistía en beber; Heródoto no mencionó el baile.

Caldeos (5:7). Ver los comentarios sobre Dn 1:4.

MENE, MENE, TEKEL, UPARSIN (5:25-29). Todos estos términos son palabras para los pesos, pero la traducción y el significado de estos términos no son claros. Lo complicado es el hecho de que las palabras que se usan en la explicación (5:26-28) no coinciden exactamente con las palabras usadas en el 5:25 para la inscripción. En el 5:25, la primera palabra, que se repite dos veces, se refiere a una mina, que era de unos sesenta siclos. La tercera palabra está en arameo para "siclo", y la cuarta significa "mitades", lo que probablemente indica medias minas (o, poco probable, medios siclos). Cabe destacar que mientras el término "mene" se repite dos veces en el 5:25, en la explicación que sigue en el 5:26 solo se menciona un "mene". Quizás el segundo "mene" en el 5:25 es una dictografía (un error del escriba por el cual algo se repite por un accidente), o quizás simplemente no sabemos el significado de la repetición. También, respecto a la cuarta palabra en la inscripción (5:25), el término citado es "uparsin", pero en la siguiente interpretación (5:28) la palabra que se explica es "peres".

Para fines interpretativos, parece que la explicación (5:26-28) debe tener prioridad para determinar el significado de la inscripción. Sin embargo, los estudiosos no se ponen de acuerdo sobre cómo entender los pesos. Algunos sugieren que cada uno de los tres pesos simboliza uno de los tres reyes de Babilonia (Nabucodonosor, Nabonido, Belsasar). Otros proponen que los pesos se deben sumar. Señalan que si el peso final está en plural y significa "mitades", entonces el total es sesenta siclos más un siclo, más dos mitades (un siclo), lo que equivale a sesenta y dos siclos. No obstante, mientras que el número sesenta y dos aparece en unos versículos después (5:31) como la edad de Darío el Medo y también aparece de una manera destacada en el esquema cronológico de Daniel (9:25-26), no está del todo claro cuál sería esta relación, y el texto en sí mismo no establece ninguna relación. En contraste, en el 5:26-28, Daniel reinterpreta los tres sustantivos como verbos que dictan un juicio sobre Belsasar y su reino.

Darío de Media (5:31). Esta referencia es desconcertante y, otra vez, no hay un consenso entre los estudiosos sobre cómo entender este texto. No hay testimonio de nadie llamado "Darío de Media" en los registros históricos de

Un mural en el palacio del rey asirio Asurbanipal que representa la liberación de un león para la caza real del león.

este período. Tanto los anales históricos como las Escrituras afirman que Ciro el persa fue quien conquistó Babilonia (en 539 a. C), no Darío de Media. Después, hubo tres reyes persas llamados Darío, pero el primero no llegó al poder hasta el año 521 a. C. Se han hecho sugerencias para identificar a Darío el Medo con Ciro, o uno de sus subordinados, pero no hay un consenso.

Daniel en el foso de los leones (6:1-28)

Pareció bien a Darío constituir sobre el reino ciento veinte sátrapas (6:1). La palabra "sátrapa" se refiere a un gobernador provincial. Aunque Darío el Medo es desconocido fuera del libro de Daniel (ver los comentarios sobre Dn 5:31), se sabe que el rey persa Darío I Histaspes (521-486 a. C.) dividió su imperio en unas veinte satrapías o provincias (ver la sección sobre Darío en el artículo "Los persas").

Foso de los leones (6:7). Al parecer, en la antigua Mesopotamia, los reyes solían participar en las cacerías reales de leones. Hay una extensa serie de relieves en murales que representan estas cacerías reales de leones que se descubrieron en el palacio del rey asirio Asurbanipal (alrededor del año 645 a. C.). Los leones al principio estaban en jaulas móviles y luego eran liberados en el campo para permitir que el rey los persiga y los combata. Por lo tanto, al parecer, los leones debían haber sido protegidos y cuidados, probablemente en jaulas o en pozos/guaridas en algún lugar cerca de la corte real, para que se preparen para las próximas cacerías.[12] Ezequiel 19:1-9 señala que a veces se capturaban a los leones mediante el uso de pozos excavados a mano en el suelo y luego eran colocados a la fuerza en jaulas para que se los llevaran al palacio real.

La visión de Daniel de los cinco reinos (7:1-28)

Cuatro vientos del cielo (7:2). En el Enuma Elish, el mito babilónico de la creación, el dios Marduk lucha contra Tiamat, la diosa del mar. Entre sus armas, están los cuatro vientos. El término "cuatro vientos" se usa de nuevo en Daniel (8:8; 11:4), así como en otros pasajes bíblicos (Jer 49:36; Ez 37:9; Zac 2:6; 6:5; Mt 24:31; Marcos 13:27; Ap 7:1).

Cuatro bestias grandes, diferentes la una de la otra, subían del mar (7:3). En el antiguo Cercano Oriente, el mar representaba el caos. Este matiz se sugiere en el 7:2, que dice: "los cuatro vientos del cielo combatían en el gran mar". Del mismo modo, la estrecha relación del mar con los dragones y monstruos marinos estaba muy extendida en todo el antiguo Cercano Oriente.

Por lo tanto, los lectores del antiguo Cercano Oriente no se sorprendían en absoluto cuando veían a bestias violentas y malévolas que emergían de las profundidades caóticas. En la antigua mitología mesopotámica, el dios Marduk derrota a Tiamat, la diosa del mar, y luego la parte en dos para crear el cosmos. En la tradición cananea, el dios de la tormenta Baal venció a Yam, dios del mar, y también lucha contra Lotan (leviatán), el dragón o la serpiente tortuosa. Estas historias eran muy conocidas en el antiguo Cercano Oriente y brindan un contexto útil para comprender algunos de los textos del A. T. en los que se representa al Dios de Israel haciendo algunas acciones similares, pero que solían ser más grandes y mejores, como una declaración de cómo el Dios de Israel es más grande que los dioses paganos (ver los comentarios sobre Gn 1:1). El Dios de Israel dividió las aguas que estaban debajo de las aguas que estaban arriba en la creación (Gn 1:6-8). También separó el mar en los tiempos de Moisés. Aunque no hay expresiones sobre los mitos en el relato del Éxodo, aparecen en otros pasajes. El Señor, no Baal ni Marduk, aplastó a Rahab, el monstruo marino (Job 26:12-13; Sal 89:9-10). En Is 51:9-10, el cruce milagroso del mar Rojo está relacionado específicamente con la derrota de Rahab, el dragón (ver los comentarios sobre Is 51:9), y la división del mar está relacionada con la derrota de las cabezas de los dragones o el leviatán (Sal 74:12-14). Algún día, el Señor destruirá al leviatán, la serpiente tortuosa, el dragón del mar (Is 27:1). Este tema continúa en el N. T. Una bestia sube del mar (Ap 13:1) o del abismo (Ap 17:8). Cuando Jesús regrese, el mar ya no será caótico, sino que se volverá como un cristal (Ap 15:2) o dejará de serlo (Ap 21:1).

La primera era como león, y tenía alas de águila (7:4). Los animales com-

Estas criaturas aladas compuestas son de un mural en el palacio de Darío I en la ciudad persa de Susa.

puestos con el cuerpo de un león (o, con frecuencia, el cuerpo de un toro) y las alas de un pájaro se suelen representar en el arte y la iconografía del antiguo Cercano Oriente.

Oseas menciona un león, un leopardo y un oso, lo que es similar a la visión de Daniel, aunque el orden es diferente, y Oseas, a diferencia de Daniel, retrata a Dios viniendo a juzgar como estos animales (Oseas 13:7-8).

Tenía diez cuernos (7:7). Es probable que las cuatro bestias simbolicen a Babilonia, Media, Persia y Grecia; otra opción menos probable es Babilonia, Medo-Persia, Grecia y Roma (ver los comentarios sobre Dn 2:40). Los cuernos representan a los reyes (7:24). De hecho, es posible contar diez reyes, comenzando con Alejandro Magno hasta Antíoco IV Epífanes, quien es el cuerno pequeño y el undécimo rey. Sin embargo, los estudiosos no están de acuerdo sobre qué nombres incluir en la lista de los diez.

Otro cuerno pequeño salía entre ellos (7:8). Dado que el cuerno pequeño del capítulo 8 representa claramente a Antíoco IV, y debido a que los cuernos pequeños de ambos capítulos son similares, es mejor interpretar este cuerno pequeño también como Antíoco IV, el tirano que persiguió de una manera severa a los judíos en el siglo II a. C. Antíoco IV (215-164 a. C.) gobernó el Imperio seléucida (que controlaba Palestina) desde el año 175 hasta el 164 a. C. El hecho de que se llamara a sí mismo "Epífanes", que significa "Dios manifiesto", es evidencia de que tenía "una boca que hablaba grandes cosas" (7:8). Sin embargo, como el reino de Dios no llegó en el período helenístico, algunos dicen que este cuerno pequeño se refiere al anticristo, que viene al final de los tiempos. Otros proponen una interpretación de una "visión cercana" (Antíoco) y una "visión lejana" (el anticristo).

Delante de él fueron arrancados tres cuernos de los primeros (7:8). Cuando Antíoco IV tomó el trono, otros tres rivales fueron apartados. Antíoco, hijo de Seleuco IV, probablemente fue asesinado por Antíoco IV; Seleuco IV fue asesinado por Heliodoro; y Demetrio, hijo de Seleuco IV, fue tomado como rehén en Roma.[13]

Se sentó un Anciano de días, cuyo vestido era blanco como la nieve, y el pelo de su cabeza como lana limpia (7:9). Así como el tema de las bestias que salen del mar se encuentra con frecuencia en los mitos del antiguo Cercano Oriente (ver los comentarios sobre Dn 7:3), esta representación de Dios no es única. Esta descripción de Dios, por ejemplo, tiene paralelismos en los textos mitológicos cananeos de la antigua ciudad de Ugarit. En esos textos, el dios supremo El es llamado "padre de años", que es similar al "Anciano de días" aquí en Daniel. Además, El es representado como un dios anciano y sabio con la cabeza canosa, que se compara con el cabello blanco de Dios en esta visión bíblica.

Y los libros fueron abiertos (7:10). Estos libros (más bien, rollos) contienen las obras buenas y malas de los seres humanos; estos se usarán para el juicio cuando las personas se presenten ante Dios (7:10; cf. Ap 20:12). Hay varios otros rollos o libros similares que se mencionan en la Biblia. Malaquías menciona uno que contiene una lista de judíos fieles que hablan entre ellos acerca del Señor y obedecen sus mandamientos (Mal 3:16-17). Luego está el libro de la vida (Sal 69:28) (ver los comentarios sobre Dn 12:1). En otro libro, el cielo toma en cuenta la miseria y las lágrimas humanas (Sal 56:8). Finalmente, están los libros de destinos: Dios preordena ciertos acontecimientos en la vida de las personas, escribiéndolos antes de que sucedan (Sal 139:16).

Con las nubes del cielo venía uno como un hijo de hombre (7:13). La frase "hijo del hombre" luego se convierte en un título: "Hijo del hombre". Aquí, sin embargo, "hijo del hombre" es un término para "ser humano" o "mortal", similar a cómo se usa con frecuencia en Ezequiel (p. ej., Ez 3:17) e incluso después en Dn 8:17, donde se refiere al mismo Daniel. El hecho de que este individuo venga con las nubes demuestra que este ser es celestial, pero la referencia a "un hijo de hombre" destaca que este parece un ser humano. A este ser celestial se le da el quinto reino, el reino de Dios. Por lo tanto, contrasta de una manera radical con los reinos de la tierra y de las bestias de abajo, de las aguas del caos, porque representa un reino más humano, de arriba, del cielo. Los seres celestiales se suelen caracterizar por su apariencia humana. El ángel en el 8:15 "con apariencia de hombre"; a Gabriel se le denomina como un "hombre" (9:21); incluso Dios tiene apariencia humana en la visión de Ezequiel (Ez 1:26).

Con respecto a la frase "venía con las nubes", se utilizó una representación similar en la mitología cananea con respecto a Baal, el dios cananeo de las tormentas, que cabalgaba en su carro de nubes, trayendo lluvia a las cosechas. En un mito cananeo de la ciudad de Ugarit, Baal aparece ante El después de derrotar a Yam, el dios del mar, con el fin de que le construyeran un palacio para que Baal pudiera ser proclamado rey (ver el artículo "Los cananeos y la religión cananea"). En Daniel, a este jinete de la nube celestial también se le da dominio sobre los poderes del mar. Sin embargo, hay una diferencia muy significativa: los cananeos eran politeístas mientras que los israelitas eran monoteístas. Por lo tanto, cuando se escribió el libro de Daniel, los judíos quizás entendieron que este personaje era un ángel, y Miguel era el más probable, porque Miguel desempeña un rol importante en la liberación de los judíos durante los próximos capítulos, en el 12:1. Sin embargo, debido a que los cristianos tienen un entendimiento trinitario de Dios, entienden que este ser divino es el Cristo o el Mesías, sobre todo porque Jesús se refirió a sí mismo específicamente como el "Hijo del hombre" (Mt 8:20; 9:6; 11:19) y enseñó que cumpliría esta profecía específica durante su segunda venida (Mt 19:28; 24:27, 30; 26:64). En otra parte del A. T., la representación del carro de nubes es apropiada para el mismo Dios (Sal 68:4; 104:3).

Los santos del Altísimo (7:18). La frase "los santos" no se refiere a las personas, sino a los seres celestiales, como se puede ver en otros pasajes bíblicos. Por ejemplo, Dt 33:2 se refiere claramente al séquito celestial de Dios cuando dice: "Jehová vino del Sinaí [...] de entre diez millares de santos". El hecho que Dios, el rey divino, tiene un consejo similar al de los reyes terrenales se afirma muchas veces en el A. T. (p. ej., Job 15:15; Sal 89:5-7).

Lo más importante es que este concepto se manifiesta en otras partes de Daniel. Daniel 4:13 se refiere a "un vigilante y santo descendía del cielo". Y Daniel 4:17 proclama: "La sentencia es por decreto de los vigilantes, y por dicho de los santos la resolución" (ver también el 7:27). Existen también muchos textos del antiguo Cercano Oriente que demuestran que se usa la palabra "santos" para referirse a los seres celestiales.[14]

A los santos del Altísimo quebrantará, y pensará en cambiar los tiempos y la ley; y serán entregados en su mano hasta tiempo, y tiempos, y medio tiempo (7:25). Esto se refiere a la persecución de los judíos por el rey seléucida Antíoco IV, que se llevó a cabo desde el año 167 al 164 a. C. A partir del año 167 a. C., Antíoco asesinó a miles de habitantes de Jerusalén y esclavizó a otros miles. Prohibió todas las prácticas y festivales religiosos judíos, profanó el monte del Templo y volvió a dedicar el templo de Jerusalén al dios griego Zeus (ver el artículo "Período intertestamentario"). Si "un tiempo" es igual a un año, "tiempos" es igual a dos años y "medio tiempo" es igual a medio año. El total es tres años y medio, que es similar al período de la opresión de Antíoco.

La visión de Daniel sobre Persia y Grecia (8:1-27)

Un carnero... y tenía dos cuernos (8:3). En el 8:20, el ángel Gabriel le explica a Daniel que los dos cuernos son Media y Persia. El segundo cuerno es más largo (8:3) porque Persia vino después de Media y era más poderosa.

Aquel macho cabrío tenía un cuerno notable (8:5). Esta es una referencia a Alejandro Magno (explicada claramente en el 8:21), quien durante los años 334-323 a. C. conquistó a los persas y a muchas otras naciones y pueblos hasta el valle del río Indo (ver el artículo "Período intertestamentario").

Estando en su mayor fuerza, aquel gran cuerno fue quebrado (8:8a). Después de conquistar la mayor parte del mundo conocido y sobrevivir a muchas batallas, Alejandro murió de fiebre en Babilonia cuando tenía treinta y dos años (323 a. C.).

En su lugar salieron otros cuatro cuernos notables (8:8b). Cuando Alejandro murió, no dejó ningún heredero varón, por lo que sus generales pelearon por su reino. Al final, cuatro de los generales

Alejandro Magno.

formaron cuatro reinos, conocidos como diádocos o "sucesores". Estos fueron el reino ptolemaico (Egipto), el reino seléucida (Mesopotamia y Asia central), el reino atálida (Anatolia [actual Turquía]) y el reino antigónida (Macedonia).

Una moneda que representa a Antíoco IV Epífanes.

Salió un cuerno pequeño (8:9). Uno de los generales que establecieron un reino importante después de la desintegración del imperio de Alejandro Magno fue Seleuco. El infame Antíoco IV fue uno de sus descendientes y parte de esta dinastía. El "cuerno pequeño" en el 8:9 se refiere a Antíoco (cf. 7:8, 21).

Creció mucho... hacia la tierra gloriosa (8:9). Este versículo y los siguientes describen cómo Antíoco IV prohibió el judaísmo, detuvo los sacrificios en el templo de Jerusalén y cometió el sacrilegio desolador al ofrecer una ofrenda ilícita a Zeus Olimpo en el altar del Señor en el templo (ver los comentarios sobre Dn 7:25; 11:31).

Hasta dos mil trescientas tardes y mañanas (8:14). El período de opresión se suele tomar como 2 300 sacrificios en las mañanas y tardes, o en la mitad de los días, que son 1 150 días, o un poco más de tres años.

Gabriel (8:16). Esta es la primera vez que se le da un nombre a un ángel en la Biblia. Gabriel (Dn 8:16; 9:21; Lucas 1:19, 26) y Miguel (Dn 10:13, 21; 12:1; Judas 9; Ap 12:7) son los únicos ángeles que se les da nombre en el Biblia, aunque se mencionan a varios ángeles en libros judíos antiguos deuterocanónicos como Tobías (Rafael) y 2 Esdras (Uriel).

La Oración de Daniel y una palabra divina acerca de las setenta semamas (9:1-27)

Hasta que venga un gobernante, el Ungido (9:25 NTV). Este "Ungido" probablemente se refiere a Zorobabel, quien reconstruyó el templo en el año 515 a. C. Aunque no fue coronado rey, era descendiente de David, quien como gobernante, dio el liderazgo a los judíos que habían regresado del exilio.

Matarán al Ungido (9:26 NTV). Esto se cumplió en el año 171 a. C. cuando Menelao, el sumo sacerdote designado por el malvado rey Antíoco IV, asesinó al legítimo sumo sacerdote Onías III.

De las abominaciones vendrá el desolador (9:27). Ver los comentarios sobre Dn 7:25; 8:9.

La revelación final: prólogo (10:1-11:2a)

Miguel (10:13). Ver los comentarios sobre Dn 8:16.

Libro de la verdad (10:21). El "libro de la verdad" contiene información sobre el futuro predeterminado del pueblo de Dios (10:14, 21; 11:1-45). Este tema también se encuentra fuera de la Biblia. 1 Enoc, un antiguo texto judío no bíblico, se refiere a tablillas en las que están inscritos los destinos futuros (1 Enoc 106:19-107:1; ver también el 81:1-2; 93:2-3; 103:2-3).

La noción de la predestinación también se encuentra entre los Rollos del mar Muerto en Qumran en un manuscrito etiquetado por los estudiosos como 4Q180 y titulado "Las edades del mundo". La creencia de que los dioses fijan los destinos y los registran con anticipación también estaba muy extendida en el antiguo Cercano Oriente. Sobre otros libros divinos, ver los comentarios sobre Dn 7:10

La revelación final: cuerpo (11:2b-12:4)

Se levantará luego un rey valiente (11:3). Esto se refiere a Alejandro Magno (356-323 a. C.) (ver los comentarios sobre Dn 8:5; ver el artículo "Período intertestamentario"). Casi todos los pueblos y acontecimientos que se mencionan en el 11:2-39 pueden corroborarse a partir de los textos antiguos.[15]

El dios griego Zeus

Vendrán contra él naves de Quitim... se enojará contra el pacto santo (11:30). En los Rollos del mar Muerto, "Quitim" se usa para referirse a los romanos, y ese parece ser el significado aquí. Cuando el rey seléucida Antíoco IV (gobernó entre los años 175 y 164 a. C.) hizo un segundo intento de tomar Egipto (168 a. C.), los romanos intervinieron. Enviaron al legado Cayo Popilio Laenas para detener el avance del rey seléucida. Humillado en el campo de batalla, Antíoco IV descargó su ira sobre los judíos prohibiendo su religión (ver los comentarios sobre Dn 7:25; 8:9).

La fortaleza, y quitarán el continuo sacrificio, y pondrán la abominación desoladora (11:31). Antíoco IV Epífanes detuvo los sacrificios a Dios en el templo de Jerusalén y luego ofreció animales inmundos al dios griego Zeus Olimpo, un acontecimiento al que se hace referencia varias veces en Daniel (8:13;

9:27; 12:11), así como en los libros de la historia judía de 1 Macabeos (1:45-48, 59) y 2 Macabeos (6:2-5), así como en el N. T. (Mt 24:15; Marcos 13:14).

Y se ensoberbecerá, y se engrandecerá sobre todo dios (11:36). Antíoco IV se llamó a sí mismo "Epífanes", que significa "(dios) manifiesto". A veces, las monedas incluían la inscripción "Del rey Antíoco, Dios manifiesto, Portador de la victoria". El último epíteto, "Portador de la victoria", también se usó para los dioses griegos Zeus y Apolo.[16]

Todos los que se hallen escritos en el libro (12:1). Ver los comentarios sobre Dn 7:10; 10:21. Lo más probable es que el autor esté pensando en el libro de la vida, una lista de los que sobrevivirían (cf. Ex 32:32; Sal 69:28; Is 4:3). El N. T. continúa la tradición de un libro de la vida (Flp 4:3; Ap 3:5; 13:8; 17:8; 20:12, 15).

La revelación final: epílogo (12:5-13)

Por tiempo, tiempos, y la mitad de un tiempo (12:7). Ver los comentarios sobre Dn 7:25.

— Génesis
— Éxodo
— Levítico
— Números
— Deuteronomio
— Josué
— Jueces
— Rut
— 1 Samuel
— 2 Samuel
— 1 Reyes
— 2 Reyes
— 1 Crónicas
— 2 Crónicas
— Esdras
— Nehemías
— Ester
— Job
— Salmos
— Proverbios
— Eclesiastés
— Cantares
— Isaías
— Jeremías
— Lamentaciones
— Ezequiel
— Daniel

— Oseas

— Joel
— Amós
— Abdías
— Jonás
— Miqueas
— Nahúm
— Habacuc
— Sofonías
— Hageo
— Zacarías
— Malaquías

Oseas

J. Andrew Dearman

Introducción. El ministerio de Oseas se llevó a cabo en la segunda mitad del siglo VIII a. C. Vivió en el reino del norte de Israel. El contexto histórico del ministerio de Oseas se resume en 2 Reyes 14:23-17:6. Fue una época de intriga e inestabilidad política internacional. El rey asirio Tiglat-pileser III se hizo cargo de porciones significativas de Israel durante los años 734-732 a. C. (ver los comentarios sobre 2 Reyes 15:27-31; ver el artículo "Los asirios"). Unos diez años después, la capital israelita de Samaria cayó ante los asirios, y la tierra de Israel se dividió en varias provincias asirias. Miles de israelitas fueron llevados al exilio. Sin embargo, Judá logró sobrevivir, pero ahora como vasallo de Asiria. Oseas entendió estas terribles circunstancias como un juicio divino sobre Israel por no haber mantenido el pacto con el Señor, el Dios de Israel. Sin embargo, al mismo tiempo, indicó que todavía habría un futuro para Israel más allá del fracaso histórico ocurrido durante su época.

El libro de Oseas es en gran parte poético en su expresión, haciendo un uso extenso de metáforas y simbolismos (sobre todo con respecto a su matrimonio e hijos). Los capítulos 1-3 describen los fracasos de su esposa, Gomer, y los nombres simbólicos de sus hijos como analogías de los fracasos y el futuro de Israel. Los capítulos 4-14 contienen profecías dirigidas a Israel y Judá con respecto al pacto roto y el juicio venidero. Egipto buscó un rol para influir en los asuntos de la región y el profeta lo menciona varias veces en esta sección. El último versículo del libro tiene una expresión proverbial y recuerda a los lectores que el contenido del libro ilustra la forma en la que el Señor obra en el mundo.

Encabezado (1:1)

Uzías, Jotam, Acaz y Ezequías, reyes de Judá... Jeroboam... rey de Israel (1:1). Primero se enumeran los cuatro reyes del reino del sur, y están en orden cronológico, abarcando casi cien años (783 al 687 a. C.). Solo se menciona un rey del reino del norte, Jeroboam II, de los siete que reinaron durante este período, algo bastante extraño para un libro dirigido al reino del norte. Si Oseas comenzó su ministerio hacia el final del reinado de Jeroboam II (alrededor del año 750 a. C.) y continuó hasta el inicio del reinado de Ezequías (alrededor de los años 728/727 a. C.), entonces su ministerio se habría superpuesto con los cinco reyes que se mencionan en el 1:1.

Fracaso personificado (1:2)

Tómate una mujer fornicaria... porque la tierra fornica (1:2). En el antiguo Cercano Oriente, se solía identificar al pueblo por la tierra, la región o la ciudad de su residencia. Asimismo, tanto la tierra como la ciudad podían personificarse en representación del pueblo. El término traducido como "fornicación" puede referirse a los comportamientos sexuales impropios como el adulterio o, con más frecuencia, a la prostitución. El adulterio en Israel se refería a las relaciones sexuales entre una mujer casada y un hombre que no era su esposo. Ambas partes eran culpables, y la pena reconocida era la muerte (Lv 20:10; Dt 22:22). Sin embargo, el adulterio, la promiscuidad y la prostitución (Oseas 5:4) también fueron metáforas culturales para romper las relaciones sagradas como un pacto.

Matrimonio e hijos (1:3-9)

Jezreel (1:4-5). En la cultura israelita, los nombres solían representar la identidad de una persona o una característica significativa de esa persona. Jezreel era un valle fértil en Israel y antes también había sido el nombre de una de las residencias del rey Acab y Jezabel (1 Reyes 21:1). Una matanza sangrienta se había llevado a cabo en este valle y ciudad en el momento de la muerte de Jezabel (2 Reyes 9-10). El nombre significa "Dios siembra".

Cambio futuro de las circunstancias (1:10-2:1)

La arena del mar (1:10). Esta fue una frase proverbial que se usaba para expresar una cantidad ilimitada (cf. Gn 22:17; 41:49).

Les será dicho: Sois hijos del Dios viviente (1:10). Decir otro nombre o cambiar un nombre era una forma cultural de representar nuevas circunstancias en la vida de una persona.

Gomer como Israel juzgado (2:2-13)

Ella no es mi mujer (2:2). Esta frase funciona como una sentencia legal de divorcio. Al igual que con las expresiones sobre el adulterio, las referencias poéticas a los amantes (2:5, 7, 10, 13; cf. 8:9) indican relaciones ilícitas con otros que incumplen las relaciones establecidas.

Baal... Baales (2:8,13). *Baal* es tanto una palabra cananea como una palabra hebrea que significa "dueño", "amo" o "esposo", y podía usarse para describir a una deidad o a un ser humano. Es el nombre de uno de los dioses más populares del panteón cananeo (ver el artículo "Los cananeos y la religión cananea").

Restauración futura de Israel (2:14-23)

Me llamarás Ishi, y nunca más me llamarás Baali (2:16). Ver los comentarios sobre Oseas 2:8. Este es un juego de palabras poético en el que "Ishi" (*ish*) se compara con "amo/Baali" (*baal*) para enfatizar el cambio en la relación entre el Señor e Israel (cf. NVI: Ya no me llamarás: "mi señor", sino que me dirás: "esposo mío").

Te desposaré conmigo (2:19-20). Los esponsales eran un compromiso contractual del matrimonio. Los obsequios a una novia y su familia eran parte del acuerdo matrimonial. Los obsequios que se daban aquí representan las características positivas de un pacto entre el Señor y su pueblo. La convención cultural de los cambios de nombre (cf. 1:10-2:1) para dos de los niños también indica un cambio positivo de estatus para Israel.

Comprado por un precio (3:1-5)

Tortas de pasas (3:1). Estas solían ser ofrendas que se hacían a una o más deidades cananeas (cf. Jer 44:19).

La compré entonces para mí por quince siclos de plata y un homer y medio de cebada (3:2). Esta cantidad de plata y cebada puede ser el precio de una esclava (cf. Ex 21:32) o una deuda que Gomer había contraído y que la vinculaba a un acreedor. En el antiguo Cercano Oriente, las dos formas más comunes de convertirse en esclavos eran a través de deudas que no se cumplían o la captura en la guerra.

Efod (3:4). Esta era una prenda de vestir o un chaleco que usaba un sacerdote y que contenía piedras especiales marcadas que el sacerdote podía usar para discernir la dirección de Dios (ver los comentarios sobre Ex 28:2). También podía usarse como una prenda para adornar a un ídolo (ver los comentarios sobre Jue 8:27).

Terafines (3:4). La palabra hebrea que se usa aquí se refiere a pequeñas imágenes o estatuas hechas a mano que se guardan en los hogares de las familias en lugar que en los templos.

Acusando a Israel de fracasar (4:1-3)

El SEÑOR va a entrar en juicio (4:1NVI). En hebreo, el término traducido como "juicio" se refiere a un cargo formal, bastante similar a una declaración de demanda en la sociedad moderna.

Todo Israel ha fracasado (4:4-19)

Del pecado de mi pueblo comen (4:8). Esta es una acusación contra los sacerdotes corruptos. Esta acusación asume una característica común del privilegio sacerdotal en el antiguo Cercano Oriente, que los sacerdotes tenían derecho a comer algo de la carne de los animales que los fieles traían como sacrificio a un templo. De esta manera, los sacerdotes comían de la "ofrenda por el pecado" (NTV) del pueblo, irónicamente comían mejor a medida que el pueblo pecaba más (cf. 1 S 2:12-17).

Su ídolo de madera... espíritu de fornicaciones (4:12). Estas dos referencias muestran la relación que el profeta establece entre las formas de adoración prohibida y el engaño en el antiguo Israel. Las descripciones de Oseas sobre las prácticas religiosas reflejan varios tipos de actividades paganas de adoración que eran populares en la antigua Canaán e incluso en partes de Israel, a pesar de que los estatutos del pacto de la Torá las prohibían (ver el artículo "Los cananeos y la religión cananea"). Esta fue una dinámica clásica en el antiguo Cercano Oriente. Los códigos de leyes y los rituales sacerdotales oficiales tenían funciones reguladoras, pero las prácticas populares eran muy diversas y podían depender de la magia y la superstición.

Sacerdotisas del templo (4:14 NVI). Este es un término que literalmente se refiere a las mujeres que son apartadas para una tarea sagrada. No hay un consenso sobre la mejor manera de interpretar esta palabra. Una posibilidad es que los hombres tenían relaciones con las mujeres que eran designadas como parte de un ritual de fertilidad con la esperanza de aumentar el número de hijos, rebaños y cosechas. La relación entre la fertilidad y las prácticas religiosas en el antiguo Cercano Oriente era especialmente fuerte y extendida. Sin embargo, algunos estudiosos piensan que tal vez había prostitutas asociadas con ciertos templos que participaban en las festividades del templo y que también podían haber aportado parte de su pago para el mantenimiento del templo.

Problemas en Israel y Judá (5:1-15)

Efraín (5:3). El término "Efraín", que se menciona varias veces en el capítulo 5, se refiere a una gran tribu central del reino israelita que trabajaba junto con Manasés, su vecino tribal del norte. Efraín fue una fuerza impulsora detrás de la administración en la ciudad capital de Samaria y, como tal, durante el siglo VIII a. C., el término "Efraín" se usó indistintamente como sinónimo del reino del norte de Israel.

Judá tropezará también (5:5). Judá era el estado tribal del sur con Jerusalén como su capital. Durante gran parte del ministerio de Oseas, Judá estuvo en guerra con Israel, un conflicto comúnmente conocido como la guerra siro-efraimita (ver los comentarios sobre 2 Reyes 15:37; ver la introducción al comentario sobre Isaías).

Hijos extraños (5:7). En el antiguo Cercano Oriente, los hijos ilegítimos eran aquellos que no tenían un derecho formal sobre la identidad de su padre o una herencia familiar.

Traspasan los linderos (5:10). Estos linderos estaban hechos de piedra y se usaban en todo el antiguo Cercano Oriente para marcar los límites de cada propiedad, que normalmente también era la herencia recibida de los antepasados. Quitar o reubicar estos linderos de cada propiedad se consideraba una ofensa muy grave, tanto en Israel (Dt 19:14; Pr 22:28) como en todo el antiguo Cercano Oriente.

Gran rey (5:13 NVI). Este fue un título asumido por el gobernante del Imperio asirio, cuyo centro estaba en el norte de Mesopotamia. Las expresiones de lucha e intriga del capítulo 5 puede tener como trasfondo el conflicto entre Israel y Judá conocido como la guerra siro-efraimita (2 Reyes 15:29-16:20; Is 7:1-9), que provocó la intervención del rey asirio Tiglat-pileser III, quien subyugó gran parte de Israel y convirtió a Acaz, rey de Judá, en su vasallo (ver la sección sobre el período neoasirio en el artículo "Los asirios"; ver la introducción al comentario de Isaías).

Seré como león (5:14). El juicio de Dios sobre Efraín y Judá se compara con un león que despedaza a su presa. En el antiguo Cercano Oriente, los leones no solo asustaban, sino que también se usaban como símbolos de poder. Los reyes asirios, en particular, se representaban a sí mismos como cazadores de leones en su arte público, demostrando así que eran más feroces y poderosos que sus oponentes. Es posible que la afirmación de Oseas acerca de que el Señor actúa como un león (ver también el 13:7) asume que Dios usó a los asirios como agentes de juicio.

El rey asirio Tiglat-pileser III.

Continúan los problemas en Israel y Judá (6:1-11)

Como la lluvia, como la lluvia tardía y temprana (6:3). Las lluvias estacionales eran vitales para la agricultura en el antiguo Israel. Los veranos en esta región son cálidos y secos, aunque puede haber neblina o rocío en la mañana (6:4; cf.

13:3; 14:5). Sin embargo, el éxito de todo el año agrícola depende primero de las lluvias de invierno que pueden comenzar en octubre o noviembre, después de lo cual se siembran productos como el trigo y la cebada, y luego de las primeras lluvias de primavera, que hacen que los cultivos maduren para la cosecha en abril y mayo. En la mitología cananea, el dios Baal controlaba la lluvia, por lo que este versículo también se opone a esa comprensión pagana.

Galaad (6:8). Esto se refiere a la región boscosa y montañosa al este del río Jordán. Era parte de la herencia de las tribus de Gad y Manasés (Jos 13:24-31; Jue 10:6-12:2), aunque la región también tenía habitantes arameos y amonitas. Ramot de Galaad (1 Cr 6:80) y Jabes de Galaad (1 S 11:1, 9) eran ciudades bien conocidas en la región.

La intriga y sus consecuencias (7:1-7)

Samaria (7:1). Esta fue la ciudad capital de Israel durante la mayor parte de la monarquía dividida. Fue construida por Omri (1 Reyes 16:23-24) para ser la capital de las tribus confederadas del norte, que mantuvieron el nombre del pacto de Israel cuando se separaron de Jerusalén y el gobierno de los monarcas davídicos.

Como horno (7:4-7). Por lo general, los hornos estaban hechos de arcilla cocida, a veces revestidos con piedras para regular el calor para las diversas tareas de cocción. Solían estar ubicados en el patio de la casa (ver la sección sobre una vida basada en el sustento en el artículo "La vida cotidiana en el antiguo Israel"). Impulsados con madera, estiércol animal u otros materiales combustibles, los hornos bien construidos podían generar bastante calor.

En peligro entre las naciones (7:8-16)

Efraín fue torta no volteada (7:8). Esta es una referencia a la torta que se horneaba en rocas calientes o en una sartén primitiva. Al igual que un pastel moderno, esta torta, a menos que se volteara en el momento adecuado, estaría (sobre) cocida por un lado y cruda por el otro.

Como paloma incauta, sin entendimiento (7:11). Se atrapaba y se comían palomas en el antiguo Israel. Cada vez que las palomas detectaban alimentos atractivos, como semillas o bayas, tendían a buscar la comida, incluso si el peligro acechaba cerca. Es decir, a pesar de una trampa visible (quizás provocada por el tirón de una cuerda) a simple vista o la presencia cercana de una persona con una red, el deseo que tenían las aves de comer las hacía vulnerables a su captura.

Como arco engañoso (7:16). Tanto los soldados como los cazadores usaban arcos y flechas en el antiguo Israel y en todo el antiguo Cercano Oriente. Los arcos más poderosos eran arcos compuestos, construidos con tiras de madera (a veces de diferentes tipos de árboles), tendones de animales, cuernos de animales y pegamento.[1] Si no estaban hechos por expertos, estaban propensos a romperse. Un arco deficiente era peligroso porque podía romperse y lesionar al que lo usaba. Asimismo, si el arco se rompía durante una batalla, las consecuencias eran graves.

Problemas en la casa de Dios (8:1-6)

Como águila (8:1). La palabra hebrea que se usa aquí es el término general para cualquier ave rapaz grande, incluidas las águilas o incluso los buitres. Estas aves revolotean por encima de las cabezas en busca de presas o carroña.

Tu becerro (8:5-6). Inmediatamente después de la muerte de Salomón, una guerra civil dividió al país en dos partes: Israel en el norte y Judá en el sur. En el reino del norte de Israel, el rey Jeroboam hizo construir dos becerros de oro: uno en la parte norte del país (Dan) y otro en el sur en Bet-el, cerca de la frontera con Judá (1 Reyes 12:28-33) (ver los comentarios sobre 1 Reyes 12:29). Ver las referencias similares en Oseas en 10:5; 13:2. El simbolismo bovino (toro, novilla, ternero) se utilizó para representar varias deidades diferentes en el mundo antiguo. El texto en 1 Reyes 12:28-33, como aquí, tiene alusiones irónicas a la desastrosa experiencia de Israel con el becerro de oro durante el éxodo (Ex 32).

Actos y consecuencias (8:7-14)

Como asno montés (8:9). La palabra hebrea que se usa aquí probablemente se refiere a un asno no domesticado o a un onagro, un équido y lo que a veces se le llama "asno salvaje". Los onagros deambulaban por partes del oeste de Asia y, sin embargo, no pudieron ser domesticados (como la mayoría de las cebras).

Sin regocijo (9:1-4)

A Asiria, donde comerán vianda inmunda... como pan de enlutados (9:3-4). Si alguien tenía contacto con un cadáver, se volvía ceremonialmente impuro (Nm 19:11-15; Dt 26:14). Por lo tanto, el pan de los dolientes en un funeral también se consideraba ceremonialmente impuro, similar a la comida que se comía en una tierra extranjera e impura como Asiria.

Estatua del toro sagrado Apis, que los antiguos egipcios consideraron como la manifestación física del dios Ptah.

Higos maduros.

Sin fruto no hay salud espiritual (9:5-17)

Atalaya (9:8). Ver los comentarios sobre Ez 33:2.

La fruta temprana de la higuera en su principio (9:10). Los higos eran una fuente importante de alimento en el antiguo Israel, también muy deseados por su sabor dulce. Las higueras suelen producir su fruto varias veces al año, por lo general en junio, agosto y noviembre.[2]

Baal-peor (9:10). Este es el lugar en Moab donde Israel había sido infiel al pacto con el Señor durante el éxodo errante (Nm 25).

Adoración que fracasó (10:1-8)

Altares... piedras sagradas (10:1-2 NVI). No todos los santuarios de Canaán tenían templos cerrados, pero prácticamente todos tenían altares al aire libre y piedras sagradas (columnas). En el libro de Deuteronomio, se instruyó a los israelitas a destruir todos estos altares cananeos y piedras sagradas (7:5; 12:3), pero estos elementos permanecieron en la tierra y continuaron influyendo en las prácticas de adoración de los israelitas. Los altares para el sacrificio de los animales se construían con piedras o tierra (cf. Ex 20:22-26). Las piedras sagradas se solían colocar como columnas y a veces contenían esculturas o grabados. Funcionaban para representar la presencia de deidades.

Bet-avén (10:5; también 4:15; 5:8). "Bet-avén" significa "casa de maldad" y es un juego irónico con el nombre de Bet-el (cf. 10:15), un santuario importante en Israel que se fundó siglos antes por Jacob, que significa "casa de Dios" (Gn 28:10-22).

Gran maldad y grandes consecuencias (10:9-15)

Destruyó Salmán a Bet-arbel (10:14). Estos dos nombres pueden referirse a una matanza cometida por el gobernante asirio Salmanasar III, quien hizo campaña en la región de Israel y Galaad aproximadamente un siglo antes que Oseas y cuyas batallas eran bien conocidas en el antiguo Cercano Oriente (ver el artículo "Los asirios"). Es probable que Bet-arbel sea una ciudad en el lado este de Jordania en Galaad.

El dolor de amar a un rebelde (11:1-11)

Mi hijo (11:1). Esta es otra referencia más a Israel como parte de la familia de Dios (cf. Ex 4:22), y las expresiones sobre la dificultad de Dios con Israel en este capítulo se expresa, al menos en parte, como la dolorosa experiencia de un padre con un hijo revoltoso.

Adma... Zeboim (11:8). Estas eran ciudades cercanas a Sodoma y Gomorra y parte del juicio sobre los asentamientos en la región (Gn 18:16-19:29; cf. Dt 29:23). Al parecer, Oseas relacionó primero esta historia con estas dos ciudades.

Efraín (Israel) es engañoso (11:12-12:1)

Aceite (12:1). El aceite de oliva era un producto valioso en todo el antiguo Cercano Oriente. Aunque los olivos no se cultivaban en Egipto o Mesopotamia, se cultivaban bastante en Israel y la producción de aceite de oliva era una industria importante. Por lo tanto, el aceite de oliva era un producto de exportación muy importante para Israel. Tanto Egipto (la principal potencia del sur) como Asiria (la principal potencia del norte) intentaron controlar la tierra de Israel durante la época de Oseas. Los gobernantes de Samaria buscaron formas de protegerse mediante acuerdos con estas dos potencias. Fue un acto de equilibrio delicado que finalmente fracasó.

Los problemas de Jacob continúan (12:2-14)

Jacob (12:2, 12). "Jacob" es otro nombre para Israel (cf. Gn 32:28). Varias alusiones a la historia de Jacob en Génesis aparecen en el 12:3-4.

Mercader (12:7). La palabra hebrea traducida como "mercader" también puede traducirse como "cananeo". Efraín/Jacob es retratado como un mercader que usaba balanzas falsas, es decir, balanzas con pesos inadecuados, para engañar al cliente.

Este pequeño león de bronce era un peso asirio oficial (una mina) que se utilizaba en las transacciones comerciales.

Culpa y muerte (13:1-16)

ABesen los becerros (13:2). El pueblo en el mundo antiguo mostraban su afecto religioso por varias deidades con besos a la representación física de una deidad, incluso cuando ofrecían todo tipo de objetos preciosos en sacrificio, incluidos, a veces, seres humanos.

León... un leopardo... osa (13:7-8). Como parte del puente terrestre entre África y Asia, la tierra de Israel tenía leones, leopardos y osos. Una osa era proverbial por su ferocidad cuando protegía a sus cachorros (Pr 17:12). Ver la lista similar de animales feroces en la visión en Dn 7 (león, oso, leopardo) (ver los comentarios sobre Dn 7:4).

Destrucción de Seol (13:14). La palabra hebrea Sheol se usa bastante para referirse al inframundo, el lugar de los difuntos.

Israel florecerá de nuevo (14:1-9)

Cedro del Líbano (14:5 NVI). Los cedros del Líbano fueron reconocidos en todo el antiguo Cercano Oriente como los mejores árboles de madera para usar en la construcción de hermosos edificios. El templo de Jerusalén tenía esas vigas (1 Reyes 5:1-12).

Líbano (14:5-7). Las montañas del Líbano estaban cerca de la costa del mar Mediterráneo y, por lo tanto, recibían bastante lluvia, produciendo una rica variedad de plantas y alimentos en los valles.

La haya verde (14:8). Este árbol crecía en las colinas del norte de Israel y el Líbano, y era un símbolo de larga vida.

Joel

MARK W. CHAVALAS

Introducción. Aunque el texto aclara que Joel, hijo de Petuel, escribió esta obra profética, Joel no se menciona en ninguna otra parte de las Escrituras. Además, a diferencia de otros profetas menores, el libro de Joel no menciona reyes gobernantes, ni hay una referencia explícita a ningún acontecimiento histórico específico. Aunque Joel tiene una serie de temas que claramente se pueden definir con respecto a los "últimos días" (p. ej., un llamado al arrepentimiento y la restauración de Israel), no cuentan con los detalles necesarios para brindar un contexto histórico consistente a este libro. Por ello, no hay un acuerdo sobre la fecha de la composición; los estudiosos han defendido varias fechas, que van desde el siglo IX hasta el III a. C., sin llegar a un consenso.

Las plagas de langostas: el juicio y llamado al arrepentimiento (1:1-2:17)

Oíd esto, ancianos (1:2). Joel comienza con un llamado a los ancianos, y no a un rey. Si no hubo rey, entonces el contexto ubicaría este libro después de la conquista babilónica y el posterior exilio (586 a. C.). Sin embargo, es posible que saquemos demasiadas conclusiones en esta breve introducción. El solo hecho de que Joel no mencione a un monarca no prueba necesariamente una fecha posterior al exilio para el libro.

Langosta (1:4). La descripción de una plaga de langostas predomina en los primeros dos capítulos del libro. Sin embargo, los estudiosos no se ponen de acuerdo en cómo interpretar la referencia a este acontecimiento. ¿Esta plaga de langostas es un acontecimiento literal o una metáfora? Si es una metáfora,

Pintura mural de una tumba egipcia (1292 a. C.) que representa una langosta.

¿Joel estaba describiendo una invasión particular de Judá? Dos acontecimientos son bien conocidos en este período: el ataque asirio de Senaquerib en Judá en el año 701 a. C. y la invasión babilónica de la región por parte de Nabucodonosor II en el año 598 a. C. Sin embargo, dado que las plagas de langostas eran comunes en el antiguo Cercano Oriente, muchos argumentan que la invasión de las langostas debe entenderse de una manera literal. Las fuentes mesopotámicas a veces describen plagas de langostas. Sobreviven algunas partes de un himno destacado, que fue escrito en acadio a la diosa Nanaya durante el reinado del rey asirio Sargón II en el que el monarca pide a la divinidad que detenga una plaga de langostas:

> La mala langosta que destruye la cosecha/el grano,
> la malvada langosta enana que seca los huertos,
> que corta las ofrendas regulares de los dioses y diosas.[1]

Hay al menos tres cartas en la correspondencia real asiria durante el reinado del rey Sargón que mencionan una plaga de langostas. Además, un relieve dañado del reinado de Sargón II presenta a un individuo de pie ante una deidad sin nombre (quizás Shamash o Assur) con una langosta sobre la cabeza del adorador. Se presume que la persona está suplicando para que una plaga de langostas termine. Se emplearon muchos conjuros mesopotámicos para detener las plagas de langostas u otras plagas.[2]

Además, los ejércitos invasores descritos metafóricamente como langostas se mencionan en Nah 3:17, así como en la literatura del antiguo Cercano Oriente de la región. Por ejemplo, la epopeya ugarítica de Kirta (de la costa de Siria, ca. 1400-1200 a. C.) describe al ejército de Kirta tan grande como las langostas. Los anales reales de Sargón II a veces también describen a los ejércitos enemigos como langostas. Curiosamente, el hijo y sucesor de Sargón, Senaquerib, hizo esta comparación acerca de los aliados de Marduk-apal-iddina (Merodac-baladán bíblico, el rey caldeo de Babilonia): "Al igual que el inicio de los enjambres de langostas en la primavera, siguieron viniendo constantemente contra mí para ofrecer batalla".[3]

Dormid en cilicio... Proclamad ayuno (1:13-14). Tal vez en respuesta a la plaga de langostas, el escritor de Joel anticipa que los judíos se pondrán cilicio e irónicamente pedirán que se ayune (¡era irónico porque las langostas se han comido toda la comida!). El uso de cilicio (o rasgarse la ropa) era una costumbre común en el antiguo Cercano Oriente como una señal de un duelo nacional (o privado). Un sarcófago fenicio de Biblos (ca. 900 a. C.) muestra a mujeres de luto con la ropa rasgada y el cabello despeinado. Los adoradores se vestían de cilicio después de la muerte del dios Baal en uno de los poemas ugaríticos de Baal y Anat.[4] El ayuno y el llanto eran menos usuales. Después de una aterradora visión nocturna, Balaam ayunó y lloró, según la recopilación de los relatos del siglo VIII a. C. de Deir Alla.

Mi santo monte (2:1). El concepto del monte santo de Dios no era exclusivo de Israel. El monte Safón (el moderno monte Aqraa cerca del río Orontes en Siria) fue el hogar de Baal en los relatos ugaríticos de Baal.

Viene el día de Jehová (2:1). El concepto de un "día" para una deidad especial también se conocía en Babilonia, ya que Marduk, su deidad principal, se celebraba durante el festival anual de la coronación de Akitu. Al igual que el Señor, la deidad babilónica renovó su relación con sus adoradores y reafirmó su control sobre el universo, aunque no hay pruebas de que el día del Señor se celebrara en un día determinado.

La respuesta de Dios (2:18-3:21)

Derramaré mi Espíritu (2:28). En el antiguo Cercano Oriente, el concepto del Espíritu de Dios "derramado" sobre los individuos significaba una especie de un sello de aprobación sobre esa persona, similar al concepto acadio de melammu, un término relacionado con la esencia interna de la deidad. Los reyes neoasirios afirmaron en sus anales que tenían esta fuente divina.

El sol se convertirá en tinieblas, y la luna en sangre (2:31). Ver los comentarios sobre Joel 3:15. Es probable que esto sea una referencia a los eclipses solares y lunares, que en las fuentes mesopotámicas, por lo general, se consideraban malos augurios.[5] Se debían realizar una serie de rituales para contrarrestar los efectos.

Tiro y Sidón (3:4). Ver los comentarios sobre Ez 26:2; 28:21. Tiro y Sidón eran dos poderosas ciudades fenicias en la costa norte de Israel. El pueblo de Tiro y Sidón lideraba a los pueblos comerciantes fenicios, con poderosas flotas marítimas que controlaban las rutas comerciales marítimas en el mar Mediterráneo.

Todo el territorio de Filistea (3:4). Ver el artículo "Los filisteos"

Los griegos (3:6). Solían ser denominados jonios (el término bíblico "Javán", que probablemente denota a los pueblos de habla griega de la región del Egeo), quienes son mencionados en las fuentes asirias durante el reinado del rey asirio Sargón II (ca. 721-705 a. C.). También aparecen como comerciantes en Ez 27:13.

Los sabeos (3:8). Saba era un reino en el sur de la península Arábiga (en la actualidad, Yemen).

El sol y la luna se oscurecerán (3:15). Ver los comentarios sobre Joel 2:31. Una de las inscripciones de yeso semítico occidental de un sitio de Jordania occidental presenta a Balaam describiendo una visión de los cielos como "nube densa, donde existe oscuridad y no hay brillo", similar a la forma en que el 3:15 describe el oscurecimiento del sol y la luna.[6]

— Génesis
— Éxodo
— Levítico
— Números
— Deuteronomio
— Josué
— Jueces
— Rut
— 1 Samuel
— 2 Samuel
— 1 Reyes
— 2 Reyes
— 1 Crónicas
— 2 Crónicas
— Esdras
— Nehemías
— Ester
— Job
— Salmos
— Proverbios
— Eclesiastés
— Cantares
— Isaías
— Jeremías
— Lamentaciones
— Ezequiel
— Daniel
— Oseas
— Joel

Amós

— Abdías
— Jonás
— Miqueas
— Nahúm
— Habacuc
— Sofonías
— Hageo
— Zacarías
— Malaquías

Amós

M. Daniel Carroll R.

Introducción. Amós era de Tecoa, un pueblo en el reino del sur de Judá, pero fue llamado a profetizar por un corto tiempo contra el reino del norte de Israel en la primera mitad del siglo VIII a. C. Se le describe como un hombre adinerado, lo que puede ser la razón por la que el sumo sacerdote de Bet-el temía el posible impacto de este extranjero y exigió que regresara a su país de origen, Judá (7:10-13).

Desde las primeras líneas de este libro, está claro que el reino del norte de Israel no adoraba al Señor. Él ruge desde Sion (la ubicación del templo de Judá) en Jerusalén (la capital de Judá). En otras palabras, la ideología nacional de prosperidad y victoria de Israel, junto con los líderes corruptos y las estructuras políticas, económicas y religiosas que la sostenían, eran ilegítimas. Dios habitó en el sur y habló a través de este profeta del sur; él juzgará la explotación de Israel de los pobres, los rituales religiosos inaceptables y la complacencia militar con una invasión y enviando a muchos al exilio (2:14-16; 3:9-4:3; 5:27; 6:7-14).

El libro termina con un breve mensaje de esperanza (9:11-15). Después de la devastación inminente, Israel fue restaurado a la tierra, pero bajo un rey davídico.

Encabezado (1:1-2)

Un criador de ovejas de Tecoa (1:1 CSB trad. lit.). Esta no es la palabra usual para "pastor" (cf. 3:12), el término hebreo que se usa aquí aparece en otra parte

Un árbol sicómoro.

solo en 2 Reyes 3:4 en relación con el rey de Moab y sus enormes rebaños. Los estudiosos debaten su significado. En el 7:14, Amós se llama a sí mismo "boyero" (NTV: "pastor") y se identifica como alguien que cuida los sicómoros. Como estos no crecían en la región de Tecoa, Amós quizás poseía varias propiedades. No era un pastor pobre cuando fue llamado a profetizar en Israel.

Tecoa (1:1). En la actualidad, se ha identificado a Tecoa con Khirbet Tequa. Este pueblo en Judá estaba ubicado a unas seis millas al sureste de Belén y diez millas al sur de Jerusalén. Hacia el este, la tierra descendía hacia el mar Muerto y un área conocida como el desierto de Tecoa (2 Cr 20:20).

Uzías... Jeroboam (1:1). Uzías, también llamado Azarías (2 Reyes 15:1-7), y Jeroboam II (2 Reyes 14:23-29) fueron reyes exitosos durante la primera mitad del siglo VIII a. C. (792-740 y 793-753, respectivamente), aunque ambos son criticados en los relatos bíblicos (ver los comentarios sobre 2 Reyes 14:23).

El terremoto (1:1). Las representaciones de terremotos aparecen muchas veces en el libro (3:14-15; 4:11, 13; 6:11; 8:8; 9:1, 5, 9). Las excavaciones en las antiguas ciudades de Hazor, Gezer y otros sitios indican que este evento sísmico ocurrió alrededor del año 760 a. C. Una línea de falla se extiende desde el valle del Rift en África a través de Israel hasta Asia Menor. El hecho que este terremoto sea mencionado siglos después por el profeta Zacarías destaca su impacto (Zac 14:5).

Jehová rugirá (1:2). Un león ruge cuando tiene hambre, no cuando acecha o acaba de atrapar a su presa (cf. 3:4). Esta representación incongruente presagia un juicio inminente (cf. 3:12).

Sion... Jerusalén (1:2). El Señor habla desde el templo y la capital del reino del sur de Judá, invalidando así el estado y la religión popular del reino del norte de Israel y también su sistema sociopolítico y económico.

Los pastores se enlutarán (1:2). Algunas traducciones traducen este verbo hebreo como "quedar asolados" (p. ej., NVI), pero este verbo también se puede traducir como "llorar". Vuelve a aparecer en 5:16; 8:8, 10; 9:5. Alerta al lector que la muerte se acerca.

La cumbre del Carmelo (1:2). Este es el punto más alto de una cadena montañosa ubicada cerca del Mediterráneo (cf. 9:3), al sur del moderno puerto de Haifa, que separa el valle de Jezreel de la llanura de Sharon. Tenía bastantes lluvias y temperaturas suaves en el verano y fue un área fértil para los bosques y pastizales.

Las profecías contra las naciones (1:3-2:16)

Damasco (1:3-5). Esta era la ciudad capital de Aram (Siria), el principal enemigo de Israel en el siglo IX a. C.

Trillaron... con trillos de hierro (1:3). El trillo separa el trigo de la paja (ver los comentarios sobre Is 41:15). Esto podría ser una metáfora de un ataque militar (Is 41:15; Hab 3:12; utilizado por Aram en 2 Reyes 13:7), o podría referirse a la tortura física, donde un trineo pasa por la espalda de las víctimas.

Galaad (1:3). Esta era una región en disputa en Transjordania (la región al este del río Jordán) que limita con Aram (cf. 1 Reyes 22). Ver los comentarios sobre Os 6:8.

Casa de Hazael... palacios de Ben-adad (1:4). Estos son dos reyes de Aram (Siria) (843-796 a. C. y 796-770 a. C., respectivamente). El juicio sobre Aram se centró en la capital y la dinastía real.

Derribaré las puertas (1:5 NVI). La palabra traducida como "puertas" significa literalmente "barra", refiriéndose a un eje horizontal hecho de madera o bronce (1 Reyes 4:13) que se colocaba detrás de las puertas de una ciudad para prohibir la entrada.

Valle de Avén (1:5). Un juego de palabras que significa "valle del pecado". Debe identificarse con una región al norte de Damasco alrededor de Baalbek o el valle de Beqaa en el Líbano.

Bet-edén (1:5). Lo más probable es que esta sea una referencia a un área relacionada con Bit-Adink en los anales asirios, que estaba ubicada unas doscientas millas al noreste de Damasco a lo largo de las orillas del río Éufrates.

Kir (1:5). Este es el lugar de origen de los arameos (9:7), cuya ubicación es incierta. Quizás estaba en la región de Elam, al norte del golfo Pérsico (Is 22:6).

Gaza... Asdod... Ascalón... Ecrón (1:6-8). Estas son cuatro de las cinco ciudades filisteas. La quinta, Gat, se menciona en el 6:2 (ver el artículo "Los filisteos"). Esta pentápolis (reino de cinco ciudades) estaba ubicada en la región costera suroeste de Israel/Canaán, en una llanura que se extendía desde el arroyo de Egipto (wadi El-Arish) hacia el norte hasta el río Yarkon. El límite oriental era la Sefelá, las estribaciones de Judá. Gaza, Asdod y Ascalón eran ciudades costeras en el mar Mediterráneo; Ecrón y Gat estaban en el interior.

Llevó cautivo a todo un pueblo para entregarlo a Edom (1:6). En el antiguo Cercano Oriente, aquellos que eran derrotados en la guerra solían ser vendidos como esclavos. Las víctimas que se mencionan aquí podrían haber sido israelitas, y

Un antiguo trillo de madera.

la repetición de esta censura en el 1:9 puede indicar que los filisteos y el pueblo de Tiro trabajaron en conjunto. Sobre Edom, ver los comentarios sobre Amós 1:11; Abd 1.

Tiro (1:9-10). Ver los comentarios sobre Ez 26:2. Este próspero puerto fenicio estaba ubicado en una isla, cerca de la costa, a unas treinta y cinco millas al norte del monte Carmelo. El reino de la costa de Tiro se había aliado con David y Salomón (2 S 5:11; 1 Reyes 5), pero luego fue condenado por sus prácticas comerciales (Is 23; Ez 26-28).

Edom (1:11). Ver los comentarios sobre Ez 25:12; Abd 1. El territorio de Edom se extendía desde el oeste del valle Arabá hacia el este, hasta el desierto de Arabia. Se extendía desde Moab en el norte hasta el golfo de Áqaba en el sur.

Temán... Bosra (1:12). Temán y Bosra pueden referirse a Edom en general (Is 34:6; 63:1; Jer 49:20). La ciudad de Bosra (actual Busayra) se encontraba en el norte de Edom, a unas veintiún millas al sureste del mar Muerto, y era su ciudad más importante. Algunos identifican a Temán con el moderno Tawilan, pero otros creen que es una designación regional para la parte sur de Edom (ver los comentarios sobre Abd 9).

Los hijos de Amón (1:13-15). Ver los comentarios sobre Gn 19:37-38. Amón estaba ubicado al este de Israel, al otro lado del mar Muerto. Sus límites eran el río Jaboc al norte y el río Arnón al sur, con el desierto de Arabia al este.

Abrieron a las mujeres... que estaban encintas (1:13). Esta es una atrocidad de la guerra antigua, también se menciona en 2 Reyes 8:12; 15:16; Oseas 13:16.

Rabá (1:14). Rabá era la ciudad más importante de Amón. La ciudadela está ubicada en la ciudad moderna de Amán, Jordania.

Moab (2:1-3). Ver los comentarios sobre Gn 19:37-38. Las mesetas de Moab se encuentran al este del mar Muerto entre Amón y Edom. El documento más famoso de esta región es la estela conmemorativa del rey Mesa de mediados del siglo IX a. C., que conmemora una victoria sobre Israel.

Quemó los huesos... hasta calcinarlos (2:1). Era una grave ofensa cultural profanar una tumba. Extraer los huesos y quemarlos hasta "calcinarlos" (cf. Is 33:12), tal vez para usarlos como cal, era una desgracia aún mayor.

Queriot (2:2). Este es un pueblo que se nombra en la estela moabita Mesha que fue un centro de adoración para Quemos, la deidad principal de Moab. Su ubicación es incierta.

Un par de zapatos (2:6). Esta frase podía referirse a una deuda mínima o a una transacción que implicaba una propiedad (Rut 4:7; cf. Dt 25:9-10).

Un antiguo par de zapatos.

A la misma joven (2:7). La expresión (literalmente, "ir a la [misma] joven") podría sugerir una relación sexual, aunque esta no es la expresión habitual para eso. Algunos sugieren que significaba la prostitución de culto, incesto (Lv 18: 6-17; 20: 11-12), o el abuso de una niña que vivía en el hogar como una esclava debido a sus deudas.

Las ropas empeñadas (2:8). Aunque esta transgresión puede referirse a guardar ropas como garantía de un préstamo y no devolverlas antes de la puesta del sol (Ex 22:26-27; Dt 24:12-13), esto podía referirse al embargo, el acto de apoderarse de algo en caso de incumplir el pago de un préstamo. En casos extremos, esto podía involucrar a niños (2 Reyes 4:1; Job 24:9).

El amorreo (2:9). Los amorreos se mencionan por primera vez en textos del tercer milenio a. C. de las áreas del norte y noreste de Israel. Con el tiempo, se integraron en toda Mesopotamia. En el A. T., se usa la designación de Sehón y Og, reyes en Transjordania (al este del río Jordán) en la conquista (Nm 21:21-35; Dt 2:24-3:11), y de los habitantes de Canaán en general (Dt 1:7; 7:1).

Nazareos (2:11-12). Los nazareos eran personas que hacían un voto de compromiso con el Señor por un período específico (Hechos 18:18; 21:23-24) o de por vida (Sansón, Jue 13:5-7; Samuel, 1 S 1:11). Las restricciones que se relacionan con este juramento incluían la prohibición del alcohol, el afeitado o el corte de cabello y el contacto con cadáveres (Nm 6:1-21).

Exposición divina de la culpa de Israel (3:1-4:13)

León (3:4). Ver los comentarios sobre Amós 1:2.

¿Caerá el ave en lazo sobre la tierra? (3:5). Varias tumbas del antiguo Egipto representan escenas en las que los cazadores y reyes cazaban pájaros con arco y flecha, hondas y lanzando bastones o atrapándolos en redes o jaulas (cf. Oseas 7:12).

Los montes de Samaria (3:9). Samaria, la capital del reino del norte de Israel, fue construida sobre una sola colina (6:1; cf. 1 Reyes 16:24), pero estaba rodeada por otras colinas. Estaba ubicada de manera estratégica en una intersección, con Siquem al sureste, el valle de Jezreel al norte y las llanuras costeras al oeste.

Como el pastor arrebata (3:12 NVI). Un pastor tenía que mostrar los restos como prueba de haber perdido un animal a manos de un depredador y para eliminar cualquier sospecha de robo (Ex 22:10-13).

Cuernos del altar (3:14). Los cuernos de piedra (esquinas elevadas) del altar estaban rociados con la sangre del sacrificio de la expiación (Lv 16:18), pero también representaban un lugar seguro para alguien que buscaba un santuario (Ex 21:12-14; 1 Reyes 1:50-53; 2:28-34).

La casa de invierno con la casa de verano (3:15). Los ricos, sobre todo la realeza, podían mudarse entre las residencias para escapar del clima incómodo,

Muebles caros siendo llevados como un botín por un ejército conquistador.

ya sea el calor del verano o el frío del invierno. Acab tenía casas en Jezreel (probablemente para el invierno) y Samaria (una región más fresca en el verano) (1 Reyes 21:1, 18).

Casas de marfil (3:15). Las excavaciones en Samaria descubrieron esculturas de marfil que habían sido revestidas en muebles finos, un indicio de un estilo de vida lujoso (cf. Sal 45:8) (ver los comentarios sobre 1 Reyes 22:39). Esto también se menciona en el 6:4.

Vacas de Basán (4:1). Basán, relacionado en la actualidad con los Altos del Golán, era un área fértil al este del río Jordán, que limitaba con el monte Hermón en el norte y el río Yarmuk en el sur. Era famosa por su ganado (Dt 32:14; Sal 22:12; Ez 39:18; Miq 7:14).

Ganchos... anzuelos (4:2). Se debate el significado de estos términos. Según esta traducción, la referencia podría ser a los ganchos que se utilizaban en los asedios o a la práctica asiria de perforar a los cautivos derrotados en el labio, la mejilla o la mandíbula para llevarlos al cautiverio. Algunos comentaristas argumentan que se hace referencia a las cestas con las que se capturaba y se transportaba el pescado.

Hermón (4:3NVI). Si este término controversial es un nombre de un lugar, se desconoce su ubicación. Las suposiciones incluyen el monte Hermón en el norte de Israel o la ciudad actual de Hermel en el norte de Siria.

Bet-el... Gilgal (4:4). Se ha identificado a Bet-el con la aldea árabe moderna de Beitin, ubicada a unas diez millas al norte de Jerusalén. Gilgal estaba en la llanura al oeste del río Jordán, cerca de Jericó. El significado de ambos lugares se remonta a la historia de Israel: Bet-el hasta el período patriarcal (Gn 12:8; 28:10-22; 35:1-15), y Gilgal hasta la conquista de Josué (Jos 4-5; 10). Se mencionan de nuevo en el 5:5-6.

Hubo falta de pan (4:6). Literalmente, "dientes limpios", este eufemismo significa la falta de alimentos, tal vez debido a una ham-

Este panel de marfil tallado con una criatura que se parece a un querubín estaba incrustado en un mueble de un palacio.

bruna provocada por las lluvias irregulares, malas cosechas o las langostas (cf. 4:7-9; 7:1-3).

Con plaga y moho... langosta (4:9 NTV). Las enfermedades de los cultivos y las langostas aparecen en la lista de maldiciones en Dt 28:22, 39-42. Las palabras "plaga" y "moho" podían referirse a las enfermedades que atacan la cebada y el trigo. Antes de la llegada de los pesticidas, una plaga de langostas podía ser devastadora (Ex 10:1-20; Joel 1:2-20; 2:25). Las higueras y los olivos eran importantes para la vida y economía de Israel. Un término hebreo diferente para "langosta" aparece en el 7:1.

Lamento por la muerte de Israel (5:1-6:14)

Virgen de Israel (5:2). Este término significa una joven doncella que aún no ha dado a luz. Esta escena es doblemente trágica. La mujer ha caído en la batalla sin nadie que la recoja o, lo que es más vergonzoso, sin nadie que le dé un entierro adecuado. Ella también ha sido privada de alcanzar la plena madurez como esposa y madre.

Beerseba (5:5). Beerseba era un pueblo en el sur de Judá, ubicado en una colina en la intersección de importantes rutas comerciales. Las excavaciones descubrieron un altar con cuernos de la era del hierro II (1000-550 a. C.). Beerseba reaparece en el 8:14.

Ajenjo (5:7). Este término se refiere a una hierba amarga, quizás Artemisia absinthium (cf. 6:12).

Pléyades y el Orión (5:8). Ver los comentarios sobre Job 9:9. Estas eran dos constelaciones muy conocidas. En Mesopotamia y Fenicia, se estudiaban con un interés científico los movimientos de las estrellas y constelaciones (astronomía), así como de una manera religiosa para adivinar la voluntad de los dioses y el futuro (astrología). El Señor creó estas dos constelaciones importantes para los otros pueblos que buscaban orientación (Job 9:9; 38:31-32) y, como rey celestial, él gobierna sobre los cuerpos celestes (Is 40:26). Su poder único se destaca por la capacidad de controlar el ritmo natural del día y la noche, y provocar inundaciones desastrosas.

Casas de piedra labrada (5:11). Construidas con piedra labrada, estas casas se comparaban con las casas de adobe o piedras ásperas en donde vivía la mayoría de la población. Estas piedras se usaban para construir el templo y los palacios reales (1 Reyes 5:17; 6:36; 7:9, 11). Este anuncio de juicio refleja las maldiciones en Dt 28:30.

Recibís cohecho (5:12). En Israel, se ordenaron procedimientos legales justos (Ex 23:6-8; Dt 16:19; 27:25; Pr 17:23). Los casos que se juzgaban no debían dejarse influir por la posición social o los regalos (Dt 1:15-17; 1 S 12:3; Is 1:23; Miq 3:11).

Lamentos... llorones profesionales (5:16 NVI). En el antiguo Cercano Oriente, el luto se demostraba de una manera muy pública. Los dolientes lloraban, rasgaban sus vestiduras, se vestían de cilicio, se cubrían con polvo y ayunaban (p. ej., Gn 37:34-35; 2 S 1:11-12; 3:31). El luto podía durar algún tiempo (Gn 50:11; Nm 20:29; 1 S 31:13). Raparse la cabeza no era raro (Is 22:12; Jer 7:29; Miq 1:16), pero la automutilación estaba prohibida (Lv 19:28). En esos tiempos, también se podía usar a los llorones profesionales (Jer 9:17, 20).

Relieve mural de un arpista de Mesopotamia

Cantares... salmodias de tus instrumentos (5:23). Ver el artículo "Instrumentos musicales en Israel y el antiguo Cercano Oriente". El uso de la música era común en los entornos religiosos. Los términos musicales y las instrucciones de muchas inscripciones en el Salterio demuestran la importancia de la música en la adoración (p. ej., Sal 4; 9; 55-61). El A. T. menciona muchos instrumentos musicales (1 S 10:5; 2 S 6:5; Sal 150) y describe la organización musical de David para el templo (1 Cr 25).

Moloc y Quiún (5:26). Probablemente, estas son deidades astrales, aunque el hebreo en este versículo no es del todo claro. En la traducción de la NVI ("santuario... pedestal"), el versículo condena los objetos religiosos que llevaban imágenes de deidades. En la traducción de la RVR1960 y la nota al pie de página de la NTV (también LBLA: "Sicut... Quiyún"), el versículo censura a las propias deidades astrales.

La estrella de vuestros dioses (5:26). Esto podría referirse a un estandarte que representa a una deidad, que desfilaba en las procesiones sagradas en el camino a un santuario.

Calne... Hamat (6:2). Calne era la capital del estado hitita de Pattin (Unqi) en la parte baja del valle del río Orontes (Gn 10:10; Is 10:9). Ha sido identificada como Tell Tayinat en la actual Turquía. Hamat era una ciudad-estado aramea (siria) importante en el río Orontes al sur de Pattin, a unas 130 millas al norte de Damasco (ver los comentarios sobre Amós 6:14). Los asirios castigaron a estas ciudades en el año 738 a. C. (Tiglat-pileser III) y en el 720 a. C. (Sargón II), pero el acontecimiento que se hace alusión aquí puede ser un conflicto más cercano a la época de Amós que desconocemos.

Gat (6:2). Esta ciudad filistea, la más famosa que se relaciona con Goliat (1 S 17:4), estaba ubicada en el valle de Ela, a unas cinco millas al sur de Ecrón, otra ciudad filistea importante (ver los comentarios sobre Amós 1:6-8; ver el artículo "Los filisteos"). Gat se identifica con el sitio actual de Tell es-Safi. Tiglat-Pileser III atacó a Gat en el año 734 a. C. y Sargón II lo hizo en el año 711 a. C. Este versículo puede hacer alusión a la destrucción de Gat por Hazael de Aram a fines del siglo IX (2 Reyes 12:17).

Duermen en camas de marfil (6:4). Ver los comentarios sobre 1 Reyes 22:39; Amós 3:15.

Corderos... novillos (6:4). La dieta del israelita promedio consistía en cereales (especialmente trigo y cebada), productos lácteos, aceite de oliva y algunas frutas y legumbres, pero poca carne. Las ovejas eran muy valiosas para obtener lana y leche, y las vacas ayudaban a labrar la tierra y también proporcionaban leche. Los mejores animales se reservaban para fines religiosos y ocasiones especiales. El hecho que la élite adinerada de Israel consumiera animales engordados en los establos era una señal de una extravagancia complaciente.

Inventan instrumentos musicales, como David (6:5). Ver los comentarios sobre Amós 5:23; ver el artículo "Instrumentos musicales en Israel y el antiguo Cercano Oriente".

Vino en tazones (6:6). Varias veces en el A. T. se condena a la élite adinerada por beber en exceso en los banquetes (Is 5:12; 28:7-8; Oseas 7:5). Sin embargo, la palabra traducida con la frase "en tazones" no es el término hebreo común para "copa", sino algo que se solía usar en los contextos de adoración religiosa (Ex 27:3; 38:3; 1 Reyes 7:40, 45, 50). Beber en estos tazones "sagrados" especiales sugiere que se trata de una conducta religiosa incorrecta, ya sea relacionada con el Señor o con otra deidad (cf. Dn 5:1-4).

Los aceites más finos (6:6 CSB trad. lit.). El aceite de oliva se usaba como un combustible para las lámparas, para preparar alimentos y también como medicina. La unción con aceite se empleaba para consagrar a los sacerdotes, profetas y reyes (Ex 40:13, 15; Lv 8:12; 1 S 10:1; 1 Reyes 19:16) y en los contextos de adoración ritual (Ex 29:36; 40:9, 10; Lv 8:10, 11). Estos individuos adinerados en el 6:6 estaban desperdiciando aceite de oliva de calidad en sí mismos, a pesar de que el país había perdido muchos de sus olivos (4:9).

Banquete (6:7 NVI). Estas celebraciones festivas eran conocidas en todo el antiguo Cercano Oriente. Al parecer, se trataba de una institución social de los acomodados, que se caracterizaba por el consumo excesivo de alcohol. Estas reuniones pueden haber estado relacionadas con las comidas funerarias que se preparaban para conmemorar a los muertos (cf. Jer 16:5-8). Este hecho, junto con otros detalles del 6:4-6, implica un contexto religioso inadecuado e irregular.

Un pariente tomará a cada uno, y lo quemará (6:10). Ver los comentarios sobre Amós 2:1. En Israel no se practicaba la cremación, aunque se permitía quemar los cadáveres para algunos delitos (p. ej., Lv 20:14; 21:9; Jos 7:15, 25). Quemar los cadáveres aquí, después de la destrucción del ataque, probablemente tenía la intención de reducir el brote de las enfermedades y plagas. Los cuerpos de los muertos estaban por todas partes debido al ataque enemigo (8:3; cf. 5:3, 16-17).

Lo Debar... Carnayin (6:13 NVI). La primera de estas dos ciudades fortificadas, Lo Debar, estaba ubicada al norte del río Yarmuk en Transjordania (al este del río Jordán). Ha sido identificada con Tell el Hamme o la moderna Umm el-Dabar. La variación en la ortografía (en hebreo se escribe de manera diferente en 2 S 9:4-5) fue para burlarse de la soberbia militar de Israel: ¡sus ejércitos no habían capturado "nada"! Carnayin se ha identificado con Al Sheik Sa'ad, más al norte en Bashan junto a un afluente del norte del río Yarmuk y al noreste de Astarot. Es probable que ambos hayan sido trofeos del programa de expansión territorial del rey israelita Jeroboam II (2 Reyes 14:23-29).

La entrada de Hamat hasta el arroyo del Arabá (6:14). Esta frase se refiere al amplio alcance geográfico del juicio venidero. Hamat representaba la frontera más al norte de Israel (Nm 13:21; Jos 13:5; Jue 3:3; 1 Reyes 8:65). El arroyo del Arabá se refiere al wadi 'el-Qelt o al wadi Kefrén. Ambos están ubicados en la región superior del mar Muerto, que a veces se llama el "mar del Arabá" (Dt 3:17; 4:49; Jos 3:16; 12:3), ubicado al sur de Israel.

Tres visiones del desastre (7:1-9)

Las siegas del rey (7:1). Las siegas del rey probablemente era un impuesto real en especie sobre la primera cosecha, que era de cebada y trigo. Estos cultivos se sembraban en el otoño y se cosechaban en la primavera. Las "cosechas tardías" de varias frutas y verduras eran regadas por las lluvias de la primavera y eran cosechadas durante los meses de verano. El hecho de que las langostas se hubieran comido lo que quedaba de la porción del rey significaba un desastre para la población en general

Un gran abismo (7:4). Se pensaba que el "gran abismo" eran las aguas subterráneas de las que fluían los mares y los ríos. También podía representar las fuerzas caóticas, aunque en el A. T. siempre estaban bajo el control del Señor (Gn 1:2; 7:11-12; 8:2). La provisión de Dios de las (aguas) profundas era vital (Gn 49:25; Dt 33:13; Sal 78:15), por lo que su destrucción mediante el fuego fue catastrófica.

Plomada (7:7-8). "Plomada" es la traducción tradicional del término hebreo que se usa aquí. La idea es que Israel se había colocado en contra del estándar divino de la ley (un peso de plomo colgando de una cuerda) y, así como un muro torcido "fuera de la plomada", fueron encontrados culpables. Recientemente, muchos estudiosos han argumentado en cambio que esta palabra es un préstamo acadio para "estaño". Desde esta perspectiva, esta visión continúa la crítica de las defensas de Israel. Sus muros no eran tan sólidos como se suponían. Desde lejos, podían parecer tan fuertes como el hierro (Jer 1:18; Ez 4:3), pero en realidad eran débiles como el estaño. El Señor había arrancado un pedazo de ese muro frágil y lo había arrojado a los pies de su pueblo. De una manera apropiada, esta visión aparece después por un anuncio de la desaparición de la monarquía (7:9-11).

La confrontación en Bet-el (7:10-17)

Santuario del rey, y capital del reino (7:13). En el antiguo Cercano Oriente, el santuario central de la deidad principal estaba estrechamente relacionado con el rey, el representante de la deidad y el jefe responsable del mantenimiento del templo. El personal religioso y las ceremonias fueron importantes legitimadores de la ideología nacional.

Una visión del fracaso religioso (8:1-3)

Fruta de verano (8:1-2). Esta visión aprovecha el juego de palabras entre "verano/fruta madura" (*qayits)* y "ha llegado el tiempo" (*qets*; literalmente, "fin").

El costo de la perversión religiosa (8:4-14)

Luna nueva (8:5 NVI). La luna nueva era el primer día del mes lunar y, sin dudas, el momento de una importante celebración religiosa (1 S 20:5-6; 2 Reyes 4:23; Is 1:13; 66:23).

Falsearemos con engaño la balanza (8:5). Se condenaba las balanzas fraudulentas en la ley (Dt 25:13-15), en la literatura sapiencial (Pr 20:10, 23) y por los profetas (Oseas 12:7; Miq 6:11).

El Nilo... de Egipto (8:8). En su ciclo normal de inundaciones, debido a las fuertes lluvias en el sur, el nivel del río Nilo subió desde agosto hasta octubre y luego descendió (cf. 9:5). La vida agrícola de Egipto dependía de esta afluencia de agua y su depósito de limo en las tierras de cultivo. La culminación de la presa de Asuán en Egipto en 1970 puso fin a este patrón.

Lloro... lamentaciones... cilicio... que se rape toda cabeza (8:10). Ver los comentarios sobre Amós 5:16.

El pecado de Samaria (8:14). Esto se puede referir a la adoración de ídolos en Samaria (1 Reyes 16:30-32; Oseas 8:6). El término hebreo traducido como "pecado" (*ashmah*) podría ser un juego de palabras sobre el dios Ashima (cf. LBLA: "Ashimah de Samaria"), un dios adorado en particular, sobre todo por el pueblo de Hamat, una ciudad en la frontera norte de Israel (Samaria) y Siria (ver los comentarios sobre 2 Reyes 17:30-31).

Dan (8:14). Jeroboam I erigió becerros de oro en Dan y Bet-el cuando la monarquía unida se dividió en los dos reinos de Israel y Judá (ver los comentarios sobre 1 Reyes 12:29). El objetivo era instaurar una alternativa al sistema de adoración del templo en Jerusalén.

Una visión de la soberanía divina en el juicio (9:1-6)

El altar... derriba el capitel (9:1). Es probable que esto se trate de una referencia al santuario de Bet-el, cuyo derrumbe selló el rechazo de Dios a Israel (ver más adelante en el 1:2; 7:13). Los capiteles (partes superiores) de las columnas que sostienen el techo serán sacudidos para que se derrumben sobre los adoradores.

Seol (9:2). Aunque las traducciones al español suelen traducir correctamente este término hebreo (Seol) como "tumba", esa traducción no puede expresar la fuerza de este versículo. Seol se refiere al inframundo, la morada de los muertos (Is 14:9-11) donde Dios tiene el control (1 S 2:6; Sal 139:8; Pr 15:11). Este es el primero de varios merismos en el 9:2-4, una figura literaria que establece dos extremos para abarcar todo lo que se encuentra en el medio.

Del mar... a la serpiente (9:3). Esta es una alusión poética a un monstruo marino mítico, que destaca el gran poder del Señor (Job 7:12; Sal 74:13-14; Is 51:9).

Él edificó en el cielo sus cámaras (9:6). El mismo Señor que decreta la destrucción de las fortificaciones y el santuario de Israel se describe construyendo su propio palacio y templo cósmico (Sal 78:69; 104:3; Is 66:1; cf. Heb 8:5) del cual Edén, el tabernáculo y el templo de Jerusalén debían ser un reflejo.

En estas ruinas excavadas de un templo en la ciudad de Dan, los arqueólogos han usado un marco de acero para recrear el contorno del gran altar que se usó allí.

La esperanza más allá de las ruinas (9:7-15)

Cusitas (9:7 NVI). Ver el artículo “Los cusitas”. Cus debe identificarse con la región al sur de Egipto, ahora en el país actual de Sudán (Is 18:1-2). Durante un tiempo, los cusitas dominaron Egipto. Su faraón Tirhaca luchó contra los asirios, quienes invadieron Judá en el año 701 a. C (2 Reyes 19:9). Sofonías pudo haber sido hijo de un cusita (Sof 1:1), y el cusita Ebed-melec se hizo amigo de Jeremías (Jer 38:7-13).

Caftor... Kir (9:7). Es probable que Caftor y Kir hayan sido los lugares de origen de los filisteos y los arameos, respectivamente. Caftor es Creta. Sobre Kir, ver los comentarios sobre

Como se zarandea el grano (9:9). Durante una cosecha, después de triturar y aventar el trigo, se usaba un tamiz para filtrar el grano más fino de cualquier residuo restante, incluidos tallos y guijarros. El producto que se deseaba (aquí, los justos) caía al suelo (i.e., se salvaban), mientras que los escombros (los injustos) quedaban en la malla (i.e., para ser juzgados).

El tabernáculo caído de David (9:11). El “tabernáculo caído” probablemente se refiere a la condición de la monarquía unida después de su división en los dos reinos de Israel y Judá en el año 931 a. C (1 Reyes 12). La esperanza que se presenta aquí es para un tiempo de reunificación futura bajo un glorioso rey davídico.

Abdías

M. Daniel Carroll R.

Abdías (1). El nombre Abdías significa "siervo del Señor".

Edom (1). Ver los comentarios sobre Jer 49:7. Edom era un reino en la frontera sureste de Judá. Los límites de Edom se extendían desde el río Zered en el extremo sur del mar Muerto, hacia el sur hasta el golfo de Áqaba. El este estaba marcado por el desierto de Arabia, mientras que los límites del territorio al oeste del wadi Arabá variaban con el tiempo. Gran parte de Edom era montañosa, con colinas escarpadas y valles profundos. El camino real, que se originaba en Egipto, atravesaba la península del Sinaí, giraba hacia el norte en el golfo de Áqaba y pasaba por la parte oriental de Edom, cerca de ciudades edomitas importantes como Temán (v. 9) y Bosra.

Hasta hace poco, muchos estudiosos pensaban que Edom no alcanzó un estado de madurez hasta el período asirio a fines del siglo VIII al VII a. C. Algunos cuestionaron si Edom pudo haber hecho aquello de lo que se le acusa en este libro profético. Sin embargo, está surgiendo una representación diferente a través de las excavaciones recientes, como en Khirbat en-Nahas, que se ubica en llanuras en el occidente de Edom. Los restos de los trabajos impresionantes de fundición de cobre, que datan de los siglos XII al IX a. C., demuestran que Edom fue una sociedad compleja en una época muy temprana. Otros sitios arqueológicos importantes incluyen Horvat Uza y Horvat Qitmit, donde los hallazgos mencionan a la deidad edomita Qaus.

Hendiduras de las peñas (3). Esta descripción refleja la topografía de la región central de Edom. Este impresionante paisaje provocó la sensación de invulnerabilidad de Edom. La palabra hebrea traducida aquí como "peña" también puede traducirse por el nombre propio "Sela", una fortaleza que fue tomada por Amasías y rebautizada como Jocteel (2 Reyes 14:7; cf. 2 Cr 25:12). Sela se ha relacionado con una zona cercana a Bosra (cf. Is 34:6; 63:1; Jer 49:13) o a Umm Al-Biyara, cerca de la ciudad de Petra.

Un ídolo edomita.

Vendimiadores (5). Edom era famosa por su viticultura, o cultivo de uvas (cf. Is 63:1-6). La representación aquí es la del ataque desmedido por parte de los futuros invasores. Por lo general, los israelitas debían dejar los restos de la cosecha para los necesitados (Lv 19:9-10; Dt 24:21; cf. Rut 2; Miq 7:1). Sin embargo, no se dejará nada a Edom en este juicio.

Esaú (6). En el A. T., los edomitas se remontan a Esaú (Gn 36:31-39). Aunque hubo períodos de paz entre Israel y Edom, las tensiones constantes caracterizaron su relación desde la época de los patriarcas (Nm 20:14-21; 2 S 8:13-14; 1 Reyes 11:15-16; 2 Reyes 14:7; Amós 1:11-12; Mal 1:2-5).

Todos tus aliados te han engañado (7). La terminología de este versículo (literalmente, "hombres de tu pacto" y "hombres de tu paz") representa cómo se expresaban los pactos del antiguo Cercano Oriente. Edom será traicionado por otros pueblos con los que tenía acuerdos mutuos.

¿No haré que perezcan en aquel día... Edom? (8). A mediados del siglo VI a. C., el rey babilónico Nabonido conquistó y destruyó varios lugares en Edom, dejando un relieve de piedra grabado para la celebración cerca de Sela.

Los sabios de Edom (8). Se sugiere la relación de Edom con la sabiduría por el vínculo de Job con Uz (a veces relacionado con Edom) y su amigo Elifaz con Temán (cf. Jer 49:7).

Temán (9). La ubicación de Temán se ha relacionado con Bosra en el norte de Edom, aunque algunos abogan por una ubicación en el sur. La inscripción de Kuntillet Ajrud (una inscripción del siglo IX o VIII a. C. que se descubrió en la región noreste de la península del Sinaí) menciona curiosamente a "Yahveh [el Señor] de Temán".

Por injuria... en el día (10-14). No existe un consenso sobre qué acontecimiento se está describiendo. Los estudiosos proponen fechas que van desde el reinado de Joram (853-841 a. C. [2 Reyes 8:20-22; 2 Cr 21:16-17]) hasta la toma de Jerusalén por los babilonios (586 a. C.). Varios otros pasajes están dirigidos a Edom en relación con la caída de Jerusalén ante los babilonios (Sal 137; Jer 49:7-22; Lm 4:21-22; Ez 25:12-14; 35). Al parecer, la carta de Arad 24 hace alusión a la amenaza edomita en ese momento. La participación de Edom en la toma de Jerusalén por Babilonia progresó desde la observación hasta la participación en el saqueo de la ciudad y la entrega de los refugiados que huían hacia los babilonios (ver los comentarios sobre Ez 25:12).

Tu hermano Jacob (10). La relación histórica de parentesco entre Jacob y Esaú (Edom) hizo que esta crueldad fuera aún más inaceptable.

Extraños... echaban suertes (11). En el mundo antiguo, a veces se echaban suertes para distribuir de una manera equitativa el botín de la victoria (cf. Sal 22:18; Pr 18:18). Se creía que los resultados estaban en manos de los dioses.

Beberán, y engullirán (16). El equivalente de justicia poética sobre el consumo excesivo de alcohol por los enemigos de Dios en su celebración de la victoria sobre Sion se encuentra en beber completamente la copa de la ira divina (cf. Is 51:17; Jer 25:15-16).

Del Neguev... colinas de Judá (19 NTV). El pueblo de Dios en el extremo sur de Judá (el Neguev) se moverá hacia el este para ocupar Edom. Desde las colinas de Judá, recuperarán la costa filistea al oeste, las tierras del norte conquistadas por Asiria (Efraín, Samaria), así como la región al este del río Jordán (Galaad).

Sarepta... Sefarad (20). Sarepta estaba ubicada al noroeste de Fenicia entre las ciudades de Tiro y Sidón (1 Reyes 17:9; cf. Lucas 4:26). Sefarad probablemente se refiere a Sardis, ubicada en el oeste de Turquía, aunque algunos la relacionan con España. Incluso aquellos que están más lejos volverán.

Jonás

M. DANIEL CARROLL R.

Introducción. El profeta Jonás se menciona en 2 Reyes 14:25 como ministro durante el reinado de Jeroboam II (ver los comentarios sobre 2 Reyes 14:23) en la primera mitad del siglo VIII a. C. Este periodo coincide con una época de debilidad asiria. Después de la muerte del rey asirio Adad-nirari III (810-783 a. C.), el Imperio asirio se vio afectado por rebeliones y sufrió varios desastres naturales (un terremoto y un eclipse). Si el libro de Jonás representa un acontecimiento histórico, el impacto de estos cambios podría explicar por qué los ninivitas recibieron el mensaje de Jonás. Ashur-dan III (772-755 a. C.), uno de los hijos de Adad-nirari III, pudo haber sido el rey asirio durante los acontecimientos que se describen en este libro. Asiria no recuperó su antigua gloria hasta que Tiglat-pileser III ascendió al trono en el año 745 a. C. (ver el artículo "Los asirios").

La huida de Jonás a Tarsis (1:1-16)

Nínive, aquella gran ciudad (1:2). Nínive, identificada con el nombre de Tell Kuyunjik, está ubicada en el actual Irak en el río Tigris, a unas seiscientas millas al noroeste del golfo Pérsico. Nínive, un centro de adoración de la diosa Ishtar desde hace mucho tiempo, alcanzó su apogeo político cuando el rey asirio Senaquerib (704-681 a. C.) convirtió a Nínive en la capital del imperio. Amplió su tamaño y sus fortificaciones, y construyó allí un magnífico palacio. Muchos de los importantes restos arqueológicos de Nínive ahora se encuentran en museos de todo el mundo. En la época de Jonás, Nínive había sido un importante centro regional. Las expresiones del llamado de Jonás se repiten en Gn 18:20, lo que sugiere que Jonás está comisionado para anunciar la destrucción de la ciudad.

Tarsis (1:3). Mientras que algunos estudiosos sugieren que Tarsis era una zona alrededor de Cartago en el norte de África o tal vez las islas de Chipre o Cerdeña, la mayoría de los estudiosos relacionan Tarsis con España. Este relato sugiere que estaba muy al oeste. Varios textos bíblicos relacionan a Tarsis con el comercio y los metales preciosos (1 Reyes 10:22; Ez 27:12, 25).

Jope (1:3). Este importante puerto mediterráneo estaba a unas 35 millas al noroeste de Jerusalén (2 Cr 2:16; Esdras 3:7) y a 550 millas de Nínive. Una inscripción asiria de finales del siglo VIII a. C., décadas después del posible contexto histórico de Jonás, describe a Jope bajo el control de la ciudad-estado filistea de Ascalón, 30 millas al sur. En la actualidad, Jope es conocida como la ciudad moderna de Jaffa, ubicada en el sector sur de Tel Aviv, Israel.

Nave (1:3). Los fenicios dominaron el comercio marítimo en el mar Mediterráneo (ver los comentarios sobre Ez 26:2), y probablemente operaban los barcos que salían de Jope. Los barcos fenicios del primer milenio a. C. tenían unos setenta y cinco pies de largo y veinte pies de ancho, y podían transportar una carga de cien a quinientas toneladas. Las tripulaciones llevaban hasta veinte marineros.

Cada uno clamaba a su dios (1:5). Los marineros del antiguo Cercano Oriente solían realizar rituales religiosos (sacrificios, etc.) en los templos del puerto antes y después de un viaje para pedir y celebrar un viaje seguro. También realizaban estos rituales en el mar cuando estaban en peligro. Los símbolos de las deidades se solían colocar en la proa o la popa de los barcos, algunos de los cuales también tenían un espacio sagrado para albergar estatuatillas, anclas sagradas o altares. Una terrible tormenta había sido interpretada por los antiguos marineros como la obra de una deidad enojada. Los marine-

Réplica de un antiguo barco mercante fenicio.

ros de diferentes regiones habían suplicado a sus dioses patronos que intercedieran, sobre todo a las deidades más poderosas e importantes, como el dios de la tormenta Hadad (también conocido como Baal) o Yam, el dios del mar. Los marineros trataron de identificar qué deidad había enviado la tormenta y qué se necesitaba para apaciguar a ese dios.[1]

Echemos suertes (1:7). En el antiguo Cercano Oriente, se solía echar suertes en un intento de discernir la voluntad de los dioses y tomar decisiones. Las suertes se usaban para varios propósitos similares en el A. T. (p. ej., Lv 16:8-10; Jos 7:10-26; 1 S 14:41-42; 1 Cr 24:5; cf. Pr 16:33). Se podía echar suertes con un objeto hecho de madera, piedra o hueso, con marcas distintivas.

Temo a Jehová, Dios de los cielos (1:9). Al describir al Señor como el "Dios de los cielos" y el Dios creador, Jonás declara a su dios como soberano sobre todas las demás deidades y fenómenos naturales, incluida la tormenta.

Echadme al mar (1:12). Los marineros pueden haber entendido esto como un llamado al sacrificio humano para aplacar al dios de Jonás. Temían que esta deidad pudiera castigarlos si esa no fuera la solución correcta, es por ello que suplicaron con respecto al derramamiento de sangre inocente (cf. Dt 21:1-9). El texto no identifica el tipo de sacrificio o voto que ofrecieron los marineros, o si estos rituales se hacían en el barco o después en tierra. Como politeístas, probablemente albergaron al Señor dentro de su panteón de dioses (cf. Sal 107:21-30).

Jonás en el pez (1:17-2:10)

Un gran pez (1:17). No se especifica ninguna especie de pez. En el mundo antiguo, los monstruos marinos estaban asociados con Yam, el dios del mar, pero aquí, lo más importante es que el Señor es quien designa y controla a este gran pez.

Oró Jonás a Jehová (2:1-9). Gran parte de este vocabulario se encuentra en los Salmos (18:4-6; 30:3; 31:22; 42:7; 69:14-15), lo que demuestra la familiaridad del profeta con los himnos de Israel. Jonás cree que está inevitablemente cerca de perecer. Ora desde el "Seol", o la tumba (2:2), y "la fosa", donde está atrapado por las puertas del inframundo (2:6) (cf. Job 38:17; Is 38:10). "Los cimientos de los montes" (2:6) podía referirse a los montes cósmicos, que se creía que se extendían desde el inframundo hacia arriba para sostener el cielo. El templo que Jonás menciona dos veces (2:4, 7) podía ser uno de los santuarios del reino del norte o el templo de Jerusalén. La promesa de canto, sacrificio y voto no significa arrepentimiento, sino agradecimiento por haber sido liberado de la muerte en el pez.

Una de las puertas de la antigua Nínive, parcialmente reconstruida.

Mensaje de Jonás a Nínive (3:1-10)

Ciudad grande en extremo (3:3). Literalmente, "una gran ciudad para Dios". Esta frase podría connotar el significado de Nínive (1:2; 3:2) o tal vez señalar su valor para el Señor, quien estaba dispuesto a extender su misericordia a sus habitantes (3:9-10; 4:11).

Tres días de camino (3:3). Este periodo refleja el tiempo que necesitó Jonás para proclamar su mensaje en diferentes partes de la ciudad o dentro de la provincia más grande de Nínive.

De aquí a cuarenta días Nínive será destruida (3:4). En comparación con su mensaje a los marineros, Jonás no describe a su dios ni proporciona su nombre ("el SEÑOR"). Claramente, el profeta desea que Nínive no se arrepienta y sea destruida.

Proclamaron ayuno, y se vistieron de cilicio... el rey de Nínive, y se levantó de su silla, se despojó de su vestido, y se cubrió de cilicio y se sentó sobre ceniza (3:5-10). Esta abrumadora respuesta puede haberse debido a otros presagios de confirmación, antes o después de la predicación de Jonás. El "rey" probablemente se refiere al gobernador del distrito, ya que Nínive en ese entonces no era una ciudad real. El ayuno y el cilicio estaban relacionados con el luto. Aunque no se sabía el motivo de la ira del dios de Jonás, estos gestos funerarios (incluidos, de manera simbólica, el ayuno y el arrepentimiento de sus animales) expresan un dolor sincero y la esperanza de que el dios de Jonás no les traerá desastre.

Conviértase cada uno de su mal camino, de la rapiña (3:8). La mención de la violencia es apropiada a partir de la reputación que tenía Asiria por su crueldad.

La reacción de Jonás al arrepentimiento de Nínive (4:1-11)

Sabía yo que tú eres Dios clemente y piadoso (4:2). Jonás cita una convicción antigua que data del A. T. sobre el pacto del compromiso del Señor con su pueblo (cf. Ex 34:6; Neh 9:17; Sal 86:15), reconociendo que la compasión de Dios está disponible para toda la humanidad, incluso al enemigo pasado y futuro de Israel. Jonás confiesa que esta posibilidad es lo que lo impulsó a huir.

Recio viento solano (4:8). La palabra traducida como "recio" aparece solo aquí en el A. T., por lo que su significado no está claro. A diferencia de Palestina, donde el viento del este proviene del desierto y puede causar problemas, los vientos del este en la región de Nínive normalmente traen lluvia. Sin embargo, el calor sofocante del sol es lo que agotaba a Jonás.

Ciento veinte mil personas (4:11). Se estima que la población de Nínive en el siglo VII a. C. llegó a trescientos mil, por lo que esta es una cantidad probable para el siglo VIII a. C.

— Génesis
— Éxodo
— Levítico
— Números
— Deuteronomio
— Josué
— Jueces
— Rut
— 1 Samuel
— 2 Samuel
— 1 Reyes
— 2 Reyes
— 1 Crónicas
— 2 Crónicas
— Esdras
— Nehemías
— Ester
— Job
— Salmos
— Proverbios
— Eclesiastés
— Cantares
— Isaías
— Jeremías
— Lamentaciones
— Ezequiel
— Daniel
— Oseas
— Joel
— Amós
— Abdías
— Jonás

— Miqueas

— Nahúm
— Habacuc
— Sofonías
— Hageo
— Zacarías
— Malaquías

Miqueas

STEPHEN G. DEMPSTER

Introducción. Este libro recibe su nombre del profeta a quien habló el Señor. Sin embargo, la única vez que se menciona su nombre es en el título del libro (1:1). El nombre de Miqueas significa "¿quién es como el Señor?". Su ciudad natal era Moreset-gat (cf. 1:1, 14), una ciudad en la región montañosa del sudoeste de Judá, ubicada a unas veinte millas al suroeste de Jerusalén y a nueve millas al este de Gat. Con frecuencia, los profetas del A. T. se identificaban por su apellido (p. ej., Jonás, hijo de Amittai, Isaías, hijo de Amoz), pero Miqueas se identificaba por su ubicación, lo que sugiere que la mayor parte de su discurso lo hizo en otro lugar, lo más probable es que haya sido en la ciudad de Jerusalén. Miqueas 1:1 señala que profetizó durante la época de los tres reyes de Judá: Jotam (742-735 a. C.), Acaz (735-715 a. C.) y Ezequías (715-687 a. C.), aunque gran parte de la profecía de Miqueas parece haberse enfocado en las predicciones de la destrucción de Samaria (722 a. C.) y Jerusalén (701 a. C.). Su profecía inspiró un arrepentimiento en la época de la invasión del rey asirio Senaquerib (701 a. C) (cf. Jer 26:18-19).

Los destinatarios de los mensajes del profeta también se mencionan en el título del libro: Samaria y Jerusalén. Cada una de estas capitales, respectivamente de los reinos del norte y del sur, representaban por extensión a su nación.

La mayoría de los estudiosos ven una estructura tripartita en Miqueas, que se señala por los tres llamados a oír (1:2; 3:1; 6:1). Cada una de estas secciones delimitadas comienza con las profecías de juicio emitidas para la audiencia actual de Miqueas y concluye con las profecías de salvación para una audiencia futura. Todo el libro está unido por la mención del nombre de Miqueas al principio (1:1) y un juego de palabras sobre el mismo nombre al final: "¿Qué Dios como tú?" (7:18).

Parte 1: Juicio, exilio y liberación (1:1-2:13)

Profecía sobre Samaria (1:1-7).

El Señor desde su santo templo, sea testigo contra vosotros (1:2). La palabra "testigo" muestra el contexto legal, y el santo templo señala que el Señor también es juez y gobernante del mundo mientras está sentado en su templo celestial.

Hollará las alturas de la tierra (1:3). "Hollar" o "pisar" el suelo en los tiempos bíblicos significaba que uno se apropiaba de él. Aquí, el Divino Dueño reclama su tierra. La frase "alturas de la tierra" tiene un doble sentido, refiriéndose tanto a las montañas como a los "lugares altos", los sitios de los templos y altares cananeos. Estos solían estar ubicados en el punto más alto dentro de los pueblos y las ciudades. De esta manera, al pisar estos lugares altos, Dios no solo demuestra su trascendencia, sino también exige toda adoración.

Haré, pues, de Samaria montones de ruinas (1:6). Samaria, la capital del reino del norte de Israel, fue conquistada por los asirios en el año 722 a. C. después de un asedio de tres años. Los restos arqueológicos de la destrucción son escasos, pero la ciudad fue reconstruida por los asirios poco después de la conquista. De esta manera, se cumplió el espíritu de la profecía. El rey asirio Sargón II escribió en varias inscripciones: "Conquisté la ciudad de Samaria y toda la tierra de Bit Humri". "Bit Humri" significa "Casa de Omri" y es una referencia a la tierra de Israel gobernada por una dinastía real iniciada por Omri (886 a. C.) y concluida por su nieto Joram (841 a. C.) (ver los comentarios

Las ruinas de la ciudad natal de Miqueas, Moreset-gat, y los alrededores de la región.

sobre 1 Reyes 16:16-28). Esto demuestra que la influencia política de esa dinastía fue recordada más de un siglo después de su desaparición.

Todos sus dones serán quemados en fuego (1:7). El término traducido como "dones" probablemente se refiere al precio pagado por los servicios de las prostitutas rituales al servicio de la religión cananea de la fertilidad. Parte de la religión incluía la magia simpática, en la que los actos sexuales entre los seres humanos estimulaban a los dioses de la naturaleza a tener relaciones y engendrar a sus hijos, las plantas de la tierra.

Lamento por Judá (1:8-16)

Por esto lamentaré y aullaré, y andaré despojado y desnudo (1:8). Las prácticas de duelo en el antiguo Cercano Oriente solían consistir en medidas radicales como las que se mencionan aquí. Cuanto más radical era la medida, más intenso era el duelo. Cuando David, por ejemplo, corría por su vida con sus hombres, se cubrían la cabeza, algunos de ellos rasgaban sus vestiduras y andaban descalzos (2 S 15:14-33).

Gat... Bet-le-afra... Safir... Adulam (1:10-15). Los pueblos que se mencionan en este pasaje son de la parte suroeste de Judá, donde una parte del ejército asirio avanzó en su invasión de Judá en el año 701 a. C. Miqueas había estado familiarizado con estos pueblos, ya que estaban cerca de su propio pueblo. Algunos de los nombres aparecen solo en este texto, y no se ha determinado dónde estaban ubicados (p. ej., Bet-le-afra, Safir, Betesel, Marot). Pero los pueblos se eligían por sus nombres, lo que evoca una señal siniestra de fatalidad. Se hacían juegos de palabras con el nombre de cada pueblo. Por lo tanto, estos juegos de palabras no se eligían por un sentido del humor, sino para evocar una sensación de una muerte inminente en la audiencia. ¡Su condenación era su destino! Hay seis pueblos que contienen juegos de palabras verbales. Por ejemplo, en la frase "No lo digáis en Gat", las palabras hebreas para "decir" y "Gat" suenan similares. Asimismo, hay seis pueblos que contienen juegos de significados (por lo general, en una inversión semántica). Por ejemplo, "Safir" significa "belleza, esplendor", pero los moradores se irán "desnudos y con vergüenza".

Ráete y trasquílate por los hijos de tus delicias (1:16). Estos son ejemplos de ritos extremos de luto, los cuales, por lo general, estaban prohibidos para los israelitas (Dt 14:1). Aquí, la madre de Sion, que representa a Judá, se está dirigiendo como la madre de sus hijos que están siendo llevados al cautiverio. Los relieves de Asiria tienen muchos ejemplos de niños con sus madres, que eran llevados al cautiverio.

Juicio contra los avaros (2:1-5)

¡Ay de los que...! (2:1). La palabra hebrea para "ay" se usaba para los cantos fúnebres en el antiguo Israel (1 Reyes 13:30), por lo que Miqueas pronuncia un lamento por aquellos que se involucran en esas prácticas. ¡Están tan bien como muertos!

Codician las heredades, y las roban (2:2). Esta es una referencia a la práctica de la ejecución hipotecaria por la incapacidad para pagar las deudas. La insolvencia solía ser ocasionada debido a las circunstancias económicas nefastas, pero los acreedores no tenían piedad.

No habrá quien a suerte reparta heredades en la congregación de Jehová (2:5). Esta es una referencia a la práctica de la distribución de tierras cuando los israelitas tomaron posesión de la tierra de Canaán (Jos 14:1-2). Los actuales barones codiciosos de la tierra serán desposeídos de la tierra en cualquier distribución futura de la herencia después del exilio.

Falsos profetas (2:6-13)

Yo te profetizaré de vino y de sidra; este tal será el profeta de este pueblo (2:11). Las cantidades abundantes de alcohol representaban la prosperidad en Israel (Gn 49:11-12; Amós 9:13), por lo que estos falsos profetas profesaban una especie de primer "evangelio de prosperidad".

Subirá el que abre caminos delante de ellos (2:13). Los ejércitos antiguos tenían "zapadores", cuyo trabajo era debilitar los muros de las ciudades asediadas y así comenzar el ataque a las defensas. También tenían máquinas de asedio que se usaban para destruir los muros. Aquí, el Señor es quien rompe el muro que aprisiona a su pueblo.

Parte 2: Juicio, exilio y paz universal (3:1-5:15)

Juicio para los tribunales (3:1-4)

Coméis asimismo la carne de mi pueblo, y les desolláis su piel de sobre ellos (3:3). El canibalismo se practicaba pocas veces en el antiguo Cercano Oriente, y solía ocurrir solo en condiciones muy desesperadas, como cuando una ciudad estaba asediada durante un largo período

Mujeres capturadas con un niño, siendo llevadas al cautiverio por los asirios. Sus manos sobre sus cabezas representan el luto y el lamento.

de tiempo (ver los comentarios sobre 2 Reyes 6:28).

Por lo tanto, esta representación se utiliza para conmocionar a los oficiales judiciales ante la realidad de sus actos de injusticia indignantes. ¡En su opresión de los pobres, son como caníbales! El desollado de la piel puede hacer alusión a las tácticas de terror del ejército asirio, cuyos soldados solían desollar la piel de los enemigos que se resistían a sus avances.

Juicio para los falsos profetas (3:5-8).

Ellos todos cerrarán sus labios (3:7). La palabra traducida como "labios" probablemente se refiere de una manera más general a la parte inferior de la cara. Cubrirse el rostro era una señal de vergüenza y degradación. A los leprosos se les pedía eso (Lv 13:45), y las personas que se sentían como leprosos sociales lo hacían de una manera voluntaria como una señal de un dolor que no podían comprender (2 S 15:30-31).

Juicio sobre Jerusalén (3:9-12)

Que edificáis a Sion con sangre, y a Jerusalén con injusticia (3:10). Antes de la invasión asiria y durante el reinado del rey Ezequías, se emprendieron importantes proyectos de construcción en Jerusalén, que sin duda requirieron un trabajo opresivo. Ezequías construyó un túnel de más de cien pies bajo tierra y aproximadamente cinco octavos de milla de largo para abastecer de agua a otra parte de la ciudad. También construyó un muro masivo para proteger a una gran parte de la ciudad que estaba indefensa. Este muro en particular tenía más de veinte pies de espesor y veintisiete pies de alto, abarcando casi una milla de longitud.

El futuro de Sión (4:1-5)

El monte de la casa de Jehová será establecido por cabecera de montes (4:1). En Mesopotamia, los zigurats se construían como grandes montañas artificiales en llanuras planas para mostrar la unidad del cielo y la tierra. Una inscripción que describe cómo Gudea de Lagash construyó un templo para sus dioses dice: "Estaban haciendo que el templo creciera (alto) como una cadena montañosa; haciéndola flotar en medio del cielo como una nube".[1]

Martillarán sus espadas para azadones, y sus lanzas para hoces (4:3). Esto demuestra la transformación del militarismo y la agresión a la paz y la producción (ver los comentarios sobre Is 2:4).

Se sentará cada uno debajo de su vid (4:4). Esta es una representación de la paz y abundancia, en especial como consecuencia de la era mesiánica (Zac 3:10). La era de Salomón fue el cumplimiento parcial de esa esperanza (1 Reyes 4:25).

Aunque todos los pueblos anden cada uno en el nombre de su dios

(4:5). Andar en nombre de un dios era identificarse con ese dios. Era para manifestar el carácter de ese dios y recibir su ayuda y fuerza (Zac 10:12; cf. 1 S 17:45).

Sion juzgado y restaurado (4:6-5:1)

Levántate y trilla... porque haré... tus uñas de bronce, y desmenuzarás a muchos pueblos (4:13). El ganado se solía usar para trillar el trigo. En las representaciones artísticas de reyes y dioses del antiguo Cercano Oriente, a veces se muestra a los toros pisoteando a los enemigos.

Consagrarás a Jehová su botín (4:13). La devoción a la deidad del botín de un enemigo solía ser el último acto de una guerra santa, como se describe en Jos 6:21 y también en la Piedra Moabita (un monumento de piedra con inscripciones que fue erigido alrededor del año 840 a. C. por el rey Mesa de Moab). Aquí Miqueas dice que no había botín para ningún ser humano; este se dedicaba al Señor en una especie de sacrificio.

Con vara herirán en la mejilla al juez de Israel (5:1). Ser golpeado en la cara era una señal de humillación (1 Reyes 22:24; Job 16:10; Sal 3:7; Is 50:6; Lm 3:30). Esta puede ser una descripción metafórica de lo que le sucedió a Ezequías cuando fue avergonzado frente a todo su pueblo por el mensajero asirio que se burló de su incapacidad para resistir el ataque asirio (2 Reyes 18:18-19:4) (ver los comentarios sobre 2 Reyes 18:13).

El pastor y las ovejas (5:2-9)

Y él estará, y apacentará (5:4). Ver los comentarios sobre Jer 23:1; Ez 34:2. Los reyes del antiguo Cercano Oriente se solían describir a sí mismos como pastores que guiaban a su rebaño (su pueblo) a pastizales seguros y los protegían. Los faraones egipcios solían ser representados con un bastón de pastor.

Como el rocío de Jehová (5:7). El rocío era un alivio necesario para los pastizales del antiguo Israel, sobre todo en la temporada de sequía, y las lluvias eran absolutamente necesarias en la temporada de lluvias. Literalmente, estas proporcionaban vida. La promesa del rocío también fue una antigua bendición que se le dio al pueblo de Dios (Gn 27:28).

Como el cachorro del león entre las manadas de las ovejas (5:8). Los leones eran los depredadores más poderosos y peligrosos de los bosques y campos del antiguo Cercano Oriente. Se les solía representar en el mundo antiguo como animales a los que hay que temer.

Batalla final (5:10-15)

Haré destruir tus carros (5:10). Los carros eran las fuerzas de despliegue rápido en el mundo antiguo y eran un elemento fundamental del poder militar moderno. Se solía conocer a los reyes por la cantidad de sus caballos y carros. El rey asirio Salmanasar III mencionó en una inscripción (Monolito de Kurkh) que Acab, rey de Israel, era conocido por dirigir dos mil carros en la batalla de Qarqar (853 a. C.) (ver la sección sobre el periodo neoasirio en el artículo "Los asirios").

Parte 3: Llamado al arrepentimiento, confesión y salvación final (6:1-7:20)

El Señor contiende con su pueblo (6:1-8).

Acuérdate... qué le respondió Balaam hijo de Beor (6:5). Esta historia se encuentra en Nm 22-24.

Recuerda tu viaje de la arboleda de Acacias a Gilgal (6:5 NTV). La arboleda de Acacias (literalmente, "Sitim") fue la última parada en el viaje de los israelitas desde Egipto a la tierra prometida, mientras que Gilgal fue la primera parada en la tierra prometida (ver los comentarios sobre Jos 3:1; 4:19).

¿Con qué me presentaré ante Jehová... con holocaustos, con becerros de un año? (6:6). Un holocausto era el más completo porque se quemaba toda la ofrenda, mientras que los becerros de un año eran la ofrenda más valiosa porque la carne era la más tierna.

¿Daré mi primogénito por mi rebelión, el fruto de mis entrañas por el pecado de mi alma? (6:7). Existen pruebas de que el sacrificio humano se practicaba en algunas de las culturas de los alrededores que influyeron en los israelitas (ver los comentarios sobre 2 Reyes 3:27).

El Señor juzga a su pueblo (6:9-16)

¿Daré por inocente al que tiene balanza falsa y bolsa de pesas engañosas? (6:11). Los pesos falsos a veces se mantenían junto con los pesos verdaderos para disminuir el grano que se vendía y aumentar el dinero que se recibía. Amós, el colega de Miqueas que predicaba en el reino del

El monolito de Kurkh del rey asirio Salmanasar III, que menciona a Acab, rey de Israel.

norte de Israel, ya había condenado esta práctica criminal (ver los comentarios sobre Amós 8:5). En el Pentateuco y en la literatura sapiencial, existe una prohibición persistente de esta práctica injusta (Dt 25:13-16; Pr 11:1).

Sion se lamenta por su pueblo (7:1-7)

Han rebuscado después de la vendimia, y no queda racimo para comer (7:1).Todas la representaciones en este versículo se derivan de una cultura agraria: no queda ninguna cosecha de ningún cultivo. Esto representa la falta del fruto espiritual en Judá, una representación terrible de la verdadera desolación espiritual.

La esperanza de Israel en Yahveh (7:8-20)

Busque pasto en Basán y Galaad (7:14). Basán y Galaad eran conocidos por su preciado ganado, precisamente por sus lujosos pastos (ver los comentarios sobre Amós 4:1).

Lamerán el polvo como la culebra (7:17). Esta es la postura de humillación y derrota (Gn 3:14; Sal 44:25).

¿Qué Dios como tú…? Se deleita en misericordia (7:18-20). Este texto final se expresa en el género de un himno de alabanza. No existe nada parecido a este himno especial de alabanza en la literatura del antiguo Cercano Oriente, que celebra las cualidades divinas del perdón, la compasión y el amor. ¡En realidad, el Señor no se compara con nadie!

Nahúm

GORDON H. JOHNSTON

Introducción. La profecía de Nahum contempló la destrucción de Nínive, la capital asiria, y la posterior desaparición del Imperio neoasirio. Después de la muerte del último rey asirio poderoso, Asurbanipal (668-627 a. C.), el imperio comenzó a debilitarse por una serie de sucesores débiles y que vivieron poco tiempo. En el año 616 a. C., la patria asiria fue invadida por una coalición de antiguos vasallos que se convirtieron en atacantes: babilonios, medos, persas, escitas y cimerios. Estos invasores asediaron y saquearon Nínive en el año 612 a. C. Con la caída de su capital, el remanente de Asiria huyó a Harán, que después fue tomada en el año 609 a. C. Ashur-uballit II, el último rey asirio, huyó a la ciudad de Carquemis, que cayó ante los babilonios en el año 605 a. C., poniendo fin por completo al poder asirio. Ver el artículo "Los asirios".

El Señor... toma venganza... Tiemblan ante él los montes... destruirá la tierra de los adversarios (1:2-8). Los relatos de conquista en los anales reales asirios normalmente empezaban con una serie de expresiones soberbias que describían al rey asirio como el poderoso guerrero por excelencia. Estos epítetos estereotipados se repetían de un rey asirio a otro. Por ejemplo, Salmanasar III (ca. 858-824 a. C.) se jactaba: "Salmanasar, rey de las cuatro partes del mundo, que pisa las cumbres de montañas y colinas cercanas y lejanas, ante cuyo inicio de la batalla poderosa todas las regiones se sienten amenazadas [...] héroe poderoso que mata a todos los enemigos y los abruma como una inundación".[1] Nahum empezó su profecía de la conquista de Nínive por Dios en términos que son similares de una manera sorprendente, describiendo al Señor como el guerrero divino, que triunfa sobre todos los rivales, incluido el rey asirio.[2]

En esta escena de batalla del palacio del rey Asurbanipal en Nínive, los asirios han perseguido a los soldados elamitas que huían hasta un río, donde se ahogaban o eran asesinados.

Inundación impetuosa (1:8). Uno de los temas convencionales en los textos asirios era la destrucción de una ciudad por una inundación. En especial, los tratados asirios solían amenazar a los vasallos con la maldición de una inundación impetuosa. Por ejemplo, Esar-hadón (681-669 a. C.) amenazó a sus vasallos sirio-palestinos de la siguiente manera: "Que [Adad] sumerja tu tierra con una gran inundación" y "Que una inundación irresistible suba de la tierra y los destruya".[3] Los anales reales asirios también solían contener referencias a los efectos devastadores de una inundación. Por ejemplo, Asurbanipal (668-627 a. C.) se jactaba: "Yo conquisté esa ciudad y la aplasté como una inundación".[4] Asurbanipal destruyó la ciudad de Shapibel al inundarla literalmente: "Devasté, destruí, asolé a Shapibel, su fortaleza, inundándola con agua".[5] De manera similar, Nahúm anunció que Dios destruiría a Nínive con una inundación impetuosa.[6] Aunque el 1:8 podría representar simplemente símbolos convencionales, Nínive fue en realidad conquistada cuando la coalición atacante abrió las compuertas del canal de agua fuera de la ciudad, que ya se estaba desbordando debido a las fuertes lluvias que no eran frecuentes, y derrumbó los muros de la ciudad, lo que permitió a los atacantes entrar y conquistar la ciudad (cf. 2:8-9). Siglos después, el historiador griego Diodoro Sículo proporcionó un relato con muchos detalles sobre la ruptura de los muros de Nínive como consecuencia de la inundación del río Éufrates.[7]

Ahora quebraré su yugo (1:13). La representación del yugo era una metáfora de la subyugación a un poder extranjero (Lv 26:13; Jer 27:2; 28:14; Ez 30:18; 34:27). Los reyes asirios se solían jactar de haber subyugado a naciones extranjeras, lo que les había hecho tirar de su "yugo", es decir, someterse a su dominio. Por ejemplo, cuando el rey asirio Senaquerib obligó a Judá a someterse a su gobierno, se jactó de la siguiente manera: "Yo puse las correas de mi yugo sobre Ezequías, su rey".[8]

Las puertas de los ríos se abrirán (2:6). Nínive empleó un sistema de presas y compuertas para controlar las aguas de los ríos Tebiltu y Khoser que atravesaban la ciudad. Sin embargo, el Tebiltu solía inundar sus orillas dentro de la ciudad, debilitando los cimientos del palacio y otras estructuras.

Para reducir esta inundación, el rey asirio Senaquerib cambió el curso del río Tebiltu dentro de la ciudad. Fuera de la ciudad, construyó una represa en el Khoser y creó un depósito, regulando el flujo de agua hacia la ciudad a través de un sistema elaborado de compuertas dobles. Según la tradición griega posterior, una serie de fuertes lluvias inundó la zona en los días previos a la caída de Nínive.[9] El río Khoser creció y se rompió el embalse. Las aguas se precipitaron a través del sistema sobrecargado de canales, abriendo un enorme agujero en el muro de la ciudad. Cuando las aguas retrocedieron, los babilonios irrumpieron en Nínive y conquistaron la ciudad.

El palacio será destruido (2:6). Nahum relata las orillas del río dentro de Nínive desbordándose en un torrente, colisionando contra el palacio real y erosionando sus cimientos de losa de piedra caliza. Anteriormente, el rey asirio Senaquerib había fortalecido los cimientos de su palacio con "poderosas losas de piedra caliza" para que "sus cimientos no se debilitaran por la inundación de las aguas altas".[10] En el momento de la caída de Nínive, el palacio real estaba ubicado en el borde de la curva más pronunciada del río Khoser a medida que atravesaba la ciudad. Cuando el Khoser se desbordó, los cimientos del palacio se debilitaron.[11]

¿Qué es de la guarida de los leones? (2:11-13). La representación icónica del león poderoso como el rey de las bestias era un tema frecuente en el arte y la literatura real de Asiria. En sus anales reales, se solía comparar a los reyes asirios con los leones poderosos que se enfurecían contra su enemigo en la batalla. Los relieves de las paredes de los palacios asirios mostraban a los reyes practicando su deporte favorito: cazar y matar leones. En el 2:11-13, Nahúm cumplía ambos roles, creando una ironía opuesta a la soberbia asiria. El rey asirio era como un león, pero con un nuevo aspecto. En lugar de ser como un león poderoso en la escena de la batalla, era como un león en una cacería real. En otras palabras, el cazador se convirtió en la presa. Además, así como el rey asirio Asurbanipal (668-627 a. C.) se jactó de haber aniquilado una explosión demográfica de leones salvajes que había sometido a las aldeas asirias, Nahúm proclamó que el Señor eliminaría a los reyes leones asirios que habían estado sometiendo a los pueblos del mundo antiguo.[12]

Reduciré a humo tus carros (2:13). Los tratados en el antiguo Cercano Oriente presentaban varias maldiciones contra los vasallos rebeldes, incluida la destrucción de sus carros.[13] Por ejemplo, el tratado vasallo de Esar-hadón amenazaba con destruir los carros de los vasallos rebeldes: "Que [los dioses asirios] pongan boca abajo sus carros", y "Así como este carro está salpicado de sangre hasta el estribo, que [los dioses asirios] salpiquen sus carros en medio de su enemigo con su propia sangre".[14] Nahúm cambió la situación de los asirios: los asirios no destruirían los carros del pueblo de Dios; más bien, Dios destruiría los carros de los asirios.

Descubriré tus faldas en tu rostro (3:5-7). En el antiguo Cercano Oriente, las prostitutas solían ser castigadas con la exposición pública de su desnudez.

Las maldiciones de los tratados de la época de Nahúm también amenazaban que los vasallos rebeldes serían castigados como prostitutas. Por ejemplo, un tratado arameo advertía: "Así como una prostituta es desnudada, así pueden ser desnudadas las esposas de Matiilu, y las esposas de su descendencia y las esposas de sus nobles".[15] Un tratado asirio también advirtió: "Si Matiilu peca contra este tratado con Ashur-nirari, rey de Asiria, que Matiilu se prostituya, sus soldados como mujeres, que reciban [...] en la plaza de sus ciudades como cualquier prostituta".[16] Por lo tanto, era apropiado que Nahum anunciara que el Señor castigaría a Nínive de una manera similar.

Todas tus fortalezas serán cual higueras… que si las sacuden, caen (3:12). Después de la caída de Nínive en el año 612 a. C. (representada en el 1:12-3:10), Ashur-uballit II, el último rey asirio, y el resto de su ejército huyeron hacia el oeste, primero a la ciudad de Harán y luego a la ciudad de Carquemis (representada en el 3:11-19). La fortaleza de Harán proporcionó refugio durante un breve período (612-609 a. C.), pero luego los asirios se vieron obligados a huir a la ciudad fortificada de Carquemis (un antiguo vasallo de Asiria), donde resistieron desde el año 609 hasta el 605 a. C. Dirigidas por el rey neobabilónico Nabucodonosor II (605-562 a. C.), las fuerzas aliadas del ejército de Babilonia y Media finalmente destruyeron a las fuerzas asirias (junto con sus aliados egipcios) en Carquemis en el año 605 a. C. Ver el artículo "Los babilonios".

Como el langostón (3:15-17). Los enjambres de langostas solían consumir los cultivos en el mundo antiguo, dejando desoladas a poblaciones enteras. En consecuencia, los tratados del antiguo Cercano Oriente solían maldecir a los vasallos rebeldes con la destrucción a través de las langostas. Por ejemplo, el rey asirio Esar-hadón amenazó a sus vasallos de la siguiente manera: "Que la langosta que arrasa la tierra devore su cosecha [...] Que [los dioses asirios] permitan [...] a los consumidores y devoradores de cultivos que consuman tus ciudades, países y provincias como langostas". En sus anales reales, los reyes asirios también describieron a sus ejércitos llegando al campo de batalla como un enjambre de langostas que no dejaba nada atrás. Por ejemplo, Sargón II se jactaba de esta manera: "Invadí estas tierras como un enjambre de langostas" y "Con los ejércitos de Asiria que se desplegaron, derroté todas sus ciudades como langostas".[17] Así como los reyes asirios compararon sus ejércitos con un enjambre de langostas, Nahum describió la gran cantidad de tropas asirias y sus aliados como un enjambre de langostas. Sin embargo, representó lo opuesto de una manera irónica. Una gran cantidad de tropas asirias huyeron en la batalla como un enjambre de langostas al amanecer; muchos aliados de Asiria luego saquearon sus riquezas como un enjambre de langostas, devorando un campo.

Habacuc

JAMES K. BRUCKNER

Introducción. El profeta Habacuc, contemporáneo de Nahúm, Sofonías y Jeremías, fue un profeta y músico del templo (ver el 3:1, 19) que profetizó durante la violenta agitación política a finales del siglo VII a. C. Su libro es una recopilación de profecías escritas justo antes de la invasión de Judá por los babilonios.

El profeta comenzó con una queja al Señor contra la corrupción local, pero se interesó por una comprensión de la fe cada vez más difícil. Dios tomó la insistente pregunta del profeta sobre la teodicea: "¿Por qué entonces toleras a los traidores?" (1:3, 13 NVI), y lo hizo lidiar con una realidad sociológica internacional más amplia: el inesperado surgimiento de los neobabilonios.

Cuando preparaba a su pueblo fiel para este cambio devastador, el Señor le dijo a Habacuc que la prosperidad y la autonomía de Judá terminarían. Sin embargo, el Señor prometió que las cosas mejorarían después de la destrucción. Mientras tanto, podían aferrarse a su memoria de la fidelidad pasada del Señor (cap. 3). Tendrían el beneficio de la advertencia y la posibilidad de gozo en el Señor (3:17-19).

Pregunta de Habacuc a Dios acerca de la injusticia (1:1-4)

La profecía que vio el profeta Habacuc (1:1). Esto fue único, ya que fue un diálogo entre el profeta y el Señor. La palabra hebrea traducida como "profecía" significa literalmente "carga". Aquí la "carga" del mensaje de Habacuc es el surgimiento de los neobabilonios, quienes pronto destruirían Jerusalén (586 a. C.) (ver el artículo "Los babilonios").

¿Por qué me haces ver iniquidad? (1:2-4). La queja del profeta se refería a Joacim, el rey corrupto de Judá, quien mató a inocentes y se negó a pagar a los trabajadores pobres (2 Reyes 23:35-37; Jer 22:13-19). Bajo su administración, los profetas y sacerdotes cayeron en adulterio y abuso de autoridad (Jer 23:1-2, 9-11). Joacim mató al profeta Urías por profetizar la caída de Jerusalén (Jer 26:20-23) y quemó la profecía que escribió Jeremías (Jer 36).

La respuesta de Dios a Habacuc: los babilonios (1:5-11)

Yo levanto a los caldeos (1:6). El término "caldeo" se suele usar como sinónimo de "babilónico" (ver el artículo "Los babilonios"). El Señor dirigió la atención del profeta a la situación internacional más amplia. Nabopolasar había destruido Nínive en el año 612 a. C., y su sucesor, Nabucodonosor II, estaba a punto de derrotar a Egipto y Asiria en la batalla de Carquemis y convertir a Joacim en su vasallo (605 a. C.). En el año 597 a. C., también tomó Jerusalén y deportó al sucesor de Joacim, el rey Joaquín, a Babilonia.

Sus caballos... sus jinetes (1:8). La caballería de Nabucodonosor era legendaria por su velocidad, persiguiendo a las fuerzas imperiales egipcias más de 150 millas para destruirlas por completo, inmediatamente después de la batalla de Carquemis.

Fortaleza... terraplén (1:10). Judá tenía muchas ciudades que estaban bastante fortificadas. En Laquis, una de las fortalezas más fuertes de Judá, el muro exterior tenía más de dieciocho pies de ancho con una puerta principal de seis cámaras. Los asedios contra estas fortificaciones incluían la construcción de terraplenes para traer enormes arietes contra los muros y puertas o para permitir que las tropas escalaran los muros.

La respuesta de Habacuc y la respuesta de Dios: espera el juicio (1:12-2:20)

Escribe la visión, y declárala en tablas (2:2). Los profetas del templo como Habacuc sabían leer y escribir. Los mensajes importantes en el antiguo Cercano Oriente se solían inscribir en estelas (de

Un soldado asirio sosteniendo las riendas de un caballo de caballería.

piedra, madera o arcilla) y se llevaban a las plazas públicas, donde los que sabían leer y escribir podían leerlos en voz alta para la población.

Aunque la visión tardará aún por un tiempo (2:3). El camino de la fe requería esperar la absolución del Señor durante setenta años de exilio en Babilonia.

Se enorgullece (2:4). La palabra hebrea traducida como "se enorgullece" (RVA 2015: "envanecido") es una expresión que hace alusión a estar hinchado como un tumor. Aquí se refiere a estar hinchado con un orgullo arrogante.

¿No han de levantar todos estos refrán sobre él, y sarcasmos contra él? (2:6). Estas cinco burlas de "ay" (2:6-20) se refieren a la futura derrota de Jerusalén por Babilonia. Después de la rendición de Jerusalén en el año 597 a. C., el rey de Babilonia, Nabucodonosor, llevó a Joaquín, rey de Judá, a Babilonia junto con la mayoría de la población educada y capacitada de Jerusalén. La monarquía de Judá terminó con Sedequías, quien fue apoyado por Nabucodonosor como el último rey de Judá (597-586 a. C.). En Babilonia, los "ayes" de Habacuc brindaron esperanza y perspectiva a los exiliados cautivos.

Ay del que... (2:6-20). Cinco profecías de "ay" se presentan como burlas en el 2:6-20. La palabra hebrea traducida como "ay" en este contexto podría entenderse como una simple exclamación ("¡Oye!") al empezar las burlas. Sin embargo, esta palabra también se usa como un grito ("¡Ay!") en los cantos fúnebres, y el contexto del cautiverio podría sugerir esa interpretación. Por lo general, los cautivos no se burlaban de sus verdugos, pero estos exiliados tenían la voz de Dios como un arma profética de esperanza.

La tierra será llena del conocimiento de la gloria de Jehová (2:14). Esta es la parte importante de los cinco ayes dentro de la profecía y es la parte fundamental del libro físico. Declaró el alcance internacional del propósito de Dios (ver Ex 9:16; Nm 14:21; Is 11:9).

Estatua de fundición (2:18-19). Todas las culturas del antiguo Cercano Oriente tallaron madera, fundieron metal o tallaron piedra con herramientas para crear ídolos (cf. Ex 20:4-6; Is 44:9-20).

Conclusión de Habacuc: Esperaré y me regocijaré (3:1-19)

Oración... sobre Sigionot (3:1). El tercer capítulo de Habacuc es un salmo. Refleja la respuesta final de Habacuc al Señor. No se conoce el significado exacto de Sigionot, pero está claramente relacionado con un escenario musical (cf. Sal 7:1), que se afirma además por la nota final en el 3:19. Esta canción tiene tres estrofas musicales (3:3-8; 9-13a; 13b-15), cada una se caracteriza por la palabra hebrea selah.

Dios vendrá de Temán, y el Santo desde el monte de Parán (3:3). Temán está en el sur de Palestina y el monte Parán está en el extremo este de la península del Sinaí. La formación del Dios de Israel comenzó allí después de su liberación del ejército egipcio en el mar (Ex 14-15).

Selah (3:3,9,13). Selah es un término utilizado como una señal musical, aunque su significado exacto es incierto. Hay tres significados básicos propuestos: (1) indica un interludio doxológico; (2) indica una repetición; (3) señala un tiempo de reverencia.[1] Aparece setenta y una veces en el libro de los Salmos.

Las tiendas de Cusán (3:7). La palabra hebrea traducida como "Cusán" aparece solo aquí en la Biblia, y al parecer se refiere a un grupo de personas relacionadas con los madianitas. No deben confundirse con los cusitas, que estaban ubicados al sur de Egipto (ver el artículo "Los cusitas").

Las tiendas de la tierra de Madián temblaron (3:7). El temblor de las cortinas de la tienda es una expresión que representa el intenso temor y sufrimiento debido al hecho de que el Creador mismo estaba presente, peleando por Israel (cf. Nm 31:7; Jue 3:10). En la historia de Israel, Dios había usado un terremoto (Jos 6), lluvias torrenciales (Jue 4-5), una tormenta (1 S 7), viento (2 S 5) y una plaga (2 Reyes 18-19) para derrotar a los enemigos de Israel.

Se descubrió enteramente tu arco (3:9-13a). La segunda estrofa comienza con el Señor como arquero (cf. Dt 32:23; Ez 5:16). La variedad de representaciones que se menciona después se basó en los recuerdos de Israel de la liberación del Señor en el pasado (cf. Jos 10; Sal 77:11-20).

Traspasaste la cabeza de la casa del impío (3:13b-15). Esta tercera estrofa describe el recuerdo de la victoria sobre el faraón de Egipto en el libro del Éxodo. "Traspasar" (cf. Sal 74:12-14) hace referencia a que el Señor estable-

Escultura en roca basáltica de soldados asirios con arcos y mazas.

ció tanto el orden y la justicia cósmica (Job 26:12-13; Sal 89:9-10; Is 27:1; 51:9-10). Esta esperanza ayudó a la congregación de Habacuc a enfrentar la inminente devastación, ya que indicaba que el Señor al final también derrotaría a Babilonia.

Oí, y se conmovieron mis entrañas (3:16). El salmo concluye con el temor sincero de Habacuc sobre la inminente conquista de Babilonia. Aunque estaba aterrorizado, aceptó que el Señor obraría de una manera nueva y desconcertante para lograr su propósito.

Aunque la higuera no florezca... Con todo, yo me alegraré en Jehová (3:17-18). El profeta nombró el comercio agrícola principal del mundo del A. T.: higos, uvas, aceitunas, productos agrícolas, ovejas y ganado. Incluso en su ausencia, sin pruebas económicas inmediatas favorables, Habacuc estaba decidido a regocijarse en el Señor.

Al jefe de los cantores, sobre mis instrumentos de cuerdas (3:19). Ver los comentarios sobre Hab 3:1.

Sofonías

Jason S. DeRouchie

Introducción. Sofonías, contemporáneo de Jeremías en sus primeros años (y quizás de Nahúm y Habacuc), profetizó durante la época del rey Josías de Judá (640-609 a. C.), antes de la destrucción de Jerusalén por los babilonios (586 a. C.). Es probable que su predicación haya ayudado a las reformas de Josías alrededor del año 622 a. C. (2 Reyes 23:4-20; 2 Cr 34:8-35:19). Ver la introducción en el comentario sobre Jeremías.

Encabezado (1:1)

Sofonías hijo de Cusi (1:1). El padre de Sofonías se llama "Cusi" ("el cusita"), que lo relaciona con el antiguo Cus, el poderoso e influyente Imperio africano negro a lo largo del río Nilo, al sur de Egipto, que en la actualidad es Sudán (ver el artículo "Los cusitas"). Quizás su padre pertenecía a una etnia cusita, o quizás se parecía a un cusita (tal vez uno de sus padres era cusita), o tal vez lo llamaron "Cusi" en honor a los cusitas, quienes habían sido aliados de Judá contra los asirios.[1]

Hijo de Ezequías (1:1). El tatarabuelo de Sofonías probablemente fue el rey Ezequías, el reformador fiel y decimotercer rey de Judá (729-686 a. C.) (2 Reyes 18-20; Is 36-38). Enumerar cuatro generaciones de antepasados era inusual, y esta relación con el rey Ezequías puede ser la razón de ello.

Josías (1:1). Josías era el bisnieto de Ezequías, un buen rey que gobernó Judá desde el año 640 hasta el 609 a. C. e instauró una reforma religiosa muy necesaria (2 Reyes 22:1-23:20; cf. 2 Cr 34:3-35:19).

Contexto: un llamado a venerar a Dios (1:2-18)

Destruiré por completo todas las cosas (1:2). Esto refleja la advertencia que Dios le dio a Noé justo antes del diluvio (Gn 6:7).

Exterminaré de este lugar los restos de Baal (1:4). Baal era un dios cananeo importante, el dios de las tormentas, la lluvia y, por lo tanto, de la fertilidad (ver el artículo "Los cananeos y la religión cananea").

Los ministros idólatras con sus sacerdotes (1:4). Esto sugiere dos grupos corruptos de sacerdotes apóstatas: los sacerdotes ilegítimos de ascendencia no levítica (1 Reyes 12:31-32; 13:33-34) y los sacerdotes levíticos legítimos, pero que aún eran apóstatas.

Sobre los terrados se postran al ejército del cielo (1:5). Ver los comentarios sobre Dt 17:3; 2 Reyes 17:16. Las deidades astrales eran comunes en el antiguo Cercano Oriente. Aunque Dios las prohibía estrictamente (Dt 4:19; 17:3-7), eran adoradas tanto en el reino del norte de Israel (2 Reyes 17:16) como en el reino del sur de Judá (2 Reyes 21:3-21; Jer 8:2; 19:13).

Jurando por Milcom (1:5). Milcom (o Moloc) es un dios amonita, que se le suele relacionar con el sacrificio de niños (Lv 18:21; 20:2-5). Sin embargo, este término también podría traducirse como "su rey", en cuyo caso sería una referencia a Baal, la deidad cananea que se mencionó en el 1:4.

Ha dispuesto a sus convidados (1:7). Esto probablemente se refiere a los babilonios, a quienes el Señor consagró para destruir a Judá (cf. Is 13:3).

Los príncipes, y a los hijos del rey (1:8). Estos eran los líderes públicos de Judá, así como los miembros de la corte real.

A todos los que visten vestido extranjero (1:8). Esto puede señalar la influencia extranjera en la corte real. Algunos sugieren que se refiere a los sacerdotes que adoran a dioses extranjeros y, por lo tanto, se visten conforme a esa tradición extranjera.[2]

Rey mesopotámico con deidades astrales en la parte superior.

A todos los que saltan la puerta (1:9). Es probable que esta sea una referencia a una superstición pagana acerca de la entrada al templo (1 S 5:3-5).

Puerta del Pescado... segunda puerta (1:10). La Puerta del Pescado era una de las puertas principales de Jerusalén, ubicada en el vulnerable muro norte (2 Cr 33:14; Neh 3:3). La segunda puerta (NVI: "Barrio Nuevo") fue una expansión de Jerusalén al oeste del monte del Templo que comenzó durante el reinado de Ezequías (2 Reyes 22:14; 2 Cr 34:22).

Mactes (1:11). "Mactes" o el "pueblo mercader" (nota al pie de página de la LBLA, NBLA), probablemente estaba ubicado en una de las depresiones en el valle de Tiropeón, entre el monte del Templo y la segunda puerta.

Que reposan tranquilos (1:12). Literalmente, la frase hebrea es "reposan asentados sobre sus heces". Esta frase se refiere al vino que se espesaba y se volvía viscoso en el fondo del recipiente (los sedimentos). Esto connotaba que el pueblo era indiferente e insensible a la predicación de la profecía.

Ni su plata ni su oro (1:18). A veces, se podía comprar un ejército invasor pagándole un tributo de plata y oro (cf. 1 Reyes 20:3-4). Pero en este caso, en la invasión del Señor, eso no servía. De una manera alternativa, los ídolos se solían construir de plata y oro, y esto puede ser una referencia metafórica a la ineficacia de los ídolos para liberar a Jerusalén.

Busquen juntos al Señor para evitar el castigo (2:1-3:7)

Gaza... Ascalón... Asdod... Ecrón (2:4). Estas son cuatro de las cinco principales ciudades filisteas, que el rey babilónico Nabucodonosor destruyó en el año 600 a. C. (ver el artículo "Los filisteos"). La ausencia de Gat en la lista sugiere que los asirios la destruyeron antes (Amós 6:2).

Filisteos... amonitas... cusitas... Asiria (2:5-15 CSB trad. lit.). Ver los artículos "Los filisteos"; "Los cusitas"; "Los asirios". Sofonías desarrolla un "mapa" de castigos alrededor de Judá: los filisteos al oeste (2:5-7), los moabitas y amonitas al este (2:8-11), y los poderes imperiales de los cusitas y asirios al sur y al norte (2:12-15).

Cereteos (2:5). Los cereteos están estrechamente relacionados con los filisteos (Ez 25:16), y quizás eran un subgrupo, cuyo origen está relacionado con la isla de Creta (ver el artículo "Los filisteos").

Moab... hijos de Amón (2:8). Amón y Moab eran dos países vecinos al este de Judá (ver los comentarios sobre Gn 19:37-38).

Como Sodoma... como Gomorra (2:9). La destrucción de Sodoma y Gomorra por Dios, descrita en Gn 19:24-25, se usa aquí como una metáfora gráfica del terrible juicio venidero sobre Moab y Amón. La relación entre esta historia, los moabitas y los amonitas es irónica porque Lot, el personaje principal de la historia de Sodoma y Gomorra, que sobrevive al juicio, fue el progenitor tanto de los moabitas como de los amonitas (Gn 19:30-38), los que ahora serán juzgados como en Sodoma y Gomorra.

Nínive (2:13). Nínive fue la capital de Asiria, destruida por los babilonios en el año 612 a. C. (ver el artículo "Los asirios").

Leones rugientes (3:3). En todo el antiguo Cercano Oriente, se solía representar a los gobernantes como leones para enfatizar su fuerza y poder (ver los comentarios sobre Nah 2:11-13). Aquí, estos "leones" se están aprovechando de las mismas personas que debían proteger.

Espera en el Señor para disfrutar de una salvación satisfactoria (3:8-20)

Más allá de los ríos de Cus (3:10 NVI). Esto probablemente se refiere al Nilo Blanco y al Nilo Azul, los dos afluentes principales del río Nilo que estaban relacionados con el imperio de Cus (cf. Is 18:1-2), que se encontraban al sur de Egipto (ver el artículo "Los cusitas").

Mi santo monte (3:11). Esta es una referencia al monte de Sion en Jerusalén (Sal 121:1-2; 125:1-2; Is 2:2).

Jehová está en medio de ti, poderoso, él salvará (3:17). La representación del Señor como un guerrero poderoso que pelea y derrota a los enemigos de Israel es común en el A. T. (p. ej., Sal 24:8; Is 42:13; 59:17). Asimismo, en todo el antiguo Cercano Oriente, se describieron y representaron muchas deidades como guerreros fuertes y valientes (ver los comentarios sobre Is 59:17).

Hageo

George Athas

Introducción. Hageo dirigió sus profecías a la emergente comunidad de los judíos que había regresado a Jerusalén del exilio en Babilonia. Al principio, Nabucodonosor había deportado a algunos judíos a Babilonia en el año 597 a. C., y luego lo hizo de nuevo en el año 586 a. C., cuando Jerusalén y su templo fueron destruidos. Estos judíos se establecieron en Babilonia, donde finalmente prosperaron como agricultores, trabajadores, soldados y comerciantes. Sin embargo, en el año 539 a. C., el rey persa Ciro conquistó Babilonia y al año siguiente decretó que los pueblos conquistados podían regresar a sus países de origen para reconstruir los templos de sus dioses (ver la sección sobre Ciro en el artículo "Los persas"). Esto planteó un dilema para los judíos. ¿Debían permanecer en la tierra de su exilio o debían regresar a su patria lejana para reconstruir Jerusalén y su templo?

Un pequeño grupo de judíos regresó, liderados por Zorobabel y Josué. Los estudiosos suelen mencionar que su regreso ocurrió poco después del decreto de Ciro en el año 538 a. C., según el relato de Esdras 1-3. Esdras no menciona cuándo ocurre estos acontecimientos en relación con los acontencimientos externos. Sin embargo, Hageo brinda fechas precisas para su ministerio. Sus profecías motivaron a aquellos que regresaron a comenzar la construcción del templo del Señor en el año 520 a. C., lo que sugiere que el regreso a Jerusalén había ocurrido solo uno o dos años antes.[1] El ministerio de Hageo estuvo estrechamente relacionado con el de Zacarías (Esdras 5:1; 6:14).

Primera profecía (1:1-12)

En el año segundo del rey Darío (1:1). Ver el artículo "Los persas". Darío I llegó al poder en circunstancias sospechosas. El rey anterior, Cambises hijo de Ciro, murió inesperadamente en el año 522 a. C, sin un heredero. Su hermano, Bardiya, fue asesinado casi al mismo tiempo en circunstancias misteriosas. Esto sumergió al Imperio persa en el caos. Muchas rebeliones estallaron en todo el imperio cuando los grupos de pueblos declararon su propia independencia. En la inscripción de Behistún, Darío, hijo de Histaspes, afirma que intentó rectificar la situación tomando el poder y reprimiendo las rebeliones. Las hostilidades continuaron durante los primeros años del reinado de Darío. Durante este período de revolución, Hageo profetizó.

En el mes sexto, en el primer día del mes (1:1). Esto se remonta al 29 de agosto de 520 a. C.

Zorobabel hijo de Salatiel, gobernador de Judá (1:1). Zorobabel era nieto del penúltimo rey de Judá, Joaquín (1 Cr 3:16-19). Zorobabel nació durante el exilio en Babilonia, pero lideró el regreso a Jerusalén (Esdras 2:2; Neh 12:1). Debido a que era el heredero legítimo del trono davídico, le correspondía reconstruir el templo del Señor (cf. 2 S 7:11b-16). Sin embargo, el título "gobernador de Judá" señala que Zorobabel no era un rey independiente, sino un subordinado de las autoridades persas.

Josué hijo de Josadac, sumo sacerdote (1:1). Josué era el nieto del último sumo sacerdote de Jerusalén, Seraías (1 Cr 6:14-15).

Las ruinas en Persépolis del palacio del rey persa Darío I.

¿Es para vosotros tiempo... de habitar en vuestras casas artesonadas? (1:4). La palabra hebrea traducida como "artesonadas" puede significar "con artesones" o "techado". Por lo tanto, este versículo puede referirse a los costosos paneles de pared de cedro, que generalmente eran algo que solo aquellos que eran muy ricos podían pagar (1 Reyes 7:7; Jer 22:14), o al hecho de que las casas estaban techadas y, por lo tanto, terminadas o completas (en comparación con el templo que no se había terminado).

Sembráis mucho, y recogéis poco (1:6). Hageo ve los fracasos agrícolas y económicos durante los primeros años del regreso a Jerusalén como prueba de que la comunidad había fracasado en sus obligaciones con el Señor como señor de la tierra. Esta dinámica se deriva de la relación integral entre Dios, el pueblo y la tierra, como se establece en el libro de Deuteronomio (28:15-24). En este caso, Hageo atribuye el fracaso económico de la comunidad a su retraso en la construcción del templo del Señor (1:7-11; 2:15-19).

Segunda profecía (1:13-15)

La casa de Jehová de los ejércitos (1:14). La "casa" (i. e., el templo) no era solo el lugar donde la presencia de Dios habitaba y donde se podían hacer sacrificios; también era el símbolo físico del pacto del Señor con David y su dinastía. Según este pacto, la tarea del heredero de David era construir y mantener el templo del Señor en Jerusalén (2 S 7:11b-16). Además, el Señor gobernó a su pueblo a través de la dinastía de David. Por lo tanto, el inicio de la construcción del templo fue el primer paso para restaurar un reino davídico.

En el día veinticuatro del mes sexto (1:15). Esto se remonta al 21 de septiembre de 520 a. C.

Tercera profecía (2:1-9)

En el mes séptimo, a los veintiún días del mes (2:1). Esta fecha llega unos días después del Día de la Expiación y coincide con la celebración de la fiesta de los tabernáculos, que duraba una semana. Se puede calcular que fue el 17 de octubre de 520 a. C.

Haré temblar los cielos y la tierra (2:6). El cataclismo cósmico se solía usar como una manera detallada de hablar sobre los acontecimientos "innovadores".

Llenaré de gloria esta casa (2:7). El término "gloria" tiene muchos matices en referencia a los templos. En primer lugar, puede referirse a la elaboración de artículos lujosos para usar en el templo. En segundo lugar, puede referirse a la riqueza almacenada en el templo, como un banco. En tercer lugar, puede referirse al prestigio y el honor, que pertenecían tanto a la arquitectura como a la reputación de la deidad. Finalmente, puede referirse a la presencia de Dios.

Cuando Salomón dedicó su templo unos 440 años antes, "la gloria del SEÑOR había llenado el templo" (1 Reyes 8:11 NVI) en forma de una nube, impidiendo por un tiempo que los sacerdotes cumplieran sus deberes (cf. Ez 11:22-23).

Cuarta profecía (2:10-19)

A los veinticuatro días del noveno mes (2:10). Esto fue el 18 de diciembre de 520 a. C., tres meses después de que comenzara la construcción del templo.

Si... carne santificada... tocare pan... ¿será santificada? (2:12-14). La carne sacrificada en el altar se consideraba sagrada ("santificada"), pero este estado no se podía transferir a otras cosas por medio del contacto con la carne. La consagración requería sacrificios específicos y no era "contagiosa". Sin embargo, una persona o una cosa impura podía "contaminar" a otra por el solo contacto, incluso si esa otra persona o cosa hubiera sido santa. Para volver a adquirir la santidad, una persona o cosa contaminada tenía que ser limpiada y luego consagrada a través de un ritual apropiado, generalmente un sacrificio.

Quinta profecía (2:20-23)

Trastornaré el trono de los reinos, y destruiré la fuerza de los reinos (2:22). Las rebeliones estallaron en todo el Imperio persa después de la muerte de Cambises y Bardiya en el año 522 a. C. (ver el artículo "Los persas"). En la inscripción de Behistún, Darío afirma haber matado a un rey impostor, aunque los historiadores en la actualidad creen que se trata de una propaganda destinada a encubrir el asesinato de Bardiya. En cualquier caso, Darío finalmente reprimió todas las rebeliones en el año 517 a. C.

Zorobabel... como anillo de sellar (2:23). Un anillo de sellar tenía una insignia personal que se podía estampar en cera o arcilla para indicar la autorización de su dueño, con el mismo efecto que una firma en la actualidad. En el año 597 a. C., Dios describió al abuelo de Zorobabel, el rey Joaquín, como un anillo de sellar que se estaba arrancando del dedo (Jer 22:24-30). Esto simbolizó el rechazo de Dios hacia él y su exilio a Babilonia. Lo que se representa aquí es lo contrario, y alaba el restablecimiento de la familia real davídica en los propósitos de Dios.

Zacarías

Zacarías

George Athas

Introducción. Zacarías profetizó a la pequeña comunidad de judíos que habían regresado del exilio en Babilonia para reconstruir Jerusalén. Su ministerio estuvo relacionado con el de Hageo (ver la introducción en el comentario sobre Hageo). Las profecías iniciales de Zacarías abordaron la decisión de la comunidad de reconstruir el templo del Señor en lo que fue una época caótica en el Imperio persa. La agitación política había estallado en el año 522 a. C., después de que el rey persa Cambises, hijo de Ciro, murió inesperadamente sin un heredero. Muchas naciones utilizaron esta incertidumbre para declarar su independencia de Persia. Darío, hijo de Histaspes, finalmente reprimió estas rebeliones, pero le tomó algunos años hacerlo (ver el artículo "Los persas"). Durante esta época, la comunidad de Jerusalén, bajo el liderazgo de Zorobabel, puso los cimientos para la reconstrucción del templo. Es posible, aunque no es seguro, que Zorobabel también declarara su independencia de Persia en ese momento, lo que hizo que los grupos vecinos y las autoridades persas interrumpieran sus esfuerzos de construcción (Esdras 4:1-5, 24). La extensa visión de Zacarías (Zac 1:7-6:8) aborda el dilema de Jerusalén frente a la incertidumbre sobre el programa de construcción del templo.

El libro de Zacarías también va más allá de esa época, y la mayor parte de la segunda mitad del libro (caps. 9-14) proviene de los períodos posteriores. Algunos estudiosos ubican la fecha de algunas partes de este material en un periodo posterior, en la vida de Zacarías, mientras que otros estudiosos señalan que fue en algún momento después de Zacarías, quizás incluso hasta el siglo IV a. C. Sin tomar en cuenta el contexto del tiempo, el libro comienza con una visión optimista de la posibilidad de restaurar el reino de Dios en la tierra de Judá. Sin embargo, se desplaza hacia una visión pesimista de la historia, en la que el pueblo de Dios se enfrenta constantemente a la oposición de otros, asolado por un liderazgo deficiente y, en última instancia, decepcionado en sus esfuerzos de restauración. No obstante, termina con una esperanza casi apocalíptica de que Dios intervenga de una manera sobrenatural en la historia e inaugure una era totalmente nueva.

Primera profecía (1:1-6)

En el octavo mes del año segundo de Darío (1:1). Esto se remonta a noviembre del año 520 a. C., cuando el rey persa Darío (522-486 a. C.) todavía estaba en el proceso de frenar las rebeliones en todo el Imperio persa. Zorobabel puso los cimientos del templo justo antes de esto (Esdras 3:1-8).

La visión de Zacarías (1:7-6:8)

A los veinticuatro días del mes undécimo... en el año segundo de Darío (1:7). Esto se remonta al 15 de febrero del 519 a. C. En ese momento, Darío envió fuerzas para reprimir una rebelión en Egipto. Este ejército debió haber pasado por Judá, reforzando el control persa sobre esa región a medida que avanzaba. Esto coincide con el relato de que la construcción del templo en Jerusalén se detuvo debido a la intervención de las autoridades persas (Esdras 4:24).

Un varón que cabalgaba sobre un caballo alazán (1:8). En el antiguo Cercano Oriente, no se solía relacionar los caballos con la agricultura ni se consideraban un método de transporte para la gente común, sino que se relacionaba casi de manera exclusiva con los ejércitos o mensajeros reales. El ejército persa utilizó tanto la caballería como los carros que eran jalados por caballos, junto con un extenso sistema de comunicación por medio de caballos. La inscripción de Behistún (oeste de Irán) y documentos de Egipto relatan cómo Darío coordinaba sus fuerzas con los mensajeros para reprimir muchas rebeliones en todo el Imperio persa. Parece que la visión de Zacarías de los carros y los jinetes montados de una manera sobrenatural (6:1-8) relaciona el ejército de Darío con la voluntad del Señor.

Setenta años (1:12). Según Jeremías, el exilio de Judá duró setenta años (Jer 25:11-12; 29:10).

Celé con gran celo a Jerusalén y a Sion (1:14). Sion (cf. 1:17; 2:7, 10; 8:2-3; 9:9, 13) era la fortaleza en Jerusalén que fue en un principio tomada por David (2 S 5:6-10). Por lo tanto, el término se relaciona específicamente con el gobierno de la dinastía de David.

Las naciones que están reposadas (1:15). Entre el año 522 y 518 a. C., el rey persa Darío enfrentó muchas rebeliones de naciones que se sentían muy seguras como para afirmar su independencia de Persia. Ninguna de estas rebeliones tuvo éxito, como Darío lo señala de manera pública en la inscripción de

Behistún, donde enumera cada rebelión y cómo la venció.

Alcé mis ojos y miré, y he aquí cuatro cuernos (1:18). Los cuernos de un toro eran símbolos del poder neto, representando aquí a las naciones (sobre todo a Asiria y Babilonia) que metafóricamente habían "embestido" y "arrojado" al pueblo de Dios.

Leones alados con cabeza humana como este cuidaban las entradas a los palacios de los reyes asirios. Estos guardianes usaban gorras con cuernos de toro, que simbolizaban la divinidad y el poder.

Y miré... un varón que tenía en su mano un cordel de medir (2:1). Ver los comentarios sobre Ez 40:3.

Sin muros será habitada Jerusalén (2:4). Los babilonios habían derribado los muros de Jerusalén cuando tomaron la ciudad en el año 586 a. C. Zorobabel, sin dudas, hubiera querido reconstruirlos, sobre todo si estaba planeando forjar un reino independiente de Judá.

Al sumo sacerdote Josué (3:1). Josué era nieto del último sumo sacerdote de Jerusalén, Seraías (2 Reyes 25:18-21). Junto con Zorobabel, supervisó la construcción del templo (Esdras 3:8-9). Su relación cercana con Zorobabel significa que pudo haber estado involucrado en tratar de establecer a Zorobabel como rey de una Judá independiente.

Sobre esta única piedra hay siete ojos (3:9). Por lo general, los templos en el antiguo Cercano Oriente tenían una piedra de dedicación que nombraba al constructor o al patrón real (cf. las placas de dedicación en la actualidad). Esta piedra no se colocó ante Zorobabel, como se esperaba, sino ante Josué. Esto sugiere que Josué tuvo que hacerse cargo de la construcción del templo porque Zorobabel estaba ausente, quizás porque los persas lo arrestaron por una supuesta rebelión. Además, Darío instauró un sistema de espionaje en todo su imperio para impedir la rebelión. Estos espías eran conocidos como los "ojos del rey" y le informaban directamente a Darío.

He mirado... un candelabro todo de oro (4:2). El candelabro era una parte esencial de la decoración del templo. Mientras que el tabernáculo solo tenía un candelabro de oro, el templo de Salomón tenía diez candelabros de oro (1 Reyes 7:49). Al parecer, el templo en el N. T. que había sido construido por el rey Herodes tenía un gran candelabro de oro. Además de dar luz, la llama constante probablemente simbolizaba la presencia de Dios.

Dos olivos (4:3). La antigua Judá era conocida como un centro de producción de aceite de oliva. El aceite de oliva se usaba para cocinar, como combustible de las lámparas, con fines medicinales y cosméticos, y para ceremonias de unción. Debido a que los olivos tardaban muchos años en crecer y empezar a producir, eran recursos preciados. Mantener el candelabro del templo en-

Caja de piedra caliza colocada en el suelo, que contiene tablillas de dedicación.

cendido de forma constante requería un suministro seguro de aceite de oliva para el templo.

Zorobabel (4:6). El abuelo de Zorobabel, Joaquín, gobernó Judá durante solo tres meses en el año 597 a. C., antes de rendirse al rey de Babilonia Nabucodonosor y ser exiliado a Babilonia (2 Reyes 24:8-15). Como su descendiente directo, Zorobabel había sido un motivo de esperanza real para los exiliados de Judá que regresaron para reconstruir Jerusalén. El pacto de David (2 S 7:8-16) relató estas esperanzas, ya que el Señor se había comprometido a gobernar a su pueblo elegido a través de un rey davídico. El templo de Jerusalén era el símbolo físico de este pacto. Era una estructura permanente, porque el pacto de David iba a ser una institución permanente. Por lo tanto, uno de los roles principales de cualquier rey davídico era construir y mantener el templo como símbolo esencial del pacto. El exilio posterior y la destrucción del templo fueron un gran desafío para este entendimiento. De esta manera, al construir el templo, Zorobabel estaba dando el primer paso en la restauración de un reino davídico y promulgando el celo del Señor por Sion (Zac 1:14). Si, como suponen muchos estudiosos, los persas sacaron a Zorobabel de Jerusalén, la comunidad se habría confundido sobre su futuro y también sobre la voluntad de Dios para ellos. Sin embargo, lo más probable es que Zorobabel haya regresado, ya que Zacarías apuesta su reputación profética a que Zorobabel termine el templo (4:9; cf. 9:9). El templo se dedicó tres años después, en el año 516 a. C. (Esdras 6:14-22).

Fue levantada la pesada tapa de plomo de la canasta y adentro había una mujer sentada… La mujer se llama Perversidad (5:7-8 NTV). La "canasta" es específicamente un "efa", que podía contener alrededor de seis galones de una sustancia seca. La mujer dentro del pequeño recipiente se llama "Perversidad". El término hebreo traducido como "perversidad" es harisah, sin duda se trata de un juego de palabras con la palabra asherah ("bendito"). "Asera" es también el nombre de una diosa pagana (ver los comentarios sobre 1 Reyes 15:13) y, por lo tanto, quizás el objetivo de este juego de palabras era caracterizar al ídolo de la diosa Asera como malvado. Antes del exilio, el pueblo de Judá adoraba de una manera profana a Asera como consorte del Señor y "reina del cielo" (Jer 7:18; 44:17-19). Las pocas personas que quedaron en Judá durante el exilio y las que estaban en Samaria al norte probablemente continuaron adorando a Asera. Mientras se reconstruía el templo del Señor, algunos pueden haber esperado que se adorara a Asera allí de nuevo.

La tierra del norte (6:8). Esta es una referencia a Mesopotamia. Debido a que el desierto de Arabia se encontraba directamente al este de Israel y Judá, los ejércitos que venían de Mesopotamia tenían que acercarse desde el norte. De esta manera, cuando el Señor le describe a Jeremías la próxima invasión babilónica de Judá, dice que convocará a "todas las familias de los reinos del norte" (Jer 1:13-16).

Epílogo de la visión de Zacarías (6:9-15)

El varón cuyo nombre es el Renuevo (6:12). El término "renuevo" era sinónimo de la realeza de David. Jeremías espera que el Señor levante un nuevo "Renuevo" justo (Jer 23:5; 33:15). Isaías mira una "vara" que surge del "tronco" de Isaí (el padre de David), expresando la esperanza de la renovación y revitalización de la realeza que surge de la dinastía "derribada" de David (Is 11:1). Dado que la realeza de David estaba estrechamente relacionada con el templo de Jerusalén (2 S 7:8-16), Zorobabel había sido visto como el "Renuevo" y, por lo tanto, había sido el centro de las esperanzas reales. Sin embargo, aquí se le dice a Zacarías que invista a Josué, el sumo sacerdote, como el nuevo "Renuevo". Los estudiosos han debatido la importancia de esto. Una posibilidad es la promoción del sacerdocio al mismo nivel de autoridad que el gobernante davídico, creando así la esperanza de una diarquía. Una razón más posible es que Josué está comisionado como el "renuevo interino" mientras que Zorobabel está ausente.

Profecía sobre el luto y el ayuno (7:1-8:23)

En el año cuarto del rey Darío... a los cuatro días del mes noveno (7:1). Esto se puede remontar al 7 de diciembre de 518 a. C. Para ese entonces, Darío había pacificado la mayor parte de su imperio, y el templo de Jerusalén estaba casi terminado.

Bet-el (7:2). Bet-el estaba a doce millas al norte de Jerusalén. Había sido el sitio de un importante centro de adoración construido por Jeroboam I a finales del siglo X a. C. (1 Reyes 12:28-33). Se desconoce si este santuario sobrevivió hasta la era posterior al exilio.

¿Lloraremos en el mes quinto? ¿Haremos abstinencia...? (7:3). Los ayunos eran días de duelo comunal. Este ayuno especial probablemente conmemoró la destrucción del templo de Jerusalén por parte de los babilonios en el año 586 a. C. (2 Reyes 25:8).

Ayunasteis y llorasteis en el quinto y en el séptimo mes (7:5). Este último ayuno, en el séptimo mes, probablemente conmemoró el asesinato de Gedalías, hijo de Ahicam, a quien los babilonios nombraron gobernador después de conquistar Jerusalén en el año 586 a. C. Después del asesinato de Gedalías en el año 582 a. C., los babilonios asumieron el gobierno directo de Judá, y muchas de las últimas personas que quedaban en Judá huyeron del país (2 Reyes 25:22-26; Jer 40:6-43:7).

El ayuno del cuarto mes... el ayuno del décimo (8:19). El ayuno del cuarto mes probablemente conmemoró el día del año 586 a. C. cuando los babilonios rompieron los muros de Jerusalén y la tomaron (2 Reyes 25:3-6; Jer 39:2-5). El ayuno del décimo mes probablemente recordaba el comienzo del asedio babilónico de Jerusalén en el año 588 a. C (2 Reyes 25:1; Jer 39:1).

Una profecía (9:1-11:17)

Hadrac... Ecrón (9:1-8). Todas las ciudades que se mencionan en estos versículos eran centros ubicados en las principales carreteras antiguas. Es probable que los ejércitos de Darío atravesaran estas ciudades para afirmar su autoridad en su camino a Egipto en el año 519 a. C. Alejandro Magno también afirmó la soberanía sobre estas ciudades cuando siguió un camino similar después de la batalla de Issos en el año 333 a. C. Por lo tanto, la lista de ciudades evoca representaciones de conquistadores extranjeros, mostrando cómo Jerusalén prácticamente no tenía ningún poder para resistirse a ellos. Sin embargo, también muestra cómo Dios estaba protegiendo a su pueblo y su templo, manteniendo viva su esperanza de la restauración completa (9:8).

Tiro (9:3). Ver los comentarios sobre Ez 26:2. Zacarías 9:3 usa ingeniosos juegos de palabras en hebreo para hacer alusión a la caída de Tiro en el año 332 a. C.

Perecerá el rey de Gaza (9:5). Después de la conquista de Tiro por Alejandro Magno en el año 332 a. C., la única ciudad de la región que se resistió a él fue Gaza. Sin embargo, solo dos semanas después de llegar a Gaza, Alejandro tomó la ciudad e hizo ejecutar de una manera cruel a su gobernante, Batis, atándolo detrás de un caballo desbocado.

Habitará en Asdod un extranjero (9:6). El hebreo dice literalmente: "Un bastardo se sentará en Asdod". Asdod era una ciudad filistea en la costa mediterránea. La frase puede referirse a la mezcla de poblaciones, o puede hacer alusión a Alejandro Magno, cuya madre supuestamente lo concibió a través de Zeus.

Tu rey vendrá a ti, justo y salvador (9:9). La frase hebrea en realidad dice "justo y rescatado". Aunque los estudiosos suelen ver esto como una expresión de esperanza en un futuro mesías, es probable que originalmente se haya referido a la

Un mapa babilónico del mundo.

absolución y liberación de Zorobabel por los persas y su posterior regreso a Jerusalén (cf. 4:9). Sin embargo, en las generaciones posteriores, esto adquirió un significado más escatológico.

Volveos a la fortaleza, oh prisioneros de esperanza (9:12). Algunos estudiosos entienden esto como una metáfora que se refiere al regreso del exilio. Sin embargo, la relación con un personaje real absuelto y liberado (9:9) significa que esto probablemente se refería al primer lugar donde Zorobabel fue liberado por los persas. Aquí se usa una palabra hebrea inusual para "fortaleza" (bitsaron), que suena similar a la frase hebrea "en Sion" (betsiyyon). Esto le da al pasaje fuertes connotaciones davídicas (2 S 5:6-10).

Judá… Efraín (9:13). Judá y Efraín eran las dos tribus principales que representaban el reino del sur de Judá y el reino del norte de Israel. La nación no se había unido desde finales del siglo X a. C. Sin embargo, esto no mitigó las esperanzas de la restauración total de la nación bajo un rey davídico, aunque esto parecía cada vez más improbable a medida que se desarrollaba la historia. En la era posterior al exilio, las dos mitades de la nación surgieron respectivamente como las comunidades judía y samaritana.

Grecia (9:13). Los comerciantes y mercenarios griegos eran conocidos en Siria y Palestina desde hace muchos siglos. Lo más probable es que los soldados cereteos y peleteos de David fueran mercenarios griegos (2 S 8:18). Darío fue el primer rey persa en invadir la región griega, y sus ejércitos probablemente tenían habitantes de Judá. Su hijo Jerjes (486-465 a. C.) continuó con el esfuerzo, aunque al final fue rechazado. Durante las conquistas de Alejandro Magno a finales del siglo IV a. C., los griegos tomaron el control político de Judá. Esto permitió la expansión del helenismo, que algunos percibieron como una amenaza para el estilo de vida judío. Esto finalmente condujo a la revuelta de los macabeos en el año 167 a. C. Ver el artículo "Período intertestamentario".

Treinta piezas de plata (11:12). Un esclavo valía treinta piezas de plata (Ex 21:32), al igual que una mujer que se había dedicado al Señor a través de un juramento (Lv 27:4). La cantidad indicaba un estatus bajo y el final de un período de servicio.

Hiera la espada su brazo, y su ojo derecho (11:17). La maldición pronunciada sobre el "pastor inútil" parece reflejar elementos de la carrera de Alejandro Magno.

Sarcófago de Alejandro Magno.

En su primera batalla contra los persas en el río Gránico (334 a. C.), Alejandro recibió un golpe sobre el ojo y se cayó de su caballo.

Cuando su agresor se balanceó para matarlo, uno de los hombres de Alejandro cortó el brazo del agresor justo a tiempo para salvar a Alejandro. Si esto no hubiera ocurrido, toda la campaña de Alejandro habría llegado a su fin y el helenismo probablemente nunca se habría extendido al antiguo Cercano Oriente. Además, Alejandro contó con la ayuda de Antígono I Monóftalmos (el "tuerto"), uno de los generales que se peleó por su imperio después de la repentina muerte de Alejandro en el año 323 a. C., y que en un momento controló Siria y Palestina.

Una profecía (12:1-14:21)

A mí, a quien traspasaron (12:10). Los estudiosos debaten sobre la identidad de este personaje. Algunos entienden que es una metáfora sobre el mismo Dios, mientras que otros sugieren que se refiere al asesinato de un personaje significativo en la comunidad de Jerusalén, quizás el mismo Zacarías.

Llanto de Hadadrimón (12:11). Este parece ser un lugar en el valle de Meguido, que separa las colinas de Samaria de Galilea. Algunos estudiosos suponen que esto se refiere al luto por la inesperada muerte del rey Josías (2 Reyes 23:29-30).

Los descendientes de la casa de David... de Natán... de Leví... de Simei (12:12-13). Si bien los clanes de David y Leví probablemente se refieren a la familia real y las familias sacerdotales, respectivamente, los estudiosos no están seguros de la identidad de Natán y Simei aquí.

Yo reuniré a todas las naciones para combatir contra Jerusalén (14:2). En las décadas posteriores a la muerte de Alejandro (323 a. C.), sus generales lucharon entre ellos por las partes de su imperio. Entre los que lucharon por el control de Judá estaban los generales Ptolomeo, Antígono y Seleuco. Finalmente, Ptolomeo de Egipto conquistó Jerusalén en el año 301 a. C. Mató a una parte significativa de la población de Jerusalén y deportó a la mitad de los sobrevivientes a Alejandría. Muchos judíos luego emigraron allí en las décadas siguientes. Así comenzó la gran comunidad judía de Alejandría.

Sus pies en aquel día sobre el monte de los Olivos (14:4). Este monte se encuentra al este más

Ptolomeo I, uno de los generales de Alejandro Magno.

próximo del monte del Templo en Jerusalén. En el mundo antiguo, la representación de una deidad que pone los pies en un monte significativo se relaciona tanto con el juicio como con la fecundidad.

Del terremoto en los días de Uzías (14:5). Durante el reinado de Uzías (también conocido como Azarías), durante el siglo VIII a. C., un devastador terremoto azotó a Israel y Judá. El ministerio de Amós estuvo relacionado con este terremoto (Amós 1:1; cf. 8:8; 9:1, 5).

Se volverá como llanura (14:10)**.** La "llanura" (NVI: "Arabá") que se menciona aquí es el largo valle del Rift, que recorre todo el río Jordán y el mar Muerto, el punto más bajo en la superficie de la tierra, a unos 1 300 pies bajo el nivel del mar. Jerusalén se encuentra a 2460 pies sobre el nivel del mar. Este versículo representa la tierra alrededor de Jerusalén cayendo al nivel del Arabá, permitiendo que Jerusalén se eleve de una manera invencible sobre el paisaje.

Fiesta de los tabernáculos (14:16). Esta fiesta conmemoraba el éxodo de Israel de Egipto y una época cuando se deambulaba por el desierto rumbo a la tierra prometida, así como la cosecha de la tierra (Lv 23:33-43).

Pecado de Egipto (14:18). Algunos estudiosos entienden que esta frase se refiere a los egipcios nativos, pero puede referirse a los judíos que vivían en Egipto, como los que Ptolomeo deportó a Alejandría en el 301 a. C. y otros que emigraron allí de manera voluntaria.

Malaquías

WILLIAM B. NELSON

Introducción. En las Biblias protestantes, Malaquías es el último libro del A. T. y también el último de los doce profetas menores. Tradicionalmente, se le ha atribuido a un profeta el nombre de Malaquías, pero la palabra "Malaquías" significa "mi mensajero", como se usa en el 3:1. Tal vez este no sea un nombre propio en absoluto, sino más bien un título, lo que significa que el autor era el mensajero del Señor. El libro se escribió en la era posterior al exilio, después de que se reconstruyó el templo en el año 515 a. C. (1:7-14). Malaquías comienza con las palabras "Profecía de la palabra de Jehová". Curiosamente, Zac 9:1 y 12:1 comienzan de la misma manera. Por esta razón, algunos estudiosos piensan que tal vez al principio hubo tres recopilaciones independientes de profecías: Zac 9-11; Zac 12-14; Malaquías. En la edición del corpus profético, los dos primeros se adjuntaron al libro de Zacarías, mientras que el último se mantuvo por sí solo como un libro separado. El autor usa un estilo de escritura de reprensiones, comunicando los pecados de las personas o sus quejas a través de un formato de preguntas y respuestas. El libro empieza con un encabezado, luego aparecen seis reprensiones y concluye con dos apéndices.

Encabezado y primera reprensión: el Señor ama a Israel (1:1-5)

Amé a Jacob, y a Esaú aborrecí (1:2-3). Aquí Malaquías hace alusión a la historia patriarcal y al conflicto entre los hijos gemelos de Isaac: Jacob y Esaú

(Gn 25:27-34; 27:1-45). Jacob engendró a Israel y Esaú engendró a los edomitas (Edom era el reino que limitaba con Judá al sureste). Aunque Malaquías se refiere a los individuos, en realidad está hablando de sus descendientes: los pueblos de Israel y Edom. Aunque describe la actitud de Dios hacia ellos en términos absolutos, amor y odio, quiere decir que, en términos relativos, Dios escogió a Israel sobre Esaú. Esto se debe a que Dios hizo un pacto con su pueblo, los israelitas. La intensa hostilidad entre Jacob y Esaú en Génesis se demuestra en la historia posterior entre las dos naciones. Cuando los israelitas intentaron entrar a la tierra prometida después del éxodo de Egipto, los edomitas los encontraron con soldados bien armados, lo que obligó a los israelitas a recorrer un largo camino alrededor de Edom (Nm 20:14-21). Más cerca de la época de Malaquías (el período posterior al exilio), los edomitas habían apoyado a los babilonios cuando invadieron Judá y saquearon Jerusalén (586 a. C.), regocijándose con la destrucción y participando en el saqueo (Sal 137:7; Abd 10-14). Como consecuencia, los profetas señalaron a Edom para una condenación especial (Is 35:5-17; Jer 49:7-22; Lm 4:21-22; Ez 25:12-14; 35:1-15; Joel 3:19; Amós 1:11-12; Abd 1-21). Son un "pueblo contra el cual siempre estará indignado el SEÑOR" (Mal 1:4 NVI).

Edom (1:4). Ver los comentarios sobre Abd 1. De los tres países de Transjordania (i. e., al otro lado del río Jordán desde Israel) durante los tiempos del A. T., Edom se encontraba más al sur, con Amón y Moab al norte. Su territorio estaba mayormente al sur y al este del mar Muerto, extendiéndose desde el Arabá, el valle del Rift del Jordán, al oeste hasta el desierto al este, y desde el valle Zered, la frontera con Moab, al norte hasta el golfo de Áqaba (Elath y

Los montes de Edom.

Ezión-geber bíblicos) en el sur.

Sin embargo, a veces controlaban el sur de Judá en el lado occidental del Arabá hasta el desierto de Zin y el ascenso de Akrabbim (Nm 34:3-4; Jos 15:1-3). El rey David sometió a los edomitas (2 S 8:13-14), y el rey Salomón construyó una flota de barcos en la ciudad portuaria de Elat en el mar Rojo, desde donde se vinculó con el comercio con Arabia (1 Reyes 9:26; 10:19). Sin embargo, Edom se rebeló después contra Salomón en su reinado (1 Reyes 11:14-22, 25). Durante la era del exilio, los edomitas se expandieron hacia el sur de Judá; finalmente fueron desplazados por los nabateos, quienes invadieron desde Arabia y gobernaron desde la ciudad de Petra.

Segunda y tercera represión: el padre de Israel merece el honor (1:6-2:9) y el Señor odia el divorcio (2:10-16)

Jehová ha atestiguado entre ti y la mujer de tu juventud (2:14). En el siglo V a. C, muy cerca de la época de Malaquías, una colonia de judíos habitaba Elefantina, una isla de Egipto sobre el río Nilo. Entre los muchos documentos de papiro que se descubrieron en Elefantina, se encontraron varios contratos relacionados con matrimonios, dotes y herencias.[1] La implicación de los términos de estos contratos es que estos judíos estaban bastante dispuestos a divorciarse, en comparación con el 2:10-16.[2]

Cuarta reprensión: Dios es justo (parte 1) (2:17-3:5)

Como fuego purificador, y como jabón de lavadores (3:2). En el antiguo Cercano Oriente, los lavadores quemaban ciertas plantas para producir un residuo de ceniza especial. Este residuo alcalino se usaba para hacer jabón, una especie de lejía que limpiaba debido a sus propiedades cáusticas. Malaquías puede estar refiriéndose a la purificación de los levitas como alguien que lava la ropa. Sin embargo, dado que el texto también menciona la refinación de metales en el mismo versículo, es posible que el profeta esté describiendo el proceso en el que se usaron los químicos del jabón para lavar en el proceso de fundición.

Los afinará como a oro y como a plata (3:3). Malaquías predice que Dios purificará a los levitas en un "fuego purificador" (3:2) como los herreros purifican el oro y la plata. Cuando se extraen estos metales preciosos, se encuentran mezclados con otros elementos, como el plomo. Con la plata, el mineral crudo se calentaba en un horno para extraer el material puro. Durante la fundición, se soplaba aire caliente sobre la sustancia fundida, lo que provocaba la oxidación y la eliminación de la escoria (cf. Ez 22:17-22). El oro también se refinaba con el calor. A veces se utilizaba la cupelación: se introducía en el líquido un pequeño recipiente con forma de copa o cono para retirar la plata o el oro separado.

Quinta y sexta represión: Dios espera que su pueblo dé (3:6-12) y Dios es justo (parte 2) (3:13-4:3)

Libro de memoria (3:16). Este rollo probablemente contiene una lista de judíos fieles que hablan entre ellos acerca del Señor (3:16) y obedecen sus mandamientos (3:16-17). Serán el "especial tesoro" de Dios (3:17). Dios es retratado como un rey que recuerda a aquellos que le son leales para recompensarlos, tal como el rey persa Asuero, quien consultó sus crónicas y recompensó a Mardoqueo por salvarlo del asesinato (Ester 6). En la Biblia, se mencionan otros rollos o libros, como el libro de la vida (Sal 69:28 [ver los comentarios sobre Ex 32:32]; Is 4:3; Dn 12:1; Flp 4:3, Ap 3:5; 13:8; 17:8; 20:12, 15), libros usados para el juicio (Dn 7:10; Ap 20:12) y el libro de la verdad (Dn 10:21-11:45).

Horno (4:1). Por lo general, la palabra "horno" se traduce como "hoguera". Denota una estructura de barro cocido en forma de cilindro o colmena y que se utiliza especialmente para hornear pan. El fuego se colocaba adentro, con pasto seco y estiércol de animales (Ez 4:15) como combustible. Cuando el horno se calentaba, se colocaba una fina capa de masa en la pared para que se cocinara muy rápido. Por su gran calor, sus llamas y su poder destructivo para consumir cosas, la hoguera o el horno se convirtió en una metáfora acertada del juicio de Dios, como aquí cuando Malaquías predice que los soberbios y los malhechores serán consumidos (cf. Sal 21:9; Is 31:9).

Nacerá el Sol de justicia, y en sus alas traerá salvación (4:2). Esta representación del disco solar con alas es bastante común en el arte y la iconografía del antiguo Cercano Oriente. Significa la benevolencia de la deidad. Así como el sol proporciona luz y calor, Dios proporciona su presencia, protección y bendición para su pueblo. Se entendía que Shamash, el dios sol de Mesopotamia, era el dios de la justicia, por lo que es natural que Malaquías critique, corrija y tome prestada esta representación, aplicándola al Señor, el Dios de Israel: él, no Shamash, es el sol de justicia. En otros lugares, a Dios se le llama sol una vez (Sal 84:11), pero se le suele atribuir cualidades similares a las del sol: luz, resplandor y gloria (p. ej., Nm 6:24-26; Is 60:1).

Primer y segundo apéndice (4:4-6)

Horeb (4:4). "Horeb" es otro nombre para el monte Sinaí, donde el Señor se reveló a Moisés en la zarza ardiente y donde luego estableció un pacto con Israel después de liberarlos de Egipto (ver los comentarios sobre Ex 3:1; 19:1-2).

Período Intertestamentario

LARRY R. HELYER

Definición. El término "período intertestamentario" se refiere a los años que transcurren entre el final del canon del A.T. (ca. 400-165 a. C.) y la composición del N. T. (ca. 48-95 d. C.).[1] Muchos estudiosos prefieren designar esta era como el período del Segundo Templo, que abarca los años desde la destrucción del Primer Templo en el 586 a. C. hasta la destrucción del Segundo Templo en el 70 d. C. y sus consecuencias en la rebelión de Bar Kojba del 132 al 35 d. C.

Importancia. Es difícil que la importancia de esta era se pueda enfatizar bastante para realizar un estudio profundo del N. T., porque las raíces del cristianismo se remontan a este período formativo, el cual impactó su desarrollo de una manera significativa. Dado que el judaísmo del Segundo Templo tiene sus raíces en la fe ancestral de Israel, tal como está consagrada en la Biblia hebrea, el pensamiento hebreo es la matriz de la que surge el mensaje del N. T.[2]

En lugar de usar una expresión como "los años silenciosos" para designar este período, se debe saber que los judíos no estaban en silencio; por el contrario, siguieron reflexionando sobre Dios y su trato con el mundo, sobre todo con su pueblo elegido, Israel. La literatura judía que se produjo durante el período intertestamentario (que se suele conocer como la literatura del judaísmo del Segundo Templo) es rica y brinda una perspectiva hacia la historia importante y al mundo del pensamiento de esta era.

Estudio del período

Cinco grandes crisis, como tsunamis, remodelaron de una manera radical el panorama cultural e histórico del período intertestamentario. La literatura sobreviviente refleja estas transiciones de época.

La destrucción de Judá y el Primer Templo (586 a. C.). La conquista neobabilónica de Judá y la destrucción de su joya de la corona, el Primer Templo (2 Reyes 23-25; 2 Cr 36), devastó la tierra y dispersó a los refugiados y sobrevivientes por toda la región. Solo los más pobres se quedaron para cuidar la tierra (2 Reyes 25:12, 22). Esta dispersión marcó el comienzo del desarrollo del judaísmo de la diáspora, un fenómeno que continúa hasta la actualidad. Los profetas del A. T. interpretaron este desastre como el cumplimiento de la solemne advertencia del Señor acerca de las constantes violaciones del pacto del Sinaí (Ex 24; Lv 26:14-39; Dt 28:15-68; Jer 1-5; Ez 5-24). La realidad destructora del exilio para la mayoría de los judíos planteó estas preguntas inquietantes: ¿Había terminado Dios con su pueblo elegido? ¿Qué se podía hacer para recuperar su favor? La literatura judía del período del Segundo Templo reflexiona sobre este problema y brinda varias respuestas.

Colapso del Imperio persa y la llegada del helenismo. El rey persa Ciro (559-530 a. C.) derrotó el Imperio neobabilónico y fundó el Imperio persa aqueménida, el más grande del Medio Oriente hasta ahora, el que perduró durante dos siglos (539-331 a. C.) (ver la sección sobre Ciro en el artículo "Los persas"). Ciro se aseguró un lugar de honor en la historia judía como el monarca benévolo que permitió a los judíos (entre otros) regresar a su patria ancestral y reconstruir su templo, el famoso Segundo Templo (Esdras 1:1-4; 3:1-13; 6:13-18). Durante este período, Judá (llamado "Yehud" en las fuentes antiguas de esta época) era un pequeño distrito administrativo en una provincia más grande conocida como el "oeste del río Éufrates" (Esdras 4:11 NVI). Sin embargo, una gran mayoría de judíos optó por no regresar (Esdras 2:64-65). La mayoría de ellos eran agricultores y pastores (Jer 29); algunos eran artesanos, comerciantes y mercaderes; una pequeña cantidad ocupaba puestos administrativos en el gobierno persa; y unos pocos elegidos incluso ascendieron a posiciones de gran influencia y poder (Neh 2:1; 5:14; Ester 2:5, 19-23; 3:2; Dn 1-6; ver también, en una obra literaria judía de esta era, Tb 1:12-14).

La conquista del Imperio persa por Alejandro Magno (331 a. C.) fue solo una revolución cultural.[3] Más que un conquistador militar, Alejandro fue un misionero del helenismo (i. e., los aspectos que abarcan todo de la cultura griega, incluidos el idioma, la religión, la filosofía, la arquitectura, la vestimenta, etc.). Siguiendo su ejemplo, la cultura griega fue adoptada en la mayoría de las principales ciudades del antiguo Cercano Oriente. El helenismo, la mayor contribución de Alejandro a la civilización occidental, duró mil años.

Para los judíos, esto constituyó un desafío grave a su fe ancestral. La cuestión de hasta dónde podían llegar los judíos para acomodarse al imperialismo cultural helenístico sin dejar de ser fieles a su Dios predomina en la literatura judía del período intertestamentario. Las respuestas que se dieron eran varias, contribuyendo de manera directa a la amplia diversidad del judaísmo durante esta era. Muchos pasajes en el N.T. reflejan una lucha similar para los cristianos que viven en un ambiente grecorromano dominado por el helenismo (p. ej., 2 Co 6:14-7:1; Ef 4:17-5:20; 1 P 2:11-12; 2 P 2; 1 Juan 2:15-17; Ap 2-3).

Moneda con la imagen de Alejandro Magno. Período intertestamentario

Después de la muerte temprana de Alejandro Magno, sus generales dividieron su imperio en cuatro reinos: el reino ptolemaico (Egipto), el reino seléucida (Mesopotamia y Siria), el reino de Lisimaquia y luego el reino atálida (Anatolia, i. e, la Turquía moderna), y el reino antigónida (Macedonia). El reino ptolemaico controló Judá durante la primera parte de este período (323-198 a. C.), pero los seléucidas conquistaron la región en el año 198 a. C.

La revuelta de los macabeos (a partir del 175 a. C.). El desafío del helenismo a la fe judía nunca fue más grave que en la época del rey seléucida Antíoco IV Epífanes (215-163 a. C.) (ver los comentarios sobre Dn 7:8). Este monarca comenzó un completo programa helenizador mediante el cual todos los ciudadanos de su reino (que incluía a Judá y Jerusalén) debían adoptar los ideales culturales y los objetivos políticos del imperio. Los judíos, con su monoteísmo y sus costumbres que los caracterizaban, se destacaron como un gran impedimento. Antíoco ordenó que los judíos renunciaran a su religión y costumbres y adoptaran las del helenismo.[4] Esto provocó uno de los movimientos de resistencia más notables de la historia. Dirigidos por la familia asmonea (más conocida como los macabeos), los judíos aseguraron con éxito la libertad religiosa e incluso alcanzaron la autonomía política en el año 140 a. C. Varios escritos judíos de esta época reflejan una lucha épica en la que los judíos tenían que decidir si valía la pena morir por su fe (p. ej., 1-2 Macabeos, Judit, Baruc). También fue una época de intensas divisiones y luchas internas sobre lo que significaba ser un verdadero judío; sectas rivales como los fariseos, saduceos y esenios defendían definiciones bastante diferentes.[5]

Moneda de oro que representa a Pompeyo, el general romano que puso a Judá bajo el control romano.

Dominación romana (63 a. C.-66 d. C.). Sin embargo, al poco tiempo, la dinastía asmonea se debilitó y se rindió ante Roma, la nueva superpotencia. Pompeyo el Grande derrotó al último príncipe asmoneo y saqueó Jerusalén en el año 63 a. C. La patria ancestral se convirtió en una provincia ocupada en el Imperio romano, gobernada por reyes tributarios nativos (Herodes el Grande y sus sucesores) o gobernadores romanos designados de una manera directa (como Poncio Pilato). Se deben leer los evangelios en este contexto (Lucas 3:1).

El resentimiento se intensificaba, y los anhelos de independencia aumentaban y disminuían en proporción a la ineptitud y opresión de la dinastía herodiana o de los gobernadores provinciales. Algunas facciones judías, recordando las hazañas de los macabeos, clamaban por una resistencia violenta (los zelotes); otros aconsejaban tener paciencia y apelaban a la esperanza mesiánica de la liberación nacional (fariseos y esenios); aún otros, con intereses creados en el establecimiento, exhortaban a aliarse con los romanos (los saduceos).

Destrucción romana de Jerusalén y del Segundo Templo (66-73 d. C.). En el año 66 d. C, Judá y la mayor parte de Galilea se rebelaron. Nerón envió cuatro legiones de soldados romanos al mando de Vespasiano para derrotar la revuelta. En el verano del año 70 d. C., Jerusalén cayó, y la ciudad y su templo fueron incendiados. La pérdida de vidas humanas fue asombrosa. Esta catástrofe volvió a suscitar estas inquietantes preguntas: ¿Había terminado Dios con el pueblo judío? ¿Había esperanza más allá de la destrucción (ver 2 Esdras)? Los fariseos, la única secta judía importante que sobrevivió al desastre, se dispusieron a reconstituir el judaísmo. El judaísmo rabínico da testimonio de su notable éxito, y la Mishná (una importante recopilación literaria producida por el judaísmo rabínico primitivo) refleja esa transformación.

Conclusión

Estos tiempos turbulentos constituyen el contexto para leer y comprender el N.T. La rica literatura judía no bíblica que se produjo durante esta era sigue siendo bastante útil para esclarecer el trasfondo del N.T. y el cristianismo emergente.

El NUEVO TESTAMENTO

Introducción al Nuevo Testamento

J. Scott Duvall

Definición. Para entender el mensaje del N.T., necesitamos tener una idea de su contexto. Cuando leemos los Evangelios, no hace falta leer mucho para encontrarnos con un gobernante llamado Herodes o soldados romanos o el mar de Galilea o una sinagoga o alguien que viaja a Jerusalén. Leemos sobre el templo, los fariseos, la Ley y los profetas, las ovejas, la pesca, el cultivo y sobre compartir una comida. A medida que se desarrolla el N.T., el escenario se expande más allá de la tierra de Israel hasta Asia Menor y Macedonia e incluso hasta Roma. Luego leemos sobre barcos, comida que se ofrecía a los ídolos, viajes misioneros, sinagogas, emperadores romanos, entre otros. Nos damos cuenta rápido de que simplemente no podemos dar sentido al N. T. sin tomar en cuenta su contexto, un contexto o un escenario que incluye la historia política, la geografía, las creencias religiosas, los grupos, las instituciones y la literatura, así como los valores y prácticas sociales y culturales. En esta breve introducción, explicamos qué debe esperar de este comentario en cada una de estas áreas cuando se trata de estudiar los antecedentes del N.T.

Historia política. El A.T. termina con el período persa (539-331 a. C.), también conocido como el período posterior al exilio porque los judíos comenzaron a regresar a su tierra natal poco después de la caída de Babilonia. El período del Segundo Templo comienza con este regreso a la tierra y la reconstrucción del templo en Jerusalén. Los persas gobernaron la tierra de Israel durante unos doscientos años hasta las conquistas de Alejandro Magno, quien vivió entre el año 356 y el 323 a. C. Como consecuencia, Israel quedó bajo control de Grecia desde alrededor del año 331 a. C. hasta el período de la independencia judía en el año 166 a. C. La influencia de la civilización griega sobre el mundo del N. T. no se puede subestimar: las características de la ciudad (p. ej., baños públicos, teatros, escuelas), una moneda estándar y, lo que es más importante, el idioma griego, que se convirtió en el idioma comercial común del mundo del Mediterráneo oriental (p. ej., se usaba en negocios, medicina, educación, religión, literatura, filosofía). *Hellas* significa "Grecia", por lo que el término "helenismo" se refiere a la difusión de la cultura y el idioma griego. El N. T. fue escrito en griego *koinē* ("común"). Cuando Alejandro murió en el año 323 a. C., dos grupos lucharon por el control de su imperio: los ptolomeos ubicados en Egipto y los seléucidas ubicados en Mesopotamia y Siria. Los ptolomeos obtuvieron el control de Israel y gobernaron hasta el año 198 a. C. Durante este período, había una próspera comunidad judía que vivía en Alejandría, donde surge la necesidad de traducir el A. T. al griego, ya que muchos de ellos ya no hablaban ni leían en hebreo. La Septuaginta (LXX) fue uno de los logros más significativos de este período y sirve como la Biblia principal para los judíos fuera de Israel y para los primeros cristianos.

En el año 198 a. C., los seléucidas obtuvieron el control de Israel, y su gobernante Antíoco IV "Epífanes" ("el manifiesto"), que gobernó desde el 175 al 163 a. C., se convirtió en una amenaza fundamental para Israel. Trató de eliminar el judaísmo e imponer las creencias y costumbres griegas a los judíos al controlar el sumo sacerdocio, saquear el tesoro del templo, prohibir el cumplimiento de los días especiales judíos (p. ej., el Shabbat), prohibir la circuncisión, destruir las copias de las Escrituras y ordenar el culto a los dioses griegos. En el año 167 a. C., se erigió un altar dedicado a Zeus en el templo de Jerusalén donde se sacrificaban cerdos (y otros animales inmundos). Como consecuencia de esta profanación del templo, los judíos se rebelaron.

La revuelta de los macabeos (166-135 a. C.) es una rebelión de los judíos piadosos que se opusieron a la opresión helenística. En el pueblo de Modein, cuando Matatías recibió la orden de sacrificar un cerdo en el altar, inició una rebelión. El hijo de Matatías, Judas (apodado "Macabeo", que proviene de una palabra aramea que significa "martillo") organizó a los judíos en una fuerza de combate, y derrotaron a los griegos en la batalla y liberaron el templo en el año 164 a. C. Esta victoria se celebra en la actualidad a través de la festividad judía de Janucá ("dedicación"). La historia de la revuelta se relata en los libros apócrifos 1-2 Macabeos. La familia de Matatías y sus herederos conforman la dinastía judía conocida como la dinastía Hasmonea, un grupo de reyes-sacer-

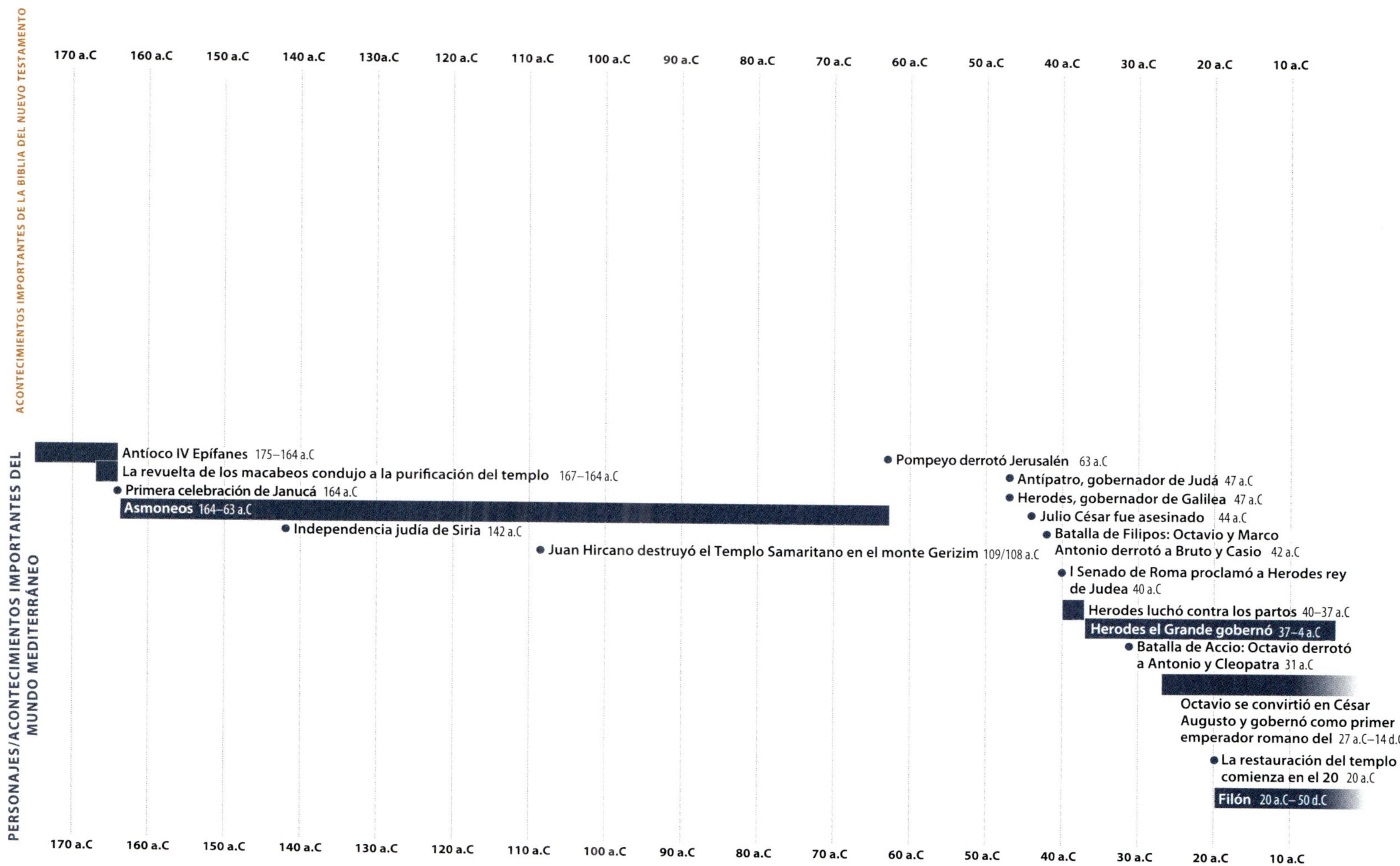
ACONTECIMIENTOS IMPORTANTES DE LA BIBLIA DEL NUEVO TESTAMENTO
PERSONAJES/ACONTECIMIENTOS IMPORTANTES DEL MUNDO MEDITERRÁNEO
170 a.C
160 a.C
150 a.C
140 a.C
130a.C
120 a.C
110 a.C
100 a.C
90 a.C
80 a.C
70 a.C
60 a.C
50 a.C
40 a.C
30 a.C
20 a.C
10 a.C
Antíoco IV Epífanes 175–164 a.C
La revuelta de los macabeos condujo a la purificación del templo 167–164 a.C
Primera celebración de Janucá 164 a.C
Asmoneos 164–63 a.C
Independencia judía de Siria 142 a.C
Juan Hircano destruyó el Templo Samaritano en el monte Gerizim 109/108 a.C
Pompeyo derrotó Jerusalén 63 a.C
Antípatro, gobernador de Judá 47 a.C
Herodes, gobernador de Galilea 47 a.C
Julio César fue asesinado 44 a.C
Batalla de Filipos: Octavio y Marco Antonio derrotó a Bruto y Casio 42 a.C
l Senado de Roma proclamó a Herodes rey de Judea 40 a.C
Herodes luchó contra los partos 40–37 a.C
Herodes el Grande gobernó 37–4 a.C
Batalla de Accio: Octavio derrotó a Antonio y Cleopatra 31 a.C
Octavio se convirtió en César Augusto y gobernó como primer emperador romano del 27 a.C–14 d.C
La restauración del templo comienza en el 20 20 a.C
Filón 20 a.C– 50 d.C
170 a.C
160 a.C
150 a.C
140 a.C
130 a.C
120 a.C
110 a.C
100 a.C
90 a.C
80 a.C
70 a.C
60 a.C
50 a.C
40 a.C
30 a.C
20 a.C
10 a.C

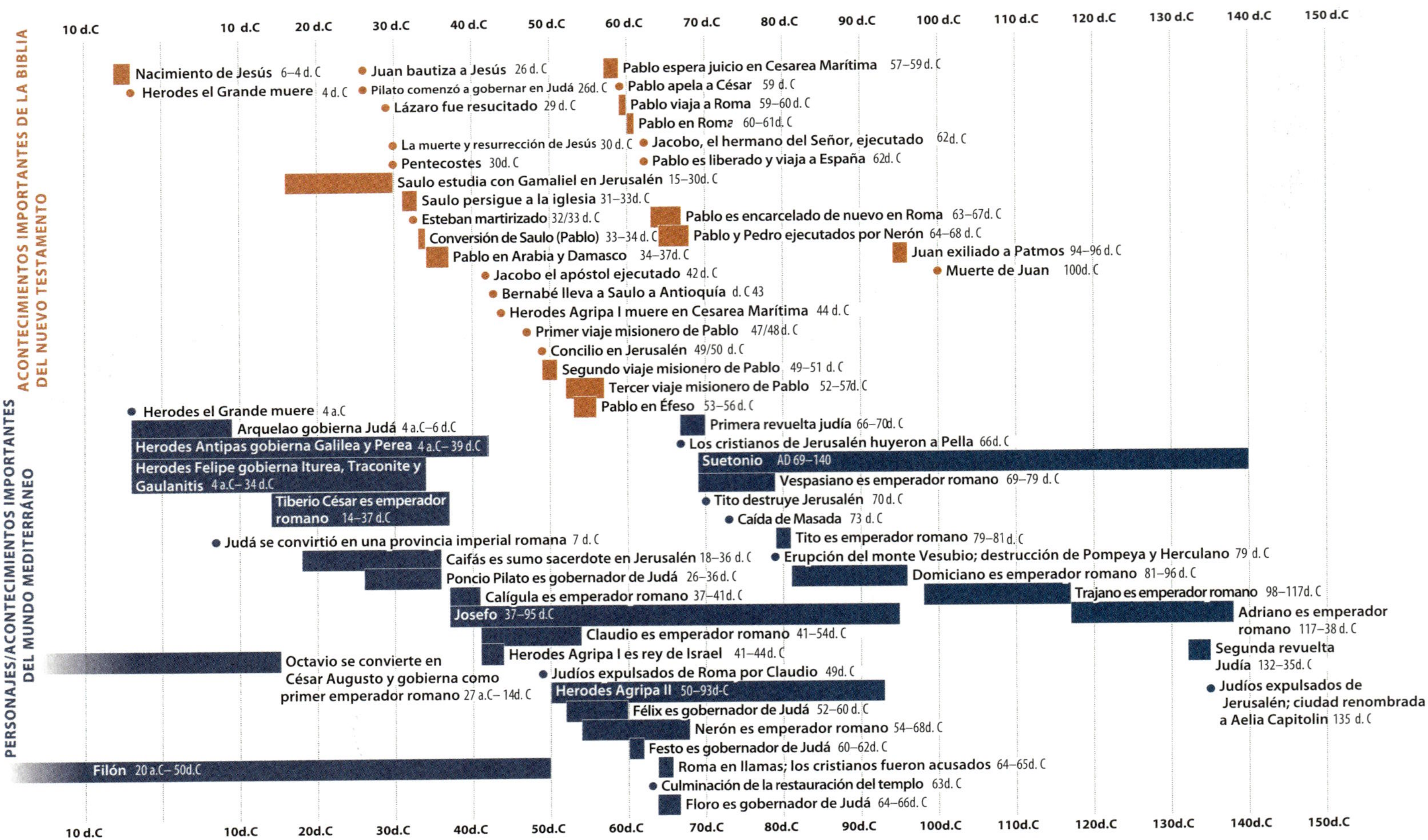
10 d.C
10 d.C
20 d.C
30 d.C
40 d.C
50 d.C
60 d.C
70 d.C
80 d.C
90 d.C
100 d.C
110 d.C
120 d.C
130 d.C
140 d.C
150 d.C
ACONTECIMIENTOS IMPORTANTES DE LA BIBLIA DEL NUEVO TESTAMENTO
Nacimiento de Jesús 6–4 d. C
Herodes el Grande muere 4 d. C
Juan bautiza a Jesús 26 d. C
Pilato comenzó a gobernar en Judá 26d. C
Lázaro fue resucitado 29 d. C
La muerte y resurrección de Jesús 30 d. C
Pentecostes 30d. C
Saulo estudia con Gamaliel en Jerusalén 15–30d. C
Saulo persigue a la iglesia 31–33d. C
Esteban martirizado 32/33 d. C
Conversión de Saulo (Pablo) 33–34 d. C
Pablo en Arabia y Damasco 34–37d. C
Jacobo el apóstol ejecutado 42 d. C
Bernabé lleva a Saulo a Antioquía d. C 43
Herodes Agripa I muere en Cesarea Marítima 44 d. C
Primer viaje misionero de Pablo 47/48 d. C
Concilio en Jerusalén 49/50 d. C
Segundo viaje misionero de Pablo 49–51 d. C
Tercer viaje misionero de Pablo 52–57d. C
Pablo en Éfeso 53–56 d. C
Pablo espera juicio en Cesarea Marítima 57–59 d. C
Pablo apela a César 59 d. C
Pablo viaja a Roma 59–60 d. C
Pablo en Roma 60–61d. C
Jacobo, el hermano del Señor, ejecutado 62d. C
Pablo es liberado y viaja a España 62d. C
Pablo es encarcelado de nuevo en Roma 63–67d. C
Pablo y Pedro ejecutados por Nerón 64–68 d. C
Juan exiliado a Patmos 94–96 d. C
Muerte de Juan 100d. C
PERSONAJES/ACONTECIMIENTOS IMPORTANTES DEL MUNDO MEDITERRÁNEO
Herodes el Grande muere 4 a.C
Arquelao gobierna Judá 4 a.C–6 d.C
Herodes Antipas gobierna Galilea y Perea 4 a.C– 39 d.C
Herodes Felipe gobierna Iturea, Traconite y Gaulanitis 4 a.C– 34 d.C
Tiberio César es emperador romano 14–37 d.C
Judá se convirtió en una provincia imperial romana 7 d. C
Caifás es sumo sacerdote en Jerusalén 18–36 d. C
Poncio Pilato es gobernador de Judá 26–36 d. C
Calígula es emperador romano 37–41d. C
Josefo 37–95 d.C
Claudio es emperador romano 41–54d. C
Herodes Agripa I es rey de Israel 41–44d. C
Octavio se convierte en César Augusto y gobierna como primer emperador romano 27 a.C– 14d. C
Judíos expulsados de Roma por Claudio 49d. C
Herodes Agripa II 50–93d-C
Félix es gobernador de Judá 52–60 d. C
Nerón es emperador romano 54–68d. C
Festo es gobernador de Judá 60–62d. C
Filón 20 a.C– 50d.C
Roma en llamas; los cristianos fueron acusados 64–65d. C
Culminación de la restauración del templo 63d. C
Floro es gobernador de Judá 64–66d. C
Primera revuelta judía 66–70d. C
Los cristianos de Jerusalén huyeron a Pella 66d. C
Suetonio AD 69–140
Vespasiano es emperador romano 69–79 d. C
Tito destruye Jerusalén 70 d. C
Caída de Masada 73 d. C
Tito es emperador romano 79–81 d. C
Erupción del monte Vesubio; destrucción de Pompeya y Herculano 79 d. C
Domiciano es emperador romano 81–96 d. C
Trajano es emperador romano 98–117d. C
Adriano es emperador romano 117–38 d. C
Segunda revuelta Judía 132–35d. C
Judíos expulsados de Jerusalén; ciudad renombrada a Aelia Capitolin 135 d. C

dotes que gobernó Israel desde el año 135 al 63 a. C., cuando los romanos tomaron el control.

Emperadores romanos durante el período del N. T.

César Augusto (Octavio)	30 a. C.-14 d. C.
Tiberio	14-37 d. C.
Calígula	37-41 d. C.
Claudio	41-54 d. C.
Nerón	54-68 d. C.
Vespasiano	69-79 d. C.
Domiciano	81-96 d. C.

El período romano comienza en el año 63 a. C. cuando el general romano Pompeyo tomó Jerusalén de los asmoneos. El N. T. comienza con Israel bajo el reinado de Herodes el Grande (37-4 a. C.), el que era gobernante cuando nació Jesús (MT 2:1-19; Lucas 1:5). El emperador romano en ese momento era Octavio, más conocido como César Augusto. Herodes fue un administrador y constructor talentoso. Él construyó el puerto en Cesarea Marítima, uno de los puertos más grandes del Mediterráneo, que permitió a los barcos del oeste acceder a Israel.

Su proyecto más famoso fue una importante remodelación del templo de Jerusalén (ver el artículo "El Templo de Jerusalén"), un proyecto que comenzó en el año 20 a. C. y no se terminó hasta el 63 d. C. Herodes el Grande impuso una gran carga tributaria al pueblo para financiar sus muchos proyectos, y demostró ser un gobernante paranoico, como lo demuestra su intento de matar al niño Jesús (Mt 2:16-18).

Después de la muerte de Herodes, su reino se divide entre tres de sus hijos. Arquelao gobernó Judá (4 a. C.-6 d. C.). Herodes Antipas gobernó Galilea y Perea, la región al este del Jordán (4 a. C.-39 d. C.). El ministerio de Jesús comenzó bajo el gobierno de Antipas, quien ejecutó a Juan el Bautista y confrontó a Jesús en su juicio (Lucas 23:7-12). Jesús se refiere a Antipas como "ese zorro", probablemente debido a sus caminos engañosos (Lucas 13:31-32). El tercer hijo es Herodes Felipe (4 a. C.-34 d. C.), quien gobernó las regiones del norte del reino. Él construyó Cesarea de Filipo, el escenario de la confesión de Pedro de Jesús como el Mesías (MT 16:13-16).

Roma gobernó Judá no solo a través de reyes tributarios como Herodes el Grande, sino también a través de una serie de gobernadores para gobernar las diferentes provincias (ver el artículo "El gobierno romano de Judea"). Quizás el gobernador más famoso durante el período del N. T. fue Poncio Pilato, el prefecto de Judá (26-36 d. C.). Supervisó el juicio de Jesús y pidió su crucifixión (Lucas 23:1). Los gobernantes judíos posteriores mencionados en el N. T. incluyen a Herodes Agripa I (41-44 d. C.; Hechos 12), Marco Antonio Félix (52-59 d. C.; Hechos 23; 27) y Porcio Festo (59-62 d. C.; Hechos 25)

El último período de la historia del N. T. políticamente gira en torno a dos rebeliones judías contra el dominio romano. La primera revuelta judía (66-70 d. C.) ocurre cuando Gesio Floro fue procurador de Judá (64-66 d. C.), un hombre que hizo mucho para provocar la rebelión judía. El emperador Nerón envió a su general Vespasiano para acabar con la revuelta y asedió Jerusalén. Poco después, Nerón murió y Vespasiano regresó a Roma como emperador. Luego envió a su hijo Tito a terminar el trabajo. En el año 70 d. C., Jerusalén cayó y las tropas de Tito destruyeron el templo, uno de los acontecimientos más devastadores de toda la historia judía. Un grupo de sobrevivientes huyó a la fortaleza de la cima de la montaña de Masada, que cayó en el año 73 d. C., cuando se suicidaron en lugar de rendirse ante Roma.

Con la destrucción del templo, el sumo sacerdocio perdió su influencia (sin más templo para los sacrificios) y se desvaneció en la historia, mientras que el estudio de la Torá y la sinagoga local se volvieron fundamentales en la vida religiosa judía. La segunda revuelta judía ocurrió entre los años 132 y 135 d. C., cuando el emperador Adriano intentó construir un templo pagano en el monte del Templo y prohibió las prácticas religiosas judías como la circuncisión. Simon bar Kokhba, un talentoso líder militar, lideró la lucha contra Roma durante cuatro años hasta que lo mataron en el año 135 d. C.

Geografía. Cualquier estudiante del N. T. necesita tener un sentido del lugar, un sentido de la disposición geográfica, para poder dar sentido a los acontecimientos que se relatan. El "dónde" suele ayudar a explicar el "qué", el "por qué" y el "cómo". Comenzamos nuestra descripción general de la geografía señalando que el Imperio romano en ese momento se extendía desde España a través del mundo mediterráneo, bajando a través de la tierra de Israel y hacia el este hasta Mesopotamia y luego hacia el oeste a través del norte de África. La historia del N. T. se desarrolla dentro de este espacio.

El cristianismo nació en la tierra de Israel y, de una manera más específica, en la ciudad de Jerusalén (ver el artículo "Jerusalén en los tiempos de Jesús"). Israel está ubicado en el extremo oriental del mar Mediterráneo y forma un puente terrestre entre Mesopotamia y Egipto. La tierra en sí consta de cinco zonas que recorren de norte a sur: la llanura costera junto al mar Mediterráneo; las colinas costeras; las montañas centrales, con la ciudad central de Jerusalén; el valle del Jordán, que consta del mar de Galilea en el norte y el mar Muerto en el sur conectados por el río Jordán; y la región de la meseta al este del río Jordán. Tres regiones principales conforman Israel: Galilea en el norte, Samaria en la sección central del país y Judá en el sur. Cabe destacar también que la elevación desempeña un papel importante en la lectura de las historias del N. T. La confesión que hizo Pedro de Jesús como el Mesías probablemente ocurrió en el monte Hermón, un pico al norte de Cesarea de Filipo con una elevación de más de nueve mil pies (un "monte alto" en realidad [Marcos 9:2]). El mar de Galilea (un lago de agua dulce) está rodeado de colinas que se elevan a varios miles de pies, lo que puede explicar la frecuencia de las tormentas imprevistas. El viaje de Jericó a Jerusalén significaba un aumento de la elevación de más de tres mil pies. El pueblo siempre "sube a Jerusalén" en el N. T. El mar Muerto está a unos mil doscientos pies bajo el nivel del mar. El desierto de Judá se extiende al este de Jerusalén y al sur hasta el mar Muerto.

Galilea y las regiones circundantes en la época de Jesús

Este paisaje árido es probablemente el lugar donde Jesús fue tentado durante cuarenta días y el lugar donde Juan el Bautista predicó.

A medida que el cristianismo se extendió desde Jerusalén hacia el oeste, entramos en el mundo mediterráneo más amplio donde viajaron Pablo y otros misioneros. Pablo viajó por Asia Menor (la actual Turquía) con sus tres provincias del sur de Cilicia, Galacia y Asia. La Carta de 1 Pedro menciona las regiones del norte de Asia Menor y las provincias del Ponto, Capadocia y Bitinia (1 Pedro 1:1).

Hacia el oeste vemos las provincias de Macedonia (incluidas Filipos y Tesalónica) y Acaya (incluidas Corinto y Atenas). Más al oeste aún se encuentra Roma (ver el artículo "La ciudad de la Antigua Roma"). Pablo viajó por vastas extensiones de esta región del imperio para llevar el evangelio a las naciones.

Sociedad y Cultura. En los artículos del N. T., presentaremos antecedentes e ilustraciones útiles de la sociedad judía y romana.

Con respecto a la sociedad judía, se puede leer acerca de varios grupos dentro del judaísmo, como los fariseos y los saduceos, sus creencias y prácticas, y cómo se relacionaron con los primeros cristianos (ver el artículo "Fariseos y saduceos"). Conocerá las creencias que se apreciaban dentro del judaísmo, así como las organizaciones e instituciones que se valoraban, como el templo de Jerusalén, la sinagoga local, el sumo sacerdocio, el Sanedrín, las expectativas mesiánicas, las festividades y los días santos, y la vida cotidiana. Los primeros cristianos eran judíos, y la iglesia nació en Jerusalén. No podemos entender el N. T. sin entender un poco acerca de lo que por lo general se llama el Judaísmo del Segundo Templo.

También aprenderá sobre la sociedad romana, ya que esta cultura también influye en el cristianismo primitivo. Leerá sobre el ejército romano, la ciudadanía romana, la esclavitud en el primer siglo, la vida económica, el entretenimiento, la literatura y la religión. Tenemos discusiones sobre los valores culturales como el honor y la vergüenza, sobre poderosas influencias culturales como la práctica de la magia, sobre cómo era viajar en barco o a pie. Leerá artículos sobre los banquetes y comidas, la vida familiar, las prácticas de hospitalidad, la redacción de cartas y varios otros temas que nos ayudan a entender el mensaje del N. T. de una manera más clara.

Literatura y fuentes. Los autores de este comentario se han basado en muchas fuentes antiguas para esclarecer el trasfondo del N. T. Verá referencias a fuentes judías como Josefo y Filón, los Rollos del mar Muerto, los libros apócrifos y los pseudoepígrafos del A. T., la Septuaginta y otros escritos rabínicos.

También encontrará referencias a fuentes, inscripciones, filósofos y poetas clásicos y helenísticos, así como a escritos cristianos primitivos que no se encuentran en nuestro canon de las Escrituras, como los primeros padres de la iglesia. Hay mucho que estudiar cuando se trata de los antecedentes del N. T. Si desea profundizar en su estudio de esta literatura, necesitará una guía. Recomendamos las siguientes obras para un estudio profundo de la literatura del N. T.:

Evans, Craig A. *Ancient Texts for New Testament Studies: A Guide to the Background Literature. Grand Rapids: Baker Academic, 2005.*

Helyer, Larry R. *Exploring Jewish Literature of the Second Temple Period: A Guide for New Testament Students. Downers Grove, Illinois: InterVarsity, 2002.*

Recomendamos las siguientes obras como guías confiables para el trasfondo general del N. T:

Arnold, Clinton E., ed. Zondervan Illustrated Bible Backgrounds Commentary. 4 vols. Grand Rapids: Zondervan, 2002.

Evans, Craig A., y Stanley E. Porter, eds. Dictionary of New Testament Background. Downers Grove, Illinois: InterVarsity, 2000.

Ferguson, Everett. Backgrounds of Early Christianity. 3ra ed. Grand Rapids: Eerdmans, 2003.

Green, Joel B. y Lee Martin McDonald, eds. The World of the New Testament: Cultural, Social, and Historical Contexts. Grand Rapids: Baker Academic, 2013

Jeffers, James S. The Greco-Roman World of the New Testament Era: Exploring the Background of Early Christianity. Downers Grove, Illinois: InterVarsity, 1999

Magness, Jodi. Stone y Dung, Oil and Spit: Jewish Daily Life in the Time of Jesus. Grand Rapids: Eerdmans, 2011.

Yamauchi, Edwin M. y Marvin R. Wilson. Dictionary of Daily Life in Biblical & PostBiblical Antiquity. 4 vols. Peabody, Massachusetts: Hendrickson, 2014-2016.

Artículos Sobre el Contexto General

Escritura de Cartas en la Antigüedad

E. Randolph Richards

Desde los pantanos de Inglaterra hasta los barrancos de Judá y las arenas de Egipto, en todos los lugares donde el material era capaz de sobrevivir, los arqueólogos han descubierto muchas cartas. El Imperio romano era una cultura de muchas cartas. Al igual que las llamadas telefónicas o los mensajes de texto en la actualidad, las cartas ponían a la familia al tanto de las noticias, como el nuevo recluta de la marina en una carta a su madre: "He sido asignado a Miseno".[1] Otros escribían para mantener una relación cálida y tal vez manejar un poco el negocio. Esta es una carta típica, que se remonta alrededor del año 120 d. C.

> Julius Clemens, centurión, a su querídisimo Socration, saludo. Le agradezco su amabilidad con el aceite de oliva, ya que Ptolomeo me escribió que lo había recibido. Y escríbame sobre lo que pueda necesitar, sepa que con mucho gusto haré todo por usted. [2da mano] Oro por su buena salud, mi querídisimo amigo.[2]

La gran mayoría de las cartas antiguas tenían un promedio de 87 palabras, mucho más cortas incluso que 3 Juan. Los escritores famosos de cartas de esa época escribían cartas largas, con un promedio de 295 palabras (Cicerón) y 995 palabras (Séneca). Y luego estaba Pablo, con un promedio de 2 495 palabras y Romanos con una cantidad considerable de 7 114 palabras. Los que se oponían a Pablo satirizaban sus cartas como "fuertes" (2 Co 10:10), destacando su extensión y complejidad, un juego de palabras que funciona tanto en español como en griego.

La carta de Clemens, que se mencionó anteriormente, demuestra otra característica. Los estudiosos notaron que la letra cambió al final de su carta. Esto era usual. Una secretaria escribía la carta y el remitente agregaba un saludo final con su propia letra, una práctica que se solía usar para garantizar la autenticidad de la carta. De esta manera, Pablo escribió: "La salutación es de mi propia mano, de Pablo, que es el signo en toda carta mía; así escribo" (2 Ts 3:17).

Lápiz y tintero antiguos.

Los estudiosos debaten las tasas de alfabetización en la antigüedad, algunas estimaciones tan bajas como el 10 por ciento o tan altas (en las congregaciones cristianas) como el 50 por ciento. Quizás, en la antigüedad, la gran mayoría era prácticamente analfabeta. La alfabetización moderna se suele describir como la capacidad de leer y escribir, pero la alfabetización en la antigüedad era principalmente la capacidad de leer. Escribir es una cuestión de práctica. ¿Qué tan bien escribimos con nuestra mano no dominante?

Pero incluso los alfabetos usaban secretarias. Sabían los títulos y frases apropiados, y el estilo retórico adecuado para la ocasión. Los escritores taquigráficos existían en ese momento, pero no estaban ampliamente disponibles. Por lo general, las secretarias tomaban notas (o dictados lentos) en una tablilla de cera o en una hoja de pergamino lavable. También tenían otras habilidades. El papiro generalmente se vendía por rollo. Las secretarias eran hábiles para cortar la cantidad necesaria, pinchar y forrar las hojas, mezclar la tinta y escribir de forma legible. Las apariencias importaban en la antigüedad. ¿Qué pensaría un destinatario si se le enviaba una carta con garabatos de una manera desordenada en una hoja, sobre todo si tenía que ser leída (cf. Col 4:16)?

Escribir cartas en la antigüedad no era tan fácil, barato o práctico como lo es en la actualidad. Las cartas más largas probablemente pasaron por varios borradores en tablillas. Las cartas del Nuevo Testamento muestran indicios de una composición cuidadosa, que probablemente fueron trabajadas y reelaboradas antes de ser enviadas a papiro para su envío. Dado que la mayoría de las cartas eran breves, el costo no era excesivo. La carta del marino a su madre probablemente costó, en dólares de hoy, alrededor de $ 50 para la secretaria y los materiales. Sin embargo, la Carta de Pablo a los Romanos probablemente costó más de $ 2, 000, incluido el costo de varios borradores, la preparación de una buena copia para enviar y una copia para que Pablo la conserve.[3]

El Atletismo en el Mundo del Nuevo Testamento

Bernie A. Cueto

En el mundo grecorromano, el atletismo era una demostración de excelencia y logro, de devoción religiosa y de entretenimiento. *Athleō* ("competir por un premio") se convirtió en una parte integral de la vida social en el mundo Greco-Romano y se incluyó en el viaje educativo de los jóvenes ciudadanos. No era raro que la educación se centrara en la persona "en su totalidad". La palabra griega para "educación" (*paideia*) significa "entrenamiento, disciplina". Después se tradujo al latín como *humanitas,* que se entendía como la formación de la persona humana.[1] Por lo tanto, el gimnasio incluía la educación en retórica, gramática, dialéctica, geometría, aritmética, astronomía, música y filosofía, así como la educación física y las competencias. La educación física en la educación clásica no era solo una competencia; era el fundamento para la formación moral y ayudaba al alumno a convertirse en un perfecto modelo moral y físico característico de los ideales griegos.

Los festivales atléticos siempre estuvieron dedicados a las deidades grecorromanas. Llenos de rituales conmemorativos para los héroes, se llevaron a cabo varios juegos (juegos olímpicos, pitios, ístmicos y nemeos) en honor a la deidad predominante de la época y el lugar específico donde se llevaban a cabo. Por ejemplo, tanto los Juegos Olímpicos como los de Nemea estaban dedicados a Zeus. El atletismo y la religión en el mundo grecorromano iban de la mano. No era inusual que el evento deportivo fuera visto como una forma de adoración. El atleta victorioso sentía que estaba complaciendo a los dioses con su desempeño, por lo que les dedicaba su esfuerzo y logro.

El atletismo no era solo una forma de adoración, sino que también, se puede argumentar, era la forma esencial de entretenimiento en el mundo del N. T. Habían miles de espectadores para ver los diversos eventos (principalmente atletismo, boxeo *pankration* [una combinación sin restricciones de lucha libre y boxeo que incluye patadas], y pentatlón [carrera, salto largo, lanzamiento de disco, jabalina y lucha]) durante varios días de fiesta y celebración. El más famoso de los estadios es el Coliseo Romano, donde los distintos asientos escalonados albergaban a unos cincuenta mil espectadores. Los eventos atléticos se volvieron tan importantes que finalmente reemplazaron al drama griego en su popularidad.[2]

El Coliseo Romano tenía capacidad para unas cincuenta mil personas, que observaban espectáculos de gladiadores como simulacros de batallas navales, combates cuerpo a cuerpo y ejecuciones.

Banquetes y Comidas en el Mundo Greco-Romano

E. Randolph Richards

La dieta estándar en el Mundo Greco-Romano tenía tres elementos: pan (generalmente trigo, pero cebada para los más pobres), aceite de oliva y frutas (generalmente higos).[1] Se añadían verduras si habían; se preferían los frijoles, las arvejas y los garbanzos. Los nabos eran para los pobres; de ahí el dicho: "¡Ay de la casa por donde pasa el nabo!".[2] La carne era un lujo, solo para los ricos o en un banquete ocasional.

Por lo general, los banquetes (*convivia*) concluían con fiestas de vino (*simposios*). El antiguo mundo mediterráneo disfrutaba de los banquetes.[3] Filón menciona las "comidas comunitarias" de los esenios.[4] Aulo Gelio, refiriéndose a sus compañeros filósofos, menciona "los entretenimientos [*convivia*] que era una costumbre de nosotros, los jóvenes, de celebrar en Atenas al comienzo de cada semana".[5] Pablo escribió: "Cuando os reunís a comer, esperaos unos a otros" (1 Co 11:33). Ciertas religiones presentaban banquetes: el judaísmo (comidas festivas), los misterios grecorromanos y el cristianismo. Los ancianos también asistían a comidas de sacrificio, banquetes funerarios y fiestas gubernamentales.

Sin tomar en cuenta el lugar, los banquetes tenían mucho en común. Plutarco y otros escribieron tratados sobre el comportamiento adecuado en los banquetes. Generalmente, "los iguales comían con los iguales", por ejemplo, esclavos con esclavos, judíos obedientes de la Torá solo con los suyos[6] y aristócratas juntos. El anfitrión también debía organizar a los invitados de acuerdo

con el estatus social relativo, "de acuerdo con su valor", como señala Plutarco, y no simplemente dejarlo en una "carrera a pie" por los mejores asientos.[7] Jesús condena estas prácticas (Lucas 14:1-24), al igual que Pablo (1 Co 11:18-19; Gl 2:11-13). Los anfitriones debían honrar a los invitados de una manera adecuada (Lucas 7:44-45) y prodigar vino (Juan 2:1-10). Los anfitriones en los banquetes romanos proporcionaban "escoltas" de esclavos masculinos y femeninos que ofrecían favores sexuales a los invitados.
Séneca, un contemporáneo de Pablo, describió un banquete típico y lujoso:

> La soberbia ha establecido que cuando come el señor le rodee una turba de sirvientes en pie. Mientras se rellena el vientre echándole más carga de la que puede soportar, los desgraciados criados no se atreverían a desplegar los labios [...] Permanecen toda la noche sin comer ni hablar [...] Cuando estamos en la mesa, uno pisa los esputos; otro, encorvado, recoge lo que los borrachos han arrojado al suelo [...] Otro que sirve el vino, ataviado a guisa de mujer, lucha con su edad avanzada [...] Oblígase a este desgraciado a velar toda la noche y repartirla entre la brutalidad y embriaguez del señor. Otro, que tiene el encargo de observar a los convidados, permanece allí en pie para ver quiénes habrán adulado, hablado y bebido mejor, para convidarlos al día siguiente.[8]

La embriaguez, la inmoralidad, las comidas, los chismes, la estratificación social eran características típicas en los banquetes, lo que llevó a muchos a considerar los banquetes como un desafío cultural que enfrentaban los cristianos de Corinto, porque Pablo aborda estos mismos problemas.

Jesús y sus discípulos se habían reclinado alrededor de una mesa baja para compartir la comunión de la mesa la noche antes de que él fuera a la cruz.

El Bautismo en el Mundo del Nuevo Testamento

Rodney Reeves

En el N. T. aparecen dos tipos de bautismo: el ritual de agua realizado por Juan el Bautista, o más exactamente, "Juan el Bautizador" (Marcos 1:4-8), y el bautismo ofrecido por Jesús, sus discípulos y Pablo (Juan 3:22-26; Hechos 2:38-41; 1 Co 1:14-17). Y aunque el bautismo de Juan era distinto del bautismo cristiano primitivo, ambos rituales con agua procedían de los ritos judíos de purificación. Según la ley, los judíos debían mantener su relación de pacto con Dios cumpliendo ciertos ritos de pureza, que incluían lavarse con el "agua de purificación" (Lv 14:6-16; 15:5-27; Nm 19:7-22 NVI). La mayoría de las veces su impureza no estaba relacionada con la inmoralidad. Por el contrario, los judíos se volvían impuros a través de actividades cotidianas (contacto con animales muertos, moho, enfermedades de la piel), incluso cumpliendo la ley. Por ejemplo, honrar a los padres significaba asegurarles una sepultura adecuada, lo que incluía manipular un cadáver, algo que hacía impura a la familia. Dios ordenó a los seres humanos "fructificad y multiplicaos", lo que hacía que las parejas fueran impuras cuando tenían relaciones sexuales o tenían hijos. Por lo tanto, no debería sorprendernos que se hayan descubierto piscinas bautismales (*mikvot*) por toda la tierra de Israel, que se remontan a los tiempos del N. T. y anteriores, que demuestran que el pueblo judío obedecía la ley y se bautizaba constantemente para mantener la pureza.

Claramente, el bautismo de Juan no era un bautismo cristiano, en el que se sumergía a los participantes bajo el agua mientras se recitaban las palabras de Pablo: "sepultados a semejanza de su muerte" (Ro 6:5). No obstante, aunque era un ritual muy judío, el bautismo de Juan se diferenciaba de los ritos habituales de purificación. Por ejemplo, los judíos tenían la costumbre de bautizarse a sí mismos; Juan era quien bautizaba a los arrepentidos. Los judíos se bautizaban muchas veces para deshacerse de la impureza; el bautismo de Juan era un acto único de arrepentimiento para el perdón de los pecados. Los judíos se sometían a ritos de purificación para mantener el pacto con Dios; el bautismo de Juan preparaba a Israel para la visita de Dios en el fin del mundo. En otras palabras, aunque los judíos estaban acostumbrados al bautismo como un deber religioso, Juan el Bautista ofrecía algo diferente: una llamada profética a Israel para que confesara sus pecados y se preparara para el día del Señor.

Un antiguo baño ritual judío o mikveh.

Si bien sus antecedentes se remontan al ritual judío de purificación por agua, el bautismo cristiano es más parecido al de Juan: un acto único de arrepentimiento para el perdón de los pecados. Pero hay una gran diferencia: Juan no bautizaba a las personas en su propio nombre, como si fueran "conversos", aunque algunos de ellos se convirtieron en sus discípulos (MT 11:2; Juan 1:35). Por el contrario, los cristianos bautizan a los conversos en el nombre de Jesucristo. El bautismo es más que un acto de arrepentimiento; es un rito de entrada a una nueva religión, una nueva identidad, una nueva forma de vida. Curiosamente, Jesús nunca dijo por qué sus discípulos debían bautizar a los conversos, ni explicó qué significaba el ritual. Simplemente les ordenó que lo hicieran para "hacer discípulos a todas las naciones" (MT 28:19). Lo mismo ocurrió con los apóstoles. Pedro no explicó el significado del bautismo a los tres mil conversos en el día de Pentecostés. Simplemente dio una orden: "Arrepentíos, y bautícese cada uno de vosotros en el nombre de Jesucristo para perdón de los pecados" (Hechos 2:38) y ellos obedecieron (2:41). Debido al cumplimiento de la profecía de Joel (Hechos 2:16-21; cf. Joel 2:28-32), Pedro sabía que "recibirían el don del Espíritu Santo" cuando fueran bautizados (Hechos 2:38). Sin embargo, la explicación más completa sobre el significado del bautismo proviene de un hombre que, irónicamente, nunca siguió al Jesús histórico. Fue Pablo, el apóstol de los gentiles, quien explicó lo que significa el bautismo: cuando somos colocados en una tumba de agua, somos crucificados con Cristo, sepultados con Cristo y resucitados en Cristo para vivir una nueva vida en él, por él y a través de él (Ro 6:1-14). "De modo que si alguno está en Cristo, nueva criatura es; las cosas viejas pasaron; he aquí todas son hechas nuevas" (2 Co 5:17).

La Ciudad de la Antigua Roma

Alan S. Bandy

La ciudad de Roma, la ciudad eterna, era incomparable en el mundo antiguo y su influencia continúa hasta hoy. Según la leyenda, su nombre se debe a Rómulo, que fundó la ciudad el 21 de abril de 753 a. C. Estaba situada a orillas del río Tíber y abarcaba siete colinas (Aventino, Celio, Capitolino, Esquilino, Palatino, Quirinal y Viminal), sus valles intermedios, una gran muralla defensiva y suburbios que se extendían mucho más allá de las siete colinas.[1]

Roma se convirtió en la primera ciudad de la historia en alcanzar una población de más de un millón de personas.[2] No obstante, la esperanza de vida promedio en Roma era de aproximadamente veinticinco años y menos del 50 por ciento de los bebés vivían hasta los veinte años.[3] Así que la población también se vio favorecida por una afluencia constante de inmigrantes de todo el imperio, incluida una gran comunidad judía que contaba con entre cuarenta y cincuenta mil personas. La mixtura de culturas en la ciudad aseguraba que sería el hogar de una gran variedad de religiones y que frecuentemente estaría propensa a la inmoralidad. Tácito describió a Roma como "la ciudad donde todas las prácticas degradadas y vergonzosas se reúnen de todas partes y se ponen de moda".

El emperador Augusto se jactó en una ocasión diciendo: "Encontré Roma construida con ladrillos; la dejo vestida de mármol".[4] Augusto dividió Roma en catorce regiones administrativas con una división reorganizada de los barrios oficiales.[5] En el centro, situado en el valle entre las colinas Palatino y Ca-

La Ciudad de Roma en tiempos del Nuevo Testamento

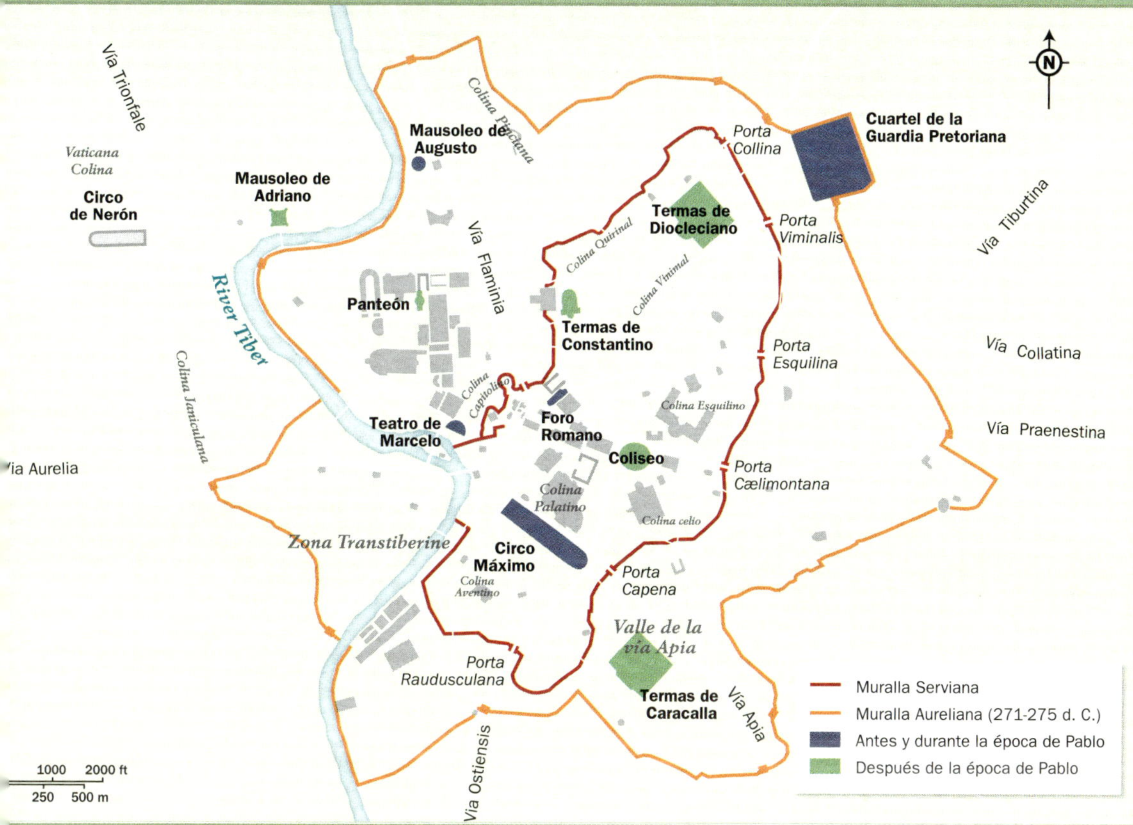

pitolino, estaba el Foro. Era el corazón político, económico, religioso y cultural de la ciudad. El Foro, como sede del gobierno de Roma, albergaba el Senado, un lugar al aire libre con varios niveles para las asambleas públicas, un podio elevado para los anuncios y discursos, un archivo oficial y varios edificios rectangulares macizos, llamados basílicas, utilizados para una amplia gama de actividades cívicas como las reuniones públicas, el comercio y la banca.Alrededor del centro de la ciudad, Roma contaba con enormes recintos de entretenimiento, incluyendo varios teatros. El Coliseo tenía capacidad para 50,000 espectadores y el Circo Máximo podía albergar a más de 250,000.[6] La típica casa romana era construida en torno a un *atrio*, un patio al aire libre, con habitaciones para un santuario familiar, para comer, entretenerse, dormir, cocinar y bañarse a su alrededor. El tamaño y las comodidades de estas casas dependían de la riqueza de la familia. La mayoría de los romanos vivían en bloques de departamentos (insulae) que pertenecían a los propietarios y constaban de seis a ocho departamentos.[7]

Eran construidos alrededor de un patio abierto y a menudo contaban con tiendas alineadas al frente de la calle. Eran conocidos por ser sucios, peligrosos y estar densamente poblados. El tamaño y la población de Roma requerían una infraestructura que pudiera proporcionar toda el agua necesaria para la vida, por lo que varios acueductos utilizaban la gravedad para traer millones de galones de agua a la ciudad desde hasta sesenta millas de distancia.[8] Los residentes utilizaban esta agua para los grandes baños públicos, para beber y también para llevar sus desperdicios a través de un extenso sistema de alcantarillado.[9]

Roma fue una ciudad importante para el crecimiento del cristianismo. En el N. T., los acontecimientos de la vida de Cristo se sitúan en el contexto del Imperio romano. Lucas fue cuidadoso al señalar que el nacimiento de Jesús ocurrió dentro del reinado de Augusto (Lucas 2:1) y su bautismo durante el de Tiberio (Lucas 3:1). La iglesia de Roma fue probablemente iniciada por judíos que vivían en Roma y se convirtieron en creyentes en Pentecostés (Hechos 2:10). Pablo, ciudadano romano (Hechos 22:25-29), escribió una carta a la iglesia de Roma y con el tiempo llegó a Roma como prisionero y murió en ese lugar. Pedro igualmente residió en Roma hasta que también fue ejecutado por Nerón. En la actualidad, Roma sigue siendo el centro de la Iglesia católica romana y sede del Vaticano.

La Ciudad de Corinto

Mariam Kamell-Kovalishyn
y Josiah Mcdermott

Al igual que las iglesias de 1-2 Corintios, la ciudad de Corinto en la época de Pablo podría caracterizarse por su identidad joven. Pausanias relató que Corinto fue destruida en el año 146 a. C. y reconstruida por orden de Julio César en el año 44 a. C.[1] Por lo tanto, es importante reconocer que la ciudad de Corinto durante la vida de Pablo era completamente romana.[2] La población de Corinto estaba formada inicialmente por libertos y veteranos militares.[3] En términos generales, estos libertos eran antiguos esclavos sin arraigo en el honor familiar ni en las costumbres sociales sobre lo que era apropiado en su búsqueda de una vida agradable. Las normas sociales y las convenciones culturales asumidas que habrían limitado a un ciudadano "respetable" en el mundo romano no podían ser asumidas automáticamente por los de Corinto. Sin una aristocracia, los libertos buscaban agresivamente el poder y el honor, y el mecenazgo sustentaba la mayoría de las relaciones.[4] Gordon Fee la describió como "a la vez la Nueva York, Los Ángeles y Las Vegas del mundo antiguo".[5] Corinto se asienta en el istmo de Grecia, lo que le confiere dos puertos; por eso, Livio llama a Corinto "el punto de encuentro de Grecia y Asia".[6] Los puertos y el istmo que los conectaban aportaron grandes recursos a la ciudad y, en consecuencia, contribuyeron a que esta recibiera grandes cantidades de ingresos tributarios. Naturalmente, se desarrolló una creciente industria comercial que aportó una expresión cosmopolita de la cultura. La religión desempeñaba un aspecto social importante en la vida corintia y era la cohesión de la que dependía el pueblo corintio. Las fiestas religiosas proporcionaban mucha comida a la comunidad y, a veces, eran el único lugar donde se comía carne.[7] La religión estaba íntimamente ligada a los negocios y las tiendas estaban muy

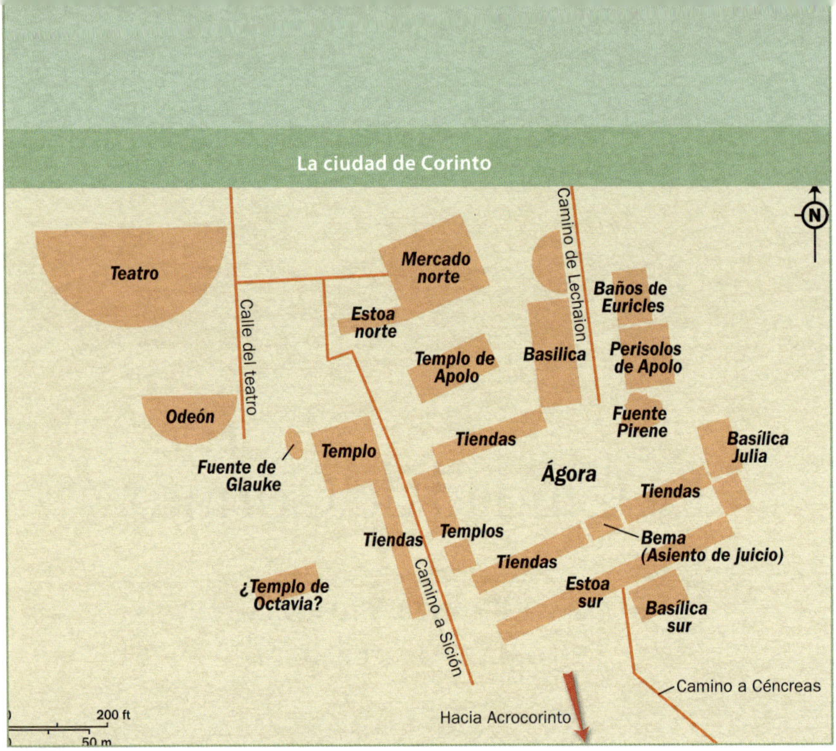

Debido a su ubicación, la ciudad de la antigua Corinto prosperó como un importante centro de comercio.

cerca de los santuarios religiosos.[8] El templo dedicado a la adoración del emperador romano se había construido a mayor altura que el de cualquiera de los dioses griegos como símbolo de estatus. Junto a la religión, la filosofía también era popular y muchos filósofos importantes hicieron de Corinto su hogar durante un tiempo. Esto dio lugar a una presencia popular de sofistas en la época de Pablo, maestros que acudían a las ciudades ricas con la esperanza de ganar dinero educando en retórica y oratoria.

Asimismo, Corinto era la sede de los Juegos Ístmicos. Tradicionalmente, estos juegos ocupaban el segundo lugar en importancia tras los Juegos Olímpicos. Bajo el Imperio romano, los juegos eran un evento importante para mostrar la competencia y, al más puro estilo romano, estos juegos celebraban únicamente a los ganadores. Aunque los dos puertos aportaban una inmensa cantidad de comercio, los Juegos Ístmicos generaban ingresos gracias a los miles de espectadores que los visitaban.

Si bien todos estos factores influyeron enormemente en la identidad cultural de la Corinto romana, ninguno desempeñó un papel más importante que el impacto cultural de sus ciudadanos fundadores. La ciudad estaba marcada por su cultura implícita de libertos deseosos de acumular riqueza. Sabían que no había ninguna restricción aristocrática para hacer alarde de sus medios de adquirir poder y honor. En la época de Pablo, Corinto era una ciudad joven llena de personas socialmente ascendentes que exhibían su estatus y hacían valer su deseo de recibir aplausos y atención pública.

La Ciudad de Éfeso

Mark Wilson

La Éfeso romana se encontraba entre los montes Pión y Coressus, donde Lisímaco estableció la ciudad helenística después del año 294 a. C. En el siglo I d. C. era la cuarta ciudad más grande del Imperio romano, con una población superior a los cien mil habitantes. También era la capital de la provincia de Asia. Éfeso era la guardiana (*neōkoros*) del templo de Artemisa (Hechos 19:35). Este Artemision era el quinto templo que se levantaba en el lugar y el más grande del mundo antiguo, con 127 columnas. También era una de sus siete maravillas. Las procesiones sagradas relacionadas con las fiestas de Artemisa comenzaban en el templo, recorrían Éfeso alrededor del monte Pión y luego regresaban al templo, lo que suponía una distancia de unas 3,5 millas. Durante una de estas fiestas tuvo lugar el motín registrado en Hechos 19.

Pablo visitó Éfeso al final de su segundo viaje, llegando en barco desde Corinto a la Calle del Puerto (Hechos 18:19-21). En su tercer viaje ministró en la ciudad durante unos tres años (Hechos 20:31). A pesar de más de un siglo de excavaciones, los arqueólogos no han podido descubrir ninguna sinagoga judía ni la escuela de Tiranno (Hechos 19:9). Las casas con terraza cerca del centro de la ciudad muestran la afluencia de la élite cívica y su estilo de patio sugiere el tipo de espacio en el que podrían haberse reunido los primeros creyentes. Pablo, Priscila y Aquila pasaron por la Puerta de Mazeus y de Mithridate de camino al comercial Tetrágonos Ágora, donde trabajaban como fabricantes de tiendas (Hechos 18:3; 20:34). (La cercana e icónica Biblioteca de Celso no existía en el siglo I d. C.).

La calle Curetes de Éfeso, una de las principales vías públicas de la ciudad antigua.

En el mercado, el motín instigado por Demetrio se extendió al teatro adyacente (Hechos 19:23-41). Bajo el mandato de Nerón se iniciaron las renovaciones del teatro para ampliar su capacidad a unas veintidós mil personas. El ágora estatal, parecida al Foro Romano, se encontraba en la parte alta de la ciudad y albergaba doce monumentos principales. Entre ellos, una basílica dedicada a Augusto y un pórtico construido durante el reinado de Nerón. En este lugar, Pablo habría interactuado con los funcionarios de la provincia (Asiarcas) que eran sus amigos (Hechos 19:31). Al norte del foro estatal se encontraba el edificio del ayuntamiento, donde el secretario municipal tenía su oficina (Hechos 19:35). Al lado había un recinto sagrado dedicado al Divino Julio y a la Diosa Roma. Este santuario fue establecido por Octavio en el año 29 a. C. para los residentes romanos de la ciudad. (Una ubicación alternativa propuesta para este santuario es el templo en el centro del ágora). En el extremo occidental del ágora estatal, Domiciano construyó un templo de culto imperial en los años 89-90 d. C. Tras su asesinato en el 96 d. C., el templo fue dedicado nuevamente a su padre, Vespasiano, y a su hermano, Tito, como templo flaviano de los Sebastoi ("los venerados"). Aquí se adoraba al emperador como un ser divino, lo que chocaba con la proclamación cristiana de Jesús como Señor y Dios.

La tradición afirma que el apóstol Juan llegó a Éfeso a finales del siglo I d. C. Su tumba se encuentra hoy en los restos de una iglesia del siglo VI en el monte Ayasoluk. La zona era originalmente un cementerio (necrópolis) y tras la legalización del cristianismo se construyó un ciborio de cuatro postes con dosel sobre la tumba. A principios del siglo V, Teodosio II construyó una iglesia alrededor de la tumba, que posteriormente fue destruida por un terremoto. Un siglo más tarde, el emperador Justiniano construyó la basílica de estilo cruciforme cuya cúpula central se encontraba sobre la tumba de Juan. A pesar de la afirmación del historiador eclesiástico Eusebio, nunca existieron dos tumbas de Juan en Éfeso. La tradición de que María, la madre de Jesús, llegó a Éfeso se desarrolló en la década de 1820. La llamada Casa de María es una estructura bizantina sin base histórica. Las primeras tradiciones eclesiásticas afirman que María vivió y murió en Jerusalén.

La Crucifixión

JOSEPH R. DODSON

La crucifixión era una práctica muy extendida en el mundo antiguo y posiblemente la forma de ejecución más degradante de la historia de la humanidad. Varias naciones emplearon la cruz de diversas maneras. Y numerosos medios de tortura, como la flagelación, el ecúleo y el enceguecimiento forzado, solían preceder a esta práctica. Aunque los estudiosos atribuyen la invención de la crucifixión a los persas, los romanos son los más conocidos por esta costumbre.[1] Por encima de la ejecución en la hoguera y la decapitación, el senado romano consideraba la *maxima mala crux* (los más grandes males de la cruz) la forma más elevada de su *summa supplicia* (penas máximas).

La muerte por crucifixión era tan espeluznante que los romanos solían reservarla para los extranjeros y los que cometían delitos de traición, como la sedición, el espionaje y la deserción. Por lo tanto, la cruz servía como herramienta política de intimidación. De hecho, se colocaban cadáveres en descomposición en las carreteras más transitadas como advertencia para quienes se atrevieran a desafiar al imperio, como los seis mil cautivos crucificados que participaron en la revuelta liderada por Espartaco y que fueron esparcidos en la vía Apia desde Capua hasta Roma

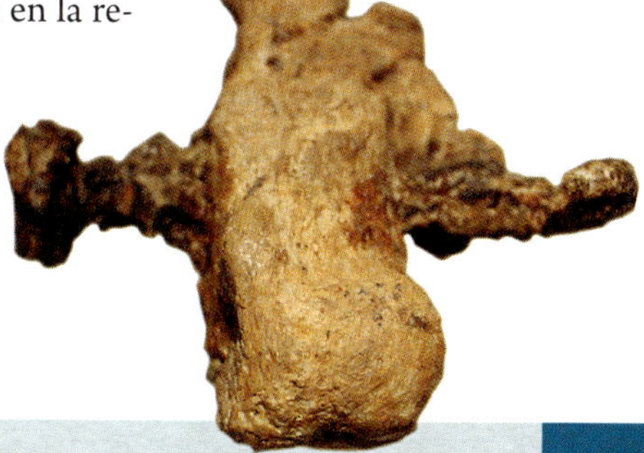

Restos de un hueso del talón con un clavo de hierro atravesado, lo que revela que la víctima fue probablemente crucificada.

en el año 71 a. C. Los judíos y los cristianos se enfrentaron especialmente a la crueldad de la cruz romana. Por ejemplo, Josefo señaló que Tito mandó crucificar a quinientos judíos al día hasta que ya no había espacio para colocar las innumerables cruces, ni vigas sobre las que sujetar los cuerpos.[2] Del mismo modo, Tácito relató cómo Nerón no solo crucificó a innumerables cristianos, sino que les prendió fuego para iluminar sus fiestas.[3]

Debido al predominio de la cruz como símbolo religioso en muchas sociedades modernas, la mayoría de las personas han llegado a desensibilizarse tanto con respecto al crucifijo que es difícil recuperar el horror indescriptible que la práctica de la crucifixión provocaba en otros tiempos.[4] Por causa de las pinturas y representaciones de Cristo, la noción de la cruz evoca, con toda razón, imágenes horripilantes. No obstante, dada su naturaleza espantosa, a menudo no se representan otros aspectos obscenos de la crucifixión. Por ejemplo, la mayoría de las obras de arte representan al crucificado con los genitales cubiertos. Pero, la realidad es que las partes íntimas de los hombres quedaban expuestas y, a veces, incluso atravesadas.[5] Es más, la posición de los criminales podía incluso enfatizar su desnudez, de modo que los penes hinchados y las erecciones espontáneas aumentaban la humillación. Además, aunque algunas representaciones modernas resaltan la sangre que bañaba a los criminales, pocas revelan a los hombres cubiertos por sus propias heces, pese a que era habitual que los crucificados se ensuciaran. Asimismo, los condenados a la cruz no solo se enfrentaban a las burlas, sino que probablemente también sufrían agresiones sexuales cuando se daba rienda suelta al sadismo de los verdugos.[6]

Si bien la crucifixión servía de entretenimiento para algunos,[7] las acciones espantosas asociadas a la cruz hacían que muchos se escandalizaran. Los autores latinos eran incluso reacios a mencionar la cruz y las personas civilizadas fruncían el ceño cuando se pronunciaba crux, la vergonzosa palabra de cuatro letras.[8] Sin embargo, en ocasiones los escritores empleaban la cruz como metáfora, principalmente en relación con el sufrimiento corporal del que el alma solo puede liberarse con la muerte.[9]

La Demonización y el Exorcismo en el Mundo Greco-Romano

Bernie A. Cueto

El Mundo Greco-Romano estaba saturado de la creencia en fuerzas sobrenaturales, tanto positivas como negativas. Algunos de los términos griegos que se refieren a los demonios pueden encontrarse en los papiros.[1] Un "espíritu" (*pneuma*, "viento, aliento") puede entenderse como una fuerza "maligna", "impura" o "infame". Una entidad demoníaca era denominada *daimōn*. A diferencia de lo que se encuentra en la literatura rabínica judía, las enfermedades y dolencias se entendían frecuentemente como ataques demoníacos. Y otros términos como "encuentro" (*synantēma, apantēma*) o "incidente" (*synkyrēma*) a menudo se asociaban con un ataque.[2]

Las evidencias griegas presentan varios rituales y amuletos que se utilizan para combatir el ataque demoníaco (prevención, alejamiento, protección), pero una vez que la persona se ve afectada, se utiliza una expresión más activa, como "exorcismo" y "expulsión".[3] En ese caso, se consideraba que una deidad, un nombre poderoso o un ángel tenía la capacidad de traer la liberación o la curación. No era raro creer que las fuerzas demoníacas estaban en todas partes y que influían constantemente en la vida de los humanos. Plutarco ofrece una explicación exhaustiva de cómo la palabra "demonio" era utilizada por muchos, especialmente por los filósofos, que culpaban a los demonios de diversas malas condiciones (naturales, sociales, etc.). Con el tiempo, esto condujo al concepto de temor a los demonios o a la superstición (*deisidaimōnia*),[4] sentando las bases para que los apologistas cristianos de la época presentaran su respuesta a la situación difícil de los humanos.[5]

Un antiguo amuleto que podía ser colocado sobre la cama de un enfermo para invocar a los dioses para su curación.

Los Evangelios sinópticos contienen seis relatos de Jesús realizando exorcismos: (1) Marcos 1:23-28 (cf. Lucas 4:33-37); (2) Marcos 5:1-20 (cf. Mt 8:28-34; Lucas 8:26-39); (3) Marcos 7:24-30 (cf. Mt 15:21-28); (4) Marcos 9:14-29 (cf. Mt 17:14-21; Lucas 9:37-43a); (5) Mt 9:32-34; (6) Mt 12:22-30 (cf. Lucas 11:14-15; también podría considerarse a la mujer curada de un espíritu de enfermedad [Lucas 13:10-17]). Los síntomas demoníacos incluían la locura, el comportamiento autodestructivo, las convulsiones, la sordera, la mudez y el comportamiento antisocial. Si se compara con el mundo Greco-Romano y sus elaboradas fórmulas exorcistas utilizadas por los magos judíos y paganos, lo que está claro es que el enfoque de Jesús era sencillo. En primer lugar, expresaba su preocupación por los afligidos y, en segundo lugar, la liberación era una prueba de que su reino estaba irrumpiendo en el presente (p. ej., Lucas 10:18; Juan 12:31).[6] Esto no es sorprendente porque Jesús a menudo, aunque no exclusivamente, ministraba a los marginados de la sociedad. Además, Jesús resaltó que el reino de Dios se demuestra con poder durante estos encuentros.

Jesús no solo tuvo éxito en la expulsión de demonios y espíritus malignos, sino que también su nombre fue utilizado para realizar exorcismos. Marcos 9:38 registra que Jesús recibió la información de que un exorcista desconocido utilizó con éxito su nombre. Esto demuestra que tenía fama de exorcista. Asimismo, sus discípulos, al regresar de su misión, afirmaron: "¡Señor, hasta los demonios nos obedecen cuando usamos tu nombre!" (Lucas 10:17 NTV). El apóstol Pablo también utilizó el nombre de Jesús para realizar exorcismos (Hechos 16:18).

El interés por el exorcismo no se limita al canon del N. T. Platón informó de un grupo de hechiceros que viajaba por las ciudades para enseñar sus filosofías y ofrecer a las personas la oportunidad de curarse.[7] Igualmente, los papiros mágicos griegos incluyen un encantamiento popular que cita al dios de los hebreos para pedirle ayuda: "Te conjuro por el dios de los hebreos, Jesu, ...".[8] Es decir, su reputación como poderoso sanador, incluso para los poseídos por los demonios, es puesta en evidencia por parte de la literatura de la época.

La Familia de Jesús

Andreas J. Köstenberger

La madre de Jesús fue María, que lo concibió por el poder del Espíritu Santo mientras era virgen (Mt 1:18-23; Lucas 1:35). Por lo tanto, José fue el padre adoptivo de Jesús (Mt 1:16) y a Jesús se le puede llamar "el hijo del carpintero" (Mt 13:55). María y José tuvieron otros hijos después del nacimiento de Jesús, tanto hermanos como hermanas (Mt 12:46; 13:55-56). Mateo identificó los nombres de los hermanos como Jacobo, José, Judas y Simón.[1]

Es probable que José haya muerto relativamente en los primeros años de la vida de Jesús, ya que no se le vuelve a mencionar después de la visita a Jerusalén cuando Jesús tenía doce años (Lucas 2:41-52). En cambio, María vivió para ver a su hijo crucificado y resucitado (Juan 19:26-27) y formó parte de la iglesia primitiva junto con sus otros hijos (Hechos 1:14).

Durante su ministerio, Jesús se encontró con la incredulidad de los miembros de su familia, que evidentemente estaban preocupados por su bienestar (Mt 12:46-50). Juan registró un intercambio con los hermanos de Jesús que muestra su falta de comprensión de su misión (Juan 7:1-9). Al menos dos de estos hermanos, Santiago* y Judas (Judá), se convirtieron posteriormente en seguidores y fueron responsables de las cartas que llevan su nombre en el Nuevo Testamento.[2] Pablo también señaló que Jesús se le apareció a Jacobo tras la resurrección (1 Co 15:7).

* Santiago, también conocido como Jacobo según la RVR1960 (N. del T.).

El Honor y la Vergüenza en el Mundo del Nuevo Testamento

RODNEY REEVES

El honor es el valor social de una persona afirmado por su grupo. En el mundo del N. T. el honor era el bien más importante, incluso más valioso que el dinero, ya que si un hombre rico vivía de forma deshonrosa, era rechazado por el pueblo como una amenaza para la comunidad (Zaqueo en Lucas 19:1-9). Eso es porque el honor del grupo era más importante que cualquier miembro individual. De hecho, el valor social de una persona, la identidad de un hombre o una mujer, estaba arraigada en el grupo social: familia, pueblo, tribu y nación. El valor de un individuo estaba determinado por el grupo al que pertenecía. Y correspondía a la red social de familias, pueblos, tribus y nación velar por el honor de su identidad colectiva. En consecuencia, las acciones de cada persona reflejaban positiva o negativamente a todo el grupo. Los miembros que cumplían eran honrados por su grupo social, lo que elevaba la reputación honorable de todos los miembros. Otorgar honor a los miembros honorables protegía el honor de todos. Por otro lado, los que desafiaban las convenciones sociales (rebeldes) eran rechazados por su grupo, avergonzados para que se sometieran o repudiados por su familia, pueblo, tribu o nación con el fin de proteger el honor de todos. Así pues, la presión de los compañeros se consideraba un bien social en una cultura del honor. El individualismo era rechazado como una forma de vida egoísta porque amenazaba el orden social.

Algunas personas nacieron con honor; la mayoría tuvo que conseguirlo haciendo lo que era honorable. Por ejemplo, los reyes y los sacerdotes eran honrados al nacer en virtud de sus posiciones heredadas. Puesto que Dios eligió a ciertas tribus para los deberes reales (Judá) y sacerdotales (Leví), honrarlos era lo mismo que honrar a Dios. En consecuencia, rendir pleitesía al rey era obedecer a Dios; dar sacrificios a los sacerdotes era adorar a Dios. Lo mismo ocurría con los padres y las madres: como Dios es el autor de toda la vida (convierte a hombres y mujeres en padres y madres), honrar a los padres era lo mismo que honrar a Dios. Por consiguiente, lo contrario era cierto: los que deshonraban a los padres, a los sacerdotes y a los reyes, automáticamente deshonraban a Dios. Y los que deshonraban a Dios eran considerados necios peligrosos, que no querían o no podían reconocer su comportamiento vergonzoso. Si persistían en su rebeldía, al no tener sentido de la vergüenza (otro bien social en una cultura del honor), estos necios "desvergonzados" eran echados, expulsados de su familia, pueblo, tribu y nación. Y como nadie podía arreglárselas solo, todos necesitaban a alguien para sobrevivir en el entorno hostil del mundo del primer siglo, la persistencia del comportamiento necio se consideraba una forma de suicidio. Los hijos pródigos siempre perecían (a menos que fueran salvados por padres lo suficientemente ingenuos como para acogerlos nuevamente, como en Lucas 15:20-24).

Como el honor era tan deseable, las personas tenían que defenderlo todo el tiempo. Una de las formas de mantener su estatus de honorabilidad era presumir de su importancia para su grupo (2 Co 12:6). Si el grupo afirmaba el valor de un individuo, "Sí, es así de importante para nosotros", entonces el hombre honorable no se habría jactado en vano (2 Co 10:12-18). Pero si alguien del grupo decidía cuestionar su honor, "No, no es tan importante" (2 Co 10:10), entonces la responsabilidad de defender su honor recaía en el presumido: (1) podía ignorar el desafío, alegando que una respuesta estaría por debajo de su dignidad (1 Co 4:3-4); (2) podía ofrecer una defensa, relatando todas las razones por las que era tan valioso para el grupo (1 Co 9:3-27; 2 Co 11:5-30); o (3) podía apelar directamente al grupo, contando con ellos para defender su honor (2 Co 12:11). Independientemente de la táctica empleada, el grupo decidía el ganador de la contienda. El honor reclamado era el honor ganado si el pueblo estaba de acuerdo.

La Hospitalidad en el mundo del Nuevo Testamento

Dana M. Harris

La hospitalidad era muy valorada en todo el mundo antiguo: los griegos y los romanos la consideraban una virtud moral; los judíos entendían que reflejaba la propia naturaleza de Dios (Dt 10:18). La hospitalidad solía incluir el alojamiento y la comida con el objetivo de transformar a los forasteros (potenciales enemigos) en aliados o amigos, por lo que se diferenciaba de agasajar a los amigos o parientes.[1] Los invitados (y las generaciones posteriores) estaban obligados a corresponder a la hospitalidad.[2] Las cartas de recomendación eran habituales (cf. Hechos 18:27; Ro 16:1-2; 2 Co 3:1-3; Col 4:10).

La posibilidad de hospedar a una deidad disfrazada (Hechos 14:8-18) o a un ángel (Heb 13:2, quizá en alusión a la hospitalidad de Abraham en Gn 18:1-16) también alentaba la hospitalidad con los forasteros. Estos antecedentes probablemente influyeron en la enseñanza de Jesús sobre el acogimiento a "los más pequeños" (Mt 25:31-46).

Jesús fue frecuentemente hospedado por desconocidos, como Zaqueo (Lucas 19:1-10), la mujer samaritana (Juan 4:1-26) y María y Marta (Lucas 10:38-42). Por lo tanto, la hospitalidad está estrechamente vinculada con el acogimiento de Jesús (p. ej., Lucas 9:11-17; 24:29-35). Además, Jesús es el hospedador divino, que proporciona comida (Marcos 6:30-44) y refugio (Juan 14:1-4), e invita a sus seguidores a la cena de las bodas escatológicas

La sala de estar de una casa del siglo I en Palestina, con escaleras que conducen a un almacén o cuarto de huéspedes.

(Mt 22:1-14; Ap 19:9; cf. Lucas 22:7-23).

Los misioneros de la iglesia primitiva dependían de la hospitalidad. Jesús vincula la misión y la hospitalidad cuando envía a sus discípulos y a los setenta misioneros (Mt 10:5-16; Marcos 6:7-13; Lucas 9:1-6; 10:1-18). La hospitalidad ocupa un lugar prominente en Hechos (16:11-15, 25-34; 18:1-3; 21:4, 7, 17; 28:7) y en las epístolas de Pablo (1 Co 9:4, 16:19; Gl 4:14; Flm 22), y es un rasgo esencial en la conversión de Cornelio (Hechos 10:1-11:18).

La hospitalidad es un mandato (Ro 12:13; 3 Juan 5-8) y un requisito para los ancianos (1 Ti 3:2; Tit 1:8). Por el contrario, la hospitalidad no debe extenderse a los falsos maestros (2 Juan 10-11).

Jerusalén en los Tiempos de Jesús

Mark L. Strauss

Jerusalén puede ser considerada, con justa razón, la ciudad más importante de la historia de la humanidad. Fue aquí, en el monte Moriah (tradicionalmente asociado con el monte del Templo en Jerusalén), donde Abraham estuvo dispuesto a ofrecer a su hijo Isaac por mandato de Dios (Gn 22:2). Fue aquí donde se le prometió a David que de su descendencia Dios levantaría un día un rey, el Mesías, que reinaría para siempre en justicia y rectitud (2 S 7:11-16). Fue aquí donde Salomón construyó el único templo al único Dios verdadero (1 Reyes 5-9). Jerusalén y el monte de Sion se convirtieron en símbolos de la presencia de Dios y en un lugar de descanso eterno para el pueblo de Dios (Is 2:3; 24:23; cf. Ap 21:2).

Fue Jerusalén el lugar al que Jesús llegó para desafiar a las autoridades religiosas de su tiempo y ofrecerse como sacrificio expiatorio por los pecados del mundo (Marcos 10:33-34, 45). Aquí fue arrestado, juzgado y crucificado, y resucitó victorioso de entre los muertos. Desde el monte de los Olivos, en el lado este de la ciudad, ascendió victorioso al cielo y los ángeles anunciaron que un día volvería de la misma manera (Hechos 1:9-11). En el libro de Hechos, Jerusalén se convierte en la cuna de la Iglesia y en el lugar del derramamiento del Espíritu escatológico de Dios. El evangelio sale de aquí a Judea, a

Samaria y hasta lo último de la tierra (Hechos 1:8).

Topografía. Jerusalén está situada a treinta y tres millas al este del mar Mediterráneo y catorce millas al oeste del mar Muerto. Está a dos mil quinientos pies sobre el nivel del mar. Uno siempre "sube" a Jerusalén, no solo por su elevación, sino porque es la ciudad de Dios.

La ciudad israelita estaba construida sobre tres colinas principales. La colina del sureste, que comprende de ocho a diez acres, era la ciudad original de los jebuseos, que el rey David capturó e hizo su capital. Se convirtió en la "ciudad de David" y en el monte de Sion (2 S 5:6-10). Ciertamente, "Sion" se convirtió más adelante en un nombre poético para Jerusalén en su totalidad y en un símbolo de la ciudad escatológica de Dios. En la colina norte de la ciudad (el monte Moriah), el rey Salomón construyó su palacio y el templo (2 Cr 3:1). Estas dos colinas forman parte de una misma cresta y están flanqueadas al este por el valle del Cedrón y el monte de los Olivos. El Cedrón corre de norte a sur, donde se encuentra con el valle de Hinom, que corre a lo largo del borde sur y oeste de la ciudad, debajo de la colina occidental. De norte a sur, por el centro de Jerusalén, justo al oeste del monte del Templo, se encuentra el valle Central, menos profundo (también conocido como valle de Tiropeón).[1]

La principal fuente de agua de la ciudad es los manantiales de Gihón (1 Reyes 1:33), que procede de una gruta situada en el lado oriental de la ciudad de David. En el año 701 a. C., cuando el rey Ezequías se preparaba para la invasión asiria, se excavó un túnel de 1 750 pies de largo que conectaba los manantiales de Gihón con el lado suroeste de la ciudad (2 Reyes 20:20; 2 Cr 32:1-5, 30).

Jerusalén bajo la autoridad romana. La Jerusalén de la época de Jesús estaba bajo dominio romano. En el año 63 a. C. el general romano Pompeyo llegó a Palestina. En ese momento Jerusalén estaba dividida entre dos rivales asmoneos, Hircano II y su hermano Aristóbulo II. Ambos buscaron el apoyo romano, pero cuando Aristóbulo se resistió, Hircano fue nombrado etnarca y sumo sacerdote. No obstante, la autoridad fue investida cada vez más en un administrador idumeo (edomita) llamado Antípatro, que se había ganado el favor y la confianza de los romanos. Cuando los partos saquearon Jerusalén y capturaron a Hircano en el año 40 a. C., el hijo de Antípatro, Herodes, aprovechó su oportunidad y fue nombrado por los romanos como rey de los judíos. Herodes "el Grande", hábil político y gran constructor, tenía grandes ambiciones para Jerusalén. Quería convertirla en su lugar de exhibición y en su capital, un rival de Roma, Atenas y Alejandría como uno de los grandes centros culturales del mundo. Por un lado, Herodes era un ferviente helenista y partidario de Roma. Construyó un teatro, un anfiteatro, un hipódromo, un gran palacio y varias fortalezas, incluida la gran fortaleza Antonia, que domina el monte del Templo. Por otra parte, trató de apoyar y fomentar la identidad y la religión judías. Su mayor logro fue la masiva reconstrucción y embellecimiento del Templo de Jerusalén, una de las grandes maravillas del mundo antiguo (ver el artículo "El Templo de Jerusalén").

El mapa mosaico del mundo bíblico de la iglesia de San Jorge en Madaba (Jordania) muestra una presentación detallada de Jerusalén.

Tras la muerte de Herodes, su hijo Arquelao fue nombrado tetrarca de Judea y Samaria. El emperador romano le aseguró que si gobernaba bien, se le darían todas las tierras gobernadas por su padre.

Pero Arquelao gobernó mal y fue depuesto. Judea se convirtió en una provincia imperial, regida por gobernadores romanos nombrados directamente por el emperador. Durante el ministerio de Jesús, Poncio Pilato era prefecto (gobernador) de Judea. Aunque Pilato vivía y gobernaba desde Cesarea Marítima, la sede romana de Judea en la costa mediterránea, acudía a Jerusalén para mantener el orden durante las fiestas más importantes. Por eso estuvo presente en Jerusalén para el juicio de Jesús.

La población de Jerusalén en la época de Jesús es objeto de debate, pero en general se considera que era de entre cuarenta y cincuenta mil habitantes. Durante las fiestas más importantes, cuando los peregrinos judíos acudían a la ciudad desde todo Israel y desde la diáspora, este número se multiplicaba hasta por diez. Aunque la base de poder principal de los fariseos y sus escribas eran las comunidades sinagogales de las ciudades y pueblos de Judea y Galilea, en Jerusalén el sumo sacerdote y la aristocracia sacerdotal tenían su mayor influencia. El Sanedrín se reunía en Jerusalén en el Salón de las Piedras Talladas, en el límite occidental del monte del Templo.[2]

Como fiel judío, Jesús viajaba regularmente de Galilea a Jerusalén para asistir a las fiestas judías, un requisito para todos los varones judíos (Dt 16:16). Aunque en los Evangelios sinópticos Jesús visitó Jerusalén solo una vez, en su última Pascua, en el Evangelio de Juan acudió con regularidad a varias fiestas (2:13; 5:1; 6:4; 7:2; 10:22; 11:55).

Es evidente que Jesús veía a Jerusalén con una gran ambivalencia. Era la ciudad de Dios, el lugar del templo y de la gloria de Yahveh, y sin embargo era también un lugar de corrupción y explotación sacerdotal. Después de limpiar el templo de vendedores de palomas y cambistas, Jesús acusa a los dirigentes de convertir la casa de Dios en "una cueva de ladrones" (Marcos 11:17). En la enseñanza de Jesús, la ciudad se convierte en un símbolo del rechazo de Israel a los propósitos de Dios y a su Mesías. Lucas registró los lamentos de Jesús por el rechazo de la ciudad a los mensajeros de Dios y sus predicciones sobre su próxima destrucción: "¡Jerusalén, Jerusalén, que matas a los profetas, y apedreas a los que te son enviados! ¡Cuántas veces quise juntar a tus hijos, como la gallina a sus polluelos debajo de sus alas, y no quisiste! He aquí, vuestra casa os es dejada desierta" (Lucas 13:34-35).

Lucas relató lo siguiente: "Y cuando llegó cerca de la ciudad, al verla, lloró sobre ella, diciendo: ¡Oh, si también tú conocieses, a lo menos en este tu día, lo que es para tu paz! Mas ahora está encubierto de tus ojos. Porque vendrán días sobre ti, cuando tus enemigos te rodearán con vallado, y te sitiarán, y por todas partes te estrecharán, y te derribarán a tierra, y a tus hijos dentro de ti, y no dejarán en ti piedra sobre piedra, por cuanto no conociste el tiempo de tu visitación" (Lucas 19:41-44).

La profecía se cumplió en la revuelta judía del 66-70 d. C. Tras dos años de creciente tensión bajo el corrupto y opresivo gobierno de Gesio Floro, en el año 66 d. C. estalló una revuelta abierta. Después de que los romanos sufrieran las primeras derrotas, incluida la masacre de la guarnición romana en la fortaleza Antonia, el general romano Vespasiano llegó a Palestina para reprimir la revuelta.

Vespasiano comenzó a someter a Judea ciudad por ciudad, pero regresó a Roma para convertirse en emperador tras la muerte de Nerón en el año 69 d. C. Su hijo Tito completó el asedio y la destrucción de Jerusalén en el año 70 d. C. Quemó la ciudad y el templo, masacró a miles de sus habitantes y se llevó los tesoros del templo a Roma.

Para los judíos, la destrucción de Jerusalén y del templo significó el fin del sistema de sacrificios y el comienzo del judaísmo "rabínico" centrado en el estudio de la Torá. Para los cristianos significó la confirmación de que el sistema de sacrificios del A. T. había llegado a su fin y que la muerte sacrificial de Jesús era el sacrificio expiatorio hecho una vez y para siempre por los pecados (Heb 7:27; 9:12). Jesús mismo es el nuevo templo (Juan 2:19-21), que proporciona acceso a Dios. La iglesia, su "cuerpo", es el templo en el que ahora habita el Espíritu de Dios (1 Co 3:16; Ef 1:22-23).

El Templo de Jerusalén

Mark L. Strauss

El Primer Templo (de Salomón). El primer templo de Jerusalén fue construido por el rey Salomón en el siglo X a. C. Antes de eso, el pueblo de Israel adoraba en el tabernáculo, un templo portátil diseñado y encargado por Dios en el período posterior al éxodo (Ex 25-40). Cuando Israel se estableció en la tierra prometida, el tabernáculo se instaló en varios lugares: en Gilgal (Jos 4:19), Silo (Jos 18:1), Nob (1 S 21:1), Gabaón (1 Cr 16:39; 21:29) y finalmente en Jerusalén (2 S 6:17).

El plan para construir un templo permanente fue iniciado por el rey David, que se lamentaba de vivir en un palacio mientras Dios vivía en una tienda (2 S 7:1-2). Sin embargo, Dios le dijo a David, a través del profeta Natán, que esa función recaería en su hijo (2 S 7:4-17). Cuando Salomón se convirtió en rey tras la muerte de David, inició dicha tarea. La construcción del templo de Salomón y su dedicación son descritas en 1 Reyes 5-9. Se completó en siete años y fue dedicado en el undécimo año de Salomón, alrededor del año 950 a. C. (1 Reyes 6:38). El Primer Templo permaneció en pie durante algo más de 360 años, hasta que fue destruido en el año 587 a. C. por los babilonios.

El Segundo Templo (de Zorobabel). El Segundo Templo fue iniciado después del exilio babilónico, cuando el rey persa Ciro conquistó Babilonia (538 a. C.) y emitió decretos que permitían a los judíos regresar a la tierra de Israel (1 Esdras). El gobernador Zorobabel y el sumo sacerdote Josué dirigieron la tarea (3 Esdras) y los profetas Hageo y Zacarías animaron al pueblo a terminar la obra.

El Segundo Templo sufrió una crisis devastadora en el año 168 a. C., cuando Antíoco IV Epífanes intentó erradicar el judaísmo prohibiendo la observancia de la ley. Saqueó el templo y profanó el santuario, ofreciendo sacrificios paganos en el altar. No obstante, los esfuerzos heroicos de los macabeos consiguieron la independencia de los judíos y el templo fue rededicado por Judas Macabeo tres años después de su profanación, un acontecimiento que se celebra en la fiesta judía de Janucá.

La reconstrucción del Templo por Herodes el Grande. El Segundo Templo fue ampliado de forma espectacular en el siglo I a. C. por Herodes el Grande. Aunque Herodes, idumeo de nacimiento, nunca fue aceptado por la mayoría de los judíos como su rey legítimo, fue un líder astuto y un superviviente político. Nombrado por los romanos como rey de los judíos, Herodes fortificó la frontera oriental de Roma, reforzó el nacionalismo judío y puso en marcha numerosos proyectos de construcción. Su mayor logro fue la masiva reconstrucción y embellecimiento del templo.

El templo de Herodes era una de las grandes maravillas del mundo antiguo.[1] La enorme plataforma de tierra sobre la que se levantaba medía casi 550 yardas de norte a sur y 330 yardas de este a oeste, un total de aproximadamente 35 acres. Josefo describió que algunas de las piedras utilizadas en la construcción tenían hasta 70 pies de largo. Su aspecto blanco y brillante hacía que el templo pareciera desde la distancia una montaña cubierta de nieve. Los escudos de oro colgaban de las paredes y reflejaban la luz del sol con tal resplandor que las personas tenían que protegerse los ojos como lo harían del sol.[2] Un proverbio rabínico decía: "Quien no ha visto el templo de Herodes no ha visto un edificio hermoso en su vida".[3]

El complejo del templo era el centro de la vida religiosa judía, un lugar para los sacrificios, la oración, la adoración y la enseñanza (Marcos 11:17; 12:35). El Patio exterior de los gentiles estaba revestido de 162 pilares macizos de cincuenta pies de altura tallados al estilo corintio. Los gentiles no podían pasar a

Una representación artística del Segundo Templo visto desde el suroeste.

los patios interiores y en cada puerta había una señal que advertía de la muerte inmediata de cualquier no judío que entrara.

Fue aquí, en el Patio de los gentiles, donde Jesús volteó las mesas de los vendedores de palomas y de los cambistas (Marcos 11:15-17).

Los patios interiores del templo eran una serie de patios concéntricos y excluyentes. El Patio de las mujeres, donde podía entrar cualquier judío, contenía el tesoro del templo, con trece arcas en forma de trompeta para las ofrendas dedicadas al templo (Marcos 12:41-44; Lucas 21:1-4). El Patio de Israel, donde solo podían entrar los varones judíos, era el siguiente, y luego, alrededor del edificio del templo propiamente dicho, estaba el Patio de los sacerdotes. Este patio contenía el altar del holocausto y la fuente de bronce para el lavamiento ceremonial. El propio templo tenía 150 pies de altura y estaba compuesto por el lugar santo y el lugar santísimo (o santo de los santos). El lugar santo contenía el candelabro, el altar del incienso y la mesa para el pan sagrado. El lugar santo estaba separado del lugar santísimo por un magnífico velo babilónico, bordado de azul, carmesí y púrpura, que representaba simbólicamente el universo.[4] A través de este velo el sumo sacerdote entraba en el lugar santísimo solo una vez al año, en el día de la expiación (Lv 16:1-34). El lugar santísimo contenía originalmente el arca del pacto, pero presumiblemente el arca fue destruida en el exilio babilónico y no fue reemplazada.[5] En su lugar, una losa de piedra señalaba su sitio, donde el sumo sacerdote goteaba la sangre del sacrificio.[6]

Iniciadas por Herodes hacia el año 20 a. C., las obras del templo continuaron hasta el año 64 d. C., poco antes de su destrucción en el año 70 d. C. Jesús predijo la destrucción del templo en su discurso de los Olivos (Marcos 13:2; cf. Lucas 13:35) y cuarenta años después, durante la revuelta judía del 66-73 d. C., los romanos sitiaron Jerusalén y destruyeron el templo.

Imagen moderna del monte del Templo en Jerusalén.

Fiestas Judías

Andreas J. Köstenberger

De las seis fiestas más importantes mencionadas en el A. T. (la Pascua/ la Fiesta de los Panes sin Levadura; la Fiesta de las Semanas/Pentecostés; la Fiesta de las Trompetas; el Día de la Expiación; la Fiesta de los Refugios; el día de reposo), los Evangelios hacen referencia explícita a tres: la Pascua, los Refugios (o tabernáculos/cabañas) y el día de reposo (ver el artículo "El Shabbat"). Mientras que los tres Evangelios sinópticos mencionan una única fiesta de la Pascua cuando Jesús celebra la Pascua con sus discípulos antes de su muerte (p. ej., MT 26:1-2, 17-30), Juan mencionó la última fiesta de la Pascua (11:55), así como dos celebraciones anteriores (2:13, 23; 6:4). La Pascua era la fiesta más importante de Israel, que celebraba la milagrosa liberación de su pueblo de Egipto por parte de Dios y marcaba el comienzo del año religioso de Israel. La Pascua era una de las tres fiestas de peregrinación, junto con la Pascua y la Fiesta de las Semanas, que los judíos debían celebrar en Jerusalén. En la época de Jesús, los corderos de la Pascua eran sacrificados en el templo en la tarde del 14 de Nisán, para que las familias estuvieran listas para celebrar la Pascua esa noche del 15 de Nisán.

El Evangelio de Juan también señala que Jesús celebraba la Fiesta de los Refugios (7:2). La Fiesta de los Refugios se celebraba durante siete días, además de un día adicional en el que se celebraba una asamblea sagrada y se ofrecían sacrificios. Esta era la última fiesta del calendario judío y la más alegre. Los israelitas se regocijaban en la provisión de lluvias por parte de Dios, así como en la nueva recogida de la cosecha de grano y el prensado de uvas.[1] La fiesta también servía para conmemorar la provisión de Dios a su pueblo durante el peregrinaje por el desierto. Tras el exilio, fue la primera fiesta que celebraron los que habían regresado y se asoció a la esperanza de una vida nueva y abundante (Neh 8:13-18) y a la esperanza del fin de los tiempos.[2] Según Josefo, era "una fiesta santísima y muy eminente".[3]

Además, el Evangelio de Juan registró la celebración de la Fiesta de la Dedicación. También conocida como Janucá o Fiesta de las Luminarias, la fiesta no estaba estipulada en el A. T, pero conmemoraba la liberación de Dios y la rededicación del templo durante la era macabea. Antíoco IV Epífanes había profanado el templo en el año 167 a. C. ofreciendo un sacrificio a Zeus. Cuando los representantes de Antíoco llegaron a la ciudad de Modi'ín para obligar a los judíos a ofrecer sacrificios paganos, Matatías, un sacerdote piadoso, se negó. Al ver que otro judío se adelantaba a participar, abatió tanto al judío apóstata como al oficial del rey, lo que dio inicio a una rebelión. En el año 164 a. C. el templo fue rededicado y purificado el 25 de Kislev (14 de diciembre). La celebración subsiguiente duró ocho días.[4] A diferencia de las fiestas de peregrinación celebradas en Jerusalén, la Fiesta de la Dedicación se disfrutaba en casa mientras los judíos reflexionaban y se regocijaban por la milagrosa liberación de Dios.[5]

Costumbres Matrimoniales Judías

Aian S. Bandy

Desde el comienzo del mundo en el relato de la creación de Génesis, se entendía que el matrimonio entre un hombre y una mujer era el propósito de Dios y la situación ideal de la humanidad.[1] Siguiendo el modelo de Adán y Eva, el matrimonio se definía como la unión entre un hombre y una mujer (Lv 18:22-23). La poligamia se toleraba para los reyes y los individuos ricos, pero la monogamia era claramente considerada como el diseño original de Dios.[2] El divorcio estaba típicamente mal visto, a menos que la mujer fuera infiel, ya que se suponía que debía ser virgen antes del matrimonio y después permanecer fiel a su esposo (Lv 20:10; Dt 22:21; Juan 8:1-4). Si el esposo moría sin tener un hijo, la viuda podía casarse con un pariente cercano del esposo (matrimonio de levirato) para preservar la línea familiar del hombre fallecido (Gn 38:6-11; Dt 25:5-10; Rut 1:11-13; 4:10).

Aunque tradicionalmente los matrimonios eran arreglados entre familias por los padres (Gn 24:1-9; Jue 14:2), un hombre también podía hacer arreglos directamente con los padres de la mujer (Gn 29:16-22).[3] A veces, en el antiguo Israel, un padre entregaba a su hija a un hombre como recompensa o como parte de un acuerdo entre los dos hombres (Ex 2:21; 1 S 17:25; 18:17-21). Aparentemente, la mujer podía decidir con quién se casaba o no.[4] Una vez que se llegaba a un acuerdo de matrimonio, se esperaba que el hombre diera

Las esposas romanas llevaban un velo para indicar su estado civil. Esta cabeza tallada de Livia, esposa de Augusto, muestra el velo que cubre su cabello.

un regalo monetario, a menudo llamado "dote de la novia", para sellar el desposorio de la pareja (Gn 24:53; 29:18; Ex 22:16-17; Oseas 3:2).[5] El desposorio era legalmente vinculante y su duración variaba, pero normalmente no superaba los doce meses. El desposorio solo podía romperse por medios legales.

Durante el período de desposorio, el hombre construía una habitación en la casa de sus padres, donde, el "día de la boda", la mujer era entregada, se firmaba un contrato matrimonial, se producía la consumación y se sellaba su matrimonio. La novia se adornaba con ropas finas y joyas y se cubría con un velo. Tanto la novia como el novio iban acompañados por grupos de acompañantes. En la noche del día de la boda, el novio y los padrinos se dirigían, en ocasiones con música y bailes festivos, a la casa de la novia. Desde allí, la comitiva nupcial solía celebrar el banquete de bodas en casa del novio o de sus padres (Juan 2:11; MT 22:1-10). En algún momento de la ceremonia probablemente existía la costumbre de que el novio extendiera la falda de su vestimenta sobre la novia (Rut 3:9; Ez 16:8) para simbolizar que la tomaba bajo su protección. Finalmente, la pareja entraba en el dormitorio (conocido como *huppa o chuppa*) para consumar el matrimonio con una unión física.[6] Una vez terminada la ceremonia, los festejos continuaban durante una semana o más. La pareja era tratada como la realeza durante esa semana.[7] El Talmud afirma que el esposo era responsable de proporcionar a su esposa comida, vestimenta, refugio, atención médica, rescate del cautiverio y un entierro honorable.[8]

El Rito Judío de la Circuncisión

Roy E. Ciampa

La circuncisión era practicada por algunos grupos semíticos antiguos y por los egipcios mucho antes de que la práctica fuera adoptada por los israelitas. La forma en que se introduce la circuncisión en los relatos patriarcales sugiere que los personajes supuestamente ya sabían lo que era (Gn 17:10), pero también se introduce como un signo y un requisito esencial del pacto que Dios estaba estableciendo con Abraham y su familia.

Filón entendía que la circuncisión tenía beneficios físicos y simbolizaba el corte de los placeres y las pasiones, así como de la arrogancia y la vanidad humanas.[1] Más adelante, en el siglo I, Josefo argumentó que Dios ordenó la circuncisión al octavo día para que la "posteridad de Abraham no se mezclara con otros".[2]

La circuncisión era un indicador clave de la identidad judía (masculina) en el judaísmo del Segundo Templo. Los niños judíos eran circuncidados al octavo día (Lv 12:3; Lucas 1:59; 2:21; Flp 3:5) y los prosélitos varones eran circuncidados cuando se convertían en miembros de pleno derecho de la comunidad judía, responsables de cumplir la ley mosaica. La circuncisión era normalmente el paso final y más difícil en el proceso de conversión, ya que la visión griega y romana del cuerpo hacía que la circuncisión les pareciera antinatural.

Algunos versículos (Lv 26:41; Dt 10:16; 30:6; Jer 4:4; 9:25-26; Ez 44:7, 9) establecen una distinción entre la circuncisión física y la circuncisión del corazón, dando a entender que la circuncisión física por sí sola era insuficiente. Esta distinción adquiere importancia en el N. T., especialmente para la comprensión de Pablo del estatus de los creyentes gentiles en Cristo (ver Hechos 7:51; Ro 2:25-29; Flp 3:3; Ef 2:11). Pablo consideraba que la circuncisión (o incircuncisión) carecía de importancia a menos que alguien la impusiera a los gentiles, momento en el que la consideraba una afrenta directa al evangelio (1 Co 7:19; Gl 5:2-6; 6:15).

La Sinagoga Judía

MARK L. STRAUSS

La sinagoga (hebr. *bet kenesset;* gr. *synagōgē*) era un lugar de reunión local judía para la instrucción de la ley, la adoración, la oración y la administración. El término podía utilizarse para el lugar de reunión o para la comunidad que se reunía allí. Mientras que en el judaísmo solo había un templo (en Jerusalén), que simbolizaba al único Dios verdadero, había muchas sinagogas dispersas por el mundo romano. Las ciudades con grandes poblaciones judías tenían muchas sinagogas. Se sabe de al menos once por nombre en Roma en el primer siglo. ¡El Talmud judío afirma que en Jerusalén en el siglo I había 480 sinagogas![1] Otro término para designar una sinagoga es "casa de oración" (Hebr. *bet tefillah;* gr. *proseuchē* [cf. Hechos 16:13]).

Jesús enseñaba regularmente en las sinagogas de Galilea (p. ej., Mt 4:23; 9:35). Del mismo modo, cuando el apóstol Pablo entraba en una ciudad, encontraba una sinagoga y en ella comenzaba su ministerio (p. ej., Hechos 9:20; 13:5, 14; 14:1). Allí encontraría no solo a judíos, sino también a gentiles temerosos de Dios (Hechos 13:16, 26), que estaban especialmente abiertos al mensaje del evangelio.

El origen de la sinagoga es incierto, pero como institución probablemente surgió durante el exilio babilónico, tras la destrucción del Templo de Jerusalén en el año 587 a. C.[2] Nuestras primeras descripciones de un servicio de sinagoga provienen de fuentes cristianas: las enseñanzas de Jesús en la sinagoga de Nazaret en Lucas 4 y la predicación de Pablo en la sinagoga de Antioquía de Pisidia en Hechos 13. Las similitudes entre estos relatos y las fuentes judías posteriores sugieren un orden básico de servicio, que incluye los siguientes elementos:

recitación del *Shema Yisrael* ("Escucha, oh Israel"), que consiste en Dt 6:4-9 LBLA; 11:13-21; Nm 15:37-41

varias oraciones, especialmente la *Tefillah* ("la Oración"), también conocida como el She*moneh Esreh* o las "Dieciocho bendiciones"

lecturas de las Escrituras hebreas, de la ley y de los profetas (Hechos 13:15; cf. Lucas 4:16-17)

un Targum oral, que era una paráfrasis aramea de la lectura de las Escrituras hebreas, con ampliaciones interpretativas.

una homilía o sermón sobre el texto o textos del día

bendición final

los salmos también pueden haber sido cantados (cf. Marcos 14:26)

La sinagoga no tenía un pastor o ministro. Cualquier varón cualificado podía ser invitado a leer la Escritura y dar instrucción (Hechos 13:15). El "líder de la sinagoga" (hebr. *rosh hakkenesset*; gr. *archisynagōgos*) era el administrador principal (Marcos 5:22, 35 NTV; Lucas 8:49 NTV; 13:14 NTV; Hechos

Ruinas de la sinagoga de Arbel en la Baja Galilea.

13:15 VBL; 18:8, 17 NTV). Su función era conservar en buen estado las instalaciones, organizar los servicios y mantener el orden.[3] El término se utiliza a veces en plural, quizá refiriéndose a un concilio de ancianos (Hechos 13:15).

Además del jefe de la sinagoga, había un ayudante (hebr. *hazzan hakkenesset*; gr. *hypēretēs* [Lucas 4:20 NTV]). Las funciones del ayudante probablemente incluían la limpieza de las instalaciones, la retirada y devolución de los rollos (Lucas 4:20 NTV) y la educación de los niños. También es posible que ejecutara los castigos judiciales.

Aparte de la instrucción en la Torá, las sinagogas también funcionaban como centros administrativos y judiciales de la comunidad judía. Pablo dijo: "De los judíos cinco veces he recibido cuarenta azotes menos uno" (2 Co 11:24), probablemente castigos judiciales que se llevaron a cabo en las sinagogas locales. De forma similar, Jesús advirtió a sus seguidores que serían azotados en las sinagogas por su fe (Mt 23:34; Marcos 13:9; cf. Hechos 22:19; 26:11).

No existía un modelo arquitectónico único para la sinagoga y las distintas comunidades construían sus sinagogas de forma diferente. La mayoría tenía en común un nicho o cámara donde se guardaban los rollos sagrados. Una plataforma elevada en el centro del salón servía de podio para la lectura de las Escrituras y la enseñanza. Los congregantes se sentaban en bancas a lo largo de las paredes. Algunos asientos tenían un honor especial (Marcos 12:39). Por lo general, las sinagogas estaban segregadas, por lo que los hombres y las mujeres adoraban por separado.

Hay pruebas inscripcionales del apoyo de los gentiles a algunas sinagogas[4] y Lucas 7:1-5 se refirió a un centurión gentil en particular que amaba al pueblo judío y proporcionó patrocinio para construir su sinagoga.

La Magia en el Mundo del Nuevo Testamento

Dana M. Harris

La magia implica la creencia de que los espíritus y los poderes sobrenaturales pueden ser controlados mediante la realización correcta de ciertos rituales o conjuros. Los estudiosos debaten la distinción entre magia y religión, aunque la mayoría considera que la magia es un comportamiento anómalo que trata de obtener resultados cuando las instituciones religiosas imperantes fracasan.[1] Además, los rituales religiosos suelen realizarse con regularidad (p. ej., anualmente) y en público, mientras que la magia se produce al azar y en privado.

La magia era una práctica frecuente en el mundo antiguo. La creencia generalizada de que los espíritus estaban en todas partes y en todo fomentaba una visión del mundo altamente supersticiosa en la que los acontecimientos ordinarios (p. ej., estornudar) se consideraban augurios malignos. La magia grecorromana también era sincrética, pues mezclaba prácticas y creencias de tradiciones orientales y occidentales, como la astrología de Babilonia, la idea del "nombre secreto" de Egipto y la creencia persa de que los demonios causaban la miseria humana y podían ser agentes de los magos.[2]

Las principales formas de magia incluían la magia protectora (contra enfermedades, enemigos o espíritus malignos); la magia

Un antiguo amuleto que pretende ofrecer protección espiritual a quien lo lleva.

imprecatoria o malévola; la magia "amorosa" o de control sobre los demás; y la adivinación. Los practicantes (magos, hechiceros, brujas) utilizaban conjuros, hechizos y maldiciones (frecuentemente recopilados en libros).

Los talismanes, amuletos y colgantes eran habituales. La creencia en la magia estaba tan extendida que los estafadores se aprovechaban fácilmente de personas desesperadas y crédulas. De ahí que la palabra griega para "hechicero" (*goēs*) se convirtiera casi en sinónimo de "estafador".[3] Las prácticas y los practicantes de la magia eran generalmente ilegales en todo el Imperio romano.

La ley judía también prohibía la magia (Lv 19:26; 20:6); aun así, algunos judíos eran conocidos como magos. Algunos relacionaron la magia con la "sabiduría" de Salomón (1 Reyes 5:12). Josefo afirmaba que esa "sabiduría" servía para el exorcismo y la curación. Los magos judíos enfatizaban los conjuros que incluían nombres de Dios o de ángeles (p. ej., Hechos 19:13-17). Algunos libros de magia judíos especifican a qué ángel (Miguel, Gabriel, Uriel, Rafael, etc.) se debe invocar contra demonios específicos asociados con ciertas dolencias (p. ej., dolores de cabeza, tumores, fiebres).[4] En Hechos 19:19 se menciona cómo algunos conversos recientes en Éfeso quemaron sus muy valiosos rollos de magia.

Jesús fue acusado de estar poseído por el demonio y de realizar milagros por el poder de Satanás (Marcos 3:22; Juan 7:20; 8:48, 52; 10:20) y de ser un engañador (Mt 27:63; Juan 7:12, 47). Tales cargos equivalían a acusaciones de practicar la magia. La afirmación de que Jesús era un mago se encuentra en varias fuentes no bíblicas (p. ej., el Talmud de Babilonia y la obra apologética de Orígenes Contra Celso.

El libro de Hechos presenta una distinción entre los milagros (a menudo eventos públicos con significado soteriológico y eclesiológico) y la magia (frecuentemente eventos aleatorios y privados que se oponen al evangelio). Por lo tanto, la impresionante magia practicada por Simón era para su propia reputación. Reconocía claramente el poder superior del Espíritu Santo, pero intentó comprar este poder para aumentar el suyo propio y fue duramente reprendido (Hechos 8:9-25). En Chipre, Pablo y sus compañeros se encontraron con Bar-Jesús, también conocido como Elimas. El intento de este mago y falso profeta de frustrar el evangelio tuvo como resultado un castigo severo (Hechos 13:6-12). En Filipos, una esclava adivinadora acosó tanto a Pablo que este expulsó el espíritu maligno que había en ella, consiguiendo así su libertad y su encarcelamiento (Hechos 16:16-21). Durante su estancia en Éfeso (un conocido centro de magia), Pablo realizó "milagros extraordinarios" que dieron gloria al Señor (Hechos 19:11-12), mientras que el exorcismo intentado por Esceva y sus hijos puso al descubierto su engaño (Hechos 19:13-17).

Los relatos de Hechos, junto con las prohibiciones específicas contra la magia y la condena de sus practicantes en otras partes del N. T. (Gl 5:20; Ap 9:21; 18:23; 21:8; 22:15), resaltan que la magia contradice la voluntad de Dios.

Expectativas Mesiánicas en la Época de Jesús

Dana M. Harris

La palabra "mesías" deriva de la palabra hebrea correspondiente a "el ungido"; la palabra "Cristo" deriva del griego christos, que también significa "el ungido". En consecuencia, un mesías es alguien ungido por Dios para hacer su voluntad. Otros términos mesiánicos son el Escogido o el Elegido, la Raíz, la Rama, la Estrella y el Hijo del Hombre.

Las expectativas mesiánicas anticipan varios acontecimientos (en ocasiones escatológicos): la liberación política o militar de los opresores extranjeros, la restauración de la independencia y la monarquía de Israel, el juicio de los malvados, la vindicación de los justos, la inauguración de la era final y la nueva creación, y posiblemente la resurrección y la vida eterna. Tales expectativas fueron caracterizadas por una gran diversidad en los siglos que precedieron a la época de Jesús y no todas las esperanzas escatológicas implicaban un mesías.

Varios versículos y figuras clave del A. T., en particular Moisés y Elías, fundamentaron las expectativas mesiánicas posteriores (p. ej., Gn 49:10; Nm 24:17; 2 S 7:11-14; Sal 2; Is 11:1-4; esp. Dn 7:13-14, que presenta una figura mesiánica "como un hijo de hombre"). Sin embargo, las expectativas mesiánicas surgieron más a menudo de los deseos de liberación de la opresión extranjera o de la desilusión con los gobernantes políticos que de la especulación sobre los textos del A. T. De hecho, algunas expectativas mesiánicas no se encuentran en el A. T.

Los escritos judíos de este período muestran estas diversas expectativas me-

Durante la revuelta judía contra los Romanos (66-74 d. C.), un grupo de zelotes capturó la fortaleza de Masada en la cima de la montaña y se mantuvo allí durante varios años. Aquí se muestra una vista aérea de Masada, donde todavía se puede ver la rampa de asedio romana.

siánicas. Algunos manuscritos de Qumrán (ca. 250 a. C.-68 d. C.) hablan del Profeta, mientras que otros anticipan un mesías de Aarón (la línea sacerdotal de Leví) y un mesías de Israel (la línea real de Judá). La idea de dos mesías tal vez derive de los dos ungidos de Zac 4:14.

En los pseudoepígrafos (escritos espurios supuestamente compuestos por antiguos personajes o profetas bíblicos, pero que en realidad se escribieron en algún momento entre el 250 a. C. y el 100 d. C.) se encuentra un rey davídico terrenal que restaura Israel (*Salmos de Salomón* 18 [siglo I a. C.]), lo que probablemente generó muchas expectativas mesiánicas en la época de Jesús. No obstante, 1 *Enoc* 37-71 (siglo II a. C.) describe a un mesías celestial, no davídico ("Hijo del Hombre", "el Elegido"), identificado finalmente como el propio Enoc. 4 *Esdras* 7 (ca. 100 d. C.) presenta a un mesías que reina durante cuatrocientos años y luego muere con la humanidad, tras lo cual comienza la nueva era.

La ocupación romana de Judea suscitó diversas respuestas. Algunos afirmaban que la resistencia era inútil y que Israel debía esperar a que Dios interviniera o enviara a su mesías. Pero otros creían que la revuelta apresuraría al mesías a expulsar a los romanos; incluso otros pretendían ser el mesías. Tanto Hechos como Josefo hacen referencia a varios impostores mesiánicos. En Hechos 5:36 se menciona a Teudas (ca. 44 d. C.) y en Hechos 21:38 se menciona a un egipcio que dirigió a cuatro mil rebeldes. Otros falsos mesías son Simón bar Giora (66-73 d. C., primera revuelta judía) y Simón bar Kosiba, más tarde llamado Bar Kokhba, “hijo de la estrella” (132-135 d. C., segunda revuelta judía).

Los cuatro Evangelios proclaman a Jesús como el Cristo, el verdadero Mesías, que era el prometido hijo de David (Mt 1:1; Lucas 2:11) y el único ungido por el Espíritu (Lucas 4:18-19, tomando Is 61:1-2).

La autodenominación favorita de Jesús era “hijo de hombre”, que se basaba en Dn 7:13-14 y fundamentaba su autoridad (p. ej., Marcos 2:1-12). Él mismo afirmó que era el Mesías (Marcos 14:61-62 NTV) y sus discípulos lo reconocieron como tal (Mt 16:16 NTV). Sin embargo, Jesús rechazó sistemáticamente las expectativas mesiánicas incorrectas (p. ej., Marcos 1:40-45; Juan 7:25-44) y redefinió estas expectativas en función de sí mismo y de su misión única,[1] que culminó con la redención lograda mediante su crucifixión y resurrección. La expectativa de un mesías sufriente no tiene precedentes en las esperanzas mesiánicas judías, a pesar de que el A. T. lo anticipaba (p. ej., Sal 22; Is 53; cf. Lucas 24:26-27, 45-47).

Las epístolas paulinas se centran especialmente en Jesús como Mesías (Ro 9:5) y afirman el reconocimiento de la iglesia primitiva de la condición mesiánica de Jesús, al igual que Hechos y las epístolas generales. El libro de Apocalipsis presenta la victoria escatológica y la entronización de Jesús, el Mesías.

El Dinero en el Mundo del Nuevo Testamento

E. Randolph Richards

Los lingotes eran monedas en las que el valor del metal coincidía con el de la moneda. En teoría, un denario de plata contenía el valor de un denario de plata. Inicialmente (en el 211 a. C.), el denario contenía 4,5 gramos de plata. En la época de Jesús tenía 3,9 gramos. En la época de Pablo, Nerón lo rebajó aún más hasta los 3,4 gramos y redujo la pureza del 98 % al 93,5 %.

Se suele decir que el denario romano vale el salario de un día. La única base para esta afirmación es la parábola de Jesús (Mt 20:2). La parábola de Jesús destaca la generosidad del propietario en la cosecha. Medio denario era más comúnmente el salario de un día.[1] Traducido a los salarios de hoy, un denario equivalía a unos $125.

Un denario de plata de Octavio.

Aunque Roma permitía que muchas ciudades provinciales de todo el imperio acuñaran monedas de bronce más baratas, solo algunas ciudades selectas fuera de Roma podían acuñar el áureo de oro y el denario de plata. ¿Por qué iba a tener un judío un denario con la imagen del César, especialmente en el templo (Mt 22:19-21)? Las monedas que contenían metales preciosos siempre corrían el riesgo de terminar raspadas o "recortadas". Los ladrones trataban de quitar discretamente un poco de los bordes de estas monedas para luego hacerlas circular aparentando tener el mismo valor. (La revolución industrial trajo consigo el fresado o el grafilado, las crestas en los bordes de las monedas, para reducir la posibilidad de que fueran recortadas).

Se preferían las monedas romanas antes que las provinciales porque Roma hacía respetar las monedas honestas (de forma brutal con la espada). Jesús les dijo que si querían que el César mantenga el dinero honesto, entonces tenían que pagar sus impuestos (MT 22:21). El reino de Dios, donde nadie engaña al prójimo, es la otra forma de asegurar un dinero honesto. Jesús les estaba retando a que eligieran qué rey y qué reino querían.

Códigos Domésticos del Nuevo Testamento

Dana M. Harris

Los "códigos domésticos" (a veces indicados por la palabra alemana *Haustafeln*) se refieren a varios pasajes del N. T. (Ef 5:18-6:9; Col 3:18-4:1; cf. 1 P 2:13- 3:7) que se dirigen a individuos dentro de un hogar. Por lo tanto, entender la naturaleza del "hogar" (gr. *oikos*) en el mundo del N. T. es esencial para interpretar estos versículos. En lugar de la familia nuclear relativamente pequeña que prevalece en gran parte de la sociedad moderna, el oikos grecorromano se entiende mejor en términos de producción económica, normalmente centrada en torno a un edificio largo de una sola planta (*domus*), en el que las habitaciones de la parte delantera eran principalmente espacios públicos en los que el amo de la casa (el *paterfamilias*) dirigía los negocios y recibía a los clientes. Esta zona podía incluir una tienda que daba a la calle y en la que se vendían bienes producidos por el oikos, como aceite de oliva o grano. La parte trasera de la domus era el reino de la esposa y, sobre todo, de las hijas, a las que normalmente no se les permitía entrar en la parte delantera (pública) del *oikos*. El *oikos* era una parte clave del sistema de patronazgo jerárquico y estrechamente estructurado que dictaba la sociedad romana. El *paterfamilias* era un patrón que ayudaba a los clientes, a menudo legal o económicamente, a cambio de muestras públicas de honor, votos o información.

El patronazgo dictaba igualmente la estructura del *oikos*. El *oikos* estaba compuesto por el *paterfamilias,* su esposa, sus hijos y sus esclavos, todos ellos considerados de su propiedad (aunque quizá no tanto en el caso de las esposas). El *paterfamilias* tenía autoridad absoluta, como por ejemplo sobre qué dioses debían ser adorados y el derecho de vida o muerte dentro del oikos. (No obstante, el hecho de que el *paterfamilias* tuviera estos derechos no implica que todos los paterfamilias los ejercieran). Los miembros del oikos se beneficiaban de la protección y la provisión del *paterfamilias* y, a su vez, le debían completa obediencia. El papel de la esposa era producir un heredero varón y las bebés podían ser "expuestas" o abandonadas a discreción del *paterfamilias.* No producir un heredero varón podía ser motivo de divorcio. Por consiguiente, el matrimonio tenía como objetivo principal la continuación del oikos, como se desprende de la frase tan citada de Demóstenes: "Pues tenemos a las cortesanas para el placer, a la concubinas para el cuidado diario del cuerpo y a las esposas para engendrar hijos con legitimidad".[1]

Los filósofos (como Aristóteles)[2] y los escritores judíos (como Filón y Josefo) hacían hincapié en la correcta "gestión del hogar", centrándose especialmente en los derechos del *paterfamilias.* Se asumía la obediencia al paterfamilias para el buen funcionamiento de la sociedad. Existe un acuerdo general en que los códigos domésticos del N. T. suponen el contexto del *oikos* y se inspiran en los escritos helenísticos. De hecho, hay claras similitudes, como las parejas comunes de esposo/esposa, padre/hijos, amo/esclavos, y la sumisión de esposas, hijos y esclavos al *paterfamilias.* Pero también hay diferencias significativas. Mientras que los escritos helenísticos se dirigen únicamente al *paterfamilias,* los pasajes del N .T. se dirigen a cada uno de los miembros de cada pareja, a todos los cuales se dirigen antes que al *paterfamilias* (p. ej., a las esposas antes que a los esposos, a los hijos antes que a los padres, a los esclavos antes que a los amos), posiblemente para indicar la responsabilidad individual y la reciprocidad mutua en estas relaciones. Además, el hecho de que cada grupo sea responsable independientemente ante el Señor por su comportamiento no tiene semejanza directa en los escritos helenísticos. Por último, los pasajes del N. T. se centran en las responsabilidades, no en los derechos, del *paterfamilias.* Es por ello que el *paterfamilias* es exhortado repetidamente a amar a su *propia* esposa, como Cristo ama a la iglesia. Este énfasis contracultural socava las normas vigentes en relación con las amantes y las concubinas. Del mismo modo, la declaración de que tanto los amos como los esclavos sirven al mismo Señor desafiaba las principales asunciones culturales. En cambio, Ef 3:14 presenta a Dios como el glorioso *paterfamilias* sobre su oikos, al cual está estableciendo en Cristo.

Fariseos y Saduceos

Andreas J. Köstenberger

Los fariseos y los saduceos eran dos partidos religiosos prominentes en el judaísmo del primer siglo. Ambos grupos se originaron probablemente durante la época asmonea, tras la revuelta macabea. Las raíces de los fariseos se remontan a los hasidim, judíos piadosos que vivieron durante el siglo II a. C. Su nombre significa "separatistas", lo que se reflejaba en su preocupación por la pureza ritual y la obediencia a la ley (Torá) para que Israel viviera como una nación santa. Los orígenes exactos de los saduceos no están claros, aunque la opinión tradicional es que se desarrollaron a partir de la clase noble sacerdotal que apoyaba a la dinastía asmonea. Su nombre puede provenir de la línea sacerdotal de Sadoc.[1] Durante el siglo I d. C. estaban relacionados con la clase sacerdotal y su preocupación principal era el templo y el sistema de adoración asociado. Los saduceos eran conservadores políticos, lo que ayudaba a asegurar sus posiciones de autoridad. Según Josefo, los dos grupos apelaban a segmentos muy diferentes de la sociedad: "mientras que los saduceos no son capaces de persuadir a nadie más que a los ricos y no tienen al pueblo servil con ellos, los fariseos tienen a la multitud de su lado".[2] Ambos partidos estaban representados en el Sanedrín; los saduceos eran la mayoría y los fariseos una minoría influyente.[3]

Los Evangelios atestiguan que hubo algunos fariseos que siguieron cautelosamente a Jesús. José de Arimatea, que se presentó ante Pilato y pidió el cuerpo de Jesús para darle una sepultura adecuada, es llamado un seguidor secreto de Jesús (Juan 19:38-40). Nicodemo se acercó a Jesús en privado al principio de su ministerio, advirtió al Sanedrín para que no lo juzgara precipitadamente y también estuvo presente en su sepultura (Juan 3:1-15; 7:50-52; 19:39-40). Aparte de esas dos excepciones, los Evangelios presentan a los fariseos y a los saduceos como personas muy hostiles a Jesús. Le pusieron a prueba (Marcos 8:11-13) y trataron de atraparlo con preguntas delicadas desde el punto de vista teológico y político (p. ej. MT 12:1-14; Lucas 20:19-40) y finalmente conspiraron para matarlo (MT 26:1-5; Juan 11:45-53). Jesús también tuvo palabras duras para ellos, acusándolos de hipócritas (p. ej. MT 15:1-9) y denunciándolos (p. ej. MT 23; Lucas 11:42-52).

Josefo tiene una discusión extensa de los dos grupos en la que describe sus diferencias. Los dos grupos se presentan en gran medida como opuestos y Josefo favorece claramente a los fariseos.[4] Los contrastes principales entre los fariseos y los saduceos se refieren a sus puntos de vista sobre las Escrituras y la autoridad, que conducen a diferentes preocupaciones prácticas. Los fariseos consideraban que no solo las Escrituras hebreas tenían autoridad, sino también la ley oral que se les había transmitido. Eran conocidos por enfatizar la adherencia a la ley, mantener las tradiciones de sus ancestros y perseguir la pureza ritual, especialmente en lo que respecta a la comida. Creían en los ángeles, los demonios, la resurrección corporal y el destino. Sin embargo, los saduceos rechazaban cualquier idea de resurrección corporal (Marcos 12:18; Hechos 23:8),[5] así como la existencia de ángeles, demonios y el destino. Consideraban que la Torá estaba por encima del resto de las Escrituras. Su preocupación por la pureza se centraba en el ministerio del templo y eran especialmente estrictos en este sentido.[6]

Poncio Pilato

Andreas J. Köstenberger

Poncio Pilato fue procurador (gobernador) de Judea desde el año 26 hasta el 37 d. C. Tras la deposición del hijo de Herodes el Grande, Arquelao, por el emperador Augusto, Roma comenzó a gobernar directamente Judea. Una serie de gobernadores romanos fueron puestos a cargo, comenzando por Coponio.[1] Pilato fue el quinto gobernador, puesto a cargo de Judea por el emperador Tiberio, probablemente recibiendo esta posición debido a la influencia de su mentor, Sejano. Una vez nombrado, no tardó en enfrentarse a los judíos.[2] Josefo relata un incidente en el que Pilato envió tropas a invernar a Jerusalén. Las imágenes del emperador en los estandartes de las tropas estaban prohibidas por la ley judía, lo que llevó a que la casa de Pilato en Cesarea fuera rodeada por judíos furiosos que exigían que retirara las imágenes. Ante su negativa inicial, los judíos se postraron y permanecieron allí, impasibles, durante cinco días y cinco noches. Al día siguiente Pilato convocó a los judíos y ordenó a sus soldados que los rodearan. Entonces les dijo que aceptaran las imágenes o ser cortados en pedazos, momento en el que desnudaron sus cuellos, aceptando la muerte por encima de las imágenes. Su voluntad de morir le hizo ceder.[3]

Una confrontación posterior no terminó tan pacíficamente. Pilato utilizó dinero del tesoro del templo para construir un acueducto, lo que volvió a molestar a los judíos. Cuando Pilato estaba en Jerusalén, los judíos se reunieron en su tribunal para protestar por sus acciones, pero Pilato estaba preparado. Tras ordenar a algunos de sus soldados que se vistieran con ropas sencillas, los situó entre los manifestantes y luego les ordenó que atacaran a los judíos con garrotes. El resultado fue que "los judíos fueron tan tristemente golpeados, que muchos de ellos perecieron por los azotes que recibieron y otros muchos murieron pisoteados, por lo cual la multitud se asombró de la calamidad de los que fueron asesinados y callaron".[4]

Poncio Pilato era el prefecto romano sobre Judea y Samaria en los años 26-37 d. C. En Cesarea Marítima se encontró una inscripción en una construcción con el nombre y el título de Pilato.

Tanto Josefo como Filón describieron a Pilato como un líder cruel e injusto.[5] Es probable que Pilato pudiera actuar con dureza hacia los judíos debido a su relación con Sejano, que era conocido como antisemita.[6] Es posible que Sejano evitara que las quejas contra Pilato llegaran al emperador romano Tiberio. No obstante, tras la muerte de Sejano, la posición de Pilato en Roma no era tan segura y se vio obligado a proceder con más cautela.[7]

Los cuatro Evangelios atestiguan el papel de Pilato en la crucifixión de Jesús (Mt 27:1-2, 11-26; Marcos 15:1-15; Lucas 23:1-5, 18-25; Juan 18:28-19:16). Su papel en la crucifixión también está atestiguado fuera de los Evangelios. El historiador romano Tácito escribió: "Cristo había sido ejecutado en el reinado de Tiberio por el procurador de Judea, Poncio Pilato".[8] La crueldad de Pilato no se limitó a los judíos y después de que Pilato hubiera matado a un gran número de samaritanos, Vitelio, legado de Siria, lo depuso y lo envió de vuelta a Roma en el año 36/37 d. C.. [9]

La Ciudadanía Romana

Alan S. Bandy

La ciudadanía romana era un privilegio para los habitantes nacidos libres de Roma desde su fundación (753 a. C.) y a medida que el imperio se fue expandiendo, se incluyeron otros territorios, colonias y ciudades de Italia, la Galia y Asia.[1] Los ciudadanos romanos gozaban de un prestigio y unos privilegios muy superiores a los de la población general del imperio. Los derechos básicos de la ciudadanía romana eran el derecho de apelación (*provocatio*), el derecho de voto (*suffragium*) en la asamblea, el derecho a elegir entre un juicio local o romano y la protección frente a formas degradantes de castigo.[2] El emperador Augusto promulgó una ley (*lex Iulia de ui publica*) que prohibía a cualquier magistrado investido del derecho a la pena capital (*imperium*) matar, azotar, encadenar o torturar a un ciudadano romano si este presentaba una apelación. Un magistrado que no tuviera en cuenta la apelación y ejecutara una sentencia capital era culpable de asesinato.[3] Lo más importante es que los ciudadanos romanos estaban exentos de la muerte por crucifixión, por lo que los ciudadanos eran ejecutados por decapitación.[4]

El camino más fácil para obtener la ciudadanía era nacer de padres que fueran ciudadanos. Los padres debían registrar a sus hijos en un plazo de treinta días para que se les reconociera legalmente la ciudadanía (*professio*).[5] También se concedía la ciudadanía a quienes servían en la milicia auxiliar durante un tiempo determinado.[6] A veces, las personas recibían la ciudadanía por haber realizado una hazaña noble o simplemente por ser personas muy ricas o prominentes.[7] Los esclavos solían obtener la ciudadanía mediante la manumisión (libertad) por parte de su dueño o reuniendo el dinero suficiente para comprarla. Solo la manumisión formal (ante un magistrado) otorgaba tanto la libertad como la ciudadanía romana.[8] Otra forma de obtener la ciudadanía procedía de un otorgamiento en bloque concedido a una ciudad o colonia por un emperador. Por último, se podía comprar la ciudadanía. Pero hacerlo era muy caro, posiblemente hasta el doble de los ingresos anuales promedio de un jornalero (Hechos 22:28).[9] Aunque los ciudadanos podían llevar documentación para probar su ciudadanía, en general se confiaba en las afirmaciones sobre su ciudadanía porque la pena por hacerse pasar por un ciudadano romano era la muerte.[10]

Los derechos de la ciudadanía romana pasan a primer plano en el ministerio del apóstol Pablo. Pablo nació en el seno de una familia judía en Tarso de Cilicia (Hechos 22:3), de la que era ciudadano (Hechos 21:39). Además, Pablo afirmó en varias ocasiones que era ciudadano romano (Hechos 16:37-38; 22:25-28) y que recibió la ciudadanía por nacimiento (Hechos 22:28). Existe un debate sobre cómo la familia de Pablo obtuvo la ciudadanía. Tal vez la compraron, pero lo más probable es que fuera mediante un otorgamiento en bloque de Augusto. La población de la ciudad de Tarso se puso del lado de Octavio Augusto en oposición a los asesinos de César, Casio y Bruto, porque muchos en la ciudad se vieron obligados a ser esclavos debido a los excesivos impuestos ordenados por Casio. Ante la derrota de Casio y Bruto en la batalla de Filipos (42 a. C.), Tarso obtuvo el estatus de *civitas libera* y sus residentes quedaron exentos de impuestos. Los que fueron vendidos como esclavos fueron liberados y a muchos de ellos se les otorgó la ciudadanía al mismo tiempo por su apoyo a Augusto.[11] El hecho de que el apóstol se llame tanto Saulo como Pablo también apunta a su ciudadanía romana porque los ciudadanos romanos tenían que registrarse con el gobierno usando la *tria nomina* que consistía en el *praenomen* (nombre), el *nomen* (apellido) y el *cognomen* (nombre extra, como el segundo nombre moderno). Su ciudadanía le otorgaba un cierto estatus en el mundo romano y le confería todos los derechos de la ciudadanía. Esto explica por qué pudo apelar para que su caso fuera escuchado por el emperador (Hechos 25:9-12) y por qué probablemente fue decapitado en lugar de crucificado.

El Ejército Romano

ALAN S. BANDY

Cuando Polibio, el historiador griego, escribió sobre el ascenso del Imperio romano, la pregunta que lo impulsó fue cómo los romanos lograron someter a su dominio a casi todo el mundo conocido en menos de cincuenta y tres años (desde el 220 a. C., el inicio de la Segunda Guerra Púnica, hasta aproximadamente el año 167 a. C.).[1] Gracias a su ejército, Roma se convirtió en una de las superpotencias del mundo antiguo. A lo largo de los siglos, el ejército romano se desarrolló de diversas maneras, pero durante el siglo I d. C. alcanzó la cima de su poder.

Si bien Roma contaba con una armada capaz, es la legión romana el genio y la base de su éxito. "Legión" (*legio*) significaba originalmente "leva" en términos de ciudadanos romanos capaces de portar armas (normalmente entre los diecisiete y los cuarenta y seis años), pero posteriormente se convirtió en una unidad militar específica y de tamaño considerable.[2] Había diez cohortes en una legión y cada cohorte tenía alrededor de quinientos soldados. La uniformidad del equipamiento (a cada soldado se le entregaba una lanza [*pilum*] y una espada [*gladius*]) y el entrenamiento, junto con la simplicidad de la estructura de liderazgo (cada cohorte tenía un oficial para transmitir las órdenes) hicieron que la legión fuera más flexible, estratégica y letal.[3]

El emperador Octavio Augusto (27 a. C.-14 d. C.) revisó, afinó y estableció la organización y el formato del ejército que perduró durante más de un siglo. Augusto heredó unas sesenta legiones, pero a su muerte redujo el nú-

Este relieve muestra a un soldado romano bien armado que lleva lanza, espada y escudo (siglo II d. C.).

mero total de legiones a unas veinticinco.[4] Una legión contaba con unos cinco o seis mil soldados de infantería y caballería. También había unidades auxiliares, compuestas por soldados extranjeros de diversos pueblos no romanos que luchaban junto al ejército romano.[5] Otro avance importante de este período fue la creación de la Guardia Pretoriana y la guarnición de Roma.[6] La guarnición de Roma albergaba nueve cohortes de la Guardia Pretoriana, así como las cohortes urbanas (una fuerza policial) y los *vigiles* (una brigada de bomberos).[7] La Guardia Pretoriana derivaba su nombre de la palabra *praetorium* ("campamento" o "cuartel general" [cf. Marcos 15:16; MT 27:27]) y servía como guardaespaldas imperial. La Guardia Pretoriana se entrenaba como los legionarios, pero su estatus era muy superior, su vestimenta y equipamiento mucho más elaborados y recibían una mejor remuneración.[8]

Las legiones estaban numeradas (p. ej., X, XIII, XIV) y recibían títulos, lo que les daba una identidad única y un sentido compartido de camaradería.[9] En general, todos los legionarios eran ciudadanos romanos y los oficiales de mayor rango procedían de la clase senatorial.[10] El emperador, como primer ciudadano (*princeps*), comandante (*imperator*) y máxima autoridad civil (*consul*), tenía técnicamente el mando de todo el ejército, pero delegaba este mando en las provincias a los legados propretorianos.[11] Una legión individual era comandada por el legado legionario. La administración de la legión correspondía al tribuno mayor, un senador designado que no tenía experiencia militar previa, así como a otros cinco tribunos que solían pertenecer a la clase ecuestre.[12] El grupo más numeroso de oficiales, los centuriones, podía proceder de la clase común de soldados. Los centuriones comandaban una "centuria" de unos ochenta soldados y había diez centurias en cada cohorte.[13] Las legiones también contaban con personal médico, artesanos y escribas.

En el N. T., la ocupación romana en Judea creó múltiples tensiones con el pueblo judío, pero algunos de los primeros conversos a la fe en Cristo procedían de las filas de los centuriones. En los Evangelios, un centurión tenía una fe que impresionó a Jesús (Mt 8:5-13) y el centurión que supervisaba la crucifixión declaró que Jesús era el Hijo de Dios (Marcos 15:39). Cornelio, un centurión temeroso de Dios, fue el que Dios utilizó para enseñar a Pedro y a los apóstoles que el evangelio debía incluir tanto a los gentiles como a los judíos (Hechos 10). En el ministerio de Pablo, varios centuriones eran hombres de honor que lo respetaban (Hechos 22:26-30; 23:17-35; 24:23; 27)

Vías Romanas y Viajes

Mark Wilson

En el siglo I d. C., los romanos habían construido una red viaria que rodeaba el mar Mediterráneo. Estas vías ayudaron a los cristianos a difundir el evangelio desde Jerusalén a todo el imperio. Las vías fueron construidas inicialmente por los soldados para trasladar a las legiones a sus puestos militares. Posteriormente, la ciudadanía local se encargó del mantenimiento de las vías cuando su uso principal pasó a ser civil.

Cuando los romanos se anexionaron la provincia de Asia en el año 129 a. C., el gobernador Manio Aquilio construyó una vía para conectar Pérgamo y Éfeso con la ciudad costera pamfiliana de Side. En el año 6 a. C., el emperador Augusto construyó una vía desde Perge hasta el sur de Galacia pavimentando un tramo de esta vía anterior. Conectaba las colonias recién fundadas de Comama, Apolonia y Antioquía de Pisidia, que servía de caput viae ("cabeza de la vía"). Más adelante, la vía se extendió hasta otra colonia, Listra. Pablo recorrió la vía Sebaste desde Perge en su primer viaje, así como el tramo de Listra a Apolonia en su segundo y tercer viaje (Hechos 13:14, 51; 14:6; 16:4, 6). Aunque la vía Sebaste era más larga, era una ruta mucho más fácil hacia el interior que ir hacia el norte desde Perge a través de las montañas, como se representa en la mayoría de los mapas bíblicos.

La carretera del sur, o común, iba desde Antioquía y Tarso a través del gran paso del Tauro, las Puertas Cilicias, hasta el centro de Anatolia. Pablo siguió esta ruta en su segundo y tercer viaje (Hechos 15:41; 18:23). En Iconio la vía se bifurcaba y la ruta hacia la Antioquía de Pisidia se dirigía al sur de las actuales montañas del Sultán. Tras dejar la vía Sebaste, continuó hacia el oeste hasta el importante cruce de vías en Apamea. Aquí Pablo giró hacia el norte, hacia Bitinia, en el segundo viaje, antes de volver a ser desviado a través de Asia misia hasta Troas (Hechos 16:6-8). En el tercer viaje, Pablo probablemente

Una vía romana en Tarso, la ciudad natal de Pablo.

continuó hacia el oeste desde Apamea, enlazando con la antigua vía que pasaba por Laodicea y luego seguía el valle del río Meandro hasta Magnesia del Meandro. Luego la vía subía por un paso bajo antes de descender a Éfeso (Hechos 19:1).

Después de que Pablo cruzara de Troas a Neápolis en el segundo viaje, empalmó con la vía Egnatia. La construcción de esta vía fue iniciada por el gobernador macedonio Cneo Egnatio en el año 146 a. C. Unía Bizancio con Dirraquio, una distancia de 696 millas. Desde Neápolis, la vía continuaba por Filipos, Anfípolis, Apolonia y Tesalónica (Hechos 16:11-17:9). Desde la capital macedonia la vía giraba hacia el oeste a través de los modernos países de Macedonia y Albania. Pablo recorrió este tramo de la vía Egnatia en su tercer viaje a Ilírico (Ro 15:19). La vía tenía dos terminales en la costa adriática, Dirraquio y Apolonia, y Pablo probablemente visitó ambas ciudades antes de continuar hacia el sur, hacia Corinto. Pablo volvió a viajar por la vía Egnatia en su regreso a través de Macedonia antes de transbordar de nuevo a Troas (Hechos 20:1-6).

La vía Apia iba de Bríndisi a Roma. Situada en el mar Adriático, Bríndisi era el puerto italiano conectado por barco con Dirraquio. Desde Bríndisi, la vía Apia se dirigía hacia el norte hasta Puteoli, el puerto donde Pablo desembarcó en su viaje de cautiverio (Hechos 28:13). Después atravesó los pantanos pontinos, pasando por el Foro de Apio y deteniéndose en las Tres Tabernas (Hechos 28:14-15). Pablo entró en Roma por la Porta Capena, la puerta donde empezaba y terminaba la vía Apia.

La mayoría de las vías por las que viajaba Pablo estaban pavimentadas. Los puentes permitían el paso a través de los ríos más importantes. Por ellos pasaban carros y carruajes que transportaban mercancías y pasajeros. En algunos lugares aún se pueden ver los surcos de sus ruedas de hierro. Sin embargo, es probable que Pablo haya caminado la mayor parte del tiempo (Hechos 20:13). El recorrido promedio de un día era de unas diecinueve millas. Los hitos marcaban prominentemente las distancias desde las ciudades más importantes; algunos de ellos todavía se encuentran a lo largo de la vía Sebaste. Los hitos de la vía Egnatia y de la vía Apia se pueden ver en los museos locales a lo largo de las rutas. Los alojamientos conocidos como mansio proporcionaban lugares para dormir y comer. Tres Tabernas era una mansio en la vía Apia a treinta millas de Roma. Los viajes por las vías romanas generalmente eran seguros debido al flujo regular de tráfico y a las patrullas militares. No obstante, Pablo tuvo problemas con los ladrones y con los desafíos naturales, como cruzar ríos crecidos (2 Co 11:26).

El Gobierno Romano de Judea

Mariam Kamell-kovalishyn y
Josiah McDermott

La presencia de Roma en Judea, que comenzó con la conquista de Jerusalén efectuada por Pompeyo en el año 63 a. C., fue una época tensa y llena de revueltas. Bajo el gobierno de Julio César, la nación judía recibió un gobierno semiautónomo. Tras el asesinato de Julio César, Octavio (Augusto) y Antonio se disputaron el poder y Herodes fue nombrado rey de Judea por el senado romano. Octavio aseguró su dominio en la batalla de Actium en el año 31 a. C.[1] y confirmó el reinado de Herodes sobre Judea.[2]

Herodes el Grande era idumeo (edomita) y el pueblo judío no respetaba su gobierno. Herodes se convirtió al judaísmo y el escepticismo se enfrentó a sus intentos de participar en las prácticas judías. Como todos los reyes tributarios, Herodes debía asegurarse de que el tributo a Roma se proporcionara constantemente. Los romanos veían a Judea como la vía de acceso a su suministro de alimentos, Egipto,[3] y temían su interrupción si Judea se volvía problemática. Por lo demás, Herodes tenía libertad para gobernar como mejor le pareciera. La economía de la región prosperó durante la estabilidad del gobierno de Herodes. Contribuyó mucho con sus elaborados proyectos de construcción, el más famoso de los cuales sería el templo herodiano de Jerusalén.[4] Este Segundo Templo se convirtió en uno de los edificios más extravagantes del Imperio romano, pero no todos estaban agradecidos. El pueblo rechazaba a Herodes y sus costumbres, lo que provocaba constantes (amenazas de) revueltas.[5] Y el gobierno de Herodes venía acompañado de fuertes impuestos que servían para dos propósitos: pagar los proyectos de construcción de Herodes y suministrar el tributo que exigía Roma. Estos impuestos, junto con los diezmos

Herodian Kings and the New Testament

Rey	Fechas	Datos de la familia	Zona gobernada	Conexión con el Nuevo Testamento
Herodes el Grande	37-4 a. C	Hijo de Antípatro	Rey de Judea, luego de toda Palestina	Nombrado rey de Judea en el año 40 a. C. por el senado romano Derrotó a la oposición en Judea y alcanzó el trono en el año 37 a. C. Dirigió la renovación del templo en Jerusalén Gobernaba cuando nacieron Juan el Bautista y Jesús (Lucas 1:5) Recibió a los sabios y trató de ejecutar al niño Jesús en Belén, obligando a María, José y Jesús a huir a Egipto (MT 2:1-19 NVI)
Arquelao	4 a. C.- 6 d. C.	Hijo de Herodes el Grande	Etnarca de Judea, Samaria e Idumea	El gobernante incompetente y cruel que hizo que María, José y Jesús se desviaran de Judea y se establecieran en Nazaret de Galilea cuando regresaron de Egipto (MT 2:22-23)
Herodes Felipe	4 a. C.- 39 d. C.	Hijo de Herodes el Grande	Tetrarca de Galilea y Perea	Reconstruyó Séforis como capital de Galilea y luego construyó una nueva capital en el lugar virgen de Tiberias Gobernó mientras Juan el Bautista predicaba en el desierto (Lucas 3:1) Arrestó y ejecutó a Juan el Bautista (MT 14:1-12; Marcos 6:14-29; Lucas 3:19) Fue utilizado como amenaza por los fariseos que buscaban manipular el itinerario de Jesús (Lucas 13:31-33) Interrogó a Jesús en Jerusalén antes de su ejecución (Lucas 23:7-12)
Herod Philip	4 a. C.- 34 d. C.	Hijo de Herodes el Grande	Tetrarca de Iturea, Gaulanítide y Traconite	Reconstruyó Paneas y la llamó Cesarea de Filipo Recibió solo una mención incidental (Lucas 3:1)
Herodes Agripa I	41-44 d. C.	Nieto de Herodes el Grande	Rey de Judea y luego se añadieron Galilea y Perea	Como amigo del emperador Claudio, negoció la mejora de los derechos civiles de los judíos Como defensor de los fariseos, persiguió a los cristianos en Jerusalén (Hechos 12:1) Ejecutó al apóstol Jacobo, hermano de Juan (Hechos 12:2) Arrestó a Pedro (Hechos 12:3-4) Fue abatido por el Señor por tomar el honor divino (Hechos 12:19-24)
Herodes Agripa II	48-100 d. C.	Bisnieto de Herodes el Grande	Inicialmente el control del templo en Jerusalén antes de añadir Iturea, Gaulanítide, Traconite y la Decápolis	Observó las crecientes tensiones sociales y económicas que condujeron a la primera revuelta judía y a la destrucción del Templo de Jerusalén Escuchó a Pablo presentar su caso en Cesarea Marítima durante el juicio de Pablo ante el prefecto romano Festo (Hechos 25:13-26:32)

y las contribuciones religiosas de los judíos, hacen que se estime que las donaciones anuales de cada judío, rico o pobre, asciendan al 30-40 por ciento.[6] Herodes era un hombre cruel, que sospechaba constantemente de las amenazas a su trono.[7] Independientemente de que estas sospechas fueran reales o imaginarias, Herodes se precipitó en actuar y en asegurarse de que no hubiera amenazas sobrevivientes (cf. Mt 2:1-18). No dudó en actuar contra su propia familia y mató a su mujer y a sus dos hijos. En una ocasión, César Augusto comentó sobre su gobierno y su negativa a comer cerdo: "Es mejor ser el cerdo [hys] de Herodes que su hijo [*huios*]".[8] Cuando Herodes murió en el año 4 a. C., Roma dividió la provincia entre sus tres hijos restantes. Felipe gobernó los territorios del norte y las tierras al este del mar de Galilea. Herodes Antipas, el "rey Herodes" de los Evangelios, gobernó sobre Galilea y Perea. Arquelao gobernó sobre Judea (incluidas las ciudades de Jerusalén y Cesarea), Samaria e Idumea.[9] El gobierno de Arquelao era opresivo y detestable para la mayoría de los judíos, que enviaron una delegación a Roma solicitando la intervención de Augusto.[10] Hacia el año 6 d. C. Arquelao fue desterrado y sus territorios se convirtieron en provincias del Imperio romano (con la excepción de un período en el año 41-44 d. C. en el que el nieto de Herodes, Agripa I, restauró todos los territorios anteriores).[11]

La inestabilidad del territorio debido al nacionalismo judío, junto con el rechazo al emperador Nerón, hizo que el general Vespasiano fuera enviado en el año 66 d. C. para reprimir la mayor revuelta hasta entonces. Vespasiano regresó a Roma para convertirse en emperador en el año 68 d. C., y Jerusalén y el templo fueron destruidos por su hijo Tito en el 70 d. C., regresando el botín a Roma.

Entre el año 70 y el 135 d. C., el Imperio romano fue testigo del auge del cristianismo a través de una sucesión de emperadores. Durante este período todavía había presencia de judíos radicales con esperanzas en la reconstrucción de Jerusalén y su templo y en el establecimiento del gobierno de Dios a través del rey mesiánico, que llegó a su punto álgido en el año 135 d. C. Durante el gobierno del emperador Adriano (117-138 d. C.), Roma intentó eliminar todas las prácticas religiosas que se consideraban brutales e impuras,[12] lo que incluía la prohibición de la circuncisión e intentó convertir Jerusalén en una ciudad templo del dios Júpiter.[13] En respuesta, se produjo una revuelta liderada por Simón bar Kosiba (conocido popularmente como Bar Kokhba, "hijo de la estrella", según Nm 24:17), que fue proclamado como mesías por el famoso rabino Akiva.[14] Roma acabó brutalmente con el período de lucha y vendió como esclavos a muchos de los judíos que sobrevivieron.

El Shabbat

Andreas J. Köstenberger

La importancia del Shabbat para el judaísmo del primer siglo es evidente en toda la literatura judía. La centralidad del Shabbat se extiende por todo el A. T. desde su establecimiento en la creación (Gn 2:1-3), su inclusión en los diez mandamientos (Ex 20:9-11) y su función como señal del pacto para los judíos (Neh 9:14; 10:28-33). A pesar de la importancia del día de reposo en el A.T., se dedica poco espacio a una definición explícita de "trabajo" (pero ver Ex 34:21; Nm 15:32-36; Neh 10:31; 13:5-22). El Shabbat sirvió cada vez más como señal de la identidad judía en el período posterior del A. T. y del Segundo Templo. El libro de 2 Macabeos resalta la amenaza al día de reposo por parte de Antíoco Epífanes (5:25) y los extremos a los que llegaron los judíos fieles para mantenerlo, prefiriendo morir antes que luchar en el día de reposo (6:11; ver también 6:6; 8:26-28). *Jubileos*, un recuento de la historia de Israel desde la creación hasta Moisés, hace hincapié expresamente en la observancia del día de reposo para enmarcar la narrativa,[1] argumentando incluso que el día de reposo se guardaba en el cielo antes de que se diera el mandamiento a la humanidad.[2] La importancia del Shabbat llevó a los judíos a buscar con ahínco la definición de lo que constituye el "trabajo". Por ejemplo, el *Damascus Document* en Qumrán estipula no solo que no se debe hacer trabajar a los sirvientes, sino también que no se debe ayudar a los animales a dar a luz o ayudarlos a salir de un pozo, ni ayudar a una persona que haya caído en una cisterna.[3] El Mishná, cuyas discusiones sobre el día de reposo reflejan los debates del primer siglo, dedica un tratado entero al tema (*Shabbat*).

Los Evangelios reflejan el reiterado conflicto que encontró Jesús en torno al día de reposo, concretamente en su falta de voluntad para seguir las detalladas tradiciones orales que se habían desarrollado en el siglo I. Cuando los discípulos de Jesús recogieron espigas (Mt 12:1-8), los fariseos les acusaron de infringir el día de reposo, ya que la siega era uno de los treinta y nueve actos de trabajo prohibidos en el día de reposo.[4] Cuando Jesús sanó en el día de reposo (p. ej., Mt 12:9-14; Lucas 13:10-17), violó la opinión predominante de que la sanación solo estaba permitida cuando la vida estaba amenazada.[5] En la sanación del ciego de nacimiento (Juan 9:1-34), no solo la vida del hombre no corría peligro, sino que además los fariseos pueden haber considerado que mezclar lodo y saliva era amasar, otro acto de trabajo prohibido.[6] Del mismo modo, la ley oral prohibía llevar un objeto "de un dominio a otro",[7] lo que creó un conflicto para el antiguo cojo que cargó con su lecho después de que Jesús lo sanara (Juan 5:1-15). Este acontecimiento llevó a Jesús a entablar un debate teológico sobre el trabajo en el día de reposo y su igualdad con Dios (Juan 5:16-30).

El rollo del Damascus Document, encontrado tanto en Egipto como posteriormente en Qumrán, establecía las normas de la comunidad, incluidas las reglas para guardar el Shabbat.

Dado que Dios reposó el séptimo día (Gn 2:2-3), algunos escritores judíos, y posteriormente cristianos, trataron de responder a la pregunta de cómo se mantenía el universo en el Shabbat si Dios reposaba. La respuesta rabínica común fue que Dios efectivamente trabaja en el Shabbat sin violarlo. De este modo, es imposible que Dios lleve un objeto fuera de su casa porque todo el universo es su casa.[8] Más adelante, en el Evangelio de Juan, Jesús aborda la cuestión de la circuncisión y el día de reposo (7:22). Aunque no hay ningún ejemplo bíblico sobre cómo tratar la circuncisión cuando el octavo día caía en el Shabbat, los judíos llegaron a la conclusión de que la circuncisión estaba permitida. El rabino José ben Halafta (siglo II d. C.) dijo: "La circuncisión es grande, ya que anula las prohibiciones del día de reposo, el cual está sujeto a reglas estrictas".[9]

Los Samaritanos

Andreas J. Köstenberger

El origen de los samaritanos es controvertido. La historia judía remonta su linaje a la caída del reino del norte en el año 722 a. C., cuando Asiria deportó a muchos israelitas y asentó en la tierra a otros pueblos conquistados. Los matrimonios mixtos resultantes entre judíos y gentiles supuestamente dieron origen a los samaritanos (2 Reyes 17:24-41).

El monte Gerizim era sagrado para los samaritanos, quienes creían que ese era el lugar elegido por Dios para su templo, en vez de Jerusalén. La imagen muestra un panorama del monte Ebal y el monte Gerizim vistos desde Siquem.

Algunos judíos creían que los samaritanos eran los descendientes de Siquem, que violó a la hija de Jacob, Dina (Gn 34; cf. Si 50:25-26, el cual habla de que Dios odia "al pueblo necio que vive en Siquem"). Josefo señaló que Siquem era considerada un refugio para los apóstatas judíos: "Y si alguno era acusado por los de Jerusalén de haber comido cosas comunes o de haber infringido el día de reposo, o de cualquier otro crimen de la misma naturaleza, huía a los de Siquem y decía que se le había acusado injustamente".[1]

Por su parte, los samaritanos afirmaban ser descendientes de José por medio de Efraín y Manasés, sosteniendo que ellos eran los israelitas fieles mientras que los judíos eran apóstatas.[2]

La relación entre judíos y samaritanos era tensa no solo por su origen étnico sino también por las diferencias religiosas. Los samaritanos sostenían que Dios pretendía que la adoración se realizara en el monte Gerizim, un mandato que fue desobedecido cuando el santuario se trasladó a Silo. Idiosincrásicamente, solo reconocían el Pentateuco, los cinco primeros libros del A.T., como Escritura. En consecuencia, los judíos consideraban a los samaritanos como idólatras.[3] Al mismo tiempo, esas diferencias religiosas provocaron importantes conflictos, incluso enfrentamientos militares. El antagonismo estalló especialmente cuando Juan Hircano, uno de los primeros líderes de la dinastía judía asmonea, destruyó el templo samaritano del monte Gerizim a finales del siglo II a. C.[4] Los samaritanos, a su vez, solían ser abiertamente hostiles a los judíos. Josefo registró un incidente en el que los samaritanos intentaron profanar el templo[5] y otro en el que mataron a judíos que viajaban a Jerusalén para asistir a una festividad.[6]

El Sanedrin

Rodney Reeves

El Sanedrín era un concilio judío que gobernaba sobre cuestiones religiosas y cívicas en la época de Jesús. Su composición, propósito, autoridad y procedimientos cambiaron a lo largo de los años antes y después de los tiempos del N. T. Reunir información sobre el Sanedrín de diferentes períodos de la historia judía para crear una imagen compuesta del concilio puede ser muy engañoso. Por ejemplo, no se debería esperar que el Sanedrín que acusó a Jesús siguiera normas y procedimientos que se elaboraron un tiempo después de la destrucción del templo (70 d. C.). Según el Mishná (un documento del siglo II), el Sanedrín no debía reunirse por la noche para considerar un delito capital1. Y sin embargo, según el Mishná, parece que había tres concilios judíos diferentes: (1) un cuerpo de setenta y un expertos legales (escribas, rabinos) dedicados a dictaminar sobre asuntos religiosos; (2) un grupo de veintitrés aristócratas poderosos que eran convocados para un propósito especial (p. ej., para juzgar casos capitales); y (3) un concilio de tres ancianos que resolvían disputas civiles (p. ej., casos de propiedad). Por lo tanto, los que se basan en el Mishná para afirmar que el Sanedrín violó sus propias reglas durante el juicio de Jesús tienen que aceptar que en realidad había tres concilios judíos, aunque, según los Evangelios, solo había un Sanedrín. En consecuencia, es necesario ser cuidadoso a la hora de evaluar toda la información que tenemos sobre el (los) concilios(s) judío(s) en constante evolución llamado(s) "el Sanedrín".

El origen de un concilio gobernante formado por setenta y un hombres que "son ancianos del pueblo y sus principales" se remonta a la época de Moisés (Nm 11:16).[2] Durante el exilio hubo un concilio formado por "sacerdotes y nobles" que parece haber funcionado como un Sanedrín, aunque nunca se les llamó así (Neh 2:16-18; 5:6-13). En realidad, la palabra hebrea "Sanedrín" es la transliteración de la palabra griega synedrion ("concilio"), lo que indica que un concilio judío llamado "Sanedrín" no habría existido antes del período helenístico (333-167 a. C.). De hecho, según Josefo, el rey seléucida Antíoco III instituyó por primera vez un concilio formado por sacerdotes y escribas que gobernaba en asuntos civiles y religiosos según la ley judía.[3] Después de que la dinastía asmonea perdiera su soberanía a manos de los romanos (63 a. C.), el gobernador de Siria dividió Israel en cinco distritos y creó un Sanedrín local para cada distrito con el fin de resolver las disputas cívicas y religiosas.[4] Luego de que los romanos pusieran a Israel bajo el gobierno del rey Herodes, el Sanedrín de Jerusalén intentó seguir ejerciendo su autoridad, incluso sobre el nuevo rey, pero fue en vano. Herodes mandó matar a todos ellos porque se atrevieron a escuchar un caso contra él.[5]

Cuando Judea pasó a estar bajo el dominio directo de los romanos (6 d. C.), el Sanedrín de Jerusalén resurgió como un poderoso concilio que funcionaba de forma muy parecida a una corte suprema, adjudicando las disputas legales entre los judíos. Compuesto por sacerdotes (saduceos) y escribas (fariseos) y dirigido por el sumo sacerdote, el Sanedrín debía juzgar a los infractores de la ley judía, teniendo que llevar a los culpables de crímenes capitales ante las autoridades romanas, ya que el Sanedrín no tenía poder para ejecutar a los criminales, aunque a veces tomaban cartas en el asunto y apedreaban a los acusados6. Esta es la imagen que se desprende también del N. T. Durante los juicios de Jesús (Lucas 22:66-23:25), Pedro, Jacobo y Juan (Hechos 5:21-41), Esteban (Hechos 6:12-8:1) y Pablo (Hechos 22:30-23:10; 24:1-25:12), el Sanedrín se reunió, probablemente en un salón en el extremo oeste del complejo del templo, para escuchar las acusaciones. Lograron convencer a los romanos de que Jesús debía ser crucificado, pero apedrearon a Esteban. En el juicio de los apóstoles, un Sanedrín dividido castigó a los apóstoles pero siguió buscando la pena de muerte para Pablo.

Los Escribas y los Maestros de la Ley

RODNEY REEVES

Como los judíos centraban su vida en las Escrituras, necesitaban artesanos capacitados para hacer copias de la Biblia. Estos escribas no solo aprendían el arte de la escritura (aunque la mayoría de los hombres judíos sabía leer, la capacidad de escribir era una habilidad adquirida como la caligrafía), sino que también tenían que aprender a producir los materiales necesarios para elaborar rollos. Esto incluía papel hecho de piel de animal (pergamino), tinta (una mezcla de hollín, goma y agua) y plumas (hechas de cañas o palos). Los escribas estaban especialmente capacitados para seguir un régimen particular al transcribir las Escrituras hebreas. En primer lugar, debían crear su copia a partir de los rollos sagrados albergados en el templo. En segundo lugar, una vez completada una página, contaban las letras para asegurarse de que habían copiado el mismo número de letras que el original. Por último, los escribas revisaban el trabajo de los demás para garantizar la exactitud del nuevo rollo antes de enviarlo a la sinagoga que había encargado la copia. Algunos

Rollo de la Torá escrito a mano de la década de 1740 exhibido en la sinagoga Ramhal, Acre, Israel.

de los escribas eran sacerdotes; otros pertenecían a los fariseos. Sin embargo, independientemente de su afiliación, como los escribas pasaban tanto tiempo leyendo la Biblia hebrea, eran aceptados como autoridades principales en cuanto al significado de las Escrituras.

Por lo tanto, en los tiempos del N.T. los escribas eran a menudo llamados "maestros de la ley".

Según la tradición rabínica, Esdras fue el primer escriba/maestro de la ley (Esdras 7:6, 10), aunque los escribas aparecen como influyentes intérpretes de la ley antes del exilio, para disgusto de Jeremías (Jer 8:8). No obstante, debido a la venerable reputación de Esdras (y de otros escribas de los levitas [Neh 8:7-9]), a lo largo de los años el pueblo judío consideró a los escribas como expertos fiables. Algunos escribas se desempeñaban como abogados, ya que eran miembros del Sanedrín, el concilio judío que gobernaba en asuntos religiosos y cívicos (ver el artículo "El Sanedrín"). Algunos escribas enseñaban en las sinagogas, ganándose el título de "rabinos"; otros, al ser sacerdotes, se ocupaban del altar y enseñaban a los fieles en el templo.

Aunque la mayoría de los escribas se encontraban en Jerusalén y la región circundante de Judea, algunos vivían en Galilea y se desempeñaban como expertos locales en ciertas aldeas. Durante los servicios de la sinagoga, los escribas no solo leían las Escrituras, sino que también ofrecían comentarios, interpretando los preceptos de la ley para el pueblo. De hecho, la interpretación era necesaria porque muchos mandamientos no se explican por sí mismos. Por ejemplo, el quinto mandamiento del decálogo, "Acuérdate del día de reposo para santificarlo" (Ex 20:8), está abierto a la interpretación. A pesar de que la ley incluye la prohibición "no hagas en él obra alguna" (20:10), la pregunta sigue siendo: ¿Qué se considera trabajo? Dado que los escribas conocían las Escrituras mejor que nadie, podían recordar otros pasajes bíblicos en los que se prohibían ciertas actividades, como preparar comidas y arar los campos (Ex 16:5; 34:21). Y, puesto que Dios era enfático con su pueblo en cuanto a la observancia del día de reposo, ordenando a Israel que diera muerte a cualquiera que profanara el día sagrado (Ex 31:13-15), la interpretación de la ley por parte de los escribas se convirtió en algo primordial para obedecer a Dios.

Ciertamente, los escribas eran conocidos por debatir los puntos más delicados de la ley. Varios rabinos tenían ideas diferentes sobre lo que constituía la obediencia total. Pero cuando llegó Jesús y desafió lo que los maestros de la ley habían prohibido durante siglos (p. ej., segar en el día de reposo en Mt 12:1-2), los escribas sospecharon de inmediato de este profeta deshonesto porque ignoraba sus interpretaciones (Mt 15:1-2). Como resultado, los escribas se encontraban entre los principales opositores de Jesús. Pero no todos los escribas eran hostiles a Jesús, ya que uno quería seguirlo (Mt 8:19), y otro, según Jesús, no estaba "lejos del reino de Dios" (Marcos 12:34).

El Mar de Galilea y la Pesca en el Primer Siglo

DANA M. HARRIS

El mar de Galilea (en realidad un lago de agua dulce) tiene 13 millas de largo, 8 millas de ancho, 150 pies de profundidad y 696 pies bajo el nivel del mar. También se le llama mar de Tiberias (Juan 6:1; 21:1) o lago de Genesaret (Lucas 5:1). Debido a las empinadas colinas que lo rodean, su baja elevación y las altas temperaturas estacionales, pueden producirse tormentas repentinas e intensas (p. ej., Lucas 8:22-25). Los nombres de los pueblos a lo largo de su orilla revelan la importancia de la pesca, como Betsaida ("casa de la pesca") y Magdala, cuyo nombre griego, Taricheae, significa "lugar para salar o secar el pescado".

Una especie pesquera importante es la *tilapia galilea,* el llamado pez de San Pedro. Otras especies importantes son los tipos de carpa y las sardinas. El pescado a menudo era asado o a la brasa (Lucas 24:42; Juan 21:9).

Lanzar una red, ya sea desde la orilla (Mt 4:18) o desde una barca (Lucas 5:4), era el método de pesca más común en el primer siglo. La red de arrastre o de cerco era arrastrada hasta la orilla, donde se seleccionaba el pescado (Mt 13:47-50). Los pescadores solían fabricar sus propias redes, las cuales debían ser lavadas, secadas y remendadas después de su uso (Marcos 1:19). También se utilizaba una caña o sedal con anzuelo (Mt 17:27). En 1986 se descubrió en el lago de Galilea una embarcación de pesca del primer siglo que tenía 26,5 pies de largo, 7,5 pies de ancho y 4,5 pies de profundidad y que probablemente tenía una vela.

Los Evangelios describen pequeños negocios familiares (Marcos 1:19-20), aunque la pesca en Galilea estaba controlada en gran medida por los gobernantes locales. Los recaudadores de impuestos contrataban a los pescadores locales en nombre de estos gobernantes. (Mateo posiblemente cobraba impuestos por la pesca, ya que Capernaum era un centro pesquero importante). Los pescadores locales probablemente formaban colectivos (Lucas 5:1-11) y contrataban mano de obra adicional según las necesidades (Marcos 1:19-20).

Las referencias a la pesca son frecuentes en las enseñanzas de Jesús (Mt 7:10; 13:47-48; Lucas 11:11; cf. Marcos 4:1; Lucas 5:3) y en sus milagros (Lucas 9:12-17; Juan 6:1-14; cf. Mt 15:32-39; Marcos 8:1-10). Metafóricamente, Jesús habla de sus discípulos como pescadores de hombres (Mt 4:19; Marcos 1:17; Lucas 5:10).

El mar de Galilea.

Prácticas de Navegación en el Primer Siglo

E. Randolph Richards

Los hombres de la antigüedad se quedaban cerca de casa. Los viajeros solían ser funcionarios del gobierno, peregrinos religiosos, comerciantes y mensajeros. Los viajes se hacían generalmente a pie, con un promedio de veinte millas al día. La piratería desenfrenada hacía que los viajes por mar fueran más peligrosos que los terrestres. El Imperio romano cambió esta situación, ya que los barcos piratas eran atacados e incendiados. La domesticación del Mediterráneo permitió una explosión del tráfico marítimo. En la época del N.T., los barcos surcaban regularmente las vías marítimas. El transporte de carga, junto con los pasajeros y los envíos, se convirtió en un negocio rentable. Mientras que los barcos militares utilizaban remos por su velocidad (4-7 mph) y seguridad, los barcos comerciales dependían principalmente de las velas, con un promedio de 2-4 mph con vientos favorables y la mitad con vientos desfavorables. Los barcos de carga comunes tenían entre 70-150 pies de largo y transportaban unas 250 toneladas de carga. En la época de Pablo (Hechos 27), los barcos de trigo transportaban habitualmente 1,300 toneladas, tenían

Un relieve que muestra un barco de carga romano.

180 pies de largo y podían tardar doce días en descargarse.[1]

El nivel más bajo de un barco contenía el lastre y el agua de sentina. La carga y a veces los pasajeros eran albergados en la cubierta superior, que es lo que llamamos "antecámara". Sin embargo, por lo general, los pasajeros acampaban sobre la cubierta, algunos en tiendas de campaña y los más pudientes en camarotes.[2] Josefo mencionó un barco que iba a Roma con seiscientos pasajeros.[3]

El barco de Pablo, que viajaba con retraso, pudo embarcar así a 276 personas a bordo (Hechos 27:37).

Tanto los viajes por tierra como por mar estaban restringidos por temporadas. En la mitad oriental del Mediterráneo los vientos predominantes soplaban de noroeste a sureste de junio a septiembre, lo que marcaba la temporada de navegación. De noviembre a abril, los vientos más fuertes soplaban de noreste a suroeste (Hechos 27:14), lo que hacía que los viajes por mar fueran demasiado peligrosos. Los viajeros generalmente limitaban los viajes a la mitad de la temporada o tenían que detenerse "para invernar" en algún lugar (Hechos 28:11).

Hechos señala que el prisionero Pablo fue ubicado con un centurión de la cohorte de Augusto (Hechos 27:1) y que el segundo barco que abordó era un barco alejandrino (Hechos 27:6). Pablo quizás estaba bajo el control de un tipo especial de centurión, un frumentarius (de frumentum, "grano"), aquellos que vigilaban los envíos de grano.[4] El Imperio romano dependía completamente de los envíos regulares de grano desde Egipto.[5] Barcos enormes viajaban constantemente entre Alejandría (Egipto) y Roma.[6] Centuriones especiales vigilaban estos barcos. Como estos barcos viajaban constantemente de las provincias a Roma, también llevaban envíos imperiales, pasajeros y prisioneros.[7]

Lucas dijo que, durante la tormenta registrada en Hechos 27, los marineros utilizaron cables de cuerda para sujetar el barco y ayudarlo a mantenerse unido (v. 17), "atortorar un barco", como lo llamaban los antiguos marineros ingleses. Las traducciones modernas suelen decir que las cuerdas eran pasadas por debajo de la nave, como si fueran de lado a lado bajo el casco. En la antigüedad, el "atortorado" se hacía envolviendo el cable alrededor del barco horizontalmente, justo por debajo de las regalas.[8] Al igual que las bandas que mantienen unido un barril, estas cuerdas se empleaban para ayudar a evitar que el barco se hundiera hacia fuera y se rompiera.

Paul era un viajero mucho más experimentado que la mayoría. Pablo "naufragó" tres veces (2 Co 11:25).[9] Tenía el instinto de supervivencia de un viajero experimentado, capaz de consolar y aconsejar a otros menos experimentados en los viajes (Hechos 27:9-10, 30-32).

La Esclavitud en el Mundo del Nuevo Testamento

Dana M. Harris

La esclavitud define a una persona como una propiedad (bien mueble), que puede ser comprada o vendida. A diferencia de la esclavitud en el Nuevo Mundo desde el siglo XVI hasta mediados del XIX (o de algunos ejemplos actuales de esclavitud), la esclavitud en el mundo del N. T. no se basaba en la raza o la etnia; además, los esclavos podían tener propiedades y a menudo eran educados o se les animaba a educarse (como medio de aumentar su valor). Aun así, la violencia (incluida la explotación sexual) y el miedo al castigo (incluida la tortura e incluso la muerte) eran aspectos inherentes a la esclavitud.

A principios de la época romana, los esclavos solían ser prisioneros de guerra o habían sido secuestrados. Más adelante, la servidumbre por deudas se hizo común. Los jornaleros empobrecidos podían venderse a sí mismos como esclavos para obtener comida y refugio seguros. Los niños podían ser vendidos como esclavos; los niños abandonados eran frecuentemente esclavizados por quienes los encontraban. Una niña podía ser vendida como esclava con la condición de que luego se casara con un amo o su hijo. Los hijos de los esclavos eran considerados como tales y se convertían en una importante fuente de esclavos. A veces, el castigo por un crimen resultaba en la esclavitud.

En general, la esclavitud era considerada necesaria o inevitable por muchos pueblos de la antigüedad, aunque tanto los griegos como los romanos dependían de la esclavitud hasta el punto de ser clasificados como economías esclavistas. Se calcula que la población esclava del Imperio romano era del 15 al 20 por ciento, a pesar de que los esclavos podían constituir hasta un tercio de la población urbana. Los griegos consideraban a los esclavos como intrínsecamente inferiores, mientras que el derecho romano consideraba la esclavitud

Una de las fuentes de esclavos eran los prisioneros de guerra romanos, como los representados en este relieve de Mileto (siglos II a III d. C.).

como contraria a la ley natural, aunque moralmente legítima. Por lo tanto, la esclavitud era una institución incuestionable. De hecho, los esclavos liberados a menudo trataban de ser propietarios de esclavos.

La mayoría de los esclavos servían en contextos urbanos, muchas veces formando parte de un gran hogar (oikos) gobernado por el jefe del hogar (*paterfamilias*). Aunque los esclavos podían ser necesarios por razones económicas, también eran símbolos importantes de estatus y prestigio. Además, los esclavos con frecuencia derivaban su propio estatus y honor de los de sus amos. Algunos esclavos ocupaban puestos importantes, como médicos, maestros, contadores, capitanes de barco y administradores. Algunos esclavos de alto rango eran dueños de sus propios negocios y de otros esclavos. Los esclavos incluso ocupaban importantes puestos burocráticos en la corte imperial. Así pues, los esclavos no estaban relegados al nivel socioeconómico más bajo. No obstante, la sociedad romana, altamente estratificada, solía negar a una persona liberada el mismo estatus que a un individuo nunca esclavizado. Los judíos esclavizados por otros judíos eran generalmente bien tratados y a menudo manumitidos (liberados) después de seis años.

La manumisión era bastante común, pero dependía del amo, en muchos casos por el beneficio económico o el deseo de ser considerado generoso. Los esclavos fieles podían ser manumitidos a la muerte del amo; los esclavos también podían acumular fondos suficientes para comprar su manumisión. Sin embargo, una vez libres, se esperaba por lo general que los esclavos mostraran gratitud (evidenciada por numerosas obligaciones) a sus antiguos amos. Si no lo hacían, podían ser sometidos a una nueva esclavitud. Muchos esclavos urbanos y domésticos obtenían la libertad e incluso la ciudadanía romana, aunque los esclavos rurales casi nunca eran manumitidos. Los criminales que eran esclavizados como castigo solían morir trabajando en las minas o en las galeras de los barcos, o a veces participando en los juegos de gladiadores.

La esclavitud en el N. T. es asumida con frecuencia (p. ej., Mt 18:23-34; 25:14-30; Lucas 19:11-27; Ef 6:5-9), aunque la institución nunca es respaldada. La "sinagoga de los libertos" de Hechos 6:9 probablemente se originó con judíos que habían sido esclavizados por Pompeyo en el año 63 a. C. y, habiendo obtenido su libertad, regresaron a Jerusalén. Es significativo que Pablo exhorte a los esclavos a obtener su libertad si es posible (1 Co 7:21). Además, al instar a Filemón a que reciba a su esclavo Onésimo como hermano en Cristo y compañero igual que el propio Pablo (Flm 15-17), Pablo socava los supuestos básicos de la esclavitud.

Dioses Griegos y Romanos Tradicionales

Mariam Kamell-kovalishyn y
Josiah McDermott

La Antigua Grecia no disponía de textos sagrados para su estudio. En cambio, a través de la transmisión de las epopeyas atribuidas a Hesíodo y Homero, tenemos una representación de los dioses y de cómo se supone que interactuaban con la humanidad.[1] Estos dioses comían, bebían, se dejaban tentar por la belleza física y los deseos orgullosos y podían ser traicionados por sus emociones tempestuosas.[2] También poseían una fuerza sobrenatural e intervenían en la vida humana según lo consideraban oportuno. Se decía que los dioses definían las jurisdicciones. La adoración de los dioses implicaba tanto los sacrificios de culto como la adivinación. Por ejemplo, Ares, el dios de la guerra, era adorado antes de la batalla.

El auge de Roma trajo consigo la adopción de dioses extranjeros. Roma cambió los nombres de los dioses griegos al latín y redefinió sus mitos y poderes.[3] Los tres dioses más notables, Júpiter, Juno y Minerva, fueron adoptados de los dioses griegos Zeus, Hera y Atenea. A medida que el Imperio romano se expandía hacia el sur y el este, también se adoptaron otros dioses como Isis o Mitra.[4]

Además de estos dioses, César Augusto aportó una fuerza unificadora bajo la apariencia de la adoración al emperador.[5] Con el culto imperial llegó un sistema creciente de adoración que incluía templos, sacrificios y festivales que honrarían a los emperadores actuales y anteriores como dioses.[6] En diversos grados de representación y adoración, la presencia del culto era universal en todo el imperio.

Comentario

— Mateo

— Marcos
— Lucas
— Juan
— Hechos
— Romanos
— 1 Corintios
— 2 Corintios
— Gálatas
— Efesios
— Filipenses
— Colosenses
— 1 Tesalonicenses
— 2 Tesalonicenses
— 1 Timoteo
— 2 Timoteo
— Tito
— Filemón
— Hebreos
— Santiago
— 1 Pedro
— 2 Pedro
— 1 Juan
— 2 Juan
— 3 Juan
— Judas
— Oseas
— Apocalipsis

Mateo

Rodney Reeves

Introducción. El primer libro del N. T., Mateo, es un Evangelio muy judío, que presenta a Jesús a los lectores judíos como el Mesías de Israel para la salvación de todo el mundo. Es probable que haya sido escrito después de Marcos (más que probablemente el primer Evangelio publicado), poco antes o después de la destrucción del templo judío en el año 70 d. C. Técnicamente es una obra anónima (el autor nunca se identificó), pero la tradición eclesiástica atribuyó nuestro primer Evangelio canónico a Mateo desde su inicio, las primeras copias llevaban el título "Según Mateo".

Es evidente que Mateo tenía en mente los intereses judíos cuando escribió su Evangelio: (1) comienza su relato con la genealogía de Jesús, trazando su linaje real desde Abraham hasta David; (2) señala constantemente cómo Jesús cumplió las promesas que Dios hizo a Israel, cumpliendo las profecías relativas al Mesías y a la era mesiánica; (3) presenta a Jesús como la encarnación de todos los héroes de Israel (Moisés, David, Salomón, Elías y los profetas); (4) deja claro que Jesús vino a cumplir la ley, no a abolirla; y, por lo tanto, (5) la primera misión de Jesús fue restaurar a Israel y luego llevar la salvación al resto del mundo. De hecho, la salvación es la clave para entender el ministerio de Jesús (su nombre hebreo, *Yeshua*, significa "Yahveh salva"), el modo en que establece el reino de los cielos en la tierra. Porque si Dios va a reinar en la tierra como lo hace en el cielo, entonces todos los enemigos de Dios (Satanás, los demonios, los malvados, el mal, el sufrimiento y, en última instancia, la muerte) deben ser vencidos. En efecto, según Mateo, esa es la historia del evangelio: mediante las palabras y los hechos, la muerte y la resurrección de Jesús, el Mesías, la salvación ha llegado a Israel y a todas las naciones.

Una representación gráfica de Mateo de una pieza mayor titulada "Cristo y los doce apóstoles" (Antalya, Turquía, siglo XIX d. C.).

Genealogía de Jesucristo (1:1-17)

Libro de la genealogía (1:1). El texto griego dice *biblos geneseōs* (literalmente, "rollo de la generación"), lo que puede ser un eco deliberado de Gn 2:4 LXX: *hautē hē biblos geneseōs* ("este es el rollo de la generación"), traducido como "este es el relato", una frase que aparece varias veces en Génesis.[1] La palabra traducida como "genealogía" (de la que obtenemos el título del primer libro de la ley, Génesis) puede referirse a una generación, una genealogía, un nacimiento o incluso la historia de la vida. Por lo tanto, Mateo podría haber utilizado esta frase para introducir la genealogía (1:1-17) o el nacimiento de Jesús (1:1-2:23), o quizás incluso como título de su Evangelio: la vida y la obra de Jesús.

Jesucristo, el hijo de David (1:1). El término "Cristo" (a veces traducido como "Mesías") significa "ungido". En el A. T., los sacerdotes (Lv 21:10) y los reyes (1 S 16:1, 13) eran ungidos, pero el título "Mesías/Cristo/ungido" pasó a referirse al rey ideal, el descendiente de David que cumpliría las promesas reales que Dios hizo a Israel (2 S 7:11-16; Sal 2:2-7; 89:20-37; 110:1-7).

Engendró... de (1:3,5,6). No era inusual que las mujeres aparecieran en las genealogías, ya fueran madres, esposas, hermanas, hijas o incluso concubinas (1 Cr 1:32, 39, 50; 2:3, 4, 16, 18, 19, 24, 26, 29, 35, 46, 48, 49). Pero ¿por qué estas cuatro? Tres son nombradas (Tamar, Rahab, Rut) y una está implícita ("la esposa de Urías", Betsabé). ¿Qué tenían en común, aparte del hecho de que estaban incluidas en la genealogía de Jesús? Algunos piensan que su trasfondo compartido (historia sexual escandalosa) lo explica. Tamar se comportó como una ramera para quedar embarazada de su suegro con el fin de honrar a su difunto esposo y preservar el árbol genealógico (Gn 38:1-26). Rahab fue una ramera que ayudó a las doce tribus a espiar Jericó (Jos 2:1-24). Rut se acercó a Booz para acostarse con él con el fin de casarse (Rut 3:1-4:12), algunos consideran que "descubrir sus pies" es un eufemismo para referirse a las relaciones sexuales; otros lo toman literalmente, lo que significa que ella simplemente mantuvo sus pies calientes durante la noche. Finalmente, Betsabé y el rey David cometieron adulterio y luego se casaron, y finalmente ella dio a luz a Salomón, el primer "hijo de David" que fue ungido rey (2 S 11:1-5, 27; 12:24-25). Esto crea el marco adecuado para María, cuyo hijo nació en circunstancias escandalosas (Mt 1:18-25).

Otros comentaristas encuentran otro denominador común: las cuatro mujeres eran gentiles. El origen étnico de una de ellas es indicado explícitamente, Rut era moabita (Rut 1:22), mientras que se puede inferir el origen étnico no israelita de las otras tres.

Utilizado para ilustrar la genealogía de Jesús, un árbol de Isaí es una representación artística de una vara del tronco de Isaí (Is 11:1-2).

Es probable que Tamar fuera una gentil, ya que no fue identificada como miembro de la familia. Rahab probablemente era cananea, siendo residente de Jericó. Y es posible que Betsabé fuera hitita, ya que estaba casada con Urías. Por lo tanto, la implicación es que el árbol genealógico de Jesús incluía hombres y mujeres con una historia accidentada o que su genealogía incluía al menos cuatro gentiles, anticipando que Jesús sería un rey para todos los pueblos.

Todas las generaciones desde Abraham hasta David son catorce (1:17). Al comparar la genealogía de Mateo de la línea real de David (especialmente desde Salomón hasta Jeconías) con 1 Cr 3:4-16, se observa que omitió varios nombres para redondear la lista a catorce generaciones, igualando así el número de nombres desde Abraham hasta David. Además, solo hay trece nombres en la lista desde Jeconías hasta Jesús (a menos que uno de los hermanos de Jeconías mencionados en 1:11 complete los últimos catorce). Evidentemente, Mateo quería que el ritmo de catorce generaciones marcara los tres puntos de inflexión principales en la historia del pacto de Dios con Israel: (1) la monarquía de David, (2) el exilio y (3) el nacimiento de Jesús, el último rey de Israel, que cumplirá las promesas del pacto de Dios. Cuando se aplica un recurso literario llamado "gematría" al nombre de David (tres letras en hebreo: *dwd*), el valor numérico es igual a catorce, lo que implica que Jesús llegó en el momento perfecto, completando el orden divino del linaje real de David.

Nacimiento de Jesucristo (1:18-25)

Estando desposada María su madre con José (1:18). Los matrimonios eran arreglados por las familias para preservar el honor del nombre de la familia y mantener los recursos vitales dentro de la comunidad (ver el artículo "Costumbres matrimoniales judías"). El compromiso se sellaba cuando la familia del novio pagaba la dote de la novia, a menudo una cantidad negociada entre los dos padres. El período de desposorio duraba aproximadamente un año para asegurar la pureza de la novia. Si ella quedaba embarazada antes de la boda, el novio debía romper el contrato (y la familia de la novia tenía que devolver la dote de la novia). Podía "dejarla" (divorciarse de ella) públicamente

para preservar el honor de su familia y avergonzar a la de ella, lo que también indicaría a la comunidad que el hijo en cuestión no era suyo.

Quiso dejarla secretamente (1:19). Mateo describe a José como "un hombre justo y que no quería infamarla" (1:19). En otras palabras, hasta que un ángel lo convenció de lo contrario (vv. 20-21), José iba a hacer lo "correcto" según la ley y romper el contrato. Al casarse con María (v. 24) y esperar a consumar su matrimonio hasta después de que naciera Jesús (v. 25), José (y su familia) compartirían la vergüenza de su "desgracia".

Llamarás su nombre JESÚS, porque él salvará a su pueblo (1:21). En hebreo es un juego de palabras: El nombre de Jesús (*Yeshua*) significa "Yahveh salva".

La ira celosa del rey Herodes (2:1-18)

Cuando Jesús nació en Belén de Judea (2:1). Esta es la primera mención del lugar del nacimiento de Jesús. A diferencia del Evangelio de Lucas, aquí no aparece ninguno de los detalles que rodean el nacimiento de Jesús (censo, ausencia de habitación, pastores, pesebre, huésped celestial). Para Mateo, identificar el lugar en el que María dio a luz era el único detalle esencial porque la natividad de Jesús cumplía la profecía y establece las consecuencias políticas del advenimiento del Mesías. Belén (que significa "casa del pan") estaba a solo unas pocas millas de Jerusalén, donde Herodes gobernaba todo Israel (Judea, Samaria, Perea, Galilea, Transjordania) como rey tributario del Imperio romano. Por lo tanto, que el tan esperado "hijo de David" naciera en la ciudad natal de David delante de las narices del rey Herodes creó problemas políticos para el pueblo de Judea, porque Herodes era un rey ilegítimo, no descendiente de David y ni siquiera de Jacob. Al ser idumeo (edomita), Herodes era descendiente de Esaú (Gn 25:23, 30). Como verdadero hijo de David, el Mesías debía ser un rey-pastor como él: "un guiador que apacentará a mi pueblo Israel" (Mt 2:6 [cf. Miq 5:2]).

Vinieron del oriente a Jerusalén unos magos, diciendo: [...] "Porque su estrella hemos visto en el oriente" (2:1-2). Los magos (de donde se deriva la palabra "mago") eran sabios que servían de consejeros reales a los reyes.

Los restos del Herodión, la fortaleza que Herodes construyó cerca de Belén.

Como antiguos astrónomos, creían que los cielos declaraban la voluntad de los dioses. Algunas religiones orientales trazaron un mapa del cielo nocturno (similar a los signos del zodiaco) y asignaron ciertas constelaciones a diferentes naciones. También leían los cometas y otros fenómenos astrológicos como signos cósmicos y presagios. Evidentemente, la aparición de una nueva luz en el cielo nocturno (¿una estrella en la constelación de Israel?) convenció a estos astrólogos de que en Israel había nacido un rey poderoso. En consecuencia, como emisarios de sus reyes, los magos llevaron regalos a Herodes en Jerusalén, pensando que el rey había dado la bienvenida al mundo a un nuevo hijo. El oro, el olíbano (un incienso sagrado utilizado por los sacerdotes) y la mirra (perfume utilizado para la inhumación de cadáveres) eran regalos lujosos propios de un rey (2:11).

La estrella... se detuvo sobre donde estaba el niño... la casa (2:9-10). Sin duda, esta luz celestial no era una estrella literal, ya que un planeta masivo o una supernova no podría flotar sobre una casa como una nave espacial extraterrestre. Y, puesto que los judíos creían que las estrellas eran poderes celestiales ("ángeles" [Ap 12:1-9]), podría deducirse que la "estrella" era un "ángel" que condujo a los magos a la *casa* (¡no a un establo!) donde se encontraban Jesús, María y José en Belén.

Siendo avisados por revelación en sueños... un ángel del Señor apareció en sueños a José (2:12-13). Los sueños eran aceptados como medios de comunicación divina, pero a veces requerían un intérprete (José en el A.T. era considerado un experto [Gn 40:6-41:40]). En cuanto a los magos, aunque Mateo no identifica la fuente del sueño (¿Dios?) ni describe el contenido del sueño (¿requería interpretación?), parece haber servido a un propósito divi-

Belén, Nazaret y Egipto

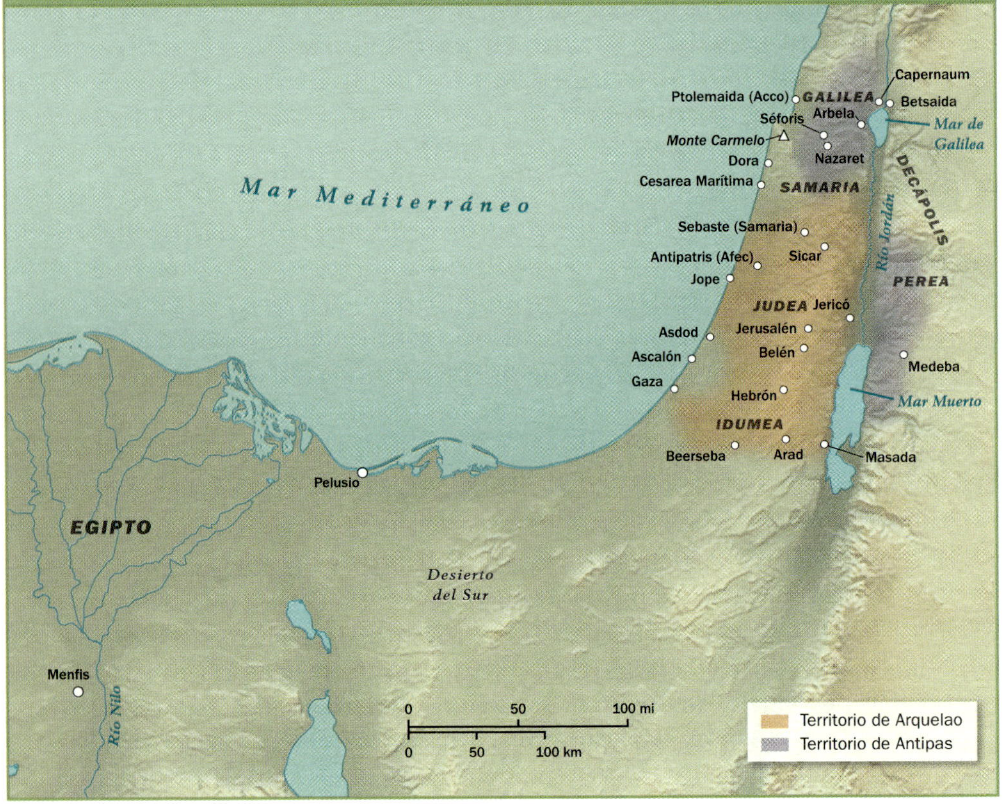

no: proteger a Jesús de las malas intenciones de Herodes (durante los últimos días de Herodes, el rey mandó matar a su esposa y a sus dos hijos debido a su paranoia).

En cuanto a José, Dios se comunicó con él de forma más directa: en tres sueños (¿tal vez cuatro?) un ángel le contó a José lo que estaba sucediendo, información que solo Dios tendría y, en consecuencia, lo que el padre terrenal de Jesús debía hacer al respecto (1:20-21; 2:13, 19, 22).

Huye a Egipto... *De Egipto llamé a mi Hijo* (2:13,15). ¿Por qué Egipto? ¿Por qué no encontrar reclusión en otras regiones fuera del dominio de Herodes, como Fenicia, Nabatea o incluso Siria? Según Mateo, Dios ordenó a José que llevara a su familia a Egipto porque así se cumplía la profecía (Oseas 11:1). No obstante, la profecía se refiere a la historia cíclica de la liberación divina de Israel del exilio en Egipto. En consecuencia, la implicación es que la historia de Israel (el "hijo" de Dios) debe reproducirse en la historia de Jesús (el "Hijo" de Dios).

Matar a todos los niños menores de dos años que había en Belén y en todos sus alrededores (2:16). Herodes dedujo que Jesús había nacido en el mismo momento en que la "estrella" se les apareció a los magos (2:7, 16). Si Herodes estaba en lo correcto, Jesús tenía alrededor de dos años cuando José lo llevó con María a Egipto, lo que explica por qué el rey ordenó la ejecución de todos los niños "de dos años o menos" en Belén y sus alrededores.

Dada la escasa población de la aldea y sus alrededores, la mayoría de los estudiosos estiman que alrededor de una docena de niños fueron masacrados por orden del malvado rey. Sin embargo, la inferencia de Herodes es bastante endeble: no se sabe si la estrella apareció en el momento preciso en que nació Jesús. Así que la edad de Jesús podría haber sido desde unos pocos días hasta unos pocos años cuando los magos lo visitaron.

Voz fue oída en Ramá (2:18). Mateo ve la profecía (Jer 31:15) cumplida en la matanza de los niños de Belén a causa de Raquel (que fue sepultada cerca de Belén, habiendo muerto al dar a luz a Benjamín [Gn 35:16-20]) o a causa de la ubicación (los exiliados a Babilonia se reunieron en Ramá [Jer 40:1]).

Regreso del exilio egipcio (2:19-23)

Después de muerto Herodes... Arquelao reinaba en Judea (2:19,22). Tras la muerte de Herodes el Grande (4 a. C.), los romanos dividieron su reino entre sus tres hijos. Herodes Arquelao, el mayor, gobernó Judea, Idumea y Samaria como "príncipe" (etnarca). Herodes Antipas (que ejecutó a Juan el Bautista) gobernó Galilea y Perea, y Herodes Felipe (probablemente no el mismo del que se divorció Herodías para casarse con Antipas) gobernó el territorio al noreste de Galilea (frecuentemente denominado Transjordania). Tanto Antipas como Felipe recibieron el título de "tetrarca" (gobernante de una cuarta parte). Por lo tanto, es evidente que Jesús nació en el año 4 a. C. o antes. Dado que "a. C." es la abreviatura de "antes de Cristo", es claro que el oficial (Dionisio) que estableció el calendario cristiano en el siglo VI calculó mal la fecha del nacimiento de Jesús por lo menos en cuatro años.

Habitó en la ciudad que se llama Nazaret, para que se cumpliese lo que fue dicho por los profetas, que habría de ser llamado nazareno (2:23). No existe una profecía explícita de que el Mesías viviría en Nazaret. Probablemente Mateo se refería a una tradición profética que comenzaba con Isaías (11:1) y continuaba con Jeremías (23:5) y Zacarías (6:12-13). El "vástago" profetizado que brotaría del tronco del árbol talado de Israel llegó a asociarse con el Mesías. En hebreo la palabra para "vástago", *netser*, suena similar a *nazir*, "dedicado" (Nazaret y Nazareno). De este modo, Mateo hace la correlación: el "vástago" sería conocido como nazareno porque vivía en Nazaret

Juan el Bautista (3:1-12)

Predicando en el desierto de Judea (3:1). Los profetas esperaban que Dios llevara a Israel al desierto, como en los días de Moisés, para enseñar a sus hijos a confiar de nuevo en él (Is 40:3; Oseas 2:14).

Así que Juan realizó su ministerio en el desierto de Judea para cumplir esta expectativa profética (Is 40:3; Mt 3:3). Incluso se vistió con las prendas de un profeta (Zac 13:4), pareciéndose a Elías en el desierto (2 Reyes 1:7-8; Mt 3:4). Su dieta de langostas y miel silvestre refleja la vida en el desierto, quizá también concebida como un símbolo de la profecía cumplida (Joel 2:21-27).

Eran bautizados por él en el Jordán (3:6). Evidentemente, el bautismo de Juan no era un ritual cristiano, no ponía a los candidatos bajo el agua y declaraba: "sepultados a semejanza de su muerte; resucitados a semejanza de su resurrección" (cf. Ro 6:4-5). Nadie esperaba que el Mesías fuera crucificado y resucitara de entre los muertos. El bautismo de Juan era un ritual judío (ver el artículo "El bautismo en el mundo del Nuevo Testamento"; ver los comentarios en Marcos 1:4). Sin embargo, el bautismo del profeta era único en comparación con otros ritos judíos de purificación. Los judíos se bautizaban repetidamente en agua para quitarse la impureza ritual. Los prosélitos gentiles al judaísmo eran bautizados en el templo como parte de su iniciación. Los sectarios judíos de Qumrán (que elaboraron los Rollos del mar Muerto) hacían ambas cosas: bautizaban a los iniciados en su comuna y practicaban repetidos bautismos de purificación ritual. Pero Juan realizó su ritual de agua como un acto único de arrepentimiento para los judíos que confesaban sus pecados para escapar del inminente juicio final de Dios sobre Israel (Mt 3:6-11).

Muchos de los fariseos y de los saduceos venían a su bautismo (3:7). Los fariseos eran líderes laicos (maestros y escribas) que enfatizaban la importancia de obedecer la ley y guardar todos los ritos de purificación (ver el artículo "Fariseos y saduceos"; ver los comentarios en Marcos 2:18). Los saduceos eran sacerdotes y aristócratas que se ocupaban del templo judío, donde se ofrecían sacrificios para el perdón de los pecados. Habrían tenido un gran interés en el bautismo de arrepentimiento de Juan, quizás incluso interpretando su ritual de agua como una amenaza para sustituir su ministerio.

Dios puede levantar hijos a Abraham aun de estas piedras (3:9). En hebreo (y en arameo) se trata de un juego de palabras: hijos (*banim*) y piedras (*abanim*), tal vez haciendo referencia a Is 51:1-2.

Ya también el hacha está puesta a la raíz... su aventador está en su mano (3:10,12). Un árbol cortado y el tamo aventado eran metáforas proféticas comunes del juicio divino a Israel (Sal 1:4; Is 6:13; 10:33-34; 17:13; 41:2; Jer 11:19; Ez 31:10-14). Los cosechadores de trigo y cebada golpeaban los tallos de grano maduros sobre un gran suelo de piedra y luego utilizaban un bieldo para lanzar el grano al aire, contando con que el viento se llevara la paja. Tanto en griego (*pneuma*) como en hebreo (*ruah*) la palabra "viento" también significa "espíritu" o "aliento". Así, el Bautista afirma que el día del Señor (el día de la visitación divina) acaba de llegar a través de su ministerio: él es el hacha de Dios "ya puesta a la raíz de los árboles" y Jesús, que viene tras él, tiene el aventador "en su mano" para separar el trigo de la paja.

Echado en el fuego... en Espíritu Santo y fuego... quemará la paja en fuego que nunca se apagará (3:10-12). La presencia ardiente de Dios tenía como resultado la purificación, quemando las impurezas para restaurar el propósito divino (ver Mal 3:2-4). Por lo tanto, el Bautista anunció que el día de la visitación divina sería un acto de juicio contra los árboles infructuosos de Israel, así como un ministerio de restauración realizado por el Mesías, que reunirá el trigo (el verdadero Israel) "en el granero", separado de la paja mediante el bautismo del Espíritu Santo/Viento/Aliento, que es la presencia ardiente de Dios (vv. 11-12).

Mateo describe a Jesús con un "aventador en su mano" (3:12). Estos agricultores de Medio Oriente están utilizando el método tradicional del aventado del grano (1940).

La confirmación de Jesús como el Mesías, el hijo de Dios (3:13-4:11)

Los cielos le fueron abiertos... Espíritu de Dios que descendía... una voz de los cielos, que decía (3:16-17). Cuando se abría una puerta invisible en el cielo, se veía como un portal hacia la presencia de Dios (que reside sobre los cielos [ver Ap 4:1]). En este caso, la puerta se abre y el Espíritu de Dios viene a la tierra y unge a Jesús, que acababa de ser bautizado por el profeta. La voz celestial confirma que Jesús es el "ungido" de Dios (el Mesías) citando la Escritura, en este caso una combinación de Sal 2:7 e Is 42:1.

Jesús fue llevado por el Espíritu al desierto, para ser tentado por el diablo. Y después de haber ayunado cuarenta días y cuarenta noches (4:1-2). ¿Por qué el desierto? Puesto que Jesús es el Mesías, ¿no debería haberle conducido el Espíritu a Jerusalén para reclamar el trono de David inmediatamente? No obstante, como encarnación de la historia de Israel, Jesús tuvo que ir al desierto. Allí es donde se pone a prueba a los hijos de Dios, demostrando que confían en que él proveerá (ver los comentarios en Mt 3:1). Los cuarenta días/noches son un reflejo de los cuarenta años de vida de Israel en el desierto. Aunque Dios proveyó el maná en el desierto para Israel, no hay ningún milagro de pan para Jesús, a pesar de ser el Hijo de Dios. Por eso, el diablo tienta a Jesús para que haga lo que Dios hizo por Israel: realizar un milagro para proporcionar pan en el desierto (4:3).

Escrito está (4:4,7,10). Al citar estos tres versículos en respuesta al tentador (Dt 8:3; 6:16, 13), Jesús reveló que interpretaba estas tres tentaciones como

El desierto de Judea donde Jesús se enfrentó a las tentaciones de Satanás.

un ensayo de la experiencia de Israel en el desierto. Aunque Israel fracasó en la prueba, Jesús tuvo éxito: (1) Israel se quejó de que tenía hambre, pero Jesús dijo que la palabra de Dios era más importante que la comida; (2) Israel reclamó que tenía sed, pero Jesús dijo que era un error poner a prueba a Dios; e (3) Israel adoró el becerro de oro, pero Jesús dijo que solo Dios es digno de adoración.

Pináculo del templo (4:5). Esto se refiere al pico del propio templo o a la esquina sureste del muro que rodea el templo, conocido como la *stoa basilica*, la caída más dramática debido al valle del Cedrón que se encuentra debajo (ver el artículo "El Templo de Jerusalén"). Según Josefo, mirar hacia abajo desde ese punto de vista daba "vértigo".[2]

Vete, Satanás (4:10). La mayor tentación (la idolatría) tuvo lugar en un monte muy alto, donde los devotos solían construir santuarios a Dios (Dt 12:2). Sabiendo que esta era la mayor (y por tanto la última) tentación de Israel, Jesús ordenó a Satanás que lo dejara. "Satanás" viene de la palabra hebrea *satan* (Job 1:6; Zac 3:1; ver los comentarios en Marcos 1:13), que significa "acusador, adversario". Basándonos en Job, es evidente que el papel divina-

La ubicación tradicional de la tentación de cambiar el reino de este mundo por la adoración es una montaña cerca de Jericó conocida como Jebel Quarantal.

mente designado de Satanás era poner a prueba a los hijos de Dios para revelar la profundidad de su devoción. Una vez que el diablo dejó a Jesús, los ángeles acudieron en su ayuda tal y como prometían las Escrituras (4:11; cf. 4:6; Sal 91:11-12).

Jesús, el Mesías, comienza su ministerio (4:12-25)

Dejando a Nazaret, vino y habitó en Capernaum (4:13). Jesús dejó su casa (y el negocio familiar) y se trasladó a Capernaum, un pueblo de pescadores situado en la orilla noroeste del mar de Galilea. Debido a la riqueza del suelo de la Baja Galilea y al gran lago, la agricultura y la pesca eran los principales negocios de la región. Por ello, el pan (cebada y trigo) y el pescado en escabeche eran la dieta básica de los galileos (cf. 7:9-10). Dado que Jesús se trasladó a este pueblo costero para comenzar su ministerio, no es de extrañar que sus primeros discípulos fueran pescadores (vv. 18-22). Según Mateo, Jesús comenzó su misión mesiánica en esta región para cumplir la profecía (vv. 14-16), lo que quizá indique la intención de Jesús de reunir a las diez tribus perdidas y atraer a los gentiles al reino conforme a las expectativas judías del final de los tiempos.

Galilea de los gentiles. El pueblo asentado en tinieblas (4:15-16). Aunque Galilea estaba poblada principalmente por ciudades y aldeas judías, había algunas ciudades que tenían una significativa población gentil, como Tiberias (al sur de Capernaum) y quizá Séforis (al norte de Nazaret). Algunos estudiosos piensan que "asentarse en tinieblas" revela un prejuicio de Judea contra los galileos: eran inferiores socialmente (gente del campo) y espiritualmente (impíos). Otros estudiosos piensan que Mateo estaba destacando que la tan esperada "luz" del reino mesiánico había "resplandecido" en la tierra del reino del norte (Israel) antes que en la del sur (Judá).[3]

Arrepentíos, porque el reino de los cielos se ha acercado (4:17). El arrepentimiento era el mensaje de los profetas para preparar a Israel para el día de la visitación/juicio divino. El "reino de los cielos" era una expresión que indicaba que el reino de Dios "en los cielos" llegaba a la tierra, a la tierra de Israel, por medio de su Mesías, Jesús (ver los comentarios en Marcos 1:15).

Enseñando en las sinagogas de ellos (4:23). Ver el artículo "La sinagoga judía"; ver los comentarios en Marcos 1:21. La palabra "sinagoga" (literalmente, "conducida juntos", que significa "asamblea" o "reunión") era utilizada para referirse a un edificio (a veces llamado "casa de oración") y a un pueblo (una congregación reunida para los servicios del Shabbat). Era habitual que los rabinos visitantes tuvieran la oportunidad de enseñar en la sinagoga

El Sermón del monte (5:1-7:29)

Viendo la multitud, subió al monte; y sentándose (5:1). Mateo presenta a

Jesús como el nuevo Moisés (ver Dt 18:18), que entrega la ley en el monte. Al igual que los rabinos, que ocupaban la cátedra de Moisés cuando enseñaban (Mt 23:2), Jesús se sentó cuando impartía su enseñanza a sus discípulos y a la multitud.

Bienaventurados los pobres en espíritu (5:3). Esta es una contradicción con respecto a los términos, porque la mayoría de las personas habría considerado a los pobres en espíritu como malditos por Dios; la pobreza espiritual (desobediencia) resultaba en pobreza económica (Dt 28:15-68). Sin embargo, con la llegada del rey y su reino los pobres son bendecidos (Is 61:1), todas las sanaciones milagrosas de Jesús lo demostraron (Mt 4:23-25).

Así persiguieron a los profetas (5:12). Los discípulos eran "profetas de Jesús" que serían rechazados por Israel, igual que los antiguos profetas (e igual que Jesús).

Vosotros sois la sal de la tierra; pero si la sal se desvaneciere (5:13). La sal se utilizaba para varias cosas (para dar sabor a los alimentos, para conservar la carne, para purificar el agua, para purificar los sacrificios), un mineral básico para la vida. Para Jesús, los galileos eran como la sal para su propósito: comunes y vitales para la vida. Esperaba expandir su misión mesiánica a través de ellos. Pero si se negaban, serían como la sal insípida, desechada y maltratada por los demás, pues no hay manera de hacer que la sal vuelva a tener sabor.

Se vuelve irrelevante porque ya no cumple su propósito.

La iglesia de las Bienaventuranzas en Tabgha, junto al mar de Galilea.

Una luz... sobre el candelero (5:15). La lámpara doméstica más común quemaba el aceite contenido en una pequeña vasija de arcilla con un pico cerrado que sostenía la mecha empapada de aceite. Colocada en un soporte en el centro de una casa típica de una sola habitación, proporcionaba suficiente luz para todos los ocupantes.

Ni una jota... una tilde (5:18). Las Escrituras hebreas constan de tres partes: la ley (de Génesis a Deuteronomio), los profetas (de Josué a Reyes [excluyendo a Rut], de Isaías a Malaquías [excluyendo a Lamentaciones y Daniel]) y los escritos (el resto del A. T.), que fueron conservados por escribas que siguieron estrictas pautas de producción, como contar las letras de cada página para garantizar su fiabilidad. Jesús se refería a la letra más pequeña del alfabeto hebreo, la *yod* (que se parece a nuestro apóstrofe) y a la tilde más pequeña (quizás decorativa) de las letras más grandes. Obviamente, Jesús hablaba de preservar las Escrituras con el mismo fervor con el que lo hacían los escribas que las copiaban.

El más insignificante mandamiento (5:19 NTV). Hay 613 mandamientos en la ley judía. Y como el castigo variaba según el mandamiento que se violara, los rabinos debatían cuáles eran los de mayor y menor importancia.

Justicia no fuere mayor que la de los escribas y fariseos (5:20). Los fariseos eran los líderes laicos de Israel, dedicados a estudiar y obedecer la ley y los profetas (ver el artículo “Fariseos y saduceos”; ver los comentarios en Marcos 2:18). Como la bendición de Dios dependía de la obediencia a las Escrituras, los fariseos se dedicaban a enseñar al pueblo lo que se requería. Esto significaba no solo interpretar mandamientos ambiguos, como “Acuérdate del día de reposo para santificarlo”, sino también transmitir su tradición, la interpretación de los rabinos anteriores. En consecuencia, los fariseos eran considerados el pueblo más justo de todo Israel. No obstante, Jesús creía que sus discípulos necesitaban una justicia mejor que la de los fariseos para unirse a él en el reino de los cielos, una justicia que cumpliera la ley porque él la interpretaba correctamente: “Oísteis... pero yo os digo...”.

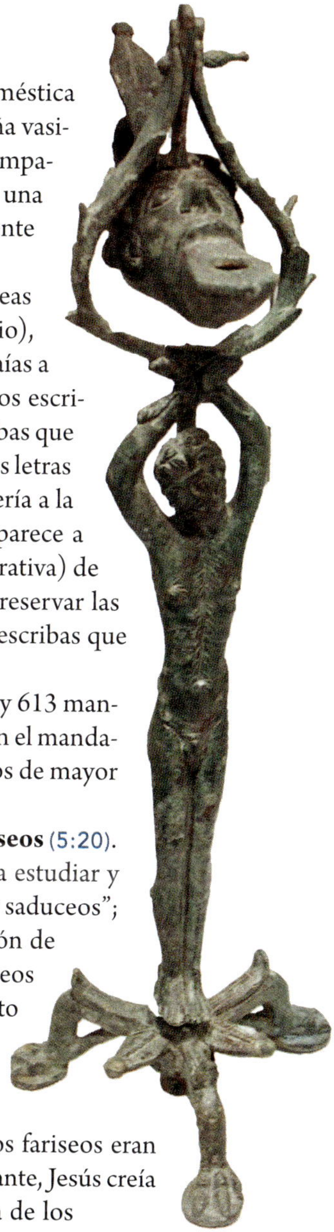

Se han encontrado candeleros de la época romana de entre dos y cinco pies de altura, que permiten que la luz de una pequeña lámpara de aceite brille en toda una habitación. Este candelero procede de Italia (siglo I d. C.).

Cualquiera que diga: Necio, a su hermano, será culpable ante el concilio (5:22). En una cultura del honor, llamar “fatuo” a un miembro de la familia era acusar a esa persona no solo de ser inútil, sino también de ser peligrosa para la comunidad, porque los fatuos ponían en peligro la posición social de todo el grupo. Por lo tanto, una acusación descuidada, "fatuo" (arc. raka), podía acarrear graves consecuencias y daños considerados para ser juzgados por el concilio local.

Expuesto al infierno de fuego (5:22). Literalmente, Mateo escribió "Gehenna de fuego". ¿Por qué fuego? Algunos estudiosos sugieren que el valle al sur de Jerusalén (Gehinnom) puede haber sido utilizado como un antiguo vertedero para quemar la basura. Pero como hay poca evidencia de que Gehinnom fuera un basurero, otros estudiosos piensan que "Gehenna" se convirtió en sinónimo de infierno debido a la atrocidad que representó el sacrificio de niños en el fuego en ese lugar durante el reinado del rey Acaz (2 Cr 28:3).

Echado en la cárcel... pagues el último cuadrante (5:25-26). Las cárceles de deudores eran el último recurso para los demandantes que habían intentado sin éxito cobrar las deudas de los prestatarios. El deudor era encarcelado hasta que su familia pagara la deuda.

Oísteis que fue dicho (5:27). La razón por la que Jesús no dijo "leísteis" es que el pueblo no tenía copias de las Escrituras (solo los más adinerados podían permitirse pagar a un escriba para que hiciera una copia personal [Hechos 8:27-35]). Para escuchar la palabra de Dios, el pueblo asistía a los servicios semanales de la sinagoga o a los servicios anuales del templo. Por lo general, en la sinagoga se leían/cantaban selecciones de la Torá, de Isaías y de Salmos.

Dele carta de divorcio (5:31). Según la ley, los hombres judíos (pero no las mujeres) podían divorciarse de su cónyuge si encontraban algo "indecente" en ella (Dt 24:1), una estipulación bastante vaga que podía significar cualquier cosa, desde ser una mala cocinera hasta ser una adúltera. El certificado de divorcio detallaba la indecencia, dando a la divorciada otra oportunidad de matrimonio, dependiendo de la gravedad de sus faltas. Evidentemente, Jesús creía que la única "indecencia" que justificaba el divorcio era el adulterio (5:32) (ver los comentarios en Marcos 10:2).

No juréis en ninguna manera; ni por el cielo... ni por la tierra (5:34). Las personas hacían juramentos para demostrar que decían la verdad. Sin embargo, algunos juraban para ocultar sus mentiras. La única manera de distinguir, además de la integridad de la persona que juraba, era juzgar la seguridad del juramento, es decir, la sacralidad del "testigo" que el jurador invocaba como prueba de que decía la verdad. Si aquello por lo que se juraba era santo, invocando así a Dios como testigo, entonces las palabras del que juraba se consideraban de oro (Lv 19:12). Pero si aquello por lo que se juraba era algo cercano a Dios, distante una o dos veces de lo que era incuestionablemente santo, entonces había que discernir si el que juraba decía la verdad. Aunque la ley permitía hacer juramentos (Nm 30:2-15), Jesús enseñó a sus discípulos a prescindir del juego de encubrir la intención mediante juramentos. Una simple respuesta de sí o no debería ser suficiente.

Te obligue a llevar carga por una milla (5:41). Según la ley romana, los soldados podían obligar a los súbditos imperiales a llevar su carga por una milla.

Sed, pues, vosotros perfectos (5:48). La palabra traducida como "perfecto" (*teleios*) significa "completo" o "maduro". Los hijos replican las cualidades de sus padres.

No hagas tocar trompeta delante de ti (6:2). Las limosnas para los pobres se recogían en las sinagogas y en el templo. Como el receptáculo para las limosnas en el templo tenía forma de cuerno, las monedas arrojadas con fuerza en la "trompeta" de metal llamaban la atención del dador. Si Jesús se refería a las limosnas recogidas en día de reposo en la sinagoga, lo hizo en sentido figurado, diciendo que los que daban limosna hacían algún tipo de exhibición ostentosa durante las ofrendas.

Como hacen los hipócritas (6:2). La palabra *hypokritēs* era el término utilizado para designar a los actores del teatro griego.

Mas tú, cuando ores, entra en tu aposento (6:6). Había tres horas de oración: la mañana, la tarde y la noche (Dn 6:10). En la mayoría de las casas había un armario donde se guardaban los objetos de valor y se cerraba con llave (Mt 6:19). Y así, después de dar consejos sobre la limosna a los pobres, Jesús instruye a sus discípulos para que oren en privado, en contraste con alguien que se hace el hipócrita en público, y quizás también para que oren en presencia de sus objetos de valor, honrando así a Dios como su mayor tesoro.

No uséis vanas repeticiones, como los gentiles (6:7). Algunos gentiles creían que la única manera de conseguir que sus dioses les prestaran atención era bombardearlos con alabanzas y peticiones, algo así como un niño que intenta llamar la atención de sus padres insistiendo: "mamá, mamá, mamá…".

El pan nuestro de cada día, dánoslo hoy (6:11). La expresión "pan de cada día" puede significar tanto el pan para hoy como el pan para el día siguiente (mañana). Aunque no lo reconozcamos, la petición de pan depende del apoyo de la comunidad (propietarios, agricultores, molineros, panaderos).

Perdónanos nuestras deudas, como también nosotros perdonamos a nuestros deudores (6:12). Los judíos consideraban el pecado como una deuda con Dios. "Deudas/deudores" implicaba un endeudamiento tanto económico como espiritual y social. "Perdonar" una deuda significaba cancelar la obligación de alguien, tanto financiera como social. Por eso, Jesús sabía que el perdón costaría dinero.

No nos metas en tentación (6:13). La palabra traducida como "tentación" (*peirasmos*) también significa "prueba, ensayo" (Santiago 1:2, 12), lo que explica por qué Jesús añadió la frase "mas líbranos del mal". Satanás trata de convertir las pruebas en tentaciones (Job 1:6-11; Mt 4:1-10).

Cuando ayunéis (6:16). El pueblo judío ayunaba por dos motivos: para arrepentirse del pecado de Israel (Lv 16:29-31) y para llorar la muerte de un ser querido (Jer 16:7). Algunos ayunos implicaban rechazar toda comida y bebida durante un breve período de tiempo; otros ayunos significaban abstenerse de ciertos alimentos/bebidas. Se sabe que los fariseos ayunaban por el pecado de Israel (Mt 9:14) dos días a la semana: lunes y jueves (ver los comentarios en Marcos 2:18).

La lámpara del cuerpo es el ojo (6:22). Las personas del primer siglo creían que los ojos no solo revelaban la "luz" o las "tinieblas" dentro de una persona, sino que también eran los portales a través de los cuales se podía desatar la bondad o la maldad. Por lo tanto, echarle a alguien "el mal de ojo" (literalmente, "ojo... maligno" [v. 23]) era intentar infundir mala voluntad a un enemigo.

No juzguéis, para que no seáis juzgados (7:1). Al igual que la misericordia (5:7), el juicio es recíproco: lo que das es lo que recibes (7:2).

Déjame sacar la paja de tu ojo (7:4). Como carpintero que trabajaba con la madera y la piedra, Jesús sabía que a veces una persona necesita ayuda para sacarse objetos extraños de los ojos, algo que primero reconoce la persona que tiene los "ojos llenos de paja", que luego busca la ayuda de alguien de "ojos limpios" (6:22). Por supuesto, la persona que tiene el "ojo de viga" (7:3), que no está dispuesta a reconocer su ceguera, no sería de ayuda hasta que admitiera humildemente lo que oscurecía su visión: la hipocresía ("no hay nada malo en mí").

No deis lo santo a los perros, ni echéis vuestras perlas delante de los cerdos (7:6). Los perros eran carroñeros de cadáveres de animales y basura; los cerdos eran impuros según la ley (Lv 11:7). Ninguna familia desperdiciaría su comida "limpia" (sagrada) en perros; nadie vestiría a un cerdo con perlas (objetos de valor). Solo las personas de ojos limpios (humildad) son lo suficientemente sabias como para no desperdiciar los objetos de valor sagrados en personas que no los apreciarán.

Pues si vosotros, siendo malos (7:11). Según la ética judía, lo que haces revela quién eres. Por lo tanto, como todas las personas hacen cosas malas, todos son malos. Sin embargo, incluso las personas malas saben hacer cosas buenas, especialmente los padres para los hijos. Pero como Dios es bueno, cuánto más hará cosas buenas (regalos) para sus hijos. Aquí Jesús utiliza una estrategia rabínica común, argumentando desde lo menor ("puesto que esto es verdad") a lo mayor ("cuánto más esto será verdad").

Esto es la ley y los profetas (7:12). La Regla de Oro aparece en otros escritos judíos (Tb 4:15) y fue enseñada por el famoso rabino Hillel (60 a. C.-20 d. C.), aunque ambos citan una versión negativa: "lo que no te gusta que te hagan, no se lo hagas a los demás".[4] Y según la tradición rabínica, Hillel declaró: "esta es toda la ley".

Guardaos de los falsos profetas (7:15). Los judíos de la época de Jesús se habían convencido de que la

Se han encontrado pequeñas imágenes votivas, como el cerdo que se muestra aquí, en templos a dioses paganos (templo de Deméter, Cnido, Turquía, 350-300 a. C.).

mayoría de los profetas eran falsos (Zac 13:2-6). Los falsos profetas eran evidentes de dos maneras: lo que profetizaban no se hacía realidad (Dt 18:22), o realizaban una señal milagrosa para promover la idolatría (Dt 13:1-5).

Jesús añadió una tercera: el resultado de sus vidas era malo, como un árbol malo que da frutos malos (Mt 7:16-20).

Es cortado y echado en el fuego (7:19). Un árbol (o una vid) que producía frutos malos y, por lo tanto, era cortado y quemado, era una imagen profética común del juicio de Dios (Is 5:1-6; Mt 3:10).

Hombre prudente, que edificó su casa sobre la roca (7:24). A diferencia de lo que ocurre hoy en día, antes de construir una casa había que poner los cimientos. Gran parte del terreno de la Baja Galilea tenía grandes plataformas de roca basáltica enterradas justo debajo de la superficie (Mt 13:5): el lugar perfecto para construir la típica casa de una sola habitación. No obstante, los insensatos despreciaron la sabiduría convencional y construyeron su casa donde quisieron, es decir, sobre la arena. Al pronunciar su sermón en un monte "rocoso", Jesús invitó a sus oyentes a construir sus vidas sobre sus enseñanzas fundacionales (sabiduría) para superar las dificultades.

Les enseñaba como quien tiene autoridad, y no como los escribas (7:29). Si el Mishná (la recopilación del siglo II de más de cuatrocientos años de enseñanza rabínica) da alguna indicación sobre cómo los rabinos enseñaban a sus alumnos, gran parte de su instrucción consistía en transmitir lo que los rabinos anteriores habían enseñado sobre las Escrituras. Sin embargo, Jesús nunca citó a un solo rabino (nunca estudió la ley como estudiante rabínico). En lugar de ello, solo dijo a la multitud lo que pensaba sobre las Escrituras, como si su enseñanza fuera autoritativa por sí misma.

Los malditos son bendecidos: un leproso, un siervo del centurión, una mujer (8:1-17)

Un leproso (8:2). En la época de Jesús, la palabra "lepra" se utilizaba para describir a una persona con cualquier tipo de enfermedad de la piel, no solo lo que hoy conocemos como la enfermedad de Hansen (ver los comentarios en Marcos 1:40). La ley prescribía pautas estrictas para tratar todo tipo de impurezas/inmundicias de la piel, exigiendo a aquellos con problemas persistentes que vivieran "fuera del campamento" (Lv 13:1-46). Si la enfermedad de la piel desaparecía, había que seguir un protocolo para reintegrar al "impuro" en la comunidad (Lv 14:1-32), que incluía presentar la "ofrenda que ordenó Moisés" (Mt 8:4).

Entrando Jesús en Capernaum, vino a él un centurión (8:5). Un centurión era un soldado que estaba al mando de hasta cien soldados (ver el artículo "El ejército romano"). Puede que hubiera algunos soldados romanos en Capernaum para ayudar con los impuestos, pero el batallón más grande del ejército romano tenía su base en Siria (una legión de soldados), con dos auxiliares romanos ubicados en Cesarea (en la costa) y Jerusalén. Este hombre podría ser un soldado retirado que vivía en Galilea o un soldado romano de Siria, Cesarea o Jerusalén que buscaba la ayuda de Jesús, o un soldado que había sido contratado por Herodes Antipas para formar parte de su ejército en Galilea.

Vendrán muchos del oriente y del occidente, y se sentarán con Abraham e Isaac y Jacob en el reino de los cielos (8:11). Las expectativas judías respecto al fin del mundo incluían la idea de que los judíos dispersos por todo el mundo (la diáspora) serían devueltos a la tierra de Israel con la ayuda de Dios (Is 56:1-8). El día del Señor sería un día de juicio para los malvados, pero un día de celebración para los justos, previsto como un banquete celestial en la tierra organizado por los patriarcas.

Los hijos del reino serán echados a las tinieblas de afuera (8:12). Probablemente se trate de una referencia a los israelitas, una noción basada en la teología del remanente de Isaías que también aparece en las cartas de Pablo: no todo Israel es Israel (Ro 9:6, 27; cf. Is 10:22-23).

Cuando llegó la noche, trajeron a él muchos endemoniados (8:16). Se decía que los poderes malévolos dominaban la noche y el mar (ver el artículo "La demonización y el exorcismo en el mundo grecorromano"). El hecho de que Jesús exorcizara a los demonios "con una palabra" revelaba su enorme poder, ya que otros exorcistas tenían que recurrir a conjuros prolongados y rituales extraños para expulsar a los demonios (Hechos 8:9-11, 18-19; 19:13-16, 19).

Un centurión romano.

Él mismo tomó nuestras enfermedades, y llevó nuestras dolencias (8:17). Isaías profetizó que un "siervo del Señor" sin nombre revertiría la maldición del pecado de Israel tomando sobre sí los efectos de su desobediencia (Is 53:4), una profecía que se hizo realidad en el ministerio de sanación de Jesús según Mateo.

El hijo del Hombre no tiene cama (8;18-20,23-27); Deja que los muertos entierren a sus muertos (8:21-22,28-34)

Señor, permíteme que vaya primero y entierre a mi padre (8:21). Tal vez esta petición refleje la historia de Eliseo, que pidió despedirse de su padre y de su madre antes de seguir a Elías (1 Reyes 19:19-21). Una de las formas más seguras de cumplir el quinto mandamiento (Ex 20:12) era honrar a su padre asegurando un entierro adecuado.

Más exigente que Elías, Jesús responde aquí con bastante dureza (8:22), revelando sus prioridades con respecto a su "nueva familia" en el reino, una enseñanza que enfatizaría más tarde (12:46-50). Esta enseñanza le traería problemas cuando regresara "a casa", a Nazaret (13:54-58).

¿Qué hombre es este? (8:27). Como los poderes malévolos dominaban el mar, solo Dios era lo suficientemente fuerte para hacer que se comportaran (Job 41:1-34). Israel celebraba el poder de Dios sobre el mar y el viento (Sal 107:23-32). Por eso, cuando los discípulos preguntaron: "¿Qué hombre es este?", ya sabían la respuesta; es lo que dijeron después de que Jesús caminara sobre el mar y calmara el viento: "Verdaderamente eres Hijo de Dios" (Mt 14:33).

Cuando llegó a la otra orilla, a la tierra de los gadarenos (8:28). Gadara, una de las ciudades de la Decápolis (una constelación de diez ciudades griegas fundadas después del reinado de Alejandro Magno), estaba aproximadamente a seis millas al sureste del mar de Galilea. Aunque algunos judíos vivían allí, es probable que estuviera poblada en su mayoría por gentiles. Por lo tanto, esta puede ser la primera vez en el Evangelio de Mateo que Jesús viaja a territorio gentil desde su bautismo.

¿Has venido acá para atormentarnos antes de tiempo? (8:29). Incluso los demonios sabían que sus días estaban contados, el "tiempo señalado" en el que Dios juzgaría/castigaría a los poderes malévolos/espíritus malignos en el último día, una idea que aparece en la literatura judía extrabíblica (*1 Enoc 15-16; Jubileos 10.8-9*) y en el libro de Apocalipsis (20:1-10).

Si nos echas fuera, permítenos ir a aquel hato de cerdos (8:30). Para la mente judía, tendría mucho sentido que los espíritus "impuros" quisieran habitar en animales "impuros" y destruirlos en el mar, donde viven los poderes malignos.

Dios quiere misericordia, no sacrificios (9:1–34)

Tus pecados te son perdonados... Este blasfema (9:2-3). Para Jesús, pronunciar el perdón de pecados sin los sacrificios necesarios exigidos por la ley era presuntuoso. Por designio divino, el templo existía para mediar la santa presencia de Dios y los sacerdotes que ofrecían sacrificios en la casa de Dios desempeñaban un papel importante en la conservación de la santidad. Solo los sacerdotes tenían derecho a declarar si los sacrificios

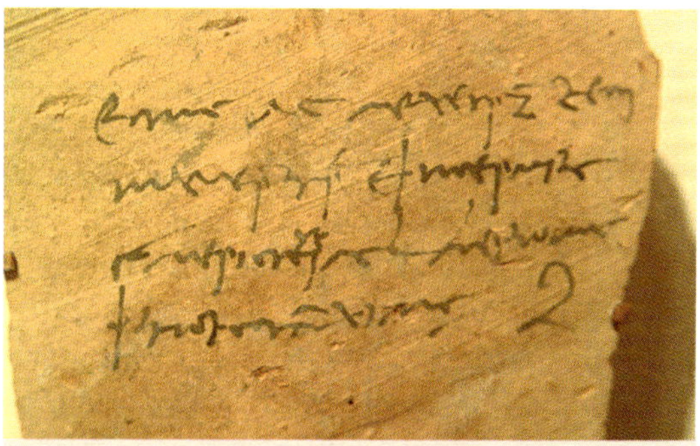

Recibo de impuestos escrito en griego del siglo I d. C.

eran aceptables para Dios. Por eso, que Jesús declarara perdonados los pecados del paralítico fuera del templo era una "blasfemia" según los escribas.

El Hijo del Hombre tiene potestad en la tierra para perdonar pecados (9:6). El "Hijo del Hombre" es una figura celestial que apareció en la visión de Daniel y recibió de Dios un reino eterno (Dn 7:13-14). Jesús afirmó que, a través de su ministerio, el reino celestial del Hijo del Hombre había llegado a la tierra, trayendo consigo el perdón de los pecados. El hecho de que revirtiera la maldición del pecado al sanar al paralítico lo demostraba.

Banco de los tributos públicos (9:9). Como Galilea no estaba bajo el dominio directo de los romanos, Herodes Antipas era un rey tributario de los romanos, el gobierno herodiano cobraba impuestos para sus propios fines (que también incluían el pago de tributos a los romanos). Puede que Mateo haya sido un recaudador de impuestos, contratado por Herodes para recolectar los impuestos sobre la producción de los agricultores y pescadores, o que haya sido un agente de aduanas que cobraba tributos a los mercaderes que pasaban por Capernaum (situada en una de las principales vías que atraviesan Galilea).

¿Por qué come vuestro Maestro con los publicanos y pecadores? (9:11). Como agentes del gobierno herodiano (representantes del Imperio romano), los publicanos eran considerados traidores por el pueblo judío (ver los comentarios en Marcos 2:15). Relacionarse con estas personas, así como con otros pecadores notorios, era un suicidio social. Puesto que la culpa por asociación regía el juego del honor y la compañía en la mesa era un importante indicador público del valor social, comer con personas vergonzosas revelaba tu lugar en la sociedad: uno se consideraba también una persona vergonzosa. Por lo tanto, las personas honorables solo comían con personas socialmente aceptables.

Vino un hombre principal y se postró ante él (9:18). El hecho de que se postrara ante Jesús, mientras los fariseos observaban todo el asunto, revelaba la humildad del principal: un hombre de gran influencia mostrando respeto a un profeta atrevido.

Una mujer que hacía doce años que padecía de hemorragias... le tocó el borde del manto (9:20 NVI). Según la ley, la mujer que menstruaba era impura hasta que se le pasaba el período y se sometía a la purificación ritual (Lv 15:19-24). Si la menstruación persistía, quedaba impura para siempre (Lv 15:25-27). Como Jesús llevaba la vestimenta de un hombre santo, franjas que colgaban de los cuatro bordes de su túnica (Nm 15:38-39), la mujer debió creer que al agarrar una de estas franjas se sanaría, permitiéndole ser restaurada a su comunidad. Lógicamente, al tocar a Jesús lo convirtió en "impuro" según la ley, lo que puede explicar por qué Jesús la señaló a ella. Jesús invirtió la polaridad de la impureza: su "toque" limpio convirtió a la impura en limpia.

Los que tocaban flautas, y la gente que hacía alboroto (9:23). Las plañideras profesionales, generalmente mujeres (Jer 9:17-20), lloraban y entonaban lamentos con instrumentos de caña y flautas para ayudar a las familias y a la comunidad a hacer duelo por la muerte.

También se desempeñaban como expertas en determinar la hora de la muerte, momento en el que la familia era conducida inmediatamente a llorar al difunto. Cuanto más numerosa era la multitud, más ruidoso era el lamento y más honor se le rendía a la familia. Cuando Jesús llegó, el "funeral" por la hija de este padre tan honrado ya había comenzado.

Los flautistas que aparecen aquí forman parte de un relieve más amplio de un cortejo fúnebre del siglo I d. C.

Reuniendo a las ovejas perdidas de Israel (9:35-11:1)

Como ovejas que no tienen pastor (9:36). Dos de los más grandes líderes de Israel, el rey David y el profeta Moisés, fueron pastores. De ahí que presentar a los líderes de Israel (reyes y sacerdotes) como buenos "pastores" fuera una de las analogías favoritas que los profetas y salmistas utilizaban para describir la necesidad de Israel. Por supuesto, Israel debía reconocer a Dios como su pastor supremo y eran las "ovejas de su prado" (Sal 100:3). La imagen de Israel como ovejas dispersas y sin pastor no solo era un comentario sobre el liderazgo actual, sino también una expresión de lo mucho que necesitaban que Dios los guiara a casa.

Rogad, pues, al Señor de la mies, que envíe obreros (9:38). El día del Señor, cuando Dios visitaba a su pueblo para hacer justicia a Israel y a la tierra, a menudo era representado por los profetas como un día de cosecha, casi siempre como símbolo de juicio (ver los comentarios en Mt 3:10-12), pero también podía representar un día de redención, reuniendo a Israel con Dios (Is 9:3).

Llamando a sus doce discípulos, les dio autoridad (10:1). Para expandir el alcance de su misión mesiánica, Jesús escogió a doce discípulos, que representaban la recuperación de las doce tribus de Israel, empezando por las diez tribus del antiguo reino del norte en Galilea (Jesús y los doce irían a Judá, el reino del sur, posteriormente). Mateo no explica exactamente cómo Jesús les dio autoridad (¿imponiéndoles las manos o algún otro ritual?), pero como fueron enviados por Jesús, tenían el poder para "sanar enfermos, limpiar leprosos, resucitar muertos, echar fuera demonios; de gracia recibieron, de gracia daban" (10:8). Dado que los doce discípulos recibieron la autoridad mesiánica "de gracia" (no hicieron nada para ganársela), debían usar su recién descubierto poder "de gracia": sanar, resucitar, limpiar, exorcizar gratuitamente.

Los nombres de los doce apóstoles son estos (10:2). "Apóstol" significa "emisario", palabra que se utiliza para describir a los mensajeros enviados con la autoridad del emisor, que casi siempre son líderes políticos o poderosos hombres de negocios. Los nombres de los doce apóstoles enumerados aquí son los mismos que aparecen en el Evangelio de Marcos (ver los comentarios en Marcos 3:14; cf. Marcos 3:16-19). Lucas sustituyó "Tadeo" (quizás su nombre griego) por "Judas hermano de Jacobo". Juan nunca hizo una relación de los doce nombres. Dos de los doce tenían apodos o sobrenombres conocidos, quizá para distinguir a los "Simones": Simón también conocido como Pedro (que significa "roca") y Simón el zelote. Los zelotes eran un grupo de judíos que se hicieron famosos durante la revuelta que condujo a la primera guerra judía (66-73 d. C.). Se opusieron a la ocupación romana de la tierra, utilizando las mismas tácticas que los macabeos, los insurgentes que llevaron a Israel a recuperar su independencia de los sirios doscientos años antes.

Por camino de gentiles no vayáis... id antes a las ovejas perdidas de la casa de Israel (10:5-6). Literalmente, Mateo escribió: "no viajen por el camino de los gentiles". Jesús también prohibió a sus discípulos viajar por Samaria. En otras palabras, los discípulos no debían salir de Galilea durante su misión de recuperar a las "ovejas perdidas" de Israel. La primera prioridad de Jesús para establecer el reino de los cielos en la tierra (10:7) era la reconstitución de Israel, empezando por los que vivían en la tierra del antiguo reino del norte. Las ovejas "perdidas" eran los desposeídos, los enfermos, los muertos, los leprosos, los endemoniados (10:8), los que sufrían por la ausencia de un "buen pastor".

El obrero es digno de su alimento... Informaos quién en ella sea digno, y posad allí hasta que salgáis... Si alguno no os recibiere... Más tolerable el castigo para la tierra de Sodoma y de Gomorra (10:10-15). Jesús contaba con el código de honor para cuidar a sus discípulos, a los que envió como profetas a las ciudades y pueblos de Galilea. Los visitantes honorables podían esperar regalos honorables de hospitalidad de sus anfitriones: un lugar para alojarse, comida y bebida, provisiones para su viaje. Si el pueblo no estimaba a sus visitantes como "honorables", los viajeros serían rechazados y se les animaría a ir al siguiente pueblo. Si los visitantes eran realmente honorables, enviados por Dios, el rechazo del pueblo se reflejaría pobremente en ellos: no eran lo suficientemente honorables para reconocer el honor de Dios. Por eso Jesús comparó a sus discípulos con los visitantes angélicos que fueron enviados a advertir a las ciudades de Sodoma y Gomorra sobre el juicio de Dios que se acercaba (Gn 19:1-29).

Si algún pueblo rechazaba a los discípulos de Jesús, estaba rechazando a Dios, haciéndose merecedor del juicio divino, como demuestra el

Restos de sandalias de cuero hallados en la Cueva de las Cartas, en el desierto de Judea (siglo II d. C.).

hecho de que el profeta sacudiera el polvo de sus pies al marcharse (vv. 14-15), señal de que dejaba atrás su impureza "sucia". En consecuencia, la impureza del pueblo permanecería con ellos; el *shalom* ("paz") del saludo del profeta permanecería con él (v. 13).

En aquella hora os será dado lo que habéis de hablar. Porque no sois vosotros los que habláis, sino el Espíritu de vuestro Padre que habla en vosotros (10:19-20). Al igual que Moisés ante el faraón o los antiguos profetas que declaraban por el Espíritu de Dios: "Así dice el Señor", Jesús predijo que sus discípulos serían inspirados a decir las mismas palabras de Dios, especialmente cuando tuvieran problemas con las autoridades.

No acabaréis de recorrer todas las ciudades de Israel, antes que venga el Hijo del Hombre (10:23). La aparición del celestial Hijo del Hombre (Dn 7:13-14) señalaba el reinado inminente de Dios en la tierra. Jesús estaba convencido de que los discípulos no tendrían mucho tiempo para transmitir el mensaje. No terminarían su misión de recuperar a las ovejas perdidas de Israel antes de que "venga el Hijo del Hombre", una referencia ya sea al viaje de Jesús a Jerusalén para reclamar el trono de David, a la cruz, a la resurrección o quizás al fin del mundo (ver Mt 24:27-31).

Si al padre de familia llamaron Beelzebú (10:25). Un juego de palabras en arameo, "Beelzebú" significa "amo de la casa" (ver los comentarios en Marcos 3:22). *Baal* (el nombre cananeo de Dios, que significa "señor, amo") y *zebul* ("casa") era el título dado al adversario principal de Dios y de Israel en el A. T.: Baal-zebul = el príncipe de los demonios = el diablo.

Proclamadlo desde las azoteas (10:27). Muchas casas de una sola habitación tenían escaleras exteriores que llevaban a la azotea, un lugar de trabajo para ciertas tareas domésticas. Anunciar las noticias desde las azoteas a las personas que se encontraban en las calles/caminos de abajo y a otros residentes que realizaban sus labores en sus techos sería la forma más rápida de "correr la voz".

No he venido para traer paz, sino espada (10:34). Jesús explicó lo que quería decir con esta afirmación provocativa cuando apeló a la profecía de Miqueas, donde el profeta anticipa el momento en que Dios visitará a su pueblo, un día de batalla para Israel. Los "atalayas" han de advertir al pueblo de que Dios está a punto de invadir la tierra, pero resultará ser un momento de "pánico" porque el pueblo se enfrentará entre sí, no solo vecino contra vecino, sino también hijos contra padres (Miq 7:4-6), algo que Jesús predijo que también les ocurriría a sus discípulos (Mt 10:21-22). En otras palabras, Jesús anticipó los resultados de su misión mesiánica a la luz de lo que los profetas dijeron que sucedería cuando Dios visitara a su pueblo.

El que recibe a un profeta por cuanto es profeta, recompensa de profeta recibirá (10:41). Jesús comparó a sus discípulos con los antiguos profetas, que bendecían a quienes les daban agua y comida (1 Reyes 17:7- 24). Del mismo modo, cualquiera que ofreciera el más simple acto de hospitalidad a los discípulos itinerantes de Jesús (Mt 10:40-42), un vaso de agua *fría* solo podía venir directamente de un pozo o manantial, sería bendecido por Dios, ya que acoger a los discípulos de Jesús era lo mismo que acogerlo a él (la presunción que subyace en el trato adecuado a los emisarios/apóstoles).

Juan y Jesús (11:2-30)

Id, y haced saber a Juan las cosas que oís y veis (11:4). Aunque Mateo ya había indicado que el Bautista fue encarcelado (4:12), no explica las circunstancias hasta más adelante (14:3-5): Herodes Antipas fue quien encarceló al profeta porque Juan predicó contra su segundo matrimonio. Obviamente, Juan tenía dudas sobre Jesús. La prisión puede haber intensificado sus preocupaciones, por lo que Jesús dijo a los discípulos de Juan que le informaran "las cosas que oís y veis". Luego, Jesús les resumió lo que habían visto y oído (11:5), una referencia velada a que la profecía de Is 61:1-2 se haría realidad, al menos en su mayor parte. La parte que Jesús omitió, sobre la liberación de los prisioneros cuando venga el Mesías, puede revelar el origen de las dudas de Juan, pues si el Mesías debía liberar a los prisioneros, ¿qué pasaba con Juan? Así llega la advertencia en forma de bienaventuranza: "bienaventurado es el que no halle tropiezo en mí" (11:6), incluyendo a Juan.

Y, sin embargo, aunque Juan tenía dudas sobre Jesús, Jesús no tenía dudas sobre el papel del Bautista en su ministerio mesiánico: "él es aquel Elías que había de venir" (11:14).

Sí, os digo, y más que profeta (11:9). La razón por la que Juan era "más que

Juan el Bautista estaba en prisión en el palacio fortaleza de Herodes Antipas en Maqueronte. Desde allí probablemente envió mensajeros a Jesús preguntándole si él era "aquel que había de venir" (MT 11:3). Los restos arqueológicos de Maqueronte se encuentran en la cima de esta montaña, al este del mar Muerto.

un profeta" es que realmente cumplió la profecía. Una cosa es que un profeta declare el mensaje de Dios, que profetice. Otra muy distinta es ser el cumplimiento de la palabra de Dios, la encarnación de la profecía cumplida. Y, según Jesús, Juan cumplió la profecía de Malaquías (Mal 3:1; 4:5-6), siendo el que prepararía a Israel para el "día del SEÑOR, día grande y terrible" (Mal 4:5 NVI).

Desde los días de Juan el Bautista hasta ahora, el reino de los cielos sufre violencia, y los violentos lo arrebatan (11:12). O bien Jesús se refería a que su propio ministerio había sido atacado por opositores ("sufriendo violencia") y a sus esfuerzos por atar por la fuerza al "hombre fuerte" para saquear su casa, la cual Satanás ha robado y Jesús recupera (12:29), o bien Jesús estaba criticando a los zelotes, que creían que la violencia contra los enemigos de Israel (los romanos) era la única manera de traer el reino de Dios a la tierra.

Es semejante a los muchachos que se sientan en las plazas, y dan voces a sus compañeros (11:16). Como suelen hacer los niños de todas las culturas, los niños judíos de la época de Jesús imitaban los rituales de los adultos, representando ciertos comportamientos asociados a las celebraciones (fiestas y bodas) y a los funerales. La música era una parte importante de ambos tipos de eventos: canciones de celebración para bailar y canciones de lamento para hacer duelo (11:17). Jesús comparó la opinión que su generación tenía de él y de Juan el Bautista (11:18-19) con la de los muchachos que jugaban a ser "mayores", pero es difícil determinar los papeles asignados: ¿quiénes son los muchachos que tocan los instrumentos ("os tocamos flauta") y los muchachos que se negaron a participar en el juego ("y no bailasteis")? Si Jesús y Juan son el "nosotros", entonces Jesús estaba criticando la apatía de su generación. Jesús vino "comiendo y bebiendo", pero el pueblo se negó a celebrar los milagros de Jesús; Juan "no vino ni a comer ni a beber", pero el pueblo se negó a ayunar, es decir, a tomarse en serio su pecado. Pero si los muchachos que recitaban la rima eran el pueblo de "esta generación" (lo que parece más probable a la luz de los vv. 18-19), entonces el que se niega a bailar es Juan y el que se niega a lamentarse es Jesús. En otras palabras, el pueblo pensaba que Juan había llevado el arrepentimiento demasiado lejos (11:18: "Demonio tiene", como si dijera: "Tiene que relajarse y divertirse"). Y Jesús tenía que ponerse serio con el pecado (9:14: "¿Por qué nosotros y los fariseos ayunamos muchas veces, y tus discípulos no ayunan?"; y 11:19: "He aquí un hombre comilón, y bebedor de vino"; cf. Dt 21:20, lo que un padre debía decir al pueblo para repudiar a su hijo rebelde).

La sabiduría queda demostrada por sus hechos (11:19 NVI). En el libro de Proverbios, la "Sabiduría" aparece como una mujer virtuosa, que llama a los hombres en las calles para que escuchen sus palabras (1:20-33; 8:1-9:6), mientras que la insensatez es personificada como una adúltera, que invita a los jóvenes a su casa (7:7-27; 9:13-18). Por eso, cuando Jesús fue rechazado por el pueblo como "comilón, y bebedor de vino" y las aldeas galileas (Mt 11:21-

24) se negaron a arrepentirse a pesar de los milagros de Jesús (los "hechos" de la Sabiduría), revelaron su propia necedad, incapaces de reconocer a la Sabiduría. Además, a pesar de que la "Sabiduría" estaba oculta para los "sabios y los entendidos" (11:25), Jesús volvió a lanzar su invitación: "Venid a mí", sonando como la voz de la Sabiduría que llama a "todos los que estáis trabajados y cargados" que necesitan descansar (11:28). Por eso, los que escuchen y acudan a Jesús comprobarán que la Sabiduría queda "demostrada por sus hechos" (11:19 NVI).

¡Ay de ti, Corazín! ¡Ay de ti, Betsaida!... tiempo ha que se hubieran arrepentido en cilicio y en ceniza (11:21). Los antiguos profetas pronunciaban juicios contra ciudades enteras de Israel cuando no hacían caso al mensaje de Dios. Corazín y Betsaida eran aldeas situadas en el lado norte del mar de Galilea, donde Jesús había hecho milagros (v. 21). Jesús pensó que los milagros llevarían al pueblo al arrepentimiento, evidenciado por el "cilicio y la ceniza". Los actos públicos de arrepentimiento parecían rituales asociados al dolor por la muerte. Las personas se despojaban de sus ropas (o las rasgaban) y se ponían vestiduras ásperas y se cubrían el rostro con tierra/cenizas (Job 1:20; 2:8), dejando la cara sin lavar como señal de su dolor (Mt 6:16-18).

Hasta el Hades serás abatida (11:23). Aquí, Jesús repite las palabras de Isaías contra el rey de Babilonia (Is 14:13-15), dirigiendo la burla de Isaías contra el pueblo pesquero de Capernaum. En el lenguaje judío, "Hades" se refería al lugar de los muertos (el inframundo, la tumba).

Yo os haré descansar (11:28). La palabra hebrea shabbat ("sabbat") significa "reposo". Por lo tanto, Jesús estaba haciendo una afirmación significativa cuando prometió que el "*sabbat*" se encontraría en él.

Llevad mi yugo sobre vosotros, y aprended de mí... porque mi yugo es fácil (11:29-30). Los rabinos comparaban la ley con el yugo que los agricultores ponían a los bueyes para arar sus campos. Del mismo modo, la ley frenaría el corazón rebelde para guiarlo por los caminos de Dios. Pero es posible que Jesús se refiera al yugo de los humanos, utilizado para transportar cargas pesadas, como agua o sacos de grano. Tomaban un poste de madera y lo colocaban sobre sus hombros, habiendo atado una carga en cada extremo, envolviendo sus brazos alrededor del poste para estabilizar el peso y llevar su carga. De este modo, Jesús utilizó la imagen de llevar una viga de madera sobre los hombros, que recuerda a un hombre que lleva la viga transversal a su propia crucifixión, para representar la cruz como su "yugo" que sería "fácil". La palabra traducida como "fácil" (*chrēstos*) también significa "se ajusta bien". En griego, la expresión "aprended [manthanō] de mí" uti-

Un yugo de madera utilizado para uncir a los animales para arar los campos.

liza la forma verbal de la palabra "discípulo" (*mathētēs*). Por lo tanto, Jesús utilizó una imagen verbal, "yugo", para ayudar a sus discípulos a ver la cruz que tendrían que soportar para aprender lo que se necesita para encontrar descanso en él, un yugo de discipulado que se ajustaría bien a ellos.[5]

¿Será este aquel Hijo de David? (12:1-50)

Tus discípulos hacen lo que no es lícito hacer en el día de reposo (12:2). Puesto que el séptimo día de la semana (de la puesta de sol del viernes a la puesta de sol del sábado) era un día de reposo (*shabbat* significa "reposo"), la ley prohibía trabajar en ese día (Ex 20:8-11) (ver el artículo "El Shabbat"; ver los comentarios en Marcos 2:23). Los rabinos debatían sobre lo que se consideraba trabajo y hacían excepciones en circunstancias extremas, como sacar una oveja de un hoyo (MT 12:11). Sin embargo, cosechar grano en día de reposo se consideraba un trabajo ilícito, por mucha hambre que uno pudiera tener. Había que planificar el día de reposo preparando la comida con anticipación (Ex 16:5). No obstante, la ley estipulaba que los pobres comieran de los campos no cosechados porque no tenían comida que preparar (Dt 23:25; Rut 2:2-9).

¿No habéis leído lo que hizo David? (12:3). Observe que Jesús se refirió a la capacidad de los fariseos para leer las Escrituras, algo que la persona promedio no podía hacer debido al analfabetismo o a la falta de acceso a copias de la ley. La historia viene de 1 S 21:1-9, cuando David convenció al sacerdote para que le diera a él y a sus hombres el pan dedicado a Dios en su templo, un pan que solo debían comer los sacerdotes (Lv 24:5-9). Al referirse a esta historia, es posible que Jesús se estuviera comparando a sí mismo y a sus discípulos con David y los rufianes que acompañaban al "ungido" mientras huía de Saúl (1 S 22:2).

En el día de reposo los sacerdotes en el templo profanan el día de reposo, y son sin culpa (12:5). Los sacerdotes parecían "profanar" el Shabbat porque se les exigía que trabajaran en día de reposo, pues se les ordenaba ofrecer sacrificios a Dios (Nm 28:9-10). Al referirse a estos dos ejemplos (David comiendo pan sagrado y los sacerdotes trabajando en día de reposo), Jesús reclamó excepciones a la regla. Utilizó un argumento común de los rabinos (argumento desde lo menor a lo mayor) para reclamar una exención para él y sus discípulos: si el funcionamiento del templo es más importante que las leyes del Shabbat y si "uno mayor que el templo está aquí" (12:6, refiriéndose a Jesús), entonces los discípulos de Jesús no profanaron el día de reposo. En efecto, el hecho de que sus discípulos cosecharan espigas en día de reposo demostraba que "el Hijo del Hombre es Señor del día de reposo" (12:8) (ver el artículo "El Shabbat"; ver los comentarios en Marcos 2:23).

***He aquí mi siervo...* ¿Será este aquel Hijo de David?** (12:18,23). Dios prometió varias veces a Israel que enviaría un líder especial, alguien que sería un profeta como Moisés (Dt 18:18-19), el hijo de David (1 S 7:12-16) y el siervo del Señor (Is 42:1-4), para restaurar el pacto y traer la bendición de Dios. Lo que hace relevante la predicción de Isaías sobre el "siervo del Señor" es el contexto de la profecía: el siervo aparecería durante el exilio de Israel (Is 40-55) para restablecer al pueblo de Dios en la tierra de su promesa. Esa profecía, unida a la promesa de Dios de levantar un hijo de David para establecer la justicia de su reino en la tierra, incitó al pueblo a preguntarse si Jesús era el cumplimiento de todas las promesas hechas realidad. A través del ministerio de sanación de Jesús parecía que la maldición del exilio se había revertido. La tierra y el pueblo fueron restaurados. El hijo de David estaba aquí para gobernar Israel (rey) y para bendecir al pueblo de Dios y a todas las naciones (reino).

Esta tablilla de arcilla contiene parte de una traducción griega de un hechizo de encantamiento contra los espíritus malignos (Babilonia, siglos III a I a. C.).

¿Por quién los echan vuestros hijos? (12:27). Jesús no fue el primer líder judío que tenía la capacidad de expulsar demonios. Los rabinos y otros "hombres santos" judíos antes de Jesús eran conocidos por expulsar demonios. Lo que hacía único a Jesús era la relativa facilidad con la que los expulsaba (exorcizaba a los demonios con una palabra) y la frecuencia de los exorcismos (ver el artículo "La demonización y el exorcismo en el mundo Greco-Romano").

Maestro, deseamos ver de ti señal (12:38). Antes de enviar al líder o líderes prometido(s) a Israel (profeta como Moisés, hijo de David, siervo del Señor), Dios prometió a su pueblo que le daría un aviso, una señal del inminente "día del Señor", para preparar a Israel para el día del juicio (Mal 3:1; 4:5-6). Por eso, cuando los fariseos y los escribas le pidieron a Jesús una señal (Mt 12:38), lo estaban poniendo en un apuro, tal vez intentando que Jesús mostrara una "señal falsa" para demostrar que tenían razón sobre él, que era un "falso profeta" (Dt 13:1-5).

Parábolas del reino (13:1-52)

Entonces les dijo muchas cosas en parábolas (13:3). Aunque las parábolas no eran inusuales (2 S 12:1-4), el hecho de que Jesús se apoyara en ellas para enseñar a Israel el reino de los cielos en la tierra sorprendió a los discípulos (ver los comentarios en Marcos 1:15)

Como analogías, el significado de las parábolas de Jesús no era evidente para todos. Los que las entendían revelaban que tenían ojos para "ver" el reino de los cielos en la tierra (Mt 13:16). Los que no las entendían revelaban su ignorancia sobre el reino, cumpliendo incluso la profecía de Isaías: cuando Dios envía a su profeta a entregar su mensaje, el pueblo no oye (Is 6:8-10). Por consiguiente, Jesús utilizó parábolas para revelar y ocultar su enseñanza sobre el reino de los cielos en la tierra.

El sembrador salió a sembrar (13:3). El cultivo principal de los agricultores galileos eran los cereales (trigo o cebada). Las prácticas agrícolas en Galilea variaban: algunos agricultores podían sembrar al voleo antes de labrar la tierra; otros sembraban la semilla después de remover la tierra. La primera siembra se realizaba en noviembre, una vez iniciada la temporada de lluvias. Luego, las lluvias posteriores, en abril, hacían fructificar las cosechas (Dt 11:14; Joel 2:23), que se recogían en mayo. Ocasionalmente, los agricultores de cereales sembraban durante la temporada seca, una segunda siembra que era sumamente riesgosa, y obtenían una cosecha poco común en octubre. Dada su referencia al sol abrasador que marchitaba las plantas de poca profundidad de tierra (Mt 13:6), quizás Jesús comparó el reino de los cielos con esta arriesgada segunda siembra.

Cuál a ciento, cuál a sesenta, y cuál a treinta por uno (13:8). Si Jesús se refería a la cantidad de granos por tallo (de trigo o cebada), una producción de cien veces no sería inusual. La producción de cien granos por cabeza era lo más alto del rendimiento promedio. Pero si Jesús utilizó el estándar común para calcular los impuestos a la producción, la relación entre la semilla sembrada y el grano cosechado, entonces una producción de cien veces habría sido una cosecha milagrosa, ya que la producción típica de los agricultores galileos era de diez veces.

El reino de los cielos es semejante al grano de mostaza (13:31). Como las plantas de mostaza eran tan abundantes y una pequeña cantidad servía para el uso diario, pocos agricultores sembraban intencionadamente semillas de mostaza en su huerto, sobre todo porque las plantas crecían tanto que atraían a los pájaros, la plaga perenne de los agricultores. Que Jesús describiera el reino de los cielos utilizando ilustraciones negativas (plantas de mostaza, levadura, ladrones) puede revelar la realidad subversiva de su ministerio.

La parábola del sembrador de Jesús presenta cuatro tipos de tierra que representan las respuestas al mensaje de Jesús.

Semejante a la levadura que tomó una mujer, y escondió en tres medidas de harina (13:33). La levadura era un símbolo judío de impureza (Ex 12:15-20; Lv 2:11; Mt 16:6). Una vez que la levadura fermenta un trozo de masa, acaba por leudar toda la masa. Una mujer que leuda tres medidas de harina indica que estaba preparando pan para todo un pueblo, suficiente para alimentar a cien personas.

La siega es el fin del siglo; y los segadores son los ángeles... saldrán los ángeles, y apartarán a los malos de entre los justos (13:39,49). La siega era una imagen profética común del fin del mundo, el día en que Dios separaría a los justos y a los malvados para el juicio final (ver los comentarios en Mt 3:10-12). Los ángeles aparecen como segadores escatológicos de Dios en la literatura apocalíptica judía (1 *Enoc* 54.6) y en otras partes del N. T. (Ap 14:15-19).

Semejante a un tesoro escondido en un campo (13:44). En un mundo sin bancos (los templos funcionaban como "cajas fuertes" principalmente para los ricos), los plebeyos guardaban sus objetos de valor en un almacén dentro de sus casas (Mt 6:6; 12:29). Vulnerables a los ladrones (Mt 6:19-20), los tesoros a veces eran enterrados en el suelo por sus propietarios. Uno de los famosos Rollos del mar Muerto, conocido como el *Rollo de Cobre*, era un mapa del tesoro, que localizaba los lugares donde los qumranianos habían enterrado monedas, joyas y metales preciosos.

Profetas sin honra (13:53-14:12)

¿No es este el hijo del carpintero?... Y se escandalizaban de él (13:55-57). En el mundo del primer siglo el pueblo creía que Dios "predestinaba" la ocupación de una persona. Por ejemplo, en términos judíos, los reyes debían proceder de la tribu de Judá y los sacerdotes nacían de los levitas. Estas cosas estaban preestablecidas por el Dios de Israel. Del mismo modo, si un hombre nacía de un carpintero, el pueblo judío infería que Dios pretendía que fuera carpintero. No había necesidad de escuelas de oficios, ya que un carpintero enseñaría a su hijo el oficio que Dios le había dado. Uno puede dar solo lo que se le ha dado. Querer algo más sería pretencioso, un intento de desafiar el plan de Dios, pensando que uno era de alguna manera especial. Cuando eso ocurría, el pueblo (la familia y los ancianos de la aldea) ponían al rebelde

Durante las excavaciones en Ecrón, en Israel, se encontraron seis alijos de objetos de valor. Varios fueron descubiertos escondidos bajo el suelo. A menudo contenían monedas, piedras preciosas y cerámica fina.

en su lugar, recordándole su posición en la sociedad.

Herodes el tetrarca oyó la fama de Jesús (14:1). Herodes Antipas (hijo de Herodes el Grande) gobernaba Galilea y Perea como "tetrarca" ("gobernante de una cuarta parte", un título diminutivo dos grados por debajo de "rey") en nombre del Imperio romano (4 a. C.-39 d. C.). Herodes se había divorciado de su esposa (la hija del rey de Nabatea, territorio contiguo a Perea) para casarse con la esposa divorciada de su hermano. Cuando Juan predicó contra el matrimonio ilícito mientras bautizaba en Perea, cerca de la frontera de Nabatea, se encendieron las hostilidades entre los dos líderes. En consecuencia, Herodes silenció al profeta encarcelándolo en Maqueronte, el castillo de Antipas en el sur de Perea, al este del mar Muerto.[6]

El cumpleaños de Herodes (14:6). Probablemente considerados como pretenciosos por los plebeyos, los cumpleaños eran celebrados por los ricos y los poderosos. Como la comida y la bebida eran escasas, la mayoría de las personas festejaba únicamente durante las fiestas sagradas y las bodas. No obstante, los gobernantes y los ricos celebraban sus cumpleaños con banquetes (Gn 40:20; Job 1:4-5 [NVI]).

Llegaron sus discípulos, y tomaron el cuerpo y lo enterraron; y fueron y dieron las nuevas a Jesús (14:12). Los discípulos de Juan se arriesgaron a ser culpables por asociación cuando acudieron al castillo de Herodes para recuperar el cuerpo sin cabeza del Bautista y enterrarlo según la costumbre judía. En ciertos aspectos fueron más fieles a Juan que los doce discípulos a Jesús, ya que estos no sepultaron a Jesús tras ser crucificado por los romanos. Más bien, otro discípulo (que no era uno de los doce), José de Arimatea, se dirigió a Pilato para pedirle permiso para sepultar a Jesús (Mt 27:57-60).

Alimentando a cinco mil personas y caminando sobre las aguas (14:13-36)

Y comieron todos, y se saciaron; y recogieron lo que sobró de los pedazos, doce cestas llenas (14:20). Evidentemente, se esperaba que un "profeta como Moisés", el que vendría a restaurar a Israel (Dt 18:18), realizara una señal en el desierto, como lo hizo Moisés en el desierto.[7] Así que cuando Jesús alimentó milagrosamente a cinco mil hombres, más las mujeres y los niños, en "un lugar remoto", fue una reminiscencia de las veces que Dios proporcionó maná en el desierto para Israel. El hecho de que hubiera suficientes sobras para llenar doce cestas podría simbolizar el cuidado providencial de Dios para las doce tribus de Israel personificadas por los doce discípulos a través de este "nuevo Moisés".

¡Un fantasma! (14:26). Las personas del primer siglo creían que las aguas eran la morada antigua de poderes malévolos (ver los comentarios en Mt 8:27). Por lo tanto, cuando Jesús se apareció, los discípulos dedujeron que tenía que ser un fantasma, un espíritu maligno para hacerles daño, puesto que los humanos no pueden caminar sobre las aguas.

Vinieron a tierra de Genesaret (14:34). Este era un pequeño pueblo en la costa noroeste del mar de Galilea, conocido en el A. T. como Cineret (Dt 3:17; Jos 19:35).

Que les dejase tocar solamente el borde de su manto (14:36). Las franjas que colgaban de los cuatro bordes de la túnica eran símbolos de santidad (Nm 15:38-40; Dt 22:12). Cuanto más larga era la franja, más santo era el hombre (Mt 23:5). Evidentemente, el pueblo creía que se podía acceder al poder divino de un hombre santo agarrando el "borde de su manto", probablemente una de las franjas de la túnica (ver los comentarios en Mt 9:20).

Tradiciones judías (15:1-28)

No se lavan las manos cuando comen (15:2). Como los sacerdotes debían lavarse las manos para servir al Señor (Ex 30:18-21; ver los comentarios en Marcos 7:1-4), algunos estudiosos piensan que los fariseos extendieron esa parte del código de pureza sacerdotal a todo Israel. Otros estudiosos creen que el lavado de manos pasó a formar parte de la tradición de santidad entre la diáspora, los judíos que vivían fuera de la tierra de Israel, para diferenciarse de los paganos. Los judíos que vivían en Israel acabaron adoptando la práctica, especialmente los fariseos.

Es mi ofrenda a Dios todo aquello con que pudiera ayudarte (15:5). Los fariseos expresaban su devoción a Dios consignando todas sus posesiones al templo, las cuales eran transferibles al morir. Los fariseos seguían utilizando estos fondos dedicados para sí mismos. Pero como habían hecho tal voto a Dios, sus bienes no podían ser utilizados para otra cosa, ni siquiera para ayudar a los padres indigentes. Debido a que sus posesiones eran corbán ("dedicadas a Dios" [Marcos 7:11]), usar sus recursos para alguien que no fuera ellos mismos sería considerado "robar a Dios". Y, sin embargo, como a los fariseos Dios nunca les ordenó hacer tal voto, Jesús los acusó de romper el quinto mandamiento (Ex 20:12), anulando la palabra de Dios por su "tradición" (MT 15:6).

El comer con las manos sin lavar no contamina al hombre (15:20). La palabra traducida como "contaminar" (*koinoō*) significa "hacer común" o "compartir". En un sentido religioso, el mundo estaba dividido en dos reinos: común (profano/impuro) y sagrado (santo/puro). Lo que estaba dedicado a Dios era sagrado, apartado del mundo profano de la vida común. En cuanto al ritual del lavado de manos, Jesús no creía que comer con "manos comunes" hiciera a una persona menos

Tazas de piedra como esta, encontrada en Masada, pueden haber sido utilizadas para verter agua para el lavado ritual de las manos (siglo I d. C.).

sagrada/santa/pura. Más bien, la sacralidad/santidad/pureza de una persona se revelaba por sus palabras, "lo que sale de la boca" (MT 15:11).

Jesús viajó desde Galilea hasta las cercanías de Tiro y Sidón y luego se dirigió de nuevo hacia el mar de Galilea. Este es un mapa de esas regiones.

Se fue a la región de Tiro y de Sidón (15:21). Tiro y Sidón, situados al noroeste de Palestina, eran enemigos perennes de Israel (Is 23:1-18; Mt 11:21-22). No obstante, Dios envió a Elías a la misma región para que se quedara con una viuda gentil y realizara milagros, proporcionándole comida y resucitando a su hijo de entre los muertos (1 Reyes 17:8-24). Así que no es sorprendente que Jesús se encuentre con una mujer gentil en la misma región y realice un milagro por el bien de su hija, al igual que los profetas de antaño. Sin embargo, lo que sí es sorprendente es la forma en que la trató inicialmente, ya que antes había ayudado a los gentiles (Mt 4:24-25; 8:5-13).

Una mujer cananea que había salido de aquella región clamaba, diciéndole: ¡Señor, Hijo de David, ten misericordia de mí! (15:22). Los cananeos eran los ocupantes de la tierra prometida al oeste del Jordán (Canaán) antes de que Israel la tomara durante la conquista dirigida por Josué. Los cananeos adoraban al dios Baal, que a veces también era adorado por los israelitas (Jue 6:25-32; 1 Reyes 18:16-40). Pero esta mujer cananea parecía tener una fe "judía" porque sonaba como una judía, usando términos judíos cuando se dirigía a Jesús como el "Hijo de David".

No está bien tomar el pan de los hijos, y echarlo a los perrillos (15:26). ¿Jesús estaba siguiendo su propio consejo (Mt 7:6)? Aunque se sabía que los gentiles tenían perros como animales domésticos, el pueblo judío los despreciaba porque eran carroñeros y con frecuencia se les encontraba merodeando por los basureros y comiendo cadáveres putrefactos. Como "Hijo de David", Jesús vino a restaurar a Israel reuniendo a las "ovejas perdidas" de los pastos de Dios (15:24; 10:5-8). Pero cuando la mujer admitió que ella y su hija eran los "perrillos" de la miniparábola de Jesús (aunque había intentado sonar como una judía), reclamó que la misericordia de Dios se extendiera a ella como gentil y fue ahí cuando Jesús le concedió su petición (15:27-28).

Alimentando a cuatro mil hombres más mujeres y niños (15:29-39)

¿De dónde tenemos nosotros tantos panes en el desierto? (15:33). En la ladera de un monte cerca del mar (15:29), Jesús y su séquito deben haber estado a varias millas de una aldea donde pudieran encontrar comida. ¿Estaban en territorio gentil (ver Marcos 7:31-8:10)? No lo sabemos. Pero algunos estudiosos ven la importancia del hecho de que los panes y las canastas con las sobras sean siete (Mt 15:36-37), lo que simboliza a toda la humanidad (siete días de la semana). De este modo, hay dos alimentaciones milagrosas: la primera para Israel y la segunda para todos los pueblos.

La región de Magadán (15:39 NVI). Se desconoce la ubicación de Magadán, a no ser que se asocie con Magdala (María Magdalena), una pequeña aldea situada en la costa occidental del mar de Galilea que actualmente está siendo excavada por arqueólogos.

La levadura de los fariseos y de los saduceos (16:1-12)

Para tentarle, y le pidieron que les mostrase señal del cielo (16:1). Moisés realizó señales para demostrar que era un profeta enviado por Dios (Ex 4:1-9). Así que aquí los fariseos (líderes laicos de Israel) y los saduceos (la aristocracia de Jerusalén) exigen que Jesús realice una "señal del cielo" para demostrar que era el agente de Dios (ver el artículo "Fariseos y saduceos"). A pesar de que estos líderes de Israel podían leer el "firmamento" (literalmente, el "cielo") para predecir el clima, eran incapaces de ver las señales que Jesús ya había realizado, los milagros que él llamó "las señales de los tiempos" (16:3). Por ello, reafirmó su posición al respecto: como no podían ver las señales del cielo/milagros, tendrían que interpretar por sí mismos la única señal que obtendrían: la "señal del profeta Jonás" (16:4). En 12:38-41 Jesús utilizó la historia de Jonás estando "en el vientre del gran pez tres días y tres noches" como una señal profética tanto de su propia muerte/sepultura/resurrección como del juicio de Dios contra "esta generación". Porque incluso los habitantes de Nínive "se arrepintieron a la predicación de Jonás, y he aquí más que Jonás en este lugar" (12:41).

La levadura de los fariseos y de los saduceos (16:6). Las enseñanzas de los fariseos diferían significativamente de las enseñanzas de los saduceos (ver el artículo "Fariseos y saduceos"). Por ejemplo, los saduceos aceptaban solo la ley (los primeros cinco libros del A. T.) como Escritura; los fariseos colocaban su tradición oral al mismo nivel de autoridad que la ley.

Los saduceos negaban la resurrección; los fariseos creían en la resurrección. Los saduceos tenían una interpretación más estricta de la ley; los fariseos eran conocidos por ser menos literales cuando se trataba de obedecer los mandamientos (por lo que los fariseos eran mucho más populares entre el pueblo). Además, cuando se trataba de su relación con los gobernantes (ya fueran herodianos o romanos), los saduceos y los fariseos eran enemigos políticos: cuando un grupo encontraba el favor de los gobernantes, la otra secta era despreciada. El que Jesús se refiriera a la singular "levadura" (un símbolo judío para el mal) de ambos grupos implica que sí tenían una cosa en común: se oponían a Jesús.

Jesús y Pedro (16:13-28)

La región de Cesarea de Filipo (16:13). Herodes Felipe (tetrarca de la zona al norte y al este de Galilea, a veces llamada Transjordania) amplió la ciudad griega conocida como Paneas (llamada así por el dios griego Pan, que tenía allí un santuario en una cueva), situada al pie del monte Hermón (el punto más septentrional del antiguo Israel), y la rebautizó con el nombre de Cesarea de Filipo en honor de César Augusto (y de él mismo).

¿Quién dicen los hombres que es el Hijo del Hombre? (16:13). La autodenominación favorita de Jesús, "Hijo del Hombre", se refiere a la figura celestial que es instalada como rey por el Anciano de días en la visión de Daniel (Dn 7:9-14) (ver los comentarios en Marcos 2:10). La diversidad de opiniones entre el pueblo en cuanto a la identidad de Jesús revela una amplia variedad de extrañas expectativas del final de los tiempos con respecto a "aquel que había de venir": Juan el Bautista resucitado de entre los muertos (Mt 14:1-2), Elías (Mal 4:5-6), Jeremías o uno de los profetas (tal vez uno de los dos testigos "celestiales" que se suponía iban a alertar a Israel antes del día del Señor [Zac 3:1, 8; 4:3, 11-14; Ap 11:4-10]).

Tú eres el Cristo, el Hijo del Dios viviente (16:16). Debido a pasajes como 2 S 7:14; Sal 2:2, 4-7; 89:19-29, el "ungido" (Mesías/Cristo) sería considerado el "Hijo de Dios" (ver los comentarios en Marcos 8:29).

Tú eres Pedro, y sobre esta roca edificaré mi iglesia; y las puertas del Hades no prevalecerán contra ella (16:18). Aquí hay un juego de palabras en griego, ya que "Pedro" (*petros*) significa "roca" (*petra*). La palabra "iglesia" (*ekklēsia*) significa "asamblea". Las "puertas del Hades" hacen referencia a la fortaleza del inframundo/muerte (Job 38:17; Sal 9:13).

Un ídolo del dios Pan de principios del siglo II d. C.

Por eso, tal vez Jesús afirmaba ser el "hijo de David" que construiría el templo de Dios que duraría para siempre (2 S 7:12-13; 1 Reyes 9:3) mediante su victoria sobre la muerte, una confesión que Pedro volvería a hacer (1 P 2:4-6) y que Pablo reivindicó a sus conversos (1 Co 3:10-17).

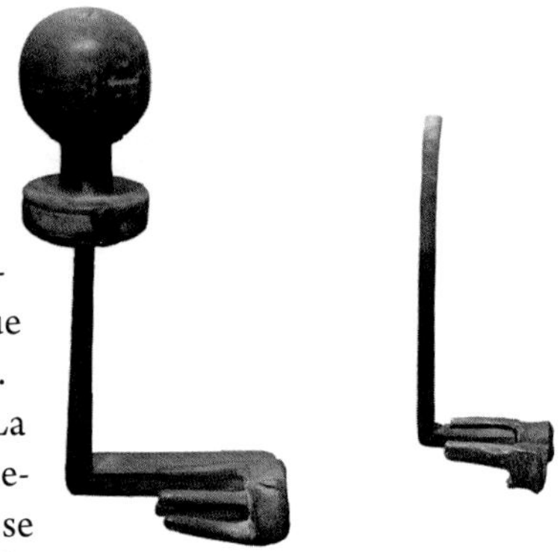

Llaves antiguas

Las llaves del reino de los cielos (16:19). La mayoría de las llaves eran grandes y hechas de metal, generalmente se llevaban en el cinturón y se utilizaban para abrir las puertas de las prisiones, las salas del tesoro, los templos y las puertas de las ciudades. Las llaves más pequeñas se utilizaban para abrir los cofres del tesoro.

Señor, ten compasión de ti; en ninguna manera esto te acontezca (16:22). "Señor, ten compasión de ti" equivale literalmente a "¡Piedad para ti, Señor!", lo que podría entenderse como una oración a Dios: "Que Dios se apiade de ti, Señor". También podría indicar un juramento que se va a hacer: "en ninguna manera esto te acontecerá", el intento de Pedro de "atar en la tierra" lo que "será atado en los cielos" (16:19).

Porque el Hijo del Hombre vendrá en la gloria de su Padre con sus ángeles (16:27). Probablemente Jesús se refería a Zac 14:1-5, cuando el profeta predice que el Señor vendrá a Jerusalén en juicio y redención, trayendo "con él todos los santos". ¿Se cumplió esta profecía en la resurrección de Jesús, cuando Cristo "viene en su reino", algo que los discípulos verían antes de morir (16:28)? ¿O acaso Jesús estaba hablando de su "segunda venida" (24:30-31), prediciendo una vez más que "esta generación" no "pasará hasta que todo esto acontezca" (24:34)? ¿O la predicción de Jesús sobre los doce discípulos: "hay algunos de los que están aquí, que no gustarán la muerte, hasta que hayan visto al Hijo del Hombre viniendo en su reino" (16:28), se hizo realidad en la transfiguración "seis días después" (17:1-8)? Nuestra interpretación depende de cómo respondamos a esta pregunta: ¿Cuándo Jesús vino en su reino? ¿Fue todo de una vez (ya) o fue a lo largo del tiempo (aún no)?

La transfiguración (17:1-13)

Resplandeció su rostro como el sol, y sus vestidos se hicieron blancos como la luz (17:2). El rostro era el lugar donde se revelaba el honor/la gloria, ya fuera brillante con confianza u oculto por vergüenza (para "guardar las apariencias"). Por lo tanto, después de estar en la presencia de Dios (la fuente de todo honor) el rostro de uno reflejaría la gloria divina (p. ej., el rostro de Moisés "después que hubo hablado con Dios" [Ex 34:29]). Las vestiduras blancas como la luz indicaban la santidad suprema (Dios en Sal 104:2; el Anciano de días en Dn 7:9; los santos en Ap 3:4-5; 7:9). El hecho de que Jesús irradiara estos rasgos ("transfigurado") reveló su deidad: Dios es la fuente de honor, gloria, santidad y luz.

Les aparecieron Moisés y Elías, hablando con él (17:3). Dios prometió enviar un nuevo Moisés y Elías (que representaban la ley y los profetas) para preparar a Israel para el día del Señor (Dt 18:18; Mal 4:5-6 NVI), quizás los "dos testigos celestiales" de la escatología apocalíptica judía (ver los comentarios en Mt 16:13). A diferencia de la versión de Lucas (Lucas 9:31), Mateo no da el tema de la conversación: por qué estos dos profetas estaban hablando con Jesús. Sin embargo, había al menos un denominador común: el misterio rodeaba la muerte de los tres (Dt 34:6; 2 Reyes 2:11-12; Mt 28:1-10).

Hagamos aquí tres enramadas (17:4). A la luz de la historia en la que Abraham recibió a tres visitantes divinos y fue bendecido por ellos (Gn 18:1-33), la petición de Pedro de construir tres enramadas tiene sentido. Trataba de honrar a Jesús, Moisés y Elías ofreciendo actos de hospitalidad, quizá con la esperanza de recibir una bendición. Además, el mundo mediterráneo estaba lleno de santuarios construidos para honrar a Dios/dioses, ya sea como un acto de gratitud a Dios/dioses por un beneficio recibido (milagro u oración contestada) o como un acto de obediencia (tras haber sido dirigido en un sueño a hacerlo) o para marcar el lugar de un encuentro divino (Gn 28:18-19).

Una nube de luz los cubrió (17:5). Cuando Dios visitaba la tierra (teofanía), sucedían cosas extrañas: luces brillantes, nubes oscuras, fuego, rayos y truenos (Ex 13:21; 19:9, 16-18). Lo que ocurrió en el monte de la Transfiguración fue similar a las veces que Moisés y Elías (1 Reyes 19:8-12) se encontraron con Dios en el monte Sinaí/Horeb.

Es necesario que Elías venga primero (17:10). Debido a la profecía sobre un mensajero que prepararía el camino para la visita repentina del Señor a su templo (Mal 3:1-4), identificado posteriormente como Elías (Mal 4:1-6), los escribas enseñaron que Elías aparecería como "precursor" antes del Mesías. Pero la secuencia de los acontecimientos actuales, Jesús el Mesías viniendo antes de la aparición de Elías en el monte de la Transfiguración, confundió a los discípulos. ¿Los escribas estaban equivocados al creer que Elías tenía que venir primero? No, según Jesús, tenían razón. Elías apareció antes que Jesús el Mesías. La profecía del precursor se cumplió en Juan el Bautista (Mt 17:12-13).

El exorcismo y el impuesto del templo (17:14-27)

Le dan ataques (17:15 NVI). En griego, el padre dice que su hijo sufre de "ataques de luna"; algunas personas creían que la luna podía causar un comportamiento extraño (similar a nuestra palabra "lunático"). No obstante, el comportamiento autodestructivo del muchacho: "muchas veces cae en el fuego, y muchas en el agua", era causado por un demonio (17:18).

Los que cobraban el impuesto del templo (17:24 NVI). En la época de Jesús había diferencias de opinión entre los judíos respecto al pago del impuesto del templo.

Según los fariseos, todos los judíos debían pagar medio siclo anualmente (dos dracmas, el salario de dos días) para mantener el templo (Ex 30:12-16), independientemente de dónde vivieran. Los esenios se opusieron a un impuesto anual, ofreciendo en cambio hacer una donación única. Es posible que los sacerdotes se negaran a pagar algo porque creían que estaban exentos. Cuando Jesús se refirió a que los niños estaban exentos del impuesto del templo (17:26), su respuesta sonó como algo que diría un sacerdote. Sin embargo, Jesús pareció apoyar la posición de los fariseos cuando instruyó a Pedro sobre cómo pagar el impuesto, un enfoque extraño que dependía de la provisión milagrosa de Dios (¿tenían suficiente dinero en la bolsa para pagar?), "para no ofenderlos" (17:27). Después de que los romanos destruyeran el templo judío en el año 70 d. C., los procuradores siguieron cobrando el impuesto del templo a los judíos para mantener los templos paganos de Roma.

Los pequeños, las ovejas perdidas y el perdón (18:1-35)

Cualquiera que se humille como este niño (18:4). En la cultura del honor del primer siglo, los niños eran considerados iguales a los esclavos en cuanto a su estatus. Por ello, al colocar a un niño delante de sus discípulos como el "mayor" en el reino de los cielos, Jesús alteró las normas sociales de identidad y valor. Sus discípulos tuvieron que cambiar su forma de verse a sí mismos y "hacerse como niños" (18:3), eligiendo una vida de movilidad descendente y adoptando un estatus social bajo, para ser considerados mayores en el reino.

Que se le colgase al cuello una piedra de molino de asno, y que se le hundiese en lo profundo del mar (18:6). Normalmente, las grandes piedras de molino se hacían girar sobre una rueda para moler el grano o prensar las aceitunas. La idea de tener una piedra tan pesada colgada alrededor del cuello como una pieza de joyería y luego ser arrojado al mar significaba la condena segura del castigo divino. Los que morían ahogados eran considerados malditos por Dios, "desechados de delante de tus ojos" (Jon 2:3-4).

Sus ángeles en los cielos (18:10). Se trata de una referencia a los ángeles de la guarda especiales de los niños o a los espíritus de los niños fallecidos que se desempeñaban como ángeles en la presencia de Dios.

Si te oyere (18:15). En vista de que la comunidad era vital para vivir en el mundo del primer siglo, nadie podía "arreglárselas solo", Jesús trabajaba con la suposición de

Estos siclos tirios proceden del tesoro de Ussfiyeh, descubierto en el monte Carmelo en el año 1960. Acuñados originalmente en la ciudad de Tiro, los siclos tirios valían cuatro dracmas cada uno; por lo tanto, uno era suficiente para cubrir el impuesto del templo para Jesús y Pedro (Mt 17:27).

que el infractor escucharía a su hermano/hermana. El que se negaba a escuchar se arriesgaba a ser rechazado por la comunidad, una situación peligrosa para el rebelde, que tendría que sobrevivir solo en un mundo hostil.

Para que en boca de dos o tres testigos conste toda palabra (18:16). El pecado no era un asunto privado, como si no afectara a nadie más que al pecador. La desobediencia a la ley tenía como resultado la injusticia para los abusados. Por consiguiente, el pecado era un asunto comunitario, una realidad corporativa. De ahí que Jesús asumiera que la comunidad debía tratar el pecado de unos contra otros según la ley, que era la autoridad para establecer la justicia para todos (Dt 19:15).

Dilo a la iglesia (18:17). Esta es una orden inusual porque "la iglesia" no existía en ese momento. Así que o bien Jesús estaba hablando proféticamente (incluso crípticamente), ya que los discípulos no sabían lo que era la iglesia, o bien se estaba refiriendo a la sinagoga, puesto que tanto "iglesia" como "sinagoga" podrían tomarse como sinónimos de "asamblea".

Sea para ti como el gentil y el recaudador de impuestos (18:17 LBLA). Literalmente, "que sea para *ti*" (pronombre singular). En otras palabras, Jesús no estaba dando instrucciones a la asamblea/iglesia ("sea para todos vosotros"), sino a la única persona que planteó el asunto en primer lugar. Jesús no enseñó la excomunión por parte de la iglesia. Entonces, ¿qué quería decir Jesús con que un hermano tratara a otro como un pagano (literalmente, "gentil") o recaudador de impuestos? ¿Se basaba en el prejuicio judío contra estos dos grupos para animar a un discípulo a rechazar al pecador impenitente? O bien, tras haber enseñado a los doce discípulos que los más pequeños son los mayores en el reino de los cielos, ¿Jesús esperaba que sus discípulos trataran a estos "rebeldes" como lo hizo él, amando a los "más pequeños", sus enemigos (p. ej., sanando al siervo del centurión romano [8:5-13]; comiendo con Mateo y sus amigos publicanos [9:9-13]) (ver los comentarios en Marcos 2:15; 2:16)?[8]

No te digo hasta siete, sino aun hasta setenta veces siete (18:22). A la luz de la advertencia de Dios con respecto a Caín: "Cualquiera que matare a Caín, siete veces será castigado" (Gn 4:15), Pedro puede haber reflejado una convicción judía común de que el alcance del perdón humano debe ser igual a la venganza divina. De modo que Jesús contrarrestó la habitual limitación del perdón repitiendo la advertencia de Lamec: "Si siete veces será vengado Caín, Lamec en verdad setenta veces siete lo será" (Gn 4:24). En otras palabras, como no hay límite para la venganza humana (el castigo de Dios es siete veces, pero Lamec amenazó exponencialmente con mucho más), el perdón debe ser también ilimitado.

Todo lo que tenía, para que se le pagase la deuda (18:25). Ningún siervo junto con su familia valdría la enorme suma de su deuda (diez mil sacos de oro). El amo simplemente estaba reduciendo sus pérdidas debido a la ineptitud (y tal vez a las maneras deshonestas) de su siervo.

El siervo no fue sincero cuando prometió pagar la deuda, ya que se necesitarían mil vidas de trabajo para ganar diez mil sacos de oro.

Lo hizo meter en la cárcel... lo entregó a los carceleros para que lo torturaran (18:30, 34 NVI). Las cárceles de deudores eran el último recurso para exigir el pago de deudas incobrables. El deudor era retenido como rescate hasta que su familia reuniera el dinero suficiente para pagar su deuda. En vista de la enorme cantidad de la deuda del primer siervo (se necesitaría que mil individuos dieran todos sus ingresos durante toda su vida para acumular diez mil bolsas de oro), ser metido en la cárcel de deudores y torturado por los carceleros "hasta que pagara todo lo que debía" (18:34 NVI) era una forma terrible de imaginarse el castigo eterno.

Matrimonio, divorcio y eunucos (19:1-12)

Las regiones de Judea al otro lado del Jordán (19:1). Se trata de una referencia a la costa occidental del río Jordán, que técnicamente forma parte de Judea, o a la costa oriental del río ("al otro lado del Jordán"), el extremo occidental de Perea. La ubicación es significativa ya que, si Jesús pasaba por Perea de camino a Jerusalén, habría seguido viajando por el territorio de Herodes Antipas (Galilea y Perea), llegando al mismo lugar donde se desarrolló el ministerio de Juan el Bautista, el profeta que fue ejecutado por Antipas por cuestionar el divorcio y las segundas nupcias del tetrarca. Por lo tanto, los fariseos fueron oportunistas al interrogar a Jesús sobre el divorcio en ese momento, poniéndolo en peligro, sobre todo porque ya estaba "fichado" sobre el asunto (5:31-32).

¿Es lícito al hombre repudiar a su mujer por cualquier causa? (19:3). Observe dos suposiciones en la pregunta: (1) solo los hombres tenían la capacidad de divorciarse de sus esposas (las mujeres no podían divorciarse de sus maridos) y (2) la legalidad del divorcio dependía de la interpretación que se hiciera de la frase "haber hallado en ella alguna cosa indecente" en Dt 24:1. ¿Cuál es el significado de la palabra "indecente" y quién tiene derecho a determinar lo que es indecente? Lo que es "indecente" para un marido puede ser tolerable para otro. ¿La definición de "indecencia" debe dejarse en manos del marido o ser decidida por los abogados? Los rabinos de la época de Jesús estaban divididos sobre esta cuestión (ver los comentarios en Marcos 10:2; Mt 5:31). Curiosamente, al principio Jesús no respondió a su pregunta. En su lugar, señaló el propósito divino del matrimonio (Gn 1:27; 2:24): Dios creó al hombre y a la mujer para que se convirtieran en una sola carne en el matrimonio, indivisible (Mt 19:4-6). La inferencia es que ningún hombre/esposo debe deshacer lo que Dios ha prescrito.

¿Por qué, pues, mandó Moisés dar carta de divorcio? (19:7). La "carta de divorcio" fue prescrita por Moisés para evitar que una mujer divorciada se volviera a casar con su primer marido (Dt 24:1-4).

El escenario de un hombre que se divorcia de su esposa, que luego se casa con otro hombre, el cual posteriormente se divorcia de ella (o muere), no hace que la mujer esté disponible para volver a casarse con su primer marido. De hecho, según Moisés, "eso sería abominable a los ojos del SEÑOR" (Dt 24:4 NVI). La carta *puede* haber detallado la "indecencia" de la mujer, la razón del divorcio. Pero Jesús dijo que Moisés introdujo esa disposición "por la dureza de vuestro corazón", como si la naturaleza egoísta de los maridos, evidente en los días de Moisés, nunca hubiera cambiado. Incluso en la época de Jesús, algunos hombres trataban a sus esposas como si fueran una propiedad, hecho que Jesús consideraba completamente "detestable" porque el divorcio iniciado por el hombre incitaba al adulterio (19:9).

Hay eunucos que a sí mismos se hicieron eunucos por causa del reino de los cielos (19:12). Los eunucos (hombres sin testículos) solían servir a las reinas en las cortes reales para preservar la integridad de la esposa del rey (ver Hechos 8:27). Algunos eunucos "nacieron así"; otros fueron "hechos por los hombres" (castración o por accidente y, por tanto, excluidos de la congregación [Dt 23:1]). Si un discípulo varón decidía no casarse (Mt 19:10), la única opción disponible para él (según Jesús) era vivir como un eunuco "por causa del reino de los cielos", es decir, no engendrar hijos (y, por inferencia, no tener relaciones sexuales), lo cual es un estilo vida que debe elegirse (19:12).

Los últimos de convierten en primeros y los primeros serán en últimos (19:13-20:34)

Los discípulos les reprendieron (19:13). ¿La enseñanza de Jesús sobre el estado deseable de convertirse en eunuco (un hombre que ha elegido no tener hijos) para el reino llevó a los discípulos a deducir que los niños son indeseables? ¿O habían olvidado tan rápidamente la lección que Jesús les había enseñado recientemente, invirtiendo el estatus de los "más pequeños", que "cualquiera que reciba en mi nombre a un niño como este, a mí me recibe" (18:5)? Curiosamente, la palabra traducida como "reprender" (*epitimaō*) es la misma que se utiliza para describir la reprensión de Jesús a los demonios (17:18), así como a una tormenta (8:26) y a las multitudes (12:16).

Honra a tu padre y a tu madre (19:19). En la época de Jesús, la única manera de que un joven tuviera "muchas posesiones" (19:22) era a través de una cuantiosa herencia recibida de su padre. Para un joven rico, honrar a su padre significaba guardar su herencia. Aunque el joven afirmaba haber cumplido todos los mandamientos que Jesús mencionó, incluyendo no solo el de "honra a tu padre y a tu madre", sino también el de "amarás a tu prójimo como a ti mismo" (Lv 19:18), le preguntó a Jesús: "¿Qué más me falta?" (19:20). Tenía que vender su herencia y dársela a los pobres (19:21). Entonces amaría verdaderamente a su prójimo como a sí mismo. ¿Pero seguiría honrando a su padre?

No obstante, Jesús exigía una mayor lealtad a su padre celestial (6:33; 12:48-50), por lo que dijo: "Difícilmente entrará un rico en el reino de los cielos" (19:23). La mayor parte de la riqueza era heredada.

¿Quién, pues, podrá ser salvo? (19:25). La pregunta de los discípulos se basaba en dos suposiciones: (1) Dios bendecía a los obedientes con riquezas materiales (Dt 28:1-14) y (2) la imposibilidad de hacer pasar un camello por el ojo de una aguja (Mt 19:24). Entonces, si los "bendecidos por Dios" se salvan solo si regalan todas sus riquezas, una situación imposible, y dado que los pobres están malditos por Dios, "¿quién, pues, podrá ser salvo?" "Para los hombres esto es imposible" (19:26), un recordatorio que da que pensar: ni los ricos ni los pobres pueden salvarse. Solo Dios es capaz de salvar a la humanidad.

En la regeneración, cuando el Hijo del Hombre se siente en el trono de su gloria (19:28). Las expectativas judías sobre la era mesiánica incluían no solo el juicio a los malvados, sino también la recompensa a los justos. Y la obra redentora de Dios al final de los tiempos significaría no solo la restauración de Israel (Jesús predijo que sus doce discípulos reinarían con él sobre Israel [v. 28]), sino también la regeneración de toda la creación: un cielo nuevo y una tierra nueva (Is 65:17-25; 66:10-24). Jesús vio su entronización como figura redentora celestial, el "Hijo del Hombre" (Dn 7:9-14), como el mayor logro del reino de los cielos venido a la tierra: "la regeneración de todas las cosas".

Un propietario que salió de madrugada a contratar obreros para su viñedo (20:1 NVI). La vendimia se realizaba en otoño y solía requerir muchos obreros, ya que el tiempo era esencial. Los propietarios ricos normalmente confiaban en un mayordomo (20:8) para contratar y supervisar a los jornaleros, que a menudo se reunían a las puertas de la ciudad en busca de trabajo.

Os daré lo que sea justo (20:4). El hecho de que el propietario volviera una y otra vez a contratar más cosechadores puede revelar su inexperiencia a la hora de calcular cuántos obreros necesitaba para recoger la cosecha. "Lo que sea justo" implicaba menos de un denario (20:2), el salario de un día.

Porque nadie nos ha contratado (20:7). El que varios obreros siguieran esperando ser contratados, incluso al final del día, podría interpretarse como que (1) la oferta superaba a la demanda, (2) se trataba de los "sobrantes", los obreros menos deseables (viejos, con mala salud) o (3) estaban desesperados por trabajar, ya que la mayoría de la población agraria vivía a nivel de subsistencia.[9]

¿O tienes tú envidia, porque yo soy bueno? (20:15). Literalmente, "¿O es tu ojo malo porque soy bueno? Dar "mal de ojo" era echar mala intención a alguien, quizá creyendo que se podía desatar un espíritu malévolo contra el enemigo. En otras palabras, los obreros jornaleros mostraban algo más que "envidia", o que querían algo que no les pertenecía ("¿no convinisteis conmigo en un denario?" [20:13]). Su queja con el

Un denario era el salario de un día. Aquí hay dos ejemplos de denarios romanos del siglo I a. C.

propietario tenía un significado social, pues en el mundo agonístico de la vida agraria, donde todos competían por todo (no solo por los recursos sino también por el honor), los obreros jornaleros estaban enfadados con el propietario porque había hecho a los obreros de tiempo parcial "iguales a nosotros" (20:12) tanto social como económicamente. Para ellos, el propietario estaba insinuando que su trabajo de una jornada valía lo mismo que una hora de trabajo. Pero, tal y como Jesús cuenta la historia, el propietario atribuye la igualdad de salario al hecho de ser "bueno", desplazando el foco de atención de su valor a su generosidad. Al fin y al cabo, es su viña; ellos son solo los obreros.

Subiendo Jesús a Jerusalén (20:17). Como Jerusalén estaba situada entre los montes más altos de Judea, independientemente de la ubicación del viajero, todos "subían" a Jerusalén. En otras palabras, "subir" debe entenderse topográficamente, no geográficamente. De ahí que los salmos "de ascenso gradual" (Sal 120-134 LBLA) se cantaran cuando los judíos viajaban a Jerusalén para adorar a Dios en su templo.

La madre de los hijos de Zebedeo (20:20). Quizás la madre de Jacobo y Juan (4:21) hizo la petición sabiendo que las mujeres podían pedir cosas que un hombre honorable no pediría (2 S 14:1-24).[10] Otros piensan que 1 Reyes 1:15-17 proporciona el contexto, donde Betsabé pidió a David que hiciera a Salomón heredero de su trono: (1) ambas mujeres se postraron ante el rey, (2) tanto David como Jesús hicieron la misma pregunta ("¿qué quieres?") y (3) ambas mujeres pidieron que sus hijos compartieran el trono de David.[11]

¿Podéis beber del vaso que yo he de beber? (20:22). Probablemente se trate de una referencia a la copa de la ira/juicio de Dios (Sal 75:7-8; Is 51:17-23). Por lo tanto, Jesús sabía que el sufrimiento mesiánico debía preceder a la gloria mesiánica, una cruz antes de una corona.

Al salir ellos de Jericó (20:29). El camino de Jericó a Jerusalén era empinado: un tramo de quince millas, que ascendía casi 3, 200 pies hasta la ciudad santa (Jericó estaba a unos 720 pies bajo el nivel del mar; Jerusalén estaba a 2, 450 pies sobre el nivel del mar), un viaje que habría tomado la mayor parte del día.

Jesús, el Rey de Jerusalén (21:1-22)

Betfagé, al monte de los Olivos (21:1). "Betfagé" significa "casa de los higos inmaduros", un detalle que establece la historia de Jesús maldiciendo la higuera (21:18-19). El monte de los Olivos estaba situado directamente al este de Jerusalén, que estaba construida sobre el monte Moriah/de Sion, separado por el valle del Cedrón. Los peregrinos que viajaban de Jericó a Jerusalén para la Pascua pasaban por el monte de los Olivos, bajaban por el valle del Cedrón, ascendían al monte de Sion y entraban en Jerusalén, muy probablemente por la puerta oriental.

La multitud, que era muy numerosa, tendía sus mantos en el camino (21:8). Siguiendo el ejemplo de Jesús, que organizó su entrada en Jerusalén para cumplir la profecía (21:2-7; cf. Zac 9:9), los peregrinos galileos se unieron a la procesión recreando la escena de un rey recién ungido que entra en Jerusalén para reclamar el trono de David (2 Reyes 9:1-13).

¡Hosanna al Hijo de David! (21:9). "Hosanna" proviene de una expresión hebrea que significa "¡sálva[nos] ahora!" (de Sal 118:25, un salmo que se recita durante la Pascua).

Toda la ciudad se conmovió... la gente decía (21:10-11). El escenario revela la tensión que existía entre los habitantes de la ciudad y la gente del campo: ninguno de los dos grupos confiaba en el otro. Los urbanitas eran principalmente la clase de los sirvientes, protegidos dentro de la ciudad amurallada. Las personas del campo eran los "trabajadores pobres" que dependían unos de otros para sobrevivir en la vida de la aldea. Con multitudes de forasteros entrando en la gran ciudad y con uno de los suyos anunciado como motivo de celebración ("Este es Jesús el profeta, de Nazaret de Galilea" [v. 11]), no es de extrañar que toda la ciudad se alborotara y preguntara: "¿Quién es este?" (v. 10). Para los ciudadanos de Jerusalén, esta "entrada triunfal" orquestada era un intento provocador, tal vez incluso pretencioso, de incitar a los problemas.

Entró Jesús en el templo de Dios, y echó fuera a todos los que vendían y compraban en el templo (21:12). ¿Por qué Jesús limpió el templo de comercio, sobre todo teniendo en cuenta que no había nada en la ley que prohibiera a los líderes vender animales para el sacrificio, incluso en el patio del templo? A la luz de las acciones de Jesús (volcando las mesas de los cambistas y de los vendedores de palomas) y de sus palabras (21:13, una combinación de Is 56:7 y Jer 7:11), los estudiosos proponen dos motivaciones: (1) Jesús necesitaba "limpiar" el templo de impurezas debido a la corrupción de los dirigentes sacerdotales (porque permitían la venta de animales en el patio o porque se aprovechaban de los pobres vendiendo palomas [el sacrificio de purificación que ofrecían los pobres] e intercambiando dinero a un precio exorbitante, o porque los sacerdotes eran los aristócratas que abusaban de los pobres todo el tiempo, no solo durante la Pascua); o (2) Jesús realizó un acto profético predicho por Malaquías, indicando que el tiempo de la visitación divina había llegado (Mal 3:1-5; 4:1-6), que no tenía nada que ver con la pureza del templo. Sin embargo, lo que puede estar detrás de ambas motivaciones es la predicción de que el "hijo de David" construiría un templo que duraría para siempre (2 S 7:13). Por tanto, limpiar el templo fue el primer acto de Jesús para reclamar el trono de David (ver el artículo "El Templo de Jerusalén"; ver los comentarios en Marcos 11:11).

Vinieron a él en el templo ciegos y cojos, y los sanó (21:14). ¿Esto fue una inversión intencionada de la maldición de David (2 S 5:6-8)?

Salió fuera de la ciudad, a Betania (21:17). Betania era una pequeña aldea situada en el lado oriental del monte de los Olivos, a unas dos millas de Jerusalén. Evidentemente, Jesús se alojó allí durante su visita de Pascua a Jerusalén, probablemente en casa de sus amigos (26:6-13).

Una higuera de Sicómoro

No halló nada en ella, sino hojas solamente (21:19). Como la Pascua se celebraba a principios de la primavera, Jesús no encontró higos en el árbol ("pues no era tiempo de higos" [Marcos 11:13]). Las higueras no daban frutos comestibles hasta junio. Se sabe que algunas higueras producen higos verdes e incomestibles a partir de abril. Tal vez por eso Mateo mencionó que Jesús pasó por la pequeña aldea de Betfagé (que significa "casa de higos inmaduros") cuando llegó por primera vez a Jerusalén (21:1). Jesús llegó al templo de Dios buscando frutos, pero no los encontró (21:43). Una higuera sin fruto juzgada por Dios era una analogía profética común (Jer 8:13; Oseas 2:12; 9:10, 16-17; Miq 7:1-8). Por consiguiente, cuando Jesús "maldijo" la higuera fue un acto simbólico de juicio contra la "casa" de Israel (ya sea los dirigentes del templo o el templo mismo), una representación dramática como la de los profetas de antaño (cf. la vasija rota de Jeremías [Jer 19:1-15]).

La autoridad de Jesús (21:23-22:14)

Cuando vino al templo, los principales sacerdotes y los ancianos del pueblo se acercaron a él mientras enseñaba (21:23). Era costumbre que, durante las fiestas como la Pascua, los rabinos reunieran a sus alumnos en el templo y enseñaran basándose en las Escrituras, especialmente en los textos que se leían típicamente durante las fiestas. Por lo tanto, cuando los principales sacerdotes y los ancianos le preguntaron a Jesús: "¿Con qué autoridad haces estas cosas?", no estaban cuestionando su enseñanza en el templo, sino su comportamiento del día anterior, cuando despejó el templo. Jesús actuó como si él, y no los principales sacerdotes, fuera el principal responsable del templo de Dios (ver el artículo "El Templo de Jerusalén").

Había un propietario que plantó un viñedo… arrendó el viñedo (21:33 NVI). Jesús no se inventó todas las parábolas; a veces se inspiró en otras, como esta de Is 5:1-7. En su variación de la parábola de Isaías, Jesús introduce un nuevo personaje: los labradores que alquilaron el viñedo, probablemente identificados por los principales sacerdotes como los romanos, "esos hombres malos" a los que Dios "destruirá sin misericordia" en el día del juicio (21:41). No obstante, para su sorpresa, los principales sacerdotes se dan cuenta de que Jesús los está señalando a ellos como los labradores arrendatarios que merecían el desdichado final (21:43-46).

La piedra que desecharon los constructores ha llegado a ser la piedra angular (21:42 NVI). Citando Sal 118:22-23 NVI, Jesús utiliza el lenguaje del

El “Segundo” Templo de Herodes en el monte del Templo

El rey Herodes el Grande comenzó las renovaciones del segundo templo aproximadamente en el año 20 o 19 a. C. La expansión completa del templo, incluyendo el gran monte del Templo, no se completó sino hasta aproximadamente el año 62 o 64 d. C., para luego ser destruido por los romanos en el año 70 d. C.

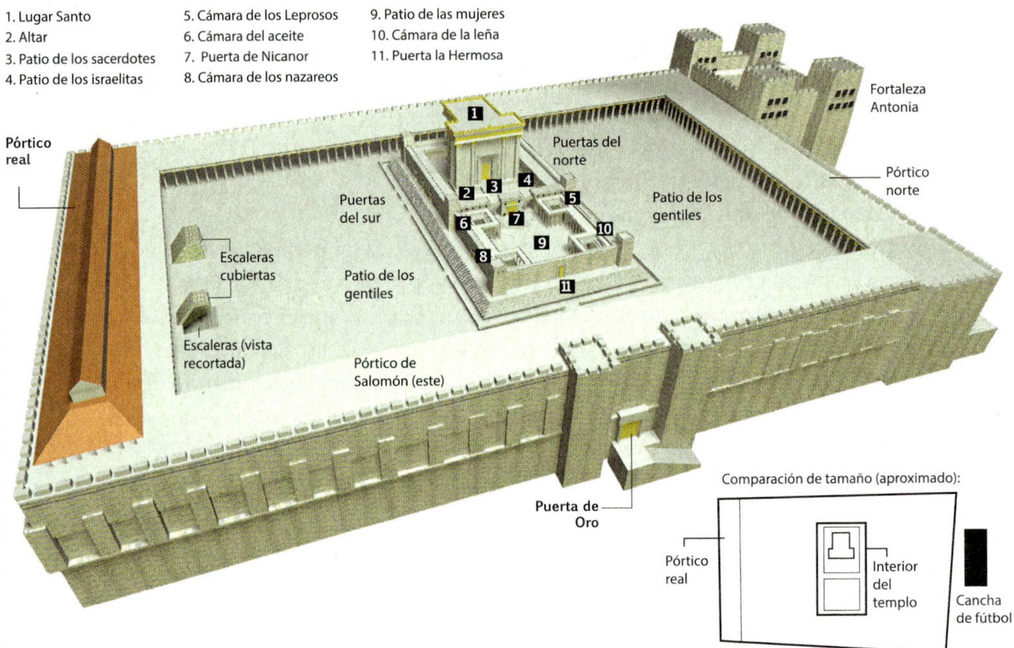

templo como condena profética (vv. 26, 46) de los principales sacerdotes: (1) rechazaron la piedra angular del nuevo templo; (2) deberían haber acogido a Jesús: “Bendito el que viene en el nombre del Señor” (23:39); por lo tanto, (3) Dios construirá el nuevo templo con “gente que produzca los frutos de él” (21:43).

El reino de Dios será quitado de vosotros, y será dado a gente que produzca los frutos de él (21:43). Aquí el texto griego dice que el reino será entregado a un ethnos (“gentil, nación, grupo de personas”), lo que es una referencia o bien a la iglesia (un pueblo formado por gentiles y judíos) o bien a los discípulos de Jesús, sustituyendo el liderazgo sacerdotal por los doce discípulos.

Los convidados a las bodas (22:3). Por lo general, se enviaban dos invitaciones de boda: (1) una invitación general para “reservar la fecha” y luego (2) la invitación específica para acudir al banquete preparado (ver el artículo “Costumbres matrimoniales judías”). Al parecer, esta era la segunda invitación: el banquete estaba preparado (22:4). Los invitados a la cena revelaban el honor del anfitrión; un rey solo invitaría a dignatarios importantes a la boda de su hijo (el príncipe). Y ellos, a su vez, se sentirían honrados por su invitación.

Pero, por alguna razón inexplicable, estos vips se negaron a venir, deshonrando al rey. Al ignorar su citación, los invitados estaban diciendo al rey (el hombre más honorable de todo el reino): "no eres digno de nuestra honorable presencia". Para empeorar las cosas, los dignatarios mataron a los sirvientes del rey, un acto de desafío equivalente a la anarquía, por lo que el rey tuvo que "guardar las apariencias", protegiendo su honor haciendo que su ejército destruyera la ciudad y matara a esos rebeldes (22:6-7).

Mis toros y animales engordados han sido muertos (22:4). La carne, especialmente la de res, era un manjar del que disfrutaban los ricos (los toros eran indispensables para el trabajo de las personas del campo). La conveniencia del momento se acentúa en un mundo sin refrigeración. Una vez sacrificada la carne, había que consumirla pronto o se pondría rancia. En lugar de que toda esa carne se desperdiciara, el rey decidió sacrificar su honor e invitar a la gente de mal vivir, "juntamente malos y buenos" (22:10).

Vio allí a un hombre que no estaba vestido de boda (22:11). La mayoría de las personas tenían un atuendo apropiado para las ocasiones especiales, especialmente vestimentas "limpias/blancas" (Ap 6:11; 19:8). Algunos piensan que era costumbre que se entregara algún tipo de prenda externa a los invitados al entrar en la fiesta (Jue 14:12). De ser así, el aspecto del invitado mal vestido sería especialmente despectivo. Llevar ropa de trabajo a una boda deshonraría al anfitrión. El hombre mal vestido estaba allí solo por la comida.

Jesús y sus críticos (22:15-46)

Con los herodianos (22:16). Los herodianos eran una secta política que apoyaba el reino de Herodes. No se sabe si los fariseos, que en algún momento apoyaron a la dinastía asmonea (los reyes de Judea que gobernaban Israel antes de que Roma tomara el poder en el año 63 a. C.), se habrían opuesto al gobierno de Herodes (aunque era un judío nominal). Probablemente era un acontecimiento raro que estas dos sectas se unieran políticamente.

¿Es lícito dar tributo a César, o no? (22:17). Todos los súbditos del Imperio romano (no los ciudadanos) tenían que pagar un impuesto anual para sostener el culto imperial (la adoración de los césares fallecidos). También estaban obligados a ofrecer un sacrificio en un santuario imperial (estos se encontraban por todo el imperio). Como objetores de conciencia, los judíos estaban exentos de quemar las cenizas en el santuario, pero aun así tenían que pagar el impuesto, aunque el dinero apoyara la idolatría. Para empeorar las cosas, Roma acuñó una moneda especial, un denario con la imagen de César en una cara y una inscripción en la otra que declaraba la divinidad del emperador (22:20), que todos los súbditos debían utilizar para pagar el tributo. César no aceptaba ninguna otra moneda para el impuesto imperial.

En consecuencia, no solo el pago del impuesto apoyaba la idolatría del culto imperial, sino que además los judíos se veían obligados a utilizar "un ídolo" (una imagen tallada con una inscripción sacrílega) para pagarlo, lo cual suponía un doble peligro (ver el artículo "El dinero en el mundo del Nuevo Testamento").

¿Por qué me tentáis, hipócritas? Mostradme la moneda del tributo (22:18-19). Los fariseos habían puesto a Jesús entre la espada y la pared: si Jesús decía que sus conciudadanos judíos debían pagar el tributo, estaría apoyando la idolatría; sin embargo, negarse a pagar el impuesto sería traición a César, el cual era el único delito castigado con la muerte según la ley romana. Pero Jesús se dio cuenta de la artimaña al revelar su hipocresía. La razón por la que les pidió que presentaran el denario fue que él no tenía uno; ellos sí, aunque estaban en el templo. Evidentemente, antes de entrar en el templo no habían recurrido a los cambistas para cambiar su moneda romana por la judía, que era un servicio proporcionado por los dirigentes del templo para evitar que los adoradores introdujeran una imagen tallada en la casa de Dios. Por lo tanto, al llevar un "ídolo portátil" al templo, revelaron que no debían tener objeciones religiosas para pagar el tributo.

¿De quién es esta imagen, y la inscripción? (22:20). Esta es una pregunta llena de implicaciones, ya que ellos responderían "de César" (22:21), pero otros podrían decir "de Dios", dado que toda persona fue hecha a imagen de Dios (Gn 1:27), incluso César. Por eso, cuando Jesús dijo: "Dad, pues, a César lo que es de César, y a Dios lo que es de Dios", no respondió directamente a su pregunta, sino que suscitó otra pregunta implícita: ¿Hay algo que pertenezca a César que no pertenezca a Dios?

Los saduceos, que dicen que no hay resurrección (22:23). Para los saduceos, el levirato no solo proporcionaba la manera de que un hombre muerto viviera después de la muerte, "levantando" descendencia para él (Gn 38:8), sino que también refutaba la "resurrección" física de los muertos, una creencia distintiva de los fariseos (cf. Hechos 23:6-8), ya que el levirato parecería crear una situación polígama en la resurrección, algo que tanto Dios como el pueblo encontrarían reprobable (Mt 22:24-28).

Porque en la resurrección ni se casarán ni se darán en casamiento, sino serán como los ángeles de Dios en el cielo (22:30). Una vez más, Jesús nunca respondió directamente a la pregunta de los saduceos (tenía sus razones [ver los comentarios en Mt 22:33]). Solo dijo que los resucitados no se casan ni arreglan matrimonios para sus hijos. No dijo si los maridos y las esposas vivirán como parejas casadas en la resurrección (pero su respuesta implicaría que "no es necesario"). Como los ángeles eran inmortales, no había necesidad de que procrearan. No obstante, como los humanos son mortales, el matrimonio (y los hijos) era indispensable para superar la muerte. Pero, según Jesús, el levirato no garantizaba la inmortalidad de los humanos (la resurrección sí) y el matrimonio era innecesario en la resurrección (los humanos se vuelven "como los ángeles", sin necesidad de procrear).

Oyendo esto la gente, se admiraba de su doctrina (22:33). En el juego del honor las preguntas se hacían en público solo para avergonzar al maestro. Los alumnos que honraban a su maestro hacían preguntas para obtener información en privado (Mt 17:19). Por lo tanto, en este intercambio entre Jesús y sus oponentes, los fariseos y los saduceos estaban tratando de hacer caer a Jesús ante los ojos de la multitud, que era el grupo que determinaba quién ganaba el juego del honor. En este caso, la aprobación de la gente señalaba que Jesús era el ganador. Finalmente, "nadie se atrevió a hacerle más preguntas" (22:46), porque sus intentos de avergonzarlo lo hicieron aún más honorable ante la multitud.

¿Cuál es el gran mandamiento en la ley? (22:36). Dado que el incumplimiento de ciertos mandamientos exigía penas más severas que otros, los rabinos solían debatir cuáles de los 613 mandamientos de la ley eran los de mayor y menor importancia. Además, a menudo buscaban mandamientos que resumieran toda la ley. Así que la respuesta de Jesús no fue revolucionaria (ver los comentarios en Mt 7:12). Aunque un experto en la ley le hizo la pregunta para "tentarle" (22:35), la respuesta de Jesús habría sido vista como convencional: citando parte del Shemá (Dt 6:4-9, un pasaje que los judíos recitan a diario) y el mandamiento "amarás a tu prójimo" de Levítico (Lv 19:18).

Jesús exhorta a los escribas y fariseos (23:1-39)

En la cátedra de Moisés se sientan (23:2). Esto se refiere al asiento destacado en las sinagogas donde se sentaban los maestros cuando enseñaban de la ley en el Shabbat.

Ensanchan sus filacterias, y extienden los flecos de sus mantos (23:5). Las filacterias eran pequeñas cajas sujetas a la frente y a la muñeca que contenían pasajes de las Escrituras, con la intención de recordar a los portadores y a quienes los veían el Shemá (Dt 6:4-9), que instruía a Israel: "átalos [los mandamientos] como una señal en tu mano y que estén como frontales entre tus ojos". Los flecos en los cuatro bordes de la túnica servían para el mismo propósito, para recordar a Israel que debía obedecer los mandamientos (Nm 15:38-41).

Jesús cuestionó la anchura de las filacterias y la longitud de los flecos que usaban los escribas y fariseos porque "hacen todas sus obras para ser vistos por los hombres" (Mt 23:5), el juego del honor, y no para llevar a los demás a obedecer los mandamientos (23:4).

La "cátedra de Moisés" (Mt 23:2) era el lugar reservado en la sinagoga para una persona con autoridad.

Aman los primeros asientos en las cenas, y las primeras sillas en las sinagogas (23:6). El honor debía mostrarse constantemente para mantener el sentido de importancia en la comunidad. La disposición de los asientos en los banquetes y las sinagogas revelaba la importancia social de una persona: cuanto más cerca del anfitrión del banquete o del asiento de Moisés en la sinagoga, más honorable era la persona. Ser visto en el lugar más deseable era crucial para mantener la imagen de sí mismo, algo parecido a nuestro "selfie".

¡Ay de vosotros! (23:13). Al igual que los profetas de antaño (Zac 11:17), Jesús pronunció ayes sobre los líderes religiosos, invocando la maldición de Dios sobre ellos (Mt 23:35-39).

Si alguno jura por el templo, no es nada (23:16). Ver los comentarios en MT 5:34. No está claro por qué alguien podría pensar que jurar por el templo no sería vinculante en comparación con jurar por "el oro del templo" (ya sea el oro del tesoro del templo, los utensilios de oro o las incrustaciones de oro de las paredes del templo). Pero el Mishná está lleno de este tipo de distinciones: "[Si dijo: 'que sea para mí] como un cordero [de la ofrenda completa diaria]', 'como los cobertizos [del templo]', 'como la madera', 'como el fuego', 'como el altar', 'como el santuario', 'como Jerusalén', [si] juró por el nombre de uno de los utensilios utilizados para el altar, aunque no haya utilizado la palabra *qorban*, Rabino Judá dice: 'Quien dice: "Jerusalén", no ha dicho nada'".[12]

Que coláis el mosquito, y tragáis el camello (23:24). Esta hipérbole tiene sentido (¿quién podría tragarse un camello?) a la luz del juego de palabras: en arameo, gamla significa "camello" y *kamla* significa "mosquito". Para no comer ciertos insectos (Lv 11:41-45), el más pequeño de todos los seres inmundos, los judíos tenían que colar su vino. Sin embargo, como los fariseos y los escribas "descuidaban los asuntos más importantes de la ley: la justicia, la misericordia y la fidelidad" (Mt 23:23), Jesús los acusó de tragarse el mayor de los animales inmundos, un camello (Lv 11:4).

Sois semejantes a sepulcros blanqueados (23:27). Dado que el contacto con los cadáveres convertía a una persona en impura (Nm 19:11-13), los cementerios se consideraban prohibidos. Además, como los sepulcros eran impuros, el pueblo judío, a diferencia de los romanos y los griegos, no marcaba la importancia de los difuntos con grandes piedras o estatuas conmemorativas. En consecuencia, era posible atravesar un cementerio sin saberlo, lo que habría sido intolerable para los forasteros (especialmente los sacerdotes [ver Lv 21:1-4]) que viajaban a Jerusalén para participar en las fiestas. Por ello, los sepulcros eran blanqueados para ayudar a los visitantes a evitarlos.

¡Generación de víboras! (23:33). Se pensaba que las crías de las víboras salían devorando el vientre de su madre. Por lo tanto, una "generación de víboras" equivaldría a una guardería de "asesinos de madres",[13] el último epíteto de inhumanidad.

Desde la sangre de Abel el justo hasta la sangre de Zacarías (23:35). Esta narración del "derramamiento de sangre de los justos" revela el canon de las

Escrituras según Jesús: desde Abel (Gn 4:2-15) hasta Zacarías (2 Cr 24:20-21), lo cual era objeto de debate en la época de Jesús (p. ej., los saduceos podrían haber aceptado solo el Pentateuco como Escritura). El canon hebreo no se cerró hasta el siglo I o II d. C. Según la Biblia hebrea (TANAJ), Génesis es el primer libro de la Biblia, pero 2 Crónicas es el último libro debido al orden canónico del TANAJ (un acróstico derivado de la primera letra de cada sección de las Escrituras hebreas): la ley (*Torah*), los profetas (*Nevi'im*) y los escritos (*Ketuvim*, la última sección, que comienza con Salmos y termina con 2 Crónicas).

Jesús compara a los fariseos con sepulcros blanqueados, hermosos a la vista, pero llenos de muerte y podredumbre por dentro. Aquí se muestra el interior de un sepulcro de la época de Jesús con una colección de osarios (cajas de piedra caliza) que contenían los huesos del difunto.

He aquí vuestra casa os es dejada desierta (23:38). "Vuestra casa" podría referirse a los líderes de Jerusalén, a la propia Jerusalén o al templo. A la luz de los siguientes versículos, cuando Jesús predijo la destrucción del templo (24:2), "vuestra casa" probablemente se refiere al templo: una vez fue la casa de Dios, pero ya no lo es (24:15).

La destrucción del Templo y el fin del mundo (24:1-51)

No quedará aquí piedra sobre piedra (24:2). Durante la primera guerra de los judíos con Roma, iniciada por grupos separados de luchadores de la resistencia judía en Galilea y en Jerusalén, el templo de Jerusalén fue destruido por el ejército bajo el mando del general romano Tito en el año 70 d. C. (ver el artículo "El Templo de Jerusalén"). El famoso Arco de Tito en Roma representa el saqueo de Jerusalén, mostrando a los soldados llevándose el botín de guerra, incluyendo la gran menorá del templo de Herodes.

¿Cuándo serán estas cosas, y qué señal habrá de tu venida, y del fin del siglo? (24:3). En este punto, los discípulos preguntan a Jesús sobre dos cuestiones importantes: (1) cuándo será destruido el templo y (2) cuál será la señal de que ha comenzado la era mesiánica, que también señalará el fin de la era actual.

De hecho, se podría deducir que los discípulos solo hicieron una pregunta, queriendo saber si la destrucción del templo sería la señal del fin del siglo, lo cual indicaría el comienzo de la "edad de oro" del reinado del Mesías en la tierra. El hecho de que los discípulos no preguntaran por la "segunda venida" de

Cristo es evidente: no creían que fuera a dejarlos (16:22; 20:21). Por lo tanto, cuando preguntaron por la "señal de tu venida", en esencia estaban preguntando: "¿cómo sabremos que has llegado a tu reino?"

Es necesario que todo esto acontezca; pero aún no es el fin (24:6). Según la literatura apocalíptica judía (2 Baruc 27:1-15; 4 Esdras 6:18-24; 13:31-39), el comienzo de la era mesiánica estaría marcado por la guerra y la agitación, sobre todo porque el Mesías dirigiría las fuerzas justas contra los malvados que habían establecido sus reinos en la tierra, sin estar dispuestos a someterse al Ungido. A veces, estos "ayes" mesiánicos eran comparados con los dolores de parto (Mt 24:8), como si Dios estuviera dando a luz una nueva creación (Is 13:8; 1 Ts 5:3).

El que esté en la azotea, no descienda (24:17). La mayoría de las casas tenían una azotea, a la que se accedía por unas escaleras exteriores adosadas a una pared exterior, que funcionaba como espacio de trabajo para las tareas domésticas.

Así que, si os dijeren: Mirad, está en el desierto, no salgáis (24:26). Se sabe que los aspirantes a mesías llevaban a sus seguidores al desierto para demostrar sus "credenciales" replicando uno de los milagros realizados por Moisés.[14]

Entonces aparecerá la señal del Hijo del Hombre (24:30). Esto apunta al cumplimiento de la visión de Daniel cuando al "hijo del hombre" se le da "dominio, gloria y reino" en el cielo por parte de Dios (Dn 7:13-14). ¿Cuál es la señal? Hay varias posibilidades: (1) el colapso cósmico (Mt 24:29), (2) el Hijo del Hombre apareciendo en el cielo, (3) el ejército celestial, (4) el toque de trompeta (el cuerno de carnero se tocaba para reunir a las tropas para la guerra y para anunciar el perdón de los pecados en Yom Kipur, el Día de la Expiación) o (5) la cruz (favorecida por los primeros padres de la iglesia).

No pasará esta generación hasta que todo esto acontezca (24:34). ¿Qué quiso decir Jesús con "esta generación" y "todo esto"? Esta generación podría significar (1) "este pueblo" (los judíos o la iglesia), lo que supone que no perecerán de la tierra antes del fin del mundo; (2) "esta clase" ("generación" en sentido cualitativo), refiriéndose a la clase de personas que rechazan al Mesías (i. e., personas como los escribas y los fariseos siempre estarán presentes hasta el final); o (3) la generación actual (Mt 11:16), lo que significa que algunos todavía estarían vivos para presenciar "todo esto" (que se refiere a la destrucción del templo [vv. 4-28] o tanto a la destrucción del templo como a la venida del Hijo del Hombre [vv. 4-31]).

Si Jesús predijo que su generación sería testigo tanto de la destrucción del templo (que se produjo cuando ellos vivían) como de la venida del Hijo del Hombre, los estudiosos proponen tres opciones: (1) la venida del Hijo del Hombre en las nubes se refiere a la resurrección y/o a la ascensión; (2) la venida del Hijo del Hombre fue un acontecimiento apocalíptico en el cielo que solo fue revelado a los fieles; o (3) la venida del Hijo del Hombre es un acontecimiento proléptico, una profecía que se cumplirá primero con la destrucción del templo (un edificio que se suponía que representaba un microcosmos de toda la creación) y por último en el fin del mundo.[15]

Vino el diluvio y se los llevó a todos (24:39). Puesto que Jesús comparó el juicio venidero de Dios con "los días de Noé", los que "serán tomados" (24:40) son como los impíos que perecieron cuando "vino el diluvio y se los llevó a todos". En consecuencia, los que son "dejados" son los justos.

Al cual puso su señor sobre su casa (24:45). Los propietarios ausentes eran comunes, ya que tenían que dejar a un siervo principal a cargo de la casa mientras viajaban para atender asuntos en otro lugar, ya sea otra tierra o asuntos en otras ciudades.

Mientras el Maestro está lejos, ¡sé fiel! (25:1-46)

Semejante a diez vírgenes que tomando sus lámparas, salieron a recibir al esposo (25:1). Aunque se sabe muy poco sobre las prácticas nupciales en la época de Jesús, la situación que describe en esta parábola es similar a las costumbres nupciales actuales en Medio Oriente. Una boda es una celebración que dura una semana y que culmina con el banquete de bodas, organizado por la familia del novio. Antes del banquete, el novio recorre intencionalmente la aldea con sus amigos (a veces tarda mucho tiempo debido a una ruta tortuosa destinada a anunciar el próximo acontecimiento a toda la aldea). Después de recoger a la novia y a sus acompañantes en su casa, el novio y su numeroso séquito volvían a la casa del novio para el banquete.[16] La mayoría de las veces el banquete se celebraba por la noche (de ahí la necesidad de lámparas), tras lo cual la novia y el novio se retiraban a sus aposentos privados y consumaban su matrimonio. Ver el artículo "Costumbres matrimoniales judías".

Cavó en la tierra, y escondió el dinero de su señor (25:18). Sobre los propietarios ausentes, ver los comentarios en Mt 24:45. Debido a la persistente amenaza de los ladrones (24:43), la práctica de enterrar los tesoros era habitual entre quienes no estaban acostumbrados a manejar tales riquezas.

Debías haber dado mi dinero a los banqueros (25:27). Aparte de los templos que funcionaban como depósitos para los ricos, no había bancos en el mundo del primer siglo (ver el artículo "El dinero en el mundo del Nuevo Testamento").

En cambio, había cambistas que operaban como "usureros" para los ricos: "intermediarios" que hacían préstamos a los prestatarios, exigiendo un interés suficiente para obtener una ganancia y pagar la devolución garantizada a los ricos. No obstante, la ley prohíbe a los judíos cobrar intereses de otros judíos (Ex 22:25; Lv 25:35-38). Además, según la ley judía, todas las deudas debían ser canceladas durante el año sabático (Dt 15:1-2). Por lo tanto, la parábola de Jesús contempla una situación pagana, o un amo judío que tenía siervos gentiles, o un amo judío que no cumplía la ley (Mt 25:24-25).

Como aparta el pastor las ovejas de los cabritos (25:32). Las ovejas y las cabras pastaban juntas en los campos abiertos, separadas por varias razones: esquilar a las ovejas, ordeñar a las cabras, cercar a las cabras por la noche para mantenerlas calientes (las ovejas lanudas podían soportar el aire fresco de la noche). Sin duda, se necesitaban más ovejas para la vida económica y religiosa de Israel. Sin embargo, aunque la demanda de cabras no era tan grande como la de ovejas, las cabras eran igual de importantes para la vida cultual de Israel: las cabras eran sacrificadas en Yom Kipur, el Día de la Expiación (Lv 16:5); las ovejas eran utilizadas para la Pascua y la purificación (Ex 12:3; Lv 12:6).

Estuve... en la cárcel, y vinisteis a mí (25:36). De todas las buenas obras realizadas por las "ovejas" justas, visitar a los presos era la más arriesgada. Alimentar a los hambrientos, vestir a los desnudos, dar hospitalidad a los extranjeros, cuidar de los enfermos, todo ello se consideraba una acción virtuosa en la ley y en los profetas. Pero ayudar a los prisioneros era peligroso, pues despertaba las sospechas de las autoridades.

En cuanto lo hicisteis a uno de estos mis hermanos más pequeños (25:40). Los "hermanos y hermanas" de Jesús podían ser (1) sus discípulos (10:42; 12:50), (2) el pueblo judío (5:22-24), especialmente las "ovejas perdidas de Israel" (10:6; 18:10-14) o (3) cualquier persona necesitada (4:24-25; 8:1- 3; 15:22-27).

Apartaos de mí, malditos, al fuego eterno preparado para el diablo y sus ángeles (25:41). Jesús se refirió al infierno con más frecuencia que nadie en el N. T. Para él, el infierno nunca estuvo destinado a la humanidad (quizás porque estamos hechos a imagen y semejanza de Dios).

Más bien, "el fuego eterno" estaba destinado al "diablo y sus ángeles", aunque los malvados compartirán su destino. La recompensa para los justos y el castigo de los malvados en el último día (25:46) era un tema común en la literatura profética y apocalíptica (Is 66:17-24; Dn 12:1-2; 2 Baruc 51:6).

Las ovejas y las cabras a menudo se mezclan.

Planes y preparativos (26:1-16)

¿Para qué este desperdicio? (26:8). Era costumbre ungir con aceite la cabeza de los invitados a la cena. O bien los discípulos pensaban que tal lujo era innecesario o bien creían que la mujer había usado demasiado perfume (una cantidad que habría alcanzado un "gran precio" [v. 9]), o se oponían a la razón por la que ungió a Jesús ("lo ha hecho a fin de prepararme para la sepultura" [v. 12]). Gastar mirra (especias para la sepultura) en un hombre que estaba completamente vivo ofendió a los discípulos, especialmente porque no podían aceptar la idea de que Jesús iba a morir.

Y ellos le asignaron treinta piezas de plata (26:15). Esta era la recompensa debida por la muerte prematura de un siervo corneado por un toro (Ex 21:32). El dinero probablemente procedía del tesoro del templo (ver los comentarios en Mt 27:6).

La última cena (26:17-30)

El primer día de la fiesta de los panes sin levadura (26:17). La fiesta de una semana de comer panes sin levadura comenzó en la Pascua (Ex 12:17-20).

En tu casa celebraré la pascua (26:18). La Pascua era una de las tres fiestas de peregrinación (junto con Pentecostés y los Refugios) que se celebraban en Jerusalén; por lo tanto, Jesús necesitaba alojamiento en la ciudad (ver los comentarios en Marcos 14:1). El hecho de que Jesús celebrara la fiesta con sus discípulos y no con su familia revelaba sus prioridades (Mt 12:48-50).

El que mete la mano conmigo en el plato, ese me va a entregar (26:23). Se trata de una afirmación general sobre el traidor (no un extraño, sino alguien que compartía la mesa con Jesús) o de una revelación oportuna, ya que Judas había mojado el pan sin levadura en el plato de hierbas amargas en el mismo momento que Jesús (un detalle casual que probablemente solo notó el traidor).

Y cuando hubieron cantado el himno, salieron al monte de los Olivos (26:30). Probablemente cantaron un salmo del Hallel (Sal 113-118), habitualmente cantado durante la Pascua (¡imagínese la ironía si cantaran los Salmos 113:7; 115:17; 116:15; o 118:22-24!). El monte de los Olivos, cubierto de arboledas de olivos, era la primera colina al este de Jerusalén.

Getsemaní (26:36-56)

Un lugar que se llama Getsemaní (26:36). En hebreo, "Getsemaní" significa "prensa de aceite". Se desconoce la ubicación exacta del huerto. Sin embargo, desde su posición ventajosa en el lado oeste del monte de los Olivos, Jesús podría haber visto la turba (un grupo de antorchas) que venía a por él desde Jerusalén mientras oraba.

El monte de los Olivos visto desde el monte del Templo..

Si es posible, pase de mí esta copa (26:39). Se trata de una referencia a la copa de la ira/juicio de Dios (ver los comentarios en Mt 20:22). Jesús reconoció la posibilidad de no beber de ella, sabiendo que podía invocar a Dios para que lo rescatara (26:53).

Le besó (26:49). Esta era una forma común de saludar a los buenos amigos en esa cultura.

Haz lo que viniste a hacer (26:50, nota a pie de página de la NVI). En griego, se trata de una respuesta enigmática que podría traducirse de varias maneras: (1) "¿por eso [el beso o la traición] estás aquí?"; (2) "por eso [el beso o la traición] estás aquí"; (3) "por eso sucede"; o más sencillamente, (4) "deja que suceda".

¿Pero cómo entonces se cumplirían las Escrituras? (26:54). Las Escrituras (especialmente Zac 13:7, que Jesús cita en Mt 26:31) convencieron a Jesús de que su próxima muerte era la voluntad de su Padre.

En el juicio ante el Sanedrín (26:57-75)

Los principales sacerdotes y los ancianos y todo el concilio, buscaban falso testimonio contra Jesús, para entregarle a la muerte (26:59). El Sanedrín era el concilio judío, compuesto por saduceos y fariseos y dirigido por el sumo sacerdote, que gobernaba en asuntos religiosos/civiles (ver el artículo "El Sanedrín"; ver los comentarios en Marcos 8:31). Como Judea estaba bajo la ley romana, el Sanedrín no podía aplicar la pena de muerte (había varios delitos que se castigaban con la muerte según la ley judía; solo había un delito capital según la ley romana: la traición). Finalmente, el Sanedrín encontró un "falso testimonio" contra Jesús: dos hombres testificaron que Jesús dijo que era capaz de destruir el templo y reconstruirlo en tres días (26:61), lo cual era una profecía que no se había hecho

La fortaleza Antonia, con sus cuatro torres, estaba conectada al complejo del templo. Este es el lugar tradicional del interrogatorio de Jesús.

realidad, ya que la predicción de Jesús sobre el templo ocurrió el lunes, habían pasado tres días y el templo no había sido destruido (y mucho menos reconstruido). Esto convirtió a Jesús en un "falso profeta" ante sus ojos (Dt 18:21-22; Mt 27:40). No obstante, según Mateo, Jesús nunca predijo que *iba* a destruir/reconstruir el templo en tres días, eso es lo que hizo que la declaración de los dos hombres fuera un "falso testimonio" (pero ¿qué hay de Juan 2:19?). Más bien, Jesús solo dijo que el templo sería destruido dentro de "esta generación" (24:2-3, 34). Pero ¿Roma consideraría eso una traición castigada con la muerte? En consecuencia, el Sanedrín tuvo que idear un plan para ejecutar a Jesús (27:1).

Entonces el sumo sacerdote rasgó sus vestiduras, diciendo: ¡Ha blasfemado! (26:65). Como Jesús afirmó que el Sanedrín vería cumplida la profecía de Daniel (Dn 7:9-14) por él, particularmente la parte de "sentado a la diestra del poder" (Mt 26:64), el sumo sacerdote lo acusó de "blasfemia", es decir, de "hablar contra" Dios. Para mostrar su desprecio, el sumo sacerdote rasgó sus ropas (probablemente no sus vestimentas sacerdotales, ya que eso estaba prohibido [Lv 21:10]). Rasgarse las vestiduras se asociaba más bien a actos de duelo y arrepentimiento (Job 1:20).

Tu manera de hablar te descubre (26:73). Los galileos eran conocidos por arrastrar ciertas consonantes, especialmente las guturales, lo que quizá les hacía sonar como "campesinos" a los judeos.

Entonces él comenzó a maldecir (26:74). No está claro si Pedro estaba invocando la maldición de Dios sobre sí mismo, sobre sus acusadores o sobre Jesús. Irónicamente, si Pedro invocó a Dios para que maldijera a Jesús, entonces la profecía de Jesús en MT 16:19 se hizo realidad: lo que Pedro ató en el cielo (la maldición de Dios) sería atado en la tierra (la crucifixión de Jesús).

Caifás era el sumo sacerdote que gobernaba y ante el cual Jesús fue llevado después de su arresto. Aquí se muestra un osario (caja de huesos) elaboradamente tallado con la inscripción aramea "José hijo de Caifás". Aunque los huesos que se encuentran en su interior pueden no pertenecer al sumo sacerdote que interrogó a Jesús, la presencia de varios otros osarios con inscripciones similares proporciona una fuerte evidencia de que el lugar de sepultura donde fueron encontrados era el sepulcro familiar del sumo sacerdote al que se refiere en Mt 26.

En el juicio ante Pilato (27:1-26)

Venida la mañana (27:1). Los procuradores romanos eran conocidos por comenzar su jornada de trabajo muy temprano en la mañana, mucho antes de la salida del sol, para concluir sus asuntos oficiales al mediodía.

¿Qué nos importa a nosotros? (27:4). Irónicamente, hacer la expiación del pecado era responsabilidad de los principales sacerdotes, que dan la espalda a Judas cuando intenta arrepentirse de su pecado.

No es lícito echarlas en el tesoro de las ofrendas, porque es precio de sangre (27:6). Como no hay ninguna ley que prohíba aceptar "precio de sangre", quizá los sacerdotes dedujeron que era impuro debido a prohibiciones como la de Dt 23:18.

Para sepultura de los extranjeros (27:7). Los cadáveres eran enterrados en sepulcros temporales hasta que se deterioraran, luego los huesos eran trasladados a un osario y colocados en el sepulcro de la familia. Como mucha gente visitaba Jerusalén, los que morían allí necesitaban un lugar para ser sepultados hasta que los familiares reclamaran sus restos. Los que morían de forma deshonrosa (como Judas o Jesús) no solían ser reclamados por la familia y, por lo tanto, necesitaban un lugar para ser sepultados. Los sacerdotes solían utilizar el tesoro del templo para financiar proyectos comunitarios como este, proporcionando lugares de sepultura para los extranjeros.

Así se cumplió lo dicho por el profeta Jeremías (27:9). La cita de 27:9-10 procede principalmente de Zac 11:12-13, con algunas frases adicionales de Jer 18-19. Cuando se combinaban varios versículos de diferentes libros bajo un mismo asunto o tema, la "cita" a menudo era atribuida a una sola fuente (ver Marcos 1:2-3).

¿Eres tú el rey de los judíos?—le preguntó el gobernador (27:11 NTV). Esta es una pregunta peligrosa, pues si Jesús hubiera dicho que sí, Pilato podría haberle declarado culpable de traición, ya que Roma gobernaba Judea.

En el día de la fiesta acostumbraba el gobernador soltar al pueblo un preso (27:15). La liberación de prisioneros por parte de los procuradores romanos como acto de buena voluntad era un hecho poco frecuente. Evidentemente, era costumbre que los procuradores de Judea ofrecieran amnistía a un prisionero judío durante la Pascua, supuestamente para marcar la ocasión de la liberación de los esclavos hebreos de Egipto. No obstante, Pilato intentó utilizar esta costumbre para inquietar a los líderes judíos (27:18), pensando que los ciudadanos de Jerusalén elegirían a Jesús antes que a Barrabás (27:24).

Un preso famoso llamado Barrabás (27:16). Los primeros manuscritos griegos omiten el nombre "Jesús" antes de "Barrabás". Pero los estudiosos sostienen que lo más probable es que los escribas suprimieran "Jesús" del nombre de Barrabás para preservar el carácter sagrado del nombre de Jesús. Irónicamente, en hebreo "Barrabás" significa "hijo del padre".

La ejecución y la sepultura de Jesús (27:27-66)

Entonces los soldados del gobernador llevaron a Jesús al pretorio (27:27). El pretorio albergaba a los soldados que protegían al gobernador. Cesarea Marítima era la sede de los procuradores que gobernaban Judea y, por consiguiente, donde se encontraba el pretorio. Dado que el procurador necesitaba visitar Jerusalén ocasionalmente (sin duda durante las fiestas judías, cuando los disturbios eran más probables), el pretorio provisional en Jerusalén habría sido el antiguo palacio de Herodes el Grande (situado en el lado oeste de la ciudad) o la fortaleza Antonia (situada en la esquina noroeste del complejo del templo).

Cuando salían (27:32). Los criminales eran ejecutados fuera de las murallas de la ciudad por razones judías y romanas: (1) para proteger a la ciudad judía de la impureza de la muerte y de la vergüenza de la crucifixión, y (2) porque los romanos querían dar a conocer lo que ocurría con los traidores condenados, crucificados en la principal vía de entrada y salida de la ciudad.

A este obligaron a que llevase la cruz (27:32). Los condenados llevaban el travesaño de su crucifixión hasta el lugar de la ejecución, donde era fijado a una viga vertical erigida permanentemente para este propósito singular. Jesús recibió tan duros golpes que los soldados impresionaron a un transeúnte para que llevara el travesaño por él, probablemente para agilizar las cosas. Irónicamente, su nombre era Simón (cf. Mt 26:35).

Le dieron a beber vinagre mezclado con hiel (27:34). Se sabe que los verdugos ofrecían una bebida, a veces mezclada con un agente adormecedor, para prolongar la agonía de la crucifixión. Quizá Mateo quería que los lectores vieran la crucifixión de Jesús desde la perspectiva del Sal 69 (especialmente los vv. 19-21).

Repartieron entre sí sus vestidos (27:35). Las víctimas de la crucifixión solían ser desnudadas antes de ser clavadas en la cruz.

Pusieron sobre su cabeza su causa escrita (27:37). La ofensa capital a menudo era escrita en un letrero en latín y clavada en la cruz por encima de la cabeza del crucificado. De este modo, la representación artística común del letrero, con la inscripción INRI, es un acróstico del latín: Jesús (*Iesus*) de Nazaret (*Nazarenus*), Rey (*Rex*) de los judíos (*Iudaeorum*).

Crucificaron con él a dos ladrones (27:38). Literalmente, dos "ladrones" fueron crucificados con Jesús (ver el artículo "La crucifixión"; ver los comentarios en Marcos 8:34). Como el robo no era un delito capital según la ley romana, estos bandidos eran rebeldes que intentaban derrocar al imperio mediante actos de subversión económica: "salteadores de caminos" que interrumpían la "paz" romana robando a los viajeros en las vías romanas.

Porque ha dicho: Soy Hijo de Dios (27:43). Técnicamente, Jesús nunca dijo: "Soy el Hijo de Dios". Pero sí dijo que un día se sentaría "a la diestra del poder" (26:64), lo que los principales sacerdotes interpretaron como una pretensión de deidad, por lo que se le acusó de blasfemia (26:65).

Dios mío, Dios mío, ¿por qué me has desamparado? (27:46). Este es el primer versículo de Sal 22, que es un canto de lamento del justo doliente que es paralelo a la crucifixión de Jesús en varios lugares (Sal 22:2 // Mt 27:45; Sal 22:7 // Mt 27:39; Sal 22:8 // Mt 27:43; Sal 22:16 // Mt 27:38-39; Sal 22:18 // Mt 27:35). Según Mateo, estas son las únicas palabras que Jesús pronunció desde la cruz (cf. Lucas 23:34, 43, 46; Juan 19:26-27, 28, 30).

El velo del templo se rasgó en dos, de arriba abajo (27:51). Se trataba del velo que colgaba en la entrada del templo o del velo interior que separaba el lugar santísimo del resto del templo. El velo exterior estaba "bordado en azul, en lino fino, en carmesí y en púrpura", que representaban los colores del cielo, del mar y de la tierra, "una especie de imagen del universo... Este velo tenía también bordado todo lo que había de místico en los cielos".[17] Por consiguiente, un velo exterior rasgado podría simbolizar la apertura de los cielos (3:16), la destrucción del templo (24:2) o el fin del mundo (24:29). Un velo interior rasgado podría simbolizar el acceso a Dios a través de la muerte de Cristo (26:28), haciendo obsoleto el culto de los sacrificios. El hecho de que se rasgara de arriba abajo significaba que era Dios quien lo rasgaba, tal vez representando su partida (Ez 10:18; Mt 23:38).

Se abrieron los sepulcros, y muchos cuerpos de santos que habían dormido, se levantaron (27:52). Quizá se trate de otro cumplimiento proléptico (simbólico, prefigurativo, parcial) de la profecía mesiánica, especialmente de Is 26:19 y Ez 37:12-14.

Este fue a Pilato y pidió el cuerpo de Jesús (27:58). Como la crucifixión era una muerte tan vergonzosa, a menudo la víctima no recibía una sepultura honorable por parte de la familia. En el caso de Jesús, fue necesario que un hombre rico y de gran influencia, José de Arimatea, arriesgándose a la culpabilidad por asociación, obtuviera el permiso de Pilato para sepultar a Jesús (ver los comentarios en Marcos 15:46).

Tenéis una guardia (27:65). Esta guardia era o bien una guardia judía del templo bajo la autoridad de los principales sacerdotes o, más probablemente, soldados romanos cedidos por Pilato (cf. 28:12-15).

La resurrección de Jesucristo (28:1-20)

Vinieron María Magdalena y la otra María, a ver el sepulcro (28:1). Las mujeres eran guardianas de los muertos, desde la preparación del cadáver hasta la vigilancia del sepulcro.

Abrazaron sus pies (28:9). Este es un detalle importante porque, según la creencia judía, los espíritus no tienen pies.[18]

Decid vosotros: Sus discípulos vinieron de noche, y lo hurtaron (28:13). Irónicamente, la historia que los líderes judíos trataron de impedir en su momento (27:64) ahora la inventan.

A Galilea, al monte donde Jesús les había ordenado (28:16). Se desconoce el lugar exacto, quizás el monte de la Transfiguración (17:1-8) o el lugar del Sermón del monte (5:1-8:1). El A. T. está lleno de historias de encuentros divinos en los montes (p. ej., con Abraham, Moisés, Elías).

Pero algunos dudaban (28:17). La misma palabra griega traducida como "dudaban" aparece en 14:31 y significa "vacilar" (cuestionar algo) o "titubear" (estar inseguro sobre el curso de una acción).

Por tanto, id, y haced discípulos a todas las naciones (28:19). El único imperativo en la llamada Gran comisión es el mandato de "haced discípulos". La palabra griega traducida como "id" es un participio aoristo, que significa más literalmente, "después de ir". Anteriormente, Jesús ordenó a sus discípulos que fueran solo a las "ovejas perdidas de la casa de Israel" (10:5-6). Después de la resurrección, que es la prueba de que "toda potestad me es dada en el cielo y en la tierra" (28:18), Jesús extendió la misión de sus seguidores para hacer discípulos de todas las "naciones", utilizando una palabra griega que también puede traducirse como "gentiles".

Enseñándoles que guarden todas las cosas que os he mandado (28:20). Los rabinos hacían discípulos enseñándoles su interpretación de la Torá. Jesús instruyó a sus seguidores para que hicieran discípulos enseñando sus mandamientos, lecciones sobre el discipulado que se remontan al Sermón del monte.

Yo estoy con vosotros todos los días, hasta el fin del mundo (28:20). Aquí está el cumplimiento de la promesa, hecha al principio del Evangelio de Mateo, de que Jesús sería Emanuel, "Dios con nosotros" (1:23).

— Mateo
— **Marcos**
— Lucas
— Juan
— Hechos
— Romanos
— 1 Corintios
— 2 Corintios
— Gálatas
— Efesios
— Filipenses
— Colosenses
— 1 Tesalonicenses
— 2 Tesalonicenses
— 1 Timoteo
— 2 Timoteo
— Tito
— Filemón
— Hebreos
— Santiago
— 1 Pedro
— 2 Pedro
— 1 Juan
— 2 Juan
— 3 Juan
— Judas
— Apocalipsis

Marcos

JAMES R. EDWARDS

Introducción. Marcos, el más corto de los cuatro Evangelios, ha sido considerado tradicionalmente como un resumen inferior del Evangelio de Mateo. Sin embargo, desde principios del siglo XIX, un cuidadoso análisis literario de los Evangelios ha llevado a la mayoría de los estudiosos a concluir que Marcos es probablemente el más antiguo de los Evangelios y también la fuente primaria de Mateo y Lucas. Este cambio de perspectiva ha dado lugar a una renovada atención e investigación sobre el segundo Evangelio en los tiempos modernos.

Marcos no identifica en ninguna parte a su autor ni el momento de su redacción. No obstante, testigos antiguos y de renombre, como Papías, Clemente de Alejandría, Orígenes y Eusebio, atestiguan que el segundo Evangelio procede de Juan Marcos. Juan Marcos era el hijo de María en cuya casa se reunía la iglesia primitiva en Jerusalén (Hechos 12:12). Ayudó en el primer viaje misionero de Pablo (Hechos 12:25; 13:4, 13) y más adelante viajó con Bernabé (Hechos 15:37-41). Las referencias posteriores del N. T. lo sitúan en compañía de Pablo (Col 4:10; Flm 24; 2 Ti 4:11) y de Pedro (1 P 5:13). Según Papías, Marcos compuso su Evangelio mientras estaba al servicio de Pedro en Roma, cuya predicación fue la fuente principal de su Evangelio. El Evangelio debe haber sido escrito después del año 64 d. C., cuando Pedro llegó a Roma, pero probablemente antes de la caída de Jerusalén en el año 70 d. C., ya que el capítulo 13, que refleja algunos aspectos de la primera revuelta judía, no parece reflejar la caída de Jerusalén.

El público principal de Marcos eran los gentiles romanos, como indican las citas poco frecuentes del A. T., las explicaciones de costumbres judías desconocidas para los gentiles (7:3-4; 12:18; 14:12; 15:42), las traducciones de

Muchos estudiosos creen que el Evangelio de Marcos fue escrito para los lectores gentiles de Roma. El centro de la actividad política y religiosa romana era el Foro Romano, que se muestra aquí.

frases arameas y hebreas por equivalentes griegos (3:17; 5:41; 7:11, 34; 10:46; 14:36; 15:22, 34) y los latinismos frecuentes.

El segundo Evangelio está lleno de acción, retratando a Jesús por lo que hace más que por lo que enseña o por lo que Marcos declara sobre él. Marcos escribe con un estilo poco recargado, aunque vívido, y mantiene un ritmo vigoroso en todo momento. Marcos se inmiscuye en la trama narrativa solo cuando es necesario para establecer el significado de un punto oscuro (p. ej., 3:30; 7:19). Las técnicas literarias de Marcos incluyen el uso de la ironía para desafiar las falsas ideas preconcebidas sobre Jesús y el reino de Dios. Marcos también comunica el significado colocando las historias una al lado de la otra para compararlas e ilustrarlas (p. ej., 4:35-41 seguido de 5:1-20). La técnica del "sándwich" de Marcos, especialmente única entre los Evangelios, consiste en insertar una historia aparentemente no relacionada en medio de un relato para dar a entender un tercer punto (3:20-35; 4:1-20; 5:21-43; 6:7-30; 11:12-21; 14:1-11, 17-31, 53-72; 15:40-16:8).

Los dos temas principales de Marcos son quién es Jesús y qué significa ser su seguidor. La característica principal que Marcos quiere transmitir sobre Jesús es su condición de hijo divino. Como Hijo de Dios, Jesús recibió la autoridad divina en su bautismo (1:9-11) para enseñar, sanar, ministrar e incluso sufrir. Su autoridad queda ilustrada al hacer lo que solo Dios puede hacer: perdonar los pecados (2:10), redefinir el día de reposo (2:27-28) y sojuzgar la naturaleza conforme a su voluntad (4:35-41). La revelación suprema de Jesús como Hijo de Dios se produce en la crucifixión. Allí "da su vida en rescate por muchos" (10:45) y es confesado por primera vez por la humanidad como Hijo de Dios (15:39).

Lo que Jesús es determina lo que sus discípulos deben ser. Los seguidores de Jesús deben compartir su destino: como Jesús está con el Padre, los discípulos deben estar con Jesús (3:13); como Jesús sirve con humildad y sufrimiento, sus discípulos deben negarse a sí mismos, tomar su cruz y seguirle (8:34). Al confesar y seguir a Jesús, los discípulos lo conocen y se asemejan a él.

La predicación de Juan el Bautista inaugura el ministerio de Jesús (1:1-8)

Evangelio (1:1). "Evangelio" puede utilizarse en tres sentidos distintos: (1)

el mensaje de salvación que trajo Jesús, (2) el resumen de ese mensaje que enseña la iglesia y (3) un relato escrito de la vida de Jesús, como el Evangelio de Marcos.

Marcos utiliza "evangelio" en el versículo 1 con referencia a los dos primeros sentidos: el evangelio como historia de salvación traída por Jesús y proclamada por la iglesia. La palabra griega para "evangelio" (*euangelion*) significa literalmente "buena noticia". En la traducción griega del A. T. (1 S 31:9; 1 Cr 10:9; 2 S 1:20; 4:10; 18:19-20, 26) y en la literatura griega, euangelion (y el verbo *euangelizō*) a menudo significaba noticia victoriosa del campo de batalla. El cumpleaños de César Augusto (63 a. C.-14 d. C.) fue igualmente aclamado como "el comienzo de la buena noticia [*euangelion*] para el mundo". El mundo grecorromano solía utilizar la palabra en plural, "buenas noticias", pero el N. T. la usa en singular con referencia solo a Jesucristo. Marcos utiliza euangelion en su sentido profético (cf. Is 52:7; 61:1-3) de la irrupción de la intervención salvadora de Dios de paz, la buena noticia y la liberación de la opresión para el pueblo de Dios.

Jesús (1:1). "Jesús" es una forma castellanizada del nombre hebreo *Yeshua*, que significa "YHWH es salvación" o "YHWH salva". Era el sexto nombre más común entre los judíos varones palestinos del primer siglo.

Cristo (1:1). Ver los comentarios en Marcos 8:29.

Hijo de Dios (1:1). Ver los comentarios en Marcos 15:39.

Desierto (1:4). El desierto se refiere a las tierras baldías áridas de Judá, que en la historia de Israel fue un lugar de prueba y de arrepentimiento y gracia. Dios liberó a su pueblo en el desierto de Sinaí (Ex 15:22) y a partir de entonces el desierto se convirtió en un símbolo de esperanza en la proclamación profética (Jer 2:2-3; Oseas 2:14). Juan apareció en la misma región del desierto asociada a Elías (2 Reyes 2:6-14), cumpliendo así los prototipos mosaicos en un nuevo éxodo y los prototipos proféticos del nacimiento del día del Señor.

Jesús viajó por toda Galilea realizando milagros de sanación y enseñando en las sinagogas. Otros Evangelios recogen más detalles sobre este ministerio en Capernaum; su sinagoga era uno de los lugares donde se realizaban estas actividades. Aquí se muestra el interior restaurado de la sinagoga de Capernaum (siglos IV-V d. C.). Debajo hay restos de lo que muchos creen que es la sinagoga del siglo I d. C.

Bautismo (1:4). La palabra griega para "bautizar" (*baptizō*) significa "sumergir completamente o inmersión". Los ritos de baños y lavamientos rituales eran conocidos en todo el antiguo Cercano Oriente, incluido el judaísmo precristiano, donde los lavamientos rituales simbolizaban el arrepentimiento y la limpieza del pueblo de Dios.[1] Los lavamientos rituales antes de la adoración (miqvot) eran un elemento constitutivo del judaísmo, especialmente en Qumrán, cerca del mar Muerto, donde simbolizaban la limpieza escatológica de Dios.[2] Juan llamaba a las personas al bautismo como símbolo de regeneración moral y espiritual. Sin embargo, el bautismo de Juan no era una repetición evidente de los lavamientos judíos. Los baños de Miqvot y Qumrán eran autolavamientos; el bautismo de Juan era administrado por una segunda persona. El bautismo prosélito era una iniciación en una comunidad de fe; el bautismo de Juan significaba una renovación moral y espiritual. Los lavamientos de Qumrán se administraban en la comunidad; Juan bautizaba en el río Jordán. El bautismo de Juan recordaba y revivía el pacto fundacional de Dios con Israel en Sinaí, convocando a todo el pueblo a ser "un reino de sacerdotes, y gente santa" (Ex 19:6; cf. 1 P 2:9).

Arrepentimiento (1:4). La palabra griega para "arrepentimiento" (metanoia) significa "un cambio en el pensamiento de uno", lo que connota una decisión racional y un acto voluntario en oposición a un sentimiento emocional. Al igual que los profetas que le precedieron, Juan llamó al pueblo a apartarse del pecado y a mostrar "frutos" de transformación moral (Mt 3:8; Lucas 3:8) en preparación para el inminente juicio de Dios.

Juan estaba vestido de pelo de camello, y tenía un cinto de cuero... comía langostas y miel silvestre (1:6). La vestimenta de Juan no era más típica en su época que en la nuestra. Más bien recordaba la de un profeta (Zac 13:4), especialmente el "manto de piel y... el cinturón de cuero atado a la cintura" de Elías (2 Reyes 1:8 NVI). El consumo de langostas estaba incluido en las normas dietéticas judías (Lv 11:22).[3] Aunque son extrañas al gusto occidental moderno, las langostas (o saltamontes) tienen un alto contenido en proteínas y minerales. La dieta y la vestimenta de Juan lo identificaban con la región del desierto (1:4) más que con el templo y su culto en Jerusalén. La crítica intrépida de Juan a Herodes Antipas (6:18) también recordaba el enfrentamiento de Elías con el rey Acab (1 Reyes 18:17-18) y la renovación del pacto de Dios con Israel en el monte Carmelo (1 Reyes 18:30-45).

El bautismo y la tentación de Jesús (1:9-13)

Nazaret (1:9). Ver los comentarios en Marcos 6:1.

Galilea (1:9). En los tiempos del A. T. Galilea estaba habitada por las tribus de Zabulón y Neftalí. Albergaba una población mixta de judíos y gentiles, y a partir de la época de Isaías se le llamó Galilea de los gentiles. Tras la muerte de Herodes el Grande en el año 4 a. C., los romanos dividieron el gobierno de Palestina en regiones más pequeñas, llamadas tetrarquías, cada una de ellas asignada a uno de los varios hijos de Herodes. Galilea y Perea (la región al este del río Jordán) se consolidaron bajo la tetrarquía de Herodes Antipas. Prácticamente todo el ministerio de Jesús se llevó a cabo en Galilea, principalmente a lo largo del cuadrante noroeste del mar de Galilea, con excursiones ocasionales al este del mar en la Decápolis. Ningún texto de los cuatro Evangelios informa de una visita de Jesús al cuadrante suroeste del mar de Galilea, ni a las dos principales ciudades de Galilea, Tiberias y Séforis.

Bautizado por Juan en el Jordán (1:9). El Jordán, el único río importante de Israel, fluye aproximadamente setenta millas entre el mar de Galilea y el mar Muerto. Serpentea por el valle del Jordán, produciendo un estrecho margen de tierra verde y fértil a lo largo de sus orillas, pero dejando un desierto árido más allá. Los Evangelios no proporcionan un lugar exacto donde Juan bautizaba en el Jordán.

Satanás (1:13). La palabra hebrea para "Satanás" significa literalmente "acusador, adversario", que en el N. T. designa al enemigo personal y sobrenatural de Dios. El otro nombre para el adversario de Dios, "diablo", no es utilizado por Marcos, aunque aparece con igual frecuencia en el N. T. Satanás y sus "demonios" subordinados se oponen al reino de Dios, especialmente cuando se manifiesta en el Hijo de Dios, Jesús (1 Juan 3:8). En el Evangelio de Marcos, el primer milagro de Jesús (1:21-28) y su primera parábola (3:27) se presentan como ofensivas contra "el fuerte", Satanás.

El ministerio inicial de Jesús en Galilea (1:14-45)

Reino de Dios (1:15). El concepto de reino o reinado de Dios comenzó inicialmente con la comprensión que tenía Israel de Dios como rey, creador y gobernante de este mundo (Ex 15:18; 1 S 12:12; Sal 5:2). El éxodo de Egipto y la entrega de la Torá fueron expresiones formativas del gobierno de Dios sobre Israel como pueblo. La venida prometida del Me-

Jesús fue bautizado por Juan en el río Jordán. La sección del río Jordán que se muestra aquí, el lugar tradicional del bautismo de Jesús, está cerca de Betania, más allá del Jordán.

sías de Dios en el futuro restauraría final y plenamente el reino de Dios.

Las concepciones judías del reino de Dios solían incluir o excluir a la humanidad del reino en función de la obediencia a la Torá. No obstante, Jesús no habla del reino como resultado del esfuerzo humano o del desarrollo evolutivo. En el Evangelio de Marcos, Jesús no habla de Dios como rey, sino de entrar en el reino como sus discípulos. El reino es un misterio (4:11) que no es explicado, sino que es expresado en términos de similitudes, analogías o parábolas (4:26, 30). El reino está actualmente oculto, pero en el futuro se manifestará con poder y gloria (9:1; 14:25, 62). La elección de entrar en el reino no puede posponerse hasta su futura victoria, sino que debe hacerse sobre la base de la palabra y la promesa de Jesús. El reino reordena las prioridades existentes: los ricos y los poderosos serán admitidos solo con gran dificultad (10:23-25), pero los de humilde sinceridad, especialmente los pobres, los contritos y los forasteros, incluso los niños, encontrarán fácil admisión (10:14-15; 12:34). El reino no solo es la sustancia de la enseñanza de Jesús (1:15), sino que también se identifica de la manera más estrecha posible con su propia persona y ministerio.

Mar de Galilea (1:16). El nombre del mar de Galilea en hebreo es *Kinneret*, que significa "arpa", lo cual describe su forma general. Esta masa de agua, que se encuentra a setecientos pies bajo el nivel del mar, tiene trece millas de longitud de norte a sur y siete millas de diámetro en su eje más ancho de este a oeste. La orilla oriental se eleva hasta las montañas de los Altos del Golán en la Decápolis gentil, con pendientes más suaves en la orilla oriental judía. En la época de Jesús, este lago tenía hasta dieciséis puertos a lo largo de su línea costera y el pescado del lago era enviado a los mercados de Egipto, al sur, y de Siria, al norte. La confluencia del aire caliente que subía de la superficie del lago y el aire frío que descendía de la cima del monte Hermón, a veinte millas al norte, provocaba a menudo fuertes tempestades en el lago. En cuanto a la propia Galilea, ver los comentarios en Marcos 1:9.

Echaban la red (1:16). El verbo griego traducido como "echar una red" (*amphiballō*) significa "lanzar alrededor". El verbo se refiere a una red circular particular (amphiblēstron [Mt 4:18]) que tenía aproximadamente veinte pies de diámetro y estaba lastrada con piedras o metal en el perímetro que era utilizada por los pescadores en el mar de Galilea. Un solo pescador recogía la red en la parte superior de su brazo y, con un movimiento de lanzamiento de disco, la lanzaba hacia fuera sobre el agua, en la que aterrizaba como un paracaídas. La red que se hundía atrapaba a los peces dentro de su circunferencia. Después, el pescador se zambullía en el fondo del lago, recogía los lastres y jalaba la red y su pesca hasta la orilla.

Capernaum (1:21). Jesús estableció Capernaum, en la orilla noroeste del mar de Galilea, como base de su ministerio en Galilea. Dos de sus discípulos (Pedro y Andrés) vivían en Capernaum, que se encontraba en la vía Maris, la ruta comercial que conectaba la llanura costera del Mediterráneo con Damas-

Sinagoga y casa tradicional de Pedro en Capernaum.

co en el norte. Capernaum estaba fuera de las órbitas inmediatas de las ciudades más grandes de Galilea: Séforis, Bet-sán y, sobre todo, Tiberias, donde Herodes Antipas situaba su capital, lo que permitía a Jesús tener un margen de distancia de los líderes políticos y religiosos galileos (1:14; 6:14-29).

Capernaum era una ciudad fronteriza entre las tetrarquías de Felipe y Herodes, y el lugar de una cabina de aduanas (2:14) y una pequeña guarnición del ejército romano (Lucas 7:2). El puerto de Capernaum consistía en un dique de ocho pies de ancho que se extendía 2 500 pies a lo largo de la orilla, desde el cual los muelles perpendiculares se adentraban cien pies en el lago. Los habitantes de Capernaum eran principalmente judíos que, además de pescadores, eran artesanos, agricultores, mercaderes, comerciantes y funcionarios relacionados con la cabina de impuestos y la guarnición militar. La ubicación de Capernaum en el mar de Galilea y en la vía Maris le proporcionaba un grado de prosperidad envidiable.

Sinagoga (1:21). A diferencia del templo de Jerusalén, donde los sacerdotes sacrificaban animales, las sinagogas eran "salas de reunión" donde se leía y exponía la Torá (ver el artículo "La sinagoga judía"). Las sinagogas se encontraban en todo el mundo mediterráneo donde había diez o más varones judíos de trece años o más. La sinagoga de piedra caliza blanca que ven los visitantes actuales de Capernaum data del siglo IV y no es la que visitó Jesús. Sin embargo, la hilera de piedras de basalto visible bajo la sinagoga del siglo IV es la base de la sinagoga en la que Jesús adoraba.

Una sinagoga era oficiada por un "jefe de la sinagoga" (Hebr. r*osh hakkenesset*),[4] que no era un escriba o rabino de profesión, sino un miembro laico encargado de la supervisión general de la sinagoga y de la ortodoxia de la enseñanza. Sus responsabilidades incluían el mantenimiento y la seguridad del edificio, la obtención de rollos para la lectura de las Escrituras, la supervisión de la adoración en el Shabbat (incluyendo la designación de los lectores de las Escrituras, las oraciones y los predicadores) y quizás la enseñanza de los niños judíos. En Marcos 5:22 (también en Hechos 13:15) se habla de los principales de la sinagoga en plural, lo que sugiere que la responsabilidad en algunas sinagogas requería más de un oficial.

Días de reposo (1:21). Ver los comentarios en Marcos 2:23.

Escribas (1:22). Antes de la llegada de la alfabetización generalizada, los escribas eran muy solicitados en el mundo antiguo. Eran especialmente requeridos en Israel, donde el código escrito de la Torá constituía la base de la vida judía. Los escribas judíos aparecen por primera vez en el reinado del rey David como secretarios y registradores de los acontecimientos relacionados con la monarquía (2 S 8:16-17; 20:24-25; 1 Reyes 4:3). En el judaísmo posexílico, los escribas adquirieron una prominencia y una autoridad incomparables en la comunidad judía como expertos en la interpretación de la Torá (Esdras 7:6, 11), maestros de la Torá y juristas legales en el sentido amplio del término. "Rabino", que significa "mi gran", era un título honorífico de muchos escribas. El prestigio de los escribas superaba en ocasiones al del sumo sacerdote[5] y solo los escribas podían entrar en el Sanedrín. Los escribas eran muy honrados en la época de Jesús: se sentaban en los primeros asientos de las sinagogas, las personas se ponían de pie cuando entraban en una habitación y la gente les abría paso cuando caminaban por las calles.

Casa de Simón y Andrés (1:29). A no más de cien yardas de la sinagoga de Capernaum hay una estructura (sobre la cual los franciscanos han erigido una iglesia moderna que se asemeja a un platillo volador) que con bastante certeza fue la casa de Simón (Pedro). La casa pertenece a lo que los arqueólogos llaman una estructura "ínsula", en la que las viviendas dan a un patio interior al que se accede por una puerta desde la calle. Las escaleras conducían a las azoteas de las viviendas desde un patio central, que también contenía chimeneas comunes, prensas de mano, piedras de molino para moler el grano y zonas para guardar los animales. Los pesados muros de basalto negro estaban reforzados por vigas horizontales de soporte para el techo. Estas estaban cruzadas por postes más pequeños y cubiertas con paja y barro (de ahí la referencia a "haciendo una abertura" [Marcos 2:4]). Las azoteas funcionaban de forma muy parecida a las cubiertas actuales, ya que ofrecían un alivio de las húmedas habitaciones interiores, acceso al aire fresco y un lugar para secar la ropa, comer y orar (Hechos 10:9). Los arqueólogos han descubierto grafitis en griego, latín, siríaco y arameo grabados en los muros de la supuesta vivienda de Pedro, lo que indica que fue venerada como lugar de reunión cristiana, y quizá como iglesia, desde el año 100 d. C. aproximadamente.

Echó fuera muchos demonios... no dejaba hablar a los demonios (1:34). Los demonios y los exorcismos desempeñan un papel importante en la primera mitad del Evangelio de Marcos. Marcos describe el poder de Jesús sobre los demonios de acuerdo con la descripción del día del Señor en Zac 13:2, en el que las obras y actividades de Satanás son vencidas. El primer milagro de Jesús en el Evangelio de Marcos es un exorcismo (1:34) y su primera parábola trata de atar al "hombre fuerte", el propio Satanás (3:27), ambos atestiguan su supremacía sobre el poder satánico. Los demonios reconocen a Jesús como Hijo de Dios antes que sus discípulos, porque ellos, como Jesús, pertenecen al mundo espiritual. Se pueden sugerir tres razones por las que Jesús prohibió a los endemoniados que le dieran a conocer. En primer lugar, Jesús rechazó cualquier anuncio de su persona y misión por parte de quienes se oponían al reino de Dios, incluidos los demonios. En segundo lugar, era necesario que Jesús silenciara las declaraciones mesiánicas sobre sí mismo, ya que "Mesías" tenía una connotación de liberación militar para los oyentes judíos y Jesús no era un libertador militar (ver los comentarios en Marcos 8:29).

Tales connotaciones eran inapropiadas para su misión e invitarían a una rápida represalia por parte de la ocupación romana. En tercer lugar, y sobre todo, el mandato de silencio estaba arraigado en el perfil del siervo del Señor del A. T., del que Jesús tomó conscientemente como modelo para su ministerio (Mt 12:15-21). El misterio de la misión, la influencia y el poder del siervo se caracteriza por la ocultación (Is 49:2). La fe de los discípulos de Jesús no puede ser evocada a través de los milagros y el poder, sino solo a través de la humildad y, en última instancia, del sufrimiento.

Un leproso (1:40). La lepra era una enfermedad de la piel muy frecuente en la Palestina del siglo I que, como todas las enfermedades de la piel, era difícil de diagnosticar y de curar. Como consecuencia, se convirtió en objeto de superstición y temor. Levítico 13-14 se lee como un antiguo manual de dermatología, en el que se expone el concepto que tenía el A. T. de las enfermedades de la piel. Además de la enfermedad física en sí, la lepra conllevaba una serie de consecuencias sociales punitivas como estigma social, que desterraba a las víctimas de sus ocupaciones y comunidades primarias de familia, hogar, amigos y adoración. En Israel, las víctimas necesitaban ser limpiadas de la lepra, así como curadas de ella (p. ej., Mt 11:5). El término hebreo traducido como "lepra" (*tsaraat*) incluía, además de la lepra, otras enfermedades de la piel como los abscesos (Lv 13:18 NVI), las quemaduras (Lv 13:24), los picores, la tiña y las afecciones del cuero cabelludo. El A. T. suele hablar de la lepra en términos de castigo divino, que solo Dios podía curar (Nm 12:10-15; 2 Reyes 5:1-15). La Torá exigía que los leprosos se hicieran físicamente repugnantes y se mantuvieran a cincuenta pasos de distancia de los demás, y que advirtieran a los demás de su presencia gritando: "¡Impuro!" (Lv 13:45-46 NVI)

Cinco historias que muestran la autoridad de Jesús (2:1-3:12)

Estaba en casa (2:1). En cuanto a las casas palestinas, ver los comentarios en Marcos 1:29.

Se juntaron muchos (2:2). La multitud desempeña un papel especialmente importante en el Evangelio de Marcos, ya que es mencionada casi cuarenta veces antes del capítulo 10. Con frecuencia se describe a la multitud como "asombrada" por las palabras y las acciones de Jesús, y aunque es objeto de la compasión de Jesús, no responde con arrepentimiento y fe, según Marcos (1:15). La mayoría de las veces impide que el pueblo tenga acceso a Jesús. Por ello, Marcos no considera la popularidad de Jesús entre la multitud como una medida de su éxito. Tras la enseñanza de Jesús sobre el sufrimiento en Cesarea de Filipo, la multitud aparece con menos frecuencia en Marcos, por lo que encaja en la categoría de los que no están dispuestos a "tomar su cruz y seguirle". Como son "forasteros", Jesús enseña a la multitud en parábolas (p. ej., 4:33-34; 7:17).

Descubrieron el techo... haciendo una abertura (2:4). Ver los comentarios en Marcos 1:29.

Hijo del Hombre (2:10). "Hijo del Hombre" era la autodenominación preferida de Jesús (catorce veces en Marcos), pero nadie más que Jesús se dirige a él de esta manera. Era un título ambiguo, que se libraba en gran medida de las connotaciones políticas y militares asociadas al "Mesías". "Hijo del Hombre" no parece haber suscitado ningún reclamo especial en los oyentes de Jesús, pues el pueblo no se asombra ni se ofende que se llame a sí mismo Hijo del Hombre. Por lo tanto, "Hijo del Hombre" ofrece la ventaja de ser un título libre de asociaciones no deseadas, lo que permite a Jesús llenar el título con su propio contenido. En el Evangelio de Marcos, "Hijo del Hombre" aparece con referencia a Jesús de tres maneras. En primer lugar, Marcos utiliza tres veces "Hijo del Hombre" en contextos apocalípticos (8:38; 13:26; 14:62), que, al igual que su uso en Dn 7 y 1 *Enoc* 37-69, se refiere al Hijo del Hombre que vendrá en un juicio futuro. En segundo lugar, Marcos utiliza el título en dos ocasiones para referirse a la autoridad terrenal de Jesús para perdonar los pecados (2:10) y para sustituir el día de reposo (2:28). En tercer lugar, y lo más importante, Marcos utiliza el título nueve veces con referencia al sufrimiento de Jesús, a menudo con su significado salvador (8:31; 9:9, 12, 31; 10:33, 45; 14:21 [dos veces], 41). Estos usos demuestran que "Hijo del hombre" no se refiere, como se suele suponer, a la naturaleza humana de Jesús en lugar de a su naturaleza divina (ver los comentarios en Marcos 15:39). Más bien, cada uno de los tres usos se refiere a un atributo divino o al cumplimiento de un propósito divino.

Recaudadores de impuestos (2:15 NVI). El sistema tributario romano era un elemento complejo pero esencial en la subyugación romana de Palestina. Los impuestos fijos (impuestos electorales) y los impuestos sobre la tierra se pagaban directamente a los romanos, pero otros impuestos (sobre las mercancías transportadas, por ejemplo) eran encargados a agentes locales para su recaudación, la mayoría de los cuales eran judíos dispuestos a hacer negocios con gentiles. Las personas que llegaban a Capernaum desde las regiones del norte y del este pagaban los tributos a agentes como Leví, contratado por Herodes Antipas, tetrarca de Galilea y Perea. Dichos agentes eran intermediarios del Imperio romano que obtenían ganancias cobrando de más a los galileos y quedándose con el dinero sobrante. El sistema tributario romano era odiado por los judíos sometidos a él, entre otras cosas porque atraía a individuos que no eran reacios al soborno y la codicia. El Mishná y el Talmud desprecian a los recaudadores de impuestos, prohibiéndoles la entrada a la sinagoga, descalificándolos como testigos legales o jueces, y considerándolos una vergüenza para las familias.[6] Cualquier contacto de un recaudador de impuestos con una casa la convertía en impura.[7] No era aceptable para los judíos recibir dinero o incluso limosnas de los recaudadores de impuestos, porque tales ingresos eran considerados un robo. La desgracia a la que el Mishná relega a los recaudadores de impuestos se manifiesta al permitir que los judíos les mientan con impunidad.[8] Jesús es el único rabino judío conocido que trató a los recaudadores de impuestos con caridad e incluso en ocasiones los utilizó como ejemplos de virtud (Lucas 18:9-14).

Monedas del reinado de Herodes Antipas.

Come con recaudadores de impuestos y con pecadores (2:16 NVI). El desprecio por los recaudadores de impuestos descrito en los comentarios del versículo 2:15 obviamente excluía a los recaudadores de impuestos de la comunión en la mesa con los judíos observantes.

Al igual que la oración, la comunión en la mesa era considerada por los judíos como una comunión de confianza y compañerismo, y normalmente era negada a quienes no eran observantes de la Torá. El Mishná clasifica a varios tipos de personas como "pecadores", incluidos los ladrones, los pastores, los individuos violentos, los prestamistas, las personas que hacen carreras de animales por deporte y por dinero, y los que no observan el Shabbat.[9] Como personas ritualmente impuras, se creía que los recaudadores de impuestos y los pecadores contaminaban tanto la comida como a los comensales en las cenas. La disposición de Jesús a cenar con recaudadores de impuestos y pecadores era extraña y ofensiva para los rabinos judíos y, junto con la sanación que hizo en el Shabbat, una de las principales causas de la oposición de las autoridades judías a él.

Fariseos (2:18). Ver el artículo "Fariseos y saduceos". El nombre Fariseos probablemente significa "separados" o "santos". La secta farisea surgió durante la revuelta macabea (168 a. C.), cuando los judíos lanzaron una ofensiva militar contra las incursiones del helenismo, es decir, los intentos, ya sean directos o sutiles, de transformar el judaísmo a los ideales grecorromanos. Los fariseos buscaban ante todo ser guardianes de la Torá, que, como expresión perfecta de la voluntad de Dios, era el árbitro divino de la existencia humana.[10] La principal preocupación de los fariseos era la rectitud de la Torá y no una agenda política particular; de hecho, generalmente eran apolíticos mientras se les permitiera seguir la Torá. Uno no se ganaba la vida siendo fariseo. Más bien, el fariseísmo era un movimiento laico, es más, constituía una pequeña minoría que podría haber contado con unas seis mil personas en la época de Jesús,[11] lo que habría supuesto aproximadamente el 1 % de los judíos de Palestina. No obstante, los fariseos superaban a otros partidos judíos tanto en número como en influencia, ya fueran saduceos, herodianos, esenios o zelotes. Debido a que los fariseos eran religiosamente fervientes pero políticamente adaptables, solo ellos sobrevivieron a la primera revuelta judía contra Roma en el período comprendido entre el 66 y el 70 d. C.

La tradición religiosa de los fariseos era conocida como la "tradición de los ancianos" (Marcos 7:5) y se caracterizaba por la creencia en la soberanía de Dios, la responsabilidad humana tanto en el bien como en el mal, la resurrección corporal de los muertos y los ángeles y demonios. La adhesión escrupulosa a la Torá, tanto la escrita en el Pentateuco como la expuesta oralmente por los rabinos, era el medio para alcanzar la rectitud. Aquellos que descuidaban la instrucción de la Torá caían bajo el juicio severo de los fariseos. Aunque Jesús se oponía a muchas prácticas fariseas, en sus creencias se encontraba más cerca de ellos que de otros partidos judíos (p. ej., Mt 23:3). Según los Evangelios, la oposición de los fariseos a Jesús se produjo principalmente en Galilea, ya que los fariseos están prácticamente ausentes en los relatos de la pasión de los Evangelios (solo son mencionados una vez en Mt 27:62 y Juan 18:3) y, por lo tanto, desempeñaron un papel poco relevante en la muerte de Jesús (cf. Lucas 13:31).

Ayunaban (2:18). Junto con la observancia del Shabbat, la circuncisión, la oración y la limosna, el ayuno era un pilar principal del judaísmo. A los judíos solo se les exigía un ayuno en Yom Kipur, el Día de la Expiación (Lv 16:29-31).[12] Pero los judíos solían seguir otros tres tipos de ayuno, tal y como especifica el Mishná (tratado *Ta'anit*). Uno era el ayuno debido a tragedias nacionales, como la destrucción del templo por Nabucodonosor (Zac 7:3-7; 8:19); otro era el ayuno debido a crisis, como la guerra, la peste, la sequía y la hambruna; y un tercero era el ayuno autoimpuesto por diversas razones personales (2 S 12:16; Sal 35:13). El Yom Kipur era un ayuno de veinticuatro horas, mientras que los ayunos voluntarios duraban normalmente desde el amanecer hasta el anochecer. En la época de Jesús, los ayunos voluntarios adicionales eran prácticamente asumidos por los judíos como signos de expiación de los pecados, humillación y penitencia, y como ayudas generales a la oración. Los lunes y los jueves eran días normales de ayuno para los fariseos.[13] Los rabinos consideraban el ayuno como un importante y sacrificado acto de piedad.

Invitados de una boda (2:19 NTV). Ver el artículo "Costumbres matrimoniales judías". Jesús ilustra el discipulado con la metáfora de un banquete de bodas. Las bodas eran ocasiones especiales en la sociedad judía, que normalmente se extendían a siete días para una novia virgen y a tres días para una mujer que se había vuelto a casar. El único objetivo era que la familia y los invitados celebraran la boda con comida, vino, canciones y bailes dentro y fuera de la casa. Las bodas incluso se anticipaban a la instrucción de la Torá, exigiendo que tanto los rabinos como los estudiantes se unieran a la celebración. Cualquier idea de que "los invitados [gr. *huioi*, "hijos"] del novio" ayunaran cuando se acercaba una boda estaba fuera de lugar.

Nadie echa vino nuevo en odres viejos (2:22). En el mundo antiguo se utilizaban cueros frescos y enteros de animales (normalmente de cabra) con los agujeros del cuello y las patas cosidos como recipientes o "pieles" para almacenar

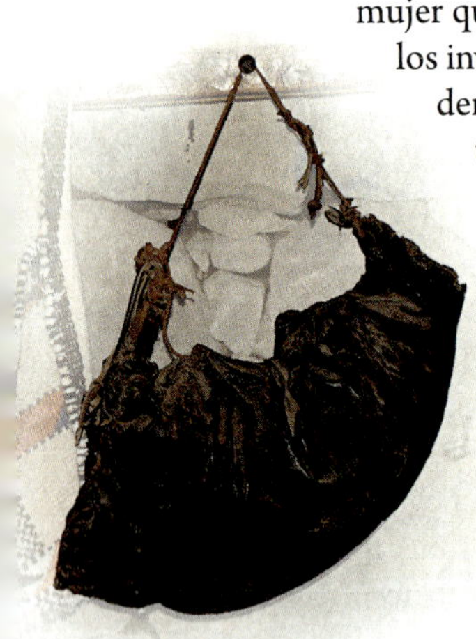

Esta es una réplica de un odre, expuesta en una casa restaurada del siglo XIX en Katzrin, en los Altos del Golán

y conservar el vino. Los cueros nuevos eran lo suficientemente flexibles como para extenderse a medida que se expandía el vino en fermentación, mientras que la presión del vino en fermentación reventaba los cueros viejos y frágiles (Job 32:19).

Día de reposo (2:23). La observancia del Shabbat, que se extendía desde la puesta de sol del viernes hasta la puesta de sol del sábado, era el elemento que más definía socialmente la vida religiosa judía. Las normas relacionadas con la observancia del día de reposo constituyen el más largo de los diez mandamientos (Ex 20:8-11; Dt 5:12-15). La distinción principal de la observancia del Shabbat es el cese del trabajo. Los judíos tenían prohibido realizar cualquier trabajo en el Shabbat que no fuera necesario para preservar la vida y tampoco debían comenzar ningún trabajo que no pudiera completarse antes del comienzo del Shabbat.[14] No solo los judíos, sino también los esclavos, los animales e incluso la vegetación (que no podía ser cortada, arrancada o desarraigada),[15] debían quedar libres de las labores en el Shabbat. La observancia del día de reposo fue instituida por Dios en el momento de la creación (Gn 2:3),[16] por lo que fue el único de los diez mandamientos entregado a los judíos antes de Moisés. El cumplimiento del día de reposo, según el Talmud, hace que uno sea partícipe junto a Dios tanto de la creación como de la salvación del mundo.[17] La comunidad esenia, que probablemente era la comunidad de judíos que vivía en Qumrán, observaba el Shabbat de forma más rigurosa que los fariseos, prohibiendo cargar a los niños, ayudar a los animales a parir o recuperar a los animales en peligro.[18] Según el Mishná, treinta y nueve tipos de trabajo están prohibidos en el Shabbat, incluyendo los agrícolas (p. ej., arar, cazar, despiezar animales) y los domésticos (p. ej., atar o desatar nudos, coser más de una puntada, escribir más de una letra).[19]

Arrancar espigas (2:23). La Torá permitía cosechar espigas del campo de un vecino si se hacía a mano y no con hoz (Dt 23:25). No está claro en el texto si Jesús y sus discípulos estaban realmente violando la Torá, a no ser que los fariseos consideraran que estaban recogiendo espigas en exceso. Sin embargo, si caminaron más de dos mil pasos, habrían violado el Shabbat al "viajar".[20]

Herodianos (3:6). El término "herodianos" solo aparece en tres referencias breves en el N. T. (Marcos 3:6; 12:13 [¿8:15?]; Mt 22:16) y, en consecuencia, su comprensión es limitada. Josefo hace una referencia a los "partidarios de Herodes [el Grande]",[21] que puede aludir a los herodianos con otro nombre. El informe de Josefo de que Herodes "mostraba un favor especial a los habitantes de la ciudad que habían estado de su lado cuando aún era plebeyo" puede ser otra referencia a los herodianos.[22] De ser así, serían simpatizantes, partidarios y adherentes de la dinastía herodiana más que un partido distinto definido por doctrinas particulares, como lo eran los fariseos, saduceos y esenios. Los herodianos aparecen en el N. T. únicamente en conexión con los fariseos, lo cual es inesperado, ya que los fariseos se oponían al helenismo con el mismo fervor que Herodes lo promovía. Los dos partidos, que en otras cir-

Ciudades y vías principales en torno al mar de Galilea

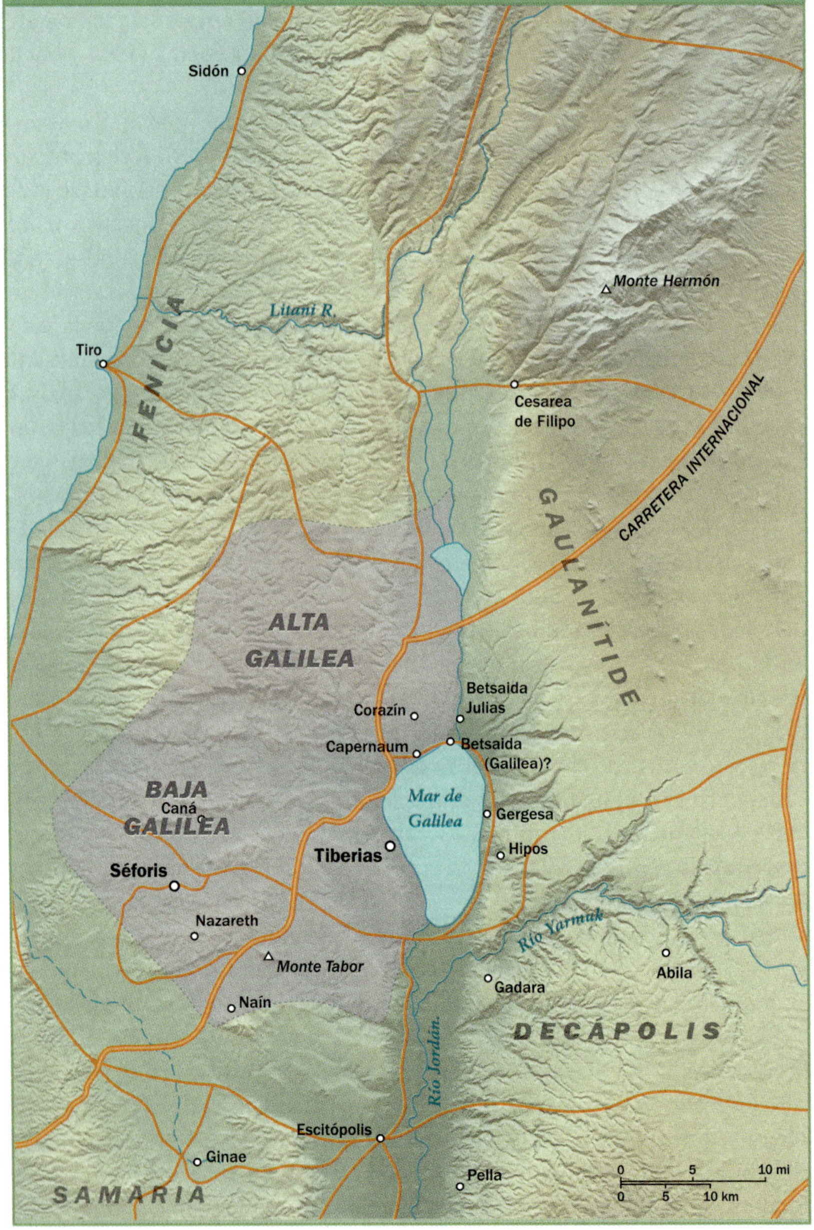

cunstancias serían antagónicos, son mencionados juntos tres veces en el N. T., lo que puede sugerir que su único denominador común era su oposición a Jesús. De ser así, su oposición era tanto política como religiosa (Marcos 6:14-29; 12:13; 15:1).

Le siguió gran multitud de Galilea. Y de Judea, de Jerusalén, de Idu-

mea, del otro lado del Jordán, y de los alrededores de Tiro y de Sidón (3:7-8). Los nombres de los lugares que aparecen aquí indican las regiones distantes a las que se extendió la fama de Jesús: no solo Galilea, donde ministraba, sino también Judea y Jerusalén (80 millas al sur), Idumea (120 millas al sur), el Jordán (30 millas al este) y Tiro y Sidón (30 millas al norte). También cabe destacar la diversidad étnica de la multitud: Judea y Jerusalén eran mayoritariamente judías; Galilea, Idumea y Transjordania eran tanto judías como gentiles; y Tiro y Sidón eran principalmente gentiles (ver Mt 11:21-22; Lucas 6:17).

El verdadero discipulado es estar con Jesús (3:13-4:34)

Designó a doce... apóstoles (3:14 NVI). La palabra griega *apostellō* ("enviar") es la raíz de la palabra castellana "apóstol". Del mismo modo, *shaliah* en hebreo significaba un "mensajero autorizado de una comunidad establecida". Ambos términos atestiguan la naturaleza misionera del evangelio. El apóstol Pablo utiliza por primera vez el término "apóstol" para referirse a un enviado a proclamar el mensaje del evangelio. Existen cuatro listas de apóstoles en el N. T. (Marcos 3:16-19; Mt 10:2-4; Lucas 6:14-16; Hechos 1:13), cada una de las cuales presenta pequeñas diferencias en el orden de los nombres o en los nombres mismos, pero coinciden en el número fijo de doce, que recuerda a las doce tribus de Israel. Es posible que Jesús haya elegido a doce apóstoles para indicar la reconstitución de Israel.

Beelzebú (3:22). El término "Beelzebú" es exclusivo de los Evangelios, pero 2 Reyes (1:2, 3, 6, 16) se refiere a un dios sirio de Ecrón llamado "Baal-zebub". El significado original de "Baal-zebub" parece haber sido "señor de la morada [= templo]", que la LXX (traducción griega del A. T. hebreo) alteró a un término despectivo, *Baal muian*, que significa "señor de las moscas", "señor del montón de estiércol". La palabra griega exacta en los Evangelios es *Beelzeboul*. *Zebul* aparece cinco veces en el A. T. hebreo (1 Reyes 8:13; 2 Cr 6:2; Sal 49:15; Is 63:15; Hab 3:11), con referencia a un templo exaltado o al propio cielo y este significado figura en los tárgumes judíos y en los Rollos del mar Muerto.[23] Por lo tanto, *Beelzeboul* probablemente signifique "morada o dinastía de Baal", lo que se ve reforzado por la referencia de Jesús a "Beelzebú" como el "señor de la casa" (Mt 10:25). Es importante recordar que en el A. T. el principal rival de la adoración a Yahveh era el culto a Baal. En la Biblia, los dioses extranjeros son llamados frecuentemente demonios (Sal 95:5 LXX [ingl. trad. 96:5]; 1 Co 10:20); aquí, de hecho, Beelzebú aparece como el archidemonio de una dinastía de espíritus malignos (Marcos 3:26). La literatura judía rara vez se refiere a Satanás y en ninguna parte por el término "Beelzebú", pero la pregunta retórica de Jesús en 3:23 equipara a los dos como "el príncipe de los demonios".

Tu madre y tus hermanos (3:32). Con respecto a la familia de Jesús, ver los comentarios en Marcos 6:3.

Comenzó Jesús a enseñar junto al mar (4:1). El terreno entre Capernaum y Tabgha desciende suavemente hasta una bahía que puede haber sido el lugar de la enseñanza de Jesús. La "bahía de las parábolas", como se la llama, es un anfiteatro natural que transmite la voz humana de forma audible a grandes multitudes en la orilla.

Les enseñaba por parábolas muchas cosas (4:2). Las parábolas son poco frecuentes en el A. T. (2 S 12:1-14; Ez 17:1-10), aunque la antigüedad grecorromana estaba familiarizada con historias y fábulas similares a las parábolas. No obstante, para Jesús las parábolas eran su forma preferida de enseñanza pública y tanto el número como la excelencia de sus parábolas no tienen comparación en la antigüedad. Hay unas sesenta parábolas diferentes en los Evangelios, la mayoría en Mateo y Lucas, otras menos en Marcos y ninguna en Juan. La palabra griega *parabolē*, de la que deriva "parábola", se refiere a la colocación de una cosa conocida junto a otra menos conocida o desconocida con el fin de aclararla.

El reino de Dios es el tema más común de las parábolas de Jesús. Sus parábolas consistían en historias de la vida ordinaria que, aunque eran familiares para sus oyentes, contenían lo inesperado e incluso lo inquietante, exigiendo a los oyentes que vieran lo ordinario bajo una nueva luz. Las parábolas son más que un buen consejo y no suelen ser historias morales. Más bien, su propósito es confrontar a los oyentes con la "buena noticia", el poder transformador de la presencia de Dios en el mundo. La mayoría de las parábolas tienen un único punto central, aunque algunas tienen cualidades alegóricas en las que varios elementos de la parábola representan realidades de la vida. Las parábolas de Jesús no pueden ser entendidas estando "fuera" de ellas, sino solo dejándose atraer "por" ellas. Las parábolas son como las vidrieras de una catedral, que son incoloras y aburridas cuando se ven desde fuera, pero brillantes cuando se ven desde dentro. La vida de Jesús es en sí misma la mayor de las parábolas y por eso es necesario conocer al Narrador de parábolas para entender las que cuenta.

En la parábola registrada en Marcos 4:1-20, el agricultor sale a sembrar semillas utilizando la técnica de la siembra al voleo, en la que se lanzan cuidadosamente puñados de semillas al aire. Este agricultor palestino de la fotografía está sembrando semillas con este método. Aunque estaban destinadas a la tierra que ya estaba cultivada o que se iba a remover con un arado, las semillas podían asentarse en cualquier lugar.

El sembrador salió a sembrar (4:3). La tierra y el clima de Palestina con su terreno montañoso, suelo rocoso, espinos y maleza, con poca lluvia y pocos ríos, hacían de la agricultura un negocio precario (Jer 4:3; Santiago 1:11). El Mishná ordena métodos de cultivo ordenados, sobre todo, no mezclar las semillas.[24] Por el contrario, la parábola de Jesús describe lo que parece ser una siembra descuidada de semillas en condiciones nada prometedoras. Sin embargo, la producción es extraordinaria para Palestina, "a treinta, a sesenta, y a ciento por uno" (Marcos 4:8; cf. Gn 26:12), lo que significa que la cosecha de la parábola es más que un mero esfuerzo humano.

A ustedes se les ha revelado el secreto del reino de Dios (4:11 NVI). La palabra griega *mysterion*, traducida aquí como "secreto", se refiere al conocimiento de Dios que no depende de las capacidades y recursos humanos, sino de la autorrevelación de Dios (Dn 2:27-28 LXX; Sab 2:22). "Es el secreto de que el reino de Dios ha llegado en la persona, las palabras y las obras de Jesús. Es un secreto porque Dios ha elegido revelarse indirectamente y de forma encubierta. El Verbo encarnado no es manifiesto. Solo la fe podría reconocer al Hijo de Dios en la humilde figura de Jesús de Nazaret. El secreto del reino de Dios es el secreto de la persona de Jesús".[25]

Una lámpara... un candelero (4:21 LBLA). Las lámparas de aceite eran la fuente de luz común y generalizada para los interiores en el mundo antiguo. La luz de una lámpara de aceite, al igual que la de una vela, requería un espacio abierto en "un candelabro" para ser más útil. En el A. T., una lámpara sirve ocasionalmente como metáfora de la actividad divina, para Dios mismo (2 S 22:29), el Mesías (2 Reyes 8:19; Sal 132:17) o la Torá (Sal 119:105). La gramática griega del versículo 21 hace que "*la* lámpara" sea el sujeto protagonista del versículo, una personificación que convierte a la lámpara en una metáfora de Jesús, que trae la luz y la revelación de Dios a quienes le escuchan (Juan 1:5; 8:12).

El poder de Jesús para salvar (4:35-6:6a)

Estaba, en la barca (4:36). En 1986, una sequía en Galilea dejó al descubierto el casco de una barca de pesca en el barro de la costa del mar de Galilea, que había retrocedido. La barca recuperada tenía 26,5 pies de largo, 7,5 pies de ancho y 4,5 pies de alto, una forma y tamaño similares a un mosaico del siglo I de una barca galilea que se ha conservado en Migdal, a una milla del lugar del descubrimiento. La tecnología del carbono 14 data los restos de la embarcación entre los años 120 a. C. y 40 d. C. La embarcación, que parece haber estado protegida por una cubierta, era impulsada por dos remeros a cada lado y podía transportar hasta quince personas. La barca corresponde a las descripciones de las embarcaciones galileas en varias representaciones artísticas antiguas y es probablemente similar a la

Una barca de pesca del siglo I descubierta sepultada en el mar de Galilea en la década de 1980.

embarcación en la que Jesús y los discípulos cruzaron el mar de Galilea.

Se levantó una gran tempestad de viento (4:37). En cuanto a las tempestades en el mar de Galilea, ver los comentarios en Marcos 1:16.

La región de los gadarenos (5:1). La parte oriental del mar de Galilea (denominada en los Evangelios de diversas maneras como región de los gerasenos, gadarenos o gergesenos) se encontraba en la Decápolis ("diez ciudades"), una referencia geográfica a una serie de ciudades al este del río Jordán; de estas ciudades, solo Bet-sán se encontraba al oeste del Jordán. Cuando Pompeyo invadió Palestina en el año 63 a. C., libró a las ciudades de la Decápolis del dominio asmoneo y las convirtió en ciudades escaparate de la cultura grecorromana.[26] Los habitantes de la Decápolis eran casi en su totalidad gentiles. La mayor parte del ejército romano estaba posicionado en la Decápolis, lo suficientemente cerca como para responder a los desórdenes, pero lo suficientemente lejos como para no enemistarse sin causa con los judíos del oeste del Jordán.

La Decápolis era una gran productora de carne de cerdo, que era un alimento básico en la dieta del ejército romano pero anatema para los judíos. La referencia a la "Legión" en 5:9 recuerda a una legión romana, la unidad más grande y temible del ejército romano, compuesta por unos cinco mil soldados bien equipados y entrenados. La asociación de la Decápolis con los gentiles, los cerdos y la ocupación romana la hacía "impura" desde la perspectiva judía.

Vino a su encuentro, de los sepulcros, un hombre con un espíritu inmundo (5:2). En las sociedades judías y paganas, los muertos eran considerados impuros tanto ritual como físicamente. En consecuencia, solían ser enterrados fuera de los pueblos y ciudades, especialmente donde había cuevas naturales o artificiales.

Estaba allí cerca del monte un gran hato de cerdos paciendo (5:11). Una cadena de montes se extiende por la ladera de la Decápolis y se encuentra con el mar de Galilea a unas dos millas al sur de Kursi/Gergesa. En el mar, la cadena se rompe en un terraplén que se ajusta a la descripción de Marcos: "los cerdos, los cuales eran como dos mil; y el hato se precipitó en el mar por un despeñadero, y en el mar se ahogaron" (5:13).

Principales de la sinagoga (5:22). Ver los comentarios en Marcos 1:21.

Una mujer que desde hacía doce años padecía de flujo de sangre (5:25). La Torá declaraba que, tras la menstruación, la mujer era impura durante siete días. Sin embargo, un flujo de sangre prolongado, como el de esta mujer, la hacía impura durante toda su duración. Los que entraban en contacto con una mujer con flujo de sangre también quedaban impuros y eran apartados hasta la noche (Lv 15:19-27). El informe de Josefo de que "el templo estaba cerrado a las mujeres durante su menstruación" indica que esta norma era seguida en la época de Jesús.[27] Irónicamente, el *toque* de Jesús que sanó a la mujer lo hizo ritualmente impuro.

Vino por detrás entre la multitud, y tocó su manto (5:27). A los varones judíos se les exigía "hacer borlas al borde de su ropa y atarlas con un cordón azul", con el propósito de que "os acordéis de todos los mandamientos de Jehová, para ponerlos por obra" (Nm 15:38-39). La referencia a la mujer que toca el manto de Jesús en el versículo 27 puede referirse a tocar las borlas de su manto, lo que, además de significar que Jesús es un judío observante, puede indicar que la mujer lo asocia con el Dios de Israel.

Los que lloraban y lamentaban mucho (5:38). Las costumbres funerarias del judaísmo del primer siglo exigían recurrir a los servicios de un gremio profesional de plañideras. El rabino Judá, que vivió un siglo después de Jesús, instruyó lo siguiente: "Incluso la persona más pobre de Israel debe contratar al menos a dos flautistas y a una plañidera".[28] El féretro era acompañado desde la morada hasta la tumba por los aplausos y los lamentos de las plañideras.

Jesús... vino a su tierra (6:1). Aunque Marcos no especifica la ciudad natal de Jesús, las referencias en 1:9 y especialmente en 6:3 implican que Jesús vino de Nazaret. Nazaret era una ciudad común y corriente en Israel, que no se menciona en el A. T., ni en Josefo, ni en la literatura rabínica, ni en el Mishná, ni en el Talmud. En el N. T. solo se menciona doce veces y no es hasta Julio Africano, que escribió casi dos siglos después del nacimiento de Jesús, que un escritor cristiano menciona a Nazaret. Hasta el reinado de Constantino (325 d. C.) no hay evidencia de una iglesia en Nazaret. Bajo la basílica de la Anunciación y la iglesia de San José en Nazaret hay una serie de grutas que datan de la época de Jesús. Los restos que se han excavado revelan una aldea de quinientos habitantes como máximo que vivían en cuevas hechas en la ladera rocosa, cuya parte abierta estaba revestida de piedra. Nazaret era un pueblo agrícola que producía trigo, mijo, aceite, fruta, miel y vino. Aunque Nazaret era un lugar común, la ciudad escaparate de Séforis se encontraba a menos de tres millas de distancia, ofreciendo a Nazaret acceso a las principales rutas de tráfico, al comercio y a una ventana impresionante a la cultura grecorromana.

María... de Jacobo, de José, de Judas y de Simón... hermanas (6:3). En el judaísmo era inusual mencionar a la familia de un individuo, como se hace aquí con la de Jesús, con referencia a la madre y los hermanos, pero sin referencia al padre. Llamar a Jesús "hijo de María" podría haber sido un insulto, insinuando que era ilegítimo. No obstante, el A. T. ofrece unos pocos casos en los que se identifica a un hombre por una madre más conocida que su padre sin que se insinúe que es ilegítimo (p. ej., Joab, Abisai y Asael son llamados regularmente "hijos de Sarvia" [2 S 2:18], que era hermana de David [1 Cr 2:16]). Sin embargo, el judaísmo era una cultura patronímica y el nombre del padre, incluso cuando este ya no vivía, solía identificar a un hijo varón, como lo hace un apellido en la actualidad (p. ej., Lucas 4:22; Juan 6:42). El hecho de no nombrar a las hermanas de Jesús normalmente significaba, según la costumbre judía, que se habían casado con miembros de otras familias. De los cuatro hermanos nombrados, Josés ("José") y Simón desaparecen del registro, pero Jacobo sustituyó más adelante a Pedro como jefe de la iglesia en Jerusalén y Judas ("Judá") aparece como autor del libro del N. T. que lleva su nombre (Mt 13:55; Lucas 6:16; Hechos 12:17; 15:13; 21:18; 1 Co 15:7; Gl 1:19; 2:9, 12; Santiago 1:1; Judas 1).[29] En el siglo II d. C. la reverencia atribuida a María hizo que se atribuyeran a José los hermanos antes mencionados de Jesús por un matrimonio anterior, tradición que mantienen hoy el catolicismo romano y la ortodoxia. Pero el sentido común de Marcos 3:31 y 6:3 NTV, y del N. T. en general, es que los hijos nombrados o aludidos en el versículo 3 nacieron de José y María.

Jesús da testimonio a los judíos (6:6b-7:23)

Comenzó a enviarlos de dos en dos; y les dio autoridad sobre los espíritus inmundos (6:7). Tanto Jesús como la iglesia primitiva continuaron la costumbre judía de enviar a los discípulos de dos en dos (p. ej., Ec 4:9-11). Viajar en parejas era importante en varios aspectos: proporcionaba compañía, el consejo común y los diferentes dones de los dos fortalecían la unidad y aumentaba su credibilidad, ya que la Torá exigía dos testigos para establecer un testimonio válido (Dt 19:15). Conferir a los discípulos autoridad sobre los espíritus inmundos (cf. 3:15) fue una señal del comienzo del reino mesiánico. Al enviar a los doce discípulos, Jesús no los ordenó para una obra distinta de la suya, sino para continuar y realizar la obra iniciada en su propio ministerio (1:34; 3:11-12; 5:8). En 6:8-9 se ordena a los doce discípulos que vayan con un manto, el cinturón, las sandalias y el bastón en la mano, los mismos artículos que los israelitas llevaron cuando huyeron de Egipto (Ex 12:11). Estos objetos simbolizan la urgencia tanto del éxodo como de la misión de Jesús y recuerdan a los doce discípulos que deben ir libres de cargas y depender de Dios en su misión por Jesús.

Oyó el rey Herodes (6:14). Este rey, el segundo de los cuatro hijos de Herodes el Grande, tuvo un reinado prolongado sobre Galilea que se extendió desde el año 4 a. C. hasta el 39 d. C. Se llamaba Herodes Antipas y era hijo de Maltace, la cuarta de las diez esposas de Herodes el Grande. El padre de Herodías era Aristóbulo, hermanastro de Antipas, que fue asesinado por su padre, Herodes el Grande. Como nieta de Herodes el Grande (a través de su segunda esposa, Mariamne I), Herodías era por lo tanto sobrina de Herodes Antipas, con quien se casó. Herodes Antipas impulsó los magníficos programas de construcción de su padre construyendo las ciudades de Tiberias y Séforis en Galilea. Aunque también era astuto y amante del lujo, era menos dotado y también menos cruel que su padre. La referencia de Jesús a Herodes Antipas como "aquella zorra" (Lucas 13:32) atestigua el carácter astuto del rey y sus artimañas. Antipas persuadió a Herodías, la esposa de su medio hermano Herodes Felipe (no el tetrarca Felipe de Lucas 3:1), que era hijo de la tercera esposa de Herodes el Grande, Mariamne II, para que se divorciara de Herodes Felipe y se casara con él. Sin embargo, antes de casarse con Herodías,

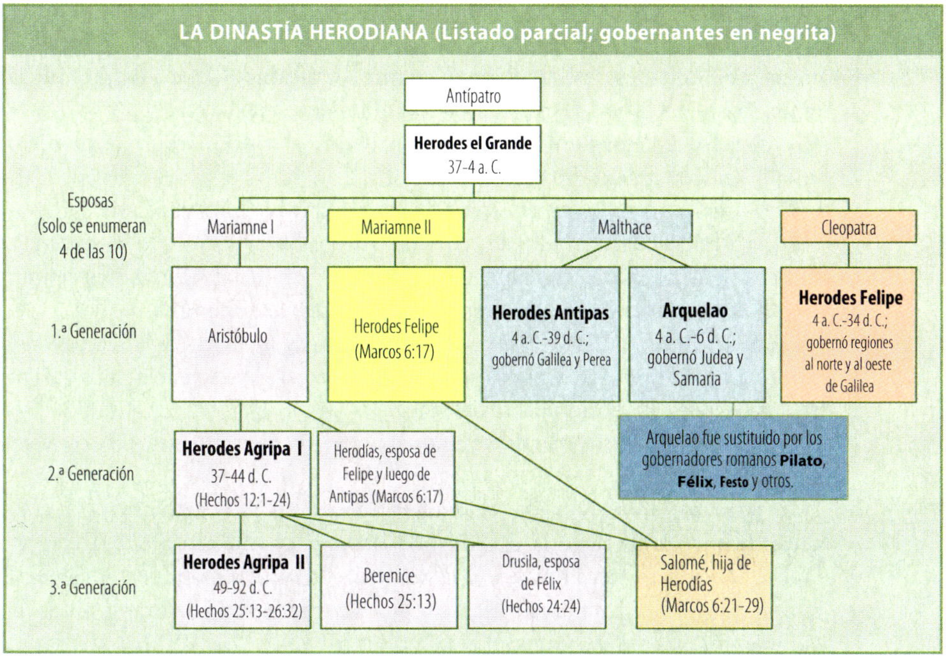

Antipas tuvo que divorciarse de su propia esposa, que era hija de Aretas, rey de Nabatea al este del mar Muerto. Este es el divorcio que denunció Juan el Bautista (Marcos 6:18). En represalia por el divorcio de Antipas de su hija, Aretas infligió una aplastante derrota a Antipas en el año 36 d. C. El reinado de Antipas terminó en el 39 d. C. cuando el emperador Calígula lo desterró a él y a Herodías a la Galia.

El guarda fue, le decapitó en la cárcel (6:27). El historiador judío Josefo también relata la ejecución de Juan por parte de Herodes Antipas.[30] Los Evangelios informan que Juan fue encarcelado y asesinado porque condenó el matrimonio de Herodes con Herodías, su cuñada, mientras que Josefo informa que Herodes temía que la influencia de Juan sobre el pueblo pudiera provocar una revuelta. Josefo señala que Juan fue asesinado en Maqueronte, una de las fortalezas de Herodes el Grande al este del Jordán, un punto sobre el que los Evangelios no dicen nada. Los Evangelios hacen hincapié en las acusaciones morales que Juan presentó contra Antipas, mientras que Josefo enfatiza los temores políticos que despertó en Antipas.

De los pedazos doce cestas llenas (6:43). En cuanto a las cestas, ver los comentarios en Marcos 8:8.

Cinco mil hombres (6:44). El término griego *andres* denota aquí explícitamente cinco mil varones. El movimiento zelote (Hechos 5:37) se enraizó tempranamente en Galilea, en la aldea de Gamala,[31] que era visible desde la región de la orilla norte del mar de Galilea donde tuvo lugar la alimentación de los cinco mil. Según el Evangelio de Juan (6:15), después de la alimentación de los cinco mil, las personas querían "apoderarse de él [Jesús] y hacerle rey". Esta afirmación del cuarto Evangelio, combinada con los cinco mil hombres en las proximidades de Gamala, sugiere que la multitud puede haber tenido la intención de reclutar a Jesús para un levantamiento mesiánico.

Y viéndoles remar con gran fatiga, porque el viento les era contrario (6:48). Ver los comentarios en Marcos 1:16.

En la madrugada (6:48 NVI). "En la madrugada" es una paráfrasis del griego, que dice "la cuarta vigilia de la noche" (de las tres a las seis de la mañana). Marcos sigue las cuatro vigilias romanas de la noche en lugar de las tres vigilias judías, presumiblemente en beneficio de sus lectores romanos.

Genesaret (6:53). El fuerte viento debió haber arrastrado la barca hacia el suroeste desde Betsaida hasta Genesaret, que estaba a unas cuatro millas al sur de Capernaum, en el lado oeste del lago.

Tocar siquiera el borde de su manto (6:56). Ver los comentarios en Marcos 5:27.

Impureza (7:1-4 NVI). El creciente encuentro del judaísmo con la cultura gentil tras el exilio elevó la cuestión de la pureza judía a una nueva importancia. Muchas normas relativas a la limpieza dependen más de la enseñanza rabínica que de la Torá. Según el A. T., los sacerdotes debían lavarse antes de cumplir con sus obligaciones en el tabernáculo (Ex 30:19; 40:12; Lv 22:1-6), pero el lavamiento de manos al que se refiere Marcos 7:2 solo era necesario si uno había tocado cosas consideradas impuras (Lv 15:11). El propósito de los lavamientos rituales era proteger a los israelitas de la "contaminación", que provenía del contacto con cosas y personas impuras, incluidos los gentiles. La "limpieza" o "pureza" era menos una cuestión de higiene que de ritual. Por ejemplo, un

Estas ruinas en Maqueronte son los restos del palacio de Herodes. Los pilares del fondo forman parte de una reconstrucción y rodean uno de los patios.

judío que entrara en contacto con un gentil que se hubiera bañado sería considerado impuro, mientras que un judío cubierto de cenizas o incluso de sangre de un animal debidamente sacrificado en el templo sería considerado limpio (p. ej., Nm 19:17-19). Las excreciones humanas en la mayoría de sus formas (saliva, semen, menstruación, etc.) se consideraban impuras, al igual que las mujeres después del parto. La impureza también afectaba a las personas muertas (cadáveres) o a los animales (carroña), a la mayoría de las criaturas que se arrastraban, a los ídolos y a personas como los leprosos, los samaritanos y los gentiles. El ministerio de Jesús le hizo entrar en contacto con leprosos (1:40), recaudadores de impuestos (2:14), los gentiles de la Decápolis (5:1), mujeres que menstruaban (5:25) y cadáveres (5:35), todos los cuales, de diversas maneras, se consideraban ritualmente impuros.

La tradición de los ancianos (7:5). Los saduceos aceptaban la Torá escrita (los cinco primeros libros del A. T.) como única autoridad, pero los fariseos aceptaban además la tradición oral basada en ella.[32] En la época de Jesús, los fariseos consideraban la tradición oral no escrita tan autorizada como la Torá escrita. Para los fariseos, la Torá escrita establecía la "política", mientras que la Torá oral declaraba la aplicación adecuada de esa política en las situaciones pertinentes. La "tradición de los ancianos" en esta perícopa se refiere a la tradición oral, que, hacia el año 200 d. C., fue recopilada y codificada en el Mishná (la "segunda entrega de la ley"). Los rabinos consideraban el Mishná "un cerco alrededor de la Torá",[33] entendiendo por "cerco" la interpretación oral adecuada de la Torá escrita en casos concretos.

Corbán (7:11). Jesús critica "la tradición de los ancianos" (ver los comentarios en Marcos 7:5) sobre la cuestión del *corbán*. El *corbán* (Hebr. *qorban*, "ofrenda") era un ejemplo de la evolución de la instrucción oral rabínica sobre la consagración de ciertos bienes al Señor (Lv 27:28; Nm 18:14). El principio en el que se basaba el *corbán* era similar al principio en el que se basan las donaciones diferidas hoy en día, en las que las personas retienen el capital durante su vida, pero lo entregan por una causa estipulada a su muerte. Aquí, en el versículo 11, un hijo declara que su propiedad es *corbán*, lo que significa que la lega al templo a su muerte mientras conserva el control de la misma durante su vida. En efecto, y esta es la razón por la que Jesús lo censura, el *corbán* priva a los ancianos padres del hombre de la ayuda económica de su hijo. Jesús condena esta pretensión de piedad como una violación del quinto mandamiento. En palabras de T. W. Manson: "Un hombre pasa por la formalidad de prometer algo a Dios, no para dárselo a Dios, sino para evitar que otra persona lo tenga".[34]

Jesús da testimonio a los gentiles (7:24-8:9)

Tiro (7:24). Tiro (hoy el sur del Líbano) era una ciudad de la Fenicia gentil que se encontraba al norte de Galilea. Fenicia tenía una larga historia de antagonismo hacia Israel. La región había sido el hogar de Jezabel, esposa del rey Acab, cuyos profetas paganos habían invadido el reino del norte en tiempos de Elías (1 Reyes 16:31-33). La riqueza y el temor de Tiro preocupaban a los profetas del A. T. (Ez 26:17; Zac 9:3). En el siglo II a. C., Tiro, Tolemaida y Sidón se pusieron del lado de los seléucidas en su esfuerzo por erradicar la religión de los judíos y cooptar la Palestina judía como reino helenístico (1 Mac 5:15). En respuesta a este intento de aniquilación, los patriotas judíos lanzaron la revuelta macabea para preservar Israel. Para Josefo, los habitantes de Tiro eran los "enemigos más acérrimos" de los judíos.[35] El viaje de Jesús a la región podría considerarse una profecía promulgada, concretamente, que era el Mesías no solo de Israel sino también de sus antagonistas gentiles.

Decápolis (7:31). Ver los comentarios en Marcos 5:1.

De los pedazos que habían sobrado, siete canastas (8:8). Aquí la palabra griega para "canasta" (*spyris*) difiere de la palabra para "cesta" (*kophinos*) en la alimentación de los cinco mil (6:43). *Kophinos* puede significar una cesta de mimbre más pequeña y quizás rígida, mientras que una *spyris* probablemente era más grande y flexible. Lucas describe al apóstol Pablo siendo bajado del muro de la ciudad de Damasco en una *spyris* (Hechos 9:25).

La declaración de Jesús como el Mesías sufriente (8:10-9:29)

La región de Dalmanuta (8:10). Esta es la única mención en toda la literatura antigua de Dalmanuta, una aldea de pescadores en la orilla occidental del mar de Galilea, a unas tres millas al norte de Tiberias. El nombre de la aldea puede derivar de los radicales hebreos dylm, que significa "muro", en referencia a los acantilados o "muro" de Arbel al oeste. Dalmanuta estaba cerca o era una variante del nombre de Magadán (Mt 15:39 NVI; en algunos manuscritos antiguos: "Magdala"). En 1971 se descubrió un fondeadero en Magadán y también una excavación de 2013 realizada en este lugar puso al descubierto el pavimento y un hermoso podio de piedra de la Torá de la sinagoga más antigua descubierta hasta ahora en Galilea.

Levadura (8:15). La levadura o leudante fermenta la masa y la hace crecer. En este caso es utilizada como metáfora de algo que parece más impresionante o importante de lo que es: la doctrina de los fariseos y de los saduceos (Mt 16:12), a la cual Jesús llama "hipocresía" (Lucas 12:1).

Betsaida (8:22). Betsaida era una ciudad de Gaulanítide (que pertenecía a la tetrarquía de Felipe) que se encontraba inmediatamente al este del punto donde la cabecera del río Jordán desemboca en el mar de Galilea. La industria principal de Betsaida era la pesca, lo que explica el nombre de la ciudad, que significa "casa del pescador". Betsaida Julias fue construida (al igual que Cesarea de Filipo) por Felipe y recibió su nombre en honor a la hija de César Augusto, Julia. Tres de los doce discípulos de Jesús, Pedro, Andrés y Felipe, eran de Betsaida (Juan 1:44).

Le puso las manos encima (8:23). El hecho de poner las manos sobre algo o alguien se daba en tres contextos en el A. T.: en la dedicación de sacrificios a Dios (p. ej., Ex 29:10; Lv 1:4), cuando los levitas eran investidos como sacerdotes (Nm 8:10) y para las bendiciones generales (Gn 48:14; Dt 34:9). Jesús puso las manos sobre las personas para sanarlas y lo hizo con frecuencia (Marcos 1:41; 5:23; 7:33; 8:22, 23, 25). La mano es a menudo un símbolo de poder en el A. T., incluyendo el poder de Dios. En el A. T. también se ponían las manos sobre los animales o las personas como medio de transferirlos de los fines profanos a los sagrados. No obstante, las manos de Jesús no transfirieron el poder *de lo* profano a lo sagrado, sino que transfirieron el poder sagrado a lo profano, incluidas las mujeres (Lucas 13:13); los niños (Lucas 8:54); la humanidad impura, pecadora y sufriente (Lucas 4:40); los leprosos (Lucas 5:13) y los gentiles (Marcos 7:33).

Cesarea de Filipo (8:27). Cesarea de Filipo (no confundir con Cesarea Marítima en la costa) se encontraba en la tetrarquía de Felipe, veinticinco millas al norte de Betsaida. La ciudad debe su nombre a Felipe, que la reformó y la nombró en honor de César Augusto.[36] La cabecera del río Jordán manaba al pie del monte Hermón en Cesarea de Filipo. Esta maravilla natural puede explicar la presencia de lugares de culto a los dioses y diosas griegos de la naturaleza, y especialmente al dios pastoral Pan, en Cesarea de Filipo. Los seléucidas derrotaron a los ptolomeos en Cesarea de Filipo en el año 200 a. C. y procedieron a tomar el control de toda Palestina, lo que desencadenó la revuelta macabea como respuesta de los judíos patriotas en el año 168 a. C. Cesarea de Filipo demostró una larga historia de lealtad a Roma: Agripa II intentó dedicar la ciudad al emperador Nerón y tras la revuelta judía del año 70 d. C., Tito sacrificó a los prisioneros judíos en simulacros de batallas militares o arrojándolos a las fieras. ¡Irónicamente, fue en esta región fronteriza entre

Esta vista aérea muestra la zona que rodea el santuario del dios Pan (observar la gruta), por el que Cesarea de Filipo era muy conocida.

Israel y Fenicia, con su larga historia de paganismo y politeísmo, donde los discípulos de Jesús declararon por primera vez que era el Mesías!

Elías (8:28). Elías desempeñó un papel importante en el judaísmo del primer siglo como figura de esperanza y ayuda futura. Otras figuras, como Abraham, Moisés y David, desempeñaron papeles más importantes en el A. T., pero solo Elías había sido llevado corporalmente al cielo (2 Reyes 2:11), donde se creía que fortalecería a los fieles y ayudaría a los necesitados, y desde donde regresaría para anunciar el día del Señor (Mal 3:1; 4:5-6).

Tú eres el Mesías (8:29 NTV). Aquí "Mesías" es la traducción de la palabra griega *christos*, que es una traducción de la palabra hebrea *mashiah*; tanto en griego como en hebreo el término significa "ungido". En el A. T. se ungían tres clases de personas para tareas especiales: profetas, sacerdotes y reyes. El concepto judío de mesías se desarrolló a partir de la tercera clase, los reyes (p. ej., 2 S 7; Sal 2). Cuando la monarquía israelita fracasó y, en el año 586 a. C., sucumbió a la dominación babilónica, surgió la esperanza, y de la esperanza la creencia, de que Dios levantaría un futuro rey como David para cumplir las promesas de Dios a Israel (Jer 23:5). El A. T. no desarrolla una doctrina formal del mesías; de hecho, el título "el mesías" solo aparece en raras ocasiones en el A. T. (p. ej., Dn 9:26). La interpretación precristiana del mesías era la de un rey escatológico a través del cual Dios establecería un reino terrenal eterno. Cuando se utiliza junto con el nombre de Jesús ("Jesucristo"), "Cristo" no es un nombre sino un título, es decir, Jesús, el Mesías. "Mesías" no es sinónimo de otros títulos de Jesús. A diferencia de "Hijo de Dios", "Mesías" no significaba un ser divino eterno, sino un rey humano perfecto escogido por Dios que libraría a Israel de sus enemigos y daría paso a una era de paz y obediencia a la Torá.[37] Tampoco el "siervo del Señor" de Isaías o el "hijo del hombre" de Daniel están asociados a connotaciones mesiánicas en el A. T.

Por los ancianos, por los principales sacerdotes y por los escribas (8:31). El Sanedrín, el cuerpo gobernante de mayor autoridad en el judaísmo, contaba con setenta y un miembros que provenían de tres cargos judíos: los escribas, los ancianos y los principales sacerdotes (ver el artículo "El Sanedrín"). Los titulares de estos tres cargos podían ser saduceos o fariseos, aunque el principal sacerdote era siempre un saduceo y quizás la mayoría de los miembros del Sanedrín también lo era. "Principales sacerdotes" suele aparecer en plural, lo que significa que había una dinastía sacerdotal que incluía al jefe de los sacerdotes en ejercicio y a sus predecesores y familiares. Jesús fue crucificado cuando Caifás era el sumo sacerdote (gobernó 18-36 d. C.). Su suegro, Anás (gobernó entre el 6 y el 15 d. C. [Juan 18:13, 24]), le precedió como sumo sacerdote y a Caifás le sucedieron Jonatán y su hermano Teófilo (ver Hechos 4:6).[38] Los escribas, a veces denominados maestros de la ley, eran expertos en la Torá y consejeros del Sanedrín (ver los comentarios en Marcos 1:22).

Tome su cruz, y sígame (8:34). Ver el artículo "La crucifixión". Los regímenes totalitarios requieren aparatos de terror y el del Imperio romano era la crucifixión. La muerte por crucifixión era a la vez cruel, ya que infligía un dolor intenso y prolongado, y vergonzosa, pues las crucifixiones eran espectáculos públicos. Los ciudadanos romanos estaban exentos de la muerte por crucifixión (aunque podían ser ejecutados por otros medios, como la decapitación). La crucifixión era el símbolo más poderoso y brutal de la opresión romana, reservado a las clases sociales más bajas que no eran ciudadanos romanos, especialmente los esclavos y los prisioneros de guerra.

Ciudades y vías principales en torno al mar de Galilea

En el año 71 a. C., cuando el general romano Craso reprimió la rebelión de los esclavos liderada por Espartaco, crucificó a seis mil esclavos en la vía Apia. En el año 64 d. C, el emperador Nerón crucificó e incineró a los cristianos a los que acusó falsamente de incendiar Roma. Aquí, Jesús utiliza la cruz como imagen del discipulado para representar la exigencia total del evangelio en la vida del creyente.

Un monte alto (9:2). En la Escritura, los montes son frecuentemente lugares de revelación divina. En el monte de la Transfiguración, Jesús revela su naturaleza divina en la presencia gloriosa de Moisés y Elías. Marcos no dice dónde estaba situado el monte. El monte Tabor, con forma de cúpula, en el sur de Galilea, suele ser considerado el lugar de la transfiguración. Pero el Tabor está a una gran distancia al sur de Cesarea de Filipo, donde Pedro confesó a Jesús como el Mesías. Marcos 9:2 informa que Jesús y los discípulos estaban solos en un monte alto, pero el Tabor no es especialmente alto y no habrían estado solos, ya que en el primer siglo la cima del monte Tabor estaba rodeada por una muralla donde la gente vivía.[39] Es más probable que el monte Hermón sea el lugar de la transfiguración, porque es alto, su cima habría estado desierta y, lo que es más importante, dominaba la región de Cesarea de Filipo, donde Pedro confesó a Jesús como el Mesías antes de la transfiguración.

Elías con Moisés (9:4). En la literatura judía extrabíblica se espera que varios personajes del A. T. sean precursores de la era mesiánica, pero no Moisés ni Elías.[40] Sin embargo, el relato de la transfiguración probablemente recuerda a Mal 4:4-6, donde tanto Moisés como Elías aparecen como heraldos del

Esta vista aérea muestra la zona que rodea el santuario del dios Pan (observar la gruta), por el que Cesarea de Filipo era muy conocida.

día del Señor.[41] Al "hablar con Jesús", Marcos los retrata manteniendo una audiencia con Jesús como su superior.

Vino una nube que les hizo sombra (9:7). En las Escrituras, la nube simboliza con frecuencia la presencia y la gloria de Dios. La historia de Moisés en Ex 24:15-16 ofrece un paralelo cercano a la transfiguración de Jesús. La descripción que hace Marcos de la nube que hacía sombra o "envolvía" (gr. *episkiazō*) a los discípulos recuerda la nube que llenaba el tabernáculo con la gloria divina (Ex 40:35; cf. 1 Reyes 8:10-11). La sombra divina del tabernáculo con la presencia y la gloria de Dios prefiguraba la sombra definitiva de Jesús y los discípulos con la presencia y la gloria de Dios.

Es necesario que Elías venga primero (9:11). Ver los comentarios en Marcos 9:4.

Él echa espuma por la boca, rechina los dientes y se pone rígido (9:18 NTV). Los síntomas del niño, convulsiones, echar espuma por la boca, gritos, trismo, rigidez, pérdida de conciencia, son los de los ataques epilépticos tónico-clónicos (grand mal) (así identificados en Mt 17:15 NTV). Marcos atribuye los ataques a un "espíritu maligno" (9:25 NTV), lo que hace más impactante su descripción del sufrimiento del niño y de la angustia del padre, y enfatiza que, cuando se agotan las esperanzas humanas, se puede depositar la esperanza en Jesús.

Este género con nada puede salir, sino con oración (9:29). Marcos solo registra tres casos en los que Jesús ora (1:35; 6:46; 14:32-39), cada uno de ellos cuando está solo y se enfrenta a desafíos en su misión y ministerio. Jesús también ordena a los discípulos que oren cuando se enfrentan a tentaciones espirituales (14:38) y ordena la oración en circunstancias adversas (13:18). Declara que el templo es un lugar de oración (11:17), pero advierte que no se debe orar con ostentación y orgullo (12:40). El texto más importante sobre la oración en Marcos es la enseñanza de Jesús sobre la relación entre la oración, la fe y el perdón en 11:24-25. El presente pasaje también introduce la oración en el contexto de la fe y el poder espiritual. La oración es la concentración de la fe en peticiones específicas a Dios. La vinculación de la oración con la fe enseña que el poder espiritual es el poder y la promesa de *Dios* de salvar, en la que los creyentes esperan con confianza.

Lecciones de discipulado (9:30-50)

Capernaum (9:33). Ver los comentarios en Marcos 1:21.

Si alguno quiere ser el primero, será... el servidor de todos (9:35). La forma verbal de la palabra griega para "servidor" (*diakonos*) en este versículo suele referirse a servir mesas (Lucas 17:8; Juan 12:2; Hechos 6:2).

Los discípulos, como la mayoría de las personas, consideran que servir a los demás está por debajo de su estatus. Sin embargo, en su servicio desinteresado a los demás, Jesús llena de un nuevo significado el concepto de servidor: el servidor es una manifestación visible del amor de Dios (Lucas 22:27). No son los dotados y privilegiados los que están destinados a la grandeza en la economía de Dios, sino las personas corrientes que deciden servir a los demás en nombre de Cristo.

Una antigua piedra de molino utilizada para triturar aceitunas (Marcos 9:42).

Todos serán salados con fuego (9:49). El fuego y la sal son metáforas cardinales del discipulado, el fuego porque purifica y la sal porque es un conservante. El fuego y la sal desempeñaban papeles igualmente cardinales en los sacrificios del templo. Un holocausto en el templo (ya sea un toro, un carnero o un ave sin mancha) tenía que ser consumido totalmente por el fuego para ser aceptable. Todos los sacrificios en el templo también debían ir acompañados de sal (Lv 2:13), que a su vez era una señal del pacto (Nm 18:19). El fuego y la sal en el contexto presente parecen ser símbolos de los costos del discipulado y de la exigencia total del evangelio en la vida de uno (Ro 12:1). Aquí, la prueba del fuego es una ofrenda agradable a Dios, un condimento o salazón con fuego.

De camino a Jerusalén (10:1-52)

La región de Judea y al otro lado del Jordán (10:1). La ruta más corta de Galilea a Jerusalén iba por la cresta del monte samaritano que las unía. Pero era más común que los viajeros galileos tomaran una ruta más larga que avanzaba hacia el sur a través de Perea, en el lado oriental del Jordán, para luego cruzar el río en Jericó y subir desde allí hacia el oeste hasta Jerusalén. Esta última ruta está implícita aquí en 10:1. Se prefería esta ruta más larga porque mantenía a los viajeros dentro de Galilea y Perea, que estaban gobernadas por Herodes Antipas, y porque bordeaba la región étnicamente mixta y potencialmente hostil de Samaria (Juan 4:9).

¿Está permitido que un hombre se divorcie de su esposa? (10:2 NVI). Ver el artículo "Costumbres matrimoniales judías". El propósito principal del matrimonio en el judaísmo antiguo era el establecimiento y la continuación de la familia, y su principal enemigo era la falta de hijos más que el descontento marital de marido y mujer. La ley judía permitía claramente el divorcio (Dt 24:1-2), por lo que la pregunta de los fariseos aquí es engañosa o una trampa. El divorcio no era cuestionado en el judaísmo del primer siglo, sino solo los *motivos* del mismo. La posición rabínica más conservadora permitía el divorcio solo por causa de adulterio, mientras que los rabinos más liberales permitían que un hombre se divorciara de su mujer por cualquier número de "indecencias". La posición sobre el divorcio expuesta por Jesús en 10:10-13 era única en el judaísmo. Jesús es el único rabino judío conocido que afirmaba incondicionalmente la permanencia de la unión matrimonial y hacía recaer la responsabilidad de la permanencia del matrimonio tanto en los esposos como en las esposas.[42]

Dejad a los niños venir a mí (10:14). El mundo antiguo rara vez mostraba el afecto por los niños que es común en el Occidente moderno. Al igual que la de las mujeres, la posición de los niños en la sociedad estaba determinada en gran medida por su relación con los hombres adultos. Los hijos tenían una importancia especial porque aumentaban y continuaban la mano de obra de la familia en la que habían nacido, mientras que las hijas contribuían a la economía de otras familias en las que se casaban. Hasta que los niños se convirtieran en miembros productivos de la familia, la infancia era considerada generalmente como un intermedio inevitable hasta la edad adulta, que se alcanzaba a los trece años. La simpatía de Jesús por los niños es única tanto en el judaísmo antiguo como en la literatura cristiana primitiva.

Poniendo las manos sobre ellos, los bendecía (10:16). Ver los comentarios en Marcos 8:23.

Tenía muchas posesiones (10:22). La riqueza y las posesiones son consideradas tanto positiva como negativamente en las Escrituras. Con frecuencia son vistas como una señal de bendición divina (Job 1:10; 42:10; Sal 128:1-2; Is 3:10). Por el contrario, los rabinos consideraban la pobreza como una aflicción que superaba a todas las demás adversidades juntas. Sin embargo, las Escrituras también defienden a los pobres, incluidos los forasteros, las viudas, los huérfanos y los que no tienen padre. Este último punto de vista predomina en el N. T., especialmente en las enseñanzas y el ministerio de Jesús, que destaca la exaltación que Dios hace de los pobres por encima de la riqueza y el poder (Lucas 1:46-55 [cf. 1 S 2:1-10]; Marcos 10:21; 12:41-44). La pobreza en sí misma no parece ser el ideal, sino la conciencia de que la pobreza despierta nuestra necesidad de Dios y nuestra deuda con Dios y con los demás. En cambio, la riqueza nos tienta a la autosatisfacción y al orgullo, los cuales compiten con la fe y la obediencia.

Un camello por el ojo de una aguja (10:25). Esta afirmación es un ejemplo del uso que hace Jesús de la hipérbole humorística. Los intentos de eludir su mordacidad, argumentando, por ejemplo, que la palabra griega para "camello" (*kamēlon*) debería ser "cuerda" (*kamilon*), carecen de pruebas textuales fiables. Desde luego, es prácticamente imposible que una cuerda pase por el ojo de una aguja, como

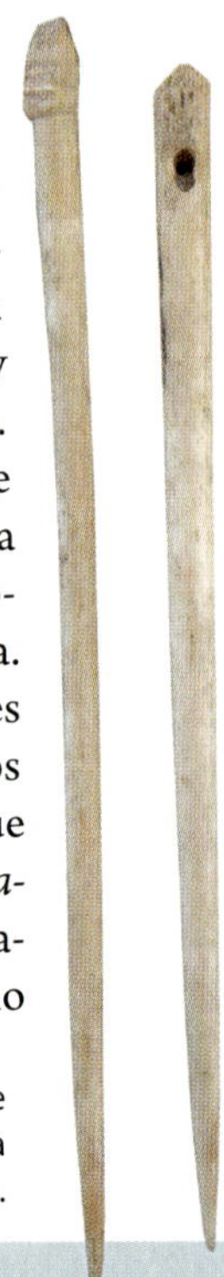

Jesús dice que más fácil es pasar un camello por el ojo de una aguja, que entrar un rico en el reino de Dios (Marcos 10:25). Estas agujas de hueso de la época romana fueron encontradas en Séforis, a pocos kilómetros de Nazaret.

también lo es que un camello lo haga. Tampoco su ofensa se resuelve suponiendo que "el ojo de la aguja" era una pequeña puerta por la que los camellos se arrastraban de rodillas después de que las puertas de la ciudad de Jerusalén se hubieran cerrado por la noche. No se encontraron pruebas de tal puerta hasta el siglo IX d. C.; además, la explicación moraliza el dicho, como si los ricos pudieran entrar en el reino de Dios si se humillan. Los intentos de suavizar esta hipérbole humorística anulan su importancia.

Concédenos que en tu gloria nos sentemos el uno a tu derecha, y el otro a tu izquierda (10:37). Las corrientes del honor y la vergüenza corrían con fuerza y profundidad en las sociedades del antiguo Oriente Próximo. En los entornos sociales judíos, el honor preeminente correspondía a la persona sentada en el centro de la reunión, seguida por las personas sentadas a su derecha e izquierda, respectivamente.

¿Podéis beber del vaso que yo bebo, o ser bautizados con el bautismo con que yo soy bautizado? (10:38). En el A. T., una copa es frecuentemente una metáfora del juicio de Dios (p. ej., Jer 25:15-28) y la inmersión en el agua es una metáfora de la calamidad (Sal 42:7). Ambas metáforas se utilizan también aquí como metáforas de las pruebas y adversidades (aunque no necesariamente del martirio) que Jacobo y Juan soportarán como discípulos.

Jericó (10:46). Jericó, una de las ciudades habitadas más antiguas del mundo, se encuentra a 720 pies bajo el nivel del mar y a veinte tortuosas millas al noreste de Jerusalén, que está a casi 3 200 pies de altura. Jericó es un oasis verde y productivo rodeado de extrema aridez. La descripción de Bartimeo mendigando junto al camino lo estigmatiza como un marginado social.

Jesús enseña en el Templo de Jerusalén (11:1-13:37)

Betfagé y a Betania (11:1). El orden en que se nombran estas dos aldeas parece erróneo hoy en día porque la carretera moderna va de Betania a Betfagé y a Jerusalén. No obstante, Jesús siguió la antigua vía romana, que conducía al suroeste desde Jericó a lo largo del actual Wadi Umm esh Shid y luego subía a la cima del monte de los Olivos en Betfagé ("casa de los higos inmaduros") o cerca de ella. Desde Betfagé, un camino empinado bajaba hasta Betania, a poco más de media milla al sur en el lado este del monte de los Olivos. La descripción aquí en 11:1 concuerda con la ruta antigua.

Monte de los Olivos (11:1). Al este de Jerusalén, una cresta norte-sur que se eleva 2 600 pies sobre el nivel del mar, y trescientos pies más alto que la propia ciudad, forma el monte de los Olivos. Olivete, como también se le llamaba, ya era un lugar de culto en tiempos de David (2 S 15:32). Una larga tradición judía asociaba el monte de los Olivos con el fin de los tiempos. Ezequiel 11:23 registra una visión de la gloria del Señor saliendo de Jerusalén en su destrucción en el 586 a. C. y asentándose en el monte de los Olivos. Asimismo, Zacarías 14:4 considera el monte de los Olivos como el lugar del juicio final y tanto los rabinos como el historiador judío Josefo lo asociaron con la llegada del Mesías.[43] Marcos rara vez menciona nombres de lugares, pero nombra el Olivete quizá para señalar el significado mesiánico de la entrada de Jesús en Jerusalén.

Un pollino... en el cual ningún hombre ha montado (11:2). Un animal que nunca había sido montado ni había llevado yugo se consideraba digno para las funciones sagradas en Israel (Nm 19:2; Dt 21:3). Por eso, un animal así era una montura apropiada para el rey mesiánico.

Bendito el que viene en el nombre del Señor (11:9). La aclamación de la multitud era una cita de Sal 118:26, que los peregrinos judíos recitaban al entrar en Jerusalén. El bendito se refiere al peregrino que entra en el templo y no al Mesías. El agitar de las ramas, ya sea de palma, sauce, mirto o cidro, y el gritar "Hosanna" (11:8-9) se asociaban normalmente con la Fiesta de los Refugios de otoño y no con la Pascua.[44]

Entró Jesús en Jerusalén, y en el templo (11:11). Ver el artículo "El Templo de Jerusalén". El templo referido aquí es el segundo templo judío, que fue construido por Zorobabel (Esdras 3). La ampliación del segundo templo fue iniciada por Herodes el Grande en el año 20 a. C. y todavía estaba en curso en la época de Jesús (13:1).

La entrada triunfal de Jesús le habría llevado por la ladera occidental del monte de los Olivos, a través del valle del Cedrón, y por las puertas de la ciudad de Jerusalén. Esta es la vista desde el monte de los Olivos hacia el valle del Cedrón, con las murallas de la ciudad vieja de Jerusalén y el moderno monte del Templo a la vista.

El templo estaba dividido en cuatro zonas. La mayor, el Patio de los gentiles, era un cuadrilátero al aire libre de unas 500 yardas de largo y 325 yardas de ancho que estaba rodeado por un pórtico. Las columnas del pórtico, que tenían 18 pies de circunferencia en la base, 30 pies de altura y estaban decoradas con capiteles corintios, sostenían un techo ornamental tallado.[45] Como su nombre indica, el Patio de los gentiles estaba abierto a los no judíos. Sus extensos treinta y cinco acres eran un mercado religioso del que dependían la correcta adoración y los ingresos financieros del Sanedrín. Se vendían ovejas y palomas para el sacrificio y las monedas extranjeras eran cambiadas por el siclo tirio, la moneda más parecida al siclo hebreo (de metal puro y sin imagen) ordenado en Ex 30:13-16. Según Josefo, cuando se terminó la construcción del templo de Herodes en el año 66 d. C., ¡se sacrificaron 256 500 corderos de Pascua![46] Las tres divisiones restantes eran el Patio de las mujeres, al que solo podían acceder las mujeres y los niños judíos; el Patio de Israel, al que solo podían acceder los varones judíos circuncidados; y el lugar santísimo, al que solo podía acceder el sumo sacerdote en Yom Kipur. Estas tres divisiones constituían el santuario propiamente dicho, un edificio independiente, blanco y reluciente de 150 yardas de largo por 100 yardas de ancho que ocupaba el centro del Patio de los Gentiles y daba al este.

Un muro alrededor del santuario, llamado *Soreq*, prohibía a los no judíos entrar en el mismo santuario, que solo estaba abierto a los judíos (Ef 2:14). En el *Soreq* se colocaba la siguiente advertencia en griego, latín y arameo: "Ningún extranjero puede entrar en la verja y el recinto que rodea el templo. Cualquiera que sea apresado tendrá la culpa de su muerte consecuente".

Cualquiera que dijere a este monte: Quítate y échate en el mar (11:23). Herodes el Grande construyó un refugio-fortaleza en Herodión, a unas tres millas al sur de Jerusalén, en el que rodeó un alto torreón con un terraplén de tierra que había retirado de una colina adyacente. La antigua colina fue nivelada y el terraplén alrededor del torreón formó un nuevo rasgo geológico que se asemejaba a la forma de un volcán. El Herodión, que sigue siendo visible hoy en día desde el lado este del monte de los Olivos, puede haber sugerido a Jesús la imagen de un monte que se mueve.

Los principales sacerdotes, los escribas y los ancianos (11:27). Ver los comentarios en Marcos 8:31.

Un hombre plantó una viña (12:1). Los productos agrícolas más comunes de Galilea eran las aceitunas, los higos y, sobre todo, las uvas. La producción de uvas, conocida como viticultura, conllevaba un trabajo intenso y ganancias diferidas, ya que la primera vendimia solía producirse cinco años después de la plantación. Que el hijo del propietario haya sido enviado a recoger el fruto de la cosecha refleja una práctica común en la época de Jesús de los propietarios ausentes que contrataban a agricultores locales para que cultivaran sus cosechas y les suministraran las ganancias.

Tributo a César (12:14). El tributo al que se hace referencia era un impuesto electoral imperial instituido por primera vez en el año 6 d. C., que exigía a todos los varones judíos el pago anual de un denario (12:15). Un denario era el salario promedio diario en Palestina (Mt 20:2, 9). El anverso de la moneda llevaba estampado un busto semidivino de Tiberio César (14-37 d. C.) y la inscripción latina (abreviada): *Tiberius Caesar Divi Augusti Filius Augustus* ("Tiberio César Augusto, hijo del divino Augusto"). En el reverso había una imagen de Livia, la madre de Tiberio, y la inscripción *Pontifex Maximus* ("sumo sacerdote").

Una torre de vigilancia como la que se muestra aquí permitía a los arrendatarios vigilar los olivares o los viñedos.

Saduceos (12:18). Los dos partidos religiosos judíos dominantes en la Palestina del siglo I d. C. eran los saduceos y los fariseos (ver los comentarios en Marcos 2:18; ver el artículo "Fariseos y saduceos"). Ambos partidos parecen haber surgido cuando los macabeos se rebelaron contra la tiranía seléucida en el siglo II a. C. A pesar de su origen común, sus creencias eran muy diferentes. Los fariseos creían en la soberanía de Dios, mientras que los saduceos creían en el libre albedrío humano; los fariseos aceptaban la existencia de ángeles y demonios, en cambio los saduceos negaban ambas cosas; los fariseos creían que la tradición escrita (Torá, profetas, escritos), así como la tradición oral basada en ella, fueron inspiradas por Dios, mientras que para los saduceos la Torá escrita era la única fuente inspirada. Como indica este relato, los saduceos negaban la resurrección corporal de los muertos (12:18; cf. Hechos 23:8), cuestión que los fariseos afirmaban. Los saduceos eran menos numerosos que los fariseos (tal vez dos mil quinientos frente a seis mil), pero como dinastía aristocrática que estaba a cargo del templo de Jerusalén y dispuesta a cooperar con la ocupación romana, los saduceos eran más ricos y más influyentes políticamente que los fariseos.

Los siete estuvieron casados con ella (12:23 NVI). Ver el artículo "Costumbres matrimoniales judías". El acertijo que los saduceos proponen a Jesús parte de una práctica del A. T. conocida como matrimonio de levirato, en la que se esperaba que un hombre se casara con una viuda sin hijos de su hermano fallecido para que de la viuda nacieran hijos que conservaran el nombre del fallecido y mantuvieran su herencia dentro de la familia (Gn 38:8-10; Dt 25:5-6). Las historias de Tamar (Gn 38), Rut (Rut 3-4) y Tobit (Tb 3:7-15) reflejan la práctica del matrimonio de levirato. El objetivo principal del matrimonio de levirato era social más que sexual, es decir, preservar el honor y la propiedad dentro de una línea familiar judía, y también evitar que los judíos se casaran con gentiles.

El Mesías es hijo de David (12:35 NTV). La primera referencia a un libertador davídico aparece en 2 S 7:12 (además, Is 9; 11; Jer 30:9; Ez 34:23). Este libertador no se identificó originalmente con el Mesías/Cristo, pero un siglo antes del nacimiento de Jesús se hizo y se aceptó la identificación de un Mesías davídico.[47] A partir de entonces, el Sal 110, que es citado aquí, fue interpretado habitualmente de forma mesiánica. El punto que Jesús plantea en este debate es sutil: el Mesías no sigue la estela de David, sino que la realeza davídica sigue la estela del Mesías. En otras palabras, el Mesías marca la pauta para David, no David para el Mesías.

El pueblo echaba dinero en el arca (12:41). Además de ser un lugar de adoración, el templo de Jerusalén también era un depósito de enormes cantidades de riqueza que eran almacenadas y administradas por el templo. El Patio de las mujeres era uno de los lugares donde se recogía el dinero y las ofrendas del templo en trece arcas de shofar (ver los comentarios en Marcos 11:11).[48] Estos receptáculos en forma de trompeta se asemejaban a un cuerno

La ofrenda de la viuda eran dos monedas de cobre pequeñas. Eran lepta, como la que se muestra aquí.

de carnero (hebr. *shofar*), colocado con el extremo pequeño y afilado hacia arriba como prevención de robos.

Las "dos pequeñas monedas" depositadas por la viuda eran *lepta* (12:42), las monedas más pequeñas en circulación. Para beneficio de los lectores romanos que no están familiarizados con la acuñación de monedas judías, Marcos convierte la suma en el equivalente griego de una moneda romana, un *cuadrante*.

Qué piedras, y qué edificios (13:1). Sobre el plano del templo, ver los comentarios en Marcos 11:11. La magnificencia de las piedras y las estructuras del templo impresionó con justa razón a los discípulos en la Pascua del año 30 d. C.

Monte de los Olivos (13:3). Ver los comentarios en Marcos 11:1.

La abominación desoladora (13:14). Tres referencias crípticas en el libro de Daniel (9:27; 11:31; 12:11) mencionan un escándalo que profanaría el templo de Jerusalén como una "abominación que causa desolación". La frase reaparece en 1 Mac 1:54 con referencia a Antíoco IV (Epífanes), el general sirio que ultrajó a los judíos en el año 168 a. C. al erigir un altar a Zeus en el templo de Jerusalén y sacrificar una cerda en él. Por lo tanto, la frase en cuestión se refería originalmente al sacrilegio cometido por Antíoco IV. El uso de la frase aquí en Marcos recuerda la abominación de Antíoco, pero con referencia a un evento futuro que sería igualmente escandaloso y más cataclísmico. Ese acontecimiento parece ser la destrucción del templo y de la propia Jerusalén por parte de los romanos en el año 70 d. C., que fue inolvidablemente relatada por Josefo en La *guerra de los judíos* y considerada por los primeros cristianos como un cumplimiento de "la abominación desoladora".

Al Hijo del Hombre, que vendrá en las nubes con gran poder y gloria (13:26). Sobre el Hijo del Hombre, ver los comentarios en Marcos 2:10. La visión de "con las nubes del cielo venía uno como un hijo de hombre" aparece en Dn 7:13. En el A. T. las nubes suelen ser símbolos de la presencia y la gloria de Dios (ver los comentarios en Marcos 9:7). El "gran poder y gloria" con los que vendrá el Hijo del Hombre en el futuro contrastan irónicamente con el humillado Hijo del Hombre (8:31; 9:31; 10:33-34), crucificado como un vulgar criminal (Flp 2:8).

Los discípulos abandonan a Jesús (14:1-72)

La pascua, y la fiesta de los panes sin levadura (14:1). La Pascua conmemoraba el éxodo de Egipto (Ex 12), el acontecimiento fundacional de la historia de Israel. La Pascua se celebraba cada primavera en Jerusalén con el sacrificio ritual en el templo de un cordero macho o una cabra sin mancha de un año (Ex

12:5) en la tarde del 14 de Nisán (marzo/abril); luego el cordero era comido después de la puesta de sol del 15 de Nisán en reuniones familiares (Ex 12:6-20; Nm 9:2-14; Dt 16:1-8).

Después de la Pascua, la Fiesta de los Panes sin Levadura (Ex 12:15-20; 23:15; 34:18; Dt 16:1-8), que duraba una semana, conmemoraba la salida precipitada de Israel de Egipto cuando no había quedado tiempo para dejar crecer la masa. Los judíos observaban la fiesta despojando su comida y sus hogares de toda levadura. Marcos hace una distinción entre la Pascua y la Fiesta de los Panes sin Levadura en 14:1, pero su estrecha relación hacía que a menudo se les denominara como un solo evento.

Un vaso de alabastro de perfume de nardo puro de mucho precio (14:3). El nardo era un aceite aromático muy costoso que se extraía de la raíz de una hierba india del mismo nombre (Ver Cnt 1:12; 4:13-14). Mateo nos informa que el salario normal de un día en Palestina era de un denario (MT 20:2); por lo tanto, un frasco pequeño de nardo que valía trescientos denarios era extremadamente valioso, el equivalente a las ganancias de un año. Si el nardo de esta mujer era una reliquia familiar, el cual pudo ser el caso, entonces el valor que tenía para ella pudo haber superado su valor monetario.

Un hombre que lleva un cántaro de agua (14:13). Es posible que la reunión se produjera en los alrededores del estanque de Siloé en el monte de Sion, donde los jerosolimitanos podían extraer el agua que había sido desviada por el túnel de Ezequías desde los manantiales de Gihón, que era la única fuente natural de agua de Jerusalén, hasta la misma ciudad. En el judaísmo del primer siglo, el agua era transportada normalmente por mujeres o esclavos. Un aguatero varón habría llamado la atención entre la multitud, indicando quizás que era un esenio, ya que estos eran célibes y llevaban su propia agua. El barrio esenio estaba situado en el sur de Jerusalén cerca del estanque de Siloé.

El monte de los Olivos (14:26). Ver los comentarios en Marcos 11:1.

Getsemaní (14:32). "Getsemaní", que viene de la palabra hebrea/aramea *gat-shemene* ("prensa de aceite"), era el nombre de un olivar al este de Jerusalén en el valle del Cedrón al pie del monte de los Olivos, donde Jesús se reunía a menudo con sus seguidores (Lucas 22:39; Juan 18:1-2).

Aparta de mí esta copa (14:36). Ver los comentarios en Marcos 10:38.

Se acercó luego a él, y le dijo: Maestro, Maestro. Y le besó (14:45). El beso de Judas es tan desconcertante como infame, pues es la única vez que la Escritura registra que Jesús fue saludado con un beso. Los besos se practicaban en Israel como gestos de honor y afecto (1 S 10:1; 2 S 19:39; Lucas 7:38; 15:20; Hechos 20:37). No obstante, el beso de Judas fue un gesto de amor

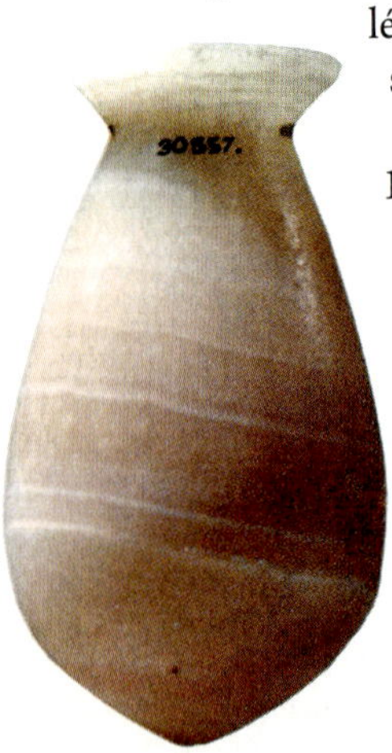

Los aceites perfumados costosos, como el hecho de nardo que la mujer usó para ungir a Jesús, se sellaban en frascos de alabastro similares al que se muestra aquí.

utilizado como un disfraz para la traición, tal vez recordando el beso de Joab a Amasá antes de apuñalarlo (2 S 20:9-10) o el beso de Jacob a su padre Isaac como parte de su engaño para obtener la bendición de Esaú (Gn 27:27).

Cierto joven le seguía, cubierto el cuerpo con una sábana... dejando la sábana, huyó desnudo (14:51-52). La identidad de este fugitivo sin nombre y desnudo ha sido objeto de muchas especulaciones, de las cuales la más intrigante es quizás que el versículo 51 es una "firma anónima" del autor del Evangelio, el propio Marcos. Esta teoría relativamente moderna es posible, pero no puede ser demostrada. Sea quien sea, el fugitivo desnudo simboliza la huida de todos los discípulos de Jesús.

Trajeron, pues, a Jesús al sumo sacerdote (14:53). Ver los comentarios en Marcos 8:31. La iglesia de San Pedro en Gallicantu ("canto del gallo"), a media milla al suroeste de Getsemaní en las laderas del monte de Sion, conmemora el lugar tradicional de la casa de Caifás, que era sumo sacerdote cuando Jesús fue crucificado. Bajo la iglesia se han excavado cisternas y grutas labradas en la roca que datan del período herodiano (37 a. C.-70 d. C.) y que podrían haber sido utilizadas como celdas de prisión. Sin embargo, el juicio de Jesús en 14:53-65 viola las instrucciones del Mishná para tales asuntos. El Sanedrín se reunía habitualmente en el templo,[49] mientras que Marcos informa de un juicio en la villa del sumo sacerdote. Se requería un cuórum de veintitrés miembros del Sanedrín en los casos de pena capital, con un segundo juicio al día siguiente para confirmar el veredicto de culpabilidad. El Mishná exigía que ambos fueran juicios diurnos y que ninguno se realizara en la víspera del Shabbat o de una fiesta.[50] Para que la acusación de blasfemia se mantuviera, el acusado tenía que haber maldecido el nombre de Dios, lo que suponía un castigo de muerte por lapidación, seguido del colgamiento del cadáver en un árbol.[51] El juicio registrado aquí por Marcos probablemente viola la mayoría de estas prescripciones. Marcos parece describir una sesión improvisada con la intención de condenar apresuradamente a Jesús, en lugar de una sesión formal del Sanedrín.

Eres galileo (14:70). El acento o el dialecto de Pedro, ya sea que hablara en arameo o en hebreo, probablemente lo delató como galileo.

Poncio Pilato condena a Jesús a la crucifixión (Marcos 15:1-41)

Pilato (15:1). Ver el artículo "Poncio Pilato". Pilato gobernó como quinto "prefecto" (gobernador) romano de Palestina entre los años 26 y 37 d. C. La residencia oficial del prefecto estaba en Cesarea Marítima, pero durante las fiestas, y especialmente la Pascua, su presencia era requerida en Jerusalén, donde él y su Guardia Pretoriana se alojaban con toda seguridad en el palacio de Herodes en el muro occidental (la actual Puerta de Jaffa). Es probable que Jesús compareciera ante Pilato en el palacio de Herodes. Pilato despreciaba las costumbres judías y era intratable frente a la oposición judía, y finalmente fue desterrado por el emperador Cayo (Calígula) por su excesiva brutalidad al tratar las quejas judías. La "inflexibilidad, terquedad y crueldad" de Pilato, en palabras de Filón,[52] se filtran en los Evangelios del N. T. en retratos que son más compasivos con él.

En particular, Marcos, que muy probablemente escribió para los cristianos de Roma durante el reinado de Nerón, tuvo que recorrer una cresta estrecha para informar de los horrores de la crucifixión sin parecer políticamente subversivo, lo que habría puesto en peligro a los cristianos de todo el imperio. Los césares romanos eran gobernantes totalitarios, lo que hacía que "Rey de los judíos" (15:2) fuera una acusación grave contra Jesús. Pilato no parecía considerar la acusación como causa suficiente para la ejecución, pero tampoco creía que Jesús fuera digno de la defensa final. Al hacerlo, abdicó de su autoridad como prefecto, enviando a Jesús a la crucifixión.

En el día de la fiesta les soltaba un preso (15:6). No se ha constatado una amnistía pascual fuera de los Evangelios, aunque los gobernantes romanos estaban autorizados a liberar a los prisioneros a su discreción y ocasionalmente lo hacían durante las fiestas.

Subió la multitud y le pidió a Pilato (15:8 NVI). La descripción se entiende mejor con referencia a "subir" al palacio de Herodes, situado en la colina occidental más alta de la ciudad, donde se alojaban los prefectos romanos cuando visitaban Jerusalén.

Los soldados le llevaron dentro del atrio, esto es, al pretorio, y convocaron a toda la compañía (15:16-21). Ver el artículo "El ejército romano". La "compañía" (gr. *speira*) se refiere a las *cohortes* latinas, la décima parte de una legión romana, o sea entre quinientos y seiscientos soldados. El "pretorio" (gr. *praitōrion;* lat. *praetorium*) se refiere tanto a la guardia personal de élite del gobernador romano como al lugar donde se alojaba. Es probable que el pretorio se encontrara en el palacio suntuoso de Herodes, situado en la prominente colina occidental de Jerusalén (donde hoy se encuentra la Puerta de Jaffa). A Jesús se le colocó el manto púrpura y la corona (símbolos de la realeza) en una burla cruel. "Salve, Rey de los judíos" era una parodia del *Ave Caesar victor imperator* ("Salve César, Conquistador, Gobernante") en latín. La golpiza a un prisionero antes de la crucifixión, por lo general mediante azotes con un látigo corto de cuero con punta de trozos de metal o piedra, tenía por objeto debilitar al prisionero y reducir la duración de su muerte en la cruz.

Un lugar llamado Gólgota (15:22). Tanto los judíos como los romanos ejecutaban a las víctimas fuera de sus ciudades (Lv 24:14; Nm 15:35-36; Heb 13:12). Evidentemente, Jesús fue ficado en una colina árida, ya que "Gólgota" (Arc. *gulgoltah*) neo" ("Calvario" viene del Lat. *calvus,* que significa "cuero

Los soldados colocaron una corona de espinas en la cabeza de Jesús. Es posible que intentaran imitar la diadema real del emperador. La imagen de esta moneda acuñada durante el reinado de Tiberio muestra a Augusto con la corona radiada.

cabelludo" o "cabeza calva"). Se ha propuesto como lugar del Gólgota una colina de aspecto claramente craneal que domina la estación de autobuses árabe de Jerusalén en la actualidad, así como la cercana Tumba del jardín, famosa por su tranquilidad y belleza.

Sin embargo, es mucho más probable que la iglesia del Santo Sepulcro conserve el lugar de la crucifixión y de la sepultura de Jesús. En la época de Jesús, el lugar se encontraba fuera de los muros de Jerusalén. El lugar fue venerado desde los primeros tiempos del cristianismo como el lugar de la crucifixión de Jesús y la iglesia del Santo Sepulcro ya estaba allí en el año 335 d. C. Las excavaciones realizadas bajo la iglesia entre los años 1961 y 1980 confirmaron que el lugar era el Gólgota al que se refieren los Evangelios.

Le dieron a beber vino mezclado con mirra (15:23). El vino drogado estaba destinado a disminuir la agonía de la muerte lenta y dolorosa de la crucifixión. Hay algunas pruebas de que el vino drogado puede haber sido ofrecido por las sociedades de mujeres como una benevolencia cívica.

Le hubieron crucificado (15:24). Ver el artículo "La crucifixión"; ver los comentarios en Marcos 8:34.

Verdaderamente este hombre era Hijo de Dios (15:39). "Hijo de Dios" es el título más preeminente atribuido a Jesús, que indica su naturaleza divina y su igualdad con Dios. Es el título más importante de Marcos para Jesús, introducido ya en 1:1 y desarrollado posteriormente por los pronunciamientos divinos en el bautismo (1:9-11) y la transfiguración (9:7). La naturaleza divina de Jesús es reconocida por los demonios (1:24; 3:11; 5:7), pero no por sus discípulos. ¡No es hasta la cruz que Jesús es declarado Hijo de Dios por un humano y luego por un gentil romano responsable de su ejecución! Por consiguiente, para Marcos, la crucifixión es la revelación definitiva de Jesús como Hijo de Dios. Aunque el título de 15:39 no tiene un artículo definido en el texto griego, se traduce correctamente como "el Hijo de Dios" en lugar de "un hijo de Dios", ya que en el griego koiné un predicado nominativo definido (que es este) omite el artículo cuando precede al verbo.

La sepultura y la tumba vacía (15:42-16:8)

José... lo colocó en una tumba que había sido tallada en la roca (15:46 NTV). Los judíos ungían los cadáveres con especias no para embalsamarlos sino para disminuir el olor mientras se descomponían en las tumbas funerarias talladas en las laderas de piedra caliza de Palestina. El Mishná prescribe que las bóvedas funerarias deben ser de seis pies de ancho por nueve pies de largo y estar equipadas con estantes o nichos en los que se podían colocar los cuerpos.[53] Se han descubierto mil tumbas rupestres *kokhim* (Hebr. para "nicho") en los alrededores de Jerusalén, algunas con depresiones en forma de cuerpo talladas en el estante o nicho. Cuando el cadáver se descomponía, sus huesos eran depositados en osarios, liberando así el nicho superior para otro cadáver. En el A. T. se habla de depositar los huesos en osarios para "reunirlos con los padres" (p. ej., 2 Reyes 22:20). Antes de la apertura de la cueva se colocaban grandes piedras en forma de disco para sellar las impurezas rituales de la tumba y proteger la misma y su contenido de los animales depredadores y de los ladrones de sepulcros.

Un final posterior del Evangelio de Marcos (16:9-20)

Los versículos del 9 al 20 son, con toda seguridad, un añadido posterior al Evangelio de Marcos. No figuran en los dos manuscritos más antiguos e importantes del segundo Evangelio (Códices Vaticano y Sinaítico), ni en sus primeras traducciones y versiones, ni en los testigos patrísticos más importantes, incluidos los cánones eusebianos. En los últimos versículos del Evangelio aparecen dieciséis palabras nuevas, así como nuevos énfasis teológicos, como la censura a los discípulos por su incredulidad y la apelación a las señales carismáticas como prueba de fe. Por lo tanto, el final más largo representa una miscelánea literaria, teológica y textual que no se corresponde con el resto del segundo Evangelio. Probablemente fue añadido en el siglo II para compensar la percepción de que el final del Evangelio en 16:8 era inadecuado (si ese era su final original) o por la ausencia de su final original (debido quizá a la pérdida de la última hoja del códice del Evangelio).

Una tumba con una piedra rodante.

Esto deja a nuestro Evangelio más antiguo sin una aparición de la resurrección, pero no a nuestro testimonio más antiguo del evangelio sin ella, pues ya en 1 Co 15, el cual el apóstol Pablo escribió a más tardar a mediados de los años 50, tenemos el testimonio más antiguo y completo de la resurrección de Jesucristo de entre los muertos.

— Mateo

— Marcos

— Lucas

— Juan

— Hechos

— Romanos

— 1 Corintios

— 2 Corintios

— Gálatas

— Efesios

— Filipenses

— Colosenses

— 1 Tesalonicenses

— 2 Tesalonicenses

— 1 Timoteo

— 2 Timoteo

— Tito

— Filemón

— Hebreos

— Santiago

— 1 Pedro

— 2 Pedro

— 1 Juan

— 2 Juan

— 3 Juan

— Judas

— Apocalipsis

Lucas

Craig A. Evans

Introducción. El Evangelio de Lucas es el primer volumen de una obra de dos volúmenes dedicada a un hombre llamado Teófilo (ver Lucas 1:1-4; Hechos 1:1-2). El Evangelio de Lucas describe el ministerio de Jesús, concluyendo con su resurrección y ascensión, mientras que el libro de Hechos narra el crecimiento de la iglesia a medida que se extiende desde Jerusalén hasta Roma, desde la ciudad santa de Israel hasta la capital del imperio.

La tradición primitiva y unánime sostiene que el autor de Lucas-Hechos es el médico Lucas, que es mencionado en las cartas de Pablo (Col 4:14; 2 Ti 4:11; Flm 24) y que viajaba con el apóstol, como implica el uso de la primera persona del plural, "nosotros", en varios lugares de Hechos (16:10-17; 20:5-21; 21:1-18; 27:1-28:16).

Dado que el evangelista se dirige a Teófilo como "oh excelentísimo" (Lucas 1:3), es posible que este hombre fuera un funcionario romano (como en Hechos 24:2; 26:25; Josefo, *Against Apion* [Contra Apión] 1.1), quizá incluso el patrocinador de la redacción de Lucas-Hechos. En cualquier caso, la orientación de Lucas-Hechos sugiere que la obra de dos volúmenes estaba destinada a un público general, que incluía tanto a gentiles como a judíos.

Los estudiosos están divididos sobre la cuestión de la fecha de Lucas-Hechos, ya que algunos defienden una fecha anterior al año 70 y otros una fecha mucho más tardía, como el año 100 o incluso el 120. La exactitud histórica y la verosimilitud de Lucas-Hechos abogan por una fecha temprana. Además, dado el interés del evangelista por referirse a personas y acontecimientos importantes, si Lucas-Hechos son tardíos, resultaría extraño que no se hablara del martirio de Jacobo, el hermano de Jesús, en el año 62, de la destitución del sumo sacerdote judío Anás el Joven por matar a Jacobo, del gran incendio de

Roma en el 64, de los martirios de Pablo y Pedro en el 65, de la revuelta judía del 66, del suicidio de Nerón en el 68, de la ascensión de Vespasiano en el 69 y de la toma de Jerusalén y la destrucción del templo en el año 70. Si Lucas-Hechos hubieran sido escritos mucho después del año 70, uno esperaría que se hiciera referencia a por lo menos algunos de estos acontecimientos. Hechos termina en el invierno/primavera del año 62 con Pablo habiendo llegado a Roma en espera de su juicio. Es posible que Lucas-Hechos hayan sido escritos poco después de esa época.

El propósito de Lucas es mostrar que las promesas y profecías de las Escrituras de Israel se cumplen en la vida, muerte y resurrección de Jesús de Nazaret y que estas cosas son relevantes tanto para los gentiles como para los judíos. La rápida difusión de la fe cumple la promesa de Jesús resucitado (Hechos 1:8) y es en sí misma una prueba de que la fe corresponde a la voluntad de Dios.

Prefacio de Lucas (1:1-4)

Muchos han tratado de poner en orden la historia (1:1). Lucas conoce los relatos anteriores sobre la vida, la enseñanza, la muerte y la resurrección de Jesús. Como mínimo, estos relatos incluirían el Evangelio de Marcos y una recopilación de las enseñanzas de Jesús.[1]

Tal y como nos las transmitieron los que desde el principio fueron testigos presenciales y servidores de la palabra (1:2NVI). Lucas afirma que el material que ha utilizado para escribir "por orden" (1:3) se remonta a los testimonios de los testigos presenciales y a los "servidores de la palabra", lo que probablemente se refiere a los discípulos originales y a los que ellos enseñaron.

Muy honorable Teófilo (1:3 NTV). Teófilo, cuyo nombre significa "amigo de Dios", puede haber sido un funcionario, quizás incluso un magistrado. En el libro de Hechos, los gobernadores romanos Félix y Festo se dirigen a él como "excelentísimo" (Hechos 24:3; 26:25). Al principio de su obra polémica contra el antisemita Apión, el historiador del primer siglo Josefo se dirige a su patrón con el mismo título, "excelentísimo Epafrodito".[2] Al igual que Lucas, Josefo recurre a fuentes históricas.

Anuncios de los nacimientos de Juan y Jesús (1:5-56)

Herodes, rey de Judea (1:5). Lucas podría estar refiriéndose a Herodes el Grande, que fue nombrado "Rey de los judíos"

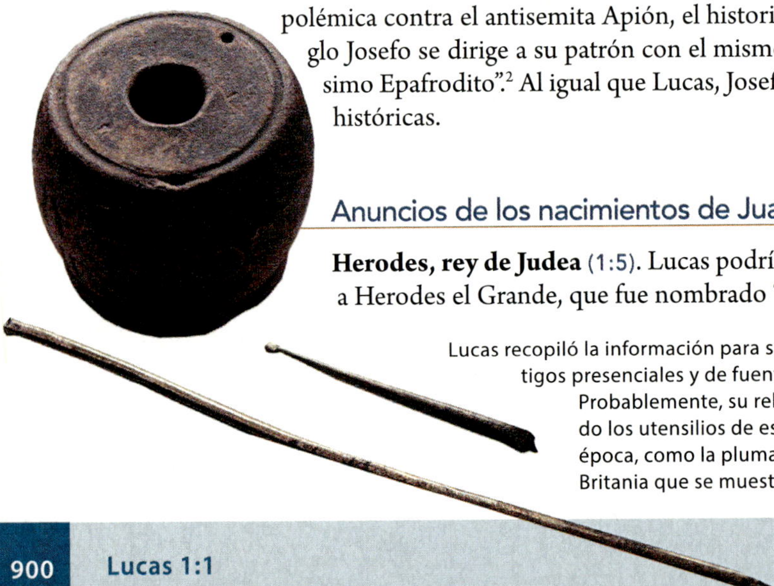

Lucas recopiló la información para su Evangelio a partir de testigos presenciales y de fuentes escritas precedentes. Probablemente, su relato fue transcrito utilizando los utensilios de escritura habituales de esa época, como la pluma y el tintero de bronce de Britania que se muestran aquí.

por el senado romano en el año 40 a. C. y murió en el 4 a. C. Pero Herodes el Grande fue rey de todo Israel.

El "rey de Judea" de Lucas podría indicar que se refería al hijo de Herodes, Arquelao, que gobernó Judea (y Samaria) desde el año 4 a. C. hasta su destitución en el año 6 d. C. Mateo cree que se trata de Herodes el Grande (Mt 2:1-12).

El ángel Gabriel se le apareció a Zacarías mientras ofrecía incienso ante el Señor en el lugar santo. Unas palas de incienso similares a la que se muestra aquí se utilizaban para transportar los carbones calientes en los que se quemaba el incienso. Esta pala de incienso de bronce es probablemente de origen romano del siglo II d. C.

Un sacerdote llamado Zacarías, de la clase de Abías; su mujer era de las hijas de Aarón, y se llamaba Elisabet (1:5). Estar casado con Elisabet, que era de linaje sacerdotal (descendiente de Aarón y no simplemente descendiente del gran patriarca Leví), solo mejoraría el estatus de los hijos de Zacarías, en caso de que tuviera alguno. Se dice que Zacarías era "un sacerdote de la clase de Abías". Abías era el nombre de uno de los hijos de Samuel (1 S 8:2; 1 Cr 6:28), así como el nombre de uno de los sacerdotes que acompañaron a Zorobabel a Jerusalén en la restauración posexílica de Israel (Neh 12:1-4). Las clases sacerdotales son enlistadas en 1 Cr 24:7-20 (la clase de Abías se menciona en el v. 10). Una lista actualizada de las clases sacerdotales fue hallada inscrita en una piedra en Cesarea Marítima.

Conforme a la costumbre del sacerdocio, le tocó en suerte ofrecer el incienso, entrando en el santuario del Señor (1:9). En Israel se han encontrado palas de incienso que datan de la época del Segundo Templo.

No beberá vino ni sidra (1:15). La abstinencia de bebidas alcohólicas es el requisito principal del voto nazareo (Nm 6:3; Jue 13:7; 1 S 1:11 LXX).

Con el espíritu y el poder de Elías (1:17). El lenguaje sobre el cambio de corazones y mentes y la preparación de un pueblo para Dios recuerda a Mal 4:6 y también refleja la expectativa creciente de que Elías regrese para restaurar a Israel (Si 48:10).

Una ciudad de Galilea, llamada Nazaret (1:26). Las excavaciones arqueológicas en Nazaret han revelado varias casas que datan del siglo I a. C. Dos de ellas son de especial interés. Una, que se encuentra bajo las ruinas de una capilla bizantina del siglo IV y de la moderna basílica de la Anunciación, se cree que fue la casa en la que creció María, la madre de Jesús. La segunda, a pocas cuadras de distancia, bajo las ruinas de una capilla bizantina del siglo IV y el convento de las Hermanas de Nazaret del siglo XIX, se cree que fue el hogar de José y María, donde criaron a su familia, incluido Jesús. La inscripción en piedra encontrada en Cesarea Marítima (ver los comentarios en Lucas 1:5) menciona a Nazaret.

Este será grande, y será llamado Hijo del Altísimo... su reino no tendrá fin... el Santo Ser que nacerá, será llamado Hijo de Dios (1:32-33,35).

La iglesia de la Natividad en Belén.

Las cuatro cosas que se dicen de Jesús (este será grande, será llamado Hijo del Altísimo, su reino no tendrá fin y será llamado Hijo de Dios) también se dicen de un personaje sin nombre en el fragmento de rollo arameo 4Q *Aramaic Apocalypse,* que data de mediados del siglo I a. C. Estos paralelismos demuestran que la expectativa de un libertador judío venidero, del que se habla como Hijo de Dios, formaba parte de la esperanza judía precristiana y no un adorno posterior a la Pascua inspirado en el culto romano al emperador divino.

Engrandece mi alma al Señor (1:46-55). El "Magnificat" de María (llamado así por la primera palabra de la traducción latina, que aquí se traduce como "engrandece") sigue el modelo de la alabanza de Ana a Dios en 1 S 2:1-10, en agradecimiento por su embarazo, por el que había orado. (Dio a luz a Samuel, el gran profeta y sacerdote que ungió a David como rey de Israel). En la paráfrasis aramea de 1 Samuel, el canto de Ana se vuelve escatológico y mesiánico. Culturalmente, se creía que Dios a veces permitía concebir a mujeres que de otro modo parecían imposibilitadas de hacerlo, como la madre de Samuel, Ana, o que eran ancianas y, por tanto, superaban ampliamente la edad fértil, como Sara y Elisabet.

El nacimiento y la circuncisión de Juan (1:57-80)

Aconteció que al octavo día vinieron para circuncidar al niño (1:59). La circuncisión al octavo día estaba prescrita por la ley de Moisés (Lv 12:3; cf. Hechos 7:8; Flp 3:5). Lucas también registra la circuncisión de Jesús (2:21). Ver el artículo "El rito judío de la circuncisión".

El nacimiento de Jesús (2:1-52)

Se promulgó un edicto de parte de Augusto César, que todo el mundo fuese empadronado. Este primer censo se hizo siendo Cirenio gobernador de Siria. E iban todos para ser empadronados, cada uno a su ciudad (2:1-3). Los historiadores y los intérpretes bíblicos discuten sobre el signi-

Estatua de Augusto César, el emperador romano de la época del nacimiento de Cristo

ficado de "empadronamiento" o censo de Lucas (y se han presentado diversas propuestas). Por lo general, el propósito de un censo era establecer la productividad y los ingresos potenciales en una región determinada, para luego determinar los niveles de tributación.

El empadronamiento para el censo era un asunto local para la mayoría de la gente, pero para algunos, como José, requería estar presente en otro lugar. A diferencia de María, que probablemente creció en Nazaret (y como muchos en Nazaret, pertenecía a la familia de David, de la tribu de Judá), José creció en Belén por lo que probablemente tenía propiedades y quizás otros intereses comerciales en ese pueblo histórico, el mismo pueblo en el que creció el rey David. José consideró necesario estar presente en Belén y por ello llevó consigo a su esposa embarazada. Un edicto fechado en el año 104 d. C. obligaba a los propietarios ausentes a ser empadronados en los lugares donde tenían propiedades.[3]

La ciudad de David, que se llama Belén, por cuanto era de la casa y familia de David (2:4). Belén es mencionada muchas veces en el A. T. (p. ej., Gn 35:19; 48:7; Jos 19:15; Jue 12:8) y unas cuantas veces en los pseudoepígrafos del A. T.[4] No se debe confundir Belén de Judea con Belén de Zabulón (Jos 19:15), situada en medio de Galilea. Belén de Judea fue el lugar de nacimiento y crianza del rey David (1 S 17:12, 58). Puesto que Jesús es hijo de David (Lucas 3:31; 18:38-39) y también nació en Belén, la referencia al lugar de nacimiento de David refuerza la analogía entre David y Jesús.

Hace cuarenta años se descubrió en Jerusalén un osario (caja de huesos) que data del primer siglo. En él estaban inscritas las palabras "perteneciente a la casa de David" (*shel bey dawid*). El historiador eclesiástico Eusebio relata historias heredadas de Hegesipo según las cuales los emperadores romanos Vespasiano (que reinó entre el 69 y el 79 d. C.), Domiciano (que reinó entre el 81 y el 96 d. C.) y Trajano (que reinó entre el 98 y el 117 d. C.) persiguieron a los descendientes de David.[5] La tradición rabínica también tiene constancia de miembros sobrevivientes de la familia de David en la época del Segundo Templo.[6]

En un hogar típico de Palestina, el espacio habitable de la familia, a menudo una sola habitación, estaba adyacente o encima de una zona donde se alojaban los animales para protegerlos durante la noche y proporcionarles calor en invierno. Este dibujo ilustra una casa en la que el área de los animales está adyacente al espacio habitable de la familia.

Lo acostó en un pesebre (2:7). Se refiere a un comedero para animales (aunque no se menciona ningún animal; la presencia de animales en las representaciones de la Natividad se inspira en Is 1:3). El pesebre pudo estar en el interior o en el exterior.

La tradición de la cueva procede de la obra apócrifa el *Protoevangelio de Santiago* (18.1).

Tuvieron gran temor (2:9). El terror ante la presencia de lo divino está atestiguado en otras partes de la Escritura (p. ej., 1 Cr 21:30; Job 23:15; Is 30:31; 33:14).

Les traigo una buena noticia (2:10 DHH). Literalmente, "les evangelizo". La buena noticia o el evangelismo del N. T. (ver los comentarios en Marcos 1:1; ver también MT 11:5; Lucas 7:22) se basa en la proclamación de Isaías, como se ve especialmente en Is 40:9 (LXX: "Sobre monte excelso asciende el que evangelizas a Sión"); 52:7 (LXX: "Estoy presente como floridez sobre los montes; como plantas del que anuncia oída de paz"); y 61:1 (LXX: "Espíritu del Señor sobre mí; por lo cual me ha ungido; a evangelizar pobres"). La buena noticia predicha por Isaías se hizo realidad con el nacimiento del hijo de David, el Hijo de Dios. En el mundo romano existía la esperanza de que el emperador trajera una buena noticia.

Un Salvador (2:11). En el A. T., a veces es Dios mismo quien es el Salvador de Israel (p. ej., Dt 32:15; 1 S 10:19; Sal 24:5; 25:5; Miq 7:7; Hab 3:18). En ocasiones se trata de un hombre levantado para salvar a su pueblo (p. ej., Jue 3:9, 15). El autor de los Salmos de Salomón, que escribió en el siglo I a. C., también buscó la salvación en Dios: "Esperamos en Dios nuestro Salvador, pues la fortaleza de nuestro Dios es para siempre con su misericordia. Y el reino de nuestro Dios es para siempre, y juzga sobre todas las naciones" (17.3).

El Mesías, el Señor (2:11 NTV). En algunos manuscritos se lee "el Mesías del Señor", como en 2:26 NTV. "Señor" no siempre implica deidad, pues a veces no denota más que "señor". Pero cuando se usa en sentido absoluto, el sentido que parece tener aquí en 2:11, se refiere a la deidad. Se tiene un paralelismo importante en los *Salmos de Salomón,* donde el autor habla del "Señor Mesías" o quizás del "Mesías el Señor". Hablando del esperado Mesías davídico, el autor declara lo siguiente: "Él será sobre ellos un rey justo, instruido por Dios; no existe injusticia durante su reinado sobre ellos, porque todos son santos, y su Rey será el Señor Mesías" (17.32). Es significativo que el autor de los *Salmos de Salomón* expresara su anhelo por la realización del "reino de nuestro Dios" (17.3) y la aparición de un hijo de David (17.21) que reinará como el "Señor Cristo" (17.32; 18.7). El lenguaje de Lucas es totalmente coherente con la terminología y las expectativas judías palestinas. Respecto al Mesías, ver los comentarios en Marcos 8:29.

Paz en la tierra para aquellos en quienes Dios se complace (2:14 NTV). Esta traducción es preferible a la conocida traducción que se encuentra en la RVR1960, que se basa en una lectura defectuosa en algunos manuscritos tardíos: "Buena voluntad para con los hombres". Hay paralelismos con esta expresión encontrada en Qumrán: "Tu compasión es para todos los hijos de tu buena voluntad";[7] "entre los hombres de su buena voluntad".[8]

Jerusalén (2:22). El nombre de esta ciudad histórica aparece en los escritos lucanos con más frecuencia que en ningún otro libro del N. T. (ver el artículo "Jerusalén en los tiempos de Jesús"). La tradición ha identificado la ciudad con Salem (cf. Gn 14:18). David conquistó Jerusalén (2 S 5:6-7), convirtiéndola en su capital. Posteriormente, Jerusalén sería asediada por los asirios (2 Reyes 18:13-19:37) y finalmente sería capturada y destruida por los babilonios (2 Reyes 25:1-21).

Después del exilio, la ciudad y el templo fueron reconstruidos (Esdras-Nehemías) y mucho más tarde, durante el reinado de Herodes el Grande, la ciudad experimentaría una mayor expansión y embellecimiento, incluyendo un complejo del templo reconstruido y ampliado.[9]

Todo varón primogénito (2:23 NVI). La frase dice literalmente: "todo varón que abriere la matriz". Este versículo es una paráfrasis de Ex 13:2.

Un par de tórtolas, o dos palominos (2:24). Los que no podían permitirse ofrecer un cordero podían ofrecer dos palominos (cf. Lv 12:8).

La consolación de Israel (2:25). La esperanza de Simeón se basa en las promesas bíblicas de la restauración del reino a Israel (cf. Is 40:1; 49:6; 61:2). A veces, en la tradición rabínica, al Mesías se le llama "consolador". [10]

Para caída y para levantamiento de muchos en Israel (2:34). Aquí se hace referencia a toda la historia de Lucas-Hechos.

Ana, profetisa (2:36). "Ana" es la forma griega del nombre hebreo "Hannah" (que significa "gracia, favor"). Más adelante se señalará que el relato del embarazo de Ana en 1 S 1-2 contribuyó a la narración de la infancia hecha por Lucas (Lucas 1:46-55; 2:41-52). Es interesante señalar que, según la tradición judía, Ana, la madre de Samuel, era una profetisa.[11]

La redención de Jerusalén (2:38 NVI). Los documentos y monedas producidos durante la revuelta de Bar Kokhba (132-135 d. C.) se refieren a la "redención de Jerusalén" y a la "libertad de Jerusalén".

Doce años (2:42). No era obligatorio participar en actividades religiosas como adulto hasta los trece años.[12] Al mostrar la participación de Jesús en actividades religiosas antes de esa edad, Lucas vuelve a destacar la piedad y la rectitud de la sagrada familia. Pero puede haber algo más. Es posible que Lucas haya sido influenciado por la tradición según la cual Samuel comenzó su actividad profética a los doce años.[13] Este podría ser perfectamente el caso a la luz de las alusiones deliberadas y frecuentes a la historia del nacimiento y la crianza de Samuel.

Jesús crecía en sabiduría y en estatura, y en gracia para con Dios y los hombres (2:52). El resumen que hace Lucas del crecimiento y desarrollo de Jesús es una alusión inequívoca a 1 S 2:26 en la Septuaginta: "Y el niñito Samuel iba, y era bueno con el Señor y con los hombres". Lucas aludió en varios puntos de su relato de la infancia a otras palabras y frases y al marco general de la propia historia de Samuel. Varios paralelismos son evidentes: así como Samuel es presentado al Señor (1 S 1:22), Jesús también lo es (Lucas 2:22); así como Ana (Ana en griego) canta alabanzas de acción de gracias por el nacimiento de Samuel (1 S 2:1-10), Ana lo hace cuando ve al niño Jesús (Lucas 2:36-38); así como Elí bendice a los padres de Samuel (1 S 2:20), Simeón bendice a los padres de Jesús (Lucas 2:34); así como el crecimiento de Samuel es resumido (1 S 2:21, 26), el crecimiento de Jesús también lo es (Lucas 2:40, 52); de la misma manera que Samuel ministró en el templo y mostró un discernimiento espiritual notable (1 S 3:1-18), Jesús visitó el templo e impresionó a los maestros religiosos (Lucas 2:41-51).

La predicación de Juan el Bautista (3:1-20)

En el año decimoquinto del imperio de Tiberio César (3:1). Tiberio sucedió a Augusto, que reinó desde el año 30 a. C. al 14 d. C., por lo que su decimoquinto año sería el 28 o el 29 d. C. Tiberio, que no fue un emperador popular y tuvo fama de pederasta, murió en el año 37.

Siendo gobernador de Judea Poncio Pilato (3:1). Tradicionalmente se ha fechado la permanencia de Pilato en el cargo desde el año 26 hasta principios del 37, cuando se le ordenó regresar a Roma tras el incidente de los samaritanos (ver los comentarios en Marcos 15:1). Sin embargo, la cronología de Josefo es confusa; es posible que Pilato comenzara su mandato unos años antes.[14]

Herodes tetrarca de Galilea (3:1). Augusto dividió el reino de Herodes el Grande en tres partes desiguales, dando la mitad sur (principalmente Samaria y Judea) a Herodes Arquelao (gobernó desde el año 4 a. C. hasta su destitución en el 6 d. C.), la parte occidental de la mitad norte (principalmente Galilea y Perea) a Herodes Antipas (gobernó desde el año 4 a. C. hasta su destitución en el 39 d. C.) y la parte oriental de la mitad norte (principalmente Gaulanítide, Traconite, Batanea, Auranítide y parte de Panias) a Felipe (gobernó desde el año 4 a. C. hasta su muerte en el 33 o 34 d. C.). Herodes y su hermano Felipe fueron llamados tetrarcas porque cada uno era un "gobernante de una cuarta parte", el cual es el significado literal de esa palabra griega. (Herodes Arquelao tenía un título algo más alto como etnarca: "gobernante del pueblo"). A Herodes se le llama informalmente "rey" (cf. Marcos 6:14, 22), pero técnicamente nunca fue rey. Fue su búsqueda del título lo que en parte provocó su destierro a la Galia.

Lisanias tetrarca de Abilinia (3:1). Este hombre es mencionado varias veces por Josefo, una de ellas como gobernante de Abila[15] y otra en referencia a que su territorio fue añadido al del recientemente fallecido Felipe y entregado a Agripa I.[16] También hay dos inscripciones que se refieren a "Lisanias el tetrarca".[17] No se sabe nada más de este hombre.

Siendo sumos sacerdotes Anás y Caifás (3:2). Anás fue nombrado sumo sacerdote en el año 6 d. C. por Sulpicio Quirino, el gobernador romano que sustituyó al etnarca depuesto Arquelao.[18] Anás fue destituido en el año 15 d. C. por Grato. Caifás, yerno de Anás (Juan 18:13), fue nombrado sumo sacerdote por Grato en el año 18 d. C.[19] Josefo comenta la suerte de esta familia sumo sacerdotal: "Se dice que el anciano Anás fue extremadamente afortunado. Tuvo cinco hijos y todos ellos, después de que él mismo disfrutó previamente el oficio durante un período muy prolongado, se convirtieron en sumos sacerdotes de Dios, algo que nunca había sucedido con ningún otro de nuestros sumos sacerdotes".[20]

El que tiene dos túnicas, dé al que no tiene; y el que tiene qué comer, haga lo mismo (3:11). Los mandatos éticos de Juan en este versículo son bastante similares a los que se encuentran en Is 58:7. En los escritos éticos grecorromanos se encuentran mandatos similares: "Desprecia las cosas mundanas compartiéndolas".[21]

No hagáis extorsión a nadie, ni calumniéis; y contentaos con vuestro salario (3:14). Josefo dio un consejo parecido a sus hombres: "Les expresé mi agradecimiento y les aconsejé que no atacaran a nadie ni se ensuciaran las manos con el pillaje, sino que... se contentaran con sus propias provisiones".[22]

Encerró a Juan en la cárcel (3:20). Desde el punto de vista de Lucas, el pecado más grave cometido por Herodes Antipas fue el encarcelamiento y posterior ejecución de Juan (9:7-9).

El bautismo y la genealogía de Jesús (3:21-38)

Descendió el Espíritu Santo sobre él en forma corporal, como paloma (3:22). La adición de "en forma corporal" (*sōmatikō*) sugiere que el Espíritu era sustancial y real, y no meramente visionario y simbólico.

Hijo de José... hijo de Adán (3:23-38). Lucas invierte la secuencia de la genealogía, empezando por José y retrocediendo en el tiempo hasta Adán (cf. MT 1:2-16).

Adán, hijo de Dios (3:38). Adán, al igual que Jesús (1:35), puede ser llamado "hijo de Dios" porque fue engendrado por el Espíritu de Dios (cf. Gn 2:7).

La Tentación de Jesús (4:1-13)

Jesús, lleno del Espíritu Santo, volvió del Jordán (4:1). La conexión de Jesús con el Espíritu es enfatizada en 1:35; 3:22; 4:14-15.

Tentado por el diablo (4:2). En el relato de la tentación, Lucas utiliza sistemáticamente la palabra "diablo" (literalmente, "calumniador", de *diabolos,* de donde se deriva "diabólico"), aunque utiliza "Satanás" en otros lugares (cf. 10:18; 11:18; 13:16; 22:3, 31; Hechos 5:3; 26:18).

El comienzo del ministerio de Jesús en Galilea (4:14-5:11)

Enseñaba en las sinagogas de ellos (4:15). Se han identificado hasta diez sinagogas del siglo I d. C. o de épocas anteriores en Israel (ver el artículo "La sinagoga judía"; ver los comentarios en Marcos 1:21). La popular sinagoga

Restos de una sinagoga en Corazín.

de Capernaum es del siglo IV, pero los cimientos de basalto negro que hay debajo datan del siglo I a. C. y probablemente sean los cimientos sobre los que se asentaba la sinagoga de la época de Jesús.

En el día de reposo entró en la sinagoga (4:16). El pueblo judío se reunía en sus sinagogas varios días a la semana, no solo en el Shabbat, por lo que Lucas necesita decir a sus lectores que en esta ocasión fue "en el día de reposo".

Se levantó a leer (4:16). Por respeto a la autoridad de las Escrituras, Jesús se pone de pie. Después de leer las Escrituras, se sienta (como se dice en 4:20).

El rollo del profeta Isaías (4:17 NTV). En la cueva 1 de Qumrán se recuperaron dos grandes rollos de Isaías. Ambos datan del siglo II a. C.

El Espíritu del Señor está sobre mí... a predicar el año agradable del Señor (4:18-19). Jesús lee la mayor parte de Is 61:1-2. El pasaje era evidentemente popular en la antigüedad tardía judía. Se cita y comenta en *11QMelchizedek*, como parte de una profecía escatológica de la llegada de un redentor que proclamará la buena noticia, sanará y perdonará los pecados de Israel, y derrotará a Belial (i. e., Satanás).

Médico, cúrate a ti mismo (4:23). Este proverbio era común tanto en el mundo judío[23] como en el gentil.[24]

Ningún profeta es acepto en su propia tierra (4:24). Las palabras de Jesús aquí y en 13:34, reflejan una tradición judía según la cual Israel ha rechazado y perseguido de forma habitual a los profetas (2 Cr 36:15-16; Sal 78; 105; 106; Lm 4:13; Hechos 7:51-53).

Una mujer viuda en Sarepta de Sidón (4:26). Jesús se refiere a la historia de Elías, que proporcionó alimentos a una viuda gentil y a su hijo (1 Reyes 17:8-16).

Naamán el sirio (4:27). Jesús hace referencia a la historia de Eliseo, que sanó al leproso Naamán, un comandante militar enemigo (2 Reyes 5:1-14).

Todos en la sinagoga se llenaron de ira (4:28). Según los habitantes de Qumrán, la aparición del Mesías significaba consuelo para ellos y juicio para sus enemigos,[25] mientras que Jesús acababa de decirles todo lo contrario. Es muy posible que esta haya sido una opinión muy extendida.

Tirarlo por el precipicio (4:29 NVI). En el siglo I d. C., Nazaret estaba situada en una colina, al lado de la cual había una pendiente empinada. Lo que hoy es una pendiente empinada, en la época de Jesús pudo haber sido una pendiente muy pronunciada o un "precipicio".

Capernaum, ciudad de Galilea (4:31). Las excavaciones arqueológicas realizadas en Capernaum han dejado al descubierto los cimientos de varias casas pequeñas de Capernaum del siglo I. Ver los comentarios en Lucas 4:38.

Jesús leyó las palabras del profeta Isaías en la sinagoga de Nazaret. Aquí está una parte del rollo de Isaías, uno de los Rollos del mar Muerto encontrados en Qumrán. Este es el tipo de rollo que le habrían dado a leer a Jesús.

¿Has venido para destruirnos? Yo te conozco quién eres (4:34). El espíritu maligno intuye, con toda razón, que la aparición de Jesús, un exorcista nada ordinario, significa la destrucción del mal (ver el artículo "La demonización y el exorcismo en el mundo grecorromano"). La declaración "Yo te conozco quién eres" es una amenaza, que implica que el espíritu maligno puede hacer su propio hechizo contra Jesús (al insertar el nombre de Jesús en un encantamiento que un espíritu maligno podría utilizar contra el exorcista).

Salió de él, y no le hizo daño alguno (4:35). Los espíritus malignos intentaban hacer daño a los humanos, incluso cuando eran expulsados. Jesús es capaz de expulsar el espíritu sin herir al que lo sufre.

Entonces Jesús se levantó y salió de la sinagoga, y entró en casa de Simón (4:38). Los arqueólogos han descubierto los cimientos de la sinagoga del primer siglo (ver 7:5), los cimientos y el suelo originales de la casa de Simón Pedro y el cuartel romano en Capernaum.

Lago de Genesaret (5:1). Este lago también es conocido como el mar de Galilea (ver los comentarios en Marcos 1:16), en el cual y del cual fluye el río Jordán. Marcos se refiere a la "tierra de Genesaret" (Marcos 6:53 = Mt 14:34). Josefo hace referencia al "lago de Genesar".[26] Esta masa de agua también era llamada comúnmente el mar de Tiberias.[27]

Desde ahora serás pescador de hombres (5:10). La frase puede traducirse literalmente: "serás pescador [tomarás] seres humanos vivos". Se ha sugerido que, como la pesca conlleva un daño para los peces (en el sentido de que mueren), Lucas ha reformulado las palabras de Jesús para evitar tal implicación. La palabra que Lucas utiliza para "pescar [tomar] vivos" (*zōgreō*) se emplea en el A. T. griego (Septuaginta) para denotar "salvar a personas vivas del peligro" (p. ej., Nm 31:15, 18; Dt 20:16). Pedro y su hermano Andrés eran de Betsaida (con vistas a la orilla norte del mar de Galilea), cuyo nombre significaba "casa de la pesca [de los peces]".

Le siguieron (5:11). Esta es la primera vez que la palabra "seguir" (*akoloutheō*) aparece en el Evangelio de Lucas (p. ej., 5:27-28; 9:23, 49, 57, 59, 61; 18:22, 28). Josefo dice que Eliseo "siguió" a Elías y que mientras este vivió, Eliseo fue su "discípulo".[28] En la literatura rabínica la expresión "seguir" significa ser discípulo de un rabino.[29]

La autoridad de Dios en Jesús (5:12-6:11)

Lleno de lepra (5:12). La afirmación de Lucas de que el hombre estaba cubierto de lepra parece ser un intento de ofrecer un diagnóstico más completo y, por tanto, puede reflejar el interés médico de Lucas (cf. 8:43 con Marcos 5:25-26; ver los comentarios en Marcos 1:40). En el año 2000 se descubrió un sepulcro en Jerusalén (en Aceldama) en el que se encontró que uno de los ocupantes había muerto de lepra (enfermedad de Hansen). Este descubrimiento confirmó la realidad de la lepra en Israel en la época de Jesús.

Fariseos y doctores de la ley (5:17). Estos hombres eran los guardianes de la "ley oral" (o "tradiciones orales"). La palabra "fariseo" significa "separado" (ver el artículo "Fariseos y saduceos"). Los fariseos eran en su mayoría laicos (algunos eran sacerdotes), pero hombres muy interesados en la interpretación y la obediencia de las Escrituras. La tradición farisaica sería asumida en gran parte por los "rabinos" (aunque no deben ser identificados con los fariseos) y sería ampliada, editada y codificada como Mishná y Talmud (y otros escritos rabínicos). A diferencia de los saduceos, que eran ricos, aristocráticos y muy conservadores teológica y políticamente, los fariseos eran más numerosos y mucho más populares entre el pueblo. Los fariseos remontan sus orígenes a los días gloriosos de la lucha macabea por la libertad (167-146 a. C.). Eran fervientes de la fe judía y defensores de la esperanza mesiánica. Creían que si todos los judíos se dedicaban a observar fielmente todas las leyes de Moisés (lo que incluía la observancia de sus tradiciones orales, concebidas como una "cerca" para proteger la ley [ver m. *Avot 1.1*]), Dios levantaría a su Mesías y liberaría a Israel.

Un hombre que estaba paralítico (5:18). La parálisis era otra condición física a veces asociada con el pecado y el juicio divino: "paralizados los miembros, ni siquiera podía hablar, golpeado por una justa sentencia" (3 Mac 2:22, según la versión en inglés RSV); "Alcimo sufrió un ataque que le obligó a suspender sus trabajos: la boca se le cerró y paralizó, de forma que ni podía hablar ni pudo dejar disposiciones" (1 Mac 9:55 BHTI). Otros ejemplos de personas paralíticas en Lucas-Hechos son Hechos 8:7; 9:33.

Las casas de esa época tenían azoteas con una escalera exterior que conducía a la parte superior, similares a las que se muestran en estas fotos de la moderna aldea de Der Samet, cerca de Hebrón.

Hombre, tus pecados te son perdonados (5:20). Es muy probable que la audiencia de Jesús asumiera tal conexión: "El enfermo no se sana de su enfermedad hasta que no se le perdonan sus pecados";[30] "No hay sufrimientos sin pecado";[31] "La redención y la sanación vienen después del arrepentimiento".[32]

No obstante, el propio Jesús no tenía por qué hacer esta suposición.

¡Hoy hemos visto cosas increíbles! (5:26 PDT). La expresión "cosas increíbles" (paradoxa) de Lucas connota extrañeza e incertidumbre.[33]

No he venido a llamar a justos, sino a pecadores al arrepentimiento (5:32). Lucas es especialmente aficionado a este tema. En Mateo el sustantivo "arrepentimiento" (*metanoia*) y el verbo "arrepentirse" (*metanoeō*) aparecen siete veces y en Marcos tres. Pero en Lucas estas palabras aparecen catorce veces (y once más en el libro de Hechos). Las palabras estrechamente relacionadas "conversión" (*epistrophē*) y "convertirse" (*epistrephō*) también aparecen con mucha más frecuencia en los escritos de Lucas que en los de Mateo y Marcos. El uso intensivo de estas palabras por parte de Lucas demuestra su interés por la evangelización y la misión de la iglesia.

Parábola (5:36). La palabra "parábola(s)" aparece varias veces en Lucas (6:39; 8:4, 9, 10, 11; 12:16, 41; 13:6; 14:7; 15:3; 18:1, 9; 19:11; 20:9, 19; 21:29). La palabra griega del N. T. parabolē (así como *mashal*, su equivalente hebreo) tiene una variedad de significados y usos. Puede referirse a una simple ilustración, a un dicho proverbial o a un dicho enigmático. La idea de parábola oscura puede verse en 8:9-11 (cf. Marcos 4:10-13). El significado básico de "parábola" es "comparación". Una parábola suele ilustrar una idea abstracta (p. ej., la fidelidad, el deber, la fecundidad, el perdón, la oración, el juicio) con experiencias y observaciones comunes y cotidianas. Como muchas fábulas, la parábola suele contener una lección o moraleja. Normalmente, una parábola pretende exponer un punto básico (la lección) y no debe ser alegorizada (donde a cada detalle de la parábola se le asigna un valor). Sin embargo, algunas de las parábolas de los Evangelios son alegorías o al menos contienen algunos elementos alegóricos.

Sus discípulos arrancaban espigas y comían, restregándolas con las manos (6:1). Lucas añade las palabras "restregándolas con las manos" (cf. MT 12:1; Marcos 2:23) probablemente para aclarar la naturaleza del "trabajo" que los discípulos estaban haciendo en el día de reposo: no solo estaban arrancando espigas (lo cual, según la ley oral, era similar a cosechar) sino que también estaban restregando las cáscaras de cada grano (lo cual, según la ley oral, era similar a trillar). Los trabajos prohibidos son "sembrar, arar, cosechar, atar gavillas, trillar y aventar".[34] Según la interpretación rabínica, el simple hecho de "quitar" la cáscara del grano se considera trilla.[35]

Desde el punto de vista farisaico, lo que los discípulos hacían era trabajo.

Un agricultor del siglo I d. C. habría utilizado un arado y un trillo (tablero de madera con piedras o piezas metálicas afiladas incrustadas en la parte inferior para aflojar el grano), similar a la herramienta que se muestra aquí.

Lo que no es lícito hacer en los días de reposo (6:2). A la luz de las interpretaciones legales citadas en los comentarios de 6:1, el "trabajo" que realizaban los discípulos podría ser considerado como una infracción de la ley del día de reposo (ver los comentarios en Marcos 2:23).

Lo que hizo David [...] y los que con él estaban (6:3). En 6:3-4 Jesús alude a las acciones de David descritas en 1 S 21:1-6.

El llamado y la instrucción de los discípulos (6:12-49)

Escogió a doce de ellos, a los cuales también llamó apóstoles (6:13-16). Lucas nos proporciona doce nombres, pero la comparación con otras listas apostólicas (Mt 10:2-4; Marcos 3:16-19; Hechos 1:13) (ver los comentarios en Marcos 3:14) sugiere que había más de doce entre los doce discípulos. Además, si se tienen en cuenta los ocho nombres que aparecen en el Evangelio de Juan (Pedro, Andrés, Felipe, Bartolomé, Tomás, Judas [no el Iscariote], Natanael, Judas Iscariote), pudo haber hasta quince o dieciséis apóstoles durante el tiempo del ministerio de Jesús.

En los Evangelios y en Hechos se encuentran los siguientes nombres de los hombres considerados entre los doce discípulos: (1) Simón Pedro (Mt 10:2; Marcos 3:16; Lucas 6:14; Juan 1:42; Hechos 1:13; ver también 1 P 1:1; 2 P 1:1), (2) Andrés, el hermano de Pedro (Mt 10:2; Marcos 3:18; Lucas 6:14; Juan 1:40; Hechos 1:13), (3) Jacobo, hijo de Zebedeo (Mt 10:2; Marcos 3:17; Lucas 6:14; Hechos 1:13), (4) Juan, hijo de Zebedeo (Mt 10:2; Marcos 3:17; Lucas 6:14; Hechos 1:13; ver también Ap 1:9; 22:8), (5) Felipe (Mt 10:3; Marcos 3:18; Lucas 6:14; Juan 1:43; Hechos 1:13), (6) Bartolomé (Mt10:3; Marcos 3:18; Lucas 6:14; Hechos 1:13), (7) Mateo (Mt 10:3; Lucas 6:15; Hechos 1:13), (8) Leví (Marcos 2:14; Lucas 5:27), (9) Tomás (Mt 10:3; Marcos 3:18; Lucas 6:15; Juan 11:16; Hechos 1:13), (10) Jacobo, hijo de Alfeo (Mt 10:3; Marcos 3:18; Lucas 6:15; Hechos 1:13), (11) Tadeo (o "Lebeo" en algunos manuscritos; Mt 10:3; Marcos 3:18), (12) Simón el cananista (Mt 10:4; Marcos 3:18), (13) Simón el Zelote (Lucas 6:15; Hechos 1:13), (14) Judas, hijo de Jacobo (Lucas 6:16 NVI; Hechos 1:13 NVI; Juan 14:22: "Judas [no el Iscariote]"), (15) Judas Iscariote, el traidor (Mt 10:4; Marcos 3:19; Lucas 6:16; Juan 12:4; Hechos 1:16) y (16) Natanael (Juan 1:45).

Dado que es probable que Leví y Mateo sean uno y el mismo (cf. Mt 9:9 con Marcos 2:14 y ver Marcos 2:14-17; Mt 9:9-13; Lucas 5:27-32) y que Simón el cananista y Simón el Zelote se refieran a la misma persona, nuestra lista de dieciséis nombres se reduce a catorce. También se supone que el "Judas (no el Iscariote)" de Juan 14:22 es el mismo que Judas el hijo de Jacobo en Lucas 6:16 NVI; Hechos 1:13 NVI.

Es posible que otros nombres entre los catorce restantes se refieran de hecho a un solo individuo, pero no se puede saber esta cuestión con certeza. En el pasado se han realizado algunos esfuerzos para reducir la lista a doce, pero la ingenuidad y la desesperación han sido más evidentes que los hechos. Por ejemplo, la sugerencia presentada hace varios siglos de que el Bartolomé de la tradición sinóptica es el Natanael del Evangelio de Juan se basa en puras conjeturas y no en ninguna prueba. Se han hecho otras sugerencias aún más improbables. En consecuencia, es imposible reducir estos nombres a no más de doce.

La solución a la dificultad radica en reconocer que, mientras que el número doce tenía un valor simbólico y probablemente representaba el número aproximado de los hombres que eran considerados como los seguidores más cercanos de Jesús, el número real de apóstoles fluctuaba. El libro de Hechos es una prueba de este punto de vista. No solo se sustituye a Judas Iscariote por Matías (Hechos 1:26), sino que también se cuenta a Pablo y Bernabé entre los apóstoles (ver Hechos 14:14; también implícito en 1 Co 9:6). (Pablo se llama a sí mismo apóstol en Ro 1:1; 11:13; 1 Co 1:1; 9:1, 2; 15:9; 2 Co 1:1; 12:12; Gl 1:1; ver también Ef 1:1; Col 1:1; 1 Ti 1:1; 2 Ti 1:1; Tito 1:1). En 1 Co 15:5-7 Pablo parece hacer una distinción entre los "once" (los doce discípulos menos Judas Iscariote) y otros apóstoles. De su argumento en 1 Co 3:1-15 parece también que Pablo consideraba a Apolos como un apóstol. Finalmente, en Ro 16:7 Pablo extiende sus saludos a "Andrónico y a Junias... muy estimados entre los apóstoles, y... antes de mí en Cristo".

Probablemente sea mejor entender el número doce como una designación general que pretende tener un significado simbólico, como se ve en los doce hijos de Jacob (Gn 35:22), las doce tribus de Israel (Gn 49:28), las doce piedras colocadas como monumento en el río Jordán (Jos 4:8-9) y las doce piedras que Elías utilizó para construir un altar (1 Reyes 18:31). Los doce discípulos de Jesús representaban la restauración de Israel, pero no necesariamente doce hombres específicos sin variación en la composición.

Bienaventurados (6:20-22). Las bienaventuranzas también aparecen en el A. T. (Sal 1:1; 2:12; 34:8; 41:1; 84:4; 94:12; 119:2; Pr 8:34; Jer 17:7) y en los escritos intertestamentarios.[36]

Ay (6:24-26). Los "ayes" son expresados en el A. T docenas de veces, en ocasiones de manera secuencial, como se aprecia aquí en Lucas (p. ej., Is 3:11; 5:8, 11, 18, 20, 21, 22; Jer 22:13; Hab 2:6, 9, 12, 15, 19).

Amad a vuestros enemigos (6:27). Amar a los enemigos iba en contra de la moral convencional de la antigüedad tardía.[37] Sin embargo, había voces que recomendaban convertir a los enemigos en amigos y mostrarles compasión.[38]

Sed, pues, misericordiosos, como también vuestro Padre es misericordioso (6:36). El mandato de Jesús es bastante parecido a un dicho que se encuentra en la paráfrasis aramea (Targum): "Pueblo mío, hijos de Israel, como nuestro Padre es misericordioso en los cielos, así vosotros sed misericordiosos en la tierra" (*Targum Pseudo-Jonathan* [Targum del pseudo-Jonatán] Lv 22:28).

Jesús no citó el Targum (esta versión de la Escritura aramea es posterior a

La cubeta de medir de este agricultor está lleno a rebosar de grano de la cosecha.

Jesús en siglos), ni el Targum lo citó a él. Más bien, Jesús, en el primer siglo, y un traductor de arameo, algunos siglos después, hicieron uso de un dicho común.

Porque con la misma medida con que medís, os volverán a medir (6:38). Hay varios paralelismos rabínicos: "Con la medida con la que uno mide, se le medirá".[39] "Moisés dijo a Israel: 'Yo os he medido con la misma medida con la que vosotros habéis medido'".[40] "Todas las medidas han cesado, pero la regla de medida por medida no ha cesado".[41] También se encuentra un paralelismo en la literatura targúmica: "Con la medida que el hombre mide, con esa medida se le mide".[42]

¿Acaso puede un ciego guiar a otro ciego? (6:39). La ilustración de Jesús es proverbial: "No se puede tener más a un necio como rey que a un ciego para que te guíe por el camino".[43]

Todo el que fuere perfeccionado, será como su maestro (6:40). El dicho de Jesús se aproxima mucho a un antiguo dicho rabínico: "Al esclavo le basta con ser como su amo".[44]

No se cosechan higos de los espinos, ni de las zarzas se vendimian uvas (6:44). Proverbios similares circulaban entre los escritores y pensadores grecorromanos.[45]

Más ministerio en Galilea (7:1-8:56)

Le envió unos ancianos de los judíos (7:3). El envío (*apostellō*) de ancianos judíos (*presbyteroi*) a Jesús muestra el respeto del centurión por las costumbres y sensibilidades judías. Sobre el envío de ancianos judíos, observar la Septuaginta de 2 Reyes 19:2: "Y envió [*apostellō*] a Eliacim, el ecónomo y a Sobná, el escriba y a los ancianos [*presbyteroi*] de los sacerdotes"; *Carta de Aristeas* 46: "Escogimos hombres nobles, Ancianos [*presbyteroi*], seis por cada tribu, a los que despachamos [*apostellō*] custodiando la Ley"; y, a la inversa, Hechos 11:30.

Al regresar a casa los que habían sido enviados, hallaron sano al siervo (7:10). En la literatura rabínica se relata una historia milagrosa similar:

Cierta vez enfermó el hijo del rabino Gamaliel y mandó a dos eruditos a ver al rabino Hanina ben Dosa para pedirle que rogara por él. Cuando los vio venir, [el rabino] subió al altillo y rogó por él.

> Luego bajó y les dijo: Vayan, ya se le fue la fiebre. —¿Eres profeta?— le preguntaron. —No soy profeta—contestó—ni hijo de profeta; lo

sé por experiencia. Cuando la oración me sale fácilmente de la boca, sé que es aceptada; en caso contrario, sé que es destrozada. —[Los dos eruditos] se sentaron, escribieron y anotaron la hora exacta. Volvieron a casa del rabino Gamaliel y este les dijo: ¡Por el culto! Ni un instante menos ni un instante más. Pasó de este modo; en este mismo momento se le fue la fiebre y pidió agua para beber.[46]

Lo dio a su madre (7:11-17). El trasfondo geográfico y temático de este pasaje se encuentra en dos relatos similares que involucran a los dos profetas famosos. Hay al menos siete paralelismos entre 7:11-17 y las historias de Elías en 1 Reyes 17:17-24 y de Eliseo en 2 Reyes 4:8-37.

Sanó a muchos de enfermedades (7:21). Se encuentran importantes paralelismos entre 7:18-23 y el rollo de Qumrán *4QMessianic Apocalypse*, en el que se espera que el Mesías de Dios sane.

Este, si fuera profeta, conocería (7:39). Se creía que un profeta auténtico era clarividente y, por tanto, sabría cosas que la gente corriente no sabría. Se cuenta con dos ilustraciones útiles de este poder actuando en el profeta Eliseo (2 Reyes 5:25-26; 6:8-12).

Un acreedor tenía dos deudores (7:41). Lo que hace que esta parábola funcione en el contexto de la mujer pecadora (7:36-50) es la ambigüedad de la palabra aramea *hoba*, que significa "deuda" o "pecado". Este doble sentido está presente en las versiones paralelas del padrenuestro (cf. MT 6:12 con Lucas 11:4).

La Buena Noticia acerca del reino de Dios (8:1 NTV). La "buena noticia" tiene sus raíces en la buena noticia proclamada por el profeta Isaías (p. ej., Is 40:9 DHH; 52:7 NTV; 61:1-20 BLP). La definición de la buena noticia en términos del gobierno de Dios o "reino de Dios" refleja el lenguaje de la Escritura en arameo, como se ve en el Targum posterior (ver los comentarios en Marcos 1:15).

María, que se llamaba Magdalena (8:2). Se llama así porque es de la ciudad de Magdala (que posiblemente significa "ciudad de la torre"), que está en la orilla occidental del mar de Galilea. Recientes trabajos arqueológicos en la Magdala del primer siglo han puesto al descubierto una sinagoga y tres piscinas de inmersión ritual.

Juana, mujer de Chuza intendente de Herodes (8:3). La referencia a Herodes es a Herodes Antipas. Se ha sugerido que se interprete al esposo de Juana como administrador de los bienes de Herodes.

Susana (8:3). Fuera de esta referencia en Lucas no se sabe nada de esta mujer. Este es el nombre de la bella heroína de una parte de las adiciones apócrifas a Daniel.

La semilla es la palabra de Dios (8:11). Lucas la califica como la palabra de Dios, lo que concuerda con Is 55:10-11: "la hace germinar y producir, y da semilla al que siembra, y pan al que come, así será mi palabra [i. e., la palabra de Dios]" (énfasis añadido).

Entró en una barca con sus discípulos (8:22). En 1986 se recuperó una barca del siglo I d. C. del barro de la orilla noroeste del mar de Galilea. La barca mide 26,5 pies de largo, 7,5 pies de ancho y 4,5 pies de profundidad. La embarcación pudo haber albergado fácilmente a una docena de hombres o más. En la actualidad, la barca se encuentra y se conserva en el museo Yigal Allon, en el Kibutz Ginosar, en Galilea.

¿Quién es este, que aun a los vientos y a las aguas manda, y le obedecen? (8:25). El lenguaje de los discípulos puede recordar la jactancia atribuida al blasfemo Antíoco IV (muerto en el año 164 a. C.), que "en su arrogancia sobrehumana, se imaginaba poder dar órdenes a las olas del mar y... pesar las más altas montañas" (2 Mac 9:8 DHHED). Jesús no se jacta; simplemente lo hace.

La región de los gerasenos (8:26 NVI). Los gerasenos son los habitantes de Gerasa (o Jerash). La ciudad misma está a varias millas al este del mar de Galilea, pero la "región" de Gerasa se extendía al oeste hasta el mismo mar de Galilea. La piara de cerdos estaba cerca del mar, no de la ciudad.

Legión (8:30). El nombre demoníaco Legión habría traído a la mente una legión romana. La legión X Fretensis estuvo establecida de forma intermitente en Galilea en los siglos I y II (como demuestran la literatura y los descubrimientos arqueológicos).

Aunque se desconoce el lugar exacto en el que Jesús se encontró con el hombre endemoniado, una posibilidad es la zona cercana a Gergesa, en el lado oriental del mar de Galilea. La empinada ladera que se muestra aquí proporciona un escenario lógico para la estampida de cerdos.

La mascota de esta legión era una cabeza de jabalí, que encaja bien en el contexto del relato de Lucas.

Los cerdos... se ahogaron (8:33). El hecho de echar a los demonios en los cerdos, que luego se hunden en el mar y perecen (y la legión demoníaca perece con los cerdos), presagia el destino sombrío que les espera a Satanás y a sus aliados malvados.[47]

Cuando volvió Jesús (8:40). Jesús y sus discípulos regresaron al lado occidental del mar de Galilea, es decir, al lado judío.

Jairo... principal de la sinagoga (8:41). El nombre Jairo en hebreo significa "él despertará" (cf. 1 Cr 20:5). Tiene el rango de "principal de la sinagoga". Se han encontrado inscripciones en las que se menciona a dirigentes de la sinagoga (p. ej., la conocida inscripción de Teodoto, encontrada en los escombros de la destrucción de Jerusalén en el año 70 d. C.).

Una mujer que padecía de flujo de sangre desde hacía doce años (8:43). Muy aparte de las dificultades físicas, la condición de la mujer la habría mantenido en un estado perpetuo de impureza (Lv 15:25-28).

Tocó el borde de su manto (8:44). Mucha gente creía que tocar la vestimenta de un hombre santo podía conferir una bendición o una sanación. No obstante, la acción de la mujer de tocar a Jesús se habría considerado muy presuntuosa e impropia. Se habría asumido que su toque convertiría a Jesús en alguien ritualmente impuro (Lv 15:26-27).[48]

Hija, tu fe te ha salvado; ve en paz (8:48). Dirigirse a ella como "hija" significa el restablecimiento de la mujer y es una declaración pública de su estatus de pacto como verdadera hija de Abraham. El mandato "ve en paz" es una expresión bíblica; para ejemplos del A. T., ver Ex 4:18; Jue 18:6; 1 S 1:17; 29:7; 2 S 15:9; 2 Reyes 5:19; para ejemplos del N. T., ver Lucas 7:50; Hechos 16:36; Santiago 2:16.

No está muerta, sino que duerme (8:52). El sueño se utilizaba a menudo como eufemismo o metáfora de la muerte, como en 1 Ts 4:15; 5:10; 1 Co 7:39; 11:30; 15:6, 18, 20, 51 (donde se usan verbos griegos para "dormir"), y en el mundo pagano, como se ve en los epitafios.[49]

Su espíritu volvió (8:55). El concepto del retorno del espíritu (o del aliento) es similar al milagro de Elías en 1 Reyes 17:21-22: "Y se tendió sobre el niño tres veces, y clamó a *Jehová* y dijo: *Jehová* Dios mío, te ruego que hagas volver el alma de este niño a él. Y *Jehová* oyó la voz de Elías, y el alma del niño volvió a él, y revivió".

Otras instrucciones para los discípulos (9:1-50)

Ni bordón, ni alforja (9:3). Algunos intérpretes han intentado argumentar que Jesús enseñó y se comportó como un filósofo cínico. La mayoría de los estudiosos no están convencidos con toda razón de ello.

En sus instrucciones a sus discípulos, Jesús ordena que no lleven bordón, ni alforja, ni pan, ni dinero, etc. Los cínicos siempre viajaban con un bordón y una alforja (como se ve en las *Cynic Letters [Epístolas cínicas]*). El propósito de esta última era recoger pan y dinero a lo largo del camino. Las instrucciones de Jesús están totalmente en desacuerdo con la práctica cínica.

Sacudid el polvo de vuestros pies (9:5). En Hechos, Lucas nos proporciona un ejemplo real de sacudir el polvo de los pies: Pablo y Bernabé sacuden el polvo de sus pies en protesta contra los judíos que los perseguían y los expulsaban de la ciudad (Hechos 13:51).

Para predicar la Buena Noticia y sanar a los enfermos (9:6 NTV). La "buena nueva" del reino de Dios se manifiesta en la sanación. Las sanaciones y los exorcismos son la prueba de que el gobierno de Dios ha comenzado realmente.[50]

A Juan yo le hice decapitar (9:9). Según Josefo, Herodes Antipas, el tetrarca de Galilea, encarceló a Juan en Maqueronte, al este del mar Muerto (ver los comentarios en Marcos 6:27).[51]

Comieron todos, y se saciaron (9:17). Es probable que Lucas vea la alimentación de los cinco mil con el trasfondo del ministerio de Eliseo. Hay numerosos puntos de contacto entre Jesús y los relatos de Elías/Eliseo en 1-2 Reyes (cf. Lucas 4:25-27; 7:11-17, 18-35, 36-50; 8:1-3; 9:51-56, 57-62). En la alimentación de los cinco mil, Lucas pudo haber pensado en la multiplicación de los panes de cebada por parte de Eliseo para cien hombres (2 Reyes 4:42-44). Hay una serie de paralelismos: (1) un número específico de panes (2 Reyes 4:42; Lucas 9:13), (2) el mandato de dar al pueblo para que coma (2 Reyes 4:42; Lucas 9:13), (3) la comida fue "puesta delante" del pueblo (2 Reyes 4:43; Lucas 9:16), (4) después de que comieron "sobró" comida (2 Reyes 4:44; Lucas 9:17) y (5) la comida fue sacada de o fue puesta en una "cesta" (2 Reyes 4:42 NTV ["saco"]; Lucas 9:17).

El Mesías de Dios (9:20 DHH). El griego *christos* ("Cristo") equivale al hebreo mashiah, del que deriva la palabra "mesías" (ver el artículo "Expectativas mesiánicas en la época de Jesús"; ver los comentarios en Marcos 8:29). La palabra significa "ungido". Pero como la palabra se usa en referencia a reyes ungidos (1 S 15:1; 16:13; Sal 2:2), profetas ungidos (1 Reyes 19:15-16; 1 Cr 16:22 = Sal 105:15; Is 61:1) y sacerdotes ungidos (Ex 29:6-7; Lv 16:32; 1 Cr 29:22), no es seguro lo que Pedro quiere decir aquí. La crucifixión de Jesús como "Rey de los judíos/Israel" (Marcos 15:26, 32) proporciona un fuerte apoyo a la opinión tradicional de que Pedro confesó que Jesús era el rey mesiánico de Israel.

Resucite al tercer día (9:22). La frase "al tercer día" debe su inspiración a Oseas 6:2: "Nos dará vida después de dos días; en el tercer día nos resucitará, y viviremos delante de él". En la paráfrasis aramea se entiende que el pasaje se refiere al "día de la resurrección".

Los judíos piadosos creían mucho en la resurrección.[52] Jesús no era la excepción.

Y entre tanto que oraba, la apariencia de su rostro se hizo otra, y su vestido blanco y resplandeciente (9:28-36). Lucas introdujo una serie de cambios sutiles en el relato de la transfiguración. Tal vez el más interesante esté en el versículo 31, donde se dice a los lectores que Jesús, Moisés y Elías discutieron la "partida" (exodos) de Jesús, lo que refuerza el vínculo con Moisés. Cuando en el versículo 35 Dios ordena a los discípulos: "a él oíd" (i. e., a Jesús), se encuentra una alusión a las palabras de la Septuaginta de Dt 18:15: "Profeta de en medio de ti, de entre tus hermanos, como a mí, te levantará el Señor, tu Dios; a él oiréis".

Discipulado y misión (9:51-11:13)

Cuando se cumplió el tiempo en que él había de ser recibido arriba (9:51). Es posible que Lucas estuviera familiarizado con el relato conocido como la Asunción de Moisés, en el que se representa a Moisés dando su última enseñanza mientras viaja hacia el lugar donde Dios lo llevará. Si se trataba de un paralelismo de este tipo, el relato de Lucas no haría sino enriquecerse y aumentar el interés de sus lectores del primer siglo. Al igual que el gran legislador Moisés, después de dar la ley por segunda vez (Deuteronomio [literalmente, "segunda ley"]), fue llevado por Dios, así Jesús, después de dar su "ley" (cf. Lucas 10:1-18:14), es llevado por Dios.

Jesús se hizo el firme propósito de ir a Jerusalén (9:51 NVI). Literalmente, "afirmó su rostro para ir a Jerusalén". La expresión "afirmar el rostro" recuerda el modismo del A. T. que se encuentra con bastante frecuencia en el contexto de alguien que recibe un encargo y es enviado con un mensaje de juicio. El mejor ejemplo de esta idea, y que puede haber influido en Lucas, viene de Ez 21:2-3: "Hijo de hombre, pon tu rostro contra Jerusalén, y derrama palabra sobre los santuarios, y profetiza contra la tierra de Israel. Dirás a la tierra de Israel: Así ha dicho Jehová: He aquí que yo estoy contra ti, y sacaré mi espada de su vaina". De hecho, esto es muy similar al mensaje que Jesús dará a Jerusalén. En 19:43 y 21:20-24, en un lenguaje que recuerda a la descripción de los profetas del A. T. de la primera destrucción de Jerusalén y del templo (ver Is 63:18; Jer 6:6; Ez 4:2), Jesús predice tristemente una segunda destrucción de la ciudad y del templo (ver los artículos "Jerusalén en los tiempos de Jesús"; "El Templo de Jerusalén").

Envió mensajeros delante de él (9:52). Esta expresión puede haber tenido la intención de evocar la profecía de Mal 3:1: "He aquí, yo envío mi mensajero, el cual preparará el camino delante de mí".

Los samaritanos... no le recibieron (9:52-53). La rivalidad y el odio entre judíos y samaritanos eran notorios. Debido a las hostilidades judeo-samaritanas, los peregrinos judíos de Galilea solían cruzar a la orilla oriental del río Jordán para bordear Samaria. El historiador judío del primer siglo, Josefo, ofrece una descripción gráfica de estas hostilidades.[53]

¿Quieres que mandemos que descienda fuego del cielo? (9:54). Ver 2 Reyes 1:9- 16, donde Elías mandó en dos ocasiones que descendiera fuego del cielo para destruir a los soldados enviados por Ocozías, el rey de Samaria.

Ninguno que poniendo su mano en el arado mira hacia atrás, es apto para el reino de Dios (9:62). La respuesta de Jesús al hombre que desea despedirse de su familia antes de seguirle parece ser una alusión deliberada al llamamiento de Elías a Eliseo (ver 1 Reyes 19:19-21).

El Señor escogió a otros setenta y dos discípulos y los envió de dos en dos delante de él (10:1 NTV). En algunos manuscritos antiguos se lee "setenta" (nota a pie de página de la NTV). En el A. T. el número setenta es bastante significativo. Puede referirse a los setenta que bajaron a Egipto (Gn 46:27; Dt 10:22). También es posible que setenta aluda a las setenta naciones gentiles (Gn 10:2-31).

Yo os envío como corderos en medio de lobos (10:3). El dicho de Jesús tiene un toque proverbial: "Crates decía que los que no tienen otra compañía que la de los aduladores, están tan solos y abandonados como los ternerillos dejados entre los lobos".[54]

No llevéis bolsa, ni alforja, ni calzado (10:4). Ver los comentarios en Lucas 9:3.

En cualquier casa donde entréis, primeramente decid: Paz sea a esta casa (10:5). El saludo de paz de Jesús debe entenderse en el sentido judío y bíblico, por ejemplo, 1 S 25:6: "Sea paz a ti, y paz a tu familia, y paz a todo cuanto tienes" (cf. 2 Cr 18:16; Hg 2:9). Dado el elemento de juicio en la proclamación del reino, considere Job 21:9: "Sus casas están a salvo de temor [literalmente, "sus casas tienen paz"], Ni viene azote de Dios sobre ellos".

El obrero es digno de su salario (10:7). El dicho es proverbial: "Al buen soldado no le falta quien le pague, ni al artesano ni al curtidor. ¿Y le faltará al bueno? ¿Así se despreocupa la divinidad de sus propias obras, de sus servidores, de sus testigos, los únicos de los que se sirve como ejemplo ante los ignorantes de que existe y gobierna bien todo?".[55]

Sodoma (10:12). La muy conocida ciudad fue destruida en los días de Abraham y Lot (Gn 19:24-28).

El que a vosotros oye, a mí me oye; y el que a vosotros desecha, a mí me desecha; y el que me desecha a mí, desecha al que me envió (10:16). Esta afirmación hace eco de las convenciones de una embajada o de un embajador. Así como el embajador de la antigüedad tardía representaba a su rey, los apóstoles de Jesús representan a su Señor. Por consiguiente, escuchar a los apóstoles es lo mismo que escuchar al propio Jesús.

Yo veía a Satanás caer del cielo como un rayo (10:18). Se han citado algunos textos del A. T. como trasfondo del lenguaje de Jesús (p. ej., Is 14:12; Dn 8:10).

Qumrán también puede ofrecer un paralelismo relevante: "Pues por ese camino cayeron muchos, aun de entre los más fuertes. Por ahí muchos se perdieron y así sigue siendo hasta hoy. Los vigías celestes cayeron, fueron presa de la fornicación por no haberse mantenido firmes en los preceptos de Dios".[56] Otro paralelismo prometedor se encuentra en el Testamento de Salomón, el texto pseudoepígrafo que representa a Salomón imponiéndose a las huestes demoníacas: "Pero nosotros, que somos demonios... caemos como hojas de los árboles y los hombres que observan piensan que caen estrellas del cielo... Caemos como un relámpago a la tierra" (20.16-17).

Os doy potestad de hollar serpientes y escorpiones, y sobre toda fuerza del enemigo (10:19). Las serpientes y los escorpiones aparecen juntos en Dt 8:15 y Si 39:30. En las tradiciones posteriores, las serpientes y los escorpiones son considerados como espíritus malignos. "Hollar" estos poderes es ejercer el dominio sobre ellos. Un pasaje de los pseudoepígrafos del A. T. es especialmente relevante: "Él rescatará a los hijos de los hombres de la cautividad de Beliar, y todos los espíritus del error serán hollados" (*Testamento de Zabulón 9.8*). Este pasaje se inspira probablemente en el Sal 91:13 NVI: "Aplastarás al león y a la víbora; ¡hollarás fieras y serpientes!". Esto es especialmente relevante cuando se observa que en la paráfrasis aramea (Targum) el Sal 91 se entiende como un salmo relacionado con los demonios. Es muy posible que Jesús haya aludido al Sal 91:13 NVI.

Regocijaos de que vuestros nombres están escritos en los cielos (10:20). El paralelismo más cercano al lenguaje de Jesús se encuentra en el libro apocalíptico judío 1 *Enoc*, donde se promete a los fieles lo siguiente: "Os lo juro, en el cielo los ángeles se acuerdan de vosotros para bien, en presencia de la Gloria del Grande; y vuestros nombres están escritos ante la Gloria del Grande" (104.1). Estar escrito o ser borrado del libro de Dios es una antigua tradición (ver Ex 32:32-33; Sal 69:28; 87:6; Is 4:3; Dn 12:1; Mal 3:16-17).

Escondiste estas cosas de los sabios y entendidos (10:21). La oración de agradecimiento de Jesús por la revelación recuerda, pero invierte, la oración similar de Daniel: "A ti, oh Dios de mis padres, te doy gracias y te alabo, porque me has dado sabiduría y fuerza... Él da la sabiduría a los sabios, y la ciencia a los entendidos" (Dn 2:23, 21). En la oración de Daniel se agradece a Dios por dar la sabiduría a los sabios, pero en la oración de Jesús se agradece a Dios por ocultar la verdad del reino de Dios, revelándola no a los "sabios y entendidos" sino a los niños pequeños.

Amarás al Señor tu Dios... a tu prójimo como a ti mismo (10:27). El doble mandamiento era expresado frecuentemente por los maestros judíos.[57]

Un hombre descendía de Jerusalén a Jericó (10:30-35). La conocida parábola del buen samaritano no es una alegoría de la encarnación;[58] es una ilustración de lo que significa

La vía desolada y peligrosa que une Jerusalén con Jericó.

amar al prójimo. El trasfondo bíblico es la historia de los buenos samaritanos en 2 Cr 28:8-15.

Jericó está al este de Jerusalén a unas diecisiete millas (y a unos tres mil trescientos pies más abajo), en el valle del Jordán.

María ha escogido la buena parte (10:38-42). María actuó según la enseñanza de Dt 8:3: "No solo de pan vivirá el hombre, mas de todo lo que sale de la boca de *Jehová* vivirá el hombre".[59]

Cuando oréis, decid (11:1-4). El padrenuestro de Lucas es mucho más corto que la versión de Mt 6:9-13 y se asemeja más a la oración aramea judía conocida como *Kadish*.

¿Quién de vosotros que tenga un amigo, va a él a medianoche...? (11:5). El término medianoche no pretende ser una exageración parabólica. Tal detalle es bastante plausible, pues las personas solían viajar de noche para evitar el calor del día.

Un huevo... un escorpión (11:12). Algunos se han preguntado si un escorpión enroscado se parece a un huevo; si es así, la comparación es acertada.

Este relieve muestra a un soldado romano bien armado que lleva una lanza, una espada y un escudo (siglo II d. C.). En Lucas 11:21 NVI se presenta a Satanás como un "hombre fuerte y bien armado" al que alguien más fuerte (i. e., Jesús) le quita su armadura protectora.

Discipulado y conflicto (11:14-12:59)

Beelzebú (11:15). "Beelzebú" es otro nombre para Satanás o el diablo. Ver los comentarios en Marcos 3:22.

El dedo de Dios (11:20). Las palabras de Jesús probablemente se refieren a Ex 8:19, donde los magos del faraón dicen de los milagros realizados por Moisés y Aarón: "Dedo de Dios es este". En la tradición judía posterior se creía que en realidad los magos estaban aliados con Satanás.

Un hombre fuerte y bien armado (11:21 NVI). El hombre "bien armado" es el soldado con armadura completa y armamento.

El que conmigo no recoge, desparrama (11:23). La tarea mesiánica es reunir a los escogidos. Satanás actúa contra esta tarea dispersando.

Así como Jonás fue señal a los ninivitas (11:30). No está claro en qué sentido Jonás fue una "señal a los ninivitas". Su señal puede haber sido su llamado a la ciudad malvada para que los ninivitas se arrepientan. Nínive era la capital de la antigua Asiria, un reino que oprimía a Israel y que en el siglo VIII a. C. destruyó el reino del norte de Israel.

La reina del Sur (11:31). La "reina del Sur" (o Sabá) vino desde muy lejos para escuchar la sabiduría de Salomón (1 Reyes 10:1-13).

Se extrañó de que no se hubiese lavado antes de comer (11:38). En la literatura rabínica se encuentra una historia relevante: "Cuando vi que comías sin lavarte las manos... pensé que eras un idólatra".[60]

Intérpretes de la ley (11:45). La referencia es a los intérpretes de la ley de Moisés.

Desde la fundación del mundo (11:50). Esta expresión se encuentra en los escritores grecorromanos.[61]

La sangre de Abel (11:51). Abel fue asesinado por su hermano Caín (Gn 4:8).

La sangre de Zacarías (11:51). Resulta difícil determinar de qué Zacarías se está hablando. Mateo dice que es el "hijo de Berequías" (Mt 23:35). El Zacarías en cuestión es probablemente el hijo del sumo sacerdote Joiada, que fue asesinado en el recinto del templo (2 Cr 24:20-22). "Berequías" puede provenir del profeta Zacarías (Zac 1:7: "El profeta Zacarías hijo de Berequías").

La levadura de los fariseos, que es la hipocresía (12:1). El leudante o levadura suele ser una metáfora de la corrupción. La versión de Lucas de este dicho se basa en Marcos 8:15: "Guardaos de la levadura de los fariseos, y de la levadura de Herodes". No está claro en el relato de Marcos (Marcos 8:14-21) qué es exactamente la levadura (leudante) de los fariseos y la levadura de Herodes. Según Mateo, es su enseñanza: "Entonces entendieron que no les había dicho que se guardasen de la levadura del pan, sino de la doctrina de los fariseos y de los saduceos" (Mt 16:12 [énfasis añadido]; observe que Mateo sustituyó "Herodes" por "saduceos"). Lucas se centra en la hipocresía de los fariseos (cf. Mt 23).

Di a mi hermano que parta conmigo la herencia (12:13). Jesús no tenía autoridad legal para arbitrar en un asunto así (un asunto que solía resolverse en la sinagoga o por un rabino), como indica su respuesta en el versículo 14.

¿Quién me ha puesto sobre vosotros como juez o partidor? (12:14). En la antigüedad, el "partidor" era aquel que dividía o repartía la propiedad o la riqueza, especialmente en casos de disputa. Muchos papiros tratan el tema de las divisiones de la propiedad y la herencia. Una mujer llamada Aurelia María, de la aldea de Hermópolis, hizo una petición al gobernador pidiéndole que hiciera que su hermano dividiera la herencia familiar de forma equitativa.[62] Los filósofos tenían opiniones muy parecidas a las expresadas por Jesús. Por ejemplo, al hombre que dice: "Mi hermano se va a quedar con la mayor parte de la hacienda", Epicteto le aconseja: "Que se quede con todo lo que quiera".[63]

La vida del hombre no consiste en la abundancia de los bienes que posee (12:15). La advertencia de Jesús sobre el peligro de la avaricia es habitual en la literatura judía. La parábola del rico insensato refleja las palabras del salmista: "No temas cuando se enriquece alguno, Cuando aumenta la gloria de su casa; Porque cuando muera no llevará nada, Ni descenderá tras él su gloria" (Sal 49:16-17 [ver también Job 31:24-28]).[64]

Derribaré mis graneros, y los edificaré mayores (12:18). El plan del hombre rico de derribar sus graneros para poder construir otros más grandes encuentra una contrapartida en la vida real en la correspondencia comercial del

Este edificio de Ostia Antica, donde se encontraba el puerto de Roma, se construyó como almacén en el que se guardaban los alimentos, sobre todo el grano y el aceite de oliva (145-150 d. C.).

administrador principal Zenón, que servía bajo un tal Apolonio, el ministro de finanzas, durante el reinado de Ptolomeo Filadelfo, rey de Egipto a mediados del siglo III a. C. En vista de una buena cosecha, un asociado solicita lo siguiente: "Y si es posible, que se haga otro granero; el actual no es lo suficientemente grande para contener el maíz del año".[65]

Come, bebe, regocíjate (12:19). Por desgracia, el hombre rico es un necio que se dice a sí mismo: "Tómatelo con calma; come, bebe y regocíjate". Jesús puso las palabras de Is 22:13 ("Comamos y bebamos, porque mañana moriremos") en boca del rico, palabras que Pablo cita en 1 Co 15:32. Este sentimiento, a menudo asociado al epicureísmo, estaba muy extendido en la antigüedad tardía y, curiosamente, a veces se encuentra inscrito en epitafios. Por ejemplo, una inscripción dice: "Juega, diviértete, vive; tienes que morir".[66] Otro necio hizo que alguien inscribiera esto en su lápida: "Mientras viví, bebí libremente. ¡Tú que aún vives, bebe!".[67] Incluso en Jerusalén se ha encontrado un epitafio similar: "Disfruten, los que aún viven y además [...] coman y beban juntos" (fecha incierta). El epitafio de Jerusalén puede ser saduceo, pues su sentimiento es coherente con lo poco que sabemos de este grupo. En el N. T. se indica que los saduceos dicen que "no hay resurrección" (Marcos 12:18; cf. Hechos 23:6-8). Josefo está de acuerdo.[68] En el Testamento de Moisés se critica duramente a los sacerdotes gobernantes, tal vez saduceos, como "hombres engañosos, que solo se complacen a sí mismos... que aman los banquetes a cualquier hora del día, devoradores, glotones... que dicen: 'Tendremos banquetes, incluso lujosas victorias y cenas'" (7.4, 8).

Otro paralelismo interesante se encuentra en los escritos del filósofo-teólogo judío Filón de Alejandría: "El agricultor dice: 'Voy a sembrar, voy a plantar, las plantas crecerán, las semillas y las plantas producirán cosechas, que no solo serán útiles para proporcionarnos alimentos de los que no podamos prescindir, sino que serán tan abundantes que nos darán lo suficiente y nos sobrarán'.

Luego, de repente, un incendio o una tormenta, o una lluvia persistente lo estropea todo. En ocasiones, todo aquello con lo que había contado llega a consumarse, pero el responsable muere antes sin haber disfrutado de sus beneficios y su expectativa de disfrutar de los frutos de su trabajo resulta vana".[69]

Los filósofos gentiles también criticaron el estilo de vida materialista y hedonista. Dion Crisóstomo exclamó lo siguiente: "¡Necio! Aunque todo salga bien, ¿qué seguridad tienes de que vivirás para ver el mañana y no serás arrancado de repente de todas las cosas buenas que esperas disfrutar?" (Orations [Discursos] 16.8).

No os afanéis por vuestra vida (12:22). Probablemente, la advertencia de Jesús se refleja en 1 P 5:7: "Echando toda vuestra ansiedad sobre él, porque él tiene cuidado de vosotros". Un sentimiento similar se encuentra en la literatura rabínica: "¿Acaso [Dios], que creó [al ser humano], no creará para él su alimento?".[70]

¿Acaso con todas sus preocupaciones pueden añadir un solo momento a su vida? (12:25 NTV). Literalmente, la frase es "añadir un codo". Según una colección de dichos del siglo II d. C. atribuida a un sabio llamado Sexto: "No podemos controlar la duración de la vida, pero sí podemos controlar si vivimos adecuadamente".[71]

Considerad los lirios, cómo crecen; no trabajan, ni hilan (12:27). Los rabinos señalaron lo siguiente: "Mientras los mortales duermen en sus camas, el Santo hace que soplen los vientos, que se levanten las nubes, que caigan las lluvias, que el rocío brille en las plantas, que broten las plantas, que crezcan los frutos".[72]

Hombres de poca fe (12:28). La expresión griega "poca fe" (*oligopistos*) se encuentra en The Sentences of Sextus [Las Sentencias de Sexto]: "Un hombre fiel es un hombre elegido. Un hombre elegido es un hombre de Dios... un hombre de poca fe [oligopistos] no tiene fe".[73] Las palabras de Jesús habrían resonado en la mayoría de la gente.

Vosotros, pues, no os preocupéis por lo que habéis de comer, ni por lo que habéis de beber (12:29). Tener poca fe y preocuparse por la comida y la bebida se expresa también en los dichos rabínicos: "El rabino Eleazar de Modi'im dijo: 'Si un hombre tiene comida para el día, pero dice: "¿Qué comeré mañana?", tal persona carece de fe'. El rabino Eliezer el Grande dijo: 'El que todavía tiene pan en su cesta y dice: "¿Qué comeré mañana?" es de los que tienen poca fe'".[74]

Ni estéis en ansiosa inquietud (12:29). El Talmud aconseja lo siguiente: "No te preocupes por los problemas de mañana, porque no sabes lo que puede traer el día. Mañana puede llegar y tú ya no estarás".[75] Las palabras de Jesús habrían tenido un gran atractivo.

Donde está vuestro tesoro, allí estará también vuestro corazón (12:34). El dicho de Jesús parece proverbial, pero no se ha encontrado ninguna coincidencia exacta. Los eticistas grecorromanos han expresado aproximaciones a la enseñanza de Jesús: "Donde esté tu mente, allí estará tu bien";[76] "Porque donde uno puede decir 'yo' y 'mío', allí debe inclinarse la criatura".[77] Un autor judío de los apócrifos describe a los codiciosos como "los que amontonan oro y plata, cosas en que confían los hombres, los que tienen posesiones sin límite" (Bar 3:17 DHH).

A la hora que no penséis, el Hijo del Hombre vendrá (12:40). Esta idea es coherente con el mesianismo judío, que a veces habla de la venida del Mesías de noche, probablemente en función de la asociación con la noche de la Pascua original (ver el artículo "Expectativas mesiánicas en la época de Jesús").[78]

Estará dividido (12:53). Aquí Jesús parafraseó Miq 7:6, una profecía que en la interpretación rabínica significaba la llegada del Mesías.[79]

Agua viene (12:54). Predecir el clima basándose en el color del cielo era proverbial en la antigüedad tardía: "Si el viento se inclinara hacia el norte, las lluvias venideras serían abundantes; si se inclinara hacia el sur, llovería poco";[80] "¿Acaso el sol no es rojo al amanecer y al atardecer?";[81] "El rabino Yohanan dijo: 'Las nubes son una señal de la llegada de la lluvia'... El rabino Judá dijo: 'Si la lluvia fina cae antes de la lluvia fuerte, entonces la lluvia continuará durante algún tiempo'".[82]

El destino de Jerusalén (13:1-35)

Galileos cuya sangre Pilato había mezclado con los sacrificios de ellos (13:1). Los historiadores debaten a qué acontecimiento se refiere Jesús. Josefo habla de al menos un enfrentamiento sangriento en Jerusalén, por el uso de los fondos dedicados a la construcción de un acueducto. Tal vez los galileos se encontraban entre los manifestantes que fueron asesinados.[83]

Sobre los cuales cayó la torre en Siloé, y los mató (13:4). No se tiene registro de este suceso. La torre en Siloé, si es que se trata de la estructura a la que alude Jesús, estaba situada en la zona sur de Jerusalén. Es posible que formara parte de un acueducto conectado al conocido estanque de Siloé, el cual fue puesto al descubierto por excavaciones arqueológicas.

Déjala todavía este año (13:8). Respecto a la higuera infructuosa, observe el sabio consejo ofrecido en la versión siríaca de Ahiqar: "Hijo mío, tú eres como un árbol que no daba frutos, aunque estaba junto al agua, y su amo se vio obligado a cortar. Y él le dijo: 'Trasplántame, y, si entonces tampoco doy fruto, córtame'. Pero su amo le dijo: 'Cuando estabas junto al agua no diste fruto, ¿cómo vas a dar fruto cuando estés en otro lugar?'" (35).

Seis días hay en que se debe trabajar... no en día de reposo (13:14). El jefe de la sinagoga se refiere a Ex 20:9-10 (= Dt 5:13-14), donde se prohíbe trabajar en el día de reposo. El tratado Shabbat del Mishná se ocupa de lo que es y no es lícito hacer en el día de reposo y contiene muchas de las leyes y tradiciones orales con las que se encontraron Jesús y la iglesia primitiva (ver el artículo "El Shabbat"; ver los comentarios en Marcos 2:23).

Semejante al grano de mostaza, que un hombre tomó y sembró en su huerto (13:19). El "sembró en su campo" de Mateo (Mt 13:31) es coherente con la ley rabínica que exige que la mostaza se siembre en los campos, no en los huertos (como dice Lucas): "Pueden flanquear un campo de hortalizas con granos de mostaza... No toda clase de granos pueden sembrarse en un huerto... la mostaza y las judías pequeñas se consideran una clase de granos".[84]

Creció, y se hizo árbol grande, y las aves del cielo anidaron en sus ramas (13:19). Los detalles de las "aves" y las "ramas" parecen aludir a Ez 17:23: "Alzará ramas... y se hará magnífico cedro; y habitarán debajo de él todas las aves de toda especie; a la sombra de sus ramas habitarán"; y Dn 4:20-21: "El árbol... en cuyas ramas anidaban las aves del cielo". De ser así, tales expresiones enriquecen la dimensión profética de la parábola.

Mezcló con una gran cantidad de harina (13:21 NVI). La frase dice literalmente: "escondió en tres medidas de harina". Las tres medidas (gr. sata, un préstamo arameo), tal vez en alusión a Gn 18:6: "Toma pronto tres medidas de flor de harina, y amasa y haz panes", probablemente equivalen a un efa (cf. Rut 2:17) o a una docena de pintas, valoradas en unos tres siclos.[85] La masa resultante debería ser suficiente para varios panes.

Entrar por la puerta angosta (13:24). El tema de los "dos caminos" (cf. Mt 7:13-14) aparece en las Escrituras del A. T. (Dt 11:26; 30:15; Jer 21:8). Las expresiones intertestamentarias de los dos caminos incluyen: "Dos caminos dio él a los hombres.... Hay dos caminos, del bien y del mal";[86] Dios "le mostró [a Adán] dos caminos, la luz y las tinieblas. Entonces le dije: Mira, esto es bueno para ti y aquello [es] malo";[87] y "Delante de cada uno están la vida y la muerte, y cada uno recibirá lo que elija".[88]

Apartaos de mí todos vosotros, hacedores de maldad (13:27). Esta frase refleja varios pasajes del A. T. (Job 21:14; 22:17; Sal 6:8; 139:19), pero coincide casi exactamente con el Sal 6:8 de la Septuaginta: "Apartaos de mí todos los que obráis la iniquidad" (Sal 6:9 LXX).

Porque vendrán del oriente y del occidente, del norte y del sur (13:29). Las palabras de Jesús tienen relación con Sal 107:1-3: "Alabad a Jehová... ha redimido... y los ha congregado de las tierras, del oriente y del occidente, del norte y del sur", lo que implica que los reunidos son judíos de la diáspora (o dispersión). Esto se expresa en Bar 4:36-37: "Jerusalén, mira al oriente y verás la alegría que Dios te envía. Mira, ya vienen los hijos que viste partir; vienen de oriente y occidente, reunidos por orden del Dios santo, alegres al ver la gloria de Dios" (DHH).[89] Según la paráfrasis aramea de la Escritura (Targum), el Mesías reunirá a los exiliados de Israel.[90]

Id, y decid a aquella zorra (13:32). "Zorra" probablemente significa una persona sin importancia[91] o una persona astuta y traicionera.[92] En la literatura grecorromana, la zorra es una figura que representa a los taimados e inteligentes.[93] Pero hacer referencia a la zorra a veces resulta despectivo.[94] De este modo, la "zorra" en la literatura de la antigüedad tardía no es admirada, ya sea que el énfasis recaiga en la astucia de la criatura o en su insignificancia.

Que matas a los profetas, y apedreas a los que te son enviados (13:34). El pseudoepígrafo Vidas de los Profetas (siglo I d. C.) nos habla de varios profetas que fueron asesinados, lo que añade solidez al dicho de Jesús.

Vuestra casa os es dejada desierta (13:35). Probablemente se trata de una alusión a Jer 22:5. Si es así, el elemento profético se ve reforzado.

Bendito el que viene en nombre del Señor (13:35). Es una cita parcial de Sal 118:26.

Lecciones de compasión y humildad (14:1-35)

Un hombre hidrópico (14:2). El hombre que sufre una hinchazón anormal tiene hidropesía. La hinchazón se debe a un exceso de líquidos en varias partes del cuerpo (no solo en brazos y piernas) y suele indicar la presencia de problemas más graves. Algunos rabinos consideraban que la hidropesía era consecuencia de la inmoralidad.[95]

¿Quién de vosotros, si su asno o su buey cae en algún pozo, no lo sacará inmediatamente, aunque sea en día de reposo? (14:5). Los hombres de Qumrán creían lo siguiente: "Nadie ayude a una bestia a dar a luz en día de sábado. Si un animal cae en una fosa o en un pozo, que no lo retire en el día del sábado".[96]

No te sientes en el primer lugar (14:8). El dicho refleja el consejo de Pr 25:6-7: "No te alabes delante del rey, ni estés en el lugar de los grandes; porque mejor es que se te diga: Sube acá, y no que seas humillado delante del príncipe a quien han mirado tus ojos". Una lección similar se encuentra en la literatura rabínica: "Quédate dos o tres asientos por debajo de tu lugar y siéntate allí hasta que te digan: ¡Sube! No empieces por subir porque te pueden decir: ¡Baja! Es mejor que te digan: Sube, a que te digan: Baja".[97]

Un antiguo pozo de agua del Oriente Próximo. Jesús planteó una pregunta a los expertos de la ley en relación con sus reglamentos sobre el día de reposo, cuando les preguntó sobre la norma relativa a un niño o a un buey que se cayera en un pozo en el día de reposo.

Cualquiera que se enaltece, será humillado (14:11). En la literatura rabínica se encuentran expresiones similares: "Dios exaltará al que se humille, pero Dios humillará al que se exalte";[98] "Hillel solía decir: Mi humillación es mi exaltación; mi autoexaltación es mi humillación";[99] "Bajar para subir y subir para bajar: Quien se exalta por encima de las palabras de la Torá, al final se degrada; y quien se degrada por las palabras de la Torá, al final se exalta".[100]

Cuando hagas banquete, llama a los pobres, los mancos, los cojos y los ciegos (14:13). Frecuentemente se pensaba que los pobres y los enfermos eran objeto del desagrado de Dios, tal vez a causa del pecado. La ética de Jesús tiene un amplio paralelismo en

Aquí se muestra una invitación a una celebración de cumpleaños escrita alrededor del año 97-103 d. C. y encontrada en los restos de un fuerte romano en la antigua Vindolanda (la actual Chesterholm), en Northumberland, Inglaterra.

los escritos de Dion Crisóstomo: "Sin embargo, el porquero no se sorprende del trato y de su inhumanidad, como si fuera el procedimiento habitual tratar a los forasteros necesitados de forma estricta y mezquina y acoger de corazón con regalos y obsequios solo a los ricos, de los que, por supuesto, el anfitrión esperaba una respuesta similar" (*Orations [Discursos]* 7.87-88).

Bienaventurado el que coma pan en el reino de Dios (14:15). Comer el pan "en el reino de Dios" se refiere al esperado banquete mesiánico, fundamentado en Is 25:6: "Y Jehová de los ejércitos hará en este monte a todos los pueblos banquete". Qumrán también anticipó un banquete mesiánico,[101] el cual marcará la pauta para todas las comidas venideras:[102] "El procedimiento para la [reu]nión de los hombres de reputación [cuando sean llamados] al banquete celebrado por el Concilio del Yahad".[103]

Acabo de casarme, y por tanto no puedo ir (14:20). Las tres excusas de 14:18-20 recuerdan en cierto modo a las tres excusas de Dt 20:5-7 (esp. el v. 7, en referencia a un hombre que acababa de comprometerse en matrimonio), que eximen a los hombres del servicio militar.

Trae acá a los pobres, los mancos, los cojos y los ciegos (14:21). Según Lv 21:17-23, las personas con tales deficiencias nunca podían ser calificadas para el servicio sacerdotal (aunque fueran levitas). La lista de Lv 21 inspiró las estipulaciones de al menos dos de los escritos de Qumrán, los cuales prohibían a tales personas "deficientes" participar en la gran guerra santa final[104] y en el banquete mesiánico.[105]

Ninguno de aquellos hombres que fueron convidados, gustará mi cena (14:24). La palabra traducida como "convidados" (*kaleō*) también puede significar "escogido" o "elegido". En consecuencia, los hombres que imaginaron que figurarían entre los escogidos de Israel de hecho pueden quedar excluidos del banquete mesiánico.

Los pobres y los minusválidos, quienes supuestamente no fueron elegidos, disfrutarán del banquete.

Si alguno viene a mí, y no aborrece a su padre, y madre (14:26). Esta idea es expresada en la filosofía grecorromana.[106]

Mi discípulo (14:26). La palabra traducida como "discípulo" (*mathētēs*) viene de una raíz que significa "aprender". Por consiguiente, un discípulo es un aprendiz.

Lecciones sobre el perdón y la restauración (15:1-32)

Recaudadores de impuestos y pecadores (15:1NVI). Hay varias Escrituras a las que los fariseos podrían haber apelado para justificar su disgusto por la compañía que mantenía Jesús (p. ej., Sal 1:1-6; Pr 1:15; 2:11-15; Is 52:11) (ver los comentarios en Marcos 2:16).[107]

Teniendo cien ovejas, si pierde una de ellas (15:4). La parábola de Jesús sobre la oveja perdida puede haberse inspirado en Ez 34:11-16: "Porque así ha dicho Jehová el Señor: He aquí yo, yo mismo iré a buscar mis ovejas, y las reconoceré. Como reconoce su rebaño el pastor el día que está en medio de sus ovejas esparcidas, así reconoceré mis ovejas... Yo buscaré la perdida, y haré volver al redil la descarriada". También observar Is 40:11: "Como pastor apacentará su rebaño; en su brazo llevará los corderos, y en su seno los llevará". En la ética grecorromana se encuentran paralelismos aproximados al propósito de la parábola de Jesús: "Aun así preparado, no puede conformarse con eso el cínico de verdad, sino que ha de saber que ha sido enviado como mensajero de Zeus a los hombres, para hacerles ver que están engañados sobre los bienes y los males";[108] "Si se extravía uno por los campos porque ignora el camino, mejor es llevarle al buen sendero que expulsarle".[109]

Deja las noventa y nueve en el desierto (15:4). Este detalle puede hacer referencia a 1 S 17:28: "¿Para qué has descendido acá? ¿y a quién has dejado aquellas pocas ovejas en el desierto?". La pregunta iba dirigida al pastor David. Si la alusión era intencionada, Jesús puede haber estado comparándose con el gran rey de Israel.

Habrá más alegría en el cielo por un pecador que se arrepienta (15:7). En el libro pseudoepígrafo *José y Asenet*, la conversión es personificada y se dice que es "pura y dulce" en el cielo y que "todos los ángeles la respetan" (15.8). Considere también un dicho rabínico: "Más justa es una hora de arrepentimiento y buenas obras en este mundo que toda la vida del mundo venidero";[110] así como una parábola rabínica: "Moisés fue probado por Dios a través de las ovejas. Nuestros rabinos dicen que cuando Moisés, nuestro maestro, la paz sea con él, estaba cuidando el rebaño de Jetro en el desierto, se le escapó un borrego. Corrió tras él hasta que llegó a un lugar con sombra. Cuando llegó al lugar con sombra, apareció a la vista un estanque de agua y el borrego se detuvo a beber.

Cuando Moisés se acercó a él, le dijo: 'No sabía que te habías escapado por la sed; debes estar cansado'. Entonces puso el borrego sobre su hombro y se marchó".[111]

Diez monedas de plata (15:8 NVI). Ver el artículo "El dinero en el mundo del Nuevo Testamento". Comentando Pr 2:4 NVI: "Si la [sabiduría] buscas como a la plata, como a un tesoro escondido", se recuerda que el rabino Fineas ben Yair dijo: "Si buscáis las palabras de la Torá como si fueran tesoros escondidos, el Santo, bendito sea, no os retendrá su recompensa. Si un hombre pierde un centavo o un alfiler en su casa, enciende lámpara tras lámpara, mecha tras mecha, hasta que lo encuentra".[112]

La moneda perdida era una dracma griega y, al igual que un denario romano, valía aproximadamente el salario de un día. La dracma fotografiada procede de la antigua Larisa, en Tesalia, Grecia (435-400 a. C.).

Les repartió los bienes (15:12). Ver Dt 21:17. El hijo menor recibirá un tercio de la herencia. La sabiduría judía aconseja no dividir los bienes antes de la muerte (Si 33:20, 24).

Se fue lejos a una provincia apartada (15:13). Según Quintiliano (siglo I d. C.), "Los hijos están obligados a apoyar a sus padres pobres, o ellos merecen la cárcel. Hubo una vez un hombre que tuvo dos hijos. Uno era un buen administrador, el otro, un malgastador. Ambos viajaron a un país lejano".[113]

Desperdició sus bienes viviendo perdidamente (15:13). Tal insensatez era bien conocida en la antigüedad tardía, como se ve en el comentario de una antigua crítica social: "El hombre despilfarra rápidamente la fortuna con la que empezó o se ve reducido a una penuria impotente y licenciosa, y en la privación combinada con las ansias se queda terriblemente corto de sus deseos".[114]

Apacentase cerdos (15:15). Los cerdos eran "impuros" y estaban prohibidos como alimento para los judíos (Lv 11:7; Dt 14:8).

Llenar su vientre de las algarrobas (15:16). Las algarrobas del algarrobo eran consideradas tradicionalmente como el alimento de los pobres. Según los rabinos, "cuando los israelitas se ven reducidos a comer algarrobas de algarrobo, se arrepienten";[115] "Las naciones del mundo dicen: 'No tenemos necesidad de comer algarrobas de algarrobo como los judíos'";[116] "'¿Por qué comes algarrobas de algarrobo?' Él dice: 'No tengo miel'".[117]

¡Perezco de hambre! (15:17). Los rabinos conocían bien la naturaleza humana: "Cuando un hijo [en el extranjero] camina descalzo [por la pobreza] se acuerda de la comodidad de la casa de su padre".[118]

Este tu hijo (15:30). Los hermanos pueden haber sido medio hermanos, como en Dt 21:15-17 (ver Lucas 15:12).

Era necesario hacer fiesta y regocijarnos (15:32). El desdichado hijo mayor estaría sin duda de acuerdo con las observaciones de Filón: "Ahora bien, los padres no pierden de vista a sus hijos despilfarradores, sino que, compadecidos de su estado desdichado, les brindan cuidado y atención… A menudo, también prodigan su bondad a los despilfarradores más que a los que se portan bien… De la misma manera Dios también el Padre".[119]

Un hombre rico que tenía un mayordomo, y este fue acusado ante él como disipador de sus bienes (16:1). Según los escritores romanos, "[los esclavos] no deben... adquirir un poder excesivo, sino que todos deben estar rigurosamente sometidos a la disciplina para que nunca seas desacreditado por ellos. Porque todo lo que hagan, ya sea bueno o malo, se te imputará a ti";[120] "Un hombre que confíe su patrimonio a alguien a quien el tribunal haya declarado culpable de mala gestión de sus negocios será considerado un mal jefe de familia".[121]

¿Qué haré? (16:3). De una obra de teatro del siglo V a. C.: "'¿Y esa es tu ocupación? ¿Cómo siendo joven y robusto, te dedicas a delatar extranjero?' '¿Qué puedo hacer? Nunca aprendí a cavar'. 'Pero, por Zeus, hay otras ocupaciones con las cuales un hombre de tu edad puede ganarse honradamente la vida'". [122]

Toma tu cuenta, siéntate pronto, y escribe cincuenta (16:6). Tal vez el mayordomo haya reducido la cuenta eliminando los intereses de conformidad con la ley del A. T. contra la usura (Lv 25:36-37; Dt 15:7-8; 23:19-20).

Cien medidas de trigo (16:7). Literalmente, se trata de "cien coros de grano". No se sabe con certeza cuántos bushels representa un solo cor.

Hijos de luz (16:8). Literalmente, significa "hijos de luz". Ver las expresiones similares en Juan 12:36; Ef 5:8; 1 Ts 5:5. Los miembros de la comunidad del desierto de Qumrán se referían a sí mismos como "hijos de luz".[123]

Riquezas injustas (16:9). La palabra griega traducida como "riqueza" es *mamōnas* ("mamón") y proviene del hebreo *mamon* o del arameo *mamona*. Aunque no se encuentra en el A. T., la palabra aparece en algunos de los Rollos del mar Muerto[124] y en la paráfrasis aramea del A. T. (Targum).[125] Se ha sugerido que la mejor explicación del significado de la palabra es que procede de la raíz que significa "firme" o "seguro" (de la que deriva "amén"). Por lo tanto, mamón es "aquello en lo que se pone la confianza", que podría ser dinero, propiedad, riqueza (ver el artículo "El dinero en el mundo del Nuevo Testamento").

El que es fiel en lo muy poco, también en lo más es fiel (16:10). Existe un paralelismo en una colección posterior de dichos éticos grecorromanos: "Hasta en lo más pequeño vive escrupulosamente. En la vida humana, incluso lo más pequeño no es trivial".[126]

Ningún siervo puede servir a dos señores (16:13). La filosofía y la ética grecorromanas coincidían en gran medida con la postura de Jesús: "Es imposible que una misma persona sea amante del éxito, del cuerpo y de Dios. Porque quien ama el éxito, ama también el cuerpo. Pero quien ama el cuerpo también ama el dinero. Pero quien ama el dinero es también necesariamente injusto. No obstante, el injusto es una ofensa a la santidad de Dios".[127]

Todos se esfuerzan por entrar en él (16:16). Comparar con Mt 11:12: "los violentos lo arrebatan". La idea es que los violentos intentan conseguir el reino por la fuerza y no por el poder de Dios.

La parábola de Jesús comienza así: "Había un hombre rico que... vivía rodeado de lujos" (16:19 NTV). Este suelo de mosaico excavado en el barrio judío de Jerusalén habría decorado una casa ocupada por una familia rica en el siglo I d. C.

Más fácil es que pasen el cielo y la tierra (16:17). La ley de Dios es tan permanente como la propia creación.[128]

Un hombre rico (16:19). Los lectores de la antigüedad tardía sospecharíanninmediatamente que este hombre rico iba a tener problemas: "La vida lujosa lleva a la ruina".[129] "El rico adquiere el nombre de "Neues" en el papiro 75 (principios del siglo III). Adquiere el nombre de "Dives" de la Vulgata (Lat. *homo quidam erat dives*), pero allí no pretende ser un nombre; es simplemente el adjetivo "rico".

Se vestía de púrpura y de lino fino (16:19). Se deduce que el rico vivía como un rey.

Moje la punta de su dedo en agua, y refresque mi lengua; porque estoy atormentado en esta llama (16:24). Mientras que el paraíso tiene abundancia de agua, el infierno es seco y caluroso: "también les aguardan la sed y el tormento que están preparados" (2 Esd 8:59, según la versión en inglés).

A Moisés y a los profetas (16:29). Esta frase indicaba la parte del A. T. universalmente reconocida en la época de Jesús como Escrituras de autoridad. "Moisés" = Génesis, Éxodo, Levítico, Números y Deuteronomio; "los profetas" = Isaías, Jeremías, Ezequiel y los doce profetas menores.

Piedra de molino (17:2). Incluso una pequeña piedra de molino era bastante pesada; algunas eran utilizadas como anclas.

Como un grano de mostaza (17:6). Esta era la semilla más pequeña que se utilizaba en el antiguo Israel.

Árbol de moras (17:6 NTV). La palabra griega aquí (*sykaminos*) a veces se traduce como "sicómoro" (RVR1960, LBLA, RVR1977). Es un tipo de cabrahígo y es un árbol muy grande, lo cual es el punto de la comparación.

Pues lo que debíamos hacer, hicimos (17:10). Este parece ser un tema común en la piedad judía. A veces se cita un dicho atribuido a Yohanan ben Zakkai: "Si has cumplido mucho en la Ley, no te atribuyas méritos, pues para eso fuiste creado".[130]

El discipulado y el reino de Dios (17:11-18:34)

Samaria (17:11). La región de Samaria en los tiempos del A. T. (siglos X al VIII a. C.) estaba habitada por las diez tribus del norte. Tras la muerte de Salomón, las tribus del norte se separaron de las tribus de Judá y de Benjamín en el sur.

El reino del sur pasó a ser conocido como Judá, mientras que el reino del norte fue conocido inicialmente como Israel, hasta que finalmente pasó a llamarse Samaria por su capital. En el siglo VIII, Samaria fue invadida por los asirios. Los habitantes fueron exiliados y en su lugar se asentaron pueblos extranjeros. En los siglos posteriores surgió una raza medio judía y medio gentil con la que los judíos de Judá, al sur, y de Galilea, al norte, se peleaban frecuentemente y a la que los judíos detestaban (cf. Lucas 9:51-56).

Leprosos (17:12). El cadáver recuperado de la Tumba de la Sábana Santa en Jerusalén en el año 2000 confirmó la presencia de lepra en la época de Jesús (ver los comentarios en Marcos 1:40).

Mostraos a los sacerdotes (17:14). Este mandato alude a la redacción de Lv 13:49 (ver también Lv 14:2-4), donde una persona cuya lepra o enfermedad de la piel había desaparecido debía ser examinada por un sacerdote para ser readmitida en la sociedad.

Glorificando a Dios (17:15). Posiblemente sea una alusión a 2 Reyes 5:15, cuando Naamán, el leproso sirio, alaba al Dios de Israel por su limpieza. La alusión a Naamán se encuentra en Lucas 4:27.

Este extranjero (17:18). El samaritano es un "extranjero" (literalmente, "un forastero"), alguien que no es un descendiente puro del "padre Abraham", como lo había sido el hombre rico de 16:19-31.

El reino de Dios no vendrá con advertencia (17:20). En el Talmud se lee este intercambio entre un rabino y sus discípulos:

> Los discípulos del rabino Yose ben Kisma le preguntaron: "¿Cuándo vendrá el Mesías?". El rabino respondió: "Temo [dar una respuesta], no sea que me pidan una señal [para demostrar que mi respuesta es correcta]". Ellos le aseguraron: "No te pediremos ninguna señal". Entonces les respondió: "Cuando esta puerta [de la ciudad de Cesarea de Filipo] caiga, sea reconstruida, vuelva a caer y sea reconstruida de nuevo y caiga por tercera vez, antes de que pueda ser reconstruida vendrá el hijo de David". Le dijeron: "Maestro, danos una señal". Él protestó: "¿No me habían asegurado que no pedirían una señal?".[131]

En los días de Noé (17:26). La referencia es al juicio del diluvio (ver Gn 6-7).

En los días de Lot (17:28). La referencia es al juicio que recayó sobre las ciudades malvadas de Sodoma y Gomorra (ver Gn 18-19).

Acordaos de la mujer de Lot (17:32). La esposa de Lot "miró atrás, a espaldas de él, y se volvió estatua de sal" (Gn 19:26).

Estarán dos en una cama (17:34). Algunos comentaristas han pensado que aquí se habla de la homosexualidad (en vista de la referencia al juicio sobre Sodoma en 17:28-29 y la referencia a la esposa de Lot en el v. 32).

Pero si la homosexualidad es la cuestión, ¿por qué no se juzga a *ambos* hombres? No, el punto es muy diferente. Los dos hombres no están "en una cama";

más bien, están reclinados "a la mesa". La palabra Griega *klinē* puede significar tanto "cama" como "mesa"; aquí significa lo segundo. El punto es el mismo que en el ejemplo de las dos mujeres que muelen el grano en el versículo 35 (y, en algunos manuscritos, los dos trabajadores del campo en el v. 36): dos hombres están cenando; uno es tomado, el otro es dejado.

En una ciudad un juez, que ni temía a Dios, ni respetaba a hombre (18:2). Uno recuerda la descripción que hace Josefo del rey Joaquín como "injusto y malvado por naturaleza, ni reverente hacia Dios ni amable con la gente".[132]

Una viuda (18:3). La insensibilidad del juez hacia la viuda viola claramente los mandatos bíblicos (p. ej., Dt 10:18; Mal 3:5; cf. Si 35:17-19).

Le haré justicia, no sea que viniendo de continuo, me agote la paciencia (18:5). Literalmente, la frase quiere decir "finalmente me golpee bajo el ojo". El verbo *hypōpiazō* (usado también en 1 Co 9:27) es usado a menudo en sentido figurado ("poner un ojo morado" [i. e., mancillar el carácter de uno] o "agotar completamente"). Es posible que Jesús tenga una intención humorística (como ocurre en muchos de sus dichos, p. ej., Mt 7:3-5), por lo que la interpretación literal puede ser la más apropiada: "no sea que venga y me ponga un ojo morado".

Pensamos en un papiro del siglo III a. C. escrito por una viuda, en el que pide a un administrador real que le devuelva su burra:

> Senchons a Zenon, saludo. Te presenté una petición acerca de mi burra que se llevó Nikias. Si me hubieses escrito con respecto a ella, te la hubiese mandado a ti. Si lo consideras oportuno, ordena(le) que la devuelva para que podamos llevar las colmenas a los pastos, para que no se echen a perder ni para ti ni para el rey. Y si te informas del tema, te convencerás de que te somos útiles. Y te mandaré su pollino. Te pido y suplico, por tanto, que no me dejes de lado (descuides). Soy viuda. Cuídate.[133]

Tenemos otra petición de una viuda (ca. 280 a. C.), esta vez dirigida a un prefecto (un gobernador). El rebaño de sesenta ovejas y varios enseres domésticos de la mujer habían sido confiscados por un hombre llamado Sirión poco después de la muerte de su esposo. Aunque no se sabe el resultado, el prefecto ordenó al alguacil que investigara el asunto.[134]

Plutarco relata la historia de una pobre anciana que exigió justicia al rey Filipo de Macedonia, padre de Alejandro Magno: "Cuando una pobre anciana insistió en que su caso debía ser escuchado ante él, y a menudo le causaba molestias, le dijo que no tenía tiempo para dedicarle, por lo que ella estalló: '¡Entonces deja de ser rey!' Filipo, asombrado por sus palabras, procedió de inmediato a escuchar no solo su caso, sino los de otros".[135]

¿Y acaso Dios no hará justicia a sus escogidos? (18:7). La aplicación es

La parábola que contó Jesús en 18:10-14 comienza así: "Dos hombres subieron al templo a orar". Aquí se muestra la escalera principal que se utilizaba para acceder a los distintos patios que rodeaban el templo y que es conocida como la escalera monumental. Gran parte de ella fue reconstruida, pero los escalones más bajos que se ven en primer plano son del siglo I d. C..

un ejemplo de la forma de argumentación a *minori ad maius* ("de menor a mayor"), en la que se argumenta que si un caso menor es válido (un juez deshonesto e indiferente que finalmente ve que se hace justicia a una viuda insignificante), entonces un caso mayor debe ser válido (un Dios santo y solidario que ayudará a los suyos que se lo pidan).

Pronto les hará justicia (18:8). Filón comenta sobre Moisés y la oración: "Moisés se retiró... suplicando a Dios que salvara a los oprimidos de su situación impotente y miserable... Dios, en alta aprobación de su espíritu, que amaba el bien y odiaba el mal, escuchó sus oraciones y muy *pronto* juzgó la tierra y sus hechos como correspondía a su naturaleza".[136]

Una inscripción del siglo I procedente de Renea dice: "Invoco y ruego al altísimo Dios, señor de todos los espíritus y de toda carne, contra quienes han matado con dolo han envenenado a la desdichada joven Heraclea, vertiendo injustamente su sangre inocente, para que les suceda lo mismo a quienes la han matado o envenenado a ella y a sus hijos. Señor que todo lo das a conocer y ángeles de Dios, ante quienes toda alma en este día de hoy se humilla suplicante para que venguéis su sangre inocente y rindáis cuentas lo *antes posible*". [137]

Cuando venga el Hijo del Hombre (18:8). En cuanto al "Hijo del Hombre", ver Dn 7:13-14; ver los comentarios en Marcos 2:10.

Dos hombres subieron al templo a orar (18:10). Es posible que los fariseos se pusieran de pie para orar en un lugar prominente, quizás al frente del Patio de Israel del templo (ver el artículo "El Templo de Jerusalén").

Ayuno dos veces a la semana, doy diezmos de todo lo que gano (18:12). El fariseo está orando la "Confesión", como los rabinos llegaron a llamarla (Dt 26). La presunción del fariseo tiene su equivalente en una oración rabínica:

> Al salir [de la casa de estudio], ¿qué dice [rabino Nejuniá Ben Hakaná]? "Te doy gracias, oh Dios, porque pusiste mi parte entre los que se sientan en la Casa de estudio y no pusiste mi parte entre los que se sientan en las esquinas [de la calle], porque yo madrugo y ellos madrugan, pero yo madrugo para las palabras de la Torá y ellos madrugan para la charla frívola; yo me esfuerzo y ellos se esfuerzan, pero yo me esfuerzo y recibo una recompensa y ellos se esfuerzan y no reciben una recompensa; yo corro y ellos corren, pero yo corro

hacia la vida del mundo venidero y ellos corren hacia el pozo de la destrucción".[138]

Ni siquiera se atrevía a alzar la vista al cielo (18:13 NVI). El sentimiento de pecado del recaudador de impuestos era tan grande que no quiso, como era costumbre, mirar al cielo mientras oraba.[139]

¡Oh Dios, ten compasión de mí, que soy pecador! (18:13 NVI). Uno piensa en lo que el ángel le dijo al justo Esdras: "Pero te has comparado frecuentemente con los injustos. ¡Nunca lo hagas! Pero aún en este sentido serás digno de alabanza ante el Altísimo, porque te humillas, como te conviene a ti, y no te has considerado entre los justos para recibir la mayor gloria. Porque muchas miserias afectarán a aquellos que habitan el mundo en los últimos tiempos, porque han caminado con gran orgullo" (1 Esd 8:47b-50, según la versión en inglés).

Los mandamientos (18:20). La referencia es a los diez mandamientos (Ex 20:3-17; Dt 5:7-21).

Esta palabra les era encubierta (18:34). Los discípulos necesitan que se les "abran los ojos", por así decirlo, para percibir la verdad divina. Ver 2 Reyes 6:17, 20.

La llegada del Mesías (18:35-19:44)

Jericó (19:1). Esta es una de las ciudades más antiguas del mundo. La "torre" de Jericó excavada en la década de 1930 puede tener diez mil años de antigüedad. La ciudad fue conquistada por Josué cuando el pueblo de Israel entró en la tierra de Canaán (Jos 6).

Daré la mitad de mi riqueza a los pobres... le devolveré cuatro veces más (19:8 NTV). Aunque es posible que Zaqueo se haya arrepentido tras la conversación y la cena con Jesús, y que ahora sea honesto y generoso, ambos verbos griegos están en tiempo presente. Más bien, la afirmación es: "doy la mitad de mi riqueza a los pobres... le devuelvo cuatro veces más". Es posible que Zaqueo esté respondiendo a la multitud gruñona que se queja de que Jesús planea cenar con un rico recaudador de impuestos quien supuestamente es deshonesto. Contrariamente a la opinión de la multitud resentida, Zaqueo da a los pobres y siempre devuelve cuatro veces más (como en Ex 22:1; 2 S 12:6) si cobra de más.

Hijo de Abraham (19:9). Es decir, un verdadero hijo de Dios. Aunque esta era una designación común para un judío (m. *Avot 5.19*), Pablo utiliza la expresión de los cristianos (cf. Gl 3:29).

A buscar y a salvar lo que se había perdido (19:10). Comparar con Ez 34:16: "Yo buscaré la perdida, y haré volver al redil la descarriada". El profeta compara a Israel con las ovejas (cf. Ez 34:2, 11; Lucas 15:3-7).

Un hombre noble se fue a un país lejano, para recibir un reino y volver (19:12). Muy probablemente, el "hombre noble" de la parábola no es otro que el difunto y llorado Herodes Arquelao, hijo de Herodes el Grande. Cuando su padre murió en el año 4 a. C., Arquelao envió una embajada a Roma reclamando la totalidad del reino de su difunto padre, dejó instrucciones domésticas a sus sirvientes, fue odiado por sus súbditos y fue perseguido por una embajada que solicitó que no recibiera el reino.

Arquelao mató a los que se oponían a su gobierno, recibió la mitad del reino de su padre, regresó como gobernante y cobró tributos.[140]

Guardada en un pañuelo (19:20). La palabra Griega *soudarion* se refiere a un pequeño pedazo de tela utilizado como pañuelo. Las fuentes hebreas también indican el uso de un pañuelo para proteger el dinero.[141]

¿Por qué, pues, no pusiste mi dinero en el banco, para que al volver yo, lo hubiera recibido con los intereses? (19:23). La expectativa de ganar intereses es contraria a la ley judía (cf. Dt 23:19-20; Ex 22:25; Lv 25:36-37). La ley judía permite recaudar intereses de los gentiles, pero no de los compañeros judíos, y no hay ninguna razón para pensar que los gentiles estaban incluidos (ver el artículo "El dinero en el mundo del Nuevo Testamento").

También a aquellos mis enemigos que no querían que yo reinase sobre ellos, traedlos acá, y decapitadlos delante de mí (19:27). El hombre noble de Lucas es avaricioso y vengativo; es un avaro, posiblemente un ladrón, hace caso omiso de los elementos humanos de la ley judía y no muestra ninguna piedad con los que (comprensiblemente) se le han opuesto. El público agrario de Jesús habría visto a la figura principal de esta parábola con un temor y una aversión rotundos. Sus prácticas de estafa suponen una pesada carga financiera para los pequeños agricultores, que le pagan intereses y a veces pierden sus cosechas a manos de este hombre avaro y despiadado. Puede que se haya establecido un paralelismo con el odiado Arquelao (ver Lucas 19:12).

Betfagé y de Betania (19:29). Estas dos pequeñas aldeas están al este de Jerusalén. "Betfagé" significa "casa de higos"; "Betania" puede significar "casa de dátiles".

Monte que se llama de los Olivos (19:29). El monte de los Olivos se eleva a dos mil cuatrocientos pies sobre el nivel del mar, al este de Jerusalén, separado de la ciudad por el valle del Cedrón. En la cima de la colina se puede contemplar el monte del Templo, que se encuentra a una altura de unos dos mil doscientos pies.

El Señor lo necesita (19:31). Jesús invoca la ley/costumbre de la *angareia* ("transporte forzado"), por la que se puede forzar a un animal o a una persona a prestar servicio (pero se les deja ir al final del servicio y normalmente había una compensación).

Tendían sus mantos por el camino (19:36). Esta era una práctica común en la antigüedad tardía (ver 2 Reyes 9:13; cf. 1 Mac 13:51; 2 Mac 10:7).

Las piedras clamarían (19:40). La curiosa exclamación de Jesús puede aludir a Hab 2:11: "Porque la piedra clamará desde el muro, y la tabla del enmaderado le responderá".

Paz (19:42). La referencia a la paz puede jugar con la idea popular de que el nombre "Jerusalén" significaba "paz".[142]

Está encubierto de tus ojos (19:42). Ver los comentarios en Lucas 18:34.

No conociste el tiempo de tu visitación (19:44). La idea de que el Señor "visita" a su pueblo se encuentra con frecuencia en el A. T. (p. ej., el término hebreo se traduce como "poner atención" o "castigar" en Ex 3:16; Rut 1:6; 1 S 2:21; Jer 6:15). En Lucas, ver 1:68; 7:16.

No dejarán en ti piedra sobre piedra (19:44). Observar 2 S 17:13, cuando Husai engaña a Absalón haciéndole creer que su ejército entrará en la ciudad a la que David podría retirarse y que "arrastrarán las sogas hasta el arroyo, hasta que no se encuentre allí ni una piedra"

Enseñanza y controversia en el templo (19:45-21:4)

Casa de oración (19:46). Esto viene de Is 56:7, que se hace eco de la oración de Salomón en la dedicación del templo (ver 1 Reyes 8:41-43).

Cueva de ladrones (19:46). Esto viene de Jer 7:11. Josefo habla de un hombre que desde el año 63 hasta el 70 d. C. predicó sermones de juicio sobre Jerusalén y el templo basados en Jer 7.[143] Los sacerdotes gobernantes reaccionaron violentamente contra este hombre, al igual que lo hicieron contra Jesús de Nazaret.

Los otros líderes del pueblo (19:47 NTV). Literalmente, "líderes" significa "primeros hombres" (*hoi prōtoi*). Probablemente se refiera a los aristócratas sacerdotales, pues es la misma forma en que Josefo se refiere a ellos.[144]

Predicaba la Buena Noticia (20:1 NTV). De la cincuentena de apariciones del verbo "predicar la buena nueva" (*euangelizō*) en los Evangelios y Hechos, la mitad aparecen en Lucas-Hechos.

Todo el pueblo nos apedreará (20:6). Dada su ocupación religiosa, la referencia de los sacerdotes a la lapidación puede implicar que el pueblo los considerará falsos profetas y falsos maestros y que, por lo tanto, caerán bajo el juicio prescrito por Dt 13 (p. ej., v. 10: "Le apedrearás hasta que muera, por cuanto procuró apartarte de JEHOVÁ tu Dios").

Un hombre plantó una viña (20:9). Estas palabras están tomadas del Canto de la viña de Isaías (ver Is 5:1-7).

La arrendó a labradores (20:9). Entre los miles de papiros recuperados de las arenas secas de Egipto se han encontrado muchos contratos de arrendamiento, algunos relativos a la plantación y al cuidado de los viñedos.

Todo el que cayere sobre aquella piedra, será quebrantado; mas sobre quien ella cayere, le desmenuzará (20:18). No hay ningún equivalente a este dicho en la versión de Marcos (Marcos 12:10-11). Lucas cita el Sal 118:22 ("La piedra que desecharon los edificadores ha venido a ser cabeza del ángulo"), pero omite el Sal 118:23 (cf. Marcos 12:11) y añade este interesante dicho sobre ser "quebrantado".

La primera mitad del dicho puede basarse en Is 8:14-15: “Él será por santuario; pero a las dos casas de Israel, por piedra para tropezar… Muchos tropezarán entre ellos, y caerán, y serán quebrantados”. Que el dicho esté basado en Is 8:14-15 queda respaldado por la observación de que Is 8:14 es citado a veces junto con el Sal 118:22 (p. ej., 1 P 2:4-8).

La segunda mitad del dicho (“sobre quien ella cayere, le desmenuzará”) puede aludir a Dn 2:34-35, 44-45, pasajes que describen la llegada de la piedra mesiánica que desmenuzará la imagen que representa a los reinos paganos que oprimen a Israel. A veces se cita un dicho rabínico similar: “Si una piedra cae sobre una olla, ¡ay de la olla! Si la olla cae sobre la piedra, ¡ay de la olla! En cualquier caso, ¡ay de la olla!”.[145] Lo interesante aquí es que este dicho aparece en el contexto de una discusión sobre el Sal 118:22 y Dn 2:45.

Comprendiendo la astucia de ellos (20:23). Uno piensa en las artimañas de los enviados de Gabaón que engañaron a Josué (Jos 9:4). Las palabras del sabio Jesús ben Sirá se aplican a los que intentan atrapar a Jesús: “Hay habilidad [*panourgia*, traducida como “astucia” en Lucas 20:23] consumada pero injusta, y hay quien actúa torcidamente para que le hagan justicia” (Si 19:25 DHH).

Denario (20:24 LBLA). Esta era la moneda principal del Imperio romano, generalmente equivalía al salario de un día.

Saduceos, los cuales niegan haber resurrección (20:27). En cuanto a los puntos de vista de los saduceos, ver Hechos 23:8.[146]

La tomó el tercero, y así todos los siete, y murieron sin dejar descendencia (20:31). En la pregunta formulada a Jesús se presupone la práctica del levirato del A. T. (ver los comentarios en Marcos 12:23).[147]

La resurrección de entre los muertos, ni se casan, ni se dan en casamiento… son iguales a los ángeles (20:35-36). En la resurrección los seres humanos son como ángeles; ya no se casan.[148] Por lo tanto, ya no se aplican las leyes de levirato que obligan a hombres y mujeres en la tierra.

Hijos de la resurrección (20:36). Literalmente, se trata de “hijos de la resurrección”, una expresión única hasta donde se sabe.

Para él todos viven (20:38). Comparar con 4 Mac 7:19: “Están seguros de que en Dios no mueren, como no murieron nuestros patriarcas Abraham, Isaac y Jacob sino que viven en Dios”; y 16:25: “Quienes mueren por Dios viven para Dios, como Abraham, Isaac, Jacob y todos los patriarcas”.

El Cristo es hijo de David (20:41). El Mesías esperado era llamado frecuentemente “hijo de David” (ver el artículo “Expectativas mesiánicas en la época de Jesús”).[149]

David, pues, le llama Señor; ¿cómo entonces es su hijo? (20:44). En la cultura de la época el hijo es inferior al padre o al antepasado. Por eso, llamar al Mesías “Señor” implica que es más que un simple “hijo de David”.

Que gustan de andar con ropas largas, y aman las salutaciones en las plazas (20:46). El mundo gentil ofrece paralelismos con la invectiva de Jesús:

hay quienes "predican por afán de lucro y de gloria y solo para su propio beneficio"[150] y "hacen gran alarde de virtud y nunca la practican". [151]

Que devoran las casas de las viudas, y por pretexto hacen largas oraciones (20:47). Comparar con Oseas 10:4. El establecimiento religioso debía ayudar a las viudas y a los huérfanos, no explotarlos (ver Ex 22:22; Dt 10:18; 14:29; 24:17, 19-21; 26:12-13; 27:19).

Los ricos que echaban sus ofrendas en el arca de las ofrendas (21:1). El dinero era echado en receptáculos con forma de trompeta (ver los comentarios en Marcos 12:41).[152]

Esta, de su pobreza echó todo el sustento que tenía (21:4). La viuda pobre no puede permitirse el lujo de dar su pequeño regalo, que literalmente equivale a "toda su vida". [153]

La caída de Jerusalén y la venida del Hijo del Hombre (21:5-36)

Estaba adornado de hermosas piedras y ofrendas votivas (21:5). A partir de las descripciones de Josefo y de las propias ruinas, no es difícil imaginar qué fue lo que vieron los discípulos y de lo que hablaban. Uno de esos regalos era una de las puertas del templo, recubierta de oro y adornada con un gran racimo de uvas de oro "de la altura de un hombre".[154]

El historiador romano Tácito dijo: "Jerusalén es la capital de la nación. Allí

Ahora todo lo que queda del templo de Herodes son las piedras vestidas herodianas que formaban parte de la subestructura del monte del Templo en la época de Jesús. Un lugar para verlas es a lo largo del curso inferior del Muro occidental que se muestra aquí, un lugar largamente venerado por los judíos.

Sobre el suelo de la esquina suroeste del monte del Templo todavía pueden verse las piedras que se desprendieron del muro durante la destrucción romana como un gran montón de escombros (ver Lucas 21:6).

estaba el templo con extraordinarias riquezas". [155] Ver el artículo "El Templo de Jerusalén".

Vendrán muchos en mi nombre (21:8). Josefo habla de muchos falsos profetas y hombres que deseaban apoderarse del trono de Israel.[156] El "vendrán en mi nombre" de Jesús probablemente significa que aparecerán hombres que afirmen ser el Mesías.

Guerras y sediciones (21:9). Durante la revuelta judía el Imperio romano fue sacudido por los levantamientos.[157]

Grandes terremotos (21:11). Hubo terremotos destructivos en Laodicea en el año 61 d. C. y en Pompeya en el 62 d. C. [158]

Habrá terror y grandes señales del cielo (21:11). Estos detalles adicionales forman parte del vocabulario y la imaginería de la apocalíptica.[159]

Os echarán mano, y os perseguirán (21:12). Como muestra el libro de Hechos, la predicción de Jesús no tardó en cumplirse (Hechos 4:3; 5:18; 12:1; 21:27).

No hay por qué preparar una defensa de antemano (21:14 NVI). El término griego (*promeletaō*, "preparar") que traduce esta expresión es una palabra técnica que se refiere a la memorización de un texto o discurso preparado.[160]

Seréis aborrecidos de todos por causa de mi nombre (21:17). En la época de Lucas se pudo pensar que esta advertencia se había cumplido luego de la maliciosa sugerencia de Nerón de que el incendio que destruyó parte de Roma (que supuestamente inició el propio Nerón) había sido obra de la secta de los cristianos,[161] aunque la mayoría de los romanos sospechaban del depravado emperador.[162]

Estos son días de retribución, para que se cumplan todas las cosas que están escritas (21:22). Estas palabras aluden a Oseas 9:7: "Vinieron los días del castigo, vinieron los días de la retribución". La ciudad de Jerusalén no reconoció el día de la visitación (cf. Lucas 19:44); ahora es el tiempo de la venida de Dios a la ciudad.

Habrá gran calamidad (21:23). Comparar con Sof 1:15: "Día de ira aquel día, día de angustia y de aprieto, día de alboroto y de asolamiento".

Llevados cautivos a todas las naciones (21:24). Comparar con Dt 28:64: "Y JEHOVÁ te esparcirá por todos los pueblos, desde un extremo de la tierra hasta el otro extremo".

Jerusalén será hollada por los gentiles (21:24). Comparar con Zac 12:2-

3: "He aquí yo pongo a Jerusalén por copa que hará temblar a todos los pueblos de alrededor contra Judá, en el sitio contra Jerusalén. Y en aquel día yo pondré a Jerusalén por piedra pesada a todos los pueblos; todos los que se la cargaren serán despedazados, bien que todas las naciones de la tierra se juntarán contra ella".

Hasta que los tiempos de los gentiles se cumplan (21:24). Comparar con Ro 11:25-27: "Para que no seáis arrogantes en cuanto a vosotros mismos: que ha acontecido a Israel endurecimiento en parte, hasta que haya entrado la plenitud de los gentiles; y luego todo Israel será salvo". Las palabras de Lucas 20:21-24 reflejan pasajes como Ez 39:23 y Zac 12:3, pasajes que hablan de la restauración de Israel (ver también Ez 39:24-29; Zac 12:4-9).

Señales en el sol, la luna y las estrellas (21:25). Comparar con Is 13:10: "Las estrellas de los cielos y sus luceros no darán su luz; y el sol se oscurecerá al nacer, y la luna no dará su resplandor"; Is 34:4: "Y todo el ejército de los cielos se disolverá, y se enrollarán los cielos como un libro; y caerá todo su ejército, como se cae la hoja de la parra"; y Joel 2:10: "El sol y la luna se oscurecerán, y las estrellas retraerán su resplandor".[163]

Habrá... en la tierra angustia de las gentes (21:25). Comparar con Dt 28:28: "JEHOVÁ te herirá con locura, ceguera y turbación de espíritu".

El bramido del mar y de las olas (21:25). Comparar con Is 17:12: "¡Ay! multitud de muchos pueblos que harán ruido como estruendo del mar, y murmullo de naciones que harán alboroto como bramido de muchas aguas"; Sal 65:7: "El que sosiega el estruendo de los mares, el estruendo de sus ondas, y el alboroto de las naciones".

Desfalleciendo los hombres por el temor y la expectación de las cosas que sobrevendrán en la tierra (21:26). El miedo se apoderó de muchos habitantes del Imperio romano tras la muerte de Nerón, el último de los césares julianos. El imperio se vio envuelto en la lucha por encontrar un sucesor. Galba se autoproclamó emperador, reinando desde el 9 de junio del 68 hasta el 15 de enero del 69. Le sucedió Otón, que reinó del 15 de enero al 20 de abril del 69. Vitelio reinó desde el 20 de abril hasta su derrota a manos de Vespasiano. Vespasiano fue declarado emperador el 1 de julio del 69, pero Vitelio no fue asesinado hasta el 20 de diciembre del 69. Así que desde el fin del reinado de Nerón hasta el comienzo del de Vespasiano, el imperio fue gobernado por cinco emperadores diferentes, desde junio del 68 hasta julio del 69, ¡cinco emperadores en trece meses!

Vuestra redención está cerca (21:28). Comparar con Is 63:4; Dn 4:32 LXX: "Y, a la terminación de los siete años, el tiempo de mi redención vino"; 1 *Enoc* 51.2: "Y de entre ellos seleccionará a los justos y a los santos, porque se acerca el día en que serán salvados".

Las mentes no se emboten por la glotonería, la embriaguez y las preocupaciones de la vida (21:34, traducción literal de la versión en inglés CSB). Las palabras de Lucas sobre las mentes embotadas (literalmente, "corazones se carguen") recuerdan el texto griego de Ex 7:14; 8:15 (8:11 LXX); 9:7. Sobre la advertencia contra la glotonería y la embriaguez, comparar con Ro 13:13; Ef 5:18; 1 Ts 5:7.

Aquel día caerá de improviso sobre ustedes, pues vendrá como una trampa (21:34-35 NVI). Comparar con 1 Ts 5:2-3: "El día del Señor vendrá así como ladrón en la noche... Vendrá sobre ellos destrucción repentina".

La última cena y el arresto de Jesús (21:37-22:27)

La fiesta de los panes sin levadura, que se llama la pascua (22:1). La Pascua era la gran fiesta en la que los judíos recordaban y celebraban su rescate de la esclavitud en Egipto (ver Ex 12). Se celebraba el 14 o el 15 de Nisán (abril/mayo) y era seguida por la Fiesta de los Panes sin Levadura (Ex 12:15), que se celebraba del 15 al 21 de Nisán. Estas fiestas se consideraban como la "semana de la Pascua".

Satanás (22:3). "Satanás" (literalmente, "adversario") es mencionado varias veces en el A. T. (p. ej., 1 Cr 21:1; Job 1:6-8; 2:7; Zac 3:1-2). En los Evangelios es el tentador de Jesús (ver los comentarios en Marcos 1:13). En el Evangelio de Lucas cae del cielo (10:18). Aquí entra Judas Iscariote, el discípulo que traicionará a Jesús.

Convinieron en darle dinero (22:5). Josefo informa que algunos sacerdotes gobernantes ofrecían y recibían sobornos.[164] En la antigüedad los traidores eran despreciados.[165] La traición por dinero era considerada un acto especialmente atroz.[166]

El cuarto de huéspedes (22:11 NTV). Los visitantes de Jerusalén que querían celebrar la Pascua tenían que conseguir un cuarto de huéspedes. Aunque Jesús residía en Betania, el plan era comer la cena pascual propiamente dicha dentro de los muros de la ciudad santa (ver Dt 16:2; m. *Pesahim* 7.9).

Preparad allí (22:12). Los preparativos incluirían el cordero asado, el vino, el pan sin levadura y las hierbas amargas, así como el mobiliario necesario.

Reclinados en la mesa (22:14, traducción literal de la versión en inglés CSB). Las personas no se sentaban erguidas en las sillas mientras cenaban. Más bien, se reclinaban en sofás o esteras, con la cabeza y las manos hacia la mesa baja y las piernas y los pies alejados de la zona de comer.

En memoria de mí (22:19). Los otros relatos evangélicos no contienen esta frase, pero se encuentra en 1 Co 11:24.

Esta copa es el nuevo pacto en mi sangre (22:20). Las palabras de Jesús reflejan pasajes clave de las Escrituras, como Ex 24:8; Jer 31:31; y quizás Zac 9:11. (En el arameo, la referencia a la liberación de Egipto es explícita).

Los que sobre ellas tienen autoridad son llamados bienhechores (22:25). Un título popular para reyes y potentados en Oriente Medio era "bienhechor". La palabra griega (*euergetēs*) significa literalmente "hacedor del bien". El título aparece en inscripciones y papiros, junto a otros títulos, como "salvador", "dios" y "señor". Del emperador Augusto se dice que "superó a todos los bienhechores anteriores, sin dejar a la posteridad ninguna esperanza de superar lo que hizo, ya que el cumpleaños del dios Augusto fue el comienzo de la buena noticia para el mundo". [167] También hay una inscripción en honor de Galión, el procónsul de Grecia (cf. Hechos 18:12): "La ciudad de los Plataiones [honra] a Lucio Junio Galión Anneo, procónsul, su propio [i. e., el de la ciudad] bienhechor" (en una tablilla de Pompeya).

Sentéis en tronos juzgando a las doce tribus de Israel (22:30). Ver los comentarios en Mt 19:28.

Satanás os ha pedido para zarandearos como a trigo (22:31). Ver Job 1:6-12; 2:1-6, donde Satanás hace demandas con respecto a Job. El punto de zarandear probablemente no tiene nada que ver con separar el trigo de la paja, sino el de ser sacudido y soplado por el viento, es decir, ser completamente trastornado.[168]

Dispuesto estoy a ir contigo no solo a la cárcel, sino también a la muerte (22:33). Aquí, en Lucas, tenemos la previsión de Pedro siendo arrojado a la cárcel (cf. Hechos 5:18; 12:3), así como la tradición posterior de su martirio.[169]

Y fue contado con los inicuos (22:37). Se cita parte de Is 53:12. Observar también los *Salmos de Salomón* 16.5: "Te daré gracias, oh Dios, que viniste en mi ayuda para mi salvación y que no me contaste con los pecadores para mi destrucción".

Un beso (22:48). Un beso es una señal de afecto y lealtad, pero puede estar implicado en la traición. Ver 2 S 20:9-10, donde Joab besa a Amasa y luego lo mata.

Vuestra hora (22:53). Ver Lucas 4:13.

Casa del sumo sacerdote (22:54). Las excavaciones arqueológicas en Jerusalén han puesto al descubierto dos o tres grandes complejos domésticos. Debemos suponer que Caifás, el sumo sacerdote en el momento del arresto de Jesús, vivía en la misma mansión que Anás, su suegro (ver Juan 18:13, 24).

Fuego en medio del patio (22:55). Las casas grandes solían tener un patio cerrado. Pedro tenía acceso al patio de la casa del sumo sacerdote, pero no a la casa misma.

Es galileo (22:59). Según Mt 26:73, el acento de Pedro es lo que deja claro que es galileo. En la tradición ra-

Olivos muy viejos en el monte de los Olivos.

bínica, el acento de los judíos galileos a veces era objeto de burla.[170]

Me negarás tres veces (22:61). Jesús predijo la negación de Pedro en 22:34.

Profetiza, ¿quién es el que te golpeó? (22:64). Como Jesús tiene los ojos vendados, no puede ver quién le golpea. Los soldados suponen que si es un profeta, lo sabría incluso sin ver.

El Mesías (22:67 NTV). Literalmente, significa "el ungido". Se esperaba que el Mesías, descendiente de David, viniera, expulsara a los romanos e inaugurara una nueva era para Israel (ver el artículo "Expectativas mesiánicas en la época de Jesús"; ver los comentarios en Marcos 8:29).

El Hijo del Hombre (22:69). Jesús es la figura prevista en Dn 7:13-14.

Se sentará a la diestra del poder de Dios (22:69). Esto fue predicho en Sal 110:1.

El Hijo de Dios (22:70). La confesión de Jesús como "Hijo de Dios" recuerda lo dicho por el ángel en 1:35. Este título también se aplicaba al emperador romano.

El juicio y la crucifixión de Jesús (23:1-49)

La asamblea en pleno (23:1 NVI). Literalmente, se trata de "toda la muchedumbre". Lucas simplifica el relato de Marcos (Marcos 15:1), el cual habla de una segunda reunión ante el Sanedrín.

Pilato (23:1). Pilato fue *praefectus* de Judea y Samaria desde el año 25 d.

La iglesia de San Pedro en Gallicantu (que significa "canto del gallo") fue construida para conmemorar la negación de Jesús por parte de Pedro en el patio del sumo sacerdote. Es poco probable que esta sea realmente la casa de Caifás.

C. (o quizá a partir del 20/21) hasta su destitución a principios del 37 (ver los comentarios en Marcos 15:1; ver el artículo "Poncio Pilato"). Su nombre fue encontrado inscrito en una piedra desenterrada en Cesarea Marítima, en la costa mediterránea de Israel. Los escritores judíos Filón[171] y Josefo[172] vilipendian a Pilato como violento y corrupto.

En esta maqueta de Jerusalén del primer siglo, la ubicación tradicional del Gólgota estaba fuera del segundo muro de la ciudad.

Que prohíbe dar tributo a César (23:2). De ser cierta, esta es una acusación muy grave. No hay ninguna indicación de que Jesús haya enseñado a sus seguidores a no pagar impuestos. La acusación probablemente surgió a raíz de su declaración sobre dar a Dios lo que es de Dios (20:21-25).

Rey de los judíos (23:3). Este era el título oficial romano conferido a Herodes el Grande.[173]

La jurisdicción de Herodes (23:7). El Herodes que aparece aquí es Antipas, el tetrarca de Galilea (ver los comentarios en Marcos 6:14). Probablemente Antipas se encontraba en Jerusalén para celebrar la Pascua.

Hacía tiempo que deseaba verle (23:8). Anteriormente, Lucas afirmó que (Herodes) Antipas había querido ver a Jesús (9:9; cf. 13:31).

Esperaba verle hacer alguna señal (23:8). Otros habían pedido señales (p. ej., 11:16, 29-30; 21:7).

Vistiéndole de una ropa espléndida (23:11). Las burlas de este tipo no eran poco comunes en el mundo romano. Filón cuenta la historia de la burla de Carabás, un hombre ingenuo de la calle. Lo vistieron como un rey, con cetro real, y lo aclamaron como "señor".[174]

Suéltanos a Barrabás (23:18). Como Lucas omitió la explicación de Marcos sobre el indulto de la Pascua (Marcos 15:6-15), algunos lectores se habrán preguntado por qué la gente grita por la liberación de Barrabás. Hay pruebas significativas de que en varios días festivos las autoridades romanas liberaban a prisioneros o personas acusadas de delitos.

Tomaron a cierto Simón de Cirene (23:26). Probablemente estemos ante otro ejemplo de *angareia* (ver los comentarios en Lucas 19:31). Según Marcos 15:21, Simón era el padre de Alejandro y Rufo. Es posible que se trate del osario (caja de huesos) de este Alejandro, pues en él están inscritas estas palabras: "Alejandro [hijo] de Simón de Cirene". El osario fue encontrado en Jerusalén.

Hijas de Jerusalén (23:28). El epíteto "hijas de Jerusalén" aparece varias veces en Cantar de los Cantares, en contextos románticos y alegres. Sin embargo, aquí la expresión está llena de dolor y patetismo.

Llorad por vosotras mismas y por vuestros hijos (23:28). Según Josefo, durante el asedio de Jerusalén (69-70 d. C.), la escasez de alimentos era tal que una mujer cocinó y se comió a su hijo.[175]

Bienaventuradas las estériles (23:29). La cínica bienaventuranza de Jesús invierte la convención: "Maldito sea el pecho que dio de mamar a una como esta". [176]

Caed sobre nosotros (23:30). La alusión es a Oseas 10:8b: "Y dirán a los montes: Cubridnos; y a los collados: Caed sobre nosotros". La ira de Dios será tan severa que la gente hará cualquier cosa para escapar de ella.

Si en el árbol verde hacen estas cosas, ¿en el seco, qué no se hará? (23:31). El dicho es proverbial y probablemente alude a Ez 17:24; 20:47.

Padre, perdónalos, porque no saben lo que hacen (23:34). Jesús mitigó la culpa de los que le mataron calificando el crimen como un pecado de ignorancia, que es mucho menos condenable que el pecado intencionado (cf. Lv 4:2; Nm 15:25-30; Hechos 3:17; 13:27; Filón, *Against Flaccus [Contra Flaco]* 7).

Estarás conmigo en el paraíso (23:43). "Paraíso" procede de la traducción de la Septuaginta de "jardín" (*paradeisos*) en Gn 2:8; 13:10. Con el tiempo pasó a referirse a la morada de los muertos justos (cf. 2 Co 12:4; Ap 2:7).

Hubo tinieblas sobre toda la tierra (23:44). Quizás el sol se negó a iluminar lo que se le había hecho a Jesús. Escribiendo al sacerdote judío Hircano (42 a. C.), el general romano Marco Antonio justifica su guerra contra los malvados culpables de "actos ilegales contra los hombres y de actos ilícitos contra los dioses, de los que creemos que el mismo sol se apartó, como si también se resistiera a mirar el acto sucio contra César". [177]

Padre, *en tus manos encomiendo mi espíritu* (23:46). Jesús citó Sal 31:5.

Golpeándose el pecho (23:48). Al enterarse de la muerte de su hijo Absalón, el rey David "subió a lo más alto de la ciudad y se lamentó por su hijo golpeándose el pecho y arrancándose los cabellos". [178] Ver también 18:13.

La sepultura y la resurrección de Jesús (23:50-24:53)

Lo envolvió en una sábana de lino (23:53 NVI). Se han encontrado mortajas de lino en sepulcros judíos antiguos (ver los comentarios en Marcos 15:46).

Día de la preparación (23:54). Se refiere al día que precede a la noche de la celebración de la Pascua.

Especias aromáticas y perfumes (23:56 NVI). Era costumbre lavar y ungir el cadáver para la sepultura (no embalsamiento). El perfume disimulaba el olor a descomposición y era necesario por

que el funeral duraba una semana e incluía el ingreso al sepulcro.

El primer día de la semana (24:1). En el calendario judío es el domingo.

Removida la piedra (24:2). La frase "removida" sugiere que la piedra era redonda, no un bloque cuadrado, como lo eran más del 80 por ciento de las piedras que cerraban los sepulcros (ver los comentarios en Marcos 15:46).

Se pararon junto a ellas dos varones con vestiduras resplandecientes (24:4). Ver Dn 12:1-3, cuando el arcángel Miguel está presente y los resucitados brillan y son como estrellas. Un hombre asombrado describió lo que vio mientras lloraba ante el sepulcro de su sobrino: "Vi una figura que bajaba del cielo, radiante de luz como la de las estrellas".[179]

¿Por qué buscáis entre los muertos al que vive? (24:5). El dicho de los ángeles es proverbial y puede compararse con un dicho rabínico: "¿Acaso se busca a los muertos entre los vivos o los vivos están entre los muertos?".[180]

Los once (24:9). Judas Iscariote ya no figura entre los doce discípulos.

Solo las vendas de lino (24:12 NVI). Si el cuerpo de Jesús hubiera sido simplemente trasladado, no se habrían quedado las tiras de las vendas de lino.

Emaús, a unos once kilómetros de Jerusalén (24:13 NVI). Lucas nos dice que Emaús estaba a unas siete millas (literalmente, "sesenta estadios" o unas 6,8 millas) de Jerusalén. Algunos manuscritos sugieren que el pueblo estaba más lejos. Josefo menciona una ciudad llamada Emaús.[181]

Cuando José de Arimatea ofreció su sepulcro para la sepultura de Jesús, probablemente se trataba de un sepulcro tipo kochim. La habitación principal del sepulcro tenía una banca en su perímetro, que se utilizaba para preparar el cuerpo antes de colocarlo en uno de los kochim (nichos) más pequeños. A los doce o dieciocho meses, la familia volvía al sepulcro, recogía los restos del nicho y los colocaba en una caja de piedra caliza llamada osario.

Los ojos de ellos estaban velados, para que no le conociesen (24:16). Comparar con 9:45; 18:34; 24:31.

Cleofas (24:18). Es una forma abreviada del nombre griego Cleopatros, que no debe confundirse con Cleofas (un nombre semítico) que aparece en Juan 19:25.

Varón profeta, poderoso en obra y en palabra (24:19). Esto alude a la promesa del gran profeta que sería como Moisés (Dt 18:15-18; cf. Hechos 3:22; 7:35-37).

El que había de redimir a Israel (24:21). Ver Is 41:14; 43:14; 44:22-24; 1 Mac 4:11; comparar con Lucas 2:38; Hechos 1:6.

Moisés, y siguiendo por todos los profetas... en todas las Escrituras (24:27). Ver los comentarios en Lucas 24:44.

Tomó el pan y lo bendijo, lo partió (24:30). El partimiento del pan recordó a los discípulos la última cena (22:14-23; 24:35).

Ha resucitado el Señor verdaderamente, y ha aparecido a Simón (24:34). La aparición a Simón Pedro no es narrada en los Evangelios, pero es mencionada por Pablo en 1 Co 15:5.

¡Pensaban que veían un fantasma! (24:37 NTV). Dada la cultura de la época, los discípulos estaban mucho más inclinados a creer en la aparición de un fantasma que en la de alguien resucitado.

Posibles lugares de Emaús

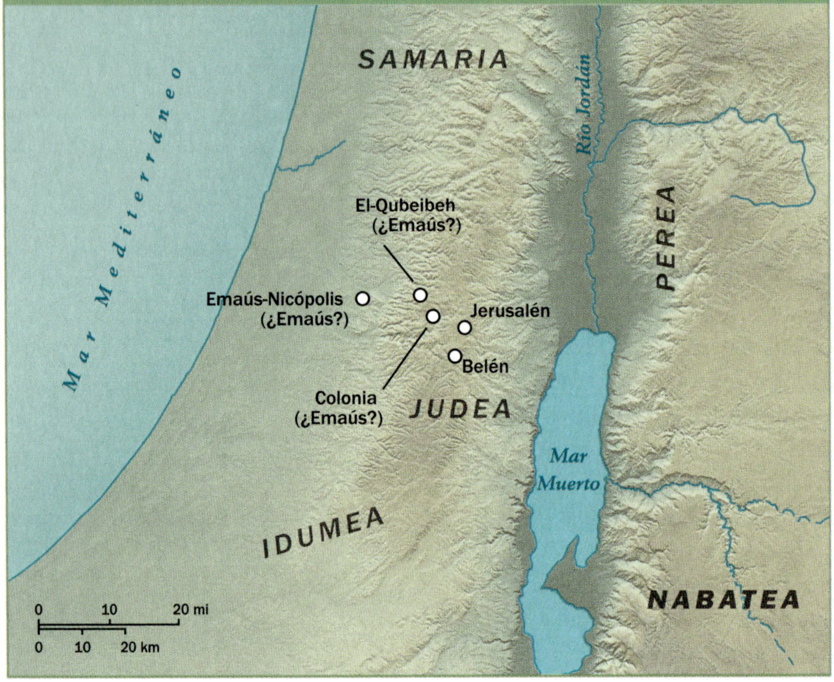

Se ha discutido mucho sobre la ubicación exacta de la ciudad de Emaús, a la que Jesús y su compañero Cleofas se dirigieron poco después de la resurrección de Jesús. Muchas ciudades se llamaban así; este mapa muestra tres posibilidades que se han tenido en cuenta por su proximidad a Jerusalén.

Él lo tomó, y comió (24:43). Se creía que los ángeles y los fantasmas no comían alimentos.[182] El hecho de comer el pescado demostró que el Jesús resucitado estaba ante sus discípulos y no su fantasma.

En la ley de Moisés, en los profetas y en los salmos (24:44). En el texto griego esto se lee: "la ley de Moisés y los profetas y salmos" (i. e., no hay artículo definido antes de "salmos").

"Los profetas y salmos" representan un único cuerpo de literatura, no dos. En la época de Jesús los salmos eran considerados proféticos y eran agrupados con los profetas (como se ve en los Rollos del mar Muerto).

El Mesías debería sufrir (24:46 NTV). Ver Is 53:7-8 (cf. Hechos 8:26-39).

Resucitase de los muertos al tercer día (24:46). Ver Sal 16:8-11 (cf. Hechos 2:27; 13:35).

El arrepentimiento y el perdón de pecados (24:47). Ver Joel 2:32 (cf. Hechos 2:21). El rabino Eliezer (ca. 90 d. C.) dijo: "Si Israel se arrepiente, será redimido; pero si no, no será redimido". [183]

La promesa de mi Padre (24:49). Se refiere a la promesa de Dios de derramar el Espíritu Santo. Ver Hechos 1:4; 2:16 (cf. Is 32:15; 44:3; Ez 39:29; Joel 2:28-29).

Alzando sus manos, los bendijo (24:50). Antes de dejar a sus discípulos, Jesús los pone bajo el cuidado de Dios, como lo haría un sacerdote (cf. Lv 9:22).

Estaban siempre en el templo, alabando... a Dios (24:53). La narración de Lucas termina donde empezó: en el templo (cf. 1:5, 8-9, 14, 41-44).

— Mateo
— Marcos
— Lucas
— Juan
— Hechos
— Romanos
— 1 Corintios
— 2 Corintios
— Gálatas
— Efesios
— Filipenses
— Colosenses
— 1 Tesalonicenses
— 2 Tesalonicenses
— 1 Timoteo
— 2 Timoteo
— Tito
— Filemón
— Hebreos
— Santiago
— 1 Pedro
— 2 Pedro
— 1 Juan
— 2 Juan
— 3 Juan
— Judas
— Apocalipsis

Juan

Andreas J. Köstenberger

Introducción. Lo más probable es que el "discípulo amado" sea el apóstol Juan, hijo de Zebedeo.[1] Juan no solo era uno de los Doce, sino que, junto con Pedro y Santiago, el hermano de Juan, era uno de los tres discípulos que formaban el círculo íntimo de Jesús.[2] La autodenominación de "el discípulo a quien Jesús amaba" probablemente sirve como epíteto de modestia del autor. Asimismo, evita la confusión con Juan el Bautista, que es el único que se llama Juan en este Evangelio.

Según la tradición eclesiástica primitiva, Juan escribió su Evangelio en la ciudad de Éfeso.[3] Lo más probable es que sus lectores fueran tanto judíos como gentiles, seguramente creyentes que debían transmitir a otros el testimonio de Juan sobre Jesús, el Mesías e Hijo de Dios (20:30-31). En definitiva, al igual que los demás evangelistas, Juan escribió para un público universal, cualquiera que quisiera escuchar la historia de Jesús.

Las pruebas apuntan a una composición posterior a la destrucción del templo de Jerusalén por los romanos en el año 70. No se menciona a los saduceos, que posteriormente desaparecieron. Además, Juan se refiere en dos ocasiones al mar de Galilea como "mar de Tiberias" (6:1; 21:1), un nombre que cobró importancia hacia finales del siglo I. Por su parte, los padres de la Iglesia dan fe de que Juan fue el último de los evangelistas en escribir un Evangelio.[4] Lo más probable es que Juan escribiera para presentar a Jesús como el nuevo templo espiritual después de que el santuario de Jerusalén hubiera sido destruido. Al igual que otros escritos judíos contemporáneos, como *4 Esdras y 2 Baruc*, el Evangelio de Juan aborda la cuestión de qué debe hacer el pueblo de Dios tras la pérdida de su lugar central de adoración. Juan sostiene que Jesús crucificado y resucitado es el nuevo templo espiritual (2:19-21) y que la verdadera adoración debe rendirse en espíritu y en verdad (4:21-24).

Prólogo (1:1-18)

En el principio (1:1). Juan se basa en Gn 1, reflejando deliberadamente las palabras iniciales del libro de Génesis: "En el *principio* creó Dios los cielos y la tierra".

Era el Verbo (1:1). La referencia al Verbo (*logos*) se basa en la teología de la palabra de Dios en el A. T., especialmente en Gn 1 e Is 55:9-11. El uso que hace Juan de *logos* para hablar de la palabra de Dios también habría resonado entre los que estaban familiarizados con la filosofía griega. Los estoicos utilizaban el término para hablar de la "Razón", el principio impersonal que creían que gobernaba el universo.

Y el Verbo era con Dios (1:1). El A.T. enseña que solo hay un Dios. Esto se afirma en pasajes como Dt 6:4 (el Shemá): "Oye, Israel: *Jehová* nuestro Dios, Jehová uno es".

Todas las cosas por él fueron hechas (1:3). Proverbios 8:22-31 afirma que Dios utilizó la sabiduría para crear todas las cosas. Sin embargo, mientras que allí la sabiduría está personificada, aquí el Verbo es una persona real.

En él estaba la vida, y la vida era la luz de los hombres (1:4). Aunque "vida" y "luz" son términos religiosos comunes, el uso que hace Juan se basa en Gn 1.[5] El primer acto creativo de Dios implica la luz (Gn 1:3) y culmina con la creación de la humanidad (Gn 1:20-28).[6] La luz también era un tema común en el A. T., donde es concedida por la palabra de Dios (Sal 19:8; 119:104, 130; Pr 6:23), y en otra literatura judía, donde surge de la ley de Moisés.[7]

La luz en las tinieblas resplandece, y las tinieblas no prevalecieron contra ella (1:5). Las imágenes de la luz y las tinieblas también reflejan los pasajes mesiánicos del A. T. (Is 9:2; 60:1-5). El vocabulario de Juan sobre la luz que invade las tinieblas difiere considerablemente de las expectativas de algunos judíos contemporáneos, como los sectarios de Qumrán, cuyo *Regla de la Guerra* describe una batalla entre los "hijos de la luz" y los "hijos de las tinieblas".[8]

Hubo un hombre enviado de Dios (1:6). "Enviado de Dios" refleja el vocabulario del A. T. respecto al envío de profetas (por ejemplo, Ez 2:3).

El cual se llamaba Juan (1:6). En este Evangelio, "Juan" siempre se refiere al Bautista; el apóstol Juan nunca se menciona por su nombre, aunque es probable que sea "el discípulo al cual Jesús amaba" y el autor del Evangelio (ver 13:23; 21:24-25).

Aquella luz verdadera (1:9). El A.T. utiliza frecuentemente la imagen de la luz para referirse al Mesías venidero (Nm 24:17; Is 9:2; 42:6-7; Mal 4:2).

Les dio potestad de ser hechos hijos de Dios (1:12). En el A.T., se indica que el pueblo de Dios es su hijo (Dt 14:1), su hijo, incluso su primogénito (Ex 4:22). En el Evangelio de Juan se hace una distinción minuciosa entre los hijos de Dios (creyentes) y el Hijo único de Dios, Jesús (p. ej., 1:14, 18; 20:17).[9]

Los cuales no son engendrados de sangre, ni de voluntad de carne, ni de voluntad de varón (1:13). La interpretación judía de la filiación divina estaba íntimamente ligada a la ascendencia étnica, concretamente a ser descendiente de Abraham.

Sino de Dios (1:13). En Dt 32:18, se representa a Dios como si diese a luz a Israel.

Y aquel Verbo fue hecho carne (1:14). La idea de que lo divino asumiera la naturaleza humana habría sido aborrecible para los griegos, quienes pensaban que el espíritu era opuesto a la materia. Si bien los dioses de la mitología griega se aparecían a las personas, el pensamiento griego no daba cabida a la noción de que lo divino o la Razón se convirtieran en un ser humano real.

Y habitó entre nosotros (1:14). La palabra traducida como "habitó" significa de forma más literal "armó una tienda" o "moró" y alude a la forma en que Dios y su gloria habitaron con su pueblo en los tiempos del A. T. (Ex 40:34-35).

Su gloria (1:14). El A. T. describe la gloria de Dios llenando el tabernáculo (Ex 40:34-35) y el templo (1 Reyes 8:10-11; cf. Ez 10:3-4, 18-19).

El unigénito del Padre (1:14). La idea de un hijo único también se utiliza para hablar de Isaac, el hijo único (aunque no exclusivo) de Abraham ("tu hijo unigénito a quien amas, a Isaac" en LXX Gn 22:2). A lo largo del A. T. y de la literatura judía del Segundo Templo, Israel y el Hijo de David son llamados hijo "único" o "primogénito" de Dios (Sal 89:27; 4 Esdras 6.58; Salmos de Salomón 18.4).

Lleno de gracia y de verdad (1:14). Esta frase alude a las palabras "misericordia y verdad" que se encuentran en todo el A. T. (Ex 34:6; Sal 25:10; 26:3; 40:10; Pr 16:6).

El que viene después de mí, es antes de mí; porque era primero que yo (1:15). Juan el Bautista era unos seis meses mayor que Jesús. Aunque hay excepciones ocasionales, normalmente en la cultura judía el honor y los privilegios estaban ligados a la edad, de modo que los mayores gozaban de un estatus superior (Gn 49:3; Dt 21:17; Pr 16:31).[10]

La ley por medio de Moisés fue dada, pero la gracia y la verdad vinieron por medio de Jesucristo (1:17). En el A.T., la ley se considera un don de gracia de Dios (Dt 4:8; Sal 119).

A Dios nadie le vio jamás (1:18). Según Éxodo 33:20, nadie puede ver a Dios y vivir. Moisés, de quien se dice que habló con Dios "cara a cara" (Ex 33:11), solo pudo ver las "espaldas" de Dios (Ex 33:23). La idea de ver a Dios normalmente llenaba de miedo a la gente (Ex 3:6; Jue 13:21-22; Job 13:11; Is 6:5).

En el seno del Padre (1:18). Las palabras de Juan podrían traducirse como "en el regazo del Padre" y transmitir intimidad.[11] En el A.T., se utiliza un vocabulario similar para describir el cuidado de una madre por sus hijos (Nm 11:12; Rut 4:16; Lam 2:12).

El testimonio de Juan y el comienzo del ministerio de Jesús (1:19-51)

Los judíos enviaron de Jerusalén sacerdotes y levitas (1:19). Los sacerdotes y los levitas ejercían su ministerio en el templo y eran expertos en cuestiones de purificación.

Yo no soy el Cristo (1:20). En la época de Jesús reinaba en Palestina un fervor mesiánico, y muchos judíos esperaban la llegada del hijo de David previsto en el A. T. (2 S 7:11b-16; Oseas 3:5) (ver el artículo "Expectativas mesiánicas en la época de Jesús").[12]

Y le preguntaron: ¿Qué pues? ¿Eres tú Elías? (1:21). Junto con el Mesías, los judíos esperaban a Elías, que cambiaría los corazones de la gente (Mal 4:5).[13]

¿Eres tú el profeta? (1:21). Una tercera figura esperada era el profeta como Moisés (Dt 18:15, 18; cf. 1 Mac 4:45-46). Del mismo modo, los judíos que vivían en Qumrán esperaban "hasta que venga el profeta y los Mesías de Aarón e Israel".[14]

Yo soy la voz de uno que clama en el desierto (1:23). Juan cita Is 40:3 para indicar su misión. El desierto era un lugar importante en la vida del pueblo de Dios. Allí es donde Dios reunió a su pueblo durante el éxodo. La comunidad de Qumrán también hizo uso de este pasaje, aplicándolo a sí misma.[15]

¿Por qué, pues, bautizas? (1:25). Ver el artículo "El bautismo en el mundo del Nuevo Testamento"; ver los comentarios sobre Marcos 1:4. En el A.T., el agua se utiliza como símbolo de limpieza (Sal 51:2, 7; Ez 36:25-26; Zac 13:1). El bautismo no fue una invención de Juan; se practicaba ampliamente

El ministerio de Juan el Bautista se asoció con el desierto (cf. Juan 1:23). El desierto de Judea era una región desolada y estéril, como lo muestra esta fotografía.

en el judaísmo del siglo I. Aparte de la inmersión para la purificación ritual,[16] la forma más común era el bautismo de prosélitos de gentiles convertidos al judaísmo.[17] En los casos en que los judíos se bautizaban, la práctica implicaba la autoinmersión.[18]

Del cual yo no soy digno de desatar la correa del calzado (1:27). Quitarle las sandalias a otro se consideraba una tarea tan servil que el rabino Joshua ben Levi (siglo III d. C.) afirmó: "Todo el servicio que un esclavo debe prestar a su amo, un alumno debe prestárselo a su maestro, excepto el de quitarle el zapato".[19]

Betábara, al otro lado del Jordán (1:28). Se conocen dos lugares con el nombre de "Betábara" en Israel. El lugar mencionado aquí era probablemente la región de Batanea en el noreste, un área referida como Bashan en el A. T. La otra Betábara era una aldea cercana a Jerusalén.[20]

El Cordero de Dios (1:29). Hay dos partes en el A. T. en las que un cordero transmite la noción de sufrimiento vicario por el pecado. El primero es el éxodo, donde la sangre del cordero de la Pascua libró a los israelitas de recibir la ira de Dios (ver Ex 12). El segundo es Is 53:7, donde el siervo sufriente es representado como un cordero llevado al matadero.

Vi al Espíritu que descendía del cielo como paloma, y permaneció sobre él (1:32). Mientras que el Espíritu Santo descendía sobre los individuos en los tiempos del A. T. para capacitarlos temporalmente (Nm 11:25; Jue 3:10; 6:34; 11:29; 14:19; 1 S 11:6; 16:13; 2 Cr 15:1; 20:14), el Mesías debía estar lleno del Espíritu permanentemente (Is 11:2; 61:1).

Rabí (que traducido es, Maestro) (1:38). "Rabí" es el término semítico para "maestro". Significa literalmente "mi gran", y en la época de Jesús era utilizado por los judíos para referirse a cualquier maestro religioso respetado.

Mesías (que traducido es, el Cristo) (1:41). "Mesías" viene del Hebreo *mashiah* (ver el artículo "Expectativas mesiánicas en la época de Jesús"; ver los comentarios sobre Marcos 8:29).[21] Significa "ungido", y en el A. T. podía referirse al rey de Israel (1 S 16:6), al sumo sacerdote (Lv 4:3), o a otros apartados para un cargo o propósito particular.[22] Juan da el equivalente Griego, *christos,* que también significa "ungido".

Simón, hijo de Jonás (1:42). En los tiempos bíblicos no se conocía a una persona por su apellido, sino por referencia a su padre o ubicación (por ejemplo, Simón de Cirene).

Felipe era de Betsaida, la ciudad de Andrés y Pedro (1:44). Betsaida era una ciudad situada en el lado noreste del Mar de Galilea. Es probable que Andrés y Pedro se hayan criado en Betsaida y que después se hayan trasladado a Capernaum (ver Marcos 1:21, 29).

Felipe halló a Natanael (1:45). No se menciona a Natanael en ninguno de los otros Evangelios. Debido a su conexión con Felipe (Mt 10:3; Mc 3:18; Lucas 6:14), es probable que se trate del nombre personal de Bartolomé, que significa "hijo de Toloma".

Tú eres el Hijo de Dios (1:49). "Hijo de Dios" era un título mesiánico (2 S 7:14; Sal 2:7) utilizado en la época de Jesús. Un documento de Qumrán dice del Mesías: "Será llamado hijo de Dios, y le llamarán hijo del Altísimo".[23]

El cielo abierto, y a los ángeles de Dios que suben y descienden sobre el Hijo del Hombre (1:51). Un "cielo abierto" indica dar y recibir la revelación, como en Ez 1:1. La referencia aquí es al relato de la escalera de Jacob (Gn 28:12).

Las bodas de Caná (2:1-12)

Unas bodas (2:1). Ver el artículo "Costumbres matrimoniales judías". En la cultura judía, las bodas eran celebraciones importantes. Según la Mishná, las responsabilidades de un hombre incluían "dieciocho para el palio nupcial, veinte para la responsabilidad de mantener a la familia".[24] Era responsabilidad del novio hacer los preparativos y pagar el banquete de bodas. La noche anterior a la boda, la novia era conducida desde la casa de su padre hasta la de su esposo, donde se firmaba el contrato matrimonial y se celebraba la cena nupcial.[25] Después de la boda, las celebraciones se prolongaban hasta una semana.[26]

Y faltando el vino, la madre de Jesús le dijo: No tienen vino (2:3). El vino era una parte importante de la celebración en la vida judía. El Talmud de Babilonia dice: "No hay alegría si no es con vino".[27] La abundancia de vino indicaba las bendiciones de Dios y estaba ligada a las expectativas mesiánicas (Amós 9:13).[28]

En el mundo grecorromano, se bebían varios tipos de jugo de uva, tanto fermentado como sin fermentar. Las referencias al vino en las Escrituras indican normalmente una bebida fermentada, aunque el vino solía diluirse con agua, especialmente en la cultura judía. El novio y su familia eran los responsables de proporcionar el vino, y quedarse sin él habría sido un error social.[29]

Limpieza del Templo (2:13-25)

El templo (2:14). Ver el artículo "El Templo de Jerusalén"; ver los comentarios

Antiguas tinajas de piedra de boca abierta (cf. Juan 2:6).

Reconstrucción de un artista del complejo del templo de Herodes

sobre Mc 11:11. Herodes el Grande amplió considerablemente el complejo del templo. El edificio resultante era magnífico a la vista.[30] El complejo del templo consistía en algo más que el propio templo. El más cercano al templo, justo al este, era el Patio Interior, al que solo podían acceder los hombres judíos. Al costado estaba el Patio de las Mujeres, abierto a las mujeres israelitas. Por último estaba el Patio de los Gentiles, el Patio Exterior. Las fuentes judías indican que los gentiles eran amenazados de muerte por pasar más allá de este patio.[31] En 1870, se encontró una antigua inscripción que indicaba: "Ningún extranjero entrará en la balaustrada del templo, ni en el recinto, y quien sea sorprendido será responsable de (su) muerte que se producirá como consecuencia (de su allanamiento)".[32]

Halló en el templo a los que vendían bueyes, ovejas y palomas, y a los cambistas allí sentados (2:14). La venta de animales era un aspecto necesario de la vida en el templo. Permitía a los viajeros que acudían a Jerusalén para las tres fiestas de peregrinación (Dt 16:16-17) comprar animales para el sacrificio en el lugar.[33] Además, los animales eran necesarios para los sacrificios regulares. Los cambistas ayudaban a los israelitas a cambiar su moneda local por monedas tirias para pagar el impuesto del templo, el cual pagaban los hombres judíos mayores de veinte años.[34] Sin embargo, mientras que los animales se vendían tradicionalmente en el cercano Monte de los Olivos, Caifás instaló bazares en el Patio de los Gentiles alrededor del año 30 d. C., permitiendo la venta de animales en el recinto del templo.[35]

En cuarenta y seis años fue edificado este templo (2:20). La ampliación del templo por parte de Herodes comenzó en el 20/19 a. C., en el decimoctavo año de su reinado. La primera fase duró un año y medio, hasta el 18/17 a. C., y terminó con la culminación del edificio del templo.[36] La renovación de los terrenos del templo no terminó hasta el 63/64 d. C.[37] La presente referencia se corresponde con los cuarenta y seis años que siguieron a la culminación del edificio del templo, situando la fecha en el 29 d. C.

Jesús y Nicodemo (3:1-21)

Había un hombre de los fariseos (3:1). Ver los artículos "Fariseos y Saduceos"; "El Sanedrín". El consejo gobernante era conocido como el Sanedrín y constaba de setenta y un miembros tanto fariseos como saduceos. En un período anterior había múltiples consejos que tenían jurisdicción sobre regiones individuales. En la época de Jesús, el consejo de Jerusalén era responsable de gobernar los asuntos de Israel con la autoridad otorgada por Roma.[38] En el siglo I, el Sanedrín estaba controlado por los sumos sacerdotes, que en su mayoría eran saduceos; una minoría influyente pertenecía a los fariseos. El sumo sacerdote era legalmente responsable de convocar una reunión oficial del Sanedrín y presidirla.

Rabí (3:2). Ver los comentarios sobre Juan 1:38.

Nadie puede hacer estas señales que tú haces, si no está Dios con él (3:2). El A. T. menciona aproximadamente 120 signos, la mayoría de los cuales se agrupan en torno a dos períodos: el éxodo y el ministerio de los profetas. En ambos casos, los signos sirven para legitimar a una persona como mensajero de Dios.[39]

El que no naciere de nuevo, no puede ver el reino de Dios (3:3). La frase "reino de Dios" no aparece en el A. T., pero el concepto de reino de Dios se encuentra en todo el texto, e implica a Dios como rey de toda la creación (p. ej., Sal 93:1-2; 103:19), la promesa de un rey davídico (Is 9:1-7; Ez 34:23-24; Zac 9:9-10) y el futuro reino de Dios (Ez 34:11-16; Zac 14:9). Como miembros del pacto, los israelitas esperaban el reino venidero de Dios (ver los comentarios sobre Mc 1:15).

Naciere de agua y del Espíritu (3:5). El vocabulario de Jesús aquí probablemente se inspira en Ez 36:25-27, que habla de Dios limpiando a su pueblo y dándole corazones nuevos y un espíritu nuevo.

Como Moisés levantó la serpiente en el desierto (3:14). Jesús se refiere a los acontecimientos registrados en Nm 21:4-9. Después de que los israelitas se quejaran de que Dios los guiara por el desierto, Dios envío serpientes venenosas como juicio. Cuando la gente se arrepiente, Dios ordena a Moisés que haga una serpiente de bronce y la levante en un poste, prometiendo que cualquiera que fuera mordido por una serpiente y mirara a la serpiente viviría.

Su Hijo unigénito (3:16). Ve los comentarios sobre Juan 1:14.

No se pierda, mas tenga vida eterna (3:16). El A. T. llama a las personas a elegir entre la vida y la muerte (p. ej., Dt 28-30).

No envió Dios a su Hijo al mundo para condenar al mundo, sino para que el mundo sea salvo por él (3:17). El A. T. enfatiza que el deseo de Dios es salvar en lugar de juzgar (Ez 18:23) y extiende la esperanza no solo a Israel sino también a las naciones (p. ej., Is 49:6). Sin embargo, la expectativa típica de los judíos con respecto al juicio de Dios durante el período del Segundo Templo era que Israel sería salvado de sus enemigos mientras que las naciones serían juzgadas. La secta de Qumrán estaba convencida de que solo ellos eran el remanente que Dios liberaría.

Luz...tinieblas (3:19). Ver los comentarios sobre Juan 1:4; 1:5.

Para que sus obras no sean reprendidas (3:20). Un paralelo se encuentra en el *Damascus Document* de Qumrán: "Cuando sus actos sean evidentes, será expulsado de la congregación, como alguien cuya suerte no cayó entre los discípulos de Dios".[40]

El que practica la verdad (3:21). En el texto griego "practica la verdad" se lee literalmente, "hace la verdad". "Hacer la verdad" es una frase relativamente común en el A. T. griego (LXX Gn 32:11 [ingl. trad. 32:10]; Neh 9:33; Is 26:10) y en los apócrifos (Tb 4:6; 13:6; OdSl 5:10) y transmite la noción de actuar con fidelidad. Hacer la verdad era un principio fundamental en Qumrán; la *Regla de la Comunidad* exhorta a los sectarios a "hacer la verdad, la justicia y la rectitud en la tierra".[41]

El testimonio de Juan sobre Jesús (3:22-36)

Rabí (3:26). Ver los comentarios sobre Juan 1:38.

El amigo del esposo, que está a su lado y le oye (3:29). Juan se compara con el "padrino" de una boda, un cargo de gran honor, cuya atención, sin embargo, no se centraba en él mismo, sino en el novio. Tanto la Mishná como la literatura judía posterior destacan la importancia de este papel.[42]

Este atestigua que Dios es veraz (3:33). "Atestigua" traduce un verbo que significa "sellar". La palabra podía usarse en referencia a sellar físicamente un documento, ya sea con cera o arcilla, para autorizar, proteger el contenido o demostrar la propiedad. Por extensión, la palabra se utilizaba para confirmar que algo era verdadero o auténtico.[43]

No da el Espíritu por medida (3:34). En el pensamiento rabínico posterior, Dios dio el Espíritu Santo a los profetas en cantidades fijas.[44]

Jesús y la samaritana (4:1-42)

Le era necesario pasar por Samaria (4:4). La ruta más corta entre Galilea y Jerusalén pasaba por Samaria (ver el artículo "Los samaritanos"). Josefo escribe: "Entonces escribí a mis amigos de Samaria, para que tuvieran cuidado de pasar sin peligro por el país: porque Samaria estaba ya bajo los romanos, y era absolutamente necesario que los que fueran rápidamente (a Jerusalén) pasaran por ese país; porque por ese camino se puede, en tres días, ir de Galilea a Jerusalén".[45]

Era como la hora sexta. Vino una mujer de Samaria a sacar agua (4:6-7). Las mujeres acudían a sacar agua de los pozos en grupo, con frecuencia por la mañana o al final de la tarde, cuando el calor era menos intenso (Gn 24:11; Ex 2:16; 1 S 9:11). El hecho de que la mujer viniera al mediodía puede indicar que estaba condenada al ostracismo.

Un pozo de agua de Oriente Medio

Porque judíos y samaritanos no se tratan entre sí (4:9). Jesús dejó de lado las normas culturales al hablar con la samaritana (ver el artículo "Los samaritanos"). No solo era inusual que los hombres discutieran cuestiones teológicas con las mujeres sino que los judíos también evitaban generalmente el contacto con los samaritanos, especialmente con las mujeres, a las que se consideraba impuras: "A las mujeres samaritanas se las considera menstruantes desde la cuna. Y los samaritanos transmiten la impureza tanto a la cama de abajo como a la de arriba".[46] Sin embargo, había excepciones y algunos judíos estaban dispuestos a comer con los samaritanos.[47]

Agua viva (4:10). La frase "agua viva" se refiere a agua fresca y en movimiento, no a agua estancada. El pozo que los siervos de Isaac encontraron en Gn 26 es "agua viva" (Gn 26:19; cf. Lv 14:6, 50; Nm 19:7; Cantar 4:15). El A.T. toma esta imagen y la aplica a Dios como fuente de vida (ver Jer 17:13). Zacarías utiliza la imagen para hablar de la provisión de Dios en los últimos tiempos (Zac 14:8).

Fuente de agua que salte para vida eterna (4:14). La conexión entre el agua y la salvación se encuentra en Isaías, que habla de la salvación que viene de Dios (p. ej., Is 12:3).[48] Los samaritanos utilizaban un vocabulario similar. Su liturgia para el Día de la Expiación habla del *Taheb*, el mesías samaritano, diciendo que "el agua fluirá de sus cántaros" (ver Nm 24:7).[49]

Nuestros padres adoraron en este monte (4:20). Tanto Abraham como Jacob construyeron altares en esa zona (Gn 12:7; 33:20). Moisés bendijo a los israelitas desde el monte Gerizim (Dt 11:29; 27:12), que los samaritanos consideraban el lugar adecuado para la adoración en lugar de Silo o Jerusalén. Esta era la ubicación de su templo antes de su destrucción por Juan Hircano (ver el artículo "Los samaritanos"). Incluso sin templo, los samaritanos seguían considerando la montaña como sagrada.

Dios es Espíritu (4:24). El A.T. deja claro que Dios, como espíritu, no debe ser representado visualmente de ninguna forma (Ex 20:4-6).

Nos declarará todas las cosas (4:25). La expectativa samaritana de un mesías no era la de un rey o libertador davídico, sino la de un maestro.[50]

Se maravillaron de que hablaba con una mujer (4:27). Al hablar con una mujer en público, Jesús rompe aquí las normas sociales, como hace en otros lugares en los Evangelios (Lucas 7:36-50; 8:2-3; 10:38-42; Juan 11:21-27).

Aquí se ven los restos de las escaleras del templo samaritano en el monte Gerizim.

Las evaluaciones rabínicas sobre el valor de enseñar a una mujer o de hablar demasiado con ella eran generalmente negativas. El rabino Yose ben Yohanan (siglo II a. C.) dijo: "No hables demasiado con las mujeres [...] Mientras un hombre hable demasiado con una mujer, (1) se trae problemas a sí mismo, (2) pierde el tiempo que sería mejor emplear en el estudio de la Torá, y (3) acaba siendo un heredero de la Gehena".[51]

Yo tengo una comida que comer (4:32). Es posible que las palabras de Jesús reflejen a Dt 8:3, un versículo que citó cuando fue tentado por Satanás en el desierto (Mt 4:4; Lucas 4:4). Jeremías también habló de la calidad nutritiva de la palabra de Dios (Jer 15:16).

El que siembra goce juntamente con el que siega (4:36). El vocabulario de Jesús se inspira aquí en la imagen de la abundancia prometida por Dios a través de los profetas. Mientras que la cosecha era un tiempo de alegría (Dt 16:13-15; Sal 126:5-6; Is 9:3), la siembra era una actividad laboriosa. Sin embargo, Amós 9:13 habla del día en que la bendición de Dios sería tan grande que "el que ara alcanzará al segador, y el pisador de las uvas al que lleve la simiente".

Verdaderamente este es el Salvador del mundo (4:42). El A.T. nunca se refiere al Mesías como "Salvador"; los samaritanos tampoco consideraban a su figura mesiánica (el *Taheb*) como Salvador (ver los comentarios sobre Juan 4:25). Sin embargo, la Septuaginta utiliza el término en algunas ocasiones para referirse a Dios (Is 45:15, 21) o a los jueces designados por Dios o a los libertadores nacionales (Jue 3:9, 15). El término fue utilizado por Filón, un filósofo judío, para hablar de Dios y también aparece en referencia a los dioses griegos y a los emperadores romanos, incluido Nerón.[52]

La sanación del hijo de un oficial (4:43-54)

Un oficial del rey, cuyo hijo estaba enfermo... vino a él (4:46-47). Capernaum estaba situada al norte del Mar de Galilea. El viaje hacia el sur hasta Caná habría sido de unas catorce millas. Si hubiera salido al amanecer, el oficial podría haber llegado a Caná al mediodía, permitiéndole escuchar las palabras de Jesús a la hora séptima (aproximadamente a la 1:00 p. m., contando desde la salida del sol a las 6:00 a. m.). Sin embargo, en ese momento no habría tenido tiempo suficiente para completar el viaje a casa en el mismo día y lo habría completado al día siguiente.[53]

Tu hijo vive (4:50). Es posible que las palabras de Jesús busquen atraer la atención sobre la milagrosa resucitación del hijo de la mujer de Sarepta por parte de Elías (ver 1 Reyes 17:23).

La sanación de un cojo y los testigos de Jesús (5:1-47)

Cuando se agita el agua (5:7). Algunos manuscritos incluyen un versículo adicional entre 5:3 y 5:5, que dice en parte: "Un ángel del Señor descendía de vez en cuando al estanque y agitaba el agua" (BTX4 pie de página 5.4). La superstición señalaba que la primera persona que llegara a las aguas cuando estas se agitaban sería sanada.

Es día de reposo; no te es lícito llevar tu lecho (5:10). Para la controversia sobre el día de reposo, ver el artículo "El Shabbat"; ver los comentarios sobre Mc 2:23.

No peques más, para que no te venga alguna cosa peor (5:14). En el judaísmo del siglo I era común la creencia de que el sufrimiento era el resultado del pecado. La pregunta de los discípulos sobre el ciego de nacimiento refleja la misma idea: "Rabí, ¿quién pecó, este o sus padres, para que haya nacido ciego?" (Juan 9:2). El A.T. respalda la idea de que el sufrimiento estaba a veces relacionado con el pecado de un individuo (1 Reyes 13:4; 2 Reyes 1:4; 2 Cr 16:12), pero también ofrece ejemplos en los que no era así (Job; 2 S 4:4; 1 Reyes 14:4; 2 Reyes 13:14).[54]

Mi Padre hasta ahora trabaja (5:17). Para la controversia sobre el día de reposo, ver el artículo "El Shabbat"; ver los comentarios sobre Mc 2:23. Jesús no entra en el debate sobre el día de reposo de forma directa, sino que afirma que Dios sigue trabajando y que sus propias acciones deben emular las de su Padre.[55] La práctica de Jesús de llamar a Dios su Padre molestaba a los judíos porque entendían que Jesús se elevaba al mismo nivel que Dios al reclamar una relación única con Él. La descripción de Dios como Padre se encuentra en el A. T., pero solo en contadas ocasiones (Sal 89:26; Is 63:16; 64:8; Jer 3:4, 19; 31:9; Mal 2:10).

Porque como el Padre levanta a los muertos, y les da vida, así también el Hijo a los que quiere da vida (5:21). Jesús no solo afirma que puede resucitar a los muertos, un acto realizado en tiempos del A. T. por Elías y Eliseo, sino también que es capaz de conceder la vida a su discreción. El A.T. enseña que resucitar a los muertos es una de las obras únicas de Dios (p. ej., 1 S 2:6; ver también 2 Reyes 5:7; cf. Dt 32:39). El judaísmo del Segundo Templo también afirmaba esta idea (Sab 16:13-14; ver también Tb 13:2), al igual que los textos rabínicos (p. ej., el *Shemoneh Esreh*, una oración judía que declara: "¿Quién es como tú, oh Rey, que hace que los muertos vuelvan a vivir").

El que no honra al Hijo, no honra al Padre que le envió (5:23). La conexión entre el honor del Hijo y del Padre refleja el trasfondo judío de la estrecha relación entre el emisor y el mensajero. La Mishná señala que "el agente de un hombre es como [el hombre] mismo".[56] Deshonrar al mensajero era deshonrar al emisor. Aunque es cierto para cualquier mensajero, lo es especialmente para un hijo, porque se puede confiar en que cumplirá los propósitos de su padre con la mayor fidelidad.[57]

Si yo doy testimonio acerca de mí mismo, mi testimonio no es verdadero (5:31). El A. T. fijó las pautas para establecer adecuadamente a los testigos. Dos o tres testigos eran necesarios para establecer un hecho determinado (Dt 17:6; 19:15). La ley judía posterior, como se evidencia en la Mishná, aclaró que la persona acusada no puede ser uno de los testigos: "Pero no se cree que una persona testifique en su propio nombre".[58]

Lámpara antigua.

Él era antorcha que ardía y alumbraba (5:35). Es posible que Jesús no esté hablando de una lámpara en general, sino refiriéndose a las referencias mesiánicas como el Sal 132:17, que, hablando de las promesas y la provisión de Dios para los descendientes de David, dice: "Allí haré retoñar el poder de David; He dispuesto lámpara a mi ungido".[59]

Escudriñad las Escrituras; porque a vosotros os parece que en ellas tenéis la vida eterna (5:39). Los escribas judíos se dedicaban a estudiar cuidadosamente las Escrituras, anotando diversos detalles como el número de versículos, letras y palabras de cada libro. El rabino Hillel, un famoso maestro del siglo I, hablaba de la conexión entre la Torá y la vida, diciendo: "Mucha Torá, mucha vida [...] [Si] ha obtenido enseñanzas de la Torá, ha conseguido la vida eterna".[60]

Hay quien os acusa, Moisés, en quien tenéis vuestra esperanza (5:45). Una de las funciones de Moisés en el A. T. es la de intercesor, orando a Dios en nombre de la nación o de individuos (Ex 32:11-14, 30-32; Nm 12:13; 14:19-20; 21:7; Dt 9:18-20, 25-29). Sin embargo, Moisés también tuvo un papel en el testimonio contra Israel. Se dice que tanto la ley que Dios dio a través de Moisés como el Cántico de Moisés en Dt 32 atestiguan contra el pueblo (Dt 31:19, 21, 26). La literatura judía del Segundo Templo destaca también el papel intercesor de Moisés.[61]

Alimentar a los cinco mil (6:1-71)

Jesús fue al otro lado del mar de Galilea, el de Tiberias (6:1). El mar de Tiberias debe su nombre a la ciudad más grande de su orilla (ver el comentario sobre Marcos 1:16). Tiberias fue fundada por Herodes Antipas hacia el año 17-18 d. C. La ciudad recibió el nombre de Tiberio, el emperador romano que reinó durante los años 14-37 d. C. El lago no empezó a denominarse Mar de Tiberíades hasta la parte final del primer siglo.

Y estaba cerca la pascua, la fiesta de los judíos (6:4). Esta es la segunda de las tres fiestas de la Pascua que se mencionan en este Evangelio (ver el co-

El Mar de Galilea

mentario sobre Marcos 14:1). La primera referencia se encuentra en 2:13, la tercera en 11:55; ambas sitúan a Jesús en Jerusalén. Esta es la única referencia a que Jesús pasó la Pascua en Galilea. La serie de referencias a la Pascua ayuda a establecer que la duración del ministerio de Jesús abarcó un mínimo de dos años y medio y, con mayor probabilidad, tres años y medio (incluyendo una Pascua mencionada o implícita en los Evangelios sinópticos).

¿De dónde compraremos pan para que coman estos? (6:5). Existen varias conexiones cercanas entre Juan 6 y Nm 11. En primer lugar, Moisés hace una pregunta similar a Dios en Nm 11:13: "¿De dónde conseguiré yo carne para dar a todo este pueblo?" En segundo lugar, en ambos relatos el pueblo se queja (Nm 11:1; Juan 6:41, 43). En tercer lugar, el maná ocupa un lugar destacado en ambos relatos (Nm 11:7-9; Juan 6:31, 49, 58). Por último, ambos pasajes se centran en la marcada diferencia entre la necesidad de la gente y los recursos disponibles (Nm 11:22; Juan 6:7-9). De forma acumulativa, estos paralelos identifican a Jesús como el Mesías, que alimentaría a la gente de forma similar a la provisión de maná de Dios en el desierto (ver los comentarios sobre Juan 6:31).

Recoged los pedazos que sobraron, para que no se pierda nada (6:12). La orden de Jesús refleja la práctica judía común de recoger los trozos sobrantes después de la comida, hasta el tamaño de una aceituna.[62]

Este verdaderamente es el profeta que había de venir al mundo (6:14). Sobre el Profeta, ver los comentarios sobre Juan 1:21. El milagro de Jesús refleja tanto la provisión de maná en el desierto (ver los comentarios sobre Juan 6:5) como la provisión milagrosa de pan de Eliseo (2 Reyes 4:42-44). En este último caso, Eliseo alimenta a una multitud (cien personas) con una pequeña cantidad de comida (veinte panes de cebada) y le sobra comida.

Y se levantaba el mar con un gran viento que soplaba (6:18). Las fuertes tormentas eran una experiencia común en el lago, que se encuentra a unos seiscientos pies por debajo del nivel del mar. La interacción del aire cálido sobre el lago con el aire frío procedente del sureste provocaba a veces temibles tormentas.[63]

El día siguiente... buscando a Jesús (6:22-24). La alimentación de la multitud tuvo lugar en el lado oriental del Mar de Galilea ("al otro lado del mar" [6:1], llamado así porque la mayor parte de la actividad judía durante el período del A. T. se desarrollaba en la orilla occidental). Durante la noche, Jesús cruzó con sus discípulos al lado noroeste, llegando a Capernaum (6:17, 21).

Por la mañana llegaron barcas desde Tiberias, que la gente utilizó para cruzar el lago hasta Capernaum en busca de Jesús.

Trabajad, no por la comida que perece, sino por la comida que a vida eterna permanece (6:27). El pan y el agua sirven regularmente como símbolos de la vida, ya que son indispensables para la existencia humana. La literatura judía posterior se refiere a la Torá (ley) como pan.[64]

Sello de aprobación (6:27 NVI) . Ver los comentarios sobre Juan 3:33.

Un mosaico de panes y peces, que recuerda la alimentación de los cinco mil, procedente del suelo de una iglesia bizantina excavada en la orilla norte del Mar de Galilea, cerca de Capernaum.

Nuestros padres comieron el maná en el desierto (6:31). Ver los comentarios sobre Juan 6:5. La provisión de maná en el desierto se celebra en pasajes subsiguientes del A.T. (p. ej., Sal 78:23-25).[65] Asimismo, la literatura judía del Segundo Templo reflexiona sobre la provisión celestial de pan de Dios en contraste con el juicio de Dios a Egipto.[66] Además de recordar la provisión pasada de Dios, había una expectativa del suministro futuro de Dios.[67]

Yo soy el pan de vida; el que a mí viene, nunca tendrá hambre; y el que en mí cree, no tendrá sed jamás (6:35). Las palabras de Jesús reflejan las expectativas mesiánicas que se encuentran en pasajes como Is 55:1 (ver también Is 49:10, citado en Ap 7:16).

Murmuraban entonces de él los judíos (6:41). La queja del pueblo ante la provisión de Jesús es paralela a la queja de los israelitas en el desierto (Ex 16:2, 8-9; Nm 11:4-23). Ver los comentarios sobre Juan 6:5.

Si no coméis la carne del Hijo del Hombre, y bebéis su sangre (6:53). La ley de Moisés prohíbe beber sangre o comer carne que todavía tenga sangre (Lv 17:10-14; Dt 12:16).

El espíritu es el que da vida; la carne para nada aprovecha; las palabras que yo os he hablado son espíritu y son vida (6:63). Pasajes como Gn 1:2 y, sobre todo, Ez 37:1-14 indican que el Espíritu da la vida. La inutilidad de la carne se destaca en Is 40:6-8. El A.T. también señala la palabra de Dios como fuente de vida (Gn 1). Deuteronomio 8:3, citado por Jesús cuando fue tentado en el desierto, dice: "No solo de pan vivirá el hombre, mas de todo lo que sale de la boca de JEHOVÁ vivirá el hombre".

Jesús en la fiesta de los tabernáculos (7:1-8:59)

Estaba cerca la fiesta de los judíos, la de los tabernáculos (7:2). Ver el artículo "Fiestas judías". La fiesta más reciente que se menciona es la Pascua en 6:4, casi seis meses antes.[68] Hay que mencionar aquí dos características relevantes de la Fiesta de los Tabernáculos que estaban en vigor durante el primer siglo.[69]

El tabernáculo fue construido por una familia judía para celebrar el Festival de los Tabernáculos, la antigua fiesta religiosa que se celebra en la época de la cosecha de frutas de verano.

La primera era una ceremonia de extracción de agua, que conmemoraba la provisión de lluvia por parte de Dios y en la que los sacerdotes marchaban cada día desde el estanque de Siloé hasta el templo para verter agua en la base del altar.[70] La Mishná describe la celebración de la extracción de agua como un momento de tal alegría que "quien no haya visto el regocijo [en el lugar de la extracción de agua] en su vida no ha visto nunca regocijo".[71] El segundo componente era una celebración de encendido de velas. Recipientes grandes de aceite sobre candelabros grandes iluminaban el patio de las mujeres del templo. Además, se hacían mechas especiales con la ropa interior gastada de

---

1 El sacerdote Zacarías, padre de Juan el Bautista, está quemando incienso cuando se le aparece el ángel del Señor (Lucas 1:8-20).

2 José y María acuden al templo para presentar al niño Jesús y ofrecer tórtolas o palominos como sacrificio (Lucas 2:22-24). María tenía que quedarse en el Patio de las Mujeres mientras José llevaba al bebé y el sacrificio al Patio de los Israelitas.

3 Simeón y la profetisa Ana están probablemente en el Patio de las Mujeres cuando reconocen al niño Jesús como el Mesías (Lucas 2:25-38).

4 Los padres de Jesús lo encuentran "sentado en medio de los doctores de la ley, oyéndoles y preguntándoles" (Lucas 2:46). Esto podría haber ocurrido en cualquiera de los pórticos con columnas, aunque es poco probable que estuvieran en el Pórtico Real.

5 "El diablo le llevó a la santa ciudad, y le puso sobre el pináculo del templo" (Mt 4:5). El parapeto en la parte superior del Pórtico Real, en la esquina sureste del complejo del templo, tiene la mayor altura de arriba a abajo, aunque otra posible ubicación es el propio templo, que estaba por encima de las paredes.

6 "Estas palabras habló Jesús en el lugar de las ofrendas, enseñando en el templo" (Juan 8:20).

7 "Y Jesús andaba en el templo por el pórtico de Salomón" (Juan 10:23).

8 "Y entró Jesús en Jerusalén, y en el templo" (Mc 11:11). Probablemente, Jesús entra por la Puerta Doble y sube al Patio de los Gentiles.

9 Jesús elogia a la viuda que da dos pequeñas monedas de cobre (Mc 12:41-44; Lucas 21:1-4).

10 Cuando Jesús enseña en los atrios del templo, con frecuencia se encuentra en uno de los pórticos columnados, probablemente el Pórtico de Salomón (Mt 26:55; Mc 12:35; 14:49; Lucas 19:47; 20:1; 21:37-38; 28:55; Juan 7:28).

11 Jesús expulsa a los cambistas y a los que venden animales (Mt 21:12-16; Mc 11:15-18; Lucas 19:45-47; Juan 2:13-22). Esta actividad de venta está en el Patio de los Gentiles. Podría estar en el lado norte o sur, o en ambos.

12 "Y arrojando las piezas de plata en el templo, salió, y fue y se ahorcó" (Mt 27:5). Probablemente Judas entró en el Patio de los Israelitas y arrojó el dinero por encima del muro que lo separa del Patio de los Sacerdotes.

13 "El velo del templo se rasgó en dos, de arriba abajo" (Mt 27:51; Mc 15:38; Lucas 23:45). Podría tratarse de la cortina interior o exterior, o tal vez de ambas.

14 Después de la resurrección, los discípulos de Jesús "estaban siempre en el templo, alabando y bendiciendo a Dios" (Lucas 24:53). Probablemente se encuentran en el pórtico de Salomón.

El Segundo Templo con los acontecimientos de los Evangelios

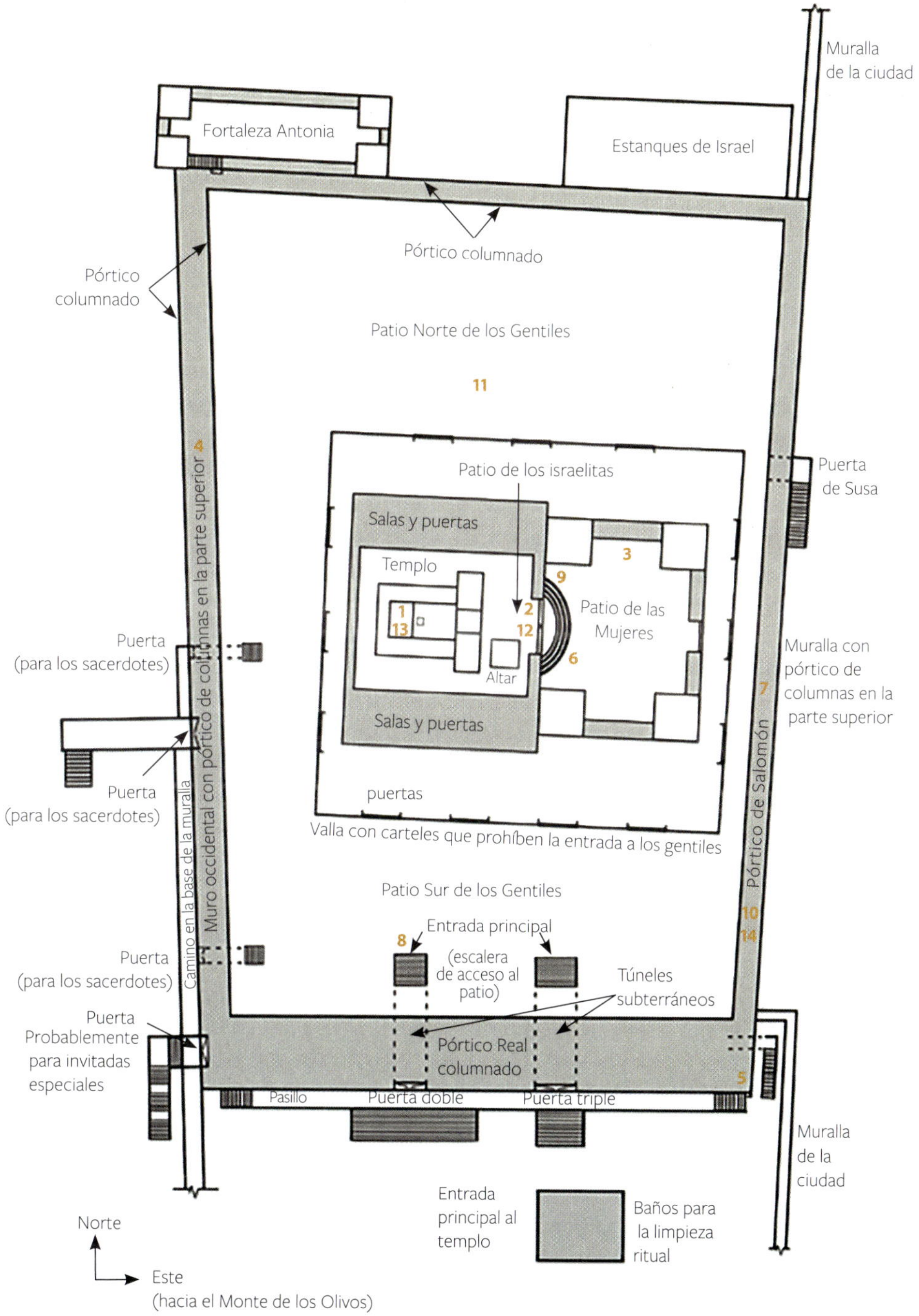

los sacerdotes, que iluminaban todos los patios de la ciudad.[72] El encendido de las velas se acompañaba de danzas y cantos. Una versión especial de ambas ceremonias tenía lugar el séptimo día.[73]

Engaña al pueblo (7:12). Llevar al pueblo de Dios por el mal camino es una acusación grave. Deuteronomio 13:1-11 estipula que un falso profeta debe ser asesinado "por cuanto aconsejó rebelión contra Jehová vuestro Dios" (13:5). Jesús no fue la única persona del primer siglo que realizó afirmaciones sorprendentes y reunió seguidores. Según Josefo, en el año 45 o 46 d. C., un hombre llamado Teudas, al que Josefo llama mago, afirmó que era un profeta que partiría el Mar Rojo; otro hombre de Egipto afirmó ser un profeta, prometiendo derribar los muros de Jerusalén con su sola palabra.[74]

¿Cómo sabe este letras, sin haber estudiado? (7:15). La mayoría de los varones judíos de la época de Jesús eran lo suficientemente instruidos como para poder leer y tener una comprensión básica de las Escrituras. La pregunta que plantean los judíos aquí no se refiere a la capacidad de lectura de Jesús en sí, sino a su falta de educación formal rabínica o de escriba.[75] Jesús era capaz de llevar a cabo un discurso sobre las Escrituras de la misma manera que los rabinos capacitados, citando frecuentemente las Escrituras.

Moisés os dio la circuncisión...y en el día de reposo circuncidáis al hombre (7:22). Ver los artículos "El rito judío de la circuncisión"; "El día de reposo". Jesús emplea un argumento "de lo menor a lo mayor", comúnmente utilizado en la discusión rabínica.

Pero este, sabemos de dónde es; mas cuando venga el Cristo, nadie sabrá de dónde sea (7:27). Durante el período del Segundo Templo, algunos esperaban que el Mesías tuviera un origen misterioso y que apareciera de forma inesperada (ver el artículo "Expectativas mesiánicas en la época de Jesús").[76] No parece que esta fuera la opinión de la multitud, como se atestigua más adelante en el pasaje (7:42; cf. Miq 5:2; Mt 2:1-6). Más bien, parecen haber considerado que el Mesías sería una figura desconocida hasta el momento en que liberara a Israel.[77]

¿Adónde se irá este, que no le hallemos? ¿Se irá a los dispersos entre los griegos, y enseñará a los griegos? (7:35). Los judíos habían vivido en dispersión desde el exilio babilónico. Aunque algunos regresaron tras el decreto de Ciro (2 Cr 36:22-23), otros siguieron viviendo fuera de la tierra de Israel. Había importantes núcleos de población judía en Antioquía, Alejandría, Roma y otras ciudades.[78] La idea de que Jesús fuera a enseñar a los "griegos" (gentiles de cualquier nacionalidad) supone que solo los gentiles de la dispersión (y no los judíos) necesitaban instrucción en las Escrituras.

En el último y gran día de la fiesta (7:37). Se trataba del séptimo día de la fiesta, que incluía celebraciones especiales de derramamiento de agua y encendido de velas (ver los comentarios sobre Juan 7:2), o del octavo día, siendo más probable lo primero. El octavo día no formaba parte propiamente de la celebración de la fiesta, sino que respondía al mandato bíblico de celebrar una asamblea solemne especial tras la Fiesta de los Tabernáculos (Lv 23:34-36) (ver el artículo "Fiestas judías"). En la época de Jesús, el octavo día era formalmente el último de la celebración y estaba marcado por el canto del Hal-el (Sal 113-118) y el regocijo mientras el pueblo desmantelaba los tabernáculos temporales que había construido.

Como dice la Escritura (7:38). La siguiente frase no es una cita bíblica directa. Más bien constituye una referencia general a la enseñanza profética sobre las promesas de bendición espiritual, incluidas las relacionadas con la entrega de agua, que están en consonancia con las esperanzas de abundancia del final de los tiempos que se celebran en la fiesta.[79] Pasajes representativos de estas ideas son Is 12:3 y Zac 14:8.[80]

De su interior correrán ríos de agua viva (7:38). Sobre la importancia del agua en la Fiesta de los Tabernáculos, ver los comentarios sobre Juan 7:2. La enseñanza judía posterior también hablaba de corrientes de agua que brotaban de una persona.[81]

Decían: Verdaderamente este es el profeta. Otros decían: Este es el Cristo (7:40-41). Sobre las expectativas judías del Mesías y el Profeta, ver los comentarios sobre Juan 1:20; 1:21; 6:14. La comunidad de Qumrán esperaba un profeta, así como mesías sacerdotales y reales; se exhortaba a sus miembros a seguir viviendo bajo el gobierno de la comunidad "hasta que venga el profeta y los Mesías de Aarón e Israel".[82]

Los alguaciles respondieron: ¡Jamás hombre alguno ha hablado como este hombre! (7:46). Los guardias del templo no eran simples soldados, sino que procedían de los levitas y, por lo tanto, tenían una formación religiosa y estaban acostumbrados a escuchar la enseñanza regularmente en los atrios del templo.

¿Juzga acaso nuestra ley a un hombre si primero no le oye, y sabe lo que ha hecho? (7:51). El A. T. insta a tener cuidado a la hora de establecer la culpabilidad o inocencia de una persona acusada (Dt 1:16; 17:4; 19:18). El libro apócrifo de Susana resalta la importancia de este principio, al contar la historia de cómo Daniel pudo rescatar a la justa Susana de las acusaciones de dos testigos impíos que testificaron falsamente contra ella. La Mishná también da instrucciones detalladas sobre el manejo de los litigios para garantizar un juicio justo.[83]

Respondieron y le dijeron: ¿Eres tú también galileo? Escudriña y ve que de Galilea nunca se ha levantado profeta (7:52). En realidad, esta es una afirmación incorrecta de los sumos sacerdotes y fariseos. Jonás hijo de Amitai era de la ciudad de Gat-hefer (2 Reyes 14:25), una ciudad en el territorio perteneciente a Zabulón (Jos 19:10-16) situada al oeste del Monte Tabor en Galilea. Además, Elías (1 Reyes 17:1) y Nahúm (Nah 1:1) también pueden haber procedido de Galilea.

Una mujer sorprendida en adulterio (8:3). Juan 7:53-8:11, la unidad narrativa que cuenta la historia de Jesús y la mujer sorprendida en adulterio, fue añadida casi con seguridad por un escriba posterior.[84]

Yo soy la luz del mundo (8:12). Esta discusión se produce mientras Jesús está todavía en el recinto del templo en la Fiesta de los Tabernáculos. El vocabulario específico de ser "la luz" no era desconocido en el judaísmo. En el Sal 27:1, se hace referencia a Dios como la luz (ver también Sal 36:9). El A.T. también habla de la palabra de Dios en términos de luz (Sal 119:105; Pr 6:23). Además, la luz se utiliza para caracterizar la presencia de Dios en los últimos tiempos (Is 60:19-22; Zac 14:5b-8) y la llegada del siervo del Señor (Is 42:6; 49:6). En la época de Jesús, el vocabulario de la luz se aplicaba a Israel, Jerusalén, los patriarcas (Abraham, Isaac y Jacob), el Mesías, el templo, la Torá, Adán y los rabinos famosos.[85]

El que me sigue, no andará en tinieblas, sino que tendrá la luz de la vida (8:12). Sobre el contraste entre la luz y las tinieblas, ver los comentarios sobre Juan 1:5. La conexión entre la luz y la vida se hace tanto en el A.T. como en la literatura judía del Segundo Templo. Por ejemplo, el Sal 56:13 indica: "Porque has librado mi alma de la muerte, y mis pies de caída,

para que ande delante de Dios en la luz de los que viven". Un vocabulario similar se utiliza en *Salmos de Salomón* 3.12: "ésta es la suerte del pecador para siempre. Mas los que son fieles al Señor resucitarán para la vida eterna; su vida, en la luz del Señor, no cesará nunca".[86]

Tú das testimonio acerca de ti mismo; tu testimonio no es verdadero (8:13). Sobre los testigos válidos, ver los comentarios sobre Juan 5:31.

¿Acaso se matará a sí mismo…? (8:22). Antes, los oponentes de Jesús se preguntaban si podría ir a los gentiles (7:35); ahora se preguntan si podría matarse. En el pensamiento judío, el suicidio se consideraba en general un acto penoso, incluso impensable.[87] Esto contrasta fuertemente con la visión gentil contemporánea, que con frecuencia veía el suicidio como una "muerte honorable".[88]

El candelabro de siete brazos, o menorá, era un elemento decorativo común en las sinagogas de los siglos III y IV como la sinagoga de Eshtemoa, cerca de Hebrón, donde se excavó este dintel.

Si no creéis que yo soy (8:24). El trasfondo de las palabras de Jesús proviene de Ex 3:13-14 desarrollado en Is 40-55, donde Dios declara regularmente: "Yo soy", anunciando que Él y solo Él es Dios y por siempre el mismo (p. ej., 43:10-13).[89] Para cualquier otra persona, usar esta frase sería blasfemo y haría que la persona estuviera sujeta a la ira de Dios (Is 47:8-9; Sof 2:15).

Cuando hayáis levantado al Hijo del Hombre (8:28). La frase "levantar" probablemente refleja la frase de Is 52:13, donde Dios dice: "Mi siervo será prosperado, será engrandecido y exaltado, y será puesto muy en alto".

Nada hago por mí mismo, sino que según me enseñó el Padre (8:28). La dependencia de Jesús en el Padre refleja de nuevo el dicho judío de que "el agente de un hombre es como [el hombre] mismo".[90]

Si vosotros permaneciereis en mi palabra (8:31). La idea básica del discipulado es la de aprender de un maestro y adherirse a sus enseñanzas. En el siglo I d. C., la relación maestro-discípulo estaba bien establecida en el judaísmo.[91] Todo un tratado de la Mishná, Avot, está dedicado a los dichos de los padres, cuyas palabras iniciales exaltan la transmisión del aprendizaje del maestro al alumno.[92] La enseñanza rabínica posterior describe al perfecto seguidor de un rabino como aquel que ha dominado la enseñanza de su rabino y la comparte con otros.[93]

Y conoceréis la verdad, y la verdad os hará libres (8:32). El pensamiento judío contemporáneo consideraba que el estudio de la ley trae la libertad: "A quien acepta sobre sí el yugo de la Torá le quitan el yugo del Estado y el yugo del trabajo duro".[94] Los filósofos estoicos, en lugar de exaltar la ley, miraban a la sabiduría como fuente de libertad.[95]

Todo aquel que hace pecado, esclavo es del pecado (8:34). La afirmación de Jesús debe entenderse en el contexto de la enseñanza común de su época, según la cual las personas poseen dos naturalezas, una buena y otra mala: "Creó al hombre para gobernar el mundo y puso en él dos espíritus [...] son los espíritus de la verdad y del engaño". [96] La enseñanza judía sostenía que la ley ayuda a mantener a raya la inclinación al mal y a fortalecer el impulso del bien.[97] *El Testamento de los Doce Patriarcas* (siglo II a. C.) exhorta a los lectores: "Huye de la tendencia al mal, destruyendo al diablo con tus buenas obras".[98]

Un padre tenemos, que es Dios (8:41). Hay precedentes en el A. T. de que los judíos llamaran a Dios su padre, aunque no era necesariamente una práctica judía común (Ex 4:22; Dt 32:6; Is 64:8).

Vosotros sois de vuestro padre el diablo... Él ha sido homicida desde el principio (8:44). La referencia aquí es probablemente a Gn 3 y a la transgresión de Adán y Eva tras el engaño de Satanás a la mujer. La literatura judía del Segundo Templo identificaba a Satanás como la causa de la muerte (ver los comentarios sobre Marcos 1:13).[99]

Tú eres samaritano (8:48). Sobre la animosidad entre judíos y samaritanos, ver los comentarios sobre Juan 4:9; ver el artículo "Los samaritanos".

Aún no tienes cincuenta años (8:57). Según la Mishná, se consideraba que los cincuenta años eran la edad en la que un hombre alcanzaba la madurez y terminaba su trabajo.[100] Judá ben Tema enumeraba las distintas edades en las que un hombre podía emprender actividades, entre ellas "cincuenta para aconsejar".[101]

Antes que Abraham fuese, yo soy (8:58). El vocabulario de Jesús vuelve a reflejar el nombre de Dios revelado a Moisés (Ex 3:14) y destacado en Isaías (Is 43:10-13). Ver los comentarios sobre Juan 8:24.

Tomaron entonces piedras para arrojárselas (8:59). Según el A. T., la lapidación era el castigo para la blasfemia (Lv 24:16; cf. Dt 13:6-11). La Mishná también incluye a los blasfemos en una lista de aquellos cuyas acciones deben ser castigadas con lapidación, aunque tanto en el A. T. como en la Mishná el castigo se produce como resultado de un juicio justo, no por una turba frenética.[102]

Curación de un ciego de nacimiento (9:1-10:21)

Rabí (9:2). Ver los comentarios sobre Juan 1:38.

¿Quién pecó, este o sus padres, para que haya nacido ciego? (9:2). El A.T. deja claro que, aunque Dios castiga el pecado, no todas las penurias son resultado del mismo (Jer 31:29-30; Ez 18).[103] La literatura judía del Segundo Templo también afirmaba este principio en ocasiones. No obstante, la creencia de que el sufrimiento siempre está ligado al pecado no era inusual y está registrada (aunque no afirmada) en el A. T. (Job 4:7) y la enseñaron rabinos posteriores.

La noche viene, cuando nadie puede trabajar (9:4). En el mundo antiguo casi todo el trabajo se realizaba durante el día, con algunas excepciones como los pastores, los vigilantes o los mensajeros.

Luz soy del mundo (9:5). Ver los comentarios sobre Juan 8:12.

Escupió en tierra, e hizo lodo con la saliva, y untó con el lodo los ojos del ciego (9:6). El uso de la saliva era una práctica relativamente común en las prácticas mágicas paganas y, como resultado, los rabinos la evitaban en gran medida.[104] Además, la ley de Moisés enseñaba que, en ciertas condiciones, la saliva podía provocar impureza (Lv 15:8).[105] Aparentemente, Jesús no tenía esas preocupaciones; tal vez permite que el ciego pase por este proceso para ayudarle a darse cuenta de que está a punto de producirse un poderoso milagro. Esta serie de acciones también haría más tangible el sorprendente signo mesiánico de Jesús para su público.

Escaleras que bajan al estanque de Siloé (izquierda), descubierta en el extremo sur de Jerusalén por arqueólogos israelíes en 2004. Esta fuente de agua, donde Jesús le dijo al ciego que se lavara (Juan 9:7), era una fuente de agua y de lavado ritual en la época de Jesús.

Ve a lavarte en el estanque de Siloé (que traducido es, Enviado) (9:7). El estanque de Siloé conecta esta narración con el discurso anterior en la Fiesta de los Tabernáculos (8:12-59), ya que el agua para la ceremonia de derramamiento de agua se tomó del estanque de Siloé. Juan señala que "Siloé" significa "Enviado", reflejando el Hebreo *shiloah*, como en Is 8:6, "el agua que fluye lentamente de Siloé".

¿No es este el que se sentaba y mendigaba? (9:8). Los mendigos eran una visión común en la Palestina del siglo I, y la mendicidad puede haber sido la única forma en que el ciego podía ganarse la vida.[106] Los mendigos eran los verdaderos pobres en el siglo I, y su sustento dependía de la caridad de los demás.[107] El A.T. recomienda la limosna (Dt 15:9-10; Pr 28:27; 31:20), y el judaísmo del Segundo Templo siguió su ejemplo.[108]

Algunos de los fariseos decían: Ese hombre no procede de Dios, porque no guarda el día de reposo (9:16). Sobre la controversia del día de reposo, ver el artículo "El Shabbat".

Edad tiene, preguntadle a él; él hablará por sí mismo (9:21). A la edad de trece años se consideraba que un niño era legalmente capaz de hablar por sí mismo.[109] La Mishná indica que los trece años son la edad en la que un niño es responsable de hacer un voto, y también era la edad, según el Rabí Judah ben Tema, en la que un niño comenzaba a participar en los deberes religiosos.[110]

Esto dijeron sus padres, porque tenían miedo de los judíos, por cuanto los judíos ya habían acordado que si alguno confesase que Jesús era el Mesías, fuera expulsado de la sinagoga (9:22). La expulsión de las asambleas judías es una práctica que se remonta, al menos, al regreso del exilio, como se registra en Esdras 10:8. Esta práctica también se dio en Qumrán.[111] La decisión tomada aquí se refiere probablemente a una decisión informal, no a un pronunciamiento oficial contra el seguimiento de Jesús.

Da gloria a Dios (9:24). Esta frase (o alguna variante) se utiliza en otros lugares del A. T. y de la literatura judía del Segundo Templo como una orden solemne de decir la verdad, suponiendo que la persona en cuestión ha hecho algo malo (Jos 7:19; 1 Esd 9:8-9).[112]

Nosotros sabemos que Dios ha hablado a Moisés (9:29). Según el A. T., Dios habló a Moisés "cara a cara" (Ex 33:11; Nm 12:8; Dt 34:10), es decir, con un nivel de intimidad que no experimentaron otros, ni siquiera los profetas.[113] La tradición rabínica sostenía que la revelación que Dios dio a Moisés no era solo la Torá escrita, sino también la oral, que se había transmitido a través de generaciones.[114]

Y sabemos que Dios no oye a los pecadores; pero si alguno es temeroso de Dios, y hace su voluntad, a ese oye (9:31). El A. T. relaciona regularmente el carácter del que ora con la respuesta de Dios. Negativamente, el Sal 66:18 dice: "Si en mi corazón hubiese yo mirado a la iniquidad, El Señor no me habría escuchado"; positivamente, según Sal 34:15, "Los ojos de Jehová están sobre los justos, y atentos sus oídos al clamor de ellos".

Desde el principio no se ha oído decir que alguno abriese los ojos a uno que nació ciego (9:32). Solo hay un caso registrado de curación de la ceguera en el A. T., cuando Eliseo ora para que Dios le quite la vista al ejército enviado a capturarlo y luego ora para que Dios les abra los ojos (2 Reyes 6:18-20). La literatura del Segundo Templo cuenta la historia de la curación de la ceguera de Tobit, pero no hay ningún caso de personas nacidas ciegas que hayan sido curadas.[115]

Para que los que no ven, vean, y los que ven, sean cegados (9:39). Los profetas del A. T. hablaron del juicio de Dios metafóricamente como ceguera (p. ej., Is 6:10; 42:19; Jer 5:21). La esperanza de que los ciegos vean es también una imagen común asociada a la salvación de Dios.[116]

El que no entra por la puerta en el redil de las ovejas (10:1). La imagen que evocan las palabras de Jesús puede ser la de un patio, junto a una casa o cerca de ella. Estos patios podían ser utilizados por una sola familia o ser compartidos por varias familias y podían estar rodeados de muros de piedra y rematados con zarzas espinosas. La puerta estaría cerrada y la entrada sería permitida por un portero (10:3).[117]

El pastor de las ovejas… las ovejas oyen su voz; y a sus ovejas llama por nombre (10:2-3). En el Israel del siglo I, el pastoreo se consideraba en general una ocupación humilde. Esto contrasta con la descripción que se hace en el A. T. de Dios y su Mesías como pastores (ver los comentarios sobre Juan 10:11).[118] El pastor poseía una autoridad única sobre su rebaño. La imagen de llamar a las ovejas por su nombre probablemente refleje la práctica de los pastores palestinos de dar nombres particulares a ciertas ovejas.[119] Del mismo modo, se dice que Dios conocía a Moisés y a Israel "por [su] nombre" (Ex 33:12, 17; Is 43:1, 7). En el A. T., la voz de Dios se escuchaba a través de la ley y los profetas.

Las saca (10:3). La redacción refleja pasajes del A. T. como Nm 27:15-17 y Ez 34:13. La representación de las personas como ovejas apunta a su completa dependencia de Dios como su pastor. El pastor sacaría a todas sus ovejas, y solo a sus ovejas, guiándolas cuidadosamente desde el rebaño abarrotado hasta la puerta estrecha.

Y cuando ha sacado fuera todas las propias, va delante de ellas; y las ovejas le siguen, porque conocen su voz. Mas al extraño no seguirán, sino huirán de él, porque no conocen la voz de los extraños (10:4-5). Los pastores del antiguo Cercano Oriente no conducían a sus ovejas por detrás, sino que las guiaban por delante, llamándolas a medida que avanzaban.[120] Las ovejas, indefensas por sí mismas y dependientes del pastor, eran capaces de distinguir entre la voz de su pastor y la de los extraños.

Yo soy la puerta de las ovejas (10:7). El escenario pasa del redil en casa al pastor que cuida de sus ovejas en las colinas. Los rediles de las colinas carecían de puertas, solo tenían entradas estrechas en las paredes. El propio pastor hacía las veces de puerta por la noche, acostado en la entrada (cf. Sal 118:20).[121]

Todos los que antes de mí vinieron, ladrones son y salteadores (10:8). Aquí nuevamente se hace referencia a Ezequiel 34. Allí, Dios critica a los falsos pastores de Israel que no cuidaron del rebaño (cf. Jer 23:1-2). Esta parte puede referirse a varias personas. En un pasado algo reciente, los sumos sacerdotes judíos Jasón y Menelao habían traicionado su cargo (2 Mac 4:7-14). También puede tratarse de los fariseos y los saduceos. Estos últimos eran conocidos por utilizar el templo con fines de lucro (p. ej., Juan 2:14), mientras que los primeros acaban de mostrar su liderazgo impío en Juan 9.[122]

Entrará, y saldrá (10:9). El vocabulario de Jesús refleja la terminología del pacto para la bendición, especialmente la que se encuentra en el Deuteronomio: "Bendito serás en tu entrar, y bendito en tu salir" (Dt 28:6). También es similar a la oración que Moisés elevó en relación con el que sería líder en su lugar para llevar al pueblo a la tierra prometida, "que los saque y los introduzca, para que la congregación de Jehová no sea como ovejas sin pastor" (Nm 27:16-17). La respuesta del Señor a la oración fue que Moisés nombrara a Josué, cuyo nombre en Griego es *Iēsous*, "Jesús" (Nm 27:18).

Hallará pastos (10:9). "Pastos" es una expresión común en el A. T. que habla de la provisión de gracia de Dios, tanto literalmente (1 Cr 4:40) como metafóricamente (Sal 23:2). También se utiliza en contextos de espera de la futura restauración y salvación por parte de Dios a su pueblo (Is 49:8-12; Ez 34:12-16, 25-31).

Como se ve aquí, los antiguos rediles se construían de piedra y tenían una puerta de acceso

Yo soy el buen pastor (10:11). Ezequiel 34 sigue siendo el trasfondo principal de la metáfora, con su comparación entre los pastores infieles de Israel que serán castigados por Dios (vv. 1-10) y Dios como el buen pastor de su rebaño (vv. 11-16). El A. T. se refiere con frecuencia a Dios como un pastor y al pueblo como su rebaño,[123] y advierte que los falsos pastores serán juzgados.[124] De manera similar, tanto Moisés como el rey/mesías davídico son presentados como pastores de las ovejas de Dios.[125] El Mesías también es representado como un pastor en la literatura del Segundo Templo.[126] La metáfora también se utilizó para dioses y reyes en la literatura no judía.[127]

Es asalariado, y no le importan las ovejas (10:13). El A. T. contaba con normas específicas sobre los jornaleros y sus responsabilidades respecto a los animales que se les confiaban. Según Ex 22:13, si un animal era mutilado por bestias salvajes, el jornalero no tenía que hacer la restitución. La Mishná estipula que si un solo lobo atacaba al rebaño, el jornalero debía protegerlo, pero si dos o más lobos amenazaban, ya no era responsable.[128]

También tengo otras ovejas que no son de este redil (10:16). El A. T. presenta una expectativa creciente de que los gentiles formen parte del pueblo de Dios. Esto se evidencia ya en Gn 12 y encuentra su máxima expresión en pasajes como Is 56:6-8.[129]

Habrá un rebaño, y un pastor (10:16). Ver los comentarios sobre Juan 10:11.

Jesús en la Dedicación (10:22-42)

La fiesta de la dedicación (10:22). Ver el artículo "Fiestas judías".

Nadie las puede arrebatar de la mano de mi Padre (10:29). El cuidado soberano de Dios por su pueblo se expresa en el A. T. con un vocabulario similar: "Aun antes que hubiera día, yo era; y no hay quien de mi mano libre. Lo que hago yo, ¿quién lo estorbará?". (Is 43:13 [cf. Sab 3:1]).

Los judíos volvieron a tomar piedras para apedrearle (10:31). Ver los comentarios sobre Juan 8:59.

Por la blasfemia; porque tú, siendo hombre, te haces Dios (10:33). En el A. T. la blasfemia se consideraba una ofensa bastante amplia. Números 15:30 (NTV) dice que "aquellos que descaradamente violen la voluntad del Señor [...] blasfeman contra el Señor". La ley oral judía posterior, codificada en la Mishná, redujo los requisitos de la blasfemia a pronunciar realmente el nombre divino.[130] Sin embargo, no hay pruebas de que el Sanedrín, controlado por los saduceos, adoptara una visión tan estrecha.[131]

¿No está escrito en vuestra ley: *Yo dije, dioses sois?* (10:34). Jesús cita el Sal 82:6. El término "ley" se extendió en ocasiones para abarcar no solo los cinco primeros libros del A. T., sino el A. T. en su conjunto.[132] En su contexto original, el Sal 82 se refiere a los jueces o gobernantes injustos. En el estilo rabínico típico, Jesús argumenta de menor a mayor: Si incluso los jueces injustos pueden ser llamados "dioses", ¿cuánto más es la designación apropiada para el Hijo de Dios?

A quien el Padre apartó para sí y envió al mundo (10:36 NVI). El término "apartar" se utiliza en el A. T. y en la literatura del Segundo Templo para hablar de personas apartadas para una función o tarea concreta: Moisés fue apartado como legislador (Si 45:4-5), Jeremías como profeta (Jer 1:5), y Aarón y sus hijos como sacerdotes (Ex 28:41; 40:13; Lv 8:30; 2 Cr 5:11; 26:18).

La resurrección de Lázaro (11:1-57)

Lázaro, de Betania (11:1). La aldea aquí es diferente de la Betania mencionada en 1:28 (ver los comentarios sobre Juan 1:28). Esta aldea estaba situada al este de Jerusalén y del Monte de los Olivos, a unas dos millas de la ciudad.[133]

Se quedó dos días más en el lugar donde estaba (11:6). Es probable que Jesús se encuentre en Batanea, que está aproximadamente a cien millas al noreste de Jerusalén. Un buen día de caminata por las carreteras romanas cubriría aproximadamente veinte millas.[134] A este ritmo, Jesús habría tardado unos cinco días en viajar de Batanea a Betania.

Los restos de la tumba de Lázaro en Betania.

Lázaro duerme (11:11). "Dormirse" es una expresión bíblica que se refiere a la muerte. Normalmente, la imagen no tiene una conexión directa con la idea de "despertar" (por ejemplo, 1 Reyes 2:10; 11:21, 43; 14:20). Sin embargo, Daniel utiliza un vocabulario similar con la expectativa de una resurrección verdadera en la que el durmiente se despertará: "Y muchos de los que duermen en el polvo de la tierra serán despertados, unos para vida eterna, y otros para vergüenza y confusión perpetua" (Dn 12:2 [cf. Juan 5:28-29]).[135]

Hacía ya cuatro días que Lázaro estaba en el sepulcro (11:17). Las enseñanzas rabínicas del siglo III señalaban que, una vez transcurridos tres días, la muerte era definitiva.[136] Sin embargo, no se sabe con certeza si esta creencia era común en la época de Jesús. El entierro normalmente se producía casi inmediatamente después de la muerte, el mismo día si era posible, ya que la descomposición se producía rápidamente.[137]

Muchos de los judíos habían venido a

Marta y a María, para consolarlas por su hermano (11:19).

Dado que el entierro ocurría inmediatamente después de la muerte, normalmente el luto seguía al entierro. Las mujeres volvían solas a la tumba tras el entierro, iniciando un periodo de treinta días de luto, que incluía lamentos y pronunciadas demostraciones de su dolor.[138]

Jesús le dijo: Tu hermano resucitará. Marta le dijo: Yo sé que resucitará en la resurrección, en el día postrero (11:23-24). La creencia en la resurrección de los muertos se afirma en el libro de Daniel (Dn 12:2).[139] Asimismo, los judíos de la época de Jesús creían generalmente en la resurrección de los muertos. Uno de los testimonios más conmovedores de la expectativa de la resurrección proviene de 2 Mac 7:9, 11, 14, 22-23.[140] Sin embargo, los saduceos rechazaban cualquier idea de resurrección corporal. La Mishná (compilada alrededor del año 200) afirma la creencia en la resurrección como la posición generalizada.[141]

Los judíos que la acompañaban, también llorando (11:33). Además de la familia y los amigos que lloran su pérdida, se esperaba, incluso para las familias pobres, que contrataran a dolientes profesionales. La Mishná recoge un dicho de Rabí Judá: "Incluso el hombre más pobre de Israel no debe contratar menos de dos flautas y una plañidera profesional".[142]

Era una cueva, y tenía una piedra puesta encima (11:38). Las cuevas, tanto naturales como excavadas, eran lugares de entierro habituales en la Palestina del siglo I. Las tumbas solían tener un vestíbulo que conducía desde la entrada a una sala principal. Esta entrada podía ser vertical u horizontal, aunque es probable que la sala principal estuviera dispuesta horizontalmente. Durante el primer año de inhumación, los cuerpos se colocaban en la sala principal, donde se descomponían. Después, los huesos se recogían y se colocaban en pequeñas cajas de piedra llamadas osarios, que luego se colocaban en estantes cortados en las paredes. Se utilizaban regularmente piedras para cubrir las entradas de estas tumbas.[143] La cueva estaba situada fuera del pueblo para evitar la impureza ritual de los cadáveres.

Atadas las manos y los pies con vendas, y el rostro envuelto en un sudario (11:44). La práctica habitual para envolver un cadáver era colocarlo sobre una larga sábana de lino, con los pies en un extremo. El otro extremo sería lo suficientemente largo como para cubrir todo el cuerpo, llegando hasta los pies. Se utilizaba un trozo de tela adicional para atar la cara.[144] Otros textos judíos no atestiguan la práctica de envolver las manos y los pies con tiras de lino adicionales.

Un osario (caja de huesos) de piedra caliza con inscripciones griegas y hebreas

Los principales sacerdotes y los fariseos reunieron el concilio (11:47). Sobre el Sanedrín, ver los comentarios sobre Marcos 8:31; Juan 3:1; ver el artículo "El Sanedrín". No está claro si se trataba de una reunión oficial del Sanedrín o de una reunión informal, siendo esto último lo más probable.

Vendrán los romanos, y destruirán nuestro lugar santo y nuestra nación (11:48). La destrucción del templo de Jerusalén en el año 586 a. C., seguida del exilio de los judíos a Babilonia, fue un acontecimiento importante en la historia judía, ya que Dios llevó a cabo su prometido juicio sobre su pueblo por haber roto el pacto (2 Cr 36:15-21). El templo volvió a ser atacado cuando el rey seléucida Antíoco IV Epífanes profanó el templo (note la Fiesta de la Dedicación en Juan 10:22; ver el artículo "Fiestas judías"). Aunque los judíos estaban bajo la autoridad romana, se les concedió un autogobierno limitado. Sin embargo, Roma siempre estaba dispuesta a despojar de este derecho a las provincias que causaban problemas. La situación en Israel se había deteriorado desde los días de Herodes el Grande, cuando Judea era un reino cliente. Tras la muerte de Herodes, su hijo Arquelao fue nombrado etnarca de Judea, Idumea y Samaria. Cuando estallaron los disturbios, fue destituido y Judea quedó bajo el control directo de los gobernadores romanos, aunque a los judíos se les seguía permitiendo cierta autonomía, como demuestra la autoridad del Sanedrín.[145]

Caifás... sumo sacerdote aquel año (11:49). Caifás fue el sumo sacerdote desde el año 18 hasta el 36 de nuestra era. Aunque el cargo de sumo sacerdote no rotaba anualmente (no debía rotar en absoluto, sino que era un nombramiento vitalicio), el hecho de que los romanos ejercieran su autoridad en el ámbito religioso significaba que el cargo de sumo sacerdote era débil. De hecho, los tres sumos sacerdotes anteriores a Caifás (15-18 d. C.), su sucesor inmediato, y la mayoría de los sumos sacerdotes durante los años 44 a 66 d. C., ocuparon su cargo solo durante un año.

Ni pensáis que nos conviene que un hombre muera por el pueblo, y no que toda la nación perezca (11:50). Las palabras de Caifás recuerdan pasajes como Jon 1:14-17, donde los marineros arrojan a Jonás por la borda con la esperanza de salvarse (cf. 2 Mac 7:37-38).

Esto no lo dijo por sí mismo, sino que como era el sumo sacerdote aquel año, profetizó (11:51). En el A. T., los sacerdotes a veces discernían la voluntad de Dios utilizando el Urim y el Tumim (¿suerte?).[146] Además, los sacerdotes eran considerados ocasionalmente profetas (Nm 27:21) o videntes (2 S 24:11). Josefo menciona varios casos en los que el sumo sacerdote actuaba como profeta.[147]

No solamente por la nación, sino también para congregar en uno a los hijos de Dios que estaban dispersos (11:52). El A. T. describe repetidamente la esperanza de Israel de ser recogido del exilio y la dispersión y de volver a morar con Dios.[148] También describe la llegada de los gentiles a Jerusalén para ser el pueblo de Dios y adorarlo.[149]

Estaba cerca la pascua de los judíos; y muchos subieron de aquella región a Jerusalén (11:55). Sobre el viaje a Jerusalén para las fiestas, ver los comentarios sobre Mateo 20:17; Juan 2:14. Esta es la última Pascua mencionada en Juan (ver los comentarios sobre Marcos 14:1; Juan 6:4). Si la primera tuvo lugar en el año 30 d. C. (ver los comentarios sobre Juan 2:20), el año es ahora el 33 de esta era.[150] Josefo habla de las multitudes que viajaban a Jerusalén durante estas fiestas.[151] Aunque es probable que sus cifras estén infladas, los historiadores estiman que durante las fiestas de peregrinación la población de Jerusalén podía crecer de cien mil a hasta un millón.[152]

Antes de la pascua, para purificarse (11:55). La ley exigía que un individuo estuviera ceremonialmente limpio para poder celebrar la Pascua (Nm 9:6; 2 Cr 30:17-18). Esto habría sido particularmente importante para los judíos que vivían fuera de Israel y entre los gentiles. Los ritos de purificación duraban normalmente una semana (Nm 19:11-12).

Unción en Betania (12:1-11)

Perfume de nardo puro, de mucho precio (12:3). El nardo es un aceite perfumado y de dulce aroma que se obtiene de la planta del nardo, que crece en el norte de la India. A veces se le conoce como "espicanardo", ya que el aceite se extrae de la raíz y la "spica" (el tallo piloso) de la planta.[153] El perfume era caro y por eso se diluía con frecuencia. La referencia a su pureza indica aquí que no estaba adulterado, lo que explica su elevado precio.

Ungió los pies de Jesús, y los enjugó con sus cabellos (12:3). La unción con aceite era una práctica común tanto en el antiguo Israel como en otras culturas, que demostraba la hospitalidad, ya que el aceite suavizaba la piel y exudaba una fragancia agradable.[154] Sin embargo, la unción de los pies era una práctica un tanto inusual; normalmente, solo se proporcionaba agua para la limpieza, y se ungía la cabeza o las manos (ver el Sal 23:5). No obstante, la unción de los pies no era algo inaudito.[155] El acto habría sido considerado impropio a los ojos de los judíos, especialmente durante una comida, agravado además por el hecho de que María usara su pelo para limpiar los pies de Jesús (se consideraba un signo de moral relajada que las mujeres se soltaran el pelo en público).[156]

Trescientos denarios (12:5). Un denario era el salario de un día para un trabajador. Como un obrero no trabajaba los sábados u otros días sagrados, trescientos denarios equivalían aproximadamente al salario de un año (ver el artículo "El dinero en el mundo del Nuevo Testamento").[157]

A los pobres siempre los tendréis con vosotros (12:8). Es probable que Jesús esté haciendo referencia a Dt 15:11: "No faltarán menesterosos en medio de la tierra; por eso yo te mando, diciendo: Abrirás tu mano a tu hermano, al pobre y al menesteroso en tu tierra".

Este relieve de sarcófago del siglo IV d. C. muestra a Jesús entrando en Jerusalén con la multitud agitando ramas de palma y extendiendo sus mantos ante Él.

Entrada triunfal (12:12-19)

Grandes multitudes que habían venido a la fiesta (12:12). Ver el artículo "Fiestas judías". Sobre el tamaño de la multitud durante las fiestas, ver los comentarios sobre Juan 11:55.

Tomaron ramas de palmera (12:13). La palma era un símbolo importante en la cultura judía. En el A. T., se asocia con la justicia (Sal 92:12) y con la Fiesta de los Tabernáculos (Lv 23:40), aunque no con la Pascua. Las ramas de palma aparecieron en la rededicación del templo en el 164 a. C. (2 Mac 10:6-7) y se utilizaron para celebrar la victoria macabea sobre los sirios en el 141 a. C. (1 Mac 13:51). En la época de Jesús, se habían convertido en un símbolo nacional y posteriormente aparecieron en las monedas judías acuñadas durante las revueltas contra Roma en los años 66-70 y 132-135 d. C.[158]

Clamaban: *¡Hosanna! ¡Bendito el que viene en el nombre del Señor* (12:13). La gente aquí grita el Salmo 118:25-26: "Oh Jehová, sálvanos ahora, te ruego; te ruego, oh Jehová, que nos hagas prosperar ahora. Bendito el que viene en el nombre de Jehová; desde la casa de Jehová os bendecimos". "Hosanna" se traduce como "sálvanos" en el Salmo 118:25 y posteriormente se convirtió en una expresión general de alabanza. El Salmo 118 formaba parte del Hallel (Salmos 113-118), que se cantaba en ocasiones de celebración. Los levitas recitaban el Hallel mientras se sacrificaban los corderos de la Pascua, y lo repetían tantas veces como fuera necesario hasta que se terminaban los sacrificios. También se cantaba durante la comida de la Pascua.[159] En su contexto original, el Salmo 118 era una declaración de alabanza para el peregrino que viajaba a Jerusalén para participar en una de las fiestas, quizá al entrar en el templo.[160]

Halló Jesús un asnillo, y montó sobre él, como está escrito: *no temas, hija de Sion; he aquí tu Rey viene, montado sobre un pollino de asna* (12:14-15). Juan cita aquí Zac 9:9 (con algunas modificaciones). La profecía de Zacarías, a su vez, se basa en Gn 49:10-11, que a su vez es una predicción mesiánica. Dos ideas se asociaban con frecuencia a los asnos: la humildad y la paz. Aunque el asno era una bestia de carga, no un caballo de guerra (Si 33:25), su naturaleza humilde y pacífica no le restaba importancia. Los asnos eran montados por personajes importantes (Jue 10:4; 2 S 17:23; 19:26) y se asociaban con la expectativa profética de un rey que vendría en paz (Zac 9:9).

Los gentiles que buscan a Jesús (12:20-36)

Había ciertos griegos entre los que habían subido a adorar en la fiesta (12:20). Los "griegos" no son solo gente de Grecia, sino cualquier no judío (es decir, gentiles). El hecho de que vayan a adorar sugiere que probablemente sean "temerosos de Dios", adoradores no judíos que no se habían convertido formalmente al judaísmo. Podían ir al atrio del templo a adorar, pero solo hasta el atrio de los gentiles (ver los comentarios sobre Juan 2:14).

Si el grano de trigo no cae en la tierra y muere, queda solo; pero si muere, lleva mucho fruto (12:24). Jesús utiliza una metáfora agrícola para exponer su punto de vista. El argumento es el típico rabínico, que va de lo menor (las semillas) a lo mayor (la vida humana). La literatura rabínica posterior también utilizó la imagen de las semillas que mueren en relación con la vida eterna.[161]

Si alguno me sirve, sígame; y donde yo estuviere, allí también estará mi servidor (12:26). Las palabras de Jesús sobre su relación con sus discípulos son similares a la expectativa común de las relaciones entre maestros y alumnos en su época. La literatura rabínica habla con frecuencia de que los discípulos "siguen" a sus maestros.[162]

Ahora el príncipe de este mundo será echado fuera (12:31). La literatura judía del Segundo Templo se refiere repetidamente a Satanás como el príncipe o gobernante del mundo.[163] En el libro de los *Jubileos* se llama a Mastema "el jefe de los espíritus", y los Manuscritos del Mar Muerto hablan del "dominio", el "predominio" y el "imperio" de Belial y contrastan el gobierno de Dios con el de Belial.[164]

Nosotros hemos oído de la ley, que el Cristo permanece para siempre (12:34). El término "ley" puede referirse a los cinco primeros libros del A. T. o al A. T. en su conjunto. La expectativa común en el judaísmo palestino del siglo I, basada en las enseñanzas del A. T., era que el Mesías reinaría para siempre.[165]

Andad entre tanto que tenéis luz, para que no os sorprendan las tinieblas (12:35). La idea de "andar" se utiliza con frecuencia con connotaciones morales. El Salmo 1, por ejemplo, advierte del peligro de andar con los malvados (v. 1).[166] La literatura de Qumrán no solo utiliza la imagen de andar, sino que también habla de andar en la luz y en la oscuridad.

Hijos de luz (12:36). Ser "hijo de" refleja el modismo hebreo "nacido de", que indica que la persona muestra las cualidades de sus padres.[167] La comunidad de Qumrán se refería a sí misma como "hijos de la luz".[168]

La incredulidad judía (12:37-50)

Para que se cumpliese la palabra del profeta Isaías (12:38). Jesús cita a Is 53 en los siguientes versículos, estableciendo una conexión entre las profecías del A. T. y su inminente crucifixión.[169]

Señor, ¿quién ha creído a nuestro anuncio?¿Y a quién se ha revelado el brazo del Señor? (12:38). El pasaje citado es Is 53:1, que se refiere al siervo del Jehová. El mensaje proclamado en el Canto del Siervo asociado es tanto de salvación como de sufrimiento por parte del siervo en nombre del pueblo de Dios. Además, Is 53:1 habla de la intransigencia del pueblo ante este mensaje. Juan conecta este pasaje con la siguiente cita de Is 6:10 (en el v. 40) mediante el principio rabínico de la expresión equivalente (*gezerah shavah*, similar a una referencia cruzada moderna a un pasaje con el mismo tema o uno similar).[170]

Cegó los ojos de ellos... y yo los sane (12:40). Aquí Jesús cita a Is 6. En su contexto original, este pasaje pretende demostrar que, tras la muerte de Uzías, los propósitos de Dios hacia Israel seguían siendo los mismos y continuarían siéndolo hasta que se produjera el juicio anunciado. Dios seguiría enviando un mensaje de arrepentimiento a su pueblo obstinado, muchos de los cuales solo aumentarían su dureza de corazón. Sin embargo, si bien su falta de arrepentimiento indicaba su pecaminosidad, no significaba el fracaso de los propósitos de Dios.

Para no ser expulsados de la sinagoga (12:42). Ver los comentarios sobre Juan 9:22.

El que cree en mí, no cree en mí, sino en el que me envió (12:44). Ver los comentarios sobre Juan 5:23.

Y sé que su mandamiento es vida eterna (12:50). Las palabras de Jesús reflejan el Deuteronomio, donde el pueblo está llamado a construir su vida sobre la palabra de Dios y así disfrutar de su bendición (Dt 8:3; 32:46-47).

Despedida y oración final (13:1-17:26)

Antes de la fiesta de la pascua (13:1). Las palabras iniciales del "Discurso de despedida" narran el lavado de pies, que tiene lugar antes de la comida pascual. Para la discusión sobre si la comida es una comida pascual, ver comentarios sobre Juan 18:28; 19:14.

Se quitó su manto, y tomando una toalla, se la ciñó (13:4-5). El lavado de pies era un acto común de hospitalidad, atestiguado tanto en el A. T. como en la literatura judía del Segundo Templo.[171] Era una parte importante del cuidado de los huéspedes, dada la realidad de los viajes en el mundo antiguo, donde caminar largas distancias en sandalias en caminos polvorientos dejaba a los viajeros con los pies sucios. El lavado de pies se realizaba a la llegada, antes de la comida, vertiendo agua de una palangana sobre los pies, y en una segunda vasija. Sin embargo,

Un par de sandalias. antiguas

aunque era un acto común de hospitalidad, se trataba de un acto de servicio humilde. Para Jesús, un rabino, asumir tal papel habría sido chocante (ver comentarios sobre Juan 1:27). Según el pensamiento rabínico, "un esclavo hebreo no debe lavar los pies de su amo, ni ponerle los zapatos".[172] El servicio servil era igualmente despreciado en la cultura grecorromana.[173]

No tendrás parte conmigo (13:8). La palabra traducida como "parte" (*meros*) está relacionada con la palabra utilizada en la traducción griega del A. T. para hablar de la "parte" o "porción" que cada una de las doce tribus de Israel (excepto Leví) recibiría en la tierra prometida.

El que está lavado, no necesita sino lavarse los pies (13:10). Hay dos posibles antecedentes de la afirmación de Jesús sobre el baño: en primer lugar, la limpieza ceremonial en la que participaban los judíos antes de celebrar la Pascua (ver los comentarios sobre Juan 11:55);[174] en segundo lugar, la costumbre observada por algunos de bañarse antes de salir de casa y luego lavarse los pies al llegar a su destino.[175]

Ejemplo os he dado, para que como yo os he hecho, vosotros también hagáis (13:15). Tanto los escritores judíos como los grecorromanos hablan de ejemplos de vida virtuosa.[176] La literatura judía también habla de dar ejemplo en la muerte. En Segundo de Macabeos se relata cómo Eleazar se enfrentó a su muerte, diciendo: "Por lo tanto, abandono esta vida con valor, para mostrarme digno de mi ancianidad, y dejo a los jóvenes un noble ejemplo, mostrándome dispuesto a morir valientemente por nuestras venerables y santas leyes. Dicho esto, se encaminó directamente al lugar del suplicio" (2 Mac 6:27-28 DHH).[177]

Si sabéis estas cosas, bienaventurados seréis si las hiciereis (13:17). La literatura griega también pronunció una bendición para aquellos que actuaban en base a sus conocimientos: "Dichoso y afortunado el que hace todas estas cosas a sabiendas" (Hesíodo), y "No es feliz el que solo las conoce, sino el que las hace" (Séneca).[178]

Desde ahora os lo digo antes que suceda, para que cuando suceda, creáis que yo soy (13:19). El vocabulario de Jesús recuerda a las palabras pronunciadas por Dios en los libros proféticos (p. ej., Ez 24:24). La frase "Yo soy" traduce el Griego *egō eimi*, que se utilizaba regularmente en la LXX para referirse a la identidad de Dios en el libro de Isaías (43:10; cf. 41:26; 48:3, 5-6) (ver los comentarios sobre Juan 8:24).[179]

Recostado al lado de Jesús (13:23). Recostarse en las comidas era habitual en la época de Jesús. Los sofás se colocaban en forma de U alrededor de la mesa. Los invitados se reclinaban con la cabeza hacia la mesa y los pies lejos de ella, apoyándose en el brazo izquierdo para poder comer con el derecho. En la parte inferior de la U, entre los dos brazos, se reclinaba el anfitrión. El espacio a su izquierda era para el invitado de honor, y el espacio a su derecha era la posición de segundo honor.[180] La frase "recostado al lado de él" indica que la cabeza del discípulo estaba junto al pecho de Jesús; es decir, estaba recostado a su derecha.

Porque algunos pensaban... que Jesús le decía: Compra lo que necesitamos para la fiesta (13:29). La fiesta en cuestión no es la Pascua propiamente dicha, ya que Jesús y sus seguidores están comiendo esa comida, sino la Fiesta de los Panes sin Levadura, que seguía a la Pascua (ver Dt 16:1-8).[181]

Que diese algo a los pobres (13:29). Sobre la limosna, ver los comentarios a Juan 9:8. Era costumbre dar limosna a los pobres en la noche de Pascua, ya que las puertas de Jerusalén se abrían después de la medianoche y se reunían los mendigos.[182]

Hijitos, aún estaré con vosotros un poco (13:33). La referencia a los discípulos de Jesús como sus hijos es adecuada por dos razones. En primer lugar, desempeña el papel de padre en una comida de Pascua.[183] En segundo lugar, sus palabras en 13:31-17:26 parecen seguir el modelo de los discursos de despedida del A. T., como el discurso de despedida de Moisés a los israelitas en Dt 31-33.[184] Durante el período del Segundo Templo, se desarrolló un género específico de literatura que se centraba en tales discursos, destacando las últimas palabras de un individuo a los más cercanos, como un padre moribundo a sus hijos.[185] *El Testamento de Rubén* ofrece un ejemplo representativo: "Hijos míos, me estoy muriendo y voy a seguir el camino de mis padres" (1.3).[186]

Un mandamiento nuevo os doy: Que os améis unos a otros; como yo os he amado, que también os améis unos a otros (13:34). El mandato de amar al prójimo no era nuevo. Aparece en Lv 19:18, un pasaje citado en otras partes por Jesús en los Evangelios (p. ej., Mt 5:43; 19:19). El judaísmo del Segundo Templo también destacaba este mandamiento. *Los Testamentos de los Doce Patriarcas* (pseudoepigráficos) contienen frecuentes exhortaciones a amarse los unos a los otros.[187] La *Regla de la Comunidad* de Qumrán enumera como uno de sus propósitos "amar a todos los hijos de la luz".[188] Del mismo modo, el rabino Hillel dijo: "Sean discípulos de Aarón, amando la paz y persiguiendo la paz, amando a la gente y acercándola a la Torá".[189] La novedad del mandamiento se deriva de su conexión con las propias acciones de Jesús al dar su vida por sus seguidores en la cruz.

En la casa de mi Padre muchas moradas hay (14:2). La imagen se inspira en la antigua práctica judía de combinar varias casas para formar un hogar ampliado.[190] Cuando un hijo se casaba, era habitual que construyera una vivienda en la propiedad de su padre, y cada nuevo edificio ampliaba el conjunto familiar.

Voy, pues, a preparar lugar para vosotros (14:2). En Deuteronomio, Dios habla con un vocabulario similar, recordando al pueblo que iba delante de ellos, preparándoles lugares para acampar en el desierto, y que había prometido ir delante de ellos a la tierra prometida (Dt 1:29-33).[191]

Yo soy el camino, y la verdad, y la vida (14:6). Las palabras de Jesús reflejan temas del A. T. El concepto de camino de la vida es particularmente común (p. ej., Sal 16:11).

Del mismo modo, el A. T. habla de un camino de la verdad (con frecuencia traducido como "fidelidad"), que normalmente se relaciona con la ley de Dios (Sal 119:30). La literatura del Segundo Templo contiene un vocabulario similar.[192] La *Regla de la Comunidad* de Qumrán contrasta los caminos por los que caminan los hijos de la verdad con los que pisan los que siguen el espíritu del engaño.[193]

Señor, muéstranos el Padre (14:8). Felipe parece estar pidiendo alguna forma de teofanía.[194] Dios reveló su gloria de forma limitada en diferentes ocasiones en el A. T. Cuando Moisés pidió a Dios ver su gloria (Ex 33:18), Dios consintió pasar ante Moisés pero no le mostró su "rostro". Del mismo modo, Isaías tuvo una magnífica visión de Dios sentado en el trono del templo (Is 6:1). Más tarde habló de la gloria de Dios que se revelaría en la venida del Mesías (Is 40:5; cf. Juan 12:41).

Otro Consolador (14:16). El término traducido como "consolador" es paraklētos (N. del T.: también en otras versiones como "consejero", "abogado"), un término notoriamente difícil de traducir. La literatura griega antigua lo utiliza habitualmente para hablar de un asistente legal. Los escritos rabínicos posteriores imaginan al Espíritu Santo desempeñando el papel de un defensor legal.[195] La Septuaginta utiliza palabras relacionadas para hablar del consuelo esperado en la era mesiánica (ver LXX Is 40:1).

El Espíritu de verdad (14:17). La literatura judía de la época de Jesús habla del "espíritu de la verdad", pero normalmente la frase aparece en contextos en los que el "espíritu de la verdad" se contrapone a otro tipo de espíritu, un dualismo ausente en este Evangelio.[196]

Él os enseñará todas las cosas, y os recordará todo lo que yo os he dicho (14:26). El A. T. afirma la importancia de recibir instrucciones correctas de las Escrituras como un aspecto esencial para vivir como pueblo de Dios (Sal 25:5; Neh 9:20). En Qumrán, el "maestro de justicia" interpretaba las Escrituras para la comunidad.[197] El recuerdo era también un aspecto central del judaísmo.[198] Tanto el A. T. como la literatura del Segundo Templo destacan la importancia de recordar las palabras y las obras de Dios.[199]

La paz os dejo, mi paz os doy; yo no os la doy como el mundo la da (14:27). "Paz" era el saludo y la despedida normal de los judíos. El concepto hebreo de paz abarca algo más que la ausencia de conflictos, pues normalmente indica la posesión de bendiciones, especialmente una relación correcta con Dios.[200] Esta idea es evidente en la bendición que Dios ordenó a Aarón que pronunciara: "Jehová te bendiga, y te guarde; Jehová haga resplandecer su rostro sobre ti, y tenga de ti misericordia; Jehová alce sobre ti su rostro, y ponga en ti paz" (Nm 6:24-26 [cf. Sal 29:11; Hg 2:9]). La futura era mesiánica también está relacionada con la paz. El Mesías es el "Príncipe de Paz" (Is 9:6) y "hablará paz a las naciones" (Zac 9:10). La paz era un concepto importante también en la cultura circundante. El primer emperador romano, Augusto (30 a. C. - 14 d. C.), había asegurado la paz para el mundo civilizado mediante la victoria militar, instituyendo la *pax Romana*. Augusto había construido su famoso Altar de la Paz (*Ara Pacis*) para conmemorar la nueva era de paz.[201]

Suelos de prensado utilizados para pisar la uva y sacar el jugo..

Yo soy la vid verdadera, y mi Padre es el labrador (15:1). La metáfora está tomada de Is 5:1-7, donde se compara a Israel con una vid y a Dios con un labrador. Mientras que Dios proveía a la vid, la cuidaba y la protegía, la vid daba fruto malo. Como resultado, incurrió en un juicio.[202] Sin embargo, la metáfora de la vid no se limita a Isaías, sino que aparece ampliamente en todo el A. T. y en la literatura del Segundo Templo.[203] Aunque muchas de las referencias presentan a Israel como la vid, en la literatura posterior también representa la sabiduría y el dominio del Mesías.[204] El A. T. también contiene expectativas de que el Mesías se levantará como una vid (Sal 80:14-18).[205]

Lo quitará… lo limpiará (15:2). La acción del viñador es doble: cortar los sarmientos secos y marchitos que ya no sirven para nada, y podar los sarmientos pequeños para que los principales reciban más nutrientes y produzcan más frutos.[206] Lo primero puede haber ocurrido en el invierno, podando los sarmientos para que solo quedara la vid principal.[207] Del mismo modo, Filón habla de los "sarmientos superfluos [...] que son un gran perjuicio para los sarmientos genuinos, y que los labradores limpian y podan".[208]

No lleva fruto… lleva fruto… para que lleve más fruto (15:2). El concepto de fecundidad tiene sus raíces en la obra de Dios. Dios quiere que su creación sea fructífera (Gn 1:11-12, 22, 28). Los profetas prevén un día en el que "Jacob echará raíces, florecerá y echará renuevos Israel, y la faz del mundo llenará de fruto" (Is 27:6 [cf. Oseas 14:4-8]).

Será echado fuera como pámpano, y se secará; y los recogen, y los echan en el fuego, y arden (15:6). La metáfora de la vid en Ezequiel compara a Jerusalén con una vid que se quema en el fuego (Ez 15:1-8).[209] El fuego es una imagen bíblica común para el juicio divino (p. ej., Dt 4:24; Is 30:27).

Nadie tiene mayor amor que este, que uno ponga su vida por sus amigos (15:13). La virtud de la amistad se exalta en Proverbios (p. ej., 17:17). Sirácida tiene un extenso debate sobre la amistad, advirtiendo sobre los amigos inconstantes y ensalzando a los fieles (Si 6:5-17). En el mundo grecorromano también se tenía en alta estima la amistad. Aristóteles señaló que "la conducta de un hombre virtuoso suele guiarse por los intereses de sus amigos" y "si es necesario, dará su vida por ellos".[210]

Vosotros sois mis amigos (15:14). Ser llamado "amigo de Dios" era extremadamente raro en el A. T. Abraham recibe esta designación (2 Cr 20:7; Is 41:8), y Moisés (indirectamente) también (Ex 33:11). La literatura del Segundo Templo también señala que Abraham[211] y Moisés[212] eran amigos de Dios y extendían el honor a otros.[213]

No me elegisteis vosotros a mí, sino que yo os elegí a vosotros (15:16). La Escritura registra un caso en el que se dice que Abraham (Neh 9:7) y Moisés (Sal 106:23) fueron elegidos por Dios. El vocabulario de Dios "eligiendo" normalmente se utiliza para los reyes y para Israel en su conjunto (Dt 7:6). [214] La idea de ser un estudiante elegido también era inusual, ya que era más común que los estudiantes eligieran a un maestro: "Josué b. Perahiah dice: 'Elige un maestro para ti'".[215]

Sin causa me aborrecieron (15:25). Jesús cita aquí el Sal 35:19 o el Sal 69:4, siendo este último el más probable. El Salmo 69 es un salmo davídico que describe a un justo seguidor de Dios que sufre persecución a causa de su pasión por el Señor.[216]

El Espíritu de verdad (15:26). Ver los comentarios sobre Juan 14:17.

Vosotros daréis testimonio también (15:27). El término "testigos" se encuentra en el libro de Isaías, donde el pueblo de Dios de los últimos tiempos es llamado "testigo" (Is 43:10-12; 44:8).

Os expulsarán de las sinagogas (16:2). Ver los comentarios sobre Marcos 1:21; Juan 9:22; ver el artículo "La sinagoga judía".

El Consolador (16:7). Ver los comentarios sobre Juan 14:16.

Os lo enviaré (16:7). Los profetas del A. T. predijeron regularmente que en los últimos días Dios enviaría su Espíritu. A veces el Mesías es el portador (p. ej., Is 11:1-10; 42:1-4); otras veces es el pueblo de Dios (p. ej., Is 32:14-18; Jer 31:31-34). En ambos casos, la venida del Espíritu tiene como resultado grandes bendiciones.

Y cuando él venga, convencerá al mundo de pecado (16:8). El papel condenatorio del Espíritu se menciona en la literatura judía: "El espíritu de la verdad da testimonio de todas las cosas y acusa a todos".[217] También era común la idea de alguien que condenaría a los impíos en el día del juicio. En algunos textos, el papel pertenecía a Enoc, en otros a un escriba sin nombre.[218]

El Espíritu de verdad (16:13). Ver los comentarios sobre Juan 14:17.

Os guiará a toda la verdad (16:13). El A. T. expresa el deseo del pueblo de Dios de contar con su guía (Sal 25:4-5; 43:3; 86:11) y atestigua que se puede encontrar en su palabra (Sal 119:105; Pr 6:20-24). Isaías habla de cómo Dios guió a su pueblo en el pasado (63:14) y espera el día en que volverá a hacerlo (Is 43:19). La literatura intertestamentaria presenta a la sabiduría como guía del pueblo de Dios (p. ej., Sab 9:11). Filón habla de "un espíritu divino que guiaba sus pies por el camino de la verdad".[219]

Os hará saber las cosas que habrán de venir (16:13). El verbo traducido aquí como "hacer saber" (*anangellō*) aparece cuarenta y tres veces en el texto griego de Isaías (p. ej., Is 41:21-29; 42:9; 44:7), donde Yahveh declara que solo Él tiene autoridad para predecir el futuro (Is 48:14).[220]

Vuestra tristeza se convertirá en gozo (16:20). Las palabras de Jesús se basan en la convicción que se encuentra en el A. T. de que Dios es capaz de convertir la tristeza en alegría (Jer 31:13; Ester 9:22). La expectativa de alegría en lugar de tristeza también se encuentra en la literatura del Segundo Templo: "No se preocupen, porque cuando llegue el día de la tribulación y la angustia, otros llorarán y se entristecerán, pero ustedes se alegrarán y tendrán abundancia" (2 Esd 2:27 NRSV trad. lit.).

La mujer cuando da a luz (16:21). Los profetas del A. T. utilizaron la representación de una mujer dando a luz con regularidad, aplicándola con frecuencia a la época en que el Mesías traería la salvación (ver Is 26:17-18; 66:7-13).[221] Del mismo modo, el día del Señor se menciona con frecuencia como "tiempo de angustia" (Dn 12:1; Sof 1:14-15). La literatura del Segundo Templo hizo uso de la misma metáfora y acuñó la frase "los dolores de parto del Mesías" para hablar del tiempo de sufrimiento y prueba que precedería a la salvación de Dios.[222]

Seréis esparcidos (16:32). Las palabras aluden probablemente a Zac 13:7, uno de los numerosos pasajes del A. T. que describen al rebaño de Dios como disperso y sin pastor (p. ej., 1 Reyes 22:17; Is 53:6; Jer 23:1; 50:17; Ez 34:6, 12, 21).[223]

Glorifica a tu Hijo, para que también tu Hijo te glorifique a ti (17:1). Según el A. T., la gloria de Dios es única y no la comparte con otros (Is 42:8; 48:11).

Y esta es la vida eterna: que te conozcan a ti (17:3). Conocer a Dios no se refiere simplemente al conocimiento de Dios, sino que, de acuerdo a la interpretación veterotestamentaria, significa disfrutar de la comunión personal con Él.[224] La conexión entre conocer a Dios y la vida eterna se deriva de los pasajes del A. T. en los que el verdadero conocimiento de Dios se describe como un aspecto del nuevo pacto (Jer 31:34) y de la futura era mesiánica (Is 11:9; cf. Hab 2:14).

He manifestado tu nombre a los hombres (17:6). El nombre de Dios revela su naturaleza y carácter (Ex 3:13-15), y en el A. T. su nombre debía darse a conocer a su pueblo y entre las naciones (Sal 22:22; Is 52:6; Ez 39:7).[225] "Poner allí su nombre" en el templo significaba su presencia en ese lugar (Dt 12:5; cf. 1 Reyes 8:29; Is 18:7), y "conocer [su] nombre" implicaba estar comprometido con Él (Sal 9:10; cf. 1 Reyes 8:43) y estar bajo su cuidado (Sal 91:14).

Las palabras que me diste, les he dado (17:8). Al transmitir las palabras del Padre, Jesús actúa de forma similar al profeta que Moisés predijo que vendría después de él (Dt 18:18).

Guárdalos en tu nombre (17:11). Ver los comentarios sobre Juan 17:6. Esta afirmación refleja la idea del A. T. de que el nombre de Dios es poderoso: "Oh Dios, sálvame por tu nombre, y con tu poder defiéndeme" (Sal 54:1).[226]

Para que la Escritura se cumpliese (17:12). La Escritura sin nombre que Jesús tiene en mente aquí, en relación con el "hijo de la destrucción" perdido, es probablemente el Sal 41:9: "Aun el hombre de mi paz, en quien yo confiaba, el que de mi pan comía, alzó contra mí el calcañar" (cf. la referencia a Judas Iscariote en Juan 13:18).

Y yo en ellos (17:26). La morada de Dios con su pueblo era un tema importante en el A. T., en el que Dios aseguraba a su pueblo su presencia (Ex 29:45-46), lo castigaba con la pérdida de su presencia (Ez 10-11) y transmitía la esperanza escatológica de disfrutar plenamente de su presencia (Zac 14). Era en el tabernáculo y en el templo donde residía la presencia de Dios (Ex 40:34; 1 Reyes 8:10-11). Juan ya ha llamado la atención sobre el papel de Jesús para dar a conocer la presencia de Dios (ver el comentario de Juan 1:14).

Crucifixión y sepultura (18:1-19:42)

Compañía de soldados (18:3). Se trata de soldados romanos, aunque el número exacto es incierto (ver el artículo "El ejército romano"). El texto griego se refiere a una "compañía" o "cohorte", que podía tener entre mil y doscientos soldados.[227] Los romanos estaban preparados para enviar un gran número de soldados incluso cuando se trataba de individuos (como en el caso de los 470 soldados encargados de vigilar a Pablo en Hechos 23:23). El gran número de peregrinos reunidos en Jerusalén con motivo de una fiesta habría hecho que una revuelta fuera una posibilidad real (ver los comentarios sobre Juan 11:55).[228]

Los principales sacerdotes (18:3). Los "principales sacerdotes" eran el actual sumo sacerdote (Caifás), los antiguos sumos sacerdotes que aún vivían (como Anás) y los miembros de las familias principales de las que se elegían los sumos sacerdotes.[229]

Cuando les dijo: Yo soy, retrocedieron, y cayeron a tierra (18:6). Sobre la frase "Yo soy", ver los comentarios sobre Juan 8:24. Caer al suelo es una respuesta común a la gloria de Dios o a la revelación divina (p. ej, Gn 17:3; Lv 9:24; Jue 13:20; Ez 1:28; Dn 2:46; 8:18).

La copa que el Padre me ha dado, ¿no la he de beber? (18:11). En el A. T., la "copa" que Dios da regularmente se refiere al castigo que tendrán que soportar los malhechores: "Despierta, despierta, levántate, oh Jerusalén, que bebiste de la mano de Jehová el cáliz de su ira; porque el cáliz de aturdimiento bebiste hasta los sedimentos" (Is 51:17 [ver también Sal 75:8; Is 51:22; Jer 25:15-17; Ez 23:31-34; Hab 2:16]).[230]

Anás; porque era suegro de Caifás, que era sumo sacerdote aquel año (18:13). Según la ley del A. T., el sumo sacerdocio era un cargo vitalicio (Nm 35:25).[231] Sin embargo, los romanos (y los seléucidas antes que ellos) ejercían su autoridad sobre los judíos en parte controlando el sumo sacerdocio, nombrando y destituyendo sacerdotes. Anás había sido sumo sacerdote desde el año 6 al 15, hasta que fue destituido de su cargo. Poco después uno de sus hijos (Eleazar) fue nombrado sumo sacerdote, y poco después su yerno Caifás.

De hecho, hasta cinco de los hijos de Anás sirvieron como sumos sacerdotes en momentos diferentes. En consecuencia, Anás gozaba de una gran estima por parte del pueblo y, como antiguo sumo sacerdote, seguía teniendo derecho a que se le llamara con ese título.[232] Para más información sobre Caifás, ver los comentarios sobre Juan 2:14; 11:49.

Los siervos y los alguaciles que habían encendido un fuego; porque hacía frío (18:18). Jesús es arrestado de noche, y el amanecer aún no ha llegado, como indican las referencias a las bajas temperaturas y al fuego ardiente. En circunstancias normales era ilegal que un juicio propiamente dicho tuviera lugar de noche. Es más, un caso de pena capital no podía tener lugar antes de una fiesta o del Sabath: "En los casos de pena capital, juzgan el caso de día y lo completan [de] día [...] En casos capitales llegan a una decisión final para la absolución en el mismo día, pero al día siguiente para la condena. Por lo tanto, no juzgan [los casos de pena capital] ni en la víspera del día de reposo ni en la víspera de una fiesta".[233] Este es un indicio de que el juicio en cuestión no es oficial y formal (ver los comentarios sobre Juan 18:19; 18:21).

El sumo sacerdote (18:19). El sumo sacerdote en toda esta sección es Anás (18:13, 24). Aunque Caifás era el verdadero sumo sacerdote ese año, también se puede hablar de Anás como sumo sacerdote, ya que había desempeñado esa función y había sido destituido por los romanos (ver los comentarios sobre Juan 2:14; 11:49; 18:13).

Preguntó a Jesús acerca de sus discípulos y de su doctrina (18:19). Por lo general, se esperaba que el acusado no fuera interrogado directamente, sino que se le acusara basándose en el testimonio de los testigos. Por lo tanto, es posible que este juicio fuera informal. Las preguntas formuladas a Jesús revelan la preocupación de que sus enseñanzas estuvieran desviando a la gente (ver Juan 7:12, 47; cf. Dt 13:1-11).[234]

Yo públicamente he hablado al mundo... y nada he hablado en oculto (18:20). El carácter público de las enseñanzas de Jesús significa que los testigos están fácilmente disponibles. Sus palabras también reflejan la declaración de Dios en Isaías: "No hablé en secreto" (Is 45:19; cf. 48:16).[235]

¿Por qué me preguntas a mí? Pregunta a los que han oído, qué les haya yo hablado (18:21). No era habitual que un acusado fuera interrogado, ya que un caso debía juzgarse sobre la base del testimonio de los testigos (ver los comentarios sobre Juan 18:19). La ley judía consideraba que el propio testimonio de una persona no era válido (ver comentarios sobre Juan 5:31). Cuando un acusado presentaba una objeción, el caso se establecía mediante el testimonio de los testigos. Esta es otra indicación de que el juicio es informal.

Le dio una bofetada (18:22). La ley judía y el A. T. permitían castigar físicamente a los condenados (p. ej., Dt 25:2-3; m. Hullin 5.2). Golpear a un hombre durante un juicio habría sido una violación de la ley.[236]

Anás entonces le envió atado a Caifás, el sumo sacerdote (18:24). Todavía es necesario un juicio oficial antes de que los romanos puedan involucrarse, lo que significa enviar a Jesús al actual sumo sacerdote, para que Jesús sea juzgado por el Sanedrín.[237]

Cantó el gallo (18:27). Existe un debate sobre cuándo cantaban los gallos en la Jerusalén del siglo I. Las sugerencias van desde las 12:30 a.m. hasta las 5:00 a.m., mientras que algunos sugieren que la frase aquí se refiere a una trompeta en particular, el "canto del gallo" que se toca al final de la tercera guardia (alrededor de las 3:00 a.m.). El canto del gallo, ya sea un gallo o una trompeta, señalaba la madrugada.

Era de mañana (18:28). La referencia indica probablemente que Jesús es llevado a Pilato antes de las 6 de la mañana, pero después de la salida del sol. Los oficiales romanos solían empezar y terminar el día temprano.[238]

Ellos no entraron en el pretorio para no contaminarse, y así poder comer la pascua (18:28). Según el A. T., contraer impurezas impedía celebrar la Pascua (ver Nm 9:6). En este caso, "Pascua" probablemente se refiere a toda la fiesta, la Pascua y los Panes sin Levadura, que prolongaba la celebración siete días más (ver Nm 28:16-25; 2 Cr 30:21).[239]

Pilato (18:29). Ver el artículo "Poncio Pilato"; ver los comentarios sobre Marcos 15:1.[240] Poncio Pilato fue procurador (es decir, gobernador) de Judea del 26 al 37 d. C. Su papel en la crucifixión de Jesús está atestiguado en los cuatro Evangelios, así como por el historiador romano Tácito.[241]

A nosotros no nos está permitido dar muerte a nadie (18:31). Aunque el Sanedrín tenía cierto grado de autoridad sobre los asuntos judíos, los romanos no le permitían aplicar la pena capital (ver el artículo "El Sanedrín"). Josefo habla de un sumo sacerdote que ordenó lapidar a varios hombres por ser infractores de la ley. Algunos ciudadanos se quejaron de este acto, y Albino, el procurador romano que acababa de instalar al sumo sacerdote en su cargo, lo destituyó rápidamente.[242]

¿Eres tú el Rey de los judíos? (18:33). El título de "Rey de los Judíos" tenía indudables connotaciones políticas. En un pasado bastante reciente había sido el título de Herodes el Grande. Antes de eso, puede haber sido utilizado por la dinastía asmonea antes de que los romanos tomaran el control. Según Josefo, cuando el general romano Pompeyo llegó a Damasco, fue recibido por enviados de las regiones circundantes. Los embajadores de Judea trajeron un regalo, que posteriormente se llevó al templo de Júpiter en Roma, con la inscripción "El regalo de Alejandro, el rey de los judíos".[243]

Vosotros tenéis la costumbre de que os suelte uno en la pascua (18:39). Hay poco sustento extrabíblico para la costumbre de perdonar a un prisionero en la Pascua. Sin embargo, la Mishná proporciona directrices legales para sacrificar corderos de la Pascua por aquellos que podían o no comerla, incluido "uno al que habían prometido liberar de la prisión".[244] La práctica puede provenir del periodo asmoneo y luego haberse mantenido por los romanos.[245] También estaba en manos de un gobernador romano conceder el indulto a un prisionero.[246] Es probable que sirviera como un gesto de buena voluntad que pretendía aliviar la tensión política para que los peregrinos que celebraban la fiesta en Jerusalén supieran que "nadie que viniera a Jerusalén quedaría atrapado en medio de la lucha política".[247]

Barrabás era un insurgente (18:40 NTV). El término "revolucionario" (Gr. *lēstēs*) designa a Barrabás no tanto como un simple ladrón sino como un insurrecto. Josefo utiliza el término y sus derivados para hablar de las personas que participaban en guerrillas en todo el país, y en particular de los zelotes que querían derrocar el dominio romano.[248]

Pilato (19:1). Ver el artículo "Poncio Pilato"; ver los comentarios sobre Marcos 15:1; Juan 18:29.

Le azotó (19:1). Los romanos utilizaban tres formas de paliza, que iban desde una paliza menos severa para simples ofensas criminales hasta una horrenda flagelación que acompañaba a otras formas de castigo, como la crucifixión. En este caso, dado que Jesús aún no ha sido sentenciado oficialmente, es probable que sea la forma menos severa de azotar la que ordena Pilato.[249]

Un manto de púrpura (19:2). La tela púrpura era cara y solía asociarse con la riqueza o la realeza. Sin embargo, las descripciones del color parecen haber sido un tanto fluidas, y es probable que la capa en cuestión fuera la capa roja descolorida de un soldado.

Salve (19:3). La burla de los guardias a Jesús se ve resaltada por el hecho de que el emperador romano normalmente era homenajeado en términos similares.[250]

Nosotros tenemos una ley, y según nuestra ley debe morir, porque se hizo a sí mismo Hijo de Dios (19:7). La ley puede ser Lv 24:16. Sin embargo, la afirmación de ser "el Hijo de Dios" no era intrínsecamente blasfema y se utiliza en el A. T. y en la literatura del Segundo Templo para referirse al rey (2 S 7:14; Sal 2:7; 89:26-27), al Mesías (*4QAramaic Apocalypse* 2.1), y a Israel (Ex 4:22; Oseas 11:1).[251] El emperador, especialmente Augusto, también era llamado "hijo de Dios".[252]

No eres amigo de César (19:12). Para un funcionario del gobierno romano, no era poca cosa tener el favor del emperador. El término "amigo del César" se convirtió con el tiempo en un título oficial virtual, pero incluso en la época de Jesús puede haber sido una frase reconocida para alguien en buena posición con el emperador.[253] Tiberio, el emperador en la época de Jesús, era conocido por su disposición a tratar rápidamente con aquellos que le eran desleales.[254] El mentor de Pilato, Aelio Sejano, había estado en un momento dado en buena posición con el emperador, tanto así que Marco Terencio, un romano, supuestamente dijo que "cuanto más cercana es la intimidad de un hombre con Sejano, más fuerte era su derecho a la amistad del emperador".[255] Es probable que algunas de las severas acciones de Pilato (ver el artículo "Poncio Pilato") nunca fueran denunciadas al emperador debido a la influencia y el antisemitismo de Sejano. Sin embargo, el propio Sejano acabó cayendo en desgracia con el emperador y fue ejecutado en el año 31 d. C.[256] En consecuencia, Pilato tuvo que actuar con más cuidado.

La preparación de la pascua (19:14). Aquí, el día de "preparación" se refiere al día de preparación para el día de reposo, es decir, el día en que se hacían los preparativos para que no se trabajara en Sabath.[257] La expresión tiene este significado en los Evangelios, así como en la literatura judía contemporánea.[258] En este caso, la frase "de la Pascua" (*tou pascha*) no se refiere a la comida de la Pascua en sí, que sucedió el día anterior, sino a la semana de la Pascua, la Fiesta de los Panes sin Levadura (ver los comentarios sobre Juan 18:28). Entonces, la frase completa alude al día especial de preparación del día de reposo que caía durante la semana de la Pascua.

Tomaron, pues, a Jesús, y le llevaron (19:16). Es en este momento cuando Jesús es azotado de nuevo, esta vez con la horrenda flagelación que utilizaban los romanos y que iba acompañada de castigos como la crucifixión (ver Marcos 15:15). Esta flagelación era tan severa que a veces provocaba la muerte de los que la recibían. Josefo habla de un hombre que fue azotado por el procurador romano Albino "hasta dejar sus huesos al descubierto".[259]

Él, cargando su cruz… y allí le crucificaron (19:17-18). Los registros romanos atestiguan la práctica de que los condenados a ser crucificados llevaban su cruz: "Cada criminal que va a ser ejecutado debe llevar su propia cruz a cuestas".[260] Concretamente, llevaban la barra horizontal hasta el lugar de la crucifixión, donde ya estaba colocada la viga vertical.[261] La crucifixión era una forma común y horrible de ejecución en el mundo antiguo (ver el artículo "La crucifixión").[262] Cicerón la califica de "castigo más cruel e ignominioso" y "el castigo más miserable y doloroso apropiado solo para los esclavos".[263] En el mundo romano, esta práctica no debía llevarse a cabo en ciudadanos romanos sin el permiso expreso del emperador. Normalmente se reservaba a los esclavos y a los criminales, especialmente en el caso de crímenes que amenazaban al imperio o al orden social. Aunque había variedad en la forma de crucificar a los criminales, el procedimiento habitual consistía en clavar las manos o las muñecas del criminal a la viga horizontal. A continuación, se sujetaba a la persona al poste vertical y se le clavaban o ataban los pies. A veces se fijaba a la cruz un reposapiés o asiento de madera, lo que prolongaba el sufrimiento. Además de las palizas recibidas con antelación y del dolor de ser clavado en la cruz, con frecuencia se contorsionaba a las víctimas en posiciones inusuales para aumentar el sufrimiento. Podían ser atacados por pájaros u otros animales mientras colgaban de la cruz durante horas, incluso días, hasta que morían. La muerte era normalmente el resultado de un fallo cardíaco, daño cerebral, asfixia o traumatismo.[264]

Un título, que puso sobre la cruz (19:19). A veces se escribía un aviso de la ofensa de un criminal en un trozo de tabla y se colgaba del cuello del criminal. Hay pocas pruebas de que se colgaran estas notificaciones en una cruz, pero dada la variedad con la que se llevaban a cabo las ejecuciones, no es improbable.[265]

Mujer, he ahí tu hijo... He ahí tu madre (19:26-27). La madre de Jesús parece ser viuda en este momento y, por tanto, dependía de Jesús y de sus hermanastros para cubrir sus necesidades (ver el artículo "La familia de Jesús"; cf. Ex 20:12; Dt 5:16). Luciano, que escribe en el siglo II d. C., refleja la práctica de un moribundo que confía su madre al cuidado de otro: "El legado de Eudamidas fue: 'Dejo a Aretaeus mi madre para que la mantenga y la cuide en su vejez'".[266]

Para que la Escritura se cumpliese: Tengo sed (19:28). Probablemente se trata de una alusión al Sal 69:21 y quizás también esté relacionado con el Sal 22:15.

Vinagre (19:29). El vinagre de vino (vino agrio) era una bebida barata utilizada para calmar la sed. Cuando Plutarco habla del carácter de Marco Catón, escribe: "El agua era lo que bebía en sus campañas, excepto que de vez en cuando, en una sed furiosa, pedía vinagre".[267]

Preparación de la pascua (19:31). Ver los comentarios sobre Juan 19:14.

Le abrió el costado con una lanza, y al instante salió sangre y agua (19:34). La presencia de sangre y agua parece ser una indicación de que Jesús tuvo una muerte verdaderamente humana. También es posible que haya dos alusiones bíblicas diferentes detrás de la referencia: el golpe de la roca (Ex 17:6) y la Pascua (el hisopo [19:29], los huesos intactos [19:33] y la sangre mezclada [19:34]).[268]

Para que se cumpliese la Escritura: *No será quebrado hueso suyo* (19:36). No era inusual que los romanos rompieran las piernas de los crucificados, acelerando su muerte (los restos de un hombre crucificado en el siglo I fueron descubiertos en Jerusalén; tenía una pierna fracturada y la otra destrozada).[269] Como Jesús ya había muerto, no había necesidad de romperle las piernas. Las Escrituras en cuestión son Sal 34:20, que habla de cómo Dios protege al hombre justo, y Ex 12:46; Nm 9:12, que se refieren al cordero de Pascua.[270]

Otra Escritura dice: *Mirarán al que traspasaron* (19:37). El pasaje citado es Zac 12:10, que en su contexto original parece referirse a la perforación de Yahveh.[271]

La iglesia del Santo Sepulcro marca el lugar tradicional de la crucifixión de Jesús.

Rogó a Pilato que le permitiese llevarse el cuerpo de Jesús (19:38). El entierro de los muertos era un rito importante en el judaísmo del Segundo Templo (ver los comentarios sobre Marcos 15:46). El libro de Tobías recoge el entierro de los muertos como una de las obras de caridad de Tobías (Tb 1:16-19; 2:1-4). Josefo dice que los judíos enterraban incluso a los condenados a muerte y a sus enemigos, extendiendo esto incluso a los crucificados: "Bajaban a los condenados y crucificados y los enterraban antes de la puesta del sol".[272] Normalmente, los romanos dejaban que los cuerpos de los criminales crucificados colgaran y se pudrieran, pero permitían a los judíos enterrar a los que habían sido crucificados el mismo día para no incurrir en la profanación.[273] Esta preocupación por enterrar el cuerpo iba unida al deseo de no profanar los cuerpos previamente enterrados en una tumba familiar, como atestigua la Mishná: "Y no enterraban [al delincuente] en la tumba de sus antepasados".[274]

La preparación de la pascua de los judíos (19:42). Ver los comentarios sobre Juan 19:14.

Resurrección (20:1-31)

Los lienzos puestos allí (20:5). La presencia de las tiras de lino apunta a que los ladrones de tumbas no se llevaron el cuerpo, ya que tanto el lino como las especias utilizadas para preparar el cuerpo para el entierro habrían tenido algún valor.

El sudario, que había estado sobre la cabeza de Jesús, no puesto con los lienzos, sino enrollado en un lugar aparte (20:7). Juan se refiere a la pulcritud de la envoltura de la cabeza o indica que estaba en el mismo lugar en el que estaba cuando estaba en el cuerpo de Jesús. En cualquier caso, esto apunta de nuevo a los ladrones de tumbas, que no habrían dejado el envoltorio en su sitio ni lo habrían enrollado cuidadosamente, sino que se lo habrían llevado.[275]

Aún no habían entendido la Escritura, que era necesario que él resucitase de los muertos (20:9). La referencia a la "Escritura" puede referirse a toda la Escritura (ver Lucas 24:25-27, 32, 44-47) o a un pasaje concreto. Las sugerencias relativas a pasajes individuales incluyen Sal 16:10, Is 53:10-12 y Oseas 6:2.[276]

María estaba fuera llorando junto al sepulcro (20:11). María llora no por la muerte de Jesús, sino porque su cuerpo ha desaparecido. El entierro adecuado era importante en el judaísmo del Segundo Templo (ver los comentarios sobre Juan 19:38), y profanar a los muertos se consideraba una terrible ofensa (1 S 31:9-13). El verbo utilizado aquí para "llorar" (*klaiō*) no se refiere a los sollozos silenciosos, sino a los fuertes lamentos comunes en las prácticas de duelo del antiguo Cercano Oriente (cf. Juan 11:31, 33).[277]

Ella, le dijo: ¡*Raboni!* (que quiere decir, Maestro) (20:16). Ver los comentarios sobre Juan 1:38.

Ve a mis hermanos, y diles (20:17). El A. T. establece la importancia de los testigos para afirmar la veracidad de un asunto (Dt 19:15). Sin embargo, según la Mishná, había limitaciones en cuanto a los asuntos sobre los que se consideraba que las mujeres eran competentes para testificar.[278]

Como me envió el Padre, así también yo os envío (20:21). El envío del Hijo es un tema importante a lo largo de este Evangelio. Los discípulos reciben el encargo de ir con la misma autoridad que el Hijo (ver los comentarios sobre Juan 5:23).[279] También está presente la idea de sucesión, que era importante tanto en el A. T. como en la literatura judía del Segundo Templo. Los relatos de sucesión más destacados del A. T. son los de Josué (Dt 31:1-23; 34; Jos 1) y Eliseo (2 Reyes 2:1-3:27).

Sopló, y les dijo: Recibid el Espíritu Santo (20:22). Jesús se inspira aquí en Gn 2:7, donde la Septuaginta utiliza exactamente la misma forma verbal para hablar de que Dios sopló sobre Adán y le dio la vida. Aquí, anticipándose a Pentecostés, Jesús distingue a sus apóstoles como la nueva comunidad mesiánica.

A quienes remitiereis los pecados, les son remitidos; y a quienes se los retuviereis, les son retenidos (20:23). Es posible que las palabras de Jesús reflejen Is 22:22 de forma similar a Mateo 16:19. La idea de "atar y desatar" se utilizaba originalmente para la actividad de un juez de declarar a las personas inocentes o culpables, condenándolas o liberándolas de sus cargos. Los rabinos utilizaban esa terminología para hablar de lo que la ley permitía o prohibía.[280]

Una semana más tarde (20:26 NVI). La traducción "una semana más tarde" refleja el subyacente "después de ocho días", que según el cálculo inclusivo se refiere al domingo, una semana completa después de la resurrección de Jesús.[281]

¡Señor mío, y Dios mío! (20:28). El A. T. se refiere regularmente a Dios uniendo "Señor" y "Dios" (p. ej., Salmo 35:23-24; Jer 31:18). La declaración también se utilizaba en el mundo romano, probablemente a través de los cultos mediterráneos, como demuestra una inscripción del año 24 a. C. que dedicaba un edificio "al dios y señor Socnopaeus".[282] En el Imperio Romano, este uso se extendió posteriormente al menos a algunos emperadores. Domiciano (81-96 d. C.), que probablemente era el emperador reinante cuando Juan escribió su Evangelio, exigió que se dirigieran a él como dominus et deus noster ("nuestro señor y dios").[283]

Jesús es el Cristo, el Hijo de Dios (20:31). Ver los comentarios sobre Juan 1:41; 1:49.

Epílogo (21:1-25)

Aquella noche no pescaron nada (21:3). En el mundo antiguo, la pesca se realizaba habitualmente por la noche. El pescado capturado se vendía por la mañana.[284]

Simón Pedro… se ciñó la ropa (porque se había despojado de ella), y se echó al mar (21:7-8). La frase "porque se había despojado de ella" traduce la expresión más literal "porque estaba sin ropa" (DHH), aunque la palabra griega no indica necesariamente una ausencia de toda ropa. Probablemente, Pedro se había quitado su capa de pescador ("ropa exterior"), de modo que solo llevaba puesta su ropa interior, probablemente la túnica corta del obrero.[285] Habiendo hecho esto, ahora estaba preparado para nadar hasta la orilla y saludar a Jesús.[286]

Llena de grandes peces, ciento cincuenta y tres (21:11). No parece haber ningún simbolismo detrás del número 153 aquí. Los números grandes en Juan se utilizan sistemáticamente de forma literal (ver 2:6; 12:3). El Testamento de Zebulón (siglo II a. C.) señala una pesca abundante como signo de la bendición de Dios: "Por esta razón, el Señor me otorgaba una pesca abundante, pues el que comparte con el prójimo recibe muchísimo más del Señor." (6.6).

Apacienta mis corderos… Pastorea mis ovejas… Apacienta mis ovejas (21:15-17). Sobre la imagen del pastoreo en el A. T., ver los comentarios sobre Juan 10:2-3; 10:11. El término "apacentar" también se encuentra en Ez 34:2, donde se dice que los pastores se alimentan a sí mismos en lugar de a las ovejas. La imagen del líder como pastor también se utilizó en Qumrán, donde el supervisor "se apiadará de ellos como un padre de sus hijos, y curará a todos los [afligidos entre ellos] como un pastor de su rebaño".[287] La triple repetición de la pregunta puede reflejar la costumbre en el antiguo Cercano Oriente de exponer un asunto tres veces en presencia de testigos para transmitir la importancia de la obligación.

Extenderás tus manos (21:18). En el proceso de crucifixión, los condenados tenían los brazos extendidos cuando eran atados al travesaño horizontal. La palabra "extender" fue utilizada por los escritores antiguos con referencia a la crucifixión: "se extendió como los hombres que han sido crucificados"; "extendió sus dos brazos y los sujetó a un madero".[288]

Este dicho se extendió entonces entre los hermanos, que aquel discípulo no moriría (21:23). Algunos entienden que fue escrito después de la muerte de Juan por algunos de sus seguidores.[289] Lo más probable es que el propio Juan esté contrarrestando estos rumores.[290]

Este es el discípulo que da testimonio de estas cosas, y escribió estas cosas; y sabemos que su testimonio es verdadero (21:24). Aquí el autor del Evangelio se identifica como el "discípulo amado", que ha aparecido a lo largo de la segunda mitad del Evangelio y que se entiende mejor como el apóstol Juan. El estilo solemne era utilizado por los autores de epístolas en sus comentarios finales para identificarse (p. ej., Gl 6:11; Col 4:18). El uso de la tercera persona sirve para afirmar el testimonio del autor. Por ejemplo, Tucídides, el célebre historiador griego, se presentó en tercera persona: "Tucídides, ateniense, escribió la historia de la guerra que libraron los peloponesos y los atenienses entre sí. Comenzó la tarea".[291] El uso de "nosotros" (sujeto tácito) en primera persona es un "colectivo asociativo", que incluye tanto a Juan el autor y sus lectores.[292]

Ni aun en el mundo cabrían los libros que se habrían de escribir (21:25). Esta forma de hipérbole era común en la literatura antigua. Se cita a Rabí Yohanan ben Zakkai (ca. 80 d. C.) diciendo: "Si todos los cielos fueran hojas, todos los árboles plumas y todos los mares tinta, no bastarían para registrar mi sabiduría que adquirí de mis maestros".[293] De manera similar, Filón escribió: "Si él [Dios] decidiera mostrar sus propias riquezas, ni siquiera la tierra entera con el mar convertido en tierra seca las contendría".[294] El libro del A. T. Eclesiastés contiene este pensamiento cerca de su conclusión: "No hay fin de hacer muchos libros" (Eclesiastés 12:12).[295]

— Mateo
— Marcos
— Lucas
— Lucas

— Hechos

— Romanos
— 1 Corintios
— 2 Corintios
— Gálatas
— Efesios
— Filipenses
— Colosenses
— 1 Tesalonicenses
— 2 Tesalonicenses
— 1 Timoteo
— 2 Timoteo
— Tito
— Filemón
— Hebreos
— Santiago
— 1 Pedro
— 2 Pedro
— 1 Juan
— 2 Juan
— 3 Juan
— Judas
— Apocalipsis

Hechos de los Apóstoles

Mark L. Strauss

Introducción. El Evangelio de Lucas y el libro de los Hechos son dos volúmenes de una sola obra ("Lucas-Hechos"), que juntos muestran cómo Jesús el Mesías llevó a cabo la salvación prometida por Dios y luego cómo la iglesia, llena y empoderada por el Espíritu Santo, llevó ese mensaje de salvación hasta los confines de la tierra.

Lucas fue médico y misionero asociado al apóstol Pablo (Col 4:14; Flm 1:23-24; 2 Ti 4:11). Es probable que Lucas fuera gentil (Col 4:10-14), lo que ayuda a explicar su intenso interés en cómo el mensaje de salvación cruzó las fronteras de los judíos a los gentiles y de Jerusalén a los confines de la tierra (Hechos 1:8). En varios momentos de los viajes misioneros de Pablo, la narración utiliza la primera persona del plural ("nosotros" [sujeto tácito]), lo que demuestra que Lucas viajaba con Pablo en esos momentos (Hechos 16:10-17; 20:5-21; 21:1-18; 27:1-28:16).

Tanto Lucas como los Hechos se dirigen a Teófilo, que probablemente fue el rico mecenas que patrocinó la redacción del Evangelio y Hechos (Lucas 1:1-4; Hechos 1:1). Aunque los dos libros están dedicados a Teófilo, están claramente dirigidos a un público más amplio, que incluye tanto a judíos como a gentiles. Lucas escribe para proporcionar a Teófilo y a sus lectores la confirmación y la seguridad de la verdad del mensaje evangélico y de la veracidad de los mensajeros del Evangelio.

La fecha de Hechos es incierta. Algunos estudiosos sitúan el libro a principios de los años 60, ya que termina con Pablo todavía en prisión después de

El mundo mediterráneo

dos años, alrededor del 60-62 d. C. (28:30-31). Otros, sin embargo, sitúan el libro en los años 70 u 80, ya que Lucas

probablemente utilizó a Marcos como una de sus fuentes y Marcos probablemente fue escrito a finales de los años 60, poco antes de la destrucción de Jerusalén en el año 70.

El propósito general de Lucas en Lucas-Hechos es confirmar a Teófilo y a otros que el plan de salvación de Dios, prometido en las Escrituras hebreas, se ha cumplido mediante la vida, la muerte, la resurrección y la ascensión de Jesús el Mesías, y sigue avanzando mediante la proclamación de las buenas nuevas a todos los pueblos del mundo. De forma más concreta, el libro de los Hechos narra cómo los seguidores de Jesús, llenos de poder y dirigidos por el Espíritu Santo, llevan el mensaje de salvación más allá de las fronteras geográficas y étnicas: de Jerusalén a Roma y de los judíos a los gentiles (1:8). Este avance imparable del Evangelio confirma que se trata de la obra de Dios, y que los seguidores de Jesús, formados por judíos y gentiles, son el pueblo de Dios en la nueva era de la salvación.

El ministerio de Jesús después de la Resurrección y Ascensión (1:1-11)

En el primer tratado... hablé (1:1). El "primer tratado" es el Evangelio de Lucas. Un pergamino o un códice no podía ser muy largo, y los autores antiguos solían dividir sus obras en dos o más volúmenes. El historiador judío Josefo describe de manera similar el segundo volumen de su obra en dos volúmenes que defiende el judaísmo contra Apión, un oponente pagano: "En el primer libro, honorable Epafrodito, he demostrado nuestra antigüedad".[1]

Teófilo (1:1). Sobre Teófilo, ver la introducción en el comentario a Lucas; ver los comentarios sobre Lucas 1:3.

Los apóstoles que había escogido (1:2). "Apóstol" (*apostolos*) significa un "mensajero" o alguien enviado con el encargo (ver los comentarios sobre Mc 3:14; Lucas 6:13-16). Para la elección y el encargo de los Doce, ver Lucas 5:1-11; 6:12-16; 9:1-6. Los apóstoles fueron elegidos por Jesús para reproducir y ampliar su obra. En Hechos continuarán su obra con el poder del Espíritu Santo después de su ascensión al cielo.

Iglesia de San Pedro en Antioquía de Siria.

Reino de Dios (1:3). El "reino de Dios" fue el tema central de la predicación de Jesús (Mt 3:2; Mc 1:15; Lucas 4:43; Juan 3:3). En su sentido más amplio, el reino significa que Dios reina de forma suprema sobre el universo (ver comentarios sobre Marcos 1:15). Siempre lo ha hecho y siempre lo hará: "Jehová reinará eternamente y para siempre" (Ex 15:18).

Sin embargo, desde la desobediencia de Adán y Eva, la creación de Dios ha estado en un estado caído y rebelde. El anuncio del reino por parte de Jesús significa que Dios está reivindicando su autoridad sobre la creación y proporcionando los medios para una relación restaurada con su pueblo. Su enseñanza aquí "sobre el reino de Dios" probablemente estaba explicando a sus discípulos el significado de su muerte y cómo su resurrección inauguraba la resurrección de los muertos del final de los tiempos (ver Dn 12:1-3) y lanzaba el período de la salvación final de Dios.

Juan ciertamente bautizó con agua (1:5). Juan fue el precursor que preparó el camino para el Mesías (Lucas 1:76; 3:4-6; cf. Is 40:3-5). Su bautismo con agua tiene paralelismos con los lavados rituales judíos, así como con el bautismo de los prosélitos judíos (nuevos conversos), que simbolizaba el arrepentimiento y la limpieza del pecado. Jesús enseña aquí que el bautismo de Juan era solamente preparatorio para el verdadero perdón y el empoderamiento que vendría a través de la obra del Mesías y su bautismo con el Espíritu Santo.

Bautizados con el Espíritu Santo (1:5). El A. T. predijo el derramamiento del Espíritu de Dios sobre el pueblo de Dios para llenarlo, guiarlo y darle poder (Is 32:15; Ez 36:26-27; Joel 2:28-29). Jesús predice que este acontecimiento está a punto de producirse (cf. Lucas 24:49).

¿Restaurarás el reino a Israel en este tiempo? (1:6). Los discípulos siguen esperando que el reino se establezca físicamente en la tierra mediante la destrucción de la autoridad romana y la restauración del reino davídico (ver 2 S 7:12-16; Sal 89:3-4, 19-37; Is 9:6-7; 11:1-5; Jer 23:5-6; 33:15-16; Ez 37:24-25; Lucas 1:32-33, 69). Esta esperanza de un rey guerrero del linaje de David era la expectativa mesiánica más común de la época de Jesús (ver el artículo "Expectativas mesiánicas en la época de Jesús").[2]

Lo último de la tierra (1:8). En la narración de Hechos, el "último de la tierra" puede representar a Roma, ya que el libro terminará cuando Pablo llegue a Roma. Sin embargo, lo más significativo es que Isaías predijo que la salvación de Dios por medio del siervo Mesías sería una luz de revelación para los gentiles, que llegaría "hasta lo postrero de la tierra." (Is 49:6). Todo el libro de los Hechos trata del progreso imparable del evangelio desde Jerusalén hasta los confines de la tierra.

Fue alzado (1:9). La ascensión de Cristo se describe tanto al final del Evangelio de Lucas (Lucas 24:50-52) como al principio de Hechos. El judaísmo conocía varias ascensiones de grandes figuras de la fe, como Enoc, Moisés, Isaías y Elías.[3] Aunque todas ellas indicaban la aprobación de Dios a sus siervos, la ascensión de Jesús tiene un significado mucho mayor. Representa la reivindicación de Jesús como Mesías, su victoria sobre el pecado y la muerte, su exaltación y coronación como Señor y Mesías, y el derramamiento del Espíritu para inaugurar el fin de los tiempos.

Una nube que le ocultó de sus ojos (1:9). Las nubes pueden representar la presencia de Dios en las Escrituras (Ex 40:34; Lucas 9:34-36) y aquí significan que Jesús vuelve a la presencia de su Padre. También hay ecos aquí del "hijo del hombre" de Dn 7:13-14, que viene "con las nubes del cielo" ante el Anciano de días (Dios Padre) para recibir toda la gloria, el dominio y un reino eterno.

Dos varones con vestiduras blancas (1:10). Con frecuencia se describe a los ángeles con vestimentas blancas o de lino, que representan su pureza y su origen celestial (Dn 10:5; 12:6; 2 Mac 11:8; Testamento de Leví 8.2; Mc 16:5; Juan 20:12; Ap 4:4; 15:6).

La sustitución de Judas (1:12-26)

El monte que se llama del Olivar (1:12). Es apropiado que la ascensión de Jesús tenga lugar desde el Monte de los Olivos, ya que esta colina al este de Jerusalén tiene un significado escatológico en el A. T. y el judaísmo. El profeta Zacarías predice que cuando el Señor venga a liberar a Israel y a establecer su reino, sus pies se posarán en el Monte de los Olivos, partiéndolo en dos: "Jehová será rey sobre toda la tierra" (Zac 14:3-9). Jesús también pronuncia su famoso discurso escatológico desde el Monte de los Olivos (Mt 24:3; Mc 13:3).

Camino de un día de reposo (1:12). Esta era la distancia máxima que los judíos podían recorrer en el día de reposo sin violar el mandato de no trabajar (Ex 20:10-11). La distancia se basaba en la tradición y generalmente se consideraba que era de unos dos mil codos (unas seis décimas de milla).[4]

Las mujeres (1:14). Probablemente se refiere a las mujeres que apoyaban el ministerio de Jesús (ver Lucas 8:2-3), aunque posiblemente también a las esposas de los apóstoles (1 Co 9:5).

Sus hermanos (1:14). Jesús tenía cuatro hermanos: Jacobo, José, Judas y Simón y al menos dos hermanas (Marcos 6:3; ver el artículo "La familia de Jesús"). Todos eran presumiblemente hermanos menores (aunque una tradición los identifica como hijos de José de un matrimonio anterior). Según el Evangelio de Juan, los hermanos de Jesús no creyeron en Él durante su ministerio (Juan 7:5; cf. Mc 3:21). Sin embargo, después de su resurrección, creyeron y participaron activamente en el primer movimiento cristiano. Pablo menciona la aparición de Jesús en la resurrección a Jacobo (1 Co 15:7), y tanto Pablo como Lucas identifican a Jacobo como un líder clave en la iglesia de Jerusalén (Hechos 15:13; 21:18; Gl 1:19; 2:9, 12). Tanto Jacobo como su hermano Judas escribieron cartas incluidas en el N. T.

Cayendo de cabeza (1:18). Mateo informa que Judas "se ahorcó" (Mt 27:5). Los dos relatos pueden armonizarse si "ahorcó" significa que fue empalado en una estaca o que la cuerda o rama de la que se colgó se rompió y su cuerpo cayó.

***Acéldama*, que quiere decir, Campo de sangre** (1:19). La palabra *Acéldama* significa "campo de sangre" en arameo. El campo puede haber sido llamado así porque fue comprado con "dinero de sangre" o por la espantosa muerte de Judas allí.

Sea hecha desierta su habitación (1:20). Se trata de una cita del Sal 69:25, que habla del juicio contra los enemigos de Dios. Aquí se aplica tipológicamente a Judas, cuya muerte es el epítome del juicio de Dios. La desolación de su "habitación" podría referirse a su propia casa vacía o a su falta de herederos.

Les echaron suertes (1:26). El sorteo (algo así como tirar los dados) se utilizaba a veces en el A. T. para determinar la voluntad de Dios (1 Cr 26:13-16; Pr 16:33; Neh 11:1; cf. Jon 1:7). Este método solo se utiliza aquí en el N. T. A partir del día de Pentecostés los discípulos tendrán la presencia del Espíritu Santo para guiarlos.

Matías; y fue contado con los once apóstoles (1:26). La sustitución de Judas era esencial para devolver el número de apóstoles a doce, representando la restauración de las doce tribus de Israel.

La llegada del Espíritu en Pentecostés (2:1-13)

El día de Pentecostés (2:1). Pentecostés era una fiesta de la cosecha, la segunda de las tres fiestas de peregrinación a las que los varones judíos debían asistir en Jerusalén (Dt 16:16; las otras dos eran la Pascua y el Tabernáculo). Se celebraba siete semanas (Pentecostés significa "cincuenta días") después de la Pascua y también se denominaba Fiesta de las Semanas (Dt 16:9-12), Fiesta de la Siega (Ex 23:16) y Primicias (Nm 28:26). En el judaísmo posterior, Pentecostés vino a celebrar la entrega de la ley en el Monte Sinaí. Esto podría ser significativo aquí, ya que el derramamiento del Espíritu representa la inauguración del nuevo pacto.

Los cristianos visitan la sala del piso superior de la Iglesia Cruzada de Santa María de Jerusalén para recordar el lugar y los acontecimientos de Pentecostés (Hechos 2:1-2).

Un viento recio que soplaba (2:2). El viento puede ser un símbolo del Espíritu Santo, y tanto la palabra hebrea (ruah) como la griega (pneuma) para "espíritu" pueden significar también "aliento" o "viento" (Gn 1:2; 2:7; Juan 3:8). En Ez 37:9, el Espíritu de Dios es representado como un viento que da vida a los huesos secos, creando el pueblo restaurado de Dios.

Lenguas repartidas, como de fuego (2:3). En muchas ocasiones, el fuego representa la presencia de Dios (Ex 3:2; 13:21; 24:17; Dt 4:24; Heb 12:29) y también es un símbolo de juicio (Lucas

3:9, 16-17; 9:54; 12:49; 16:24-25; 17:29; Hechos 2:19). Ambos son apropiados aquí (2:19-21,40).

Comenzaron a hablar en otras lenguas (2:4). La palabra "lenguas" (*glōssai*) puede significar "idiomas", y está claro que aquí se trata de idiomas humanos (2:8). Para la discusión del apóstol Pablo sobre las lenguas como un don del Espíritu, ver los comentarios sobre 1 Co 12:10; 13:1; 13:8b-13; 14:4; 14:10.

¿No son galileos todos estos que hablan? (2:7). Los galileos eran reconocidos por su acento (ver Mt 26:73).

Partos... árabes (2:9-11). Los grupos de personas y las regiones geográficas que aparecen en estos versículos representan los principales lugares a los que habían emigrado los judíos, tanto en el Imperio Romano como fuera de él. El Imperio Parto se extendía al este de Israel desde el río Tigris hasta la India. Media, Elam y Mesopotamia eran regiones dentro del Imperio Parto (partes del actual Irán e Irak). Capadocia, Ponto, Asia, Frigia y Panfilia eran provincias de Asia Menor (la actual Turquía). Libia estaba en el norte de África, al oeste de Egipto (la actual Libia). Los cretenses eran de Creta, la nación insular al sur de Grecia y Turquía, y los árabes eran de Nabatea, al sur y al este de Israel (la actual Jordania y Arabia Saudita).

Prosélitos (2:10). Para que un gentil se convirtiera al judaísmo (se convirtiera en "prosélito") se requería la circuncisión (para los varones), los lavados rituales y un sacrificio en el templo judío. A continuación, se les exigía que cumplieran las leyes judías, incluidas las estrictas observancias dietéticas.

Pedro se dirige a la multitud (2:14-41)

El profeta Joel: Y en los postreros días, dice Dios (2:16-21). Pedro cita Joel 2:28-32 para mostrar que los acontecimientos de Pentecostés representan el cumplimiento de la profecía. Cambia el "después de esto" de Joel (Joel 2:28) por "en los postreros días" para mostrar el significado del final de los tiempos de estos acontecimientos. En el judaísmo, el derramamiento del Espíritu marcaba el amanecer de la nueva era de salvación (Is 32:15; Ez 36:26-27; Joel 2:28-29; cf. Jer 31:33-34).

Prodigios arriba en el cielo (2:19). Los signos cósmicos en los cielos y el temblor de la tierra son comunes en la literatura apo-

La escalinata sur del Monte del Templo, posible lugar del sermón de Pedro (Hechos 2:14-41).

calíptica del A. T. (Is 2:19; 13:9-13; 24:18; 29:5-6; 34:4; Ez 32:7-8; 38:19; Joel 2:10, 30-31), el judaísmo del Segundo Templo (2 Esd 5:4-5; 7:39; 9:1-5; 13:31; Testamento de Moisés 10.5; *2 Baruc* 27.1-15; 70.2-8), y el cristianismo primitivo (Mt 24:29-30; Lucas 21:11; Ap 6:12; 8:12; 11:13, 19; 16:18). Estas imágenes significan la agitación y la transformación de la creación que llegan con el amanecer de la nueva era.

Aprobado por Dios entre vosotros con las maravillas, prodigios y señales que Dios hizo entre vosotros (2:22). A lo largo de la tradición evangélica, los milagros de Jesús confirman la validez de este mensaje (Mc 1:27; Mt 11:2-6; Lucas 24:19; Juan 7:31; 9:16; 20:30-31).

Su sepulcro está con nosotros hasta el día de hoy (2:29). El entierro de David en la ciudad de David, al sur de Jerusalén, se describe en 1 Reyes 2:10, y su tumba se menciona en Neh 3:16. El historiador judío del siglo I Josefo también menciona repetidamente la tumba de David y describe los intentos del sumo sacerdote Juan Hircano (que gobernó entre los años 134-104 a. C.) y, después, de Herodes el Grande, de asaltar la tumba por dinero.[5]

Siendo profeta (2:30). Dado que David escribió salmos que forman parte de las Escrituras inspiradas, se le puede llamar con toda razón profeta.

Dios le había jurado que de su descendencia ... levantaría al Cristo para que se sentase en su trono (2:30). El pasaje refleja el Sal 132:11, que remite a la promesa que Dios hizo a David en 2 S 7:12-16. Esta promesa se convirtió en el fundamento de las expectativas relacionadas con el Mesías davídico.

Ha derramado esto que vosotros veis y oís (2:33). Observe en el versículo 17 (= Joel 2:28) que es Dios quien derramará su Espíritu. Aquí es Jesús quien derrama el Espíritu, confirmando que tiene la autoridad de Dios. Solo Dios dirige el Espíritu de Dios (Is 40:13).

Dijo el Señor a mi Señor: *Siéntate a mi diestra* (2:34-35). Esta cita procede del Sal 110:1, uno de los pasajes del A. T. más citados y aludidos en el N. T., ya que predice la vindicación y entronización del Mesías (ver Mc 12:36; 14:62; Hechos 7:56; Ro 8:34; 1 Co 15:25; Ef 1:20; Col 3:1; Heb 1:3, 13; 8:1; 10:12-13; 1 P 3:22; Ap 3:21).

A este Jesús ... Dios le ha hecho Señor y Cristo (2:36). Jesús fue el Mesías designado en su nacimiento (Lucas 1:32-33) y fue ungido y facultado como Mesías en su bautismo (Lucas 3:21-22; 4:18; Hechos 4:27; 10:38). Sin embargo, se convirtió en el Mesías reinante ("Señor y Cristo") en su exaltación y entronización a la derecha de Dios. Esto es similar al rey David, que fue ungido por Samuel como rey de Israel (1 S 16) mucho antes de asumir realmente el trono. Existe un sorprendente paralelismo entre Jesús y David en el sentido de que, tras la unción de David, "desde aquel día en adelante el Espíritu de Jehová vino sobre David" (1 S 16:12-13).

Para vosotros es la promesa, y para vuestros hijos, y para todos los que están lejos (2:39). La salvación de Dios llegó primero a los judíos (Juan 4:22; Ro 1:16), ya que debían ser una luz para las naciones (Is 2:3; 42:6; 49:6). Sin embargo, la promesa siempre tuvo la intención de llegar también a los gentiles, "que están lejos". Este es el tema principal de Hechos.

La comunión de la Iglesia (2:42-47)

La doctrina de los apóstoles (2:42). El contenido de esta enseñanza eran las palabras y los hechos de Jesús. Los apóstoles eran los guardianes oficiales de este mensaje. De ahí que el sustituto de Judas tuviera que ser alguien que estuviera presente desde el principio del ministerio de Jesús (1:21-22). También es la razón por la que los apóstoles no podían abandonar "la palabra de Dios" para prestar servicio a los pobres (6:2, 4).

El partimiento del pan (2:42). Probablemente se refiere a la participación en una comida común durante la cual se celebraba la Cena del Señor (cf. 2:46). Las comidas en el antiguo Cercano Oriente eran rituales de estatus social, en los que se comía solo con quienes tenían un estatus social y económico similar. Para los miembros de la iglesia de posiciones muy variadas, comer juntos era un signo fuerte y cultural de la unidad en la iglesia (ver Gl 3:28). En 1 Co 11:17-34, Pablo condena a los miembros de la iglesia de Corinto que rompían esta unidad al excluir a los pobres.

Tenían en común todas las cosas (2:44). Ver los comentarios sobre Hechos 4:32.

Cada día en el templo... en las casas (2:46-47). El templo era el centro de la comunidad judía y de la vida religiosa en Jerusalén, por lo que no es extraño que los seguidores de Jesús se reunieran allí (ver Lucas 24:53; ver el artículo "El Templo de Jerusalén"). Allí podían adorar, enseñar y compartir el mensaje de Jesús con los demás. Su otro lugar principal para el compañerismo, la adoración y la oración eran los hogares privados: el comienzo de la "iglesia en casa".

La curación de un cojo y la predicación de las Buenas Nuevas (3:1-26)

A la hora novena, la de la oración (3:1). El texto griego dice: "la (hora) novena" (contada desde la salida del sol). Este era uno de los dos momentos principales de oración, que coincidía con las ofrendas de la mañana (9:00 a. m.) y de la tarde (3:00 p. m.).[6] Algunas fuentes mencionan la puesta del sol como un tercer momento de oración.

La puerta del templo que se llama la Hermosa (3:2). La ubicación de esta puerta es incierta, pero probablemente se refiera a la Puerta de Nicanor, en el lado este de los atrios del templo (ver el artículo "El Templo de Jerusalén"). Era una de las nueve puertas que conducían desde el Patio de los Gentiles al templo propiamente dicho. También se la llamaba la Puerta de Corinto porque estaba hecha de un magnífico bronce corintio.[7] El hombre cojo está bien situado aquí porque una puerta del templo era un lugar privilegiado para mendigar.

Les rogaba que le diesen limosna (3:3). La limosna era un importante signo de piedad en el judaísmo e incluso se decía que expiaba los pecados (Tb 4:10; 12:8; Si 3:30; 17:22; 29:12; 40:24).

En el nombre de Jesucristo de Nazaret (3:6). Un nombre indica autoridad (cf. 2:38), por lo que curar "en el nombre de Jesucristo" significa hacerlo con la autoridad que Jesús había dado a sus apóstoles.

Una maqueta del templo de Jerusalén en el Museo de Israel. En esta vista, mirando hacia el este, el pórtico con columnas del lado más lejano (este) es el pórtico de Salomón. Esta zona era un lugar de reunión no solo para Jesús, sino también para sus seguidores (Hechos 3:11; 5:12).

Pórtico que se llama de Salomón (3:11). Mientras que todo el patio exterior del templo (el Patio de los Gentiles) estaba revestido de pórticos y pilares macizos, el pórtico de Salomón comprendía el pórtico oriental, con vistas al valle del Cedrón.[8]

Su siervo Jesús... Justo (3:13-14 NVI). Ambos títulos tienen su origen en el retrato del "Siervo de Jehová" de Is 52:13-53:12, que morirá como sacrificio expiatorio por los pecados. Isaías predice que "por su conocimiento justificará mi siervo justo a muchos, y llevará las iniquidades de ellos." (Is 53:11).

Un homicida (3:14). Es una referencia a Barrabás, que había sido encarcelado por insurrección y asesinato (Lucas 23:18-19, 25).

Autor de la vida (3:15). El término griego para "autor" (*archēgos*) podría utilizarse para referirse al fundador de una ciudad, a un instigador de un movimiento o a alguien que dirige el camino. En otras partes del N. T. se traduce como "Príncipe" (Hechos 5:31) y "iniciador" (Heb 12:2; 2:10 NVI). Aquí probablemente significa que Jesús es el pionero que dirige el camino hacia la vida de resurrección. Pablo llama a Jesús las "primicias" de la resurrección porque fue el primero en resucitar de entre los muertos en un cuerpo glorificado y porque su resurrección garantiza que nosotros también resucitaremos (1 Co 15:20, 23).

Sé que por ignorancia lo habéis hecho (3:17). En el A. T. los pecados cometidos por ignorancia tenían penas menos severas que los intencionados (Nm 15:22-31; cf. Lv 4:1, 13-21; 5:14-16). El mismo principio se encuentra en el N. T. (Hechos 17:30; 1 Co 2:8; 1 Ti 1:13).

Lo que había antes anunciado por boca de todos sus profetas, que su Cristo había de padecer (3:18). Pedro no especifica aquí qué profetas o pasajes del A. T. predijeron el sufrimiento del Mesías, pero en otras partes de Hechos hay citas o alusiones al Sal 2:1-2 (Hechos 4:25-26); Sal 16:8-11 (Hechos 2:25-28; 13:35); Sal 118:22 (Hechos 4:11); e Is 53:7-8 (Hechos 8:32-33).

La estructura principal del templo está a la izquierda. En la parte inferior derecha está el Patio de las Mujeres. En la parte superior está el Patio de los Gentiles del norte, el pórtico/columna norte, y la Fortaleza de Antonia (de la maqueta de Jerusalén en el Museo de Israel, Jerusalén).

Los tiempos de la restauración de todas las cosas (3:20-21). La restauración de Israel, tal como predijeron los profetas, estaba estrechamente vinculada a la renovación de toda la creación (Is 11:1-9; 35:1-2; 40:1-5; Hab 2:14).

Hará surgir para ustedes, de entre sus propios hermanos, a un profeta como yo (3:22 NVI). Esta es una cita de Dt 18:15 (cf. Hechos 7:37). Es probable que Moisés predijera una línea de profetas (empezando por Josué) que, como Moisés, hablarían las palabras de Dios al pueblo y lo llamarían a la fidelidad del pacto. Sin embargo, Jesús es el cumplimiento definitivo de la profecía, ya que es la palabra más grande y definitiva de Dios (Heb 1:1-2). Las expectativas de un profeta o mesías similar a Moisés aparecen en varias corrientes del judaísmo, incluidos los Rollos del Mar Muerto (1QRule of the Community 9.9-11) y otras tradiciones (1 Mac 14:41; Juan 1:25; 6:14; 7:40). Los samaritanos esperaban una figura parecida a la de Moisés, conocida como el Taheb o "Restaurador".[9] Josefo habla de un revolucionario llamado Teudas, que afirmaba que partiría el río Jordán como Moisés partió el Mar Rojo. Teudas fue capturado por los romanos y decapitado; sus seguidores fueron asesinados, capturados o dispersados.[10]

Todos los profetas desde Samuel en adelante (3:24). Samuel fue una figura de transición entre el período de los jueces y el período de la monarquía y los profetas.

Serán benditas todas las familias de la tierra (3:25). Se trata de una cita del pacto con Abraham de Génesis 12:3. La aplicación universal de la promesa la hace apropiada para el libro de los Hechos, que describe el avance de la buena nueva desde sus raíces judías hasta "lo postrero de la tierra" (Is 49:6; Hechos 1:8).

Pedro y Juan ante el Sanedrín (4:1-36)

Los sacerdotes con el jefe de la guardia del templo, y los saduceos (4:1). El sumo sacerdote y la mayoría de los sacerdotes influyentes eran saduceos, un partido político-religioso que se oponía a los fariseos (ver el artículo "Fariseos y saduceos"). El templo era una institución tan masiva y compleja que tenía su propia fuerza policial (Lucas 22:4, 52; Hechos 5:24, 26). Su capitán era el segundo en autoridad después del sumo sacerdote.

Anunciasen en Jesús la resurrección de entre los muertos (4:2). Los saduceos no creían en la resurrección de los muertos, por lo que la predicación de los apóstoles sobre la resurrección de Jesús les resultaba especialmente molesta.[11]

Los gobernantes, los ancianos y los escribas (4:5). Estos tres grupos constituían el Sanedrín, el alto consejo judío y máximo órgano judicial y legislativo judío del país (ver el artículo "El Sanedrín"). Estaba formado por setenta miembros más el sumo sacerdote (cf. Nm 11:16).

El sumo sacerdote Anás, y Caifás y Juan y Alejandro, y todos los que eran de la familia de los sumos sacerdotes (4:6). Anás había sido sumo sacerdote desde el año 6 hasta el 15, cuando fue depuesto por los romanos. Sin embargo, él y su familia continuaron ejerciendo un gran poder (Lucas 3:2; Juan 18:13, 24), y cinco de sus hijos sirvieron como sumo sacerdote después de él. Caifás, su yerno, era el actual sumo sacerdote.

La piedra reprobada por vosotros los edificadores (4:11). Esta cita del Sal 118:22 habla metafóricamente de una piedra desechada por los albañiles que luego se convierte en la piedra más importante de un nuevo edificio. Aunque fue rechazado por los líderes de Israel, Jesús se convirtió en el fundamento de un nuevo templo de Dios. Jesús citó este mismo salmo al final de la parábola de los labradores, que alegoriza de forma similar el rechazo de Jesús por parte de los líderes religiosos de Israel (Lucas 20:17; cf. 1 P 2:7; ver también Is 28:16).

Hombres sin letras y del vulgo (4:13). Para llegar a ser maestro de la ley, era necesario ser formado por un rabino o en una escuela rabínica (cf. Hechos 22:3). Los apóstoles eran pescadores ordinarios y otros plebeyos, sin esa formación (cf. Juan 7:15).

Por medio del Espíritu Santo, dijiste en labios de nuestro padre David, tu siervo (4:25 NVI). La introducción de Pedro de la cita del Sal 2:1-2 revela la comprensión judía de la naturaleza de la Escritura. Es a la vez humana ("en labios de nuestro padre David") y divina ("Por medio del Espíritu Santo").

¿Por qué se amotinan las gentes…? (4:25-26). Esta cita del Sal 2:1-2 describe la rebelión de las naciones sometidas a la coronación de un nuevo rey de Israel. Pedro lo aplica apropiadamente al rechazo del verdadero rey de Israel, Jesús el Mesías, tanto por parte de los líderes judíos como de las autoridades romanas (4:27-28).

El lugar en que estaban congregados tembló (4:31). En las Escrituras, los terremotos son una prueba de la presencia y el poder de Dios (Ex 19:18; Is 2:19-21; 6:4-5).

Tenían todas las cosas en común (4:32). Ver también 2:44-45. La comunidad de Qumrán que produjo los Rollos del Mar Muerto practicaba un estilo de vida comunitario, colocando sus recursos en un fondo común.[12] Para la iglesia primitiva, ese compartir era voluntario y se practicaba por amor a los demás.

José,... levita (4:36). Los levitas eran descendientes de Leví, uno de los doce hijos de Jacob. Los levitas no recibieron una herencia en la tierra prometida, sino que se les dieron ciudades individuales para vivir y fueron dedicados a Dios en lugar de los hijos primogénitos de Israel (Nm 3:41; 35:2-3; Dt 18:1). Eran una clase clerical, que servía como ayudante de los sacerdotes en el templo.

Natural de Chipre (4:36). Chipre era una nación insular a unas setenta millas de la costa de Fenicia. Pablo, Bernabé y Juan Marcos fueron allí en el primer viaje misionero de Pablo (13:4-6). Era la tierra natal de Bernabé.

Bernabé (que traducido es, Hijo de consolación) (4:36). "Bernabé" es arameo y significa "hijo de consolación", aunque la etimología exacta es discutible.

Ananías y Safira, y más persecución (5:1-42)

Ananías, con Safira su mujer... sustrajo del precio... trayendo sólo una parte (5:1-2). Se trata de una situación similar a la de Acán (Josué 7), que también "guardó para sí" (*nosphizō*, la misma palabra griega en LXX Josué 7:1 y Hechos 5:2) y sufrió el juicio divino junto con su familia.

¿Por qué llenó Satanás tu corazón...? (5:3). La misión de Satanás es intentar derrotar la obra de Dios (Mc 1:13; 8:33; Lucas 4:1-11; 22:31-32). En Lucas 22:3, también "entró [...] en Judas", provocándolo para que traicionara a Jesús.

Ananías... cayó y expiró (5:5). Los milagros de juicio aparecen también en el A. T. (Nm 16:28-35; 2 Reyes 2:24; 2 Cr 26:16-21). En otra parte de Hechos, Herodes Agripa I será juzgado de forma similar por su arrogancia ante Dios (12:23).

Vino gran temor sobre toda la iglesia (5:11). Se trata de un asombro ante la pureza, la santidad y el poder de Dios, similar al terror de Isaías ante la presencia de Dios (Is 6:5).

El pórtico de Salomón (5:12). Ver los comentarios sobre Hechos 3:11.

A lo menos su sombra cayese sobre alguno de ellos (5:15). Los pueblos antiguos solían considerar que la sombra de una persona era una extensión de ese individuo y que transmitía su poder, ya fuera para el bien o para el mal.[13] Observe que existen creencias similares en relación con los paños que habían tocado la piel de Pablo (19:12).

Un ángel del Señor, abriendo de noche las puertas de la cárcel (5:19). Un (o "el") ángel del Señor aparece con frecuencia en el A. T. para cumplir las órdenes de Dios (p. ej., Gn 16:7; 22:11; Ex 3:2; Nm 22:22; Jue 2:4; 6:21; 1 Reyes 19:7; 2 Reyes 19:35). A veces se trata de un ángel mensajero de Dios, mientras que otras veces parece significar la presencia de Dios mismo.

Concilio y a todos los ancianos de Israel (5:21). Ver los comentarios sobre Hechos 4:5; ver el artículo "El Sanedrín".

El Dios de nuestros padres (5:30). "padres" se refiere aquí a Abraham, Isaac, Jacob (cf. 3:13, 25), y a todos los hombres y mujeres fieles a Dios del pasado. Los apóstoles no se consideran fundadores de una nueva religión. Forman parte del cumplimiento del judaísmo y del establecimiento del reino de Dios por medio de Jesús el Mesías.

A este, Dios ha exaltado con su diestra por Príncipe y Salvador (5:31). A la "diestra" de Dios es una alusión al Salmo 110:1 y a la vindicación de Jesús (ver los comentarios sobre Hechos 2:34-35); sobre "Príncipe" (archēgos), ver los comentarios sobre Hechos 3:15. Con frecuencia, a Dios se le llama "Salvador" en el A. T. (p. ej., Sal 18:46; 24:5; Is 17:10). Por lo general, se trata de una salvación física, pero siempre con implicaciones espirituales. Zacarías, el padre de Juan el Bautista, llama a Jesús "un poderoso Salvador en la casa de David su siervo" (Lucas 1:69), y en el nacimiento de Jesús el ángel anuncia que Jesús es "un Salvador" que es "CRISTO el Señor" (Lucas 2:11). Jesús es el Salvador porque a través de él Dios redimirá a su pueblo (Lucas 1:47, 68-69, 71; Hechos 13:23). El título tiene implicaciones tanto políticas como religiosas. La famosa inscripción calendárica de Priene, que celebra el nacimiento de César Augusto, lo llama "salvador" y se refiere a su nacimiento como "el principio de una buena noticia para el mundo".[14]

Un fariseo llamado Gamaliel (5:34). Gamaliel era el nieto del famoso rabino Hillel y fue uno de los principales rabinos de su época. Saulo de Tarso (el apóstol Pablo) fue uno de sus alumnos (22:3). En un pasaje en el que se exalta al más grande de los rabinos, la Mishná judía dice: "Cuando murió Rabán Gamaliel el Viejo, cesó la gloria de la Ley y murieron la pureza y la abstinencia".[15]

Se levantó Teudas, diciendo que era alguien (5:36). Josefo menciona un rebelde llamado Teudas, pero su revuelta ocurrió durante la gobernación de Crispo Fadus (44-46 d. C.), que fue posterior a esta época.[16] Es posible que Josefo se equivoque en las fechas, o que aquí Gamaliel se refiera a un Teudas diferente.

Judas el galileo (5:37). Josefo también se refiere a este hombre, que provocó una revuelta contra los romanos a causa de los impuestos alrededor del año 6 d. C. Reprendió a sus compatriotas como cobardes por someterse a los

La inscripción del calendario de Priene habla del cumpleaños de César Augusto como el comienzo del "evangelio", o buenas nuevas, anunciando su reino.

romanos como señores.[17] Judas se convirtió en modelo e inspiración para el posterior movimiento zelote.

Llamando a los apóstoles, después de azotarlos (5:40). En el tratado *Makkot* (que significa "rayas") de la Mishná, el código de la ley judía, se ofrecen directrices detalladas sobre la flagelación.

En el templo y por las casas (5:42). Ver los comentarios sobre Hechos 2:46-47.

La elección de los siete y el arresto de Esteban (6:1-15)

Los judíos de habla griega... los de habla aramea (6:1 NVI). El primero se refiere a los judíos de habla griega que habían regresado a Israel desde la diáspora, la dispersión de los judíos por todo el mundo. La segunda se refiere a los judíos de habla aramea o hebrea que habían nacido y crecido en Palestina. No es de extrañar que una comunidad de inmigrantes que tenía menos lazos y conexiones con la cultura de origen fuera inadvertidamente descuidada.

Las viudas de aquellos eran desatendidas (6:1). En el mundo antiguo había pocos sistemas de bienestar social, por lo que las viudas que no contaban con el apoyo de la familia se encontraban entre los miembros más vulnerables de la sociedad. En el A. T., Dios manda a proteger a las viudas y a los huérfanos y a hacer justicia con ellos (Ex 22:22; Dt 10:17-18; 27:19).

Servir a las mesas (6:2). El verbo utilizado aquí (*diakoneō*) puede significar "servir" en un sentido general. Aunque la palabra griega para "diácono" (*diakonos*) está relacionada con este verbo, el presente pasaje no describe el establecimiento del oficio de diácono. El comité aquí servía una función ad hoc muy específica en la iglesia de Jerusalén. Para el oficio de diácono, ver Ro 16:1; Flp 1:1; 1 Ti 3:8.

Esteban... a Felipe, a Prócoro, a Nicanor, a Timón, a Parmenas, y a Nicolás prosélito de Antioquía (6:5). Todos ellos son nombres griegos, lo que demuestra que la iglesia elegía a los líderes de entre la comunidad necesitada, un buen precedente para establecer. Sobre la condición de Nicolás como converso al judaísmo, ver los comentarios sobre Hechos 2:10.

Les impusieron las manos (6:6). Esta acción es un medio de reconocer y afirmar formalmente su llamada a este ministerio. Posteriormente, los profetas y maestros de la iglesia de Antioquía impusieron las manos a Bernabé y a Pablo como preparación para su primer viaje misionero (13:3).

Muchos de los sacerdotes obedecían a la fe (6:7). Esto es particularmente notable a la luz de la hostilidad del sumo sacerdote y de los principales sacerdotes de Jerusalén hacia Jesús (Lucas 9:22; 19:47; 20:19; 22:2; 23:10; 24:20) y posteriormente contra los propios apóstoles (Hechos 4:1-3; 5:17, 33).

De la sinagoga llamada de los libertos, y de los de Cirene, de Alejandría, de Cilicia y de Asia (6:9). Evidentemente, esta sinagoga estaba formada por antiguos esclavos que habían obtenido la libertad. Cirene estaba en el norte de África (2:10). Alejandría, en Egipto, tenía una gran y próspera población judía y fue el lugar de nacimiento de Apolos (18:24).

Cilicia estaba en la zona costera del sureste de Asia Menor (la actual Turquía). Saulo/Pablo era de Tarso, una ciudad de Cilicia (21:39). La provincia de Asia estaba en el oeste de Asia Menor. Los oponentes de Esteban, como el propio Esteban, son judíos helenistas. Los expatriados pueden estar entre los ciudadanos más leales de una nación, y a estos judíos observantes no les gusta el mensaje "radical" de Esteban sobre Jesús, el templo y la ley.

Palabras blasfemas contra Moisés y contra Dios (6:11). Aunque el judaísmo posterior definió la blasfemia exclusivamente con referencia a pronunciar el Nombre divino,[18] en la época de Jesús el término se aplicaba a una variedad de ofensas, incluyendo la idolatría, la falta de respeto a Dios o el insulto a los líderes designados por Dios.[19] La pena por blasfemia era la muerte.

Al concilio (6:12). Ver los comentarios sobre Hechos 4:5; ver el artículo "El Sanedrín".

Palabras blasfemas contra este lugar santo y contra la ley (6:13). Se acusa a Esteban de blasfemia contra las dos grandes instituciones del judaísmo: el templo y la Torá.

Ese Jesús de Nazaret destruirá este lugar (6:14). Esta es una acusación falsa. Jesús había predicho la destrucción de Jerusalén (Lucas 21:6; cf. Juan 2:19), pero no había dicho que la destruiría Él mismo, aunque esta acusación se hizo contra Él en su juicio (Mc 14:57-59). Otros profetas judíos habían predicho la destrucción de Jerusalén y del templo. Miqueas (Miq 3:12), Jeremías (Jer 7:12-15; 12:7; 22:5; 26:6) y Urías (Jer 26:20-23) predijeron la destrucción del primer templo, construido por Salomón. Josefo describe las predicciones de la destrucción del Segundo Templo, incluidas las de Josué ben Ananus, un pastor común, que durante cuatro años antes de la revuelta judía predijo la destrucción del templo.[20] El propio Josefo consideraba que la destrucción del templo era el cumplimiento de la profecía.[21]

Su rostro como el rostro de un ángel (6:15). Esta descripción hace referencia al rostro resplandeciente de Moisés cuando bajó del monte Sinaí (Ex 34:29-35; cf. 2 Co 3:7-18) y el rostro de Jesús en la transfiguración (Mt 17:2; Lucas 9:29).

El discurso y el martirio de Esteban (7:1-60)

Varones hermanos y padres, oíd (7:2). En su extenso discurso, en lugar de responder directamente a las acusaciones contra él, Esteban resume la historia de Israel desde Abraham hasta Salomón, señalando cómo el pueblo de Dios ha sido constantemente obstinado, rebelde y desobediente. La mayor atención se centra en Moisés y la generación del desierto, ya que esta generación personifica la obstinada resistencia de Israel contra Dios (7:17-44).

Apareció a nuestro padre Abraham, estando en Mesopotamia, antes

que morase en Harán (7:2). Aunque el relato del Génesis parece sugerir que Abraham recibió por primera vez su llamada en Harán (Gn 11:31-12:3), hay indicios aquí y en otros lugares de que Dios ya había llamado a Abraham mientras estaba en Ur, en Mesopotamia (Gn 15:7; Neh 9:7).

Salió de la tierra de los caldeos y habitó en Harán (7:4). "La tierra de los caldeos" se refiere al sur de Babilonia. Abraham nació en Ur, una importante ciudad-estado del sur de Mesopotamia. Harán estaba a unos seiscientos kilómetros al norte de Ur.

Su descendencia sería extranjera en tierra ajena, y que los reducirían a servidumbre y los maltratarían, por cuatrocientos años (7:6-7). Esta cita de Gn 15:13 se refiere a los cuatrocientos años de esclavitud de Israel en Egipto (Ex 1:8-14).

El pacto de la circuncisión (7:8). Dios ordenó a Abraham que circuncidara a todos los varones de su casa como confirmación del pacto y signo de la fidelidad de Abraham a Dios (Gn 17:10-11). Desde entonces, la circuncisión ha sido una marca clave que define lo que significa ser un varón judío (ver el artículo "El rito judío de la circuncisión").

Jacob fue padre de los doce patriarcas (7:8 NTV). Aunque solo se menciona brevemente en el discurso de Esteban, Jacob desempeñó un papel fundamental en la historia de Israel (Gn 25:19-49:33). Rebautizado por Dios como "Israel" (Gn 32:28), que significa "el que lucha con Dios", sus doce hijos se convirtieron en las doce tribus de Israel (Gn 29:31-30:22; 35:16-18).

José (7:9-16). La historia de José se cuenta en Gn 37-50. El tema principal del relato del Génesis es que Dios tomó los planes malvados de los hermanos de José y los convirtió en buenos (Gn 45:5-7; 50:20). En consonancia con el mensaje central de su discurso, Esteban resalta que, aunque José fue rechazado por sus hermanos, Dios estuvo con él y le dio éxito (Hechos 7:9-10).

Hasta que se levantó en Egipto otro rey que no conocía a José (7:18). Probablemente se trate de Ahmose I, el faraón que fundó la decimoctava dinastía egipcia (reinó hacia 1539-1514 a. C.). Ahmose expulsó a los gobernantes semitas hicsos y habría simpatizado menos con los hebreos.

Fue enseñado Moisés en toda la sabiduría de los egipcios (7:22). La educación de Moisés no se menciona en el A. T., pero aparece en los escritos de Josefo y del filósofo judío Filón, que ofrece una descripción detallada de la educación y formación real de Moisés.[22]

Cuando hubo cumplido la edad de cuarenta años… Pasados cuarenta años (7:23, 30). Al igual que la tradición judía, Esteban divide la vida de Moisés en tres bloques de cuarenta años: nacimiento y crecimiento en la casa del faraón (vv. 17-22); salida de Egipto y estancia en Madián (vv. 23-29); epifanía en el Sinaí, éxodo y peregrinación por el desierto (vv. 30-43).

Profeta os levantará el Señor vuestro Dios de entre vuestros hermanos, como a mí (7:37). Esta cita de Dt 18:15 ya fue aplicada a Jesús por Pedro en Hechos 3:22.

Nuestros padres no quisieron obedecer, sino que le desecharon (7:39). El rechazo de Israel a Moisés es un tema clave del discurso, que apunta tipológicamente al rechazo de Jesús por parte de los líderes de Israel.

Haznos dioses que vayan delante de nosotros (7:40-43). A partir del incidente del becerro de oro (Ex 32:1), Israel cayó repetidamente en la idolatría, una violación del primer mandamiento (Ex 20:3-4). El exilio en Babilonia sirvió de castigo por esta idolatría (vv. 42-43, que cita a Amós 5:25-27).

Tuvieron nuestros padres el tabernáculo del testimonio (7:44). Los planos detallados del tabernáculo, el templo portátil que Israel llevó consigo en el desierto, se exponen en Ex 25-30 (cf. Heb 9:1-10). Se llama el tabernáculo de la "ley del pacto" o del "testimonio" porque contenía el arca del pacto con las dos tablas del pacto del monte Sinaí.

David... pidió proveer tabernáculo para el Dios de Jacob. Mas Salomón le edificó casa (7:45-47). Para el deseo de David de construir un templo para Dios y la orden de Dios de que Salomón lo construyera, ver 2 S 7; 1 Cr 22:7-11. El discurso de Esteban salta entonces a 1 Reyes 5-9, la preparación y construcción del primer templo.

El cielo es mi trono, y la tierra el estrado de mis pies... ¿No hizo mi mano todas estas cosas? (7:49-50). Esta cita es de Is 66:1-2. El pasaje de Isaías no es una acusación contra el templo en sí (que Dios mandó construir), sino que condena el ritualismo e incluso la idolatría en que puede convertirse la adoración (cf. Is 57:3-13; 65:1-5). Dios es mucho más grande que las cajas (o templos) en las que intentamos meterlo. Salomón hizo este mismo comentario durante la dedicación del primer templo (1 Reyes 8:27).

¡Duros de cerviz, e incircuncisos de corazón y de oídos! (7:51). Ambas expresiones aparecen en el A. T. con referencia a Israel como pueblo rebelde y obstinado, especialmente durante la generación del desierto (duros de cerviz: Ex 32:9; 33:3, 5; 34:9; Dt 9:6, 13; incircuncisos de corazón: Lv 26:41; Dt 10:16; Jer 4:4; 9:26). Las dos figuras aparecen juntas en Dt 10:16.

¿A cuál de los profetas no persiguieron vuestros padres? (7:52). La persecución de los profetas, especialmente a manos de los gobernantes malvados de Israel, es un tema común en el A. T. (1 Reyes 13:4; 18:13; 19:2; 22:26-27; 2 Reyes 1:9; 6:31; 2 Cr 24:20-21). Jeremías fue objeto de repetidas persecuciones y atentados contra su vida (Jer 18:18, 23; 26:11, 20-23; 36-38). El rechazo de los profetas es también un tema común en el Evangelio de Lucas (Lucas 4:24; 11:47-51; 13:34).

Del Justo (7:52). Esto es una alusión a Is 53:11 y al "Siervo de Jehová". Ver los comentarios sobre Hechos 3:13-14.

La ley por disposición de ángeles (7:53). La mediación de la ley a través de los ángeles no aparece en el A. T., pero sí en otras partes del N. T. (Gl 3:19; Heb 2:2) y en la tradición judía.[23]

Jesús de pie a la derecha de Dios (7:55 NVI). Se trata de una alusión al Sal 110:1 (ver los comentarios sobre Hechos 2:34-35). Es posible que Jesús esté "de pie" (en lugar de sentado, como en el Salmo 110) para acoger a Esteban en su presencia o quizá como testigo de la inocencia de Esteban.

Hijo del Hombre (7:56). Aquí vemos la autodesignación mesiánica favorita de Jesús (ver los comentarios sobre Mc 2:10). Pocas veces es utilizado por alguien que no sea Jesús (cf. Ap 1:13). Su antecedente en el A. T. se encuentra especialmente en Dn 7:13-14, donde indica la reivindicación del Mesías por parte de Dios, su autoridad gobernante y su dominio sobre toda la creación. Aunque el Sanedrín está juzgando a Esteban, el Hijo del Hombre los juzgará a ellos.

Ellos, dando grandes voces, se taparon los oídos, y arremetieron a una contra él (7:57). Aunque los romanos se reservaban el derecho a la pena capital (Juan 18:31), la rabia de los líderes religiosos se apodera de ellos y proceden a ejecutar a Esteban.

Le apedrearon (7:58). La lapidación era el método estándar de pena capital entre los judíos (Lv 24:14). Algunos delitos que se castigaban con lapidación eran la idolatría (Dt 17:2-7; 13:6-10), la blasfemia (Lv 24:15-16), la violación del día de reposo (Nm 15:32-36) la práctica de la magia (Lv 20:27), el adulterio (Dt 22:22-24) y la rebelión contra los padres (Dt 21:18-21).

Los testigos pusieron sus ropas (7:58). Los testigos principales contra el condenado debían tirar las primeras piedras (cf. Juan 8:7). Luego, el resto se uniría (Dt 17:7; cf. Lv 24:14; Dt 13:9-10).

Señor, no les tomes en cuenta este pecado (7:60). La petición de Esteban recuerda la oración de Jesús por los que le crucificaban (Lucas 23:34).

El alcance de Felipe en Samaria y el eunuco etíope (8:1-40)

Todos fueron esparcidos... salvo los apóstoles (8:1). Los objetos de la persecución eran principalmente los cristianos judíos helenistas porque se identificaban con Esteban.

Hombres piadosos llevaron a enterrar a Esteban (8:2). En la cultura del honor y la vergüenza reflejada en Hechos, un entierro noble era una forma importante de mostrar honor al difunto. Por el contrario, que un cuerpo fuera colgado en un poste o en una cruz para que se pudriera o fuera comido como carroña era una de las cosas más vergonzosas y degradantes que se podían imaginar.

Felipe, descendiendo a la ciudad de Samaria (8:5). Dado que los judíos odiaban a

Harbona era un eunuco al servicio del rey, como los eunucos que aparecen en este relieve de Khorsabad (721-705 a. C.).

Viajes de Felipe

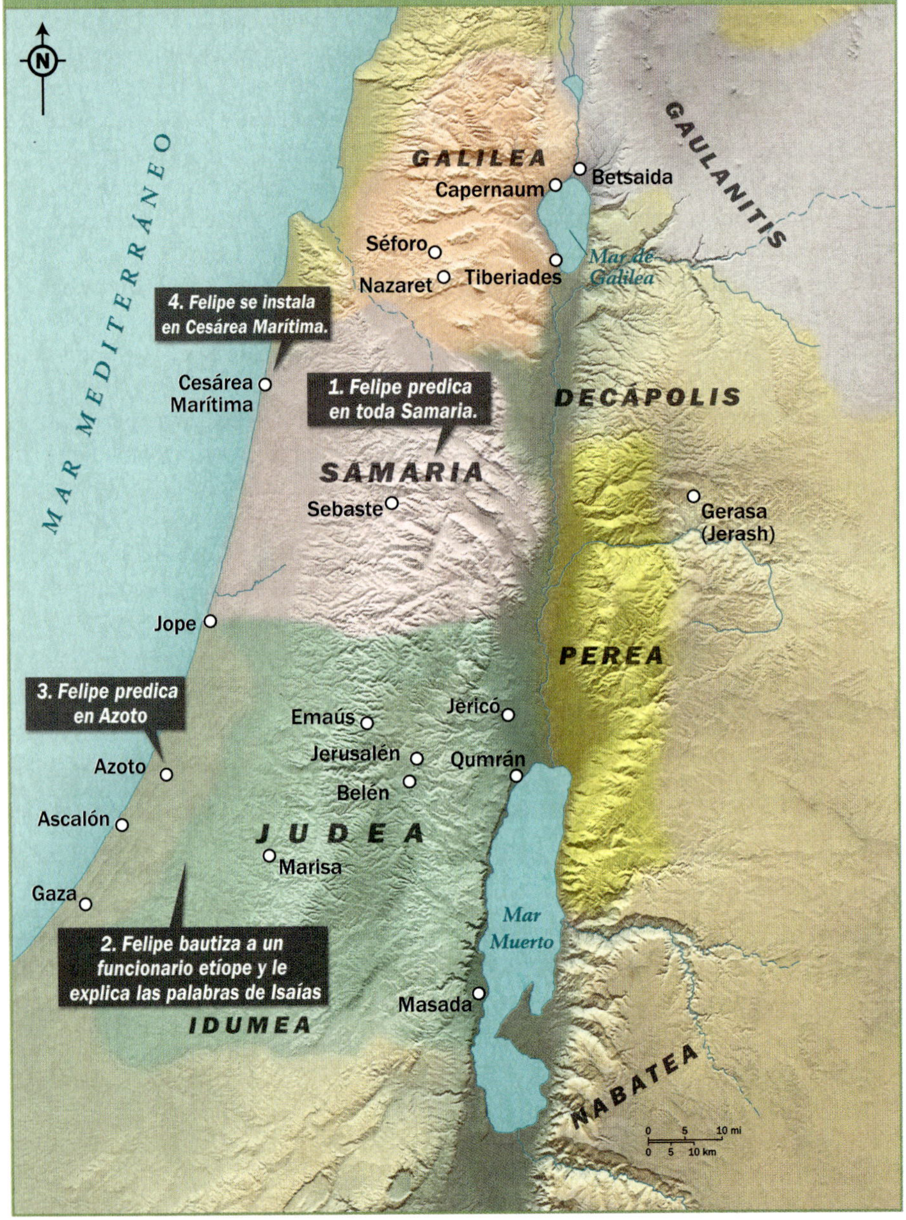

los samaritanos y viceversa, esta era una dirección sorprendente (ver Lucas 10:33; Juan 4:4, 9). En algunos manuscritos se lee "la ciudad de Samaria", que sería la antigua capital de Samaria, que Herodes el Grande había reconstruido y rebautizado como Sebaste.[24]

Un hombre llamado Simón, que antes ejercía la magia (8:9). La magia o hechicería era común en el mundo antiguo y se identificaba especialmente con las artes mágicas de Persia. Los magos utilizaban rituales, conjuros, pociones y diversos objetos mágicos para manipular a los espíritus buenos y malos con el fin de curar, exorcizar y echar maldiciones a los demás.[25] Esto no ocurría solo entre los paganos; había mucho sincretismo en la religión judía y samaritana (cf. Elimas en 13:6-11). En la historia posterior de la Iglesia, Simón fue llamado Simón Mago ("el mago") y se le identificó como el fundador de una secta gnóstica herética conocida como los simonianos.[26]

Este es el gran poder de Dios (8:10). Dado que los samaritanos eran monoteístas, esto significa probablemente que Simón pretende ser una manifestación del gran poder de Dios. Él es el canal a través del cual se revela el poder de Dios.

Cuando los apóstoles que estaban en Jerusalén oyeron... enviaron allá a Pedro y a Juan (8:14). A la vista de la enemistad entre judíos y samaritanos, la noticia de la salvación de los samaritanos habría conmocionado a los cristianos judíos de Jerusalén. El envío de apóstoles tan eminentes como Pedro y Juan muestra la gravedad de la situación y la necesidad de verificación.

Simón... les ofreció dinero... Pedro le dijo: Tu dinero perezca contigo (8:18-20). Las artes mágicas se consideraban una mercancía como cualquier otra, que se podía comprar y vender (cf. 19:19). Pedro refuta la idea de que el Espíritu de Dios pueda ser manipulado para obtener un beneficio económico.

El camino que desciende de Jerusalén a Gaza, el cual es desierto (8:26). En el período del A. T., Gaza era una de las cinco principales ciudades filisteas, la más alejada del sur en el camino hacia Egipto. Estaba a una distancia aproximada de cincuenta kilómetros al suroeste de Jerusalén.

Un etíope, eunuco (8:27). "Etiopía" no se refiere a la Etiopía moderna, sino al Imperio Nubio en lo que actualmente es el sur de Egipto, Sudán y el norte de Etiopía. En el A. T. se conoce como Cush (ver el artículo "Los cusitas"). Un eunuco era un varón castrado (cf. Mt 19:12). Los eunucos solían servir en las cortes reales porque no ponían en peligro la integridad del harén del rey y podían dedicarse plenamente a la corona. Debido a su defecto, los eunucos no podían participar plenamente en la adoración judía (Dt 23:1).[27] Sin embargo, Isaías predice que en el momento de la salvación final de Dios los eunucos serán restaurados para participar plenamente en la adoración (Is 56:3-5), una profecía que tiene un gran significado para este hombre.

Funcionario de Candace... el cual estaba sobre todos sus tesoros (8:27). Se trata de un cargo gubernamental de muy alto nivel, equivalente a un ministro de finanzas moderno o a un secretario del tesoro. "Candace" es un título dinástico, más que un nombre, que se refiere a la reina o quizás a la reina madre de Etiopía.[28]

Había venido a Jerusalén para adorar (8:27). El etíope era evidentemente un temeroso de Dios, un gentil adorador del único y verdadero Dios de Israel (cf. 10:2).

Leyendo al profeta Isaías (8:28). La riqueza del hombre es obvia, ya que un pergamino así sería extremadamente caro, no algo que la gente común poseería. Quizá lo había comprado en Jerusalén. Los pueblos antiguos solían leer en voz alta, lo que explica que Felipe preguntara por el texto (8:30).

Como oveja a la muerte fue llevado... porque fue quitada de la tierra su vida (8:32-33). La cita de Is 53:7-8 forma parte del cuarto Canto del Siervo de Jehová (Is 52:13-53:12), uno de los pasajes más importantes del A. T. sobre el papel sufriente del Mesías.

¿De quién dice el profeta esto; de sí mismo, o de algún otro? (8:34). Esta cuestión, la identidad del siervo, ha sido un punto clave de debate entre los eruditos judíos, tanto antiguos como modernos. Las tres posibilidades principales son la nación Israel, el propio Isaías o el Mesías.[29]

Felipe se encontró en Azoto; y pasando... hasta que llegó a Cesarea (8:40). En el A.T., Azoto es conocida como Asdod, otra de las cinco principales ciudades filisteas. Estaba a unos veinte millas al norte de Gaza. Sobre Cesarea, ver los comentarios sobre Hechos 10:1.

La conversión de Saulo (9:1-31)

Vino al sumo sacerdote, y le pidió cartas para las sinagogas de Damasco (9:1-2). El sumo sacerdote de Jerusalén ocupaba el más alto cargo religioso del judaísmo, por lo que su autoridad se extendería a la diáspora, a los judíos dispersos por el mundo. Damasco tenía una gran población judía, con muchas sinagogas.

Este Camino (9:2). Este fue uno de los primeros términos que los cristianos utilizaron para identificarse (19:9, 23; 24:14, 22). Era la abreviatura del camino de salvación que Dios había proporcionado a través de Jesús el Mesías (cf. 18:25-26; Juan 14:6).

Abriendo los ojos, no veía a nadie (9:8). En el A. T., la ceguera es a veces un juicio de Dios contra el pecado o para evitar alguna acción malvada (Gn 19:11; Ex 4:11; Dt 28:28; 2 Reyes 6:18; Zac 12:4). Aquí puede ser tanto un juicio como una señal, como en el caso de la mudez y la sordera de Zacarías (Lucas 1:22).

La calle que se llama Derecha (9:11). Probablemente se refiera a la principal vía este-oeste de la antigua ciudad. Tenía grandes salones con pórticos y dos grandes puertas de la ciudad en cada extremo. La calle se conoce hoy como Derb el-Mustaqim.[30]

Uno llamado Saulo, de Tarso (9:11). Saulo/Pablo nació en Tarso, un importante centro comercial de la provincia de Cilicia (actual sureste de Turquía) (21:39), pero se educó con el rabino Gamaliel en Jerusalén (22:3).

Instrumento escogido me es este... cuánto le es necesario padecer por mi nombre (9:15-16). Jesús habló del sufrimiento que experimentarían sus discípulos (Mc 8:34-38; 10:39; 13:9-13). Posteriormente, Pablo relata sus numerosas pruebas cuando escribe a los corintios en lo que podría llamarse su "currículum" de sufrimiento (2 Co 11:23-33).

Moneda de Aretas IV, rey de los nabateos (ca. 9 a. C.- 40 d. C.).

Predicaba a Cristo en las sinagogas (9:20). Esta fue la pauta de Pablo a lo largo de su ministerio, dirigiéndose primero a los judíos, que entenderían su mensaje del Mesías venidero, y luego dirigiéndose a los gentiles.

Pasados muchos días (9:23). Si comparamos este relato con el de Pablo en Gálatas 1:17, vemos que algunos de esos "muchos días" los pasó en Arabia, es decir, en el reino nabateo al sur de Damasco (ver Hechos 9:23-25). Luego regresó a Damasco.

Los judíos resolvieron en consejo matarle... los discípulos... le bajaron por el muro, descolgándole en una canasta (9:23-25). Pablo menciona este mismo acontecimiento en 2 Co 11:32-33. Sin embargo, allí dice que el gobernador bajo el mando del rey Aretas estaba tratando de atraparlo. Aretas IV era rey de Nabatea, donde Pablo había ejercido su ministerio durante algún tiempo (ver Hechos 9:19-22). Evidentemente, los judíos de Damasco conspiraron junto con el gobernador de Aretas, calificando a Pablo de alborotador que debía ser detenido.

Los griegos (9:29). Ver los comentarios sobre Hechos 6:1; 6:9.

Le enviaron a Tarso (9:30). Tarso era la ciudad natal de Pablo (ver los comentarios sobre Hechos 9:11).

Eneas y Dorcas (9:32-43)

Los santos que habitaban en Lida (9:32). Lida (llamada Lod en el A. T.) estaba a treinta millas al noroeste de Jerusalén y a unas doce millas de la costa.

Jope (9:36). Jope era un puerto importante de Judea, solo superado por Cesárea Marítima. Estaba situada a unas treinta y cinco millas al noroeste de Jerusalén y once millas al noroeste de Lida. En la actualidad, su ubicación se encuentra dentro de la moderna ciudad de Tel Aviv.

Una discípula llamada Tabita, que traducido quiere decir, Dorcas (9:36). Tanto Tabita (arameo) como Dorcas (griego) significan "gacela".

Después de lavada, la pusieron en una sala (9:37). Los cuerpos se lavaban y ungían como preparación para el entierro. El reposo del cuerpo permitía a los amigos presentar sus respetos.

Tabita, levántate (9:40). Las palabras de Pedro recuerdan la expresión aramea de Jesús talitha koum ("niña, levántate") en la resurrección de la hija de Jairo (Mc 5:41). Lucas parece establecer un paralelo intencionado entre los milagros de los apóstoles en los Hechos y los de Jesús en el Evangelio.

La conversión de la casa de Cornelio (10:1-48)

Cesarea (10:1). La hermosa ciudad portuaria de Cesarea Marítima había sido construida a gran escala por Herodes el Grande entre el 25 y el 13 a. C. Era la residencia del procurador (gobernador) y el centro administrativo romano así como el cuartel general militar de Judea.

Centurión de la compañía llamada la Italiana (10:1). Los centuriones eran considerados la columna vertebral del ejército romano, al mando de una "centuria" de unos cien hombres (ver el artículo "El ejército romano"). Seis centurias formaban un regimiento (o "cohorte") de seiscientos hombres, y diez regimientos formaban una legión de unos seis mil. No se sabe mucho sobre el regimiento Italiana, aunque una inscripción lo identifica como una fuerza auxiliar de arqueros.[31] No está claro si Cornelio está con su regimiento o si está retirado en Cesarea. Lucas menciona a otro centurión devoto en su Evangelio (Lucas 7:1-10).

Piadoso y temeroso de Dios (10:2). Los "temerosos de Dios" eran gentiles que creían en el único y verdadero Dios de Israel, pero que no habían llegado a convertirse en prosélitos, es decir, en conversos al judaísmo (cf. 8:27; 13:16, 26; 17:4, 17).

La conversión completa implicaba la circuncisión (para los varones), así como el cumplimiento de las leyes dietéticas del A. T. Los temerosos de Dios participaban en el culto de la sinagoga y con frecuencia se convertían en mecenas y partidarios de las comunidades sinagogales. Pablo descubrió que los temerosos de Dios se encontraban entre el público más receptivo para el evangelio. Su mensaje de salvación por la fe en Jesús, el Mesías, aparte de las obras

La visión de Pedro en Jope lo llevó a viajar al norte, a la ciudad romana de Cesarea (Hechos 10:24). Este notable puerto construido por Herodes el Grande era por aquel entonces la base de la presencia militar romana en la provincia de Judea.

de la ley, los atraía. También lo hacía su predicación de que las Escrituras hebreas predecían la plena inclusión de los gentiles en el pueblo escatológico de Dios.

Tres de la tarde (10:3 NVI). El texto griego indica "la hora novena" (desde la salida del sol). Esta era una de las dos horas judías de oración (la otra era a las 9 de la mañana), que coincidía con la hora de las ofrendas en el templo de Jerusalén (ver los comentarios sobre Hechos 3:1). Es probable que Cornelio estuviera orando cuando recibió la visión.

Obras de beneficencia como una ofrenda (10:4 NVI). Esta frase hace referencia a las ofrendas conmemorativas del A. T., destinadas a conmemorar la fidelidad de Dios. Al igual que estas ofrendas se elevan al cielo y son "de olor grato a Jehová" (Lv 2:2, 9 [cf. Flp 4:18]), las oraciones y los donativos de Cornelio a los pobres son agradables a Dios.

Pedro subió a la azotea para orar (10:9). Los tejados mediterráneos solían ser planos y se utilizaban como espacios habitables: para almacenar, trabajar y dormir en las noches cálidas. Se accedía a ellos por una escalera exterior o por una escalera de mano.

Todos los cuadrúpedos terrestres y reptiles y aves del cielo (10:12). Estos tres grupos quizá representen la división del reino animal que se encuentra en pasajes como Gn 1:30; 6:20 (cf. Ro 1:23). Según la ley del A. T., muchos de estos animales eran "impuros" y, por lo tanto, los judíos no podían comerlos (Lv 11).

Señor, no; porque ninguna cosa común o inmunda he comido jamás (10:14). Pedro piensa que se le está poniendo a prueba. Un judío piadoso nunca comería esos animales impuros. En tiempos de persecución, gobernantes paganos como Antíoco Epífanes habían intentado obligar a los judíos a renegar de su religión comiendo alimentos impuros.[32]

Vosotros sabéis cuán abominable es para un varón judío juntarse o acercarse a un extranjero (10:28). Aunque entrar en una casa pagana no estaba realmente prohibido en la ley del A. T., la tradición judía consideraba las casas paganas como "impuras", y los judíos piadosos evitaban entrar en ellas por miedo a entrar en contacto con alimentos impuros o ídolos.[33]

Limosnas (10:31). En el judaísmo, la limosna se consideraba un signo de piedad (ver comentarios sobre Hechos 3:3).

Dios ungió con el Espíritu Santo y con poder a Jesús de Nazaret (10:38). La palabra "mesías" significa "ungido". En el bautismo de Jesús, este fue ungido y facultado por el Espíritu Santo para realizar milagros y cumplir la misión del Mesías (Lucas 3:21-22; 4:1, 14, 18; cf. Is 61:1-2).

Él es el que Dios ha puesto por Juez de vivos y muertos (10:42). Esto es una evidencia de la deidad de Jesús, ya que solo Dios es el juez final (Gn 18:25; Sal 82:8; 96:13). Ver Dn 7:13-14; Mt 25:31-46; Juan 5:22; Hechos 17:31.

Los fieles de la circuncisión que habían venido con Pedro se quedaron

atónitos (10:45). Era sorprendente para los creyentes judíos que los gentiles pudieran recibir el Espíritu de Dios de los últimos tiempos sin convertirse primero en judíos al circuncidarse y guardar la ley.

Informe de Pedro a la Iglesia de Jerusalén (11:1-18)

¿Por qué has entrado en casa de hombres incircuncisos, y has comido con ellos? (11:3). Ver los comentarios sobre Hechos 10:28.

Juan ciertamente bautizó en agua, mas vosotros seréis bautizados con el Espíritu Santo (11:16). Ver los comentarios sobre Hechos 1:5.

También a los gentiles ha dado Dios arrepentimiento para vida (11:18). El A. T. (especialmente Isaías) predijo que la salvación de Dios llegaría a los gentiles (Is 2:3; 49:6; 55:5; 60:3-6; 66:18; Jer 3:17; Zac 8:22). Sin embargo, muchos judíos se centraban más en los pasajes que predecían el juicio y la destrucción de los gentiles (Sal 9:19; 110:6; Is 13-24; 34; Sof 3:8; Zac 14:2). Los seguidores de Jesús tardaron en comprender el propósito de Dios de salvar a los gentiles.

La Iglesia de Antioquía (11:19-30)

Los que habían sido esparcidos a causa de la persecución... pasaron hasta Fenicia, Chipre y Antioquía (11:19). Se trata de un recuerdo de la época posterior al martirio de Esteban (8:1). Fenicia era la región costera al noroeste de Israel (el actual Líbano). Sus principales ciudades eran Tiro y Sidón. Sobre Chipre, ver los comentarios a Hechos 4:36. Antioquía, en Siria, era la tercera ciudad más grande del Imperio Romano, solo por detrás de Roma y Alejandría. Estaba situada en el río Orontes, a quince millas de la costa mediterránea, y era la capital romana de Siria.

Varones de Chipre y de Cirene, los cuales, cuando entraron en Antioquía, hablaron también a los griegos (11:20). Cirene era una ciudad del norte de África (la actual Libia; ver Hechos 2:10). Estos hombres, al igual que Esteban y Felipe, eran judíos helenistas, que evidentemente comprendían mejor que otros las profundas implicaciones de la llegada de la salvación de Dios en los últimos tiempos a través de Jesús el Mesías. El Templo, la Torá y la composición del pueblo de Dios se estaban transformando radicalmente con el amanecer de la nueva era y la llegada del reino de Dios.

Enviaron a Bernabé que fuese hasta Antioquía (11:22). Siempre que aparece Bernabé (José) en el libro de los Hechos, está construyendo puentes de entendimiento y reuniendo a la gente (4:36-37; 9:27; 11:22-26, 30; 13:2; 15:37). Ciertamente, hace honor a su apodo arameo, que significa "hijo de consolación".

Fue Bernabé a Tarso para buscar a Saulo (11:25). Tarso era la ciudad natal

La moderna ciudad de Antakya, en Turquía, era conocida como Antioquía de Siria. La iglesia de Antioquía, que envió a Pablo a sus viajes misioneros, llegó a tener una enorme influencia en el mundo cristiano primitivo.

de Pablo, a la que había regresado tras los intentos de matarlo en Jerusalén (9:29-30). Ver los comentarios sobre Hechos 9:11.

A los discípulos se les llamó cristianos por primera vez en Antioquía (11:26). El término "cristiano" fue evidentemente acuñado por los no cristianos de Antioquía para distinguir a los seguidores de Jesús de los demás judíos (cf. 26:28; 1 P 4:16). No significa "pequeños Cristos", como algunos han afirmado, sino que se refiere a los seguidores o partidarios de Cristo.

Profetas... Agabo (11:27-28). El don de profecía, que implicaba discernir el mensaje de Dios para su pueblo, era común en la iglesia primitiva (Hechos 13:1; 15:32; 19:6; 21:9; 1 Co 12:10, 28-29; 13:2; 14:29-32; Ef 2:20; 3:5; 4:11; 1 Ts 5:20; 1 Ti 1:18; 4:14). Agabo hará otra predicción significativa en 21:10-11.

Una gran hambre en toda la tierra habitada; la cual sucedió en tiempo de Claudio (11:28). Durante el reinado del emperador Claudio (41-54 d. C.) se produjeron muchas escaseces de alimentos y hambrunas locales, en gran parte debido a la disminución de la producción de grano en Egipto. Es posible que Lucas se refiera a una hambruna especialmente grave en Judea, que ocurrió en el año 44-45 d. C.[34] Los cristianos judíos de Jerusalén, que ya sufrían persecución, se vieron especialmente afectados.

La ejecución de Jacobo y la huida de Pedro (12:1-24)

Rey Herodes (12:1). El N. T. utiliza el nombre de "Herodes" para una variedad de miembros de la dinastía herodiana. Aquí el rey es Herodes Agripa I, hijo de Aristóbulo IV y nieto de Herodes el Grande. Tenía amigos influyentes en Roma, incluidos los emperadores Calígula y Claudio, y finalmente fue nombrado rey de Judea, Samaria, Galilea, Perea, Iturea y Traconitus, regiones casi tan extensas como las que gobernaba su famoso abuelo. Era muy querido por sus súbditos judíos y se le consideraba un defensor de la fe judía.

Echó mano a algunos de la iglesia para maltratarles. Y mató a espada a Jacobo, hermano de Juan (12:1-2). Como defensor del judaísmo, Agripa consideraba que el movimiento cristiano primitivo era una amenaza, miedos quizás avivados por el Sanedrín y el sumo sacerdote. Este Jacobo es hijo de Zebedeo y hermano de Juan (Mc 1:19; 3:17; 10:35; Lucas 5:10; 9:54; Hechos 1:13). Formaba parte del "círculo íntimo" de tres discípulos de Jesús: Pedro, Jacobo y Juan (Mc 5:37; 9:2; 13:3; 14:33). La muerte "a espada" suele significar la decapitación.

Los días de los panes sin levadura (12:3). Esta era una de las tres grandes fiestas de peregrinación a las que debían asistir los varones judíos adultos, junto con Pentecostés y los Tabernáculos (Ex 23:14-17; 34:18-23) (ver el artículo "Fiestas judías"). La fiesta comenzaba con la Pascua y continuaba durante siete días, del 15 al 21 de Nisan (marzo-abril). Su nombre proviene del hecho de que a los israelíes se les ordenó quitar la levadura de sus casas como preparación para el éxodo de Egipto (Ex 12:15-20; 23:15; 34:18; Nm 28:17; Dt 16:1-8).

Cuatro grupos de cuatro soldados cada uno (12:4). Los cuatro escuadrones probablemente rotan, cada uno haciendo una guardia diurna y otra nocturna.

Un ángel del Señor (12:7). Ver los comentarios sobre Hechos 5:19.

Casa de María la madre de Juan, el que tenía por sobrenombre Marcos (12:12). En esta época la iglesia se reunía en casas particulares. María quizás era una viuda cuya casa era lo suficientemente grande como para albergar una reunión de creyentes. Su hijo Juan Marcos acompañará a Pablo y Bernabé en su primer viaje misionero (12:25; 13:5). Se le identifica como primo de Bernabé en Col 4:10.

Haced saber esto a Jacobo y a los hermanos (12:17). Este Jacobo era el hermanastro de Jesús. Aunque él y sus hermanos no creyeron en Jesús durante su ministerio, vieron al Señor resucitado y se convirtieron en líderes de la iglesia (ver Hechos 1:14). Aquí vemos a Jacobo asumiendo ya este papel (cf. Gl 1:19; 2:9, 12). Jacobo tomará la decisión final en el Concilio de Jerusalén (Hechos 15:13-21) y posteriormente tratará de hacer las paces entre Pablo y algunos de sus oponentes judeo-cristianos (Hechos 21:18-25). Ver también la introducción en el comentario del libro de Santiago.

Después de interrogar a los guardas, ordenó llevarlos a la muerte (12:19). Los soldados que permitían la fuga de los prisioneros solían recibir el mismo castigo que habrían recibido sus cautivos.[35]

Enojado contra los de Tiro y de Sidón (12:20). Tiro y Sidón eran ciudades costeras influyentes al noreste de Israel, en Fenicia. Eran importantes socios comerciales de Agripa, por lo que está muy interesado en restablecer esta relación.

Al momento un ángel del Señor le hirió, por cuanto no dio la gloria a Dios (12:23). El historiador judío Josefo ofrece un relato similar de la muerte de Herodes en Cesarea, atribuyéndolo también a su arrogancia al aceptar la aclamación de la multitud de que era un dios. Josefo añade el detalle curioso de que, durante su discurso, Herodes miró hacia arriba y vio un búho sentado en una cuerda sobre su cabeza, y supo que era un mal presagio. Justo antes de desplomarse, gritó: "Yo, a quien ustedes llamaban inmortal, voy a ser arrastrado inmediatamente por la muerte".[36]

El primer viaje misionero: De Antioquía a Chipre (13:1-12)

Profetas y maestros: Bernabé, Simón el que se llamaba Niger, Lucio de Cirene, Manaén el que se había criado junto con Herodes el tetrarca, y Saulo (13:1). Sobre los profetas, ver los comentarios sobre Hechos 11:27-28. Sobre Bernabé, ver los comentarios sobre Hechos 4:36; 11:22. "Niger" significa "negro", por lo que Simeón puede haber sido africano. La frase "el que se había criado junto con Herodes el tetrarca" probablemente significa que se crió en la corte real. Esto demuestra la diversidad étnica y socioeconómica de la iglesia primitiva. Los creyentes pertenecían a todas las clases sociales.

Ministrando estos al Señor, y ayunando... habiendo ayunado y orado (13:2-3). El ayuno (abstenerse de comer durante un período), la adoración y la oración eran formas de ser sensibles a la dirección de Dios. En el A. T., el ayuno se asocia con tiempos de preparación espiritual (Ester 4:16) y de arrepentimiento (2 S 12:23; Joel 1:14; Jon 3:5). El A. T. exigía el ayuno solo en el Día de la Expiación (Lv 16:29-31), pero los judíos piadosos de la época de Jesús ayunaban dos veces por semana (lunes y jueves).[37] Para conocer la razón por la que Jesús no ayunó y su predicción de que sus seguidores ayunarían después de su partida, ver Lucas 5:33-35.

Les impusieron las manos (13:3). Esto indica un encargo formal para el servicio (1 Ti 5:22; 2 Ti 1:6; Heb 6:2). Ver los comentarios sobre Hechos 6:6.

Descendieron a Seleucia, y de allí navegaron a Chipre (13:4). Seleucia era el principal puerto marítimo de Antioquía, que se encontraba a unas quince millas tierra adentro (ver los comentarios sobre Hechos 11:19; ver el artículo "Prácticas de navegación en el primer siglo"). El puerto estaba cerca de la desembocadura del río Orontes y albergaba una base naval romana. La isla de Chipre era la patria de Bernabé (4:36) y, por tanto, un buen lugar para empezar.

Anunciaban la palabra de Dios en las sinagogas de los judíos (13:5). Esta sería la pauta de Pablo a lo largo de sus viajes misioneros. En las sinagogas encontraría judíos, prosélitos y gentiles temerosos de Dios. Ver los comenta-

El primer viaje misionero de Pablo (Hechos 13-14)

rios sobre Hechos 9:20; 10:2.

Tenían también a Juan de ayudante (13:5). La palabra traducida como "ayudante" (*hypēretēs*) puede referirse a un sirviente, asistente, ayuda o funcionario, y normalmente indica un papel subordinado. Es probable que Juan Marcos sea visto como un misionero en formación.

Salamina... Pafos (13:5-6). Salamina era una gran ciudad portuaria en la costa oriental de Chipre. Pafos estaba en la costa occidental y era la capital y sede romana de la isla.

Mago, falso profeta, judío, llamado Barjesús... Elimas, el mago (13:6,8). El nombre "Barjesús" significa "hijo de Yeshua/Joshua". La etimología del nombre Elimas es debatida, y podría significar "mago", "soñador" o "sabio". Gran parte del judaísmo era bastante sincretista (combinando rasgos judíos y paganos) en esta época, por lo que no es extraño encontrar un hechicero judío (cf. 8:9; 19:13-16).

El procónsul Sergio Paulo (13:7). Un procónsul era el gobernador de una provincia romana, nombrado por un período de un año y bajo la autoridad del senado romano. El procónsul tenía una autoridad militar y civil ilimitada. Compare con Galión en 18:12.

Saulo, que también es Pablo (13:9). Como ciudadano romano, Pablo habría tenido tres nombres romanos: un *praenomen* (como nuestro primer nombre), un *nomen* (apellido) y un *cognomen* (apellido adicional, usado normalmente como nombre personal común).[38] *Paulus* (latín para "pequeño" o "humilde") es su *cognomen*. No conocemos su *praenomen o nomen*. Como judío, Pablo también tenía un nombre de origen judío, "Saulo". Evidentemente, Pablo comenzó a utilizar su *cognomen* romano cuando empezó a trabajar entre los gentiles.

Hijo del diablo (13:10). Cualquiera que se oponga a la obra de Dios está, en definitiva, trabajando para Satanás. En el Evangelio de Juan, Jesús se refiere a los líderes religiosos de Israel como hijos de "vuestro padre el diablo" (Juan 8:44). Los sectarios que produjeron los Rollos del Mar Muerto se identificaban a sí mismos como los "hijos de la luz" y a sus enemigos como los "hijos de las tinieblas", que trabajaban para Belial (Satanás).[39]

Ministerio en Antioquía de Pisidia (13:13-51)

Perge de Panfilia (13:13). Panfilia era una pequeña provincia romana situada en el centro sur de Asia Menor, al oeste de Cilicia. Se extendía a lo largo de setenta y cinco millas a lo largo de la costa y treinta millas hacia el interior hasta los Montes Tauro. Perge era su principal ciudad.

Antioquía de Pisidia (13:14). Aunque se encuentra en Frigia, Antioquía se llamaba Antioquía pisidiana porque limitaba con la región de Pisidia. En la época de Pablo, la ciudad se encontraba en la provincia romana de Galacia. La ciudad fue fundada en el siglo III a. C. por la dinastía seléucida, quizá por Antíoco I o Antíoco II, pero adquirió especial protagonismo en el año 31 a. C., cuando el emperador romano Augusto adjuntó la región central de Anatolia de Galacia y convirtió la ciudad en una colonia romana.[40] En ella vivían muchos ciudadanos romanos, entre ellos senadores, jinetes y soldados retirados.

La lectura de la ley y de los profetas (13:15). Los dos registros más antiguos de servicios de sinagoga de la antigüedad son el descrito en Lucas 4:16-30 y este (ver el artículo "La sinagoga judía"). Además de las lecturas de la Ley y los Profetas, el servicio probablemente habría consistido en oraciones y una homilía o sermón.

Si tenéis alguna palabra de exhortación para el pueblo, hablad (13:15). Tal vez como resultado de la conversación previa al servicio, Pablo y Bernabé son reconocidos como maestros calificados y por eso son invitados a dar la homilía. Debemos recordar que Pablo era un fariseo (23:6) y Bernabé era un levita (4:36).

El Dios de este pueblo de Israel escogió a nuestros padres (13:17-37). Pablo comienza resumiendo la historia de Israel desde la llamada de Abraham (Gn 12) hasta la elección de David como rey por parte de Dios (1 S 13;

Inscripción de Sergio Pablo.

16). Luego, pasa al cumplimiento de la promesa que Dios hizo a David (2 S 7) en la vida, muerte y resurrección de Jesús el Mesías.

Mi hijo eres tú, yo te he engendrado hoy (13:33). Esta cita del Sal 2:7 habla de la justificación por parte de Dios de su rey ungido contra las naciones rebeldes que rodean a Israel (ver los comentarios sobre Hechos 4:25-26). Pablo relaciona el cumplimiento del salmo con la resurrección de Jesús (cf. Ro 1:3-4; Heb 1:5; 5:5).

Os daré las misericordias fieles de David (13:34). Esta cita de Is 55:3 demuestra que Jesús es el cumplimiento de las promesas hechas a David (cf. 2 S 7:12-16; Sal 89:3-4, 19-37; Is 9:6-7; 11:1-5; Jer 23:5-6).

No permitirás que tu Santo vea corrupción (13:35). Esta cita del Sal 16:10 muestra que el propio David predijo la resurrección del Mesías (ver Hechos 2:25-28).

Los judíos y de los prosélitos piadosos (13:43). Sobre los prosélitos, ver los comentarios sobre Hechos 2:10.

Te he puesto para luz de los gentiles, a fin de que seas para salvación hasta lo último de la tierra (13:47). De manera sorprendente, Pablo aplica aquí un pasaje de Isaías (Is 49:6) sobre el siervo sufriente a él mismo y a sus compañeros misioneros. El sentido es que los misioneros representan a Cristo, terminando su misión al ser sus testigos al llevar la luz del evangelio a los gentiles (Hechos 1:8).

Sacudiendo contra ellos el polvo de sus pies (13:51). Jesús dijo a sus discípulos que hicieran esto mismo si su mensaje era rechazado en un pueblo concreto (Lucas 9:5; 10:11). Esto puede recordar la práctica judía de sacudirse las impurezas de las tierras gentiles al regresar a Tierra Santa.[41]

El ministerio en Iconio, Listra y Derbe (14:1-28)

Iconio (14:1). Originalmente colonizada por los frigios, Iconio estaba situada en varias rutas comerciales importantes, por lo que era económicamente próspera. Los romanos la convirtieron en la principal ciudad de Licaonia, la región sur de la provincia romana de Galacia.

Entraron juntos en la sinagoga de los judíos (14:1). Ver comentarios sobre Hechos 9:20; 10:2; 13:5.

Listra y Derbe, ciudades de Licaonia (14:6). Listra estaba a unas veinticinco millas al suroeste de Iconio. César Augusto la había convertido en una colonia romana en el año 25 a. C. debido a su ubicación estratégica y la estableció con muchos veteranos del ejército romano.

Timoteo era de Listra (16:1). Derbe estaba en el sureste de Licaonia, a unas sesenta millas al sureste de Listra. Se encontraba en el camino principal de Iconio y Listra hacia el este, hasta Tarso en Cilicia.

Alzó la voz, diciendo en lengua licaónica (14:11). Pablo y Bernabé hablaban griego, la lengua comercial común de la región del Mediterráneo oriental.

No conocían la lengua local y, por tanto, desconocían lo que decía la gente.

Dioses bajo la semejanza de hombres han descendido a nosotros (14:11). El poeta romano Ovidio cuenta una leyenda local sobre cómo Júpiter y Mercurio (los nombres romanos de Zeus y Hermes) visitaron esta zona en forma humana. Todo el mundo les negó la hospitalidad, excepto una pareja de ancianos llamada Filemón y Baucis, que los acogieron en su humilde casa. Los dioses recompensaron a la pareja de ancianos convirtiendo su casa de campo en un templo dorado, mientras destruían a los inhóspitos vecinos con una inundación.[42] ¡Los habitantes de Listra no quieren cometer el mismo error!

A Bernabé llamaban Júpiter, y a Pablo, Mercurio (14:12). Zeus (el Júpiter romano) era el rey de los dioses del Monte Olimpo, el panteón griego. Había un templo de Zeus en Listra. Hermes (el Mercurio romano) era el hijo de Zeus y mensajero de los dioses. A Pablo se le llama Hermes porque es el principal orador. Tal vez Bernabé parecía mayor y más distinguido.

Rasgaron sus ropas (14:14). Este acto era una forma común de mostrar angustia, dolor, consternación o rabia (Gn 37:29, 34; Nm 14:6; Jos 7:6; Is 37:1; Marcos 14:63).

Dios vivo, *que hizo el cielo y la tierra, el mar, y todo lo que en ellos hay* (14:15). Aunque el mundo pagano era completamente politeísta, algunos escritores griegos hablaban de un único y verdadero Dios creador. Pablo dará un mensaje similar en la colina de Marte, en Atenas (17:16-34).

Habiendo apedreado a Pablo (14:19). La lapidación era un método judío de pena capital (ver los comentarios sobre Hechos 7:58). Pablo señalará este acontecimiento cuando describa sus numerosas pruebas por el evangelio a la iglesia de Corinto (2 Co 11:25).

Constituyeron ancianos en cada iglesia (14:23). Aunque en los Hechos no se establece un modelo único de liderazgo eclesiástico como norma, el liderazgo por parte de un consejo de ancianos (presbyteroi) parece ser la práctica más común (11:30; 15:4; 20:17; 21:18; cf. 1 Ti 5:17; Tito 1:5; 1 P 5:1, 5). Los otros dos oficios eclesiásticos nombrados específicamente en el N. T. son el de diácono (diakonos [Ro 16:1; Flp 1:1; 1 Ti 3:8, 10, 12-13]) y supervisor/obispo (episkopos [Hechos 20:28; Flp 1:1; 1 Ti 3:2, 7]). Este último puede ser el mismo cargo que el de anciano. Los requisitos para ser anciano, supervisor y diácono se establecen en 1 Ti 3:1-13; Tito 1:5-9.

El Concilio de Jerusalén (15:1-35)

Algunos que venían de Judea... Si no os circuncidáis (15:1). A estas personas se les llama a veces judaizantes, ya que eran cristianos judíos que creían que era necesario que los gentiles se convirtieran primero en judíos antes de poder ser seguidores de Jesús el Mesías (ver el artículo "El rito judío de la circuncisión"). Esta cuestión fue el mayor desafío de los primeros tiempos para la unidad de la iglesia.

Pasaron por Fenicia y Samaria (15:3). El viaje desde Antioquía de Siria hasta Jerusalén era de unas tres mil millas. A pie puede haber tomado varias semanas.

Algunos de la secta de los fariseos, que habían creído (15:5). Puede parecer sorprendente que algunos de los creyentes de Jerusalén fueran fariseos, teniendo en cuenta los conflictos de Jesús con los fariseos en los Evangelios. Sin embargo, los fariseos, en contraste con los saduceos, compartían muchas creencias comunes con Jesús y la iglesia primitiva, incluyendo las expectativas de un mesías venidero, la resurrección de los muertos y la autoridad divina de todas las Escrituras hebreas (la Ley, los Profetas y los Escritos). No es sorpresivo que algunos fariseos se convirtieran en seguidores de Jesús.[43]

Ya hace algún tiempo que Dios escogió (15:7). Pedro se refiere al episodio de Cornelio en los capítulos 10-11.

Dios, que conoce los corazones, les dio testimonio, dándoles el Espíritu Santo (15:8). Este es el tema clave del episodio de Cornelio (10:44-48; 11:15-17). La misión a los gentiles no fue iniciada por ningún ser humano, sino por Dios mismo. En todo el N. T., la recepción del Espíritu de Dios es la confirmación de la salvación (Hechos 8:15-17; Ro 8:9-16; 1 Co 2:12-15; 3:16; 6:19; 12:13; 2 Co 1:22; Gl 3:2, 5; Ef 1:13; 2 Ti 1:14; 1 Juan 3:24).

Cuando ellos callaron, Jacobo respondió (15:13). Jacobo, el hermanastro de Jesús, ya había asumido un papel de liderazgo principal en la iglesia de Jerusalén (ver los comentarios sobre Hechos 1:14; 12:17). La voz de Jacobo era muy respetada, ya que se le consideraba un piadoso y fiel guardián de la ley de Moisés, incluso entre los judíos que no eran creyentes en Jesús.[44]

Después de esto volveré y reedificaré el tabernáculo de David, que está caído (15:16). Ver Amós 9:11-12. El "tabernáculo [...] caído" de David podría referirse a Israel en general, pero probablemente se refiere más específicamente a la dinastía davídica, que se derrumbó en el momento del exilio babilónico. Jacobo señala que Amós predijo el momento de su restauración, cuando los gentiles pasarían a formar parte del pueblo de Dios.

Que se abstengan de lo contaminado por los ídolos, de la inmoralidad sexual, de la carne de animales estrangulados y de sangre (15:20 NVI). Los antecedentes y el significado de estas cuatro estipulaciones son objeto de debate. Algunos afirman que están relacionadas con los requisitos del A. T. para los extranjeros residentes que viven en la tierra de Israel (Lv 17-18). En este caso, el propósito sería permitir a los cristianos judíos y gentiles tener comunión en la mesa sin ofender a los judíos. Otros sugieren que las cuatro están relacionadas con el culto pagano y tienen como objetivo proteger a los cristianos gentiles de la idolatría.[45]

La comida "contaminad[a] por los ídolos" se refiere a la comida ofrecida a dioses paganos (cf. 1 Co 10:7, 14-22; Ap 2:14, 20). Pablo ofrece una discusión más detallada y matizada de esto en 1 Co 8-10. El A. T. prohibía comer sangre (Lv 17:10-12), lo que incluía a los animales que habían sido estrangulados sin drenar la sangre. Sin embargo, la sangre y el estrangulamiento también estaban asociados a la idolatría. Quizás la más inusual de las cuatro es la abstención de la inmoralidad sexual, que, uno pensaría, sería un hecho para todos los creyentes. Quizás podría referirse a tipos específicos de relaciones sexuales que estaban prohibidas en la ley del A. T., como entre parientes cercanos (Lv 18). O podría ser simplemente un recordatorio de la ética sexual cristiana, ya que el mundo grecorromano era bastante libertino en este ámbito. Asimismo, podría estar relacionado con la idolatría pagana, ya que la prostitución era una parte común del culto pagano en el templo.

Judas que tenía por sobrenombre Barsabás, y a Silas (15:22). Barsabás significa "hijo del día de reposo". No se sabe nada más de este Judas. "Silas" es una forma abreviada de "Silvano" (cf. 2 Co 1:19; 1 Ts 1:1; 2 Ts 1:1). Pronto se unirá a Pablo en su segundo viaje misionero (ver el v. 40) y trabajará con Pablo y Timoteo para fundar iglesias en Filipos, Tesalónica y Corinto (Hechos 16-18). Probablemente también fue el amanuense (escriba) de Pedro para la redacción de de 1 Pedro (1 P 5:12).

Segundo viaje misionero: Pablo, Silas y Timoteo (15:36-16:10)

Hubo tal desacuerdo entre ellos, que se separaron el uno del otro (15:39). Es un tema bíblico común que Dios toma los defectos de los seres humanos y los convierte en algo bueno (ver Gn 45:5-7; 50:20). El conflicto entre Pablo y Bernabé se traducirá en un ministerio ampliado y en la duplicación de su eficacia.

Bernabé, tomando a Marcos, navegó a Chipre (15:39). Bernabé le da otra oportunidad a Juan Marcos y regresa a su tierra natal para continuar la labor que Pablo, él y Marcos habían iniciado allí.

Al viajar de Pafos a Antioquía de Pisidia, el equipo misionero se enfrentaba a los imponentes montes Tauro. Es ahí cuando Juan Marcos regresó a Jerusalén.

El segundo viaje misionero de Pablo (Hechos 15:36-18:22)

Pasó por Siria y Cilicia, confirmando a las iglesias (15:41). Al tomar la ruta terrestre, Pablo puede visitar y motivar a las iglesias de Siria y Cilicia.

Después llegó a Derbe y a Listra (16:1). Ver los comentarios sobre Hechos 14:6.

Timoteo, hijo de una mujer judía creyente, pero de padre griego (16:1). Los matrimonios mixtos eran bastante comunes en la diáspora, pero estaban mal vistos por los judíos. En los textos rabínicos posteriores, la nacionalidad de la madre es determinante para el niño.[46] La madre de Timoteo (Eunice) y la abuela (Loida) se mencionan en 2 Ti 1:5. Timoteo llegará a ser uno de los discípulos más cercanos y de mayor confianza de Pablo (1 Co 4:17; Flp 2:19-22; 1 Ti 1:2).

Pablo... le circuncidó (16:3). Algunos han acusado a Pablo de comprometer su mensaje de que la salvación viene solo por la fe, no por la circuncisión o por guardar la ley (R 2:28-29; 1 Co 7:19; Gl 2:3; 5:2, 6; 6:15) (ver el artículo "El rito judío de la circuncisión"). Sin embargo, para Pablo, la circuncisión de Timoteo se consideraba necesaria porque Timoteo era judío a los ojos de sus compañeros judíos (debido a su madre). Pablo no quería ser acusado de decir a los judíos que no circuncidaran a sus hijos, lo que habría sido escandaloso y perjudicial para su ministerio.

Frigia y la provincia de Galacia (16:6). Frigia era una provincia del interior del suroeste de Asia Menor. Las ciudades de Antioquía e Iconio estaban en

Frigia (ver los comentarios sobre Hechos 13:14; 14:1).

El Espíritu Santo... el Espíritu de Jesús (16:6-7 NVI). Esta identificación del Espíritu Santo y el Espíritu de Jesús es notable en un contexto judío y apunta claramente a la deidad de Cristo (cf. Ro 8:9; Gl 4:6; Flp 1:19; 1 P 1:11).

Intentaron ir a Bitinia (16:7). Bitinia era la región montañosa del norte de Asia Menor, que bordea el Mar Negro. Aunque Pablo fue dirigido lejos en este momento, el cristianismo debe haber llegado a Bitinia poco después porque la Carta de 1 Pedro está dirigida a los creyentes de toda Asia Menor, incluida Bitinia.

Troas (16:8). Troas era una gran ciudad y un importante puerto marítimo en el mar Egeo, en el noroeste de Asia Menor, que constituía el principal acceso marítimo a Macedonia. Estaba a treinta millas al sur de la antigua Troya. Troas pasó a ser posesión romana en el año 133 a. C. y fue convertida en colonia romana por César Augusto.

En seguida procuramos partir para Macedonia (16:10). Este es el comienzo de la primera sección "nosotros" (sujeto tácito) de los Hechos. Ver la introducción en el comentario de los Hechos.

Ministerio en Filipos (16:11-40)

Zarpando, pues, de Troas, vinimos con rumbo directo a Samotracia, y el día siguiente a Neápolis (16:11). Ver el artículo "Prácticas de navegación en el primer siglo". Samotracia (es decir, Samos de Tracia) era una isla situada en el noreste del mar Egeo, a veinte millas al sur de Tracia. "Samos" significa "altura" o "montaña" y se refiere al terreno montañoso de la isla. Neápolis (que significa "ciudad nueva") era el puerto marítimo de Filipos, situado en la costa norte del Egeo, a diez millas al sur de Filipos.

Filipos, que es una colonia romana (16:12). Filipos recibe su nombre de Filipo de Macedonia, padre de Alejandro Magno. Se le concedió el estatus de colonia romana después de que César Augusto y Marco Antonio derrotaran a Casio y Bruto en una batalla cercana. La ciudad fue colonizada por soldados retirados y otros romanos, y sus ciudadanos estaban muy orgullosos de su herencia romana.

Fuera de la puerta, junto al río, donde solía hacerse la oración (16:13). La frase "donde solía hacerse la oración" puede referirse a la sinagoga (ver el artículo "La sinagoga judía"). No obstante, muchos comentaristas suponen que no había una sinagoga en Filipos debido a la escasa población judía (se necesitaban diez varones judíos para establecer una sinagoga), y que este era un lugar de reunión informal para que los judíos y los temerosos de Dios lo adorasen.

Una mujer llamada Lidia, vendedora de púrpura, de la ciudad de Tiatira, que adoraba a Dios (16:14). "Lidia" podría ser un apodo ("perteneciente a Lidia") ya que Lidia era el territorio del oeste de Asia Menor donde se encontraba Tiatira. Lidia es descrita como una "mujer [...] que adoraba a Dios", pero no está claro si era una temerosa de Dios o una prosélita judía. En cualquier caso, era una comerciante que vendía telas de color púrpura, un artículo de lujo de Tiatira.

Nos salió al encuentro una joven esclava que tenía un espíritu de adivinación (16:16 NVI). Este "espíritu de adivinación" es, literalmente, "un espíritu de pitón". El nombre se remonta a una leyenda griega sobre Apolo, hijo de Zeus, que mató a la Pitón que custodiaba el inframundo y se convirtió así en el señor del mismo. En el santuario del oráculo de Delfos, las sacerdotisas de Apolo, conocidas como Pitias, hacían profecías sobre el futuro. Evidentemente, los propietarios de esta esclava obtienen un importante beneficio de sus predicciones.

Estos hombres, siendo judíos, alborotan nuestra ciudad (16:20). El sentimiento antijudío era común en el mundo grecorromano, especialmente en una colonia romana como Filipos, donde los ciudadanos estaban orgullosos de sus dioses romanos y de su herencia romana.

Rasgándoles las ropas, ordenaron azotarles con varas (16:22). Pablo dice posteriormente que se enfrentó a este tipo de castigo en tres ocasiones (2 Co 11:25).

El templo de Apolo en Corinto. Corinto era una ciudad comercial que conectaba el norte y el sur de Grecia, así como el tráfico marítimo entre los mares Egeo y Adriático. Pablo visitó esta ciudad en su segundo viaje y se quedó dieciocho meses para establecer una iglesia (Hechos 18:11).

El carcelero… sacó la espada y se iba a matar (16:27). Como en el caso de los soldados que habían custodiado a Pedro (12:19), los guardias que dejaban escapar a los cautivos podían ser objeto de severos castigos e incluso de ejecución.

Después de azotarnos públicamente sin sentencia judicial, siendo ciudadanos romanos (16:37).Era en contra de la ley romana golpear a un ciudadano romano sin juicio previo.[47] En la cultura grecorromana del honor y la vergüenza era importante que Pablo y Silas fueran reivindicados públicamente para que la iglesia no tuviera una sombra sobre ella por haber sido iniciada por delincuentes comunes.

Ministerio en Tesalónica y Berea (17:1-15)

Tesalónica (17:1). Ver la introducción en el comentario sobre 1-2 Tesalonicenses. Esta ciudad, principal puerto de Macedonia, fue fundada en el año 316 a. C. por Casandro, que tomó el control de Grecia en los años posteriores a la muerte de Alejandro Magno. Se llamó así en honor a la esposa de Casandro, Tesalónica. La ciudad se convirtió en la capital de la provincia romana de Macedonia en el año 147 a. C. Tenía una gran población judía.

De los griegos piadosos gran número, y mujeres nobles no pocas (17:4). Sobre los piadosos de Dios, ver los comentarios sobre Hechos 10:2. Las mujeres ricas, que disponían de tiempo y recursos discrecionales, con frecuencia se convertían en mecenas de asuntos culturales y religiosos en la sociedad grecorromana (13:50; 16:13-14; 17:12, 34). Muchas eran piadosas de Dios y asistían a los servicios de la sinagoga, y Pablo encontró en ellas un público receptivo al evangelio.

Los judíos… alborotaron la ciudad… todos estos contravienen los decretos de César, diciendo que hay otro rey, Jesús (17:5-7). La lealtad al César y al imperio era primordial para mantener el orden en el Imperio Romano, y cualquier indicio de revuelta era reprimido violentamente. La afirmación de que Jesús era el Mesías (el rey ungido) parecía para muchos un desafío directo a la autoridad del César.

Obtenida fianza de Jasón y de los demás (17:9). La fianza probablemente era dinero que Jason perdería si se producían más disturbios.

Berea (17:10). Esta ciudad macedonia estaba a unas cincuenta millas al oeste de Tesalónica, al pie del monte Bermio. En la época de los romanos se convirtió en un centro de culto imperial. Ahora se llama Veria.

Estos eran de sentimientos más nobles (17:11 NVI). La palabra traducida como "de sentimientos más nobles" (*eugenēs*) significa "de buena cuna" o "de alto nivel social". Aquí se refiere, obviamente, a alguien imparcial y dispuesto a sopesar las pruebas.

Mujeres griegas de distinción (17:12). Ver los comentarios sobre Hechos 17:4.

Ministerio en Atenas (17:16-34)

Atenas (17:16). Atenas, la ciudad más importante de Grecia, era un importante centro de arte, ciencia y filosofía. La ciudad recibió el nombre de Atenea, la diosa griega de la sabiduría y patrona de la ciudad. En su centro se encontraba la Acrópolis, una colina rocosa coronada por el Partenón (el templo de Atenea) y otros templos.

Los epicúreos y de los estoicos (17:18). Los epicúreos eran seguidores de Epicuro, un filósofo griego que vivió entre el 341 y el 270 a. C. Enseñaba que nada existía excepto la materia y el espacio, y que el mayor bien de la vida era la búsqueda de la felicidad, el placer y la realización personal. El estoicismo fue fundado por Zenón en el siglo III a. C. Era esencialmente panteísta y creía que todo es divino y que todo en el mundo tiene una unidad esencial. El mayor objetivo de la vida es mantener la armonía con la naturaleza y suprimir los deseos de exceso.

Le trajeron al Areópago (17:19). El Areópago ("Colina de Ares") era también conocido como Colina de Marte. Marte, el dios de la guerra, era el equivalente romano del griego Ares. La colina estaba en el lado occidental de la Acrópolis, justo al sur del ágora (mercado). Allí se reunía el Consejo del Areópago, que supervisaba los asuntos cívicos y religiosos de Atenas.

Un altar en el cual estaba esta inscripción: AL DIOS NO CONOCIDO (17:23). Otros autores antiguos mencionan altares similares en Atenas.[48] Su objetivo era evitar ofender a los dioses que, de otro modo, podrían pasar desapercibidos.

En él vivimos, y nos movemos, y somos (17:28). Los primeros líderes de la Iglesia atribuyeron esta cita a Epiménides, un poeta de Creta (hacia el año 600 a. C.). Sin embargo, esto es discutible, ya que se encuentran afirmaciones similares en otros lugares de la literatura griega. Pablo vuelve a citar a Epiménides en Tito 1:12.

Como algunos de vuestros propios poetas también han dicho: Porque linaje suyo somos (17:28). Esta cita del poeta estoico Arato (315-240 a. C.) muestra que Pablo está contextualizando su mensaje para los filósofos de Atenas, conectando el evangelio con tradiciones que les serían familiares.[49]

Cuando oyeron lo de la resurrección de los muertos, unos se burlaban (17:32). Los filósofos griegos estaban divididos sobre la cuestión de la inmortalidad del alma, pero habrían rechazado cualquier idea de la resurrección del cuerpo físico.

El ministerio en Corinto (18:1-17)

Corinto (18:1). Ver el artículo "La ciudad de Corinto"; ver la introducción en el comentario de 1 Corintios y 2 Corintios. Corinto estaba estratégicamente situada en el estrecho istmo que une la Grecia continental con la península del Peloponeso. Fue la capital romana de la provincia de Acaya y un centro rico, poderoso y decadente de comercio. La ciudad contaba con una defensa natural en el Acrocorinto, una montaña que se elevaba quinientos pies sobre la ciudad. Corinto fue destruida por Roma en el 146 a. C. y refundada por Julio César en el 44 a. C. La ciudad se repobló con muchos colonos procedentes de Roma, especialmente libertos que se convirtieron en una próspera clase mercantil. La ciudad también destacaba culturalmente con los Juegos Ístmicos bianuales (solo superados por los Juegos Olímpicos), un teatro al aire libre con capacidad para veinte mil personas y otro cerrado con capacidad para tres mil. Había una enorme diversidad religiosa, con templos y altares repartidos por toda la ciudad.

Un judío llamado Aquila, natural del Ponto, recién venido de Italia con Priscila su mujer (18:2). Aquila y Priscila (a la que Pablo se refiere como Prisca) se convertirían en compañeros fundamentales en el ministerio de Pablo (18:18, 19, 26; Ro 16:3; 1 Co 16:19; 2 Ti 4:19). Normalmente se nombra a Priscila en primer lugar, tal vez indicando su mayor estatus social o sus dotes de liderazgo. El Ponto era una región del norte de Asia Menor, que limitba con el mar Negro.

Claudio había mandado que todos los judíos saliesen de Roma (18:2). Este acontecimiento se produjo en el año 49 d. C. y evidentemente fue provocado por los conflictos entre judíos y judeocristianos en Roma (ver el artículo "La ciudad de la Antigua Roma"). El historiador romano Suetonio (ca. 120 d. C.) escribe: "Debido a que los judíos de Roma causaban continuos disturbios por instigación de Chrestus, él [el emperador Claudio] los expulsó de la ciudad".[50] Al parecer, Suetonio entendió erróneamente que Chrestus era uno de los líderes de las facciones, cuando en realidad es un error ortográfico de Christos ("*Cristo*") y se refiere a los acalorados debates sobre si Jesús era el Cristo.

El oficio de ellos era hacer tiendas (18:3). La mayoría de los rabinos mantenían un oficio además de su estudio y enseñanza, por lo que no es de extrañar que Pablo fuera fabricante de tiendas (*skēnopoios*).

Sacudiéndose los vestidos (18:6). Esta acción tiene un significado similar al de sacudirse el polvo de los pies (ver comentarios sobre Hechos 13:51).

Siendo Galión procónsul de Acaya (18:12). Galión (su nombre completo era Lucio Junio Galión Anneo) fue un conocido senador romano y hermano del famoso filósofo estoico Séneca. Como sabemos por otras fuentes que Galión fue procónsul de Acaya hacia el año 51-52 d. C., podemos situar la estancia de Pablo en Corinto en torno al año 50-52 d. C.

Pablo fue llevado ante el procónsul Galión en la bēma (tribunal) en Corinto (Hechos 18:12-17).

Yo no quiero ser juez de estas cosas (18:15). La sentencia de Galión es importante porque esencialmente declara que el cristianismo es una secta dentro del judaísmo y que se trata de un debate intrajudío. Esto proporcionaría a los cristianos una medida de protección legal (al menos durante un tiempo), porque el judaísmo era una religión legal (*religio licita*) y no se esperaba que los judíos participaran en la adoración al emperador.[51]

Todos los griegos, apoderándose de Sóstenes, principal de la sinagoga (18:17). El antisemitismo era común en el mundo grecorromano (16:20), por lo que no es extraño que los partidarios de Galión descarguen su ira contra Sóstenes por hacer perder el tiempo a la corte. Es posible que este Sóstenes sea el mismo individuo que Pablo nombra como hermano cristiano en 1 Co 1:1.

Priscila, Aquila y Apolos (18:18-28)

Habiéndose rapado la cabeza en Cencrea, porque tenía hecho voto (18:18). Cencrea era el puerto sur de Corinto, en el mar Egeo. El corte de pelo de Pablo probablemente señalaba el final de un voto nazareo, un periodo de consagración especial a Dios (Nm 6:1-21). El voto implicaba abstenerse de vino y uvas, no tocar nada impuro y no cortarse el pelo. Al final del voto, el cabello se cortaba y se llevaba al templo de Jerusalén, donde se presentaba al Señor junto con otras ofrendas.

Un judío llamado Apolos, natural de Alejandría (18:24). Fundada por Alejandro Magno en el 332 a. C., Alejandría era el principal puerto de Egipto. Dado que el grano procedente de Egipto alimentaba a las masas romanas, Alejandría era un centro enormemente importante para el comercio. La ciudad era también un gran centro intelectual y universitario. La biblioteca de Alejandría era la más famosa del mundo, y se dice que albergaba una colección de más de medio millón de documentos y pergaminos. En ella vivía una numerosa y próspera población judía. La Septuaginta, la traducción griega de la Biblia hebrea, se elaboró allí en el siglo III a. C. Apolo, como judío alejandrino y orador y erudito dotado, representaba un formidable polemista y defensor del mensaje cristiano.

Tercer viaje misionero: El ministerio en Éfeso (19:1-41)

Entre tanto que Apolos estaba en Corinto (19:1). Acerca de Corinto, ver los comentarios sobre Hechos 18:1; acerca de Apolos, ver los comentarios sobre Hechos 18:24.

Éfeso (19:1). Ver el artículo "La ciudad de Éfeso"; ver la introducción en el comentario sobre Efesios.

Ni siquiera hemos oído si hay Espíritu Santo (19:2). Todos los judíos conocían la realidad del Espíritu de Dios, por lo que no puede tratarse de una cuestión de si el Espíritu existía. Probablemente significa que estos discípulos

de Juan no sabían que el Espíritu escatológico ya había sido derramado (ver los comentarios sobre Hechos 1:5; 2:16-21).[52]

Hablaban en lenguas, y profetizaban (19:6). Con frecuencia, aunque no siempre (cf. 8:17), en los Hechos de los Apóstoles, la recepción del Espíritu va acompañada de hablar en lenguas (2:4; 10:45-46).

El Camino (19:9). Ver los comentarios sobre Hechos 9:2.

La escuela de uno llamado Tiranno (19:9). Es posible que Tiranno fuera el propietario del edificio, que lo alquilaba a otros, o bien un filósofo o un retórico que dirigía una escuela allí. Su nombre significa "déspota" o "tirano", tal vez un apodo que le pusieron sus alumnos. Varios manuscritos griegos (que representan el texto occidental) afirman que Pablo enseñaba de las 11:00 a. m. a las 4:00 p. m., la hora más calurosa del día, cuando la gente estaría durmiendo la siesta y el salón estaría disponible.

Todos los que habitaban en Asia, judíos y griegos, oyeron la palabra del Señor Jesús (19:10). La estrategia de Pablo era establecer una base de operaciones en una gran ciudad y luego enviar discípulos a evangelizar los pueblos y ciudades vecinas.

Los paños o delantales de su cuerpo, y las enfermedades se iban de

ellos (19:12). Ver la superstición similar relacionada con la sombra de Pedro en 5:15. Aunque estos objetos no tenían un poder mágico en sí mismos, Dios evidentemente honró la fe de quienes los tocaron (ver 19:11; Mc 5:27-34; 6:56).

Algunos de los judíos, exorcistas ambulantes, intentaron invocar el nombre del Señor Jesús (19:13). Los magos del mundo grecorromano invocaban cualquier nombre que se consideraba que tenía un gran poder para lograr una curación, un exorcismo o una maldición (ver el artículo "La demonización y el exorcismo en el mundo grecorromano"). Un conjuro para expulsar demonios, situado en el periodo romano tardío, invoca "al dios de los hebreos, Jesús [...] que aparece en el fuego, que está en medio de la tierra, la nieve y la niebla".[53]

Esceva, judío, jefe de los sacerdotes (19:14). Este hombre puede haber tenido ascendencia sacerdotal judía, o puede haber reclamado simplemente el título de "sumo sacerdote" para sí mismo.

Muchos de los que habían practicado la magia trajeron los libros y los quemaron (19:19). Se han descubierto muchos documentos de este tipo, conocidos como papiros mágicos, en el mundo grecorromano (ver el artículo "La magia en el mundo del Nuevo Testamento"). Contienen rituales, fórmulas y encantamientos para manipular las fuerzas espirituales.[54]

Cincuenta mil piezas de plata (19:19). Una pieza de plata, o dracma, valía más o menos el salario de un día para un trabajador común, tal vez cien dólares para los estándares actuales. Así que esta cantidad es equivalente a cinco millones de dólares o más.

Timoteo y Erasto (19:22). Acerca de Timoteo, ver la introducción en el comentario sobre 1-2 Timoteo; ver los comentarios sobre Hechos 16:1. Erasto puede ser la misma persona mencionada en Ro 16:23 (cf. 2 Ti 4:20), donde se le llama "tesorero de la ciudad", tal vez el director de obras públicas. En Corinto, los arqueólogos han descubierto una inscripción en latín que dice: "Erasto, a cambio de su condición de edil, colocó este pavimento a su costa".[55] Los ediles eran responsables del mantenimiento de los edificios públicos y de la regulación de las fiestas públicas.

Figuras en plata del templo de Artemisa (19:24 NVI). Estas figuras de plata eran pequeños modelos del templo de Artemisa (ver los comentarios sobre Hechos 19:35).

A una se lanzaron al teatro (19:29). Además de obras de teatro y otros espectáculos, era el lugar de reunión oficial de la ciudad, donde se celebraban asambleas.

La ciudad de Éfeso es guardiana del templo de la gran Artemisa y de su estatua bajada del cielo (19:35 NVI). Artemisa (la Diana romana) era la diosa virgen de la caza, y era ampliamente venerada en todo el mundo grecorromano (ver el artículo "La ciudad de Éfeso").

En Éfeso se fusionó con una antigua diosa de la fertilidad de Anatolia y se convirtió en la diosa suprema del amor y la fertilidad. Su enorme templo era una de las grandes maravillas del mundo antiguo, midiendo 450 por 225 pies (más del doble el tamaño del Partenón) y 60 pies de altura, con 127 columnas.[56] Su "imagen" era probablemente un meteorito que se creía que había caído del cielo, un regalo de los dioses. Los efesios se sentían muy orgullosos de su diosa, y la venta de iconos religiosos y los festivales en su honor generaban un enorme comercio turístico.

Audiencias se conceden, y procónsules hay; acúsense los unos a los otros (19:38). El sistema legal romano era el más avanzado de la historia, y los romanos estaban justificadamente orgullosos de él. El secretario de la ciudad apela al pueblo a utilizar el sistema judicial en lugar del gobierno de la multitud para responder a esta "blasfemia".

Peligro hay de que seamos acusados de sedición por esto de hoy (19:40). La perturbación de la la pax romana, la "paz romana", era una ofensa grave que provocaba una rápida represalia por parte de las autoridades romanas.

Macedonia, Acaya y Troas (20:1-12)

Pablo... salió para ir a Macedonia... llegó a Grecia. Después de haber estado allí tres meses (20:1-3). Para más información sobre las razones de este viaje, ver la introducción en el comentario a 2 Corintios (cf. 2 Co 2:12; 7:5-16). Pablo busca la reconciliación con la iglesia rebelde de Corinto. "Grecia" se refiere aquí probablemente a una estancia de tres meses en Corinto. Fue en este tiempo que Pablo escribió a la iglesia de Roma en preparación de su alcance misionero a España (Ro 15:23-29).

Le acompañaron hasta Asia, Sópater de Berea, Aristarco y Segundo de Tesalónica, Gayo de Derbe, y Timoteo; y de Asia, Tíquico y Trófimo (20:4). Lucas no menciona el motivo principal de Pablo para ir a Jerusalén, pero por las cartas de Pablo sabemos que está recogiendo una colecta para la iglesia de Jerusalén, que se encuentra en situación de pobreza (Ro 15:25-31; 1 Co 16:1-4; 2 Co 8-9; cf. también Hechos 24:17). Las personas nombradas aquí son representantes de varias iglesias paulinas, delegadas para llevar la colecta a la iglesia de Jerusalén (cf. 1 Co 16:3; 2 Co 8:18-21). Por lo demás, Sópater y Segundo son desconocidos. Gayo de Derbe se menciona como colaborador de Aristarco de Tesalónica con Pablo en Éfeso (Hechos 19:29). Aristarco se uniría más tarde a Pablo en su viaje de Jerusalén a Roma para ser juzgado (Hechos 27:1-2).

Evidentemente, permaneció en Roma con Pablo y estaba allí cuando Pablo escribió Colosenses y Filemón (Col 4:10; Flm 24). Acerca de Timoteo, ver la introducción en el comentario sobre 1-2 Timoteo; ver los comentarios sobre Hechos 16:1. Tí-

Una estatua de la diosa Artemisa

quico era otro de los colaboradores de mayor confianza de Pablo (Ef 6:21-22; Col 4:7-9; 2 Ti 4:12; Tito 3:12). Se menciona a Trófimo de nuevo en 21:28-29, donde se acusa falsamente a Pablo de llevar gentiles al templo de Jerusalén (ver el artículo "El Templo de Jerusalén"; cf. 2 Ti 4:20).

Nosotros, pasados los días de los panes sin levadura, navegamos de Filipos (20:6). Acerca de Filipos, ver la introducción en el comentario sobre Filipenses; ver los comentarios sobre Hechos 16:12. La Pascua comenzaba el 15 de Nisan (marzo-abril) y era seguida por la Fiesta de los Panes sin Levadura, de siete días de duración (ver el comentario sobre Hechos 12:3). Se trata de la primavera del año 56 o 57 d. C.

El primer día de la semana, reunidos los discípulos para partir el pan (20:7). Los creyentes evidentemente se reunían para la adoración el primer día de la semana (domingo), el día de la resurrección, en lugar del séptimo día, el día de reposo (sábado). Esta puede ser la primera referencia a la adoración cristiana en domingo (cf. 1 Co 16:2). "Partir el pan" se refiere a tomar juntos la Cena del Señor (ver comentarios sobre Hechos 2:42).

Discurso de despedida a los ancianos de Éfeso (20:13-38)

Asón... Mitilene... Quío... Samos... Mileto (20:14-15). Asón es un puerto en la costa del Egeo, a unas veinte millas al sur de Troas. Pablo viaja allí a pie, mientras que Lucas y los demás toman un barco alrededor de la costa. Mitilene es la ciudad principal de la isla de Lesbos (Lesvos), y Quíos y Samos son islas de la costa de Asia Menor. Mileto era una ciudad portuaria a unas treinta millas al sur de Éfeso. Ver el artículo "Prácticas de navegación en el primer siglo".

Pasar de largo a Éfeso... pues se apresuraba por estar el día de Pentecostés, si le fuese posible, en Jerusalén (20:16). Pentecostés se celebraba cincuenta días después de la Pascua (ver el artículo "Fiestas judías"). Pablo sabe que si se detiene en Éfeso (donde había trabajado durante tres años), sus reuniones con amigos cercanos lo retrasarían e impedirían que llegue a Jerusalén antes de Pentecostés. Así que se detiene en Mileto y convoca a los ancianos de Éfeso para que se reúnan con él allí.

Estoy limpio de la sangre de todos (20:26). El lenguaje de Pablo refleja a Ez 33:1-6, que describe la inocencia de un vigilante en la puerta de la ciudad que toca la trompeta de advertencia cuando se acerca un enemigo pero al que el pueblo no le presta atención.

Pastorear la iglesia de Dios (20:28). La metáfora del pastor es común en el A. T. Se aplica a la provisión y protección de Dios a su pueblo (Sal 23:1-4; Is 40:11; Ez 34:11-16), pero también se aplica negativamente a los falsos pastores que descarrían el rebaño (Is 56:10-11; Jer 23:1-4; Ez 34:2-10, 17-19). Jesús se identifica como el buen pastor que da su vida por las ovejas (Juan 10:1-18; cf. Heb 13:20; 1 P 2:25; 5:4). Todos los líderes cristianos son los subpastores de Cristo, que cuidan del rebaño de Dios (Juan 21:15-17; Ef 4:11; 1 P 5:2).

Lobos rapaces, que no perdonarán al rebaño. Y de vosotros mismos se levantarán hombres que hablen cosas perversas (20:29-30). Ezequiel y Sofonías describen a los líderes corruptos de Israel como lobos feroces que se aprovechan del rebaño de Dios (Ez 22:27; Sof 3:3; cf. Mt 7:15; Lucas 10:3). Mientras que en los primeros tiempos del ministerio de Pablo, la persecución externa de los opositores judíos y gentiles era el mayor peligro, pronto surgirían falsos maestros desde dentro de la iglesia (Col 2:8; 1 Ti 4:1-3; 2 Ti 2:16-18; 3:1-9; 2 P 2:1-22; 1 Juan 2:18-19; Judas 3-16; Ap 2:2).

Estas manos se han ocupado de mis propias necesidades (20:34 NVI). Los griegos sofisticados consideraban degradante el trabajo manual, y los filósofos y predicadores itinerantes esperaban ser compensados por su sabiduría. Sin embargo, Pablo siguió trabajando como fabricante de tiendas para no ser una carga para los demás ni dar la impresión de que su ministerio tenía fines económicos (1 Co 4:12; 9:12, 15; 2 Co 11:7; 12:13; 1 Ts 2:9; 2 Ts 3:7-8).

Recordar las palabras del Señor Jesús, que dijo: Más bienaventurado es dar que recibir (20:35). Esta afirmación no aparece en los Evangelios, sino que forma parte de la tradición oral de las enseñanzas de Jesús transmitidas a Pablo. No todo lo que Jesús dijo o hizo aparece en los Evangelios (Juan 21:25).

Regreso a Jerusalén (21:1-16)

Fuimos con rumbo directo a Cos... a Rodas... a Pátara... pasaba a Fenicia, nos embarcamos, y zarpamos... arribamos a Tiro (21:1-3). Cos es una isla situada a unas cuarenta millas al sur de Mileto, con una ciudad del mismo nombre (ver el artículo "Prácticas de navegación en el primer siglo"). Rodas es una isla y una ciudad a setenta millas al sureste de Cos, donde se encontraba la famosa estatua del Coloso, una de las siete maravillas del mundo antiguo. Pátara era el principal puerto de la región de Licia, en el suroeste de Asia Menor, a unas sesenta millas al sureste de Rodas. Tras estos breves viajes, el grupo sube a un barco de larga distancia que los lleva aproximadamente cuatrocientas millas hasta la costa fenicia y su ciudad principal, Tiro.

Nosotros completamos la navegación, saliendo de Tiro y arribando a Tolemaida (21:7). Acerca de Tiro, ver los comentarios sobre Hechos 12:20. Tolemaida era un importante puerto marítimo cerca del Monte Carmelo. Originalmente se llamaba Aco (Jue 1:31), pero fue rebautizada como Tolemaida durante el período helenístico. Estaba estratégicamente situada en el cruce entre el camino de la costa y el camino del interior que conducía a través de Galilea y Transjordania hasta Siria.

Fuimos a Cesarea; y entrando en casa de Felipe el evangelista (21:8). Acerca de Cesarea, ver los comentarios sobre Hechos 10:1. Sobre Felipe el evangelista, ver Hechos 6:1-7; 8:4-40.

Cuatro hijas doncellas que profetizaban (21:9). Joel 2:28 predijo que cuando el Espíritu escatológico fuera derramado, "vuestros hijos y vuestras hijas profetizarán" (cf. Hechos 2:17). Las hijas de Felipe sirven como prueba del cumplimiento de esta profecía.

Agabo... tomó el cinto de Pablo (21:10-11). Acerca del don de profecía y la predicción anterior de Agabo sobre una hambruna en Judea, ver los comentarios sobre Hechos 11:27-28. El uso de lecciones objetivas para ilustrar el mensaje de Dios es común en los profetas del A. T. (1 Reyes 11:29-31; Is 8:1-4; 20:1-6; Jer 19:1-13; 27:1-22; Oseas 1:2). Para un uso similar de un cinto, ver Jer 13:1-11.

Los problemas de Pablo en el Templo (21:17-36)

Pablo entró con nosotros a ver a Jacobo, y se hallaban reunidos todos los ancianos (21:18). Como en el Concilio de Jerusalén (15:13-21), Jacobo, medio hermano de Jesús actúa como líder del consejo de ancianos en la iglesia de Jerusalén. Ver los comentarios sobre Hechos 1:14; 12:17; 15:13; ver el artículo "La familia de Jesús".

Millares de judíos hay que han creído; y todos son celosos por la ley (21:20). La fidelidad a la ley de Moisés siguió siendo una alta prioridad entre muchos cristianos judíos. Esto no es sorprendente, ya que la fidelidad a la ley de Dios es lo que ha separado a los judíos de los paganos. La Mishná dice que cualquiera que desprecie las fiestas judías anula el pacto de Abraham, o interpreta la ley de Moisés de forma diferente a la tradición rabínica aceptada "no tiene parte en el mundo venidero".[57]

Hay entre nosotros cuatro hombres que tienen obligación de cumplir voto (21:23). Se trata de un voto nazareo (ver Nm 6:1-21; ver los comentarios sobre Hechos 18:18). Al apoyar a estos hombres, Pablo podía demostrar que era fiel a su herencia judía (ver el v. 21).

Les hemos comunicado por escrito nuestra decisión (21:25). Jacobo y los ancianos se refieren a la decisión del Concilio de Jerusalén y a la carta enviada a los creyentes gentiles (ver los comentarios sobre Hechos 15:20).

Unos judíos de Asia (21:27). Durante los tres años de ministerio de Pablo en Éfeso "todos los que habitaban en Asia, judíos y griegos, oyeron la palabra del Señor Jesús" (19:10), lo que resultó en muchos conversos y muchos enemigos de la población judía.

Ha metido a griegos en el templo, y ha profanado este santo lugar (21:28). Los gentiles tenían prohibida la entrada a los patios interiores del templo. Se colocaron carteles que advertían de la ejecución de los que entraran.[58] Los arqueólogos han descubierto fragmentos de dos de estas señales. Uno de ellos dice: "Ningún extranjero debe entrar en el patio y la balaustrada alrededor del santuario. Quien sea sorprendido será el culpable de su muerte posterior".[59]

Le arrastraron fuera del templo, e inmediatamente cerraron las puer-

tas (21:30). Se trata de las puertas que separan el Patio de los Gentiles de los patios interiores del templo (ver el artículo "El Templo de Jerusalén"). Las autoridades del templo actúan rápidamente para evitar que la conmoción afecte a la parte más sagrada del santuario y para impedir que los soldados romanos profanen el lugar.

Se le avisó al tribuno de la compañía (21:31). La guarnición romana estaba situada en la Fortaleza de Antonia, con vistas al recinto del templo en su esquina noroeste. El "tribuno" (*chiliarchos*) era un *tribunus militum*, un comandante de una cohorte de aproximadamente mil soldados. En una legión romana había seis cohortes. En 23:26, el tribuno es identificado como Claudio Lisias.

---

1 "No dejaban de reunirse en el templo ni un solo día" (Hechos 2:46 NVI). Los apóstoles y los nuevos creyentes se reunían todos los días en el templo. Probablemente se reúnen en el pórtico de Salomón, como se indica en Hechos 5:12 (NVI): "Todos los creyentes se reunían de común acuerdo en el Pórtico de Salomón".

2 Pedro cura a un hombre que se sienta a pedir limosna en la puerta del templo llamada La Hermosa (Hechos 3:1-10). No sabemos con certeza de qué puerta se trata. Probablemente se trata de la puerta que sale del Patio de las Mujeres. Otra opción menos probable es la puerta de Susa.

3 "Habiendo oído esto, entraron de mañana en el templo, y enseñaban" (Hechos 5:21). Esto también tiene lugar probablemente en el pórtico de Salomón.

4 Pablo acepta participar en los ritos de purificación junto con cuatro hombres que han hecho votos (Hechos 21:20-26). Estos ritos probablemente tienen lugar en los baños ceremoniales (mikve) que están justo al sur del templo.

5 Después de los ritos de purificación, Pablo va al templo para coordinar los sacrificios/ofrendas (Hechos 21:26). Probablemente hace un pago en el Patio de las mujeres, donde está el tesoro.

6 Después de hacer el pago de las ofrendas (Hechos 21:26), Pablo probablemente entra en el Patio de los Israelitas, cerca del altar.

7 Pensando que Pablo ha profanado el templo al hacer pasar a los gentiles más allá del soreg (valla), una turba ataca a Pablo (Hechos 21:27-30). Probablemente se encuentra en el Patio de las mujeres o en el patio de los israelitas.

8 "Apoderándose de Pablo, le arrastraron fuera del templo, e inmediatamente cerraron las puertas" (Hechos 21:30). Probablemente Pablo fue arrastrado fuera del Patio de las de las mujeres y a la parte norte del atrio del Patio de los Gentiles.

9 Las puertas del templo se cierran contra Pablo (Hechos 21:30). Probablemente se trate de las puertas del soreg (valla), pero también podrían ser las puertas que conducen a la Corte de las Mujeres.

10 "Procurando ellos matarle [a Pablo], se le avisó al tribuno de la compañía" (Hechos 21:31). Este comandante estaría en la Fortaleza de Antonia.

11 "Tomando luego soldados y centuriones, corrió a ellos" (Hechos 21:32). Estos soldados romanos descienden por una escalera desde la Fortaleza Antonia hasta el pórtico con columnas del norte, y se enfrentan a la multitud.

12 Cuando los soldados están a punto de llevar a Pablo al cuartel, este pide permiso al comandante para hablar a la multitud desde la escalinata (Hechos 21:37-40). Probablemente se encuentra en la escalera que sube desde el pórtico con columnas del norte a la fortaleza de Antonia.

13 "El comandante ordenó que metieran a Pablo en el cuartel" (Hechos 22:24), es decir, a la Fortaleza Antonia.

Segundo Templo con eventos de los Hechos

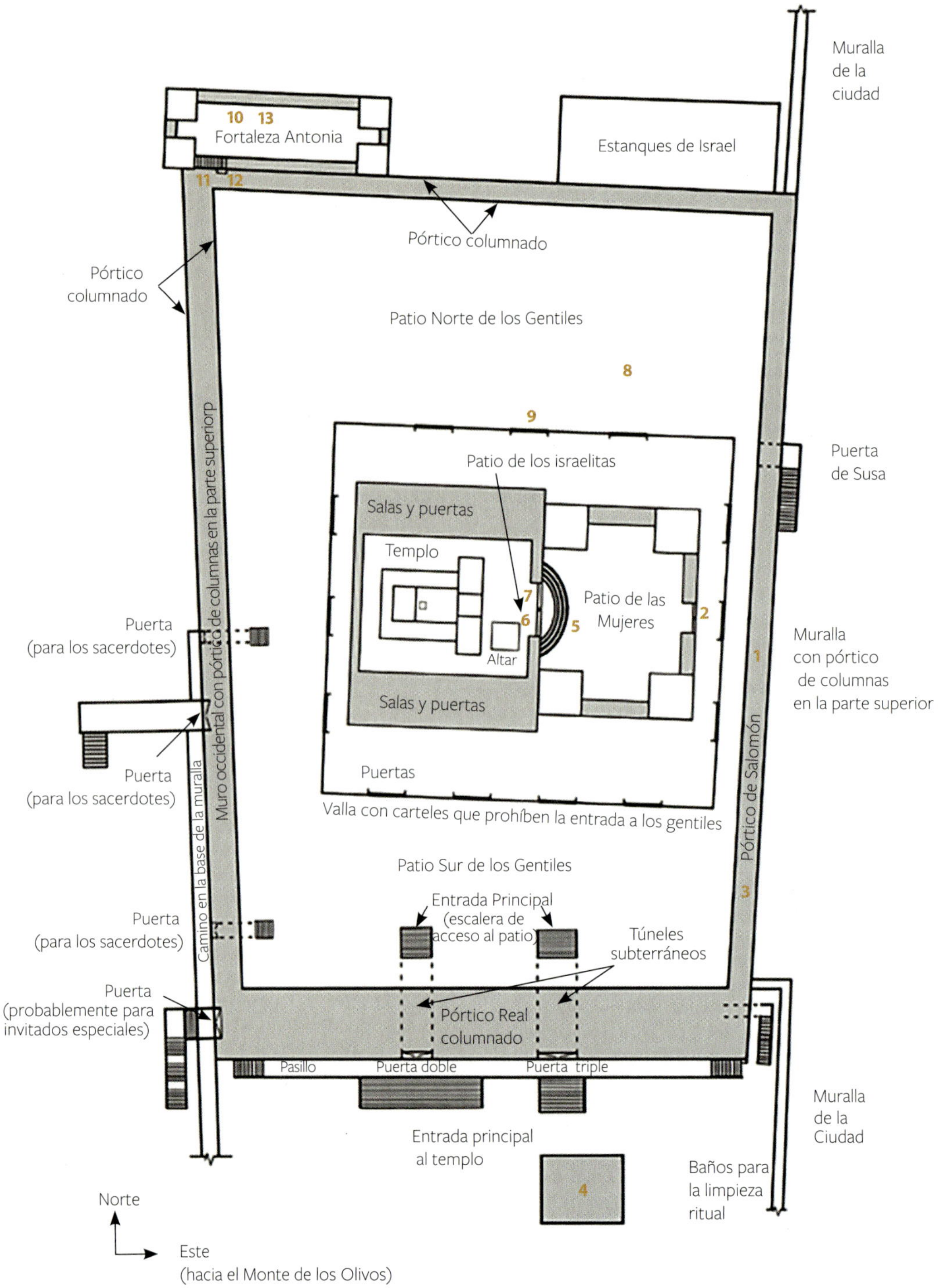

¿No eres tú aquel egipcio que levantó una sedición…? (21:38). Josefo se refiere a este mismo egipcio, afirmando que condujo a treinta mil seguidores al Monte de los Olivos y anunció que los muros de Jerusalén caerían a su orden. El gobernador romano Félix envió tropas contra los rebeldes, matando y capturando a muchos y dispersando al resto.[60] El egipcio escapó, lo que explica que el tribuno sospeche que Pablo podría ser él.

Yo de cierto soy hombre judío de Tarso, ciudadano de una ciudad no insignificante de Cilicia (21:39). Tarso era la principal ciudad y capital de Cilicia en Asia Menor. Era un importante centro comercial y cultural. El geógrafo e historiador griego Estrabón (ca. 64 a. C.-24 d. C.) afirma que en el siglo I la ciudad superaba a Atenas y Alejandría en cultura y aprendizaje.[61]

Al oír que les hablaba en arameo (22:2 NVI). La palabra griega utilizada aquí (hebraïs) podría referirse tanto al hebreo como al arameo, pero probablemente se refiere a este último, ya que era la lengua común del pueblo judío en Israel en aquella época (el hebreo se utilizaba principalmente en la sinagoga). Es evidente que la gente esperaba el griego, por lo que escuchan con más atención cuando Pablo habla su lengua materna.

Instruido a los pies de Gamaliel (22:3). Aunque nació en Tarso, Pablo fue educado en Jerusalén. Gamaliel era uno de los rabinos más respetados de la época. Ver los comentarios sobre Hechos 5:34.

Celoso de Dios (22:3). El celo por Dios y por la ley era muy alabado entre los patriotas judíos. Los ejemplos históricos fueron Finees, que satisfizo el celo de Dios matando de un solo golpe de lanza a un hombre israelita y a la mujer madianita con la que cometía idolatría e inmoralidad sexual (Nm 25:6-13), y Matatías, que de forma similar atravesó con su lanza a un israelita apóstata e idólatra, desencadenando la revuelta macabea (1 Mac 2:19-28, 54).

Perseguía yo este Camino hasta la muerte (22:4). Ver los comentarios sobre Hechos 9:1-2; 26:11; ver la descripción que hace Pablo de su celo perseguidor en sus propias cartas (1 Co 15:9; Gl 1:13; 1 Ti 1:13). Sobre el cristianismo como “Camino”, ver los comentarios sobre Hechos 9:2.

Uno llamado Ananías, varón piadoso según la ley (22:12). La adhesión fiel a la ley de Moisés era de suma importancia para los judíos piadosos (6:13; 7:53; 15:21; 18:13; 21:20, 24, 28). Al destacar la devoción de un cristiano judío como Ananías, Pablo trata de mostrar la continuidad entre el judaísmo y el cristianismo (cf. 24:14).

Al Justo (22:14). Esto es una alusión a Is 53:11 y al “siervo de Jehová”. Ver los comentarios sobre Hechos 3:13-14.

Vuelto a Jerusalén (22:17). Esta visita a Jerusalén se relata en 9:26-30 y Pablo la menciona en Gl 1:18-19.

Yo te enviaré lejos a los gentiles… Quita de la tierra a tal hombre (22:21-22). La gente escucha atentamente hasta que Pablo señala el deseo de Dios de salvar a los gentiles. La gente de Nazaret respondió a Jesús de la misma manera violenta cuando describió el favor de Dios para los gentiles (Lucas 4:24-29). Los judíos de la época de Pablo estaban más interesados en las promesas relacionadas con el juicio de las naciones que las relacionadas con su salvación (ver Hechos 11:18).

Ordenó que fuese examinado con azotes (22:24). Azotar o flagelación (lat. *flagellum*) era una técnica de interrogatorio habitual en Roma. Se utilizaba un látigo de cuero incrustado con fragmentos de metal o vidrio.

¿Os es lícito azotar a un ciudadano romano sin haber sido condenado? (22:25). La ley romana no permitía que se azotara a un ciudadano romano sin un juicio (cf. Hechos 16:37).[62]

El centurión... al tribuno (22:26). Acerca de los centuriones, ver los comentarios sobre Hechos 10:1. Sobre el tribuno, ver los comentarios sobre Hechos 21:31. Ver también el artículo "El ejército romano".

Respondió el tribuno: Yo con una gran suma adquirí esta ciudadanía. Entonces Pablo dijo: Pero yo lo soy de nacimiento (22:28). La ciudadanía romana podía obtenerse por nacimiento, emancipación de la esclavitud, o por los servicios prestados a Roma. Pablo la heredó de su padre o de su abuelo, pero no se sabe cómo la recibió (fabricar tiendas para el ejército romano es posible pero especulativo). Técnicamente, no se podía comprar la ciudadanía romana, pero obtenerla mediante soborno no era inusual, especialmente durante el reinado de Claudio.[63] Este tribuno probablemente pagó a agentes imperiales para que pusieran su nombre en la lista de nuevos ciudadanos.

Pablo se dirige al Sanedrín (23:1-11)

Sanedrín (23:1 RVR-2015). Pablo se dirige al alto consejo judío de los setenta miembros. Ver los comentarios sobre Marcos 8:31; Hechos 4:5; ver el artículo "El Sanedrín".

El sumo sacerdote Ananías (23:2). Ananías, hijo de Nebedeo, fue el sumo sacerdote judío del 47 al 58 d. C. Fue nombrado sumo sacerdote por Herodes, rey de Calcis (hermano de Herodes Agripa I), después de que Herodes depusiera a José hijo de Camydus.[64] Según la mayoría de los relatos, Ananías era arrogante y corrupto. Al comienzo de la guerra judía (66 d. C.) fue asesinado por los zelotes por sus simpatías proromanas.

¡... pared blanqueada! (23:3). Esto puede ser una metáfora de la hipocresía, lo que significa que Ananías parece ser una cosa en el exterior, pero es corrupto en el interior. O puede hacer referencia a Ez 13:8-15, donde se dice que los gobernantes de Israel están extraviando al pueblo de Dios, gritando "Paz" cuando no hay paz y pintando de blanco un muro endeble para ocultar que está a punto de derrumbarse.

Una parte era de saduceos y otra de fariseos (23:6). El Sanedrín estaba dominado por la familia del sumo sacerdote y el partido de los saduceos, pero también había una minoría importante de fariseos influyentes (ver el artículo "Fariseos y saduceos").

Acerca de la esperanza y de la resurrección de los muertos se me juzga (23:6). Mientras que los fariseos creían en la resurrección, los saduceos la negaban (para más detalles sobre los dos partidos, ver el artículo "Fariseos y saduceos").[65] Pablo ve la oportunidad de dividir a sus oponentes sobre esta cuestión crucial.

Ni ángel, ni espíritu (23:8). La negación de la existencia de los ángeles por parte de los saduceos no está atestiguada de otro modo y parece improbable, especialmente porque los ángeles aparecen en el Pentateuco, que los saduceos aceptaban como autoridad. Lucas puede querer decir que los saduceos no creían en el tipo de jerarquías angélicas que aparecen en la literatura judía apocalíptica. O podría ser una ampliación de la cláusula anterior, significando que los saduceos no creían en la existencia del alma después de la muerte "ni ángel, ni espíritu".[66]

Complot contra Pablo y traslado a Cesarea (23:12-35)

Los judíos... se juramentaron bajo maldición (23:12). El juramento de no comer ni beber significa que estaban dispuestos a perder sus propias vidas antes que dejar escapar a Pablo. ¡El hecho de que no mataran a Pablo no significa que todos murieran de hambre! La Mishná permite liberarse de un voto incumplible.[67]

El hijo de la hermana de Pablo (23:16). No se sabe nada más sobre los parientes de Pablo, aparte de este comentario intrigante.

Félix el gobernador (23:24). Ver los comentarios sobre Hechos 24:1-3.

Le llevaron de noche a Antípatris (23:31). Antípatris fue una ciudad y un puesto militar reconstruida por Herodes el Grande en el año 9 a. C. (antes conocida como Afec). Herodes le puso el nombre de su padre, Antípatro. La ciudad estaba a unas treinta millas de Jerusalén y era una estación clave en el camino de Jerusalén a Cesárea Marítima, la sede romana de Judea y Samaria.

Habiendo entendido que era de Cilicia... Te oiré cuando vengan tus acusadores (23:34-35). Quizás, Félix espera evitar el caso enviando a Pablo de vuelta a su provincia natal para ser juzgado. Sin embargo, Cilicia era en ese momento parte de una provincia romana más grande, Siria-Cilicia, y por lo tanto estaba bajo el legado de Siria (el superior de Félix).[68] Como Félix no quería molestar a su jefe con un caso tan trivial, acepta escucharlo él mismo.

Que le custodiasen en el pretorio de Herodes (23:35). El "palacio de Herodes" se llamó así porque fue construido por Herodes el Grande y utilizado como residencia real. Sin embargo, ahora se utilizaba como residencia y cuartel general del gobernador romano.

El palacio de Herodes en Cesarea Marítima.

El juicio de Pablo ante Félix (24:1-27)

El sumo sacerdote Ananías con algunos de los ancianos y un cierto orador llamado Tértulo (24:1). Respecto a Ananías, ver los comentarios sobre Hechos 23:2. Los ancianos habrían sido miembros del Sanedrín. Tértulo probablemente era un abogado y orador contratado que conocía el derecho romano y había defendido casos ante Félix en el pasado.[69]

El gobernador... Félix (24:1-3). Marco Antonio Félix fue procurador de Judea del 52 al 59 d. C. Era un liberto (un antiguo esclavo) que alcanzó su posición con la ayuda de su hermano Pallas. Ambos eran amigos y favoritos del emperador Claudio. El gobierno de Félix estuvo marcado por la corrupción y las malas relaciones con sus súbditos judíos. Instigó el asesinato del sumo sacerdote, permitió la persecución contra los judíos en Cesarea y reprimió sin piedad cualquier indicio de revuelta. Las quejas judías acabaron por hacerlo volver a Roma en el año 59 d. C. El historiador romano Tácito dijo de Félix que se entregaba "a todo tipo de barbarie y lujuria" y "ejercía el poder de un rey con el espíritu de un esclavo".[70] La corrupción de Félix se ve en su encarcelamiento de Pablo a pesar de su inocencia, con la esperanza de obtener un soborno de él (24:26).

Como debido a ti gozamos de gran paz, y muchas cosas son bien gobernadas en el pueblo por tu prudencia, oh excelentísimo Félix (24:2-3). La adulación efusiva se utilizaba con frecuencia en la sala del tribunal para ganar el favor de un juez. En los manuales forenses se conoce como captatio benevolentiae.[71] Las palabras de Tértulo no son sinceras porque el gobierno de Félix no se caracterizó ni por la reforma ni por la tranquilidad.

Es una plaga, y promotor de sediciones entre todos los judío (24:5). Observe que se trata de cargos políticos que conciernen al gobernador, cuya tarea principal era mantener la pax romana: la paz romana. Es cierto que habían estallado disturbios y otras alteraciones como resultado de la predicación de Pablo (14:19; 16:19-21; 17:5; 19:28-41; 21:30).

Monedas acuñadas bajo el mandato del procurador Antonio Félix (52-58 d. C.), ante quien Pablo fue juzgado (Hechos 24).

Cabecilla de la secta de los nazarenos (24:5). El término "nazareno" se utiliza porque se trata de seguidores de Jesús de Nazaret. La palabra "secta" podría significar "un grupo que mantiene principios distintivos, *secta, partido, escuela, facción*".[72] Aunque la palabra no tiene por qué connotar siempre herejía, es evidente que se utiliza aquí en un sentido negativo, como la palabra del español "rito".

Profanar el templo (24:6). Ver los comentarios sobre Hechos 21:28.

Desde hace muchos años eres juez de esta nación (24:10). La alabanza introductoria (*captatio benevolentiae*) de Pablo es mucho más moderada y honesta que la de Tértulo (ver el comentario sobre Hechos 24:2-3).

El Camino (24:14). Ver los comentarios sobre Hechos 9:2.

Vine a hacer limosnas a mi nación y presentar ofrendas (24:17). Este es el único indicio en los Hechos de la colecta de Pablo para la iglesia de Jerusalén. Ver los comentarios sobre Hechos 20:4.

Me hallaron purificado en el templo (24:18). Antes de entrar en el templo, Pablo habría pasado por la purificación ceremonial para su propio voto (18:18) y para los votos de los hombres que apoyaba (21:23, 26). Se ha descubierto un gran número de mikva'ot, baños rituales judíos, alrededor del templo de Jerusalén.

Viniendo Félix con Drusila su mujer (24:24). Drusila era la hija menor de Herodes Agripa I y hermana de Berenice y Agripa II (25:13). Josefo cuenta que cuando Félix vio su belleza, se enamoró de ella y envió a un socio, un judío cipriano llamado Simón, para convencerla de que dejara a su esposo, Azizus, rey de Emesa de Siria. Simón se hizo pasar por mago y le prometió felicidad si venía, a lo que ella aceptó (en parte para escapar de los abusos de su hermana celosa).[73]

Esperaba también con esto, que Pablo le diera dinero (24:26). Aunque las fuentes griegas y romanas describen los sobornos como algo negativo e incluso traicionero, la corrupción y el soborno eran muy frecuentes en todo el Imperio Romano.[74]

Al cabo de dos años recibió Félix por sucesor a Porcio Festo (24:27). Félix fue llamado a Roma en 59/60 d. C., probablemente por las quejas de los judíos contra él.[75] Al dejar a Pablo en prisión, esperaba ganarse su favor y así evitar más acusaciones que lo perjudicaran en Roma. Acerca de Porcio Festo, ver los comentarios sobre Hechos 25:1.

La audiencia de Pablo ante Festo y su apelación al César (25:1-12)

Festo (25:1). Porcio Festo fue nombrado por el emperador Nerón en el año 59 d. C. para suceder a Félix.[76] Josefo presenta un retrato generalmente positivo de su gobierno, contrastando con la corrupción de su predecesor Félix y de su sucesor Albino. Festo restableció el orden derrotando a las bandas de bandidos merodeadores y trató a los líderes judíos con cierto respeto, escuchando y respondiendo a sus quejas.[77] Poco más se sabe de Festo. Murió abruptamente en 62 d. C., tras solo tres años en el cargo.

Preparando ellos una celada para matarle en el camino (25:3). Ver 23:12-22 para su intento anterior y la razón de la reticencia de Pablo a volver a Jerusalén (25:10-11).

A César apelo (25:11). Como ciudadano romano, Pablo tiene derecho a apelar (*provocatio*) para que su caso fuera escuchado en Roma.[78] El emperador en esta época era Nerón (reinó entre el 54 y el 68 d. C.). Sobre el título "César", ver los comentarios sobre Hechos 25:21.

Audiencia de Pablo ante Festo, Agripa y Berenice (25:13-26:32)

El rey Agripa (25:13). Se trata de Herodes Agripa II, cuyo nombre completo era Marco Julio Agripa II (27-93 d. C.). Era hijo de Agripa I, que había ejecutado a Jacobo (Hechos 12:1-2), y bisnieto de Herodes el Grande (Mt 2:1; Lucas 1:5). Agripa tenía solo diecisiete años cuando murió su padre, por lo que Judea y Samaria fueron entregadas a los gobernadores romanos. Poco a poco, los emperadores Claudio y Nerón le otorgaron a Agripa varios territorios, incluyendo porciones de Galilea y Perea, pero su autoridad nunca fue tan amplia como la de su padre o de su bisabuelo.[79] Al igual que su padre, Agripa apoyaba a sus patrocinadores romanos, pero también defendía la cultura y la religión judías. Intentó sin éxito evitar la revuelta judía del 66-73 d. C. Hubo rumores generalizados de que Agripa tenía una relación incestuosa con su hermana Berenice (ver los comentarios adicionales sobre Hechos 25:13 más adelante).[80]

Berenice (25:13). Berenice era hija del rey Agripa I, hermana menor de Agripa II (por un año) y hermana mayor de Drusila (Hechos 24:24). Tras la muerte de su primer esposo (Marco Julio Alejandro), Berenice se casó con su tío, Herodes de Calcis, que también murió cuatro años después. Para acallar los rumores de una relación incestuosa con su hermano, se casó con Polemo de Cilicia, pero pronto lo dejó y volvió con Agripa.[81] Berenice, al igual que su hermano, intentó sin éxito detener la desastrosa revuelta judía que destruyó

Jerusalén y el templo. Se convirtió en la amante de Tito, hijo del emperador Vespasiano y conquistador de Jerusalén, y volvió a Roma tras la destrucción de Jerusalén para estar con él. Sin embargo, las normas de Roma les impidió que se casaran.[82]

Emperador... César (25:21NTV). La palabra traducida como "emperador" es *sebastos,* que significa "venerado, soberano, augusto" (similar a "su majestad"). Es la traducción griega del latín *augustus,* el título conferido a Octavio por el senado romano, "César Augusto", como primer emperador de Roma. "César" (del *griego kaisar*) era originalmente el *cognomen* (nombre de la familia [ver el comentario sobre Hechos 13:9]) de Julio César, pero pasó a utilizarse como título para los emperadores que le sucedieron. Sobre el culto a los emperadores, ver los comentarios sobre Ap 13:8.

Oficiales de alto rango y por las personalidades más distinguidas de la ciudad (25:23 NVI). Agripa y Berenice son miembros de la realeza, por lo que se espera que sean honrados. Los "oficiales de alto rango" son probablemente los comandantes o tribunos sobre las cinco cohortes romanas destacadas en Cesarea. Las "personalidades más distinguidas de la ciudad" son líderes cívicos y ciudadanos de élite. Ver el artículo "El ejército romano ".

Le he traído... ante ti, oh rey Agripa, para que... tenga yo qué escribir (25:26). Festo valora el conocimiento de Agripa sobre el judaísmo y espera que Agripa le ayude a preparar el caso para Roma.

Me tengo por dichoso, oh rey Agripa, de que haya de defenderme hoy delante de ti... Mayormente porque tú conoces todas las costumbres y cuestiones que hay entre los judíos (26:2-3). En la forma retórica habitual, Pablo comienza alabando al juez (*captatio benevolentiae*), aunque con mucha más moderación que Tértulo (cf. 24:4, 10). Aunque no se sabe con certeza hasta qué punto Agripa era un judío devoto, al igual que su padre, conocía bien las leyes y tradiciones judías. También habría permanecido al tanto de las controversias teológicas y de los nuevos movimientos judíos, como la creciente comunidad cristiana.

Mi vida, pues, desde mi juventud (26:4). Ver los comentarios sobre Hechos 22:3, donde Pablo se refiere a su formación con Gamaliel en Jerusalén.

Viví fariseo (26:5). Pablo se refiere a sus antecedentes como fariseo en Flp 3:5 (cf. Gl 1:14). Sobre las creencias de los fariseos, ver el artículo "Fariseos y saduceos".

¿Se juzga entre vosotros cosa increíble que Dios resucite a los muertos? (26:8). Dado que el sumo sacerdote y la mayoría de la élite gobernante son saduceos, que no creían en la resurrección de los muertos, Pablo ve la necesidad de argumentar a favor de la resurrección (cf. 1 Co 15:3-32).

Los forcé a blasfemar (26:11). Obligar a una persona a blasfemar de su propio dios o a realizar actos impuros era un medio común de persecución religiosa. En la época de los Macabeos, Antíoco Epífanes trató de obligar a los judíos a realizar actos impuros como comer carne de cerdo y dejar a sus hijos sin circuncidar.[83] Del mismo modo, Plinio el Joven, el gobernador romano de Bitinia en el siglo II, relata al emperador Trajano que expondría a los presuntos cristianos sospechosos exigiéndoles que adoraran a dioses paganos y que maldijeran a Cristo.[84]

Iba yo a Damasco (26:12). La conversión de Pablo se narra aquí por tercera vez en los Hechos (cf. 9:1-30; 22:5-21).

Una voz que me hablaba, y decía en lengua hebrea (26:14). Ver los comentarios sobre Hechos 22:2. Es posible que Jesús hablara en hebreo o en arameo.

Dar coces contra el aguijón (26:14). Un aguijón es un palo con púas o una picana que se utiliza para conducir a los animales. Este dicho era proverbial en la Grecia clásica para expresar la inutilidad de intentar escapar del propio destino. En el drama griego *The Bacchanals* [Las bacantes], de Eurípides, Dioniso le dice a Penteo: "En tu lugar, controlaría mi rabia y los sacrificaría, en lugar de patalear contra el aguijón".[85]

Para que se conviertan de las tinieblas a la luz, y de la potestad de Satanás a Dios (26:18). La luz y las tinieblas eran metáforas comunes en el judaísmo, el cristianismo y en el mundo grecorromano para referirse a la verdad frente a la falsedad (ver comentarios sobre Hechos 13:10). Isaías predijo que el Mesías traería luz a su pueblo (Is 9:2-7) y a los gentiles (Is 42:6; 49:6; cf. Hechos 13:47). Jesús se llama a sí mismo la "luz del mundo" (Juan 8:12; 9:5) y pide a sus seguidores a ser luz (Mt 5:14). Pablo también utiliza con frecuencia la metáfora (Ro 13:12; 1 Co 4:5; 2 Co 4:4-6; 6:14; Ef 5:8; 1 Ts 5:5; cf. 1 P 2:9; 1 Juan 2:9-10).

No diciendo nada fuera de las cosas que los profetas y Moisés dijeron (26:22). "Los profetas y Moisés" es una forma abreviada de referirse a las Escrituras hebreas (Lucas 16:29, 31; 24:27, 44; Juan 1:45; Hechos 28:23).

Que el Cristo había de padecer, y ser el primero de la resurrección de los muertos (26:23). Sobre la profecía del sufrimiento del Mesías, ver los comentarios sobre Hechos 3:18 (cf. 17:3). Aunque otros resucitaron de entre los muertos a una existencia mortal normal (revivificaciones: 1 Reyes 17:17-24; Mc 5:22-43; Lucas 7:11-15; Juan 11), Jesús fue el primero en resucitar de entre los muertos en un cuerpo imperecedero e inmortal. Él es la primicia de la resurrección final (1 Co 15:20; Col 1:18).

Estás loco, Pablo (26:24). Las ideas del Mesías sufriente y de la resurrección corporal de los muertos habrían parecido una locura para un romano o griego sofisticado (cf. 1 Co 1:21-25).

Por poco me persuades a ser cristiano (26:28). No está claro en el texto griego si el comentario de Agripa es un indicativo ("Eres tan convincente que podría convertirme en breve") o una pregunta ("¿Realmente crees que puedes convertirme tan rápidamente?"). Esto último parece más probable. En cualquier caso, es probable que sea sarcástico.

De Cesarea a Malta: Tormenta y naufragio (27:1-44)

Un centurión llamado Julio, de la compañía Augusta (27:1). Una cohorte romana o regimiento (*speira*) estaba formado por unos mil soldados (ver el artículo "El ejército romano"). Cada uno tenía un número y un nombre. Este se llamaba *Sebastos*, traducción griega del latín Augustus, que significa "venerado, augusto, imperial", y que se usaba para el emperador (ver comentarios sobre Hechos 25:21). Aquí se trata de un título honorífico que a veces se da a cohortes auxiliares. Podría traducirse como "imperial" (NTV; NVI) o "Augusta" (NBLA; LBLA; JBS).

Una nave adramitena (27:2). Adramitea era un puerto marítimo en Misia, en la costa noroeste de Asia Menor. Ver el artículo "Prácticas de navegación en el primer siglo".

Estando con nosotros Aristarco, macedonio de Tesalónica (27:2). El "nosotros" incluye a Lucas, el autor (ver la introducción al comentario sobre Hechos). Sobre Aristarco, ver los comentarios a Hechos 20:4.

Llegamos a Sidón (27:3). Sidón estaba en Fenicia a unas setenta millas al norte de Cesarea Marítima.

Habiendo atravesado el mar frente a Cilicia y Panfilia, arribamos a Mira, ciudad de Licia (27:5). Cilicia, Panfilia y Licia eran provincias de la costa sur de Asia Menor (la actual Turquía). Mira era la capital de Licia, cuyo puerto (Andriaca) era cada vez más importante para los envíos de grano de Alejandría a Roma.

Una nave alejandrina (27:6). El grupo se traslada de un barco más pequeño a un gran carguero procedente de Alejandría, Egipto, que transportaba grano a Roma (27:38). Roma dependía en gran medida de Egipto para su abastecimiento de grano.[86] Ver el artículo "Prácticas de navegación en el primer siglo".

Navegando muchos días despacio, y llegando a duras penas frente a Gnido... navegamos a sotavento de Creta, frente a Salmón... llegamos a un lugar que llaman Buenos Puertos (27:7-8).

Los vientos del oeste hacían que la marcha sea muy lenta, por lo que en Gnido (una ciudad en una península en el sur de Asia Menor, entre Cos y Rodas) giran hacia el sur para alcanzar el lado protegido de Creta. Pasando por Salmón (en el extremo oriental de la isla), finalmente llegan a Buenos Puertos, un puerto en la costa sur de Creta cerca de la ciudad de Lasea.

Como el Día de la Expiación ya había terminado (27:9 CSB trad. lit.). El griego aquí se lee "el ayuno" (*hē nēsteia* [cf. NRSV]), que se refiere al Día de la Expiación judía.[87] La fiesta se celebraba el diez de Tishri, lo que equivale a finales de septiembre o principios de octubre. Los romanos consideraban peligrosa la navegación después de mediados de septiembre y los viajes por mar cesaban por completo a partir de mediados de noviembre (ver el artículo "Prácticas de navegación en el primer siglo". [88]

Por si pudiesen arribar a Fenice, puerto de Creta que mira al nordeste y sudeste, e invernar allí (27:12). Fenice estaba de cuarenta a cincuenta millas

El viaje de Pablo a Roma (Hechos 27-28)

al oeste de Buenos Puertos. Su ubicación exacta es desconocida, aunque es descrita por varios escritores antiguos.[89]

Un viento huracanado llamado Euroclidón (27:14). El "Euroclidón" es un peligroso viento de alta velocidad que sopla desde el noreste.[90] Probablemente del Monte Ida, un pico de dos mil metros en Creta. El viento empuja el barco de Pablo hacia el sur, lejos de Creta y del objetivo previsto de Fenice.

Y habiendo corrido a sotavento de una pequeña isla llamada Clauda, con dificultad pudimos recoger el esquife. Y una vez subido a bordo, usaron de refuerzos para ceñir la nave (27:16-17). Una breve calma en el refugio de Clauda (hoy conocido como Gavdos) permite a la tripulación tomar medidas de emergencia para intentar mantener el barco intacto.

Teniendo temor de dar en la Sirte (27:17). Se trata de peligrosos bajos y bajíos de la costa norte de África al oeste de Cirene. Eran un famoso cementerio de barcos.[91] Aunque los bajíos están todavía a varios cientos de millas, los marineros empiezan a entrar en pánico porque el barco está fuera de control.

Siendo llevados a través del mar Adriático (27:27). En la actualidad, el "Mar Adriático" se refiere a la masa de agua entre Italia y Grecia (muy al norte de donde está el barco de Pablo). Sin embargo, en la época romana el término se utilizaba para una zona mucho más amplia que se extendía en el centro del Mediterráneo.[92]

Echando la sonda... echaron cuatro anclas por la popa (27:28-29). El sondeo consiste en lanzar un sedal con un peso por la borda para ver la profundidad del agua. Las anclas sirven para mantener el barco en su sitio hasta mañana, cuando los que están a bordo pueden evaluar mejor cómo llegar a la orilla sin estrellarse contra las rocas. Ver el artículo "Prácticas de navegación en el primer siglo".

Los soldados acordaron matar a los presos (27:42). Los soldados serían considerados responsables y severamente castigados si sus prisioneros se escapaban (ver comentarios sobre 12:19; 16:27).

De Malta a Roma (28:1-16)

La isla se llamaba Malta (28:1). Malta está a unas sesenta millas al sur de Sicilia. La isla mide aproximadamente dieciocho millas en su punto más largo y ocho millas en su parte más ancha.

Los naturales (28:2). El término griego (*barbaros*) se traduce a veces como "bárbaro" (Col 3:11), pero no tiene necesariamente connotaciones negativas (traducido como "bárbaro" en Ro 1:14 NBLA y como "extranjero" en 1 Co 14:11). Se refiere a alguien que no hablaba griego o que no era culturalmente helénico. Los habitantes de Malta eran descendientes de los fenicios y hablaban un dialecto púnico, aunque es probable que algunos conocieran el griego.

Una víbora… se le prendió en la mano (28:3). Aunque en la actualidad no hay serpientes venenosas en Malta, no sabemos las condiciones en el primer siglo. Tal vez los isleños mataron gradualmente a las serpientes a lo largo de los siglos (como en Irlanda).[93]

Ciertamente este hombre es homicida… la justicia no deja vivir (28:4). La palabra traducida como "justicia" (*dikē*) podría ser una referencia general a la retribución divina o a la "justicia", pero es más probable que se refiera a Dikē, hija de Zeus y Temis y diosa de la justicia y el orden moral. Con frecuencia se la representa llevando una balanza. Los isleños asumen que Pablo está siendo castigado por los dioses por algún mal que ha hecho.

Hombre principal de la isla, llamado Publio (28:7). "Hombre principal" es un título inusual, que significa algo así como "primer" o "preeminente". El título ha sido confirmado en inscripciones del siglo I en Malta.[94] Podría referirse al procurador de la isla o a un funcionario local bajo la autoridad del procurador de Sicilia.

Pasados tres meses (28:11). El barco probablemente llegó a Malta a finales de octubre, por lo que los tres meses serían noviembre, diciembre y enero (probablemente en el año 59). El tiempo invernal más peligroso había pasado, sin embargo, un viaje en febrero seguía siendo arriesgado.

Un barco de Alejandría que tenía como figura de proa a los dioses gemelos (28:11 NTV). Es probable que se trate de otro barco de grano procedente de Alejandría que se dirigía a Roma. El griego dice que el barco tenía un mascarón de proa "a los gemelos" (*dioskourois*), es decir, a los hijos gemelos de Zeus, Castor y Pólux, que eran vistos como ayudantes de los marineros. También se les recuerda en el signo zodiacal Géminis.

Siracusa (28:12). Esta próspera ciudad estaba situada en la costa sureste

La Vía Apia era un camino principal que conducía a los viajeros a la ciudad de Roma. Aquí son visibles los restos de la misma. Pablo ciertamente habría utilizado este camino en sus viajes a Roma.

de Sicilia, a unas noventa millas al norte de Malta. Originalmente situada en una isla de la costa, la ciudad se extendió a tierra firme a medida que crecía. Era la capital romana de Sicilia oriental. El retraso de tres días pudo deberse a la descarga o carga de la mercancía o a las condiciones meteorológicas.[95]

Regio (28:13). Esta ciudad estaba situada en el extremo suroeste de la "bota" de Italia, a unas setenta y cinco millas de Siracusa. El puerto bordeaba el estrecho de Mesina que separa Italia de Sicilia y frente a la ciudad siciliana de Mesina. Hoy se conoce como Reggio di Calabria.

Puteoli (28:13). Esta ciudad portuaria importante para los envíos de grano a Roma estaba situada en la costa occidental de Italia a unas 130 millas al sureste de Roma. Era conocida bajo los griegos como Dicaearchia y hoy es Pozzuoli. Josefo se refiere a una población judía allí,[96] lo que puede ayudar a explicar la presencia de una comunidad cristiana que acoge a Pablo.

El Foro de Apio y las Tres Tabernas (28:15). Ambos son lugares de parada habituales en la Vía Apia al sur de Roma. El primero era un pueblo comercial a unas cuarenta y tres millas de la ciudad; el segundo estaba a unas treinta millas de distancia. Evidentemente, dos grupos de cristianos salían de Roma, algunos se reunían en el primer lugar y otros en el segundo.

Cuando llegamos a Roma... a Pablo se le permitió vivir aparte (28:16). Está claro que Pablo no es visto como un prisionero peligroso, ya que es puesto en arresto domiciliario (28:30) y se le da mucha libertad. Sin embargo, sigue estando con una cadena (28:20).

Pablo en Roma (28:17-31)

Convocó a los principales de los judíos (28:17). A pesar de la anterior expulsión bajo Claudio (ver los comentarios sobre Hechos 18:2), había una gran población judía en Roma, que oscilaba entre los veinte y los cincuenta mil (Roma tenía una población total de alrededor de un millón). Sabemos que había al menos once sinagogas.[97] Filón dice que los judíos vivían en su mayoría juntos en la orilla opuesta del río Tíber.[98]

De esta secta nos es notorio que en todas partes se habla contra ella (28:22). La propia Roma había experimentado disturbios entre judíos y cristianos judíos (ver comentarios sobre Hechos 18:2), y a los judíos de Roma les llegaron informes de otros disturbios.

Pablo permaneció dos años enteros en una casa alquilada (28:30). Las fechas son aproximadamente 60-62 d. C. La frase griega traducida como "en una casa alquilada" (en *idiō misthōmati*) también podría interpretarse como "pagando sus gastos él mismo" (NTV; cf. Hechos 20:34). En cualquier caso, su alojamiento probablemente no era una casa en sí, sino un pequeño apartamento en uno de varios pisos conocido como insula. La vivienda en Roma era extremadamente cara y nada lujosa. Las masas vivían en la miseria general.[99]

Predicando el reino de Dios (28:31). Ver los comentarios sobre Hechos 1:3.

— Mateo
— Marcos
— Lucas
— Juan
— Hechos

— Romanos

— 1 Corintios
— 2 Corintios
— Gálatas
— Efesios
— Filipenses
— Colosenses
— 1 Tesalonicenses
— 2 Tesalonicenses
— 1 Timoteo
— 2 Timoteo
— Tito
— Filemón
— Hebreos
— Santiago
— 1 Pedro
— 2 Pedro
— 1 Juan
— 2 Juan
— 3 Juan
— Judas
— Apocalipsis

Romanos

C. Marvin Pate

Introducción. Ningún estudioso moderno pone en duda que Pablo fue el autor de Romanos. Además, muchos intérpretes creen que la clave de la teología de Pablo es la superposición de las dos edades: la edad venidera ya ha comenzado con la primera venida de Cristo, pero no se completará hasta la segunda venida de Cristo. Esta teología aparece en Romanos. La gran mayoría de los estudiosos creen que Pablo escribió Romanos entre el 55 y el 58 d. C., desde la ciudad de Corinto en su tercer viaje misionero.

De la misma carta de Romanos se desprende que los destinatarios de la carta son tanto los cristianos judíos como los gentiles, ya que se dirigen a los grupos a lo largo del documento (1:1-16; 2:1-3:20; 9-11; 14:1-15:13). Lo más probable es que las iglesias de Roma fueron fundadas por judíos romanos que se convirtieron al cristianismo en Jerusalén el día de Pentecostés (Hechos 2), que luego volvieron a sus casas, a las sinagogas de Roma, con su recién encontrada fe en Jesús el Mesías. También es muy probable que esos cristianos judíos llevaran a Cristo a los gentiles temerosos de Dios que adoraban en sus sinagogas. Los temerosos de Dios eran gentiles que llegaron a creer en el único y verdadero Dios de Israel, pero que no se sometían a la circuncisión ni a toda la ley de Moisés.[1]

Claudio, el emperador romanodurante los años 41-54 d. C, expulsó a los judíos de Roma.

Así que, en algún momento entre el 30 y el 55 d. C., el cristianismo se estableció en Roma, probablemente reuniéndose en hasta cinco iglesias en casas y viviendas, según 16:5, 10, 11, 14, 15, y con una asistencia de quizás unos pocos cientos (una gran iglesia en casa podía acomodar a cincuenta personas para la adoración).

Uno podría ver a partir de esto cómo los creyentes romanos podrían haberse polarizado en "débiles" (posiblemente cristianos judíos) y "fuertes" (posiblemente cristianos gentiles) (ver 14:1-15:13), ya que se reunían en diferentes lugares. Además, la mayoría de los estudiosos piensan hoy que el elemento cristiano gentil en las iglesias domésticas se volvió dominante cuando los judíos (incluidos los cristianos judíos) fueron expulsados de Roma en el año 49 d. C. por el emperador Claudio. Suetonio, un historiador romano del siglo II, dijo que el emperador romano expulsó a los judíos de Roma porque se peleaban por un hombre llamado Chrestus, probablemente una corrupción del griego Christos: Cristo.[2] Sin duda, Suetonio se refería al debate entre los judíos cristianos y los judíos no cristianos sobre si Jesús era el Cristo. Como Roma no distinguía entre judíos cristianos y judíos no cristianos, sino que los consideraba a todos judíos, Claudio los expulsó a todos. Sin embargo, después de la muerte de Claudio en el año 54 d. C. se permitió a los judíos volver a Roma. En ese tiempo, los cristianos judíos volvieron a las iglesias en casas o de la comunidad ahora dominadas por los cristianos gentiles, lo que provocó una relación tensa entre los dos grupos.

Aunque sigue habiendo mucho debate sobre el motivo por el que Pablo escribió su magnífica Carta a los Romanos, el propio apóstol no deja al lector ninguna duda sobre su propósito: Pablo fue llamado divinamente a liderar la conversión de las naciones en los últimos tiempos, una misión en la que la iglesia de Roma debía desempeñar un papel fundamental (ver 1:1-15; 15:14-33; 16:25-27). Así, Roma iba a ser la última parada importante antes de que el apóstol emprendiera su misión a España, el fin del mundo conocido hasta entonces (ver 15:14-33).[3] Sin embargo, para conseguir el apoyo de los cristianos de Roma, la capital del Imperio Romano, Pablo tenía que realizar dos tareas. En primer lugar, tenía que motivar a los cristianos judíos y gentiles de Roma para que volvieran a llevarse bien (ver los capítulos 9-11; 14-15); de lo contrario, la iglesia no estaría lo suficientemente unida como para apoyarlo financiera y espiritualmente en su misión a España. En segundo lugar, incluso antes de eso, Pablo tenía que convencer a los cristianos romanos de que era un apóstol legítimo y, por tanto, digno de su apoyo.

Introducción a Romanos (1:1-17)

Pablo, siervo de Jesucristo, llamado a ser apóstol, apartado para el evangelio de Dios (1:1). Hechos 13:9 dice que Saulo se llamaba simultáneamente Pablo, disipando así la idea errónea de que el nombre del apóstol fue cambiado de Saulo a Pablo en su conversión. En la antigüedad, era normal que los judíos tuvieran tanto nombres semíticos como romanos. Un ciudadano

La ubicación de Roma

romano como Pablo tenía tres nombres: un nombre (*praenomen*), un nombre de familia (*nomen*), y un apellido (*cognomen*). En cuanto al apóstol, solo conocemos el último de estos: Pablo.

Pablo se describe a sí mismo de tres maneras. Primero, es un siervo de Cristo Jesús. Con esto quiere decir que es un esclavo (*doulos*) de Jesucristo. Además de la connotación degradante de doulos, Pablo puede haber estado aludiendo a la tradición muy positiva de "siervo de Jehová" en el A. T., que se aplicaba a Israel (Neh 1:6; Is 43:10), a los profetas (2 Reyes 9:7; 17:23), a Moisés (Jos 14:7; 2 Reyes 18:12), a Josué (Jos 24:29) y a otros, y especialmente al siervo de Jehová de Isaías (Is 42:1-9; 49:1-13; 50:4-11; 52:13-53:12). En segundo lugar, Pablo es llamado a ser apóstol, lo que significa que se le ha concedido el estatus de los doce discípulos oficiales. Esto es así aunque Pablo no hubiera conocido al Jesús histórico. Lo que importaba era que Pablo había conocido al Jesús resucitado (por ejemplo, 1 Co 15:8; Gl 1:15-18). Sigue habiendo un debate entre los estudiosos del N. T. sobre si "apóstol" se refería a la institución rabínica judía de *shaliah*, por la que las decisiones del Sanedrín (el antiguo órgano de gobierno de Israel; cf. el Knesset actual) eran anunciadas en todo Israel por representantes oficiales de los miembros del Sanedrín. Estos "enviados" debían ser tratados como si también fueran miembros del Sanedrín.[4] En tercer lugar, Pablo es apartado para el evangelio de Dios. "Apartado" se refiere probablemente a la llamada divina de Pablo desde su nacimiento para ser apóstol de Cristo, que se concretó en el camino de Damasco (ver Gl 1:15-18). El término "evangelio" tiene su raíz en la promesa de la buena noticia de la restauración de Israel al final de los tiempos, tan prominente en el libro de Isaías, especialmente en los capítulos 40 y siguientes (ver, por ejemplo, Is 40:9; 42:7; 60:6; 61:1 [cf. Lucas 4:18]; cf. Joel 2:32; Nah 1:15).

Este mensaje de buenas noticias también incluía la conversión de los gentiles (ver Is 45:15; 60:15-17; Miq 4:13; cf. Ro 9:25-27; 15:16-33). Este es el evangelio de "Dios" en Cristo porque se originó en el A. T. como promesa divina a Israel y se cumple en Jesucristo, como muestra Ro 1:2-6.

Que él había prometido antes por sus profetas en las santas Escrituras (1:2). Hay consenso entre los comentaristas en que "profetas" aquí se refiere a todo el A. T., no solo a los profetas en sí. Por lo tanto, Pablo está diciendo que el A. T. da testimonio profético del evangelio de Dios.

Acerca de su Hijo... del linaje de David... fue declarado Hijo de Dios con poder, según el Espíritu de santidad, por la resurrección de entre los muertos (1:3-4). El mensaje de esta pieza cristológica es que en Jesucristo comienza a cumplirse la restauración prometida de Israel. Observe las siguientes cuatro conexiones entre los versículos 3-4 y la promesa en la literatura judía del Segundo Templo de la restauración de Israel:

Jesucristo	Restauración de Israel
el "evangelio" (Ro 1:1-7)	las buenas nuevas de la restauración de Israel (p. ej., Is 40)
el Mesías davídico (cf. Ro 1:3 con Mt 1:1-16; Lucas 1:27, 32, 69; 2 Ti 2:8; Ap 5:5; 22:16)	el Mesías davídico restaurará a Israel en la era venidera (2 S 7:12-16; Is 11:1, 10; Jer 23:5-6; 30:9; 33:14-18; Ez 34:23-24; 37:24-25; *Salmos de Salomón 17.21; 4QFlorilegium)*
el Hijo de Dios, el verdadero/Israel restaurado (cf. Ro 1:3-4 con Mt 4:1-11; Lucas 4:1-13)	Israel es el hijo de Dios (Ex 4:22-23; Jer 31:9; Oseas 11:1; Sab 18:13; *Jubileos* 1.24-25; *Salmos de Salomón* 18.4)
el que resucitó de entre los muertos (Ro 1:4)	la futura restauración de Israel se asemeja a la resurrección de los muertos (Is 26:19; Ez 37:1-14)[5]

Para la obediencia a la fe en todas las naciones por amor de su nombre (1:5). En mi opinión, la "obediencia a la fe" de los gentiles se refiere a la promesa del final del tiempo del A. T. por la que los gentiles se convertirán al único Dios verdadero tras la restauración de Israel (ver de nuevo Is 45:15; 60:15-17; Miqueas 4:13; Ro 9:25-27; 15:16-33), salvo que Pablo invierte ese orden en 11:24-27, con Israel siguiendo a los gentiles. De hecho, la conversión escatológica de los gentiles es el tema de los versículos 5-7 en su conjunto.

La obediencia de la fe de los gentiles (1:8-15)

Vuestra fe se divulga por todo el mundo (1:8). La obediencia de la fe, la conversión de los gentiles al final de los tiempos, está ocurriendo ahora, en tres etapas, según 1:8-15: la evangelización de los gentiles al este de Roma (v. 8), en Roma (cf. v. 8 con vv. 9-10, 13-15), y al oeste de Roma en España, el fin del mundo hasta entonces conocido (vv. 11-12). Esto es nada menos que la inversión de la doble promesa del A. T. (de la restauración de Israel a la conversión de los gentiles) que será el catalizador de la restauración de Israel (cf. 1:13 con 11:25-27). La Tabula Peutingeriana, un mapa del Imperio Romano del siglo III, revela el genio escatológico detrás del plan de Pablo de visitar España con el propósito de predicar el evangelio. Ese mapa muestra que los antiguos creían que Ilírico era un punto de parada clave en el camino hacia Roma y que Roma estaba a medio camino de España, conocido como el fin del mundo. Si comparamos este mapa con 1:8-15 y 15:19-29, llegamos a la lógica de la pasión de Pablo por ir a España: tras haber evangelizado Ilírico (la zona de la actual Albania y la antigua Yugoslavia), Pablo necesitaba ahora del apoyo de los cristianos romanos para llevar a cabo su misión en España y lograr así la conversión de los gentiles restantes.

Esto fue para traer "la plenitud de los gentiles" justo antes de la restauración de Israel (11:25-27). Robert Jewett lo expresa de esta manera: "El llamado [de Pablo] es exten-

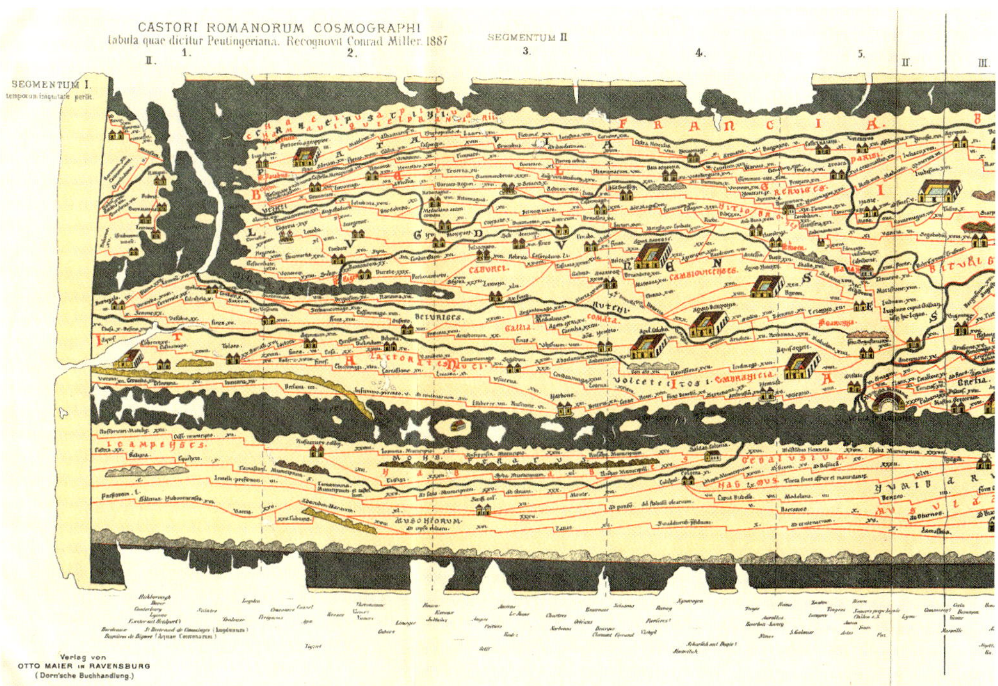

Una parte de la Tabula *Peutingeriana*, un antiguo mapa de carreteras del Imperio Romano.

der el evangelio al 'resto' de los gentiles; un alcance impresionante cuya razón de ser queda clara cuando uno se da cuenta de que España marcaba el final del mundo conocido, el final del 'círculo' (Ro 15:19) del mundo conocido que iba desde Jerusalén, pasando por Ilírico y Roma, hasta las Columnas de Hércules [el estrecho de Gibraltar]".[6]

El Evangelio de la justicia de Dios (1:16-17)

No me avergüenzo del evangelio, porque... el justo por la fe vivirá (1:16-17). Un punto clave en el trasfondo histórico de 1:16-17 es la historia de Israel. Esa historia se desarrolla en el A. T. en tres etapas: (1) el pecado de Israel de idolatría de Israel contra Yahveh; (2) el rechazo de Israel a los profetas de Yahveh que llamaron a Israel al arrepentimiento y el posterior envío de Israel al exilio, primero a Asiria en el 721 a. C. y luego a Babilonia en el 587 a. C.; y (3) la promesa del retorno/restauración de Israel a su patria si, es decir, se arrepienten volviendo a Dios. Es el tercer punto el que pesa tanto en el trasfondo de 1:16-17. Los principales términos clave de 1:16-17 que se refieren a la promesa de la restauración de Israel, especialmente la de Isaías, son los siguientes:[7]

Ro 1:16–17	Restauración de Israel (especialmente como se registra en Isaías)
"no me avergüenzo" (cf. 1:16 con 9:33; 10:11)	LXX Is 28:16 (en el sentido de que los que confían en el Señor no quedarán defraudados, es decir, participarán en la restauración de Israel)
"evangelio"	Is 40:9; 52:7; 61:1; LXX Is 60:6; Joel 2:32; Nah 1:15 (la buena noticia del regreso de Israel a su tierra)
Ro 1:16–17	**Restauración de Israel (especialmente como se registra en Isaías)**
"poder"	Ex 9:16; Sal 77:14-15; 140:7 (la acción salvadora de Dios en el éxodo, motivo que se aplica al regreso de Israel del exilio en Is 43:2, 16-19; 52:10-12)
"salvación"	Is 12:2; 25:9; 46:13; 49:6; 52:7, 10 (la liberación de Dios de Israel del exilio)
"justicia"	Is 51:5, 6, 8; Miq 6:5; LXX Is 46:13; Miq 7:9 (la fidelidad de Dios a su pacto con Israel al restaurar a Israel a sí mismo)
"se revela"	Is 22:14; 40:5; 43:12; 53:1; 56:1; 65:1 (en el sentido de que la restauración de Israel revelará la justicia de Dios y su fidelidad a su pacto con Israel)
"fe"	Hab 2:4 (en el sentido de que el justo es el que confía en el Señor para sacar a Israel del exilio y devolverlo a su patria)

La ira de Dios se revela desde el cielo contra toda impiedad e injusticia (1:18). Los diversos sinónimos de la verdad y las frases para describirla a lo largo de los versículos 18-32: "verdad" (v. 18); "lo que de Dios se conoce" (v. 19); "les es manifiesto" (v. 19); los atributos de deidad y poder de Dios percibidos en la creación (v. 20); "habiendo conocido a Dios", no lo "glorificaron" (v. 21); "cambiaron la verdad de Dios por la mentira" (v. 25); "natural" (v. 26); "tener en cuenta a" (v. 28); conocer el "juicio" de Dios (v. 32), aluden al concepto estoico gentil de estar en armonía con el ser divino así como a los mandamientos que Dios prescribió al mundo en su pacto con Noé después del diluvio (cf. Gn 9:1-17; *Jubileos* 7.20; Hechos 15:20-21, 29). Este pacto de Noé con el mundo refleja el pacto de Dios con Israel e incluso se solapa con él ya que la ley natural se superpone a la Ley de Moisés.

Aun sus mujeres cambiaron el uso natural por el que es contra naturaleza, y de igual modo también los hombres, dejando el uso natural de la mujer, se encendieron en su lascivia unos con otros (1:26b-27). La mayoría de la gente en el mundo grecorromano no habría estado de acuerdo con la condena de Pablo de la homosexualidad y el lesbianismo (ver, por ejemplo, el Symposium [*Simposio*] de Platón, y note la práctica generalizada y aprobada de la pederastia [hombres adultos que mantienen relaciones sexuales con niños]). Pablo estaba de acuerdo con el A. T. y el judaísmo primitivo en que ese estilo de vida estaba prohibido por Dios (ver Gn 19:1-28; Lv 18:22; 20:13; Dt 23:17-18; cf. Sab 14:26; *Testamento de Leví* 17.11; Sibylline Oracles 3.596-600).[8]

Estando atestados de toda injusticia, fornicación, perversidad, avaricia, maldad (1:29). Los catálogos de vicios eran muy conocidos en el mundo antiguo, especialmente entre los estoicos. También se adoptaron en el judaísmo[9] y en el cristianismo primitivo (por ejemplo, Mc 7:21-22; 1 Co 5:10-11; 6:9-10; Gl 5:19-21).[10]

¿O menosprecias las riquezas de su benignidad, paciencia y longanimidad, ignorando que su benignidad te guía al arrepentimiento? (2:4). En el A. T., Israel trabajaba bajo la suposición de que su elección como pueblo elegido por Dios lo eximía del juicio divino incluso si pecaban, una noción con la que los profetas se empeñaron en no estar de acuerdo (p. ej, Is 2:6-4:1; Jer 2-35; Ez 1-24). También Pablo rechaza esa idea en 2:1-11.

Porque cuando los gentiles que no tienen ley, hacen por naturaleza lo que es de la ley... dando testimonio su conciencia, y acusándoles o defendiéndoles sus razonamientos, en el día en que Dios juzgará (2:14-16). Los comentaristas de Romanos han señalado desde hace tiempo la influencia del estilo de debate conocido como "diatriba" en 2:1-3:8, un estilo utilizado por los antiguos griegos en los debates. La diatriba constaba de tres partes: (1) dirigirse explícita o implícitamente al adversario, (2) plantear las críticas del adversario y (3) responder a esas críticas.[11] Pablo emplea la técnica de la

Los restos arqueológicos del Foro de César en Roma. Construido alrededor del año 46 a. C., fue destruido por un incendio y reconstruido varias veces hasta el siglo III d. C. Las columnas solían sostener un pórtico techado que ofrecía un lugar para el discurso público y privado.

diatriba precisamente contra el judío incrédulo en 2:1-3:20, específicamente en tres lugares (2:1-11; 2:17-25; 3:1-8). Es interesante, a modo de contraste, que Pablo no utilice el estilo de diatriba al tratar el tema de la condición pecadora de los gentiles en 1:19-32, aquí en 2:12-16, y en 2:26-29, presumiblemente porque sus argumentos allí no precipitarían ninguna protesta por parte de los gentiles.

La "conciencia" (v. 15) era un concepto griego, especialmente la idea estoica de que la conciencia es el mecanismo moral dentro de los seres humanos que los condena por sus malas acciones.[12] El judaísmo helenístico adoptó este matiz en su uso del término.[13] Pablo se refiere a este aspecto negativo de la "conciencia" aquí (y en 1 Co 8:7, 10, 12; 1 Ti 4:2; Tito 1:15), pero en otros lugares la conciencia juega un papel positivo para Pablo (Ro 9:1; 2 Co 1:12; 1 Ti 1:5, 19; 3:9; 2 Ti 1:3).

He aquí, tú tienes el sobrenombre de judío, y te apoyas en la ley, y te glorías en Dios... que tienes en la ley la forma de la ciencia y de la verdad (2:17-20). Israel creía que su posesión privilegiada de la ley los convertía en el maestro de los gentiles y por lo tanto superior a los gentiles o las demás naciones. Los versículos 17-20 se basan en la noción predominante en el judaísmo primitivo de que la sabiduría que los gentiles anhelaban se encontraba en la Torá.[14]

Tú que te jactas de la ley, ¿con infracción de la ley deshonras a Dios? (2:23). Pablo retoma el estilo de argumentación diatriba en 2:17-24, que se centra en la falta de honestidad del alarde judío en la Torá. Es interesante que el uso estoico de la diatriba también podría señalar los alardes hipócritas de compañeros estoicos que no seguían realmente los principios estoicos aceptables.[15]

sino que es judío el que lo es en lo interior, y la circuncisión es la del corazón (2:29). "Circuncisión es la del corazón" es una frase utilizada en el A. T. para expresar el anhelo de que un día Israel obedezca a Dios de corazón; es decir, que Israel inscriba en piedra los mandamientos dentro de su vida (Dt 10:16; 30:6; Jer 4:4; 9:25-26; Ez 44:9).[16] Esta esperanza estaba relacionada con la llegada del Espíritu Santo y el nuevo pacto (Jer 31:31-34; Ez 36:26-27).

Por las obras de la ley ningún ser humano será justificado delante de él; porque por medio de la ley es el conocimiento del pecado (3:20). En 3:9-20, Pablo describe al mundo como si estuviera siendo juzgado ante Dios en la sala de justicia celestial. El siguiente esquema despliega la dramática escena:

> La acusación: Todos están bajo pecado (v. 9)
> La evidencia: La depravación total de la humanidad (vv. 10-18)
> El veredicto: Todos son culpables ante Dios. Nadie será justificado a los ojos de Dios por las obras de la ley (implícito porque la propia ley está bajo pecado y por lo tanto motiva la desobediencia en vez de la obediencia) (vv. 19-20)

La justificación por la fe (3:21-4:25)

Dios lo ofreció como un sacrificio de expiación... De este modo Dios es justo y, a la vez, el que justifica a los que tienen fe en Jesús (3:25-26 NVI). El trasfondo básico del discurso de Pablo sobre el sacrificio en 3:25-26, especialmente su elección del término "sacrificio de expiación" (*hilastēron* en el v. 25), es el Día de la Expiación del A. T.

Porque si Abraham fue justificado por las obras, tiene de qué gloriarse... mas al que no obra, sino cree en aquel que justifica al impío, su fe le es contada por justicia (4:2-5). Los siguientes tres puntos sobre Abraham nos ayudan a comprender lo que Pablo dice en Ro 4. Primero, Abraham era venerado por los judíos como el padre de la raza judía (Gn 12-24; Sal 105:6; Is 41:8). En segundo lugar, se creía que Abraham obedecía la Torá de antemano y, por tanto, estaba justificado por sus buenas obras.[17] En tercer lugar, en varios textos judíos antiguos, Gn 15:6 (Abraham creyó en la promesa de Dios de que le daría una descendencia innumerable y, por tanto, Dios consideró que Abraham era justo) se interpretaba a través de la visión de Gn 17 (la institución de la circuncisión por parte de Abraham como un acto de obediencia a Dios)o Gn 22 (la ofrenda de Isaac por parte de Abraham) para mostrar que Abraham

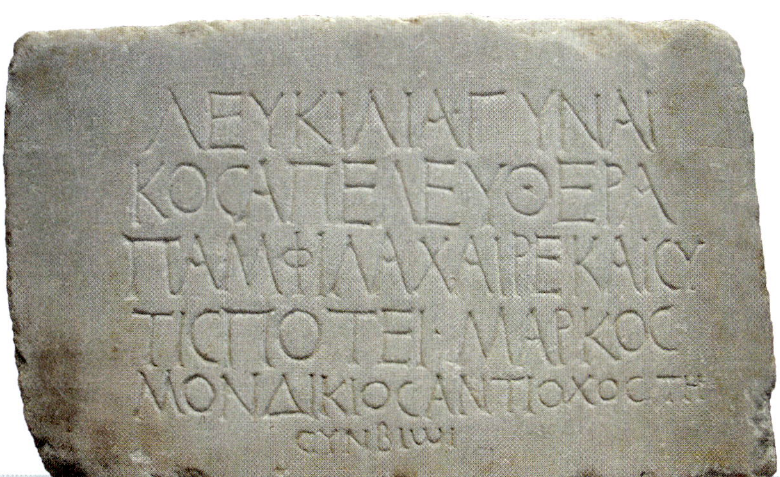

Pablo utiliza la palabra "redención" para describir el proceso por el cual los esclavos podían ser liberados. Esta inscripción del siglo I d. C. es una inscripción de Tesalónica que conmemora la liberación de una esclava por su señora.

fue declarado justo porque obedeció la Torá por adelantado.[18] En Ro 4, Pablo se muestra en desacuerdo con el segundo y tercer punto anteriores. Así, niega que Abraham fuera justificado por sus obras, y Pablo separa Gn 15:6 de Gn 17 o 22.

Como también David habla de la bienaventuranza del hombre a quien Dios atribuye justicia sin obras, diciendo:... *Bienaventurado el varón a quien el Señor no inculpa de pecado* (4:6-8). En los versículos 6-8, el rabino utiliza la regla hermenéutica de Rabí Hillel conocida como *gezerah shavah* (categoría de igualdad) para señalar el controvertido argumento de que Abraham era un pecador y, por lo tanto, podía ser justificado ante Dios solo por la fe. La *gezerah shavah* indicaba que si la misma palabra clave aparece en dos textos del A. T., entonces esos dos textos del A. T. deben leerse como interpretados mutuamente. Así, en 4:6-8:

> Versículo 3: "creyó Abram a Dios, y fuele imputado [*logizomai*] a justicia" (LXX Gn 15:6)
> Versículos 7-8: "Bienaventurado el varón a quien no imputará [*logizomai*] el Señor, no, pecado" (LXX Sal 31:1-2 [ingl. trad. 32:1-2])

Dado que la palabra clave, *logizomai*, aparece tanto en Gn 15:6 como en Sal 32:1-2, Pablo, según el principio de gezerah shavah, interpreta Gn 15:6 a través de la visión de Sal 32:1-2, el significado de que Abraham fue imputado/considerado justo ante Dios (Gn 15:6) es que ¡Dios no imputó/contabilizó contra Abraham su pecado (Sal 32:1-2, hablando del perdón de Dios de los pecados de David de adulterio y asesinato)!

Porque no por la ley fue dada a Abraham o a su descendencia la promesa de que sería heredero del mundo, sino por

Esta cubierta de libro de marfil (siglos X-XI d. C.) muestra a David dictando los salmos. Pablo cita a David del Sal 32 en Ro 4 para señalar que Dios perdona generosamente los pecados en Cristo.

la justicia de la fe... Pues la ley produce ira (4:13-15). Pablo contrasta dos pactos en Ro 4:

Pacto con Abraham	Pacto con Moisés
4:1-5: Abraham fue justificado por la fe.	El individuo se salva realizando las obras de la Torá.
4:6-8: Pablo separa Gn 15 de Gn 17 y/o 22.	El Pentateuco y el judaísmo del Segundo Templo combinan Gn 15 y Gn 17 y/o 22.
4:9-12: Pablo (como los profetas del A. T. antes que él) sostiene que hay discontinuidad entre la promesa divina a Abraham de que será padre de muchas naciones y el mandato divino a Abraham de ser circuncidado.	El Pentateuco y el judaísmo del Segundo Templo sostenían que hay continuidad entre la promesa divina a Abraham de que sería padre de muchas naciones y el mandato divino a Abraham de ser circuncidado.
4:13-25: Según Pablo, la ley de Moisés suscita la desobediencia (vv. 13-17a), mientras que la promesa engendra fe y obediencia (vv. 17b-25).	La ley engendra la obediencia a Dios, y la base de la promesa divina a Abraham.

La seguridad que proporciona el Evangelio: La esperanza de la salvación (5:1-8:39)

Justificados, pues, por la fe, tenemos paz para con Dios por medio de nuestro Señor Jesucristo (5:1). Romanos 5:1-8:39 analiza las bendiciones del nuevo pacto prometidas una vez a Israel que ahora pertenecen a los miembros de la verdadera iglesia, aquellos que son justificados por la fe. En cuanto a la bendición de la paz, el pacto de la paz prometida a Israel (Nm 6:22-27), especialmente en la nueva era del nuevo pacto (Is 9:6-7; 54:10; Ez 34:25-31; 37:26), pertenece ahora a los cristianos.

Nos gloriamos en la esperanza de la gloria de Dios... esperanza (5:2b-4). La esperanza de gloria es la siguiente bendición que pertenece a los cristianos. Se trata de la futura restauración de la gloria perdida de Adán a Israel (1:21; 3:23), el pueblo del pacto de Dios, pero que ahora pertenece a los cristianos (8:16-30) y está condicionada al sufrimiento justo en esta época.

La esperanza no avergüenza; porque el amor de Dios ha sido derramado en nuestros corazones por el Espíritu Santo que nos fue dado (5:5). El amor fiel de Dios demostrado en su pacto con Israel se ha trasladado ahora a la iglesia, como lo demuestran la morada del Espíritu Santo (cf. Is 32:15; 34:16; Ez 11:19; 36:26-27; Joel 2:28-32) y la muerte de Cristo. Esta es la tercera bendición del nuevo pacto que pertenece a los cristianos, siendo las dos primeras la paz y la gloria.

Por tanto, como el pecado entró en el mundo por un hombre, y por el pecado la muerte, así la muerte pasó a todos los hombres, por cuanto to-

dos pecaron... el cual es figura del que había de venir (5:12-14). Esta es la siguiente bendición del nuevo pacto en Cristo: la nueva humanidad en Cristo es el nuevo Adán.

Abundaron mucho más para los muchos la gracia y el don de Dios por la gracia de un hombre, Jesucristo (5:15). Pablo utiliza la antigua técnica hermenéutica rabínica conocida como qal wahomer: si el argumento menor es verdadero, con mayor razón lo es el argumento mayor. Esta técnica aparece en el capítulo 5 en los versículos 9-10, 15, 17. Así, si el pecado de Adán afectó al mundo, cuánto más la obediencia de Cristo afectará al mundo.

En ninguna manera. Porque los que hemos muerto al pecado, ¿cómo viviremos aún en él? (6:2). El nuevo dominio mediante la unión con Cristo es la siguiente bendición del nuevo pacto que pertenece a los cristianos. Israel sigue esclavizada por el pecado y ha perdido, como Adán, su dominio sobre la tierra (Gn 1:26-28), pero los cristianos tienen dominio sobre el pecado a través de su unión con Cristo.

¿O no sabéis que todos los que hemos sido bautizados en Cristo Jesús, hemos sido bautizados en su muerte? Porque somos sepultados juntamente con él para muerte por el bautismo, a fin de que como Cristo resucitó de los muertos por la gloria del Padre, así también nosotros andemos en vida nueva (6:3-4). La principal característica histórico-cultural más o menos contemporánea del N. T. que informa 6:1-14 era la práctica del bautismo como rito de entrada a una comunidad religiosa (ver el artículo "El bautismo en el mundo del Nuevo Testamento"). Unos cuatro grupos religiosos exigían el bautismo a sus nuevos conversos: el judaísmo rabínico, la comunidad de los Rollos del Mar Muerto, Juan el Bautista y sus discípulos, y las religiones de misterio grecorromanas. Lo más probable es que el origen del concepto de bautismo de Pablo es su misticismo "en Cristo". "En Cristo" o alguna expresión similar, aparece 164 veces en las cartas de Pablo, significando la unión espiritual del creyente con Cristo.

No reine, pues, el pecado en vuestro cuerpo mortal, de modo que lo obedezcáis en sus concupiscencias (6:12). El énfasis en la obediencia en los versículos 12-13 recuerda a un escenario militar (note las "armas" en el v. 13). Así, 6:12-13 (cf. vv. 4b, 6b, 11) probablemente se basa en un tema familiar para los primeros escritores judíos y cristianos: la creencia de que al final de los tiempos los santos de Dios harán la guerra contra los hijos del mal.[19] Lo que se presenta en 6:12-13 es una guerra santa interna, espiritual, entre el dominio del pecado y el reino

Estatua de Pablo en la Basílica de San Pablo fuera de las murallas en Roma.

de Dios, de ahí el mandato a los cristianos de alinearse con las fuerzas de la justicia.

¿No sabéis que si os sometéis a alguien como esclavos para obedecerle, sois esclavos de aquel a quien obedecéis? (6:16). El principal antecedente de esta sección es la antigua institución de la esclavitud (ver el artículo "La esclavitud en el mundo del Nuevo Testamento"). Trágicamente, la esclavitud era una realidad básica en la sociedad grecorromana, alcanzando su mayor proporción en los primeros siglos antes de Cristo y después de Cristo. Según diversas estimaciones, entre una quinta y una tercera parte de la población estaba esclavizada. Las revueltas de esclavos en Italia y Sicilia a finales de la República confirman el descontento social generalizado de la época. El relato de Catón sobre el trabajo de los esclavos en la agricultura revela una mentalidad de capataz que recuerda a la esclavitud de antes de la Guerra Civil en Estados Unidos. Séneca relata que una propuesta del Senado romano para que los esclavos tuvieran que seguir un código de vestimenta distintivo fue rechazada para que los esclavos no descubrieran lo numerosos que eran. La esclavitud era una institución despreciable, que devaluaba la dignidad del ser humano. El estatus legal de un esclavo era el de una "cosa". Aristóteles definía al esclavo como una "propiedad viva" y como una "herramienta viva y la herramienta un esclavo sin vida".[20] En resumen, el esclavo estaba sometido al poder absoluto de su amo.

Porque la mujer casada está sujeta por la ley al marido mientras este vive; pero si el marido muere, ella queda libre de la ley del marido (7:2). La siguiente bendición del nuevo pacto es que el antiguo dominio del pecado que la ley produjo sobre Israel es reemplazado por la fe en Cristo. El matrimonio y la muerte como la ruptura del poder de la ley sobre los cristianos proporcionan el trasfondo de 7:1-6. El principal trasfondo histórico-cultural de 7:1-12 es la diferencia entre la visión judía del matrimonio y la concepción grecorromana de esa institución. Según la ley judía, solo el esposo podía divorciarse de su esposa de acuerdo con Dt 24:1, y por lo tanto la mujer estaba ligada a su esposo mientras este viviera, mientras que en el derecho romano cualquiera de los cónyuges podía iniciar el divorcio.[21] En 7:1-6, queda claro que el hombre tiene ventaja en la relación matrimonial, ya que la mujer no es libre de volver a casarse hasta que su esposo muera.

Tampoco conociera la codicia, si la ley no dijera: *No codiciarás* (7:7b-11). Romanos 7:7-11 se entiende mejor teniendo en cuenta Gn 2-3. El si-

Ro 7:7-11	Gn 2-3
7:7: "No codiciarás"	3:1-6: Adán y Eva deseaban ser como Dios incumpliendo así el mandamiento de Dios de no comer del árbol de la ciencia del bien y del mal.
7:8: El pecado se personifica	3:1-6: La serpiente personifica el pecado.

7:9a: "Y yo sin la ley vivía en un tiempo"	1:26-2:14: Solo Adán y Eva estaban vivos antes de la llegada de la ley, el mandamiento de Dios de no comer del árbol prohibido (2:17).
7:9b-10: "Yo morí"	2:17: Dios advierte que si la pareja come del árbol del conocimiento del bien y del mal, morirán (lo que ocurrió).
7:11: "El pecado [...] me engañó [*exapataō*]" (cf. 2 Co 11:3; 1 Ti 2:14)	LXX Gen. 3:13: "La serpiente engañóme [*apataō*][22] [Eva]".

guiente cuadro destaca los paralelismos entre ambos pasajes:

Porque lo que hago, no lo entiendo; pues no hago lo que quiero, sino lo que aborrezco, eso hago (7:15). Romanos 7:13-25 presenta la lucha interna por hacer el bien para luego rendirse ante el mal. Así, el judaísmo tenía su duelo de los dos impulsos.[23] También los escritores grecorromanos. Así, Ovidio escribe: "Veo y apruebo el mejor camino, pero sigo el peor".[24] Y Epicteto escribe: "Todo pecado implica una contradicción. Porque como el que peca no quiere pecar, sino tener razón, es evidente que no hace lo que quiere".[25] Mucho más alejada de la comprensión de Pablo está la noción platónica de que el cuerpo es la prisión del alma, ya que ambos están en guerra entre sí.

Porque la ley del Espíritu de vida en Cristo Jesús me ha librado de la ley del pecado y de la muerte (8:2). La penúltima bendición del nuevo pacto que pertenece al cristiano es la morada del Espíritu Santo, la señal por encima de todas las señales de que ha llegado la era venidero (8:1-17). El judaísmo del Segundo Templo lamentaba el hecho de que la presencia de Dios, o el Espíritu, se había alejado de Israel. Y anhelaba el cumplimiento de la profecía de Joel sobre el regreso del Espíritu de Dios en los últimos tiempos (Joel 2:28-29). Pablo utiliza el término "Espíritu" veintiún veces en el capítulo 8, indicando que la profecía de Joel se había hecho realidad. Jesús es el Mesías tan esperado, que ha derramado el Espíritu Santo sobre la iglesia, inaugurando así la era venidera (Hechos 2:1-36). El A. T. también asociaba la venida del Espíritu Santo con el nuevo pacto (por ejemplo, Jer 31:31-34; Ez 36:26-28). Entonces, no es de extrañar que 8:1-17 esté repleto de bendiciones del Espíritu para los gentiles, nada menos, porque han aceptado a Jesús como el Cristo.

Pues no habéis recibido el espíritu de esclavitud para estar otra vez en temor, sino que habéis recibido el espíritu de adopción, por el cual clamamos: *¡Abba, Padre!* (8:15). Sobre todo, el Espíritu Santo hace del creyente un hijo de Dios. El término "adopción" tiene dos trasfondos culturales. Según la costumbre romana, el padre podía adoptar legalmente como hijo a un muchacho ajeno a la familia paterna. Y entonces, cuando el muchacho alcanzaba la edad de trece o catorce años, el padre legaba a su hijo adoptivo la herencia del padre. Además, aunque la adopción como acto legal no era una institución judía, los judíos seguían la práctica de criar a los hijos de otros y tratarlos como propios (Gn 15:2-4; Ester 2:7; cf. Ex 2:10).

Pero aún más importante es el hecho de que Israel fue adoptado como hijo de Dios en el A. T. (Ex 4:22; Jer 3:19; 31:9; Oseas 11:1). Este antecedente puede ser la influencia más cercana sobre 8:15. Además, Jesús a través del Espíritu Santo permite a los creyentes dirigirse a Dios como su "Abba, Padre" (Mc 14:36; Gl 4:6).

A los cuarenta y seis años Tiberio fue adoptado por Augusto como su hijo y por lo tanto como su legítimo heredero. Este busto de bronce de Tiberio fue creado para conmemorar ese evento, que tuvo lugar en el año 4 d. C. Tiberio se convirtió en emperador tras la muerte de Augusto y gobernó durante la época de Cristo, del 14 al 37 d. C.

Pues tengo por cierto que las aflicciones del tiempo presente no son comparables con la gloria venidera que en nosotros ha de manifestarse (8:18). La última bendición del nuevo pacto es el glorioso cuerpo de resurrección en la nueva creación, pero que se basa en el sufrimiento por Cristo en el presente. Los versículos 17-18 y 28-30, dedicados a los temas del sufrimiento y la gloria forman una *inclusio* o paréntesis en torno a este pasaje. El sufrimiento y la gloria se combinaron para formar una noción prominente en escritores apocalípticos judíos que creían que el sufrimiento del pueblo de Dios en la era actual les daría la gloria en la era venidera.[26] Sin embargo, para Pablo, como para los primeros cristianos la relación entre el sufrimiento y la gloria ya no era consecutiva (la una llevaría a la otra) sino que era dialéctica (una se entremezcla con la otra). Porque la muerte y resurrección de Cristo, la gloria del siglo venidero ha irrumpido en esta época de sufrimiento. Así, ambos se entrelazan en la vida del cristiano, como queda claro en 8:17-18. Romanos 8:28-30 presenta el mismo patrón: la gloria divina es la posesión actual del creyente, pero coexiste con el sufrimiento.

¿Quién acusará a los escogidos de Dios? (8:33-34). En los versículos 33-34 aparecen cuatro términos jurídicos. "Acusar" se utiliza en los juicios de Pablo (Hechos 19:38, 40; 23:29, 38; 26:2, 7). "Justifica" es obviamente un término jurídico, como lo es "condenar". "Intercede" se utiliza en Heb 7:25 de la intercesión sacerdotal de Cristo para sus seguidores. El término también se usa para la intercesión del Espíritu para los creyentes (Ro 8:27).

¿Quién nos separará del amor de Cristo? (8:35-37). El trasfondo principal de estos versículos es la lista de aflicciones del versículo 35. Wolfgang Schrage ha examinado los textos de aflicción de Pablo desde un punto de vista escatológico.[27] Schrage analiza las listas de aflicción paulinas (especialmente Ro 8:17-18; 2 Co 4:7-16; 6:3-10; 11:23-29; Flp 3:10-11) teniendo en cuenta el apocalipsis judío y encuentra al menos dos comparaciones principales, cada una de las cuales ha sido transformada por el acontecimiento de Cristo. En primer lugar, la estructura paradójica de los textos de Pablo sobre las aflicciones (sufrimiento/gloria; muerte/vida; aflicciones/liberación) es el resultado de la modificación de la estructura de dos edades del apocalipsis judío[28] por la muerte y resurrección de Cristo. Es decir, la era venidera ha irrumpido en la era actual.

En segundo lugar, el sufrimiento que Pablo y todos los cristianos experimentan no es otro que las aflicciones mesiánicas que el apocalipsis judío esperaba que precedieran inmediatamente a la aparición del Mesías,[29] aunque Pablo cree que la resurrección de Jesús ha traído el consuelo y la alegría escatológicos en medio de esa aflicción. Así, la tensión escatológica "ya iniciada" (esperanza y alegría) pero "todavía no iniciada" (aflicciones mesiánicas) por el acontecimiento de Cristo se convierte en el fundamento mismo de la concepción paulina del sufrimiento.

El problema de Israel (9:1-11:36)

Israelitas (9:4). La tradición deuteronómica es el trasfondo clave de Ro 9-11 en su conjunto. La aplicación de la sexta descripción de esa tradición a los capítulos 9-11 es la siguiente:[30] (1) Israel ha sido desobediente a la ley de Dios a lo largo de su historia (9:31; 10:21; cf. 2:1-29); (2-3) Dios ha enviado sus profetas para llamar a Israel al arrepentimiento, pero Israel los ha rechazado repetidamente, incluyendo al propio Pablo (11:2-5; 10:16; cf. 15:31); (4) las maldiciones deuteronómicas recaen ahora sobre Israel en forma de opresión extranjera (9:1-3 10:3; 11:1, 5, 10, 16-25; cf. 2:6-8; 3:5); (5) todavía es posible que Israel se arrepienta (9:22; 10:16, 19; 11:11, 14; cf. 2:4-5); y (6) un día Israel se arrepentirá y será restaurada (11:26-27).

No todos los que descienden de Israel son israelitas (9:6b). En 9:6-29, Pablo se basa en el concepto de remanente, que está presente en toda la Escritura. Aunque aparece en una gran variedad de contextos, la idea central del concepto de remanente o teología del remanente es que, en medio de una aparente apostasía total y el consiguiente juicio terrible y/o destrucción, Dios siempre tiene un pequeño grupo fiel al que ha liberado y moldeado para traer la bendición.

Yo les doy testimonio de que tienen celo de Dios, pero no conforme a ciencia (10:2). La mención que hace Pablo de la palabra "celo" en relación con el compromiso de Israel con la Torá se basa en una tradición histórica del A. T. en el judaísmo del Segundo Templo. Los ejemplos clásicos de ese celo eran los que estaban dispuestos a usar la espada para mantener el compromiso de Israel con la Torá y la pureza expresada en su separación de los gentiles como pueblo del pacto de Dios: Simeón y Leví (Jdt 9:4; Jubileos 30.5-20, en referencia a Gn 34), Finees (Nm 25:10-13; Si 45:23-24; 1 Mac 2:54; 4 Mac 18:12), Elías (Si 48:2; 1 Mac 2:58), Matatías (1 Mac 2:19-26; Josefo, Jewish Antiquities 12.271) y, en su momento, Saulo/Pablo (Hechos 9:1-4; Gl 1:13-14; Flp 3:4b-6), por no hablar del movimiento zelote, que incitó a Israel a rebelión contra Roma en el año 66 d. C. El "celo por la ley" se convirtió en el grito de guerra de la revuelta macabea contra Antíoco Epífanes (164-171 a. C.).[31] Del mismo modo el celo por las ordenanzas (de la ley) se convirtió en el lema de los esenios.[32]

Pero la justicia que es por la fe dice así (10:6). Muchos comentaristas sostienen que 10:6-8 se basa en una ecuación preciada del Segundo Templo: La sabiduría de Dios está encarnada en la Torá.[33] El resultado del argumento de Pablo en 10:6-8 es que Cristo es la sabiduría de Dios que ha sustituido a la ley como medio para alcanzar la justicia de Dios.[34]

Pero acerca de Israel dice: *Todo el día extendí mis manos a un pueblo rebelde y contradictor* (10:21). Una vez más, el trasfondo clave de un pasaje de Romanos es la tradición deuteronómica (ver los comentarios sobre Ro 9:4). El A. T. influye en gran medida en 10:14-21. Así: (1) Dios envió a sus profetas para llamar a Israel al arrepentimiento (10:14-15, 18); (2) pero Israel persistió en el pecado de incredulidad (10:16, 18, 21); (3) por lo tanto, Dios juzgó a Israel enviando la nación al exilio; las maldiciones del pacto (comparar 10:16, 18, 21 con el escenario del exilio de Is 52:7; 53:1; comparar la profecía de Dt 32:21); (4) pero si Israel se arrepiente, Dios restaurará la nación (Is 52:7), aunque son los gentiles que se arrepienten los que son restaurados a Dios (las bendiciones del pacto) (Is 65:1; cf. Dt 32:21).

***Me he reservado siete mil hombres, que no han doblado la rodilla delante de Baal.* Así también aun en este tiempo ha quedado un remanente escogido por gracia** (11:4-5). La idea del trasfondo del A. T. aquí es de 1 Reyes 18-19, cuando Israel abandonó a su Dios y adoró a Baal, el dios principal de los cananeos. Después de matar a los profetas de Baal en el Monte Carmelo, Elías, el profeta de Dios, huyó por su vida hasta el desierto del Sinaí. Allí, Dios le reveló que no era el único profeta de Yahveh que quedaba. Más bien, siete mil personas del pueblo de Dios le seguían siendo fieles. Este es el comienzo en el A. T. del concepto de remanente. Pablo aplica luego la idea del remanente a los cristianos judíos de su época.

Una forma de entender la idea del remanente tal y como se desarrolla a lo largo de la Biblia es usar una ilustración de un reloj de arena. Dios creó el mundo para tener comunión con Él, solo para que su creación rechazara esa oferta. Para rectificar este problema, Dios entonces llamó a Abraham del paganismo para hacer de él un nuevo pueblo, Israel, para adorar a Dios y lo declarara a las naciones. Sin embargo, con el tiempo, Israel desobedeció la ley de Dios, al igual que las naciones del mundo habían desobedecido a Dios al adorar a otros dioses. No obstante, el propósito de Dios no se vio frustra-

Esta inscripción del siglo I d. C. prohíbe a los gentiles ir más allá del Patio de los Gentiles hacia la zona del templo.

do, ya que Dios levantó para sí un remanente, unos pocos fieles que permanecieron leales a Yahveh; por ejemplo, Elías y los posteriores repatriados a Israel. Sin embargo, al final del A. T. las esperanzas de Israel descansaban ahora en un individuo, el Mesías, que devolvería los corazones de los judíos a Dios y convertiría a las naciones de la tierra al único Dios verdadero. Entonces, resulta que el rechazo de Israel a Dios a lo largo del A. T. en realidad llevaba consigo el plan de Dios a medida que se reducía su enfoque, culmina en la expectativa del único Mesías. Sin embargo, con el advenimiento de Jesucristo, el enfoque de Dios ahora se amplió, comenzando con los apóstoles (los inicios del remanente en el N. T.), expandiéndose para incluir a la iglesia (el reemplazo de Israel, aunque sea temporal), y un día al mundo (lo que hará que la revelación de Dios cierre el círculo).

El injerto de un olivo en la isla mediterránea de Mallorca.

Pues si algunas de las ramas fueron desgajadas, y tú, siendo olivo silvestre, has sido injertado en lugar de ellas, y has sido hecho participante de la raíz y de la rica savia del olivo (11:17). El material del trasfondo clave que esclarece 11:11-24 es el de las prácticas hortícolas. El argumento de Pablo en los versículos 11-24 presupone que el olivo es el único pueblo de Dios, y que los patriarcas constituyen la raíz/el tronco del árbol. Los judíos son las ramas naturales de ese árbol que se han desgajado a causa de la incredulidad. Los cristianos gentiles son las ramas silvestres injertadas en el árbol. Normalmente ocurre lo contrario en la horticultura: una rama sana y productiva se injerta en un árbol salvaje e improductivo para darle salud. No obstante, la inversión que hace Pablo de ese proceso, una rama silvestre o no cultivada se injerta en un árbol sano, está atestiguada en Israel.[35] En segundo lugar, la condena de Pablo al antisemitismo en los versículos 11-24 fue por una buena razón: el antisemitismo estaba muy extendido en su época (y en la nuestra).

No quiero, hermanos, que ignoréis este misterio (11:25). La definición de “misterio” proviene de los círculos apocalípticos judíos: un misterio es un acontecimiento del fin de los tiempos que Dios revela al vidente profético.[36] Este trasfondo, más que una conexión con las antiguas “religiones de misterio”, informa el uso que hace Pablo del término “misterio” (Ro 16:25-26; 1 Co 15:51-52). El misterio en 11:25-27 es que la dureza espiritual de Israel es la ocasión de la conversión de los gentiles, tras lo cual Israel será restaurado a Dios abrazando a Jesús el Mesías.

¡Oh profundidad de las riquezas de la sabiduría y de la ciencia de Dios! ¡Cuán insondables son sus juicios, e inescrutables sus caminos! (11:33). Este versículo tiene sus raíces en el apocalipsis judío. Así, por ejemplo, 2 *Baruc* 14.8-9 plantea cuestiones similares a las que plantea Pablo en el versículo 33 con respecto al destino del pueblo de Dios durante su exilio.[37] Además, el matiz apocalíptico de "misterio" (v. 25) sigue influyendo en Pablo en el versículo 33: la sabiduría indescifrable de la historia de la salvación de Dios ha sido revelada a Pablo, el vidente apocalíptico (cf. Dn 2:20-23).

Porque ¿quién entendió la mente del Señor? ¿O quién fue su consejero? ¿O quién le dio a él primero, para que le fuese recompensado? (11:34-35). Las tradiciones sapienciales judías son la base de 11:33-35, en particular la noción de que la sabiduría de Dios se reveló a Israel en forma de la Torá.[38] Mientras que Is 40:13 y Job 41:3 (citados aquí por Pablo) estaban conectados en la literatura rabínica para decir que la Torá es la sabiduría preexistente de Dios,[39] Ro 11:33-35 discrepa, argumentando en cambio que la Torá termina en el plan de salvación de Dios (cf. Ro 10:4) porque Cristo es la sabiduría preexistente de Dios (cf. Ro 10:5-8).

Porque de él, y por él, y para él, son todas las cosas. A él sea la gloria por los siglos. Amén (11:36). Este versículo comparte el discurso del estoicismo: "porque de él, y por él, y para él, son todas las cosas". [40] El judaísmo helenístico tomó prestado el discurso estoico para alabar al único Dios verdadero.[41] Pablo continúa el modelo judío helenístico, salvo que aplica el discurso a Dios y a Cristo en otros lugares (1 Co 8:6; Col 1:16-17). De hecho, Pablo probablemente aplica ese discurso a Dios y a Cristo aquí en 11:36.[42]

El poder transformador del Evangelio: La conducta cristiana (12:1-15:13)

Así que, hermanos, os ruego por las misericordias de Dios, que presentéis vuestros cuerpos en sacrificio vivo, santo, agradable a Dios, que es vuestro culto racional (12:1-2). En lugar de conformarse con esta época malvada iniciada por Adán que pervierte la adoración al Creador para adorar a la creación y que arruina la mente, Pablo desafía a los cristianos a adorar a Dios con una mente renovada. Es razonable que adoren a Dios (cf. 12:1-2 con 1:21-25).[43] Esta teología de Adán se da en el contexto de la superposición de las dos épocas:

Porque de la manera que en un cuerpo tenemos muchos miembros, pero no todos los miembros tienen la misma función… somos un cuerpo

Escatología	esta Época	la era venidera
Adán	el primer Adán: catalizador para la adoración pervertida	el último Adán (Jesús): inicia la verdadera adoración

en Cristo (12:4-5). La analogía de Pablo sobre el cuerpo de Cristo en 12:4-5 ha sido muy discutida en cuanto al trasfondo de esa ilustración (cf. 1 Co 12:12-28; Ef 4:7-16; Col 1:18). Sin embargo, hay dos teorías que dominan el debate. En primer lugar, W. D. Davies argumenta con perspicacia que el concepto apocalíptico/rabínico judío del cuerpo colectivo de Adán es el mejor antecedente de la noción del cuerpo universal de Cristo.[44] Con esto, Davies quiere decir que los rabinos pensaban que Adán, como representante de la raza humana, era de tamaño cósmico. Dicho cuerpo cósmico o colectivo de Adán incluía a toda la humanidad. En segundo lugar, A. J. M. Wedderburn propone que las raíces de la idea del cuerpo de Cristo provienen de la antigua mentalidad hebrea de la personalidad colectiva, la creencia de que una persona representa a muchos y muchos se incorporan al uno (por ejemplo, Gn 12:1-3; compare Gn 14:17-20 con Jos 7:16-26; Heb 7:4-10).[45] Esta relación recíproca nos lleva muy lejos en la comprensión del cuerpo de Cristo, y está en consonancia con la teoría adámica de que el primer hombre es el representante de la raza humana caída (Ro 5:12-21). Si es así, vemos que la iglesia, el cuerpo colectivo de Cristo, no es otra cosa que el Adán escatológico (1 Co 15:45), la nueva humanidad del final de los tiempos, que ahora ha aparecido en la historia humana.

Bendecid a los que os persiguen; bendecid, y no maldigáis (12:14). La principal tradición que informa este versículo son las enseñanzas de Jesús en el Sermón del Monte (sobre el v. 14, ver Mt 5:44 // Lucas 6:27-28; sobre los vv. 17, 21 ver Lucas 6:27-36).

Sométase toda persona a las autoridades superiores; porque no hay autoridad sino de parte de Dios (13:1). El A. T. se anticipa a 13:1-7 en su reconocimiento de que ningún gobernante humano ejerce el poder si no es por designación de Dios.[46] Esto se aplica a los enemigos de Israel, desde Nabucodonosor (Dn 4:17) hasta Ciro (Is 45:1). Incluso en los días de Pablo, los judíos oraban y sacrificaban a Dios en nombre del emperador romano.

Pues por esto pagáis también los tributos, porque son servidores de Dios que atienden continuamente a esto mismo. Pagad a todos lo que debéis: al que tributo, tributo; al que impuesto, impuesto (13:6-7). En este caso, Pablo utiliza dos palabras para referirse a los impuestos que se encuentran en documentos extrabíblicos: *phoros y telos*.[47] El primer elemento corresponde al término latino *tributum*, mientras que el segundo corresponde a *vectigalia*. *Tributum* se refiere al impuesto directo romano, que incluía los impuestos sobre la propiedad y el voto. *Vectigalia* se

Las monedas romanas, con frecuencia, presentaban el rostro de un emperador romano.

refiere a los impuestos indirectos, que incluían las aduanas, los derechos, los peajes y las tasas por diversos servicios.

Sabemos por el historiador romano Tácito que las masas llegaron a un punto de ebullición en el año 58 d. C. por los exorbitantes impuestos.[48] Tanto es así que el emperador Nerón se planteó suprimir el impuesto indirecto, pero decidió no hacerlo. Así que Pablo intenta aquí mantener a los cristianos al margen del debate, animándoles a pagar sus impuestos.

Esta moneda romana sestercio muestra la imagen del emperador Nerón. El emperador controlaba el tesoro imperial, que pagaba todos los gastos asociados con la administración y el control de las provincias imperiales. Pablo instruye a sus lectores que paguen sus impuestos (Ro 13:6-7).

El que ama al prójimo, ha cumplido la ley (13:8). La reducción de Jesús de la ley a amar a Dios y al prójimo es la base del mandato de Pablo de amar a los demás en 13:8-10, basado en Lv 19:18 (cf. Mc 12:29-31; Mt 22:37-39; Lucas 10:27-28).

Conociendo el tiempo, que es ya hora de levantarnos del sueño; porque ahora está más cerca de nosotros nuestra salvación que cuando creímos (13:11). Tres tradiciones informan la ética y la escatología de Pablo en los versículos 8-14. En primer lugar, muchos piensan que el lenguaje de Pablo sobre quitarse y ponerse la ropa alude al bautismo cristiano primitivo.[49] En segundo lugar, los versículos 11-14 están completamente inmersos en el apocalipsis judío.[50] De manera más concreta, los versículos 11-14 atestiguan la superposición de las dos épocas en la teología de Pablo. Los versículos 11-12a enfatizan que, en virtud del acontecimiento de Cristo, la era venidera se ha acercado y, con ella, la salvación de los creyentes. Sin embargo, el mensaje salvífico de los versículos 11-12a se produce en el contexto de la época actual; de ahí el énfasis que pone Pablo en los versículos 12b-14 sobre la necesidad de que los cristianos vivan santamente. En tercer lugar, en el versículo 13 Pablo condena los infames banquetes romanos que se convertían en orgías de borrachos. El *Satyricon* de Petronio ilustra vívidamente cómo los antiguos banquetes romanos se caracterizaban por el exceso de comida y bebida, y cómo rápidamente se convertían en orgías sexuales e incluso en violencia. Petronio fue asesor de Nerón en materia de lujo y extravagancia. Como correspondía a su cargo, Petronio dormía durante el día y salía de fiesta por la noche, comportamiento que Nerón aceptaba. No obstante, Petronio cayó en desgracia con Nerón y se vio obligado a suicidarse. Sin embargo, antes de su muerte, Petronio, en su testamento, ridiculizó a Nerón, cuyas juergas nocturnas coincidían con los personajes de su *Satyricon*. Pablo sin duda había oído hablar de la propensión romana a los excesos y advirtió a los cristianos romanos que no se asociaran con tal libertinaje.

Recibid al débil en la fe... los que somos fuertes debemos soportar las flaquezas de los débiles, y no agradarnos a nosotros mismos (14:1; 15:1). La clave es la identificación de los fuertes y los débiles en la fe. Parece que los "débiles" eran principalmente cristianos judíos que se abstenían de ciertos tipos de comida y observaban ciertos días por lealtad a la ley de Moisés, mientras que los "fuertes" eran principalmente cristianos gentiles que no se sentían obligados a adherirse a la dieta y a los días sagrados de la semana.

Porque las cosas que se escribieron antes, para nuestra enseñanza se escribieron, a fin de que por la paciencia y la consolación de las Escrituras, tengamos esperanza (15:4). Las profecías del A. T. sobre el nuevo pacto son el trasfondo clave para entender 15:1-13.[51] Este trasfondo explica los siguientes términos: "estímulo", "esperanza", "verdad", "misericordia", "promesas" a los "padres", junto con la cadena de textos del A. T. que Pablo cita en los versículos 9-12. Como tales, estos términos enfatizan la esperanza que los cristianos tienen en Cristo no solo en esta vida, sino también en la vida futura.

El cierre de la carta (15:14-16:27)

Para ser ministro de Jesucristo a los gentiles, ministrando el evangelio de Dios, para que los gentiles le sean ofrenda agradable, santificada por el Espíritu Santo (15:16). La naturaleza escatológica del apostolado de Pablo (es decir, el ministerio de Pablo a los gentiles es para lograr su conversión al final de los tiempos) nos ayuda a entender este pasaje. De manera más específica, Pablo esperaba que cuando llevara la colecta de las iglesias gentiles a Jerusalén, entonces Israel vería esto como la conversión de las naciones que se esperaba que acompañara a la restauración de Israel. Esta colecta fue uno de los puntos principales del tercer viaje misionero de Pablo (1 Co 16:1-2; 2 Co 8-9).[52] En ese viaje, Pablo hizo una colecta de dinero en las provincias romanas de Macedonia (la actual Grecia del norte, Macedonia y el sur de Albania/ Macedonia) y Acaya (la mayor parte de la actual Grecia). Las iglesias paulinas incluidas en esas provincias eran las congregaciones de Filipos, Tesalónica, Berea y Corinto.

Cuando vaya a España (15:24). Pablo planeaba evangelizar España. ¿Por qué España? Por tres razones. En primer lugar, España era el extremo occidental del mundo conocido entonces, lo que completaba el arco de evangelización de Pablo que comenzaba en Jerusalén, pasaba a Ilírico y, con suerte, a Roma y luego a España. En segundo lugar, España estaba poblada por gentiles, no por judíos.[53] En tercer lugar, combinando los dos puntos anteriores, es probable que Pablo entendiera que España era la Tarsis de Isaías 66:19: solo cuando trajera representantes cristianos de España (15:16, 24) como parte de su empresa de recolección (15:25-27) llegaría el "número completo" de los gentiles (cf. 11:25 con 15:19, 29) y se desarrollaría el gran final de 11:25-27.[54] En relación con esto, es probable que la colecta gentil de Pablo para los cristianos judíos en Jerusalén, que se extiende hasta España, el fin del mundo, cumpla con la expectativa judía de que la riqueza de las naciones fluya hacia Jerusalén al final de la historia en asociación con la restauración de Israel.[55] Para Pablo,

El camino hacia el puerto de Cencreas.

es de esperar que esto incite a Israel a los celos para que acepte a Jesús como su Mesías (11:13-14) y desencadene así la parusía.[56] En conclusión, aunque las cartas de Pablo no mencionan su visita a España, el documento de finales del siglo I 1 Clemente (5.7) dice que sí fue allí.

Para que sea librado de los rebeldes que están en Judea, y que la ofrenda de mi servicio a los santos en Jerusalén sea acepta (15:31). El enfoque aquí es la naturaleza de la oposición de Pablo, los "incrédulos de Judea". Muy posiblemente, podemos identificar a estos opositores como zelotes palestinos que presionan a los judaizantes (que profesan ser cristianos judíos) para imponer toda la Torá a judíos y gentiles por igual, lo que chocaba con el evangelio libre de ley de Pablo. Esta mentalidad finalmente alimentó la revuelta judía contra Roma del 66-73 d. C.

Febe... ella también ha sido solidaria como benefactora de muchos, incluso mía (16:1-2 PDT). Es ampliamente aceptado que la palabra "benefactora" que describe el papel de Febe aquí es un término técnico para "mecenas". Un mecenas era una persona rica de la clase alta de la sociedad romana que donaba sus medios personales a una causa para una ciudad o un pueblo: edificios cívicos, esfuerzos humanitarios, causas religiosas. A cambio, los receptores de tal beneficio dedicaban el edificio a ese mecenas en agradecimiento por su contribución.[57] Tanto los hombres como las mujeres ejercían de mecenas en el mundo romano.[58] De ello se desprende que Febe era una mecenas de Pablo y, como él dice, "de muchos" otros.

Saludad a Priscila y a Aquila, mis colaboradores en Cristo Jesús, que expusieron su vida por mí; a los cuales no solo yo doy gracias, sino también todas las iglesias de los gentiles. Saludad también a la iglesia de su casa (16:3-5). Romanos 16:3-16 proporciona una gran cantidad de información sobre el cristianismo del primer siglo en Roma, en particular cómo la socioeconomía se entrelaza con la iglesia doméstica. Podemos clasificar los treinta y seis nombres mencionados en los versículos 3-16 de esta manera: Pablo era un ciudadano romano no adinerado y nacido libre, y probablemente Rufo también lo era; Febe y Prisca (Priscila) eran ciudadanas romanas ricas (mecenas) de nacimiento libre; todos los demás eran esclavos o libertos, incluido Aquila. Parece difícil distinguir si estos nombres eran de esclavos o de libertos, pero en cualquier caso, se encontraban en los escalones más bajos de la sociedad romana.[59]

Esta evidencia parece confirmar lo que los estudiosos del N. T. han dicho durante años: el cristianismo primitivo fue un movimiento principalmente de las clases bajas de la sociedad romana, aunque hubo importantes excepciones. Robert Jewett ha proporcionado un análisis magistral de las cinco congregaciones de la Roma del siglo I a las que escribió Pablo, mostrando que solo el lugar de adoración de Priscila y Aquila estaba situado en la parte más rica de Roma; las otras cuatro eran iglesias de vecinos ubicadas en los sectores más pobres de Roma. Eran complejos de apartamentos ubicados sobre negocios.

Porque tales personas no sirven a nuestro Señor Jesucristo, sino a sus propios vientres... Y el Dios de paz aplastará en breve a Satanás bajo vuestros pies (16:18-20). Los falsos maestros que Pablo tiene en mente en los versículos 17-19 muy probablemente eran los judaizantes. Hay un trasfondo del A. T. en el versículo 20: "el Dios de paz aplastará en breve a Satanás bajo vuestros pies", que es Gn 3:15. Génesis 3:15 es el protoevangelio, la primera aparición del evangelio. Allí, Dios promete que la semilla de la mujer aplastará la cabeza de la serpiente. Esta promesa de Génesis 3:15 tiene una orientación apocalíptica en el judaísmo y el cristianismo: el Mesías vendrá y aplastará a Satanás en los últimos tiempos.[60] Para Pablo, Jesús es el Mesías, y pronto aplastará a Satanás en la parusía.

Yo Tercio, que escribí la epístola, os saludo en el Señor (16:22). En Romanos 16:22 consta que Pablo utilizó un secretario (amanuense) para escribir la Carta a los Romanos (ver el artículo "Escritura de cartas en la antigüedad"). Tercio era un escriba profesional (probablemente pagado por Febe). En el Imperio Romano, los aristócratas compraban o contrataban ama-

La imagen que utiliza Pablo de aplastar a los adversarios bajo los pies (Ro 16:20) se puede ver en esta estatua de Adriano, emperador romano del 117 al 138 d. C. Adriano está de pie en la victoria (note la corona de laurel en su cabeza) sobre un enemigo de Roma con su pie sobre la espalda de un bárbaro caído.

nuenses para que escribieran cartas en su nombre. Al igual que los secretarios actuales, los amanuenses tenían diferentes niveles de habilidad, educación y poder político. Algunos eran como lo que ahora llamaríamos "temporales", que ofrecían su escritura a quien pagara por ella. Otros se convirtieron en figuras muy importantes en las casas nobles, supervisando la correspondencia del señor y posiblemente actuando también como editor o consejero. A diferencia de los secretarios de hoy en día, los escribas de la antigua Roma eran generalmente hombres, aunque había algunas mujeres entre ellos.

Según la revelación del misterio que se ha mantenido oculto desde tiempos eternos, pero que ha sido manifestado ahora, y que por las Escrituras de los profetas (16:25-26). El discurso de Pablo en los versículos 25-26 sobre el misterio de la antigüedad que le fue revelado en los escritos proféticos es muy similar al enfoque interpretativo comúnmente utilizado por los miembros de la comunidad de los Rollos del Mar Muerto.

Era común que los aristócratas romanos contrataran a un escriba o amanuense para que escribiera cartas en su nombre.

Afirmaban que Dios reveló el misterio de las Escrituras del A. T. al Maestro de la Justicia, que luego fundó la comunidad esenia: la comunidad del nuevo pacto del final de los tiempos. Esto es muy similar a la creencia de Pablo de que el cristianismo es la comunidad del nuevo pacto.

— Mateo
— Marcos
— Lucas
— Juan
— Hechos
— Romanos

1 Corintios

— 2 Corintios
— Gálatas
— Efesios
— Filipenses
— Colosenses
— 1 Tesalonicenses
— 2 Tesalonicenses
— 1 Timoteo
— 2 Timoteo
— Tito
— Filemón
— Hebreos
— Santiago
— 1 Pedro
— 2 Pedro
— 1 Juan
— 2 Juan
— 3 Juan
— Judas
— Apocalipsis

1 Corintios

Mark E. Taylor

Introducción. Pablo se enfrentó a una importante oposición judía a su predicación en su labor misionera inicial en Corinto (Hechos 18:5-6) (ver el artículo "La ciudad de Corinto"). Sin embargo, muchos se convirtieron, incluido Crispo, el jefe de la sinagoga (Hechos 18:7-8). Pablo permaneció en Corinto durante dieciocho meses (Hechos 18:11). Apolos, que siguió a Pablo en Corinto (Hechos 18:27-19:1), se menciona en numerosos lugares de 1 Corintios (1 Co 1:12; 3:4-6, 22; 4:6; 16:12). Los miembros de la iglesia eran predominantemente gentiles (1 Co 6:9-10; 12:1-3). La mayoría de los cristianos corintios eran de baja condición social, pero había algunas personas de alto rango entre ellos (1 Co 1:26 31).[1]

La correspondencia corintia revela una relación contenciosa entre Pablo y sus conversos. Según 1 Corintios, Pablo recibía información sobre la iglesia a través de informes orales (1:11; 5:1; 11:18) y a través de la correspondencia escrita de los corintios (7:1). En 5:9, Pablo menciona una carta anterior que escribió a los corintios, lo que probablemente ocasionó la carta de los corintios a Pablo mencionada en 7:1. La Primera Carta a los Corintios es la respuesta de Pablo a lo que había oído sobre la iglesia y al contenido de su carta, que probablemente contenía tanto preguntas como desafíos a su instrucción previa. La carta a Pablo probablemente le fue entregada en Éfeso por Estéfanas, Fortunato y Acáico (16:8, 17), y desde Éfeso Pablo escribió su respuesta en la primavera del 54 o 55 d. C.

Estudiosos recientes han sugerido que Pablo escribió la carta prin-

Esta inscripción es una copia de una carta enviada por el emperador Claudio en el año 52 d. C. a Lucio Junio Galio, procónsul de Acaya. A partir de ella, se puede determinar la fecha de la visita de Pablo a Corinto, ya que Hechos 18:12 menciona que Pablo estuvo en Corinto durante el tiempo en que Galio ocupó este cargo administrativo.

cipalmente por su preocupación por la pureza de la iglesia y con la convicción de que la iglesia de Corinto desempeñaba un papel vital en en el cumplimiento de la expectativa del A. T. de la adoración mundial del Dios de Israel.[2]

La introducción de la carta: Saludo y acción de gracias (1:1-9)

La introducción de la carta se ajusta a un patrón típico de escritura de cartas del primer siglo, que generalmente incluía un saludo, identificando al remitente y a los destinatarios, y un saludo, seguidos de una oración rutinaria o una acción de gracias por la salud o prosperidad (ver el artículo "Escritura de cartas en la antigüedad"). La introducción de la carta de 1 Corintios anticipa algunos de sus temas principales, como la pureza de la iglesia (capítulos 5-7), la experiencia del Espíritu por parte de los corintios (capítulos 12-14) y el día del Señor (capítulo 15).

Pablo... y el hermano Sóstenes (1:1). La mención de un corremitente de una carta era poco frecuente en la antigüedad.[3] Sóstenes puede ser el jefe de la sinagoga mencionado en Hechos 18:17. Es posible que haya servido como escriba de Pablo para la redacción de la carta.[4]

Llamado a ser apóstol de Jesucristo por la voluntad de Dios (1:1). El discurso de Pablo sobre el apostolado se asemeja al llamado divino de los profetas del A. T. (cf. Gl 1:15 con Jer 1:5). Algunos han argumentado que la autoidentificación de Pablo se relaciona a una crisis de su autoridad en Corinto,[5] pero otros han sugerido que su preocupación es el sufrimiento asociado al apostolado en contraste con la arrogancia de algunos en Corinto (ver especialmente 4:6-16).[6]

La iglesia de Dios (1:2). La palabra traducida como "iglesia" denota una asamblea política en griego clásico y tiene este sentido en Hechos 19:32, 39-40. En la traducción griega del A. T. (Septuaginta), el término describe al pueblo de Israel (Dt 4:10; 9:10; 18:16).

Santificados... llamados a ser santos (1:2). El discurso de Pablo se inspira en el trasfondo del A. T. del pueblo de Dios como separado del mundo (ver Lv 19:2; Ex 19:5-6). La condición de los corintios como pueblo santo de Dios importa más que su posición social humana.

En cualquier lugar (1:2). Esto refleja a Mal 1:11 y evoca una tradición que se remonta a Deuteronomio, que contiene repetidas referencias al lugar donde el Señor tendría el pueblo que invoque su nombre (Dt 12:11, 21, 26; 14:23-24; 16:2, 6; 17:8; 26:2). En el A. T., el lugar era Jerusalén, pero ahora Pablo imagina a los creyentes invocando el nombre del Señor en todas partes (ver 2 Co 2:14; 1 Ts 1:8; 1 Ti 2:8).[7]

Invocan el nombre de nuestro Señor Jesucristo (1:2). "Invocar el nombre del Señor" es una expresión del A. T. para referirse a la adoración a Yahveh (Sal 99:6; Joel 2:32). En el A. T., "nombre" es sinónimo de carácter (Ex 3:13-14).

Gracia y paz a vosotros (1:3). La combinación "gracia y paz" puede reflejar

Corinto se ha excavado un bema, que se muestra aquí. Este era el lugar donde los oradores públicos proclamaban y donde se podían llevar a cabo los juicios. Durante la primera estancia de Pablo en Corinto, algunos judíos corintios lo llevaron a este lugar con la esperanza de que el procónsul Galio pudiera fallar en su contra. Galión se negó a juzgar el caso (Hechos 18:12-17).

la bendición pronunciada por los hijos de Aarón sobre los israelitas en Nm 6:24-26.

Enriquecidos en él, en toda palabra y en toda ciencia (1:5). La capacidad de hablar con elocuencia y la adquisición de conocimientos para la sabiduría filosófica eran muy apreciados por la élite de Corinto. La iglesia corintia valoraba, aunque abusaba, de los dones espirituales de la palabra y el conocimiento (8:1-13; 14:1-40). Ser "enriquecido" (*ploutizō*) puede haber sido una autopercepción corintia, ya que Pablo utiliza un verbo relacionado (*plouteō*) de forma sarcástica en 4:8. Aquí Pablo les recuerda la verdadera fuente de sus riquezas espirituales (ver también 2 Co 6:10; 9:11).

El testimonio acerca de Cristo ha sido confirmado en vosotros (1:6). En contextos seculares, el verbo griego para "confirmar" (traducido como "fortalecerá" en 1:8 [PDT]) se utilizaba en el sentido de garantizar contratos legales, y Pablo posiblemente utiliza el término aquí para subrayar la aprobación y el compromiso de Dios con los corintios.[8]

Nada os falta en ningún don (1:7). El significado puede ser que ellos no carecían de los dones que tenían, no que tuvieran todos los dones disponibles. Los dones enumerados en los capítulos 12-14 no son exhaustivos, ya que otros dones se mencionan en el N. T. (ver Ro 12:6-8, donde Pablo enumera como dones el servir, enseñar, animar, dar, guiar y mostrar misericordia como dones, y Ef 4:11-12 que añade los oficios de evangelistas y pastores además de los oficios de profetas, apóstoles y maestros mencionados también en 1 Co 12:28).

Irreprensibles (1:8). En Col 1:22, el término "irreprensibles" (*anenklētos*) está vinculado a la muerte de Jesús como medio para que los creyentes alcancen esta posición ante Dios. Pablo también utiliza el término para referirse al carácter moral de los líderes de la iglesia (1 Ti 3:10; Tit 1:6).

Fiel es Dios (1:9). La frase refleja un tema común del A. T. (ver Dt 7:9; Sal 145:13; Is 49:7).

Un llamamiento a la Iglesia dividida (1:10-17)

Habléis todos una misma cosa (1:10). Esta frase refleja el discurso político utilizado para promover la unidad.[9] Las divisiones corintias eran probablemente de naturaleza social más que teológica (ver 11:17-24).

He sido informado acerca de vosotros... por los de Cloé (1:11). El hogar antiguo se extendía más allá de la familia inmediata para incluir a los esclavos y a los que actuaban en nombre del jefe de familia como agentes comerciales. Dado que Pablo escribe desde Éfeso, es posible que Cloe fuera una asiática rica con intereses comerciales que requerían que sus representantes viajaran a Corinto.

Yo soy de Pablo... Apolos... Cefas... Cristo (1:12). La descripción que hace Pablo de las divisiones puede ser una floritura retórica que pretende describir el comportamiento infantil de los miembros de la iglesia, más que una descripción precisa de cuatro facciones en Corinto.[10] Solo Pablo y Apolos ocupan un lugar destacado en el argumento que sigue (3:4-9; 4:6), y no se sabe con certeza si Cefas visitó alguna vez Corinto.[11] Es posible que algunos se agruparan en torno a Apolos por sus habilidades en la retórica (ver Hechos 18:24).

Crispo... Gayo... Estéfanas (1:14-16). Crispo es probablemente el jefe de la sinagoga mencionado en Hechos 18:8. En Ro 16:23, Pablo envía saludos a la iglesia romana de parte de Gayo y lo elogia por su hospitalidad (ver el artículo "La hospitalidad en el mundo del Nuevo Testamento"). Estéfanas fue uno de los primeros conversos en Corinto y formó parte de la delegación que los corintios enviaron a Pablo en Efeso por los corintios (16:17). Los tres hombres nombrados aquí probablemente eran personas ricas y prominentes en la comunidad. Estos tres estuvieron entre los pocos que Pablo bautizó personalmente en Corinto (ver el artículo "El bautismo en el mundo del Nuevo Testamento").[12]

No con sabiduría de palabras (1:17). "Sabiduría de palabras" traduce una frase que se refiere al discurso sofisticado y culto de los de alto estatus.[13] Algunos en Corinto buscaban mejorar su estatus asociándose con los sabios oradores, llamados sofistas,[14] avivando así las rivalidades.

La sabiduría de Dios y un Mesías crucificado (1:18-25)

La palabra de la cruz es locura (1:18). El contraste entre la sabiduría y la locura era común entre los filósofos antiguos. El judaísmo solía personificar la

Sabiduría divina. La sabiduría, en este contexto, está estrechamente asociada con un sistema de valores que asociaba el habla sofisticada con el estatus social (cf. 1:17; 2:1, 4, 13).

El orador y filósofo romano Cicerón llamaba a la crucifixión "la pena más cruel y repugnante".[15] Josefo, un historiador judío del siglo I, fue testigo de la crucifixión y la llamó "la más miserable de las muertes".[16] Desde la perspectiva judía, el crucificado estaba bajo la maldición de Dios (ver Dt 21:22-23; cf. Gl 3:10-14). Pablo asocia el mensaje de la cruz con el poder de Dios para salvar, contrarrestando las nociones seculares de poder como algo milagroso o abrumador.[17]

"La palabra de la cruz es locura a los que se pierden" (1 Co 1:18). Un dibujo grabado en un yeso fue encontrado en la colina del Palatino en Roma. En él se representa una persona con la cabeza de un burro colgando de una cruz. A la izquierda, otra persona está de pie con los brazos levantados. La inscripción griega dice: "Alexamenos adora a [su] dios". Se cree que es una caricatura de un cristiano adorando a un dios crucificado (ca. 225 d. C.).

Pues está escrito (1:19). Pablo cita Is 29:14 en la traducción griega del A. T. (Septuaginta), posiblemente bajo influencia del Sal 33:10 y el Sal 89:34, para mostrar que la sentencia de Dios contra la sabiduría humana está respaldada por las Escrituras.

¿Dónde está el sabio? (1:20). Los sabios, los maestros de la ley y los filósofos son los "expertos" del orden mundial actual. El judaísmo desarrolló la creencia en dos edades sucesivas: "este siglo" y "el siglo venidero".[18] Pablo refleja esta postura al hablar de la "sabiduría del mundo" y de los expertos de "esta época". Es probable que tenga influencia de Is 33:18 en este versículo.

Los judíos piden señales, y los griegos buscan sabiduría (1:22). La demanda de los judíos de signos milagrosos tenía su origen en las expectativas mesiánicas de los judíos (Nm 14:11, 22; Juan 6:30) (ver el artículo "Expectativas mesiánicas en la época de Jesús "). Es posible que Pablo utilizara el término "griegos" en lugar de "gentiles" como descriptor cultural, ya que eran conocidos por su amor y búsqueda de la sabiduría.

Para los judíos ciertamente tropezadero, y para los gentiles locura (1:23). La proclamación de un criminal ejecutado como "buena noticia" habría sido ofensivo para los judíos con fervientes expectativas mesiánicas y un sinsentido para los gentiles que codiciaban el honor, la estima y el éxito.

Lo insensato de Dios es más sabio que los hombres, y lo débil de Dios es más fuerte que los hombres (1:25). Pablo predica un Mesías crucificado porque esta "locura" para el mundo era la verdadera sabiduría y esta "debilidad" era la fuerza de Dios. La paradoja y la ironía desempeñan un papel fundamental en el argumento de Pablo.

La sabiduría de Dios y la llamada de los corintios (1:26-31)

No sois muchos sabios según la carne (1:26). Aunque pocos de entre los corintios eran sabios, influyentes y de noble cuna, algunos en la comunidad gozaban de una estimada posición social. Entre los corintios que podrían haber sido de la clase alta tenemos a Crispo (1:14; cf. Hechos 18:18), Gayo (1:14; cf. Ro 16:23), Erasto el tesorero de la ciudad (Ro 16:23), Febe de Cencreas (Ro 16:1-2), y Aquila y Priscila (16:19-20; cf. Ro 16:3-5a).[19]

Lo necio del mundo escogió Dios… lo débil… lo vil… y lo menospreciado (1:27-28). La libertad y el propósito de Dios de elegir a los humildes son paralelos a sus acciones en el pasado con respecto a Israel (ver Dt 7:7) y concuerdan con la enseñanza de Jesús (Mt 11:25; ver también Santiago 2:5).

El que se gloría, gloríese en el Señor (1:31). La cita de Pablo de Jer 9:23-24 expone los únicos motivos adecuados para presumir entre los corintios.[20]

La sabiduría de Dios y el ministerio de Pablo en Corinto (2:1-5)

No fui con excelencia de palabras o de sabiduría (2:1). Pablo fue fiel a la comisión de Cristo de predicar el evangelio al margen de los valores encarnados de la retórica competitiva grecorromana de la época, que enfatizaba la aprobación del público (ver 1:17).[21] Pablo emplea sistemáticamente la razón y la argumentación en sus cartas, incluida 1 Corintios, pero rechaza la autopresentación y el discurso altivo.[22]

Con debilidad, y mucho temor y temblor (2:3). La "debilidad" puede implicar una dolencia física o cualquier cantidad de cosas, como la pobreza, el trabajo para mantenerse en el ministerio, o la persecución, todo ello mencionado en 4:10-12. El "temor" y el "temblor" pueden referirse al comportamiento de Pablo en el desempeño de su ministerio (ver 2 Co 5:11; Flp 2:12).

Con demostración del Espíritu y de poder (2:4). La afirmación de Pablo puede ser un reflejo de Zac 4:6.[23]

La sabiduría de Dios y el Espíritu Santo (2:6-3:4)

Hablamos sabiduría entre los que han alcanzado madurez (2:6). El plural "hablamos" probablemente se refiere a Pablo y a otros apóstoles y profetas que instruyen a la comunidad.[24] El término "madurez" puede ser en cierto modo sinónimo de los términos "espiritual" (2:13-16) y "sabio", tal y como se utilizan en Corinto. El término "madurez" puede haber ganado popularidad en Corinto entre la élite autodenominada, y Pablo redefine las nociones de madurez, sabio y espiritual en términos de comportamiento y no de conocimiento.[25]

Los príncipes de este siglo (2:6, 8). En el N. T., la palabra "príncipes" (archontes) se refiere sistemáticamente a los líderes judíos y romanos (ver Hechos 3:17; 4:5, 8, 26; Ro 13:3). La referencia sería entonces a los gobernantes mundanos que dieron muerte a Jesús. Sin embargo, algunos estudiosos señalan que el pensamiento apocalíptico bíblico y judío consideraba que los actos hostiles contra Dios estaban inspirados por figuras sobrenaturales malvadas.[26]

El misterio de la sabiduría de Dios, una sabiduría que ha estado escondida (2:7 NVI). "Misterio" (*mystērion*) en el N. T. se refiere a la revelación de algo previamente desconocido. Pablo desarrolla el concepto en Ef 3:9-13 y Col 1:25-29 y explica el misterio como la inclusión de los gentiles en la salvación de Dios. Los gobernantes de esta época no sabían que Dios demostró su secreto en la crucifixión (ver Lucas 23:34; Hechos 3:17; 4:25-28). En el A. T., Dios dio a conocer el "misterio" del sueño de Nabucodonosor a Daniel para que él y sus compañeros no fueran destruidos junto con los otros sabios de Babilonia, que no pudieron interpretar el sueño del rey (ver Dn 2:18-19, 27-30, 47).

Como está escrito (2:9). Algunos piensan que Pablo parafrasea Is 64:4 en combinación con Is 65:17. Otros sugieren Is 52:13-15 como texto antecedente. Es posible que Pablo reúna varias formulaciones y conceptos de una serie de textos del A. T.[27]

Por el Espíritu... el hombre natural... el espiritual (2:10-15). Algunos señalan el posible trasfondo de Dn 2:19-23 con su vocabulario relacionado con el misterio, la revelación y las cuestiones profundas de Dios.[28] Pablo distingue entre el hombre espiritual (creyente) y el hombre natural (incrédulo). El "hombre natural" denota la persona mundana que pertenece a esta época y no puede comprender la sabiduría de Dios (1:20; 2:6).

¿Quién conoció la mente del Señor? ¿Quién le instruirá? (2:16). Pablo utiliza la contemplación de Isaías del plan incomprensible de Dios para establecer que los que tienen el Espíritu tienen la mente de Cristo (Is 40:13).

Como a carnales, como a niños en Cristo (3:1). Pablo no podía hablar a los corintios como sabios y maduros porque se comportaban como niños, como lo demuestran sus celos y peleas. La metáfora de "leche" y "vianda" (3:2) se empleaba comúnmente en el mundo antiguo para referirse a la enseñanza elemental frente a la avanzada (ver Heb 5:12-14). Otros piensan que "vianda" es un término corintio y que, por tanto, Pablo escribe con ironía. En otras palabras, quiere que vean que la sabiduría del evangelio (la leche) es realmente "vianda". Se habían conformado con sustitutos sintéticos.[29]

La Iglesia y sus líderes (3:5-4:5)

Servidores (3:5). El término para "servidores" (*diakonos*) utilizado aquí para Apolos y Pablo es diferente del utilizado para los "servidores" (*hypēretēs*) de Cristo en 4:1.

Pablo dice a los corintios: "Os di a beber leche, y no vianda" (1 Co 3:2). En la imagen, una pieza de cerámica con una boquilla a través de la cual se alimentaba a los niños (período helenístico).

En 3:5-9 el término "servidor" se asocia a los trabajadores del campo, una imagen que permite a Pablo destacar la unidad e igualdad entre el que planta y el que riega el campo. Los estudiosos suelen sugerir que la imagen del campo es reflejo de la tradición de Israel y la viña de Dios en Is 5 y textos afines.[30]

La palabra "servidores" de 4:1 aparece con frecuencia en los Evangelios y en los Hechos y se refiere a muchos tipos de servidores, como los asistentes de un rey o magistrados, funcionarios del Sanedrín o guardias del templo judío.[31] La palabra traducida como "administrador" (*oikonomos*) en 4:1 se refiere al administrador de una finca de un propietario ausente.

Edificio de Dios (3:9b). En 3:9b-17, Pablo emplea la imagen de la construcción para enfatizar la calidad de los materiales utilizados en la construcción. Algunos piensan que Pablo tiene en mente el templo de Salomón, parecido a un jardín, en su descripción de los materiales utilizados (ver 1 Reyes 5:17; 6:18-21, 28-30, 35; 7:18-50; cf. 1 Cr 29:1-7), sino que también ve a los corintios como el cumplimiento del templo de los últimos tiempos profetizado en Mal 3-4.[32] Otros proponen que "templo" y "edificio" son imágenes de la unidad, que es el punto principal de Pablo.[33]

El día la declarará (3:13). "El día" se refiere al día del juicio, cuando la obra de cada uno se hará evidente, ya sea que esa obra consista en la sabiduría de Dios o en la sabiduría humana. El fuego revela el verdadero valor de algo y es una imagen que se asocia con frecuencia con el juicio final (ver Is 66:15; Dn 7:9-10; Mal 3:1-3; Mt 3:10-12).

Como por fuego (3:15). La frase puede haberse convertido en una metáfora como "tizón escapado del fuego" (Amós 4:11), significando algo así como "salvarse en el último momento" o "escapar por un pelo".[34]

Si alguno destruyere el templo de Dios (3:17). Jesús asocia el templo con su cuerpo (Juan 2:19-21), y Pablo se refiere a la iglesia como el "cuerpo de Cristo" (1 Co 12:12-13, 17, 27 NTV). Por tanto, la iglesia es el templo de Dios.[35] En el contexto, destruir el templo de Dios tiene que ver con los que causan y avivan divisiones en la iglesia.

Cada uno recibirá su alabanza de Dios (4:5). Los corintios ansiaban la alabanza de las personas asociadas con el estatus, pero Pablo les recuerda que la única alabanza que cuenta es la de Dios. El "tribunal humano" (4:3) es literalmente el "día humano", y se refiere al día del juicio, cuando Dios revela los motivos humanos. La frase de Pablo "no por eso soy justificado" (4:4) es lenguaje jurídico que significa "ser absuelto". Dios es el juez final, y no se puede apelar.

Los servidores de Dios como paradigmas de la cruz (4:6-13)

Todo esto lo he aplicado a Apolos y a mí mismo (4:6 NVI). Una antigua tradición sostiene que el significado del verbo traducido como "he aplicado" (*metaschēmatizō*) se traduce mejor como "transformar", como sus otras apariciones en el N. T. (2 Co 11:13-15; Flp 3:21), y que los llamados partidos

Queda poco del anfiteatro de Corinto. Durante el siglo I d. C. se convirtió en una arena y llegó a albergar hasta catorce mil personas para eventos como concursos de gladiadores y espectáculos de fieras. Incluso se inundaba para las producciones de batallas acuáticas.

en Corinto son solo alusiones veladas a la situación real.[36] En otras palabras, Pablo sustituye los nombres de los líderes locales por él mismo y Apolos para evitar la censura directa y personal.

No pensar más de lo que está escrito (4:6). Pablo se refiere a los límites de la Escritura respecto a la sabiduría humana, ya que ha citado la Escritura numerosas veces al servicio de su argumentación.

Ya estáis ricos (4:8). Pablo emplea la ironía y el sarcasmo, un recurso común de la retórica y literaria, para enfrentarse a la arrogancia corintia.

Como a sentenciados a muerte (4:9). Pablo considera que su servicio de predicación de un Cristo crucificado es análogo al del gladiador condenado a morir en la arena. La frase "como a sentenciados a muerte" se refiere con contundencia a los que ansiaban una posición social.

Como... el desecho de todo (4:13). Los filósofos a veces pensaban en las masas como "desecho". Pablo aplica con gusto la imagen a los apóstoles, de nuevo, como en 4:9, hablando con firmeza a los que ansiaban la posición social.

La advertencia y el llamamiento de Pablo como su padre espiritual (4:14-21)

No escribo esto para avergonzaros (4:14). La metáfora del padre y el hijo recuerda a los corintios que Pablo es el fundador de la comunidad.

Pablo les recuerda que su intención principal no es avergonzar, sino más bien advertir, a sus amados hijos (ver el artículo "El honor y la vergüenza en el mundo del Nuevo Testamento").

Ayos en Cristo (4:15). El "ayo" era un esclavo de confianza de la clase alta encargado de supervisar la educación, la vida y la moral de los niños de una casa. Sin embargo, no había comparación entre el custodio y el padre.

Por tanto, os ruego que me imitéis (4:16). Los maestros de moral instaban a sus seguidores a imitar su forma de vida, no solo sus enseñanzas. Pablo matiza que quiere que los corintios imiten su forma de vida en Cristo (4:17; ver también 11:1).

¿Iré a vosotros con vara? (4:21). La "vara" representa la reprensión y la corrección, que es una prerrogativa de Pablo como padre espiritual de los corintios. Pablo les recuerda que las habilidades retóricas son completamente irrelevantes para el reino de Dios (4:20).

Directivas a la Iglesia sobre un hombre incestuoso (5:1-13)

Hay entre vosotros fornicación, y tal fornicación cual ni aun se nombra entre los gentiles (5:1). El término traducido como "fornicación" (porneia) tiene un significado amplio y se refiere a cualquier relación sexual ilícita. Aquí Pablo aplica el término de forma más específica al incesto, que era condenado en el el A. T.[37] y por la ley romana.[38]

Vosotros estáis envanecidos (5:2). Los estudiosos actuales han enfatizado el trasfondo social para entender las razones por las que los corintios pasaron por alto tal comportamiento.[39] Tal vez el perpetrador era un rico patrón de la iglesia y algunos temían tomar medidas contra alguien de tan alta y poderosa posición social.

¿No debierais más bien haberos lamentado, para que fuese quitado de en medio de vosotros el que cometió tal acción? (5:2). El luto por los pecados de los demás evoca un trasfondo del A. T., en particular Esdras, que se lamentaba por los pecados de los demás (Esdras 10:6).[40]

El tal sea entregado a Satanás para destrucción de la carne (5:5). Algunos piensan que Pablo se refiere a la muerte física, pero es más probable que la frase describa la expulsión del infractor de la comunidad (cf. 1 Ti 1:19-20). La excomunión habría tenido el efecto de librar a este individuo de su orientación pecaminosa (carne).

Un poco de levadura leuda toda la masa (5:6). Pablo explica su razonamiento con la analogía de la fiesta de la Pascua en el A. T. La masa fermentada hacía subir la masa sin levadura, pero también podía infectar el conjunto si se contaminaba. La levadura llegó a simbolizar el poder infeccioso del mal (Mt 16:6).

Con tal persona ni siquiera deben juntarse para comer (5:11 NVI). En el mundo antiguo negarse a comer con alguien rompía todos los lazos sociales.

Aquí Pablo probablemente se refiere a la exclusión de la Cena del Señor, no la exclusión total de todas las comidas privadas.[41]

Quitad, pues, a ese perverso de entre vosotros (5:13). El mandato de Pablo de expulsar la persona malvada recoge una frase recurrente en Deuteronomio (Dt 17:7, 12; 19:19; 21:21; 22:21-22, 24; 24:7), aunque sin la típica fórmula "Está escrito", quizá por el tenor emotivo de la instrucción.

Disputas ante los injustos (6:1-11)

Cuando tiene algo contra otro (6:1). Esta frase traduce un modismo griego que se refiere a los litigios civiles.

¿Cómo se atreve a presentar demanda ante los inconversos...? (6:1 NVI). Los tribunales civiles locales con frecuencia eran influenciados y manipulados a través de las redes sociales de poderosos e influyentes, dejando a los pobres y a los débiles sin argumentos para la justicia.[42] El término "inconversos" podría indicar que los magistrados seculares eran injustos en sus juicios. La exhortación de Pablo a que resuelvan sus propias disputas refleja su herencia judía. La enseñanza de Jesús también subyace en la ética de Pablo (ver Mt 18:15-17; cf. Ro 12:17; 1 Ts 5:15; 1 P 2:19-21).

Los santos han de juzgar al mundo... hemos de juzgar a los ángeles (6:2-3). Daniel 7:22 proporciona un posible trasfondo del concepto de los santos que juzgan al mundo. Pablo no se explaya sobre "juzgar a los ángeles", pero es probable que tenga en mente a los ángeles caídos.[43]

Los que se echan con varones (6:9). De los vicios que Pablo enumera que excluirán a una persona del reino de Dios (6:9-11), los más discutidos son dos palabras traducidas como "los que se echan con varones" (*malakos, arsenokoitēs*). Otras traducciones enumeran dos vicios, ambos referidos a actos homosexuales.[44] El segundo término se deriva probablemente del lenguaje de la versión griega del A. T. en Lv 18:22; 20:13.

La santidad del cuerpo (6:12-20)

No se sabe si Pablo se opone a la prostitución sagrada consentida por el sacerdocio pagano con significado ritual para la fertilidad, o el uso de prostitutas para ocasiones festivas en el recinto del templo.[45]

La CSB entrecomilla frases que muchos estudiosos consideran eslóganes corintios o puntos de vista que Pablo rebate (ver 6:12,13).[46]

Estos lemas pueden haber representado las ideas griegas predominantes de libertad y ética relacionadas con el cuerpo.

Todas las cosas me son lícitas (6:12). La respuesta de Pablo a este posible eslogan puede haber aprovechado la perspectiva de los maestros de la moral para mostrar que incluso los "sabios" de su propia cultura matizaban su com-

Los banquetes solían ser parte de importantes actividades sociales, comerciales, religiosas y políticas en el mundo grecorromano. Aquí se muestra una escena de un banquete en una estela funeraria del siglo IV a. C.

portamiento teniendo en cuenta los efectos que dicho comportamiento tenía sobre los demás y sobre uno mismo.

Las viandas para el vientre, y el vientre para las viandas (6:13). Los estudiosos suelen argumentar que los corintios correlacionaban "el estómago y la comida" y "el cuerpo y el sexo" de forma que justificaban su inmoralidad.

Los dos serán una sola carne (6:16). Pablo enfatiza su oposición a la inmoralidad sobre la base de Gn 2:24, que expresa la intención de Dios para el matrimonio. La prostituta era un símbolo de las tinieblas y de la profanación.

Huid de la fornicación (6:18). Este mandato aparece en la literatura judía.[47] Pablo puede tener en mente la historia de la huida de José de la esposa de Potifar en Gn 39.

Habéis sido comprados por precio (6:20). Algunos ven una posible alusión a Oseas 3:1-3, que describe la redención de Oseas de su esposa para sacarla de la esclavitud y devolverla a una vida de plenitud.[48]

Cuestiones relacionadas con el matrimonio y la soltería (7:1-40)

La frase "En cuanto a las cosas de que me escribisteis" (7:1 [ver también 7:25; 8:1; 12:1; 16:1,12]) introduce una nueva etapa de la carta en la que Pablo responde directamente a las preguntas y puntos de vista de los corintios.[49] La polaridad de las perspectivas sobre los asuntos sexuales, desde el punto de vista liberado que constituye el trasfondo de los capítulos 6-7 hasta algunos que abogan por la abstención total de todas las relaciones sexuales en 7:1-7, refleja la gama de opiniones en el mundo gentil de la época de Pablo. Algunos piensan que los argumentos de Pablo en el capítulo 7 se acercan a los argumentos de las escuelas filosóficas de los estoicos y los cínicos en lo que respecta a las responsabilidades importantes del matrimonio.[50]

Es bueno que un hombre no utilice a una mujer para tener sexo (7:1 CSB trad. lit.). Pablo puede estar criticando una opinión en Corinto que abogaba por el celibato en el matrimonio, o el lema puede reflejar un debate dentro de la cultura romana sobre la cuestión del sexo con el cónyuge motivado por la gratificación y el placer más que por el único propósito de la procreación.[51]

A causa de las fornicaciones (7:2). La opinión de Pablo de que el matrimonio es una forma de evitar el peligro de la inmoralidad sexual es coherente con el A.T. y otra literatura judía (ver Pr 5:15-20; Tb 4:12; Testamento de Leví 9.9-10).[52]

El marido cumpla con la mujer el deber conyugal, y asimismo la mujer con el marido (7:3). Éxodo 21:10-11 puede influir en las instrucciones de Pablo sobre los derechos conyugales dentro del matrimonio. El énfasis que pone Pablo en la reciprocidad de la relación entre el esposo y la esposa era poco convencional para los estándares antiguos. El hecho de que Pablo permita que el esposo y la esposa se separen por consentimiento tiene sus raíces en el A. T. (ver Ex 19:15; Lv 15:18; 1 S 21:4-6; Ec 3:5; Joel 2:16; Zac 12:12-14).

Digo, pues, a los solteros y a las viudas (7:8). Algunos piensan que el término "solteros" tiene el significado de "viudos" y que el propio Pablo era viudo, ya que estar casado en algún momento de su vida habría sido coherente con su herencia judía.

A los que están unidos en matrimonio, mando, no yo, sino el Señor: Que la mujer no se separe del marido (7:10). Pablo reitera la enseñanza de Jesús sobre el divorcio (Mt 19:1-10; Mc 10:2-12; también Mt 5:32). "Separarse" no tiene un sentido técnico en este pasaje y se usa indistintamente con la palabra "divorcio".[53]

Si algún hermano tiene mujer que no sea creyente (7:12). Pablo explica que los creyentes deben permanecer casados con incrédulos si el incrédulo consiente, porque el incrédulo y los hijos siguen siendo considerados "santos". El principio de santidad, que se extiende incluso a los hijos, se establece sobre el principio bíblico de que las bendiciones de Dios no se limitan a los destinatarios inmediatos, sino que se extienden a otros (ver Gn 15:18; 17:7; 18:26; 1 R 15:4; Is 37:4).

No está el hermano o la hermana sujeto a servidumbre en semejante caso (7:15). La mayoría de los estudiosos piensan que Pablo quiere decir que si el cónyuge incrédulo se marcha, el creyente deja de estar vinculado al matrimonio y, por tanto, es libre de volver a casarse, aunque el término "sujeto" en 7:15 no es el mismo que el que se usa normalmente para referirse al carácter vinculante del matrimonio (7:27, 39; Ro 7:2).

No se circuncide (7:18). Pablo utiliza dos marcadores de identidad principales en el mundo antiguo (circuncisión/anticuncisión, liberto/esclavo) para ilustrar el principio de que las distinciones sociales no tienen nada que ver con la posición de uno ante Dios.

El procedimiento de convertirse en "incircunciso" se conocía como "epispasmo" y era un medio para que los varones judíos enmascararan su identidad religiosa para asimilarse a la cultura grecorromana.[54] La circuncisión era un signo del pacto que marcaba a los judíos como pueblo de Dios (Gn 17:10-14) (ver el artículo "El rito judío de la circuncisión"). El nuevo pacto no equipara la circuncisión con el cumplimiento de los mandatos de Dios.

Por precio fuisteis comprados (7:23). La frase evoca la imagen de la esclavitud (ver el artículo "La esclavitud en el mundo del Nuevo Testamento") para plantear una reflexión teológica (cf. 6:19-20).

En cuanto a las vírgenes (7:25). La identidad de las "vírgenes" (también 7:28, 34, 36-38) es una cuestión interpretativa importante. El punto de vista de la "hija virgen" (7:36-38) asume un cierto trasfondo cultural en el que la hija no podía casarse sin el permiso del padre o del tutor legal. Lo más probable es que el término "vírgenes" se refiera a las jóvenes prometidas en edad casadera, y Pablo dirige sus instrucciones principalmente a los hombres que tomaban la iniciativa en tales asuntos.

Como quien ha alcanzado misericordia del Señor para ser fiel (7:25). El término "misericordia" se refiere al apostolado de Pablo (2 Co 4:1; cf. Gl 1:15-16; ver también 1 Co 4:1-2).

A causa de la necesidad que apremia (7:26). Estudios recientes han sugerido que Pablo interpreta una crisis actual en Corinto, tales como el hambre o la persecución,[55] como un acontecimiento del tiempo final (cf. Lucas 21:23; Mc 13:17-20).

El tiempo es corto (7:29). La frase podría referirse tanto a la cantidad como a la calidad del tiempo que queda antes de la segunda venida de Cristo, es decir, el carácter del tiempo que queda hasta la consumación final ha sido irrevocablemente alterado por el acontecimiento de la muerte y resurrección de Jesús. El futuro se ha convertido en el presente (ver Ro 13:11-14; Ef 5:15-16).

Pienso que también yo tengo el Espíritu de Dios (7:40). La mención de ser guiado por el Espíritu puede indicar que Pablo está ofreciendo un contrapunto a otros en Corinto que aconsejaban lo contrario bajo el auspicio de un consejo "inspirado por el Espíritu".

Este monumento funerario muestra varias clases en la jerarquía social romana. Las figuras de gran tamaño mostradas en profundo relieve son una familia de libertos, tanto hombres como mujeres. Las figuras más pequeñas en relieve superficial son los esclavos quepertenecen a la familia. El contraste visual pone de manifiesto la diferencia de estatus social (Tesalónica, ca. 50 a. C.).

La prioridad del amor sobre el conocimiento (8:1-13)

El reconocimiento de los dioses paganos en varios entornos implicaba comer alimentos que habían sido sacrificados a un ídolo.[56] Los restos del sacrificio se vendían en el mercado, lo que hacía que las oportunidades de comer esos alimentos fueran abundantes. Algunos estudiosos han sugerido que Pablo prohibía comer alimentos de ídolos en el templo, pero permitía hacerlo en el hogar (10:23-31). Otros han argumentado que la preocupación de Pablo era la naturaleza de la comida, ya fuera comer comidas religiosas con asociaciones abiertas con un dios pagano o comer en ocasiones sociales.[57]

En cuanto a lo sacrificado a los ídolos (8:1). La palabra griega que subyace a esta frase (eidōlothytos) no aparece en la literatura anterior a 1 Corintios y probablemente es un término polémico judío/cristiano. Aunque podría tratarse de una variedad de productos alimenticios, como el grano, la fruta, el pescado, las aves de corral y la miel,[58] los enfoques sociológicos han preferido la idea de carne ofrecida a los ídolos y que el problema en Corinto tenía que ver con la estratificación social entre la élite y los socialmente desfavorecidos.[59]

Sabemos que todos tenemos conocimiento (8:1). Pablo está de acuerdo con un probable eslogan/punto de vista de los corintios, que matiza con dureza. Los autoproclamados "conocedores" pueden haber sido los miembros más ricos de la iglesia.

Si alguno ama a Dios, es conocido por él (8:3). Ser conocido por Dios era estar en pacto con Él. La mención del amor a Dios recuerda a Dt 6:4-5.

Sabemos que un ídolo nada es en el mundo, y que no hay más que un Dios (8:4). Como en 8:1, las citas reflejan la opinión de que estas palabras representan lemas o puntos de vista corintios. Una afirmación similar sobre la futilidad de los dioses aparece en Dt 32:21. La totalidad de 8:6, relativa a la unicidad y supremacía de Dios Padre y del Señor Jesucristo, probablemente refleja una confesión tradicional de los primeros cristianos.

Pero mirad que esta libertad vuestra no venga a ser tropezadero para los débiles (8:9). El discurso de Pablo indica que el derecho a comer todos los alimentos es una reivindicación corintia. La ilustración que sigue en 8:10 puede ser puramente hipotética, para dejar claro que Pablo no creía que uno tuviera derecho a comer en el templo del ídolo.

Los "derechos" propios y el Evangelio (9:1-27)

¿No soy apóstol? ¿No soy libre? (9:1). Algunos han sugerido que la discusión de Pablo refleja una crisis en Corinto sobre su apostolado.[60] Lo más probable es que algunos no estén de acuerdo con el comportamiento poco convencional de Pablo al negarse a recibir apoyo financiero.

El sello de mi apostolado sois vosotros en el Señor (9:2). La palabra "sello" significa con frecuencia "marca" o "estampa", refiriéndose tanto al instrumento utilizado como a la marca dejada por el sello para atestiguar lo genuino de algo. La iglesia de Corinto era la prueba del apostolado de Pablo.

Contra los que me acusan, esta es mi defensa (9:3). Las preguntas de 9:3-6 anticipan las preguntas que algunos podrían plantear respecto a la disciplina autoimpuesta por Pablo. En ocasiones, Pablo aceptó una provisión material (Flp 4:10-20), pero normalmente no se ajustaba a esta práctica de los retóricos y filósofos ambulantes de la época.

Pablo le dice a la iglesia de Corinto: "el sello de mi apostolado sois vosotros en el Señor" (1 Co 9:2). Aquí se muestra un anillo griego del siglo II o III a. C. Sellos y anillos como este se utilizaron para hacer impresiones en arcilla para afirmar la autenticidad o la autoridad detrás de los artículos como cartas, proclamaciones y productos comerciales.

¿No tenemos derecho de traer con nosotros una hermana por mujer como también los otros apóstoles, y los hermanos del Señor, y Cefas? (9:5). Otros apóstoles estaban casados y viajaban con sus esposas. La pregunta de Pablo también revela que los hermanos de Jesús estaban involucrados en la organización misionera de la iglesia.

No pondrás bozal al buey que trilla (9:9). Pablo cita Dt 25:4, empleando un método común de argumentación de lo menor a lo mayor. Si Dios se preocupa por los bueyes, entonces se preocupa aún más por los seres humanos. Esto corrobora el argumento de Pablo en 9:7 que la gente espera obtener beneficios de su trabajo.

Los que trabajan en las cosas sagradas (9:13). Es probable que Pablo se refiera a las prácticas del templo descritas en el A. T. y no a los templos paganos en Corinto. Los que trabajaban en el templo y ofrecían sacrificios se mantenían en la provisión diaria gracias a su servicio (ver Lv 7:6-10, 14, 28-36).

Ordenó el Señor a los que anuncian el evangelio, que vivan del evangelio (9:14). Ninguna frase de Jesús corresponde exactamente a 9:14, pero la esencia se encuentra en la tradición evangélica (cf. Mt 10:10; Lucas 10:7).

No tengo por qué gloriarme; porque me es impuesta necesidad (9:16). La palabra "gloriarme" evoca un tema profético y muestra que Pablo se consideraba en la línea de los profetas del A. T. que se vieron en la necesidad de predicar.

Siendo libre de todos, me he hecho siervo de todos (9:19). Pablo puede estar refiriéndose a su independencia financiera que lo liberó de cualquier obligación con los mecenas ricos.

Me he hecho a los judíos como judío (9:20). Pablo describe su vida misionera entre diversas clases de personas para aclarar su afirmación de convertirse en esclavo de todos. Aunque Pablo ya no define su relación con Dios en términos de la ley, en ocasiones se acomoda a la práctica judía con fines de evangelización (Hechos 16:1-3; 21:23-26).

Esto hago por causa del evangelio, para hacerme copartícipe de él

Este relieve muestra a dos contendientes colocando coronas sobre la cabeza de su entrenador y sosteniendo ramas de palma, símbolos de la victoria (Atenas, principios del siglo III d. C.).

(9:23). Los matices financieros del pasaje pueden indicar que Pablo se refiere a los recursos financieros para la difusión efectiva del evangelio.

¡Así que corran para ganar! (9:24 NTV). La metáfora atlética estaba muy extendida entre los filósofos de la antigüedad[61] y habría sido especialmente relevante para el público de Pablo porque en Corinto se celebraban los Juegos Ístmicos cada dos años (ver el artículo "El atletismo en el mundo del Nuevo Testamento").

La provisión, la redención y el juicio de Dios sobre Israel (10:1-13)

Nuestros padres todos estuvieron bajo la nube, y todos pasaron el mar (10:1). "Padres" se refiere a los antiguos israelitas. La nube y el mar eran algo más que simples símbolos de la liberación de Israel en el éxodo. Dios mismo estaba presente en la experiencia (Ex 13:21-22; 14:19-20, 24; Nm 14:14; Sal 105:39).

Todos en Moisés fueron bautizados (10:2). En la literatura judía, nada antecede al uso de Pablo de la frase "en Moisés fueron bautizados". Pablo establece un paralelismo entre la salvación de Israel de los egipcios y la liberación del pecado del creyente, simbolizada en el bautismo cristiano.

La roca era Cristo (10:4). Al referirse a Cristo como una "roca" siguiente, algunos suponen que Pablo se inspira en una tradición interpretativa judía que pretendía explicar la aparición del pozo tanto al principio como al final del viaje de Israel (Ex 17:6; Nm 20:11), una explicación facilitada por la ambigüedad de Nm 21:16-20.[62] Sin embargo, Pablo matiza que la roca era "espiritual", refiriéndose a Cristo como fuente de la provisión de Israel.

Quedaron postrados en el desierto (10:5). "Postrados" ofrece la imagen de ser sacrificado (Nm 14:22-23). El castigo por los pecados de Israel era la muerte física.

Ni seáis idólatras... Se sentó el pueblo a comer y a beber, y se levantó a jugar (10:7). Pablo cita Ex 32:6b con referencia a la adoración de Israel del becerro de oro mientras Moisés recibía la ley en el Monte Sinaí.

Cayeron en un día veintitrés mil (10:8). El número de muertes mencionado vincula la advertencia contra la inmoralidad con el relato de la prostitución de Israel con las mujeres moabitas y su culto idolátrico registrado en Nm 25:1-9.

Ni tentemos al Señor, como también algunos de ellos le tentaron (10:9). El pasaje del A. T. es Nm 21:4-9, posiblemente utilizado junto con otros textos que se refieren a la repetida ofensa de Israel de poner a Dios a prueba (Ex 17:2-7; Dt 6:16; Sal 78:18; 95:8-11). Probar a Cristo es una inferencia natural de la identificación de Cristo como la siguiente roca en 10:4.

Perecieron por el destructor (10:10). Los estudiosos han sugerido Nm 14 y Nm 16 como posibles textos de fondo, pero ninguno de ellos se refiere a un ángel destructor. No obstante, la implicación es que el mismo instrumento de muerte desencadenado contra los egipcios (Ex 12:23) afectó a los israelitas desobedientes.

Huye de la idolatría (10:14-22)

Como a sensatos os hablo (10:15). La apelación de Pablo a la autopercepción de los corintios como personas sensatas reforzaría la oposición tradicional que subyace en la relación entre sabiduría e idolatría. En el pensamiento judío, los que carecían de sabiduría caían en la idolatría (cf. Ro 1:21-23).

Participamos en la sangre de Cristo... participamos en el cuerpo de Cristo (10:16 NTV). El término "participación" traduce el término griego koinōnia, que suele traducirse como "comunión" (ver 1:9). Algunos estudiosos han comparado la Cena del Señor con la recitación del Séder de la Pascua en Israel. "Sangre" y "cuerpo" no tienen un sentido material, ya que Pablo se basa en la propia interpretación de Jesús de la copa como "el nuevo pacto en mi sangre" (11:25).

Mirad a Israel (10:18). El griego indica: "Israel según la carne". Algunos estudiosos opinan que Pablo se refiere a la nación de Israel como algo distinto de la iglesia, que es Israel según el Espíritu. Otros piensan que Pablo tiene en mente el ejemplo negativo de Israel al usar el término "carne", y la frase se refiere a aquellos de Israel que sucumbieron a la idolatría e inmoralidad en el desierto.[63]

Los que comen de los sacrificios, ¿no son partícipes del altar? (10:18b). Pablo se refiere a la participación en lo que representa el altar, ya sea a los sacrificios sancionados en el A. T. o a la participación en sacrificios paganos.

A los demonios lo sacrifican (10:20). El texto griego deja abierta la cuestión del sujeto del verbo "sacrificar", leyendo "qué cosas sacrifican ellos, sacrifican a los demonios y no a Dios". "Ellos" (sujeto tácito) posiblemente se refiere a la participación de Israel en las fiestas paganas (Dt 32). Algunos manuscritos antiguos insertan "gentiles" como aclaración.

¿O provocaremos a celos al Señor? ¿Somos más fuertes que él? (10:22). El texto de fondo es el Cántito de Moisés en Dt 32, que relata la infidelidad de Israel a Dios mediante los sacrificios a los demonios (Dt 32:17) y despertando la ira del Señor.

Hazlo todo por el bien de los demás y para la gloria de Dios (10:23-11:1)

Todo me es lícito (10:23). Ver los comentarios sobre 1 Co 6:12.

De todo lo que se vende en la carnicería, comed, sin preguntar nada por motivos de conciencia (10:25). La afirmación y la ilustración que sigue suponen que la historia de los alimentos que se venden en el mercado sería conocida por algunos pero no por otros, y que no todos los alimentos que se venden en el mercado habrían sido asociados previamente con la idolatría. Hay teorías opuestas sobre la disponibilidad de la carne para los pobres. Algunos han argumentado que la carne habría estado disponible para aquellos con medios económicos limitados después de los juegos u otros eventos cívicos.[64] Otros han señalado que la postura de Pablo de no hacer preguntas contrasta fuertemente con un enfoque judío típico.[65] El razonamiento de Pablo proviene del Salmo 24:1: "De Jehová es la tierra y su plenitud; El mundo, y los que en él habitan".

Si algún incrédulo os invita (10:27). Tales invitaciones habrían sido en el mundo antiguo como un medio para la creación de redes sociales y políticas y para el progreso. Pablo no especifica dónde tiene lugar la comida, si en una instalación pública o en una casa privada. El anfitrión de la comida puede haber propuesto la cuestión del sacrificio por respeto a las convicciones del creyente, una práctica común hoy en día en la cultura asiática.[66]

Si, pues, coméis o bebéis (10:31). El comer y el beber en el mundo antiguo era el lugar de interacción social en el que las visiones del mundo dominantes se encontraban.

Esposos y esposas y la gloria de Dios (11:2-16)

En 11:2-16, Pablo aborda la vestimenta adecuada para hombres (esposos) y mujeres (esposas) en relación con la oración y la profecía. Algunos piensan que el entorno de la iglesia en casas impulsó a las esposas a quitarse el velo tradicional que significaba su estado civil.

El relato de la creación de Génesis es el texto de fondo que informa la interpretación de este pasaje (Gn 1:26-27; 2:18-23).

El varón es la cabeza de la mujer (11:3). Los términos "varón" y "mujer" probablemente tienen un significado más restringido de "esposo" y "esposa" en este contexto.[67]

El trasfondo patriarcal del A. T. influye en la comprensión que Pablo tiene sobre la relación entre esposo y esposa, de modo que el término "cabeza" refleja una supuesta jerarquía a través de la cual se transmiten la gloria y la vergüenza.[68]

Afrenta su cabeza... (11:4-5). En la cultura del honor/vergüenza del Corinto romano del siglo I, una mujer casada con la cabeza descubierta se consideraba inmodesta y podía avergonzar o poner en aprietos a su esposo.[69] Dado que la cabeza masculina cubierta era un comportamiento ritual normal en el mundo romano antiguo para ofrecer un sacrificio ritual, algunos han supuesto que la tradición cristiana estableció una práctica única en contraste con la devoción pagana.[70] Pablo equiparó la cabeza descubierta con la cabeza afeitada, que fue el objetivo de vergüenza, tal vez refiriéndose al estigma social de una adúltera castigada públicamente y reducida a la condición de prostituta.[71]

Por causa de los ángeles (11:10). La interpretación más fructífera de esta frase vincula la referencia de Pablo al contexto de la adoración y a los motivos de gloria y la creación planteados en 11:7-9. En la tradición judía, los ángeles eran percibidos como participantes en la adoración y guardianes del orden creado.[72]

Ni el varón es sin la mujer, ni la mujer sin el varón (11:11). La afirmación de Pablo refleja la tradición rabínica que distinguía entre Adán y Eva y el resto de la humanidad.[73] La creación valida tanto la cabeza como la interdependencia. La diferenciación de género se decreta en la creación y se expresa a través de las convenciones sociales.

Si alguno quiere (11:16). Este tipo de frase aparece por tercera vez en la carta (cf. 3:18b; 8:2), lo que puede sugerir que Pablo sigue dirigiéndose a "los con conocimiento" en Corinto (cf. 8:1-13) que eran de alto estatus social.

Gloria y verguenza en la observancia de la Cena del Señor (11:17-34)

Hay entre vosotros divisiones (11:18). El papel del anfitrión-patrón puede sugerir que la celebración de la Cena del Señor en grupos domésticos generaba un espíritu centrado en el anfitrión del grupo más que en Cristo (recordar 1:10-17).[74]

Es preciso que entre vosotros haya disensiones, para que se hagan manifiestos entre vosotros los que son aprobados (11:19). Algunos piensan que, en consonancia con la enseñanza de Jesús, Pablo reconoce la separación necesaria entre los verdaderos y falsos creyentes en los últimos días, que ya

Pablo reprendió a los cristianos de Corinto por las divisiones sociales que se producían cuando los creyentes se reunían en las casas para compartir la Cena del Señor. El patrón rico se reclinaba con sus amigos en el triclinio, mientras que los de clase baja o los esclavos se quedaban en el atrio y podían esperar a ser alimentados. La foto muestra una escena del triclinio de un mosaico de Séforis (siglos III a IV d. C.).

han llegado. Los textos apocalípticos advierten con frecuencia que los tiempos de prueba sacarán a la luz las verdaderas intenciones de los que profesan la fe (cf. Mc 4:14-20; 13:9-13). O bien, Pablo puede estar empleando un poco de sarcasmo hacia los dignatarios sociales que permitían las divisiones entre ricos y pobres para poder destacar.

Yo recibí del Señor lo que también os he enseñado (11:23). El uso de los términos "recibir" y "enseñar" era el habitual para la transmisión de tradiciones. La interpretación que hace Pablo de la tradición recibida del Señor es la más parecida al relato de Lucas (Lucas 22:17-20).

La noche que fue entregado (11:23). La referencia a la traición puede ser más amplia que la traición de Judas a Jesús, teniendo en cuenta el conjunto de acontecimientos asociados a la muerte de Jesús, incluyendo la entrega del Hijo por parte del Padre y el autosacrificio del Hijo.[75] La elección de palabras de Pablo puede ser un reflejo de Is 53:6,12.

Haced esto en memoria de mí (11:24-25). La propia Pascua era un recordatorio (Ex 12:14), que recordaba la redención de los israelitas de Egipto. La celebración de la Pascua estaba explícitamente ligada a la redención de su pueblo por parte de Dios. Éxodo 24:8 y Jer 31:31 proporcionan el trasfondo bíblico de la declaración de Jesús en el versículo 25: "Esta copa es el nuevo pacto en mi sangre".

La muerte del Señor anunciáis hasta que él venga (11:26). En el contexto, la proclamación de la muerte del Señor puede tener más que ver con la observancia de la comida por parte de los corintios que con la proclamación verbal. Su comportamiento particular no proclamaba la muerte del Señor, aunque la propia comida en sí misma pretendiera representar su muerte.

Cualquiera que comiere este pan o bebiere esta copa del Señor indignamente (11:27). Comer "indignamente" se refiere al comportamiento atroz de la humillación de los miembros pobres de la iglesia a manos de los ricos (11:17-22).

Pruébese cada uno a sí mismo (11:28). Si Pablo se refiere irónicamente a los dignatarios sociales en 11:19, entonces en 11:28 puede estar haciendo un juego de palabras al pedir a los "aprobados" seguros de sí mismos que se "prueben" sometiéndose a un riguroso autoexamen con la intención de comer y beber de acuerdo con el carácter genuino de la comida.

Hay muchos enfermos y debilitados entre vosotros (11:30)."Debilitados" era un eufemismo para referirse a la muerte. En el A. T., las plagas podían caer indiscriminadamente sobre la comunidad en su conjunto (Ex 32:35; Nm 8:19 11:33; Dt 32:24; Jos 22:17).[76]

Cuando se reúnan para comer, dense la bienvenida unos a otros (CSB trad. lit. 11:33). En el contexto social de una cena, el verbo que subyace a esta frase significa "dar la bienvenida" (*ekdechomai*), y Pablo puede estar instando a los corintios a practicar la hospitalidad cristiana (otras traducciones traducen la frase como "esperarse los unos a los otros" o "recibirse los unos a los otros"). Si se toma de forma más literal en el sentido de "esperar", entonces Pablo está literalmente instando a los miembros más privilegiados que llegan antes a esperar a los miembros más pobres que llegan más tarde debido a sus compromisos laborales.

La manifestación del Espíritu para el bien común (12:1-31)

Acerca de los dones espirituales (12:1). "Dones espirituales" traduce una palabra en plural, que podría significar "personas espirituales". Es posible que Pablo esté retomando la terminología corintia y corrigiendo a los autodenominados "espirituales" de Corinto (recordemos 2:14-3:4), que se consideraban espirituales, sabios y conocedores.

Cuando erais gentiles, se os extraviaba llevándoos, como se os llevaba, a los ídolos mudos (12:2). Pablo contrasta la experiencia actual del Espíritu de los corintios con su experiencia pasada pagana de ser influenciados o "extraviados" por ídolos mudos. La descripción de Pablo puede indicar la fuerte presión social para participar en las fiestas de los ídolos.[77] No quiere decir necesariamente que su adoración pagana anterior influyera en su adoración cristiana actual.[78]

Nadie que hable por el Espíritu de Dios llama anatema a Jesús (12:3). Pablo puede estar describiendo una situación hipotética para argumentar que no todas las supuestas declaraciones inspiradas provienen del Espíritu. Una opinión más reciente sugiere la novedosa traducción "Jesús concede una maldición", basada en la evidencia inscripcional de la práctica bastante extendida de los pronunciamientos religiosos de maldición en el mundo grecorromano, en el que las maldiciones religiosas se usaban en diversas áreas de la vida, incluyendo los deportes, la política, el amor y los negocios. Así, los corintios actuaban como sus vecinos paganos.[79] Una explicación más sencilla es que la frase alude a una valoración de Jesús por parte de los judíos incrédulos.[80]

A este es dada… a otro (12:8). El propósito de Pablo en 12:8-11 es enumerar, no definir, los dones para enfatizar que todos los dones tienen la misma fuente. La profecía es el único don que aparece en todas las listas de Pablo (12:8-11, 28; 13:1-3; Ro 12:6-8; Ef 4:11-12). Las listas de 1 Corintios son representativas y no exhaustivas.

Palabra de sabiduría… palabra de ciencia (12:8). Estas manifestaciones del Espíritu tenían una importancia especial para la congregación de Corinto. Las distinciones entre estos dos dones no son claras; no obstante, ambos dones de palabra eran problemáticos para los corintios.

El hacer milagros (12:10). En griego la frase se lee, "funcionamiento de poderes". El obrar de Dios en el poder, en definitiva, edifica a la iglesia y confirma la fe en Dios más que en la sabiduría humana (2:4-5; cf. 12:6). "Poder" (*dynamis*) fue un término clave en la respuesta de Pablo a los oradores que se consideraban poderosos en Corinto (1:17-4:21).

Profecía (12:10). Algunos estudiosos han definido la profecía de manera amplia para incluir todas las formas de discurso edificante. Pablo describe el don como expresiones inteligibles inspiradas por el Espíritu, tanto espontáneas como reveladoras, en beneficio de la iglesia reunida (ver 14:6, 30; Hechos 11:28; 13:1-3; 21:10-11). Otros también han equiparado el don con la instrucción pastoral.

Diversos géneros de lenguas… interpretación de lenguas (12:10). La palabra "lengua" significa "idioma". Algunos piensan que Pablo tiene en mente las lenguas humanas. Otros piensan que son posibles las lenguas angélicas (13:1).[81] Las lenguas eran capaces de ser entendidas inmediatamente por los oyentes (Hechos 2:4-11) o capaces de ser interpretadas (1 Co 12:10; 14:5, 13). Pablo insiste en que la interpretación de las lenguas es esencial para la edificación (14:13-19, 28).

Un solo cuerpo (12:12). Los estudiosos han reconocido desde hace tiempo que la metáfora del cuerpo para la sociedad o el estado, común en la literatura política antigua, puede haber influido en la terminología de Pablo.[82] Otros han señalado que el uso de Pablo difiere de la mentalidad secular, ya que emplea la imagen para abogar por la interdependencia y el uso de los dones para el bien común en lugar de la subordinación de unos a otros para el bien del conjunto.[83]

El Espíritu da dones de curación en contraste con los poderes de curación que la comunidad pagana buscaba en el dios Asklepios, cuya estatua se muestra aquí (siglos III a IV d. C.).

Por un solo Espíritu fuimos todos bautizados (12:13). Todas las demás apariciones de la frase "bautizado en/por el Espíritu" en el N. T. se refieren a la profecía de Juan de que Jesús bautizaría con o en el Espíritu (Mt 3:11; Mc 1:8; Lucas 3:16; Juan 1:33; Hechos 1:5; 11:16).

Son muchos los miembros, pero el cuerpo es uno solo (12:20). Algunos han sugerido que un contexto social específico impulsa la analogía de Pablo en que 12:15-20 aborda el tema del cuerpo único con muchos miembros de los que se perciben a sí mismos como inferiores, y 12:21-26 aborda el tema desde la perspectiva de los que se percibían superiores.[84] El trato vergonzoso de los pobres en la Cena del Señor por parte de los miembros más distinguidos de la iglesia (11:17-34) es el trasfondo de la personificación del cuerpo que enfatiza la debida consideración dada a las partes del cuerpo menos honorables (12:21-26). La cabeza y el ojo son metáforas evidentes de los supuestos miembros de mayor categoría de la iglesia que se consideraban de mayor valor que los demás.

Primeramente apóstoles, luego profetas, lo tercero maestros (12:28). "Primeramente... luego... lo tercero" puede indicar prioridad cronológica más que un rango. Efesios 2:20 se refiere al "fundamento de los apóstoles y profetas". Los apóstoles eran un grupo selecto que fue testigo presencial de la resurrección (1 Co 9:1-2; 15:5-9), incluyendo a Pablo, los Doce y otros comisionados por Cristo.[85]

Amor: el camino por excelencia (13:1-13)

Primera de Corintios 13 se ajusta al patrón de un discurso literario, llamado encomio, dedicado a una persona o cosa (virtud).[86] Es probable que Pablo compusiera 13:1-13 extemporáneamente para la situación de Corinto.

Lenguas humanas y angélicas (13:1). Pablo se refiere a dos tipos diferentes de lenguas hiperbólicamente en aras del argumento. Tal vez los corintios pensaban que su hablar en lenguas era una "lengua del cielo".

Metal que resuena, o címbalo que retiñe (13:1). El término traducido como "metal" (*chalkos*) se utilizaba para varios tipos de metales, pero principalmente de bronce o latón. Sobre la base de algunas referencias en la literatura grecorromana se ha sugerido que Pablo se refiere a la vasija acústica utilizada en los teatros para proyectar y amplificar el sonido.[87] Algunos piensan que Pablo se refiere al ruido del culto pagano.[88]

Todos los misterios y toda ciencia (13:2). Los "misterios y toda ciencia" se combinan con frecuencia en la literatura apocalíptica (Dn

Aquí se muestran pequeños címbalos de la época romana.

2:19-23; 1 Enoc 41.1; 52.2; 61.5; 63.3; 68.5; 71.4). La mención de "misterios y ciencia" puede evocar la representación de Daniel en Dn 2; 4.[89]

Si tuviese toda la fe, de tal manera que trasladase los montes (13:2). Esta expresión para referirse a la gran fe coincide con la enseñanza de Jesús y puede derivarse de ella (Mt 17:19-20; 21:21; Mc 1:22-24; Lucas 17:6).

Hasta sacrificara mi cuerpo, podría jactarme de eso (13:3 NTV). Algunas traducciones interpretan el texto griego como "entregase mi cuerpo para ser quemado" (RVR1960) porque los términos para "quemar" y "jactarse" son muy parecidos en griego. Uno de los argumentos clave contra "quemar" es la ausencia de esta forma de martirio hasta la persecución de la iglesia por parte de Nerón. Sin embargo, la referencia de Pablo puede ser una alusión al horno de fuego en Dn 3.

El amor no tiene envidia, el amor no es jactancioso, no se envanece (13:4-8b). Existe un consenso entre los estudiosos de que la descripción que hace Pablo en estos versículos de lo que no hace el amor se dirige inequívocamente al contexto corintio y, por lo tanto, sirve para señalar su falta de amor. Pablo alaba el amor y al mismo tiempo culpa a los corintios.[90] Los celos y las peleas, por ejemplo, subyacen de la carta, como los pleitos entre los creyentes (6:1-8) y las divisiones sociales entre ricos y pobres en la celebración de la Cena del Señor (11:17-22). El amor "no se envanece" repite un tema habitual en la carta (ver 4:6, 18; 5:2; 8:1).

Las profecías se acabarán, y cesarán las lenguas, y la ciencia acabará... mas cuando venga lo perfecto, entonces lo que es en parte se acabará (13:8b-10). Los dones de profecía, lenguas y ciencia son dones representativos, elegidos por su relevancia en la situación de Corinto. La palabra griega para "perfecto" (teleios) también se traduce como "maduro" en ciertos contextos y se utiliza junto con el término"niños" (2:6; 14:20; cf. 3:1-4). El vocabulario de Pablo se dirige a los corintios que actuaban de forma infantil.

Ahora vemos por espejo, oscuramente; mas entonces veremos cara a cara (13:12). La metáfora del espejo fue muy utilizada en el mundo antiguo y era especialmente relevante en Corinto, donde se fabricaban espejos de bronce. En contexto, la metáfora apunta a la visión indirecta, al conocimiento parcial e incompleto. El "espejo" frente al "cara a cara" remite a Nm 12:6-8, que contrasta cómo Moisés habló con Dios cara a cara mientras que otros profetas recibieron la revelación a través de visiones y sueños.

Espejos romanos de Hierápolis, Turquía (siglo I a. C. a siglo IV d. C.).

Hacer todo para la edificación de la Iglesia (14:1-40)

Procurad los dones espirituales (14:1). Es posible que Pablo tenga en mente los dones de palabra, el tema central de 14:1-40, ya que es probable que los corintios tuvieran los dones de palabra en alta estima y les otorgaban un estatus social.

No habla a los hombres, sino a Dios (14:2). En el contexto, Pablo quiere decir que solo Dios comprende una lengua no interpretada. Solo el habla inteligible lleva a la comprensión y a la edificación.

El que habla en lengua extraña, a sí mismo se edifica (14:4). Pablo no recomienda la edificación personal como función de los dones espirituales; más bien, el objetivo de los dones es la edificación colectiva (12:7). El argumento de Pablo es que solo el orador es edificado si la lengua no es interpretada.

Si yo voy a vosotros hablando en lenguas (14:6). Cuando Pablo llegó a Corinto, fue con un discurso claro en una poderosa demostración del Espíritu (2:1-5). Ahora imagina, a modo de contraste, que si se presentara ante ellos hablando de forma ininteligible, no habría ningún beneficio.

Si la trompeta diere sonido incierto (14:8). Pablo utiliza una metáfora militar en otros lugares para describir la vocación de los cristianos (ver Ro 6:12-14; 2 Co 10:3-6; Flp 1:27-30; 1 Ts 5:8).

Tantas clases de idiomas hay, seguramente, en el mundo (14:10). La referencia de Pablo a todo tipo de lenguas en el mundo era especialmente relevante para Corinto, con sus dos puertos que situaban a la ciudad como un importante cruce de caminos hacia el mundo y donde se hablaban tanto el griego como el latín. Los ciudadanos de Corinto debían estar familiarizados con la alienación y la frustración causadas por la mezcla de diferentes lenguas y culturas en una gran ciudad.

Seré como extranjero para el que habla (14:11). La lengua común es esencial para la unidad. El término griego para "extranjero" (barbaros) se refiere a una persona que no habla griego.

Porque si tú das gracias a Dios con tu espíritu, y te escucha algún extraño, no podrá unirse a tu oración si no entiende lo que dices. Y no podrá hacerlo, porque no habrá comprendido nada (14:16 TLA). Algunos piensan que "algún extraño" que traduce una frase griega de seis palabras, es un término técnico que describe a un posible miembro de la comunidad. Lo más probable es que se refiera a aquellos que asumen el papel de forastero social, ya que están alienados por un discurso ininteligible.

Prefiero hablar cinco palabras con mi entendimiento, para enseñar también a otros, que diez mil palabras en lengua desconocida (14:19). El término "diez mil" es una hipérbole y significa "incontables".

En la ley está escrito (14:20-25). Las redes sociales, los matrimonios y las estructuras legales aseguraban que los cristianos se relacionaran con los no cristianos (recordemos 6:1-11; caps. 8-10). Dado que los incrédulos habrían estado presentes en las reuniones de la iglesia, Pablo aplica Is 28:11-12 a la situación de Corinto para contrastar el efecto de hablar en lenguas frente al de profetizar. En Isaías, Dios habló en forma de juicio a través de los invasores que hablaban la lengua asiria (Is 28:11: "porque en lengua de tartamudos, y en extraña lengua hablará a este pueblo"). A diferencia de las lenguas, la profecía provoca la conversión.

Verdaderamente Dios está entre vosotros (14:25). Esta frase es un reflejo de Is 45:14 (ver también Is 49:23; 60:10-16; Zac 8:22-23).

Hágase todo para edificación... decentemente y con orden (14:26b-40). Pablo establece directrices para los que hablan en lenguas, para los profetas y para las esposas en relación con la edificación de la iglesia. Pablo regula el habla profética de manera similar a las lenguas, instruyendo a dos o tres profetas para que hablen y a otros para que juzguen. Un pasaje de los Rollos del Mar Muerto es paralelo a las directrices de Pablo y estipula que nadie debe hablar durante el discurso de otro (1QRule of the Community 6.10-13).

Vuestras mujeres callen en las congregaciones... indecoroso que una mujer hable en la congregación (14:34-35). Pablo tiene en mente una situación social específica: las esposas que hablan de manera inaceptable y que avergüenzan a sus esposos. Algunos han sugerido que 14:34-35 prohíbe a las mujeres enseñar (1 Ti 2:12), una norma tomada de la sinagoga y aplicada a la iglesia.[91] Pablo no pretende prohibir el discurso de las mujeres en absoluto, sino que pide que se restrinjan ciertos tipos de discurso para mantener la integridad de la relación esposo-esposa y la paz y el orden de la iglesia reunida para la adoración.

Si alguno se cree profeta, o espiritual (14:37). Pablo se enfrenta a los que se consideraban "profetas" o "espirituales", lo que indica que se dirige a la autopercepción de los corintios y que la cuestión de lo que realmente constituye la espiritualidad entre los corintios era importante.

La resurrección de los muertos (15:1-58)

El problema que Pablo aborda en este capítulo se desvela en 15:12b: "¿cómo dicen algunos entre vosotros que no hay resurrección de muertos?". La cosmovisión filosófica griega predominante sostenía la inmortalidad del alma más que la resurrección de un cuerpo muerto. El problema para algunos en Corinto no era la existencia postmortem, sino la naturaleza corporal de dicha vida de resurrección. Es posible que los que negaban la resurrección fueran una minoría de la clase socialmente alta, que habría sido propensa a tales inclinaciones filosóficas. Lo esencial del problema para la mentalidad griega se expresa en las dos preguntas en 15:35: "¿Cómo resucitarán los muertos? ¿Con qué cuerpo vendrán?". [92]

Porque primeramente os he enseñado lo que asimismo recibí (15:3). El lenguaje de la recepción y la entrega ha sido reconocido durante mucho tiempo como vocabulario técnico extraído de la herencia judía de Pablo relacionada con la recepción y transmisión de tradiciones. La formulación lleva las marcas de una declaración confesional tradicional (ver 11:2, 23-26).

Conforme a las Escrituras (15:3-4). Es probable que Pablo se refiera a la totalidad de las Escrituras y no a un pasaje o conjunto de pasajes. El propio Jesús interpretó su muerte y resurrección en términos de las Escrituras (ver Lucas 24:25-27, 44-45). Isaías 53 es un posible texto de fondo para la muerte de Jesús, y Jon 1:17 y Oseas 6:2 son posibles referencias metafóricas a la resurrección al tercer día.

Apareció (15:5-8). Pablo enumera las apariciones de Cristo resucitado en lo que parece ser en orden cronológico. La ocasión de la aparición a quinientos puede haber sido la Gran Comisión (Mt 28:16).

Como a un abortivo (15:8). En la traducción griega del A. T. (Septuaginta), la palabra traducida como "abortivo" o "nacido anormalmente" (ektrōma) se refiere a un niño nacido muerto (Nm 12:12; Ec 6:3; Job 3:16). Pablo emplea la metáfora para resaltar la gracia y el poder de Dios que lo rescató de su deplorable condición de muerte espiritual.

Su gracia no ha sido en vano para conmigo (15:10). Pablo posiblemente reflexiona sobre la queja de Isaías: "Por demás he trabajado, en vano" (Is 49:4).

No hay resurrección de muertos (15:12-19). Pablo lleva la posición de "no hay resurrección de muertos" hasta su conclusión lógica. Si la resurrección es imposible, entonces Jesús, que era totalmente humano, no fue resucitado, y por lo tanto toda la predicación y la fe es vana. Además, todos los testigos enumerados en 15:5-8 eran falsos testigos, y los creyentes todavía están bajo el poder del pecado y la muerte.

Cristo ha resucitado de los muertos; primicias de los que durmieron es hecho (15:20). En Lv 23:9-14, el término "primicia" describe una porción consagrada de la cosecha ofrecida a Dios en sacrificio. Aquí el énfasis recae más en la secuencia temporal. Cristo es la primera persona que resucitó de entre los muertos, y habrá más resurrecciones.

Así como en Adán todos mueren, también en Cristo todos serán vivificados (15:22). Pablo profundiza en las primicias comparando a Adán y a Cristo (ver 15:44-49; también Ro 5:14). Tanto la muerte como la resurrección son "por un hombre" (v. 21).

Pero cada uno en su debido orden (15:23). Pablo utiliza una metáfora militar que denota rango y orden en referencia a la resurrección de los muertos. Cristo será el primero, seguido por los que le pertenecen. Sobre la resurrección de los justos y de los impíos, ver Dn 12:2; Juan 5:29; Ap 20.

Luego los que son de Cristo, en su venida (15:23). El término griego "venida" (*parousia*) significa "presencia" y se utilizaba en algunos contextos en el mundo antiguo en sentido técnico para designar la venida de una figura política de alto rango, como la visita de un emperador a una provincia. El término se convirtió en uno técnico que denota la segunda venida de Cristo en ciertos contextos (1 Ts 2:19; 3:13; 4:15; 5:23; 2 Ts 2:1). Sin embargo, el término no siempre tiene este significado, ya que se utiliza para la llegada de Estéfanas, Fortunato y Acáico (1 Co 16:17) y de la "venida" del inicuo (2 Ts 2:8).

Luego el fin (15:24). Pablo lee el Sal 110:1 y el Sal 8:6 cristológicamente para explicar que Cristo debe reinar hasta que todos los enemigos sean vencidos. Las referencias al Sal 8 y al Sal 110 también aparecen juntas en Ef 1:20-22. El Sal 8 se refiere al relato de Génesis sobre la creación de la humanidad, mientras que el Sal 110 se refiere al rey David. Al combinar los dos salmos Pablo es capaz de enfatizar que lo que se perdió en Adán se recupera en Cristo y cumple la intención de Dios para la humanidad.

Para que Dios sea todo en todos (15:28). Pablo utiliza una terminología similar en 1 Co 8:6a y Ro 11:36. Los propósitos de Dios tienen en cuenta toda la creación (Ro 8:19-25; Col 1:15-20; Ef 1:9-10, 20-23).

¿Qué harán los que se bautizan por los muertos...? (15:29). La preocupación por los muertos en la cultura corintia respalda la interpretación de que algunos se bautizaban en nombre de personas muertas no bautizadas.[93] Tal vez algunos se bautizaban por otras personas de su casa que se habían convertido pero habían muerto antes de su bautismo. Algunos estudiosos han sugerido que la referencia es metafórica, y que la frase se refiere a los cuerpos de los creyentes que pronto morirán (Ro 6:3-14; 8:10; Ef 2:1, 5; Col 2:13). Otros han sostenido que la preposición "por" es causal, y la frase debería decir: "Los que se bautizan a causa de los muertos". Así, el "bautismo por los muertos" se refiere a la práctica de los que se bautizan a causa de lo que saben sobre la resurrección de los muertos a la vida.[94]

Batallé en Éfeso contra fieras (15:32). "Batallar contra bestias salvajes" es una metáfora de la lucha contra adversarios poderosos. Dado que Pablo escribe desde Éfeso, tales conflictos están frescos en su mente (1 Co 16:9; ver también Hechos 19:23-41; Ro 16:3-4). La metáfora aparece en la literatura moralista griega como eufemismo de la autodisciplina en la lucha contra las pasiones humanas.[95] Otros han sugerido un trasfondo conceptual apocalíptico judío donde el término "bestias" denota espíritus malignos, de modo que Pablo se refiere a los hechiceros poseídos por el demonio que actuaban en la ciudad de Éfeso y que se oponían a su evangelio.[96] Otros han señalado el uso simbólico de bestias o animales salvajes para describir a los gobernantes paganos en Dn 7.[97]

Comamos y bebamos, porque mañana moriremos (15:32). Las palabras exactas aparecen en la versión griega de Is 22:13. El dicho podría igualmente originarse de la filosofía secular.[98]

Las malas conversaciones corrompen las buenas costumbres (15:33). Los estudiosos han reconocido esta frase como una cita de la comedia Thais del dramaturgo griego Menandro (ca. 292 a. C.). El proverbio tiene una referencia específica a la influencia corruptora de los que negaban la resurrección.

Para vergüenza vuestra lo digo (15:34). Negar la resurrección era un asunto de vergüenza para la iglesia de Corinto porque la resurrección representa una verdad fundamental sobre la persona y el poder de Dios (cf. Mc 12:24).

Pero dirá alguno (15:35). Pablo escribe en el estilo de la diatriba griega, un método de argumentación que utiliza un oponente imaginario para abordar una situación real.[99]

Hay cuerpos celestiales, y cuerpos terrenales (15:36-41). En estos versículos, Pablo responde a las dos preguntas planteadas en 15:35, en parte basándose en la analogía de la cosecha que ya está en marcha en la creación (ver Gn 1:11-13) y en la analogía del relato de la creación de Gn 1:20-27, que habla tanto de la carne terrestre como de los cuerpos celestiales. El vínculo entre los cuerpos de la resurrección y los cuerpos celestiales puede tener como trasfondo Dn 12:1-3, el pasaje más explícito del A. T. sobre la resurrección.

Se siembra en corrupción, resucitará en incorrupción (15:42). Mientras que la siembra podría referirse a la sepultura o al carácter de la vida mortal (perecedera, deshonrosa débil), hay casos en la literatura grecorromana que utilizan la metáfora para referirse a los orígenes y la generación humana. Si este es el significado aquí, entonces Pablo está contrastando los orígenes humanos con la resurrección.[100]

Se siembra cuerpo animal, resucitará cuerpo espiritual (15:44). Los términos "animal"y "espiritual" describen el cuerpo terrenal actual y el futuro cuerpo transformado de la resurrección a imagen de Cristo. Pablo deriva el término "animal" de Gn 2:7 (de la palabra griega traducida como "ser"), citado en 15:45.

Fue hecho el primer hombre Adán alma viviente; el postrer Adán, espíritu vivificante (15:45). Se ha sugerido que la frase "espíritu vivificante" deriva de Gn 2:7 leído teniendo en cuenta Ez 37, que se refiere a que el Espíritu de Dios devuelve la vida a su pueblo.[101] La frase "alma viviente" se refiere a Adán. El término "espíritu vivificante" describe a Cristo resucitado, el último Adán, en su estado transformado y corresponde a la descripción del cuerpo de la resurrección como "espiritual".

Así como hemos traído la imagen del terrenal, traeremos también la imagen del celestial (15:49). El texto de fondo sigue siendo Gn 2:7 junto con Gn 5:3, que se refiere a que Adán tuvo un hijo a su imagen y semejanza.

La carne y la sangre no pueden heredar el reino de Dios (15:50). La afirmación de Pablo de la incompatibilidad radical del cuerpo humano actual y el cuerpo de la futura resurrección es un tema compartido con la literatura apocalíptica judía.[102]

En un momento, en un abrir y cerrar de ojos (15:52). Las frases son únicas en el A. T. y al N, T., pero implican una transformación instantánea, que es coherente con el énfasis del A. T. en la repentina intervención escatológica de Dios (ver Is 29:5-6; 48:3; Mal 3:1).

Se tocará la trompeta (15:52). La trompeta es la señal del día del Señor (Is 27:13; Joel 2:1; Sof 1:14-16; Zac 9:14).

Porque es necesario que esto corruptible se vista de incorrupción (15:53). Es posible que Pablo tenga en mente el Sal 102:26 al utilizar la imagen del vestido, que se cita en Heb 1:11-12.

Sorbida es la muerte en victoria. ¿Dónde está, oh muerte, tu aguijón? (15:54). La fusión de Is 25:8 y Oseas 13:14 en una sola cita es un método de citación similar a la forma en que se utilizaban las Escrituras en los comentarios rabínicos, en los Targums y en la literatura de Qumrán.

En el mundo romano, las trompetas se utilizaban para proclamar acontecimientos importantes. En este relato, una trompeta anuncia el regreso triunfal a Roma en el año 176 d. C. del victorioso emperador Marco Aurelio.

Reaudacón, planes de viaje y cierre de la carta (16:1-24)

La ofrenda para los santos (16:1). La colecta era una ofrenda para los creyentes de Jerusalén (16:3). Otros pasajes del N. T. proporcionan una imagen más completa de la ofrenda y sus motivos (Hechos 24:17; Ro 15:25-31; 2 Co 8-9; Gl 2:10). La contribución era para los pobres, pero también había motivaciones teológicas: solidificar y fortalecer la relación entre las porciones judía y gentil de la iglesia, contribuyendo así a la unidad de la misma. La colecta pudo tener su origen en el Concilio de Jerusalén (Hechos 15:1-29; cf. Gl 2:10).

A quienes hubiereis designado por carta, a estos enviaré (16:3). El uso de cartas de recomendación era común en el mundo antiguo. En este caso, las cartas verificaban la naturaleza de la ofrenda y presentaban a los contribuyentes.[103]

Por Macedonia tengo que pasar (16:5). Pablo suele incluir un relato de viaje al final de sus cartas (ver Ro 15:22-32; 2 Co 12:14-13:1, 10; 1 Ts 2:17-20; 3:11-13; Flm 22), que describe no solo los lugares que tiene previsto recorrer, sino también las personas que desea ver y los planes para el ministerio del evangelio. Al pasar por Macedonia de camino a Corinto era una ruta más tortuosa que viajar por mar, pero Macedonia, una provincia romana, era la ubicación de otras iglesias paulinas en Filipos y Tesalónica.

Pero estaré en Éfeso hasta Pentecostés (16:8). La referencia a Pentecostés proporciona tanto el lugar de la redacción de la carta como una referencia a la época del año (es decir, la primavera). Aunque era una fiesta judía (ver Lv 23:15-21), Pentecostés tenía un gran significado para toda la iglesia teniendo en cuenta los acontecimientos descritos en Hechos 2.

Muchos son los adversarios (16:9). El libro de los Hechos de los Apóstoles ofrece más información sobre los tipos de problemas a los que se enfrentó Pablo en Asia (ver Hechos 19:23-41; cf. 2 Co 1:8-11).

Viajeros como Pablo y Timoteo habrían entrado en la antigua ciudad de Corinto por la carretera de Lechaion, la vía principal que conducía a la ciudad.

Si llega Timoteo, mirad que esté con vosotros con tranquilidad (16:10). Pablo expresa su preocupación por el trato que recibe Timoteo cuando llega a Corinto (cf. 4:17-21). Dado que Timoteo es el representante de Pablo, el trato se equipara con el trato que los corintios dan a Pablo.

Encaminadle en paz (16:11). "Encaminadle en paz" es una fórmula tradicional (Ex 4:18; 1 S 20:42; 2 Reyes 5:19; Hechos 15:33; 16:36; Santiago 2:16).

Acerca del hermano Apolos (16:12). Los corintios pueden haber pedido a Pablo que enviara a Apolos por razones no expresadas. Algunos conjeturan que Apolos no regresó debido a su indignación por la perpetuación de las facciones en su nombre.

Hermanos, ya sabéis que la familia de Estéfanas es las primicias de Acaya (16:15). Pablo recuerda que los de la casa de Estéfanas estuvieron entre los primeros conversos de la provincia romana de Acaya (ver 1:16). Es posible que Estéfanas haya sido la principal fuente de conocimiento de Pablo sobre muchos de los problemas de los corintios. La mención de su casa indica probablemente que Estéfanas era una persona con medios económicos considerables. No todos los miembros ricos de la iglesia debían ser culpables de las desavenencias entre ricos y pobres. No sabemos nada más sobre Fortunato y Acáico (16:17), ya que no hay ninguna otra mención de ellos en el N.T.

Aquila y Priscila, con la iglesia que está en su casa, os saludan mucho en el Señor (16:19). Los saludos finales de las cartas de Pablo revelan su considerable red de apoyo en el ministerio. Aquila y Priscila son las únicas personas que Pablo menciona por su nombre en este saludo final, aparte de él mismo. Esta pareja destacada se menciona en otras partes del N. T. (Hechos 18:1-3,

24-19:1; Ro 16:3-4). Tanto en Roma como en Éfeso se reunía una iglesia en su casa. Sus aparentes medios económicos les permitían servir a la iglesia en calidad de mecenas.

Saludaos los unos a los otros con ósculo santo (16:20). El último mandato "saludaos los unos a los otros con ósculo santo" representa una práctica común en el mundo de Pablo. Este beso era un gesto de respeto y afecto y servía como símbolo externo de la unidad entre los creyentes.

El que no amare al Señor Jesucristo, sea anatema (16:22). Sobre la pronunciamiento de la maldición, ver los comentarios a 1 Co 12:3 (cf. Gl 1:8-9). El amor era el sello distintivo de la comunidad cristiana, pero era un amor exigente que derivaba su contenido de un compromiso con el señorío de Cristo.

La gracia del Señor Jesucristo esté con vosotros (16:23). Pablo siempre concluye sus cartas con una bendición de gracia. Esto difiere notablemente de otras cartas helenísticas, que normalmente se cierran con un simple "adiós".

— Mateo
— Marcos
— Lucas
— Juan
— Hechos
— Romanos
— 1 Corintios

— 2 Corintios

— Gálatas
— Efesios
— Filipenses
— Colosenses
— 1 Tesalonicenses
— 2 Tesalonicenses
— 1 Timoteo
— 2 Timoteo
— Tito
— Filemón
— Hebreos
— Santiago
— 1 Pedro
— 2 Pedro
— 1 Juan
— 2 Juan
— 3 Juan
— Judas
— Apocalipsis

2 Corintios

George H. Guthrie

Introducción. Al acercarnos a la Segunda Carta de Pablo a los Corintios es necesario considerar al menos tres cuestiones del contexto: (1) Pablo como autor; (2) la historia relacional del apóstol con los corintios; (3) la ciudad de Corinto, especialmente los valores de liderazgo que impregnaban la singular encarnación de la cultura grecorromana en la ciudad (ver el artículo "La ciudad de Corinto").

No se discute que el apóstol Pablo escribió el libro que conocemos como 2 Corintios y cuando escribió la carta, probablemente llevaba poco más de dos décadas como seguidor de Jesucristo. Pablo era a la vez un ciudadano romano (Hechos 22:27-28) y ciudadano de la ciudad de Tarso en Cilicia (Hechos 21:39; 22:3). Como ciudadano romano, el apóstol pudo haber tenido un nivel de credibilidad con los hombres más importantes de Corinto, como Erasto (Ro 16:23) y hasta el funcionario romano Galio (Hechos 18:12-17), ya que la ciudad era una colonia romana (ver el artículo "La ciudadanía romana"). Los corintios aún se enorgullecían de estar bien conectados política y socialmente con la capital del imperio.

Sin embargo, Tarso era un centro educativo de primer orden, y ciertas habilidades retóricas que vemos reflejadas en 2 Corintios pueden haber tenido su origen en la educación del apóstol. Tarso también era conocido por un tipo especial de lino tejido y por un material local llamado cilicio, tejido de pelo de cabra. Este último se utilizaba para fabricar materiales que protegían del mal clima.[1] Así, el apóstol probablemente se hizo experto en la fabricación de tiendas de campaña en su ciudad natal (Hechos 18:3), y esa habilidad le sirvió para su manutención mientras llevaba a cabo sus actividades misioneras. Sin

El extremo occidental de la antigua vía de navegación a través del Istmo de Corinto.

embargo, su "trabajo manual" habría estado muy alejado de los valores de liderazgo de Corinto.

A pesar de su doble nacionalidad, la identidad de Pablo se centraba en el hecho de que era un judío mesiánico, un seguidor de Jesús como el Mesías, y llamado a ser el apóstol de los gentiles; tenía un ministerio específico predominantemente en la ciudad de Corinto (2 Co 10:13-15; 11:22).

Pablo probablemente llegó a Corinto por primera vez en la primavera del 50, estableciendo la iglesia y viviendo en la ciudad durante un año y medio, para luego marcharse en el otoño del 51. Habiendo escrito lo que él denomina una "carta anterior" a los corintios (perdida para la historia) en el verano/otoño del 52 (1 Co 5:9), el apóstol escribió lo que conocemos como 1 Corintios en el verano/otoño del 53 desde Éfeso. Sin embargo, a principios de la primavera del 54 Timoteo llegó a Corinto y encontró a la iglesia en desorden, lo que llevó a Pablo a viajar de Éfeso a Corinto en barco una vez que se abrió la temporada de embarque esa misma primavera. El viaje resultó ser un desastre, muy doloroso debido a un enfrentamiento público entre Pablo y un opositor, y por eso Pablo lo califica de "visita dolorosa" (2 Co 2:1 NTV). Pablo regresó a Éfeso y escribió una "carta con gran angustia" (2 Co 2:3-4 NTV), en la que el apóstol reprendía duramente a la iglesia. Luego, la persecución de finales del verano del 54 le obligó a salir de Éfeso y al norte, a través de Troas y en Macedonia (Hechos 19:8-10; 2 Co 2:12-13), donde escribió 2 Corintios en el otoño del 54 o el invierno del 55. Por lo tanto, cuando el apóstol escribió 2 Corintios, la iglesia tenía solo unos cinco años, y los creyentes de la ciudad estaban todavía en su adolescencia espiritual, un hecho que ciertamente se relaciona con los problemas que Pablo tenía con la iglesia.

Cuando Pablo llegó a Corinto a mediados del siglo I, la ciudad era una metrópolis próspera y rica, situada estratégicamente para el crecimiento económico (sobre la historia y los antecedentes de Corinto en general, ver el artículo "La ciudad de Corinto"). Además de la relativa inmadurez de los creyentes corintios, al menos tres dinámicas hicieron de la iglesia un contexto ministerial especialmente difícil para el apóstol.

En primer lugar, en algún momento los falsos maestros se habían trasladado a Corinto y estaban ofreciendo a los creyentes de allí "otro Jesús" del que Pablo les había predicado, "otro espíritu" del que los corintios habían recibido, en resumen, "otro evangelio" (11:4). Pablo califica a estos oponentes de "falsos apóstoles" y "ministros" de Satanás (11:13-15). En segundo lugar, estos intrusos parecían encajar muy bien en los estándares corintios de liderazgo, poniendo énfasis en la consecución del honor, el avance en el estatus social,

Los restos de la antigua Corinto son visibles en el primer plano de esta vista del norte desde el Acrocorinto (acrópolis). Se aprecia la proximidad de la antigua ciudad al Golfo de Corinto. La zona excavada expuesta revela el centro de la ciudad que conoció Pablo.

la capacidad de hablar en público, el ministerio por cuenta ajena y la riqueza, valores todos ellos por los que Pablo parecía carecer de interés. En resumen, la humildad del apóstol (12:21), su postura de siervo, su rechazo a los patrocinios y las ganancias financieras, el trabajo manual de sus manos y su negativa a competir por el estatus social haciendo alarde de sus habilidades retóricas, todo ello violaba los valores y principios clave del liderazgo que se celebraban en la cultura corintia. Pablo ofreció a los corintios una visión bíblica muy contracultural del liderazgo cristiano. En tercer lugar, la iglesia corintia era diversa tanto social como geográficamente. La iglesia estaba formada, casi con toda seguridad, por muchas iglesias en casas de no más de cuarenta personas cada una, muchas de las cuales incluían a personas de diversos estatus sociales. Además, esas iglesias en casas estaban repartidas por toda la región, la carta se dirigía no solo a los corintios, sino también a "todos los santos que están en toda Acaya" (1:1). Así pues, cuando Pablo trató de que la iglesia de Corinto volviera a comprometerse firmemente con su misión y su evangelio, es casi seguro que tuvo que enfrentarse a focos de resistencia repartidos por toda la región, una posición nada envidiable para un de un líder alejado de la iglesia a la que pretendía servir.

Inicio de la carta y prólogo (1:1-11)

Las cartas en el mundo antiguo solían abrirse con una "encabezado" que incluía el nombre del remitente (la superscriptio), el destinatario o destinatarios (la adscriptio) y un saludo (la salutatio) (ver el artículo "Escritura de cartas en la antigüedad").

En el ámbito cultural más amplio, el saludo se expresaba con la palabra griega charein, que significaba simplemente "saludos". En los círculos cristianos se cambió por charis, la palabra griega para "gracia". El saludo cristiano de Pablo también añade *eirēnē* ("paz"), término griego tomado del saludo hebreo común shalom.

Acaya (1:1). Llamamos correctamente a la carta Segunda de Corintios, pero note que la carta se dirige también a "todos los santos que están en toda Acaya". Acaya era una provincia romana que incluía toda la península al sur del Golfo de Corinto, las islas Cícladas al este del continente, junto con una gran parte de Grecia central. La palabra proviene de Achaioi, comúnmente utilizado por Homero para referirse a los griegos. Corinto era la capital de la provincia.

Bendito sea el Dios y Padre (1:3). La bendición de Dios sigue aquí bendiciones judías del día, como las Dieciocho Bendiciones, que repiten: "Bendito seas, Señor". Sin embargo, el lenguaje de Pablo al alabar a Dios proviene directamente del A. T. (por ejemplo, Gn 14:20; Sal 18:46; 66:20).

Consolación (1:3). Aquí la palabra traducida como "consuelo" (*paraklēsis*) debe entenderse como algo más que el simple hecho de calmar a una persona que está sufriendo. Más bien, el término está relacionado con un verbo que con frecuencia se traduce como "exhortar" en el N. T. y conlleva un elemento para infundir valentía a alguien, de animarle a la hora de afrontar el futuro. Así, Dios es el "Dios de todo consuelo".

Las aflicciones de Cristo (1:5). En el judaísmo más amplio, algunos escritos hablaban de los "ayes mesiánicos", dolores de parto en el mundo que al final conducirían a la era del Mesías: "el Cristo" (ver Is 26:17; 66:8 CSB trad. lit.) (ver el artículo "Expectativas mesiánicas en la época de Jesús"). Pablo se refiere a los sufrimientos que experimentan los creyentes cuando se identifican con Cristo y ministran en su nombre en el mundo.

Nuestra tribulación que nos sobrevino en Asia (1:8-11). Asia era una provincia senatorial romana que abarcaba la mayor parte de la parte occidental de Asia Menor, junto con islas como Rodas y Patmos. Éfeso, donde Pablo pasó un largo período en su tercer viaje misionero, era la capital de la provincia (ver el artículo "La ciudad de Éfeso"). En 1 Cor. 15:32, el apóstol se refiere a la lucha contra "fieras" en Éfeso, lo que probablemente es una referencia a oponentes humanos y no a animales literales, pero aquí parece que se refiere a una situación que amenazaba la vida y que ocurrió posteriormente. La "sentencia de muerte" de la que habla en 1:9 se refiere probablemente a la persecución extrema, una experiencia que obligó a Pablo a confiar en el "Dios que resucita a los muertos".

Por qué Pablo no vino directamente a Corinto (1:12-2:13)

Porque nuestra gloria es esta (1:12-14). Pablo escribe mucho sobre la "gloria" en 2 Corintios. En las Escrituras judías el concepto podía utilizarse positivamente (como aquí) o negativamente. Al igual que en la cultura occidental moderna, este último tenía que ver con el insensato orgullo humano por las propias capacidades o logros (p. ej., Jue 7:2; 1 S 2:3).

Sin embargo, el primero podría usarse como un "orgullo" apropiado que celebraba el carácter y la obra del Señor en la vida de las personas (por ejemplo, 1 Cr 16:35). Pablo se enorgullece sistemáticamente de las cosas del Señor.

Macedonia (1:16). Pablo había comunicado a los corintios que tenía previsto visitarlos antes de viajar a Macedonia, pero esos planes habían cambiado; el apóstol, más bien, decidió ir al norte de Éfeso a Troas y desde allí pasar a Macedonia. Macedonia era otra provincia senatorial romana, al norte de Acaya, que se extendía a lo largo de los lados norte y oeste del Mar Egeo.

Al proponerme esto, ¿usé quizá de ligereza? (1:17). Con su cambio de planes, algunos en Corinto lo acusaron de inconstante o de tener un carácter vacilante, un defecto condenado no solo en las culturas judía y cristiana sino también en el mundo grecorromano en general. En la literatura antigua, se condenaba a los líderes por su inconstancia y falta de fiabilidad, pero se les alababa si eran fieles a su palabra. Sin embargo, el apóstol pasa a explicar por qué no vino como se esperaba.

A Dios por testigo (1:23). Esto equivalía a un juramento solemne, tomado de los tribunales de justicia de la época, diciendo en efecto: "Si Dios, que conoce perfectamente la situación, subiera al estrado en mi nombre, se demostraría que he actuado con total integridad".

Visita dolorosa (2:1 NTV). A principios de la primavera del 54, Timoteo viajó a Corinto y encontró que la iglesia no había respondido bien a la carta que conocemos como 1 Corintios. Como la iglesia estaba en un caos, Pablo también viajó desde Éfeso a Corinto en barco esa misma primavera. El viaje fue muy doloroso debido a un conflicto público entre Pablo y un oponente (2:5-11), y por eso Pablo lo califica aquí como "visita dolorosa".

Esto mismo os escribí... os escribí con muchas lágrimas (2:3-4). Cuando llegó a Éfeso tras la visita dolorosa, el apóstol escribió una carta dolorosa, confrontando a la iglesia por amor. Las cartas de una autoridad tenían un gran peso relacional. La frase "Porque por la mucha tribulación y angustia del corazón os escribí" en 2:4 significa que la carta fue "desgarradora" de escribir, hablando de la agitación y la angustia interna que Pablo experimentó en la confrontación. Evidentemente, la carta tuvo el efecto deseado (7:7-11).

Tallados de menorás de una antigua sinagoga judía en Corinto.

Al contrario, vosotros más bien debéis perdonarle y consolarle (2:7). No conocemos la identidad del ofensor, ya que Pablo se refiere con frecuencia a este tipo de personas sin nombrarlas. La ofensa parece haber sido un conflicto público con el apóstol, más personal que teológico, y el castigo que la iglesia había llevado a cabo fue la suspensión de la comunión con el infractor. Si el ofensor era una persona de alto estatus social, lo que parece probable, hubiera hecho la situación aún más difícil.

Troas... Macedonia (2:12-13). Sobre Macedonia, ver los comentarios a 2 Co 1:16. El antiguo escritor Estrabón llamó a Troas, una colonia romana, "una de las ciudades destacadas del mundo".[2] Troas, principal puerto marítimo de Misia, en el noroeste de Asia Menor, tenía una población de treinta a cuarenta mil habitantes y estaba en las principales rutas de viaje de este a oeste y de norte a sur. Aquí es donde Pablo tuvo su "visión de noche" (Hechos 16:8-9) para llevar el evangelio por primera vez a lo que conocemos como la Europa actual.

Pablo encomienda su ministerio de integridad (2:14-4:6)

Triunfo en el desfile (2:14 NTV). Pablo utiliza una imagen de un "triunfo en el desfile" o "desfile victorioso" romano para describir cómo Dios reina victorioso a través del evangelio de Cristo y difunde ese evangelio a través de sus ministros. En el contexto cultural romano, un general pedía un desfile de este tipo al senado tras una victoria especialmente significativa sobre uno de los enemigos de Roma. El general era agasajado mientras el elaborado desfile recorría las calles de Roma, mostrando al general en persona en un carro tirado por cuatro caballos blancos, el ejército romano, carros cargados con las armas del enemigo y el botín de las ciudades derrotadas, y grandes pinturas de los campos de batalla o de las ciudades capturadas. También había docenas de de portadores de incienso, que llenaban la ciudad con el olor del incienso quemado que se extendía por la multitud y se elevaba a los dioses. En el desfile estaban también los líderes cautivos del ejército enemigo, que a veces eran ejecutados en un momento clave de la celebración. Además, había ciudadanos romanos que habían sido esclavos en el país enemigo pero que habían sido liberados por el general vencedor.

Pablo retoma aspectos del desfile, representándose a sí mismo y a su misión, como portadores de incienso, y el Evangelio como incienso que fluye sobre la humanidad y la gente responde a ese evangelio de forma variada (2:15-16). En el cuadro de palabras

Un "triunfo en el desfile" (2 Co 2:14) era la conclusión de una victoria militar cuando los conquistadores volvían a casa. Este cáliz del siglo I d. C. muestra una procesión del emperador Tiberio.

de Pablo, "los que se salvan" corresponden a los esclavos liberados en el desfile y se refieren teológicamente a los que han encontrado la libertad al creer en el evangelio. Para ellos el "olor" del evangelio es un dulce olor a vida. En cambio, "los que se pierden" corresponden a los cautivos enemigos y se refieren teológicamente a los que se dirigen a la destrucción debido a su rechazo al evangelio. Para ellos el evangelio apesta, huele a muerte. Así, el evangelio funciona como una línea divisoria de la humanidad.

Algunos utensilios de escritura comunes de la época helenística, como los estiletes para las tablillas de cera y los tinteros para pluma y papiro o pergamino.

No somos como muchos, que medran falsificando la palabra de Dios (2:17). El escritor Luciano habló en sentido figurado de los falsos maestros que "venden su enseñanza como taberneros y la mayoría de ellos mezclan su vino con agua y lo tergiversan".[3] Así, Pablo utiliza la imagen de un vendedor ambulante deshonesto para describir a sus oponentes, que predican sus retorcidos mensajes por encargo.

Recomendarnos a nosotros mismos (3:1). La "auto-recomendación" era una forma común de presentarse para ser considerado en el mundo antiguo, ya sea en una situación de negocios (piense en las "cartas de referencia" de hoy en día) o en un entorno social. Había dos situaciones en las que era totalmente apropiado recomendarse a sí mismo: (1) cuando se presentaba a alguien por primera vez y (2) cuando la relación se había roto y había que repararla.

Cartas de recomendación (3:1). En la época de Pablo, las cartas de recomendación se utilizaban desde hacía varios siglos, y existían manuales de instrucciones de cómo redactar una de forma adecuada. Estas cartas se utilizaban con frecuencia cuando alguien viajaba o se trasladaba a un nuevo lugar, proporcionando una presentación a quienes podían ofrecerle un trabajo u hospitalidad. El argumento de Pablo es que no necesita tales cartas para validar su ministerio a los corintios; ellos mismos son su "carta", su validación (3:2). Él les había llevado el evangelio y era su padre en la fe.

Expedida por nosotros, escrita no con tinta (3:3). Pablo se presenta probablemente en el papel de un amanuense, o secretario, un escriba profesional experto en la escritura de cartas (ver el artículo "Escritura de cartas en la antigüedad"). En el siglo I, la tinta era normalmente negra, producida mediante la combinación de hollín y goma. Se aplicaba con una pluma de caña.

Con el Espíritu... en tablas de carne del corazón (3:3). Probablemente Pablo está aludiendo a la realidad del nuevo pacto reflejada en pasajes como Jer 31:33 que habla de que la ley de Dios está escrita en el corazón de los creyentes, e Is 44:3, Ez 39:29 y Joel 2:28-29, que hablan de la obra del Espíritu en la vida del pueblo de Dios.

No que seamos competentes por nosotros mismos (3:5). El término traducido como "competente" (*hikanos*) se refería a algo que era suficiente o adecuado, a una persona que está a la altura de una norma o que está capacitada para una tarea. Es posible que Pablo tenga en mente la llamada al ministerio de Moisés (Ex 3:11; 4:10-12), ya que este término se utiliza en la traducción griega de ese relato del A.T.

La letra mata, mas el espíritu vivifica (3:6). El apóstol se refiere al A.T. como "la letra", y la contrasta con "el Espíritu", que "vivifica". Al leer el A.T., Pablo es testigo del impacto mortal de la ley en aquellos que salieron de Egipto, que murieron en el desierto. Aparte de la obra del Espíritu, el impacto de la ley es desastroso.

Mucho más abundará en gloria el ministerio de justificación (3:9). En 3:7-11, Pablo utiliza una técnica rabínica de argumentación conocida como qal wahomer, un argumento "de menor a mayor". En tal argumento, si algo es cierto en una situación menos importante, sin duda es cierto en una situación más importante y tiene mayores implicaciones. En este caso, Pablo reflexiona sobre la gloria y el velo del rostro de Moisés en Éxodo 34:29-35. El argumento de Pablo es que si el ministerio del antiguo pacto a través de Moisés vino con gloria (la situación "menor"), el ministerio del nuevo pacto abunda en una gloria mucho mayor (la situación "mayor"). Esta última es mayor porque la gloria se extiende a todo el pueblo de Dios (3:17-18).

Gloria (3:7). En la cultura grecorromana de Corinto la "gloria" u "honor" era un valor social muy elevado (ver 6:8). Sin embargo, Pablo señala una dimensión del concepto bíblico de gloria como manifestación de la presencia de Dios.

La gloria... la cual había de perecer (3:7). La palabra griega traducida aquí como "había de perecer" (*katargeō*), utilizada cuatro veces en 3:7-18, habla de algo que se anula o se hace inoperante. Aquí Pablo señala que el velo "apagó" la gloria del rostro de Moisés. Los israelitas no podían "fijar la vista en el rostro de Moisés" porque estaba cubierto por el velo.

El velo se quitará (3:16). En el mundo antiguo los velos se usaban para cubrir el rostro de una persona, ya sea porque era sagrado o vergonzoso. Como en algunas partes del Oriente Próximo, las mujeres a veces se cubrían el rostro con un velo. En 3:12-18, Pablo habla del velo que cubría el rostro de Moisés, pero luego pasa a un velo figurativo que se interpone entre las personas y Dios. (La misma palabra griega que usa para "velo" podría usarse para la cortina del tabernáculo, que cerraba la presencia de Dios a la gente común). El ministerio del nuevo pacto tiene una gloria mucho mayor que el antiguo porque el velo que cubre los corazones de las personas, que se interpone entre ellas y la relación con Dios, "había de perecer" (katargeō, la misma palabra griega anterior) o anulado por Cristo. Ellos tienen una gloriosa relación cara a cara con Dios que los glorifica, transformándolos, por obra del Espíritu Santo, de acuerdo con el carácter de Dios.

Recomendándonos (4:2). Ver los comentarios sobre 2 Co 3:1.

El dios de este siglo (4:4). El uso de la palabra "dios" para referirse a Satanás es único en el N. T. Pablo no quiere decir que el enemigo tenga estatus divino. Más bien habla del estatus funcional de Satanás como gobernante del mundo caído. Del mismo modo, Juan llamó al maligno el "príncipe de este mundo" (por ejemplo, Juan 12:31; 14:30; 16:11). Él es quien vela los corazones de los incrédulos, cegándolos a la verdad del Evangelio.

Imagen de Dios (4:4). Una "imagen" representa verdaderamente el original, al igual que la imagen de un padre puede ser estampada en un hijo biológicamente. Bíblicamente, la gloria manifiesta la presencia de Dios, y el énfasis en "la gloria de Cristo" en el versículo 4, junto con la "imagen", señala a Jesús como manifestando la presencia de Dios. Cuando se ve a Jesús, como se atestigua en el evangelio, se está viendo a Dios.

Dios, que mandó que de las tinieblas resplandeciese la luz, es el que resplandeció en nuestros corazones (4:6). En la primera de estas cláusulas Pablo alude a Gn 1:3: "Y dijo Dios: Sea la luz; y fue la luz". Despertar a la gente al evangelio es un acto de "nueva creación" (2 Co 5:17 NVI). En la segunda cláusula el apóstol alude a otro importante pasaje del A. T., Is 9:2. La traducción griega (Septuaginta) de ese versículo del A. T. dice en parte: "los que habitáis en región, sombra, de muerte, luz resplandecerá sobre vos".

El sufrimiento que conlleva el auténtico ministerio de Pablo (4:7-5:10)

Tesoro en vasos de barro (4:7). Los vasos de barro eran los "vasos de papel" del mundo antiguo, al ser producidos en masa, asequibles, desechables, frágiles y comunes. El apóstol habla de la ironía de que un tesoro se guarde en un recipiente de este tipo. Además, su imagen de las palabras probablemente centra la atención en su fragilidad, ya que esta sección trata de la vulnerabilidad del ministro en el sufrimiento.

Derribados (4:9). Esta imagen de la persecución, si se toma del mundo del atletismo, podría aludir a una persona que es "derribada" en un combate de lucha libre o a un "noqueo" en un combate de boxeo. Sin embargo, en un contexto militar, el verbo (*kataballō*) podría usarse para referirse a alguien arrojado al suelo y asesinado. No obstante, el equilibrio aquí, es que Pablo y su equipo ministerial no han sido "destruidos" (*apollymi*), una palabra que

Pablo compara a los mensajeros como él con jarras de barro con un precioso tesoro dentro.

también podría usarse de los muertos en la batalla.

La muerte de Jesús (4:10). Aquí Pablo utiliza una palabra inusual para "muerte" (*nekrōsis*), que parece enfatizar el proceso de morir, aludiendo al sufrimiento de Jesús en su pasión. Esto es paralelo al ministro cristiano que sufre por el evangelio.

Creí, por lo cual hablé (4:13). Esta cita procede de la traducción griega del Sal 116:10 (LXX 115:1). El contexto del A.T. de estas palabras habla de ser liberado por el Señor, pero también de la preciosidad de la muerte de los que se entregan al Señor. A pesar de la persecución y la amenaza de muerte, el apóstol sigue hablando del evangelio porque confía en el Señor que lo ha llamado a la tarea.

Un cada vez más excelente y eterno peso de gloria (4:17). Los problemas momentáneos son "ligeros": es decir, insignificantes, comparados con la "gloria eterna". La palabra hebrea para "gloria" se refiere en parte a peso o pesadez. Para enfatizar, Pablo añade a la palabra "gloria" la palabra griega baros, que también podría ser usada para hablar de plenitud o pesadez, pero también de algo que es de importancia. Amontona los términos para mostrar la "masividad" de la gloria que hace que su sufrimiento parezca insignificante en comparación.

Tienda de campaña... un edificio, una casa (5:1 NVI). Como hoy, las tiendas en el mundo antiguo eran inseguras e impermanentes, y Pablo las conocía bien porque era un fabricante de tiendas. En Is 38:12, el profeta habla de la muerte en términos de desmontar una tienda de campaña. Pablo utiliza las imágenes gemelas de un "edificio" y una "casa" o vivienda para hablar del cuerpo de resurrección como un lugar permanente para vivir. "No hecha de manos" es un lenguaje bíblico común para algo que solo Dios puede construir.

Desnudados (5:4). A veces los escritores del mundo antiguo describían el cuerpo como ropa,[4] y la muerte podía describirse con la imagen verbal de "desvestirse".[5]

Nos ha dado las arras del Espíritu (5:5). El término "arras" (arrabōn), o "depósito", era el lenguaje jurídico. Cuando los contratos implicaban la transferencia de bienes o servicios, el depósito era una garantía de que la transferencia se llevaría a cabo. Así, la presencia del Espíritu Santo en la vida de un creyente es una garantía, una expresión del compromiso de Dios con su pueblo, anunciando cosas que se avecinan.

Por fe andamos (5:7). El concepto bíblico de fe, más que un "salto ciego", tiene que ver con la confianza basada en lo que Dios ha revelado como verdadero. En el contexto de este pasaje, la confianza es necesaria porque no vemos nuestro hogar eterno.

El tribunal (5:10). El término traducido aquí como "tribunal" (*bēma*) se utilizaba en el primer siglo para referirse a una plataforma a la que una persona ascendía por escalones. En el N.T., se utiliza principalmente para referirse a una plataforma en la que se sentaba un funcionario romano, como Pilato,

Herodes o Galión, para juzgar casos (por ejemplo, Mt 27:19; Juan 19:13; Hechos 12:21; 18:12, 16-17). En otros lugares, Pablo puede hablar también del tribunal de Dios (Ro 14:10). Aquí el apóstol concibe a Cristo como agente del Padre en la ejecución del juicio al final de la era.

"Respondan a un ministerio auténtico": Exhortaciones a los corintios (5:11-7:4)

Nos recomendamos (5:12). Ver los comentarios sobre 2 Co 3:1.

Quien nos reconcilió consigo mismo (5:18). La reconciliación estaba relacionada con volver a tener una relación correcta con alguien. En el mundo antiguo, un inferior buscaba la reconciliación con un superior, y no al revés. Sin embargo, Pablo enfatiza que Dios ha tomado la iniciativa de reconciliarnos consigo mismo. El académico Seyoon Kim cree que Pablo desarrolló su teología de la iniciativa de Dios en la reconciliación a partir de su experiencia de conversión en el camino de Damasco.[6]

Embajadores en nombre de Cristo (5:20). Un embajador viajaba y representaba a una persona con carácter oficial, y su función se consideraba muy respetada y protegida. En el ámbito de la política, aquellos a los que se enviaba un embajador entendían que debían tratar bien al embajador, o podrían producirse consecuencias nefastas. Sin embargo, normalmente el poder político menor enviaba un embajador al más poderoso para defender su caso. Por ejemplo, los emperadores romanos solían recibir embajadores de las tierras que estaban sometidos a ellos. No obstante, en una sorprendente inversión de este patrón cultural, Dios, el todopoderoso gobernante del universo, envía a sus embajadores para buscar reconciliación con los seres humanos.

Al que no conoció pecado, por nosotros lo hizo pecado, para que nosotros fuésemos hechos justicia de Dios en él (5:21). Es casi seguro que Isaías 53:4-12 se encuentra detrás del "intercambio transformacional" descrito en 5:21. Cristo "cargó con el pecado de muchos" (Is 53:12 NVI) y " justificará... a muchos" (Is 53:11).[7]

Ruinas del Odeón, el antiguo teatro musical de Corinto.

En tiempo... en día de salvación (6:2). Esta cita es de Is 49:8a, un pasaje en el que el siervo del Señor sirve como representante del pueblo de Dios. Así, el pasaje de Isaías habla de la salvación de Dios, de la liberación de su pueblo, que Pablo ve realizada a través de Jesús, quien mediante su muerte y resurrección ha logrado la reconciliación entre Dios y el pueblo. Esta es una expresión suprema del favor de Dios.

En tribulaciones (6:4). Los adversarios de Pablo en Corinto parecían centrarse en la gloria de lo que percibían como grandes habilidades o logros. Por el contrario, Pablo se centra en su "debilidad" (11:22-12:10). En la retórica grecorromana, un orador podía centrarse en el sacrificio personal realizado al servicio de la comunidad. En 6:3-10, el apóstol utiliza experiencias como "en azotes, en cárceles, en tumultos, en trabajos, en desvelos, en ayunos" para validar su ministerio de sufrimiento en nombre de Cristo mientras predicaba el evangelio con fidelidad.

Para corresponder del mismo modo (como a hijos hablo), ensanchaos también vosotros (6:13). El uso del pathos, o apelación emocional, era una habilidad muy valorada en la retórica griega. Aquí Pablo habla sin rodeos de los afectos equivocados de los corintios y apela emocionalmente a ellos sobre la base del valor social de la reciprocidad, un intercambio adecuado. En la cultura grecorromana, se consideraba de mala educación ser beneficiado por una persona y luego negarse a corresponder adecuadamente. Este era especialmente el caso cuando se dejaba de honrar a un padre, y Pablo era el padre espiritual de los corintios (1 Co 4:14-15). En aquella cultura, una de las responsabilidades del padre era enseñar a sus hijos sobre lo que es apropiado en diversos contextos de la vida, y Pablo lo hace aquí.

No os unáis en yugo desigual con los incrédulos (6:14). El lenguaje aquí alude a Lv 19:19, una ley que prohíbe, entre otras cosas, el cruce de ganado (literalmente, "ayuntar tu ganado con animales de otra especie"), y tal vez a Dt 22:10: "No ararás con buey y con asno juntamente". El buey se consideraba limpio y el asno impuro. La imagen de la palabra aquí se refiere a la falta de correspondencia, a la incompatibilidad de las relaciones con los incrédulos.

¿Y qué concordia Cristo con Belial? (6:15). En el judaísmo primitivo, "Belial" puede haber sido un nombre para Satanás acuñado combinando la palabra hebrea para "sin valor" y el nombre del dios pagano Baal. ¡Es absurdo pensar que Cristo esté en armonía con un dios pagano!

¿Y qué acuerdo hay entre el templo de Dios y los ídolos? (6:16). Ver el artículo "El Templo de Jerusalén". En la historia del A. T., el rey Manasés en un momento dado construyó altares a las huestes celestiales y erigió un ídolo de Asera en el templo de Jerusalén (2 Reyes 21:3-7), una maldad atroz que fue duramente juzgada por Dios. Como "nuevo templo" (1 Co 3:16-17; 6:19-20), el "tabernáculo móvil" de Dios que se desplaza por toda la tierra con el evangelio de Dios, el pueblo de Dios no debe tener lugar para los ídolos en su vida.

Habitaré... dice el Señor Todopoderoso (6:16-18). Los rabinos del primer siglo a veces reforzaban un argumento o una exhortación encadenando una gran cantidad de textos del A.T. con una redacción similar. Este método se llamaba "un collar de perlas", y, jugando con el tema del pueblo de Dios como su templo, Pablo ofrece aquí una exhortación saturada de Escrituras.

Habitaré y andaré entre ellos (6:16b). El A. T. cita una combinación de Lv

La participación en la idolatría pagana era un problema constante en la iglesia de Corinto. Los restos del Templo de Octavia (mostrado aquí) indican que el culto al emperador tenía un fuerte arraigo en Corinto.

26:11-12 y Ez 37:27, ambos pasajes relacionados con las que tienen que ver con las promesas y la presencia de Dios.

Salid de en medio de ellos (6:17). Isaías 52:11 es la fuente de esta cita, un pasaje del A. T. que celebra la salvación del pueblo de Dios desde un contexto de cautiverio e impureza (Is 52:1-2).

Seré para vosotros por Padre (6:18). La cita de 6:18 proviene principalmente de 2 S 7:14. El foco de atención se centra de nuevo en la presencia de Dios y en la promesa de una relación familiar con Él. Más que "siervos", somos "hijos e hijas".

El resultado dichoso cuando los corintios responde bien (7:5-16)

Cuando vinimos a Macedonia (7:5). Sobre Macedonia, ver los comentarios de 2 Co 1:16. Aquí el apóstol retoma la narración del viaje que dejó en 2:13. Este tipo de digressio ("digresión") en un escrito o discurso tenía por objeto centrar la atención de los oyentes. Cuando pulsa el botón de pausa en su relato de viaje en 2:13, deja en el aire la "tensión" de su viaje a Macedonia, resolviéndola solo después de haber defendido la naturaleza del verdadero ministerio cristiano. Así, en los versículos siguientes, Pablo nos cuenta cómo se desarrolló la situación.

Tito (7:6). Tito era un creyente gentil y compañero de trabajo de Pablo que había acompañado a Pablo y Bernabé a Jerusalén durante la controversia sobre los gentiles (Gl 2:1, 3). Junto con Timoteo, fue uno de los dos principales intermediarios de Pablo con la iglesia de Corinto durante este período de ministerio.

Os contristé con la carta (7:8). Esta es la misma carta a la que se alude en 2:3-4. El verbo lypeō, traducido como "contristé", podría usarse para provocar emociones negativas, como la tristeza. Juan Crisóstomo, el gran predicador ortodoxo de los padres de la Iglesia, comparó el hecho de que Pablo causara aflicción a los corintios con un padre que ve cómo operan a su hijo y se regocija, no por el dolor, sino porque el dolor lo conducirá a la curación.[8]

En todo os habéis mostrado limpios en el asunto (7:11). Esta expresión es de los tribunales de justicia de la época.

Tito (7:13). Sobre Tito, ver los comentarios sobre 2 Co 7:6.

Si de algo me he gloriado (7:14). Como se señala en los comentarios sobre 1:12-14, gloriarse podía percibirse negativamente cuando se centraba en el orgullo insensato en las actividades humanas, pero desde una perspectiva bíblica se consideraba positiva cuando celebraba el carácter y la obra del Señor. Pablo celebra la obra de Dios entre los corintios.

El ministerio de dar (8:1-9:15)

Hermanos y hermanas (8:1CSB trad. lit.). El término griego adelphos ("hermano") se traduce aquí como "hermanos y hermanas", ya que en el mundo antiguo el término se utilizaba tanto para hombres como para mujeres en contextos religiosos.

Las iglesias de Macedonia (8:1). El uso de un ejemplo positivo era una estrategia motivacional principal en los discursos retóricos y sermones de la época, y aquí Pablo utiliza las iglesias macedonias (probablemente incluyendo la iglesia en Filipos) como un ejemplo positivo de dar.

Riquezas de su generosidad (8:2). Los macedonios eran pobres pero daban de forma extravagante. En el mundo grecorromano, las donaciones las hacían principalmente los ricos que daban a otras élites de la cultura, pero también, a veces, por el bien social. Normalmente, los líderes eran personas ricas. En el mundo judío, se suponía que todos debían dar a los pobres como un acto de piedad. Así que los miembros de la iglesia de Macedonia, muchos de los cuales eran de origen gentil, expresaban los valores religiosos judíos en sus donaciones. Sin embargo, lo más importante, es que daban como devotos seguidores de Cristo (8:5). Ver el artículo "El dinero en el mundo del Nuevo Testamento".

Servicio para los santos (8:4). Pablo alude aquí a la colecta para los santos en Jerusalén, ya que la palabra traducida como "servicio" (diakonia) es un término técnico que se refiere a la ayuda financiera (Hechos 11:29; 12:25; Ro 15:31).

Tal como comenzó antes, asimismo acabe también entre vosotros esta

obra de gracia (8:6). El año anterior se había iniciado la colecta entre los corintios (1 Co 16:1-4). La palabra griega charis, traducida aquí como "gracia", se utiliza al menos de cinco maneras diferentes en los capítulos 8-9. En la cultura general, la palabra puede referirse a la atracción, el encanto, la simpatía, el agradecimiento, la gracia, el don, el beneficio, la generosidad, el favor o la ayuda. Dado el contexto, Pablo podría referirse aquí a la colecta como un acto de "generosidad".

Se hizo pobre, siendo rico (8:9). En la cultura corintia, la riqueza y el liderazgo estaban inextricablemente unidos, de modo que muchos de los creyentes inmaduros de Corinto no habrían podido imaginar a un líder pobre. Sin embargo, Pablo muestra que los valores bíblicos invierten esta suposición cultural. Cristo satisfizo la necesidad de salvación de la humanidad rebajándose en la encarnación.

Conforme a lo que tengáis (8:11). En el judaísmo más amplio, los maestros a veces hacían énfasis en las donaciones proporcionales. El libro apócrifo de Tobías exhortaba: "Da limosna según tus posibilidades. Si tienes mucho, da mucho; si tienes poco, no te dé miedo dar limosna de ese poco" (Tb 4:8 DHH).

Igualdad (8:13 NVI). En el mundo antiguo el concepto de "igualdad" (isotēs) tenía que ver con ser justo o equilibrado. La palabra podía utilizarse en el ámbito de la aritmética y la geometría para referirse a medidas o sumas iguales. En el mundo político, la palabra se refería a la justicia.

El que recogió mucho... el que poco (8:15). Para el principio de igualdad, el apóstol apela a un principio bíblico, basándose en Ex 16:18, un texto relativo a la provisión de alimentos por parte de Dios para los israelitas durante el peregrinaje por el desierto. Los alimentos no debían acumularse, y la gente debía comer solo lo que necesitara. El mensaje de Pablo es que es apropiado compartir los recursos con los hermanos y hermanas.

Al hermano que se ha ganado el reconocimiento (8:18 NVI). La palabra traducida como "hermano" (*adelphos*) puede ser simplemente una forma de referirse a un compañero de fe, pero dado el contexto, podría referirse a un "compañero de trabajo" de Pablo y de su misión, elegido para servir en una función oficial (8:19). Este hermano no se nombra, ni se conoce su identidad.

Que nadie nos censure en cuanto a esta ofrenda abundante que administramos (8:20). La terminología de la administración se utilizaba aquí, por ejemplo para el envío anual de enviados que llevaban las ofrendas para el templo de Jerusalén procedentes de judíos dispersos por el mundo mediterráneo.

En el versículo 21, Pablo alude a Pr 3:4, que se refiere a ser noble ante Dios y ante la gente.

Nuestro hermano... mensajeros de las iglesias (8:22-23). Este es otro hermano que no se nombra. Al entregar grandes sumas de dinero, los funcionarios en contextos religiosos del mundo antiguo a veces utilizaban escoltas para ayudar en la entrega. La palabra traducida como "mensajeros" es apostoloi, traducida en otros lugares como "apóstoles". Sin embargo, aquí la palabra se refiere a los representantes oficiales y no a los que ejercían el oficio de apóstol.

La ministración para los santos (9:1). Ver los comentarios sobre 2 Co 8:4.

Los de Macedonia... Acaya (9:2). Ver los comentarios sobre 2 Co 1:1; 1:16.

Me glorío (9:2). Ver los comentarios sobre 2 Co 1:12-14.

Nos avergoncemos (9:4). En general, el mundo grecorromano era una cultura del honor y la vergüenza (ver el artículo "El honor y la vergüenza en el mundo del Nuevo Testamento"). Ascender en la cultura significaba hacer cosas que permitieran obtener un mayor honor o estatus y evitar acciones sociales vergonzosas. Estos valores estaban ligados a un fuerte sentido de pertenencia a una familia, tribu o comunidad. Hacer algo vergonzoso era avergonzar a todo el grupo. Por ejemplo, en la cultura más amplia, los que no cumplían con sus promesas públicas podían hacer públicos sus nombres para avergonzarlos.

El que siembra escasamente, también segará escasamente (9:6). El vocabulario de la siembra y la cosecha está tomado del lenguaje proverbial común en el A.T. y en la literatura judía en general. Una imagen familiar de la palabra agrícola sugería: "Poco se ha invertido, poco se ha cosechado". En el mundo gentil, la palabra se usaba para beneficiar a alguien y que se le devuelva apropiadamente.[9]

Dador alegre (9:7). El apóstol parafrasea Pr 22:8 en la traducción griega del A.T. (Septuaginta), un pasaje que habla de la generosidad alegre, así como de la siembra y la cosecha.

Repartió... su justicia permanece para siempre (9:9). Como hace Pablo aquí, los rabinos a veces reforzaban una enseñanza citando un pasaje de la Escritura. El pasaje que el apóstol utiliza aquí es la traducción griega (LXX Sal 111:9a) del Salmo 112:9a de la Biblia hebrea: "Reparte, da a los pobres; su justicia permanece para siempre; su poder será exaltado en gloria". En este contexto, el hombre bienaventurado, que vive en el temor reverente de Dios, tiene riquezas que utiliza de acuerdo con la justicia.

El que da semilla (9:10). Las palabras del versículo 10 casi con toda seguridad aluden a la traducción griega de Is 55:10b, que se refiere a Dios dando semilla al sembrador y el pan como alimento. El contexto del A. T. tiene que ver con que la palabra de Dios es productiva como la lluvia y la nieve que caen del cielo. El objetivo del pasaje, y de la alusión de Pablo, es centrarse en Dios como proveedor, la fuente de lo bueno.

La autoridad de Pablo y la gloria "adecuada" (10:1-18)

Humilde entre vosotros (10:1). Aquí Pablo utiliza la ironía, que es otra técnica retórica apropiada. Es irónico que sus oponentes lo califiquen de "humilde" (*tapeinos*) o tímido. La palabra griega también podría traducirse como "lamentable", es decir, poco impresionante. Se suponía que los líderes de la cultura grecoromana debían exudar confianza, y la timidez en un líder era mal vista.

Según la carne (10:2). Los falsos maestros de Corinto tenían un conjunto de estándares por los cuales juzgaban las cualidades de liderazgo, y sus estándares en lugar de ser bíblicos, fueron tomados directamente de la cultura grecoromana. Estos estándares habrían incluido, entre otras cosas, riqueza, conexiones sociales, la capacidad de hablar en público, un alto nivel de educación y una presencia pública enérgica.

Libramos batallas... las armas (10:3-6 NVI). En estos versos tenemos una imagen de la palabra guerra utilizada para describir la eficacia de un ministerio impulsado por el Espíritu (frente a un enfoque mundano del ministerio). Las "armas" que Pablo parece tener en mente son máquinas de asedio (note la "destrucción de fortalezas" en el v. 4), que, en un mundo en el que derribar los muros de una ciudad enemiga podría ser la clave de la victoria, habrían sido muy familiares para los corintios. Una "fortaleza" podía ser destruida por varios medios, y una vez que se abría una brecha en el muro, un ejército irrumpía en la ciudad y "tomaba cautivos" a los que estaban dentro. Luego, los vencedores perseguirían o "castigarían" a los cautivos. Observe que las "fortalezas" que Pablo tiene en mente son los falsos argumentos que se levantan contra una verdadera comprensión de Dios. Él derriba tales argumentos por el poder divino, no por medios humanos. De este modo, pone cerco al falso ministerio de sus oponentes en Corinto, derriba sus argumentos, se aferra a su falsa forma de pensar y está dispuesto a castigarlos, todo ello mediante el poder de Dios manifestado en el pensamiento correcto. Ver el artículo "El ejército romano".

Amedrentar por cartas (10:9). Se entendía que las cartas enviadas por una persona en calidad de funcionario tenían la misma autoridad que si la persona estuviera presente (cf. 10:11). La alusión aquí es a la "carta con gran angustia" de Pablo, mencionada en 2:3-4 (NTV); 7:8-12.

Él en persona no impresiona a nadie (10:10). La capacidad de hablar en público: ser capaz de cautivar a una multitud, era una de las habilidades más importantes para los líderes en la cultura grecorromana. Uno tenía que ser capaz de mover una multitud para liderarla.

A contarnos ni a compararnos (10:12). Los falsos maestros de Corinto parecen haber sido de origen judío, haber adoptado una forma falsa de cristianismo (ver 11:12-15), y haber adoptado un enfoque de liderazgo de los sofistas: filósofos ambulantes que "hablaban por encargo" y se ganaban la vida con sus presentaciones públicas (cf. 2:17). Además, establecer comparaciones era una estrategia habitual en la retórica griega. En el ámbito político, las campañas de desprestigio buscaban derribar al adversario mientras se construía la propia imagen pública. Por ejemplo, los satíricos a veces se burlaban de los falsos maestros que construían su propia reputación comparándose elaboradamente con otros.

Dado por medida (10:13). El término griego utilizado aquí, kanōn, se encuentra en una inscripción de Galacia que fue descubierta en 1976. La inscripción era un edicto de Sotidius, gobernador de Galacia (ca. 13-15 d. C.), y daba instrucciones a los ciudadanos para que proporcionaran transporte público a los funcionarios. Nuestra palabra habla de "servicios" prestados dentro de ciertos límites territoriales.[10] El argumento de Pablo es que Dios le había dado la responsabilidad sobre la iglesia en Acaya, y los falsos maestros eran intrusos que llegaron allí sin ser asignados por Dios a ese ministerio.

En los lugares más allá de vosotros (10:16). Pablo esperaba impulsar su misión hacia el oeste (ver Ro 15:24, 28), tal vez pensando en llegar hasta España.

El que se gloría, gloríese en el Señor (10:17). El apóstol alude a la traducción griega del A.T. de Jer 9:23-24. La gloria apropiada es la que se jacta de los caminos y la obra de Dios. Sobre la gloria, ver los comentarios sobre 2 Co 1:12-14.

Pablo y los "grandes apóstoles" (11:1-21a)

Locura (11:1). Pablo está hablando irónicamente, adoptando una postura de "locura" para resaltar lo insensato que es para los corintios aguantar la locura de los falsos maestros.

Celo con celo de Dios (11:2). En el mundo antiguo, los celos podían ser una emoción negativa o una emoción positiva. Positivamente, hablaba de un intenso deseo o dedicación. En los Diez Mandamientos, Dios se describe a sí mismo como "celoso" (Éxodo 20:5), y Éxodo 34:14 incluso presenta el nombre de Dios (por tanto, su propia naturaleza) como "Celoso". Pablo comparte el intenso y apropiado deseo de que los corintios permanezcan fieles en su relación con Dios.

Os he desposado con un solo esposo... una virgen pura (11:2). El apóstol utiliza aquí metáforas de esponsales, basadas en textos del A. T. que presentan a Dios como el novio y al pueblo de Dios como la amada prometida. Es posible que Pablo se presente a sí mismo como el padre de la novia (cf. 1 Co 4:15); en la cultura judía el padre de la novia era responsable de proteger la pureza de su hija en la preparación del día de su boda (ver el artículo "Costumbres matrimoniales judías").

Como la serpiente con su astucia engañó a Eva (11:3). En la teología judía, la serpiente era el arquetipo de animal impuro y representaba un símbolo de oposición a Dios. Aquí la serpiente se identifica con Satanás. La identificación abierta de Satanás con la serpiente en el jardín del Edén se encuentra en Ap 12:9; 20:2. "Astucia" se utilizaba para describir a los sofistas de la época de Pablo, que engañaban a la gente con su discurso público.

Predicando a otro Jesús... otro espíritu... u otro evangelio (11:4). Los sofistas eran oradores públicos conocidos más por el estilo que por la sustancia. Su énfasis al hablar en público estaba en el efecto de sus palabras, no en el contenido. Parece que los falsos maestros de Corinto eran oradores contundentes, pero Pablo afirma que no tenían el verdadero evangelio.

Grandes apóstoles (11:5). Los "apóstoles" eran representantes enviados que llevaban la autoridad de quien los enviaba. El adjetivo "grandes" traduce aquí la palabra griega hyperlian, que significa "más allá de la medida". Estos no eran verdaderos apóstoles, como Pedro, Juan y Pablo, sino que eran personas que se presentaban como "grandes" sobre la base de habilidades valoradas en la cultura grecorromana.

Tosco en la palabra (11:6). El término que utiliza Pablo, traducido aquí como "tosco" (*idiōtēs*), podría tener el sentido de "aficionado", pero también podría usarse para referirse a una persona que ha sido entrenada en retórica; sin embargo, ha elegido no usar sus habilidades en situaciones particulares. Los diversos recursos retóricos que Pablo utiliza en sus cartas parecen indicar que tenía formación para hablar en público, pero eligió no usar esa habilidad en Corinto para que su fe estuviera basada en el Evangelio y no en sus habilidades (1 Co 2:1-5).[11]

Predicándoles el evangelio de Dios gratuitamente (11:7 NVI). Con frecuencia, los oradores viajeros profesionales eran financiados por mecenas adinerados. Algunos se escandalizaron en Corinto de que Pablo rechazara tal apoyo. Su rechazo a un mecenas habría sido muy ofensivo, pero Pablo habría estado socialmente obligado a ese mecenas, por lo que se negó, y hablaba gratuitamente.

He despojado a otras iglesias (11:8). El término traducido como "despojado" (*sylaō*) podría usarse para referirse a los ladrones que saquean una ciudad o, de forma más moderada, a alguien que es privado de algo.

No fui una carga para nadie (11:9 NVI). La palabra traducida como "no fui una carga" (*katanarkaō*) se utilizaba para referirse a la obligación social en una relación mecenas-cliente. El mecenas era responsable del cliente, y el cliente estaba socialmente obligado ante el mecenas, o ante el que pagaba los servicios.

Las regiones de Acaya (11:10). Ver los comentarios sobre 2 Co 1:1.

Se disfrazan como apóstoles de Cristo (11:13-15). En las obras de teatro del mundo grecorromano, los personajes se disfrazaban a veces para engañar a otros personajes de la obra. Aquí los "falsos apóstoles" se disfrazan como "servidores de la justicia".

Satanás... ángel de luz (11:14). Varias obras judías presentan a Satanás que se transforma en un ángel de luz para engañar a sus objetivos.[12]

Loco (11:16). En los círculos filosóficos griegos, se valoraba mucho una forma mundana de sabiduría, pero Pablo dice que el enfoque del ministerio de los falsos maestros equivale a que sean locos. Como los corintios toleran a los locos, Pablo se ganará una audiencia con ellos asumiendo el papel de loco. Una vez más, está hablando con ironía, que era una táctica retórica.

De gloriarme (11:17). Sobre la jactancia, ver los comentarios sobre 2 Co 1:12-14.

Para vergüenza mía (11:21a). Sobre el honor y la vergüenza, ver los comentarios sobre 2 Co 9:4; ver el artículo "El honor y la vergüenza en el mundo del Nuevo Testamento".

Pablo se gloria como un tonto (11:21b-12:13)

Hablo con locura (11:21b). Pablo se refiere a su discurso como "locura" porque en 11:22-12:10 se dedica a "gloriarse" de sí mismo. Sin embargo, transforma la gloria competitiva de los falsos maestros, que se centraba en los puntos fuertes del liderazgo, centrándose más bien en sus debilidades. Es una estrategia retórica brillante. En la literatura grecorromana, los filósofos podían resaltar sus sufrimientos en nombre del Estado o de la comunidad, pero lo hacían para destacar sus puntos fuertes.[13]

Hebreos... israelitas... descendientes de Abraham (11:22). Los oradores podían apelar a su identidad étnica para ser escuchados.

Cuarenta azotes menos uno (11:24). Este era un castigo en contextos de la sinagoga judía, y el castigo se originó en Dt 25:2-3, que habla de dar al infractor hasta cuarenta latigazos. La colección de enseñanzas judías conocida como la Mishná sugería que el castigo debía administrarse con una cinta de tres correas de cuero, dos tercios en la espalda y un tercio en la parte delantera del infractor.[14]

Azotado con varas (11:25). Esta era una forma de castigo romana que utilizaba varas de olmo o abedul, y Pablo y Silas se enfrentaron a una paliza de este tipo en Filipos (Hechos 16:22). Normalmente, los ciudadanos romanos estaban protegidos de tal castigo cuando no habían sido juzgados y declarados culpables.

Apedreado (11:25). Esta es una forma de pena capital prescrita en Dt 17:5-7; 22:22-24. El apedreamiento de Pablo en la ciudad gentil de Listra (Hechos 14:19-20) puede haber sido simplemente una acción de la multitud.

Naufragio (11:25). Debido al peligro, los viajes por mar se limitaban normalmente a los meses de mayo a octubre y la gente temía mucho el naufragio. Los viajes en invierno eran peligrosos no solo por las tormentas sino también porque la nubosidad imposibilitaba la navegación y los barcos podían ser destrozados por arrecifes en aguas desconocidas, lo que solía suponer una sentencia de muerte para los que iban a bordo del barco condenado. Ver el artículo "Prácticas de navegación en el primer siglo".

Peligros de ríos (11:26). Los poderosos ríos de zonas remotas no solían tener puentes para cruzar, y la gente podía ser arrastrada y ahogarse fácilmente.

Peligros de ladrones (11:26). Pablo podría referirse a los piratas que habitaban la costa del Mediterráneo o a las bandas de forajidos violentos que se escondían en las montañas. Ver el artículo "Vías romanas y viajes".

Trabajo y fatiga (11:27). Los viajes de Pablo y su trabajo en la fabricación de tiendas eran muy exigentes físicamente. Dicho trabajo manual habría sido visto entre algunos en Corinto como inapropiado para un líder.

El Dios y Padre de nuestro Señor Jesucristo, quien es bendito por los siglos, sabe que no miento (11:31). Sobre la apelación a Dios como testigo, ver los comentarios sobre 2 Co 1:23.

En Damasco, el gobernador de la provincia del rey Aretas (11:32). Este rey es Aretas IV, que gobernó el reino del desierto al este, sur y suroeste del Mar Muerto desde el 9 a. C. hasta el 40 d. C. La capital estaba en Petra. Parece que el poder de Aretas llegó hasta el norte de Damasco durante el período al que se refiere Pablo, y este probablemente fue un fugitivo (el punto de referencia en el v. 33 de ser bajado en una cesta) debido a su predicación del evangelio.

Las visiones y a las revelaciones del Señor (12:1). En la literatura bíblica, las "visiones" que implican la intersección del cielo y la tierra de alguna manera, pueden hablar de una aparición de un ángel (Lucas 1:22; 24:23) o del Cristo exaltado, como con la experiencia de Pablo en el camino de Damasco (Hechos 26:19). Por ejemplo, Pablo también tuvo visiones de Ananías imponiéndole las manos (Hechos 9:11-12), de una petición para que viniera a Macedonia (Hechos 16:9-10), y del Señor dándole ánimos en Corinto (Hechos 18:9-10). Las visiones eran comunes en la literatura profética del A. T. (por ejemplo, Is 6:1; Ez 1:1), así como en la literatura apocalíptica judía más amplia. Sin embargo, "Revelaciones" se refiere a una divulgación de información (p. ej, Lucas 2:32; Ro 2:5; 8:19). Un aspecto de las visiones apocalípticas era que una persona recibía información sobre un acontecimiento presente o futuro.

Un hombre en Cristo (12:2). En la retórica grecorromana, un orador podía utilizar la tercera persona, o aparentemente referirse a un tercero, para hablar de su propia experiencia. Este enfoque se utilizaba para desviar la atención de uno mismo, especialmente cuando se podía oír que uno se jactaba de una gran experiencia o logro. El suceso que menciona Pablo ocurrió hacia el año 41-42, quizá durante un tiempo de ministerio en Siria y Cilicia.

El tercer cielo (12:2). No está claro si los escritos judíos del siglo I d. C. tenían cosmologías complejas con múltiples niveles de cielo. En consecuencia, la referencia de Pablo al "tercer cielo" es una de las primeras claramente situada en el siglo I. El "tercer cielo", tal y como lo utiliza el apóstol, se refiere el reino celestial más alto, la ubicación de la sala del trono de Dios en el tabernáculo celestial.[15]

Paraíso (12:4). El término se utilizaba originalmente para los parques de los reyes persas y sus nobles y la traducción griega del A. T. utiliza la palabra para referirse al jardín del Edén (por ejemplo, Gn 2:8; 13:10). En la literatura apocalíptica judía, es el lugar de la última bendición en presencia de Dios y se identifica con "el tercer cielo".[16]

El mapamundi de Cosmas Indicopleustes (siglo VI d. C.) muestra una masa terrestre rectangular rodeada por el océano, con el paraíso en el extremo derecho (este).

Un aguijón en mi carne (12:7-9). La palabra traducida como "aguijón" (*skolops*) podría usarse para algo afilado o puntiagudo, como una astilla o estaca, pero Pablo alude casi con seguridad al A.T. griego como telón de fondo, a los pasajes que hablan de la oposición dolorosa como un "aguijón" (Nm 33:55; Ez 28:24; Oseas 2:6). Teniendo en cuenta el contexto del "Discurso de locura" (el apóstol consideró que tener que escribir este "discurso" que encontramos en 11:22-12:10 una labor "loca"), la imagen de la palabra aquí se refiere probablemente a la persecución incesante.

Yo debía ser alabado por vosotros (12:11). Sobre las formas de elogio en el mundo grecorromano, ver los comentarios de 2 Co 3:1.

Señales, prodigios y milagros (12:12). En el N.T. y en el judaísmo más amplio, las "señales" se consideraban una validación de la obra de Dios (por ejemplo, Hechos 2:22, 43; 5:12; Ro 15:18-19), los "prodigios" provocaban asombro y los "milagros" eran manifestaciones del poder de Dios (por ejemplo, Hechos 6:8; Ro 15:19; 2 Ts 2:9; Heb 2:4; Bar 2:11).

Preparación para la tercera visita (12:14-13:10)

Por tercera vez estoy preparado para ir a vosotros (12:14). Pablo mencionaba con frecuencia las visitas inminentes como una forma de rendición de cuentas. Su primera visita fue en el año 50, cuando la iglesia fue fundada. Su segunda fue en la primavera del 54, llamada la "visita dolorosa" en 2:1 (NTV).

No deben atesorar los hijos para los padres, sino los padres para los hijos (12:14). En el mundo grecorromano, se celebraba a los padres que proveían bien a sus hijos.[17]

Os prendí por engaño (12:16). A veces los falsos maestros eran descritos como mercaderes deshonestos, que buscaban engañar a sus oyentes para que los siguieran.[18] Los oponentes de Pablo lo acusan de usar tácticas turbias para ganar a los corintios.

Me humille Dios entre vosotros (12:21). El término "humillar" se utiliza aquí negativamente, refiriéndose a que Pablo se avergüenza del modelo de vida mantenido por los focos de resistencia en la iglesia de Corinto. Ver el artículo "El honor y la vergüenza en el mundo del Nuevo Testamento".

La tercera vez que voy a vosotros (13:1). Ver los comentarios sobre 2 Co 12:14.

Por boca de dos o de tres testigos se decidirá todo asunto (13:1). Los rabinos solían utilizar las Escrituras para reforzar una exhortación o una enseñanza, y aquí Pablo alude a Dt 19:15, que explica los "dos o tres testigos" necesarios para tratar una acusación de que alguien ha pecado. La necesidad de dos testigos, o más si es posible, era exclusiva del judaísmo en el mundo antiguo.

Crucificado en debilidad (13:4). El apóstol se refiere a la elección de Cristo de ser vulnerable, dejándose crucificar. La crucifixión era la forma más vergonzosa de ejecución en el sistema judicial romano y normalmente no se llevaba a cabo contra ciudadanos romanos (ver el artículo "La crucifixión"). Era era una forma de tortura tan horrible y degradante que la gente no hablaba de ella en compañía de personas educadas.

¿O no os conocéis a vosotros mismos, que Jesucristo está en vosotros, a menos que estéis reprobados? (13:5). Uno de los grandes pecados de la generación errante del desierto fue poner a prueba a Dios (por ejemplo, Ex 17:2, 7; Nm 14:22; Sal 78:41; Is 7:12), pero Pablo pide a los corintios que se pongan a prueba en términos de sus compromisos y patrones de vida. La terminología aquí fue utilizada en la literatura griega para hablar de examinar y así validar algo.

Exhortaciones finales, saludos y bendición (13:11-14)

Saludaos unos a otros con ósculo santo (13:12). En las culturas judía y grecorromana, era habitual saludar a alguien con un beso, como ocurre en el Cercano Oriente en la actualidad. Podía usarse como signo de compañerismo en contextos religiosos. El concepto de beso "santo" parece haberse originado con Pablo (Ro 16:16; 1 Co 16:20; 1 Ts 5:26).

La gracia del Señor Jesucristo, el amor de Dios, y la comunión del Espíritu Santo sean con todos vosotros (13:14). Las cartas grecorromanas suelen terminar con un deseo de buena salud y una despedida. Pablo suele cerrar sus cartas con una bendición, y sus bendiciones generalmente tienen la palabra de bendición o deseos, Dios como fuente, y una referencia a los destinatarios.

— Mateo
— Marcos
— Lucas
— Juan
— Hechos
— Romanos
— 1 Corintios
— 2 Corintios

— Gálatas

— Efesios
— Filipenses
— Colosenses
— 1 Tesalonicenses
— 2 Tesalonicenses
— 1 Timoteo
— 2 Timoteo
— Tito
— Filemón
— Hebreos
— Santiago
— 1 Pedro
— 2 Pedro
— 1 Juan
— 2 Juan
— 3 Juan
— Judas
— Apocalipsis

Gálatas

ROY E. CIAMPA

Introducción. A lo largo de los siglos, la Carta de Pablo a los Gálatas ha servido como clave para entender la gracia y la libertad que Dios ha proporcionado a los creyentes en Cristo. Los estudiosos debaten si Pablo escribió esta poderosa carta a los gálatas étnicos de la parte norte de la provincia de Galacia o a los creyentes que vivían en la parte sur de la provincia, donde Pablo evangelizó durante sus dos primeros viajes misioneros (Hechos 13:13-14:23). Las opiniones también difieren en cuanto a la fecha de esta carta, si fue escrita poco después del primer viaje misionero de Pablo, y por tanto antes del Concilio de Jerusalén, o en algún momento después de su segundo viaje misionero, y por tanto después del Concilio de Jerusalén. Las conclusiones sobre estas cuestiones afectan a la comprensión de la historia del ministerio de Pablo más que a los elementos clave de la interpretación de esta carta. La carta fue escrita en algún momento entre el 48 y el 57 a los creyentes de la provincia de Galacia que estaban siendo presionados por falsos maestros para que se circuncidaran y completaran su conversión al Dios de Israel.

Pablo comienza la carta poniendo énfasis en su autoridad apostólica y en su papel como intérprete divinamente designado del Evangelio para los gentiles (caps. 1-2). Posteriormente, emplea su autoridad interpretativa para demostrar que las Escrituras y la experiencia apoyan la conclusión de que los gálatas ya eran hijos de Dios por la fe en Cristo y no debían apartarse del evangelio de Pablo al pacto con Moisés (caps. 3-4). Por último, Pablo advierte a los gálatas que se aferren a su evangelio, explica que el Espíritu (y no la ley, como pensaban muchos judíos) es la clave para vencer las pasiones de la carne, y cuestiona los motivos de los falsos maestros de Galacia (caps. 5-6).

La salutación (1:1-5)

Pablo... a las iglesias de Galacia: Gracia y paz sean a vosotros (1:1-3). Las palabras citadas son todo lo que se requiere en un saludo. Sin embargo, en los versículos 1-5 Pablo aporta mucho más material teológico al identificarse y referirse a Dios Padre y al Señor Jesucristo, de quien han recibido la gracia y la paz. Los conceptos de la paternidad de Dios, del Cristo/Mesías y de la resurrección de los muertos (1:1) estaban ligados a las expectativas escatológicas judías, al igual que el concepto de esta era malvada (1:4) (en contraste con "la era venidera" en el pensamiento judío primitivo).[1]

Se dio a sí mismo por nuestros pecados (1:4). Esta afirmación puede reflejar una lectura cristiana primitiva de Is 53:6 en la Septuaginta: "el Señor le entregó a nuestros pecados".

La reprimenda inicial de Pablo (1:6-10)

Maravillado (1:6). En este punto de sus cartas, Pablo suele incluir una sección de agradecimiento. Sin embargo, aquí ofrece una reprimenda. Se asombra: deberían haber rechazado el mensaje de los falsos maestros, no haberlo aceptado.

Tan pronto os hayáis alejado (1:6). Esta expresión puede reflejar el vocabulario utilizado para la apostasía arquetípica de Israel con el becerro de oro (Ex 32:8; Dt 9:12, 16) y para la apostasía en general (Jue 2:17).

Maldición (1:8-9NVI). La "maldición" (*anatema*) forma parte de la respuesta exigida de la versión Septuaginta de Dt 13:16 (LXX 13:15) como castigo para los que llevan al pueblo de Dios a apostatar.

La defensa de Pablo de su autoridad apostólica e independencia (1:11-2:21)

Según hombre... de hombre alguno (1:11-12). La determinación del origen divino o humano de un mensaje se remonta a las evaluaciones de los profetas en el A.T y los primeros judíos, ya que los falsos profetas tienen un mensaje que "no es divino en su origen, sino inventado por ellos mismos para complacer a los hombres".[2]

Perseguía... asolaba... más celoso (1:13-14). Sobre la violencia como manifestación del celo en defensa del honor de Dios, ver Nm 25:1-13; Sal 106:28-31; 1 Mac 2:1-28, 49-58; 2 Mac 2:19-22; Flp 3:6.

Me apartó (1:15). La descripción que hace Pablo de su vocación apostólica refleja la terminología de las llamadas proféticas de Is 49:1-6 y Jer 1:5.

Arabia (1:17). "Arabia" se refiere al reino nabateo (posteriormente la provincia romana de Arabia, también conocida como Arabia Petraea o Petrea), donde Pablo podía evangelizar a los gentiles que tenían más en común con los judíos.

Jerusalén (1:18). Los estudiosos debaten si esta visita es la que se menciona en Hechos 9:26 o la visita del hambre de Hechos 11:19-30; 12:25.

Las regiones de Siria y de Cilicia (1:21). El traslado de Pablo a esta región sugiere que se movía en sentido contrario a las agujas del reloj alrededor del Mediterráneo (como sugiere Ro 15:19).

Una visión general de la vida y las cartas de Pablo

30/33	La muerte y resurrección de Jesús
32–34	La conversión de Pablo
46–47	Bernabé y Pablo llevan ayuda para la hambruna en Jerusalén
47–49	**PRIMER VIAJE MISIONERO** (Hechos 13-14)
49?	*Gálatas* (Antioquía)
49	Concilio de Jerusalén (Hechos 15)
50–52	**SEGUNDO VIAJE MISIONERO** (Hechos 15:36–18:21)
51–52	*1-2 Tesalonicenses* (Corinto)
53–57	**TERCER VIAJE MISIONERO** (Hechos 18:22–21:16)
53?	*Gálatas* (Éfeso)
54	*1 Corintios* (Éfeso)
56	*2 Corintios* (Macedonia)
57	*Romanos* (Corinto)
57–59	Arresto en Jerusalén (Hechos 21:26–33)
	Dos años de prisión en Cesárea
59	**VIAJE A ROMA** (Hechos 27:1–28:14)
60–62	Dos años de arresto domiciliario en Roma (Hechos 28:30)
60–62	Epístolas de la cárcel: *Filemón* *Colosenses* *Efesios* *Filipenses*
63	Liberación de la prisión; más trabajo
63–67	Pastoral Epistles: *1 Timoteo* *Tito* *2 Timoteo*
64–67	Martirio en Roma

Catorce años (2:1). Pablo puede estar contando desde el momento de su conversión. Los estudiosos debaten si se refiere a la visita del hambre en Hechos 11:19-30; 12:25 o al Concilio de Jerusalén.

Correr (2:2). Pablo utiliza una metáfora atlética para el ministerio profético (cf. Jer 23:21; Hab 2:2-3).

Tito... a circuncidarse (2:3). Los oponentes de Pablo habrían pensado que Tito, siendo griego, debería haberse circuncidado al convertirse (basado en Gn 17).

Introducidos a escondidas, que entraban para espiar (2:4). Pablo utiliza el vocabulario del espionaje militar al describir a los falsos hermanos.[3]

Dios no hace acepción de personas (2:6). Literalmente, la frase es "no recibe el rostro de una persona", una expresión que afirma la visión judía de Dios como el modelo de imparcialidad (Dt 10:17; cf. Hechos 10:34; Ro 2:11; Ef 6:9).[4]

Jacobo, Cefas y Juan (2:9). "Cefas" era el nombre arameo de Pedro. Estos fueron los tres discípulos más influyentes de Cristo, líderes de la iglesia en Jerusalén.

Que nos acordásemos de los pobres (2:10). El cuidado de los pobres era una expectativa moral esencial en el A. T. y en la tradición judía. Este comentario puede sugerir que se trata de la visita del hambre en Hechos 11:19-30.

Le resistí cara a cara (2:11). En el A. T. griego (Septuaginta), resistir a alguien cara a cara es un modismo militar para la resistencia exitosa a un poder opositor (ver LXX Dt 7:24; 9:2; 11:25; 31:21; Jue 2:14; 2 Cr 13:7-8; Jdt 6:4), lo que sugiere que Pablo entendía que su enfrentamiento había tenido éxito.

Comía con los gentiles (2:12-13). Pedro y otros estaban compartiendo comidas con creyentes gentiles, pero luego se retiraron porque sospechaban que los visitantes de Jerusalén (donde las cuestiones de pureza se tomaban más en serio) no lo aprobarían (cf. Hechos 11:3). Pablo lo llamó hipocresía.

La verdad del evangelio (2:14). Pablo da a entender que el evangelio, en lugar de la ley de Moisés, es la norma definitiva para la vida cristiana.

Delante de todos (2:14). La reprimenda pública de Pablo a Pedro se consideraba una responsabilidad bíblica para proteger a la comunidad de un hermano

Relieve que muestra las máscaras de comedia que llevan los actores. Pablo acusó a Pedro de hipocresía, de llevar una máscara espiritual. Un "hipócrita" (*hypokritēs*) era un actor griego.

ofensor, especialmente un líder (Lv 19:17; 1 Ti 5:20; cf. Dt 19:15).

Judíos... "pecadores paganos" (2:15 NVI). Pablo se refiere al dualismo tradicional judío. "Pecadores paganos" refleja el dualismo moral que consideraba a los gentiles pecadores y a los judíos justos. Como sugieren las comillas de la NVI, Pablo puede estar utilizando el lenguaje de sus oponentes ("gentiles paganos") de forma irónica.

Las obras de la ley (2:16). El documento de Qumran *4QHalakhic Letter* enumera algunas obras de la ley (las interpretaciones de los líderes de la comunidad de la ley de Moisés), con la promesa de que "le fue contado por justicia" (cf. Gn 15:6) si las seguían. Pablo se opone a una visión similar propagada en Galacia.

La fe de Jesucristo (2:16). Esto también podría traducirse como "la fe (o fidelidad) de Jesucristo". "Por la fe" (*dia pisteōs* aquí y *ek pisteōs* más adelante en el versículo) refleja la influencia de Hab 2:4 en la Septuaginta. Los teólogos están de acuerdo en que la posición correcta ante Dios se debe a la fidelidad de Cristo (ejemplificada en su muerte en la cruz) y que se adquiere mediante la fe en Él. Se discute si las dos expresiones "por medio de la fe en Jesucristo" (*dia pisteōs Iēsou Christou*) y "por la fe en Cristo" (*ek pisteōs Christou*), se refieren a la primera o a la segunda idea.

Nosotros... hemos creído en Jesucristo (2:16). Es posible que Pablo repita la frase de Gn 15:6: Abram fue justificado cuando creyó en la promesa de Dios sobre su descendencia (ver Gn 15:5-6; cf. Gl 3:16).

Por las obras de la ley nadie será justificado (2:16). Esto alude al Sal 143:2 ("ninguna carne será justificada ante ti" [traducción propia]). Pablo refuerza el punto al descartar específicamente la justificación por las obras de la ley.

Hallados pecadores (2:17). Algunos piensan que Pablo está diciendo que los judíos (como los gentiles) son pecadores porque el evangelio muestra que todos son pecadores. Por el contrario, los versículos 11-14 pueden sugerir que los que comían con los creyentes gentiles (teniendo en cuenta su comprensión de la justificación) fueron encontrados/juzgados como pecadores por los judíos más estrictos de Jerusalén (cf. Hechos 11:2-3).

¿Es por eso Cristo ministro de pecado? (2:17). Los cambios en el estilo de vida, tal vez especialmente la decisión de los creyentes judíos en Cristo de comer con los creyentes gentiles (cf. vv. 11-14), llevaron a algunos a preguntarse si las enseñanzas de Pablo sugerían que Cristo promueve el pecado.

Vuelvo a edificar (2:18). En Jeremías, destruir y reconstruir es un motivo que se refiere al juicio de Dios y a la posterior restauración de su pueblo a través de su ministerio profético (cf. LXX Jer 1:10; 12:16-17; 18:9; 24:6; 38:4, 28 [ingl. trad. 31:4, 28]; 40:7 [ingl. trad. 33:7]; 49:10 [ingl. trad. 42:10]; 51:34 [ingl. trad. 45:4]). Dios llamó a Pablo para construir la nueva comunidad escatológica de Dios. Sería un transgresor de la ley si se limitara a reconstruir el antiguo sistema basado en la ley.

Por la ley (2:19). La persecución de la ley por parte de Pablo (ejemplificada

El teatro de Antioquía de Pisidia, ciudad de la provincia romana de Galacia.

en su persecución de los cristianos) condujo a su encuentro con Cristo y a su experiencia de muerte espiritual a la ley (cf. 2:20). La propia historia redentora de Cristo (muerte seguida de vida) se ha convertido en la de Pablo (y en la nuestra) también, a través de la unión con Cristo. El Mesías cumple y establece el destino del pueblo de Dios.

Con Cristo estoy juntamente crucificado… vive Cristo en mí (2:20). Pablo insiste una vez más en que, mediante la unión con Cristo (ser crucificado con Cristo), la narración culminante de Cristo de la crucifixión seguida de la resurrección a una nueva vida se ha convertido en la suya propia. La presencia viva de Cristo en la vida de Pablo ahora ("vive Cristo en mí") eclipsa su propia vida. Esta afirmación puede reflejar una lectura mesiánica de Hab 2:4, de modo que Cristo es el "justo" que vive (en creyentes y en general) "por su fe".

Vivo en la fe del Hijo de Dios (2:20). Una lectura de Hab 2:4 teniendo en cuenta el acontecimiento de Cristo sugiere que son los creyentes, incluido Pablo, los que viven por la fe.

El cual me amó y se entregó a sí mismo por mí (2:20). Pablo aplica su comprensión del sacrificio de Cristo de una manera profundamente personal. Como en 1:4, esto puede reflejar una lectura cristocéntrica de Is 53:6 en la Septuaginta, que se lee como "y el Señor le entregó a nuestros pecados".[5]

Desecho la gracia de Dios (2:21). Pablo da a entender que Pedro y otros que se negaron a compartir las comidas con los creyentes gentiles dejaron de lado la gracia de Dios al imponer la ley. Dios no habría dejado que Cristo muriera en la cruz si la justicia pudiera obtenerse a través de la ley. Un sacrificio tan grande indica la incapacidad de la ley para lograr los propósitos de Dios.

La defensa bíblico-teológica del Evangelio sin Ley de Pablo (3:1-4:31)

Gálatas (3:1). Se discute si Pablo se dirigía a los gálatas étnicos que vivían en el centro de Asia Menor o simplemente usaba el término "gálatas" para referirse a habitantes de la provincia romana más amplia que se extendía a las ciudades visitadas por Pablo en su primer viaje misionero.

Los ha hechizado a ustedes (3:1 NVI). Estar embrujado era sufrir el "mal de ojo", una preocupación omnipresente en el mundo romano. Se pensaba que los envidiosos perjudicaban a los demás, al centrar una mirada rencorosa en las personas que tenían algo que envidiaban. La gente buscaba protegerse del mal de ojo colocando imágenes grotescas para distraer la mirada. La afirmación de Pablo de que "ante cuyos ojos Jesucristo fue ya presentado claramente entre vosotros como crucificado" (siendo la crucifixión una imagen extraordinariamente grotesca) puede sugerir que deberían haber sido víctimas improbables del mal de ojo.

El Espíritu... la carne (3:3). Pablo refleja un dualismo escatológico en el que los seres humanos viven por el poder del Espíritu como una bendición del fin de los tiempos u operan simplemente en el poder de la carne humana. En el A. T., la presencia del Espíritu o los milagros son signos de la presencia de Dios que actúa en y a favor de su pueblo (además de los milagros en los ministerios de Moisés, Elías y Eliseo; cf. Nm 11:17-29; Is 42:1; 44:3; 59:21; 61:1; 63:11; Ez 36:27; 37:14; 39:29; Joel 2:28-31; Zac 12:10).

Abraham *creyó a Dios, y le fue contado por justicia* (3:6). Pablo cita Gn 15:6, un texto clave sobre la relación entre la fe y la justicia. Abraham fue considerado el gentil original convertido al judaísmo cuando fue circuncidado, pero Gn 15:6 indica que fue justificado cuando aún no estaba circuncidado (cf. Ro 4:9-12).

En ti serán benditas todas las naciones (3:8). Pablo ve en Gn 12:3 como una prefiguración del evangelio de Cristo. Todas las naciones serán bendecidas por medio de Abraham cuando experimenten la justicia de Dios por la fe. Pablo lee Gn 12:3 teniendo en cuenta Gn 15:6, y viceversa.

Están bajo maldición (3:10). Pablo cita Dt 27:26. Su referencia a la maldición contrasta con la referencia a la bendición en los versículos 8-9. Israel experimentó las maldiciones enumeradas en Dt 28:15-68, con repercusiones que se extienden hasta la época de Pablo. La ley, finalmente, trajo maldición en lugar de la bendición de Gn 12:3.

Por la fe vivirás... vivirá por ellas (3:11-12). Pablo utiliza un recurso literario conocido como *gezerah shavah* (juntar dos textos que comparten una redacción similar): aquí, "vivirá", para contrastar las promesas de Hab 2:4 y Lv 18:5. Pablo sugiere que estos textos plantean enfoques alternativos para la vida: la fe (en Cristo) o hacer lo que está escrito en la ley de Moisés. Levítico

18:5 se citaba en el A.T. y en el judaísmo primitivo en contextos que enfatizaban el fracaso de la nación para efectuar su promesa (cf. Neh 9:29; Ez 20:11, 13, 21).

La maldición de la ley (3:13). Deuteronomio 21:23 ayudó a Pablo a explicar cómo la muerte de Cristo se ocupó de la maldición de la ley. En el contexto del A. T., la maldición se aplicaba a la exhibición pública de los cadáveres de los ejecutados. Posteriormente, se aplicó también a los que eran ejecutados por sus crímenes mediante ser empalados o colgados en un poste o en una cruz. Antes de encontrar a Cristo, Pablo puede haber utilizado Dt 21:23 para demostrar que Jesús no podía ser el Mesías (como hombre maldito). Después de encontrar a Cristo, se dio cuenta de que Cristo sufrió su maldición para liberar a otros de la maldición de la ley (cf. Is 53:2-4).

La bendición (3:14). En el versículo 8, la bendición era la prometida a Abram/Abraham en Gn 12:3 que todas las naciones ("familias" en Gn 12:3) serían benditas a través de él. Aquí Pablo aclara que la bendición de las naciones se realiza cuando los judíos y los gentiles experimentan el Espíritu (y la justificación) en Cristo.

Un pacto, aunque sea de hombre, una vez ratificado, nadie lo invalida (3:15). Los pactos no pueden ser anulados o modificarse unilateralmente, sino solo si todas las partes están de acuerdo con los cambios. Ese que se había acordado entre Dios y Abraham (y su descendencia) no podía ser alterado por leyes establecidas siglos después.

Y a tu simiente (3:16). El fragmento de la cita proviene de Gn 13:15 (cf. Gn. 12:7; 17:8; 24:7). Pablo aprovecha el hecho de que la palabra "simiente" es gramaticalmente singular a pesar de que se usa como sustantivo colectivo para referirse a toda la progenie. Teniendo en cuenta otras Escrituras, Pablo se da cuenta de que la simiente particular que Dios tenía en mente es Cristo.

Cuatrocientos treinta años (3:17). El tiempo de separación entre la promesa a Abraham y la entrega de la ley se basa en Ex 12:40, donde el texto masorético dice: "El tiempo que los hijos de Israel habitaron en Egipto fue cuatrocientos treinta años".

A causa de las transgresiones (3:19). Algunos piensan que esto significa "incitar a la transgresión" (y mostrar la pecaminosidad humana), pero el mismo contenido del A. T. sugiere que el propósito era evitar que Israel pecara y proporcionar expiación por los pecados.

Por medio de ángeles (3:19). Que la ley fue dada por medio de ángeles es una tradición que se encuentra en las *Jewish Antiquities* de Josefo (15.136), así como en Hechos 7:38, 53; Heb 2:2.

El mediador (3:20). Sin duda, Pablo tiene en mente a Moisés (cf. Ex 19:7; 20:19; 24:3; Lv 26:46; Dt 4:14; 5:4-5; Filón, *On the Life of Moses* 2.166). Que Dios es uno era una afirmación judía fundamental, basada especialmente en Dt 6:4. La experiencia israelita de un mediador se contrasta con el acceso directo a Dios que los creyentes tienen en Cristo.

Pudiera vivificar (3:21). La referencia de Pablo a una ley que podría impartir vida alude probablemente a Lv 18:5 (citado en el v. 12), que contiene una promesa que no se cumplió en la historia de Israel (cf. Neh 9:29; Ez 20:11-21).

La promesa que es por la fe (3:22). La referencia a que la promesa se da a través de la fe utiliza la inusual expresión "a través/por su fe" (*ek pisteōs*) que viene de Hab 2:4 y se usa repetidamente en esta carta (ver comentarios sobre Gl 2:16). La expresión "dado a los creyentes" puede ser otra forma Pablo redefine "a través/por su fe".

Ayo (3:24-25). El ayo (*paidagōgos*) era un esclavo de la casa que enseñaba a los niños las virtudes y la moral básicas que reflejaban los valores de la familia y los acompañaba fuera del hogar hasta que llegaban a la edad adulta.[6]

Revestidos (3:27). La metáfora de ser revestido de Cristo mediante el bautismo refleja la práctica de ponerse un nuevo vestido limpio al salir de las aguas bautismales.

Judío ni griego (3:28). Los tres dualismos ("judío/griego", "esclavo/libre", "varón/mujer") que aparecen en este versículo resumen las divisiones de la sociedad desde la perspectiva judía. La redacción del tercer par, "varón/mujer" (*arsen kai thēly*) coincide exactamente con el texto griego de Gn 1:27.

Heredero... tutores y curadores (4:1-2). En un hogar rico, el *paterfamilias* designaba a las personas que se encargaban de varios aspectos de la casa, incluyendo a los niños. Pablo compara el poder que eventualmente tendría el heredero con la sensación de impotencia del menor bajo la autoridad de los sirvientes que eran sus inferiores sociales.

Los rudimentos del mundo (4:3). La idea de que el mundo estaba compuesto por cuatro elementos (tierra, agua, aire y fuego) era omnipresente en el mundo de Pablo (ver Sab 19:18-20; Josefo, *Jewish Antiquities* 3.183-84; Filón, *On the Creation of the World* 146; *Numbers Rabbah* 14:11) y vendría directamente a la mente. Resulta sorprendente que Pablo atribuya a los elementos la capacidad de actuar espiritualmente.

Cuando vino el cumplimiento del tiempo (4:4). El concepto de un tiempo determinado en el desarrollo de los planes de Dios refleja un motivo apocalíptico judío y aquí se refiere al tiempo de redención por parte del Mesías, el Hijo de Dios.

Nacido de mujer (4:4). Esta era una expresión judía para referirse a un ser humano, como se refleja en los Rollos del Mar Muerto.[7] Nacer bajo la ley es nacer en una familia judía, comprometida con la ley de Moisés.

La adopción (4:5). En el mundo de Pablo, la adopción no consistía en encontrar un hogar para un niño, sino de encontrar un heredero adecuado para un adulto rico que aún no tenía uno. Los adoptados solían ser jóvenes adultos cuyo carácter era lo suficientemente conocido como para calificarlos como herederos adecuados.[8]

El Espíritu... el cual clama: *¡Abba, Padre!* (4:6). En Ez 36:26-27, Dios promete dar a su pueblo un nuevo corazón y poner su propio Espíritu dentro cuando les devuelva la condición de pacto pleno con Él en el futuro *Abba* es el término arameo para "papá/padre" que Cristo utiliza en la oración de Marcos 14:36 (cf. Ro 8:15).

Siendo conocidos por Dios (4:9). Para Pablo, ser conocido por Dios "define la existencia cristiana" (4:8-9; 1 Co 8:3) y "es una medida de la gloria escatológica" (1 Co 13:12; cf. *Salmos de Salomón* 17.27).[9] Sobre las débiles y miserables fuerzas (*stoicheia*, "elementos") contra las que Pablo advierte a los gálatas en este versículo, ver los comentarios sobre Gl 4:3.

Los días, los meses, los tiempos y los años (4:10). Los gálatas habían empezado a seguir el calendario judío: una indicación más de su creencia de que adoptar la ley de Moisés era la clave para ser el pueblo de Dios.

Como yo... como vosotros (4:12). Pablo se convirtió en los gálatas en asimilar lo más posible a su cultura para ganarlos para Cristo. Ahora se les pide a los gálatas que se asemejen a Pablo, permaneciendo libres de la ley de Moisés y ser fieles al evangelio.

Una enfermedad del cuerpo (4:13). No sabemos cuál fue la enfermedad de Pablo, pero causó que se quedara en Galacia el tiempo suficiente para establecer múltiples iglesias.

Despreciasteis (4:14). Aquí Pablo utiliza una palabra (*ekptyō*), tal vez metafóricamente, que se refiere a escupir para expresar desprecio o desdén o "para alejar espíritus hostiles".[10]

Sacado vuestros propios ojos para dármelos (4:15). Pablo puede haber sufrido algún tipo de dolencia en los ojos, pero sus palabras también pueden reflejar simplemente un "lenguaje que habla de llegar al extremo para satisfacer las necesidades de otro".[11]

Vuelvo a sufrir dolores de parto (4:19). Pablo se refiere a los gálatas como sus hijos (espirituales-metafóricos) y luego amplía la metáfora, describiéndose a sí mismo como una madre que vuelve a pasar por el doloroso proceso del parto.

Lo cual es una alegoría (4:21-31). Pablo ofrece una interpretación alegórica de Gn 16-17 y 21 con influencia apocalíptica. Otros maestros probablemente sugirieron que los gálatas eran como Ismael (casi pero no del todo verdaderos hijos de Abraham). Pablo señala que en el Génesis Ismael acosaba a Isaac de alguna manera, y en el contexto actual de los gálatas, son sus otros maestros los que los acosan y no al revés. Así que son sus otros maestros (que se convirtieron en judíos por los procesos humanos normales) los que están desempeñando el papel de Ismael, y los gálatas (que se han convertido en personas del pacto por el cumplimiento de las promesas especiales de Dios) quienes están en el papel de Isaac.

Nació según la carne (4:23). Pablo quiere decir que nació o bien de forma puramente natural o como resultado de la acción inapropiada de Abraham cuando Sara no pudo concebir. "La carne" puede tener connotaciones neutras o negativas para Pablo.

Arabia (4:25). El término "Arabia" se utilizaba para el reino nabateo que se extendía al este y al sur de Palestina (ver el comentario sobre Gl 1:17). Sobre Jerusalén en la esclavitud con sus hijos, ver Esdras 9:9; Neh 9:36.

Jerusalén de arriba (4:26). La Jerusalén celestial es un motivo apocalíptico.[12]

Regocíjate, oh estéril, tú que no das a luz (4:27). Pablo cita Is 54:1, la apertura de un capítulo con varias alusiones a Abraham y Sara, y uno de los primeros textos que sugieren la idea de una Jerusalén superior.

Un icono que representa el antiguo rito de la circuncisión.

Exhortaciones y advertencias finales (5:1-6:11)

La libertad (5:1). El tema de la libertad se introdujo en 2:4 y se convirtió en el motivo principal en el pasaje anterior (ver 4:22-23, 26, 30-31). Pablo insiste en que los gálatas deben vivir conforme al propósito redentor de Cristo.

Yugo de esclavitud (5:1). Los textos judíos hablan con frecuencia del "yugo de la ley" (ver *m. Avot* 3.5; cf. Si 51:26). El "yugo de esclavitud" servía como referencia poco halagadora a la ley.

Obligado a guardar toda la ley (5:3). Los judíos entendían que circuncidarse era estar obligado a obedecer toda la ley. Pablo asume que, o bien es imposible obedecer toda la ley o que intentar obedecer toda la ley sería una carga innecesaria que también anularía la gracia de Cristo (cf. v. 4).

Por la ley os justificáis (5:4). Para un gentil, circuncidarse era tratar de ser justificado por la ley, en lugar de ser justificado por la fe. Adoptar ese enfoque es alejarse de la gracia.

Ni la circuncisión vale algo, ni la incircuncisión (5:6). Esta es una declaración excepcional (cf. 1 Co 7:19) porque (1) la circuncisión había sido un mandato de Dios, y (2) Pablo dio advertencias tan severas a no circuncidarse (vv. 3-4). Pablo considera la circuncisión (o la falta de ella) sin importancia a menos que se imponga a los creyentes gentiles, en cuyo caso se convierte en una afrenta directa al evangelio (ver el artículo "El rito judío de la circuncisión").

Vale... la fe que obra por el amor (5:6). Para Pablo lo más importante es la acción de la fe, que se expresa activamente a través del amor, lo que más importa: una clara indicación de que Pablo no considera el "creer" y el "hacer" como términos opuestos.

Corríais bien (5:7). Pablo emplea la metáfora atlética conociendo la popularidad de los juegos atléticos en el mundo heleno (cf. 1 Co 9:24-27; Gl 2:2) y describe a los falsos maestros de Galacia como competidores que han engañado interviniendo e interfiriendo en su progreso.

Levadura (5:9). En el A.T., la levadura (*zymē,* con frecuencia traducida como "levadura", como aquí) estaba prohibida durante la celebración de la Pascua (Dt 16:1-4) y llegó a utilizarse como metáfora para la contaminación por influencias malsanas (Mt 16:6-12; 1 Co 5:6-8).

Predico la circuncisión (5:11). Pablo fue perseguido por sus compañeros judíos por predicar un mensaje que no exigía la circuncisión de los gentiles (ver el artículo "El rito judío de la circuncisión"). Algunos han sugerido falsamente que Pablo sí exigía la circuncisión para los gentiles en otros lugares.

Pablo utiliza la imagen de la elaboración del pan en Gálatas 5:8-9. El fermento se refiere a la levadura, trozos de masa fermentada que se retenían antes de la cocción para poder utilizarlos para iniciar una nueva tanda de pan. Esta estatuilla muestra la masa de pan amasada como parte del proceso de elaboración del pan (antigua Medma, 490 a. C.).

El tropiezo de la cruz (5:11). Los judíos y judaizantes se se ofendieron por el rechazo de Pablo al requisito de la circuncisión para los gentiles, que era una expectativa básica para los varones del pacto del pueblo de Dios desde los tiempos de Abraham (Gn 17:9-14).

Se mutilasen (5:12). Pablo utiliza un humor negro basado en el entusiasmo de sus oponentes por la circuncisión. Algunos sugieren que Pablo está aludiendo a los galos, sacerdotes paganos que practicaban la autocastración, pero es más probable que se refiera a las prácticas judías.

Libertad (5:13). La libertad en Cristo no debe usarse para satisfacer los deseos caídos (la carne), sino para servirnos unos a otros como expresión de un amor humilde. El amor (fruto primario del Espíritu) y la carne se manifiestan en acciones que fortalecen o socavan la vida comunitaria.

Amarás a tu prójimo como a ti mismo (5:14). Pablo cita Lv 19:18. Su enseñanza de que el amor cumple toda la ley recuerda a la "ley y los profetas" de Jesús (Mt 7:12). Romanos 13:8-10 amplía esta idea, reflejando la deuda de Pablo a las enseñanzas de Jesús.

Los deseos de la carne (5:16-17). Los estoicos (y otros en el mundo grecorromano) perseguían el dominio de las pasiones (similares a los deseos de la carne), normalmente mirando a la razón como la clave. Dentro del judaísmo helenístico (influenciado por el estoicismo) muchos consideraban la ley judía como la clave para dicho autodominio (por ejemplo, 4 Mac 1:30-2:16; Filón, *On the Virtues* 181-182). Para Pablo la solución no es la ley, sino el Espíritu de Dios, dado a los creyentes. Aquí, "lo que quisiereis" (v. 17) se refiere a los deseos de la carne, que el Espíritu vence.

Las obras de la carne (5:19-21). Pablo ofrece una lista de vicios llamada "obras de la carne". Las categorías principales son los abusos sexuales, las prácticas religiosas paganas, los comportamientos que socavan la comunidad sana (el grupo más grande de vicios), y comportamientos marcados por la falta de autocontrol (una preocupación importante en el discurso moral grecorromano). Las listas de vicios eran habituales y pretendían reforzar el compromiso de los demás de rechazar tales comportamientos. Pablo recuerda a sus lectores que estos comportamientos son manifestaciones naturales de la naturaleza humana caída.

Heredarán el reino de Dios (5:21). En el A. T., la terminología de herencia se asocia con mayor frecuencia a la promesa de Dios de que Israel heredaría la tierra (Ex 32:13 y en todo el A. T.). En el N. T., esas promesas se entienden para referirse a la herencia de la tierra (Mt 5:5), el mundo (Ro 4:13), la salvación (Heb 1:14), la vida eterna (Mt 19:29; Mc 10:17; Lucas 10:25; 18:18) y el reino (Mt 25:34; 1 Co 6:9-10; 15:50; Ef 5:5).

El fruto del Espíritu (5:22-23). Pablo pasa de su lista de vicios a una lista de virtudes, que llama "el fruto del Espíritu" y que enfatiza las virtudes que promueven relaciones y comunidades saludables. La virtud final, el autocontrol (una virtud romana central), refuerza el punto de Pablo de que es el Espíritu el que hace posible una vida comunitaria disciplinada y sana. Las listas de virtudes sirven para reforzar los valores y comportamientos comunitarios compartidos. Aquí Pablo también recuerda a sus lectores que tales comportamientos son posibles para los creyentes gracias al Espíritu fortalecedor de Dios.

Vivimos por el Espíritu (5:25). Las palabras de Pablo reflejan a Ez 37:5-14 (que refleja a Gn 2:7) y describen una realidad conocida por la experiencia cristiana (cf. Gl 3:2-5). Vivir según el Espíritu o "andemos también por" sugiere que el Espíritu, en lugar de la ley de Moisés, proporciona el fundamento y el poder para la vida cristiana (los judíos se referían comúnmente a caminar según la ley).

Vanagloriosos, irritándonos unos a otros, envidiándonos unos a otros (5:26). Como en las listas de vicios y virtudes (vv. 15-23), se enfatiza la superación de las tendencias a la rivalidad y otros tipos de comportamientos destructivos para una vida comunitaria sana.

Vosotros que sois espirituales (6:1). Presumiblemente, esto se refiere a aquellos cuyas vidas demuestran sistemáticamente el fruto del Espíritu esbozado en 5:22-23. Una vez más vemos la preocupación de Pablo por mantener una comunidad sana.

La ley de Cristo (6:2). Cristo sirve de modelo para los cristianos, ya que llevó nuestras cargas en la cruz, proporcionándonos una nueva ley (o una interpretación de la ley diferente a la que se conocía antes). En 5:14, aprendimos que el amor cumple la ley (de Moisés). Aquí ese amor se describe como una ley que nos ordena servir a los demás.

Dios no puede ser burlado (6:7). Despreciar o burlarse de Dios y sus mandatos nunca le saldrá bien a nadie (cf. Pr 1:30-31; Ez 8:17).

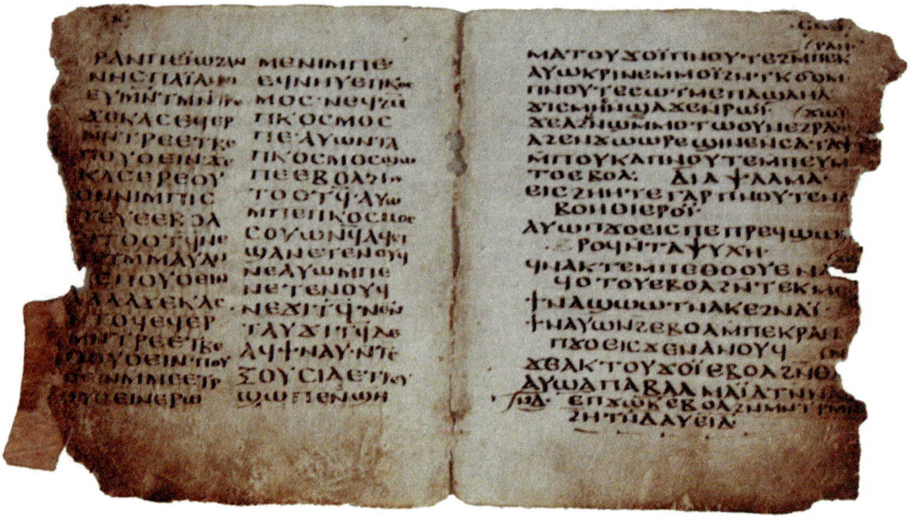

Como era habitual, Pablo utilizó un amanuense (secretario) para escribir sus epístolas. En Gl 6:11, Pablo toma la pluma y exclama que escribe con "grandes letras". Las páginas de pergamino mostradas aquí, de un códice copto que contiene porciones del Evangelio de Juan y Salmos, son un ejemplo de escritura antigua (Alto Egipto, siglo V d. C.).

Todo lo que el hombre sembrare, eso también segará (6:7-9). La experiencia común del ciclo agrícola, con su siembra y cosecha, proporcionó una metáfora natural para la conjunción de las enseñanzas morales y escatológicas (p. ej, Job 4:8; Pr 22:8; Oseas 10:12; Mt 13:39; 25:24-26; Lucas 19:21-22; Juan 4:35-37; 1 Co 9:11; 2 Co 9:6). Pablo tiene en mente la salvación definitiva (con demasiada frecuencia la gente no recoge lo que siembra en la experiencia diaria).

La despedida (6:11-18)

Os escribo de mi propia mano (6:11). Como era una práctica habitual, Pablo toma ahora la pluma de su escriba anónimo y escribe las últimas líneas (vv. 11-18) de la carta de su puño y letra. Evidentemente, su caligrafía destacaba en comparación con la de su escriba.

Todos los que quieren agradar (6:12-13). Los falsos maestros de Galacia quieren impresionar a la gente y evitar ser perseguidos por la cruz de Cristo haciendo que los gálatas se circunciden de acuerdo con las expectativas judías.

Lejos esté de mí gloriarme, sino en la cruz (6:14). Para Pablo, la crucifixión pasó de ser simplemente una horrible forma romana de pena capital experimentada por Cristo a convertirse en el centro de la vida cristiana que establece una alienación fundamental entre el creyente y este mundo, socavando e invirtiendo los valores del mundo a los que los otros maestros se aferraban.

Ni la circuncisión vale nada, ni la incircuncisión (6:15). En 5:6, lo que contaba era "la fe que obra por el amor". Presumiblemente, así es como la nueva creación debe manifestarse.

Israel de Dios (6:16). "Todos los que anden conforme a esta regla" y el "Israel de Dios" pueden ser dos grupos separados ("y al Israel de Dios") o, ya que Pablo ha argumentado repetidamente que los creyentes gálatas son los verdaderos hijos de Abraham (p. ej., 3:7, 29), como Isaac (4:21-31), puede estar refiriéndose a los creyentes judíos y gentiles como el Israel de Dios para reforzar esa nueva identidad.

Las marcas del Señor Jesús (6:17). Al igual que Jesús, Pablo también llevaba marcas en su cuerpo como consecuencia de su fiel servicio a Dios (cf. 2 Co 11:23-27).

— Mateo
— Marcos
— Lucas
— Juan
— Hechos
— Romanos
— 1 Corintios
— 2 Corintios
— Gálatas

— Efesios

— Filipenses
— Colosenses
— 1 Tesalonicenses
— 2 Tesalonicenses
— 1 Timoteo
— 2 Timoteo
— Tito
— Filemón
— Hebreos
— Santiago
— 1 Pedro
— 2 Pedro
— 1 Juan
— 2 Juan
— 3 Juan
— Judas
— Apocalipsis

Efesios

Osvaldo Padilla

Introducción. Efesios fue escrito por Pablo, probablemente durante su primer encarcelamiento a principios de los años 60. Con el auge del liberalismo protestante en los siglos XVIII y XIX, se empezó a cuestionar la autenticidad de la carta. El resultado es que en la actualidad, fuera de los círculos evangélicos, solo unos pocos sostienen la autoría paulina. Sin embargo, las razones aducidas para la negación de la autoría paulina: el tono "distante" de Efesios y sus palabras "no paulinas", la construcción de las frases y la teología, no son convincentes. Las diferencias pueden deberse a varias razones: un entorno de vida diferente al de otras epístolas (por ejemplo, Romanos y Gálatas), la evolución de la teología de Pablo y quizás el uso de un amanuense. En cualquier caso, el argumento contra la autoría paulina a partir de palabras propias de Efesios es metodológicamente deficiente. Puesto que la carta afirma haber sido escrita por Pablo, fue aceptada como tal por la iglesia primitiva y faltan argumentos contra la autenticidad, es más razonable aceptar a Pablo como autor.[1]

Debemos examinar dos cuestiones antes de pasar al texto. En primer lugar, ¿quiénes eran los destinatarios de esta carta? La respuesta parece obvia, ya que "en Éfeso" en 1:1 está impreso en nuestras Biblias. Sin embargo, hay algunos manuscritos excelentes que omiten esta frase. En definitiva, aunque "en Éfeso" debe conservarse, es posible que la carta circulara desde Éfeso a otras iglesias de Asia Menor (ver el artículo "La ciudad de Éfeso").

La segunda cuestión es el motivo de la carta. ¿Qué impulsó a Pablo a escribirla? Por el contenido de Efesios, podemos sugerir dos razones. La primera,

Los viajes de Pablo a Galacia

dada la cultura religiosa de Éfeso, es decir, su arraigada práctica de la magia, era necesario recordar a los cristianos que detrás de estas prácticas existían fuentes demoníacas. Al mismo tiempo, Pablo tenía que recordar a los cristianos que, en virtud de su unión con Cristo, no tenían que estar paralizados en el miedo de estos poderes. Cristo los había vencido en definitiva, aunque aún había una batalla. La segunda razón por la que Pablo escribió Efesios fue recordar a los creyentes la unidad entre judíos y gentiles que Cristo había ganado en la cruz. Por lo tanto, los judíos y gentiles cristianos debían esforzarse por preservar esa unidad (4:3).

El prólogo (1:1-2)

Pablo, apóstol de Jesucristo (1:1). Pablo utilizó el término "apóstol" para comenzar sus cartas. Aunque los antecedentes específicos del término no están claros, su uso por parte de Pablo destaca lo siguiente: (1) un apóstol era alguien comisionado por Jesús resucitado para predicar (Ro 1:1; 1 Co 9:1; 15:9; Gl 1:1, 15-16), y (2) un apóstol, por haber sido comisionado directamente por Cristo, tenía la autoridad para hablar en nombre de Dios. Por lo tanto, los apóstoles eran el fundamento de la enseñanza de la iglesia (Ef 2:20). Debido a este estatus, las cartas de Pablo debían ser tratadas como la palabra de Dios escrita (1 Co 14:37). Por lo tanto, la lectura de Efesios era leer la revelación de Dios.

Los santos y fieles (1:1). La comprensión de "santificado" se derivó del A. T. Ser santificado significaba haber sido elegido y apartado por Dios para ser

Éfeso era una de las ciudades más espectaculares del oeste de Asia Menor. El teatro de Éfeso pasó por muchas fases de construcción y renovación durante su larga historia. Con una altura de casi 100 pies, podía albergar a unas 25 000 personas en sus tres niveles.

su pueblo y servirlo (Ex 19:5-6; Lv 11:44-45; 19:2). Por tanto, los santificados (*hagioi*, "santos") estaban llamados a hacer de Dios la prioridad de la vida.

En Éfeso (1:1). Los santos, que son los destinatarios de esta carta de Pablo, residían en la ciudad de Éfeso (ver el artículo "La ciudad de Éfeso"). Aunque algunos manuscritos muy fiables omiten "en Éfeso", en general es mejor conservar la frase como original. Éfeso (la actual Selçuk en Turquía) fue nombrada sede del procónsul de Asia por Octavio en los años 30-29 a. C., lo que hizo que la ciudad fuera muy importante. Además, debido al gran tamaño de su puerto, Éfeso prosperó y creció rápidamente. Séneca la calificó como la segunda ciudad más grande de Asia Menor.[2]

Éfeso era más conocida por el enorme templo de Artemisa y la devoción de sus ciudadanos a la diosa (cf. Hechos 19:23-28). Además, era un centro de la práctica de la magia, de la que procede la famosa Ephesia Grammata (ver el artículo "La magia en el mundo del Nuevo Testamento").[3] Por último, la vida cotidiana en Éfeso se vio afectada por el culto imperial.[4] El culto buscaba proporcionar una visión del mundo omnipresente a los residentes. El emperador Augusto, que era representado como Zeus, era presentado como el creador o fundador de un nuevo orden mundial. De hecho, hacia el año 9 a. C. se modificaron los calendarios para que giraran en torno al nacimiento de Augusto. Además, el culto fomentaba la idea de que el emperador y su dinastía continuarían un gobierno que sería una utopía eterna. En este contexto de "poder" (mágico y político), los antiguos destinatarios de Efesios habrían leído las numerosas afirmaciones de Pablo sobre Cristo como "Aquel que todo lo llena en todo" (Ef 1:23).

Gracia y paz a vosotros (1:2). En la mayoría de sus cartas, Pablo termina el encabezado con un deseo u oración para sus lectores. Los dos términos de este versículo tienen su origen en el A.T. La combinación "gracia y paz" quizás recordaba la bendición que Aarón y sus hijos debían orar sobre Israel en Nm 6:23-26.

Un estallido de alabanza (1:3-14)

El cuerpo de la carta comienza con una declaración de adoración. Pablo estaba tan asombrado por el carácter de Dios ya que se ve en la salvación de los pecadores que llevó su expresión al extremo. ¡Los versículos 3-14 son en realidad una sola frase en el griego original!

Bendito sea el Dios y Padre de nuestro Señor Jesucristo (1:3). Pablo estaba siguiendo un formato de oración que se encuentra en el A. T. y otra literatura judía después de la finalización del A. T. Esta forma de oración se llama bendición o berakah. La Mishná, que es la primera colección escrita de tradiciones rabínicas, comienza su primer orden o tratado con el tema de la oración, en particular de las bendiciones. A continuación se presenta la primera de las dieciocho bendiciones. Note las similitudes con la bendición de Pablo en 1:3:

> Bendito seáis, Señor, Dios nuestro y Dios de nuestros
> padres, Dios de Abraham, Dios de Isaac y Dios
> de Jacob, el Dios grande, poderoso y venerado, el
> Dios altísimo, que concedes la bondad amorosa
> y posees todas las cosas; que recuerdas las
> acciones piadosas de los patriarcas y que, por amor, traerás un
> redentor a los hijos de sus hijos por causa de tu nombre.[5]

Así vemos que la oración es una bendición de Dios que se basa en su grandeza y en su bondad de pacto. Si bien Pablo siguió más o menos el formato, observe que ahora el foco no está en Abraham, Isaac y Jacob, sino en "el Señor Jesucristo". Él era el cumplimiento definitivo del pacto de Dios con su

Una estatua de Artemisa de Éfeso (siglo I d. C.), que era adorada como diosa de la fertilidad.

pueblo. Desde que Él vino, se puede acceder a Dios solo a través de Jesucristo.

Que nos bendijo con toda bendición espiritual en los lugares celestiales en Cristo (1:3). La frase "en los lugares celestiales" se encuentra varias veces en Efesios: 1:20; 2:6; 3:10; 6:12. Los estudiosos coinciden en que es una de las frases más importantes de toda la carta. Por lo tanto, interpretarla correctamente es importante para entender Efesios. La frase se encuentra muchas veces en la literatura griega desde la época de Homero en adelante.[6] También se encuentra en el A.T. y en la literatura judía.[7] Es este último antecedente (que tiene cierta coincidencia con el griego, por cierto) es el que probablemente ayuda a aclarar el significado en Efesios. El término "lugares celestiales" (o "reinos celestiales") se utiliza metafóricamente para referirse a la dimensión donde residen los poderes espirituales. Tanto los ángeles como los demonios operan en este reino.[8] Dios también está en este reino, pero el trono celestial donde Dios y Cristo están sentados está incluso "muy por encima" de estos seres celestiales (1:21 NVI).[9] Pablo quiere que sus lectores sepan que aquel de quien y por quien recibieron la bendición de la salvación está ahora sentado en los reinos celestiales, "muy por encima" de los poderes demoníacos. Puesto que los creyentes están sentados con Cristo (2:6), ya no tienen que temer estar bajo el control de los poderes demoníacos.

Habiéndonos predestinado para ser adoptados hijos suyos por medio de Jesucristo (1:5). La frase "adoptados hijos suyos" nos señala el concepto romano de adopción. Según esta costumbre, un hombre o una mujer, al ser adoptados, pasaban a estar bajo la autoridad del *paterfamilias*, el padre de familia. El efecto era que la persona adoptada era ahora legalmente como si hubiera sido un hijo o hija natural. La adopción incluía la adquisición del apellido, el rango y los derechos del adoptante.[10]

Las arras de nuestra herencia (1:14). Pablo utiliza la palabra "arras" para referirse al Espíritu Santo. Este término (*arrabōn)* se utilizaba en contextos comerciales y legales para denotar una fianza. El depósito servía como garantía de que una vez completada la transacción o el servicio, se pagaría el resto.[11]

La oración de Pablo (1:15-23)

Espíritu de sabiduría y de revelación (1:17). Los términos "sabiduría" y "revelación" tienen un rico trasfondo en el A. T. y en la literatura judía posterior. El primer término se remonta a la literatura sapiencial, en la que se enfatiza la superioridad de los caminos de Dios presentados en su revelación. Esta sabiduría se desarrolló en el temor del Señor, que trajo consigo la obediencia a sus mandatos (Sal 1:2; 119; Pr 1:7; 3:19-20; 8:22-31), y un reconocimiento de nuestros límites intelectuales ante el mal radical (Job) y las miserias de esta vida (Eclesiastés). El término "revelación" se encuentra sobre todo en la literatura profética para referirse a la revelación por parte de Dios de sus misterios escatológicos. Como indica Pablo, esta revelación está relacionada a la salvación de la humanidad por parte de Dios mediante la locura de la cruz (1 Co 1:18-2:12) y la unidad de los gentiles y los judíos en un cuerpo (Ef 3:1-13).

Todo principado y autoridad y poder y señorío, y sobre todo nombre que se nombra (1:21). Pablo utilizó varios términos para referirse a las fuerzas sobrenaturales que habitan en los cielos. Estos eran espíritus malignos. Los dos primeros términos, "principado" y "autoridad", aparecen en otros lugares de los escritos de Pablo (Ro 8:38; 1 Co 15:24; Ef 2:2; 3:10; 6:12; Col 1:16; 2:10, 15). También aparecen en el A. T. y los textos judíos antiguos (por ejemplo, Dn 7:27; *Testamento de Abraham* 13.10). El tercer término, "poder", también fue utilizado por Pablo para referirse a los ángeles malignos (Ro 8:38;1 Co 15:24). Al igual que los dos anteriores, "poder" se utilizaba con frecuencia en la literatura judía para referirse a los ángeles. La última palabra, "señorío", aunque se usa en este sentido en el N. T. (aquí y en Col 1:16), era común en la literatura judía para referirse a los ángeles. Algunos estudiosos han sugerido que los diferentes términos reflejan una jerarquía en los ángeles. La conclusión de Clinton Arnold es más razonable: "Aunque los términos pueden implicar alguna forma de orden y jerarquía dentro del reino angélico, no hay manera de determinar de qué se trata en base a la evidencia de los textos disponibles".[12]

De la muerte a la vida (2:1-10)

Anduvisteis en otro tiempo, siguiendo la corriente de este mundo (2:2). El griego de esta frase es literalmente "la era de este mundo". Esto refleja un aspecto fundamental del pensamiento de Pablo, que se encuentra en el A.T. pero que se desarrolló en los escritos judíos posteriores, especialmente en los escritos designados como literatura apocalíptica. El mundo se entendía como existente en dos edades: "la era actual", dominada por Satanás, el sufrimiento y el pecado, y "la era venidera", iniciada por Dios, en la que reinaría y se restaurarían todas las cosas. Pablo creía que con la venida de Jesús "la era venidera" había iniciado. El Espíritu Santo ha sido dado a los creyentes, y ya están disfrutando del reino de Dios. Sin embargo, "la era venidera" no ha llegado en su totalidad. El cristiano vive así en la tensión del "ya pero todavía no".

Judíos y gentiles unidos por el sacrificio de Cristo (2:11-22)

Erais llamados incircuncisión por la llamada circuncisión (2:11). La circuncisión era la marca física distintiva de ser judío (ver el artículo "El rito judío de la circuncisión"). Los judíos con frecuencia se referían a los gentiles como "incircuncisos", lo que significaba etiquetar a estas personas como impuras.

Ya no sois extranjeros ni advenedizos, sino conciudadanos de los santos (2:19). Ahora que están en Cristo, estos cristianos gentiles tienen una postura diferente. Pablo describe su nuevo estatus utilizando términos sociopolíticos. En un mundo que se centraba en las diferentes ciudades-estado a lo largo del Imperio Romano, los llamados "extranjeros" y "advenedizos" eran personas que existían al margen, con pocos derechos. Sencillamente, no pertenecían. Por el contrario, los "conciudadanos" estaban en el centro de la ciudad-estado y poseían todos los derechos. No eran forasteros, sino que pertenecían a la ciudad.[13]

Inscripción de advertencia del templo de Jerusalén: "Ningún intruso está permitido en el patio y dentro de la pared que rodea el templo. Quien entre se invitará a sí mismo a la muerte". Efesios 2:14 dice que Cristo destruyó esos muros divisorios.

Poder para comprender lo incomprensible (3:14-21)

Plenamente capaces de comprender con todos los santos cuál sea la anchura, la longitud, la profundidad y la altura, y de conocer el amor de Cristo (3:18-19). Pablo ora para que los lectores comprendan el amor de Cristo. Este amor es tan grande que para "explicarlo", Pablo recurre a las dimensiones espaciales. Hubo un intento similar, pero con referencia a la sabiduría de Dios, en el A.T: "Mas ¡oh, quién diera que Dios hablara,[...] ¿Llegarás tú a la perfección del Todopoderoso? Es más alta que los cielos; ¿qué harás? Es más profunda que el Seol; ¿cómo la conocerás? Su dimensión es más extensa que la tierra, y más ancha que el mar" (Job 11:5-9).[14] Pablo aplica esto al amor de Cristo, sugiriendo que es demasiado vasto para ser captado en su totalidad.

Preservar en la unidad (4:1-16)

Un cuerpo (4:4). Pablo utiliza la metáfora del "cuerpo" a lo largo de Efesios (por ejemplo, 1:23; 2:16; 4:16). El antecedente más probable es el uso político grecorromano del cuerpo humano para denotar la unidad orgánica de la ciudad-estado.[15]

Por lo cual dice: *Subiendo a lo alto, llevó cautiva la cautividad, y dio dones a los hombres.* Y eso de que subió, ¿qué es, sino que también había descendido primero a las partes más bajas de la tierra? El que descendió, es el mismo que también subió por encima de todos los cielos para llenarlo todo (4:8-10). En el contexto de los dones espirituales que se dieron para ayudar a madurar y, por lo tanto, preservar en la unidad de la iglesia, Pablo utiliza el Sal 68:18 para justificar y explicar su argumento. Es fascinante que el Sal 68:18 se utilizara en algunas tradiciones judías con Moisés como tema. Así, el Targum (traducción aramea) señala: "Subiste al firmamento, oh profeta Moisés, tomaste cautivos, tú has enseñado las palabras de la Ley, tú las has dado como dones a los hijos del hombre".[16] Pablo entendió el salmo de forma cristológica. Era Cristo que, habiendo descendido por su encarnación y habiendo sido exaltado en su ascensión, se mostró victorioso sobre Satanás y dio dones, no la ley, para construir su iglesia.

Exhortación para el hogar (5:22-6:9)

Las casadas... maridos... Hijos... padres... Siervos... amos (5:22-6:9). Ver el artículo "Códigos domésticos del Nuevo Testamento".

Siervos, obedeced a vuestros amos terrenales con temor y temblor, con sencillez de vuestro corazón, como a Cristo (6:5). La esclavitud en el mundo grecorromano era una realidad (ver el artículo "La esclavitud en el mundo del Nuevo Testamento"). Sin embargo, a diferencia de la esclavitud europea y estadounidense (estados del sur), la esclavitud antigua no se basaba en el color de la piel. Era el resultado principalmente de la guerra. Los primeros cristianos no consideraban a los esclavos como infrahumanos; eran vistos como hermanos y hermanas de pleno derecho en el Señor.[17]

Ponte la armadura de Dios (6:10-20)

En el contexto de la guerra espiritual, Pablo utiliza como metáfora la armadura de un soldado romano, probablemente un legionario (ver el artículo "El ejército romano"). El atuendo de un soldado romano variaba a lo largo de los siglos y también dependía del rango del soldado.[18] Además, la descripción de Pablo es general.

La mayoría de los objetos son defensivos: coraza, escudo y casco. Solo la espada, que aquí se refiere al arma corta, tipo daga, es ofensiva. Aunque Pablo solo ofrece una descripción general de la armadura de un legionario romano, hay suficiente aquí para imaginar la batalla como un combate cuerpo a cuerpo. Pablo concibe la guerra espiritual del cristiano como una lucha

Estatuilla de bronce de un soldado romano del siglo II d. C. con armadura laminada.

brutal contra un enemigo que quiere mutilar y matar. Además, hay que tener en cuenta que muchos de los elementos mencionados también encuentran su trasfondo en el retrato del A.T. de Yahveh como guerrero (p. ej., Is 11:4-5; 52:7; 59:17). Por tanto, el creyente debe "[vestirse] del Señor Jesucristo" (Ro 13:14) sometiéndose a su voluntad y obtener así la victoria.

— Mateo
— Marcos
— Lucas
— Juan
— Hechos
— Romanos
— 1 Corintios
— 2 Corintios
— Gálatas
— Efesios

— Filipenses

— Colosenses
— 1 Tesalonicenses
— 2 Tesalonicenses
— 1 Timoteo
— 2 Timoteo
— Tito
— Filemón
— Hebreos
— Santiago
— 1 Pedro
— 2 Pedro
— 1 Juan
— 2 Juan
— 3 Juan
— Judas
— Apocalipsis

Filipenses

OSVALDO PADILLA

Introducción. Filipenses fue escrito por Pablo, y esta conclusión rara vez ha sido cuestionada en la historia de los estudiosos. La carta fue escrita probablemente durante el primer encarcelamiento romano de Pablo, y por tanto a principios de los años 60.

La ciudad de Filipos tiene una historia intrigante. Esta historia, especialmente durante el periodo romano, puede ayudar a comprender los diferentes énfasis de la carta de Pablo a los filipenses. El nombre de Filipos se debe a que la ciudad fue conquistada por el padre de Alejandro Magno, Filipo de Macedonia, hacia el año 356 a. C.[1] Los primeros habitantes de Filipos eran griegos de la isla de Thasos, macedonios y algunos tracios. Desde el este y el sureste llegaron personas de Asia Menor, Egipto e Israel.[2] En el año 168 a. C., el general romano Lucio Emilio Paulo derrotó a los macedonios de forma contundente. Macedonia fue entonces dividida en cuatro distritos, a uno de los cuales, Anfípolis, pertenecía la ciudad de Filipos.[3] En el año 42 a. C., la batalla entre Octavio y Marco Antonio, por un lado, y Bruto y Casio, por otro, fue ganada por el primero. Marco Antonio convirtió a Filipos en una colonia. Los veteranos de guerra romanos (aproximadamente mil) fueron enviados a colonizar Filipos. Se les dieron grandes parcelas de tierra, y ¡ahora los habitantes nativos tenían que arrendar la tierra a los soldados que la poseían!.[4] Después de que Octavio derrotara a Marco Antonio, rebautizó la ciudad como *Colonia Iula Augusta Philippensium*. Se convirtió en un *Ius Italicum*, lo que significa que poseía el mismo estatus legal que las ciudades italianas.[5] Posteriormente, más ciudadanos romanos fueron enviados a vivir a Filipos. El latín era la lengua

La ubicación de Filipos

dominante.[6] El resultado de todo esto fue que la ciudad de Filipos tenía un fuerte ethos romano, cuyos efectos examinaremos a continuación.

¿Con qué propósito escribió Pablo la Carta a los Filipenses? Para responder a esto, los estudiosos han sugerido que una comprensión de las convenciones sociales grecorromanas puede ayudar a clarificar la situación. En particular, puede ser útil reflexionar sobre estas convenciones sociales tal y como se reflejaban en la escritura de cartas, específicamente las *cartas recíprocas*. Estas convenciones, evidentes en la correspondencia eran las de la amistad, la beneficencia, la asociación consensuada y la relación patrón-cliente.[7] Parece que Pablo utilizó rasgos propios de las cartas recíprocas para transmitir su mensaje teológico. Esto sugiere que los filipenses consideraban su relación con Pablo como un compromiso leal, "cuasi-contractual en esta 'asociación para el evangelio'".[8] En este marco de colaboración debido a su creencia compartida en el evangelio, Pablo les agradece su apoyo financiero, recomienda a Epafrodito y les advierte contra los falsos maestros. En resumen, Pablo adapta su carta a las convenciones de la época, pero la utiliza para llevar a cabo su labor apostólica de instrucción y estímulo. Es en este contexto que debemos entender el propósito de Filipenses.

Acción de gracias e intercesión (1:3-11)

En mis prisiones, y en la defensa y confirmación del evangelio (1:7). El tema del encarcelamiento figura en gran medida en esta carta (ver 1:13, 14, 16). Es importante entender las diferencias entre el encarcelamiento moderno, como se hace en Norteamérica, y el antiguo encarcelamiento romano. Si Filipenses fue escrita entre el 60 y el 64, los acuerdos de custodia de Pablo probablemente eran similares a las descritas en Hechos 28:30-31, donde parece haber estado bajo arresto domiciliario.

La Vía Egnatia, que pasaba por Filipos.

Por lo tanto, Pablo no habría estado en una prisión pública en Roma. Este habría sido un gran alivio para Pablo, ya que las cárceles públicas de Roma tenían una reputación terrible. Las horrendas condiciones eran muy conocidas: oscuridad, hacinamiento, hambre y enfermedades (no muy diferentes de muchas cárceles públicas en América Latina en la actualidad). Lo más probable es que Pablo estuviera en condiciones diferentes, las del arresto domiciliario. Aunque es una situación mejor que la de una prisión pública, esta no era una experiencia agradable. Pablo habría residido en un antiguo departamento (*insula*) de tamaño muy reducido. Un guardia habría estado con él, si no todo el tiempo, ciertamente durante la noche. El alquiler, la comida y la ropa probablemente no eran proporcionadas por los romanos. Pablo habría dependido totalmente de sus hermanos y hermanas en Cristo para cubrir sus necesidades básicas.[9] Esta es precisamente la razón por la que Pablo es tan efusivo en su agradecimiento por los filipenses: "En gran manera me gocé en el Señor de que ya al fin habéis revivido vuestro cuidado de mí" (4:10), y, "Tengo abundancia; estoy lleno, habiendo recibido de Epafrodito lo que enviasteis; olor fragante, sacrificio acepto, agradable a Dios" (4:18).

Actualización del Evangelio (1:12-26)

De tal manera que mis prisiones se han hecho patentes en Cristo en todo el pretorio, y a todos los demás (1:13). Pablo habla del "pretorio" (*praitōrion*). En todas sus otras apariciones en el N. T., esa palabra se refiere a un edificio, pero aquí la referencia es a un grupo de personas.[10] Es decir, se refiere a los casi nueve mil soldados de la Guardia Pretoriana, los guardias de élite de la familia del César. A pesar de (o a causa de él), el mensaje evangélico se estaba abriendo paso en los círculos de élite (ver los comentarios sobre 4:22).

Jesucristo: El ejemplo supremo de la humildad (2:5-11)

Este magnífico pasaje, centro de la epístola, se comprende mejor si se sitúa en el contexto de las convenciones romanas. En particular, hay que entender que, en su nivel más básico y constitutivo, el ethos romano era uno que valoraba el honor por encima de cualquier otra virtud. Dado que Filipos era una co-

Los restos del bema (tribuna de oradores) en Filipos. Este estrado puede ser el lugar donde Pablo y Silas estaban cuando fueron arrastrados ante los magistrados y posteriormente golpeados y llevados a la cárcel (Hechos 16:19-21).

lonia romana; una Roma en miniatura, por así decirlo, el mismo afán de honor que existía en Roma también estaba presente allí.

A nivel político y, por tanto, social, los varones romanos de élite intentaban ascender en honor mediante una carrera conocida como cursus honorum. Este ascenso de honor tenía varios escalones. El primer cargo era el de quaestor; si se desempeñaba bien, el individuo pasaba al siguiente escalón, el de praetor. El siguiente paso en el ascenso era convertirse en cónsul, que era el cargo más alto por debajo del emperador.

Lo que llama la atención en nuestro texto es que la descripción de Cristo en 2:5-8 es precisamente lo contrario del cursus honorum. Es el descenso definitivo desde el nivel más alto, "siendo en forma de Dios", al nivel humano, un "hombre", al nivel más bajo de la sociedad, un "siervo" (es decir, un esclavo). Y como si esta humillación no fuera suficiente, también murió, "y muerte de cruz", el estado más bajo, vergonzoso y degradante en el que podía encontrarse un ser humano en el mundo romano. No obstante, su humillación fue convertida por Dios en exaltación, por lo que recibió el nombre más alto, el nombre de Dios, incluso más alto que el de César.[11] Esta descripción de la humillación de Cristo habría sido impactante para los lectores filipenses pues contrastaba profundamente con la sociedad que los rodeaba.

Logros religiosos anteriores de Pablo (3:1-6)

En este texto, Pablo presenta en forma de catálogo su propia carrera religiosa para demostrar la imposibilidad de ser justificado por las obras de la ley. Las credenciales religiosas de Pablo, tanto por nacimiento como por mérito, eran impecables. Desde la perspectiva de su antiguo ser como fariseo sin Cristo, habría tenido la confianza de ser justificado por Dios en el día del juicio.

Circuncidado al octavo día (3:5). Así cumplió la ley de la circuncisión, tal como se ordena en Lv 12:3.

Del linaje de Israel (3:5). La terminología aquí pone de relieve la raza. Lo hace mediante el uso del término Griego *genos* ("nación" o "linaje"). La articulación de su pertenencia al pueblo elegido por Dios se refuerza con el uso de "Israel", que era la autodenominación de los israelitas.

De la tribu de Benjamín (3:5). Pablo se vuelve más específico al señalar la tribu concreta de la nación de Israel de la que procede.

La tribu de Benjamín no solo podía presumir de ser la fuente del primer rey de Israel y la tribu de libertadores nacionales como Ester y Mardoqueo (Ester 2:5); también podía presumir de ser la tribu que se mantuvo fiel a la legítima casa real de Israel, la de David.

Hebreo de hebreos (3:5). A diferencia de la mayoría de los judíos fuera de Palestina, que solo hablaban griego y leían las Escrituras en griego, Pablo hablaba hebreo, arameo y era capaz de leer las escrituras sagradas en las lenguas ancestrales.[12]

En cuanto a la ley, fariseo (3:5). Es decir, Pablo pertenecía a una secta judía que era extremadamente estricta en materia de pureza ceremonial (ver artículo "Pharisees and Sadducees"). Esto contrastaba con muchos en Israel que no tenían el mismo compromiso con la pureza ritual.

En cuanto a celo, perseguidor de la iglesia (3:6). Al igual que Finees en el A. T. (Nm 25:6-13), que en su ardor por la pureza de Israel ejecutó a varios israelitas, el celo de Pablo era tal que perseguía a los cristianos. ¿Por qué? Porque al adorar a un hombre crucificado, que por lo tanto era un falso maestro que descarriaba a Israel, estaban comprometiendo la pureza de Israel.[13]

En cuanto a la justicia que es en la ley, irreprensible (3:6). Como fariseo, Pablo creía que podía obtener un veredicto de inocencia de Dios dependiendo en gran medida de su observancia de la ley. Juzgado puramente desde fariseos,

El estadio de Afrodisias, en Turquía, se construyó en el siglo I para celebrar competencias atléticas. Con el tiempo se utilizó para combates de gladiadores. El estadio tiene trescientos metros de largo y podía albergar hasta treinta mil personas. Pablo enmarca su argumento en Filipenses en términos de luchar junto (synathleō) a otros cristianos por la fe y la obra del evangelio (Flp 1:27; 4:3).

es decir, antes de la revelación de la justicia por la fe en Cristo, la conducta de Pablo era irreprochable.

La ciudadanía de los seguidores de Cristo (3:17-20)

Mas nuestra ciudadanía está en los cielos (3:20). Los habitantes de la colonia romana de Filipos estaban muy sensibilizados con el orgullo cívico y la conciencia de estatus (ver el artículo "La ciudadanía romana"). Esto habría sido particularmente así en el caso de los filipenses que eran ciudadanos romanos.[14] Este versículo relativiza por completo esta dinámica social. A los cristianos filipenses que eran ciudadanos romanos, la afirmación les sugiere que, en caso de que hubiera un orgullo cívico malsano, su alegría, su paz y su alarde deberían haber dependido finalmente del hecho de que eran ciudadanos del reino de Cristo. Para los miembros de la iglesia que no eran ciudadanos romanos, el recordatorio era que, aunque estuvieran en una posición de humillación a los ojos de la sociedad de élite, de hecho pertenecían al reino de Cristo. Para ambas clases, la implicación era que su comportamiento debía reflejar su ciudadanía celestial. Esta ciudadanía celestial era mucho más valiosa que la ciudadanía romana, ya que el rey del cielo los rescataría finalmente de su estado vergonzoso y perecedero. Esto no lo podía hacer el César.

Pablo agradece a los filipenses su generosidad (4:10-20)

Bien hicisteis en participar conmigo en mi tribulación... todo lo he recibido, y tengo abundancia; estoy lleno, habiendo recibido de Epafrodito lo que enviasteis; olor fragante, sacrificio acepto, agradable a Dios (4:14-18). Como Pablo era un prisionero responsable de todos sus gastos (alquiler, comida, ropa, etc.), dependía totalmente de sus amigos para sobrevivir. Los cristianos filipinos decidieron entonces "asociarse" (financieramente) a sus problemas. Le enviaron ayuda una y otra vez. En la frase "todo lo he recibido", el verbo utilizado para "recibido" (*apechō*) era un término financiero para recibir un comprobante de recepción.[15] Pablo tenía así todas sus necesidades cubiertas, especialmente desde que Epafrodito había traído el regalo de los filipenses. Aunque el regalo era para Pablo, ya que se hizo como un acto de obediencia a Dios, Pablo podía utilizar los términos de los sacrificios del A. T. para describirlo.

Saludos finales (4:21-23)

Todos los santos os saludan, y especialmente los de la casa de César (4:22). Esto no se refería a los parientes sanguíneos inmediatos de César.

Más bien, probablemente se refería a los cientos de personas que de una manera u otra pertenecían a la casa del emperador y servían de alguna manera. La mayoría habrían sido esclavos. Sin embargo, la afirmación era seguramente una forma encubierta de decir que el evangelio llegaba a las más altas esferas de Roma. Las palabras de Markus Bockmuehl son adecuadas: "Detrás de este inocuo saludo se esconde un poderoso símbolo del día en que, incluso en Roma, la sede del poder imperial, 'toda rodilla se doblará' ante Cristo".[16]

— Mateo
— Marcos
— Lucas
— Juan
— Hechos
— Romanos
— 1 Corintios
— 2 Corintios
— Galátas
— Efesios
— Filipenses

— Colosenses

— 1 Tesalonicenses
— 2 Tesalonicenses
— 1 Timoteo
— 2 Timoteo
— Tito
— Filemón
— Hebreos
— Santiago
— 1 Pedro
— 2 Pedro
— 1 Juan
— 2 Juan
— 3 Juan
— Judas
— Apocalipsis

Colosenses

Osvaldo Padilla

Introducción. Colosenses fue escrito por Pablo durante su primer encarcelamiento en Roma, a principios de los años 60. Sin embargo, hay muchos comentaristas que creen que lo escribió un discípulo de Pablo y no el propio apóstol. Las razones que se dan para rechazar la autoría paulina son similares a las que se dan para rechazar Efesios, pero, como se indica en la introducción del comentario sobre Efesios, esas razones no son convincentes en definitiva.

¿Qué impulsó a Pablo a escribir Colosenses? Como en la mayoría de las cartas de Pablo no hay una sola razón para la composición de la carta, sino más bien muchas. Podemos hablar de áreas de concentración en la carta de Pablo. En el caso de Colosenses, parece que hay dos áreas principales, que están relacionadas.

En primer lugar, había una falsa enseñanza en las iglesias de Colosas, aunque probablemente todavía no tenía un control firme sobre los creyentes. Lo más probable es que la falsa enseñanza estuviera inspirada en el misticismo judío de la *merkabah*. Esta era una forma de enseñanza judía que había asimilado el pensamiento platónico. Entre otras cosas, esta enseñanza enfatizaba lo siguiente: el ascenso al cielo por medio de una severa abstención física (por ejemplo, formas extremas de ayuno y castigo del cuerpo), el dualismo y el papel de los ángeles en la adoración de Dios. La creencia era que el devoto podía trascender la condición humana para alcanzar la presencia misma de Dios. La forma de hacerlo era totalmente en base al esfuerzo del devoto, aunque los seres angélicos ayudaban como mediadores a la presencia de Dios.[1] Los falsos maestros de Colosas probablemente argumentaban que esta era una forma superior de encontrarse con Dios. Esto habría significado que Jesucristo no era suficiente para una existencia cristiana plenamente orbital. Como se puede

La ubicación de Colosas

ver, esto era una amenaza significativa para el evangelio que Pablo predicaba.

En segundo lugar, y como resultado de la situación señalada anteriormente, Pablo escribió para explicar y recordar a los creyentes la superioridad (y por tanto la suficiencia) de Cristo. Por lo tanto, articuló en términos majestuosos la divinidad del Hijo, así como la amplitud de su muerte por nosotros.

Oración por los lectores (1:3-14)

En quien tenemos redención por su sangre, el perdón de pecados (1:14). Con el versículo 14, Pablo cambia el tema de su oración para concentrarse en la obra de Cristo. Para describir la salvación que es nuestra por medio de Cristo, Pablo utiliza terminología que se encuentra en la manumisión de los esclavos. Dado que el versículo 12 habla de la "herencia de los santos", es probable que Pablo quiera relacionarlo con el acontecimiento paradigmático de la liberación en el A.T.: el éxodo de Egipto. A través de la muerte de Cristo, Dios nos liberó de nuestros pecados y de los poderes de las tinieblas para que podamos servirlo. Este énfasis sigue la propia comprensión de Jesús de su muerte, tal como se presenta en la Última Cena (ver especialmente Lucas 22:19-20).

Un himno a Cristo (1:15-20)

Es probable que en estos versículos tengamos los fragmentos de un himno cristiano primitivo que adoraba a Cristo como el Señor. Pablo utiliza parte de la terminología de este himno para articular la preexistencia de Cristo. Lo hace en el contexto del monoteísmo, así como de su encarnación y muerte final en la cruz. Es decir, al tiempo que afirma que solo hay un Dios (Dt 6:4), Pablo explica que la realidad y la identidad de este Dios son tales que incluyen al Hijo eterno que es a la vez creador y redentor.

Él es la imagen del Dios invisible, el primogénito de toda creación (1:15). El "himno" comienza hablando de Cristo como "imagen" (*eikōn*) de Dios. El trasfondo está en el énfasis del A. T. en la trascendencia de Dios. Es decir, Dios creó el universo, pero está totalmente por encima de él y más allá. La pregunta se convirtió en: ¿cómo puede un Dios tan trascendente interactuar realmente con los seres humanos?; ¿cómo podemos conocerlo? Muchos judíos que escribieron entre el A. T. y el N. T. hablaban de la "sabiduría" como imagen de Dios. Dado que la sabiduría se personificó en Pr 8:22-31 como presente con Dios en la creación, estos autores hablaban de la sabiduría como una personificación de la imagen de Dios con la que interactuaba con el mundo.[2] Pablo explica que no es otro que Jesucristo el que es la imagen del Dios invisible (trascendente). Él es Dios en la carne. Por ser el Verbo, mediante el cual Dios creó el universo, está sobre "toda la creación". El pensamiento es similar al de Juan 1:14: "Y aquel Verbo fue hecho carne, y habitó entre nosotros".

Pablo dice: "Porque quiero que sepáis cuán gran lucha sostengo por vosotros, y por los que están en Laodicea, y por todos los que nunca han visto mi rostro" (Col 2:1), como un atleta contendría en el estadio. Estos son los restos del estadio no excavado de Laodicea (construido ca. 69-79 d. C.). La carta de Pablo también estaba destinada a la iglesia de Laodicea (Col 4:16).

El ministerio de Pablo en favor de los colosenses (1:24-2:5)

Y esto lo digo para que nadie os engañe con palabras persuasivas (2:4). La expresión "palabras persuasivas" encuentra una comparación útil en Platón, donde el "argumento atractivo" se compara con el uso de argumentos más sustanciales para persuadir.[3] La advertencia de Pablo a los colosenses era que no debían permitir una elocuencia que sonara ingeniosa (pero no bíblicamente sustancial) los alejara del evangelio que habían recibido de Epafras.

La supremacía de Cristo en su persona y obra (2:6-15)

Porque en él habita corporalmente toda la plenitud de la Deidad (2:9). Este es uno de los versos más sorprendentes del N. T. que se refiere a la deidad de Jesucristo. El término traducido como "plenitud de la Deidad" (*theotēs*) era una de las formas más puntuales en griego para hablar de la divinidad. De hecho, tal vez podríamos pensar de *theotēs* como la cualidad que solo Dios posee, *lo que hace que Dios sea Dios*. Cuando Jesús se encarnó, no dejó de compartir con el Padre y el Espíritu Santo su naturaleza divina.

Más bien, el Hijo eterno añadió carne a su ser sin que esto disminuya en absoluto su naturaleza de Hijo eterno. El resultado fue que Jesucristo era nada menos que Dios en la carne.

Mirad que nadie os engañe por medio de filosofías y huecas sutilezas, según las tradiciones de los hombres, conforme a los rudimentos del mundo (2:8). Pablo continúa su advertencia a los colosenses. El término "filosofías" en sí mismo no es negativo, ya que podría referirse simplemente a un conjunto de enseñanzas, incluyendo la enseñanza judía.[4] De hecho, en el mundo antiguo los filósofos eran conocidos por su dedicación a la vida moral. Ganamos en claridad (pero no mucho más) cuando observamos que Pablo vincula esa filosofía con el "huecas sutilezas". Con esta terminología, el énfasis recae en el discurso popular elocuente, "esponjoso", no muy diferente del tipo de tonterías que se escuchan hoy en día en los programas de entrevistas que quieren hacer pasar por sabiduría y que cautivan a las masas. Pablo califica además la falsa enseñanza como procedente de las "tradiciones de los hombres". Cabe destacar que la misma frase es utilizada por Jesús en Mc 7:8 para referirse a la enseñanza tradicional judía que acabó contradiciendo las mismas Escrituras que intentaba aplicar. Pablo concluye la calificación con una frase demoledora: "conforme a los rudimentos del mundo". Aunque el significado de la frase es discutido, probablemente se refiere a seres demoníacos. ¿Estaba Pablo diciendo entonces que las tradiciones judías extrabíblicas tenían una fuente satánica? Es más probable que estuviera diciendo que los poderes demoníacos optaron esta enseñanza para desviar a la gente del evangelio.

Anulando el acta de los decretos que había contra nosotros, que nos era contraria, quitándola de en medio y clavándola en la cruz (2:14). En 2:11-15, Pablo proporciona a sus lectores una serie de metáforas para ayudar a entender la salvación. En el versículo 14, utiliza la metáfora de la deuda para explicar la obra de Cristo en la cruz. Por no haber obedecido los decretos de Dios, incurrimos en una deuda con Dios. El término aquí para "acta de los decretos" (*cheirographon*) se utilizaba con frecuencia en los papiros egipcios para referirse a un "registro de deudas".[5] Esto puede relacionarse con el pensamiento del A. T. y de los judíos de la existencia de un libro celestial ante Dios en el que se registraban las acciones buenas y malas.[6] Pablo explica que Dios canceló esta deuda sobre la base de la cruz.

El teatro de Hierápolis, ciudad de Asia Menor situada a poca distancia de Colosas.

El término "borrar" (*exaleiphō*) se utilizaba en los papiros para referirse al lavado de las letras de una hoja de papiro. El léxico estándar del N.T. ofrece las siguientes glosas: "quitar para no dejar rastro, *eliminar, destruir, borrar*".[7] Esta era una forma poderosa de decir que Dios había borrado nuestros pecados sobre la base de la crucifixión.

Mandatos para la casa (3:18-4:1)

Siervos, obedeced en todo a vuestros amos terrenales (3:22). La esclavitud formaba parte de la vida en el mundo antiguo. A diferencia de la esclavitud actual (europea, norteamericana América del Norte y América Latina), no se basaba en absoluto en la raza o la educación (ver el artículo "La esclavitud en el mundo del Nuevo Testamento"). Más bien, la mayoría de los esclavos se convirtieron en tales como resultado de la indigencia económica y/o la guerra. Por lo general formaban parte de los hogares. Está claro que muchos de los primeros cristianos pertenecían a estos hogares (por ejemplo, Hechos 16:31-33). Pablo ordena a los esclavos que se sometan en todo a sus amos. Es probable que se trate de una hipérbole, ya que Pablo no habría ordenado a los esclavos cristianos (tanto hombres como mujeres) que consintieran las relaciones sexuales con sus amos, una práctica común en el mundo romano. Además, Pablo da a entender que los esclavos no eran en definitiva y absolutamente la "propiedad" de sus amos.

Saludos finales (4:7-18)

La salutación de mi propia mano, de Pablo (4:18). Como ocurría con frecuencia en el caso de las cartas de los papiros,[8] Pablo utiliza su propia mano para concluir la carta (ver también 1 Co 16:21; 2 Ts 3:17). Esto probablemente sirvió para autentificar que la carta era realmente de él.

— Mateo
— Marcos
— Lucas
— Juan
— Hechos
— Romanos
— 1 Corintios
— 2 Corintios
— Gálatas
— Efesios
— Filipenses
— Colosenses

— 1 Tesalonicenses
— 2 Tesalonicenses

— 1 Timoteo
— 2 Timoteo
— Tito
— Filemón
— Hebreos
— Santiago
— 1 Pedro
— 2 Pedro
— 1 Juan
— 2 Juan
— 3 Juan
— Judas
— Apocalipsis

1 y 2 Tesalonicenses

Joseph R. Dodson

1 Tesalonicenses

Introducción. Un rey macedonio fundó Tesalónica (la actual Salónica) en el año 315 a.C. y le dio el nombre de su esposa. Situada en un puerto natural y en la carretera romana que conducía hacia el este, Tesalónica se convirtió en una importante ciudad comercial de Macedonia y en la capital de su provincia. Hechos 17 ofrece un relato entre bambalinas que pone en marcha las cartas de Pablo a los tesalonicenses. Según los Hechos, Pablo llegó a la ciudad en su segundo viaje misionero. Después de haber llevado a cabo un breve período de ministerio, un grupo de judíos incitaron a una turba en la ciudad, porque su evangelio respaldaba a Jesús como un nuevo rey. En consecuencia, Pablo se vio obligado a alejarse. Aunque deseaba volver, el apóstol tuvo que conformarse con enviar a Timoteo. Una vez que Timoteo regresó con un informe favorable, Pablo lo envió una vez más con esta epístola. Con ella, pretendía recordar a la Iglesia su amor y su compromiso con ella, y aplaudirla y animarla por su perseverancia, así como para reforzar y complementar sus anteriores enseñanzas sobre temas como la pureza sexual y la segunda venida. Los estudiosos consideran que 1 Tesalonicenses fue escrita hacia el año 50. Por tanto, es una de las primeras cartas existentes de Pablo.[1]

Pablo, Silvano y Timoteo (1:1). Pablo eligió a Silas, también conocido

La ubicación de Tesalónica

como Silvano, para que fuera su compañero de ministerio en el segundo viaje misionero (Hechos 15:36-40). La experiencia previa de Silas como embajador ante los cristianos gentiles del Consejo de Jerusalén lo convirtió en una elección obvia para Pablo (Hechos 15:30-33). Una vez que conocieron a Timoteo, Pablo y Silas no perdieron tiempo en reclutarlo para que fuera su compañero de trabajo (Hechos 16:1-4). A la iglesia de los tesalonicenses (1:1). Según Hechos 17:4, esta iglesia estaba compuesta por varios judíos, un gran número de griegos temerosos de Dios y muchas mujeres prominentes.

Dios nuestro Padre y del Señor Jesucristo (1:1). Este saludo puede haber sido que las monedas tuvieran la imagen de Julio César en una cara y la de Octavio en la otra. Sobre el busto grabado de Julio César en las monedas estaba inscrita la palabra THEOS ("dios") y sobre la de Octavio la palabra THESSALONIKEŌN ("de los Tesalonicenses").[2]

Gracia y paz sean a vosotros (1:1). El saludo griego estándar era chairete ("alégrate"), y el saludo judío estándar era *shalom* ("paz"). Como era costumbre en sus cartas, Pablo retoca el primero sustituyéndolo por *charis* ("gracia"), que se ajustaba a su énfasis en la gracia inmerecida.[3]

Damos siempre gracias a Dios por todos vosotros (1:2). Muchas cartas helenísticas contenían deseos y súplicas para el bienestar de los destinatarios.

Él los ha escogido (1:4 NVI). Las religiones misteriosas y los competidores filosóficos que rodeaban a la Iglesia no tenían el sentido de la elección divina. En comparación, la noción de elección ayudó a los creyentes a tener un mayor sentido de identidad comunitaria. Aunque los judíos se consideraban como el pueblo elegido de Dios, los primeros creyentes adoptaron esa identidad para judíos y gentiles en *Cristo*.

Restos del mercado de Tesalónica.

En poder, en el Espíritu Santo y en plena certidumbre (1:5). Los filósofos buscaban impartir sermones inspirados que produjeran gran convicción en sus audiencias. Un escritor antiguo describe su respuesta a la predicación de un filósofo: "Cuando dejó de hablar [...] Me empapé de sudor, tropecé [...] me falló la voz, me falló la lengua, y finalmente me puse a llorar".[4]

Imitadores de nosotros y del Señor... en medio de gran tribulación (1:6). Muchas escuelas filosóficas del siglo I tenían discípulos cuya principal tarea consistía en imitar, seguir y adherirse al ejemplo de un dios o maestro, especialmente en contextos de sufrimiento.[5]

Macedonia y Acaya (1:8). Situada en la península de los Balcanes, Tesalónica era la sede de la administración provincial. El ejemplo de los creyentes tesalonicenses se extendió a Acaya, la provincia que colindaba con ella por el sur (es decir, el centro y el sur de Grecia).[6]

Os convertisteis de los ídolos a Dios (1:9). Las pruebas arqueológicas, las inscripciones y las monedas demuestran que en Tesalónica existían varios cultos misteriosos idolátricos. El estado incluso patrocinó religiones dedicadas a los dioses Dionisio y Cabirus, este último se convirtió en el principal culto de la ciudad. Cabirus era un héroe martirizado del que sus seguidores esperaban que volviera a la vida. Los adoradores de Cabirus confesaban sus pecados y se purificaban participando en un bautismo que simbolizaba la sangre del dios.[7]

Para servir al Dios vivo y verdadero (1:9). Debido a su rechazo de los dioses de las naciones, los judíos y los cristianos fueron acusados (irónicamente) de ser ateos.[8]

Nuestra visita a vosotros no resultó vana (2:1). Las antiguas cartas de amistad estaban repletas de peticiones para que el público conociera ciertos asuntos, con el fin de reforzar la relación entre el autor y su audiencia (ver también 2:5, 9-11).[9]

Habiendo antes padecido (2:2). Antes de llegar a Tesalónica, Pablo fue encerrado, desnudado y azotado con varas (ver Hechos 16:22-24). Habría sido considerado un ultraje para un ciudadano romano ser azotado sin un juicio.

Aprobados por Dios (2:4). Un filósofo del siglo I escribió que aquellos que han sido aprobados por Dios viven "por encima de todo desprecio y temor, pena y el terror".[10]

No como para agradar a los hombres (2:4). Los hombres que buscaban agradar a la gente y que utilizaban la adulación para promocionarse eran personajes comunes.[11] Los oponentes de Pablo probablemente lo acusaron de ser complaciente con la gente, posiblemente porque buscaba hacerse "todo para todos" (1 Co 9:22 NVI).

Nunca usamos de palabras lisonjeras (2:5). Los antiguos moralistas se burlaban de los filósofos populares que estaban más interesados en halagar a su público que en confrontarlos con la verdad. Tales oradores, se decía, eran como payasos que se hacen pasar por médicos: llevan perfume y flores a los pacientes en lugar de un tratamiento y una cura.[12] Lo que se necesitaba, suponía un moralista, era el raro predicador que decía la verdad en términos sencillos y sin falsas intenciones. Un alma tan noble estaría dispuesta, en aras de la verdad, a enfrentarse al ridículo y el alboroto de las turbas.[13]

Como la nodriza que cuida con ternura a sus propios hijos (2:7). En un ensayo del siglo I sobre cómo distinguir a un adulador de un amigo (ver los comentarios sobre 1 Ts 2:4), el autor explica cómo la gente necesita un estímulo suave en lugar de una reprimenda: "Cuando los niños se caen, las enfermeras no se acercan a ellos para reprenderlos, sino que los cogen, los lavan y les arreglan la ropa".[14]

Trabajando de noche y de día (2:9). El papel de Pablo como fabricante de tiendas también le permitió un lugar de actividad misionera fuera de la sinagoga. Los talleres eran también lugares para el discurso intelectual. La ética de trabajo de Pablo lo diferenciaba aún más de la multitud de charlatanes errantes que vivían a costa de sus devotos. Algunos rabinos afirmaban que el estudio de la Torá y un trabajo secular formaban una excelente combinación.[15] Pablo eligió una buena profesión, ya que los productos de cuero, como tiendas, toldos, carteras y cinturones, tenían una gran demanda y las herramientas del oficio eran portátiles.[16]

Como el padre a sus hijos (2:11). Se esperaba que los buenos padres educaran a sus hijos en la virtud para que, en lugar de ser "mascotas malcriadas", fueran aptos para el servicio.[17] Como cabeza de familia, el padre romano ejercía autoridad sobre sus hijos en asuntos como la educación, la selección de pareja y las finanzas.[18]

Imitadores (2:14). Ver los comentarios sobre 1 Ts 1:6.

Habéis padecido de los de vuestra propia nación las mismas cosas que ellas padecieron de los judíos (2:14). Además de la persecución de Esteban por los judíos en Hechos 6-7 y de los creyentes por Herodes Agripa en Hechos

12, Pablo puede estar refiriéndose a la presión ejercida sobre la iglesia por los fanáticos que impulsaban una campaña a favor de la circuncisión alrededor del año 48.

Esta corona de roble de oro (350-300 a. C.) fue encontrada en Turquía.

Los judíos, los cuales mataron al Señor Jesús (2:14-15). Esto refleja lo que Pedro dice a sus compatriotas israelitas en Hechos 3:15: "matasteis al Autor de la vida". Asimismo, Esteban proclama a sus compatriotas judíos: "como vuestros padres, así también vosotros [...] Y mataron a los que anunciaron de antemano la venida del Justo, de quien vosotros ahora habéis sido entregadores y matadores" (Hechos 7:51-52). Sin embargo, no todos los judíos de Tesalónica persiguieron a la iglesia. Algunos de ellos eran seguidores de Cristo (Hechos 17:1-9).

Vino sobre ellos la ira hasta el extremo (2:16). Esto es posiblemente una referencia a una masacre de judíos que tuvo lugar en los patios del templo en la Pascua en el 49 d. C.[19] También podría ser una profecía ominosa de la destrucción de Jerusalén en el año 70 d. C.

Nosotros, hermanos, separados de vosotros por un poco de tiempo (2:17). Este tipo de sentimiento era común en las cartas antiguas. Por ejemplo, un autor antiguo escribió: "Aunque he estado separado de ustedes durante mucho tiempo, lo sufro solo en cuerpo. Porque nunca podré olvidarlos [...] Sabiendo que yo mismo me preocupo de verdad por sus asuntos, y que he trabajado sin vacilar por lo que es más ventajoso para ustedes".[20]

Corona de que me gloríe (2:19). Se entregaba una corona a los ganadores de las competencias deportivas que servían para presumir de quienes las llevaban.

Delante de nuestro Señor Jesucristo, en su venida (2:19). Los habitantes celebraban la llegada (*parousia*) de los reyes divinos a sus ciudades. Una inscripción lee: "en el año 69 de la primera parousia del dios Adriano".[21]

Quedarnos solos en Atenas (3:1). Mientras Pablo había enviado a Timoteo de vuelta a Tesalónica y a Silas presumiblemente de vuelta a Macedonia, Lucas registra al apóstol dando su famoso sermón en el Areópago (Hechos 17:22-31).

Timoteo (3:2). Timoteo era hijo de una madre judía y un padre gentil. Aunque su madre y su abuela eran devotas, Timoteo no fue circuncidado hasta que Pablo lo consideró oportuno (Hechos 16:1-3). En otras cartas, Pablo menciona más misiones a las que envió a Timoteo (1 Co 4:17; Flp 2:19) e incluso lo incluye en sus saludos (por ejemplo, 2 Corintios, Filipenses Filemón).

Para esto estamos puestos (3:3). Una serie de obras judías anteriores al primer siglo aseguraban a los lectores que los elegidos de Dios tendrían que soportar sufrimientos antes de que amaneciera la nueva era.[22]

Este relieve votivo (siglo IV a. C.), posiblemente asociado con la fundación de Tesalónica, incluye imágenes de Atenea, Zeus y Hera y es un recordatorio de la herencia pagana de la ciudad.

En la venida de nuestro Señor Jesucristo con todos sus santos (3:13). Aunque "santos" o "sagrados" pueden referirse a creyentes que habían fallecido, la designación se utilizaba con frecuencia para referirse a los ángeles. Las comunidades de Qumrán usaban "sagrados" para los ángeles buenos como una forma de distinguirlos de los ángeles caídos.[23]

Que os apartéis de fornicación (4:3). Una de las peticiones del Concilio de Jerusalén fue que los creyentes no judíos se abstuvieran de la inmoralidad sexual (Hechos 15:20, 29). En Tesalónica, el culto de Cabirus sancionaba la inmoralidad sexual.[24] Los estoicos argumentaban que fijar la mente en ser hermoso y puro ante Dios ayudaba a superar la atracción sexual.[25]

Que cada uno aprenda a controlar su propio cuerpo (4:4 NVI). Esta frase podría ser un eufemismo para referirse al control de los propios genitales y podría ser un juego de palabras para censurar las actividades sexuales asociadas al culto de Cabirus, que utilizaba el falo como símbolo principal.[26] Sin embargo, los primeros padres de la Iglesia interpretaron la frase como "poseer la propia esposa" (es decir, no la de otro). Esta última interpretación coincide con la idea judía de satisfacerse sexualmente con su cónyuge para evitar la tentación (por ejemplo, Pr 5:15; 1 Co 7:2).

No en pasión de concupiscencia, como los gentiles que no conocen a Dios (4:5). La tradición judía solía asociar la ignorancia de los paganos sobre el Dios de Israel con la inmoralidad sexual. Los hombres romanos tenían amantes para satisfacer sus placeres sexuales. Era común que los hombres tuvieran compañeras formales (*heterai*), esclavas sexuales y rameras para satisfacer sus lujurias.[27]

Que ninguno agravie ni engañe en nada a su hermano (4:6). Además de satisfacer sus deseos eróticos con las amantes, los hombres eran conocidos por cometer adulterio con las esposas de otros hombres. Se decía que un hombre así agraviaba al esposo de la mujer que corrompía.[28] También era común que los hombres explotaran sexualmente a sus esclavas. Por lo tanto, esta prohibición puede incluir una advertencia para que los propietarios cristianos de esclavos abandonen sus viejos hábitos de aprovecharse de sus esclavos, que ahora son sus hermanos y hermanas en la fe.[29]

El Señor es vengador de todo esto (4:6). Los romanos llamaban al adulterio "robo de la esposa", que se castigaba con el destierro según la ley. Una pareja sorprendida en el acto podía incluso correr el riesgo de ser asesinada ahí mismo.

Si un esposo se enteraba de que su esposa estaba cometiendo adulterio, la ley lo obligaba a divorciarse de ella o a ser procesado por "proxenetismo".[30]

Procuréis tener tranquilidad (4:11). Esta noción iba a contracorriente de la enseñanza popular que insistía en que no se podía alcanzar el honor viviendo tranquilamente. Para los paganos, la ambición requería buscar el reconocimiento público y una reputación establecida, resultado de donaciones y actos cívicos conspicuos.[31] No obstante, algunos filósofos recibieron críticas por promover el "quietismo" es decir, la práctica de ocuparse de sus propios asuntos y evitar la vida pública y política.[32]

Ocuparos en vuestros negocios, y trabajar con vuestras manos (4:11). Mientras que la mayoría de la élite social despreciaba el trabajo manual, algunos elogiaban a las personas que trabajaban para proveerse de lo necesario para la vida.[33]

No tengáis necesidad de nada (4:12). En esta cultura, en lugar de trabajar duro, muchas personas dependían de los mecenas para que los cuidaran. A cambio de las provisiones que recibían los clientes, estos transmitían la generosidad de su patrón para aumentar la reputación del patrón.[34]

Para que no os entristezcáis como los otros que no tienen esperanza (4:13). Un gran número de paganos consideraba la muerte como un sueño del que nadie podía despertar. Sin embargo, es exagerado decir que los paganos no tenían esperanza en una vida después de la muerte, ya que algunos sí creían en un alma eterna. Algunos razonaban que el día de la muerte de una persona virtuosa era un cumpleaños en la eternidad, cuando la persona despertaría a la vida y se elevaría a los cielos.[35]

Trompeta de Dios (4:16). En el mundo antiguo, un heraldo anunciaba la llegada de un rey y un toque de trompeta alertaba a los habitantes de que el rey estaba cerca. Los judíos utilizaban los shofares para reunir al pueblo y para dar órdenes de batalla.

Los muertos en Cristo (4:16). Algunos estudiosos sostienen que esta frase se refiere a algunos de los creyentes de Tesalónica que fueron asesinados debido a su asociación con Pablo y a las repercusiones de la violación a traición del apóstol de los decretos del César (ver Hechos 17:1-9).[36]

Resucitarán primero (4:16). Aunque algunos esperaban que el alma de los virtuosos ascendieran al cielo (ver los comentarios sobre 1 Ts 4:13), la idea de una resurrección corporal: cuerpos de pie en sus tumbas, habría sonado a pesadilla para la mayoría.

Recibir al Señor en el aire (4:17). En la venida (*parousia*) de un rey, los honorables salían a su encuentro, mientras que los condenados se quedaban esperando a ser juzgados (ver comentarios sobre 1 Ts 2:19). En el primer siglo, se pensaba que "el aire" era la morada de los demonios.

Estaremos siempre con el Señor (4:17). Algunos paganos creían que los difuntos ascenderían a los cielos para morar en paz con los dioses, sus seres queridos y la asamblea de los santos.[37]

Cuando digan: Paz y seguridad (5:3). Las inscripciones decoraban Roma declarando cómo el ejército del imperio había producido paz y seguridad.[38] Además, las calzadas romanas permitían al ejército desplegarse y desplazarse rápidamente para erradicar cualquier amenaza a la paz y seguridad de Roma.

No somos de la noche (5:5). Los moralistas contraponían el estar despierto y sobrio con estar dormido y borracho.[39] "La noche es la hora de los ladrones, la luz del día es el momento de la verdad".[40] Por lo tanto, los filósofos condenaban a las personas que dormían durante el día y pasaban las noches llenas de comida y vino. Se decía que esos tontos no solo no sabían *cómo* vivir, sino que ni siquiera sabían *cuándo* vivir. Los moralistas predicaban que, en contraste con irse de fiesta toda la noche, "somos más trabajadores, y somos mejores hombres si nos anticipamos al día y damos la bienvenida al amanecer".[41]

Habiéndonos vestido con la coraza de fe y de amor, y con la esperanza de salvación como yelmo (5:8). Mientras otros pasaban la noche festejando, los soldados armados permanecían despiertos para estar en guardia.[42] La noción de armadura espiritual en los últimos días era una idea judía común. En las obras canónicas y apócrifas judías, Dios es el que se arma para luchar contra los malvados (Is 59:17-18; Sab 5:17-19).

Seguid siempre lo bueno unos para con otros, y para con todos (5:15). Este era un sentimiento común. Por ejemplo, un filósofo escribió: "Las abejas son de una sola mente, y nadie ha visto nunca un enjambre que sea belicoso y luche contra sí mismo. Más bien, ambas trabajan y viven juntas, proporcionándose alimento unas a otras".

Estatua de Augusto rearmada en Tesalónica (siglo I d. C.). Augusto inició la idea de la pax romana, la paz y seguridad del Imperio Romano. Sin embargo, Pablo advierte: "cuando digan: Paz y seguridad, entonces vendrá sobre ellos destrucción repentina" (1 Ts 5:3).

Concluyó señalando lo vergonzoso que es que las criaturas salvajes se cuiden unas a otras mientras los seres humanos solo se preocupan por sí mismos.[43]

No menospreciéis las profecías. Examinadlo todo (5:20-21). Los cultos paganos también practicaban la profecía y la inspiración extática. Los primeros cristianos tenían que comprobar profecías, ya que aunque una profecía fuera espiritual, esto no significaba necesariamente que fuera de Dios.

Todo vuestro ser, espíritu, alma y cuerpo, sea guardado irreprensible (5:23). Los estoicos distinguían entre el espíritu y el alma. En el cuerpo, el alma era la fuerza vital de la persona, pero cuando se mezclaba con la mente (*nous*), el alma era el espíritu (*pneuma*).[44]

Ósculo santo (5:26). En los siglos siguientes, el ósculo santo se convirtió en una característica de la Eucaristía. Uno puede imaginar lo radical que era el mandato de Pablo a la luz de de los límites sociales entre judíos y gentiles, así como entre esclavos y personas libres.

Que esta carta se lea a todos (5:27). La mayoría de la gente en el primer siglo era analfabeta y, por tanto, necesitaban que se les leyeran las epístolas.[45]

2 Tesalonicenses

Introducción. Con un tono más fuerte que el de 1 Tesalonicenses, la segunda carta trata algunos de los mismos temas, especialmente las cuestiones relativas a la segunda venida de Cristo. La persecución de los creyentes parecía haber continuado, si no incrementado y, para agravar la crisis, habían recibido la falsa noticia de que Jesús ya había regresado (cf. 2:2-3).[46] Para más información sobre el contexto, ver la introducción en el comentario sobre 1 Tesalonicenses

Tesalónica fue nombrada en honor a Tesalónica, hija de Filipo II. La inscripción de esta base, que en su momento sostuvo su estatua, indica: "Reina Tesalónica, [hija] de Filipo".

Pablo, Silvano y Timoteo (1:1). Ver los comentarios sobre 1 Ts 1:1.

A la iglesia de los tesalonicenses (1:1). Ver los comentarios sobre 1 Ts 1:1.

Gracia y paz a vosotros, de Dios nuestro Padre (1:2). Ver los comentarios sobre 1 Ts 1:1.

Debemos siempre dar gracias a Dios por vosotros (1:3). Ver los comentarios sobre 1 Ts 1:2.

Persecuciones y tribulaciones que soportáis (1:4). Ver los comentarios sobre 1 Ts 1:6; 2:14.

Es justo delante de Dios pagar con tribulación (1:6). Los judíos esperaban que los fieles seguidores de Dios se vieran obligados a soportar un intenso período de sufrimiento antes de que el Mesías regresara y ofreciera alivio. Estos problemas necesarios se conocieron como "ayes mesiánicos".

Cuando se manifieste el Señor Jesús desde el cielo... en llama de fuego, para dar retribución (1:7-8). Las llamas aparecían con frecuencia en las revelaciones divinas. Incluso se decía que el Cristo preencarnado se le apareció a Moisés en fuego ardiente en la zarza de Horeb (Ex 3:1-6).[47]

Con los ángeles de su poder (1:7). Las obras apocalípticas judías profetizaban que el Señor descendería del séptimo cielo con legiones de ángeles y santos para arrojar a Beliar (es decir, a Satanás) y sus ejércitos a la Gehenna.[48] Sobre los santos ver los comentarios sobre 1 Ts 3:13.

Los que no conocieron a Dios (1:8). Las apariciones divinas solían estar asociadas a un agente de Dios, como el Hijo del Hombre, Miguel y Melquisedec. Este agente vendría a ejecutar el castigo divino sobre los malvados.

Eterna perdición (1:9). Durante la persecución de los judíos en el período intertestamental, un joven proclamó que, en contraste con la paz que acogió a sus hermanos martirizados a su muerte, el tirano que los mató se enfrentaría a la "destrucción eterna" (4 Mac 10:15). Según *Republic* de Platón, los malvados descendían al inframundo después de a los infiernos después de morir para ser atormentados durante mil años con el fin de pagar sus pecados diez veces más, mientras que los virtuosos ascendían a los cielos para disfrutar de una dicha indescriptible.[49]

La venida de nuestro Señor Jesucristo (2:1). Ver los comentarios sobre 1 Ts 2:19. En algunos cultos helenísticos existía la expectativa de que habría deidades ocultas que harían sentir su "venida" a los iniciados de la religión.[50]

Antes venga la apostasía (2:3). Muchos judíos esperaban una revuelta o alejamiento de Dios durante los últimos días.[51]

Se manifieste el hombre de pecado (2:3). El primer hombre de la iniquidad fue Antíoco IV Epífanes (es decir, Epifanía). La palabra "epifanía" se utilizaba para los reyes romanos "venideros" para dar a entender que sus visitas eran una manifestación de la divinidad.[52] En una obra judía, se llamó a Pompeyo el hombre de la anarquía porque su campaña en Judea en el año 63 a. C. dio lugar a una apostasía generalizada.[53]

El hijo de perdición (2:3). La palabra palabra traducida como "perdición" (*apōleia*) estaba asociada con el Seol, Abadón y el Hades para significar un lugar para los muertos.[54] Se decía que los malvados iban a parar a este lugar;[55] por lo tanto, Judas llegó a ser conocido infamemente como el "hijo de perdición" (Juan 17:12).

Haciéndose pasar por Dios (2:4). Siguiendo el ejemplo de Julio César, que hizo erigir en todo el imperio una estatua que lo proclamaba como un dios, Calígula trató de instalar su estatua en el templo de Jerusalén (39-40 d. C.). Además, Claudio, probablemente el gobernante durante la época en que se escribió 1 Tesalonicenses, fue declarado la consolación universal de toda la humanidad que gobernaba la tierra con el esplendor de su divinidad. Se decía que Claudio era el sol eterno que se esperaba que curara a la raza humana de la enfermedad y el pecado y que diera luz al mundo que había sido sumergido en las tinieblas y el abismo.[56] Sin embargo, no solo los gobernantes romanos asumían la posición de Dios. En 44 d. C., Herodes se dejó adorar por las multitudes.[57]

Busto del emperador romano Calígula, que reinó desde 37-41 d. C. Pablo dice en 2 Ts 2:4 que el hombre de iniquidad "se sienta en el templo de Dios como Dios, haciéndose pasar por Dios", algo similar a lo que Calígula intentó hacer en el templo de Jerusalén.

Y ahora vosotros sabéis lo que lo detiene (2:6). Aunque ninguno de los dos era el hombre de iniquidad, se decía que Behemoth y Leviatán estaban retenidos hasta el momento en que Cristo fuera revelado.[58] Una de las primeras interpretaciones populares de este versículo era que el Imperio Romano era la fuerza que retenía al hombre de la iniquidad.[59] Esto significaría que algunos consideraban la muerte de Claudio como la que daría paso a Nerón.

El misterio de la iniquidad (2:7). El poder secreto de la iniquidad (es decir, el "misterio de la iniquidad") es similar al "misterio del mal" al que Josefo se refiere en la vida de Antípatro.[60]

Aquel inicuo (2:7). Los judíos tenían una serie de expectativas respecto a un inicuo que se levantaría cuando cayera Roma. Algunos creían que este anticristo sería un compañero judío de la tribu de Dan, mientras que otros suponían un gobernante gentil. El inicuo se proclamaría divino e instalaría un culto en el templo. Algunos decían que Elías volvería para enfrentarse a este anticristo, que a su vez mataría al profeta del A.T. y gobernaría el mundo durante tres años y medio.

El inicuo perseguiría a los que se negaran a adorarlo en el desierto y comenzaría a diezmarlos. Sin embargo, finalmente, Dios intervendría a través de un agente como el arcángel Miguel y derrotaría al anticristo de una vez por todas.[61]

El espíritu de su boca (2:8). Una obra judía popular, el libro de la Sabiduría, afirmaba que el Señor tenía el poder de crear nuevas bestias que podían matar a los malvados respirando fuego y eructando humo. Entonces, cuánto más, ese autor razonaba que los impíos caerían con una sola ráfaga del aliento de Dios sobre ellos (Sab 11:17-20).

Por obra de Satanás (2:9). Algunos de los primeros cristianos esperaban que Nerón regresara como Satanás encarnado (es decir, Beliar/Belial) para perseguir a la iglesia y engañar a las multitudes.[62]

Con gran poder y señales y prodigios mentirosos (2:9). El emperador Calígula afirmaba que realizaba milagros y señales. Además, había propaganda sobre el poder de los emperadores para curar enfermedades, y algunas personas invocaban su espíritu para sanar.[63] Ver los comentarios sobre 2 Ts 2:4.

Dios les envía un poder engañoso (2:11). Isaías escribió que el Señor envió a Israel un espíritu para impedir que la gente viera y oyera la verdad (Is 29:10). Así también Dios envió un espíritu para engañar a los profetas de Acab (1 Reyes 22:22).

La palabra del Señor corra y sea glorificada (3:1). Al igual que la oración de Pablo para que la palabra (*logos*) del Señor avance y sea glorificada, una obra judía registra el *logos* del Señor brotando del trono de Dios en cielo con el mandato divino del Señor en la mano (Sab 18:15).

Debéis imitarnos... no anduvimos desordenadamente... trabajamos con afán y fatiga día y noche (3:7-8). Ver los comentarios sobre 1 Ts 1:6; 2:9. Algunos filósofos morales celebraban el trabajo duro. En contraste con el pueblo inútil que perdía su tiempo divirtiéndose en fiestas, el pueblo virtuoso, convocado por el trabajo, "trabaja, gasta y se gastan".[64]

Os ordenábamos esto: Si alguno no quiere trabajar, tampoco coma (3:10). El rabino Abbahu tenía un axioma similar: "Si no trabajo, no como".[65] Así también los estoicos instaban a sus seguidores a trabajar para su propio sustento en lugar de depender de otros para ello.[66] Una obra de los primeros cristianos instruye a los creyentes a alimentar a los viajeros durante tres días, pero si el huésped quiere quedarse más tiempo, "que trabaje para ganarse el pan".[67] Sin embargo, Crisóstomo ordena a los creyentes que no dejen morir de hambre a un hermano o hermana ocioso.[68] Ver comentarios sobre 1 Ts 4:12.

No os juntéis con él... Mas no lo tengáis por enemigo (3:14-15). Un antiguo filósofo instruía a su audiencia a evitar a las personas que tienden a desviarse de la línea en la vida, pero no a mirarlos con recelo ni a concebir odio hacia ellas.[69]

De mi propia mano (3:17). Los autores antiguos que dictaban sus cartas a veces escribían las últimas frases de su puño y letra para autenticidad y para hacer la epístola más personal (cf. 1 Co 16:21; Gl 6:11; Col 4:18; Flm 19).[70]

— Mateo
— Marcos
— Lucas
— Juan
— Hechos
— Romanos
— 1 Corintios
— 2 Corintios
— Gálatas
— Efesios
— Filipenses
— Colosenses
— 1 Tesalonicenses
— 2 Tesalonicenses

— 1 Timoteo
— 2 Timoteo
— Tito

— Filemón
— Hebreos
— Santiago
— 1 Pedro
— 2 Pedro
— 1 Juan
— 2 Juan
— 3 Juan
— Judas
— Apocalipsis

1-2 Timoteo, Tito

Ray Van Neste

Introducción. Las cartas 1 Timoteo, 2 Timoteo y Tito se han agrupado durante mucho tiempo dentro de las demás cartas de Pablo y, desde aproximadamente el siglo XVIII, se denominan Epístolas Pastorales. Las cartas comparten muchas preocupaciones similares y un vocabulario único y son las únicas cartas de Pablo escritas a compañeros de servicio. Sin embargo, no debemos olvidar que cada una de estas cartas tiene también sus propias preocupaciones distintivas. Además, aunque se dirigen a hombres que desempeñan esencialmente una función pastoral, las cartas no se limitan a tratar cuestiones del ministerio pastoral, sino que también hablan de la vida cristiana en general.

Cada una de estas cartas afirma haber sido escrita por Pablo (1 Ti 1:1; 2 Ti 1:1; Tito 1:1), y esta afirmación fue sostenida por la iglesia durante los primeros dieciocho siglos de su historia. En el siglo XIX comenzaron a surgir críticas a la autoría paulina. Los críticos señalan que estas tres cartas difieren de las demás cartas de Pablo en cuanto a estilo, vocabulario, teología, orden eclesiástico y perfil de Pablo. Sin embargo, las diferencias en la teología y el orden eclesiástico, por ejemplo, suelen exagerarse basándose en una determinada lectura de las cartas anteriores de Pablo y debido a la lectura de estas tres cartas como una unidad y no individualmente (como se leen el resto de las cartas de Pablo). Las diferencias de estilo y vocabulario no son inusuales en una mente creativa, sobre todo teniendo en cuenta que son las únicas cartas escritas a compañeros de servicio.

Estas cartas no indican exactamente cuándo fueron escritas, y no parecen encajar en el marco del libro de los Hechos (aunque algunos estudiosos sostienen que sí). La interpretación tradicional ha sido que Pablo fue liberado de

Esta celda subterránea de la Cárcel Mamertina (que data del siglo VII a. C.) es el lugar tradicional donde estuvieron presos Pedro y Pablo en Roma. Sobre ella se levanta ahora la iglesia de San Giuseppe dei Falegnami, y la celda se ha convertido en una capilla en honor a los dos apóstoles.

su primer encarcelamiento romano (mencionado al final de los Hechos), realizó más trabajo misionero y luego fue encarcelado por segunda vez, lo que condujo a su ejecución. Si así fuera, 1 Timoteo y Tito encajarían bien durante el trabajo de Pablo entre los dos encarcelamientos (a mediados de los años 60). Segunda de Timoteo, que retrata a Pablo en la cárcel de Roma en espera de la muerte, habría sido escrita durante el segundo encarcelamiento de Pablo en Roma, hacia los años 66-67. Esta reconstrucción se apoya en declaraciones de los primeros escritos de la iglesia.

1 Timoteo

Salutación (1:1-2)

Dios nuestro Salvador (1:1). Los griegos y los romanos se referían a los libertadores, guías y dioses humanos como "salvadores". Pablo deja claro que Dios es el Salvador.

Timoteo, verdadero hijo en la fe (1:2). Los rabinos y los filósofos se referían a sus discípulos como sus hijos.

Advertencia contra falsas doctrinas (1:3-20)

Éfeso... Macedonia (1:3). Éfeso era una importante ciudad de Asia Menor (la actual Turquía) y una base paulina clave (ver el artículo “La ciudad de Éfeso”). Al dejar allí a Timoteo, Pablo cruzó el mar Egeo hasta Macedonia, al norte de Grecia.

Fábulas y genealogías interminables (1:4). “Fábulas” se refiere a las historias tradicionales comunes en las religiones paganas. Algunos grupos judíos estaban muy interesados en las especulaciones sobre las genealogías del A. T. “Fábulas y genealogías” se había convertido en una frase comúnmente utilizada para referirse a la enseñanza errónea.

El propósito de este mandamiento es el amor (1:5). Esto tiene su origen en la afirmación de Jesús de que el amor es el resumen de la ley (Mt 22:34-40; cf. Dt 6:6; Lv 19:18).

Doctores de la ley (1:7). Aquí “ley” se refiere a la ley del A.T. e indica un trasfondo judío sobre falsas doctrinas. La lista de pecados en 1:9-10 corresponde ampliamente a los Diez Mandamientos con violaciones especialmente horrendas de los mandamientos.

Los que practican la homosexualidad (1:10 NTV). Estos términos traducen la palabra *arsenokoitēs,* que parece haber sido acuñada por Pablo (no tenemos ejemplos de su uso antes de Pablo), y es una combinación de dos palabras utilizadas para describir el comportamiento homosexual en Lv 18:22; 20:13 en la Septuaginta. Aunque algunos maestros romanos se oponían a la homosexualidad, estaba muy extendida entre los romanos de clase alta en el siglo I. La enseñanza judía consideraba de forma constante el comportamiento homosexual como antinatural y pecaminoso.

Rey de los siglos, inmortal, invisible, al único y sabio Dios (1:17). En el pensamiento griego los dioses eran eternos e inmortales, pero no necesariamente invisibles, y ciertamente no había un solo dios. La afirmación de que solo hay un Dios verdadero fue una de las principales características del judaísmo y el cristianismo.

Himeneo y Alejandro (1:20). La identidad de estos dos hombres no es exacta. Podrían ser los mismos hombres a los que se refiere 2 Timoteo (Himeneo en 2:17-18, Alejandro en 4:14).

La calle Curetes, una de las principales vías de la antigua Éfeso, se encuentra cerca de las ruinas del monumento de Memio.

La oración congregacional y las cuestiones que se derivan de ella (21:1-15)

Un solo Dios (2:5). Esta es una afirmación básica del Antiguo Testamento (ver Dt 6:4), y contrasta con el entendimiento en el resto del mundo antiguo, que asumía la existencia de muchos dioses.

En todo lugar (2:8). Esta frase parece aludir a Mal 1:11, un texto que anuncia un día en el que personas de todo el mundo invocarán al Señor. Esto conecta con la oración por la misión, que es un tema esencial aquí y apunta a que no se trata de una simple instrucción para una iglesia aislada.

Levantando manos santas (2:8). Levantar las manos en la oración era una práctica judía común (ver Ex 9:29; Sal 28:2), que llegó enseguida a la iglesia primitiva.

Se atavíen de ropa decorosa (2:9). Los escritores judíos y grecorromanos reprendían a las mujeres que se vestían para atraer la atención de otros hombres que no fueran sus esposos. La vestimenta llamativa y vistosa parece haber sido común en el mundo grecorromano de la época, aunque muchos escritores lo condenaban.

No permito a la mujer enseñar, ni ejercer dominio sobre el hombre (2:12). El liderazgo masculino era típico en el mundo del primer siglo, aunque varias fuentes registran a mujeres en posiciones de liderazgo político, militar y religioso.

Requisitos de los obispos y de los diáconos (3:1-13)

Obispado (3:1). Esta palabra (*episkopē*) tenía una amplia gama de usos en el mundo grecorromano para designar a las personas que vigilan a los demás (estudiantes, una ciudad, etc.) e incluso podía referirse a una deidad protectora. Así pues, la idea de vigilar o proteger destaca cuando Pablo utiliza este término para referirse al oficio pastoral.

Irreprensible (3:2). En el mundo romano, los sacerdocios se otorgaban a personas en función de sus conexiones políticas o incluso al mejor postor. Los requisitos morales estrictos no eran típicos. Por eso, la lista de cualidades necesarias que hace Pablo a con-

La cabeza de una estatua de Julia Titi (61-91 d. C.), hija del emperador Tito y amante de su tío Domiciano. Se observa el peinado elaborado. La diadema puede contener gemas preciosas, y la estatua completa habría sido adornada con pendientes y un collar. Pablo instruye a las mujeres creyentes para que no sigan esta tendencia de la moda, sino que se vistan "de ropa decorosa, con pudor y modestia" (1 Ti 2:9).

tinuación contrasta notablemente con la cultura en general, pero está en conformidad con la pureza que se exigía a los líderes del pueblo de Dios en el A. T. (p. ej., Lv 21). La lista es similar a una lista compuesta por un filósofo griego (Onasandro, siglo I d. C.) que hablaba de las cualidades que se debían buscar en un líder militar.

Que gobierne bien su casa (3:4). Ver el artículo "Códigos domésticos del Nuevo Testamento". El gobierno del hogar era muy importante en el mundo antiguo, y se conservan varios tratados sobre el tema. Con frecuencia se juzgaba a los políticos en función de la obediencia de sus hijos. Estaba bien establecida la idea de que la familia era un microcosmos de la sociedad, por lo que el liderazgo en el hogar era el prerrequisito necesario para el liderazgo en la sociedad en general. El historiador griego Heródoto (siglo V a. C.) cuenta que los habitantes de Mileto (muy cerca de Éfeso) elegían a los líderes políticos basándose exclusivamente en quién administraba bien sus propias tierras.

Diáconos (3:8). La palabra griega traducida como "diácono" (*diakonos*) significa "siervo". Muchos entienden la elección de siete hombres para distribuir alimentos en Hechos 6:1-6 como el origen de este oficio.

Propósito de la escritura: comportamiento en la Iglesia (3:14-16)

La casa de Dios (3:15). La representación de la iglesia como la casa de Dios resuena de diferentes maneras en los antecedentes grecorromanos y judíos. Al igual que un hogar grecorromano típico, la iglesia ha establecido "reglas de la casa" y una estructura de liderazgo que acabamos de describir. La iglesia es un hogar en el que Dios es el Padre que gobierna. Sin embargo, la frase "casa de Dios" se utiliza comúnmente en el A. T. para referirse al templo (Ex 23:19; 34:26; Dt 23:18; 1 Cr 9:13; Esd 5:2, 13; 6:5; Sal 55:14; Ec 5:1; ver también Mt 12:4), por lo que parece que se está refiriendo a la iglesia como el nuevo templo (cf. 1 Co 3:16-17).

La iglesia del Dios viviente (3:15). La palabra traducida como "iglesia" (*ekklēsia*) podría referirse a cualquier asamblea del mundo romano. "Dios viviente" es una frase común en el A. T. que señala al Señor como el verdadero Dios (1 S 17:26; Is 37:4; Jer 10:10). También se utiliza para señalar la presencia real de Dios entre su pueblo (Jos 3:10; Sal 42:2). Así, la iglesia es la asamblea en la que se manifiesta verdaderamente la presencia de Dios. Esta es otra forma en la que la iglesia es el nuevo templo.

Columna y baluarte de la verdad (3:15). Estos términos arquitectónicos serían particularmente significativos en Éfeso, que estaba experimentando un importante programa de construcción, incluyendo el Templo de Artemisa, una de las siete maravillas del mundo antiguo.[1] Dado que "verdad" es un sinónimo de "evangelio" en estas cartas, esta imagen demuestra la responsabilidad de la iglesia de proteger y promover el evangelio.

Identificar a los falsos maestro (4:1-5)

Doctrinas de demonios (4:1). La palabra "demonio" no habría sonado necesariamente mal para la gente del primer siglo. La gente utilizaba la palabra para referirse a diversos seres espirituales a los que se sacrificaba y que podían ofrecer orientación. Pablo afirma que tal enseñanza o dirección es categóricamente mala, señalando a la gente en su lugar la obra del Espíritu.

Teniendo cauterizada la conciencia (4:2). La flagelación con un hierro ardiente era un castigo muy conocido en la época de Pablo, por lo que esta imagen de la conciencia de una persona muerta e insensible habría sido aún más impactante.

Prohibirán casarse, y mandarán abstenerse de alimentos (4:3). Abstenerse de ciertos alimentos era algo habitual en el judaísmo, pero prohibir el matrimonio era poco común tanto en la cultura grecorromana como en la judía. El trasfondo de este ascetismo no está claro, aunque guarda cierta similitud con las preocupaciones planteadas en 1 Corintios y Colosenses.

Todo lo que Dios creó es bueno (4:4). Esta verdad está arraigada en la evaluación de la creación por parte de Dios registrada en el Génesis (Gn 1:4, 9, 10, 12, 18, 21, 25, 31). Dar gracias a Dios por las comidas era una práctica judía común.

Instrucciones para Timoteo (4:6-16)

Ejercítate para la piedad... el ejercicio corporal para poco es provechoso (4:7-8). Las palabras utilizadas para "ejercítate" y "ejercicio" aquí son el origen de nuestra palabra "*gymnasium*". El entrenamiento físico de gimnasia era una parte fundamental de la cultura griega. Los maestros de moral griegos y romanos utilizaban habitualmente ese ejercicio físico como ilustración para el desarrollo moral e intelectual de forma similar a lo que hace Pablo aquí (ver el artículo "El atletismo en el mundo del Nuevo Testamento").

El Dios viviente, que es el Salvador de todos los hombres (4:10). Ver los comentarios sobre 1 Ti 3:15. En el mundo grecorromano se llamaba "salvadores" a varias personas que prestaban ayuda o rescate. En Éfeso, donde se recibió esta carta, había una inscripción que honraba a Julio César como "salvador universal de la vida humana". La inscripción estaba en la base de una estatua erigida en honor del César en el año 48 a. C., después de que este hubiera rescatado a la provincia de la ruina financiera.[2] Así pues, ambas frases son polémicas y señalan a Dios como el verdadero salvador.

Ninguno tenga en poco tu juventud (4:12). La sociedad grecorromana y judía tenía en alta estima la edad (ver Lv 19:32), como se ve más adelante en 5:1-2. Esta afirmación, por tanto, desafía las normas culturales predominantes, otorgando autoridad a alguien más joven y basando esa autoridad en un comportamiento ejemplar y no solo en la edad.

Ocúpate en la lectura (4:13). Se refiere a la lectura pública de las Escrituras, que era central en el culto judío en las sinagogas de esta época. En general, la lectura pública era habitual porque los libros eran caros y difíciles de conseguir.

La imposición de las manos del presbiterio (4:14). La "imposición de las manos" era una forma reconocida de autorizar a alguien para el liderazgo en el judaísmo (Nm 27:18-23). El "presbiterio" era un término común para designar a los líderes de la comunidad judía y de la sinagoga, por lo que fue adoptado por las primeras comunidades cristianas (en todo el A. T., incluyendo Ex 3:16; 4:29; Lv 9:1; en casos judiciales en Dt 21-22; Ruth 4:4; 1 R 8:1; Sal 107:32; Pr 31:23).

Comportamiento de grupos específicos en la Iglesia (5:1-6:2a)

No reprendas al anciano (5:1). El respeto a los mayores era un valor común entre las culturas antiguas. Por ello, Timoteo debe ejercer la autoridad incluso como un hombre más joven (4:12), pero hacerlo de forma respetuosa.

Viudas que en verdad lo son (5:3). Las viudas eran especialmente vulnerables en el mundo antiguo. Las mujeres no solían ser herederas, y no existía nada parecido a un seguro o a una ayuda gubernamental. Por ello, necesitaban una ayuda especial en un entorno que solía ser cruel. El cuidado de esas viudas era una preocupación de larga duración entre los judíos (Dt 14:29), y Dios se describía a sí mismo como "defensor de viudas" (Sal 68:5). Se pronunciaba un severo juicio sobre los que explotaban a las viudas (Is 10:2; Mal 3:5). Esta preocupación fue recogida rápidamente por la iglesia primitiva (Hechos 6:1; Santiago 1:27).

Peor que un incrédulo (5:8). Incluso los paganos pensaban que había que cuidar a las viudas en sus propias familias. La ley romana exigía que los hijos mantuvieran a sus padres ancianos.

No menor de sesenta años (5:9). En la ley de Lv 27:7, la vejez comenzaba a los sesenta años de edad. Esto se refleja en algunos otros escritos judíos, aunque los escritos judíos y grecorromanos presentaban una gama de edades para el comienzo de la vejez.

Tenga testimonio de buenas obras (5:10). Las acciones que siguen en este versículo son actividades estándar muy apreciadas por las mujeres en el mundo antiguo.

Entremetidas (5:13). En el mundo antiguo existía una gran preocupación por el hecho de que la gente se metiera en los asuntos de los demás y perturbara la cultura al abandonar su propia esfera de responsabilidad e intentar meterse en la de los demás. Esto parece ser lo que se plantea aquí, por lo que Pablo anima a las viudas más jóvenes a tener un comportamiento adecuado (5:14).

Quiero, pues, que las viudas jóvenes se casen (5:14). El nuevo matrimonio rápido para las viudas era el ideal social en las culturas romana y judía.

Ancianos (5:17). Ver comentarios en 1 Ti 4:14.

Pues la Escritura dice (5:18). Para un judío, la "Escritura" se referiría al A. T. Pablo utiliza el término en relación con Dt 25:4 y un dicho de Jesús que se encuentra en Lucas 10:7, lo que demuestra que la iglesia primitiva consideraba desde el principio las enseñanzas de Jesús como Escritura.

Dos o tres testigos (5:19). Este era un requisito central de la ley judía (Dt 17:6; 19:15).

Te encarezco delante de Dios y del Señor Jesucristo, y de sus ángeles escogidos (5:21). Llamar a testigos para una acusación era una forma de aumentar la solemnidad y la gravedad de la misma. Llamar a tres testigos aquí puede ser un eco del requisito mencionado en 5:19. Los escritos judíos se referían a los "ángeles escogidos" en contraste con los caídos.[3]

Usa de un poco de vino (5:23). El uso moderado del vino fue recomendado por varios autores antiguos. Todo el vino utilizado en la antigüedad era alcohólico, ya que sin refrigeración ni conservantes químicos el zumo de uva se convierte rápidamente en vinagre. La fermentación era un medio de conservación. El vino era típicamente débil para los estándares modernos, ya que se cortaba con agua. A veces se utilizaba el vino para desinfectar el agua potable. Es especialmente interesante que Plinio el Viejo, a mediados del siglo I d. C., hablara del vino de Éfeso en su *Natural History*. Señaló el vino de Éfeso como particularmente malo porque se utilizaba agua de mar en su elaboración.[4] ¡Tal

Los hermosos suelos de mosaico y las paredes pintadas al fresco de estas antiguas casas adosadas de Éfeso (ocupadas desde el siglo I a. C. hasta el siglo VII d. C.) dan fe de la riqueza que poseían algunos ciudadanos. Pablo se refirió a los peligros de la riqueza: "los que quieren enriquecerse caen en tentación" (1 Ti 6:9).

vez por eso Timoteo se había abstenido de beberlo anteriormente!

Bajo el yugo de esclavitud (6:1). La mayoría de los hogares del mundo grecorromano tenían esclavos, y la situación de estos variaba mucho (ver el artículo "La esclavitud en el mundo del Nuevo Testamento").

Otras advertencias contra falsas doctrinas (6:2b-21)

Nada hemos traído a este mundo, y sin duda nada podremos sacar (6:7). Esta es una verdad que también afirman varios filósofos grecorromanos, así como en el A. T. (Job 1:21; Sal 49.17; Ec 5:15).

Rey de reyes, y Señor de señores (6:15). Los reinos orientales, como Babilonia, usaban este título para su gobernante supremo, y algunos escritores griegos usaban este título para Zeus. Su uso aquí distingue al Dios cristiano como superior a todos los demás poderes, humanos o divinos.

2 Timoteo

Salutación (1:1-2)

Amado hijo (1:2). Ver comentarios en 1 Ti 1:2

Llamado a soportar por el Evangelio (1:3-2:13)

Tus lágrimas (1:4). Las lágrimas eran una expresión común y apropiada en las culturas orientales cuando las personas se separaban y esperaban no verse en mucho tiempo.[5]

Tu abuela Loida… tu madre Eunice (1:5). En las familias judías se consideraba que el padre era el responsable de la instrucción religiosa de los hijos, aunque esto no significaba que las madres no participaran. El padre de Timoteo era gentil e incrédulo (Hechos 16:1-3), por lo que su madre habría sido la persona clave para instruirlo. En el libro de Tobías tenemos un relato judío de una abuela que desempeña un papel clave en la crianza de un hijo en la fe después de la muerte del padre del hijo (Tb 1:8).

La imposición de mis manos (1:6). Esta era una forma común en el A. T. de indicar que alguien estaba dedicado al servicio de Dios (Nm 8:10).

Cobardía (1:7). La palabra griega aquí (*deilia*) es más fuerte y específica que simplemente "temor y timidez" (NVI). Se utiliza en otros escritos para referirse a los soldados que huyen y abandonan su puesto. El escritor Teofrasto (siglo IV a. C.) describió esto como "una especie de cesión temerosa del alma".[6] Filón (siglo I d. C.), utilizando esta misma palabra, dijo que la cobardía "es una enfermedad más grave que cualquier otra que afecte al cuerpo, ya que destruye las facultades del alma [...] la cobardía es un mal innato" que solo puede ser curado por Dios.[7] Pablo muestra aquí cómo Dios nos libra de esta enfermedad del alma.

No te avergüences... ni de mí, preso suyo (1:8). El encarcelamiento no era utilizado por sí mismo como castigo por los romanos, por lo que Pablo debe estar esperando un juicio o la pena de muerte. Esto también destaca por qué el encarcelamiento era particularmente vergonzoso en el mundo antiguo. Timoteo perdería prestigio al ser asociado con alguien del lado equivocado del poder imperial.

Heraldo (1:11 NVI). En el mundo grecorromano los heraldos anunciaban las buenas noticias ("evangelio") en ocasiones como las victorias militares, los nacimientos en la familia imperial y la ascensión de un nuevo emperador. Los heraldos también aparecían en la literatura religiosa como profetas o maestros.

El buen depósito (1:14). Un "depósito" se refería a cualquier cosa confiada a otro para su custodia, desde una cosecha hasta dinero o tesoro. Esta confianza era crucial para la economía y la sociedad. Filón escribió: "El más sagrado de todos los tratos entre seres humanos es el depósito en confianza".[8]

Los que están en Asia (1:15). Se refiere a la parte occidental de Asia Menor (la actual Turquía), cuya principal ciudad era Éfeso.

Onesíforo (1:16). Este hombre, que apoyó a Pablo, solo se menciona en el N. T. aquí y en 4:19.

Sufre penalidades como buen soldado (2:3). El sufrimiento de los soldados del ejército imperial era legendario, soportando aceite hirviendo y otros destinos terribles sin renunciar a su causa. Los que se acobardaban en la batalla y abandonaban su posición eran sometidos a palizas y ejecuciones.

Ninguno que milita se enreda en los negocios de la vida (2:4). En esta época, a los soldados romanos no se les permitía casarse ni llevar a cabo negocios privados mientras estaban reclutados.

Agradar a aquel que lo tomó por soldado (2:4). La disciplina militar dependía de la completa obediencia al comandante, buscando agradar al comandante, no a uno mismo o a algún rival. Cerca de la época en que se escribió esta carta (68-69), en un período de dieciocho meses hubo cuatro cambios de emperador debido a la lealtad (o falta de ella) de los soldados de cada uno.

Estatua de bronce de un boxeador (siglo III o II a. C.).

Lucha como atleta (2:5). Los juegos atléticos eran un aspecto importante de la cultura grecorromana e incluían los Juegos Olímpicos y los Juegos Ístmicos, cerca de Corinto (ver el artículo "El atletismo en el mundo del Nuevo Testamento"). El emperador Nerón incluso participó en algunos de estos eventos. Estos eventos incluían jueces cuyo deber era atrapar a los infractores, y algunos de estos jueces estaban equipados con varas para golpear a los transgresores. Una de las reglas de algunas pruebas era un periodo de entrenamiento obligatorio de diez meses.

Coronado (2:5). Se trata de una corona hecha con diferentes plantas, en función de la prueba en la que compite el atleta.

Labrador (2:6). Los estudiosos estiman que entre el 85 y el 90 por ciento de los habitantes del mundo antiguo se dedicaban directamente a la agricultura, siendo la mayoría de ellos campesinos (lo que parece indicar la palabra utilizada aquí) que sabían que su supervivencia dependía de un trabajo diligente y firme.

Del linaje de David (2:8). Para los judíos o los cristianos, esta frase se relaciona automáticamente con el Mesías.

A modo de malhechor (2:9). No todos los prisioneros estaban encadenados, por lo que esto demuestra que Pablo era considerado especialmente peligroso. Esta frase también apunta a la vergüenza de estar encarcelado (ver comentarios sobre 2 Ti 1:8).

Lidiando con falsos maestros (2:14-3:9)

Contiendan sobre palabras (2:14). Muchos maestros famosos del mundo Greco-Romano se especializaban y se complacían en discutir sobre detalles minúsculos de escaso valor práctico. Atenágoras, un líder eclesiástico de aproximadamente un siglo después, contrastó esa enseñanza centrada en sutilezas lógicas y etimología con el poder de cambio de vida de la enseñanza cristiana.[9]

Gangrena (2:17). Sin antisépticos, la gangrena era un problema común y temible en el mundo antiguo. Empezando por una zona afectada, podía extenderse por todo el cuerpo y acabar causando la muerte. Esto hacía de la gangrena una poderosa ilustración de los peligrosos efectos de la falsa enseñanza.

Himeneo y Fileto (2:17). Pablo pidió la excomunión de Himeneo en 1 Timoteo (1:20). No se menciona a Fileto en ninguna otra parte de las Escrituras.

Fundamento… firme, teniendo este sello (2:19). Pablo utiliza aquí imágenes arquitectónicas comunes. Los antiguos eran muy conscientes de que la estabilidad de un edificio (aquí, la iglesia) dependía de unos cimientos firmes. La imagen puede aludir a Is 28:16. En este contexto, los edificios solían tener sellos que denotaban propiedad y autenticidad: Dios sabe quiénes son los suyos y actúan de una manera determinada. Las dos afirmaciones del sello están tomadas del A. T. (Nm 16:5 e Is 26:13).

Una casa grande (2:20). Esta es la vivienda de una persona rica. Solo estas casas habrían albergado la amplia gama de recipientes que se mencionan aquí.

Utensilios… para usos honrosos, y otros para usos viles (2:20). Algunos utensilios eran especiales, apreciados por el propietario, y se exhibían en un lugar destacado. Los utensilios de uso "vil" eran los contenedores de basura o los orinales. Estos no se exhiben, y en el entorno judío estos recipientes se destruían cuando se volvían impuros.

Postreros días (3:1). Los antiguos escritos judíos solían anticipar días especialmente difíciles marcados por el mal y la apostasía al final de los tiempos.

Mujeres débiles (3:6 NTV). En el mundo antiguo abundaban las historias (históricas y ficticias) de mujeres engañadas por falsos maestros. Pablo aplica esto a la situación que nos atañe sin generalizar a todas las mujeres.

Janes y Jambres resistieron a Moisés (3:8). Según la tradición judía (recogida en algunos escritos grecorromanos), Janes y Jambres eran hermanos y eran los magos del faraón que se oponían a Moisés en el Ex 7.

Exhortación frente a los falsos maestros (3:10-4:8)

En Antioquía, en Iconio, en Listra (3:11). Estas tres ciudades de Asia Menor fueron destinos en los primeros viajes misioneros de Pablo (Hechos 13:14-14:23). Timoteo era de esta zona (Hechos 16:1).

Desde la niñez has sabido las Sagradas Escrituras (3:15). "Las Sagradas Escrituras" se refieren a lo que llamamos el A. T. Era común que los niños judíos comenzaran a instruirse en las Escrituras a los cinco años. La mayoría de las familias no tenían una copia de las Escrituras, por lo que el aprendizaje se realizaba en la sinagoga y en el hogar con las porciones que se memorizaban.

Toda la Escritura es inspirada por Dios (3:16). Otras religiones de esta época creían que los dioses inspiraban mensajes a través de los humanos, pero estos mensajes no siempre eran fiables. El judaísmo y el cristianismo eran únicos en cuanto a la importancia y la reverencia que daban a sus escritos inspirados.

Las novelerías que quieren oír (4:3 NVI). Otros escritores de la época utilizaron frases similares para describir a los oradores públicos que decían a la gente solo lo que querían oír.

Ofrenda de libación (4:6 [CSB trad. lit.]). Derramar una bebida como ofrenda a un dios era una práctica común entre

Foto de un ánfora italiana utilizada para transportar y almacenar vino (siglo I a. C.). El vino era probablemente la bebida más común en la región mediterránea. También era utilizado por las culturas paganas como ofrenda de libación a los dioses. Pablo puede hablar de su propia vida "derramada como una ofrenda" (2 Ti 4:6 NTV).

griegos, romanos y judíos. Pablo probablemente tiene en mente los sacrificios del Antiguo Testamento (Lv 23:13; Nm 15:5; 28:7), y se imagina su vida como un acto de adoración al servicio de Dios.

He peleado la buena batalla, he acabado la carrera (4:7). La "batalla" se refiere aquí a las pruebas atléticas (lucha o carrera) más que al combate militar.

La corona de justicia (4:8). La "corona", una corona de ramas, era un premio muy conocido en las competiciones deportivas del mundo griego.

Conclusión (4:9-22)

Demas... a Tesalónica (4:10). Solo unos años antes, Demas, que ahora ha abandonado a Pablo, era un "colaborador" suyo (Filemón 24; ver también Col 4:14). Una de las rutas más probables para Timoteo en su viaje hacia Pablo en Roma le llevaría a través de Tesalónica, por lo que Pablo podría estar haciendo saber a Timoteo que podría encontrarse con Demas.

Crescente... a Galacia (4:10). No sabemos más sobre Crescente. Galacia es la región que Pablo visitó en su primer viaje misionero.

Tito a Dalmacia (4:10). Tito fue durante mucho tiempo compañero de Pablo (p. ej., 2 Co 7:6, 13; Gl 2:1; Tito). Dalmacia era una provincia situada más al norte de Grecia, a lo largo de la costa adriática.

Lucas (4:11). Lucas fue otro conocido colaborador de Pablo (Col 4:14) y fue el autor del Evangelio de Lucas y del libro de los Hechos.

Marcos (4:11). Juan Marcos, el autor del Evangelio de Marcos, había abandonado a Pablo en un viaje misionero anterior (Hechos 13:5, 13; 15:36-40). Ahora, evidentemente, se han reconciliado.

Tíquico (4:12). Tíquico era otro conocido colaborador de Pablo (Hechos 20:4; Ef 6:21; Col 4:7; Tito 3:12).

Capote (4:13). Se trata de un pesado abrigo que se usa en épocas de frío, normalmente una pieza redonda de material con una abertura en el centro para la cabeza. Anticipando el invierno en una prisión romana, Pablo necesita esta prenda.

En Troas en casa de Carpo (4:13). No tenemos más información sobre Carpo. Troas es una ciudad en el noroeste de Asia Menor (Hechos 20:5-12) en la ruta más común a través de Asia hacia el oeste.

Los libros, mayormente los pergaminos (4:13). Se trata de formas estándar de material escrito y podrían referirse a las propias notas de Pablo o a copias de las Escrituras.

Alejandro el calderero (4:14). Tal vez se trate del mismo hombre al que se refiere 1 Ti 1:20, pero no podemos estar seguros. En Troas, la ciudad que acabamos de mencionar, había un gremio de metalúrgicos, por lo que puede tratarse de una advertencia para Timoteo cuando pase por Troas de camino a Roma.

Primera defensa (4:16). En la práctica romana común había una audiencia preliminar ante un magistrado que precedía al juicio completo, quizás ante el emperador.

La boca del león (4:17). Se trata de una imagen común del A. T. (ver Salmo 22:21) que representa la liberación de la muerte en general.

Prisca y a Aquila (4:19). Los saludos eran habituales al cierre de las cartas antiguas. Estos dos colaboradores se mencionan también en Hechos 18:24-26.

Erasto (4:20). Un hombre llamado Erasto se menciona en Ro 16:23 como un cristiano que es el "tesorero de la ciudad" en Corinto y también en Hechos 19:22 como uno que "ayudaba" a Pablo junto a Timoteo. Parece probable que los tres casos se refieran a la misma persona.

Trófimo dejé en Mileto enfermo (4:20). Trófimo es otro compañero conocido de Pablo (Hechos 20:4; 21:29). Mileto es una ciudad de la costa occidental de Asia (Hechos 20:15) situada en la ruta hacia el oeste.

Antes del invierno (4:21). Los viajes por mar se detuvieron durante el invierno debido a las peligrosas condiciones (ver el artículo "Prácticas de navegación en el primer siglo"), y al menos una parte del viaje de Timoteo tendría que ser por mar. Por lo tanto, si se retrasaba, tendría que esperar hasta la primavera.

Eubulo... y Pudente, Lino, Claudia (4:21). Todos estos eran nombres comunes de la época, aunque no se mencionan en ninguna otra parte de las Escrituras. Según una tradición cristiana primitiva, Lino fue el primer obispo de Roma.

Tito

Salutación (1:1-4)

Siervo de Dios (1:1). Esta era una designación común en el A.T. para los individuos que servían como representantes de Dios: Moisés (Sal 105:26), David (2 S 7:8) y los profetas (Jer 7:25; Amós 3:7; Zac 1:6). Como siervos de Dios, le pertenecían y, por lo tanto, eran portadores de su autoridad.

Dios, que no miente (1:2). En las historias de los griegos, sus dioses solían mentir y engañar. Su dios principal, Zeus, era especialmente propenso al engaño en su búsqueda de aventuras sexuales con mujeres mortales. Así, la absoluta veracidad del Dios de la Biblia contrasta con las ideas religiosas de la época.

Tito, verdadero hijo (1:4). Ver los comentarios en 1 Ti 1:2.

La ubicación de Creta

Ocasión: la necesidad de un liderazgo adecuado (1:5-9)

Creta (1:5). Creta, una isla al sur de Grecia en el mar Mediterráneo, en un lugar estratégico para el comercio, era también un lugar proverbial en el mundo antiguo por su decadencia moral. Polibio, el antiguo historiador, escribió que era casi "imposible encontrar [...] una conducta personal más traicionera o una política pública más injusta que en Creta".[10] Cicerón también comenta: "Los principios morales son tan divergentes que los cretenses [...] consideran honorable el robo en la carretera".[11] Aunque estas citas provienen de una época anterior al ministerio de Pablo, describen acertadamente la visión general de Creta en el mundo antiguo.

Creta es la quinta isla más grande del Mediterráneo. Pablo explica a Tito por qué "te dejé en Creta" (Tito 1:5) y le aconseja sobre el ministerio permanente allí. Esta imagen muestra una parte del puerto de Fair Havens en la isla de Creta.

Ancianos (1:5). Ver los comentarios en 1 Ti 4:14.

En cada ciudad (1:5). Creta era famosa por sus "cien ciudades",[12] que eran notorias por sus feroces rivalidades.

Irreprensible (1:6). Este término y la lista que sigue contrastan con la reputación general de Creta señalada anteriormente.

Hijos… no estén acusados de disolución ni de rebeldía (1:6). Tanto la sociedad grecorromana como la judía consideraban que la obediencia de los hijos a sus padres era un requisito para la respetabilidad. Ver los comentarios sobre 1 Ti 3:4.

No codicioso de ganancias deshonestas (1:7). Esto contrastaría con el comportamiento general de los cretenses. Un antiguo historiador afirmó: "De hecho, el sórdido amor por la ganancia y la lujuria por la riqueza prevalecen entre ellos, de modo que los cretenses son el único pueblo del mundo a cuyos ojos ninguna ganancia es vergonzosa".[13]

Problema planteado: Los falsos maestros (1:10-16)

Los de la circuncisión (1:10). La "circuncisión" se había convertido en una forma de referirse a los judíos, ya que era la marca del pacto con Abraham (Gn 17:9-14) (ver el artículo "El rito judío de la circuncisión").

Ganancia deshonesta (1:11). Como se indica en 1:7, los cretenses eran proverbiales por buscar ganancias deshonestas.

Uno de ellos, su propio profeta (1:12). La mayoría de los estudiosos coinciden en que la persona citada aquí es Epiménides, un maestro religioso y hacedor de prodigios del siglo VII o VI a. C. Varios escritores de la antigüedad, como Platón, Aristóteles y Cicerón, lo consideraron un profeta.

Los cretenses, siempre mentirosos (1:12). Esta visión de los cretenses era proverbial y estaba muy extendida en el mundo antiguo. De hecho, "cretizar" significaba "mentir".

Malas bestias, glotones ociosos (1:12). Los cretenses eran conocidos por su comportamiento brutal y grosero, con muchas historias de engaños, piratería e incluso pederastia.

Fábulas judaicas (1:14). Esto parece una referencia a las lecturas especulativas del A.T. que eran comunes en ciertos grupos del judaísmo de la época.

Una vida cristiana adecuada basada en el Evangelio, parte 1 (2:1-15)

Sobrios, serios, prudentes (2:2). Estas tres características eran apreciadas en la antigüedad, especialmente para los hombres mayores.

No calumniadoras, no esclavas del vino (2:3). El descuido con las palabras y el vino era comúnmente discutido por los escritores antiguos en relación con las mujeres mayores.

Siervos… que en todo adornen la doctrina de Dios nuestro Salvador (2:9-10). Resulta llamativo que se dé tanta importancia al comportamiento de las personas de la clase social más baja.

Un pueblo propio (2:14). Esto es un eco de una frase utilizada para Israel en varios lugares del A. T. (p. ej., Ex 19:5; Sal 135:4; Mal 3:17).

Una vida cristiana adecuada basada en el Evangelio, parte 2 (3:1-8)

Esclavos de concupiscencias y deleites diversos (3:3). La idea de estar esclavizado al pecado era común en el pensamiento grecorromano y judío. Una escuela de pensamiento griego, la de los estoicos, consideraba que ser esclavo de las "pasiones" y los "placeres" era la condición más baja.

No por obras de justicia que nosotros hubiéramos hecho (3:5). Algunos judíos pensaban que la obediencia a la ley de Moisés podía ser la base para recibir el favor de Dios. Varias escuelas de pensamiento moral en el mundo grecorromano confiaban en el esfuerzo humano para lograr la justicia. Pablo se opone a todos estos pensamientos, que han sido comunes a lo largo de la historia de la humanidad, arraigando la salvación solo en la gracia de Dios.

Problema replanteado: los falsos maestros (3:9-11)

Genealogías, y contenciones, y discusiones acerca de la ley (3:9). "Ley" se refiere aquí a la ley del A.T. La especulación sobre diversas formas de espiritualizar la ley y las genealogías del A.T. era popular en ciertas ramas del judaísmo.

Exhortación final (3:12-15)

A Artemas o a Tíquico (3:12). Artemas no se menciona en ninguna otra parte del N. T. Tíquico fue enviado con cartas a los colosenses y efesios (Col 4:7; Ef 6:21) y acompañó a Pablo en su último viaje a Jerusalén (Hch 20:4).

Nicópolis (3:12). Nicópolis, la principal ciudad de su región, estaba situada en el lado occidental de Grecia. Esto encaja con el patrón de Pablo de pasar más tiempo ("invierno") en las principales ciudades.

Pasar el invierno (3:12). En la antigüedad, la gente no viajaba durante el invierno, especialmente por mar, cuando el mal tiempo hacía que los viajes por mar fueran traicioneros (ver el artículo "Prácticas de navegación en el primer siglo").

Zenas intérprete de la ley, y a Apolos (3:13). No se menciona a Zenas en ninguna otra parte del N. T.; Apolos es conocido como un poderoso predicador cristiano (Hechos 18:24; 1 Co 1:12). Un "intérprete de la ley" entre los judíos sería un escriba, uno entrenado en la ley del A. T. Entre los romanos se referiría a un jurista. No sabemos de qué se trata aquí.

Filemón

OSVALDO PADILLA

Introducción. Al igual que las otras Epístolas escritas en la cárcel, Efesios, Filipenses y Colosenses, esta carta fue escrita durante el primer encarcelamiento de Pablo en Roma, a principios de los años 60. La historia de los estudiosos nunca ha cuestionado seriamente lo que fue escrito por el apóstol Pablo.

Al intentar exponer el motivo de la redacción de esta carta, debemos leer sus declaraciones reales y también leer "entre líneas". Aunque siguen existiendo algunos vacíos, la siguiente reconstrucción puede ser dada con una buena cantidad de confianza.

Onésimo era un esclavo que pertenecía a la casa de Filemón, un cristiano muy cercano al apóstol Pablo; de hecho, se convirtió bajo su ministerio (v. 19). Es probable que en este caso, Onésimo haya hecho algo que molestó a su dueño. ¿Había robado algo (vv. 18-19)? ¿Se sintió maltratado y se marchó? ¿O simplemente huyó a Roma para "empezar una nueva vida"? No podemos estar seguros. Lo que está claro, dada la dinámica expresada en la carta, es que Onésimo fue a Roma para encontrar a Pablo. Probablemente no se trate de que Onésimo fuera un esclavo fugitivo que, al huir de su amo, se encontrara por casualidad con Pablo, que resultó ser el padre espiritual de su amo. Es mucho más probable que Onésimo acudiera conscientemente a Pablo para pedirle que interviniera en su favor ante Filemón, ya que sabía que Pablo tenía una influencia considerable con su amo. Mientras Onésimo estuvo con Pablo, se convirtió en un seguidor de Cristo (v. 10).[1]

Parece que tanto Pablo como Onésimo querían una reconciliación entre Onésimo y Filemón. Así, Pablo escribió una carta de recomendación, una carta de apelación (v. 9) en nombre de Onésimo, pero con un giro significativo: Filemón debía recibir a Onésimo de vuelta, "no ya como esclavo, sino como más que esclavo, como hermano amado" (v. 16).

Varios comentaristas han señalado una situación similar en una carta que Plinio el Joven (ca. 61-112 d. C.) escribió a su amigo Sabiniano. Aunque el hombre en cuyo nombre escribió Plinio ya no era un esclavo, sino un liberto de Sabiniano, la carta ilustra suficientemente la dinámica de la carta a Filemón. Plinio interviene en favor del liberado, pidiendo a Sabinio que lo reciba de nuevo. Considere las siguientes afirmaciones de esta carta:

- "Tu liberto con el que decías estar enfadado ha estado conmigo; se ha arrojado a mis pies".
- "Me pidió encarecidamente con muchas lágrimas [...] que intercediera por él".
- "Sé que estás enojado con él, y sé también que no es sin razón; pero la misericordia nunca es más digna de alabanza que cuando hay la más justa causa para la ira. Una vez quisiste a este hombre [...] mientras tanto, permíteme solo prevalecer ante ti para que lo perdones".[2]

Como hizo Plinio por el liberto, Pablo intercede por Onésimo. Pero hay una diferencia fundamental: Pablo basa su intercesión y las peticiones que la acompañan en el amor de Cristo. No es casualidad que el término *agapē* ("amor") y su cognado *agapētos* ("amado") aparezcan cinco veces en esta breve carta (vv. 1, 5, 7, 9, 16). También se utiliza el término "corazón" (*splanchna*), que denota una emoción sincera (vv. 7, 12, 20).

Un comentarista habla del significado de Filemón de la siguiente manera:

> Histórica y teológicamente [Filemón] tiene un interés considerable porque revela y permite comprender un problema delicado: cómo el apóstol se responsabiliza de su evangelio de la justificación y de su concepción de la comunidad cristiana [...] en la vida práctica y cotidiana

La escena de esta lápida (aprox. 50 a. C.) representa a un esclavo con un pergamino en la mano y de pie ante Cayo Popilio (el difunto).

de una comunidad cristiana [...] En 2 Co 5:17, Pablo subraya lo siguiente: el cristiano bautizado es una nueva creación, y en Gl 3:26-28 explica provocativamente que en la comunidad cristiana las distinciones entre judío y griego, hombre y mujer, esclavo y libre, ya están superadas por la unidad de todos en Cristo. ¿Es esto, a la vista de la carta a Filemón, solo una teoría entusiasta?[3]

Salutación (1-3)

Al amado Filemón, colaborador nuestro (1). Pablo designa a Filemón como "colaborador", un término que Pablo utiliza con frecuencia para referirse a quienes le ayudan en la predicación y la enseñanza del evangelio (p. ej., Ro 16:3, 9, 21; Flm 2:25; 4:3). Filemón no era un cristiano pasivo; trabajaba con Pablo en el evangelio.

A la amada hermana Apia, y a Arquipo nuestro compañero de milicia, y a la iglesia que está en tu casa (2). Apia, cuyo nombre era común en la región de Colosas, probablemente era la esposa de Filemón. En el período inicial de la iglesia los creyentes se reunían para el culto en las casas de los cristianos. Aunque había otros lugares de reunión,[4] en el caso de Filemón claramente los creyentes de los alrededores se reunían en su "casa". Esto, junto con el hecho de que Filemón poseía esclavos, nos hace pensar que era una persona acomodada. La mención de Apia, Arquipo y su iglesia doméstica sugiere que la carta estaba destinada a ser leída abiertamente, no solo por Filemón. Esto tendría sentido dado que Onésimo, como esclavo doméstico, habría sido bien conocido por los miembros de la familia y los amigos.[5]

Acción de gracias (4-7)

Tenemos gran gozo y consolación en tu amor, porque por ti, oh hermano, han sido confortados los corazones de los santos (7). Pablo utiliza una frase única para describir los resultados del amor de Filemón: "han sido conforta-

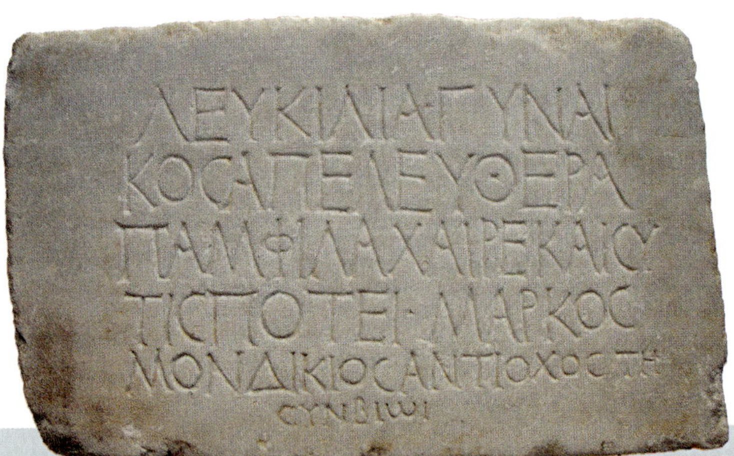

La liberación de los esclavos (manumisión) por parte de sus propietarios era un hecho frecuente en el mundo romano. La inscripción griega de este grabado conmemora la liberación de una esclava por su dueño (siglo I d. C.).

dos los corazones de los santos". Andrew Clarke ha argumentado de forma convincente que la frase era peculiar de Pablo y que el apóstol la utiliza en contextos en los que la acción de confortar podría atravesar diversas barreras sociales. Este es ciertamente el caso aquí. Filemón, un hombre rico, podía ahora confortar el propio corazón prisionero de Pablo al recibir de nuevo a Onésimo.[6]

Pedido (8-20)

Quizá para esto se apartó de ti por algún tiempo, para que le recibieses para siempre; no ya como esclavo, sino como más que esclavo, como hermano amado, mayormente para mí, pero cuánto más para ti, tanto en la carne como en el Señor (15-16). Esta es la parte principal de la carta. La súplica de Pablo en favor de Onésimo se hace explícita: quiere que Filemón reciba a Onésimo de vuelta "no ya como esclavo, sino como más que esclavo, como hermano amado". Es dudoso que Pablo esté pidiendo que Filemón libere a Onésimo.[7] Sin embargo, aunque Pablo no se esfuerza por deshacer la institución de la esclavitud directamente,[8] sí que la relativiza (ver el artículo "La esclavitud en el mundo del Nuevo Testamento"). Después de todo, ¿cuánto tiempo podría durar la esclavitud cuando el propietario debía tratar a su esclavo cristiano "como hermano amado" o compañero en la fe? Pablo encendió una chispa que con el tiempo estallaría en el fuego de la libertad.

— Mateo

— Marcos

— Lucas

— Juan

— Hechos

— Romanos

— 1 Corintios

— 2 Corintios

— Gálatas

— Efesios

— Filipenses

— Colosenses

— 1 Tesalonicenses

— 2 Tesalonicenses

— 1 Timoteo

— 2 Timoteo

— Tito

— Filemón

— Hebreos

— Santiago

— 1 Pedro

— 2 Pedro

— 1 Juan

— 2 Juan

— 3 Juan

— Judas

— Apocalipsis

La epístola a los Hebreos

DANA M. HARRIS

Introducción. Se desconoce quién escribió Hebreos. Al principio, la epístola circulaba con las epístolas paulinas, pero algunos dudaban de la autoría paulina. Es probable que el autor formara parte del círculo de Pablo (p. ej., "nuestro hermano Timoteo" [13:23]), pero hay razones de peso para rechazar la autoría paulina. Pablo suele utilizar metáforas jurídicas para hablar de la muerte sustitutoria de Cristo, mientras que Hebreos presenta exclusivamente a Jesús como sumo sacerdote y destaca el sacrificio plenamente eficaz de Cristo que limpia la conciencia. Las epístolas paulinas se centran en la resurrección de Cristo, mientras que Hebreos destaca su exaltación. Para Pablo, la Escritura (el A. T.) es un testimonio escrito que apoya los puntos cristológicos, mientras que Hebreos considera la Escritura como la palabra de Dios que todavía habla. Por último, el autor parece considerarse un creyente de "segunda generación" (Heb 2:3-4), algo que Pablo niega explícitamente (Gl 1:12).

También hay notables diferencias de estilo entre las epístolas paulinas y Hebreos. Por ejemplo, Hebreos no comienza con las designaciones de remitente y destinatario utilizadas en otras epístolas del N. T. Además, la expresión "Cristo Jesús" aparece más de noventa veces en las cartas de Pablo, pero ni una sola vez en Hebreos.

El estilo de la epístola indica que el autor era bien conocido por los destinatarios. Por lo tanto, aunque el autor es desconocido para nosotros hoy en día, Hebreos no es un seudónimo (autoría falsa). Aunque es posible que Apolos sea el autor, lo mejor es concluir lo que dijo el líder de la iglesia primitiva Orígenes: "Quién es el autor de la epístola, solo Dios lo sabe".

Los destinatarios de la epístola son desconocidos. Probablemente eran creyentes de segunda generación (2:3) que habían sufrido por el evangelio (10:32-35). Se asume un amplio conocimiento del A.T. Es probable la opinión tradicional de que los destinatarios eran creyentes judíos perseguidos que estaban tentados de apostatar y volver al judaísmo.

El destino probable es Roma, que tenía una importante población judía (entre cuarenta y sesenta mil) en el siglo I. Es de suponer que el evangelio llegó a Roma a través de los convertidos del Pentecostés (Hechos 2:5-11). Los destinatarios probablemente formaban parte de una iglesia local en casa, que fue tentada a retirarse de una asociación mayor de iglesias en casa (Heb 10:25, 32-34). La terminología distintiva (*hēgoumenoi* en Heb.13:7) y la apropiación de Hebreos por parte de Clemente de Roma en torno al año 95 pueden respaldar un destino romano.

Tampoco se conoce la fecha del libro de Hebreos. Es probable que se escribiera antes de la destrucción del templo (70 d. C.), ya que no hay ninguna alusión a este acontecimiento, lo cual es un tanto sorprendente dado el argumento general del autor. Una fecha probable es en algún momento de los años 60. La cita que hace Clemente de Hebreos indica que no pudo ser escrito después del año 95.

El autor de Hebreos describe la obra como una "palabra de exhortación" (13:22), término que indica un sermón, aunque Hebreos está meticulosamente escrito, a diferencia de una transcripción real. "Exhortación" también encaja con los cinco "pasajes de advertencia" de Hebreos (2:1-4; 3:7-4:11; 6:4-8; 10:26-31; 12:25-29). Hebreos insta a la perseverancia y a la fidelidad. Además, Hebreos destaca el carácter incompleto y temporal del sacerdocio levítico y del pacto de Moisés, mostrando cómo estas instituciones apuntaban en última instancia a Cristo, el retorno al antiguo orden no era posible.

El autor cita exclusivamente la Septuaginta (LXX), la traducción griega de las Escrituras hebreas, que a veces difiere del texto hebreo (la base de las Biblias en inglés) en los números de los capítulos y los versículos, así como en la redacción. Los números de referencia aquí siguen a las Biblias inglesas, pero se añade "LXX" cuando las citas difieren en la redacción exacta.

El Dios que habla y el Hijo (1:1-4)

Estos postreros días (1:2). Esta expresión apocalíptica judía separa la historia en dos épocas sucesivas, la última de las cuales Hebreos interpreta escatológicamente como el tiempo entre la exaltación de Jesús y su regreso.

Heredero de todo (1:2). "Heredero" alude al Salmo 2:8, que vincula la filiación con la herencia. Este salmo se entendía como mesiánico y escatológico antes de Cristo (ver el artículo "Expectativas mesiánicas en la época de Jesús"). El lenguaje de la herencia es promi-

Una moneda romana con el retrato del emperador Nerón.

nente en Hebreos (p. ej., 1:4, 14; 6:12; 9:15; 11:7, 8; 12:17) y se basa en las promesas de Dios a Abraham. Los paralelos con el ámbito jurídico grecorromano son posibles pero problemáticos (p. ej., el heredero, el Hijo, recibiría la herencia a la eventual muerte del testador, Dios Padre).

Hizo el universo (1:2). Ver comentarios de Heb 11:3.

Resplandor de su gloria (1:3). La gloria es un aspecto esencial de la naturaleza de Dios (p. ej., Ex 24:15-17; 40:34-35; Lv 9:23; Nm 14:21-22; 1 Reyes 8:11; Is 40:5) e indica su presencia y honor (p. ej., Is 60:19; Tb 13:14-17). La gloria del Hijo se vio en su transfiguración (Mt 17:1-9; Marcos 9:2-10; Lucas 9:28-36). Ver los comentarios de Heb 2:10.

Imagen misma de su sustancia (1:3). "Imagen misma" (*charaktēr*) se refiere a un grabado para las monedas. "Sustancia" (*hypostasis*) indica una realidad o sustancia fundamental y esencial. Ver los comentarios de Heb 11:1.

Purificación de nuestros pecados (1:3). Esto hace referencia al Día de la Expiación; la redacción refleja la LXX Job 7:21. Ver los comentarios de Heb 9:7.

Se sentó... la Majestad en las alturas (1:3). Estar sentado contrasta con los sacerdotes levíticos, que estaban de pie durante su servicio sagrado (Dt 10:8; 1 R 13:1; 2 Cr 29:11). "Majestad" es una forma reverencial pero indirecta de referirse a Dios (así también Heb 8:1; cf. Dt 32:3; 1 Cr 29:11; Marcos 14:62).

La diestra (1:3). Ver los comentarios de Heb 1:13.

Ángeles (1:4). Se creía que los ángeles mediaban en la revelación (Dt 33:2; Sal 68:17; *Jubileos* 1.27-29) e intercedían por la humanidad (Tb 12:1; 1 Enoc 9.10). Se les podía llamar "hijos de Dios" colectivamente (Gn 6:2, 4; Job 1:6; 2:1; 38:7; *Salmos de Salomón* 17.26), pero nunca un "hijo de Dios" individualmente. Ver los comentarios de Heb 2:5.

Heredó más excelente nombre (1:4). Un nuevo nombre suele reflejar un cambio de estatus (p. ej., Gn 17:5, 15; 35:10; Mt 16:18). "El Nombre" en el A. T. es un título para Dios (Dt 12:5, 11; 1 R 8:17-19; cf. 2 S 7:9).

Siete citas del Antiguo Testamento que revelan al Hijo (1:5-14)

Mi Hijo... tu Padre (1:5 NTV). Una catēna o "cadena" de citas del A. T. era una técnica judía común. El mesiánico Salmo 2:7 también se cita en el bautismo de Jesús (Mt 3:17; Marcos 1:11; Lucas 3:22) y en su transfiguración (Mt 17:5; Marcos 9:7; Lucas 9:35).

Su Padre... mi Hijo (1:5 NTV). Esta cita (2 S 7:14) forma parte de la profecía de Natán sobre la dinastía davídica eterna.

Al Primogénito (1:6). "Primogénito" indica estatus y privilegio y se aplica a Israel (Ex 4:22; Jer 31:9), al reino de David (Sal 89:27) y a Cristo (Ro 8:29; Col 1:15, 18; Heb 12:23; Ap 1:5).

En el mundo (1:6). Ver los comentarios de Heb 2:5.

Adórenle todos los ángeles (1:6). Esta cita puede derivar de Dt 32:43 y Sal

97:7 o de una tradición rabínica que asociaba el culto angélico con el primer Adán, aquí aplicado al Hijo.[1]

Hace a sus ángeles espíritus… a sus ministros llama de fuego (1:7). El Salmo 104:4 de la LXX enfatiza la naturaleza transitoria de los ángeles y su papel servicial como siervos de Dios y seres creados. Ver los comentarios de Heb 1:4.

Tu trono… por el siglo (1:8). El Salmo 45:6-7 forma parte de una oda a las bodas reales en la que se ensalza el justo gobierno de Dios, que otorga su autoridad al rey David.

El cetro de tu reino (1:8). Un cetro indicaba la autoridad y el poder del rey David como representante terrenal de Dios.

Te ungió Dios, el Dios tuyo, con óleo de alegría (1:9). Los reyes israelitas eran ungidos en su coronación (1 S 10:1; 15:17; 2 S 12:7; 2 Reyes 9:3; Sal 89:20).

Fundaste la tierra… los cielos… como un vestido los envolverás (1:10-12). Se cita el Salmo 102:25-26 (que hace referencia a Is 34:4; 50:9; 51:6). La decadencia final del universo formaba parte de la escatología judía, que contrastaba con la idea platónica de que el mundo es inmutable.

Ángeles (1:13). Ver los comentarios de Heb 1:4.

Siéntate a mi diestra (1:13). Citada en el Salmo 110:1, la mano derecha indica autoridad, poder (Ex 15:6; Sal 20:6; 44:3; 89:13; Is 41:10; 48:13) y honor (Gn 48:18; 1 Reyes 2:19; Sal 48:10; cf. Ap 3:21).

Prestar atención (2:1-4)

Las cosas que hemos oído (2:1). Probablemente se refiera al mensaje inicial del Evangelio predicado a la audiencia.

Nos deslicemos (2:1). Esta imagen puede reflejar un ancla que no se sostiene, un barco que se desvía del rumbo o un anillo que se desliza de un dedo.

Dicha por medio de los ángeles (2:2). Ver los comentarios de Heb 1:4.

Señales y prodigios… repartimientos del Espíritu Santo (2:4). Los signos y los prodigios acompañaron la entrega de la ley en el Sinaí y el éxodo; los milagros atestiguan la divinidad de Jesús. Aquí se alude al Pentecostés y a los signos y prodigios que lo acompañaron (Hechos 2).

Jesús, el ser humano perfecto (2:5-9)

Sujetó a los ángeles (2:5). La tradición judía sostenía que los ángeles participaban en el gobierno del mundo (basándose en Dt 32:8). En Dn 10:20-21 los ángeles luchan contra los príncipes de Persia y Grecia.

Mundo venidero (2:5). "Mundo" (*oikoumenē*) podría indicar "el mundo habitado", mientras que el "mundo venidero" incluye toda la creación, incluido el reino celestial. Hebreos utiliza kosmos para el mundo actual (4:3; 9:26; 10:5;

11:7, 38). El "mundo venidero" es clave en el pensamiento apocalíptico judío.

Hijo del hombre (2:6). Lo más probable es que "hijo del hombre" se refiera simplemente a un ser humano en este contexto (p. ej., Sal 144:3; Ez 2:1, 3, 6).

Coronado (2:9). Tanto los reyes como los atletas victoriosos recibieron coronas (1 Co 9:25; 2 Ti 2:5).

Gustase la muerte (2:9). "Gustar" de algo es una expresión semítica para experimentarlo plenamente.

Padecimiento de la muerte (2:9). Ver los comentarios de Heb 12:2.

El Hijo guiando a los hijos a la gloria (2:10-18)

Habiendo de llevar muchos hijos (2:10). Este lenguaje hace referencia al éxodo.

Gloria (2:10). El Salmo 8:5 indica que Dios creó a la humanidad para la gloria (cf. Ro 8:17; 1 Co 15:43; Flp 3:21; Col 3:4). Ver los comentarios de Heb 1:3.

Convenía a aquel (2:10). Filón afirmaba que era adecuado que Dios jurara por sí mismo,[2] y los filósofos griegos consideraban adecuado que los dioses dirigieran el universo.[3]

Autor de la salvación (2:10). "Autor" (*archēgos*) podría referirse a un pionero, al fundador de una ciudad o de una escuela, al líder o al explorador de un ejército (p. ej., LXX Nm 10:4; 13:2-3; Jue 5:15 [B]; 9:44 [B]; 11:6, 11 [B]). También podría indicar un campeón, como Hércules.

Perfeccionase (2:10). "Perfeccionar" (*teleioō*) se utiliza en la Septuaginta para la consagración de los sacerdotes. La perfección en Hebreos está estrechamente asociada con el acceso a Dios y el cumplimiento completo de lo que Dios quería.

Santifica (2:11). Solo Dios hace santo a su pueblo (p. ej., Ex 31:13; Lv 20:8; 21:15; 22:9, 16, 32; Ez 20:12; 37:28). La consagración y la limpieza de la contaminación eran funciones esenciales del sacerdocio levítico (Ex 29:44; Lv 21:8).

No se avergüenza (2:11). En la cultura grecorromana se buscaba con diligencia el honor y se evitaba con ahínco la vergüenza. Este versículo alude probablemente a Marcos 8:38; Lucas 9:26.

Los hijos que Dios me dio (2:13). En Is 8:18, los hijos de Isaías fueron señales para Israel de la fidelidad de Dios. Este es el único lugar en el N. T. donde los creyentes son llamados hijos de Jesús.

Al diablo (2:14). "Diablo" (diabolos) significa "calumniador" o "acusador"; ver las enseñanzas de Jesús (p. ej., Marcos 3:20-29; Lucas 11:17-23). El libro de Hebreos se basa en el tema del A.T. del guerrero divino (Ex 15:1-18; Is 42:13; 49:24-26).

Por el temor de la muerte estaban durante toda la vida sujetos a servidumbre (2:15). En el pensamiento grecorromano, el miedo a la muerte se consideraba una forma de esclavitud.[4]

Fiel (2:17). En 1 S 2:35, Dios promete levantar un sacerdote fiel a diferencia del sacerdote infiel Elí y (especialmente) sus hijos.

Sumo sacerdote (2:17). El sumo sacerdote debía descender del hijo de Aarón, Eleazar (Nm 20:25-28). Los sacerdotes debían ser ceremonialmente puros (Lv 21:1-4, 7-8) y libres de defectos (Lv 21:16-23; cf. Lv 10:6; 21:5-6). Solo en Hebreos se llama a Jesús sumo sacerdote.

Expiar (2:17). Ver los comentarios de Heb 9:7.

Padeció siendo tentado (2:18). Lo más probable es que se trate de la lucha de Jesús en Getsemaní (Mt 26:36-46; Marcos 14:32-42; Lucas 22:39-46), aunque también es posible una alusión sobre la tentación hecha a Jesús por Satanás en el desierto.

Jesús comparado con Moisés (3:1-6)

Apóstol (3:1). Un apóstol es una persona enviada, normalmente como representante oficial. Moisés fue enviado por Dios para liberar al pueblo de Dios; los apóstoles de Jesús fueron enviados para proclamar el evangelio. Este es el único lugar del N. T. en el que se llama a Jesús apóstol.

Sumo sacerdote (3:1). Ver los comentarios de Heb 2:17.

Moisés (3:2). Moisés es una figura clave del A. T., a quien Dios le habló "directamente" (Nm 12:8; cf. Ex 33:11; Dt 34:10; Si 45:5). Filón afirmaba que Moisés ascendió al cielo.[5] La tradición rabínica afirmaba que Moisés era superior a los ángeles.

Casa de Dios (3:2). Se refería a la tienda de reunión (Nm 12:4-5; cf. Gn 28:17), al tabernáculo (Ex 25:8-9; 34:26), al templo (1 R 8:10-11), al pueblo de Dios (Ex 40:38; Sal 114:1) o a una dinastía específica (2 S 7:11-16; cf. 1 S 2:30-34). La casa de Dios indicaba el reino celestial en el pensamiento rabínico y el mundo creado en el de Filón.

Mishkan (tabernáculo) en el Sinaí.

Siervo (3:5). El título de "siervo" indicaba la condición de honor de Moisés ante Dios (Nm 12:7; cf. Ex 4:10; 14:31; Nm 11:11; Dt 3:24; Jos 1:2). Un siervo o esclavo fiel era muy valorado.

La generación del desierto (3:7-19)

Si oyereis hoy su voz (3:7-11). El Salmo 95:7-11 advierte contra la desobediencia a Dios, utilizando el ejemplo de la generación del desierto, recordando Nm 14; 20 (cf. 1 Co 10:6; Judas 5).

Endurezcáis vuestros corazones (3:8). Un corazón endurecido indica que se niega a hacer la voluntad de Dios (p. ej., el faraón en Éxodo 8:15, 32; 9:34).

Provocación... día de la tentación (3:8). La Septuaginta tradujo los nombres de los lugares Meribah y Massah según su significado simbólico: "improperio" y "tentación" (ver Ex 17:7; cf. Ex 15:22-25).

Mis obras (3:9). Esto incluye el éxodo, el cruce del Mar Rojo y la provisión de maná, codorniz y agua (ver Ex 12-17).

Mi ira (3:11). La ira de Dios fue provocada contra los enemigos de Israel (Ex 15:7; Jer 10:25; Ez 25:12-14) y contra Israel cuando se rebeló (Ex 22:21-24; Is 1:23-24).

Mi reposo (3:11). Dios prometió a su pueblo el descanso en la tierra (p. ej., Dt 3:20); el descanso está relacionado con la "morada" de Dios (p. ej., Nm 10:33-36; Sal 132:13-14).

Dios vivo (3:12). El "Dios vivo" contrasta con los ídolos muertos (Jer 10:5) y se asocia con el juicio de Dios (2 Reyes 19:4, 16; Is 37:4, 17; Jer 10:10). Pero el "Dios vivo" también ayuda (Dn 6:20).

Nuestra confianza (3:14). Ver los comentarios de Heb 11:1.

¿Quiénes fueron los que, habiendo oído, le provocaron? (3:16). Las preguntas retóricas de este versículo se basan en la cita del Sal 95:7-8 (en 3:15) y aluden a Nm 14:13, 19, 22.

¿Y con quiénes estuvo él disgustado? (3:17). Las preguntas retóricas de este versículo se basan en la cita del Sal 95:10 (en 3:10) y aluden a Nm 14:16, 29, 32.

¿Y a quiénes juró? (3:18). Esta pregunta retórica se basa en la cita del Sal 95:11 (en 3:11) y alude a Nm 14:30, 33, 43.

El descanso prometido (4:1-13)

Reposó Dios de todas sus obras en el séptimo día... mi reposo (4:4-5). "Mi reposo" en el Sal 95:11 sugiere el reposo de Dios en Gn 2:2, donde Dios cesó su obra de creación, aunque sus obras sustentadoras fueron vistas por la generación del desierto (Sal 95:9). Génesis 2 no registra el final del séptimo día, lo que llevó a especular que el descanso de Dios continúa. Ver los comentarios de Heb 3:11.

Diciendo después de tanto tiempo, por medio de David (4:7). La Septuaginta atribuye a David el Sal 95, citado tres veces en este capítulo, aunque "diciendo por medio David" podría indicar el Salterio en su conjunto. Si David escribió sobre el reposo mucho después de la conquista, entonces el reposo prometido debe permanecer.

Reposo del Shabat (4:9, [CSB trad. lit.]). "El reposo del Shabat" (*sabbatismos*) probablemente fue acuñado por el autor de Hebreos (cf. LXX Ex 16:30; Lv 23:32). El reposo de Dios fue la base del mandamiento del Shabat (Ex 20:8-11; Dt 5:12-15; cf. Ex 23:12; 35:2).

Palabra de Dios (4:12). La palabra de Dios es un agente activo (p. ej., Sal 33:6; Is 55:11; cf. Jer 23:29).

Espada de dos filos (4:12). Es probable que se refiera a la espada corta utilizada por los soldados romanos, que era especialmente eficaz en el combate (ver el artículo "El ejército romano"), o posiblemente a la espada de Ehud (cf. Jue 3:16). También puede aludir a los de la generación del desierto que cayeron por las espadas de los amalecitas y cananeos (Nm 14:43-45).

No hay cosa creada que no sea manifiesta (4:13). Tanto los escritores judíos[6] como los filósofos griegos[7] afirmaban que nada estaba oculto a Dios (cf. Sal 139:11-12).

Jesús, el Gran Sumo Sacerdote (4:14-16)

Gran sumo sacerdote (4:14). Esta expresión exacta solo aparece en escritos judíos extrabíblicos (p. ej., 1 Mac 13:42). El "sumo sacerdote" se menciona en Nm 35:25; Jos 20:6; Zac 6:11. Ver los comentarios de Heb 2:17.

Traspasó los cielos (4:14). "Cielos" (plural) refleja el uso hebreo y posiblemente los niveles de los cielos. La imagen aquí es la del sumo sacerdote moviéndose a través de los compartimentos del tabernáculo hasta el lugar santísimo. Ver los comentarios de Heb 9:2-3.

Tentado en todo (4:15). Ver los comentarios de Heb 2:18.

Trono de la gracia (4:16). Esto se refiere al "propiciatorio", la cubierta en la parte superior del arca del pacto, el lugar de la presencia de Dios donde los pecados eran perdonados. Ver los comentarios de Heb 9:5.

Requisitos de los Sumos Sacerdotes (5:1-10)

Tomado de entre los hombres (5:1). Los sumos sacerdotes fueron apartados como levitas (Nm 3:5-13, 44-45), y como descendientes de Aarón (Nm 3:10).

Se muestre paciente (5:2). El sumo sacerdote debía mostrar moderación (Lv 21:10-12; cf. la tole-

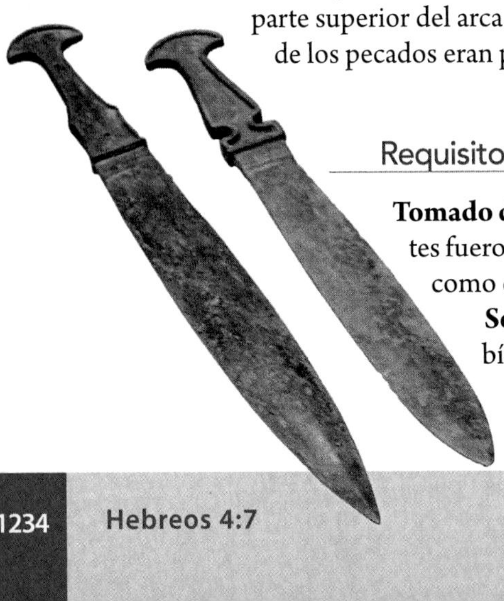

las espadas romanas de doble filo.

rancia de Aarón en Nm 14:5; 16:22, 47-48). Los escritos judíos posteriores no hablaban de la mansedumbre en relación con el oficio.

Ignorantes (5:2). Números 15:28 (cf. Lv. 4:2; 5:15; 22:4) contrasta los pecados de ignorancia con la apostasía voluntaria, para la cual no hay perdón (Nm 15:30-31).

Pecados, tanto por sí mismo... el pueblo (5:3). Ver los comentarios de Heb 9:7.

Nadie toma para sí esta honra (5:4). El A. T. condena a los individuos que actúan ilegítimamente como sacerdotes (Nm 16:40; 1 R 12:31). Durante las épocas asmonea (152-37 a. C.) y herodiana (37 a. C.-66 d. C.) el sumo sacerdote solía ser designado políticamente.

Mi Hijo... tu Padre (5:5 NTV). Esta cita del Sal 2:7 apoya el nombramiento sacerdotal divino de Cristo; en 1:5 apoya su coronación (ver comentarios de Heb 1:5).

Orden de Melquisedec (5:6). "Orden" (*taxis*) denota tipo o clase, no sucesión (es decir, un sacerdocio distinto de Aarón). Sobre Melquisedec, ver los comentarios de Heb 7:1; 7:2; 7:3.

Ofreciendo ruegos y súplicas (5:7). Esto puede referirse a las oraciones de Jesús en Getsemaní (Mt 26:36-46; Marcos 14:32-42; Lucas 22:40-46) o aludir al Sal 22 y al Sal 116. Los gritos y las lágrimas no se mencionan en los textos del N. T., pero eran habituales en las oraciones de liberación (p. ej., 2 Mac 11:6; 3 Mac 1:16; 5:7, 25).

Por lo que padeció aprendió la obediencia (5:8). Aprender del sufrimiento era una idea común grecorromana subrayada por la similitud entre las palabras griegas para "aprender" (*mathein*) y "sufrir" (*pathein*). Ver los comentarios de Heb 12:5-6.

Perfeccionado (5:9). Ver los comentarios de Heb 2:10.

Eterna salvación (5:9). Ver los comentarios de Heb 13:20

Exhortación a la madurez (5:11-6:3)

Primeros rudimentos (5:12). La palabra traducida como "primeros rudimentos" (*stoicheia*) podría indicar principios básicos, verdades elementales, elementos rudimentarios (como las letras de un alfabeto), los elementos materiales del mundo o incluso espíritus elementales que se cree que gobiernan el mundo.

Leche... alimento sólido (5:12, 14). El uso de símbolos alimentarios como analogía de los niveles de educación era habitual en los escritos Greco-Romanos. En este caso, la leche representa la inmadurez, mientras que el alimento sólido indica la madurez.

Ejercitados (5:14). "Ejercitado" (*hexis*) indica un hábito que produce un estado o condición. La palabra fue utilizada por los filósofos para instar a un estado de madurez.

Rituales de lavamientos (6:2 [CSB trad. lit.]). "Lavamientos" (en plural) sugiere ritos ceremoniales de purificación o limpieza (que eran importantes para muchos grupos judíos) más que el bautismo cristiano.

Imposición de manos (6:2). Esta práctica estaba asociada a la comisión de servicio (Nm 27:18, 23; Dt 34:9) o a las ofrendas de sacrificio (p. ej., Lv 1:4; 3:2; 4:4). En el libro de los Hechos, se asocia con la llenura del Espíritu (8:17; 9:17; 19:6), el encargo de servicio (6:6) y la curación (9:12).

Resurrección de los muertos (6:2). La literatura judía habla de una resurrección general de los justos, que puede deducirse de Is 26:19 y Dn 12:3.

Una severa advertencia (6:4-8)

Iluminados (6:4). La iluminación es una metáfora común de la conversión. La luz se asocia frecuentemente con Dios (Sal 27:1) y su palabra (Sal 19:8; 119:105, 130).

Gustaron del don celestial (6:4). Esto puede ser una referencia a la Eucaristía. Ver los comentarios de Heb 2:9.

Gustaron de la buena palabra de Dios (6:5). El Salmo 34:8 exhorta: "Gustad, y ved que es bueno Jehová" (cf. 1 P 2:3). Ver los comentarios de Heb 2:9.

Siglo venidero (6:5). Ver los comentarios de Heb 2:5.

Recibe bendición... próxima a ser maldecida (6:7-8). Las bendiciones del pacto se enmarcan en el contexto de la tierra (Dt 11:11-12; 28:1-14). La tierra maldita hace referencia a Is 5:1-7 (cf. Gn 3:17-18; Ez 19:10-14).

Seguridad y promesas (6:9-20)

Amor que habéis mostrado (6:10). Ver los comentarios de Heb 10:32-34.

Hizo la promesa a Abraham (6:13). La promesa de Dios se centraba en la descendencia, la tierra y la relación del pacto (Gn 12:1-3; 13:14-18; 15:1-21; 17:1-27; 22:15-19).

Juró por sí mismo (6:13). El juramento de Dios confirma la fiabilidad de su promesa (Gn 22:17; cf. Ex 32:13). Ver los comentarios de Heb 2:10.

Alcanzó la promesa (6:15). Génesis 21:1-7 registra el nacimiento del descendiente prometido, Isaac.

Los hombres ciertamente juran por uno mayor que ellos (6:16). Jurar por alguien (p. ej., Dios, el emperador) o por algo (p. ej., el templo, el cielo) más grande era habitual en el mundo antiguo.

Dos cosas inmutables (6:18). Probablemente se refiera a la promesa de Dios a Abraham y a su juramento (en Gn 22:17 y Sal 110:4).

Imposible que Dios mienta (6:18). El A. T. (Nm 23:19-20; 1 S 15:29; Sal 89:35; Is 31:2), los escritores grecorromanos (p. ej., Platón) y los judíos (p. ej., Filón) afirman esta verdad.

Fortísimo consuelo (6:18). Esta metáfora hace referencia a las ciudades de refugio levíticas (Nm 35:25-26; Dt 4:42) y/o a la santidad del altar (1 R 1:50; 2:28). Los templos de la época grecorromana también se consideraban lugares de refugio.

Ancla (6:19). Las anclas eran de piedra o, a veces, de hierro. Algunos filósofos se referían a las virtudes como anclas (p. ej., Pitágoras, Plutarco).

Dentro del velo (6:19). Ver los comentarios de Heb 9:2-3.

Anclas antiguas expuestas en Cesarea. Israel.

Jesús entró por nosotros como precursor (6:20). La representación es la de un precursor o un pionero (*prodromos*). Ver también Heb 2:10.

Orden de Melquisedec (6:20). Ver los comentarios de Heb 5:6.

El Sacerdote, el Rey Melquisedec (7:1-10)

Rey de Salem, sacerdote del Dios Altísimo (7:1). El antecedente es Gn 14:17-20 (especialmente el v. 18). Melquisedec, el primer sacerdote del A. T. que se menciona (cf. Ex 2:16), combinó de forma única los oficios de rey y sacerdote en el A.T.

Salió a recibir a Abraham... le bendijo (7:1). Génesis 14:1-24 relata la derrota de Abraham de los reyes extranjeros, tras lo cual fue recibido por Melquisedec, el rey de Salem. Ver los comentarios de Heb 7:6.

Rey de justicia (7:2). El nombre Melquisedec deriva de las palabras hebreas para "rey" (*melek*) y "justicia" (*tsedeq*).

Rey de Salem... Rey de paz (7:2). Salem se convertiría más tarde en Jerusalén (bajo David). La palabra "Salem" deriva del hebreo *shalom*, que significa "paz".

Sin padre, sin madre, sin genealogía (7:3). El Génesis no incluye la genealogía de Melquisedec, en contraste con las genealogías requeridas para los sacerdotes (Lv 21:13-14; Esdras 2:62; Neh 7:64). Hebreos sigue una conocida técnica rabínica de inferir de lo que no se dice en el texto para argumentar que existe otro sacerdocio, uno que no depende de la genealogía levita.

Ni tiene principio de días, ni fin de vida (7:3). El nacimiento y la muerte de Melquisedec no están registrados en el Génesis. Los escritores de Qumrán afirmaban que Melquisedec era una

Fragmento de altar de marfil que muestra a Cristo bendiciendo los sacrificios de Melquisedec y Abraham (siglo XI d. C.).

figura angélica y mesiánica.[8] Sin embargo, Hebreos aplica esta observación al sacerdocio asociado a Melquisedec, no a la persona.

Sacerdote para siempre (7:3). El Génesis no menciona el fin del sacerdocio de Melquisedec, lo que sugiere que es continuo. Hebreos alude aquí al Sal 110:4 para apoyar lo que estaba implícito en Gn 14.

El patriarca (7:4). La referencia al "patriarca" destaca la grandeza de Abraham como fundador de Israel.

Tomar... los diezmos (7:5). Los israelitas debían pagar los diezmos a los levitas (Nm 18:21-24).

Bendijo (7:6). Al bendecir a Abraham, Melquisedec desempeña el papel de sacerdote (p. ej., Nm 6:22-27). Al pagar el diezmo del botín a Melquisedec, Abraham reconoce su condición de sacerdote.

El menor es bendecido por el mayor (7:7). En una cultura de honor/vergüenza, con frecuencia alguien de menor estatus bendecía a alguien de mayor estatus. Los lectores de Hebreos habrían supuesto que Abraham era mayor que Melquisedec. Sin embargo, en Gn 14, el estatus sacerdotal de Melquisedec y la bendición de Abraham muestran su superioridad sobre Abraham, lo que probablemente fue inesperado para los destinatarios originales de la epístola, de ahí el comentario del autor.

De quien se da testimonio de que vive (7:8). El hecho de que el Génesis no registre la muerte de Melquisedec permite al autor establecer un paralelismo con Cristo, que resucitó de entre los muertos.

Jesús y el sacerdocio levítico (7:11-28)

Perfección (7:11). Ver los comentarios de Heb 2:10.

Orden de Melquisedec (7:11). Ver los comentarios de Heb 5:6.

Orden de Aarón (7:11). Ver los comentarios de Heb 2:17.

Cambiado el sacerdocio... cambio de ley (7:12). La ley prescribía ordenanzas para el sacerdocio levítico (p. ej., Lv 18).

Tribu... Judá (7:13-14). Solo a los levitas se les permitía servir en el altar (Lv 16:7-9, 18), aunque Jesús descendía de la tribu de Judá (Mt 1:2-3; Lc 3:33; Ap 5:5).

Orden de Melquisedec (7:17). Ver los comentarios de Heb 5:6.

Fueron hechos sacerdotes; pero este, con el juramento (7:21). El juramento divino no estaba asociado al sacerdocio levítico (cf. Ex 29; Lv 8). El juramento del Sal 110:4, citado en este versículo, sobre el orden de Melquisedec indica su estatus único (y superior), al igual que el juramento asociado a la promesa de Abraham confirmaba su permanencia. Ver los comentarios de Heb 6:13.

Fiador (7:22). *Engyos* ("fiador") indica un garante o fiador, que fuera responsable de los mismos castigos que aquellos por los que se defendía, incluyendo demandas, encarcelamiento o incluso la muerte. El término solo aparece aquí en el N.T., aunque era un término jurídico helenístico común. También podía indicar un pagaré.

Juramento (7:21). Ver los comentarios de Heb 8:6-12.

Debido a que por la muerte (7:23). Josefo afirmó que hubo ochenta y tres sumos sacerdotes desde el inicio del sacerdocio aarónico hasta el año 70.[9]

Santo, inocente, sin mancha (7:26). La palabra griega *hosios* indica tanto "santo" como "devoto", especialmente en lo que se refiere a la fidelidad al pacto (p. ej., LXX Sal 31:6 [ingl. trad. 32:6]); "puro" o "sin mancha" indica pureza de culto (p. ej., Lv 21:11).

Cielos (7:26). Ver los comentarios de Heb 4:14.

Ofrecer primero sacrificios por sus propios pecados, y luego por los del pueblo (7:27). El sumo sacerdote ofrecía sacrificios por sí mismo y por otros solo en el Día de la Expiación. Es probable que Hebreos confunda este día con el ministerio diario del sumo sacerdote para destacar la totalidad del sacerdocio de Jesús. Ver los comentarios de Heb 9:7.

Ofreciéndose a sí mismo (7:27). Esto probablemente alude a Is 53:10 y a Marcos 10:45.

El nuevo pacto (8:1-13)

Sumo sacerdote (8:1). Ver los comentarios de Heb 2:17.

Diestra (8:1). Ver los comentarios de Heb 1:13.

Verdadero tabernáculo… no el hombre (8:2). Un tabernáculo no hecho por humanos se menciona también en Marcos 14:58; Juan 2:19-22; Hechos 7:48; 17:24 (cf. Nm 24:6).

Copia, una sombra (8:5 NTV). El término griego *hypodeigma* ("copia") podría significar un patrón, un modelo o una copia. Este lenguaje se asemeja al de Filón y algunos platónicos, que alineaban la sombra con el mundo material y lo verdadero con el mundo espiritual. Sin embargo, Hebreos contrasta la sombra con el mundo venidero, indicando que la copia y la sombra corresponden al antiguo orden de Moisés. Lo verdadero se corresponde con el nuevo pacto, su mediador y el mundo venidero.

Mira, haz todas las cosas conforme al modelo (8:5). Esta advertencia aparece en Ex 25:40 (también Ex 25:9, 40; 26:30; 27:8; cf. Hechos 7:44). No está claro qué vio Moisés (p. ej., un plano, un modelo o el propio santuario celestial). La idea de que la morada terrenal de un dios refleje la celestial era común en el mundo antiguo.

Mediador (8:6). Un mediador era un árbitro o intermediario entre dos partes (p. ej., Ex 24:1-8).

Aquel primero (8:7). El pacto de Moisés era un acuerdo bilateral entre Dios y el pueblo (Ex 19:3-8; cf. Dt 29-30).

El segundo (8:7). El pacto anterior estaba limitado por la repetición (p. ej., los sacrificios diarios, el Día de la Expiación anual), el acceso restringido (solo el sumo sacerdote podía entrar en el lugar santísimo una vez al año), la eventual muerte del sumo sacerdote, el uso de sangre animal (Heb 10:4), etc. Ver los comentarios de Heb 9:2-3; 9:7.

Vienen días… En que estableceré… un nuevo pacto (8:8-12). El nuevo pacto, al que se refieren estos versículos en la cita de Jer 31:31-34, se prometió cuando el reino del sur, Judá, se enfrentaba al exilio por no cumplir el pacto de Moisés (Jer 7:24-26; cf. Jer 11:6).

El tabernáculo (9:1-10)

Primer pacto (9:1). Ver Heb 8:6-12.

Tabernáculo estaba dispuesto (9:2). Éxodo 25-31 describe las instrucciones para el tabernáculo; Éxodo 35-40 describe su construcción.

Lugar Santo… el Lugar Santísimo (9:2-3). Los sacerdotes pasaban por el velo exterior (Ex 26:36-37) del tabernáculo (el lugar santo), pero solo el sumo sacerdote podía pasar por el segundo velo (Ex 26:31-35) para entrar en el lugar santísimo, y solo en el Día de la Expiación. Ver los comentarios de Heb 2:17; 9:7.

Candelabro (9:2). El candelabro de oro tenía un eje central con tres ramas florecidas que se extendían a ambos lados y soportaban siete lámparas (Ex 25:31-40; 37:17-24).

Mesa (9:2). La mesa era de madera de acacia cubierta de oro (Ex 25:23-30; 37:10-16).

Panes de la proposición (9:2). Se colocaban doce panes en la mesa y se reemplazaban semanalmente (Lv 24:5-9).

Incensario de oro (9:4). En este altar se ofrecía incienso a diario; en el Día de la Expiación el sumo sacerdote ponía sangre en él (Ex 30:1-10).

Arca del pacto cubierta de oro… tablas del pacto (9:4). El arca era de madera de acacia cubierta de oro y contenía las tablas del pacto (Ex 25:10-22).

Urna de oro que contenía el maná (9:4). Una urna de maná, alimento que Dios proporcionó a Israel en el desierto, se guardó con las tablas del pacto (Ex 16:32-34).

La vara de Aarón (9:4). La vara de Aarón brotó como confirmación de su función sacerdotal (Nm 17:1-11).

Querubines de gloria (9:5). Estas dos figuras aladas de oro estaban enfrentadas y sus alas cubrían el arca (Ex 25:18-22; cf. 1 Reyes 6:23-28). Dios prometió encontrarse con Moisés "entre los dos querubines" (Ex 25:22; Nm 7:89), donde Dios estaba coronado (1 S 4:4; 2 S 6:2; Sal 80:1).

Propiciatorio (9:5). La tapa del arca se llamaba el propiciatorio, sobre el que Dios estaba coronado. El trono de Dios era la fuente de la misericordia (Is 16:5). Solo el sumo sacerdote podía acercarse al propiciatorio (Lv 16).

Oficios del culto (9:6). El ministerio de los sacerdotes incluía recargar las lámparas (Ex 27:20-21; Lv 24:1-4), ofrecer los sacrificios diarios (Ex 29:38-

42) y cambiar el pan (Lv 24:5-9).

Sumo sacerdote una vez al año, no sin sangre (9:7). En el Día de la Expiación, el sumo sacerdote sacrificaba un toro por sus propios pecados y un macho cabrío por los del pueblo; rociaba la sangre de ambos sobre el propiciatorio (Lv 16:11-16). Solo el sumo sacerdote podía entrar en el lugar santísimo y solo en el Día de la Expiación (Ex 30:10; Lv 16:16-17).

Estuviese en pie... tiempo presente (9:8-9). El autor alinea la primera sección del tabernáculo con el tabernáculo físico y el sacerdocio levítico, y la segunda con el verdadero tabernáculo y el sacerdocio de Cristo. Ver los comentarios de Heb 8:5.

Comidas y bebidas, de diversas abluciones (9:10). Es probable que se refiera a los reglamentos relativos a las ofrendas de alimentos (p. ej., Nm 15:5-10; 28:7-10), a los alimentos limpios e impuros (Lv 11; cf. Dn 1:8) y a la purificación de los sacerdotes (Ex 29:4; Lv 8:6; 16:4, 24) o a la impureza (p. ej., Lv 15).

La sangre de Cristo (9:11-28)

Sumo sacerdote (9:11). Ver los comentarios de Heb 2:17

Perfecto tabernáculo (9:11). Ver los comentarios de Heb 8:2; 8:5.

Entró una vez para siempre en el Lugar Santísimo (9:12). Ver los comentarios de Heb 9:2-3.

Sangre de machos cabríos ni de becerros (9:12). Ver los comentarios de Heb 9:7.

Redención (9:12). La propiedad (Lv 25:25-29) o las personas (Lv 25:35-55) podían ser compradas y, por tanto, redimidas (p. ej., Israel de Egipto [Dt 7:8; 15:15]). La propia vida de Jesús se entendió así (Mt 20:28; Marcos 10:45).

Sangre de los toros y de los machos cabríos (9:13). Ver los comentarios de Heb 9:7.

Cenizas de la becerra (9:13). Las cenizas de una novilla roja formaban parte de un ritual de purificación (Nm 19:1-21).

Sin mancha (9:14). Esto se refiere a los animales de sacrificio que no tenían defectos (p. ej., Nm 6:14).

Espíritu eterno (9:14). Esto puede aludir al Espíritu que se posó sobre el siervo del Señor (Is 42:1; 61:1) y, de este modo, al Espíritu Santo.

Dios vivo (9:14). Ver los comentarios de Heb 3:12.

Mediador (9:15). Ver los comentarios de Heb 8:6.

Herencia (9:15). Ver los comentarios de Heb 1:2.

Remisión (9:15). Ver los comentarios de Heb 9:12.

Testamento (9:16-17). La palabra griega *diathēkē* puede traducirse como "voluntad" o "testamento", pero aquí lo más probable es que signifique "pacto", indicando un paralelismo entre la inauguración del pacto de Moisés y el nuevo pacto. Del mismo modo, la muerte asociada a un pacto (Gn 15:9-21; Jer 34:17- 20) está vinculada a la muerte de Jesús.

Agua, lana escarlata e hisopo (9:19). El agua, el material escarlata y el hisopo se asocian a los ritos de purificación (Lv 14:4-6, 49-52; Nm 19:1-10, 17-18).

***Sangre del pacto*... roció... el tabernáculo** (9:20-21). El primer pacto fue ratificado por la aspersión de la sangre del sacrificio (Ex 24:3-8).

Sin derramamiento de sangre no se hace remisión (9:22). Esto resume el Día de la Expiación (Lv 16:14-19) y las ofrendas por el pecado (p. ej., Lv 4:5-7, 16-18). Ver especialmente Lv 17:11.

Figuras de las cosas celestiales... figura (9:23-24). Ver los comentarios de Heb 8:5.

Sumo sacerdote... cada año (9:25). Ver los comentarios de Heb 9:7.

Aparecerá por segunda vez... a los que le esperan (9:28). Los israelitas esperaban con entusiasmo la reaparición del sumo sacerdote desde el interior del lugar santísimo en el Día de la Expiación (Si 50:5).

El sacrificio de Cristo (10:1-18)

Ley (10:1). Ver los comentarios de Heb 7:12.

Sombra (10:1). Ver los comentarios de Heb 8:5.

Mismos sacrificios que se ofrecen continuamente cada año (10:1). Esto hace referencia al Día de la Expiación. Ver los comentarios de Heb 9:7.

Perfectos (10:1). Ver los comentarios de Heb 2:10.

Cada año se hace memoria de los pecados (10:3). Esto hace referencia al Día de la Expiación y posiblemente a Nm 5:15. Ver los comentarios de Heb 9:7.

Sangre de los toros y de los machos cabríos (10:4). Ver los comentarios de Heb 9:7.

El mundo (10:5). Aquí "mundo" (*kosmos*) indica la encarnación de Jesús. Ver los comentarios de Heb 2:5.

Sacrificio y ofrenda no quisiste (10:5). Esta cita es del Sal 40:6 (LXX 39:7). Ver los comentarios de Heb 10:8.

Me preparaste cuerpo (10:5). El texto hebreo del Sal 40:6 dice "mis oídos has perforado/abierto", indicando una completa obediencia a Dios. Los traductores de la Septuaginta aparentemente entendieron la parte ("oreja") en términos del todo ("cuerpo"). Hebreos aplica el Sal 40:6 a la encarnación de Cristo y su significado para el sacerdocio y el sacrificio de Cristo.

Sacrificio y ofrenda y holocaustos y expiaciones por el pecado no quisiste (10:8). El Salmo 40:6-8 indica que la obediencia sincera es mejor que los sacrificios superficiales, un estribillo común en el A. T. (p. ej., 1 S 15:22; Is 1:10-13; Jer 7:21-24; Amós 5:21-27; Sal 50:8-10; Oseas 6:6). Los términos, "sacrificio", "ofrenda", "holocausto" y "expiaciones por el pecado", reflejan los principales tipos de ofrendas levíticas.

Quita lo primero, para establecer esto último (10:9). La referencia es al pacto de Moisés y sus ordenanzas.

Santificados (10:10). Ver los comentarios de Heb 2:11.

Todo sacerdote está día tras día ministrando (10:11). Ver los comentarios de Heb 1:3.

Se ha sentado a la diestra de Dios (10:12). Ver los comentarios de Heb 1:13.

Perfectos (10:14). Ver los comentarios de Heb 2:10.

Santificados (10:14). Ver los comentarios de Heb 2:11.

Este es el pacto que haré con ellos... nunca más me acordaré de sus pecados (10:16-17). Esta cita es de Jer 31:33-34. Ver Heb 8:6-12.

Una exhortación a la perseverancia (10:19-39)

Lugar Santísimo (10:19). Ver los comentarios de Heb 9:2-3.

Velo... su carne (10:20). Esto puede aludir al desgarro del velo del templo durante la crucifixión de Jesús (Mt 27:51; Marcos 15:38; Lucas 23:45). Ver los comentarios de Heb 9:2-3.

Gran sacerdote (10:21). Ver los comentarios de Heb 2:17: 4:14.

Casa de Dios (10:21). Ver los comentarios de Heb 3:2.

Purificados (10:22). Ver los comentarios de Heb 9:7; 9:20-21.

Lavados los cuerpos con agua pura (10:22). "Agua pura" alude a la purificación ritual (Nm 5:17; Ez 36:25) o a la limpieza por la sangre de Jesús anticipada por la aspersión de la sangre del pacto (Ex 24:3-8; cf. Ez 36:25-26). La referencia aquí podría ser también al bautismo. Ver los comentarios de Heb 9:10.

Fiel es el que prometió (10:23). La fidelidad de Dios es una afirmación constante en el A. T. (Dt 7:9; 32:4; Sal 145:13; cf. 1 Co 1:9; 2 Co 1:18; 1 Ts 5:24).

En Hebreos 10:11 se describen los deberes religiosos que realizaban los sacerdotes en el templo de Jerusalén: "todo sacerdote está día tras día ministrando y ofreciendo muchas veces los mismos sacrificios". Los lectores gentiles de Hebreos podían identificarse a través de su propia experiencia con las repetidas ofrendas dadas a las deidades grecorromanas. Este relieve romano muestra a un hombre ofreciendo incienso a sus dioses (siglo I d. C.). Hebreos 9:16-17

Congregarnos (10:25). Es probable que el público formara parte de una iglesia local en casa que estaba vagamente conectada con otras iglesias en casa. Debido a la persecución, este grupo puede haber tenido la tentación de retirarse de esta asociación más amplia. Ver los comentarios de Heb 10:32-34.

Aquel día se acerca (10:25). El día del Señor se asociaba con la absolución de pecado y el juicio divinos (p. ej., Joel 1:15; Amós 5:20; Sof 1:14-18).

Pecáremos voluntariamente (10:26). Ver los comentarios de Heb 5:2.

Fuego que ha de devorar a los adversarios (10:27). Esto hace referencia a Is 26:11 y posiblemente a Nm 16:35; 26:10 (cf. Sof 1:18).

Muere irremisiblemente (10:28). Esto hace referencia a Dt 13:8; 19:13.

Testimonio de dos o de tres testigos (10:28). Esto hace referencia a Dt 17:2-7 (cf. Dt 19:15-21), que prescribe la muerte como pena por la idolatría, basándose en el testimonio de dos o tres testigos.

Pisoteare al Hijo de Dios (10:29). Pisotear a alguien o algo era una indicación de desprecio (p. ej., Mic 7:10).

Sangre del pacto (10:29). Ver los comentarios de Heb 9:20-21.

Espíritu de gracia (10:29). Esto puede hacer referencia a Zac 12:10.

Mía es la venganza, yo daré el pago (10:30). Esta cita del Cántico de Moisés (Dt 32:35) se refiere al juicio de Dios contra sus enemigos.

El Señor juzgará a su pueblo (10:30). Esta cita, también del Cántico de Moisés (Dt 32:36; cf. Sal 135:14), indica el juicio imparcial de Dios.

Caer en manos del Dios vivo (10:31). Esto puede hacer referencia a 2 S 24:14. Ver los comentarios de Heb 3:12.

Días pasados... padecimientos (10:32-34). Probablemente se refiera a la expulsión de los judíos de Roma por Claudio en el año 49 d. C. (cf. Hechos 18:1-2). Al principio, los romanos consideraban el cristianismo como una secta judía. Si el público era creyentes judíos, probablemente se enfrentaron a la vergüenza pública (tanto de los romanos como de otros judíos), a la confiscación de sus posesiones y al encarcelamiento.[10] Tácito señaló que los cristianos eran acusados de varios delitos. Los sufrimientos y aflicciones mencionados en estos versículos probablemente no se refieran al martirio de los cristianos por Nerón en el año 64.

Iluminados (10:32). Ver los comentarios de Heb 6:4.

Combate (10:32). Ver los comentarios de Heb 12:1.

Presos (10:34). Los presos confiaban en sus familiares y amigos para que les llevaran comida y otras provisiones, aunque el suministro de dicha ayuda podía poner a estas personas en peligro de ser encarceladas.

Promesa (10:36). Ver los comentarios de Heb 6:13.

Aún un poquito, y el que ha de venir vendrá (10:37). La primera parte de esta cita procede de Is 26:20, que menciona el hecho de esconderse hasta que la ira de Dios haya pasado, acción que se desaconseja aquí. "Pues viniendo, vendrá" (o "el que ha de venir vendrá") procede de LXX Hab 2:3, que se entendía como un título mesiánico (cf. Mt 11:3; Lc 7:19).

El justo vivirá por fe (10:38). Se cita Hab 2:4. El profeta Habacuc (siglo VII a. C.) clamó por la vindicación de Dios ante la opresión extranjera. Se le exhortó a perseverar en la fe.

La naturaleza de la fe (11:1-3)

Certeza de lo que se espera (11:1). La palabra griega hypostasis puede tener un sentido objetivo ("realidad, sustancia") o subjetivo ("confianza, seguridad, convicción, firmeza"). Ambas cosas encajan en este contexto. Ver los comentarios de Heb 1:3.

Los antiguos (11:2). El autor recurre a un conocido recurso retórico, la lista de ejemplos, que era común en los escritos judíos[11] y de los primeros cristianos[12] y que buscaba motivar a la audiencia para que imitara un comportamiento virtuoso.

El universo por la palabra de Dios (11:3). Se refiere a Gn 1:1-2:4 (cf. Sal 33:6, 9). A diferencia de los filósofos griegos, el autor de Hebreos es coherente con otros escritos judíos (p. ej., 2 Mac 7:28; 2 *Bar* 21.4; cf. Juan 1:1-4; Col 1:16-17) que afirman que Dios creó el mundo de la nada (*creatio ex nihilo*).

La fe del principio (11:4-7)

Abel ofreció a Dios más excelente sacrificio que Caín (11:4). Esto se refiere a Gn 4:2-5.

Y muerto, aún habla (11:4). Ver los comentarios de Heb 12:24.

Enoc fue traspuesto (11:5). Génesis 5:18, 21-24 registra que Enoc vivió 365 años antes de que el Señor se lo llevara. Basándose en su experiencia única, Enoc fue objeto de mucha especulación en los escritos judíos[13] y el supuesto autor de numerosos escritos pseudoepigráficos.[14]

Dios... existe (11:6 NTV). El monoteísmo era un principio básico de la creencia judía, que incluía afirmaciones acerca de la existencia de Dios (p. ej., 4 Mac 5:24; Sab 13:1).

Condenó al mundo (11:7). La tradición sostiene que Noé predicó el arrepentimiento antes del diluvio.[15]

La fe de los patriarcas (11:8-22)

Ciudad que tiene fundamentos, cuyo arquitecto y constructor es Dios (11:10). La interpretación de la tierra prometida a Abraham como una ciudad (celestial) es común en los escritos judíos,[16] probablemente basada en Is 54:11-12 (cf. Is 28:16).

Como las estrellas del cielo en multitud, y como la arena innumerable (11:12). Esto refleja la promesa de Dios a Abraham (Gn 15:5; 22:17). Ver los comentarios de Heb 6:13.

Sin haber recibido lo prometido (11:13). Hebreos distingue entre la promesa de descendencia de Abraham, que se obtuvo (ver Heb 6:15), y la promesa de la tierra, que no se obtuvo.

Extranjeros y peregrinos sobre la tierra (11:13). La condición de "extranjeros y peregrinos" (expresión fija [cf. Gn 23:4]) era precaria en el mundo antiguo, con frecuencia a causa del hambre o la guerra.

De donde salieron (11:15). Abraham y su familia salieron primero de la ciudad mesopotámica de Ur (Gn 11:28), en el actual Irak, y luego de la ciudad de Harán (Gn 11:31), en la actual Turquía.

Ofreció a Isaac (11:17). Este relato se convirtió en paradigma de la fidelidad en las pruebas (Gn 22:1-19; cf. Jubileos 17.15-16; 18.16; 4 Mac 16:20).

En Isaac te será llamada descendencia (11:18). Esta cita es de Gn 21:12.

Dios es poderoso para levantar aun de entre los muertos (11:19). Esto podría deducirse de Gn 22:5.

Bendijo Isaac a Jacob y a Esaú (11:20). Ver Gn 27:27-40.

Jacob... bendijo a cada uno de los hijos de José (11:21). Ver Gn 48:11-20.

José... dio mandamiento (11:22). Ver Gn 50:24-25 (cf. Ex 13:19; Jos 24:32).

La fe en tiempos de Moisés (11:23-31)

Sus padres (11:23). Los padres de Moisés y su excepcional infancia se mencionan en Ex 2:2 (cf. Hechos 7:20). La tradición judía atribuía a Moisés cualidades notables.[17]

Hijo de la hija de Faraón (11:24). Se refiere a Ex 2:5-10 y hace referencia a Ex 2:11-15. Tanto el autor de Hebreos como Esteban comparten una comprensión similar de Moisés (ver Hechos 7:20-29).

Vituperio de Cristo (11:26). Hebreos entiende el rechazo de Moisés a su condición de egipcio y la consiguiente vergüenza como algo paralelo al reproche al que se enfrentó Cristo (cf. 12:1-3).

Dejó a Egipto (11:27). Es probable que la primera salida de Moisés de Egipto tenga que ver con esto. La tradición judía no asocia su salida con el miedo.[18]

La pascua (11:28). Ver Ex 12:1-49.

El Mar Rojo (11:29). Ver Ex 13:17-14:31 (cf. Ex 15:1-21; Sal 106:9-12).

Muros de Jericó (11:30). Ver Jos 5:13-6:27.

Rahab (11:31). Ver Jos 2:1-21 (cf. Mt 1:5; Stg 2:25).

Otros ejemplos de fe (11:32-40)

¿Y qué más digo? (11:32). A partir del versículo 30, la narración invierte el orden cronológico (Jericó cayó después de que Rahab ayudara a los espías,

Gedeón después de Barak, etc.) y comprime la narración para resaltar el gran número de ejemplos en previsión de 12:1.

Gedeón (11:32). En Jueces 6:34, se dice que el Espíritu de Dios estaba sobre Gedeón, que derrotó a los madianitas (ver Jue 6-8).

Barac (11:32). Ver Jue 4-5. Barac derrotó al cananeo Sísara, pero solo con la ayuda de Débora y Jael.

Sansón (11:32). Ver Jue 13-16. Aunque Sansón se dejó llevar por sus pasiones, el Espíritu de Dios estaba sobre él (Jue 13:25) mientras luchaba contra los filisteos.

Jefté (11:32). Ver Jue 10:5-12:7. El Espíritu de Dios estaba también sobre Jefté (Jue 11:29) mientras luchaba contra los amonitas (ver especialmente Jue 11:14-27).

David (11.32). La vida de David abarca desde 1 S 16:1 hasta 1 Reyes 2:12 (cf. 1 Cr 10:14-29:30). A pesar de sus muchos defectos, fue fiel (p. ej., 1 S 13:14).

Samuel (11:32). La fidelidad de Samuel (1 S 1:1-25:1) fue elogiada en la literatura judía (p. ej., Si 46:13-15).

Taparon bocas de leones (11:33). Ver Dn 6:1-23 (especialmente v. 22).

Apagaron fuegos (11:34). Probablemente se refiere a Sadrac, Mesac y Abednego (Dn 3).

Evitaron... espada (11:34). Elías escapó de Jezabel (1 Reyes 19:1-9), y Eliseo de Joram (2 Reyes 6:24-7:2).

Mujeres recibieron sus muertos (11:35). Probablemente se refiere a la viuda de Sarepta (1 Reyes 17:7-24) y a la mujer sunamita (2 Reyes 4:8-37).

Atormentados... mejor resurrección (11:35). Puede referirse al mártir judío Eleazar, que fue torturado hasta la muerte por su fe en Dios (2 Mac 6:18-19, 28; cf. 4 Mac 5:32), o a una madre y sus hijos que sufrieron el mismo destino (2 Mac 7:1-41; 4 Mac 8:1-17:24).

Vituperios y azotes, y a más de esto prisiones y cárceles (11:36). Esto podría referirse a Jeremías (p. ej., Jer 20:1-10; 37:15; 38:6-13), o incluso a la propia experiencia de la audiencia. Ver los comentarios de Heb 10:32-34.

Apedreados (11:37). La tradición judía afirma que Jeremías fue apedreado hasta la muerte en Egipto. Zacarías fue apedreado por el rey Joás (2 Cr 24:21; cf. Lucas 11:51).

Aserrados (11:37). El escrito apócrifo *Martyrdom and Ascension of Isaiah* [Martirio y Ascensión de Isaías, dividido en dos libros en español] recoge que el profeta fue aserrado en dos (5.1-16).

Muertos a filo de espada (11:37). Podría referirse a los profetas (p. ej., 1 Reyes 19:10; Jer 26:23), o a Santiago, el hermano de Juan (Hechos 12:2).

De pieles de ovejas y de cabras... por las cuevas y por las cavernas de la tierra (11:37-38). Podría referirse a profetas, como Elías (2 Reyes 1:8), o a judíos perseguidos (1 Mac 2:28-38; 2 Mac 5:27; 6:11; 10:6).

Perfeccionados (11:40). Ver los comentarios de Heb 2:10.

Perseverar en la carrera (12:1-13)

Nube de testigos (12:1). Esta metáfora grecorromana de una multitud enfatiza la inmensidad y la unidad. La imagen del concurso en 12:1-3 sugiere un estadio o anfiteatro.

Todo peso (12.1). Se animaba a los atletas a deshacerse del exceso de peso corporal antes de las competiciones. Los filósofos también hablaban sobre el exceso de orgullo, la preocupación por la reputación u otros vicios.

Pecado que nos asedia (12.1). La imagen probablemente sea la de una túnica que estorbaría a un atleta, que normalmente competiría desnudo o mínimamente vestido.

La carrera que tenemos por delante (12:1). Las competiciones atléticas eran populares y prestigiosas en el Imperio Romano. Entre ellas se encontraban la carrera (un recorrido predeterminado de varios kilómetros), el salto, el lanzamiento de disco y jabalina, la lucha y el boxeo. Las representaciones atléticas de las luchas morales eran comunes en la literatura judía helenística (p. ej., 4 Mac 16:16-23; 17:11-16; cf. Hechos 20:24; 1 Co 9:24-27; Gl 2:2; Flp 2:16; 3:12-14; 2 Ti 4:7-8).

Ojos en Jesús (12:2). Los atletas solían mirar en la pista al que se sentaba en

Los estadios de las ciudades griegas albergaban carreras pedestres y otras pruebas atléticas. El estadio que se muestra aquí en Nemea, a unas once millas de Corinto, era el lugar donde se celebraban los Juegos Nemeos, que formaban parte del ciclo de juegos panhelénicos.

el lugar de honor (cf. 4 Mac 17:10).

Autor y consumador de la fe (12:2). *Teleiōtes* ("perfeccionador") probablemente fue acuñado por el autor. Ver los comentarios de Heb 2:10.

Sufrió la cruz (12:2). La crucifixión fue diseñada para prolongar la tortura, maximizar el dolor y despojar de toda dignidad. Se consideraba la muerte más vergonzosa; los ciudadanos romanos estaban exentos de ella y se les aconsejaba incluso a no hablar de ella.[19] Ver el artículo "La crucifixión".

Se sentó a la diestra (12:2). Ver los comentarios de Heb 1:13.

Trono de Dios (12:2). Ver los comentarios de Heb 9:5.

Hasta la sangre (12:4). La sangre era habitual en las competiciones de atletismo, aunque podría aludir al martirio (cf. 11:35-38).

Hijo mío... la disciplina del Señor (12:5-6). Se cita aquí Proverbios 3:11-12, donde se relacionan la disciplina y la filiación (cf. Pr 29:17).

Soportáis la disciplina (12:7). La "disciplina" (paideia), o instrucción, se consideraba necesaria y podía implicar un sufrimiento no punitivo (cf. Ro 5:3-4; Stg 1:2-3).[20]

Padre de los espíritus (12.9). Esto puede hacer referencia a Nm 16:22; 27:16, y contrasta con los padres terrenales.

Fruto apacible de justicia (12:11). Esto puede hacer referencia a Is 32:17 (cf. Sal 119:67, 71).

Ejercitados (12:11). Ver los comentarios de Heb 12:1.

Levantad las manos caídas y las rodillas paralizadas (12:12). Esto adapta Is 35:3, que originalmente ofrecía ánimos a los exiliados que regresaban.

El ejemplo de Esaú (12:14-17)

Alguna raíz de amargura (12:15). Esto hace referencia a Dt 29:18, donde Moisés exhortó a los israelitas contra la idolatría cananea (cf. Heb 3:12).

Profano, como Esaú (12:16). La palabra traducida como "profano" es *pornos* ("fornicador"), que también podría significar "apóstata". El A.T. no registra inmoralidad sexual con Esaú (aunque podría inferirse de sus dos esposas hititas [Gn 26:34-35; cf. Gn 28:6-9]), pero la tradición judía atribuía el ser profano a Esaú.[21]

Por una sola comida vendió su primogenitura (12:16). Esto se refiere a Gn 25:29-34. Como primogénito, Esaú habría heredado la bendición.

De Sinaí a Sion (12:18-24)

Acercado (12:18). En la Septuaginta, *proselēlythate* ("prosélito" deriva de esta palabra griega) indica un acercamiento ceremonial a Dios; en Hebreos se asocia con la entrada de Jesús en el santuario celestial (4:16; 7:25; 10:19-22).

Que se podía palpar, y que ardía en fuego (12:18). La aterradora descrip-

En la foto, Jebel Katerina, un pico en las montañas del Sinaí.

ción del Sinaí en los versículos 18-19 se basa en Ex 19:16-19; 20:18-21 (cf. Dt 4:11-12).

Si aun una bestia tocare el monte (12:20). Ver Ex 19:12-13.

Estoy espantado y temblando (12:21). Estas palabras aparecen con el incidente del becerro de oro y no con el encuentro del Sinaí (Dt 9:19). Sin embargo, la tradición judía describe el temor de Moisés, que quizás también se refleja en Hechos 7:32.

Monte de Sion (12:22). Sion fue el lugar donde David construyó Jerusalén y llevó el arca (2 S 5-6; cf. 1 Reyes 8:1); "Sion" y "Jerusalén" aparecen con frecuencia de manera intercambiable (p. ej., Sal 51:18; 102:21).

La ciudad del Dios vivo, Jerusalén la celestial (12:22). Los escritos apocalípticos rabínicos y judíos incluyen muchas especulaciones sobre la Jerusalén celestial,[22] probablemente basadas en los Sal 48, 87, Is 28:16; 54:11-12, aunque el término "Jerusalén la celestial" es exclusivo de los hebreos (cf. 1 Esd 4:58; Gl 4:26; Ap 21:2; Heb 13:14).

Millares de ángeles (12:22). Esto puede aludir a Dt 33:2 (cf. Sal 68:17-18). Las miríadas de ángeles están asociadas a la corte celestial (Dn 7:10; cf. Ap 5:11; 7:11).

Congregación de los primogénitos (12:23). En la Septuaginta, "congregación" (*ekklēsia*) describe la reunión del desierto (p. ej., Dt 31:30), y en el N. T., la iglesia primitiva (p. ej., Hechos 9:31; 1 Co 1:2). Sobre "primogénito", ver los comentarios de Heb 1:6.

Inscritos en los cielos (12:23). Los nombres de los ciudadanos se registraban legalmente al nacer. El hecho de que los nombres estén escritos en el

Nuestro hermano Timoteo (13:23). Lo más probable es que se trate del Timoteo asociado a Pablo (p. ej., Hechos 16:1-5), ya que no se proporciona más información. No existe un relato del N. T. sobre su encarcelamiento, pero es probable.

Los de Italia (13:24). Es posible que esta expresión se refiera a personas originarias de Italia que se encontraban con el autor en algún lugar fuera de Italia en el momento de la escritura; esto también apoyaría la opinión de que Hebreos tiene en mente una audiencia en Roma (ver comentarios de Heb 13:7).

— Mateo
— Marcos
— Lucas
— Juan
— Hechos
— Romanos
— 1 Corintios
— 2 Corintios
— Gálatas
— Efesios
— Filipenses
— Colosenses
— 1 Tesalonicenses
— 2 Tesalonicenses
— 1 Timoteo
— 2 Timoteo
— Tito
— Filemón
— Hebreos

— Santiago

— 1 Pedro
— 2 Pedro
— 1 Juan
— 2 Juan
— 3 Juan
— Judas
— Apocalipsis

Santiago

Mariam Kamell-Kovalishyn
y Josiah Mcdermott

Introducción.. La Carta de Santiago, potencialmente del líder de la iglesia de Jerusalén y una de las primeras epístolas escritas, es un ejemplo destacado del cristianismo judío primitivo.[1] Es nuestro ejemplo de literatura de sabiduría en el N.T. (como los Proverbios), pero también muestra influencia de géneros como la profecía (Jeremías) y la ley (Deuteronomio). En esta epístola, la motivación para relacionarse con los demás como miembros del pueblo del pacto de Dios no se limita a las maldiciones del pacto terrenal (cf. Dt 28:15-57), sino que también tiene en cuenta las advertencias sobre el juicio futuro (cf. 1 Enoc 42.1-2; 98.6-16). El autor tiene en cuenta las preocupaciones, tan abundantes en los profetas del A.T., de que Dios desea la misericordia por encima de los sacrificios, y Santiago estructura la epístola en torno al carácter, la justicia y la misericordia, más que en torno a marcas étnicas de identificación como la circuncisión o el sacrificio. El Sermón del Monte de Jesús, registrado en Mt 5-7, también ejerce una gran influencia.[2] Hay consenso en que el "Santiago" del versículo 1 se refiere al menos a "Jacobo el hermano del Señor" (Gl 1:19), líder de la iglesia de Jerusalén (Hechos 15; 21). Este Santiago parece haber sido bien conocido por los judíos de la época, ya que Josefo describe el asesinato de Santiago por motivos políticos como un acontecimiento importante que condujo a la caída de Jerusalén (*Jewish Antiquities* 20.9.1).

Salutación y saludos (1:1)

Santiago... Salud (1:1). Este versículo muestra la forma habitual en que comenzaban las cartas antiguas: autor, audiencia y saludos. El título de "esclavo" o "siervo" probablemente refleje el lenguaje del A.T. de Abraham, Moisés y David como "siervos" de Dios, un título de vocación que de sumisión (p. ej.,

Gn 18:5-6; Nm 12:8; 2 S 7:5, 8). El lenguaje de la "diáspora" ("disperso", utilizado en otro lugar solo en 1 P 1:1), combinado con el identificador de las "doce tribus", señala un público judío cristiano (es decir, un Israel formado por israelitas que identifican a Jesús como el Mesías).

Las pruebas, la madurez y los buenos dones de Dios (1:2-18)

Perfectos y cabales (1:4). La perfección y la integridad son temas fundamentales a lo largo de la epístola, y reflejan la madurez a la que Dios llamó a su pueblo del pacto en el A. T. (p. ej., Lv 19:1-2).

Sabiduría (1:5). Como se ve en textos del A.T., como los Proverbios, la sabiduría es un don de Dios que nos enseña a vivir una vida que le agrada. El lenguaje de "pedir" es igual al de Jesús en Mt 7:7.

Doble ánimo (1:8). Los de doble ánimo son aquellos, como Israel en el tiempo de Elías, que querían adorar tanto a Dios como a Baal (cf. 5:13-20). Dudan de la suficiencia y la bondad de Dios y, por lo tanto, buscan "cubrir sus necesidades" con otras cosas.

Exaltación... humillación (1:9-10). La descripción de un cambio de fortuna, aunque bíblica, también era familiar en el mundo antiguo. Toda tragedia implica un cambio de fortuna. En una historia "simple" es gradual; en una historia "compleja" es catastrófico, una inesperada transformación de la rueda de la fortuna.[3]

Él pasará como la flor de la hierba (1:10-11). Esto hace referencia a Is 40:7. En las zonas desérticas de Palestina, estas imágenes habrían sido familiares.

Soporta la tentación... es tentado (1:12-15). Volviendo al tema de 1:2-4, en estos versículos Santiago ofrece a los lectores una perspectiva escatológica de la tentación: soportar la tentación nos da vida y vivir derrotados produce la muerte. La referencia a no poner a prueba a Dios hace referencia al comportamiento de Israel en el desierto.La palabra griega es la misma, pero cambia su significado de "prueba" a "tentación" en esta sección, siguiendo la tradición (como Si 15:11-17) en la que es posible que Dios ponga a prueba a las personas para discernir su fidelidad (p. ej., en la narración del Éxodo), pero la tentación de pecar proviene del interior del individuo.

Padre de las luces... sombra de variación (1:17). La variación alude probablemente a los planetas que vagan irregularmente por el cielo en contraste con la estabilidad de las estrellas, un contraste habitual en la filosofía griega.

Nos hizo nacer por la palabra de verdad (1:18). En lugar del pecado, que "da a luz" a la muerte (v. 15), Dios ha "dado a luz" a su pueblo; por lo tanto, ya están en la nueva creación. Esta metáfora es un reflejo del lenguaje profético del A.T. y del pacto (cf. Jer 31:33). También es una metáfora sorprendentemente femenina aplicada a Dios, ya que el verbo *apokyeō* se refiere generalmente a la capacidad femenina de dar a luz.[4] A lo largo de la epístola, la "palabra" y la "ley" están estrechamente unidas (ver los comentarios de Santiago

1:22-25), por lo que la "palabra" aquí para el renacimiento parece ser la ley del A. T. *comunicada a través de Jesús,* por lo tanto estrechamente unida al, o una forma alternativa de hablar del, evangelio que incluye la enseñanza de Jesús.

Los hacedores de la palabra de Dios de la nueva creación (1:19-27)

Pronto para oír, tardo para hablar, tardo para airarse (1:19). El contenido general del versículo 19 es bastante normal en la sabiduría y la filosofía de la época. La descripción, en particular la de "tardo para airarse", refleja la autorrevelación de Dios en Ex 34:6: "¡JEHOVÁ! ¡JEHOVÁ! fuerte, misericordioso y piadoso; tardo para la ira, y grande en misericordia y verdad" y encaja con la preocupación de Santiago por que la gente empiece a imitar el carácter de Dios.

La palabra implantada (1:21). La metáfora de la "palabra implantada" en el versículo 21 bien podría inspirarse en la parábola del sembrador (Mt 13:3-9), con la necesidad de que la semilla sea plantada en un terreno preparado y no en un suelo desatendido y ahogado por los pecados. Aquí parece que se cumple lo que dice Jer 31:33, cuando Dios prometió poner su ley en el corazón de su pueblo y lo conocerían.

Hacedores de la palabra, y no tan solamente oidores (1:22-25). En estos versos destaca la suave transición que vincula la "palabra" con la "perfecta ley, la de la libertad", una frase que remite claramente a los salmos 19 y 119, en particular el aspecto liberador de la ley. Santiago ve claramente la ley en el sentido del pacto del A.T., aunque ahora se vea a través de la vida y la enseñanza de Jesús.[5] El "espejo" es una imagen común de la antigua enseñanza filosófica y de sabiduría, destinada a revelar la verdad sobre una persona.[6] El significado aquí no es la calidad del espejo, con frecuencia hecho de plata pulida, sino la respuesta a lo que se ve en el espejo.

La religión pura y sin mácula (1:26-27). De acuerdo con los profetas del A. T., la verdadera religión en Santiago no se define por los ritos religiosos que marcan quién está incluido o excluido (p. ej., la circuncisión o la comunión en la mesa), y ni siquiera por los sacrificios (cf. Sal 40:6-8; Is 1:11-18), sino por el control de la lengua, la pureza moral y la justicia y la misericordia en la propia sociedad (cf. Mt 15:8-11 con Is 29:13). "Huérfanos y viudas" es una caracterización común para aquellos que no tienen voz en una sociedad patriarcal.

Espejos antiguos.

La parcialidad y la misericordia de Dios (2:1-13)

Glorioso Señor Jesucristo (2:1). La referencia a Jesús puede ser "nuestro glorioso Señor" o "el Señor de la gloria", con matices de la gloria de Dios *shekinah*, que descansaba sobre el tabernáculo y el templo.[7] Esto marca una visión elevada de Jesús en una epístola que, por lo demás, no lo nombra ampliamente. El término "favoritismo" (*prosōpolēmpsia*, literalmente, "recibir una cara") viene del hebreo "mostrar la cara", es decir, mirar solo lo externo.

Miráis con agrado a (2:2-4). Como un texto de sabiduría común, Santiago ilustra a continuación el problema planteado en el versículo 1. El rico con ropas "espléndidas" y "dedos de oro" (que lleva un anillo de oro) hace alarde de riqueza, pero la condena recae sobre el que juzga entre los ricos y los pobres.

¿No ha elegido Dios a los pobres? (2:5). El versículo 5 refleja una tradición creciente sobre los justos pobres que permanecen fieles a Dios a pesar de su difícil situación (cf. Is 61:1).

Os oprimen los ricos, y no son ellos los mismos que os arrastran a los tribunales (2:6). Una forma común de que las personas ricas obtuvieran más riqueza y honor era a través de juicios contra los miembros "inferiores" de la sociedad (cf. Amós 5:11-12). Esto nos lleva a preguntarnos si estos ricos son miembros de la iglesia o visitantes externos.

La ley real... *Amarás a tu prójimo como a ti mismo* (2:8). Levítico 19:18 es la primera y única aparición en el A.T. de este mandamiento de amor, pero se convierte en el centro del resumen de la ley que hace Jesús (Mt 22:37-39; Mc 12:30-31; cf. Ro 13:9; Gl 5:14).

Hacéis acepción de personas (2:9-11). Otro problema de la parcialidad es que rompe la mitad del doble mandamiento del amor (Lv 19:18; Mt 22:37-39; Mc 12:30-31). No se puede pretender obedecer la ley de Dios mientras se favorece a los ricos. Es tan ilógico como sostener un mandamiento pero romper otro del Decálogo y alegar inocencia.

La misericordia triunfa sobre el juicio (2:12-13). Otra literatura judía de la época, como *1 Enoc*, también exploró las implicaciones del pacto deuteronómico, en el que el juicio final de Dios está en consonancia con las acciones de misericordia de una persona o la falta de ella (cf. Pr 21:13).

Fe y obras (2:14-26)

La fe, si no tiene obras (2:14-17). Santiago comienza de nuevo con un ejemplo práctico, una persona que carece de ropa y alimentos básicos, en paralelo a la estructura de 2:1-4. La bendición "Id en paz" probablemente sea un reflejo de la bendición judía *shalom* ("paz").[8]

También los demonios creen (2:18-19). Los demonios, que no eran una característica común en el pensamiento del A.T., se han convertido en una característica común de los que se oponen a Dios, y a lo largo de los Evangelios los vemos reconociendo la identidad de Jesús (cf. Mc 1:34; Lucas 4:34).

Abraham creyó a Dios (2:20-24). Como gran héroe de la fe judía, toda la vida de Abraham fue una fe vivida, desde la salida de Ur sin un destino claro hasta su mayor hazaña, estar dispuesto a sacrificar a su hijo Isaac. Por eso, de acuerdo con la tradición judía, Santiago aplica la frase de Gn 15:6 (citada en 1:23) a su propia situación.[9]

Rahab la ramera (2:25-26). Rahab es un improbable ejemplo de fe, todo lo contrario que Abraham. Mientras que él era un patriarca, rico y hombre, ella era una prostituta, una refugiada en Israel y una traidora a su ciudad (ver Jos 2). A diferencia de la gente de su ciudad, que, al igual que los demonios (ver comentarios de Santiago 2:18-19), reconocían que Yahveh era Dios y estaban aterrorizados pero se oponían a él, su fe la lleva a actuar de acuerdo con su reconocimiento del carácter de Dios.

Control de la lengua (3:1-12)

No os hagáis maestros muchos de vosotros (3:1-2). En una cultura en la que todos buscaban el honor, convertirse en maestro era una forma de acumular honor en esta nueva sociedad cristiana.[10] Santiago advierte contra esta forma de pensar. En el versículo 2, "no ofende en palabra" puede ser un reflejo de Jesús (cf. 1 P 2:22), pero Job también es alabado en el A.T. por negarse a culpar a Dios (Job 1:22; 2:10; cf. Stg 1:13; 5:11; Sir 14:1).

La lengua (3:3-8). Al igual que un maestro de sabiduría o un filósofo común, Santiago señala constantemente el mundo que le rodea para ilustrarlo. La lengua puede ser positiva, como un arnés o un timón, o negativa, como un fuego descontrolado o un veneno.

Fuego (3:6). Puede tratarse de una construcción de "ojo por ojo" (*lex talionis*): aquí la lengua prende fuego y, por tanto, es justamente castigada por el fuego.[11] "Infierno" se traduce por *gehenna*, en referencia al valle de las afueras de Jerusalén que era la fosa para quemar la basura y que incluso había sido un lugar de sacrificio de niños (Jer 32:35). Este dicho refleja probablemente la enseñanza de Jesús (Mt 5:22), el único otro lugar donde aparece este término en el N. T. y también en el contexto de los pecados de la palabra.

Semejanza de Dios (3:9). Se trata de una rara alusión del N.T. directamente a Gn 1:26-27, que fundamenta la ética del mandamiento "ama a tu prójimo como a ti mismo"

Un antiguo bocado de caballo decorado.

(ver comentarios a Santiago 2:8) en la teología de la creación.

Esto no debe ser así (3:10-12). En estos versos tenemos una visión diferente de las ilustraciones de la naturaleza, esta vez señalando la singularidad que se ve en ella. Nada actúa como los humanos en su discurso, con opuestos completos, "bendición y maldición", que provienen de la misma fuente.

La sabiduría de lo alto (3:13-18)

Sus obras en sabia mansedumbre (3:13). Este pasaje vincula la sabiduría y la justicia, como en Pr 2 o Sir 24. La sabiduría es tan demostrable por sus obras como la fe (Santiago 2).

La sabiduría que es de lo alto (3:17). La lista de las características de la sabiduría está estrechamente relacionada tanto con Mt 5:1-12 como con Gl 5:22-23.

El fruto de justicia... paz (3:18). Esto probablemente se inspira en las bienaventuranzas de Jesús, en particular en Mt 5:9.

La idolatría del de doble ánimo (4:1-10)

Vuestras pasiones, las cuales combaten en vuestros miembros (4:1-3). El egoísmo, impulsado por la falsa "sabiduría" descrita en 3:14-15, conduce a comunidades fracturadas cuando cada uno lucha por su propio honor (ver comentarios de Santiago 3:1-2). La expresión que habla de combate "en vuestros miembros" puede estar relacionada con la metáfora del "cuerpo de Cristo" de Pablo (cf. Ro 12; 1 Co 12).

Almas adúlteras... amigo del mundo (4:4). Santiago hace referencia al lenguaje profético del A. T. (en particular de Oseas) con el grito del pacto: "¡Adúlteros!". La amistad en el mundo antiguo era más que un simple "agrado"; más bien significaba un compromiso con los mismos ideales y objetivos.[12] Abraham era amigo de Dios (Santiago 2:23), no del mundo.

Dios resiste... *y da gracia* (4:6). Esta es una de las pocas citas directas de Santiago, de Pr 3:34. También aparece en 1 P 5:5, una de las muchas coincidencias entre Santiago y 1 Pedro.

Limpiad las manos... purificad vuestros corazones (4:8-10). La redacción de estos versículos está tomada de todos los profetas del A. T. Al igual que en 1:27, la limpieza ritual representa la pureza moral (p. ej., Sal 51:2; Is 1:16; Jer 4:14).

Solo Dios es juez (4:11-12)

El dador de la ley (4:12). Esto se remonta al relato del Éxodo, en el que Dios es el legislador (Ex 20). Compare con Is 33:22, que subraya el papel de Dios como juez capaz de salvar.

Advertencia a los comerciantes (4:13-17)

Los que decís: Hoy y mañana iremos a tal ciudad (4:13). Se trata de los hombres de negocios (mercaderes) que viajaban por el mundo antiguo, donde los viajes eran notoriamente peligrosos. Este es otro ejemplo de un pecado de palabra (ver comentarios de Santiago 3:1-2).

Neblina (4:14). Como en Eclesiastés, este versículo alerta de que ganar dinero por sí mismo es una vanidad, al igual que el exceso de confianza en nuestro control del futuro.

Si el Señor quiere (4:15). Esta oración está consagrada en la frase árabe moderna *Inshallah*, utilizada tanto por los cristianos como por los musulmanes para indicar la dependencia de la voluntad de Dios para el futuro.

Balanza tradicional de Oriente Medio que un comerciante utilizaría para hacer negocios.

Advertencia a los ricos (5:1-6)

Vuestras riquezas están podridas (5:1-3). En estos versículos en los que advierte a los ricos, Santiago utiliza expresiones que recuerdan a las de Jesús en Mt 6:19.

Han entrado en los oídos del Señor de los ejércitos (5:4). La riqueza acumulada "clama" a Dios de la misma manera que los israelitas "clamaron" a Dios desde Egipto. "Señor de los ejércitos" invoca la tradición del Dios guerrero de Israel (cf. 1 Sa 17:45; Is 5:16). La frase griega para "Señor de los Ejércitos" (*kyrios sabaōth*) es una transliteración del hebreo (YHWH tsebaot), y de la misma manera que Dios escuchó a los israelitas, la amenaza implícita aquí hacia los ricos es que todavía escucha y actúa en nombre de los oprimidos (p. ej., 1 S 15:2; Sal 46:7, 11).

Llamada a la resistencia de los pacientes (5:7-12)

Mirad cómo el labrador espera (5:7-9). Debido a las condiciones climáticas y estacionales, los cultivos en Palestina se realizaban en los meses de invierno, y necesitaban las lluvias estacionales que traía el Mediterráneo para florecer.[13]

El juez está delante de la puerta (5:9). Probablemente se refiera a Jesús y a la inminencia de su regreso como juez (cf. Mt 25:31-46).

Los profetas (5:10). Profetas como Moisés, Natán e Isaías dirigieron palabras desafiantes a los poderes establecidos y abogaron por la justicia. Por lo general, no eran bien recibidos, y necesitaban resistencia para continuar con su llamado.

Paciencia de Job (5:11). Asimismo, Job destaca en el relato bíblico tanto por su lucha con Dios como por su negativa a culpar a Dios (ver comentarios de Santiago 3:1-2). El libro intertestamentario *Testamento de Job* (incluido en los pseudepígrafos, probablemente escrito en el siglo I a. C. o d. C.) destaca la resistencia pasiva de Job, pero es probable que el relato bíblico sea el objetivo de Santiago en este caso, ya que por lo demás Santiago no enseña que la resistencia sea una virtud pasiva.

No juréis (5:12). Comparar con Mt 5:34-37. De nuevo un pecado de palabra aquí, posiblemente por la gente empobrecida de los versículos 7-11 "jurando" pagar las deudas que sabían que no podían pagar.

La oración eficaz y una llamada a permanecer fiel a la verdad (5:13-20)

Oración... Cante... Llame... Confesaos (5:13-16). Santiago concluye de forma habitual en las epístolas antiguas con una serie de mandatos relativos a la vida cotidiana.

Ungiéndole con aceite (5:14). Esto podría ser una referencia a un propósi-

Según Santiago 5:14, los enfermos deben llamar a los ancianos de la iglesia para que oren por ellos y los unjan con aceite. Los frascos de ungüentos que se ven aquí se encontraron en tumbas cerca de Akko, Israel (siglo I d. C.).

to espiritual (dedicación [p. ej., Ex 28:41; 1 S 10:1]) o a fines médicos, ya que el aceite se utilizaba comúnmente para el tratamiento en el mundo antiguo. Probablemente, la línea divisoria entre ambos no estaba claramente delimitada.[14]

Elías (5:17-18). Santiago señala 1 Reyes 17-18 como su referencia a este último ejemplar nombrado. Allí, el anuncio de que no llovería al principio del capítulo 17 y luego la llegada de la lluvia al final del capítulo 18 revelan claramente a un profeta "que hablaba en nombre del Señor" (ver comentarios de Santiago 5:10) y su confianza en la oración. Esos capítulos también incluyen la resurrección de un niño muerto (la curación definitiva [cf. Santiago 1:14-15]) y una llamada a Israel para que abandone su doble adoración a Baal y a Yahveh.

El que haga volver al pecador... cubrirá multitud de pecados (5:19-20). La epístola termina con el desafío desarrollado a partir del ejemplo de Elías de restaurar a Israel a su correcta adoración a Dios. La representación de estos versículos se puede remontar a Proverbios (10:12; 17:9), pero no está claro de quién son los pecados que se cubren, y puede incluir también los propios pecados del fiel (cf. Sal 32:1-2; 85:2).[15]

— Mateo
— Marcos
— Lucas
— Juan
— Hechos
— Romanos
— 1 Corintios
— 2 Corintios
— Gálatas
— Efesios
— Filipenses
— Colosenses
— 1 Tesalonicenses
— 2 Tesalonicenses
— 1 Timoteo
— 2 Timoteo
— Tito
— Filemón
— Hebreos
— Santiago

— 1 Pedro
— 2 Pedro

— 1 Juan
— 2 Juan
— 3 Juan
— Judas
— Apocalipsis

1 y 2 Pedro

Kelly D. Liebengood

1 Pedro

Introducción. Por lo general, los eruditos han sostenido que 1 Pedro fue escrito por el apóstol Pedro (o por medio del secretario o amanuense de Pedro, Silvano [5:12]), o que 1 Pedro es un documento con seudónimo, quizás escrito por alguien dentro de un "círculo petrino" de discípulos en Roma. Quienes dudan de la autoría de Pedro lo hacen en parte porque el griego de la carta parece demasiado pulido para un pescador inculto de Galilea (Hechos 4:13) (aunque esto podría explicarse con un amanuense). En definitiva, la carta no ofrece suficiente información histórica que nos permita situarla en un marco histórico preciso. Si Pedro está detrás de la carta de alguna manera (ya sea de forma independiente o con la ayuda de Silvano), lo más probable es que la carta se completara antes o justo después de su martirio (ca. 64-65). Si se considera que la carta es un seudónimo, lo más probable es que se compusiera no más tarde del año 92.

Aunque el comienzo de la carta parece dirigirse a los judíos dispersos por Asia Menor (ver 1:1), y a pesar de la proliferación de citas y alusiones al A. T., la identificación de los gentiles como el grupo externo (2:12), y el uso de Israel como metáfora principal de los discursos, la mayoría de los estudiosos sostienen que 1 Pedro fue escrita o bien a un público exclusivamente gentil

Un icono de Pedro de una pieza más grande titulada *Cristo y los Doce Apóstoles* (Antalya, Turquía, siglo XIX d.C.).

o bien a un grupo mixto de composición predominantemente gentil. En su opinión, varias referencias de la carta solo pueden describir con precisión a un gentil convertido (1:14, 18, 21; 2:10; 4:2-5).

El discurso de apertura (1:1-2)

Pedro (1:1). En esta época, "Pedro" no era un nombre propio. En Mt 16:18 y Juan 1:42, aprendemos que Simón, el pescador de Galilea, recibió de Jesús el apodo de Cefas (que en arameo significa "roca" o "piedra"). En griego, Cefas se traduce como Petros, que es de donde obtenemos la versión en español, "Pedro" (sobre los nombres de Pedro, ver también 2 P 1:1).

Apóstol (1:1). Ver comentarios de Hechos 1:2; 2:42.

A los expatriados de la dispersión (1:1). El término traducido aquí como "expatriados" (parepidēmos) también puede referirse a los extranjeros, a los extranjeros residentes o a los forasteros. Se utilizaba para describir a las personas que estaban lejos de su patria. La traducción "de la dispersión" proviene de la palabra griega diaspora, de la que obtenemos el término español "diáspora". La mayoría de los estudiosos piensan que la descripción "a los expatriados de la dispersión" no debe entenderse como una realidad concreta del público. Más bien, Pedro los describe así para señalar que, en su conversión, los seguidores de Jesús se convierten en extranjeros (con un nuevo modo de vida) en las culturas en las que han nacido (2:12; 4:4).

Ponto, Galacia, Capadocia, Asia y Bitinia (1:1). Estos cinco nombres designan las provincias romanas de la parte occidental y central de Anatolia (la actual Turquía). Esta carta está dirigida a un territorio más amplio que cualquier otra carta del N. T., aproximadamente 129 000 millas cuadradas. La provincia de Asia estaba fuertemente influenciada por la ideología imperial romana (cf. Ap 2-3) (ver comentarios de 1 P 2:17).

Elegidos (1:2). En el A. T., el término "elegido" (a veces traducido como "escogido") se utilizaba para expresar una relación privilegiada con Dios que requería una obediencia y una fidelidad destinadas a llevar la redención de Dios al mundo (p. ej., Gn 12:1-3; Ex 19:5-6; Is 41:8-9; 42:1; 44:1; 49:7; 65:9).

Rociados con la sangre de Jesucristo (1:2). Esta frase parece aludir al establecimiento del pacto de Moisés en Ex 24:3-8, donde el pueblo promete obediencia a Dios y se le aplica la sangre del pacto. En este sentido, Pedro

Las Provincias de Asia Menor

estaría sugiriendo que Jesús inicia un nuevo pacto y un nuevo éxodo (un tema destacado en esta carta) mediante su muerte sacrificial.

La carta de presentación (1:3-12)

Renacer (1:3). El concepto de nuevo nacimiento no era común en esta época. Puede ser que Pedro haya sido influenciado por la enseñanza de Jesús sobre el nuevo nacimiento, tal como se relata en Juan 3:3-7. También puede ser que Pedro extraiga el concepto de las promesas del nuevo éxodo de Is 43:1, 7; 44:2, 21, 24; 45:11; 49:5. Así como Israel fue "formado desde el vientre", este pueblo ha nacido de nuevo por medio de Jesucristo.

Herencia (1:4). En el A. T., este término (klēronomia) era la abreviatura de la llegada y posesión de la tierra prometida (LXX Nm 34:2; 36:2; Dt 12:9; Jos 1:15; 13:1; Jue 2:6; 18:1; Sal 134:12 [ingl. trad. 135:12]; Jer 2:7), y también se utilizaba para señalar la promesa de restauración del exilio (LXX Sal 2:8; 67:10 [ingl. trad. 68:9]; 110:6 [ingl. trad. 111:6]; Is 49:8; Jer 12:15; Ez 45:1).

Salvación de vuestras almas (1:9). El término "alma" (psychē) (utilizado también en 1:22; 2:11, 25; 3:20; 4:19) no se refiere simplemente a la parte inmaterial de una persona, sino que es una forma de hablar del conjunto del ser de una persona: "sus vidas".

Cosas en las cuales anhelan mirar los ángeles (1:12). En esta época, se consideraba que los ángeles y los profetas tenían un acceso especial a los planes de redención de Dios. Aquí Pedro sugiere que los creyentes ordinarios en Jesús tienen ahora una revelación única de cómo Dios ha llevado a cabo la salvación, es decir, a través de Jesucristo.

Pedro ofrece una base para la esperanza y la fidelidad a Jesuscristo (1:13-2:10)

Ceñid los lomos de vuestro entendimiento (1:13). En el acontecimiento del éxodo, los que iban a emprender el viaje fueron llamados a "ceñidos vuestros lomos" (Ex 12:11). Un verbo similar se utiliza aquí para hablar de tener la mente preparada para la acción. Pedro está comparando la situación de sus lectores con los que fueron liberados en el primer éxodo. Las referencias al nuevo éxodo abundan en esta parte de la carta.

Sed santos, porque yo soy santo (1:16). Una vez más, Pedro compara a sus lectores con los habitantes originales del desierto, a quienes se les amonestó: "Sed santos, porque yo soy santo", cuatro veces en el Levítico (11:44, 45; 19:2; 20:7).

Vuestra peregrinación (1:17). Ver comentarios de 1 Pedro 1:1.

Rescatados (1:18). El concepto de rescate aparece por primera vez en el A. T. cuando Dios libera a su pueblo de la esclavitud en Egipto (Ex 6:6; 13:15; 15:13).

Vuestra vana manera de vivir, la cual recibisteis de vuestros padres (1:18). Dependiendo de la visión que se tenga de la composición de los receptores originales, esto podría ser una crítica intrajudía a la infidelidad de sus antepasados (p. ej., Sal 78:8; Zac 1:4) o una crítica contra el estilo de vida grecorromano que los lectores heredaron.

Sangre preciosa de Cristo... cordero sin mancha y sin contaminación (1:19). Jesús, y en particular su muerte sacrificial, se asemeja al cordero sin mancha que se mata en la Pascua para preservar al pueblo de Dios del juicio (ver Ex 12:5-13).

Toda carne es como hierba... Mas la palabra del Señor permanece para siempre (1:24-25). Esta es una cita de la traducción griega de Is 40:6-8. Pedro declara que la palabra que anuncia a Jesús como el Cristo y el medio de salvación es lo que Is 40 anunciaba. Isaías 40 era el texto estructurado del libro de Isaías, en el que se anunciaba la liberación del nuevo éxodo del pueblo de Dios que estaba en el exilio (ver comentarios de 1 P 1:1).

Casa espiritual (2:5). El término "casa" (oikos) puede referirse a un hogar, a una dinastía o a un lugar donde mora una deidad (templo). Que se trate de una casa "espiritual" no quiere decir que sea inmaterial, sino que está hecha por el poder generador del Espíritu (ver 1:2).

Sacerdocio santo (2:5). Justo después de que Dios liberara a su pueblo de Egipto en el éxodo, lo declaró reino de sacerdotes y nación santa (Ex 19:6). Ver los comentarios de 1 P 2:9.

Sacrificios espirituales (2:5). La palabra "sacrificios" está modificada por la palabra "espiritual", que indica que los sacrificios se hacen aceptables a través del poder del Espíritu.

Pongo en Sion la principal piedra del ángulo... La piedra que los edificadores desecharon... Piedra de tropiezo (2:6-8). En esta época, algunos interpretaban los pasajes sobre la "piedra" como algo que apuntaba a un rey mesiánico que restauraría Israel. En este pasaje, Pedro relaciona tres textos sobre la "piedra" (Is 28:16; Sal 118:22; Is 8:14) para explicar por qué Jesús fue rechazado por su propio pueblo. Jesús se identifica como la piedra rechazada en Marcos 12:10-11; Mateo 21:42-44; Lucas 20:17-18.

Linaje escogido, real sacerdocio, nación santa, pueblo adquirido por Dios, para que anunciéis las virtudes (2:9). Estos calificativos están tomados de Ex 19:5-6 e Is 43:20-21. Pedro afirma que las promesas del nuevo éxodo de Is 43 se hacen realidad en y por medio de Jesucristo.

Vosotros que en otro tiempo no erais pueblo, pero que ahora sois pueblo de Dios (2:10). Se trata de una referencia a Oseas 2:23, en el que Dios promete redimir a su pueblo de su infidelidad al pacto. Pedro afirma que lo que sus lectores experimentan en Jesucristo es el cumplimiento de Oseas 2:23.

Pedro exhorta a sus lectores a seguir el ejemplo de Jesús (2:11-3:12)

Extranjeros y peregrinos (2:11). Su condición de extranjeros y peregrinos era el resultado de su fe en Jesucristo; era su nueva forma de vida (1:17-19; 2:12) en Jesús lo que los convertía en forasteros en su propia cultura.

Murmuran de vosotros como de malhechores (2:12). La murmuración era una forma común en la que una cultura dirigía a un miembro extraviado de vuelta al camino correcto. Los primeros cristianos eran llamados malhechores por sus compañeros para que se sintieran avergonzados por su asociación negativa con otros cristianos.

En el día de la visitación (2:12). Aquí no hay una referencia clara al A. T. o a las enseñanzas de Jesús. Puede referirse al día final del juicio (ver también 1:5, 7, 13; 4:7, 13, 17; 5:1; cf. Is 10:3; Jer 6:15; Lucas 1:68), o puede referirse a la visita de Dios para probar a los no creyentes que han sido testigos de una vida cristiana fiel y son invitados a unirse a la comunión.

Siervos de Dios (2:16). En la tradición del éxodo, Dios liberó a los esclavos (Israel) de Egipto para que pudieran servir a Dios y a la humanidad (Ex 7:16; 8:1, 20).

Honrad al rey (2:17). En esta época, la ideología imperial romana exigía que el emperador recibiera el honor supremo (ver comentarios de Ap 13:8). No obstante, en este pasaje, el honor que se le debe al emperador no es más singular que el que se le debe a todo el mundo. Es más, el significado de "honor" ha sido sutilmente matizado, de modo que no puede referirse a la "adoración", como solía hacerse en la parte oriental del imperio (Asia Menor). En cambio, el culto (el temor) debe ofrecerse solo a Dios.

Esclavos (2:18 NTV). Este discurso a los esclavos inicia con lo que muchos estudiosos han argumentado que es un "código doméstico" modificado (ver el artículo "Códigos domésticos del Nuevo Testamento"). En esta época de la cultura Greco-Romana, los filósofos morales creían que la unidad más fundamental de la sociedad era el hogar (que también estaba formado por los hijos adultos y los esclavos). Como resultado, tenemos una serie de códigos domésticos en el mundo antiguo que discuten la gestión del hogar y los roles dentro de la familia. Lo que es único en el código doméstico de Pedro es que se dirige a los esclavos como agentes morales libres (la mayoría pensaba en los esclavos como incapaces de tal instrucción), y que tanto los esclavos como las esposas no son exhortados a adorar al dios del amo/esposo.

Ni se halló engaño en su boca... por cuya herida fuisteis sanados... como ovejas descarriadas (2:22-25). Pedro vincula el modelo de prueba, sufrimiento y muerte de Jesús con el texto profético de Is 53, que habla de un agente de Dios venidero que traerá la redención para el pueblo de Dios a través del sufrimiento. Pedro no cita los versículos de Is 53 en el orden correcto, sino que alinea los versículos principales con los acontecimientos del arresto y la muerte de Jesús (Is 53:9, 7, 5, 6).

Pastor (2:25). Aunque a veces se hace referencia a Dios como pastor (p. ej., en el Salmo 23), el título se refiere aquí a Jesús, a quien se considera que cumple el papel descrito en Ez 34:23-24 y en Zac 13:7.

Atavío... peinados ostentosos... adornos de oro... vestidos lujosos (3:3). En esta época surgió un fenómeno cultural que los estudiosos denominan la "nueva mujer romana": una vestimenta elaborada y provocativa que pretendía comunicar independencia, poder y, en ocasiones, promiscuidad.

Se ataviaban en otro tiempo aquellas santas mujeres... Sara (3:5-6). En lugar de

Mujer romana con el pelo trenzado (principios del siglo II d. C.).

Sean vuestras costumbres sin avaricia (13:5). Este dicho era proverbial (p. ej., 1 Ti 6:10; cf. 3:3). Jesús advirtió sobre el amor excesivo al dinero (p. ej., Mt 6:24; Lucas 12:13-21; 16:19-31). La conexión entre la inmoralidad sexual y la avaricia era común tanto en el pensamiento judío como en el grecorromano.[24]

Contentos (13:5). El contentamiento era una enseñanza común de los filósofos[25] y de los escritos judíos.[26]

No te desampararé, ni te dejaré (13:5). La cita se basa en la confianza que Dios dio a Josué sobre la entrada en la tierra (Dt 31:6, 8; Jos 1:5; cf. Gn 28:15).

Vuestros pastores (13:7). *Hēgoumenoi* ("pastores") era un término general para el liderazgo, pero su uso para los líderes de la iglesia parece limitarse a Roma,[27] lo que apoya la opinión de que Hebreos tiene en mente una audiencia romana. Estos líderes pueden haber predicado inicialmente el evangelio a la audiencia.

Jesucristo es el mismo ayer, y hoy, y por los siglos (13:8). Esta redacción puede reflejar un credo cristiano primitivo.

Ideas nuevas y extrañas... reglas sobre los alimentos (13:9 NTV). No está claro si estas extrañas enseñanzas eran judías, aunque es probable. Ver los comentarios de Heb 9:10.

Altar (13:10). El altar se asocia aquí con la crucifixión de Jesús.

Tabernáculo (13:10). Ver los comentarios de Heb 8:2.

Santuario por el sumo sacerdote (13:11). Ver los comentarios de Heb 9:7.

Quemados fuera del campamento (13:11). Los cadáveres del toro y del macho cabrío sacrificados en el Día de la Expiación se quemaban fuera del campamento (Lv 16:27; cf. Nm 19:3).

También Jesús... padeció fuera de la puerta (13:12). Jesús fue crucificado en el Gólgota, que estaba fuera de la muralla de Jerusalén (Juan 19:20). Según la práctica romana, las crucifixiones se hacían normalmente fuera de las puertas de la ciudad.

Ciudad permanente... la por venir (13:14). Ver los comentarios de Heb 11:10; 12:22.

Sacrificio de alabanza, es decir, fruto de labios que confiesan su nombre (13:15). El sacrificio se anticipa en el Salmo 50:14-15; 141:2. El "fruto de labios" alude a Oseas 14:2.

De tales sacrificios se agrada Dios (13:16). Ver los comentarios de Heb 10:8.

Sangre del pacto eterno (13:20). Un pacto eterno se anticipa en Is 55:3; 61:8; Jer 32:40; Ez 16:60; 37:26. La obra eterna de Cristo se resume aquí ("salvación eterna" [5:9], "redención eterna" [9:12], "Espíritu eterno" [9:14], "herencia eterna" [9:15]).

Gran pastor de las ovejas (13:20). Las ilustraciones de los pastores son frecuentes en el A. T. La redacción aquí puede aludir a Is 63:11-14. La imagen de Jesús como pastor es habitual en el N. T. (p. ej., Juan 10:1-18, 26-29; 21:15-17; cf. 1 P 2:25; 5:4).

libro de la vida es un tema bíblico común (p. ej., Ex 32:33; Sal 69:28; Dn 12:1; Lucas 10:20; Flp 4:3; Ap 21:27).

Espíritus de los justos hechos perfectos (12:23). Esta expresión es común en la literatura apocalíptica.[23] Aquí se trata probablemente de creyentes del A. T. que vivían por la fe (p. ej., Heb 11). Ver los comentarios de Heb 2:10.

Jesús el Mediador del nuevo pacto (12:24). Ver los comentarios de Heb 8:6.

Sangre rociada... Abel (12:24). La sangre rociada alude al Día de la Expiación (ver 9:7). Mientras que la sangre de Abel clamaba por la reivindicación (Gn 4:10-12), la sangre de Jesús inauguró el nuevo pacto. El discurso de Abel en Heb 11:4 se refiere a su testimonio fiel.

Advertencia final (12:25-29)

Amonestaba en la tierra (12:25). Ver los comentarios de Heb 3:7-11.

La voz del cual conmovió entonces la tierra (12.26). Esto refiere a la descripción del Sinaí del Salmo 68:8.

Una vez, y conmoveré... la tierra... el cielo (12:26). Esto cita a Hg 2:6. Las sacudidas (terremotos) están relacionadas con el día del Señor. Ver los comentarios de Heb 10:25.

Remoción de las cosas movibles (12:27). La palabra griega metathesis puede indicar tanto "transformación" como "eliminación". Ver los comentarios de Heb 1:10-12.

Inconmovibles (12:27). En Hebreos, lo que "permanece" incluye al Hijo (1:11), el sacerdocio de Cristo (7:3,24) y la mejor posesión de los fieles (10:34).

Un reino inconmovible (12:28). El reino aquí puede hacer referencia a Dn 7:18. La naturaleza inconmovible de la morada de Dios es común en el A.T. (p. ej., Sal 93:1; 96:10; 125:1; Is 33:20).

Dios es fuego consumidor (12:29). Esto probablemente hace referencia a Dt 4:24. Ver los comentarios de Heb 10:27.

Exhortaciones y oraciones finales (13:1-24)

Permanezca el amor fraternal (13:1). El amor familiar se estimaba tanto en las fuentes judías (p. ej., Sal 133:1) como en las grecorromanas, pero amar a los no parientes como hermanos y hermanas era algo exclusivo del cristianismo (p. ej., 1 Ts 4:9; 1 Juan 3:16).

Hospitalidad... hospedaron ángeles (13:2). Esto hace referencia a Gn 18:1-15. Tanto los judíos como los romanos consideraban que la hospitalidad con los extranjeros era una virtud importante. Ver el artículo "La hospitalidad en el mundo del Nuevo Testamento".

De los presos (13:3). Ver los comentarios de Heb 10:32-34.

seguir las indicaciones de la cultura heredada, Pedro insta a su público femenino a aprender de Sara (Gn 18:12).

Ella podrá ser más débil (3:7 NTV). No está claro lo que Pedro quiere decir con esta afirmación, pero puede estar refiriéndose al hecho de que bajo la ley romana las mujeres no tenían derechos de herencia, ni podían convertirse en un miembro del grupo familiar de su esposo.

El que quiere amar la vida... aquellos que hacen el mal (3:10-12). Este pasaje es una cita de la versión griega del Sal 34:12-16, que describe cómo Dios rescata a los que sufren con justicia.

Pedro recuerda a sus lectores que Dios libera a los que sufren por la justicia (3:13-4:11)

Preparados para presentar defensa (3:15). El término "defensa" (apologia) puede indicar que algunos cristianos están siendo acusados en un contexto legal, pero puede apuntar simplemente al hecho de que sus vecinos y compañeros están afirmando que al seguir a Jesús están abandonando la cultura romana y por lo tanto son malhechores.

También fue y predicó a los espíritus encarcelados (3:19). La mayoría de los eruditos piensan que Pedro se inspira en 1 Enoc, un popular libro judío deuterocanónico (ver comentarios de 2 P 2:4; Judas 14) que explica a dónde fue Enoc cuando Dios se lo llevó (Gn 5:24) y que Enoc participó en la proclamación de la perdición eterna a los "espíritus" que Dios había encerrado en el abismo. En la cosmología de la época, estos espíritus no estarían ubicados abajo o debajo, sino entre la tierra y el cielo más alto (1 Enoc 6-16; 21; cf. Ef 2:2; 6:12). El verbo "fue" no ofrece ninguna indicación de dirección, y teniendo en cuenta 1 P 3:22, parece mejor considerar que la proclamación se hizo a los espíritus cuando Cristo ascendió al cielo.

Desobedecieron... en los días de Noé (3:20). La tradición de Noé y el diluvio recibió mucha atención en Asia Menor en esta época. Además, 1 Enoc ofrece una interpretación popular del aumento del mal en los días de Noé (Gn 6:1-4), que probablemente Pedro acaba de utilizar en 3:19.

Quien habiendo subido al cielo (3:22). Se trata de una referencia a la ascensión de Jesús a la diestra de Dios (Hechos 1:6-11; Heb 1:1-14; 4:14-16; 8:1-7; 10:19-25; 12:25-29).

Mas el fin de todas las cosas se acerca (4:7). La palabra "fin" (telos) apunta más a un propósito o meta que a un tiempo que se agota. Por lo tanto, Pedro afirma que los propósitos de Dios están llegando a su meta prevista.

Hospedaos (4:9). La hospitalidad fue un elemento esencial del desarrollo de los primeros cristianos (ver el artículo "La hospitalidad en el mundo del Nuevo Testamento"). Dado que los cristianos no disponían de lugares de reunión oficiales, su comunión dependía de los que tenían recursos y compartían generosamente con los demás.

Pedro exhorta a sus lectores a no sorprenderse si sufren por causa de Cristo (4:12-5:11)

Si alguno padece como cristiano (4:16). Los discípulos de Jesús fueron llamados por primera vez "cristianos" en Antioquía de Siria (Hechos 11:26). Es probable que el término fuera desarrollado por forasteros con el fin de burlarse de los seguidores de Cristo. Sin embargo, el término no era el nombre con el que los funcionarios romanos designaban a los seguidores de Jesús como delincuentes.

Juicio comience por la casa de Dios (4:17). Es probable que Pedro tenga en mente Zac 13:9 y Mal 3:2-13 en mente, que proyectan un patrón de juicio que comienza con la casa de Dios y luego se desplaza hacia las naciones.

Aparezca el Príncipe de los pastores (5:4). En Juan 10:11, Jesús se refiere a sí mismo como el buen pastor que da su vida por las ovejas. Ver los comentarios de 1 P 2:25.

Corona incorruptible de gloria (5:4). En el mundo grecorromano se concedían coronas a los ciudadanos que se distinguían en el servicio público o que ganaban batallas importantes.

Poderosa mano de Dios (5:6). Esta frase se utiliza repetidamente en la traducción de la Septuaginta de la tradición del éxodo para describir el despliegue de poder de Dios al redimir a su pueblo de Egipto (Ex 13:9; Dt 3:24; 4:34; 5:15; 7:19; 9:26; 11:2).

Adversario el diablo (5:8). La palabra traducida como "adversario" (antidikos) se utiliza para describir a un oponente en la corte, o alguien que se opone al pueblo elegido por Dios. El término "diablo" (*diabolos*) significa "calumniador" o "acusador".

Palabras de despedida (5:12-14)

Por conducto de Silvano (5:12). Esto puede indicar que Silvano era el amanuense o secretario de Pedro, lo que también puede explicar cómo Pedro, un pescador de Galilea, pudo escribir esta carta. Silvano fue uno de los elegidos para entregar en Antioquía la carta apostólica escrita en el Concilio de Jerusalén (Hechos 15:22-23), lo que puede sugerir que Silvano no escribió 1 Pedro, sino que entregó la carta, aunque posiblemente hizo ambas cosas (ver el artículo "Escritura de cartas en la antigüedad").

Babilonia (5:13). Es probable que esto sea una referencia a Roma (ver Ap 17:5; 18:2), que en este momento estaba desempeñando el papel que Babilonia jugó en la historia de Israel al oprimir al pueblo de Dios y oponerse a los caminos de Dios. El término no pretendía ocultar la ubicación de nadie, sino revelar la verdadera naturaleza de Roma como un imperio opresor cuyo juicio estaba pendiente.

Marcos mi hijo (5:13). Puede ser una referencia al Marcos que viajó con

Pablo y Bernabé (Hechos 12:25; 15:37; Col 4:10; 2 Ti 4:11), que también parece haber conocido a Pedro (Hechos 12:12).

Ósculo de amor (5:14). En la cultura romana, se saludaba a los miembros de la familia y a los amigos cercanos con un beso para expresar pertenencia y solidaridad.

2 Pedro

Introducción Aunque el autor se identifica en esta carta como Simón Pedro (1:1), una clara referencia al pescador y apóstol que vemos en los Evangelios, Hechos y Gálatas, muchos estudiosos piensan que el Pedro histórico no escribió esta carta. El principal argumento para ello es que 2 Pedro es un ejemplo de testamento ancestral, un género popular en la literatura judía en el que un escritor anónimo habla en nombre de un héroe para ofrecer una exhortación moral a la luz de su muerte pendiente y la llegada del juicio de Dios. Si 2 Pedro entra en esta categoría de género, entonces es una característica literaria asumida de la carta que Pedro no la escribió. Por desgracia, no disponemos de suficiente material histórico del propio Pedro para poder determinar si estas afirmaciones están suficientemente justificadas. Si el apóstol Pedro escribió la carta, es probable que lo hiciera antes del año 68, probablemente en Roma.
Falta información sobre el escenario de la carta. Tal vez podamos suponer que está dirigida al mismo público que 1 Pedro (2 P 3,1; cf. 1 P 1,1). Aunque algunos estudiosos han argumentado que el autor de la carta está respondiendo a las amenazas del gnosticismo (una herejía del siglo II), esto amplía la evidencia. Lo siguiente es lo que sabemos sobre los falsos maestros a los que se hace referencia en la carta: (1) rechazan la autoridad apostólica (1:16-19; 3:2-4); (2) no creen que Cristo regresará para juzgar las malas acciones (3: 4-5); (3) niegan el señorío de Jesús y la redención del pecado (2:1); (4) prometen la libertad de las obligaciones morales y éticas en favor de la búsqueda de la lujuria y la codicia (2:19); y (5) descarrían a los seguidores nuevos e inmaduros de Jesucristo (2:11-19).

Las historias extrabíblicas a las que se refiere 2 Pedro eran conocidas por los judíos del siglo I a través de textos como el libro de los *Jubileos*. La versión hebrea del *Jubileo* solo existe hoy en día en fragmentos, como los que se muestran aquí (Qumrán, siglo II a. C.).

La carta de presentación (1:1-2)

Simón Pedro (1:1). El nombre arameo de Pedro es "Simeón", que era el nombre masculino más popular en Palestina durante este período. Su nombre significa "oyente" u "obediente". El equivalente en griego es "Simón", por lo que su nombre aparece setenta y cinco veces en el N. T. Jesús dio a Simón el apodo de *kēphas* (transliterado como "Cefas" en español), que significa "roca, piedra" (Mt 16:18). El equivalente griego de *kēphas* es *petros,* que es de donde sacamos el apodo en español de Simón, "Pedro". La presentación del autor con su nombre en hebreo y su apodo en griego (Simón Pedro) es tal vez sugerente del papel de puente que Pedro desempeñó entre los seguidores judíos y gentiles de Jesús. Hay 181 referencias en el N. T. a Pedro (ya sea como Simón, Simeón, Pedro, Cefas, o alguna combinación), que son más que al apóstol Pablo (Saulo).

Siervo (1:1). Ver comentarios de Marcos 9:35.

Apóstol (1:1). Ver comentarios de Hechos 1:2; 2:42.

A los que por la justicia... han recibido una fe (1:1 NVI). La palabra traducida como "recibido" es *lanchanō,* que con frecuencia se usa en el contexto de benefactores que dan una herencia o una porción asignada a un beneficiario. Algunos oyentes pueden haber entendido que Pedro se refería a Dios como un benefactor que les asignó el don de la fe.

La justicia de nuestro Dios y Salvador Jesucristo (1:1). La sintaxis de esta frase en griego deja claro que se hace referencia a Jesucristo como Salvador y como Dios (para construcciones gramaticales similares en las que los dos títulos se refieren a Jesús, ver 1:11; 2:20; 3:2, 18).

Dios nos proporciona todo lo que necesitamos para la vida y la piedad (1:3-11)

Participantes de la naturaleza divina (1:4). En algunos pensamientos religiosos y filosóficos griegos, el objetivo de la vida era reunirse con lo divino y participar en la inmortalidad. Es probable que Pedro sea consciente de ello, pero dependía más de los desarrollos judíos helenísticos que nunca consideraron que la meta fuera integrarse en Dios y no confundieron los límites entre Dios y la creación. De este modo, Pedro no está sugiriendo que los seres humanos tengan el potencial de convertirse en seres divinos, sino que el objetivo de la humanidad es participar en la incorruptibilidad e inmortalidad de Dios y en su virtud del amor (ver comentarios en 1:5-7).

Poniendo toda diligencia por esto mismo, añadid a vuestra fe virtud... amor (1:5-7). Pedro utiliza un conocido recurso retórico común en la filosofía moral helenística y adaptado dentro de los modos de instrucción judíos y de los primeros cristianos, conocido como *sorites* (cf. Ro 5:3-5), en el que los rasgos de carácter o las virtudes se catalogan de forma encadenada. Los elementos incluidos en los sorites son las características o prácticas necesarias que uno debe adquirir para alcanzar la meta hacia dónde nos dirige este modo de vida particular. Por tanto, el catálogo de virtudes lleva implícita una visión de la vida buena. En el caso de 2 Pedro, la característica fundamental es la fe (1:1), y todas las demás características funcionan juntas para llegar a ser una persona caracterizada por el amor. No es que una virtud deba completarse antes de añadir la siguiente, sino que cada característica es necesaria para alcanzar la meta: el amor.

Cristo volverá como se prometió (1:12-21)

Habitación pasajera (1:13 NVI). En el pensamiento helenístico de esta época la palabra *skēnōma* (traducida aquí como "habitación pasajera" y simplemente como "habitación" en 1:14) se empleaba habitualmente como metáfora para distinguir el cuerpo del alma o espíritu de una persona, y para transmitir la naturaleza temporal y mortal del cuerpo frente al alma inmortal. Aquí (también en 2 Co 5:1, 4) no parece que el autor quiera afirmar que el cuerpo es la morada temporal del alma inmortal, sino más bien resaltar su muerte inminente (ver comentarios de 2 P 1:14).

Como nuestro Señor Jesucristo me ha declarado (1:14). Lo más probable es que se trate de una referencia a la conversación de Jesús con Pedro registrada en Juan 21:18-19. En este diálogo, Jesús le dice a Pedro: "mas cuando ya seas viejo, extenderás tus manos, y te ceñirá otro, y te llevará a donde no quieras". A esta conversación el Cuarto Evangelista añade este comentario editorial "Esto [Jesús] dijo, dando a entender con qué muerte había de glorificar a Dios".

Fábulas artificiosas (1:16). Aunque la cultura grecorromana utilizaba normalmente las fábulas para comunicar verdades morales y filosóficas, en esta época el término "fábulas" podía usarse muchas veces en sentido peyorativo para connotar una historia farsa que carecía de credibilidad y era moralmente engañosa (ver también 2 P 2:3; 1 Ti 4:7; 2 Ti 4:4; Tito 1:14).

Venida de nuestro Señor Jesucristo (1:16). Jesús enseñó a sus discípulos que el juicio (la separación) y la redención se completarían cuando volviera con poder y gloria (Mt 25:31; Lucas 21:27-28). Al hacerlo, se basó en las referencias de Dn 7:13. Este tema de la segunda venida de Jesús se recoge en Hechos 1:11 y es fundamental en el libro del Apocalipsis (1:7; 22:20), que también se basa en símbolos de Dn 7 y de Zac 12:10.

Propios ojos su majestad (1:16-18). Esta frase probablemente introduce la afirmación de Pedro de que, mientras estaban en un monte, él, Santiago y Juan fueron testigos oculares de la transfiguración radiante de Jesús delante de Moisés y Elías (ver Mt 17:1-6; Marcos 9:2-7). El relato de 2 Pedro es el que más se parece al de la transfiguración de Mt 17, en el que una voz del cielo dijo: "Este es mi Hijo amado, en quien me complazco".

El lucero de la mañana salga (1:19). En el judaísmo de la época, Nm 24:17 era reconocido como un texto que señalaba a un mesías venidero que liberaría y restauraría al pueblo de Dios: "Saldrá ESTRELLA de Jacob". En Apocalipsis 22:16, se utiliza un lenguaje similar para hablar de la proximidad del gobierno de Dios y del advenimiento de su Mesías.

Dios jusgará a los falsos maestros que prometen la libertad pero promueven la esclavitud y la destrucción (2:1-22)

Por avaricia harán mercadería de vosotros (2:3). El término "avaricia" (*pleonexia* [también en 2:14]) podría referirse al ansia de poder, de comida, de sexo o de ganancias económicas (ver comentarios sobre 2 P 2:13).

De largo tiempo la condenación (2:3). Probablemente sea una respuesta a los falsos maestros que se burlaban de la noción de un juicio divino venidero. Pedro no indica cuándo o dónde se pronunció la condena. Tal vez considera que el pronunciamiento general del A. T. de juicio sobre todos los falsos profetas y maestros está en juego con estos oponentes en particular.

Dios no perdonó a los ángeles que pecaron, sino que arrojándolos al infierno los entregó a prisiones de oscuridad, para ser reservados al juicio (2:4). No hay una referencia clara a un pasaje bíblico en cuestión. Tanto la literatura judía como la cristiana primitiva compartían una suposición popular sobre una caída angélica (ver comentarios de Judas 6) y un juicio pendiente que se ilustra en el texto deuterocanónico 1 Enoc, un libro que explica que el mal entró en el mundo a través de ángeles caídos (Vigilantes) que fornicaron con mujeres humanas (Gn 6:1-4) y que produjeron gigantes que incitaron a la generación de Noé a una maldad sin precedentes. En *1 Enoc* 10, vemos un ejemplo de estos ángeles siendo atados y arrojados a las tinieblas para ser juzgados. El verbo tartaroō, utilizado aquí en la frase "arrojándolos al infierno", se refiere al Tártaro, que en la mitología griega era el inframundo donde los dioses desobedientes y los humanos rebeldes eran enviados para ser castigados.

No perdonó al mundo antiguo (2:5). Pedro señala el diluvio y la preservación de Noé y su familia, como se narra en Gn 6-8.

Noé, pregonero de justicia (2:5). Los relatos del A. T. sobre el diluvio no mencionan a Noé como predicador, pero algunos escritos judíos de esta época sí se refieren a la proclamación de Noé a los pecadores de su época.

Sodoma y de Gomorra (2:6). Pedro hace referencia al relato de

Sodoma

la destrucción de Sodoma y Gomorra de Gn 19.

Libró al justo Lot, abrumado por la nefanda conducta de los malvados (2:7). Este punto no aparece claramente en la narración de Gn 19, pero Pedro lo interpreta a partir de la conversación de Abraham con ciertos mensajeros (Gn 18:22-33) o toma prestada esta noción de la literatura judía de esta época.

No temen decir mal de las potestades superiores (2:10). Ver comentarios de Judas 8.

Ángeles... no pronuncian juicio de maldición (2:11). Ver comentarios de Judas 9.

Mientras comen con vosotros, se recrean en sus errores (2:13). En la iglesia primitiva la Cena del Señor se celebraba regularmente como una comida (ver 1 Co 11:17-34). Aquí la palabra para "errores" (apatē) también puede traducirse como "disipación" o "placer engañoso", y Pedro probablemente apunta al hecho de que los falsos maestros se unen a la comunión, pero tratan la comida como un simposio griego, que por lo general implicaba la intoxicación y con frecuencia iba seguida de actos sexualmente inmorales.

Corazón habituado a la codicia (2:14). Ver comentarios de 2 P 2:3.

El camino de Balaam (2:15). Como resultado de la narración del A. T. (Nm 22-24) y de la consiguiente literatura judía, en este período de tiempo, Balaam se convirtió en un ejemplo negativo paradigmático de alguien motivado por la codicia y que incitó al pueblo de Dios a pecar. Ver comentarios de Judas 11.

El perro vuelve a su vómito (2:22). Esta máxima está tomada de Pr 26:11. Los perros en esta época no solían estar domesticados y se consideraban salvajes y destructivos (cf. Flp 3:2).

La puerca lavada a revolcarse en el cieno (2:22). Este dicho no proviene de los Proverbios. Los cerdos eran considerados animales impuros en la cultura judía.

Permanezcan fieles porque el día del Señor se acerca (3:1-33)

Segunda carta (3:1). La referencia a otra carta es vaga, pero probablemente apunta a lo que ahora llamamos 1 Pedro.

La inscripción de Balaam (800 a. C.), encontrada en Deir Alla, en la actual Jordania, se llama así porque menciona a Balaam hijo de Beor (ver Nm 22-24). En 2 P 2:15-16, se acusa a los falsos maestros de seguir el camino de Balaam, que tuvo que ser reprendido por su asno.

En los postreros días vendrán burladores (3:3). Ver comentarios de Judas 17.

Su advenimiento (3:4). Ver comentarios de 2 P 1:16.

Fueron hechos por la palabra de Dios los cielos (3:5). Pedro recuerda a sus lectores el relato de Gn 1, que subraya que Dios solo necesita una palabra para dar vida a la creación.

Los cielos y la tierra que existen ahora, están reservados por la misma palabra, guardados para el fuego (3:7). Que el mundo será juzgado por el fuego es un tema constante en el A. T. (Dt 32:22; Is 29:6; 30:27, 30, 33; 33:14; 66:15-16, 24; Joel 2:30; Nah 1:6; Sof 1:18; Mal 4:1).

El día del Señor (3:10). Se trata de una frase común utilizada por los profetas del A. T. para hablar de la intervención decisiva y final de Dios en la historia para juzgar a sus enemigos y reivindicar a los que le han sido fieles (p. ej., Is 2:12; 13:6, 9; Ez 13:5; 30:3; Joel 1:15; 2:1, 11; 3:14; Amós 5:18, 20; Zac 14:1; Mal 4:5).

Como ladrón en la noche (3:10). Jesús utilizó esta metáfora en Mt 24:43-44 (cf. Lucas 12:39-40) para hablar de los últimos días antes de su venida.

Elementos (3:10). La palabra griega "elementos" (*stoicheia*) es difícil de traducir. Puede significar "elementos" (fuego, aire, agua), "cuerpos celestes" o "poderes angélicos malévolos", que frecuentemente se considera que presiden los cuerpos celestes. Parece que Pedro tiene en mente las dos últimas posibilidades, y quizás esté aludiendo a Is 34:4.

Los cielos, encendiéndose, serán deshechos (3:12). La metáfora del fuego, que se encuentra no solo en los profetas del A.T. sino también en la literatura judía de la época y en el N.T., se utiliza regularmente de forma metafórica para referirse tanto a la purificación de los justos como a la destrucción de todo el mal (p. ej., Is 30:30; 66:15-16; Nah 1:6; Sof 1:18; 3:8; Zac 13:7-9; Mal 3:2-3; 4:1-2; Si 2; Sab 3; 1 Co 3:10-15; 1 P 1:5-7; 4:12-13). La palabra traducida como "deshechos" (*lyō*) en 2 P 3:10, 11, 12, no indica aniquilación, sino más bien transformación radical, o ser anulados.

Cielos nuevos y tierra nueva (3:13). La promesa de una creación renovada (no aniquilada) proviene de Is 65:17; 66:22 y también se recoge en Ro 8:19-21; Ap 21:1.

Crecer en la gracia y el conocimiento de Jesucristo mientras se espera su venida (3:14-18)

Nuestro amado hermano Pablo (3:15). Pablo escribió varias cartas a la misma región a la que se dirigía 1 Pedro (Efesios, Colosenses, Gálatas). A pesar de su enfrentamiento en Gálatas 2:11-14, Pedro afirma aquí a Pablo como un hermano y maestro sabio, confiable y "amado" (*agapētos*, "amado").

Las otras Escrituras (3:16). Las cartas de Pablo se copiaron y circularon poco después de ser escritas, y Pedro sugiere aquí que ya se consideraban tan autorizadas como los escritos del A.T.

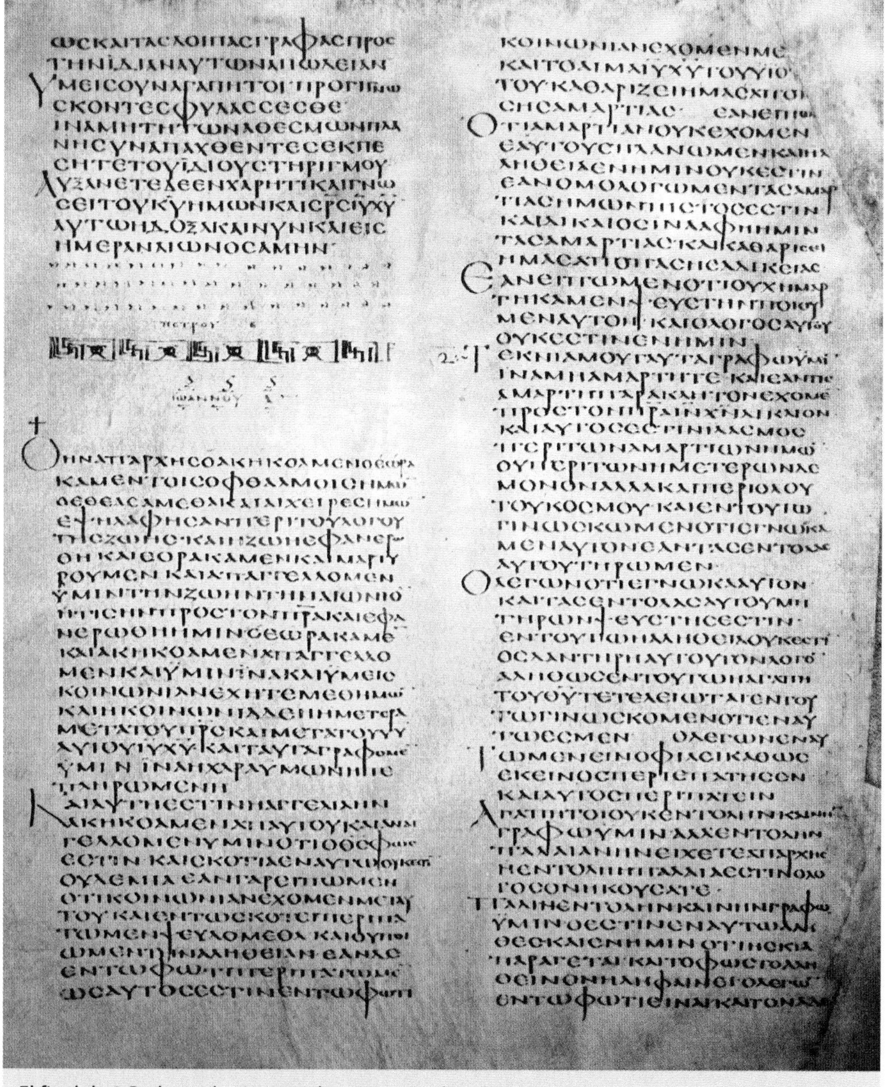

El final de 2 Pedro y el principio de 1 Juan en el Codex Alexandrinus, un importante manuscrito temprano del Nuevo Testamento.

— Mateo
— Marcos
— Lucas
— Juan
— Hechos
— Romanos
— 1 Corintios
— 2 Corintios
— Gálatas
— Efesios
— Filipenses
— Colosenses
— 1 Tesalonicenses
— 2 Tesalonicenses
— 1 Timoteo
— 2 Timoteo
— Tito
— Filemón
— Hebreos
— Santiago
— 1 Pedro
— 2 Pedro

— 1 Juan
— 2 Juan
— 3 Juan
— Judas

— Apocalipsis

1-3 Juan, Judas

David L. Turner

Introducción. En conjunto, 1-3 Juan se conocen como las Epístolas Juaninas (Cartas), pero 1 Juan es una homilía o palabra de exhortación (cf. Hechos 13:15; Heb 13:22). Comienza con el deseo de su autor anónimo de que los lectores compartan la íntima familiaridad del autor con la "Verbo de vida" (1 Juan 1:1-4). Esto implica, en primer lugar, un pensamiento correcto sobre Jesús encarnado, un pensamiento ligado a la enseñanza de sus sucesores elegidos, los apóstoles (1 Juan 1:3; 3:23; 4:2-3, 9-10, 14-16; 5:1, 6-12, 20). Los que creen en este Jesús comparten su victoria sobre el diablo, el mundo y los falsos maestros (1 Juan 2:13-14; 4:4; 5:4-5, 18-19). Esta victoria conduce a un estilo de vida obediente (1 Juan 1:5-10; 2:1, 3-6, 29; 3:3, 7-10; 5:2-3, 18; 2 Juan 6; 3 Juan 11), centrado en el mandato de Jesús de amarse unos a otros (1 Juan 2:7-11; 3:11-18, 23; 4:7, 11-12, 19-21; 5:1-2; 2 Juan 1, 5-6; 3 Juan 1, 6; cf. Juan 13:34; 14:15, 21, 23-24, 28; 15:9, 12, 17; Ap 2:4). Algunos ya han abandonado esta enseñanza apostólica y la iglesia que la afirma, pero estos secesionistas (los que abandonaron la iglesia) siguen intentando desviar a la comunidad (1 Juan 2:18-27; 3:7; 4:1-6; 2 Juan 7-11; cf. Ap 2:2, 14-15, 20). La unción espiritual de la comunidad le permite distinguir entre la enseñanza que es fiel a Cristo y la que no lo es (1 Juan 2:20, 27; 3:24; 4:2, 6, 13; 5:6-7). La homilía entrelaza estos temas principales en ciclos, en lugar de tratarlos consecutivamente como temas distintos.[1]

La segunda y la tercera de Juan se ajustan claramente a las convenciones de la antigua forma de letra helenística (griega). Se han descubierto muchos ejemplos de este tipo de cartas, normalmente escritas en una sola hoja de

Antigua pila bautismal bizantina en la iglesia de San Juan, cerca de Éfeso.

papiro, que contienen correspondencia personal sobre asuntos familiares o comerciales (ver el artículo "Escritura de cartas en la antigüedad").[2] Las cartas comenzaban con un preámbulo en el que se nombraba al autor y al público, seguido de buenos deseos para el público, una sección central o cuerpo que contenía el motivo del autor para escribir, y una posdata final. Las secciones centrales tanto de 2 Juan como de 3 Juan contienen la preocupación del autor por que sus lectores mantengan un estilo de vida amoroso (2 Juan 1, 3, 5, 6; 3 Juan 1, 6) coherente con la verdad de la tradición apostólica (2 Juan 1-4; 3 Juan 3, 4, 8, 12). En 2 Juan, se advierte de los falsos maestros, mientras que en 3 Juan se recomiendan los maestros de confianza.

Los detalles del origen histórico de 1-3 Juan no están claros. La tradición cristiana del siglo II en adelante sitúa a Juan, el discípulo amado (Juan 13:23; 19:26; 20:2; 21:20; cf. Ap 1:1, 4, 9; 22:8) en Éfeso, por lo que es plausible que estos libros reflejen su ministerio en la provincia romana de Asia, la actual Asia Menor occidental. Según el antiguo historiador de la Iglesia Eusebio, Papías (siglo II) hablaba de un "anciano Juan" en Éfeso a diferencia del discípulo amado.[3] Las instrucciones de Cristo para las siete iglesias de Asia (Ap 2-3) probablemente reflejan situaciones históricas similares a las que se abordan en 1-3 Juan. Pablo y Timoteo también ejercieron su ministerio en esta región (Hechos 19; 20:17-38; Efesios; Colosenses; 1-2 Timoteo).

La interrelación histórica del Evangelio, las Epístolas y el Apocalipsis de Juan no está clara. Las epístolas juaninas reflejan probablemente diversas respuestas al Cuarto Evangelio. La Primera de Juan podría ser una homilía basada en el Evangelio, en la que se reafirman sus enseñanzas centrales y se advierte contra los malentendidos. La Segunda de Juan podría haber sido leída (cf. Ap 1:3; 22:18) a la iglesia como introducción a la Primera de Juan. La tercera de Juan presenta a Demetrio, el mensajero que probablemente llevó 1 Juan a la iglesia.[4]

1 Juan

Compartir la Palabra de vida (1:1-4)

Lo que era desde el principio (1:1). Los pueblos antiguos tendían a respetar la continuidad con el pasado más que muchas culturas actuales que valoran la novedad. En 1 Juan, el término "el principio" puede referirse a la creación ori-

En Éfeso, la tumba tradicional de Juan se encuentra en la Basílica de San Juan, una iglesia construida por el emperador Justiniano (527-565) sobre un lugar anterior que se cree que es la tumba de Juan.

ginal del mundo (Gn 1:1; Sal 102:25; Pr 8:22-23; Is 41:4; Mt 19:4, 8; 24:21; Jn 1:1-2; 8:44; 2 P 3:4; 1 Jn 2:13, 14; 3:8) o a cuando la comunidad oyó hablar de Jesús por primera vez (1 Jn 2:7, 24; 3:11; 2 Jn 5-6). En este caso se trata de lo primero.

Lo que hemos oído (1:1). El autor utiliza repetidamente pronombres en primera persona del plural ("nosotros" [sujeto tácito], "nuestro", "nos") en 1:1-4 y muchas otras veces a lo largo del libro. Muchas veces en 1 Juan estos pronombres incluyen a los lectores con el autor (p. ej., 1:6-10). Pero cuando el autor habla de su experiencia personal con Jesús, como en 1:1-5, "nosotros" [sujeto tácito] implica que su mensaje es el que él y los otros apóstoles originales recibieron exclusiva y directamente de Jesús (cf. Juan 21:24).Esto es un contrapunto significativo a la reciente enseñanza de los secesionistas (1 Juan 2:18-27; 3:7; 4:3-5, 20), que no tenían ninguna pretensión de tradición recibida personalmente de Jesús. Los lectores no deben abandonar esta tradición apostólica original (1 Juan 2:24; 3:11). La transmisión fiel de la tradición revelada a la siguiente generación de forma oral y escrita es importante en la Biblia y en el judaísmo primitivo (Dt 31:14; 34:9; Jos 1:1-2; 2 R 2:9-15; 1 Co 11:2; 2 Ti 2:1-2; *m. Avot* 1.1-12).

Al Verbo de vida (1:1). Este "verbo" no es un simple enunciado. Probablemente se refiere a Juan 1:1, 14, y de ahí a Gn 1:1. El "verbo" (*logos*) en este sentido juanino retrata a Jesús como el mensajero definitivo de Dios que revela la gloriosa verdad de Dios encarnándola tanto como hablándola (Juan 1:14-18; 14:6-11, 23; 17:6-8, 17; 20:27-28; 1 Juan 4:2; 2 Juan 7; Ap 5:6, 12; 19:13; cf. Heb 1:1-4). Este "verbo de vida" no solo se oye, sino que también se ve y se toca. Jesús no se limita a decir el mensaje, sino que es el mensaje.

En el A.T., Dios crea y revela por medio de su palabra (Gn 1:3, 6, 9, 11, 14, 20, 22, 24, 26, 28, 29; Sal 33:6, 9; Is 55:10-11). Su palabra se asocia a la sabiduría personificada en el A. T. y en los textos judíos helenísticos (Pr 8:22-29; Bar 4:1; Si 24; Sab 7; 9:1; 18:15; m. *Avot* 5.1). Los Targumes arameos (traducciones interpretativas del A. T.) mantenían la trascendencia absoluta de Dios al hablar de sus poderosas relaciones reveladoras con los humanos y los ángeles como realizadas por su *memra* ("palabra").[5] En la filosofía griega, el logos era la estructura impersonal, racional y ordenada del mundo. El "verbo de vida" de Juan podría haber sido entendida en cualquiera de estos contextos conceptuales, dependiendo de la cultura de los individuos que la oyeron leer. Sin embargo, el *logos* de Juan, como creador original del mundo y último revelador encarnado de Dios, trasciende todo esto.

Viviendo en la luz (1:5-2:2)

Dios es luz, y no hay ningunas tinieblas en él (1:5). El dualismo ético de la luz y las tinieblas procede en gran medida del relato de la creación (Gn 1:1-5, 14-18). La rebelión original de Satanás contra Dios provocó un conflicto cósmico. Obedecer a Jesús significa vivir en la luz de la voluntad de Dios en contraposición a la oscuridad de la rebelión del diablo. Los estilos de vida obedientes muestran que la luz creadora de Dios está renovando progresivamente su creación original, que había sido oscurecida por el pecado (1 Juan 1:5-7; 2:8-10; cf. Juan 1:4-9; 3:19-21; 8:12; 12:46; Hechos 26:18; Ro 13:12; 2 Co 4:4-6; Ef 5:8; 1 P 2:9). Esta forma de pensar tiene afinidad con la de la comunidad de Qumran.[6] En contraste con el Dios de la Biblia, las deidades mitológicas grecorromanas se comportaban comúnmente de forma vergonzosa, manifestando tanto la oscuridad como la luz. Su comportamiento atroz no era diferente del de los humanos pecadores.

Abogado tenemos para con el Padre (2:1). En los tiempos del N. T., un "abogado" acudía en ayuda de otro ayudando, aconsejando e intercediendo (a veces como un abogado). En el Evangelio de Juan, se nos dice que el Espíritu Santo vendrá a ministrar a los discípulos como "otro abogado" en lugar de Jesús (Juan 14:16, 26; 15:26; 16:7). Pablo habla del Espíritu y de Jesús como intercesores (Ro 8:26-27, 34).

Él es la propiciación por nuestros pecados (2:2). La "propiciación" se refiere al apaciguamiento de la ira de una deidad contra el pecado. En la antigüedad, los paganos se preocupaban por mantener el favor de sus caprichosas deidades ofreciendo repetidamente sacrificios. En marcado contraste, el N. T. presenta a Dios como un ser bondadoso que toma la iniciativa en Cristo para eliminar la barrera del pecado de una vez por todas. Esto lleva a los seguidores de Jesús a dejar de temer la ira de Dios y a tener la seguridad del amor de Dios (1 Juan 4:18). La seguridad del amor de Dios en Cristo motiva a los cristianos a amarse unos a otros (1 Juan 4:11). El "propiciatorio" del A. T. puede estar en el trasfondo de la "propiciación" y las palabras relacionadas en el N. T. (Heb 9:5-8; cf. Ex 25:17-22; Ez 43:20).

Amarse los unos a los otros (2:3-11)

Si guardamos sus mandamientos (2:3). La obediencia a las estipulaciones de un contrato o pacto era necesaria para mantener su validez. Así fue con el pacto de Dios con Israel (Dt 4:1-8; 6:1-9; Jer 31:31-34), y así es con los seguidores de Jesús (Mt 7:21; Juan 13:17; 14:15; 15:9-14).

No os escribo mandamiento nuevo (2:7). En sentido estricto, el nuevo mandamiento de Jesús (Juan 13:34) no era nuevo: ya se había enseñado en el A. T. (Lv 19:18; cf. Mt 22:37-40). Lo que era nuevo era el ejemplo vigorizante que Jesús proporcionó ("como yo os he amado") y el amanecer del gobierno de Dios en el ministerio de Jesús (1 Juan 2:8).

La luz verdadera ya alumbra (2:8). Ver comentarios de 1 Juan 1:5.

Aborrece a su hermano (2:9). Comparar Lv 19:17-18, 33-34; ver los comentarios de 1 Juan 3:12.

Victoria sobre el mundo del mal (2:12-17)

Hijitos (2:12). Este término (cf. 2:1, 28; 3:7, 18; 5:21) es figurativo, hablando de la relación amorosa (cf. 2:7; 4:1, 7; 3 Juan 1, 5, 11) entre el autor y sus lectores. "Jóvenes en la fe" en 2:14 (NTV) (cf. 2:18; 3:1-2, 10; 5:2; 2 Juan 1, 4, 13) y "hermanos" (3:12-17; 5:16) son también términos de cariño para toda la congregación. Los términos "padres" y "jóvenes" (2:13-14) se centran en los hombres de la congregación, como sería típico en las culturas antiguas, sin prescindir necesariamente de las mujeres. Es de suponer que los padres mostrarían la sabiduría de la experiencia, y los jóvenes serían conocidos por su vigor.

Habéis vencido al maligno (2:13-14). En los tiempos del N. T., el lenguaje de la superación se utilizaba para las victorias militares, atléticas y legales. En las monedas romanas de los emperadores aparecían imágenes de la diosa Victoria, ya que la victoria se consideraba un atributo del emperador. El Rey de reyes (Ap 17:14; 19:16) habló de su propia victoria sobre el mundo a través de la cruz en Juan 16:33 (cf. Ap 5:5). Los seguidores de Jesús comparten

Un relieve de la diosa Nike, descubierto durante las excavaciones en Éfeso.

su victoria (1 Juan 4:4; 5:4-5; Ap 2:7, 11, 17, 26; 3:5, 12, 21; 12:11; 15:2; 17:14; 21:7).

La unción que permanece y los anticristos que engañan (2:18-27)

Han surgido muchos anticristos (2:18). En el N. T., la palabra "anticristo" solo aparece en 1-2 Juan (1 Juan 2:18, 22; 4:3; 2 Juan 7), pero la idea de un archienemigo de Dios del final de los tiempos que trae problemas sin precedentes al pueblo de Dios está muy extendida (p. ej., Mt 24:4-5, 21-28; 2 Ts 2:1-12; Ap 13; Didaché 16.3-5). Primera de Juan habla del anticristo no como un perseguidor del final de los tiempos, sino en términos teológicos genéricos: cualquiera que actualmente no reconozca que Jesús ha venido en la carne es un precursor principal del anticristo. Algunos textos del A. T. proporcionan el trasfondo de los textos del N. T. sobre el anticristo (Ez 38-39; Dn 7:19-27; 8:11, 13, 23-25; 9:25-27; 12:11). La literatura judía del Segundo Templo también habla de un opresor del pueblo de Dios en los últimos tiempos.[7] La figura histórica prevista por Daniel era el rey seléucida Antíoco IV Epífanes (reinó entre 175-164 a. C.) (cf. 1 Mac 1:54; 2 Mac 9), pero en los tiempos del N. T. los judíos y cristianos tendían a pensar en Roma y sus emperadores como anticristos.

Salieron de nosotros (2:19). Los secesionistas son probablemente personas que tomaron el Evangelio de Juan en la dirección equivocada hacia lo que más tarde se sistematizaría como la herejía del gnosticismo. Esta forma de pensar negaba la bondad del mundo como creación de Dios y afirmaba la salvación por iluminación de la mente, no la redención de toda la persona, cuerpo y alma. Entre las diversas versiones de esta enseñanza se encuentran el docetismo y el cerintianismo. El docetismo (del verbo griego *dokeō*, "parecer, aparentar, pensar") enseñaba que Jesús parecía ser humano, pero en realidad solo era divino.[8] El cerintianismo (basado en las enseñanzas de Cerinto, que floreció alrededor del año 100 d. C.) enseñaba que Jesús era el hijo humano de José y María. El espíritu de Cristo descendió sobre él en su bautismo y se marchó antes de su crucifixión. Según el obispo del siglo II Policarpo, Juan salió corriendo de los baños públicos de Éfeso cuando Cerinto entró por miedo a que el techo se derrumbara.[9] Los sistemas gnósticos posteriores defendidos por Basílides y Valentín, entre otros, continuaron las aberraciones doctrinales y éticas cuyas raíces se confrontan en 1 Juan. Entre los antiguos escritos cristianos gnósticos conocidos hoy en día se encuentran el *Evangelio de Tomás y el Evangelio de Judas.*

Los secesionistas se fueron porque rechazaron la enseñanza apostólica sobre Jesús encarnado (Juan 1:1-18; 6:53-58; 14:9; 20:24-29; 1 Juan 1:1; 4:2; 5:6-9; 2 Juan 7-9), que enseñaba a obedecer sus mandatos. Estos secesionistas están en el punto de mira en los pasajes de 1 Juan que distinguen a los verdaderos seguidores de Cristo de (1) los que niegan que Jesús haya venido en la carne (2:2.2-23; 4:1-6, 14-15; 5: 10-12), (2) los que no obedecen los mandatos de Dios (1:6, 8, 10; 2:4; 3:3-10), y específicamente, (3) los que no aman a los hermanos (2:9, 11, 15; 3:10, 14-15, 17; 4:8, 20). Incluso después de su partida, seguían intentando persuadir a los miembros de la comunidad para que adoptaran su versión falsa de Jesús (1 Juan 2:26-27; 2 Juan 7-11; 3 Juan 9-11).

Vosotros tenéis la unción del Santo (2:20). Los sacerdotes y los reyes del A. T. eran ungidos con aceite para consagrarlos a sus cargos (Ex 29:29; 40:15; 1 S 10:1; 2 R 9:6). Jesús entendió su propio ministerio en términos de la unción del Espíritu (Lucas 4:16-21; cf. Is 61:1-2; Hechos 4:26; 10:38). Más tarde prometió enviar el Espíritu Santo para guiar a sus seguidores en el discernimiento (1 Juan 4:13; cf. Juan 7:37-39; 14:16-18, 25-26; 15:26-27; 16:7-15; 20:21-23).

Distinguir entre los hijos de Dios y los hijos del diablo (2:28-3:10)

Cuando se manifieste... en su venida (2:28). La "manifestación" de Jesús puede referirse a su primera (1 Juan 3:5) o segunda venida a la tierra (1 Juan 2:28; 3:2). Su "venida" (Mt 24:3; 1 Co 15:23; 1 Ts 3:13; Stg 5:7; 2 P 3:4) habla de su gloriosa presencia personal a su regreso. La venida de Dios en juicio fue profetizada en el A. T. (Amós 5:18-20; Mal 3:2). El término traducido como "venida" (*parousia*) se utilizaba para la presencia de dioses como Dionisio y para las visitas de emperadores y reyes a las zonas que gobernaban.

El diablo peca desde el principio (3:8). La obra engañosa del diablo comenzó en Gn 3 y terminará en Ap 20:10 (cf. Juan 8:44; Ap 12). El diablo ha reclutado a los demonios y a los humanos pecadores para que le ayuden en esta rebelión. La desobediencia voluntaria a los mandatos de Dios señala la obra del diablo en los seres humanos (1 Juan 3:10).

Creer en Jesús y amarse unos a otros (3:11-24)

No como Caín (3:12). Caín es famoso por haber matado a su hermano Abel y haberse convertido en el primer asesino de la historia de la humanidad (Gn 4; cf. Heb 11:4; Judas 11). Matar al propio hermano es un pecado especialmente atroz. Al igual que Jesús enseñó que la ira y la lujuria equivalían al asesinato y al adulterio (Mt 5:21-30), 1 Juan enseña que la falta de amor hacia los demás creyentes equivale al asesinato. Esto proporciona una respuesta enfáticamente afirmativa a la pregunta de Caín "¿Soy yo acaso guarda de mi hermano?" (Gn 4:9). El libro de los *Jubileos* (una narración del Génesis basada en divisiones temporales de cuarenta y nueve años, que data de alrededor del año 100 a. C.) considera que hay una justicia poética en la muerte de Caín: Caín mató a Abel con una piedra, y así Caín murió por una piedra cuando su casa se derrumbó sobre él (*Jubileos* 4.31).

Pero el que tiene bienes de este mundo (3:17). Si el amor por los creyentes puede llevar a entregar la propia vida (1 Juan 3:16; cf. Ap 2:13), ciertamente incluiría la entrega de las propias posesiones. El A.T. proporcionó instrucciones para ayudar a los pobres (Ex 23:11; Lv 19:10; 23:22, 35; Dt 15:1-11; 24:14; Rut 2; cf. Si 12:1-7). Los primeros cristianos también se tomaron en serio esta obligación (Juan 13:29; Hechos 4:32-37; 11:27-30; Gl 2:10; Ef 4:28; Stg 2:1-7, 14-17; 5:1-6; Didaché 4.6-8).

Probar los Espíritus de la Verdad y la Falsedad (4:1-6)

No creáis a todo espíritu (4:1). Este texto supone que los poderes espirituales invisibles influían en los maestros humanos. Los falsos profetas eran vistos como portavoces de los poderes espirituales malignos que anticipaban la llegada del anticristo (4:3; cf. 2:18, 22; ver también Hechos 13:6-11; 16:16-18; *Testamento de Judá 20*). El documento de gobierno de la comunidad de Qumran hablaba de que todos los seres humanos eran guiados por uno de dos "espíritus", un espíritu de verdad que motivaba a los hijos de la luz a un comportamiento recto o un espíritu de falsedad que motivaba a los hijos de las tinieblas a un comportamiento inicuo.[10]

Jesucristo ha venido en carne (4:2). Los secesionistas (ver comentarios sobre 1 Juan 2:19; 5:6) no creían que Jesús fuera verdaderamente humano. Es posible que pensaran en Jesús como una forma humana de una deidad, tal y como veían a Pablo y Bernabé en Listra y Derbe (Hechos 14:11-13). Tal vez enfatizaron la enseñanza del Evangelio de Juan sobre los orígenes celestiales de Jesús (Juan 1:1-5; 3:13; 8:58; 17:4-5) en perjuicio de sus enseñanzas sobre la humanidad de Jesús (Juan 1:14-18; 6:51-58; 11:35; 19:38-20:2; 20:20, 24-29; 2 Juan 7; Ap 5:6).

El don del Espíritu confirma el amor de Dios hacia nosotros (4:7-21)

En propiciación por nuestros pecados (4:10). Ver comentarios sobre 1 Juan 2:2.

En el amor no hay temor (4:18). Como en el caso de Adán y Eva, el miedo es el resultado del pecado y de la conciencia culpable (Gn 3:8). Las antiguas deidades paganas actuaban de forma arbitraria, dejando que sus seguidores ofrecieran repetidamente sacrificios para aplacar a los dioses a los que podían haber ofendido sin saberlo. Los seguidores de Jesús tienen la seguridad del amor de Dios a través de la vida, la muerte, la resurrección, la intercesión y la prometida venida de Cristo (1 Juan 3:16; 5:20).

Creer en Jesús y aceptar el testimonio del Espíritu (5:1-12)

Que vino mediante agua y sangre (5:6). La frase "agua y sangre" probablemente se refiera al bautismo y la crucifixión de Jesús encarnado, que encadenaron su ministerio en la tierra (Juan 1:29-34; 19:34). La negación de los secesionistas de Jesús como Dios hecho carne comprometería la enseñanza apostólica en estas dos áreas. Por ejemplo, Cerinto evidentemente enseñó que el espíritu divino de Cristo vino sobre el hombre Jesús en su bautismo y se fue antes de su crucifixión. Ver los comentarios de 1 Juan 2:19.

Conocer al verdadero Dios y la vida eterna (5:13-21)

Pecado que no sea de muerte (5:16). Este es uno de los pasajes más difíciles de 1 Juan. Lo más probable es que el pecado que lleva a la muerte sea la secesión de la comunidad debido a la incredulidad en un Jesús verdaderamente humano y la desobediencia a sus mandatos.

Guardaos de los ídolos (5:21). Los ídolos podrían entenderse metafóricamente como cualquier cosa que uno valore por encima de Dios, como la codicia (Col 3:5). Es más probable que aquí se trate de objetos literales. El A. T. condena rotundamente la adoración de cualquier ídolo (Ex 20:4-6; Dt 5:8-10; Is 40:18-22; 41:22-24; 44:6-20; cf. Hechos 7:39-50). La literatura judía del Segundo Templo también condenaba y satirizaba la adoración de ídolos.[11] El evangelio de Cristo entraba en conflicto con el culto a diversos dioses grecorromanos y con el culto al emperador (Hechos 14:8-18; 15:29; 17:16-29; 19:23-41; Gl 5:20; 1 Co 10:14; 12:2; 1 Ts 1:9; Ap 9:20; 13:3-8, 11-15; 16:2; 22:15). Alrededor del año 112, Plinio el Joven, gobernador del Ponto y Bitinia, se puso en contacto con el emperador Trajano para juzgar y ejecutar a los cristianos que se negaban a quemar incienso a las estatuas del emperador y de los dioses.[12] Si los cristianos debían incluso comer carne que había sido ofrecida a los ídolos era un grave problema pastoral (Hechos 15:20, 29; 21:25; 1 Co 8; Ap 2:14, 20).

2 Juan

El anciano (1). Los líderes maduros eran respetados en los primeros tiempos de la historia de Israel y posteriormente en las sinagogas. En esta línea, los líderes pastorales de las primeras congregaciones cristianas también se llamaban ancianos. En 2 Juan, "el anciano" parece tener autoridad apostólica sobre los asuntos de varias congregaciones, algo parecido a lo que ocurre con los obispos en las jerarquías eclesiásticas posteriores (cf. 3 Juan 1; 1 P 5:1).

La señora elegida y a sus hijos (1). Aunque las mujeres ocupaban un lugar destacado en las primeras iglesias (p. ej, Lucas 8:2-3; Hechos 12:12; 16:14-15; 18:26; Ro 16:1, 3-5), es más probable que las palabras "señora" e "hijos" sean aquí referencias metafóricas a una congregación y sus miembros (cf. 1 P 5:13 y nótese las imágenes femeninas para el pueblo del pacto de Dios en textos como Is 61:10; 62:5; Jer 2:2, 32; Oseas 2:2-6; 2 Co 11:2-3; Ef 5:27, 32; Ap 19:7; 21:2, 9; 22:17). Los "hijos de tu hermana, la elegida" en 2 Juan 13 probablemente son miembros de otra congregación.

Porque muchos engañadores han salido por el mundo, que no confiesan que Jesucristo ha venido en carne (7). Probablemente se refiere a los falsos maestros del mismo tipo que los secesionistas de 1 Juan. Su visión de Jesús y su ética eran deficientes. Ver los comentarios de 1 Juan 2:19; 4:1; 4:2.

No lo recibáis en casa, ni le digáis: ¡Bienvenido! (10). Las primeras congregaciones cristianas se reunían en las casas de los miembros más destacados

Muchas de las iglesias históricas de Roma se construyeron en los emplazamientos de las iglesias domésticas, hogares en los que judíos y gentiles creyentes se reunían para la enseñanza, la comunión, el culto y la oración, y donde podían celebrar la unidad que tenían en Cristo. Los restos de las casas romanas de los siglos II y III se han encontrado debajo de la Basílica de los Santos Juan y Pablo en la Colina del Caelio en Roma, en la foto.

(Hechos 12:12; Ro 16:5; 1 Co 16:19; Col 4:15; Flm 2).

Esta advertencia prohíbe apoyar a los falsos maestros, no solo conversar con ellos. La hospitalidad con los extranjeros era una virtud clave en la antigüedad (Gn 18:1-15; Job 31:32), una que incumbe aún más a los seguidores de Jesús (Mt 10:11-15, 40-42; Hch 16:15, 34; 21:8, 16; Ro 12:13; 1 Ti 5:10; Tito 3:13; Heb 13:1-2; 1 P 4:9). Los primeros escritos cristianos confirman que los falsos maestros y los charlatanes perezosos solían intentar aprovecharse de la hospitalidad de los primeros cristianos.[13] Una disputa sobre la hospitalidad es la ocasión de la redacción de 3 Juan.

No he querido hacerlo por medio de papel y tinta (12). El "papel" (*chartēs*) se fabricaba con la médula interior de la caña de papiro que crece en las zonas pantanosas. La médula interior se aplastaba en tiras y se secaba. Se colocaba otra capa de tiras en un ángulo de noventa grados con respecto a la primera. La escritura solía comenzar en la capa con fibras horizontales (el *recto*), y solo si era necesario en el reverso (el *verso*), donde las fibras verticales dificultaban la escritura. La tinta se fabricaba mezclando carbón vegetal u hollín con diversos líquidos. Ver el artículo "Escritura de cartas en la antigüedad"; ver los comentarios de 3 Juan 13.

Los hijos de tu hermana, la elegida (13). Ver los comentarios de 2 Juan 1.

3 Juan

El anciano (1). Ver los comentarios de 2 Juan 1.

A Gayo, el amado (1). Evidentemente, Gayo era el líder de una congregación bajo la supervisión del anciano. El suyo era un nombre común. Un hombre con este nombre había sido bautizado por Pablo en Corinto (1 Co 1:14); probablemente sea también el Gayo mencionado en Ro 16:23. Otro hombre llamado Gayo, residente en Derbe, en Asia Menor, fue compañero de Pablo en su tercer viaje misionero (Hechos 19:29; 20:4).

Deseo que tú seas prosperado en todas las cosas, y que tengas salud (2). Este tipo de deseos eran habituales después del saludo en las cartas antiguas (cf. Flm 4-7; 2 Ti 1:3-5).

Miembros de la iglesia vinieron (3 TLA). Estos "miembros de la iglesia" (literalmente, "hermanos") son los mencionados en 3 Juan 5-8, 10.

Fielmente te conduces cuando prestas algún servicio a los hermanos (5). Gayo atendía fielmente a los maestros itinerantes enviados por el anciano. La *Didaché*, probablemente escrita solo unas décadas después de 1-3 Juan, daba instrucciones detalladas sobre cómo discernir qué maestros itinerantes eran dignos de hospitalidad y cuáles eran simplemente perezosos o, peor aún, falsos maestros (*Didaché* 11-13). Ver los comentarios de 2 Juan 10.

Sin nunca recibir nada de los paganos (7NVI). El hecho de que los maestros itinerantes del anciano no contaran con la ayuda de "paganos" (*ethnikoi*, "gentiles" [cf. Mt 5:47; 6:7; 18:17]) puede indicar que el anciano y sus maestros son judíos étnicos involucrados en la misión a los gentiles.

Yo he escrito a la iglesia (9). Podría tratarse de una referencia a 1 Juan y/o 2 Juan, o a una carta desconocida que no se ha conservado.

Diótrefes... no nos recibe (9). Diótrefes era un rival de Gayo, quizás el líder de una congregación hermana (cf. 2 Juan 13). No está claro por qué Diótrefes se opuso enérgicamente al anciano. Tal vez se trataba simplemente de un conflicto de personalidad o de una diferencia de opinión sobre los procedimientos. Lo más probable es que, dada la unidad teológica de 1-3 Juan y su agrupación canónica, Diótrefes estuviera de acuerdo con los secesionistas, que no aceptaban la tradición apostólica de un Jesús encarnado y la ética de la obediencia a sus mandamientos. Esto puede confirmarse en 3 Juan 11, que contrasta fuertemente a Diótrefes y Demetrio (cf. 1 Juan 3:6; 4:20; 2 Juan 7-11).

Demetrio (12). Evidentemente, Demetrio era el portador de la carta o era alguien que llegaría pronto. Era uno de los auténticos maestros enviados por el anciano. La tercera carta de Juan no solo recomienda mostrar hospitalidad a los auténticos maestros, sino que también sirve para elogiar a Demetrio. Tales cartas eran comunes en la antigüedad (2 Reyes 5:6; Neh 2:7; Hechos 18:27; Ro 16:1-2; 1 Co 16:3-4; 2 Co 3:1-3; Flp 2:25-30; Col 4:7-9).

Pluma de caña con plumilla dividida, procedente de Egipto en época romana.

No quiero escribírtelas con tinta y pluma (13). La palabra traducida como "pluma" (*kalamos*) puede referirse a una caña (Mt 11:7; 12:20) o a una pluma hecha de una caña. Ver el artículo "Escritura de cartas en la antigüedad"; ver los comentarios de 2 Juan 12.

La paz sea contigo (15). El deseo de paz puede indicar el origen judío de Gayo y su congregación (ver Juan 20:19, 21, 26; 2 Juan 3; cf. Dn 10:19; Mt 10:11-13; Lc 10:5; 24:36; Stg 2:16; Ap 1:4). La "paz" (Hebr. *shalom*) en el A. T. no era simplemente la ausencia de conflictos, sino la vida plena y floreciente de los bendecidos por Dios (Is 48:18; 55:12; 66:12).

Judas

Introducción. Judas (Gr. *Ioudas*) era un nombre común en esta época. El autor de esta carta se identifica como hermano de Jacobo (1), lo que se ha entendido como que era medio hermano de Jesús (ya que Jesús no tenía padre humano) o un pariente de Jesús. Desgraciadamente, no hay suficiente contenido en la carta para permitirnos fechar la composición con certeza. Si Judas, el hermano de Jesús, escribió la carta, entonces fue compuesta probablemente no después del año 80.

Judas aborda una situación en la que personas que dicen ser seguidores de Jesús están viviendo falsamente dentro de la comunidad y persuadiendo a otros a hacer lo mismo: rechazan la autoridad apostólica (18), confían en su propia revelación (8, 10) y practican la inmoralidad sexual (6-8, 10). Tenemos muy poca información que nos ayude a saber dónde vivía el público original, pero sí sabemos que Judas se refiere con frecuencia a la versión hebrea del A. T. y no a la griega, y que Judas y Jacobo tenían influencia y control en Palestina. Dado que la carta fue escrita en griego, se piensa que tal vez la carta fue escrita a los seguidores judíos de Jesucristo que vivían fuera de Palestina y que no hablaban hebreo/arameo, pero pensaban en Jerusalén como el centro de la autoridad.

La carta de presentación (1-2)

Hermano de Jacobo (1). Probablemente se refiera a Jacobo, el hermano de Jesús (Mt 13:55; Marcos 6:3) y líder de la iglesia de Jerusalén (Hechos 15:13-21; 21:18; Gl 2:9, 12). En esta época, el honor (o la vergüenza) de un miembro de la familia se atribuía a los demás. La referencia de Judas a su hermano Jacobo resalta su autoridad para dar las siguientes directivas.

El propósito de Judas para escribir (3-4)

Contendáis ardientemente por la fe (3). Aquí la palabra "fe" no parece significar el acto de creer, sino que se refiere a un conjunto de creencias (contenido de la creencia). Judas recurre a metáforas atléticas para exhortar a sus lectores a luchar activamente ("contender") por mantener los límites adecuados del contenido de su creencia, que está amenazada por los falsos maestros que hay en su entorno.

Ha sido una vez dada a los santos (3). Judas describe la fe (contenido de la creencia) como lo que ha sido entregada o "dada" (*paradidōmi*), un término que suele referirse a la tradición de enseñanzas y patrones de vida que han sido

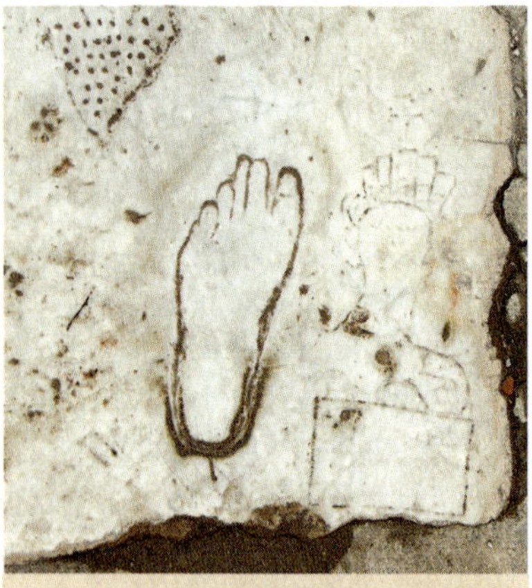

Esta huella señala el camino hacia un burdel en Éfeso (siglo I d. C.).

afirmados por figuras autorizadas y luego transmitidos a una nueva generación de adherentes que están llamados a mantener fielmente esas tradiciones.

Desde antes habían sido destinados para esta condenación (4). Es probable que Judas no tenga en cuenta ningún pasaje del A. T. en particular, sino que, de acuerdo con las estrategias interpretativas judías de la época, lea los relatos del A. T. sobre el juicio de Dios a los falsos maestros (ver los vv. 5-8) de forma tipográfica; es decir, prefiguran el juicio de Dios a los falsos maestros que se han infiltrado en la comunidad.

La base del juicio de Dios sobre los falsos maestros (5-19)

En esta sección, Judas se basa en acontecimientos y personas del A.T. para demostrar que Dios sí juzgará a los falsos maestros que se han infiltrado en la comunidad. Sin embargo, es importante señalar que frecuentemente caracteriza los acontecimientos y las personas a través de la óptica de las tradiciones del judaísmo que se desarrollaron más allá de las Escrituras del A. T. Por lo tanto, los ejemplos que utiliza Judas (p. ej., los israelitas en el desierto, los ángeles desobedientes, Sodoma y Gomorra, Caín y Balaam) no se seleccionan al azar, sino que funcionan como arquetipos de pecado y juicio que aparecen frecuentemente juntos en la literatura judía de este período.

Jesús primero rescató de Egipto a la nación (5 NTV). Hay algunas variaciones entre los primeros textos de Judas. Algunos textos dicen "Jesús", mientras que otros dicen "Señor" o "Dios". No hay duda de que se trata de una referencia a la liberación de Israel por parte de Dios del dominio del faraón en Egipto (Ex 12-14). Si "Jesús" es la lectura original, esta identificación no es única en el N. T.: Pablo identifica la roca que siguió a Israel en el desierto como Cristo (1 Co 10:4).

Ángeles que no guardaron su dignidad (6). Es probable que se haya extraído del libro deuterocanónico *1 Enoc* (ya que Judas cita 1 Enoc en 14-15), que refleja una interpretación judía común de Gn 6:1-4 como una referencia a los ángeles pecadores ("hijos de Dios") que transgredieron sus límites establecidos al fornicar con mujeres ("hijas de la humanidad"). Esta transgresión condujo a la intensificación del mal en la tierra y al consiguiente juicio (el diluvio).

Guardado bajo oscuridad, en prisiones eternas, para el juicio (6). No hay ninguna referencia en el A. T. para esto. Ver los comentarios de 2 P 2:4.

Sodoma y Gomorra (7). Judas hace referencia a la destrucción de Sodoma y Gomorra por parte de Dios (Gn 19), caracterizándola como un castigo por sus actos de inmoralidad sexual.

Fornicado e ido en pos de vicios contra naturaleza (7). Lo que los judíos (y los primeros cristianos) condenaban como inmoralidad sexual no era visto como tal en el mundo grecorromano de esta época. Las polémicas judías y cristianas contra la inmoralidad sexual, y en particular la práctica homosexual, se consideraban intolerantes y excesivamente restrictivas. En esta época se practicaban y aceptaban diversas relaciones homosexuales (incluida la monogamia entre personas del mismo sexo). Parece que Judas es una respuesta inicial a los que dentro de la iglesia enseñaban que la libertad en Cristo permitía la inmoralidad sexual.

Estos soñadores mancillan la carne (8). Estos falsos maestros rechazaban la enseñanza apostólica (v. 3) y en su lugar confiaban en una revelación especial, no apostólica, para determinar lo que Dios quería para sus vidas.

Las potestades superiores (8). Lo más probable es que se trate de una referencia a seres angélicos (sobre todo teniendo en cuenta el contexto del v. 9). Tanto en el judaísmo como en el cristianismo primitivo (Hechos 7:38; Gl 3:19-20), los ángeles son los agentes que median la revelación de Dios (ya sea la ley o el anuncio de la llegada del Mesías) a su pueblo. Al confiar en su propia revelación (sueños) y negar la autoridad de la enseñanza apostólica, estos falsos maestros están hablando falsamente sobre lo que los ángeles han revelado.

El arcángel Miguel contendía con el diablo (9). Este relato no se encuentra en la Biblia ni en ninguna literatura disponible de la época. Sin embargo, Clemente de Alejandría (siglo II) menciona que el relato procede de un texto llamado *Asunción de Moisés* (aunque ninguna de las copias incompletas de la *Asunción de Moisés* que hemos descubierto contiene el relato que leemos en Judas).

El camino de Caín (11). Aquí Judas se basa en la tradición interpretativa relativa a Caín, más que en el relato real de Gn 4. Cuando Judas escribe esta carta, Caín se había convertido en un pecador arquetípico que enseñaba a otros que era aceptable pecar, ya que Dios no iba a juzgar su maldad.

Error de Balaam (11). En Nm 31:16, se culpa a Balaam de incitar a los hombres israelitas a cometer inmoralidad sexual e idolatría con mujeres moabitas (Nm 25:1-5). Ver los comentarios de 2 P 2:15.

Contradicción de Coré (11). Números 16 (también Nm 26:9-11; Sal 106:16-18) relata el juicio que cayó sobre Coré (y otros 250) por oponerse a la autoridad de Moisés y a la revelación que le había dado Dios.

Profetizó Enoc (14). No se trata de una referencia a algo que dijo Enoc (Gn 5:18, 21-24) en el A. T., sino de una cita directa de 1 Enoc 1.9. En el período de tiempo anterior a Jesús, conocido como el período intertestamental, se desarrolló una importante tradición interpretativa en relación con la historia de Enoc de Gn 5: "Caminó, pues, Enoc con Dios, y desapareció, porque le llevó Dios" (Gn 5:24).

Una de esas tradiciones interpretativas se encuentra en el libro 1 Enoc, que

Imagen del arcángel Miguel (siglo X d. C.). Judas 9 pone a Miguel como ejemplo, posiblemente refiriéndose a un relato de la Asunción de Moisés.

se considera más bien una colección de unidades literarias distintas. Parece que 1 Enoc era un texto muy conocido durante la época del N. T., ya que se hace referencia a él en 1 P 3:19-20; 2 P 2:4; y Judas. Probablemente no se consideraba canónico en la iglesia primitiva, sino que se consideraba ilustrativo para la enseñanza.

Dichas por los apóstoles (17). No tenemos ninguna referencia en el N. T. de ningún apóstol que diga las palabras precisas citadas en el versículo 18 sobre los burlones del final de los tiempos, pero sí tenemos ejemplos de apóstoles que advierten a la iglesia sobre la falsa enseñanza, el engaño y la apostasía (p. ej., Hechos 20:29-30; 1 Ti 4:1-3; 2 Ti 3:1-5).

Ánimo para seguir siendo fieles (20-24)

Aborreciendo aún la ropa contaminada por su carne (23). La palabra que Judas utiliza aquí para "ropa" (*chitōn*) se refiere a la ropa interior que se lleva más cerca del cuerpo (carne). Judas utiliza esta imagen metafóricamente para hablar de la inmoralidad sexual como resultado de los deseos carnales desordenados (similar a los ángeles en el v. 7).

Presentaros sin mancha delante de su gloria (24). La figura utilizada aquí es la de alguien que se presenta ante un juez.

— Mateo
— Marcos
— Lucas
— Juan
— Hechos
— Romanos
— 1 Corintios
— 2 Corintios
— Gálatas
— Efesios
— Filipenses
— Colosenses
— 1 Tesalonicenses
— 2 Tesalonicenses
— 1 Timoteo
— 2 Timoteo
— Tito
— Filemón
— Hebreos
— Santiago
— 1 Pedro
— 2 Pedro
— 1 Juan
— 2 Juan
— 3 Juan
— Judas

— Apocalipsis

Apocalipsis

David L. Turner

Introducción. Como libro final del N. T. y de la Biblia, el Apocalipsis ocupa un lugar importante en el canon de las Escrituras. Su trasfondo es rico y diverso, lo que hace que la lectura del libro sea a la vez interesante y desafiante. El A. T. es una fuente importante por su lenguaje y su simbología. Se calcula que el Apocalipsis contiene casi trescientas alusiones al A. T., en su mayoría extraídas de los Salmos, Isaías, Ezequiel, Jeremías y Daniel en sus versiones hebrea y griega. El motivo del éxodo también es prominente. Se discute si hay citas exactas; sin embargo, Apocalipsis 2:27, que cita el Salmo 2:9, es un fuerte argumento. Juan utiliza nombres del A. T. (Balaam, Jezabel), actividades (comer un rollo) y acontecimientos (juicios de plagas y ranas) sin explicación, dando por sentado que su audiencia está familiarizada con estas historias del A. T. Las similitudes con las enseñanzas de Jesús aparecen en las siete bienaventuranzas, así como en la repetida frase "El que tiene oído, oiga" lo que dice el Espíritu (caps. 2-3). La visión de la mujer, el niño y el dragón en el capítulo 12 parece seguir la trama de un antiguo mito pagano sobre Apolo y Leto. El mundo grecorromano era visual, en parte debido al alto índice de analfabetismo funcional. Las ideas, incluso la propaganda imperial, se comunicaban visualmente a través de monedas, estatuas y frisos. Este escenario, ajeno a nosotros ahora, se encuentra en visiones como la de las dos bestias, la mujer sobre siete colinas y el misterio de Babilonia. El público de las siete iglesias, familiarizado con este mundo, era capaz de calcular el número de la bestia e identificar a los siete emperadores. Sin embargo, entender estas referencias ahora es un reto a menos que el lector se familiarice con el trasfondo grecorromano del primer siglo. De lo contrario, será presa de distorsiones e interpretaciones extrañas del texto, prácticas por las que el Apocalipsis ha sufrido a lo largo de la historia de la Iglesia. La discusión aquí tiene como objetivo introducir a los lectores en el ambiente social, cultural y religioso de las iglesias asiáticas para que el mensaje eterno que Jesús y Juan querían comunicar pueda ser recibido y aplicado hoy.

Prólogo: Saludos y Doxología (1:1-8)

La revelación de Jesucristo (1:1). La palabra griega *apokalypsis* ("descubrimiento, revelación") sirve de título al libro. El Apocalipsis procede de Jesús y trata de él, así como de su próximo regreso. Tanto Pablo (1 Co 1:7 RVR1977) como Pedro (1 P 1:7, 13 RVR1977) escribieron sobre la "revelación de Jesucristo" al hablar de la segunda venida de Cristo (*parousia*).

Su ángel (1:1). Los ángeles aparecen repetidamente en el Apocalipsis para mediar en las visiones celestiales de Juan. Con frecuencia interpretaron visiones a profetas como Daniel (Dn 9:21-23) y Zacarías (Zac 1:9). Los ángeles aparecen en funciones mediadoras en obras apocalípticas y apócrifas judías: Rafael, Sariel, Raguel y Uriel.[1] Los ángeles eran considerados los espíritus ministeriales sobrenaturales de Dios (Heb 1:14).

Juan (1:1). El autor humano se llama a sí mismo Juan cuatro veces (cf. 1:4, 9;

El apóstol Juan recibió las visiones que registró en el libro de Apocalipsis mientras estaba exiliado en la isla de Patmos.

22:8). La tradición eclesiástica ha identificado a este Juan como el hijo de Zebedeo, hermano de Jacobo y uno de los Doce (Marcos 1:19-20; 3:17). El padre de la Iglesia Ireneo (siglo II) también afirmó que el autor del Apocalipsis no era otro que el discípulo amado que también escribió el Cuarto Evangelio en Éfeso.[2]

El historiador de la Iglesia Eusebio, al citar a Papías (siglo II), afirmó que había dos tumbas de Juan en Éfeso, sugiriendo así que también había un anciano llamado Juan.[3] Sin embargo, en Éfeso solo había una tumba de Juan. Poco después de la legalización del cristianismo en el siglo IV se construyó sobre la tumba un sencillo monumento de cuatro postes con un dosel. Hoy en día, los visitantes ven la tumba de Juan en medio de la Basílica de San Juan, construida por el emperador Justiniano (527-565).

Bienaventurado (1:3). En Apocalipsis, aparecen siete bienaventuranzas sin numerar (1:3; 14:13; 16:15; 19:9; 20:6; 22:7, 14). Jesús pronunció beatitudes similares a sus discípulos (Mt 5:3-11). Al igual que la bienaventuranza que concluye Daniel (Dn 12:12), las del Apocalipsis se refieren al final de los tiempos, especialmente a la segunda venida de Jesús y a las bendiciones prometidas en la nueva Jerusalén.

El que lee, y los que oyen las palabras (1:3). La lectura pública de las Escrituras formaba parte del culto en la iglesia primitiva (1 Ti 4:13). Esto seguía la práctica de las sinagogas, donde la Escritura se leía cada Sabath (Lucas 4:16-17; Hechos 13:15). El lector era necesario en las iglesias porque hasta el 80% de la audiencia era prácticamente analfabeta. Un porcentaje más alto de judíos generalmente podía leer debido al énfasis del judaísmo en la palabra escrita. Loida y Eunice, la abuela y la madre de Timoteo, le enseñaron las Escrituras desde la infancia (2 Ti 3:15).

Esta profecía (1:3). El Apocalipsis se llama "profecía" seis veces (1:3; 19:10; 22:7, 10, 18, 19). Al igual que los profetas del A. T., Juan tiene experiencias visionarias, recibe el encargo de los ángeles y realiza actos proféticos. Sus frecuentes alusiones a Ezequiel, Daniel y Zacarías revelan que se identifica con ellos como profeta. La frase griega *tade legei* ("así dice" o "estas son las palabras") comienza cada mensaje profético de los capítulos 2-3. En el A. T. griego (Septuaginta), la frase introduce declaraciones proféticas más de trescientas veces (p. ej., Amós 1:6). Su único uso en el N. T. ocurre cuando el profeta Agabus se dirige a Pablo (Hechos 21:11).

Asia (1:4). Asia fue la primera provincia establecida por los romanos en Asia Menor. Fue creada por el Senado en el año 129 a. C. después de que el rey de Pérgamo, Atalo III, cediera su reino a los romanos en el año 133 a. C. En el siglo I d.C., Asia comprendía lo que hoy es el tercio occidental de Turquía. Como era una de las provincias más ricas del imperio, los funcionarios competían por ser nombrados gobernadores.

Del que es y que era y que ha de venir (1:4). Dios se reveló a Moisés como el Dios "que soy" (LXX Ex 3:14). En Apocalipsis, se hace referencia a Dios varias veces con su nombre eterno como pasado, presente y futuro (1:8; 4:8; 11:16).

De los siete espíritus (1:4). La colocación de esta frase entre el Padre y el Hijo indica que la imagen representa al Espíritu Santo. La nota a pie de página de la CSB (trad. lit.) asume esta interpretación: "el Espíritu séptico". Más tarde, Jesús contiene los siete espíritus (3:1), que arden como lámparas ante el trono celestial (4:5) y se convierten en los siete ojos del Cordero repartidos por toda la tierra (5:6). Zacarías tuvo una visión similar en la que vio siete lámparas sobre un candelabro de oro, que se interpretan como los siete ojos del Señor que se extienden por toda la tierra (Zac 4:2, 10).

De Jesucristo el testigo fiel, el primogénito de los muertos, y el soberano de los reyes de la tierra (1:5). El rey mesiánico davídico es llamado proféticamente "mi primogénito" y "testigo fiel" (Sal 89:27, 37). Pablo también llamó a Jesús "el primogénito sobre toda la creación", así como "el primogénito de entre los muertos" (Col 1:15, 18). En Apocalipsis, Jesús se llama a sí mismo "el principio de la creación de Dios" (3:14). Jesús triunfará sobre los reyes de la tierra en la última batalla (19:19-21). Sin embargo, algunos reyes redimidos habitarán la nueva Jerusalén (21:24).

He aquí que viene con las nubes... harán lamentación por él (1:7). La metáfora de este poema de cuatro versos, con su paralelismo sinónimo, está tomada de Dn 7:13 y Zac 12:10. Jesús predijo que el Hijo del Hombre vendría sobre las nubes con gloria y poder (Mc 13:26; 14:62).

Yo soy el Alfa y la Omega (1:8). La primera y la última letra del alfabeto griego son *alpha* (Α) y *ōmega* (Ω). Aunque aquí y en 21:6 el título se refiere al Señor Dios, Jesús lo asume en 22:13. Los títulos Alfa y Omega, Primero y Último, y Principio y Fin (ver 22:13) son ejemplos de merism, una figura retórica que combina dos palabras contrastantes para referirse a un todo, en este caso la naturaleza eterna del Dios de todos los tiempos.

La visión del Hijo del Hombre de Juan (1:9-20)

Isla llamada Patmos (1:9). Pequeña isla volcánica que forma parte de la cadena griega del Dodecaneso, Patmos está situada a unas cuarenta millas al oeste de la costa turca. En el siglo I, estaba bajo la jurisdicción de Mileto. Probablemente, Juan llegó a Éfeso en algún momento después de la revuelta judía contra Roma que comenzó en el año 66 d. C., atendiendo a la advertencia de Jesús de huir de Judea (Mt 24:15-20; Marcos 13:14-18; Lucas 21:20-23). Era doblemente sospechoso como judío de la zona de guerra y como líder cristiano. Tanto Calígula como Nerón son conocidos por haber exiliado a individuos a islas del Mar Egeo. De manera similar, el gobernador de Asia aparentemente desterró a Juan a Patmos. La Iglesia del Apocalipsis está ubicada ahora sobre el inicio de la cueva donde, según la tradición, Juan recibió su visión.

Por causa de la palabra de Dios y el testimonio de Jesucristo (1:9). Esta es la razón del exilio de Juan. El hecho de que una frase muy similar se utilice cinco veces en Apocalipsis (1:2; 6:9; 12:11; 20:4) indica que es la actividad principal del pueblo de Dios en la tierra.

Yo estaba en el Espíritu en el día del Señor (1:10). El día del Señor era el domingo, el primer día de la semana en que los cristianos se reunían (Hechos 20:7; 1 Co 16:2). Como Ezequiel (Ez 11:24; 37:1), Juan fue arrebatado "en el Espíritu". Durante las cuatro veces que está en el Espíritu en el Apocalipsis, un ángel le muestra visiones del Hijo del Hombre (1:10), el trono celestial (4:2), la gran prostituta Babilonia (17:3) y la nueva Jerusalén (21:10).

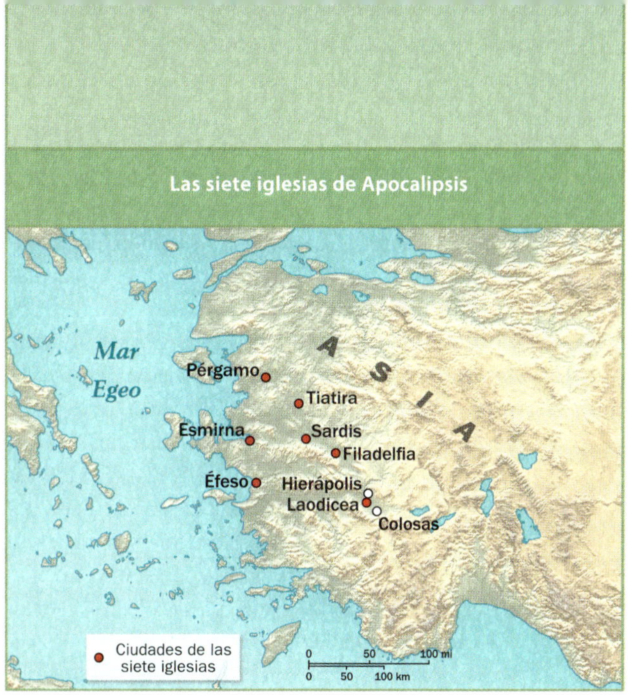

Las siete iglesias de Apocalipsis

Siete iglesias (1:11). Apocalipsis se dirige a los cristianos de siete ciudades de Asia. Éfeso, Esmirna y Pérgamo eran las "primeras" ciudades de la provincia y estaban situadas en la costa del Egeo; las otras cuatro eran ciudades del interior. Estaban unidas por un eficaz sistema de carreteras a lo largo del cual un mensajero podía entregar el documento (ver el artículo "Vías romanas y viajes"). Dado que el evangelio se había extendido a más de siete ciudades con congregaciones (cf. Hechos 19:10), estas siete iglesias parecen representar a todas las iglesias de la provincia. La iglesia de Laodicea presumiblemente compartió la visión de Juan con sus vecinas de Colosas y Hierápolis (cf. Col 4:13, 16). Esta es la primera de las cuatro series de siete (iglesias, sellos, trompetas, copas) utilizadas para estructurar las visiones del libro.

Uno semejante al Hijo del Hombre (1:13). La descripción de Juan utiliza ilustraciones de las visiones de Daniel sobre un hijo de hombre. El cabello blanco de la figura, que se asemeja a la lana y la nieve, lo relaciona con el "Anciano de los Días" (Dn 7:9-10). Las representaciones y los títulos de Jesús que aparecen en esta visión inicial son reutilizados por Jesús para presentarse a sí mismo al principio de cada mensaje profético en los capítulos 2-3.

Espada aguda de dos filos (1:16). La metáfora de la espada afilada que sale de la boca de Jesús se utiliza cuatro veces (ver también 2:16; 19:15, 21). Al emplear la espada metafórica de su lengua (cf. Heb 4:12), Jesús pronuncia un juicio contra sus enemigos.

Yo soy el primero y el último (1:17). Isaías utilizó este título para el Señor Todopoderoso (Is 44:6; 48:12); ahora Jesús lo asume. La palabra "escatología", que se refiere al estudio de las últimas cosas, proviene de la palabra *eschatos*, traducida aquí como "Último". Jesucristo como el *Eschatos* es el centro de la escatología cristiana.

Escribe las cosas que has visto, y las que son, y las que han de ser después de estas (1:19). Este versículo se considera muchas veces como una clave de la estructura del Apocalipsis. Si lo interpretamos como una triple división de su contenido, el capítulo 1 contiene lo que se ha visto, los capítulos 2-3 son lo que hay ahora, y los capítulos 4-22 son lo que tendrá lugar después. Sin embargo, una traducción alternativa, "las cosas que son ahora, así como las que sucederán después de esto", sugiere una doble división para las visiones de Juan (cf. 4:1).

Misterio de las siete estrellas (1:20). La interpretación de la visión inicial de Juan es el primero de los tres misterios revelados en el Apocalipsis. Los otros dos son el plan divino de Dios (10:7) y la identidad de la prostituta (17:5, 7). Dado que la ilustración de las siete estrellas tiene dos significados (ángeles y menorás), esto sugiere que otras ilustraciones pueden ser también polivalentes, es decir, pueden tener más de un significado simbólico.

Ángeles de las siete iglesias (1:20). Estos ángeles se dirigen al principio de cada mensaje. Dado que los ángeles son una característica común de la literatura apocalíptica, estos mensajeros deben entenderse como ángeles reales y no como líderes humanos.

Los siete candeleros que has visto, son las siete iglesias (1:20). La menorá con sus siete ramas y siete lámparas fue un desarrollo del judaísmo postexílico (Zac 4:2). Antíoco Epífanes se llevó la menorá del templo en el año 167 a. C. (1 Mac 1:21). Después de que el templo fuera purificado por Judas Macabeo en el 165 a. C., una nueva menorá se encontraba entre los objetos sagrados fabricados para él (1 Mac 4:49). Antígono Matatías emitió una moneda de leptón en el año 39 a. C. con una menorá. Josefo mencionó que en el templo reconstruido de Herodes había una menorá de oro de siete brazos. Esta menorá se encontraba entre

Relieve con una menorá (candelabro) en el Arco de Tito en Roma.

los objetos llevados a Roma tras la destrucción del templo en el año 70 d. C., y aún hoy puede verse en el Arco de Tito. La menorá se convirtió en el símbolo de identidad más común para los judíos de Asia Menor en el periodo postbíblico y se encuentra en lámparas, placas y columnas.

Los cristianos de Éfeso habían soportado dificultades y perseverado en su ciudad cosmopolita y pagana. Pero estaban recibiendo una advertencia y una llamada al arrepentimiento porque su amor había disminuido. Aquí se muestra una de las principales vías de la antigua Éfeso, conocida como la calle Curetes.

Los mensajes a las siete iglesias (2:1-3:22)

Éfeso (2:1). Ver el artículo "La ciudad de Éfeso".

Tiene las siete estrellas en su diestra (2:1). La representación de las siete estrellas de la Osa Mayor en las monedas romanas comenzó en el periodo de la República Romana. Para celebrar la deificación del hijo pequeño de Domiciano tras su muerte, se emitieron monedas en el año 83 d. C. que mostraban al niño sentado en un globo terráqueo y extendiendo la mano hacia las siete estrellas que lo rodeaban.

Has dejado tu primer amor (2:4). En el siglo I d. C., aparecieron en Éfeso inscripciones erigidas por las élites con los términos *philokaisar* ("amigo del César") y *philosebastos* ("amigo de Augusto"). A través de ellas expresaron su particular amistad y devoción al emperador vivo. Los cristianos, especialmente los de mayor estatus cívico, se sentían presionados socialmente para declarar quién era el objeto de su culto, Cristo o el César. Al parecer, algunos habían abandonado su primer amor, Jesús.

Quitaré tu candelero (2:5). La advertencia de Jesús podría entenderse mejor como "mover" su candelero de su lugar. Éfeso era la iglesia apostólica de Asia de la que nacieron las demás iglesias (Hechos 19:10). Pablo, Priscila, Aquila, Apolos y Juan ministraron en Éfeso. La amenaza era que Éfeso perdería su posición preeminente entre sus iglesias hijas a menos que se arrepintiera.

Obras de los nicolaítas (2:6). "Nicolaíta" ("vencedor del pueblo") es un juego de palabras con una palabra clave del Apocalipsis, *nikaō* ("ser victorioso"). Esta secta herética también plagó la iglesia de Pérgamo (2:15) y aparentemente enseñaba que comer alimentos sacrificados a los ídolos y adorar al emperador eran actividades aceptables para los cristianos. Tal adaptación no era aceptable para Jesús.

Moneda romana que representa las siete estrellas de la Osa Mayor.

Comer del árbol de la vida, el cual está en medio del paraíso de Dios (2:7). "Paraíso" es la palabra utilizada para el Edén en la versión Septuaginta del Génesis 2-3. A Adán y Eva se les prohibió comer del árbol de la vida tras su desobediencia. Cerca de Éfeso, en Ortigia, había un bosquecillo sagrado llamado Paraíso (*paradeisos*), que se cree que es el lugar de nacimiento tradicional de la diosa griega Artemisa.

Esmirna (2:8). Esmirna fue fundada en la cima del Golfo de Esmirna en el siglo XI a. C. Según la tradición, Homero era de Esmirna, y su moneda representa al poeta. Hacia el año 600 a. C., la ciudad fue destruida por los lidios y de nuevo por los persas en el 545 a. C. Alejandro Magno fundó una nueva ciudad en la base del monte Pagos en el año 334 a. C. Esta acrópolis, de 460 pies de altura y con murallas que datan de los periodos romano tardío, bizantino y otomano, se cierne hoy sobre Esmirna (el nombre moderno de la antigua Esmirna). Los restos de un teatro descansan en su lado norte. En el estadio que antiguamente se encontraba en Pagos, fue martirizado el obispo Policarpo en el año 156 d. C. La relación de Esmirna con Roma comenzó en el año 195 a. C., y Cicerón denominó a la ciudad como uno de los aliados más fieles y antiguos de Roma.[4] Esmirna era un centro judicial de la provincia, y el gobernador romano celebraba aquí las sesiones del tribunal. Los arqueólogos han excavado el ágora cívica romana en el centro de Esmirna. Un terremoto en el año 178 d. C. destruyó las estructuras anteriores del lugar. Las excavaciones en el sótano de la basílica del ágora han revelado más de un millar de grafitis cuyos temas incluyen el sexo, el amor, la política y la religión. Quizá se haya encontrado aquí el primer grafito cristiano: *ho dedokōs pneuma* ("el que ha dado el Espíritu"), en referencia a Jesús.

Sinagoga de Satanás (2:9). Algunos judíos de Esmirna y Filadelfia (3:9) constituían una sinagoga de Satanás. Los gobernantes de las sinagogas persiguieron a Pablo durante sus viajes ministeriales (p. ej., Hechos 13:50; 14:2, 19). La marginación de los creyentes judíos en Asia en esta época refleja la separación de los caminos en la que los seguidores de Jesús ya no eran bienvenidos en las sinagogas.

Tendréis tribulación por diez días (2:10). Diez días simbolizan un breve período de tiempo. Daniel y sus tres amigos fueron puestos a prueba durante diez días con respecto a su dieta de verduras (Dn 1:12-15).

La corona de la vida (2:10). La corona se confeccionaba con follaje perecedero, como hojas de roble o de laurel (cf. 1 Co 9:25) y se otorgaba a los vencedores en los juegos griegos (ver el artículo "El atletismo en el mundo del Nuevo Testamento"). La diosa Nike suele ser representada sosteniendo una corona. Pablo y Pedro también mencionaron que los cristianos recibirán una corona de vida eterna en la venida del Señor (2 Ti 4:8; 1 P 5:4).

Pérgamo (2:12). Esta ciudad fue fundada en una colina de mil quinientos pies de altura, y en esta acrópolis el general Lisímaco de Alejandro almacenó un gran tesoro. Su mayordomo Filetaero se apoderó de la ciudad después de que Lisímaco fuera derrotado por Seleuco en el 282 a. C. Filetaero adoptó a sus sobrinos, y el mayor, Eumenes I, le sucedió en el 263 a. C.

Durante los años 263-133 a. C., Pérgamo fue la capital del Imperio Ático, llamado así por Atalo I, hijo de Eumenes. En el año 133 a. C., Atalo III cedió su reino a los romanos. Plinio el Viejo llamó a la ciudad "el lugar más famoso de Asia".[5] La ciudad atlante estaba construida en tres niveles, con los palacios reales, el teatro y los santuarios principales en la ciudad superior. El templo más importante era el de Atenea Nikephoros ("portadora de la victoria"). La ciudad romana se desarrolló a los pies de la acrópolis, donde se encontraban el teatro, el estadio y el anfiteatro. En el año 29 a. C., se dedicó aquí el primer templo de culto imperial de Asia, el templo de Roma y Augusto.

Esta inscripción de Pérgamo utiliza títulos divinos para el emperador romano.

Aunque Éfeso superó posteriormente a Pérgamo en importancia, esta ciudad siguió siendo influyente. El cuarto templo de culto imperial a Trajano, cuyos restos aún se conservan en la acrópolis, se construyó a principios del siglo II d. C. Pérgamo era famosa como centro de curación de Asclepio, el dios griego de la medicina. Galeno, el médico más famoso de la antigüedad, nació en Pérgamo y adquirió sus conocimientos sobre el cuerpo humano tratando a gladiadores heridos. En el templo de Serapis se construyó una iglesia en el siglo V. En Pérgamo también existía una pequeña comunidad judía.

Espada aguda de dos filos (2:12). La *rhomphaia* larga era una espada utilizada para perforar y cortar. El gobernador de Asia tenía el derecho de la espada (*ius gladii*) en su provincia en representación del emperador y del senado romano. Era el único responsable de la pena capital y, por tanto, tenía el poder

Pérgamo era una ciudad difícil para ser cristiano. Se describe como el lugar "donde está el trono de Satanás" (Ap 2:13). Una de las interpretaciones del trono de Satanás es que era el altar a Zeus en Pérgamo. Aquí se muestra el lado occidental del altar que ha sido reconstruido y restaurado (siglo II a. C.).

de la vida y la muerte sobre los que estaban en su jurisdicción. Pilato tuvo un papel similar en la muerte de Jesús (Juan 18:31; Hechos 13:28).

Donde está el trono de Satanás (2:13). Se han sugerido varias interpretaciones para esta imagen: el altar de Zeus, el templo de Asclepio, incluso la forma de la acrópolis. Roma era el mayor enemigo de las iglesias en esta época, y la presencia del templo de culto imperial en Pérgamo lo convertía en un trono de poder satánico.

Antipas mi testigo fiel (2:13). Antipas, el único líder cristiano (aparte del propio Juan) nombrado en el Apocalipsis, probablemente era un anciano de la iglesia. "Testigo" es la palabra griega *martys,* de la que se derivó "mártir". Jesús fue el primer testigo fiel que derramó su sangre (1:5; 3:14). El martirio es un tema importante en el Apocalipsis (6:9; 11:7; 12:11; 17:6).

Doctrina de Balaam (2:14). Balaam fue el falso profeta por excelencia del A. T. (cf. 2 P 2:15; Judas 11). Su avaricia lo llevó a desobedecer a Dios y a ayudar al rey moabita Balak para atraer a los israelitas a la inmoralidad sexual y la idolatría (Nm 24:25-25:3). La enseñanza de los "balaamitas" era similar a la de los nicolaítas.

Carne sacrificada a ídolos (2:14 CSB trad. lit.). Antes de que la carne se vendiera en el mercado público (*macellum*), los sacerdotes sacrificaban porciones selectas a los dioses y diosas en los templos paganos. Filón condenó la participación de los judíos en las fiestas paganas en las que se comía este tipo de carne, y para los primeros cristianos se convirtió en un problema el hecho de comer este tipo de carne.[6] El Concilio de Jerusalén ordenó que no se comiera carne de ídolo (Hechos 15:29; 21:25). Fue un tema importante tratado por Pablo en su carta escrita desde Éfeso (ver 1 Co 8:1-13; 10:19-33).

Maná escondido (2:17). Dios sostuvo a los israelitas en el desierto durante cuarenta años mediante la provisión sobrenatural de maná (Ex 16:14-31; Jos 5:12). Aarón colocó un cesto de maná en el arca como recuerdo para que lo vieran las generaciones futuras (Ex 16:32-34). El maná oculto indica una provisión celestial que se comerá en el futuro banquete mesiánico.

Piedrecita blanca, y en la piedrecita escrito un nombre nuevo (2:17). Las piedras blancas tenían varios usos, entre ellos, como símbolo de admisión y de derecho de voto. No está claro si este nuevo nombre se refiere al creyente o a Jesús. Jesús se identifica con varios nombres en su regreso: Palabra de Dios, Rey de reyes y Señor de señores (Ap 19:13, 16).

Tiatira (2:18). Esta ciudad estaba situada en una *fértil llanura* de Lidia, en una encrucijada estratégica que unía Sardis, Pérgamo, Esmirna y la provincia de Bitinia. Seleuco I fundó aquí una colonia militar a principios del siglo III a. C. El control de la ciudad pasó por los gálatas, los seléucidas y los atlantes hasta la llegada de los romanos en el año 129 a. C. Helius Pythius Tyrimnaeus Apolo era la deidad principal de la ciudad. Un templo de la Sibila Sambate, una deidad oriental, se encontraba fuera de la ciudad en un recinto sagrado de los caldeos.

En este importante centro comercial florecieron numerosos gremios, y una mujer tiatiana llamada Lidia representaba a los tintoreros de púrpura en Filipos cuando

Pablo la conoció (Hechos 16:14). Una inscripción judía menciona la presencia de un *sabbateion* ("edificio del Sabbat") en la ciudad. Sin embargo, los arqueólogos nunca lo han localizado. Antes del año 2 a. C. se organizó un culto local para Roma y Augusto. Hacia el año 200 d. C., Tiatira contaba con muchos cristianos asociados a Montanus y sus enseñanzas.

Hijo de Dios (2:18). Esta expresión solo se emplea aquí en el Apocalipsis. El Ungido es llamado dos veces "Hijo" en el Sal 2:7, 12. Augusto adoptó para sí el título de "hijo de Dios", al igual que otros emperadores, y este título se utilizó con frecuencia en las inscripciones imperiales en Asia.

Pies semejantes al bronce bruñido (2:18). Solo aquí y en 1:15 se utiliza *chalkolibanos* en la literatura griega. Aunque la JBS traduce esta palabra como "latón" (una aleación de cobre con zinc), "bronce" (una aleación de cobre con estaño) es una mejor traducción. Después de ser refinado en un horno de fundición, el bronce se vuelve duro y duradero.

Jezabel, que se dice profetisa (2:20). "Jezabel" es el nombre en clave de una falsa maestra que abogaba por el compromiso, sugiriendo que los cristianos podían comer alimentos sacrificados a los ídolos y cometer inmoralidad sexual sin consecuencias espirituales. Jezabel fue la falsa profetisa o reina por excelencia que introdujo el culto a Baal entre los israelitas (1 Reyes 16:31-32) y amenazó a Elías (1 Reyes 19:2).

Arrojo en cama (2:22). Este modismo hebreo implica castigar a un individuo con una enfermedad (cf. 1 Mac 1:5; Jdt 8:3). La palabra Griega *klinē* también puede traducirse como "sofá". Los comensales se reclinaban en sus banquetes en tales sofás de comedor, y sobre estos sofás se producían a veces actos de inmoralidad sexual como parte del entretenimiento de la sobremesa (ver el artículo "Banquetes y comidas en el mundo grecorromano").

Regirá con vara de hierro, y serán quebradas como vaso de alfarero (2:27). Esta es la única cita clara del Antiguo Testamento en el Apocalipsis, del Sal 2:9. La autoridad concedida a los cristianos se ejercerá al regreso de Jesús, cuando golpee a las naciones con su cetro de hierro (Ap 19:15).

Estrella de la mañana (2:28). Esta representación está tomada de la tercera profecía de Balaam (Nm 24:17), que también profetizó que un cetro se levantaría de Israel, y ambos se cumplen en Jesús (Ap 12:5).

Sardis (3:1). Esta importante ciudad estaba situada en el fértil valle del río Hermus, al este de Esmirna. Se hizo famosa como capital de Lidia. El rey lidio Creso (que reinó entre el 560 y el 546 a. C.) se enriqueció con el oro extraído del río Pactolus, que pasaba por la ciudad. Ciro el Grande capturó Sardis en el año 546 a. C. y la convirtió en la capital de la satrapía más occidental de Persia y en el punto final de la Vía Real.

Alejandro Magno capturó Sardis en el año 334 a. C., por lo que se convirtió en la capital occidental del Imperio Seléucida desde el 281 hasta el 190 a. C. Los atlantes de Pérgamo gobernaron hasta la anexión romana de Asia en el 129 a. C. Sardis intentó construir el segundo templo de culto imperial de Asia en el año

A pesar de su reputación de ser una iglesia activa en la rica, poderosa y pagana ciudad de Sardis, los creyentes de Sardis fueron advertidos de un juicio inesperado si no cambiaban sus caminos. Aquí se muestran los impresionantes restos restaurados de la entrada al complejo del gimnasio romano de Sardis. Es posible que aquí se celebraran actividades relacionadas con el culto imperial (siglo II d. C.).

26 d. C., pero el senado romano decidió que la ciudad carecía de recursos económicos suficientes para mantenerlo. La mayor sinagoga judía jamás encontrada fuera de Israel fue descubierta en Sardis. Data de los siglos IV a V d. C., aunque se conoce una comunidad judía desde el siglo II a. C. Melito era el conocido obispo de la ciudad en el siglo II d. C.

Como ladrón (3:3). Este símil fue utilizado también por Jesús (Mt 24:42-44), Pablo (1 Ts 5:2) y Pedro (2 P 3:10) y propone el elemento de sorpresa y falta de preparación que experimentarán los incrédulos en el momento del regreso de Jesús.

Andarán conmigo en vestiduras blancas… vestido de vestiduras blancas (3:4-5). El blanco es una metáfora utilizada para representar la pureza moral y ritual (cf. 3:18). Los comensales del banquete mesiánico debían estar sellados y vestidos de blanco.[7] Los vencedores en el cielo vistos por Juan llevaban túnicas blancas (6:11; 7:9, 13).

Borraré su nombre del libro de la vida (3:5). Este libro era el registro del pueblo de Dios (Ex 32:32-33; Dn 12:1). Borrar el nombre de uno significaba perder los privilegios de su pacto. David suplicó que los nombres de sus enemigos fueran borrados del libro de la vida (Sal 69:28). Los ciudadanos varones de las ciudades griegas se inscribían en un registro público, y los que cometían delitos capitales perdían su ciudadanía y se enfrentaban a la posterior eliminación del registro público.

Filadelfia (3:7). Situada a treinta millas al sureste de Sardis, Filadelfia fue fundada como colonia militar con soldados macedonios por Eumenes II (reinó entre 197 y 159 a. C.) o por su hermano Atalo II (reinó entre 159 y 138 a. C.). Cuando los romanos intentaron poner a Atalo en contra de Eumenes, este se mantuvo fiel y se ganó el apodo de Filadelfo ("que ama a su hermano"). El nombre de la ciudad describe así el amor entre estos hermanos. Según una inscripción de alrededor del año 100 a. C., existían altares de culto para al menos diez dioses y diosas. Ya en el 27/26 a. C. comenzó a funcionar un sacerdocio para el culto imperial; sin embargo, el primer templo de culto imperial no se construyó hasta el 214 d. C., cuando Caracalla visitó la ciudad. En la acrópolis de la ciudad se construyeron un templo, un teatro y un estadio, pero en la actualidad hay pocos restos arqueológicos de estos monumentos.

Llave de David (3:7). Este símbolo de autoridad fue tomado del relato del orgulloso mayordomo Sebna, que perdió el derecho a la llave de David en favor de un siervo más fiel, Eliaquim (Is 22:15-22). Las llaves del reino fueron prometidas por Jesús a sus seguidores (Mt 16:19).

Columna en el templo de mi Dios (3:12). Los templos grecorromanos se apoyaban en pilares cubiertos por capiteles de los órdenes dórico, jónico o corintio. Las columnas eran de dos tipos: monolitos o tambores. Los monolitos estaban formados por una sola pieza de mármol o granito, mientras que las columnas de tambor se construían con varios tambores redondos unidos por una clavija metálica o una espiga de madera. A causa de los terremotos, los cimientos de los templos se apoyaban en lechos de carbón vegetal cubiertos de fibras para proporcionar flexibilidad durante la actividad sísmica. Las monedas de las siete ciudades mostraban ilustraciones de muchos de sus templos multicolumnas. El templo de Artemisa era famoso por su bosque de 127 columnas.

Escribiré sobre él el nombre de mi Dios (3:12). Los pilares dóricos del Prytaneion de Éfeso llevan inscritos los nombres de los miembros del consejo de la ciudad y de la liga de Curetes que servían en las fiestas de Artemisa. Estas cuarenta y seis listas, que datan del siglo I d. C., nombran a cientos de ciudadanos de élite de Éfeso.

Laodicea (3:14). Situada en el valle del río Lico a unas cien millas al este de Éfeso, Laodicea estaba a diez millas al oeste de Colosas y a seis millas al sur de Hierápolis. Situada en el suroeste de Frigia y fundada alrededor del 260 a. C., Laodicea fue nombrada por Antíoco II en honor a su esposa, Laodicea. Zeus era la deidad principal de la ciudad, y originalmente se llamaba Diospolis ("ciudad de Zeus"). En el año 188 a. C., su control pasó de los seléucidas a los atlantes. Después del 129 a. C., se convirtió en un centro judicial de los romanos. Los judíos fueron traídos a Frigia como colonos en el siglo II a. C., y el gobernador romano Flaccus confiscó aquí en el 62 a. C. el oro que iba a Jerusalén para pagar el impuesto del templo. Laodicea fue devastada por terremotos en el 17 y 60 d. C. y posteriormente reconstruida. Finalmente, el lugar fue abandonado tras otro terremoto en el siglo VII d. C. En la parte norte del recinto se conservan dos teatros; en la parte sur, un estadio, unas termas y un bouleterion (casa del consejo). Las excavaciones que comenzaron en 2003 han sacado a la luz rápidamente la antigua ciudad y las restauraciones posteriores. Se han descubierto los restos de doce iglesias, con la basílica principal situada al este del templo A.

Tibio, y no frío ni caliente (3:16). Esta referencia suele tomarse como una alusión al sistema de aguas de la ciudad. Los travertinos blancos de Hierápolis eran visibles al norte, producto de las fuentes termales calcáreas que rodeaban la ciudad.

No obstante, esta agua caliente nunca se canalizó hacia Laodicea. Por encima de Colosas se elevaba el monte Cadmo, frecuentemente cubierto de nieve y cuyo

El agua tibia y desagradable que recibieron los habitantes de Laodicea se utilizó para ilustrar la respuesta del Señor a las acciones tibias de la iglesia. Aquí se muestran los restos de las tuberías de agua excavadas en la antigua Laodicea.

deshielo suministraba agua fría al río Lico local. El sistema de agua de Laodicea, aún visible en la actualidad, canalizaba su suministro desde manantiales subterráneos al sur a través de tuberías, un acueducto y dos torres de agua hasta los usuarios de la ciudad.

Yo soy rico, y me he enriquecido (3:17). La vanagloria de los laodicenses es la misma que la de Efraín (Oseas 12:8). Tras el terremoto del año 60 d. C., Laodicea fue la única ciudad de Asia que rechazó la ayuda romana para reconstruir, determinando que era lo suficientemente rica como para recuperarse con sus propios recursos financieros.

Vergüenza de tu desnudez (3:18). Esta observación es irónica porque las fábricas textiles locales fabricaban una túnica con mangas y una capa con capucha que se exportaban incluso a Roma. Una industria tan próspera era otra de las razones de la prosperidad de la ciudad.

Unge tus ojos con colirio (3:18). En Laodicea había una escuela de medicina, y uno de sus graduados, Demóstenes Filalethes, era un renombrado oftalmólogo. Escribió un libro de texto sobre la curación de los ojos. Los médicos locales comercializaban bálsamos para los ojos hechos de zinc y alumbre, muy comunes en los alrededores de Laodicea.

El trono del cielo (4:1-11)

Trono establecido en el cielo, y en el trono, uno sentado (4:2). Durante su segunda experiencia "en el Espíritu", Juan ve un trono celestial ocupado por una figura divina, similar a la que vio Isaías (Is 6:1).[8]

Semejante a piedra de jaspe y de cornalina; y había alrededor del trono un arco iris, semejante en aspecto a la esmeralda (4:3). El jaspe es de color rojo, marrón o amarillo opaco, mientras que la cornalina (o sardina) es translúcida, de color rojo rubí, y muy apreciada para la fabricación de joyas. El jaspe y la esmeralda eran piedras del pectoral del sumo sacerdote (Ex 28:18, 20). Ezequiel también comparó el trono celestial con un zafiro (Ez 1:26).

Veinticuatro ancianos (4:4). Veinticuatro divisiones de sacerdotes rotaban en su ministerio en el templo (1 Cr 24:3-19), y veinticuatro grupos de cantores profetizaban con sus instrumentos (1 Cr 25:1-31). La suma de las doce tribus y los doce apóstoles es de veinticuatro (Ap 21:12, 14).

Mar de vidrio semejante al cristal (4:6). Los griegos creían que los cristales se formaban como el hielo transparente, hecho que subyace en la traducción griega del A. T. de Ez 1:22. Los cuencos y las copas de cristal eran artículos de lujo para los romanos.

Cuatro seres vivientes (4:6-8). Su descripción se basa en las imágenes de Ezequiel (Ez 1:10; 10:14) e Isaías (Is 6:2). Las criaturas aladas aparecen frecuentemente en la mitología del antiguo Cercano Oriente, y se han descubierto estatuas de estas figuras que datan de los años 1200-800 a. C. en Carchemish, Alepo y Nimrud.

Santo, santo, santo es el Señor Dios Todopoderoso (4:8). Los serafines realizaron una aclamación similar entre ellos (Is 6:3). El "Señor Dios Todopoderoso" es el creador del mundo (Amós 4:13). Esta fórmula litúrgica fue utilizada por Clemente en su carta a los Corintios.[9]

Se postran delante del que está sentado en el trono, y adoran (4:10). El culto antiguo implicaba inclinarse y arrodillarse. Tanto el salmista (Sal 95:6) como Pablo (Ef 3:14) se inclinaban y arrodillaban ante su Dios y Padre. La delegación judía en Roma dirigida por Filón se negó a inclinarse ante Calígula en Roma en el año 39 o 40, ofendiendo así al emperador.

Echan sus coronas delante del trono (4:10). Un vasallo presentaba una corona a un gobernante superior para indicar sumisión. Tras la derrota del rey parto Tiridates en el año 63 d. C., depositó su corona ante la efigie de Nerón. Tito recibió una corona de oro del rey parto Vlogeses I tras su victoria en Judea en el año 70.

El rollo y el cordero (5:1-14)

El rollo escrito por dentro y por fuera, sellado con siete sellos (5:1 CSB trad. lit.). Un pergamino con escritura en ambas caras se llama opistógrafo (cf. Ez 2:9-10). En la antigüedad existían dos tipos de documentos escritos: los pergaminos y

A Juan se le ordenó: "Escribe lo que ves en un rollo, y envíalo a las siete iglesias" (Ap 1:11 BTX IV). Los rollos estaban hechos de pergamino, vitela o papiro. La tinta se hacía con carbón y hollín. Para asegurar el pergamino, se ataba una cuerda alrededor de él y se colocaba un trozo de arcilla a través de la cuerda y se presionaba con un sello que dejaba una impresión. Para abrir el pergamino había que romper el trozo de arcilla, conocido como bulla. En la imagen, una pluma y un tintero romanos de bronce (siglo I d. C.) y un pergamino moderno atado con una cuerda y sellado con una bulla de plomo (época bizantina).

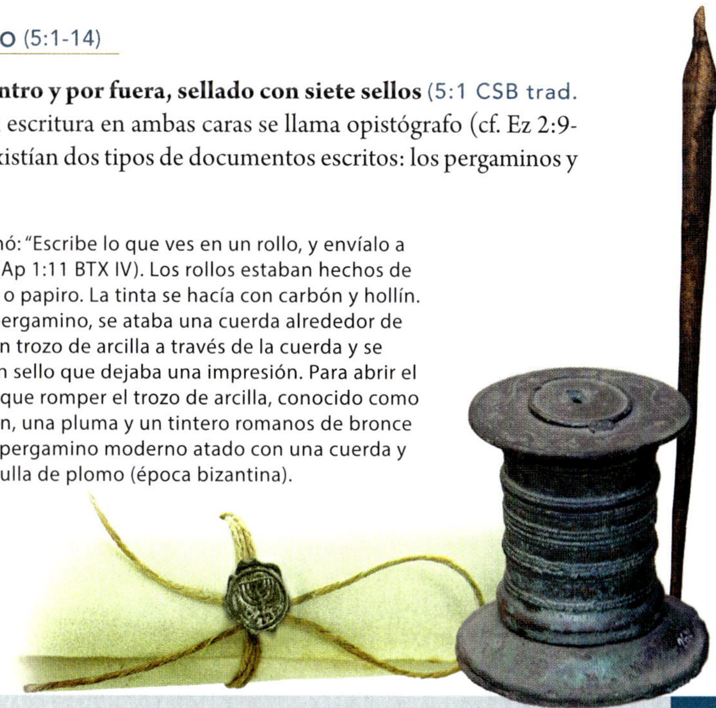

rollos (2 Ti 4:13) (ver el artículo "Escritura de cartas en la antigüedad").

El pergamino (de la palabra latina *pergamena,* que hace referencia a su origen, Pérgamo) se fabricaba con pieles de ovejas y cabras. Los rollos se fabricaban con papiro del delta del Nilo. El pergamino era más caro que el papiro, pero su mayor durabilidad y capacidad de borrado hicieron que se convirtiera en el material predominante para los libros en el siglo IV d. C. En 1962, se descubrió un rollo con siete sellos entre varios papiros en unas cuevas al norte de Jericó. Contenía un documento legal que databa del año 335 a. C.

El León de la tribu de Judá, la raíz de David, ha vencido (5:5). El Cordero tiene dos títulos mesiánicos: león de Judá (Gn 49:9; cf. 4 *Esd* 12.31-32) y raíz de Jesé (LXX Is 11:1; cf. Ro 15:12). Su victoria le autoriza a abrir los siete sellos del rollo.

Cordero como inmolado (5:6). Los corderos sin mancha eran sacrificados ritualmente en la Pascua con la garganta cortada. Juan identificó el propósito de este Cordero por el estigma pascual en su cuello. "Cordero" es el nombre más común de Jesús en el Apocalipsis, utilizado veintiocho veces.

Arpas, y copas de oro llenas de incienso, que son las oraciones de los santos (5:8). David tocaba el arpa (1 S 16:23) y cantaba sus salmos acompañado de ella (superscripciones a los Salmos 4; 61). Los levitas tocaban el arpa mientras profetizaban y alababan a Dios (1 Cr 25:3). Los incensarios caben en la palma de la mano. Los líderes de las doce tribus de Israel utilizaban incensarios de oro como parte de la dedicación del altar (p. ej., Nm 7:14, 20), y en el templo se utilizaban cuencos similares (2 Cr 4:22). El incienso como símil de la oración aparece también en el Salmo 141:2.

Con tu sangre compraste para Dios a gente (5:9 LBLA). "Compraste" (*agorazō*) es un término del ágora, o mercado público, donde se compraban y vendían esclavos. Juan utilizó la metáfora de la subasta de esclavos para describir la redención de su pueblo por parte de Cristo (cf. 14:4). Pablo y Pedro también utilizaron esta metáfora redentora (1 Co 7:23; 1 P 1:18-19).

De todo linaje y lengua y pueblo y nación (5:9). A pesar de que el A. T. se centraba en Israel como pueblo del pacto de Dios, ya se daban indicios de la naturaleza universal de la salvación en textos como Dn 7:14, donde todos los pueblos adoraban a Dios. Apocalipsis reitera cuatro veces más el alcance universal de la salvación, independientemente de la identidad étnica de la persona (7:9; 11:9; 13:7; 14:6).

Sacerdotes (5:10). Todas las religiones del Imperio Romano, incluido el judaísmo, tenían un sacerdocio para llevar a cabo las ceremonias rituales. Pero como la iglesia primitiva no tenía un templo para que los sacerdotes ofrecieran sacrificios regulares (cf. Heb 9:11-12), la sociedad consideraba a sus miembros como ateos. En el juicio de Policarpo, el gobernador romano pidió al obispo que abandonara a sus compañeros creyentes diciendo: "¡Fuera los ateos!".[10] Apocalipsis subraya que todos los creyentes son sacerdotes (cf. 1:6; 20:6), al igual que Pedro (1 P 2:9).

Los seis primeros sellos (6:1-17)

Siete sellos (6:1 NVI). Existe una estrecha relación literaria entre los seis primeros sellos y la predicción de Jesús sobre los acontecimientos que se cumplirían en Jerusalén dentro de una generación (Mt 24:3-10, 29; Marcos 13:3-13, 24-25; Lucas 21:7-12, 25-26). Estos incluyen falsos cristos, guerras, hambrunas, terremotos, persecuciones y señales celestiales. Esta correlación sugiere un periodo histórico concreto: desde la ascensión de Jesús hasta la caída de Jerusalén (30-70). El historiador judío Josefo registró señales similares que acompañaron la caída de Jerusalén.[11]

Caballo blanco (6:2). Los cuatro jinetes del apocalipsis son una figura conocida en las películas y obras de arte de temática distópica. La representación de jinetes en caballos de colores se encuentra también en Zac 1:8-11. Los colores de los caballos son simbólicos: el blanco para la victoria, el rojo para la sangre, el negro para el hambre y el pálido (gris) para la muerte.

El que lo montaba tenía un arco (6:2). Los partianos destacaban por su caballería y, por tanto, eran temidos por los romanos. Sin embargo, su amenaza se redujo al mínimo tras conseguir la paz en el año 63 d. C. En la mitología griega, Apolo es representado con frecuencia con un arco como el dios que inspira la profecía.

Gran espada (6:4). En el A. T., la espada se representa habitualmente como instrumento de matanza (Ez 21:3, 15) y con el hambre y la peste como triple medio de juicio divino (2 Cr 20:9; Jer 14:12).

Una balanza (6:5). La balanza representada era del tipo acerado que utilizaba solo un platillo y un contrapeso. Los mercaderes utilizaban las balanzas para pesar las monedas, el metal y las especias (Is 46:6). La balanza también era una metáfora para medir las vidas humanas (Sal 62:9).

Dos libras de trigo… y seis libras de cebada por un denario (6:6). La hambruna se describe como la producción de precios inflados para los productos de grano, con el costo del trigo de once a dieciséis veces más alto de lo normal. Egipto producía gran parte del grano utilizado en Roma. En el año 51 d. C., una hambruna produjo una escasez de grano, y una multitud hostil trató de culpar al emperador Claudio.

No dañes el aceite ni el vino (6:6). Como los olivos y los viñedos tardaban tanto en crecer, solían

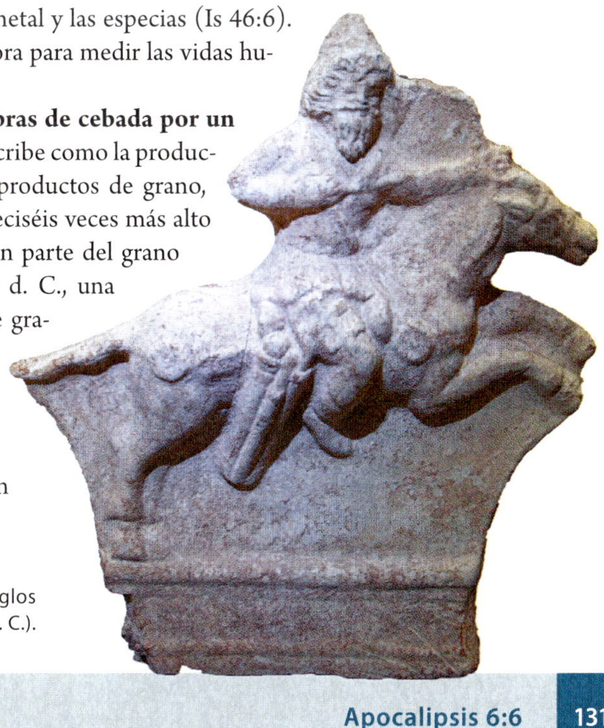

Guerrero a caballo de los partianos (siglos I a III d. C.).

librarse de la destrucción en tiempos de guerra. La sobreproducción de vino y la falta de grano llevaron a Domiciano, en el año 92, a ordenar la tala de la mitad de los viñedos. Sin embargo, la indignación de las provincias hizo que el emperador nunca aplicara su edicto.

El que lo montaba tenía por nombre Muerte, y el Hades le seguía (6:8). La liberación del caballo amarillo desencadena un cuádruple juicio (espada, hambre, bestias salvajes y peste) similar al profetizado anteriormente contra la Jerusalén idólatra (Ez 14:21). Tánatos era la personificación de la muerte en la mitología griega. Como dios del inframundo, Hades también dio su nombre al reino de los muertos.

Habían de ser muertos como ellos (6:11). El martirio fue una realidad para los primeros cristianos, siendo Esteban y Jacobo las primeras víctimas (Hechos 7:58-60; 12:2). Hasta el reinado de Nerón, el cristianismo era considerado una secta del judaísmo. Pero esto cambió en el año 64, cuando Nerón convirtió a los cristianos en el chivo expiatorio del incendio de Roma. En la persecución que siguió, Pedro y Pablo fueron martirizados en Roma. Tras pasar por muchas de las siete iglesias y escribirles cartas, Ignacio, obispo de Antioquía, fue arrojado a las fieras en el Coliseo romano en el año 110.

El sol se puso negro como tela de cilicio (6:12). Tales signos celestiales eran también una característica de la profecía del A. T. (Is 13:10; Joel 2:10-11), así como la profecía de Jesús sobre su regreso (Mt 24:29). Los antiguos eran muy supersticiosos, y los romanos consideraban tales maravillas como presagios de la ira divina. Los historiadores de la antigüedad, como Tácito, Suetonio y Josefo, mencionaban con frecuencia los prodigios que acompañaban a los acontecimientos históricos importantes.

La luna se volvió toda como sangre (6:12). Se profetizó que una luna ensangrentada anunciaría el día del Señor (Joel 2:31). Este espectáculo lunar se produce durante un eclipse total, cuando la luna adquiere un color cobrizo intenso.

Los 144.000 y la gran multitud (7:1-17)

Sellado en sus frentes a los siervos de nuestro Dios (7:3). Apocalipsis menciona dos marcas: el sello del Dios vivo para los creyentes y la marca de la bestia para los no arrepentidos. La celebración de la Pascua debía ser una señal en la frente de los israelitas para siempre (Ex 13:9, 16). Pablo enseñó que los creyentes estaban marcados con el sello del Espíritu Santo (Ef 1:13; 4:30).

Ciento cuarenta y cuatro mil sellados de todas las tribus de los hijos de Israel (7:4). El número de los sellados era de doce mil de cada tribu de Israel (12 × 12.000 = 144.000). En el A. T., se encuentran varias listas de las doce tribus (Gn 49:2-28; Nm 1:5-15; Dt 33:6-25). Mientras que Rubén, como primogénito, suele empezar estas listas, Juan pone a Judá en primer lugar porque Jesús era el hijo prometido de David (5:5). Otra diferencia es la inclusión de Manasés, mientras que su hermano menor Efraín y Dan se omiten. La razón de su omisión no está clara, pero tal vez esté relacionada con su pecado (Oseas 8:11) y su idolatría (Jue 18:30).

Gran multitud (7:9). Tanto Tácito como Clemente escribieron sobre grandes multitudes de cristianos que perdieron la vida durante la persecución de Nerón.[12]

Con palmas en las manos (7:9). Los vencedores sostienen ramas de palma como símbolo de su triunfo e inmortalidad (cf. 2 Esd 2:45-46). La rama de palma también simbolizaba la victoria para los judíos (1 Mac 13:51). Nike, la diosa griega de la victoria, solía ser representada con una rama de palma en la mano.

Gran tribulación (7:14). Tanto Daniel (Dn 12:1) como Jesús (Mt 24:21) predijeron que los santos soportarían una gran tribulación en los últimos tiempos.

Lavado sus ropas (7:14). Los bataneros lavaban la ropa con amoníaco procedente de la orina degradada que recogían en macetas delante de sus tiendas. El lavado aquí es una consagración espiritual similar a la que hicieron los israelitas en el monte Sinaí antes de que se diera la ley (Ex 19:14).

Ya no tendrán hambre ni sed (7:16). Isaías profetizó que uno de los beneficios restauradores de la salvación traída por el siervo del Señor era que judíos y gentiles no volverían a tener hambre ni sed (Is 49:10).

Séptimo sello y primeras seis trompetas (8:1-9:21)

Siete trompetas (8:2). Las trompetas de metal o de cuerno de carnero (*shofar*) se utilizaban con diversos fines en el antiguo Israel: advertencia (Ez 33:6), llamada a la batalla (2 S 2:28) y anuncio de fiestas (Lv 23:23-25). Los sábados se anunciaban con una trompeta desde la esquina suroeste del Monte del Templo, llamada "Lugar de las Trompetas". El toque de la trompeta señalará el día del Señor (Joel 2:1; Sof 1:16) y anunciará el regreso de Jesús (Mt 24:31; 1 Ts 4:16).

Incensario de oro (8:3). Los altares funcionaban como plataformas de piedra sobre las que se hacían ofrendas de incienso y animales a los dioses y diosas. El tabernáculo del desierto y el templo de Jerusalén tenían tanto un altar de holocausto como un altar de incienso (Ex 30:27-28; 1 Cr 22:1; 28:18). Zacarías quemó incienso en el altar del incienso del templo (Lucas 1:9-11).

Incienso para añadirlo (8:3). El incienso fue presentado a Jesús por los magos (Mt 2:11). Al igual que el incienso y la mirra, el incienso era un producto del sur de Arabia y uno de los artículos comerciales de lujo que llevaban los mercaderes a Roma (Ap 18:13). Los romanos intentaban periódicamente que los cristianos, como Policarpo, prestaran un juramento de lealtad quemando incienso a los dioses y a la salud del emperador.[13]

Gran estrella, ardiendo como una antorcha, y cayó (8:10). Las estrellas que caen son signos cósmicos apocalípticos (6:13; 9:1; 12:4). En el juicio de Edom, la hueste estelar caería (Is 34:4). Según Jesús, una señal de los últimos días es que las estrellas caerán del cielo (Mt 24:29; Marcos 13:25).

Ajenjo (8:11). También llamada madera amarga, la *Artemesia absinthium* es una hierba permanente con pequeñas flores amarillas que crece en el Mediterráneo oriental. El ajenjo contiene tujona, una toxina no letal que provoca intoxicación, alucinaciones y convulsiones.

Abismo (9:1). Esta prisión subterránea de espíritus malignos se convirtió en el destino de los ángeles desobedientes de la época de Noé (Gn 6:1-4). Esta conocida tradición judía se repite en el N.T. (2 P 2:4; Judas 6).[14] Después de su muerte, Jesús descendió al reino de los muertos: el Abismo (Ro 10:7, citando LXX Dt 30:13). El Plutonio de Hierápolis pretendía dar entrada al inframundo gobernado por Plutón, también llamado Hades.

Humo de un gran horno (9:2). El humo que surgió de la destrucción de Sodoma y Gomorra se parecía al de un horno (Gn 19:28). Jesús habló del "horno de fuego" al hablar del infierno (Mt 13:42, 50).

Langostas (9:3). Los *Acrididae* alados fueron la octava plaga de juicio de Dios contra los egipcios (Ex 10:15). Si Israel no se arrepentía, Dios ordenaría una plaga de langostas para devorar la tierra (2 Cr 7:13). Los enjambres de langostas dejarían la tierra devastada a su paso (cf. Nah 3:16).

Escorpión cuando hiere al hombre (9:5). Los escorpiones eran un medio divino para castigar a los malvados (Si 39:30). Aunque el veneno de la especie del Mediterráneo oriental era lo suficientemente doloroso y tóxico como para torturar a sus víctimas durante cinco meses, no era letal.

Aspecto de las langostas era semejante a caballos preparados para la guerra (9:7). Las langostas tenían el aspecto proverbial de caballos que galopaban como la caballería, y hacían ruido como los carros (Joel 2:4-5).

Ángel del abismo, cuyo nombre en hebreo es Abadón, y en griego, Apolión (9:11). En el A. T., Abadón, que significa "destrucción", está relacionado con el Seol, que significa "muerte" (Job 26:6; 28:22; Pr 27:20). "Abadón" suele traducirse en el A. T. griego por *apōleia*, representando Apolión su forma personal.

Gran río Éufrates (9:14). Después del Jordán, el Éufrates es el río más mencionado en la Biblia. Nace en el este de Turquía y recorre 1 780 millas hasta el Golfo Pérsico. También se le llama "el gran río" (Gn 15:18; Jos 1:4). El Éufrates era la frontera oriental del Imperio Romano en el siglo I d. C.

Ejércitos de los jinetes (9:16). El enemigo de Roma, Partia, era conocido por sus caballos y jinetes acorazados. Los soldados partos utilizaban una armadura de escamas flexible pero fuerte para protegerse a sí mismos y a sus caballos. La caballería parta derrotó a los romanos en Carrhae (*Haran*) en el año 53 a. C. Los romanos utilizaron su caballería montada en Judea para sofocar la revuelta judía (66-70 d. C.).

Ni aun así se arrepintieron de las obras de sus manos (9:20). Juan ofrece tres listas de vicios (9:20; 21:8; 22:15). Se parecen a las que se encuentran en otra literatura judía (p. ej., Sab 14:22-29) y en las cartas de Pablo (cf. Ro 1:29-31; Gl 5:19-21).

La violación de los dos primeros mandamientos, que prohibían la adoración de otros dioses y la fabricación de imágenes idolátricas (Ex 20:3-4), fue el mayor pecado de la humanidad. Las religiones griega y romana eran politeístas (Hechos

Mesías prometido (Lucas 1:27). La erudición católica romana suele interpretar que esta mujer que da a luz en Ap 12 es María. Sobre Éfeso hay hoy un santuario llamado la Casa de María. Una tradición tardía afirma que la madre de Jesús acompañó a Juan a Éfeso (cf. Juan 19:25-27). Sin embargo, las primeras tradiciones eclesiásticas sugieren que María vivió y murió en Jerusalén, siendo su lugar de sepultura la Iglesia del Sepulcro de María en el Valle del Cedrón.

Juan ve el arca del pacto en el templo celestial de Dios. Aquí se muestra una moneda de Bar Kokhba, del año 133 d. C., que representa el templo de Jerusalén con una vista interior del arca de la alianza.

Gran dragón escarlata, que tenía siete cabezas y diez cuernos (12:3). El dragón, la bestia del mar (13:1) y la gran prostituta (17:3, 7) tenían diez cuernos, un símbolo de poder total.

Dragón... devorar a su hijo (12:4). El relato parodia el mito de combate helenístico de Leto, Apolo y Pitón. El dragón Pitón perseguía a la diosa Leto, que estaba embarazada de Apolo. Leto huyó a una isla para dar a luz a Apolo, que mató a Pitón. Artemisa, hija de Leto y hermana gemela de Apolo, nació tradicionalmente en las afueras de Éfeso. Uno de sus atributos era el de virgen que protegía a las mujeres en el parto.

Ella dio a luz un hijo varón, que regirá con vara de hierro a todas las naciones (12:5).

Isaías profetizó que una virgen daría a luz a un hijo llamado Emanuel (Is 7:14). David también habló de un Hijo ungido que gobernaría las naciones con un cetro de hierro (Sal 2:7-9). El hijo varón es claramente Jesús el Mesías, pero su vida terrenal se pasa por alto en el Apocalipsis y solo se menciona su ascensión (cf. Hechos 1:9).

Miguel... luchaban contra el dragón (12:7). Miguel es el arcángel y gran príncipe de los judíos que ayudó a Daniel (Dn 10:21; 12:1-2). Disputó con el diablo el cuerpo de Moisés (Judas 9) y se cuenta entre los siete arcángeles.[15]

Gran dragón... serpiente antigua, que se llama diablo y Satanás (12:9). Aquí se presenta formalmente al diablo, aunque anteriormente se le mencionaba como Satanás (2:9, 13, 24; 3:9). La muerte del dragón se describe con una se-

Un dragón de siete cabezas aparece en la visión de Juan (Ap 12:3) y más tarde es identificado como Satanás. Aquí se muestra una escultura de concha (ca. 1450 a. C.) que representa un monstruo de siete cabezas con llamas que salen de su espalda. Un antiguo dios mesopotámico se arrodilla ante la temible criatura, listo para la batalla.

rie de nombres similares (20:2). En el A.T. griego, la palabra diabolos ("diablo") traduce el hebreo satan, que significa "adversario". El dios griego de la curación, Asclepio, solía ser representado sosteniendo un bastón alrededor del cual se enroscaba una serpiente.

Ha sido lanzado fuera... acusador de nuestros hermanos (12:10). Satanás se presenta como el que acusó a Job y al sumo sacerdote Josué ante Dios (Job 1:9-11; Zac 3:1). Durante su ministerio, Jesús vio caer a Satanás (Lucas 10:17-19).

Dos alas de la gran águila, para que volase de delante de la serpiente al desierto (12:14). El éxodo de Israel por el desierto también fue sobre las alas de las águilas (Ex 19:4). Jesús advirtió a sus seguidores que huyeran de Jerusalén antes de que los romanos la rodearan (Mt 24:16; Marcos 13:14). Una antigua tradición sostiene que los creyentes judíos huyeron a Pella antes de la caída de Jerusalén.

Un tiempo, y tiempos, y la mitad de un tiempo (12:14). Este es el mismo período de tiempo para el cumplimiento de la visión de Daniel que preguntó al intérprete angélico (Dn 12:7). También es idéntico a los cuarenta y dos meses/1 260 días mencionados anteriormente durante los cuales los dos testigos profetizarían y la mujer sería protegida (Ap 11:2-3; 12:6).

Río que el dragón había echado de su boca (12:16). Un mito tradicional israelita se refería al triunfo de Dios sobre un monstruo marino llamado Leviatán, que suele traducirse como "dragón" en el A. T. griego. Job 41:1-34 proporciona la descripción más completa de esta bestia primigenia. Asaf también exaltó que Dios había aplastado las cabezas de Leviatán (Sal 74:14; LXX [trad. lit.]: "dragón").

Guerra contra el resto de la descendencia de ella (12:17). Después de la caída de Adán y Eva, Dios le dijo a la serpiente que la descendencia de la mujer le aplastaría la cabeza, mientras que la serpiente solo golpearía el talón de la descendencia (Gn 3:15). La palabra Griega *sperma* ("descendencia, semilla") en el N. T. puede referirse en singular a Jesús (Juan 7:42) o puede tener un significado plural, como aquí, refiriéndose al pueblo colectivo de Dios.

Las bestias del mar y de la tierra (13:1-18)

Subir del mar una bestia (13:1). La visión de Daniel de cuatro bestias también las retrata surgiendo del mar, y su cuarta bestia con diez cuernos devoró a las otras tres (Dn 7:3-7).

Tradicionalmente se considera a Roma como la cuarta bestia.[16] Las siete cabezas de la bestia simbolizan a los gobernantes, mientras que los diez cuernos simbolizan a sus reyes clientes. Tanto Éfeso como Esmirna eran puertos en el Mar Egeo. Éfeso era el primer puerto de desembarco cuando llegaba un nuevo gobernador de Roma.

Vi una de sus cabezas como herida de muerte, pero su herida mortal fue sanada (13:3).

La muerte y curación de una de las cabezas de la bestia imita la muerte y resurrección del Cordero (5:6) y de los dos testigos (11:7-11). Tras el suicidio de Nerón en el año 68, surgió la leyenda urbana de que el emperador volvería a la vida: el mito de Nerón *redivivus*. A los pocos años de la muerte de Nerón surgieron tres impostores que afirmaban ser el emperador vuelto a la vida.

La adoraron todos los moradores de la tierra (13:8). El culto al emperador era una realidad política y espiritual de la vida en las siete ciudades de Asia. Los residentes griegos consideraban al emperador vivo como el salvador y señor del imperio. En el siglo I, había templos de culto imperial en Pérgamo, Esmirna y Éfeso, y santuarios de culto en la mayoría de las demás ciudades. Una ciudad que tenía el privilegio de albergar un templo de culto imperial se llamaba *neōkoros* ("guardiana del templo" [Hechos 19:35]). Las ciudades con este honor se jactaban de ello en las inscripciones y representaban estos templos en sus monedas.

Si alguno tiene oído, oiga (13:9). Esta exhortación se asemeja a la llamada a escuchar que se hace al final de cada uno de los siete mensajes. Sus palabras de advertencia sobre el cautiverio y la matanza en 13:10 están tomadas de Jer 15:2.

Aquí está (13:10). Esta es la primera de cuatro exhortaciones (*dichos hōde*) al público cristiano: la primera les exhorta a la resistencia y la fidelidad, la segunda a calcular el nombre de la bestia (13:18), la tercera también llama a la resistencia (14:12), y la cuarta llama a entender la visión de Juan de las siete cabezas y los diez cuernos (17:9).

Otra bestia que subía de la tierra (13:11). La segunda bestia representa el sacerdocio del culto imperial en Asia. El líder de su liga (*koinon*) de 150 delega-

Muchos emperadores romanos fueron deificados a su muerte y se construyeron templos para su culto. Los restos arqueológicos que se muestran aquí proceden del templo de Augusto en la Antioquía pisidiana de Turquía, construido a principios del siglo I d. C.

dos, los principales ciudadanos de la provincia, era el Asiarca (cf. Hechos 19:31), que también servía como sacerdote principal del culto. Augusto formó un coro de treinta y seis miembros de la élite asiática para que le cantaran alabanzas en el templo de culto imperial de Pérgamo.

También hace grandes señales (13:13). La segunda bestia promovía la adoración de la primera bestia mediante maravillas engañosas. Los hechiceros de la antigüedad practicaban comúnmente los trucos, y en las producciones teatrales se utilizaban máquinas de efectos especiales que producían truenos y relámpagos.

Imagen de la bestia (13:14). Asimismo, Nabucodonosor ordenó que se levantara su imagen para ser adorada (Dn 3:1-17). Las estatuas (*eikōn*) del emperador eran omnipresentes en todo el Imperio Romano. Se le representaba de tres formas principales: (1) con su armadura militar como líder de las legiones romanas, (2) desnudo como un dios griego, o (3) con una toga romana como el ciudadano romano ideal.

Permitió infundir aliento a la imagen de la bestia, para que la imagen hablase (13:15). Se conocían estatuas que pronunciaban frases oraculares. Alejandro de Abonuteichos erigió una imagen de la serpiente de Glaucón y Asclepio que tenía una boca móvil y tubos parlantes ocultos. El espectáculo "Estatuas parlantes" de Las Vegas intenta reproducir este fenómeno.

Ninguno pudiese comprar ni vender, sino el que tuviese la marca (13:17). La marca de la bestia en la mano derecha y en la frente imita el sello de los 144, 000 (7:3). La posición de la marca es paralela a la de las filacterias que llevaban los judíos, una práctica que refleja el mandato de Dios de que su palabra sea atada en la mano y en la frente (Ex 13:9; Dt 6:8).

Cuente el número de la bestia... seiscientos sesenta y seis (13:18). La isopsefía (hebr. gematria) refleja la antigua práctica en las lenguas griega y hebrea de calcular los nombres mediante números. Esto era posible porque las letras de estas lenguas también representaban números. Se han encontrado ejemplos de isopsefía en grafitos de Pompeya y Esmirna; por ejemplo, un hombre ama a la chica cuyo número es 731 (Anthousa) o 1, 308 (Tyche). El nombre de Nerón en hebreo, NERON KAISAR, equivale a seiscientos sesenta y seis (no 6-6-6). La lectura alternativa "616" en algunos manuscritos antiguos se deriva de la eliminación de la letra nun (transliterada como "N") al final de NERON.

El cordero, los 144 000 y las dos cosechas (14:1-20)

Monte de Sion (14:1). La ciudad de David se fundó en el monte Sion (2 S 5:7), y sobre su monte Salomón construyó el templo como morada de Dios (Sal 50:2; 65:1). Sion también se convirtió en metonimia de Jerusalén (Sal 147:12; Is 33:20). Posteriormente, Sion se interpretó como la Jerusalén celestial habitada por Dios, los ángeles y los santos (Heb 12:22-23).

Tenían el nombre de él y el de su Padre escrito en la frente (14:1). Cuando Dios decidió destruir a los habitantes impíos de Jerusalén, envió a un ángel para que marcara la frente de los que lamentaban sus pecados. Estos se salvaron de la ira divina, mientras que los que no recibieron la marca fueron sacrificados (Ez 9:3-7).

Primicias para Dios y para el Cordero (14:4). "Primicias" era originalmente un término agrícola (Ex 23:16) que más tarde connotaba a Israel como la cosecha espiritual (Jer 2:3). Las primicias también describen una variedad de bendiciones espirituales en el N. T. (Ro 8:23; 1 Co 15:20). Pablo llamó a Israel primicias santas (Ro 11:16) de las cuales todos los creyentes constituyen ahora las primicias de la creación espiritual de Dios (Santiago 1:18).

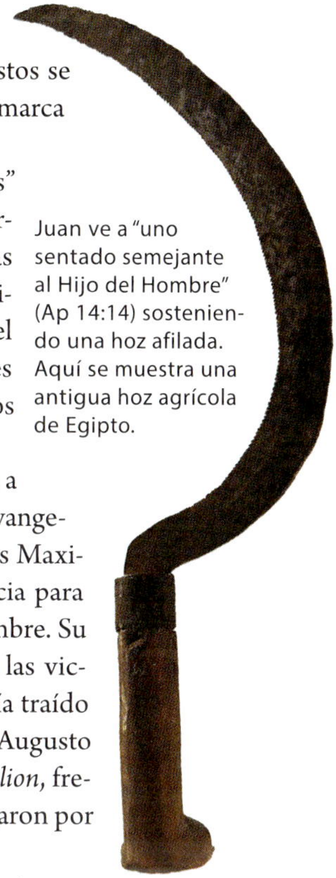

Juan ve a "uno sentado semejante al Hijo del Hombre" (Ap 14:14) sosteniendo una hoz afilada. Aquí se muestra una antigua hoz agrícola de Egipto.

Evangelio eterno (14:6). Las "buenas nuevas" se refieren a Jesucristo (Marcos 1:1). Sin embargo, en Asia circuló un evangelio alternativo. En el año 9 a. C., el gobernador Paullus Fabius Maximus recomendó que se cambiara el calendario de la provincia para que comenzara en el cumpleaños de Augusto, el 23 de septiembre. Su mensaje "evangélico" era propaganda política que celebraba las victorias de Augusto y la paz, la prosperidad y el honor que había traído al imperio. El cierre del edicto declara que el nacimiento de Augusto "fue el comienzo para el mundo de las buenas nuevas [*euangelion*, frecuentemente traducido como "evangelio" en el N. T.] que llegaron por su causa".

Babilonia, la gran ciudad (14:8). Este es el primero de los seis usos de la expresión Babilonia (también 16:19; 17:5; 18:2, 10, 21), un nombre que se encuentra en la literatura intertestamental.[17] Babilonia era la capital del imperio que capturó Jerusalén en el año 586 a. C., convirtiéndose así en sinónimo de crueldad y opresión (Jer 51:7). Pedro también utilizó Babilonia como sinónimo de Roma (1 P 5:13).

Vaciado puro en el cáliz (14:10). En el mundo antiguo, el vino solía mezclarse con agua antes de ser bebido. La proporción típica era de una parte de vino por tres de agua, dependiendo del tipo. Beber vino con toda su fuerza se consideraba un signo de libertinaje y juerga. Una copa de vino sin mezclar se convirtió en una metáfora del juicio absoluto de Dios (LXX Sal 74:9 [ingl. trad. 75:8]; Jer 32:15 [ingl. trad. 25:15]).

Fuego y azufre (14:10). El azufre es un elemento amarillento que arde con una llama azul y emite un gas nocivo de dióxido de azufre. Dios destruyó Sodoma y Gomorra con azufre ardiente (Gn 19:24). Cuando se revele el Hijo del Hombre, volverá a llover azufre del cielo como en los días de Lot (Lucas 17:29-30). En Apocalipsis, Juan siempre asocia el azufre ardiente con el castigo divino (cf. 19:20; 20:10; 21:8).

Mete tu hoz, y siega... la mies de la tierra está madura... Mete tu hoz aguda, y vendimia los racimos de la tierra (14:15-18). "Hoz" puede referirse a cualquiera de los dos tipos de cuchillos curvos utilizados para la cosecha. Para cosechar el grano se utilizaba una guadaña manual de mango corto, mientras que los viticultores utilizaban un pequeño cuchillo para cortar los racimos de uva de la vid. El trigo se cosechaba en junio, mientras que las uvas para la producción de vino se cosechaban en septiembre. Los profetas compararon el juicio de las naciones con una cosecha espiritual (Jer 51:33; Joel 3:13). Dos grupos (los justos y los impíos) serán cosechados al final de la era, una cosecha de la que Jesús habló en sus parábolas (Mt 13:30-40).

Lagar (14:19). Los lagares eran fosas cuadradas o circulares, talladas en la roca o excavadas en el suelo y luego forradas con piedras y selladas con yeso. Las uvas se colocaban en el lagar y luego se pisaban. El zumo fluía por un canal hasta una cuba donde se recogía y se dejaba fermentar. El lagar se convirtió en un tropo espiritual para el juicio de las naciones (Is 63:2-3; Joel 3:13).

El cántico de Moisés y las siete últimas plagas (15:1-8)

Cántico de Moisés siervo de Dios (15:3). Moisés cantó dos canciones después del éxodo: una sobre el triunfo de los israelitas sobre los egipcios (Ex 15:1-18) y otra sobre el juicio de los enemigos de Israel y la recompensa de los fieles (Dt 32:1-43).

Tabernáculo del testimonio (15:5). El tabernáculo del testimonio era el tabernáculo portátil que acompañaba a Israel en el desierto (Ex 40:36; Hechos 7:44). El "testimonio" se refiere a las tablas gemelas de piedra que contenían el Decálogo (Ex 31:18), que posteriormente se alojaron en el arca del pacto (Heb 9:4).

Siete copas de oro, llenas de la ira de Dios (15:7). Las copas de oro vistas anteriormente (5:8; 8:3-5) eran incensarios llenos de incienso. La función de vertido de estas otras copas sugiere que son copas de libación. Moisés hizo copas de aspersión similares para usarlas en el altar de los holocaustos (Ex 27:3). Salomón mandó hacer cien copas de oro para derramar vino en los sacrificios del templo (2 Cr 4:8; Oseas 9:4). Las copas de libación contienen aquí los juicios que se derramarán en el capítulo 16.

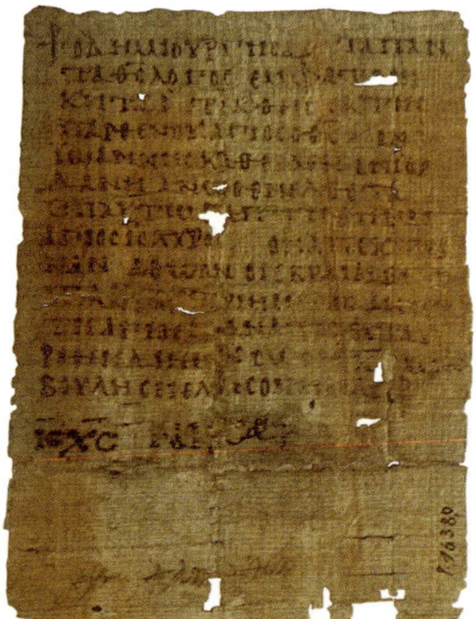

El canto de los santos celestiales incluye la alabanza a la santidad de Dios. Las liturgias eclesiásticas modernas pueden incluir las palabras de un antiguo himno de la iglesia conocido como el Trisagion, que proclama la santidad de la Divinidad: "Santo Dios, Santo Fuerte, Santo Inmortal, ten piedad de nosotros". El papiro del siglo VII d. C. que se muestra aquí es un himno a Cristo que incluye las palabras del Trisagion.

El templo se llenó de humo por la gloria de Dios (15:8). La gloria de Dios llenó de tal manera el tabernáculo después de ser erigido que Moisés no pudo entrar en él (Ex 40:35). Del mismo modo, la nube de la gloria de Dios llenó tanto el templo cuando se introdujo el arca en él que los sacerdotes no pudieron ejercer su ministerio (1 Reyes 8:6-11).

Las siete copas de la ira de Dios (16:1-21)

Úlcera maligna y pestilente (16:2). Seis de las diez plagas contra Egipto se reproducen en los juicios de la trompeta y la copa. Al igual que en el Éxodo, los juicios en el Apocalipsis están dispuestos con intensidad creciente: los sellos afectan a una cuarta parte de la tierra, las trompetas a una tercera parte y las copas a todo el mundo. La primera copa es paralela a la sexta plaga egipcia, que produjo forúnculos purulentos tanto en las personas como en los animales (Ex 9:8-11).

Derramó su copa sobre el mar, y este se convirtió en sangre... sobre los ríos, y sobre las fuentes de las aguas, y se convirtieron en sangre (16:3-4). El contenido de las copas segunda a cuarta se asemeja al de las tres primeras trompetas. El agua salada se convierte en sangre en la tercera copa, mientras que el agua dulce se convierte en sangre en la cuarta copa. En la primera plaga egipcia el mar no se convirtió en sangre, sino solo el río Nilo y las fuentes de agua dulce (Ex 7:17-21).

Justo eres tú, oh Señor (16:5). La redacción de Juan está tomada del segundo cántico de Moisés: "justo [*dikaios*] y recto [*hosios*] Señor" (LXX Dt 32:4). En Frigia y Lidia, alrededor de Laodicea, Filadelfia y Sardis, se desarrolló una religión sincretista que presentaba dioses llamados *Hosion kai Dikaion*, "Santo y Justo".

A beber sangre; pues lo merecen (16:6). Esta afirmación expresa el principio judicial de reciprocidad conocido como lex talionis (ojo por ojo, diente por diente, etc.), que era una base de la ley bíblica en el A. T. (Ex 21:23-25; cf. Mt 5:38).

No se arrepintieron (16:9-11). Al igual que los habitantes de la tierra se habían negado antes a arrepentirse de sus pecados (9:20-21), vuelven a negarse a arrepentirse y a glorificar a Dios. Del mismo modo, el faraón, a pesar de los juicios que se habían llevado a cabo contra los egipcios, endureció repetidamente su corazón (Ex 7-14).

Espíritus inmundos a manera de ranas (16:13). En la segunda plaga egipcia, Dios soltó ranas para cubrir la tierra; sin embargo, los magos del faraón duplicaron este milagro (Ex 8:1-14). Un engaño demoníaco similar procede ahora de las bocas de la trinidad impía. La segunda bestia se llama ahora "el falso profeta" (cf. 19:20; 20:10).

Reyes de la tierra en todo el mundo (16:14). El mundo civilizado del siglo I d. C. era "todo el mundo [romano]" (Lucas 2:1). Josefo llamó a César "el señor del universo" (*oikoumenē*).[18] La diosa Oikoumene era la forma idealizada de este concepto, y sus estatuas se utilizaban a veces como faros para anunciar el dominio global de Roma.

Desnudo, y vean su vergüenza (16:15). Los atletas griegos competían desnudos en el gimnasio (*gymnos*, "desnudo") y en los juegos. No obstante, los romanos eran más conservadores en cuanto a la desnudez, por lo que sus estatuas solían representar a individuos vestidos. Los judíos rechazaban la desnudez pública, por lo que se opusieron cuando se construyó un gimnasio en Jerusalén. Los jóvenes judíos empezaron a practicar la costumbre griega, y esta fue una de las ofensas que motivaron la rebelión macabea (ver 2 Mac 4:9-15).

Lugar que en hebreo se llama Armagedón (16:16). Juan transliteró la frase hebrea *har Megiddo* ("monte de Meguido") como *Harmagedōn* (DHH: "Harmagedón"). Meguido estaba situado en el valle de Jezreel, en la parte baja de Galilea (1 Reyes 4:12), y se convirtió en el escenario de las batallas entre los israelitas y los cananeos (Jue 5:19) y entre Judá y Egipto (2 Reyes 23:29-30). La derrota de Gog en las montañas de Israel es la última batalla escatológica (Ez 39:4).

Babilonia, la prostituta de la bestia (17:1-18)

Gran ramera, la que está sentada sobre muchas aguas (17:1). Varias ciudades, como Jerusalén (Is 1:21), Tiro (Is 23:15-17) y Nínive (Nah 3:4), fueron llamadas prostitutas por su falta de fe. Babilonia fue llamada ciudad de muchas aguas porque el río Éufrates fluía a través de ella (Jer 51:13). El río Tíber fluía a través de la ciudad de Roma. Sin embargo, las aguas no son literales, porque se interpretan en

El "monte de Meguido" en Israel se convierte en un símbolo de la batalla final entre Dios y las fuerzas del mal: el Armagedón en Ap 16:12-16.

17:15 como "pueblos, multitudes, naciones y lenguas".

Mujer sentada sobre una bestia escarlata (17:3). Juan está "en el Espíritu" por tercera vez. La mujer que ve en el desierto es la antítesis de la mujer embarazada de 12:14; sin embargo, está sentada sobre la misma bestia vista en 13:1. La diosa Roma personificaba a Roma, y Esmirna se convirtió en 195 a. C. en la primera ciudad que construyó un templo para su culto. En el año 29 a. C. se construyó en Éfeso un santuario para que los romanos rindieran culto a Dea Roma y a Divus Julius.

Vestida de púrpura y escarlata (17:4). El púrpura era el color de la élite romana y mostraba su estatus social. La familia imperial tenía derecho a vestirse de púrpura. Los senadores llevaban togas con una amplia franja púrpura; los jinetes llevaban togas con una estrecha franja púrpura. Tiatira era un centro de producción de telas teñidas de púrpura (cf. Hechos 16:14).

Lleno de abominaciones (17:4). Daniel profetizó que una "abominación desoladora" (*bdelygma*, traducido aquí como "lleno de abominaciones") profanaría el templo (Dn 9:27; 11:31; 12:11). Antíoco IV Epífanes erigió tal abominación en el templo en el año 167 a. C. (1 Mac 1:54), lo que provocó la rebelión macabea. La abominación fue eliminada en el 164 a. C., cuando Jerusalén fue reconquistada (1 Mac 6:7). La limpieza y rededicación del templo dio inicio a la fiesta de Hanukkah (cf. Juan 10:22). En el año 40, Calígula ordenó que se erigiera su imagen en el templo, pero murió antes de que se instalara. Según Jesús, la profecía de Daniel sobre una abominación desoladora se cumpliría antes de la destrucción de Jerusalén (Mt 24:15; Marcos 13:14). Es significativo observar que Juan nunca utiliza la palabra "anticristo" en Apocalipsis.

En su frente un nombre escrito, un misterio (17:5). El título de la mujer, al igual que la marca de la bestia, se coloca en su frente (cf. 13:16). El "misterio" relacionado con la mujer es explicado por el intérprete angélico en los versículos 8-18, la explicación más larga del Apocalipsis.

Siete cabezas son siete montes (17:9). La ciudad de Roma se asentaba sobre siete colinas: Capitolina, Aventina, Caeliana, Esquilina, Quirinal, Viminal y Palatina (ver el artículo "La ciudad de la Antigua Roma"). Una moneda emitida durante el reinado de Vespasiano muestra a Dea Roma sentada sobre siete colinas. "Siete colinas" se convirtió en una metonimia de Roma.

Siete reyes (17:10). En el Oriente griego, el emperador romano era llamado rey. Sin embargo, "emperador" es la traducción preferida para el gobernante del Imperio Roma-

Un ángel explica la visión de Juan diciendo: "Las siete cabezas son siete montes, sobre los cuales se sienta la mujer" (Ap 17:9). Roma fue descrita como una ciudad sobre siete colinas, y el emperador romano Vespasiano (que reinó entre el 69 y el 79 d. C.) emitió una moneda, que se muestra aquí, que representaba a la diosa Roma sentada sobre las siete colinas de Roma.

no. ¿Qué emperador debería ser el primero? Suetonio comenzó sus *Doce Césares* con Julio César; los *Anales* de Tácito empezaron con Augusto. El nacimiento de Jesús ocurrió durante el reinado de Augusto (Lucas 2:1). Dado que Augusto se reconcilió con Asia después de derrotar a Antonio y comenzó el principado, es el emperador que con mayor probabilidad comienza la lista.

Diez reyes (17:12). Estos diez representan a los reyes clientes que fueron criados en Roma con la familia imperial y luego enviados a gobernar reinos en todo el imperio. Herodes el Grande fue un rey de este tipo que fue nombrado rey de Judea en el año 40 a. C. Sus descendientes, Arquelao, Antipas, Filipo, Agripa I y Agripa II, también gobernaron reinos clientes en Palestina en el siglo I d. C.

La caída de Babilonia (18:1-4)

Ha caído, ha caído la gran Babilonia (18:2). Los términos y las metáforas de la predicción de Jeremías sobre la caída de Babilonia (Jer 50-51) se mencionan doce veces en el capítulo 18. Seis voces diferentes lamentan o celebran la desaparición de Babilonia.

Mercaderes de la tierra se han enriquecido (18:3). Muchos mercaderes llevaban sus productos a Roma por la posibilidad de obtener grandes beneficios. Un mercader, T. Flavius Zeuxis, mencionó en su tumba de Hierápolis que había hecho setenta y dos travesías durante su vida alrededor del cabo Malea, el extremo sur de Grecia, mientras viajaba a Italia.

Deleites... en deleites (18:3-9). El grupo de palabras strēn-, que indican lujo y sensualidad, sólo se utiliza aquí en el N. T. La vida lujosa de varios césares es bien conocida por varios historiadores romanos que documentaron su despilfarro. Nerón nunca llevaba la misma ropa dos veces, pescaba con una red de oro ensartada con hilo de púrpura y escarlata, y viajaba con al menos mil carruajes tirados por mulas herradas de plata.[19]Al igual que Juan, escritores romanos como Lucano y Petronio denunciaron ese estilo de vida de disipación.

Salid de ella, pueblo mío (18:4). Jeremías pronunció esta misma exhortación a los judíos en Babilonia para que huyeran antes de su destrucción (Jer 51:6, 45).

El humo de su incendio (18:9). Roma sufrió un gran incendio en el año 64 d. C. que quemó diez de sus catorce distritos. Para desviar las acusaciones de que él era el pirómano, Nerón culpó a los cristianos y comenzó la primera gran persecución de la Iglesia.

Ninguno compra más sus mercaderías (18:11). El versículo 12 enumera las mercancías de los mercaderes: veintiocho artículos que llevaron a Roma desde todo el mundo. Diecisiete estaban entre las mercancías que los mercaderes llevaban a Tiro (Ez 27:12-24). Asia suministraba a Roma vino, mármol, aceite de oliva, tejidos y pergaminos. Ver el artículo "Prácticas de navegación en el primer siglo".

Esclavos, almas de hombres (18:13). La última mercancía, cuerpos y almas humanas (*somatōn kai psychas*), es un modismo que indica esclavos. Ver el artículo "La esclavitud en el mundo del Nuevo Testamento".

Todos los que viajan en naves, y marineros, y todos los que trabajan en el mar (18:17). Una floreciente red marítima ayudaba a mantener la economía romana. Grandes barcos traían grano de Egipto para satisfacer la demanda de pan en Roma (cf. Hechos 27:5-6). Ver el artículo "Prácticas de navegación en el primer siglo".

Echaron polvo sobre sus cabezas (18:19). Este acto era una señal de luto en la antigüedad (Jos 7:6). Los marineros y capitanes del mar que presenciaron la destrucción de Tiro también se rociaron polvo sobre la cabeza (Ez 27:29-30).

Los tres aleluya y la Cena de las Bodas del Cordero (19:1-10)

¡Aleluya! (19:1). Los cuatro usos de "aleluya" en el capítulo 19 (vv. 1, 3, 4, 6) son su única aparición en el N. T. En su uso frecuente en el A. T., especialmente en los Salmos, la palabra hebrea se traduce como "Alabado sea el Señor" (p. ej., Sal 106:1).

Han llegado las bodas del Cordero, y su esposa se ha preparado (19:7). La boda es una metáfora familiar que describe la relación de Dios con su pueblo, tanto en el A. T. (Is 49:18; Jer 2:2) como en el N. T. (Juan 3:29; Lucas 5:35; 2 Co 11:2). En Apocalipsis, se habla cuatro veces de la iglesia como la esposa de Cristo (ver también 21:2, 9; 22:17). Ver el artículo "Costumbres matrimoniales judías".

Cena de las bodas del Cordero (19:9). Isaías profetizó una fiesta del final de los tiempos compuesta por invitados de todas las naciones (Is 25:6). En la última cena de Jesús, anunció que volvería a beber vino con sus discípulos en el reino de su Padre (Mt 26:29). La celebración de la Eucaristía anticipa la cena de las bodas que tendrá lugar al regreso de Jesús (1 Co 11:26).

Me postré a sus pies para adorarle. Y él me dijo: Mira, no lo hagas (19:10). Otros textos apocalípticos muestran igualmente a los ángeles prohibiendo la adoración.[20] Pablo condenó el culto a los ángeles en Colosas (Col 2:18). Juan es reprendido en 22:8-9 por intentar de nuevo adorar al ángel.

La celebración celestial de Dios con su pueblo se llama "las bodas del Cordero" (Ap 19:9). Las escenas de banquetes eran motivos frecuentes en el arte funerario del periodo grecorromano. Es posible que comuniquen la esperanza de una vida posterior agradable. En las catacumbas de las afueras de Roma se han encontrado frescos con escenas de banquetes, como el que se muestra aquí, en zonas de enterramiento cristianas. Hay muchas interpretaciones diferentes de su propósito, y pueden haber desarrollado niveles de significado a lo largo del tiempo. Una sugerencia interpretativa, más allá de la comida funeraria tradicional, es la participación en el futuro banquete celestial.

El jinete celestial derrota a las bestias (19:11-21)

Caballo blanco, y el que lo montaba se llamaba Fiel y Verdadero (19:11). Los generales romanos que celebraban un triunfo militar entraban en Roma montados en un caballo blanco. Tras su victoria en el norte de África, Julio César condujo un carro tirado por caballos blancos por la ciudad.

Muchas coronas (19:12 NTV). "Coronas" (*diadēmata*) se traduce mejor como "diademas". Los griegos y los romanos adoptaron la diadema como insignia real y la distinguieron de la corona (cf. 2:10: *stephanos*, "guirnalda" [nota a pie de página CSB trad. lit.]). El dragón llevaba una diadema en cada cabeza (12:3), y la bestia tenía una diadema en cada cuerno (13:1; cf. 17:12). Ptolomeo VI Filómetro llevaba dos diademas en la cabeza tras conquistar Antioquía en el año 169 a. C. (1 Mac 11:13).

Él las regirá con vara de hierro (19:15). El destino del hijo varón era gobernar con un cetro de hierro (12:5). El cumplimiento del Sal 2:9 mesiánico ya ha llegado. Jesús gobernará las naciones con los vencedores, como se prometió a los tiatianos (2:26-27).

En su vestidura y en su muslo tiene escrito este nombre (19:16). A veces se colocaban inscripciones en los muslos de las estatuas. Entre los ejemplos se encuentran una estatua de Apolo mencionada por Cicerón[21] y una estatua de Zeus en Olimpia, ambas con sus nombres escritos en los muslos.

Todas las aves se saciaron de las carnes de ellos (19:21). Esta espantosa descripción de aves de rapiña inmundas se asemeja a la carnicería que siguió a la destrucción de Gog (Ez 39:17-20).

Los mil años y los juicios de Satanás y los muertos (20:1-15)

Gran cadena (20:1). Las cadenas se utilizaban para atar a los ángeles caídos en espera del día del juicio (Judas 6). Este texto de las cadenas que atan a Satanás y a sus ángeles caídos se encuentra en otras obras apocalípticas.[22]

Mil años (20:2). Mil años han sido comparados con un día (Sal 90:4; 2 P 3:8). Los rabinos judíos estimaban que la era mesiánica tenía una duración de mil años, que era también el tiempo de vida de los individuos en la era mesiánica.[23] Los siete días de la creación fueron aludidos para representar estos siete milenios de historia humana; el Hijo vendría en los últimos mil años y juzgaría a los impíos.[24]

Tronos... facultad de juzgar (20:4). Ahora se cumple la promesa de ejercer autoridad desde los tronos (2:26; 3:21). Jesús prometió igualmente que los apóstoles juzgarían en tronos (Lucas 22:30); Pablo también escribió que los santos juzgarían al escribió que los santos juzgarían al mundo y a los ángeles (1 Co 6:2-3).

Decapitados (20:4). En el derecho romano había dos tipos de pena capital: (1) la crucifixión, la exposición a animales salvajes o la quema en la hoguera para los esclavos y las clases bajas; (2) la decapitación para los ciudadanos romanos.

Según la tradición, Pablo fue decapitado en Roma.

Primera resurrección (20:5). Los vencedores de la bestia reciben ahora la recompensa prometida: vuelven a la vida para gobernar durante los mil años. Los muertos que adoraron a la bestia y tomaron su marca participan después en una "segunda resurrección" sin nombre, cuyo destino es la segunda muerte.

Sacerdotes de Dios y de Cristo (20:6). Que los santos reinarían como sacerdotes fue anunciado anteriormente (1:6; 5:10). Pedro también escribió que el pueblo de Dios constituía un sacerdocio real (1 P 2:5, 9).

Juan ve a un jinete llamado "Fiel y Verdadero" en un caballo blanco dirigiendo los ejércitos del cielo. Las representaciones de líderes militares a caballo comunicaban su poder y éxito militar. Esta estatua de bronce de Marco Aurelio a caballo, erigida en el siglo II d. C., es la única estatua ecuestre que se conserva de la época imperial romana.

A Gog y a Magog (20:8). La batalla de Armagedón, anunciada en 16:14-16, ocurre ahora como la última batalla contra Gog y Magog. La redacción y la secuencia de los acontecimientos son paralelas a la restauración y la batalla escatológicas descritas en Ez 37-39. El rey lidio Gyges, conocido por las inscripciones asirias como Gugu, es la figura histórica que está detrás de la tradición judía de Gog como la personificación del mal que vendría contra Israel en los últimos días.

Campamento de los santos (20:9). Esta instalación militar fortificada (parembolē) también podría referirse a un cuartel romano (Hechos 21:34). Jesús advirtió que los campamentos del ejército rodearían Jerusalén antes de su destrucción (Lucas 19:43; 21:20). Durante su asedio a Jerusalén, los romanos establecieron varios campamentos para acuartelar a sus legiones. "Ejército" es otra posible traducción (Heb 11:34), y el pueblo de Dios fue descrito como un ejército en 19:14.

Lago de fuego y azufre (20:10). El destino de los impíos es arder en un fuego inextinguible (Is 66:24; Marcos 9:48). Los injustos están destinados a arder y morir eternamente como castigo en el día del juicio.[25] El lago de fuego es también el destino de la bestia y el falso profeta (19:20), así como la muerte y el Hades y los muertos injustos (20:14-15).

Gran trono blanco y al que estaba sentado en él (20:11). Esta escena de juicio, anunciada

El ángel sostiene una cadena con la que Satanás es atado antes de ser encarcelado en el Abismo. En este relieve (siglo I o II d. C.), se representa a dos prisioneros con cadenas atadas al cuello y a los tobillos.

en 11:18, toma sus referencias de Dn 7:9-10. Allí el Anciano de los Días coronado abre los libros celestiales y ejecuta el juicio. El libro apocalíptico judío 2 *Baruc* también menciona los libros que se abrirán en los que se registran los pecados de los impíos (24.1).

Libro de la vida (20:12). Los santos de la segunda resurrección que tienen sus nombres inscritos en el libro reciben ahora la vida eterna (cf. Dn 12:1-2).

Lago de fuego. Esta es la muerte segunda (20:14). Esta muerte es eterna y un castigo sobre el que Jesús advirtió (Mt 10:28). La muerte es el último enemigo a destruir (cf. 1 Co 15:26).

Cielo Nuevo, Tierra Nueva, Nueva Jerusalén (21:1-22:5)

Un cielo nuevo y una tierra nueva (21:1). Isaías profetizó la llegada de unos cielos nuevos y una tierra nueva (Is 65:17; 66:22). El día de Dios traerá un nuevo cielo y una nueva tierra (2 P 3:13).

Santa ciudad, la nueva Jerusalén (21:2). El descenso de la nueva Jerusalén se compara primero con una novia (21:2-4) y luego con una ciudad (21:10-22:5). La imagen nupcial se retoma desde el anuncio de la cena de bodas (19:7-9).

Tabernáculo de Dios con los hombres, y él morará con ellos (21:3). El A. T. está repleto de declaraciones sobre el deseo de Dios de vivir con su pueblo en una relación de pacto (p. ej., Lv 26:11-12; Ez 37:27; Zac 2:11). Esto muchas veces no se realizó debido a la desobediencia de Israel; ahora esa relación se realiza para siempre.

Al que tuviere sed, yo le daré gratuitamente de la fuente del agua de la vida (21:6). El agua y la sed son metáforas comunes de la vida espiritual en las Escrituras. Los justos beben del río de Dios porque la fuente de la vida está con ellos (Sal 36:8-9). En el libro apocalíptico judío 1 Enoc, los sedientos beben de la fuente de la justicia que nunca se seca y así se llenan de sabiduría (48.1).

El que venciere heredará todas las cosas (21:7). En el A. T., los hijos solían ser los herederos de los bienes, y el primogénito recibía el doble (Dt 21:15-17). La costumbre griega preveía que la herencia se dividiera por sorteo a partes iguales entre los hijos supervivientes. En el derecho romano, el padre conservaba toda la autoridad legal hasta la muerte y podía desheredar a sus hijos si lo deseaba. Pablo también expresó la certeza de que todos los hijos e hijas de Dios eran sus herederos espirituales (Ro 8:17; Gl 4:7).

Yo seré su Dios, y él será mi hijo (21:7). Dios hizo una promesa similar a Israel de que sería su pueblo (Jer 32:38), algo que Pablo reitera en su exhortación a los corintios (2 Co 6:18). Esta expresión de adopción recuerda a los pactos de Dios con Abraham (Gn 17:7-8) y Salomón (2 Cr 7:18). Los hombres griegos podían adoptar como hijo a cualquier ciudadano varón. Los hombres romanos podían adoptar fácilmente a varones sin padre. Un ejemplo notable es la adopción de Octavio por su tío abuelo Julio César. Un padre adoptivo nunca podía desheredar a su nuevo hijo ni reducirlo a la esclavitud.

Cobardes e incrédulos, los abominables y homicidas, los fornicarios y hechiceros, los idólatras y todos los mentirosos (21:8). Esta es la más completa de las dos listas de vicios que se encuentran en los capítulos 21-22 (cf. 22:15). En 21:27, se nombran dos pecados adicionales: actos vergonzosos o engañosos.

Juan ve la ciudad santa bajar del cielo y oye a Dios decir: "He aquí, yo hago nuevas todas las cosas" (Ap 21:5). El tapiz del Apocalipsis de Angers, tejido en el siglo XIV d. C., muestra escenas del libro del Apocalipsis. El tapiz mostrado aquí ilustra la nueva Jerusalén que desciende del cielo.

Ciudad santa de Jerusalén (21:10). Las profecías del A. T. describen a Sion como la ciudad del Señor (Is 60:14) situada en un monte santo como la Ciudad de la Verdad (Zac 8:3). Las metáforas de la nueva Jerusalén se toman de la visión de Ezequiel sobre el templo, la tierra y la ciudad renovados (Ez 40-48). Esta misma conjunción de ciudad, novia y esposa se encuentra en la obra judía *José y Asenet* (15.7, 9; 18.11; 21.4-9).

Muro grande y alto con doce puertas... nombres inscritos, que son los de las doce tribus de los hijos de Israel (21:12). Las ciudades fundadas durante el periodo helenístico se construían con murallas defensivas. La muralla de Lisímaco alrededor de Éfeso se extendía más de cinco millas. Pérgamo, Esmirna y Sardis tenían murallas que rodeaban sus acrópolis. La dominación romana trajo la *pax romana*, por lo que las ciudades ya no necesitaban murallas para protegerse. Las puertas eran el medio de entrada a una ciudad antigua, y Éfeso tenía cuatro: Magnesio, Puerto, Koressos y Ágora. La ciudad visionaria de Ezequiel también tenía doce puertas (Ez 48:31-34). Pero su lista de tribus difiere de la de Ap 7:4-8, donde se incluye a Manasés y se omite a Dan.

Doce cimientos... los doce nombres de los doce apóstoles del Cordero (21:14). Los doce apóstoles son nombrados en los Evangelios Sinópticos (Mt 10:2-4; Marcos 3:16-19; Lucas 6:13-16); sin embargo, Judas fue sustituido por Matías (Hechos 1:16-26).

La ciudad se halla establecida en cuadro (21:16). Antes, Juan midió el templo de Dios (11:1); aquí un ángel mide la ciudad. El pectoral del sumo sacerdote era cuadrado (Ex 28:16); el santuario del templo de Salomón también era cuadrado (2 Cr 3:8). El mercado comercial de Éfeso se llamaba "Ágora cuadrada [tetragona]". La longitud, la anchura y la altura de la nueva Jerusalén miden cada una 12, 000 estadios (12 × 1, 000 [= 1, 400 millas]), mientras que las murallas tienen un grosor de 144 codos (12 × 12 [= 200 pies]). La ciudad, al igual que el lugar santísimo (1 Reyes 6:20), tiene forma de cubo. Las inmensas dimensiones de la ciudad sugieren que estos números deben entenderse en sentido figurado.

Muro era de jaspe; pero la ciudad era de oro puro, semejante al vidrio limpio (21:18). El jaspe es una piedra preciosa asociada anteriormente a Dios (4:3). La pureza de la ciudad y de sus calles se compara con el oro y el cristal. Como el oro solía estar aleado con la plata, el oro puro era especialmente valioso en la antigüedad. Los fenicios descubrieron las técnicas de soplado de vidrio cerca de Sidón hacia el año 50 a. C., y pronto se generalizó el uso de vajillas y recipientes de vidrio. Como con frecuencia se introducían impurezas durante la producción, el vidrio puro era muy apreciado. Sardis era un centro de producción tanto de oro como de vidrio.

Cimientos del muro de la ciudad estaban adornados con toda piedra preciosa (21:19). La futura Sion vista por Isaías tenía cimientos, muros y puertas de piedras preciosas (Is 54:11-12; cf. Tb 13:16-18). El pectoral del sumo sacerdote tenía doce piedras preciosas en las que estaban grabados los nombres de las doce tribus (Ex 28:17-20; 39:10-13). Una lista similar de estas piedras preciosas adornaba al rey de Tiro (LXX Ez 28:13).

Las naciones... andarán a la luz de ella (21:24). Isaías profetizó que los pueblos de todas las naciones adorarían en el monte santo de Jerusalén (Is 66:20), un tema del que se hace referencia a Zacarías (Zac 14:16-19; cf. Tb 14:6-7).

Un río limpio de agua de vida (22:1). Un río regó el jardín del Edén (Gn 2:10), y se profetizó que las aguas vivas fluirían de la futura nueva Jerusalén (Ez 47:1-10; Zac 14:8). El nacimiento del río en el trono de Dios y del Cordero sugiere que estas aguas pueden ser una metáfora del Espíritu Santo (cf. Juan 7:38-39).

Otro lado del río, estaba el árbol de la vida (22:2). Después de la caída, el acceso al árbol de la vida fue negado a Adán y Eva (Gn 2:9; 3:17-24). Las naciones victoriosas y redimidas tienen ahora acceso al árbol (cf. Ap 2:7). Ezequiel también vio árboles en cada orilla del río, que producían frutos para la alimentación y hojas para la curación (Ez 47:12).[26]

No habrá más maldición (22:3). El dolor, el trabajo y el luto que resultaron de la maldición (Gn 3:16-19) se invierten con la desaparición del orden de cosas en la vieja tierra (cf. Ap 21:4).

Epílogo: Jesús viene pronto (22:6-21)

¡He aquí, vengo pronto! (22:7). Este es el primero de los tres anuncios de Jesús sobre su inminente regreso (también 22:12, 20). Tres veces el Espíritu y la esposa responden antifonalmente a estas declaraciones del regreso de Cristo diciendo: "Ven" (22:17, 20).

Bienaventurado el que guarda las palabras de la profecía de este libro (22:7). La sexta bienaventuranza repite en gran medida la primera bienaventuranza (1:3); ambas prometen una bendición para los que guardan y obedecen las palabras proféticas del Apocalipsis.

No selles las palabras de la profecía de este libro (22:10). Aunque el ángel había ordenado anteriormente a Juan que sellara las palabras de los siete truenos (10:4), ahora le ordena que revele la visión más amplia. En el apocalipsis judío 4 *Esdras,* se le dijo a Esdras que ocultara su visión, pero que enseñara su contenido a los sabios, que podían guardar sus secretos (12.37-38; cf. 14.5-6, 45-46).

El que es inmundo, sea inmundo todavía... el que es santo, santifíquese todavía (22:11). Tanto los impenitentes como los vencedores siguen siendo abordados en estas cuatro exhortaciones. Un contraste similar entre los puros y los impíos se encuentra al final de la profecía de Daniel (Dn 12:10).[27]

Bienaventurados los que lavan sus ropas (22:14). En esta séptima y última bienaventuranza se vuelven a utilizar expresiones relacionadas con la ropa, ya sea limpia o manchada (cf. 3:4; 7:14). La promesa anterior de entrar por las puertas de la nueva Jerusalén para comer del árbol de la vida se cumple ahora para los que están vestidos con ropas limpias.

En tres ocasiones, Jesús recuerda a Juan y a sus lectores que pronto vendrá. Es posible que Juan haya recordado las palabras de los ángeles en su ascensión: "Este mismo Jesús, que ha sido tomado de vosotros al cielo, así vendrá como le habéis visto ir al cielo" (Hechos 1:11). Este relieve de marfil que representa la ascensión de Jesús es de finales del siglo X d. C.

Los perros estarán fuera (22:15). Los judíos tenían una actitud negativa hacia los perros (cf. 1 S 17:43), por lo que "perro" se convirtió en un término despectivo. También era un eufemismo para referirse a un hombre prostituido del templo (Dt 23:18), así como a los gentiles (Mt 15:26-27). Pablo llamó "perros" a los judaizantes (Flp 3.2), mientras que Ignacio, en su Carta a los Efesios, llamó "perros rabiosos" a los falsos maestros (7.1).

Los fornicarios (22:15). Tanto las prácticas heterosexuales como las homosexuales se incluían en el término general Griego *porneia.* La inmoralidad sexual es una práctica condenada repetidamente en el Apocalipsis (p. ej., 2:21; 9:21; 14:8; 21:8). La literatura de sabiduría judía relacionaba la idolatría de los gentiles con su inmoralidad (cf. Sab 14:12). Demóstenes expresó la perspectiva griega sobre la sexualidad, afirmando que las amantes eran para el disfrute, las concubinas para el servicio y las esposas para tener y criar hijos legítimos.[28] Pablo condenó la opinión de que las relaciones sexuales eran una función corporal como comer y beber (1 Co 6:12-13). Para los romanos, el adulterio era ilegal porque violaba los derechos de propiedad del marido, no porque transgrediera la ley divina. Los esclavos solían ser utilizados para satisfacer las necesidades sexuales de sus dueños.

Yo testifico a todo aquel que oye las palabras de la profecía de este libro (22:18). Las cláusulas de advertencia se utilizaban para validar la fiabilidad de un documento. Moisés ordenó a los israelitas que no añadieran ni sustrajeran nada de los mandamientos que había dado (Dt 4:2; 12:32). Tras completar la traducción del Pentateuco al griego, los traductores ordenaron que se impusiera una maldición a quien añadiera o suprimiera algo de su texto escrito.[29] En la *Epístola de Bernabé,* se advierte igualmente a los lectores que no añadan ni quiten nada de lo que han recibido.[30]

Amén; sí, ven, Señor Jesús (22:20). El Apocalipsis termina con una invitación similar a la frase aramea *marana tha*. Pablo, escribiendo desde Éfeso, también utilizó marana tha en su cierre a 1 Corintios (16:22). En la Didaché, la acción de gracias ofrecida sobre la Cena del Señor también termina: "¡*Maranatha!* Amén" (10.6).

Abreviaturas

Versiones de la Biblia

BHTI	Biblia Hispanoamericana, Traducción Interconfesional
BLP	La Palabra (España)
BLPH	La Palabra (Hispanoamérica)
CSB	Christian Standard Bible
CST	Nueva Versión Internacional (Castilian)
DHH	Dios habla hoy
DHHED	Dios Habla Hoy con Deuterocanónicos Versión Española
ESV	English Standard Version
JBS	Biblia del Jubileo
LBLA	La Biblia de las Américas
NASB	New American Standard Bible
NBLA	Nueva Biblia de las Américas
NBV	Nueva Biblia Viva
NRSV	New Revised Standard Version
NTV	Nueva Traducción Viviente
NVI	Nueva versión internacional
PDT	Palabra de Dios para Todos
RVA	Reina Valera Antigua
RVA2015	Reina Valera Actualizada
RVC	Reina Valera Contemporánea
RVR1960	Reina Valera 1960
RVR1995	Reina Valera 1995
TLA	Traducción en Lenguaje Actual

Libros apócrifos

1, 2, 3, 4 Bar	1, 2, 3, 4 Baruc
Eclo	Eclesiástico
1, 2, 3, 4 Esd	1, 2, 3, 4 Esdras
Jdt	Libro de Judit
1, 2, 3, 4 Mac	1, 2, 3, 4 Macabeos
OdSl	Las odas de Salomón
Sab	Libro de la Sabiduría
SalSl	Salmos de Salomón
Si	Sirácida
Tb	Tobías

Escritos rabínicos

b.	Babylonian Talmud
m.	Mishnah
t.	Tosefta
y.	Jerusalem Talmud

Fuentes secundarias

AB	Anchor Bible
ABD	Anchor Bible Dictionary. Editado por David Noel Freedman. vol 6.
ABRL	Anchor Bible Reference Library
AEL	Ancient Egyptian Literature: A Book of Readings. Editado por Miriam Lichtheim. vol 3. Berkeley: University of California Press, 2006
AfO	Archiv für Orientforschung
AfOB	Archiv für Orientforschung: Beiheft
AGJU	Arbeiten zur Geschichte des antiken Judentums und des Urchristentums
AIO	Archaeologia Iranica et Orientalis
AnBib	Analecta Biblica
ANEP	The Ancient Near East in Pictures Relating to the Old Testament. Editado por James B. Pritchard. 2da ed. Princeton: Princeton University Press, 1994
ANET	Ancient Near Eastern Texts Relating to the Old Testament.

Editado por James B. Pritchard. 3ra ed. Princeton: Princeton University Press, 1969

AOTC	Apollos Old Testament Commentary
APR	Ancient Philosophy and Religion
ARAB	Ancient Records of Assyria and Babylonia. Daniel David Luckenbill. vol 2. Chicago: University of Chicago Press, 1926-1927. Reimpreso, Nueva York: Greenwood, 1968
ArBib	The Aramaic Bible
ARM	Archives royales de Mari
ARWAW	Abhandlungen der Rheinisch-Westfalischen Akademie der Wissenschaften
ASP	American Studies in Papyrology
AUSS	Andrews University Seminary Studies
AYB	Anchor Yale Bible
BA	Biblical Archaeologist
BAFCS	The Book of Acts in Its First Century Setting
BAI	Bulletin of the Asia Institute
BAR	Biblical Archaeological Review
BASOR	Bulletin of the American Schools of Oriental Research
BBR	Bulletin for Biblical Research
BDAG	Danker, Frederick W., Walter Bauer, William F. Arndt y F. Wilbur Gingrich. Greek-English Lexicon of the New Testament and Other Early Christian Literature. 3ra ed. Chicago: University of Chicago Press, 2000
BEB	Baker Encyclopedia of the Bible. Editado por Walter A. Elwell. vol 2. Grand Rapids: Baker, 1988
BECNT	Baker Exegetical Commentary on the New Testament
BES	Bulletin of the Egyptological Seminar
BETL	Bibliotheca Ephemeridum Theologicarum Lovaniensium
Bib	Biblica
BibOr	Biblica et Orientalia
BJRL	Bulletin of the John Rylands University Library of Manchester
BJS	Brown Judaic Studies
BNTC	Black's New Testament Commentaries
BRev	Bible Review
BSac	Bibliotheca Sacra
BSL	Biblical Studies Library
BTNT	Biblical Theology of the New Testament
BZ	Biblische Zeitschrift
CAD	The Assyrian Dictionary of the Oriental Institute of the University of Chicago. vol 21. Chicago: Oriental Institute of the Uni-

versity of Chicago. 1956-2010

CBC	Cornerstone Biblical Commentary
CBET	Contributions to Biblical Exegesis and Theology
CBQ	Catholic Biblical Quarterly
CC	Continental Commentaries
CEP	Contemporary Evangelical Perspectives
CGTC	Cambridge Greek Testament Commentary
CHANE	Culture and History of the Ancient Near East
CIG	Corpus Inscriptionum Graecarum. Editado por August Boeckh. vol 4. Berlín: Reimer, 1828-1877
CIJ	Corpus Inscriptionum Judaicarum. Editado por Jean-Baptiste Frey. vol 2. Roma: Pontifical Biblical Institute, 1936-1952
CIL	Corpus Inscriptionum Latinarum. Berlín, 1862–
CNTUOT	Commentary on the New Testament Use of the Old Testament. Editado por G. K. Beale y D. A. Carson. Grand Rapids: Baker Academic; Nottingham: Apollos, 2007
COS	The Context of Scripture. Editado por William W. Hallo. vol 4. Leiden: Brill, 1997-2017
CP	Classical Philology
CRINT	Compendia Rerum Iudaicarum ad Novum Testamentum
CTH	Catalogue des textes hittites. Emmanuel Laroche. Paris: Klincksieck, 1971
CTN	Cuneiform Texts from Nimrud
CTR	Criswell Theological Review
CUSAS	Cornell University Studies in Assyriology and Sumerology
DDAH	Debates and Documents in Ancient History
DDD	Dictionary of Deities and Demons in the Bible. Editado por Karel van der Toorn, Bob Becking y Pieter W. van der Horst. Leiden: Brill; Grand Rapids: Eerdmans, 1999
DDL	Dictionary of Daily Life in Biblical and Post-Biblical Antiquity. Editado por Edwin M. Yamauchi y Marvin R. Wilson. vol 44. Peabody, Massachusetts: Hendrickson, 2014-2016
DJG1	Dictionary of Jesus and the Gospels. Editado por Joel B. Green, Scot McKnight y I. Howard Marshall. 1ra ed. Downers Grove, Illinois: InterVarsity, 1992
DJG2	Dictionary of Jesus and the Gospels. Editado por Joel B. Green, Jeannine K. Brown y Nicholas Perrin. 2da ed. Downers Grove, Illinois: InterVarsity, 2013
DMOA	Documenta et Monumenta Orientis Antiqui
DNTB	Dictionary of New Testament Background. Editado por Craig A. Evans y Stanley E. Porter. Downers Grove, Illinois: InterVarsity, 2000

EA	El-Armana tablets. De acuerdo con la edición de Jørgen A. Knudtzon, Die el-Amarna-Tafeln. Leipzig: Hinrichs, 1908-1915. Reimpreso, Aalen: Zeller, 1964. Continúa en Anson F. Rainey, El-Amarna Tablets, págs. 359-379. 2da rev. ed. Kevelaer: Butzon & Bercker, 1978
EBC	The Expositor's Bible Commentary. Edited by Tremper Longman III and David E. Garland. Rev. ed. 13 vols. Grand Rapids: Zondervan, 2006–12
EBT	Explorations in Biblical Theology
EC	Early Christianity
ECC	Eerdman's Critical Commentary
EDEJ	The Eerdmans Dictionary of Early Judaism. Editado por John J. Collins y Daniel C. Harlow. Grand Rapids: Eerdmans, 2010
EG	Epigrammata graeca. Editado por G. Keibel. Berlín: G. Reimer, 1878
EGGNT	Exegetical Guide to the Greek New Testament
EKKNT	Evangelisch-katholischer Kommentar zum Neuen Testament
EncJud	Encyclopedia Judaica. Editado por Fred Skolnik y Michael Berenbaum. 2da ed. vol 22. Detroit: Macmillan Reference USA, 2007
EPSC	Evangelical Press Study Commentary
ErIsr	Eretz-Israel
ESVEC	ESV Expository Commentary
EvQ	Evangelical Quarterly
EvT	Evangelische Theologie
ExpTim	Expository Times
FAT	Forschungen zum Alten Testament
FCGRW	First-Century Christians in the Greco-Roman World
FRLANT	Forschungen zur Religion und Literatur des Alten und Neuen Testaments
GD	Gorgias Dissertations
GNS	Good News Studies
HALOT	The Hebrew and Aramaic Lexicon of the Old Testament. Ludwig Koehler, Walter Baumgartner y Johann J. Stamm. Traducido y editado baj la supervisión de Mervyn E. J. Richardson. vol 4. Leiden: Brill, 1994-1999
HCNT	Hellenistic Commentary to the New Testament. Editado por M. Eugene Boring, Klaus Berger y Carsten Colpe. Nashville: Abingdon, 1995
HIBD	Holman Illustrated Bible Dictionary. Editado por Chad Brand, Charles Draper y Archie England. Nashville: Holman, 2003
HMSCS	Hearing the Message of Scripture Commentary Series

HNCT	Harper's New Testament Commentaries
HOTC	Holman Old Testament Commentary
HOTE	Handbooks for Old Testament Exegesis
HSM	Harvard Semitic Monographs
HUCA	Hebrew Union College Annual
ICC	International Critical Commentary
IEJ	Israel Exploration Journal
ISBE	International Standard Bible Encyclopedia. Editado por Geoffrey W. Bromiley. vol 4. Grand Rapids: Eerdmans, 1979-1988
IVPBBCNT1	IVP Bible Background Commentary: New Testament. Craig S. Keener. Downers Grove, Illinois: InterVarsity, 1993
IVPBBCNT2	IVP Bible Background Commentary: New Testament. Craig S. Keener. 2da ed. Downers Grove, Illinois: InterVarsity, 1993
IVPBBCOT	IVP Bible Background Commentary: Old Testament. John H. Walton, Victor H. Matthews y Mark W. Chavalas. Downers Grove, Illinois: IVP Academic, 2000
JANES	Journal of the Ancient Near Eastern Society
JAOS	Journal of the American Oriental Society
JARCE	Journal of the American Research Center in Egypt
JBL	Journal of Biblical Literature
JCS	Journal of Cuneiform Studies
JEBS	Journal of European Baptist Studies
JETS	Journal of the Evangelical Theological Society
JGRChJ	Journal of Greco-Roman Christianity and Judaism
JHebS	Journal of Hebrew Scriptures
JJS	Journal of Jewish Studies
JNES	Journal of Near Eastern Studies
JPSTC	Jewish Publication Society Torah Commentary
JQR	Jewish Quarterly Review
JSNT	Journal for the Study of the New Testament
JSNTSup	Journal for the Study of the New Testament: Supplement Series
JSOTSup	Journal for the Study of the Old Testament: Supplement Series
JSPSup	Journal for the Study of the Pseudepigrapha: Supplement Series
JTS	Journal of Theological Studies
KBo	Keilschrifttetxte aus Boghazköi. Leipzig: Hinrichs, 1916-1923; Berlín: Gebr. Mann, 1954–
KEL	Kregel Exegetical Library
KHNTE	Kregel Handbooks for New Testament Exegesis
KTU	Die keilalphabetischen Texte aus Ugarit. Editado por Manfred

	Dietrich, Oswald Loretz y Joaquín Sanmartín. Münster: UgaritVerlag, 2013. 3ra en larged ed. ampliada de KTU: The Cuneiform Alphabetic Texts from Ugarit, Ras Ibn Hani, and Other Places. Editado por Manfred Dietrich, Oswald Loretz y Joaquín Sanmartín. Münster: Ugarit-Verlag, 1995
LAE	The Literature of Ancient Egypt: An Anthology of Stories, Instructions, Stelae, Autobiographies, and Poetry. Editado por William Kelly Simpson. 3ra ed. New Haven: Yale University Press, 2003
LAPO	Littératures anciennes du Proche-Orient
LASBF	Liber Annuus Studii Biblici Franciscani
LEC	Library of Early Christianity
LNTS	Library of New Testament Studies
LSJ	Liddell, H. G., R. Scott, and H. S. Jones. A Greek-English Lexicon. 9° ed., con anexo revisado. Oxford: Clarendon, 1996
LUA	Lunds universitets årrskrift
MC	Mesopotamian Civilizations
NAC	New American Commentary
NBBC	New Beacon Bible Commentary
NCamBC	New Cambridge Bible Commentary
Neot	Neotestamentica
NICNT	New International Commentary on the New Testament
NICOT	New International Commentary on the Old Testament
NIDB	New Interpreter's Dictionary of the Bible. Editado por Katharine Doob Sakenfeld. Nashville: Abingdon, 2006-2009
NIDNTT	New International Dictionary of New Testament Theology. Editado por Colin Brown. vol 4. Grand Rapids: Zondervan, 1975-1985.
NIDNTTE	New International Dictionary of New Testament Theology and Exegesis. Editado por Moisés Silva. 2da ed. vol 5. Grand Rapids: Zondervan, 2014
NIGTC	New International Greek Testament Commentary
NIVAC	NIV Application Commentary
NovT	Novum Testamentum
NovTSup	Novum Testamentum Supplements
NSBT	New Studies in Biblical Theology
NTM	New Testament Monographs
NTS	New Testament Studies
OCM	Oxford Classical Monographs
OEANE	The Oxford Encyclopedia of Archaeology in the Near East. Editado por Eric M. Meyers. vol 5. Nueva York: Oxford Uni-

	versity Press, 1997
OGIS	Orientis Graeci Inscriptiones Selectae. Editado por Wilhelm Dittenberger. vol 2. Leipzig: Hirzel, 1903-1905
OIP	Oriental Institute Publications
OLA	Orientalia Lovaniensia Analecta
PGM	Papyri Graecae Magicae: Die griechischen Zauberpapyri. Editado por Karl Preisendanz. 2da ed. Stuttgart: Teubner, 1973-1974
PMIRC	Penn Museum International Research Conferences
PNTC	Pillar New Testament Commentary
PS	Pauline Studies
QMHSS	Quantitative Methods in the Humanities and Social Sciences
RA	Revue d'assyriologie et d'archéologie orientale
RAr	Revue archéologique
RB	Revue biblique
ResQ	Restoration Quarterly
RS	Ras Shamra
RSAW	Routledge Sourcebooks for the Ancient World
RTR	Reformed Theological Review
SAA	State Archives of Assyria
SAAB	State Archives of Assyria Bulletin
SAHL	Studies in the Archaeology and History of the Levant
SBJT	Southern Baptist Journal of Theology
SBL	Studies in Biblical Literature
SBLAB	Society of Biblical Literature Academia Biblica
SBLABS	Society of Biblical Literature Archaeology and Biblical Studies
SBLDS	Society of Biblical Literature Dissertation Series
SBLMS	Society of Biblical Literature Monograph Series
SBLWAW	Society of Biblical Literature Writings from the Ancient World
SBT	Studies in Biblical Theology
SDAIBC	Seventh-Day Adventist International Bible Commentary
SGBC	Story of God Bible Commentary
SGLG	Studia Graeca et Latina Gothoburgensia
SHBC	Smith & Helwys Bible Commentary
SHCANE	Studies in the History and Culture of the Ancient Near East
SJ	Studia Judaica
SJLA	Studies in Judaism in Late Antiquity
SJT	Scottish Journal of Theology
SNTSMS	Society for New Testament Studies Monograph Series
SP	Sacra Pagina
Str-B	Strack, H. L. y P. Billerbeck. Kommentar zum Neuen Testament

	aus Talmud und Midrasch. vol 6. Munich: Beck, 1922-1961
TDNT	Theological Dictionary of the New Testament. Editado por Gerhard Kittel y Gerhard Friedrich. Traducido por Geoffrey W. Bromiley. vol 10. Grand Rapids: Eerdmans, 1964-1976
TDOT	Theological Dictionary of the Old Testament. Editado por G. Johannes Botterweck y Helmer Ringgren. Traducido por John T. Willis et al. vol 8. Grand Rapids: Eerdmans, 1974-2006
THOTC	Two Horizons Old Testament Commentary
TLZ	Theologische Literaturzeitung
TNTC	Tyndale New Testament Commentaries
TOTC	Tyndale Old Testament Commentaries
TTCS	Teach the Text Commentary Series
TynBul	Tyndale Bulletin
UBCS	Understanding the Bible Commentary Series
UCOIP	University of Chicago Oriental Institute Publications
UNHAIİ	Uitgaven van het Nederlands Historisch-Archaeologisch Instituut te İstanbul
VAB	Vorderasiatische Bibliothek
VT	Vetus Testamentum
WBC	Word Biblical Commentary
WMANT	Wissenschaftliche Monographien zum Alten und Neuen Testament
WTJ	Westminster Theological Journal
WUNT	Wissenschaftliche Untersuchungen zum Neuen Testament
ZAW	Zeitschrift für die alttestamentliche Wissenschaft
ZEB	Zondervan Encyclopedia of the Bible. Editado por Merrill C. Tenney y Moisés Silva. vol 5. Grand Rapids: Zondervan, 2009
ZECNT	Zondervan Exegetical Commentary on the New Testament
ZECOT	Zondervan Exegetical Commentary on the Old Testament
ZIBBCNT	Zondervan Illustrated Bible Backgrounds Commentary: New Testament. Editado por Clinton E. Arnold. vol 4. Grand Rapids: Zondervan, 2002
ZIBBCOT	Zondervan Illustrated Bible Backgrounds Commentary: Old Testament. Editado por John H. Walton. vol 5. Grand Rapids: Zondervan, 2009
ZNW	Zeitschrift für die neutestamentliche Wissenschaft und die Kunde der älteren Kirche

Referencias y Notas

Los Asirios

1. "Texts from Hammurabi to the Downfall of the Assyrian Empire", trad. A. L. Oppenheim (ANET 274).
2. "Texts from Hammurabi", págs. 274-275.
3. "Texts from Hammurabi", págs. 279-281.
4. "Texts from Hammurabi", pág. 281.
5. "Texts from Hammurabi", pág. 284.
6. "Texts from Hammurabi", págs. 287-288.
7. "Texts from Hammurabi", pág. 291.

Los cananeos y la religión cananea

1. Philip Schmitz, "Canaan", ABD 1:828-831.
2. Jack Sasson, "The Earliest Mention of the Name 'Canaan'", BA 47 (1984): págs. 90.
3. "The Story of Idrimi, King of Alalakh", trad. A. L. Oppenheim (ANET 557-558).
4. Anson Rainey, "Who Is a Canaanite? A Review of the Textual Evidence", BASOR 304 (1996): págs. 1-15.
5. Anson Rainey, "A Canaanite at Ugarit", IEJ 13 (1963): págs. 43-45.
6. Ann E. Killebrew, Biblical Peoples and Ethnicity: An Archaeological Study of Egyptians, Canaanites, Philistines, and Early Israel, 1300–1100 B.C.E., SBLABS 9 (Atlanta: Society of Biblical Literature, 2005), pág. 94.
7. Anson Rainey, "Amenhotep III's Campaign to Takhsi", JARCE 10 (1973): págs. 71-75.
8. William L. Moran, ed. y trad., The Amarna Letters (Baltimore: Johns Hopkins University Press, 1992).
9. Jo Ann Hackett, "Canaanites", OEANE 1:409-14.

10. Claude F. A. Schaeffer, Ugaritica (París: Paul Guethner, 1939-); Ugaritica II: Nouvelles études relatives aux découvertes de Ras Shamra (París: Paul Geuthner, 1949). Ver también Claude F. A. Schaeffer, "Les Fouilles de Minet-el-beida et de Ras Shamra: Deuxième Campagne (printemps 1930) Rapport Sommaire", Syria 12, N° 1 (1931): págs. 1-14; "Les Fouilles de Minet-el-beida et de Ras-shamra: Troisième Campagne (printemps 1931) Rapport Sommaire", Syria 13, N° 1 (1932): págs. 1-27; "Les Fouilles de Minet-el-beida et de Ras-shamra: Quatrième Campagne (printemps 1932) Rapport Sommaire", Syria 14, N° 22 (1933): págs. 93-127.

11. Para un breve resumen de los templos cananeos, ver Killebrew, Biblical Peoples and Ethnicity, págs. 105-107.

12. Ze'ev Meshel, "Did Yahweh Have a Consort? The New Religious Inscriptions from the Sinai", BAR 5 (1979): págs. 24-34.

13. W. G. Dever, "Iron Age Epigraphic Material from the Area of Khirbet el-Kôm", HUCA 40-41 (1970): págs. 139-204.

Los cusitas

1. J. Daniel Hays, "The Cushites: A Black Nation in Ancient History", BSac 153 (1996): págs. 275-278.

2. Para un buen debate sobre Piye, ver Robert G. Morkot, The Black Pharaohs: Egypt's Nubian Rulers (Londres: Rubicon, 2000), págs. 179-196.

3. Para la historia de la Vigésima Quinta Dinastía, ver K. A. Kitchen, The Third Intermediate Period in Egypt (1100-650 a. C.) (Warminster: Aris & Phillips, 1973).

4. Donald B. Redford, Egypt, Canaan, and Israel in Ancient Times [Egipto Canaán e Israel en tiempos antiguos] (Princeton: Princeton University Press, 1992), pág. 356.

5. "Sennacherib's Siege of Jerusalem", trad. M. Cogan (COS 2.119B:303).

6. Morkot, The Black Pharaohs, pág. 154.

7. Stephanie Dalley, "Foreign Chariotry and Cavalry in the Armies of Tiglath-Pileser III and Sargon II", Iraq 47 (1985): pág. 44. Los textos se publicaron en Stephanie Dalley y J. N. Postgate, The Tablets from Fort Shalmaneser, CTN 3 (Londres: British School of Archaeology in Iraq, 1984), págs. 99-118.

8. Dalley, "Foreign Chariotry", pág. 46.

9. Nadav Na'aman argumenta que el rey cusita Piye es "Por eso, rey de Egipto" mencionado en 2 Reyes 17:4 como conspirador de Oseas de Israel. Na'aman también concluye que las tropas cusitas representadas en los relieves asirios como luchando contra los asirios en la campaña de Sargón II del 720 a. C. indican que el rey cusita había enviado este ejército y no los débiles vestigios de la anterior dinastía egipcia. Na'aman también proporciona una amplia bibliografía sobre la representación de los cusitas en los relieves asirios. Ver Na'aman, "The Historical Background to the Conquest of Samaria

(720 BCE)," Bib 71 (1990): págs. 206-225.

10. Kitchen, The Third Intermediate Period in Egypt, págs. 384-385.

11. La mejor solución parece ser la de Kitchen, The Third Intermediate Period in Egypt, págs. 161-172, 385-388. Kitchen argumenta convincentemente que Tirhakah, el hermano menor del faraón, fue nombrado comandante de la expedición a Palestina y fue el rey titular de esta expedición.

12. El relato de Senaquerib sobre esta batalla, registrado en una inscripción neoasiria, dice lo siguiente "Los reyes de Egipto y los arqueros, el cuerpo de carros y la caballería de los reyes de Etiopía [Cus] reunieron una fuerza incontable y acudieron en su ayuda [es decir, de los ekronitas]. En la llanura de Eltekeh, se alinearon contra mí y afilaron sus armas. Confiando en el dios Ashur, mi señor, luché con ellos y les infligí una derrota. A los cuadrillas y príncipes egipcios, junto con los cuadrillas de los etíopes [cusitas], los capturé personalmente vivos en medio de la batalla". "Sennacherib's Siege of Jerusalem", trad. M. Cogan (COS 2.119B:303).

13. Kitchen, The Third Intermediate Period in Egypt, págs. 384-385.

14. Pauline Albenda, "Observations on Egyptians in Assyrian Art", BES 4 (1982): pág. 10.

15. Kitchen, The Third Intermediate Period in Egypt, págs. 384-385.

16. Redford, Egypt, Canaan, and Israel in Ancient Times, págs. 357-358.

17. Para un análisis de este periodo de tiempo, ver Kitchen, The Third Intermediate Period in Egypt, págs. 393-397.

La vida cotidiana en el antiguo Israel

1. J. David Schloen, The House of the Father as Fact and Symbol: Patrimonialism in Ugarit and the Ancient Near East, SAHL 2 (Winona Lake, Indiana: Eisenbrauns, 2001).

2. Sandra L. Richter, The Epic of Eden: A Christian Entry into the Old Testament (Downers Grove, Illinois: IVP Academic, 2008), págs. 69-91.

3. Daniel Fleming, "From Joseph to David: Mari and Israelite Pastoral Traditions", en Israel: Ancient Kingdom or Late Invention?, ed. Daniel I. Block (Nashville: B&H Academic, 2008), págs. 78-96.

4. Philip J. King y Lawrence E. Stager, Life in Biblical Israel [La vida en Israel bíblico] (Louisville: Westminster John Knox, 2001), págs. 112-122.

5. F. Nigel Hepper, Baker Encyclopedia of Bible Plants: Flowers and Trees, Fruits and Vegetables, Ecology (Grand Rapids: Baker, 1992).

6. Leann Pace, "Feasting and Everyday Meals in the World of the Hebrew Bible", en Feasting in the Archaeology and Texts of the Bible and the Ancient Near East, ed. Peter Altmann y Janling Fu (Winona Lake, Indiana: Eisenbrauns, 2014), págs. 179-198.

7. Oded Borowski, Daily Life in Biblical Times, SBLABS 5 (Atlanta: Society of Biblical Literature, 2003), págs. 16-21.

8. Victor H. Matthews, Manners and Customs in the Bible: An Illustrated

Guide to Daily Life in Biblical Times, 3era ed. (Peabody, Massachusetts: Hendrickson, 2006), págs. 99-104.

Los egipcios

1. Kasia Szpakowska, "Religion in Society: Pharaonic", en A Companion to Ancient Egypt, ed. Alan B. Lloyd (Oxford: Wiley Blackwell, 2014), pág. 507.
2. John H. Taylor, Death and the Afterlife in Ancient Egypt (Chicago: University of Chicago Press, 2001), pág. 198.
3. Jan Assmann, The Search for God in Ancient Egypt [Búsqueda de Dios en el antiguo Egipto], trad. David Lorton (Ithaca, Nueva York: Cornell University Press, 2001), pág. 5.
4. Assmann, The Search for God in Ancient Egypt, pág. 3.
5. Szpakowska, "Religion in Society", págs. 512-514.
6. Garrett Galvin, Egypt as a Place of Refuge, FAT 2/51 (Tübingen: Mohr Siebeck, 2011), págs. 131, 135.
7. Safwat Marzouk, Egypt as a Monster in the Book of Ezekiel, FAT 2/76 (Tübingen: Mohr Siebeck, 2015), págs. 29-44.
8. Ellen F. Morris, "The Pharaoh and Pharaonic Office", en A Companion to Ancient Egypt, ed. Alan B. Lloyd (Oxford: Wiley Blackwell, 2014), pág. 216.
9. Michael V. Fox, "From Amenemope to Proverbs: Editorial Art in Proverbs 22,17– 23,11", ZAW 126 (2014): págs. 76-91.

Instrumentos musicales en Israel y el antiguo Cercano Oriente

1. Philip J. King y Lawrence E. Stager, Life in Biblical Israel [La vida en Israel bíblico] (Louisville: Westminster John Knox, 2001), pág. 285.
2. Consulte la lista proporcionada por Ivor H. Jones, "Musical Instruments", ABD 4:934-35.
3. Bo Lawergren, "Distinctions among Canaanite, Philistine, and Israelite Lyres, and Their Global Lyrical Contexts", BASOR 309 (1998): págs. 43-55.
4. Ver los bocetos en Lawergren, "Lyres", pág. 50.
5. King y Stager, Life in Biblical Israel, pág. 294.
6. King y Stager, Life in Biblical Israel, págs. 296-297; Adam L. Bean, "Music", DDL 3:419.
7. Jones, "Musical Instruments", pág. 936.
8. John W. Hilber, "Psalms", ZIBBCOT 5:444.
9. Bean, "Music", pág. 420.

Los persas

1. "Cyrus Cylinder", trad. M. Cogan (COS 2.124:314-316).
2. Laurie E. Pearce y Cornelia Wunsch, Documents of Judean Exiles and West Semites in Babylonia in the Collection of David Sofer, CUSAS 28 (Be-

thesda, Maryland: CDL Press, 2014).

3. L. W. King y R. Campbell Thompson, The Sculptures and Inscription of Darius the Great on the Rock of Behistûn in Persia: A New Collation of the Persian, Susian, and Babylonian Texts, with English Translations, Etc. (Londres: British Museum, 1907).

4. Pearce y Wunsch, Documents of Judean Exiles.

5. Eric M. Meyers, "The Shelomith Seal and Aspects of the Judean Restoration: Some Additional Reconsiderations", ErIsr 18 (1985): págs. 33*-38*.

6. Ver T. Fish, "The Murashu Tablets," en Documents from Old Testament Times, ed. D. Winton Thomas (Nueva York: Harper & Row, 1958); Matthew W. Stolper, Entrepreneurs and Empire: The Murašû Archive, the Murašû Firm, and Persian Rule in Babylonia, UNHAIİ 54 (Estambul: Nederlands Historisch-Archaeologisch Instituut, 1985).

7. Bezalel Porten, The Elephantine Papyri in English: Three Millennia of Cross-Cultural Continuity and Change, DMOA 22 (Leiden: Brill, 1996).

Los filisteos

1. Trude Dothan, The Philistines and Their Material Culture (New Haven: Yale University Press, 1982), págs. 3-12.

2. ANET págs. 262-263.

3. Lawrence E. Stager, "The Fury of Babylon", BAR 22 (1996): págs. 56-69, 76-77.

4. Stager, "The Fury of Babylon"; Seymour Gitin, "Excavating Ekron: Major Philistine City Survived by Absorbing Other Cultures", BAR 31 (2005): págs. 40-56.

5. ANET págs. 308.

6. D. J. Wiseman, Nebuchadrezzar and Babylon (Oxford: Oxford University Press, 1985), pág. 25.

7. R. Zadok, "Phoenicians, Philistines, and Moabites in Mesopotamia", BASOR 230 (1978): pág. 61.

Las mujeres en el mundo del Antiguo Testamento

1. Para las leyes del antiguo Cercano Oriente, ver Martha Roth, Law Collections from Mesopotamia and Asia Minor, 2da ed. SBLWAW 6 (Atlanta: Scholars Press, 1997). Para las leyes relativas a las mujeres, ver Martha Roth, "Women and Law", en Women in the Ancient Near East: A Sourcebook, ed. Mark W. Chavalas, RSAW (Londres: Routledge, 2014), págs. 144-174.

2. Harold Torger Vedeler, "Naditum and Daughter: An Analysis of the Letters of ErishtiAya of Mari (ARM X:36–43)" (MA thesis, University of Minnesota, 2000), págs. 32-59.

3. Martha Roth, "Gender and Law: A Case Study from Ancient Mesopotamia", en Gender and Law in the Hebrew Bible and the Ancient Near

East, ed. Victor H. Matthews, Bernard M. Levinson, y Tikva Frymer-Kensky, JSOTSup 262 (Sheffield: Sheffield Academic Press, 1998), págs. 173-184.

4. Ver Cécile Michel, "Women in Letters: Old Assyrian Kaniš", en Women in the Ancient Near East: A Sourcebook, ed. Mark W. Chavalas, RSAW (Londres: Routledge, 2014), págs. 205-212.

5. Para una visión general, ver Stephanie Dalley, Mari and Karana: Two Old Babylonian Cities (Londres: Longman, 1984).

6. Stephanie Dalley, C. B. F. Walker y J. D. Hawkins, The Old Babylonian Tablets from Tell al Rimah (Londres: British School of Archaeology in Iraq, 1976), pág. 130.

7. Mark Chavalas, "Nuzi", NIDB 4:301-4.

La moda de las mujeres en el mundo del Antiguo Testamento

1. Elizabeth Wayland Barber, Women's Work: The First 20,000 Years; Women, Cloth, and Society in Early Times (Nueva York: Norton, 1994), pág. 158.

2. Jennie R. Ebeling, Women's Lives in Biblical Times (Londres: T&T Clark, 2010), pág. 91.

3. William G. Dever, The Lives of Ordinary People in Ancient Israel: Where Archaeology and the Bible Intersect (Grand Rapids: Eerdmans, 2012), pág. 178.

4. Barber, Women's Work, págs. 202-203.

5. J. A. Thompson, Handbook of Life in Bible Times (Downers Grove, Illinois: InterVarsity, 1986), pág. 97.

6. Dever, The Lives of Ordinary People in Ancient Israel, pág. 178.

7. Ebeling, Women's Lives in Biblical Times, pág. 91.

8. Philip J. King y Lawrence E. Stager, Life in Biblical Israel (Louisville: Westminster John Knox, 2001), pág. 265.

9. Victor H. Matthews, "Cloth, Clothes", NIDB 1:692.

10. Dorothy Irvin, "Clothing", OEANE 2:39.

11. Barber, Women's Work, págs. 133-134.

12. Barber, Women's Work, pág. 201.

13. Irvin, "Clothing", pág. 39.

14. Barber, Women's Work, pág. 202.

15. Irvin, "Clothing", pág. 39.

16. W. H. Mare, "Dress", ZEB 2:186.

17. Dennis R. Cole y S. Cameron Coyle, "Cloth, Clothing", HIBD 311.

18. Douglas R. Edwards, "Dress and Ornamentation", ABD 3:235.

19. Irvin, "Clothing", pág. 39.

20. King y Stager, Life in Biblical Israel, pág. 283.

21. Darlene R. Gautsch, "Cosmetics", HIBD 351.

22. Barber, Women's Work, pág. 204.

23. Barber, Women's Work, pág. 172.

24. Barber, Women's Work, págs. 181-182.
25. Barber, Women's Work, págs. 181-182.
26. Mare, "Dress", pág. 186.
27. Mare, "Dress", pág. 186.
28. King y Stager, Life in Biblical Israel, pág. 273.
29. Michael Dayagi-Mendels, "Cosmetics", OEANE 2:68.
30. Dayagi-Mendels, "Cosmetics", pág. 67.
31. Gautsch, "Cosmetics", pág. 350.
32. Gautsch, "Cosmetics", pág. 350.
33. Dayagi-Mendels, "Cosmetics", pág. 68.
34. Gautsch, "Cosmetics", pág. 351.
35. Dayagi-Mendels, "Cosmetics", pág. 67.
36. Barber, Women's Work, pág. 201.
37. Gautsch, "Cosmetics", pág. 351.
38. Gautsch, "Cosmetics", pág. 351.
39. King y Stager, Life in Biblical Israel, pág. 280.
40. Gautsch, "Cosmetics", pág. 351.
41. King y Stager, Life in Biblical Israel, pág. 276.
42. Elizabeth E. Platt, "Jewelry", NIDB 3:299.
43. Mare, "Dress", 2:187.
44. Platt, "Jewelry", pág. 302.
45. Platt, "Jewelry", pág. 299.
46. Platt, "Jewelry", pág. 303.
47. Robin Ngo, "Givati Parking Lot Dig Unearths Rare Seal of Woman", Bible History Daily, http://www.biblicalarchaeology.org/daily/biblical-artifacts/inscriptions/givati-parking-lot-seals/.
48. Platt, "Jewelry", pág. 299.

Génesis

1. "Epic of Creation", trad. B. R. Foster (COS 1.111:390-402).
2. "Atra-hasis", trad. B. R. Foster (COS 1.130:450-52).
3. "The Ba'lu Myth", trad. D. Pardee (COS 1.86:241-74).
4. W. Randall Garr, "'Image' and 'Likeness' in the Inscription from Tell Fakhariyeh", IEJ 50 (2000): pág. 228.
5. "The Adapa Story", trad. B. R. Foster (COS 1.129:449).
6. Jeremy Black et al., The Literature of Ancient Sumer (Oxford: Oxford University Press, 2004), págs. 86-88.
7. Thorkild Jacobsen, The Sumerian King List (Chicago: University of Chicago Press, 1939).
8. Irving Finkel, The Ark before Noah: Decoding the Story of the Flood (Londres: Hodder & Stoughton, 2014).
9. "The Aqhatu Legend", trad. D. Pardee (COS 1.103:343-56).
10. "The Amarna Letters", trad. W. F. Albright (ANET 486; EA 254).

11. Juris Zairns, "Camel", ABD 1:825.

12. Iain Provan, Seriously Dangerous Religion: What the Old Testament Really Says and Why It Matters (Waco: Baylor University Press, 2014), pág. 258.

13. Kenneth A. Kitchen, "Genesis 12–50 in the Near Eastern World", en He Swore an Oath: Biblical Themes from Genesis 12–50, ed. Richard S. Hess, Gordon J. Wenham y Philip E. Satterthwaite (Cambridge: Tyndale House, 1993), págs. 79-80.

14. John H. Walton, "Genesis", ZIBBCOT 1:125-26.

15. James K. Hoffmeier, Israel in Egypt: The Evidence for the Authenticity of the Exodus Tradition (Oxford: Oxford University Press, 1997), págs. 89-91.

16. Hoffmeier, Israel in Egypt, págs. 88-89.

17. Hoffmeier, Israel in Egypt, pág. 92.

18. Hoffmeier, Israel in Egypt, págs. 93-95.

19. Hoffmeier, Israel in Egypt, págs. 84-88.

20. "The Instruction for King Meri-ka-re", trad. J. A. Wilson (ANET 416).

Éxodo

1. Para una fecha posterior, este faraón/fecha podría ser el terminus ante quem para que comenzara la opresión, si la edad de Moisés (ochenta años en el evento del éxodo, y la opresión tendría que comenzar al menos por su nacimiento [Ex 7:7]) se interpreta literalmente. Se podría argumentar que la edad de Moisés podría leerse como dos generaciones en edad (literariamente estilizadas como dos marcos temporales de "cuarenta años" y sumadas, pero quizás literalmente dos generaciones reales que suman entre cuarenta y cincuenta años de edad).

De ser así, el autor también estaría considerando la edad de Aarón como dos generaciones más tres años, ya que su edad se menciona en el mismo versículo (7:7). Ver Bryant G. Wood, "The Rise and Fall of the 13th-Century Exodus-Conquest Theory", JETS 48 (2005): pág. 478. Muchas gracias a Mark D. Janzen, PhD, egiptólogo y profesor adjunto de historia y arqueología en el Southwestern Baptist Theological Seminary, por sus ideas para afinar varios conceptos aquí y en otras partes.

2. James K. Hoffmeier, Ancient Israel in Sinai: The Evidence for the Authenticity of the Wilderness Tradition (Oxford: Oxford University Press, 2011), pág. 64.

3. Hoffmeier, Ancient Israel in Sinai, pág. 57.

4. K. A. Kitchen, On the Reliability of the Old Testament [Sobre la fiabilidad del Antiguo Testamento] (Grand Rapids: Eerdmans, 2006), pág. 310.

5. Kitchen, On the Reliability of the Old Testament, pág. 255.

6. James K. Hoffmeier, "A Response to Bryant Wood", JETS 50 (2007): pág. 233.

7. Ver también Nahum M. Sarna, Exploring Exodus: The Heritage of Biblical Israel (Nueva York: Schocken, 1986), págs. 29-31.

8. "The Birth Legend of Sargon of Akkad", trad. B. R. Foster (COS 1.133:461).

9. Kitchen, On the Reliability of the Old Testament, pág. 251.

10. James K. Hoffmeier, Israel in Egypt: The Evidence for the Authenticity of the Exodus Tradition (Oxford: Oxford University Press, 1997), pág. 150.

11. AEL 2:199.

12. Heródoto, Histories [Historias] 1.321-22.

13. "Locusts", National Geographic, http://animals.nationalgeographic.com/animals/bugs /locust; s. v. "Locust", Encyclopedia Britannica, http://www.britannica.com/animal/locust -insect.

14. Jonathan Grossman, "The Structural Paradigm of the Ten Plagues Narrative and the Hardening of Pharaoh's Heart", VT 64 (2014): pág. 607.

15. Hoffmeier, Israel in Egypt, págs. 187-188.

16. Hoffmeier, Ancient Israel in Sinai, págs. 86, 107-108. Ver también Kitchen, On the Reliability of the Old Testament, págs. 261-263.

17. Hoffmeier, Ancient Israel in Sinai, pág. 105.

18. Hoffmeier, Israel in Egypt, págs. 169-170.

19. Hoffmeier, Israel in Egypt, pág. 190.

20. Hoffmeier, Ancient Israel in Sinai, pág. 106.

21. Hoffmeier, Israel in Egypt, págs. 170-171.

22. John R. Tower, "The Red Sea", JNES 18 (1959): págs. 150-153; ver también Hoffmeier, Israel in Egypt, págs. 213-214.

23. Sarna, Exploring Exodus, pág. 14; Hoffmeier, Ancient Israel in Sinai, págs. 115, 286.

24. Hoffmeier, Ancient Israel in Sinai, pág. 44.

25. Hoffmeier, Ancient Israel in Sinai, pág. 120.

26. Kitchen, On the Reliability of the Old Testament, 287-290.

27. Meredith G. Kline, Treaty of the Great King: The Covenant Structure of Deuteronomy; Studies and Commentary (Grand Rapids: Eerdmans, 1963).

28. John H. Walton, Ancient Near Eastern Thought and the Old Testament: Introducing the Conceptual World of the Hebrew Bible (Grand Rapids: Baker Academic, 2006), pág. 69.

29. AEL 1:169.

30. John H. Walton, Israelite Literature in Its Cultural Context: A Survey of Parallels between Biblical and Ancient Near Eastern Texts (Grand Rapids: Zondervan, 1994).

31. Scott B. Noegel, "The Egyptian Origin of the Ark of the Covenant", en Israel's Exodus in Transdisciplinary Perspective: Text, Archaeology, Culture, and Geoscience, ed. Thomas E. Levy, Thomas Schneider y William H. C.

Propp, QMHSS 2 (Nueva York: primavera, 2015), págs. 223-242.

32. Hoffmeier, Ancient Israel in Sinai, pág. 110.

33. Kline, Treaty of the Great King; Elmar Edel, Die ägyptisch-hethitische Korrespondenz aus Boghazköi in babylonischer und hethitischer Sprache, vol. 2, ARWAW 77 (Opladen: Westdeutscher Verlag, 1994).

34. "Instructions regarding Tunic", trad. B. Porten (COS 3.87J:216).

35. AEL 1:159.

36. "The Victory Stela of King Piye", trad. M. Lichtheim (COS 2.7:48).

37. "The 'Sun Disk' Tablet of Nabû-apla-iddina", trad. V. Hurowitz (COS 2.135:367).

38. Douglas K. Stuart, Exodus, NAC (Nashville: Broadman & Holman, 2006), pág. 685.

39. Michael M. Homan, "The Divine Warrior in His Tent: A Military Model for Yahweh's Tabernacle", BRev 16, N° 6 (2000): págs. 22-33, 55.

Levítico

1. Gary M. Beckman, "Blood in Hittite Ritual", JCS 63 (2011): pág. 98.

2. "Instructions to Priests and Temple Officials", trad. G. McMahon (COS 1.83:218-20). Las secciones 4, 6 y 12 citan advertencias contra los sacerdotes que realizan rituales cuando están ebrios o son conflictivos.

3. Jacob Milgrom, Leviticus 1–16: A New Translation with Introduction and Commentary, AB 3 (Nueva York: Doubleday, 1991), págs. 188-189.

4. "Prayer to Re-Harakhti", trad. M. V. Fox (COS 1.29:47).

5. "The Poem of the Righteous Sufferer", trad. B. R. Foster (COS 1.153:488).

6. "The Mythological Origin of Certain Unclean Animals", trad. J. A. Wilson (ANET 10); "Cultic Abomination of the Pig", trad. R. K. Ritner (COS 1.19:30-31). Ver también Lidar Sapir-Hen, "Pigs as an Ethnic Marker? You Are What You Eat", BAR 42 (2016): págs. 41-43, 70.

Números

1. Dennis Olson, The Death of the Old and the Birth of the New: The Framework of the Book of Numbers and the Pentateuch, BJS 71 (Chico, California: Scholars Press, 1985), págs. 83-125. Para más información sobre el mensaje del libro, ver Roy E. Gane, Leviticus, Numbers, NIVAC (Grand Rapids: Zondervan, 2004); In the Shadow of the Shekinah: God's Journey with Us (Hagerstown, MD: Review & Herald, 2009); "Numbers", en The Baker Illustrated Bible Commentary, ed. Gary M. Burge y Andrew E. Hill (Grand Rapids: Baker Books, 2012), págs. 116-145.

2. Jacob Milgrom, Numbers: The Traditional Hebrew Text with the New JPS Translation, JPSTC (Filadelfia: Jewish Publication Society, 1990), xiii.

3. "The Kirta Epic", trad. D. Pardee (COS 1.102:334).

4. José M. Galán, "The Ancient Egyptian SED-Festival and the Exemption

from Corvée", JNES 59 (2000): págs. 255-264.

5. "Instructions to Priests and Temple Officials", trad. G. McMahon (COS 1.83:219), §10; ver también §11.

6. Michael M. Homan, "The Divine Warrior in His Tent: A Military Model for Yahweh's Tabernacle", BRev 16, N° 6 (2000): págs. 22-33, 55; To Your Tents, O Israel! The Terminology, Function, Form, and Symbolism of Tents in the Hebrew Bible and the Ancient Near East, CHANE 12 (Leiden: Brill, 2002), págs. 111-116; Bruce Wells, "Exodus", ZIBBCOT 1:250–51; K. A. Kitchen, On the Reliability of the Old Testament (Grand Rapids: Eerdmans, 2006), págs. 278, 470.

7. Kitchen, On the Reliability of the Old Testament, pág. 280.

Referencias de las páginas 142-172

8. Kitchen, On the Reliability of the Old Testament, págs. 276-277. Daniel E. Fleming, "Mari's Large Public Tent and the Priestly Tent Sanctuary", VT 50 (2000): págs. 486-498.

9. David P. Wright, The Disposal of Impurity: Elimination Rites in the Bible and in Hittite and Mesopotamian Literature, SBLDS 101 (Atlanta: Scholars Press, 1987), pág. 272.

10. Wright, The Disposal of Impurity, págs. 248-271.

11. Wright, The Disposal of Impurity, págs. 272-274.

12. Sobre la naturaleza de la impureza ritual física, ver Gane, Leviticus, Numbers, págs. 224-277; Hyam Maccoby, Ritual and Morality: The Ritual Purity System and Its Place in Judaism (Cambridge: Cambridge University Press, 1999), págs. 31-32, 48-50, 207-208; Jacob Milgrom, Leviticus 1–16: A New Translation with Introduction and Commentary, AB 3 (Nueva York: Doubleday, 1991), págs. 766-768, 1000-1004.

13. "Shuruppak", trad. B. Alster (COS 1.176:569, 33-34).

14. "The Laws of Hammurabi", trad. M. Roth (COS 2.131:344).

15. Herbert C. Brichto, "The Case of the ŚŌṬĀ and a Reconsideration of Biblical 'Law'", HUCA 46 (1975): págs. 64-66. Ver también Tikva Frymer-Kensky, "The Strange Case of the Suspected Sotah (Numbers V 11–31)", VT 34 (1984): pág. 25, especialmente n19 sobre juicios con el consumo de bebidas fuera de la Biblia.

16. Anthony Spalinger, "The Limitations of Formal Ancient Egyptian Religion", JNES 57 (1998): págs. 241-260.

17. P. Kyle McCarter, Ancient Inscriptions: Voices from the Biblical World (Washington, DC: Biblical Archaeology Society, 1996), págs. 121-122; Emile Puech, "Palestinian Funerary Inscriptions", ABD 5:127.

18. Milgrom, Numbers, págs. 360-361.

19. "The Cylinders of Gudea", trad. R. E. Averbeck (COS 2.155:431-32).

20. "The Installation of the Storm God's High Priestess", trad. D. Fleming (COS 1.122:427–28).

21. Kitchen, On the Reliability of the Old Testament, pág. 280.

22. Timothy R. Ashley, The Book of Numbers, NICOT (Grand Rapids: Eerdmans, 1993), pág. 217; John Wilkinson, "The Quail Epidemic of Numbers 11.31–34", EvQ 71 (1999): págs. 196-197; Gordon J. Wenham, Numbers: An Introduction and Commentary, TOTC 4 (Leicester, Reino Unido: Inter-Varsity, 1981), pág. 109.

23. Josephus, Jewish Antiquities 10.1-2. Para más información sobre el matrimonio de Moisés con una cusita, ver J. Daniel Hays, From Every People and Nation: A Biblical Theology of Race, NSBT 14 (Downers Grove, Illinois: InterVarsity, 2003), págs. 70-76.

24. "Plague Prayers of Muršili II", trad. G. Beckman (COS 1.60:157).

25. "Regular Afternoon Meal for Bel",en Roy E. Gane, Ritual Dynamic Structure, GD 23/6 (Piscataway, Nueva Jersey: Gorgias, 2004), pág. 204, líneas 385-394; también en "Temple Program for the New Year's Festivals at Babylon", trad. A. Sachs (ANET 334).

26. Ver también Roy E. Gane, "Leviticus", ZIBBCOT 1:294.

27. "Prayer to Marduk", trad. B. R. Foster (COS 1.114:416).

28. "The Ba'lu Myth", trad. D. Pardee (COS 1.86:264-66, 270).

29. "Instructions to Priests and Temple Officials", trad. G. McMahon (COS 1.83:218), §6.

30. "The Installation of the Storm God's High Priestess", trad. D. Fleming (COS 1.122:431).

31. Wright, The Disposal of Impurity, págs. 120-122; y ver las referencias allí.

32. IVPBBCOT 157.

33. Anson F. Rainey y R. Steven Notley, The Sacred Bridge: Carta's Atlas of the Biblical World, ed. rev. (Jerusalén: Carta, 2014), pág. 41.

34. Ver R. Dennis Cole, "Numbers", ZIBBCOT 1:375; y otros ejemplos citados allí. Ver Milgrom, Numbers, págs. 459-460; Baruch A. Levine, Numbers 21–36: A New Translation with Introduction and Commentary, AB 4A (Nueva York: Doubleday, 2000), págs. 88-89.

35. "Kurkh Monolith", trad. K. L. Younger Jr. (COS 2.113A:263).

36. Por ejemplo, "The Autobiography of Idrimi", trad. T. Longman III (COS 1.148:480), líneas 92-97a; "Hadad-yith'i", trad. A. Millard (COS 2.34:154).

37. "The Exaltation of Inanna", trad. W. W. Hallo (COS 1.160:520), líneas 93-96.

38. "The Deir 'Alla Plaster Inscriptions", trad. B. A. Levine (COS 2.27:140-45). Para una discusión detallada de estos fascinantes textos, ver Levine, Numbers 21–36, págs. 241-275; Milgrom, Numbers, págs. 473-476.

39. "The Story of Two Brothers", trad. J. A. Wilson (ANET 24).

40. Klaas Spronk, "Baal of Peor", DDD 147-148; cf. "The Ba'lu Myth", trad. D. Pardee (COS 1.86:241-74).

41. Raymond Westbrook, Property and the Family in Biblical Law, JSOT-

Sup 113 (Sheffield: JSOT Press, 1991), págs. 161-163.

42. "The Cylinders of Gudea", trad. R. E. Averbeck (COS 2.155:432).

43. "The Laws of Lipit-Ishtar", trad. M. Roth (COS 2.154:411).

44. Ver Roy E. Gane, "'Bread of the Presence' and Creator-in-Residence", VT 42 (1992): págs. 199-203.

45. "Daily Ritual of the Temple of Amun-Re at Karnak", trad. R. K. Ritner (COS 1.34:55).

46. Atraḫasis III v 30-36. Ver Wilfred G. Lambert y Alan R. Millard, Atra-Ḫasīs: The Babylonian Story of the Flood (reimpr., Winona Lake, Indiana: Eisenbrauns, 1999), págs. 98-99.

47. Mark E. Cohen, The Cultic Calendars of the Ancient Near East (Bethesda, Maryland: CDL Press, 1993).

48. Cohen, The Cultic Calendars of the Ancient Near East, págs. 437-451.

49. Hans Güterbock, "An Outline of the Hittite AN.TAḪ.ŠUM Festival", JNES 19 (1960): págs. 80-89; Gary Beckman, "The Religion of the Hittites", BA 52 (1989): pág. 103.

50. "Votive Records," trad. H. A. Hoffner Jr. (COS 3.36:66).

51. "The Autobiography of Idrimi", trad. T. Longman III (COS 1.148:479).

52. "The Asiatic Campaigns of Thut-mose III", trad. J. A. Wilson (ANET 235-238).

53. "The Asiatic Campaigns of Thut-mose III", trad. J. A. Wilson (ANET 234-255).

54. "Hittite Laws", trad. H. A. Hoffner Jr. (COS 2.19:107).

55. "Plague Prayers of Muršili II", trad. G. Beckman (COS 1.60:156-57).

56. Westbrook, Property and the Family in Biblical Law, pág. 164.

Deuteronomio

1. Por consiguiente, los nefilitas de Dt 1 no tienen ninguna relación genética con los Nefilim de Gn 6. El título descriptivo hace una relación impresionante entre los dos escenarios históricos.

2. Michael A. Grisanti, "Deuteronomy", EBC 2:502.

3. Se pueden encontrar ejemplos en el Código de Hammurabi ("The Code of Hammurabi", trad. T. Meek [ANET 178]), y los Tratados Vasallos de Esarhaddon ("The Vassal-Treaties of Esarhaddon", trad. D. Wiseman [ANET 538, líneas 410-413]); Meredith G. Kline, Treaty of the Great King: The Covenant Structure of Deuteronomy; Studies and Commentary (Grand Rapids: Eerdmans, 1963), pág. 43.

4. "God List, Blessings and Curses of the Treaty between Suppiluliumas and Kurtiwaza", trad. A. Goetze (ANET 205); Meredith G. Kline, "The Two Tables of the Covenant", WTJ 22 (1960): págs. 133-146.

5. Moshe Weinfeld, Deuteronomy 1–11: A New Translation with Introduction and Commentary, AYB 5 (New Haven: Yale University Press, 2008), pág. 410.

6. Jack M. Sasson, "Circumcision in the Ancient Near East", JBL 85 (1966): pág. 474.

7. Eugene E. Carpenter, "Deuteronomy", ZIBBCOT 1:469.

8. "The Disputation between Ewe and Wheat", trad. H. Vanstiphout (COS 1.180:575-76).

9. IVPBBCOT 182.

10. Daniel I. Block, Deuteronomy, NIVAC (Grand Rapids: Zondervan, 2012), pág. 326; Carpenter, "Deuteronomy", págs. 471-474.

11. "A Divine Oracle through a Dream", trad. J. A. Wilson (ANET 449); "Oracles concerning Esarhaddon", trad. R. H. Pfeiffer (ANET 250-251); "The Interpretation of Dreams", trad. J. A. Wilson (ANET 495); "Ugaritic Dream Omens", trad. D. Pardee (COS 1.93:293-94); "The Sippar Cylinder of Nabonidus," trad. P. Beaulieu (COS 2.123A:311); "The Cylinders of Gudea", trad. R. Averbeck (COS 2.155:419-21).

12. Numerosos tratados (ANET 533-541); "Proclamation of Anitta of Kussar", trad. H. Hoffner (COS 1.72:183); "Lamentation over the Destruction of Sumer and Ur", trad. J. Klein (COS 1.166:537).

13. Carpenter, "Deuteronomy", pág. 478.

14. IVPBBCOT 184.

15. IVPBBCOT 184.

16. Jacob Milgrom, "An Archaeological Myth Destroyed", BRev 1, N° 3 (1985): págs. 52-55.

17. Carpenter, "Deuteronomy", pág. 479.

18. "The Code of Hammurabi", trad. T. Meek (ANET 170-171).

19. Carpenter, "Deuteronomy", págs. 480-481.

20. "The Code of Hammurabi", trad. T. Meek (ANET 166).

21. "The Aqhatu Legend", trad. D. Pardee (COS 1.103:346); "The Zukru Festival", trad. D. Fleming (COS 1.123:432-46).

22. Carpenter, "Deuteronomy", págs. 481-482.

23. IVPBBCOT 188.

24. Carpenter, "Deuteronomy", pág. 486.

25. IVPBBCOT 188.

26. IVPBBCOT 191.

27. Carpenter, "Deuteronomy", págs. 486-487.

28. Carpenter, "Deuteronomy", pág. 490.

29. Carpenter, "Deuteronomy", pág. 490. Ver "The Gebel Barkal Stela of Thutmose III", trad. J. Hoffmeier (COS 2.2B:15); un ejemplo de muchas declaraciones similares en los anales de Shalmeneser III, "Annals: Calah Bulls", trad. K. L. Younger Jr. (COS 2.113C:267).

30. Carpenter, "Deuteronomy", pág. 492.

31. Jeffrey H. Tigay, Deuteronomy: The Traditional Hebrew Text with the New JPS Translations, JPSTC (Filadelfia: Jewish Publication Society, 1996), pág. 196.

32. IVPBBCOT 251.

33. Carpenter, "Deuteronomy", pág. 493.

34. "The Code of Hammurabi", trad. T. Meek (ANET 178); "The Middle Assyrian Laws (Tablet A)", trad. M. Roth (COS 2.132:354, 359), leyes 12, 55.

35. Carpenter, "Deuteronomy", págs. 495-496.

36. "Lipit-Ishtar Lawcode", trad. S. N. Kramer (ANET 160), ley 27; "The Code of Hammurabi", trad. T. Meek (ANET 170-171), ley 117; "The Middle Assyrian Laws", trad. T. Meek (ANET 183-185), layes 40, 49, 52.

37. Carpenter, "Deuteronomy", pág. 500.

Referencias de las páginas 192-202

38. "Hittite Laws", trad. H. A. Hoffner Jr. (COS 2.19:107), leyes 1-4.

39. "The Code of Hammurabi", trad. T. Meek (ANET 171), leyes 130-131.

40. Carpenter, "Deuteronomy", pág. 503.

41. Carpenter, "Deuteronomy", pág. 505.

42. IVPBBCOT 261.

43. K. A. Kitchen, On the Reliability of the Old Testament (Grand Rapids: Eerdmans, 2006), págs. 292-293; IVPBBCOT 263.

44. "The Aramaic Text in Demotic Script", trad. R. C. Steiner (COS 1.99:323); "The Vassal-Treaties of Esarhaddon", trad. D. Wiseman (ANET 539), §69.

45. "The Epic of Gilgamesh", trad. E. A. Speiser (ANET 91-92).

46. "The Poem of the Righteous Sufferer", trad. B. Foster (COS 1.153:488); "The Babylonian Theodicy", trad. B. Foster (COS 1.154:493).

47. Eugene H. Merrill, Deuteronomy, NAC (Nashville: Broadman & Holman, 1994), pág. 415.

48. Carl G. Rasmussen, Zondervan Atlas of the Bible, ed. rev. (Grand Rapids: Zondervan, 2010), pág. 273.

Josué

1. "The Code of Hammurabi", trad. T. Meek (ANET 170).

2. ARAB 2:195.

3. "Sinuhe", trad. M. Lichtheim (COS 1.38:79).

4. "The Laws of Hammurabi", trad. M. Roth (COS 2.131:345).

5. K. Lawson Younger Jr., Ancient Conquest Accounts: A Study in Ancient Near Eastern and Biblical History Writing, JSOTSup 98 (Sheffield: JSOT Press, 1990), págs. 202-203.

6. Dominique Charpin, "I Am the Sun of Babylon", en Experiencing Power, Generating Authority: Cosmos, Politics, and the Ideology of Kingship in Ancient Egypt and Mesopotamia, ed. Jane A. Hill, Philip Jones y Antonio J. Morales (Filadelfia: University of Pennsylvania Museum of Archaeology and Anthropology, 2013), pág. 79.

7. RS 20:33.
8. Younger, Ancient Conquest Accounts, pág. 210.
9. Younger, Ancient Conquest Accounts, pág. 213.
10. Younger, Ancient Conquest Accounts, pág. 215-216.
11. Younger, Ancient Conquest Accounts, pág. 215-216.
12. "The (Israel) Stela of Merneptah", trad. J. K. Hoffmeier (COS 2.6:41).
13. "The Inscription of King Mesha", trad. K. A. D. Smelik (COS 2.23:137).
14. James K. Hoffmeier, The Archaeology of the Bible (Oxford: Lion, 2008), pág. 48.

Jueces

1. "Cyrus Cylinder", trad. M. Cogan (COS 2.124:315).
2. "The Inscription of King Mesha", trad. K. A. D. Smelik (COS 2.23:138).
3. K. A. Kitchen, On the Reliability of the Old Testament (Grand Rapids: Eerdmans, 2006), pág. 217.
4. "The Inscription of King Mesha", trad. K. A. D. Smelik (COS 2.23:137).
5. Nahum M. Waldman, "The Imagery of Clothing, Covering, and Overpowering", JANES 19 (1989): pág. 165.
6. "The Panamuwa Inscription", trad. K. L. Younger Jr. (COS 2.37:158).

1-2 Samuel

1. Roland de Vaux, Ancient Israel, vol. 2 en 1 (Nueva York: McGraw-Hill, 1965), 1:25.
2. "Ugaritic Prayer for a City Under Siege", trad. D. Pardee (COS 1.88:284-85).
3. Ver Sal 22:25; 50:14; 56:12; 61:5, 8; 65:1; 66:13; 76:11; 116:14, 18; 132:2.
4. William F. Edgerton y John A. Wilson, Historical Records of Ramses III: The Texts in Medinet Habu (Chicago: University of Chicago Press, 1936), pág. 57.
5. G. R. Driver y John C. Miles, ed. y trad., The Babylonian Laws, vol. 2 (Oxford: Clarendon, 1955), 2:8-9.
6. "The Ba'lu Myth", trad. D. Pardee (COS 1.86:254-55).
7. "The Kirta Epic", trand. D. Pardee (COS 1.102:341).
8. David G. Firth, 1 & 2 Samuel, AOTC 8 (Downers Grove, Illinois: IVP Academic, 2009), pág. 68.
9. "Gilgamesh", trad. B. R. Foster (COS 1.132:459).
10. AEL 2:62-71.
11. John H. Walton, Ancient Near Eastern Thought and the Old Testament: Introducing the Conceptual World of the Hebrew Bible (Grand Rapids: Baker Academic, 2006), págs. 114-118.
12. Robert B. Chisholm Jr., 1 & 2 Samuel, TTCS (Grand Rapids: Baker Books, 2013), pág. 33.

13. "The Ba'lu Myth", trad. D. Pardee (COS 1.86:250).

14. Walton, Ancient Near Eastern Thought, pág. 240.

15. Walton, Ancient Near Eastern Thought, pág. 249.

16. Ver Walton, Ancient Near Eastern Thought, págs. 249-263, en el que se basa este resumen de la adivinación deductiva.

17. Walton, Ancient Near Eastern Thought, pág. 265.

18. Walton, Ancient Near Eastern Thought, pág. 259.

19. P. Kyle McCarter Jr., I Samuel: A New Translation with Introduction, Notes, and Commentary, AB 8 (Garden City, Nueva York: Doubleday, 1980), pág. 133.

20. John Day, Yahweh and the Gods and Goddesses of Canaan, JSOTSup 265 (Sheffield: Sheffield Academic Press, 2000), págs. 68-69, 131.

21. Day, Yahweh and the Gods and Goddesses of Canaan, pág. 128.

22. Robert B. Chisholm Jr., "Yahweh versus the Canaanite Gods: Polemic in Judges and 1 Samuel 1–7", BSac 164 (2007): pág. 180.

23. AEL 2:36.

24. Simon B. Parker, ed., Ugaritic Narrative Poetry, trad. Mark S. Smith, SBLWAW 9 (Atlanta: Society of Biblical Literature, 1997), pág. 137.

25. K. A. Kitchen, On the Reliability of the Old Testament (Grand Rapids: Eerdmans, 2006), págs. 95-96.

26. V. Philips Long, "1 Samuel", ZIBBCOT 2:311.

27. AEL 2:41.

28. AEL 2:41-42.

29. AEL 2:39.

30. Robert R. Wilson, Prophecy and Society in Ancient Israel (Filadelfia: Fortress, 1980), págs. 103-106.

31. "The Report of Wenamun", trad. M. Lichtheim (COS 1.41:90).

32. Chisholm, 1 & 2 Samuel, pág. 69.

33. Ver Long, "1 Samuel", págs. 322-323.

34. Ver Oded Borowski, Agriculture in Iron Age Israel (Winona Lake, Indiana: Eisenbrauns, 1987), págs. 31-38, 88; Philip J. King y Lawrence E. Stager, Life in Biblical Israel (Louisville: Westminster John Knox, 2001), pág. 86.

Referencias de las páginas 261-267

35. "The Annals of Thutmose II", trad. J. K. Hoffmeier (COS 2.2A:12); "Kurkh Monolith", trad. K. L. Younger Jr. (COS 2.113A:263).

36. McCarter, I Samuel, pág. 229.

37. Chisholm, 1 & 2 Samuel, pág. 83.

38. Long, "1 Samuel", pág. 329.

39. Consulte las útiles discusiones en Long, "1 Samuel", págs. 330-331; King y Stager, Life in Biblical Israel, págs. 167-169.

40. King y Stager, Life in Biblical Israel, pág. 197.

41. McCarter, I Samuel, pág. 250.

42. Chisholm, 1 & 2 Samuel, pág. 98.

43. "The Inscription of King Mesha", trad. K. A. D. Smelik (COS 2.23:137-38).

44. Chisholm, 1 & 2 Samuel, pág. 111.

45. Long, "1 Samuel", pág. 342.

46. Ver Othmar Keel, The Symbolism of the Biblical World (Winona Lake, Indiana: Eisenbrauns, 1997), pág. 59 (imágenes 60, 61), pág. 229 (imagen 313).

47. Para un estudio sobre la altura de Goliat, ver J. Daniel Hays, "Reconsidering the Height of Goliath", JETS 48 (2005): págs. 701-714; Clyde E. Billington, "Goliath and the Exodus Giants: How Tall Were They?", JETS 50 (2007): págs. 489-508; J. Daniel Hays, "The Height of Goliath: A Response to Clyde Billington", JETS 50 (2007): págs. 509-516.

48. Ver Yigael Yadin, The Art of Warfare in Biblical Lands in the Light of Archaeological Discovery, trad. M. Pearlman (Londres: Weidenfeld & Nicolson, 1963), pág. 265.

49. "Sinuhe", trad. M. Lichtheim (COS 1.38:79).

50. "Apology of Hattusili III", trad. T. P. J. van den Hout (COS 1.77:201). Ver Harry A. Hoffner, "A Hittite Analogue to the David and Goliath Contest of Champions?", CBQ 30 (1968): págs. 220-225.

51. King y Stager, Life in Biblical Israel, págs. 228-229.

52. McCarter, I Samuel, pág. 313.

53. Wilson, Prophecy and Society in Ancient Israel, pág. 103.

54. "Epic of Creation", trad. B. R. Foster (COS 1.111:398).

55. King y Stager, Life in Biblical Israel, pág. 54.

56. Ver Long, "1 Samuel", pág. 354; David Toshio Tsumura, The First Book of Samuel, NICOT (Grand Rapids: Eerdmans, 2007), pág. 486.

57. Chisholm, 1 & 2 Samuel, pág. 128.

58. Patrick D. Miller, The Religion of Ancient Israel (Louisville: Westminster John Knox, 2000), págs. 56.

59. Ver Moshe Greenberg, The Ḫab/piru (New Haven: American Oriental Society 1955), págs. 75-76. Para un análisis sociológico de estos grupos tal y como se representan en Jueces-Samuel, ver Gregory Mobley, The Empty Men: The Heroic Tradition of Ancient Israel, ABRL (Nueva York: Doubleday, 2005), págs. 36-38.

60. Ver "The Autobiography of Idrimi", trad. T. Longman III (COS 1.148:479); Long, "1 Samuel", págs. 357-358.

61. Ver Ada Taggar-Cohen, "Political Loyalty in the Biblical Account of 1 Samuel XX–XXII in the Light of Hittite Texts", VT 55 (2005): págs. 263-265.

62. Long, "1 Samuel", pág. 361.

63. McCarter, I Samuel, pág. 250.

64. "The Kulamuwa Inscription", trad. K. L. Younger Jr. (COS 2.30:148).

65. "The Azatiwada Inscription", trad. K. L. Younger Jr. (COS 2.31:149).

66. King y Stager, Life in Biblical Israel, págs. 118-119.

Referencias de las páginas 267-274

67. Ver McCarter, I Samuel, págs. 384-385; Tony W. Cartledge, 1 & 2 Samuel, SHBC (Macon, Georgia: Smyth & Helwys, 2001), pág. 483.

68. King y Stager, Life in Biblical Israel, págs. 113-114, 147-148.

69. Ver King y Stager, Life in Biblical Israel, pág. 104.

70. Tsumura, The First Book of Samuel, pág. 605.

71. Ver TDOT 1:130–34; Walton, Ancient Near Eastern Thought, pág. 325. Sin embargo, Ann Jeffers rechaza esta interpretación. Se conforma con decir que un ob simplemente "parece a veces una herramienta, un instrumento utilizado para ponerse en contacto con los espíritus de los muertos". Ver Jeffers, Magic and Divination in Ancient Palestine and Syria, SHCANE 8 (Leiden: Brill, 1996), pág. 171.

72. McCarter, I Samuel, pág. 250.

73. Para una traducción del texto, ver "A Psephomancy Ritual from Assur", trad. V. Hurowitz (COS 1.127:444). Para la bibliografía y el debate, ver Kenton L. Sparks, Ancient Texts for the Study of Scripture: A Guide to the Background Literature (Peabody, Massachusetts: Hendrickson, 2005), pág. 222.

74. "The Sarcophagus Inscription of Tabnit, King of Sidon", trad. P. K. McCarter (COS 2.56:181-82).

75. Ver King y Stager, Life in Biblical Israel, págs. 117-118; Long, "1 Samuel", págs. 385-386.

76. "The Ba'lu Myth", trad. D. Pardee (COS 1.86:250).

77. James B. Pritchard, ed., The Ancient Near East in Pictures, 2da ed. (Princeton: Princeton University Press, 1969), pág. 451.

78. Ronald F. Youngblood, "1, 2 Samuel", EBC 3:291.

79. Cartledge, 1 & 2 Samuel, pág. 343.

80. "The Aqhatu Legend", trad. D. Pardee (COS 1.103:351); ver también V. Philips Long, "2 Samuel", ZIBBCOT 2:417.

81. Ver King y Stager, Life in Biblical Israel, pág. 230; Long, "2 Samuel", pág. 417.

82. J. A. Thompson, "The Significance of the Verb Love in the David-Jonathan Narratives in 1 Samuel", VT 24 (1974): págs. 334-338.

83. Ver Robert B. Chisholm Jr., From Exegesis to Exposition: A Practical Guide to Using Biblical Hebrew (Grand Rapids: Baker, 1998), pág. 40; Long, "2 Samuel", págs. 417-418.

84. Ver de Vaux, Ancient Israel, 1:218; Long, "2 Samuel", págs. 422-423.

85. Ver de Vaux, Ancient Israel, 1:242; Long, "2 Samuel", pág. 423.

86. De Vaux, Ancient Israel, 1:115-16.

87. Long, "2 Samuel", pág. 425.

88. "The Laws of Eshnunna", trad. A. Goetze (ANET 162).

89. "The Code of Hammurabi", trad. T. Meek (ANET 171, párrafos 135-136).

90. Sobre el trasfondo jurídico de este pasaje, ver P. Kyle McCarter Jr., II Samuel: A New Translation with Introduction, Notes, and Commentary, AB 9 (Garden City, Nueva York: Doubleday, 1984), pág. 115; Cartledge, 1 & 2 Samuel, pág. 390.

91. HALOT 933.

92. Ver Long, "2 Samuel", pág. 426; Cartledge, 1 & 2 Samuel, pág. 394.

93. Long, "2 Samuel", pág. 426. Para el texto, ver "The First Soldiers' Oath", trad. B. J. Collins (COS 1.66:166).

94. Cartledge, 1 & 2 Samuel, pág. 405.

95. Para numerosos ejemplos de Egipto y Mesopotamia, ver Jeffrey J. Niehaus, Ancient Near Eastern Themes in Biblical Theology (Grand Rapids: Kregel, 2008), págs. 34-50.

96. "The Birth of Shulgi in the Temple of Nippur", trad. J. Klein (COS 1.172:553).

97. Niehaus, Ancient Near Eastern Themes, pág. 46.

98. "Akkadian Oracles and Prophecies", trad. R. D. Biggs (ANET 605).

Referencias de las páginas 274-280

99. "The Inscription of Zakkur, King of Hamath", trad. A. Millard (COS 2.35:155).

100. Edgerton y Wilson, Historical Records of Ramses III, pág. 45.

101. "The Tell Dan Stele", trad. A. Millard (COS 2.39:161). Para los homólogos asirios de este motivo, ver "The Tell Dan Stele", trad. A. Millard (COS 2.39:161), n5.

102. Para un análisis de estos ejemplos asirios, ver McCarter, II Samuel, págs. 180-181.

103. Sobre la cuestión de la relación entre las concesiones reales y los pactos del A. T., ver Moshe Weinfeld, "The Covenant of Grant in the Old Testament and in the Ancient Near East", JAOS 90 (1970): págs. 189-193.

104. Gary N. Knoppers, "Ancient Near Eastern Royal Grants and the Davidic Covenant: A Parallel?", JAOS 116 (1996): págs. 670-697.

105. Knoppers, "Ancient Near Eastern Royal Grants", págs. 682-683.

106. "The Treaty of Tudhaliya IV with Kurunta of Tarhuntassa of the Bronze Tablet Found in Hattusa", trad. H. A. Hoffner Jr. (COS 2.18:103-4).

107. "The Treaty of Tudhaliya IV with Kurunta of Tarhuntassa of the Bronze Tablet Found in Hattusa", trad. H. A. Hoffner Jr. (COS 2.18:105).

108. "The Azatiwada Inscription", trad. K. L. Younger (COS 2.31:149).

109. "The Ba'lu Myth", trad. D. Pardee (COS 1.86:246).

110. King y Stager, Life in Biblical Israel, pág. 35. McCarter (II Samuel, pág. 285) sugiere que la cama de David estaba en el techo.

111. King y Stager, Life in Biblical Israel, pág. 70.

112. McCarter, II Samuel, pág. 288.

113. Long, "2 Samuel", pág. 460.

114. Ver "The Descent of Ishtar to the Underworld", trad. S. Dalley (COS 1.108:381-84). Ver también Sal 9:13; 107:18; Jon 2:6.

115. Ver McCarter, II Samuel, pág. 312; de Vaux, Ancient Israel, 1:234-35.

116. McCarter, II Samuel, pág. 312.

117. "The Two Brothers", trad. M. Lichtheim (COS 1.85:87); ver McCarter, II Samuel, pág. 326.

118. "The Epic of Gilgamesh", trad. E. A. Speiser (ANET 75).

119. Long, "2 Samuel", pág. 464.

120. "The Kirta Epic", trad. D. Pardee (COS 1.102:342).

121. Ver de Vaux, Ancient Israel, 1:122-23; McCarter, 2 Samuel, pág. 372.

122. "Sennacherib's First Campaign: Against Merodach-Baladan", trad. M. Cogan (COS 2.119A:301); "Sennacherib's Siege of Jerusalem", trad. M. Cogan (COS 2.119B:303).

123. Long, "2 Samuel", pág. 467.

124. De Vaux, Ancient Israel, 1:255.

125. McCarter, II Samuel, pág. 406.

126. McCarter, II Samuel, pág. 407.

127. McCarter, II Samuel, pág. 409. Para el texto, ver "Letter of Abdi-Heba of Jerusalem", trad. W. Moran (COS 3.92:237) (EA 286).

128. De Vaux, Ancient Israel, 1:141-42; McCarter, II Samuel, pág. 434.

129. Ver, por ejemplo, "Treaty between Ashurnirari V of Assyria and Mati'ilu of Arpad", trad. E. Reiner (ANET 532-533), párrafo 4; "The Vassal-Treates of Esarhaddon", trad. E. Reiner (ANET 534–41), párrafo 56; "The Treaty between KTK and Arpad", trad. F. Rosenthal (ANET 659-661).

130. Para la discusión del paralelismo hitita, ver McCarter, II Samuel, pág. 444; ver también Cartledge, 1 & 2 Samuel, pág. 639.

131. Simeon Chavel, "Compositry and Creativity in 2 Samuel 21:1–4", JBL 122 (2003): pág. 41.

132. Jacob Milgrom, Leviticus: A Book of Ritual and Ethics, CC (Minneapolis: Fortress, 2004), págs. 52-53.

133. Milgrom, Leviticus, pág. 53.

134. Para un estudio detallado de los paralelismos del antiguo Cercano Oriente, especialmente del hitita, ver Jacob Milgrom, Cult and Conscience: The Asham and the Priestly Doctrine of Repentance, SJLA 18 (Leiden: Brill, 1976), págs. 16-35.

135. Para numerosos paralelismos, ver Robert Bruce Chisholm Jr., "An Exegetical and Theological Study of Psalm 18/2 Samuel 22" (Tesis doctoral en teología, Dallas Theological Seminary, 1983), págs. 160-162, 166-167, 170, 172-178, 181-183, 190-192, 196.

136. Ver "The Ba'lu Myth", trad. D. Pardee (COS 1.86:262-63); Parker, Ugaritic Narrative Poetry, págs. 111-112, 129, 136-137.

137. "Ishkur and the Destruction of the Rebellious Land", trad. S. N.

Kramer (ANET 578).

138. W. G. Lambert y A. R. Millard, Atra-Ḫasīs: The Babylonian Story of the Flood (Oxford: Clarendon, 1969), págs. 121-122.

139. Chisholm, "Psalm 18/2 Samuel 22", págs. 211-212.

140. Chisholm, "Psalm 18/2 Samuel 22", págs. 41-44.

141. Ver Chisholm, "Psalm 18/2 Samuel 22", págs. 229-230.

142. Keel, The Symbolism of the Biblical World, pág. 265.

143. Chisholm, "Psalm 18/2 Samuel 22", págs. 260-261.

144. Edgerton y Wilson, Historical Records of Ramses III, pág. 4.

145. Edgerton y Wilson, Historical Records of Ramses III, pág. 207.

146. Chisholm, "Psalm 18/2 Samuel 22", págs. 260-261.

147. Chisholm, "Psalm 18/2 Samuel 22", pág. 268.

148. Chisholm, "Psalm 18/2 Samuel 22", págs. 280-281.

149. Para numerosos ejemplos, ver Chisholm, "Psalm 18/2 Samuel 22", 131n2. Ver también McCarter, II Samuel, pág. 484.

150. Ver de Vaux, Ancient Israel, 1:119-20; McCarter, II Samuel, pág. 256.

151. Ver Long, "2 Samuel", págs. 479-480.

152. Ver Long, "2 Samuel", pág. 480; King y Stager, Life in Biblical Israel, pág. 240.

153. Ver McCarter, II Samuel, págs. 513-514.

1-2 Reyes

1. ARM 6.76:20-25.

2. William L. Moran, ed. y trad., Les Lettres d'El-Amarna: Correspondance diplomatique du pharaon, LAPO 13 (Paris: Cerf, 1987), pág. 221; ET en William L. Moran, ed. y trad., The Amarna Letters (Baltimore: Johns Hopkins University Press, 1992), pág. 122.

3. Nahman Avigad, "The Chief of the Corvée", IEJ 30 (1980): págs. 170-173.

4. Kenneth A. Kitchen, "Shishak's Military Campaign in Israel Confirmed", BAR 15 (1989): págs. 32-33.

5. Othmar Keil y Christoph Uehlinger, Gods, Goddesses, and Images of God in Ancient Israel, trad. Thomas H. Trapp (Minneapolis: Fortress, 1998), págs. 225-227.

6. "The Tale of Aqhat", trad. H. L. Ginsberg (ANET 153).

7. RS 25.460, línea 11.

8. "A Hymn to Baal Enthroned" (KTU 1.101).

9. "Texts from Hammurabi to the Downfall of the Assyrian Empire", trad. A. L. Oppenheim (ANET 280).

Referencias de las páginas 287-305

10. "Texts from Hammurabi to the Downfall of the Assyrian Empire", trad. A. L. Oppenheim (ANET 297).

11. Daniel David Luckenbill, The Annals of Sennacherib (Chicago: University of Chicago Press, 1924), pág. 111.

12. ARAB 2:795, pág. 304.

13. Carta 26 385 en Wolfgang Heimpel, Letters to the King of Mari: A New Translation with Historical Introduction, Notes, and Commentary, MC 12 (Winona Lake, Indiana: Eisenbrauns, 2003), pág. 333.

14. "The Moabite Stone", trad. W. F. Albright (ANET 320).

15. Georges Boyer, Archives royales de Mari VIII: Textes juridiques et administratifs (Paris: P. Geuthner, 1957), N° 1, líneas 19-26.

16. Avraham Biran y Joseph Naveh, "The Tel Dan Inscription: A New Fragment", IEJ 45 (1995): pág. 13.

17. "The Moabite Stone", trad. W. F. Albright (ANET 320).

18. "The Inscription of Zakkur, King of Hamath", trad. A. Millard (COS 2.35:155).

19. KBo 1.14 (CTH 173), rev. 4-10 9.

20. Pamela Gerardi, "The Arab Campaigns of Assurbanipal: Scribal Reconstruction of the Past", SAAB 6, N° 2 (1992): pág. 73.

21. "The Code of Hammurabi", trad. T. Meek (ANET 164).

22. "Black Obelisk", trad. K. L. Younger Jr. (COS 2.133F:270).

23. Janice Kamrin, The Cosmos of Khnumhotep II at Beni Hasan (Nuueva York: Routledge, 2011), pág. 93.

24. Ivan T. Kaufman, "Samaria Ostraca", ABD 5:921.

25. "Texts from Hammurabi to the Downfall of the Assyrian Empire", trad. A. L. Oppenheim (ANET 283).

26. "Texts from Hammurabi to the Downfall of the Assyrian Empire", trad. A. L. Oppenheim (ANET 283-284).

27. "Texts from Hammurabi to the Downfall of the Assyrian Empire", trad. A. L. Oppenheim (ANET 283).

28. Robert Deutsch, "First Impression: What We Learn from King Ahaz's Seal", BAR 24 (1998): pág. 55.

29. "Mesopotamian Omens", trad. A. Guinan (COS 1.120:423).

30. André Lemaire, "Royal Signature: Name of Israel's Last King Surfaces in a Private Collection", BAR 2 (1995): pág. 49.

31. "Nimrud Prisms D & E", trad. K. L. Younger Jr. (COS 2.118D:295-96).

32. Frank Moore Cross, "King Hezekiah's Seal Bears Phoenician Imagery", BAR 25 (1999): pág. 42.

33. "Sennacherib's Seige of Jerusalem", trad. M. Cogan (COS 2.119B:303).

34. Nahman Avigad, "The Epitaph of a Royal Steward from Siloam Village", IEJ 3 (1953): pág. 143.

35. "Seal and Seal Impressions: Hebrew", trad. J. H. Tigay y A. R. Millard (COS 2.70D:198).

36. "The Siloam Tunnel Inscription", trad. K. L. Younger Jr. (COS 2.28:145-46).

37. BM 36703 y K 2779 en Irving L. Finkel, "Necromancy in Ancient Mesopotamia", AfO 29/30 (1983): pág. 10.

38. Jean-Jacques Glassner, Mesopotamian Chronicles, ed. Benjamin R. Foster, SBLWAW 19 (Atlanta: Society of Biblical Literature, 2004), págs. 223-234.

39. D. J. Wiseman, Chronicles of Chaldaean Kings (626–556 B.C.) in the British Museum (Londres: Trustees of the British Musuem, 1956), pág. 33.

40. "Lachish Ostraca", trad. D. Pardee (COS 3.42B:79).

41. "Lachish Ostraca", trad. D. Pardee (COS 3.42C:80).

42. "The Neo-Babylonian Empire and Its Successors", trad. A. L. Oppenheim (ANET 308).

1-2 Crónicas

1. "Tombstone Inscription", trad. B. Porten (COS 2.66:190-91).

2. "The Inscription of King Mesha", trad. K. A. D. Smelik (COS 2.23:137).

3. "Sennacherib's Siege of Jerusalem", trad. M. Cogan (COS 2.119B:303).

4. EA 16.33.

5. "Two Hymns to the Sun God", trad. M. Lichtheim (COS 1.27:43).

6. "The Great Hymn to the Aten", trad. M. Lichtheim (COS 1.28:46).

7. "The Great Hymn to Osiris", trad. M. Lichtheim (COS 1.26:42).

8. "The Shamash Hymn", trad. B. R. Foster (COS 1.117:418-19).

9. "The Calah Annals", trad. K. L. Younger Jr. (COS 2.117A:284-86); "Summary Inscription 4", trad. K. L. Younger Jr. (COS 2.117C:287-88).

10. "Black Obelisk", trad. K. L. Younger Jr. (COS 2.113F:269-70).

11. "The Hadad Inscription", trad. K. L. Younger Jr. (COS 2.36:158).

12. "Calah Orthostat Slab", trad. K. L. Younger Jr. (COS 2.114G:276).

13. "The Curse of Agade", 1.162-63.

14. EA 19.

15. "Seal and Seal Impressions: Hebrew", trad. J. H. Tigay y A. R. Millard (COS 2.70U:201).

16. "Treaty between Mursili and Duppi-Tesub", trad. I. Singer (COS 2.17B:97).

17. EA 7.14-16.

18. "Seal and Seal Impressions: Hebrew", trad. J. H. Tigay y A. R. Millard (COS 2.70T:200).

19. "Sennacherib's Siege of Jerusalem", trad. M. Cogan (COS 2.119B:303).

20. "Sennacherib's Siege of Jerusalem", trad. M. Cogan (COS 2.119B:303).

21. "Sennacherib's Siege of Jerusalem", trad. M. Cogan (COS 2.119B:303).

22. "The Siloam Tunnel Inscription", trad. K. L. Younger Jr. (COS 2.28:145).

23. "Seal and Seal Impressions: Hebrew", trad. J. H. Tigay y A. R. Millard

(COS 2.70D:198).

24. D. J. Wiseman, Chronicles of Chaldaean Kings (626–556 B.C.) in the British Museum (Londres: Trustees of the British Musuem, 1956), pág. 33.

25. "Treaty between Mursili and Duppi-Tesub", trad. I. Singer (COS 2.17B:96).

26. "Cyrus Cylinder", trad. M. Cogan (COS 2.124:315-16).

Esdrás - Nehemías

1. "Request for Letter of Recommendation (First Draft)", trad. B. Porten (COS 3.51:128).

Ester

1. Esta expresión introductoria aparece en otros libros históricos como Josué, Jueces, Rut y Samuel. El autor ofrece descripciones precisas de la sociedad y la corte persas, revelando un conocimiento íntimo y amplio de la época y el entorno.

2. Un Xerxes II posterior gobernó durante un período muy corto de tiempo (cuarenta y cinco días en 424 a. C.). Ver Pierre Briant, From Cyrus to Alexander: A History of the Persian Empire, trad. Peter T. Daniels (Winona Lake, Indiana: Eisenbrauns, 2002), pág. 772; Edwin M. Yamauchi, Persia and the Bible (Grand Rapids: Baker, 1997), 392n98.

Referencias de las páginas 327-391

3. Yamauchi, Persia and the Bible, págs. 178-179.

4. Briant, From Cyrus to Alexander, pág. 173.

5. Entre ellos se encontraban los príncipes, los nobles y los eunucos, los consejeros, el copero, los médicos de la corte, las doncellas y los sirvientes.

6. Sobre la declaración política de los jardines, ver David Stronach, "The Royal Garden at Pasargadae: Evolution and Legacy", AIO 1 (1989): págs. 475-502; David Stronach, "The Garden as a Political Statement: Case Studies from the Near East in the First Millennium BC", BAI 4 (1991): págs. 171-180.

7. John Curtis y Nigel Tallis, eds., Forgotten Empire: The World of Ancient Persia (Berkeley: University of California Press, 2005), págs. 121-122, ilustraciones 118-121.

8. Heródoto, Histories 7.61. Aunque se sabe que el rey tuvo otras esposas, Heródoto solo menciona a las reinas madre.

9. William H. Shea, "Esther and History", AUSS 14 (1976): págs. 235, 240. Amestris reaparece en Histories de Heródoto en su vejez. Siguiendo una práctica conocida en Persia, Amestris enterró vivos a siete pares de jóvenes como ofrenda de agradecimiento al dios del inframundo (Heródoto, Histories 7.114).

10. Maria Brosius, Women in Ancient Persia, 559–331 BC, OCM (Oxford: Oxford University Press, 1996), págs. 94-97.

11. Las mujeres asistían a muchas fiestas diferentes, como las de Año Nuevo, el cumpleaños del rey, las religiosas, las bodas, los banquetes funerarios y las fiestas celebradas para el ejército.

12. Heródoto, Histories 7.187.

13. Heródoto, Histories 7.34-35. En el relato más impactante sobre el temperamento de Jerjes, el rey ordenó la decapitación de sus ingenieros después de que el nuevo puente que construyeron en el Helesponto fuera destruido por una violenta tormenta.

14. Michael V. Fox, Character and Ideology in the Book of Esther (Grand Rapids: Eerdmans, 2001), pág. 20.

15. Heródoto, Histories 1.99.

16. Heródoto, Histories 3.77. Debido a su acceso ilimitado al rey, también eran potencialmente sus enemigos más peligrosos.

17. Ver Plutarco, Artaxerxes. Allí Plutarco habla de la realeza persa que fue en contra de la ley en su selección de esposas: Artexerxes II tomó como esposa a Atossa, su propia hija (23.3), y Darío, hijo de Artexerxes II, pidió a Aspasia, una mujer libre jonia, concubina de Ciro el Joven (27.2). En el texto bíblico se mencionan leyes irrevocables en Ester 1:19; 8:8; Dn 6:8, 12, 15.

18. La mayoría de las inscripciones reales de este periodo estaban escritas en persa antiguo, elamita y babilonio o arameo. El texto hebreo dice "y habla según la lengua de su pueblo", lo que implica que había matrimonios mixtos entre los diversos grupos de personas con padres que hablaban lenguas diferentes. Este es un dilema social del que se hace eco la dinámica familiar de los exiliados que regresaron (Neh 13:23-24). Para una mayor discusión sobre la influencia matrimonial a través del idioma, ver Karen Jobes, Esther, NIVAC (Grand Rapids: Zondervan, 1999), pág. 82.

19. Heródoto, Histories 3.84.

20. Plutarco, Artaxerxes 23.3.

21. Heródoto, Histories 6.32.

22. Una hermosa gema de calcedonia azul descubierta en Eretria (Grecia) representa a una mujer persa vestida con una túnica fluida y sosteniendo flores. Data de alrededor del año 400 a. C. y se encuentra en el Museo Británico (BM 1895.0511.7). Ver John L. Papanek, ed., Persians: Masters of Empire (Alexandria, Virginia: Time-Life Books, 1995), pág. 106.

23. HALOT 632.

24. El árbol o rama de mirto también se menciona en Neh 8:15; Is 41:19; 55:13; Zac 1:8, 10.

25. CAD 6:22.

26. HALOT 76.

27. Lloyd Llewellyn-Jones, King and Court in Ancient Persia 559 to 331 BCE, DDAH (Edimburgo: Edinburgh University Press, 2013), pág. 57.

28. "Concubine", en Kohlenberger/Mounce Concise Hebrew-Aramaic Dictionary of the Old Testament, ed. John R. Kohlenberger III y William D.

Mounce, ed. digital (2012), H7109.

29. Anthony Tomasino, "Esther", ZIBBCOT 3:485.

30. Heródoto, Histories 7.33.

31. Heródoto (Histories 8.85) se refiere a la lista de "benefactores" que recibieron grandes recompensas por sus actos.

32. Chaim Miller, ed., The Gutnick Edition Chumash: The Book of Deuteronomy; With Rashi's Commentary, Targum Onkelos, Haftoras and Commentary Anthologized from Classic Rabbinic Texts and the Works of the Lubavitcher Rebbe (Brooklyn: Kol Menachem, 2005), pág. 185.

33. Los reyes de las naciones se inclinaron ante Salomón (Sal 72:9); Jacob y su familia se inclinaron ante Esaú (Gn 33:7).

34. Heródoto, Histories 1.134.

35. CAD 12:528-29.

36. "Simmurum—Iddi(n)-Sin", trad. D. Frayne (COS 2.106:225).

37. Shmuel Ahituv, Echoes from the Past: Hebrew and Cognate Inscriptions from the Biblical Period (Jerusalén: Carta, 2008), págs. 394-395.

38. Según Heródoto, "si no hubiera intervenido la noche, no habrían dejado a nadie con vida" (Histories 3.79).

39. Heródoto, Histories 3.95.

40. Xenophon, Cyropaedia 8.8.13.

41. Por ejemplo, ver Curtis y Tallis, Forgotten Empire, pág. 146, ilustraciones 180-182.

42. Los tres tipos de sellos se han encontrado en Persépolis. Ver Erich F. Schmidt, Persepolis, vol. 2, Contents of the Treasury and Other Discoveries, OIP 69 (Chicago: Oriental Institute, 2010), placa 2, PT4 619. Ver también Nils C. Ritter, "On the Development of Sasanian Seals and Sealing Practice: A Mesopotamian Approach", en Seals and Sealing Practices in the Near East: Developments in Administration and Magic from Prehistory to the Islamic Period; Proceedings of an International Workshop at the Netherlands-Flemish Institute in Cairo on December 2–3, 2009, ed. Ilona Regulski, Kim Duistermaat y Peter Verkinderen, OLA 219 (Leuven: Peeters, 2012), pág. 108. Un sello cilíndrico real perteneciente al padre de Jerjes, Darío I, representa al rey en su carro real tirado por el caballo real. Ver Curtis y Tallis, Forgotten Empire, pág. 221, ilustración 398 (Museo británico 89132).

43. Dominique Collon, First Impressions: Cylinder Seals in the Ancient Near East (Londres: British Museum Publications, 2005), pág. 113.

44. Heródoto, Histories 8.99. Para un ejemplo babilónico de autoafirmación ante los dioses, ver "The Adad-Guppi Autobiography", trad. T. Longman III (COS 1.147:477-78).

45. John Boardman, Persia and the West: An Archaeological Investigation of the Genesis of Achaemenid Art (Londres: Thames & Hudson, 2000), pág. 142, imagen 4.13. Este relieve se encuentra ahora en el Museo Arqueológico Nacional de Teherán. Josefo describe el escenario: "Los hombres, con hachas

en las manos, estaban alrededor de su trono, para castigar a los que se acercaban a él sin ser llamados" (Jewish Antiquities 11.205).

46. Heródoto, Histories 8.85; 9.107.

47. Para una discusión detallada, ver Llewellyn-Jones, King and Court in Ancient Persia, pág. 66.

48. Amélie Kuhrt, The Persian Empire: A Corpus of Sources from the Achaemenid Period (Londres: Routledge, 2010), pág. 473. Ver también la discusión de David Stronach sobre el manto real persa en David Stronach and Hilary Gopnik, "Pasargadae", en Encyclopaedia Iranica, http://www.iranicaonline.org/articles/Pasargadae.

49. En un caso opuesto, Plutarco describe a Artajerjes II dándole a Tiribacio su túnica rota, pero no permitiéndole usarla (Artaxerxes 5.2).

50. Xenophon, Cyropaedia 8.3.23.

51. Los caballos reales con crines se pueden ver en los relieves de la escalera oriental de la Apadana en Persépolis. Ver "The Apadana", The Oriental Institute of the University of Chicago, https://at Persepolis. See "The Apadana," The Oriental Institute of the University of Chicago, https://oi.uchicago.edu/gallery/apadana#1F10_72dpi.png. Un sello cilíndrico real perteneciente al padre de Jerjes, Darío I, representa al rey en su carro real tirado por el caballo real. Ver Curtis y Tallis, Forgotten Empire, pág. 221, ilustración 398 (British Museum ANE 89132).

52. Yamauchi, Persia and the Bible, pág. 262.

53. Heródoto, Histories 3.127-29.

54. Yamauchi, Persia and the Bible, pág. 238.

55. Llewellyn-Jones, King and Court in Ancient Persia, págs. 63-66; Xenophon, Cyropaedia 8.3.13.

56. Por desgracia, a petición de Jerjes, muchos de los que estaban a bordo del barco saltaron por la borda para aligerar la carga. (Heródoto, Histories 8.118).

57. Yamauchi, Persia and the Bible, pág. 235.

58. Chone Shmeruk, "Purim", EncJud 13:1390-403. Según la Megillah [Meguilá] 1:1 de la Mishná, "el rollo [de Ester] se lee el once, el doce, el trece, el catorce o el quince [de Adar], ni antes ni después. Las ciudades rodeadas por una muralla desde la época de Josué bin Nun leen [el Rollo de Ester] el día quince. Los pueblos y las grandes ciudades lo leen el día catorce. Pero los pueblos lo adelantan [un día antes] a un día de asamblea [un lunes o un jueves]". Jacob Neusner, trad., The Mishnah: A New Translation (New Haven: Yale University Press, 1988).

59. Jobes, Esther, pág. 224.

Job

1. "The Protests of the Eloquent Peasant", trad. John A. Wilson (ANET 407-410).

2. "A Dispute over Suicide", trad. John A. Wilson (ANET 405-407).

3. "The Poem of the Righteous Sufferer", trad. B. R. Foster (COS 1.153:486-92).

4. "A Dialogue about Human Misery", trad. R. H. Pfeiffer (ANET 438-440).

5. John A. Beck, The Baker Illustrated Guide to Everyday Life in Bible Times (Grand Rapids: Baker Books, 2013), págs. 195-197.

6. Philip J. King y Lawrence E. Stager, Life in Biblical Israel (Louisville: Westminster John Knox, 2001), pág. 195.

7. King y Stager, Life in Biblical Israel, pág. 269.

8. C. L. Seow sitúa a los sabeos en las cercanías de Tema y no en Saba, dado que esa ubicación está demasiado al sur. Job 1–21: Illumination and Commentary, Illuminations (Grand Rapids: Eerdmans, 2013), págs. 277-278.

9. Seow, Job 1–21, pág. 558.

10. Una solución alcalina. Ver David J. A. Clines, Job 1–20, WBC 17 (Dallas: Word, 1989), 220n30.c.

11. Seow, Job 1–21, pág. 678.

Referencias a las páginas 398-410

12. Seow, Job 1–21, pág. 786.

13. David J. A. Clines, Job 21–37, WBC 18A (Nashville: Thomas Nelson, 2006), pág. 524.

14. Othmar Keel, Jahwes Entgegnung an Ijob: Eine Deutung von Ijob 38–41 vor dem Hintergrund der zeitgenössischen Bildkunst, FRLANT 121 (Göttingen: Vandenhoeck & Ruprecht, 1978), pág. 72.

15. O puede haber sido en la colocación de la piedra angular. Ver David J. A. Clines, Job 38–42, WBC 18B (Nashville: Thomas Nelson, 2011), pág. 1160.

16. Clines, Job 38–42, pág. 1110.

17. Clines, Job 38–42, pág. 1119.

18. Clines, Job 38–42, pág. 1120.

19. Clines, Job 38–42, pág. 1123.

20. Clines, Job 38–42, págs. 1125-1126.

21. Clines, Job 38–42, pág. 1126.

22. Keel, Jahwes Entgegnung an Ijob, 69n234.

23. Clines, Job 38–42, pág. 1189.

24. Keel, Jahwes Entgegnung an Ijob, págs. 132-139.

25. Clines, Job 38–42, pág. 1189.

26. Simon Davis, "The Large Mammal Bones", en Excavations at Tell Qasile, vol. 2, The Philistine Sanctuary: Various Finds, the Pottery, the Conclusions, ed. Amihai Mazar, Qedem 20 (Jerusalén: Instituto de Arqueología, Hebrew University, 1985), págs. 148-150.

27. King y Stager, Life in Biblical Israel, pág. 89; Clines, Job 38–42, pág.

1199.

28. Clines, Job 38–42, pág. 1238.

Salmos

1. Jerome F. D. Creach, The Destiny of the Righteous in the Psalms (St. Louis: Chalice, 2008), pág. 3.

2. Creach, The Destiny of the Righteous in the Psalms, pág. 136.

3. Gerald Wilson, Psalms, vol. 1, Psalms 1–72, NIVAC (Grand Rapids: Zondervan, 2002), pág. 569.

4. Frank-Lothar Hossfeld y Erich Zenger, Psalms 2: A Commentary on Psalms 51–100, ed. Klaus Baltzer, trad. Linda M. Maloney, Hermeneia (Minneapolis: Fortress, 2005), pág. 256.

5. Hossfeld y Zenger, Psalms 2, pág. 387.

6. Hossfeld y Zenger, Psalms 2, pág. 383.

Proverbios

1. Kenneth A. Kitchen cuenta con cuarenta obras de "sabiduría" instructiva. On the Reliability of the Old Testament (Grand Rapids: Eerdmans, 2006), pág. 135.

2. "The Instruction of Amenemope", trad. W. K. Simpson (LAE 224).

3. "The Ba'alu Myth", trad. D. Pardee (COS 1.86:264-66).

4. "Instruction of Any", trad. M. Lichtheim (COS 1.46:111).

5. "The Maxims of Ptahhotep", trad. V. A. Tobin (LAE 138).

6. "Azatiwada Inscription", trad. K. L. Younger Jr. (COS 2.31:150).

7. "The Great Cairo Hymn of Praise to Amun-Re", trad. R. K. Ritner (COS 1.25:38).

8. "The Dispute between a Man and His Ba", trad. N. Shupak (COS 3.146:323).

9. "A Pessimistic Dialogue between Master and Servant", trad. R. H. Pfeiffer (ANET 438). Sin embargo, hay que tener en cuenta que las quejas de este texto quizá sean intencionadas y humorísticamente contrarias.

10. "A Debt Note", trad. K. L. Younger Jr. (COS 3.116:263).

11. "Shuruppak", trad. B. Alster (COS 1.176:569).

12. "Instruction of Any", trad. M. Lichtheim (COS 1.46:112).

13. Esta traducción de las líneas 94b-95, que implica cierta reconstrucción textual, es citada por Michael V. Fox, Proverbs 1–9: A New Translation with Introduction and Commentary, AB 18A (Nueva York: Doubleday, 2000), pág. 332.

14. "The Instruction of 'Onchsheshonqy", trad. R. K. Ritner (LAE 497-529).

15. "Counsels of Wisdom", trad. R. H. Pfeiffer (ANET 427).

16. "Counsels of Wisdom", trad. R. H. Pfeiffer (ANET 427).

17. "The Instruction of Amenemope", trad. W. K. Simpson (LAE 237).

18. "The Instruction of Amenemope", trad. W. K. Simpson (LAE 232).

19. De "Ahiqar," como se cita en Michael V. Fox, Proverbs 10–31, AYB 18B (New Haven: Yale University Press, 2009), pág. 734.

20. Benjamin R. Foster, Before the Muses: An Anthology of Akkadian Literature, 3ra ed. (Bethesda, Maryland: CDL Press, 2005), pág. 413.

21. "The Divine Attributes of Pharaoh", trad. J. A. Wilson (ANET 431).

22. Por ejemplo ver, "The Instruction of Amenemope", trad. W. K. Simpson (LAE 227).

23. "Instruction of Any", trad. M. Lichtheim (COS 1.46:112-13).

24. "The Maxims of Ptahhotep", trad. V. A. Tobin (LAE 139).

25. Philip J. King y Lawrence E. Stager, Life in Biblical Israel (Louisville: Westminster John Knox, 2001), págs. 101-102.

26. "Instruction of Any", trad. M. Lichtheim (COS 1.46:111).

27. Fox, Proverbs 10–31, pág. 676.

28. King y Stager, Life in Biblical Israel, pág. 106.

29. Fox, Proverbs 10–31, pág. 786.

30. Citado en Fox, Proverbs 10–31, pág. 787.

31. Fox, Proverbs 10–31, pág. 800.

Eclesiastés

1. "The Epic of Gilgamesh", trad. E. A. Speiser (ANET 79).

2. "The Complaints of Khakneperre-sonb", trad. N. Shupak (COS 1.44:105).

3. "The Song of the Harper", trad. V. A. Tobin (LAE 332).

4. "The Complaints of Khakneperre-sonb", trad. N. Shupak (COS 1.44:104).

5. "The Epic of Gilgamesh", trad. E. A. Speiser (ANET 73).

6. "The Azatiwada Inscription", trad. K. L. Younger Jr. (COS 2.31:149).

7. Benjamin R. Foster, Before the Muses: An Anthology of Akkadian Literature, 3ra ed. (Bethesda, Maryland: CDL Press, 2005), pág. 925.

8. "The Dispute between a Man and His Ba", trad. N. Shupak (COS 3.146:323).

9. "The Eloquent Peasant", trad. N. Shupak (COS 1.43:101).

10. "The Babylonian Theodicy", trad. B. R. Foster (COS 1.154:494).

11. "The Prophecies of Neferti", trad. N. Shupak (COS 1.45:109).

12. "The Maxims of Ptahhotep", trad. V. A. Tobin (LAE 134-135).

13. "The Teaching for King Merikare", trad. V. A. Tobin (LAE 156).

14. Josephus, The Life 69; pág. 296.

15. Foster, Before the Muses, pág. 924.

16. "Ahiqar", trad. J. M. Lindenberger, en The Old Testament Pseudepigrapha, ed. James H. Charlesworth, vol. 2 (Peabody, Massachusetts: Hendrickson, 1983), 2:500.

17. "The Tomb Inscription of Si'gabbar, Priest of Sahar", trad. P. K. McCarter (COS 2.59:185).

18. "The Song of the Harper", trad. V. A. Tobin (LAE 333).

19. "The Epic of Gilgamesh", trad. E. A. Speiser (ANET 90).

20. "The Prophecies of Neferti", trad. V. A. Tobin (LAE 219).

21. "The Instructions of 'Onchsheshonqy", trad. R. K. Ritner (LAE 519).

22. "The Maxims of Ptahhotep", trad. V. A. Tobin (LAE 139).

23. "The Song of the Harper", trad. V. A. Tobin (LAE 332-233).

24. "The Maxims of Ptahhotep", trad. V. A. Tobin (LAE 130).

25. "The Complaints of Khakneperre-sonb", trad. N. Shupak (COS 1.44:104).

Cantar de los cantares

1. Michael V. Fox, The Song of Songs and the Ancient Egyptian Love Songs (Madison: University of Wisconsin Press, 1985), págs. 33-34.

2. W. G. Lambert, "Three Literary Prayers of the Babylonians", AfO 19 (1959-1960): pág. 59, líneas 163-164 [47-66]. La traducción anterior es la siguiente Kyle Greenwood, "A Shuilla: Anu 1", en Reading Akkadian Prayers and Hymns: An Introduction, ed. Alan Lenzi (Atlanta: Society of Biblical Literature, 2011), pág. 225, líneas 13-14 [217-226].

3. VAB 4 258 ii 13-14.

4. Kenneth A. Kitchen, Ramesside Inscriptions: Translated & Annotated, Translations, Volume II (Oxford: Blackwell, 1996), 2:499.

Isaías

1. Para el enfoque crítico, ver John L. McKenzie, Second Isaiah: Introduction, Translation, and Notes, AB 20 (Garden City, Nueva York: Doubleday, 1968), xv-xxx. Para el enfoque tradicional, ver John N. Oswalt, Isaiah 1–39, NICOT (Grand Rapids: Eerdmans, 1986), págs. 17-28; Gary V. Smith, Isaiah 40–66, NAC (Nashville: B&H, 2009), págs. 26-48.

2. David W. Baker, "Isaiah", ZIBBCOT 4:61-62.

3. Baker, "Isaiah", pág. 63.

4. "Cyrus Cylinder", trad. M. Cogan (COS 2.124:315-16).

5. "Texts from Hammurabi to the Downfall of the Assyrian Empire", trad. A. L. Oppenheim (ANET 286).

6. "Texts from Hammurabi", pág. 288.

7. "Texts from Hammurabi", págs. 287-288.

8. "Texts from Hammurabi", págs. 288-289.

9. "Temple Program for the New Year's Festivals at Babylon", trad. A. Sachs (ANET 331).

10. Baker, "Isaiah", pág. 139.

11. "Cyrus Cylinder", trad. M. Cogan (COS 2.124:315-16).

12. Baker, "Isaiah", pág. 155.

13. IVPBBCOT 632.

14. "Merikare", trad. M. Lichtheim (COS 1.35:62).

15. Baker, "Isaiah", pág. 168.

16. IVPBBCOT 634.

17. "Epic of Creation", trad. B. R. Foster (COS 1.111:394, 397).

Jeremías

1. Ver Philip J. King, Jeremiah: An Archaeological Companion (Louisville: Westminster John Knox, 1993), págs. 154-157.

2. Sobre los ritos de fertilidad, ver Richard S. Hess, Israelite Religions: An Archaeological and Biblical Survey (Grand Rapids: Baker Academic; Nottingham: Apollos, 2007), págs. 258-260.

3. Aaron Chalmers, Interpreting the Prophets: Reading, Understanding and Preaching from the Worlds of the Prophets (Downers Grove, Illinois: IVP Academic, 2015), págs. 19-20.

4. Para más información sobre este proceso, ver King, Jeremiah, págs. 179-184.

5. King, Jeremiah, págs. 102-107.

6. King, Jeremiah, págs. 136-139.

7. Ver Steven Voth, "Jeremiah", ZIBBCOT 4:257-58, 271-72.

8. Para más información sobre estas prácticas, ver Michael B. Dick, ed., Born in Heaven, Made on Earth: The Making of the Cult Image in the Ancient Near East (Winona Lake, Indiana: Eisenbrauns, 1999).

9. Sobre el oficio de alfarero y Jeremías, ver King, Jeremiah, págs. 164-174.

10. Voth, "Jeremiah", pág. 280.

11. Voth, "Jeremiah", pág. 284.

12. Voth, "Jeremiah", pág. 290.

13. King, Jeremiah, págs. 159-162.

14. Ver Peter Van Der Veen, "Sixth-Century Issues: The Fall of Jerusalem, the Exile, and the Return", en Ancient Israel's History: An Introduction to Issues and Sources, ed. Bill T. Arnold y Richard S. Hess (Grand Rapids: Baker Academic, 2014), págs. 401-402.

15. Laurie E. Pearce y Cornelia Wunsch, Documents of Judean Exiles and West Semites in Babylonia in the Collection of David Sofer, CUSAS 28 (Bethesda, Maryland: CDL Press, 2014).

16. King, Jeremiah, págs. 7-8.

17. Voth, "Jeremiah", pág. 308.

18. Para ver las traducciones de estas cartas, ver "The Lachish Ostraca", trad. W. F. Albright (ANET 321-322); "Lachish Ostraca", trad. D. Pardee (COS 3:42:78-81).

19. Chalmers, Interpreting the Prophets, págs. 23-26.

20. Voth, "Jeremiah", pág. 317.

21. Voth, "Jeremiah", pág. 324.

22. Voth, "Jeremiah", pág. 331.

23. Voth, "Jeremiah", pág. 330.

24. Voth, "Jeremiah", pág. 340.

25. Ver Van Der Veen, "Sixth-Century Issues", págs. 396-398.

26. Ver también Daniel I. Block, Obadiah: The Kingship Belongs to YHWH, HMSCS (Grand Rapids: Zondervan, 2013), pág. 39.

27. Van Der Veen, "Sixth-Century Issues", págs. 383-384.

Lamentaciones

1. Paul W. Ferris Jr., "Lamentations", ZIBBCOT 4:386.

2. Para ver ejemplos representativos, ver Othmar Keel, The Symbolism of the Biblical World (Winona Lake, Indiana: Eisenbrauns, 1997), págs. 254-255.

3. Para los lamentos por la destrucción de Sumer y Ur, ver "Lamentation over the Destruction of Sumer and Ur", trad. S. N. Kramer (ANET 611-619).

Ezequiel

1. "The Neo-Babylonian Empire and Its Successors", trad. A. L. Oppenheim (ANET 308n11).

2. Daniel Bodi, "Ezekiel", ZIBBCOT 4:409.

3. ANEP N° 260.

4. Bodi, "Ezekiel", pág. 413.

5. Por ejemplo, ver ANEP N° 369.

6. John C. L. Gibson, Textbook of Syrian Semitic Inscriptions, vol. 4 (Oxford: Clarendon, 1971–2009), 1:41.

7. IVPBBCOT 693.

8. Ver Saul M. Olyan, "What Do Shaving Rites Accomplish and What Do They Signal in Biblical Ritual Contexts?", JBL 117 (1998): págs. 611-622.

9. "Texts from Hammurabi to the Downfall of the Assyrian Empire", trad. A. L. Oppenheim (ANET 298).

10. "Atrahasis", trad. E. A. Speiser (ANET 105-106).

11. Bodi, "Ezekiel", págs. 423-424.

12. IVPBBCOT 697.

13. Carol Meyers, "Cherubim", ABD 1:900.

14. Para un análisis imparcial de los puntos de vista, ver Daniel I. Block, The Book of Ezekiel: Chapters 1–24, NICOT (Grand Rapids: Eerdmans, 1997), págs. 447-449.

15. Bodi, "Ezekiel", pág. 438.

16. "Shalmaneser III", trad. A. L. Oppenheim (ANET 280, 281).

17. Josefo, Jewish Antiquities [Antigüedades judías] 10.181.

18. Josefo, Jewish Antiquities [Antigüedades judías] 10.181-82.

19. Lamar Eugene Cooper Sr., Ezekiel, NAC (Nashville: Broadman & Holman, 1994), pág. 248.

20. Josefo, Against Apion [Contra Apion] 1.156.

21. "Campaigns of Seti I in Asia", trad. J. A. Wilson (ANET 254); Bodi, "Ezekiel", pág. 473.

22. IVPBBCOT 719.

23. Bodi, "Ezekiel", pág. 474; "Circumcision", en Ian Shaw y Paul Nicholson, The Dictionary of Ancient Egypt (Nueva York: Harry Abrams, 2003), pág. 65.

24. IVPBBCOT 723; Daniel I. Block, The Book of Ezekiel: Chapters 25–48, NICOT (Grand Rapids: Eerdmans, 1998), págs. 433-434.

25. Bodi, "Ezekiel", pág. 487; Block, The Book of Ezekiel: Chapters 25–48, pág. 469-470.

26. Bodi, "Ezekiel", pág. 487-488.

27. Victor Hurowitz, I Have Built You an Exalted House: Temple Building in the Bible in Light of Mesopotamian and North-West Semitic Writings, JSOTSup 115 (Sheffield: JSOT Press, 1992), págs. 326-327.

28. Bodi, "Ezekiel", pág. 491; Marvin A. Powell, "Weights and Measures", ABD 6:899-901.

29. IVPBBCOT 726.

30. IVPBBCOT 728.

31. Bodi, "Ezekiel", pág. 494-496.

Daniel

1. Para más información, ver William B. Nelson, Daniel, UBCS (Grand Rapids: Baker Books, 2012), págs. 54-59.

2. Heródoto, Histories 1.183.

3. A. Leo Oppenheim, The Interpretation of Dreams in the Ancient Near East (Filadelfia: American Philosophical Society, 1956), pág. 189.

4. Hesíodo, Opera et dies 1.109-201.

5. Ovid, Metamorphoses 1.89-150.

6. Heródoto, Histories 1.95, 130.

7. Para un análisis mucho más detallado, ver John J. Collins, Daniel: A Commentary on the Book of Daniel, ed. Frank Moore Cross, Hermeneia (Minneapolis: Fortress, 1993), págs. 166-170.

8. John B. Alexander, "New Light on the Fiery Furnace", JBL 69 (1950): págs. 375-376; P.-A. Beaulieu, "The Babylonian Background of the Motif of the Fiery Furnace in Daniel 3", JBL 128 (2009): págs. 273-290.

9. Angela Kim Harkins, Kelley Coblentz Bautch y John C. Endres, eds., The Watchers in Jewish and Christian Traditions (Minneapolis: Fortress, 2014).

10. Para más información, ver Nelson, Daniel, págs. 142-143; Collins, Daniel, págs. 217-218.

11. R. H. Charles, ed., The Apocrypha and Pseudepigrapha of the Old Testament, vol. 2 (Oxford: Clarendon, 1913), 2:754.

12. A. Leo Oppenheim, Ancient Mesopotamia: Portrait of a Dead Civilization (Chicago: University of Chicago Press, 1977), pág. 46.

13. Para más detalles sobre los diez reyes y los tres arrancados, ver Collins, Daniel, págs. 320-321.

14. Para las referencias en ugarítico, fenicio, arameo y los rollos del Mar

Muerto, ver Collins, Daniel, pág. 314.

15. See Nelson, Daniel, pág. 270-288; Collins, Daniel, págs. 377-388.

16. Collins, Daniel, pág. 387.

Oseas

1. Yigael Yadin, The Art of Warfare in Biblical Lands in the Light of Archaeological Discovery, trans. M. Pearlman (Londres: Weidenfeld & Nicolson, 1963), 1:7.

2. DDL 2:333.

Joel

1. Victor Avigdor Horowitz, "Joel's Locust Plague in Light of Sargon II's Hymn to Nanaya", JBL 112 (1993): págs. 597-603.

2. Por ejemplo, la serie Zu-buru-dabbeda (sumerio: "agarrar el 'diente de langosta'"), que era una colección de conjuros contra las plagas del campo. Ver A. R. George, Junko Taniguchi y M. J. Geller, "The Dogs of Ninkilim, Part Two: Babylonian Rituals to Counter Field Pests", Iraq 73 (2010): págs. 79-148.

3. Daniel David Luckenbill, The Annals of Sennacherib, UCOIP 2 (Chicago: University of Chicago Press, 1924), pág. 43.

4. "Poems about Baal and Anath", trad. H. L. Ginsberg (ANET 141).

5. Enuma Anu Enlil, una serie de presagios de unas sesenta a setenta tablillas con cerca de siete mil observaciones celestes, fue utilizada por los escribas neoasirios para informar a los monarcas. Los eclipses lunares han sido publicados por Francesca Rochberg-Halton, Aspects of Babylonian Celestial Divination: The Lunar Eclipse Tablets of Enūma Anu Enlil, AfOB 22 (Horn, Austria: Berger, 1988).

6. "The Deir Alla Plaster Inscriptions", trad. B. A. Levine (COS 2.27:140-45).

Jonás

1. Aaron Jed Brody, "Each Man Cried Out to His God": The Specialized Religion of Canaanite and Phoenician Seafarers, HSM 58 (Atlanta: Scholars Press, 1998).

Miqueas

1. "The Cylinders of Gudea", trad. Richard A. Averbeck (COS 2.155:428).

Nahúm

1. ARAB 1:596.

2. Gordon Johnston, "Nahum's Rhetorical Allusions to Assyrian Conquest Metaphors: The Rhetorical Use of Allusions in Nahum, Part 3", BSac 160 (2002): págs. 42-43.

3. D. J. Wiseman, ed., The Vassal-Treaties of Esarhaddon (Londres: British School of Archaeology in Iraq, 1958), pág. 62 (línea 442), pág. 66 (líneas

448-449); Simo Parpola y Kazuko Watanabe, eds., Neo-Assyrian Treaties and Loyalty Oaths, SAA 2 (Helsinki: Helsinki University Press, 1988), pág. 46 (línea 442), pág. 49 (líneas 448-449).

4. ARAB 2:906.

5. ARAB 2:788.

6. Gordon Johnston, "Nahum's Rhetorical Allusions to Neo-Assyrian Treaty Curses: The Rhetorical Use of Allusions in Nahum, Part 2", BSac 158 (2001): págs. 415-436.

7. Diodoro Sículo, Bibliotheca historica 2.26-27.

8. "Sennacherib: The Siege of Jerusalem", trad. A. L. Oppenheim (ANET 288).

9. Diodoro Sículo, Bibliotheca historica 2.26-27; 27.1-3; Jenofonte, Anabasis 3.4.12; Paul Haupt, "Xenophon's Account of the Fall of Nineveh", JAOS 28 (1907): págs. 65-83; Aron Pinker, "Nahum and the Greek Tradition on Nineveh's Fall", JHebS 6 (2006): Artículo 8 (http://www.jhsonline.org/Articles/article_58.pdf).

10. ARAB 2:99-100.

11. Julian Reade, "Studies in Assyrian Geography, Part I: Sennacherib and the Waters of Nineveh", RA 72 (1978): pág. 51.

12. Gordon Johnston, "Rhetorical Allusions to Assyrian Lion Motifs in the Book of Nahum: The Rhetorical Use of Allusions in Nahum, Part 1", BSac 158 (2001): págs. 287-308.

13. Delbert R. Hillers, Treaty-Curses and the Old Testament Prophets (Roma: Pontifical Biblical Institute, 1964), pág. 60; K. J. Cathcart, "Treaty-Curses and the Book of Nahum", CBQ 35 (1978): pág. 182.

14. Wiseman, The Vassal-Treaties of Esarhaddon, pág. 72 (líneas 573-575), pág. 76 (líneas 612-616); Parpola y Watanabe, Neo-Assyrian Treaties and Loyalty Oaths, pág. 63 (líneas 573-575), pág. 65 (líneas 612-616).

15. Sefire I, A, líneas 40-41. Joseph A. Fitzmyer, The Aramaic Inscriptions of Sefire, BibOr 19A (Rome: Pontifical Biblical Institute, 1967), pág. 15.

16. "Treaty between Ashurnirari V of Assyria and Mati'ilu of Arpad", trad. E. Reiner (ANET 533), §5, líneas 8-10.

17. ARAB 2:10, 59, 163, 164.

Habacuc

1. Hans-Joachim Kraus, Psalms 1–59: A Commentary, trad. Hilton C. Oswald (Minneapolis: Augsburg, 1988), págs. 27-28.

Sofonías

1. J. Daniel Hays, The Message of the Prophets: A Survey of the Prophetic and Apocalyptic Books of the Old Testament (Grand Rapids: Zondervan, 2010), pág. 335.

2. O. Palmer Robertson, The Books of Nahum, Habakkuk, and Zepha-

niah, NICOT (Grand Rapids: Eerdmans, 1990), pág. 276.

Hageo

1. Este retraso entre el decreto de Ciro (538 a. C.) y el regreso explicaría por qué la reconstrucción del templo pareció ser una sorpresa para los pueblos vecinos (Esdras 4:1-5), y por qué los propios persas necesitaron confirmar su legalidad (Esdras 4:24-6:22).

Malaquías

1. Bezalel Porten, "Elephantine Papyri", ABD 2:450-53.
2. Andrew E. Hill, "Malachi", ZIBBCOT 5:237-38.

Período intertestamentario

1. James L. Johns, "The History of Palestine between the Old and New Testaments", en The Baker Illustrated Bible Handbook, ed. J. Daniel Hays y J. Scott Duvall (Grand Rapids: Baker Books, 2011), págs. 465-468; Chris Seeman y Adam Kolman Marshak, "Jewish History from Alexander to Hadrian", en The Eerdmans Dictionary of Early Judaism, ed. John J. Collins y Daniel C. Harlow (Grand Rapids: Eerdmans, 2010), págs. 25-55.
2. Larry R. Helyer, Exploring Jewish Literature of the Second Temple Period: A Guide for New Testament Students (Downers Grove, Illinois: InterVarsity, 2002).
3. 1 Mac 1:1–9; Josefo, Jewish Antiquities 11.304-12.10.
4. 1 Mac 1:41-62.
5. Michelle Lee Barnewall, "Pharisees, Sadducees, and Essenes", en The World of the New Testament: Cultural, Social, and Historical Contexts, ed. Joel B. Green y Lee Martin McDonald (Grand Rapids: Baker Academic, 2013), págs. 217-227.

Escritura de cartas en la antigüedad

1. Michigan Papyri 8.490.
2. Michigan Papyri 8.483.
3. Ver E. Randolph Richards, Paul and First-Century Letter Writing: Secretaries, Composition and Collection (Downers Grove, Illinois: InterVarsity, 2004), págs. 165-169.

El atletismo en el mundo del Nuevo Testamento

1. Everett Ferguson, Backgrounds of Early Christianity (Grand Rapids: Eerdmans, 2003), pág. 109.
2. Alan Cameron, Bread and Circuses: The Roman Emperor and His People (Londres: King's College, 1974); Magnus Wistrand, Entertainment and Violence in Ancient Rome: The Attitudes of Roman Writers of the First Century A.D., SGLG 56 (Göteborg: Acta Universitatis Gothoburgensis, 1992).

Banquetes y comidas en el Mundo Greco-Romano

1. Ver Ze'ev Safrai, The Economy of Roman Palestine (Nueva York: Routledge, 1994), págs. 106-107.

2. b. Berakhot 44b. Para obtener información sobre la dieta en Palestina en la época romana, ver Magen Broshi, Bread, Wine, Walls and Scrolls, JSPSup 36 (Sheffield: Sheffield Academic Press, 2001), págs. 121-143.

3. Para un análisis más completo de los banquetes antiguos, ver Dennis E. Smith, From Symposium to Eucharist: The Banquet in the Early Christian World (Minneapolis: Fortress, 2003).

4. Filón, On the Contemplative Life [Sobre la vida contemplativa] pág. 40.

5. Aulo Gellius, Attic Nights [Noches áticas] 15.2.3.

6. Si 9:15-16.

7. Plutarco, Table Talk [Diálogos de sobremesa] 1.2.4.

8. Séneca, Moral Epistles [Epístolas morales] pág. 47.

La Ciudad de la Antigua Roma

1. Roma fue construida sobre siete colinas (Virgilio, Georgics [Geórgicas] 2.535; Aeneid [La Eneida] 6.738; Horacio, Odes [Odas] 7; Cicerón, Letters to Atticus [Cartas a Ático] 6.5; Suetonio, Domitian 4; Sibylline Oracles 2.18; 13.45; 14.108). Ver también Lesley Adkins y Roy A. Adkins, Handbook to Life in Ancient Rome (Nueva York: Facts on File, 1994), pág. 105; Raymond Van Dam, Rome and Constantinople: Rewriting Roman History during Late Antiquity (Waco: Baylor University Press, 2010), pág. 6.

2. Aunque hay cierto debate sobre esta cifra, el recuento de la población se basa en gran medida en un cálculo a partir del reparto diario de grano mencionado por el emperador Augusto en la Res Gestae. Daba grano a 320 000 ciudadanos varones adultos. Si se calcula el número de mujeres, niños y esclavos, la suma total supera ampliamente el millón. Ver Van Dam, Rome and Constantinople, pág. 6; Whitney J. Oates, "The Population of Rome", CP 29, N° 2 (1934): págs. 101-116; Jérôme Carcopino, Daily Life in Ancient Rome: The People and the City at the Height of the Empire, ed. Henry T. Rowell, trad. E. O. Lorimer (Londres: Routledge, 1946), pág. 18.

3. Van Dam, Rome and Constantinople, pág. 14.

4. Suetonio, Augustus [Augusto] pág. 28.

5. J. Bert Lott, The Neighborhoods of Augustan Rome (Cambridge: Cambridge University Press, 2004), págs. 1-12.

6. Van Dam, Rome and Constantinople, pág. 6.

7. Adkins y Adkins, Handbook to Life in Ancient Rome, pág. 143.

8. Van Dam, Rome and Constantinople, págs. 10-13.

9. Carcopino, Daily Life in Ancient Rome, pág. 257.

La ciudad de Corinto

1. Jerome Murphy-O'Connor, St. Paul's Corinth: Texts and Archaeology, GNS 6 (Wilmington, Delaware: Michael Glazier, 1983), pág. 5.

2. Timothy B. Savage, Power through Weakness: Paul's Understanding of the Christian Ministry in 2 Corinthians, SNTSMS 66 (Nueva York: Cambridge University Press, 1996), pág. 35.

3. Murphy-O'Connor, St. Paul's Corinth, pág. 5.

4. David E. Garland, 1 Corinthians, BECNT (Grand Rapids: Baker Academic, 2003), pág. 2.

5. Gordon D. Fee, The First Epistle to the Corinthians, 2da ed., NICNT (Grand Rapids: Eerdmans, 2014), pág. 3.

6. Livy, History of Rome 33.32.2.

7. Savage, Power through Weakness, pág. 32.

8. Strabo, Geography 5.3.10.

La Crucifixión

1. Martin Hengel, Crucifixion in the Ancient World and the Folly of the Message of the Cross (Filadelfia: Fortress, 1977), págs. 22-23.

2. Josefo, Jewish War 5.449-51.

3. Tácito, Annals 15.44.4.

4. F. F. Bruce, The Epistle to the Galatians: A Commentary on the Greek Text, NIGTC (Grand Rapids: Eerdmans, 1982), pág. 271. Ver también Sean A. Adams, "Crucifixion in the Ancient World: A Response to L. L. Welborn", en Paul's World, ed. Stanley E. Porter, PS 4 (Leiden: Brill, 2008), pág. 111.

5. Séneca, On Consolation to Marcia 20.3.

6. Adams, "Crucifixion".

7. Filón, Against Flaccus págs. 72, 84.

8. Cicerón, On Behalf of Gaius Rabirius on a Charge of Treason 5.16. Ver Bruce, Galatians, pág. 271.

9. Hengel, Crucifixion, pág. 88. See James D. G. Dunn, The Epistle to the Galatians, BNTC (Peabody, Massachusetts: Hendrickson, 1993), pág. 314. En contraste con la mención generalmente ausente de la cruz en la alta literatura, algunos escritores griegos utilizaron la crucifixión como un burdo alivio humorístico.

Aparte de Pablo, solo otro filósofo del siglo I que conozcamos se describió a sí mismo como crucificado a sus pasiones pecaminosas. Ver Joseph R. Dodson, "Paul and Seneca on the Cross: The Metaphor of Crucifixion in Galatians", en Paul and Seneca in Dialogue, ed. Joseph R. Dodson y David E. Briones, 2 de abril (Leiden: Brill, 2017), págs. 247-266.

La demonización y el exorcismo en el mundo grecorromano

1. Hans Dieter Betz, ed., The Greek Magical Papyri in Translation, Including the Demotic Spells, 2da ed. (Chicago: University of Chicago Press,

1992).

2. D. R. Jordan y R. D. Kotansky, "Two Phylacteries from Xanthos", RAr 1 (1996): págs. 161-174.

3. Roy Kotansky, "Incantations and Prayers for Salvation on Inscribed Magical Amulets", en Magika Hiera: Ancient Greek Magic and Religion, ed. Christopher A. Faraone y Dirk Obbink (Oxford: Oxford University Press, 1991), págs. 107-137. El testamento de Salomón presenta a Salomón utilizando un anillo mágico para controlar a los demonios que molestaban y provocaban a un joven. Este documento (del siglo I al III d. C.) pone de manifiesto la creciente intersección de la época entre la tradición judía, la magia pagana y la demonología.

4. Ver Plutarco, Moralia 164E-171F.

5. Plutarco, Moralia 361B-C; Paul, 1 Co 10:20; Justino, First Apology 5; Second Apology 5; Tertuliano, The Shows 13.

6. L. R. Fischer, "Can This Be the Son of David?", en Jesus and the Historian, ed. F. Thomas Trotter (Filadelfia: Westminster, 1968), págs. 82-97. Ver también Klaus Berger, "Die königlichen Messiastraditionen des Neuen Testaments", NTS 20 (1973): págs. 1-44, especialmente págs. 3-9.

7. Platón, Republic 364B-365A. Ver también Origenes, Against Celsus 1.68; Diógenes Laercio, Lives of the Eminent Philosophers [Vidas de los filósofos ilustres] 6.101; Luciano, The Passing of Peregrinus [La muerte del peregrino] págs. 10-11.

8. PGM 4.3019-20.

La Familia de Jesús

1. La opinión tradicional católica romana ha sido que estos eran los primos de Jesús. Ver Catechism of the Catholic Church, 2da ed. (Ciudad del Vaticano: Libreria Editrice Vaticana, 1997), págs. 126-128, §§499-507. Para un análisis de este asunto, ver C. Marvin Pate, 40 Questions about the Historical Jesus (Grand Rapids: Kregel, 2015), págs. 163-171.

2. Andreas J. Köstenberger, L. Scott Kellum y Charles L. Quarles, The Cradle, the Cross, and the Crown: An Introduction to the New Testament (Nashville: B&H Academic, 2013), págs. 703-711, 765-766; Peter H. Davids, A Theology of James, Peter, and Jude, BTNT (Grand Rapids: Zondervan, 2014), págs. 253-257; Craig L. Blomberg y Mariam J. Kamell, James, ZECNT (Grand Rapids: Zondervan, 2008), págs. 27-28.

La hospitalidad en el mundo del Nuevo Testamento

1. Joshua W. Jipp, Divine Visitations and Hospitality to Strangers in Luke-Acts: An Interpretation of the Malta Episode in Acts 28:1–10, NovTSup 153 (Leiden: Brill, 2013), pág. 19.

2. J. T. Fitzgerald, "Hospitality", DNTB 522.

Jerusalén en los tiempos de Jesús

1. Josefo, Jewish War 5.136-41. El nombre significa "Valle de los Queseros".

2. m. Middot 5.4; m. Sanhedrin 11.2; Josefo, Jewish War 5.144; 6.354.

Referencias de las páginas 733-742

El Templo de Jerusalén

1. Josefo (Jewish War 5.184-246; Jewish Antiquities 15.380-425) y la Mishná (tratado de Middot) proporcionan descripciones detalladas del templo.

2. Josefo, Jewish War 5.222-24.

3. b. Bava Batra 4a; b. Sukkah 41b.

4. Josefo, Jewish War 5.212; Ex 26:33-37; 27:16.

5. C. L. Seow, "Ark of the Covenant", ABD 1:390-91.

6. m. Yoma 5.2.

Fiestas Judías

1. G. H. Twelftree, "Feasts", DJG2 274.

2. Ver especialmente Zac 14:16-17, que se leía el primer día de la fiesta (b. Megillah 31a). Ver también Twelftree, "Feasts", pág. 274; C. E. Armerding, "Festivals and Feasts", en Dictionary of the Old Testament: Pentateuch, ed. T. Desmond Alexander y David W. Baker (Downers Grove, Illinois: InterVarsity, 2003), pág. 312. Para la dimensión del fin de los tiempos, ver D. A. Carson, The Gospel according to John, PNTC (Grand Rapids: Eerdmans, 1991), págs. 326-328; Andreas J. Köstenberger, "John", CNTUOT 454.

3. Josefo, Jewish Antiquities 8.100.

4. La historia completa se relata en 1 Mac 1:1-4:60; 2 Mac 5:1-9. Para las tradiciones rabínicas posteriores, según las cuales la celebración de ocho días tuvo lugar debido a la provisión milagrosa de Dios de ocho días de luz a partir del aceite purificado de un solo día, ver b. Shabbat 21b.

5. Josefo, Jewish Antiquities 12.325. Ver C. K. Barrett, The New Testament Background: Selected Documents, rev. ed. (Londres: SPCK, 1987), págs. 139-141; Daniel K. Falk, "Festivals and Holy Days", EDEJ 644.

Costumbres Matrimoniales Judías

1. "Marriage, Marriage Customs", BEB 2:1405.

2. "Monogamy and Polygamy", en The New Encyclopedia of Judaism, ed. Geoffrey Wigoder, Fred Skolnik y Shmuel Himelstein (Nueva York: New York University Press, 2002), págs. 546-547.

3. Ver también m. Qiddushin 2.1.

4. m. Qiddushin 3.1. Además, según la Mishnah existía una tradición que permitía a las jóvenes tomar prestada una prenda blanca y bailar en los viñedos para buscar un posible marido (m. Ta'anit 4.8).

5. El "precio de la novia" (mohar) era la cantidad pagada por el novio o la

familia del novio a la familia de la novia, y la "dote" (nedunyah) consistía en enseres domésticos, objetos personales y dinero aportados al matrimonio por la novia. Ver Michael L. Satlow, Jewish Marriage in Antiquity (Princeton: Princeton University Press, 2001), pág. 199; ver también Tracy M. Lemos, Marriage Gifts and Social Change in Ancient Palestine: 1200 BCE to 200 CE (Cambridge: Cambridge University Press, 2010); David Instone-Brewer, Divorce and Remarriage in the Bible: The Social and Literary Context (Grand Rapids: Eerdmans, 2002), págs. 4-8. Comparar m. Qiddushin 1.1, que afirma que una mujer se adquiere como esposa de una de las tres maneras siguientes: mediante dinero, un acuerdo escrito o una relación sexual. Los rabinos debatieron la cantidad requerida.

6. Kaufmann Kohler, "Huppah", JewishEncyclopedia.com, http://www.jewishencyclopedia.com/articles/7941-huppah.

7. "Marriage", en Dictionary of the Bible, ed. James Hastings, Frederick C. Grant y H. H. Rowley (Nueva York: Macmillan, 1963), pág. 626. El artículo sugiere que el novio fue apodado "Salomón" durante la semana.

8. "Matrimony", en The Oxford Dictionary of the Jewish Religion, ed. R. J. Zwi Werblowsky y Geoffrey Wigoder (Nueva York: Oxford University Press, 1997), pág. 446.

El rito judío de la circuncisión

1. Filón, On the Special Laws 1.4-10; On the Migration of Abraham 92; Questions and Answers on Genesis 3.47.

2. Josefo, Jewish Antiquities 1.192; cf. Hechos 11:3.

La Sinagoga Judía

1. E. M. Meyers, "Synagogue", ABD 6:251-60.

2. Sobre la historia de la sinagoga, ver Donald D. Binder, Into the Temple Courts: The Place of Synagogues in the Second Temple Period, SBLDS 169 (Atlanta: Scholars Press, 1999); Lee I. Levine, "The Nature and Origin of the Palestinian Synagogue Reconsidered", JBL 115 (1996): págs. 425-448.

3. W. Schrage, "συναγωγή", TDNT 7:847; BDAG 139.

4. Schrage, "συναγωγή", pág. 813.

La magia en el mundo del Nuevo Testamento

1. David E. Aune, "Magic in Early Christianity", en Apocalypticism, Prophecy, and Magic in Early Christianity: Collected Essays, WUNT 199 (Tübingen: Mohr Siebeck, 2006), págs. 376-377.

2. D. E. Aune, "Magic; Magician", ISBE 3:218.

3. Moyer V. Hubbard, "Greek Religion", en The World of the New Testament: Cultural, Social, and Historical Contexts, ed. Joel B. Green y Lee Martin McDonald (Grand Rapids: Baker Academic, 2013), pág. 119.

4. Clinton E. Arnold, "Sceva, Solomon, and Shamanism: The Jewish

Roots of the Problem at Colossae", JETS 55 (2012): págs. 9-14.

Expectativas mesiánicas en la época de Jesús

1. L. W. Hurtado, "Christ", DJG1 110.

El dinero en el mundo del Nuevo Testamento

1. Ver E. Randolph Richards, Paul and First-Century Letter Writing: Secretaries, Composition and Collection (Downers Grove, Illinois: InterVarsity, 2004), págs. 51-52, 165-169.

Códigos domésticos del Nuevo Testamento

1. Demóstenes, Orations 59.122.
2. Especialmente Aristóteles, Politics 1.1253B.

Fariseos y saduceos

1. Roland Deines, "Pharisees", EDEJ 1061-63; M. L. Strauss, "Sadducees", DJG2 824.
2. Josefo, Jewish Antiquities 13.298.
3. G. H. Twelftree, "Sanhedrin", DJG2 836-40.
4. Josefo, Jewish War 2.162-65.
5. Josefo, Jewish War 2.165.
6. L. Cohick, "Pharisees", DJG2 673; Günter Stemberger, "Sadducees", EDEJ 1180-81; Strauss, "Sadducees", 825.

Poncio Pilato

1. Josefo, Jewish War 2.117.
2. H. Bond, "Herodian Dynasty", DJG2 381; "Pontius Pilate", DJG2 679-680; B. M. Rapske, "Roman Governors of Palestine", DJG1 978-984; H. W. Hoehner, "Pontius Pilate", DJG1 615.
3. Josefo, Jewish War 2.169-74.
4. Josefo, Jewish War 2.175-77.
5. Filón, On the Embassy to Gaius págs. 301-302; Josefo, Jewish Antiquities 18.55-62; Jewish War 2.169-77. Ver Hoehner, "Pontius Pilate", pág. 615.
6. Ver Filón, On the Embassy to Gaius págs. 159-160.
7. H. W. Hoehner y J. K. Brown, "Chronology", DJG2 137.
8. Tácito, Annals 15.44.
9. Josefo, Jewish Antiquities 18.85-89. Ver E. Mary Smallwood, "The Date of the Dismissal of Pontius Pilate from Judea", JJS 5 (1954): págs. 12-21; Helen K. Bond, Pontius Pilate in History and Interpretation, SNTSMS 100 (Cambridge: Cambridge University Press, 1998), pág. 680.

La ciudadanía romana

1. Michael Grant, The World of Rome: The History of the Roman Empire from 133BC to AD217 (Londres: Phoenix, 2000), pág. 77.

2. Grant, The World of Rome, págs. 79-80.

3. Grant, The World of Rome, pág. 80.

4. Cicerón dijo una vez: "La misma palabra 'cruz' debería estar lejos, no solo del ciudadano romano, sino de sus pensamientos, sus ojos y sus oídos [...] La mera mención de tal cosa es vergonzosa para un ciudadano romano y un hombre libre" (On Behalf of Gaius Rabirius on a Charge of Treason 5.16). Ver también Martin Hengel, Crucifixion in the Ancient World and the Folly of the Message of the Cross (Filadelfia: Fortress, 1977); Sean A. Adams, "Crucifixion in the Ancient World: A Response to L. L. Welborn", en Paul's World, ed. Stanley E. Porter, PS 4 (Leiden: Brill, 2008), págs. 111-130.

5. F. F. Bruce, Paul: Apostle of the Heart Set Free (Grand Rapids: Eerdmans, 1977), págs. 39-40.

6. Lesley Adkins y Roy A. Adkins, Handbook to Life in Ancient Rome (Nueva York: Facts on File, 1994), págs. 78.

7. A. N. Sherwin-White, The Roman Citizenship (Oxford: Clarendon, 1973), págs. 226-236.

8. Adkins y Adkins, Handbook to Life in Ancient Rome, págs. 141-142.

9. Adkins y Adkins, Handbook to Life in Ancient Rome, pág. 5. Ver también Cassius Dio, Roman History 34.21-23; 60.17.6.

10. Suetonio, Claudius 25.3.

11. Martin Hengel, The Pre-Christian Paul, trad. John Bowden (Londres: SCM, 1991), pág. 5.

El ejército romano

1. Polibio, The Rise of the Roman Empire, trad. Ian Scott-Kilvert (Londres: Penguin, 1979), pág. 41.

2. Adrian Goldsworthy, The Complete Roman Army (Londres: Thames & Hudson, 2003), pág. 27; Pat Southern, The Roman Army: A Social and Institutional History (Oxford: Oxford University Press, 2007), pág. 92.

3. Goldsworthy, The Complete Roman Army, págs. 47-48.

4. Michael Grant, The World of Rome: The History of the Roman Empire from 133BC to AD217 (Londres: Phoenix, 2000), pág. 91; Goldsworthy, The Complete Roman Army, pág. 27.

5. Goldsworthy, The Complete Roman Army, págs. 55-58; Lesley Adkins y Roy A. Adkins, Handbook to Life in Ancient Rome (Nueva York: Facts on File, 1994), pág. 67.

6. Adkins y Adkins, Handbook to Life in Ancient Rome, pág. 53.

7. Adkins y Adkins, Handbook to Life in Ancient Rome, pág. 66.

8. Southern, The Roman Army, pág. 115.

9. Southern, The Roman Army, pág. 98.

10. Goldsworthy, The Complete Roman Army, pág. 60.

11. Adkins y Adkins, Handbook to Life in Ancient Rome, pág. 64.

12. Adkins y Adkins, Handbook to Life in Ancient Rome, pág. 64.

13. Adkins y Adkins, Handbook to Life in Ancient Rome, pág. 64.

El gobierno romano de Judea

1. James S. Jeffers, The Greco-Roman World of the New Testament Era: Exploring the Background of Early Christianity (Downers Grove, Illinois: InterVarsity, 1999), pág. 314.
2. E. P. Sanders, Judaism: Practice and Belief, 63 BCE–66 CE (Londres: SCM, 1992), pág. 32.
3. Ben Witherington III, New Testament History: A Narrative Account (Grand Rapids: Baker Academic, 2001), pág. 114.
4. Howard Clark Kee, The Beginnings of Christianity: An Introduction to the New Testament (Nueva York: T&T Clark, 2005), pág. 21.
5. N. T. Wright, The New Testament and the People of God (Minneapolis: Fortress, 1992), pág. 160.
6. Sanders, Judaism, págs. 157-169.
7. Witherington, New Testament History, págs. 59-60.
8. Witherington, New Testament History, pág. 61, citando a Macrobius, Saturnalia 2.4.11.
9. Sanders, Judaism, pág. 34.
10. Sanders, Judaism, pág. 38, citando a Josefo, Jewish War 2.80, 91.
11. Witherington, New Testament History, págs. 80-84.
12. Cassius Dio, Roman History 69.13.1-14.4.
13. Kee, The Beginnings of Christianity, pág. 24.
14. Wright, The New Testament and the People of God, pág. 166.

El Shabbat

1. Jubileos 2.17-33; 50.1-13.
2. Jubileos 2.30.
3. Damascus Documenta 11.12-14, 16-17.
4. m. Shabbat 7.2.
5. m. Shabbat 14.3-4; 22.6; m. Yoma 8.6-7. Ver J. Nolland, "Sabbath", DJG2 822.
6. m. Shabbat 7.2.
7. m. Shabbat 7.2.
8. Genesis Rabbah 11.10; Exodus Rabbah 30.9.
9. m. Nedarim 3.11. Ver también m. Shabbat 18.3; 19:1-3.

Los samaritanos

1. Josefo, Jewish Antiquities 11.346-47.
2. Josefo, Jewish Antiquities 9.291; 11.341, 344.
3. m. Hullin 2.8; Josefo, Jewish Antiquities 11.346-47.
4. Josefo, Jewish Antiquities 13.254-56.
5. Josefo, Jewish Antiquities 18.29-30.
6. Josefo, Jewish Antiquities 20.118-36. Ver Alan D. Crown, ed., The Samaritans (Tübingen: Mohr-Siebeck, 1989); Joachim Jeremias, "The Samari-

tans", en Jerusalem in the Time of Jesus: An Investigation into Economic and Social Conditions during the New Testament Period, trad. F. H. Cave y C. H. Cave (Londres: SCM, 1969), págs. 352-358; James A. Montgomery, The Samaritans: The Earliest Jewish Sect; Their History, Theology, and Literature (1907; reimpr., Nueva York: Ktav, 1968); H. G. M. Williamson y M. Kartveit, "Samaritans", DJG2 832-836. Ver también Helen K. Bond, Pontius Pilate in History and Interpretation, SNTSMS 100 (Cambridge: Cambridge University Press, 1998), págs. 71-73, 89-93 (especialmente 71n69).

El Sanedrín

1. m. Sanhedrin 4.1.
2. Ver m. Sanhedrin 1.6.
3. Josefo, Jewish Antiquities 12.129-44.
4. Josefo, Jewish Antiquities 14.89-91.
5. Josefo, Jewish Antiquities 14.168-76.
6. Josefo, Jewish Antiquities 20.197-203.

Prácticas de navegación en el primer siglo

1. Para comprobarlo, ver Lionel Casson, Ships and Seamanship in the Ancient World (Baltimore: Johns Hopkins University Press, 1995), págs. 184-189.
2. Zenon Papyri 10.
3. Josefo, The Life 15.
4. Ver F. F. Bruce, The Acts of the Apostles: The Greek Text with Introduction and Commentary (Grand Rapids: Eerdmans, 1951), pág. 452, siguiendo a Mommsen y Ramsay. Las recientes excavaciones en Cesarea de las ampliaciones del palacio de Herodes mencionan cuatro tipos de personal militar activo en la gobernación. Un grupo son los frumentarii. Ver J. Patrich, "The Martyrs of Caesarea: The Urban Context", LASBF 52 (2002): págs. 321-346, especialmente pág. 331.
5. Cuando Marco Antonio se asoció con Cleopatra en Egipto, fue por el control del grano. Augusto atacó para evitar que lo mataran de hambre.
6. Un barco hacía tres viajes de ida por temporada. Así, un barco empezaba un año en Egipto, viajaba a Roma, volvía a Egipto y regresaba a Roma en invierno. La primavera siguiente viajaba a Egipto, volvía a Roma y regresaba a Egipto para el invierno.
7. Una generación después de Pablo (en la época en que se escribió el libro del Apocalipsis), estos frumentarii (centuriones) eran la "policía secreta" del César, como una antigua Gestapo, haciendo el "trabajo sucio" del imperio. En la época de Pablo no habían alcanzado este nivel.
8. Ver Casson, Ships and Seamanship, pág. 91. Esto es contrario a las opiniones más antiguas, pero un relieve recientemente descubierto y varias monedas antiguas lo ilustran. Ver Casson, Ships and Seamanship, imágenes

108, 119-121.

9. Dado que 2 Corintios fue anterior al viaje registrado en Hechos 27, debemos concluir que fueron al menos cuatro veces.

Dioses griegos y romanos tradicionales

1. Mary R. Lefkowitz, Greek Gods, Human Lives: What We Can Learn from Myths (New Haven: Yale University Press, 2003), pág. 13.

2. Lefkowitz, Greek Gods, Human Lives, pág. 30.

3. Mary Beard, John North y Simon Price, Religions of Rome, vol. 2 (Cambridge: Cambridge University Press, 1998), 1:30.

Referencias de las páginas 781-792

4. Paul R. Swarney, The Ptolemaic and Roman Idios Logos, ASP 8 (Toronto: A. M. Hakkert, 1970), págs. 57-59, 83-96.

5. Séneca escribe que "César era dueño de todas las cosas" (On Benefits [Sobre los beneficios] 7.5.3); Ovidio escribe que "todo lo que existe debajo de Júpiter en las alturas, César lo posee" (The Festivals 2.138).

6. Beard, North y Price, Religions of Rome, 1:348.

Mateo

1. Ver Gn 2:4; 5:1; 6:9; 10:1, 32; 11:10, 27; 25:12, 19; 36:1; 37:2.

2. Josefo, Jewish Antiquities 15.412.

3. R. T. France, The Gospel of Matthew, NICNT (Grand Rapids: Eerdmans, 2007), págs. 136-141.

4. b. Shabbat 31a.

5. Ver la sección de Mt 11:29-30 en Rodney Reeves, Matthew, ed. Scot McKnight, SGBC (Grand Rapids: Zondervan, 2017), pág. 233.

6. Josefo, Jewish Antiquities 18.109-19.

7. Josefo, Jewish Antiquities 20.97-99.

8. Reeves, Matthew, págs. 365-367.

9. Bruce W. Longenecker, Remember the Poor: Paul, Poverty, and the Greco-Roman World (Grand Rapids: Eerdmans, 2010), págs. 53-57.

10. Craig S. Keener, A Commentary on the Gospel of Matthew (Grand Rapids: Eerdmans, 1999), pág. 485.

11. W. D. Davies y Dale C. Allison, A Critical and Exegetical Commentary on the Gospel according to Saint Matthew, vol. 3, ICC (Edimburgo: T&T Clark, 1988-1997), 3:87.

12. m. Nedarim 1.3, trad. Jacob Neusner, The Mishnah: A New Translation (New Haven: Yale University Press, 1988).

13. Keener, Matthew, págs. 122-123.

14. Josefo, Jewish Antiquities 20.167-72.

15. John H. Walton, The Lost World of Genesis One: Ancient Cosmology and the Origins Debate (Downers Grove, Illinis: IVP Academic, 2009), págs.81-85.

16. Ver Kenneth Bailey, Jesus through Middle Eastern Eyes: Cultural Studies in the Gospels (Downers Grove, Illinois: IVP Academic, 2008), págs. 271-273.

17. Josefo, Jewish War 5.212-14.

18. Davies y Allison, Saint Matthew, 3:669.

Marcos

1. Jubileos 1.22-25.

2. En la Mishná, ver el tratado Mikwa'ot; para Qumran, ver 1QRule of the Community 4.21-22.

3. Ver también m. Hullin 3.7.

4. m. Yoma 7.1; m. Sotah 7.7-8.

5. m. Yoma 71b.

6. b. Sanhedrin 25b.

7. m. Tohorot 7.6; m. Hagigah 3.6.

8. m. Nedarim 3.4.

9. b. Sanhedrin 3.3.

10. Pirqe Avot 3.19.

11. Josefo, Jewish Antiquities 17.42.

12. Ver también m. Yoma 8.1-6.

13. Didaché 8.1; b. Ta'anit 12a.

Referencias de las páginas 792-868

14. m. Yoma 8.6.

15. Filón, On the Life of Moses 2.22.

16. Ver también Mekilta Exodus 20.17.

17. b. Shabbat 118-199b.

18. Damascus Documenta 10-11.

19. m. Shabbat 7.2.

20. Damascus Documenta 11.5-6.

21. Josefo, Jewish Antiquities 14.450.

22. Josefo, Jewish Antiquities 15.2.

23. 1QWar Scroll 12.1-2; 1QRule of the Community 10.3.

24. m. Kil'ayim 2.3.

25. C. E. B. Cranfield, The Gospel according to St Mark: An Introduction and Commentary, CGTC (Cambridge: Cambridge University Press, 1959), pág. 153.

26. Josefo, Jewish War 1.155; Jewish Antiquities 14.74-75.

27. Josefo, Jewish War 5.227.

28. m. Ketubbot 4.4.

29. Ver también Josefo, Jewish Antiquities 20.200.

30. Josefo, Jewish Antiquities 18.116-19.

31. Josefo, Jewish War 2.118; Jewish Antiquities 18.4.

32. Josefo, Jewish Antiquities 13.297.

33. m. Avot 3.14.

34. T. W. Manson, The Teaching of Jesus: Studies of Its Form and Content (Cambridge: Cambridge University Press, 1951), pág. 317.

35. Josefo, Against Apion 1.70.

36. Josefo, Jewish Antiquities 18.28; Josefo, Jewish War 2.168.

37. Salmos de Salomón pág. 17; Sibylline Oracles 3.286-94.

38. Ver también Josefo, Jewish Antiquities 18.26, 34,95,123.

39. Josefo, Jewish Antiquities 13.396.

40. Esdras (4 Esdras 14.9), Baruc (2 Baruc 76.2), Enoc, Set, Abraham, Isaac y Jacob (Testamento de Benjamín 10.5-6).

41. Para Moisés solo, ver también Dt 18:15, 18, y en los Rollos del Mar Muerto, 4QTestimonia 5-8.

42. Es posible, aunque no seguro, que la excepción del adulterio esté implícita en 10:11-12; cf. Mt 5:32; 19:9.

43. Josefo, Jewish Antiquities 20.169.

44. m. Sukkah 3.3-9.

45. Josefo, Jewish Antiquities 15.391-425.

46. Josefo, Jewish War 6.422-27.

47. Salmos de Salomón 17.21.

48. Josefo, Jewish Antiquities 19.294; m. Sheqalim 6.5.

49. m. Sanhedrin 11.2.

50. m. Sanhedrin 4.1.

51. m. Sanhedrin 7.5.

52. Filón, On the Embassy to Gaius 301-302.

53. m. Bava Batra 6.8.

Lucas

1. Probablemente la fuente conocida como "Q".

2. Josefo, Against Apion 1.1; cf. 2.1.

Referencias de las páginas 869-900

3. Ver Greek Papyri in the British Museum pág. 904, líneas 20-21.

4. Por ejemplo, Jubileos 32.34; Testamento de Rubén 3.13.

5. Eusebio, Ecclesiastical History [Historia Eclesiástica] 3.12; 3.19-20; 3.32.3-4.

6. "La ofrenda de madera [...] fue traída [...] por la familia de David, de la tribu de Judá" (m. Ta'anit 4.5).

7. 1QHodayota 19.9.

8. 4QVisions of Amramc ar fragmento 3, línea 5.

9. Josefo, Jewish Antiquities 15.380-425.

10. Ver b. Sanhedrin 98b; Lamentations Rabbah 1.16 §51.

11. b. Megillah 14a.

12. m. Niddah 5.6.

13. "Samuel había cumplido doce años cuando comenzó a actuar como

profeta" (Josefo, Jewish Antiquities 5.348).

14. Josefo, Jewish Antiquities 18.33-38.

15. Josefo, Jewish Antiquities 19.275.

16. Josefo, Jewish Antiquities 18.237; "concedió a Agripa la tetrarquía de Filipo junto con Batanaea, añadiendo a ella Traconitis y la antigua tetrarquía de Abila de Lisanias" (20.138).

17. CIG 4521; 4523.

18. Josefo, Jewish Antiquities 18.26.

19. Josefo, Jewish Antiquities 18.35.

20. Josefo, Jewish Antiquities 20.198.

21. The Sentences of Sextus 82b.

22. Josefo, The Life 244.

23. Por ejemplo, "Physician, heal your own lameness" (Genesis Rabbah 23.4 [sobre Gn. 4:23–25]).

24. Por ejemplo, "A physician for others, but himself teeming with sores" (Eurípides, Fragments pág. 1086).

25. Ver 1QM 15.13-15; 18.14-15.

26. Josefo, Jewish War 3.506; cf. 1 Mac 11:67.

27. Ver Juan 6:1; 21:1; Josefo, Jewish War 4.456; en la literatura rabínica, b. Bava Qamma 81b.

28. Josefo, Jewish Antiquities 8.354; cf. LXX 1 Reyes 19:21.

29. Por ejemplo, "discípulos que te siguen" (m. Avot 1.11). Obsérvese también: "Si reconoces que es Dios quien ha puesto los pensamientos en el corazón de los legisladores para que se conserve la vida de los hombres, los seguirás" (Letter of Aristeas 240).

30. b. Nedarim 41a.

31. b. Shabbat 55a.

32. b. Megillah 17b.

33. Por ejemplo, "Todo el mundo sin excepción vino corriendo, pues apenas podían creer [paradoxos] que Judit hubiera regresado" (Jdt 13:13 DHH); "si sucedía algo inesperado [paradoxos] o corría un rumor molesto, sus súbditos estuvieran tranquilos" (2 Mac 9:24 DHH).

34. m. Shabbat 7.2; cf. b. Shabbat 73ab.

35. b. Shabbat 73b.

36. Si 14:1, 2; 25:8, 9; 28:19; Salmos de Salomón 5.16, 18; 6.1; 2 Enoc 62.1; especialmente 4QBeatitudes.

37. Tal y como se expresa en Hesíodo, Works and Days [Trabajos y días] pág. 342; Píndaro, Pythian Odes 2.83-84. Lisias escribió: "Considero establecido que uno debe hacer daño a sus enemigos y ser útil a sus amigos" (For the Soldier pág. 20).

38. Como en Tucídides, History of the Peloponnesian War 4.19.1-4; Diógenes Laercio, Lives of the Eminent Philosophers 8.1.23; Epicteto, Discourses [Discursos] 4.5.2; Séneca, On Leisure [Sobre el ocio] 1.4.

39. m. Sotah 1.7; t. Sotah 3.1, 2; Sifre Numbers §106 (sobre Nm 12:1-16); b. Sotah 8b; b. Sanhedrin 100b; cf. Sab 11:15-16.

40. Sifre Deuteronomy §308 (sobre Dt 32:5).

41. Genesis Rabbah 9.11 (sobre Gn. 1:31).

42. Fragmentary Targum y Cairo Targum D Gn 38:26.

43. Cassius Dio, Roman History 62.7.

44. Sifra Leviticus §251 (sobre Lv 25:18-24).

45. Epicteto escribió: "¿Cómo se puede hacer que una vid deje de comportarse como una vid y comience a comportarse como un olivo; o, para el caso, un olivo como una vid?" (Discourses 2.20.18); y Séneca, "El mal no engendra el bien como el olivo produce higos" (Moral Epistles 87.25).

46. b. Berakhot 34b.

47. Tener en cuenta el Testamento de Salomón 5.11, donde un demonio suplica: "No me condenes al agua".

48. Comparar con m. Teharot 5.8.

49. Por ejemplo, "El sueño te retiene [...] Duermes como si aún estuvieras vivo" (EG 433).

50. Ver la relación en el manuscrito de los Rollos del Mar Muerto 4QMessianic Apocalypse.

51. Josefo, Jewish Antiquities 18.116-19.

52. Dn 12:1-3; 1 Enoc 22-27; 92-105; Jubileos 23.11-31; 4 Mac 7:3; Josefos, Jewish Antiquities 18.14, 18.

53. Josefo, Jewish War 2.232-33.

54. Diógenes Laercio, Lives of the Eminent Philosophers 6.92; cf. Epicteto, Discourses 3.22.35.

55. Epicteto, Discourses 3.26.27-28.

56. Damascus Documenta 2.17-18.

57. Por ejemplo, "Ama al Señor y a tu prójimo" (Testamento de Isacar 5.2); "Ama al Señor con toda tu vida y a los demás con un corazón verdadero" (Testamento de Dan 5.3); "Pero entre el vasto número de verdades y principios particulares [hay] dos cabezas principales: una del deber para con Dios [...] otra del deber para con los humanos" (Filón, On the Special Laws 2.63); Filón, On the Decalogue 109-110.

58. Como en Origenes, Commentary on Luke §34; Agustín, Questions on the Gospels 2.19.

59. Para un paralelismo rabínico, obsérvese m. Avot 1.4: "Que tu casa sea un lugar de encuentro para los sabios, y siéntate en medio del polvo de sus pies y bebe con sed sus palabras".

60. Numbers Rabbah 20.21 (sobre Nm 24:3).

61. Por ejemplo, Polibio, Histories 1.36.8; Diodoro Sículo, Library of History 12.32.1.

62. Papyri greci e latine 452.

63. Arrian, The Discourses of Epictetus 3.3.9.

64. Observar la sabiduría de Eclesiástico: "Hay quien se hace rico a fuerza de trabajos, pero se queda sin su recompensa. Dice: «Ya puedo descansar; voy a gozar de mis bienes.» Pero no sabe cuánto tiempo pasará antes de que muera y deje todo eso a otros" (Eclo 11:18-19 DHH).

65. Papiros de Zenón en el Museo de El Cairo 59.509.

66. EG 362; Cotiaeum (siglos II a III d. C.).

67. CIL II 293.

68. Josefo, Jewish War 2.165; Jewish Antiquities 18.16.

69. Filón, Allegorical Interpretation 3.227.

70. Pesiqta of Rab Kahana 8.1.

Referencias de las páginas 913-925

71. The Sentences of Sextus 255.

72. Pesiqta of Rab Kahana 8.1.

73. The Sentences of Sextus 1-2, 6.

74. Midrash Tanhuma, Beshallah 117b; cf. b. Sotah 48b.

75. b. Sanhedrin 100b; cf. b. Berakhot 9b.

76. The Sentences of Sextus 316.

77. Epicteto, Discourses 2.22.19.

78. Comparar con Targum Neofiti Ex 12:42: "Es una noche reservada y apartada para la redención [...] cuando el mundo llega a su tiempo señalado para ser redimido [...] y el Rey Mesías subirá [...] y conducirá a la cabeza del rebaño [...] es una noche reservada y apartada para la redención de todo Israel".

79. m. Sotah 9.15.

80. b. Yoma 21b.

81. b. Bava Batra 84a.

82. b. Ta'anit 9b.

83. Josefo, Jewish Antiquities 18.60-62.

84. m. Kil'ayim 2.8; 3.2.

85. Comparar con Josefo, Jewish Antiquities 9.85.

86. Testamento de Aser 1.3-5.

87. 2 Enoc [J] 30.15.

88. Eclo 15:17 DHH.

89. Ver también 2 Mac 1:27-29.

90. Por ejemplo, Targum Isaiah 28:1-6; el Mesías "acercará a nuestros exiliados" (Targum Isaiah 53:8); "Serán recogidos de entre su exilio, habitarán a la sombra de su Mesías" (Targum Hosea 14:8); "De ti saldrá ante mí el Mesías [...] y serán reunidos de entre sus exiliados" (Targum Micah 5:1-3).

91. Como en m. Avot 4.15: "Sé una cola para los leones y no una cabeza para los zorros".

92. Como en la fábula de Rabí Akiva sobre el zorro y el pez, en b. Berajot 61b, donde el pez responde a la dudosa propuesta del zorro: "¿Eres tú el que llaman el más inteligente de los animales? ¡No eres inteligente, sino tonto!".

93. Como en Pindar, Pythian Odes 2.77-78; Plutarco, Solon 30.2.

94. Compare la advertencia de Epicteto: "La mayoría de nosotros nos convertimos en zorros, es decir, en bribones del reino animal. Porque ¿qué otra cosa es un hombre calumniador y malicioso sino un zorro, o algo aún más sinvergüenza y degradado? Tened cuidado, pues, y procurad no convertiros en una de esas criaturas sinvergüenzas" (Discourses 1.3.8-9).

95. Por ejemplo, b. Eruvin 41b; b. Shabbat 33a.

96. Damascus Documenta 11.13-14.

97. Leviticus Rabbah 1.5 (sobre Lv 1:1).

98. b. Eruvin 13b; cf. b. Sanhedrin 17a.

99. Leviticus Rabbah 1.5 (sobre Lv 1:1).

100. Avot de Rabí Nathan A 11.2.

101. 1QRule of the Congregation 2.11-17.

102. 1QRule of the Congregation 2.17-22.

103. 1QRule of the Congregation 2.11.

104. 1QWar Scroll 7.4-6.

105. 1QRule of the Congregation 2.5-22.

106. "El retórico Isócrates solía aconsejar a sus alumnos que honraran a sus maestros por encima de sus padres, porque estos últimos son la única causa de vivir, mientras que los maestros son la causa de vivir noblemente" (Isócrates, Chreia 41, asegún Theon).

107. Para la literatura rabínica, ver Mekilta sobre Ex 18:1: "Que el hombre nunca se asocie con un malvado, ni siquiera con el propósito de acercarlo a la Torá" (Amalek §3).

108. Epicteto, Discourses 3.22.23.

109. Séneca, On Anger 1.14.3; cf. Séneca, Moral Epistles 34.1.

110. m. Avot 4.17.

111. Exodus Rabbah 2.2 (sobre Ex 3:1).

112. Song Rabbah 1.1 §9.

113. Quintiliano, Declamations 5.

114. Dióscuro Crisóstomo, Orations 4.104.

115. Leviticus Rabbah 13.4 (sobre Lv 11:2); 35.6 (sobre Lv 26:3); Song Rabbah 1.4 §3.

116. Preámbulo de Lamentations Rabbah §17; 3:14 §5.

117. Sifre Numbers §89 (sobre Nm 11:7-9).

118. Lamentations Rabbah 1.7 §34.

119. Filón, On Providence 2.4-6.

120. Casio Dio, Roman History 52.37.5-6.

121. Séneca, On Benefits 4.27.5.

122. Aristófanes, Birds [Las aves] 1430-1433.

123. 1QRule of the Community 1.9; 2.16; 3.13; 1QWar Scroll 1.3, 9, 11, 13.

124. Por ejemplo, Damascus Documenta 14.20; 1QRule of the Commu-

nity 6.2.

125. Por ejemplo, Targum Neofiti Gn 37:26; Nm 35:32.

126. The Sentences of Sextus 9-10.

127. Pythagorean Sentences 110.

128. Por ejemplo, "La ley, sin embargo, no perece sino que permanece en su gloria" (2 Esd 9:37 trad. lit.); "la ley que dura eternamente" (Bar 4:1 DHH); "la ley eterna" (1 Enoc 99.2 trad. lit.); "aunque nos vayamos, la Ley permanece" (2 Baruc 77.15 trad. lit.).

129. The Sentences of Sextus 73.

130. m. Avot 2.8.

131. b. Sanhedrin 98a.

132. Josefo, Jewish Antiquities 10.83.

133. Michigan Papyri 29.

134. Papiros griegos y latinos en la Biblioteca John Rylands 2 = Archivo de Aurelio Sakaon 36; cf. Archivo de Aurelio Sakaon 31.

135. Plutarco, Sayings of Kings and Commanders: Philip the Father of Alexander 31. La historia se repite en Life of Demetrius 42 de Plutarco; también aparece en Estobeo, Anthology 13.28, pero el comentario del campesino se dirige a Antípatro.

136. Filón, On the Life of Moses 1.47 (énfasis añadido).

137. CIJ 2 (énfasis añadido).

138. b. Berakhot 28b.

139. Comparar 1 Enoc 13.5, que en referencia a los ángeles caídos afirma que "no levantaron los ojos al cielo por vergüenza de sus pecados".

140. Para las diversas conexiones entre la parábola y Josefo, ver Josefo, Jewish Antiquities 17.219-20, 223, 227, 237, 239, 300, 302, 320, 339; Jewish War 2.14, 19, 22, 93.

141. Por ejemplo, "El rabino Abba solía envolver el dinero en su pañuelo" (b. Ketubbot 67b); "si alguien da dinero a otro para que lo guarde, y éste lo envuelve en un pañuelo" (m. Bava Metzi'a 3.10).

142. De una combinación entre Salem (Gn 14:18) y shalom, la palabra hebrea para "paz"; según Genesis Rabbah 56.10 (sobre Gn 22:14), "Jerusalén" significa "verá la paz".

143. Josefo, Jewish War 6.300-309.

144. Ver Josefo, Jewish Antiquities 18.63-64, en referencia a los "primeros hombres" que condenaron a Jesús; ver también 11.140-41; 18.121; 20.251.

145. Esther Rabbah 7.10 (sobre Ester 3:6).

146. Ver también Josefo, Jewish War 2.154-66.

147. Gn 38:8; Dt 25:5-6; Rut 4; Josefo, Jewish Antiquities 4.254-56. Para un ejemplo de siete hombres que se casaron con una mujer y no tuvieron hijos, ver Tb 3:7-15.

148. En 2 Baruc 51.10 se dice que los justos "serán como los ángeles"; cf. 2 Enoc 22.10. Según b. Berakhot 17a, "en el mundo venidero no hay [...]

propagación".

149. Ver Salmos de Salomón 17.21 (siglo I a. C.).

150. Dio Cocceianus, Orations 13.32.30.

151. Elio Arístides, Platonic Discourses 307.6.

152. m. Sheqalim 6.5.

153. Para ver las similitudes con esta idea, ver Julianus de Egipto, Greek Anthology 6.25; tomar en cuenta Leviticus Rabbah 3.5 (sobre Lv 1:17): "Se considera como si ella [una viuda pobre] hubiera sacrificado su propia vida".

154. Josefo, Jewish Antiquities 15.395.

155. Tácito, Histories 5.8.1. Ver la extensa descripción del templo en Josefo, Jewish War 5.184-247.

156. Algunos ejemplos de Jewish Antiquities son el samaritano sin nombre (18.85-87), un hombre llamado Teudas (20.97-98) y el judío sin nombre de Egipto (20.169-70).

157. Josefo, Jewish War 7.79, 89-95.

158. Ver también 2 Baruc 27.2, 7; Testamento de Moisés 10.4.

159. Ver 2 Mac 5:2-3; Sibylline Oracles 3.796-808; 8.175; Testamento de Judá 23.3.

160. Por ejemplo, Aristófanes, Women of the Assembly 117.

161. Ver Tácito, Annals 15.38-44; Suetonio escribió: "El castigo fue infligido a los cristianos, una clase de hombres entregados a una nueva y maliciosa superstición" (Nero 16.2).

162. Plinio, Natural History 17.1.5; Suetonio, Nero 38.1-3; Cassio Dio, Roman History 62.6.

163. Ver también 1 Enoc 80.4-7; Testamento de Moisés 10.5.

164. "El sumo sacerdote Ananías [...] era un gran acaparador de dinero; cultivaba la amistad de [el gobernador romano] Albino, y del sumo sacerdote Josué, dándoles sobornos" (Josefo, Jewish Antiquities 20.205).

165. Brabio, Fables 138.7-8; Livio, History of Rome 1.11.6-7; 5.27.6-10.

166. Demóstenes, On the Liberty of the Rhodians 23; On the Crown 46-49.

167. Inscripción en el calendario de Priene = OGIS 458 (a. C.).

168. Como en el Testamento de Benjamín 3.3: "Aunque los espíritus de Beliar traten de trastornarte con toda clase de opresiones perversas, no te dominarán".

169. Ver Juan 21:18-19; Eusebio, Ecclesiastical History 2.25.5, donde se nos dice que bajo Nerón "Pedro fue crucificado".

170. Ver b. Eruvin 53b.

171. Filón, On the Embassy to Gaius 301-302.

172. Josefo, Jewish War 2.171-74; Jewish Antiquities 18.55-59.

173. Josefo, Jewish Antiquities 15.373, 409.

174. Filón, Against Flaccus 36-39.

175. Josefo, Jewish War 6.205-12.

176. Genesis Rabbah 5.9 (sobre Gn 1:13).

177. Josefo, Jewish Antiquities 14.309.

178. Josefo, Jewish Antiquities 7.252. Ver también Arriano, Anabasis of Alexander 7.24.3.

179. CIL XXI.521.

180. Exodus Rabbah 5.14 (sobre Ex 5:2); ver también Leviticus Rabbah 6.6 (sobre Lv 5:1).

181. Josefo, Jewish War 7.217; ver también 1 Mac 9:50.

182. Ver Jue 13:16; Tb 12:19; Filón, On the Life of Abraham 118.

183. b. Sanhedrin 97b. Ver también Testamento de Judá 23.5; Pirqe Rabbi Eliezer 43.

Juan

1. Ver Juan 13:23; 19:26; 20:2; 21:7, 20; cf. 21:24. Ver también 1:35-40; 18:15-16; cf. 20:2.

2. Mt 17:1-3; Mc 5:37-43; 9:2-3; 14:33-34; Lc 9:28-29.

3. Ireneo, Against Heresies 3.1.1-2.

4. Clemente de Alejandría, citado por Eusebio, Ecclesiastical History 6.14.7.

5. Ver D. H. Johnson, "Life", DJG1 págs. 469-471; C. Hartsock, "Light and Darkness", DJG2 págs. 522-523.

6. Leon Morris, The Gospel according to John, NICNT, ed. rev. (Grand Rapids: Eerdmans, 1995), págs. 74-75.

7. 2 Baruc 59.2. Todas las citas de los Pseudepígrafos se han extraído de James H. Charlesworth, The Old Testament Pseudepigrapha, vol. 2 (Nueva York: Doubleday, 1983).

8. Todas las citas de los Rollos del Mar Muerto son de Florentino García Martínez y Eibert J. C. Tigchelaar, The Dead Sea Scrolls Study Edition, vol. 2 (Leiden: Brill, 1997-1998).

9. T. E. Pollard, "The Father-Son and God-Believer Relationships according to St. John: A Brief Study of John's Use of Prepositions", en L'Évangile de Jean: Sources, rédaction, théologie, ed. M. de Jonge, BETL 44 (Gembloux: Duculot, 1977), págs. 363-369, especialmente pág. 367.

10. Ver R. K. Harrison, "Firstborn", BEB 1:791.

11. Daniel B. Wallace, Greek Grammar beyond the Basics (Grand Rapids: Zondervan, 1996), pág. 360.

12. Ver R. A. Horsley, "Messianic Movements in Judaism", ABD 4:791-97; Stuart D. Sacks, "Messiah", BEB 2:1446-49.

13. Cf. 4 Esdras 6.26-27. Todas las citas de los apócrifos son de la NRSV (de la versión en inglés), a menos que se indique lo contrario.

14. 1QRule of the Community 9.11.

15. 1QRule of the Community 8.12-14.

16. Ver m. Parah 11.6.

17. Ver y. Qiddushin 3.15 64d.

18. Morris, John, pág. 123. Sobre las prácticas judías sobre el bautismo, ver Craig Keener, The Gospel of John: A Commentary, vol. 2 (Peabody, Massachusetts: Hendrickson, 2003), 1:440-48.

19. b. Ketubbot 96a. Ver David Daube, The New Testament and Rabbinic Judaism (Londres: Athlone, 1956), págs. 266-267.

20. Ver R. Riesner, "Archaeology and Geography", DJG2 págs. 47, 52-53.

21. Sobre el uso de "Cristo" como título, ver L. W. Hurtado, "Christ", DJG1 págs. 106-117.

22. Ver William Horbury, Jewish Messianism and the Cult of Christ (Londres: SCM, 1998), cap. 1.

23. 4QAramaic Apocalypse 2.1.

24. m. Avot 5.21. Todas las citas de la Mishná son de The Mishnah: A New Translation, trad. Jacob Neusner (New Haven: Yale University Press, 1988).

25. Ver D. J. Williams, "Bride, Bridegroom", DJG1 págs. 86-88; S. Safrai, "Home and Family", en The Jewish People in the First Century: Historical Geography, Political History, Social, Cultural, and Religious Life and Institutions, ed. S. Safari y M. Stern, vol. 2, CRINT 1/1 (Filadelfia: Fortress, 1974-1976), 2:728-92; J. D. M. Derrett, Law in the New Testament (Londres: Darton, Longman & Todd, 1970), págs. 227-238; Everett Ferguson, Backgrounds of Early Christianity, 2da ed. (Grand Rapids: Eerdmans, 1993), págs. 68-69; Keener, John, 1:498-99.

26. Ver Gn 29:27; Jue 14:12; Tb 8:20; y. Ketubbot 1.1 25a.

27. b. Pesahim 109a. Todas las citas del Talmud son de The Babylonian Talmud, vol. 18 (Londres: Soncino, 1935-1952).

28. Ver también Jer 31:12; Oseas 14:7; 2 Baruc 29.5; 1 Enoc 10.19.

29. Ver A. J. Köstenberger, "Wine", DJG2 págs. 993-995; Keener, John, 1:500, 503.

30. Josefo, Jewish War 5.222-23.

31. Josefo, Jewish Antiquities 15.417.

32. Ephraim Stern, ed., The New Encyclopedia of Archaeological Excavations in the Holy Land, vol. 5 (Nueva York: Simon & Schuster, 1992), 2:744; Alan Millard, Discoveries from Bible Times (Oxford: Lion, 1997), pág. 243.

33. Esta práctica está explícitamente permitida para la entrega de los diezmos anuales (ver Dt 14:22-26).

34. Ver m. Bekhorot 8.7; Josefo, Jewish Antiquities 3.193-96.

35. y. Ta'anit 4.5; b. Rosh HaShanah 31a-b. Ver Grant R. Osborne, Matthew, ZECNT (Grand Rapids: Zondervan, 2010), pág. 762.

36. Josefo, Jewish Antiquities 15.380, 421.

37. Josefo, Jewish Antiquities 20.219.

38. Ver G. H. Twelftree, "Sanhedrin", DJG2 págs. 836-840.

39. Andreas J. Köstenberger, "The Seventh Johannine Sign: A Study in

John's Christology", BBR 5 (1995): págs. 90-91.

40. Damascus Documentb 20.3-4.

41. 1QRule of the Community 1.5-6; cf. 5.3-4.

42. m. Sanhedrin 3.5; ver Keener, John, 1:579-80; m. Bava Batra 9.4; Exodus Rabbah 20.8.

43. "σφράγις", NIDNTTE 4:410-16.

44. Leviticus Rabbah 15.2. Ver D. A. Carson, The Gospel according to John, PNTC (Grand Rapids: Eerdmans, 1991), pág. 213.

45. Josefo, The Life 269; cf. Josefo, Jewish Antiquities 20.118.

46. m. Niddah 4.1-2.

47. m. Berakhot 7.1; 8.8. Ver David Daube, "Jesus and the Samaritan Woman: The Meaning of συγχράομαι", JBL 69 (1950): págs. 137-147; Daube, The New Testament and Rabbinic Judaism, págs. 373-382; J. D. M. Derrett, "The Samaritan Woman's Purity (John 4.4–52 [sic])", EvQ 60 (1988): págs. 291-298.

48. Ver Carson, John, pág. 220.

49. Citado en A. Cowley, "The Samaritan Doctrine of the Messiah", Expositor 5, N° 1 (1895): pág. 163.

50. Ver John Bowman, "Samaritan Studies", BJRL 40 (1958): págs. 298-308.

51. m. Avot 1.5.

52. Para Filón, ver On the Special Laws 2.198. Ver Craig R. Koester, "'The Savior of the World' (John 4:42)", JBL 109 (1990): págs. 665-680, especialmente págs. 666-667; HCNT 268.

53. Ver Gustaf Dalman, Sacred Sites and Ways: Studies in the Topography of the Gospel, trad. Paul P. Levertoff (Londres: SPCK, 1935), pág. 105.

54. Ver J. H. Walton, "Retribution," en Dictionary of the Old Testament: Wisdom, Poetry & Writings, ed. Tremper Longman III y Peter Enns (Downers Grove, Illinois: InterVarsity, 2008), págs. 653-654.

55. Ver Carson, John, pág. 247.

56. m. Berakhot 5.5.

57. Andreas J. Köstenberger, The Missions of Jesus and the Disciples according to the Fourth Gospel: With Implications for the Fourth Gospel's Purpose and the Mission of the Contemporary Church (Grand Rapids: Eerdmans, 1998), págs. 115-121; ver también "ἀποστέλλω", NIDNTTE 1:365-67.

58. m. Ketubbot 2.9.

59. Ver Morris, John, 289n100; Carson, John, 261; C. K. Barrett, The Gospel according to St. John: An Introduction with Commentary and Notes on the Greek Text, 2da ed. (Filadelfia: Westminster, 1978), pág. 265. La literatura judía del Segundo Templo comparaba la lámpara encendida (Si 48:1).

60. m. Avot 2.7.

61. Assumption of Moses 11.17.

62. Ver b. Berakhot 50b; 52b.

63. Carson, John, pág. 275.

64. Por ejemplo, Genesis Rabbah 54.1 entiende que el pan y el agua mencionados en Pr 25:21 se refieren a la Torá. Ver también Genesis Rabbah 70.5; Song of Songs Rabbah 1.2 §3.

65. Maarten J. J. Menken, Old Testament Quotations in the Fourth Gospel: Studies in Textual Form, CBET 15 (Kampen, Países Bajos: Kok Pharos, 1996), págs. 47-54. Ver Sal. 105:40; Neh 9:15.

66. Sab 16:20; también 2 Esd 1:19.

67. 2 Baruc 29.8. Ver Sibylline Oracles fragmento 3.49, que habla del banquete de maná como una recompensa eterna para los que honran a Dios.

68. La Fiesta de los tabernáculos se menciona en Lv 23:33-44; Nm 29:12-39; Dt 16:13-15; Neh 8:13-18; Oseas 12:9; Zec 14:16-19.

69. Para otras fuentes rabínicas, ver Pesiqta Rabbati 52.3-6; b. Sukkah 30a-41b. Ver B. H. Grigsby, "'If Any Man Thirsts...': Observations on the Rabbinic Background of John 7,37–39", Bib 67 (1986): págs. 101-108.

70. m. Sukkah 4.1, 9-10. Para más detalles sobre la celebración del agua, ver Keener, John, 1:722-24.

71. m. Sukkah 5.1.

72. m. Sukkah 5.2-3.

73. Para más detalles, ver m. Sukkah, especialmente 4.1, 9-10; 5.1-5. Ver también G. H. Twelftree, "Feasts", DJG2 pág. 274.

74. Para Teudas, ver Josefo, Jewish Antiquities 20.97-98; cf. Hechos 5:36; para el egipcio, ver Josefo, Jewish Antiquities 20.169-72; cf. Hechos 21:38. Ver también la mención de Josefo a un "impostor" (Jewish Antiquities 20.188) y a Jonatán, que afirmó que mostraría "signos y apariciones" (Jewish War 7.437-42).

75. Chris Keith, "The Claim of John 7:15 and the Memory of Jesus's Literacy", NTS 56 (2010): págs. 50-54.

76. Ver 1 Enoc 48.2-7; 62.7; 4 Esdras 12.32; 13.25-26, 51-52.

77. Carson, John, págs. 317-318.

78. Ver Morris, John, págs. 370-371.

79. Ver Carson, John, págs. 326-28.

80. Tanto Is 12 como Zac 14 se asociaron con la fiesta. Para más detalles, ver Andreas Köstenberger, "John", CNTUOT 453-454.

81. Ver m. Avot 2.8; 6.1; y. Sukkah 5.8 55a. Ver también Joel Marcus, "Rivers of Living Water from Jesus' Belly (John 7:38)", JBL 117 (1998): págs. 328-330.

82. 1QRule of the Community 9.11.

83. m. Sanhedrin 3-5. Ver Severino Pancaro, "The Metamorphosis of a Legal Principle in the Fourth Gospel: A Closer Look at Jn 7,51", Bib 23 (1972): págs. 340-351.

84. Para un análisis de las pruebas textuales, ver Bruce M. Metzger, A

Textual Commentary on the Greek New Testament, ed. rev. (Nueva York: United Bible Societies, 1994), págs. 187-189.

85. Por ejemplo, Rabbi Yohanan ben Zakkai (b. Ber. 28b).

86. Ver también Job 33:30; Sal 36:9; 4 Baruc 9.3; 1 Enoc 58.3-6; 92.4; 1QRule of the Community 3.7.

87. Josefo, Jewish War 3.375-77. Aunque veremos pasajes como Jue 16:30 y 2 Mac 14:37-46, casos excepcionales en los que quitarse la vida se consideraba un acto de valentía.

88. Ver Arthur J. Droge y James D. Tabor, A Noble Death: Suicide and Martyrdom among Christians and Jews in Antiquity (San Francisco: HarperSanFrancisco, 1992).

89. Ver Is 41:4; 43:25; 46:4; 48:12; también Dt 32:39.

90. m. Berakhot 5.5.

91. M. J. Wilkins, "Disciples and Discipleship", DJG2 pág. 203.

92. m. Avot 1.1.

93. b. Yoma 28b.

94. m. Avot 3:5. Ver Carson, John, pág. 349.

95. Ver Epicteto, Discourses 4.1.114; ver también 1.19.9; 4.7.16-17. Ver HCNT 282.

96. 1QRule of the Community 3.17-19; cf. Damascus Documenta 2.14-16.

97. Ver Herman Ridderbos, Paul: An Outline of His Theology, trad. John Richard de Witt (Grand Rapids: Eerdmans, 1975), págs. 130-135, especialmente 131n98.

98. Testamento de Asher 3.2.

99. Sab 2:23-24. Ver también Si 25:24, donde el pecado y la muerte están vinculados a la transgresión de Eva. Para más información, ver Köstenberger, "John", pág. 458.

100. Ver Nm 4:3, 39; 8:24-25. Ver Colin G. Kruse, The Gospel according to John: An Introduction and Commentary, TNTC (Nottingham, Reino Unido: Inter-Varsity, 2003), pág. 217.

101. m. Avot 5.21. Ver George R. Beasley-Murray, John, 2da ed., WBC 36 (Waco: Word, 1987), pág. 139.

102. m. Sanhedrin 7.4. Ver Carson, John, pág. 358.

103. Ver Walton, "Retribution", págs. 653-654.

104. Ver t. Sanhedrin 12.10.

105. Ver Carson, John, págs. 363-364.

106. Ver Joachim Jeremias, "The Samaritans", en Jerusalem in the Time of Jesus: An Investigation into Economic and Social Conditions during the New Testament Period, trad. F. H. Cave y C. H. Cave (Londres: SCM, 1969), págs. 116-119.

107. P. H. Davids, "Rich and Poor", DJG1 pág. 704; C. M. Hays, "Rich and Poor", DJG2 págs. 800-802.

108. Ver Tb 4:6-11, 16; 14:2, 8-11; Si 3:30-31; 35:1-4; m. Avot 1.2.

109. Ver Carson, John, pág. 368; Keener, John, 1:788.

110. m. Niddah 5.6; m. Avot 5.21.

111. 1QRule of the Community 6.24-7.25. Ver Keener, John, 1:787.

112. Ver también LXX Jer 13:16; 2 Cr 30:8; m. Sanhedrin 6.2. Ver Colleen M. Conway, Men and Women in the Fourth Gospel: Gender and Johannine Characterization, SBLDS 167 (Atlanta: Scholars Press, 1999), pág. 131.

113. Carson, John, pág. 373; Jacob Milgrom, Numbers: The Traditional Hebrew Text with the New JPS Translation, JPSTC (Filadelfia: Jewish Publication Society, 1990), págs. 95-96.

114. m. Avot 1.1-18. Ver Jacob Neusner, The Oral Torah: The Sacred Books of Judaism; An Introduction (San Francisco: Harper & Row, 1986), vii–viii, págs. 47-55.

115. Tb 2:10; 11:10-14. Ver Carson, John, pág. 292.

116. Sal 146:8; Is 29:18; 35:5; 42:6-7, 18.

117. Gustaf Dalman, Arbeit und Sitte in Palästina, vol. 7 (Gütersloh, Alemania: Bertelsmann; Hildesheim, Germany: Olms, 1928-1939), 6:284-85.

118. K. Lewis, "Shepherd, Sheep", DJG2 págs. 859-861. La imagen del pastoreo se extiende por el A. T. (p. ej., Gn 49:24; Sal 23:1-4; 77:20; 78:52; Is 63:11, 14; Miq 2:12). Ver Urban C. von Wahlde, The Gospel and Letters of John, vol. 3, ECC (Grand Rapids: Eerdmans, 2010), 2:453.

119. C. T. Wilson, Peasant Life in the Holy Land (Londres: John Murray, 1906), pág. 165; Dalman, Arbeit und Sitte in Palästina 6:250-51; Keener, John, 1:805.

120. Carson, John, pág. 383.

121. William Barclay, The Gospel of John, ed. rev., vol. 2 (Filadelfia: Westminster, 1975), 2:58; ver E. F. Bishop, "The Door of the Sheep—John x.7–9", ExpTim 71 (1959-1960): págs. 307-309.

122. Para más ejemplos de "ladrones y asaltantes", ver Andreas J. Köstenberger, John, BECNT (Grand Rapids: Baker Academic, 2004), pág. 303.

123. Gn 48:15; 49:24; Sal 23:1; 28:9; 74:1; 77:20; 78:52; 79:13; 80:1; 95:7; 100:3; Is 40:11; Jer 3:15; 23:1-6; Ez 34:11-31. Ver J. G. S. S. Thomson, "The Shepherd-Ruler Concept in the Old Testament and Its Application in the New Testament", SJT 8 (1955): págs. 406-418.

124. Jer 23:1-4; Zc 11:4-17.

125. 2 S 5:2; Sal 78:70-72; Is 63:11; Ez 37:24; Miq 5:3-5.

126. Ver Salmos de Salomón 17.21-44, especialmente v. 40; also 2 Baruc 77.13-17; Damascus Documenta 13.7-9. Para un análisis de las imágenes de pastores mesiánicos en la literatura del Segundo Templo, ver Andreas J. Köstenberger, "Jesus the Good Shepherd Who Will Also Bring Other Sheep (John 10:16): The Old Testament Background of a Familiar Metaphor", BBR 12 (2002): págs. 75-86.

127. Barrett, John, pág. 374.

128. m. Bava Metzi'a 7.8-9. Ver Dalman, Arbeit und Sitte in Palästina 6:233-35; Morris, John, pág. 454.

129. Sal 22:27-28; 102: 13, 15-16, 21-22; Is 19:24-25; Ez 37:15-28; Amos 9:11-12; Miq 2:12; Zc 2:10-11; 8:18-23. Ver Andreas J. Köstenberger y Peter T. O'Brien, Salvation to the Ends of the Earth: A Biblical Theology of Mission, NSBT (Downers Grove, Illinois: InterVarsity, 2001), págs. 25-71; Christopher J. H. Wright, The Mission of God: Unlocking the Bible's Grand Narrative (Downers Grove, Illinois: InterVarsity, 2006), págs. 474-500.

130. m. Sanhedrin 7.5.

131. Carson, John, pág. 396. Para la acusación de blasfemia, ver Larry W. Hurtado, "Pre–70 CE Jewish Opposition to Christ-Devotion", JTS 50 (1999): pág. 35-58, especialmente pág. 36-37.

132. Severino Pancaro, The Law in the Fourth Gospel: The Torah and the Gospel, Moses and Jesus, Judaism and Christianity according to John, NovT-Sup 42 (Leiden: Brill, 1975), págs. 175-192.

133. Ver Riesner, "Archaeology and Geography", pág. 47; W. H. Brownlee, "Whence the Gospel according to John?", en John and Qumran, ed. James H. Charlesworth (Londres: Chapman, 1972), págs. 167-174.

134. L. J. Kreitzer, "Travel in the Roman World", DJG1 pág. 945.

135. Carson, John, pág. 409; ver H. Balz, "ὕπνος", TDNT 8:552.

136. Leviticus Rabbah 18.1; ver Ecclesiastes Rabbah 12.6.

137. m. Yevamot 16.3; Leviticus Rabbah 18.1. Ver J. B. Green, "Burial of Jesus", DJG1 pág. 89.

138. Raymond E. Brown, The Gospel according to John: Introduction, Translation, and Notes, vol. 2, AB 29, 29A (Garden City, Nueva York: Doubleday, 1966-1970), 1:424.

139. Para ver cómo se desarrolla la esperanza de la resurrección en el resto del A. T., ver Mitchell L. Chase, "'From Dust You Shall Arise': Resurrection Hope in the Old Testament", SBJT 18, N° 4 (2014): págs. 9-29; Byron Wheaton, "As It Is Written: Old Testament Foundations for Jesus' Expectation of Resurrection", WTJ 70 (2008): págs. 245-253; Robin L. Routledge, "Death and Afterlife in the Old Testament", JEBS 9 (2008): págs. 22-39.

140. Ver Richard Bauckham, "Life, Death, and the Afterlife in Second Temple Judaism", en Life in the Face of Death: The Resurrection Message of the New Testament, ed. Richard N. Longenecker (Grand Rapids: Eerdmans, 1998), págs. 80-95.

141. m. Ketubbot 10.1; cf. m. Berakhot 9.5.

142. m. Ketubbot 4.4. Ver Carson, John, pág. 415.

143. Michael Avi-Yonah, The World of the Bible: The New Testament (Yonkers, Nueva York: Educational Heritage, 1964), pág. 147; Keener, John, 2:848; m. Bava Batra 6.8; m. Ohalot 2.4.

144. Carson, John, págs. 418-419.

145. R. B. Edwards, "Rome", DJG1 págs. 171-173. El destino del templo y de la nación se relaciona en 2 Mac 5:19-20.

146. Ver R. K. Duke, "Priests, Priesthood", en Dictionary of the Old Testament: Pentateuch, ed. T. Desmond Alexander y David W. Baker (Downers Grove, Illinois: InterVarsity, 2003), pág. 653; C. Van Dam, "Priestly Clothing", en Alexander y Baker, Dictionary of the Old Testament: Pentateuch, pág. 644.

147. Josefo, Jewish Antiquities 11.327-39; 13.299-300. Ver C. H. Dodd, "The Prophecy of Caiaphas: John 11:47–53", en More New Testament Studies (Manchester, Reino Unido: Manchester University Press, 1968), págs. 58-68. Ver también Josefo, Jewish War 1.68-69; Jewish Antiquities 6.115-16; 13.282-83.

148. Sal 106:47; 107:3; Is 11:12; 43:5-7; 49:5; Jer 23:3; 31:8-14; Ez 34:11-16; 36:24-28; 37:21-28; Miq 2:12.

149. Is 2:2-3; 56:6-8; 60:6; Zc. 14:16.

150. Andreas J. Köstenberger, "The Date of Jesus's Crucifixion", ESV Study Bible (Wheaton: Crossway, 2008), págs. 1809-1810; Colin J. Humphreys y W. G. Waddington, "The Jewish Calendar, A Lunar Eclipse and the Fate of Christ's Crucifixion", TynBul 43 (1992): págs. 331-351; Harold W. Hoehner, Chronological Aspects of the Life of Christ, CEP (Grand Rapids: Zondervan, 1977), especialmente págs. 44, 63, 143.

151. Josefo, Jewish War 6.423-25.

152. Wolfgang Reinhardt, "The Population Size of Jerusalem and the Numerical Growth of the Jerusalem Church", en The Book of Acts in Its Palestinian Setting, ed. Richard Bauckham, BAFCS 4 (Grand Rapids: Eerdmans, 1995), págs. 262-263.

153. R. K. Harrison, Healing Herbs of the Bible (Leiden: Brill, 1966), págs. 48-49; Winifred Walker, All the Plants of the Bible (Londres: Lutterworth, 1958), pág. 196.

154. D. H. Engelhard, "Anoint; Anointing", ISBE 1:129.

155. Homer, Odyssey 19.503-7; Ateneo, The Deipnosophists 12.553. Para una lista más detallada de las referencias antiguas a la unción de los pies, ver J. F. Coakley, "The Anointing at Bethany and the Priority of John", JBL (1988): págs. 247-248.

156. Ver Nm 5:18; Morris, John, págs. 512. Ver también Coakley, "The Anointing at Bethany", págs. 246-252.

157. Carson, John, pág. 429.

158. J. F. Coakley, "Jesus's Messianic Entry into Jerusalem (John 12:12–19 par.)", JTS 46 (1995): pág. 472; W. R. Farmer, "The Palm Branches in John 12:13", JTS 3 (1952): págs. 62-66; Carson, John, pág. 432; ver Gary M. Burge, John, NIVAC (Grand Rapids: Zondervan, 2000), pág. 341.

159. m. Pesahim 5.7; 9.3; 10.7. Ver Coakley, "Jesus's Messianic Entry into Jerusalem", págs. 473-474; Solomon Zeitlin, "The Hallel", JQR 53 (1962):

págs. 22-29.

Referencias de las páginas 980-983

160. Brown, John, 1:457; Köstenberger, "John", págs. 470-471; Nancy DeClaissé-Walford, Rolf A. Jacobson, y Beth LaNeel Tanner, The Book of Psalms, NICOT (Grand Rapids: Eerdmans, 2014), pág. 864.

161. b. Sanhedrin 90b. El dicho se atribuye al rabino Meir (ca. 150 d. C.).

162. Ver las referencias en Andreas J. Köstenberger, "Jesus as Rabbi in the Fourth Gospel", BBR 8 (1998): pág. 119, especialmente n90.

163. Ver A. F. Segal, "Ruler of This World: Attitudes about Mediator Figures and the Importance of Sociology for Self-Definition", en Jewish and Christian Self-Definition, ed. E. P. Sanders, vol. 3 (Filadelfia: Fortress, 1981), 2:245-68, 403-13.

164. Jubileos 10.8; 11.5, 11; 1QRule of the Community 1.18; 2.5, 19; 1QWar Scroll 1.5; 4.2; 13.2, 4-5, 11-12; 14.9, 10; 15.2-3; Damascus Documenta 12.2.

165. Por ejemplo, 1 Enoc 62.14; Salmos de Salomón 17.4.

166. Este uso de halak ("caminar") es muy común (p. ej., Ex. 18:20; Lv 18:3-4; Dt 5:33; Jue 2:17; Pr 2:20).

167. Ver Carson, John, pág. 446.

168. Por ejemplo, 1QRule of the Community 1.9; 2.16-17; 3.13, 24, 25; 1QWar Scroll 1.1, 3, 9, 11, 13.

169. Ver Craig A. Evans, "On the Quotation Formulas in the Fourth Gospel", BZ 26 (1982): págs. 79-83; Evans, "Obduracy and the Lord's Servant: Some Observations on the Use of the Old Testament in the Fourth Gospel", en Early Jewish and Christian Exegesis: Studies in Memory of William Hugh Brownlee, ed. Craig A. Evans y William F. Stinespring (Atlanta: Scholars Press, 1987), especialmente págs. 225-226. Ver también Köstenberger, "John", págs. 476-483.

170. Craig A. Evans, To See and Not Perceive: Isaiah 6.9–10 in Early Jewish and Christian Interpretation, JSOTSup (Sheffield: JSOT Press, 1989), págs. 132-134.

171. Por ejemplo, ver Gn 18:4; 19:2; 24:32; 43:24; Jue. 19:21; 1 S 25:41; Testamento de Abraham 3.7-9; Joseph and Aseneth 7.1. Ver John Christopher Thomas, Footwashing in John 13 and the Johannine Community, JSNTSup 61 (Sheffield: JSOT Press, 1991), págs. 35-40, 46-50, que también enumera ejemplos grecorromanos.

172. Mekilta Exodus 21.2. La Mekilta registra comentarios sobre el libro del Éxodo, posiblemente basados en discusiones que tuvieron lugar a mediados del siglo II d. C. Ver Günter Stemberger, Introduction to the Talmud and Midrash, trad. Y ed. Markus Bockmuehl, 2da ed. (Edimburgo: T&T Clark, 1996), pág. 255.

173. Suetonio, Caligula 26.2. Ver Carson, John, pág. 463.

174. Ver Keener, John, 2:909.

175. Barrett, John, pág. 441. Ver Plutarco, Cato the Younger 67.1; Pompeius 55.6; Luciano, The Dream 7.9; Timon 54; The Passing of Peregrinus 6.

176. Para ejemplos de la literatura griega, ver Diodoro Sículo, Library of History 30.8; Plutarco, Marcellus 20.1.

177. Ver 2 Mac 6:31; 4 Mac 17:22-23; Josefo, Jewish War 6.103, 106.

178. Hesíodo, Works and Days 826-827; Séneca, Moral Epistles 75.7.

179. Ver Herman Ridderbos, The Gospel according to John: A Theological Commentary, trad. John Vriend (Grand Rapids: Eerdmans, 1997), pág. 467.

180. Morris, John, págs. 555-556; ver Joachim Jeremias, The Eucharistic Words of Jesus, trad. Norman Perrin (Londres: SCM, 1966), págs. 48-49.

181. Ver Carson, John, pág. 475.

182. Jeremias, The Eucharistic Words of Jesus, pág. 54. Para un debate sobre la limosna y la caridad, ver Jeremias, Jerusalem in the Time of Jesus, págs. 116-119, 126-134.

183. Carson, John, pág. 483.

184. Ver también Gn 49; Jos 23-24; 1 S 12; 1 Reyes 2:1-12; 1 Cr 28-29.

185. Testamento de los doce patriarcas; Assumption of Moses; ver también Jubileos 22.10-30; 1 Mac 2:49-70; Josepfo, Jewish Antiquities 12.279-84. Sobre los antiguos discursos de despedida, ver L. S. Kellum, "Farewell Discourse", DJG2 págs. 266-269.

186. Ver Brown, John, 2:611.

187. Ver Testamento de Gad 4.1-2; 6.1; Testamento de Zabulón 5.1; 8.5; Testamento de José 17.1-2; Testamento de Isacar 7.6-7; Testamento de Simeón 4.7; Testamento de Rubén 4.5.

188. 1QRule of the Community 1.9. Josefo señala esto como un distintivo de los esenios (Jewish War 2.119).

189. m. Avot 1.12.

190. Para la idea de que la "casa del padre" representa una familia en la Septuaginta y en la literatura del Segundo Templo, ver James McCaffrey, The House with Many Rooms: The Temple Theme of Jn. 14,2–3, AnBib 114 (Roma: Editrice Pontificio Istituto Biblico, 1998), págs. 50-51.

191. Peter W. L. Walker, Jesus and the Holy City: New Testament Perspectives on Jerusalem (Grand Rapids: Eerdmans, 1996), págs. 186-190, especialmente pág. 188.

192. Tb 1:3; ver también Sab 5:6.

193. Ver 1QRule of the Community 4.2-8 y 4.9-17, respectivamente.

194. Morris, John, pág. 571.

195. Leviticus Rabbah 6.1.

196. Por ejemplo, Testamento de Judá 20.1-5, que habla del "espíritu de la verdad y el espíritu del error". Ver Carson, John, pág. 500. Ver 1QRule of the Community 3.17-19; 4.20-26; 1QWar Scroll 13.1-13; también Jubileos 25.14; Joseph and Aseneth 19.11, donde no se menciona ningún espíritu

contrastante.

197. 1QPesher to Habakkuk 2.1-2. Ver Shani Berrin Tzoref, "Pesharim", EDEJ págs. 1052-1053.

198. Ernst Bammel, "The Farewell Discourse of the Evangelist John and Its Jewish Heritage", TynBul 44 (1993): pág. 108.

199. Is 44:21; Jubileos 32.25.

200. Ver Leon Morris, The Apostolic Preaching of the Cross, 3ra ed. (Londres: Tyndale, 1965), págs. 237-244.

201. Beasley-Murray, John, pág. 262.

202. Carson, John, pág. 513.

203. Ver también Sal 80:8-17; Is 27:2-6; Jer 2:21; 6:9; 12:10-13; Ez 15:1-8; 17:5-10; 19:10-14; Oseas10:1-2; 14:7; Si 24:17-23; 2 Esd 5:23; Leviticus Rabbah 36.2.

204. Si 24:17-23 y 2 Baruc 39.7, respectivamente.

205. Carson, John, págs. 513-514; E. M. Sidebottom, "The Son of Man as Man in the Fourth Gospel", ExpTim 68 (1956-1957): pág. 234; Bruce Vawter, "Ezekiel and John", CBQ 26 (1964): págs. 450-458; Barrett, John, pág. 472; R. A. Whitacre, "Vine, Fruit of the Vine", DJG1 págs. 867-868.

206. Dalman, Arbeit und Sitte in Palästina 4:312–13; Brown, John, 2:675; Rudolf Schnackenburg, The Gospel according to St. John, trad. Cecily Hastings et al., vol. 3 (Nueva York: Crossroad, 1990), 3:97.

207. F. G. Engel, "The Ways of Vines", ExpTim 60 (1948-1949): pág. 111.

208. Filón, On Dreams 2.64.

209. Carson, John, pág. 517.

210. Aristóteles, Nicomachean Ethics 9.8.9; ver también Platón, Symposium 179B. Ver G. Stählin, "φίλος", TDNT 9:151-54; Bruce J. Malina y Richard L. Rohrbaugh, Social-Science Commentary on the Gospel of John (Minneapolis: Fortress, 1998), pág. 236.

211. Jubileos 19.9; Damascus Documenta 3.2; Apocalypse of Abraham 9.6; 10.5.

212. Filón, Who Is the Heir? 21; On the Sacrifices of Cain and Abel 130; On the Cherubim 49; On the Life of Moses 1.156.

213. Damascus Documenta 3.3-4; cf. Jubileos 30.20-21; Sab 7:27.

214. Ver G. Schrenk, "ἐκλέγομαι", TDNT 4:155-68.

215. m. Avot 1.6. Ver Morris, John, 600n36.

216. Marvin E. Tate, Psalms 51–100, WBC 20 (Waco: Word, 1990), pág. 196.

217. Testamento de Judá 20.5.

218. Enoc: Jubileos 4.23; 10.3-4, 17; 1 Enoc 14.1; el escriba: 1 Enoc 89.62-63, 70; 90.17.

219. Filón, On the Life of Moses 2.265; cf. On Giants 54-55. Ver también 1QRule of the Community 4.2.

220. Brown, John, 2:708. Ver Franklin W. Young, "A Study of the Relation

of Isaiah to the Fourth Gospel", ZNW 46 (1955): págs. 224-226.

221. Carson, John, pág. 544. Ver Is 13:8; 21:3; 42:14; Jer 4:31; 6:24; 13:21; 22:23; 30:6; 49:22-24; 50:43; Miq 4:9-10.

222. Ver 1QHodayota 11.8-12; 1 Enoc 62.4; b. Sanhedrin 98b; b. Ketubbot 111a. Ver William H. Brownlee, "Messianic Motifs of Qumran and the New Testament", NTS 3 (1956-1957): págs. 12-30, especialmente pág. 29.

223. Ver Schnackenburg, John, 3:165.

224. Carson, John, pág. 556; Barrett, John, pág. 504.

225. Brown, John, pág. 755; Carson, John, pág. 558; Morris, John, pág. 640; Schnackenburg, John, 3:175.

226. Ver Brown, John, pág. 759; contra Carson, John, pág. 562.

227. Ver Polibio, Histories 11.23.

228. Craig Blomberg, The Historical Reliability of John's Gospel: Issues & Commentary (Downers Grove, Illinois: InterVarsity, 2001), págs. 228-230; Carson, John, pág. 577; Mark W. G. Stibbe, John as Storyteller: Narrative Criticism and the Fourth Gospel, SNTSMS 73 (Cambridge: Cambridge University Press, 1992), pág. 170.

229. Ver Emil Schürer, The History of the Jewish People in the Age of Jesus Christ, ed. Geza Vermes et al., ed. rev., vol. 3 en 4 (Edimburgo: T&T Clark, 1973-1986), 2:203-6.

230. Ver Gerhard Delling, "Baptisma Baptisthēnai", NovT 2 (1957): págs. 92-115, especialmente págs. 110-115; L. Goppelt, "πίνω, ποτήριον", TDNT 6:149-53.

231. Ver también la legislación mishnaica en m. Horayot 3.4; m. Megillah 1.9; m. Makkot 2.6.

232. Josefo, Jewish War 4.151, 160. Ver C. Fletcher-Louis, "Priests and Priesthood", DJG2 pág. 700-701; L. D. Hurst y J. B. Green, "Priest, Priesthood", DJG1 pág. 635; Morris, John, págs. 663-664; Ridderbos, John, pág. 579.

233. m. Sanhedrin 4.1. Ver Keener, John, 2:1087; Carson, John, pág. 583.

234. Carson, John, pág. 583-584.

235. Ver Brown, John, 2:826.

236. Keener, John, 2:1095; Morris, John, pág. 670.

237. Carson, John, pág. 585. Ver P. S. Alexander, "Jewish Law in the Time of Jesus: Towards a Clarification of the Problem", en Law and Religion: Essays on the Place of the Law in Israel and Early Christianity, ed. Barnabas Lindars (Cambridge: James Clarke, 1988), págs. 44-58, especialmente pág. 46-49; Schürer, History of the Jewish People, 2:199-226; Twelftree, "Sanhedrin", págs. 837-839.

238. A. N. Sherwin-White, Roman Society and Roman Law in the New Testament (Oxford: Oxford University Press, 1963), pág. 45; Carson, John, pág. 588.

239. Ver C. C. Torrey, "The Date of the Crucifixion according to the Four-

th Gospel", JBL 50 (1931): págs. 239-240; Carson, John, pág. 590.

240. Ver también H. W. Hoehner, "Pontius Pilate", DJG1 pág. 615.

241. Tácito, Annals 15.44.

242. Josefo, Jewish Antiquities 20.197-203. Ver el debate en Morris, John, págs. 695-697.

243. Josefo, Jewish Antiquities 14.34-36.

244. m. Pesahim 8.6. La existencia de una legislación para tal evento indica que no era inusual. Ver Carson, John, pág. 596.

245. Ver Josefo, Jewish Antiquities 20.208-9; Livio, History of Rome 5.13; Josef Blinzler, The Trial of Jesus: The Jewish and Roman Proceedings against Jesus Described and Assessed from the Oldest Accounts (Westminster, Maryland: Newman, 1959), págs. 218-221.

246. Keener, John, 2:1116.

247. Charles B. Chavel, "The Releasing of a Prisoner on the Eve of Passover in Ancient Jerusalem", JBL 60 (1941): pág. 277.

248. Josefo, Jewish Antiquities 17.285. Ver G. Bornkamm, "ληστής", TDNT 4:257-62.

249. Malina y Rohrbaugh, Social-Science Commentary on the Gospel of John, pág. 263; Sherwin-White, Roman Society and Roman Law, págs. 27-28; Carson, John, pág. 597.

250. Ver Paul Winter, On the Trial of Jesus, ed. T. A. Burkill y Geza Vermes, 2da ed., SJ 1 (Nueva York: de Gruyter, 1974), págs. 148-149.

251. "υἱός", NIDNTTE 4:522-26; O. Michel, "Son", NIDNTT 3:637.

252. Adolf Deissmann, Bible Studies: Contributions, Chiefly from Papyri and Inscriptions, to the History of the Language, the Literature, and the Religion of Hellenistic Judaism and Primitive Christianity, trad. Alexander Grieve (Edimburgo: T&T Clark, 1901), pág. 167.

253. Ernst Bammel, "Philos tou Kaisaros", TLZ 77 (1952): págs. 205-210.

254. Ver Suetonio, Tiberius 58; Tácito, Annals 3.38.

255. Tácito, Annals 6.8.

256. H. W. Hoehner y J. K. Brown, "Chronology", DJG2 pág. 137.

257. Ver Torrey, "The Date of the Crucifixion", págs. 233-236.

258. Ver Mt 27:62; Mc 15:42; Lucas 23:54; Josefo, Jewish Antiquities 16.163.

259. Josefo, Jewish War 6.303-4. Ver Carson, John, pág. 597.

260. Plutarco, On the Delays of Divine Vengeance 554A/B. Ver también Artemidoro, The Interpretation of Dreams 2.56; Chariton, Chaereas and Callirhoe 4.2.7.

261. John Granger Cook, "John 19:17 and the Man on the Patibulum in the Arieti Tomb", EC 4 (2013): págs. 427-453.

262. Ver David W. Chapman, Ancient Jewish and Christian Perceptions of Crucifixion (Grand Rapids: Baker Academic, 2010); Martin Hengel, Crucifixion in the Ancient World and the Folly of the Message of the Cross

(Filadelfia: Fortress, 1977). Para ver una colección completa de materiales de fuentes primarias, ver David W. Chapman y Eckhard J. Schnabel, The Trial and Crucifixion of Jesus: Texts and Commentary, WUNT 344 (Tübingen: Mohr-Siebeck, 2015).

263. Cicerón, Against Verres 2.5.165; 2.5.169.

264. J. Dennis, "Death of Jesus", DJG2 pág. 173-174; Morris, John, 712n46; Keener, John, 2:1134-36; Frederick T. Zugibe, "Two Questions about Crucifixion", BRev 5, N° 2 (1989): págs. 41-43.

265. Keener, John, 2:1137n608.

266. Luciano, Toxaris 22. Ver Brown, John, 2:907.

267. Plutarco, Cato the Elder 336.

268. Barrett, John, pág. 557; J. Massingberd Ford, "'Mingled Blood' from the Side of Christ (John XIX.34)", NTS 15 (1969): págs. 337-338.

269. Ver N. Haas, "Anthropological Observations on the Skeletal Remains from Giv'at ha-Mivtar", IEJ 20 (1970): págs. 38-59; J. Zias y E. Sekels, "The Crucified Man from Giv'at ha-Mivtar", IEJ 35 (1985): págs. 22-27; Hershel Shanks, "New Analysis of the Crucified Man", BAR 11 (Noviembre/Diciembre 1985): págs. 20-21.

270. Brown, John, 2:952-53.

271. Para un debate más amplio, ver Köstenberger, "John", págs. 504-506.

272. Josefo, Jewish War 4.317. Ver D. W. Chapman, "Burial of Jesus", DJG2 pág. 98.

273. Dt 21:22-23; Filón, Against Flaccus 83-86; Quintiliano, Declamations 6.9. Ver Dennis, "Death of Jesus", pág. 175; J. B. Green, "Death of Jesus", DJG1 pág. 147.

274. m. Sanhedrin 6.5; ver también Josefo, Jewish Antiquities 5.1.14 §44. Ver Carson, John, pág. 629.

275. Ver B. F. Westcott, The Gospel according to St. John: The Greek Text with Introduction and Notes, vol. 2 (Londres: Murray, 1908), 2:340.

276. Carson, John, pág. 639.

277. Morris, John, 739n30.

278. m. Rosh HaShanah 1.8. A. J. Köstenberger, "Witness", DJG2 págs. 999-1000; ver Robert G. Maccini, Her Testimony Is True: Women as Witnesses according to John, JSNTSup 125 (Sheffield: Sheffield Academic Press, 1996), págs. 207-233.

279. Ver Köstenberger, The Missions of Jesus and the Disciples, págs. 180-194, especialmente págs. 190-194.

280. J. A. Emerton, "Binding and Loosing—Forgiving and Retaining", JTS 13 (1962): págs. 325-331; Beasley-Murray, John, págs. 383.

281. Carson, John, págs. 657.

282. Adolf Deissmann, Light from the Ancient East: The New Testament Illustrated by Recently Discovered Texts of the Graeco-Roman World, trad. Lionel R. M. Strachan (Londres: Hodder & Stoughton, 1927), págs. 361-362.

283. Suetonio, Domitian 13.2.

284. Brown, John, 2:1069.

285. Morris, John, pág. 763; Avi-Yonah, The World of the Bible, pág. 155.

286. Barrett, John, págs. 580-581; Brown, John, 2:1072; Morris, John, 762n19.

287. Damascus Documenta 13.9.

288. Epicteto, Discourses 3.26.22 y Dionisio de Halicarnaso, Roman Antiquities 7.69, respectivamente. Ver Beasley-Murray, John, págs. 408-409; Hengel, Crucifixion, especialmente cap. 4. Para otros usos de la frase, ver Séneca, On Consolation to Marcia 20.3; Tertuliano, Modesty 22.

289. Barrett, John, pág. 587; Schnackenburg, John, 3:371; Brown, John, 2:1117-19.

290. Carson, John, pág. 682; Howard M. Jackson, "Ancient Self-Referential Conventions and Their Implications for the Authorship and Integrity of the Gospel of John", JTS 50 (1999): págs. 1-34.

291. Tucídides, History of the Peloponnesian War 1.1.1; ver también 4.104-7; 5.26.1. Ver Jackson, "Ancient Self-Referential Conventions", págs. 27-30.

292. Jackson, "Ancient Self-Referential Conventions", págs. 23-24.

293. Soferim 16.8.

294. Filón, On the Posterity of Cain 43.144; ver Filón, On Drunkenness 9.32; On the Life of Moses 1.38.213.

295. Ver Brown, John, 2:1130; HCNT 308.

Hechos

1. Josefo, Against Apion 2.1.

2. Salmos de Salomón págs. 17-18.

3. Enoc: Gn 5:24; Si 49:14; Heb 11:5; Moisés: Sifre Deuteronomy 357.10.5; Isaías: Ascension of Isaiah 6-11; Elías: 2 Reyes 2:1-18; 1 Mac 2:58. Ver Craig S. Keener, Acts: An Exegetical Commentary, vol. 4 (Grand Rapids: Baker Academic, 2012-2015), 1:718-19.

Referencias de las páginas 997-1006

4. m. Eruvin 4.3; 5.7-9.

5. Josefo, Jewish Antiquities 7.392-94; 13.249; 16.179-83; Jewish War 1.61.

6. Jdt 9:1; Josefo, Jewish Antiquities 14.65.

7. Josefo, Jewish War 5.201.

8. Josefo, Jewish Antiquities 20.221; Jewish War 5.185.

9. Memar Marqah 4.3; cf. Juan 4:19, 25.

10. Josefo, Jewish Antiquities 20.97-99; cf. Hechos 5:36-37.

11. Josefo, Jewish Antiquities 18.16; cf. Hechos 23:8.

12. 1QRule of the Community 1.11-12; 5.2; 6.13-25; Josefo, Jewish War 2.122.

13. Para las referencias, ver P. W. van der Horst, "Peter's Shadow: The Religio-Historical Background of Acts v.15", NTS 23 (1977): págs. 204-212.

14. Ver Craig A. Evans, "Mark's Incipit and the Priene Calendar Inscription: From Jewish Gospel to Greco-Roman Gospel", JGRChJ 1 (2000): págs. 67-81.

15. m. Sotah 9.15.

16. Josefo, Jewish Antiquities 20.97-99; cf. Hechos 3:22.

17. Josefo, Jewish Antiquities 17.271-72; Jewish War 2.118.

18. m. Sanhedrin 7.5; cf. Lv 24:10-23.

19. Ver Darrell L. Bock, Blasphemy and Exaltation in Judaism: The Charge against Jesus in Mark 14:53–65, BSL (Grand Rapids: Baker Books, 2000), págs. 30-112.

20. Josefo, Jewish War 6.300-309.

21. Josefo, Jewish War 6.109, 311.

22. Josefo, Jewish Antiquities 2.229-30, 236; Filón, On the Life of Moses 1.20-24.

23. Jubileos 1.27-29; Mekilta of Rabbi Ishmael, Bahodesh 9; cf. Hechos 7:35, 38.

24. Josefo, Jewish Antiquities 15.296.

25. Para ver ejemplos de conjuros, ver Hans Dieter Betz, ed., The Greek Magical Papyri in Translation, Including the Demotic Spells, 2da ed. (Chicago: University of Chicago Press, 1992).

26. Ireneo, Against Heresies 3.12.

27. Ver 1QRule of the Congregation 2.5-6.

28. Plinio el Viejo, Natural History 6.186. Para otras referencias, ver C. K. Barrett, A Critical and Exegetical Commentary on the Acts of the Apostles, vol. 2, ICC (Londres: T&T Clark, 2004), 1:425.

29. Sobre el debate de si los judíos del primer siglo interpretaron al siervo como el Mesías, ver J. Jeremias, "παῖς θεοῦ", TDNT 5:684-89; Barrett, Acts, 1:430-31.

30. Darrell L. Bock, Acts, BECNT (Grand Rapids: Baker Academic, 2007), pág. 360.

31. Hermann Dessau, ed., Inscriptiones latinae selectae, vol. 3 en 5 (Berlin: Weidmann, 1892-1916), pág. 9168.

32. 1 Mac 1:62; 2 Mac 6:18, 21; 7:7; 4 Mac 4:26; 5:2, 6; 8:2.

33. m. Ohalot 18.7.

34. Clinton Arnold, "Acts", ZIBBCNT 2:321.

35. El posterior Código de Justiniano (9.4.4) formalizó esta ley, aunque sin duda se practicaba antes (Arnold, "Acts", pág. 329).

36. Josefo, Jewish Antiquities 19.343-52.

37. Lucas 18:12; b. Ta'anit 12a; Didaché 8.1.

38. Ver el gráfico práctico en Arnold, "Acts", pág. 338.

39. 1QRule of the Community 1.9-10; 1QWar Scroll 1.1.

40. S. Mitchell, "Antioch of Pisidia", ABD 1:264.

41. Str-B 1:571; H. J. Cadbury, "Note XXIV: Dust and Garments", en The Acts of the Apostles, ed. F. J. Foakes-Jackson y Kirsopp Lake, vol. 5 (Londres: Macmillan, 1920-1933), 5:266-77.

42. Ovid, Metamorphoses 8.611-724.

43. Por ejemplo, Pablo (Hechos 23:6), Nicodemo (Juan 3:1-2), y José de Arimatea (Marcos 15:43; Lucas 23:50-51; Juan 19:38).

44. Josefo, Jewish Antiquities 20.200-201; Eusebio, Ecclesiastical History 2.23.

45. Ver A. J. M. Wedderburn, "The 'Apostolic Decree': Tradition and Redaction", NovT 35 (1993): págs. 362-389; Arnold, "Acts", págs. 361-362.

46. b. Yevamot 45b; y. Yevamot 2.6. Tenga en cuenta también m. Qiddushin 3.12, que dice que la nacionalidad va con el progenitor de menor estatus social, que en este caso sería la madre.

47. Brian Rapske, Paul in Roman Custody, BAFCS 3 (Grand Rapids: Eerdmans 1994), pág. 49; A. N. Sherwin-White, Roman Society and Roman Law in the New Testament (Grand Rapids: Baker, 1978), págs. 144-162.

48. Pausanias, Description of Greece 1.1.14; Filóstrato, Life of Apollonius of Tyana 6.3.5; Diógenes Laercio, Lives of the Eminent Philosophers 1.110.

49. Arato, Phenomena 5.

50. Suetonio, Claudius 25.4.

51. Ver Bruce W. Winter, "Gallio's Ruling on the Legal Status of Early Christianity (Acts 18:14–15)", TynBul 50 (1999): págs. 213-224; Keener, Acts, 3:2773.

52. Bock, Acts, pág. 599; Eckhard J. Schnabel, Acts, ZECNT (Grand Rapids: Zondervan, 2013), pág. 788.

53. Citado en Betz, The Greek Magical Papyri, pág. 96; cf. PGM 4.3007-25.

54. Ver Betz, The Greek Magical Papyri.

55. David W. J. Gill, "Erastus the Aedile", TynBul 40 (1989): págs. 293-301.

56. Sobre las fuentes antiguas relacionadas con el templo de Artemisa, ver Jerome Murphy-O'Connor, St. Paul's Ephesus: Texts and Archaeology (Collegeville, Minnesota: Liturgical Press, 2008), especialmente págs. 20-24.

57. m. Avot 3.12.

58. Josefo, Jewish War 5.194; 6.125; cf. m. Middot 2.1-3.

59. Barrett, Acts, 2:1020; Arnold, "Acts", pág. 435.

60. Josefo, Jewish Antiquities 20.169-72; Jewish War 2.261-63.

61. Estrabón, Geography 14.5.131.

62. Sherwin-White, Roman Society and Roman Law, págs. 57-59; Colin Hemer, The Book of Acts in the Setting of Hellenistic History, ed. Conrad H. Gempf (1909; reimpr., Winona Lake, Indiana: Eisenbrauns, 1990), pág. 180, refiriéndose a lex Iulia de vi publica.

63. Keener, Acts, 3:3253; Sherwin-White, Roman Society and Roman Law, págs. 154-155.

64. Josefo, Jewish Antiquities 20.103.

65. Ver Hechos 23:8; cf. Lucas 20:27; Josefo, Jewish Antiquities 18.16; Jewish War 2.165.

66. Schnabel, Acts, págs. 929-930.

67. m. Nedarim 3.1-3.

68. Sherwin-White, Roman Society and Roman Law, pág. 31; Keener, Acts, 3:3345-46.

69. Rapske, Paul in Roman Custody, pág. 159.

70. Tácito, Histories 5.9.

71. Bruce W. Winter, "The Importance of the captatio benevolentiae in the Speeches of Tertullus and Paul in Acts 24:1–21", JTS 42 (1991): págs. 505-531.

72. BDAG 27.

73. Josefo, Jewish Antiquities 20.139-44.

Referencias de las páginas 1034-1057

74. Para las referencias, ver Keener, Acts, 4:3437-38.

75. Josefo, Jewish Antiquities 20.182; Jewish War 2.270-71.

76. La fecha es discutida por algunos que sugieren una fecha anterior al año 55 d. C. Ver la discusión en J. B. Green, "Festus, Porcius", ABD 2:795.

77. Josefo, Jewish Antiquities 20.182-96; Jewish War 2.271-72.

78. Sobre las complejidades del derecho romano y los diversos precedentes, ver Sherwin-White, Roman Society and Roman Law, págs. 57-70; Rapske, Paul in Roman Custody, págs. 186-189.

79. Josefo, Jewish Antiquities 20.159; Jewish War 2.252.

80. Josefo, Jewish Antiquities 20.145; Juvenal, Satires 6.158.

81. Josefo, Jewish Antiquities 20.145.

82.Suetonio, Titus 7.

83. 1 Mac 1:44-50, 60-63; 2:17-22.

84. Plinio el Joven, Epistles to Trajan 10.96.

85. Eurípides, Bacchanals 795, citado en Arnold, "Acts", pág. 465.

86. Josefo, Jewish War 2.385-86. Ver Barrett, Acts, 2:1185.

87. m. Yoma 8.1; Josefo, Jewish Antiquities 17.165; 18.94.

88. Barrett, Acts, 2:1188, citando a Vegetius, On Military Matters 4.39.

89. Estrabón, Geography 10.4; Ptolomeo, Geography 3.17; ver Bock, Acts, pág. 734.

90. Sobre la etimología, ver Keener, Acts, 4:3609-10.

91. Para las referencias antiguas, ver Hemer, The Book of Acts, pág. 144.

92. Ptolomeo, Geography 3.4.1; 3.15.1; 3.17.1; Josefo, The Life 15.

93. F. F. Bruce, The Book of Acts, NICNT (Grand Rapids: Eerdmans, 1988), pág. 499.

94. Barrett, Acts, 2:1224-25.

95. A. Betz, "Syracuse", ABD 6:270-71.

96. Josefo, Jewish Antiquities 17.328.

97. Barrett, Acts, 2:1238.

98. Filón, On the Embassy to Gaius 155-158. Ver John B. Polhill, Acts, NAC (Nashville: Broadman, 1992), pág. 710.

99. Ver Rapske, Paul in Roman Custody, pág. 228.

Romanos

1. Ver Hechos 10:2, 22; 13:16, 26; 16:14; 17:17; 18:7. Para más información, ver C. Marvin Pate, The Reverse of the Curse: Paul, Wisdom, and the Law, WUNT 114/2 (Tübingen: Mohr Siebeck, 2000), págs. 326-330.

2. Suetonio, Claudius 25.4.

3. Robert Jewett ha demostrado de manera convincente que la misión de Pablo en España era lo más importante en la mente de Pablo cuando escribió Romanos (Robert Jewett, Romans: A Commentary, asistido por Roy D. Kotansky, ed. Eldon Jay Epp, Hermeneia [Minneapolis: Fortress, 2007]). Estoy de acuerdo con Jewett en su mayor parte, pero creo que no ha prestado suficiente atención al estatus escatológico de la misión de Pablo en España a través de Roma.

4. Ver el debate de K. H. Rengstorf en TDNT 1:414-22, de acuerdo con la identificación. No todos los eruditos recientes están de acuerdo con esta conclusión.

5. Ver N. T. Wright, en su convincente discusión sobre este punto en The New Testament and the People of God (Minneapolis: Fortress, 1992), págs. 320-334.

6. Jewett, Romans, pág. 130.

7. Ver Douglas J. Moo, Romans, NIVAC (Grand Rapids: Zondervan, 2000), págs. 63-89; N. T. Wright, What Saint Paul Really Said: Was Paul of Tarsus the Real Founder of Christianity? (Grand Rapids: Eerdmans, 1997), págs. 95-107. Parece que soy el primer autor que enraíza "no me avergüenzo" y "se revela" en la promesa de Isaías sobre la restauración de Israel.

8. Uno de los primeros estudiosos del N. T. que cuestionó esta lectura tradicional de Pablo en Ro 1:18-32 en relación con este asunto fue Robin Scroggs, The New Testament and Homosexuality: Contextual Background for Contemporary Debate (Filadelfia: Fortress, 1983). El argumento de Scroggs de que Pablo no estaba tan molesto por esa práctica porque era una norma aceptable en la época del apóstol no ha recibido la aprobación general entre los estudiosos del N. T.

9. Por ejemplo, Sab 14:25-26; 4 Mac 1:26-27; 2:15; 1QRule of the Community 4.9-11.

10. Para más documentación, ver James D. G. Dunn, Romans 1–8, WBC 38A (Waco: Word, 1988), pág. 67.

11. Ver Stanley K. Stowers, The Diatribe and Paul's Letter to the Romans,

SBLDS 57 (Chico, California: Scholars Press, 1981).

12. Por ejemplo, Séneca, On Anger 3.36.1; Moral Epistles 28.10.

13. Por ejemplo, Sab 17:11; Filón, On the Special Laws 2.49; On the Virtues 134; Josefo, Jewish Antiquities 16.103.

14. Ver Sirácide; Baruc; los Rollos del Mar Muerto; 4 Esdras; 2 Baruc; 4 Macabeos.

15. Epicteto, Discourses 2.19-20; 3.7, 17. Ver Stowers, Diatribe, pág. 112.

16. Ver también 1QPesher to Habakkuk 11.13; 1QRule of the Community 5.5; Jubileos 1.23.

17. Por ejemplo, Si 44:19-20; 1 Mac 2:52; Jubileos 19.8-9; 23.9-10; Damascus Documenta 3.2-4.

18. Para Gn 15:6/Gn 17, ver Si 44:19-20; m. Nedarim 3.11; para Gn 15:6/Gn 22, ver 1 Mac 2:52; cf. Jubileos 23.10 con Jubileos 17.15-18, 19; 19.8; ver m. Avot 5.3; Filón, On the Life of Abraham 191-199; Josefo, Jewish Antiquities 1.223-25, 233-236; Pseudo-Filón, Biblical Antiquities 40.2; 4 Macabeos; Damascus Documenta 3.2-4; Stg 2:21-24. Hay mucho debate sobre si Pablo y Santiago 2:21-24 están realmente divididos en esta cuestión.

19. Ver Dn 7:21; 1QWar Scroll 15; Ap 19.

20. Aristóteles, Politics 1.2.4-5; Nicomachean Ethics 8.2.

21. Para más información y documentación, ver Dunn, Romans 1–8, pág. 360.

22. Exapataō es la forma reforzada de apataō.

23. Por ejemplo, 4 Esdras.

24. Ovidio, Metamorphoses 7.21.

25. Epicteto, Discourses 2.26.1-2; cf. 2.26.4-5.

26. Por ejemplo, 1 Enoc 1.2-8; 96.3; 2 Baruc 48.49-50; 51.3-11; 4 Esdras 7.14-16, 95-98.

27. Wolfgang Schrage, "Leid, Kreuz und Eschaton: Die Peristasenkatologe als Merkmale paulinsicher theologia crucis und Eschatologie", EvT 34 (1974): págs. 141-175.

28. Por ejemplo, 4 Esdras 4.27, 7.12, 89; 2 Baruc 15.8; 48.50.

29. Ver 4 Esdras 7.1-9.14; 1QRule of the Community 3.23.

30. Ver también Odil Hannes Steck, Israel und das gewaltsame Geschick der Propheten: Untersuchungen zur Überlieferung des deuteronomistischen Geschichtsbildes im Alten Testament, Spätjudentum und Urchristentum, WMANT 23 (Neukirchen-Vluyn: Neukirchener Verlag, 1967).

31. 1 Mac 2:26, 27, 50, 58; 2 Mac 4:2.

32. Por ejemplo, 1QRule of the Community 4.4; 9.23; 1QHodayota 14.14. Para más información, ver James D. G. Dunn, Romans 9–16, WBC 38B (Waco: Word, 1988), págs. 586-587.

33. Por ejemplo, Dt 30:12-14; Bar 3:29-30; cf. Filón, On the Posterity of Cain 84-85; Targum Neofiti sobre Dt 30; cf. también los Rollos del Mar Muerto.

34. Para el debate y la documentación, ver Pate, Reverse of the Curse.
Referencias de las páginas 1073-1083

35. Ver W. M. Ramsay, "The Olive-Tree and the Wild Olive", en Paul and Other Studies in Early Christian History (Londres: Hodder & Stoughton, 1908), págs. 219-250. Los textos antiguos citados son Columella, On Rural Affairs 5.9.16; Paladio, On Grafting págs. 53-54.

36. Por ejemplo, Dn 2:18-19, 27-30; 1 Enoc 41.1; 46.2; 103.2; 2 Enoc 24.3; 4 Esdras 10.38; 12.36-38; 1QRule of the Community 3.23; 4.18; 9.18; 1QHodayota 9.21; 10.13.

37. Ver también 1 Enoc 63.3; 93.11-14; 4 Esdras 4.21; 5.36-40; 8.21.

38. Por ejemplo, Si 24:23; Bar 4:1. Ver Pate, Reverse of the Curse, págs. 252-260.

39. A. T. Hanson, The New Testament Interpretation of Scripture (Londres: SPCK, 1980), pág. 85.

40. Pseudo-Aristóteles, On the Universe 6; Séneca, Moral Epistles 65.8; Marco Aurelio, Meditations 4.23.

41. Filón, On the Special Laws 1.208; On the Cherubim 125-156.

42. Aunque muchos comentaristas piensan que la doxología de Pablo en 11:36 es solo para Dios, otros han argumentado que Pablo también incluye a Cristo en la doxología de ese versículo (ver Pate, Reverse of the Curse, págs. 253-255), por al menos dos razones. En primer lugar, la expresión de 11:36 se aplica a Cristo en otros textos de Pablo: "riquezas" (Flp 4:19; Col 1:27), "sabiduría" (1 Co 1:21-24, 30), "conocimiento" (1 Co 8:3; Gl 4:9), "del cual proceden todas las cosas, y nosotros somos para él [...] por medio del cual son todas las cosas, y nosotros por medio de él" (1 Co 8:6; Col 1:16-17). En segundo lugar, el contexto de 11:36 se refiere a Cristo. Todo esto quiere decir que la doxología a Dios en 11:36 implica a Cristo como medio para culminar el plan divino de la historia de la salvación.

43. Los comentaristas suelen señalar la conexión entre 12:1-2 y 1:21-25, pero sin especificar la teología de Adán que subyace en 12:1-2.

44. W. D. Davies, Paul and Rabbinic Judaism: Some Rabbinic Elements in Pauline Theology (Nueva York: Harper & Row, 1948), pág. 57; cf. págs. 53-57.

45. A. J. M. Wedderburn, Baptism and Resurrection: Studies in Pauline Theology against Its Graeco-Roman Background, WUNT 44 (Tübingen: Mohr Siebeck, 1987), págs. 350-356. Wedderburn también responde de forma convincente a las críticas de la teoría de la personalidad corporativa hebrea. Para más información, ver C. Marvin Pate, The End of the Age Has Come: The Theology of Paul (Grand Rapids: Zondervan, 1995), págs. 170-172.

46. Por ejemplo, 1 S 12:8; Pr 8:15-16; Is 41:2-4; 45:1-7; Jer 27:5-6; Dn 2:21, 37-38; 4:17, 25, 32; 5:21; cf. Sab 6:1-3; Si 4:27; Josefo, Jewish War 2.140.

47. Ver K. Weiss, "φόρος", TDNT 9:80-81; Josefo, Jewish Antiquities 5.181; 12.182.

48. Tácito, Annals 13.

49. Ver la bibliografía en Dunn, Romans 9–16, págs. 790-791.

50. Evald Lövestam cita textos escatológicos judíos como Is 60:19-20; Amós 5:18, 20; 1 Enoc 10.5; 92.4-5; 108.11; 2 Baruc 18.2; 48.50; 1QRule of the Community 1.9; 2.16; 3.13; 1QWar Scroll 1.1 que respaldan Ro 13:11-14. Ver Evald Lövestam, Spiritual Wakefulness in the New Testament, trad. W. F. Salisbury, LUA 55/3 (Lund: Gleerup, 1963), págs. 10-27, 34-35.

51. Ver, por ejemplo, Dunn, Romans 9–16, págs. 840, 845, 847, 850.

52. El estudio de Keith F. Nickle sobre el tema es excelente: The Collection: A Study in Paul's Strategy, SBT 48 (Londres: SCM, 1966).

53. Jewett, Romans, págs. 74-77.

54. Roger D. Aus, "Paul's Travel Plans to Spain and the 'Full Number of the Gentiles' of Rom. XI.25", NovT 21 (1979): págs. 232-262. Aus une 11:25-27; 15:16, 24, 25-27 para avanzar en su tesis.

55. Por ejemplo, Is 45:14; 60:5-17; 61:6; Miq 4:13; Tb 13:11; 1QWar Scroll 12.13-15. Ver Dunn, Romans 9–16, pág. 874.

Referencias de las páginas 1084-1088

56. Aus, "Paul's Travel Plans". Es un error objetar la lectura escatológica que hace Aus de la colecta de Pablo hizo con los gentiles diciendo que la ofrenda de los gentiles no son los propios gentiles, ya que la una (la colecta) era la extensión de la otra (los gentiles). Además, aunque Pablo no lo hace explícito, parece que el apóstol da a entender que los cristianos romanos y pronto los gentiles recién evangelizados en España también deberían contribuir a la colecta de los gentiles para los santos de Jerusalén.

57. Ver la extensa documentación de Bruce Winter sobre el sistema de patrocinio romano: Seek the Welfare of the City: Christians as Benefactors and Citizens, FCGRW (Grand Rapids: Eerdmans, 1994).

58. Ver bibliografía de respaldo a partir de las evidencias arqueológicas en Jewett, Romans, pág. 947.

59. Jewett, Romans, págs. 954-974.

60. Ver, por ejemplo, el Testamento de Leví 18.12 para el judaísmo, y Ap 12.17 para el cristianismo.

1 Corintios

1. Erasto, el tesorero de la ciudad de Corinto, se menciona en Ro 16:23, Sóstenes (1 Co 1:1) y Crispo (1 Co 1:14), ambos dirigentes de la sinagoga, pueden ser los mismos hombres mencionados en Hechos 18 (ver Hechos 18:8, 17). En 1 Corintios, Pablo menciona la casa de Estéfanas (1:16; 16:15) y la casa de Cloé (1:11), que puede haber sido una casa en Corinto. La mención del hogar sugiere que se trata de personas con medios económicos. Aquila y Priscila, que figuraban entre los miembros originales de la iglesia de

Corinto, viajaban mucho (ver comentarios sobre Hechos 18:2; Ro 16:3-5; 1 Co 16:19). Sobre la estratificación social en Corinto, ver los comentarios sobre 1 Co 1:26.

2. Roy E. Ciampa y Brian S. Rosner, "The Structure and Argument of 1 Corinthians", NTS 52 (2006): págs. 205-218. Recientemente, ver Roy E. Ciampa y Brian S. Rosner, The First Letter to the Corinthians, PNTC (Grand Rapids: Eerdmans, 2010), págs. 21-35. Ciampa y Rosner sostienen que 1 Corintios es fundamentalmente de carácter judío, que la preocupación por la pureza tiene más peso que la preocupación por la unidad, y que la parte central de la carta se estructura en torno a los mandatos paralelos de huir de los dos principales vicios gentiles, la inmoralidad sexual y la idolatría, y de glorificar a Dios (6:18-20; 10:14, 31).

3. Ver Gordon J. Bahr, "Paul and Letter Writing in the First Century", CBQ 28 (1966): págs. 476-477.

4. Ver Jerome Murphy-O'Connor, "Co-authorship in the Corinthian Correspondence", RB 100 (1993): págs. 562-579.

5. Ver también, Gordon D. Fee, The First Epistle to the Corinthians, NICNT (Grand Rapids: Eerdmans, 1987), pág. 28.

6. Ver Anthony C. Thiselton, The First Epistle to the Corinthians: A Commentary on the Greek Text, NIGTC (Grand Rapids: Eerdmans: 2000), pág. 66. Thiselton señala que este punto de vista se extiende desde la época patrística (Crisóstomo, 390 d. C.) hasta la actualidad, destaca la gracia de Dios (15:9-10) y se asocia con la humildad (4:9).

7. Ver especialmente Ciampa y Rosner, First Letter to the Corinthians, pág. 57.

8. Ver Peter T. O'Brien, Introductory Thanksgivings in the Letters of Paul, NovTSup 49 (Leiden: Brill, 1977), págs. 121-122.

9. Ver Margaret M. Mitchell, Paul and the Rhetoric of Reconciliation: An Exegetical Investigation of the Language and Composition of 1 Corinthians (Louisville: Westminster John Knox, 1991), pág. 68.

10. La opinión de Juan Crisóstomo (Homilies on the First Epistle to the Corinthians 3.1), basada en su interpretación de 4:6, de que Pablo utilizó con tacto los cuatro nombres como sustitutos de los verdaderos delincuentes, aún perdura en la erudición moderna. Algunos piensan que Pablo emplea una exageración retórica que habría sido inconfundible para los oyentes originales.

11. Cefas es el nombre arameo de Pedro.

12. Para las pruebas inscripcionales de que el "gobernante de la sinagoga" era un título honorífico otorgado a los mecenas ricos, ver Jerome Murphy-O'Connor, Paul: A Critical Life (Oxford: Oxford University Press, 1996), pág. 267. El hogar y los que servían como patronos de la iglesia desempeñaban un papel importante en la iglesia primitiva. En 1 Corintios las referencias al "hogar" aparecen en 11:22, 34; 14:35; 16:19. Para la erudición

sobre el hogar antiguo, ver Thiselton, First Epistle to the Corinthians, pág. 141.

13. Ver el extenso estudio de Stephen M. Pogoloff, Logos and Sophia: The Rhetorical Situation of 1 Corinthians SBLDS 134 (Atlanta: Scholars Press, 1992).

14. Ver Bruce W. Winter, Philo and Paul among the Sophists, SNTSMS 96 (Cambridge: Cambridge University Press, 1997).

15. Cicerón, Against Verres 2.5.165.

16. Josefo, Jewish War 7.203. Para un estudio exhaustivo de la cruz en su contexto histórico ver Martin Hengel, Crucifixion in the Ancient World and the Folly of the Message of the Cross, trad. John Bowden (Filadelfia: Fortress, 1977).

17. Thiselton, First Epistle to the Corinthians, pág. 155. Sobre la asociación del "poder" con la retórica y la elocuencia en la literatura helenística, ver Peter Marshall, Enmity in Corinth: Social Conventions in Paul's Relations with the Corinthians, WUNT 2/23 (Tübingen: Mohr, 1987), pág. 387.

18. Como se refleja en el escrito judío 4 Esdras 7.113: "El día del juicio será el fin de esta era y el comienzo de la era inmortal que vendrá".

19. Para un análisis completo, ver Gerd Theissen, The Social Setting of Pauline Christianity: Essays on Corinth, trad. John H. Schütz (Filadelfia: Fortress, 1982), págs. 69-120.

20. La versión Septuaginta de Jer 9:22-23 y 1 S 2:10 son fuentes igualmente probables de la cita, y ambas pueden haber influido en el vocabulario, la estructura y el tema de 1 Co 1:26-31 (ver también 2 Co 10:17).

21. Ver Winter, Philo and Paul among the Sophists, págs. 147-149, 155-159.

22. Ver Stanley K. Stowers, "Paul on the Use and Abuse of Reason", en Greeks, Romans, and Christians: Essays in Honor of Abraham J. Malherbe, ed. David L. Balch, Everett Ferguson y Wayne A. Meeks (Minneapolis: Fortress, 1990), págs. 253-286.

23. H. H. Drake Williams III, The Wisdom of the Wise: The Presence and Function of Scripture within 1 Cor. 1:18–3:23, AGJU 49 (Leiden: Brill, 2001), pág. 156.

24. Ver también, Ciampa y Rosner, First Letter to the Corinthians, pág. 121. Sin embargo, aclaran que este no es el caso de todos los "nosotros" (sujeto tácito) del pasaje, ya que 2:10, 12 se refieren a todos los creyentes.

25. Ver Joseph A. Fitzmyer, First Corinthians: A New Translation with Introduction and Commentary, AYB 32 (New Haven: Yale University Press, 2008), págs. 174-175. Fitzmyer cree que Pablo podría estar hablando con "no poca ironía".

26. Ver Oscar Cullmann, Christ and Time: The Primitive Christian Conception of Time and History, trad. Floyd V. Filson (Londres: SCM, 1951), págs. 191-201; recientemente, Ciampa y Rosner, First Letter to the Corin-

thians, pág. 125.

27. Ver el debate en John Paul Heil, The Rhetorical Role of Scripture in 1 Corinthians, SBLMS 15 (Atlanta: Society of Biblical Literature, 2005), págs. 53-57.

28. Ver Williams, Wisdom of the Wise, pág. 168; Fee, First Epistle to the Corinthians, pág. 111.

29. Ver Morna D. Hooker, "Hard Sayings: 1 Corinthians 3:2", Theology 69 (1966): pág. 21.

30. Ver el debate en Thiselton, First Epistle to the Corinthians, pág. 302. Ver también Jer 18:9; 24:6; Ez 36:9-10.

31. Johannes P. Louw y Eugene A. Nida, Greek-English Lexicon of the New Testament: Based on Semantic Domains (Nueva York: United Bible Societies, 1988), §35.20. BDAG lo define como "uno que funciona como ayudante o asistente".

32. Ver G. K. Beale, The Temple and the Church's Mission: A Biblical Theology of the Dwelling Place of God, NSBT (Downers Grove, Illinois: InterVarsity, 2004), pág. 246; Ciampa y Rosner, First Letter to the Corinthians, pág. 150.

33. Ver también, Mitchell, Paul and the Rhetoric of Reconciliation, págs. 99-105.

34. Ben Witherington III, Conflict and Community in Corinth: A Socio-Rhetorical Commentary on 1 and 2 Corinthians (Grand Rapids: Eerdmans, 1994), pág. 134.

35. Sobre el término "templo", ver John R. Lanci, A New Temple for Corinth: Rhetorical and Archaeological Approaches to Pauline Imagery, SBL 1 (Nueva York: Peter Lang, 1997).

36. David R. Hall, "A Disguise for the Wise: ΜΕΤΑΣΧΗΜΑΤΙΣΜΟΣ in 1 Corinthians 4.6", NTS 40 (1994): págs. 143-149.

37. Sobre los fundamentos del A. T. en la ética de Pablo en 1 Co 5-7, ver especialmente Brian S. Rosner, Paul, Scripture, and Ethics: A Study of 1 Corinthians 5–7, AGJU 22 (Leiden: Brill, 1994).

38. Para las fuentes grecorromanas que indican el rechazo universal del incesto como algo socialmente inaceptable, ver Thiselton, First Epistle to the Corinthians, pág. 385.

39. Ver Andrew D. Clarke, Secular and Christian Leadership in Corinth: A Socio-Historical and Exegetical Study of 1 Corinthians 1–6, AGJU 18 (Leiden: Brill, 1993), págs. 76-87; John K. Chow, Patronage and Power: A Study of Social Networks in Corinth, JSNTSup 75 (Sheffield: JSOT Press, 1992), págs. 130-141.

40. Ver también Neh 1:4, 8:9; 1 Esd 8:72, 9:2; Dn 10:2. Ver Ciampa y Rosner, First Letter to the Corinthians, pág. 201.

41. Pero ver Ciampa y Rosner, First Letter to the Corinthians, pág. 218, proponiendo que el caso del incestuoso es tan grave que las palabras "ni

siquiera" sugieren la exclusión de las comidas privadas en este caso.

42. Thiselton, First Epistle to the Corinthians, págs. 419-422. Ver también Alan C. Mitchell, "Rich and Poor in the Courts of Corinth: Litigiousness and Status in 1 Corinthians 6:1–11", NTS 39 (1993): págs. 562-586; Bruce W. Winter, "Civil Litigation in Secular Corinth and the Church: The Forensic Background to 1 Corinthians 6:1–8", NTS 37 (1991): págs. 559-572.

43. Paul M. Hoskins, "The Use of Biblical and Extrabiblical Parallels in the Interpretation of First Corinthians 6:2–3", CBQ 63 (2001): págs. 287-297.

44. Para un debate en profundidad sobre esta cuestión, ver Robert A. J. Gagnon, The Bible and Homosexual Practice: Texts and Hermeneutics (Nashville: Abingdon, 2001).

45. Ver el debate en Ciampa y Rosner, First Letter to the Corinthians, págs. 246-249.

46. Ver J. E. Smith, "Slogans in 1 Corinthians", BSac 167 (2010): págs. 68-88.

47. Testamento de Rubén 5.5.

48. George L. Klein, "Hos 3:1–3: Background to 1 Cor 6:19b–20?", CTR 3 (1988): pág. 374.

49. No todo lo que se dice a partir de 7:1 es una respuesta a una pregunta de los corintios. Pablo se refiere a lo que ha oído en 11:18, y no hay ningún "En cuanto a" que introduzca el tema del velo (11:2-16) o la larga discusión sobre la resurrección (15:1-58). Margaret Mitchell ha expuesto argumentos que demuestran que la frase "En cuanto a" solo puede indicar el paso de un tema a otro. Ver Margaret M. Mitchell, "Concerning περὶ δὲ in 1 Corinthians", NovT 31 (1989): págs. 229-256.

50. Ver Will Deming, Paul on Marriage and Celibacy: The Hellenistic Background of 1 Corinthians 7, 2da ed. (Grand Rapids: Eerdmans, 2004).

51. Ver Roy Ciampa, "Revisiting the Euphemism in 1 Corinthians 7:1", JSNT 31 (2009): 325–38. Ver también Ciampa y Rosner, First Letter to the Corinthians, págs. 268-269. Según este punto de vista, Pablo rechaza cualquier idea de que las parejas casadas deban evitar las relaciones sexuales por placer o pasión, algo idealizado en las Escrituras en el Cantar de los Cantares. Este trasfondo de la consigna se basa en un estudio lingüístico detallado del eufemismo "tocar" en la literatura antigua, traducido como "relaciones sexuales" en 7:2 (TLA), y en la discusión dentro de la cultura romana sobre el tema de las relaciones sexuales.

52. Ver también, Ciampa y Rosner, First Letter to the Corinthians, pág. 277.

53. El verbo "separase" (chōrizō) aparece en los papiros refiriéndose al divorcio.

54. Ver Robert G. Hall, "Epispasm: Circumcision in Reverse", BRev 8 (1992): págs. 52-57.

55. Ver Bruce W. Winter, "Secular and Christian Responses to Corinthian

Famines", TynBul 40 (1989): págs. 86-106.

56. El significado religioso de los alimentos era una cuestión importante en el mundo antiguo y sigue siendo un problema persistente en algunas sociedades contemporáneas. Ver Alex T. Cheung, Idol Food in Corinth: Jewish Background and Pauline Legacy, JSNTSup 176 (Sheffield: Sheffield Academic Press, 1999).

57. Para un resumen útil de los estudios recientes sobre 1 Co 8-10, ver Wendell Willis, "1 Corinthians 8–10: A Retrospective after Twenty-Five Years", ResQ 49 (2007): págs. 103-112.

58. Ver John Fotopoulos, Food Offered to Idols in Roman Corinth: A Social-Rhetorical Reconsideration of 1 Corinthians 8:1–11:1, WUNT 2/151 (Tübingen: Mohr Siebeck, 2003), págs. 49-157, 208.

59. Ver Theissen, Social Setting of Pauline Christianity, págs. 126-127.

60. Fee, First Epistle to the Corinthians, págs. 392-394.

61. Sobre la imagen de los juegos atléticos en la filosofía moral pagana, ver Victor C. Pfitzner, Paul and the Agon Motif: Traditional Athletic Imagery in the Pauline Literature, NovTSup 16 (Leiden: Brill, 1967), págs. 23-37.

62. Peter E. Enns, "The 'Moveable Well' in 1 Cor 10:4: An Extrabiblical Tradition in an Apostolic Text", BBR 6 (1996): págs. 23-38.

63. Ver David E. Garland, 1 Corinthians, BECNT (Grand Rapids: Baker Academic, 2003), pág. 479.

64. Ver también, Raymond F. Collins, First Corinthians, SP 7 (Collegeville, Minnesota: Liturgical Press, 1999), pág. 383; Jerome Murphy-O'Connor, St. Paul's Corinth: Texts and Archaeology, GNS 6 (Wilmington, Delaware: Michael Glazier, 1983), pág. 32.

65. Leon Morris, 1 Corinthians, TNTC (Grand Rapids: Eerdmans, 1985), pág. 146.

66. Cheung, Idol Food in Corinth, 158n240.

67. Nótese la traducción de la DHH: "el esposo es cabeza de su esposa". También Bruce W. Winter, After Paul Left Corinth: The Influence of Secular Ethics and Social Change (Grand Rapids: Eerdmans, 2001), pág. 127, señalando que la propia mención de la cabeza cubierta indicaría que las mujeres en cuestión estaban casadas.

68. Ciampa y Rosner, First Letter to the Corinthians, pág. 509.

69. Ver Preston T. Massey, "The Meaning of κατακαλύπτω and κατὰ κεφαλῆς ἔχων in 1 Corinthians 11.2–16", NTS 53 (2007): págs. 502-523. Algunos han argumentado, basándose en 11:14-16, que el tema es el peinado. Si el peinado fuera el tema, entonces la preocupación central podría ser o bien las distinciones de género borrosas o bien la adoración desordenada con posibles asociaciones paganas.

70. Ver David W. J. Gill, "The Importance of Roman Portraiture for Head-Coverings in 1 Corinthians 11:2–16", TynBul 41 (1990): págs. 245-260; Winter, After Paul Left Corinth, págs. 121-123. Winter cree que Pablo

está igualmente preocupado por los hombres con velo.

71. Ver también, Winter, After Paul Left Corinth, pág. 128.

72. Para una posible relación con el Salmo 8, ver Heil, Rhetorical Role of Scripture, págs. 183-184. Las pruebas de Qumrán que hablan de la presencia de ángeles en las reuniones de la comunidad esenia refuerzan la interpretación que vincula a los ángeles con la adoración (ver 1QRule of the Congregation 2.3-9; 1QWar Scroll 7.4-6). Ver Fitzmyer, First Corinthians, págs. 418-419.

73. Como Genesis Rabbah 8.9: "En el pasado Adán fue creado del polvo y Eva fue creada de Adán; pero en adelante será 'a nuestra imagen, conforme a nuestra semejanza' [Gn 1:26]; ni el hombre sin la mujer, ni la mujer sin el hombre, y ninguno de ellos sin la Shekinah". Ver también 1 Esd 4:14-17. Destacado en Ciampa y Rosner, First Letter to the Corinthians, pág. 534.

74. Ver también, Thiselton, First Epistle to the Corinthians, pág. 850. Ver también Bruce W. Winter, "The Lord's Supper at Corinth: An Alternative Reconstruction", RTR 37 (1978): págs. 73-82.

75. Archibald Robertson y Alfred Plummer, A Critical and Exegetical Commentary on the First Epistle of St. Paul to the Corinthians, 2da ed., ICC (Edimburgo: T&T Clark, 1914), pág. 243.

76. Ciampa y Rosner, First Letter to the Corinthians, pág. 556.

77. Wayne A. Grudem, The Gift of Prophecy in 1 Corinthians (Lanham, MD: University Press of America, 1982), pág. 164; Garland, 1 Corinthians, pág. 565.

78. Para un análisis de los festivales de ídolos, ver Terence Paige, "1 Corinthians 12:2: A Pagan Pompe?", JSNT 44 (1991): págs. 57-65.

79. Winter, After Paul Left Corinth, pág. 167. Winter señala que en los últimos años se han desenterrado en Corinto veintisiete tablillas con maldiciones que proporcionan una posible comprensión del trasfondo de 1 Co 12:3a. Winter señala además que han salido a la luz más de mil ejemplos de la extendida práctica pagana de maldecir a los demás.

80. Garland, 1 Corinthians, págs. 568-571.

81. Ver M. Christopher Forbes, Prophecy and Inspired Speech in Early Christianity and Its Hellenistic Environment, WUNT 2/75 (Tübingen: Mohr, 1995), págs. 57-72; también Thiselton, First Epistle to the Corinthians, págs. 970-988.

82. Ver M. Mitchell, Paul and the Rhetoric of Reconciliation, pág. 157. Los comentaristas citan habitualmente el discurso de Menenio Agripa como uno de los ejemplos más conocidos del uso de la imagen corporal para exhortar al pueblo romano a detener su revuelta contra el Estado y someterse a la aristocracia (ver Livio, History of Rome 2.32.7-33.1).

83. Ver Collins, First Corinthians, pág. 460.

84. Ver Ciampa y Rosner, First Letter to the Corinthians, pág. 589.

85. Por ejemplo, el término "apóstol" (apostolos) se utiliza para Tito (2

Co 8:23), Epafrodito (Flp 2:25), Jacobo (Gl 1:19) y Andrónico y Junia (Ro 16:7).

86. Ver James G. Sigountos, "The Genre of 1 Corinthians 13", NTS 40 (1994): págs. 246-260.

87. William V. Harris, "'Sounding Brass' and Hellenistic Technology: Ancient Acoustical Device Clarifies Paul's Well-Known Metaphor", BAR 8 (1982): págs. 38-41; William W. Klein, "Noisy Gong or Acoustic Vase? A Note on 1 Corinthians 13:1", NTS 32 (1986): págs. 286-289.

88. Ver C. K. Barrett, A Commentary on the First Epistle to the Corinthians, HNTC (Nueva York: Harper & Row, 1968), pág. 300; Fee, First Epistle to the Corinthians, pág. 632.

89. Ver también, Ciampa y Rosner, First Letter to the Corinthians, pág. 632.

90. Sigountos, "The Genre of 1 Corinthians 13", págs. 256-257.

91. Robertson y Plummer, The First Epistle of St. Paul to the Corinthians, pág. 325.

92. Los estudiosos han propuesto diferentes grupos de personas que negaban la resurrección como posible antecedente: (1) opositores judíos que sostenían el mismo punto de vista que los saduceos, (2) gnósticos que enfatizaban el espíritu sobre la materia, (3) aquellos que afirmaban que ya había ocurrido una resurrección en un sentido "espiritual" (ver 2 Ti 2:17-18), y (4) algunos entre los corintios que enfatizaban el espíritu excluyendo el cuerpo y por lo tanto sostenían una escatología espiritualizada.

93. Ver Richard E. DeMaris, "Corinthian Religion and Baptism for the Dead (1 Corinthians 15:29): Insights from Archaeology and Anthropology", JBL 114 (1995): págs. 661-682.

94. Para este punto de vista y un tratamiento completo reciente de 1 Co 15:29, ver Michael F. Hull, Baptism on Account of the Dead (1 Cor. 15:29): An Act of Faith in the Resurrection, SBLAB 22 (Atlanta: Society of Biblical Literature, 2005). La visión "causal" tiene otros matices. Ver Joel R. White, "'Baptized on Account of the Dead': The Meaning of 1 Corinthians 15:29 in Its Context", JBL 116 (1997): pág. 494; James E. Patrick, "Living Rewards for Dead Apostles: 'Baptised for the Dead' in 1 Corinthians 15.29", NTS 52 (2006): págs. 71-85.

95. Abraham J. Malherbe, "The Beasts at Ephesus", JBL 87 (1968): págs. 71-80.

96. Guy Williams, "An Apocalyptic and Magical Interpretation of Paul's 'Beast Fight' in Ephesus (1 Corinthians 15:32)", JTS 57 (2006): pág. 45.

97. Ciampa y Rosner, First Letter to the Corinthians, pág. 789.

98. Los estudiosos señalan que Pablo puede haberse referido a un sentimiento que se encuentra en la filosofía epicúrea de su época. Gordon Fee señala que Plutarco, hablando en contra de los epicúreos, se refirió al "comer y beber" como una forma de vida vacía. Ver Fee, First Epistle to the Corin-

thians, pág. 772, citando a Plutarco, Moralia 1098C; 1100D; 1125D.

99. Stanley Porter ("Diatribe", DNTB 296) señala la base de esta forma de argumentación en filósofos notables como Sócrates y Platón. Algunos de los autores más conocidos de la época grecorromana que utilizaron este método de argumentación son Epicteto, Dio Crisóstomo, Teles y Musonio Rufo.

100. Jeffrey R. Asher, "ΣΠΕΙΡΕΤΑΙ: Paul's Anthropogenic Metaphor in 1 Corinthians 15:42–44", JBL 120 (2001): pág. 102.

101. Ciampa y Rosner, First Letter to the Corinthians, pág. 820.

102. Collins, First Corinthians, págs. 575-576.

103. Para las fuentes antiguas, ver Collins, First Corinthians, pág. 589. Ver también Hechos 9:2; 13:2-3; 15:23-29; 22:5; Ro 16:1-2; 2 Co 3:1; 8:16-24.

2 Corintios

1. F. F. Bruce, Paul, Apostle of the Heart Set Free (Grand Rapids: Eerdmans, 1977), pág. 35.

2. Estrabón, Geography 13.1.26.

3. Luciano, Hermotimus 59.

4. Por ejemplo, Séneca, To Lucilius 66.3; Epicteto, Discourses 1.25.21; Marcos Aurelio, Meditations 10.1.

5. Por ejemplo, Filón, Allegorical Interpretation 2.56; Pórfido, To Marcella 33.501-5. Ver Craig S. Keener, 1–2 Corinthians, NCamBC (Cambridge: Cambridge University Press, 2005), pág. 180.

6. Seyoon Kim, "2 Cor 5:11–21 and the Origin of Paul's Concept of 'Reconciliation'", NovT 39 (1997): págs. 360-384.

7. Ver Murray J. Harris, The Second Epistle to the Corinthians: A Commentary on the Greek Text, NIGTC (Grand Rapids: Eerdmans, 2005), pág. 456.

8. Juan Crisóstomo, Homilies on the Second Epistle to the Corinthians 15.1.

9. Keener, 1–2 Corinthians, pág. 213.

10. James F. Strange, "2 Corinthians 10:13–16 Illuminated by a Recently Published Inscription", BA 46 (1983): pág. 168.

11. Bruce W. Winter, Philo and Paul among the Sophists: Alexandrian and Corinthian Responses to a Julio-Claudian Movement, 2da ed. (Grand Rapids: Eerdmans, 2002), págs. 224-225.

12. Por ejemplo, Life of Adam and Eve 9.1.

13. Ver el debate en Craig Keener, The IVP Bible Background Commentary: New Testament, 2da ed. (Downers Grove, Illinois: IVP Academic, 2014), pág. 518.

14. m. Makkot 3.10-15.

15. Jonathan T. Pennington, Heaven and Earth in the Gospel of Matthew, NovTSup 126 (Leiden: Brill, 2007), pág. 129.

16. Apocalipsis de Moisés 37.5; 2 Enoc 8.1.

17. Séneca, On Benefits 2.11.4-5. Ver Keener, 1–2 Corinthians, págs. 242-243.

18. Luciano, Hermotimus 59.

Gálatas

1. Ver Roy E. Ciampa, The Presence and Function of Scripture in Galatians 1 and 2, WUNT 2/102 (Tübingen: Mohr Siebeck, 1998), págs. 60-61.

2. Karl Olav Sandnes, Paul—One of the Prophets? A Contribution to the Apostle's Self-Understanding, WUNT 2/43 (Tübingen: Mohr Siebeck, 1991), pág. 56.

3. Ver Hans Dieter Betz, Galatians: A Commentary on Paul's Letter to the Churches in Galatia, Hermeneia (Filadelfia: Fortress, 1979), pág. 90-91.

4. Ver Jouette M. Bassler, Divine Impartiality: Paul and a Theological Axiom, SBLDS 59 (Chico, California: Scholars Press, 1982).

5. Ver Ciampa, Scripture in Galatians 1 and 2, pág. 212.

6. Ver Plutarco, Can Virtue Be Taught? 439D-440A; Platón, Greater Alcibiades 121E-122B.

7. Ver 1QRule of the Community 11.20-22; 4QRule of the Communityj 8-10; 4QApocryphal Lamentations B 5; 1QHodayota 5.20; 23.12-13.

8. Sobre la adopción y la herencia, ver la útil discusión en James C. Walters, "Paul, Adoption, and Inheritance", en Paul in the Greco-Roman World: A Handbook, ed. J. Paul Sampley (Harrisburg, Pennsylvania: Trinity Press International, 2003), págs. 42-76.

9. Brian S. Rosner, "'Known by God': The Meaning and Value of a Neglected Biblical Concept", TynBul 59 (2008): pág. 208.

10. La palabra se usaba "orig[inalmente] para escupir 'expectorar, esputar', luego metaf[óricamente] para expulsar saliva como expresión de desprecio [...] o para alejar espíritus hostiles" (BDAG 309).

11. Richard N. Longenecker, Galatians, WBC 41 (Dallas: Word, 1998), pág. 193.

12. Ver Ez 40-48; 1 Enoc 53.6; 90.28-29; 2 Enoc 55.2; Salmos de Salomón 17.33; 4 Esdras 7.26; 8.52; 10.25-28; 2 Baruc 4.2-6; 32.2; 59.4; Ap 21:10-27.

Efesios

1. Ver la enérgica defensa de la autoría paulina en Harold Hoehner, Ephesians: An Exegetical Commentary (Grand Rapids: Baker Academic, 2002), págs. 1-114.

2. Ver Hubert Cancick y Helmuth Schneider, eds., Brill's New Pauly: Encyclopaedia of the Ancient World (Leiden: Brill, 2004), s. v. "Ephesus".

3. Se trata de "cartas" utilizadas como hechizos mágicos para alejar a los demonios, para ganar suerte, para realizar un exorcismo, etc. Ver Clinton E. Arnold, Ephesians, Power and Magic: The Concept of Power in Ephesians in Light of Its Historical Setting, SNTSMS 63 (Cambridge: Cambridge Univer-

sity Press, 1989), y la literatura allí citada.

4. Ver Steven J. Friesen, Imperial Cults and the Apocalypse of John: Reading Revelation in the Ruins (Oxford: Oxford University Press, 2001).

5. The Authorized Daily Prayer Book of the United Hebrew Congregations of the British Commonwealth of Nations, trad. Simeon Singer (Londres: Eyre & Spottiswoode, 1962), pág. 46.

6. Por ejemplo, Homero, Iliad [La Iliada] 6.129, 131; Odyssey [La Odisea] 17.484; Teócrito, Idylls [Los Idilios] 25.5; Luciano, Alexander 9.18; 35.14; Dialogue of the Gods 10.3.

7. Por ejemplo, Sal 89:2; 2 Mac 3:39; 3 Mac 6:28; 7:6; Filón, Allegorical Interpretation 3.168; On Giants 62; Testamento de Abraham 2.3; 4.9; 6.4; 17.11.

8. Testamento de Abraham 4.9; Ef 6:12.

9. Ver imagen 1 en Arnold, Ephesians, Power and Magic, pág. 154.

10. Simon Hornblower y Antony Spawforth, eds., The Oxford Classical Dictionary, 4ta ed. (Oxford: Oxford University Press, 2012), s. v. "adoption".

11. Ver Frank Thielman, Ephesians, BECNT (Grand Rapids: Baker Academic, 2010), pág. 81.

12. Clinton E. Arnold, Ephesians, ZECNT (Grand Rapids: Zondervan, 2010), pág. 114.

13. Ver Tet-Lim N. Yee, Jews, Gentiles, and Ethnic Reconciliation: Paul's Jewish Identity and Ephesians, SNTSMS 130 (Cambridge: Cambridge University Press, 2005), págs. 191-195.

14. Ver también 1 Enoc 93.11-14; 2 Baruc 54.1-4.

15. Ver Dionisio de Halicarnaso, Roman Antiquities 6.86; Livio, History of Rome 2.32; Séneca, On Mercy 1.3.

16. David M. Stec, trad. Y ed., Targum of Psalms: Translated, with a Critical Introduction, Apparatus, and Notes, ArBib 16 (Collegeville, Minnesota: Liturgical Press, 2004), pág. 131.

17. Aquí es útil Murray J. Harris, Slave of Christ: A New Testament Metaphor for Total Devotion to Christ, NSBT 8 (Downers Grove, Illinois: InterVarsity; Nottingham: Apollos, 1999).

18. Hornblower y Spawforth, The Oxford Classical Dictionary, s. v. "armor".

Filipenses

1. En lo que sigue, me baso en el útil trabajo de Eduard Verhoef, Philippi: How Christianity Began in Europe; The Epistle to the Philippians and the Excavations at Philippi (Londres: Bloomsbury T&T Clark, 2013). También es crucial Peter Oakes, Philippians: From People to Letter, SNTSMS 110 (Cambridge: Cambridge University Press, 2001), basándose en el trabajo de Peter Pilhofer.

2. Verhoef, Philippi, pág. 2.

3. Verhoef, Philippi, pág. 4.

4. Verhoef, Philippi, pág. 5.

5. Verhoef, Philippi, págs. 7-8.

6. Verhoef, Philippi, págs. 8-9.

7. Ver Markus Bockmuehl, The Epistle to the Philippians, BNTC (Peabody, Massachusetts: Hendrickson, 1998), págs. 35–37.

8. Bockmuehl, Philippians, pág. 37.

9. Ver Brian Rapske, Paul in Roman Custody, BAFCS 3 (Grand Rapids: Eerdmans, 1994), págs. 9-35, 195-225, 227-81.

10. Bockmuehl, Philippians, pág. 75, a partir del clásico ensayo de J. B. Lightfoot.

11. Sobre el cursus honorum y el contexto de Filipos, ver Joseph H. Hellerman, Reconstructing Honor: Carmen Christi as Cursus Pudorum, SNTSMS 132 (Cambridge: Cambridge University Press, 2005).

12. Ver Bockmuehl, Philippians, pág. 196.

13. b. Sanhedrin 43a.

14. Ver Hellerman, Reconstructing Honor, págs. 113-116.

15. Bockmuehl, Philippians, pág. 265.

16. Bockmuehl, Philippians, pág. 270.

Colosenses

1. Ver Ian K. Smith, Heavenly Perspective: A Study of the Apostle Paul's Response to a Jewish Mystical Movement at Colossae, LNTS 326 (Londres: T&T Clark, 2006).

2. Ver el debate en James D. G. Dunn, The Epistles to the Colossians and to Philemon: A Commentary on the Greek Text, NIGTC (Grand Rapids: Eerdmans, 1996), págs. 87-90.

3. LSJ, s. v. πιθαναλογία.

Referencias de las páginas 1171-1187

4. Ver Josefo, The Life 7-12.

5. BDAG, s. v. χειρόγραφον.

6. Dunn, Epistles to the Colossians and to Philemon, págs. 164-65.

7. BDAG, s. v. ἐξαλείφω.

8. Ver Adolf Deissmann, Light from the Ancient East: The New Testament Illustrated by Recently Discovered Texts of the Graeco-Roman World (Nueva York: Doran, 1927), págs. 170-172.

1-2 Tesalonicenses

1. Para más información sobre los objetivos de esta carta, ver David A. deSilva, An Introduction to the New Testament: Contexts, Methods & Ministry Formation (Downers Grove, Illinois: IVP Academic, 2004), págs. 535-539; Leon Morris, The First and Second Epistles to the Thessalonians, NICNT (Grand Rapids: Eerdmans, 1991), págs. 1-10; Michael W. Holmes, 1 and 2 Thessalonians, NIVAC (Grand Rapids: Zondervan, 1998), págs. 17-28.

2. Karl Paul Donfried, Paul, Thessalonica, and Early Christianity (Grand Rapids: Eerdmans, 2002), págs. 139-162.

3. Ver John M. G. Barclay, Paul and the Gift (Grand Rapids: Eerdmans, 2015).

4. Luciano, Nigrinus 35. Ver Moyer V. Hubbard, Christianity in the Greco-Roman World: A Narrative Introduction (Grand Rapids: Baker Academic, 2010), pág. 92.

5. Por ejemplo, Epicteto, Enchiridion 51.3; Séneca, Moral Epistles 6.5-6; Filón, On the Life of Moses 1.158-59; Josefo, Jewish Antiquities 1.19.

6. F. F. Bruce, 1 & 2 Thessalonians, WBC 45 (Waco: Word, 1982), pág. 16.

7. Para más información, ver Charles A. Wanamaker, The Epistles to the Thessalonians: A Commentary on the Greek Text, NIGTC (Grand Rapids: Eerdmans, 1990), págs. 4-5, 12.

8. Por ejemplo, Casio Dio, Roman History 67.14.2.

9. Para más información, ver Holmes, 1 and 2 Thessalonians, pág. 60.

10. Epicteto, Discourses 1.9.

11. Bruce, 1 & 2 Thessalonians, pág. 29.

12. Séneca, Moral Epistles 75.7.

13. Dióscuro Crisóstomo, Orations 32.11. Para más información, ver Bruce W. Winter, Philo and Paul among the Sophists, SNTSMS 96 (Cambridge: Cambridge University Press, 1997), págs. 40-58.

14. Plutarco, How to Tell a Flatterer from a Friend 69.

15. Pirqe Avot 2.2. Ver Bruce, 1 & 2 Thessalonians, págs. 27, 34.

16. Hubbard, Christianity in the Greco-Roman World, pág. 159.

17. Ver Séneca, On Providence 1.5-6.

18. Hubbard, Christianity in the Greco-Roman World, pág. 180.

19. Josefo, Jewish Antiquities 20.105-12.

20. Pseudo-Demetrio, Epistolary Types 1.

21. Ben Witherington III, 1 and 2 Thessalonians: A Socio-Rhetorical Commentary (Grand Rapids: Eerdmans, 2006), pág. 91.

22. Por ejemplo, Dn 12:1; 2 Baruc 70.2-10; 2 Esd 5:1-12. Ver Witherington, 1 and 2 Thessalonians, pág. 94.

23. Para más información, ver Morris, First and Second Epistles to the Thessalonians, pág. 111.

24. Ver Bruce, 1 & 2 Thessalonians, pág. 113.

25. Por ejemplo, Epicteto, Discourses 2.18.19-23; Séneca, Moral Epistles 37. Ver Hubbard, Christianity in the Greco-Roman World, pág. 103.

26. Ver C. Marvin Pate, Apostle of the Last Days: The Life, Letters and Theology of Paul (Grand Rapids: Kregel, 2013), págs. 90-91; Wanamaker, Epistles to the Thessalonians, pág. 153.

27. Bruce, 1 & 2 Thessalonians, págs. 82, 87.

28. Ver Wanamaker, Epistles to the Thessalonians, pág. 155.

29. Para un análisis más completo, ver E. Randolph Richards y Brandon J. O'Brien, Paul Behaving Badly: Was the Apostle a Racist, Chauvinist Jerk? (Downers Grove, Illinois: InterVarsity, 2016).

30. IVPBBCNT1 591.

31. Por ejemplo, Plutarco, On Tranquility of Mind 465F-66A; Tucídides, History of the Peloponnesian War 2.44.

32. IVPBBCNT1 591.

33. Por ejemplo, Dióscuro Crisóstomo, Orations 7.103-13, 124. Ver Witherington, 1 and 2 Thessalonians, pág. 123.

34. Ver Bruce Winter, Seek the Welfare of the City: Christians as Benefactors and Citizens, FCGRW (Grand Rapids: Eerdmans, 1994), págs. 42-60.

35. Séneca, Moral Epistles 102.2, 26.

36. Ver Witherington, 1 and 2 Thessalonians, pág. 138.

37. Por ejemplo, Séneca, On Consolation to Marcia 11-26. Ver Joseph R. Dodson, "Elements of Apocalyptic Eschatology in Seneca's Writings and Paul's Letters", en Paul and the Greco-Roman Philosophical Tradition, ed. Joseph R. Dodson y Andrew W. Pitts, LNTS 527 (Londres: Bloomsbury T&T Clark, 2017), págs. 33-54.

38. Ver Pate, Apostle of the Last Days, pág. 86.

39. Por ejemplo, Plutarco, To an Uneducated Ruler 781D. Ver Witherington, 1 and 2 Thessalonians, pág. 149.

40. Eurípides, Iphigeneia at Tauris 1025-1026.

41. Séneca, Moral Epistles 122.1-10.

42. IVPBBCNT1 594.

43. Dióscuro Crisóstomo, Orations 48.

44. Troels Engberg-Pedersen, Cosmology and Self in the Apostle Paul: The Material Spirit (Oxford: Oxford University Press, 2010), pág. 20.

45. IVPBBCNT1 595.

46. Ver deSilva, Introduction to the New Testament, págs. 539-549.

47. Por ejemplo, Justino, First Apology 62-63.

48. Martyrdom and Ascension of Isaiah 4.14. Ver Bruce, 1 & 2 Thessalonians, pág. 172.

49. Platón, Republic 10.615A-616A. Ver Joseph R. Dodson, "The Transcendence of Death and Heavenly Ascent in the Apocalyptic Paul and the Stoics", en Paul and the Apocalyptic Imagination, ed. Ben C. Blackwell, John K. Goodrich y Jason Maston (Minneapolis: Fortress, 2016), pág. 163.

50. Wanamaker, Epistles to the Thessalonians, pág. 238.

51. Por ejemplo, Jubileos 23.14-21; 2 Esd 5:1-12; 1 Enoc 91.7; 93.9. Ver Witherington, 1 and 2 Thessalonians, pág. 216.

52. Ver Bruce, 1 & 2 Thessalonians, pág. 173.

53. Salmos de Salomón 17.11-22. Ver Witherington, 1 and 2 Thessalonians, pág. 217.

54. Por ejemplo, Pr 15:11; 27:20; Job 26:6; Ap 9:11.

55. Por ejemplo, LXX Is 34:5; 57:4; Salmos de Salomón 2.31; 3.11; Ro 9:22; 2 P 2:3.

56. Séneca, On Consolation to Polybius 12-14. Ver Dodson, "Elements of Apocalyptic Eschatology".

57. Ver Hechos 12:21-23; Josefo, Jewish Antiquities 19.343-47.

58. 2 Baruc 29.4. Ver Witherington, 1 and 2 Thessalonians, pág. 222.

59. Por ejemplo, Tertuliano, The Resurrection of the Flesh 24; Juan Crisóstomo, Homilies on the Second Epistle to the Thessalonians.

Referencias de las páginas 1196-1201

60. Josefo, Jewish War 1.470. Ver Witherington, 1 and 2 Thessalonians, pág. 222.

61. Ver Bruce, 1 & 2 Thessalonians, pág. 179.

62. Martyrdom and Ascension of Isaiah 4. Ver Bruce, 1 & 2 Thessalonians, pág. 182.

63. Tácito, Annals 4.81. Ver IVPBBCNT1 602.

64. Séneca, On Providence 5.4.

65. Genesis Rabbah 2.2 sobre Gn 1:2. Ver Bruce, 1 & 2 Thessalonians, pág. 206.

66. Por ejemplo, Musonio Rufo, Lectures 11.16.

67. Didaché 12.2-5.

68. Juan Crisóstomo, Homilies on the Second Epistle to the Thessalonians 5.13.

69. Marco Aurelio, Meditations 6.20. Ver Bruce, 1 & 2 Thessalonians, pág. 210.

70. Ver E. Randolph Richards, Paul and First-Century Letter Writing: Secretaries, Composition and Collection (Downers Grove, Illinois: InterVarsity, 2004), págs. 171-175.

1-2 Timoteo, Tito

1. S. M. Baugh, "1 Timothy", ZIBBCNT 3:462.
2. Baugh, "1 Timothy", pág. 465.
3. 1 Enoc 39.1; Odas de Salomón 4.8.
4. Baugh, "1 Timothy", pág. 469.
5. IVPBBCNT2 617.
6. Teofrasto, Characters 25.1.
7. Filón, On the Virtues 26.
8. Filón, On the Special Laws 4.30.
9. Atenágoras, A Plea for the Christians 11.
10. Polibio, Histories 6.47.
11. Cicerón, On the Republic 3.9.15.
12. Homero, Iliad 2.649; Odyssey 19.172-79; Horacio, Odes 3.27.33.
13. Polibio, Histories 6.46.

Filemón

1. Aquí sigo la convincente reconstrucción de James D. G. Dunn, The Epistles to Colossians and to Philemon: A Commentary on the Greek Text, NIGTC (Grand Rapids: Eerdmans, 1996), págs. 301-307.

2. Traducción de Stanley Stowers, Letter Writing in Greco-Roman Antiquity, LEC 5 (Filadelfia: Westminster, 1986), pág. 160.

3. Peter Stuhlmacher, Der Brief an Philemon, 3ra ed., EKKNT18 (Neukirchen-Vluyn: Neukirchener Verlag, 1989), pág. 17 (mi traducción).

4. Como talleres, graneros y posadas. Ver Edward Adams, The Earliest Christian Meeting Places: Almost Exclusively Houses?, LNTS 450 (Londres: T&T Clark, 2013).

5. Así, Stuhlmacher, Philemon, pág. 31. La sugerencia de Peter O'Brien de que la carta se dirige exclusivamente a Filemón porque "el asunto que Pablo trata es un asunto personal que concierne solo a Filemón y la decisión a la que hay que llegar no concierne a toda la comunidad" no solo es dudosa por razones gramaticales, sino que subestima el carácter público de la cultura antigua (Peter O'Brien, Colossians, Philemon, WBC 44 [Waco: Word, 1982], pág. 273).

6. Andrew D. Clarke, "'Refresh the Hearts of the Saints': A Unique Pauline Context?", TynBul 47 (1996): págs. 277-300.

7. Sin embargo, hay suficiente ambigüedad en el v. 16 como para que Filemón pueda interpretar la petición como una liberación. En cualquier caso, Pablo habría esperado que Filemón no castigara a Onésimo cuando regresara.

8. ¿Cómo podría hacerlo? No vivía en una moderna democracia europea o norteamericana, sino bajo una dictadura imperial.

Hebreos

1. Life of Adam and Eve.

2. Filón, Allegorical Interpretation 3.203.

3. Por ejemplo, Platón, Laws 10.

4. Por ejemplo, Eurípides, Orestes; Plutarco, Moralia.

5. Filón, On the Life of Moses 1.158.

6. Por ejemplo, Filón, On Providence 2.35; Si 16:17.

7. Por ejemplo, Séneca, Moral Epistles 83.1-2.

8. 11QMelchizedek.

9. Josefo, Jewish Antiquities 20.227.

10. Tácito, Annals 15.44.

11. Por ejemplo, Filón, On the Virtues 199-255; Si 44:1-50:1; 1 Mac 2:51-60.

12. Por ejemplo, 1 Clement 17.1-19.3.

13. Por ejemplo, Jubileos 4.16-26; Si 44:16; Sab 4:10-15; cf. Judas 14-15.

14. Principalmente 1 Enoc; 2 Enoc; 3 Enoc.

15. Josefo, Jewish Antiquities 1.74; Sibylline Oracles 1.147-198; cf. 2 P 2:5; 1 Clemente 7.6.

16. Por ejemplo, Philo, Allegorical Interpretation 3.83; 2 Baruc 4.1-4; 4 Esdras 7.26; 8.52; cf. Ap 21:1-9.

17. Por ejemplo, Filón, On the Life of Moses.

18. Filón, On the Life of Moses 1.49-50; Josefo, Jewish Antiquities 2.254-56.

19. Cicerón, On Behalf of Gaius Rabirius on a Charge of Treason 5.16.

20. También Filón, On the Preliminary Studies 175.

21. Jubileos 25-26; 35; Filón, Questions and Answers on Genesis 4.201; Allegorical Interpretation 3.2.

22. Por ejemplo, 2 Baruc 4.2-6; 4 Esdras 13.35-36.

23. Por ejemplo, 1 Enoc 22.3-7.

24. Por ejemplo, Ex 20:14-15; Dt 5:18-19; Filón, On the Posterity of Cain 34; Epicteto, Enchiridion 3.7.21 (cf. Col 3:5).

25. Por ejemplo, Epicteto, Discourses 1.

26. Por ejemplo, Salmos de Salomón 16.12.

27. Por ejemplo, 1 Clemente.

Santiago

1. David A. deSilva, The Jewish Teachers of Jesus, James, and Jude: What Earliest Christianity Learned from the Apocrypha and Pseudepigrapha (Oxford: Oxford University Press, 2012).

2. Ver Christopher W. Morgan, A Theology of James: Wisdom for God's People, EBT (Phillipsburg Nueva Jersey: P&R, 2010).

3. Aristóteles, Poetics (ca. 335 a. C.).

4. William Baker, "Who's Your Daddy? Gendered Birth Images in the Soteriology of the Epistle of James (1:14–15, 18, 21)", EvQ 79 (2007): págs. 195-207.

5. Mariam J. Kamell, "Incarnating Jeremiah's Promised New Covenant in the 'Law' of James: A Short Study", EvQ 83 (2011): págs. 19-28.

6. Luke Timothy Johnson, "The Mirror of Remembrance: James 1:22–25", en Brother of Jesus, Friend of God: Studies in the Letter of James (Grand Rapids: Eerdmans, 2004), págs. 168-181.

7. Jack Freeborn, "Lord of Glory: A Study of James 2 and 1 Corinthians 2", ExpTim 111 (2000): págs. 185-189.

8. Dale C. Allison Jr., A Critical and Exegetical Commentary on the Epistle of James, ICC (Londres: Bloomsbury T&T Clark, 2013), págs. 465-466.

9. Para los cuatro ejemplos nombrados en Santiago, ver Robert J. Foster, The Significance of Exemplars for the Interpretation of the Letter of James, WUNT 2/376 (Tübingen: Mohr Siebeck, 2014).

10. J. L. P. Wolmarans, "The Tongue Guiding the Body: The Anthropological Presuppositions of James 3:1–12", Neot 26 (1992): pág. 524.

11. Ver Richard Bauckham, "The Tongue Set on Fire by Hell (James 3.6)", en The Fate of the Dead: Studies on the Jewish and Christian Apocalypses, NovTSup 93 (Leiden: Brill, 1998), págs. 119-131.

12. Darian R. Lockett, Purity and Worldview in the Epistle of James, LNTS 366 (Londres: T&T Clark, 2008).

13. Luke Timothy Johnson califica esta descripción de las lluvias tempranas y tardías como "un toque de genuino color local" (The Letter of James: A New Translation with Introduction and Commentary, AB 37A [Nueva York: Doubleday, 1995], pág. 315).

14. John Wilkinson, "Healing in the Epistle of James", SJT 24 (1971): págs. 326-345.

15. Ben Witherington III, Letters and Homilies for Jewish Christians: A Socio-Rhetorical Commentary on Hebrews, James and Jude (Downers Grove, Illinois: IVP Academic, 2007), pág. 549.

1-3 Juan, Judas

1. Robert Law, The Tests of Life: A Study of the First Epistle of St. John (Edimburgo: T&T Clark, 1909). Este libro se ha reimpreso varias veces y ahora está disponible en línea (https://openlibrary.org/books/OL7208295M/The_tests_of_life).

2. La forma de carta helenística es clara en Filemón y Judas, así como en Hechos 15:23-29; 23:25-30. Otras "cartas" del N. T. adaptan esta forma en tratados más largos que abordan cuestiones prácticas y teológicas. Ver más en Stanley K. Stowers, Letter Writing in Greco-Roman Antiquity (Filadelfia: Westminster, 1986).

3. Eusebio, Ecclesiastical History 3.39.14; cf. 3.39.6.

4. Para una introducción más detallada pero accesible a 1-3 Juan, ver C. Marvin Pate, The Writings of John: A Survey of the Gospels, Epistles, and Apocalypse (Grand Rapids: Zondervan, 2011), págs. 226-246. Un debate muy completo se encuentra en Robert Yarbrough, 1–3 John, BECNT (Grand Rapids: Baker Academic, 2008), págs. 3-28.

5. John Ronning, The Jewish Targums and John's Logos Theology (Grand Rapids: Baker Academic, 2010).

6. Por ejemplo, 1Rule of the Community 3; 1QWar Scroll 1; 13.

7. Por ejemplo, Testamento de Dan 5.10-11; Testamento de Leví 18.12; Testamento de Judá 25.3; 1QWar Scroll 1.4; 11.1-17; 13.1-12; 14.7-10; 15.1-3; 17.5; 18.1; 11QMelchizedek 2.12-13; 4 Esdras 11-12; 2 Baruc 40; Sibylline Oracles 3.75-90.

8. Ver Ignacio, To the Trallians 9.1-2; Ignacio, To the Smyrnaeans 6.1-7:1.

9. Ireneo, Against Heresies 3.3.4; cf. 1.24.3-4; 1.26.1; 3.16.1.

10. 1QRule of the Community 3.15-4.26.

11. Tb 14:6; Sab 14:11-12, 22, 27-30; 15:15-17; Carta de Jeremías; Bel y el Dragón.

12. Ver Plinio el Joven, Letters 10.96. A partir del martirio de Antipas en Ap 2:13, la novela histórica de Bruce Longenecker The Lost Letters of Pergamum: A Story from the New Testament World, 2da ed. (Grand Rapids: Baker Academic, 2016), muestra cómo el culto al emperador era problemático para los seguidores de Jesús. Muchos estudiosos leen Ap 13 con el trasfondo del culto al emperador.

13. Didaché 11.1-2; Ignacio, To the Ephesians 7.1; 8.1; 9.1; Ignacio, To the Smyrnaeans 4.1; 5.1; 7.2; cf. Si 11:29-34.

Apocalipsis

1. Ver Tb 12:15; 1 Enoc 20.1-3; 4 Esdras 5.20.
2. Ireneo, Against Heresies 3.1.1.
3. Eusebio, Ecclesiastical History 3.39.6; cf. 3.39.14.
4. Cicerón, The Philippics 11.
5. Plinio el Viejo, Natural History 5.121.
6. Filón, On Drunkenness 20-29, 95.
7. 4 Esdras 2.38-40.
8. Comparar con 1 Enoc 14.18-25.
9. 1 Clemente 34.6.
10. Martyrdom of Polycarp 9.2.
11. Josefo, Jewish War 5.424-38; 6.193-309.
12. Tácito, Annals 15.44.30; 1 Clemente 6.1.
13. Martyrdom of Polycarp 8.2.
14. 1 Enoc 12.1-16.4.
15. 1 Enoc 20.1-7.
16. Comparar 4 Esdras 12.10.
17. Por ejemplo, 4 Esdras 15.46; 2 Baruc 11.1; Sibylline Oracles 5.143.
18. Josefo, Jewish War 1.633.
19. Suetonio, Nero 30.3.
20. Tb 12:16-22; Martyrdom and Ascension of Isaiah 7.21.
21. Cicerón, Against Verres 4.43.
22. 1 Enoc 54.3-6; 2 Baruc 56.13.
23. Jubileos 23.15, 27.
24. Epístola de Bernabé 15.4-5.
25. 1 Enoc 10.12-13; cf. 103.7-8.
26. Comparar 4 Esdras 2.18.
27. Comparar Didaché 10.6.
28. Demóstenes, Against Neaera 59.122.
29. Letter of Aristeas 311.
30. Epístola de Bernabé 19.11.

Crédito de las Imágenes

Imagen de la página 9 © isawnyu / Wikimedia Commons, CC by 2.0.

Imágenes de las páginas 28 (inferior), 63, 147, 197, 330, 394, 401, 429, 563, 578, 607, 615, 642 (superior), 644, 677, 1199, © Baker Publishing Group and Dr. James C. Martin. Cortesía del Musée du Louvre; Autorisation de photographer et de filmer: Louvre, Paris, Francia.

Imagen de la página 33 © Bridgeman Images. Cortesía del Museo Nacional Egipcio, El Cairo, Egipto.

Imagen de la página 40 © Balage Balogh (www.archaeologyillustrated.com).

Imágenes de las páginas 41, 118, 134, 231, 504 © Baker Publishing Group y Dr. James C. Martin. Cortesía del Ministerio de Antigüedades de Egipto y del Museo de El Cairo.

Imágenes de las páginas 49, 277, 403, 487, 502, 668 © Werner Forman Archive / Bridgeman Images.

Imagen de la página 51 © Túrelio / Wikimedia Commons, CC by-sa 3.0.

Imágenes de las páginas 70, 620, 1081, 1101 © Baker Publishing Group y Dr. James C. Martin. Cortesía del Museo de Estambul, Turquía.

Imagen de la página 76 © Look and Learn / Elgar Collection / Bridgeman Images.

Imagen de la página 87 (inferior) © Gts-tg / Wikimedia Commons, CC by-sa 4.0.

Imagen de la página 89 © Bouarf / Wikimedia Commons, CC by-sa 3.0.

Imagen de la página 91 es de dominio público. Cortesía del Museo Metropolitano de Arte, Rogers Fund, 1915.

Imagen de la página 92 © Michael Lubinski / Wikimedia Commons, CC by 2.0.

Imagen de la página 116 © Morburre / Wikimedia Commons, CC by-sa 3.0.

Imágenes de las páginas 122 (inferior), 455, 597 © Rémih / Wikimedia Commons, CC by-sa 3.0.

Imagen de la página 127 (inferior) © Guillaume Blanchard / Wikimedia Commons, CC by-sa 1.0.

Imagen de la página 129 © New York Public Library Digital Collections. Consultado el 17 de julio, 2018. http://digitalcollections.nypl.org/items/510d47d9-4808-a3d9-e040-e00a18064a99.

Imagen de la página 135 © Roland Unger / Wikimedia Commons, CC by-sa 3.0.

Imágenes de las páginas 150, 177, 189, 190, 199, 213, 288, 336, 373, 409, 415, 427, 435, 453, 456, 458, 467, 510, 520, 539, 549, 552, 585, 611, 665, 672, 687, 688, 690, 694, 807, 820, 832, 898, 928, 979, 1078, 1084, 1086, 1115, 1161, 1193, 1290, 1313, 1326 (superior), 1332 (inferior) © Baker Publishing Group y Dr. James C. Martin. Cortesía del Museo Británico, Londres, Inglaterra.

Imagen de la página 158 (inferior) © Joe Goldberg / Wikimedia Commons, CC by 2.0.

Imagen de la página 162 es de dominio público. Cortesía del Museo Universitario de Pensilvania, número de objeto 31-43-421.

Imagen de la página 165 © Marc Ryckaert / Wikimedia Commons, CC by-sa 3.0.

Imágenes de las páginas 174, 450, 555, 730, 768, 815, 822, 849, 900, 972, 1056 © Baker Publishing Group y Dr. James C. Martin. Cortesía del Museo de Israel. Colección del Museo de Israel, Jerusalén, y cortesía de la Autoridad de Antigüedades de Israel, exhibida en el Museo de Israel, Jerusalén.

Imagen de la página 182 © Harris Brisbane Dick Fund, 1959.

Imagen de la página 194 © Naunakhte / Wikimedia Commons, CC by-sa 3.0. Cortesía del Museo Aegyptisches, Berlín.

Imagen de la página 215 © locanus / Wikimedia Commons, CC by-sa 3.0.

Imagen de la página 221 © Markh / Wikimedia Commons.

Imagen de la página 223 © Tarker / Bridgeman Images.

Imagen de la página 237 © David Stanley / Wikimedia Commons, CC by 2.0.

Imagen de la página 247 © Hanay / Wikimedia Commons, CC by-sa 3.0.

Imágenes de las páginas 253, 441, 464, 470, 491 son de dominio público. Cortesía del Museo Metropolitano de Arte, Rogers Fund, 1930.

Imágenes de las páginas 262, 423, 460, 508, 633, 680 © Baker Publishing Group y Dr. James C. Martin. Cortesía del Museo del Instituto Oriental de la Universidad de Chicago.

Imagen de la página 264 © Collection of the Israel Antiquities Authority / Photo © The Israel Museum, Jerusalén, por Yoram Lehmann / Bridgeman Images.
Imagen de la página 266 © Khruner / Wikimedia Commons.
Imágenes de las páginas 269, 271, 496 © Mike Peel (www.mikepeel.net) / Wikimedia Commons, CC by-sa 4.0.
Imagen de la página 273 es de dominio público. Cortesía del Museo Metropolitano de Arte, Rogers Fund, 1924.
Imagen de la página 278 © beivushtang / Wikimedia Commons, CC by-sa 3.0.
Imágenes de las páginas 279, 338, 343, 349, 692 © Marie-Lan Nguyen / Wikimedia Commons.
Imágenes de las páginas 281, 656 © Fredarch / Wikimedia Commons, CC by-sa 3.0.
Imágenes de las páginas 282, 301, 333, 334, 575, 612, 674 © Osama Shukir Muhammed Amin / Wikimedia Commons, CC by-sa 4.0.
Imagen de la página 294 © Golf Bravo / Wikimedia Commons, CC by-sa 3.0.
Imagen de la página 295 © Archivio J. Lange / De Agostini Picture Library / Bridgeman Images.
Imágenes de las páginas 296, 375 © Hara1603 / Wikimedia Commons.
Imagen de la página 297 © Bertramz / Wikimedia Commons, CC by-sa 3.0.
Imagen de la página 298 © O.Mustafin / Wikimedia Commons.
Imagen de la página 305 © Francesco Gasparetti / Wikimedia Commons, CC by 2.0.
Imagen de la página 312 © GIRAUD Patrick / Wikimedia Commons, CC by-sa 2.5.
Imagen de la página 322 © M0tty / Wikimedia Commons, CC by-sa 3.0.
Imagen de la página 325 © Zev Radovan / Bridgeman Images. Cortesía del Museo Británico, Londres, Reino Unido.
Imagen de la página 337 © Eric Gaba / Wikimedia Commons, CC by-sa 3.0.
Imágenes de las páginas 344, 484, 892, 1162 © Baker Publishing Group y Dr. James C. Martin. Cortesía del Museo Bode, Berlín, Alemania.
Imagen de la página 347 © Odilia / Wikimedia Commons, CC by-sa 3.0.
Imágenes de las páginas 352, 360 son de dominio público. Cortesía del Museo Metropolitano de Arte, Rogers Fund, 1931.
Imagen de la página 353 © Brooklyn Museum, Creative Commons 33.586.
Imagen de la página 356 © AlexanderVanLoon / Wikimedia Commons, CC by-sa 4.0.
Imagen de la página 357 © Extended loan from J. Chaim Kaufman, Antwerp / Bridgeman Images. Cortesía del Museo de Israel, Jerusalén, Israel.
Imagen de la página 372 © Alireza Javaheri / Wikimedia Commons, CC by-sa 3.0.

Imágenes de las páginas 374, 500, 554 (superior), 1095, 1319© Zev Radovan / Bridgeman Images.
Imagen de la página 386 © Library of Congress Prints and Photographs Division [LC-DIG-matpc-03493].
Imagen de la página 392 © A.Davey / Wikimedia Commons, CC by 2.0.
Imagen de la página 393 © Bridgeman Images. Cortesía del Museo Nacional de Irán, Teherán, Irán.
Imagen de la página 399 © Zunkir/Wikimedia Commons, CC by-sa 4.0.
Imagen de la página 406 © Manfred Werner / Wikimedia Commons, CC by-sa 3.0.
Imagen de la página 408 © Djehouty / Wikimedia Commons, CC by-sa 4.0.
Imagen de la página 413 © Mbzt / Wikimedia Commons, CC by-sa 3.0.
Imágenes de las páginas 425, 803 © Library of Congress Prints and Photographs Division [LC-DIG-matpc-20316].
Imagen de la página 428 © Guillaume Blanchard / Wikimedia Commons, CC by-sa 3.0.
Imagen de la página 437 © Lalupa / Wikimedia Commons, CC by 2.0.
Imágenes de las páginas 439, 929 © Baker Publishing Group y Dr. James C. Martin. Cortesía del Instituto de Arte de Chicago.
Imagen de la página 448 © Manfred Niermann / Wikimedia Commons, CC by-sa 4.0.
Imagen de la página 463 es de dominio público. Cortesía del Museo Metropolitano de Arte, adquisición, Edward S. Harkness Gift, 1926.
Imágenes de las páginas 472, 796, 1074, 1129 © Marie-Lan Nguyen / Wikimedia Commons. Cortesía del Louvre.
Imágenes de las páginas 476-477 © Hans Birger Nilsen / Wikimedia Commons, CC by 2.0.
Imagen de la página 479 es de dominio público. Cortesía del Museo Metropolitano de Arte, Rogers Fund, 1912.
Imagen de la página 491 © Apasova / Wikimedia Commons, CC by-sa 3.0.
Imágenes de las páginas 492, 1294 © The Yorck Project / Wikimedia Commons.
Imagen de la página 497 es de dominio público. Cortesía del Museo Metropolitano de Arte, donación del Dr. Sidney A. Charlat, en memoria de sus padres, Newman y Adele Charlat, 1949.
Imagen de la página 503 es de dominio público. Cortesía del Museo Metropolitano de Arte, Rogers Fund, 1916.
Imágenes de las páginas 524, 545, 619, 759, 830, 1261,© Baker Publishing Group y Dr. James C. Martin. Cortesía del Museo Eretz Israel, Tel Aviv, Israel.
Imagen de la página 525 © Mmelouk / Wikimedia Commons, CC by-sa 4.0.
Imagen de la página 537 © Daniel Case / Wikimedia Commons, CC by-sa 3.0.

Imagen de la página 543 © AinAnepaio / Wikimedia Commons, CC by-sa 3.0.
Imagen de la página 554 (inferior) © Bridgeman Images. Cortesía del Museo de Israel, Jerusalén, Israel.
Imagen de la página 564 © Charles Edwin Wilbour Fund / Bridgeman Images. Cortesía del Museo de Arte de Brooklyn, Nueva York, Estados Unidos.
Imagen de la página 572 © Bridgeman Images. Cortesía del Louvre, París, Francia.
Imagen de la página 583 © Applejuice / Wikimedia Commons, CC by-sa 4.0.
Imagen de la página 594 © Jebulon / Wikimedia Commons, CC0 1.0.
Imagen de la página 595 es de dominio público. Excavaciones de Paul-Émile Botta, 1843-1844, cortesía de Wikimedia Commons.
Imagen de la página 603 © Thomasccnawiki / Wikimedia Commons, CC by-sa 4.0.
Imagen de la página 608 © Radomir Vrbovsky / Wikimedia Commons, CC by-sa 4.0.
Imagen de la página 627 © Jastrow / Wikimedia Commons, CC by 2.5.
Imagen de la página 630 © Stefan Thiesen / Wikimedia Commons, CC by-sa 3.0.
Imagen de la página 642 (inferior) es de dominio público. Cortesía del Museo Metropolitano de Arte, Rogers Fund, 1962.
Imagen de la página 651 © Baker Publishing Group y Dr. James C. Martin. Cortesía del Museo de Israel. Colección del Museo de Israel, Jerusalén, y cortesía de la Autoridad de Antigüedades de Israel, exhibida en el Museo de Israel, Jerusalén.
Imagen de la página 654 © Bukvoed / Wikimedia Commons, CC by-sa 4.0.
Imagen de la página 731© Rama / Wikimedia Commons, CC by 2.0. Cortesía del Louvre.
Imágenes de las páginas 743, 1013, 1089 son de dominio público. Cortesía de Wikimedia Commons.
Imagen de la página 746 © Baker Publishing Group y Dr. James C. Martin. Cortesía del Ministerio de Antigüedades griego y del Museo Arqueológico Nacional, Atenas, Grecia. Imágenes de las páginas 772, 921, 1214 © Baker Publishing Group and Dr. James C. Martin. Cortesía de la Antikensammlung, Berlín.
Imagen de la página 779 © Library of Congress, cortesía de la Autoridad de Antigüedades de Israel.
Imagen de la página 784 © Ijon / Wikimedia Commons, CC by-sa 3.0.
Imágenes de las páginas 794, 1097, 1264 © Baker Publishing Group y Dr. James C. Martin. Cortesía del Museo Arqueológico de Antalya, Turquía.
Imagen de la página 824 © Baker Publishing Group y Dr. James C. Martin.

Cortesía del Museo de Masada.

Imágenes de las páginas 826, 1075, 1091, 1093, 1099, 1104, 1108, 1131, 1195, 1198, 1222 © Baker Publishing Group y Dr. James C. Martin. Cortesía del Ministerio de Antigüedades griego (Atenas, Corinto, Delfos, Tesalónica).

Imagen de la página 839 © 2008 Karbel Multimedia, Logos Bible Software.

Imagen de la página 856 © Carla Tavares / Wikimedia Commons, CC by-sa 3.0.

Imagen de la página 868 © Library of Congress Prints and Photographs Division [LC-DIG-matpc-02971].

Imágenes de las páginas 881, 980 © Baker Publishing Group y Dr. James C. Martin. Cortesía del Museo Vaticano.

Imágenes de las páginas 883, 1076, 1187, 1280, 1305 (superior) © J. Scott Duvall.

Imágenes de las páginas 884, 1310 © Baker Publishing Group y Dr. James C. Martin. Cortesía del museo de Séforis.

Imagen de la página 891 © Baker Publishing Group y Dr. James C. Martin. Cortesía de The Field Museum, Chicago.

Imagen de la página 908 © Bridgeman Images.

Imagen de la página 914 © Library of Congress Prints and Photographs Division [LC-DIG-ppmsca-18419-00055].

Imagen de la página 922 © Patrick Denker / Wikimedia Commons, CC by 2.0.

Imagen de la página 931 © Baker Publishing Group y Dr. James C. Martin. Cortesía del Museo Wohl, Jerusalén.

Imagen de la página 941 © Diego Delso / Wikimedia Commons, CC by-sa 3.0.

Imagen de la página 1002 © someone10x / Wikimedia Commons.

Imágenes de las páginas 1009, 1012, 1148 © Baker Publishing Group y Dr. James C. Martin.Cortesía del Hotel Holyland, Jerusalén, 2001. Ubicación actual: Museo de Israel, Jerusalén.

Imagen de la página 1071 © Konrad Miller / Wikimedia Commons.

Imagen de la página 1083 © Chixoy / Wikimedia Commons, CC by-sa 3.0.

Imagen de la página 1087 © G.dallorto / Wikimedia Commons, cortesía del Museo de Arqueología de Estambul.

Imagen de la página 1106 © Marie-Lan Nguyen / Wikimedia Commons, CC by-sa 3.0.

Imagen de la página 1109 © Carole Raddato / Wikimedia Commons, CC by 2.0.

Imagen de la página 1113 © Michael F. Mehnert / Wikimedia Commons, CC by-sa 3.0.

Imagen de la página 1115 © Baker Publishing Group y Dr. James C. Martin. Cortesía del Museo de Hierápolis, Turquía.

Imagen de la página 1123 © José Luiz Bernardes Ribeiro / Wikimedia Commons, CC by-sa 3.0.
Imagen de la página 1124 © Jeanhousen / Wikimedia Commons, CC by-sa 3.0.
Imagen de la página 1126 © Dan Diffendale / Wikimedia Commons.
Imagen de la página 1133 © Hintau Aliaksei / Shutterstock.
Imagen de la página 1146 © Baker Publishing Group y Dr. James C. Martin. Cortesía del Museo de Santa Catalina, Sinaí.
Imagen de la página 1169 © Baker Publishing Group y Dr. James C. Martin. Cortesía del Museo de Éfeso, Turquía.
Imagen de la página 1212 © Marie-Lan Nguyen / Wikimedia Commons. Cortesía del Museo Nacional de Roma, Palazzo Massimo alle Terme.
Imagen de la página 1243 © Bibi Saint-Pol / Wikimedia Commons. Cortesía de la Gliptoteca de Múnich.
Imagen de la página 1248 © Itzhak Baum / Wikimedia Commons, CC by-sa 3.0.
Imagen de la página 1257 © Ealdgyth / Wikimedia Commons.
Imagen de la página 1270 © Giovanni Dall'Orto / Wikimedia Commons. Cortesía del Museo Arqueológico Nacional de Atenas.
Imágenes de las páginas 1273, 1276 (inferior) © Baker Publishing Group and Dr. James C. Martin. Cortesía del Museo de Ammán, Jordania.
Imagen de la página 1300 © Anthony M. de Roma, Italia (Flickr) / Wikimedia Commons, CC by 2.0.
Imagen de la página 1304 (inferior) © Steerpike / Wikimedia Commons, CC by-sa 3.0.
Imagen de la página 1305 (inferior) © Jan Mehlich / Wikimedia Commons, CC by-sa 3.0. Cortesía del Museo de Pérgamo.
Imágenes de las páginas 1323 © Baker Publishing Group y Dr. James C. Martin. Cortesía del Museo Aegyptisches y Papyrussammlung, Berlín, Alemania.
Imagen de la página 1328 © A. De Gregorio / De Agostini Picture Library / Bridgeman Images. Cortesía del Palazzo Massimo alle Terme & Museum, Roma, Lacio, Italia.
Imagen de la página 1331 © De Agostini Picture Library / Bridgeman Images. Cortesía del Cimitero dei SS. Marcellino e Pietro, Roma, Italia.
Imagen de la página 1333 (superior) © G. Dagli Orti / De Agostini Picture Library / Bridgeman Images.
Imagen de la página 1333 © Bridgeman Images. Cortesía del Musee des Tapisseries, Angers, Francia.

También disponible en MONSGO®

Diccionario Ilustrado Bíblico Baker

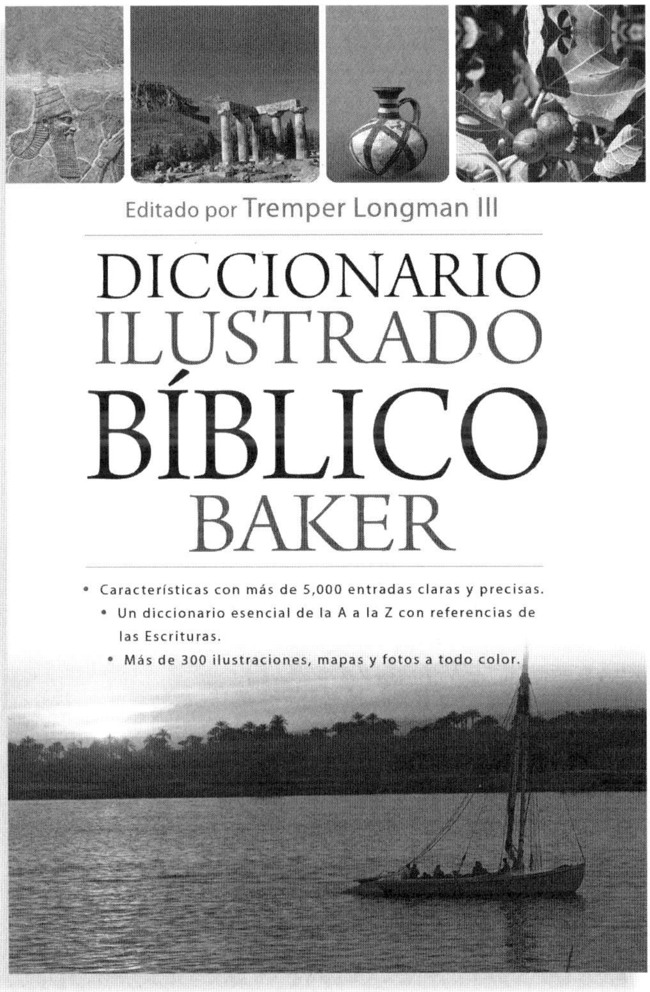

Detalles del producto: 1867 páginas con más de 300 ilustraciones, mapas y fotos a todo color. Tamaño: 6.6 in x 9.5 in x 2.8 in (16.8 cm x 24.1 cm x 7.2 cm)